SHANXI FIFTY YEARS

《山西五十年》编委会 编

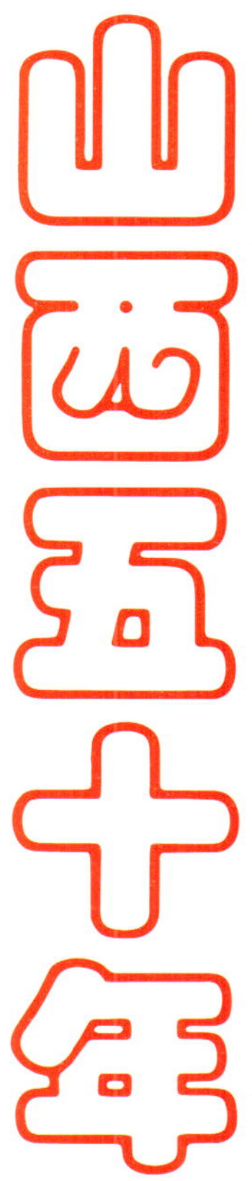

山西五十年

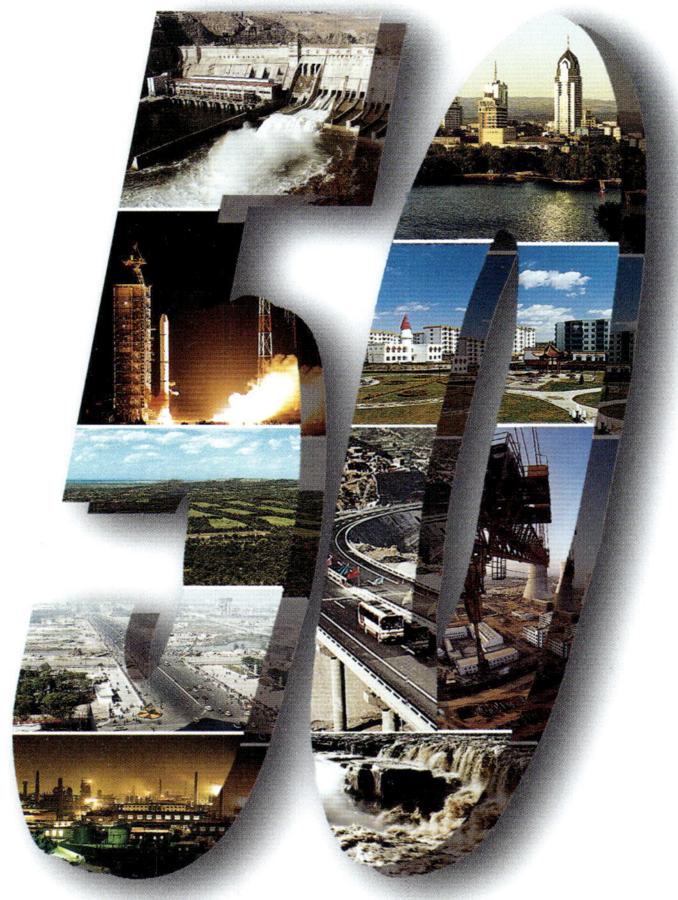

1949—1999

中国统计出版社

（京）新登字 041 号

图书在版编目(CIP)数据

山西五十年／《山西五十年》编委会编
北京：中国统计出版社，1999
ISBN 7-5037-3120-6
Ⅰ.山…
Ⅱ.山…
Ⅲ.社会主义建设－成就－山西－1949～1999
Ⅳ.D619.25
中国版本图书馆 CIP 数据核字(1999)第 43356 号

山西五十年
SHANXI FIFTY YEARS

*
中国统计出版社出版
（北京西城三里河月坛南街 75 号　100826）
山西省城调队服务中心排版
山西省统计局印刷厂印刷
*
787×1092 毫米　16 开本　16 彩页　62.75 印张　200.8 万字
1999 年 9 月第 1 版　1999 年 9 月太原第 1 次印刷
印数：1－2000 册

ISBN 7-5037-3120-6/D·90
国内定价：290 元

《山西五十年》编辑委员会

编 辑 说 明

1. 1999年是中华人民共和国50周年华诞。为了全面展示山西人民在中国共产党的正确领导下，经过50年艰苦创业、奋发图强取得的辉煌成就，充分利用统计部门掌握的丰富信息资源，真实地再现全省各条战线、各项事业、各个地区的发展历程，我们编辑出版了《山西五十年》这部大型文献图书，向国庆50周年献礼。

2. 《山西五十年》是一部与国家《新中国五十年》以及全国30个省、市、自治区配套出版的系列图书，包括文字叙述、图片、统计表等方面的内容，共分上篇、下篇和附录三部分。其中，上篇和下篇运用大量的文字、丰富的图片、翔实的统计数据系统全面地反映全省各行业、各部门以及11个地市和119个县（市、区）50年来取得的巨大成就；附录篇收录了山西50年大事记和《主要统计指标解释》。

3. 本书使用的统计数字，均由山西省统计局和各地、市、县统计局根据新的统计口径范围和计算方法进行整理和提供。地、市和县级统计资料中，国内生产总值、农林牧渔业总产值、工业总产值绝对量按当年价计算，增长速度按可比价计算；地方财政收支1997年、1998年为一般预算收支；工业总产值1998年以前为乡及乡以上口径，1998年为全部国有和年产品销售收入500万元及以上的非国有工业企业及全部大中型工业企业数据。

4. 本书所使用的度量衡单位均采用国际统一标准计量单位，文内数字的用法以国务院语言文字工作委员会、国家新闻出版局等7个单位联合发布的《关于出版物上数字用法试行规定》为标准。

5. 本书的符号使用说明：

“...”表示数据不足本指标最小单位数；

“空格”表示该项统计指标数据不详或无该项指标数据；

“#”表示其中项。

6. 本书在编辑过程中得到了省、地、县有关单位特别是各级统计部门的大力支持，谨致以诚挚的谢意。

正在建设中的阳城电厂

万家寨引黄枢纽工程

太原飞机场候机楼

太旧高速公路

铁路运煤

太原电信大楼

钢城新貌

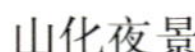

山化夜景

阳泉二电厂

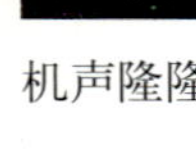

机声隆隆

马兰矿洗煤厂

三北防护林

玉米高产丰产田

红枣丰收

中阳县天然牧场

管涔林海

太原新貌

迎泽大桥

安居工程

农村新居

并州夜景

经济贸易洽谈会

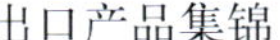
出口产品集锦

醋厂车间

运城制版集团

华宇购物中心

卫星发射

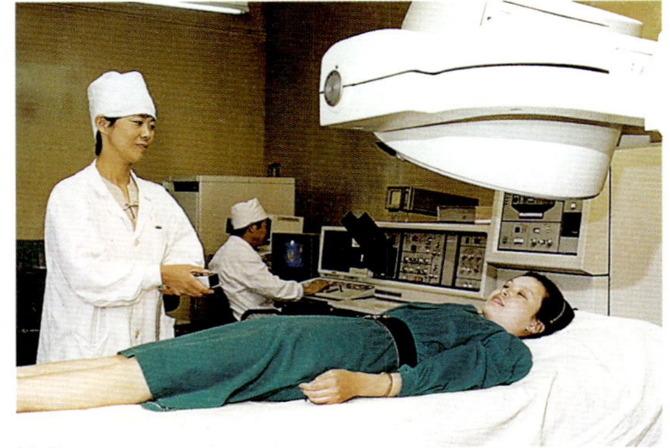
现代化的医疗设备

体育训练

语音教学

《黄河水长流》剧照

佛教圣地五台山

解州关帝庙

飞越黄河

临汾尧庙

壶口瀑布

恒山悬空寺

摄影作者:（按照片顺序排列）

王　悦　王宝恒　王天明　闫和平　孙育钟　高建亭

尹福建　潘　泉　王步贵　王修筑　高　顺

总经理洪宇

党委书记沈忠秀

平朔煤炭工业公司是改革开放以来，为开发建设安太堡露天煤矿和整个平朔煤田于1982年初组建的新型企业，座落在山西北部的朔州市境内。

平朔煤田含煤面积380平方公里，地质储量127.5亿吨，矿区内规划建设三大露天煤矿。于1987年9月建成投产的安太堡露天煤矿是在邓小平同志的直接关怀下，中外合作经营的第一个最大项目。总投资6.49亿美元，开采区面积18.53平方公里，设计年产原煤1533万吨，实际原煤生产能力已突破设计能力，出口优质动力煤占全国的1/3。安太堡矿依靠引进的世界先进设备、生产工艺和管理方法，原煤生产效率平均每工达36吨，高

江总书记视察平朔安太堡露天煤矿

平朔宾馆

方兴未艾的第三产业

世界煤炭的东方明珠
—— 平朔煤炭工业公司

生活区

居全国同行业之首，比全国平均水平高出十几倍。它的诞生，开辟了我国露天矿采煤的新纪元，使我国煤炭工业一步跨越了与发达国家之间30年的差距，在我国煤炭史上产生了划时代的意义。它是我国改革开放的一座闪亮的丰碑！

平朔煤炭工业公司目前职工总人数为6600人，生活区占地面积1.33平方公里，是国家首批１００家创建文明社区示范点之一。企业自已拥有的飞机和机场充分展示了其高度的现代化，其豪华的旅游度假村也向祖国和世界各地的客人叙说着我国煤炭行业这颗璀璨明珠的勃勃生机。

该公司先后荣获金马奖、利税总额行业排序十强企业、山西省思想政治工作优秀企业、山西省五一劳动奖状等多种荣誉。

目前，平朔煤炭工业公司第二露天煤矿已全面开工建设，加上正在谈判中的第三露天煤矿，平朔矿区最终将形成年产原煤4500-5000万吨的生产规模，年出口优质动力煤将达到2000万吨，是我国最大的出口动力煤生产基地。

采煤工作面

安太堡露天煤矿工业区一瞥

朔州市小峪煤矿

朔州市小峪煤矿是座年产原煤120万吨的地方国有重点煤矿，位于大同煤田东南部怀仁县境内， 井田面积15.6平方公里，煤炭储量约5.6亿吨，服务年限290年。产品属气煤类，是优质的动力燃料。该矿始建于1954年，现有职工近6000人，拥有固定资产1.9亿元。原煤生产从采掘、提升、通风、排水等到调度、管理及装运全部为现代化作业。

小峪煤矿交通便利，文化繁荣，经济发达，多种经营发展较快，目前以莫来石加工（高级耐火材料）为龙头，集商、工、贸为一体的多种经营业、综合服务业已初具规模，成了矿山经济发展的又一条主线。

1991年小峪煤矿晋升为中国煤炭工业二级企业，1992年跻身于“中国行业一百强”，1994年被命名为省级“文明单位”，1995年成为山西省地方国有煤矿中唯一获 “现场管理最佳企业”称号和“重合同守信用单位”。

矿长李建国

党委书记申守文

现代化生产管理监测系统

现代化机采工作面

节日里的小峪煤矿夜景

办公大楼

丰富多彩的职工文娱活动

多种经营业的拳头产品

序

刘振华

星移斗转，沧海桑田。

曾几何时，伴随着百万雄师乘胜南下的隆隆炮声，天安门前五星红旗冉冉升起。而今，三晋大地3000万儿女与12亿中国人民一道，已经走过了巨变而辉煌的50年。在举国上下欢庆之际，呈现给读者的这部大型资料图书《山西五十年》，真实地再现了山西社会主义革命和建设的不平凡历程，讴歌了半个世纪以来山西人民的光辉业绩，以庆祝中华人民共和国五十周年华诞。

建国50年来，山西波澜壮阔的社会主义建设事业和社会经济面貌的巨大变化，无论在山西历史上，还是在共和国的历史上，都将留下光辉的一页。特别是党的十一届三中全会以来，山西人民在邓小平理论指引下，团结一致，奋力拼搏，克服困难，锐意进取，使经济建设和社会发展跃上了一个新的台阶。进入九十年代之后，在以江泽民同志为核心的党中央领导下，山西人民焕发出了前所未有的建设热情，各项改革和对内对外开放的力度不断加大，国民经济综合实力明显增强，人民生活水平显著提高。作为全国的能源重化工基地，山西的发展得到了全国的支持，更为支持全国的发展做出过割股贡献。与此同时，全省社会主义精神文明建设也取得了丰硕成果。一个充满活力的新山西日益为世人所瞩目！

针对这一历史时期引起山西人民生活深刻变化的伟大实践，文学家有过形象的描写，社会学家有过细致的思考，经济学家有过理性的分析，为我们了解这一历程提供了多种视角。本书对这一实践的记述则更具特色，统计人员从实际出发，以地区、部门、行业等板块为基本单位，运用文字与数据、定量与定性、纵向与横向的有机结合，详尽地记载了全省各行各业、各地市县所取得的辉煌成就。

在回顾山西半个世纪光辉历程之际，我们深切地缅怀以毛泽东同志为核心的老一辈无产阶级革命家，缅怀那些为了山西解放而不惜献出生命的无数革命先烈；我们衷心地感谢以邓小平同志、江泽民同志为核心的第二代、第三代党和国家领导人的正确领导和对山西的深切关怀；我们不能忘记全省人民和历届省委、省人大、省政府、省政协在每一个阶段每一项事业中做出的艰苦努力。历史的经验使我们坚信，只要坚持中国共产党的领导，坚定地走具有中国特色的社会主义道路，坚决贯彻执行党在社会主义初级阶段的基本路线，全面调动和依靠全省人民建设社会主义的积极性，就一定能够实现中华民族的振兴与腾飞，就一定会把山西建设得更加美好。

半个世纪的辉煌令人自豪，未来的前景催人奋进。此时此刻，山西人民也同样清醒地认识到，尽管和平与发展仍然是当今世界的两大主题，但世界并不太平，我们必须在党中央的统一领导下，沉着应对风云变幻的国际形势。同时，我们也必须坚持“发展才是硬道理”的思想，致力于把经济建设搞上去，为我国综合国力的进一步增强和我省人民生活质量的进一步提高做出不懈的努力。当前，我们的各项改革正处于攻坚阶段，发展也处于关键时期，山西要保持改革、发展、稳定的良好势头，圆满地交上物质文明和精神文明建设的两份答卷，就必须紧密地团结在以江泽民同志为核心的党中央周围，坚定不移地高举邓小平理论伟大旗帜，正确把握国际国内经济发展的态势，在中共山西省委的领导下，以高度的政治责任感和使命感，千方百计抓住机遇，满怀信心迎接挑战，解放思想，求真务实，以经济建设为中心搞好各项工作，实现山西跨世纪发展的宏伟目标，描绘山西改革开放和社会主义现代化建设更加壮丽的画卷。

新世纪的钟声即将敲响，未来的征途任重道远。为了把走向明天的步伐迈得更加稳健，我们就不能忘记昨天。鉴往是为了知来，《山西五十年》这一讴歌山西人民建设、改革和发展历程的国庆礼物，无疑会给我们在党的领导下，团结全省人民开创山西更加灿烂的明天，带来诸多有益的启迪。

我们依稀已经听到了山西大踏步迈向新世纪的雄健足音。

1999年8月20日

目 录

下 篇

附　录

上篇

文明富饶的山西

山西因地处太行山西侧而得名，是中华民族的发祥地之一，迄今为止有文字记载的历史达三千年之久，属古晋国崛兴之地，故简称“晋”。公元前453年，赵、魏、韩三分晋国，因而又称“三晋”。新中国成立后，经过50年特别是党的十一届三中全会以来的建设和发展，千百年来以灿烂的古代文明著称于世的三晋大地，而今又以崭新的面貌令世人所瞩目。

自然概况

山西地处华北地区西部，黄土高原东翼，地理坐标为北纬34°34′—40°43′、东经110°14′—114°33′。南北长约680多公里，东西宽约380多公里，总面积为15.63万平方公里，约占全国总面积的1.6%。境界轮廓略呈由东北斜向西南的平行四边形。东有巍巍太行山作天然屏障，与河北省为邻；西、南皆以涛涛黄河为堑，与陕西省、河南省相望；北跨绵绵内长城，与内蒙古自治区毗连。自古以来，雁门关及纵贯山西中部的河谷盆地，是蒙古族等少数民族通往关中平原和中原大地的交通要道，也是兵家必争之地。在社会主义经济建设的今天，山西又处于我国东部经济发达地区和中西部欠发达地区连接部的特殊位置，对加快中西部发展起着示范、引导、辐射、带动效应和承东启西的作用。

山西从总体上看是一个被黄土覆盖着的山地形高原，境内具有山地、丘陵、盆地、台地等多种地貌类型。山地丘陵面积约占全省总面积的80%，大部分地区在海拔1000米以上，地表破碎、地形复杂、起伏悬殊。最高的五台山北台顶（叶斗峰），海拔达3058米，最低处垣曲亳清河入黄河处，海拔仅180米。东部以太行山为主脉形成块状山地，西部是以吕梁山为主干的黄土高原，中部分布着一系列断陷盆地。全省主体轮廓很象一个“凹”字形状。东部和东南部为中低山盘结，由北往南主要有恒山、五台山、系舟山、太行山、太岳山和中条山等。西部自北向南分布有采凉山、洪涛山、管涔山、吕梁山、云中山、关帝山等。吕梁山自管涔山南走，蜿蜒于黄河、汾水之间，尽于龙门。中部珠串着大同、忻定、太原、临汾、运城等断陷盆地。

全省共有大小河流1000余条，分属黄河、海河两大水系。其中，我国第二大河流黄河，沿山西境界流程965公里。境内河流流域面积大于100平方公里的有240条，大于4000平方公里、河道长度在150公里以上的有8条（不包括黄河）。其中汾河源于管涔山麓至河津注入黄河，是山西境内第一大河，全长500余公里。山西河流，属于黄河水系的有汾河、沁河、涑水河、昕水河和三川河；属于海河水系的有桑干河、滹沱河和漳河。黄河流域在山西境内的面积有97138平方公里，占全省总面积的62%，海河流域在山西境内的面积为59133平方公里，占全省总面积的38%。河流的主要特点是，河流众多，但以季节性河流为主，故形成雨季排洪，旱季断水。

山西地处中纬度大陆性季风区，大陆性季风气候明显，但由于南北地跨温带和暖温带两个气候带，加之地形多变高差悬殊，因而既有纬度地带性气候又有明显的垂直地形气候。山地和河谷盆地气候不同，南部北部气候特征迥异。

全省气温的一般特点是冬寒夏热，气温的年较差和日较差均很大。光照时数全年在2200—2950小时，积温有效性高，是华北地区光能资源高值区。全省年平均气温介于4—14℃之间，气温总的分布趋势是由北向南升高，由盆地向高山降低。北部和中部山区年

龙城新貌　　陈耀宝　摄

均气温一般在5—7℃之间，西部黄河谷地、太原盆地和晋东南的大部分地区，年均气温在8—10℃，临汾、运城两盆地，年均气温高达12—14℃。全省出现的极端最低气温是-44.8℃(五台山顶)，极端最高气温是42.7℃(运城)。

全省无霜期南长北短，平川长，山区短。雁北地区无霜期为110—114天；五台山仅有85天；忻州盆地以北和东部山区为135—155天；临汾、运城盆地高达200—220天。全省降水量常年在400—650毫米之间，各地区分布不均，由东南向西北递减，山区较多，盆地较少。多雨中心是中条山东段、太行山中南段、太岳山、五台山及吕梁山较高山区，年降雨量为600—700毫米；少雨区是大同盆地、忻定盆地及晋西北地区，年降雨量为350—450毫米。降水量主要分布在夏季，占全年降水量的60%以上，冬季降水量仅占2—3%。

1998年底，山西总人口3172.2万人。其中，市镇人口2114.59万人，占总人口的66.7%，乡村人口1057.61万人，占33.3%；农业人口2349.65万人，占74.1%，非农业人口822.55万人，占25.9%；男性1650.18万人，女性1522.02万人，性别比(以女性为100)为108.4。

历史沿革

山西是中华民族的最早发祥地之一。芮城西河度文化和匼河文化与云南的元谋猿人属于同期，说明在250万年以前，山西已经有了最早的原始人类。在山西境内共有旧石器遗址200多处，新石器遗址500多处，考古资料表明，约在10万年以前，在汾河两岸和现在的大同、朔州一带，已经出现了比较集中的原始人群和村落。约在28000年以前，以原始共产制经济为特点的母系氏族公社已经确立。在我国古代文献中，有不少关于原始公社的传说，部落联盟中的尧、舜、禹都在山西境内建过都，“尧都平阳(今临汾市)、舜都蒲坂(今永济县)、禹都安邑(今夏县)”，现在临汾城南还有尧庙，城东有尧陵，沁水以南有舜王坪。《禹贡》说夏禹治水“导河积石，至于龙门”，龙门又叫禹门口，在山西河津县西北和陕西韩城县东北。

“夏传子，家天下”，标志着原始公社的解体和奴隶社会的开始，山西境内文明时代的历史也从此揭幕。商朝时，山西属于商的版图，从石楼、灵石、保德、洪洞等地出土的青铜器，其造型和纹饰等都具有显著的殷商文化特征。西周时，周成王封其弟叔虞于唐，即传说中的“桐叶封弟”，叔虞的儿子燮父，因国内有晋水，就把唐改称为晋。春秋时期，山西境内主要的诸侯封国是“晋”，晋文公重耳当政时，有赵衰、狐偃等辅政，发展了农业和手工业生产，使晋国出现了“政平民阜，财用不匮”的局面，逐渐强大起来，晋文公北方称霸后，山西对当时全国的局势影响很大。

战国时期，中国历史已进入封建社会。晋国的卿大夫代表新兴地主势力，进行了封建的社会改革，在经济上实行了“晋作爰田”，使农业生产得到了发展，政治上实行了六卿专政，六卿是赵、魏、韩、范氏、中行氏、智氏。赵简子在今太原晋祠附近的古城营村建筑晋阳城，作为赵国初期的都城，这个城市一直存在了1500多年，为当时山西政治、经济和文化的中心。公元前453年发生了晋阳之战，赵、魏、韩三家联合消灭了智氏，三分晋国，史称“三家分晋”，所以山西又称“三晋”。公元前403年周天子正式承认赵、魏、韩三家为诸侯。当时，赵国的都城在晋阳(今太原晋源镇)，韩国的都城在平阳(今临汾市)，魏国的都城在安邑(今夏县北)，中期以后才移向河南、河北。

秦始皇统一中国后，建立了中央集权制度，把全国划分为三十六郡，以后又不断增设到四十多郡。秦朝时，山西境内有五郡：雁门郡、代郡、太原郡、上党郡、河东郡。西汉时，雁门关北面是匈奴的地盘。公元前200年，汉高祖刘邦被围困在白登(今大同)达七天之久，西汉王朝不得不向匈奴作出让步。此后，匈奴人逐步南下，在吕梁山上和汾河流域牧马。

三国时，山西境内的匈奴人分为并州兹氏(今汾阳)、祁(今祁县)、蒲子(今隰县)、新兴(今忻州)、大陵(今文水)等五部，人数多达数十万。此外，在武乡居住着羯族，代县和大同居住着鲜卑族拓跋部，他们与居住在陕、甘一带的氐、羌族，史称“五胡”。两晋时，由于西晋与匈奴的连年战争，山西经济遭到了严重破坏。公元386年，鲜卑族拓拔珪建立了北魏，在平城(今大同)建都，结束了北方连年战乱的封建割据局面，形成了南北朝对峙。这一时期佛教兴起，云岗石窟在公元453年—495年修凿成功，交城的玄中寺于公元472年开始创建，成为昙鸾大师所创佛教净土宗的诞生地。

隋朝建立以后，天下设总管府，山西境内有并、代、隰、朔四个州，以并州为首，山西既有盐池，又产粮食，经济相当发达。隋末，任隋朝河东道抚尉太原留守职务的李渊，在他儿子李世民和晋阳令刘文静等策划下，从太原起兵3万反隋，建立唐朝。唐朝时，山西的经济发展曾经居于全国前列，全国18个盐池，仅河东就有5个。唐王朝对山西十分重视，认为这里是“龙兴”之地，把晋阳城定为北都，在这里广积军粮、兵器、甲胄，又大兴土木修建宫殿和城池，现在晋祠还存有唐太宗亲笔写的《晋祠铭》。唐朝时，山西人才辈出，有中国历史上唯一的女皇帝武则天，及王勃、王之涣、狄仁杰、薛仁贵、王维、王昌龄、白居易、柳宗元等杰出的政治家、诗人、文学家和军事将领。隋唐时期，佛教兴盛，佛教的四大名山之一——五台山，当时已经是寺庙林立、雕塑精美、名扬全国的佛教圣地。

五代十国时期，在短短半个世纪中，华北和中原前后经历了5个王朝，历史上称为“五代”，在中原以外地区，陆续出现了十个地区性的政权，史称“十国”。五代中的后唐、后晋、后汉都是山西境内或以山西为依托建立的王朝，同时雁门关以南、韩侯岭以北的山西北、中部（以及陕西神木一带的一小片地区）是刘崇建立的北汉（十国之一）政权。

北宋初期，山西再度出现了繁荣。太原产的铜镜和剪刀远销各地，山西境内已开始用无烟煤做燃料，用土坩锅装矿石来炼铁。经济的发展，带来了文化的繁荣，出现了司马光等一批有名的历史人物。南宋以后，战乱不止，山西因有太行山为屏障，受战火摧残比其他地方相对较少，经济文化还比较发达。金代的时候，全国共设10个考区，山西就有3个，金代雕版印刷中心就设在平阳（临汾），金版藏经就是在平阳开雕印刷的，所刻的《四美人图》、《关羽图像》，绘画精美，形象逼真，开创了人物版画的先声，是中国版画的一大转折。在辽和宋、金对峙时期，佛教又得到广泛传播，修建了大同华严寺和应县木塔。元朝把山西和山东视为“腹里之地”，派驻大量的蒙古军加以统治。当时山西经济和文化技术都有很大发展，意大利著名旅行家马可·波罗在他的游记中，对山西作了这样的描述：“太原府工商颇盛，产葡萄酒及丝，有商人到印度通商谋利；平阳府居住的商人不少。”著名的芮城永乐宫，是元代艺术宝藏。洪洞广胜寺明应王殿的元代戏剧壁画也是这一时期所修建。

明朝朱元璋封其三个儿子为藩王，进驻山西；朱㭎为晋王，驻在太原；朱桂为代王，驻在大同；朱模为沈王，驻在潞安。明洪武年间设山西行中书省于太原，洪武九年（公元1376年）改为山西承宣布政使司，统管五府三州。洪武年间，迁山西之民往安徽、江淮、河北、河南和山东一带。永乐年间，又把山西中部、西南、东南之民迁往北平。据说移民搬迁前，曾经在洪洞县大槐树下集中，所以至今在各省人民中仍流传着：“若问祖先来何处？山西洪洞大槐树”的史话。明末，山西成了明军与起义军的主要战场，清初的抗清斗争又十分激烈，经济发展受到严重影响。清朝时，把长城以外的内蒙古呼和浩特等地划入山西省内，共设9府、16州、108县。当时，山西的商业与金融业十分活跃，最著名的是山西票号。明清时代，山西的文化艺术也获得相当发展。省会太原和各府城州县都开办了学院，清末的令德堂、潞安府的上党书院、山西濬文书局都是比较有名的。乾隆以后蒲剧兴起，是当时的重要地方戏之一。名人学者有傅山等人。

在漫长的岁月里，山西人民百折不挠，勤劳勇敢，走过了繁荣、衰败、发展的不同历史阶段，终于在中国共产党的领导下，推翻了帝国主义、封建主义、官僚资本主义三座大山，开创了人民当家作主的历史新纪元。新中国成立后，山西的行政区划曾有过多次调整，到1998年底，山西辖忻州、吕梁、晋中、临汾、运城5个地区和太原、大同、阳泉、长治、晋城、朔州6个省辖市，下辖119个县（市）、区（含市辖城区），有1378个乡、532个镇、32414个村民委员会、159个街道办事处、3293个居民委员会。

太原市辖1市（县级）、6区、3县：古交市、小店区、迎泽区、杏花岭区、尖草坪区、万柏林区、晋源区、清徐县、阳曲县、娄烦县。

大同市辖4区、7县：城区、矿区、南郊区、新荣区、阳高县、天镇县、广灵县、灵丘县、浑源县、左云县、大同县。

阳泉市辖3区、2县：城区、矿区、郊区、平定县、盂县。

长治市辖1市（县级）、2区、10县：潞城市、城区、郊区、长治县、襄垣县、屯留县、平顺县、黎城县、壶关县、长子县、武乡县、沁县、沁源县。

晋城市辖1市（县级）、1区、4县：高平市、城区、泽州县、沁水县、阳城县、陵川县。

朔州市辖2区、4县：朔城区、平鲁区、山阴县、应县、右玉县、怀仁县。

忻州地区辖2市（县级）、12县：忻州市、原平市、定襄县、五台县、代县、繁峙县、宁武县、静乐县、神池县、五寨县、岢岚县、河曲县、保德县、偏关县。

吕梁地区辖3市（县级）、10县：孝义市、离石市、汾阳市、文水县、交城县、兴县、临县、柳林县、石楼县、岚县、方山县、中阳县、交口县。

晋中地区辖2市（县级）、9县：榆次市、介休市、榆社县、左权县、和顺县、昔阳县、寿阳县、太谷县、祁县、平遥县、灵石县。

临汾地区辖3市（县级）、14县：临汾市、侯马市、霍州市、曲沃县、翼城县、襄汾县、洪洞县、古县、安泽县、浮山县、吉县、乡宁县、大宁县、蒲县、永和县、隰县、汾西县。

运城地区辖3市（县级）、10县：运城市、永济市、河津市、芮城县、临猗县、万荣县、新绛县、稷山县、闻喜县、夏县、绛县、平陆县、垣曲县。

资源分布

山西就总体而言，属于资源比较丰富的地区，尤其是矿产资源得天独厚,但也存在着诸如水资源严重匮乏等明显的劣势。

土地资源 全省土地总面积15.63万平方公里,在全国30个省、市、自治区中名列第19位。山西地带性土壤类型北部为干草原粟钙土,中南部为森林草原褐土,吕梁山以西为森林草原向干草原过渡的灰褐土。山西各类土壤因受水热条件影响,一般来说南部各类土壤发育较完全,形成很好的粘化层;而中北部各类土壤则发育较差,粘化过程微弱。全省土壤有机质含量不高,氮、磷、钾都不足,种植完全依靠施肥。从土地利用情况看,1998年底耕地面积437.2万公顷,占总面积的28%。林地面积343.5万公顷,约占22%。全省现有耕地大约四分之三分布于山区和丘陵区,四分之一分布在盆地和山间河谷的平地。耕地中水田、水浇地面积约占24.4%。山西后备土地资源丰富,大量的盐碱荒地、沙荒地、沼泽地可改良开垦为农林牧用地,但需要排水、治河、修建护岸工程,开发投资很大。

矿产资源 山西矿产资源丰富,从品种到储量在全国都占有重要地位。目前,全省发现的矿种有120余种,其中可利用矿种96个,探明储量的矿种55个,探明储量居全国前10位的有25种。煤、铝土、耐火粘土、铁矾土、珍珠岩、镓、沸石等的储量居全国首位,金红石、镁盐、芒销的储量居全国第二位,钾长石储量位列第三,钛、铁、熔剂石灰石的储量居于第四,长石、石膏、钴、铜、锗、金的储量也在全国名列前茅。

煤炭资源 山西的煤炭资源在全国首屈一指。其特征主要表现在六个方面:①分布广。全省含煤面积约6.2万平方公里,占全省总面积的40%,有94个县、市、区有煤,主要分布在大同、宁武、西山、沁水、霍西、河东六大煤田。②储量大。预测储量8710亿吨,到1998年底,全省保有储量为2608亿吨,约占全国已探明储量的三分之一。③煤质优良,品种齐全。低灰、低磷、发热量高是晋煤的主要特点,大部分煤炭灰分在16.2%,含硫在1%以下,发热高达7000大卡/公斤。我国十大煤种山西全有,其中,焦煤储量占全国53%,无烟煤储量占46%。④地质构造简单,便于开采。山西的大部分煤田煤层平稳,褶皱、断层较少,煤层倾角一般在10度以下。晋东南的3号煤,从武乡至阳城厚度为4—6米,且断层稀少。这在全国和世界范围内皆属罕见。煤层按地质构造划分,属构造简单的占87.8%,中等的占6%,复杂的占6.3%。按水文地质条件分析,属于简单的占74%,中等的占24.6%,复杂的占1.4%。大部分煤层埋藏较浅,埋藏在300米以内占探明储量的49%,有的煤矿上覆岩层仅有50—200米,便于露天开采。⑤地理位置适中,便于向外输送。山西地处全国能源消费扇面中心,且主要煤田皆在铁路沿线,有利于煤炭向四面八方调运。⑥煤质和埋藏特点以及雄厚的物质设备、技术力量,便于专业开采和综合利用。大同煤矿以动力煤为主,轩岗煤矿以气煤为主,西山煤矿以瘦煤及焦煤为主,阳泉煤矿以无烟煤为主,汾西煤矿以焦煤为主,霍州煤矿以肥煤为主,潞安、晋城矿分别以焦煤和无烟煤为主。

迎泽公园　　王天明　摄

铁矿资源 铁矿产地98处,分布在全省57个县市境内,累计探明可利用储量约35亿吨,居全国第4位。

有色金属矿产资源 铝土矿和铜矿是山西有色金属的重要资源。山西是全国四大铝矿基地之一,已探明储量7.16亿吨,居全国第一位,是山西除煤炭之外的第二大支柱性资源。铝土矿分布于阳泉市、孝义市、河曲县、保德县、中阳县、河津市等40多个县市,层位稳定,矿石质量好,并伴有铁、煤、铁矿石、高粘土等。铜矿储量也很丰富,主要集中于中条山的垣曲、闻喜。其它的有色金属矿还有大同、繁峙的钼矿,代县、左权、黎城等地的钛矿,交城的铝锌矿,灵石、代县、垣曲、夏县、绛县、平陆等地的金矿。

化工原料矿产资源 硫铁矿总储量达3000万吨,主要分布于平定、阳泉、五台、晋城、阳城、交口等市、县,但矿体薄,较分散,不利于大规模工业开采。磷矿已探明储量3.7亿吨,大部分属于中低品位矿床,以灵丘矿区规模最大,开采条件好,交通方便,大部分出露地表。电石石灰岩资源极为丰富,分布广,质量好,多数可作化工原料,为发展尼龙工业提供了优越条件,主要分布在太原、交口、灵石等三处,工业储量近7000万吨,绝大部分为特级或一级品。运城盐池的固体芒硝(盐),是山西历史悠久的著名化工原料。

建筑材料及非金属矿产资源 水泥石灰岩资源丰富,层位稳定,储量达12亿吨,广泛分布于大同、太原、长治、临汾等地,是发展水泥、冶金、化工、建材等

工业的重要原料。石膏探明储量在5亿吨以上,集中分布在中南部的汾河中下游地区、晋东南的长治、潞城一带以及中条山南麓的平陆等地。

植物资源　山西的高等植物(除苔藓外)约有160多科、3000多种,其中草本植物约占三分之二,木本植物占三分之一。在植物分布上,南部、东南部是以次生落叶灌木丛和落叶阔叶林为主的夏绿阔叶混交林地区,其中辽东栎、栓皮栎、槲橡、鹅耳枥、油松、白皮松、华山松等树种占优势。中地区为中杨、桦及其混交林,次生灌木丛中沙棘、虎榛子、黄蔷薇、黄栌、红酸刺、连翘、酸枣等占相当面积。白羊草地低山、中山、丘陵占有一定比重。果树有柿、枳椇(拐枣)、苹果、梨、红花果、桃、核桃、红枣等。农作物以棉花、冬小麦、谷子、玉米为主。中部以落叶灌丛和针叶林为主,其次是落叶阔叶林。亚高山和中山地区有云杉、细叶云杉、华北落叶松及少量臭冷杉组成的针叶林,以及一些油松、辽东栎、山杨和桦树。次生灌木丛由柔毛锈线菊、胡枝子、榛子、黄蔷薇、沙棘、虎榛子为主,长芝草等草本植物次之。中山以上地区有蒿草、豹子花等组成的山地草甸。果树梨、枣、核桃居多,以及葡萄、红花果、桃、杏等。农作物以杂粮为主,部分地区有冬麦和棉花。北部和西北部是暖温带及温带灌木丛和半干旱草原,优势作物的是长芝草、角蒿、兴安胡枝子、狗尾草,沙棘、虎榛子、黄蔷薇等有零星分布。果树种类主要有红花果,部分地区有苹果、核桃、枣等。农作物主要有马铃薯、胡麻、莜麦以及春麦、谷子等。

野生动物资源　山西野生动物资源种类较多,但多数种属的个体数量很少,分布范围狭窄,只有87种分布较广泛,近80%的种属个体数量已很少,或在深山密林中有很小的种群,如大鲵、猕猴等。珍稀的野生动物单体数量较少,濒危物种较多,山西野生动物资源保护的问题十分突出。目前,全省已建立了历山、蟒河、芦芽山、庞泉沟等自然保护区。

据近百年来的文献记载,全省有陆栖脊椎动物约420种,占全国总数的20.5%左右,其中,兽类70种,鸟类316种,两栖爬行类34种。

皮毛动物　山西的毛皮兽约20多种,主要有野兔、狐、黄鼬、狗獾、猪獾、艾虎、青鼬、花面狸、狼、豹、猫等。

肉用动物　山西的山禽、野味也有一定的产量。可供肉食的野生禽兽,主要有野兔、野猪、环颈雉、石鸡、斑翅山鹑、岩鸽等,除内销外,还出口日本、西欧。

药用动物　山西有药用价值的脊椎动物约70多种。较贵重的有金钱豹、梅花鹿、麝、鼯鼠、各种蝙蝠、刺猬等。

水资源　山西是全国水资源贫乏省份之一。全省水资源总量只有142亿立方米,在全国各省区中居倒数第二位,人均占有量不足全国的五分之一,相当于世界人均占有水量的4.3%;亩均占有水量只有全国的9.3%。山西地下水资源储量约93.1亿立方米,但可采水资源只占45%,且多分布于盆地边缘及省境四周。

旅游资源　山西地处黄河中下游,是中华民族最早的发祥地之一。既有风景秀丽的名山大川,又有丰富的古代文化遗产和众多的革命纪念地,旅游资源遍布全省各地。在自然资源方面,既有号称"华北屋脊"的五台山,又有五岳之一的北岳恒山,保存有原始森林的历山,松林密布的灵空山,栖息繁衍着国家一类保护动物褐马鸡的管涔山和关帝山,气候宜人的藏山,传说介子推被焚的绵山和北武当山等,均名扬天下。山西的关隘也较多,内长城的6个重要关口,山西境内就有3个,即雁门关、宁武关、偏关。太行山的6个重要关口,山西境内也有3个,即娘子关、东阳关、虹梯关。全省具有旅游价值的瀑布、急流、泉水和高山湖泊为数不少,壶口瀑布是我国三大瀑布之一,晋陕峡谷出口处的龙门,据传"鲤鱼跳龙门"的神话就缘于此。晋祠难老泉、洪洞广胜寺泉等都是广传天下的名泉。还陆续开发利用了多处温泉,其中忻州奇村温泉、盂县寺平安温泉、浑源县塘头温泉等的水质在全国温泉中名列前茅。

山西素有"中国古代文化博物馆"之美誉。古人类文化遗址、帝都古城、宝刹禅院、石窟碑碣、名人故居、雕塑壁画、古塔古墓、佛教圣地等从南到北、珠串全省。现已发现的宋代以前的古建筑有106座,元代的有350座,明清两代的为数更多。现存的古塔约280座左右,各种泥塑和木雕像近万尊,壁画约7000平方米,其中不少是国家级重点保护文物。号称"华北屋脊"的五台山,山间殿宇林立,为中国佛教圣地之冠。五岳之一的北岳恒山,悬空寺于峭壁腰间悬桥筑屋,层楼迭阁,支霓明灭,有"恒山第一胜景"之称;大同云岗石窟,凿山为岩,因岩镌佛,石窟百孔,佛像万尊,被历代帝王尊为大伽蓝;芮城永乐宫,宫内壁画气势雄伟,色泽绚丽,画面结构严谨,人物栩栩如生,为现有元代壁画中规模最大、画工最细、内容最为丰富的杰作;应县木塔原称佛宫寺释迦塔,建于辽清宁二年(1056年),塔高67米,底层直径30米,通塔为木结构,八角上檐内外槽柱,为我国最古老的木结构塔式建筑;晋祠亦名王祠(即周唐叔虞之祠),宋天圣年间修建叔虞之母邑姜祠堂(圣母殿),金代又修献殿,圣母塑像眼神贯注,表情逼真,为我国宋塑杰作,诗人李白誉赞"晋祠流水如碧玉,百尺清潭泻翠娥";洪洞广胜寺,建于东汉建和元年(公元147年),名为芦舍寺,唐大历四年(公元769年)重建后改称广胜寺,明代在霍山脚下续建广胜下寺,原寺遂称广胜上寺,明代于上寺增建琉璃飞虹塔,是我国目前保存最大最完整的琉璃宝塔,为我国古代著名佛寺,寺内元代壁画,在解放前被盗,现陈列在美国堪城纳尔逊艺术馆,弥勒殿内曾保存有金版藏经,是国内外曾未著录的孤本,现在北京图书馆。此外,尚有交城玄中寺、平遥双林寺、解州关帝庙、永济普救寺等省级文物保护单位多处。

山西同时又是富有光荣传统的革命圣地,现有全国重点文物保护单位3处,省级文物保护单位8处,县级文物保护单位486处。主要有:武乡县的八路军总部旧址、长治市革命烈士陵园、五台县松岩口的白求恩纪念馆、文水县的刘胡兰纪念馆以及黎城黄崖洞八路军总部兵工厂旧址等。

省情综述

综合评估分析,在中华民族迅猛崛起的行列中,山西的经济社会发展水平处于中下游位置。

国民经济概况　1998年全省国内生产总值达到1601.1亿元,居全国第19位。人均国内生产总值5072元,居全国第17位。一、二、三产业增加值分别为207.3亿元、856.1亿元、537.7亿元,三次产业之比为12.9:53.5:33.6。

工业生产　山西已基本形成了以重工业为主,煤炭、电力、冶金、机械、化工等门类齐全的工业体系。1998年全省国有工业企业、大中型工业企业和年产品销售收入500万元及以上的非国有工业企业完成工业总产值1114.9亿元,居全国第18位。原煤产量、发电量、钢产量分别达到31482万吨、554亿千瓦小时和420万吨。

农业生产　山西已从根本上改变了农业生产的落后状况,从总体上解决了人民群众的温饱问题,走上了农、林、牧、渔业并举,向产业化迈进的道路。1998年全省农林牧渔业总产值358.9亿元,居全国第23位。粮食产量达108.15亿公斤,创历史最高水平,其中小麦产量32.09亿公斤,占29.7%。年末大牲畜存栏316.8万头,肉类总产量61万吨。乡镇企业增加值达到366.2亿元。

交通　山西的交通运输已基本形成了以铁路、公路为主,航空、水路为辅的强大运输网络。到1998年底,全省铁路营业里程2504公里,公路线路里程48560公里,民航航空航线30条,全年旅客周转量192.3亿人公里,货物周转量762.6亿吨公里。已实现县县通油路、乡乡通公路和村村通机动车的"三通"目标,建成太原—旧关、太原—原平两条高速公路。

通信　1998年全省邮电业务总量达到39.7亿元。邮政方面,全省邮路总长度已达19.8万公里,邮电局、所发展到1743个。电信方面,长途通信传输实现了模拟技术向数字技术的转变,县以上长途传输全部实现了数字化,长途电缆光缆总长度6831公里。市内电话交换机总容量已突破百万大关,实现了县以上城市电话交换程控化,全部市县电话用户都可以直拨国内、国际长途,主要技术装备达到世界先进水平。

教育　1998年底,全省普通高等学校发展到23所,专任教师8798人,在校学生7.6万人;中等专业学校128所,专任教师9637人,在校学生14.6万人;普通中学3292所,专任教师12万人,在校学生177.4万人;小学39249所,专任教师17.5万人,在校学生348万人。

科技　1998年,全省共有县级以上自然科学研究与技术开发机构161个,科技论文1630篇,科技著作43种,其中,获国家级奖励的6个,获省部级奖励的94个,获地、市级奖励的37个。社会、人文科研机构科技著作11种,科技论文494篇,1项获国家级奖励。大中型工业企业技术开发机构232个,技术开发人员34194人。

文化体育　截止1998年底,全省共有电影放映单位3492个,艺术表演团体161个,文化馆118个,公共图书馆120个,博物馆72个。全省广播、电视人口覆盖率分别为83.93%和86.2%。全年共出版报纸56种,杂志157种,图书1639种。共有体育场38个,体育馆7个,游泳场75个,共有等级运动员3606名,等级裁判员1471名,全年举办县级以上运动会1664次,77.9万人参加。

卫生　1998年底,全省共有卫生机构3282个,其中县及县以上医院664个。拥有床位数10.96万张,平均每千人拥有医院床位数3.45张。拥有卫生技术人员13.4万人,平均每千人拥有卫生技术人员4.23人。

财政金融　1998年,全省财政总收入182亿元,其中一般预算收入104亿元。一般预算支出执行164亿元。1998年底,全省金融机构各项存款余额2081亿元,各项贷款余额1742亿元,存贷差339亿元,城乡居民储蓄存款余额1437亿元。保险业承保总额2478亿元,保费收入21.4亿元,赔付金额8.7亿元。1998年全省全社会固定资产投资达到535亿元。

国内外贸易　1998年,全省社会消费品零售总额达547亿元,其中城市319亿元,农村228亿元。外贸进出总额17亿美元,其中出口总额14.5亿美元,进口总额2.5亿美元。年末全省注册的外商投资企业共有

1279个。

人民生活　1998年,全省城镇居民人均可支配收入4099元,为全国平均水平的75.6%,人均消费性支出3268元。农民人均纯收入1859元,为全国平均水平的86%,人均消费支出1056元。

(翟振新　张晓东)

兴晋富民大展宏图

伴随着历史前进的步伐,人民共和国迎来了自己的50华诞。50年来,人民共和国在前进中不断发展,中华民族在世界民族之林中迅速崛起,并且日益壮大强盛。同样,山西这块古老的黄土地也取得了举世瞩目的辉煌成就,发生了翻天覆地的巨大变化,特别是1978年党的十一届三中全会以来,改革开放翻开了全省各项事业发展史崭新的一页,国民经济和各项社会事业均得到了史无前例的空前发展,一个富有生机、充满活力的新山西正在阔步迈向新世纪。

发展历程

共和国的50年,是山西各项事业取得辉煌成就的50年,也是山西人民在艰难曲折中奋进的50年。经过半个世纪的社会主义建设,今天的山西已经发生了历史性的巨变。这一巨变,凝聚了三晋儿女在中国共产党的领导下,历经风雨、百折不挠、披荆斩棘、勇敢探索的奋斗历程,经历了不同的发展阶段,是在漫长的曲折中正确与错误不断斗争、奋进与挫折反复较量的结果。

(一)1949—1957年的社会主义改造阶段。在这一阶段党和政府领导全省人民取得了土地改革的伟大胜利,完成了山西农业、手工业和资本主义工商业的社会主义改造,全省国民经济得到了迅速恢复和发展

1949年,饱经连年战争忧患的山西终于获得了全境解放。从此山西人民便在这块古老的黄土地上开始创造新的生活。但是,由于连年战争的摧残和旧山西反动政权的破坏,此时的山西国民经济已处在一个极为困难的境地:工农业生产凋敝,通货恶性膨胀,市场投机势力猖獗,人民生活极为困难,摆在我们面前的是迫切需要迅速恢复工农业生产,稳定国民经济秩序。鉴于此,国家从1950年开始,决定用3年的时间完成国民经济恢复任务。3年间,山西通过执行国家统一的财经政策实现了财经状况的根本好转;通过没收以阎锡山为代表的官僚资本和具有浓厚封建性买办资本,发展壮大了国有经济;通过土地改革,极大地解放了农村生产力;通过合理调整资本主义工商业,促进了全省工商业的恢复和发展。经过3年的艰苦努力,使全省国民经济得到了迅速的恢复和发展。到1952年底,山西工农业生产均超过了解放前最高水平,财政状况明显好转,市场和物价基本稳定,城乡人民生活水平有了较大提高。1952年,全省工农业总产值达到29.3亿元,比1949年增长66.6%,其中工业总产值增长了1.9倍;财政收入完成1.8亿元,增长了20.6倍。

随着工农业生产的发展和国民经济恢复任务的胜利完成,党中央提出了过渡时期的总路线,即“要在一个相当长时期内,逐步实现国家社会主义工业化,并逐步实现国家对农业、手工业和对资本主义工商业的社会主义改造”。从1953年开始执行了第一个国民经济发展的五年计划。从此,国民经济第一次纳入了有计划、按比例发展的规道。实践证明,这个时期由于采取了一系列符合当时客观实际的方针、政策、措施,使得工农业生产得到较快发展,社会主义建设取得突出成就,成为建国以来经济发展最好的时期之一。到1957年,山西提前胜利完成了第一个五年计划,当年全省社会总产值、国民收入分别达到42.2亿元和22.9亿元,分别比1952年增长71.2%和49.9%;全省国内生产总值达到29.2(当年价,下同)亿元,比1952年增长74%(不变价,下同);全省地方财政收入达到3.5亿元,5年中增长近1倍,收支相抵,连年有余。

(二)1958—1965年社会主义建设在曲折中前进的阶段。这一阶段,山西经历了一个“左倾”思想泛滥成灾,经济建设遭受挫折,人民在曲折中艰难进取的历程

进入1958年后,山西和全国一样经历了举世瞩目的“大跃进”和人民公社化运动。在极“左”错误思想影响下,片面追求高指标、高速度,导致了工作中的急于求成和急躁冒进。工业上片面强调“以钢为纲”,全

民总动员大炼钢铁，以忽视轻工业和牺牲农业的巨大代价换来了重工业的畸形高速增长，造成了主要经济比例关系严重失调；农村工作在急于过渡思想的支配下迅速由小社变大社，无限制地拔高了所有制结构，并掀起了人民公社化运动的高潮，短短几个月便在全省农村基本实现了人民公社化；“一平二调”、无偿调拨等“共产风”分配方式，使生产关系的变革远远地超过了当时生产力的承受能力。这次运动由于理论指导上的极左和背离客观规律，实际行动中的盲目蛮干和浮夸虚报，使山西经济遭受了严重的挫折，加之农业连年歉收，苏联政府撕毁合同撤走专家，使“一五”时期末国民经济已出现的良性健康发展局面被一下子推到了极为困难的境地，主要经济比例关系严重失调，城乡人民生活遇到很大困难。到1960年，全省农业总产值比1957年下降了16%，市场商品可供量严重不足，财政收入连续4年出现赤字。为扭转这一被动局面，1961年，党中央提出了“调整、巩固、充实、提高”的八字方针。山西省遵循这一方针，采取了一系列措施积极开展工作：首先通过调整农村生产关系和有关政策，恢复农业生产。在农村人民公社，明确以生产队为基本核算单位，实行“三级所有，队为基础”的核算制度。恢复社员自留地，允许社员发展家庭副业和手工业生产，开放农村集市贸易。减少粮食征购，减轻农民负担。其次，压缩基本建设投资，关、停、并、转成本高、效益差的企业。第三，精减职工、回笼货币、活跃和稳定市场。到1962年底，全省基本建设投资额缩减到2.5亿元，比1960年压缩了80%，积累率从48.6%降到6.9%，钢产量从74.95万吨降为23.64万吨。通过这些措施的实施，有效地压缩了财政支出，回笼了货币，稳定了市场供应，使全省国民经济得到了一定程度的恢复，但整个经济建设仍还没有真正从困境中摆脱出来。从1963年开始，山西进一步加大了贯彻中央调整政策的力度，经过3年的艰苦努力，到1965年，使全省国民经济终于从“大跃进”造成的困境中走了出来，整个经济重新出现了稳定、协调、全面发展的良好态势。到1965年，全省工农业生水平超过或接近了历史最高水平，当年全省国内生产总值达到43.9亿元，比1957年增长了50.6%，全省财政总收入增长了94.6%。回顾这8年来山西所走过的历程，尽管国民经济受到严重挫折，但全省生产力水平仍得到了一定的发展。全省工业化程度进一步提高，一个具有山西特色的门类比较齐全的工业体系在这一时期基本形成；农业机械化、水利化程度有了明显提高，全省农业机械总动力由1957年的3.6万千瓦发展到了1965年的40.3万千瓦，新建了一大批大中型水利工程，在经济建设中发挥了重要作用。

（三）1966—1976年社会主义建设事业遭受到严重破坏的阶段。这一阶段，山西政治经济生活陷入了全面混乱的局面，整整10年，全省国民经济随着暴风雨般的政治形势的极速逆转和连续不断的政治运动高潮而起伏动荡、缓慢发展

正当山西国民经济经过几年调整出现可喜发展势头之际，从1966年开始，在全国范围内又开始了举世震惊的持续10年之久的“文化大革命”动乱，全省国民经济和社会发展的正常秩序再次受到严重破坏，使国民经济和社会发展遭受了建国以来最为严重的挫折和损失。10年间，在产业结构方面，片面强调“以钢为纲”，突出重工业，使农业、轻工业投入不足，在国民经济中长期处于瘸腿状态。在农村，片面强调“以粮为纲”，林牧渔副业都受到了排挤，农民家庭副业、集市贸易，甚至于集体经济的多种经营和工副业，都受到限制。在对山西得天独厚的煤炭资源的开发利用上，由于片面强调“扭转北煤南运”的方针，使山西的煤炭工业没有得到很好的发展。整整10年，山西整个国民经济在动乱和无序中动荡运行，缓慢发展，给山西国民经济和社会各项事业的发展造成了不可估量的损失。从1966年至1976年的10年中，山西国内生产总值有4个年份出现负增长，财政收入有4个年份负增长，6个年份出现赤字，国民经济主要比例关系严重失调。到1976年，全省国内生产总值为64.6亿元，比上年下降7.6%；全省地方财政收入9.7亿元，比上年下降21.4%，财政赤字达到了6.2亿元，国民经济几乎到了崩溃的边缘。

十里钢城

(四)1977—1999 年社会主义全面建设的新阶段。这一阶段,改革开放和经济发展成为时代发展的主旋律,山西各项改革事业不断引深,国民经济空前发展

1976 年粉碎"四人帮",山西人民欢欣鼓舞。面对堆积如山的冤假错案和濒于崩溃的国民经济,省委、省政府集中精力进行了拨乱反正和经济秩序整顿,使全省国民经济得到了一定的恢复。但是由于工作指导思想上"左"的错误还没有得到认真的纠正,国民经济重新出现了与 50 年代"大跃进"相类似的冒进倾向,工业特别是重工业高速增长,基本建设迅速膨胀,积累率重新陡然回升,各种主要经济比例关系进一步绷紧。

1978 年 12 月,具有划时代意义的党的十一届三中全会胜利召开,会议确立了解放思想、实事求是的思想路线,明确作出了"党和国家的工作重点转移到社会主义现代化建设上来"的战略决策,提出了"对内搞活,对外开放"的总方针,从此中华民族进入了改革发展的新时期。20 年来,山西历届省委和政府,在邓小平理论的指引下,在党中央的正确领导下,带领全省人民锐意进取,大胆探索,认真总结经验教训,不断加大改革力度,形成并实践了山西自己的社会主义现代化发展思路——兴晋富民发展战略,极大地促进了全省国民经济的发展。

1.社会主义市场经济体制初步形成,市场调节功能大大增强。20 年来,随着全国市场经济体制改革的不断深化,山西的市场体系也得到了不断的发展和完善。商品市场通过"破"和"立"得到较快发展。"破"是指缩减计划商品种类,削减指令性计划,改革企业只生产不经营的机制,废除国家对所有商品定价的做法;"立"是指扩大企业经营自主权,组建批发市场和贸易中心,改革批发和零售商业体制,准许非国有经济从事商业活动等等。随着商品市场的发展和供求关系的变化,有步骤地改革了重要消费品和生产资料的定价制度。资本市场在完善信贷市场、发展股票市场中不断发展壮大。信贷体制由最初的"统一计划、多级管理、存贷挂钩、差额包干"逐步走向按资产负债比例管理,取消贷款规模限额管理。先后出台了再贷款、再贴现、准备金率、公开市场业务等,规范和加强了对信贷市场的管理和调控。股票、证券市场从无到有得到迅速发展。目前,全省证券机构已达到 8 家,其中省信托投资公司获得主销商资格。设立在山西境内并已正式开业的证券营业网点达到 26 个,其中属于省内法人机构在省内设立的网点共有 19 个,省外法人机构在山西设立的网点共有 7 个。同时国债市场、银行同业拆借市场也得到较快发展。劳务市场在探索和试点中不断得到发展和完善。在农村,准许农村剩余劳动力走进城市补充部分行业劳动力不足的状况。在城镇,各种人才交流中心应运而生。此外科技市场、信息市场、文化市场等也得到不断发展。

2.以公有制为主体、多种所有制经济共同发展的格局基本形成。党的十一届三中全会以来,国家认真总结了以往的经验教训,制定了以公有制为主体、多种经济成分共同发展的方针,逐步消除了所有制结构不合理造成的对生产力的羁绊。20 年来,山西在公有制经济得到不断巩固和发展的同时,其他所有制经济也都有了较快的发展,非公有制经济已成为社会主义市场经济的重要组成部分。1978 年,在全省国内生产总值中,公有制经济占 98.2%,非公有制经济仅占 1.8%。到 1997 年,公有制经济所占比重下降到 76.7%,非国有经济所占比重则上升到 23.3%。据 1997 年底工商部门资料显示,1997 年,全省注册的工商个体经济和私营经济达到 68 万家,从业人员 153 万人;全省已累计注册登记外商投资企业 1791 户,除注、吊销 390 户外,实有外商投资企业 1401 户,投资总额达到 44.3 亿美元,注册资本达 24.8 亿美元。山西股份制经济尽管起步较晚,但却保持了相当快的发展速度,反映出旺盛的生命力。到 1997 年底,全省股份制试点企业和实体已发展到 12212 个,注册资金达到 318.6 亿元。

3.按劳分配为主体,多种分配形式并存的分配体制初步形成。改革开放以来,特别是党的十四大以来,山西始终坚持按劳分配为主体、多种分配制度并存的制度,并对分配制度和分配政策作了重大调整。农村的家庭联产承包责任制、城镇的企业工资制度、机关事业单位的工资制度,都充分体现了按劳分配的原则,在此基础上,允许和和鼓励一部分人通过诚实劳动和合法经营先富起来。随着整个经济体制改革的深入发展,分配结构和分配方式得到进一步调整和完善。在坚持按劳分配为主的前提下,资本、技术等生产要素参与收益分配的份额不断增多,主要是银行存款利息、国债利息、股票收益和增值等金融资产收益,以及专利收益等。党的十五大再次明确指出:要坚持按劳分配为主体、多种分配方式并存的制度,把按劳分配与按生产要素分配结合起来,允许和鼓励一部分人通过诚实劳动和合法经营先富起来,允许和鼓励资本、技术等生产要素参与收益分配。

4.以家庭联产承包责任制为突破口,农村经济体制改革取得了巨大成功。农村家庭联产承包责任制,给农村发展注入了活力。进入 80 年代后,在短短几年里,农村家庭联产承包责任制由部分地区局部试点,迅速得到推广,显示出了强大的生命力,不仅解决了多年存在的"吃大锅饭"、"干好干坏一个样"的问题,

调动了广大农民的生产积极性，更重要的是为改革开放20年来的农业生产稳定发展提供了体制保证。

山西是一个农业小省，农业基础比较薄弱，农业生产力水平较低，为改变这一状况，历届省委、政府都把认真落实农村政策、深化农村改革作为工作的重点来抓。特别是近几年来，山西进一步加大了农村经济体制改革力度，取得了不少成绩。一是积极稳妥地延长土地承包期，进一步稳定和完善统分结合的双层经营体制。二是切实减轻农民负担，使农民负担连续几年都控制在上年人均收入的5%以下。三是积极推行了农村股份合作制。四是拍卖、治理“四荒”步伐加快。五是加快了农业产业化进程。六是粮食流通体制改革取得了一定成绩。

5.城市改革迈出了坚实步伐。随着改革的深入，作为政治、经济、文化中心的城市的改革日益提到了重要的议事日程，并且逐步成为改革的主战场。围绕改革政府职能和管理手段、增强企业活力、完善所有制结构、培育社会主义市场等方面，做了大量的工作，取得了一定的成就。

其一，积极推进国有企业改革，使国有企业改革有了突破性进展。国有企业是山西国民经济的支柱，也是山西经济体制改革的重点工程和难点工程。党的十一届三中全会以来，特别是党的十四大后，山西坚持把搞好国有企业改革作为各项工作的重中之重来抓。在国有大中型企业方面，一是对有竞争优势和发展前景的重点企业进行了现代企业制度改革，二是依据山西产业结构的特点和在全国的比较优势，采取收购、兼并、参股、控股、资产授权等形式，以母子公司为主体，以骨干企业为核心，组建了一批有一定规模和实力的企业集团，三是通过多种渠道为企业增资减债，提高了企业生产经营的市场化程度，四是在生产要素投入上实现倾斜政策，五是分离企业办社会职能，分流企业富裕人员。在国有小型企业方面，本着“抓住原则，放开形式”的方针，采取“三放开”、“三管住”的形式对全省国有小型企业实行了改制、改组、改革，增强了企业的活力。“三放开”即放开对国有小型企业经营者的任免方式，放开企业的生产经营方式，放开产权制度改革的具体形式；“三管住”即管住国有资产，管住银行债务，管住国家、集体、个人三者的利益关系。到目前为止，全省1000多户国有小型企业中已有800多户通过采取改组、联合、兼并、实现股份制等措施出现了新的生机。

其二，以要素市场为重点的市场体系建设进入了新的阶段。市场机制已逐步起到在价格形成过程中的主导作用。在金融体制方面，进一步加强了中央银行的宏观调控职能，改革和完善了金融机构的管理体制，逐步完善了由中央银行、商业银行、非银行金融机构组成的金融体系。劳动力市场和技术市场也逐渐规模化。在城市基本实现土地有偿使用制度。房地产市场也开始发展壮大，成为城市经济的重要部分。

其三，各项社会保障制度逐步建立。多数城市相继建立了居民最低生活保障制度，推行了医疗保险制度的改革，逐步建立并完善了以公积金制度和个人账户为重点的住房制度，在一些试点城市出台了以社会统筹和个人帐户相结合的新的养老保险制度。

其四，市管县体制得到发展，城市数量增加。为增强城市在经济工作中的中心作用，1982年11月召开的五届人大五次会议通过的“六五”计划报告中明确规定：“在经济比较发达的地区，实行地市机构合并，由市领导周围各县。”遵照这一规定，山西先后在条件比较成熟的原晋东南地区、雁北地区等地实行了市管县改革，取消了原来的晋东南行政公署、雁北行政公署，成立了晋城市、朔州市。这一新形势下的管理体制，增强了中心城市对周围地区的幅射力，促进了城乡经济的共同繁荣和协调发展。为进一步增强城市的幅射作用，促进城乡经济共同发展，山西在县改市方面也做了大量卓有成效的工作，改革开放以来，先后有13个县改为市，到1998年底，全省城市发展到22个，其中地级市6个，县级市16个。

其五，经济技术开发区稳步发展。截止1998年末，全省有经济技术开发区和高新技术开发区8个，其中省级经济技术开发区4个。太原高新技术产业开发区和长治高新技术产业开发区入区企业达到875家，其中高新技术企业达207家。

20年的改革开放，极大地解放了生产力，调动了人民群众的生产积极性，促进了全省国民经济经济持续、稳定、快速发展。到1998年底，全省国内生产总值达到1601.1亿元，按可比价格计算，比1978年增长4.6倍，平均每年递增8.98%，比1952年增长26.1倍，年均增长7.4%；人均国内生产总值达到5072元，按当年价格计算，比1978年增长12.9倍，平均每年递增14.1%，比1952年增长42.7倍，年均递增8.6%；全省财政总收入达到182.17亿元，地方财政收入达到104.2亿元，分别均比1978年有了大幅度的增长。

辉煌成就

共和国成立以来的50年，是山西人民告别压迫、走向解放，告别封闭、走向开放，告别贫穷、走向富强的50年。50年来，山西人民在中国共产党的正确领导下，团结一致，励精图治，取得了社会主义革命和社会主义建设的伟大胜利。特别是党的十一届三中全会以来,山西人民在邓小平理论的正确指引下,奋力开拓,不断进取,使山西各项建设事业都取得了前所未有的巨大成就。

(一)农业生产稳步前进,农村经济全面振兴

在旧中国,山西农业基础十分薄弱,广大农民群众长期生活在水深火热之中。新中国成立后,人民群众在党的正确领导下,艰苦奋斗,不断进取,使全省农村经济建设取得了一个又一个的胜利,促进了国民经济的发展。特别是1978年党的十一届三中全会胜利召开之后,农村家庭联产承包责任制象一石击水,激起了全国农村改革发展的层层波浪,山西广大农村不断深化改革,极大地解放了生产力,使全省农业以前所未有的速度迅速发展,取得了令人鼓舞的巨大成就。

——农业现代化水平迅速提高,农业生产条件明显改善。到1998年,全省农业机械总动力达到1505.84万千瓦,比1978年增长2.3倍;拖拉机达到20.34万台,联合收割机达到4420台,机动脱粒机达到58219台,农用载重汽车达到5.33万辆,农用运输车达到19681辆,都比1978年有了大幅度增长。1998年,全省机耕地面积由1951年的1.1万亩增加到3275.72万亩,比1978年增长12.7%;有效灌溉面积达1602.89万亩,比1949年增长3.23倍。1998年,全省农村用电量达50.36亿千瓦小时,比1978年增长3.1倍;平均每亩耕地用电达到76.8千瓦时。农用化肥施用量达353.77万吨,比1978年增长1倍,每亩耕地平均已达53.9公斤。农用塑料薄膜覆盖农作物从1979年开始,目前已广泛地应用于蔬菜、水果、棉花、玉米、小麦等农作物上。1998年,全省农用塑料薄膜使用量达到2.91万吨,比1990年增长1.5倍。

——农林牧渔业全面发展,主要产品产量大幅度增长。建国以来,山西粮食产量从259.6万吨增加到1081.48万吨,增长3.2倍。棉花生产在面积调减一半的情况下,1998年产量达到5.59万吨,比1949年增长1.77倍,最高的1984年产量达到13.31万吨,相当于1949年的6.6倍;油料产量达到42.5万吨,比1949年增长11.3倍。1998年全省蔬菜产量达到783.65万吨,比1980年增长3.4倍,其中"鲜细"菜比重不断提高;水果产量达到177.31万吨,比1949年增长17.4倍。同时,甜菜、烟叶、药材、麻类等产品产量屡创历史新纪录,年生产能力均达到了新的生产水平。林业建设成绩显著。1997年,全省林地总面积发展到5152.5万亩,森林覆盖率达到20%,比建国初期提高了17.6个百分点。畜牧业生产迈向专业化、商品化的发展轨道,畜产品生产能力显著提高。1998年全省畜牧业产值达到94.59亿元,比1949年增长18.3倍,比改革前的1978年增长4倍,牧业产值占农业总值的比重由1949年的9.1%、1978年的11.4%迅速上升到1998年的26.4%,畜牧业已发展成为农业中仅次于种植业的第二大支柱产业。全省肉类、禽蛋、鲜奶产量均达到比较高的水平。渔业生产长足发展。建国初期,山西仅有一些零星的天然捕捞,渔业几乎是空白。到1998年,全省成鱼产量达到了2.26万吨,比1978年增长了2.1倍。

——乡镇企业迅速崛起,在兴晋富民中发挥了重要作用。1978年,以乡镇企业为主体的非农产业产值仅有20.21亿元,占农村社会总产值的41%。党的十一届三中全会以后,山西乡镇企业得到了前所未有的飞速发展。到1998年,全省乡镇企业发展到9.24万个;从业人员达到247.94万人;乡镇企业总产值达到1445.02亿元,比1978年增长80多倍,平均每年递增24.7%。1998年全省乡镇企业为国家提供税金29.22亿元,占到当年全省财政收入的近30%。农民来自乡镇企业的收入占到全年收入的一半以上。乡镇企业的迅速发展,使农村自然资源、劳动力、资金和技术得到有效发挥,为全面振兴山西农村经济,促进社会效益和经济效益的提高,增加国家财政收入,支援国民经济建设做出了巨大的贡献。

(二)工业经济迅速发展,主要产品生产能力大幅度增长

山西工业生产历史悠久,但发展一直极其缓慢,生产水平十分落后,直至1949年解放时,全省仅有工业企业2864个,工业固定资产原值1.3亿元,年工业总产值才3.73亿元(按1990年不变价计算,下同);主要工业产品产量也十分有限,原煤产量仅有267万吨,焦炭7.5万吨,生铁4.1万吨,钢1.2万吨,水泥1.4万吨,发电量0.4亿千瓦小时。

新中国成立后,经过50年的努力,特别是经过改革开放以来20年的发展,山西工业经济发生了巨大变化,取得了很大的成就。

——工业经济总量迅速增长。1998年,全省工业增加值达到745.47亿元,比1952年增长316.9倍(按当年价计算),年均增长10.02%(按可比价计算);比1978年增长14.5倍,年均增长9.4%。增速均高出同期国内生产总值增长速度。全省全部工业总产值达到2318.5亿元,年均增长13.6%;比1978年增长9.6倍,年均增长11.98%。1998年末,全省工业资产总额达到2959.9亿元,比1949年增长1647.9倍,比1978年增长20.1倍。

——主要工业产品产量大幅度增长,一些重要产品产量位居全国前列。据1997年统计,山西原煤、洗精煤、焦炭、生铁、氧化铝、电石和耐火粘土矿产量均

占到全国第1位，发电量、化肥、硫酸、钢、水泥、成品钢材分别占到全国第7、10、15、10、14、13位。1998年，全省主要工业产品中的原煤、洗精煤、焦炭、发电量、农用化肥、塑料制品、硫酸、水泥、生铁、钢、成品钢材分别比1978年增长2.2倍、13.2倍、15倍、4.2倍、3.2倍、7.6倍、1.5倍、4.5倍、8.9倍、2.5倍和3.5倍，其他主要产品产量也都成几倍、几十倍甚至上百倍增长。

——行业门类更加齐全，工业布局更趋合理。到1998年，山西工业已形成拥有39个行业大类，181个行业中类，464个行业小类的比较完整的工业体系，分别占到整个工业40个大类、190个中类、564个小类的97.5%、95.3%和82.3%。经过50年，特别是改革开放20年的发展，山西工业布局不合理的状况也得到了彻底改观，不仅太原、大同、阳泉、长治等重点工业城市建设得到加强，而且原先工业比较落后的地区也都有了长足的发展。目前，以各自优势为依托，以各大城市为中心，幅射全省各地，布局基本合理的工业网络已在三晋巍然崛起。

(三)能源基地建设成就斐然

山西素有“煤海”之称，拥有丰富的煤炭资源，发展煤炭和电力等能源工业有得天独厚的优势。但由于历代统治阶级鄙视采煤业，使之长期沿袭原始、落后的开采方式，加之近代军阀买办及帝国主义列强的掠夺和破坏，使山西的资源优势直至解放前夕都没有得到较好的开发和利用。到1949年全省煤炭产量仅有267吨，发电量仅有0.63亿千瓦小时，焦炭8万吨。建国后，党和政府十分重视山西煤炭和其他能源工业的发展，特别是改革开放后，国家作出了将山西建设成为全国的能源重化工基地的战略决策，山西能源工业建设得到了更加迅速的发展，经过50年特别是改革开放20年的建设，山西已发展成为一个门类齐全、有一定规模和生产以及外调能力的能源大省，能源工业已成为山西名符其实的支柱产业，并为促进山西乃至全国的经济建设做出了突出的贡献。

——能源投资不断增加，基础设施显著改善。为有效发挥山西能源资源的优势，建国后，特别是改革开放以来，国家以及山西一直十分重视山西能源工业的发展，始终对能源工业投资采取了倾斜扶持政策，有力地促进了山西能源工业的发展。1949年至1998年，全省能源工业累计完成固定资产投资990.1亿元，占到全省同期工业投资完成额的近一半。其中，1979年至1998年累计投资940.1亿元，为前30年投资总额的18.8倍，年均47亿元，平均占到全省工业总投资的56.1%。随着能源工业基本建设投资额的不断增加，山西能源工业的实力不断增强。从1949年至1978年，全省能源工业新增固定资产34.8亿元，其中，煤炭工业新增20.4亿元，电力工业新增14.2亿元，炼焦工业新增0.2亿元。新增采煤能力4416万吨，新增煤炭洗选能力575万吨，发电设备装机容量207万千瓦，炼焦能力211万吨。改革开放20年来，山西煤炭工业更加得到了长足的发展。20年间，全省能源工业新增固定资产653.6亿元，为前30年的18.8倍。其中：煤炭工业新增404.4亿元、电力工业新增235.2亿元、炼焦工业新增8.54亿元。新增采煤能力1.19亿吨、煤炭洗选能力6415万吨、发电设备装机容量832.5万千瓦、炼焦业397万吨。与此同时，山西能源工业的技术装备也不断得到更新，机械化水平迅速提高。到1998年底，全省七大矿务局采煤机械化程度已近100%，掘进机械化程度达到87%。地方煤矿逐步采用了高档普采，采煤机械化程度近80%。还有的企业应用微机监测生产系统，在国内处于领先地位。发电设备逐步向10万千瓦、20万千瓦大功率、高容量机组发展，并建成与之相适应的500千伏、22千伏、110千伏、35千伏纵横交错遍布全省的输电网络。尤其在改革开放20年中，大容量高压机组比例不断提高。到1998年末，高压机组容量达837万千瓦，占76.7%，比1978年增长6.3倍。炼焦业在大型机械化焦炉快速发展的同时，土焦改造也取得突破性进展，各种性能良好的小型机焦炉、改良焦炉在焦炭生产中得到广泛运用，极大地提高了劳动生产率。

——能源产品生产能力大幅度提高。50年来，特别是改革开放之后，随着各种能源产业项目的竣工投产，山西能源产品生产能力不断得到提高。1949年全省生产原煤仅为267万吨、电力0.63亿千瓦小时、焦炭8万吨。到1978年，全省原煤产量达到9825万吨，比1949年增长35.8倍；洗精煤395万吨，比1951年增长25.3倍；电力106.63亿千瓦小时，比1949年增长168.3倍；焦炭140万吨，比1949年增长17.6倍。改革开放给山西能源工业发展注入新的生机与活力，特别是中央作出将山西建设成为全国能源重化工基地的战略决策之后，全省掀起能源工业发展建设高潮，各种能源产品生产能力空前提高。原煤产量1979年突破亿吨大关，达到1.09亿吨，占到全国当时原煤产量的六分之一，成为当时世界上年产原煤亿吨以上的六大产区之一。到1985年，全省原煤产量突破2亿吨大关，达到2.14亿吨，洗精煤达到520万吨，电力产量达到184.59亿千瓦小时；焦炭达到417.34万吨。分别比1978年增长1.2倍、31.6%、73.1%和17.1%。1995年，全省原煤产量达到3.47亿吨；洗精煤达到4850万吨；电力达到505.97亿千瓦小时；焦炭产量达到5298万吨。分别比1978年增长2.5倍、11.3倍、3.7倍和

13.9倍。近几年由于受全国性煤炭市场疲软影响及限产压库限制，1998年，全省原煤产量下降到3.15亿吨，但仍比1978年增长2.2倍；洗精煤产量下降到4747万吨，比1978年增长11倍；发电量与焦炭产量则继续保持上升势头，1998年产量分别达到554.03亿千瓦小时和5703万吨，比1978年增长4.2倍和15倍。

——能源产品销售快速增长，外调能力显著增强。1949年，山西煤炭销售仅有265万吨，其中外调62万吨。到1978年全省煤炭销售达到9423万吨，其中外销5474万吨，分别比1949年增长34.6倍和87.3倍。改革开放之后，随着山西煤炭生产的快速增长，山西煤炭的销售和外调也得到迅速增长。1993年，全省煤炭销售量突破3亿吨大关达到3.07亿吨，其中外销达到2.25亿吨，分别比1978年增长了2.2倍和3.1倍。到1998年，全省销售煤炭在市场持续疲软的情况下仍达到3.05亿吨，其中外调量2.12亿吨，分别比1978年增长1.4倍和2.9倍。在煤炭外调量中，供应外贸出口不断增加。在建国初期，山西煤炭供应出口很少，1953年仅为15万吨。党的十一届三中全会后，在党中央“对外开放，对内搞活”的总方针指引下，根据国际市场煤炭供求变化，全省积极扩大煤炭出口。1979年，全省煤炭出口达到138万吨，比1953年增长8.2倍。到1998年出口煤达到1603万吨，比1979年增长10.6倍，比1953年增长105倍。改革开放20年间，全省供应外贸出口煤累计达18873万吨，相当于前30年总和的17.8倍。与此同时，其他能源销售和外调也迅速增长。1949年省内供电量5499万千瓦小时，无外输电量，从1968年开始有少量电力外输，为68万千瓦小时。到1978年省内供电量达94.17亿千瓦小时，比1949年增长170.2倍；外输电量2.75亿千瓦小时，比1968年增长403.4倍。到1998年，省内供电总量达到383.46亿千瓦小时，比1978年增长3.07倍、外输电量达到117.36亿千瓦小时，比1978年增长41.68倍。山西洗精煤和焦炭的外调始于1980年，到1998年全省外调洗精煤达到1873万吨，比1978年增长8.2倍；外调焦炭达到2099万吨，增长60.7倍。

（四）固定资产投资规模不断扩大，基础设施明显改善

固定资产投资规模不断扩大，投资结构明显改善。从1949年至1998年，全省全社会投资累计完成3554.33亿元，其中改革开放前30年完成268.52亿元，平均每年增长23.3%。改革开放翻开了我国经济发展的崭新一页，也使山西固定资产投资得到更加健康的发展。1979年至1998年全省全社会固定资产投资累计完成3285.81亿元，平均年增长17%，20年投资总量是改革前30年的12.2倍。1998年，全省全社会固定资产投资达到534.69亿元，比1978年增长24倍。建国50年来，特别是改革开放后，在固定资产投资规模不断扩大的同时，投资结构也发生了明显变化。改革开放前，山西实行的是高度集中的计划经济体制，投资主体主要是中央和地方政府。从1949年至1978年国有单位投资为214.9亿元，占到全社会投资的80%以上；集体所有制单位投资22.2亿元，占到全社会投资的8.3%；城乡居民建住宅和购置生产资料等个体投资31.45亿元，在全社会投资中仅占到11.7%。改革开放以来，全省固定资产投资体制发生了重大变化，过去那种以国家为投资主体的高度集中的投资计划管理体制模式逐步被打破，并逐步演变为由国家、个体、私营、个体和其它所有制经济成分多元化投资主体的新格局。从1979年至1998年全省国有单位投资累计完成2472.67亿元，在全省全社会投资中占75.2%；城乡集体投资累计完成279.58亿元，在全省全社会投资中占8.5%；城乡个体投资累计完成377.24亿元，在全省全社会投资中占11.5%；联营、股份制、外商和港澳台商独资合资和合作经营等其它所有制经济成分投资从1993年开始统计，至1998年累计投资156.32亿元，在全省改革后20年全社会投资中占4.8%，在近5年的投资中占7.4%。

基础设施建设突飞猛进，经济发展后劲不断增强。建国前，山西基础设施极其陈旧落后。建国后，山西省不断加强基础设施建设，特别是改革开放以来，有重点、有步骤地在全省范围内进行了大规模的基础设施和重点工程项目建设。50年中，国家和地方用于山西交通运输邮电业的投资累计达到575.7亿元，极大地促进了山西基础设施的发展，有效地改善了投资环境，增强了经济发展后劲。

——铁路建设突飞猛进。建国前，山西铁路发展极其落后，截止1949年解放前夕，全省铁路通车里程仅有783公里，而且由于连年战争的破坏，基本处于瘫痪状态。建国后，国家及省政府有计划有步骤地进行了大规模的建设，使山西铁路得到突飞猛进的发展。到1998年底，全省已形成10条干线连接13条支线、5条地方铁路、410条铁路专用线、30多条专用铁道和14条联络线，并拥有218个车站和190多个煤炭集运站的铁路运输网络。全境铁路总里程发展到2764公里，相当于1949年的3.5倍。其中，复线里程达到1594.3公里，电气化铁路营业里程达到1555公里。山西铁路机车拥有量达到828台，比1949年增长2.6倍，同时机车质量发生了质的变化，落后陈旧的蒸汽机车已基本被先进的内燃机、电力机车所代替。客车拥有量达到1478辆，比1952年增长3.85倍。到1998年，山西铁路旅客运输量达到2771万人次，旅客周转量68.31亿人公里，分别比1953年增长2.83倍和9.14倍；铁路

货物发送量达到20975万吨，货物周转量518.25亿吨公里，分别比1953年增长19.9倍和36.5倍。

——公路建设飞速发展。建国前山西公路发展极为缓慢。从1920年开始修建阳泉至左权第一条近代公路起到1949年的29年间，全省修建公路12条，能断续通车的公路仅有1288公里。建国后国家和山西地方政府逐步加强了山西公路的建设，使山西公路事业得到不断发展。党的十一届三中全会后，特别是1992年以来，为更好地发挥山西能源重化工基地的优势，彻底改变山西公路的“瓶颈”制约影响，省委、省政府把交通放在优先发展的战略地位，高起点、超常规、大跨度地进行了公路建设，使山西公路事业得到了超常规的速猛发展。到1998年底，全省公路通车里程达到48560公里，比1949年增长了36.7倍。等级公路里程达到45744公里，占到总里程的94.2%。其中，一级公路、二级公路猛增至8120公里，比1990年增长4.1倍；公路晴雨通车里程达到34656公里，占到总里程的71.4%，比1978年增长2.1倍，比1949年增长2474倍；高速公路从无到有，到1998年发展到298公里。1995年，山西全省已实现镇镇通油路，乡乡通公路，村村通机动车的“三通目标”。到1998年又上一个新台阶，乡通油路76.5%，村通油路46.9%，村通公路86.5%。随着交通道路的日益畅通，公路运输飞速发展。1998年，全省公路客运量达到24613万人次，旅客周转量达到113.78亿人公里，分别比1949年增长2460倍和1393倍；公路货运量达到50962万吨，货物周转量244.17亿吨公里，分别比1949年增长7279倍和4290倍。公路运输已成为山西交通运输的第一主力军。

太旧高速公路

——航空事业迅速崛起。建国前，山西民用航空极其落后，全省仅有5条国内航线，且条件十分简陋，适航能力极差。建国后，在党和政府的关怀下，山西民用航空事业才得到不断的发展和壮大，特别是改革开放以来，山西民用航空事业更加得到迅速的发展。到1998年底，山西民航直辖航线达到了28条，已初步形成了以太原为中心，辐射全国的空中运输网络。1998年，全省民用航空客运量达到83万人，旅客周转量10.23亿人公里，分别比1980增长82倍和397倍；航空货运量上升到9200吨，货物周转量1270万吨公里，分别比1980年增长5.13倍和8.55倍。

——邮电通讯事业蓬勃发展。山西近代邮电事业始创于1896年，及至全省解放，虽有半个世纪的历史，但发展极为缓慢。到1949年底全省仅有邮电局、所447处，邮路45995公里，邮运汽车2辆，邮电通讯业务微乎其微。建国后，邮电业回到了人民手中，“人民邮电”的创立，揭开了邮电业发展的光辉篇章。山西邮电业在短短几年内，得到迅速恢复和发展。随着社会主义经济建设的不断发展，经过50年的艰苦奋斗，特别是党的十一届三中以后，山西邮电通讯业更加得到了长足的发展。到1998年，全省邮电局、所发展到1743个，比1949年增长2.9倍；邮路线路长度达到19.78万公里，增长3.3倍；邮政汽车804辆，增长401倍。通讯能力显著增强。1998年，全省长途电话业务电路发展到38323路；已有98个县通了光缆，光缆总长度达到6655.7公里；全省本地网交换机总容量达到259.1万门，比1951年增长419倍；长途电话由1978年的644路增至1998年的38323路，增长58.5倍，城市电话用户达到130.47万户，农村电话用户达到24.5万户，有1540个乡镇实现了电话自动化；移动通讯从无到有，飞速发展。到1998年，全省无线寻呼达到112.22万户，移动电话达到42.14万户。邮电通信水平迅速提高。1998年，全省邮电业务总量达到39.62亿元，分别比1952年和1978年增长395倍和35倍；邮电业务收入达到31.4亿元，增长864.1倍和108.6倍。

（五）国内市场日益繁荣

山西商业历史悠久。山西商人在中国商业的发展中，曾起过举足轻重的作用，特别是明清时期，山西商业发展达到鼎盛时期，“晋商”成为当时全国最大的商帮。但近代由于帝国主义的侵略和阎锡山反动政府的统治，使山西商业遭到严重破坏。到建国初期，山西面临的是一个流通规模小、游商走贩多、商品流转能力弱的市场。1949年，全省社会商品零售额仅为

1.68亿元，全省商业机构网点只有7.25万个，从业人员15.7万人。

新中国成立后，山西人民在党的全面恢复国民经济的方针指引下，迅速建立了国营商业系统，大力发展供销社商业，保护民族工商业，允许小商小贩经营，稳定了市场，恢复了各种商业贸易活动。市场上各种商业网点迅速增加，零售总额明显扩大。到1957年，全省社会商品零售总额达到12.9亿元，比1949年增长了6.7倍，其中，社会消费品零售额达到11.96亿元。

1958年至1978年，由于受极"左"路线的严重影响，山西商业市场的发展出现了两次重大波折。第一次是"大跃进"时期和三年困难时期（1958—1962年）。这一时期在越"公"越好的"左"的错误思想影响下，取消了合营经济，大大减少了个体经济，将供销社变为国营商业，使城乡市场几乎成为全民商业的独家买卖。到1962年，全省商业零售网点减少到了建国后的最低点。之后虽然经过1963年至1965年的3年调整，商业市场有所好转，但随后又在"文化大革命"的十年浩劫中遭受到了更加严重的破坏。这期间，全省个体商业几乎全部被取缔，集市贸易被封闭，商业作为生产消费的媒介和桥梁作用已被行政职能所取代，整个商业变的毫无一点生气。直至"文化大革命"结束后的两年间，山西商业贸易仍无明显改观。1966年至1978年的13年间，全省社会商品零售额平均每年增幅只有6.9%，明显低于"一五"增长16.6%的速度。

党的十一届三中全会以后，从开放集市贸易，扶持集体商业，保护个体商业，到对国营商业实行各种承包、租赁等经济责任制，不断完善各种市场机制，山西商业贸易走上了一条改革之路。到目前，一个多种经济成份并存，多条流通渠道，多种经营形式，城乡开通，纵横交错的新的流通网络基本形成，山西城乡市场重新焕发出了勃勃生机，消费品市场已逐步由卖方市场变为了买方市场。1998年，全省社会消费品零售总额达到547.1亿元，比1949年增长329.9倍；对农民的农业生产资料零售额达到18.6亿元，比1978年增长了88.9%。

（六）对外开放取得了历史性的突破

新中国成立后，随着国民经济的恢复和发展，山西对外贸易从无到有，从小到大不断发展，但由于受极"左"思想的影响，直到改革开放以前，山西对外经济和贸易的发展一直比较缓慢，1978年底山西直接出口总额只有731万美元。党的十一届三中全会后，我国在作出对行经济体制改革的同时，也向全世界宣布了中国对外实行开放的重大战略决策。20年来，从开办经济特区、开放沿海城市，到开放沿江、沿边、沿主要铁路干线地区，发展边境贸易；从扩大地方政府在外贸出口方面的审批权，到扩大企业外贸出口经营自主权；从对部分商品实行出口退税、对进口商品进行政策引导，到逐步降低关税税率；从增加基础设施建设、改善投资环境，到采取优惠政策、积极招商引资等等。中国对外开放从沿海逐步向内地发展，形成了全方位、多层次的对外开放格局。作为内陆省份的山西，由于基础较差、起步较晚、信息不灵，与全国尤其是沿海地区蓬勃发展的外向型经济相比，对外开放的深度相对落后，但是经过长期不懈的努力，特别是党的十四大以后，山西认真审视了自己的省情，进一步加大了对外开放的力度，在加强对外开放工作领导、增强对外开放意识的同时，着力在对外开放的"软环境"和"硬环境"上进行了改革和建设，积极改善对外开放的条件，积极参与国际经济技术合作与竞争，使山西对外开放有了突破性的进展。

——进出口贸易持续快速发展。对外开放，极大地促进了山西对外贸易的发展。到1998年末，山西已与104个国家和地区建立了贸易合作关系，其中出口额500万美元以上的国家和地区已有32个。出口额达到11.26亿美元，占到全省当年出口总额的77.55%。1998年，全省进出口贸易总额17亿美元，比1981年增长37倍，平均每年增长23.9%。其中，出口14.52亿美元，比1978年增长198倍，年均递增30.3%；进口2.48亿美元，比1981年增长15倍，年均递增17.6%，均高于全国同期水平。在进出口规模扩大的同时，进出口商品结构得到明显改善。在出口总额中，高技术、高附加值的工业制成品所占比重明显上升，价格相对较低的农副产品出口比重大幅度下降。1998年，全省农副产品出口额为1.25亿美元，占出口总额的比重由1978年的13.2%下降到8.6%；而轻纺工业和工矿工业品出口额达到13.27亿美元，所占比重由1978年的86.6%上升到91.4%。按国际贸易标准划分，1998年，山西初级商品出口占出口总额的比重已由1981年的75.7%下降到68.3%，工业制成品的比重由1981年的24.2%上升到31.7%。

——利用外资规模不断扩大，投资结构不断优化。从1985年以来，山西省利用自己的优势，积极进入国际市场，多种形式利用国外资金，使利用国外资金的规模不断得到扩大，结构不断得到优化。一是对外借款逐年增加，极大地缓解了建设基金不足的矛盾。1985年，全省对外借款55万美元，1992年突破1亿美元，达到1.23亿美元，1998达到了3.48亿美元，14年间累计借用外资9.71亿美元，重点建设了一批铁路、微波通讯、电厂、程控电话等基础设施项目，既弥补了山西建设资金的不足，又改善了投资环境，有力地促进了全省经济建设的发展。二是外商投资企业不断增多,利用外资金额迅速增长。从1984年山西第一家外商投资企业成立以来,到1998年底,全省累计批准成立外商投资企业1947家,协议利用外资30.98亿美元,外商实际投资8.92亿美元。三是投资领域不断拓宽,投资结构进一步优化。1996年以来,山西先后成功发行了经纬纺织有限公司的H股,交通领域首次利用外资的东山高速公路和榆次至东观高速公路引进外资成功,特别是万家寨引黄工程和阳城电厂,在对外开放、引进外资的力度方面取得了重大突破。四是外商投资来源逐步趋向多元化。近年来,在以港台投资为主的基础上,美国、日本、韩国、德国、法国、加拿大、意大利、新加坡、澳大利亚等国家和地区的投资不断走进山西,国际上一些大的跨国公司、集团也开始关注山西,对山西投资表现出极大的兴趣。

——对外经济技术合作迈出坚实步伐。在改革开放中,山西对外承包工程和劳务合作市场领域不断拓宽,经济效益不断提高。特别是党的"十四大"以来,山西先后在伊拉克、日本、德国、匈牙利、立陶宛、韩国等20多个国家和地区开展了劳务合作,在南美州的厄瓜多尔、非州的圣多美和普林西比等国家和地区开展了对外承包工程。1998年,全省签订承包工程和劳务合作合同额达3897万美元,营业额完成2098万美元,年末外派劳务人员达到1304人,分别比1985年增长38倍、15倍和11倍。截止目前为止,山西有对外承包劳务经营权的单位已从最初的2家发展到13家,并在国外设立了12个办事机构,业务拓展到日本、韩国、新加坡、以色列、美国、中国香港等十几个国家和地区,初步形成了一业为主、多种经营、纵向发展的格局。

——对外旅游事业迅猛发展。山西是中华民族的发祥地之一,有着丰富的旅游资源。但由于地理以及历史的原因,建国前,山西的旅游业几乎是一片空白。建国后,山西旅游事业才得到不断发展,但对外旅游业的发展一直比较缓慢。1978年改革开放以后,随着对外贸易的发展和国际经济交往的增多,对外旅游事业才得到长足的发展。到1998年,全省接待国际游客人数和外汇收入分别达到了12.5万人次和3826.3万美元,比1978年增长10倍和42倍,平均每年增长13.6%和20.7%。

(七)各项社会事业全面发展

建国以来,特别是改革开放之后,随着全省国民经济的快速发展,山西各项社会事业也都有了长足的发展。

——科技力量日益壮大,科技成果不断涌现。建国前,山西科技事业非常落后,到1949年全省解放前夕,山西境内没有一家正式科研机构,从事自然科学研究的人员仅有6030人,且没有一名专门从事科研工作的人员。建国后,党和政府十分重视和关心科技事业的发展,特别是1955年以后,在全国科技兴国战略的影响下,山西科技事业得到得了迅速发展。到1957年底,全省自然科技人员发展到了4.89万人,比1949年增长了6.8倍。"文化大革命"的十年,使山西科技事业遭受了严重摧残和破坏。大批科研机构被关闭、解散,许多科技人员受到打击迫害,科技工作几乎陷于停顿状态。1978年全国科学大会的召开,再次迎来了科技发展的春天。20年来,山西始终坚持邓小平同志提出的"科学技术是第一生产力"的指导思想,从自身实际出发,积极改革科技体制,制定科技发展战略,极大地促进了全省科技事业的健康发展,使全省的科技面貌发生了巨大的变化。到1998年底,全省地方国有企事业单位专业技术人员发展到59.3万人,比1978年增长了2.8倍;全省从事科技活动的人员达到6.7万人,比1985年增长1.5倍。1998年底,全省各级各类研究机构达到565个,其中政府部门所属的研究与开发机构245个,比1978增加65个。科技成果不断涌现。从1979年至1998年的10年间,全省有4689项科研项目获得省科技进步奖;"八五"期间全省共撰写科技论文38572篇,其中国外学术刊物发表1122篇;取得获奖科技成果3169项,其中国家级奖励93项,省部级奖励2026项。科技兴农、兴企的作用进一步增强。改革开放以来,农业科技针对全省农业生产中的关键问题进行攻关,在旱作农业技术开发、优质高产农业技术开发、农作物和畜禽育种、农业生物技术和工程研究方面取得了重大进展。科技成果的推广应用,极大地提高了生产力,促进了全省经济的发展。

——教育事业长足发展。建国初期,山西教育基础十分薄弱。1949年底,全省境内仅有小学20073所,中学34所,高等学校只有1所。50年来,党和政府始终把发展教育事业做为百年大计来抓。特别是改革开放以来,山西教育事业更加得到了长足的发展。1998年底,全省小学学校数达到39249所,分别比1949年和1978年增19176所和5856所;在校学生数达到348万人。普通中学由1978年的14062所调整合并为3292所,在校学生达到156.83万人,比1978年增加21.03万人。1998年,全省97个县(市、区)基本普及九年制义务教育,人口覆盖率达到87.24%,高于全国平均水平。全省小学学龄儿童入学率达到了99.65%,比全国高出近0.7个百分点。初中入学率达到95.58%。小学和初中辍学率持续下降。希望工程的启动,为改善贫困地区儿童失学状况起到了积极作用。在普及九年义务教育的同时，特殊教育也得到了较快的发展。1998年底，全省盲聋哑学校发展到了29所，比1978年增加了17所。高等教育已初步形成了多层次、多形式、门类齐全的体系，成为山西基础科学、高科技和应用科学研究的重要阵地。1998年，全省各类高等学校数为23所，比1978年增加7所；在校学生数由1978年的2.1万人增加到7.6万人。共招收学生21834人，比1978年增长1.7倍。20年间全省高校共培养大学生52.58万人，研究生4099人。各类成人教育也得到较快发展，并且已逐步由原来的学历教育转向了广泛的职业技术培训，在提高劳动者素质、培养应用型专门人才方面发挥了重要作用。

——文化艺术事业繁华似锦。山西素有“戏曲摇篮”、“民歌、民舞海洋”之誉。建国以来，山西文化艺术事业更加得到长足发展，特别是改革开放以来，山西坚定不移地以邓小平理论为指导，坚持“二为”方向，贯彻“双百”方针，提倡多样化，弘扬主旋律，使全省文化艺术事业更加呈现出欣欣向荣的可喜局面。1998年底，全省各类专业艺术表演团体发展到了160多个，相当于1949年的4.2倍；全省无线广播电台由1978年的1座发展到了7座，中波广播发射台和转播台发展到23座，增加了12座，广播人口覆盖率达到83.9%，比1978年提高13.9个百分点；有线广播站发展到了81个，乡放大站1717个；电视台由1978年的1座增加到12座，一千瓦以上的发射台及转播台发展到53座，增加了43座，有线电视台发展到78座，用户数达到203.5万户；公共图书馆120个，总藏书817.4万册，相当于1953年的202倍。1998年，全省各种报纸总印数达到71953.6万份，比1978年增加54084.6万份；各种杂志总印数2791.5万册，增长3.6倍。近几年来，我省在歌舞艺术方面取得成绩尤为突出，相继推出了具有浓郁民族风格、时代风采和地方风韵的山西民族舞蹈《黄河儿女情》、大型民俗系列舞蹈《黄河一方土》和大型舞蹈诗剧《黄河水长流》，受到专家和广大群众的盛赞，成为享誉海内外的艺术精品。

——医疗卫生条件不断改善。建国初期，山西医疗卫生条件十分落后。1949年底，全省综合性医院仅有50所，病床600张，医务人员4989人。50年来，经过各级政府和广大人民群众的不断努力，在全省已基本建立起一套由村卫生所、乡镇卫生院和县以上医院组成的比较完整的医疗卫生服务体系，全省医疗卫生条件发生了根本性的变化，特别是党的十一届三中全会以后，全省医疗卫生事业更是得到了长足的发展。截止1998年底，全省各级卫生机构发展到3282个，床位数达到10.96万张，医务人员达到13.42万人，分别比1949年增长65倍、182倍和26倍；与1978年相比，床位数增长67.5%，医务人员增长75.5%。

(八)人民生活水平显著提高

千百年来，山西百姓一直过着贫穷艰苦的生活，特别是在近代由于连绵不断的战争忧患和帝国主义、封建主义、国民党反动政府的残酷剥削和压榨，使山西人民更加生活在水深火热之中。建国后，山西人民在党和政府的正确领导下，不断奋斗进取，在推动社会生产力不断发展的同时，物质和文化生活水平都有了很大提高，特别是党的十一届三中全会以后，山西人民生活水平更加有了明显提高。

——城乡居民收入显著提高，储蓄存款不断增长。1998年，全省农民人均纯收入由1949年的53.7元增加到1858.6元，增长33倍，年均增长6.8%，其中1978年至1998年20年间增长17.3倍，年均增长15.6%。城镇居民家庭人均可支配收入由1952年的126元增加到4098.7元，增长31.5倍，年均增长7.9%，其中，1978年至1998年间增长12.6倍，年均增长13.9%。1998年底，全省城乡居民储蓄存款达到1437.1亿元，比1978年增长近198.6倍，年均递增30.3%。

——居民消费水平不断提高，生活质量明显改善。1998年，农民人均生活消费支出1056.4元，比1949年的47.7元增长22倍。城镇居民人均消费支出达到3267.7元，比1952年的93.3元增长33倍。在消费支出大幅度增加的同时，消费结构也发生了明显变化。食品消费已从吃饱、吃好逐步向高层次、高品位、营养化发展；穿着消费已从颜色单调、款式单一、一衣多季向多元化、个性化、成套化发展；居民耐用消费品从自行车、缝纫机、手表、收音机等传统的“四大件”逐步过渡为彩电、洗衣机、电冰箱、音响等为特征的新“四大件”，电话、空调、家用电脑、小轿车等新的消费品也逐渐进入居民家庭。

——居民的居住和生存条件进一步改善。1998年，全省城镇居民人均住房面积由建国初的不足3平方米增加到11.6平方米，比1978年增加了7.07平方米；农村居民人均住房面积19平方米，比1978年增加9.6平方米。同时住房质量也有了很大提高，在城镇，居民住房已逐步向配套化、高档化发展；在农村，“楼上楼下，电灯电话”早已不再是憧景，铝合金、大理石等许多新型建筑材料也已进入农民家庭。

基本经验

50年来，特别是改革开放以来，山西不仅在社会主义现代化建设中取得了巨大成就，而且在经济和社会发展方面积累了丰富的正反两方面的经验。“前事不忘,后事之师”,认真总结并结合实践的发展充分运用这些经验,对今后选择正确的发展道路,将建设有中国特色的社会主义事业不断推向前进具有重要意义。50年来的主要历史经验,可以概括为以下几个方面。

(一)必须全面、正确、积极地贯彻执行党在社会主义初级阶段的基本路线

社会主义初级阶段的基本路线是:领导和团结全国各族人民,以经济建设为中心,坚持四项基本原则,坚持改革开放,自力更生,艰苦创业,为把我国建设成为富强、民主、文明的社会主义现代化国家而奋斗。这一基本路线是我国发展历史的经验总结,也是改革开放以来建设有中国特色社会主义理论的实践的总纲。党的十一届三中全会以来,我们党之所以能够领导和团结全国人民,经受住各种困难和风险的考验,保持社会政治稳定和国民经济的快速发展,最根本的就是坚持排除各种干扰,坚定不移地贯彻执行了党的基本路线。50年的实践已告诫我们,坚持经济建设这一中心是我们必须时刻牢记的首要任务,只有经济发展了,人民才会富裕,国家才能强大,只有坚持四项基本原则和改革开放两个基本点,建设有中国特色的社会主义道路才会越走越宽广。

(二)必须正确处理好生产力和生产关系的问题,建立与生产力水平相适应的经济制度和经济体制

社会主义的根本任务就是解放生产力、发展生产力。50年发展历史再次证明,生产关系一定要适合生产力水平的发展。哪个阶段的经济制度和经济体制能适应生产力发展的要求,那个阶段的经济发展水平就高,发展速度就快。1958年的“大跃进”和“一大二公”的人民公社运动给我们的教训至今仍记忆犹新。党的十一届三中全会以来,通过改革,我国实现了社会主义公有制为主体、多种所有制经济共同发展的所有制结构,实现了按劳分配为主体、多种分配方式并存的分配制度,这是科学社会主义的基本经济原理在当代中国的创造性运用,极大地消除了过去由于所有制结构和分配制度上的不合理而造成的对生产力的羁绊,从而进一步解放和发展了生产力。社会主义市场经济体制的建立,是党的十一届三中全会以来我们总结国内外社会主义建设的经验教训,经过艰辛探索而取得的一个极为重要的改革成果。它再次极大地促进了生产力的发展,促进了山西经济的发展。

(三)必须始终坚持解放思想,实事求是的思想路线,紧密结合山西实际,走有山西特色的发展道路

党的十一届三中全会的重大贡献之一,就在于重新确立了解放思想、实事求是的思想路线。这一路线的重新确立,使全党从一度盛行的个人崇拜和教条主义的枷锁中摆脱了出来,出现了党内外思想活跃,努力研究新情况、解决新问题的生动活泼的局面,极大地促进了社会经济的发展。这一思想路线同样也在山西经济社会发展中发挥了巨大的作用。其中收益最大的就是我们在这一思想路线的指引下,形成了符合山西省情的发展思路。实施了科教兴晋战略和赶超战略,努力实现经济体制和增长方式的根本转变,搞好能源重化工基地建设,突出抓好农业基础地位,从整体上搞好国有经济、调整优化经济结构、大力推进改革开放等项工作,这是改革开放20年来,山西历届省委、省政府带领全省人民艰苦创业的实践总结;是山西人民坚持解放思想,坚持实事求是,不断探索的经验结晶。实践证明,这是一条成功之路,也是一条实现兴晋富民的必经之路。

(四)必须坚定不移地推进改革开放

我国50年来的发展历史,特别是党的十一届三中全会以来的发展历史雄辩地证明,实行改革开放是社会主义中国的强国之路。20年来,山西国民经济和社会发展取得了令人瞩目的辉煌成就,归根到底,是坚持党的基本路线、坚持改革开放的结果。改革极大地解放了生产力,极大地调动了广大人民群众的积极性和创造性,使国民经济综合实力明显增强,各行各业都发生了深刻的变化;开放为山西带来了新思维和新技术,促进了山西经济和国际经济的接轨。一大批具有强大生命力和竞争力的“三资”企业的涌现,带动了全省经济的迅速发展。实践证明,深化改革,扩大开放,是加速山西经济社会发展的基本保证。

(五)必须狠抓农业基础不动摇

农业是国民经济的基础,是社会稳定、政治稳定的基础,这是山西几十年,特别是改革开放以来国民经济和社会发展的经验总结。农业的基础地位得到加强,农业生产增长较快时,国民经济发展就比较顺利,反之经济发展就会出现波动和反复。1958年至1960年,山西农业生产由于“大跃进”运动和3年自然灾害的影响,跌入了建国以来的最低谷,成为影响当时全省经济发展的最主要因素。1979年到1984年,山西农业以每年8.3%的速度较快增长,同期工业以每年8.8%的速度增长,这一时期成为工农业发展较为协调的时期,社会总供需基本平衡,粮食等主要农产品基本满足供应,整个国民经济稳定协调发展。1985年以后,农业生产连续三年徘徊不前,难以支撑工业的高速增长,出现了纺织工业原料不足、消费品价格大幅度上扬和严重的通货膨胀等许多严峻问题,致使1989年不得不进行全面治理整顿。近几年来农业生产再次呈现出较快的发展态势,国民经济增长也相应加快。

发展农业和农村经济，一靠政策，二靠科技，三靠投入，也是几十年来山西农村工作的经验总结。改革开放以来，山西通过不断深化农村改革，改善农业生产条件，大面积推广应用科学技术，调整农业内部结构，使全省农业和农村经济获得了较快发展，农村面貌发生了深刻变化。但由于政策贯彻不力，科技普及不够，特别是农业投入不足(1995年，山西用于支援农业生产和各项农业事业费的支出比1980年增长了2.3倍，平均每年递增8.3%，而同期全国平均水平增长了4.2倍，年均递增11.6%，山西低于全国增速3.3个百分点)，使得山西农业生产的波动性仍很大，农业基础地位薄弱的问题仍未得到根本缓解。加强农业的基础地位，在深化农村改革，加大科技兴农力度的同时，要切实从投入上给予保证和支持，不但要切实保证已有资金的到位，而且要千方百计确保农业投入逐年增加，进一步加快农业产业化进程，促进农业生产持续稳定向前发展。

(六)必须以市场为导向，大力调整投资结构，改善投资环境，促进产业结构的优化和产品结构的升级换代，实现支柱产业的多元化、经济结构的合理化

山西由于资源禀赋和计划经济体制下国家生产力布局的分工，形成了以冶金、机械、煤炭、化工、军工为主的重工业结构体系。党的十一届三中全会以后，国家又把山西作为全国的“能源重化工基地”加以建设。10多年来，在国家倾斜投资和山西人民的艰苦努力下，能源重化工基地建设取得了巨大成就，推动了全省经济的全面发展，为全国经济建设做出了重大贡献。但是，随着全国经济格局的变化和市场经济的发展，山西以能源工业为主的畸重经济结构带来的问题日益突出：速度减慢，效益下滑，轻工日用品消费工业发展严重滞后，致使山西经济利益双向流失日益严重，居民收入与全国差距越拉越大。因此，调整产业结构已成为山西加速经济发展的迫切要求。调整山西的产业结构，必须充分认识到山西的基本省情，要充分利用现有的能源重化工基地的优势，以调整投资结构为突破口，大力调整产品结构，进行初级产品的深加工，促进产品结构的升级，在产业结构的调整上要集中优势兵力打歼灭战，集中使用财力，以市场为导向，真正培植一批新的主导产业和支柱产业，最终实现产业联动，不断提高经济运行的质量和效益，推动山西经济持续、快速、稳定增长。

(七)必须进一步加强产业引导，在搞活国有企业的同时，创造宽松环境，大力发展乡镇企业、“三资企业”和个体私营企业等非国有企业，使之成为山西经济快速发展的重要拉动力和新的增长极

国有企业是山西国民经济的骨干和主导力量，在山西经济的发展中具有举足轻重的重要作用。1997年，山西国有工业企业固定资产净值占到全省工业企业的85.2%，实现总产值和实现利税占全省工业企业的62.4%和66.3%。加速山西经济发展，确立社会主义市场主体，维护社会政治稳定，搞好国有企业特别是国有大中型企业，全面提高其市场竞争能力已成为全省经济工作的关键。搞好国有企业必须以市场为导向，以建立现代企业制度为目标，不断引深企业改革。要把国有企业改革同改组、改造、加强管理结合起来，要推进企业技术进步，要加强科学管理，逐步建立有效的激励机制和制约机制。

在搞好国有企业的同时，还要进一步加强产业引导，创造宽松环境，大力发展乡镇企业、“三资企业”和个体私营企业等非国有企业。改革开放以来，山西非国有经济从无到有，由小到大，有了长足的发展，已在全省经济发展中占据相当重要的地位，成为全省经济发展的重要增长力量，对全省经济发展的水平、规模、结构、效益乃至经济生活的方方面面发挥着越来越重要的作用。从1980年到1997年，全省非国有工业以20%以上的年平均增速迅猛发展，增速远远高于整个工业经济的增长；为全省工业增长的贡献份额在80%以上。但与市场经济较发达的东部沿海地区相比，山西非国有经济的份额仍然偏低，因此，大力发展乡镇企业、“三资企业”和个体私营企业等非国有企业，仍是山西经济发展的重要拉动力量和新的增长极。

(八)必须坚定不移地实施科教兴省的发展战略

科学技术是第一生产力，科技进步是经济发展的决定因素。50年发展历程充分显示，每一次历史性飞跃，每一个巨大成就的取得，都与科学技术的进步、科技成果的应用有着不可分割的联系。未来社会，科学技术特别是高技术发展对综合国力、社会经济结构和人民生活将会产生更加巨大的影响，因此更应把加速科技进步放在经济社会发展的首要地位，使经济建设真正转到依靠科技进步和提高劳动者素质的轨道上来。百年大计，教育为本。人才是科技进步和社会发展最重要的资源。要建立一套有利于人培养和使用的激励机制，充分使用和招揽人才，要进一步深化科技和教育体制改革，促进科技、教育同经济的结合，努力提高国民整体素质，提高国民经济各领域的科技含量，促进全省国民经济和社会各项事业的全面进步。

50年，在人类发展的历史长河中只不过是短暂的一瞬间，然而，就在这短暂的50年中，三晋儿女在这块古老的黄土地上描绘出了一幅奋发图强的光辉画卷，谱写了一曲激情豪迈、催人奋进的壮丽乐章。诚然，山西这50个春秋并非一帆风顺，其间我们也走了不少

弯路，有过很多挫折，到目前为止，与发达地区相比，我们还有很大差距，我们的经济实力还不够强盛，人民生活还不够富裕，发展中还存在着许多不尽人意之处，但我们毕竟在荆棘和坎坷中迈出了坚实有力的一步，开辟出了一条兴晋富民的康庄大道，创造出了前无古人的伟大奇迹。

路漫漫其修远兮。从现在到2010年的十几年，将是我国经济社会发展的重要历史时期，也是山西实现经济振兴、跻身于全国经济强省的关键时期。新的时期，我们面临的任务将更艰巨、更伟大，我们将会有许多新的发展机遇，也将会遇到许多新挑战，抓住机遇，奋起直追，实现山西经济的赶超与腾飞，已成为历史发展的必然抉择。我们坚信，在未来的征途上，山西人民在邓小平理论的指引下，在省委、省政府的正确领导下，将会进一步解放思想，众志成城，开拓前进，一定会用自己的智慧和双手创造出更加光辉灿烂的明天。

（翟振新　杨锦耀）

经济结构趋向合理

建国50年来，尤其是改革开放20年来，山西经济快速增长，经济结构也随之发生了质的变化，由一个贫穷落后的农业经济结构演变为一个以能源重化工工业为特征的初步工业化型经济结构。

产业结构

（一）经济总量快速扩张

解放初期的山西，经济基础十分薄弱，生产力水平低下。1952年全省国内生产总值（GDP）仅有16亿元，按当时人口计算，人均GDP仅为115元。经过50年艰苦曲折的奋斗和发展，山西经济和社会面貌发生了翻天覆地的变化。1998年全省GDP为1601.1亿元，人均GDP达到5072元。1998年山西经济总规模（GDP）约为1952年的27倍，平均每年增长7.44%（增长速度按可比价格计算，下同），人均GDP年均增长5.55%。50年的发展过程大体可分为这样四个阶段。

第一个阶段：解放初到建国10周年为国民经济迅速恢复和相对健康发展时期。1959年，山西GDP为48.3亿元，与1952年相比，增长1.76倍，年均递增15.6%，这一时期是50年来国民经济发展最为迅速，也是较为健康的时期。

第二个阶段：1960—1965年是国民经济发展遇到挫折的时期。60年代初的三年困难时期，国民经济发展遇到挫折。1960年经济发展近乎停滞，1961和1962连续2年出现大幅下滑，1963年开始进行经济调整和恢复，到1965年全省GDP达到43.9亿元，虽然还不及1959年的水平，但经济已经呈现出较为良好的发展势头。

第三个阶段：1966—1976年10年“文化大革命”是使国民经济遭受严重破坏的时期。“文化大革命”使刚刚走出困境开始正常发展的经济遭受了严重的破坏，10年动乱时期，GDP年均增长速度仅为3.15%，其中有4个年份是负增长。这一时期国民经济和社会发展遭受的破坏给人们留下了极其深刻的历史教训。

第四个阶段：改革开放以来是以经济建设为中心，全面振兴和快速发展的时期。党的十一届三中全会以来的20年，我国政治稳定，人们的思想解放，干劲充足。山西同全国一样，经济和社会事业蓬勃发展。20年来，全省GDP以年均9.8%的速度增长，尤其是1992年邓小平同志南巡讲话以后，山西经济发展步入快车道，7年间GDP年平均增长11.0%，成为建国以来经济发展既快速又较为健康平稳的7年。

（二）三次产业结构有序演进

灵石王家大院　　王天明　摄

1.三次产业结构。建国50年来,山西三次产业结构经历了"以农业为支柱"过渡到"以工业支柱"的格局转换。第一产业比重持续下降,第二、三产业比重交替上升。

50年来,第一产业增加值占GDP比重逐步下降,由1952年的58.7%下降为1998年的12.9%,下降了48.8个百分点,其中1952—1980年下降了39.7个百分点。在80年代产业结构大调整中,第一产业比重有所上升,最高时曾恢复到26.8%(1982年),之后又开始逐步下降。

与全国平均水平相比,山西的第一产业在GDP中所占比重的下降速度较高,1952年第一产业占GDP的比重比全国平均水平高8.2个百分点,1998年已演变为低于全国平均水平5.1个百分点。

与第一产业相比,第二产业的发展起伏跌宕。1952—1998年第二产业增加值占GDP的比重共上升了36.3个百分点,其中,前28年属于加速工业化时期,比重上升了41.2个百分点。这一时期,由于过多的人为干预,在刺激工业化进程的同时,也造成了国民经济重大比例关系的严重失调。在随后进行的国民经济结构性调整中,第二产业比重逐步调整至与山西自身整体经济发展水平相适应的程度,1980年至1998年平均为52%;其中最低曾降至48.9%(1990年),1992年以后,国民经济发展进入了工业化的第二阶段,第二产业增加值占GDP的比重又进入新一轮上升期,1992—1998年年均上升0.5个百分点。

与一、二产业不同的是,第三产业发展呈明显的台阶式特征。1952年至1984年,由于在经济发展指导思想上不重视第三产业,造成第三产业发展史上的相对停滞阶段,这32年内,第三产业增加值占GDP的比重几乎没有变化。1984年以后,随着国民经济发展水平的上升,无论是社会生产,还是人民生活,对第三产业的客观需求都在不断加大,从中央到地方各级政府在经济发展指导思想上更加成熟和科学。这期间,山西第三产业高速发展,到1992年,其占国内生产总值的比重上升到34.7%,8年内上升了10.4百分点。1993年以后,第三产业的发展进入了一个相对平稳期,其占GDP的比重保持在32—34%之间。

结构的有序变动,反映了山西50年来工业化进程取得的辉煌成就,第三产业对国民经济和社会发展的服务功能明显增强。

2.第一产业内部结构。经过50年的发展,特别是改革开放20年来,山西农村经济面貌发生了翻天覆地的变化。第一产业内部农、林、牧、渔的比重结构由1952年的88.8:2.5:8.7:0.0逐步演变为1998年的69.5:3.7:26.4:0.4。其中,种植业产值占农业总产值的比重由84.9%下降至67.7%,下降了17.2个百分点;林牧渔业比重分别相应上升了1.2、17.7和0.4个百分点。第一产业内部结构演化最明显的特征是以粮食作物种植为主的传统农业格局正在被农、林、牧、渔业协调化发展的现代农业结构格局所打破,反映在现实生活中,便是长期困扰山西人民吃肉难、吃鱼难的问题已基本解决。

3.第二产业内部结构。第二产业是山西国民经济的主体,其基本特征是以能源、重化工、建筑业等低附加值产业作为自身发展之基础。建国50年来,山西第二产业尤其是能源重化工业保持了较快的发展速度。第二产业增加值由1952年的2.75亿元增长到1998年的856.13亿元,年均增长10.9%,其中,工业增加值由2.34亿元增长到745.47亿元,年平均增长11.0%。作为全国能源重化工基地,一方面,山西的煤炭、电力等工业在全国的地位举足轻重,1997年,煤、电的人均产量分别是全国平均水平的9.62倍和1.88倍,另一方面,与人民生活密切相关的消费品工业生产能力及生产水平却相对较低。这种畸重型产业结构,总体来讲,与全国总的生产力布局相吻合,对全国的经济发展作出了重大贡献,但从长远讲,我们必须立足于能源基地特征,立足于科技兴省,在提高能源重化工产品的附加值上作大文章,在大力支持全国经济发展的同时,提高山西自身经济发展的效益,从根本上扭转"低出高进"给山西经济造成的双向流失。近20年来,在山西第二产业结构调整过程中,煤炭、冶金工业的主导地位相对稳定,而机电、纺织工业地位大幅下降,有逐渐从山西主导产业中淡出的趋势。

山西第二产业变动特征有三个:一是高附加值行业占第二产业比重逐渐下降,如近20年来,机电工业占第二产业的比重由20%降至6.0%,由昔日龙头老大降至普通一兵,说明山西经济行业布局效益不高;二是原煤的粗加工能力提高,炼焦及煤气制品业占第二产业比重已由1979年的0.1%提高到1997年的6.0%,增长了约60倍,说明山西能源工业结构效益水平在稳步提高;三是与人民生活息息相关的服装、纺织、机电工业地位长期处在下降通道中运行。

4.第三产业内部结构。山西第三产业的发展历程大致可分为三个阶段。建国初期至80年代中期为第一阶段。这一时期由于受"左"的经济指导思想束缚,第三产业的发展相对滞后,无论是规模还是结构都不能满足社会生产和人民生活的客观需要,第三产业的行业分布主要集中在运输、商饮、金融等传统行业,产业格局也是低层次、贫困型的。80年代中期至1992年邓小平同志南巡讲话为第二阶段。这一时期,经历过从商品经济直到社会主义市场经济的伟大实践,使人们对第三产业在社会经济生活中的地位和作用有了进一步的正确认识,第三产业发展步伐明显加快。首先,交通通讯、商业饮食、社会服务等传统第三产业行业得以进一步全面拓展和提高,进而在金融保险、房地产、广播电视、信息咨询等更高层次的第三产业行业上强力突破,整个第三产业内部格局日益多元化和合理化,均衡性和协调度不断提高。1984 年至 1992 年间,第三产业以平均每年 12.3%的速度快速发展(高出同期工业增加值年均增速 3.1 个百分点),占 GDP 的比重由 1984 年的 24.3% 上升至 1992 年的 34.7%。邓小平同志南巡讲话后至今,为第三产业发展的第三阶段,发展的重点是内部结构的集约化和高层次化。这一时期,第三产业发展与 GDP 基本同步,但从其内部结构看,呈现出向集约化和高层次化发展的趋势,表现为商饮、运输、金融等传统第三产业行业的经济比重有所下降,房地产、社会服务、教育文卫、广播影视、科研、技术服务、信息咨询等高层次第三产业比重有所上升,说明第三产业的发展在有效缓解对国民经济"瓶颈"制约的同时,正在朝着更高的产业层次演进。

所有制结构

(一)按公有和非公有标准划分的所有制经济结构演化特征

公有制经济包括国有经济、集体经济以及股份制经济中国有和集体经济参股的份额。改革开放前,我国实行的是高度集中的计划经济管理体制,公有制经济占居主导地位。1978 年,全省 GDP 为 88.0 亿元,其中,公有制经济增加值为 86.4 亿元,占全省 GDP 的 98.2%,这当中,国有与集体经济的比例为 63:37,非公有制经济增加值为 1.6 亿元,占 GDP 的 1.8%。改革开放后,随着社会主义市场经济的建立和发展,非公有制经济迅速发展壮大,其占国民经济总量的比重大幅度提高。1997 年,全省 GDP 为 1480.1 亿元,其中,公有制经济增加值为 1134.7 亿元,占 GDP 的 76.7%,公有制经济中的国有与集体经济比例为 59.3:40.7,非公有制经济增加值为 345.4 亿元,占 GDP 的23.3%。

(二)从工业内部看所有制结构演化特征

党的十一届三中全会以来的 20 年中,山西工业经济内部所有制格局发生了质的转变,由改革开放初的以国有工业为支柱的公有制经济一统天下的格局,逐步演变为目前的国有、集体和其它经济三分天下的新格局。1980 年,山西工业总产值中,国有和集体工业两者所占比重分别为 73.9%和 26.1%,个体和私营等其他经济几乎没有。1997 年,国有工业总产值占工业总产值的比重演变为 32.0%,集体工业产值比重演变为 33.5%,其他经济类型工业产值比重达到 34.5%。所有制结构的演变表明,个体私营、联营、股份制、三资经济等经济成份对全省国内生产总值的贡献份额在不断提高,业已成为山西社会主义市场经济的重要组成部分和发展力量。

就业结构

(一)三次产业就业结构

从建国初期的 1952 年到 1997 年,山西全社会从业人数由 650.6 万增长到 1439.4 万,增长了 1.21 倍,年平均增长 1.78%。分三次产业看,第一产业从业人数仅增长了 13.57%,年均增长 0.28%;第二产业从业人数增长了 8.93 倍,年均增长 5.23%;第三产业从业人数增长了 7.14 倍,年均增长 4.77%。需要指出的是,改革开放以来,第三产业从业人数的增长明显快于第二产业,1997 年与 1980 相比,第三产业从业人数增长了 1.64 倍,年均增长 5.89%,高出同期第二产业增速 2.67 个百分点。上述分析说明建国 50 年来,随着经济的发展和工业化进程的深入,全省新增劳动力逐步向第二、三产业转移,尤其是改革开放 20 年来,新增劳动力更多地向第三产业转移。增长速度的快慢导致总量结构的变化。1952 年至 1997 年,第一产业从业人数比例下降了 42 个百分点,第二、三产业从业人数比例则分别上升了 23.1 和 18.9 个百分点,其中,改革开放以来,第二、三产业从业人数比例分别上升了 4.8 和 11.9 个百分点。三次产业从业结构由 1952 年的 86.3:6.6:7.1 逐步演化为 1980 年的 61.0:24.9:14.1,直至 1997 年的 44.3:29.7:26.0。

(二)不同经济类型就业结构

改革开放前的 30 年,全民和集体所有制经济一统天下。改革开放之后,经济发展环境不断优化,私营、个体、联营、股份制、外资等多种经济成份逐步成长壮大,在全省经济和社会生活中的地位日益突出,取得了令人瞩目的成就。从不同经济类型的从业人数及其结构的演变也可以说明这一点。

1997 年与 1980 年相比,全社会增加的约 437 万从业人员在国有、集体、个体私营、其他经济类型中的分布大体为 118 万、146 万、152 万和 21 万,其中,个体私营经济的就业增量最大,1980 年仅有约 1 万人规模的个体私营经济作为一支新生的经济力量,沐浴着改革开放的春风茁壮成长,迅速发展,短短 17 年,就业规模便达到了 153 万。其他经济成份也从无到有逐步发展,已成为山西经济的一支不可忽视的力量。17 年间,国有、集体、个体私营、其他经济四大类型的从业人数比例由1980年的24.6∶75.3∶0.1∶0逐步演变至1997年的25.3∶62.6∶10.6∶1.5。

国民经济地区分布结构

(一)地市GDP占全省比重的位次变化稳定

改革开放以来,全省11个地市各自的GDP占全省的比重位次变化稳定。1997年和1980年相比,太原市、大同市、运城地区、晋中地区、晋城市、阳泉市、朔州市等7个地市的比重位次没有变化,长治市、忻州地区分别从第3、第8位后移至第5、第10位,临汾地区、吕梁地区的位次分别由第5、第10位前移至第3、第8位。

(二)三次产业增加值地域分布格局演化

1.第一产业。1980年各地市增加值占全省比重的排序为:运城地区、长治市、大同市、临汾地区、忻州地区、晋中地区、吕梁地区、晋城市、朔州市、太原市、阳泉市。1997年的排序为,运城地区、临汾地区、晋中地区、长治市、吕梁地区、太原市、忻州地区、大同市、朔州市、晋城市、阳泉市。其中,太原市、晋中地区、临汾地区、吕梁地区农业增加值占全省比重上升较为明显,说明这几个地市长期坚持注重农业基础建设和综合开发,并已取得了较为显著的成果。

2.第二产业。1980年各地市第二产业增加值占全省比重的排序为:太原市、大同市、长治市、晋中地区、临汾地区、阳泉市、晋城市、运城地区、吕梁地区、忻州地区、朔州市;1997年的排序为:太原市、大同市、长治市、临汾地区、晋城市、运城地区、晋中地区、阳泉市、吕梁地区、朔州市、忻州地区。其中,比重上升较大,位次前移明显的有:运城地区,17年间比重上升了5.1个百分点,位次前移了2位,晋城市,比重上升了3.3个百分点,位次前移了2位。值得注意的是,太原、大同和长治3个市的比重位次一直居全省前3位,但其比重均有明显下降,太原市下降了6.3个百分点,大同市下降了5.6个百分点,长治市下降了1.8个百分点,3地市第二产业增加值之和占全省的比重由1980年的54.8%下降至1997年的40.1%%,17年间下降了14.7个百分点,这说明,山西第二产业的地区分布有明显的均衡化趋势。1980年第二产业增加值占全省比重超过20%的地市有1个,比重在10—20%的地市有2个,比重在5—10%的地市有4个,比重低于5%的地市有4个,比重最高与最低落差为22.9个百分点;到1997年,比重在10%以上的地市有2个,比重在5—10%之间的地市有7个,比重在5%以下的地市有2个,最高与最低落差为14.7个百分点,比1980年缩小了8.2个百分点。

3.第三产业。1980年,各地市第三产业增加值占全省比重的排序为:太原市、长治市、运城地区、大同市、晋中地区、临汾地区、吕梁地区、晋城市、忻州地区、朔州市、阳泉市。到1997年,排序演变为:太原市、大同市、临汾地区、晋中地区、晋城市、长治市、运城地区、忻州地区、阳泉市、朔州市、吕梁地区。比重上升明显的有太原市、晋城市、阳泉市,比重下降较多的是长治市和运城地区。在位次变化上,晋城市、临汾地区分别前移了3位,大同市、阳泉市分别前移了2位;长治市、运城地区分别后移了4位,吕梁地区后移了3位。

生产资金投入结构

社会再生产过程中的生产资金投入结构及其变动,客观上反映了一定时期社会生产的技术经济水平。这里所讲的生产资金包括生产过程的全部中间投入、对生产设备损耗的补偿以及在生产过程中的工资性支出总额。建国以来,特别是改革开放20年来,伴随着经济发展水平的提高,山西社会再生产的深加工能力在稳步提高,在生产资金投入方面表现为,作为原材料的农产品在生产资金投入中所占比重逐步下降,目前已经降到4.7%,比1979年又下降了2.2个百分点;物化劳动(包括中间投入及设备折旧)和第三产业服务费占社会生产资金成本的比重逐步上升,目前已分别达到77%和16%,分别比1987年提高了1.3和3.9个百分点。

山西各主要生产部门资金成本结构特征:一是农业、原煤开采业、建筑业和第三产业的活劳动成本较高,是山西的劳动密集型产业群;二是食品、纺织服装、炼焦、化工、冶金行业的流动成本较高,这些行业的流动资金成本占总资金成本的84%以上;三是第三产业服务费用占全省主要行业资金成本的6—25%,其中,第三产业、建材工业、炼焦业、纺织服装业较高,均在15%以上,而农业、冶金工业、机电工业、建筑业较低,不足10%。

流量资源分配结构

这里所讲的流量资源包括一年当中的全省社会总产出及为满足本省社会生产和人民生活需要而从省外调入或从国外进口的社会产品和服务总量。当前山西省一年所需流量资源中,本省生产与省外调入的比重平均为89∶11。其中农产品、能源、建材基本立足本省生产,这类产品的自给率在97%以上;石油制品、机电产品、纺织服装的对外依赖性较高,对外依存度分别为96%、55%和33%,这当中变化较大的是机电产品,山西省机电产品需求的对外依存度持续走高,目前已达到55%,比1987年又上升了12个百分点。造成这一现象的直接原因既有资源问题,也有生产发展的不平衡问题。

从流量资源的分配结构看,山西一年当中有13.4%的流量资源用于调出,86.6%用于满足本省生产和生活需要。在本省使用的流量资源中,有56.3%直接为社会生产服务,14.2%用于满足人民生活需要,12%用于固定资产投资。

山西省主要产品和服务流量分配结构有三个明显特征:一是煤炭、电力、炼焦、建材是调出率较高的产品,其中煤炭的调出率达到53.6%,这四大产品均与"煤"密切相关,表明山西经济是典型的资源型经济;二是化工、机电产品的调出率不足5%,说明这些行业服务于全国市场的能力在弱化;三是第三产业服务对象主要是第二产业生产部门和消费领域,两者合计占第三产业服务总值的68%以上。

消费结构

建国初期的1952年,山西省总消费额仅有10.68亿元,其中,居民消费10.41亿元,政府消费0.27亿元;改革开放初期的1978年,总消费为45.93亿元,其中居民消费为42.03亿元,政府消费为3.90亿元;到1998年,总消费达到791.29亿元,其中居民消费达到579.34亿元,政府消费为211.95亿元。按可比价计算,1998年与1952年相比,总消费增长了14.8倍,年平均增长6.18%,其中居民消费增长了11.6倍,年平均增长5.7%,政府消费增长了190.9倍,年平均增长12.1%;1998年与1978年相比,总消费增长了3.67倍,年平均增长8.0%,其中居民消费增长了2.96倍,年平均增长7.1%,政府消费增长了12.2倍,年平均增长13.8%。

上述情况表明,建国以来,全省总消费保持了较为适度的增长势头,尤其是改革开放以来,总消费增长速度明显加快。居民消费也保持了同样的态势,只是增长速度略慢于总消费,原因是,改革开放以来,各级政府部门为优化经济和社会发展环境,提高经济发展质量,从财政上加大了宏观调控力度,扩大了社会公共性支出,受益者仍是城乡居民。

固定资产投资结构

投资作为经济增长的一个动力,对山西的国民经济发展起着重要的作用。山西的经济发展历程表明,要保持经济的适度快速增长,必须保持较快的投资增长率和较为合理的投资结构。

改革开放以来,山西固定资产投资总体上保持了适度快速增长,1997年,全社会固定资产投资完成额达到398.4亿元,是1978年的18.5倍,19年每年平均增长16.5%。1978年到1997年,全社会固定资产投资累计完成额达到2751亿元,是改革开放前30年的12倍。

(一)投资主体结构更趋多元化和社会化

从国有、集体、个人以及其他(外资等)四种类型投资主体的投资构成看,1978年四者比例格局为90.7:4.0:5.3:0.0,1997年为74.0:6.4:10.5:9.1,国有投资比重19年间下降了16.7个百分点,集体投资比重上升了2.4个百分点,个人投资上升了5.2个百分点,其他经济类型投资从无到有、从小到大,1997年,其比重已达9.1%。比例格局的变化,说明改革开放以来,山西省非国有经济主体投资行为日趋活跃,投资主体日趋多元化、投资行为日趋社会化。

(二)投资资金来源渠道大范围拓展

1978年,国家预算内投资占全部投资额的85%左右,此后随着经济体制改革的深入发展,国家财政的经济职能发生了根本性变化,预算内投资比重持续大幅度下降,1997年仅占2.6%;预算外资金投资则由1978年的15%持续上升至1997年的97.4%,这当中,国内贷款占29.8%,自筹资金占51.1%,利用外资占3.9%,股票、债券等筹资占12.6%。

(三)投资的行业结构向基础设施和基础性第三产业倾斜

改革开放20年来,投资增长速度最快的国民经济行业依次为:金融保险业、交通运输邮电通讯业、建筑业、房地产业、商业、文教卫生广播影视业、工业、……投资向第三产业的倾斜十分明显。从实际效果看,金融保险业、交通运输、邮电通讯业等第三产业的迅速发展,有力地缓解了经济运行的"瓶颈"制约因素,极大地改善了人民的生活条件。从结构上看,1997年,运输邮电业投资所占比重为18.1%,比1980年上升了11.5个百分点;房地产业和社会服务业投资所占比重为14.8%,比1980年上升了4.3个百分点;建筑业投资所占比重为2.9%,比1980年上升了1.7个百分点;金融保险业投资所占比重为1.3%,比1980年上升了1.1个百分点。相反地,工业投资所占比重由1980年的56.3%下降到1997年的47.5%,下降了8.8个百分点。

(窦志达　王广社)

供需实现基本平衡

供给与需求是国民经济运行中的一对主要矛盾。一个国家或地区的经济是否协调、持续、稳定发展，都会在供给和需求的关系及其变动中反映出来。因此，在经济运行中，坚持社会总供给与社会总需求的基本平衡，既是经济增长和价格上涨处于最佳结合点的前提，也是宏观经济管理和调控的首要目标。

纵观建国以来山西省社会总供给与社会总需求平衡状况，大体可划分为两个阶段。第一阶段为新中国成立到1978年十一届三中全会召开之前，这一时期集中表现为供给不足；第二阶段为改革开放以来至现在，这20多年来，随着社会主义市场经济体制的逐渐建立和不断完善，供需状况也由以往的供给不足逐渐变为需求不足，与此相适应，市场也由长期以来的“卖方市场”逐渐变为“买方市场”。

一、改革开放前供需状况

新中国成立后，我国在参照苏联经验的基础上，建立了高度集中的计划经济管理体制。这种模式对于国民经济的迅速恢复、社会的稳定起到了积极的作用。随着国民经济的发展，体制上的弊端日异明显，主要表现在：从供给角度看，生产者主要依据计划指令进行生产，无需对生产的结果负责，生产者和经营者都缺乏自身的直接经济利益，因此对市场变动没有反应或反应不大；从需求方面看，计划下达的固定资产投资大多用于生产能力的扩建，通过增加生产规模和产量，即供给推动，带动相关产业发展，促进国民经济增长。各地方和各部门为加快发展步伐，想方设法争投资、上项目，以扩大本地区或本部门的生产能力，由此引发出无止境的“投资饥渴”，需求失去自我约束机制而经常处于膨胀状态。可以这样说，在中央集权和高度垄断的经济体制下，我国始终处于短缺经济的窘境之中，短缺经济似乎成了计划经济的代名词。供给不足成为经济运行中的主要矛盾。

(一)国民经济恢复时期

1949年，饱经连年战争忧患的山西终于获得了全境解放，但面临的财政经济形势也是极为困难的。工农业生产受到很大破坏，物价剧烈上涨，市场投机势力猖獗，人民生活非常困难。鉴于此，国家从1950年开始，决定用三年时间完成国民经济恢复任务。在有针对性地采取如统一财经工作、没收官僚资本、进行土地改革、调整资本主义工商业等一系列政策和措施后，国民经济得到全面恢复。1952年，全省国内生产总值达到16.0亿元；工农业总产值达到29.3亿元，比1949年增长66%；财政收入完成1.8亿元，增长20.6倍，收大于支0.7亿元；主要工农业产品产量增长幅度比较大，与1949年相比，粮食增长48%，棉花增长3.6倍，钢增长6.5倍，原煤增长2.7倍，发电量增长2.5倍，棉布增长2.5倍。三年中，全省完成固定资产投资2.2亿元，市场物价也由飞涨迅速转向稳定，在生产发展的基础上，人民生活水平有了很大提高，实现了财政收支平衡、信贷进出平衡、物资供需平衡，社会总供给与社会总需求也保持了基本平衡的态势。

(二)“一五”时期

从国民经济恢复到执行第一个五年计划，这一时期我国建立和形成了集中统一的经济体制，这个体制基本上适应了生产力发展的需要，对当时集中财力、物力和人力，保证重点建设的顺利进行，对有效地实行计划控制，保证国民经济有计划按比例地发展，对增加财政收入、保证市场物价的稳定和人民生活的不断改善等方面起了重要的作用。“一五”期间，全省国内生产总值年均递增8.3%。工业特别是重工业得到较快发展，5年间，工业总产值年平均递增速度达到23.2%，其中重工业为28.2%。工业的迅速发展，使山西逐步走上了一条根据本省具体实际，发展以煤炭、冶金、电力、机械、化工为支柱产业的工业发展道路。随着国民经济的发展，财政收入5年内增长了近一倍，收支相抵，连年有余；物价稳定，市场活跃，5年中全省物价总水平比1952年上升12.9%，社会商品零售额增长1.2倍，职工年平均工资增长58.6%，农民收入增长近30%，全省居民平均消费水平提高近30%。

“一五”时期，由于注意了客观经济规律，较好地安排了积累与消费、生产与生活等多种经济比例关系，所以这一时期山西的国民经济得到较快发展，反映宏观经济运行状况的社会总供给与社会总需求基本平衡。但经济体制中集中过多、统得过死和不适应生产力发展的矛盾也逐渐显露。

（三）"大跃进"和调整时期

1958年在全国范围内开始的"大跃进"使"左倾"错误在经济领域严重地泛滥开来，经济决策和指导思想上发生了许多重大失误，致使"一五"期末国民经济已出现的良性健康发展局面被一下子推到了极为困难的境地。社会总供给不足，社会总需求膨胀，供需失衡问题严重。与1957年相比，1960年全省粮食产量下降5.5%，棉花产量下降53%，其他农产品供给量大都倒退到十年前的水平。工业方面则以忽视轻工业和牺牲农业的巨大代价换来了重工业的畸形高速增长。从反映供给结构的农、轻、重三者比例变化情况看，1957年农、轻、重三者比例为58.3:11.1:30.6，到1960年三者比例变为28.3:14.1:57.6，短短的3年中，重工业比重上升了27个百分点。固定资产投资率连续3年居高不下，最高达53.4%，大大超过了经济的承受力。粮食严重缺乏，人民生活遇到极大困难，财政连续4年出现赤字。

针对"大跃进"给国民经济带来的严重困难，1961年党中央提出"调整、巩固、充实、提高"的八字方针。山西省委、省政府遵循这一方针，采取了一系列措施，压缩基本建设规模，回笼货币，稳定物价，发展消费品生产，国民经济开始向良性方向转化，经济运行重新出现了协调、稳定、全面发展的态势。1965年山西省国内生产总值达到43.9亿元，比1957年增长50.6%。年平均递增4.6%。供给结构大为改观，农业、轻工业比重上升，重工业比重下降，农、轻、重三者比例变为40.5:16.4:43.1。固定资产投资率趋于正常，投资率降为22.8%。财政状况摆脱了连年赤字问题，财政收入比1957年增长94.6%，人民生活得到一定改善，但经济运行中供给不足引发的社会总供给与社会总需求失衡问题仍然没有得到解决。

（四）"文化大革命"时期

1966年开始的"文化大革命"使山西的政治生活、经济生活和社会生活陷入全面混乱。整整10年，山西省国民经济随着政治形势和政治运动的发展而跌宕起伏，在畸形的结构中缓慢发展。1966—1976年的10年中，山西省国内生产总值有4个年份出现负增长，经济增长波动不仅影响了供给总量的实现，而且给国民经济带来了效益普遍大幅度下降的恶果。在基本建设投资规模迅速膨胀、投资率陡然回升的情况下，主要产品产量的增长，远远低于生产能力的增长，从而造成有效供给不足。到1976年底，全民所有制独立核算工业企业中亏损户占到38.7%，亏损总额达到4.1亿元。从消费需求方面看，十年动乱，人民生活受到极大影响，城乡居民收入不仅没有上升，反而有所下降，相当一部分农民难以实现温饱，连起码的看病、乘车等服务需求都难以得到解决。由于供给不足，商品匮乏，供需矛盾加剧，许多生活必需品长期凭证定量供应。

总体来看，从1949年到1978年，山西省宏观经济基本上是在"短缺"状态下，波浪式向前发展的，供给不足成为经济运行中的主要矛盾。供给不足主要表现在以下几个方面：

第一，卖方市场居主导地位。市场是买卖双方进行交易的场所。卖方市场是商品求大于供的一种市场形势。1978年以前，我国的市场形势始终以卖方市场占居主导地位。在那个时代，企业的生产与市场营销无关，生产靠计划，销售靠调拨。在生产中，企业处在"生产什么就卖什么"的生产导向地位。在营销中，经营者处在"我卖什么人们就买什么"的销售导向地位，消费者无权、无力、也不可能进行消费选择。

第二，主要消费品凭证定量供应。1978年以前，城乡居民的生活与各种票证息息相关，凭证供应的商品有几十种之多，大到手表、自行车，小到白糖、酱油、醋。凭证供应商品限制了有支付能力需求的实现，是短缺经济条件下商品供不应求的一种表现形式。

第三，经济发展速度较高，但满足需求，特别是消费需求的程度低。1978年以前，受苏联经济发展模式的影响，我们在经济工作中过多地考虑了生产资料的生产优先增长问题，而对消费品的生产和需求考虑不足。这样就形成了一方面生产发展很快，速度增长很高，但生产的产品却不能满足消费需求；另一方面市场不需要的产品连续不断地生产出来，形成大量库存。生产出来的产品无人需要，而需要的产品又无人生产。1952—1978年山西省国内生产总值年平均递增6.3%，但仍改变不了长期以来主要消费品凭证供应的局面。从山西省城乡居民平均每人主要消费品生活消费量看，1949年人均消费食用植物油0.7公斤，猪肉0.66公斤，蛋类0.38公斤，食糖0.08公斤，棉布6.63尺，每百人拥有自行车0.01辆，每百人拥有手表0.01只；到1978年，人均消费食用植物油1.07公斤，猪肉4.23公斤，蛋类1公斤，食糖2.32公斤，每百人拥有自行车1.51辆，每百人拥有手表1.65只。1952－1978年山西省城乡居民平均每人消费水平年平均递增3.4%，仅及同期国内生产总值年均递增速度的50%强一点。

第四，在计划体制下，物价总指数的变动不可能真实地反映供需变化情况。在市场经济条件下，市场价格的变动反映供需关系的变化。当商品供过于求时，市场价格就下落，当商品供不应求时，市场价格就上涨。在计划经济条件下，商品价格是由国家根据价格政策有计划地制定的，特别是在我国市场机制尚不完善的条件下，价格的变动往往并不能真实地反映供需关系的变化。比如说，从山西省建国以来零售物价总指数变化情况看，除个别时期，如国民经济恢复时期、“二五”时期和三年经济调整时期外，大多数年份零售物价总指数的涨幅都很小，以 1952 年为 100 的全省零售物价总指数，到 1978 年仅为 117.7，平均每年涨幅为 0.6%，但并不能由此而得出这一时期社会总供给与社会总需求是平衡的结论。

二、改革开放以来供需状况

1978 年 12 月召开的中国共产党第十一届三中全会是中国社会主义革命和社会主义建设的一个重要里程碑，从此山西和全国一样，进入了一个改革发展的新时代。改革不仅改变了山西人思想观念，而且使整个国民经济的运行格局出现了前所未有的变化。在宏观调控作用下，全省社会总供给与社会总需求经历了由供给不足到供需基本平衡再到需求不足这样一个演变过程。

（一）“六五”时期

党的十一届三中全会以后，随着改革的不断深入进行，山西省委和省政府在纠正过去重积累、轻消费，只顾生产不顾生活的“左”的指导思想，努力改善人民生活，稳步发展经济的基础上，注重和加强了宏观经济的管理和调控。1980 – 1982 年，在“调整、改革、整顿、提高”方针指引下，根据经济运行机制中出现的问题，不失时机地提出各种调整经济的方针政策，使比例失调的状况显著改变，社会总供给与社会总需求基本平衡。

随着经济建设的顺利发展，人们追求高速度的倾向又逐渐萌发，并迅速波及全国，这种思想带来的经济过热状况导致供需失去平衡。1983 年社会总需求大于社会总供给的局面再次出现，以“投资饥渴”、“消费早熟”和“信贷失控”为特征的社会总需求膨胀，在 1984 年达到高峰。当年全省固定资产投资比上年增长 53.7%，增幅超过上年（29.8%）23.9 个百分点；社会消费品零售额增长 21.9%，增幅超过上年（13.2%）8.7 个百分点；银行贷款余额达 119.9 亿元，比上年增长 50.4%，净增额达 40.2 亿元。

针对这种情况，国家及时采取了紧缩政策，加强了宏观管理和调控，国民经济开始摆脱过热状况，社会总需求膨胀得到遏制。但由于消费需求所呈现出的刚性和投资需求所具有的惯性，使“六五”期末供需失衡问题仍较突出。

（二）“七五”时期

针对“六五”期末需求膨胀而采取的紧缩政策，造

商品供应充裕　　　王天明　摄

成“七五”初期国内生产总值增长速度连续下滑。考虑到经济低速增长的承受力，国家及时地提出了“软着陆”的方针，但执行效果不理想，供需矛盾未得到缓解。1988 年出现了生产资料有效供给紧张、消费品市场“抢购风”迭起、银行存款滑坡、市场物价连续两年大幅度上涨的通货膨胀局面。1988—1989 两年全省零售物价总水平分别比上年上涨 21% 和 19.1%。“七五”末期，国家加大调控力度，采取抽紧银根、调低利率等一系列强紧缩方针，使物价涨幅明显回落，总需求得到抑制，但由此也出现了企业开工不足，市场疲软，产品积压，效益滑坡，资金循环受阻等负效应。“七五”时期出现的经济波动再次告诫我们，在宏观调控上必须注重供需总量平衡，必须遵循和研究客观经济规律，只有这样，国民经济才能走上持续、稳定、协调发展的道路。

（三）“八五”时期

90 年代以来，为加快兴晋富民步伐，山西省委、省政府根据全省经济发展实际情况，研究制定了“三项建设、四大战役、五个一工程”等一系列促进经济发展的政策和措施。随着这些基础设施建设项目的全面完成，山西省交通通信设施落后的状况得到明显改善，各项“瓶颈”制约得到较大缓解，国民经济保持了持续、稳定发展的良好势头，市场活跃，城乡人民生活水平有了很大提高。“八五”后两年，全省社会总供给与社会总需求平衡状况明显好于以往，供需总量基本平衡。1995 年全省国内生产总值首次突破千亿元大关，达到 1092.5 亿元，5 年间平均每年递增 10.1%，是建国以来经济发展最快的时期；城镇居民人均可支配收入达到 3306 元，比 1990 年增长 1.56 倍，年平均递增 20.7%；农村住户人均纯收入达到 1208.3 元，比 1990 年增长 1.0 倍，年平均递增 14.9%；社会消费品零售额达到 376 亿元，比 1990 年增长 1.38 倍，年平均递增 18.9%。

需要指出的是，“八五”末期出现的社会总供给与

社会总需求的基本平衡是在需求总量增长低于经济增长的基础上实现的,需求不足,特别是固定资产投资需求不足的矛盾已经显露。从供给方面看,长期困扰全省经济发展的供给总量不足的问题已经得到缓解,但供给结构,特别是农业内部供给结构矛盾突出,导致"八五"末期物价指数出现较大幅度增长。1994年全省农副产品收购价格比上年上涨39.9%,1995年又上涨27.2%,是建国以来全省农副产品收购价格上涨最高的两个年份。

(四)"九五"时期

1996年山西省委、省政府为加快经济发展,制定了未来15年山西省经济社会发展"三步走"赶超战略构想,并提出为实现这一构想所采取的方针、政策和措施。为把今后15年的事情认真办好,全面完成这一跨世纪的宏伟工程,全省人民在省委、省政府的领导下,团结一致,齐心协力,振奋精神,扎实工作,克服种种困难,稳步推进各项改革,国民经济运行保持平稳态势,社会总供给与社会总需求在前两年总量基本平衡的基础上,逐渐演变为供给总量略大于需求的格局,这一新格局的形成主要表现在:

第一,央行自1996年以来连续五次降低存贷款利率,存款利率平均降低4.23个百分点,贷款利率平均降低5.17个百分点。

第二,物价涨幅逐年下降,进入1998年,出现了自改革开放以来从未有过的物价负增长。1996年,以抑制通货膨胀为主要内容的宏观调控目标已经基本达到,全省商品零售价格涨幅已由"八五"末期的两位数降至6.2%,1997年物价涨幅进一步下降为1.3%,1998年全省商品零售价格比上年下降3.0%。

第三,经济增长平稳,但表现出连续下滑的趋势。1995年全省国内生产总值增长11.1%,1996年增速为11.0%,1997年国内生产总值增速再次下滑到10.5%,1998年为9.1%。

第四,城镇登记失业率有所增长,下岗职工增加。1995年全省城镇登记失业人数为2.7万人,失业率为0.6%;1996年失业人数达到7.01万人,失业率为1.5%;1997年城镇登记失业人数上升到10.3万人,失业率达到1.92%;1998年全省失业人数10万人,失业率为2.15%。

第五,买方市场的出现。买方市场是商品供过于求的一种市场情况。由于短期供给的过剩,买方(消费者)在交易上处于有利地位。买方市场的存在决定生产和价格长期运动的方向,预示着生产或价格的下降,或两者同时下降。据国内贸易部门对600多种主要商品供求状况排队分析,1998年上半年供过于求的商品达25.8%,没有供不应求的商品。到1998年底,供过于求的商品比重比上半年又增加了8个百分点。伴随着市场商品供求状况的改变,绝大多数商品价格有了不同程度的下降,如1998年全省商品零售价格总水平比去年下降3.0%,农业生产资料价格下降4.2%,居民消费价格总指数也低于上年同期水平1.4个百分点。

尽管我们从市场供求状况和价格走势分析中,可以得出买方市场已经形成这样一个结论。但买方市场的出现并不意味着供给的全面过剩。当前的供给过剩是结构性过剩,少数一些商品和服务的供给并未满足需求,主要表现在:一是在传统的计划经济、地方保护主义、市场相对封闭等情况下多年形成的重复建设,致使一些产品的生产能力严重过剩。如原煤,目前全国原煤生产能力大于需求约2亿吨;二是厂家和商家的生产及销售行为不成熟,不能真正以满足消费者的需求作为自己的经营目标,不少产品的质量、售后服务等没有保证,再加之虚假性、欺骗性广告宣传的负面影响,消费者不敢轻易消费,使有支付能力的消费需求不能全部得到实现;三是一些商品缺乏应有的消费配套环境,如我省农村输电线路设施陈旧,农村居民家庭生活用电难以保障,致使一些家用电器不能正常使用,影响了许多有支付能力、也有需求愿望的消费者对家用电器的购买;四是一些商品价格过高,超出了合理的价位和消费者的承受能力,从而使居民的有效需求无法转化为现实消费。如商品房、汽车、通信服务等;五是受行业垄断行为的影响,个别产品和服务的供给难以满足需求。如1997年底,全省城镇居民家庭使用管道煤气和液化石油气的户数占总户数的64.1%,尚有35.9%的居民户仍然使用煤或煤制品做饭,另外还有25.5%的居民户冬季靠火炕、火炉和火盆等取暖。

由此可见,当前的供给过剩是在人民消费水平还不高,相当一部分居民,特别是大多数农村居民收入水平还比较低,消费需求有所抑制条件下的相对过剩。是在人民群众需要的不少商品和服务(如住房、家政服务、城市偏远地区的交通服务等)虽然有支付能力,但并没有得到满足的情况下的较低水平的结构性过剩。这是我国长期以来走外延型发展路子和制度改革滞后的综合反映,需要我们立足于深化改革,通过积极开拓市场和努力促进经济结构调整来逐步加以解决。

(方仲平　董晓玲)

工业经济成就辉煌

1949年建国后，山西工业经济实现了前所未有的高速增长。特别是1978年党的十一届三中全会以后，山西省工业战线不断解放思想，始终以经济建设为中心，坚持改革开放不动摇，正确处理改革、发展与稳定的关系，积极探索、大胆实践，从而使全省工业经济体制改革从扩大企业自主权、增强企业活力开始，经过承包制、转换经营机制、产权制度改革，到建立现代企业制度，从扩大市场机制作用到以建立社会主义市场经济体制为目标，经过单项改革、配套改革和全面深化阶段，使工业经济体制发生了重大的变化，传统的计划经济体制已逐步退出历史舞台，新的社会主义市场经济体制正在初步建立并在经济运行中起主导作用。20年来的改革开放有力地推动和促进了全省工业经济的发展，加快了全省建立社会主义市场经济体制的进程，工业经济取得了前所未有的辉煌成就，全省工业经济综合实力显著增强，工业经济为全省国民经济发展做出了巨大的贡献。

一、艰难曲折勇奋进，改革开放促腾飞

(一)工业经济得到迅速恢复和发展

1949年新中国建立时，山西工业基础薄弱。全省拥有官办、商办和个体工业企业2864个，年工业总产值3.73亿元，固定资产仅有1.3亿元，主要工业产品产量也十分有限：原煤267万吨，焦炭7.5万吨，生铁4.1万吨，钢1.2万吨，水泥1.4万吨，发电量0.4亿千瓦小时，纱0.3万吨，卷烟1.2万箱，酒0.1万吨。

国民经济恢复时期，没收官僚资本工业变为国营工业，并在国家投资和苏联、东欧的技术援助下，新建了一批国有工业；帮助民族资本主义工业开工复业；采取措施大力扶植手工业发展；同时还采取了一系列稳定经济的政策，恢复和发展生产。经过3年的努力，山西工业经济发生了巨大变化，取得了很大的成就：国营工业得到建立并不断壮大，私营工业经过调整得到发展，并大部分纳入初级国家资本管理轨道；个体手工业在迅速恢复的基础上，积极向互助合作发展。到1952年底，全省工业总产值达到10.8亿元，比1949年增长1.9倍，年平均递增42.3%；工业固定资产原值达到3.74亿元，比1949年增长1.9倍；主要工业产品产量都成倍地增长，如钢增长6.5倍，铁增长3.9倍，发电量增长2.5倍，原煤增长2.7倍。

“一五”时期，山西抓住有利时机，集中力量进行工业建设，充分发挥原有工业企业潜在的生产能力，逐步对手工业和私营工业进行社会主义改造，进一步解放和发展生产力，全省工业经济得到了迅速发展。到“一五”期末的1957年底，全省工业企业达到3421个；拥有固定资产原值13.33亿元；工业生产飞速增长，1957年，全省工业完成总产值30.64亿元，年均生产增速高达18%；新工业行业不断产生，新产品开发也取得丰硕成果，这5年间，仅太原市就开发新产品1110多种，有些大中型企业一个企业就开发新产品100多种。主要工业产品产量都是成倍、成几十倍增长的趋势；“一五”时期，由于大规模建设，工业技术基础增强，工业内部比例关系较为协调，经济效益较好。“一五”期间的工业全员劳动生产率提高了64.1%，每百元固定资产提供利税22元，产值利税率为19.4%，各项经济效益指标可以说是山西工业发展最好的时期之一。

(二)在艰难曲折中不断前进

“二五”时期和调整时期(1958－1965年)，山西工业生产和建设经历了三年“大跃进”和前后五年调整的曲折发展过程。由于社会主义经济建设指导思想上的失误，整个国民经济的发展遭受了严重的挫折。1958年至1960年的“大跃进”时期，山西各行各业都大办工业，组织大协作、大会战，短期内新建企业就达几千家，仅太原和大同两市就新建企业3000多家；工业生产飞速增长，创下历史最高水平，3年间，全省工业平均年递增21.2%。这期间，由于人民发挥了高度的社会主义积极性，投入生产建设的人力、物力、财力都是空前的，因而也取得了相当的成绩。建起了一批大中型骨干企业。如太原的山西电机厂、电解铜厂、电解铝厂、电石厂，大同的大同机车厂、山西柴油机厂、大同糖厂、钢铁厂等；增加了铝、机车、汽车、机引农具、交流电机、小型拖拉机、硫酸、纯碱、磷肥、丝、糖、灯泡、自行车、轮胎等等许多新产品；乡村工业是在1958年人民公社化运动中兴起的，在三年大跃进中迅速发展，成为当时工业多种经济成份发展的主要形式。

全省工业经过前三年超常规的高速发展，其带来的许多问题伴随着农业自然灾害一起到来，最终迫使全省工业大幅度下降。1960年至1962年，全省工业总产值平均每年下降31%。全省的主要产品产量，特别是许多重工业的产品产量也大幅度减少。1962年与1960年相比，主要产品产量有83.9%的品种下降，其中成品钢材产量下降73%，原煤下降28%。

鉴于"大跃进"时期出现的问题，在中共中央1961年正式提出的国民经济工作以调整为中心的"调整、巩固、充实、提高"的八字方针指引下，山西省对工业也进行了全面的调整。短短几年内，工业企业和项目纷纷下马，全省工业系统精简职工20多万人，有12.6万人回到农村第一线。这一时期，为了整顿"大跃进"中工矿企业存在的问题，如管理混乱、经济责任制和经济核算制度瘫痪、设备损坏、产品质量和劳动生产率低、工资分配中的平均主义等，采取了一系列措施，从而把工业企业的生产秩序稳定下来，逐步恢复到正常水平。

经过1961年至1962年的初步调整和1963年至1965年三年的全面调整，全省工业与农业之间、工业内部之间的比例关系进一步协调，工业支援农业的能力有所增强，许多企业的管理水平和经济效益有所提高，工业生产得到恢复和发展。1965年与1962年相比，全省工业总产值增长67.9%，平均每年增长18.8%；。即便是这样，到调整期末的1965年，工业总产值仍比1960年下降20.0%；绝大多数工业产品产量基本达到和超过规定的目标；工业产品质量普遍提高；主要工业经济效益指标创历史较好水平。

"三五"时期和"四五"时期（1965—1975年），山西工业受到"文化大革命"的严重干扰。全省工业生产年平均仅增长5.3%；主要工业产品产量倒退了10年左右；工业经济效益全面下降。由于决策失误，片面强调"扭转北煤南运"，国家对山西煤炭工业基本建设投资大大压缩，加上地质勘探和基本建设队伍大批南调，使山西煤炭工业的发展受到很大影响，资源优势没有得到发挥。同时在"小三线"的建设中山西作为战略后方，工业建设按照"分散、靠山、隐蔽、进洞"的原则，把一些重点建设项目以及直接为其配套工程建在了管涔山区、吕梁山区、太行山区和中条山区。全省火力发电厂和电子工业企业建设项目，都建在山区中。这种工业布局和建设方针，是鉴于当时的国际形势风云变化，从增强国防力量需要出发和考虑的，具有当时的历史背景，对繁荣山区经济，支援地方工业发展创造了一定条件。但是随着时间的推移，从经济发展的整体上考察，这种工业布局是很不合理的。诸如布点过于分散，进山太深，地形复杂，交通不便，运输困难，孤立发展，自成体系，生产和生活的一些基础设施难以共用，社会负担包袱沉重，特别是有些工厂远离原料、燃料产地，相关项目又不配套，建成后难以投入正常生产，企业职工的生活福利等切身利益问题长期得不到妥善解决，后来一部分工厂不得不又搬迁到平川城市，造成严重浪费，也影响了工业经济的发展。

"文化大革命"十年中，山西工业经济从总体上讲发展缓慢，但是由于国家投资的增加，再加上全省广大干部、职工的共同努力，尽可能地排除干扰，在极其困难的条件下，坚持生产和建设，工业经济在某些领域仍然取得了一定的进展，尤其是新、扩建的一部分企业，虽然在当时没能发挥很大作用，但也为以后工业经济的发展奠定了物质基础。如太钢公司建成2300/1700毫米热轧板车间、1万立方米制氧工程、50吨×2氧气顶吹转炉等项目，形成80万吨铁、100万吨钢、70万吨钢材的生产能力；长治钢铁厂建成投产了芦沟矿年产15万吨的采矿工程和年产14万吨的焦化车间；太原市一电厂扩建、太原二电厂扩建、大同热电厂扩建、侯马发电厂、娘子关发电厂也都建成投产新的机组等等。

（三）在改革开放中快速发展

"五五"时期（1976—1980年），山西工业经济得到了较快发展。1976年粉碎"四人帮"之后，面对十年动乱给山西工业留下的严重"后遗症"，1976年至1978年，山西从思想上、组织上、制度上对工业战线进行全面整顿，全省工业管理部门和工矿企业自下而上与自上而下的建立健全生产经营调度指挥系统，严格贯彻执行经营管理中的各项规章制度，提出工业企业主要经济指标赶超"三个水平"（即企业的先进水平、行业的平均水平和设备的先进水平），加强对企业的经济活动的考核和管理。经过整顿，全省各城市一批原处于瘫痪半瘫痪状态的企业恢复生产，企业经营管理有所改善，生产管理中的混乱状况有所好转。同时有条件地恢复和实行奖励和计件工资制度，又提高了部分职工的工资，这就使得大部分企业职工的生活有了初步的改善，从而调动了广大职工劳动生产的积极性。再加上粉碎"四人帮"后广大职工焕发出极大的政治热情和劳动热情，促使全省工业生产得到了较快的恢复和发展。1976年至1978年，三年间全省工业生产平均增速高达21.6%。

党的十一届三中全会后，山西工业进入了一个新的发展时期。1979年至1980年，全省选择了110个国营大中型骨干工矿企业，进行了扩大企业自主权的试点工作，赋予试点企业以独立的商品生产者的地位和相应的经营管理自主权，包括：制订补充计划权，展销、试销新产品权，利润留成支配权，多余和闲置设备转让出租权，资金和贷款的支配权，申请出口和外汇分成处理权，决定职工奖惩权，劳动工资管理权等，走出了工业经济体制改革探索的第一步。由于突破了旧管理体制的某些束缚，调动了企业按市场需求组织生产的积极性，为企业注入了活力。第五个五年计划时期，全省工业在各方面都向好的方面转化：工业生产速度加快，年平均增长速度为10.0%，比前10年的平均增速高出将近1倍；工业经济效益明显提高，产值利润率由1975年的6.91%提高到1980年的13.4%；资金利税率由8.9%上升为15.1%；净产值率由36.1%上升到40.6%。

"六五"时期（1981—1985年）。1979年至1980年的调整虽然取得很大成绩，但国民经济比例严重失调的情况并没有从根本上改变过来。为此党中央和国务院决定从1981年起对经济实行为期五年的进一步调整。"六五"期间，山西城市工业调整主要做了以下几项工作：一是对产品无销路、消耗高、质量差、长期亏损的企业实行关、停、并、转。仅1980年到1982年，全省就关、停、并、转企业1000多家。二是"六五"时期，国家确定山西为全国的能源重化工基地，并投入大量资金，展开大规模开发建设，一个个以煤炭现代化的大型矿井和大型坑口电站为主的国家和省的重点工程全面铺开。三是根据市场需要发展拳头产品，搞好专业调整，并按专业化分工协作的原则，把一部分企业组织起来建立专业公司，采用新工艺、新技术、新材料、新设备，使企业的专业化水平和产品质量、劳动生产率都有较大提高。这一调整，改变了山西一些短缺商品供应紧张的状况，活跃了市场。四是全面整顿国营工业企业。整顿的基本内容是：整顿和加强劳动纪律，严格奖惩制度；整顿财经纪律，健全财会制度；整顿劳动组织，开展全员培训，按定员定额组织生产；整顿和建设领导班子，对职工加强思想政治教育。经过整顿，企业领导班子的素质有所提高，人数减少，年龄下降，文化程度提高；企业的基础工作得到加强。

在进行调整的同时，以工业体制改革为突破口的经济体制改革全面展开。城市工业体制改革紧紧围绕增强企业活力这一中心环节，经过试点和探索，进而稳步推行。扩大企业自主权方面，中共十二届三中全会后，中共山西省委、省政府为了贯彻落实《中共中央关于经济体制改革决定》，在调查研究、广泛听取各方面意见的基础上，颁发了《山西省以增强企业活力为中心的经济体制改革实施方案》（简称《三十五条》）。对扩大企业自主权的主要内容做了六条规定，即：扩大企业经营的选择权；扩大企业执行指令性计划的主动权；扩大企业产品自销、定价权；扩大企业专项基金和自留资金的支配权；扩大企业工资奖金分配权；扩大企业对劳动力的招收、使用、调配权。这样，就把扩大企业自主权纳入规范化的轨道，对增强全省工业企业活力有极为重要的意义，推动和促进了全省工业体制改革的深入发展。

大力推行经济责任制。山西全面推行工业企业经济责任制是从1981年开始的，到1984年已在全省工业企业普遍实行。企业对国家的经济责任制主要有4种形式：一是利润留成；二是减亏包干和利润包干；三是独立核算，以税代利，自负盈亏；四是按行业按利润包干，超额分成。此外，还有集体承包、自负盈亏的责任制形式。企业内部则实行多种形式的经济责任制，把承包的指标层层落实到班组和个人，主要形式有：联产到人的计件工资制；同经济效益挂钩的浮动工资制；联产小指标记分计奖制；超定额计件工资制；纵横连续的经济合同制。各种经济责任制的推行，改变了企业吃国家"大锅饭"、职工吃企业"大锅饭"的旧体制，调动了企业和职工生产经营的积极性，促进企业管理不断改善，基础工作不断加强，生产和经济效益不断提高。

与此同时，实行政企职责分开；把党委领导下的厂长（经理）负责制改变为厂长（经理）负责制；城市集体所有制企业实行完全自主权。这一系列改革措施的出台和实施，使全省工业管理体制日趋合理。

"六五"时期的工业调整及其后期的工业体制改革的逐步深入，特别是以加强能源重化工基地建设为重点，依靠山西的资源优势、地理位置和工业基础，依靠中央的倾斜政策和优惠政策，展开了大规模的基地建设，在大力发展煤炭开采和电力工业的同时，有计划地改造了一批为能源建设配套服务的重点企业，注意煤炭的加工转化和增值，狠抓冶金、化工、建材3个原材料工业，积极发展省内市场急需的日用消费品工业，加快技术进步的步伐，促进资源优势向经济优势转变，这一时期山西工业呈现持续、稳定、协调发展的趋势。第一，工业生产全面、持续、稳定增长。1981年至1985年，除1981年增速较低外，以后4年的增长速度都保持在10%－14%之间。"六五"时期的平均增长速度也高于"二五"、"三五"、"四五"、"五五"等几个时期的水平。第二，全省工业经济工作逐步转到了以提高经济效益为中心的轨道上来。随着改革的逐步深入，企业活力明显增强，在生产发展的基础上，也取得了较好的经济效益。全省国有工业企业实现利税总额比"五五"时期增长1倍，亏损则减少了31.1%；劳动生产率逐步提高，1985年全省国有工业企业全员劳动生产率比1980年提高24.4%，工业企业定额流动资金周转天数121天，比1980年缩短了14天。

“七五”时期(1986—1990年),全省工业经济体制改革紧紧围绕增强企业活力,特别是增强国有大中型企业活力这一中心环节继续向纵深展开,并取得了实质性的进展。工业经济的宏观运行机制和微观运行机制都发生了显著的变化,为“七五”时期和今后工业经济的发展带来了深远的影响。

逐步建立起市场调节机制。工业产品的指令性计划进一步缩小,市场调节的比重不断扩大,企业面向市场,逐步实现由生产型向生产经营型转变。工业指令性计划的产品,由“六五”末的240种减少到80余种。“七五”时期工业品价格中,由国家定价的品种比重从期初的64.2%降到期末的55.9%。由于原材料、能源供应紧张,价格上涨范围和上涨幅度较大,采掘和原材料工业产品价格偏低的状况得到了改善。在国家优质优价政策的推动下,同类产品的差价已经拉开,初步缓解了工业品质量差价偏低的矛盾。也为商品生产者和经营者运用价格杠杆创造了条件。主要物资国家统一分配的比重明显下降。有关统计资料表明,过去受计划控制最严的大型企业,原材料自采量和产品自销量分别达到50%和22%以上,企业对市场的适应能力有了很大提高。

企业经营体制和领导体制得到改善,企业活力明显增强。“七五”初期,山西工业经济体制改革进入了有计划、有步骤、有重点的全面配套发展阶段。经过反复探索和比较,承包经营责任制被确定为企业经营机制的主要形式,并从1987年在全省工业企业中全面推行,促进了企业所有权和经营权的分离。到1988年,全省各地95%以上的国营工业企业和城镇集体工业企业已普遍实行了各种形式的承包经营。1990年下半年,在总结第一期承包做法和经验的基础上,企业第二轮承包开始推行。同时,对股份制和各种形式的放开经营也进行了有益的探索。企业内部经营机制的改革逐步展开。包括企业领导体制、劳动人事、分配制度的配套改革正在引深,多数企业实行了内部层层承包经营责任制,并引入竞争机制,实行优化劳动组合和干部聘任制,工资、奖金和经济效益挂钩。“七五”期间,通过全面实施第二步利改税,将折旧资金全部留给企业,减免大中型企业调节税等措施,使企业自我改造、自我发展的能力得到提高。

“七五”时期,根据中央对山西建设的指导方针,全省能源工业继续得到优先发展。5年间,全省能源工业基本建设新增固定资产77.67亿元,比“六五”时期增长了97.65%。由于能源工业建设速度加快,能源工业生产能力大大提高。1990年全省一次能源产量比1985年增长了33.5%。“七五”时期,全省各地还大力发展了能源的加工转换产品,火电、洗精煤、焦炭等能源加工转换产品的产量有较大幅度增长。1990年与1985年相比,洗精煤产量增长了1.8倍,焦炭增长了1.2倍,火力发电增长了73%。与此同时,全省各地用于工业企业“三废”治理的投资大幅度增加,尤其是“七五”后三年,全省狠抓小土焦改造,基本上消灭了土窑炉生产,使全省的工业污染得到控制,在改善环境、节约耕地方面做了不少工作。

经历了从“过热”到治理整顿的过程。“七五”前3年,由于经济过热和基本建设投资规模过大,对能源、原材料生产造成巨大压力,虽然开足马力生产,仍然难以满足市场需求。山西工业生产出现了历史上少有的持续高速增长。1988年下半年,遵照中央“治理经济环境,整顿经济秩序”的方针,紧缩固定资产投资,收紧银根,经济过热的局面得到控制。随后的两年,山西工业一度出现过生产滑坡、市场疲软的不佳现象。“七五”时期,全省工业生产增长8.9%,是继“一五”、“六五”之后,第三个高速增长时期。

但是,“七五”时期,经济管理体制与正在发育的市场机制不相适应,再加上一些改革措施的不配套和价格“双轨制”的弊端,大大加剧了流通领域的混乱。过热时,抢购资源的大战不断;疲软时,地区封锁又限制了资源的优化配置和统一市场的形成。财政“分灶吃饭”,行业包干,在企业以至企业内部承包中,出现以包带管的倾向,宏观调控工作普遍削弱。这虽然是全国性的问题,但全省各地也普遍受到影响,由此造成全省工业经济效益持续下滑。1990年与1985年相比,产值利税率由1985年的18.36%下降到9.53%,销售收入利润率由18.97%下降到3.54%。

“八五”时期(1991—1995年)。进入90年代以来,特别是1992年邓小平同志南巡谈话后,全省工业紧紧围绕搞活大中型企业和建立现代企业制度为中心,在推进股份制试点、转换企业经营机制、建立和完善企业集团、实行兼并破产、调整企业组织结构等方面,都迈出了较大步伐。

在股份制改革方面,1992年山西省成立了推进股份制试点工作领导小组,并制订和出台了股份制试点的有关法规、办法,筹建了“山西省证券交易中心”,为股票上市创造了条件。审批了通宝能源股份有限公司、太原制药厂抗菌素股份有限公司、漳泽电力股份有限公司等35家股份制企业。1995年股份制企业达到371户,股本总额达到48.3亿元。

在经营机制转换方面,1992年全省100户大中型企业进行转换经营机制的试点。其中,在43户大中型企业试行投入产出总承包试点,试点企业将承包期与技术改造期相衔接,实行利税统筹。企业的组织结构的调整明显加快,全省有264户劣势企业被兼并。

1993年,全省有1663户小企业进行了“国有民营”、“公有私营”等经营方式的试点。在15户企业实施破产试点中,有7户企业实施破产,涉及职工2897人,资产4718万元,净债务1.23亿元。另外在试点之外还有62户企业进行了破产。破产中遇到的最大障碍是原企业职工的安置问题。1995年全省共组建企业集团68家。国有中小型企业改革力度加大,收到了明显效果。全省已有500多户国有中小型企业实施了多种形式的改革,形成了北有朔州、中有榆次、南有运城的改革格局,并已由“点”向“面”扩展。太原市作为全国优化资本结构的试点城市,确定了26个企业作为优化结构的点中点企业,组建了山西宏大针织集团等5户企业集团,先后有21个企业通过兼并、划拨、入股、转让等多种途径实现了联营,并选择太钢、平板玻璃厂、太重等10户企业进行国有资产监管试点,监事会已进入试点企业工作。

“八五”时期,全省工业生产年均增速高达9.4%,不仅高于“七五”时期的平均水平,也超过了改革开放以来工业增长速度较快的“六五”时期。“八五”时期,把提高工业经济运行质量和效益作为重头戏来抓,普遍开展了以“上质量、上品种、上效益”为中心的管理年活动。使工业产品的质量稳定提高率达到88.4%,比1990年提高2.6个百分点。全省还新创了一批名优产品,共获国家优质产品16项,部优产品150项,省优产品351项。全省城市优质产品产值率达到25.8%。由于产品质量开发等级和优质优价创造的效益达4.1亿元。工业企业市场意识增强,工业产品营销状况良好,市场占有率明显提高。1995年,全省城市工业的产品销售率达到98%,比1990年提高近10个百分点。

“九五”时期以来,特别是党的十五大以来,山西工业着眼于搞好整体国有经济,对国有企业实施战略改组,立足于为企业创造良好的外部环境和必要条件,如坚决制止重复建设,加快投融资体制改革,加快建立和完善社会保障制度,努力做好下岗职工再就业工作,大力整顿市场秩序,加强法制建设,使各项经济活动步入法制轨道。政企分开迈出较大步伐,在军队、武警部队、政法机关的经营性企业全部移交地方的同时,1998年,还把西山矿务局等七矿一厂下放到山西地方管理。加快行业调整和改组步伐,制止重复建设,大力压缩了纺织、煤炭、冶金等行业的过剩生产力,坚决淘汰了技术落后、浪费资源、产品质量低劣和污染严重的小企业,1998年,山西关停的小煤矿、小炼焦厂、小炼铁厂、小造纸厂等企业就有几千家。1996年至1998年的3年间,山西工业仍保持了11.2%的较高增速。

二、主导产品显突出,综合实力渐增强

(一)全省工业经济高速增长,总量规模不断扩大,综合实力显著增强

1998年全省工业增加值为745.47元(按当年价格计算,下同),比1952年增长316.94倍,年平均增长10.02%(按可比价计算),高出同期国内生产总值年平均增长速度(7.44%)3.58个百分点;比1978年增长14.49倍,年平均增长9.39%,高出同期全省国内生产总值年均增长速度0.41个百分点。1998年末工业资产总额为2959.94亿元,比1949年增长1647.9倍,比1978年增长20.05倍;工业总产值为2318.5亿元,比1949年增长539.66倍(按1990年不变价格计算),年平均增长13.7%,比1978年增长9.61倍,年平均增长11.98%;年末从业人员为415.42万人,比1949年增长14.08倍,比1978年增长1.62倍;1998年全省工业产品销售收入为2229.41亿元,比1949年增长1357.40倍,比1978年增长23.88倍。1997年全省乡及乡以上独立核算工业产品销售收入1036.81亿元,比1978年增长11.73倍,年平均增长14.33%;实现利润27.51亿元,比1978年增长1.61倍,年平均增长5.19%;实现利税109.47亿元,比1978年增长5.65倍,年平均增长10.48%。

(二)一些重要产品产量位居全国前列

解放前,山西生产的工业产品品种很少,数量也不大,档次也不高。经过50年的建设和发展,山西工业产品的品种种类迅速增加,基本上形成了一个产品品种比较齐全的工业生产体系,主要产品产量成倍、成十倍、成百倍增加,部分产品在全国占有重要地位。据1997年统计,全省的主要工业产品产量原煤、洗精煤、焦炭、生铁、氧化铝、电石和耐火粘土成品矿均占全国第1位,油墨、发电量、化肥、硫酸、钢、水泥、成品钢材分别占全国第6、7、10、15、10、14、13位。其中原煤产量占全国产量的24.65%,洗精煤占39.14%,焦炭占38.45%,生铁占12.73%,发电量占4.81%,化肥占4.12%,钢占3.66%,硫酸占2.76%,水泥占2.78%,油墨占5.68%,成品钢材占2.80%。

(三)产品质量总体水平稳中有升,全省工业综合能耗水平降低

解放前,山西工业技术十分落后,现代工业基本上是空白。经过50年的建设与发展,山西工业技术水平明显提高,尤其是党的十一届三届全会以后,山西认真贯彻“科教兴晋”战略,坚持走以内涵式扩大再生产为主的发展道路,切实加快技术进步和科技创新的步伐,先后确定了一系列政策措施,如扩大企业自有

资金使用权,提高固定资产折旧率并将折旧基金全部交由企业自主使用,允许从销售收入中提取1%的新技术开发费用,对新产品、新技术给予减免税照顾等等。技术进步不仅极大地提高了山西工业生产能力和技术水平,而且显著地改善了工业产品质量,降低了工业生产的能耗。省重点考核的80种主要工业产品质量稳定提高率由1979年的27.3%上升到1988年的85.7%;优质产品的产值占全省工业总产值的比重,已由1980年的2.1%上升到1988年的22%,平均每年递增3个百分点。据1995年第三次工业普查,全省大中型企业215种主要工业产品的全部合格产品中按产品价值计算,达到国际先进标准的优等品占15.78%,达到国际一般标准的一等品占41.8%。与1985年相比,优等品率提高5.5个百分点,一等品率提高13.0个百分点。与1985年相比,主要能源、原材料消耗指标下降的占61.0%,上升的占39.0%;1997年全省工业万元产值能源消费量4.20吨标准煤,比1978年下降1.74吨标准煤。近年来全省能源生产和消费弹性系数呈现下降趋势。

(四)能源工业为全省乃至全国经济的发展做出了重大贡献

改革开放20年,全省累计煤炭外调量为33.59亿吨,外调焦炭1.63亿吨,外调电力1238.52亿千瓦时,山西是全国向外输送能源最多的省份,山西煤炭幅射面波及全国26个省区。1998年山西省煤炭外调量达2.12亿吨,比1978年增加1.57亿吨,占当年全省原煤产量的67.34%,比1978年增长2.87倍,占全国煤炭净外调总量的约80.0%;向外输电达117.36亿千瓦时,比1978年增加114.61亿千瓦时,占全省发电量的21.18%。改革开放20年来,能源工业的产值、增加值和实现利税始终占到全省工业三分之一以上。山西能源重化工基地的建成,为从根本上缓解全国能源供求紧张形势起到了决定性作用。能源工业超常规大发展,不但有力地推动了全省经济的持续稳定增长,而且为全国经济的持续稳定发展作出了重大贡献。

三、公有经济占主导,各种经济竞发展

新中国成立之初,山西工业经济类型是多元化的,全省有国有经济、公私合营经济、合作社营经济、私营经济和个体经济五种经济类型。随着“一五”计划和对资本主义工商业的社会主义改造的完成,从1958年起全省经济类型长期只有国有经济和集体经济两种类型,即单一的公有制经济。党的十一届三中全会以后,全省工业经济类型结构又发生了新的重大变化。据测算,1997年全省实现工业增加值703.1亿元,其中非公有制经济实现150.2亿元,占全部工业增加值的比重由改革开放初期的不足1%上升到1997年的21.4%。改革开放使全省经济类型出现了以公有制为主导、各种经济成份竞相发展的新格局。

(一)各种经济成份竞相发展,但国有工业在关系国计民生的重要领域仍居主导地位

1979年以来,我国工业呈现出非国有工业的发展快于国有工业,非国有工业占全部工业的比重不断上升,国有工业的比重明显下降的特点。1978年到1997年,国有工业年平均增长6.37%,非国有工业年平均增长19.45%;国有工业资产总额和总产值占全部工业的比重分别由1978年的93.56%和75.43%下降到1997年的71.58%和31.99%。非国有工业的比重也分别由1978年的6.44%和24.57%上升到1997年的28.42%和68.01%。

(二)集体企业规模显著扩大

1997年全部集体企业实现工业总产值872.82亿元,比1949年增长698.6倍,比1978年增长15.58倍,1979年至1997年年平均增长15.93%,集体工业总产值占全省工业总产值的比重由1978年的21.94%提高到1990年的32.83%,1997年上升到37.13%。全省独立核算乡及乡以上集体工业企业实现利税总额由1978年的3.03亿元上升到1987年的6.71亿元,1997年上升到26.95亿元,比1978年增长7.89倍。集体工业实现利税1979年至1997年年平均增长12.19%。集体工业企业实现利税总额占全省工业的比重由1978年的18.41%上升到1997年的24.62%。

(三)“三资”企业发展迅速

1984年成立的太原华杰电子有限公司是全省出现的第一家“三资”工业企业,此后,“三资”工业企业单位数逐年上升,1990年全省乡及乡以上独立核算“三资”工业企业10个,1997年就迅速上升到195个,实现工业总产值(当年价格)49.93亿元,实现利税总额2.40亿元,拥有固定资产原价30.32亿元,分别占到全省乡及乡以上独立核算工业的1.87%、4.18%、2.19%、1.75%。

(四)乡镇企业异军突起

改革开放以来,山西乡镇企业异军突起,凭借经营灵活性和资源优势等天时、地利条件高速发展,实力明显加强,在全部工业经济中的份额不断上升,有力地加快了农村工业化的进程。乡镇企业工业总产值占全部工业总产值的比重由1985年的23.1%提高到1997年的57.21%。全省乡镇工业企业从业人员211.18万人,比1985年增加86.32万人,占全部工业从业人员的46.4%。在乡镇企业的发展过程中出现了一批实力强、装备好、发展有潜力的企业。1998年

全省年产品销售收入500万元以上乡村办工业企业681家(其中产品销售收入超过5000万元的企业58家,产品销售收入超过1亿元的企业21家),这681家乡村办工业企业实现产品销售收入160.07亿元、工业增加值61.94亿元、从业人员24.93万人、利润总额5.42亿元、利税总额16.19亿元,成为我省乡镇工业的领头雁。乡镇企业的迅猛发展有力地促进了全省经济的大发展,已成为我省经济的主要增长点和振兴全省国民经济的一支重要力量。

(五)股份制企业从无到有、生机勃勃

十四大以来,股份制工业企业在山西从无到有,截止1998年末,全省年产品销售收入超过500万元以上的股份制企业已发展到347家,其工业总产值、工业增加值、年末资产合计、利税总额、从业人员分别为260.87亿元、81.91亿元、635.14亿元、26.95亿元、38.28万人,分别占到全省国有企业、大中型企业和年产品销售收入500万元及以上非国有企业(以下简称规模以上企业)的23.57%、20.52%、23.06%、28.66%和18.43%。1998年全省年产品销售收入500万元以上的股份制企业实现利润9.43亿元,是全省同规模以上企业的1.02倍;总资产贡献率5.8%,比全省同规模以上企业高0.58个百分点,资金利税率5.22%,高于全省同规模以上企业1.03个百分点。股份制工业企业的经济效益明显高于全省工业总体水平。全省股份制工业企业发行股票上市取得较大进展,截止1998年末,全省在沪、深股市上市的公司已达13家,1998年度上市公司全部盈利。

四、品种演进愈深化,行业门类更齐全

建国初斯,山西全省有轻工业企业1719个,占企业单位总数的54.7%;重工业企业1423个,占总数的45.3%。在工业生产结构中,轻工业产值比重占54.2%,重工业产值比重占45.8%。随着国家重点建设的布局和发展以及山西能源重化工基地的加速建设,山西工业产业结构也发生了重大的演变。

国民经济恢复时期,国家用于山西重工业的投资占整个工业投资的92.2%,使山西重工业的恢复和发展速度大大快于轻工业。到1952年,在工业总产值中,轻工业产值比重下降为39.7%,而重工业产值比重则上升到60.3%,高于轻工业20.6个百分点。从此山西工业产业结构开始了向重型结构转变和发展的历程。

1953年至1976年,国家又在山西安排了一批能源、化工、机械等重点工业建设项目。全省用于重工业的投资高达95%,因此重工业增长速度显著加快,重工业年均递增速度比轻工业高出10多个百分点。重工业比重由1953年的57.9%上升到1976年的71.9%,轻工业比重则由42.1%下降到28.1%,重工业已占绝对优势。

改革开放后的1978年至1990年间,根据国家和山西省的战略部署,在加强能源等重工业建设和发展的同时,注意了轻工业的发展,对轻工业实行“六个优先”的倾斜政策,轻重工业同步增长。这一时期工业的轻重结构的变化特点是,轻工业比重呈上升趋势,重工业比重略有下降。1980年,轻工业比重上升到28.7%,重工业比重降到71.3%;1985年至1990年,轻工业比重保持在26.4%—28.3%之间,重工业比重在71.7%—73.6%之间。

进入90年代以后,随着社会主义市场经济的建立,市场调节力度不断加大,再加上我省的资源优势,曾一度促使我省的煤、焦、冶金等行业都有较快发展,特别是小煤矿、小铁炉、小焦炉的兴旺发达,进一步促使山西工业向重型化快速演进,形成了“重重轻轻”的工业格局。1991年至1998年,重工业增长速度明显高于轻工业,轻重工业结构由“七五”末的25.5:74.5变为1998年的20:80。

从轻重工业的内部结构看,全省在改善轻工业产品原材料结构上取得了重大进展。1949年全省以农产品为原料的轻工业产值占全部轻工业产值的76%,以工业品为原料的轻工业则占24%。随着石油化工原料、金属材料、半导体材料、电子材料和生物化工材料等新兴原材料的出现和发展,轻工业生产绝大部分依靠农业提供原料的状况大有改观。1998年全省以农产品为原料的轻工业占全部轻工业的比重降为56.6%,以非农产品为原料的轻工业占全部轻工业的比重降为43.4%。与此同时,重工业内部结构也不断发生变化。1949年,采掘工业、原材料工业、加工工业产值占重工业产值的比重分别为60%、23%和17%。1952年至1978年的26年间,加工工业产值增长最快,其次是原材料工业,而采掘工业则慢一些。采掘、原材料、加工工业占重工业的比重变为1978年的34.2%、26.8%和39%。党的十一届三中全会以后的20年来,原材料工业发展转为最快,加工工业次之,采掘工业略慢。采掘、原材料、加工工业三者的比例变为1998年的28.9:50.2:20.9。重工业中原材料工业比重的较快提高,符合市场需求导向,有利于山西比较优势的发挥。但加工工业比重的持续下滑对山西工业产值结构的高度化发展有着消极影响。

就工业部门来看,山西已经建成比较完整的工业体系。1998年工业已拥有39个行业大类,181个行业中类,464个行业小类,分别占整个工业40个大类,190

个中类,564个小类的97.5%,95.3%和82.3%。

从山西行业结构的演进过程看,行业结构重心不断有所转移,新兴行业的比重上升,传统产业的比重相应下降。1949年,山西工业前8大行业依次为煤炭、食品、纺织、机械、冶金、森林、建材、服装。1949年至1978年,山西化学、电力、机械、冶金、建材等行业保持了较快增长。到1978年末,山西工业前8大行业演变为煤炭、机械(前移2位)、冶金(前移2位)、化学(前移7位)、纺织(后移2位)、食品(后移4位)、建材、电力(前移4位)。通过1978年至1998年的20年的发展,构成山西工业八大主要行业仍然是煤炭、机械、冶金、化学、纺织、食品、建材、电力。但是由于宏观经济环境所提供的增长机遇,通过市场需求导向机制传输到不同工业部门,促使行业的结构有明显变化。产业重心有所转移,呈现出由初级向高级化发展趋势。从八大行业所居位次看,煤炭工业所占比重由1978年的28.7%下降为22.3%,但仍居山西工业的第1位;机械工业由18.0%下降为16.1%,由原来的第2位降到第3位;冶金工业由12.4%上升为17.4%,由原来的第3位上升为第2位;化学工业由1978年的9.8%上升为12.6%,仍占第4位;电力工业所占比重没有变化,仍居第5位;建材工业比重由1978年的3.5%上升到5.2%,位次由第7位前移至第6位;食品、纺织工业所占比重明显下降,位次相应下降。

五、工业布局趋合理,专业基地幅射强

解放前,山西工业总量规模偏小,而且分布极不合理,为数不多的现代工业企业主要集中在太原、大同、阳泉、长治等少数城市中,广大县城和农村几乎没有现代工业。建国后,按照国家的总体布局,山西工业经过四十多年的建设,在发展中央企业的同时,大力发展地方工业和乡镇工业,努力提高贫困落后地区的工业经济发展水平,逐步改变了原来地区之间工业生产力发展极不平衡的状况,全省工业布局渐趋合理。

(一)中央企业和地方企业基本同步增长

1950年至1978年全省工业总产值年平均增长14.48%,其中中央企业年平均增长11.6%,地方企业年平均增长14.94%。1979年至1997年全部工业总产值年平均增长12.73%,其中,中央企业平均年递增12.98%,地方企业则以年递增12.51%的速度发展。

(二)建国后地区分布得到改观,全省各地市工业均得到快速增长

特别是改革开放以来,各地工业经济总量规模不断扩大,发展速度明显加快。1979年至1998年全省11个地市中有8个地市工业增加值以年递增10%以上的速度增长,其中发展较快的5个地市是晋城、朔州、吕梁、临汾和运城,年均增长保持在11%以上,我省工业主要集中于太原、大同等几个主要城市的格局得到改观。1998年太原市、大同市、阳泉市的工业增加值占全省工业增加值的比重较1957年下降25.02个百分点,而晋城、朔州、吕梁、临汾、运城5地市比重却上升20.83个百分点。

(三)建成8个综合性和专业性工业基地,城市工业经济建设取得巨大成就

建国以来,全省在改造加强太原、大同老工业基地的同时,建成了阳泉、长治、榆次、侯马、临汾、忻州、晋城、运城、古交、霍州、朔州、孝义、介休、高平、原平、永济、河津、潞城等新兴的工业城市。1995年,全省6个省辖市和14个县级市共有乡及乡以上工业企业5467个,拥有固定资产原价1016亿元,占全省工业固定资产总额的78.8%,工业总产值(当年价格)654.75亿元,占全省工业总产值的73.6%。这些城市具有经济、文化、科技、信息等辐射功能,成为推进山西工业经济进一步发展的策源地。经过近50年的建设和发展,特别是经过改革开放20年的超常规发展,全省已建成8个综合性和专业性工业基地:即以大同、朔州为中心的煤炭、电力、建材为主导的工业基地;以忻州、原平为中心的煤炭、化学工业为主导产业的工业基地;以太原为中心的重工业为主体的综合性工业基地;以榆次、介休为中心的煤炭、纺织工业基地;以临汾、霍州为中心的煤炭、电力、冶金、煤化工为主导产业的工业基地;以运城、河津、永济、侯马为中心的铜工业、铝工业、盐化工业、轻纺工业为主的工业基地;以阳泉为中心的煤炭、电力、冶金为主导产业的工业基地;以长治、晋城为中心的以煤、电、机械、化工、轻纺为支柱产业的工业基地。

重机精锻机厂　　郝志刚　摄

六、骨干企业做贡献，举足轻重影响大

山西解放前遗留下来的864个工业企业中，没有一个象样的大中型企业。全部工业的固定资产原价仅1.31亿元。建国后，经过50年的大规模工业化建设，山西的工业企业规模发生了空前的发展和巨大的变化。经过1950年至1957年的国民经济恢复和大规模建设和改造，初步形成了山西工业的基本框架，并在煤炭、冶金、机械、纺织、化工等行业出现了一批大中型企业。1958年至1978年全省大型企业基本稳定，中型企业增加了1倍。截止1978年末，全省共有大中型企业153家，占到全省乡及乡以上工业企业单位数的1.63%，占工业总产值的51.74%。改革开放以来全省工业企业规模又随之发生了重大变化。新建和形成了一批大型骨干企业，有一批企业在全国占有举足轻重的位置。截止1998年末，全省共有大中型工业企业394户，其中大型企业133户(特大型企业14户，大一型企业45户，大二型企业74户)，中型企业261户。1998年全省大中型企业实现工业增加值231亿元，占到全省规模以上实现工业增加值的57.86%；实现利税总额59.10亿元，占到全省规模以上利税总额的62.85%。1998年与1979年相比，全省新增大中型企业240多户，其中有些企业在全国同行业中位居前列。如电力工业的大同二电厂、神头一电厂、神头二电厂；煤焦工业的平朔煤炭工业公司、太原煤炭气化集团、山西焦化集团有限公司；化学工业的山西化肥厂、太化集团、南风集团、三维集团；建材工业的山西水泥厂、山西光华玻璃有限公司；冶金工业的山西铝厂、解州铝厂、山西碳素厂；其他还有长治澳瑞特健身器材总厂、太原橡胶厂等。1997年全省有太原钢铁(集团)有限责任公司、西山矿务局、太化集团、大同矿务局、大同二电厂、阳泉矿务局、潞安矿务局、晋城矿务局、平朔煤炭工业公司、神头一电厂、山西铝厂等11家大型企业产品销售收入超过10亿元，进入全国500家最大工业企业行列。

七、装备规模上水平，科技投入见成效

建国初期，山西工业基础极为薄弱，拥有的工业设备数量很小，技术也十分落后。经过50年的建设，全省工业装备的规模和水平不断提高。1949年，全省工业固定资产原值只有1.3亿元，其中，国有工业1.01亿元，占77.7%；集体工业0.29亿元，占22.3%。经过3年恢复建设后的1952年，工业固定资产原值达到3.74亿元，比1949年增长1.8倍，平均年递增42.2%；国有工业固定资产原值达到3.28亿元，比1949年增长2.2倍，平均年递增48%，所占比重提高到87.7%。

从1953年起，国家开始了有计划的社会主义经济建设，全省改扩建、新建了一批骨干企业，全省工业装备的规模和水平大幅度提高。到1978年，工业固定资产原值达到141.61亿元，比1952年增长36.86倍，平均每年递增15%；国有工业固定资产原值达到131.57亿元，比1952年增长39.11倍，平均每年递增15.14%，所占比重提高到92.91%，国有工业的比重进一步上升。

党的十一届三中全会以来，全省进入了社会主义现代化建设的新时期，国家加强了山西能源重化工基地的建设，在改革开放的强劲大潮推动下，山西工业实力进一步增强，高新技术设备从无到有，并逐步加强。到1998年末，全省工业固定资产原值达到1831.76亿元，比1978年增长11.94倍，平均每年递增13.66%。

建国以来，随着工业固定资产的不断增加，劳动力装备系数也逐步提高。1949年国有工业平均每人拥有固定资产原值仅有1282元，1952年提高到2274元，1978年为11737元，1998年达到103036元，超过了10万元。

设备更新速度加快。据第三次工业普查统计，1995年在已安装的设备中，进口设备占20%，国产设备占80%；90年代出厂的占37.3%，80年代出厂的占43.2%，70年代及以前出厂的占19.5%。高新技术设备明显增加，工业机械化、自动化程度明显提高。全省工业企业拥有大中型电子计算机75台，小型电子计算机96台，微型计算机的应用更加广泛。拥有自动化生产线84条，半自动生产线505条。目前全省工业生产技术为半机械化、机械化和自动化为主，工业的现代化程度明显提高。

1998年全省大中型工业企业拥有技术开发机构232个，平均每个企业拥有技术开发机构0.59个。技术开发人员3.42万人，占全省大中型工业企业职工总数的2.91%，比1985年上升1.59个百分点；1998年投入技术开发经费9.44亿元，占全部大中型工业企业实现利税总额的25.74%；获国家级技术开发成果奖8项，省部级技术开发成果奖88项，申请专利49件。在投入的技术开发经费中，用于开发新产品的经费3.26亿元，占当年投入技术开发经费的34.54%。当年新产品销售收入达23.81亿元，占全省规模以上工业产品销售收入的2.34%；新产品实现利税2.46亿元，占全省规模以上工业实现利税的2.62%。随着科技机构、人员和经费的不断提高，大大增强了企业的技术开发能力，极大地推动了企业的科技进步，为企业的

长远发展注入了强大的活力。

八、职工队伍具规模，素质构成显改善

1949年，全省工业从业人员仅有27.55万人，经过3年恢复建设，到1952年工业从业人员达到39.47万人，比1949年增长43.27%，平均每年递增12.73%。到1978年，全省工业从业人员扩大到158.62万人，比1952年增长了3.02倍，平均每年递增5.5%。改革开放以来，工业职工队伍进一步发展壮大，1998年全省工业从业人员415.42万人，比1978年增加了1.62倍，平均每年递增4.93%。

职工文化、技术素质明显提高。据第三次工业普查统计，1995年在乡及乡以上工业企业中，大专以上文化程度的14.4万人，占5.3%，比1985年提高1.6个百分点；中专、技工、高中程度的91.06万人，占33.8%，比1985年提高8.8个百分点；初中以下文化程度的163.79万人，占60.9%，比1985年下降了10.5个百分点。在技术人员中，高级技术职务的1.62万人，占5.3%，比1985年提高0.9个百分点；中级技术职务的9.43万人，占31.0%，比1985年提高2.1个百分点；初级技术职务的19.41万人，占63.7%。

山西省工业经济在取得巨大发展的同时，还存在许多突出的矛盾和问题，主要表现在近年来工业经济效益有所下降，特别是国有企业生产经营困难，下岗职工有所增加，产业和产品结构不尽合理等。世纪之交之际，为使全省工业经济运行早日步入良性循环的轨道，全省上下必须正确处理改革、发展和稳定的关系，坚决执行党中央、国务院和省委、省政府制定的从整体上搞好国有经济的一系列方针、政策和措施，积极推进“两个转变”，始终不渝地坚持“三改一加强”，严格扭亏增盈目标责任制，大力发展高新技术产业和产品，不断提高山西工业经济的综合竞争能力。

（徐建中　秦建华　马双喜　张明峰）

能源建设突飞猛进

山西拥有丰富的煤炭资源，素有“煤海”之称。全省煤田面积6.18万平方公里，已探明储量2000多亿吨，约占全国已探明储量的三分之一；且煤种齐全、煤层稳定、埋藏较浅、容易开采。山西地理位置适中，近邻中原、京津唐地区，调运方便，加之山西煤炭开发历史长，为煤炭开发创造了有利条件。新中国成立后，党和政府十分重视山西煤炭工业的发展。特别是改革开放以来，党中央作出尽快把山西建成强大的能源重化工基地的建设决策，极大地促进了全省以煤炭为轴心的能源工业的发展。经过50年特别是改革开放20年的发展，山西已形成了一个门类齐全、有较好基础和一定规模的能源基础产业群体。能源基地已具有相当规模，各种能源产品的生产、外调能力大大增强，并在自身发展建设的同时，有力地促进和支持了全省乃至全国经济的飞速发展，做出了突出的贡献。

一、能源工业建设

（一）投资成倍增长，基础设施实力增强

为有效发挥山西的能源资源优势，全省一直非常重视能源工业的发展，但受国家及省内各个时期重点建设政策变化的影响，能源工业在各个时期又显示出不同的发展变化特点。

国民经济恢复时期和“一五”时期：国家对山西能源工业建设进行了较大规模的投资和建设，全省用于能源工业基本建设的投资6.57亿元，占全省工业基本建设投资的38.3%。其中“一五”时期能源工业基本建设投资6.11亿元，占全省工业基本建设投资的39.2%。这一时期，由于方针正确，政策稳定，能源工业建设发展较快，能源工业的生产能力有了明显的提高。

“二五”时期和国民经济调整时期：“二五”时期，全省能源工业基本建设投资达10.65亿元，比“一五”时期增长74.3%，但由于受当时“左”的思想影响，煤炭生产上的高指标，盲目扩大建设规模，多采少掘和乱采乱掘等，使能源工业受到一定的损失。“二五”中期的1960年冬，中央提出了“调整、巩固、充实、提高”的方针，大力压缩基本建设投资。这一时期，全省能源工业基本建设投资占全省工业投资总额的比重下降，比“一五”时期低7.2个百分点。到国民经济调整时期，山西能源工业基本建设投资开始回升。这一时期，投资总额达3.25亿元，占全省工业投资总额的

39.1%,比"二五"时期高出 8.1 个百分点。

"三五"时期和"四五"时期:国家煤炭开发重点建设向南转移和"文化大革命"动乱,使山西能源工业建设遭受了严重的挫折和损失。"三五"时期,全省用于能源工业基本建设投资 5.24 亿元,占全省工业基本建设投资总额的比重由国民经济调整时期的 39.1%下降为 24.5%,降低了 14.6 个百分点。"四五"时期,山西能源工业建设投资 10.47 亿元,比"三五"时期增加 5.23 亿元,占全省工业投资总额的28.2%,比"三五"时期上升了 3.7 个百分点。

"五五"时期:山西能源工业建设进入新的发展阶段。"五五"后期,党的十一届三中全会确立了我国实行改革开放,以经济建设为中心的方针、政策,极大地促进了山西能源工业的发展。这一时期全省用于能源工业基本建设投资 24.6 亿元,比"四五"时期增长 1.1 倍,占全省工业总投资的比重由"四五"时斯的 28.2%猛增到 51.8%。

改革开放以来:特别是进入"六五"时期的 1982 年,中央决定把山西建设成全国的能源重化工基地,此后,能源工业投资持续大幅度增加。从 1979 年到 1998 年的 20 年累计投资达 940.1 亿元,为前 30 年投资总额的 18.8 倍,年均 47 亿元,平均占全省工业总投资的 56.1%。其中:煤炭工业投资 562.36 亿元,占 59.82%,为前 30 年总额的 18.6 倍;电力工业投资 354.18 亿元,占 37.67%,为前 30 年总额的 19 倍;炼焦及其它投资 8.67 亿元,占 0.92%,为前 30 年总额的 7.74倍。

随着能源工业基本建设投资额的成倍增加,一大批能源基础产业项目竣工投产,使山西能源基地的实力大大增强。从建国初期到 1978 年的 30 年间,全省能源工业新增固定资产 34.8 亿元。其中:煤炭工业新增 20.4 亿元、电力工业新增 14.2 亿元、炼焦工业新增 0.2 亿元。在新增生产能力中煤炭开采 4416 万吨、煤炭洗选 575 万吨、发电设备装机容量 207 万千瓦、炼焦生产能力 211 万吨。主要能源产业项目有:扩建、新建大同矿务局、阳泉矿务局等矿井,新建了太原选煤厂。相继建成了太原第一热电厂一、二、三期工程、太原第二热电厂、大同电厂一、二、三期工程、阳泉电厂、长治电厂二期扩建工程以及一些厂矿的自备电厂和地方小电厂。并首次建成投产了单机容量 5 万千瓦的高温、高压机组。还建成了全省第一座单机容量 10 万千瓦的娘子关大型火电厂。1974 年,霍县电厂一期 2×10 万千瓦机组也建成投产。

改革开放以来,全省能源工业更加迅猛发展。20 年间,全省能源工业新增固定资产 653.6 亿元,为前 30 年的 18.8 倍。其中:煤炭工业新增 404.4 亿元、电力工业新增 235.2 亿元、炼焦工业新增 8.54 亿元。在新增生产能力中煤炭开采为 1.19 亿吨、煤炭洗选 6415 万吨、发电设备装机容量 832.5 万千瓦、炼焦业 397 万吨。大大超越了前 30 年的发展。主要能源产业项目有:1987 年建成了年产能力 1500 万吨的山西第一座露天煤矿——平朔安太堡露天矿,并对地方和乡村 260 对重点煤矿矿井进行改扩建,建成年产原煤 3000 万吨的大同矿务局和年产千万吨以上的阳泉、西山、潞安、晋城等现代化矿务局。并陆续建成投产大同燕子山洗煤厂及镇城底、马兰矿等 10 座较大规模的洗选厂。还建成了全国第一个煤炭综合利用的大型联合企业——太原煤炭气化公司。电力建设方面,从"六五"时期起开始了一批大容量、高参数火电机组工程的建设。建成了大同二电厂 6×20 万千瓦机组和神头电厂一、二、三期 130 万千瓦机组工程,形成了雁同火电基地。"七五"以来又开工新建了神头二电厂和漳泽电厂。还有目前在建的向江苏远程输电的阳城电厂 6×35 万千瓦机组工程,向山东送电的王曲电厂 2×60 万千瓦、向天津输电的神头二电厂二期工程 2×50 万千瓦,以及向河北输电的娘子关电厂 4×30 万千瓦机组工程的前期工作也正在进行。目前,全省已拥有五个已建成的装机容量百万千瓦以上的大电厂,即神头一电厂、神头二电厂、大同二电厂、漳泽电厂、太原第一热电厂,名列全国之首。在电网建设上也取得了较大成就:建成了 500KV 超高压输变电线路 7 条 827 公里、220KV 高压线路 87 条 4126 公里、110KV 及以下线路达 17286 公里,形成了全省统一调度的主网架。

截止 1998 年,全省原煤生产能力已近 4 亿吨,入洗原煤能力 1.05 亿吨。发电设备装机容量 1091.8 万千瓦,大机焦生产能力 1 千多万吨。

(二)技术装备不断更新,机械化水平迅速提高

建国初期,山西煤矿的开采方法全部是落后的残柱式和高落式,回采率很低,生产不安全。通过国民经济恢复时期和"一五"时期的不断改进,各煤矿基本采用了长壁式采煤新方法,采区回采率由 40%提高到 70%。为了进一步提高回采和适应机械化开采,从"二五"时期开始,又进行了延长工作面进度,调整了开拓布置,经过多年的建设和改造,在矿井提升和运输上多数矿井淘汰了无极绳小绞车。从 60 年代开始,全国首先在山西使用了长距离运输的皮带机,出现了一部分运输和提升皮带化的矿井,这种装备在当时国内外都是先进的。从 70 年代开始,使用并推广了 3 吨底卸式矿车。在采煤工作面机械化方面,开始引进和研制了成套综采设备,从而实现了采煤、落煤、装煤、放顶、运输各个环节的机械化,改善了生产条件,建成了一大批现代化矿井。目前,七大矿务局采煤机械化程度已近 100%,掘进机械化程度为 87%。地方煤矿逐步

采用了高档普采，采煤机械化程度近80%。还有的企业应用微机监测生产系统，在国内处于领先地位。

电力企业的现代化装备水平不断提高。发电设备逐步向10万千瓦、20万千瓦大功率、高容量机组发展，并建成与之相适应的500千伏、22千伏、110千伏、35千伏纵横交错遍布全省的输电网络。尤其在改革开放20年中，大容量高压机组比例不断提高。到1998年末，高压机组容量达837万千瓦，占76.7%，比1978年增长6.3倍，比重上升22.5个百分点。

炼焦业在大型机械化焦炉快速发展的同时，土焦改造也取得突破性进展，各种性能良好的小型机焦炉、改良焦炉在焦炭生产中得到广泛运用，极大地提高了劳动生产率。

二、能源工业生产与销售

(一)能源产品生产能力大幅度提高

1949年全省生产原煤仅为267万吨、电力0.63亿千瓦小时、焦炭8万吨。经过3年恢复时期和“一五”、“二五”前期的较大规模建设，到1960年原煤产量达到4412万吨，比1949年增长15.5倍，年平均增产377万吨；洗精煤从无到有，到1960年生产210万吨，比1951年增长13倍，年平均增产17.7万吨；电力产量达21.84亿千瓦小时，比1949年增长33.6倍，年平均增产1.93亿千瓦小时；焦炭产量达到255万吨，比1949年增长32.8倍，年平均增长22.5万吨。之后，山西能源工业的生产受到了“大跃进”和“文化大革命”的影响，但发展总体还是比较平稳的，随着各种能源产业项目的竣工投产，能源产品生产能力不断提高。

到“五五”时期的1978年，全省生产原煤9825万吨，比1949年增长35.8倍，年平均增加330万吨；洗精煤395万吨，比1951年增长25.3倍，年平均增加14万吨；电力106.63亿千瓦小时，比1949年增长168.3倍，年平均增加3.66亿千瓦小时；焦炭140万吨，比1949年增长17.6倍，年平均增加4.6万吨。

改革开放给山西能源工业发展注入新的生机与活力，特别是进入“六五时期”以来，全省掀起能源工业发展建设高潮。随着高强度资金的注入，各种能源产品生产能力空前提高。原煤产量从改革开放后第二年的1979年就突破亿吨大关，达到1.09亿吨，比1978年增长11.2%，占全国原煤产量的六分之一，成为当时世界上年产原煤亿吨以上的6大产区之一。到1985年原煤产量达到2.14亿吨，年平均递增10.07%；洗精煤达到520万吨，年平均递增5.29%，电力产量达到184.59亿千瓦小时，年平均递增8.19%；焦炭产量达到417.34万吨，年平均递增7.04%。

变输煤为输电　　王天明　摄

“七五”时期，省委、省政府提出的加快能源加工转换的方针政策得到进一步落实。表现在原煤产量增速有所放慢，年平均递增5.2%，二次能源产品增速加快。洗精煤由期初的704万吨，猛增到1430万吨，年平均递增15.22%；电力由220.02亿千瓦小时增加到314.16亿千瓦小时，年平均递增7.39%；焦炭由676万吨增加到1609万吨，年平均递增18.95%。

“八五”时期至今：“八五”初期，我国经济体制发生重大变革，由计划经济向社会主义市场经济全面转轨。适应全国及全省经济的发展需求，能源产品生产除原煤增速有所降低外，其余产品仍保持高速增长。1995年末原煤产量达到3.47亿吨，年平均递增3.56%；洗精煤达到4850万吨，年平均递增23.28%；电力达到505.97亿千瓦小时，年平均递增8.19%；焦炭产量达到5298万吨，年平均递增29.49%。随后由于受近几年全国性的煤炭市场疲软的影响及限产压库限制，原煤产量下降到1998年的3.15亿吨，仍比1978年增长2.2倍；洗精煤产量也略有下降，为4747万吨，比1978年增长11倍；发电量与焦炭产量则呈上升势头，分别达到554.03亿千瓦小时和5703万吨，比1978年增长4.2倍和15倍。

(二)能源产品销售快速增长

1.销售快速增长，外销快于内销。在能源工业产品快速增加的同时，适应国民经济发展的需求，能源产品销售也迅速增长，并且外销增速高于内销。

从煤炭产品看：1949年全省销售煤炭265万吨。其中：外销62万吨，内销203万吨。到1978年全省销售煤炭9423万吨。其中：外销5474万吨，内销3949万吨。外销增长87.3倍，内销增长18.5倍。此后，销量快速增长，到1993年突破3亿吨大关，达到3.07亿吨。其中：外销2.25亿吨，内销0.82亿吨。分别比1978年增长3.1倍和1.1倍。1998年，在市场持续疲软的情况下全省销售煤炭仍达到3.05亿吨。其中：外销量达2.12亿吨,内销0.93亿吨,分别比1978年增长2.9倍和1.4倍,外销增速明显快于内销。在外销煤炭中,供应外贸出口煤炭近20年来发展很快。在建国初期,煤炭主要是销往国内其它省市用于经济建设,供应外贸出口很少,1953年仅为15万吨。党的十一届三中全会后,在党的“对外开放,对内搞活”的总方针指引下,根据国际市场煤炭供求变化,全省积极扩大煤炭出口。1979年供应外贸出口煤达138万吨,比1953年增长8.2倍。到1998年出口煤达到1603万吨,比1979年增长10.6倍,比1953年增长105倍。改革开放20年间,供应外贸出口煤达18873万吨,比前30年增长16.8倍,远销日本、英国、法国、意大利等国和港澳地区。

从电力产品看:1949年省内供电量5499万千瓦小时,无外输电量。从1968年开始有少量电力外输,当年为68万千瓦小时。到1978年省内供电量达94.17亿千瓦小时,比1949年增长170.2倍,外输电量2.75亿千瓦小时,比1968年增长403.4倍。到1998年,省内供电总量达到383.46亿千瓦小时,比1978年增长3.07倍,外输电量达到117.36亿千瓦小时,比1978年增长41.68倍。外输电力增速大大快于省内供电增速。

2.外销能源品种增多,构成优化。从建国初期到3年国民经济调整时期,全省外输能源品种单一,全部是原煤。从“三五”时期开始有少量的电力输出。至改革开放前的1978年全省外输能源中一次能源原煤仍占95.83%,二次能源电力占0.24%、洗精煤占3.93%。从1980年开始外输焦炭使全省外输能源品种增加到原煤、洗精煤、电力、焦炭。当年在外输能源中,原煤占95.89%、电力占0.18%、洗精煤占3.41%、焦炭占0.52%。

1985年后,全省能源加工转换业得到重视,二次能源产品快速增加,外输能源产品的比重随之发生变化。原煤在外输能源中的比重逐年下降,二次能源则相应上升。到1998年,在全省外输能源中,一次能源原煤占79.6%,二次能源则上升为20.4%。其中:电力占2.3%、洗精煤占8.2%、焦炭占9.9%。

三、能源加工转换

山西的能源加工转换业从建国初期一直到1978年前一直处于一种简单的初级加工阶段,而且发展缓慢。改革开放的实施,特别是1985年省委、省政府提出的大力发展能源加工转换业,加速原煤向优质的二次能源转化决策的实施,促进了全省此项工作的开展。1985年当年用于加工转换消费原煤2744万吨,占全省原煤产量的12.8%。

1992年省委、省政府提出的“输煤、输电并举”的发展战略,掀起全省能源加工转换业的第二个高潮。1992年全省用于加工转换消费原煤6650万吨,占全省原煤总产量的22.4%,比1985年上升9.6个百分点。到1998年,全省用于能源加工转换消费原煤已达14120万吨,占原煤产量的44.9%。分别比1985年、1992年上升32.1个、22.5个百分点。

随着全省工业经济的发展,能源企业不断强化管理,提高技术水平,促使全省能源加工转换效率不断提高。1979年,全省能源加工转换投入产出总的转换效率为54.8%。其中:发电及供热效率为20.7%、洗煤效率为87.3%、炼焦为74.4%。到1985年,总效率提高到61.8%,上升6.9个百分点。其中:发电及供热为32.3%,上升11.6个百分点,洗选煤效率为89.4%,上升2.1个百分点,炼焦效率为72.7%,降1.7个百分点。到1998年,全省加工转换总效率达82.6%,分别比1979年和1985年上升27.8个和20.8个百分点。其中:发电及供热为35.3%,分别比1979年和1985年上升14.6个和3个百分点,洗选煤效率达92.7%,分别比1979年和1985年上升5.4个和3.3个百分点,炼焦效率达91.9%,分别比1979年和1985年上升了17.5个和19.2个百分点。转换效率的提高无疑提高了能源企业的经济效益。

四、能源工业的贡献

(一)能源工业成为全省名副其实的支柱产业,并带动相关产业向前发展,促进了全省国民经济综合实力的增强

能源作为一种特殊的产品,是发展国民经济必备而又不可替代的产品。能源工业作为山西的资源优势工业和支柱产业,在几十年的发展建设中有力地带动了相关产业的发展,促进了全省国民经济实力的不断增强。

建国初期的1949年,尽管能源工业基础非常薄弱,但能源工业产值仍达到1.24亿元,占全省工业总产值的33.2%。在全民所有制独立核算工业企业中(口径下同)能源工业实现利税749万元,占总数的30.9%。经过3年恢复生产和“一五”、“二五”时期的发展,到1962年能源工业产值增加到19.98亿元,占全省工业总产值的比重高达46.9%。实现利税1.36亿元,占全部总数的65.3%。后经3年国民经济调整和“三五”、“四五”10年的发展,到1975年能源工业产值达到49.82亿元,占全省工业总产值的比重仍为36.3%,实现利税4.24亿元,占总数的54.62%。此间

由于其它工业的发展，能源工业比重有所降低，但仍占有很大比重，是其它行业无法替代的。

改革开放20年来，能源工业的快速发展支持了全省国民经济的蓬勃发展。能源工业产值始终保持在三分之一强的比重，实现利税则基本保持在40%左右，为山西经济社会的全面发展做出了巨大的贡献。与此同时，能源工业自身的内部结构也发生了很大的变化，由解放初期单一的煤炭结构，逐步向煤、电、焦结构转变。到1998年，能源工业产值中煤炭占56.4%、电力占18.6%、焦炭占24.9%。

能源工业的发展有力地带动了省内相关行业、部门的发展。一是带动了冶金、化学、建材等高耗能行业的发展。1949年，全省冶金工业、化学工业、建材工业在全省工业产值中的比重仅为7.8%、1.1%、2.3%。经过30年的发展，到1978年，冶金工业上升到12.4%、化学工业上升到9.8%、建材上升到3.5%。而到1997年同口径冶金工业所占比重达到18.1%、化学工业达到10.8%、建材工业达到4.4%，比重不断上升。三个行业的产值也占到总产值的三分之一。二是带动了省内交通运输业的发展。为适应煤炭运输需要，全省一直非常注重交通运输业的配套发展。特别是改革开放后，煤炭、焦炭外运量大大增加，适应外运煤、焦的需要，全省先后修建了“双沁、孝柳、阳涉、神河、武墨、侯月”等地方铁路，同时国家也投资对石太、南北同蒲铁路干线进行了全线电气化改造，并投资数十亿元新建了大秦双线电气化铁路。在公路建设上修建了多条等级公路，特别是修建了太旧高速公路，还有东山过境高速公路、原太高速公路，为全省经济发展发挥了重要作用。

（二）能源基地作用充分体现，支持全国经济建设贡献突出

煤炭作为山西的资源优势，从建国初期始就有少量外调，至1978年30年来一直缓慢增加。电力的外调始于1968年，发展也较慢。1978年改革开放后，能源工业的迅猛发展，使能源产量猛增、品种增加。20年来，各种能源产品源源运往省外，并且增速快，品种优，充分体现出能源基地在全国能源供应中的突出作用。1998年在全国煤炭市场持续疲软的情况下，外运煤炭仍达到2.12亿吨，比1978年增长2.9倍。外运煤炭从1983年突破亿吨关，达到1.06亿吨，到1990年突破2亿吨大关，达到2.03亿吨，近9年来一直稳定在2亿吨以上，占到全国煤炭净调出量的80%左右。外调煤炭的幅射面达全国26个省、市、自治区，成为调入省不可缺少的能源资源，有力地支援了全国的经济建设。1998年外调洗精煤1873万吨，比1978年增长8.2倍；外调电力117.35亿千瓦小时，比1978年增长41.7倍；外调焦炭2099万吨，比1980年增长60.7倍。

（焦有梅　郭骞擘）

农村经济全面振兴

建国后的山西农村50年，在有文字记载的几千年历史上，它是那样的短暂，但又是那样的光彩夺目。因为它是建立在人民当家作主的基础上，农民由土地的奴隶成为土地的主人，继而由个体劳动者转变为社会主义集体所有制劳动者。50年来，山西人民勇于探索，勤于实践，正确处理生产活动与自然环境的关系，在改变或调整农村生产关系以更好地利用自然条件发展生产力方面，以及对山、水、田、林、路进行统一规划综合治理方面，进行了大胆的实践，取得了超过古人的伟大经验，其中也遇到过许多挫折，走过不少弯路。

一、社会主义农村发展道路的探索与实践

（一）胜利完成农业的社会主义改造（1949—1956年）

1.土地制度的改革。旧中国的土地制度极不合理，不劳动的少数地主、富农占有大量土地，劳动的占人口多数的贫农、雇农、下中农却只占有少量土地。

山西的土地改革，早在1946年秋天就在各老解放区迅速开展起来。到1948年底，山西各老解放区的土地改革就已全部结束。1949年9月山西全境解放时，全省约有21.8%的新解放区尚未进行土地改革。为了彻底消灭封建制度，解决农民的土地问题，中共山西省委于1949年11月25日发出《关于执行华北局“新区土改的决定”的指示》，迅速开展了新解放区的土地改革运动。到1950年底，山西新解放区完成了土地改革。土地改革的完成，彻底消灭了封建剥削制度，广大农民“耕者有其田”的愿望变成现实，解放了农业生产力，加速了解放初期生产的恢复和发展。

2.农业互助合作运动。土改后,经过一段时间的发展,互助组已经不能完全适应与满足农民进一步发展生产、增加收入、改善生活的要求。1953年12月,中共中央作出的《关于发展农业生产合作社的决议》指明:个体农民经过简单的共同劳动的临时互助组和在共同劳动基础上实行某些分工分业而有少量公共财产的常年互助组,到实行土地入股。统一经营而有较多公共财产的农业生产合作社,到实行完全社会主义的集体农民公有制的高级农业生产合作社。至此,山西的农业生产合作社从试办阶段进入按县、区、乡全面布局的阶段。1954年秋,全省掀起了第一次农业合作化运动的高潮。截止1955年春耕前,全省达到乡乡有社,并有近1/4的乡基本上实现初级农业合作化。

3.完成农业社会主义改造。1955年7月31日,中共中央召开了各省、市、自治区党委书记会议,毛泽东在会上作了《关于农业合作化问题》的报告。报告指出:全国农业合作化的高潮即将到来,这是5亿多农村人口的大规模的社会主义的革命运动,“我们应当积极地热情地有计划地去领导这个运动,而不是用各种办法去拉它向后退”。同年10月,山西省委召开农村工作会议,在贯彻党的七届六中全会精神,继续清算所谓“右”倾保守思想的政治气氛下,山西的农业合作化运动便以前所未有的规模和异乎寻常的速度出现了第二次高潮。到1955年底,全省的初级社猛增到52385个,入社农户达到250万户,占全省农户总数的76.6%,基本上实现了半社会主义性质的农业合作化。

就在刚刚实现初级农业合作化的时候,从1955年12月开始,山西各地便先后掀起兴办高级农业合作社的高潮。在开展由初级社变高级社的升级运动中,进行了小社并大社的工作。到1956年3月底,全省共有高级农业生产合作社18168个,入社农户303万户,占到全省农户总数的97:89%。在短短半年的时间里,就在全省范围内实现了完全社会主义的农业合作社,山西农业的社会主义改造至此完成。

纵观山西的农业社会主义改造,在土改后经过了初级农业生产合作社和高级农业合作社两个发展时期。虽然由于后期要求过急,工作过猛,速度过快,形式也过于简单划一,以致长时间遗留了一些问题,但是,总的来看,党领导的农业社会主义改造是成功的。

(二)曲折坎坷的20年(1958—1977年)

从50年代末期的人民公社化开始到1978年党的十一届三中全会召开前的20年间,是农村生产关系的调整严重脱离农村生产力水平的时期。其间虽曾采取措施不同程度地纠正了“急于求成”,“一大二公”,“平均主义”的“左”倾错误,建立和完善了”三级所有,队为基础”的农村经济体制,使濒于崩溃的农村经济得到了比较迅速的恢复和发展。紧接着进行的“文化大革命”和以“阶级斗争为纲”的错误路线和方针的实行,又致使农村经济发展十分缓慢,有些方面甚至停滞不前。

1.农村人民公社化运动。1958年8月,中共中央通过了《关于在农村建立人民公社问题的决议》,决定在全国农村普遍建立人民公社。山西省委召开一届十次全体会议,讨论通过了《关于人民公社若干问题的意见》,轰轰烈烈的人民公社化运动在全省展开。在短短的20多天时间里,就将2.1万个高级农业生产合作社合并为890个人民公社。9月中旬,全省实现了农村人民公社化。本来,农业合作化后期已经出现了要求过急、工作过粗、改变过快、形式过于简单划一的问题,需要在一个较长的时间内解决遗留问题,但由于人民公社化的急剧发动,不仅原有的问题没有解决,而且又产生了新的更大的问题。同人民公社化运动相伴而出现的“大跃进”运动,又使得以高指标、瞎指挥、浮夸风和“共产风”为主要标志的“左”倾错误严重泛滥开来,挫伤了群众的积极性,造成了生产力的严重破坏,给山西的农业生产带来灾难性的后果。到1960年,全省粮食产量仅为33.72亿公斤,相当于1951年的水平。农副产品严重短缺,城乡出现浮肿病,一些地方出现非正常死亡人员的现象。

2.纠正极“左”错误,进行经济调整。1960年7、8月间,中共中央制定了“关于全党动手,大办农业、大办粮食的指示”,这是纠正农村工作中“左”倾错误的开始。同年11月,中共中央发出《关于农村人民公社当前政策问题的紧急指示信》和关于《贯彻执行“紧急指示”的指示》,明确规定:以生产队为基础的三级所有制,是现阶段人民公社的根本制度;“一平二调”的“共产风”必须坚决反对,彻底纠正等。1961年初,根据“调整、巩固、充实、提高”的方针,在恢复农业方面,采取了一系列措施。1962年1、2月间,中共中央在北京召开了扩大工作会议(即七千人大会)。这次大会

机收小麦

初步总结了1958年以来社会主义建设的基本经验教训,认为这几年经济困难的原因,除了由于自然灾害造成农业歉收外,在很大程度上是由于工作中缺点错误引起的。七千人大会后,农村人民公社的基本核算单位下放到相当于原来初级化规模的生产队,农民的积极性有了较大提高,使恢复国民经济的工作迅速取得成效。"三级所有,队为基础"的生产关系大调整与同时进行的纠正共产风、瞎指挥风、"一平二调"风,稳住了滑坡的农村经济。

3."文化大革命"的10年。正当山西农业和农村经过几年的调整出现可喜的发展势头之际,1966年开始了10年"文化大革命"运动,使农业生产和农村经济再次受到挫折。"文革"期间,在农村大批所谓的资本主义,农民家庭副业、集市贸易,甚至于集体经济的多种经营和工副业,都受到严格的限制。违背自愿互利的原则,大搞形式主义和瞎指挥。在发展农业生产中片面强调"以粮为纲",压制多种经营的发展。

历史地看,"文化大革命"的10年,虽然农村生产关系遭到极大破坏,但农村生产力在这个时期仍得到了不小的提高和发展。其主要标志就是以治山治水、建设基本农田和改善农业生产条件为主要内容的"农业学大寨"运动。1964年,毛泽东主席向全国发出"农业学大寨"的号召。从此,大寨人艰苦奋斗、自力更生的精神和旱涝保收、稳产高产农田的建设经验,鼓舞了山西群众开展农业建设的积极性。1970年10月中共中央召开北方地区农业会议以后,把改土治水为中心的农田水利基本建设纳入"农业学大寨"运动的轨道,为70年代的农田基本建设定了主调。修建梯田、滩地、沟坝地的生产实践至今仍在山西兴盛不衰,说明当时的这一决策是正确的。至于修建梯田中曾经发生命令主义、形式主义的缺点错误,是属于工作作风和工作方法的问题。历史连贯地看,今日遍及全省的小流域综合治理,正是对大寨经验的继承和发展。学大寨时期修建的梯田和许多水利设施至今仍在山西农业生产中发挥着重要作用。

(三)以经济建设为中心,农村改革取得巨大成就

1978年12月,中国共产党第十一届三中全会的召开,揭开了农村改革的序幕,开始全面纠正20多年、特别是"大跃进"和"文化大革命"期间农村工作中的"左"倾错误。改革开放以来的20年,虽在浩渺的历史长河中仅是转眼即逝的瞬间,但它又确是山西农村面貌发生质变的重要时期。

1.推行农村家庭联产承包责任制,农业生产全面增长。党的十一届三中全会制定的并在中共十一届四中全会通过的《关于加快农业发展若干问题的决定》,成为农村改革浪潮迅速兴起的开端。经过几年的试点和探索,从1981年开始,山西农村迅猛地掀起了以建立包干到户为主要形式的生产责任制高潮。1982年1月1日,中共中央转发了《全国农村工作会议纪要》(即该年的1号文件),文件第一次明确肯定了包产到户或包干到户的社会主义性质,给广大干部和农民吃了"定心丸",大大推进了农村经济体制改革的进程。到1983年底,以家庭经营为主体的联产承包责任制成为全省农村的基本形式,占到全省生产队总数的93.3%。

家庭联产承包责任制的实行,是农村经济体制改革的一项重大突破,它克服了农村集体经济长期存在的"一大二公"、劳动效率低和"大锅饭"等弊端,解决了社会主义集体所有制农业长期以来没有解决的根本问题,为农民扩大了生产经营范围,创立了一种直接获取生产经营利益的新机制,极大地调动了农民的生产积极性,山西农业出现了前所未有的良好发展势头,多数农村人口的温饱问题在这一时期迅速得以解决,这是农村经济体制改革的伟大胜利。

2.乡镇企业异军突起,农村经济全面增长。山西的乡镇企业(1985年以前叫社队企业)是在农村手工业和农副产品加工业的基础上发展起来的。它初创于建国初期的农业合作化时期。"文化大革命"期间,甚至把乡镇企业当作"地下工厂"进行取缔。当时一些地方因陋就简,发展"三坊"、"两窑"、"一修配",无论在数量上、规模上,还是在管理水平上,都很低下。

党的十一届三中全会以后,山西乡镇企业获得了新生。全省各地从当地资源出发,采取"三就地"的办法,开始围绕农业办企业,以开煤矿为多。1985年,中共山西省委、山西省人民政府结合山西实际情况,认真贯彻执行中央有关开创乡镇企业新局面的指示精神,促使乡镇企业出现了多种经济成分并存、多种经济形式全面发展的新局面。冲破了"三就地"框框,开始立足资源,面向市场,积极发展横向经济联合。引进资金、引进技术、项目和人才,基本建设和技术改造能力亦大大增强。自此,山西乡镇企业迎来了它的第一次大发展。

从1989年开始,党中央和国务院针对经济生活中出现的"过热"现象,果断地采取了"治理整顿"的宏观调控政策,全省乡镇企业贯彻"调整、整顿、改造、提高"的方针,采取许多措施,使山西乡镇企业在治理整顿的大环境下仍然取得了突破性的发展。乡镇企业是中国农民的伟大创造,其在"六五"时期的异军突起和长足发展,对山西的经济社会发展作出了历史性贡献。

3.加大改革开放力度,农村市场经济体制全面确立。"东方风来满眼春"。1992年春发表了邓小平同

志在南方的重要谈话，这次谈话似强劲东风，掀起了当代中国的第二次思想解放运动。山西省委、省政府坚持解放思想、实事求是的原则，紧紧把握山西省情，研究制定了狠抓“三个基础”(农业基础、基础设施、基础产业)、“四个重点”(挖煤、输电、引水、修路)的经济发展战略。从1992年秋冬开始至今，全省连续多年大搞农田水利基本建设，有力地加强了农业基础。从1995年开始的“扶贫攻坚、结构调整、扩大开放”，又有力地促进了整个经济社会的发展。与此同时，还把国有企业基本走出困境，农村贫困人口基本解决温饱问题，全省农村基本达到小康水平，作为本世纪末的“三大目标”。大力实施了农业经济产业化战略、龙头企业特色县战略、扶贫攻坚战略、科教兴晋战略等等。还特别注意发挥传统的政治优势，明确提出，必须高举改革开放和艰苦奋斗两面旗帜，推动了山西农村经济和社会的全面进步。

二、历史的巨变，辉煌的成就

新中国成立50年的历史，是人民当家作主的50年，是中国共产党领导人民改天换地的50年，是经济和社会面貌发生翻天覆地变化的50年，是农民生活显著改善的50年。其间虽经历近20年的“左”倾错误和文化大革命的内乱，使经济建设遇到很大挫折，发展比较缓慢，但我们党坚持实事求是的原则，勇敢地承认错误并在改革开放以后的20年中大幅度地提高生产力，多方面地改变同生产力发展不相适应的生产关系和上层建筑，取得了举世瞩目的成就。

(一)农业基础条件不断改善

建国以来，山西针对穷山恶水、十年九旱、水土流失严重的自然条件，在党的领导下，进行了百折不挠的生产实践，农业生产的基础条件不断得到改善。

1.农田水利基本建设成效显著。1949年，全省有效灌溉面积仅有379万亩，占总耕地面积的6.1%，人均不足三分，农业生产条件十分落后。新中国的诞生，为山西水利事业的发展带来勃勃生机。在1953年至1957年的第一个五年计划时期，山西水利工作贯彻了“积极领导，稳妥前进，依靠合作组织，发动群众因地制宜地开展小型水利”的方针。1956年冬，全省农村掀起了轰轰烈烈的农田水利建设热潮。1958年至1960年的大跃进中，在“蓄水为主，小型为主，群众自办为主”的方针指导下，农村掀起了空前规模的大办水利、水保的群众运动。在“左”的思想指导下，提出了“白天红旗遍地，夜晚灯火连天”、“干到腊月二十九，吃罢饺子再动手”等口号，4年中全省修建了许多不配套的水利工程，但广大干部群众在这次如火如荼

节水农业　　王天明　摄

的水利建设运动中表现出来的忘我精神和艰苦奋斗的优良传统永远值得发扬光大。1961年至1965年调整时期，水利建设按照“巩固提高，配套受益”的方针，对灌区和井区进行了全面清淤、整修、配套，重新调动了群众兴办水利的积极性。1966年开始的文化大革命，严重地打乱了水利建设的发展进程。1970年的北方地区农业会议后，把改土治水为中心的农田基本建设运动纳入“农业学大寨”的轨道，水利建设重新得到缓慢的恢复与发展。

党的十一届三中全会以后，山西水利工作不断清除“左”的影响，从1981年“六五”计划开始，贯彻中央提出的“加强经营管理，提高经济效益”的水利工作方针，对现有工程设施进行维修、配套、改造和更新。大批水利工程的兴建与维修，基本结束了山西历史遗留的灾害频繁、低产歉收的被动局面。到1998年，全省有效灌溉面积达1602.89万亩，是1949年的4.23倍。有效灌溉面积占总耕地面积的比重达到24.4%，比1949年高出18.3个百分点。许多昔日“不种千亩，不打百石”的风沙坡，盐碱滩、如今变成了机、电、井、渠、路、林全面配套的丰产田、米粮川。

2.农业机械化水平明显提高。建国以来，山西的农业机械化事业在近乎空白的基础上起步，从无到有，逐步发展，由推广畜力新式改良农具，到运用机电动力和机械化农机具；由发展单纯种植业机械化到面向农林牧渔、加工、运输、建筑全方位有选择机械化；由国家投资发展农机到千家万户农民自己经营农机。几经曲折，探索前进，农机装备、农机作业等水平得到很大提高，促进了农村生产力的发展。

农机装备水平大大提高。到1998年，全省农业机械总动力达到1505.84万千瓦，50年间平均每年递增25.8%。大、中、小型拖拉机达到20.34万台，平均每30户拥有1台拖拉机，主要用于农田作业的拖拉机配套农机具1998年达到22.89万部(件)；农产品收获机械中，联合收割机达到4420台，机动脱粒机达到58219

台;农产品加工机械中的碾米机、磨面机、榨油机和轧花机数量达到12.35万台;农用载重汽车5.33万辆,农用运输车19681辆,推土机6434台。此外,农业植保机械、林业机械、牧业机械和渔业机械等也都有较大的发展。大量农业机械的投入,有效地改善了农业生产条件和广大农民的劳动条件。1998年全省的机耕地面积达到3275.72万亩,占总耕地的50%。

3.农村电气化和农业化取得较大进展。山西农村用电始于1953年,到"一五"期末的1957年,全省农村用电仅占当年全省总用电量的0.05%。经过40年的不断发展,电力已经给广大农村和千家万户的生产生活带来了极大的方便,改变了农业和农村面貌,促进了农村经济的繁荣。到1998年,全省农村用电量已达50.36亿千瓦小时,平均每亩耕地用电76.8千瓦时。纵横交错的农用输、配电网已覆盖着全省广大农村。

山西使用农用化肥起自1950年,但真正大规模地应用于农业生产是在农村实行家庭联产承包责任制以后。到1998年,全省农用化肥施用量达353.77万吨,每亩耕地平均已达53.9公斤。农用塑料薄膜覆盖农作物是从1979年开始的,先在蔬菜、瓜类上进行试验,大量使用是在80年代后期。目前,地膜覆盖技术已广泛地应用于蔬菜、水果、棉花、玉米、小麦等农作物上。1998年,全省农用塑料薄膜使用量达到2.91万吨,比1990年增长1.5倍。农用地膜覆盖这一新的技术在农业生产中的广泛应用,被称作农业的一场"白色革命",极大地提高了农作物的产出水平。

(二)*农村经济全面发展*

建国以来,山西农村经济建设虽历经波折和磨难,但其所取得的辉煌成就却是有目共睹的。特别是党的十一届三中全会以后,以家庭联产承包责任制为突破口的农村改革,使农村生产力得到空前解放,农村经济逐步走上良性健康的运行轨道。

1.农林牧渔业全面发展,主要农产品产量迈上了新的台阶。

——农业主要产品产量都有较大幅度提高。建国以来,山西粮食产量从259.6万吨增加到1081.48万吨,增长3.2倍。如果以增产100万吨作为1个台阶,那么50年来全省粮食产量连续登上300万吨、400万吨、500万吨、600万吨、700万吨、800万吨、900万吨和1000万吨8个大台阶。棉花生产在面积调减一半的情况下,1998年产量达到5.59万吨,比1949年增长1.77倍,最高的1984年产量达到13.31万吨,相当于1949年的6.6倍;油料产量达到42.5万吨,比1949年增长11.3倍。改革以来,山西"菜篮子"建设卓有成效,1998年全省蔬菜产量达到783.65万吨,比1980年增长3.4倍,其中"鲜细"菜比重不断提高;水果产量达到177.31万吨,比1949年增长17.4倍。同时,甜菜、烟叶、药材、麻类等产品产量屡创历史新纪录,年生产能力均达到了新的生产水平。

——林业建设步伐加快,成绩显著。建国初期,山西的森林覆盖率仅为2.4%,远低于当时全国8.6%的平均水平,成为全国严重的缺绿少林省份。新中国成立以后,山西各级党政部门从全省山林少、气候干旱、自然灾害频繁的实际情况出发,在保护和扩大现有森林资源的同时,坚持不懈地开展大规模的植树造林。1997年,全省林地总面积发展到5152.5万亩,森林覆盖率已达20%,比1949年提高了17.6个百分点。

——畜牧业生产迈向专业化、商品化的发展轨道,畜产品生产能力显著提高。近50年来,山西畜牧业的发展基本随着粮食生产的波动而波动。农村改革以来,随着粮食丰收和饲料充裕,特别是一系列改革发展措施的推进,山西畜牧业的生产已打破了长期以来单一的计划管理体制的禁锢,摆脱了产品经济模式的束缚,逐步形成了以专业化生产基地和现代化养殖为示范,以农户适度饲养为主体,多种形式并存的生产经营新格局。1998年山西畜牧业产值达到94.59亿元,比1949年增长18.3倍,比改革前的1978年增长4倍,牧业产值占农业总值的比重由1949年的9.1%、1978年的11.4%迅速上升到1998年的26.4%,畜牧业已发展成为农业中仅次于种植业中的第二大支柱产业。全省肉类、禽蛋、鲜奶产量均达到比较高的水平。畜牧业生产的迅速发展,对丰富城乡"菜蓝子",提高人民生活水平,推动商品经济发展,增加农民收入起到了重要作用。

——渔业生产长足发展。建国初期,山西仅有一些零星的天然捕捞,渔业几乎是空白。从1952年全省第一个国营渔场在太原创办,结束了山西"五业缺渔"的历史以后,全省各地积极开发利用水面资源,发展渔业生产。特别是改革开放20年来,全省认真贯彻"以养为主,养殖、捕捞、加工并举"的方针,狠抓商品鱼基地建设,迅速形成以群众渔业为主体,国家、集体、个人同步发展的渔业生产新格局。到1998年,全省成鱼产量达到2.26万吨,与1955年相比,年平均增长16.2%。

2.乡镇企业迅速崛起,在兴晋富民中发挥了重要作用。

建国以来,在山西农村经济发展中,乡镇企业最引人注目。它是由原来的社队企业演变而来的。80年代以前,它久经压抑、长期蛰伏,是一株不惹人注目的小草,从属于农业经济中的副业地位,从农村手工业和农副产品加工业的基础起步。到1978年,以乡镇企业为主体的非农产业产值仅达20.21亿元，占农村社会总产值的41%。党的十一届三中全会以后，山西乡镇企业得到了前所未有的大发展，以其产生的一系列连锁效应，拓展出了具有自己特点的新天地，成为农村大世界主宰沉浮的新兴产业。在整个80年代，山西乡镇企业产值以年平均28%的速度递增，“八五”时期，又以年平均42%的速度递增。这是山西农村经济发展史上的奇迹，在国民经济发展中亦属罕见。到1998年，全省乡镇企业已发展到9.24万个；从业人员达到247.94万人，乡镇企业总产值达到1445.02亿元，比1978年增长80多倍，平均每年递增24.7%。1998年山西乡镇企业为国家提供税金29.22亿元，占当年全省财政收入的近30%。农民来自乡镇企业的收入占到全年收入的一半以上。乡镇企业的迅速发展，使农村自然资源、劳动力、资金和技术得到有效发挥，促进了社会效益和经济效益的提高，增加了国家财政收入，支援了国民经济建设，加快了农村工业化和城市化的进程。

（三）农村产业结构不断优化

从山西农村经济的发展史来观察，长期以来，旱灾的困扰、水资源的匮乏和人口的持续增加，使山西的粮食历来偏紧，客观上形成了以粮食生产为主的单一产业结构。党的十一届三中全会前的30年间，山西广大农村在发展农业生产和调整农村产业结构中，在狠抓农业生产的同时，注意了林牧副渔业的发展，逐步改善了历史遗留下来的单一粮食生产的自给自足的经济结构。1949年至1978年，山西农村经济有了较大发展，产业结构也发生了一定变化。但客观地讲，由于种种原因，这种发展和变化是极其缓慢的，单一性和自给性的传统经济结构特征没有能够得到应有的改变。

党的十一届三中全会以来，山西农村产业结构在三个层次上进行了重大调整和改革，取得了明显成效。

1.调整农业内部的种植业结构，经济作物比重大幅度上升。首先，在努力提高单产保证总产的原则指导下，适当缩减了粮食种植面积，扩大了经济作物和其它作物的播种面积。同时采取粮菜间作、果树上山等措施，全省水果和蔬菜等多种经济作物得以迅速发展。从产值构成情况看，粮食作物比重下降，经济作物比重上升。1978年种植业总产值中，粮食与经济作物和其他农作物的比重构成为74.9:25.1，到1998年已调整为60.5:39.5，非粮产品产值增长较快，成为全省农业新的增长点。

2.调整大农业内部结构，农林牧渔全面发展。到1998年，全省农林牧渔业总产值达到358.94亿元，按可比价格计算，比1949年增长5.5倍，在农林牧渔各业均有发展的同时，农业比重下降，林牧渔业比重上升。农业比重由1949年的90.8%下降到1998年的69.5%，而林牧渔业所占比重则提高了21.3个百分点，其中畜牧业生产发展尤为突出，产值由1949年的0.75亿元增加到1998年的94.59亿元，按可比价格计算，增长18.3倍，占整个农林牧渔总产值的比重亦由1949年的9.1%提高到1998年的26.4%。

3.调整农业与非农业产业之间的结构，经济成分趋于多元化。1978年，全省农村第二产业劳动力为36.5万人，第三产业劳动力为37.9万人，到1998年，第二、第三产业劳动力已分别发展到161.42万人和168.39万人，两者平均每年递增均为7.7%。二、三产业劳动力占农村总劳力的比重也分别由1978年的10.7%提高到1998年的34%。随着劳动力大量转移，山西二、三产业也迅速发展起来。农村工业和第三产业的大力发展，使农村的经济构成发生了根本性的变化。其中二、三产业的产值和收入在农村经济中所占份额逐年加大，而农业则在保证生产总量不断增长的同时，所占比例逐步缩小，历史上沿袭已久的封闭、单一的农村产业结构逐渐由一、二、三产业全面发展的新格局所替代。1985年非农产业产值首次超过农业产值。1986年，第二产业产值超过第一产业。到1996年，不仅第二产业产值已三倍于第一产业，而且第三产业产值也首次超过第一产业。目前，全省农村一、二、三产业总产值的结构已由1978年的58.9:35.7:5.4调整为1998年的18.5:61.3:20.2，表明全省农村一、二、三产业已逐渐向优化结构发展。

（四）农民生活显著改善

1.农民收入大幅度增长。统计资料显示，从1949年到1978年以前，山西农民收入虽有一定提高，但反复曲折，增幅不大。农民人均纯收入由1949年的52.51元增到1978年的101.61元，年平均增加1.69元，递增2.3%。党的十一届三中全会以后，山西农村所发生的深刻而广泛的变革，扭转了长期以来农民收入水平提高缓慢的境况，农民收入由1978年的101.61元增加到1998年的1858.6元，增长17.3倍，年平均增加87.8元，年递增15.6%。在农民收入迅速增加的基础上，农民整体生活水平已步入基本解决“温饱”，“小康”目标日益临近阶段。

2.农民生活消费支出全面增长，消费结构趋向合理。1978年以前，由于农民收入增长不快，农民生活消费水平和消费结构虽有一些变化，但变化不大。1978年以来的20年间，农民生活消费支出迅猛增长，到1998年，全省农民人均生活消费支出已达1056.45元，比1978年增加965.81元，增长10.7倍，年平均增加48.3元，递增13.1%。

与农民消费水平提高相适应，农民的消费结构日趋合理，传统的、沿袭已久的消费行为和消费习惯受到冲击，消费结构由生存资料为主开始向享受资料和发展资料转变。长期以来以“吃”、“穿”为主的不合理消费结构得到改变，农民精神文化生活严重匮乏的局面得到扭转，改善居住条件和丰富文化生活，购置中、高档耐用生活消费品已逐步成为农民改善生活的重点。

3.扶贫攻坚成效显著。山西的扶贫工作是从1985年开始的，经历了一个由浅入深、由治标到标本兼治，由全面扶贫到集中攻坚的实践过程。1994年6月，省委、省政府出台了《山西省1994年至2000年扶贫攻坚实施方案》，这既是对前9年全省扶贫工作的经验总结，又是指导全省完成国家”八七”扶贫攻坚计划的纲领。在省委七届一次全会上，扶贫攻坚被确定为“九五”期间全省必须抓好的三件大事之一。1996年春节刚过，省委、省政府就召开了“省直单位定点扶贫暨省委农村工作队整顿动员大会”，决定在省直单位建立机关定点扶贫责任制，严格实行一把手工程。在省直单位的带动下，地县机关干部也普遍建立了定点扶贫责任制。按照“扶贫攻坚，关键在党，根本在人，成败在干”的指导思想，明确目标，制定方案，完善和强化责任制，以实施“三大温饱工程”为主线，大力加强基本农田建设和基础设施建设，积极开发主导产业取得了可喜成绩。全省贫困人口已由1994年的380万人减少到105.7万人。贫困地区基础设施明显改善，经济实力日益增强。

（景　伟）

乡镇企业蓬勃发展

乡镇企业异军突起是中国农村改革最伟大的成就之一。党的十一届三中全会以来，山西乡镇企业同全国一样迅猛发展，掀起了一个又一个快速增长浪潮。特别是进入90年代，乡镇企业步入高起点、大跨度、超常规增长的快车道，已经成为农村经济的主体乃至国民经济的一大支柱。乡镇企业的发展为推进全省农村工业化、城镇化和经济协调发展作出了重大贡献，为增加农民收入和保持农村政治稳定、社会安定作出了重大贡献，为兴晋富民、推动国民经济建设和社会各项事业全面进步作出了重大贡献。

一、五十年发展回顾

山西的乡镇企业是在农村传统手工业作坊和农村副业的基础上发展起来的。它萌芽于国民经济恢复时期，形成于社会主义改造时期，后经十年动乱时期的乱中求生，最终在改革开放中异军突起，全面发展。

（一）改革开放前乡镇企业的曲折发展

新中国成立后，党和政府十分重视社会经济建设和农村经济的发展，并采取一系列政策和措施鼓励发展农村手工业和农副业生产。全省一些农业生产合作社因陋就简办起了制造、修理农具和农副产品手工作坊。1949年，全省农村工业完成总产值仅1713万元。1958年，人民公社化运动要求农村“大办工业”，全省许多地方在原“五小作坊”的基础上办起了相当数量的乡镇企业，一些小矿山、小炼铁、小煤窑、小机械、农副产品加工及砖瓦灰砂石等工业生产企业迅速发展。到1958年底，全省乡镇企业完成总产值13323万元，占全省工业的4.5%，比1949年增长6.78倍，8年平均递增25.6%，仅社办工业企业就达到1914个。它的发展首次摆脱了从属于农业的“副业”地位，成为相对独立的农村第二产业，标志着乡镇企业这一新生事物已经破土萌芽。

60年代初期，全省国民经济经历了“大跃进”和3年自然灾害的严重挫折，国民经济比例严重失调，粮食十分匮乏，需要大批劳动力归田务农。中央提出了“调整、巩固、充实、提高”的八字方针，并明确规定，“公社管理委员会，在今后若干年内，一般不办企业”。全省开始对乡镇企业进行整顿收缩，许多企业作为农村副业下放生产队经营或被平调收归县管。调整乡镇企业的隶属关系和分级管理权限，使绝大部分乡镇企业被折散解体，严重挫伤了农民兴办企业的积极性，许多处于萌芽状态的乡镇企业相断停办。1962年，全省乡镇企业完成总产值2.01亿元，比1959年减少1.28亿元，下降幅度高达38.9%。进入60年代中期，随着农业生产景气回升，中央提出了人民公社“要办一些工厂”和“发展五小工业”，全省乡镇企业在历经曲折的困境中重新崭露头角，各地采取积极措施，因地制宜大力兴办乡镇企业，初步形成了以小炼铁、小煤矿、小化工、小机械、小水泥等为主体的农村工业体系。到1965年，全省乡镇企业完成总产值3.26亿元，比1962年增长62.2%，3年平均递增17.5%。“十年动乱”初期，由于政治干扰和冲击，经济生产秩序一片混乱，乡镇企业的发展又受到严重影响。社队办厂主要限于发展为农业机械化配套和农机修理项目上，“围绕农业办工业”，使社社、队队办起了青一色的农具制造、修理厂。与此同时，城市工业生产极不正常，致使许多产品供销渠道和生产协作关系被打乱，商品奇缺。在特定的历史条件下，一大批以土代洋、因陋就简、就地取材、修旧利废的乡镇企业拾遗补缺，应运而生。“十年动乱”中后期，由于极“左”思潮大肆泛滥，把发展乡镇企业视为农民“弃农务工”、“弃农经商”和“资本主义尾巴”而列入禁区，当作资本主义而大加批判和冲击。1970年8月，周恩来总理主持召开了北方地区农业工作会议，要求发展社队企业，为农业机械化积累资金和安排农村富余劳动力，为乡镇企业发展带来了机遇。到1975年，全省乡镇企业总产值完成7.91亿元，比1965年增长1.43倍，10年平均递增9.3%。在长达10年的时间里，全省乡镇企业几经曲折，被当作发展资本主义受到限制，发展速度、发展规模都极为缓慢。1975年11月15日，山西省社队企业管理局正式成立，随后各地市县相继成立了社队企业管理机构。标志着乡镇企业的管理和指导工作开始走上轨道。到1996年底，全省乡镇企业完成总产值9.28亿元，比上年增长17.3%。

(二)改革开放后乡镇企业异军突起

粉碎“四人帮”后，特别是党的十一届三中全会以来，随着党的一系列富民政策和发展乡镇企业政策的落实，中央先后制定出台了一系列促进乡镇企业发展的优惠政策。1978年底在党的十一届三中全会上《关于加快农村发展若干问题的决定》中，提出“社队企业要有一个大发展”。1979年国务院又颁布了《关于发展社队企业若干问题的规定》，进一步明确了社队企业的地位、作用和方针。全省乡镇企业开始进入一个新的发展时期。从1976年起，连续3年以平均递增34.9%的速度增长。1978年全省乡镇企业总产值完成19.4亿元，到1980年，总产值实现23.1亿元，是1976年的1.92倍，5年平均递增23.9%。短短5年，总产值净增15.2亿元，上缴国家税金4140万元。从1981年起，全省国民经济再次贯彻“调整”方针，乡镇企业面对“搞乱了物价，冲击了计划”、“挤了大工业”、“以落后挤先进”的压力再次受到冲击和挫折。尔后，又经银行贷款利率提高、税收增加(实行八级累进税率，取消新办企业免税三年)，机构改革、干部思想波动等乡镇企业发展极端困难的外部环境的限制，乡镇企业发展再一次受到严重影响。到1983年，全省乡镇企业数保留6.98万个，比1979年减少1.3万个，总产值完成32亿元，比1980年增长38.5%，3年平均递增11.5%。这一时期，虽然乡镇企业发展速度缓慢，但却具有突破性的意义。它突破了农村经济单一经营的桎梏，开拓了转移农村剩余劳动力和振兴农村经济的重要途径，率先在工业企业内部实行了经营承包责任制，并逐步形成了农村经济中一个独立的产业部门。

1.全面发展时期。1984年3月，中共中央和国务院转发了农牧渔业部《关于开创社队企业新局面的报告》，并同意报告中提出的将社队企业名称更名为乡镇企业的建议。同年4月，将“山西农村社队企业管理局”更名为“山西省乡镇企业管理局”。乡镇企业在经营层次上，包括乡(镇)办、村办、社员联营合作办、其他合作形式办、个体办等5个层次。在产业结构上，包括第一产业、第二产业和第三产业。在工业内部由原来的15个部门发展到煤炭、建材、机械、化工、饮料、食品、塑料等门类齐全的40个工业部门，形成了乡镇企业多形式、多层次发展的新格局。这种“多轮驱动，多轨运行”的形式充分调动了广大农民兴办乡镇企业的积极性。1984年，全省乡镇企业数达到15.9万个，从业人员151.9万人，分别是1983年的1.28倍和0.57倍；总产值实现55.6亿元，上缴国家税金3.3亿元，分别比1983年增长73.8%和86.3%。到1985年，在农村经济中，全省乡镇企业同农业“平分秋色”，乡镇企业占农村社会总产值的比重首次超过了农业，达到59.7%。1986年，乡镇企业由原来的5大生产部门发展到农业、工业、建筑业、交通运输业、商业、饮食业、服务业、其他企业的8大生产部门，总产值完成94亿元，上缴国家税金3.9亿元。这一时期，乡镇企业发展速度之快，经济效益之好，都是前所未有的，出现了全省乡镇企业发展史上的第一个“春天”。

2.整顿提高时期。1988年，山西乡镇企业同全国一样，面临着经济过热、通货膨胀等严峻形势。国家开始对国民经济进行“治理整顿”。乡镇企业由于受经济紧缩，特别是银根抽紧、原材料价格上涨等宏观经济形势的影响，发展又遇到很大困难。从1989年起，山西乡镇企业继续贯彻“调整、整顿、改革、提高”的方针，采取“优化投向、调整结构、确保重点、提高效益”的措施，实行宏观调控，压缩基本建设规模，将压缩基建项目260项中的8580万元资金集中用于1000个技改项目上。对浪费能源、原材料、污染环境、产品质次价高、没有市场竞争能力和严重亏损的企业实行关、停、并、转。在农村两级企业中，关闭507个，停产整顿515个,转产110个。将技术水平低、管理不善、经济效益极差的加工工业压缩2712个。在治理整顿中,新发展了一批科技含量高、市场容量大、经济效益好的规模骨干企业。到1991年底,全省乡镇企业总产值在1000万元以上企业达到124个,比1989年净增87个,500万元以上企业433个,比1989年净增311个。清徐赵家堡暖气片公司率先成为全省第一个亿元乡镇企业。

3.高速增长时期。1992年,邓小平同志南巡重要谈话强调基本路线要管一百年和十四大提出的市场经济理论给农民吃了"定心丸",以市场为取向的改革进一步深入,山西乡镇企业迎来了改革开放以来最好的发展环境和机遇,全省各地再掀大办乡镇企业的热潮,以其"从市场中来,到市场中去"的运行机制优势,实现了"八五"初期的超常规增长。1993年借助国务院加快发展中西部乡镇企业的推动和市场需求的拉动,全省乡镇企业乘势而上,提前实现了"八五"翻番,迈上了总产值500亿元台阶的目标。1994年,面对建立社会主义市场经济新体制带来的新机遇,全省乡镇企业抓住机遇、奋起直追,总产值完成1030亿元,提前迈上了1000亿元新台阶。到1996年,全省乡镇企业数(按旧口径)达到82.89万个,从业人员458.67万人,分别比1992年净增加31.62万个和173.01万人。乡镇企业总产值突破2000亿元大关,达到2003亿元,4年间平均递增49.2%,营业收入1560.9亿元,年平均递增48.3%,拥有固定资产原值411.5亿元,年平均递增30.8%,实现利税156.7亿元,年平均递增34.1%。出口产品交货值达到37.7亿元,占全省出口创汇总额的三分之一。总产值和营业收入在全国列第16位和第15位。全省11个地市中一些比较发达的县市,乡镇企业已成为县域经济的中坚力量,大同南郊区、太原北郊区、清徐县、泽州县、介休市、河津市、平定县等县(市、区),乡镇企业对地方财政收入的贡献已占到70%以上。这一时期全省乡镇企业取得了突破性的发展,也是全省乡镇企业发展史上的增幅最大,增长最快的时期。

4.改革提高时期。在跨世纪的改革与发展中,山西乡镇企业正处于结构调整和机制创新的关键时期。从1997年起,全省乡镇企业实施了发展战略、产业结构和经营机制"三大调整",同时启动了发展大中型、科技型、外向型、贸工农、东西合作和股份制企业的"六项重点"。进入了改革、发展、提高的新时期,出现了新的发展特点:

第一,速度效益同步增长。1997年,国家农业部在全国乡镇企业实行新的统计制度,按经营形式将乡镇企业分为集体企业和私有企业两大类型。到1998年,按新制度可比口径,山西乡镇企业发展到9.24万个,比上年减少0.58%;从业人员248万人,增长7.6%;乡镇企业完成增加值366.2亿元,增长25.4%,占全省国内生产总值(GDP)份额比上年提高3.1个百分点,为22.8%,增加值绝对额在全国排在第15位;完成工业增加值281.9亿元,占全省工业增加值的37.8%;上缴国家税金(入库税)29.27亿元,占全省工商税收的38.1%;完成出口交货值50.9亿元,占全省外贸出口交货值的42.2%;乡镇企业职工人均创造国内生产总值14772.1元,比1997年增加2100.8元,增长16.6%。全省农村社会增加值的64%和农民人均纯收入的40%都来自乡镇企业。

第二,产业、产品结构趋于合理。针对全国能源原材料工业由卖方市场转为买方市场,山西重型产业结构和初级能源原材料产品结构的矛盾,全省突出培植了一大批如离心铸造、滤料、贝氏体磨球、磁性材料、轿车制动盘、铅酸电池、"苏伊克"墙体材料、球磨铸管等高科技含量、高附加值产品。优化升级了矿产采加、冶金冶炼、机械铸造、轻纺化工、农副产品加工等主导行业。连续3年,共关闭15小企业2.5万余家,其中:土法炼磺2700个,5000吨以下造纸厂620个,小水泥厂100多个,8立方米以下炼铁炉1566个,取缔改良型土焦1.2万个等。经过几年的结构调整,新增科技含量较高企业1730个,优化升级了农副产品加工龙头企业642个,并有了突破性发展,全省以农副产品为原料的轻工业产值份额提高8个百分点,占48%。

第三,产权制度改革向纵深发展。全省乡镇企业通过增量扩股、存量售股、折股量化、租赁兼并、出售拍卖等办法,实施产权制度改革。1998年,乡村集体企业中,已改制企业2.11万个,占60%,总股本达到85亿元,各种形式改革盘活资产30亿元,其中产权明

科学养鸡

晰的股份制企业810个,股份合作制企业8150个,兼并245个,租赁9830个,拍卖2120个。机制创新向市

场经济、现代企业制度和有效资本运营接轨，使集体资产实现了有效流转。调动了经营者和职工的积极性，改制企业充满生机活力成为新的经济增长点。

第四，发展步入法制化轨道。1997年1月1日《中华人民共和国乡镇企业法》颁布实施后，《山西省乡镇企业发展条例》相断颁发，标志着国家赋予了乡镇企业及乡镇企业行政管理部门以法律地位，乡镇企业的进一步发展和提高有了强有力的法律保证，乡镇企业的管理步入了法制轨道，是乡镇企业发展史上重要的里程碑。山西全面宣传贯彻实施《乡镇企业法》，省人大、省政府领导相继发表电视讲话和署名文章，省乡镇企业局多次组织召开座谈会，举办知识竞赛和培训班等，突出抓了管理机构、发展基金、减轻企业负担、改革与结构调整、治理环境污染等6件大事，并取得阶段性成果。

二、五十年发展的主要成就

乡镇企业是我国改革开放过程中迅猛崛起的新生事物，是亿万农民的伟大创造，是发展社会主义市场经济的一支有生力量。乡镇企业在繁荣农村、发展农业、富裕农民，促进国民经济和社会全面进步等方面取得了巨大的成就。

（一）成为国民经济的一大支柱

改革开放以来，山西乡镇企业从小到大，由弱到强，迅猛发展，不仅成为农村经济的主体，而且成为全省国民经济的一大支柱。全省国内生产总值(GDP)净增量的40%，工业增加值净增量的43%，外贸出口交货值净增量的45%，全省工商税收净增量的30%都来自乡镇企业。乡镇企业增加值每增减4.7个百分点，就会影响全省国内生产总值增减1个百分点。乡镇企业已成为全省经济发展和社会商品供给的重要力量，生产经营涉及到国民经济各个领域，包括生产资料、日用消费品等生活资料及各项服务业。许多工业产品在国内同行业中占有很大份额。1998年原煤产量1.6亿吨，占全省总量的50.8%，占全国总量的12.8%；生铁974万吨，占全省65.4%，占全国8.2%；白酒7.65万吨，占全省的54.3%，占全国的2.3%等。焦炭、耐火材料、暖气片、铸铁管、玛钢件、石膏、硫铁矿、磁性材料、脱水蔬菜、啤酒、食用醋等产品不仅在全省，而且在全国也占有较大比重。乡镇企业是全省国民经济中最具活力的新的经济增长点。

（二）成为农村经济的主体力量

乡镇企业的崛起，有效地改变了全省农村产业结构和就业结构，为农村经济全面发展开辟了崭新天地。几十年来，全省农村经济基本上是一个以农业为主的自然经济。乡镇企业的产生和发展，逐步改变了农村以种植业为主的单一经营结构，形成了农、工、商、建、运及其他服务业并举，农村第一、二、三产业全面发展的综合经济新格局。改革开放的20年中，在农村社会增加值中，第一产业所占比重由58.9%下降到27.9%，二、三产业所占比重由41.1%上升到72.1%。乡镇企业成为农村经济的主体是历史的必然，这不仅改变了全省农村经济的产业结构，而且有力促进了农村商品经济的发展。乡镇企业作为市场经济的先导力量，将大批农村劳动力从土地上转移出来，步入商品生产领域，拓宽了农民就业和致富的门路，推进了农业产业化进程，以农副产品加工为龙头的企业带动了“基地+农户”的建设，促进了农村经济的全面发展。1998年，全省乡镇企业职工达到248万人，已占到全省农村劳动力总数的25.6%。乡镇企业职工人均工资收入达到5381元，全省农民人均纯收入中来自乡镇企业提供的比重由1978年的11.9%增加到现在的41.2%，年平均递增23.1%。乡镇企业的发展，不但是农民增收的重要来源，而且成为增加集体积累，兴办公益事业的坚强支柱。改革开放20年来，乡镇企业累计提供以工补农、以工建农资金36.6亿元，占到了同期国家对农业的累计投入。同时为农业提供了大量的农机具、化肥、农药、地膜、农用水泵、车辆、农用建材及机井、喷灌等。1998年乡镇企业积累集体资产达到256亿元，占整个农村集体资产近70%，随着集体经济实力的壮大，有力地促进了农村文化教育、医疗卫生等公共福利事业和水利、交通通讯等基础实施的发展。仅“八五”以来累计用于农村各项公益事业资金达13.2亿元。乡镇企业的发展将现代工业文明注入了农村，农业现代化步伐明显加快，成为振兴全省农村经济的主体力量。

（三）促进了农村工业化和城镇化进程

山西乡镇企业的主体是工业。改革开放以来，乡镇企业作为我省能源重化工基地的重要组成部分，依托资源优势，形成了以煤炭、冶金、机械、建材、轻化、农副产品加工为支柱行业的40个工业部门齐全的工业体系，在推进农村工业化和城镇化进程作出了巨大的贡献。一是调整了农村经济的产业结构。1978年全省农村第一、二、三产业结构是58.9:29.1:12，目前巨变为27.9:48.5:23.6。乡镇企业主要从事二、三产业，占农村经济总量的70%以上。二是有效解决了大批农村剩余劳动力，缓解了农村紧张的人地矛盾，打在破了多年来形成的农村发展农业，城市发展工业，城乡分割的“二元”经济结构，改善了全省工业布局结构。三是兴起了一大批乡镇工业小区和商贸小区。1998年，山西乡镇工业小区已发展到75个，专业市场

89个，企业集团124个。这些各具特色的工业小区、专业市场和企业集团为农村城镇化的形成奠定了雄厚的物质基础。工业型、商贸型、旅游型、科技型、综合型等小城镇迅速崛起。有效地促进了人口相对集中，乡镇企业集中连片协调发展。从1986年至1998年，仅乡村两级集团企业就为农村集镇建设直接投资13.5亿元。乡镇企业与小城镇优势互补，共同发展，开辟了农村工业化和城镇化的崭新天地，走出了一条具有中国特色的乡村城市道路，缩小了城乡差别、工农差别、繁荣了农村文化生活，加强了农村与城市的联系，使全省农村现代化有了坚实可靠的保证。

(四)促进了农村精神文明和物质文明建设

乡镇企业的迅速发展，不仅促进了农村经济的发展，而且也带动了农村精神文明的发展，使全省农村精神文明和物质文明建设都取得了丰硕成果。一是造就了一代新型农民，将城市文明和工业文明注入全省广大农村。乡镇企业职工从田野进入乡镇企业从事生产经营，是文化素质、科技知识、经营管理知识逐步提高的成长过程。乡镇企业的发展，使他们学会了用市场经济和商品经济的观念看待事物，用市场经济的办法驾驭经济，从而闯出国门，走向世界，成长为一代新型农民。二是造就了一大批乡镇企业家。目前，山西已有被国家命名的全国乡镇企业家33人，被省政府命名的504人，并涌现出象山阴依美口乳品集团乔九祟、介休安泰集团李安民、闻喜海鑫钢铁集团李海仓、左云秦嘉集团傅英、盂县磁材集团侯德柱等一批在全国知名度高的企业家。他们作为一代新型农民的代表，不仅极大地推动了山西乡镇企业的发展，而且对农村物质文明和精神文明建设也起了巨大的推动作用。三是兴办了大量农村公共福利事业。乡镇企业发展改变了山西农村许多地方贫穷落后面貌。乡镇企业在支持农村经济发展的同时，拿出大量资金用于改善农村文化、教育、交通、通讯、水电、医院、卫生防疫等福利设计，有力地推动了农村物质文明和精神文明建设。

三、基本经验和存在问题

(一)基本经验

50年来，山西乡镇企业取得了巨大的成就，并且在进一步改革与发展的实践中积累了许多宝贵的经验。

1.加强领导，是乡镇企业快速发展的重要保证。改革开放以来，各级党委、政府十分重视支持乡镇企业的发展，把发展乡镇企业作为兴晋富民的重要战略来抓。1991年以来，省委、省政府连续出台了7个促进乡镇企业发展的政策性文件，营造了一个发展与提高的政策环境。从1992年起，省委、省政府连续6年召开规模大、规格高、影响大、份量重的全省乡镇企业工作会议，每年拿出300万元重奖发展乡镇企业先进单位和有功人员。1993年成立了以省委副书记郑社奎为组长，省五大班子领导为副组长，省委组织部、省计委、省科委、省经委、省财政厅、省工商局、省农行等省直有关部门领导参加的发展乡镇企业领导组。各地市县党政一把手亲自抓乡镇企业的发展，营造了各具特色的发展环境。实践证明，凡是对乡镇企业重视不够的地区，地域经济发展就慢，可用财力就少。各级党委、政府对发展乡镇企业高度重视和强力推动是山西乡镇企业快速、健康发展的重要经验。

2.坚持改革创新，建立富有活力的经营机制。山西乡镇企业不仅在国民经济较好的时候能够快速发展，即使在国民经济加强宏观调控，外部环境发生重大变化和内部增本减利因素增多的情况下也能保持旺盛的生命力，其内在原因就是企业盈亏由自己承担，因而形成了富有活力的经营机制，包括自主快速的决策机制、能进能出的用人机制、能上能下的干部机制、奖罚分明的激励机制、自负盈亏的约束机制、酬效挂钩的分配机制、自我积累的发展机制等等，企业不吃“大锅饭”，职工不捧“铁饭碗”，干部不座“铁交椅”。企业以产权制度为核心的改革向纵深发展，有效避免了产权不清、利益不明、“瓷饭碗”铁化三大弊端。这种机制促使全省乡镇企业干部职工奋力拼搏，自力更生，艰苦创业。缺少资金自己筹，缺少设备自己置，缺少人才自己学，缺少技术自己钻，想尽千方百计，历尽千辛万苦，以坚韧不拔的毅力和求真务实的科学态度，克服困难，迎难而上，使企业不断发展壮大。

3.坚持以市场为导向，组织生产经营活动。乡镇企业从诞生之日起，就在市场竞争中谋求生存和发展，一切经营活动都是面向市场。“不找市长找市场”是山西发展乡镇企业的成功经验。乡镇企业组织劳动力、资金，使用土地、技术等生产要素要靠市场来统筹安排，产品要到市场上销售并反馈信息，市场需要什么就生产什么，当地适宜发展什么就生产什么，有效地把当地资源优势与市场需求结合起来，转化成现实的经济优势。1992年以来全省乡镇企业抓住全国经济高速增长对能源原材料产品需求旺盛的机遇，加快优势产业和主导产品的生产，仅生铁一项就增加销售收入100多亿元，煤炭、焦炭、洗精煤、水泥、铸铁管、暖气片等大幅度增长。以市场导向组织生产，产成品积压少，产销率高，经济效益好，积累资金快。这既是乡镇企业减少亏损的一个重要原因，也是乡镇企业快速发展的基本经验。

4.坚持依靠科学技术，培养和造就乡镇企业家队伍。山西乡镇企业为了适应激烈竞争的市场，十分重视技术进步和技术创新。近几年，新增投入的40%用于技术改造和新产品开发，不惜重金引进人才、培养人才、注重智力开发，采用先进技术加强技术改造，提高管理水平，全省乡镇企业的技术进步贡献率达到45%以上，涌现出一大批如球磨铸造、磁性材料、“苏伊克”墙体材料、轿车制动盘、乳品系列等质量档次高、科技含量高、附加值高的名牌产品。同时，注重培养和造就乡镇企业家队伍。各地在发展乡镇企业中举贤荐能，将一大批企业家推上经济大舞台，如白手起家，资产达2亿元的晋城市泰森总公司总经理翟焕文、翼城北关贸工农总公司总经理李纯泰、左云秦嘉股份有限公司董事长傅英、年出口焦炭百万吨的介休三佳煤化有限公司董事长阎吉英、首创煤气余热发电成功的翼城封比钢铁公司总经理鹿英杰、河津铝厂的史民志、年产20万吨钢锭的闻喜海鑫钢铁公司李海仓等许多优秀企业家，他们是山西乡镇企业发展的开路先锋。在建设工业小区、组建企业集团、推进技术进步、强化企业管理、提高经济增长质量、机制创新、结构调整等方面发挥了重要作用。优秀乡镇企业家是乡镇企业依靠科学技术健康发展的中坚力量。

（二）存在的问题

在肯定乡镇企业发展的巨大成就和基本经验的同时，要正视乡镇企业存在的不少弱点、困难和问题。一是相当一部分乡镇企业素质不高、管理粗放、技术落后、效益低下，不能适应市场经济发展的要求，主要表现在：企业规模偏小和布局分散，竞争能力弱；结构性矛盾日益突出，地区间发展差距拉大；企业资产负债率过高，企业负担加重；浪费资源、污染环境和滥占耕地。二是市场经济大潮把乡镇企业、国有企业、三资企业都推向了市场，国外企业产品也大量涌入国内市场，市场竞争日益加剧，国内买方市场已经形成，国内外集团化企业的名牌产品趋向市场垄断，竞争更为激烈，由原来以价格为主的市场推向了价格、品种、质量、品牌和服务的全方位竞争。相当一部分乡镇企业不仅在价格、品种、质量上失去了竞争优势，而且在营销手段和方法上也难以适应市场。三是产品的竞争归根到底是科学技术的竞争，山西许多乡镇企业仍然采用传统技术，落后工艺和陈旧设备进行生产，难以适应现代科学技术日新月异、高新技术产业、高科技含量产品层出不穷的形势要求。四是一些规模小、基础差、效益低、污染严重的乡镇企业，将在国家继续实行适度从紧的金融货币政策和财政政策、控制固定资产投资规模，以及产业政策和可持续发展战略中而陷入更加艰难的困境。

四、发展思路和措施

大力发展乡镇企业是适合我国国情和符合山西实际的战略选择，是有效解决农村、农业、农民问题，推进现代化建设事业的正确抉择，是实现山西农村乃至整个国民经济跨世纪目标必须坚持的一项根本的长期方针。全省乡镇企业要继续实施发展战略、产业结构和经营机制“三大调整”，发展“六项重点”，确立科教兴企，外向带动，规模经营，相对集中，东西合作，依法管理的发展思路，力争到2010年，全省国内生产总值的50%，工业增加值的60%，财政收入的50%，农民人均纯收入的60%都来自乡镇企业；全省乡镇企业的技术进步贡献率达到60%，符合国家标准的大中型乡镇企业达到500个，工业小区覆盖率达到50%等。全省乡镇企业要坚持两个文明一齐抓，以市场需求为导向，以改革开放为动力，以质量效益为中心，积极推进两个根本性转变，努力提高全省乡镇企业经济运行质量和效益。

（一）深化企业改革，增强企业活力

完善和创新机制，形式要多样化，有条件的企业要组建股份有限公司和股份有限责任公司，建立现代企业制度，积极争取成为上市公司；一般企业要继续实行股份合作制，完善承包制，对小型亏损企业，可以通过租赁、拍卖、联合、兼并等形式，进行生产要素重组，优化内部经营机制，充分调动经营者、管理者和生产者的积极性和创造性，使企业成为自主经营，自负盈亏，自我约束，自我发展的市场主体。

（二）调整优化结构，培育优势产业和拳头产品

依托山西已经形成的煤、焦、铁优势传统产业，发展矿产品深加工，再造传统优势。主攻农副产品加工、贸工农一体化的新型产业。积极发展商贸、交通运输、饮食服务、信息咨询和技术服务等第三产业。增强名牌意识，扩大拳头产品，宣传名品，开发精品，培育新品。优化投资结构，集中有限资金对矿产品深加工、农副产品深加工重点投入。引导企业发展高新技术产业，开发名特优新产品。

（三）实施“科教兴企”战略

建立和完善科技进步机制，积极引进和广泛采用国内外新技术、新设备、新工艺和新材料。有条件的企业要建立科研开发机构，设立乡镇企业科技开发基金，积极开展与国有大中型企业、科研院所的联合，建立科学开发体系，促进企业上规模、上档次、上水平。同时要培养和造就一大批政治素质高、开拓精神强、懂经营、善管理、乐于奉献的乡镇企业家，培养和使用

一大批乡镇企业留得住、用得上的实用人才,发展中等职业技术教育,创造一个有利于人才成长的环境,形成高中初级结构合理的人才体系。

(四)相对集中,规模经营,促进小城镇建设

全省各地在搞好乡镇企业工业小区、小城镇建设规模的基础上,制定相应鼓励政策,引导乡镇企业向小区和小城镇集中,连片发展,形成比较集中的以大带小、以小保大、大中小企业并举的工业小区新格局。实施外向带动战略,引导乡镇企业瞄准国际市场,扶植出口创汇骨干企业向集团化和多元化的跨国经营发展,实施东西合作,吸引资金、技术、人才到小区,优势互补,共同发展。实施规模经营战略,发展大中型乡镇企业和企业集团,培植一批大中型企业群体,建设工业小区经济带,实施可持续发展战略,保护环境,减少污染,推动工业小区经济和小城镇建设协调发展。

(五)依法管理和经营

《乡镇企业法》的颁布实施,标志着乡镇企业的发展和管理已成为全社会行为准则。全省乡镇企业要学法用法,增强法律意识,严格规范自身生产行为,用法津武器保护自身合法权益,守法经营。乡镇企业管理部门要依法管理,促进、引导、保护、规范乡镇企业的发展,为乡镇企业持续健康发展而勤奋工作,把乡镇企业宏伟事业推向新世纪。

(郝水明)

交通邮电成就卓著

新中国成立后,揭开了当代山西交通运输业发展史的新篇章。1949 年至 1998 年的 50 年间,国家和地方用于山西交通运输邮电业的投资累计高达 575.71 亿元,使国民经济的“先行官”得到长足的发展。截止 1998 年底,山西交通运输线路总长度由 1949 年的 2071 公里增加到 51669 公里,货运总量由 82 万吨增加到 72018 万吨,客运总量由 140 万人次增加到 27467 万人次,邮路及投递路线总长度由 4.6 万公里增加到 19.78 万公里,邮电服务局、所由 447 个增加到 1743 个,长途电话电路由 2 路增加到 38323 路,电报电路由 1952 年的 20 路增加到 440 路,邮电业务总量由 205 万元增加到 39.62 亿元。目前,山西省已形成了以铁路、公路、民航和水运 4 种运输方式组成的快捷方便的综合交通网和邮电通信体系,彻底改变了落后的、封闭的山西交通,基本上形成了开放的现代化交通网络,为拉动整个山西经济的发展,加速能源重化工基地的建设作出了重大的贡献。

铁路建设突飞猛进

山西铁路从 1904 年修建正太铁路迄今将有近百年的历史,但解放前的山西铁路发展极其落后与缓慢,截止 1949 年解放前夕,全省铁路通车里程仅为 783 公里,而且由于连年战争的破坏,山西铁路基本上处于瘫痪状态。

解放后,国家铁道部和山西省人民政府组织广大铁路战线职工,及时对被战争破坏的各线路进行抢修,分别于 1949 年 9 月、10 月、1951 年修复了京包线、南同蒲线和北同蒲线,仅用了两年多的时间,原有的山西铁路全线恢复营运。从“一五”始,国家便把山西铁路建设纳入国民经济发展轨道,迈开了有计划地大规模建设的步伐,但由于当时国家财力有限,这一时期的山西铁路建设的主要特点是改造旧线和新线起步。到 1957 年 9 月底,石太线阳泉至太原段开通了 7 个区间的双线、京包线郭磊庄至大同段双线。到 1962 年底,除大洋河至柴沟堡和大同东到大同间外,其余区间双线均已开通交付使用。北同蒲线改建的关键工程——段家岭隧道于 1959 年 10 月建成通车。从 1955 年 12 月 21 日至 1956 年 1 月 28 日,仅用了 39 天时间便完成对南同蒲窄轨的拓宽,并更换了部分轻型钢轨,结束了山西窄轨铁路的历史。

从“一五”期末至“二五”期间,山西铁路开始大规模的建设。1957 年 9 月詹东线(今太焦线)开始动工兴建,它贯通晋东南地区,是建国后山西境内新建的第一条铁路干线。1958 年 10 月修建京原铁路,开辟山西通往北京及晋北煤炭外运的又一通道。同一时间又动工修建连接晋陕两省、全长 289 公里的侯西线。这一阶段铁路支线的建设也得到发展。兰村支线于 1953 年 8 月开工,1956 年 2 月建成。介西、礼垣支线于 1959 年动工,分别于 1962 年 6 月与 1965 年 2 月正式运营。二峰山支线也于 1959 年开始兴建。同时,1958 年建成的盂县孙家庄至石店的土铁路通车,开创了中国办地方铁路的先河。截止 1965 年,铁路通车里程达到 1544 公里,新建 761 公里,平均每年新修铁路

44.76公里。

1966年至1977年，时值“文化大革命”期间，山西铁路建设虽受到干扰，但总体趋势还比较平稳。这十年以新建线路为主，并续建了一批过去停缓建项目。京原线、太焦线分别于1973年和1975年全线建成通车。邯长线涉县至长治段于1974年开始兴建，该线是京广、太焦两条南北干线的联络线和联结晋冀两省的又一条交通动脉。二峰线于1972年9月正式营运。宁苛支线于1968年8月开工，1973年1月正式营运，从此，晋西北的神池、五寨、岢岚通了火车。京包线的双线建设于1974年4月全线开通使用。同时，月晋(月山至晋城)6个区间的48.8公里的双线工程于1973年开工，1974年12月竣工交付使用。

在兴建铁路干、支线和双线的同时，山西境内的其它铁路建设项目也得到一定的发展。1970年风陵渡黄河大桥竣工使用，使南同蒲铁路与陇海铁路在潼关接轨，它是山西铁路在黄河大桥上修建的第一座永久性桥梁。到1977年，全省铁路通车里程达到2053公里，新建509公里，平均每年新修铁路42.42公里。

1978年至1998年，是山西铁路发展的全新阶段，本着“多通路，大能力，现代化”的建设方针，这一时期的山西铁路交通建设在质上得到很大飞跃，向铁路现代化、电气化迈进。于1985年兴建，1988年12月建成的大秦铁路，是山西第一条开行重载单元列车的电气化铁路。于1989年9月新建的侯月线，它是与陇海线平行的又一条双线电气化铁路，是晋煤外运的南通道。另外侯西线于1987年全线建成通车。1977年太岚支线全面开工，1983年正式运营。

这一时期山西的地方铁路建设最为迅猛，从1976年以后陆续修建，建设总里程650公里。其中，孝柳铁路(116公里)和神河铁路(99公里)两条铁路全线开通营运，阳涉铁路一期北段平定至左权和南段麻田至悬钟136公里、武墨铁路一期武乡至柳沟段36公里基本铺平，沁沁铁路一期沁县至交口段铺轨20公里，宁静铁路宁武至北屯63公里正在施工修建中，至此，山西地方铁路已通车营运里程达260公里。在此期间，与干线铁路相配套的煤炭集运站、铁路专用线的建设都有新的发展。到1998年，铁路总里程发展到2764公里，新建里程700公里，平均每年修建33.33公里。

经过50年的建设和构筑，山西铁路交通从各个方面都取得了辉煌的成绩：

首先，铁路运输网络四通八达，日趋合理。从南到北有南、北同蒲和太原到焦作3个纵向铁路干线，由东向西有大同至秦皇岛、北京至包头、北京至原平、石家庄至太原、邯郸至长治、侯马至西安、侯马至月山共7条横向铁路干线，形成了10条干线连接13条支线、5条地方铁路、410条铁路专用线、30多条专用铁道和14条联络线，并拥有218个车站和370多个煤炭集运站(点)的铁路运输网络。50年来，山西铁路新建营业里程1970公里，每百平方公里铁路网密度(不包括地方铁路)由1978年的1.3公里上升到1.6公里，全省6个地级市、75个县(市、区)都通了火车，通火车的县(市、区)占全省总数的65.3%。

其次，铁路线路的质量明显提高。一是复线建设取得重大成就。建国后，为了强化晋煤外运铁路干线，从第二个五年计划开始，有计划地修建了大量的复线。到1998年底，山西铁路复线里程发展到1594.3公里，营业里程的复线率由1958年的2.9%提高到58.19%，山西主要铁路干线，如京包线、石太线、同蒲线、大秦线、太焦线等铁路均实现复线。二是山西铁路逐步走向电气化、现代化。党的十一届三中全会以来的20年间，是山西铁路从根本上发生变化、走向现代化发展的新时期。从1978年动工至1989年7月，先后对石太线、京包线、北同蒲线、太焦线长治至月山段实施电气化改造，并建成通车。另外还分别于1987年和1988年12月新建成侯月线电气化铁路、大秦线电气化铁路。截止1998年底，山西电气化铁路营业里程达1555公里，占总营业里程的56.76%。

三是铁路机车、客车装备大为改善。建国50年来，山西铁路机车拥有量成倍增加，到1998年发展到828台，比1949年增长2.6倍。机车的技术类型不断更新，在进入80年代以后，蒸汽机车逐步减少，性能先进的电力机车和内燃机车从无到有，发展成为铁路机车的主力。从1980年到1998年，蒸汽机车由418台减少到70台，所占比重由91.8%减少到8.45%，电力机车由12台猛增到392台，增长31倍，所占比重由1980年的2.36%上升到47.3%，内燃机车由25台增加到366台，增长13.6倍，所占比重由5.49%增长到44.2%，电力、内燃机车所占比重达到91.5%。同时，山西铁路客车也得以发展，客车拥有量到1998年达到1478辆，比1952年的305辆增加1173辆，增长3.85倍，其中软硬座车由1952年的105辆增加到776辆，软硬卧车由7辆增加到497辆，餐车由5辆增加到84辆，软硬卧车的拥有量占客车总量的比重达到33.6%，比1952年的2.29%、1976年的12.8%分别扩大31.3%和20.8%，以平均每年9.71%的速度递增。改革开放以来增长最快，年递增速度高达11.05%。

四是客货运输量不断增长，在山西交通运输业中发挥了重要作用。随着线路的增加，技术装备的提高以及运输组织能力的加强，山西铁路运输能力大大增强。到1998年，山西铁路旅客运输量达2771万人次，旅客周转量68.31亿人公里，分别比1953年增长2.83

倍和9.14倍，以平均每年3.03%和5.28%的速度递增，铁路货物发送量达20975万吨，货物周转量518.25亿吨公里，比1953年分别增长19.91倍和36.5倍，分别以平均每年7.0%和8.3%的速度递增。

公路建设成绩斐然

建国前，山西的公路交通发展极为缓慢。到1949年4月山西全境解放时，能断续通车的公路只有1288公里，由于连年战争的破坏，重要的干线公路均不能全线贯通，而且大都是简易公路，路面由黄土筑成，坎坷难行，“无雨三尺土，有雨一街泥”是当时山西公路的真实写照。

建国后，山西公路交通部门在国家财力、物力有限的情况下，自力更生，发动群众义务建路。首先对太原—大同、太原—军渡、太原—风陵渡等几条重要干线公路进行了抢修，以较快的速度恢复通车。从1953年开始，坚持“先求其通，再求其好”和“充分利用原路，重点解决薄弱环节”的原则，并贯彻了中央对修建地方道路所提出的“分期改善，逐步提高”的方针，有计划地开展了山区道路修建和对全省公路进行有重点的改善。到1957年底，山西省除汾西县外，有60%的乡镇通了汽车和马车，全省公路网的轮廓初步形成。1958年至1965年是山西公路交通发展史上的重要时期。尤其是1958年，是山西公路建设发展最快的一年，通车里程达到12525公里，比1956年增加5465公里，但不求实效盲目冒进，以豪言壮语代替科学修路，工程质量十分低下。经过3年整顿，公路建设重点重新放在对原有公路进行整修、改修、提高等级、加强养护上，基本扭转“大跃进”造成的公路比例失调状况，使山西公路交通工作重新走上稳步发展的道路。截止1965年，山西公路通车里程达到20365公里，和1949年比较，新建公路19077公里。其中县乡公路发展比较迅速，达到14572公里，占全省公路比重为71.55%。

1966年后的10年，在“备战、备荒、为人民”和“准备打仗”的思想指导下，山西公路的建设以大修战备公路为主，国家对山西的“小三线”和国防公路拨专项投资12836万元，共建成31项工程，新建公路815公里，改建公路1765公里，新建大、中桥173座，总长度为14105米。京原国防公路和军渡、保德两座黄河公路大桥都是在这一时期修建的，到1977年底，全省通车里程发展到30785公里，其中新建公路8314公里。

党的十一届三中全会以后将全党工作的重点转移到社会主义经济建设上来，山西作为全国的能源重化工基地，国民经济快速发展，特别是随着煤炭和社会物资运输量的增加，山西交通运输业显得愈加不适应，一些晋煤外运的主要干线等级低，通过能力差，线路被堵塞的现象时有发生，山西的经济发展已经受到了很大影响。为此，山西公路交通部门于1983年制订了修建13条晋煤外运公路的规划。自1984年开工，到1988年便建成11条，共长609.6公里。进入90年代，特别是1993年以来，山西公路建设进入高速发展的鼎盛时期。省委、省政府把交通放在优先发展的战略地位，全省交通事业实施“两年打基础，三年迈大步”、“九九”大变样上台阶方案，高起点、超常规、大跨度地进行公路建设，集中力量建设了一批大型的骨干项目，如太旧高速公路、太原东山过境高速公路、原太高速公路、晋城－阳城高速公路以及太榆一级公路、大运二级公路等等，特别是太旧高速公路的建成，对山西的经济发展产生了巨大的影响和有力的推动，“太旧精神”已深刻地影响了山西全社会的方方面面。这一时期，山西的县乡公路也得到快速的发展，公路从平川向山区挺进，从经济发达地区向落后地区发展，从城市周围向广大农村延伸。截止1998年底，山西通车里程发展到48560公里，是1978年的1.52倍，其中新建公路18511公里。

山西50年的公路交通建设成绩斐然，取得了翻天覆地的变化：

第一，公路网络日臻健全。山西省公路骨架网经过50年的建设和发展，尤其是“七五”提出的“三纵、七横、一支”主骨架布局及“八五”提出的“两纵、七横、大字形”主骨架布局，经过两个五年计划的建设，网络总体结构明显改善，国道和省道、干线公路和支线公路相互交结，从总体上形成纵贯南北、横亘东西、沟通省内外的公路网骨架，到1998年底，山西全省境内共有国道9条、通车里程3646公里，省道6条、通车里程8365公里，县道14486公里，乡道21088公里，专用道路975公里。

晋阳高速公路

第二，汽车拥有量成倍增加。山西陆路交通运输工具经历了由使用人力、畜力、非机动车到机动车的漫长发展过程，到 1949 年山西全境解放时，运输方式仍以畜力车为主，全部用于公路运输的汽车总数仅 210 辆，其中 100 多辆是从国民党政权接管的老旧杂牌汽车，每百公里公路拥有汽车密度为 16.3 辆。而今随着国民经济的飞速增长，国富民强，非机动车作为运输工具已成为历史。到 1998 年底，民用汽车拥有量达45.77 万辆，比 1949 年增长 2178 倍，以平均每年 16.6%的速度递增。尤其是党的十一届三中全会以来，年平均增加汽车 2.06 万辆，是 1978 年前 30 年年平均增加汽车的 15.06 倍。每百公里汽车密度由 16.3 辆猛增至 942.5 辆，增长 56 倍。同时，民用汽车内部结构也发生了根本的变化。私人汽车的拥有量从 1984 年的1.16万辆发展到 1998 年的 17.55 万辆，占民用汽车拥有量的比例由10.97%变化到 38.34%，国有运输部门的汽车拥有辆占民用汽车拥有量的比例却由 8.41%减少到 1.77%。特别是进入 90 年代，小轿车步入千家万户，低油耗、大吨位、高级美观舒适的汽车代替 50、60 年代的杂牌车，已成为现代生活的象征。

第三，客货运输量迅速增长。随着交通道路的日益畅通，交通工具的舒适便利，公路运输得到飞跃发展。1998 年公路客运量达 24613 万人次，旅客周转量达 113.78 亿人公里，分别比 1949 年增长 2460 倍和 1393 倍。公路货运量达 50962 万吨，货物周转量达 244.17 亿吨公里，分别比 1949 年增长 7279 倍和 4290 倍。尤其是改革开放后 20 年，客货运量年均增长 1111 万人次和 2225.95 万吨，分别是改革前 30 年年平均增长量的 16.8 倍和 11.7 倍。公路晋煤外运的能力也大大加强，到 1998 年煤炭外调量已达 3472 万吨，是 1980 年的 345 万吨的 10.06 倍。同时，交通运输业内部结构也发生很大变化，公路运输业所占比重已跃居其它运输业之首，公路与铁路的客运量所占比例由 1949 年的 7.1:92.9，变化为 1977 年的 50.6:49.3，到 1998 年发展为 89.6:10.1，公路与铁路的货运量所占比例由 1949 年的 8.54:91.46，变化为 1998 年的 70.8:29.2。

第四，公路通车里程大幅度增加，公路等级明显上升。截止 1998 年底，公路通车里程达 48560 公里，比 1949 年增长 36.7 倍，以平均每年 7.53%的速度递增，尤其是改革开放的 20 年间，递增速度高达 21.28%。同时公路质量明显提高，山西省公路等级里程达 45744 公里，占总里程 94.2%，其中，高速公路从无到有，达到 298 公里，占 0.65%；一级公路、二级公路猛增至 8120 公里，占 17.75%，是 1990 年的 5.08 倍；公路晴雨通车里程也大幅度增加，已达 34656 公里，占总里程 71.4%，比 1978 年增加 23493 公里，以平均5.83%的速度递增，是 1949 年 2475 倍。大规模、大范围的公路交通建设，使得山西公路交通面貌得到彻底改善。山西全省于 1995 年就实现了镇镇通油路，乡乡通公路，村村通机动车的“三通”目标，到 1998 年又发展到一个新台阶，乡通油路 76.5%，村通油路 46.9%，村通公路 86.5%。

山西内河航道的建设也得到进一步的改善。黄河是山西与内蒙、陕西、河南间的界河，也是山西唯一的通航内河，该河流经山西的忻州、吕梁、临汾、运城 4 个地区、19 个县，长 1054 公里。为了充分利用山西的内河通航运输，山西省交通部门成立了内河运输管理机构专司其职，发动群众疏浚黄河河道，开发整治汾河下游，到 1998 年山西境内的黄河航运里程达到 170 公里，建设渡口 88 处，建成 4 座固定码头。同时，内河航运的工具机械化程度得以提高，客运量也得到增加。截止 1998 年，山西内河航船发展到 200 艘，其中机动船 198 艘，机动船与非机动船的比例由 1958 年的 8:92 变化为 99:1；完成客运量 75 万人次，比 1950 年的 44.7 万人增长 67.79%。

民用航空业迅速崛起

山西民用航空创建于阎锡山统治时期。至解放前全省共开辟 5 条国内航线，拥有太原新城、亲贤、武宿机场、大同机场、临汾机场、运城机场，但机场条件简陋，适航能力差。航空运输量极少且运费昂贵。当时民航具有亦官亦商亦军的性质，没有通用航空即专业航空。解放后，山西省民航局接收了原有机场，在党和人民政府的关怀下，山西民航事业逐步得到发展和壮大。

社会主义经济建设时期，随着航空运输和城市工业发展的需要，尤其是 1958 年中央提出的“运输飞行四通八达，专业航空遍地开花”的发展方针，曾先后新建了长治小辛庄机场、临汾机场、大寨机场，并对一些机场进行了一系列的整修和改扩建。经过改扩建现今仍继续使用的太原武宿机场和长治小辛庄机场，成为可保证飞机昼夜起降的国家二级机场。同时山西的民航航线有了较快的发展。1950 年 8 月 1 日，中苏民航股份有限公司开辟了北京经太原至阿拉木图国际航线，1953 年后又相继开辟了经太原至北京、西安、成都、重庆、兰州、酒泉、乌鲁木齐的航线，还有 1958 年开辟了山西境内的三条航线——太原—长治、太原—大同、太原—临汾。不久，又将太原—长治和太原—临汾两条航线连为一体，并将长治与邯郸相连，开辟太原—长治—邯郸—天津航线，至 1978 年，山西共有 10 条国内航线。

改革开放时期的 20 年间是山西民航事业高速发展、迅速崛起的新时期。为了支援中美合资的平朔安太堡露天煤矿的建设,1986年动工,1987年建成的平朔安太堡露天煤矿机场,它是全国第一家由企业自建的现代化水平的企业专用机场。同时,为了适应航空事业发展的新形势,山西省政府和国家又于1983年共同投资进一步对太原武宿机场进行全面改造和建设。1995年2月投入试运营的新落成的武宿机场候机楼,楼型壮观美丽,设计新颖,设备先进,功能齐全,服务配套,荣获1995年度建筑工程鲁班奖,建筑面积达2.58万平方米,是原来的12倍。1994年动工,1995年9月竣工的机场配套设施的建设,使太原武宿机场成为4D级国内干线机场和首都国际机场的备降机场,机场的整体功能得到了提高。这一时期,山西新开辟航线20条,进一步打开了山西对外开放的空中门户。

经过50年的建设,尤其是进入80年代,山西民用航空飞速发展:

第一,航线网络迅速扩展。到1998年,以太原为基础地,开通了联接全国各大城市和沿海边贸城市的72条航线网络及太原至香港的定期包机航线,东西南北各端分别到达延吉、成都、三亚、海拉尔,通航城市达到50个,使太原航空联接全国的航线网络初步形成。其中,由山西民航直辖航线增加到28条,可直通全国30个城市,通航里程175公里。

第二,客货运输量得到一定的发展。1998年完成客运量83万人,旅客周转量10.23亿人公里,是1980年1万人和257万人公里的83倍和398倍。同时,航空旅客构成发生了较大变化,主要由过去的政府行政人员扩展为企事业单位工作人员、旅游、探亲、商业往来等多种成份并存的结构。完成货运量0.92万吨,货物周转量1270万吨公里,分别比1980年增长5.1倍和9.6倍。

山西民航在完成客货输送的同时,还开展了航空摄影、地球物探、护林、化学作业、飞机催化降水等等,为山西经济和科研研究等部门,提供了大量的专业航空服务。

邮电通信业蓬勃发展

山西近代邮电事业开创于1896年,及至全省解放时,虽有半个世纪的历史,但发展极为缓慢。1949年全省仅有邮电局、所447处,其中邮政部门自办局、所137处,邮路45995公里,邮运汽车2辆,电信业务几乎等于零。

太原解放后,山西省人民政府带领广大邮电职工迅速恢复了因战争而中断的邮电通信。在三年恢复期,又陆续增设了560个邮电局,架设了石太、南同蒲长途电信干线,初步形成了以太原为中心的山西邮电通信网。从"一五"始,在邮电部"重点建设,照顾一般"和"有线为主,无线为辅"的方针指导下,重点发展省际、省内长途电信。1956年太原电信综合大楼的建成,开始了山西邮电电信设施现代化、电信网络合理化的转折。截止1965年,省到地、市电报电路全部实现电传化和自动转报,全省除保德、石楼、神池3局外,全部开放省际长途电话,全省的邮电业务总量发展到6517万元,比1949年的205万元增长30倍,以平均每年24.13%的速度递增。这一时期,农村邮政服务所也迅速增加,全省基本实现乡乡通电话。

"文化大革命"十年动乱,山西邮电遭受了极为严重的破坏,邮电企业被层层分割,片面强调通信设施建设"山、散、洞",以战备为主。这种违反科学的作法,招致通信指挥失灵,山西邮电也从此陷入连续14年的亏损泥沼,使邮电通信成为国民经济的薄弱环节。到1977年,全省邮电业务总量为10459万元,比1966年增长55.25%,平均递增速度仅为4.08%。

党的十一届三中全会以来,山西邮电业得到前所未有的飞跃发展。在改革开放的方针指导下,打破了"封闭式"的发展旧模式,实行国家、地方、集体、个人一起上,邮电业飞速发展。到1998年,全省邮电局、所发展到1743个,是1949年的3.9倍,邮路线路长度达到19.78万公里,是1949年的4.3倍,逐步形成一个以数字传输、程控为主体,数模兼容的现代化通信网,山西的邮电事业进入了一个开拓前进、全面振兴的新时期。

通信能力显著增强。1998年,全省长途电话业务电路达到38323路,其中数字电路达38319路,所占比重高达99.99%。在传输方式上采用先进的光缆技术和数字传输技术,到1998年,全省长途光缆累计达6655.7公里,新建9条数字微波干线,全省有98个县通了光缆,在全省县以上城市及部分村、镇铺就数字化线路,使电信传输装备水平实现了历史性的跨越,为山西信息高速公路建设奠定了大容量、高速度的物质基础。

在通信建设力度不断加大的同时,通信水平明显提高。截止1998年,全省本地网交换机总容量达到259.09万门,其中市内电话交换机总容量达到208.08万门,农话交换机总容量达到51.01万门,比1951年分别增长419倍、340倍和6375倍,分别以平均每年13.71%、13.29%、20.49%的速度递增。尤其是党的十一届三中全会以来,全省本地网、市话、农话的交换机总容量的平均每年递增速度分别高达16.9%、20.4%和13.58%。与此同时,电话装备数量大为增加,其中长途电话由1978年的644路增至1998年的38323路,增长58.5倍,城市电话用户达130.47万户,农村电话用户达24.5万户，有1540个乡镇实现电话自动化，其中可直拨国际及港澳电话的乡镇达93.6%，全省实现电话村167个。

移动通信从无到有，飞速发展。到1998年，模拟移动电话基站达到128个、信道4880个、容量15万路，数字移动电话基站478个、信道19581个、容量74万路，无线寻呼达112.22万户，移动电话42.14万户。目前，无线寻呼由数字寻呼扩展到汉字寻呼，实现了自动寻呼、全省联网漫游、全国联网漫游。移动电话还实现了全国联网漫游。

通信网不断扩大，技术水平日益提高。太原国内卫星通信地球站的建成使用，使省城太原至哈尔滨、杭州、贵阳、海口、南昌、重庆、南宁、福州方向的通信更为方便快捷，"空中信息桥梁"贯通东西南北，标志着山西邮电加入了全国卫星通信网。光纤技术已在全省推广使用，城市逐步实现光缆到小区、到大楼，并向山区、农村延伸。到1998年底，全省有11个地市、96个县(区)引进分组交换网、数字数据网，并开通多媒体信息服务等高新技术。

同时邮政通信的技术装备水平也发生了巨大变化。邮政处理实现机械化、自动化和营业窗口电子化。信函捆扎机、点钞机、过戳机、电子秤已在大部分地市推广使用。信函自动分拣机、信函分类理信机、包裹分拣机也已投入到省会太原，并开通了太原至大同、离石、晋城、运城4条快速汽车邮运干线以及3条夜间特快汽车邮路，邮政汽车到1998年已达804辆，省会至地市邮运频次达到日均3次以上。同时山西的报刊定销网、特快专递查询网初步形成，全省大部分市县可以看到当日报刊。

邮电业务蓬勃发展，通信质量大大提高。到1998年，山西邮电业务总量达到39.62万元，比1978年增长34倍，以平均每年19.57%的速度递增。尤其电信业务发展迅猛，电信业务量占邮电业务总量之比逐年增加，从1949年的20:80变化为1978年的36.3:63.7，再变化为1998年的90.34:9.66，电信业务已成为山西邮电业的支柱产业。

（崔旭莲　王秀莲）

投资奠定三晋基石

建国以来，国家和地方投入了大量资金，对山西进行了大规模的建设，取得了举世瞩目的成就。由于山西具有丰富的煤炭、铁矿石、石灰岩等自然资源，50多年来全省的经济建设一直是以煤炭工业、冶金工业、建材工业、电力工业、化学工业为投资重点，形成了以能源、冶金、建材和化工为主导的超重型经济结构，原煤开采、发电以及黑色和有色冶炼等工业生产能力不断扩大，对外输送煤电的总量逐年增长，对全国的经济建设作出了无私的奉献，同时也为本省的经济发展奠定了强大的物质基础。特别是党的十一届三中全会以来，全省上下认真贯彻执行改革开放的政策，为适应全国大规模经济建设的需要，围绕能源重化工基地建设的主题，国家和地方进一步加大了煤炭和电力工业的投资力度，同时也加强了交通运输邮电等配套产业项目的建设，还加强了冶金、建材等传统工业和地方工业的发展，固定资产投资总量不断扩大，煤、电、冶金、建材、化工等基础产业的生产能力成倍增长，公路、铁路南北纵横成网，城市供水、供热、煤气、市内交通等设施有了显著改善，在太旧、原太两条高速公路建成通车之后，目前在建的高速公路项目有大同至北京、晋城至焦作、武宿至罗城、夏家营至汾阳等项目，还有一批项目已进入前期准备阶段，阳城电厂和万家寨引黄等重点工程建设正在加快建设。改革既为全省经济的起飞积蓄了力量，也为跨世纪的发展绘出了宏伟的蓝图。

投资建设的历程和总量的发展

(一)全社会固定资产投资

建国50年间，全省全社会投资累计完成3554.33亿元，用累计法计算，并以1949年为基期，平均每年增长18.9%。如果从第一个五年计划算起，以1952年为基期，从1953年至1998年累计投资3549.9亿元，平均每年增长17.6%。这50年的投资建设历程，可以划分为从1949年至1978年实行旧的经济体制的30年和从1979年至1998年的改革开放20年两个阶段。50年来山西的固定资产投资总量增长极不稳定，波动剧烈，振幅很大，经历了曲折的发展过程。

从1949年至1978年的前30年全社会固定资产投资完成268.52亿元，以1949年为基期，平均每年增长23.3%，自实行"一五"计划以来平均每年增长20.5%。在建国后，首先经历了三年恢复时期，建立了稳定的经济建设秩序,医治了战争的创伤,人心向上,百业待兴。从1950年至1952年三年完成投资4.3亿元,这一时期由于所有建设都从头开始,基数低,投资成倍增长,1952年投资是1949年的17.5倍。同全国一样,山西的大规模经济建设是从1953年实行第一个五年计划开始的,从1953年至1957年5年完成投资26.64亿元,平均每年增长33.6%。这一时期建成了不少大中型工业项目和水利设施项目,为全省工业和农业的发展打下了基础。进入第二个五年计划后的前3年,由于受大跃进和人民公社化的影响,经济建设急于求成,投资规模膨胀,投资不顾国力和省力,也不讲投资效益,造成了欲速则不达的效果。1958年全社会投资达到13.75亿元,比1957年增长74.6%,1959年和1960年投资分别为15.12亿元和16.12亿元,均比1957年翻了一番。但是从1960年以后,受3年自然灾害影响,投资开始下降,1961年、1962年投资分别回落为5.71亿元和4.38亿元,分别比上年下降64.6%和23.3%。“一五”计划时期是全省投资波动最大的时期。此后而来的是3年经济调整时期,其中重要的调整措施是压缩基本建设投资,降低积累率,这3年的年平均投资5.96亿元,只是“二五”计划时期平均投资的54%。从1966年至1975年的“三五”和“四五”计划时期,也是我国“文化大革命”的十年动乱时期。这个时期国民经济建设遭到了严重挫折,在过去的实践中形成的投资管理制度和建设程序,被作为修正主义的东西而受到批判,投资建设陷入混乱状态。这一时期的投资国家主要用于三线建设,地方建设强调大而全和小而全,山西的投资仍然用于煤炭和电力工业,同时还新建了大量的高能耗、高污染、低技术、低水平的小型工业项目,不仅造成惊人的投资浪费,而且也为以后的经济建设留下隐患。这10年共计投资111.03亿元,年均增长速度为8.5%,比“一五”和“二五”时期分别下降25.1和2.9个百分点。第5个五年计划的前3年即从1976年至1978年,3年投资104.91亿元,年平均增长6.1%,比“三、五”和“四、五”时期10年的增幅还减少2.4个百分点。这一时期投资总量增长缓慢,但是在资金来源和投资渠道上开始发生变化。1977年全省国有企业年出现了挖潜、革新、改造措施费用,数额达3.02亿元,1978年全年施工的措施工程项目1032个,完成投资额29901万元,以后逐步发展成为一个重要的投资渠道。

改革开放以来,山西的投资总量发展很快,自1979年至1998年全省全社会固定资产投资累计达到3285.81亿元,平均年增长17%,平均增长速度虽然比前30年稍有下降,但改革后的20年投资总量是改革前30年的12.2倍。1978年全省全社会当年投资只有21.49亿元,1998年达到534.69亿元,是1978年的25倍。

(二)基本建设投资

基本建设是全省固定资产投资的主要渠道,解放后50年全省累计完成基建投资1934.05亿元,在全社会投资中占54.4%。自“一五”计划以来,平均每年增长10.8%。其中中央项目投资1054.12亿元,平均年增长11%,占54.5%;地方项目累计投资879.93亿元,增长13.5%,占45.5%。在资金来源中国家预算内投资470.19亿元,自“一五”计划以来平均年增长8.3%,在全社会投资中占24.3%。

分改革开放前后两个阶段看,建国以来至1978年全省完成基建投资211.88亿元,从“一五”计划算起,平均每年增长12.1%,在全社会投资中占79%。这一时期投资的资金来源,以国家预算内资金为主,30年累计为177.04亿元,占83.6%。中央基建项目投资累计完成95.98亿元,占45%,地方项目累计投资115.9亿元,占55%。

在解放后的前30年间,全省基建投资增幅最高进度最快的是3年恢复时期和“一五”计划时期。1950年首先对原有的工厂矿山进行恢复和改建,并开始着手进行新型工厂的设计和建设项目工程的施工。3年恢复时期完成投资22399万元,平均每年投资额为7466万元,每年投资成倍增长,1952年投资是1950年的3.5倍。从1953年开始的“一五”计划时期,在国家优先发展基础工业和国防工业的建设方针指导下,开始有计划、有步骤、大规模地进行基本建设。“一五”时期国家在山西的重点工程有兴安化学材料厂、新华化工厂、江阳化工厂、晋西机器厂、汾西机器厂、大众机械厂、太原化工厂、太原化肥厂、太原制药厂、太原第一热电厂、太原第二热电厂、山西柴油机厂、大同机车厂、大同水泥厂、侯马红星机器厂、太谷利民机器厂等共16项。地方大中型新建项目有太原重型机器厂、榆次经纬纺织机械厂、太原纺织厂、太原磷肥厂等项目。这一时期还对太原钢铁厂、山西机器厂、大同电厂、大同煤矿、阳泉煤矿、晋华纺织厂、山西汾酒厂等原有的较大厂矿进行了扩改建。此外,还兴建了大量的小型项目和为工业配套的项目,取得了显著成绩。1953年至1957年共完成基建投资21.39亿元,平均每年增长44.9%,是全省增长幅度最高的时期。“二五”时期的前3年,由于受“大跃进”的影响,投资规模快速增长,1958年投资达到12.93亿元,比1957年增长76.5%,1959年和1960年投资规模继续扩大但增幅回落,分别比上年增长10.8%和7.3%,3年平均增长率为37.8%。1961年和1962年受自然灾害影响,经济发展受阻,投资急骤下降,2年投资分别比上年下降

68.9%和47.5%,1962年的基建投资只有2.51亿元,比1958年减少10.4亿元。3年调整时期年平均投资4.31亿元,总量与1960年前比有大幅度下降,但与1962年比仍有扩大,平均每年增长29.6%。“三五”时期是“文化大革命”的前5年,全省基建投资额为28.66亿元,平均年增长2.1%,“四五”时期的文革后5年,投资总量在1971年上升到12.08亿元,但以后4年徘徊在11亿元左右,5年平均每年增长6.5%。1976年“文革”结束,投资增长速度加快,至1978年3年完成基建投资39.35亿元,平均每年增长9.4%,1978年投资达到16.48亿元,全省的经济建设进入了新的发展阶段。

改革开放以后,从1979年至1998年全省完成基建投资1722.18亿元,改革后20年是改革前30年的8.1倍,平均每年增长14.1%,超过改革前30年2个百分点。基建投资在全社会投资中占48.5%,比重比前30年下降30.5个百分点。在基建投资中,国家预算内投资293.16亿元,占17%,比重比前30年下降66.6个百分点。基建中的中央项目投资958.14亿元,年均增长16.3%,比重为55.6%,比前30年升高10.6个百分点,地方项目投资764.03亿元,平均每年增长12%,比重为44.4%,比前30年降低10.6个百分点。

“六五”时期,山西被正式确立为全国的能源重化工基地,投资进入全省历史上除“一五”时期外的第二个高峰期。5年累计投资140.18亿元,平均年增长15.4%。1985年全省基建投资突破50亿元,是1981年的4.2倍。但是在“七五”计划期间,年度投资维持在50亿元左右,5年投资266.58亿元,平均年增长1.6%,这一时期物价上涨较快,扣除物价因素,实际每年下降5%左右。“八五”时期基建投资开始增长,5年完成投资592.42亿元,平均每年增长23.3%。“九五”计划的前3年,投资继续快速发展,1998年基建投资达到310.15亿元,是1990年的5.1倍。“九五”时期中央项目投资开始大量减少,地方经济实力不断增强,1998年中央项目投资和地方项目投资比重为49%和51%,地方超过中央项目2个百分点。中央项目投资下降的趋势将继续发展。在“九五”后2年以及“十五”计划内,由于全省继续加强基础设施建设,基建投资仍将占较高的比重,合理安排基建项目,加强基建投资管理,充分发挥基建投资效益,对今后的经济发展仍具有十分重要的意义。

(三)更新改造投资

更新改造投资从1998年开始作为一种独立的投资渠道进行统计。1978年当年完成更改投资2.99亿元,以后更改投资额逐年增加,从1978年至1998年全省累计完成更新改造投资672.55亿元,平均每年增长20%。1998年全省完成更改投资89.41亿元,是1978年的30倍。从更改投资的行业结构看,用于农林牧渔业投资0.57元,占0.08%,平均每年增长17.4%;用于工业投资541.22亿元,占80.5%,平均每年增长18.4%;用于建筑业投资9.75亿元,占1.4%,平均每年增长23.4%;用于水利和地质勘探业投资2.47亿元,占0.4%,平均每年增长17.4%;用于交通运输仓储业投资84.16亿元,占12.5%,平均每年增长20.6%;用于批发和零售贸易业投资4.34亿元,占0.6%,平均每年增长10.7%;用于金融保险业投资0.29亿元,占0.04%,平均每年增长3.7%;用于房地产业和社会服务业投资26.04亿元,占3.9%,平均每年增长26.7%;用于文教卫生广播电视和社会福利业投资1.24亿元,占0.2%,增长14.2%;用于科技和综合技术服务业投资0.68亿元,占0.1%,平均每年增长7.4%;用于国家机关和社会团体及其它投资0.87亿元,占0.13%,平均每年增长9.8%。在工业投资中,用于能源工业投资259.97亿元,平均每年增长17.7%,在工业技改投资中占48%。其中煤炭工业220.1亿元,平均每年增长16.8%,电力工业32.81亿元,平均每年增长26.1%;用于化工工业56.14亿元,平均每年增长16.4%,在工业技改投资中占10.4%;用于冶金工业99.6亿元,平均每年增长21.4%,在工业技改投资中占18.4%;用于建材工业29.49亿元,平均每年增长26%,在工业技改投资中占5.4%;用于机械工业37.16亿元,平均每年增长16.9%,在工业技改投资中占6.9%。更改投资按其用途分,用于增产的投资232.13亿元,在工业投资中占42.9%,平均每年增长20.5%;用于节约能源和其它节约的投资23.83亿元,占4.4%,平均每年增长31.5%;用于增加品种的投资66.26亿元,占12.2%,平均每年增长24.1%;用于提高产品质量的投资30.54亿元,占5.6%,平均每年增长20.2%;用于“三废”治理的投资12.29亿元,占2.3%,平均每年增长15.7%。

投资主体的变化和行业结构的特点

(一)投资主体结构的变化

在改革前实行高度集中的计划经济体制,投资主体主要是中央和地方政府,投资所有制结构中,国有单位投资比重过高。从1949年至1978年国有单位投资为214.9亿元,从1953年“一五”计划以来,平均每年增长12.1%,在全社会投资中占80%;集体所有制单位投资22.2亿元,自1959年至1978年20年平均每年增长2.6%,在全社会投资中占8.3%;城乡居民建住宅和购置生产资料等个体投资31.45亿元,平均每年增长4.6%,在全社会投资中占11.7%。

万家寨水利枢纽工程

自改革开放以来,全省固定资产投资体制发生了重大变化,过去那种以国家为投资主体的高度集中的投资计划管理体制模式逐步被打破,并逐步演变为由国家、集体、私营、个体和其它所有制经济成分多元化投资主体的新格局。从总的趋势看,山西的投资主体结构与全国比,由于改革滞后,市场化程度较低,国有投资仍占较大的比重。但是随着经济体制向市场经济的过渡,国家直接投资的范围逐步缩小,比重不断下降,而集体特别是农村集体、私营、个体和其它经济成分的投资范围不断扩大,比重在逐步上升。从1979年至1998年全省国有单位投资累计完成2472.67亿元,平均每年增长15.5%,在全省全社会投资中占75.2%。城乡集体投资累计完成279.58亿元,平均每年增长21.7%,在全省全社会投资中占9.2%。城乡个体投资累计完成377.24亿元,平均每年增长23%,在全省全社会投资中占11.5%。联营、股份制、外商和港澳台商独资合资和合作经营等其它所有制经济成分投资从1993年开始统计,至1998年累计投资156.32亿元,平均每年增长67.6%,在全省改革后20年全社会投资中占3.6%,在近5年的投资中占7.4%。

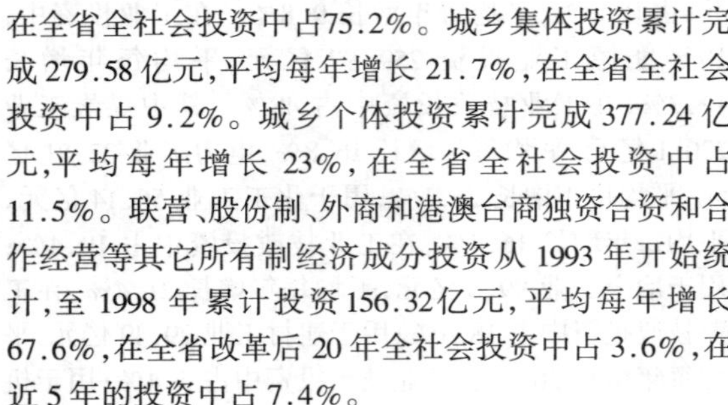

(二)行业结构的特点

山西省从建国以来的固定资产投资绝大部分用于煤炭、电力、冶金、化工、建材等能源和原材料工业的建设。改革开放以后,为了缓解全国对能源需求紧张的矛盾,国家进一步加大了对山西能源基地的建设,煤炭和电力工业投资长足发展,冶金、化工等原材料工业投资增长也很快,而在同期基础建设和农业、轻工业建设相对落后,运输能力紧张的矛盾十分突出,形成了能源畸形发展的经济结构。又因为能源产品价格主要由计划控制,能源投资的效益很低,所以长期的能源投资并未转化为经济优势。为了缓解这些矛盾,近年来在继续加强能源和原材料工业的基础上,又加大了交通邮电等基础设施建设力度,同时也重视了农业和轻工业的建设。

从1949年至1998年全省累计完成的基本建设投资中,50年共用于工业投资1096.99亿元,平均每年增长15.9%,占全部基建投资的56.7%。其中用于煤炭工业投资374.04亿元,平均每年增长13.1%,用于电力工业投资343.86亿元,平均每年增长16.5%;用于冶金工业投资144.73亿元,平均每年增长10.5%;用于化学工业投资58.24亿元,平均每年增长11.5%;用于建材工业的投资31.66亿元,平均每年增长16.1%;在全部基建投资中,用于轻工业的投资44.4亿元,占2.3%;重工业投资1052.59亿元,占54.4%;用于交通邮电业投资419.36亿元,平均每年增长12.1%,占21.7%;用于农林牧渔水利行业的投资104.9亿元,平均每年增长12.7%,占5.4%。

从改革前后两个时期分别看全社会投资的构成:能源工业投资,前30年为49.54亿元,自"一五"计划以来(下同)平均每年增长14.9%,后20年为963.5亿元,平均每年增长16.6%。其中煤炭工业投资前30年为26.96亿元,平均每年增长11.8%。后20年为562.2亿元,平均每年增长16%;电力工业投资前30年为18.61亿元,平均每年增长17.3%。后20年为359.9亿元,平均每年增长17.6%;冶金工业投资,前30年为28.65亿元,平均每年增长11.7%,后20年为210.9亿元,平均每年增长14.3%;化学工业投资,前30年为18.25亿元,平均每年增长17.6%,后20年为91.5亿元,平均每年增长10%;建材工业投资,前30年为3.89亿元,平均每年增长15.2%,后20年为67.8亿元,平均每年增长20.5%;交通运输邮电业投资,前30年为26.07亿元,平均每年增长11.2%,后20年为605.3亿元,平均每年增长20%;农林牧渔水利业投资,前30年为16.05亿元,平均每年增长24.6%,后20年为166.87亿元,平均每年增长31.6%。农林牧渔和水利业投资增长速度虽然较高,但绝对额少,所占比重低。历史上长期形成的过分依赖以能源为主的重工业经济结构不合理的状况,仍然是"九五"期间山西经济发展的严重障碍,结构调整的任务非常艰巨。

主要建设成果和投资效益

(一)投资成果

1.新增固定资产。新增固定资产是投资的直接成果。从1949年至1998年经过50年的投资建设,全省全社会新增固定资产累计2650亿元。其中国有单位50年累计新增固定资产1890.28亿元,占71.3%;集体单位50年累计新增固定资产278.47亿元,占10.5%;城乡个体投资新增固定资产408.68亿元,占15.4%;其它所有制经济成分从1993年以来至1998年累计新增固定资产72.59亿元,占2.7%。

从改革前后两个阶段看,从1949年至1978年累计新增固定资产194.98亿元,其中国有单位新增固定资产141.36亿元,占72.5%;集体单位新增固定资产22.17亿元,占11.4%;城乡个体经济投资新增固定资产31.45亿元,占16.1%。改革开放以后,从1979年至1998年累计新增固定资产2455.04亿元,改革后20年是改革前30年的12.6倍。改革后20年国有单位新增固定资产1748.93亿元,是改革前30年的12.4倍,占71.2%,比改革前下降1.3个百分点。集体单位新增固定资产256.3亿元,是改革前30年的11.6倍,占10.4%,比改革前下降1个百分点。城乡个体经济新增固定资产377.23亿元,是改革前的12倍,占15.4%,比改革前下降0.7个百分点。

2.房屋建筑面积。改革开放前房屋建设主要通过基建计划安排。从1949年至1978年全省通过基本建设累计竣工房屋建筑面积4965.83万平方米,平均每年竣工165.53万平方米,其中累计竣工的住宅面积1733.94万平方米,平均每年竣工57.8万平方米。改革开放以后,房屋建设投资渠道拓宽,除基建外,更新改造及其它投资渠道也安排房屋建设。从1979年至1998年全省全社会累计竣工的房屋面积共计37370.8万平方米,平均每年竣工2198万平方米。累计竣工的住宅面积27150万平方米,平均每年竣工1597万平方米。在全社会竣工的房屋面积中,通过基本建设竣工的房屋面积7985.15万平方米,是改革前的1.6倍,基建竣工的住宅面积4176.56万平方米,是改革前30年的2.4倍。

3.主要行业生产能力。建国50年来,全省通过基本建设累计新增煤炭开采能力15000.56万吨,其中从1949年至1978年累计新增4415.96万吨,从1979年至1998年累计新增10584.6万吨,是改革前30年的2.4倍;50年累计新增洗煤能力5398万吨,其中前30年为575万吨,后20年为4823万吨,是前30年的8.4倍;50年累计新增炼焦能力442.6万吨,其中前30年为211万吨,后20年为231.6万吨,比前30年增长10%;50年累计新增发电机组容量1019.28万千瓦,其中前30年为209.08万千瓦,后20年为810.2万千瓦,是前30年的3.9倍;50年累计新增铁矿开采1179.42万吨,其中前30年为587.42万吨,后20年为592万吨,与前30年持平;50年累计新增炼铁301.86万吨,其中前30年237.86万吨,后20年64万吨,是前30年的27%;50年新增炼钢能力242.78万吨,其中前30年193.78万吨,后20年为49万吨,是前30年的25.3%;50年新增新建铁路交付里程1458.85公里,其中前30年835.3公里,后20年623.55公里,是前30年的75%;50年新建公路12664公里,其中前30年8785公里,后20年3879公里,是前30年的44%;50年新建高等学校学生席位105475个,其中前30年30461个,后20年75014个,是前30年的1.5倍;50年新建中等学校学生席位114.67万个,其中前30年50.84万个,后20年63.83万个,比前30年增长25.6%;50年新增医院床位4万张,其中前30年9644张,后20年30357张,是前30年的3.1倍;改革开放后新增城市煤气142.26万立方米/日。

(二)投资效益

固定资产投资效益是投资领域的核心问题。投资效益有宏观与微观之分,这里仅观察宏观投资效益,并分别用固定资产交付使用率、投资率和投资效果系数、建设周期等指标来说明。

1.固定资产交付使用率。从1949年至1998年全省固定资产交付使用率为74.6%,其中前30年为72.6%,后20年为74.7%。从各类经济成分看,国有单位固定资产交付使用率50年平均为70.3%,其中前30年为65.8%,后20年为70.7%;集体单位固定资产交付使用率50年平均为92.3%,其中前30年为100%,后20年为91.7%;联营、股份、外商等其它经济成分为46.4%;个体经济由于多数是当年建设当年投产的项目,交付使用率为100%。

改革开放以后,由于建设项目的平均建设规模扩大,筹措建设资金的困难加大,建设进度减缓,所以,固定资产交付使用率呈现出波动性下降局面。1980年全省全社会固定资产交付使用率为82.4%。“六五”时期全省新增固定资产200.35亿元,交付使用率为75.5%。“七五”时期全省新增固定资产428.06亿元,是“六五”时期的2.14倍,交付使用率上升为78.9%。在“八五”时期,由于新开工的大项目较多,建设总规模扩大,但是受建设资金短缺的限制,投资进度较慢,建设周期拉长,固定资产形成缓慢,交付使用率也随之下降,为71.9%,比“七五”时期下降了7个百分点。固定资产交付使用率低主要体现在国有和集体投资方面。在“八五”期间,全省国有单位完成投资902亿元,累计新增固定资产594.2亿元,交付使用率为65.9%,比“七五”时期下降6.5个百分点。城乡集体单位累计投资102.75亿元,累计新增固定资产92.74亿元,交付使用率为90.2%,比“七五”时期下降4个百分点。1995年情况有所好转,全省全社会新增固定资产227.09亿元,交付使用率为76.8%,比1994年提高了7.8个百分点。其中国有单位新增固定资产158.9亿元,交付使用率为70.3%,比1994年提高了6.9个百分点。集体单位新增固定资产42.3亿元,交付使用率为94.7%,比1994年提高了1.1个百分点。1998年全省固定资产交付使用率为71.8%,比1980年下降10.3个百分点。下降的原因是由于基础设施建设占的比重高,大型项目较多,建设周期进一步拉长,固定资产交付使用率随之降低。

从计划管理渠道看,从1949年至1998年全省基本建设固定资产交付使用率为66.4%,其中前30年为66.7%,后20年为66.4%。“八五”时期全省基本建设累计完成投资592.42亿元,累计新增固定资产377.71亿元,交付使用率为64%,比“七五”时期下降了7.2个百分点,比全国同期平均水平低11.42个百分点。这反映了基本建设规模偏大,建设周期较长,影响了全省固定资产投资交付使用率的总体水平下降。更新改造投资在“八五”期间累计完成244亿元,累计新增固定资产181.8亿元,交付使用率为74.5%,比“七五”时期下降了1.2个百分点,比全国同期平均水平低0.86个百分点。1998年基建固定资产交付使用率为63.4%,比1980年减少16.9个百分点。更新改造投资1998年固定资产交付使用率为75.2%,比1980年增加4.3个百分点。

2.投资率。投资率是一定时期固定资产投资与本期国内生产总值之比。改革前30年我省投资率从1953年算起平均为21.5%,改革后20年平均为30.6%。改革后比改革前提高9.1个百分点。在“七五”时期,全省用可比价计算的固定资产投资率为39.5%。“八五”时期由于国内生产总值增长幅度大大高于投资增长速度,所以投资率有较大幅度下降,用可比价格同口径计算的投资率为31.2%,比“七五”时期降低了8.3个百分点。1995年是全省投资率最低的年份,为27.1%,同1986年投资率最高年份比,落差21.4个百分点。1998年全省投资率为28.9%,比1995年提高1.8个百分点。

投资率下降的原因是由于国内生产总值增长较快,而实际投资增长速度相对缓慢引起的。用可比价格计算,在“八五”时期,全省实际固定资产投资平均每年增长7.5%,而用可比价格计算的国内生产总值平均每年增长9.6%,超过投资增长幅度2.1个百分点。与全国比,在“六五”时期,山西的投资率高出全国平均水平6.8个百分点,“七五”时期仍高出4.4个百分点,“八五”时期跌到了全国平均水平线下,差1.7个百分点。1985年山西投资率最高为41.9%,高出全国平均水平12.2个百分点,以后一直到1993年前山西的投资率都高于全国平均水平,1993年低于全国0.45个百分点,1995年低于全国6.5个百分点,1998年低于全国6.9个百分点。

3.投资效果系数。固定资产投资效果系数是报告期新增国内生产总值与同期固定资产投资额的比率。它反映单位固定资产投资额所增加的国内生产总值的数量。由于新增的国内生产总值不一定完全是固定资产投资的结果,还要受其它因素的影响,这种方法是假定其它因素不变而考察固定资产投资对经济增长的作用,只能近似地反映固定资产投资效果的变化趋势。近年来山西的投资效果系数呈上升趋势。“八五”时期全省固定资产投资效果系数为0.298,即每投入100元投资,可年增加29.8元国内生产总值。与“七五”时期比,每百元投资增加的国内生产总值提高了15.7元,增长了1倍多。投资效果系数的上升与投资率的下降呈现出相反的趋势。“九五”计划前3年即1996年至1998年全省投资效果系数有大幅度提高,为0.40,每百元投资增加的国内生产总值超过“八五”时期10元。

用相同口径计算与全国平均水平比,山西的投资效果系数在“七五”时期,每百元投资少产出8.4元,在“八五”时期,每百元投资少产出4元,差距在不断缩小。“九五”前三年超过全国平均产出12元。

4.建设周期。在“八五”时期,山西省由于加强了基础建设力度,投资额大的项目增加较多,而本省建设资金有限,投资进度较慢,多数建设项目的建设工期延长,由此造成了全省投资建设周期的延长。1995年全省基本建设项目有1859个,计划总投资达到835.78亿元,按当年完成投资计算的建设周期为5年7个月,比全国的建设周期多19个月。更新改造项目1621个,计划总投资203.49亿元,以当年投资计算的建设周期为3年2个月,比全国的平均建设周期多10个月。1998年全省施工的基建项目2354个,计划总投资1250.67亿元,建设周期为4年,比1995年缩短1年7个月。在建的更改项目1457个,计划总投资301.39亿元,建设周期为3年4个月,比1995年延长2个月。

据对“八五”时期的大中型项目和重点工程项目统计,平均建设工期竟达10年左右。从已投产的项目看,煤炭工业投产的6个单项工程,平均建设工期为65个月,电力工业投产的5个项目,平均建设工期为44个月,建材工业项目2个,平均建设工期为32个月,有色冶金项目即山西铝厂年产100万吨氧化铝建设工期为7年1个月,黑色冶金项目即太钢热连轧年产135吨钢卷板,建设工期为3年5个月。

地方铁路建设项目工期较长,已建成的神河铁路32.7公里,工期为5年,孝柳铁路116公里,建设了7年4个月。建设工期最短最好的项目是公路建设,已投产的4条重点公路,全长292.5公里,平均建设工期为21个月。尤其是太旧高速公路,从开工到全部通车仅用了2年多时间,比计划工期提前一年。

当前存在的问题和今后的建设任务

在山西的经济建设中,也存在着一些困难和问题,由于能源和原材料产品过去长期受计划控制较严,价格偏低,多年来经营方式粗放,投资效益低下,资源优势长期未能转化为经济优势。在全国经济市场化程度不断提高的新形势下,山西经济建设的资金严重缺乏,投资规模相对萎缩,结构调整困难重重,严重制约着全省经济的发展。在"八五"时期,省委、省政府从本省实际出发,确立了以农业、基础工业、基础设施为重点的建设方针,加大了煤、电、水、路等基础产业的建设力度,"九五"期间全力以赴加大基础设施建设,努力改善投资环境,着力调整经济结构,情况有所好转,全省的经济建设正在稳步、健康地发展。

(一)自我发展能力差,建设资金严重短缺

山西矿产资源丰富,煤炭保有储量占全国保有储量的26.2%,铁矿石保有储量占全国的7.1%。自建国后一直到改革开放以来,固定资产投资大量集中在煤炭、电力、冶金、化工等能源和原材料工业方面,加工工业投资极少,底子薄弱。能源和原材料产品价格长期受计划束缚,处于偏低价位,近年来计划控制虽有放松,但能源和原材料工业产品供求矛盾已经缓解,部分产品出现供大于求的形势,维持生产都面临着困难,尤其是煤炭企业生产效益很差,亏损面在扩大。全国改革开放后几次经济过热现象都发生在加工工业方面,加工工业品的价格一涨再涨,获利较丰,而能源产品仍实行计划控制价格,企业微利生产或亏损生产。山西的日用工业消费品自给率很低,大部分靠省外购进,这样形成双向损失的趋势:一方面山西的能源产品廉价地长期地源源不断地调出省外,另一方面又不断地从省外购进大量的工业加工产品和必要的生产设备等其它工业品。近年来外省企业大量地拖欠煤炭款又给山西经济雪上加霜。据初步测算,从"六五"到"八五"期间,山西煤炭因成本高而销价低,差价损失至少有300多亿元,外省拖欠山西的煤款近年来已达60多亿元。由于山西的体制改革滞后,计划经济影响较深,国有企业效益低下,本省自我发展能力弱,可用于建设的财力有限,建设资金十分短缺。90年代以后,山西加大了基础建设和结构调整力度,确立了以煤、电、水、路为重点的建设方针,新开工了不少较大的项目,但是由于缺乏建设资金,许多项目处于等"米"下锅的窘境,重点建设、基础建设、科技教育、企业技改等都需要投资,而资金供给却很有限,投资共需矛盾非常突出,已成为影响经济建设的主要障碍。

(二)国有投资比重偏高,其它成份投资较少

从目前山西投资主体结构与全国比较,一个鲜明的特点是国有投资比重太高,集体和其它所有制经济投资比重偏低。1995年山西国有投资在全社会投资中占76.5%,高出全国平均比重22.1个百分点。与其它省市比,江苏国有投资占33%,浙江占29.7%,广东占47.8%,山东占45.8%,河北占45.2%,河南占55.9%,山西国有投资比重在全国属于最高的省份,比邻省区内蒙还高出0.5个百分点。相反,集体投资规模和速度都远远落后于其它省市。1995年山西的集体投资在全社会投资中占9.4%,比全国的平均水平少7个百分点。与其它省市比,江苏集体投资在全社会投资中占35.1%,浙江占29.7%,广东占16.2%,河北占28.2%,河南占12.2%,山西集体投资比重在全国属于最低的省份。山西的个体投资1995年在全社会占9.8%,比全国的平均比重低3个百分点。联营、股份等其它经济投资在全社会投资的比重比全国的平均比重低12.1个百分点。

(三)投资结构畸重,调整任务艰巨

山西固定资产投资长期集中用于能源和原材料工业方面,而农业和轻工业的投资总量少,比重在逐步下降。全省国有单位投资按农、轻、重划分,1981年的比重为1:2.9:19.3,重工业投资是农业投资的19倍,是轻工业投资的6.7倍,而同期全国重工业投资仅是农业投资的7.8倍,是轻工业投资的3倍。1990年山西国有投资农、轻、重的比重为1:3.9:84.4,重工业投资是农业投资的84倍,是轻工业投资的22倍。同期全国重工业投资是农业投资的18倍,是轻工业投资的4.3倍。1995年山西投资农、轻、重之比为1:9.9:164,重工业投资是农业投资的164倍,是轻工业投资的16.5倍,同期全国重工业投资是农业投资的61倍,是轻工业投资的5.8倍。投资畸形发展,必然造成产业结构畸形,历史上长期形成的产业结构不合理的状况,是山西今后经济发展的严重障碍,结构调整的任务异常艰巨。

(四)对外开放程度低,引进外部投资少

山西的利用外资数额小,起步晚,处于落后位置。

在80年代以前,山西的利用外资极少,1990年的利用外资投资只有2亿元(折人民币,下同),在“八五”时期对外开放步伐加快,利用外资5年累计达到39.24亿元,平均年增长40.4%,但这是由于基数低而形成的高增长,并且还比全国的平均增长幅度低11.3个百分点。从绝对额来看,仅占全国利用外资投资总额的0.68%。1995年山西基本建设投资中的利用外资只有10.5亿元,在全国排第23位,比河北少28.9亿元,比河南少48.6亿元,比内蒙少2.7亿元。1995年全国基建投资中利用外资最多的是广东省为203.8亿元,其次是上海和山东分别为66.42亿元和63.08亿元。相比之下,山西的利用外资投资太少,这也是其经济发展缓慢的一个重要原因。

(五)技改投资总量不足,缺乏新的经济增长点

山西的国有企业70年代以前建立的较多,设备陈旧、技术老化的问题严重,新的科技含量很低,必须加大技术改造投资力度。但是,多年来全省技术改造和设备更新投资、起点低、规模小、速度慢,难以适应经济发展的需要。1978年只有2.99亿元,在全国占1.8%,以后随着经济的发展,更改投资也在不断增加,1985年更改投资达到14.41亿元,在全国的比重升高到3.2%,1990年更改投资达到25.05亿元,但增长幅度下降,在全国的比重下降为3%。在“八五”时期,更改投资总体上呈上升趋势,平均每年增长23.1%,但是与全国比,仍然处于落后位置,增幅差全国平均水平11个百分点。1994年山西的更改投资在全国仅占2%,在30个省、市、区中排第20位。1995年和1996年山西的技改投资有了新的突破,全年完成投资额分别为65.2亿元和81.52亿元,比上年增长速度分别为10.9%和25%。1996年超过了全国的平均增长幅度,尤其是地方更改投资增势较猛,突破了50亿元大关,比上年增长35.8%。1997年和1998年山西的技改投资遇到了资金紧张的困难,增长幅度大幅下降,分别比上年增长7.4%和2.1%。

山西的更改投资从总量上看,是逐年增加的,但是从经济结构调整的需求角度看,还相差甚远。“六五”时期山西的更改投资在国有投资中占23.9%,比全国的平均比重低4个百分点。“七五”和“八五”时期的比重为28%和27.1%,比全国的平均比重分别低1.8个百分点。从更改投资占全社会投资的比重以及与基建投资构成看,更改投资相对不足。1998年更改投资占全社会投资的比重为16.7%,比1977年的22%,下降5.3个百分点,比1981年的23%降低6.3个百分点,长期以来更改投资在全社会的比重一直在20%左右徘徊。1981年更改投资与基建投资之比为48.8%,1998年为28.3%,下降20多个百分点。在更改投资中还存在着投资结构不合理的现象。1998年的更改投资中,新建和扩建项目的投资占50%以上,比重偏高。土建工程占30%以上,远远高于国家要求控制在20%的界线。在更改投资中仍然以能源、原材料工业投资为主,与基建投资结构有趋同倾向。更改投资是提高企业科技含量和技术质量的重要措施,对调整经济结构有重要作用,“九五”时期我省经济结构调整任务十分艰巨,更改投资应大量增加。

山西经济今后的发展,既有长期能源基地建设的基础,又有许多发展中的困难和问题。省委和省政府从本省实际出发,制定了今后15年全省经济发展分三步走的战略目标,到2010年要使全省主要经济指标达到或接近全国先进水平。要使这一战略目标变为现实,能否保持一定的固定资产投资规模,加大经济结构调整的力度,是关键性的因素。在“九五”时期以至更长的时间,山西的经济建设要尽快实现以下4个方面的转变:

一是深化投资体制改革,在投资管理方式上实现由计划管理向由以市场导向和政府宏观相结合的管理机制转变。要建立科学的投资决策体系和投资风险约束机制。要正确划分政府投资和企业投资的范围,政府一般只负责非盈利或微利等公益性建设项目以及影响国计民生的重大生产经营性项目,一般生产经营性项目应由企业和其它独立法人组织或个人自行决定,风险自负,政府应简化审批手续。政府和国有企业的投资要坚持谁投资谁决策谁受益谁承担风险的原则,实现责权利的统一,推行项目法人责任制、招投标制度,把市场机制引入投资领域。

二是优化投资结构,提高投资效益,在生产建设方式上实现由粗放式经营管理和单一的基础产业结构向走集约化道路综合协调发展的产业结构转变。当前的关键是要深化国有企业体制改革,提高本省企业产品的市场竞争能力,努力开拓全省经济财力的来源。要积极支持和扶持国有企业进行技术改造和设备更新,增加科技开发利用方面的投资,提高产品质量,提高经济效益,多创名牌产品,提高本省产品的自给率、外销率和出口创汇率,从根本上壮大全省的经济实力。

三是通过改组、改革、改造等方式,加快国有企业现代化建设步伐,同时还要大力发展乡镇企业,在国家政策允许的范围内鼓励私人投资,在投资主体上实现由过去主要靠中央和地方政府投资的格局向由政府、企业个人以及联营、股份等多种形式和多元化投资主体的转变。要大力支持和扶持非国有经济的发展,不断培植新的经济增长点。尤其是要加快村办和乡办工业的发展,农村集体和个体的固定资产投资在

全社会的比重，应由目前的12%逐步提高到30%左右。

四是多方开拓筹资渠道，在资金来源上由主要依靠政府向依靠全社会资本营运转变。要扩大对外交流，多方开辟利用外资的渠道，争取更多的协作和合作项目，促进全省经济的发展。在当前存在建设规模偏大而投资进度缓慢的情况，要在严格控制建设总规模的同时，千方百计地寻求资金来源，精心组织施工力量，合理安排并保证重点建设项目的资金到位，加快年度投资进度，力争使现有的建设项目按计划工期竣工投产或提前竣工投产，尽快发挥其工程效益。

在未来的经济建设中，山西既有机遇，又有诸多困难，既有有利条件，又有不利因素，只要全省人民在省委和省政府的领导下，高举改革开放和艰苦奋斗两面旗帜，科学安排，勇于探索，加大投入，发展科技，紧密团结，充满信心，经济实力就会不断增强，既定的战略目标一定能够实现。

（王义君）

建筑行业快速发展

建国50年来，山西建筑业从分散的无组织状态，逐步发展成为一个独立的物质生产部门。特别是改革开放以来，逐步向支柱产业迈进，目前已基本具备了支柱产业的主要条件。近年来，平均年职工人数达到45万人左右。1998年全省建筑业资质等级四级及以上的企业(以下同)完成建筑业总产值217.8亿元，创增加值42亿元。50年累计完成总产值1392亿元，增加值388.2亿元；实现利税54.7亿元，完成了13.7万个单位工程的施工任务，为国家和山西的经济建设和提高人民的物质文化、生活水平做出了重大贡献。

一、建筑业从组建到初具规模不断发展壮大

（一）从建国初期的组建到“一五”时期的发展，以国有为主体的建筑队伍逐步形成

建国初期，山西省的建筑业基础十分薄弱，施工队伍主要是由接管的伪太原绥晋公署工程处和私人营造厂商及分散的个体泥、木手工业者构成，没有成为一个独立的产业部门。当时人数不足1万人，仅占社会从业人员的3%左右，主要以手工操作为主，适应不了建设任务的需要。为认真贯彻国民经济恢复时期的总路线，山西省委、省政府在恢复经济的同时，迅速开展基本建设工作，进而推动了建筑业的发展。1950年组建了山西工矿建设公司、太原建设公司等企业。为了弥补施工力量的不足，国家还鼓励私人组建施工队伍，部分企事业单位也开始组建自营施工队伍，招收建筑工人承建本单位的施工任务。1952年山西省人民政府作出《发展国营建筑队伍的决定》，改组并组建了山西省建筑工程局，标志着山西建筑业开始纳入了计划管理和行业管理的轨道。随后在大同、阳泉也相继成立了建筑工程局。为适应经济建设的需要，国家又从全国各地调入山西一批施工企业，国有建筑业进一步扩大，成为山西建筑业的主力军。1952年底，全省建筑业职工人数达到3万人。恢复时期我省建筑业新建、改建、恢复了近百个工矿企业和大部分城市的公路、铁路、桥梁、水电等基础设施，竣工房屋面积231.4万平方米。

“一五”时期(1953—1957年)全国开始了大规模的、有计划的经济建设。山西作为我国的重工业基地，基本建设任务急剧增加，大大促进了建筑业的发展。山西省机械施工公司和大同矿务局机械施工处的成立，标志着山西建筑业机械化施工的开端。许多施工企业也相继增置了挖掘、运载、起重、吊装等施工机械，使全省施工力量进一步加强，劳动生产率大大提高。1957年全省建筑业企业发展到50多个，职工人数达到15.1万人，这一时期建筑业完成施工产值10.6亿元，承担了国家156项重点工程在山西11个项目的施工，山西的建筑业在全国开始享有较高的声誉，以国有为主体的建筑业格局初步形成。

（二）“二五”时期以后到改革开放前，建筑业不断发展壮大成为独立的产业部门

“二五”时期和三年调整时期(1958—1965年)，山西建筑业有起有落，曲折发展。大跃进时期基本建设规模急剧扩大，建筑业又进入一个高速发展阶段，建筑业施工队伍达到了36.7万人，主要施工机械达近20种1546台；机械设备总功率达7.1万千瓦，使建筑业机械化施工水平进一步提高。

1960年国民经济出现暂时困难，基本建设项目大规模压缩，大批工程下马，建筑业生产萎缩，1962年施工队伍减少到9.3万人。

1963年党的八届三中全会制定了“调整、巩固、充实、提高”的八字方针，全省人民经过三年的奋发图强，迎来了国民经济的全面好转，基本建设投资开始回升，建筑业又得到了发展。1965年施工企业发展到143个，施工队伍达到了12.2万人。8年完成施工产值28.6亿元，又完成了一批企业的新、改、扩建施工任务，为国防建设和重工业基地的建设作出了重大贡献。

“文化大革命”10年动乱时期，山西建筑业的生产受到了严重的干扰和破坏，正常的生产秩序被打乱，合理的规章制度被废除，施工企业停工停产，劳动生产率严重下降，施工队伍虽比10年前略有增长，但施工项目的投产率和竣工率均出现了下滑。

二、建筑业在改革开放中支柱产业地位基本形成

(一)体制改革不断深化，管理水平逐步提高

改革开放以来，山西建筑业在城市经济体制改革中率先实行了全行业的改革。改革初期，国务院颁发了《关于改革建筑业和基本建设管理体制的暂行规定》，建设部制定了《建筑业改革大纲》和《发展建筑业纲要》，山西省人民政府也发出了《关于我省建筑业改革的通知》等一系列有关改革的文件，推动了山西建筑业改革的顺利发展。首先是简政放权，扩大企业自主权，恢复了法定利润和利润留成，推行了以投标招标为主的多种形式的经济承包责任制，改变了以行政手段分配施工任务的传统作法，把竞争机制引入了施工领域。随着改革的不断深化，招标投标责任制推行面不断扩大，从最初占各种经济承包责任制的8.9%扩大到1998年的53%，招投标责任制的推行，促进了企业改善经营管理，提高了工程质量，降低了生产成本，缩短了建设工期。同时在建筑业企业内部普遍形成了以包定奖为主要内容的严格考核、奖惩分明的岗位经济责任制，搞活了奖金分配，调动了广大职工的积极性。

在分配制度上实行了以“百元产值工资含量包干”为主的改革，改变了按人头核定企业工资总额的办法，结束了企业吃国家大锅饭、个人吃企业大锅饭的局面，发挥了工资分配的经济杠杆作用。分配制度的改革，大大提高了建筑企业职工的生产积极性，在发展生产的基础上提高了职工的工资收入。

为了适应市场经济的需要，建筑业对用工制度也进行了改革，实行了固定工、合同工和临时工相结合的用工制度，形成了具有弹性结构的建筑队伍。随着社会主义市场经济的发展，建筑市场逐步的开放扩大，建筑业的改革也不断向纵深发展。以承包责任制为核心的经营管理体制的改革又取得了新的成就，百元产值工资含量包干发展成为以质量为龙头的工资含量与质量、安全、工期挂钩浮动的工资制度。大中型企业不断引进国外先进的管理手段，实行了目标管理、系统管理、网络技术等先进的管理手段，推行了经理责任制、项目法施工等，同时，狠抓了企业内部的劳动定额、工资、材料的管理，使企业内部的管理提高到一个新的水平。随着市场经济的发展，全省建筑业的行业管理和建筑业的立法工作也取得了显著的成效。山西省人民政府针对建筑市场开放后出现的问题，及时制定了《建筑工程招标投标暂行实施细则》、《山西省整顿建筑市场若干规定》等几个地方法规，并在全省范围内查处了一批建设领域内的违法违纪案件，在治理整顿的基础上制定了《建筑市场管理办法》、《建筑工程违章违纪查处意见》，使山西的建筑业开始走上了规范化的发展轨道，维护了建筑市场的正常秩序，巩固了建筑业改革已取得的成果。为搞活大中型企业，山西省建委制定了《山西省建筑业贯彻执行省委、省政府〈关于进一步搞活大中型企业的若干措施〉的实施意见》。就改善大中型国有企业的市场环境和资金环境，促进企业的技术进步，增强企业的发展后劲等问题提出了22条政策性的措施，为了解决大中型企业离退休职工越来越多负担过重的问题，山西省人民政府转发了山西省建委《关于全省建筑业劳动保险费用的统筹管理意见》，要求对劳动保险费用实施统筹管理，解决国有企业负担过重的问题。为解决建设领域内的经济纠纷，清理拖欠工程款，在太原成立了全国第一家基本建设法庭。国有大中型企业转换经营机制和实行现代企业制度的试点有了新的发展。特别是大中型企业内部，普遍建立健全了企业内部的管理制度、工法制度等管理办法、工程质量管理制度、工资总额管理办法等一系列配套改革措施。促进了经营管理机制的转换，增强了企业的活力。1994年9月山西省人大正式通过了《山西省建筑工程管理条例》。1995年山西省人民政府又发布了《山西省建筑工程招标投标管理办法》，为培育和发展山西的建筑市场，促进建筑业的发展起到了保障作用。使全省建筑业的立法工作走在了全国的前列。

1998年3月1日我国第一部《建筑法》颁布实施，这是我国建筑业发展史上一个新的里程碑，从此将建筑业的发展正式纳入了依法管理的轨道。建设部同时颁布了《建筑技术政策》，提出了本世纪末建筑业发

展的任务、目标,对建筑业的发展从政策上给予支持。目前全省11个地市都成立了有形建筑市场,并组建了建筑市场执法监察队伍,有形建筑市场的建立,为建筑企业的公开、公平、公正交易提供了场所,大大提高了建设工程项目的报建率和招投标率。

(二)建筑队伍日益壮大,整体实力明显增强

改革开放以来,随着山西经济建设步伐的加快,全省的建筑队伍不断发展壮大,形成了以国有经济为主,多种经济成份并存的格局。1998年全省建筑业资质等级四级以上的,常年施工的建筑企业达到942个,建筑业的从业人数达到43.7万人,比1978年增长1.7倍,占到全社会从业人员的10%。目前全省的建筑业队伍已形成一支以土木建筑工程为主、专业门类齐全的建筑产业大军。国有大型企业正在向集勘察设计、建筑安装、机械化施工为一体的综合性的工程总承包公司发展。省建四公司、铁17局等大型一级企业获得了ISO质量认证、取得了进军国际建筑市场竞争的通行证。铁三局、省建总公司、电建总公司、阳泉矿务局工程处等15家大型一级企业进入了全国建筑业企业500强之列。20年来山西建筑队伍遍布祖国大江南北,1998年山西筑路大军经过太旧高速公路的洗礼,

兴建中的邮政大楼　　王天明　摄

南下广东、广西、江西施工。部分施工企业打出国门,参加了对俄罗斯、伊拉克等十几个国家的经济援助项目的建设和单独承包工程。优良的工程,得到了受援国的好评。与此同时,山西建筑队伍的综合素质也不断得到提高,建筑业的经济实力逐步增强,技术物质基础有了明显的改善。1998年,全省建筑业拥有固定资产净值70亿元,拥有各种机械设备近10万台,总功率达到212.3万千瓦,机械设备净值达25.3亿元,分别是1978年的5倍和3.6倍。建筑业的技术装备率达6749元/人,动力装备率达6千瓦/人,分别是1978年的2.3倍和1.9倍。建筑业技术装备的加强,促进了建筑业施工机械化,工程质量、劳动生产率大幅度提高。1998年按总产值计算的全员劳动生产率达49824元/人,比1978年提高了18.6倍,工程质量优良品率1998年达44.4%,处于全国先进水平。20年来全省建筑业在科技兴业的道路上也迈出了新的步伐,建筑业也逐步从劳动密集型向技术密集型迈进,从产值产量型向质量效益型转化。2千多项新技术、新工艺、新材料被广泛推广和应用。建筑业的科技队伍也在不断壮大,1998年全省建筑业拥有工程技术人员3万人,工程技术人员的比重占职工人数的比重达8%。大中型企业普遍建立了科研机构,开展了科研活动。20年来,全省建筑业获奖成果200多项,其中近百项获国家、省、部级奖,数十项达到国际先进水平。科研活动的开展,在重点工程的建设中发挥了重大作用。

(三)生产规模高速发展,经济效益逐年提高

改革开放的20年,是山西建筑业发展的最快时期。20年累计创建筑业总产值1320.5亿元,创增加值351亿元,在国民经济五大物质生产部门中仅次于工业、农业居第三位,为山西的经济建设作出了重大贡献,具备了支柱产业的重要条件。继1991年建筑业总产值突破100亿元大关后,1998年再破200亿元大关,达到217.8亿元,与1978年相比增长了36.3倍,平均每年递增17.8%左右。1998年建筑业创增加值42亿元(与往年计算口径有变化),比1978年增长了35.2倍,增加值占到全省国民收入的6%。20年累计竣工房屋面积13830万平方米,其中住宅6525万平方米,竣工单位工程项目11.4万个,其中国家、省重点工程、大中型骨干项目500多项,包括中外合资最大的项目平朔露天煤矿、设计能力120万吨亚州最大的氧化铝基地山西铝厂、四台沟煤矿、大同二电厂、上海宝钢、侯月、京九、神朔等20多条国家重点铁路,原太高速公路、尖山铁矿、太钢热炼轧、天津大无钢管厂、黄河大桥等一大批国家骨干企业和重点工程,以及一批如漪汾园、东华苑、西华苑、晋丰苑、兴华小区、晋安小区等一批优质样板工程的住宅小区。太旧高速公路、武宿立交桥、太原飞机场候机楼等十几项工程获国家建筑工程最高奖——鲁班奖。太旧高速公路,武宿立交桥

是目前全国获此殊荣的第一条整体高速公路和最大的城市立交桥。20年来全省建筑业累计实现利税37亿元,为国家和山西的经济建设作出了积极贡献。为了适应市场经济和企业自我发展的需要,山西建筑业在发展主业的同时还大力发展多方位经营和多种经营,发展房地产业,兴办第三产业,参与旧城改造。多种经营的发展既弥补了施工任务的不足,又安排了大量的下岗人员和社会就业人员,使企业收到了一定的经济效益和社会效益。

(石小明　张丽云　高培一)

城市建设日新月异

城市是人类文明和社会进步的象征,是不同等级区域的政治、经济、金融、贸易、文化教育、科技、信息中心,是地区发展的心脏。据史料记载,山西是我国最早出现城市的地方之一。传说中的"尧都平阳"、"舜都蒲板"、"禹都安邑"等都建于山西南部一带。唐、宋、明、清时期,山西城市的发展也曾达到过较高水平。然而近百年来,由于受帝国主义列强的侵略和战火袭扰,使山西历经风雨沧桑,生产落后,经济畸形,劳动人民十分贫困,城市极不发达。新中国成立后,在党和人民政府的领导下,山西人民克服重重困难,发扬艰苦创业的精神,在极为薄弱的经济基础上,积极恢复生产,进行建设,重整河山,城市各项事业取得了前所未有的巨大成就,城市发展逐步加快。经过50年的努力,山西城市已由解放初期的1个发展到目前的22个;城市非农业人口达550.4万人,比1949年增加20倍;城市化水平17.5%,比1949年增加15.2个百分点。

山西城市发展历程

山西城市的发展是在曲折的历程中前进的,纵观50年,大体可分为三个时期:

(一)迅速发展的"一五"时期

建国初期,全省仅有太原市1个城市,城市人口25.4万人,城市化水平2.3%。新中国成立后,政府提出了把工作的重心从农村转移到城市,并对千疮百孔的经济采取了一系列有力措施进行治理,使国民经济迅速得到了恢复。从1953年开始,实行国民经济发展第一个五年计划。这一时期,随着国家重点工程项目的建设,出现了一批新的工矿城市,山西先后设置了阳泉、长治、榆次3个城市。此外,大同市从原察哈尔省划归山西,使全省城市总数由1个增加到5个。伴随着大批新的工业项目的建设,对城市劳动力产生大量需求,为此,政府对农民实行开放,吸收农民进城和在工矿就业。到1957年末,城市人口增加到143万人,比1949年增长4.6倍,城市化水平由1949年的2.3%提高到8.4%,增加了6.1个百分点。这一时期,城市发展以及农业人口向城市转移速度高于国民经济发展速度,1953－1957年,全省GDP平均年增长12.8%,而城市人口平均年增长高达16%。

(二)两次严重挫折的时期

第二个五年计划初期的1958年,在急于求成的"左"的错误思想指导下,违背经济发展的客观规律,盲目推行"大跃进"运动,导致全省工业和整个国民经济内部的比例关系严重失调,再加上自然灾害和国际环境变化的影响,从1960—1962年,全省经济遇到前所未有的困难和挫折,农业大幅度减产,工业生产大幅度下降。1962年与1960年相比,职工减少37.5%,工业企业数减少44%,工业总产值下降55%。城市的发展同国民经济的巨大震荡一样,也呈现由扩大到紧缩的变化。1958年我省新设侯马市,使全省城市总数达6个。在三年"大跃进"后,1961年城市人口由143万增加到173万人,增长21%,城市化水平由8.4%提高到10.1%。1962年开始的国民经济调整时期,由于压缩国民经济发展速度,停缓建大批建设项目,动员大批职工返回农村,全省减少52万非农业人口,精减近25万职工,同时,撤销了榆次市和侯马市,到1965年底全省只剩4个城市,人口由1961年的173万人下降到159万人,下降8.1%,城市化水平由10.1%下降到8.5%。

1966年开始的"文化大革命",使全省国民经济遭到极大破坏,农产品产量增长缓慢,人民生活未得到应有的改善,农业的落后状况已成为整个国民经济发展突出的薄弱环节;工业建设盲目设点,片面强调"以钢为纲",工业内部比例关系严重失调,正常的建设秩序被打乱,数十万知识青年、干部、工人和知识分子上山下乡。相应的城市发展也十分缓慢,城市化进程受阻。1966年到1978年的14年间,全省仅新增加临汾1个城市,恢复了榆次、侯马市的建制,全省城市化水平徘徊在9%左右。

(三)进入新的振兴时期

党的十一届三中全会以后,在改革开放的政策推动下,全省社会经济进入了生机最旺盛的时期。1979年到1997年全省GDP平均每年增长8.98%,大大高于前26年(1953—1978年)平均每年增长6.26%的速度,工业总产值年均增长12.1%,农业总产值年均增长4.6%,1997年农民人均纯收入1738.3元,城镇居民人均可支配收入3989.9元,分别比1978年增长16.1倍和12倍。改革的20年,使全省国民经济和社会生活发生了根本性的变化,也为全省城市建制的迅速发展提供了必要的保证条件。同时经过几十年实践,党和政府也逐步加深了对城市地位和作用的认识,全省城市的发展和城市化进程摆脱了近20年的徘徊,进入新的历史时期。

1979年到1984年是改革开放的起步阶段,城乡经济复苏,城市化和城市发展开始呈现活力,城市化发展以农村体制改革推动为主,原有城市的吸纳和新建城市的转化速度都比较高。主要表现在:一是农村承包制实行后,数十万下乡知青和干部返城,并在城市谋职。二是乡镇企业异军突起,带动了小城市的发展,这一时期全省的城市化有了迅速的提高,5年间全省共新设了忻州、晋城、运城3市,使城市总数增加到10个,城市人口由1978年的233万人增加到336.3万人,年平均增长7.6%,远远快于同期全省总人口年均增长1.4%的速度。城市化水平由1978年的9.4%上升到12.1%,增加2.7个百分点。

1984年到1991年,是改革开放的展开阶段,改革的重点由农村转向城市,经济体制出现了结构性变化,城市化进程步伐加快,城市化发展以城市经济体制改革的推动为主,城市发展日趋多元化。国家确定山西为全国能源重化工基地,对全省投入了大量资金,一个以大型煤矿和大型坑口电站为主的能源重化工基地建设全面展开。与此相应,山西省一批新型的以煤炭采掘为主导产业的城市脱颖而出,先后新设了古交、朔州、霍州3市,晋城市由县级市升为地级市,城市总数增加到13个,城市人口由336.3万人增至407.6万人,年平均增长3.9%,城市化水平达13.96%,比同期全国平均水平高1个百分点。

1992年,党的十四大确立了建立社会主义市场经济体制的基本框架,城市作为区域经济社会发展的中心,其地位和作用得到前所未有的认识和重视,城市化和城市发展空前活跃,不同地区,不同层次的中心城市得到不同程度的发展。在城市化进程中,从1992年到1996年短短5年间,全省先后新增设了介休、孝义、原平、高平、永济、河津、潞城、离石、汾阳等9个城市,使全省城市总数由13个猛增至22个,成为全省有史以来城市发展速度最快的一个时期。1997年末,城市非农业人口增至550.4万人,比1991年增长35%,年平均增长5.1%,城市化水平由1991年的13.96%增至17.5%,增长3.5个百分点。

山西城市建设成就

半个世纪以来,山西城市发展经过艰难的历程,各项事业获得了全面的发展。特别是党的十一届三中全会以后,在改革浪潮的推动下,城市经济迅速发展,综合实力明显增强,基础设施建设日臻完善,人民生活水平大幅提高,在不断推进全省改革开放和经济发展中发挥了巨大的带动作用,取得了令人瞩目的成就。

(一)城市经济建设成效显著

建国以后,党和政府有计划地进行了规模巨大的经济建设,从1949年至1997年,全省固定资产投资总额3554.3亿元,其中:基本建设投资总额达1934.1亿元;新增固定资产2650.0亿元,其中:基建1284.7亿元,为规模宏大的城市经济建设和社会生产力的发展奠定了较为雄厚的物质技术基础。

——在工业方面,1949年全省城市仅有官办、商办和个体工业企业569个,完成产值4200万元,固定资产只有300多万元。到1997年全省城市乡及乡以上工业企业达5000个,工业总产值848.3亿元,独立核算工业企业固定资产原值达1400亿元以上,煤、电、钢铁、机械等传统工业生产能力成几倍或几十倍地增长,新兴产业和产品不断涌现,能源、交通基础工业和电气、电子、通信、仪表等高技术产业产值比重上升,工业总体规模扩大。改革开放以后,根据国家对能源的迫切需求,山西先后建成了平朔露天煤矿、古交矿区等一大批大型和特大型骨干煤矿和洗煤厂,新建和扩建了大同二电厂、神头二电厂、漳泽电厂、太原一电厂和太原二电厂等大型电厂,为缓解我国能源供应紧张,加速全省经济的发展,做出了重大的贡献。目前山西城市工业已形成以重工业为主,煤炭、冶金、电力、机械、化工、建材、轻工、纺织等门类齐全,并具有一定规模和技术水平的现代化工业体系。

——在农业方面,50年内,以服务城市市场需求为主要特色的城郊农业,从土改、社会主义改造到家庭联产承包三度变更,农业生产除1958年至1965年步入“低谷”外,基本呈逐年上升的趋势。特别是十一届三中全会后,广大郊区农民在“依托城市,建设农村,服务城市,富裕农民”的方针指导下,充分利用自然资源丰富和近邻城市的优势,积极调整产业结构,扩大瓜果菜和经济作物的种植面积,通过实施“星火计划”“菜篮子工程”等重点工程和项目开发,全省城郊农村建成了一批具有一定规模的粮、油、肉、蛋、奶、菜、果、渔、食用菌等门类齐全的商品化生产基地,极大地丰富了城市居民的“菜篮子”,提高了居民生活水平,也进一步促进了全省城郊农业经济结构的优化配置,推动了城郊农业商品化程度的提高。到1997年,全省城市农业总产值达89.7亿元,比1978年增长7.1倍;禽肉产品1.02万吨,增长18.6倍;猪肉11.02万吨,增长26倍;牛羊肉1.8万吨,增长13倍;水果16.3万吨,增长12.4倍;水产品1.2万吨,增长52.9倍。

——在交通运输方面,建国以来,进行了大规模的建设和改造,城市交通得到了较大发展。全省铁路营运里程由解放初期的783公里增加到2511公里,先后建成了京包、石太、京原、太焦、大秦、侯月等数十条干线,线路延伸到太原、大同、阳泉、长治、晋城、朔州、榆次、临汾、侯马、原平、孝义等近20个城市,全省初步形成了布局合理的现代化铁路网,为山西跻入联结欧、亚两洲大陆的“欧亚大陆桥”打开了通道,形成东西双向开放的格局。公路建设纵横交错,四通八达。到1997年底,全省公路通车里程44043公里,比1949年增长33.2倍。进入“八五”以来,全省狠抓交通设施建设,公路建设投资加大,高等级公路发展迅速,太旧高速公路的建成通车,实现了山西高速公路零的突破。民用航空开通了联接全国各主要大城市和沿海边贸城市的61条航线及太原至香港的定期包机航线,通航城市从1978年的7个增加到38个。1997年,全省城市完成旅客运输15076万人,货邮运量56764万吨,分别比1978年增长1.5倍和2.1倍,初步形成了以太原为中心,辐射全国的交通运输网络。

——在邮电通信方面,作为城市社会的基础设施之一的邮电通信事业,得到极大发展。特别是党的十二大把邮电通讯确定为国民经济战略重点之一,为邮电事业的发展提供了前所未有的良好机遇。从1991年至1995年5年间全省邮电业固定资产累计投资达到40.1亿元,是前41年投资总和6.08亿元的6.6倍,现代化通讯方式在各城市迅速普及。全省各城市普遍引进了世界一流的程控交换机,建成了现代化的太原邮电枢纽、太原长途电信枢纽、程控电话、光缆通信、移动通讯等。形成了以省会太原为中心,各市为骨架,有线无线交汇,国内国际畅通的立体交叉通信系统网络。截至1997年,全省城市邮电业务总量达20.3亿元,比1990年增长14.5倍,地级城市百人拥有电话机由1985年的3.7部增加到20.7部,移动电话和无线寻呼从无到有,发展迅猛,到1997年底,仅6个地级城市移动电话用户就达11.3万户,无线寻呼36.2万户。邮电事业的迅速发展,为经济建设和社会进步发挥了非常重要的作用。

——在商业贸易方面,城市作为商品生产和商品流通的聚集地。50年来,随着工农业生产的发展,市场销售额不断增长,城市社会商品零售额由1950年的1.9亿元增加到1997年的327.9亿元。党的十一届三中全会以后,政府在发挥国营商业主导作用的同时,扶植和发展集体和个体商业,增加流通渠道,各种经济形式的零售额普遍增长,集市贸易也迅速恢复和发展,形成了以国营商业为主渠道,多种经济成份,经营联合体并存,多渠道,多层次,少环节的市场体系。

(二)城市经济体制综合改革全面展开,城市中心作用加强,主导地位确立

党的十一届三中全会以后,由扩大国有企业生产经营自主权入手,以城市为中心的经济体制综合改革开始向广度和深度逐步发展。全省城市遵照国务院提出的“充分发挥城市的中心作用,逐步形成以城市特别是大中城市为依托的不同规模的开放式网络型的经济区”的思想,以建立社会主义市场经济为目标,围绕增强企业活力,转换经营机制,逐步扩大企业经营自主权,对城市的计划、生产、流通、分配等方面的管理体制改革进行大胆探索和实践,开放和拓展金融、贸易、证券、劳务、科技、房地产等各种市场,逐步建立市场体系,重视加强城市的流通、分配、服务等方面的综合功能,进一步扩大对外开放。由于城市各领域综合配套改革的不断深入和扩大,以及市场调节作用的渗入,使全省城市经济社会的运行机制发生了深刻变化,城市发展呈现多元化趋势,城市经济得到迅速发展。1986年全省城市(不含市辖县)GDP首次突破100亿元,到1997年已达875.6亿元,占全省的比重

太原迎泽大街夜景　　王天明　摄

由1985年的38.4%提高到1997年的59.2%;城市的中心作用突出,由过去单一的发展生产型城市向建立多功能城市转变,城市的经济中心、贸易中心、金融中心、信息中心、科技中心等多种功能显著加强,综合实力大大提高,成为区域经济增长的核心。全省22个城市以占全省17%的土地面积,承载着36%的人口,容纳了全省44%的就业人口,其经济规模和经济实力在全省处于主导地位:

国内生产总值:1997年,全省城市国内生产总值达875.6亿元,占全省的比重59.2%,比1978年提高20.8个百分点,人均国内生产总值7618.6元,比全省平均水平4712元高61.7%。

工业:1997年,全省城市工业总产值达1310.8亿元,占全省比重达55.8%。

商业:1997年全省城市社会消费品零售总额327.92亿元,占全省的比重达65.1%,比1978年的43%提高22.1个百分点。

财政:1997年,全省城市地方财政收入46.6亿元,占全省比重达50.2%,比1978年的39.1%提高11.1个百分点。

交通运输:1997年全省城市客运总量15076万人,货运总量56764万吨,分别占全省的60.9%和76.3%。

邮电通信:1997年,全省城市邮电业务总量20.3亿元,占全省的比重由1985年的27.7%提高到73.8%,电话交换机装机总容量161.5万门,占全省的96.5%。

(三)城市建设日新月异

解放前的山西城市破坏严重,布局混乱,公用设施简陋无几,城市面貌破烂不堪。50年来,全省城市建设事业取得了令人瞩目的成就。特别是改革开放以来,城市建设突飞猛进,城建建设开辟了多种资金渠道,国家开征了城市维护建设税和公用事业附加费,使城市建设资金大幅度增长。建国以来,山西城市市政公用设施投资总额达到72.1亿元,尤其是1991年以来的7年间,城市公用设施建设的投资达57.9亿元,为建国后前40年的4.1倍。建成了一大批与城市生产和人民生活密切相关的供排水、煤气热力、道路桥梁、公共绿化、环境卫生和城市防灾等设施,极大地改善了城市居民的工作和生活居住环境,提高了市民的生活质量,改变了城市贫穷落后的面貌,优化了投资环境,提高了城市现代化水平。

1.城市供排水能力加强。解放初,全省仅有4家自来水厂,供水能力仅有0.6万吨/日,城市居民生活用水主要靠井水和河水。解放以后,先后建设了太原市西张和兰村、大同市和大同西郊,长治市辛安泉、阳泉桃河和娘子关、榆次市沅涡等一批较大的城市供水工程,较好地缓解了城市供水紧张状况。目前,全省各城市全部建起了自来水设施,城市供水能力达329.9万吨/日,供水管道总长度4789公里,城市自来水普及率达96.8%。在城市供水事业不断发展的同时,城市的排水设施也在不断增强,各城市都基本形成了较为完整的城市排水体系。1997年全省城市下水道总长度达2429公里,比1952年的23.5公里增长103倍,从根本上改变了"晴天扬灰路,下雨满街泥"的落后面貌,为保障城市生产和人民生活的基本条件、防治城市水污染起了积极作用。

2.城市道路、交通设施不断完善。城市道路交通是市政公用设施建设的重要组成部分,也是城市的骨架,它犹如城市的动脉,既联系着内部交通的各个环节,又联系着外部世界,直接影响着城市人民的生活环境质量,决定着城市发展的现代化水平。新中国成立前,山西城市道路曲折狭窄,且大部分是砂石路和土路。1949年,全省城市仅有铺装道路79公里,面积23万平方米,城市没有1辆公共汽车。建国以后,城市道路不但在数量上增长较快,而且在质量水平上也有很大提高。仅"一五"期间,全省城市就建设道路176公里,桥梁36座。改革开放以来,城市道路被当作投资环境的基本要素之一,受到了空前的重视。各城市以缓解交通紧张为突破口,加大市内道路建设力度,太原市先后完成了南内环街、北大街等市内环路工程,打通了迎泽西大街,改建了迎泽大街,修建了滨河东、西路,打通、拓宽、新建和改造了100多条大街小巷;大同市先后建成了东环、南环、北环和西环路,使运煤车辆绕离市区行驶,较大程度地缓解了城区道路的压力。此外,阳泉、长治、朔州、榆次、临汾、晋城等城市都相继新建、拓宽、改造了城市主干道,还有许多城市建造了大型立交桥和人行天桥,既解决了交通问题,又给城市增添了雄伟壮丽的景观。到1997年底,全省城市实有铺装道路总长度达4101公里,铺装面积4690万平方米,桥梁达728座。随着城市道路交通不断改善,城市公交事业也迅速发展壮大。1997年,全省城市共有公共汽(电)车2825辆,年客运量4.25亿万人次,分别比1978年增长3.4倍和2.8倍。1977年以后,出租车开始在城市出现,目前各个城市均成立了出租汽车公司,共有出租车辆1.39万辆。城市交通事业的发展,极大地方便了居民生活,较好地解决了城市居民行路难问题。

3.城市煤气事业蓬勃发展。党的十一届三中全会以后,各级政府非常重视城市煤气事业的发展,明确了城市要逐步实现气化的目标。1978年,太原市建设了液化石油气工程,1984年太原焦化煤气工程竣工投产,此后,大同、阳泉、朔州、忻州、长治、晋城、榆次、侯马、临汾、霍州等十几个城市相继进行了煤气工程建设,取得显著成效。到1997年底,全省22个城市生产供应煤气,供气总产量为6.94亿立方米,用气人口达268.9万人。城市燃气气化率达66.7%,太原市达到85.8%。从1978年到1997年底的20年间,全省城市有110万户居民甩掉了煤球炉,烧上了清洁方便的燃气。随着城市煤气的发展,燃具品种不断增多,燃气热水器、燃气红外线、采暖器等现代化燃气用具开始进入居民家庭,扩大了燃气的应用范围,大大方便了居民生活。同时,为节约能源和减少环境污染起到了积极的促进作用。

4.城市绿地增多,面貌改善。建国初期,山西仅有1个太原市海子边公园,城市树木稀少,仅有1.3万株,园林绿地仅有0.96公顷。建国以后,各市在强化城市绿化,加强城市环境卫生管理和治理"三变"污染等方面,作了不懈的努力,取得了很大成就。中共十一届三中全会后,随着国民经济的发展,环境治理保护被确立为一项基本国策,大大推动了城市园林绿化和环境保护事业。各级政府在"以经济建设为中心,强化环境监督管理,促进经济与环境协调发展"方针的指导下,不断加大园林绿化投资,发动全民义务植树,对城市主要街道、单位及居民小区进行美化、绿化建设,对城郊山地、丘陵和滨河地区进行大面积植树造林,使城市园林绿化提高到一个新的水平。到1997年底,全省城市园林绿化面积达1.4万公顷,公共绿地2070公顷,建成区绿化覆盖率达25%,各种类型的公园、动物园增加到84个。许多城市建成了音乐喷泉、中心绿化广场,花池、花坛、花卉草坪的设计新颖别致,美化和净化了人们的工作及生活环境。

对新时期山西城市化和城市发展的思考

经过50年特别是改革20年的发展,山西城市经济社会和城市面貌发生了巨大的变化,但摆在我们面前的路更长,任务也更为艰巨。我们正处在世纪交替的伟大历史时刻,城市化作为今后我国经济社会发展的重要动力,将发挥越来越重要的作用。因此,进一步加强山西城市建设,加速城市发展,充分发挥城市的中心作用,对于振兴全省经济、弘扬三晋文化具有重大意义。

(一)加强重点城市建设

经济增长较快的地区,往往聚集了某些主导产业和具有创新能力行业的地区,而这些地区又往往以大城市为中心,这些中心便构成了经济的"发展极"。从我国城市发展的实践中看出,城市人口规模对于城市综合实力的影响很大。规模大的城市,综合实力也更强,对周围地区辐射力也越大,例如,北京、上海、广州等超大城市其吸引力或扩散范围可达数百平方公里。山西目前城市结构偏重于小城市的发展,特大、大、中、小城市的比例为1:1:4:16,作为区域经济与社会发展中心的大城市数量少,发展滞后,制约了城市功能的发挥。因此,在今后城市的发展中,应实行大中小城市并举,适度发展大城市,大力发展20—50万人口的中等城市,加强重点城市的建设,发挥现有中心城市的优势,加速城市基础设施建设,提高城市质量,积极培植自己的经济"发展极",将有利于带动整个区域经济的发展。因此,要通过各种融资渠道筹集资金,重点建设阳泉、长治、晋城、朔州、临汾、侯马、运城、离石等城市,并以这些城市为中心,向外部周边地区传递生产要素。与此同时,在交通条件好、资源又较丰富的地区,利用中心城市部分企业的传递扩散效应,积极创造条件开发资源,积累资金,促成城市雏型的形成,为山西城市化的进一步发展奠定基础。

(二)加快城市改革力度,尽快实现全省"市管县"体制

随着社会主义市场经济体制逐步建立和完善,在长期计划经济体制下形成的城乡二元结构开始受到强烈冲击,城乡一体化发展道路已经成为经济发展的必然选择。实行地市合并,市领导县的体制,是党中央、国务院机构改革的一项重要决策,也是建立以城市为中心的各级经济网络区,促进城乡一体化发展的具体措施。实践证明,凡是实行市管县的地方,由于消除了人为造成的城乡分割,条块分割,改革了适应生产力发展的生产关系,城市经济和周围县乡经济都发展得比较快。广东、山东、江苏、辽宁等省经济发达的原因之一,与实行"市管县"体制有关。山西太原、大同、晋城等城乡一体发展经济经验同样具有借鉴意义。因此,在总结全省6个地级城市实行"市管县"管理体制经验基础上,应加快其他地区"市管县"改革步伐,进一步促进全省城乡经济一体化发展。

(三)加大城市经济结构调整力度,大力培育新的经济增长点

城市化程度与经济发展速度紧密相关,经济发展不仅可带动城市化发展,同时也是完善城市功能的基础。山西作为全国的能源重化工基地,一些城市的经济结构和产业结构不尽合理,在一定程度上阻碍了城市中心功能的有效发挥。因此,在今后的发展中要加强城市经济结构的调整,一方面要针对目前国有企业效益不佳,消费市场缺乏热点,消费需求增长乏力的状况,加大产业结构调整力度,积极开拓市场,扩大市场消费需求,培育新的经济增长点,转移成本高、污染严重的产业,帮助企业摆脱困境。企业只有顺应市场

需求的发展,不断调整产业结构,优化产品结构,才能不断取得良好的经济效益。同样,只有市场需求保持持续不断的稳定增长,企业的生产才有目的,才能带动企业扩大生产和提高水平。另一方面要以中心城市为依托,培育和发展各类市场,大力发展金融、旅游、服务业、商业、交通运输等第三产业,增强城市服务功能,有效发挥城市的中心作用,从而增强对周围地区的辐射力和吸引力。

(张传春　谢绒娣　刘雪琴)

城乡贸易繁荣活跃

新中国成立50年来,以公有制为主的社会主义市场逐步形成,特别是改革开放20年来,在党和政府的领导下,山西国内贸易经济得到了较快发展,促进了整个经济发展水平的提高和结构的优化,产生了巨大的经济效益和社会效益。

流通体制改革取得成效　宏观调控机制逐步形成

建国以来至今,山西贸易业体制改革的发展过程是“公私兼顾”政策的执行、放弃、再执行。1949年至1957年,大力发展国营商业和合作社商业的同时,对私营工商业实行利用、限制、改造政策,山西市场出现了初步繁荣景象;1958年至1978年,全行业公私合营以后,形成国合商业分别垄断城乡市场;1978年以后又逐步实行“多种经济成份并存”政策,带来了山西贸易业的全面复苏和繁荣兴旺。

(一)建立、发展国营和合作社商业,利用、扶植私营商业

1949年至1956年,中国经济建设的根本方针是以公私兼顾、劳资互利、城乡互助、内外交流的政策,达到发展生产,繁荣经济的目的。公私兼顾是新中国成立后的一项重要经济政策。在这一时期,山西省各级政府通过对这一政策的贯彻执行,使国营商业和合作社商业得到壮大和发展,形成以国营商业为领导的、以合作社商业为助手的全国性社会主义公有制商业。到1952年全省社会商品零售额达到6亿元,比1949年增长2.6倍,平均每年增长52.9%,其中全民和集体商业社会商品额为2.08亿元,占34.7%。

在发展国合商业的同时,积极促进私营和个体商业的恢复和发展。山西根据中央提出的调整公私关系的要求,在确定国营经济领导地位的同时,使国营经济和私营经济合理分工,在经营范围、原料供应、产品销售、价格政策、税收、资金等方面给私营工商业以照顾和扶植,促进了经济的发展。据统计,到1952年,私营商业(包括饮食、服务业)发展到11.5万户,比1949年增加了3.3万户,增长40.2%;从业人员达到20.6万人,比1949年增加了4.3万人,增长26.4%;社会消费品零售总额达到5.7亿元,比1949年增长2.5倍,占全省社会商品零售总额的65.3%。

(二)继续巩固、壮大国营商业,限制、改造私营商业

1952年到1956年,党中央提出过渡时期总路线以后,开始执行对私营工商业利用、限制、改造的政策,到1956年底基本上完成了社会主义改造的任务。随着对私营工商业社会主义改造的完成,原来五种经济成份并存的市场发生了根本变化,资本主义工商业从商品流通领域被排挤出去,形成社会主义统一市场。到1957年底,私营商业、饮食业和服务业由1952年底的11.5万户、从业人员20.6万人,减少为8124户、从业人员8997人,而国营和合作社商业机构发展到2.3万个,比1952年增长1.6倍。全省社会商品零售总额达12.9亿元,比1949年增长6.7倍,其中国营商业和合作社零售额为9.5亿元,占全社会商品零售总额的73.8%。

(三)国营商业独家经营,市场在曲折中发展

从1958年至1978年的21年中,由于指导思想上“左”的错误,对商业工作的职能缺乏正确的认识,致使商品经济发展受到限制。1958年“大跃进”发生了轻视和削弱商业工作的错误,于是大量合并商业机构,减少商业人员,形成了“二五”时期商业机构、人员明显减少的状况。1962年,全省商业、饮食业、服务业人员由1957年的17.33万人减少到14.55万人,下降了16.1%,经过1963年至1965年的“三年调整”,到1965年全省商业从业人员总数达到16.73万人,但尚未达到1957年的水平。到“文化大革命”期间,又重犯了1958年所犯的性质相似而形式不同的否定商业地位、作用和任务的错误,山西市场贸易也遭受了很大破坏。到1978年全省商业、饮食业和服务业网点为

30554个，比网点数最高的1953年减少91600个。从业人员243783人，比从业人数最多的1952年减少175人。市场结构为国营经济占96.3%，集体经济占3.4%，其他经济成份占0.3%。1958年至1978年的21年中，社会商品零售总额平均每年递增5.8%，低于1949年至1957年间平均每年递增29%的速度。

（四）改革、调整所有制结构，恢复、发展多种经济成份

改革开放以来，从1979年到1990年，山西在改革、开放、搞活的方针指引下，积极调整所有制结构，发展多种经济成份、多种经营方式、多条流通渠道，市场面貌焕然一新。

1.积极恢复和发展农村集市贸易，开放城市农副产品市场。山西农村集市贸易同全国一样，从1979年开始恢复和发展，1990年发展到1613个，其中城市466个，农村1147个。1990年城乡集市贸易成交额为34.8亿元，比1978年的0.7亿元增长48.7倍，平均每年增长38.5%，其中城市集市贸易成交额13.4亿元，比1978年的0.1亿元增长133倍，平均每年增长50.4%，农村集市贸易成交额为21.4亿元，比1978年的0.6亿元增长34.7倍，平均每年增长34.7%。1990年全省农民通过集市、集市外直接对非农业居民零售达14.2亿元，比1978年增长14.8倍，平均每年增长25.8%。城乡集市贸易在活跃城乡经济，满足人民生活需要中发挥了重要作用。

2.改革单一型的商品流通体制，形成多渠道并存的流通体系。党的十一届三中全会以后，山西商业在“调整、改革、整顿、提高”的方针和“对内搞活经济，对外实行开放”的政策指导下，对过去长时间封闭式、单一型的商品流通体制进行改革，基本上形成了以公有制为主体的，多种经济成份、多种经营方式、多条流通渠道并存、开放式的流通体系。到1990年末，山西省社会商业、餐饮业、服务业网点25.2万个，比1978年增长7.1倍，年均增长19.1%。其中国营商业网点1.5万个，减少4.5%；集体商业网点4.2万个，增长12.3%；个体商业19.3万个，增长近5.7倍，平均每年增长17.2%。与此同时，工业自销、信托货栈、联营商店、小商品批发、农工商联合体、中外合资等多种形式经营方式相继出现。

（五）建立创新现代企业制度，推动发展社会主义市场经济

1992年10月召开的中共十四大明确提出，我国经济体制改革的目标模式是建立具有中国特色的社会主义市场经济。1993年召开的中共十四届三中全会《关于建立社会主义市场经济体制若干问题的决定》明确指出：“建立现代企业制度，是发展社会化大生产和市场经济的必然要求，是我国国有企业改革的方向。”在这一时期，山西各级贸易企业在产权制度改革，企业机制转换等方面取得很大进展。

1.流通体制改革促进了市场主体向多层次、全方位发展。一是大部分商品已进入市场流通。目前国家计划管理的生活资料不到10个品种（最多时391种），生产资料不到20个品种（最多时837种），生产资料销售量占全社会商品销售总量的15%，工业消费品销售量占全社会商品销售总量的5%，农副产品销售量占全社会销售总量的15%；二是形成了以公有制为主体的多元化流通所有制结构。据统计，1996年底，全省批发零售、餐饮业从业人员已发展到130万人，其中，国有经济占33.3%，集体经济占14.9%，私营、个体等其它经济占51.8%。在1997年山西省消费品零售总额中，国有经济占26.9%，集体经济占15.3%，私营、个体等其它经济占26.9%，集体经济占15.3%，私营、个体等其它经济占51.8%。生产资料流通目前基本上以国有、集体为主，私营、个体约占5—10%。市场主体的多层次化，无疑是改革与发展带来的必然结果，也成为商品市场繁荣兴旺的驱动力。

2.商品价格的市场形成机制已基本确立。通过价格改革，生产企业在较大范围内有了自主定价权，价格背离价值的状况已有了根本改变，90%—95%的商品价格放开，实行市场调节，商品价格反映供求、引导生产和消费的作用日益增强，已成为调节市场供需的主要经济杠杆。

3.初步建立了商品市场体系。一是商品交易市场有了发展。截止1998年末，山西省拥有城乡市场2042个，其中生活消费品市场1911个，生产资料市场131个。在消费品市场中，综合性市场1107个，农副产品市场427个，工业消费品市场309个，其它市场68个；在生产资料市场中，综合性市场37个，工业生产资料市场82个，农业生产资料市场7个，其它市场5个。1998年商品交易市场成交额达254.4亿元，其中年成交额超亿元的消费品市场已发展到31个；二是基础设施初具规模。建国以后，尤其是改革开放以来，山西省重要商品的仓储或中转设施得到加强，安排粮油仓储设施投资力度加大，仅“八五”期间总投资就达27078万元，新增粮库设计容量26.6亿斤，新增食用植物油储存能力1万多吨。目前已初步形成了纵横贯通、布局合理、大中小相结合的仓储网络。

4.初步建立了重要商品宏观调控体系。随着社会主义市场经济向纵深发展，宏观调控越来越成为政府对市场管理的主要手段。改革开放20年来，山西省各级政府进一步加大对市场的宏观调控力度，建立了重要商品储备制度。对关系国计民生的粮、油、肉、

菜、糖、农药、化肥等重要商品进行了适量储备，1997年，储备猪肉3500吨，食糖3000吨，以确保这些商品能够及时定额供应；建立并完善了粮食、副食品风险基金和价格调控基金。粮食、副食品风险基金始建于1993年，价格调控基金始建于1990年。1997年，全省征收价格调控基金8290.3万元，全部纳入副食品风险基金使用。建立粮食风险基金2.83亿元，其中，省级1.83亿元，有1.44亿元用于落实粮食收购保护价。

市场需求旺盛　供给总量充裕

建国以后，尤其是改革开放20年来，山西省委、省政府一直把稳定市场物价、保障商品供给作为主要大事来抓，基本上改变了商品供给长期严重不足的状况，实现了全社会商品供需总量的大体平衡，商品市场繁荣稳定。市场上的各类商品供应状况从量到质都有了根本性改善，除季节性或结构性商品供需矛盾外，市场流通中的“短缺经济”现象已不复存在。

(一)市场需求稳定增长

随着山西省国民经济发展，城乡居民收入有了显著提高，城镇居民人均可支配收入由1952年的125.0元增加到1998年的4098.3元，增长31.5倍，平均每年增长7.9%；农民人均纯收入由1954年的74.8元增加到1998年的1858.6元，增长23.8倍，平均每年增长7.8%。城乡居民收入的显著增长，加快了收入转化为即期需求的速度，保证了市场需求的稳定增长。

(二)市场商品货源充裕

建国初期，由于政府实行了长期的价格倒挂，贸易部门亏损或微利经营、财政补贴的政策，同时把贸易部门的商品购进和市场供应工作纳入整个国民经济计划，使山西市场消费品供应日益丰富起来。但进入1958年后，随着“大跃进”特别是“文化大革命”十年对国民经济的严重破坏，消费品出现严重短缺，市场供应陷入紧张状态，多数生活必需品实行了限量凭票供应。改革开放以后，山西省各级政府积极贯彻党的十一届三中全会精神，大力推进流通体制改革，为山西城乡市场注入了活力，带来了生机。特别是进入90年代以后，山西省经济增长的稳定性更加增强，市场彻底告别了“短缺经济”，货源日益丰富。1997年，山西省商品总额为52.6亿元，与1978年、1949年相比，分别增加了20.0亿元、51.0亿元，增长71.8%、51.4倍，平均每年增长2.7%、8.4%。据有关部门测算，近两年商品市场上供过于求和供求平衡的商品已占到90%以上。1997年山西省批发零售贸易业商品购进总额达到586.4亿元，商品货源丰富程度明显提高。

(三)农副产品购进快速增长

农业生产的发展保证了农副产品购进的快速增长。1998年，山西省供销社系统农副产品购进总额为8.8亿元，与1978年、1949年相比，分别增加了4.6亿元、8.80亿元，增长1.1倍、1000多倍，平均每年增长3.8%、15.3%；山西省粮食厅系统1998年农副产品购进总额为25.3亿元，比1978年增加了22.2亿元，平均每年增长4.4%。

(四)工业品购进成倍增长

工业部门积极增产适销对路产品和开发新产品，给市场增添了丰富的工业品货源，促进了日用工业品购进的增加。1998年，山西省贸易厅系统工业品购进总额为57.6亿元，与1978年、1962年相比，分别增长13.4倍、35倍，平均每年增长14.3%、10.5%；山西省供销社系统工业品购进总额为8.9亿元，与1978年、1949年相比，分别增长1.1倍、1000多倍，平均每年增长3.8%、15.3%。

商品销售稳定增长　消费水平显著提高

建国初期，山西面临的是一个流通规模很小、私人商贩居多、商品流转能力微弱的市场。1949年，全省社会商品零售总额仅有1.68亿元，按当年人口平均每人只有13.1元。改革开放后，随着市场机制作用的发挥，商品交换关系的深入，山西省商品市场交易规模日益扩大，居民消费水平明显提高。

(一)商品销售稳定增长

社会消费品零售总额较快增长。1949年－1998年，山西省社会消费品零售总额以每年11.4亿元的增量逐年递增，1998年达到547.6亿元，比1949年增长321倍，平均每年增长12.5%。分地区看，市的消费品零售额为318.6亿元，比1949年增长666.7倍，平均每年增长14.2%，县及县以下的消费品零售额为228.5

集贸市场　　王天明　摄

亿元，比1949年增长189.4倍，平均每年增长11.3%；分经济类型看，国有经济零售额为126.5亿元，比1949

年增长1523.4倍,平均每年增长16.1%,集体经济零售额为85.8亿元,比1949年增长1847.5倍,平均每年增长16.6%,其它经济零售额为334.8亿元,比1949年增长218倍,平均每年增长12.6%;分行业看,批发零售贸易业零售额为357.7亿元,比1949年增长366.2倍,平均每年增长12.8%,制造业零售额为37.9亿元,比1949年增长82.2倍,平均每年增长9.4%,其他行业零售额为605.5亿元,比1949年增长645.5倍,平均每年增长14.1%。

(二)城乡集贸市场交易额迅猛扩大

建国初期集市贸易得到恢复、发展,1958年到1979年,集市贸易在曲折中发展,1958年全省集市点减少到326个,1976年全省集市贸易点仅剩下46处。改革开放以后,山西省在坚持公有制贸易业为主的前提下,把调整贸易业所有制结构,发展多种经济成份、多种经营方式、多条流通渠道做为贸易流通体制改革的一项重要任务来抓,特别是加强“菜蓝子”建设工程,加速了集贸市场的培育和发展,大大促进了集贸市场成交额的快速增长。1998年,山西省集贸市场成交额达254.4亿元,比1978年增长847倍,平均每年增长14.8%,明显高于社会消费品零售总额年均12.5%的增长速度,占山西省社会消费品零售总额的比重由1978年的0.93%上升为1998年的46.5%。城乡集市贸易的迅猛发展,极大地繁荣了城乡经济,扩大了商品流通,满足了城乡居民不同层次的消费需要。

(三)农业生产资料销售快速增长

山西的农业生产资料市场贸易早在明代就十分活跃,一些农具在全国都很罕见。但到解放前夕,随着整个商品市场的衰败,农业生产资料市场贸易也萧条下来。据统计,1949年山西省对农民的农业生产资料零售额仅为240万元,平均每个农业人口只有0.19元。建国后,山西省委、省政府十分重视农业机械化的发展和农业生产资料的供应,到1957年山西省化肥销售达到5.7万吨,比1950年增长11.8倍;农药销售2905吨,增长8.6倍;农药械销售1.6万架,增长3.6倍。1957年山西省农业生产资料零售额为9624万元,比1949年增长近40倍。1958年至1978年又出现了较大的波折,致使农业生产连年下降。党的十一届三中全会后,山西各级贸易部门积极为发展农业生产服务,通过各种渠道组织了大量的农业生产资料供应农民。到1988年,山西省对农民的农业生产资料零售额达18.6亿元,比1978年增长88.9%,其中化肥增长1.2倍,农用动力机械增长19.4%。1998年,山西省农机公司系统销售额为9.1亿元,比1978年增长2.7倍,平均每年增长6.8%;山西省供销系统农业生产资料销售额为15.2亿元,比1978年增长2.5倍,平均每年增长6.5%,比1949年增长3.8万多倍,平均每年增长24.0%。

(白日成　张朝霞)

价格改革成效显著

价格是国民经济运行状况的综合反映,是经济运行的晴雨表。建国50年来,全省结合不同历史时期的社会政治经济形势,采取了一系列稳定、调整、改革物价的措施,不断调整价格体系,对保持社会稳定,促进国民经济发展,改善人民生活,繁荣市场,起到了积极的作用。50年来,山西市场物价大多数年份呈现出稳中上升的态势,但在不同的经济发展时期表现出各自的特点。

计划经济条件下的市场物价

从1949年至1978年的30年间,在传统的计划经济管理体制下,全省认真贯彻执行“发展经济、保障供给”和“稳定市场、稳定物价”的方针,市场物价的变动以稳为主,对促进全省社会主义革命和建设起到了一定的积极作用。

(一)国民经济恢复时期(1950—1952年),采取行政与经济相结合的办法,医治战争创伤,大力恢复国民经济,迅速遏制了国民党阎锡山政府遗留下来的恶性通货膨胀,市场物价趋向稳定

这一时期按物价变动的不同程度,分为三个阶段:第一阶段是1950年以前。由于受阎锡山反动政府长期统治和战争破坏的影响,整个社会经济处于混乱状态,生产萎缩,物资匮乏,纸币流通量大大超过了商品可供量,通货膨胀严重,市场物价暴涨。如太原市,1950年3月份批发物价总水平比1949年6月份上涨了27.64倍;第二阶段是1950年3月至1951年10月。1950年3月3日中央人民政府政务院颁发了《关于统

一国家财政经济的决定》，统一全国财政收支、物资调度和现金管理，市场货币流通量大大减少，商品供应量明显增加，物价开始回落。如以1950年3月价格为100，1950年6月全省批发物价总水平下降38.6%，平均每月下降15%；第三阶段是1951年11月至1952年12月。市场物价逐步趋于稳定，并呈现出稳中带疲的特点。以1951年10月价格为100，1952年12月全省批发物价总指数为88.3，下降11.7%。

总的来看，这一时期市场物价呈上升状态。1952年全省零售物价总水平比1950年上升20.4%，平均每年上升9.7%；城镇居民消费价格总水平上升21.0%，平均每年上升10%。虽然这一时期物价上升幅度较大，但解放初期存在的通货膨胀、物价飞涨的严重现象已得到根本扭转。

（二）社会主义过渡时期（1953—1957年），也是新中国成立后全省的第一个五年计划时期。这一时期，全省对主要商品价格实行了计划管理，初步建立了计划价格管理体制，市场物价趋于平稳

第一个五年计划时期，是山西经济建设的黄金时代。当时由于"一化三改"的顺利进行，特别是按照经济规律办事，全省经济发展较快，商品货源比较充足，加上国家采取了粮食、棉花等主要商品统购统销政策，主要物资的供应和调拨得到保障，市场秩序良好，市场物价趋于平稳。1957年全省零售物价总水平比1952年上升12.9%，平均每年上升2.5%，城镇居民消费价格总水平上升11.1%，平均每年上升2.1%；工农业商品价格"剪刀差"缩小6.5个百分点，农民用同等数量的农产品交换工业品比1952年增加7%。在生产发展和物价稳定的前提下，人民安居乐业，政治经济形势展现喜人景象。

（三）第二个五年计划时期（1958—1962年）和经济调整时期（1963—1965年）。从1958年开始，全省进入了第二个五年计划时期，但在"左"倾思想的指导下，出现了思想上和经济建设中的"大跃进"，工农业生产形势恶化，市场物价出现了大的波动；1963年至1965年，经过三年的经济调整，经济迅速得到了恢复和发展，重要的国民经济比例关系趋于协调，市场物价又重新趋于稳定

第一阶段是1958年至1962年。在"左"的思想指导下，经济建设中严重违背客观规律，搞"大跃进"，急于求成，再加上自然灾害的影响，山西经济发展受到严重挫折，生产下降，物资缺乏，特别是粮食供应紧张，引起市场物价特别是食品价格大幅度上升。1962年全省零售物价总水平比1957年上升24.2%，平均每年上升4.4%，其中食品类价格上涨18.4%。与此同时，城镇居民消费价格总水平也上涨了22.5%，平均每年上升4.1%。

第二阶段是1963年至1965年。在"调整、巩固、充实、提高"八字方针的指导下，采取了一系列重大措施，在稳定粮食、食油、棉布等重要商品价格的同时，相应增加财政补贴，扩大凭证供应商品范围等，市场零售物价和城镇居民消费价格均呈现出稳定和回落局面。1965年全省零售物价总水平比1962年下降19.7%，平均每年下降7%；城镇居民消费价格总水平下降20.7%，平均每年下降7.4%。

这一时期，为了解决农产品供应紧张的局面，集中在1961年全省先后提高了粮、油、肉、蛋、菜、果等主要农产品的收购价格，从而使农产品收购价格有了大幅度的提高，"剪刀差"进一步缩小。1965年全省农副产品收购价格比1957年提高16.0%，"剪刀差"缩小了6.6个百分点，农产品换工业品数量增加了7%。

（四）十年"文革"时期（1966—1975年）和三年拨乱反正阶段（1976—1978年），全省市场物价基本上处于冻结状态

十年"文革"时期，由于政治上的持续动乱，一方面是生产遭到严重破坏，物资不足，人民生活必需品供给持续紧张；另一方面为了防止混乱和市场物价失控，国务院先后发出了《进一步节约闹革命，控制社会集团购买力，加强资金、物资和物价管理的若干规定》和《关于不得自行调整商品价格的通知》，实际上是基本冻结了市场物价。从历史的角度看，这样做在当时是迫不得已的，但却是必要的。虽然给以后处理物价问题带来一些困难，加剧了某些商品价格的扭曲，但对当时稳定市场和人民生活，稳定大局起到了重要作用。1975年全省零售物价总水平比1965年下降4.8%，每年平均下降0.5%；城镇居民消费价格下降1.4%，每年平均下降0.2%。但这种平稳并呈略为下降的趋势是以商品供应严重短缺、人民生活水平基本没有改善、大量商品凭证供应和增加财政补贴为代价的。

1976年10月粉碎"四人帮"反革命集团，进入了拨乱反正阶段。这一阶段，价格管理体制得到恢复，对少数不合理价格进行了局部调整，市场物价平稳。1976年至1978年3年累计零售物价总水平仅上涨0.2%，城镇居民消费价格基本持平。

改革开放条件下的市场物价

1978年党的十一届三中全会胜利召开，在推进经济体制改革的过程中，对价格在理论和实践上进行了深入研究和重大改革。经过对价格体系及其管理体制的分阶段调整、改革和治理整顿，价格体系内的矛

盾大为缓和,物价形势、市场环境日趋好转,基本建立了有中国特色的社会主义市场经济价格新体系,实现了价格体制的突破性转换。

(一)1979年至1985年,以调整农产品收购价格为突破口,开始了以调为主的价格改革,打破了价格长期不动的僵局,这一时期全省市场物价有所上升

1979年,全省按照党中央、国务院的统一部署,大幅度提高了粮、棉、油、猪等18种主要农产品的收购价格,并适当提高粮棉油超购加价幅度,开展农产品议购议销业务。农产品价格有了大幅度提高,调动了农业生产的积极性。1979年全省农产品收购价格比1978年提高22.5%,其中粮食收购价格提高了32%,经济作物和禽畜产品收购价格也分别提高了27%和26.7%。与此同时还适当提高了肉禽蛋、水产品等8种主要副食品的零售价格,使市场物价有所上升,1979年全省零售物价总水平比1978年上升了0.5%。

1980年全省继续提高棉花、绵山羊、山羊板皮等农产品收购价格,议价和超购加价的农产品品种、数量都有所增加,农产品收购价格总水平继续提高。与1979年相比,1980年农产品收购价格提高了22.5%。但由于农产品收购价格的提高,直接推动了工业消费品成本的上升,城镇居民农产品消费价格上升,并且由于扩大了议价商品的范围,引发了一段时间的涨价风。1980年全省零售物价总水平比1979年上升3.5%,其中食品类价格上升8.1%。

1979、1980年的价格改革,虽引起了短时间的市场物价上涨,但长期被冻结的物价开始解冻,对理顺价格体系,调节供求关系,解决价格严重背离价值,商品严重短缺状况起到了积极作用,促进了生产发展,改善了人民生活,价格改革迈出了可喜的一步。

从1981年开始,全省经济建设进入了第六个五年计划时期,为了理顺经济关系,加速国民经济的发展,对不合理的价格体系逐步进行了改革。一是继续调整农产品收购价格,扩大农副产品议价收购和超购加价的范围,并且允许农民在完成国家收购任务后到农贸市场自由出售。农产品收购价格总水平逐步上升,与上年相比,1981年至1985年分别提高2.6%、4.5%、1.6%、6.4%、6.5%,平均每年提高4.3%,"六五"期末,全省农产品收购价格比1978年提高59.8%,工农业商品价格"剪刀差"缩小32.1个百分点,农产品换工业品数量比1978年增加47.3%。二是有升有降地调整了部分轻纺产品价格和放开小商品价格。其中1981年提高了烟酒价格,同时降低了涤棉布价格。1982年放开了160种小商品价格。1983年年初降低了化纤织品价格,提高了棉纺织品价格。同年小商品价格全部实行工商企业协商定价。1984年对少数突出不合理的商品价格进行了适当调整。1985年重点调整了医疗收费和涉外房的收费标准。1981年至1985年5年中,吃的商品价格上升较多,穿用烧等日用工业消费品价格有升有降,基本保持了物价总水平的稳定。同上年比较,1981年至1985年,全省零售物价总水平分别上升2.3%、2.2%、1.2%、3%、7.6%。三是有重点地调整了部分生产资料出厂价格和交通运输价格。1981年至1983年全省提高了木材、小型钢材、电石、平板玻璃、纯碱、硫酸、磷肥、部分农机具等产品价格及短途铁路运输价格等,降低了某些化工、机械等产品价格。1984年提高了地方煤炭价格和焦炭、铁矿石、生铁、钢材、化肥、柴油、部分化工等产品价格。1985年重点调整了上火车的地方煤炭的煤种比价和短途铁路货运价格等。

(二)1986年至1988年"调放结合,以放为主"的全面性价格改革阶段,价格改革迈出了较大的步伐,但市场物价出现了急剧的上涨;1989年至1991年经过三年治理整顿,价格改革得到进一步深化,物价涨幅出现了大幅度的回落

1986全省执行国务院确定的"巩固、消化、补充、完善"的八字方针,不出台大的改革措施,只对少数突出不合理价格进行有控制的调整。棉花收购价格由"倒三七"改为"倒四六"。进一步下放和放开商品价格管理权限,扩大国家指导价和市场调节价的比重,在全省范围内初步确立了国家定价、国家指导价、市场调节价三种价格形式并存的价格管理体制框架。这一年价格改革的结果是,农产品收购价格提高7.5%,提高幅度继续扩大。零售物价和居民消费价格涨幅分别为5.3%和5.6%,比1985年涨幅分别回落2.3和2.9个百分点。

1987年,全省国民经济继续稳步发展,经济体制改革和价格体制改革进一步深化,双增双节运动初见成效,市场繁荣,购销活跃。在农产品价格改革方面,对玉米、高粱、谷子、莜麦等秋粮作物普遍提高了合同定购价,变"代购"为"议购",当年农产品收购价格总水平提高8.8%。同时,由于粮食减产,粮价有较大幅度的上涨。由于社会购买力大幅度增加,供求差距扩大,对市场物价的冲击力加大,物价涨幅突破了全年调控目标。全省零售物价和居民消费价格总水平分别上升7.5%和7.4%,涨幅比1986年有所扩大。

1988年全省的价格改革迈出了较大步伐,但引发了市场物价的大幅度上涨。这一年,全省改革了粮油购销体制,扩大了粮食议价销售比重,缩小了平价供应范围,调高了毛线、精纺呢绒、部分化肥、青霉素、肥皂、铝制品价格和一部分工业生产资料价格,先后放开了肉、蛋、菜、糖、名烟、名酒价格。虽然在宏观上实

行了紧缩政策以稳定物价，但由于出台的改革措施较多，而配套措施不完善，需求过热，有效供给不足，社会集团购买力"控"而不"止"，市场物价出现了大幅度上涨，通货膨胀严重，全省范围内出现了挤兑抢购风。全年农产品收购价格提高28.8%，零售物价上涨21%，居民消费价格上涨20.9%，是1950年以来涨幅最高的一年。

针对1988年物价上涨过猛过快的情况，党的十三届三中全会明确提出，1989年的物价上涨幅度要明显低于1988年。按照这一精神的要求，全省对放开价格的范围不再继续扩大，调价措施谨慎出台，对人民生活必需品建立了提价申报制度和批零差率控制，并对提价过多、利润过高商品价格采用"降、控"措施。与此同时，有领导、有步骤、不失时机地调整解决了一些价格和收费问题，由于出台时机比较合适，宣传解释工作比较恰当，连锁反应得到严格控制。治理整顿初见成效，物价猛涨的局势得到有效控制。全年商品零售价格总水平上涨19.1%，比1988年回落1.9个百分点。

1990年针对市场上出现的疲软情况，一方面积极采取多种措施启动市场，另一方面不失时机地出台了多种价格改革方案。缩小了实行提价申报制度的品种范围，提高了国内邮政资费。虽然全省的价格改革迈出了较大的步伐，但由于出现市场销售疲软，许多调价措施没有到位，全年商品零售价格总水平仅上升2.1%，是改革以来物价涨幅最低的年份。

1991年，全省继续贯彻"既要稳定物价，又要振兴经济"的指导方针，积极稳妥地出台了一些调价项目，及时疏导并缓解了一些比较突出的价格矛盾。价格改革的重点是结构性调整。调整了粮食统销价格，调整了原油、成品油、煤炭、钢铁系列等基础产品的价格以及铁路货运价格和邮政资费，对水泥实行计划内外价格并轨。同时，抓住制约山西经济发展的突出的价格问题，主要安排了山西电网煤运加价、小火电上网电价、大化肥综合厂销价格；调整了百货、五金、交电、糖酒副食品、纺织品等的地区差价，调整了电解铜、煤气、润滑油、电石、硫酸、农药、塑料制品价格，调整了中小学、宾馆、饭店和医疗收费标准等。由于受市场疲软的影响，物价继续呈平稳运行态势，1991年零售物价总水平比1990年上升3.9%，居民消费价格总水平上升4.8%。

（三）1992年至1999年，为全省价格改革的深化阶段，价格改革从表层转向深入，从以破为主向以立为主转变，适应市场经济模式的新价格体系逐步形成。在此期间，曾出现过较为严重的通货膨胀，物价上涨，但经过有效的宏观调控，治理整顿，物价涨幅得到有序回落，到1998年市场物价出现了改革开放20年来的首次下降

1992年，以邓小平同志南巡谈话为标志，全省的价格改革进入深化阶段，价格的功能向为社会主义市场经济服务的方向转变，价格体系改革向社会主义市场经济迈出了较大的步伐。这一年，全省先后调整了计划内煤炭、焦煤、生铁、钢材、电力、铁路货运、公路客运等价格，初步缓解了能源、原材料价格偏低，制约山西能源重化工基地稳步发展的突出矛盾。按照国家的统一安排，调整粮食购销价格，实行了购销合同。放开和调整了猪肉、卷烟、醋、酱油等生活必需品的价格。提高了市场民用煤和太原市民用煤气价格，并调整了太原等6城市自来水价格。虽然出台的调价措施较多，但宏观经济发展比较正常，市场供求总量基本平衡，市场秩序井然，物价没有出现大的波动。1992年零售物价总水平比1991年上升6.3%，居民消费价格总水平上升7.3%。

1993年，全省为了解决价格体系中的突出矛盾，理顺价格体系，陆续出台了一些改革措施，先后放开了粮油统销价格，放开或大步调整了钢材、煤炭、原油、水泥等基础原材料价格，又先后提高铁路客、货运价格和水、电、煤气、房租等服务项目价格，并把零售环节营业税由3%提高到5%，一些城市调高了牛奶等副食品的零售价格，这些价格改革措施直接影响到物价的上涨。1993年零售物价总水平比1992年上涨13.1%，居民消费价格上涨15.1%。虽然市场物价有了较大幅度的上涨，但从根本上讲，价格改革是为了更有效地改革价格体制和价格形成机制，从长远来看是十分必要的。

1994年全省由于夏粮遭受干热风的影响，秋粮又遭受旱灾的影响，粮食减产。并且由于出台了较多的价格改革措施，先后调整了水电能源的价格和粮油购销体制，直接推动了物价上涨。与1993年相比，全年居民消费价格上涨25.2%，商品零售价格上涨21.6%，是建国以来涨幅最高的一年，并且呈现出市场物价全面上涨，农村物价涨幅高于城市，城镇居民基本生活必需品价格上涨突出等明显的变动特点。不容忽视的是生产领域的成本推动和流通领域"攀比"涨价、乱涨价直接推动市场物价上涨11.6个百分点，暴露出的问题是在计划经济向市场经济的转轨过程中，政策法规不够健全，国家行政调控手段薄弱，致使市场秩序混乱，"攀比"涨价、乱涨价现象突出。

1995年，按照全国人大三次会议上指出的坚决把控制物价上涨幅度列为全年实现宏观调控的首要任务和处理好改革、发展、稳定三者关系的关键，省委、省政府把抑制通货膨胀作为全年"四大战役"之一，积

极采取得力的调控措施,压缩需求,行政限价,财政补贴,延缓出台调价政策,强化市场管理,理顺流通环节,着力消除各种新涨价因素,使过高的物价涨幅得到了有效的控制,物价涨幅逐月回落,全年零售价格比上年上涨15.6%,比1994年涨幅回落6个百分点,基本实现全年控制在15%左右的调控目标。

1996年,在坚持适度从紧的宏观政策指导下,全省继续把抑制通货膨胀,控制物价上涨作为"四大战役"之首来进行。各级政府综合运用经济、法律、行政等各种手段,进一步强化了对市场物价的管理,"米袋子"、"菜蓝子"、"火炉子"工程建设进一步加强,市场物价监测和监督检查力度不断加大,价格调控目标全面完成,全年商品零售价格涨幅为6.2%。宏观经济运行质量提高,"软着陆"顺利实现,社会总供给与总需求基本平衡,农业生产丰收。同时,价格改革仍迈出了较快的步伐,按照国家统一安排,结合全省实际情况,适当调整了电力、煤炭、煤气、自来水、热力、化肥、食盐、铁路货运等方面的价格,对理顺生产领域价格关系起到了积极作用。对一些价格矛盾比较突出的问题,如房租、民用电、邮政资费、公交票价等公用事业收费标准也做了适当调整。

1997年,全省经济"稳中求进",商品供求平衡,农产品物丰价稳,居民消费无热点,商家竞向降价,物价平先运行,全年零售物价总水平和居民消费价格总水平仅上升1.3%和3.1%,成为近10年来物价涨幅最低的一年。食品类价格不再是拉动市场物价上涨的"龙头",但表现比较突出的是由于1996年公用事业收费标准的调整措施逐步到位,居住和服务项目价格出现了较大幅度的上涨,成为拉动居民消费价格上涨的主要因素。1997年居住和服务项目价格上涨14.7%和15.2%,占居民消费价格总涨幅的近70%。

1998年山西同全国一样,受通货紧缩和消费需求不足以及东南亚金融危机的影响,商品供过于求,物价总水平连续11个月持续低走,价格下降的商品占全部商品的七成左右,全年居民消费价格总指数为98.6,商品零售价格总指数为97.0,价格总水平比1997年分别下降1.4%和3%,出现了改革开放20年来的首次下降。其中食品类价格下降对物价总水平变动呈负影响,工业消费品价格稳中有降,居住和服务项目受政策性调价的影响仍上涨明显。

(四)1979年至1999年山西工农业商品价格"剪刀差"经历了稳步缩小——急剧扩大——迅速缩小——逐步扩大的变化过程,总体来看"剪刀差"扩大的状况有所改善

改革开放前30年,全省为了改变解放前长期存在的农产品价格偏低、工农产品交换比价不合理的状况,进行了不断的探索和努力,有计划有步骤地大幅度提高了农副产品收购价格,使农产品价格与价值向不断趋于一致的方向演进,取得了一定的成绩。以1950年价格为100,1978年全省农产品收购价格提高1.178倍,农村工业品零售价格上涨28.5%,工农业商品价格"剪刀差"缩小41个百分点,1978年农产品换工业品数量比1950年增加69.5%。

1979年以提高农产品收购价格为突破口,拉开了价格改革的序幕。1979年至1989年全省农产品收购价格的提高幅度明显高于同期农村工业品价格的上涨幅度,工农业商品价格"剪刀差"继续稳步缩小。1989年比1978年,全省农产品收购价格提高1.91倍,农村工业品零售价格上升65.5%,"剪刀差"缩小43.2个百分点,1989年农产品换工业品数量比1978年增加76%。

1990年至1993年,全省农产品收购价格有升有降,但下降幅度大于上升幅度,4年累计下降3.1%;相反,销往农村的工业品价格却连年上升,4年累计上升26.8%,"剪刀差"呈急剧扩大之势,4年累计扩大30.9个百分点。其中1990年扩大14%,1991年扩大7.9%。工农业商品价格"剪刀差"扩大,使得农民收益减少。以1993年为例,农民用同等数量的农产品比1989年少换23.6%的工业品。

鉴于90年代初"剪刀差"扩大,农民收益减少,农业生产积极性受到一定抑制的不利局面,全省按照党中央、国务院的统一部署,调高了粮食购销价格,其中小麦、玉米、高粱、谷子4种粮食收购价格平均提价幅度为41.9%。全年农产品收购价格提高39.9%,是建国以来升幅最高的一年。1995年,在保证全年15%控价目标实现的前提下,针对前几年化肥、农膜等农业生产资料价格大幅度上涨,棉花生产收益下降的不利局面,全省大幅度提高了棉花收购价格,整顿和微调了甜菜、烤烟、桑蚕茧的收购价格,制订了生猪收购保护价。粮食收购价受生产成本提高的推动与需求拉动的双重影响,也有较大幅度的提高。全年农产品收购价格提高27.2%。这一阶段,在全国物价大幅度上涨的大环境中,受外来工业品涨价冲击力的影响,全省农村工业零售价格出现了较大幅度的上涨,其中1994年上升19.5%,1995年上升12%。但与农产品收购价格分别提高39.9%和27.2%相比,升幅相对较低,致使工农业商品价格"剪刀差"缩小了24.8个百分点,其中1994年缩小14.6%,1995年缩小11.9%,1995年农民用同等数量的农产品比1993年多换33%的工业品。

1996年至1998年,随着农村经济体制改革、农业生产的持续发展,主要农产品供求基本平衡甚至供过

于求，农产品购销不畅，降价竞销，农产品收购价格稳中有降。其中1996年上升1.6%，1997年下降1.3%，1998年下降6.4%。与此同时，把控制物价上涨一直作为这几年宏观调控的重点来抓，整个消费品市场价格平稳，农村工业品价格稳步回落。其中1996年涨幅为6.1%，比1995年回落5.9个百分点，1997年涨幅继续回落为2.8%，1998年下降2.2%。但3年来，农村工业品零售价格的升幅或降幅均高于同年农产品收购价格的升幅或降幅，致使“剪刀差”又出现了扩大之势，其中1996年扩大4.4%，1997年扩大4.2%，1998年扩大4.5%。3年累计扩大了13.6个百分点，农产品换工业品数量减少12%。

总的来看，改革开放以来全省工农业商品价格“剪刀差”的变化是呈缩小的趋势，主要是同期农产品收购价格提高幅度明显高于农村工业品价格上涨幅度。以1978年为100，1998年农产品收购价格提高3.7倍，农村工业品零售价格上涨1.995倍，“剪刀差”缩小了36.5个百分点，1998年农产品换工业品数量比1978年增加57.4%。1979年至1998年全省农产品收购价格年平均提高8.1%，明显高于1950年至1978年2.8%的年平均提高幅度，“剪刀差”平均每年缩小2.2%，比改革开放前快0.3%。

价格改革取得的成绩

建国50年来，全省商品零售价格总水平与上年基本持平或下降的有21个年度，占44%；有较大幅度上升的有27个年度，占56%。其中上涨幅度在1%到5%的有14个年度；上涨幅度5%以上，小于10%的有6个年度；上涨幅度超过10%的有7个年度，分别是1951年、1961年、1988年、1989年、1993年、1994年、1995年，其中改革开放以来有5个年度。

改革开放以来，伴随着价格改革出现的物价上涨，社会上褒贬不一，特别是1988年和1994年两次通货膨胀，更是在社会上引起了强烈的反响。但是只要我们回过头来仔细地分析和研究一下改革以来社会经济的发展和人民生活的变化，就会看到价格改革的主要成绩及其对社会经济发展的积极作用。

(一)促进了国民经济的繁荣与发展

改革开放前的30年，全省商品价格保持了国家统一定价模式，价格总水平基本处于冻结状况。1950年至1978年商品零售价格平均每年上升1.3%，这一时期的国内生产总值平均每年增长6.5%。改革开放以来，价格改革从逐步放开管理权限入手，实行市场调节，市场物价有了较大幅度的上涨。1979年至1998年，商品零售价格总水平每年上涨6.8%，高于改革前5.5个百分点，同期全省国内生产总值年平均增长9%，高于改革前2.5百分点。可以看出，价格改革促进了经济的发展与繁荣。

(二)初步确立了以市场调节为主的适应社会主义市场经济的新的价格体系

1979年以提高农产品价格为突破口，拉开了价格改革的序幕。20年来，经过以放为主、调放结合、治理整顿、深化改革等不同阶段的价格改革，初步确立了以市场调节为主的新的市场经济价格体系。目前，市场调节价格的消费品占全部商品的97%以上，生产资料价格放开的比重占85%以上，农产品收购价格放开的比重占到90%以上。价格管理形式上突破了集中、单一的计划价格，给经营者以自主权，以市场为主导的价格形成机制和价格运行机制初步形成。

(三)逐步认识并自觉运用价值规律的作用，为经济建设服务

价格改革的又一个重大收获就是人们思想观念的重大转变，突破了不承认价值规律在整个经济发展中的调节作用，开始自觉地利用价值规律来指导经济，市场机制的作用明显增强，价格成为企业调整生产方式和生产规模的主要信号。通过价格改革和价格结构的调整，促进了产品结构和投资结构的调整，促进了技术进步和新产品开发，使企业竞争意识明显加强，提高了产品质量和销售率，市场机制作用的范围不断扩大。在物价方针上，突破了长期实行的“一般不动，个别调整”的消极稳定方针，开始按价值规律进行结构性调整。无论是第一产业农产品的价格，还是第二产业工业品价格和生产资料价格，以及第三产业的服务性收费价格，大部分都由传统的国家定价走向市场调节，迈出了价格改革极其关键的一步。

(四)价格改革为宏观调控市场物价积累了丰富的实践经验

天龙超市

经过20年的价格改革,市场机制在价格形成中已起主导作用,全省农产品价格和煤炭等基础产品价格偏低等严重扭曲的价格结构得到明显改善,较大程度上促进了全省支柱产业的发展和经济结构的合理调整,推动了经济体制模式的转换,活跃了流通,繁荣了市场,减少了财政补贴,筹措了大量的基础设施建设资金,为保持全省社会稳定和国民经济良性循环发挥了重要作用。在治理1988年和1994年两次通货膨胀工作中,宏观调控价格方面积累了丰富的经验,建立与健全了科学的价格总水平监测、预警系统,落实"米袋子"省长负责制和"菜蓝子"市长负责制及部门配合、齐抓共管、综合治理的价格调控格局,进一步建立、完善运用价格调控基金等"三金一储"经济手段,不断完善价格管理的法律手段,运用舆论手段实行舆论监督,使市场物价管理进一步制度化、规范化、法制化。

(五)价格改革改善和缓解了工农业商品交换比价偏大的矛盾

改革开放以来,通过调整和逐步放开部分农产品收购价格等措施,使全省的工农业商品价格交换比价的矛盾有所缓解。到1998年全省农产品收购价格比1978年提高了4.214倍,同期农村工业品零售价格上升了199.5%,工农业商品价格"剪刀差"缩小了36.5个百分点,农产品换工业品数量比1978年增加了57.4%。年平均农产品收购价格提高8.1%,"剪刀差"缩小2.2个百分点,农产品换工业品数量增加2.3%。

(六)价格改革使居民的实际生活水平明显提高

改革开放以来,在生产发展的基础上,居民收入增长超过物价上涨,实际生活水平明显提高。1998年,全省城镇居民人均可支配收入为4098.73元,比1978年的301.4元增长12.6倍,平均每年递增14%;同期城镇居民消费价格上涨3.6倍,平均每年递增8.0%。扣除物价上涨因素后,1998年,城镇居民人均可支配收入增长2.9倍,平均每年增长5.5%。

从以上分析可以看出,价格改革确实取得了很大成绩,但是价格改革同整个经济体制改革一样,经历过20年的改革和探索之后,仍然面临着一些尚待继续解决的问题:产品比价不合理的状况尚未根本好转;价格管理机制和价格法制建设还需加强;尤其是当前市场有效需求明显不足,物价长时间持续走低,不利于经济的持续健康发展,价格改革任重道远。

(许富根　吴友军)

对外开放不断扩大

建国50年来,在党和政府的正确领导下,随着国民经济的恢复和发展,山西的对外经济贸易事业从无到有,从小到大,不断发展。特别是党的十一届三中全会以来,改革开放给对外经济贸易事业的发展注入了勃勃生机。50年来,山西的对外经济贸易事业在管理体制、组织机构、经营方式上有了较大的变化,进出口贸易持续增长,利用外资取得开拓性进展,对外经济技术合作范围大大拓宽,开发区建设快速发展,全省的外向型经济显示出向宽领域、高层次、纵深化方向发展的良好势头。

一、管理体制不断完善,经营方式越来越活

建国初期,山西的外贸部门还未开展直接对外进出口业务,当时主要是依靠中央外贸部门有关进出口公司办理极少量的出口业务。1957年,国家为了扩大出口贸易,充分调动各省、市直接出口的积极性,并对外贸管理体制进行了改革,鼓励各省、市大力发展对外出口贸易。从1957年至1998年的40年间,山西外贸部门在管理体制与经营方式方面的改革大体上经历了6个阶段:一是1957年至1977年开始直接对外出口业务阶段,当时的出口额很小。这一阶段中经历了1958年至1965年的偿还苏联外债和恢复调整时期,1966年至1976年的"文化大革命"十年动乱时期。这20年中,全省的国民经济受到很大破坏,对外贸易发展同样受到严重的影响。二是1978年至1984年自营进出口业务起步阶段,一改过去单纯调拨封闭经营的状态,开办了以现汇记帐方式、经营少量的自营进出口业务。三是1985年至1987年自营进出口业务全面发展阶段,外贸企业直接进入国际市场参与国际竞争,扭转了以往向口岸调拨供货到以自营进出口为主的业务。四是1988年至1990年三年承包阶段,由省政府向国家承包出口创汇、出口收汇、上缴中央外汇和定额补贴等四项指标,三年统算、减亏留用、超亏自

负，一定三年不变。五是1991年至1993年企业自负盈亏阶段，国家取消了对外贸易出口的财政补贴，调整了汇率，实行统一的外汇分成办法，使外贸企业逐步走上统一政策、平等竞争、自主经营、自负盈亏、工贸结合、推行代理制、联合统一对外的轨道上。六是1994年至今，外贸改革的主要内容是：国家对外贸进出口企业实行统一的结汇制、建立以市场需要为基础的、单一的、有管理的人民币浮动汇率制度，为国有外贸企业与其他企业公开竞争创造了较好的环境，也有助于发挥汇率调节对外贸易的功能。经过近40多年的发展、改革，使全省外贸企业经营机制得到有效的转变，从而更加强化了企业自我发展的功能。

二、进出口贸易持续快速发展

1957年，国家为了扩大出口贸易，对外贸管理体制进行了改革，鼓励各省、市大力发展对外出口贸易。这一年，全省外贸部门开展了直接对外出口业务，向苏联、朝鲜、越南、蒙古等国家和地区直接出口煤炭、硫磺、水泥、石膏、果脯等商品，出口创汇145万美元。其中出口工矿产品119万美元，占总额的82.1%；出口农副产品26万美元，占17.9%。1958年至1963年，我国为了偿还苏联外债，国家外贸各专业公司下达山西执行的外贸出口协议合同较多，出口额相对扩大。1963年，全省外贸出口创汇为1232万美元，比1957年增长7.5倍，年平均增长速度35.8%。之后，国民经济进入了“调整时期”，工农业生产重点以满足国家和省内需要为主，出口商品规模进行了适当的控制。1964年，我省外贸出口创汇下降到891万美元，1965年又下降为806万美元。“文化大革命”十年动乱时期，国民经济受到很大破坏，对外贸易发展同样遇到严重的影响。十年动乱中外贸出口连年下降，到1976年下降到最低点，出口创汇仅为162万美元，比1963年减少1070万美元，年平均下降13.5%。

党的十一届三中全会以后，国民经济开始走上了稳步、健康的发展轨道，全省对外贸易事业有了迅速的发展。1978年，全省外贸出口总额达到731万美元，比1957年增长4倍；比十年动乱最低点的1976年增长3.5倍。1981年，山西正式成立了进出口专业公司，开始办理自营进口业务，从此结束了全省30多年来委托进口业务的历史。当年进出口总额达4432万美元，其中出口2852万美元，进口1580万美元。在以后的17年间，全省对外贸易事业经过5个大的发展阶段后，管理体制的改革、经营机制的转变有了明显的效果。1998年，全省外贸进出口总额达到17亿美元，比1981年增长37倍，以每年平均增长23.9%的速度递增。其中：1998年出口额为14.52亿美元，比改革开放以来的1978年增长198倍，年平均增长速度为30.3%；1998年进口额为2.48亿美元，比1981年增长15倍，年平均增长速度为17.6%，以上指标均高于同期全国的发展水平。

(一)出口商品不断增加，大宗资源性优势商品的出口日趋规模化

1957年，全省的出口商品只有十几种，到改革开放的1978年发展为75种，比1957年增长6.5倍；到1998年出口商品达到508种，比1978年增长5.8倍。1998年，全省外贸出口商品在100万美元以上的有94种，出口额为13.99亿美元，两项指标分别比1978年增长46倍和373倍；同时占1998年出口商品总数、总额的18.5%和96.4%，一批创汇拳头产品已初具规模。为充分发挥地方资源性商品的优势，全省在扩大和加速煤炭自营出口的同时，加强和提高焦炭出口的管理和规模。1998年这两种支柱出口商品实现创汇6.46亿美元，比1978年增长504倍，年平均增长速度为36.5%，占到1998年出口总额的44.5%；加上金属镁、生铁、服装、钢材、棉布、核桃仁、铝、法兰盘、活性碳、各类机械等商品，共计出口创汇9亿美元，比1978年增702倍，年平均增长速度为38.8%，占到1998年出口总额的62%。

(二)出口国别和地区不断增加，出口市场逐步向多元化方向发展

1998年，全省出口商品销往104个国家和地区，比1957年增长25倍，比改革开放的1978年增长20倍。1998年出口额在500万美元以上的国家和地区有32个，出口额为11.26亿美元，分别比1978年增长15倍和220倍，年平均增长速度分别为14.87%和31%，出口额占到1998年出口总额的77.55%。在全省外贸多元化战略措施逐步强化，贸易方式和出口市场进一步拓宽的基础上，开始向巩固和规模化方向大力发展。按出口额比例和分地区情况看，1981年，亚洲占91.7%，欧洲占4.9%，非洲占1.9%，拉丁美洲占1.3%，北美洲占0.2%；到1998年发展有所变化，亚洲占52%，欧洲占25.3%，北美洲占17.4%，拉丁美洲占3%，非洲占1.5%，大洋洲及太平洋岛屿占0.8%。1998年出口国家和地区排在前五位的有：美国1.94亿美元，占总数的13.36%；日本1.92亿美元，占13.22%；韩国1.28亿美元，占8.8%；香港1.05亿美元，占7.23%；瑞士0.67亿美元，占4.6%；分别比1981年增长66%、24.8%、39.9%、15.2%和78.5%。

(三)出口商品结构得到明显改善

1998年，全省农副产品出口1.25亿美元，比1957年增长478倍，比1978年增长23倍，占出口总额的比

重由1957年的17.9%下降到1978年的13.2%，到1998年下降为8.6%；而纺织工业和工矿产品的出口额1998年为13.27亿美元，比1957年增长1114倍，比1978年增长230倍，占出口总额的比重由1957年的82.1%上升到1978年的86.6%，到1998年上升为91.4%。按国际贸易标准划分，初级产品所占出口总额的比重由1981年的75.7%下降到1998年的68.3%，工业制成品由1981年的24.2%上升到31.7%。

(四)进口贸易进一步扩大

1981年，山西正式成立了进出口专业公司，当年用地方外汇直接从日本、美国、香港等国家和地区进口5类21种商品，进口总额达1580万美元。之后，根据全省工农业生产发展和人民生活的需要，直接进口商品逐年增多。到1985年突破1亿美元的大关，达到1.14亿美元，比1981年增长6.2倍，年平均增长速度为48.4%。到1998年进口商品达148种，进口额达2.48亿美元，分别比1981年增长6倍和15倍，年平均增长速度分别为13%和18.8%。

三、利用外资保持较快的发展

"二五计划"初期，山西开始从苏联等东欧国家引进了一批建设项目，当时对于迅速改变山西工业的落后面貌发挥了重要的作用。到了60年代后期，又从罗马尼亚、芬兰、捷克、瑞士等国家引进了发电机组。但由于十年"文革"的破坏，造成了在国际间经济技术交往的中断。党的十一届三中全会以后，随着经济体制改革和对外开放政策的实施，山西的对外经济工作有了很大发展。

利用外资是我国实行改革开放方针的重要内容之一。随着我国吸引外商投资逐步向中西部地区转移的发展趋势，山西作为资源大省、能源大省的优势日益显现出来，外商对山西的投资逐渐看好，利用外资规模在不断扩大。1985年山西利用外资工作开始起步，当年实际利用外资176万美元，到1998年发展为5.92亿美元，比1985年增长335倍，年平均增长速度为56.4%，占到全社会投资总额的比重由1985年的0.06%上升到1998年的4.9%，发展速度明显加快。

(一)对外借款逐年增多，弥补了省内建设资金的不足

改革开放以来，山西借用国外资金的数额增加迅猛。由1985年的55万美元增加到1998年的3.48亿美元。14年间累计借用国外资金达9.71亿美元，为全省重点建设了一批铁路、微波通讯、电厂、化肥厂、水泥厂、程控电话和引黄工程等基础设施项目，对调整全省的产业结构、加快经济建设、提高产品质量、增大程控创汇能力起到了重要的作用，既弥补了全省重要建设资金的不足，又改善了全省的投资环境。

(二)外商投资企业在经历了起步、高速、调整几个阶段后，1995年出现了阶段性的转折

1984年，山西省创办了第一家中外合资企业——华杰电子有限公司。到1998年底，累计批准成立外商投资企业1947家，协议利用外资30.98亿美元，外商实际投资8.92亿美元。

从发展过程来看，山西外商投资企业的发展大体上经历了3个阶段：一是1984年至1991年为起步阶段。8年间，全省共批准外商投资企业130家，协议外商投资6052万美元，发展比较缓慢。二是1992年至1993年为高速发展阶段。在邓小平同志南巡谈话之后，仅1992年一年内就批准外商投资企业377家，协议外商投资2.67亿美元，是前8年总和的1.9倍和3.4倍；1993年再掀高潮，共批准外商投资企业660家，协议外商投资4.02亿美元，又超过了前9年的总和。三是1994年至今为调整阶段。在此期间，由于国家外资政策上的调整，直接影响到全省外商投资企业项目审批数量有所下降，协议外商投资有所增加。1994年，全省审批外商投资企业241家，协议外商投资2.15亿美元；到1998年审批外商投资企业102家，协议外商投资4.12亿美元，分别比1994年下降了57.7%和上升了91.6%。

从合作方式来看，中外合资企业居首位，达1603家，占到总数的82.33%；外商独资企业居第二位，达229家，占总数的11.76%；中外合作企业114家，占总数的5.86%；股份制企业一家。

从投资规模来看，投资面进一步拓宽，结构进一步优化。一是成立了全省第一家在香港上市发行H股的经纬机股份公司；二是成立了全国最大的中外合资火力发电企业——阳城电厂；三是交通领域引资首次全部到位。

世界王氏恳亲联谊大会　　王天明　摄

从外资来源来看，逐步趋向多元化，国际知名的跨国公司开始关注并来山西投资。15年间，山西吸引外商投资涉及国家和地区有42个，在以港澳台投资为主的基础上，投资国家逐步向百慕大、美国、维尔京群岛、凯曼群岛、日本等国家和地区拓展。其中累计协议外资金额上亿美元的有香港10.5亿美元，百慕大8.97亿美元，美国2.7亿美元，维尔京群岛2.63亿美元，台湾1.28亿美元，凯曼群岛1亿美元。5000万美元以上的有英国7166万美元，加拿大5989万美元，日本5262万美元。1000万美元以上的有韩国、意大利、澳门、澳大利亚、德国、新加坡、苏丹、泰国。国际上一些大的跨国公司、集团关注山西，对山西投资表现出极大的兴趣，如美国的CBM能源集团有限公司、瑞士的霍德班克公司、德国的西德福公司、新西兰的雄狮钢铁集团、泰国的正大集团、日本的关西国际资材株式会社、法国的于吉纳公司、英国的BOC公司等。

四、对外经济技术合作呈现新的飞跃

为了不断扩大同国际间的经济技术合作与交流，1985年成立了山西省国际经济技术合作公司，以开展各种形式的技术合作为内容，实行对外承包工程、劳务合作、承办经济援助任务、兴办企业。14年间，承包工程和劳务合作市场进一步拓宽，经济效益不断提高。十几年来，全省先后在伊拉克、日本、德国、匈牙利、立陶宛、韩国等20多个国家和地区开展了劳务合作，在南美洲的厄瓜多尔、非洲的圣多美和普林西比等国开展了对外承包工程。1998年，全省签订承包工程和劳务合作完成合同额达3897万美元，营业额2098万美元，年末在外人数1304人，分别比1985年增长38倍、15倍和11倍，年平均增长速度分别为32.24%、23.71%和20.95%。截止目前，全省有对外承包、劳务经营权的单位已从最初的2家，增加到13家，并在国外设立了12个办事机构，业务拓展到日本、韩国、新加坡、以色列、美国、香港等十几个国家和地区，初步形成一业为主、多种经营、纵向发展的格局。

五、开发区建设快速发展

开发区是山西对外开放的排头兵、试验区，是新的经济增长点。1991年，全省的第一个高新技术开发区在太原成立，为全省开发区建设带了一个好头。之后省政府又出台了85号文件，对开发区的建设给于了一些特殊政策，对开发区的发展作了明确的规划，要求到本世纪末，全省开发区累计利用外资10亿美元，进出口总额达到6亿美元。1996年，全省已批准成立了9个省级经济技术开发区，入区企业近123家，工业总产值达30多亿元，利用外资额2263万美元，占当年全省实际利用外资总额的3.9%。到1998年发展为13个经济技术开发区，入区企业681家，工业总产值达到54亿元，利用外资额2709万美元，分别比1996年增长44%、5倍、80%和20%；利用外资额占到当年全省利用外资总额的4.6%，比1996年上升了0.7个百分点。

（刘　瑛）

旅游事业方兴未艾

山西是中华民族发祥地之一，有5千多年的历史，这里有众多的自然风光和文物古迹，旅游资源丰富多彩，得天独厚。但是由于历史上的原因，山西长期处于落后闭塞的状态，新中国建立以前，山西基本上无旅游业可言。新中国成立后，特别是党的十一届三中全会以来，山西旅游事业经历了从无到有、从小到大的历程，得到长足发展。

一、旅游区域不断扩大，游客成倍增长

山西有悠久的历史、丰富的文化遗产，文物古迹星罗棋布、美不胜收。山西现存的辽、金以前的地上古建筑，居全国之冠，占到70%以上，在国务院公布的第一批180个重点文物保护的文物单位中，山西占11个，全省定为国家级重点保护文物的古迹17处，定为省级重点保护的文物122处，因此山西享有“古文物之乡”和“中国古代艺术博物馆”之美誉。

山西是抗日战争的根据地。遍布全省的上百处革命文物和纪念地，忠实地记录了中国人民进行革命斗争的永不磨灭的业绩，是中国现代革命史中极其珍贵的文物。

山西旅游业兴起以来，已对外开放参观游览的文物古迹景点有200多处,游览景点大体分为大同、恒山、平朔、五台山、太原、绵山、临汾、运城、灵空山、长治、晋城、历山、阳泉、北武当山等14个旅游区。

山西复杂多变的地形地貌形成了许多奇特瑰丽的自然景观。除素称"人天北柱"的北岳恒山和号称"华北屋脊"的五台山列为国家级风景名胜区外,1987年,山西省人民政府批准6处风景名胜区为山西省第一批省级风景名胜区,即晋祠——天龙山风景名胜区、壶口风景名胜区、北武当风景名胜区、绵山风景名胜区、石膏山风景名胜区、姑射山风景名胜区。到1998年底,全省共有85个县、市,11个风景名胜区和219个景点对外开放,这些丰富的旅游资源和不断扩大的旅游区域,吸引了大量的外国游客。

1958年,山西成立了中国国际旅行社太原分社,是山西旅游事业起步的标志。1973年周恩来总理陪同法国总统蓬皮杜到大同云冈石窟参观游览后,在国外引起反响,提高了山西知名度。随之,"太原三社"(山西省中国旅行社、山西省华侨旅行社和中国国际旅行社太原分社)开始接待由国际旅行总社和中国旅行总社安排的团队和少部分零散旅游的外国人和华侨、港澳同胞、外籍华人,但每年接待量仅有二三百人。1977年9月,太原、大同两市正式对外开放。1978年"大同三社"接待国外游客突破1万人次,"太原三社"接待国外游客1119人次。1979年两地共接待国外游客2.1万人次,大同成为全国10个旅游热点城市之一。1980年到1983年,由于对旅游业的特点认识不足,缺乏经验,国际旅游业务没能继续发展,每年接待游客均在2万人以下。1984年以后,山西旅游部门解放思想,发扬积极进取精神,扩大自主外联,大力开拓国际旅游市场,扭转了前几年的徘徊局面,来晋旅游的国际游客逐年增加。到1998年,各级旅游部门共接待国际游客125051人次,比1978年增加113932人次,增长10倍,平均每年增长13.6%。从1978年到1998年,全省各级旅游部门共接待到山西探亲、访友、旅游、观光、洽谈贸易及从事科技、文化、体育交往及政治活动的外籍游客和港澳台胞达1050334人次。其中外国旅游者766711人次,华侨18406人次,港澳同胞143021人次(1987年前含极少量的台湾同胞)台湾同胞122196人次(1987年-1998年累计数)。从分地区接待情况看,大同接待335692人次,太原接待238083人次,忻州接待110683人次,运城接待61334人次,临汾接待25192,其它城市接待58531人次。从1978年-1998年分国别情况看,日本274062人次,居第一位,法国84931人次,居第二位,美国70948人次,居第三位,排名四至七位的分别是:德国57405人次,英国32150人次,新加坡22298人次,意大利18118人次。

山西的国内旅游业始于1980年,当年五台山接待国内旅游者达6.3万人次,其它如云冈石窟、晋祠、悬空寺、双林寺、关帝庙、永乐宫等旅游景点接待的国内旅游者据估算在100万人次以上。之后,国内旅游历年都有增长。属于旅行社有组织的国内旅游开始于1985年,国内旅游的有组织接待、真正兴起并迅速发展是在1986年。1984年至1998年的统计表明,山西省的国内旅游者接待人数较之国际旅游接待人数,增长速度快、人数规模大、市场形成迅速。16年间山西接待的国内旅游者以年均14.51%的速度递增。共接待国内旅游者11379万人次,1998年与1984年国内旅游者接待人数相比,增长了5.7倍。

山西省的出国(境)旅游招徕接待始于1992年。到1998年,7年间组织接待本省中国公民自费出国(境)旅游者18471人次。1998年与1992年的出国(境)旅游者接待人数相比,增长了3.4倍。

二、基础设施投资规模不断扩大,旅游条件逐步改善

山西人文景观经过历代战乱,倍受摧残。1983年以来,首先对五台山、恒山、大同、太原、临汾、运城等地区的人文景观进行维修,仅旅游部门即投资627万元,加上文物部门和各级政府的拨款,共投资达1.5亿元,使100余个人文景观得到恢复,再现了古建筑的光彩。

在大规模修复人文景观的同时,在主要景区进行了道路维修建设、通讯设施改造、园林绿化、商业网点配套等设施工程的建设。到1998年底,交通部门以维修、拓宽旅游景区道路400公里,尤其是太旧高速公路的开通、原太公路的修建为全省旅游事业的发展提供了更加便利的条件;铁道部门为适应国外游客的需要,在太原—西安—成都的直达快车加挂了软卧车厢;民航部门新购客机,开辟了5条新航线,增加了飞行班次。交通条件的明显改善,缓解了旅游者到山西"进不来、出不去"的被动局面。各景区植树绿化1000多亩,通讯设施、供电情况都有了改善。到1998年底,全省共有旅行社76家,其中国际旅行社11家,国内旅行社65家;共有星级饭店47家,其中4星级2家,3星级12家,2星级31家,1星级2家。旅游车船也有较快增长,到1998年,共有载客汽车710辆,总座位7096座,其中大型客车71辆,中型客车169辆,小型客车175辆。接待设施的不断改善,不仅方便了游客,同时为进一步发展山西的旅游事业奠定了基础。

三、旅游收入成倍增长，社会效益日益明显

1978年至1998年，山西省旅游事业经过20年的发展所带来的最直接的效益，就是其作为一项新型的综合型经济产业所创造的经济价值。旅游业的经营创汇和旅游收入，已被公认为全省国民经济各行业中增长速度最快的产业之一。

国际旅游创汇。旅游业的发展首先带来的是旅游外汇收入，在各种贸易和非贸易创汇收入中，旅游外汇收入是公认的换汇成本低、外汇收入量较高的非贸易外汇收入的重要组成部分。旅游外汇收入主要来自于接待海外旅游者的行、游、住、食、购、娱等6个方面的服务性创汇。山西省的旅游创汇增长幅度是比较大的。1998年外汇收入达3826.25万美元，比1978年的88.76万美元，增长42倍，20年国际旅游创汇达1.79亿美元，年平均递增20.71%，其间1980年和1989年旅游创汇曾出现滑坡，但通过采取有效措施，均较快得到回升，并且保持了较好的发展势头。

国内旅游收入。山西的国内旅游业务经营比国际旅游业务经营开展稍晚，正式开始是从1984年。到1998年，山西的国内旅游收入14年累计达到163.48亿元人民币，年平均递增44.80%。1998年与1884年的国内收入相比，增长177倍，旅游收入有较大幅度增长。

社会效益。山西省旅游业在对外开放中诞生，在扩大开放中发展，仅有20多年时间，旅游业发展不仅产生了直接的经济效益，而且其作为带动性极强的新兴的"朝阳产业"所产生的社会效益，也从各方面体现出来，被公认为是全省国民经济中经济增长速度最快、第三产业中龙头带动作用最强、资源条件雄厚大有可为并可持续发展的产业之一。

1.旅游业促进了山西省国民经济的发展。20年来，旅游业在国民经济和第三产业中地位日显重要。1979年山西省国内生产总值为106.43亿元，其中第三产业增加值21.05亿元，国际旅游创汇276万元人民币外汇券(折合人民币466.44万元)，旅游收入分别相当于山西省国内生产总值的0.44%和第三产业增加值的2.21%。1995年山西省国内生产总值为1092.48亿元人民币，第三产业增加值为378.66亿元人民币，旅游总收入达16.7亿元人民币(其中国际旅游创汇206162万美元，国内旅游收入15亿元人民币)，旅游收入分别相当于全省国内生产总值的1.53%和第三产业的4.44%。1998年，山西省国内生产总值为1601.11亿元人民币，第三产业增加值为537.7亿元人民币，旅游总收入达56.6亿元人民币(其中国际旅游创汇3826.25万美元，国内旅游收入53.42亿元人民币)，旅游收入分别相当于全省国内生产总值的3.54%和第三产业增加值的10.53%。旅游业的增长速度明显快于全省国民经济和第三产业增长速度。山西1998年与1979年的国内生产总值和第三产业增加值相比，分别增长了14.04倍和24.5倍，而旅游业1998年与1979年的旅游收入相比，增长了1212.45。山西省旅游业这种发展势头和保持的高速增长速度，明显地促进了全省国民经济的发展。

2.旅游业促进了山西对外开放程度的提高。旅游活动交流直接带动了国内外人流、信息流、资金流和物资流的涌动发展。1978年至1998年，山西省共接待海外旅游者105.04人次(其中外国人76.68万人次，华侨1.84万人次，港澳同胞14.3万人次，台湾同胞12.22万人次)，客源涉及到134个国家和地区，其中比较发达的国家和地区30余个。1984年至1987年山西省共接待国内旅游者11379万人次，其中外省人员近50%，人员涉及28个省、自治区、直辖市。1992年至1998年山西省共组织招徕1.85万本省中国公民自费出国旅游，分别赴新加坡、泰国、马来西亚、朝鲜、缅甸、菲律宾、印度尼西亚及其他国家和香港、澳门等地区游览观光。这种山西有史以来长时间、大规模、大众化的内外交流活动，无疑增进了世界各国和全国各地人民对山西的了解和认识，提高了山西的知名度，同时也大大开阔了山西人民的视野，进一步了解了外面的世界及其发展变化，因此旅游业同各行业相比已被公认为是山西省对外开放的巨大桥梁。旅游业自身的发展以其显著的外向性、开放性、国际性促进了山西投资环境的改善。据1995年统计测算，山西省每接待350名海外旅游者或179名台湾同胞，就可望分别建立外资或台资企业各一家。

3.旅游业促进和带动了第三产业的发展。旅游业的发展需要行、游、住、食、购、娱等6个方面的单项产品或服务性产品的供给。1978年至1997年，山西省新建、整修或改造升级的旅游公路、景区道路达400余条，且多在山区，既用于旅游客运，又为当地的工农业生产建设创造了条件。全省有219处正式对外开放的旅游景区景点每年都接待大批旅游者。旅游景点的开发利用，已初步使得山西的旅游资源包括人文、自然、社会的资源，有相当一部分变成了单项的旅游产品，既产生了经济效益又反过来保护维修了一些重要的文物、自然保护单位，尤其是进一步促进了文化、宗教、环保、林业、水利建设事业的发展。山西省64家旅游(涉外)饭店和其中的47家星级饭店的建设和营业，不仅较大地促进带动了饭店业和餐馆业经营管理水平的提高，而且进一步带动了饭店业和餐馆业的繁荣

发展。旅游业的发展还带动了山西许多地(市)甚至偏远山区的餐饮、商业、贸易、服务、运输、通讯和旅游运输工业品、纪念品生产销售等第三产业的发展。90年代中期国内旅游业的迅速发展,尤其显示了旅游业在促进和带动第三产业发展中的作用。据调查统计,1995年山西省15亿元的国内旅游收入中有52.9%来自外省旅游者,约合7.94亿元人民币,相当于全省第三产业增加值2.11%。在把旅游消费视为社会消费品的意义上,若把外省旅游者消费支出额与1995年社会消费品零售额367.4亿元相比,山西省社会消费品零售额平均每100元中就有可能有2.16元来自外省旅游者的各种消费支出。1997年山西省53.42亿元的国内旅游收入中有40%以上来自北京、天津、河北、河南、陕西、山东等25个省的国内旅游者,约合17.47亿元人民币,相当于全省第三产业增加值的3.5%,可使山西省社会消费品零售额平均每100元中就有可能有3.47元来自外省旅游者的各种消费支出。

4.旅游业促进和带动了山西省的脱贫致富工作。1987年,山西省制定实施了“八七”旅游扶贫计划。截至1997年,在全省219处旅游景点景区的带动下,山西省内已经和正在脱贫致富的村庄达1000多个,约30万人。如五台山台怀镇22个行政村5000人直接从事旅游服务业,1996年实现经济总收入2250万元,农民人均纯收入1120元,是1978年的22倍。截至1996年,五台山风景名胜区已有25个村、1800户贫困户走上旅游致富道路。旅游业的发展,为吉县经济注入生机活力。1996年,吉县国内生产总值为1.52亿元,其中第三产业达到4165万元,农民人均纯收入达到919元,全县社会消费品零售额达5840万元,与1990年相比,该县经济出现可喜变化。晋城市水东村村民,1993年集资创办丹河龙门口旅游区,1996年旅游接待直接间接累计收入达170余万元。在水东村农民人均收入2400元的纯收入中,旅游收入平均占到42%。浑源恒山停旨岭村518人,户均只有2分地,70%的村民从事旅游服务业,人均年收入由1990年的500余元增长到1996年的1740元。恒山附近的唐家庄村1720人,多数兼营旅游服务,1996年旅游总收入达60余万元,农民人均收入达5000多元。在旅游业的带动下,浑源县的财政收入1996年达到4800万元,是1990年的4.2倍。大同云冈镇利用附近云冈石窟的优势,着力形成以旅游业为先导的镇游经济格局。1996年农村总收入达4.56亿元,人均纯收入达2156元,进入了小康乡镇行列。旅游业的发展,促进了和带动了实现农村经济的脱贫致富工作。

5.旅游业促进了社会就业。旅游业的迅速发展,使得旅行社行业、旅游饭店不但总体经济效益较好,而且在减轻社会劳动就业的巨大压力方面有所作为,成为许多大中专和职高毕业生的首选工作单位。1990年至1995年,全省各地旅游企业迅速发展,由此而产生的安排就业人数达4万余人,全省旅游产业队伍达到6万多人。1997年达到7.16万多人,旅游业的发展及其发展前景还吸引了许多较大的国有大中型企业如大同矿务局、平朔露天煤矿、太原钢铁公司、杏花村汾酒股份有限公司、潞安矿务局、山西化肥厂等安排职工再就业、企业转产第三产业时,把目光放在发展旅游产业上来。1992年起,山西各地还掀起了全社会兴办旅游的热潮,1994年山西省有80多个市县对当地旅游资源开发利用情况作了调研,其中已有20余个县、市已把旅游业作为支柱产业来办。这些都为发展旅游业,解决社会就业问题提供了较好的社会经济条件和发展后劲。

(韩清波　刘景雯)

财政实力显著增强

建国50年来,随着国民经济的健康发展,山西财税部门在省委、省政府的正确领导下,广聚财源、科学理财,财政实力显著增强,支出规模持续扩大,税收渠道日益拓宽,为兴晋富民作出了重大贡献。

财政在经济发展和体制改革中不断壮大

新中国成立后,山西财政部门十分重视收入组织工作,在工农业生产持续发展的基础上,逐步改革和完善财政管理体制,积极疏通和拓宽资金渠道,努力扩大财源，从而使财政收入规模不断壮大，为全省国民经济建设和各项社会事业的发展奠定了坚实的基础。到1998年，全省财政总收入达到了182.17亿元，比1949年增长2149倍，平均每年增长17%。纵观山西财政收入50年来的发展轨迹，可将其归纳为五个不同的发展时期：

（一）财政收入迅速好转时期

这一时期的起止年份为1949年至1952年。建国初期，全省面临的是旧中国遗留下来的恶性通货膨胀和物价飞涨的混乱局面，经济基础十分薄弱，财力严重不足，1949年全省财政收入只有847万元。1950年进入经济恢复时期后，全省各级财税部门加强税收征管工作，大力开展反偷税漏税活动，打击投机诈骗行为，积极扩大财源，使财政状况迅速好转。到1952年，全省财政收入已达1.8亿元，比1949年增长20.6倍，平均每年增长1.8倍。

这一时期的财政收入中，增速快慢依次为企业收入、各项税收和其他收入。1952年，全省企业收入为2953万元，比1950年增长139.6倍，平均每年增长10.9倍，占财政收入总额的16.2%；各项税收为1.5亿元，比1949年增长17.6倍，平均每年增长1.7倍，占财政收入总额的81.1%；其他收入为50万元，比1949年增长8.9倍，平均每年增长14.7%，占财政收入总额的2.7%。

（二）财政收入平稳发展时期

这一时期的起止年份为1953年至1957年。从1953年起，我国进入了第一个五年计划时期，国民经济纳入了正常发展轨道。为适应经济发展的需要，财政管理体制由原来的“高度集中”变为“划分收支、分级管理、侧重集中”的体制。这一体制的实行，有力地调动了各级财税部门组织和管理收入的积极性，全省财政收入呈现出平稳发展的态势。5年中，全省财政收入除1954年比上年增幅较大外，其余年份均为小幅增长：1955、1956、1957年分别比上年增长3.6%、2.1%和9.3%。1957年与1952年相比，全省财政收入增长近1倍，平均每年增长14%。5年中，全省财政收入累计达15.3亿元，年均收入3.1亿元，比1949年至1952年的年均收入增长3.2倍。在财政收入累计额中，企业收入2.3亿元，所占比重为15%，比1949年至1952年的比重扩大4.7个百分点；各项税收12亿元，所占比重为78.4%，比1949年至1952年的比重缩小6.2个百分点；其它收入为1亿元，所占比重为6.6%，比1949年至1952年的比重升高1.5个百分点。

（三）财政收入起伏较大的时期

这一时期的起止年份为1958年至1978年。在此期间，由于受“大跃进”特别是“文化大革命”的干扰，全省经济运行波动较大，加之财政体制多次变化，使财政收入呈现较大的起伏状态：在1958年至1960年连续增长的情况下，1961年骤然下降，全年收入仅6.9亿元，比1960年减少4.7亿元，下降幅度达40.8%；1962年又比1961年减少1.5亿元，降幅亦达21.5%。1963年至1965年财政收入变化不大，基本在6—7亿元之间波动。“文化大革命”中的1968年，全省财政收入猛跌到3.9亿元，比1967年的6.2亿元减少2.3亿元，比1965年减少3亿元，降幅达43.5%。1969年至1973年全省财政收入升势强烈，由5.1亿元增加到14.7亿元，平均每年增长30.3%。此后财政收入再呈跌势，到1976年仅为9.7亿元，降至1971年以来的最低谷，与最高年份1973年的落差接近5个亿。1977年，随着“四人帮”的粉碎和经济形势的好转，财政收入达13.2亿元，1978年则攀升到19.6亿元。1978年与1957年相比，财政收入增长4.6倍，平均每年增长8.5%；1958年至1978年的21年间，全省财政收入累计达198.2亿元，年平均收入9.4亿元，比1953年至1957年的年平均收入增长2倍。

这一时期，财政工作由于忽视了税收杠杆作用，一再简化和合并税种，扩大企业上交利润的比重，致使税收在财政收入中所占比例一再缩小。21年间各项税收共计112.7亿元，占同期财政收入的56.9%，比1953年至1957年所占78.4%的比重缩小了21.5个百分点；企业收入共计83.2亿元，占财政收入的42%，比1953年至1957年所占15%的比重上升了27个百分点。

（四）财政收入持续稳定增长时期

这一时期的起止年份为1979年至1993年。党的十一届三中全会以后，财政体制先后进行了一系列改革：1980年，实行了“划分收支、分级包干”的财政体制，改变了过去“高度集中、统收统支”的旧体制；1983年财政体制又改为“总额分成、分级包干”，省对地市、地市对县（区）也按这种体制执行，并重新核定了收支基数和分成比例。与此同时国家还对国有企业实行了第一步“利改税”，较好地处理了国家、企业和职工个人三者的利益关系；1984年，又实行了第二步利改税，从“利税并存”过渡到“以税代利”，从法律上明确了企业与国家的经济关系。“利改税”的第二次改革，既是国家与企业之间分配关系的一次重大调整，又是工商税制度的一次全面改革。通过这一改革，税收制度由原来的单一税制转变为多税种、多环节、多层次的复税制。1989年，省对地方由过去单一的总额分成办法改为收入递增包干、收支大包干、定额补助包干等办法。随着财政体制的不断改革和完善，有效地调动了全省各级财税部门组织财政收入的积极性，财政收入呈现出持续、稳定的增长态势。到1993年,全省地方财政收入达到72.4亿元,是1978年的3.6倍,平均每年增长12.3%。这一时期,由于税收杠杆作用的加强,税种范围不断扩大,各项税收迅速增长。到1993年,全省各项税收达到81.9亿元(含国营企业所得税、调节税),比1978年增长7倍,平均每年增长14.9%。其中工商税收为76.8亿元,比1978年增长7.1倍,平均每年增长15%。

(五)财政收入高速发展时期

这一时期的起止年份为1994年至1998年。1994年,按照国务院关于实行财税改革的统一部署,实施了分税制财政体制的改革。为适应这一改革的要求,全省完成了国家税务局和地方税务局的分设组建工作,制定了国、地两个税务系统的征收管理范围,实现了新旧体制的平稳过渡和衔接;1994和1995年,全省围绕建设现代化企业制定目标,对30户试点企业进行了重点扶持,通过增补流动资金、列支技术开发费、将"拨改贷"改为"贷改拨"等措施,减轻了企业负担;1995年全省筹集资金建立了粮食风险基金、副食品风险基金和重要商品储备制度;1996年国家颁布了《关于加强预算外资金管理的决定》,旨在把预算外资金纳入预算管理轨道,统筹安排,提高资金使用率。这一时期,在省委、省政府提出的"四大战役"、"五个一工程"奋斗目标的激励下,特别是分税制财政体制的实施运行,使全省的财政工作取得了前所未有的好成绩。1998年,全省财政总收入达182.17亿元,同口径比1993年增长1.37倍,平均每年增长18.8%;全省地方财政收入达104.2亿元,同口径比1994年增长93.6%,平均每年增长17.8%。

财政积极支持经济建设和各项事业的发展

建国50年以来,随着财政实力的不断增强,本着"取之于民,用之于民"的原则,财政支出规模持续扩大,有力地支持了山西的经济建设和各项事业的发展。1998年,全省财政支出总额达164.4亿元,比1950年增长419.6倍,平均每年增长13.4%。50年来山西财政分配在各个时期呈现出不同的特点:

(一)建国初期:财政的各项支出基本均衡,对全省国民经济的恢复和发展发挥了重要作用

1949年,全省财政支出只有799万元,根本满足不了社会发展的需要。进入经济恢复时期,随着生产的不断发展和财政收入的日益增加,财政支出的规模不断扩大。到1952年,全省财政支出上升到1.1亿元,比1949年增长12.7倍,平均每年增长1.4倍。3年财政总支出中,用于经济建设方面的支出为6862万元,占总支出的33.1%;用于社会文教卫生方面的支出6172万元,占总支出的29.8%;用于行政管理方面的支出7228万元,占总支出的34.9%。这一时期的财政支出主要用于上述三方面,而且分配数额相差不大,基本均衡。

财政支出的增加,对全省国民经济的恢复和发展发挥了较大的作用。到1952年,全省的工业总产值由1949年的2.2亿元增加到14.5亿元,增长48.5%;社会商品零售额由1.7亿元增加到6亿元,增长2.5倍;国家机关和人民团体的工资总额由617万元增加到1908万元,增长2.1倍。

(二)社会主义经济建设和改造时期:财政的投入主要倾向于经济建设和社会文教卫生,有力地促进了国民经济的顺利发展

1953年,全国进入了大规模的经济建设和社会主义改造时期。财政工作的重点,主要是为经济建设筹集资金和促进生产资料所有制的社会主义改造。在此期间,全省财政支出增长较快:1957年,全省财政支出达2.9亿元,比1952年增长1.6倍,平均每年增长21.4%。5年中全省财政共支出11.6亿元,其中用于经济建设支出4.5亿元,占总支出的38.8%;用于社会文教卫生支出4.4亿元,占总支出的37.6%。可以看出,仅此两项支出即占总支出的3/4以上,而用于行政管理和其它方面的支出不足1/4。

经济建设费支出的大量增加,为保证全省在这一时期经济建设项目的完成做出了贡献。5年间,全省建设了一批基础工业,为全省工业生产的发展奠定了一定的基础。与此同时,社会文教费的增加,有效地促进了全省中小学教育的发展。这一时期,全省普通中学由1952年的105所发展到1957年的249所,增加144所;在校学生由1952年的4.1万名增加到1957年15万名,增加10.9万名。全省小学由1952年的2.7万所发展到1957年的2.8万所,在校学生由1952年的160.8万名增加到1957年的190.8万名。

(三)"大跃进"和"文革"时期:财政的支出格局是重生产、轻消费,国民经济比例失调,人民生活受到影响

"大跃进"时期,由于浮夸风和"共产风"的泛滥,财政支出盲目用于生产而轻视消费,基本建设急剧膨胀,物资供求矛盾突出。1958年至1960年的3年中,全省财政支出共计29.6亿元,而用于基本建设支出就达18亿元,占财政支出的比重达60.8%,比1957年所占40.4%的比重扩大20.4个百分点。1961年,中央提出"调整、充实、整顿、提高"的八字方针后,山西在经济上主要调整了一些大的比例关系,尤其是大力压缩了基建规模。1961年至1965年的5年中,财政共支

出25.2亿元，用于基本建设方面的支出缩减为7亿元，占财政总支出的比重下降到27.2%，比前3年所占比重缩小33.6%；用于社会文教、卫生方面的支出为7.2亿元，占总支出的28.6%，比前3年所占比重上升11.7个百分点。

“文化大革命”期间，由于林彪、“四人帮”的破坏和极“左”路线的影响，工农业生产增长速度十分缓慢，基本建设摊子铺的过大，战线拉的过长，致使人民的物质文化生活受到很大影响，这种状况一直延续到1978年。1966年至1978年，全省财政支出共计150.8亿元，其中经济建设费达105.5亿元，占总支出的70%；社会文教卫生支出27.1亿元，占总支出的18%；行政管理费支出12.8亿元，占总支出的8.5%；其它支出为5.4亿元，占总支出的3.5%。财政支出的不合理结构，加剧了全省国民经济发展比例的失调并影响到人民物质文化生活水平的提高。

(四)改革开放和社会主义市场经济的确立时期：财政支出规模显著扩大，投向构成趋于合理

党的十一届三中全会以来，随着改革开放的不断深入和社会主义市场经济向纵深发展，在全省经济持续增长和财政收入大幅攀升的基础上，支出规模亦显著扩大。这一时期，各级财政本着突出重点、兼顾一般、合理安排的原则，统筹各项支出，为国民经济的正常运行发挥了积极作用。1998年，全省财政支出达到164.4亿元，比1978年增长6.8倍，平均每年增长10.8%。改革开放20年，全省财政支出累计为1244.4亿元，占50年全省财政总支出的85%，是改革开放前30年219.3亿元的6.7倍。

改革开放以来，山西财政投入了大量资金用于农业、能源、交通、原材料生产等关系国计民生的重点行业或企业，有力地支持了全省的经济建设。20年中，财政用于经济建设的支出共达305.06亿元，占同期总支出的比重为24.5%，其中基本建设资金累计支出为108.77亿元，占同期经济建设支出的35.7%，是改革前30年的1.2倍；支农资金累计支出99.67亿元，占同期经济建设支出的32.7%，是改革前30年的4.5倍。基本建设和支农资金的大量投入，对改善全省的基础设施和农业生产条件起到了较大的促进作用。

改革开放以来，山西财政十分重视对文教、卫生和科技等事业的资金投入。20年中财政用于这些方面的支出累计达349.48亿元，是改革前30年的9.6倍。1997年与1978年相比，文教、卫生、科技费支出增加42.5亿元，增长14.9倍，平均每年增长14.8%，占财政支出的比重由13.6%上升到27.6%，提高了14个百分点。与此同时，全省财政还投入了大量的资金用于安排劳动就业、提高职工工资、改善职工住房、兴建城市公用设施和实行价格补贴等方面，使人民生活得到了较大的改善，促进了社会的稳定。

税收为保证财政收入的稳定增长发挥了举足轻重的作用

建国以来，随着经济基础实力的增强和税制改革的逐步深入，全省税收渠道日益拓宽，税收规模不断扩大，不仅逐渐成为财政收入的主体来源，而且在经济运行中充分发挥了宏观调控作用，为促进全省国民经济的协调、有序运行做出了积极贡献。

建国初期，国民经济处于恢复阶段，全省地方工业基础薄弱，提供的税收数额十分有限，税收收入主要来源于农业和商业。1950年至1952年，全省各项税收累计为3.3亿元。其中，农业税收为1.7亿元，占各项税收的51.5%；工商税收为1.6亿元，占各项税收的48.5%。经过第一个五年计划时期，全省国民经济取得了新的发展，为扩大税收提供了物质资源。到1957年底，全省各项税收达到2.7亿元，比1952年增长84%。其中，工商税收达2亿元，比1952年增长1.5倍，占全省各项税收的72.5%；农业税收0.75亿元，比1952年增长7%，占各项税收的27.5%。1953年至1957年的5年中，全省各项税收共计12亿元，平均每年收入2.4亿元。其中，工商税收8亿元，占各项税收的66.7%；农业税收4亿元，占各项税收的33.3%。

从这一时期各种经济类型交纳的税收情况看，1957年，来自国营经济的营业税为3016万元，比1953年增长1.8倍，占各项税收总额的比重由1953年的5.6%上升到11.1%；来自合作社经济的营业税为1738万元，比1953年增长2.2倍，占各项税收总额的比重由1953年的2.8%上升到6.4%；来自合营经济的营业税为932万元，比1953年增长61.1倍，占各项税收总额的比重由1953年的0.1%上升到3.4%；来自私营经济的营业税为213万元，比1953年下降87.4%，占各项税收总额的比重由1953年的8.7%减少到0.8%。

进入1958年以后，国民经济的发展经历了“大跃进”及“文化大革命”的非常时期。与其它领域一样，全省税收工作也受到了严重干扰，税收的经济杠杆作用被大大削弱。这一时期，税种逐渐减少，税目越来越粗，稽征管理水平每况愈下，税收收入小幅波动，缓慢发展。1958年至1969年的12年中，全省的各项税收收入裹足不前，基本徘徊于3-4亿元之间。1970年可谓上了一个小台阶，税收收入达5.2亿元，比1969年增加了1.3亿元。此后年份基本呈微幅增长，到1976年税收收入为7.5亿元，比1970年增加2.3亿

元,增长44.2%,平均每年增长6.3%。随着"文革"结束,1977年的经济形势开始好转,税收状况亦明显变暖,当年税收收入即达8.9亿元,1978年则超过10亿元大关。1978年与1976年相比,各项税收收入增加2.7亿元,平均每年增长16.6%,其中工商税收增加2.8亿元,平均每年增长18.9%,占税收收入总额的比重由88.9%增加到92.9%,提高了4个百分点。

党的十一届三中全会以后,随着计划经济向市场经济的过渡,国家对税收工作和税收制度先后进行了一系列的改革,逐步恢复和开征了一些税种,并对工商税、工商所得税、农业税以及集体经济和个体经济的税收进行了必要的调整,并于1983、1984年先后进行了两步"利改税",从而使原来的单一税制转变为多税种、多环节、多层次的复税制,税收杠杆作用日益加强,税收收入迅速增长。到1993年,全省各项税收收入达到78.4亿元,比1978年增长6.7倍,平均每年增长14.6%。1979年至1993年,全省税收变化主要呈如下特点:一是工商税收迅速扩大。这一时期,随着税制改革的不断深入,全省工商税收呈现较快的发展势头,特别是从1984年开始,把工商税分为营业税、产品税、增值税之后,工商税收大幅度增长。1993年,全省工商税收达70.8亿元,比1978年增长6.3倍,平均每年增长14.4%。二是来自各种经济成份的税收变化较大。1993年,全省来自国有经济的工商税收达53.1亿元,占工商税收总额的67.2%,比1983年减少12.6个百分点;来自集体经济的工商税收达18.9亿元,占工商税收总额的23.9%,比1983年增加5.6个百分点;来自个体经济的工商税收达5.7亿元,占工商税收总额的7.2%,比1983年增加5.5个百分点。

1994年以来,随着社会主义市场经济向纵深发展,我国建立了以增值税为主体、消费税与营业税为补充的新流转税制,克服了原流转税重复征税的弊端,使流转税更加适应市场经济的要求,并在此基础上建立了分税制财政管理体制的框架。为适应这一体制的要求,全省各级先后成立了国家税务局和地方税务局。新税制的实行和新机构的设立,极大地调动了全省各级税务部门的征收积极性,税收收入再上新台阶。1998年,在全省一般预算收入中,各项税收总额达81.9亿元,占当年预算收入总额的78.6%,比1994年增长79.2%,平均每年增长15.7%。这一时期,税收收入在公有制和非公有制经济成份中的分配格局发生了较大的变化:1998年与1994年相比,在工商税收总额中,来自国有经济收入的比重由62.3%下降到59.3%,减少3个百分点;来自集体经济收入的比重由25.5%下降到18.3%,减少7.2个百分点;来自非公有制经济收入的比重由12.4%上升到22.4%,增加10个百分点。由此可以从一个侧面看出,近年来山西非公有制经济发展速度较快,从而使其相应的税收收入大幅攀升。

(郭　春　安爱萍)

金融保险稳步前进

建国以来,随着国民经济的发展和经济体制的不断改革,山西金融、保险事业发生了巨大变化。全省银行机构信贷收支规模由1949年的369万元和141万元,发展到1998年的1586.3亿元和1386.4亿元;保险业务承保规模由1950年的3000万元发展到1998年的2469亿元。山西金融事业的发展,加速了资金周转、调节了资金结构、提高了资金使用效益,已经成为国民经济发展的重要宏观调控手段,有力地支持了山西能源重化工基地的建设。

大力聚集社会资金　存款规模不断壮大

建国初期,山西金融事业十分落后,1949年全省银行机构存款余额仅369万元。50年来,山西金融系统广大职工,积极采取措施,多渠道、多形式聚集社会闲散资金,到1998年末,全省各项存款余额达1586.3亿元,比1949年扩大4.3万倍,平均每年增长23.8%。纵观50年山西金融发展过程,大体经历以下几个时期。

恢复发展时期(1949—1952年)。1949年随着新中国的诞生,中国人民银行太原分行成立,通过对旧政权金融机构的整顿,在全省范围内建立起以人民银行为主体的社会主义金融体系。人民银行迅速收兑金元券,取缔金银黑市,收兑各解放区地方货币,统一了市场货币。同时,根据政务院1950年发布的《关于统一国家财政经济工作的决定》和现金管理办法,山西

省各级人民银行积极进行了"收存款、建金库、灵活调拨"的工作，对全省行政、企业单位实行了现金管理，把分散在各单位的现金迅速集中到银行，并大力开展人民储蓄，使银行存款剧增。1952年末，全省银行存款余额发展到1.61亿元，比1949年增长43倍，平均每年增长2.5倍。为当时恢复经济，发展生产，制止通货膨胀，稳定市场物价发挥了巨大作用。

稳定发展时期(1953—1957年)。1953年，我国进入有计划的经济建设时期。山西金融工作根据党在过渡时期总路线的要求，建立起集中统一的计划经济管理体制，与之相适应，金融管理体制亦进行了若干调整。"一五"计划开始后，山西列为全国重工业基地，为了保证国民经济重点建设的顺利进行，全省金融机构积极筹集资金，各项存款逐年稳定增长，1957年末，全省银行存款余额达3.49亿元，比1952年增长1.2倍，平均每年增长16.7%，有力地支持了社会主义工业化建设和国营商业的商品流通，促进了对私营工商业的社会主义改造。

曲折发展时期(1958—1978年)。在这一时期中，前期国民经济因受"三年自然灾害"的影响，银行存款严重滑坡。1961年至1963年存款逐年下降，到1963年末，存款余额下降到10.3亿元，比1960年下降34.8%；1964年至1966年存款逐年回升，1966年末存款余额上升到13.2亿元；后期受"文化大革命"的影响，积累水平下降，基建战线太长，加上许多信贷政策和规章制度遭到批判废除，存款势头产生波动。1967年至1976年的10年中有5年存款下降，5年存款上升。从1958年到1978年，21年存款余额迂回上升到25.6亿元，比1957年增长6.3倍，平均每年增长9.9%。

持续稳定高速发展时期(1979—1999年)。党的十一届三中全会以来，改革开放的政策促进了国民经济的快速发展，为银行扩大资金来源奠定了可靠的基础。同时，全省金融系统为适应经济形势的发展，改革信贷管理体制，扩大信贷业务范围，不断增设基层网点，开辟新的存款项目，调整储蓄存款利率，改善服务态度，使银行聚集资金的渠道进一步拓宽，存款余额逐年上升。1998年末全省银行存款余额高达1586.3亿元，比1978年增长60倍，平均每年增长22.9%。加上非银行机构存款，全省金融机构存款余额已突破2000亿元，为2081.1亿元。特别是改革开放以来，在城乡居民收入迅猛增长的基础上，全省各级金融机构积极增设储蓄网点，扩大储蓄种类，开办有奖储蓄、保值储蓄等，1998年末，城乡居民储蓄存款余额达1437.1亿元，比1951年增长2.18万倍，平均每年增长23.7%，比1978年增长198.5倍，平均每年增长30.3%，大大超过了改革开放前27年平均每年增长19.0%的速度。

50年来，银行存款结构发生了显著变化。解放初期，企业存款占全部资金来源的比重在40—70%，城镇储蓄存款所占比重在3—6%，财政性存款占10%左右，信贷资金来源主要是企业存款。随着企业存款比重的不断下降，城镇储蓄存款比重的不断上升，银行存款结构从1949年至1986年一直以企业存款为主，1987年转变为以城镇储蓄存款为主。1987年银行存款结构为，城镇储蓄存款占35.0%，企业存款占34.3%，农村存款占14.4%，财政性存款占3.3%。1998年银行存款结构中，城镇储蓄存款比重猛升到66.7%，企业存款比重下降为28.1%，农村存款比重为0.3%，财政性存款比重为1.5%。

合理使用信贷资金　提高资金使用效益

建国以来，随着经济建设规模的日益扩大，资金需求不断增长。1949年全省银行贷款余额仅141万元，1998年扩大到1386.4亿元，平均每年增长26.4%。在信贷资金运用上，山西金融系统始终本着"有多少钱，办多少事"的原则，从而保证了信贷资金来源与运用的基本平衡。根据50年来银行贷款发展变化情况，可分以下几个时期。

大幅度增长时期(1949—1952年)。新中国建立后的1949年全省银行贷款余额仅为141万元，经济实力十分薄弱，然而由于战争留下的创伤，需要大量资金进行修复。1952年末贷款余额扩大到6381万元，比1949年增长44倍，平均每年增长2.6倍。

稳定发展时期(1953—1957年)。1957年全省银行贷款余额为11.6亿元，比1952年增长17.3倍，平均每年增长78.8%。

曲折发展时期(1958—1978年)。在这21年中，信贷资金的运用呈明显的阶段性。1958—1960年为适应大跃进的形势，贷款余额以年平均50.3%的速度上升；1961—1963年银根紧缺，贷款余额以年平均24.6%的速度下降；1964—1966年贷款余额以年平均12.3%的速度回升；1967年贷款余额又开始下降，到1978年贷款余额迂回上升到46.6亿元，比1957年仅增长3倍，平均每年增长6.8%。

持续增长时期(1978—1999年)。党的十一届三中全会以来，随着工农业生产的发展和商品流通的扩大，各项贷款均有较大幅度的增长。与此同时，金融机构为适应改革开放的需要，不断拓宽贷款范围，增加贷款对象。从对国营企业和大集体企业贷款，扩大到对小集体、私营企业和个体工商户、农户贷款；从对生产流通领域贷款扩大到服务业、旅游业以及科学技术领域的贷款。近年来为配合国家房改政策,又新增了住房贷款业务。20年间,全省银行贷款余额比1978年增长了28.8倍,平均每年增长18.5%,成为支撑国民经济发展的强大财力支柱。1998年,工业贷款发展到417.4亿元,比1978年增长24.5倍,平均每年增长17.6%;商业贷款350.2亿元,比1978年增长13.5倍,平均每年增长14.3%;农业贷款49.9亿元,比1978年增长9.8倍,平均每年增长12.7%;基本建设类贷款191亿元,其中住房开发贷款16.7亿元。

50年来,银行各项贷款结构随着经济建设重点变化而变化。总体上看,商业贷款和工业贷款所占比重较大,其中有29年商业贷款比重在40%以上。建国初期的1949年和1950年工业贷款所占比重分别为43.3%和47.5%。从1951年开始,到1987年形成了以商业贷款为主,工业贷款次之,农业贷款再次之的结构。1951年贷款结构为:商业贷款占48.9%,工业贷款占8.5%,农业贷款占16.4%;1978年贷款结构为:商业贷款占51.8%,工业贷款占35.2%,农业贷款占9.8%;1989年的贷款结构为:商业贷款和工业贷款均占36.7%,农业贷款占3.6%。进入90年代以后,形成了工业贷款比重增加,商业贷款和农业贷款比重减少的结构,1990年的贷款结构为:工业贷款占36.4%,商业贷款占34.4%,农业贷款占3.5%。1998年银行贷款结构为:工业贷款占30.1%,商业贷款占25.3%,农业贷款占3.6%,基本建设贷款占12.2%,技术改造贷款占7.1%。从50年间银行贷款结构中可以看出,改革开放以来,新增设的固定资产贷款增长很快,比重不断上升,受其影响,商业贷款、工业贷款所占比重均在不断下降。

现金收支日益增加　货币投放不断加大

建国以来,随着商品流通领域的扩大和社会服务事业的发展,银行现金收支规模不断增加。1998年全省银行现金收入达3385.5亿元,比1949年增长近4千倍,平均每年增长18.4%。改革开放以来,有计划商品经济和第三产业的迅速发展,使货币回笼速度明显加快,20年间全省银行现金收入增长110倍,平均每年增长26.5%,大大快于前30年平均每年增长13.2%的速度。

1998年全省储蓄存款收入高达2257.3亿元,比1952年增长6.9千倍,平均每年增长21.2%,比1978年增长569倍,平均每年增长37.3%;通过商品销售收入回笼货币达372.3亿元,比1952年增长134倍,平均每年增长11.2%;通过服务事业回笼货币163.5亿元,比1952年增长620倍,平均每年增长15.0%,比1978年增长75倍,平均每年增长24.1%。

在现金支出中,1998年全省银行现金支出达3544.7亿元,比1949年增长3.9千倍,平均每年增长18.4%,与同期现金收入平均每年增长的速度持平。

从货币回笼结构看,从解放初期至1987年长期形成了商品销售回笼为主,储蓄回笼次之,服务事业回笼再次之的稳定结构。改革开放以来,随着储蓄存款的不断增长,储蓄回笼货币的比重逐年上升,商品销售回笼货币的比重相对下降,从1988年起打破了前35年的稳定结构,转为以储蓄回笼为主的结构,在现金收入中,通过储蓄存款渠道回笼货币速度最快。1998年货币回笼结构中:储蓄回笼的货币占66.7%,商品销售回笼的货币占11.0%,服务事业回笼的货币占4.8%。

50年来,全省银行现金收支相抵,除1964年收大于支,净回笼货币1329万元外,其余49年均是支大于收。1949年,净投放货币594万元,1978年扩大到1.85亿元,比1949年增长30倍,平均每年增长12.6%,小于同期现金收支平均每年增长13.2%和13.1%的速度,货币净投放速度基本上控制在规模之内。改革开放以后,现金投放规模明显加快,1998年现金投放规模比1978年增长了108倍,平均每年增长26.5%,比前30年平均每年增长13.1%的速度,加快13.4个百分点。随着现金投放规模的扩大,货币净投放逐年大

中国工商银行山西省分行

幅度增加,平均每年增长25%,大大快于前30年平均每年增长12.6%的速度,但小于同期现金收支平均每年增长26.5%的速度,现金投放实现了适度偏紧的政策。

市场货币流通量逐年增加。1997年末货币流通量达340亿元,比1949年增长1.4千倍,平均每年增长16%。1949年货币流通量最小,一年中货币归行次数仅3.6次,归行一次需102天,是50年来货币归行速度最慢的一年;1959年是最快的一年,一年货币归行达8.1次,归行一次只需45天。分阶段看,1949年至1953年,货币归行速度较慢,一年内货币归行次数在3.6—4.6次之间,归行一次需102—57天;1954年至1960年,货币归行速度加快,一年内货币归行次数在5.8—8.1次之间,归行一次需63—45天;1961年至1977年,货币归行速度减慢,货币一年内归行3.9—5.0次,归行一次需93—73天。改革开放以来,除1991年至1993年由于信贷货币双膨胀,货币归行速度较慢外,其余各年份货币归行次数在5—6.9次,归行一次需73—53天。

货币政策不断调整　宏观调控效果显著

50年来,银行根据不同时期经济发展的客观要求,提出不同时期的货币政策,利用信贷经济杠杆,努力发挥宏观经济调控手段的作用。

新中国建立后,为了恢复经济,发展生产,制止通货膨胀,稳定市场物价,采取了统一人民币流通的政策,把信贷收支、货币发行和现金管理统一集中在国家手中,迅速扭转了通货膨胀的局面,稳定了币值。

60年代初期,受"大跃进"和三年自然灾害的影响,银行信贷失控,国民经济比例严重失调。根据党中央提出的"调整、巩固、充实、提高"的方针,采取了紧缩银根控制货币投放的一系列政策措施,取消了"差额包干"办法,加强了信贷计划管理,从1963年开始,连续三年做到了信贷收支当年平衡,国民经济迅速好转。

改革开放时期,针对1984年第四季度出现的投资、消费双失控状况,1985年确定了严格控制货币信贷规模的方针,当年贷款规模控制在国家计划之内,使全省经济摆脱了过热状态。1988年由于物价改革出台,出现了市场通货膨胀,抢购风潮迭起,储蓄存款急剧下降的状况,全省银行在中央"治理经济环境,整顿金融秩序"的总方针指导下,断然采取紧缩措施,有力地控制了市场过热态势。1993年上半年,受经济增长过快影响,又出现了以股票、房地产、集资"三热"为特征的秩序紊乱现象,金融系统一度出现了多年少见的资金紧张局面,银行信贷资金锐减,信贷投入减少,各专业银行相继发生支付困难。全省各级金融部门通过贯彻落实中共中央6号文件,整顿金融秩序,严肃金融纪律,经过两次调高存款利率,以及制止乱集资,乱设金融机构等措施的实施,严峻的金融形势得到了及时扭转。1996年随着经济体制改革的深化,经济运行成功地实现了"软着陆",但由于受亚洲金融危机的影响,出口竞争力被削弱,市场有效需求不足,企业经济效益下滑,针对这种状况,中央银行连续6次下调利率,旨在减轻企业负担,启动市场需求。1998年为了进一步扩大内需,国家采取了财政货币扩张政策,增发国债1000亿,增加贷款1000亿,加强了基础实施建设,促进了经济增长,有效地防范了金融风险。纵观50年不同时期经济运行和与之相适应的调整控制政策,充分显示了金融在宏观调控中的巨大作用。

保险事业蓬勃发展　服务领域不断拓宽

解放初,山西省保险业务规模较小,1950年全省保险机构只有6个,职工97人,且只开办国内业务,主要有国营财产保险、私营工商业及房屋财产保险、汽车工具保险和货物运输保险等险种。经过9年的发展,1958年保险机构发展到57个,职工发展到609人,承保额达24亿元,比1950年增长79倍,平均每年增长72.9%;保费收入达626.6万元,比1950年增长135倍,平均每年增长84.8%。

在保费收入中,国营财产保险是发展速度较快且比重较大的险种,1951年国营财产保费收入为36.6万元,1958年达302.1万元,增长7.3倍,平均每年增长35.2%;国营财产保费收入占保费总额的比重,1951年为28.4%,1958年扩大到48.2%。汽车工具保险和货物运输保险发展速度也较快,其保费收入由1951年的3.8万元和5.4万元发展到1958年的40万元和10.2万元,分别增长9.5和0.9倍,平均每年增长39.9%和9.5%,保费收入占保费总额的比重分别为9.0%和17.8%,是保险业务中较大的险种。

1958年底,根据西安全国财贸工作会议精神,山西保险业务同全国一样停办,一直到1979年底中国人民银行在北京召开全国保险工作会议后,山西保险业务重新恢复。

1980年保险业务恢复后,全省保险公司系统只有4个专业机构,到1998年发展到264个(含太平洋保险公司,下同),比1980年增长65倍,平均每年增长26.2%;职工由1980年的80人发展到1998年的4369人,平均每年增长24.9%。

保险业务恢复以来,保险规模迅速扩大,服务领域不断拓宽。保险业务由单一的财产保险发展到既有财产保险,又有人寿保险;既有责任保险,又有保证保险。服务领域由国内保险发展到国际保险,由城市发展到农村,由企业发展到个人,面向多方位、多层次、多种经济成份,可以说保险已渗透到国民经济的各个领域和千家万户。1980年全省承保总额为7.2亿元,1998年扩大到2469亿元,扩大342倍,平均每年增长38.3%;保费收入由1980年的117.1万元,发展到1998年的21.42亿元,扩大1828倍,平均每年增长51.8%。

自1980年以来,全省各级保险公司牢固树立忠诚服务、笃守信誉的宗旨,本着"主动、迅速、准确、合理"的原则,对保险客户因自然灾害和意外事故所造成的损失及时给予赔偿。1998年全省保险系统赔款支付达6.8亿元,为保障国民经济的稳步发展和人民生活的安定,促进技术引进和对外经济交流起了重要作用。

多年来,全省各级保险机构在发挥保险的社会效益的同时,狠抓了经营管理和业务质量,推行了各种形式的经济责任制,采取指标承包、责利挂钩的奖罚办法,使自身经济效益不断提高,在增加国家财政税收和外汇收入的同时,为自身建设积累了经济实力。1998年末,全省保险系统有效储金达2.1亿元,为推动保险事业的进一步发展打下了雄厚的经济基础。

(赵俊英)

教育事业欣欣向荣

建国以来,山西教育事业发生了深刻变化,取得了显著成就,特别是党的十一届三中全会以来,党和政府把发展教育事业放到社会主义现代化建设的战略位置,努力增加教育投资,调整教育结构,加强师资队伍建设,改善办学条件,更新教育观念,教育事业迅速发展,培养了一大批专门人才和合格劳动者,为山西的经济建设和社会发展做出了积极的贡献。

一、基础教育得到加强,普及九年制义务教育成效显著

建国前,封闭落后的经济加之长期战乱的破坏,山西基础教育非常薄弱。1949年,全省共有中学34所、小学20073所,且大多集中在城镇,农村较少,山区更是微乎其微,广大劳动人民子女、特别是农民子女很少有受教育的机会,全省学龄儿童入学率仅有47.8%。

新中国成立后,山西各级党委和政府把中小学教育作为国民教育的基础,在积极恢复整顿长期战争中被破坏的中小学的同时,采取有力措施加强中小学建设,使基础教育在短期内有了较大的发展。到1952年普通中学就发展到105所,小学发展到27148所,还创办了一所速成中学。从1958年开始,由于受"左"的思想影响,全省基础教育出现了以追求中学数量为主要特点的"大冒进",到1960年普通中学即快速发展到824所,小学发展到32384所。1961年到1965年,全省教育系统贯彻"调整、整顿、充实、提高"的方针,对中小学校进行了整顿和调整,到1965年,中小学校分别被调整到590所和38812所,在校学生22.8万人和305.5万人,中小学校数量和布局渐趋合理。1965年与1949年相比,全省中小学校在校学生数分别增长21倍和2倍,学龄儿童入学率提高43.8个百分点,达到91.6%。从建国到"文革"开始前的16年,是我省基础教育在恢复调整中快速发展的时期。

党的十一届三中全会以来,山西基础教育进入了一个新的发展时期。全省在恢复和重新建立被十年动乱破坏的中小学校正常教学秩序的基础上,采取稳步发展的战略,进行了一系列旨在加强基础教育的重大改革。1985年《中共中央关于教育体制改革的决定》颁布后,山西省人民政府下达了《山西省中小学管理体制试行意见》,着手对基础教育进行全面改革,在全省范围内推行了县、乡、村三级办学,县、乡两级管理的办学体制。这一体制的变革明确了地方各级政府办教育的权利和责任,调动了各级政府和人民群众的办学积极性,激发了教师育人的热情。1993年《中国教育改革和发展纲要》颁布后,山西按照中央的决定进一步深化教育改革,把实施九年制义务教育作为全省教育改革的重点来抓,在实施"普九"过程中,坚持"分区规划、分类指导、分步实施"的原则,严格标准,注重质量,按规划、分阶段、有步骤地推进,并采取得力措施予以保障:一是完善基础教育办学体制,在全省范围内形成"三级办学、两级管理、以县为主、首

长负责”的体制；二是建立和完善了目标责任制，逐级签订目标责任书，并落实到干部任期目标责任中；三是加大执法监督力度，使“普九”工作进一步纳入法制化轨道。经过20年的艰苦努力，基础教育改革结出丰硕成果。1996年，全省提前完成了普及小学阶段义务教育的历史任务，左云县成为全国第一个小学全部免费的县。1998年底，全省小学学校数达到39249所，比1978年增加5856所，小学在校学生数达到348万人；普通中学由1978年的14062所，调整到3292所，减少7921所，在校学生156.83万人，比1978年增加21.03万人；小学学龄儿童入学率达到99.65%，比1988年提高0.65个百分点，初中入学率达到95.58%；全省达到“普九”的县有97个，占全省县(区)总数的81.51%，人口覆盖率达到87.24%，高于全国平均水平，走在了二、三片地区的前列。

在大力发展中小学教育的同时，山西幼儿教育和特殊教育事业也有了很大的发展。1949年全省仅有12所幼儿园，1所盲聋哑学校，到1998年，各级各类幼儿园发展到9681所，盲聋哑学校29所，弱智儿童校班14所，在特殊教育学校接受教育的残疾儿童达到4580人。特殊教育事业的发展，使残疾儿童受教育的权利得到了进一步保障，促进了残疾学生德、智、体等方面的全面健康发展。

二、职业技术教育蓬勃兴起，中等教育结构基本趋于合理

职业技术教育是中国教育体系也是山西教育体系中最薄弱的环节。解放前，全省仅有3所中等职业学校，职业技术教育微乎其微。解放后，尤其从60年代初开始，山西从促进经济建设和社会生产力发展的需要出发，积极创造条件，逐步加快了职业技术教育的发展。1964年，全省贯彻国家主席刘少奇同志关于“两种教育制度，两种劳动制度”的意见，将一批普通学校改为半工(农)半读的职业中学，同时新开办了技工学校，大力发展中等专业技术学校，使职业学校在校生占整个中学阶段在校生的比例达到34%，但十年动乱又使全省职业技术教育陷入低谷。

山西职业技术教育的真正规范兴起是在党的十一届三中全会以后。1980年10月，国务院批准了教育部和国家劳动总局《关于中等职业教育改革的报告》，1982年省政府下发了《关于进一步发展城乡职业技术教育的通知》，开始了大规模的以加强职业技术教育为重点内容的中等教育结构改革，通过采取将一部分普通高中改为职业中学和农业中学，在部分普通中学举办各类职业班和农业班等措施，恢复和发展了职业教育。1985年《中共中央关于教育体制改革的决定》颁布后，进一步促进了全省中等教育结构调整的深入和职业技术教育的发展。1996年《职业教育法》颁布后，山西先后制定了《关于加快职业教育改革和发展的决定》及《山西省实施〈职教法〉办法》，对各级政府、部门、行业发展职业教育的责任和义务做出了具体的规定，有计划地实行了小学后、初中后、高中后的三级分流。经过20年的改革和发展，全省以中等专业学校、农业和职业中学、技工学校为核心的多层次、多门类的职业技术教育体系已基本形成，到1998年，全省有职业高中269所，职业初中104所，在校学生13.4万人，比1978年增加12.8万人；中等专业学校达到128所，在校学生14.6万人，分别比1978年增长2.6倍和4倍；技工学校133所，在校学生5.4万人，分别比1978年增加83所和4.2万人；各类中等技术学校在校学生29.84万人，占高中阶段在校学生总数53.87万人的55.4%，比1978年提高52个百分点。从1978年到1998年的20年间，职业技术教育共培养291.13万实用技术人才，为山西经济建设做出了重要贡献。

三、高等教育迅速发展，教育改革进一步深化

1949年，山西仅有1所高等学校，在校学生528人，高等教育规模甚小，远不能满足各项建设需要。解放后，省委、省政府把发展高等教育事业，作为促进山西教育发展和社会进步的重要举措，通过不断改革，大力加以促进。

解放初，在确立了党对高等教育工作领导的基础上，重点对高校进行院系调整、改革学制和课程、增设专修科，执行全国统一的教学计划和大纲，使山西高等教育迅速发展。到1952年，高等学校在短短的4年内发展到4所，在校学生增加至1881人。社会主义改造初期，高等教育稳步发展，学校数虽没增加，但招生数每年递增15%。到1957年，高等学校在校生增加至7315人，比1952年增长近3倍。1958至1960年，高等教育也刮起了浮夸风，高校突增至48所，许多学校图有虚名，教育质量严重下滑。1961年省人民政府颁布了《关于高等教育的若干规定》，在教育体制、教育原则、教学计划等方面对高等教育提出调整意见，使高等教育发展重新走上正轨。1963年高等学校被压缩为11所，在校学生1.5万人。十年动乱使高等教育遭到严重破坏，停止招生达6年之久。

党的十一届三中全会后，针对当时高等教育的现状和面临的问题，省委专门召开了全省教育工作会议，并制订了全省1979年至1985年的高教发展规划，对高等教育的调整、整顿和发展进行了全面部署。高校恢复了统一招生考试，逐步提高了生源质量和教学质量；适应山西经济建设的需要，适当扩大了师范、政法、财经、管理、煤炭、电力等专业的规模。1985年至1998年，山西又出台了一系列的改革方案，以优化布局结构，拓宽专业口径，改革教学内容和课程体系为重点，形成了布局结构合理，学科门类齐全，并具有山西地方特色的高等教育体系。目前，已完成了太原工业大学和原山西矿业学院，原山西经济管理学院和山西财经学院的合并工作。太原重机学院由中央部属划为省属，晋中师范高等专科学校、忻州师范高等专科学校、大同职业技术学院等高校的合并工作正在实施。经过20年的改革和发展，到1998年，全省普通高校达到23所，比1978年增加7所，高等学校本专科在校学生由1978年的2.1万人增加到1998年的7.6万人，每万人口中拥有的大学生由1978年的8.6人上升到1998年的24人。20年来，全省高等教育向各项建设事业培养和输送的大学生达52.58万人、研究生4099人。

高校既肩负着培养高级人才的责任，也肩负着发展科学技术的责任。为了发挥高校科技先导作用，省政府于1994年在高校实施了作为“科教兴晋”战略举措的“四重工程”，即抓好重点大学、重点学科、重点实验室的建设和重点科技成果的推广。到1998年，高校共建立了33个重点学科，山大、理工大、山西师大共建设了近30个中试基地，有百余项科技成果转化为生产力，填补了我省在师范等3个学科没有博士点的空白，也使科教作为第一生产力的作用愈显突出。

四、成人教育谱写新章，扫除青壮年文盲的历史性任务已提前完成

新中国成立后，山西在当年根据地和老解放区广泛开展的冬学、民校、识字班等基础上，深入开展了多种形式的成人教育，并通过颁布《山西省职工业余教育实施办法》等行政法规，从领导、教师、要求等方面对成人教育做出具体规定，使成人教育走上了正常发展的轨道。

改革开放以来，山西各级各类成人教育形式更加丰富，规模快速扩大，呈现出强劲发展的势头。除普通高等学校恢复了函授部和夜大外，还充分利用现代信息传播技术、教学手段和现代教育方式，开办了广播电视大学、职工大学、职工业余大学及高等教育自学考试等。90年代后，成人教育在继续以学历教育为基础的同时，将重点放在岗位培训、技术培训、短期培训、专业证书教育和大学后继续教育，特别是大力兴办农民文化技术学校，有效提高了农村劳动者的科学文化素质。“八五”以来，农民实用技术培训每年以100万人次的速度递增，全省已形成县、乡、村三级举办农民文化技术学校的庞大网络。到1998年，全省成人高等学校达到35所，在校学生2.6万人，比1980年增加1.1万人；有14所普通学校举办函授教育，13所普通高校举办夜大学教育；成人中等专业学校189所，在校学生5.5万人，成人初等学校10996所，结业学生达到16.4万人。

扫盲教育是成人教育的重要内容之一。50年来，在各级政府和社会各界的重视和支持下，全省扫盲教育取得了巨大成就。1949年全省青壮年文盲率比重高达85%，到1966年下降到37%，1996年下降到2%以下，提前完成了基本扫除青壮年文盲的历史任务，使山西成为全国第11个、二三片地区第一个实现扫盲目标的省份。

五、师资队伍建设取得重大进展，教师队伍整体素质提高

旧中国的师范教育倍受歧视，发展十分缓慢。1949年解放时，全省仅有中等和初等师范39所，在校学生不足万人，层次低，规模小，严重制约着全省教育事业的发展。新中国成立后，伴随着教育事业的发展，以师范教育为重点的师资队伍建设受到前所未有的重视。特别是1979年以来，党和国家提出百年大计、教育为本的战略方针，师范教育更被放在了优先发展的地位。1985年《教师法》颁布，1995年国务院颁布《教师资格条例》，山西在贯彻国家法律、条例的同时，还针对全省教师队伍建设的实际，制定实施了许多具体政策、措施，以加快师范教育的发展，保证教师队伍的起点素质，保障教师的地位和权益，规范并拓宽教师来源渠道。近年来，针对全省高中师资学历偏低这一教师队伍建设的突出矛盾，又进一步实行了高校招生向师范院校倾斜的政策。经过几十年的努力，

中学生在上语音课

山西师范教育得到了长足的发展，到1998年，全省培养小学幼儿教师的中等师范学校达到23所，培养初级教师的师范专科学校7所，培养高中教师的师范学院2所，培训小学教师的县区教师进修学校118所，省地市教育学院11所，同时建立教育电视台多座，一个多层次、多形式培养培训各级教师的师资教育网络系统已基本形成。

教师待遇和社会地位的提高，是稳定和发展教师队伍的关键。多年来，通过各级政府贯彻省委、省政府关于提高教师待遇的有关政策，积极为教师办实事，办好事，教师的社会地位、经济待遇、住房条件等都有了较大的提高和改善，在全省上下“尊师重教”蔚然成风，教师已成为人们羡慕的职业。师范教育的发展和教师待遇、社会地位的提高，促进了教师队伍的壮大和教师整体素质的提高。到1998年，全省高等院校专任教师达8798人，比1978年增加4244人，其中教授737人，副教授2127人，讲师3509人，占教师总数的72.4%，比1978年的14.3%提高58.1个百分点；中等专业学校教师9637人，是1978年的3倍；普通高中专任教师1.86万人，初中专任教师10.4万人，小学专任教师17.5万人，学历合格率分别达到62.9%、82.5%、97.7%，分别比1985年提高36.3个、65.4个和32个百分点。

六、教育投入逐年增长，学校办学条件得到较大改善

教育经费的投入直接关系到教育事业发展和教育质量的提高。1949年到1978年，山西同全国一样，大部分年份教育投资偏低，且波动很大，与教育事业的发展不相适应，制约了人才的培养。党的十一届三中全会后，确立了教育优先发展的战略地位，全省各级政府高度重视教育投资，除每年由恕财政拨出一大批资金，加强大中专学校基本建设外，还拨出专项经费补助基础教育、职业技术教育和成人教育基础设施建设。《中共中央关于教育体制改革的决定》颁布后，山西省实行了“地方负责、分级管理”的教育管理体制，调动了地方各级政府、社会各方面和广大人民群众办学积极性，群众集资办学及私人办学开始兴起，进一步拓宽了资金渠道，促进了教育投入的增加。以财政投资为主、多渠道筹措资金的格局已逐步形成。从1983年到1998年底，全省教育总投入达到61.25亿元，其中，国家预算内拨款占到58.6%；教育事业经费支出由1978年的1.65亿元增加到1998年的27.67亿元，教育经费支出占财政支出的比重由1978年的7.8%提高到1998年的15.2%。

教育投入的不断增长使各级各类学校的基础设施和办学条件大为改善。目前，全省分别有93.96%和95.89%的中小学基本实现了“一无两有”（校校无危房，班班有教室，学生人人有课桌凳），分别有89.5%和85.3%的中小学达到了“三配套”（教学仪器、图书资料、文体器材配套）。许多地方开始向规范化、标准化学校迈进。到1998年底，全省高等院校各种教学仪器、电教设备等固定资产已达到16.67亿元、图书藏书达到1009.48万册，校舍建筑面积675.75万平方米。

七、素质教育思想被广泛接受，知识、能力、素质三位一体的新型教育模式正在形成

改革开放以来，随着党和国家将工作重点转移到经济建设上来，社会发展对劳动力素质提出了更高的要求，经济发展最终须依靠科技进步和提高劳动者素质已愈来愈成为社会的共识。为适应这一要求，1993年党中央国务院颁布的《中国教育改革和发展纲要》中提出，中小学教育必须由应试教育转向全面提高国民素质的轨道，面向全体学生，全面提高学生的思想道德、文化科学、劳动技能和身体心理素质，促进学生生动活泼地发展，办出各自特色。1996年《中华人民共和国国民经济和社会发展“九五”计划和2010年远景目标》中又明确指出“要改革人才培养模式，由应试教育向全面素质教育转变”。1997年、1998年山西省教委先后两次召开全省素质教育实验区会议，提出要全面贯彻教育方针、扎实推进素质教育。素质教育在全省广泛开展，涌现出了临猗、阳城、怀仁、阳泉、永济等素质教育先进县、市，提供了丰富的教学经验，得到当地群众的赞扬和高度评价。山西省把1998年定为“素质教育年”，制定了全面实施素质教育的督导评估指标体系，设立了省人民政府教育督导室。在高等教育领域，全省贯彻1998年教育部《关于加强大学生文化素质教育的若干意见》，出台了《关于我省普通高等学校专业综合改革的意见》，通过专业综合改革，加强不同学科之间的交叉和融合，建立起与新时期人才培养模式相适应的现代教学内容和课程体系。通过大力宣传和扎实推进，素质教育思想已被各级各类教育机构广泛接受和实施，知识、能力、素质三位一体的新型教育模式，正在全省教育系统快速形成。

（黄云枫）

科技发展蒸蒸日上

建国前,山西的科技十分落后,到1949年全省解放前夕,山西境内连一所专门科研机构都没有,仅有少数工厂附设的一些小型试验室,作一些简单的化验工作。1949年新中国成立时,全省自然科技人员只有6303人,且没有一名专门从事科研工作的人员。

建国后,党和政府十分重视和关心科技事业的发展。1950年,山西工矿研究所成立,并设立了太原市科学技术普及协会。随后,山西农业科学研究所和中医研究所相继成立,从此,山西科技史才揭开新的一页。1956年山西省科学技术普及协会成立,1958年山西省科学技术委员会成立,1959年中国科学院山西分院成立,下设原子能、生物、化学、电子、数学、自动化、地球物理、物理8个研究所,全省的科研机构如雨后春笋出现在各行各业。与此同时,全省的科技人员也得到较快发展,截至1957年底,全省自然科技人员发展到48922人,比1949年增长了6.76倍,平均每万人口中拥有自然科技人员30.8人,比1949年增加25.9人,全省的科技事业开始走上有组织有计划的发展轨道。

"文革"十年,使山西的科技事业遭受了严重摧残和破坏,大批科研机构被关闭、解散,多数科技人员遭受打击迫害,科技工作几乎陷于全面停滞状态。仅1970年一年内,山西农科院和化工、煤炭研究所等10个专业科研机构中就有400余名科技人员被下放到农村进行劳动改造。粉碎"四人帮"后,迎来了科学的春天。党中央于1978年3月召开了全国科学大会,在此期间,邓小平同志精辟地提出了科学技术是生产力、科学技术现代化是实现四个现代化的关键、知识分子是工人阶级的一部分等重要论述。全国科学大会的召开及邓小平同志的论述,大大提高了科技工作者的地位,对山西科技事业的恢复和发展产生了深刻影响,使山西的科技事业进入了一个崭新的发展阶段。

回顾50年来山西科技事业所走过的道路,经历了由艰苦创业、几经坎坷到最后走上健康发展的历史过程。特别是改革开放以来,山西科技事业蓬勃发展,日新月异,发生了巨大的变化。

一、科技体制改革稳步推进

科技体制改革始于1978年,1978年至1984年为局部改革试点阶段。邓小平同志在1978年3月召开的全国科技大会上作出了"科学技术是生产力"的英明论断,带来了科学的春天,也吹响了科技体制改革的号角。科学技术生产力要发展,必须对阻碍其发展的原有封闭、陈旧的科技体制进行改革。在6年多的局部试点中,全省在改革科技拨款制度和科研管理制度、放活科技人员、推广科技成果、开拓技术市场等方面进行了多方位、系统有益的探索。这些探索对人们转变思想观念、对促进人才流动和开拓技术市场、对正确认识科技成果商品化都产生了极大的影响,为科技体制的全面改革创造了条件。

1985年至1991年,全省科技体制改革进入全面实施阶段。1985年3月党中央作出了《中共中央关于科学技术体制改革的决定》。为贯彻这一决定,省委、省政府于1985年7月颁布了《关于科技体制改革的实施方案》,全省科技体制改革全面展开。在从事技术开发和应用研究的科研机构中,主要推行各种形式的承包经营责任制,实行科研机构所有权和经营权的分离。1988年省政府颁发了《关于科技体制改革的补充规定》,明确提出全省科研机构在全面实行所长负责制的基础上,从1988年起省属独立科研机构一律实行院、所长任期目标责任制,并以院、所长任期目标为承包基础,通过签订承包经营合同,进一步明确主管部门与科研单位在技术经济关系中的责、权、利,实行超额提成的分配办法。这一改革,有效地激发了科研机构的内在潜力,提高了科研机构的效率和效益,增强了科研机构的自我生存、自我发展能力。

在农村科技体制改革中,一是建立和完善了农村科技管理体制,通过配备科技副乡(镇)长,组建乡镇科委,为完善农村科技管理工作开辟了新途径。据对全省9个地市统计,1991年底,已有1130个乡镇组建了乡镇科委,占乡镇总数的70%。二是建立和完善了农村科技服务体系。全省有90%左右的乡镇建立了乡镇农技推广服务机构。三是大力开展农村各业的技术承包。1987年至1989年3年中,全省共签订农村技术承包合同26795项,通过技术承包新增经济效益6亿元,为推动农村经济发展起到了积极的作用。

在科技体制的全面改革中,还注重了放活对科技人员的管理政策,使越来越多的科技人员走出了研究所和高等院校，到生产第一线开展技术服务，出现了人才和智力通过各种形式向经济建设主战场流动的新局面；同时加速了技术市场的培育和发展，促进了技术成果的商品化，并使科技工作在运行机制、组织结构、人事制度等方面发生了深刻变化，带动了整个科技体制改革在诸方面取得突破性进展。

1992年开始，科技体制改革不断深入并取得了较快的进展。1992年制定《国家中长期科学技术发展纲领》，1995年党中央作出《关于加速科学技术进步的决定》，并提出科教兴国战略。据此，省委、省政府及时提出“科教兴晋”战略，并成立了第一把手为首的科技领导小组，有力地推动了科技改革与发展工作。科技管理系统在职能转换过程中，适应社会主义市场经济的发展要求和科技自身发展规律要求，加速构筑新的宏观科技管理框架体系，在科技计划管理新体制和科技投入、科技成果推广转化等新机制的建立方面，发生了质的变化，取得了“转换宏观、创建中观、重组微观”的阶段性成果，形成了以市场为导向、以市场机制为动力、以经济效益为目标的科技风险投资的良性循环，从而把生产、科研与宏观管理更好地融为一体，实现了政府职能与市场机制的有机结合，以及科技与经济的有效结合，使山西的科技体制和运行机制处于全国的先进水平。

二、科技实力不断增强

（一）科技队伍不断壮大，人员素质显著提高

截至1998年底，全省地方国有企事业单位专业技术人员发展到59.3万人，比1978年增长2.8倍；平均每万人口中拥有专业技术人员数由1949年的4.9人发展到1978年的63人，进一步增加到1998年的187人，高于全国平均水平，比1978年增长2倍。在1998年全省专业技术人员中，工程技术人员91033人，占15.3%，农业技术人员13890人，占2.3%，科学研究人员3484人，占0.6%，卫生技术人员67224人，占11.3%，教学人员300233人，占50.6%，科技人员分布更趋合理。从学历构成和职称构成看，高层次科技人员比例显著上升，1998年具有大专以上学历的科技人员26.3万人，占44.4%，比1978年提高40.3个百分点；具有中高级职称人员20.3万人，占34.2%，比1978年提高30.1个百分点。1998年全省从事科技活动人员达到6.73万人，比1985年科技普查数2.67万人增长1.5倍。目前，已选定攀高峰队伍150人，应用研究开发队伍300人，星火企业家队伍100人，科技企业家队伍100人，技术经纪人队伍200人，科技宏观管理队伍100人，外向型科技人才队伍100人，软科学队伍50人。

（二）产、学、研共同发展的科技组织机构框架初步形成

全省各级各类研究与开发机构经过调整改革、分流重组，1998年达到565个，其中政府部门所属的研究与开发机构245个，比1978年增加65个。全省普通高等院校的科研机构从无到有，1985年发展到43个，1998年达到88个，增长1.1倍；从事科技活动人员达到2万人，其中科学家、工程师1.8万人，分别比1985年增长93.5%和113.7%。特别是大中型工业企业办的技术开发机构迅猛增加，由1985年的45个增加到1998年的232个，增长4.2倍。全省民营科技企业1997年底已达到1000多家，各级各类科技服务组织纵横成网，相互配套，已有1.3万个科技服务组织走向市场。

（三）科技经费投入大幅度增加，一种适应市场经济体制需要的，由政府拨款、银行贷款、企业自筹为主的，多渠道、多层次的科技投入支撑体系正在形成

为了保证全省科技事业的稳步发展，全省地方财政（包括省、地、县三级财政）用于科技的拨款逐年增加，1998年达到2.99亿元，比1990年增长2.1倍，年平均增幅为15.1%，高出同期财政收入年平均增幅6.0个百分点。各类银行科技开发贷款（包括星火项目贷款、火炬项目贷款、其它项目贷款）力度加大，1997年达到2.8亿元，比1990年增长2.8倍，年平均增幅为21.2%，高出同期地方财政科技拨款年平均增幅7.8个百分点。省级财政向省科委的经费投入“八五”期间达到3.67亿元，比“七五”期间的2.53亿元增长了45.1%。1998年，全省科技活动经费投入总额达到15.0亿元，比1991年增长1.9倍，保证了科技活动的顺利开展。大中型工业企业逐步成为科技投入的主体，1998年技术开发经费投入达到9.44亿元，比1985年科技普查数1.20亿元增长6.8倍，年平均增幅为17.2%，其中开发新产品用款1998年比1985年增长9.3倍，年平均增幅为19.6%，大大增强了企业技术开发能力，有效地促进了企业的科技进步。

三、科技活动全面展开

（一）科技兴农、兴企成效显著

改革开放以来，农业科技针对全省农业生产中的关键技术难题进行攻关，在旱作农业技术开发、“两高一优”农业技术开发、农作物和畜禽育种、农业生物技术和工程研究方面取得了重大进展。如“旱薄地农业综合改良与发展研究”项目取得重大成果，为旱垣区的农业综合发展树立了榜样，在我国综合开发研究领

域属领先水平，其中旱地渗灌覆盖节水种植系统属国内首创。星火计划实施10年来，星火项目涉及农村17个领域，覆盖全省98%的县区，培育了诸如古城依美口乳品有限公司、阳泉荫营耐火工业公司、厦普赛尔饮料公司等13家产值超亿元、利税超千万元的龙头企业和区域性支柱产业，有力地带动了农村经济的发展。

大中型工业企业技术开发极大地推动了企业的技术进步。1998年，在全省392家大中型工业企业中，有243家开展了科技活动，建立了232个技术开发机构，从事技术开发的人员达到3.4万人。"八五"期间累计筹集技术开发经费20.4亿元，比"七五"期间增长59.9%，年均增幅为9.6%；累计投入技术开发经费18.5亿元，比"七五"期间增长74.7%；其中，累计投入新产品开发经费4.7亿元，比"七五"期间增长44.1%，较大提高了企业的新产品开发能力，为企业发展注入了活力，增添了后劲。大中型工业企业的技术扩散转移到小型企业和乡镇企业，推动了全省企业的技术进步。

(二)高新技术产业健康发展

全省实施的高新技术产业化工程，结合山西产业结构、产品结构调整的需要安排工业科技攻关，有力地支持了一批技术含量高、市场前景好的科研、中试及开发项目，开发出"辰辉"牌电子节能灯、SRS-40汽车安全气囊等有一定代表性的高新技术产品，培育了新的经济增长点。

太原、长治高新技术产业开发区的成立和建设，标志着全省高新技术产业的发展迈出了关键的一步。特别是太原高新技术开发区，从1991年7月成立后，经过短短一年半的艰苦创业和大胆开拓，即于1992年末被国务院正式批准为国家级高新技术开发区，充分显示了山西高新技术产业发展的优势和潜力。"八五"期间，全省共组织实施了189项火炬计划项目，累计实现新增产值14.4亿元，新增利税2.4亿元。通过这一计划的实施，全省目前已拥有一批具有产业前景的高新技术成果，并在计算机设备、通讯、磁性材料、医药和机电设备制造方面形成了一批在国内市场中有影响、有竞争能力的高新技术企业和产品。太原、长治两个国家级和省级高新技术产业开发区已初具规模，截至1998年底，入区高新技术企业达到906家，其中被认定的高新技术企业287家，全年实现技工贸总收入40.8亿元，工业产值30.8亿元，利税4.9亿元。太原高新技术产业开发区入区企业610家，其中被认定的高新技术企业197家，全年实现技工贸总收入35.0亿元，工业产值28.0亿元，利税4.0亿元，创汇1298万美元。高新技术产业的发展，通过其直接和

少年科技城　　王天明　摄

关联效应，有力地带动了全省经济的增长。

(三)技术市场初具规模

技术市场是进行科技成果有偿转让、技术服务、技术咨询、技术入股、技术培训等交易活动的场所。山西省的技术市场始于70年代末、80年代初。1981年省科委召开的全省新产品、新技术展览会，标志着山西省技术市场的诞生和起步。1989年成立了"山西省技术市场管理办公室"，从此全省技术市场进入全面开拓发展的新阶段。

在国家"放开、搞活、扶植、引导"方针指引下，经过10多年的发展，山西省的技术市场建设取得了显著成绩。据不完全统计，目前全省各类技术贸易机构达到1200多个，从业人员达到2万多人；民营企业发展迅速，已成为技术市场的一支生力军；各级科委成立了一批技术交流中心并建立一些规模不等的常设技术市场；全省技术经纪人队伍已达到300人。省科委批准成立的以山西农业大学为主，联合太谷县科委与工商局在内的"山西省农业技术市场"，成为继山东青岛平度市农业技术市场后的全国第二个规模较大的常设农业技术市场。

技术市场交易活跃。据统计，"八五"以来(1991—1998年)，通过技术市场共签订技术合同9409项，合同金额达到9.02亿元，实现金额5.39亿元。1995年全省技术市场成交技术交易额达1.8亿元，比1991年增长65.8%，创历史最高水平。1995年6月20日，山西省首家实行会员制的新型技术交易所开业，它是继上海、天津、湖北后第五家实行会员制的技术交易所。它的成立必将大大推动全省科技成果的转化和应用。技术市场作为联结科技与经济的重要桥梁和纽带，在全省经济建设中的重要作用日益显现。

(四)知识产权得到保护

专利是改革开放和实行市场经济的产物，专利工作是科技工作的重要组成部分。1985年4月1日，《中

华人民共和国专利法》正式颁布实施,标志着我国专利制度的建立。山西省的专利工作也和全国一样,得到了迅速的发展,专利申请量和授权量大幅增长。专利申请量由1985年的140件上升到1997年的1020件,年增长幅度在21%以上。截至1998年9月,累计申请量达到10021件,其中职务发明占20%左右,非职务发明占80%左右。专利申请中,发明专利占23.2%,实用新型占71%,外观设计占5.8%。专利授权量由1985年的1件上升为1997年的487件。截至1998年9月累计授权量达到5209件。近几年,全省专利申请不仅在数量上增长迅速,而且在质量上也有很大提高,一向比较薄弱的发明专利申请增长幅度最大,1997年比1996年增长13.9%。专利实施率达30%以上。"中国专利十年成就展"上,山西省有21项获奖,充分展示了山西专利技术产品的丰姿。

(五)对外科技交流与合作日趋活跃

国际合作项目、对外交流互访人数逐年增加,1991年以来累计派出1358人次,来访522人次;1998年成功地组织了第14届国际匹茨堡煤炭会议;已实施的中德林业技术合作、中英合作山西能源效率等项目在全省经济发展中发挥了重要作用。

四、科技成果令人瞩目

随着全省科技体制改革的深入,科技活动的广泛开展,各级科研部门,组织各方面科技力量,加强对科学研究和重大项目的协作攻关,解决了众多全省经济建设中出现的关键性技术问题,科技成果大量涌现。1979年至1988年的10年间,全省共安排省级科研项目1500项,在全部完成和阶段完成的项目中,取得国家、省级科技成果奖2555项,是党的十一届三中全会前29年全省科技成果226项的10.3倍,其中有77项达到国际先进水平、11项获国家奖、767项达到国内先进水平、32项获国家发明奖、36项获国家科技进步奖、一项获国家自然科学奖。"八五"以来,各级科研机构围绕解决全省经济、社会发展中的难点、热点问题,开展基础研究,组织科技攻关,又取得了连续高功率稳频TAG激光器和连续倍频YAG激光器、离子交换法生产硝酸钾、汽车转向助力泵、抗虫棉育种等一批达到国际先进水平或国内领先水平的成果。

1979年至1998年全省共有4689项科研成果获省科技进步奖。其中,自然科学奖4043项,理论奖352项,软科学奖294项。"八五"期间,全省共撰写科技论文38572篇,其中国外学术刊物发表的1122篇;出版各类科技著作2660种;获奖科技成果3169项,其中获国家级奖励93项、省部级奖励2026项。

科技成果不断转化为现实生产力。1991年以来,累计推广转化重点科技成果456项次。农业方面,一批量大面广的农业科技成果为全省粮食产量不断迈上新台阶做出巨大贡献,仅"农作物地膜覆盖技术"、"玉米千万亩品种更换"和"晋豆19号"3项新技术、新品种的推广应用,累计增产粮食43.2亿公斤。工业方面,"蒸空气锤改电液锤"、"CKMR热处理炉智能控温设备"、"发动机制造CAD/CAM""930型炼磺炉"等新技术及适用技术的示范推广,为改造传统产业,发展乡镇企业发挥了积极的作用。

建国50年来,山西省的科技事业蓬勃发展,取得了显著的成绩,但是还存在一定的差距。一是全民科技意识仍然不强;二是科技投入不平衡,全社会有效科技投入数量不足;三是科技法律法规的执行存在一些薄弱环节;四是科技系统结构不尽合理。这些问题将会在今后的工作中逐步得到解决。

(郭俊德)

文化事业繁荣兴旺

建国50年来,山西文化艺术、广播电视、新闻出版事业坚持党的正确路线方针,解放思想、开拓进取,以独特的风采、辉煌的业绩在加强物质文明和精神文明建设,促进国际间文化交流,增进各国人民的友谊及传播科学文化知识,进行爱国主义和革命传统教育等方面,做出了重要贡献。

一、文化事业欣欣向荣

山西地处黄河中游,是中华民族文化的发祥地之一。千百年来,在山西这片古老的土地上,积淀了异常丰富的民族民间文化艺术传统,形成了浓郁的地方文化艺术特色,因而被誉为戏曲的摇蓝,民歌、民舞的海洋。以中路梆子(晋剧)、北路梆子、上党梆子和蒲剧为代表的山西戏曲剧种有52种之多,数量居全国各省、自治区之首;山西又被誉为“中国古建筑的宝库”,历代地上文物建筑数量居全国之首。山西文物不仅数量多,而且种类齐全、品位高,诸多方面以鲜明的特色在全国出类拔萃。

建国以来,党和政府非常重视文化事业的发展,全省的文化工作乘国家兴盛之风,应民族振奋之势,不断探索新时期文化事业发展的新路子,取得了辉煌的业绩。

(一)电影事业稳步发展

1949年全省仅有4个电影院、3个流动放映队。1952年后山西电影事业才得以较快发展。据统计,1998年全省城乡仅剧场影剧院就有53座;放映单位3492个,比1952年增长49.6倍。1978年以来,山西省的电影发行单位在各级领导的关怀重视下,深化改革,积极新建和改造城市影院,城市影院向舒适、优雅、豪华、影音效果立体型的方向转变;同时大力开发农村电影市场,推行了国家、集体、个人一起办电影的方针和承包责任制,在农村坚持以多样化服务吸引农民,通过积极发展集镇影院、家庭影院、乡镇放映队,转变经营方式,重点解决农村电影放映难、收费难的问题,逐步形成了以集镇影院为骨干的放映网络,电影放映发行管理三级网普及全省。农村放映网络的普及和发展,改变了农村文化娱乐结构,有力地推动了农村社会主义精神文明建设。在电影放映方面引入竞争机制,转换经营方式,坚持走影院更新改造和更新技术设备的路子,并引进新的电影技术,如立体声电影、球幕电影、镭射电影等,使得一些国产优秀影片和进口大片能尽快和观众见面。1998年,全省电影放映观众达到8604.1万人次。电影放映事业的发展,丰富了城乡人民的业余生活,提供了多姿多彩的精神食粮。

50年来,山西的电影制片事业从无到有,本着立足山西、反映山西、面向全国的宗旨,先后拍摄了一百多部新闻纪录片和资料片。特别是改革20年来拍摄的《神行太保》、《山村锣鼓》、《元帅的思念》、《咱们的退伍兵》等影片,收到了良好的社会效益和经济效益。其中《咱们的退伍兵》获得全国优秀电影奖、金鸡奖,《开采太阳》荣获煤炭部乌金奖。

(二)艺术创作硕果累累,艺术表演丰富多彩

1949年,全省仅有7个戏曲剧种,38个戏曲班社,人员不到2000人。建国50年来,在党和政府的正确领导和艺术工作者的不懈努力下,到1998年,全省共有剧种52个;专业艺术表演团体161个,比1949年增长3.2倍,艺术研究创作、展览机构13个,艺术表演场所53个;演职员人数9968人,与1949年相比增长了4倍。艺术事业的发展不仅使城乡人民群众的文化生活异常活跃,而且有力地推动了文化创作。

建国50年来,艺术创作不断推陈出新,硕果累累。在不同的历史时期均有享誉甚高的佳作,如晋剧“打金枝”、蒲剧“窦娥冤”、北路梆子“金水桥”、上党梆子“三关排宴”、眉户剧“一颗红心”等分别由长影、新影拍成舞台艺术片。改革开放20年来,在文艺创作上更注重发挥山西民族民间文化艺术和革命根据地文化两个优势,深入挖掘具有深厚底蕴的民间艺术,并赋之以现代艺术表现手法,创作出一大批具有独特地方艺术特色和风格的优秀艺术作品。其中不仅有在全国引起轰动的《黄河儿女情》、《黄河一方土》,以及后来的《黄河水长流》、《苏三起解》、《油灯灯开花》、《孔繁森》、《石角凹》等一大批改编和新创作的优秀戏曲剧目和话剧剧目,同时还有《晓色初动》、《山道弯弯》、《伎乐图》等在全国和国际上产生一定影响的美术作品。自中宣部开展精神文明建设“五个一工程奖”评奖以来,山西的舞台表演已在这一奖项中获得四连冠的佳绩。

除专业艺术创作外,群众性业余文艺创作也异常活跃,并不断有优秀作品涌现,《元宵夜》、《走西口》、《小二黑结婚》、《筑路歌》、《车夫》、《换鸡》等剧(节)目分别获得“三民调演大奖”和“群星”奖金奖。

艺术表演丰富多彩。在戏曲方面,一大批绚丽多彩的地方剧目异军突起,争奇斗妍;在戏曲表演中,一大批优秀中青年演员脱颖而出,到目前为止,已有任跟心、田桂兰、小香玉等26位演员获得“梅花奖”;获得“文华”表演、导演、音乐创作、舞美设计奖的专业人员也有40人,获奖人数之多在全国首屈一指。在歌舞艺术方面编排出了具有浓郁民族风韵的“黄河文化”的代表作和艺术精品。

艺术表演团体的出访是国际文化交流工作最直接的体现之一。改革开放前,只在60年代有太原杂技团一支队伍受国家委派,赴非洲执行文化交流任务,改革开放后的20年间就有101次,2256人执行因公文化交流项目,这些文化交流的使者足迹遍布五大洲,将优秀的传统文化,包括歌舞、戏曲、锣鼓、甚至佛教音乐带到了海外,向世界各国人民展现了山西的艺术风采。

(三)公共图书馆有了较大的发展

解放前,山西曾于1919年建立了1个公立图书馆,日寇入侵后被毁。解放后,于1950年成立了省图书博物馆。1954年后,太原、大同、长治等地的图书馆也陆续建立。1960年8月28日,以科技为重点的综合型大型公共图书馆——山西省图书馆正式建成。50

年来，山西省各级图书馆积极发挥馆藏书刊资料作用，采取灵活多样的服务形式，努力为广大读者服务，在山西的经济建设、社会教育、文化科技信息传播等领域发挥了重要作用。特别是改革开放20年来，山西省的公共图书馆事业有了较大发展，基本实现了国家社会发展规划中“县县有图书馆”的要求。其中省图书馆扩建了8000平方米善本、儿童阅览楼，新建了榆次、新绛等10余个县的图书馆，并对不少图书馆的书库、阅览室进行扩建和装修改造，省图书馆已实现了电脑联网查询资料和借阅书刊。随着改革开放的深入和社会主义现代化建设的发展，图书馆事业开始由传统的藏书型向现代化开放型迈进，实行开架借阅，开展图书馆为“星火计划”、科技研究服务，为农民致富服务等活动，在两个文明建设中做出了重要贡献。到1998年，全省共建成公共图书馆120个，其中省级馆1个，地(市)级馆6个，县(市)级及以下馆113个；总藏书817.4万册，是1953年藏书总册数的202倍；图书流通282.9万册次，是1953年的90倍，图书借阅者达207.7万人次。

(四)群众文化事业大放异彩

山西最早的群众文化事业机构——文化馆，是1945年5月在解放区左权县建立的。建国以来，群众性文化活动广泛深入地开展，省、地、县、乡四级群众文化活动网络初步形成。到1998年底，全省文化事业机构发展到2193个，从业人员19528人，其中群众文化馆118个，比1949年增长1.15倍，乡镇文化站和文化中心发展到1658个，不少行政村还建立了文化室、青年之家等，基本实现了国家提出的“县县有文化馆、乡乡有文化站”的要求。群众文化机构的发展，促进了城乡社会主义建设的繁荣。随着市场经济的发展，全省文化娱乐市场进一步活跃，逐渐兴起歌舞厅、电子游戏、艺术品经营拍卖、电影视盘和录像带出租放映出售等，已形成门类多、层次分明、互相竞争、共同发展的局面，群众文化事业呈现出一片生机。1984年全省举办了首届民间美术展览，参展作品4000多件，发掘整理了民间艺术。

改革开放20年来，全省下大力气抓业余群众文艺的精品生产，先后多次举办了包括各种艺术类型在内的群众文艺调演活动，通过调演活动推出了一批优秀作品，发现了一批优秀人才。特别值的一提的是，通过对民间艺术的挖掘和整理，创造了一批民间艺术精品，不论是威风锣鼓，还是绛州鼓乐，不论是文水的《岳村呱子》还是孝义的木偶，以及左权的小花戏、侯马的《秦晋》皮影艺术展览、长治的八音会等等，都以其或粗犷或细腻、精美绝伦的艺术风采倾倒海内外观众，成为山西人的骄傲。

(五)文物事业取得突破性进展

解放前，全省只有一所“山西民众教育馆”，而且藏品少，陈列落后，文物考古工作实属空白。新中国成立后，山西的文物事业工作在党和政府的关怀下，不仅有了很大发展，而且日趋完善。

建国初期，山西省人民政府将“山西民众教育馆”改造为山西图书博物馆，开展了征集藏品、陈列展览和宣传教育等活动。1953年，成立了山西省政府文物管理委员会，负责全省文物保护管理工作。1959年，山西省文物管理委员会、山西省考古研究所和山西博物馆合并，成立山西省文物工作委员会。1979年11月，撤销山西省文物工作委员会，成立山西省文物事业管理局。1983年机构改革，山西省文物局归省文化厅领导，1992年又从文化厅中分出，直属省人民政府领导至今。50年来，山西的文物机构和队伍不断壮大，到1998年底，全省文物机构86个，其中文物保护管理机构75个，从业人员达1059人；博物馆72个，其中综合性的32个，专门性的34个，纪念性的6个，从业人员达到1364人。

建国以来，山西省文物管理部门经过1956年至1959年、1980年至1987年两次大规模的文物普查和1995年至1996年的重点复查，基本澄清了全省的文物家底。共普查登记各类文物31401处，复查中新发现古文化遗址和古墓葬5000余处。到1996年底，全省有全国重点文物保护单位56处(1－4批)，省级文物保护单位412处(1－3批)，县(市)级文物保护单位3300多处。普查结果表明，山西的文物不仅古老而且品种多，现存的古代建筑是全国最多的省份，其中宋、辽金以前的木构建筑有106座，占全国现存同期同类建筑的72%以上，有的文物建筑成为国内外仅存的孤品。现存的历代彩塑12435尊，被专家们誉为“彩塑艺术的宝库”。五台山南禅寺、佛光寺的唐塑、晋祠圣母殿和平遥双林寺等的彩塑均是我国彩塑艺术中的精品。现存寺观和墓葬壁画2600多平方米，早至汉唐，晚至晚清，连绵不断，代代有佳品，特别是高平开化寺宋代壁画、芮城永乐宫元代壁画，均是我国古代壁画艺术的上乘之作。此外还有战国至明清时期的历代古长城3000公里、1997年被列入《世界遗产名录》的平遥古城以及引人注目的山西民居等。两次普查中摸清了革命遗址及革命纪念建筑物1466处，古遗址2639处，古墓葬1666处，石窟寺300处，古建筑及历史纪念物18118处(内附彩塑12435尊，寺观壁画26751平方米，碑碣6665通)，古脊椎动物及人类化石地点306处，石刻及其它6852处。

考古发掘硕果累累。山西地处中原文化和草原文化交汇地区，是我国考古研究工作的重点省份之一。建国以来,山西省文物部门进行了大量的考古发掘研究工作,取得了丰硕成果。据不完全统计,1950—1996年共进行考古调查与发掘项目250多处,出土文物上百万件。在旧石器时代考古方面,调查和发掘120余处地点,重要发掘项目有:芮城西侯度遗址、襄汾丁村遗址、阳高许家窑遗址、陵川塔永河遗址、沁水下川遗址等,为建立山西旧石器时代文化编年史获得了较丰富的资料。新石器考古、重要发掘项目30多处,如武乡牛鼻子湾遗存、翼城枣园H1遗存,忻州游邀遗址等。自70年代开始,在临汾、运城地区,以及太原、晋中、吕梁、长治等地发现夏时期文化遗址近50处,重点发掘有夏县东下冯遗址、襄汾陶寺遗址、长治小神村遗址等,出土了大量夏时期文物,为探索夏文化提供了重要佐证。商周考古方面,发掘遗址墓葬40多处,发现商早期城址一座;灵石旌介遗址,出土商代珍贵青铜器168件。尤其是侯马晋国新田遗址、曲沃曲村晋侯墓地的大规模发掘,使晋文化研究取得了突破性进展。战国秦汉以后考古,也取得了重要成果,发掘项目90余处。

文物保护工作得到加强。50年来,全省对270余处重要的古老建筑进行了维修保护,如云岗石窟、交城玄中寺、永乐宫(搬迁)等。改革开放以来,大大加快了文物建筑维修保护的步伐,1986–1996年共立项维修文物建筑250余处(包括一次性赞助),平均每年投资近600万元(包括国家投资)。维护的重点,一是大同——运城旅游线重要文物开放单位,二是辽金以前残破严重的木构建筑。

二、广播电视事业迅速发展

山西的广播事业,最早筹建于1927年。在解放前的22年中,其发展是极其微小和缓慢的,直至太原解放,山西广播电台能用的只有一部100瓦发射机。新中国成立后,山西的广播电视事业才有了空前发展。

(一)无线广播再铸辉煌

1949年4月24日太原解放后的第二天,太原新华广播电台正式开始广播。在国民经济十分困难的条件下,党和政府仍然十分关心重视广播事业的发展。1952年,省政府做出扩大山西人民广播电台发射功率的决定。1954年新安装的7.5千瓦发射机正式投入使用,使全省有82个县听到了省台广播。经过1956年到1965年的发展时期,到1965年,省内1千瓦以上的发射台、转播台达到7座。至此,省台广播可覆盖全省30%的人口。

50年来,山西的广播事业在宣传和贯彻党的各个历史时期的路线、方针、政策,服务全省经济建设,倡导社会主义精神文明等方面做了大量卓有成效的工作,出色地发挥了舆论先导的作用。通过典型报道,生动地记录了新中国成立后人民群众为改变"一穷二白"的落后面貌而进行的可歌可泣、战天斗地的动人业绩,成功地在全省、全国推出一批先进典型和英雄模范人物,如著名劳动模范陈永贵、申纪兰、吴吉昌等。这些宣传报道为激励全省人民投身国民经济恢复发展,为社会主义建设添砖加瓦起到了极大的推动作用。改革开放20年来,山西的广播事业又迎来了发展的第二个高潮,广播宣传坚持四项基本原则,坚持正确的舆论导向,在改革中开拓创新,更富特色。广播节目贴近生活、贴近群众、贴近实际,传播经济信息和科技知识,形式活泼多样,有大量广播音乐、戏剧、曲艺、文学、广播剧等节目,同时充分发挥广播宣传快捷、直观、听众广泛的特色,为推动全省经济发展和社会进步,加强社会主义精神文明建设,丰富人民群众文化生活和维护稳定贡献自己的力量。

50年来,山西的广播事业有了长足的发展,1998年底,全省共有广播电台7座,比1978年增加6座,全省的中波广播发射台和转播台达到23个,比1978年增加了12个。改革开放20年建成的中波广播发射台和转播台相当于前30年的2.6倍。发射总功率达到353.5千瓦,广播人口覆盖率达到83.93%。中央和地方、有线和无线、城市和农村并存的广播网络正在形成,全省人民基本上都能收听到省广播电台的主要广播节目。

在媒体竞争日趋激烈的形势下,山西人民广播电台面对挑战,大胆创新,开办了北方第一家全天候播音的山西长城经济广播电台,打开了广播宣传的新局面。之后又陆续推出了"文艺"广播、"健康之声"广播、"交通"广播和远程教育广播等,形成以人民台为主体,六套广播相辅相成,联合发展的新格局,再铸了山西广播事业的辉煌。自1984年以来,山西台共有800件广播作品在全国全省评奖中获奖。其中获得中

艺术表演丰富多彩　　王天明　摄

国新闻奖的作品 10 件，获得中国广播奖的作品 200 多件。

（二）电视事业突飞猛进

山西省于 1958 年开始筹建电视台，1960 年 5 月 25 日以“太原实验电视台”呼号播出综合节目。当时只有一部工业用的摄象机和自己安装的一台 50 瓦发射机，播出有线电视图象。1968 年国庆前夕，由北京经太原到成都的微波干线开通，太原电视台每周转播二至四次北京电视台节目。这是继天津之后，全国第一个看到首都电视节目的省城。1973 年，太原地区的电视观众看上了彩色电视节目。

党的十一届三中全会以来，全省电视事业迅速发展。1978 年 8 月，太原电视台改名为山西电视台，发射机功率加大，并在太原增设了转播中央电视台节目的一千瓦转播台。从此，太原地区可以同时收看两套电视节目。1979 年起，山西电视台陆续购置了彩色电视转播车、彩色录像机、摄像机，以及彩色电视播出设备，逐步更换了陈旧老化的黑白电视制作播出设备。到 1981 年底，山西电视台录制和播出的节目基本实现了彩色化。到 1998 年底，全省电视台达到 12 座，比 1978 年增加 11 座，电视发射台、转播台发射总功率达到 292.4 千瓦，其中千瓦以上的发射台、转播台发展到 53 个，比 1978 年增加 43 个；有线电视台 78 座，总用户数达到 203.48 万户。随着人民生活水平的提高，拥有电视机的观众深入到城市、农村的各个角落，电视人口覆盖率达到86.26%，比 1978 年增加 40.26 个百分点。

50 年来，山西的电视事业从无到有，随着深化改革和经济建设的发展不断壮大起来，在宣传工作、传输手段、管理体制以及队伍建设等方面得到蓬勃发展，取得显著成绩。电视事业的迅速发展、推动了节目宣传的不断改进和提高。根据全国第十一次广播工作会议精神，以电视新闻改革为突破口，带动整个宣传和技术、行政工作，山西电视台从摄、录、编、播等多方面采取措施，提高新闻的时效性和新闻节目的播出质量，次数和条数均有显著增加。

电视事业的发展日新月异。电视已成为党和政府密切联系群众的桥梁和纽带，在丰富人民群众业余文化生活的同时，已成为人们了解世界，获得各种信息，掌握科技文化知识的窗口。在知识经济、信息时代的今天，电视正发挥着它巨大的潜力。改革开放以来，电视节目也发生了巨大的变化，从过去少量、单调的节目品种，发展到今天节目丰富多彩、匠心独具、争创精品的新局面。山西电视台始终以经济建设为中心，深化改革，抓好典型报道，加强农业、科技、经济的宣传报道，突出专题节目特色，直接为经济建设和社会发展提供舆论支持，开播的《科技之窗》、《经济十分种》、《山西乡镇企业纪行》等节目都收到了较好的社会效果；拍摄的电视剧《沟里人》、《好人燕居谦》均获“飞天奖”。

三、有线广播遍布城乡

山西省农村广播网的前身，是解放初期建立的农村收音网。为使广大农民和基层干部及时了解党的方针政策和时事新闻，中共山西省委决定，建立全省收音网。1949 年由太原人民广播电台训练了山西第一批收音员。到 1955 年底，全省各县共有收音机 4730 部、专兼职收音员 5035 人，积极进行了广播宣传。

1956 年 1 月，中共中央颁发的《全国农业发展纲要》中提出：“在 7 年或 12 年内基本普及农村广播网”。为此，省人民委员会于同年 2 月做出《关于建立城市、农村有线广播站的决定》。全省各地正式开始了分期分批的建站工作，建站的方针是由小到大，先到村社，后到院户，逐步发展。到 1958 年，全省基本上达到了县县都有有线广播站，只用了两年时间便完成了全国农业发展纲要的要求，全省安装广播喇叭 11.64 万只，自架广播线路 2.5 万公里，达到乡乡通广播。另外，还建起近 100 个公社广播站，初步形成了全省喇叭深入山庄窝铺的农村有线广播网。到 1972 年全省有 1040 个公社架设了公社到大队的广播专线。1974 年底，全省基本实现了广播喇叭户户化。

改革开放 20 年来，全省整顿和发展了农村有线广播。新架和改造了部分线路，并安装喇叭，提高县乡通播率。有些县区在广播专线上传送电视节目，发展一线多用，开通双向对讲，实行共缆传输，提高专线应用指数，提高有线广播的经济效益和社会效益。目前，全省有县、市（区）广播站（台）81 个，乡放大站 1717 个，占总乡数的 89.00%，安装喇叭 201.09 万只，全省约有 66.65%的村庄通了有线广播。

四、新闻出版事业空前繁荣

建国以来，山西新闻出版事业进入了前所未有的兴旺繁荣时期。经过拨乱反正、解放思想、大胆改革，图书出版生机勃勃，各种报纸杂志相继复刊，新创办的报刊迅速增加。

（一）新闻事业在改革中快速发展

山西的新闻事业始于清代。1902 年（清光绪二十八年），程育新创办的《晋报》（旬刊）为山西新闻报纸的开端。到 1939 年，山西省各根据地已有铅印、石印和油印的报纸近 70 种。在此期间，新华社在山西的地方总社和分社也先后建立，为社会主义新闻事业的建立和发展奠定了良好的基础。1949 年太原解放后，以根据地培养的新闻工作者为基本力量，接管了《复兴日报》、《阵中日报》等几家旧报纸，随即创办了《山西日报》、《山西农民》和《山西画报》、《山西教育》、《山西文艺》、《山西政报》、《山西妇女》、《宣传手册》等 10 多种报纸、杂志。1978 年以来，新闻事业出现了空前繁荣的局面，全省已形成了一个以党报党刊为中心的多层次、多类型的报刊结构体系，形成科技、信息及文化知识、社会科学类与自然科学类、生活服务类报刊共同发展的新局面。

到 1998 年底，全省报纸总数达 56 种，比 1978 年增加 42 种，印数 71953.6 万张，比 1978 年增加 54084.6 万张；杂志达 157 种，比 1978 年增加 141 种，总印数也由 1978 年的 598 万册增加到 2791.5 万册。改革开放 20 年的报纸累计总印数达 100.96 亿份，相当于前 30 年的 5.7 倍。杂志数是前 30 年的 12.6 倍。

新闻工作始终把握正确导向，突出时代主旋律，紧扣时代脉搏，加大邓小平理论的宣传力度，加强改革开放和艰苦奋斗的理论宣传，突出“一个中心、两个基本点”、“两手抓，两手都要硬”的宣传，特别对全省的“引黄”、“太旧”等重点工程进行了广泛深入的宣传，为山西的经济建设提供了有力的舆论支持。同时以农村奔小康为主题，大力开展农业宣传报道，普遍加大经济信息的报道，加强舆论引导和舆论监督。在社会经济高速发展的今天，新闻事业已经成为广大人民群众了解国内外大事、党的方针政策以及科技、文化信息不可缺少的环节之一。

(二)出版事业成绩斐然

解放前，山西省没有一家出版机构，直到 1951 年 11 月，山西省才有了自己独立的出版机构——山西人民出版社。1972 年，为了加强对全省出版、印刷、发行的统一领导和管理，成立了山西省出版局。党的十一届三中全会以后，山西的出版事业进入了前所未有的繁荣时期。1984 年 8 月，经山西省委、省政府批准成立了山西省出版总社，与山西人民出版社合署办公。同年，经文化部批准，先后成立了山西科学教育出版社、北岳文艺出版社和希望出版社，专门负责出版科学技术、文学艺术、青少儿方面的读物。

建国以来，出版事业始终贯彻执行“为社会主义服务，为人民服务”的根本方针，贯彻执行地方出版社“立足本省、面向全国”的方针，认真落实十五大提出的新闻出版要加强管理、优化结构、提高质量的要求，出版事业迅速发展。改革开放 20 年来共出版图书 21726 种，总印数 23.1 亿册，分别是前 30 年累计的 5.1 倍和3.3倍。到 1998 年底，全省图书编辑人员已发展到 285 人，比解放初期的 6 人增加了 46.5 倍，各出版社职工总人数达到 463 人。

50 年来，新闻出版工作始终围绕党和国家工作大局，围绕省委、省政府中心工作进行安排、部署并推进，特别是党的十一届三中全会以来坚持以经济建设为中心，为两个文明建设创造良好的舆论环境和文化氛围，调整出版结构，加大管理力度，逐步探索、寻求符合山西改革与发展大趋势和出版产业自身发展规律的发展之路，坚持有质量地发展，有效益地发展，把新闻出版业作为一项重要的产业来发展，实现质量与效益的有机统一。在新闻出版事业蓬勃发展的同时，山西省的图书出版发行工作也有了很大发展。图书出版强化精品意识，1998 年全省图书品种控制在 1000 种以内，优秀图书率达 26%(获奖图书占新出版图书的百分比)。深化发行体制改革，加大图书发行网点的建设力度。到 1998 年，在全省 1900 个乡镇建立了农村图书发行网点 2230 个，图书发行达 3215 万册。1998 年全省有 7 种图书获山西省第二届“五个一工程”优秀图书奖，有 4 种图书获第十一届中国图书奖，还有 100 多种图书在省外获各种奖项。

(李亮军　高宇宏)

卫生体育事业阔步前进

卫生和体育事业的发展水平是社会文明进步的重要标志，它直接关系到人民的体质和健康。建国后，山西的卫生、体育事业在十分薄弱的基础上艰苦创业，得到了长足的发展，取得了举世瞩目的成就。

一、卫生事业蓬勃发展

建国以来，山西的卫生事业取得了巨大成就，医疗卫生机构遍布城乡，白衣战士队伍不断壮大，预防保健网络基本形成，人人享有卫生保健逐步成为现实。

（一）医疗机构和卫生队伍稳步发展，医疗卫生条件得到改善

1949年底，全省仅有综合性医院50所，病床600张（其中城市综合医院11所，病床280张，县卫生院39所，病床320张），医务人员共有4989人（不含1万余名零散医生）。50年来，经过各级党委、政府和广大人民群众的努力，逐步建立起一套由村卫生所、乡镇卫生院和县以上医院组成的比较完整的医疗卫生服务体系，基本上做到了全省城乡有医有药，无病早防，有病早治，医疗卫生工作发生了根本的变化。特别是党的十一届三中全会以来，卫生事业发展很快。到1998年底，全省共有各级卫生机构3282个，床位10.96万张，医务人员13.42万人，与解放初的1949年底相比，机构增长65倍，床位增长182倍，医务人员增长26倍；与1978年相比，床位增长67.5%，人员增长75.5%。

在卫生机构、卫生队伍快速发展的同时，医疗卫生设备也有了明显改善。如CT、彩超、电子显微镜、心电监护装置、内脏碎石机等已逐步装备；医疗技术水平不断提高，地市以上医院普遍开展胸外、脑外、泌尿、心血管等专科，使绝大多数病人可在省内得到及时诊治。

（二）防疫工作成效显著，传染病发病率大幅度下降

党和政府十分重视卫生防疫工作，解放初就建立了病情报告制度，并着手抓预防接种工作。其方式是在适当季节采用运动形式突击进行，动员群众自愿接种，并实行完全免费。1955年12月，山西省人民委员会颁发了《山西省传染病管理办法实施细则》，对各专署、市、县人民委员会及其卫生行政部门在贯彻执行《细则》时应负的职责、法定报告单位、法定或义务报告人、报告时间、报告方式以及防疫机构接到报告后应采取的措施等均做了详细规定。1963年开始按照“重点疾病、重点地区、重点人群”的指导思想制定预防接种计划并贯彻执行。

从1978年开始，全省卫生防疫工作进一步深入，进入了系统、科学、规范发展的新阶段。1978年，对预防接种工作的系统推行“三簿”（计划免疫登记簿、新生儿出生登记簿、生物制品颁发登记簿）、“一表”（生物制品使用统计表）、“一卡”（基础免疫接种登记卡）的办法，加强预防接种的计划性和质量控制。1979年，山西省卫生厅颁发《山西省预防接种工作实施细则》，对预防接种工作组、儿童基础免疫程序、异常反应的诊断和处理、免疫效果考核等作了详细规定。1982年进行了计划免疫试点，探索预防接种由突击式改为常年按程序接种的办法。1985年山西省与联合国儿童基金会共同投资“冷蓬装备项目”，开始在省、地、县三级防疫站及乡村卫生院（所）建冷链系统，使免疫设施、免疫条件得到进一步改善。从1989年《中华人民共和国传染病防治法》开始实施，免疫工作步入了法制化的轨道。经过50年来，尤其是改革开放20年来的艰苦努力，全省防疫、免疫工作取得了显著成效。1988年底，实现了“以省为单位达到85%以上的儿童全面免疫”的目标，1995年实现了“以县为单位达到85%的儿童全面免疫”的目标。

随着免疫工作的逐步深化，传染病发病率大幅度降低，鼠疫、霍乱、天花等烈性的传染病基本得到控制，其它传染病发病率也大幅度降低。1998年，全省传染病发生病率为126.46/10万，是1979年的585.03/10万的1/5。

（三）地方病防治有新的起色，地方病得到有效控制

地方病，山西俗称水土病，包括大骨节病、碘缺乏病、克山病、地方性氟中毒，病区遍及全省107个县。山西的地方病调查防治是从解放后开始的。1956年，在1950—1956年对安泽、沁源地方病发病和打旱井防治地方病调查总结的基础上，在病区推广打旱井防治水土病的措施。1958年成立卫生厅地方病防治研究所，1978年改称山西省地方病防治研究所，并在省、地、县防疫站设地病科（组），病区乡、村设防治点，初步形成了自上而下地方病防治网。进入80年代，以省地病所为中心，围绕水、土、粮等中微量元素与地方病的关系，开展了广泛深入的防治研究工作。1984年，经卫生部组织验收，山西省地方病区达到国家基本控制标准；克山病、大骨节病呈稳步下降趋势，不少病区达到基本控制标准；地方性氟中毒也得到积极有效的防治。进入80年代，结合普及加碘食盐消除碘缺乏病，山西地方病防治掀起了高潮，通过举办地方病图片展览，拍摄并播放电影、电教片等有效手段提高广大群众防病意识和防病能力，加大力度实施防氟改水工程，在病区提倡“补碘、吃杂粮、改水、讲卫生”等综合防治措施，地方病发病得到了有效控制。到1998年，地方性碘缺乏病已得到有效控制，8－10岁儿童甲状腺肿大率下降到6.21%，农村改水受益率达到84.76%。

（四）妇幼保健网络初步形成，妇女儿童健康有了保障

解放后，山西省各级卫生、教育、劳动部门以及妇联、工会，认真贯彻中央关于妇幼卫生的工作方针，有针对性、有步骤地开展妇幼保健工作。1950年成立山

西省妇幼保健院，1952年6月成立山西省妇幼卫生工作队，对全省妇幼卫生工作进行指导。到1952年底，全省共有县级以上妇幼保健机构125个。1957年，全省妇幼保健机构撤销，妇幼卫生保健工作处于瘫痪状态。1976年后妇幼保健机构逐步恢复，到1978年全省县级以上妇幼保健机构达到132个。

为了改善各级妇幼保健机构的设施条件，促进妇幼保健事业发展，省政府增加了经费投入力度，从1978年起，每年给各县拨2000元专项建站经费，并逐年安排2000－3000元业务经费，地(市)级每年拨"人头费"1200—1400元，县级1000元。每年拨付省妇幼保健机构40万元器械装备费。经过20年的恢复和发展，到1998年，全省省、地、县妇幼保健机构共有134个，妇幼保健人员5646人，同时，每个乡镇卫生院均设有专职妇幼保健人员，每个村配备有专兼职妇幼保健员，初步形成了三级妇幼保健网络。到1998年，孕产妇建卡率达87.3%，系统管理率达到71.2%，孕早期检查率达75.3%，产后访视率达到80.3%，3岁以下儿童系统管理率达到74.4%，7岁以下儿童保健管理率达到73.3%，新生儿访视率达到82.3%。特别是《山西省妇女发展"九五"规划》和《山西儿童事业发展"九五"规划》的实施，使妇女儿童保健工作更进一步规范化、科学化，妇女劳动保护、妇女常见病的防治、婚前检查、科学育儿、小儿常见病的防治、优生优育等妇幼保健工作开展得有声有色，妇女儿童的健康有了很好的保障。

(五)爱国卫生运动不断深入，人人享有卫生保健逐步成为现实

1952年3月，中央爱国卫生运动委员会成立，并发布粉碎美帝国主义细菌战的指示。同年8月，山西省爱委会成立，各地、县也成立了相应的组织。1953年5月，山西省人民政府发出开展夏季卫生运动的指示，并开展了以"四净(身净、房净、院净、街净)，"五灭"(灭蝇、灭蚊、灭虱、灭蚤、灭鼠)为内容的爱国卫生运动。从1956年起，围绕《全国农业发展纲要》提出的消灭"四害"、防治危害人民健康最严重疾病的要求，全省每年秋季定期开展以除害灭病为中心的爱国卫生突击活动。1958年山西提出"学太阳、赶稷山"的口号，掀起了第二次爱国卫生运动高潮。1960年至1962年全省爱国卫生运动的重点放在搞好集体生产和生活的卫生工作上，派卫生人员深入食堂，研究、指导饮食营养卫生和防治营养不良等疾病。"文化大革命"开始后，爱委会及其办事机构撤销，工作瘫痪。1969年7月8日周恩来总理在全国卫生工作会议上重申爱国卫生运动的重要性，要求"全国城乡要年年在春初夏中搞一、二次，定为常例，不再废除"，爱国卫生运动

体育事业蓬勃发展　　王天明　摄

工作由卫生局兼管，并逐步恢复工作。1973年，山西掀起"两管五改"(管水、管粪、改良饮水、厕所、畜圈、炉灶、环境)为主要内容的爱国卫生运动新高潮。1978年，中央和国务院决定重建爱委会，制定了"加强领导、动员群众、措施得力、持之以恒"的方针。山西省爱委会也重新组织。1981年全国开展"五讲四美"活动，赋予爱国卫生运动以新的内容。1982年全国开展以治理"脏、乱、差"为基本内容的"文明礼貌月"活动，初步形成了"讲卫生光荣，不讲卫生可耻"的社会风气。1989年4月15日至5月15日为山西省第一个"爱国卫生月"，其重点任务是治理公共场所的环境卫生，灭鼠，开展卫生宣传教育，为群众办一两件实事。

进入90年代，随着以"人人享有卫生保健"为目标的初级卫生保健工作的开展，预防为主、防治结合的卫生工作方针得以更好体现，社区保健服务逐步深入。到1998年底，安全饮水人口覆盖率达到86.03%，卫生厕所人口覆盖率达到26.3%。有92.69%的行政村有卫生保健服务机构。"人人享有卫生保健"的目标正在实现。

二、体育事业蒸蒸日上

解放前，山西饱受封建军阀和帝国主义的践踏，战乱频繁，民不聊生，体育只能是统治者装饰门面的工具。建国后，随着国民经济的快速发展，体育事业也突飞猛进，体育场地从无到有，设施不断改善，群众性体育活动特别是学校体育广泛深入地开展，竞技体育水平不断提高，体育已成为社会发展不可缺少的组成部分。

(一)体育设施逐步改善

解放前，山西的体育场地为数不多，省城太原仅有的一座杏花岭体育场，也被国民党军队拆毁构筑工事，留给人民的是一片废墟。建国后，特别是党的十一届三中全会以来，山西坚持两条腿走路的方针，充分发挥各行各业办体育的积极性，各种体育场地迅速

增加,设施不断完善。截至1998年底,全省共拥有各类体育场地14289个,是1978年6524个的2.19倍。其中,有固定看台的体育场131个,体育馆7个,标准田径运动场38个,游泳池75个,有固定看台灯光球场239个。95%以上的县市已将体育场地建设纳入市政建设总体规划。于1979年竣工的省自行车场,曾被国际友人誉为“亚洲一流车场”。近几年来,省政府又拨专款陆续建成了体操、武术、乒乓、篮球、排球、田径训练馆(房),大大改善了训练条件,并兴建了省体育中心、滨河体育场等大型、综合性体育设施,为群众体育活动和体育竞赛提供了良好而完善的场所和条件。

(二)群众性体育活动广泛开展

1950年5月,山西全境解放刚刚一年,就在太原市召开了第一届全省人民体育大会。这次大会充分体现了党和政府对体育事业的关怀和重视,也揭开了山西体育的篇章。从1950年到1998年底,山西先后共举办了十届全省运动会,有力地推动了群众体育活动的普及,群众性体育热潮在全省兴起并经久不衰。目前,全省参加体育活动的人数近1千万人,城市街道、农村乡镇、工矿企业、机关学校举办的各种类型的体育竞赛广泛活跃。1998年,全省共举办县级以上运动会1164场,是1978年676场的1.72倍。

群众体育活动的内容日益丰富,由传统项目向近代、现代项目扩展。田径、体操、滑冰、游泳、足球、篮球、排球、手球、网球、乒乓球、越野、爬山、气功、健美运动、中老年健身操、医疗保健操、舞蹈等都已成为广大群众普遍的运动形式和健身锻炼、陶冶情操的良好途径。

1986年太原三桥冷冻设备专营商店举办了“三桥冷冻杯”全国女排邀请赛,并与国家体委议定承办1988－2000年每年一届的全国女排锦标赛,开创了中国体育史上企业承办体育活动的先河。广大农村也广泛出现了由个人自筹资金兴建体育场所,举办体育比赛的喜人景象。截止1998年,全省共成立各级各类体育协会81个,有业余体校103个。全省群众性体育活动已经深入家庭,向社会化迈进。

(三)学校体育扎实推进

学校体育既是全民健身的重点,又是竞技体育的基础,对于提高全民素质,培养优秀运动人才,实现体育腾飞有着重要作用。多年来,山西认真贯彻国家的有关方针政策,学校体育工作不断深化。全省各级各类学校基本上开展了两课两操和课外活动,达到国家规定的体育锻炼标准的人数逐年增多,1998年达到285.5万人,占在校学生总数的61.1%,是1975年13.4万人的21.31倍。同时,在广大中小学开展创建传统项目学校活动,集中进行课余体育训练。目前,全省传统项目布局学校968所,在训学生达18.1万人。学校体育的扎实推进,有力地推动了素质教育,促进了学生德、智、体全面发展。

(四)竞技体育水平有所提高

解放前,山西体育运动竞技水平很低。在国民党政府举办的7次全国运动会上,前4届山西仅能派出几名田径选手参加,均榜上无名,后3届取得了几项名次,但多数项目成绩不佳。解放后,群众体育的普及促进了竞技体育的发展,运动技术水平迅速提高。1956年成立了负有攀登世界体育高峰重任的运动队,最初设置了田径、篮球、乒乓球、体操、排球、足球等6个项目,运动员88人,如今已增至22个项目,运动员211人。截至1998年,山西运动员共获世界冠军12人15项18次,有6人10项14次破世界纪录,3人3项3次平世界纪录。获亚州冠军17人32项41次,4人9项9次超亚州纪录。到1998年底,全省有3606人达到等级运动员标准,其中运动健将14人,国际运动健将1人。改革开放以来,还特别抓紧了后备力量的培养工作,1998年底,全省有1366名一线二线运动员和7433名三线运动员在接受训练。经过长期努力,初步形成了一个一、二、三线层层衔接的运动人才梯形结构,为全省体育腾飞打下了良好的基础。

三、妇儿身体素质显著提高

解放以来,随着国民经济的发展和人民物质文化生活水平的提高,特别是卫生、体育事业的日益进步,山西人口的身体素质有了明显提高。

(一)孕产妇死亡率不断下降

新中国建立前,山西广大妇女文化水平低下,倍受封建迷信思想的毒害和陈规陋习的束缚,城乡妇女生育普遍由产婆旧法接生,产妇、婴儿死亡率很高。1951年,长治地区对7个县、市进行的回顾调查显示,妇女分娩死亡率高达1500/10万。解放后,各级政府把推广新法接生,保障产妇、婴儿安全健康列为妇幼保健工作的首要任务。据不完全统计,1949年冬至1951年秋,训练、改造旧产婆11652人,每县平均121人。同时选择已婚自愿为妇儿服务的妇女培训成为新法接生员,1952年至1957年共培训41471名。新法接生逐步普及,全省城乡接受新法接生的人数逐年提高,到1958年,全省63个县市区新法接生率达到95%以上。1961年由于经济困难,农村产院接生站、接生组大部分解体,一些偏僻山区旧法接生有所回头,全省新法接生率下降到80.2%。1966年至1975年,农村接生员处于自流状态。到1978年,全省新法接生率降至70%。1975年起,卫生部门贯彻《关行认真做好新法接生的通知》精神,加强对新法接生工作的领导,强调接生时必须做到“一躺、三消毒”(即产妇躺下生、产妇外阴、接生员双手、接生用具消毒),并建立了行之有效的管理和培训制度。到1990年新法接生率上升至95.53%。随着新法接生的推广,新法接生率的上升,孕产妇死亡率大幅度下降,80年代孕产妇死亡率稳定在100/10万活产儿左右。进入90年代,全省逐步推广“消毒接生”(即产妇外阴、接生员双手、接生用具和婴儿脐带四消毒),孕产妇死亡率进一步下降,到1998年,孕产妇死亡率下降为60.59/10万活产儿,比80年代下降近一半,是解放前的1/25。

(二)婴儿死亡率显著降低

据《中国人口(山西分册)》估算,1928－1933年山西婴儿死亡率为177.31‰,据1951年长治地区对7个县、市的回顾调查统计,旧法接生新生儿1248名,死亡394名,死亡率为315.7‰。两者存在较大差异,这可能与统计的时间、范围、计算口径、计算方法等不同有关,但解放前婴儿死亡率很高这是不争的事实。1958年,全省婴儿死亡率为79.96‰。为了推进卫生保健事业发展,降低婴儿死亡率,山西从50年代开始实行围产期保健工作。1980年以后,围产期保健工作趋于系统化、科学化。进入90年代后,随着《母婴保健法》的实施,儿童保健工作步入了法制化的轨道。随着儿童保健工作的不断深入和完善以及各项措施的有效实施,全省婴儿死亡率不断降低,到1998年,婴儿死亡率降为22.65‰,不到1958年的1/3。

(三)儿童营养状况日益改善

有关儿童营养状况目前尚无系统的统计,但从一些点滴的研究和1991年抽样调查以及1994年以来的快速调查结果,仍可看出儿童营养状况日益改善这一事实。

据山西省学生体质健康调研组所调查的1964年、1979年和1985年7－14岁城乡男女学生身高、体重结果计算,从1964年到1985年全省男生身高平均增高6.32厘米,平均每10年增加3.01厘米;女生身高平均增高4.76厘米,平均每10年增加2.27厘米。男生体重平均增加3.04公斤,平均每10年增加1.45公斤,女生体重平均增加1.72公斤,每10年增加0.82公斤。学生身高、体重的增加,体现出营养状况的改善。

据1991年全省儿童状况抽样调查,全省5岁以下儿童与国际标准比较,按年龄别体重计算,男童中重度营养不良患病率为11.5%,女童中重度营养不良患病率为11.8%;按年龄别身高计算,男童中重度营养不良患病率为30.4%,女童中重度营养不良患病率为31.2%。1999年,据快速抽样调查计算,全省5岁以下儿童与国际标准比较,按年龄别体重计算,男童中重度营养不良患病率为3.9%,比1991年下降7.6个百分点,女童中重度营养不良患病率为3.2%,比1991年下降8.6个百分点;按年龄别身高计算,男童中重度营养不良患病率为12.1%,女童中重度营养不良患病率11.4%,分别比1991年下降18.3个百分点和19.8个百分点。儿童营养状况的日益改善,不仅反映了儿童身体素质的改善,同时也反映了其母亲身体素质的改善。

(韩亚彪)

人口发展步入新阶段

建国50年来,随着社会经济的发展以及人们在生育观念上的转变,山西人口经历了不同的发展阶段。解放以前,山西人口处于高出生、高死亡、低自然增长的发展状况;解放后,山西人口迅速转入了高出生、低死亡、高自然增长的发展状态,而后随着社会经济的发展和计划生育政策的全面实施,山西人口发展又进而转变为低出生、低死亡、低自然增长的现代发展型。山西人口发展模式的根本性转变,改变了原来的人口发展进程,不仅对未来人口发展及人口结构变化产生很大影响,也对社会经济发展产生非常重要的影响。

一、人口总量的变化与特点

从1949年到1998年,山西人口数量由1280.86万人增加到3172.2万人,增加了1891.34万人,增长1.48倍,年均增加38.6万人,年均递增率为1.83%,高于全国1.72%的增长速度。

(一)各年代人口数量变化及增长速度

建国以来山西人口发展经历了50年的漫长过程。按照年代划分,山西人口规模发展变化及增长速度可分为如下5个年代:

50年代,山西人口从1949年的1280.86万人增加到1959年的1666.57万人,10年增加385.71万人,年均增加38.57万人,年均递增率为2.67%。

60年代,山西人口由1959年的1666.57万人增加到1969年的2049.09万人,10年内增加382.5万人,年均增加38.25万人,年均递增率为2.09%。

70年代,山西人口又在1969年2049.09万人的基础上增加到1979年的2447.2万人,共增加398.11万人,年均增加39.81万人,年均递增率为1.79%。

80年代,山西人口由1979年的2447.2万人增加到1989年的2852.98万人,又增加了405.78万人,年均增加40.58万人,年均递增率为1.55%。

进入90年代,山西人口又由1989年的2852.98万人增加到1998年的3172.2万人,共增加了319.22万人,年均增加35.47万人,年均递增率为1.07%。

从各年代山西人口发展情况看,由于党和政府十分重视人口问题,人口过快增长的势头得到了有效的遏制,山西人口的增长速度已大大低于解放初期的增长水平,到90年代人口增长速度已比解放初期下降了一半多,人口发展处于低速平稳增长状态。然而,由于人口基数大和人口再生产的惯性作用,每年增加的人口数量仍然相当可观,年均增加35万人左右,相当于山西省一个大县的人口。

(二)人口增长起伏变化的几个阶段

解放以来,山西人口经历了几个不同的发展阶段。从大的方面看,山西人口发展经历了70年代前无计划自发的高生育高增长阶段和70年代后全面推行计划生育政策,使人口实行有计划增长的阶段。根据解放以来山西人口增长起伏变化的几个时期,并结合各时期社会经济发展的特点,可把山西人口增长的过程划分为以下几个阶段。

1.人口高增长阶段(1949—1958年)。解放前,山西战事不断,社会动荡不安,经济得不到发展,人民生活贫困,人口发展的主要特征就是高出生、高死亡、低自然增长。新中国成立以后,在中国共产党的领导下,社会很快得到稳定,国民经济迅速发展,人民生活水平大幅度提高,医疗卫生条件不断得到改善,人口的死亡率急剧下降。然而,由于人们受传统生育观念的支配和对计划生育认识的不足,这一期间山西人口处在高出生、低死亡、高自然增长的状态,形成了山西的第一次人口生育高峰。同时,解放初期国家在山西兴建工业项目较多,吸引了大量省外劳力,进一步增加了全省的人口。在人口的高自然增长与高机械(迁移)增长的共同作用下,形成了山西人口在这一时期的迅速增加。9年当中,山西人口共增加了340.21万人,年均增长2.65%。其中人口的自然增长增加了251.04万人,年平均自然增长率为19.24‰;人口迁移增长增加了89.17万人,年均净迁移率为6.83‰。

2.人口低自然增长阶段(1959—1961年)。1959年至1961年是我国国民经济和人民生活最为困难的时期,也是山西人口发展的低谷时期。这一时期我国遭受了严重的3年自然灾害,加上人为的因素,食物匮乏,人们营养不足,人民生活水平下降,人口死亡率上升,出生率锐减,人口自然增长率处于低谷。3年当中,山西人口仅增加了89.97万人,年均增长率为1.8%,比上一阶段(1949—1958年)陡降了8.55个千分点。期间,1960年全省仅增加人口7.02万人,增长率为4.12‰,是解放以来山西人口增加最少、增长速度最低的一年。

3.新的人口高增长阶段(1962—1973年)。在经历了3年严重的自然灾害之后,随着党中央和国务院"调整、巩固、充实、提高"方针的贯彻实施,我国的国民经济得到了迅速的恢复和发展,特别是粮食和农副产品产量的大幅度提高,使人口发展从严重自然灾害和经济困难的阴影中摆脱出来。这一时期山西人口发展在人口死亡率继续下降的同时,出现了强劲的补偿性生育高峰。1963年山西人口生育达到了高峰,一年内全省出生人口67.28万人,出生率高达38.06‰,创解放以来山西历年出生人数和出生率的最高记录。1962—1973年的12年间,大部分时间处在"文革"的无政府状态,人口增长严重失控,人口出生率居高不下,导致山西人口进入了前所未有的高增长时期,并持续长达12年之久。这一时期山西人口增加了547.22万人,年平均增加45.6万人,年平均增长率为2.34%,形成了第二次人口生育高峰。

4.人口增长的减缓阶段(1974—1999年)。从70年代中期开始,是我国人口发展出现根本性转变的时期,同样也是山西人口发展处于根本性转变的时期。解放以后人口长期高速增长带来的人口压力使社会经济发展受到很大的制约。为彻底扭转这种局面,使人口与社会经济协调发展,党和政府加强了计划生育工作,制定和逐渐完善了计划生育政策和法规,并不断加强了计划生育工作的力度,尤其是把实行计划生育、控制人口增长作为一项基本国策去执行,高生育的势头得到了有效遏制,人口再生产模式发生了质的变化,人口出生率逐年下降,由自发性的高速增长步入了有计划的增长时期。这一时期,山西全面推行计划生育工作,把人口发展列入到国家计划之内,制定了《山西省计划生育工作条例》地方性行政法规,并从组织上、措施上保证了计划生育政策的落实。特别是进入90年代,党和国家对人口控制工作更加重视,党中央、国务院每年都要召开计划生育工作座谈会研究和部署计划生育工作。在党中央和国务院的正确领导下,省委、省政府对各地实行人口控制目标责任制,从1992年起每年都要对全省各地市县进行人口抽样调查,检查各地计划生育执行和人口目标控制情况,使人口控制工作取得了显著成绩。期间山西妇女的初婚年龄不断提高,总和生育率和人口出生率迅速下降,尽管受第三次人口生育高峰的影响人口增长出现波动,但人口增长过快的势头始终得到有效的控制,人口年平均自然增长率和年平均增长量均处在较低水平。1974年—1998年的25年间,山西人口从1973年的2257.6万人,增长到1998年的3172.2万人,共增加914.94万人,年平均增加36.6万人,年平均递增率为1.37%,与上一阶段(1962—1973年)年平均递增率2.34%相比,下降了0.97个百分点。

自70年代以来,全省人口的出生率已经由1970年的31.1‰下降到1998年的16.09‰,人口自然增长率由22.93‰下降到9.92‰,总和生育率由5.9下降到1.8,这些人口指标的大幅下降,倘若按照70年代初的人口出生率(1970年山西人口出生率为31.1‰)计算,1970年以后的28年,由于实行了计划生育政策,对人口增长进行了卓有成效的控制,全省累计少出生人口约800万人,其中党的十一届三中全会以后的20年全省累计少出生人口约700万人。

二、人口结构与分布的变化和现状

建国50年来,山西人口发展经历了由前20年人口快速增长和后30年人口减速增长,人口总量不断增加的过程。随着人口总量的不断扩大,人口自身的各种特征也相应地发生了变化。

(一)年龄结构接近年老型,山西即将跨入人口老龄化省的行列

人口年龄构成是人口自然构成的基本要素。人口年龄构成是以往数十年或更长时间人口自然变动和机械(迁移)变动的结果,又是未来人口发展变化的基础,并影响着社会经济生活的各个方面。

解放以来,山西人口年龄构成是随着人口发展的起伏变化而变化的。从历次普查资料来看,第一次人口普查的1953年,反映山西人口年龄构成的四项指标是:少儿系数33.89%,老年系数4.74%,老少比13.99%,年龄中位数24.31岁。按人口年龄构成划分标准来衡量,除老少比一项属人口年轻型外其余三项均达到人口成年型,可见解放初期的山西人口年龄构成处在年轻型向成年型过渡阶段。第二次人口普查的1964年,山西人口年龄构成呈现出逆向变化,少儿系数、老年系数、老少比、年龄中位数分别为40.43%、4.35%、10.76%、21.16岁。这一时期的山西人口年龄构成虽仍属于年轻型向成年型过渡阶段,但却比1953年的年龄构成要年轻。这种人口年龄构成的逆向变化是50年代人口生育高峰造成的结果。第三次人口普查的1982年,四项衡量年龄构成的指标值依次为33.36%、4.99%、14.95%和22.8岁,这时山西人口年龄构成刚刚由人口年轻型转入成年型,且各项指标值与全国相同,说明此时山西人口年龄构成处于全国平均水平。1990年我国进行了第四次人口普查,由于社会的进步和经济的迅速发展,人民生活水平显著提高,人口平均预期寿命逐渐延长,老年人口比重逐年上升,又由于计划生育的长期执行使出生人口减少,少儿人口比重不断下降,促使山西人口年龄构成发生了很大的变化。1990年少儿系数下降到28.15%,先行达到了人口老年型的标准,老年系数、老少比、年龄中位数也发生了较大的变化,分别达到5.39%、19.14%、25.36岁。根据1998年人口抽样调查资料计算,山西人口的少儿系数、老年系数、老少比、年龄中位数分别达到了27.12%、6.39%、23.57%和30.15岁,继少儿系数后人口年龄中位数也达到了人口老年型标准,老年人口系数距人口老年型标准的7%只差0.61个百分点,老少比也只差6.43个百分点,各项指标变化速度之快是前所未有的,人口年龄构成类型已处在人口成年型后期,接近人口老年型。人口老年系数是衡量人口是否老化的主要指标,山西人口老年系数由1982年的4.99%上升到1998年的6.39%,平均每年增加近1个千分点,按这样的人口老化速度,山西人口将于2005年跨入人口老龄化省的行列。

(二)人口城镇化进程加快,迁移流动人口剧增

建国50年来,特别是改革开放以来,随着全省社会经济的迅速发展,人口城镇化步伐逐渐加快。

50年代,山西人口城镇化进程的步伐较快,市镇人口比重由解放初(1949年)的8.01%提高到1959年的19.06%,高于全国同期由10.64%上升到18.41%的水平。60年代,由于精简压缩城镇非农业人口,加上1963年国家调整市、镇建制,因此这一时期市镇人口减少,人口城镇化水平下降。全省市镇人口比重由1959年的19.06%下降到1969年的15.76%,低于全国17.5%的平均水平。70年代,山西人口城镇化进程又随着城镇人口的自然增长和机械增长加快,市镇人口比重由1969年的15.76%上升到1979年的19.81%,又高于全国同期由17.5%提高到18.96%的水平。80年代,随着改革开放和社会经济发展速度加快以及国家在1984年实施新的建制镇标准,建制镇数目大量增加,山西市镇人口比重大幅度提升,全省市镇人口比重由1979年的19.81%提高到1989年的28.27%。与

全国同期(由18.96%升高到26.24%的水平)相比,山西人口城镇化水平高出全国2个百分点。进入90年代,山西人口城镇化水平继续提高,到1998年全省市镇人口比重已达到了32.89%,占到全省总人口的1/3。纵观山西人口城镇化进程的发展变化,可以看到改革开放后20年山西人口城镇化发展速度要大大高于前30年的发展速度,这反映了改革开放后国民经济的迅猛发展对人口城镇化进程的推动作用。

人口的迁移流动是社会经济发展的产物。在社会稳定的前提下经济因素是人口迁移流动的根本动因。建国以来,山西各时期的人口迁移流动是随着不同时期社会经济发展而变化的。人口迁移与人口流动从本质上讲都是指人口在地理位置上的变动,我国广义的人口迁移包括迁移和流动的全部人口,而特定的人口迁移是按公安户籍管理规定办理了迁移手续的人口。根据公安部门户籍统计资料,1954年至1998年的40多年中,山西总迁移人口(包括迁入和迁出)累计达到了5238.57万人,平均每年迁移人口116.4万人。建国以来,山西人口迁移曾出现两次高潮,一次是在1954年到1962年,一次是1978年到1987年,期间每年迁移人口都在100万人以上,其中1956年到1959年间每年迁移人口达到200万人以上。人口迁移对省而言,可分为省际迁移和省内迁移,省内迁移对全省人口总量没有影响,而省际迁移对全省人口总量有着直接的影响。根据历年公安年报,1954年至1998年山西人口省际净迁入累计达到134.7万人,年平均净迁入2.99万人,年均净迁移率为1.28‰;省内人口总迁移量为4911.4万人,年均迁移量为109.1万人,总迁移率为46.79‰。党的十一届三中全会以来,随着改革开放的深入和经济的迅速发展,人口流动规模日趋扩大,范围更加广泛,速度不断加快。为反映改革开放以来人口流动变化情况,1982年的“三普”和1990年的“四普”都设置了反映流动人口的调查项目,而后的人口抽样调查为更准确反映流动人口情况,又将流动人口的时间和空间尺度作了修定,时间由一年改为半年,空间由跨县(市、区)改为跨乡(镇、街道)。根据这两次人口普查和1998年人口变动抽样调查资料可知,1982年以来山西流动人口表现出逐渐增大的势头。1982年的第三次人口普查,山西全省流动人口为48.85万人,占总人口的1.92%。随着经济日趋活跃,人口流动现象愈加频繁,人口流动的规模也不断扩大。到1990年第四次人口普查时,全省流动人口达到115.16万人,占到总人口的4%,8年时间流动人口增加了66.3万人。根据1998年人口变动抽样调查资料推算,1998年全省流动人口已上升到188.86万人,占总人口的5.95%,又是8年时间,山西流动人口又增加了73.7万人,流动人口呈现出不断扩大的势头。流动人口大量增加既是改革开放和市场经济发展的必然结果,也是社会生产力发展和城镇繁荣的标志。随着经济体制改革的不断深入以及城镇化进程的加快,山西流动人口数量将会继续增加。

“读书热”方兴未艾　　王天明　摄

(三)人口文化素质大幅度提高

新中国成立以后,党和政府十分重视教育工作,人口的文化素质不断得到提高。特别是改革开放以来,社会经济的迅速发展推动了教育事业的发展,从而促使山西人口文化素质有了大幅度的提高。

根据1964年、1982年、1990年三次人口普查资料和1998年人口变动抽样调查资料比较分析,可以看到1964年以来山西人口文化素质不断提高的巨大变化。人口文化程度总体水平的提高主要反映在以下三个方面:

首先,总人口中有文化人口比重在不断上升。1964-1982年,山西人口中有各种文化程度的人口由752.52万人增至1738.42万人,其占6岁及以上人口的比重也从50.57%上升到77.45%,18年间提高了26.88个百分点。到1990年,此类人口增加到2162.36万人,其比重占到85.97%,比1982年又提高了8.5个百分点。到1998年,随着总人口规模的扩大,山西有文化人口增加到2596.94万人,占6岁及以上人口的比重上升到90.76%,比1964年的50.57%提高了40.19个百分点。有文化人口占6岁及以上人口比重的大幅度提高,充分说明山西人口文化素质总体水平有了显著进步。

其次,人口受教育年限逐步提高。根据三次人口普查和1998年人口抽样调查资料推算,山西6岁及以上人口的平均受教育年限从1964年的3.34年,依次提高到1982年的5.96年,1990年的6.92年,1998年的7.57年。平均受教育年限的上升,同样说明山西人口文化素质总体水平在不断提高。

再次,文盲、半文盲率大幅度下降。1964年至

1998年,山西15岁及以上人口的文盲半文盲率由1964年的56.82%,依次下降到1982年的27.11%,1990年的15.81%,到1998年已下降到10.47%,34年里下降了46.35个百分点。同一时期,山西的文盲、半文盲人口由609.85万人减少到242.15万人,平均每年减少10.81万人。文盲、半文盲率的大幅度下降和文盲、半文盲人口的大量减少是人口素质总体水平提高的重要标志,它反映了建国以来山西在扫盲工作方面取得了巨大的成绩,也反映了山西基础教育有了很大的发展。

建国以来,山西人口文化结构变化主要体现在三个方面:

其一,小学文化程度人口比重下降较快。1964年至1998年,山西的小学文化程度人口从635.93万人增加到1058.8万人,在此期间1982年曾达到982.55万人,1990年达到1027.57万人,34年间共增加了66.55%。虽然小学文化程度人口的绝对数量增加了422.87万人,但由于人口总量的增加和人口年龄结构的变化,山西小学文化程度人口占全部文化人口的比重却呈下降的态势,由1964年的84.51%下降到1998年的40.77%,34年共下降了43.74个百分点。

其二,中等文化程度人口比重大幅度上升。1964年至1998年的34年中山西中等文化程度人口的规模和比重有了大幅度的增长和提高。1964年山西初中文化程度人口为89.49万人,高中文化程度人口为20.34万人。经过34年的发展变化,到1998年,山西初中和高中文化程度人口就分别达到了1152.12万人和311.84万人。初中和高中程度人口占有文化人口的比重也由1964年的11.89%和2.7%提高到1998年的44.36%和12%。中等文化人口数量的迅速增长以及比重的大幅度提升,使得山西人口文化程度结构的重心向高文化程度方向发生了重大转移,这对于促进人口整体文化素质的继续提高具有重大战略意义。

其三,高等文化程度人口增长迅速。1964年至1998年的34年中,山西具有大专及以上文化程度人口的增长是很快的,其人数从1964年的6.75万人增加到1982年的15.1万人和1990年的39.76万人,到1998年达到74.2万人,平均每年增加1.98万人。同期内,大专及以上文化程度人口占各种文化程度人口的比重也由0.89%上升到2.85%,平均每10万人中具有大专及上文化程度的人数也由375人提高到2338人。高等文化程度人口的迅速增加,是全社会重视高等教育事业、扩大普通高校规模和大办成人教育的成果,也是社会经济迅速发展对高文化素质人才需求的结果。今后,随着我国"科教兴国"战略的实施,山西高等文化程度人口比重将会有更大的提高。

三、人口再生产类型的转变与特点

(一)山西人口再生产类型的转变过程

联合国根据世界各国人口生育、死亡水平变动情况,把人口再生产类型的转变划分为4个发展阶段:第一阶段是总和生育率高于6.5,平均预期寿命低于45岁,表现为高出生、高死亡,人口增长速度缓慢;第二阶段是总和生育率在4.5-6.5之间,平均预期寿命在45-55岁之间,出生率和死亡率开始下降,后者先于前者,表现为人口增长速度加快;第三阶段是总和生育率介于2.5-4.5之间,平均预期寿命在55-65岁,表现为人口增长速度下降;第四阶段是总和生育率在2.5以下,平均预期寿命在65岁以上,表现为人口低速增长。

建国以前的40年代,山西人口发展处在战争年代,由于战争原因妇女总和生育率不高,人口平均预期寿命不足40岁。因此,在建国以前山西人口再生产类型处在人口生产的第一阶段,属于传统型的人口再生产。建国后的50年代,山西人口的出生率变化不大,人口死亡率迅速下降,人口自然增长率升高,人口再生产类型基本上转入人口再生产的第二阶段。60年代,山西人口再生产类型处在第二阶段向第三阶段转化过程中。到70年代,由于计划生育工作对人口控制的强劲作用,人口过快增长的势头得到有效遏制,人口增长速度减慢,人口再生产类型转入了第三阶段。根据1982年第三次人口普查资料,1982年山西人口平均预期寿命已达67.63岁,并且山西育龄妇女总和生育率在1978年就已降至2.21,所以山西人口再生产类型在80年代初就转入了人口再生产类型的第四阶段,成为人口再生产的现代型。山西人口再生产类型由传统型转变为现代型是山西人口发展史上的重要里程碑,它标志着山西人口发展从此进入低速增长的新阶段。80年代至今,山西人口增长速度趋于减缓态势,人口总量平稳增长。

(二)山西人口再生产类型转变的特点

我国是一个发展中的人口大国,建国以来人口再生产类型的迅速转变是在经济水平相对不高的条件下完成的。山西人口再生产类型的转变,特别是由后期转变阶段(第三阶段)向现代型(第四阶段)的转变,是山西经济发展和推行计划生育政策产生的结果。

发达国家的人口转变是随着经济发展程度不断提高,死亡率和生育水平的缓慢下降而实现的,经历了很长的自然过程。近代一些西方经济发达国家人口平均预期寿命从40岁左右提高到65岁左右,大都经历了100多年的时间。我国的国情是人口多、底子薄、经济相对落后。新中国成立后,党和政府十分关心人民群众的身体健康，医疗卫生事业发展很快，人口死亡率大幅度下降，人口平均预期寿命迅速提高。山西人口平均预期寿命从解放初的40岁左右提高到70年代末的66.47岁，用了不到30年的时间。在人口再生产转变过程中，人口死亡率和人口平均预期寿命变化到一定阶段就会稳定下来，因而人口类型转变的速度主要是靠生育水平的下降来实现。70年代后，山西全面推行计划生育工作，大力提倡一对夫妇只生一个孩子，严格控制二胎，坚决杜绝三胎，首先在城市实行了“一胎化”，促成了生育率大幅度下降。因此，山西人口类型的迅速转变其根本动因就是计划生育工作的开展。与西方发达国家经过上百年时间完成人口再生产类型转变，山西人口类型转变速度之快、时间之短在人口发展史上是罕见的，也是山西人口再生产类型转变的最大的特点。

(三)计划生育工作力度不减，30年后山西人口可望实现零增长

在90年代，山西育龄妇女占总人口的比重在26%—27%之间，据预测这种情况将会持续到2010年左右，然后将逐年下降，与此同时在1992年后育龄妇女中的生育旺盛期妇女(20—29岁的妇女)的比重也在逐年降低，这种变化客观上成为控制人口增长的有利条件。目前，山西妇女总和生育率已经下降到1.8，大大低于人口发展2.1的更替水平，因此只要在育龄妇女特别是生育旺盛期妇女比重逐渐下降的有利条件下，保持计划生育工作的力度不减，今后山西人口增长的势头将会继续减弱。另一方面，随着社会经济的发展和人民生活水平的逐步提高，人口平均预期寿命将逐渐延长，然而由于年龄构成的影响，也就是老年人口比重逐渐增大，人口死亡率将会有所上升，成为减弱人口增长的重要因素。然而由于人口再生产的惯性作用，在21世纪的前期，山西总人口仍将会逐年增长。为了保证国家和省的人口控制目标如期实现，使人口与社会经济协调发展，仍要加强计划生育工作的力度，严格控制人口增长。只要保持计划生育工作的应有力度，大约再用30年左右的时间，山西人口就可望实现零增长。

(王富祥　史小平)

劳动就业成绩斐然

建国50年来，山西的劳动就业工作与整个国民经济发展相适应，就业机制日益健全，结构趋于合理，就业规模不断扩大，但也有挫折与失误，由此构成了山西劳动就业发展的曲折历程。

国民经济恢复与“一五”时期

1949年从国民党政府手中接管下来的是一支残缺不全、素质低、结构和分布极不合理的职工队伍。新生的人民政权，从解决就业入手，调整职工队伍结构，提高职工素质，有力地促进了国民经济的全面发展。

(一)解决失业问题

建国初期，城市失业问题相当严重。一方面旧社会遗留下来的大批失业人员有待安置。另一方面，由于对旧的经济结构进行调整，又产生了新的失业现象，全省失业人员曾经达到9万多人，接近当时全省职工总数的一半。基于这种状况，从1949年至1957年间，山西劳动就业工作重点放在了解决旧中国遗留下来的失业人员的就业问题。

首先，对官僚资本主义企业职工和旧有公教人员，采取包下来的办法，给他们以工作和生活的出路。这一政策，对于巩固人民政权，防止新的失业现象发生，稳定社会秩序，恢复和发展生产起了积极的作用。第二，对私营企业、个体经济和各个经济部门，实行能进能出，自行招工的办法。第三，对社会上散闲人员，实行介绍就业与自谋出路相结合的方针。从1950年上半年起，相继开展了对失业人员的登记和介绍就业的工作。全省以太原、大同和阳泉为主，从1952年8月全国劳动就业委员会公布《失业人员统一就业办法》起到1953年止的1年多时间，共登记失业人员16120人。对失业人员进行登记后，除鼓励他们自谋职业外，还采取了积极介绍就业或组织转业训练，为失业人员创造就业的条件。1950年，全省介绍就业2213人，自谋职业418人。此外，还对一部分人进行了转业训练。1952年9月到1953年底，又介绍就业11000多人，并对暂时无法就业的人员，采取了“生产自救”和“以工代赈”的办法。第四，在劝阻农民盲目

流入城市的同时，对由乡村到城市不久，或在乡村有亲属可以回乡的失业人员，根据自愿原则，动员和组织他们回乡生产。第五，对于没有就业条件或暂时无业的人员，协同民政部门，分别予以生活救济。1950年救济689人，1953年救济6624人。

由于党和政府采取了正确的就业政策，到"一五"计划末期，旧社会遗留下来的失业人员问题基本得到解决，9万多名失业人员得到了妥善安置，并且解决了历年新增的50.6万人的就业问题，使失业人员迅速摆脱了衣食无着落、住行无保障的困境。就业人员大量增加，保证了国家经济建设的需要，发展壮大了职工队伍。到1957年底，全省职工总人数发展到99.52万人，比1949年增加79万人，增长3.9倍，8年间平均每年增加约10万人。

(二)调整职工队伍结构

从职工队伍的所有制结构来看，1949年全民所有制职工20.34万人，占职工总数的99.3%，城镇集体职工只有1500人，仅占0.7%。城镇个体劳动者21.12万人，多于当时的职工人数。通过对个体手工业和资本主义工商业的社会主义改造，很快实现了私有制向集体所有制的转变。到1957年底，全民所有制职工达80万人，比1949年增长2.9倍；集体所有制职工为19.52万人，增长129倍。全民所有制和集体所有制职工所占比重相应变为80.4%和19.6%。城镇个体劳动者5.75万人，比1949年减少15.37万人。

随着所有制结构的调整，职工队伍的行业结构也发生变化。1949年全民所有制单位95%的职工集中在工业、运输邮电、商业、文教卫生和机关等行业，建筑业、城市公用、农林水气和金融保险等4个行业职工仅占5%，从事科学研究的职工几乎没有。职工的行业分布极不合理。随着社会主义经济建设和各项事业的全面展开，这种畸形的结构有了较大调整。

首先，扩大了建筑行业的职工队伍。旧山西建筑业基本上是"皮包公司"之类的营造商人和分散的个体劳动者，没有发展成一个独立的生产部门。解放后党和政府立即着手医治战争创伤，一大批重点工程开始兴建，而1949年全民所有制建筑业仅有职工0.8万人，建筑力量明显不足。为此1950年组建了山西省工矿建筑公司和太原建筑工程公司。1952年5月召开了全省基本建设工作会议，做出了《关于发展国营建筑队伍》的决定，此后成立了山西省建筑工程局，大同、阳泉也相继成立了工程局，太原钢铁厂、大同和阳泉矿务局分别成立了自营的专业工程公司。至此，国营建筑力量迅速发展壮大，成为基本建设战线的主力军。到1957年底，全民所有制建筑业职工达到16.29万人，比1949年增加15.49万人，增长了19.4倍。建筑业新增职工占同期新增职工总数的26%，在全民职工总数中的比重由3.9%上升到20.4%。

其次，商业职工队伍进一步扩大。进入"一五"时期，全省市场繁荣，购销两旺，党和政府稳步地对资本主义工商业进行了社会主义改造，充分发挥国营商业的领导和主渠道作用，建立了大批全民所有制的商业网点，商业职工随之增加。1957年职工已达14.22万人，比1949年增长7倍，占职工总数的比重由8.6%上升到17.8%。

第三，科学技术研究队伍从无到有开始起步发展。1950年成立了山西工矿研究所，设立太原市科学普及协会，由此揭开了山西科技发展的新篇章。随后山西农业科学研究所和中医研究所等各级各类研究机构如雨后春笋般地出现。为加强科技研究的管理，1956年至1957年间，山西科学规划委员会、山西科学技术普及协会和中华全国自然科学专门学会山西分会以及省直专业厅、局科研管理部门也相继成立，科研队伍逐步发展壮大。1957年达0.22万人，比1950年增长4.5倍，科研部门职工占到全民职工总数的0.3%。

与此同时，工业、运输邮电、文教卫生部门职工也成倍增长。过去基础比较薄弱的农林水气、城市公用事业等行业职工的比重也明显提高。

在男女职工的比例上，旧中国广大妇女深受压迫，没有社会地位，就业更难。新中国成立后，提倡男女平等，保护妇女的合法权益，使妇女同男子一样有充分的就业机会，在劳动报酬上实现同工同酬，并根据妇女的特点安排工作，从而极大地鼓舞了广大妇女建设新中国的积极性。1949年全省全民单位只有女职工6000余人，占职工总数的3%；到1957年女职工已达8.0万人，比1949年增长12.3倍，占职工总数的10%。一些适合妇女生理特点的行业女职工已占有相当比例。科教文卫行业占17.2%，城市公用事业占18.4%，工业占13.8%，金融保险业占10.8%。

"大跃进"与三年调整时期

第二个五年计划开始以后，劳动就业工作的重点转向城镇新增劳动力的安排。但在1958年，由于"大跃进"的影响，盲目发展工业和扩大基建规模，造成城市劳动力的一度奇缺，大批农民进城，导致了职工队伍的盲目增长。1958年全民所有制工业部门增加职工44.22万人，建筑业增加职工23.21万，全省职工总数由1957年的99.52万人猛增到171.39万人，一年内就增加了72万人，这在山西的职工队伍发展史上是绝无仅有的。1960年这种不正常的增人势头达到了高峰,年末职工人数达181.01万人,3年间翻了一番。职工队伍的急剧膨胀,加之自然灾害的困扰,给山西的经济带来了沉重的负担。从1961年起,中央决定对国民经济实行“调整、巩固、充实、提高”的方针,对职工实行动员回乡的政策。到1962年,全省共精减职工61万人。到1964年,精减工作基本结束。在职工队伍得到有效控制后,为解决城镇新成长劳动力的就业问题,主要采取的措施是:

第一,实行统筹安排,城乡并举,有计划地动员一部分城市闲散劳动力上山下乡,参加农业生产劳动。1963~1965年,全省共动员17824人下乡插队或到农垦、林业、水产、水土保持农业队等场队就业,并且接收安置北京和天津知识青年2508人。第二,根据城市各项生产建设的需要,在城市的企业、事业单位,适当吸收合乎条件的人员参加工作。第三,在城市中开辟多种生产、服务门路,包括组织集体所有制手工业、商业、服务业的生产,组织闲散人员从事各种临时性工作,尽可能地安置就业。第四,根据国民经济的发展和群众生活的需要,适当提倡从事各种家庭副业,鼓励个人多方面自谋职业。第五,政府举办技术业务训练学校,对未能升学的青年进行职业训练,或组织他们自学和参加补习,为就业创造条件。

这一时期,国民经济受到“左”倾错误的干扰,盲目地在所有制方面搞“一大二公”的过渡,限制了城镇集体经济与个体经济的发展。到1965年底,城镇集体所有制单位职工为18.49万人,与1957年相比,不但数量略有减少,占职工总数的比重也下降了4.9个百分点。而城镇个体劳动者人数萎缩为0.74万人,不及解放之初的1/30。在解决新成长劳动力的就业问题上,不适当地实行了“包下来”的政策,对企业多余的职工也大包大揽,还规定了不许解雇工人。对大学、中专、技校毕业生和复员转业军人,实行了统一分配制度。这样,就逐步形成了一套统包统配、只能进不能出的劳动制度,助长了职工对国家和企业的依赖性。

“文化大革命”时期

“文化大革命”开始后,连续数年学校停止招生。到1968年,中央提出了“知识青年上山下乡”的政策,鼓励青年到农村就业。山西除在城市外,还在不少县开展了动员,自上而下成立工作领导组和办公室,动员大批知识青年上山下乡。到1978年,全省累计24.5万人由城镇奔赴农村,其中接收京、津等外省市知识青年4.8万人。

大量城镇青年上山下乡又使城市出现劳动力资源不足,不得不吸收城镇家庭妇女和从农村招收相当数量的农民进城工作。“文革”后期,大批知识青年纷纷返城,国民经济衰退与大量待业青年需要就业形成了尖锐的矛盾。据1978年底统计,当时全省城镇中没有得到安置的待业人员达25万多人,另外,还有近10万人的历年插队青年滞留农村。这么多人等待安置就业,是建国以来所未有过的。

这一时期,由于连续不断的政治运动,使经济建设受到严重破坏,职工队伍的发展速度也相应减缓。1976年底,全省职工人数为226.22万人,其中全民所有制单位职工为188.46万人。在1966年至1976年间,全省职工人数增加了100万,平均每年增长9万人。同期,职工队伍的部门结构和所有制结构也变化不大。这一时期大中专学校停止招生长达6年之久,至少少培养学生6万人,由此所产生的职工队伍素质下降,对生产和建设所造成的损失是无法估量的。

改革开放的新时期

党的十一届三中全会后,伴随着全省经济的全面快速稳定发展,山西劳动就业工作与全国一样,也取得了显著成效。城乡新就业人数大量增加,城镇失业率保持低水平,就业结构逐步优化,劳动效率进一步提高。

(一)就业规模逐年扩大

据人口资料测算,近10年来,山西劳动力资源(即16岁以上有劳动能力的人口)以每年40万人左右的速度增加,到1998年全省劳动力资源总数为2010.8万人,劳动力资源占总人口的比重为63.4%,比全国平均水平低。这主要是由于山西16岁以下人口比重较全国平均水平高所致。

劳动力资源中,扣除不能或不要求参加社会经济活动的人口(如16岁以上在校学生和家务劳动者等)后即为经济活动人口(即劳动力)。1998年底,全省经济活动人口达1422.3万人,占劳动力资源(又称劳动力参与率)的70.7%,其中城镇经济活动人口为683.7万人,占总数的34.0%。

据统计,1998年全省经济活动人口中,从业人员有1398.3万人,比1978年增加433.1万人,平均每年递增1.9%。从业人数占经济活动人口比重达98.3%。1998年城镇失业人员数,按劳动部门的失业登记统计仅有10.0万人,失业率2.15%,比全国平均水平略低。这一水平与市场经济国家相比是较低的,属于正常范围之内。

(二)就业结构逐步改善

就业结构是由经济结构决定的,但就业结构对经济结构又有重要的反作用。改革开放以来，山西经济在快速发展的同时，就业结构也发生了很大变化。主要表现在：

1.在城镇，公有制单位就业人数占主体，但在非公有制单位就业人数增加很快。1978年以后，在就业工作指导思想上，逐步扭转了以往“统包统配”观念，实行了“在国家统筹规划下，由劳动部门介绍就业、自愿组织起来就业和自谋职业相结合”的方针，制定具体政策，调动社会各界力量，开辟多种渠道，广开就业门路，从而使就业工作取得明显进展。据统计，1998年在城镇全部从业人员中，在国有、集体等公有制性质的单位就业的有360.4万人，占78.5%，比1978年增加从业人员92.1万人，平均每年增加4.6万人，年均增长1.5%。城镇私营企业和个体从业人员达54万人，而1978年仅有0.12万人。从就业人数所占的比重来看，公有制单位仍是就业的主体。

2.就业的产业结构逐步改善。根据产业结构理论，随着经济的增长，产业结构将表现出有序的阶段性和规律性，不断向高级化升级。按照库兹涅茨定律，三次产业结构的发展趋势从产值和劳动就业比重的位序变化上看，是由“一二三”（第一阶段）、经过“二一三”（第二阶段），再向“三二一”（第三阶段）转变。据统计，在1998年的全部从业人员中，从事第一产业的有644.5万人，占全部从业人员的46.1%；从事第二产业的有376.4万人，占26.9%；从事第三产业的377.4万人，占27.0%。而1978年分三次产业劳动力就业比例为65.1:19.6:15.3。可见，改革开放20年来，山西三次产业劳动力结构演进速度明显加快，成效显著。但从整体上看，山西三次产业劳动力结构的位序还处在“一二三”为特征的第一演进阶段。

同全国三次产业劳动力结构进行比较，有助于对山西产业结构特征的把握。1995年全国三次产业从业人员所占比例为49.9:23.7:26.4。山西三次产业从业人员结构与全国相比，呈第一产业比重低（比全国低5.6个百分点），第二产业比重高（比全国高6个百分点），第三产业比重大体相同的特点。总体看，山西三次产业演进高于全国平均水平，尤其是第二产业的优势比较明显。

3.女性就业人数所占比重呈增加趋势。仅从城镇就业职工看，改革开放之初的1980年，全省仅有女职工86.4万人，而1997年女职工人数达157.1万人，年均增长3.6%，超过全部职工的增长速度。从女职工占全部职工的比重看，1980年占28.9%，1997年上升为34.5%，17年中上升5.6个百分点。在国有、城镇集体和其它经济类型单位中，城镇集体经济单位女性比重最高，达41.2%。这一方面说明政府对女性就业问题的重视，另一方面说明随着生产率的提高，新技术的采用，各行业的劳动强度有所降低，尤其第三产业的发展，适合女性就业的劳动岗位相应增加。但与全国平均水平相比，山西比重却是显低，如1997年全国城镇职工中，女性比重达38.8%，高出山西近5个百分点。最高的其它所有制单位达47.3%，接近职工人数的一半。这是因为山西是全国的能源重化工基地，产业结构偏于重工业，所需劳动力以男性为主所致。

（三）劳动效率明显提高，就业弹性系数逐渐降低

按人均创造国内生产总值计算的社会劳动生产率，1997年为4736元，比1978年的365元增长12倍，是建国以来劳动生产率提高最快的时期之一。

从反映生产与就业关系的重要指标——就业弹性系数（社会劳动者增长/GDP增长）看，山西就业增长弹性系数虽有波动但仍在逐期降低，由1978年至1980年的0.328降为1996年至1997年的0.047。

改革开放以来，全国和山西的就业增长弹性是逐期降低的，其中“八五”时期降低更为明显。这说明在计划经济体制下，主要实行高就业的政策，政府多从政治角度考虑就业问题，往往不论企业生产是否需要，均按计划向企业分配劳动力，因此就业增长弹性值较高；到80年代后期，企业改革逐步深化，企业用工自主权扩大，内涵扩大再生产成为企业的经营指导思想，多数企业实现了多增产少增人或不增人，使就业增长弹性值逐步降低；进入90年代以来，随着市场机制的逐步确立，企业内部管理更加强化，绝大部分企业不仅不需要增加劳动力，还要将大批富余人员推向社会，使就业增长弹性值更低。我国与一般市场经济国家不同，在体制转轨时期，生产增长同就业增长的相关性很小，难以用就业弹性增长系数来对目前的就业效率进行较确切的分析。但随着市场经济的逐步规范发展，经济的增长对劳动力的需求是成正比例的。企业要发展，就要增加劳动力的投入；相反，企业不景气，也会排斥劳动力。因此，劳动力的就业状况既是经济增长的一种反映，也是经济景气的一种“晴雨表”。

（四）劳动力流动性增大，促进了同劳动资料的有效结合

在计划经济条件下，劳动力流动受到多种因素及传统观念的制约，劳动力流动性很差。党的十一届三中全会以来，带来了农村劳动力转移的春天。由于市场的拉动、利益的吸引和二、三产业的迅速崛起，以及传统技术的一拍即合，使农业劳动力迅即分化转移。

首先是1979年至1983年的初始阶段。这一阶段主要是农业劳动力内部流动和向外转移的起步。在这期间，农民主要是获得了对土地等生产资料的自主

经营权,农民对自己的劳动有了充分选择和支配的权力,过去那种把全部劳动力凝固在土地上的"农业化"格局被打破了。广大农村二、三产业开始有了一定发展,农村工业、建筑业、商业饮食服务业、交通运输业应运而生,如雨后春笋般地发展起来。山西农村劳动力在三次产业中所占比重由1978年的86.1:7.9:6变为1983年的82.7:9.6:7.7。5年中非农业劳动力所占比重提高3.4个百分点。

其次是1984年至1990年高潮与复归并存的自发阶段。这一阶段的高潮期发生在1984年,农村劳动力主要依靠工业外延增长而大规模转移。当年山西在粮食等主要产品产量屡创历史记录的同时,农村出现大办乡镇企业的高潮。全省乡镇企业由年初的6.98万个猛增到年底的15.9万个,增长1.3倍;从业人员由96.97万人猛增到151.87万人,增长56.6%。乡镇企业异军突起,推动了农村就业结构发生突变。仅一年时间,第一产业所占份额由82.7%下降为71.2%;第二产业份额由9.6%上升到16.3%;第三产业份额由7.7%上升到12.5%,非农产业劳动力所占份额提高11.5个百分点。受经济生活中通货膨胀、基建规模持续居高不下、工业生产超速增长等因素影响,从1985年到1990年,农村劳动力流动又经历了转移与复归并存阶段。先是1988年,山西非农产业劳动力占农村劳动力的比重达30.8%,比1984年又上升2个百分点。后又因中央在"七五"中后期采取"治理经济环境、整顿经济秩序"的决策,使农村劳动力就业结构发生了由非农产业向农业"回流"的趋势,农村劳动力在三次产业之间的配置比例由1988年的69.2:15.5:15.3变为1991年的70.7:14.3:15。非农产业就业份额下降1.5个百分点,是改革开放以来首次也是唯一出现的"回流"现象。

第三是1991年以后农村劳动力相对稳定转移的阶段。伴随着农业生产形势的逐年好转和主要农产品产量相继攀上新台阶,农村劳动力就业再次显现"非农化"和"城镇化"的势头,且稳定性不断提高,异地转移速度加快,出现从乡村到集镇,由集镇到城市的阶梯式转移,以及部分跨省劳务输出和少量劳务出口的异地转移。农村劳动力在三次产业之间的配置比例由1991年的70.7:14.3:15变为1998年的68.1:17.2:14.7。非农产业就业份额又回升2.6个百分点。

在农村劳动力转移的同时,城镇劳动力流动也在加大。首先从职工本身来说,不再满足于"从一而终",而是不断寻求更广阔的就业天地。另外从政策上也为职工流动创造了条件:劳动合同制用工制度的建立,废除了多年的固定工制度,砸掉了"铁饭碗",搬掉了"铁交椅"。1984年劳动合同制开始在山西试点,1997年全省各种所有制单位的合同制用工已达249.1万人,已占全部职工人数的一半以上;各种保险制度的实施,为职工流动解除了后顾之忧。据1998年底统计,全省有211.9万城镇企业职工参加了失业保险,263.6万企业职工参加了基本养老保险,66.3万离退休人员参加了社会统筹。各类职业介绍所发展到2166家。

回顾改革开放20年来山西劳动就业工作在取得巨大成绩的同时,也面临一些问题:

一是劳动力市场供需失衡,职工下岗问题突出。随着企业改革、经济结构调整和企业技术进步,特别是我国经济由短缺经济转向剩余经济以后,传统就业体制下形成的企业隐性失业逐步显性化,下岗职工再就业问题成为目前和今后几年山西经济社会发展中一个最重要、最紧迫的问题。表现在:①下岗职工数量大、增长快。1998年末全省有下岗人员54.7万人,比1997年增加21.1万人,增幅达62.8%,占同期在岗职工比重的14.0%。②地域分布差异大。下岗职工主要分布在主导产业单一、大型国有企业集中的基地型城市和地区。③今后几年,下岗职工有继续增加的趋势。据有关资料测算,城镇单位富余职工约占在职职工的30%左右。根据目前职工人数推算,全省将有150万职工处于就业不足状态。这些职工将随着现代企业制度建立,逐步由隐性失业转变为显性失业。④部分下岗职工生活费得不到保障。据1998年统计,山西下岗职工年平均生活费仅有711元,远远低于全省规定的最低生活保障金。

在城镇职工大量下岗的同时,存在着数量庞大的农村剩余劳动力。据有关方面估计,全省农村劳动力剩余率达到50%左右,绝对数量达300多万人。与此同时,新增劳动力数量大。据劳动力资源测算,90年代以来,山西平均每年新增劳动力达40万人。

在城镇就业岗位增加数量一定的条件下,由于新增劳动力和农村剩余劳动力的工资成本低,在就业方面具有比下岗职工更大的优势,势必加剧下岗职工再就业的难度。

二是劳动就业服务体系不完善,与市场高效率运行和再就业工程的要求不相适应。其一,就业培训滞后,难以满足产业结构对劳动者就业技术的要求,主要表现在培训资金投入不足、培训力量薄弱、培训的针对性差三个方面。其二,信息服务不完善,不能适应劳动力供需双方对劳动就业信息的需求。主要表现在信息不全、信息覆盖面小、信息传播手段落后等3方面。其三,职业介绍与指导落后。

三是劳动者择业观念落后,与市场就业体制不相适应。目前,全省劳动市场的现状是,一方面大量职工下岗,另一方面大量岗位被外省劳动力占据。据1998年底统计,外省劳动力在山西就业的有75万人。造成这个现状的主要原因是择业观念与市场就业体制不适应。一方面,计划经济体制下形成的企业"就业、福利、保障"一体化的就业体制的惯性影响和目前社会保障体系不完善的客观现实,使一部分职工难以摆脱对国有企业的依赖心理,不愿离开国有企业;另一方面,受传统观念的影响,对职业的认识有偏差,不愿意从事某些服务性质的工作,如理发、美容、清洁、修理等职业。

尽管目前山西劳动就业上还存在一些问题,但这些都是深化改革和现代化事业前进中的问题。我们相信,在改革进程不断加快和经济社会的全面发展中,山西劳动就业必然会迎来新的春天。

(侯晓远)

工资制度日趋合理

新中国建立50年来,随着经济的发展和管理制度的改革,山西职工工资制度不断完善,日趋合理,职工收入大幅度提高。为改善职工生活,调动职工积极性,促进经济发展,保持社会稳定,发挥了积极作用。

一、工资分配体制的变化

新中国建立50年来,经过积极的探索,山西工资分配体制发生了巨大变化。

(一)废除了工资分配中极其混乱和不合理的现象,建立了能够体现按劳分配原则的工资制度

1949年至1959年。建国初期,由于多种经济成份并存,工资分配中存在供给制、部分供给制、部分工资制和货币工资制等多种分配形式。在此期间,根据国家的有关规定,进行过多次的工资制度改革,直到1955年8月全省统一了货币工资制。随着经济的发展和劳动生产率的提高,特别是通过1956年第一次全国性的工资改革,取消了工资分和物价津贴制度,实行直接用货币规定工资标准的工资制度。废除了旧中国企业里劳酬颠倒、高低悬殊、轻重倒置、同工不同酬的工资制度,在机关、事业和企业三者之间建立了统一的等级工资制。这个以按劳分配理论为基础的工资制度,初步体现了按劳分配原则,适应了当时高度集中的计划经济体制,它有比较完整的体系,在计划、类别、标准、调节水平及地区行业、企业之间职工工资关系上比较系统,企业内部分配的等级大体反映劳动质量,工资形式也基本能反映劳动支出的数量,对保证职工生活,调动职工积极性以及提高劳动生产率和工作效率,促进国民经济的发展起到了积极作用。同时,在经济发展和劳动生产率提高的基础上,多次调整职工工资,使职工收入逐年增加。全省职工平均货币工资由1949年的161元增加到1959年的556元,增长2.45倍。全民所有制独立核算工业企业全员劳动生产率由1949年的1459元(按1980年不变价计算)增加到1959年的5099元,增长2.49倍。

1961年至1965年。在此期间,特别是3年调整时期,经过认真贯彻执行国民经济"调整、巩固、充实、提高"八字方针,按劳分配原则又重新得到确认和恢复。在企业中又陆续恢复了计件工资和奖励制度。在生产恢复和发展的基础上,于1963年全面调整了职工工资,使职工生活有所改善。这次调整工资坚持以生产需要、劳动态度、技术业务水平和工作成绩为职工升级条件。通过这次职工工资调整,全民所有制单位职工平均工资由1961年的564元增加到1965年的682元,增长20.9%。

1966年至1976年。处于"文化革命"的非常时期,工资制度被扭曲。10年里,只在1971年进行过一次低工资职工的工资调整,升级率为30%左右。从1965年至1976年的12年间,山西职工平均货币工资不但没有增长,而且还有所下降。全民所有制单位职工平均工资由1965年的为682元降为1976年635元,降低6.89%。

(二)改革开放打破了长期以来国家统一控制企业职工工资管理体制的僵化局面

1977年至1984年。1978年党的十一届三中全会后,国家出台了改革工资制度的有关规定。首先从恢复奖金制和计件工资制,拉开了工资制度改革的序幕。1979年统一安排的升级,强调考工,择优升级,浮动三年转为固定工资;1980年后改评奖为算奖,都效果明显。随着经济体制改革的不断深入,企业结合经

济责任制的推行,灵活运用工资、奖金形式,不少企业还简化了工资标准,自行设计更切合实际的新的工资形式,打破了传统工资体制管得过死的僵化局面,职工工资有了大幅度提高。据统计,1984年全省职工工资总额为35.59亿元,比1976年增长1.66倍,职工年平均工资为1024元,比1976年增加414元,增长67.87%,人民生活相应有所提高。

(三)工资制度改革逐步展开,在管理上突破了传统的高度集中的统包统配工资管理体制,初步建立了分级管理新体制

1985年至1992年。山西工资管理体制改革取得了突破性的进展,按照有计划的商品经济要求和政企分开、分类管理的原则,建立了国家机关、事业单位与企业两种不同的工资制度和调节机制。通过改革和调节机制的转换,企业的工资制度已由国家通过直接的行政性指令计划进行控制的体制,改为企业工资总额与经济效益挂钩、职工个人收入与其劳动成果挂钩的比较灵活的自主体制,打破了等级工资制,取而代之的是工资与效益挂钩的工效工资制,这个制度虽还很不完善,但总是符合当时有计划商品经济要求的,在实践中为刺激企业活力、调动职工积极性起到了有力的推动作用。

在机关、事业单位内部建立了以职务工资为主要内容的结构工资制。机关、事业单位全部工作人员的工资由基础工资、职务工资、工龄津贴和奖励工资四个部分组成。这套工资制度改变了过去的等级工资制,有利于破除以工资等级确定工作人员政治、生活待遇而出现的不合理现象,突出了按照职务确定工资,便于把工资同本人担负的责任和劳绩结合起来,在一定程度上体现了按劳分配的原则。但随着经济的发展,改革的深入,这种工资制度在实践中暴露出不少问题,最突出的问题是事业单位同机关使用同一结构工资制度,无论机关还是事业单位都以政府部门行政级别工资标准为依据,形成了人们所说的"官本位"工资制,降低了事业单位中工程、技术和教学人员的工资标准,从而产生了明显的脑体倒挂的不合理现象,挫伤了一部分脑力劳动者的工作积极性。

(四)深化工资制度改革,逐步建立起符合企业、事业单位和机关各自特点的工资制度与正常的增长机制

1993年10月1日,全国机关事业单位工作人员实行了新的工资制度,以政府机关、事业单位分开为重要特征,建立了符合各自特点的工资制度和与之配套的正常的工资增长机制。

在国家机关中,国家公务员实行职务等级工资制——职级工资制。职级工资制是按照国家公务员的职务、级别、年功和实际贡献等确定工资标准的一种工资制度。按照不同职能分为职务工资、级别工资、基础工资、工龄工资四个组成部分,其中职务和级别工资是工资构成的主体。

国家公务员工资制度与以往的结构工资制相比,其特点是:第一,国家机关与事业单位从工资制度上分开,建立了符合机关、事业单位各自特点的工资制度。第二,进一步贯彻按劳分配原则,克服平均主义。实行职务工资制后,公务员的职务工资、级别工资和工龄工资,按公务员职务高低、责任大小、工作难易程度以及德才表现、工作实绩和工作年限确定,拉开了公务员的工资差距,克服了分配上的平均主义。第三,建立了正常的增资机制。公务员正常增加工资从两方面实现:一是晋升职务工资档次。公务员连续两年考核为称职以上的,可以在本职务、级别增加工资;二是公务员的工龄工资随工作年限增长而增加,工作每增加一年相应增加工龄工资,一直到离退休当年为止;三是定期调整工资标准。根据经济发展,企业相当人员工资水平状况和物价指数变化情况,定期调整公务员工资标准。

华宇购物中心　　王天明　摄

在事业单位工资制度中,注入了激励机制,实施了两点非常重要的改革举措:一是按不同性质和特点实行五种不同类型的专业技术等级工资制度,让各类专业技术人员在本行业范围内各显其才;二是根据事业单位工作性质和特点,在事业单位的职务工资构成中划出"活"的一块。这块活的部分,其比例和增加幅度大小,要根据本单位的经济效益和生产状况确定。单位又要把个人贡献大小、表现情况与个人报酬结合起来。这种将竞争激励机制直接注入分配制度,提倡

多劳多得,少劳少得的软指标,较好地体现了按劳分配原则,有利于奖勤罚懒,优胜劣汰,而且增强了事业单位在职工工资分配上的自主权。

在企业单位中,工资改革主要是推行和进一步完善企业工资与效益挂钩的管理办法,用工资总额与经济效益挂钩的形式来约束工资总量。山西对国有企业工资总额的调控基本上采用三种办法:一是工业企业多数实行工资总额与企业上缴利税挂钩;二是煤炭行业试行吨煤工资含量包干;三是建筑部门试行百元总产值含量包干等等。目前,企业工资制度改革不断深化,伴随着市场经济的发展正逐步向目标模式过渡。

二、职工工资的变化

建国50年来,随着工农业生产和建设的迅猛发展,城镇单位职工工资有了明显提高,特别是党的十一届三中全会以后,在改革、开放、搞活的方针指引下,通过对分配领域的一系列改革,全省职工工资水平随着经济的快速发展有了大幅度提高,人民生活水平发生了很大变化。1998年全省职工工资总额达到226.3亿元,比建国初的1952年增长156倍,比改革初的1978年增长12.6倍。其中国有经济单位为175.45亿元,集体经济单位为20.55亿元,分别比1978年增长9.53倍和8.88倍。其它经济单位从无到有,1998年工资总额达到30.25亿元。1998年,全省职工人均货币工资为5087元,比1952年的394元,增长11.9倍,比1978年的632元增长7.05倍。

改革开放20年间,城镇单位职工工资变化最为明显,主要表现为以下几个方面:

(一)工资增加最多,速度增长最快

城镇单位职工人均货币工资,1998年比1978年增加4455元,平均每年增长11.0%,而1952年至1977年的26年间只增加238元,平均每年增长1.83%。也就是说,改革开放20年间,城镇单位职工人均货币工资增加额是改革前26年增加额的18.72倍,年平均增长速度是改革开放前26年的6.01倍。可见,改革开放以来,职工工资水平大幅度提高,增长速度是建国以来最快的时期。

(二)工资构成发生明显变化

“二五”时期和“文革”时期,由于“左”的错误影响,按劳分配原则受到否定,奖金、计件工资被取消,职工工资只执行国家规定的标准工资,津贴和补贴所占比重很小。改革开放以来,随着企业各种承包责任制的推行和自主权的扩大,事业单位创收能力增强,收入增多,加上为弥补物价上涨而增发的各种补贴增加,使得工资总额中的奖金、津贴和补贴所占比重上升。从国有经济单位来看,工资总额中,计时计件、标准工资所占比重,由1981年的72.5%下降为1997年55.9%;奖金部分和计件超额工资所占比重由10.7%上升为16.6%;津贴和补贴所占比重由13.0%上升为21.5%。工资结构的变化表明,“活”的部分比重上升,“死”的部分比重下降,进一步强化了工资的激励作用。

(三)职工工资档次拉大

1978年以前,特别是“左倾”错误泛滥时期,城镇单位职工工资收入从总体上来说,是低水平上的平均主义。职务的高低、学历的长短和工作年限等之间的工资收入差距很小。改革开放以来的20年间,在总体水平大幅度提高的同时,职工工资档次逐渐拉大。据1994年度山西工资水平抽样(试点)调查,企业按职务分组,县(处)级、科级、科员级,平均工资分别是5810元、5528元、3964元;按学历分组,本科及以上、大专、中专(高中、技工)、初中以下,平均工资分别是5762元、5153元、4452元和4361元;按工作年限分组,4年及以下职工平均工资为2891元;5—9年为3546元;10—14年为4126元;15—19年为4204元;20—24年4823元;25—29年为5223元。可以看出,职工工资收入档次正在逐渐拉开。

(四)工资增长同经济发展基本适应

工资总额与国民经济的增长速度。1978年至1998年(按当年价计算)城镇单位职工工资总额平均每年递增13.94%,国内生产总值每年递增15.63%,职工工资总额增长速度比国内生产总值增长速度低1.69个百分点,两者的比例关系基本是适应的。职工实际平均工资与劳动生产率指数。在“六五”时期、“七五”时期、“八五”时期,国有工业企业劳动生产率增长速度分别为5.1%、2.4%和4.5%;国有单位职工实际平均工资增长速度分别为4.6%、2.5%和3.6%。国有单位职工的实际平均工资增长接近或小于同期国有工业企业劳动生产率的增长。这说明,职工工资的增长速度同生产的增长速度是大体适应的。

(栗金荣)

劳动保险事业不断完善

山西省的劳动保险制度是在中华人民共和国诞生后建立的。建国50年来，随着全省经济的发展，劳动保险事业按照既有利于保障劳动者在暂时或永久丧失劳动能力时的基本生活，又有利于生产发展和社会安定的基本原则，实施范围由小到大，保障项目由少到多，待遇水平由低到高，逐步发展，取得了显著成效，结出了累累硕果，对保障劳动者的基本生活，解除或减轻他们的后顾之忧，保护劳动者身体健康，维护社会稳定，促进全省经济发展，发挥了极其重要的作用。

一、劳动保险制度建立、发展及改革状况

在旧中国，山西省基本没有建立劳动保险制度，广大劳动者在年老、疾病、伤残、失业或死亡时的保险福利待遇得不到保障，只有极少数行业，一些官办企业和个别民族资本企业有一些待遇低、项目少的保险福利章程和办法。新中国成立后，为了体现党和政府对广大职工群众的关怀，减轻或解除他们在暂时或永久丧失劳动能力时生活中发生的困难，开始建立全国统一的劳动保险制度。

建国后，全省劳动保险制度的建立、发展和改革从时间上划分，大致可分为五个时期。

（一）*创立时期*（1949—1957年）。建国初，尽管国家经济还存在很多困难，但为了保障劳动者的基本权利，党和政府开始建立劳动保险制度。1951年2月，政务院公布了《劳动保险条例》，对职工生、老、病、死、伤、残等劳动保险项目，标准以及实施范围和保险基金的征集等作了统一规定。按照《劳动保险条例》规定，全省开始在国营、公私合营、私营合作社的工厂、矿场及其附属单位与业务管理机关，以及铁路、搬运、邮电等企业及附属单位中实行社会保险。这一时期，全省在企业单位和国家机关党派团体、事业单位工作人员中全部建立了劳动保险制度。

（二）*在调整中发展时期*（1958—1965年）。按照国家劳动部和全国总工会的统一部署，从1958年起，全省开始对劳动保险制度进行全面整顿，同时建立健全了一些制度和管理办法。这一时期全省劳动保险制度工作主要包括以下内容：1、按照国家的规定，统一了企业和国家机关职工退休、退职的政策规定，并适当放宽退休条件，调整了退休待遇标准；2、改进企业职工劳保医疗制度，职工患病或非因工伤的挂号费、出诊费、营养滋补药品费用由职工本人负担，贵重药费由单位负担；3、调整了学徒工的社会保险待遇；4、对按照国家规定被精简安置的老弱残职工，建立了社会保险待遇，发给生活困难救济费；5、对轻工业、手工业集体企业职工建立了退休制度。从建国初《劳动保险条例》的建立，到1966年对各项劳动保险制度的制定、修改和补充，全省的劳动保险制度初步建立，并在调整中逐步发展，基本适应了全省生产社会化的要求。

（三）*“十年动乱”劳动保险遭到破坏时期*（1966—1976年）。“文化大革命”期间，管理劳动保险的专门机构撤销，劳动保险基金的征集、管理、调剂使用被废止，劳动保险事业处于无人管理的状态。在许多单位，劳动保险的政策、法令得不到正确的贯彻执行，造成有法不依、有章不循。有的任意放宽条件，提高待遇标准，有的历史资料丢失，保险卡片和待遇证件残缺不全，手续制度非常混乱。企业停止提取劳动保险金，停止全省调剂，退休人员退休费及其它劳保开支改在营业外支出。这一改变，使劳动保险失去了它固有的统筹调剂职能，造成了企业间的负担畸轻畸重，影响了退休人员的生活，劳动保险工作受到了多方面的干扰和破坏，处于瘫痪状态。

（四）*在改革中发展时期*（1977—1984年）。粉碎“四人帮”后，结束了“文化大革命”的动乱，全省劳动保险工作进入了新的发展时期。为了适应新时期的需要，全省各级政府加强了对劳动保险工作的领导，在国家财力十分困难的情况下，1978年对国家机关和事业单位、企业单位职工的退休、退职作了进一步规定，全省职工退休、退职制度日趋完善，一大批年老体弱者得到妥善安置。退休、退职人员逐渐增多，1978年12月召开的党的十一届三中全会，重新确立了马克思主义的思想路线、政治路线和组织路线，作出了把全党工作重点转移到社会主义现代化建设上来的战略决策。根据十一届三中全会提出的任务，全省劳动保险也随着经济体制的改革不断深入，进入了一个新的发展阶段。这一时期全省对劳动保险制度逐步调整和完善，对各项劳动保险制度改革进行探索，取得

了一些经验,劳动保险事业稳定发展。

(五)全面改革完善,大力发展时期(1985—1999年)。建国后至1984年前,全省劳动保险制度,是以计划经济和产品经济理论作为理论基础,在计划经济体制下,适应统收统支的财政体制和统包统配的劳动力管理体制的"企业保险"模式建立起来的。它的建立和发展,在保障劳动者基本生活,调动劳动者生产积极性,维护社会稳定等方面发挥了积极作用。但随着社会主义市场经济体制的建立,特别是经济体制改革的不断深化,这一制度逐渐暴露出一些明显的弊端:一是劳动保险范围窄、覆盖面小,劳动保险只在国有企业中实施,集体企业参照执行,其它企业却没有法定劳动保险,劳动者得不到享有劳动保险的基本权利;二是社会化程度低,保障功能弱,保险费用完全由企业自行支付,没有建立统一的劳动保险基金,企业之间、地区之间保险费用负担畸轻畸重,不能完全分散风险,难以有效保障劳动者的基本生活;三是劳动保险费用完全由国家、企业包揽,职工个人不承担任何费用,超越了我国社会主义初级阶段国情国力和各方面承受能力,享受保险待遇的劳动者缺乏自我保障意识,权利与义务不统一;四是享受劳动保险待遇人员的管理、服务完全由企业包下来,企业承担了一些社会性事务,造成了很重的社会负担,影响了一些老企业,特别是国有大中型企业的生产和发展。

从1985年起,全省开展了国有企业职工养老保险费用社会统筹的试点工作。1986年,国务院下发《关于改革劳动制度四个规定的通知》后,国有企业劳动合同制工人中开始建立养老保险制度,并在国有企业职工中建立了失业保险制度。1988年,全省实现了国有企业职工退休费用市县统筹。1991年10月,国有企业职工的养老保险基金实行了省级统筹,并开始建立个人适当缴费制度。1993年,省政府组成劳动保险制度改革调研组,分赴湖南、上海、广东、四川、江西取经,并到瑞士向国际劳工组织了解世界各国劳动保险制度情况。在大量调查的基础上,对各项劳动保险制度分专题进行研究,初步形成了全省劳动保险制度改革的总体思路。

1994年,按照党的十四届三中全会确定的方针,省委、省政府将建立新型劳动保险制度作为构筑社会主义市场经济体制的重要支柱和关键环节,列入省委、省政府重点工作目标责任制,巩固完善国有企业养老保险费用省级统筹,全面推行新的养老金计发办法,全面开展集体企业职工养老保险基金社会统筹,医疗、工伤、生育保险在全省部分市县试行。从1995年起,全省各地按照"社会统筹与个人帐户相结合"的原则,建立新型的劳动保障制度。1997年7月,全省实现了统一的基本养老保险制度,保证了企业离退休人员基本生活费的按时足额发放,全省劳动保险制度改革取得了突破性进展,进入大发展时期。

二、劳动保险事业的主要成效

建国50年来,全省劳动保险事业逐步建立完善,劳动保险改革全面推进,稳步发展,取得了丰硕成果,在全省已初步建立起了适用于城镇各类企业和全体劳动者、保障项目齐全、保险费用统一筹集、企业之间互相调剂、资金来源多渠道、保障方式多层次、社会统筹与个人帐户相结合、权利与义务相对应、管理服务社会化的劳动保险体系。享受劳动保险的范围,由国有企业、县以上集体企业中的原固定职工,扩大到城镇各类企业及其全部职工和个体劳动者。到1988年底,全省享受劳动保险的城镇企业职工339.2万人,离退休人员75.4万人;1988年在职职工福利费用支出20亿元,离退休费用支出41.4亿元,月人均离退休费用458元。养老、失业、医疗、工伤、生育等项目的劳动保险制度,在全省全面建立,并取得了显著成效。

(一)养老保险

1.企业职工养老保险费用实行省级社会统筹,实现了"企业保险"向社会保险的转变。建国初期,全省企业职工劳动保险费按全国统一规定比例征集,统筹调剂,企业按工资总额的3%缴纳。80年代以来,退休人员大量增加,退休费用也相应增大,新老企业之间退休费用负担不均衡的矛盾越来越突出,有些纺织、建筑、粮食、商业等行业中的老企业,退休费用相当工资总额的50%以上,而在一些新兴的行业和新建企业中,退休费用不到工资总额的5%,也有一些企业没有退休人员,不需要支出退休费用。"企业自保"的养老保险制度已经不能适应企业改革的要求,在部分市县进行了国有企业职工养老保险费用社会统筹试点,并逐步实现了市县级统筹,养老保险逐步开始从"企业保险"向社会保险转变。1991年10月,实行了国有企业职工养老保险基金省级统筹,成为继北京、天津、上海、福建、江西、吉林之后,在全国第七个实现省级统筹的省份,走在全国的前列。省级统筹的实施,增强了抵御风险的能力,为企业走向市场,公平竞争创造了良好的外部条件。截至1998年底,全省参加省级统筹职工263.6万人,离退休人员66.3万人。

2.养老保险覆盖面扩大到城镇各类企业及其劳动者,劳动者老有所养的基本权益得到保障。建国初期,山西省按照《劳动保险条例》的规定,在国有企业国家固定职工中实施养老保险制度。计划经济体制下的相当一段时期内,国有企业中的其它用工,以及非国有企业基本上没有建立，相当一部分劳动者享受不到劳动保险，宪法和法律赋予他们的合法权益，得不到保障。随着社会主义市场经济体制的建立和完善，需要建立起一个覆盖城镇各类企业及其全体劳动者的养老保险制度。1986年，按照国务院改革劳动制度的有关规定，全省对国有企业劳动合同制工人建立了退休养老保险制度，1994年7月，全省国有企业职工养老保险费用省级统筹的范围，由过去的固定工、劳动合同制职工扩大到企业全部职工，并实行了统一的缴费比例和保险待遇。全省城镇集体企业、外商投资企业、私营企业和个体工商户等城镇各类经济成份的从业人员全部纳入基本养老保险范围，为国有企业改革创造了宽松的外部环境。

3.城镇企业职工实行统一的养老保险制度，养老保险制度改革走上良性运行轨道。建国之初确定的企业职工基本养老金按照本人退休时的连续工龄和标准工资的一定比例来确定，这种办法一直沿用了近40年。从1994年起，全省全面推行新的养老金计发办法，改革了职工退休后养老金主要以标准工资作为计发基数的不科学作法，实行了养老金水平高低与本人缴费多少，缴费年限长短等直接挂钩的新办法，并建立了基本养老金与社会平均工资挂钩，定期调整的动态机制，即根据职工平均货币工资增长幅度的一定比例，对基本养老金进行适当调整，不仅把按劳分配的原则延伸到退休待遇中，而且使退休人员能够分享到社会经济的发展成果。1998年7月，全省城镇企业职工实行了统一的基本养老保险制度，实施范围为城镇各类企业职工和个体劳动者；统一了企业缴费基数，以地市为单位统一了企业缴费比例，并逐步向全省统一比例过渡；统一了劳动者个人缴纳养老保险费比例；统一了劳动者个人帐户的规模，按本人缴费工资的11%为每个职工建立了基本养老保险个人帐户；统一了基本养老金计发办法。统一的基本养老保险制度的建立和实施，解决了养老保险多种方案并行、基金征收与养老金支付标准参差不齐的问题，为建立统一、开放、竞争、有序的劳动力市场创造了条件，有利于劳动力资源的合理配置，促进了经济与社会健康发展，加强了政策的权威性和政府的宏观调控职能，更好地解决了下岗职工的再就业、离退休人员基本生活保障问题，为企业的改革、改组、改造和减员增效，起到了积极作用。

4.实行了职工个人缴纳养老保险制度，减轻了国家和企业负担，增强了职工的自我保障意识和参与意识。从1986年起，在劳动合同制工人中建立和实行了职工个人缴纳养老保险费制度，改变了计划经济体制下职工只享受劳动保险待遇，费用完全由国家和企业大包大揽的做法。1992年1月，全省参加养老保险社会统筹企业的全部职工均实行了个人缴费制度，随着职工个人工资水平的提高，个人缴费比例在逐步提高，最终达到本人工资收入的8%。个人缴费制度的建立，突破了传统观念和模式，打破了劳动保险上的“大锅饭”，拓宽了劳动保险基金筹资渠道，减轻了国家和企业的负担，增强了职工的自我保障意识和参与意识。

5.建立了多层次的养老保险体系，养老保险与各方面经济能力相适应，满足劳动者多种保障的需求。建国初期实施的养老保险制度，只是政府强制实行、制度单一化的基本养老保险，养老保险的责任过分集中于政府，待遇标准完全由国家直接规定，割断了养老待遇水平与企业经济效益之间的联系，不能体现公平分配的原则，也不能激励企业提高生产率，增强企业的凝聚力。从1990年起，全省建立了企业补充和个人储蓄性养老保险制度。建立了企业根据自身的经济能力，在缴纳基本养老保险费之后，用企业自有资金中的奖励、福利基金为职工个人缴纳补充养老保险费，企业补充养老保险；职工个人根据本人收入情况自愿参加，由职工个人缴纳保险费，待退休时享受较高退休待遇的养老保险，即个人储蓄性养老保险。到1998年底，全省共有548户企业的4.8万名职工参加了企业补充养老保险；有533户企业的4.2万名职工参加了个人储蓄性养老保险。多层次养老保险制度的建立，既体现了劳动保障的“普遍性”原则，又能根据各个企业的不同经营状况在养老待遇水平上拉开一定差距，满足了职工不同层次、不同水准的多种保障需求。

(二)失业保险

建国后的很长一段时期内，我国实行的是“广就业、低工资”的劳动工资就业体制，许多生产岗位人员过剩，造成人浮于事，企业效益低下，存在着严重的隐性失业现象，国家没有建立统一的失业保险制度。1986年，全省开始建立失业保险制度，失业保险费按职工标准工资的1%提取，实行县市级统筹，省、地(市)两级调剂，享受失业保险待遇的是4类5种失业职工，即：依法宣告破产企业的职工；濒临破产的企业法定整顿期间被精减的职工；企业终止、解除劳动合同的职工；企业辞退的职工。失业救济金人均每月70元左右，救济期限为1—24个月。从1995年10月1日起，失业保险的范围扩大到城镇所有企业和与其形成劳动关系的职工，企业缴费比例为工资总额的1%，职工个人为本人工资收入的0.5%，享受失业保险待遇的对象扩大到7类11种失业职工，新增对象有：停产整顿被裁减的职工；按国家有关规定，被撤销、解散失业的职工;企业除名、开除的职工等,失业救济金标准为当地最低工资标准的70%,享受期限最长为24个月。在进一步扩大失业保险覆盖面的基础上,提高基金支付能力。从1998年7月起,全省失业保险基金的缴费比例提高到企业工资总额的3%,其中,企业缴纳2%,职工个人缴纳1%。根据国家规定,针对国有企业出现职工大量下岗的问题,全省提出了多渠道筹集资金,保障下岗职工基本生活办法,由同级财政预算安排三分之一,企业负担三分之一,社会筹集(包括从失业保险基金中调剂)三分之一,使下岗人员基本生活得到保障。

(三)医疗保险

建国初期,职工医疗保险有劳保医疗和公费医疗两种,企业职工实行劳保医疗,国家机关、事业单位职工实行公费医疗。企业职工患病时,费用由单位负担,医疗经费由企业自行管理,按企业职工工资总额的11%提取,列入成本,在成本中提取的医疗经费不足,可从税后留利中弥补。在计划经济体制下建立的这一制度,存在着不适应社会主义市场经济发展需要的弊端。

80年代后期,全省各地、市、县及部分企业先后开展了医疗保险制度的改革:一是普遍实行了医疗费与个人适当挂钩的做法,职工看病,个人要缴纳一定比例的医疗费;二是职工大病医疗费用和离退休人员医疗费用实行社会统筹,建立医疗保险基金,运用互助互济手段,保障职工基本医疗的需求;三是部分企业实行将医疗费用包干到人,节约归已,超支部分按不同比例报销的办法;四是按照社会统筹医疗基金与个人医疗帐户相结合的医疗保障制度,为职工建立个人医疗保险帐户。

从1994年起,企业职工医疗保险制度改革在全省各地全面展开,实行了"大病统筹,小病分流"的医疗保险改革模式,即:大病实行社会统筹,小病通过建立个人帐户分流在企业管理,建立企业调剂基金,职工医疗由社会保险机构和企业共同管理,医疗保险费用由国家、企业和职工个人共同负担。

从1998年起,全省按国家统一部署,建立城镇职工基本医疗保险制度。实施范围为:全省城镇所有用人单位、各类所有制企业、机关、事业单位、社会团体、民办非企业单位及其职工,城镇个体经济组织业主及其从业人员。基本医疗保险费由用人单位和职工个人共同缴纳,用人单位按工资总额6%缴纳,职工按本人收入的2%缴纳,基本医疗基金实行社会统筹与个人帐户相结合,个人缴费全部及单位缴费的30%划入个人帐户,其余为统筹基金,职工患病时所需医疗费,先从个人医疗帐户支付,不足部分费用超过一定数额时,从统筹基金中支付。为保证医疗,克服浪费,按照择优选点的办法,实行了合同医院、定点医疗制度,制定了医疗保险用药报销规定,建立医药分开核算,分别管理制度等。截至1998年底,全省实行医疗保险费用社会统筹的达到72万人,离退休人员8.6万人。医疗保险制度的实施,不仅有效地抑制了医疗费的急剧增长,均衡了企业之间的医疗费负担,而且保证了职工基本医疗的需要,维护了劳动者的合法权益。

(四)工伤与女工生育保险

1977年至1998年期间,山西省职工工伤与女工生育保险改革取得了明显成效。一是调整了工伤与生育保险待遇。1997年12月,按照劳动部制定的《企业职工工伤保险试行办法》,制定了本省实施细则,企业职工工伤待遇相应调整,增加了一次性工残、工亡补助金,职工伤残补助金、供养直系亲属抚恤金比例都相应提高。女工生育产假、医疗待遇也按照《山西省计划生育条例》作了调整。二是工伤保险费用和女工生育费用实行了社会统筹,截至1998年底,实行工伤保险费用社会统筹的职工人数达86万人;实行女工生育保险费用社会统筹的职工人数达118万人。三是工伤保险制度的建立,促进了企业的安全生产和事故预防、职业病防治工作。生育保险制度的建立,推动了计划生育国策的进一步执行,维护了职工的合法权益。

建国50年来,全省劳动保险制度从建立到逐步发展、完善,充分发挥了其特有的保障功能,分散风险功能,调节国民收入分配和再分配功能,保证了失业、下岗职工能领到基本生活费,保证了离退休人员能按时足额领取养老金,为全省社会稳定、经济发展起到了保驾护航的作用。各项保险费用社会统筹,大大缓解了新老企业之间,不同行业、不同地区之间劳动保险费用负担畸轻畸重的矛盾,为企业发展创造了良好的外部环境。在计划经济向市场经济转换过程中,部分企业经济效益下滑,停产、半停产日趋增多,无力缴纳养老保险费用,给劳动保险工作和社会的稳定带来巨大的压力,各级政府想方设法,多方筹集资金,帮助解决困难企业离退休人员生活问题,解决了一大批国有企业兼并破产和减员增效中遇到的突出问题和特殊矛盾,保证了离退休人员基本养老金的正常发放。企业离休人员离休金由社会保险机构按月足额直接发放;退休人员的基本养老金,凡参加社会统筹并按时足额缴费的,由社会保险机构按月足额发放,企业因生产经营困难,缓缴养老保险费期内,由社会保险机构按月足额直接发放养老金,缓缴期满仍无力缴费的,养老金由企业、社会保险机构、同级政府各支付三分之一,破产企业资产变现不足的,由社会保险机构、同级政府各负担二分之一。劳动保险发挥了保障离退休人员合法权益和维护社会稳定的功能。医疗、工伤、女工生育保险制度的建立，使劳动者在患病、工伤、生育时能够获得基本医疗、物质保障，保证社会再生产的顺利进行，对提高劳动者生产积极性，促进经济发展起到了积极作用，起到了劳动保险的“稳定器”和“安全网”的作用。

三、劳动保险改革思路

建国50年来，全省的劳动保险制度改革，在诸多方面都有了重大突破，取得了显著成效，为全省的经济发展和社会稳定做出了积极贡献，在全国处于先进行列。但是，劳动保险制度改革与建立适应市场经济体制的目标，与深化国有企业改革，建立现代企业制度的要求，仍有不少差距，还存在不少矛盾和问题，面临新的挑战。一是国有企业改革和所有制机构调整带来了劳动力结构的空前大调整，对劳动就业和劳动保险工作提出了新的挑战。随着改革的深化，原有就业结构将发生大的变化。在就业的所有制结构上，国有经济领域的就业比重将有所下降，更多的劳动力将在非国有经济领域就业；在产业结构上，城镇就业将从以第二产业为主向以第三产业为主转变；在企业结构上，中小企业将逐步成为解决就业问题的主力军；在城乡结构上，大量的农村剩余劳动力将向城镇转移。国有企业吸纳就业的能力将有所削弱，非国有经济就业渠道尚待进一步拓宽。要解决好就业问题、劳动保险问题，特别是适应国有企业改革的要求，解决好国有企业下岗职工的再就业问题，建立完备的劳动保障体系，需要付出艰苦的努力。二是日趋严峻的人口老龄化，对养老保险制度和养老保险基金承受能力提出了挑战。随着老龄人口的逐渐增多，领取养老金的离退休人员将大大增加，而且部分企业经济困难，拖欠应缴纳的养老保险费，削弱了保险基金的支撑能力，保险覆盖范围小，大量非国有企业还没有实行劳动保险，没有充分发挥其互助互济的功能，基金管理基础薄弱，对养老保险制度和养老保险基金造成了沉重的压力，迫切要求加快养老保险制度改革和尽快提高养老保险基金的承受能力。三是劳动者日益增长的医疗消费需求与原有医疗保险制度及其保障能力之间的矛盾日益突出。在计划经济体制下建立起来的福利型劳保医疗、公费医疗制度覆盖面窄，职工享受的医疗待遇差异很大，还有相当一部分劳动者特别是非公有经济领域劳动者得不到基本的医疗保障。另外，由于国家和用人单位包揽过多，且对医疗机构和职工个人缺乏有效的制约机制，职工医疗费用增长过快，医疗服务成本高、效率低、浪费严重等问题比较突出。在发展社会主义市场经济的新形势下，劳保医疗和公费医疗制度已无法满足广大劳动者日益增长的医疗消费需求，迫切需要加快医疗保险制度改革，建立起既能普遍保障广大劳动者的基本医疗需求，又与现阶段生产力发展水平和各方面承受能力相一致的医疗保险的制度。四是劳动保险管理水平相对落后，社会化管理服务程度低，管理和服务基本上还由企业承担，劳动者生、老、病、死、伤、残还过多地依附于所在企业。这些问题都需要在深化改革中逐步加以解决。

今后一个时期内，全省社会保险工作，将按适应社会主义市场体制的要求，深化各项劳动保险制度改革，重点是加快养老、失业、医疗保险制度改革，积极推进工伤、生育保险的制度改革，加快社会保险管理服务社会化的步伐，建立起适应社会主义市场经济体制的要求，范围覆盖城镇所有从业人员，制度规范、费用负担和待遇标准合理、管理服务社会化程度较高的多层次的劳动保险体系。以“低水平、广覆盖”为原则，加快推进劳动保险制度改革，建立适应社会主义初级阶段基本国情的劳动保险体系，使广大城镇劳动者在年老、疾病、失业、工伤和生育时得到基本的劳动保障。一是建立和完善劳动保险费用由用人单位、职工个人和国家三方合理负担，管理服务社会化的各项社会保险制度。养老保险、医疗保险实行社会统筹与个人帐户相结合。建立社会互济与强调用人单位责任相结合、经济补偿与促进安全生产管理相结合的工伤保险制度。建立能够切实保障女职工生育期间基本生活和医疗待遇的生育保险。在农村有条件的地区建立和完善个人缴费为主、集体补助为辅、国家政策扶持的农村社会养老保险制度。二是基本养老保险的实施范围扩大到城镇各类企业的职工、离退休人员和私营企业主、个体劳动者、自由职业者，并最终覆盖所有从业人员。基本医疗保险覆盖城镇所有用人单位及其职工，并逐步将乡镇企业及其职工纳入实施范围。失业保险覆盖到城镇所有企事业单位及其职工。工伤、生育保险基本覆盖到城镇各类用人单位。三是实行劳动保险统一管理，在全省建立起统一的管理机构，实现对养老、医疗、失业、工伤、生育保险以及城镇企业、机关、事业单位和农村社会保险的统一管理。在统一机构的基础上，各项劳动保险基本实现统一制度、统一政策，劳动保险基金基本实现统一征缴、统一监管，劳动保险的管理服务实现社会化。四是继续做好保障困难企业职工和离退休人员的基本生活工作，提高保障能力和保障水平；进一步提高劳动保险的社会化服务水平，使企业真正摆脱“企业办社会”的负担，劳动保险的社会化服务程度逐步走向对职工从就业到死亡的连续性、全面化服务，全面建立适应社会主义市场经济体制的新型劳动保险体系。

（王新峰　师广卫）

农民生活奔向小康

建国50年来，山西农民生活得到显著改善。特别是党的十一届三中全会以来，改革为山西农村经济发展注入了活力，农村的经济面貌、自然面貌特别是农民的精神面貌均发生了前所未有的深刻变化，农村经济全面崛起，农民整体生活进入了温饱有余的新阶段。1949—1998年的50年间，全省农民收入由53.74元增加到1858.60元，增长33倍，生活消费支出由47.70元增加到1056.45元，增长22倍，山西农民整体生活已彻底摆脱了贫困，实现了温饱，向小康稳步迈进。

一、以求温饱为主线，在曲折中发展的探索初期

温饱，对于现代人来说是一个很普通的字眼，但对于山西农村居民来说却有着截然不同的划时代份量。在漫长的历史长河中，农村居民为了追求温饱生活，付出了艰辛的劳动和血汗。特别是在旧中国，由于遭受帝国主义、封建主义和官僚资本主义的残酷剥削和多重压迫，加上连绵不断的战争和自然灾害，山西农村居民终日食不裹腹，衣不遮体，根本就谈不上对温饱的奢望。农村居民的温饱梦想只有在社会主义的新中国才得以成为现实。然而，回顾建国50年来走过的历程不难发现，农村居民温饱生活的实现并不是一帆风顺的。

1.1949年至1957年。这是一个伟大的历史转变时期。1949年4月24日太原解放，结束了阎锡山对山西人民38年的血腥统治，山西回到了人民手中，全省人民开始了新的生活。在农村，经过土地改革运动，使70－75%的无地或少地的农民大约得到了5000万亩的耕地及其他农业生产资料，摧毁了二千多年来的封建土地制度，广大农民从封建压迫下解放出来。到1957年底，全省基本上完成了农业的社会主义改造，建立了农业集体所有制经济。生产关系的急剧变革，大大解放了生产力，促进了农业生产条件的改变和农业生产的发展。广大农民的生活状况得到了相应的改善，到1957年农民人均纯收入已达到80元，吃、穿、烧、住、用等各项生活消费水平都有一定提高。

2.1958年至1965年。这一阶段的前期，由于党的工作在指导方针上的失误，轻率地发动了“大跃进”运动和农村人民公社化运动，使得以高指标、瞎指挥、浮夸风为主要标志的“左”倾错误严重泛滥开来，加上严重的自然灾害，农业受到了极大影响，农民生活水平呈下降趋势。农民收入1958年由上年的80元减少到76.5元，1959年继续减少到68.1元。这一阶段的后期，经过三年调整，农业生产得到比较顺利的恢复和发展，农民生活水平也有所提高，但同解放初期的8年相比，这一阶段的农业生产增长速度不快，农民生活的改善程度不大。1965年全省每一农民全年纯收入为91.8元，比1957年增加11.8元，增长14.8%。每一农民全年生活消费支出由76.6元增加到85元，增长11%；粮、油、肉、蛋、菜等主要生活消费品的实物消费数量多数增加，但从全年生活消费支出的构成看，用于吃、穿消费的比重仍高达78.7%，用于住房、日用生活消费品及文化生活服务的消费支出甚少。

3.1966年至1978年。在这一阶段中，由于“文化大革命”的破坏，特别是“四人帮”一伙在农村疯狂推行极“左”路线，“割资本主义尾巴”，大搞“穷过渡”，取消广大农民正常的家庭副业生产，关闭集市贸易，在生产中违背客观经济规律，搞瞎指挥，在经营管理上不计成本，不搞核算，“吃大锅饭”，严重地挫伤了广大农民的生产积极性，限制了生产的发展，农民收入的增长更趋缓慢。1978年，全省农民人均纯收入为101.60元，比1965年增加15.2元，平均每年仅增加1.27元。每一农民全年生活消费支出由1965年的85元增加到90.6元，平均每年只增加0.5元。从生活消费支

出构成看，农民用于吃、穿消费占全部生活消费支出的比重由1965年的78.7%上升到81.7%，用于文化生活服务支出的比重由3.6%下降到2.6%。生活消费支出构成的这些变化，说明这一阶段全省农民生活消费结构不合理的状况不仅没有得到改善，反而进一步下降。

4.1978年前30年农民生活不达温饱的主要特征。从1949年至1978年的30年间，山西农村居民的生活有了一定的改善，但总的来说步伐比较缓慢，没有摆脱贫困。主要表现为：

①生活消费水平低，增长十分缓慢。1954年山西农村居民的人均纯收入74.8元，到1978年才达到人均101.6元的水平；人均生活消费支出70.3元，到1978年才达到人均90.64元的水平，即使不考虑物价因素，年均递增速度也只有1%。

②消费结构呈现较明显的贫困特征。按照国际上划分贫困的标准，恩格尔系数高于60%即为贫困。1954年，山西农村居民的食品消费支出份额为68.2%，到1978年仍高达67.3%，恩格尔系数一直在贫困的高位区居高不下。如果再加上衣着消费支出份额，农民在食品、衣着两项的支出份额一直在80%以上。这说明山西农村居民在此期间的生活消费是以求生存为基本特征的。农民生活消费结构基本上维持着食品、衣着、燃料、用品、住房、服务的序列模式。

③食品短缺，营养不足。处于贫困阶段的农村居民，虽然食品、衣着的消费份额很大，但消费水平并不高。首先是食品，这一时期的多数年份，农村居民人均每年的粮食消费量在190公斤左右，其中一半以上是玉米、薯类等粗粮，三年自然灾害时期甚至不到160公斤的水平，农民始终在为填饱肚子的基本生存需要而奋斗。到1978年，农村居民人均粮食消费量达到230公斤，食用油消费量没有超过1公斤，蛋类消费量没有超过0.5公斤，肉类消费量没有超过2公斤。食物的短缺造成了农村居民长期营养不良，主要是营养摄入量不足和动植物营养成份比例不平衡，到1978年农村居民人均从食物中摄入热量每日平均为2015千卡，其中植物提供的热量占全部热量的98%，而仅粮食提供的热量就占到80%以上；人均每日从食物中摄取的脂肪为24.4克，其中动物性食物所提供的脂肪仅占10%；人均每日从食物中摄取的蛋白质为53.3克，其中动物性食物所提供的蛋白质仅占2%。农村居民从食物中摄取的主要营养成份明显不足。

④衣着以保暖为主，结构单一。在农村居民填饱肚子问题尚未解决的情况下，衣着消费水平自然不高。1978年，全省农村居民人均衣着消费支出不到14元，比1954年增长38.5%，年均增长只有1.4%；人均棉布消费量5.8米，且棉布一直是农村居民最主要的衣着用品；化纤布0.3米，呢绒绸缎0.01米，比重很小。在农村居民衣着消费结构中，自制土布占有相当比重，购买成衣的比例很低。这一时期，农村居民在衣着消费方面主要是满足保暖的需要，无力考虑花色品种，“一件棉袄穿六冬”的现象在农村居民衣着消费中极为普遍，与食品消费一样，仍然是生存型的基本特征。

⑤住房主要以窑洞土屋为主。到1978年，全省农村居民人均住房面积达到了9.4平方米，比1954年增加了2平方米，但房屋质量没有明显的变化，砖木结构和钢筋混凝土结构房屋面积仅占到5%，绝大多数房屋仍然是窑洞土屋，农村居民居住消费以遮风、档雨、保暖为基本特征。

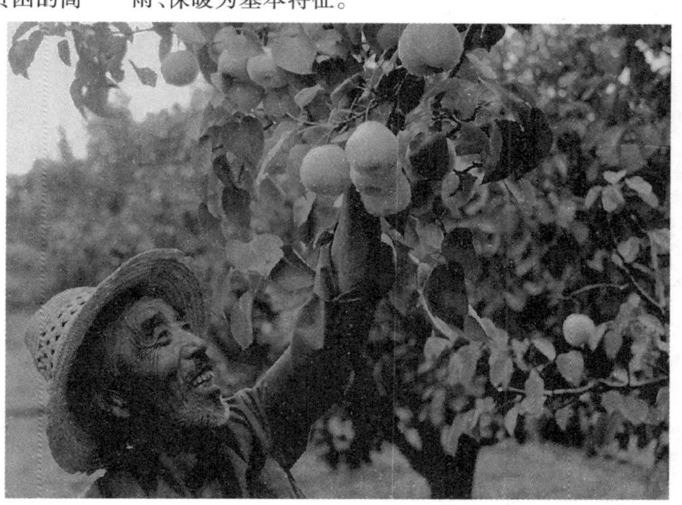

又是一个丰收年　　王天明　摄

二、农民生活整体步入温饱有余，千百年来的梦想终于成为现实

从1979年到1985年短短的7年时间，山西农民收入取得了突破性增长。1985年山西农民人均纯收入达到358.32元，比1978年增加256.71元，增长2.5倍，这7年的增加量是1949年至1978年29年增加量的5.2倍，年平均增加量是前29年年平均增加量的21.7倍。农民生活得到了显著改善，农民整体生活水平已步入温饱阶段，千百年来农民渴求摆脱贫困的愿

望和成千上万革命者为之奋斗的目标终于变成了现实。

1.消费水平迅速提高,消费结构明显变化。1985年,全省农村居民的人均生活消费支出达到272.74元,比1978年增长2倍,年平均递增速度高达17%;7年间农村居民生活消费支出的增加额相当于1954年至1978年24年间增加额的9倍。在农村居民生活消费水平大幅度提高的过程中,农村居民的消费结构发生了显著变化。按照消费支出份额的大小进行排序,1978年农村居民的消费结构序列为食品67.3%、衣着14.4%、用品9.2%、燃料6.0%、服务2.6%、住房0.5%,而1985年的消费结构序列已变为食品54.3%、衣着14.6%、用品14.1%、住房10.5%、燃料3.3%、服务3.2%。在属于基本生活需要的吃饭、穿衣问题得到缓解之后,食品、衣着的消费份额逐渐下降,而属于较高序列的住房和用品的消费份额逐渐上升,并且这种变化已经越过了一个质的界线,即农村居民生活消费的恩格尔系数首次降到60%以下。这表明山西农村居民的生活消费从总体上已经脱离了贫困,进入了温饱阶段。这是一个具有历史意义的里程碑。

2.食品消费达到营养标准。1985年,全省农村居民人均消费粮食233公斤,虽然粮食消费总量增加不多,但消费质量有了较大的提高。在消费的粮食中,小麦、稻谷等细粮的比重占到了52.9%,比1978年提高了37.1个百分点,以粗粮为主的粮食消费格局得到明显改变。农村居民在主食满足了吃饱而且细粮消费首次达到半数的同时,副食消费也得到了显著改善。1985年全省农村居民人均消费食用油3.03公斤,肉类4.26公斤,蛋类2公斤,分别比1978年的水平增长2.6倍、1.2倍、3.4倍,增长幅度远远高于1954年、1978年25年间的增长幅度。食品消费在数量上和质量上的大幅度提高,使得农村居民的营养状况有了很大改观。1985年农村居民每日从食物中摄取的热量人均达到2269千卡,比1978年增加254千卡;人均从食物中摄取的蛋白质为63.2克,比1978年增加9.9克;从食物中摄取的脂肪为33.5克,比1978年增加9.1克,这些营养来自动物性的比例也有所增加。

3.衣着开始追求时尚。在此期间,农村居民的衣着消费已经告别了遮体保暖的阶段。一个显著的标志是传统的当家衣着材料——棉布的消费量明显下降。1985年,全省农村居民人均消费棉布4.9米,比1978年的消费量减少近1米。而在当时比较时髦的化纤布的消费量却由1978年的0.3米增加到2.8米,增长幅度高达8倍多;呢绒绸缎和成衣的消费数量也有了明显增加。

4.耐用消费品成倍增加。1985年,农村居民家庭每百户拥有自行车87.7辆,缝纫机70.4架,手表146.5只,收音机55.9台,与1978年相比,增长幅度均在1倍以上。这些用品在当时来说都是比较时髦的耐用消费品,这些耐用消费品的大量增加,进一步说明农村居民已经满足了温饱,有能力开拓新的消费渠道,山西农村居民整体生活已经脱离贫困进入了温饱。

5.住房条件显著改善。长期以来,山西农村居民囿于温饱,没有条件和余资改善居住环境。随着农村居民生活的改善和收入的增加,建房就自然成为农村居民生活消费的热点,农民被压抑了几十年的建房欲望,集中崩发出来。从1979年至1985年的7年间,全省有一半以上的农户翻盖了新房,平均每户新建房屋1.48间,户均新建房屋面积16.8平方米,极大地缓解了长期以来农村居民住房困难的状况。到1985年底,全省农村居民人均住房面积达到13.65平方米,比1978年增加了4.25平方米,属于比较宽裕的水平,三晋大地到处呈现出“贫寨翻身换旧瓦”的景象。

三、农民生活迈向小康、生活质量显著提高的新阶段

1985年之后,特别是党的十四大以来,省委、省政府带领全省人民,坚持党的基本路线和邓小平理论,奋力实施赶超战略,全省国民经济进入持续、快速、稳定增长时期,农村经济建设取得显著成效,农业连年丰收,非农产业持续发展,农民收入成倍增长,生活消费水平和消费质量显著提高,农民脱贫致富奔小康的步伐明显加快。

1.农民收入持续增长,收入渠道不断拓宽。1998年全省农民人均纯收入达到1858.60元,比1985年增加1500.28元,增长4.2倍,年平均递增速度高达13.5%。农民收入构成发生明显变化。一是党的十四大以来,在大力发展乡镇企业,不断壮大集体经济的同时,农村股份合作制企业、个体和私营企业有了很大发展,不仅为农民创造了更多的就业机会,而且拓宽了农民收入来源。1998年农民从事各种劳务活动所得报酬收入人均达594.35元,比1985年增长10倍多,农民劳动报酬收入的成倍增长是近几年农民收入保持持续高速增长的一个新的支点。二是农户经济全面发展,家庭经营收入大幅度增长。近年来各级政府在大力发展农村经济,强化农业基础地位的同时,

继续稳定和完善以家庭承包经营为主体的联产承包责任制，作为农民收入主要来源的农民家庭经营得到了长足发展。1998年全省农民人均家庭经营纯收入达到1199.3元，比1985年增加930.82元，增长3.5倍。在家庭经营收入大幅度增长的同时，家庭经营非农产业得到了有效发展，家庭经营非农产业收入在农民增收中的贡献份额不断加大。三是收入水平低于贫困线的低收入农户显著减少，收入水平达到小康线的高收入农户明显增多。与1991年相比，1998年山西农民人均纯收入在2000元以上的高收入农户占全部农户的比重由0.5%上升到32.7%；人均纯收入在500元以下的低收入农户所占比重由47.3%下降到2.2%。

2.整体消费水平显著提高，生活跨入温饱有余阶段。1985年以来，农村广泛而深刻的变革，彻底扭转了长期以来农民生活水平提高缓慢的状况。特别是党的十四大以来，农民收入水平的大幅度提高，为满足广大农民日益增长的物质文化生活需求提供了有力的保证。1991年到1998年，全省农民人均生活消费支出由464.31元增加到1056.45元，增长1.3倍。与此同时，农民家庭消费货币性支出增多，生活商品化程度提高。1998年，农民人均货币性生活消费支出达到741.21元，比1985年增加557.54元，增长3倍。在吃、穿、住、用等各项生活消费支出中，食品消费的货币性支出增加最多，增长速度最快，食品消费的货币性支出占全部食品支出的比重稳步上升，这表明农民传统的自给自足的基本食物消费模式正在向商品化市场化的食物消费模式转变。衣着、用品、居住等各项支出的货币性比重均达到95%以上。农民生活消费支出总量的成倍增长和商品化程度的不断提高表明，山西绝大多数农民已越过求生存、求温饱的消费模式，继而转向数量、质量并重的消费新层次，整体生活水平已跨入温饱有余的新阶段。

3.农村小康建设步伐明显加快。党的十四大以来，在省委、省政府的领导和全省人民的共同努力下，山西农村小康建设成绩显著，农村小康建设进程明显加快。按照“中国农村小康综合评价”指标体系的量化标准计算，1998年山西农村居民的小康实现程度综合评分已达到87.9分，比1990年提高35.9分，山西农村小康建设与全面实现小康目标总分100分相差12.1分，与基本实现小康目标90分仅差1.2分。这表明进入“九五”时期以来，随着全省农村基础设施建设的全面开展和扶贫攻坚工作的全面实施，全省农村小康建设工作已步入快车道。从实现农村小康标准的6个方面看，精神生活、社会保障与社会安全和收入分配三项实现程度较高，分别达到96.7%、91.3%和90.0%；人口素质、物质生活和生活环境实现程度为85.6%、84.0%和80.0%。

4.农民生活持续改善的基本特征。①伴随着结构调整食品消费质量不断提高。山西农村居民生活在进入温饱阶段后，对食品的消费不再表现为大幅度的、全面的增长，而是处于平缓的、以结构调整为主，质量不断提高的阶段。自1985年以来，农村居民在吃饱的基础上注重食品质量的提高，主食用粮开始下降，目前稳定在220公斤的水平；但主食中细粮消费比重不断提高，目前达到56%的水平。与此同时，农村居民副食消费持续上升。1998年，山西农村居民人均消费食用油4.7公斤，比1985年增长了55.4%；消费肉类5.6公斤，增长了31.5%；消费蛋类3.9公斤，增长了95.0%，消费鱼虾0.3公斤，增长了9倍。②衣着消费质量提高，样式翻新，趋于成衣化、城市化。衣着是人们生活的重要方面，生活水平越高，人们在衣着方面的花费就越多，衣着的花色品种和式样也越讲究。1985年以来，山西农村居民衣着消费支出增长了1.6倍，其中毛线及毛线织品增长了2.7倍，购买成衣数量增长了1倍，许多农村居民不仅讲求面料，而且还讲求款式、色调，西装、裙装、皮装等已在农村广泛流行。在衣着用品中98%以上是从市场上购买的，农民衣着消费已基本实现商品化，并且日趋成衣化、城市化。③住房面积增加，质量档次提高。随着农村居民生活水平的不断提高，建房造屋的质量也在不断提高。到1998年底，山西农村居民人均居住面积达到19平方米，比1985年增加3.5平方米，其中砖木结构和钢筋混凝土房屋结构面积占到78.0%，比1985年提高了30个百分点，特别是楼房面积从无到有。50年代老百姓“楼上楼下，电灯电话”的憧景不仅变成了现实，而且铝合金、彩釉砖、大理石等新型建筑材料也已进入农家。④新潮耐用消费品大量进入农村居民家庭。10年来广大农村居民家庭拥有耐用生活消费品的数量不断增加，品种不断拓展。1998年末，全省农村居民家庭每百户拥有的自行车达到133辆、拥有手表118只、拥有缝纫机84架，在老“四大件”普遍增加的基础上，摩托车、彩色电视机、电冰箱、洗衣机、电风扇、照相机等高档新潮用品也有了明显增加，分别达到11辆、38台、6台、33台、30台、2架。此外，录象机、VCD机、组合音响、家庭影院等高档家电用品也已开始进入农村居民家庭。耐用消费品的大量普及和不断翻新，是山西农村居民温饱生活质量不断提高的重要标志。⑤农村的文化教育、社会福利、卫生保健事业初具规模。1985年以来,山西各级党委、政府对发展农村文化教育事业十分重视,在大力发展基础教育的基础上,成人教育事业也得到了长足发展,为培训农村居民技术人才、企业管理人才的各种各样的专业技术院校、培训班、函授班等蓬勃兴起,不仅丰富了农村居民的文化生活,而且又向农民传授了科学知识,农村居民的文化素质有了明显提高,农村劳动力文化指数亦由6.8年提高到7.8年。在农村文化教育事业普遍发展的同时,全省农村社会福利、卫生保健事业也得到了较大发展,据统计,目前山西农村五保供养率已达80%以上,富裕的农村已实行了养老保险金和退休金制度。村卫生所和个体诊所的大力发展,使大部分农村居民可以就近就医。⑥乡村基础设施建设成绩显著,农民生活社区环境大为改观。1985年以来,随着农村经济的持续、快速、健康发展,全省交通、通讯、电力等各项基础设施建设得到了长足的发展,特别是制约山西国民经济发展“瓶颈”的交通在近几年得到了明显改善。1993年以来,全省掀起了前所未有的公路建设热潮,实现了乡通公路村通车。交通道路条件的改善,不仅为发展农村经济创造了有利条件,而且为广大农民探亲访友、外出旅游提供了方便。截至1997年底,全省农村通电话的行政村达到45.6%,而且全国直拨程控电话、无绳移动电话等先进通讯手段也已进入农村居民家庭,这说明随着经济发展、农村流动人口和社会交往的增加,农村居民对交通通讯的需求正在迅速广大。据调查,仅1991年到1996年的6年间,农民用于交通通讯方面的支出就增长了6.2倍。电力事业的发展为农民生活的改善提供了方便,近几年,在省委、省政府的高度重视和电力部门的努力下,农村电气化建设步伐明显加快,到1998年末,农村居民用电照明户已达到95%以上。

(刘建业)

城镇居民生活日益改善

建国50年来,特别是党的十一届三中全会以来,随着全省国民经济的持续、快速、健康向前发展,市场商品日趋丰富,城镇居民的物质文化生活发生了巨大变化。

一、城镇居民收入水平大幅度提高,户均年收入超万元的家庭已达80%

据1510户城镇居民家庭的抽样调查,1998年城镇居民人均可支配收入为4098.73元,比1952年的126.0元增长31.5倍,平均每年递增7.9%,其中从1978年到1998年改革20年中,城镇居民收入增长12.6倍,平均每年递增13.9%,比改革前1952年至1978年26年间,年递增速度快10.5个百分点,改革20年的城镇居民人均收入增加额是改革前26年的22倍。随着收入的大幅度提高,呈现出低收入户比重下降,高收入户家庭比重迅速上升的可喜局面。改革开放初期,“万元户”廖廖无几,令人羡慕,如今“万元户”比比皆是,已习已为常。据调查资料显示,1998年全省城镇居民户均年收入在0.5万元以下的户所占比重为1.9%,比1992年的60.1%下降58.2个百分点;而户均年收入在万元及万元以上的家庭占城镇居民家庭总户数的比重达81.5%。党的十一届三中全会以来的20年间,城镇居民收入变化,主要表现为以下特点:

1.收入增加最多,速度增长最快。从1978年到1998年的20年是中国历史上经济增长最快的时期,20年来全省的综合经济实力明显增强,城镇居民家庭收入水平大幅度提高,生活质量发生了根本性变化。1978年与1952年相比,全省城镇居民家庭人均收入仅翻了一番多,而1978年以来的20年中人均收入却翻了三番多,1978年到1986年8年时间,全省城镇居民家庭人均可支配收入由301.4元增加到717.7元,翻了一番;1992年城镇居民可支配收入达到1622.8元,收入翻了第二番,比前一番时间缩短2年;1992年到1995年,人均可支配收入达3306元,翻了第三番,翻三番所用时间只有3年。

2.收入构成发生了明显变化。从建国初期至1978年,城镇居民家庭收入主要是职工的工资性收入,职工工资收入占城镇居民家庭全部收入中的95%左右。经过20年改革的发展变化,职工工资收入对城镇居民家庭全部收入影响程度明显减弱，工资性收入比重逐年下降，工资外收入成为居民收入的主要增长点。1978年至1993年15年间，城镇居民人均工资性收入由281.2元增至1442.2元，增加了1161元，这一时期城镇居民工资性收入占全部收入额的比重为80%左右，1994年降为72.5%，1998年进一步下降为63.8%，而非工资性收入却大量增加。1987年以来，国家将租赁和承包责任制引入企业管理，并积极扶持个体经济发展，鼓励一部分人在国家政策允许的范围内先富起来，各项政策的贯彻实施，使城镇居民就业结构趋向多元化，收入渠道增多，非工资性收入呈现出了强劲的增长势头，在家庭收入中的比重迅速上升。1998年，城镇居民家庭人均非工资性收入为1490.18元，比1978年增加70倍，平均每年递增24.1%，成为城镇居民家庭收入的主要增长点。在家庭全部收入中的比重由1978年的5%左右一跃上升为36.2%，形成了工资收入加工资外收入共同支撑城镇居民家庭收入增长的新格局。

3.收入档次拉大。1978年以前，城镇居民家庭收入从总体上看，是低水平上的平均主义，不同行业、不同阶层居民之间的收入差距较小。党的十一届三中全会以后的20年间，在总体收入水平大幅度提高的同时，不同阶层城镇居民收入差距明显拉开。据对全省城镇居民家庭抽样调查，1965年最高收入户家庭人均可支配收入与最低收入户间的差距为399元，1998年扩大到20315.69元。

二、消费水平发生显著变化，消费质量明显提高

建国初期，我国的生产力水平很低，市场商品不丰富，城镇居民收入也较少，因此在消费水平上把吃饱、穿暖作为人们的基本消费标准。经过50年的经济建设，城镇居民的消费格局已从温饱型向小康型迈进。1998年，城镇居民人均消费性支出达3267.7元，比建国初期1952年的人均93.3元增加3174.4元，增长33倍，平均每年递增8.0%。其中改革后的年递增速度为13.2%，比改革前快8.9个百分点。

1.食品消费从吃饱、吃好向高层次、高品位、营养化发展。人们至今不会忘记五、六十年代供给制下顿顿吃粗粮，白面大米的珍贵，副食票证的重要，那时饮食消费基本停留在“吃饱”的水平上。80年代到90年代初所有的票证都已废除，历史翻开了新的一页。随着城镇居民收入的增加，市场商品种类的日益丰富，工作和生活节奏的加快以及消费观念的更新，城镇居民餐桌上不只是量的增加，而是质的提高。大众化食品稳中趋减，营养、保健、方便等新型食品涌入百姓家庭；主食所占比重日益让位于蔬菜果类和肉食品。蔬菜瓜果讲究新鲜，鱼虾海产讲究鲜活，无污染安全营养的绿色食品已悄然走上普通百姓餐桌，城镇居民消费水平明显提高。此时，城镇居民生活已基本解决了温饱问题。粮食明显下降，副食逐渐上升，高蛋白、低脂肪、多维生素保健食品大幅度上升，食品消费质量进一步提高，营养状况明显改善。调查资料表明，1998年城镇居民人均消费粮食115.93斤，比1965年下降24.8%，而人均消费食用植物油8.3公斤，比1965年增长2.1倍；猪肉10.84公斤，增长97.1%；鲜蛋11.63公斤，增长5.8倍；鲜奶11.6公斤，增长10.6倍；鲜虾2.34公斤，增长5.7倍。如今各种蔬菜四季不断，海鲜山珍时常光顾百姓餐桌，至于餐桌上的饮品花色那更是纷繁如云。居民购买主食支出与副食支出的比例由1965年的1:0.79，变为1998年的1:5.18。随着收入的增加，生活水平的提高，食品支出占整个消费支出的比重（恩格尔系数）不断下降，由改革开放前的60%左右降为1998年的43.2%，这标志着城镇居民生活有了令人瞩目的提高。

找　乐　　　　王天明　摄

2.穿着消费从颜色单调、款式单一、一衣多季，向多元化、个性化、成套化发展。解放初期直至70年代初，城镇居民的穿着是以棉布料为主，服装颜色以兰、绿、灰一统天下，“雷同式”现象十分突出，而且拥有的

服装件数很少,一衣多季相当普遍。70年代末期,随着轻纺工业的发展,名目繁多,色彩艳丽的化纤织品、呢绒、毛料等大量问世,城镇居民的穿着消费发生了根本性变化,讲求个性、追求时尚成为服装消费的主流。在增加穿着消费的同时,人们十分注意选择面料档次高、时装个性化、成衣配套化、季节多样化等能体现风度、潇洒和自我的服装。而今,色彩鲜艳、款式新颖、美观实用、高档多样化的服装,取代了单一色模式,呈现在人们眼前的是色彩缤纷、争奇斗妍的美丽世界。服饰不再是服装的代名词,它的外延逐渐扩展,而日益丰富,人们在衣着消费上求新、求美的心理随着收入的提高表现得越来越强烈。调查资料显示,1998年全省城镇居民人均用于穿着方面的支出为470.04元,比建国初期1952年的16.7元增长27.1倍,年均递增7.5%,其中:人均购买成衣支出309.37元,占穿着支出的65.8%,比建国初扩大近50个百分点。到1998年末,平均每百户城镇居民家庭拥有毛皮大衣57.95件,呢大衣176.5件,毛毯159.7条,这些在解放初期只有少数家庭才拥有的高档穿着,现在已发展到相当普及的程度。

3.家庭耐用消费品从"老四件"、"新四件",向高科技新型产品高档化发展。解放初期至60年代,城镇居民家庭的物质基础相当薄弱,一般家庭中只有生活必需品和日杂品等十分简陋的用具,生活富裕的一些家庭才拥有自行车、手表、缝纫机等耐用品。经过20年的改革,城镇居民收入水平的提高和科学技术的发展,新型产品日新月异,消费高潮一个接一个,档次不断上升。70年代,手表、自行车、收音机、缝纫机"四大件"是当时城镇居民家庭中最好的耐用品;80年代,电视机、电冰箱、洗衣机、电风扇"新四件"从无到普及,逐步替代了"老四件";90年代,照像机、录放像机、组合音响、影碟机以较快的速度进入居民家庭,家庭影院、家用电脑等高科技产品也已进入家庭,开辟了家庭消费新领域。到1998年底,全省城镇居民家庭百户拥有彩色电视机101.88台,电冰箱69.88台,洗衣机93.65台,电风扇73.68台,照像机32.62架,摩托车14.01辆,电炊具30.53台,影碟机8.83台,空调器3.14台,健身器材2.5台,家用电脑2.6台,微波炉1.2台。这些中高档耐用消费品大量、快速进入城镇居民家庭,标志着居民生活水平由低级向高级发展,"小康"梦正在成为现实。

解放初期,城镇居民家庭私有财产很少,家庭设备等全部资产不到500元(按1988年价格计算)。而50年后的今天,则发生了翻天覆地的变化。调查资料显示,1998年城镇居民家庭拥有的高档家具、沙发、汽车、摄像机、钢琴、移动电话、吸尘器、通信工具,金银首饰和金融资产等,平均每户家庭的全部财产已达5万元左右,比解放初期增加近100倍。

4.精神文化生活日益丰富,物质消费和精神消费构成了人们生活中的主要内容。解放后的前30年中,城镇居民的生活消费支出主要用于"生存资料"消费,"享受资料"和"发展资料"所占比重很小,随着社会经济的发展,物质消费水平达到一定的满足程度后,人们便寻求精神文化消费。改革20年来,在城镇居民生活水平提高的同时,丰富多彩的文化娱乐消费,也为生活增添了色彩。据抽样调查,1998年人均娱乐、教育文化服务支出365.99元,比1965年增长33.2倍,占消费性支出的比重亦由1965年的5.2%上升为11.2%;居民家庭用于购买文化娱乐用品、教材及参考书、书报杂志、成人教育等方面的智力投资明显增加。同时随着生活节奏的加快,包括旅游、文化教育在内的精神文化消费持续快速增长,双休日、节假日,人们结伴而行或全家出游度假,开阔眼界,陶冶情操,增长知识,充实自我。1998年城镇居民人均旅游支出94.87元,而在改革前自费旅游者几乎为零。近几年,望子成龙,聘请家教,自我充电参加培训学习是居民家庭消费的又一热点,1998年居民家庭人均学杂费支出142.66元,比1965年增长51.8倍。

5.交通通信支出迅猛增长。近几年来,随着城市基础设施建设的改善以及人们生活方式的改变,自费安装电话,出门"打的"作为一种时尚消费,在城镇居民中迅速崛起。1998年城镇居民人均用于交通通信方面的支出137.11元,比1965年增长23倍,是居民家庭各项消费支出中增长最快的一项,交通通信支出占可支配收入的比重也从1965年的2.7%升至1998年的4.2%。

6.居住条件明显改善,住房向私有化、配套化发展。解放50年来,城镇居民的住房条件发生了质的变化。刚解放时,城镇居民住房破旧,居住困难,人均居住面积不足3平方米,缺房户在三分之一以上,居民使用的是公用自来水、公共厕所、火炉取暖烧饭。解放以后,城镇居民居住条件得到明显改善,特别是党的十一届三中全会以来,我国的整体经济实力大大增强,党和政府对解决城镇居民住房十分重视,努力增加住房投资,加速住房建设,使全省城镇住房建设投资步入良性循环轨道,仅1979年至1998年20年间,山西基本建设中用于城镇和工矿区私人建房的投资达76.5亿元,比改革前30年住宅投资总额高72%。20

太原市五一广场　　王天明　摄

年间竣工住宅面积3416万平方米，有294.5万户居民喜迁新居。从1510户城镇居民家庭抽样调查资料看，截至1998年底，全省城镇居民家庭人均居住面积11.6平方米，比1978年的4.53平方米增加7.07平方米，增长1.6倍，为了不断提高居住面积，政府加大"经济实用房"投资力度，并加大房改步伐，城镇住房私有率明显增加。据抽样调查，截至1998年底，全省已有63.8%的城镇居民购买了部分产权和全部产权的住房。随着住房商品化和私人购建房投资的增加、房改措施的逐步实施，城镇居民的住房条件得到大幅度改善。在住房面积增大的同时，自来水、煤气、暖气、卫生间等住宅配套设施也得到完善，截至1998年底，已有70.3%城镇居民家庭住上了楼房，有90.5%的户使用上了独用自来水，有8.7%的家庭有了卫生设备，有76%的家庭用上暖气，有66.9%的家庭用上了管道煤气或液化石油气，有43.5%的家庭安装上私人电话。

（李玉英）

行政区划（1998 年）

ADMINISTRATIVE DIVISION （1998）

行　　署	城　　市			市辖区	县	镇	乡	村　民委员会
	合　计	地级市	县级市					
5	22	6	16	18	85	532	1 378	32 414

太 原 市	古交市	小店区	迎泽区	杏花岭区	尖草坪区	万柏林区	晋源区	清徐县
	阳曲县	娄烦县						
大 同 市	城　区	矿　区	南郊区	新荣区	阳高县	天镇县	广灵县	灵丘县
	浑源县	左云县	大同县					
阳 泉 市	城　区	矿　区	郊　区	平定县	盂　县			
长 治 市	潞城市	城　区	郊　区	长治县	襄垣县	屯留县	平顺县	黎城县
	壶关县	长子县	武乡县	沁　县	沁源县			
晋 城 市	高平市	城　区	泽州县	沁水县	阳城县	陵川县		
朔 州 市	朔城区	平鲁区	山阴县	应　县	右玉县	怀仁县		
忻州行署	忻州市	原平市	定襄县	五台县	代　县	繁峙县	宁武县	静乐县
	神池县	五寨县	岢岚县	河曲县	保德县	偏关县		
吕梁行署	离石市	孝义市	汾阳市	文水县	交城县	兴　县	临　县	柳林县
	石楼县	岚　县	方山县	中阳县	交口县			
晋中行署	榆次市	介休市	榆社县	左权县	和顺县	昔阳县	寿阳县	太谷县
	祁　县	平遥县	灵石县					
临汾行署	临汾市	侯马市	霍州市	曲沃县	翼城县	襄汾县	洪洞县	古　县
	安泽县	浮山县	吉　县	乡宁县	大宁县	蒲　县	永和县	隰　县
	汾西县							
运城行署	运城市	永济市	河津市	芮城县	临猗县	万荣县	新绛县	稷山县
	闻喜县	夏　县	绛　县	平陆县	垣曲县			

国民经济主要指标

MAJOR INDICATORS OF THE NATIONAL ECONOMY

年　份	总人口（万人）	从业人员（万人）	#职工人数	国内生产总值（万元）	第一产业	第二产业	第三产业	农林牧渔业总产值（万元）
1949	1 280.86	582.78	20.49					82 676
1950	1 311.57	604.09	24.53					95 756
1951	1 351.94	623.39	31.19					106 026
1952	1 395.20	650.59	41.10	159 978	93 831	27 484	38 663	122 370
1953	1 426.78	671.96	45.17	198 730	110 503	34 938	53 289	144 233
1954	1 464.53	671.31	59.70	219 033	115 499	47 681	55 853	148 587
1955	1 508.70	671.07	65.50	238 658	120 750	57 994	59 914	151 947
1956	1 553.58	661.06	94.56	284 426	135 878	73 430	75 118	176 091
1957	1 586.74	643.01	99.52	291 594	115 415	93 994	82 185	154 052
1958	1 621.07	643.62	171.39	395 114	136 734	146 509	111 871	178 238
1959	1 666.57	633.03	170.47	482 799	124 453	229 629	128 717	176 456
1960	1 703.02	632.28	181.01	502 010	88 685	286 102	127 223	119 809
1961	1 710.04	635.88	144.66	340 747	103 753	134 674	102 320	143 850
1962	1 745.33	633.19	110.26	324 083	110 666	121 848	91 569	150 724
1963	1 790.11	649.98	114.08	337 245	115 176	132 219	89 850	158 157
1964	1 824.37	663.76	118.46	384 386	130 932	156 149	97 305	176 886
1965	1 871.56	720.85	126.12	439 158	127 041	205 199	106 918	173 500
1966	1 911.05	729.33	132.36	496 771	142 219	243 168	111 384	195 291
1967	1 946.95	732.33	132.35	448 749	143 401	206 755	98 593	199 372
1968	1 999.65	754.13	137.39	368 216	137 162	141 673	89 381	192 299
1969	2 049.09	773.49	144.54	454 210	156 788	196 948	100 474	216 782
1970	2 111.35	806.81	158.10	576 900	151 931	302 600	122 369	207 214
1971	2 164.40	862.19	187.93	620 479	181 945	307 215	131 319	245 802
1972	2 213.09	849.73	194.34	616 393	156 659	322 456	137 278	222 749
1973	2 257.26	872.85	194.77	661 971	187 002	332 989	141 980	261 078
1974	2 301.90	889.87	201.56	644 174	192 281	308 847	143 046	274 174
1975	2 340.03	914.52	212.95	698 101	208 009	346 700	143 392	299 585
1976	2 373.05	919.96	226.22	646 075	190 510	313 489	142 076	285 454
1977	2 398.44	927.74	230.16	752 576	189 860	395 660	167 056	289 677
1978	2 423.60	965.23	268.30	879 946	182 040	514 685	183 221	290 133
1979	2 447.20	981.10	284.01	1 064 308	226 527	627 275	210 506	367 638
1980	2 476.46	1 002.64	298.98	1 087 619	206 348	635 098	246 173	382 302
1981	2 508.77	1 031.92	318.54	1 217 109	311 304	644 523	261 282	460 200
1982	2 546.00	1 062.36	326.39	1 392 216	373 314	702 480	316 422	530 763
1983	2 588.40	1 080.17	339.98	1 550 602	377 920	825 512	347 170	538 074
1984	2 631.48	1 116.69	357.77	1 974 231	462 487	1 031 178	480 566	651 463
1985	2 673.51	1 154.11	377.09	2 189 896	422 629	1 200 573	566 694	629 163
1986	2 713.53	1 189.46	393.99	2 351 114	379 020	1 282 495	689 599	588 239
1987	2 758.11	1 223.04	409.49	2 572 290	390 647	1 379 696	801 947	614 222
1988	2 807.24	1 257.06	421.98	3 166 851	485 368	1 632 920	1 048 563	872 461
1989	2 852.98	1 281.69	428.02	3 762 551	637 472	1 887 453	1 237 626	1 049 423
1990	2 898.96	1 304.01	438.68	4 292 736	808 080	2 100 746	1 383 910	1 247 781
1991	2 941.86	1 332.15	451.74	4 685 131	687 729	2 362 793	1 634 609	1 129 654
1992	2 979.31	1 363.78	462.32	5 701 228	829 433	2 892 838	1 978 957	1 314 267
1993	3 012.62	1 383.56	462.22	7 046 279	972 656	3 663 785	2 409 838	1 553 447
1994	3 045.21	1 403.76	465.96	8 537 709	1 238 445	4 408 146	2 891 118	2 190 164
1995	3 077.28	1 424.52	463.51	10 924 762	1 686 929	5 451 267	3 786 566	2 996 751
1996	3 109.26	1 441.20	464.89	13 080 194	1 982 832	6 703 958	4 393 404	3 526 343
1997	3 140.89	1 439.36	455.89	14 801 309	1 918 429	7 894 528	4 988 352	3 405 528
1998	3 172.20	1 398.32	391.83	16 010 799	2 072 523	8 561 250	5 377 026	3 589 414

续表 1 CONTINUED

年份	主要农产品产量				大牲畜年末头数（万头）	猪年末头数（万头）	羊年末只数（万只）	农业机械总动力（万千瓦）	化肥施用量（实物量吨）
	粮食（万吨）	棉花（万吨）	油料（万吨）	猪牛羊肉（万吨）					
1949	259.57	2.02	3.45		130.86	35.78	258.67		
1950	300.87	2.62	4.35		162.80	51.90	310.39	0.02	482
1951	319.09	5.52	4.79		184.52	74.58	367.35	0.03	1 007
1952	384.00	9.23	6.70		191.30	66.00	458.00	0.04	5 271
1953	432.20	7.82	5.88		201.74	75.41	548.09	0.05	3 591
1954	411.70	9.49	6.08		213.15	84.69	615.05	0.12	6 086
1955	372.76	8.36	4.26		215.60	68.95	557.60	0.33	19 084
1956	433.72	9.26	5.07		212.57	82.35	564.82	1.65	40 471
1957	356.67	9.86	4.78		203.72	190.77	626.87	3.57	57 174
1958	462.35	11.68	5.16		203.28	218.41	725.32	8.83	103 198
1959	407.45	9.77	5.35		202.50	249.72	793.56	12.33	147 350
1960	337.16	4.65	2.42		198.62	154.04	829.01	23.33	188 425
1961	353.68	5.33	2.41		187.02	114.76	809.16	27.97	104 956
1962	374.63	4.16	2.31		181.65	125.31	781.11	29.31	96 840
1963	417.44	6.70	3.83		186.60	186.52	829.89	29.26	148 750
1964	488.76	8.84	4.85		192.93	260.06	835.88	32.42	118 564
1965	462.93	10.78	4.58		205.04	338.69	846.12	40.25	248 506
1966	471.99	8.47	4.91		219.33	312.21	936.20	51.72	270 906
1967	475.32	8.58	4.46		229.52	325.31	1 028.62	55.38	204 660
1968	434.20	7.43	3.31		228.74	333.86	968.97	59.39	154 543
1969	485.32	9.42	4.84		226.43	307.11	911.86	66.80	223 801
1970	518.54	8.60	4.93		229.49	357.20	921.21	81.86	445 221
1971	598.74	6.91	4.23		232.90	475.92	923.24	105.94	514 776
1972	521.70	4.83	3.08		230.49	487.85	898.59	143.19	586 074
1973	624.66	8.76	4.61		231.04	435.40	976.28	189.27	667 304
1974	691.06	7.39	4.39		330.31	473.54	994.97	243.40	721 683
1975	767.42	7.64	5.66		228.21	564.00	993.00	293.77	856 616
1976	706.85	6.50	5.22		224.56	681.14	915.90	347.52	939 803
1977	713.40	7.36	6.92		224.01	682.47	909.44	435.58	1 077 675
1978	706.96	6.94	4.23	18.23	223.64	578.50	872.04	462.96	1 753 644
1979	800.69	6.49	7.64	13.90	222.47	558.57	920.81	503.62	1 560 568
1980	685.71	7.75	13.37	17.34	223.97	531.16	909.87	542.44	1 429 020
1981	650.77	6.75	12.10	20.54	218.75	453.12	823.98	574.12	1 244 356
1982	781.65	12.08	21.21	18.66	224.68	403.05	799.87	603.06	1 350 635
1983	806.00	9.62	23.72	18.15	239.19	368.21	698.23	677.15	1 483 507
1984	872.00	13.31	36.71	21.37	250.19	337.59	507.33	774.99	1 862 370
1985	822.68	7.35	44.45	20.85	260.41	372.12	414.28	822.14	1 640 347
1986	732.43	6.44	35.17	20.80	270.08	366.50	441.78	852.93	1 697 495
1987	712.49	7.79	30.81	20.62	271.71	291.26	510.08	895.16	1 779 098
1988	818.30	8.68	34.25	21.19	277.25	302.98	642.40	924.71	1 926 204
1989	879.10	10.21	29.81	23.12	285.56	342.92	742.59	984.59	2 160 646
1990	969.01	11.15	39.38	29.27	293.17	363.14	709.58	1 053.49	2 512 392
1991	742.40	11.18	29.77	33.31	296.10	368.24	679.19	1 089.00	2 684 645
1992	858.30	9.48	33.69	35.06	299.25	391.87	679.02	1 152.49	2 778 277
1993	990.20	7.00	39.66	39.51	304.59	423.55	731.67	1 211.84	2 880 974
1994	890.40	8.48	43.78	46.04	318.44	482.19	804.53	1 298.36	3 025 315
1995	917.10	9.08	22.26	56.09	358.57	560.99	915.01	1 359.60	3 232 077
1996	1 077.10	7.24	37.29	45.89	285.52	429.79	905.28	1 426.22	3 377 613
1997	901.87	4.44	28.05	51.60	303.62	476.09	970.44	1 423.23	3 426 888
1998	1 081.48	5.59	42.49	55.85	316.76	510.56	1 019.08	1 505.84	3 537 718

续表 2　CONTINUED

年　份	全部工业总产值（万元）	轻工业	重工业	主要工业产品产量 原煤（万吨）	发电量（亿千瓦小时）	钢（万吨）	成品钢材（万吨）	水泥（万吨）
1949	37 318	19 065	18 253	267	0.44	1.22	…	1.44
1950	54 698	26 925	27 773	380	0.54	4.27	…	4.48
1951	73 116	31 314	41 802	603	0.69	5.62	…	6.42
1952	107 784	37 980	69 803	994	1.53	9.20	…	9.69
1953	133 434	50 418	83 016	906	1.94	12.58	…	11.65
1954	179 365	66 414	112 951	1 310	2.59	16.45	…	10.33
1955	216 869	70 342	146 526	1 696	3.47	20.19	…	17.66
1956	265 567	73 572	191 995	1 930	4.78	25.31	…	22.99
1957	306 429	73 067	233 362	2 368	5.72	26.37	18.84	51.41
1958	507 546	109 828	397 718	3 715	9.42	42.00	26.87	86.62
1959	736 141	171 709	564 432	4 355	14.85	58.11	38.90	109.47
1960	909 036	178 962	730 074	4 412	21.84	74.95	48.11	127.17
1961	506 916	125 272	381 644	3 258	18.69	39.08	25.78	38.41
1962	436 438	110 528	325 910	3 180	17.99	23.64	13.21	49.84
1963	483 164	124 692	358 472	3 466	18.77	25.99	14.76	52.04
1964	555 962	140 591	415 371	3 597	21.00	29.44	17.86	68.69
1965	742 388	204 698	537 690	3 927	25.70	39.97	25.01	86.44
1966	850 871	218 855	632 016	4 198	30.89	48.36	29.81	106.60
1967	714 816	204 602	510 214	3 386	29.84	33.60	25.44	81.84
1968	489 184	115 517	373 667	3 664	23.08	22.62	8.38	70.69
1969	675 935	197 603	478 332	4 465	30.70	26.44	15.28	98.34
1970	1 026 518	265 782	760 736	5 298	42.05	52.12	37.77	115.57
1971	1 136 883	285 292	851 591	5 487	49.83	76.14	50.42	131.38
1972	1 196 732	298 842	897 890	5 994	57.83	93.61	60.28	159.25
1973	1 316 552	330 700	985 852	6 398	66.22	106.09	63.68	166.01
1974	1 237 986	338 997	898 989	6 796	68.71	59.14	35.53	161.00
1975	1 429 846	366 966	1 062 880	7 542	77.85	79.13	40.43	180.16
1976	1 332 730	374 657	958 073	7 720	75.83	47.32	31.17	184.13
1977	1 672 956	469 769	1 203 187	8 754	88.29	74.46	44.39	221.66
1978	2 004 836	519 752	1 485 084	9 825	106.63	119.99	74.04	255.87
1979	2 153 059	555 207	1 597 852	10 893	114.10	136.75	88.14	269.48
1980	2 213 401	635 129	1 578 272	12 103	120.24	149.38	86.42	287.88
1981	2 207 484	706 915	1 500 569	13 255	124.57	138.46	69.70	270.80
1982	2 476 709	747 504	1 729 205	14 532	136.92	150.04	82.49	312.41
1983	2 879 799	822 310	2 057 489	15 918	151.27	158.61	91.99	362.37
1984	2 974 394	857 138	2 117 256	18 716	167.53	176.33	102.95	400.84
1985	3 792 627	998 825	2 793 802	21 418	184.59	183.74	110.80	458.68
1986	4 119 672	1 160 500	2 959 172	22 180	220.02	190.20	115.68	520.68
1987	4 588 038	1 303 003	3 285 035	23 164	263.42	203.60	119.56	542.42
1988	5 225 389	1 516 447	3 708 942	24 648	277.74	216.05	128.32	573.05
1989	5 777 048	1 578 148	4 198 900	27 501	303.13	227.55	132.75	633.75
1990	6 164 830	1 304 917	4 859 913	28 597	314.16	238.58	128.78	612.47
1991	6 621 142	1 671 006	4 950 136	29 162	341.38	251.99	125.03	675.23
1992	7 731 540	1 879 645	5 851 895	29 687	384.17	279.37	149.93	815.26
1993	9 996 496	2 022 767	7 973 729	31 015	417.82	314.05	166.71	967.06
1994	12 162 056	2 615 264	9 546 792	32 397	456.93	333.10	186.15	1 035.38
1995	14 090 071	2 779 737	11 310 334	34 731	505.97	339.80	217.09	1 169.85
1996	17 532 423	3 609 266	13 923 157	34 881	526.89	355.78	253.85	1 307.56
1997	20 209 852	4 085 534	16 124 318	33 843	546.02	398.98	278.83	1 420.15
1998	20 176 209	3 823 515	16 352 694	31 482	554.03	420.02	333.63	1 394.95

续表 3　CONTINUED

年　份	主要工业产品产量						
	布（万米）	糖（吨）	饮料酒（万吨）	机制纸及纸板（万吨）	洗衣机（台）	合成洗涤剂（吨）	化学纤维（吨）
1949	1 198		0.10	0.07			
1950	3 240		0.24	0.16			
1951	3 383		0.45	0.21			
1952	4 136		0.51	0.32			
1953	5 037		0.88	0.35			
1954	6 236		1.05	0.29			
1955	5 015		0.89	0.31			
1956	6 780		0.87	0.38			
1957	6 046		1.01	0.65			
1958	7 497	274	1.19	0.73			
1959	10 041	1 712	2.03	1.22			
1960	9 873	81	1.75	1.56			
1961	5 643	73	0.78	1.15		20	
1962	5 719	53	0.77	1.17		36	
1963	6 739		0.84	1.17		45	
1964	9 899	3 229	0.97	1.42		6	
1965	15 530	11 207	0.81	1.77		103	
1966	21 202	7 601	0.70	2.53		109	
1967	17 227	4 535	0.69	3.03		…	
1968	9 104	9 661	0.88	1.72		…	
1969	11 054	13 863	1.05	2.05		863	37
1970	23 047	13 997	0.76	3.69		2 796	81
1971	23 879	4 034	0.71	4.32		5 005	162
1972	22 968	3 524	0.95	4.37		5 760	191
1973	24 089	4 437	1.22	5.52		6 598	187
1974	20 124	6 200	1.50	5.63		5 454	135
1975	23 034	6 869	1.77	6.51		6 245	148
1976	19 680	7 221	2.03	6.64		7 153	369
1977	29 430	9 730	2.46	8.05		9 883	1 083
1978	32 756	5 319	2.42	9.35		14 409	1 668
1979	34 895	8 889	2.55	10.12	94	17 678	1 842
1980	38 652	11 111	3.96	11.55	4 806	18 505	3 642
1981	39 663	17 117	4.74	9.53	29 440	24 900	3 974
1982	42 962	17 208	4.49	11.70	35 479	31 925	3 697
1983	42 401	25 612	4.72	13.03	76 070	38 942	6 560
1984	34 656	26 769	6.05	14.96	133 730	47 538	11 418
1985	37 555	30 118	8.36	18.75	233 691	60 746	14 581
1986	44 746	33 774	8.93	20.44	228 832	64 092	16 053
1987	48 099	31 496	10.22	24.64	332 051	66 744	16 933
1988	52 859	28 479	13.71	30.36	350 189	88 955	16 889
1989	46 909	35 726	13.65	35.35	327 600	87 563	19 421
1990	42 948	30 514	14.19	35.44	234 627	68 951	19 839
1991	42 527	63 210	15.24	33.91	243 790	57 936	24 526
1992	42 320	77 445	19.36	39.29	259 100	61 866	26 965
1993	40 329	63 600	23.73	37.01	301 200	71 510	25 700
1994	34 587	62 880	26.53	40.65	341 900	96 396	28 700
1995	35 593	36 850	28.22	59.69	296 900	135 359	25 345
1996	30 853	43 124	29.29	68.72	398 709	166 826	27 758
1997	33 882	43 543	31.37	51.61	420 845	196 718	29 577
1998	30 457	58 035	24.99	46.45	362 401	209 611	27 823

续表 4　CONTINUED

年　份	独立核算国有工业企业主要指标(万元)				货物运输量(万吨)	#铁路	#公路
	固定资产原价	固定资产净值年平均余额	资产总额	利税总额			
1949					82	75	7
1950					272	257	15
1951					767	679	88
1952					1 499	865	634
1953					1 856	1 003	853
1954					2 499	1 387	1 112
1955					3 100	1 689	1 411
1956					3 840	1 860	1 980
1957					4 732	2 282	2 450
1958					5 861	3 194	2 662
1959					7 553	3 856	3 683
1960					7 504	4 486	2 998
1961					4 744	3 351	1 387
1962					4 072	2 970	1 101
1963					4 571	3 178	1 392
1964					5 387	3 530	1 856
1965					6 234	3 913	2 320
1966					6 822	4 507	2 312
1967					5 695	3 494	2 200
1968					5 068	3 256	1 811
1969					6 141	4 154	1 985
1970					7 939	5 380	2 555
1971					8 218	5 491	2 713
1972					9 555	6 021	3 528
1973					10 354	6 333	4 010
1974					10 284	6 046	4 230
1975					11 843	7 263	4 572
1976					10 850	6 363	4 478
1977					13 816	8 053	5 752
1978	1 315 704			134 944	15 620	9 166	6 443
1979	1 405 502			183 026	16 874	9 825	7 032
1980	1 534 690			204 656	18 080	11 067	7 004
1981	1 645 804	1 154 598	1 492 963	188 101	18 773	11 888	6 871
1982	1 844 063	1 261 031	1 629 746	219 003	21 492	12 960	8 513
1983	1 966 441	1 310 691	1 694 654	269 291	22 647	13 799	8 858
1984	2 082 281	1 396 123	1 808 412	293 074	25 572	14 733	10 839
1985	2 468 551	1 682 571	2 168 857	266 926	29 181	16 110	13 071
1986	2 752 273	1 855 686	2 412 828	276 143	33 670	17 861	15 809
1987	3 102 900	2 114 150	2 742 739	323 481	37 416	18 911	18 443
1988	3 526 824	2 331 435	3 056 650	370 007	42 693	20 505	22 112
1989	3 971 915	2 745 581	3 652 409	357 522	46 974	22 458	24 509
1990	4 529 330	3 124 032	4 258 889	305 568	50 111	23 332	26 706
1991	5 399 898	3 644 655	4 921 878	359 833	52 908	23 572	29 261
1992	6 445 192	4 498 115	6 919 941	483 953	56 044	26 880	31 088
1993	7 107 058	4 459 568	8 237 507	591 597	59 410	25 613	33 716
1994	8 137 907	5 011 548	9 730 929	770 943	62 570	25 698	36 786
1995	11 425 653	6 438 188	14 666 558	836 893	65 962	26 095	39 776
1996	13 560 707	8 606 986	17 760 930	814 126	70 414	26 757	43 560
1997	14 837 085	9 833 671	19 721 519	725 452	74 352	26 863	47 398
1998	12 340 090	8 402 979	17 299 047	422 913	72 018	20 975	50 962

续表5 CONTINUED

年份	货物周转量（万吨公里）	#铁路	#公路	旅客发送量（万人）	#铁路	旅客周转量（万人公里）	#铁路	邮电业务总量（万元）
1949	569		569	140	130	816		205
1950	989		989	424	400	1 777		458
1951	2 396		2 396	581	526	2 890		722
1952	7 618		7 618	647	572	4 280		1 016
1953	148 342	138 220	10 122	853	724	75 347	67 360	1 424
1954	206 646	192 930	13 716	934	807	86 866	78 160	1 832
1955	252 526	236 320	16 206	989	810	93 947	81 450	2 202
1956	314 119	296 350	17 769	1 063	825	104 984	88 620	2 845
1957	411 737	391 280	20 457	1 382	1 013	121 574	100 980	3 070
1958	646 795	613 790	32 815	1 519	1 068	157 727	131 600	4 465
1959	814 978	767 240	47 398	2 226	1 546	178 729	144 490	6 132
1960	893 387	844 060	48 857	2 749	1 923	223 928	185 500	7 673
1961	654 581	631 560	22 811	3 035	2 467	280 361	246 240	6 885
1962	551 122	534 070	17 022	2 833	2 172	275 090	236 470	5 425
1963	612 142	593 810	18 302	2 191	1 531	172 279	140 540	5 667
1964	680 968	658 530	22 408	1 944	1 330	160 862	130 080	6 099
1965	820 817	791 490	29 287	2 009	1 240	172 424	133 040	6 517
1966	946 353	914 040	32 263	2 158	1 243	186 664	139 840	6 737
1967	722 849	691 280	31 549	2 390	1 434	219 157	172 420	6 001
1968	659 763	631 930	27 813	2 598	1 617	236 617	191 100	5 486
1969	752 520	719 460	33 030	2 343	1 471	251 961	206 700	5 930
1970	1 073 706	1 030 300	43 316	2 645	1 549	246 642	191 450	6 994
1971	1 171 827	1 122 350	49 337	2 983	1 586	273 627	199 590	7 638
1972	1 283 070	1 225 500	57 500	3 006	1 698	295 938	228 990	8 543
1973	1 250 070	1 182 900	67 080	3 087	1 729	311 321	237 600	9 121
1974	1 119 779	1 053 800	65 909	3 198	1 703	307 934	235 400	9 017
1975	1 345 908	1 274 600	71 055	3 184	1 739	313 767	237 800	9 418
1976	1 202 471	1 129 900	72 263	3 365	1 743	316 653	232 200	9 983
1977	1 510 269	1 415 800	94 310	3 955	1 951	341 419	241 300	10 459
1978	1 896 427	1 784 790	111 483	4 498	2 124	387 366	270 950	11 102
1979	2 042 350	1 896 450	145 699	5 010	2 267	431 034	309 840	11 597
1980	2 253 751	2 096 450	157 126	5 865	2 523	497 897	356 420	12 309
1981	2 370 058	2 195 094	174 749	6 483	2 587	536 884	378 760	12 463
1982	2 574 115	2 337 685	236 140	7 216	2 753	595 514	410 440	12 583
1983	2 803 937	2 517 355	286 231	8 334	3 052	680 875	463 930	13 433
1984	3 111 309	2 716 269	394 616	9 380	3 495	798 721	548 500	14 430
1985	3 610 143	3 086 917	522 878	10 566	3 391	931 783	621 351	16 477
1986	4 066 468	3 426 371	639 748	11 951	3 211	1 032 335	656 594	16 091
1987	4 486 651	3 736 598	749 449	13 698	3 155	1 139 548	684 400	18 043
1988	5 063 040	4 149 928	911 706	15 196	3 490	1 319 727	771 924	19 858
1989	5 437 814	4 405 907	1 030 024	16 739	3 552	1 350 000	749 400	20 712
1990	5 949 264	4 795 516	1 152 520	15 960	3 226	1 260 441	668 100	25 489
1991	6 183 338	4 890 345	1 291 386	16 899	3 069	1 352 814	691 630	32 285
1992	6 355 444	5 001 026	1 353 375	18 022	3 024	1 486 081	733 440	42 066
1993	6 632 873	5 129 531	1 502 030	19 112	3 269	1 611 826	808 680	60 727
1994	7 010 890	5 340 640	1 668 914	20 625	3 498	1 710 162	845 953	91 983
1995	7 180 501	5 363 846	1 815 463	21 337	3 308	1 750 989	806 580	138 297
1996	7 376 209	5 367 012	2 007 887	23 233	3 084	1 762 827	744 300	202 688
1997	7 733 200	5 545 656	2 186 163	24 765	2 742	1 835 540	707 479	275 212
1998	7 625 761	5 182 512	2 441 669	27 467	2 771	1 923 240	683 100	396 188

续表 6　CONTINUED

年　份	全社会固定资产投资（万元）	国有单位	#基本建设	#更新改造	集体单位	#城　镇	城乡个人	其他投资
1949	1 178	139	139		216		823	
1950	9 261	3 546	3 546		315		5 400	
1951	13 224	6 553	6 553		141		6 530	
1952	20 599	12 300	12 300		307		7 992	
1953	29 188	19 647	19 647		161		9 380	
1954	39 783	29 194	29 194		198		10 391	
1955	40 407	29 392	29 392		554		10 461	
1956	78 325	63 273	63 273		864		14 188	
1957	78 739	72 373	72 373		995		5 371	
1958	137 486	129 315	129 315		7 949		222	
1959	151 228	143 331	143 331		7 185		712	
1960	161 223	153 764	153 764		7 459			
1961	57 070	47 903	47 903		9 167			
1962	43 833	25 136	25 136		9 423		9 274	
1963	52 052	31 186	31 186		8 080		12 786	
1964	57 873	44 442	44 442		5 057		8 374	
1965	68 971	53 815	53 815		4 531		10 625	
1966	83 049	65 584	65 584		5 040		12 425	
1967	52 512	38 002	38 002		3 336		11 174	
1968	53 790	40 948	40 948		3 470		9 372	
1969	60 096	47 542	47 542		4 083		8 471	
1970	110 067	94 512	94 512		5 282		10 273	
1971	141 444	120 781	120 781		8 498		12 165	
1972	154 650	119 062	119 062		22 252		13 336	
1973	150 859	118 611	118 611		16 659		15 589	
1974	145 925	105 483	105 483		19 897		20 545	
1975	157 935	109 399	109 399		20 692		27 844	
1976	153 749	102 080	102 000		20 491		31 178	
1977	165 762	126 641	126 641		20 919		18 202	
1978	214 935	195 048	164 820	29 901	8 474		11 413	
1979	232 713	201 246	166 880	34 366	16 402	2 105	15 065	
1980	281 960	225 035	179 154	45 881	35 584	2 682	21 341	
1981	254 719	179 277	120 510	58 767	35 456	6 079	39 986	
1982	345 486	251 671	177 786	73 885	53 356	9 587	40 459	
1983	448 347	314 560	226 499	82 534	72 346	13 540	61 441	
1984	688 991	492 311	369 605	100 008	121 084	19 432	75 596	
1985	916 918	676 956	507 377	144 068	129 637	28 604	110 325	
1986	970 247	729 928	530 297	175 385	99 982	25 801	140 337	
1987	1 062 371	800 269	513 300	209 134	97 410	31 416	164 692	
1988	1 076 779	785 531	497 067	250 440	119 684	45 620	171 564	
1989	1 079 587	803 658	520 167	245 932	101 001	32 051	174 928	
1990	1 234 137	916 262	604 925	250 491	117 840	29 590	200 035	
1991	1 495 206	1 125 883	758 146	303 960	135 577	30 610	233 746	
1992	1 727 858	1 415 993	953 815	371 673	158 190	39 735	153 675	
1993	2 512 628	1 948 072	1 245 801	523 907	242 152	66 197	270 795	51 609
1994	2 909 041	2 268 249	1 476 317	588 117	212 602	51 664	305 290	122 900
1995	2 955 570	2 260 003	1 442 255	635 816	278 968	62 472	290 172	126 427
1996	3 334 714	2 493 299	1 562 557	749 790	230 352	57 238	436 178	174 885
1997	3 983 959	2 946 245	1 886 098	801 590	253 086	75 353	419 897	364 731
1998	5 346 852	3 892 259	2 639 175	708 698	285 102	81 502	446 845	722 646

续表 7 CONTINUED

年 份	能源生产总量（万吨标准煤）	能源消费总量（万吨标准煤）	地方财政收入（万元）	地方财政支出（万元）	社会消费品零售额（万元）	进出口总额（万美元）	出口额	进口额
1949		134	847	799	16 583			
1950		148	6 668	3 909	24 971			
1951		201	13 231	5 915	39 134			
1952		351	18 276	10 913	57 436			
1953		453	23 517	16 605	75 225			
1954		516	30 456	20 718	92 453			
1955		547	31 540	19 589	95 814			
1956		597	32 217	30 217	114 022			
1957		627	35 230	28 832	119 600	145	145	
1958		886	67 432	68 831	136 627	641	641	
1959		1 117	93 810	96 687	166 043	822	822	
1960		1 293	116 121	130 789	182 901	958	958	
1961		1 008	68 755	72 991	149 433	707	707	
1962		896	54 001	36 423	146 532	889	889	
1963		820	62 181	42 115	142 081	1 232	1 232	
1964		822	59 730	49 523	144 664	891	891	
1965		1 090	68 571	51 064	153 257	806	806	
1966		1 094	77 402	67 399	159 515	895	895	
1967		958	61 653	58 835	164 542	965	965	
1968		879	38 835	48 434	156 225	405	405	
1969		1 060	50 844	62 769	174 416	480	480	
1970		1 246	92 081	94 164	190 949	581	581	
1971		1 465	126 779	99 639	205 942	328	328	
1972		1 808	137 111	114 687	222 033	257	257	
1973		1 857	147 320	123 577	238 063	284	284	
1974		1 920	109 293	153 281	248 046	226	226	
1975		2 052	123 934	149 779	265 190	211	211	
1976		2 309	97 383	149 777	284 151	162	162	
1977		2 668	132 337	164 129	307 084	576	576	
1978	8 366	2 760	196 419	211 118	323 837	731	731	
1979	9 277	3 266	202 947	207 392	357 523	1 328	1 328	
1980	10 310	3 394	209 555	196 099	426 597	1 513	1 513	
1981	11 289	3 269	196 965	174 660	487 616	4 432	2 852	1 580
1982	12 377	3 487	202 696	208 359	524 996	5 705	3 007	2 698
1983	13 557	3 478	241 497	240 090	583 203	7 852	2 835	5 017
1984	15 937	3 628	271 751	299 775	705 791	25 068	16 654	8 414
1985	18 237	4 000	249 906	355 483	894 413	34 043	22 679	11 364
1986	18 882	4 201	286 395	411 669	992 388	38 851	30 226	8 625
1987	19 714	4 423	336 124	419 533	1 135 723	41 680	34 551	7 129
1988	20 981	4 799	390 409	434 876	1 445 716	39 744	34 483	5 261
1989	23 413	4 719	483 119	508 539	1 543 080	49 184	40 001	9 183
1990	24 341	4 710	517 495	548 962	1 580 415	52 127	45 826	6 301
1991	24 816	4 802	555 904	607 041	1 794 240	59 040	50 944	8 096
1992	25 262	5 034	579 753	642 911	2 125 629	70 690	58 334	12 356
1993	26 395	5 473	724 196	757 127	2 564 812	86 537	63 830	22 707
1994	27 760	6 182	538 224	892 289	3 085 468	98 004	80 264	17 740
1995	29 761	7 179	722 064	1 128 924	3 759 500	136 900	115 600	21 300
1996	29 685	6 804	841 716	1 331 823	4 496 194	160 100	134 800	25 300
1997	28 801	5 553	928 131	1 435 129	5 038 972	195 232	163 964	31 268
1998	26 796	7 084	1 041 941	1 644 083	5 470 976	169 978	145 204	24 774

续表 8　CONTINUED

年　份	商品零售价格总指数	居民消费价格总指数	职工工资总额（万元）	#国有经济	职工平均工资（元）	#国有经济	在校学生数(万人) 高等学校	中等专业学校
1949			3 274	3 255			0.05	0.71
1950			5 613	5 586			0.08	0.96
1951	115.1		9 733	9 316			0.13	1.40
1952	104.7		15 415	14 377	375	394	0.19	2.23
1953	101.4		20 364	19 298	450	452	0.22	2.81
1954	103.5		27 143	23 561	455	483	2.50	2.50
1955	104.6		32 783	28 641	501	512	0.41	2.15
1956	101.0		51 319	43 537	543	598	0.63	2.51
1957	101.9		60 468	50 942	608	625	0.73	2.32
1958	98.4		70 274	62 728	519	565	1.41	3.36
1959	100.5		87 200	78 667	512	541	1.46	4.86
1960	103.9		95 635	84 590	528	556	1.88	6.30
1961	115.7		87 333	76 557	536	564	1.90	4.25
1962	100.4		72 769	65 389	571	630	1.51	2.47
1963	87.9		73 752	65 346	646	682	1.50	1.75
1964	93.7		78 377	69 580	662	694	1.38	1.69
1965	97.5		80 425	70 588	638	682	1.45	3.89
1966	97.9		81 556	71 322	616	659	1.00	3.01
1967	98.9		81 368	73 213	615	641	1.02	2.43
1968	100.0		84 014	75 441	611	640	0.70	0.87
1969	99.6		86 342	77 406	597	633	0.39	0.16
1970	99.5		92 890	84 389	588	631	0.44	0.10
1971	99.6		105 909	93 371	564	615	0.01	0.58
1972	99.8		117 334	104 860	604	634	0.41	1.56
1973	100.3		120 065	106 449	617	637	0.77	1.92
1974	99.8		124 675	109 261	625	643	1.02	1.98
1975	99.9		128 565	112 137	614	643	1.19	2.38
1976	100.1		133 630	116 073	609	635	1.27	2.51
1977	100.1		138 436	119 611	609	636	1.44	2.58
1978	100.0		166 539	145 754	632	655	2.09	2.90
1979	100.5	100.6	187 194	163 369	672	712	2.53	4.10
1980	103.5	103.4	219 497	190 029	754	795	3.31	4.61
1981	102.3	102.5	232 787	200 303	761	802	3.70	4.24
1982	102.2	102.5	251 330	214 750	785	830	3.17	3.86
1983	101.2	101.4	271 215	231 194	827	868	3.29	4.36
1984	103.0	102.6	355 910	293 135	1 024	1 086	3.63	4.67
1985	107.6	108.5	409 818	338 942	1 122	1 200	4.19	5.14
1986	105.3	105.6	498 937	412 380	1 299	1 386	4.66	6.11
1987	107.5	107.4	569 955	469 137	1 427	1 521	4.91	6.69
1988	121.0	120.9	681 929	567 138	1 661	1 786	4.95	7.88
1989	119.1	119.5	795 060	665 116	1 902	2 035	5.12	8.44
1990	102.1	102.2	906 732	759 423	2 111	2 263	5.13	8.68
1991	103.9	104.8	1 002 010	834 478	2 267	2 426	5.15	8.70
1992	106.3	107.3	1 143 386	958 587	2 530	2 729	5.57	8.87
1993	113.1	115.1	1 375 879	1 155 565	3 025	3 253	6.22	9.66
1994	121.6	125.2	1 830 938	1 569 755	3 997	4 355	6.64	10.29
1995	115.6	116.9	2 154 613	1 861 944	4 721	5 094	6.74	10.74
1996	106.2	107.9	2 362 764	2 048 471	5 183	5 596	6.88	11.73
1997	101.3	103.1	2 399 642	2 092 254	5 320	5 732	7.11	12.96
1998	97.0	98.6	2 262 496	1 754 477	5 087	5 462	7.61	14.57

续表 9 CONTINUED

年份	在校学生数(万人)		医院床位数(张)	专业卫生技术人员(人)	#医生	图书出版数(万册)	杂志出版数(万份)	报纸出版数(万份)
	普通中学	小学						
1949	0.99	101.53	902	4 989	3 682			502
1950	1.17	116.08	2 001	6 874	4 407			
1951	1.66	136.90	2 810	9 956	5 739	471		1 705
1952	4.09	160.81	3 679	12 772	7 767	642	194	3 308
1953	5.35	171.76	4 427	15 531	9 719	378	37	3 333
1954	7.88	167.85	5 308	18 198	10 960	1 053	22	3 458
1955	9.06	169.90	5 960	19 933	11 166	1 414	79	4 354
1956	13.51	190.62	6 873	22 547	12 687	1 826	152	5 766
1957	15.05	190.81	8 166	24 715	13 407	1 521	72	5 555
1958	24.50	231.04	11 611	42 557	18 361	3 004	432	12 174
1959	29.39	247.92	13 934	45 387	17 970	4 131	553	13 681
1960	33.62	272.78	17 493	57 190	19 814	3 355	440	11 797
1961	27.03	273.16	18 368	46 814	21 969	3 527	183	5 035
1962	21.65	248.47	16 674	44 422	21 951	2 206	301	4 822
1963	19.04	240.62	17 553	46 408	23 515	2 185	243	5 782
1964	19.74	274.27	17 576	45 679	24 899	2 658	392	7 915
1965	22.79	305.49	18 497	47 986	25 632	3 427	281	10 603
1966	28.74	299.34	19 084	50 942	26 006			
1967	28.53	304.17	29 104	56 833	30 553			
1968	39.98	306.84	30 808	58 197	31 157			
1969	67.77	313.09	31 657	58 323	31 195			
1970	79.15	330.80	33 028	49 243	26 539			
1971	92.21	353.10	36 360	52 039	25 819			
1972	103.05	378.10	43 800	48 974	22 154			
1973	101.58	383.45	48 689	53 681	23 888			
1974	112.33	392.22	52 875	58 599	25 661			
1975	138.57	385.59	55 616	62 841	28 181	5 841	406	15 487
1976	173.95	374.17	59 503	68 556	31 398	7 191	445	18 051
1977	204.13	365.89	62 575	72 277	32 841	8 497	437	17 679
1978	194.28	377.36	63 293	76 475	35 157	6 422	598	17 869
1979	177.64	383.32	66 519	81 890	35 794	5 954	1 029	14 783
1980	176.55	384.16	69 141	87 815	40 479	9 055	1 905	17 590
1981	159.61	389.10	70 669	95 566	43 789	9 686	2 538	17 168
1982	150.45	382.13	72 457	100 160	45 654	9 531	3 075	21 559
1983	142.35	366.22	74 490	103 638	46 999	9 491	10 674	29 822
1984	150.31	351.48	78 225	107 222	48 308	9 827	11 553	44 341
1985	156.97	335.20	82 076	109 596	48 557	9 991	7 981	55 174
1986	162.43	319.19	85 973	114 196	49 978	9 900	10 263	59 687
1987	163.76	305.39	91 150	118 759	51 291	11 239	7 402	57 811
1988	161.17	298.09	93 538	122 287	54 471	9 176	6 165	61 849
1989	149.00	297.40	95 579	125 275	57 969	6 973	4 490	49 058
1990	145.08	297.40	98 142	128 465	60 185	12 166	2 815	54 361
1991	143.36	301.48	100 590	132 792	61 241	14 079	3 086	46 872
1992	142.26	308.34	99 806	131 193	60 691	14 163	3 589	70 047
1993	138.44	314.36	102 105	137 143	64 285	13 058	4 001	73 240
1994	142.52	321.31	102 334	139 909	67 510	12 300	3 948	62 568
1995	150.97	327.04	101 936	142 239	68 658	13 919	3 586	59 254
1996	161.33	334.55	76 932	130 632	61 049	14 654	3 119	58 363
1997	170.09	344.64	77 316	133 260	61 926	15 109	3 199	66 262
1998	177.40	348.04	77 290	134 240	62 249	14 016	2 792	71 954

国民经济主要指标发展速度

THE RATE OF MAJOR INDICATORS OF THE NATIONAL ECONOMY

指　　标	1998年为各年%					平均每年增长%		
	1952年	1978年	1985年	1990年	1997年	1953－1998	1979－1998	1991－1998
一、年末总人口	**227.4**	**130.9**	**118.7**	**109.4**	**101.0**	**1.80**	**1.35**	**1.13**
二、年末全社会从业人员	**214.9**	**144.9**	**121.2**	**107.2**	**97.1**	**1.68**	**1.87**	**0.88**
三、国内生产总值	**2 708.7**	**558.4**	**288.4**	**216.2**	**109.0**	**7.44**	**8.98**	**10.12**
第一产业	320.0	229.3	160.4	137.1	110.5	2.43	4.24	4.02
第二产业	11 845.9	625.8	332.2	252.6	110.2	10.94	9.60	12.28
第三产业	3 441.2	792.0	307.2	208.2	106.4	8.00	10.90	9.60
四、农业生产								
农林牧渔业总产值	436.4	263.8	176.9	149.1	111.5	3.25	4.97	5.12
主要农产品产量								
粮　　食	281.6	153.0	131.5	111.6	119.9	2.28	2.15	1.38
棉　　花	60.6	80.5	76.1	50.1	125.9	－1.08	－1.08	－8.30
油　　料	634.2	1 004.5	95.6	107.9	151.5	4.10	12.23	0.95
猪牛羊肉		306.4	267.9	190.8	108.2		5.76	8.41
大牲畜年末数	165.6	141.6	121.6	108.0	104.3	1.10	1.76	0.97
猪年末数	773.6	88.3	137.2	140.6	107.2	4.55	－0.12	4.35
羊年末数	222.5	116.9	246.0	143.6	105.0	1.75	0.78	4.63
五、工业生产								
工业总产值	18 719.1	1006.4	532.0	327.3	99.8	12.05	12.24	15.98
轻工业	10 067.2	735.6	382.8	293.0	93.6	10.55	10.49	14.38
重工业	23 426.9	1 101.1	585.3	336.5	101.4	12.59	12.74	16.38
主要工业产品产量								
原　煤	3 167.2	320.4	147.0	110.1	93.0	7.80	6.00	1.21
发电量	36 211.1	519.6	300.1	176.4	101.5	13.67	8.59	7.35
钢	4 565.4	350.0	228.6	176.0	105.3	8.66	6.46	7.33
成品钢材		450.6	301.1	259.1	119.7		7.82	12.64
水　泥	14 395.8	545.2	304.1	227.8	98.2	11.41	8.85	10.84

续表 1 CONTINUED

指　　标	1998年为各年%					平均每年增长%		
	1952年	1978年	1985年	1990年	1997年	1953－1998	1979－1998	1991－1998
布	736.4	93.0	81.1	70.9	89.9	4.44	－0.36	－4.20
糖		1 091.1	192.7	190.2	133.3		12.69	8.37
机制纸及纸板	145.0	496.3	247.5	130.9	89.9	11.43	8.34	3.43
饮料酒	4 900.0	1 032.6	298.9	176.1	79.7	8.83	12.38	7.33
洗衣机			155.1	154.5	86.1			5.58
肥 香 皂	2 864.6	72.1	41.2	30.3	52.7	7.57	－1.62	－13.85
合成洗涤剂		1 454.7	345.1	304.0	106.6		14.32	14.91
化学纤维		1 668.0	190.8	140.2	94.1		15.11	4.32
六、运输邮电								
货物运输量	4 804.4	461.1	246.8	143.7	96.9	8.78	7.94	4.64
#铁　路	2 424.9	228.8	130.2	89.9	78.1	7.18	4.23	－1.32
公　路	8 038.2	791.0	389.9	190.8	107.5	10.01	10.89	8.41
货物周转量	1 001.0	402.1	211.2	128.2	98.6	16.20	7.21	3.15
#铁　路		290.4	167.9	108.1	93.5		5.47	0.97
公　路	32 051.3	2 190.2	467.0	211.9	111.7	13.36	16.69	9.84
旅客发送量	4 245.3	610.6	260.0	172.1	110.9	8.49	9.47	7.02
#铁　路	484.4	130.5	81.7	85.9	101.1	3.49	1.34	－1.88
旅客周转量	44 935.5	496.5	206.4	152.6	104.8	14.20	8.34	5.42
#铁　路		252.1	109.9	102.2	96.6		4.73	0.28
邮电业务总量	38 994.9	3 568.6	2 404.5	1 554.3	144.0	13.85	19.57	40.91
七、固定资产投资								
全社会固定资产投资	25 956.9	2 487.7	583.1	433.2	134.2	12.85	17.43	20.11
国有单位固定资产投资	31 644.4	1 995.5	575.0	424.8	132.1	13.33	16.15	19.82

续表 2　CONTINUED

指　　标	1998 年为各年%					平均每年增长%		
	1952 年	1978 年	1985 年	1990 年	1997 年	1953 – 1998	1979 – 1998	1991 – 1998
#基本建设	21 456.7	1 609.1	520.2	436.3	123.1	12.38	14.90	20.22
更新改造		2 370.1	491.9	282.9	88.4		17.15	13.88
集体单位固定资产投资	92 867.1	3 364.4	219.9	241.9	112.7	16.02	19.22	11.68
城　镇			284.9	275.4	108.2			13.50
农　村			201.5	230.7	114.6			11.02
八、能源生产与消费(标准煤)								
能源生产总量		320.3	146.9	110.1	93.0		5.99	1.21
能源消费总量		256.7	177.1	150.4	127.6		4.83	5.23
九、批发零售贸易业								
社会消费品零售总额	9 525.3	1 689.4	611.7	346.2	108.6	10.41	15.18	16.79
十、对外贸易								
进出口总额		23 252.8	499.3	326.1	87.1		31.32	15.92
出口额		23 252.8	640.3	316.9	88.6		30.29	15.51
进口额			218.0	393.2	79.2			18.67
十一、物价指数								
商品零售价格总指数	442.2	372.0	305.1	183.2	97.0	3.28	6.79	7.86
居民消费价格总指数		429.2	347.8	207.7	98.6		7.56	9.57
十二、教育、文化								
高等学校数	575.0	143.8	104.5	88.5	95.8	3.88	1.83	– 1.52
高等学校在校学生数	4 005.3	364.1	181.6	148.3	107.0	8.35	6.67	5.05
中等专业学校在校学生数	653.4	502.4	283.5	167.9	112.4	4.16	8.41	6.69
普通中学在校学生数	4 337.4	91.3	113.0	122.3	104.3	8.54	– 0.45	2.55
小学在校学生数	216.4	92.2	103.8	117.0	101.0	1.69	– 0.40	1.98
报纸出版数量	2 175.2	402.7	130.4	132.4	108.6	6.92	7.21	3.57
杂志出版数量	1 439.2	466.9	35.0	99.2	87.3	5.97	8.01	– 0.10
图书出版数量	2 183.2	218.2	140.3	115.2	92.8	6.93	3.98	1.79

平均每天主要社会经济活动

MAJOR INDICATORS OF AVERAGE DAILY SOCIAL AND ECONOMY ACTIVITIES

指　　标	单　位	1952年	1978年	1985年	1990年	1995年	1997年	1998年
一、全省每天创造的财富								
国内生产总值	万　元	438	2 411	6 000	11 761	29 931	40 552	43 865
农林牧渔业总产值	万　元	822	2 027	3 025	3 589	4 437	4 803	5 348
原　　煤	万　吨	2.72	26.92	58.68	78.35	95.15	92.72	86.25
发电量	万千瓦小时	42	2 921	5 057	8 607	13 862	14 959	15 179
钢	吨	252	3 287	5 034	6 536	9 310	10 931	11 507
成品钢材	吨	...	2 028	3 036	3 528	5 948	7 639	9 141
棉　　布	万　米	11.33	89.74	102.89	117.67	97.52	92.83	83.44
化学纤维	吨		4.57	39.95	54.35	69.44	81.03	76.23
水　　泥	吨	265	7 010	12 567	16 780	32 051	38 908	38 218
二、其他经济活动								
国有单位固定资产投资额	万　元	34	534	1 855	2 510	6 192	8 072	10 664
国有基建竣工住宅建筑面积	平方米	1 132	2 545	8 192	3 690	5 101	7 474	9 833
图书出版	万　册	1.76	17.59	27.37	33.33	38.13	41.39	38.40
杂志出版	万　册	0.53	1.64	21.87	7.71	9.82	8.76	7.65
报纸出版	万　份	9.06	48.96	151.16	148.93	162.34	181.54	197.13
邮寄函件	万　件	3.32	21.70	33.50	30.05	36.99	36.08	33.60
三、人口变动与婚姻								
出　　生	人	1 237	1 034	1 240	1 776	1 392	1 385	1 398
死　　亡	人	458	433	455	517	513	518	536
结　　婚	对			647	604	491	486	518
离　　婚	对			21	20	19	18	20

社会经济主要指标人均水平

MAJOR PER CAPITA INDICATORS OF SOCIETY AND ECONOMY

指　　标	单　位	1952年	1978年	1985年	1990年	1995年	1997年	1998年
一、国内生产总值	**元**	**116**	**365**	**838**	**1 528**	**3 569**	**4 712**	**5 072**
二、农林牧渔业总产值	**元**	**163**	**307**	**422**	**465**	**529**	**558**	**618**
三、主要产品产量								
原　　煤	吨	0.72	4.08	8.20	10.18	11.35	10.78	9.97
发 电 量	千瓦小时	11	442	706	1 118	1 653	1 738	1 755
钢	公斤	6.7	49.8	70.3	84.9	111.0	127.0	133.1
成品钢材	公斤	...	30.7	42.4	45.8	70.9	88.8	105.7
水　　泥	公斤	7.1	105.6	175.5	218.0	382.1	452.1	441.9
布	米	3	14	14	15	12	11	10
机制纸及纸板	公斤	0.2	3.9	7.2	12.6	19.5	16.4	14.7
糖	公斤		0.2	1.2	1.1	1.2	1.4	1.8
粮　　食	公斤	280	293	310	337	300	287	343
棉　　花	公斤	6.7	2.9	2.8	3.9	3.0	1.4	1.8
油　　料	公斤	4.9	1.8	16.8	13.7	7.3	8.9	13.5
猪牛羊肉	公斤	1.5	7.6	7.9	10.2	18.3	16.4	17.7
四、居民消费品零售额	**元**	**38**	**116**	**297**	**492**	**1 228**	**1 604**	**1 733**
五、人民生活								
职工平均工资	元	375	632	1 122	2 111	4 721	5 320	5 087
国　　有	元	394	655	1 200	2 263	5 094	5 732	5 462
集　　体	元	307	519	856	1 565	3 108	3 177	3 579
城镇居民可支配收入	元	126	301	595	1 291	3 306	3 990	4 099
城镇居民消费性支出	元	93	275	533	1 048	2 641	3 229	3 268
农民人均纯收入	元		102	358	604	1 208	1 738	1 859
农民人均生活费支出	元		91	273	488	928	1 145	1 056
城乡居民储蓄年末余额	元	0.8	30	200	813	2 744	3 938	4 553

国民经济主要比例关系

MAJOR PERCENTAGE INDICATORS OF THE NATIONAL ECONOMY

单位：%　　　　(%)

指　　标	1952年	1978年	1985年	1990年	1995年	1997年	1998年
一、国内生产总值中三次产业比例							
第一产业	58.7	20.7	19.3	18.8	15.4	13.0	12.9
第二产业	17.2	58.5	54.8	48.9	49.9	53.3	53.5
第三产业	24.1	20.8	25.9	32.3	34.7	33.7	33.6
二、工业总产值中轻重工业比例							
轻 工 业	35.2	23.5	24.7	23.3	20.3	19.2	16.9
重 工 业	64.8	76.5	75.3	76.7	79.7	80.8	83.1
三、轻工业产值内部比例							
以农产品为原料	80.8	78.3	73.1	67.5	64.2	60.3	56.7
以非农产品为原料	19.2	21.7	26.9	32.5	35.8	39.7	43.3
四、重工业产值内部比例							
采掘工业	60.4	40.1	44.5	38.0	29.8	31.9	25.4
原料工业	24.6	28.2	27.8	32.6	42.6	46.0	49.7
加工工业	15.0	31.7	27.7	29.4	27.6	22.1	24.9
五、农林牧渔业总产值内部比例							
农业产值	92.2	78.3	74.4	72.2	62.2	64.0	69.5
林业产值	0.9	7.0	7.4	4.9	5.9	6.1	3.7
牧业产值	6.9	14.6	18.1	22.6	31.5	29.4	26.4
渔业产值		0.1	0.1	0.3	0.4	0.5	0.4
六、基建投资中农轻重投资所占比例							
农　　业	4.1	10.2	1.3	2.8	0.4	0.7	0.6
轻 工 业	4.3	3.2	3.6	1.6	1.0	1.8	1.1
重 工 业	63.6	59.4	59.9	70.0	43.4	49.5	40.1
七、基建投资中三次产业的比例							
第一产业		1.0	0.8	1.2	0.4	0.7	0.6
第二产业		63.1	63.7	71.6	45.5	55.5	42.2
第三产业		35.9	35.5	27.2	54.1	43.8	57.2
八、基建投资中能源、运输、邮电业投资比例							
能源工业			37.8	57.0	29.2	42.7	34.1
运输邮电业			12.4	15.4	36.4	20.2	32.8
九、基建拨款占财政支出的比例		**41.7**	**25.9**	**7.7**	**4.4**	**3.1**	**4.2**
十、能源使用比例							
第一产业			9.3	6.1	5.9	6.1	6.1
第二产业			64.8	72.0	73.2	75.3	74.2
第三产业			4.0	5.7	6.5	6.7	7.3
人民生活			21.9	16.2	14.4	11.9	12.4
十一、固定资产投资额占国内生产总值的比例	**7.9**	**11.4**	**41.9**	**28.7**	**27.1**	**26.9**	**33.4**
十二、文教卫生科学事业费占财政支出的比例		**13.5**	**23.0**	**28.4**	**30.2**	**28.5**	**27.6**

人民物质文化生活提高情况

IMPROVEMENT OF PEOPLES'S MATERIAL AND CULTURAL LIFE

指 标		单 位	1952 年	1978 年	1985 年	1990 年	1995 年	1997 年	1998 年
一、城乡居民收入									
农民人均纯收入(抽样)		元		101.6	358.3	603.5	1 208.3	1 738.3	1 858.6
城镇居民人均可支配收入(抽样)		元	126	301.4	595.3	1 290.9	3 306.0	3 989.9	4 098.7
职工平均工资		元	375	632	1 122	2 111	4 721	5 320	5 087
二、平均每人住房面积									
市区居民		平方米			5.34	6.64	8.21	10.62	10.96
农民(抽样)		平方米			13.7	16.5	17.1	18.3	19.2
三、交通、文化、教育、卫生									
每百户拥有(抽样)									
自行车	城镇居民	辆			233.1	233.1	214.8	203.8	202.9
	农 民	辆		47.0	87.7	120.3	130.7	130.6	133.1
电视机	城镇居民	台			18.8	60.1	86.2	99.6	101.9
	农 民	台			1.3	6.7	20.6	34.8	37.8
收录机	城镇居民	台			32.8	58.6	62.2	52.2	52.6
	农 民	台			4.9	18.4	26.3	31.5	32.3
每百人每天拥有报纸		份	0.7	2.0	5.8	5.3	5.3	5.8	6.2
每人每年拥有杂志		册	0.2	0.8	1.9	1.5	1.2	1.0	0.9
每万人拥有大学生		人	1.3	8.6	16.0	17.7	21.9	22.6	24.0
每千人拥有医院床位数		张	0.4	2.7	3.3	3.5	3.4	3.5	3.5
每千人拥有卫生技术人员		人	0.9	3.2	4.2	4.6	5.7	4.2	4.2
四、储 蓄									
年底城乡居民储蓄存款余额		亿元	0.1	7.2	52.9	231.3	844.5	1 236.6	1 437.1
平均每人储蓄存款余额		元	0.7	30	200	813	2 744	3 938	4 553

注:1996 年以后每千人拥有医院床位数及卫生技术人员与以前年份不可比。

总产出
TOTAL OUTPUT

按当年价格计算　　　　(at current prices)

年 份	总产出（万元）	第一产业	第二产业	工业	建筑业	第三产业
1952	261 196	122 370	67 030	55 698	11 332	71 796
1953	328 943	144 233	85 753	69 943	15 810	98 957
1954	361 477	148 587	109 171	91 127	18 044	103 719
1955	387 758	151 947	124 552	105 266	19 286	111 259
1956	486 774	176 091	171 189	129 092	42 097	139 494
1957	521 051	154 052	214 382	148 366	66 016	152 617
1958	723 133	178 238	337 151	236 532	100 619	207 744
1959	936 346	176 456	520 863	398 026	122 837	239 027
1960	997 202	119 809	641 140	498 970	142 170	236 253
1961	658 022	143 850	324 164	278 122	46 042	190 008
1962	615 451	150 724	294 683	256 523	38 160	170 044
1963	646 551	158 157	321 542	281 724	39 818	166 852
1964	731 775	176 886	374 194	325 299	48 895	180 695
1965	853 610	173 500	481 564	423 364	58 200	198 546
1966	961 395	195 291	559 264	504 716	54 548	206 840
1967	847 332	199 372	464 873	430 122	34 751	183 087
1968	665 289	192 299	307 010	274 008	33 002	165 980
1969	838 060	216 782	434 698	394 853	39 845	186 580
1970	1 131 766	207 214	697 313	625 658	71 655	227 239
1971	1 218 091	245 802	728 430	628 080	100 350	243 859
1972	1 215 958	222 749	738 285	640 312	97 973	254 924
1973	1 324 331	261 078	799 599	705 507	94 092	263 654
1974	1 286 328	274 174	746 519	657 717	88 802	265 635
1975	1 416 527	299 585	850 664	761 654	89 010	266 278
1976	1 340 210	285 454	790 922	705 995	84 927	263 834
1977	1 599 470	289 677	999 571	894 441	105 130	310 222
1978	1 885 105	290 133	1 193 987	1 064 250	129 737	400 985
1979	2 241 577	367 638	1 371 513	1 207 087	164 426	502 426
1980	2 332 850	382 302	1 405 597	1 263 414	142 183	544 951
1981	2 503 186	460 200	1 476 017	1 288 722	187 295	566 969
1982	2 882 715	530 763	1 679 406	1 418 052	261 354	672 546
1983	3 296 582	538 074	1 984 563	1 663 436	321 127	773 945
1984	4 122 000	651 463	2 378 108	1 946 005	432 103	1 092 429
1985	4 902 119	629 163	2 986 784	2 380 944	605 840	1 286 172
1986	5 372 988	588 239	3 234 253	2 617 942	616 311	1 550 496
1987	6 029 274	614 222	3 739 186	3 042 862	696 324	1 675 866
1988	7 643 596	872 461	4 571 567	3 872 162	699 405	2 199 568
1989	8 951 839	1 049 423	5 526 831	4 876 508	650 323	2 375 585
1990	10 020 209	1 247 781	6 201 912	5 383 926	817 986	2 570 516
1991	11 203 386	1 129 654	6 870 872	6 014 509	856 363	3 202 860
1992	13 815 758	1 314 267	8 431 528	7 441 082	990 446	4 069 963
1993	18 704 434	1 553 447	12 425 808	10 953 223	1 472 585	4 725 179
1994	24 112 303	2 190 164	16 250 023	14 374 370	1 875 653	5 672 116
1995	30 751 876	2 996 751	20 364 159	18 391 109	1 973 050	7 390 966
1996	37 215 638	3 526 343	25 597 976	23 331 598	2 266 378	8 091 319
1997	39 828 786	3 407 657	27 329 334	24 602 716	2 726 618	9 091 795
1998	42 349 783	3 591 521	28 645 212	25 248 005	3 397 207	10 113 050

总产出指数

INDEX TOTAL OUTPUT

以上年为100　　(last year = 100)

年　份	总产出	第一产业	第二产业			第三产业
				工　业	建筑业	
1953	119.7	105.7	126.6	123.8	140.3	137.2
1954	110.1	101.5	131.6	134.4	119.6	102.9
1955	103.8	91.1	118.8	120.9	108.6	103.7
1956	126.8	120.4	134.2	122.5	197.5	124.9
1957	112.3	92.3	131.3	115.4	184.9	108.4
1958	140.9	115.7	161.5	166.2	151.1	137.3
1959	121.2	99.2	136.4	145.3	114.5	114.9
1960	104.8	73.1	120.9	123.4	113.0	96.4
1961	64.1	102.4	50.6	56.0	32.0	76.1
1962	89.5	103.8	85.9	85.8	86.2	84.7
1963	107.3	110.7	110.1	110.9	105.5	99.5
1964	114.5	115.5	116.1	115.2	121.9	110.6
1965	121.2	104.2	132.5	133.7	125.4	117.4
1966	107.7	100.2	112.0	114.7	94.6	105.4
1967	87.2	107.8	78.4	80.3	63.8	88.8
1968	81.8	87.9	74.3	72.2	94.7	90.5
1969	123.0	112.6	135.9	137.9	120.9	112.7
1970	131.8	97.9	154.6	151.6	180.0	121.7
1971	111.0	106.9	113.4	110.6	137.8	107.5
1972	101.8	90.9	104.0	105.2	95.7	104.6
1973	108.5	116.8	108.2	109.9	95.0	103.1
1974	97.2	105.4	93.9	94.1	92.2	101.1
1975	109.7	109.2	113.6	115.3	98.4	97.9
1976	94.3	95.0	93.4	93.3	93.9	97.2
1977	120.4	102.2	125.4	125.7	122.0	121.5
1978	117.9	93.8	120.4	120.3	121.4	129.5
1979	111.9	113.5	109.1	107.7	123.8	120.5
1980	101.6	93.7	101.1	102.9	84.6	107.6
1981	102.5	103.5	102.6	99.8	127.8	101.6
1982	116.2	121.9	115.1	112.1	135.6	115.1
1983	112.8	101.9	115.7	115.4	117.5	113.4
1984	123.7	117.9	118.4	116.5	129.2	141.8
1985	113.5	92.3	119.7	116.1	138.2	111.6
1986	107.1	91.7	107.0	108.3	101.4	116.6
1987	106.6	97.2	110.7	111.0	109.3	99.7
1988	109.4	112.5	109.2	113.4	89.4	108.7
1989	103.4	107.4	106.3	110.2	83.0	92.5
1990	107.2	108.5	107.8	106.5	117.6	104.5
1991	106.1	89.2	104.8	106.1	96.3	117.5
1992	114.1	113.5	113.0	115.0	98.5	116.8
1993	116.8	110.3	124.1	124.7	119.1	104.1
1994	115.3	106.4	119.9	120.0	119.3	107.1
1995	111.7	104.1	111.9	113.4	98.5	113.9
1996	120.7	114.3	124.3	125.8	109.4	112.4
1997	112.5	94.6	116.2	116.0	118.5	106.8
1998	110.1	111.4	109.4	108.0	126.1	118.2

国内生产总值

GROSS DOMESTIC PRODUCT

按当年价格计算 (at current prices)

年份	国内生产总值(万元)	第一产业	第二产业	工业	建筑业	第三产业	人均国内生产总值(元/人)
1952	159 978	93 831	27 484	23 447	4 037	38 663	116
1953	198 730	110 503	34 938	29 639	5 299	53 289	141
1954	219 033	115 499	47 681	42 362	5 319	55 853	151
1955	238 658	120 750	57 994	51 708	6 286	59 914	160
1956	284 426	135 878	73 430	58 973	14 457	75 118	186
1957	291 594	115 415	93 994	71 745	22 249	82 185	186
1958	395 114	136 734	146 509	114 589	31 920	111 871	246
1959	482 799	124 453	229 629	195 047	34 582	128 717	294
1960	502 010	88 685	286 102	242 773	43 329	127 223	298
1961	340 747	103 753	134 674	120 585	14 089	102 320	200
1962	324 083	110 666	121 848	109 126	12 722	91 569	188
1963	337 245	115 176	132 219	119 078	13 141	89 850	191
1964	384 386	130 932	156 149	139 814	16 335	97 305	213
1965	439 158	127 041	205 199	185 889	19 310	106 918	238
1966	496 771	142 219	243 168	222 918	20 250	111 384	263
1967	448 749	143 401	206 755	189 965	16 790	98 593	233
1968	368 216	137 162	141 673	124 242	17 431	89 381	187
1969	454 210	156 788	196 948	177 719	19 229	100 474	224
1970	576 900	151 931	302 600	279 549	23 051	122 369	277
1971	620 479	181 945	307 215	278 568	28 647	131 319	290
1972	616 393	156 659	322 456	279 866	42 590	137 278	282
1973	661 971	187 002	332 989	304 926	28 063	141 980	296
1974	644 174	192 281	308 847	282 754	26 093	143 046	283
1975	698 101	208 009	346 700	321 978	24 722	143 392	301
1976	646 075	190 510	313 489	296 124	17 365	142 076	274
1977	752 576	189 860	395 660	372 298	23 362	167 056	315
1978	879 946	182 040	514 685	481 225	33 460	183 221	365
1979	1 064 308	226 527	627 275	568 695	58 580	210 506	437
1980	1 087 619	206 348	635 098	582 107	52 991	246 173	442
1981	1 217 109	311 304	644 523	585 195	59 328	261 282	488
1982	1 392 216	373 314	702 480	622 004	80 476	316 422	551
1983	1 550 602	377 920	825 512	715 132	110 380	347 170	604
1984	1 974 231	462 487	1 031 178	896 115	135 063	480 566	756
1985	2 189 896	422 629	1 200 573	1 021 192	179 381	566 694	838
1986	2 351 114	379 020	1 282 495	1 088 723	193 772	689 599	890
1987	2 572 290	390 647	1 379 696	1 180 759	198 937	801 947	962
1988	3 166 851	485 368	1 632 920	1 422 279	210 641	1 048 563	1 168
1989	3 762 551	637 472	1 887 453	1 690 739	196 714	1 237 626	1 367
1990	4 292 736	808 080	2 100 746	1 866 110	234 636	1 383 910	1 528
1991	4 685 131	687 729	2 362 793	2 108 110	254 683	1 634 609	1 592
1992	5 701 228	829 433	2 892 838	2 594 383	298 455	1 978 957	1 913
1993	7 046 279	972 656	3 663 785	3 268 670	395 115	2 409 838	2 352
1994	8 537 709	1 238 445	4 408 146	3 901 720	506 426	2 891 118	2 819
1995	10 924 762	1 686 929	5 451 267	4 870 513	580 754	3 786 566	3 569
1996	13 080 194	1 982 832	6 703 958	5 994 757	709 201	4 393 404	4 229
1997	14 801 309	1 918 429	7 894 528	7 030 189	864 339	4 988 352	4 736
1998	16 010 799	2 072 523	8 561 250	7 454 683	1 106 567	5 377 026	5 072

国内生产总值构成

COMPOSITION OF GROSS DOMESTIC PRODUCT

单位：%　　　　(%)

年　份	国内生产总　值	第一产业	第二产业			第三产业
				工　业	建筑业	
1952	100	58.7	17.2	14.7	2.5	24.1
1953	100	55.6	17.6	14.9	2.7	26.8
1954	100	52.7	21.8	19.4	2.4	25.5
1955	100	50.6	24.3	21.7	2.6	25.1
1956	100	47.8	25.8	20.7	5.1	26.4
1957	100	39.6	32.2	24.6	7.6	28.2
1958	100	34.6	37.1	29.0	8.1	28.3
1959	100	25.8	47.5	40.3	7.2	26.7
1960	100	17.7	57.0	48.4	8.6	25.3
1961	100	30.4	39.6	35.5	4.1	30.0
1962	100	34.1	37.6	33.7	3.9	28.3
1963	100	34.2	39.2	35.3	3.9	26.6
1964	100	34.1	40.6	36.4	4.2	25.3
1965	100	28.9	46.7	42.3	4.4	24.4
1966	100	28.6	49.0	44.9	4.1	22.4
1967	100	32.0	46.0	42.3	3.7	22.0
1968	100	37.3	38.4	33.7	4.7	24.3
1969	100	34.5	43.4	39.2	4.2	22.1
1970	100	26.3	52.5	48.5	4.0	21.2
1971	100	29.3	49.5	44.9	4.6	21.2
1972	100	25.4	52.3	45.4	6.9	22.3
1973	100	28.2	50.4	46.2	4.2	21.4
1974	100	29.8	48.0	43.9	4.1	22.2
1975	100	29.8	49.7	46.2	3.5	20.5
1976	100	29.5	48.5	45.8	2.7	22.0
1977	100	25.2	52.6	49.5	3.1	22.2
1978	100	20.7	58.5	54.7	3.8	20.8
1979	100	21.3	58.9	53.4	5.5	19.8
1980	100	19.0	58.4	53.5	4.9	22.6
1981	100	25.6	52.9	48.0	4.9	21.5
1982	100	26.8	50.5	44.7	5.8	22.7
1983	100	24.4	53.2	46.1	7.1	22.4
1984	100	23.4	52.3	45.5	6.8	24.3
1985	100	19.3	54.8	46.6	8.2	25.9
1986	100	16.1	54.5	46.3	8.2	29.4
1987	100	15.2	53.6	45.9	7.7	31.2
1988	100	15.3	51.6	44.9	6.7	33.1
1989	100	16.9	50.2	45.0	5.2	32.9
1990	100	18.8	48.9	43.4	5.5	32.3
1991	100	14.7	50.4	45.0	5.4	34.9
1992	100	14.5	50.8	45.6	5.2	34.7
1993	100	13.8	52.0	46.4	5.6	34.2
1994	100	14.5	51.6	45.7	5.9	33.9
1995	100	15.4	49.9	44.6	5.3	34.7
1996	100	15.2	51.2	45.8	5.4	33.6
1997	100	13.0	53.3	47.5	5.8	33.7
1998	100	12.9	53.5	46.6	6.9	33.6

国内生产总值指数
INDEX OF GROSS DOMESTIC PRODUCT

以1952年为100 (1952=100)

年 份	国内生产总值	第一产业	第二产业	工业	建筑业	第三产业
1952	100.0	100.0	100.0	100.0	100.0	100.0
1953	116.7	105.6	125.7	124.6	132.0	137.2
1954	128.4	108.8	177.1	183.7	138.9	141.2
1955	133.5	101.3	224.8	234.8	166.8	146.4
1956	161.7	118.4	279.1	267.4	347.1	182.9
1957	174.0	106.1	371.3	326.8	630.0	198.2
1958	239.0	125.7	597.0	544.1	895.9	272.2
1959	275.6	114.6	820.9	799.8	910.2	312.7
1960	283.3	87.9	1 005.6	979.8	1 113.2	301.4
1961	185.3	87.7	474.6	488.9	357.3	229.4
1962	169.2	92.7	404.4	411.7	335.5	194.3
1963	180.7	101.8	442.8	453.7	350.3	193.3
1964	209.2	119.6	521.6	531.3	432.3	213.8
1965	248.5	123.3	705.2	725.8	538.2	251.0
1966	266.9	122.9	806.8	837.6	569.4	264.6
1967	241.0	130.9	650.3	672.6	472.6	235.0
1968	202.2	114.1	501.3	498.4	489.1	212.6
1969	244.5	130.3	668.3	682.3	540.5	239.6
1970	304.2	129.3	982.4	1 026.9	648.6	291.6
1971	332.5	139.5	1 087.5	1 127.5	793.2	313.5
1972	336.8	120.5	1 165.8	1 169.2	1 155.7	327.9
1973	360.0	143.4	1 208.9	1 270.9	753.5	338.1
1974	350.7	148.0	1 129.2	1 189.6	684.2	341.8
1975	378.4	160.0	1 264.7	1 349.0	636.3	334.6
1976	349.6	146.1	1 153.4	1 249.2	439.7	325.3
1977	412.5	146.7	1 442.9	1 557.8	583.0	395.2
1978	485.1	131.7	1 893.0	2 036.0	821.4	434.5
1979	532.7	142.0	2 057.7	2 143.9	1 416.1	500.6
1980	543.3	124.4	2 117.4	2 242.5	1 169.7	555.9
1981	547.7	150.9	1 973.4	2 058.6	1 276.1	574.4
1982	633.1	186.3	2 206.3	2 258.3	1 675.5	669.1
1983	721.1	191.2	2 667.4	2 700.9	2 199.9	734.3
1984	876.9	229.0	3 152.9	3 195.2	2 591.5	967.3
1985	939.1	188.3	3 565.9	3 521.1	3 454.5	1 120.3
1986	1 000.2	181.3	3 858.3	3 802.8	3 775.8	1 223.0
1987	1 052.2	175.9	4 128.4	4 080.4	3 979.7	1 294.1
1988	1 134.3	182.5	4 417.4	4 492.5	3 534.0	1 445.5
1989	1 193.2	195.7	4 625.0	4 833.9	2 950.9	1 522.0
1990	1 252.9	220.3	4 689.7	4 853.2	3 266.6	1 652.8
1991	1 305.5	192.6	4 985.2	5 188.1	3 309.1	1 833.2
1992	1 485.7	217.4	5 678.1	5 987.1	3 355.4	2 092.4
1993	1 666.9	237.2	6 501.4	6 891.2	3 650.7	2 306.5
1994	1 823.6	247.9	7 307.6	7 745.7	4 107.0	2 470.3
1995	2 026.0	257.3	8 352.6	8 899.8	4 419.1	2 700.0
1996	2 248.9	287.7	9 380.0	9 923.3	5 347.1	2 932.2
1997	2 485.0	273.3	10 749.5	11 322.5	6 384.4	3 234.2
1998	2 708.7	302.0	11 845.9	12 250.9	8 255.0	3 441.2

国内生产总值指数

INDEX OF GROSS DOMESTIC PRODUCT

以上年为100　　　　(last year = 100)

年　份	国内生产总　值	第　一产　业	第　二产　业			第　三产　业
				工　业	建筑业	
1953	116.7	105.6	125.7	124.6	132.0	137.2
1954	110.0	103.0	140.9	147.4	105.2	102.9
1955	104.0	93.1	126.9	127.8	120.1	103.7
1956	121.1	116.9	124.2	113.9	208.1	124.9
1957	107.6	89.6	133.0	122.2	181.5	108.4
1958	137.4	118.5	160.8	166.5	142.2	137.3
1959	115.3	91.2	137.5	147.0	101.6	114.9
1960	102.8	76.7	122.5	122.5	122.3	96.4
1961	65.4	99.8	47.2	49.9	32.1	76.1
1962	91.3	105.7	85.2	84.2	93.9	84.7
1963	106.8	109.8	109.5	110.2	104.4	99.5
1964	115.8	117.4	117.8	117.1	123.4	110.6
1965	118.8	103.1	135.2	136.6	124.5	117.4
1966	107.4	99.7	114.4	115.4	105.8	105.4
1967	90.3	106.5	80.6	80.3	83.0	88.8
1968	83.9	87.2	77.1	74.1	103.5	90.5
1969	120.9	114.2	133.3	136.9	110.5	112.7
1970	124.4	99.2	147.0	150.5	120.0	121.7
1971	109.3	107.9	110.7	109.8	122.3	107.5
1972	101.3	86.4	107.2	103.7	145.7	104.6
1973	106.9	119.0	103.7	108.7	65.2	103.1
1974	97.4	103.2	93.4	93.6	90.8	101.1
1975	107.9	108.1	112.0	113.4	93.0	97.9
1976	92.4	91.3	91.2	92.6	69.1	97.2
1977	118.0	100.4	125.1	124.7	132.6	121.5
1978	117.6	89.8	131.2	130.7	140.9	109.9
1979	109.8	107.8	108.7	105.3	172.4	115.2
1980	102.0	87.6	102.9	104.6	82.6	111.1
1981	100.8	121.3	93.2	91.8	109.1	103.3
1982	115.6	123.5	111.8	109.7	131.3	116.5
1983	113.9	102.6	120.9	119.6	131.3	109.7
1984	121.6	119.8	118.2	118.3	117.8	131.7
1985	107.1	82.2	113.1	110.2	133.3	115.8
1986	106.5	96.3	108.2	108.0	109.3	109.2
1987	105.2	97.0	107.0	107.3	105.4	105.8
1988	107.8	103.8	107.0	110.1	88.8	111.7
1989	105.2	107.2	104.7	107.6	83.5	105.3
1990	105.0	112.6	101.4	100.4	110.7	108.6
1991	104.2	87.4	106.3	106.9	101.3	110.9
1992	113.8	112.9	113.9	115.4	101.4	114.1
1993	112.2	109.1	114.5	115.1	108.8	110.2
1994	109.4	104.5	112.4	112.4	112.5	107.1
1995	111.1	103.8	114.3	114.9	107.6	109.3
1996	111.0	111.8	112.3	111.5	121.0	108.6
1997	110.5	95.0	114.6	114.1	119.4	110.3
1998	109.0	110.5	110.2	108.2	129.3	106.4

分行业国内生产总值
GROSS DOMESTIC PRODUCT BY SECTOR

按当年价格计算 (at current prices)

年 份	国内生产总值(万元)	第一产业	第二产业	工业	建筑业	第三产业	运输邮电业	商业
1978	879 946	182 040	514 685	481 225	33 460	183 221	27 160	48 176
1979	1 064 308	226 527	627 275	568 695	58 580	210 506	37 791	65 812
1980	1 087 619	206 348	635 098	582 107	52 991	246 173	62 609	51 035
1981	1 217 109	311 304	644 523	585 195	59 328	261 282	42 490	62 440
1982	1 392 216	373 314	702 480	622 004	80 476	316 422	62 204	64 851
1983	1 550 602	377 920	825 512	715 132	110 380	347 170	73 362	83 051
1984	1 974 231	462 487	1 031 178	896 115	135 063	480 566	133 079	98 598
1985	2 189 896	422 629	1 200 573	1 021 192	179 381	566 694	149 612	130 817
1986	2 351 114	379 020	1 282 495	1 088 723	193 772	689 599	177 275	155 613
1987	2 572 290	390 647	1 379 696	1 180 759	198 937	801 947	187 385	172 971
1988	3 166 851	485 368	1 632 920	1 422 279	210 641	1 048 563	221 929	257 048
1989	3 762 551	637 472	1 887 453	1 690 739	196 714	1 237 626	226 704	267 884
1990	4 292 736	808 080	2 100 746	1 866 110	234 636	1 383 910	249 861	290 656
1991	4 685 131	687 729	2 362 793	2 108 110	254 683	1 634 609	332 414	347 009
1992	5 701 228	829 433	2 892 838	2 594 383	298 455	1 978 957	438 226	442 954
1993	7 046 279	972 656	3 663 785	3 268 670	395 115	2 409 839	562 022	524 565
1994	8 537 709	1 238 445	4 408 146	3 901 720	506 426	2 891 118	705 523	663 501
1995	10 924 762	1 686 929	5 451 267	4 870 513	580 754	3 786 566	879 809	849 607
1996	13 080 194	1 982 832	6 703 958	5 994 757	709 201	4 393 404	1 019 709	1 043 668
1997	14 801 309	1 918 429	7 894 528	7 030 189	864 339	4 988 352	1 113 119	1 150 623
1998	16 010 799	2 072 523	8 561 250	7 454 683	1 106 567	5 377 026	1 237 894	1 229 437

年 份	金融保险业	房地产业	社会服务业	卫生、体育社会福利事业	教育、文艺广播、电影电视事业	科学研究和综合技术服务事业	国家政党机关社会团体	其他
1978	17 133	10 966	6 443	10 503	24 362	5 737	15 650	17 091
1979	13 810	11 187	7 015	10 883	24 379	5 445	16 635	17 549
1980	19 729	15 027	8 524	11 215	25 725	7 601	17 495	27 213
1981	25 697	13 230	12 888	13 429	33 300	9 167	25 251	23 390
1982	44 303	12 651	17 698	16 390	39 002	9 424	27 923	21 976
1983	46 380	13 337	20 404	15 055	38 264	9 913	29 240	18 164
1984	52 896	19 829	35 123	19 959	47 191	10 569	37 486	25 836
1985	75 396	24 111	31 969	21 579	49 313	9 480	44 261	30 156
1986	101 491	28 128	37 244	24 406	55 679	17 271	63 405	29 087
1987	161 730	31 231	42 210	27 757	59 745	23 120	70 126	25 672
1988	211 071	34 713	54 234	34 551	76 316	38 927	88 774	31 000
1989	309 381	38 424	63 797	41 374	89 122	51 363	112 999	36 578
1990	372 379	40 827	72 059	42 379	93 418	59 300	121 017	42 014
1991	427 004	39 998	69 636	51 343	112 763	54 035	156 019	44 388
1992	463 727	55 513	87 062	60 067	134 781	52 899	184 476	59 252
1993	584 786	60 427	120 127	77 550	162 202	54 918	198 144	65 097
1994	478 049	71 950	146 190	86 002	242 469	109 519	309 251	78 664
1995	803 935	81 675	195 494	102 888	295 268	134 550	356 884	86 456
1996	853 251	105 399	236 291	110 990	337 359	44 019	501 675	25 202
1997	1 015 954	123 846	291 296	129 167	359 486	55 749	590 430	27 974
1998	968 466	205 899	346 642	139 813	372 789	59 275	639 166	31 207

最终消费与资本形成总额

FINAL CONSUMPTION EXPENDITURE AND GROSS CAPITAL FORMATION

单位：万元　　　　(10 000 yuan)

年　份	最终消费	居民消费	政府消费	资本形成总额	固定资产形成	库存增加
1952	106 796	104 073	2 723	28 927	22 382	6 545
1953	126 013	121 772	4 241	37 528	29 663	7 865
1954	133 579	128 913	4 666	55 213	46 204	9 009
1955	140 481	135 438	5 043	57 208	48 616	8 592
1956	164 586	157 434	7 152	109 093	102 263	6 830
1957	161 822	153 114	8 708	133 691	107 213	26 478
1958	190 095	179 164	10 931	218 990	210 869	8 121
1959	203 743	187 075	16 668	279 744	220 333	59 411
1960	210 874	192 674	18 200	260 049	245 098	14 951
1961	205 919	187 524	18 395	87 570	83 700	3 870
1962	201 626	188 855	12 771	28 727	47 335	－18 608
1963	206 143	191 699	14 444	56 075	58 525	－2 450
1964	214 125	198 191	15 934	67 815	81 496	－13 681
1965	219 889	203 095	16 794	133 509	100 307	33 202
1966	231 085	217 462	13 623	138 233	116 726	21 507
1967	237 539	227 766	9 773	84 684	74 824	9 860
1968	226 902	219 717	7 185	76 990	57 413	19 577
1969	253 539	243 613	9 926	137 120	85 254	51 866
1970	261 271	249 628	11 643	177 639	157 690	19 949
1971	288 736	271 912	16 824	270 524	209 167	61 357
1972	301 829	283 316	18 513	279 462	207 217	72 245
1973	326 824	304 236	22 588	228 847	204 660	24 187
1974	348 279	319 488	28 791	249 417	193 289	56 128
1975	360 727	326 792	33 935	260 644	210 695	49 949
1976	368 606	337 515	31 091	217 593	195 815	21 778
1977	391 414	357 163	34 251	303 406	247 353	56 053
1978	459 350	420 333	39 017	339 255	274 411	64 844
1979	546 220	462 105	84 115	319 216	224 617	94 599
1980	628 621	540 854	87 767	327 407	272 900	54 507
1981	703 380	613 956	89 424	329 596	247 414	82 182
1982	791 420	679 813	111 607	432 679	335 208	97 471
1983	898 198	759 143	139 055	546 509	435 467	111 042
1984	1 056 417	872 996	183 421	808 893	668 871	140 022
1985	1 233 204	1 020 007	213 197	1 092 811	889 211	203 600
1986	1 348 696	1 093 702	254 994	1 119 998	940 482	179 516
1987	1 544 137	1 247 388	296 749	1 299 493	1 029 732	269 761
1988	1 953 164	1 570 110	383 054	1 452 911	1 044 354	408 557
1989	2 277 145	1 768 913	508 232	1 658 872	1 046 736	612 136
1990	2 599 011	1 914 665	684 346	1 869 938	1 172 448	697 490
1991	2 840 374	2 180 923	659 451	1 766 658	1 443 864	322 794
1992	3 420 874	2 629 608	791 266	2 353 264	1 755 195	598 069
1993	4 186 465	3 332 067	854 398	3 134 987	2 425 527	709 460
1994	4 949 141	3 785 694	1 163 447	3 857 111	2 909 041	948 070
1995	6 272 318	4 865 215	1 407 103	4 124 206	3 140 635	983 571
1996	7 545 255	5 814 262	1 730 993	4 876 470	3 511 053	1 365 417
1997	8 524 638	6 204 689	2 319 949	5 701 054	4 341 196	1 359 858
1998	7 912 671	5 793 201	2 119 470	7 706 898	5 620 013	2 086 885

最终消费与资本形成总额指数

INDEX OF FINAL CONSUMPTION EXPENDITURE AND GROSS CAPITAL FORMATION

以上年为100　　　　(last year = 100)

年份	最终消费	居民消费	政府消费	资本形成总额	固定资产形成	库存增加
1953	111.7	110.8	159.5	130.9	134.8	116.4
1954	106.0	105.8	114.7	147.2	157.5	102.2
1955	104.5	104.3	109.1	107.7	109.6	94.6
1956	117.0	116.2	140.8	197.0	211.5	84.4
1957	97.4	96.5	121.9	122.1	104.6	465.1
1958	116.2	115.8	126.3	163.4	194.1	28.3
1959	105.1	102.7	152.3	121.5	101.7	721.1
1960	92.8	91.7	107.4	93.0	111.6	13.8
1961	82.8	81.8	94.6	33.6	33.2	46.6
1962	99.5	102.6	69.0	30.7	55.1	-565.2
1963	112.1	112.2	109.9	185.3	118.1	25.2
1964	106.6	106.2	113.1	124.8	142.8	326.1
1965	107.4	107.4	107.7	206.7	127.1	-182.7
1966	104.1	105.8	81.2	105.2	118.5	60.1
1967	103.0	104.7	71.9	62.5	63.9	53.2
1968	95.3	96.1	73.5	95.3	79.4	223.0
1969	112.7	112.0	139.6	179.7	152.0	259.0
1970	102.8	102.3	117.5	129.3	185.3	34.9
1971	110.0	108.5	144.5	150.0	127.5	352.0
1972	104.2	103.9	109.9	103.1	100.7	110.8
1973	108.0	107.2	121.8	82.0	98.6	33.2
1974	106.2	104.7	127.5	108.5	94.3	232.8
1975	103.3	102.1	117.8	103.3	107.8	87.4
1976	102.1	103.1	91.6	83.4	92.3	44.7
1977	105.2	104.8	110.0	137.8	124.6	256.7
1978	116.3	116.5	113.8	111.4	110.4	115.9
1979	113.2	104.7	213.1	90.8	80.1	135.5
1980	110.2	111.5	103.2	100.5	117.8	57.9
1981	109.5	110.9	100.8	98.1	87.9	149.2
1982	110.9	108.8	124.8	128.2	132.4	116.0
1983	112.7	110.5	126.0	123.5	126.9	112.3
1984	113.6	110.2	131.4	139.1	143.8	121.3
1985	112.2	112.0	113.3	133.0	132.5	135.1
1986	101.9	102.4	99.8	97.3	100.5	83.4
1987	108.6	108.7	108.3	107.9	100.1	149.0
1988	103.2	102.4	106.7	94.3	86.7	121.5
1989	93.9	89.8	111.4	99.2	89.4	124.3
1990	117.2	112.5	133.1	109.5	104.8	118.3
1991	104.6	108.8	92.7	87.7	113.7	45.3
1992	112.1	112.8	109.8	113.4	104.6	149.3
1993	107.1	111.5	91.7	203.0	206.9	191.8
1994	107.9	108.0	107.4	110.1	110.7	108.0
1995	109.4	109.7	108.2	104.1	102.9	108.1
1996	112.3	111.4	115.8	112.0	104.6	134.3
1997	110.0	105.2	128.0	114.1	121.8	96.1
1998	94.4	93.4	97.4	143.8	131.0	181.8

居民消费水平
PER CAPITA CONSUMPTION

单位：元/人　　(yuan/person)

年　份	按当年价格计算			按可比价格计算		
	居民消费水平	农村居民消费水平	城镇居民消费水平	居民消费水平	农村居民消费水平	城镇居民消费水平
1952	76	69	142	106	97	188
1953	86	74	186	114	104	197
1954	89	73	208	118	103	229
1955	91	74	207	119	99	256
1956	103	82	228	135	110	281
1957	98	72	237	127	98	287
1958	112	84	248	144	111	301
1959	114	79	259	144	107	299
1960	114	70	298	129	89	293
1961	110	73	280	104	77	228
1962	109	74	310	106	79	260
1963	108	76	315	116	85	318
1964	110	81	290	120	90	309
1965	110	82	275	126	95	313
1966	115	87	282	131	98	322
1967	118	89	289	134	101	331
1968	111	85	266	126	96	304
1969	120	95	274	138	108	316
1970	120	94	276	137	106	317
1971	127	100	285	145	112	329
1972	129	94	327	147	106	376
1973	136	101	328	154	113	376
1974	140	106	328	158	118	375
1975	141	106	330	159	119	375
1976	143	105	346	161	118	393
1977	150	109	368	167	122	405
1978	174	128	419	192	141	459
1979	190	140	437	199	145	470
1980	220	160	505	220	160	505
1981	246	184	530	241	180	517
1982	269	206	545	258	199	521
1983	297	232	576	282	222	540
1984	338	262	651	307	242	579
1985	390	289	798	340	260	663
1986	414	306	833	345	266	651
1987	467	338	948	371	287	683
1988	579	408	1 206	374	283	709
1989	643	461	1 293	331	240	656
1990	681	485	1 379	365	271	699
1991	741	494	1 611	379	268	769
1992	882	574	1 926	422	298	843
1993	1 112	717	2 459	468	333	928
1994	1 250	789	2 756	501	359	963
1995	1 589	1 012	3 413	544	389	1 028
1996	1 880	1 206	3 939	1 121	780	2 163
1997	1 985	1 247	4 172	1 167	796	2 266
1998	1 835	1 120	4 172	1 079	725	2 102

总户数、总人口数

NUMBER OF HOUSEHOLDS AND POPULATION

年 份	总户数（万户）	总人口（万人）	按性别分		按城乡分		按农业非农业分	
			男 性	女 性	市镇人口	乡村人口	非农业人口	农业人口
1949	320.05	1 280.86	676.16	604.70	102.58	1 178.28	106.14	1 174.72
1950	330.64	1 311.57	691.26	620.31	107.97	1 203.60	111.79	1 199.78
1951	339.55	1 351.94	714.87	637.07	116.29	1 235.65	123.15	1 228.79
1952	349.29	1 395.20	737.68	657.52	130.90	1 264.30	143.94	1 251.26
1953	358.73	1 426.78	754.68	672.10	150.37	1 276.41	159.40	1 267.38
1954	364.48	1 464.53	778.10	686.43	166.68	1 297.85	180.86	1 283.67
1955	372.67	1 508.70	801.73	706.97	182.85	1 325.85	205.55	1 303.15
1956	386.09	1 553.58	829.28	724.30	237.06	1 316.52	240.83	1 312.75
1957	392.17	1 586.74	846.63	740.11	251.79	1 334.95	242.41	1 344.33
1958	395.14	1 621.07	862.76	758.31	295.22	1 325.85	305.87	1 315.20
1959	399.18	1 666.57	890.19	776.38	317.73	1 348.84	329.56	1 337.01
1960	402.41	1 703.02	909.65	793.37	337.77	1 365.25	326.03	1 376.99
1961	420.21	1 710.04	906.20	803.84	319.16	1 390.88	282.95	1 427.09
1962	431.45	1 745.33	921.73	823.60	287.89	1 457.44	230.93	1 514.40
1963	435.76	1 790.11	946.74	843.37	277.48	1 512.63	242.43	1 547.68
1964	437.27	1 824.37	965.03	859.34	293.39	1 530.98	257.29	1 567.08
1965	442.43	1 871.56	987.75	883.81	307.39	1 564.17	271.96	1 599.60
1966	447.24	1 911.05	1 008.91	902.14	309.41	1 601.64	273.98	1 637.07
1967	452.51	1 946.95	1 030.11	916.84	313.35	1 633.60	282.46	1 664.49
1968	461.48	1 999.65	1 054.38	945.27	321.64	1 678.01	284.98	1 714.67
1969	470.69	2 049.09	1 080.79	968.30	322.89	1 726.20	290.13	1 758.96
1970	491.75	2 111.35	1 111.69	999.66	341.90	1 769.45	311.00	1 800.35
1971	499.06	2 164.40	1 139.65	1 024.75	385.58	1 778.82	324.06	1 840.34
1972	505.36	2 213.09	1 167.16	1 045.93	406.90	1 806.19	342.46	1 870.63
1973	515.64	2 257.26	1 189.40	1 067.86	418.31	1 838.95	350.30	1 906.96
1974	524.82	2 301.90	1 212.19	1 089.71	430.09	1 871.81	356.86	1 945.04
1975	533.09	2 340.03	1 230.26	1 109.77	438.50	1 901.53	364.13	1 975.90
1976	547.16	2 373.05	1 248.10	1 124.95	448.42	1 924.63	375.20	1 997.85
1977	550.73	2 398.44	1 260.01	1 138.43	453.59	1 944.85	380.80	2 017.64
1978	558.01	2 423.60	1 273.07	1 150.53	464.79	1 958.81	393.79	2 029.81
1979	568.15	2 447.20	1 283.91	1 163.29	484.67	1 962.53	415.39	2 031.81
1980	579.71	2 476.46	1 299.32	1 177.14	502.71	1 973.75	439.81	2 036.65
1981	595.00	2 508.77	1 311.24	1 197.53	516.97	1 991.80	459.11	2 049.66
1982	604.38	2 546.00	1 330.05	1 215.95	541.43	2 004.57	474.67	2 071.33
1983	612.46	2 588.40	1 354.77	1 233.63	716.47	1 871.93	492.05	2 096.35
1984	622.72	2 631.48	1 379.68	1 251.80	1 453.34	1 178.14	517.88	2 113.60
1985	631.69	2 673.51	1 403.33	1 270.18	1 509.46	1 164.05	536.84	2 136.67
1986	647.94	2 713.53	1 424.06	1 289.47	1 545.08	1 168.45	564.41	2 149.12
1987	668.71	2 758.11	1 446.35	1 311.76	1 576.81	1 181.30	586.65	2 171.46
1988	693.78	2 807.24	1 470.15	1 337.09	1 616.41	1 190.83	607.77	2 199.47
1989	718.29	2 852.98	1 494.96	1 358.02	1 690.96	1 162.02	625.66	2 227.32
1990	740.63	2 898.96	1 508.62	1 390.34	1 730.39	1 168.57	639.22	2 259.74
1991	754.60	2 941.86	1 537.12	1 404.74	1 768.35	1 173.51	651.33	2 290.53
1992	766.53	2 979.31	1 557.29	1 422.02	1 810.82	1 168.49	666.47	2 312.84
1993	785.19	3 012.62	1 574.40	1 438.22	1 903.98	1 108.64	694.11	2 318.51
1994	800.21	3 045.21	1 590.82	1 454.39	1 983.65	1 061.56	723.54	2 321.67
1995	815.23	3 077.28	1 606.34	1 470.94	2 020.23	1 057.05	748.39	2 328.89
1996	833.95	3 109.26	1 622.41	1 486.85	2 051.49	1 057.77	776.38	2 332.88
1997	847.48	3 140.89	1 636.40	1 504.49	2 087.44	1 053.45	800.93	2 339.96
1998	860.08	3 172.20	1 650.18	1 522.02	2 114.59	1 057.61	822.55	2 349.65

人口自然变动

CHANGES OF POPULATION

年　份	出　生		死　亡		自然增长	
	人　数（万人）	出生率（‰）	人　数（万人）	死亡率（‰）	人　数（万人）	自然增长率（‰）
1949	25.56	19.95	17.55	13.70	8.01	6.25
1950	34.69	26.76	17.51	13.51	17.18	13.25
1951	40.42	30.35	17.08	12.83	23.34	17.52
1952	45.15	32.87	16.71	12.16	28.44	20.71
1953	46.85	33.20	16.07	11.39	30.78	21.81
1954	53.36	36.91	21.31	14.74	30.05	22.17
1955	50.89	34.23	19.22	12.93	31.67	21.30
1956	45.84	29.94	17.76	11.60	28.08	18.34
1957	52.22	33.25	19.91	12.68	32.31	20.57
1958	46.00	28.68	18.81	11.73	27.19	16.95
1959	45.27	27.54	21.11	12.84	24.16	14.70
1960	46.04	27.33	23.94	14.21	22.10	13.12
1961	32.50	19.05	20.83	12.20	11.67	6.85
1962	65.14	37.70	19.59	11.34	45.55	26.36
1963	67.28	38.06	20.22	11.44	47.06	26.62
1964	65.34	36.15	25.26	13.98	40.08	22.17
1965	62.73	33.95	19.19	10.38	43.54	23.57
1966	56.78	30.02	19.42	10.27	37.36	19.75
1967	55.38	28.71	16.21	8.40	39.17	20.31
1968	62.20	31.52	16.29	8.26	45.91	23.26
1969	61.89	30.57	15.51	7.66	46.38	22.91
1970	64.70	31.10	17.00	8.17	47.70	22.93
1971	62.18	29.09	17.39	8.13	44.79	20.96
1972	64.49	29.47	18.76	8.57	45.73	20.90
1973	60.36	27.01	18.12	8.11	42.24	18.90
1974	58.99	25.88	17.59	7.71	41.40	18.17
1975	53.90	23.22	18.22	7.85	35.68	15.37
1976	46.20	19.60	16.95	7.19	29.25	12.41
1977	41.81	17.53	16.91	7.09	24.90	10.44
1978	37.76	15.66	15.80	6.55	21.96	9.11
1979	38.03	15.62	15.61	6.41	22.42	9.21
1980	41.74	16.95	15.98	6.49	25.76	10.46
1981	50.61	20.31	16.30	6.54	34.31	13.77
1982	53.25	21.07	16.78	6.64	36.47	14.43
1983	53.42	20.81	16.99	6.62	36.43	14.19
1984	52.09	19.96	15.66	6.00	36.43	13.96
1985	56.65	21.36	16.87	6.36	39.78	15.00
1986	54.63	20.28	17.45	6.48	37.18	13.80
1987	59.01	21.57	17.67	6.46	41.34	15.11
1988	61.69	22.17	17.86	6.42	43.83	15.75
1989	60.52	21.38	17.83	6.30	42.69	15.08
1990	64.82	22.54	18.87	6.56	45.95	15.98
1991	62.96	21.56	20.06	6.87	42.90	14.69
1992	58.00	19.59	20.55	6.94	37.45	12.65
1993	52.37	17.48	19.05	6.36	33.32	11.12
1994	52.88	17.46	20.29	6.70	32.59	10.76
1995	50.82	16.60	18.73	6.12	32.09	10.48
1996	51.32	16.59	19.33	6.25	31.99	10.34
1997	50.56	16.18	18.94	6.06	31.62	10.12
1998	51.04	16.09	19.57	6.17	31.47	9.92

人口机械变动

MECHANICAL CHANGE OF POPULATION

年份	迁入人口(万人)		迁出人口(万人)		净迁移人数(万人)	迁移率(‰)		
	合计	#省外迁入	合计	#迁往省外		迁入率	迁出率	净迁移率
1949								
1950					13.53			10.32
1951					17.03			12.60
1952					14.82			10.62
1953					0.80			0.56
1954	86.05		80.35		5.70	59.52	55.58	3.94
1955	102.23		88.59		13.64	68.77	59.59	9.18
1956	135.71		114.92		20.80	88.64	75.05	13.58
1957	134.84		133.99		0.84	85.87	85.34	0.54
1958	124.91		115.80		9.10	77.88	72.20	5.68
1959	115.00		97.61		17.37	69.95	59.38	10.57
1960	88.47		76.16		12.31	52.51	45.21	7.31
1961	64.52		65.26		-0.74	37.81	38.24	-0.43
1962	71.22		81.53		-10.31	41.22	47.19	-5.97
1963	33.72		33.25		0.47	19.07	18.81	0.26
1964	45.34		44.43		0.91	25.09	24.58	0.54
1965	44.57		41.08		3.49	24.12	22.23	1.89
1966	45.89		43.54		2.34	24.26	23.02	1.24
1967	30.79		32.40		-1.61	15.96	16.79	-0.83
1968	38.68		32.72		5.96	19.60	16.58	3.02
1969	43.74		37.18		6.56	21.61	18.37	3.24
1970	51.17		48.00		3.20	24.60	23.06	1.54
1971	52.56		44.95		7.61	24.58	21.02	3.56
1972	61.41		58.67		2.74	28.06	26.81	1.25
1973	47.07		45.47		1.60	21.06	20.34	0.71
1974	40.05		37.04		3.01	17.57	16.25	1.32
1975	43.64		41.30		2.34	18.80	17.79	1.01
1976	50.39		46.58		3.81	21.38	19.77	1.62
1977	41.60		41.19		0.41	17.44	17.26	0.17
1978	53.62		52.04		1.58	22.24	21.59	0.65
1979	64.00		62.19		1.76	26.26	25.53	0.72
1980	70.95		65.02		5.93	28.82	26.41	2.41
1981	72.03	5.89	65.25	5.70	6.78	28.90	26.81	2.72
1982	57.80	5.82	51.55	5.62	6.25	22.87	20.40	2.47
1983	52.81	7.05	50.00	5.47	2.81	20.64	19.54	1.10
1984	60.40	7.94	53.64	5.75	6.75	23.35	20.74	2.61
1985	50.88	5.98	46.80	6.16	4.08	19.47	17.91	1.56
1986	63.61	7.05	58.28	6.67	5.33	24.09	22.07	2.02
1987	57.09	6.31	47.89	5.79	9.20	21.36	17.92	3.44
1988	55.08	5.21	43.73	5.50	11.34	20.32	16.13	4.18
1989	51.25	5.22	42.53	4.85	8.72	18.62	15.45	3.17
1990	55.52	5.50	42.66	5.61	12.86	19.76	15.18	4.58
1991	38.29	4.63	35.54	4.56	2.75	13.37	12.41	0.96
1992	44.03	4.93	38.22	4.66	5.81	15.18	13.18	2.00
1993	56.40	6.07	48.93	4.44	7.47	19.20	16.66	2.54
1994	55.50	5.84	48.69	5.38	6.81	18.66	16.38	2.29
1995	49.40	6.43	40.76	4.94	8.64	16.42	13.55	2.87
1996	51.12	8.27	43.59	5.88	7.53	16.71	14.25	2.46
1997	46.79	7.71	39.94	5.92	6.85	15.14	12.92	2.22
1998	41.46	6.64	37.81	5.71	3.65	13.32	12.14	1.18

注:此表为公安年报数。

1953年人口普查数

POPULATION OF CENSUSES IN 1953

单位：人　　(person)

年 龄	人口数	男	女	年 龄	人口数	男	女
总　计	**14 174 008**	**7 504 266**	**6 669 742**	24	200 131	97 711	102 420
0—4岁	2 130 906	1 119 579	1 011 327	25—29岁	1 043 935	513 160	530 775
0	511 277	268 659	242 618	25	212 618	103 146	109 472
1	506 520	265 339	241 181	26	196 508	95 666	100 842
2	408 779	214 168	194 611	27	206 851	101 841	105 010
3	401 833	211 486	190 347	28	218 701	108 374	110 327
4	302 497	159 927	142 570	29	209 257	104 133	105 124
5—9岁	1 412 414	760 405	652 009	30—34岁	946 538	484 745	461 793
5	305 543	163 143	142 400	30	191 657	97 169	94 488
6	336 301	180 141	156 160	31	185 436	94 745	90 691
7	305 642	162 612	143 030	32	186 509	95 936	90 573
8	230 107	124 606	105 501	33	199 377	101 852	97 525
9	234 821	129 903	104 918	34	183 559	95 043	88 516
10—14岁	1 260 457	699 857	560 600	35—39岁	972 127	516 131	455 996
10	257 725	143 326	114 399	35	185 262	96 696	88 566
11	288 900	157 798	131 102	36	199 840	106 044	93 796
12	236 167	131 272	104 895	37	198 946	104 787	94 159
13	238 040	132 819	105 221	38	195 131	102 839	92 292
14	239 625	134 642	104 983	39	192 948	105 765	87 183
15—19岁	1 295 270	666 083	629 187	40—44岁	877 192	488 719	388 473
15	238 160	131 330	106 830	40	180 094	102 072	78 022
16	248 470	123 409	125 061	41	177 808	101 035	76 773
17	258 457	125 996	132 461	42	173 020	96 356	76 664
18	277 013	143 639	133 374	43	176 627	96 827	79 800
19	273 170	141 709	131 461	44	169 643	92 429	77 214
20—24岁	1 145 087	567 076	578 011	45—49岁	778 991	423 078	355 913
20	259 678	132 260	127 418	45	157 828	85 843	71 985
21	228 823	114 726	114 097	46	159 592	86 864	72 728
22	236 550	115 891	120 659	47	165 219	89 538	75 681
23	219 905	106 488	113 417	48	148 257	79 784	68 473

续表 CONTINUED

单位：人 （person）

年 龄	人口数	男	女	年 龄	人口数	男	女
49	148 095	81 049	67 046	75—79岁	60 491	27 200	33 291
50—54岁	590 132	332 339	257 793	75	13 915	6 584	7 331
50	145 470	81 296	64 174	76	12 937	6 006	6 931
51	114 935	64 393	50 542	77	12 702	5 710	6 992
52	108 446	60 513	47 933	78	11 120	4 780	6 340
53	107 397	59 572	47 425	79	9 817	4 120	5 697
54	113 884	66 165	47 719	80—84岁	24 812	9 431	15 381
55—59岁	583 613	335 188	248 425	80	7 541	3 032	4 509
55	127 703	74 875	52 828	81	5 882	2 338	3 544
56	116 310	68 207	48 103	82	5 135	1 899	3 236
57	114 236	65 192	49 044	83	3 774	1 348	2 426
58	122 116	68 760	53 356	84	2 480	814	1 666
59	103 248	58 154	45 094	85—89岁	5 297	1 539	3 758
60—64岁	465 096	260 719	204 377	85	1 919	621	1 298
60	101 563	58 378	43 185	86	1 338	375	963
61	95 068	53 608	41 460	87	963	258	705
62	90 450	50 357	40 093	88	666	191	475
63	92 662	51 316	41 346	89	411	94	317
64	85 353	47 060	38 293	90—94岁	607	149	458
65—69岁	357 249	190 337	166 912	90	262	72	190
65	82 841	44 804	38 037	91	162	45	117
66	80 211	43 607	36 604	92	74	16	58
67	66 648	35 388	31 260	93	68	9	59
68	64 773	33 893	30 880	94	41	7	34
69	62 776	32 645	30 131	95—99岁	83	15	68
70—74岁	223 697	108 513	115 184	95	25	5	20
70	60 271	30 535	29 736	96	21	5	16
71	55 207	27 237	27 970	97	14	2	12
72	47 001	22 246	24 755	98	14		14
73	45 276	21 121	24 155	99	9	3	6
74	15 942	7 374	8 568	100岁及以上	14	3	11

1964年人口普查数

POPULATION OF CENSUSES IN 1964

单位：人　　(person)

年 龄	人口数	男	女	年 龄	人口数	男	女
总　计	**18 015 067**	**9 525 116**	**8 486 951**	24	234 715	125 978	108 737
0—4岁	2 700 814	1 404 596	1 296 218	25—29岁	1 279 810	696 491	583 319
0	678 906	349 242	329 664	25	242 274	131 904	110 370
1	743 275	384 405	358 870	26	257 182	142 404	114 778
2	445 475	231 526	213 949	27	262 760	142 383	120 377
3	344 281	181 341	162 940	28	259 923	140 373	119 550
4	488 877	258 082	230 795	29	257 671	139 427	118 244
5—9岁	2 459 735	1 301 178	1 158 557	30—34岁	1 234 780	659 925	574 855
5	434 300	229 083	205 217	30	264 586	143 557	121 029
6	523 058	276 554	246 504	31	262 692	141 159	121 533
7	524 380	276 705	247 675	32	238 191	128 143	110 048
8	478 537	254 050	224 487	33	237 664	126 069	111 595
9	499 460	264 786	234 674	34	231 647	120 997	110 650
10—14岁	2 120 862	1 119 286	1 001 576	35—39岁	1 043 205	543 874	499 331
10	471 873	248 753	223 120	35	207 600	108 779	98 821
11	436 944	230 593	206 351	36	211 875	110 323	101 552
12	431 117	226 625	204 492	37	200 404	104 669	95 735
13	395 840	208 561	187 279	38	210 601	109 490	101 111
14	385 088	204 754	180 334	39	212 725	110 613	102 112
15—19岁	1 454 114	757 374	696 740	40—44岁	942 083	496 775	445 308
15	294 112	157 751	136 361	40	206 747	107 849	98 898
16	292 606	158 008	134 598	41	184 525	97 245	87 280
17	323 260	166 131	157 129	42	178 772	94 536	84 236
18	310 302	154 804	155 498	43	182 507	96 893	85 614
19	233 834	120 680	113 154	44	189 532	100 252	89 280
20—24岁	1 173 800	619 119	553 889	45—49岁	880 382	471 295	409 087
20	212 839	112 830	100 009	45	172 944	91 694	81 250
21	242 367	127 536	114 831	46	168 209	89 773	78 436
22	259 764	135 881	123 883	47	177 887	96 704	81 183
23	224 115	117 686	106 429	48	183 510	97 969	85 541

续表 CONTINUED

单位：人 (person)

年 龄	人口数	男	女	年 龄	人口数	男	女
49	177 832	95 155	82 677	75	34 532	16 460	17 558
50—54岁	793 993	437 008	356 985	76	31 100	14 906	16 194
50	170 306	93 677	76 629	77	26 401	12 620	13 781
51	158 300	87 398	70 902	78	20 282	9 404	10 878
52	152 642	85 106	67 536	79	16 954	7 546	9 408
53	155 113	85 419	69 694	80—84岁	49 108	20 037	29 071
54	157 632	85 408	72 224	80	14 819	6 506	8 313
55—59岁	663 169	356 377	306 792	81	12 379	5 243	7 136
55	142 385	76 857	65 528	82	9 304	3 629	5 675
56	131 342	70 953	60 389	83	6 997	2 627	4 370
57	131 560	70 990	60 570	84	5 609	2 032	3 577
58	133 808	71 454	62 354	85—89岁	4 514	1 563	2 951
59	124 074	66 123	57 951	85	1 577	568	1 009
60—64岁	481 756	262 585	219 171	86	1 072	404	668
60	116 788	62 969	53 819	87	811	284	527
61	115 171	62 780	52 391	88	617	190	427
62	89 933	49 053	40 880	89	437	117	320
63	80 609	44 534	36 075	90—94岁	680	193	487
64	79 255	43 249	36 006	90	263	78	185
65—69岁	364 665	195 767	168 898	91	177	51	126
65	76 054	41 268	34 786	92	120	29	91
66	78 496	42 365	36 131	93	64	17	47
67	71 255	38 462	32 793	94	56	18	38
68	69 049	36 752	32 297	95—99岁	73	16	57
69	69 811	36 920	32 891	95	29	8	21
70—74岁	235 520	121 042	114 476	96	19	4	15
70	55 502	28 986	26 516	97	16	1	15
71	50 520	26 477	24 043	98	5	2	3
72	47 673	24 472	23 201	99	4	1	3
73	42 337	21 385	20 952	100岁及以上	16	2	14
74	39 488	19 722	19 766	年龄不详	2 709	1 361	1 348
75—79岁	129 279	61 460	67 819				

1982年人口普查数
POPULATION OF CENSUSES IN 1982

单位：人　　　　(person)

年 龄	人口数	男	女	年 龄	人口数	男	女
总　计	**25 291 450**	**13 161 639**	**12 129 811**	24	518 277	271 122	247 155
0—4岁	2 353 896	1 226 047	1 127 849	25—29岁	2 350 080	1 227 790	1 122 290
0	551 518	287 147	264 371	25	506 018	263 972	242 046
1	461 238	241 719	219 519	26	462 506	242 093	220 413
2	481 119	251 206	229 913	27	490 956	257 658	233 298
3	425 528	220 884	204 644	28	460 120	239 865	220 255
4	434 493	225 091	209 402	29	430 480	224 202	206 278
5—9岁	2 871 529	1 488 439	1 383 090	30—34岁	1 765 401	925 197	840 204
5	491 060	254 582	236 478	30	414 354	215 824	198 530
6	531 877	276 313	255 564	31	386 259	200 668	185 591
7	572 208	297 377	274 831	32	385 859	202 117	183 742
8	645 175	333 769	311 406	33	290 271	152 977	137 294
9	631 209	326 398	304 811	34	288 658	153 611	135 047
10—14岁	3 213 091	1 664 281	1 548 810	35—39岁	1 295 364	690 296	605 068
10	632 813	327 268	305 545	35	320 570	168 789	151 781
11	672 928	348 616	324 312	36	295 019	154 789	140 337
12	644 909	332 775	312 134	37	225 005	119 842	105 163
13	667 540	346 011	321 529	38	216 386	117 619	98 767
14	594 901	309 611	285 290	39	238 384	129 364	109 020
15—19岁	2 984 473	1 526 513	1 457 960	40—44岁	1 173 254	637 254	536 000
15	529 685	276 089	253 596	40	257 809	138 306	119 503
16	594 701	308 912	285 789	41	217 488	117 868	99 620
17	592 621	305 911	286 710	42	224 661	122 152	102 509
18	591 304	300 429	290 875	43	232 559	126 380	106 179
19	676 162	335 172	340 990	44	240 737	132 548	108 189
20—24岁	2 182 945	1 118 522	1 064 423	45—49岁	1 231 573	664 205	567 368
20	421 166	206 437	214 729	45	245 654	132 616	113 038
21	342 414	173 591	168 823	46	248 046	133 454	114 592
22	472 060	244 346	227 714	47	237 419	128 399	109 020
23	429 028	223 026	206 002	48	256 234	138 324	117 910

续表　CONTINUED

单位：人　(person)

年 龄	人口数	男	女	年 龄	人口数	男	女
49	244 220	131 412	112 808	75	52 448	25 556	26 892
50—54岁	1 030 065	545 827	484 238	76	49 810	23 834	25 976
50	219 703	118 706	100 997	77	39 335	18 883	20 452
51	225 009	120 275	104 734	78	35 120	16 495	18 625
52	208 646	109 869	98 777	79	29 471	13 802	15 669
53	185 110	97 281	87 829	80—84岁	65 714	29 985	35 729
54	191 597	99 696	91 901	80	19 942	9 099	10 843
55—59岁	876 991	452 401	424 590	81	15 426	7 298	8 128
55	177 342	92 004	85 338	82	12 332	5 657	6 675
56	181 316	93 517	87 799	83	9 635	4 273	5 362
57	183 489	94 814	88 675	84	8 379	3 658	4 721
58	176 436	90 391	86 045	85—89岁	16 860	6 857	10 003
59	158 408	81 675	76 733	85	5 762	2 423	3 339
60—64岁	701 301	363 212	338 089	86	4 390	1 788	2 602
60	147 672	76 915	70 757	87	3 287	1 321	1 966
61	148 348	77 287	71 061	88	2 104	827	1 277
62	151 053	77 840	73 213	89	1 317	498	819
63	130 229	67 022	63 207	90—94岁	2 175	733	1 442
64	123 999	64 148	59 851	90	906	330	576
65—69岁	584 333	301 300	283 033	91	556	190	366
65	131 915	68 480	63 435	92	366	113	253
66	125 898	64 447	61 451	93	224	66	158
67	118 884	60 945	57 939	94	123	34	89
68	110 413	56 978	53 435	95—99岁	154	37	117
69	97 223	50 450	46 773	95	65	15	50
70—74岁	386 051	194 167	191 884	96	44	15	29
70	91 732	47 303	44 429	97	23	1	22
71	85 745	43 517	42 228	98	12	4	8
72	80 549	40 133	40 416	99	10	2	8
73	69 252	34 343	35 182	100岁及以上	6	2	4
74	58 500	28 871	29 629	年龄不详	10	4	6
75—79岁	206 184	98 570	107 614				

1990年人口普查数

POPULATION OF CENSUSES IN 1990

单位：人 (person)

年 龄	人口数	男	女	年 龄	人口数	男	女
总 计	**28 758 846**	**14 958 318**	**13 800 528**	24	597 275	310 777	286 498
0—4岁	3 029 943	1 580 469	1 449 474	25—29岁	2 731 813	1 415 678	1 316 135
0	630 444	329 068	301 376	25	608 934	316 160	292 774
1	611 539	319 916	291 623	26	618 731	320 424	298 307
2	630 040	328 660	301 380	27	685 438	354 809	330 629
3	600 671	312 648	288 023	28	461 325	238 285	223 040
4	557 249	290 177	267 072	29	357 385	186 000	171 385
5—9岁	2 691 498	1 408 556	1 282 942	30—34岁	2 376 321	1 249 952	1 126 369
5	575 447	301 201	274 246	30	481 226	255 217	226 009
6	528 987	277 318	251 669	31	431 515	228 038	203 477
7	544 193	285 436	258 757	32	506 521	267 374	239 147
8	564 791	294 427	270 364	33	495 154	257 840	237 314
9	478 080	250 174	227 906	34	461 905	241 483	220 422
10—14岁	2 373 386	1 231 389	1 141 997	35—39岁	2 165 288	1 131 494	1 033 794
10	482 176	252 177	229 999	35	485 778	255 428	230 350
11	433 918	225 749	208 169	36	460 135	240 092	220 043
12	440 531	228 204	212 327	37	418 321	218 529	199 792
13	483 770	250 226	233 544	38	419 187	218 923	200 264
14	532 991	275 033	257 958	39	381 867	198 522	183 345
15—19岁	3 056 740	1 573 514	1 483 226	40—44岁	1 558 217	819 963	738 254
15	568 675	292 836	275 839	40	383 030	201 988	181 042
16	625 877	320 697	305 180	41	292 167	153 589	138 578
17	616 592	315 970	300 622	42	284 358	151 002	133 356
18	603 489	311 081	292 408	43	308 018	162 014	146 004
19	642 107	332 930	309 177	44	290 644	151 370	139 274
20—24岁	3 033 577	1 569 362	1 464 215	45—49岁	1 134 169	605 852	528 317
20	638 467	326 681	311 786	45	230 809	121 820	108 989
21	647 884	332 251	315 633	46	210 917	113 464	97 453
22	606 731	316 710	290 021	47	229 645	123 315	106 330
23	543 220	282 943	260 277	48	247 073	132 070	115 003

续表 CONTINUED

单位：人 (person)

年 龄	人口数	男	女	年 龄	人口数	男	女
49	215 725	115 183	100 542	75—79 岁	274 778	130 919	143 859
50—54 岁	1 129 240	607 465	521 775	75	71 600	34 036	37 564
50	218 325	117 614	100 711	76	64 117	31 039	33 078
51	217 108	116 953	100 155	77	52 555	25 233	27 322
52	228 757	124 664	104 093	78	46 272	21 991	24 281
53	233 076	124 709	108 367	79	40 234	18 620	21 614
54	231 974	123 525	108 449	80—84 岁	116 578	50 914	65 664
55—59 岁	1 089 264	579 614	509 650	80	35 703	16 027	19 676
55	225 396	120 292	105 104	81	27 452	12 045	15 407
56	230 278	123 178	107 100	82	21 636	9 452	12 184
57	225 700	120 266	105 434	83	17 328	7 399	9 929
58	205 316	109 068	96 248	84	14 459	5 991	8 468
59	202 574	106 810	95 764	85—89 岁	30 665	11 939	18 726
60—64 岁	839 953	431 290	408 663	85	10 631	4 252	6 379
60	194 197	101 016	93 181	86	7 962	3 155	4 807
61	165 714	85 493	80 221	87	5 835	2 196	3 639
62	170 135	87 392	82 743	88	3 789	1 421	2 368
63	154 800	78 844	75 956	89	2 448	915	1 533
64	155 107	78 545	76 562	90—94 岁	3 874	1 317	2 557
65—69 岁	660 690	331 497	329 193	90	1 648	609	1 039
65	156 933	78 535	78 398	91	933	318	615
66	144 629	72 543	72 086	92	651	201	450
67	124 171	62 496	61 675	93	425	130	295
68	119 854	60 251	59 603	94	217	59	158
69	115 103	57 672	57 431	95—99 岁	429	132	297
70—74 岁	462 374	226 991	235 383	95	177	47	130
70	113 387	56 065	57 322	96	110	35	75
71	93 757	46 130	47 627	97	73	25	48
72	88 039	43 173	44 866	98	48	17	31
73	86 169	42 435	43 734	99	21	8	13
74	81 022	39 188	41 834	100 岁及以上	49	11	38

各种特征年龄人口

POPULATION BY AGES AND BY SEX

单位：万人　　　　(10 000 person)

年龄分组	1953年			1964年		
	合计	男	女	合计	男	女
婴儿组 0岁	51.13	26.87	24.26	67.89	34.92	32.97
幼儿组 1—3岁	131.71	69.10	62.61	153.30	79.73	73.58
学龄前儿童组 4—6岁	94.43	50.32	44.11	144.62	76.37	68.25
小学生组 7—12岁	155.34	84.95	70.38	284.23	150.15	134.08
初中生组 13—15岁	71.58	39.88	31.70	107.50	57.11	50.40
高中生组 16—18岁	78.39	39.30	39.09	92.62	47.89	44.72
义务兵役组 男16—25岁	120.50	120.50		135.14	135.14	
法定婚龄组 男22岁 女20岁	24.33	11.59	12.74	23.59	13.59	10.00
育龄妇女组 15—49岁	340.01		340.01	376.25		376.25
劳动年龄组 男16—59岁 女16—54岁	774.63	419.52	355.11	886.44	488.13	398.32
老年人口组 男60岁以上 女55岁以上	138.58	59.79	78.79	157.51	66.40	91.11
少年儿童组 0—15岁	504.19	271.12	233.08	757.55	398.28	359.27

年龄分组	1982年			1990年		
	合计	男	女	合计	男	女
婴儿组 0岁	55.15	28.71	26.44	63.04	32.91	30.14
幼儿组 1—3岁	136.79	71.38	65.41	184.23	96.12	88.10
学龄前儿童组 4—6岁	145.74	75.60	70.14	166.17	86.87	79.30
小学生组 7—12岁	379.92	196.62	183.30	294.37	153.62	140.75
初中生组 13—15岁	179.21	93.17	86.04	158.54	81.81	76.73
高中生组 16—18岁	177.86	91.53	86.34	184.60	94.77	89.82
义务兵役组 男16—25岁	263.29	263.29		316.62	316.62	
法定婚龄组 男22岁 女20岁	45.91	24.43	21.47	62.85	31.67	31.18
育龄妇女组 15—49岁	619.33		619.33	769.03		769.03
劳动年龄组 男16—59岁 女16—54岁	1 393.59	751.19	642.40	1 719.63	926.01	793.62
老年人口组 男60岁以上 女55岁以上	238.74	99.49	139.25	289.90	118.50	171.40
少年儿童组 0—15岁	896.82	465.49	431.33	866.35	451.33	415.03

1982年分年龄文化程度人口

POPULATION BY AGES AND EDUCATIONAL LEVEL IN 1982

单位：人 (person)

年 龄	文化程度人口					文盲、半文盲
	合 计	大 学	高 中	初 中	小 学	
总 计	**17 384 215**	**151 071**	**1 883 085**	**5 524 540**	**9 825 519**	**4 517 510**
6—9岁	1 917 674				1 917 674	
10—14岁	3 131 127		4 748	610 531	2 515 848	
15—19岁	2 894 268	16 113	608 982	1 578 001	691 172	90 205
20—24岁	2 051 292	19 345	637 913	932 879	461 155	131 653
25—29岁	2 105 966	22 159	307 669	908 822	867 316	244 114
30—34岁	1 554 704	12 943	83 612	545 900	912 249	210 697
35—39岁	1 115 479	19 111	76 615	406 079	613 674	179 885
40—44岁	850 048	25 252	84 482	222 583	517 731	323 206
45—49岁	627 133	19 680	45 374	130 739	431 340	604 440
50—54岁	387 440	8 208	15 665	78 493	285 074	642 625
55—59岁	286 629	3 645	7 460	48 397	227 127	590 362
60岁及以上	462 455	4 615	10 565	62 116	385 159	1 500 323

1990年分年龄文化程度人口

POPULATION BY AGES AND EDUCATIONAL LEVEL IN 1990

单位：人 (person)

年 龄	文化程度人口					文盲、半文盲
	合 计	大 学	高 中	初 中	小 学	
总 计	**21 623 598**	**397 665**	**2 537 361**	**8 412 832**	**10 275 740**	**3 266 564**
6—9岁	1 877 281				1 877 281	
6	348 744				348 744	
7	498 740				498 740	
8	555 923				555 923	
9	473 874				473 874	
10—14岁	2 348 862		2 889	603 171	1 742 802	
10	478 428				478 428	
11	430 037			12 761	417 276	
12	436 031			70 519	365 512	
13	478 309		301	198 545	279 463	
14	526 057		2 588	321 346	202 123	
15—19岁	3 011 298	11 596	376 683	1 771 239	851 780	45 442
15	561 023		15 321	376 643	169 059	7 652
16	617 275	64	50 493	394 303	172 415	8 602
17	607 702	497	90 181	351 457	165 567	8 890
18	594 132	2 912	109 763	317 633	163 824	9 357
19	631 166	8 123	110 925	331 203	180 915	10 941

续表　CONTINUED

单位：人　　(person)

年　龄	文化程度人口					文　盲、半文盲
	合　计	大　学	高　中	初　中	小　学	
20—24岁	2 971 746	92 442	457 350	1 621 960	799 994	61 831
20	627 018	14 919	103 144	328 283	180 672	11 449
21	635 777	20 161	99 032	339 107	177 477	12 107
22	594 189	19 097	85 432	326 217	163 443	12 542
23	530 914	17 653	76 183	297 485	139 593	12 306
24	583 848	20 612	93 559	330 868	138 809	13 427
25—29岁	2 660 299	90 517	677 120	1 354 042	538 620	71 514
25	595 241	21 051	116 341	329 989	127 860	13 693
26	604 229	22 604	142 868	319 012	119 745	14 502
27	668 550	23 525	185 796	332 731	126 498	16 888
28	447 320	13 700	130 577	212 468	90 575	14 005
29	344 959	9 637	101 538	159 842	73 942	12 426
30—34岁	2 249 247	49 546	505 613	1 026 443	667 645	127 074
30	461 200	9 495	126 793	216 241	108 671	20 026
31	410 540	8 243	103 582	190 358	108 357	20 975
32	479 190	10 573	109 688	219 816	139 113	27 331
33	465 691	11 085	92 011	209 780	152 815	29 463
34	432 626	10 150	73 539	190 248	158 689	29 279
35—39岁	1 992 274	39 528	183 471	816 423	952 852	173 014
35	451 719	10 217	63 537	192 626	185 339	34 059
36	424 425	9 015	46 362	176 261	192 787	35 710
37	383 708	7 066	30 695	157 238	188 709	34 613
38	383 210	6 845	23 623	154 879	197 863	35 977
39	349 212	6 385	19 254	135 419	188 154	32 655
40—44岁	1 420 698	27 931	100 786	483 379	808 602	137 519
40	349 457	6 183	20 489	125 099	197 686	33 573
41	267 940	4 842	19 922	86 914	156 262	24 227
42	259 762	5 038	21 636	81 039	152 049	24 596
43	280 633	5 577	21 347	93 565	160 144	27 385
44	262 906	6 291	17 392	96 762	142 461	27 738
45—49岁	966 313	25 946	93 414	337 942	509 011	167 856
45	205 437	5 522	14 729	80 290	104 896	25 372
46	184 672	4 942	15 972	72 213	91 545	26 245
47	196 250	4 950	20 216	70 598	100 486	33 395
48	204 908	5 139	22 673	64 786	112 310	42 165
49	175 046	5 393	19 824	50 055	99 774	40 679
50岁及以上	2 125 580	60 159	140 035	398 233	1 527 153	2 482 314

历次人口普查各民族人口数

POPULATION BY NATIONALITY IN FOUR CENSUSES

单位：人 (person)

民族	1953年	1964年	1982年	1990年
总计	**14 174 008**	**18 015 067**	**25 291 450**	**28 758 846**
汉族	14 153 692	17 974 661	25 227 645	28 676 553
少数民族	20 315	40 106	63 760	82 059
蒙古族	189	882	1 554	2 845
回族	19 081	34 280	51 917	58 098
藏族	24	60	75	474
维吾尔族	3	9	19	66
苗族	9	117	117	1 105
彝族	3	34	80	406
壮族	6	239	455	2 230
布依族		38	64	262
朝鲜族	24	310	525	1 066
满族	970	3 981	8 489	13 319
侗族		9	65	147
瑶族		17	17	101
白族		53	90	184
土家族		11	93	881
哈尼族		2	2	7
哈萨克族			2	11
傣族		1	6	17
黎族		6	4	6
傈僳族		1	3	10
佤族				7
畲族		2	21	365
高山族	1	1	6	4
拉祜族		1		7
水族		5	4	19
东乡族			1	2
纳西族		9	27	47
景颇族				6

注:少数民族中不包括未识别民族和外国人加入中国籍人口。

续表　CONTINUED

单位：人　　(person)

民　族	1953年	1964年	1982年	1990年
柯尔克孜族				
土　族		18	9	33
达斡尔族		1	20	32
仫佬族		2	4	27
羌　族	3		10	57
布朗族				
撒拉族			1	1
毛南族				5
仡佬族		1		19
锡伯族		4	71	154
阿昌族				
普米族				2
塔吉克族				
怒　族				
乌孜别克族				
俄罗斯族			1	3
鄂温克族			4	16
德昂族				1
保安族		1		
裕固族		1		1
京　族		1	1	5
塔塔尔族				
独龙族				3
鄂伦春族				4
赫哲族			3	3
门巴族				
珞巴族				1
基诺族				
其他民族	2	9		
未识别民族	1	271	21	217
外国人加入中国籍		29	24	17

1982年各行业分性别人口

POPULATION BY SECTOR AND SEX OF CENSUSE IN 1982

行业别	绝对数(人)			比重(%)		
	合计	男	女	合计	男	女
总计	**13 075 335**	**7 588 544**	**5 486 791**	**100.00**	**58.04**	**41.96**
一、农、林、牧、渔业	9 324 904	4 979 447	4 345 457	71.31	38.08	33.23
#1.农业	9 232 033	4 907 835	4 324 198	70.61	37.54	33.07
2.畜牧业	45 068	32 578	12 490	0.34	0.25	0.09
3.林业	46 994	38 396	8 598	0.36	0.29	0.07
二、工业	2 006 851	1 417 261	589 590	15.35	10.84	4.51
#1.煤炭采选业	514 355	465 610	48 745	3.93	3.56	0.37
2.电力生产和供应业	39 809	29 613	10 196	0.30	0.23	0.08
3.食品制造业	71 559	47 769	23 790	0.55	0.37	0.18
4.纺织业	128 410	53 449	74 961	0.98	0.41	0.57
5.化学工业	154 897	110 579	44 318	1.18	0.85	0.34
6.冶金工业	83 696	64 150	19 546	0.62	0.47	0.15
三、地质普查和勘探业	20 698	16 904	3 794	0.16	0.13	0.03
四、建筑业	259 370	199 979	59 391	1.98	1.53	0.45
#土木工程建筑业	231 264	179 225	52 039	1.77	1.37	0.40
五、交通运输、邮电通信业	219 983	178 522	41 461	1.68	1.37	0.32
1.交通运输业	198 173	163 567	34 606	1.52	1.25	0.26
2.邮电通讯业	21 810	14 955	6 855	0.17	0.11	0.05
六、商业、饮食业、物资供销及仓储业	342 229	198 442	143 787	2.62	1.52	1.10
#商业	279 362	158 804	120 558	2.14	1.21	0.92
七、房地产管理、公用事业管理和居民服务业	52 071	26 801	25 270	0.40	0.20	0.19
八、卫生、体育和社会福利事业	121 478	65 856	55 622	0.93	0.50	0.43
#卫生事业	118 676	63 812	54 864	0.91	0.49	0.42
九、教育、文化艺术和广播电视事业	387 739	237 536	150 203	2.97	1.82	1.15
#1.教育事业	349 962	210 553	139 409	2.68	1.61	1.07
2.文化艺术事业	37 777	26 983	10 794	0.29	0.21	0.08
十、科学研究和综合技术服务事业	22 953	14 900	8 053	0.18	0.11	0.06
#科学研究	18 281	11 671	6 610	0.14	0.09	0.05
十一、金融、保险业	33 269	22 342	10 927	0.25	0.17	0.08
十二、国家机关、政党机关和社会团体	267 920	218 328	49 592	2.05	1.67	0.38
十三、其他行业	15 870	12 226	3 644	0.12	0.09	0.03

1982年各种职业分性别人口

POPULATION BY OCCUPATION AND SEX OF CENSUSE IN 1982

职业别	绝对数(人)			比重(%)		
	合计	男	女	合计	男	女
总计	**13 075 335**	**7 588 544**	**5 486 791**	**100.00**	**58.04**	**41.96**
一、各类专业、技术人员	765 936	454 846	311 090	5.86	3.48	2.38
#1.科学研究人员	2 656	1 984	672	0.02	0.02	0.01
2.工程技术人员和农林技术人员	88 774	74 763	14 011	0.68	0.57	0.11
3.医疗卫生技术人员	137 549	72 916	64 633	1.05	0.56	0.49
4.经济业务人员	193 458	115 848	77 610	1.48	0.89	0.59
5.教学人员	297 296	163 557	133 739	2.27	1.25	1.02
二、国家机关、党群组织、企事业单位负责人	246 631	229 510	17 121	1.89	1.76	0.13
三、办事人员和有关人员	212 350	160 278	52 072	1.62	1.22	0.40
四、商业工作人员	227 064	120 893	106 171	1.73	0.92	0.81
五、服务性工作人员	264 622	159 850	104 772	2.02	1.22	0.80
六、农林牧渔劳动者	9 056 505	4 735 150	4 321 355	69.26	36.21	33.05
#1.农业劳动者	8 729 485	4 434 865	4 294 620	66.76	33.91	32.85
2.林业劳动者	48 634	39 634	9 000	0.37	0.30	0.07
3.牧业劳动者	121 256	106 296	14 960	0.92	0.81	0.11
七、生产工人、运输工人和有关人员	2 286 412	1 717 917	568 495	17.49	13.14	4.35
#1.采矿、采石、采盐工人	327 361	322 255	5 106	2.50	2.46	0.04
2.金属冶炼和处理工人	95 827	72 716	23 111	0.73	0.55	0.18
3.化学工人	51 537	33 854	17 683	0.39	0.26	0.13
4.纺织、针织、印染工人	91 934	26 058	65 876	0.70	0.20	0.50
5.食品饮料制造工人	69 890	45 851	24 039	0.53	0.35	0.18
6.建筑工人	138 281	109 993	28 288	1.06	0.84	0.22
7.运输设备操作工人	216 363	208 309	8 054	1.65	1.59	0.06
八、不便分类的其他劳动者	15 815	10 100	5 715	0.12	0.08	0.04

1990年各行业分性别人口

POPULATION BY SECTOR AND SEX OF SENSUSE IN 1990

行业别	绝对数(人)			比重(%)		
	合计	男	女	合计	男	女
总计	**14 951 958**	**9 122 825**	**5 829 133**	**100.00**	**61.01**	**38.99**
一、农、林、牧、渔业	9 745 678	5 542 770	4 202 908	65.18	37.07	28.11
#1.农业	9 611 591	5 436 531	4 175 060	64.28	36.36	27.92
2.畜牧业	74 067	56 002	18 065	0.49	0.37	0.12
3.林业	17 823	14 583	3 240	0.11	0.09	0.02
二、工业	2 530 347	1 810 294	720 053	16.92	12.11	4.82
#1.煤炭采选业	718 057	633 977	84 080	4.80	4.24	0.56
2.电力生产和供应业	76 632	55 544	21 088	0.51	0.37	0.14
3.食品制造业	88 881	57 828	31 053	0.59	0.39	0.20
4.纺织业	138 678	55 052	83 626	0.93	0.37	0.56
5.化学工业	186 197	130 190	56 007	1.25	0.87	0.37
6.冶金工业	139 776	107 077	32 699	0.93	0.72	0.21
三、地质普查和勘探业	17 899	14 148	3 751	0.12	0.09	0.02
四、建筑业	329 095	273 308	55 787	2.20	1.83	0.37
#土木工程建筑业	294 095	247 934	46 161	1.97	1.66	0.31
五、交通运输、邮电通信业	425 065	375 030	50 035	2.84	2.51	0.33
1.交通运输业	398 369	358 038	40 331	2.66	2.39	0.27
2.邮电通讯业	26 696	16 992	9 704	0.18	0.11	0.07
六、商业、饮食业、物资供销及仓储业	602 774	324 479	278 295	4.03	2.17	1.86
#商业	478 798	248 256	230 542	3.20	1.66	1.54
七、房地产管理、公用事业管理和居民服务业	117 453	66 222	51 231	0.79	0.44	0.34
八、卫生、体育和社会福利事业	156 490	72 317	84 173	1.05	0.48	0.56
#卫生事业	152 299	69 566	82 733	1.02	0.47	0.55
九、教育、文化艺术和广播电视事业	476 347	249 469	226 878	3.19	1.67	1.52
#1.教育事业	432 283	221 065	211 218	2.89	1.48	1.41
2.文化艺术事业	36 131	22 842	13 289	0.24	0.15	0.09
十、科学研究和综合技术服务事业	32 773	19 647	13 126	0.22	0.13	0.09
#科学研究	23 878	14 359	9 519	0.16	0.10	0.06
十一、金融、保险业	68 563	40 355	28 208	0.46	0.27	0.19
十二、国家机关、政党机关和社会团体	448 806	334 322	114 484	3.00	2.24	0.76
十三、其他行业	668	464	204			

1990年各种职业分性别人口

POPULATION BY OCCUPATION AND SEX OF SENSUSE IN 1990

职业别	绝对数(人)			比重(%)		
	合计	男	女	合计	男	女
总计	**14 951 958**	**9 122 825**	**5 829 133**	**100.00**	**61.01**	**38.99**
一、各类专业、技术人员	1 031 642	519 647	511 995	6.90	3.48	3.42
#1.科学研究人员	5 315	3 651	1 664	0.04	0.02	0.01
2.工程技术人员和农林技术人员	119 404	94 473	24 931	0.80	0.63	0.17
3.医疗卫生技术人员	142 493	59 607	82 886	0.95	0.40	0.55
4.经济业务人员	347 305	161 646	185 659	2.32	1.08	1.24
5.教学人员	359 224	168 178	191 046	2.40	1.12	1.28
二、国家机关、党群组织、企事业单位负责人	358 582	325 987	32 595	2.40	2.18	0.22
三、办事人员和有关人员	346 525	251 138	95 387	2.32	1.68	0.64
四、商业工作人员	444 724	232 916	211 808	2.97	1.56	1.42
五、服务性工作人员	355 978	194 722	161 256	2.38	1.30	1.08
六、农林牧渔劳动者	9 625 857	5 434 473	4 191 384	64.38	36.35	28.03
#1.农业劳动者	9 533 743	5 362 240	4 171 503	63.76	35.86	27.90
2.林业劳动者	11 157	9 410	1 747	0.07	0.06	0.01
3.牧业劳动者	68 527	52 034	16 493	0.46	0.35	0.11
七、生产工人、运输工人和有关人员	2 776 789	2 157 366	619 423	18.57	14.43	4.14
#1.采矿、采石、采盐工人	405 843	388 674	17 169	2.71	2.60	0.11
2.金属冶炼和处理工人	116 083	95 128	20 955	0.78	0.64	0.14
3.化学工人	75 117	50 223	24 894	0.50	0.34	0.17
4.纺织、针织、印染工人	92 347	24 372	67 975	0.62	0.16	0.45
5.食品饮料制造工人	60 286	38 300	21 986	0.40	0.26	0.15
6.建筑工人	164 669	152 065	12 604	1.10	1.02	0.08
7.运输设备操作工人	410 900	402 397	8 503	2.75	2.69	0.06
八、不便分类的其他劳动者	11 861	6 576	5 285	0.08	0.04	0.04

15岁及以上各种婚姻人口占同龄人口比重

MARITAL STATUS OF POPULATION AGED 15 AND OVER

单位：%　　　　　　　　　　　　　　　　　　　　　　　　　　　　(%)

年　龄	未　婚			有　配　偶		
	合　计	男	女	合　计	男	女
1982年						
合　计	26.31	30.60	21.63	65.82	63.15	68.72
15—19岁	96.12	99.29	92.81	3.86	0.71	7.16
20—24岁	49.87	65.45	33.50	49.85	34.30	66.20
25—29岁	10.86	18.15	2.88	88.23	80.63	96.55
30—34岁	3.82	7.04	0.27	94.64	90.64	99.04
35—39岁	2.90	5.37	0.07	94.92	91.51	98.82
40—44岁	2.76	5.05	0.04	93.71	90.42	97.63
45—49岁	2.41	4.45	0.03	91.31	88.28	94.85
50—59岁	1.55	2.94	0.02	83.90	84.47	83.28
60岁及以上	1.22	2.36	0.05	55.60	68.99	41.84
1990年						
合　计	24.24	28.33	19.82	69.15	66.69	71.82
15—19岁	96.70	98.85	94.42	3.28	1.13	5.55
20—24岁	49.46	62.43	35.55	50.24	37.29	64.12
25—29岁	9.31	15.21	2.97	89.87	83.80	96.40
30—34岁	3.73	6.79	0.34	95.15	91.70	98.97
35—39岁	3.11	5.82	0.13	95.22	91.90	98.86
40—44岁	2.48	4.64	0.08	94.80	92.04	97.85
45—49岁	2.30	4.27	0.05	93.33	91.12	95.87
50—59岁	2.22	4.11	0.04	87.13	86.77	87.54
60岁及以上	1.19	2.34	0.06	59.39	71.61	47.37

年　龄	离　婚			丧　偶		
	合　计	男	女	合　计	男	女
1982年						
合　计	0.99	1.68	0.24	6.88	4.57	9.40
15—19岁						
20—24岁	0.22	0.20	0.24	0.05	0.04	0.06
25—29岁	0.71	0.99	0.39	0.20	0.22	0.18
30—34岁	1.08	1.76	0.32	0.46	0.56	0.36
35—39岁	1.22	2.03	0.29	0.96	1.09	0.82
40—44岁	1.45	2.45	0.26	2.08	2.09	2.08
45—49岁	1.81	3.14	0.26	4.47	4.13	4.87
50—59岁	2.07	3.70	0.29	12.47	8.89	16.41
60岁及以上	1.60	2.91	0.24	41.58	25.74	57.87
1990年						
合　计	0.78	1.25	0.27	5.83	3.74	8.09
15—19岁						
20—24岁	0.24	0.24	0.25	0.06	0.05	0.07
25—29岁	0.64	0.82	0.44	0.18	0.18	0.18
30—34岁	0.78	1.14	0.37	0.34	0.37	0.32
35—39岁	0.96	1.54	0.33	0.71	0.74	0.68
40—44岁	1.12	1.87	0.30	1.60	1.44	1.77
45—49岁	1.26	2.09	0.31	3.10	2.52	3.77
50—59岁	1.50	2.58	0.26	9.15	6.54	12.16
60岁及以上	1.29	2.38	0.22	38.12	23.67	52.35

从业人员年末数

EMPLOYMEES

单位：万人　　　　(10 000 person)

年 份	从业人员合计	职　工	国有单位	城镇集体单位	其他经济单位	其他从业人员	城镇私营企业及个体	农村及乡镇企业
1949	582.78	20.49	20.34	0.15			21.12	541.17
1950	604.09	24.53	24.38	0.15			22.70	556.86
1951	623.39	31.19	29.53	1.66			23.95	568.25
1952	650.59	41.10	37.72	3.38			25.22	584.27
1953	671.96	45.17	41.89	3.28			26.76	600.03
1954	671.31	59.70	50.20	9.50			22.41	589.20
1955	671.07	65.50	55.12	10.38			22.27	583.30
1956	661.06	94.56	77.86	16.70			6.96	559.54
1957	643.01	99.52	80.00	19.52			5.75	537.74
1958	643.62	171.39	154.28	17.11			1.48	470.75
1959	633.03	170.47	150.25	20.22			1.14	461.42
1960	632.28	181.01	155.56	25.45			0.24	451.03
1961	635.88	144.66	120.17	24.49			0.35	490.87
1962	633.19	110.26	95.23	15.03			1.32	521.61
1963	649.98	114.08	98.28	15.80			1.32	534.58
1964	663.76	118.46	102.20	16.26			1.09	544.21
1965	720.85	126.12	107.63	18.49			0.74	593.99
1966	729.29	132.36	112.45	19.91			0.38	596.55
1967	732.33	132.35	116.04	16.31				599.98
1968	754.13	137.39	120.21	17.18				616.74
1969	773.49	144.54	126.45	18.09				628.95
1970	806.81	158.10	140.82	17.28				648.71
1971	862.19	187.93	161.81	25.12				674.26
1972	849.73	194.34	169.14	25.20				655.39
1973	872.85	194.77	167.37	27.40				678.08
1974	889.87	201.56	171.76	29.80				688.31
1975	914.52	212.95	177.93	35.02			0.65	700.92
1976	919.96	226.22	188.46	37.76			0.11	693.63
1977	927.74	230.16	190.95	39.21			0.13	697.45
1978	965.23	268.30	227.34	40.96			0.12	696.81
1979	981.10	284.01	234.65	49.36			0.14	696.95
1980	1 002.64	298.98	246.24	52.74			1.08	702.58
1981	1 031.92	318.54	258.97	59.57			1.81	711.57
1982	1 062.36	326.39	263.53	62.87			2.67	733.30
1983	1 080.17	339.98	274.60	65.38			4.48	735.71
1984	1 116.69	357.77	277.64	79.86	0.27		5.68	753.24
1985	1 154.11	377.09	291.49	85.27	0.33		8.18	768.84
1986	1 189.46	393.99	304.44	88.98	0.57		11.50	783.97
1987	1 223.04	409.49	316.24	92.66	0.59		16.42	797.13
1988	1 257.06	421.98	327.11	94.12	0.75		19.10	815.98
1989	1 281.69	428.02	333.74	93.42	0.86		14.07	839.60
1990	1 304.01	438.68	340.94	97.41	0.33		11.84	853.49
1991	1 332.15	451.74	350.75	100.41	0.58		13.97	866.44
1992	1 363.78	462.32	357.86	101.70	2.76		20.58	880.88
1993	1 383.56	462.22	360.40	96.75	5.07	12.47	21.39	887.48
1994	1 403.76	465.96	365.67	93.36	6.93	16.05	26.50	895.25
1995	1 424.52	463.51	370.14	88.14	5.23	15.41	34.48	911.12
1996	1 441.20	464.89	372.52	86.74	5.63	14.95	42.60	918.76
1997	1 439.36	455.89	364.30	82.32	9.27	13.61	49.65	920.21
1998	1 398.32	391.83	288.12	59.21	44.50	13.44	54.03	939.02

注：1998 年职工为在岗职工人数。

按三次产业分的从业人员

EMPLOYMEES BY TYPE OF INDUSTRY

单位：万人 (10 000 person)

年 份	合 计				构 成 (%)		
		第一产业	第二产业	第三产业	第一产业	第二产业	第三产业
1978	965.2	628.1	188.9	148.2	65.1	19.6	15.3
1979	981.1	605.1	219.4	156.6	61.7	22.4	15.9
1980	1 002.7	611.8	249.2	141.7	61.0	24.9	14.1
1981	1 031.9	618.3	232.2	181.4	60.0	22.5	17.5
1982	1 062.4	636.4	248.5	177.5	60.0	23.3	16.7
1983	1 080.2	673.3	235.2	171.7	62.3	21.8	15.9
1984	1 116.7	559.4	344.4	212.9	50.1	30.8	19.1
1985	1 154.1	576.0	337.8	240.3	49.9	29.3	20.8
1986	1 189.5	579.4	358.5	251.6	48.7	30.2	21.1
1987	1 223.0	580.9	371.0	271.1	47.5	30.3	22.2
1988	1 257.1	592.0	381.9	283.2	47.1	30.4	22.5
1989	1 281.7	611.0	379.5	291.2	47.7	29.6	22.7
1990	1 304.0	632.8	382.6	288.6	48.5	29.4	22.1
1991	1 332.2	642.8	390.8	298.6	48.3	29.3	22.4
1992	1 363.8	640.1	406.7	317.0	46.9	29.8	23.3
1993	1 383.7	641.8	427.1	314.8	46.4	30.9	22.7
1994	1 403.8	637.5	439.6	326.7	45.4	31.3	23.3
1995	1 424.5	636.1	435.9	352.5	44.7	30.6	24.7
1996	1 441.2	640.2	434.8	366.2	44.4	30.2	25.4
1997	1 439.4	637.8	427.2	374.4	44.3	29.7	26.0
1998	1 398.3	644.5	373.2	380.6	46.1	26.7	27.2

女职工人数

NUMBER OF FEMALE STAFF AND WORKERS

单位：万人 (10 000 person)

年 份	女职工总数				构 成 (%)		
		国有单位	城镇集体单位	其他经济单位	国有	集体	其他
1978	71.34	52.88	18.46		74.12	25.88	
1979	79.75	57.04	22.71		71.52	28.48	
1980	86.40	62.45	23.95		72.28	27.22	
1981	96.15	68.09	28.06		70.82	29.18	
1982	98.95	69.80	29.15		70.54	29.46	
1983	102.45	72.11	30.34		70.39	29.61	
1984	106.85	72.11	34.66	0.08	67.49	32.44	0.07
1985	114.80	77.44	37.26	0.10	67.46	32.46	0.08
1986	121.26	82.63	38.47	0.16	68.14	31.73	0.13
1987	126.64	87.55	38.93	0.16	69.13	30.74	0.13
1988	131.90	91.68	40.00	0.22	69.51	30.33	0.16
1989	135.10	95.11	39.77	0.22	70.40	29.44	0.16
1990	141.23	99.41	41.69	0.13	70.39	29.52	0.09
1991	146.01	103.29	42.48	0.24	70.74	29.09	0.17
1992	150.53	106.58	43.32	0.63	70.80	28.78	0.42
1993	154.74	112.43	40.81	1.50	72.66	26.37	0.97
1994	155.18	114.70	38.21	2.27	73.91	24.62	1.47
1995	157.30	118.52	36.80	1.98	75.35	23.39	1.26
1996	159.19	121.22	35.94	2.03	76.15	22.58	1.27
1997	157.13	119.97	33.93	3.23	76.35	21.59	2.06
1998	133.97	95.38	23.87	14.72	71.20	17.82	10.98

注:1998年女职工为在岗职工人数。

工农业劳动者人数

EMPLOYMEEES OF INDUSTRY AND AGRICULTURE

单位：万人　　　　(10 000 person)

年　份	工农业劳动者人数	工业劳动者	农业劳动者	劳动者构成(%)	
				工业劳动者	农业劳动者
1949	550.10	27.55	522.55	5.0	95.0
1950	566.05	30.59	535.46	5.4	94.6
1951	582.61	35.37	547.24	6.1	93.9
1952	601.10	39.47	561.63	6.6	93.4
1953	621.53	43.11	578.42	6.9	93.1
1954	620.67	45.95	574.72	7.4	92.6
1955	616.77	43.92	572.85	7.1	92.9
1956	597.21	39.24	557.97	6.6	93.4
1957	576.30	39.80	536.50	6.9	93.1
1958	548.93	77.16	471.77	14.1	85.9
1959	533.88	69.64	464.24	13.0	87.0
1960	534.75	80.13	454.62	15.0	85.0
1961	558.86	61.63	497.23	11.0	89.0
1962	565.74	50.22	515.52	8.9	91.1
1963	588.02	49.32	538.70	8.4	91.6
1964	599.31	50.38	548.93	8.4	91.6
1965	654.19	55.42	598.77	8.5	91.5
1966	661.58	59.66	601.92	9.0	91.0
1967	666.37	61.01	605.36	9.2	90.8
1968	687.23	64.80	622.43	9.4	90.6
1969	704.76	71.16	633.60	10.1	89.9
1970	736.57	83.72	652.85	11.4	88.6
1971	773.74	95.37	678.37	12.3	87.7
1972	768.83	108.88	659.95	14.2	85.8
1973	791.47	108.73	682.74	13.7	86.3
1974	807.65	114.51	693.14	14.2	85.8
1975	830.82	124.79	706.03	15.0	85.0
1976	832.39	133.02	699.37	16.0	84.0
1977	846.33	141.57	704.76	16.7	83.3
1978	809.42	158.62	650.80	19.6	80.4
1979	813.14	164.14	649.00	20.2	79.8
1980	826.83	170.30	656.53	20.6	79.4
1981	846.94	176.91	670.03	20.9	79.1
1982	877.53	188.42	689.11	21.5	78.5
1983	864.10	190.66	673.44	22.1	77.9
1984	840.17	202.10	638.07	24.1	75.9
1985	847.50	271.60	575.90	32.1	67.9
1986	867.40	288.02	579.38	33.2	66.8
1987	878.94	298.05	580.89	33.9	66.1
1988	901.67	309.61	592.06	34.3	65.7
1989	915.24	310.16	605.08	33.9	66.1
1990	939.99	313.48	626.51	33.3	66.7
1991	964.32	321.52	642.80	33.3	66.7
1992	975.21	335.14	640.07	34.4	65.6
1993	992.35	350.56	641.79	35.3	64.7
1994	996.99	359.54	637.45	36.1	63.9
1995	993.31	357.20	636.11	36.0	64.0
1996	996.02	355.83	640.19	35.7	64.3
1997	982.13	344.33	637.80	35.1	64.9
1998	942.63	298.17	644.46	31.6	68.4

分行业职工人数

STAFF AND WORKERS BY SECTOR

单位：万人 (10 000 person)

年份	合计	农林牧渔业	采掘业	制造业	电力、煤气及水的生产和供应业	建筑业	地质勘查水利管理业	交通运输、仓储及邮电通讯业
1978	268.30	6.12	40.39	102.02	3.33	21.33	4.06	14.81
1979	284.01	5.70	42.08	104.40	3.73	23.17	4.22	15.70
1980	298.98	6.08	43.95	110.57	4.17	23.64	4.66	16.61
1981	318.54	6.10	47.40	114.44	4.40	24.92	4.65	19.19
1982	326.48	5.94	48.23	119.90	4.43	26.42	4.32	18.06
1983	339.98	6.10	48.74	112.73	4.53	31.51	4.64	18.31
1984	357.77	6.20	51.41	124.84	4.64	35.01	4.46	19.30
1985	377.09	5.97	54.68	130.92	4.93	36.89	4.22	21.04
1986	393.97	5.93	54.51	138.07	5.08	36.72	4.55	22.34
1987	409.49	5.88	56.44	141.85	5.29	37.35	4.43	23.38
1988	421.98	5.91	61.17	144.50	5.64	35.94	4.56	24.27
1989	428.02	5.69	61.99	144.97	6.01	34.57	4.43	24.68
1990	438.68	5.49	62.94	148.68	6.49	34.22	4.20	25.73
1991	451.74	5.27	69.88	147.93	6.67	34.28	4.19	26.21
1992	462.32	5.34	71.43	150.72	6.94	34.17	4.14	27.11
1993	462.22	4.51	75.32	148.86	8.66	34.38	4.58	25.95
1994	465.96	4.83	70.25	154.73	9.78	32.00	3.88	26.51
1995	463.51	4.68	69.85	147.47	10.13	30.24	3.77	25.91
1996	464.89	4.64	69.58	145.00	10.80	29.66	3.49	25.76
1997	455.89	4.61	67.92	138.25	10.93	28.97	3.62	25.01
1998	446.53	4.58	64.03	132.73	11.10	28.60	3.61	25.66

年份	批发和零售贸易餐饮业	金融保险业	房地产业	社会服务业	卫生、体育和社会福利业	教育、文化艺术和广播电影电视业	科学研究和综合技术服务业	国家机关、政党机关和社会团体	其他
1978	27.33	1.91		3.51	5.72	21.52	1.66	14.59	
1979	31.76	2.54		5.37	5.87	22.58	1.78	15.11	
1980	31.92	3.01	0.50	5.85	6.84	23.51	2.04	15.63	
1981	35.30	3.23	0.52	7.44	7.21	24.57	2.05	17.12	
1982	35.61	3.27	0.44	6.27	7.16	24.95	2.09	19.39	
1983	37.52	3.50	0.29	6.35	7.57	25.52	2.23	20.44	
1984	40.16	3.73	0.44	6.80	7.98	27.08	2.28	23.17	
1985	41.56	4.25	0.49	7.83	8.60	28.55	2.46	24.70	
1986	44.17	4.64	0.43	7.42	9.22	30.71	2.68	27.50	
1987	47.05	5.17	0.71	7.76	9.71	32.63	2.77	29.07	
1988	47.43	5.80	0.66	10.06	10.19	33.11	2.76	29.98	
1989	49.27	5.99	0.71	10.86	10.38	33.91	2.85	31.71	
1990	50.81	6.36	0.67	11.12	10.63	34.49	2.89	33.96	
1991	53.03	6.66	0.72	10.35	11.05	35.71	3.01	36.78	
1992	55.32	7.09	0.96	11.06	11.56	36.80	3.19	36.49	
1993	50.75	7.36	0.83	12.04	10.78	36.93	3.61	37.30	0.36
1994	51.85	8.22	0.97	10.53	11.58	37.93	4.34	36.59	1.97
1995	54.51	8.19	0.92	12.16	12.01	39.04	4.29	37.76	2.58
1996	53.60	8.74	1.09	11.70	12.67	38.84	4.28	40.90	4.14
1997	51.85	8.62	0.90	12.34	12.77	40.32	4.35	40.77	4.66
1998	49.99	9.21	1.28	11.92	13.06	42.42	4.01	40.01	4.32

注:1996－1998 年职工人数包括在岗职工和离开本单位但仍保留劳动关系的职工或下岗职工,以下同。

国有单位分行业职工人数
STAFF AND WORKERS IN STATE – OWNED UNITS BY SECTOR

单位：万人　　　　(10 000 person)

年　份	合　计	农林牧渔　业	采掘业	制造业	电力、煤气及水的生产和供应业	建筑业	地质勘查水利管理业	交通运输、仓储及邮电通讯业
1978	227.34	5.70	37.16	76.51	3.33	17.89	4.06	12.54
1979	234.65	5.34	38.62	76.40	3.73	18.50	4.22	12.98
1980	246.24	5.44	40.28	80.70	4.17	18.12	4.66	13.77
1981	258.97	5.50	43.50	83.38	4.40	18.13	4.65	14.91
1982	263.53	5.35	43.83	84.84	4.43	18.69	4.32	14.74
1983	274.60	5.22	44.24	86.90	4.53	23.13	4.64	15.37
1984	277.64	5.17	46.79	88.03	4.64	26.95	4.46	16.01
1985	291.49	5.12	49.79	91.83	4.93	27.59	4.22	17.85
1986	304.44	5.28	48.80	95.93	5.08	28.43	4.55	19.07
1987	316.24	5.14	50.66	99.50	5.29	28.69	4.43	19.46
1988	327.11	5.19	53.44	103.37	5.64	27.23	4.56	20.45
1989	333.74	5.02	54.99	103.93	5.92	26.39	4.41	21.16
1990	340.94	4.92	56.27	104.61	6.31	26.20	4.17	22.08
1991	350.75	4.70	58.96	105.72	6.44	26.07	4.17	22.63
1992	357.86	4.71	61.03	105.36	6.76	25.76	4.12	23.65
1993	360.40	4.16	63.27	105.27	8.00	25.51	4.50	23.15
1994	365.67	4.52	63.54	104.79	8.53	24.50	3.72	23.08
1995	370.14	4.38	60.98	107.25	9.46	23.26	3.75	23.69
1996	372.52	4.31	60.63	105.39	9.82	23.17	3.47	23.61
1997	364.30	4.28	58.66	98.77	10.10	22.62	3.61	22.96
1998	321.43	4.33	47.89	71.10	9.79	20.74	3.56	22.04

年　份	批发和零售贸易餐饮业	金融保险业	房地产业	社会服务业	卫生、体育和社会福利业	教育、文化艺术和广播电影电视业	科学研究和综合技术服务业	国家机关、政党机关和社会团体	其　他
1978	25.62	1.12		2.75	4.41	20.50	1.66	14.09	
1979	27.20	1.50		3.26	4.75	21.57	1.78	14.80	
1980	28.55	1.88	0.50	3.01	5.40	22.49	2.04	15.23	
1981	30.51	2.09	0.52	3.17	5.84	23.56	2.05	16.76	
1982	30.24	2.16	0.44	3.31	6.12	23.97	2.09	19.00	
1983	31.27	2.25	0.29	3.62	6.42	24.51	2.23	19.98	
1984	21.64	2.43	0.44	3.76	6.73	26.05	2.28	22.26	
1985	21.62	2.79	0.49	4.26	7.36	27.47	2.46	23.71	
1986	22.87	3.08	0.43	4.56	7.88	29.67	2.65	26.16	
1987	23.88	3.50	0.54	4.82	8.31	31.61	2.73	27.68	
1988	25.12	3.94	0.56	5.13	8.60	32.13	2.73	29.02	
1989	26.67	4.10	0.62	5.32	8.88	32.89	2.81	30.63	
1990	27.28	4.33	0.62	5.81	9.03	33.56	2.85	32.90	
1991	28.44	4.56	0.67	6.17	9.29	34.79	2.95	35.19	
1992	30.38	4.82	0.90	6.44	9.71	35.89	3.03	35.30	
1993	28.58	5.17	0.74	6.89	8.81	36.20	3.33	36.52	0.30
1994	30.47	5.69	0.77	7.78	9.68	37.23	4.04	36.28	1.05
1995	31.40	5.71	0.80	8.17	10.00	38.36	4.00	37.47	1.46
1996	31.12	6.03	0.85	8.07	10.32	38.26	3.95	40.67	2.85
1997	30.06	5.90	0.77	8.59	10.36	39.73	3.98	40.57	3.34
1998	26.31	6.30	1.01	8.50	10.80	41.89	3.81	39.86	3.50

城镇集体单位分行业职工人数

STAFF AND WORKERS IN URBAN COLLECTIVE – OWNED UNITS BY SECTOR

单位：万人 (10 000 person)

年份	合计	农林牧渔业	采掘业	制造业	电力、煤气及水的生产和供应业	建筑业	地质勘查业水利管理业	交通运输、仓储及邮电通讯业
1978	40.96	0.42	3.23	25.51		3.44		2.27
1979	49.36	0.36	3.46	28.00		4.67		2.72
1980	52.74	0.64	3.67	29.87		5.52		2.84
1981	59.57	0.60	3.90	31.06		6.79		4.28
1982	62.95	0.59	4.40	35.06		7.73		3.32
1983	65.38	0.88	4.50	35.83		8.38		2.94
1984	79.86	1.03	4.62	36.81		8.06		3.29
1985	85.27	0.85	4.89	38.92		9.15		3.19
1986	88.96	0.65	5.28	42.05		8.29		3.27
1987	92.66	0.74	5.31	42.28		8.66		3.92
1988	94.12	0.72	7.17	40.99		8.71		3.82
1989	93.42	0.67	6.53	40.77	0.05	8.17	0.02	3.52
1990	97.41	0.57	6.67	43.80	0.18	8.02	0.03	3.65
1991	100.41	0.57	10.92	41.70	0.23	8.21	0.02	3.58
1992	101.70	0.62	10.40	42.72	0.18	8.41	0.02	3.46
1993	96.75	0.36	12.04	39.67	0.37	8.77	0.07	2.73
1994	93.36	0.32	6.51	44.72	0.96	7.38	0.02	2.70
1995	88.14	0.29	8.72	36.57	0.45	6.85	0.02	2.16
1996	86.74	0.33	8.86	35.15	0.69	6.40	…	2.12
1997	82.32	0.33	9.00	32.29	0.54	6.18	0.01	1.93
1998	74.53	0.23	6.26	30.45	0.58	5.86	0.04	2.18

年份	批发和零售贸易餐饮业	金融保险业	房地产业	社会服务业	卫生、体育和社会福利业	教育、文化艺术和广播电影电视业	科学研究和综合技术服务业	国家机关、政党机关和社会团体	其他
1978	1.71	0.79		0.76	1.31	1.02		0.50	
1979	4.56	1.04		2.11	1.12	1.01		0.31	
1980	3.37	1.13		2.84	1.44	1.02		0.40	
1981	4.79	1.14		4.27	1.37	1.01		0.36	
1982	5.37	1.11		2.96	1.04	0.98		0.39	
1983	6.25	1.25		2.73	1.15	1.01		0.46	
1984	18.52	1.30		3.04	1.25	1.03		0.91	
1985	19.94	1.46		3.56	1.24	1.08		0.99	
1986	21.26	1.56		2.86	1.34	1.04	0.02	1.34	
1987	23.13	1.67	0.17	2.93	1.40	1.02	0.04	1.39	
1988	22.26	1.86	0.10	4.93	1.59	0.98	0.03	0.96	
1989	22.54	1.89	0.09	5.54	1.50	1.02	0.03	1.08	
1990	23.51	2.03	0.05	5.27	1.60	0.93	0.04	1.06	
1991	24.56	2.11	0.05	4.13	1.76	0.92	0.06	1.59	
1992	24.90	2.27	0.05	4.57	1.86	0.90	0.16	1.18	
1993	21.68	2.15	0.06	5.05	1.97	0.73	0.23	0.78	0.09
1994	21.32	2.45	0.09	2.74	1.90	0.70	0.29	0.32	0.94
1995	22.33	2.42	0.07	3.90	2.01	0.68	0.24	0.29	1.14
1996	22.02	2.71	0.20	3.50	2.35	0.58	0.30	0.24	1.29
1997	20.81	2.69	0.06	3.65	2.40	0.56	0.36	0.20	1.31
1998	19.20	2.56	0.09	3.16	2.26	0.53	0.19	0.15	0.79

分行业职工工资总额

TOTAL WAGE BILL OF STAFF AND WORKERS BY SECTOR

单位：万元 (10 000 yuan)

年 份	合 计	农林牧渔业	采掘业	制造业	电力煤气及水的生产和供应业	建筑业	地质勘查水利管理业	交通运输、仓储及邮电通信业
1981	232 787	3 723	36 226	88 347	3 274	20 137	3 418	14 777
1982	251 330	3 711	39 560	94 743	3 483	22 067	3 399	15 226
1983	271 215	4 151	41 991	99 198	3 641	26 634	3 825	16 087
1984	355 910	5 059	54 725	125 922	4 607	42 712	4 356	20 980
1985	409 818	5 129	77 767	128 233	5 801	50 663	4 366	25 486
1986	498 937	6 050	97 206	154 707	7 046	57 114	5 610	32 802
1987	569 955	6 511	106 652	180 202	9 022	62 098	5 995	38 301
1988	681 929	7 287	130 540	217 536	10 584	68 467	6 756	46 536
1989	795 060	7 729	170 254	250 423	12 693	75 719	7 503	52 980
1990	906 732	8 355	200 603	276 676	15 182	82 930	7 946	62 173
1991	1 002 010	8 732	230 144	299 907	17 346	92 421	8 169	67 372
1992	1 143 386	10 231	255 632	330 985	19 877	100 209	9 771	79 607
1993	1 375 879	9 887	302 275	399 382	29 671	127 796	13 566	104 033
1994	1 830 938	14 683	376 384	505 318	50 096	150 940	14 894	136 963
1995	2 154 613	16 438	468 670	588 624	65 338	160 906	15 356	168 068
1996	2 362 764	17 957	522 067	632 495	82 263	161 698	14 880	188 978
1997	2 399 642	18 051	527 774	615 002	89 243	160 610	16 668	204 743
1998	2 262 496	18 766	430 128	542 324	89 785	151 956	16 918	207 613

年 份	批发和零售贸易餐饮业	金融保险业	房地产业	社会服务业	卫生体育和社会福利业	教育文化艺术和广播电影电视业	科学研究和综合技术服务业	国家机关、政党机关和社会团体
1981	21 427	2 133	384	3 913	4 789	15 834	1 580	12 825
1982	22 983	2 204	344	3 697	5 413	18 560	1 622	14 318
1983	24 102	2 418	385	4 215	5 766	19 716	2 017	17 069
1984	32 979	3 496	444	5 204	7 119	24 026	2 309	21 972
1985	33 221	4 036	543	6 746	8 746	31 045	2 857	25 178
1986	42 184	5 102	495	7 653	10 700	36 326	3 437	32 506
1987	49 941	6 245	930	9 204	12 133	41 164	3 820	37 737
1988	58 598	7 981	930	11 899	14 881	51 543	4 618	43 773
1989	66 386	9 022	1 063	14 069	16 637	56 174	4 981	49 427
1990	76 188	10 586	1 139	16 713	18 993	64 780	5 713	58 755
1991	85 464	11 647	1 290	17 142	21 158	67 351	6 262	67 605
1992	95 625	15 587	2 209	20 523	26 261	85 845	7 798	83 226
1993	95 972	21 733	1 833	28 265	28 249	101 758	10 744	99 116
1994	125 591	45 796	3 294	33 284	45 699	153 227	20 933	147 174
1995	154 188	46 634	3 812	44 191	53 657	170 061	22 164	165 980
1996	158 317	54 674	4 572	46 527	60 795	181 118	24 209	191 703
1997	149 361	57 623	3 989	48 766	65 790	194 146	26 393	196 839
1998	131 669	66 067	7 170	49 390	70 480	221 624	25 675	210 439

注：1994 年其他行业职工工资总额为 6662 万元，1995 年为 10526 万元，1996 年为 20511 万元，1997 年为 24644 万元，1998 年为 22492 万元。1996 – 1998 年职工工资总额包括在岗职工工资和离开本单位但仍保留劳动关系职工的生活费，以下同。

国有单位分行业职工工资总额

TOTAL WAGE BILL OF STAFF AND WORKERS IN STATE – OWNED UNITS BY SECTOR

单位：万元 (10 000 yuan)

年份	合计	农林牧渔业	采掘业	制造业	电力煤气及水的生产和供应业	建筑业	地质勘查水利管理业	交通运输、仓储及邮电通信业
1981	200 303	3 452	32 982	71 529	3 274	16 523	3 418	12 210
1982	214 750	3 457	35 879	75 655	3 483	17 623	3 399	12 573
1983	231 194	3 720	38 102	79 036	3 641	20 967	3 825	13 495
1984	293 135	4 426	49 465	98 548	4 607	34 836	4 356	17 763
1985	338 942	4 510	71 711	96 671	5 801	41 630	4 366	22 285
1986	412 380	5 458	88 958	116 095	7 046	47 588	5 610	28 876
1987	469 137	5 867	96 856	136 960	9 022	51 417	5 995	33 539
1988	567 138	6 581	117 323	168 789	10 584	56 388	6 756	41 442
1989	665 116	6 973	154 963	194 729	12 448	63 030	7 483	46 857
1990	759 423	7 592	184 929	213 136	14 850	68 535	7 920	55 300
1991	834 478	7 841	206 253	233 120	16 814	75 426	8 144	60 219
1992	958 587	9 219	231 475	251 976	19 308	84 169	9 737	72 379
1993	1 155 565	9 272	271 062	308 137	27 605	103 799	13 420	97 679
1994	1 569 755	14 045	355 832	379 779	43 653	129 268	14 831	128 787
1995	1 861 944	15 383	431 789	467 814	60 822	137 067	15 267	161 805
1996	2 048 471	16 722	480 626	499 042	76 427	139 548	14 818	182 847
1997	2 092 254	17 053	482 296	482 944	83 103	138 339	16 646	200 097
1998	1 754 477	17 953	337 773	282 774	78 023	117 696	16 667	196 374

年份	批发和零售贸易餐饮业	金融保险业	房地产业	社会服务业	卫生体育和社会福利业	教育文化艺术和广播电影电视业	科学研究和综合技术服务业	国家机关、政党机关和社会团体
1981	19 475	1 475	384	2 117	4 008	15 288	1 580	12 588
1982	20 047	1 519	344	2 345	4 719	18 002	1 622	14 083
1983	20 847	1 618	385	2 572	5 082	19 105	2 017	16 782
1984	19 955	2 485	444	3 289	6 150	23 373	2 309	21 129
1985	19 257	2 840	543	4 083	7 805	30 357	2 847	24 236
1986	24 373	3 600	495	4 983	9 285	35 541	3 415	31 057
1987	27 738	4 477	697	5 828	10 622	40 291	3 786	36 042
1988	34 813	6 014	803	7 044	12 984	50 626	4 584	42 407
1989	40 280	6 800	986	8 091	14 738	55 154	4 938	47 646
1990	45 650	7 729	1 043	9 786	16 705	63 771	5 667	56 810
1991	50 680	8 473	1 194	10 874	18 518	66 278	6 147	64 497
1992	57 789	11 640	2 049	13 132	23 101	84 579	7 552	80 482
1993	57 567	16 205	1 589	15 837	24 408	100 616	10 011	96 935
1994	77 837	35 506	2 782	25 798	40 427	151 848	19 800	146 038
1995	96 076	34 971	3 321	30 499	46 912	168 451	20 891	164 621
1996	100 791	40 490	3 566	33 644	52 647	179 608	22 783	190 535
1997	97 968	43 859	3 478	37 741	56 591	192 312	24 332	195 780
1998	78 061	48 712	5 701	39 316	61 643	220 103	24 719	209 778

注：1994 年其他行业职工工资总额为 3524 万元，1995 年为 6255 万元，1996 年为 14377 万元，1997 年为 19715 万元，1998 年为 19184 万元。

城镇集体单位分行业职工工资总额

TOTAL WAGE BILL OF STAFF AND WORKERS IN URBAN COLLECTIVE－OWNED UNITS BY SECTOR

单位：万元　　(10 000 yuan)

年份	合计	农林牧渔业	采掘业	制造业	电力煤气及水的生产和供应业	建筑业	地质勘查水利管理业	交通运输、仓储及邮电通信业
1981	32 484	271	3 244	16 818		3 614		2 567
1982	36 580	254	3 681	19 083		4 444		2 653
1983	40 021	431	3 889	20 162		5 667		2 592
1984	62 548	633	5 260	27 273		7 766		3 217
1985	70 479	619	6 056	31 400		8 803		3 201
1986	85 508	592	7 411	38 428		9 526		3 926
1987	99 036	644	8 296	43 016		10 681		4 762
1988	112 338	706	11 313	48 272		12 079		5 094
1989	126 727	756	13 448	54 632	71	12 685	20	6 123
1990	146 666	763	15 674	63 042	332	14 391	26	6 873
1991	166 310	891	23 891	65 744	532	16 988	25	7 153
1992	178 170	1 012	24 157	72 669	569	16 035	34	7 228
1993	205 022	615	31 204	79 896	926	23 517	146	6 078
1994	234 744	638	19 724	106 783	4 819	21 025	63	7 532
1995	267 295	1 047	36 038	104 187	2 972	23 214	89	6 087
1996	282 427	1 235	40 890	107 446	3 804	21 810	61	6 000
1997	255 721	998	43 813	89 661	4 101	21 321	22	4 327
1998	205 542	750	26 789	71 673	4 629	20 169	190	5 291

年份	批发和零售贸易餐饮业	金融保险业	房地产业	社会服务业	卫生体育和社会福利业	教育文化艺术和广播电影电视业	科学研究和综合技术服务业	国家机关、政党机关和社会团体
1981	1 952	658		1 976	781	546		237
1982	2 936	685		1 352	694	558		235
1983	3 255	800		1 643	684	611		287
1984	13 009	1 011		1 915	969	652		843
1985	13 964	1 196		2 660	941	687	10	942
1986	17 795	1 502		2 662	1 415	780	22	1 449
1987	22 157	1 768	233	3 370	1 511	869	34	1 695
1988	23 726	1 967	127	4 848	1 897	909	34	1 366
1989	25 989	2 222	77	5 966	1 899	1 015	43	1 781
1990	30 479	2 857	96	6 847	2 288	1 007	46	1 945
1991	34 704	3 174	96	6 175	2 640	1 073	116	3 108
1992	37 700	3 947	138	7 276	3 160	1 255	246	2 744
1993	36 936	5 430	145	12 149	3 841	1 142	595	2 181
1994	44 525	10 138	305	7 137	5 272	1 379	1 133	1 135
1995	53 733	11 432	253	13 294	6 745	1 610	966	1 360
1996	55 861	14 135	708	12 260	8 147	1 510	1 259	1 167
1997	48 230	13 699	254	10 552	9 122	1 727	1 907	1 059
1998	37 726	13 860	456	8 957	8 769	1 522	820	662

注：1994 年其他行业职工工资总额为 3136 万元，1995 年为 4268 万元，1996 年为 6134 万元，1997 年为 4928 万元，1998 年为 3279 万元。

职工平均工资及指数

AVERAGE WAGES AND ITS INDEXES OF STAFF AND WORKERS

年 份	全部职工平均工资（元）	指数（以1952年为100）		国有单位平均工资（元）	指数（以1952年为100）		城镇集体单位平均工资（元）	指数（以1952年为100）	
		货币工资	实际工资		货币工资	实际工资		货币工资	实际工资
1952	375	100.0	100.0	394	100.0	100.0	307	100.0	100.0
1953	450	120.0	117.2	452	114.7	112.0	325	105.9	103.4
1954	455	121.3	114.7	483	122.6	115.9	377	122.8	116.1
1955	501	133.6	122.1	512	129.9	118.8	399	130.0	118.8
1956	543	144.8	132.6	598	151.8	139.0	466	151.8	139.0
1957	608	162.1	145.9	625	158.6	142.8	488	159.0	143.1
1958	519	138.4	127.0	565	143.4	131.6	441	143.6	131.8
1959	512	136.5	124.7	541	137.3	125.4	422	137.5	125.5
1960	528	140.8	125.3	556	141.1	125.5	434	141.4	125.8
1961	536	142.9	107.6	564	143.1	107.8	440	143.3	107.9
1962	571	152.3	111.9	630	159.9	117.5	491	159.9	117.5
1963	646	172.3	133.3	682	173.1	134.0	532	173.3	134.1
1964	662	176.5	140.7	694	176.1	140.4	541	176.2	140.4
1965	638	170.1	141.1	682	173.1	143.5	532	173.3	143.7
1966	616	164.3	139.2	659	167.3	141.7	514	167.4	141.9
1967	615	164.0	140.5	641	162.7	139.4	500	162.9	139.6
1968	611	162.9	140.0	640	162.4	139.6	499	162.5	139.6
1969	597	159.2	136.9	633	160.7	138.4	494	160.9	138.4
1970	588	156.8	135.8	631	160.2	138.7	492	160.3	138.8
1971	564	150.4	130.4	615	156.1	135.4	480	156.4	135.6
1972	604	161.1	139.5	634	160.9	139.3	495	161.2	139.6
1973	617	164.5	141.8	637	161.7	139.4	497	161.9	139.6
1974	625	166.7	143.8	643	163.2	140.8	539	175.6	151.5
1975	614	163.7	141.6	643	163.2	141.2	507	165.2	142.9
1976	609	162.4	140.2	635	161.2	139.2	483	157.3	135.9
1977	609	162.4	140.5	636	161.4	139.6	489	159.3	137.8
1978	632	168.5	145.8	655	166.2	143.8	519	169.1	146.2
1979	672	179.2	153.4	712	180.7	154.7	528	172.0	147.2
1980	754	201.1	163.2	795	201.8	163.8	581	189.3	153.6
1981	761	202.9	159.8	802	203.6	160.3	593	193.2	152.1
1982	785	209.3	161.1	830	210.7	162.2	600	195.4	150.5
1983	827	220.5	167.3	868	220.3	167.2	649	211.4	160.4
1984	1 024	273.1	201.1	1 086	275.6	203.0	807	262.9	193.6
1985	1 122	299.2	201.9	1 200	304.6	205.5	856	278.8	188.1
1986	1 299	346.4	219.7	1 386	351.8	223.1	992	323.1	204.9
1987	1 427	380.5	222.4	1 521	386.1	225.6	1 097	357.3	208.8
1988	1 661	442.9	212.0	1 786	453.3	217.0	1 216	396.1	189.6
1989	1 902	507.2	208.7	2 035	516.5	212.6	1 402	456.7	187.9
1990	2 111	562.9	228.3	2 263	574.4	232.9	1 565	509.8	206.7
1991	2 267	604.5	230.7	2 426	615.7	235.0	1 706	555.7	212.1
1992	2 530	674.7	236.1	2 729	692.6	242.5	1 806	588.3	205.8
1993	3 025	806.7	240.7	3 253	825.6	248.8	2 151	700.7	209.1
1994	3 997	1 065.9	255.1	4 355	1 105.3	264.6	2 559	833.6	199.5
1995	4 721	1 258.9	258.2	5 094	1 292.9	265.2	3 108	1 012.4	207.6
1996	5 183	1 382.1	261.7	5 596	1 420.3	268.9	3 348	1 090.6	206.5
1997	5 320	1 418.7	260.6	5 732	1 454.8	267.2	3 177	1 034.9	190.1
1998	5 087	1 356.5	252.4	5 462	1 386.3	258.0	3 579	1 165.8	216.9

注：1998年由于报表制度的改革，为了和1997年前口径一致，已将下岗职工的生活费包括在平均工资内计算。

全社会固定资产投资总额

TOTAL INVESTMENT IN FIXED ASSETS

单位：万元 (10 000 yuan)

年　份	投资总额	国有单位	集体单位	城乡个人	其　他
1949	1 178	139	216	823	
1950	9 261	3 546	315	5 400	
1951	13 224	6 553	141	6 530	
1952	20 599	12 300	307	7 992	
1953	29 188	19 647	161	9 380	
1954	39 783	29 194	198	10 391	
1955	40 407	29 392	554	10 461	
1956	78 325	63 273	864	14 188	
1957	78 739	72 373	995	5 371	
1958	137 486	129 315	7 949	222	
1959	151 228	143 331	7 185	712	
1960	161 223	153 764	7 459		
1961	57 070	47 903	9 167		
1962	43 833	25 136	9 423	9 274	
1963	52 052	31 186	8 080	12 786	
1964	57 873	44 442	5 057	8 374	
1965	68 971	53 815	4 531	10 625	
1966	83 049	65 584	5 040	12 425	
1967	52 512	38 002	3 336	11 174	
1968	53 790	40 948	3 470	9 372	
1969	60 096	47 542	4 083	8 471	
1970	110 067	94 512	5 282	10 273	
1971	141 444	120 781	8 498	12 165	
1972	154 650	119 062	22 252	13 336	
1973	150 859	118 611	16 659	15 589	
1974	145 925	105 483	19 897	20 545	
1975	157 935	109 399	20 692	27 844	
1976	153 749	102 080	20 491	31 178	
1977	165 762	126 641	20 919	18 202	
1978	214 935	195 048	8 474	11 413	
1979	232 713	201 246	16 402	15 065	
1980	281 960	225 035	35 584	21 341	
1981	254 719	179 277	35 456	39 986	
1982	345 486	251 671	53 356	40 459	
1983	448 347	314 560	72 346	61 441	
1984	688 991	492 311	121 084	75 596	
1985	916 918	676 956	129 637	110 325	
1986	970 247	729 928	99 982	140 337	
1987	1 062 371	800 269	97 410	164 692	
1988	1 076 779	785 531	119 684	171 564	
1989	1 079 587	803 658	101 001	174 928	
1990	1 234 137	916 262	117 840	200 035	
1991	1 495 206	1 125 883	135 577	233 746	
1992	1 727 858	1 415 993	158 190	153 675	
1993	2 512 628	1 948 072	242 152	270 795	51 609
1994	2 909 041	2 268 249	212 602	305 290	122 900
1995	2 955 570	2 260 003	278 968	290 172	126 427
1996	3 334 714	2 493 299	230 352	436 178	174 885
1997	3 983 959	2 946 245	253 086	419 897	364 731
1998	5 346 852	3 892 259	285 102	446 845	722 646

全社会新增固定资产

TOTAL NEWLY INCREASED FIXED ASSETS

单位：万元 (10 000 yuan)

年 份	总 额	国有单位	集体单位	城乡个人	其 他
1949	1 177	138	216	823	
1950	7 708	1 993	315	5 400	
1951	11 056	4 385	141	6 530	
1952	17 674	9 375	307	7 992	
1953	25 514	15 973	161	9 380	
1954	32 069	21 490	198	10 391	
1955	35 909	24 894	554	10 461	
1956	58 295	43 243	864	14 188	
1957	56 906	50 540	995	5 371	
1958	107 565	99 394	7 949	222	
1959	96 860	88 963	7 185	712	
1960	119 328	111 869	7 459		
1961	36 802	27 635	9 167		
1962	49 823	31 126	9 423	9 274	
1963	50 080	29 214	8 080	12 786	
1964	53 330	39 899	5 057	8 374	
1965	68 343	53 187	4 531	10 625	
1966	75 220	57 755	5 040	12 425	
1967	30 400	15 890	3 336	11 174	
1968	26 079	13 237	3 470	9 372	
1969	28 974	16 420	4 083	8 471	
1970	86 810	71 255	5 282	10 273	
1971	79 507	58 844	8 498	12 165	
1972	82 143	46 555	22 252	13 336	
1973	111 299	79 051	16 659	15 589	
1974	104 041	63 599	19 897	20 545	
1975	95 922	47 386	20 692	27 844	
1976	87 022	35 353	20 491	31 178	
1977	191 924	152 803	20 919	18 202	
1978	122 014	102 127	8 474	11 413	
1979	180 879	150 151	15 663	15 065	
1980	232 318	176 354	34 623	21 341	
1981	216 359	142 545	33 828	39 986	
1982	267 399	176 411	50 529	40 459	
1983	310 886	181 541	67 904	61 441	
1984	549 980	359 081	115 303	75 596	
1985	658 841	430 098	118 418	110 325	
1986	683 793	448 569	94 887	140 337	
1987	904 240	647 784	91 764	164 692	
1988	943 183	670 221	101 398	171 564	
1989	805 419	531 731	98 760	174 928	
1990	943 937	625 828	118 074	200 035	
1991	1 332 103	967 268	131 089	233 746	
1992	1 261 101	958 286	149 140	153 675	
1993	1 462 581	989 936	184 008	270 795	17 842
1994	2 008 580	1 438 041	198 986	305 290	66 263
1995	2 270 866	1 588 886	264 213	290 172	127 595
1996	2 387 103	1 716 712	205 012	436 078	29 301
1997	3 291 231	2 479 229	216 361	419 897	175 744
1998	3 839 613	2 810 583	272 998	446 845	309 187

基本建设投资总额

TOTAL INVESTMENT OF CAPITAL CONSTRUCTION

单位：万元　　　　(10 000 yuan)

年　份	基本建设投资总额	按隶属关系分		按资金来源分			
		中央项目	地方项目	投资额		比重(%)	
				国家预算内	其他投资	国家预算内	其他投资
1949	139	106	33	108	31	77.7	22.3
1950	3 546	2 489	1 057	2 741	805	77.3	22.7
1951	6 553	4 173	2 380	5 046	1 507	77.0	23.0
1952	12 300	8 767	3 533	9 483	2 817	77.1	22.9
1953	19 647	11 131	8 516	15 325	4 322	78.0	22.0
1954	29 194	15 189	14 005	22 625	6 569	77.5	22.5
1955	29 392	18 445	10 947	22 573	6 819	76.8	23.2
1956	63 273	42 840	20 433	47 834	15 439	75.6	24.4
1957	72 373	48 494	23 879	56 089	16 284	77.5	22.5
1958	129 315	83 585	45 730	106 607	22 708	82.4	17.6
1959	143 331	80 737	62 594	107 758	35 573	75.2	24.8
1960	153 764	75 608	78 156	112 656	41 108	73.3	26.7
1961	47 903	25 128	22 775	33 372	14 531	69.7	30.3
1962	25 136	15 219	9 917	21 850	3 286	86.9	13.1
1963	31 186	18 751	12 435	27 831	3 355	89.2	10.8
1964	44 442	24 689	19 753	37 432	7 010	84.2	15.8
1965	53 815	34 899	18 916	48 860	4 955	90.8	9.2
1966	65 584	43 171	22 413	61 052	4 532	93.1	6.9
1967	38 002	20 554	17 448	34 869	3 133	91.8	8.2
1968	40 948	22 342	18 606	38 843	2 105	94.9	5.1
1969	47 542	22 069	25 473	43 791	3 751	92.1	7.9
1970	94 512	44 733	49 779	84 919	9 593	89.9	10.1
1971	120 781	69 386	51 395	104 049	16 732	86.1	13.9
1972	119 062	58 699	60 363	97 836	21 226	82.2	17.8
1973	118 611	19 995	98 616	102 854	15 757	86.7	13.3
1974	105 483	17 493	87 990	95 022	10 461	90.1	9.9
1975	109 399	21 247	88 152	96 343	13 056	88.1	11.9
1976	102 080	15 186	86 894	90 052	12 028	88.2	11.8
1977	126 641	25 222	101 419	98 069	28 572	77.4	22.6
1978	164 820	69 422	95 398	144 493	20 327	87.7	12.3
1979	166 880	91 253	75 627	141 533	25 347	84.8	15.2
1980	179 154	90 573	88 581	108 204	70 950	60.4	39.6
1981	120 510	61 583	58 927	66 873	53 637	55.5	44.5
1982	177 786	94 897	82 889	76 881	100 905	43.2	56.8
1983	226 499	149 657	76 842	127 742	98 757	56.4	43.6
1984	369 605	256 043	113 562	236 583	133 022	64.0	36.0
1985	507 377	340 779	166 598	241 203	266 174	47.5	52.5
1986	530 297	387 202	143 095	285 953	244 344	53.9	46.1
1987	513 300	347 247	166 053	197 936	315 364	38.6	61.4
1988	497 067	334 605	162 462	210 807	286 260	42.4	57.6
1989	520 167	350 372	169 795	140 262	379 905	27.0	73.0
1990	604 925	395 396	209 529	132 962	471 963	22.0	78.0
1991	758 146	504 397	253 749	140 435	617 711	18.5	81.5
1992	953 815	642 630	311 185	107 781	846 034	11.3	88.7
1993	1 245 801	766 499	479 302	138 426	1 107 375	11.1	88.9
1994	1 476 317	850 054	626 263	112 565	1 363 752	7.6	92.4
1995	1 490 082	652 050	838 032	103 560	1 386 522	7.0	93.0
1996	1 638 271	685 083	953 188	119 182	1 519 089	7.3	92.7
1997	2 144 296	1 103 330	1 040 966	84 639	2 059 657	3.9	96.1
1998	3 101 455	1 477 798	1 623 657	158 032	2 943 423	5.1	94.9

续表1 CONTINUED

单位：万元 (10 000 yuan)

年 份	按隶属关系分			占投资总额的比重（%）		
	建筑安装工程	设备、工器具购置	其他投资	建筑安装工程	设备、工器具购置	其他投资
1949	92	37	10	66.19	26.62	7.19
1950	2 334	946	266	65.82	26.68	7.50
1951	4 937	1 275	341	75.34	19.46	5.20
1952	8 300	3 143	857	67.48	25.55	6.97
1953	12 378	5 837	1 432	63.00	29.71	7.29
1954	14 507	11 341	3 346	49.69	38.85	11.46
1955	17 201	9 872	2 319	58.52	33.59	7.89
1956	38 429	19 463	5 381	60.74	30.76	8.50
1957	41 898	25 794	4 681	57.89	35.64	6.47
1958	72 702	49 366	7 247	56.22	38.18	5.60
1959	80 065	56 613	6 653	55.86	39.50	4.64
1960	98 535	49 568	5 661	64.08	32.24	3.68
1961	29 305	16 265	2 333	61.18	33.95	4.87
1962	17 180	6 878	1 078	68.35	27.36	4.29
1963	21 358	8 328	1 500	68.49	26.70	4.81
1964	29 811	12 133	2 498	67.08	27.30	5.62
1965	31 992	17 108	4 715	59.45	31.79	8.76
1966	32 919	27 473	5 192	50.19	41.89	7.92
1967	22 124	12 178	3 700	58.22	32.04	9.74
1968	19 011	16 826	5 111	46.43	41.09	12.48
1969	25 088	17 222	5 232	52.77	36.22	11.01
1970	44 862	35 645	14 005	47.47	37.71	14.82
1971	73 852	35 664	11 265	61.15	29.53	9.32
1972	76 092	36 108	6 862	63.91	30.33	5.76
1973	71 722	39 479	7 410	60.47	33.28	6.25
1974	66 258	32 647	6 578	62.81	30.95	6.24
1975	65 280	35 861	8 258	59.67	32.78	7.55
1976	62 497	32 322	7 261	61.22	31.66	7.12
1977	80 716	38 373	7 552	63.74	30.30	5.96
1978	100 292	53 647	10 881	60.85	32.55	6.60
1979	107 088	48 452	11 340	64.17	29.03	6.80
1980	116 702	47 282	15 170	65.14	26.39	8.47
1981	86 928	18 675	14 907	72.13	15.50	12.37
1982	132 475	25 233	20 078	74.52	14.19	11.29
1983	158 626	39 843	28 030	70.03	17.59	12.38
1984	240 175	85 774	43 656	64.98	23.21	11.81
1985	322 753	118 197	66 427	63.61	23.30	13.09
1986	342 489	121 805	66 003	64.58	22.97	12.45
1987	322 860	116 238	74 202	62.90	22.65	14.45
1988	320 695	98 633	77 739	64.52	19.84	15.64
1989	328 411	120 699	71 057	63.14	23.20	13.66
1990	387 479	156 041	61 405	64.05	25.80	10.15
1991	447 560	205 332	105 254	59.04	27.08	13.88
1992	583 972	211 632	158 211	61.22	22.19	16.59
1993	741 059	296 183	208 559	59.48	23.77	16.75
1994	971 085	299 991	205 241	65.78	20.32	13.90
1995	1 062 024	213 970	214 088	71.27	14.36	14.37
1996	1 139 253	251 671	247 347	69.54	15.36	15.10
1997	1 423 368	380 682	340 246	66.38	17.75	15.87
1998	2 086 791	418 629	596 035	67.28	13.50	19.22

续表 2　CONTINUED

单位：万元　　(10 000 yuan)

年　份	按建设性质分			占投资总额的比重（%）		
	新建项目	改扩建项目	其他项目	新建项目	改扩建项目	其他项目
1949	21	118		15.11	84.89	
1950	559	2 930	57	15.76	82.63	1.61
1951	3 112	2 744	697	47.49	41.87	10.64
1952	4 846	7 243	211	39.40	58.89	1.71
1953	7 646	11 736	265	38.92	59.73	1.35
1954	12 986	14 172	2 036	44.48	48.54	6.98
1955	14 857	12 221	2 314	50.55	41.58	7.87
1956	38 554	23 942	777	60.93	37.84	1.23
1957	50 849	18 070	3 454	70.26	24.97	4.77
1958	74 269	55 046		57.43	42.57	
1959	88 700	51 962	2 669	61.88	36.26	1.86
1960	87 371	63 716	2 677	56.82	41.44	1.74
1961	20 945	25 875	1 083	43.72	54.02	2.26
1962	12 072	12 836	228	48.03	51.07	0.90
1963	14 829	15 283	1 074	47.55	49.01	3.44
1964	17 420	25 841	1 181	39.20	58.15	2.65
1965	22 010	20 792	11 013	40.90	38.64	20.46
1966	46 630	18 954		71.10	28.90	
1967	27 057	10 945		71.20	28.80	
1968	29 032	11 916		70.90	29.10	
1969	33 850	13 692		71.20	28.80	
1970	67 482	27 030		71.40	28.60	
1971	84 788	35 993		70.20	29.80	
1972	85 642	30 757	2 663	71.93	25.83	2.24
1973	85 398	31 618	1 595	72.00	26.66	1.34
1974	73 307	30 492	1 684	69.50	28.90	1.60
1975	73 665	34 639	1 095	67.34	31.66	1.00
1976	61 869	36 687	3 524	60.61	35.94	3.45
1977	71 152	44 711	10 778	56.18	35.31	8.51
1978	104 739	58 749	1 332	63.55	35.64	0.81
1979	87 060	78 637	1 183	52.17	47.12	0.71
1980	86 765	90 223	2 166	48.43	50.36	1.21
1981	55 313	65 036	161	45.90	53.97	0.13
1982	80 928	94 351	2 507	45.52	53.07	1.41
1983	102 650	114 498	9 351	45.32	50.55	4.13
1984	163 076	203 323	3 206	44.12	55.01	0.87
1985	242 458	236 701	28 218	47.79	46.65	5.56
1986	266 594	241 601	22 102	50.27	45.56	4.17
1987	210 414	279 074	23 812	40.99	54.37	4.64
1988	223 570	249 847	23 650	44.98	50.26	4.76
1989	199 868	297 818	22 481	38.42	57.25	4.33
1990	267 869	318 329	18 727	44.28	52.62	3.10
1991	316 515	415 391	26 240	41.75	54.79	3.46
1992	427 902	493 959	31 954	44.86	51.79	3.35
1993	648 421	540 815	56 565	52.05	43.41	4.54
1994	876 702	540 762	58 853	59.38	36.63	3.99
1995	848 613	552 666	88 803	56.95	37.09	5.96
1996	893 996	626 782	117 493	54.57	38.26	7.17
1997	1 162 043	810 117	172 136	54.19	37.78	8.03
1998	2 102 624	759 461	239 370	67.79	24.49	7.72

国民经济各行业基本建设投资额

TOTAL INVESTMENT OF CAPITAL CONSTRUCTION BY SECTOR

单位：万元 (10 000 yuan)

时期	总计	工业	建筑安装勘探设计	地质资源勘探	农林水利气象
1949年	139	96			
恢复时期	22 399	16 167	46		1 316
“一五”时期	213 879	144 954	9 715	2 202	4 130
“二五”时期	499 449	359 634	5 478	1 612	36 701
1963－1965年	129 443	82 866	2 782	276	17 373
“三五”时期	286 588	217 795	2 102	955	17 339
“四五”时期	573 336	379 496	11 633	2 156	44 909
“五五”时期	739 575	452 491	14 574	2 907	76 262
“六五”时期	1 401 777	890 876	37 079	3 848	31 916
“七五”时期	2 665 756	1 773 466	47 911	2 852	54 379
“八五”时期	5 924 161	3 506 661	42 882	4 332	213 246
1996年	1 638 271	768 978	18 918	612	86 398
1997年	2 144 296	1 099 363	90 314	1 561	140 915
1998年	3 101 455	1 277 023	30 843	1 228	324 132

时期	运输邮电	商业粮食物资金融	科学研究	文教卫生	城市建设	其他
1949年	10			15	18	
恢复时期	2 331	624		1 078	538	299
“一五”时期	19 697	8 736		11 261	11 152	2 032
“二五”时期	57 952	8 496	1 409	12 383	6 576	9 208
1963－1965年	8 710	3 574	3 002	4 090	3 297	3 473
“三五”时期	25 198	11 595	906	4 418	3 734	2 546
“四五”时期	93 239	16 407	868	9 001	4 915	10 712
“五五”时期	92 362	23 000	4 171	23 452	20 817	29 539
“六五”时期	172 236	49 566	14 510	93 820	49 633	58 293
“七五”时期	418 107	62 259	17 296	150 696	51 625	87 165
“八五”时期	1 389 729	190 471	24 995	240 464	56 978	254 403
1996年	463 777	78 074	5 596	65 346	25 226	125 346
1997年	433 581	101 167	2 182	80 586	23 145	171 482
1998年	1 016 689	83 924	8 679	102 452	62 259	194 226

农业、轻工业、重工业基本建设投资额

INVESTMENT OF CAPITAL CONSTRUCTION OF AGRICULTURE, LIGHT INDUSTRY AND HEAVY INDUSTRY

单位：万元　　　　(10 000 yuan)

时　期	农业和工业合计	农业	轻工业	以农产品为原料的工业	以工业品为原料的工业	重工业	采掘工业	原料工业	制造工业
1949 年	96		1		1	95	92	2	1
恢复时期	17 483	1 316	1 259	1 090	169	14 908	4 321	4 680	5 907
"一五"时期	149 084	4 130	6 656	4 421	2 235	138 298	44 195	47 877	46 226
"二五"时期	396 335	36 701	21 699	12 794	8 905	337 935	126 843	137 411	73 681
1963 – 1965 年	100 239	17 373	5 702	3 406	2 296	77 164	28 436	30 805	17 923
"三五"时期	235 134	17 339	18 191	9 977	8 214	199 604	73 495	78 742	47 367
"四五"时期	424 405	44 909	32 327	16 789	15 538	347 169	115 688	127 032	104 449
"五五"时期	528 753	76 262	31 202	14 082	17 120	421 289	158 263	155 597	107 429
"六五"时期	922 792	31 916	55 109	30 617	24 492	835 767	386 285	283 468	166 014
"七五"时期	1 827 831	54 365	69 756	43 137	26 619	1 703 710	800 000	748 095	155 615
"八五"时期	3 573 070	66 409	102 053	64 893	37 160	3 404 608	1 401 790	1 814 286	188 532
1996 年	778 991	10 013	28 754	16 220	12 534	740 224	359 982	315 950	64 292
1997 年	1 113 813	14 450	38 473	18 621	19 852	1 060 890	420 497	569 887	70 506
1998 年	1 295 405	18 382	32 820	13 295	19 525	1 244 203	349 320	827 854	67 029

农业、轻工业、重工业投资占基本建设投资的比重

RATIO OF INVESTMENT OF CAPITAL CONSTRUCTION OF AGRICULTURE, LIGHT INDUSTRY AND HEAVY INDUSTRY

单位：%　　　　(%)

时　期	农业和工业合计	农业	轻工业	以农产品为原料的工业	以工业品为原料的工业	重工业	采掘工业	原料工业	制造工业
1949 年	69.1		0.7		0.7	68.3	66.2	1.4	0.7
恢复时期	78.1	5.9	5.6	4.9	0.8	66.6	19.3	20.9	26.4
"一五"时期	69.7	1.9	3.1	2.1	1.0	64.7	20.7	22.4	21.6
"二五"时期	79.4	7.3	4.3	2.6	1.8	67.7	25.4	27.5	14.8
1963 – 1965 年	77.4	13.4	4.4	2.6	1.8	59.6	22.0	23.8	13.8
"三五"时期	82.0	6.1	6.3	3.5	2.9	69.6	25.6	27.5	16.5
"四五"时期	74.0	7.8	5.6	2.9	2.7	60.6	20.2	22.2	18.2
"五五"时期	71.5	10.3	4.2	1.9	2.3	57.0	21.4	21.0	14.5
"六五"时期	65.8	2.3	3.9	2.2	1.7	59.6	27.6	20.2	11.8
"七五"时期	68.6	2.0	2.6	1.6	1.0	63.9	30.0	28.1	5.8
"八五"时期	60.3	1.1	1.7	1.1	0.6	57.5	23.7	30.6	3.2
1996 年	47.5	0.6	1.8	1.0	0.8	45.2	22.0	19.3	3.9
1997 年	51.9	0.7	1.8	0.9	0.9	49.5	19.6	26.6	3.3
1998 年	41.8	0.6	1.1	0.4	0.6	40.1	11.3	26.7	2.2

工业分行业基本建设投资额

INVESTMENT OF CAPITAL CONSTRUCTION IN BREACH OF INDUSTRY

单位：万元　　　　(10 000 yuan)

时　　期	工业合计	冶金工业	电力工业	煤炭工业	化学工业
1949 年	96			92	2
恢复时期	16 167	3 412	623	4 008	674
"一五"时期	144 954	7 101	19 075	38 458	19 308
"二五"时期	359 634	86 359	20 302	92 149	50 049
1963－1965 年	82 866	11 168	5 483	28 639	12 852
"三五"时期	217 795	65 309	27 326	28 444	27 306
"四五"时期	379 496	78 015	66 354	48 212	44 976
"五五"时期	452 491	53 140	93 776	141 016	39 151
"六五"时期	890 876	76 464	179 367	381 154	112 596
"七五"时期	1 773 466	188 208	479 495	788 733	110 959
"八五"时期	3 506 661	669 901	1 064 419	1 189 224	101 734
1996 年	768 978	84 087	222 154	313 493	23 855
1997 年	1 099 363	41 573	481 962	411 064	27 638
1998 年	1 277 023	82 517	778 214	275 667	11 288

时　　期	机械工业	建筑材料工　　业	纺织工业	食品工业	其他工业
1949 年	1				1
恢复时期	5 908	266	893	187	196
"一五"时期	46 226	7 892	4 309	1 433	1 152
"二五"时期	73 681	9 070	8 977	5 473	13 574
1963－1965 年	17 923	1 629	3 327	403	1 442
"三五"时期	47 496	4 340	10 958	436	6 180
"四五"时期	99 011	9 827	15 157	2 303	15 641
"五五"时期	71 823	12 044	13 435	4 962	23 144
"六五"时期	58 477	14 224	21 633	17 289	29 672
"七五"时期	64 515	42 892	12 812	23 254	62 598
"八五"时期	103 560	162 524	31 304	18 071	165 924
1996 年	40 557	19 729	1 821	8 049	55 233
1997 年	53 026	14 421	1 148	7 994	60 537
1998 年	47 117	17 746	2 066	7 662	54 746

基本建设新增固定资产及交付使用率

NEWLY INCREASED FIXED ASSETS OF CAPITAL CONSTRUCTION AND RATE OF FIXED ASSETS TRANSFERRED AND IN USE

年 份	基本建设投资总额（万元）	新增固定资产（万元）			固定资产交付使用率（%）		
		总 计	中央项目	地方项目	总 计	中央项目	地方项目
1949	139	138	105	33	99.3	99.1	100.0
1950	3 546	1 993	1 155	838	56.2	46.4	79.3
1951	6 553	4 385	2 575	1 810	66.9	61.7	76.1
1952	12 300	9 375	5 462	3 913	76.2	62.3	110.8
1953	19 647	15 973	8 176	7 797	81.3	73.5	91.6
1954	29 194	21 480	12 227	9 253	73.6	80.5	66.1
1955	29 392	24 894	11 026	13 868	84.7	59.8	126.7
1956	63 273	43 243	27 571	15 672	68.3	64.4	76.7
1957	72 373	50 540	32 128	18 412	69.8	66.3	77.1
1958	129 315	99 394	61 030	38 364	76.9	73.0	83.9
1959	143 331	88 963	47 685	41 278	62.1	59.1	65.9
1960	153 764	111 869	55 201	56 668	72.8	73.0	72.5
1961	47 903	27 635	13 794	13 841	57.7	54.9	60.8
1962	25 136	31 126	23 409	7 717	123.8	153.8	77.8
1963	31 186	29 214	20 739	8 475	93.7	110.6	68.2
1964	44 442	39 899	25 598	14 301	89.8	103.7	72.4
1965	53 815	53 187	38 845	14 342	98.8	111.3	75.8
1966	65 584	57 755	44 110	13 645	88.1	102.2	60.9
1967	38 002	15 890	9 587	6 303	41.8	46.6	36.1
1968	40 948	13 237	4 309	8 928	32.3	19.3	48.0
1969	47 542	16 420	8 126	8 294	34.5	36.8	32.6
1970	94 512	71 255	40 814	30 441	75.4	91.2	61.2
1971	120 781	58 844	36 727	22 117	48.7	52.9	43.0
1972	119 062	46 555	17 798	28 757	39.1	30.3	47.6
1973	118 611	79 051	6 482	72 569	66.6	32.4	73.6
1974	105 483	63 599	12 039	51 560	60.3	68.8	58.6
1975	109 399	47 386	5 056	42 330	43.3	23.8	48.0
1976	102 080	35 353	5 250	30 093	34.6	34.6	34.6
1977	126 641	152 803	48 157	104 636	120.7	191.0	103.2
1978	164 820	102 127	42 796	59 331	62.0	61.6	62.2
1979	166 880	125 396	71 243	54 153	75.1	78.1	71.6
1980	179 154	143 814	78 199	65 615	80.3	86.3	74.1
1981	120 510	99 253	48 928	50 325	82.4	79.5	85.4
1982	177 786	110 694	57 079	53 615	62.3	60.1	64.7
1983	226 499	116 711	58 132	58 579	51.5	38.8	76.2
1984	369 605	271 147	188 199	82 948	73.4	73.5	73.0
1985	507 377	300 140	204 645	95 495	59.2	60.1	57.3
1986	530 297	300 348	202 585	97 763	56.6	52.3	68.3
1987	513 300	443 677	341 598	102 079	86.4	98.4	61.5
1988	497 067	454 555	336 114	118 441	91.4	100.5	72.9
1989	520 167	323 841	196 296	127 545	62.3	56.0	75.1
1990	604 925	374 963	216 158	158 805	62.0	54.7	75.8
1991	758 146	682 678	526 555	156 123	90.0	104.4	61.5
1992	953 815	583 727	362 736	220 991	61.2	56.4	71.0
1993	1 245 801	581 347	358 914	222 433	46.7	46.8	46.4
1994	1 476 317	848 462	501 993	346 469	57.5	59.1	55.3
1995	1 490 082	1 080 916	483 595	597 321	72.5	74.2	71.3
1996	1 638 271	1 006 089	189 577	816 512	61.4	27.7	85.7
1997	2 144 296	1 620 412	919 456	700 956	75.6	83.3	67.3
1998	3 101 455	1 964 878	713 263	1 251 615	63.4	48.3	77.1

国民经济各行业基本建设新增固定资产

NEWLY INCREASED FIXED ASSETS OF CAPITAL CONSTRUCTION BY SECTOR

单位：万元 (10 000 yuan)

时　期	总　计	工　业	建筑安装勘探设计	地质资源勘　探	农林水利气　象
1949年	138	95			
恢复时期	15 753	10 688	46		1 291
"一五"时期	156 130	100 258	9 127	2 033	4 032
"二五"时期	358 987	272 942	4 852	1 373	16 494
1963－1965年	122 300	76 891	2 425	255	9 108
"三五"时期	174 557	122 257	2 113	752	6 802
"四五"时期	295 435	220 092	5 086	1 806	15 308
"五五"时期	559 493	354 466	11 390	2 538	30 445
"六五"时期	897 945	537 671	17 112	3 382	21 282
"七五"时期	1 897 384	1 202 040	25 235	2 279	25 146
"八五"时期	3 777 130	2 457 410	39 075	4 738	60 020
1996年	1 006 089	343 121	14 628	391	22 988
1997年	1 620 412	918 392	140 753	1 134	47 073
1998年	1 964 878	1 018 157	31 816	1 522	40 106

时　期	运输邮电	商业粮食物资金融	科学研究	文教卫生	城市建设	其　他
1949年	10			15	18	
恢复时期	1 364	516		1 051	520	277
"一五"时期	11 425	7 645		10 151	6 225	5 234
"二五"时期	33 069	6 652	745	9 393	6 039	7 428
1963－1965年	17 822	3 081	1 997	4 082	3 017	3 622
"三五"时期	26 760	8 111	501	3 369	2 730	1 162
"四五"时期	33 866	8 650	414	4 288	1 952	3 973
"五五"时期	94 792	14 809	2 224	15 370	13 135	20 324
"六五"时期	138 387	36 709	10 813	61 008	30 420	41 161
"七五"时期	326 683	52 574	18 069	126 286	40 533	78 539
"八五"时期	703 312	136 098	14 373	175 336	42 947	143 821
1996年	435 142	36 151	5 608	47 962	19 397	80 701
1997年	235 769	89 575	2 757	66 984	20 999	96 976
1998年	540 100	89 309	6 421	73 873	25 930	137 644

基本建设新增生产能力(或效益)

NEWLY INCREASED PRODUCTIVE CAPACITY THROUGH CAPITAL CONSTRUCTION

时　期	铁矿开采(万吨)	炼　铁(万吨)	炼　钢(万吨)	炼　焦(万吨)	煤炭开采(万吨)	洗　煤(万吨)	发电机组容量(万千瓦)
1949 年							
恢复时期		5.65	5.06	22.00	47.10		1.61
“一五”时期		5.77	4.80	17.00	1 003.30		12.17
“二五”时期	6.45	189.64	77.56	50.00	1 570.66	260.00	28.18
1963－1965 年			1.10		226.00		8.38
“三五”时期	8.30	6.85	73.99	10.00	612.90	150.00	19.61
“四五”时期	72.67	9.45	13.57	37.00	677.50	165.00	83.97
“五五”时期	525.00	20.50	17.70	75.00	823.50		89.86
“六五”时期		3.30		44.00	1 881.00	100.00	142.35
“七五”时期	45.00	22.00	15.00	20.00	3 608.00	1 986.00	196.94
“八五”时期	112.00	14.70	1.00	47.60	3 512.60	2 430.00	283.21
1996 年	10.00	6.00	33.00	24.00	395.00	286.00	41.00
1997 年		8.00		64.00	470.00		30.00
1998 年	400.00	10.00		32.00	173.00	21.00	82.00

时　期	水　泥(万吨)	新建铁路交付里程(公里)	新建公路(公里)	高等学校学生席位(个)	中等学校学生席位(万个)	医院床位(张)	城市煤气(万立方米/日)
1949 年							
恢复时期	1.50			2 407	4.51		
“一五”时期	56.60	16.20	229.00	6 599	12.74	2 020	
“二五”时期	34.37	44.80	5 251.00	13 883	24.21	1 955	
1963－1965 年	8.20	44.90	524.00	3 607	1.63	1 407	
“三五”时期	33.35	213.20	1 578.00		1.22	244	
“四五”时期	88.59	290.30	992.00	1 460	3.66	2 974	
“五五”时期	12.60	243.90	615.00	11 386	6.74	3 876	
“六五”时期	47.30	124.04	727.00	17 439	18.26	6 327	32.91
“七五”时期	19.00	165.91	766.50	27 264	26.33	9 263	45.65
“八五”时期		225.60	414.20	11 790	10.64	8 281	54.70
1996 年			402.00	6 440	1.28	404	
1997 年	14.00	90.00	430.00	3 200	2.11	2 040	3.00
1998 年			735.00		1.34	1 210	6.00

基本建设施工和竣工项目个数及项目投产率

NUMBER OF RPOJECTS UNDER CONSTRUCTION AND COMPLETED, COMPLETION PATE THROUGH CAPITAL CONSTRUCTION

年 份	施工个数（个）	#本年新开项目	本年投产项目（个）	#大中型	建成投产率（%） 全部建成	#大中型
1949	4	4	3		75.00	
1950	72	68	20	2	27.78	66.70
1951	133	61	15	1	11.28	16.70
1952	251	118	20	3	7.97	30.00
1953	399	148	163	3	40.85	15.00
1954	423	24	53	2	12.53	8.70
1955	426	13	30	2	7.04	5.70
1956	1 012	586	200	5	19.76	8.30
1957	1 050	38	90	10	8.57	15.60
1958	2 593	1 543	451	3	17.39	3.30
1959	3 696	1 103	2 144	3	58.01	3.20
1960	3 362	1 186	1 117	11	33.22	11.60
1961	1 690		259	2	15.33	2.40
1962	1 059	289	231	2	21.81	2.90
1963	1 348	832	99	1	7.34	2.00
1964	2 180	419	407	1	18.67	2.10
1965	2 128		866	10	40.70	14.30
1966	1 876		798	8	42.54	20.50
1967	1 749		760		43.45	
1968	1 638		139		8.49	
1969	1 767	129	269		15.22	
1970	2 058	291	290	5	14.09	9.40
1971	2 641	583	123	9	4.66	9.90
1972	2 715	74	674	3	24.83	5.90
1973	2 465		670	4	27.18	7.40
1974	2 550	1 330	1 024	5	40.16	8.50
1975	853	279	168	6	19.70	11.80
1976	974	323	177	8	18.17	10.70
1977	1 298	324	232	10	17.87	10.50
1978	1 314	548	402	3	30.59	5.00
1979	1 295	509	447	4	34.52	7.70
1980	1 965	878	604	2	30.74	4.90
1981	1 027	284	273	3	26.58	8.80
1982	2 112	989	626	3	29.64	10.00
1983	2 039	848	842	3	41.29	9.40
1984	2 056	1 216	920	1	44.75	2.40
1985	2 608	1 656	1 000	3	38.34	7.70
1986	2 256	1 063	981	3	43.48	6.90
1987	2 267	1 071	950	3	41.91	7.00
1988	2 147	942	832	4	38.75	13.30
1989	1 918	542	821	2	42.81	6.30
1990	1 636	582	681	7	41.63	17.10
1991	1 812	845	705	2	38.91	5.60
1992	1 863	819	791	6	42.46	15.40
1993	1 845	841	777	5	42.11	12.50
1994	1 737	772	702	4	40.41	10.80
1995	1 859	892	806	1	43.36	2.60
1996	2 050	1 038	985	3	48.05	10.00
1997	1 805	849	861	1	47.70	4.50
1998	2 354	1 481	1 080	2	45.88	10.00

基本建设房屋建筑面积

FLOOR SPACE OF BUILDINGS THROUGH CAPITAL CONSTRUCTION

单位：万平方米 (10 000 sq.m)

年 份	施 工 房屋面积	#住 宅	竣 工 房屋面积	#住 宅	房屋面积竣工率(%)	#住 宅
1950	18.74	8.45	18.58	8.38	99.15	99.17
1951	29.36	12.48	27.20	11.56	92.64	92.63
1952	83.51	45.44	75.94	41.32	90.94	90.93
1953	126.08	62.80	103.70	51.65	82.25	82.25
1954	142.95	61.64	126.68	54.62	88.62	88.61
1955	138.52	60.97	124.34	54.73	89.76	89.77
1956	366.62	177.32	273.79	132.42	74.68	74.68
1957	415.51	230.61	291.48	161.77	70.15	70.15
1958	549.48	149.87	335.18	91.42	61.00	61.00
1959	661.94	183.45	384.97	106.69	58.16	58.16
1960	729.92	190.06	389.44	106.40	53.35	55.98
1961	161.14	77.26	99.66	38.88	38.16	50.32
1962	129.29	35.17	48.84	17.93	37.78	50.98
1963	122.16	44.31	60.05	21.78	49.16	49.15
1964	195.29	60.88	102.84	32.58	52.66	53.52
1965	260.47	74.97	160.95	54.69	61.79	72.95
1966	273.43	69.60	168.93	43.00	61.78	61.78
1967	157.11	40.83	71.77	18.65	45.68	45.68
1968	172.67	44.87	84.08	21.85	48.69	48.70
1969	248.19	64.50	106.59	27.70	42.95	42.95
1970	349.00	92.27	197.32	52.17	56.54	56.54
1971	522.09	130.10	261.43	69.10	50.07	53.11
1972	526.02	170.66	238.80	83.99	45.40	49.21
1973	502.31	161.00	217.90	81.05	43.38	50.34
1974	436.22	173.71	164.23	66.68	37.65	38.39
1975	518.00	190.00	189.93	75.00	36.67	39.47
1976	495.00	164.00	166.00	51.00	33.54	31.10
1977	553.00	179.00	219.00	64.00	39.60	35.75
1978	645.44	229.00	256.21	92.93	39.70	40.58
1979	714.23	300.00	306.35	137.51	42.89	45.84
1980	757.00	359.00	361.00	189.00	47.69	52.65
1981	731.46	416.75	313.73	183.99	42.89	44.15
1982	959.00	536.30	402.21	239.26	41.94	44.61
1983	911.12	473.33	390.70	239.08	42.88	50.51
1984	1 088.99	518.48	462.31	244.54	42.45	47.16
1985	1 331.90	635.13	514.15	299.05	38.60	47.08
1986	1 264.31	567.22	528.47	270.36	41.80	47.66
1987	1 096.60	432.60	461.43	214.67	42.08	49.62
1988	977.40	373.40	411.20	169.00	42.07	45.26
1989	822.30	333.20	353.60	157.60	43.00	47.30
1990	715.80	283.30	294.10	134.70	41.09	47.55
1991	812.00	324.80	332.40	142.50	40.94	43.87
1992	854.80	370.80	330.50	154.70	38.66	41.72
1993	923.00	419.60	344.80	164.80	37.36	39.28
1994	948.40	407.70	393.30	172.90	41.47	42.41
1995	892.60	436.30	348.80	187.10	39.08	42.88
1996	946.60	445.40	386.30	218.40	40.80	49.03
1997	1 005.40	510.60	476.60	281.60	47.40	55.15
1998	1 375.30	903.50	573.20	375.80	41.68	41.59

更新改造投资

INVESTMENT IN TECHNICAL UPDATING AND TRANSFORMATION

单位：万元　　(10 000 yuan)

年　份	投资总额	#住　宅	中　央	地　方	本年新增固定资产	固定资产交付使用率(%)
1978	29 901		9 127	20 774	21 538	72.0
1979	34 366	4 635	12 265	22 101	24 755	72.0
1980	45 881	7 522	15 077	30 804	32 540	70.9
1981	58 767	5 843	10 910	47 857	41 364	70.4
1982	73 885	6 890	14 824	59 061	65 717	88.9
1983	82 534	7 097	43 502	39 032	59 303	71.9
1984	100 008	5 068	53 284	46 724	70 463	70.5
1985	144 068	6 118	68 909	75 159	108 337	75.2
1986	175 385	11 600	87 061	88 324	127 205	72.5
1987	209 134	17 299	100 467	108 667	156 154	74.7
1988	250 440	14 162	113 739	136 701	187 605	74.9
1989	245 932	14 607	120 843	125 089	185 728	75.5
1990	250 491	21 172	133 280	117 211	200 193	79.9
1991	303 960	24 356	167 898	136 062	242 802	79.9
1992	371 673	25 768	199 978	171 695	312 731	84.1
1993	523 907	35 249	285 428	238 479	314 936	60.1
1994	588 117	29 354	344 579	243 538	472 078	80.3
1995	652 001	53 045	279 898	372 103	475 030	72.9
1996	815 210	60 812	309 822	505 388	695 813	85.4
1997	875 847	55 987	326 615	549 232	763 656	87.2
1998	894 102	41 443	330 608	563 494	672 081	75.2

按用途分更新改造投资

INVESTMENT IN TECHNICAL UPDATING AND TRANSFORMATION BY PURPOSE

单位：万元　　(10 000 yuan)

年　份	#增　产	#节约能源	#其他节约	#增加品种	#提高产品质量	#三废治理
1978	8 033	181		1 392	1 107	
1979	9 233	209		1 600	1 272	954
1980	19 733	831	995		2 512	969
1981	23 261	669	569		1 588	1 005
1982	30 556	1 459	401	3 579	2 241	1 704
1983	27 099	3 052	658	4 724	5 954	1 473
1984	34 864	4 037	507	6 625	4 497	4 484
1985	35 323	4 478	478	16 717	5 668	4 414
1986	55 217	2 881	1 415	23 156	7 786	3 897
1987	71 919	7 519	439	17 803	10 515	4 573
1988	80 046	11 210	282	29 118	11 093	8 251
1989	81 521	5 209	565	34 653	12 841	6 520
1990	73 554	6 445	1 943	32 128	11 934	6 243
1991	102 636	5 716	2 237	30 290	9 388	4 140
1992	124 239	11 721	5 807	21 823	20 632	6 341
1993	186 371	14 209	4 738	46 114	18 356	9 697
1994	146 920	15 183	10 562	50 025	22 435	16 741
1995	257 942	13 797	9 236	63 648	24 381	10 129
1996	287 333	16 092	8 660	78 214	27 807	9 463
1997	268 301	29 554	21 237	103 778	43 724	7 776
1998	397 208	11 587	1 576	97 189	59 678	14 111

按行业分更新改造投资

INVESTMENT IN TECHNICAL UPDATING AND TRANSFORMATION BY SECTOR

单位：万元　　(10 000 yuan)

年 份	合 计	农 林 牧渔业	工 业	建筑业	地质勘探 水 利 业	交通运输 仓储邮电业	批发零售 贸易餐饮业
1978	29 901	3	25 229	225	130	2 868	564
1979	34 366	9	23 975			4 528	2 757
1980	45 881	134	37 252	414		2 994	1 809
1981	58 767	27	46 214		78	5 600	1 976
1982	73 885	108	61 205	468	125	6 145	1 140
1983	82 534	102	69 541	1 925	149	4 757	1 149
1984	100 008	49	85 911	2 093	153	5 414	1 077
1985	144 068	318	122 904	2 621	26	10 040	1 417
1986	175 385	788	153 232	2 641	87	7 932	1 881
1987	209 134	309	182 240	3 385	165	9 093	2 640
1988	250 440	114	221 888	2 805	320	9 839	5 517
1989	245 932	171	222 788	1 971	384	10 540	3 485
1990	250 491	245	224 555	1 645	2 357	11 388	1 630
1991	303 960	198	264 349	4 668	1 762	20 421	2 886
1992	371 673	166	328 427	5 905	1 305	21 235	2 419
1993	523 907	73	408 465	11 785	12 890	66 141	1 360
1994	588 117	265	408 815	14 915	1 450	146 964	1 077
1995	652 001	130	539 924	9 206	1 088	82 522	1 760
1996	815 210	275	683 533	9 299	473	97 834	3 221
1997	875 847	1 800	659 789	14 209	405	131 745	508
1998	894 102	400	641 950	7 319	1 310	183 571	3 121

年 份	金 融 保险业	房地产和 社会服务业	文教卫生广电 社会福利业	科研和综合 技术服务业	国家政党机关 和社会团体	其 他
1978		384	101			397
1979			176	15	732	2 174
1980	105	1 696	224	469		784
1981	76	3 077	257			1 462
1982	190	3 206	591	198	509	
1983	1 004	2 740	793	131		243
1984	366	3 616	274	325		730
1985	206	5 415	232	381	290	218
1986	29	6 201	1 010	957	473	154
1987	97	9 884	940	220	37	124
1988	57	7 925	1 229	195	330	221
1989	76	4 815	1 154	346	150	52
1990	46	6 749	651	456	762	7
1991	74	8 248	477	85	792	
1992		11 357	403	197	259	
1993	232	20 679	812	57	1 413	
1994	35	13 454	670	180	292	
1995	20	15 788	810	217	451	85
1996		17 887	1 259	315	850	264
1997	300	63 130	179	1 882	700	1 200
1998		54 187	158	179	707	1 200

更新改造新增固定资产

NEWLY INCREASED FIXED ASSETS THROUGH TECHNICAL UPDATING AND TRANSFORMATION

单位：万元　　(10 000 yuan)

年份	合计	农林牧渔业	工业	建筑业	地质勘探水利业	交通运输仓储邮电业	批发零售贸易餐饮业
1978	21 538	8	15 014			3 043	1 644
1979	24 755	9	17 256			3 498	1 890
1980	32 540	111	26 711	349		1 964	1 538
1981	41 364	66	31 986	329	42	4 748	882
1982	65 717	81	56 124	288	17	3 959	1 030
1983	59 303	97	49 413	1 808	129	4 229	921
1984	70 463	48	59 091	1 895	154	4 897	711
1985	108 337	116	91 900	2 497	148	7 848	1 135
1986	127 205	750	109 140	2 155	87	8 008	1 520
1987	156 154	235	135 038	2 832	137	8 091	1 280
1988	187 605	311	164 026	1 418	93	5 963	3 308
1989	185 728	153	169 096	1 974	164	7 411	2 064
1990	200 193	111	175 924	1 336	1 723	13 121	945
1991	242 802	337	210 430	4 520	2 652	16 939	3 143
1992	312 731	1 534	277 120	3 572		19 614	2 841
1993	314 936	53	242 682	5 704	10 142	49 483	1 084
1994	472 078	274	328 735	13 246	789	13 619	871
1995	475 030	30	382 218	4 714	1 173	74 533	1 789
1996	695 813	17	585 035	8 977	95	78 944	3 174
1997	763 656	1 560	571 095	12 902	260	14 234	528
1998	672 081	150	518 510	5 769	816	27 274	747

年份	金融保险业	房地产和社会服务业	文教卫生广电社会福利业	科研和综合技术服务业	国家政党机关和社会团体	其他
1978		272	31	13	1 513	
1979		312	36	15	1 739	
1980	46	1 187	98	11		525
1981	24	2 780	341	48	118	
1982	75	3 237	429	139	338	
1983	635	1 331	485	96		159
1984	240	2 158	155	171		943
1985	285	3 481	134	353	336	104
1986	69	3 841	672	383	469	111
1987	107	7 384	701	166	37	146
1988	47	10 423	1 253	286	333	144
1989		2 776	1 587	307	144	52
1990		5 712	214	443	657	7
1991	180	3 129	316	62	1 094	
1992		7 386	434	54	176	
1993	329	4 403	193	57	806	
1994	20	13 529	530		465	
1995	35	9 680	522	64	257	15
1996		17 092	1 404	200	611	264
1997		60 073		1 250	939	815
1998		16 757	158	43	657	1 200

主要工业行业更新改造投资

INVESTMENT IN TECHNICAL UPDATING AND TRANSFORMATION OF MAJOR BRANCH OF INDUSTRY

单位：万元　　　　(10 000 yuan)

年 份	工业合计	#能源工业	#煤 炭	#电 力	#化 工	#冶金工业	#建材工业	#机械工业
1978	25 229	13 153	12 631	522	3 423	3 057	479	2 115
1979	23 975	13 022	11 438	1 584	1 463	2 041	444	1 632
1980	37 252	19 150	16 797	2 353	3 183	4 511	1 018	4 352
1981	46 214	26 392	23 623	2 706	3 554	3 349	663	4 754
1982	61 205	32 962	28 901	4 049	5 932	2 608	1 401	9 700
1983	69 541	35 480	30 331	5 059	7 093	5 976	1 768	3 404
1984	85 911	37 582	33 986	3 579	9 280	10 014	3 564	4 585
1985	122 904	56 909	50 903	5 911	12 159	16 273	5 905	20 517
1986	153 232	71 887	66 002	5 497	12 484	19 889	7 633	18 650
1987	182 240	86 720	77 669	7 473	14 035	30 862	14 051	14 027
1988	221 888	100 759	85 183	13 873	28 565	32 307	13 896	18 003
1989	222 788	111 547	98 245	11 859	23 045	31 651	8 576	18 473
1990	224 555	126 558	114 658	11 134	22 576	25 131	7 546	19 586
1991	264 349	141 961	124 204	17 093	34 323	29 332	11 820	17 144
1992	328 427	181 720	149 987	29 048	38 357	43 937	12 549	19 838
1993	408 465	199 992	174 055	25 260	22 655	83 549	21 169	7 449
1994	408 815	182 127	159 927	20 202	19 300	108 264	24 794	25 425
1995	539 924	245 811	223 743	20 587	39 625	133 256	38 297	23 933
1996	683 533	324 637	276 012	41 721	114 635	142 395	36 145	36 289
1997	659 789	309 260	246 040	41 244	68 540	136 439	28 500	44 684
1998	641 950	282 085	196 688	57 300	77 151	131 193	54 697	57 045

主要工业行业更新改造新增固定资产

NEWLY INCREASED FIXED ASSETS THROUGH INVESTMENT IN TECHNICAL UPDATING AND TRANSFORMATION OF MAJOR BRANCH OF INDUSTRY

单位：万元　　　　(10 000 yuan)

年 份	工业合计	#能源工业	#煤 炭	#电 力	#化 工	#冶金工业	#建材工业	#机械工业
1978	15 014	9 467	9 092	375	2 464	2 200	344	1 522
1979	17 256	11 423	10 109	1 314	745	592	246	740
1980	26 711	14 129	12 317	1 807	2 565	2 632	842	2 991
1981	31 986	18 596	17 125	1 419	2 087	3 173	526	3 562
1982	56 124	35 204	32 632	2 572	4 797	1 408	1 175	7 282
1983	49 413	26 928	23 153	3 741	4 706	2 981	1 274	7 941
1984	59 091	28 869	26 636	2 216	7 755	4 021	2 330	9 331
1985	91 900	49 137	44 050	5 026	6 150	13 342	2 487	4 314
1986	109 140	55 172	51 732	3 175	9 735	306	172	11 196
1987	135 038	67 783	60 847	5 358	11 203	18 424	10 963	11 680
1988	164 026	68 461	62 371	5 427	17 728	27 953	8 736	19 477
1989	169 096	91 044	83 062	6 930	13 075	20 986	9 147	11 492
1990	175 924	98 513	90 877	6 638	11 682	27 364	7 346	11 110
1991	210 430	120 564	109 942	10 240	17 768	18 517	6 008	21 222
1992	277 120	154 489	126 378	26 173	40 098	33 625	12 009	15 813
1993	242 682	148 833	121 715	26 761	9 176	57 859	18 736	17 137
1994	328 735	150 723	131 271	17 740	16 285	87 807	16 098	18 787
1995	382 218	174 395	155 977	17 009	23 797	88 962	11 849	24 706
1996	585 035	274 336	235 580	33 228	43 956	125 701	45 570	33 111
1997	571 095	272 322	224 548	38 000	38 936	151 032	17 072	17 495
1998	518 510	220 001	150 661	57 102	56 751	141 192	35 527	26 380

更新改造资金来源

FUNDS OF INVESTMENT IN TECHNICAL UPDATING AND TRANSFORMATION

单位：万元　　　　(10 000 yuan)

年 份	本年资金合计	#上年末节余	预算内	国内贷款	股票债券	利用外资	自 筹	其 他
1978	29 901		9 127				20 774	
1979	34 366		12 265	570			19 765	1 766
1980	45 881		8 054	5 876			29 601	2 350
1981	56 026		7 897	6 905			40 259	965
1982	73 885		3 611	9 128		1 300	57 535	2 311
1983	82 534		15 559	8 756			56 797	1 422
1984	100 008		14 808	13 993		16	68 968	2 223
1985	144 068		12 261	31 207		144	95 496	4 960
1986	175 385		9 414	41 141		16	111 568	13 246
1987	295 599	61 941	9 908	61 179		775	128 067	33 729
1988	329 941	52 520	11 992	67 003		6 553	149 748	42 125
1989	269 238	35 488	5 763	47 448		749	138 432	41 358
1990	250 491	19 647	5 485	43 700		2 283	146 389	52 634
1991	391 915	46 134	7 800	73 835		4 190	226 217	33 739
1992	416 359	34 500	17 676	82 656		3 102	213 598	64 827
1993	688 028	37 819	1 802	115 786	2 725	108	514 593	15 195
1994	779 340	21 653	17 525	72 478	5 051	10 043	627 610	24 980
1995	702 643	31 258	3 517	160 047	1 070	6 894	480 033	19 824
1996	877 548	22 629	5 949	161 001	102	7 786	645 164	34 917
1997	952 678	39 409	8 573	175 652	14 281	15 010	670 021	29 732
1998	968 183	98 344	1 386	138 396	88 367	33 481	674 192	32 361

更新改造房屋面积

FLOOR SPACE OF BUILDING THROUGH INVESTMENT IN TECHNICAL UPDATING AND TRANSFORMATION

单位：万平方米　　　　(10 000 sq.m)

年 份	施工面积	#住 宅	竣工面积	#住 宅
1978	106	46	46	46
1979	135	32	69	32
1980	201	100	111	50
1981	175	77	96	40
1982	233	77	136	51
1983	212	74	116	40
1984	194	54	106	36
1985	226	66	116	34
1986	300	122	146	59
1987	325	138	178	78
1988	303	114	165	65
1989	267	108	134	57
1990	275	128	137	69
1991	271	137	139	70
1992	282	128	136	61
1993	335	123	144	61
1994	251	113	123	52
1995	273	151	136	78
1996	282	157	159	86
1997	242	130	132	73
1998	202	117	98	50

更新改造建设项目数

NUMBER OF PROJECTS UNDER CONSTRUCTION THROUGH INVESTMENT IN TECHNICAL UPDATING AND TRANSFORMATION

单位：个 (unit)

年 份	施工项目	#工 业	#运 输 邮电业	#批发零售 贸易餐饮业	全部建成 投产项目	#工 业
1978	3 163	2 294	444	132	2 022	1 471
1979	987	699	92	106	394	279
1980	1 288	969	101	105	600	418
1981	1 919	1 530	130	95	873	677
1982	2 736	2 220	202	113	1 546	1 260
1983	2 315	1 865	112	99	1 173	977
1984	1 993	1 663	109	44	993	808
1985	2 034	1 626	173	52	955	712
1986	2 079	1 626	191	80	1 072	775
1987	1 906	1 472	182	68	1 031	850
1988	2 072	1 632	182	64	1 031	742
1989	1 700	1 344	161	46	874	663
1990	1 381	1 073	122	54	720	516
1991	1 626	1 159	280	63	890	590
1992	1 839	1 427	246	44	1 076	805
1993	1 988	1 538	222	86	1 125	815
1994	1 649	1 195	292	11	997	705
1995	1 621	1 123	343	70	1 028	658
1996	1 832	1 261	476	69	764	787
1997	1 403	1 088	214	42	870	663
1998	1 457	1 202	183	4	702	572

年 份	#运 输 邮电业	#批发零售 贸易餐饮业	项目 投产率 (%)	#工 业	#运 输 邮电业	#批发零售 贸易餐饮业
1978	240	81	63.9	64.1	54.1	61.4
1979	31	41	39.9	39.9	33.7	38.7
1980	44	64	46.6	43.1	43.6	61.0
1981	45	54	45.5	44.2	34.6	56.8
1982	106	67	56.5	56.8	52.5	59.3
1983	56	32	50.7	52.4	50.0	32.3
1984	66	25	49.8	48.6	60.6	56.8
1985	112	36	47.0	43.8	64.7	69.2
1986	139	44	51.6	47.7	72.8	55.0
1987	127	43	54.1	57.7	69.8	63.2
1988	128	30	49.8	45.5	70.3	46.9
1989	105	27	51.4	49.3	65.2	58.7
1990	95	30	52.1	48.1	77.9	55.6
1991	206	38	54.7	50.9	73.6	60.3
1992	170	33	58.5	56.4	69.1	75.0
1993	185	43	56.6	53.0	83.3	50.0
1994	231	7	60.5	59.0	79.1	63.6
1995	295	51	63.4	58.6	86.0	72.9
1996	346	51	41.7	62.4	72.7	73.9
1997	155	34	62.0	60.9	72.4	81.0
1998	92	3	48.2	47.6	50.3	75.0

更新改造新增生产能力

NEWLY INCREASED PRODUCT CAPACITY THROUGH TECHNICAL UPDATING AND TRANSFORMATION

年 份	煤炭开采（万吨/年）	洗 煤（万吨/年）	硫 酸（折纯，吨/年）	烧 碱（折纯，吨/年）	合成氨（吨/年）	化 肥（折纯，吨）	铸钢件（吨/年）	酒（吨/年）	#啤酒	机制纸及纸浆（吨/年）	改建公路（公里）
1980	62				15 000	485		4 066	30	300	37.8
1981	7.1	100	200	2 100	5 500	550		11 135		1 500	
1982	88.7		1 500		16 695		400	1 190		6 329	15
1983	163		3 000		10 590	7 892	250	8 080	800	664	16
1984	61	40	15 000		66 400	6 269	150	13 907	1 318	2 900	22
1985	39	85		7 000	37 680	36 686	4 056	16 825	1 400	10 457	33.5
1986	45	185		2 500	16 000	11 780	3 500	31 451	2 665	12 100	33
1987	135	65	10 000	3 500	33 000	26 307	1 000	18 035	1 190	2 970	27
1988	46	95	25 000	23 800	45 150	40 691		13 600	60	14 785	28.5
1989	99	150	20 000	10 000	32 375	39 375		5 180	500	1 136	
1990	48	30		3 000	85 550	61 552		10 700	1 000		2
1991	13	120	20 000	5 000	73 315	34 364	10 000	300		15 600	
1992	19	3	110 000	13 500	67 600	87 220		9 400	500	1 800	5
1993	42	20	101 000		35 500		2 000	18 600		50 000	2
1994	52	10		2 134	16 223		1 200	32 900	1 500		
1995	142		40 000	13 500	30 000	107 343	450	1 200			65
1996	80	464		35 500	143 500	251 300	40	60 650	4 000	30 000	22
1997	56	49	11 000		150 000	75 500		110 000	1 000	20 000	30
1998	125	298	19 000	15 000	145 000	290 200		8 800		20 000	

年 份	长途电缆（皮长公里）	水 泥（万吨/年）	发电机组容量（万千瓦）	化学纤维（吨/年）	市内电话自动交换机（门）	长途电话自动交换机（门）	中等学校学生席位（个）	小学学生席位（个）	医院病床房位（个）	自来水供水能力（万吨/日）
1980		0.1		650	4 700					5
1981	11.1	0.1		70	3 700		12 178	2 096	120	10
1982	51.9	0.5		650	8 320		600	1 010	140	100
1983	2.5	11.2		1 500	2 500		2 500	1 000		4
1984	24	17	0.8	1 650	6 400		2 027			
1985	32	14.4	1.5	600	14 700			1 960	360	0.4
1986	5.6	34.8		75	6 200	300	650	1 777	65	2
1987	46.4	40.8	0.3	2 400	11 400	800	1 100	2 390	200	6
1988	105	42.3	1.5	2 137	4 000	60	2 000	400	365	0.1
1989		55.7		200	6 800		3 355	3 015	300	1.4
1990	9.2	73.6	3.1		21 900	4 622	3 037	2 658	617	2.2
1991	1 200	24.2		750	12 104			2 561	624	
1992	20	56.7	2.2		13 080	200		1 665	297	
1993	120	46.1	4	400	192 000	6 612			145	
1994	6	58	0.3		132 024	30 120	500	400	362	
1995		69	1		50 896	30 000		1 720		
1996		63	3	5 000	71 846		240	622	746	
1997		18	2	2 000	193 818		450			2
1998	244	6	6	420	119 416					3

城镇集体投资额

INVESTMENT IN FIXED ASSETS OF URBAN COLLECTIVE – OWNED UNITS

单位：万元　　(10 000 yuan)

年 份	实际完成投资	#工 业	#交通运输仓储邮电业	#批发零售贸易餐饮业	本年新增固定资产	#工 业	#交通运输仓储邮电业	#批发零售贸易餐饮业
1978	2 261	1 947	45	68	5 391	1 442	48	3 808
1979	2 105	1 605	140	73	1 366	1 026	91	50
1980	2 682	2 106	232	68	1 721	1 329	148	53
1981	6 079	4 770	743	230	4 451	3 330	738	132
1982	9 587	7 176	1 012	381	6 760	5 444	711	251
1983	13 540	9 899	943	771	9 098	6 640	694	586
1984	19 432	13 297	3 047	1 305	13 651	8 549	3 108	745
1985	28 604	21 042	1 210	3 015	17 385	12 130	959	2 105
1986	25 801	18 355	1 405	2 955	20 706	15 277	1 136	2 109
1987	31 416	21 517	1 119	4 920	25 770	17 243	859	4 754
1988	45 620	32 875	798	5 555	27 334	17 779	501	3 947
1989	32 051	22 521	1 778	4 245	29 810	18 205	1 642	4 549
1990	29 590	20 325	2 164	4 804	29 824	20 595	1 917	5 195
1991	30 610	21 607	1 397	4 487	26 122	20 246	964	2 632
1992	39 735	25 327	1 111	8 343	30 685	19 894	556	6 012
1993	238 479	195 860	3 769	1 280	113 668	92 529	3 843	1 084
1994	51 664	38 983	3 181	6 227	38 048	5 175	3 819	6 087
1995	45 458	34 588	1 617	5 366	37 298	30 220	892	3 487
1996	34 605	14 976	984	7 050	30 862	1 392	1 214	5 864
1997	51 028	31 222	3 093	843	38 629	2 247	3 093	6 072
1998	58 274	35 930	80	9 194	55 296	39 783	20	5 791

城镇集体投资项目个数

NUMBER OF PROJECT OF URBAN COLLECTIVE – OWNED UNITS

单位：个　　(unit)

年 份	施工个数	#工 业	#运输邮电业	#批发零售贸易餐饮业	竣工个数	#工 业	#运输邮电业	#批发零售贸易餐饮业
1978	231	16	7	19	114	16	1	2
1979	173	132	17	6	48	39	4	2
1980	145	101	15	5	86	62	7	3
1981	401	306	31	24	165	124	17	9
1982	644	487	43	49	384	300	24	31
1983	564	391	30	53	285	207	13	27
1984	833	556	52	106	484	323	32	63
1985	607	401	21	88	295	189	11	45
1986	634	396	11	109	310	199	6	50
1987	699	420	17	139	354	222	8	63
1988	755	474	14	134	397	269	6	59
1989	563	324	12	131	325	183	5	74
1990	400	225	10	92	227	137	4	51
1991	471	299	11	85	224	148	7	35
1992	430	249	5	98	229	128	1	55
1993	1 140	922	3	17	652	533	3	11
1994	291	179	5	57	142	81	2	36
1995	335	223	6	58	170	112	2	32
1996	315	122	3	52	215	76	2	31
1997	300	202	4	38	94	37	3	25
1998	200	74	4	34	108	45	1	20

城镇和工矿区私人建房

BUILDING CONSTRUCTION BY INDIVIDUALS IN URBAN TOWNS, IN INDUSTRIAL AND MINING AREAS

年 份	竣工房屋面积(万平方米)	#住 宅	竣工房屋投资(万元)	#住 宅
1981	43	43	1 534	1 526
1982	50	43	2 215	2 140
1983	66	61	3 872	3 513
1984	171	146	12 121	9 935
1985	329	286	22 938	17 368
1986	385	300	33 864	27 113
1987	269	235	27 705	22 490
1988	264	217	30 363	24 523
1989	219	189	38 219	32 295
1990	161	118	35 479	23 313
1991	158	141	31 477	23 010
1992	131	111	34 345	26 293
1993	216	188	49 030	48 318
1994	363	322	104 137	91 185
1995	296	269	101 374	90 000
1996	313	280	133 795	116 250
1997	253	237	102 224	93 624
1998	259	230	115 645	103 252

房 地 产 投 资

INVESTMENT IN REAL ESEATE

年 份	投资完成额(万元)	#商品住宅	本年新增固定资产(万元)	商品房屋销售额(万元)	#商品住宅	销售面积(万平方米)	#商品住宅	竣工面积(万平方米)	#商品住宅
1987	6 207	6 207	6 207	6 207	6 207	7.81	7.71	7.81	7.71
1988	5 421	5 421	5 421	5 421	5 421	8.67	7.83	8.67	7.84
1989	2 370	2 370	2 370	2 370	2 370	1.49	1.0	1.49	1.0
1990	28 486	24 635	32 128	36 188	27 698	63.13	55.2	104.5	91.41
1991	32 642	27 132	20 020	14 906	13 394	41.55	39.42	67.32	61.43
1992	51 869	41 963	32 715	32 715	32 715	57.78	57.78	96.13	89.71
1993	129 685	102 732	56 118	39 365	39 365	56.79	56.79	135.1	116.68
1994	116 512	87 606	104 931	83 094	70 367	84.36	63.51	195.28	161.48
1995	150 886	108 054	81 938	71 160	51 399	75.77	69.78	152.4	128.28
1996	147 893	107 111	115 933	87 328	76 847	90.89	82.28	153.58	142.55
1997	181 736	156 469	148 474	107 365	97 064	121.59	116.19	182.23	168.92
1998	278 653	231 362	182 239	123 339	113 393	124.74	117.85	205.72	183.06

能源工业固定资产投资
INVESTMENT OF ENERGY INDUSTRY

年 份	能源工业投资(万元)	#煤 炭	#电 力	#炼 焦	能源工业投资构成(%) #煤 炭	#电 力	#炼 焦
1949	92	92			100.0		
1950	1 692	1 419	272	1	83.9	16.1	
1951	1 161	925	219	17	79.7	18.7	1.5
1952	1 796	1 664	132		92.6	7.4	
1953	4 524	3 240	1 274	10	71.6	28.2	0.2
1954	9 820	5 254	4 548	18	53.5	46.3	0.2
1955	9 508	6 440	2 897	171	67.7	30.5	1.8
1956	14 622	10 610	4 012		72.6	27.4	
1957	18 988	12 644	6 344		66.6	33.4	
1958	27 587	23 384	3 853	350	84.8	14.0	1.2
1959	31 420	23 374	7 114	932	74.4	22.6	3.0
1960	31 372	23 333	6 669	1 370	74.4	21.3	4.3
1961	15 075	12 934	1 985	156	85.8	13.2	1.0
1962	9 812	9 124	681	7	93.0	6.9	0.1
1963	9 792	8 679	1 113		88.6	11.4	
1964	12 253	10 681	1 571	1	87.2	12.8	
1965	12 078	9 279	2 799		76.8	23.2	
1966	15 837	9 614	6 223		60.7	39.3	
1967	8 728	4 445	4 283		50.9	49.1	
1968	7 098	3 367	3 731		47.4	52.6	
1969	9 519	5 588	3 931		58.7	41.3	
1970	14 780	5 430	9 158	192	36.7	62.0	1.3
1971	16 198	6 248	9 664	286	38.6	59.7	1.7
1972	21 653	6 784	14 186	683	31.3	65.5	3.2
1973	27 135	10 100	16 229	806	37.2	59.8	3.0
1974	24 323	12 774	11 402	147	52.5	46.9	0.6
1975	28 003	12 306	14 872	825	43.9	53.1	3.0
1976	30 081	15 764	13 403	914	52.4	44.6	3.0
1977	31 989	17 986	12 187	1 816	56.2	38.1	5.7
1978	53 429	29 613	21 364	2 452	55.4	40.0	4.6
1979	74 022	44 437	26 426	3 159	60.0	35.7	4.3
1980	88 311	61 451	24 333	2 521	69.6	27.6	2.8
1981	71 999	55 059	15 012	1 864	76.5	20.9	2.6
1982	97 409	70 468	25 532	1 365	72.3	26.2	1.4
1983	138 177	95 944	38 648	3 492	69.4	28.0	2.5
1984	210 293	150 158	54 310	5 808	71.4	25.8	2.8
1985	248 937	177 269	65 509	6 046	71.2	26.3	2.4
1986	300 979	228 018	67 941	4 595	75.8	22.6	1.5
1987	305 560	220 752	75 251	7 979	72.2	24.6	2.6
1988	343 923	230 423	101 767	9 931	67.0	29.6	2.9
1989	381 468	244 617	129 578		64.1	34.0	
1990	471 510	306 680	154 794	662	65.0	32.8	0.1
1991	586 204	362 432	206 003		61.8	35.1	
1992	622 139	391 325	200 274		62.9	32.2	
1993	681 824	421 187	258 501	2 136	61.8	37.9	0.3
1994	654 729	385 740	265 300	1 691	58.9	40.5	0.3
1995	681 650	458 714	209 997	13 456	67.3	30.8	2.0
1996	877 024	589 505	263 875	18 221	67.2	30.1	2.1
1997	1 224 832	657 104	523 206		53.6	42.7	
1998	1 339 703	472 355	835 514	3 737	35.3	62.4	0.3

能源工业新增固定资产及生产能力

NEWLY INCREASED FIXED ASSETS AND CAPACITY OF ENERGY INDUSTRY

年份	新增固定资产（万元）	#煤炭	#电力	#炼焦	新增生产能力			
					煤炭开采（万吨）	煤炭洗选（万吨）	发电设备装机容量（万千瓦）	炼焦（万吨）
1949	92	92						
1950	1 246	1 099	146	1	20.00		0.59	12
1951	847	816	31		11.00		0.10	
1952	1 605	1 184	404	17	16.00		0.92	10
1953	3 407	2 453	944	10	204.90		0.30	
1954	4 526	3 959	549	18	73.00		0.32	17
1955	10 453	4 375	5 908	170	130.30		0.33	
1956	10 709	8 020	2 689		163.60		5.33	
1957	13 481	10 402	3 079		431.50		4.35	
1958	24 504	16 461	7 813	230	547.00		1.87	5
1959	20 868	16 881	3 574	413	246.80	260	8.28	
1960	22 337	14 614	7 088	635	480.86		4.48	45
1961	10 167	8 932	1 206	39	75.00		14.69	
1962	10 255	10 197	51	7	221.00		0.50	
1963	8 813	7 052	1 761		96.00		0.23	
1964	14 875	12 348	2 526	1	55.00		5.14	
1965	10 046	6 504	3 542		75.00		0.23	
1966	11 373	9 649	1 724		345.00		3.46	
1967	4 887	1 073	3 814				4.04	
1968	4 573	565	4 008		45.00		6.80	
1969	4 010	1 872	2 138				1.20	
1970	8 439	5 277	3 162		222.90	150	4.67	10
1971	10 317	1 289	9 028		29.50		17.82	
1972	5 822	1 668	4 154		23.80		13.03	17
1973	18 821	7 796	10 873	152	256.50	165	19.89	20
1974	12 625	4 600	7 935	90	307.70		18.35	
1975	13 026	6 405	6 607	14	60.00		14.88	
1976	10 874	6 634	4 238	2	108.00		4.10	
1977	39 923	11 949	27 821	153	35.50		36.30	
1978	35 009	19 698	15 203	108	135.00		14.76	75
1979	51 296	36 627	14 443	253	386.40		23.86	
1980	57 410	44 075	13 278		257.00		10.90	
1981	63 442	30 627	25 263	7 500	245.07	100	20.90	30
1982	64 432	46 547	11 202	6 650	184.70		10.83	
1983	63 698	51 123	12 078	463	421.00			
1984	167 368	118 295	38 946	10 110	1 062.00	140	40.32	40
1985	165 494	101 476	70 693	464	327.00	85	70.30	4
1986	192 313	138 223	53 558	213	531.00	725	51.60	
1987	201 739	147 130	50 051	2 980	1 057.00	375	45.60	5
1988	287 777	190 387	88 914	7 823	1 258.00	355	26.80	
1989	211 871	140 202	68 713		459.00	765	24.80	15
1990	248 969	187 552	55 766	894	676.00	291	54.05	3
1991	636 208	379 149	255 029		1 605.00	1 236	58.46	
1992	461 600	256 015	194 426		542.00	339	90.55	24
1993	402 453	255 516	144 596	2 341	198.00	464	87.00	34
1994	354 700	228 502	124 341	1 857	442.10	425	41.50	10
1995	538 882	357 976	152 828	28 078	981.00		11.00	47
1996	470 135	343 095	111 312	10 230	475.00	750	44.00	48
1997	1 055 173	664 481	358 022		526.00	46	32.00	56
1998	841 261	326 884	508 830	5 547	299.00	319	88.00	81

能源工业产值及构成

GROSS OUTPUT VALUE AND COMPOSITION OF ENERGY INDUSTRY

年 份	能源工业产值（万元）	煤 炭	电 力	炼 焦	占全省工业产值（%）	构成（%）		
						煤 炭	电 力	炼 焦
1949	12 388	11 977	411		33.2	96.7	3.3	
1950	17 997	17 495	502		32.9	97.2	2.8	
1951	26 927	26 206	721		36.8	97.3	2.7	
1952	43 226	42 164	1 062		40.1	97.5	2.5	
1953	47 462	45 739	1 723		35.6	96.4	3.6	
1954	67 151	64 824	2 327		37.4	96.5	3.5	
1955	89 166	85 903	3 263		41.1	96.3	3.7	
1956	99 958	95 859	4 099		37.6	95.9	4.1	
1957	123 255	118 317	4 938		40.2	96.0	4.0	
1958	199 383	190 160	8 487	736	39.7	95.4	4.2	0.4
1959	260 287	244 179	13 878	2 230	36.0	93.8	5.3	0.9
1960	312 261	289 517	20 144	2 600	34.9	92.7	6.5	0.8
1961	219 682	201 250	17 069	1 363	44.9	91.6	7.8	0.6
1962	199 763	182 652	16 487	624	46.9	91.4	8.3	0.3
1963	212 432	194 568	17 459	405	45.2	91.6	8.2	0.2
1964	214 831	194 683	19 638	510	39.9	90.6	9.1	0.3
1965	242 381	217 207	24 668	506	33.9	89.6	10.2	0.2
1966	261 040	230 871	29 851	318	31.9	88.4	11.4	0.2
1967	210 074	179 931	29 826	317	30.6	85.7	14.2	0.1
1968	190 878	167 842	22 873	163	41.7	87.9	12.0	0.1
1969	246 743	215 872	30 675	196	38.7	87.5	12.4	0.1
1970	328 883	286 021	42 587	275	33.7	87.0	12.9	0.1
1971	369 587	318 193	51 125	269	34.1	86.1	13.8	0.1
1972	390 137	328 152	58 607	3 378	34.1	84.1	15.0	0.9
1973	415 455	345 451	66 707	3 297	32.9	83.2	16.1	0.7
1974	441 866	368 528	70 175	3 163	37.4	83.4	15.9	0.7
1975	498 231	415 820	78 938	3 473	36.3	83.5	15.8	0.7
1976	489 628	410 595	76 405	2 628	38.5	83.9	15.6	0.5
1977	566 649	475 231	88 453	2 965	35.6	83.9	15.6	0.5
1978	647 088	539 192	104 563	3 333	34.4	83.3	16.2	0.5
1979	691 106	573 352	111 672	6 082	34.5	83.0	16.2	0.8
1980	730 251	605 529	116 879	7 843	35.6	82.9	16.0	1.1
1981	762 186	632 481	120 889	8 816	37.5	83.0	15.9	1.1
1982	834 467	687 737	133 851	12 879	36.4	82.4	16.0	1.6
1983	916 646	750 844	149 797	16 005	35.2	81.9	16.3	1.8
1984	1 044 382	863 977	165 526	14 879	35.6	82.7	15.8	1.6
1985	1 127 246	922 708	186 984	17 554	34.6	81.9	16.6	1.5
1986	1 209 179	977 877	206 339	24 963	34.3	80.9	17.1	2.0
1987	1 291 693	1 016 309	243 325	32 059	33.2	78.7	18.8	2.5
1988	1 430 017	1 111 451	264 244	54 322	32.8	77.7	18.5	3.8
1989	1 618 182	1 256 374	281 191	80 617	34.4	77.6	17.4	5.0
1990	1 754 930	1 350 920	292 542	111 468	35.9	77.0	16.6	6.4
1991	1 830 612	1 379 463	318 661	132 488	35.5	75.4	17.4	7.2
1992	1 935 906	1 428 107	350 997	156 802	34.3	73.8	18.1	8.1
1993	2 114 025	1 514 995	418 466	180 564	33.7	71.7	19.8	8.5
1994	2 311 156	1 613 524	456 555	241 077	33.8	69.8	19.8	10.4
1995	2 499 219	1 692 636	512 737	293 846	33.6	67.7	20.5	11.8
1996	2 817 516	1 928 070	480 808	408 638	33.5	68.4	17.1	14.5
1997	3 071 773	2 043 439	502 569	525 765	33.5	66.5	16.4	17.1
1998	2 890 238	1 630 927	538 598	720 713	34.2	56.5	18.6	24.9

注：1998 年工业总产值口径为全部国有企业、大中型企业和年产品销售收入 500 万元及以上的非国有企业。

能源工业产品产量

OUTPUT OF ENERGY INDUSTRY

单位：万吨 (10 000 tn)

年 份	原 煤	洗精煤	发电量（亿千瓦小时）	水 电	火 电	焦 炭	#机 焦
1949	267		0.63		0.63	7.54	6.61
1950	380		0.83		0.83	13.41	11.58
1951	603	15	1.02		1.02	19.96	14.68
1952	1 060	25	1.53		1.53	42.49	21.45
1953	1 030	37	1.94		1.94	49.78	31.02
1954	1 475	35	2.59		2.59	47.64	30.00
1955	1 832	34	3.47		3.47	56.66	29.53
1956	2 065	32	4.78		4.78	62.33	28.66
1957	2 394	30	5.72		5.72	78.72	26.51
1958	3 715	32	9.42		9.42	86.61	30.18
1959	4 355	42	14.85	0.01	14.84	220.37	38.80
1960	4 412	210	21.84	0.04	21.80	255.28	90.08
1961	3 258	224	18.69	0.04	18.65	173.87	72.39
1962	3 180	172	17.99	0.06	17.93	93.79	63.59
1963	3 466	106	18.71	0.08	18.63	79.73	60.11
1964	3 597	123	21.00	0.10	20.90	88.95	67.39
1965	3 927	145	25.70	0.13	25.57	97.36	75.54
1966	3 928	159	30.89	0.06	30.83	100.07	75.73
1967	3 023	122	29.84	0.36	29.48	81.85	54.02
1968	3 165	60	23.08	0.44	22.64	60.75	39.63
1969	3 882	80	30.70	0.48	30.22	75.14	53.41
1970	5 298	141	42.04	0.55	41.49	129.06	81.30
1971	5 487	241	49.83	0.39	49.44	179.17	90.02
1972	5 994	260	57.83	0.57	57.26	224.11	97.36
1973	6 398	289	66.22	0.65	65.57	237.35	104.36
1974	6 796	251	68.81	0.65	68.16	234.80	88.11
1975	7 541	322	77.85	0.81	77.04	241.74	99.72
1976	7 720	199	75.83	0.93	74.90	244.69	85.82
1977	8 754	335	88.29	1.60	86.69	288.31	97.18
1978	9 825	395	106.63	3.45	103.18	356.51	140.21
1979	10 893	392	114.10	4.32	109.78	354.86	162.21
1980	12 103	409	120.24	4.57	115.67	320.95	160.88
1981	13 255	402	124.57	4.37	120.20	297.12	157.21
1982	14 532	448	136.92	4.73	132.19	328.77	178.77
1983	15 918	470	151.27	5.47	145.80	346.81	186.92
1984	18 746	495	167.53	5.61	161.92	410.30	187.67
1985	21 418	520	184.59	6.87	177.72	417.34	221.73
1986	22 180	704	220.02	6.13	213.89	675.94	273.67
1987	23 164	700	263.42	4.68	258.74	842.50	323.64
1988	24 648	931	277.74	5.94	271.80	1 051.37	398.74
1989	27 501	1 251	303.13	8.02	295.11	1 390.54	431.20
1990	28 597	1 430	314.16	7.15	307.01	1 609.27	493.74
1991	29 162	1 703	341.38	5.81	335.57	1 455.42	477.90
1992	29 687	2 041	384.17	5.98	378.19	1 814.96	454.30
1993	31 015	2 840	417.82	6.65	411.17	2 751.36	555.73
1994	32 397	3 758	456.93	7.31	449.62	4 278.95	645.81
1995	34 731	4 850	505.97	7.12	498.85	5 297.62	653.65
1996	34 881	4 973	526.89	7.37	519.52	5 396.86	784.40
1997	33 843	5 116	546.00	5.76	540.24	5 279.13	784.32
1998	31 482	4 747	554.03	6.01	548.02	5 703.12	1 330.88

一、二次能源生产量及构成

PRODUCTION AND COMPOSTION OF PRIMARY AND SECONDRY ENERGY

年 份	一 次 能源产量（万吨标准煤）	占能源产量（%）			加工能源转换占一次能源产量（%）			
		原 煤	水 电	瓦 斯		火 电	洗精煤	焦 炭
1949	226.95	100.00			4.04	0.81	3.23	
1950	323.00	100.00			4.73	0.70	4.03	
1951	512.55	100.00			6.98	0.56	3.78	2.64
1952	844.90	100.00			8.30	0.76	4.88	2.66
1953	770.10	100.00			11.65	1.05	6.28	4.32
1954	1 113.50	100.00			7.95	0.97	4.16	2.82
1955	1 441.60	100.00			6.94	1.00	3.82	2.12
1956	1 640.50	100.00			6.66	1.21	3.69	1.76
1957	2 012.80	100.00			6.33	1.19	3.80	1.34
1958	3 157.75	100.00			4.82	1.24	2.66	0.92
1959	3 701.79	100.00			8.48	1.67	5.78	1.02
1960	3 750.37	100.00			14.08	2.42	6.61	5.04
1961	2 769.47	99.99	0.01		16.19	2.81	6.10	7.28
1962	2 703.25	99.99	0.01		11.86	2.77	3.37	5.73
1963	2 946.43	99.99	0.01		8.50	2.64	2.63	3.24
1964	3 057.87	99.99	0.01		9.30	2.85	2.83	3.62
1965	3 338.49	99.98	0.02		9.94	3.19	2.83	3.91
1966	3 339.05	99.99	0.01		11.05	3.85	2.91	4.29
1967	2 571.05	99.94	0.06		12.14	4.78	3.09	4.27
1968	2 692.09	99.93	0.07		7.71	3.51	2.19	2.01
1969	3 301.70	99.94	0.06		8.21	3.82	2.21	2.18
1970	4 505.59	99.95	0.05		9.44	3.84	2.78	2.82
1971	4 665.58	99.97	0.03		12.80	4.42	3.73	4.65
1972	5 097.28	99.95	0.05		13.55	4.68	4.27	4.59
1973	5 441.01	99.95	0.05		14.04	5.03	4.24	4.78
1974	5 779.31	99.95	0.05		12.77	4.92	3.95	3.91
1975	6 413.23	99.95	0.05		13.19	5.01	3.66	4.52
1976	6 565.88	99.94	0.06		11.11	4.76	3.62	2.73
1977	7 447.57	99.91	0.09		12.66	4.85	3.76	4.05
1978	8 365.64	99.83	0.17		13.53	5.14	4.14	4.25
1979	9 277.06	99.81	0.19		12.45	4.93	3.72	3.80
1980	10 306.99	99.71	0.18	0.04	11.28	4.68	3.02	3.57
1981	11 284.69	99.81	0.16	0.03	10.26	4.44	2.56	3.21
1982	12 371.50	99.80	0.16	0.04	10.30	4.46	2.58	3.26
1983	13 553.39	99.80	0.17	0.03	10.10	4.49	2.49	3.12
1984	15 932.21	99.82	0.15	0.03	9.54	4.24	2.50	2.80
1985	18 233.67	99.82	0.16	0.02	8.85	4.06	2.23	2.56
1986	18 878.71	99.84	0.14	0.02	11.56	4.72	3.48	3.36
1987	19 696.31	99.87	0.10	0.03	12.83	5.48	4.16	3.19
1988	20 975.18	99.86	0.12	0.02	14.27	5.40	4.87	4.00
1989	23 413.32	99.84	0.14	0.02	16.28	5.37	5.05	5.86
1990	24 341.19	99.86	0.13	0.01	17.08	5.37	5.29	6.42
1991	24 815.83	99.89	0.10	0.01	17.64	5.76	6.18	5.70
1992	25 262.18	99.89	0.10	0.01	20.45	6.20	7.27	6.98
1993	26 394.55	99.88	0.10	0.01	23.88	6.42	9.08	8.39
1994	27 759.85	99.89	0.10	0.01	30.88	6.55	11.04	13.30
1995	29 760.94	99.88	0.10	0.02	38.73	6.77	14.67	17.80
1996	29 684.91	99.88	0.10	0.02	39.91	7.17	15.08	17.66
1997	28 801.34	99.88	0.08	0.04	41.37	7.58	15.99	17.81
1998	26 796.45	99.86	0.09	0.05	44.88	8.26	15.94	20.68

一、二次能源外调量及构成

ALLOCATION AND COMPOSITION OF PRIMARY AND SECONDARY ENERGY

年份	一次能源外调量	二次能源外调量			构成			
	原煤（万吨）	电力（万千瓦小时）	洗煤（万吨）	焦炭（万吨）	原煤（%）	电力（%）	洗煤（%）	焦炭（%）
1949	62				100.00			
1950	145				100.00			
1951	281				100.00			
1952	551				100.00			
1953	442				100.00			
1954	747				100.00			
1955	1 024				100.00			
1956	1 082				100.00			
1957	1 378				100.00			
1958	2 066				100.00			
1959	2 107				100.00			
1960	2 243				100.00			
1961	1 747				100.00			
1962	1 915				100.00			
1963	2 250				100.00			
1964	2 385	7			100.00			
1965	2 547	12			100.00			
1966	2 296				100.00			
1967	2 044	11			100.00			
1968	2 008	68			100.00			
1969	2 629	2 243			99.96	0.04		
1970	3 264	1 796			99.97	0.03		
1971	3 203	3 549			99.95	0.05		
1972	3 135	14 894			99.77	0.23		
1973	3 357	18 229			99.74	0.26		
1974	3 501	27 964			99.62	0.38		
1975	4 322	24 966			99.73	0.27		
1976	3 940	24 933			99.70	0.30		
1977	4 731	18 608			99.81	0.19		
1978	5 270	27 499	204		95.83	0.24	3.93	
1979	6 057	24 592	234		95.89	0.19	3.92	
1980	7 178	28 028	241	34	95.89	0.18	3.41	0.52
1981	8 478	57 276	235	24	96.54	0.31	2.83	0.31
1982	9 115	88 016	279	59	95.75	0.44	3.10	0.71
1983	10 344	146 972	267	132	95.36	0.64	2.61	1.39
1984	12 124	184 247	358	127	95.20	0.69	2.98	1.14
1985	13 562	220 714	284	176	95.72	0.74	2.12	1.42
1986	14 782	363 200	456	260	93.95	1.10	3.07	1.89
1987	15 488	543 400	623	424	91.70	1.53	3.91	2.87
1988	16 731	543 000	762	511	91.03	1.40	4.39	3.18
1989	18 979	567 800	915	738	90.11	1.28	4.60	4.00
1990	19 218	646 800	1 050	826	89.05	1.42	5.15	4.37
1991	19 435	781 700	1 175	804	88.46	1.69	5.66	4.18
1992	20 557	977 500	1 433	869	87.36	1.97	6.45	4.22
1993	21 005	1 078 500	1 472	1 030	86.61	2.11	6.43	4.85
1994	20 868	1 287 500	1 512	1 628	83.67	2.45	6.42	7.46
1995	20 641	1 237 800	1 776	2 217	80.49	2.29	7.33	9.88
1996	21 716	1 230 000	1 963	2 019	81.37	2.19	7.79	8.65
1997	21 280	1 229 400	2 089	2 234	79.91	2.19	8.31	9.59
1998	19 278	1 173 500	1 873	2 099	79.60	2.30	8.19	9.91

煤炭分省市外调量及出口量

ALLOCATION AND EXPORT OF COAL BY PROVINCE

单位：万吨　　(10 000 tn)

年　份	1984年	1985年	1986年	1987年	1988年	1989年	1990年
总　计	**12 482**	**13 846**	**15 238**	**16 111**	**17 493**	**19 849**	**20 268**
北　京	1 219	1 237	1 193	1 161	1 284	1 194	1 479
天　津	971	879	971	975	918	1 093	1 137
河　北	1 908	2 377	2 584	2 740	3 258	3 562	3 153
内蒙古	313	326	419	256	266	301	376
辽　宁	1 218	1 376	1 620	1 242	1 299	1 251	1 519
吉　林	208	247	263	131	166	173	323
黑龙江	94	81	26	17	22	20	45
上　海	930	1 045	1 051	1 074	1 161	1 391	1 221
浙　江	617	641	863	748	855	884	587
江　苏	1 110	1 129	1 343	1 271	1 475	1 815	1 867
安　徽	209	264	356	435	573	548	799
福　建	101	123	137	162	185	274	265
江　西	126	149	136	149	85	144	134
山　东	806	1 003	1 102	1 031	1 218	1 495	1 513
河　南	698	749	800	932	961	1 132	1 039
湖　北	604	583	625	656	788	800	735
湖　南	302	338	347	363	337	351	393
广　东	276	275	322	382	493	606	581
广　西	87	88	95	88	109	114	150
四　川	1	1	1	1	1	1	1
贵　州			1	1	1	1	1
陕　西	224	217	203	168	193	325	249
甘　肃	23	46	20	23	29	38	39
青　海	19	36	17	17	23	18	23
宁　夏	21	41	21	22	50	25	23
海　口						57	48
深　圳							79
其　他							117
出　口	342	375	489	693	970	1 143	1 263

续表 CONTINUED

单位：万吨 (10 000 tn)

年　份	1991年	1992年	1993年	1994年	1995年	1996年	1997年	1998年
总　计	**20 610**	**21 990**	**22 477**	**22 380**	**22 417**	**23 082**	**22 322**	**20 483**
北　京	1 553	1 430	1 455	1 434	1 535	1 487	1 385	1 130
天　津	1 217	1 388	1 720	1 810	1 708	1 710	1 691	1 534
河　北	3 604	3 644	3 853	4 113	4 010	4 829	4 709	4 276
内蒙古	372	294	271	223	201	200	171	199
辽　宁	1 415	1 322	1 288	1 582	1 520	1 398	1 400	1 055
吉　林	201	196	186	155	106	108	86	50
黑龙江	40	43	32	47	26	21	22	9
上　海	1 248	1 267	1 081	1 219	1 214	1 257	1 249	903
浙　江	626	836	748	939	1 197	1 179	1 238	1 229
江　苏	1 784	2 065	1 907	2 149	2 104	2 286	2 040	2 304
安　徽	538	487	306	394	335	287	276	286
福　建	280	277	231	212	234	218	187	195
江　西	96	111	91	108	130	120	95	121
山　东	1 583	1 759	1 874	2 119	2 395	2 779	2 827	2 512
河　南	1 024	1 185	922	1 050	1 247	1 386	1 430	1 564
湖　北	674	770	712	618	692	630	669	674
湖　南	374	381	289	267	281	264	166	188
广　东	667	729	872	847	748	664	492	390
广　西	150	153	123	130	129	131	106	82
四　川								
贵　州	1		1					
陕　西	224	268	335	173	158	154	116	109
甘　肃	31	20	2	1				
青　海	22	17	12	16	5			
宁　夏	22	19	16	15	8	3	2	
海　口	50	59	52	59	70	80	78	26
深　圳	46	58	67	188	128	111	126	42
其　他	67							
出　口	1 377	1 339	1 305	1 584	1 611	1 781	1 751	1 603

能源最终消费量及品种构成

ULTIMATE CONSUMPTION AND COMPOSITION OF ENERGY

单位：万吨标准煤　　(10 000 tn of sce)

年份	能源消费总量	煤炭		电力		焦炭		油类制品	
		消费量	比重(%)	消费量	比重(%)	消费量	比重(%)	消费量	比重(%)
1949	133.5	115	86.1	10.3	7.7	8	6.0	0.2	0.2
1950	147.9	123	83.2	11.4	7.7	13	8.9	0.5	0.3
1951	201.0	166	82.6	13.8	6.9	20	9.5	0.5	0.3
1952	351.4	291	82.8	17.0	4.9	42	12.0	0.9	0.3
1953	452.7	379	83.7	21.0	4.6	50	11.0	1.8	0.4
1954	516.0	440	85.5	25.2	4.9	48	9.3	2.8	0.5
1955	546.7	459	84.0	26.7	4.9	57	10.4	4.1	0.8
1956	596.6	499	83.6	29.7	5.0	62	11.2	5.9	1.0
1957	626.5	506	80.8	35.5	5.7	79	12.6	6.1	1.0
1958	885.7	735	83.0	52.7	6.0	87	9.8	11.2	1.3
1959	1 117.2	804	72.0	76.2	6.8	220	19.7	16.9	1.5
1960	1 292.8	909	70.3	110.8	8.6	255	19.7	18.6	1.4
1961	1 008.4	717	71.0	100.4	10.0	174	17.2	15.9	1.6
1962	895.6	689	77.1	100.6	11.2	94	10.5	12.4	1.4
1963	820.4	626	76.3	102.4	12.5	79	9.6	12.5	1.5
1964	821.9	611	74.3	108.9	13.2	89	10.8	13.8	1.7
1965	1 090.3	848	77.8	128.3	11.8	97	8.9	16.5	1.5
1966	1 093.9	826	75.5	148.9	13.6	100	9.1	19.0	1.7
1967	957.9	706	73.7	143.9	15.0	88	9.2	19.1	2.0
1968	879.4	680	77.3	119.3	13.6	61	6.9	19.1	2.2
1969	1 060.1	802	75.7	158.6	15.0	76	7.2	23.5	2.2
1970	1 246.2	878	70.5	212.2	17.0	126	10.1	30.1	2.4
1971	1 464.9	1 001	68.3	259.9	17.7	161	11.0	42.9	2.9
1972	1 807.5	1 256	69.5	295.2	16.3	202	11.2	54.3	3.0
1973	1 857.4	1 245	67.0	340.4	18.3	213	11.5	59.4	3.0
1974	1 919.9	1 291	67.2	348.9	18.2	212	11.0	67.5	3.5
1975	2 051.9	1 364	66.5	392.4	19.1	218	10.6	77.5	3.8
1976	2 309.4	1 619	70.1	385.4	16.7	221	9.6	84.1	3.6
1977	2 668.3	1 856	69.6	453.3	17.0	259	9.7	100.3	3.8
1978	2 759.9	1 808	65.5	523.9	19.0	320	11.6	107.9	3.9
1979	3 266.0	2 237	68.5	544.7	16.7	319	9.8	114.2	3.5
1980	3 394.0	2 423	71.4	521.8	15.4	291	8.6	108.4	3.2
1981	3 269.0	2 333	71.4	519.9	15.9	266	8.1	100.4	3.1
1982	3 487.0	2 519	72.2	557.8	16.0	255	7.3	104.8	3.0
1983	3 478.0	2 406	69.2	606.6	17.4	293	8.4	122.1	3.5
1984	3 628.0	2 557	70.5	558.7	15.4	315	8.7	146.5	4.0
1985	4 000.0	2 741	68.5	642.1	16.1	359	9.0	159.3	4.0
1986	4 201.0	2 806	66.8	735.0	17.5	396	9.4	164.4	3.9
1987	4 394.0	2 758	62.8	877.0	20.0	438	10.0	188.3	4.3
1988	4 799.0	2 981	62.1	975.5	20.3	512	10.7	181.4	3.8
1989	4 719.3	2 375	50.3	1 054.9	22.4	602	12.6	180.0	3.8
1990	4 710.5	2 076	44.1	1 080.6	22.9	809	17.2	198.8	4.2
1991	4 802.3	2 164	45.1	1 140.8	23.8	666	13.9	200.4	4.2
1992	5 034.4	2 042	40.6	1 258.6	25.0	902	17.9	217.8	4.3
1993	5 493.9	2 137	38.9	1 119.5	20.4	1 071	19.5	235.2	4.3
1994	5 961.8	2 167	36.3	1 452.1	24.4	1 168	19.6	256.5	4.3
1995	6 574.4	2 278	34.7	1 612.6	24.5	1 240	18.9	258.1	3.9
1996	6 803.8	2 344	34.4	1 711.9	25.2	1 253	18.4	258.3	3.8
1997	6 694.9	2 216	33.1	1 761.7	26.3	1 253	18.7	277.0	4.1
1998	6 613.8	2 226	33.6	1 730.4	26.2	1 195	18.1	275.5	4.2

煤炭消费量及构成

CONSUMPTION OF COAL AND COMPOSITION

单位：万吨 (10 000 tn)

年份	煤炭消费总量	生产建设消费				人民生活消费	
		消费量	占消费总量的比重(%)	生产建设消费中		消费量	占消费总量的比重(%)
				发电用煤	炼焦用煤		
1949	203	73	35.96		42	130	64.04
1950	233	84	36.05		61	149	63.95
1951	319	115	36.05	6	80	204	63.95
1952	502	179	35.66	9	85	323	64.34
1953	642	237	36.92	12	99	405	63.08
1954	728	298	40.93	16	95	430	59.07
1955	775	325	41.94	21	112	450	58.06
1956	852	352	41.31	29	125	500	58.69
1957	899	375	41.71	34	157	524	58.29
1958	1 259	671	53.30	57	173	588	46.70
1959	1 655	1 027	62.05	89	441	628	37.95
1960	1 913	1 225	64.04	131	510	688	35.96
1961	1 464	791	54.03	112	348	673	45.97
1962	1 260	619	49.13	108	188	641	50.87
1963	1 148	587	51.13	112	159	561	48.87
1964	1 159	610	52.63	126	178	549	47.37
1965	1 536	926	60.29	154	195	610	39.71
1966	1 541	918	59.57	185	200	623	40.43
1967	1 332	709	53.23	179	164	623	46.77
1968	1 212	664	54.79	138	122	548	45.21
1969	1 457	851	58.41	184	150	606	41.59
1970	1 781	1 056	59.29	294	258	725	40.71
1971	1 953	1 228	62.88	294	258	725	37.12
1972	2 554	1 823	71.38	347	448	731	28.62
1973	2 615	1 891	72.31	397	475	724	27.69
1974	2 691	1 943	72.20	413	470	748	27.80
1975	2 938	2 178	74.13	545	483	760	25.87
1976	3 267	2 457	75.21	512	489	810	24.79
1977	3 803	2 961	77.86	638	566	842	22.14
1978	3 949	3 065	77.61	705	713	884	22.39
1979	4 158	3 223	77.51	723	710	935	22.49
1980	4 326	3 378	78.09	727	642	948	21.91
1981	4 158	3 208	77.15	784	594	950	22.85
1982	4 512	3 511	77.81	840	758	1 001	22.19
1983	4 771	3 768	78.98	872	655	1 003	21.02
1984	5 021	4 021	80.08	936	810	1 000	19.92
1985	5 566	4 539	81.55	1 028	834	1 027	18.45
1986	5 856	4 827	82.43	1 183	846	1 029	17.57
1987	6 222	5 190	83.41	1 357	949	1 032	16.59
1988	6 637	5 608	84.50	1 494	1 079	1 029	15.50
1989	7 209	6 407	88.88	1 646	2 091	802	11.20
1990	7 292	6 451	88.47	1 692	2 383	841	11.53
1991	7 420	6 570	88.54	1 813	2 244	850	11.46
1992	7 558	6 876	90.98	2 017	2 309	682	9.02
1993	8 639	8 007	92.68	2 263	2 951	632	7.32
1994	9 462	8 850	93.53	2 392	3 683	612	6.47
1995	13 373	12 757	95.39	2 717	7 264	616	4.61
1996	14 144	13 516	95.56	2 869	7 397	628	4.44
1997	13 327	12 806	96.09	2 914	6 958	521	3.91
1998	14 081	13 556	96.27	2 917	7 650	525	3.73

工业分行业电力消费量

CONSUMPTION OF ELECTRICITY OF INDUSTRY

单位：万千瓦小时　　　　(10 000 kwh)

年份	工业电力消费量	煤炭	黑色金属	有色金属	化学工业	建材工业	纺织工业	造纸工业	电力工业
1949	5 515								1 924
1950	7 652								1 886
1951	9 313								1 838
1952	13 380								2 360
1953	17 673	3 410	5 032		523	1 053	1 579	592	3 184
1954	23 604	5 039	6 147		800	1 055	2 960	508	3 721
1955	32 216	7 088	8 026		2 570	1 588	2 393	553	4 322
1956	42 247	9 244	10 040		2 986	2 596	2 867	625	8 155
1957	51 969	11 617	10 397		3 632	6 783	2 361	778	9 078
1958	86 039	19 257	14 855	450	7 301	9 715	4 118	903	14 090
1959	135 927	25 971	29 056	2 073	14 252	12 804	6 410	1 083	21 825
1960	201 800	35 269	51 841	5 795	24 752	14 251	6 171	1 331	28 698
1961	169 624	35 214	39 399	6 184	22 426	7 268	4 739	1 179	27 268
1962	160 952	36 623	26 695	5 467	25 827	7 234	4 801	1 305	30 118
1963	165 898	40 896	23 526	5 148	28 785	6 411	5 262	1 413	30 348
1964	188 811	45 470	23 437	6 770	17 887	7 776	6 833	1 922	33 188
1965	231 678	49 211	26 566	10 631	52 443	9 854	9 028	2 172	40 802
1966	283 275	52 235	33 654	13 056	71 457	11 830	11 576	2 753	50 396
1967	270 133	49 592	34 827	11 768	64 542	9 738	10 832	3 432	51 074
1968	196 678	48 498	20 474	5 460	34 205	7 964	6 507	2 431	47 000
1969	261 140	53 703	33 157	5 828	53 961	10 930	7 053	2 474	60 375
1970	372 111	60 875	53 877	14 274	78 818	12 687	13 816	3 995	82 570
1971	433 856	67 120	61 387	8 753	91 178	15 423	15 726	4 461	95 898
1972	487 016	71 466	70 855	20 980	100 446	18 520	15 483	4 586	115 669
1973	549 795	76 652	81 876	21 592	119 205	19 896	16 587	5 439	130 932
1974	554 509	85 368	73 589	17 858	116 850	20 898	15 627	5 738	143 357
1975	632 871	95 311	81 074	22 340	136 338	22 728	17 697	6 411	165 784
1976	603 690	102 598	69 976	19 998	117 528	22 262	16 539	6 147	164 685
1977	720 100	111 776	79 419	27 250	145 528	25 658	20 723	6 873	201 124
1978	869 433	122 950	110 398	33 720	195 215	29 445	23 167	8 824	225 034
1979	927 804	134 369	122 739	37 355	207 182	31 620	25 829	9 856	233 389
1980	962 483	146 197	121 300	37 782	218 915	33 472	29 419	10 879	248 288
1981	967 623	157 670	119 835	35 051	202 943	31 529	33 656	10 213	261 578
1982	1 053 873	172 516	125 583	36 284	240 596	34 989	34 919	11 081	272 809
1983	1 129 853	193 880	138 032	35 895	261 319	41 711	37 171	11 653	277 075
1984	1 238 363	211 049	153 950	39 685	283 221	46 990	34 799	13 106	298 929
1985	1 343 101	232 152	173 668	41 133	268 079	54 390	37 937	14 362	321 440
1986	1 499 762	265 710	216 520	43 324	255 188	73 359	33 566	18 287	349 300
1987	1 726 879	296 287	259 455	59 264	313 078	79 807	39 619	20 297	377 400
1988	1 904 305	316 168	291 887	76 444	352 381	84 265	43 700	20 866	423 646
1989	2 074 501	352 084	283 932	84 784	403 540	87 406	40 872	21 152	470 874
1990	2 127 321	386 180	272 555	95 223	403 856	86 473	42 667	21 547	480 095
1991	2 258 773	416 876	262 929	105 122	425 469	83 476	45 118	24 427	545 486
1992	2 488 153	446 963	306 086	125 066	438 274	102 383	44 286	22 925	611 758
1993	2 741 191	446 123	382 076	142 189	440 919	117 710	41 770	20 258	659 910
1994	2 942 592	493 878	392 349	162 163	497 796	117 066	39 253	21 471	729 298
1995	3 280 436	553 580	391 889	210 040	547 112	163 187	41 275	27 966	809 643
1996	3 514 993	581 891	432 244	225 498	597 870	180 472	40 158	44 700	857 944
1997	3 678 782	591 804	424 355	247 262	581 124	153 118	47 539	26 374	911 239
1998	3 598 051	578 124	391 863	273 733	576 181	144 269	46 035	23 870	858 069

国民经济各部门能源最终消费量

ULTIMATE CONSUMPTION OF ENERGY BY SECTORS

单位：万吨标准煤 （10 000 tn of sce）

年份	消费总量	第一产业	第二产业	工业	#重工业	建筑业
1979	3 266.42	334.75	2 119.20	2 109.06	1 436.64	10.14
1980	3 398.49	424.91	2 141.21	2 127.40	1 423.57	13.81
1981	3 269.06	402.69	2 043.30	2 031.35	1 913.74	11.95
1982	3 487.30	407.92	2 215.59	2 198.82	1 933.44	16.77
1983	3 478.50	283.70	2 326.00	2 302.20	2 024.00	23.80
1984	3 628.00	321.00	2 423.00	2 396.00	2 098.00	27.00
1985	4 000.02	342.02	2 712.63	2 653.88	2 275.97	58.75
1986	4 200.66	353.47	2 838.45	2 776.85	2 457.77	61.60
1987	4 423.46	334.41	3 057.38	2 999.86	2 634.77	57.52
1988	4 798.94	351.07	3 398.36	3 361.73	2 942.94	36.63
1989	4 719.28	297.74	3 503.94	3 474.65	3 080.56	29.29
1990	4 710.45	260.63	3 512.46	3 484.91	3 122.57	27.55
1991	4 802.33	259.40	3 593.44	3 562.79	3 161.77	30.65
1992	5 034.36	245.68	3 829.70	3 796.76	3 349.81	32.94
1993	5 493.85	314.53	4 159.25	4 096.41	3 613.79	62.84
1994	5 961.82	317.07	4 603.19	4 530.56	4 048.61	72.63
1995	6 574.38	334.28	5 168.34	5 096.16	4 646.73	72.18
1996	6 803.83	325.51	5 393.76	5 320.53	4 868.14	73.23
1997	6 694.93	348.68	5 289.57	5 211.94	4 847.82	77.63
1998	6 613.84	344.61	5 162.51	5 079.48	4 631.42	83.03

年份	第三产业	交通运输邮电业	商业公共饮食业	其他	人民生活
1979	96.32	83.91	7.07	5.34	716.15
1980	107.53	91.06	6.74	9.73	724.84
1981	94.55	84.21	6.09	4.25	728.52
1982	100.25	94.45	1.53	4.27	763.54
1983	105.10	98.80	2.00	4.30	763.70
1984	105.00	99.00	2.00	4.00	779.00
1985	144.71	120.24	3.83	20.64	800.66
1986	202.65	124.09	16.31	62.25	806.09
1987	209.21	124.08	15.24	69.89	822.46
1988	214.74	127.67	17.36	69.71	834.78
1989	222.06	131.62	19.98	70.46	695.54
1990	244.35	147.60	21.39	75.36	693.01
1991	253.22	152.92	21.29	79.01	696.34
1992	268.68	164.89	27.64	76.15	690.30
1993	324.37	146.36	41.69	136.32	695.70
1994	348.34	155.92	46.99	145.43	693.22
1995	362.96	166.42	50.50	146.04	708.80
1996	367.14	175.58	54.74	136.82	717.42
1997	379.67	194.81	58.99	125.87	677.01
1998	411.95	205.14	65.65	141.16	694.77

能源加工转换效率

EFFICIENCE OF ENERGY CONVERSION

单位：万吨标准煤 (10 000 tn of sce)

年 份	总效率 投入量	总效率 产出量	总效率 效率(%)	发电及供热 投入量	发电及供热 产出量	发电及供热 效率(%)
1979	1 516.80	831.47	54.82	649.31	134.11	20.65
1980	1 512.30	821.90	54.35	654.46	142.15	21.72
1981	1 528.31	798.03	52.22	705.88	147.73	20.93
1982	1 656.60	884.89	53.42	755.82	162.45	21.49
1983	1 590.96	947.96	59.58	622.60	179.26	28.79
1984	1 770.19	1 095.60	61.89	715.54	251.70	35.17
1985	2 214.09	1 367.69	61.77	834.82	269.40	32.27
1986	2 480.36	1 624.87	65.51	990.33	322.77	32.59
1987	2 849.95	1 958.95	68.74	1 141.27	380.31	33.32
1988	3 397.56	2 419.46	71.21	1 250.77	413.16	33.03
1989	4 328.10	3 114.80	91.97	1 339.60	445.12	33.23
1990	4 792.46	3 509.20	73.22	1 377.36	456.41	33.14
1991	5 087.00	3 677.90	72.30	1 472.20	495.80	33.67
1992	5 923.50	4 421.70	74.65	1 653.95	553.24	33.45
1993	7 425.80	5 739.40	77.29	1 921.40	653.50	34.01
1994	8 681.60	6 813.80	78.49	1 891.10	668.40	35.35
1995	13 076.80	10 796.50	82.56	2 149.40	747.10	34.76
1996	13 446.40	11 079.80	82.40	2 227.40	782.80	35.15
1997	13 301.00	10 958.50	82.39	2 267.90	797.70	35.17
1998	13 501.10	11 148.70	82.58	2 286.10	805.80	35.25

年 份	洗煤 投入量	洗煤 产出量	洗煤 效率(%)	炼焦 投入量	炼焦 产出量	炼焦 效率(%)
1979	404.17	352.80	87.29	463.32	344.56	74.37
1980	440.84	368.10	83.49	417.00	311.65	74.74
1981	437.15	361.80	82.76	385.28	288.50	74.88
1982	480.39	403.20	83.93	420.39	319.24	75.94
1983	512.24	423.00	82.58	456.12	345.70	75.79
1984	517.87	445.50	86.03	536.78	398.40	74.22
1985	573.00	512.12	89.38	806.27	586.17	72.70
1986	650.82	590.02	90.66	839.21	712.08	84.85
1987	780.33	704.80	90.32	928.35	873.84	94.13
1988	998.41	919.02	92.05	1 148.38	1 087.28	94.67
1989	1 354.62	1 218.83	89.98	1 584.60	1 414.60	89.27
1990	1 545.37	1 391.34	90.03	1 815.53	1 607.70	88.56
1991	1 830.50	1 662.60	90.83	1 718.20	1 455.70	84.72
1992	2 191.40	1 993.10	90.95	2 011.10	1 811.20	90.06
1993	2 991.00	2 753.70	92.07	2 473.90	2 296.60	92.83
1994	3 671.60	3 333.20	90.78	3 039.50	2 741.40	90.19
1995	5 109.10	4 738.40	92.74	5 761.90	5 264.70	91.37
1996	5 277.30	4 884.70	92.56	5 876.30	5 364.30	91.29
1997	5 250.40	4 867.10	92.70	5 733.00	5 251.40	91.60
1998	4 998.90	4 635.90	92.74	6 169.20	5 668.70	91.89

各种物价总指数

GENERAL PRICE INDEXES

上年价格＝100　　　　(last year＝100)

年　份	商品零售价格指数	居民消费价格指数	城镇居民消费价格指数	农村居民消费价格指数	农产品收购价格指数	农村工业品零售价格指数	工农业商品综合比价指数	
							农产品收购价格指数＝100	农村工业品零售价格指数＝100
1951	115.1		113.3		125.8	115.4	91.7	109.0
1952	104.7		105.6		103.2	102.9	99.7	100.3
1953	101.4		102.4		107.0	99.9	93.4	107.1
1954	103.5		103.4		103.9	103.9	100.0	100.0
1955	104.6		103.6		101.1	104.5	103.4	96.8
1956	101.0		99.6		101.3	98.6	97.3	102.7
1957	101.9		101.4		102.6	102.1	99.5	100.5
1958	98.4		98.3		102.0	98.9	96.9	103.2
1959	100.5		100.5		100.7	100.2	99.5	100.5
1960	103.9		102.7		101.4	103.5	102.1	97.9
1961	115.7		115.6		112.3	109.2	97.2	102.8
1962	100.4		100.5		107.5	100.9	93.9	106.5
1963	87.9		87.7		92.1	99.9	108.5	92.2
1964	93.7		92.7		96.9	99.3	102.5	97.6
1965	97.5		97.6		99.0	96.7	97.7	102.4
1966	97.9		97.8		101.8	97.7	96.0	104.2
1967	98.9		99.8		100.0	98.1	98.1	101.9
1968	100.0		99.8		99.8	99.9	100.1	99.9
1969	99.6		99.6		100.6	99.4	98.8	101.2
1970	99.5		99.3		100.4	100.0	99.6	100.4
1971	99.6		99.8		101.7	99.4	97.7	102.3
1972	99.8		100.2		101.9	99.3	97.4	102.6
1973	100.3		100.4		100.8	99.7	98.9	101.1
1974	99.8		99.9		100.8	99.8	99.0	101.0
1975	99.9		99.8		101.0	99.8	98.8	101.2
1976	100.1		100.1		100.9	100.2	99.3	100.7
1977	100.1		99.9		99.8	100.2	100.4	99.6
1978	100.0		100.0		104.0	99.8	96.0	104.2
1979	100.5	100.6	101.0		122.5	99.6	81.3	123.0
1980	103.5	103.4	105.5		105.7	100.4	95.0	105.3
1981	102.3	102.5	103.1		102.6	100.8	98.2	101.8
1982	102.2	102.5	102.3		104.5	101.2	96.8	103.3
1983	101.2	101.4	101.5		101.6	101.1	99.5	100.5
1984	103.0	102.6	103.0		106.4	102.1	96.0	104.2
1985	107.6	108.5	109.1	107.8	106.5	103.0	96.7	103.4
1986	105.3	105.6	106.4	104.8	107.5	103.9	96.7	103.5
1987	107.5	107.4	108.5	106.6	108.8	105.4	96.9	103.2
1988	121.0	120.9	122.1	119.7	128.8	117.3	91.1	109.8
1989	119.1	119.5	116.3	122.9	121.0	118.7	98.1	101.9
1990	102.1	102.2	101.5	103.0	92.5	105.4	113.9	87.8
1991	103.9	104.8	106.2	102.9	96.3	103.9	107.9	92.7
1992	106.3	107.3	109.1	104.6	102.8	103.1	100.3	99.7
1993	113.1	115.1	116.1	112.7	105.8	112.3	106.1	94.2
1994	121.6	125.2	125.9	124.4	139.9	119.5	85.4	117.1
1995	115.6	116.9	116.7	117.2	127.2	112.0	88.1	113.6
1996	106.2	107.9	108.3	107.3	101.6	106.1	104.4	95.8
1997	101.3	103.1	103.1	103.0	98.7	102.8	104.2	96.0
1998	97.0	98.6	98.7	98.5	93.6	97.8	104.5	95.7

各种物价总指数

GENERAL PRICE INDEXES

1950 年价格 = 100　　　　(1950 = 100)

年　份	商品零售价格指数	城镇居民消费价格指数	农产品收购价格指数	农村工业品零售价格指数	工农业商品综合比价指数	
					农产品收购价格指数 = 100	农村工业品零售价格指数 = 100
1950	100.0	100.0	100.0	100.0	100.0	100.0
1951	115.1	113.3	125.8	115.4	91.7	109.0
1952	120.4	121.0	129.8	118.8	91.5	109.3
1953	122.0	124.7	139.9	117.9	84.2	118.7
1954	127.3	130.3	144.8	122.4	84.5	118.3
1955	133.2	133.5	145.9	128.5	88.1	113.5
1956	134.0	133.3	147.8	126.7	85.7	116.7
1957	137.4	135.8	151.6	129.4	85.3	117.2
1958	135.2	133.2	154.7	127.9	82.7	121.0
1959	135.9	133.9	155.8	128.1	82.2	121.6
1960	141.1	137.5	157.9	132.6	84.0	119.1
1961	164.0	162.3	179.5	144.8	80.7	124.0
1962	170.7	166.4	199.0	146.1	73.4	136.2
1963	161.3	157.9	201.8	140.8	69.8	143.3
1964	155.7	153.4	194.2	140.1	72.1	138.6
1965	150.0	147.5	190.4	135.1	71.0	140.9
1966	146.9	144.2	193.9	132.0	68.1	146.9
1967	145.2	142.6	193.9	130.6	67.4	148.5
1968	145.4	142.3	193.5	130.2	67.3	148.6
1969	144.4	142.2	194.7	129.1	66.3	150.8
1970	143.6	141.2	195.5	129.1	66.0	151.4
1971	143.3	140.9	198.8	128.2	64.5	155.1
1972	142.8	141.2	202.6	129.1	63.7	156.9
1973	143.3	141.8	204.2	128.7	63.0	158.7
1974	143.0	141.6	205.8	128.5	62.4	160.2
1975	142.8	141.4	207.9	128.2	61.7	162.2
1976	143.0	141.5	209.8	128.5	61.2	163.3
1977	143.1	141.4	209.4	128.7	61.5	162.7
1978	143.1	141.3	217.8	128.5	59.0	169.5
1979	143.8	142.7	266.8	127.6	47.8	209.1
1980	148.8	150.6	282.0	128.3	45.5	219.8
1981	152.2	155.3	289.3	129.3	44.7	223.7
1982	155.6	158.9	302.3	130.9	43.3	230.9
1983	157.5	161.2	307.1	132.2	43.1	232.1
1984	162.2	166.0	326.8	135.1	41.3	241.9
1985	174.5	181.1	348.0	139.2	40.0	250.0
1986	183.7	192.7	374.1	144.6	38.7	258.7
1987	197.5	209.1	407.0	152.4	37.4	267.1
1988	239.0	255.3	524.2	178.8	34.1	293.3
1989	284.6	296.9	634.3	212.2	33.5	298.9
1990	290.6	301.4	586.7	223.7	38.1	262.3
1991	301.9	320.0	565.0	232.4	41.1	243.1
1992	320.9	349.2	580.8	239.6	41.3	242.4
1993	363.0	405.4	614.5	269.1	43.8	228.4
1994	441.4	510.4	859.7	321.5	37.4	267.4
1995	510.2	595.6	1 093.6	360.1	32.9	303.7
1996	541.9	645.1	1 111.1	382.1	34.4	290.8
1997	548.9	665.1	1 096.6	392.8	35.8	279.2
1998	532.4	656.4	1 026.4	384.1	37.4	267.2

各种物价总指数

GENERAL PRICE INDEXES

1978 年价格 = 100 （1978 = 100）

年 份	商品零售价格指数	居民消费价格指数	农产品收购价格指数	农村工业品零售价格指数	工农业商品综合比价指数	
					农产品收购价格指数 = 100	农村工业品零售价格指数 = 100
1978	100.0	100.0	100.0	100.0	100.0	100.0
1979	100.5	100.6	122.5	99.6	81.3	123.0
1980	104.0	104.0	129.5	100.0	77.2	129.5
1981	106.4	106.6	132.8	100.8	75.9	131.7
1982	108.8	109.3	138.8	102.0	73.5	136.1
1983	110.1	110.8	141.0	103.1	73.1	136.8
1984	113.4	113.7	150.0	105.3	70.2	142.5
1985	122.0	123.4	159.8	108.5	67.9	147.3
1986	128.5	130.3	171.8	112.7	65.6	152.5
1987	138.1	139.9	186.9	118.8	63.6	157.3
1988	167.1	169.2	240.7	139.4	57.9	172.7
1989	199.0	202.1	291.2	165.5	56.8	176.0
1990	203.2	206.6	269.4	174.4	64.7	154.5
1991	211.1	216.5	259.4	181.2	69.9	143.2
1992	224.4	232.3	266.7	186.8	70.0	142.8
1993	253.8	267.4	282.2	209.8	74.3	134.5
1994	308.6	334.8	394.8	250.7	63.5	157.5
1995	356.8	391.3	502.2	280.8	55.9	178.8
1996	378.9	422.3	510.2	297.9	58.4	171.3
1997	383.8	435.3	503.6	306.2	60.8	164.5
1998	372.3	429.2	471.4	299.5	63.5	157.4

各种物价总指数(1998 年)

GENERAL PRICE INDEXES (1998)

时 期	商品零售价格指数	城镇居民消费价格指数	农村工业品零售价格指数	农产品收购价格指数	工农业商品综合比价指数	
					农产品收购价格指数 = 100	农村工业品零售价格指数 = 100
以 1950 年价格为 100	532.4	647.9	384.1	1 026.4	37.4	267.2
以 1957 年价格为 100	387.4	484.1	296.8	676.8	43.9	228.0
以 1965 年价格为 100	355.1	445.9	284.2	538.5	52.8	189.5
以 1970 年价格为 100	370.9	464.7	294.1	512.4	57.4	174.2
以 1978 年价格为 100	372.2	464.7	299.5	471.4	63.5	157.4
以 1980 年价格为 100	358.0	436.3	299.5	364.7	82.1	121.8
以 1985 年价格为 100	305.2	362.4	276.0	295.0	93.6	106.9
以 1990 年价格为 100	183.2	217.8	171.7	174.3	98.5	101.5
以 1995 年价格为 100	104.4	110.2	106.7	93.9	113.6	88.0
平均每年递增%						
1951—1998 年	3.5	4.0	2.8	5.0	-2.0	2.0
1958—1998 年	3.4	3.9	2.7	4.7	-2.0	2.0
1966—1998 年	3.9	4.6	3.2	5.2	-1.9	2.0
1971—1998 年	4.8	5.6	3.9	6.0	-2.0	2.0
1979—1998 年	6.8	8.0	5.6	8.1	-2.2	2.3
1981—1998 年	7.3	8.5	6.3	7.5	-1.1	1.1
1986—1998 年	9.0	10.4	8.1	8.7	-0.5	0.5
1991—1998 年	7.9	10.2	7.0	7.2	-0.2	0.2
1996—1998 年	1.4	3.3	2.2	-2.1	4.3	-4.2

各历史时期物价总指数

GENERAL PRICE INDEXES BY PERIODS

时　　期	商品零售价格指数	居民消费价格指数	城镇居民消费价格指数	农村工业品零售价格指数	农产品收购价格指数	工农业商品综合比价指数	
						农产品收购价格指数=100	农村工业品零售价格指数=100
各时期物价总指数							
1951－1952年	120.4		121.0	118.8	129.8	91.5	109.3
1953－1957年	112.9		111.1	109.2	116.8	93.5	107.0
1958－1962年	124.2		122.5	113.0	131.2	86.1	116.1
1963－1965年	80.3		79.3	95.9	88.4	108.5	92.2
1966－1970年	95.7		98.3	95.6	102.6	93.2	107.3
1971－1975年	99.4		100.0	98.1	106.3	92.3	108.4
1976－1980年	104.2		106.6	100.2	135.6	73.9	135.3
1981－1985年	117.3	118.6	120.3	108.5	123.4	87.9	113.7
1986－1990年	166.6	167.5	166.4	160.7	168.6	95.3	104.9
1991－1995年	175.6	189.4	197.6	161.0	186.4	86.4	115.8
1996－1998年	104.4	109.7	110.2	106.7	93.9	113.6	88.0
平均每年递增%							
1951－1952年	9.7		10.0	9.0	13.9	－4.3	4.5
1953－1957年	2.5		2.1	1.8	3.2	－1.3	1.4
1958－1962年	4.4		4.1	2.5	5.6	－3.0	3.0
1963－1965年	－7.0		－7.4	－1.4	－4.0	2.8	－2.7
1966－1970年	－0.9		－0.3	－0.9	0.5	－1.4	1.4
1971－1975年	－0.1			－0.4	1.2	－1.6	1.6
1976－1980年	0.8		1.3		6.3	－5.9	6.2
1981－1985年	3.2	3.5	3.8	1.6	4.3	－2.5	2.6
1986－1990年	10.7	10.9	10.7	10.0	11.0	－1.0	1.0
1991－1995年	11.9	13.6	14.6	10.0	13.3	－2.9	3.0
1996－1998年	1.4	3.1	3.3	2.2	－2.1	4.3	－4.2

商品零售价格总指数
GENERAL RETALL PRICE INDEXES

年 份	1950年价格=100	1957年价格=100	1965年价格=100	1970年价格=100	1978年价格=100	1980年价格=100	1985年价格=100	1990年价格=100	1995年价格=100
1952	120.4								
1957	137.4	100.0							
1965	150.0	109.2	100.0						
1970	143.6	104.5	95.7	100.0					
1975	142.8	104.0	95.2	99.4					
1978	143.1	104.2	95.4	99.6	100.0				
1980	148.8	108.4	99.3	103.6	104.0	100.0			
1985	174.5	127.0	116.3	121.5	122.0	117.3	100.0		
1986	183.7	133.7	122.5	127.9	128.5	123.5	105.3		
1987	197.5	143.7	131.7	137.5	138.1	132.8	113.2		
1988	239.0	173.9	159.4	166.4	167.1	160.7	137.0		
1989	284.6	207.1	189.8	198.2	199.0	191.4	163.1		
1990	290.6	211.5	193.8	202.4	203.2	195.4	166.6	100.0	
1991	301.9	219.7	201.4	210.3	211.1	203.0	173.1	103.9	
1992	320.9	233.5	214.1	223.6	224.4	215.8	184.0	110.4	
1993	362.9	264.1	242.1	252.9	253.8	244.1	208.1	124.9	
1994	441.3	321.2	294.4	307.5	308.6	296.8	253.1	151.9	
1995	510.1	371.3	340.3	355.5	356.7	343.1	292.5	175.6	100.0
1996	541.7	394.3	361.4	377.5	378.8	364.4	310.6	186.5	106.2
1997	548.7	399.4	366.1	382.4	383.7	369.1	314.6	188.9	107.6
1998	532.4	387.4	355.1	370.9	372.3	358.0	305.2	183.2	104.4

城镇居民消费价格总指数
GENERAL RESIDENTS CONSUMER PRICE INDEXES

年 份	1950年价格=100	1957年价格=100	1965年价格=100	1970年价格=100	1978年价格=100	1980年价格=100	1985年价格=100	1990年价格=100	1995年价格=100
1952	121.0								
1957	135.8	100.0							
1965	147.5	108.6	100.0						
1970	141.2	104.0	98.3	100.0					
1975	141.4	104.1	98.6	100.0					
1978	141.3	104.1	98.6	100.0	100.0				
1980	150.6	110.9	102.1	106.5	106.6	100.0			
1985	181.1	133.5	123.0	128.2	128.2	120.3	100.0		
1986	192.7	142.0	130.9	136.4	136.4	128.0	106.4		
1987	209.1	154.1	142.0	148.0	148.0	138.9	115.4		
1988	255.3	188.2	173.4	180.7	180.7	169.6	140.9		
1989	296.9	218.9	201.7	210.2	210.2	197.2	163.9		
1990	301.4	222.2	204.7	213.4	213.4	200.2	166.4	100.0	
1991	320.1	236.0	217.4	226.6	226.6	212.6	176.7	106.2	
1992	349.2	257.5	237.2	247.2	247.2	232.0	192.8	115.9	
1993	405.4	299.0	275.4	287.0	287.0	269.4	223.8	134.5	
1994	510.4	376.4	346.7	361.3	361.3	339.2	281.8	169.4	
1995	595.6	439.3	404.6	421.6	421.6	395.8	328.9	197.6	100.0
1996	645.0	475.8	438.2	456.6	456.6	428.7	356.2	214.0	108.3
1997	665.0	490.5	451.8	470.8	470.8	442.0	367.2	220.7	111.7
1998	656.4	484.1	445.9	464.7	464.7	436.3	362.4	217.8	110.2

农村工业品零售价格总指数

GENERAL RETALL PRICE INDEXES OF RURAL INDUSTRIAL PRODUCTS

年 份	1950年价格=100	1957年价格=100	1965年价格=100	1970年价格=100	1978年价格=100	1980年价格=100	1985年价格=100	1990年价格=100	1995年价格=100
1952	111.8								
1957	129.4	100.0							
1965	135.1	104.4	100.0						
1970	129.1	99.8	95.6	100.0					
1975	128.2	99.1	95.0	98.1					
1978	128.5	99.3	95.2	98.3	100.0				
1980	128.3	99.2	95.0	98.2	100.0	100.0			
1985	139.2	107.5	103.0	106.5	108.5	108.5	100.0		
1986	144.6	111.7	107.0	110.7	112.7	112.7	103.9		
1987	152.4	117.7	112.8	116.7	118.8	118.8	109.5		
1988	178.8	138.1	132.3	136.8	139.4	139.4	128.4		
1989	212.2	163.9	156.8	162.5	165.5	165.5	152.4		
1990	223.7	172.8	165.5	171.2	174.4	174.4	160.7	100.0	
1991	232.4	179.5	172.0	177.9	181.2	181.2	166.9	103.9	
1992	239.6	185.1	177.3	183.4	186.8	186.8	172.1	107.1	
1993	269.1	207.9	199.1	206.0	209.8	209.8	193.3	120.3	
1994	321.6	248.4	237.9	246.2	250.7	250.7	231.0	143.8	
1995	360.2	278.2	266.4	275.7	280.8	280.8	258.7	161.0	100.0
1996	382.2	295.2	282.7	292.5	297.9	297.9	274.5	170.8	106.1
1997	392.9	303.5	290.6	300.7	306.2	306.2	282.2	175.6	109.1
1998	384.1	296.8	284.2	294.1	299.5	299.5	276.0	171.7	106.7

农产品收购价格总指数

GENERAL FARM AND SIDELINE PRODUCTS PURCHASING PRICE INDEXES

年 份	1950年价格=100	1957年价格=100	1965年价格=100	1970年价格=100	1978年价格=100	1980年价格=100	1985年价格=100	1990年价格=100	1995年价格=100
1952	129.8								
1957	151.6	100.0							
1965	190.4	125.6	100.0						
1970	195.5	128.9	102.6	100.0					
1975	207.9	137.2	109.1	106.3					
1978	217.8	143.6	114.3	108.7	100.0				
1980	282.0	185.9	148.0	140.8	129.5	100.0			
1985	348.0	229.5	182.5	173.8	159.8	123.4	100.0		
1986	374.1	246.7	196.2	186.8	171.8	132.7	107.5		
1987	407.0	268.4	213.5	203.2	186.9	144.3	117.0		
1988	524.2	345.7	275.0	261.7	240.7	186.0	150.7		
1989	634.3	418.3	332.8	316.7	291.2	225.1	182.3		
1990	586.7	386.9	307.8	292.9	269.4	208.4	168.6	100.0	
1991	565.0	372.6	296.4	282.1	259.4	200.7	162.4	96.3	
1992	580.8	383.0	304.7	290.0	266.7	206.3	167.0	99.0	
1993	614.5	405.2	322.4	306.8	282.2	218.3	176.7	104.7	
1994	859.7	566.9	451.0	429.2	394.8	305.4	247.2	146.5	
1995	1 093.5	721.1	573.7	545.9	502.2	388.5	314.4	186.4	100.0
1996	1 111.0	732.6	582.9	554.6	510.2	394.7	319.4	189.4	101.6
1997	1 096.6	723.1	575.3	547.4	503.6	389.6	315.2	186.9	100.3
1998	1 026.4	676.8	538.5	512.4	471.4	364.7	295.0	174.3	93.9

商品零售价格分类指数
GENERAL RETAIL PRICE INDEXES BY CATEGORY

上年价格 = 100 （last year = 100）

年　份	总指数	食品类	#粮　食	衣着类	日用品类	中西药品类	文体用品类	燃料类
1952	104.7	107.0	107.4	103.2	101.3	118.5	103.4	92.1
1957	101.9	103.9	101.5	100.3	99.4	77.1	100.5	100.8
1965	97.5	98.8	103.0	99.1	95.5	95.6	97.2	104.3
1970	99.5	100.0	100.1	99.9	100.5	88.5	99.9	100.0
1975	99.9	99.9	100.0	99.8	99.8	99.3	100.2	99.3
1978	100.0	100.1	100.1	100.0	100.0	100.7	100.7	100.7
1980	103.5	108.1	102.9	99.9	100.2	100.8	100.7	100.8
1985	107.6	112.0	109.8	100.7	100.0	104.5	99.0	104.5
1986	105.3	106.5	107.7	104.0	107.0	103.3	101.7	103.3
1987	107.5	110.0	105.3	105.5	106.9	107.2	101.0	107.2
1988	121.0	126.2	116.7	114.7	112.3	120.4	118.1	120.4
1989	119.1	119.0	140.2	121.0	113.8	117.6	114.1	127.7
1990	102.1	99.4	94.9	100.7	101.6	99.8	95.5	111.0
1991	103.9	104.0	98.6	105.3	103.2	106.7	92.7	118.8
1992	106.3	109.1	123.2	105.4	101.7	110.9	96.0	113.7
1993	113.1	114.9	128.8	109.8	107.1	114.6	102.7	135.9
1994	121.6	131.6	134.9	119.2	115.4	116.7	111.5	116.8
1995	115.6	126.0	141.1	111.8	108.9	109.3	108.5	110.1
1996	106.2	108.5	110.3	107.3	103.9	107.1	108.1	101.9
1997	101.3	100.5	94.9	104.0	102.8	104.1	104.2	105.6
1998	97.0	94.9	94.1	99.0	100.1	103.5	100.7	98.0

农产品收购价格分类指数
GENERAL FARM AND SIDELINE PRODUCTS PURCHASING PRICE INDEXES BY CATEGORY

上年价格 = 100 （last year = 100）

年　份	总指数	粮　食	经济作物	禽畜产品	干鲜果	干鲜菜	药　材
1952	103.2	98.4	102.4	104.0	117.3		101.5
1957	102.6	100.3	100.0	115.4	115.9		100.0
1965	99.0	101.2	100.0	99.6	104.5	97.8	98.0
1970	100.4	100.0	100.0	101.8	100.0	97.8	91.7
1975	101.0	100.0	100.0	100.2	100.0	100.5	100.0
1978	104.0	100.6	109.2	100.0	111.2	99.0	106.0
1980	105.7	111.0	109.8	100.2	105.6	99.9	106.6
1985	106.5	98.0	100.8	128.5	112.7	120.2	139.8
1986	107.5	115.6	101.1	105.7	101.8	95.8	88.4
1987	108.8	107.4	104.8	113.5	111.7	114.9	118.2
1988	128.8	116.8	119.0	147.5	139.4	142.5	208.0
1989	121.0	149.2	122.1	100.4	94.0	95.4	81.6
1990	92.5	81.5	114.4	92.1	100.7	87.2	80.4
1991	96.3	90.3	100.8	99.2	99.4	107.4	107.6
1992	102.8	105.1	96.6	105.9	109.6	118.8	105.5
1993	105.8	101.7	109.5	110.6	97.1	112.2	109.6
1994	139.9	140.2	162.9	137.1	118.9	126.1	90.6
1995	127.2	137.0	122.0	120.0	116.2	132.6	161.0
1996	101.6	103.1	98.6	103.0	93.2	104.7	113.8
1997	98.7	95.4	97.7	101.1	97.8	102.5	119.1
1998	93.6	97.5	93.5	91.6	98.4	85.1	97.1

居民基本生活主要商品及费用平均价格

AVERAGE PRICE OF MAJOR COMMODITIES AND COST OF LIVING OF URBAN RESIDENTS

单位：元　　　　(yuan)

商品名称	规格等级	单　位	1990年	1994年	1995年	1996年	1997年	1998年
普通面粉	标准粉	千克	0.716	1.602	1.951	2.230	2.210	2.032
粳　米	标　二	千克	1.606	2.623	3.642	3.596	2.813	2.674
挂　面	精　粉	千克	1.059	2.194	2.786	3.060	3.112	2.745
食　油	普　通	千克	3.303	9.439	10.379	8.768	8.412	8.650
豆　腐	水豆腐	千克	0.748	1.155	1.594	1.811	1.938	1.928
猪　肉	去骨肉	千克	5.068	11.082	12.467	11.242	13.649	11.358
牛　肉	去骨肉	千克	6.135	12.090	16.420	14.771	13.729	13.677
白条鸡	开　膛	千克	6.346	7.907	10.054	10.249	10.093	9.235
鲜　蛋	一　等	千克	4.929	5.584	6.703	7.302	5.509	5.551
带　鱼	中　等	千克	7.511	11.215	12.572	11.600	11.481	11.039
食　盐	袋　装	千克	0.334	0.848	0.974	1.255	1.396	1.520
酱　油	散　装	千克	0.591	1.286	1.461	1.464	1.559	1.594
醋	散　装	千克	0.514	1.272	1.362	1.448	1.526	1.521
味　精		千克	13.505	17.743	21.218	20.680	23.196	22.281
白　糖	一　级	千克	2.857	5.339	6.670	5.997	5.799	5.386
乙级卷烟		盒	0.720	1.700	1.862	1.300	1.417	1.710
白　酒	普　通	千克	3.189	3.643	4.701	4.800	4.629	4.621
花　茶	茉莉花茶	千克	23.250	38.455	40.387	46.843	55.081	60.110
苹　果	一　级	千克	2.610	3.664	4.236	4.028	3.636	3.577
鲜　奶	袋　装	千克	2.132	2.552	3.124	3.604	3.112	3.965
衬　衫	普　通	件	15.694	35.000	38.150	48.299	50.225	52.490
皮　鞋	男式牛皮	双	37.106	93.265	99.511	95.598	93.041	91.067
洗衣粉	500g	袋	1.818	2.021	2.168	2.172	2.556	2.624
自行车	普　通	辆	261.988	345.197	397.982	381.712	386.385	377.681
电风扇	落地扇	台	278.441	296.843	319.237	314.549	309.026	293.747
银翘解毒	10丸	盒	1.431	2.670	3.335	3.668	3.957	3.932
山西日报		份	0.151	0.400	0.600	0.600	0.600	0.600
混纺毛线	混纺毛线	千克	63.369	67.235	68.232	68.963	69.033	69.679
花　布	幅宽90cm	米	3.072	4.862	5.570	6.134	6.509	6.532
牙　膏	中　号	支	0.514	1.572	1.681	1.689	1.674	1.768
卫生纸	短　卷	卷	0.666	1.196	1.268	1.471	1.596	1.647
管道煤气		立方米	0.058	0.258	0.264	0.233	0.362	0.390
房　租		平方米	0.130	0.361	0.378	0.424	0.544	0.643
自来水	民　用	吨	0.162	0.730	0.964	0.901	1.059	1.162
居民用电		度	0.163	0.235	0.275	0.292	0.350	0.374
理　发	男　式	次	1.028	4.526	4.965	4.423	5.929	6.143
洗　澡	普　通	次	0.632	3.030	3.791	2.772	3.036	3.141
注射费	静　脉	次	0.130	0.294	0.305	0.394	0.470	0.859
学杂费	初中一年级	学期	16.927	34.447	67.531	146.071	169.202	188.488

主要农副产品收购平均价格

AVERAGE PRICE OF MAJOR FARM AND SIDELINE PRODUCTS PURCHASING

单位：元 (yuan)

品　名	规格等级	单　位	1990年	1991年	1992年	1993年	1994年
小　麦	中　等	百公斤	86.54	82.43	80.64	77.24	108.13
玉　米	中　等	百公斤	49.43	42.35	50.00	55.77	82.06
高　粱	中　等	百公斤	50.29	49.37	52.57	61.06	83.60
谷　子	中　等	百公斤	62.64	60.73	62.84	63.30	77.85
黄　豆	中　等	百公斤	109.14	115.14	154.51	158.77	219.58
绿　豆	中　等	百公斤	153.76	120.18	238.57	283.28	319.50
花生果	出仁率60%	百公斤	187.78	164.42	149.61	182.56	260.38
油菜籽	中　等	百公斤	145.60	142.99	140.00	152.92	193.44
皮　棉	三级27mm	百公斤	600.00	604.00	606.24	670.50	1 090.95
大　麻	二　级	百公斤	348.00	345.00	300.67	320.51	221.19
烤　烟	金黄四级	百公斤	210.00	210.00	210.00	210.00	320.88
甜　菜	中　等	百公斤	18.40	18.40	16.62	19.82	25.62
蓖麻籽	中　等	百公斤	224.05	220.00	229.15	195.86	185.53
肥　猪	出肉率63－66%	百公斤	361.33	357.81	375.68	426.40	743.70
菜　牛	估净肉中等	百公斤	517.82	462.90	507.50	558.69	794.58
绵　羊	估净肉中等	百公斤	467.67	451.01	623.13	672.06	877.50
鸡	二等活公鸡	百公斤	455.68	454.29	388.54	424.25	515.66
鸡　蛋	新鲜完整	百公斤	446.67	415.60	406.58	432.00	493.31
绵羊皮	甲级湿皮	张	18.47	17.00	39.90	48.77	64.71
山羊板皮	一等湿皮	张	13.00	12.68	19.78	24.85	35.81
黄牛皮	湿皮中等	张	123.45	123.45	99.07	143.72	218.76
绵羊毛	手抖净货	百公斤	550.00	491.00	491.49	558.00	720.80
山羊绒	头路紫绒	百公斤	9 200.00	9 200.00	8 300.00	8 892.00	13 849.00
桑蚕茧	干壳中等	百公斤	1 021.00	1 003.40	1 040.86	1 066.00	1 369.02
苹　果	一等小国光	百公斤	135.63	177.24	157.62	148.56	169.62
梨	一　等	百公斤	71.00	118.56	96.68	90.52	163.87
红　枣	一等干枣	百公斤	168.50	166.00	219.34	320.00	445.28
蜂　蜜	一等40度	百公斤	334.00	327.00	367.80	369.50	582.85

续表　CONTINUED

单位：元　　(yuan)

品　　名	规格等级	单　位	1995 年	1996 年	1997 年	1998 年
小　　麦	中　等	百公斤	144.08	168.19	152.80	139.77
玉　　米	中　等	百公斤	118.00	106.30	104.20	109.29
高　　粱	中　等	百公斤	120.80	105.60	103.40	104.90
谷　　子	中　等	百公斤	108.57	137.26	127.14	112.43
黄　　豆	中　等	百公斤	242.45	266.30	312.26	241.23
绿　　豆	中　等	百公斤	323.89	348.86	396.32	316.21
花 生 果	出仁率 60%	百公斤	262.01	310.00	308.37	248.00
油 菜 籽	中　等	百公斤	230.00	246.00	265.00	
皮　　棉	三级 27mm	百公斤	1 569.31	1 570.00	1 403.57	1 217.93
大　　麻	二　级	百公斤	230.00	245.00	239.00	223.00
烤　　烟	金黄四级	百公斤	332.82	396.00	347.00	330.00
甜　　菜	中　等	百公斤	40.80	38.82	36.50	32.00
肥　　猪	出肉率 63－66%	百公斤	810.81	815.20	910.00	788.42
菜　　牛	估净肉中等	百公斤	923.77	982.88	951.00	858.27
绵　　羊	估净肉中等	百公斤	1 352.97	1 290.60	1 335.71	1 171.00
鸡	二等活公鸡	百公斤	489.29	550.00	540.00	584.29
鸡　　蛋	新鲜完整	百公斤	590.13	649.33	511.76	544.24
绵 羊 皮	甲级湿皮	张	72.54	69.45	65.00	63.34
山羊板皮	一等湿皮	张	38.32	35.12	32.20	28.00
黄 牛 皮	湿皮中等	张	226.97	242.32	243.61	225.00
绵 羊 毛	手抖净货	百公斤	789.18	749.25	686.00	658.00
山 羊 绒	头路紫绒	百公斤	16 304.00	20 500.00	23 041.95	23 161.90
桑 蚕 茧	干壳中等	百公斤	1 149.58	1 118.33	1 400.00	1416.97
苹　　果	一等小国光	百公斤	195.07	180.65	173.42	169.62
梨	一　等	百公斤	209.51	173.00	166.00	203.81
红　　枣	一等干枣	百公斤	490.63	769.50	886.60	811.24
蜂　　蜜	一等 40 度	百公斤	500.13	600.00	710.31	660.00

城镇居民家庭生活基本情况

BASIC INDICATORS OF URBAN HOUSEHOLDS

年份	调查户数（户）	平均每户家庭人口（人）	平均每户就业人口（人）	平均每一就业者负担人口（人）	平均每人现金收入（元）		
						实际收入	借贷收入
1952		4.91	1.23	3.99		126.0	
1957		5.43	2.17	2.50		196.9	
1965	342	5.00	1.50	3.33	257.5	230.7	26.8
1978		4.83	1.90	2.54		301.4	
1980	380	4.72	2.26	2.09	429.2	379.7	49.5
1981	380	4.72	2.29	2.06	462.2	400.6	61.6
1982	380	4.64	2.41	1.92	486.4	433.0	53.4
1983	520	4.55	2.44	1.86	498.1	451.5	46.6
1984	760	4.36	2.30	1.89	569.3	522.2	47.1
1985	1 040	4.25	2.23	1.91	674.5	603.1	71.4
1986	1 040	4.13	2.14	1.93	853.5	725.6	127.9
1987	1 060	3.99	2.10	1.90	953.8	816.0	137.8
1988	1 150	3.81	2.05	1.86	1 211.5	951.8	259.7
1989	1 150	3.71	2.03	1.83	1 453.5	1 186.5	267.0
1990	1 150	3.61	2.01	1.80	1 512.7	1 300.0	212.7
1991	1 150	3.53	1.95	1.81	1 691.5	1 420.0	271.5
1992	1 150	3.50	1.93	1.81	1 961.4	1 624.5	336.9
1993	1 150	3.46	1.89	1.83	2 359.0	1 958.2	400.8
1994	1 150	3.46	1.93	1.79	3 260.5	2 566.3	694.2
1995	1 150	3.34	1.86	1.80	4 017.1	3 306.7	710.4
1996	1 400	3.32	1.85	1.79	4 537.9	3 706.2	831.7
1997	1 410	3.27	1.81	1.81	4 972.1	4 007.9	964.2
1998	1 510	3.22	1.74	1.85	5 521.3	4 117.8	1 403.5

年份	平均每人现金支出（元）			平均每人可支配收入（元）	平均每人消费性支出（元）	平均每人食品支出（元）	人均居住面积（平方米）
		实际支出	借贷支出				
1952		122.3		126.0	93.3	63.3	
1957		191.7		196.9	161.9	95.5	
1965	254.2	223.6	30.6	230.7	203.7	118.6	
1978		293.6		301.4	275.4	152.9	4.53
1980	430.3	380.0	50.3	379.7	356.6	194.8	4.54
1981	454.1	403.8	50.3	400.6	373.2	196.8	4.61
1982	482.1	420.4	61.7	433.0	389.9	209.5	5.10
1983	484.3	425.1	59.2	451.5	393.5	216.1	5.62
1984	543.2	463.6	79.6	516.9	433.3	230.8	6.21
1985	618.7	571.2	47.5	595.3	533.4	262.2	6.74
1986	828.4	698.1	130.3	717.7	634.8	303.4	7.66
1987	943.0	794.4	148.6	806.8	707.5	347.2	8.26
1988	1 184.7	971.0	213.7	944.5	855.6	403.9	8.89
1989	1 445.7	1 173.6	272.1	1 176.1	993.5	479.7	9.23
1990	1 485.8	1 202.8	283.0	1 290.9	1 047.7	513.7	9.50
1991	1 663.9	1 370.9	293.0	1 410.2	1 171.2	576.2	9.46
1992	1 918.8	1 558.4	360.4	1 622.8	1 302.6	657.7	9.93
1993	2 313.0	1 899.8	413.2	1 957.5	1 559.7	759.7	10.27
1994	3 214.1	2 678.5	535.6	2 565.7	2 043.3	989.1	10.18
1995	3 956.4	3 195.7	760.7	3 306.0	2 640.7	1 267.2	10.57
1996	4 455.7	3 732.6	723.1	3 702.7	3 035.6	1 400.3	11.09
1997	4 919.5	4 028.9	890.6	3 989.9	3 228.7	1 397.7	11.42
1998	5 436.2	4 473.4	962.8	4 098.7	3 267.7	1 413.2	11.59

城镇居民家庭人均全年实际收入

PER CAPITA ACTUAL INCOME OF URBAN HOUSEHOLDS

单位：元 (yuan)

年份	实际收入	(一)工资性收入	#国有职工工资	#奖金	#集体职工工资	#奖金	(二)非工资性收入
1952	126.0	72.3	68.3		3.9		53.7
1957	196.9	162.3	131.7	17.9	30.7	4.2	34.6
1965	230.7	221.8	216.3	4.9	5.5	0.2	8.9
1978	301.4	281.2	237.3	2.6	43.9	0.5	20.2
1980	379.7	341.7	289.1	28.0	52.6	5.1	38.0
1981	400.6	363.7	310.3	24.2	53.4	2.1	36.9
1982	433.0	395.6	330.2	29.9	65.4	3.3	37.4
1983	451.5	412.1	354.8	35.3	57.3	11.5	39.4
1984	522.2	473.5	410.2	54.6	63.3	5.6	48.7
1985	603.1	507.6	437.5	60.2	70.1	10.1	95.5
1986	725.6	580.3	495.3	52.6	85.0	9.0	145.3
1987	816.0	650.1	559.6	76.5	90.5	9.7	165.9
1988	951.8	730.5	639.4	128.5	91.1	11.5	221.3
1989	1 186.5	818.2	721.3	131.6	96.9	4.0	368.3
1990	1 300.0	914.4	797.3	126.7	117.0	14.9	385.7
1991	1 420.0	1 076.5	951.1	142.6	125.4	14.9	343.5
1992	1 624.5	1 229.2	1 093.7	185.7	135.5	19.2	395.3
1993	1 958.2	1 442.2	1 309.1	263.3	133.2	17.5	516.0
1994	2 566.3	1 861.7	1 684.0	291.7	164.4	24.9	704.6
1995	3 306.7	2 486.8	2 289.9	277.2	192.2	19.5	819.9
1996	3 706.2	2 667.0	2 481.0	80.7	179.2	1.9	1 039.3
1997	4 007.9	2 696.3	2 521.3	176.7	171.7	9.8	1 311.5
1998	4 117.8	2 627.6	2 453.8	182.5	141.0	5.5	1 490.2

年份	#从单位得到其他收入	#个体劳动者收入	#离退休再就业人员收入	#其他劳动收入	#财产性收入	#转移性收入	#离退休金
1952	8.1	29.4		16.1		...	
1957	16.8	9.1		8.6		0.1	
1965	2.7			4.7		0.4	...
1978	6.5			10.6		0.8	...
1980	9.8	...		...		2.1	...
1981	16.6	...		2.4		6.0	...
1982	15.5	0.1		1.2		8.0	...
1983	15.3	0.3		2.5		6.5	0.7
1984	18.3	0.9		3.2		6.5	...
1985	22.0	3.7	1.4	3.8		38.3	25.4
1986	32.5	5.2	2.6	3.0		68.5	47.9
1987	34.8	2.9	4.4	2.4		84.4	60.3
1988	37.7	5.5	1.1	4.2	2.8	96.2	62.4
1989	49.5	6.9	3.3	24.5	13.1	126.1	76.3
1990	58.7	7.1	3.1	16.7	16.7	232.8	101.5
1991	80.0	7.4	4.4	14.2	19.5	268.7	127.6
1992	85.8	9.6	8.3	15.7	27.1	248.5	167.5
1993	105.9	16.6	14.4	25.2	27.8	322.2	241.0
1994	163.2	34.0	12.1	38.5	41.8	413.1	322.0
1995	109.5	36.0	19.6	47.8	54.7	551.3	429.1
1996	219.4	62.5	19.6	81.5	60.6	592.3	462.5
1997	156.4	63.7	38.1	94.1	85.9	866.1	670.3
1998	134.8	78.6	37.5	131.8	101.7	1 000.2	827.6

城镇居民家庭人均全年消费性支出

URBAN HOUSEHOLDS ANNUAL PER CAPITA EXPENDITURE

单位：元 （yuan）

年 份	消费性支出	一、食 品	#粮 食	#肉 禽	#蛋 类	#鱼 虾	#鲜 菜
1952	93.3	63.3					
1957	161.9	95.5	43.9				
1965	203.7	118.6	54.6				
1978	275.4	152.9	62.1				
1980	356.6	194.8	68.8	21.2	3.4	1.1	21.6
1981	373.2	196.8	63.4	23.5	7.5	1.7	22.2
1982	389.9	209.5	61.8	25.1	9.4	2.3	19.0
1983	393.5	216.1	62.4	22.7	9.2	2.1	18.6
1984	433.3	230.8	68.3	25.6	11.7	2.0	21.3
1985	533.4	262.2	67.3	30.2	14.4	2.5	28.8
1986	634.8	303.4	71.4	37.1	16.3	3.7	34.8
1987	707.5	347.2	74.5	41.5	18.9	4.6	42.1
1988	855.6	403.9	80.9	51.8	24.0	7.2	55.2
1989	993.5	479.7	89.9	72.7	29.8	10.0	55.6
1990	1 047.7	513.7	87.8	74.4	38.9	6.2	62.3
1991	1 171.2	576.2	100.2	81.3	42.9	11.0	70.8
1992	1 302.6	657.7	129.6	107.9	44.5	13.8	71.1
1993	1 559.7	759.9	142.2	122.4	52.3	15.5	128.9
1994	2 043.3	989.1	234.3	147.2	61.3	18.3	131.7
1995	2 640.7	1 267.2	297.7	213.6	76.5	23.6	116.0
1996	3 035.6	1 400.3	353.3	218.2	85.8	26.3	169.5
1997	3 228.7	1 397.7	291.2	241.8	77.8	35.2	171.9
1998	3 267.7	1 413.2	297.1	217.2	64.1	47.5	164.5

年 份	二、衣 着	三、家庭设备用品及服务	四、医疗保健	五、交通和通信	六、娱乐教育文化服务	七、居 住	八、杂项商品及服务
1952	16.7	0.7	…				
1957	29.0	8.3	3.2				
1965	30.1	16.7	3.8	5.7	10.7	12.4	5.7
1978	47.6	31.3	3.5	3.3	20.0	9.4	7.4
1980	59.4	39.2	4.8	3.7	29.6	11.1	14.0
1981	65.3	40.2	3.3	4.4	37.2	10.1	15.9
1982	67.4	40.1	3.4	5.4	34.4	11.0	18.7
1983	71.0	38.2	4.4	5.6	27.2	11.0	20.0
1984	80.4	39.6	4.6	5.9	37.0	12.9	22.1
1985	97.3	50.6	5.9	4.6	64.8	15.1	32.9
1986	104.5	61.3	7.6	4.7	76.2	16.3	60.8
1987	113.7	72.5	9.9	5.1	58.9	17.7	82.5
1988	136.2	104.6	15.5	5.2	84.8	21.6	83.8
1989	160.0	107.8	19.8	6.9	112.2	49.3	57.8
1990	183.8	105.5	23.2	10.5	97.2	60.5	53.2
1991	209.0	120.0	26.0	12.7	106.0	60.1	61.3
1992	236.4	106.8	31.5	22.0	121.4	60.7	60.1
1993	276.0	130.6	42.1	34.2	152.3	86.5	78.4
1994	352.0	180.4	59.3	66.3	200.1	103.8	92.4
1995	473.5	195.1	84.6	95.0	256.1	151.5	117.9
1996	529.7	202.2	145.9	145.0	316.7	163.3	132.5
1997	573.5	237.7	167.2	166.0	322.3	201.2	163.1
1998	470.0	236.4	195.1	137.1	366.0	235.4	214.4

城镇居民人均可支配收入增长情况

INCREASE OF URBAN HOUSEHOLDS PER CAPITA BUDGETARY

年　份	可支配收入（元）	比上年增加额（元）	比上年增长（%）	城镇居民消费价格指数（以1952年为100）	扣除物价上涨因素后	
					实际收入（元）	比上年增长（%）
1952	126.0			100.0	126.0	
1957	196.9			111.0	177.4	
1965	230.7			120.6	191.3	
1978	301.4			115.6	260.7	
1980	379.7			123.2	308.2	
1981	400.6	20.9	5.5	127.0	315.4	2.3
1982	433.0	32.4	8.1	129.9	333.3	5.7
1983	451.5	18.5	4.3	131.8	342.6	2.8
1984	516.9	65.4	14.5	135.8	380.6	11.1
1985	595.3	78.4	15.2	148.2	401.7	5.5
1986	717.7	122.4	20.6	157.7	455.1	13.3
1987	806.8	89.1	12.4	171.1	471.5	3.6
1988	944.5	137.7	14.6	208.9	452.1	-4.1
1989	1 176.1	231.6	24.5	243.0	484.0	7.1
1990	1 290.9	114.8	9.8	246.6	523.5	8.2
1991	1 410.2	119.3	9.2	261.9	538.4	2.8
1992	1 622.8	212.6	15.1	285.8	567.8	5.5
1993	1 957.5	334.7	20.6	331.8	590.0	3.9
1994	2 565.7	608.2	31.1	417.7	614.2	4.1
1995	3 306.0	740.3	28.9	487.5	678.2	10.4
1996	3 702.7	396.7	10.7	528.0	701.3	3.4
1997	3 989.9	287.2	7.8	544.3	733.0	4.5
1998	4 098.7	108.8	2.7	537.3	762.8	4.1
1998年为1952年%	3 252.9				605.4	
平均每年递增%	7.9				4.0	

城镇居民人均消费性支出增长情况

INCREASE OF URBAN HOUSEHOLDS PER CAPITA EXPENDITURE

年　份	消费性支出（元）	比上年增加额（元）	比上年增长（%）	城镇居民消费价格指数（以1952年为100）	扣除物价上涨因素后	
					实际收入（元）	比上年增长（%）
1952	93.3			100.0	93.3	
1957	161.9			111.0	145.9	
1965	203.7			120.6	168.9	
1978	275.4			115.6	238.2	
1980	356.6			123.2	289.4	
1981	373.2	16.6	4.7	127.0	293.9	1.6
1982	389.9	16.7	4.5	129.9	300.2	2.1
1983	393.5	3.6	0.9	131.8	298.6	-0.5
1984	433.3	39.8	10.1	135.8	319.1	6.9
1985	533.4	100.1	23.1	148.2	359.9	12.8
1986	634.8	101.4	19.0	157.7	402.5	11.8
1987	707.5	72.7	11.5	171.1	413.5	2.7
1988	855.6	148.1	20.9	208.9	409.6	-1.0
1989	993.5	137.9	16.1	243.0	408.8	-0.2
1990	1 047.7	54.2	5.5	246.6	424.9	3.9
1991	1 171.2	123.5	11.8	261.9	447.2	5.3
1992	1 302.6	131.4	11.2	285.8	455.8	2.0
1993	1 559.7	257.1	19.7	331.8	470.1	3.1
1994	2 043.3	483.6	31.0	417.7	489.2	4.1
1995	2 640.7	597.4	29.2	487.5	541.7	10.7
1996	3 035.6	394.9	15.0	528.0	574.9	6.1
1997	3 228.7	193.1	6.4	544.3	593.2	3.2
1998	3 267.7	39.0	1.2	537.3	608.2	2.5
1998年为1952年%	3 502.4				651.8	
平均每年递增%	8.0				4.2	

城镇居民平均每人主要商品消费量

PER CAPITA CONSUMPTION OF MAJOR CONSUMER GOODS OF URBAN HOUSEHOLDS

单位：公斤　　(kg)

年 份	粮 食	油 脂	鲜 菜	猪 肉	牛羊肉	家 禽	鲜 蛋
1965	154.1	2.7	119.0	6.5			1.7
1980	155.6	4.0	115.7	6.8	1.3	0.2	1.5
1981	161.2	3.4	127.3	9.3	1.8	0.3	3.4
1982	155.7	4.8	137.5	9.3	1.7	0.3	4.1
1983	148.1	4.9	130.6	8.9	1.5	0.5	4.7
1984	160.3	5.0	135.8	8.6	1.8	0.4	5.2
1985	149.2	5.3	140.8	8.9	1.6	0.4	5.7
1986	156.8	4.9	153.9	9.9	2.1	0.7	6.3
1987	148.9	5.4	154.6	9.3	1.9	0.5	6.0
1988	155.9	6.1	154.5	7.8	1.7	0.7	5.7
1989	152.7	5.5	144.8	9.5	2.0	0.9	6.6
1990	143.9	5.7	149.6	11.2	3.0	0.7	8.3
1991	153.8	6.3	145.8	10.9	2.8	0.9	9.7
1992	142.2	6.4	133.5	11.5	2.1	1.2	11.8
1993	114.0	7.5	128.9	11.3	2.3	1.1	11.6
1994	140.8	8.1	131.7	10.3	1.5	1.1	12.9
1995	122.5	6.1	116.0	11.6	1.4	2.2	12.5
1996	126.7	7.8	131.8	11.1	2.0	1.3	12.0
1997	108.3	6.8	122.1	10.5	2.1	1.5	14.3
1998	115.9	8.3	131.8	10.8	1.7	1.4	11.5

年 份	鱼 虾	食 糖	卷 烟 (盒)	白 酒	其他酒	鲜瓜果	鲜 奶
1965	0.4	1.3	33.4	0.4			
1980	0.8	0.8	32.0	1.2		15.4	3.2
1981	1.2	1.9	40.2	1.9		26.2	4.2
1982	1.6	1.6	35.2	1.1	0.7	29.4	3.9
1983	1.7	1.8	38.2	1.1	1.0	29.0	3.9
1984	1.3	1.7	44.6	1.6	1.3	30.7	4.0
1985	1.2	1.7	52.3	1.8	1.8	29.3	4.2
1986	1.4	1.6	57.0	2.1	2.4	38.5	5.5
1987	1.4	1.8	56.7	2.3	2.6	32.8	5.5
1988	1.6	1.7	47.6	2.7	1.9	27.4	5.8
1989	1.9	1.5	43.8	2.1	1.7	36.2	5.7
1990	1.5	1.1	50.0	2.4	1.6	36.3	6.3
1991	1.5	0.8	47.5	2.6	1.7	43.1	6.9
1992	1.8	0.9	42.4	2.8	1.9	38.6	8.3
1993	1.9	0.9	43.7	2.8	1.9	38.9	8.0
1994	1.8	0.8	43.9	2.6	2.0	35.0	7.9
1995	2.5	1.6	42.0	7.7	0.4	37.6	8.9
1996	2.1	0.8	37.8	2.7	1.7	37.4	6.2
1997	2.3	0.7	34.6	2.2	2.1	42.2	8.8
1998	2.3	0.6	36.7	2.6	3.7	48.0	11.6

续表　CONTINUED

单位：公斤　(kg)

年份	服装（件）	棉布（米）	棉纤混纺布（米）	化纤布（米）	呢绒（米）	绸缎（米）	皮鞋（双）
1965	0.3	5.3					
1980	1.5	5.1	0.3	1.5	0.1	0.6	0.4
1981	1.5	5.3	0.1	1.0	0.2	0.6	0.4
1982	1.6	4.9	0.3	1.0	0.2	0.5	0.4
1983	1.7	6.2	...	1.8	0.2	0.5	0.4
1984	2.0	3.6	0.5	1.4	0.3	0.4	0.4
1985	2.4	3.4	0.5	1.5	0.3	0.4	0.5
1986	2.3	2.6	0.7	1.8	0.4	0.4	0.5
1987	2.1	3.2	0.5	1.8	0.3	0.5	0.4
1988	2.2	3.5	0.4	2.0	0.4	0.4	0.5
1989	2.6	2.2	0.5	2.1	0.4	0.5	0.5
1990	3.7	2.0	0.4	2.2	0.4	0.4	0.6
1991	4.0	1.2	0.3	2.0	0.5	0.3	0.7
1992	5.3	0.8	0.2	1.4	0.2	0.2	0.7
1993	4.9	0.7	0.2	1.2	0.2	0.2	0.7
1994	5.1	0.5	0.1	0.9	0.2	0.1	0.8
1995	5.7	0.6	0.1	0.9	0.2	0.1	0.9
1996	5.9	0.5	0.1	0.9	0.1	0.1	0.9
1997	5.8	0.3	0.1	0.7	0.1	0.03	0.8
1998	5.4	0.4	0.1	1.0	0.1	0.04	0.7

年份	肥皂（块）	洗衣粉（公斤）	手表（只/百户）	钟（个/百户）	煤炭（公斤）	液化石油气（公斤）	管道煤气（立方米）
1965	4.2						
1980	5.7	0.5	2.6	2.6	323.2		
1981	7.3	0.8	18.2	1.6	354.2		
1982	4.9	0.9	16.3	6.3	358.6		
1983	5.6	0.9	26.2	3.2	330.4		
1984	5.2	0.9	25.9	7.4	293.1		
1985	6.6	1.1	28.0	4.9	307.2		
1986	6.9	0.9	30.9	4.7	349.3		
1987	3.6	0.9	35.1	6.0	306.0		
1988	5.7	2.4	30.4	6.9	500.8		
1989	4.2	2.0	22.9	6.5	312.7		
1990	4.9	1.9	26.9	5.0	363.6	0.8	
1991	3.9	1.7	15.2	5.5	298.7	2.6	
1992	1.8	0.8	10.4	4.4	229.4	2.4	54.6
1993	2.1	1.0	7.7	3.8	244.1	5.1	61.1
1994	2.3	1.0	7.8	1.9	218.3	5.6	56.6
1995	2.4	1.2	7.3	3.0	201.1	7.0	66.8
1996	1.9	1.1	5.9	2.7	182.8	8.5	62.4
1997	2.1	0.8	5.3	2.8	141.6	5.5	83.1
1998	2.5	0.9	3.2	1.8	196.5	5.4	84.3

城镇居民家庭平均每百户主要消费品拥有量

YEAR – END POSSESSION OF MAJOR DURABLE CONSUMER GOODS PER 100 URBAN HOUSEHOLDS

年 份	大衣柜（个）	沙 发（个）	写字台（张）	组合家俱（套）	自行车（辆）	缝纫机（架）	电风扇（台）
1980					172.9	69.2	0.3
1981	79.2	120.3	40.8		194.5	77.4	4.7
1982	89.2	136.8	51.3		213.7	78.4	8.9
1983	98.5	151.9	69.0		228.7	81.9	11.5
1984	89.6	154.1	71.2		233.8	79.5	15.4
1985	101.6	154.2	72.8	3.0	223.1	81.3	19.3
1986	100.2	159.6	77.5	7.1	230.0	83.0	25.5
1987	99.9	163.3	79.7	9.1	246.3	84.4	34.9
1988	96.2	166.3	80.6	16.7	256.9	78.0	45.3
1989	96.3	153.7	84.5	20.2	235.7	77.4	50.0
1990	88.3	156.9	84.5	28.9	233.1	79.8	60.1
1991	79.5	153.6	81.4	36.0	220.6	72.9	62.5
1992	77.2	175.9	84.3	42.4	220.1	72.0	67.3
1993	76.6	168.2	85.0	46.2	223.4	72.5	70.4
1994	72.9	190.5	88.6	51.2	217.9	68.3	70.1
1995	73.8	203.8	88.5	56.1	214.8	67.2	72.1
1996	69.8	197.7	86.3	58.9	213.3	67.3	69.0
1997	68.1	231.9	87.0	61.2	203.8	64.6	71.7
1998	67.9	235.4	87.0	62.5	202.9	62.6	73.3

年 份	洗衣机（台）	电冰箱（台）	彩色电视机（台）	收录机（架）	照相机（架）	摩托车（辆）	空调器（台）
1980	1.6	0.3		2.1	0.5	...	
1981	12.9	...	0.3	7.9	2.6	...	
1982	28.4	...	...	10.3	3.7	...	
1983	40.2	...	0.6	14.8	4.0	1.3	
1984	44.6	0.4	3.9	19.4	4.5	1.1	
1985	57.5	1.6	18.8	33.1	5.5	2.7	
1986	66.6	3.2	31.1	40.0	6.9	2.7	
1987	72.3	6.3	39.0	44.6	8.3	2.6	
1988	75.7	12.7	46.2	52.0	8.8	1.7	
1989	76.6	17.4	54.3	53.5	9.4	1.5	
1990	81.7	21.2	60.1	58.6	10.6	2.3	
1991	84.7	29.1	67.5	59.4	14.2	3.9	
1992	86.0	34.3	73.5	61.7	16.3	5.0	0.2
1993	89.3	40.2	77.6	60.7	16.4	5.6	0.6
1994	88.8	44.2	81.0	61.2	20.3	7.7	1.1
1995	91.2	46.9	86.2	62.2	22.5	8.4	1.1
1996	91.3	52.2	90.4	60.1	22.0	10.9	1.2
1997	93.1	66.5	99.6	52.2	29.2	13.5	2.4
1998	93.7	69.9	101.9	52.6	32.6	14.0	3.1

农村住户基本情况
BASIC INDICATORS OF RURAL HOUSEHOLDS

年　份	调　查 户　数 （户）	调查户 常住人口 （人）	户均整半 劳动力 （人）	平均每户 年末住房 间　数 （间）	平均每人 年末住房 面　积 （平方米）	户均年末拥 有生产性固 定资产原值 （元）	人均经营 耕地面积 （亩）	人均年末 粮食结存 （公斤）
1954	839	3 555						
1955	867	3 699						
1956	867	3 762						
1957	1 049	4 414						
1958	891	3 844	2.25					
1959	402	1 808	2.22					
1961	117	590	2.10					
1962	142	720	2.19	2.65	7.92			
1963	400	1 853	2.07	2.70	8.98			209
1964	560	2 438	2.06	2.85	8.50			230
1965	600	2 663	2.00	2.99	7.30			239
1966	340	1 524	1.99					
1977	600	3 165	2.17	3.06	9.05			
1978	600	3 193	2.20	3.10	9.40		0.15	
1979	600	3 199	2.23	3.39	8.50		0.17	
1980	600	3 157	2.30	3.30	11.10		0.19	
1981	600	3 119	2.30	3.50	9.30	24.6	1.50	338.3
1982	600	3 101	2.30	3.92	10.30	297.0	2.07	421.7
1983	1 100	5 621	2.47	4.10	10.79	525.4	3.04	462.1
1984	1 100	5 537	2.49	4.20	13.00	704.5	3.14	630.8
1985	2 100	10 079	2.64	4.04	13.65	856.37	3.04	604.28
1986	2 100	10 012	2.66	4.28	14.29	848.89	3.00	604.32
1987	2 100	9 894	2.66	4.42	15.01	875.77	2.98	353.90
1988	2 100	9 853	2.70	4.51	15.43	893.46	3.00	390.56
1989	2 100	9 639	2.70	4.53	16.00	939.34	2.97	450.23
1990	2 100	9 654	2.66	4.28	16.50	1 395.36	3.07	484.54
1991	2 100	9 550	2.65	4.43	16.14	1 461.88	3.20	498.88
1992	2 100	9 481	2.69	4.59	16.50	1 510.50	3.07	562.91
1993	2 100	9 403	2.74	4.85	16.52	1 594.43	3.25	694.70
1994	2 100	9 288	2.75	4.66	16.61	1 736.00	3.11	793.47
1995	2 100	9 170	2.74	4.70	17.13	1 763.12	3.12	726.86
1996	2 100	9 222	2.71	4.77	17.63	2 257.66	2.76	526.94
1997	2 100	9 142	2.66	4.80	18.26	2 528.60	2.94	638.28
1998	2 100	9 041	2.68	4.96	19.18	2 903.51	3.05	858.48

农村住户平均每人纯收入

PER CAPITA NET INCOME OF RURAL HOUSEHOLDS

单位：元 (yuan)

年 份	全 年 纯收入	按纯收入来源分					按纯收入性质分	
		一.基本收入	1.劳动者报酬收入	2.家庭经营纯收入	二.转移性收入	三.财产性收入	1.生产性收入	2.非生产性收入
1954	74.80	61.70	13.60	48.10	8.30	4.80	61.70	13.10
1955	85.00	70.51	28.70	41.81	9.40	5.09	70.51	14.49
1956	86.50	73.80	37.69	36.11	8.70	4.00	73.80	12.70
1957	80.00	71.80	51.59	20.22	6.08	2.12	71.80	8.20
1958	76.51	65.50	50.84	14.66	7.12	3.89	65.50	11.01
1959	67.55	57.81	47.06	10.75	6.23	3.51	57.81	9.74
1961	100.05	85.30	61.28	24.02	9.89	4.86	85.30	14.75
1962	94.40	80.18	52.18	28.00	10.82	3.40	80.18	14.22
1963	86.40	72.33	54.46	17.87	8.51	5.56	72.33	14.07
1964	85.74	72.53	53.90	18.63	8.90	4.31	72.53	13.21
1965	91.83	76.10	54.52	21.58	10.75	4.98	76.10	15.73
1966	86.40	73.08	54.54	18.54	9.31	4.01	73.08	13.32
1977	93.60	81.02	66.38	14.64	8.77	3.81	81.02	12.58
1978	101.61	92.44	77.65	14.79	7.19	1.98	92.44	9.17
1979	145.41	122.98	95.98	27.00	19.50	2.92	122.98	22.42
1980	155.78	134.58	95.70	38.88	18.20	3.00	134.58	21.20
1981	179.50	157.73	103.23	54.50	18.92	2.85	157.73	21.77
1982	227.18	198.91	122.89	76.02	24.19	4.10	194.82	32.38
1983	275.77	253.27	82.31	170.96	18.10	4.40	249.49	26.28
1984	338.78	314.72	84.28	230.44	18.98	5.08	309.70	29.08
1985	358.32	329.91	100.52	229.39	22.31	6.10	326.18	32.14
1986	344.98	314.26	104.18	210.08	24.20	6.52	310.42	34.56
1987	376.87	344.28	115.78	228.50	25.74	6.85	341.78	35.09
1988	438.73	404.42	120.84	283.58	27.11	7.20	399.73	39.00
1989	513.87	481.99	122.01	359.98	25.32	6.56	471.85	42.02
1990	603.51	567.44	159.56	407.88	28.17	7.90	561.78	41.73
1991	567.90	533.69	177.25	356.44	27.23	6.98	523.56	44.34
1992	627.01	588.17	195.20	392.97	32.30	6.54	581.46	45.55
1993	718.33	690.27	225.97	464.30	23.48	4.58	680.33	38.00
1994	884.20	826.62	268.88	557.74	37.43	20.15	811.98	72.22
1995	1 208.30	1 148.03	367.19	780.84	37.39	22.88	1 132.31	75.99
1996	1 557.19	1 499.13	420.63	1 078.50	36.62	21.44	1 488.73	68.46
1997	1 738.26	1 669.83	579.56	1 090.27	50.99	17.44	1 653.94	84.32
1998	1 858.60	1 793.69	594.39	1 199.30	47.92	16.99	1 783.40	75.20

农村住户平均每人生活消费支出

PER CAPITA LIVING EXPENDITURE OF RURAL HOUSEHOLDS

单位：元 (yuan)

年　份	生活消费总支出	1.食品	2.衣着	3.居住	4.家庭设备用品及服务	5.医疗保健	6.交通和通讯	7.文教娱乐用品及服务	8.其他商品及服务
1954	70.30	39.50	9.40	15.10	4.49			0.91	0.90
1955	77.10	43.65	9.30	16.65	5.51			1.01	0.98
1956	76.10	42.40	10.30	16.00	5.66			1.10	0.64
1957	76.60	42.80	9.20	17.10	5.92			1.01	0.57
1958	67.70	41.57	10.88	10.36	3.01			0.98	0.90
1959	67.50	37.27	11.99	12.05	3.98			0.98	1.23
1961	86.59	50.06	9.83	15.78	6.88			2.99	1.05
1962	98.01	53.00	11.48	18.34	9.31	0.91		4.17	0.80
1963	85.19	51.45	9.13	15.56	5.21	0.88		2.21	0.75
1964	79.30	50.73	8.45	13.32	3.22	0.81		2.10	0.67
1965	85.01	55.38	11.49	9.23	5.41	0.78		1.98	0.74
1966	77.49	52.22	9.46	9.32	4.02	0.62		1.25	0.60
1977	84.28	47.21	9.87	14.33	7.66	0.85		3.58	0.78
1978	90.64	61.02	13.02	8.84	4.10	0.65	0.49	1.95	0.57
1979	118.31	72.50	18.06	15.90	7.81	0.99	0.50	2.05	0.50
1980	134.38	80.48	20.81	24.35	4.98	0.59	0.54	2.17	0.46
1981	147.78	87.91	23.95	17.60	11.01	1.90	0.58	4.10	0.75
1982	167.66	104.85	25.15	16.40	12.30	2.80	0.60	4.80	0.80
1983	203.35	117.68	28.06	27.11	17.92	3.97	0.78	6.81	1.02
1984	224.33	130.83	30.16	30.92	16.01	3.66	0.92	10.61	1.22
1985	272.74	148.13	39.88	37.67	21.81	7.31	1.40	14.43	2.11
1986	278.44	157.05	37.42	44.27	20.36	7.97	1.43	15.57	3.37
1987	312.72	164.06	39.38	54.76	21.55	9.20	1.55	17.99	4.23
1988	354.25	190.24	46.82	51.62	27.56	10.56	2.02	21.45	3.98
1989	409.25	216.36	54.58	59.15	31.36	12.03	2.28	29.48	4.01
1990	487.65	257.87	60.71	75.68	33.39	19.81	2.17	32.80	4.22
1991	495.86	264.89	64.07	69.83	34.30	19.32	3.08	36.24	4.13
1992	492.90	280.82	64.61	55.92	32.77	18.52	3.50	32.83	3.93
1993	598.88	343.50	67.08	71.22	34.75	21.40	11.97	40.36	8.60
1994	673.60	380.97	82.68	68.09	39.26	24.95	15.80	51.28	10.58
1995	927.99	586.03	103.02	77.62	42.95	31.09	14.05	62.80	10.43
1996	1 174.29	685.68	130.91	108.59	58.80	44.85	22.08	93.88	29.50
1997	1 145.42	653.25	120.87	108.82	58.74	46.44	41.45	93.65	22.20
1998	1 056.45	592.19	114.35	96.38	54.31	47.43	31.88	100.73	19.17

农村住户平均每人现金收支

PER CAPITA CASH INCOME AND EXPENDITURE OF RURAL HOUSEHOLDS

单位：元 (yuan)

年份	现金收入	#劳动报酬	#出售产品	#储蓄借贷收入	现金支出	#食品	#衣着	#居住	#家庭设备用品及服务
1954	53.45	10.24	8.64	6.33	53.84	10.11	7.45	5.98	3.14
1955	59.22	20.58	8.89	6.55	60.24	11.09	7.38	6.02	4.22
1956	52.14	21.16	9.85	8.46	52.14	11.88	7.94	5.99	5.02
1957	49.35	24.31	11.63	6.62	50.19	12.11	8.05	6.35	5.65
1958	43.36	23.19	11.06	5.86	43.31	12.65	7.86	6.21	2.98
1959	39.12	23.22	10.21	3.72	36.83	13.02	8.67	5.94	3.22
1963	50.66	25.32	11.99	5.33	51.99	11.98	8.56	6.75	4.64
1964	46.76	24.35	10.22	7.04	48.84	12.25	7.89	7.16	2.99
1965	53.43	24.46	11.63	5.83	50.27	12.30	10.60	7.04	3.29
1977	39.20	23.89	12.47						
1978	56.69	26.23	17.30	4.11	47.44	14.59	12.43	4.36	3.38
1979	75.22	31.18	24.22	9.83	69.50	18.79	17.42	11.26	4.87
1980	100.44	32.21	28.05	14.36	95.01	22.22	19.97	13.29	4.51
1981	136.16	53.78	43.00	22.05	132.22	30.90	23.00	14.90	5.12
1982	164.57	59.70	45.80	23.39	147.07	32.90	24.20	14.60	5.79
1983	290.78	86.74	106.23	59.99	269.25	47.50	27.36	24.01	7.56
1984	374.80	134.28	139.78	66.79	330.87	52.31	28.83	27.60	15.48
1985	410.94	196.86	125.94	74.52	183.67	63.77	39.28	34.08	21.43
1986	399.38	176.88	140.44	50.29	372.84	73.31	36.52	41.02	19.69
1987	439.40	182.38	153.45	62.65	409.84	79.99	37.99	49.72	20.02
1988	409.89	139.82	195.23	63.31	476.40	92.52	45.53	45.48	23.35
1989	607.19	184.56	145.35	67.74	553.26	115.10	53.31	52.11	30.18
1990	725.09	166.25	266.28	138.27	633.75	121.02	59.22	70.91	33.08
1991	704.56	198.53	250.59	104.57	650.50	120.87	62.66	61.36	33.44
1992	693.99	217.66	242.62	82.35	739.51	126.09	63.22	46.12	32.17
1993	798.07	224.97	240.60	115.53	718.46	143.90	66.80	60.37	34.07
1994	990.77	267.90	468.68	110.38	866.18	183.93	82.40	65.95	38.76
1995	1 193.52	366.34	427.80	105.28	1 083.50	228.80	102.53	71.54	42.74
1996	1 562.47	419.85	529.37	273.57	1 435.80	303.08	130.33	100.16	58.51
1997	1 747.09	578.27	520.92	221.35	1 410.23	289.03	120.62	97.86	58.46
1998	1 734.78	593.43	521.08	168.32	1 472.07	113.98	93.28	53.96	53.69

农民家庭平均每人主要消费品消费量
PER CAPITA CONSUMPTION OF MAJOR CONSUMER GOODS OF RURAL HOUSEHOLDS

单位：公斤　　(kg)

年 份	粮 食（原粮）	蔬 菜	食用油	肉 类	蛋 类	食 糖	酒 类	棉 布（米）	化纤布（米）
1954	184.0	53.0	0.5	1.6	0.6	0.30		7.43	
1955	222.5	67.0	0.7	1.9	1.5	0.40		6.47	
1956	213.5	68.0	0.6	1.5	0.4	0.35		7.53	
1957	191.0	65.0	0.9	1.7	0.7	0.35		7.47	
1958	198.0	86.0	0.7	1.2	2.5	0.40		6.17	
1959	183.0	101.0	0.6	0.9	1.7			6.73	
1961	151.5	134.5	0.6	0.8	0.2	0.30		2.43	
1962	163.0	152.0	0.5	0.9	0.4	0.35		2.50	
1963	173.5	99.0	0.7	1.3	0.4	0.30		3.37	
1964	187.5	74.5	0.9	1.6	0.5	0.35		4.83	
1965	201.0	75.5	1.1	2.0	0.6	0.30		5.70	
1966	191.5	91.0	1.1	1.5	0.5	...		5.93	
1977	223.0	96.0	0.9	1.8	0.5	0.35		5.77	
1978	279.5	88.0	0.8	1.9	0.5	0.40	0.30	5.77	0.06
1979	244.0	91.5	1.0	2.2	0.6	0.40	0.40	5.93	0.9
1980	242.0	85.0	1.0	3.1	0.9	0.45	0.45	6.00	1.00
1981	238.5	80.5	1.2	3.6	1.0	0.50	0.55	5.23	1.3
1982	237.0	91.5	1.7	4.1	1.1	0.55	0.60	4.63	1.6
1983	219.5	96.0	2.0	4.0	1.0	0.60	0.70	4.10	2.23
1984	233.5	102.8	2.2	4.0	1.5	0.70	0.85	3.43	2.53
1985	223.2	92.6	2.8	4.3	2.0	1.01	1.16	4.94	2.80
1986	219.3	93.8	2.8	4.7	2.1	1.27	1.37	2.46	2.61
1987	218.9	97.7	3.0	4.3	2.1	1.32	1.49	2.36	2.35
1988	219.6	98.3	3.0	3.4	2.4	0.89	1.77	2.20	2.45
1989	226.48	99.33	3.41	3.93	2.56	1.11	1.63	1.67	2.16
1990	223.89	99.94	3.79	4.51	2.66	1.23	1.50	1.64	2.13
1991	225.61	84.30	4.36	4.41	2.57	1.20	1.59	1.28	2.24
1992	220.37	87.94	4.44	4.00	2.60	1.42	1.57	1.09	2.21
1993	212.70	86.07	4.38	4.18	2.84	1.30	1.80	1.03	2.15
1994	214.34	81.94	4.10	4.44	2.79	1.34	1.91	0.83	2.26
1995	220.76	81.77	3.79	4.73	2.83	1.19	1.99	0.58	2.17
1996	220.30	81.86	4.53	5.02	3.12	1.18	2.19	0.56	2.26
1997	220.44	80.85	4.64	5.24	3.50	1.15	2.10	0.42	2.09
1998	220.50	80.10	4.69	5.59	3.89	1.13	1.88	0.39	1.96

农民家庭平均每百户耐用消费品拥有量

RURAL HOUSEHOLD POSSESSION OF DURABLE CONSUMER GOODS PER 100 HOUSEHOLDS

年　份	自行车（辆）	缝纫机（架）	钟表（只）	电风扇（台）	洗衣机（台）	收录机（台）	电视机（台）	#彩色电视机	摩托车（辆）
1978	47.0	24.3	42.5						
1979	56.2	30.3	64.7						
1980	62.5	36.3	77.0						
1981	67.2	45.2	100.0				0.3		
1982	75.2	55.7	117.7				0.5		
1983	86.3	64.4	152.7	0.1	0.2		4.2		
1984	99.7	69.5	178.8	0.6	0.6	2.3	8.5		
1985	87.7	70.4	194.6	1.7	2.8	4.9	15.1	1.3	0.43
1986	96.6	74.4	231.4	2.2	4.2	6.9	22.1	2.4	0.81
1987	105.4	76.3	247.2	3.2	6.7	10.9	29.7	3.1	1.10
1988	110.9	77.9	255.1	4.1	8.8	12.8	34.5	3.1	0.95
1989	118.52	78.76	263.00	6.00	12.10	18.24	43.76	5.14	1.10
1990	120.33	77.86	264.00	7.33	13.81	18.38	54.48	6.67	1.14
1991	121.10	78.73	240.86	7.95	14.71	20.33	59.95	9.14	1.38
1992	122.52	76.05	233.81	9.10	15.33	21.14	64.95	11.33	1.57
1993	126.81	79.00	240.71	12.10	18.52	23.90	72.76	15.71	1.95
1994	129.57	80.62	252.24	13.33	19.90	25.52	76.95	18.38	2.52
1995	130.67	81.14	253.05	15.14	19.76	26.29	80.81	20.57	3.33
1996	128.14	84.29	178.38	25.43	31.76	30.19	90.90	33.00	7.52
1997	130.62	84.57	214.61	27.81	32.71	31.48	94.00	34.81	9.86
1998	133.14	84.43	197.04	29.90	33.19	32.29	96.14	37.81	11.48

农民家庭平均每人农产品生产和出售情况

PER CAPITA PRODUCTION AND SALES BY RURAL HOUSEHOLD

单位：公斤　　　　(kg)

年　份	粮　食		棉　花		油　料		蔬　菜	
	生产量	出售量	生产量	出售量	生产量	出售量	生产量	出售量
1978	30.0		0.25		0.05		15.5	
1979	34.5				0.45		22.0	
1980	38.5		0.30		1.30		28.5	
1981	47.0	7.5	0.30	0.45	1.35	1.80	42.0	10.8
1982	68.0	18.9	0.40	1.10	3.25	6.25	76.0	22.0
1983	420.0	103.1	6.10	4.90	11.00	6.85	98.1	42.4
1984	504.45	147.80	9.05	7.05	12.20	5.35	155.50	62.25
1985	371.90	87.69	2.77	2.02	27.97	18.05	122.41	53.08
1986	353.48	86.35	2.64	2.15	22.47	12.91	125.14	59.47
1987	372.98	84.03	3.27	2.85	21.35	11.14	124.84	61.25
1988	404.16	89.26	3.52	2.78	22.12	9.08	130.54	56.83
1989	425.43	95.55	3.83	3.12	23.20	12.48	135.57	56.86
1990	516.31	118.10	4.39	3.85	28.11	11.92	113.75	61.90
1991	390.54	94.46	4.75	3.46	23.68	10.20	90.07	52.84
1992	434.97	97.35	2.59	1.87	19.79	6.82	98.94	52.05
1993	479.02	100.96	1.31	0.78	15.78	6.83	85.06	43.29
1994	478.91	130.66	2.81	1.87	18.84	4.73	77.93	46.92
1995	404.84	109.37	2.19	1.33	13.20	3.97	81.71	43.38
1996	490.71	94.46	1.05	0.80	14.91	13.25	166.67	96.46
1997	453.47	106.43	0.94	0.89	13.00	3.82	162.98	81.80
1998	566.55	118.23	2.04	1.30	23.79	6.86	170.37	104.42

农村基层组织

RURAL GROSS – ROOTS ORGANIZATIONS

年 份	乡镇政府(个)	村民委员会(个)	乡村户数(万户)	乡村人口数(万人)	乡村劳动力(万人)	#农林牧渔业	#工 业
1949			296.47	1 174.72	522.5		
1950			305.65	1 199.78	535.3		
1951			314.14	1 228.79	547.0		
1952			320.00	1 251.26	561.2		
1953			324.76	1 267.38	577.7		
1954			327.57	1 283.67	574.0		
1955			332.00	1 303.15	572.0		
1956			340.97	1 312.75	556.5		
1957			347.55	1 344.32	535.2		
1958	658	3 985	354.20	1 384.61	470.3		
1959	942	19 220	357.76	1 395.12	461.5		
1960	939	17 342	356.54	1 396.26	451.0		
1961	1 752	24 421	376.45	1 441.55	493.2		
1962	1 824	28 490	390.58	1 517.78	511.7		
1963	1 856	26 125	392.68	1 550.22	535.7		
1964	1 854	29 050	393.25	1 563.07	546.1		
1965	1 848	29 063	396.93	1 596.26	593.8		
1966	1 855	29 028	402.43	1 631.91	596.6		
1967	1 853	24 085	407.03	1 661.70	600.0		
1968	1 853	24 559	417.28	1 713.21	616.7		
1969	1 855	21 845	430.44	1 766.44	629.0		
1970	1 857	28 913	440.59	1 810.68	648.7		
1971	1 867	29 290	447.95	1 846.74	674.3		
1972	1 877	29 412	452.22	1 872.64	655.4		
1973	1 877	29 992	459.10	1 908.49	678.1		
1974	1 885	29 898	466.45	1 948.40	688.3		
1975	1 885	29 880	471.63	1 977.91	700.9		
1976	1 887	29 889	478.01	1 996.55	693.6		
1977	1 887	29 908	482.44	2 014.48	697.5		
1978	1 887	30 038	487.12	2 028.28	696.8	599.9	51.5
1979	1 887	30 707	491.21	2 032.27	697.0	597.6	54.5
1980	1 889	31 422	495.50	2 036.41	702.6	598.4	56.3
1981	1 890	31 663	503.59	2 049.31	711.6	605.0	56.4
1982	1 890	31 689	506.80	2 070.68	733.3	619.7	60.0
1983	1 890	31 780	509.23	2 080.77	749.7	620.2	62.9
1984	1 917	31 984	511.86	2 088.53	773.1	550.7	102.5
1985	1 920	32 291	516.01	2 098.74	796.5	562.6	85.7
1986	1 927	32 330	521.75	2 102.92	806.8	570.8	88.4
1987	1 928	32 370	533.96	2 117.92	822.8	572.4	91.6
1988	1 929	32 377	550.65	2 142.81	843.3	583.5	94.9
1989	1 930	32 396	566.84	2 164.83	863.1	602.8	94.8
1990	1 930	32 396	580.80	2 207.33	887.8	624.9	93.5
1991	1 930	32 395	583.97	2 228.12	908.0	641.7	94.9
1992	1 930	32 395	592.64	2 243.04	922.2	638.9	102.6
1993	1 930	32 395	595.25	2 252.35	930.1	637.2	113.0
1994	1 933	32 427	598.97	2 259.38	938.1	632.4	119.0
1995	1 933	32 430	604.02	2 270.42	947.0	631.2	123.1
1996	1 936	32 362	606.62	2 278.73	953.2	635.4	123.5
1997	1 936	32 365	609.34	2 284.18	964.0	633.0	119.8
1998	1 937	32 365	612.21	2 293.07	969.7	639.9	115.2

农林牧渔业总产值

GROSS OUTPUT VALUE OF FARMING, FORESTRY, ANIMAL HUSBANDRY AND FISHERY

按当年价格计算 (at current price)

年 份	农林牧渔业总产值（万元）	农业产值	# 种植业	林业产值	牧业产值	渔业产值
1949	82 676	75 101	66 493	79	7 496	
1950	95 756	87 051	76 857	492	8 213	
1951	106 026	97 264	86 622	398	8 364	
1952	122 370	112 833	101 447	1 059	8 478	
1953	144 233	132 814	120 648	865	10 554	
1954	148 587	133 852	121 360	891	13 843	1
1955	151 947	137 934	124 680	1 064	12 947	2
1956	176 091	162 505	148 024	2 994	10 590	2
1957	154 052	133 840	120 843	2 619	17 588	5
1958	178 238	158 664	148 472	3 921	15 648	5
1959	176 456	153 708	144 517	4 588	18 126	34
1960	119 809	109 469	100 955	1 438	8 864	38
1961	143 850	131 517	125 043	2 014	10 303	16
1962	150 724	136 190	122 777	2 261	12 244	29
1963	158 157	139 293	131 603	2 531	16 287	46
1964	176 886	155 107	148 528	5 229	16 486	64
1965	173 500	146 316	140 081	4 853	22 261	70
1966	195 291	170 827	163 503	6 273	18 142	49
1967	199 372	170 396	153 878	5 582	23 356	38
1968	192 299	165 050	144 186	5 577	21 634	38
1969	216 782	190 641	168 619	6 287	19 816	38
1970	207 214	178 065	170 853	8 081	21 029	39
1971	245 802	210 743	202 989	9 095	25 917	47
1972	222 749	185 835	177 785	8 687	28 178	49
1973	261 078	226 107	213 825	9 778	25 139	54
1974	274 174	232 900	224 384	11 515	29 729	30
1975	299 585	255 698	247 096	12 283	31 575	29
1976	285 454	238 779	230 199	9 420	37 228	27
1977	289 677	240 306	233 487	10 428	38 912	31
1978	290 133	239 742	231 442	17 391	32 934	66
1979	367 638	299 775	288 534	21 690	46 111	62
1980	382 302	286 574	276 372	40 154	55 492	82
1981	460 200	376 239	362 618	28 640	55 240	81
1982	530 763	429 838	410 091	35 739	65 057	129
1983	538 074	415 158	392 269	50 814	71 968	134
1984	651 463	492 335	469 400	68 182	90 617	329
1985	629 163	484 341	456 378	41 218	102 941	663
1986	588 239	448 635	422 427	36 210	102 369	1 025
1987	614 222	454 986	423 547	33 718	124 116	1 402
1988	872 461	614 603	582 269	42 934	211 596	3 328
1989	1 049 423	752 831	715 889	44 307	247 987	4 298
1990	1 247 781	889 037	864 014	78 275	276 170	4 299
1991	1 129 654	744 545	722 512	78 635	300 713	5 761
1992	1 314 267	888 189	864 159	88 432	331 372	6 274
1993	1 553 447	1 060 180	1 040 453	97 990	387 450	7 827
1994	2 190 164	1 421 204	1 390 643	107 227	651 585	10 148
1995	2 996 751	2 033 892	1 999 692	133 136	817 463	12 260
1996	3 351 195	2 411 770	2 382 770	153 045	772 257	14 123
1997	3 405 528	2 269 285	2 197 059	156 057	964 281	15 905
1998	3 589 414	2 494 621	2 429 992	133 438	945 903	15 452

农林牧渔业总产值

GROSS OUTPUT VALUE OF FARMING, FORESTRY, ANIMAL HUSBANDRY AND FISHERY

按 1990 年不变价格计算　　(at 1990 constian price)

年　份	农林牧渔业总产值(万元)	农业产值	#种植业	林业产值	牧业产值	渔业产值
1949	300 115	268 853	255 563	3 277	27 985	
1950	321 551	283 826	268 103	4 055	33 670	
1951	367 568	321 226	304 798	5 743	40 599	
1952	447 348	397 192	379 624	11 210	38 946	
1953	473 129	418 675	399 885	10 695	43 759	
1954	479 888	425 123	405 850	9 929	44 829	7
1955	434 272	391 337	370 867	9 443	33 472	20
1956	527 099	455 237	432 897	27 930	43 912	20
1957	495 391	391 976	371 909	26 738	76 637	40
1958	574 561	464 455	451 868	41 437	68 629	40
1959	574 501	444 743	433 237	50 391	79 075	292
1960	411 503	354 191	341 116	13 134	43 842	336
1961	422 274	367 070	357 098	12 004	43 059	141
1962	435 416	370 282	349 756	13 791	51 084	259
1963	489 435	401 823	388 281	17 475	69 935	202
1964	570 161	452 104	441 811	35 316	82 469	272
1965	601 608	445 458	435 798	43 094	112 603	453
1966	598 394	451 860	440 216	55 228	91 000	306
1967	602 043	458 136	435 711	48 500	95 142	265
1968	560 231	422 166	394 590	50 458	87 342	265
1969	627 379	489 835	460 226	57 474	79 805	265
1970	618 590	488 966	471 399	47 097	82 255	272
1971	661 898	522 213	503 768	47 662	91 694	329
1972	604 841	459 837	440 757	45 173	99 488	343
1973	703 292	553 385	534 088	49 817	99 774	316
1974	742 544	576 444	556 182	60 546	105 346	208
1975	810 315	634 282	613 816	64 094	111 737	202
1976	773 339	591 734	571 057	49 377	132 040	188
1977	791 600	598 611	577 824	55 185	137 589	215
1978	740 061	579 798	565 009	51 744	108 227	292
1979	841 656	653 771	636 618	56 066	131 581	238
1980	794 324	585 535	567 220	66 674	141 786	329
1981	817 858	618 531	596 928	62 641	136 421	265
1982	993 587	761 883	733 738	77 709	153 615	380
1983	1 018 463	738 599	707 609	111 501	167 829	534
1984	1 205 386	860 936	829 884	147 062	196 585	803
1985	1 103 512	820 866	779 169	81 252	200 252	1 142
1986	1 015 890	742 861	703 961	68 495	202 885	1 649
1987	984 657	724 106	681 539	57 402	200 919	2 230
1988	1 108 900	824 964	783 456	60 657	220 239	3 040
1989	1 192 402	880 675	835 646	63 927	243 873	3 927
1990	1 309 517	944 695	916 835	64 116	296 504	4 202
1991	1 167 781	781 651	755 959	63 059	318 443	4 628
1992	1 325 802	916 315	887 378	70 753	333 529	5 205
1993	1 461 979	1 012 103	992 376	75 196	368 895	5 785
1994	1 555 263	1 023 596	993 035	79 536	445 733	6 398
1995	1 619 323	1 006 647	972 447	95 133	510 355	7 188
1996	1 742 196	1 156 192	1 127 492	105 913	472 052	8 039
1997	1 750 987	1 121 853	1 049 627	107 290	513 083	8 761
1998	1 952 159	1 306 537	1 241 908	96 102	540 242	9 278

注:1996—1998 年农林牧渔业总产值和牧业产值为与农业普查资料衔接数。

农林牧渔业增加值

ADDITIONAL VALUE OF FARMING, FORESTRY, ANIMAL HUSBANDRY AND FISHERY

单位：万元 (10 000 yuan)

年 份	农林牧渔业增加值	农 业	林 业	牧 业	渔 业
1992	829 433	569 820	59 719	196 576	3 318
1993	972 656	667 891	70 489	230 838	3 438
1994	1 238 445	842 523	72 673	318 272	4 977
1995	1 686 929	1 218 397	75 243	387 368	5 921
1996	1 936 269	1 422 941	89 530	417 019	6 779
1997	1 916 300	1 242 622	90 978	574 722	7 978
1998	2 070 416	1 433 328	75 967	553 408	7 713

农村非农行业总产值

GROSS RURAL OUTPUT VALUE OF NON – AGRICULTURAL BREACH

单位：万元 (10 000 yuan)

年 份	农村非农行业总产值	农村工业总产值	农村建筑业总产值	农村运输业总产值	农村批零贸易餐饮业总产值
1978	202 106	143 055	32 602	8 604	17 845
1979	271 696	167 562	52 755	25 745	25 634
1980	275 705	169 912	55 164	26 322	24 307
1981	297 259	172 462	63 779	34 618	26 400
1982	309 850	183 973	54 325	44 845	26 707
1983	393 049	235 645	68 966	58 782	29 656
1984	589 859	365 940	88 944	92 770	42 205
1985	808 669	512 782	107 723	134 432	53 732
1986	940 916	626 761	122 009	131 507	60 639
1987	1 047 463	694 885	130 907	147 831	73 840
1988	1 315 125	919 164	128 374	169 845	97 742
1989	1 701 580	1 236 586	142 432	210 520	112 042
1990	1 976 032	1 436 948	165 341	249 558	124 185
1991	2 270 160	1 650 471	204 031	273 110	142 548
1992	3 053 289	2 328 365	210 491	336 333	178 100
1993	5 960 757	4 633 210	296 221	584 784	446 542
1994	8 934 481	6 616 226	388 902	1 201 622	727 731
1995	12 481 344	8 926 082	696 403	1 780 294	1 078 565
1996	15 565 301	11 137 393	564 115	2 509 162	1 354 631
1997	19 076 704	13 891 525	577 048	2 828 528	1 779 603
1998	18 108 268	12 380 507	726 817	2 958 401	2 042 543

耕 地 面 积

CULTIVATED AERA

单位：千公顷　　　　　　　　　　　　　　　　　　　　　　　　　　　　(1 000 ha)

年 份	耕地面积	#旱　地	有效灌溉面积	#机电灌溉面积	机耕地面积
1949	4 156.96	4 153.69	252.73		
1950	4 256.45	4 253.01	294.01		
1951	4 328.25	4 324.63	342.23		0.73
1952	4 623.13	4 619.31	406.25		0.80
1953	4 678.53	4 674.51	424.79		1.20
1954	4 687.90	4 683.67	437.34		2.13
1955	4 648.61	4 644.16	467.30		51.73
1956	4 556.28	4 551.59	535.27		72.07
1957	4 541.76	4 536.83	582.67	26.67	134.96
1958	4 137.25	4 132.06	715.64	52.67	155.42
1959	4 110.60	4 105.13	749.58	64.00	295.67
1960	4 131.47	4 125.72	752.13	74.67	336.88
1961	4 128.65	4 122.60	641.03	86.67	457.33
1962	4 135.93	4 129.55	643.37	104.67	465.33
1963	4 167.77	4 161.06	686.22	118.00	601.15
1964	4 182.17	4 175.60	706.41	133.37	697.09
1965	4 153.37	4 145.90	701.67	166.67	856.11
1966	4 093.42	4 085.84	877.05	269.71	805.66
1967	4 050.82	4 043.81	839.61	286.61	716.35
1968	4 006.07	3 998.42	828.28	295.11	752.13
1969	3 967.61	3 959.99	832.00	321.77	770.41
1970	3 887.63	3 878.05	856.76	369.48	888.07
1971	3 881.44	3 867.72	884.91	387.57	1 055.31
1972	3 902.77	3 887.31	906.37	466.80	1 127.89
1973	3 913.33	3 902.45	932.45	578.45	1 275.78
1974	3 913.77	3 901.96	996.41	630.56	1 378.33
1975	3 921.79	3 910.35	1 042.93	682.65	1 460.35
1976	3 917.37	3 906.22	1 087.65	794.30	1 628.29
1977	3 921.06	3 909.89	1 135.22	776.75	1 869.13
1978	3 923.41	3 911.00	1 092.48	766.30	1 936.99
1979	3 923.74	3 910.91	1 121.31	793.97	1 832.69
1980	3 921.46	3 907.48	1 115.14	775.22	1 777.76
1981	3 893.98	3 882.77	1 106.53	759.67	1 473.40
1982	3 880.17	3 868.20	1 099.75	761.99	1 511.30
1983	3 871.72	3 860.26	1 100.89	785.55	1 585.27
1984	3 852.58	3 841.83	1 102.66	774.31	1 858.29
1985	3 761.09	3 750.58	1 079.10	776.98	1 916.74
1986	3 731.79	3 722.00	1 054.05	756.24	1 877.17
1987	3 719.35	3 709.66	1 077.53	779.21	1 939.57
1988	3 706.63	3 696.29	1 098.44	807.18	1 948.83
1989	3 701.78	3 691.42	1 114.39	812.78	1 990.60
1990	3 692.51	3 681.77	1 134.45	836.74	1 987.08
1991	3 687.95	3 677.57	1 148.97	846.62	2 043.86
1992	3 680.38	3 670.34	1 161.73	860.77	2 052.24
1993	3 669.30	3 659.97	1 175.44	871.64	2 039.68
1994	3 656.50	3 647.72	1 187.57	879.19	2 091.50
1995	3 645.09	3 636.30	1 201.99	891.74	2 143.55
1996	4 556.29	4 544.99	1 026.67	898.50	2 151.52
1997	4 397.59	4 388.51	1 058.10	913.14	2 166.81
1998	4 371.68	4 363.18	1 068.59	924.66	2 183.81

注:1996 年耕地面积为农业普查数。

主要农作物播种面积

TOTAL SOWN AREA OF MAJOR FARM CROPS

单位：千公顷 (1 000 ha)

年　份	总播种面积	#粮食作物	#谷物	#油料	#棉花	#甜菜	#蔬菜
1949	4 309.03	4 096.45	3 637.35	97.68	96.07		
1950	4 322.75	4 008.09	3 475.45	104.64	157.20		
1951	4 421.28	4 017.34	3 522.59	124.36	210.15		
1952	4 878.08	4 360.72	3 844.48	140.19	273.53		
1953	4 776.53	4 298.02	3 707.36	133.02	224.71		
1954	4 941.94	4 355.31	3 641.20	160.09	283.21		
1955	4 853.79	4 219.49	3 602.92	142.76	292.06	0.02	
1956	5 019.31	4 295.23	3 641.20	142.90	366.45	0.09	
1957	4 886.01	4 187.07	3 547.83	144.74	342.81	0.17	
1958	4 643.93	3 957.69	3 214.47	129.03	314.51	7.87	
1959	4 430.19	3 638.11	3 075.98	164.81	294.41	6.33	
1960	4 702.51	3 873.48	3 319.08	135.73	284.66	7.13	
1961	4 621.31	3 949.65	3 415.24	111.55	225.55	3.19	
1962	4 518.01	3 986.03	3 421.58	94.17	183.65	0.86	
1963	4 563.31	4 001.12	3 419.02	114.81	222.81	0.50	
1964	4 565.66	3 958.47	3 390.23	121.94	261.53	4.35	
1965	4 476.31	3 867.14	3 357.05	119.61	265.36	9.87	
1966	4 600.48	3 978.05	3 481.97	109.02	254.53	7.21	
1967	4 427.06	3 807.53	3 320.14	109.43	267.90	10.69	
1968	4 311.49	3 722.43	3 248.00	93.13	259.24	10.47	
1969	4 240.17	3 638.87	3 164.57	105.71	255.01	12.68	
1970	4 325.57	3 716.47	3 266.21	105.58	264.43	8.78	
1971	4 244.43	3 602.11	3 204.83	118.05	244.55	8.40	
1972	4 222.76	3 624.58	3 242.61	108.22	237.73	7.29	
1973	4 321.09	3 718.17	3 324.96	113.85	227.95	7.36	
1974	4 246.19	3 623.05	3 242.45	118.18	246.66	10.30	
1975	4 322.03	3 665.51	3 292.31	131.25	258.20	11.16	
1976	4 283.80	3 594.55	3 235.53	146.49	254.48	13.83	
1977	4 349.24	3 639.57	3 241.89	162.41	247.85	11.21	
1978	4 389.25	3 692.43	3 279.15	165.16	237.53	9.00	
1979	4 296.64	3 599.40	3 202.38	171.67	220.58	11.32	
1980	4 266.60	3 508.76	3 117.22	231.46	224.31	9.69	92.37
1981	4 144.88	3 420.29	3 053.50	229.51	203.52	11.81	91.40
1982	4 107.52	3 355.35	2 943.01	239.64	222.40	13.04	93.58
1983	4 127.49	3 356.23	2 907.00	251.87	227.77	11.71	95.73
1984	4 164.85	3 328.58	2 873.74	304.37	218.88	11.71	105.94
1985	3 978.23	3 055.05	2 634.17	505.61	121.14	10.79	104.94
1986	3 952.04	3 145.25	2 693.06	416.09	93.91	12.97	112.07
1987	3 992.50	3 231.99	2 734.97	384.13	98.95	9.02	113.21
1988	3 999.29	3 203.15	2 687.49	388.78	116.21	21.33	113.19
1989	4 004.96	3 293.75	2 759.86	325.19	119.49	14.92	116.38
1990	4 016.89	3 290.79	2 755.55	356.33	130.34	16.89	110.59
1991	3 970.67	3 199.47	2 586.18	373.71	146.77	26.18	109.63
1992	3 982.34	3 196.15	2 537.67	367.21	150.51	21.03	123.90
1993	3 998.95	3 280.49	2 501.82	339.81	93.33	25.98	132.91
1994	4 007.46	3 235.38	2 416.79	373.37	129.07	26.09	141.60
1995	3 895.55	3 151.48	2 425.09	342.42	127.10	21.76	156.79
1996	3 946.48	3 243.04	2 490.87	317.41	92.58	23.16	174.08
1997	3 824.91	3 128.09	2 409.81	297.14	68.43	29.65	193.81
1998	4 038.00	3 296.70	2 484.67	351.13	65.44	30.81	200.49

主要农作物产量

OUTPUT OF MAJOR FARM CROPS

单位：吨　　　　(tn)

年　份	粮　食	1. 谷 物	# 稻　谷	# 小　麦	# 玉　米	# 谷　子	# 高　粱
1949	2 595 705	2 158 825		607 580	463 950	758 390	285 135
1950	3 008 655	2 440 450	11 140	684 920	494 485	796 420	299 775
1951	3 190 925	2 739 680	12 950	912 795	541 390	830 495	301 550
1952	3 840 045	3 184 480	16 980	612 705	617 880	964 710	368 745
1953	4 321 990	3 681 910	16 875	992 890	665 930	1 028 415	407 120
1954	4 116 970	3 554 485	19 775	1 001 610	693 215	917 350	337 925
1955	3 727 585	3 305 175	18 050	978 430	753 690	881 380	300 225
1956	4 337 190	3 778 540	19 400	1 214 350	972 585	841 950	223 455
1957	3 566 690	3 073 885	16 445	892 430	717 035	731 355	246 750
1958	4 623 490	3 734 360	21 300	962 660	1 235 870	826 925	277 600
1959	4 074 475	3 467 125	17 625	1 146 110	892 080	696 895	240 420
1960	3 371 565	2 929 545	13 420	917 040	887 435	523 200	192 950
1961	3 536 835	3 026 580	9 610	729 900	686 585	614 555	255 055
1962	3 746 290	3 272 520	8 835	870 590	855 945	646 445	312 445
1963	4 174 350	3 569 420	14 295	917 015	1 030 730	757 175	374 420
1964	4 887 550	4 267 235	19 240	1 106 310	1 391 725	794 010	416 515
1965	4 629 315	4 237 720	17 205	1 501 290	1 318 845	659 820	361 420
1966	4 719 910	4 147 835	17 980	689 810	1 492 785	942 830	383 210
1967	4 753 235	4 182 885	19 305	1 138 085	1 353 555	827 735	373 925
1968	4 341 955	3 860 945	22 310	1 051 645	1 183 225	771 970	379 850
1969	4 853 245	4 329 275	31 970	1 465 145	1 259 565	830 725	465 005
1970	5 185 350	4 639 415	35 230	964 640	1 544 100	873 690	700 340
1971	5 987 390	5 443 240	53 515	1 033 975	1 760 345	849 955	1 180 570
1972	5 216 970	4 803 310	54 375	1 415 830	1 460 470	695 935	820 625
1973	6 246 625	5 710 105	40 560	1 121 320	2 004 555	1 036 840	927 305
1974	6 910 580	6 334 720	51 395	1 629 010	2 097 140	929 290	1 079 880
1975	7 674 160	7 030 455	46 100	2 005 330	2 299 115	980 375	1 126 675
1976	7 068 535	6 481 595	31 095	2 135 250	2 181 800	885 835	748 935
1977	7 134 000	6 403 520	44 730	1 371 015	2 614 720	995 230	796 090
1978	7 069 560	6 363 715	58 990	1 288 415	2 711 625	891 140	959 400
1979	8 006 945	7 330 665	57 820	1 831 830	2 917 690	930 545	1 003 015
1980	6 857 060	6 201 675	69 290	1 184 780	2 628 820	960 370	766 805
1981	7 250 000	6 663 900	56 265	1 616 905	2 428 300	966 500	764 900
1982	8 250 000	7 455 000	59 325	2 029 735	2 235 800	1 287 700	966 000
1983	8 060 000	7 280 725	62 685	2 455 000	2 131 720	1 210 820	742 200
1984	8 720 000	7 794 915	65 890	2 900 000	2 348 485	973 535	764 075
1985	8 226 767	7 408 051	58 472	2 950 507	2 098 065	883 671	770 607
1986	7 324 267	6 668 155	51 287	3 054 345	1 912 611	631 851	541 328
1987	7 124 944	6 372 088	39 665	2 339 678	2 178 549	697 747	609 310
1988	8 183 000	7 183 000	41 000	2 348 000	2 495 000	854 000	833 000
1989	8 791 000	7 786 000	53 700	2 662 000	2 882 800	838 400	698 400
1990	9 690 053	8 643 731	54 429	3 192 990	3 054 441	876 631	767 132
1991	7 424 000	6 731 282	56 689	3 103 000	2 342 627	441 201	450 871
1992	8 583 000	7 550 166	54 034	2 745 000	2 979 439	719 504	575 508
1993	9 902 000	8 503 836	42 873	3 254 000	3 352 844	786 884	658 883
1994	8 904 000	7 592 832	38 519	2 954 000	3 021 509	634 897	591 113
1995	9 171 000	8 162 190	41 450	2 701 000	4 035 207	627 530	519 119
1996	10 771 000	9 341 578	31 815	3 007 000	4 574 832	745 646	607 167
1997	9 018 730	7 971 882	38 062	3 485 721	3 501 166	381 750	335 408
1998	10 814 819	9 309 509	39 545	3 209 000	4 760 687	642 276	374 303

续表 1 CONTINUED

单位：吨 (tn)

年 份	2.豆 类	#大 豆	3. 薯 类	#马铃薯	油 料
1949	91 910	91 910	344 970		34 490
1950	157 335	157 335	410 870		43 485
1951	133 485	133 485	317 760		47 850
1952	181 505	181 505	474 060		67 000
1953	276 400	276 400	363 680		58 835
1954	329 805	329 805	232 680		60 755
1955	211 455	211 455	210 955		42 580
1956	317 985	317 985	240 665		50 720
1957	221 510	221 510	271 295		47 755
1958	291 260	291 260	597 870		51 625
1959	254 915	254 915	352 435		53 490
1960	173 890	173 890	268 130		24 160
1961	248 100	248 100	262 155		24 130
1962	178 655	178 655	295 115		23 105
1963	277 835	277 835	327 095		38 335
1964	326 935	326 935	293 380		48 455
1965	151 015	151 015	240 580		45 845
1966	266 260	266 260	305 815		49 080
1967	263 560	263 560	306 790		44 635
1968	180 150	180 150	300 860		33 055
1969	196 300	196 300	327 670		48 390
1970	199 005	199 005	346 930		49 340
1971	168 615	168 615	375 535		42 345
1972	91 855	91 855	321 805		30 790
1973	132 765	132 765	403 755		46 135
1974	130 530	130 530	445 330		43 945
1975	144 305	144 305	499 400		56 635
1976	113 380	113 380	473 560		52 150
1977	189 200	189 200	541 280		69 190
1978	137 420	137 420	568 425		42 290
1979	141 930	141 930	534 350		76 385
1980	130 620	130 620	524 765		133 672
1981	122 000	122 000	464 100		120 957
1982	173 500	173 500	621 500	497 200	212 131
1983	168 590	168 590	610 685	478 335	237 245
1984	182 290	182 290	742 795	581 545	367 097
1985	176 898	176 898	641 818	477 197	444 478
1986	175 830	175 830	480 282	366 849	351 743
1987	210 938	210 938	541 918	402 250	308 124
1988	266 000	266 000	734 000	562 000	342 488
1989	275 900	275 900	729 100	559 100	298 142
1990	302 242	302 242	744 080	585 814	393 810
1991	238 491	158 786	454 227	359 264	297 727
1992	330 179	224 993	702 655	538 458	336 938
1993	577 364	335 623	820 800	597 680	396 612
1994	547 168	295 080	764 000	593 674	437 843
1995	366 840	220 104	641 970	430 120	222 635
1996	506 446	308 596	922 976	694 620	372 932
1997	378 411	175 393	668 437	528 879	280 526
1998	609 899	350 441	895 411	660 940	424 852

续表 2 CONTINUED

单位：吨 (tn)

年 份	棉 花	麻 类	甜 菜	烟 叶	蔬 菜
1949	20 200	5 305		2 415	
1950	26 170	8 605		2 150	
1951	55 170	10 525		6 175	
1952	92 320	12 955		7 485	
1953	78 215	12 985		2 915	
1954	94 910	14 295		2 035	
1955	83 560	10 875	545	2 825	
1956	92 635	9 330	310	4 960	
1957	98 595	11 120	1 280	3 085	
1958	116 820	9 535	93 660	1 010	
1959	97 690	9 035	45 725	1 345	
1960	46 500	4 770	15 435	1 680	
1961	53 340	3 750	12 355	2 325	
1962	41 580	3 430	4 090	1 880	
1963	67 000	5 425	3 500	4 135	
1964	88 365	6 335	38 205	1 745	
1965	107 830	6 970	79 210	1 010	
1966	84 740	6 105	47 445	1 480	
1967	85 785	7 160	75 630	2 110	
1968	74 290	6 515	90 470	1 350	
1969	94 180	6 350	124 325	1 635	
1970	86 025	6 215	56 445	1 395	
1971	69 050	4 105	36 355	1 235	
1972	48 250	4 590	31 765	760	
1973	87 565	4 550	56 455	1 160	
1974	73 910	4 745	53 360	615	
1975	76 445	5 020	71 740	1 075	
1976	64 955	4 785	91 070	880	
1977	73 565	5 695	70 130	1 280	
1978	69 430	5 000	54 605	1 650	
1979	64 935	5 385	96 105	1 115	
1980	77 500	5 792	117 024	1 001	1 804 220
1981	67 500	2 955	163 590	3 239	1 667 855
1982	120 823	1 934	226 535	12 744	2 079 240
1983	96 179	1 831	258 565	3 833	2 111 855
1984	133 084	1 883	251 120	3 985	2 794 370
1985	73 455	3 779	248 541	4 702	2 915 412
1986	64 366	3 869	272 167	2 555	2 830 922
1987	77 854	2 481	192 867	2 469	2 945 851
1988	86 794	1 526	511 070	4 818	3 252 431
1989	102 141	1 054	339 860	11 407	3 440 790
1990	111 526	1 048	431 641	8 860	3 474 121
1991	111 840	1 169	677 637	14 665	3 112 031
1992	94 763	1 684	608 288	21 927	3 971 926
1993	70 000	2 628	673 937	18 681	4 357 650
1994	84 804	3 074	695 840	11 445	4 944 978
1995	90 817	2 155	396 978	10 455	5 428 701
1996	72 404	1 475	659 691	16 102	6 687 770
1997	44 403	2 236	668 435	26 311	6 586 693
1998	55 931	460	785 524	10 758	7 836 514

主要油料作物产量
OUTPUT OF MAJOR OIL CROPS

单位：吨 (tn)

年份	花生果	油菜籽	芝麻	胡麻籽	向日葵籽	蓖麻籽
1967	2 878	1 474	2 198			
1968	1 795	1 493	2 151			
1969	1 551	3 872	2 653			
1970	1 439	2 778	2 042	20 947		
1971	1 428	1 748	1 868	18 173		
1972	598	305	1 066	12 916		
1973	964	6 924	1 211	15 047		4 907
1974	669	7 454	1 356	14 867		4 896
1975	2 501	12 948	1 701	14 287		6 378
1976	1 045	11 810	948	17 783		4 570
1977	808	6 694	1 203	27 243	2 780	5 937
1978	888	2 229	968	20 437	3 488	4 335
1979	1 548	6 042	1 339	31 186	7 352	6 300
1980	5 025	2 800	2 214	54 932	31 452	12 832
1981	7 426	6 160	3 396	28 213	49 305	10 722
1982	10 449	8 210	4 521	69 757	60 164	15 536
1983	10 372	10 554	4 004	71 561	82 055	16 318
1984	22 809	6 192	5 970	91 508	167 974	28 775
1985	50 247	6 766	11 810	80 071	164 865	88 816
1986	41 916	22 102	14 536	78 265	125 082	37 733
1987	42 102	14 855	12 963	65 994	102 905	27 387
1988	49 834	7 088	15 092	71 353	122 024	38 312
1989	52 110	11 248	18 194	54 812	102 030	38 378
1990	48 539	7 758	23 469	75 102	139 664	49 377
1991	28 134	6 332	21 245	77 669	117 092	19 615
1992	37 873	5 243	28 214	54 506	165 326	17 380
1993	49 819	16 618	22 340	70 754	176 392	25 299
1994	53 276	22 907	15 521	87 887	198 662	24 501
1995	48 611	14 759	11 716	28 820	78 645	22 241
1996	48 055	10 028	13 933	79 164	155 981	27 004
1997	28 841	15 189	6 100	71 712	120 296	13 699
1998	41 561	12 864	17 228	83 868	206 748	23 358

主要农作物单位面积产量

MAJOR FARM CROPS OUTPUT PER HECTARE

单位：公斤/公顷 (kg/ha)

年 份	粮 食	谷 物	稻 谷	小 麦	玉 米	谷 子	高 粱
1949	634	594		554	1 297	882	941
1950	751	702	2 189	610	1 398	941	982
1951	794	778	2 342	788	1 494	952	1 001
1952	881	828	3 071	498	1 688	1 074	1 173
1953	1 006	993	3 451	782	1 745	1 144	1 308
1954	945	976	3 575	765	1 892	1 086	1 180
1955	883	917	3 167	796	1 772	1 094	1 183
1956	1 010	1 038	2 853	1 008	1 619	1 032	1 133
1957	852	866	2 300	732	1 671	922	1 134
1958	1 168	1 162	2 429	832	2 190	1 319	1 684
1959	1 120	1 127	2 811	1 081	1 946	1 140	1 406
1960	870	883	1 914	764	1 604	952	1 267
1961	895	886	2 397	634	1 650	1 047	1 314
1962	940	956	1 994	804	1 979	989	1 247
1963	1 043	1 044	2 713	838	2 079	1 084	1 330
1964	1 235	1 259	3 245	1 013	2 465	1 204	1 569
1965	1 197	1 262	2 607	1 405	2 059	985	1 462
1966	1 186	1 191	3 058	663	2 151	1 369	1 542
1967	1 248	1 260	3 869	1 072	2 125	1 257	1 496
1968	1 166	1 189	4 034	1 013	2 028	1 228	1 557
1969	1 334	1 368	4 613	1 403	2 243	1 287	1 887
1970	1 395	1 420	4 754	914	2 483	1 364	2 308
1971	1 662	1 698	4 501	1 032	2 756	1 491	3 009
1972	1 439	1 481	3 200	1 350	2 451	1 220	1 917
1973	1 680	1 717	4 194	1 037	3 142	1 609	2 898
1974	1 907	1 954	4 520	1 543	3 110	1 564	2 931
1975	2 094	2 135	4 878	1 852	3 260	1 673	3 396
1976	1 966	2 003	3 322	1 879	3 106	1 528	2 624
1977	1 960	1 975	4 953	1 236	3 449	1 676	3 136
1978	1 915	1 941	5 207	1 169	3 419	1 579	3 171
1979	2 225	2 289	4 822	1 734	3 820	1 670	3 750
1980	1 954	1 989	5 670	1 191	3 541	1 743	3 269
1981	2 115	2 182	5 963	1 712	3 765	1 860	3 765
1982	2 460	2 533	6 150	2 187	3 765	2 370	4 170
1983	2 402	2 505	6 858	2 592	3 653	2 246	3 458
1984	2 620	2 712	7 185	3 002	3 866	1 943	3 763
1985	2 693	2 812	6 871	2 912	4 221	2 234	4 315
1986	2 329	2 476	6 262	2 918	3 375	1 657	3 320
1987	2 205	2 330	5 389	2 316	3 526	1 798	3 248
1988	2 555	2 673	5 474	2 357	4 334	2 233	4 443
1989	2 669	2 821	6 034	2 627	4 757	2 189	4 570
1990	2 945	3 137	5 923	3 141	4 797	2 296	4 532
1991	2 320	2 603	5 875	3 023	3 673	1 207	2 811
1992	2 685	2 975	6 247	2 654	4 672	2 085	3 915
1993	3 018	3 399	5 747	3 179	5 141	2 258	4 522
1994	2 752	3 142	5 854	2 953	4 549	1 938	4 302
1995	2 910	3 366	6 436	2 945	5 253	2 101	4 430
1996	3 321	3 750	5 504	3 198	5 468	2 422	4 788
1997	2 883	3 308	6 199	3 665	4 255	1 331	3 183
1998	3 280	3 747	6 451	3 331	5 370	2 110	3 840

注：本表按播种面积计算。

续表 CONTINUED

单位：公斤/公顷 (kg/ha)

年　份	豆　类	薯　类	油　料	棉　花	麻类	甜　菜	烟　叶
1949	488	1 275	353	210	336		797
1950	649	1 415	416	166	445		749
1951	534	1 299	385	263	476		894
1952	730	1 771	478	338	511		976
1953	762	1 596	442	348	555		900
1954	687	993	380	335	683		938
1955	490	1 141	298	286	646	2 725	1 163
1956	782	974	355	253	652	3 444	1 055
1957	544	1 169	330	288	589	7 529	636
1958	905	1 419	400	371	636	11 901	927
1959	864	1 320	325	332	540	7 224	961
1960	658	924	178	163	267	2 165	411
1961	836	1 104	216	236	330	3 873	750
1962	604	1 098	245	226	325	4 756	589
1963	854	1 274	334	301	485	7 000	891
1964	1 015	1 192	397	338	585	8 783	674
1965	548	1 025	383	406	590	8 025	390
1966	1 003	1 326	450	333	542	6 580	846
1967	1 046	1 303	408	320	587	7 075	938
1968	725	1 332	355	287	578	8 641	682
1969	822	1 391	458	369	598	9 805	813
1970	932	1 465	467	325	502	6 429	949
1971	998	1 644	359	282	380	4 328	1 144
1972	628	1 365	285	203	515	4 357	724
1973	903	1 640	405	384	526	7 671	928
1974	1 007	1 774	372	300	512	5 181	778
1975	1 169	1 999	432	296	522	6 428	601
1976	927	2 000	356	255	465	6 585	500
1977	1 444	2 030	426	297	531	6 256	815
1978	1 188	1 910	256	292	522	6 067	851
1979	1 096	1 997	445	294	597	8 490	1 042
1980	943	2 074	578	346	695	12 077	1 125
1981	820	1 950	527	332	536	13 852	1 322
1982	1 011	2 460	885	543	606	17 372	1 967
1983	966	2 222	942	422	769	22 081	1 946
1984	1 132	2 528	1 206	608	892	21 445	2 430
1985	1 066	2 517	879	606	1 050	23 034	2 387
1986	883	1 898	845	685	1 096	20 984	1 617
1987	948	1 975	802	787	951	21 382	1 885
1988	1 204	2 490	881	747	1 045	23 960	1 791
1989	1 125	2 525	917	855	1 044	22 779	1 626
1990	1 200	2 627	1 105	856	1 092	25 556	1 897
1991	714	1 626	797	762	1 124	25 884	1 429
1992	893	2 435	918	630	1 021	28 925	1 512
1993	1 190	2 796	1 167	750	1 663	25 941	1 781
1994	1 035	2 635	1 173	657	1 983	26 671	1 664
1995	884	2 061	650	715	1 390	18 243	1 700
1996	1 233	2 703	1 175	782	1 366	28 484	1 750
1997	964	2 053	944	649	2 354	22 544	1 632
1998	1 307	2 592	1 210	855	939	25 496	1 697

造林、果园面积及水果、蚕茧、水产品产量

AFFORESTED AREA, ORCHARD, OUTPUT OF FRUITS AND AQUATIC PRODUCT

年　份	造林面积（千公顷）	零星植树（万株）	果园面积（千公顷）	水果产量（吨）	蚕茧产量（吨）	水产品产量（吨）
1949	3.79	133	0.82	96 220	80	
1950	1.42	147	0.90	106 595	104	
1951	1.53	187	1.00	112 410	120	
1952	10.61	735	1.22	124 585	302	
1953	5.47	681	1.52	135 020	361	
1954	6.95	708	2.65	150 305	581	
1955	9.20	855	3.56	143 410	777	36
1956	18.35	1 777	4.92	169 645	1 528	40
1957	21.38	2 009	5.53	157 685	1 340	30
1958	40.48	4 066	4.51	198 505	1 445	108
1959	27.75	1 496	7.26	242 545	1 295	1 000
1960	17.70	574	8.32	164 500	985	1 000
1961	18.33	3 221	13.49	123 130	620	659
1962	35.22	6 179	20.17	128 885	610	712
1963	53.48	7 736	24.24	124 810	702	520
1964	133.59	16 494	31.93	108 690	833	669
1965	169.77	16 064	35.58	166 850	867	1 131
1966	188.57	18 905	34.67	167 000	761	773
1967	119.79	19 586	33.33	167 500	750	500
1968	94.04	13 765	32.67	169 500	700	600
1969	113.98	32 457	32.00	170 000	700	500
1970	111.77	19 143	31.53	172 350	779	589
1971	109.67	19 418	29.69	181 730	579	792
1972	111.73	21 345	33.79	212 130	627	824
1973	96.75	18 868	40.12	251 535	752	765
1974	124.46	24 711	41.20	205 530	828	515
1975	140.91	23 851	43.30	223 150	871	492
1976	149.73	26 969	55.31	248 720	1 032	468
1977	205.92	25 185	60.51	236 545	1 282	521
1978	173.65	21 992	64.00	307 620	1 498	719
1979	174.36	20 594	66.21	273 565	1 489	579
1980	221.57	23 129	68.21	273 375	1 905	800
1981	223.30	19 484	70.39	303 215	1 814	650
1982	274.01	21 863	71.58	314 390	2 488	927
1983	434.25	27 491	73.19	332 845	2 756	1 319
1984	366.67	49 344	82.49	385 978	3 096	1 957
1985	243.33	28 764	111.47	453 373	2 739	2 761
1986	131.07	27 603	137.19	429 144	2 575	4 003
1987	133.45	24 616	163.98	446 590	2 760	5 428
1988	145.03	23 905	186.68	497 625	2 977	7 393
1989	182.53	22 381	187.62	419 923	3 173	9 551
1990	191.05	21 057	184.71	405 699	3 323	10 228
1991	207.35	19 779	191.94	396 207	3 250	11 273
1992	230.93	20 300	214.07	505 925	3 618	12 385
1993	244.35	20 727	242.61	603 921	3 696	14 143
1994	299.91	20 625	272.74	867 497	4 626	15 666
1995	405.18	21 418	286.34	1 025 814	5 358	17 539
1996	418.29	21 673	292.25	1 210 037	4 789	19 588
1997	430.41	21 477	307.47	1 464 408	4 318	21 344
1998	448.22	20 693	296.95	1 773 119	4 405	22 619

大牲畜及猪、羊存栏
NUMBER OF LIVESTOCK

年 份	大牲畜年末存栏（万头）	牛	马	驴	骡	猪（万头）	羊（万只）
1949	130.86	80.64	4.50	39.61	6.11	35.78	258.67
1950	162.80	99.59	6.19	49.25	7.77	51.90	310.39
1951	184.52	111.79	6.35	56.34	9.86	74.58	367.35
1952	191.30	114.00	7.50	59.00	10.50	66.00	458.00
1953	201.74	120.69	8.34	61.25	10.96	75.41	548.09
1954	213.15	126.65	8.84	64.65	12.46	84.69	615.05
1955	215.60	127.18	8.83	65.37	13.82	68.95	557.60
1956	212.57	122.27	10.05	64.24	15.63	82.35	564.82
1957	203.72	114.48	11.15	61.79	15.94	190.77	626.87
1958	203.28	112.79	12.08	61.32	16.77	218.41	725.32
1959	202.50	111.77	12.65	60.76	16.98	249.72	793.56
1960	198.62	110.61	12.17	58.32	17.14	154.04	829.01
1961	187.02	104.74	11.68	53.39	16.90	114.76	809.16
1962	181.65	102.06	11.51	50.73	17.11	125.31	781.11
1963	186.60	104.84	11.80	52.21	17.54	186.52	829.89
1964	192.93	108.85	11.67	54.12	18.11	260.06	835.88
1965	205.04	115.89	12.74	57.03	19.23	338.69	846.12
1966	219.33	124.43	13.82	60.40	20.56	312.21	936.20
1967	229.52	130.72	14.96	61.74	21.98	325.31	1 028.62
1968	228.74	129.17	15.20	60.87	23.41	333.86	968.97
1969	226.43	124.65	16.42	59.89	25.41	307.11	911.86
1970	229.49	124.86	17.64	59.22	27.69	357.20	921.21
1971	232.90	125.94	18.56	58.42	29.91	475.92	923.24
1972	230.49	122.95	19.49	56.32	31.67	487.85	898.59
1973	231.04	121.34	20.29	55.56	33.80	435.40	976.28
1974	230.31	119.18	20.62	55.05	35.42	473.54	994.97
1975	228.21	115.46	21.26	54.22	37.23	564.00	993.00
1976	224.56	110.42	22.08	52.89	39.14	681.14	915.90
1977	224.01	108.44	22.75	51.84	40.96	682.47	909.44
1978	223.64	108.19	22.36	50.42	42.65	578.50	872.04
1979	222.47	108.21	21.56	48.05	44.63	558.57	920.81
1980	223.97	109.35	21.07	46.66	46.87	531.16	909.87
1981	218.75	106.49	18.95	45.54	47.75	453.12	823.98
1982	224.68	110.99	18.46	46.68	48.54	403.05	799.87
1983	239.19	120.47	19.48	48.90	50.33	368.21	698.23
1984	250.19	128.96	19.34	50.07	51.81	337.59	507.33
1985	260.41	140.94	18.21	49.52	51.73	372.12	414.28
1986	270.08	153.07	15.93	49.26	51.81	366.50	441.78
1987	271.71	157.00	13.94	48.57	52.19	291.26	510.08
1988	277.25	164.24	12.64	48.19	52.17	302.98	642.40
1989	285.56	172.37	11.70	48.72	52.76	342.92	742.59
1990	293.17	179.29	11.24	49.22	53.42	363.14	709.58
1991	296.10	181.49	10.88	49.45	54.28	368.24	679.19
1992	299.25	184.70	10.65	50.09	53.80	391.87	679.02
1993	304.59	192.23	10.23	48.97	53.15	423.55	731.67
1994	318.44	209.28	10.01	47.04	52.11	482.19	804.53
1995	358.57	251.65	9.71	46.38	50.82	560.99	915.01
1996	285.52	201.02	5.14	37.95	41.40	429.79	905.28
1997	303.62	215.14	5.24	39.58	43.65	476.09	970.44
1998	316.76	226.96	5.59	39.64	44.57	510.56	1 019.08

注：1996 年数均为与 1996 年农业普查衔接数。

主要畜产品产量

OUTPUT OF LIVESTOCK PRODUCTS

单位：吨　　(tn)

年 份	肉类总产量	#猪肉产量	#牛肉产量	#羊肉产量	奶类产量	#牛　奶	禽蛋产量
1978	154 172				17 093	15 040	38 948
1979	138 977	129 473	1 450	8 054	21 631	17 123	46 499
1980	173 360	161 889	1 572	9 899	35 941	23 170	48 316
1981	205 363	190 542	1 984	12 837	41 897	26 732	53 092
1982	186 567	170 466	2 023	14 078	58 834	35 577	46 294
1983	181 522	159 528	2 925	19 069	67 650	43 066	62 104
1984	213 678	176 198	6 142	31 338	82 103	60 559	85 871
1985	223 420	176 662	10 045	21 769	102 208	83 283	109 831
1986	222 459	179 912	10 837	17 292	123 738	105 596	123 338
1987	222 580	168 686	18 562	18 937	144 413	125 570	118 189
1988	231 984	167 073	20 691	24 137	164 372	143 574	135 791
1989	258 604	181 895	19 456	29 851	165 741	145 313	140 220
1990	318 581	224 505	27 885	40 267	179 277	159 835	159 354
1991	362 111	255 178	34 045	43 881	210 361	190 597	192 260
1992	383 688	272 964	34 820	42 788	213 908	194 944	209 037
1993	433 138	304 359	45 538	45 181	217 996	199 455	246 513
1994	503 534	356 418	56 825	47 156	257 399	236 799	314 191
1995	609 701	434 441	70 420	56 006	292 851	260 191	360 613
1996	500 395	353 388	54 895	50 579	278 460	254 740	304 150
1997	564 789	396 760	62 450	56 791	316 083	290 723	349 500
1998	609 757	428 019	68 679	61 778	325 075	300 779	369 608

注:1996 年数据均为与 1996 年农业普查衔接数。

水 产 品 产 量

OUTPUT OF AQUATIC PRODUCTS

单位：吨　　(tn)

指　　标	1978 年	1980 年	1985 年	1990 年	1995 年	1997 年	1998 年
淡水产品产量	**719**	**800**	**2 761**	**10 228**	**17 539**	**21 344**	**22 619**
#鱼类产量			2 711	10 228	17 537	21 320	22 545
1.养殖产量	692	772	2 559	10 111	17 204	21 047	22 249
#池　塘			1 081	7 246	13 015	16 588	17 283
湖　泊			298	632	924	470	559
水　库			1 130	2 098	3 046	3 639	4 023
河　沟			50	135	219	333	367
2.捕捞产量	27	28	202	117	335	297	370

化肥施用量、小水电站和农村用电量

CONSUMPTION OF CHEMICAL FERTILIZER, NEMBER OF SMALL HYDRO – POWER STATION AND ELECTRICITY CONSUMPTION IN RURAL AREAS

年份	农用化肥施用量(吨)		农村用电量(万千瓦小时)	农村小型水电站	
	实物量	折纯量		个数(个)	发电能力(千瓦)
1950	482	97			
1951	1 007	203			
1952	5 271	1 065			
1953	3 591	725	2		
1954	6 086	1 229	2		
1955	19 084	3 855	2		
1956	40 471	8 175	2		
1957	57 174	11 560	23	13	580
1958	103 198	21 977	170	40	1 397
1959	147 350	29 028	876	129	3 615
1960	188 425	36 159	3 927	209	8 095
1961	104 956	20 991	5 883	234	11 697
1962	96 840	20 261	8 238	249	12 801
1963	148 750	30 671	10 114	146	5 923
1964	118 564	24 265	12 370	149	8 513
1965	248 506	51 441	18 129	163	8 826
1966	270 906	55 807	24 938		
1967	204 660	42 653	26 372		
1968	154 543	32 092	28 108		
1969	223 801	46 664	30 600		
1970	445 221	92 771	36 169	229	8 614
1971	514 776	106 824	47 636	229	9 665
1972	586 074	121 903	58 936	251	10 209
1973	667 304	135 463	72 528	217	9 006
1974	721 683	146 502	74 422	251	9 961
1975	856 616	173 893	93 078	292	11 636
1976	939 803	190 780	91 973	299	13 877
1977	1 077 675	218 768	98 460	381	16 264
1978	1 753 644	355 990	122 683	401	18 678
1979	1 560 568	317 242	131 423	412	22 012
1980	1 429 020	302 904	135 870	407	23 191
1981	1 244 356	275 086	140 515	339	23 705
1982	1 350 635	280 121	144 321	332	26 267
1983	1 483 507	310 887	131 596	298	25 986
1984	1 862 370	416 478	142 979	257	27 314
1985	1 640 347	397 907	151 085	231	26 762
1986	1 697 495	405 640	176 627	216	25 858
1987	1 779 098	407 346	204 202	205	26 721
1988	1 926 204	444 241	213 048	203	26 558
1989	2 160 646	488 488	244 136	200	27 865
1990	2 512 392	565 624	259 437	197	30 414
1991	2 684 645	607 014	300 977	157	30 375
1992	2 778 277	640 151	338 828	152	33 190
1993	2 880 974	673 579	374 861	151	33 370
1994	3 025 315	714 429	414 530	155	33 090
1995	3 232 077	780 568	460 583	142	31 401
1996	3 377 613	815 135	487 702	133	29 815
1997	3 426 888	829 796	513 814	128	26 835
1998	3 537 718	860 883	503 589	126	27 475

主要农业机械年末拥有量
AGRICULTURAL MACHINERY

年 份	农业机械总动力（万千瓦）	大中型拖拉机（台）	小 型拖拉机（台）	农用水泵（台）	联 合收割机（台）	载重汽车（辆）
1949						
1950	0.02	6				
1951	0.03	8				
1952	0.04	10			3	
1953	0.05	10		1	3	
1954	0.12	26		1	4	
1955	0.33	98		21	5	1
1956	1.65	352		158	6	7
1957	3.57	494		278	30	12
1958	8.83	785	4	5 444	31	49
1959	12.33	833	7	5 084	56	127
1960	23.33	1 175	6	5 307	73	133
1961	27.97	1 540	7	6 426	79	127
1962	29.31	1 615	22	9 605	82	177
1963	29.26	1 707	13	11 275	30	254
1964	32.42	1 797	16	12 036	26	302
1965	40.25	1 859	22	16 567	25	346
1966	51.72	2 224	117	21 866	19	374
1967	55.38	2 843	125	24 108	12	384
1968	59.39	3 099	182	25 994	12	411
1969	66.80	3 636	710	28 642	12	417
1970	81.86	4 815	1 138	32 751	12	463
1971	105.94	6 133	1 696	49 979	14	583
1972	143.19	8 116	2 647	60 030	15	636
1973	189.27	10 374	3 582	71 097	15	692
1974	243.40	12 603	5 281	89 227	17	894
1975	293.77	14 783	8 381	108 539	22	1 191
1976	347.52	17 394	13 884	131 475	15	1 502
1977	435.58	20 711	20 539	146 563	16	2 285
1978	462.96	24 280	26 955	159 548	30	2 750
1979	503.62	28 925	30 435	163 525	58	3 942
1980	542.44	32 667	31 273	154 670	80	6 655
1981	574.12	34 402	33 861	151 545	110	9 467
1982	603.06	35 641	42 974	144 924	92	12 271
1983	677.15	37 285	66 760	137 621	101	17 177
1984	774.99	36 938	95 928	133 755	128	25 543
1985	822.70	34 861	113 449	123 127	155	30 364
1986	852.93	33 526	125 968	118 979	202	32 273
1987	895.16	32 908	141 795	120 461	280	34 863
1988	924.71	31 380	153 444	122 058	357	36 580
1989	984.59	31 708	171 863	123 605	540	39 779
1990	1 053.49	31 551	190 597	121 909	952	43 241
1991	1 089.00	30 972	202 156	128 393	2 102	43 423
1992	1 152.49	30 184	206 485	127 380	2 550	44 919
1993	1 211.84	28 052	212 697	135 169	2 527	46 649
1994	1 298.36	26 702	214 256	129 795	2 739	49 866
1995	1 359.60	23 970	201 762	130 928	3 144	52 085
1996	1 426.22	22 793	191 405	131 470	3 448	54 715
1997	1 423.23	21 828	211 426	128 252	3 841	50 595
1998	1 505.84	20 751	182 658	130 350	4 420	53 307

工业企业单位数

NUMBER OF INDUSTRIAL ENTERPRISES

单位：个 (nuit)

年份	工业企业单位数	按隶属关系分		按经济类型分			按轻重工业分		按企业规模分		
		中央企业	地方企业	国有经济	集体经济	其他经济	轻工业	重工业	大型企业	中型企业	小型企业
1949	2 864	19	2 845	200	2 664		1 589	1 275			
1950	3 142	33	3 109	255	2 887		1 719	1 423			
1951	3 594	39	3 555	293	3 301		2 043	1 551			
1952	3 421	52	3 369	382	3 039		1 878	1 543			
1953	4 018	61	3 957	433	3 585		2 485	1 533			
1954	5 732	74	5 658	433	5 299		3 070	2 662			
1955	5 262	79	5 183	484	4 778		2 741	2 521			
1956	4 728	114	4 614	685	4 043		2 495	2 233			
1957	4 509	86	4 423	721	3 788		2 583	1 926			
1958	5 016	63	4 953	2 049	2 967		2 114	2 902			
1959	7 388	261	7 127	2 836	4 552		3 655	3 733			
1960	7 141	279	6 862	2 892	4 249		3 324	3 817	26	42	7 073
1961	5 743	269	5 474	2 112	3 631		2 717	3 026	35	54	5 654
1962	5 244	211	5 033	1 517	3 727		2 442	2 802	34	57	5 153
1963	3 981	228	3 753	1 348	2 633		1 869	2 112	34	62	3 885
1964	3 791	245	3 546	1 335	2 456		1 695	2 096	34	69	3 688
1965	3 566	238	3 328	1 272	2 294		2 603	963	36	76	3 454
1966	3 390	228	3 162	1 159	2 231		2 543	847	36	81	3 273
1967	3 738	242	3 496	1 233	2 505		2 798	940	32	79	3 627
1968	3 765	220	3 545	1 194	2 571		2 776	989	32	85	3 648
1969	3 782	194	3 588	1 252	2 530		2 795	987	34	91	3 657
1970	4 880	49	4 831	1 540	3 340		3 244	1 636	34	98	4 748
1971	5 910	66	5 844	1 830	4 080		3 640	2 270	43	124	5 743
1972	6 093	60	6 033	1 986	4 107		3 534	2 559	36	84	5 973
1973	6 423	63	6 360	2 052	4 371		3 579	2 844	38	84	6 301
1974	7 115	64	7 051	2 154	4 961		3 919	3 196	35	135	6 945
1975	7 505	97	7 408	2 296	5 209		3 958	3 547	36	139	7 330
1976	8 429	95	8 334	2 382	6 047		4 368	4 061	36	139	8 254
1977	9 218	94	9 124	2 469	6 749		4 430	4 788	38	159	9 021
1978	9 381	100	9 281	2 547	6 834		4 463	4 918	36	117	9 228
1979	9 307	99	9 208	2 551	6 756		4 330	4 977	44	94	9 169
1980	9 533	112	9 421	2 524	7 009		4 528	5 005	50	94	9 389
1981	9 540	112	9 428	2 498	7 042		4 719	4 821	58	93	9 389
1982	9 637	230	9 407	2 514	7 123		4 792	4 845	48	106	9 483
1983	9 806	231	9 575	2 514	7 291	1	4 878	4 928	51	104	9 651
1984	10 677	224	10 453	2 411	8 262	4	5 035	5 642	53	110	10 514
1985	11 004	168	10 836	2 421	8 577	6	4 875	6 129	75	144	10 785
1986	11 513	172	11 341	2 514	8 995	4	4 995	6 518	83	144	11 286
1987	11 567	187	11 380	2 585	8 969	13	4 915	6 652	84	149	11 334
1988	11 792	179	11 613	2 639	9 134	19	4 975	6 817	86	146	11 560
1989	11 964	181	11 783	2 685	9 255	24	4 935	7 029	87	153	11 724
1990	12 122	187	11 935	2 776	9 318	28	4 922	7 200	97	169	11 856
1991	11 888	167	11 721	2 764	9 092	32	4 763	7 125	105	167	11 616
1992	11 512	161	11 351	2 718	8 754	40	4 512	7 000	94	210	11 208
1993	11 853	151	11 702	2 803	8 875	175	4 313	7 540	99	214	11 540
1994	11 969	156	11 813	2 844	8 867	258	4 220	7 749	122	235	11 612
1995	12 086	183	11 903	3 042	8 698	346	4 080	8 006	122	252	11 712
1996	11 745	186	11 559	2 962	8 361	422	3 916	7 829	130	251	11 364
1997	10 915	148	10 767	2 647	7 778	490	3 577	7 338	130	252	10 533
1998	3 925	135	3 790	1 929	1 186	810	1 172	2 753	133	261	3 525

注:1998年为新统计口径,包括国有企业、大中型企业和年产品销售收入500万元及以上非国有企业。

按部门分工业企业单位数

NUMBER OF INDUSTRLIAL ENTERPRISES BY SECITOR

单位:个　　　　　　　　　　　　　　　　　　　　　　　　　　　　　　　　　　　　(unit)

年份	工业企业单位数	冶金工业	电力工业	煤炭及炼焦工业	石油工业	化学工业	机械工业	建筑材料工业
1949	2 864	114	9	509		83	372	392
1952	3 421	136	11	608		99	445	471
1957	4 509	85	14	394		142	932	329
1962	5 244	47	63	492	3	205	1 820	223
1965	3 566	44	66	335	1	100	1 155	182
1970	4 880	80	74	480	1	198	1 625	325
1975	7 505	143	157	841	4	625	2 840	603
1980	9 533	176	198	1 192	4	718	3 071	1 197
1985	11 004	324	114	1 469	11	812	2 669	1 579
1986	11 513	420	111	1 584	14	836	2 638	1 697
1987	11 567	409	124	1 661	12	879	2 718	1 672
1988	11 792	438	124	1 790	18	983	2 688	1 606
1989	11 964	489	129	1 921	21	1 024	2 678	1 556
1990	12 122	488	134	2 037	22	1 058	2 720	1 538
1991	11 888	475	132	2 053	17	1 057	2 688	1 479
1992	11 512	485	135	2 060	16	1 038	2 610	1 435
1993	11 853	701	152	2 202	16	1 054	2 586	1 472
1994	11 969	710	147	2 428	18	1 020	2 563	1 506
1995	12 086	769	161	2 583	26	1 030	2 508	1 496
1996	11 745	743	160	2 538	21	1 037	2 421	1 469
1997	10 915	677	163	2 489	19	963	2 221	1 332
1998	3 925	467	114	961	5	394	622	340

年份	森林工业	食品工业	纺织工业	缝纫工业	皮革工业	造纸工业	文教用品工业	其他工业
1949	179	316	306	140	31	48	36	329
1952	215	378	365	167	29	57	42	398
1957	596	820	232	445	122	53	89	256
1962	273	531	210	356	103	103	155	660
1965	196	440	234	244	99	66	133	271
1970	171	347	191	296	104	65	128	795
1975	180	441	266	359	106	76	223	641
1980	238	661	348	378	119	149	302	782
1985	343	1 287	409	406	133	134	447	867
1986	358	1 360	396	431	133	145	481	909
1987	383	1 325	410	401	130	156	519	768
1988	375	1 324	413	396	122	185	553	777
1989	382	1 263	434	383	126	187	546	825
1990	372	1 250	427	389	117	187	563	820
1991	345	1 187	410	368	111	190	573	803
1992	318	1 102	388	337	103	185	541	759
1993	306	1 060	406	302	95	177	544	780
1994	300	1 062	388	277	94	177	527	752
1995	304	1 025	374	269	94	187	539	721
1996	286	973	373	242	88	180	512	702
1997	254	896	331	216	83	150	466	655
1998	30	385	100	19	10	65	94	319

注:1998 年企业单位数的统计口径为国有企业、大中型企业和年产品销售收入 500 万元及以上非国有企业。

工业总产值

GROSS OUTPUT VALVE OF INDUSTRY

单位:万元 (10 000 yuan)

年 份	工业总产值	国有经济	集体经济	#乡村办工业	其他经济类型工业	#个体工业
1949	37 318	26 896	10 422			
1950	54 698	42 219	12 479			
1951	73 116	58 555	14 561			
1952	107 784	90 636	17 148			
1953	133 434	112 954	20 480			
1954	179 365	151 549	27 816			
1955	216 869	186 234	30 635			
1956	265 567	230 418	35 159			
1957	306 429	260 393	46 036			
1958	507 546	468 100	39 446	20 970		
1959	736 141	668 878	67 263	51 973		
1960	909 036	814 966	94 070	59 236		
1961	506 916	436 449	70 467	38 009		
1962	436 438	382 750	53 688	31 319		
1963	483 164	433 030	50 134	34 465		
1964	555 962	498 694	57 268	39 022		
1965	742 388	666 600	75 788	48 006		
1966	850 871	763 465	87 406	52 751		
1967	714 816	627 262	87 554	45 614		
1968	489 184	405 520	83 664	38 799		
1969	675 935	574 597	101 338	49 200		
1970	1 026 518	890 533	135 985	65 355		
1971	1 136 883	974 041	162 842	77 562		
1972	1 196 732	1 011 431	185 301	84 607		
1973	1 316 552	1 108 396	208 156	84 682		
1974	1 237 986	1 001 062	236 924	107 971		
1975	1 429 846	1 165 476	264 370	118 105		
1976	1 332 730	1 046 764	285 966	136 321		
1977	1 672 956	1 311 595	361 361	186 758		
1978	2 004 836	1 564 999	439 837	261 314		
1979	2 153 059	1 684 966	468 093	291 340		
1980	2 213 401	1 720 892	492 509	307 451		
1981	2 207 484	1 700 877	506 361	322 183	246	246
1982	2 476 709	1 914 726	561 215	343 691	768	768
1983	2 879 799	2 163 199	707 260	456 672	9 340	4 054
1984	2 974 394	2 372 305	591 036	382 312	11 053	4 304
1985	3 792 627	2 598 121	1 026 010	664 958	168 496	165 822
1986	4 119 672	2 770 932	1 150 010	749 728	198 730	196 452
1987	4 588 038	3 009 468	1 310 643	848 393	267 927	238 881
1988	5 225 389	3 323 586	1 533 763	990 958	368 040	332 438
1989	5 777 048	3 483 864	1 837 484	1 225 422	455 700	391 076
1990	6 164 830	3 553 554	2 043 271	1 393 693	568 005	488 476
1991	6 621 142	3 789 151	2 246 453	1 567 065	585 538	570 306
1992	7 731 540	4 025 501	2 710 334	1 977 689	995 705	907 775
1993	9 996 496	4 218 931	3 804 764	2 888 357	1 972 801	1 532 379
1994	12 162 056	4 346 662	4 658 198	3 655 265	3 157 196	2 875 479
1995	14 090 071	4 887 393	5 829 423	4 058 848	3 373 255	3 143 377
1996	17 532 423	4 900 165	7 376 070	6 023 976	5 256 188	4 716 093
1997	20 209 852	4 968 063	8 364 210	6 731 897	6 877 579	6 090 402
1998	20 176 209	3 458 574	5 784 774	4 655 849	10 932 861	7 823 518

注:本表包括村及村以下办工业,按1990年不变价计算。

续表 1 CONTINUED

单位:万元 (10 000 yuan)

年 份	轻工业	以农产品为原料工业	以非农产品为原料工业	重工业	采掘工业	原料工业	制造工业
1949	19 065	15 381	3 684	18 253	11 858	4 065	2 330
1950	26 925	21 722	5 203	27 773	17 661	6 342	3 770
1951	31 314	26 322	4 992	41 802	25 790	9 997	6 016
1952	37 980	30 680	7 300	69 803	42 185	17 142	10 476
1953	50 418	41 958	8 460	83 016	49 308	20 407	13 301
1954	66 414	56 935	9 479	112 951	65 922	28 911	18 119
1955	70 342	61 463	8 880	146 526	84 188	37 633	24 706
1956	73 572	65 486	8 086	191 995	108 558	49 477	33 959
1957	73 067	66 400	6 667	233 362	129 580	63 386	40 395
1958	109 828	83 334	26 493	397 718	177 754	111 035	108 930
1959	171 709	127 177	44 531	564 432	225 982	171 777	166 673
1960	178 962	135 803	43 160	730 074	268 006	234 619	227 448
1961	125 272	93 584	31 688	381 644	188 184	115 379	78 082
1962	110 528	81 588	28 940	325 910	160 230	94 662	71 018
1963	124 692	92 272	32 420	358 472	161 312	100 373	96 786
1964	140 591	104 039	36 553	415 371	178 610	107 996	128 765
1965	204 698	153 737	50 961	537 690	210 857	134 083	192 750
1966	218 855	153 534	65 321	632 016	227 790	160 531	243 695
1967	204 602	151 452	53 150	510 214	173 202	127 153	209 860
1968	115 517	87 786	27 731	373 667	178 415	96 644	98 608
1969	197 603	153 299	44 304	478 332	197 814	105 279	175 239
1970	265 782	196 625	69 157	760 736	265 100	175 984	319 652
1971	285 292	211 116	74 176	851 591	284 887	206 196	360 508
1972	298 842	219 088	79 754	897 890	301 579	233 940	362 371
1973	330 700	253 100	77 600	985 852	314 307	264 988	406 557
1974	338 997	248 816	90 181	898 989	332 553	221 990	344 446
1975	366 966	272 677	94 289	1 062 880	378 850	253 984	430 046
1976	374 657	272 373	102 284	958 073	371 363	227 920	358 790
1977	469 769	345 607	124 162	1 203 187	437 371	287 346	478 470
1978	519 752	380 726	139 026	1 485 084	507 504	398 833	578 747
1979	555 207	409 746	145 451	1 597 852	544 979	449 857	603 016
1980	635 129	472 540	162 589	1 578 272	579 583	496 086	502 603
1981	706 915	510 510	196 405	1 500 569	598 841	455 862	445 866
1982	747 504	551 893	195 611	1 729 205	646 580	526 511	556 114
1983	822 310	546 950	275 360	2 057 489	755 828	590 163	711 498
1984	857 138	559 293	297 845	2 117 256	787 822	580 889	748 545
1985	998 825	672 362	326 463	2 793 802	1 075 175	753 265	965 362
1986	1 160 500	776 696	383 804	2 959 172	1 129 306	892 784	937 082
1987	1 303 003	820 891	482 112	3 285 035	1 053 923	1 106 803	1 124 309
1988	1 516 447	965 447	551 000	3 708 942	1 121 815	1 282 274	1 304 853
1989	1 578 148	994 233	583 915	4 198 900	1 259 670	1 451 558	1 487 672
1990	1 304 917	881 006	423 911	4 859 913	1 847 476	1 586 152	1 426 286
1991	1 671 006	1 127 040	543 966	4 950 136	1 547 848	1 957 677	1 444 611
1992	1 879 645	1 264 323	615 322	5 851 895	1 774 351	2 392 349	1 685 194
1993	2 022 767	1 314 558	708 208	7 973 729	2 309 147	3 567 819	2 096 764
1994	2 615 264	1 713 608	901 656	9 546 792	2 773 577	4 438 694	2 334 521
1995	2 779 737	1 922 795	856 942	11 310 334	3 326 686	5 376 202	2 607 446
1996	3 609 266	2 398 351	1 210 915	13 923 157	4 278 363	6 531 158	3 113 636
1997	4 085 534	2 601 628	1 483 906	16 124 318	5 166 934	7 462 932	3 494 452
1998	3 823 515	2 434 777	1 388 738	16 352 694	5 240 116	7 568 633	3 543 946

续表 2 CONTINUED

单位:万元 (10 000 yuan)

年 份	工 业 总产值	按隶属关系分		按企业规模分		
		中央企业	地方企业	大型企业	中型企业	小型企业
1949	37 318	7 133	30 185			37 318
1950	54 698	9 342	45 356			54 698
1951	73 116	14 771	58 345			73 116
1952	107 784	25 286	82 498			107 784
1953	133 434	32 522	100 912			133 434
1954	179 365	40 515	138 850			179 365
1955	216 869	54 919	161 950			216 869
1956	265 567	75 551	190 016			265 567
1957	306 429	90 065	216 364			306 429
1958	507 546	156 988	350 558			507 546
1959	736 141	221 776	514 365			736 141
1960	909 036	274 079	634 957	375 773	131 940	401 323
1961	506 916	143 357	363 559	206 027	74 423	226 466
1962	436 438	149 489	286 949	179 138	62 899	194 401
1963	483 164	212 050	271 114	197 385	69 306	216 473
1964	555 962	429 074	126 888	226 237	79 435	250 290
1965	742 388	355 689	386 699	300 804	105 616	335 968
1966	850 871	412 797	438 074	384 236	207 863	258 772
1967	714 816	312 516	402 300	322 288	174 350	218 178
1968	489 184	166 011	323 173	215 034	116 329	157 821
1969	675 935	266 265	409 670	299 237	161 881	214 817
1970	1 026 518	168 644	857 874	456 405	247 284	322 829
1971	1 136 883	187 052	949 831	476 149	264 723	396 011
1972	1 196 732	150 405	1 046 327	457 063	240 030	499 639
1973	1 316 552	155 346	1 161 206	481 631	270 056	564 865
1974	1 237 986	127 184	1 110 802	399 163	277 376	561 447
1975	1 429 846	163 642	1 266 204	488 041	312 811	628 994
1976	1 332 730	120 243	1 212 487	410 161	261 182	661 387
1977	1 672 956	143 282	1 529 674	505 861	364 384	802 711
1978	2 004 836	171 926	1 832 910	609 331	373 448	1 022 057
1979	2 153 059	211 334	1 941 725	682 241	374 305	1 096 513
1980	2 213 401	200 994	2 012 407	717 866	353 205	1 142 330
1981	2 207 484	177 624	2 029 860	723 602	336 446	1 147 436
1982	2 476 709	363 685	2 113 024	812 108	407 351	1 257 250
1983	2 879 799	445 387	2 434 412	962 425	420 649	1 496 725
1984	2 974 394	504 641	2 469 753	1 050 773	472 435	1 451 186
1985	3 792 627	917 454	2 875 173	1 297 562	454 886	2 040 179
1986	4 119 672	954 131	3 165 541	1 336 555	516 685	2 266 432
1987	4 588 038	1 024 646	3 563 392	1 491 213	552 806	2 544 019
1988	5 225 389	1 102 932	4 122 457	1 643 128	614 514	2 967 747
1989	5 777 048	1 168 382	4 608 666	1 759 507	670 673	3 346 868
1990	6 164 830	1 213 520	4 951 310	1 860 144	674 036	3 630 650
1991	6 621 142	1 355 962	5 265 180	2 134 540	600 806	3 885 796
1992	7 731 540	1 430 169	6 301 371	2 335 582	781 811	4 614 147
1993	9 996 496	1 487 556	8 508 940	2 579 286	787 991	6 629 219
1994	12 162 056	1 554 903	10 607 153	2 822 840	756 728	8 582 488
1995	14 090 071	1 792 028	12 298 043	3 067 820	894 259	10 127 992
1996	17 532 423	1 745 286	15 787 137	3 106 205	913 000	13 513 218
1997	20 209 852	1 748 259	18 461 593	3 201 222	950 202	16 058 428
1998	20 176 209	1 162 462	19 013 747	3 173 872	1 177 450	15 824 887

乡及乡以上工业总产值

GROSS OVTPUT VALUE OF INDUSTRY BY TOWNSHIP LEVEL AND ABOVE

单位：万元 (10 000 yuan)

年 份	轻工业	以农产品为原料工业	以非农产品为原料工业	重工业	采掘工业	原料工业	制造工业
1949	19 065	15 381	3 684	18 253	11 858	4 065	2 330
1950	26 925	21 722	5 203	27 773	17 661	6 342	3 770
1951	31 314	26 322	4 992	41 802	25 790	9 997	6 016
1952	37 980	30 680	7 300	69 803	42 185	17 142	10 476
1953	50 418	41 958	8 460	83 016	49 308	20 407	13 301
1954	66 414	56 935	9 479	112 951	65 922	28 911	18 119
1955	70 342	61 463	8 880	146 526	84 188	37 633	24 706
1956	73 572	65 486	8 086	191 995	108 558	49 477	33 959
1957	73 067	66 400	6 667	233 362	129 580	63 386	40 395
1958	95 402	76 865	18 536	406 291	204 817	114 386	87 088
1959	149 134	117 841	31 294	573 275	261 631	177 852	133 792
1960	156 397	126 016	30 331	737 507	310 968	243 435	183 104
1961	104 764	83 343	21 421	384 992	209 744	114 974	60 275
1962	93 681	73 840	19 840	332 463	181 135	95 663	55 664
1963	106 600	84 170	22 430	362 949	184 010	102 359	76 580
1964	120 789	95 373	25 416	417 393	204 543	110 566	102 283
1965	177 969	142 220	35 749	537 596	244 137	138 734	154 726
1966	189 046	142 938	46 108	629 261	265 278	167 258	196 725
1967	179 603	141 848	37 754	506 772	202 960	133 193	170 619
1968	94 727	76 416	18 310	363 231	194 418	94 149	74 664
1969	169 333	138 842	30 492	467 954	224 001	106 511	137 442
1970	230 197	181 716	48 481	744 453	306 294	181 902	256 257
1971	248 479	196 193	52 285	835 440	331 130	214 196	290 113
1972	259 368	203 291	56 077	883 658	349 281	242 577	291 800
1973	290 907	235 957	54 950	970 940	366 204	276 000	328 736
1974	292 936	229 833	63 103	887 609	383 395	228 623	275 591
1975	320 025	253 576	66 449	1 051 806	440 492	264 085	347 230
1976	322 859	251 233	71 626	949 927	427 996	234 795	287 136
1977	406 222	319 132	87 090	1 184 689	505 242	296 461	382 985
1978	442 323	346 466	95 857	1 439 675	577 587	405 439	456 649
1979	467 189	367 999	99 190	1 535 119	612 854	452 360	469 905
1980	527 922	418 852	109 070	1 521 367	642 319	492 583	386 464
1981	582 296	450 881	131 415	1 451 961	660 681	450 354	340 927
1982	622 109	490 204	131 905	1 668 150	718 225	523 088	426 837
1983	673 655	491 641	182 015	1 930 762	783 384	614 778	532 601
1984	734 014	532 493	201 521	2 201 266	907 143	669 158	624 965
1985	805 994	586 437	219 557	2 451 462	967 701	799 036	684 724
1986	891 176	654 411	236 765	2 630 290	1 005 810	906 219	718 261
1987	997 763	702 878	294 885	2 889 964	1 042 512	1 035 866	811 586
1988	1 116 502	781 442	335 060	3 244 354	1 133 158	1 180 476	930 721
1989	1 140 505	787 803	352 701	3 565 957	1 279 447	1 280 958	1 005 552
1990	1 138 200	771 845	366 355	3 749 867	1 375 898	1 327 966	1 046 003
1991	1 202 477	796 735	405 742	3 957 285	1 399 368	1 426 370	1 131 547
1992	1 283 826	840 677	443 150	4 356 201	1 443 591	1 621 152	1 291 458
1993	1 255 268	809 200	446 068	5 016 901	1 636 285	1 937 890	1 442 726
1994	1 389 112	867 949	521 163	5 446 671	1 704 581	2 193 700	1 548 390
1995	1 553 039	997 156	555 883	6 106 806	1 820 740	2 601 099	1 684 967
1996	1 616 991	1 012 384	604 607	6 805 593	2 076 652	2 861 799	1 867 142
1997	1 758 452	1 060 032	698 419	7 411 400	2 208 037	3 192 139	2 011 223
1998	1 424 321	807 071	617 251	7 027 258	1 784 301	3 492 154	1 750 803

注：本表及以后各表 1998 年数据为新统计口径，本表不包括村及村以下办工业，按 1990 年不变价计算。

工业分部门总产值
GROSS OUTPUT VALUE OF INDUSTRY BY BREACH

单位：万元 (10 000 yuan)

年 份	工 业总产值	冶 金工 业	电 力工 业	煤炭及炼焦工业	石 油工 业	化 学工 业	机 械工 业	建筑材料工 业
1949	37 318	3 317	411	11 977		410	4 342	844
1950	54 698	5 626	502	17 495		304	4 445	1 635
1951	73 116	7 833	721	26 206		1 069	5 510	2 654
1952	107 784	12 580	1 062	42 164		1 237	6 933	3 964
1953	133 434	18 544	1 723	45 739		1 938	8 294	5 470
1954	179 365	24 631	2 327	64 824		3 290	10 594	6 339
1955	216 869	25 757	3 263	85 903		3 566	14 085	7 795
1956	265 567	32 772	4 099	95 859		7 100	25 441	14 257
1957	306 429	38 679	4 938	118 317		9 576	28 069	17 557
1958	501 693	63 320	8 487	190 855	41	22 256	62 927	34 132
1959	722 409	98 663	13 878	245 848	560	50 808	95 874	40 925
1960	893 904	141 044	20 144	291 299	817	72 083	138 542	50 219
1961	489 757	67 926	17 069	202 222	391	31 701	46 640	15 442
1962	426 143	42 641	16 487	183 097	178	34 819	41 218	10 623
1963	469 549	53 138	17 459	194 794	179	34 986	54 945	11 812
1964	538 182	70 269	19 638	194 907	287	45 166	73 104	15 719
1965	715 565	98 579	24 668	217 449	264	62 108	114 840	21 575
1966	818 307	121 210	29 851	230 871	318	81 156	143 717	24 605
1967	686 375	77 544	29 826	179 931	317	69 572	122 137	24 140
1968	457 958	38 935	22 873	167 842	163	33 909	51 010	17 729
1969	637 287	52 374	30 675	215 872	196	71 216	96 687	21 329
1970	974 650	109 390	42 587	286 053	243	123 081	194 581	27 708
1971	1 083 918	134 752	51 125	318 193	269	96 454	230 200	28 115
1972	1 143 027	142 930	58 607	331 240	290	125 734	206 717	34 457
1973	1 261 847	168 483	66 707	348 449	299	142 186	230 392	36 612
1974	1 180 545	112 264	70 175	371 413	279	129 270	188 521	36 903
1975	1 371 831	139 356	78 938	418 994	299	152 804	238 096	41 962
1976	1 272 786	110 185	76 405	412 964	258	134 138	200 842	42 874
1977	1 590 910	157 064	88 453	477 977	220	157 121	290 798	53 992
1978	1 881 998	232 978	104 563	542 190	335	185 186	338 085	65 839
1979	2 002 309	269 960	111 672	579 014	421	187 743	348 076	67 534
1980	2 049 289	282 878	116 879	612 844	527	191 583	296 968	68 189
1981	2 034 257	255 485	120 889	640 714	583	191 576	251 722	58 596
1982	2 290 259	298 718	133 851	699 767	849	225 398	309 118	71 071
1983	2 604 418	357 806	149 797	765 831	1 018	267 010	391 581	80 164
1984	2 935 280	414 041	165 526	877 459	1 397	307 679	460 597	96 481
1985	3 257 456	488 617	186 984	957 291	1 583	304 007	520 297	104 141
1986	3 521 467	578 172	206 339	1 004 785	1 781	342 112	508 638	123 503
1987	3 887 727	610 365	243 325	1 046 247	2 121	418 987	602 975	125 950
1988	4 360 856	686 965	264 244	1 163 129	2 645	496 407	690 904	135 366
1989	4 706 461	718 764	281 191	1 332 707	4 284	539 741	745 095	155 076
1990	4 888 067	720 412	292 542	1 450 186	5 796	569 816	769 132	157 112
1991	5 159 762	750 790	318 661	1 498 310	7 346	639 191	806 080	178 181
1992	5 640 027	856 261	350 997	1 569 611	7 609	687 217	936 365	207 385
1993	6 272 168	1 030 067	418 467	1 687 082	8 478	735 368	1 049 049	264 207
1994	6 835 782	1 124 345	425 508	1 841 762	12 839	811 378	1 131 755	302 596
1995	7 659 845	1 335 196	512 246	1 978 202	52 811	928 678	1 237 891	298 558
1996	8 422 584	1 448 787	480 808	2 261 493	75 215	1 078 153	1 338 839	400 682
1997	9 169 851	1 597 380	502 569	2 493 601	75 602	1 157 587	1 475 772	474 274
1998	8 451 579	1 805 605	538 598	2 341 692	9 948	1 125 318	1 149 364	317 807

续表　CONTINUED

单位:万元 (10 000 yuan)

年　份	森　林 工　业	食　品 工　业	纺　织 工　业	缝　纫 工　业	皮　革 工　业	造　纸 工　业	文教用品 工　业	其　他 工　业
1949	1 764	5 694	4 548	705	502	706		2 098
1950	2 036	10 068	7 070	1 270	656	1 112		2 479
1951	2 428	10 402	8 993	1 922	796	1 438		3 144
1952	2 912	16 250	12 949	1 700	770	1 948		3 315
1953	4 278	21 350	15 924	3 272	900	2 176	68	3 758
1954	6 636	28 654	21 224	4 405	945	2 001	442	3 053
1955	6 797	35 886	21 213	4 804	838	2 454	667	3 841
1956	9 602	37 207	24 352	6 877	1 264	2 400	1 283	3 054
1957	7 183	43 347	22 965	6 421	1 659	2 929	906	3 883
1958	7 786	52 758	33 987	8 874	2 389	3 541	1 656	8 684
1959	7 135	73 308	61 956	13 653	3 260	5 599	2 256	8 686
1960	8 599	76 849	49 464	16 563	4 450	7 180	3 528	13 123
1961	3 786	52 748	31 438	2 337	2 771	4 591	2 402	8 293
1962	2 760	44 712	31 686	1 802	2 137	4 453	2 022	7 508
1963	2 657	47 606	37 020	1 764	2 092	4 134	2 100	4 863
1964	3 194	53 438	45 283	1 926	2 283	4 824	2 444	5 700
1965	3 741	67 802	67 373	2 064	2 447	5 330	2 548	24 777
1966	3 518	62 230	74 588			5 190	3 006	38 047
1967	3 724	63 047	69 101			7 686	2 365	36 985
1968	2 621	58 324	40 814			4 254	1 741	17 743
1969	2 367	62 069	47 897			3 722	3 395	29 488
1970	4 440	68 744	82 281			7 161	3 020	25 361
1971	5 185	70 757	94 324			8 941	2 466	43 137
1972	4 387	79 439	90 499	11 722	5 590	9 009	8 618	33 788
1973	5 083	92 050	100 015	15 210	7 568	11 359	10 545	26 889
1974	4 919	94 336	95 450	13 871	6 014	10 930	11 070	35 130
1975	5 270	102 145	101 093	18 366	6 828	12 674	12 458	42 548
1976	5 237	108 857	89 749	18 573	7 230	12 365	11 970	41 139
1977	6 568	133 134	124 065	21 579	8 153	16 087	14 695	41 004
1978	7 119	134 463	140 849	22 709	8 700	19 597	17 300	62 085
1979	8 063	144 184	155 898	23 311	8 953	20 767	19 401	57 312
1980	7 584	154 712	182 858	27 361	11 369	21 911	20 727	52 899
1981	8 208	177 426	199 773	29 792	11 492	18 356	20 366	49 279
1982	10 147	178 619	214 456	29 913	9 917	21 127	22 245	65 063
1983	11 235	183 985	228 715	31 384	9 873	22 660	24 971	78 388
1984	12 507	205 132	230 918	34 746	10 200	25 372	25 120	68 105
1985	12 707	214 055	261 894	34 975	13 782	28 780	29 211	99 132
1986	12 294	236 077	281 561	36 299	14 896	31 350	31 284	112 376
1987	15 680	260 588	305 065	36 169	15 727	35 258	37 412	131 858
1988	17 147	278 181	346 203	40 773	17 699	39 357	41 160	140 676
1989	18 388	292 283	334 181	41 982	17 929	42 340	44 047	138 453
1990	19 489	280 877	326 701	44 545	17 566	40 810	49 327	143 756
1991	18 707	300 286	330 726	42 836	16 531	39 377	53 666	159 074
1992	20 275	325 910	349 207	40 489	16 613	38 868	61 367	171 852
1993	30 039	329 182	315 551	42 235	20 399	37 040	69 252	235 752
1994	34 613	358 120	328 104	38 987	24 840	45 637	72 285	283 011
1995	39 920	389 462	336 475	46 455	23 200	61 715	91 668	327 369
1996	56 795	419 909	319 684	42 659	25 621	70 971	81 578	321 392
1997	63 105	436 839	323 311	44 220	18 638	67 878	84 987	354 089
1998	24 626	383 179	261 891	18 454	4 820	76 912	50 986	342 379

注:1998 年数据统计范围为国有企业,大中型企业和年产品销售收入 500 万元及以上非国有企业。

工业分行业总产值

GROSS OUTPUT VALVE OF INDUSTRY BY SECTOR

单位:万元 (10 000 yuan)

指标名称	1985年	1986年	1987年	1988年	1989年	1990年	1991年
总计	**3 257 456**	**3 521 467**	**3 887 727**	**4 360 856**	**4 706 461**	**4 888 067**	**5 159 762**
轻工业	805 994	891 176	997 763	1 116 502	1 140 505	1 138 200	1 202 477
以农产品为原料	586 437	654 411	702 878	781 442	787 803	771 845	796 735
以非农产品为原料	219 558	236 766	294 885	335 060	352 701	366 355	405 742
重工业	2 451 462	2 630 291	2 889 964	3 244 354	3 565 957	3 749 867	3 957 285
采掘工业	967 701	1 005 810	1 042 512	1 133 158	1 279 447	1 375 898	1 399 368
原料工业	799 036	906 220	1 035 866	1 180 476	1 280 958	1 327 966	1 426 370
加工工业	684 724	718 261	811 586	930 721	1 005 552	1 046 003	1 131 547
大型企业	1 297 562	1 336 555	1 491 213	1 643 127	1 759 507	1 860 144	2 134 540
中型企业	454 886	516 685	552 806	614 514	670 673	674 036	600 806
小型企业	1 505 008	1 668 228	1 843 708	2 103 215	2 276 282	2 353 887	2 424 416
煤炭采选业	922 708	977 877	1 016 309	1 111 451	1 256 374	1 350 920	1 379 463
石油和天然气开采业							
黑色金属矿采选业	7 939	9 589	10 086	11 706	13 674	16 982	17 939
有色金属矿采选业	17 509	1 179	1 741	2 197	3 134	4 098	5 498
非金属矿采选业	13 470	14 476	14 739	17 754	21 019	22 268	20 951
其他矿采选业	44	38			11	5	2
木材及竹材采运业	2 450	1 937	2 405	2 603	2 377	2 723	2 658
食品加工业	116 310	137 093	144 330	151 150	153 343	154 548	168 907
食品制造业	52 204	56 849	61 827	61 800	65 475	63 256	67 696
饮料制造业	38 819	43 211	50 787	63 144	63 444	58 027	66 274
烟草加工业	17 357	20 010	21 360	26 680	29 281	30 056	27 837
纺织业	235 616	247 807	265 966	302 721	284 839	274 578	269 518
服装及其他纤维制品制造业	34 975	36 299	36 169	40 773	41 982	44 545	42 836
皮革.毛皮.羽绒及其制品业	13 782	14 896	15 727	17 699	17 929	17 566	16 531
木材加工及竹.藤.棕.草制品业	4 503	4 455	4 885	5 096	5 016	4 556	4 256
家具制造业	10 992	11 617	12 897	14 232	15 281	15 413	15 823
造纸及纸制品业	33 619	36 999	42 162	48 262	52 928	51 542	49 521
印刷业	22 894	23 705	27 761	28 817	30 957	32 939	37 261
文教体育用品制造业	1 526	1 695	2 262	2 439	2 566	5 866	6 114
石油加工及炼焦业	6 120	7 788	30 529	50 791	73 877	90 381	82 788
化学原料及化学制品制造业	254 182	266 043	335 714	386 348	407 798	429 275	477 446
医药制造业	44 129	48 469	56 731	66 255	66 330	69 243	86 776
化学纤维制造业	26 278	33 754	39 099	43 482	49 342	52 123	61 208
橡胶制品业	34 637	34 065	36 899	48 130	60 692	65 969	73 523
塑料制品业	24 313	25 456	29 052	38 661	41 787	44 347	44 930
非金属矿物制品业	113 146	127 026	140 806	156 192	176 738	174 499	201 304
黑色金属冶炼及压延加工业	375 246	429 810	470 182	530 052	549 144	558 450	574 485
有色金属冶炼及压延加工业	87 923	137 595	128 356	143 010	152 812	140 882	152 868
金属制品业	61 330	70 838	80 713	90 977	101 677	109 339	122 035
普通机械制造业	167 139	157 201	184 996	212 243	226 695	230 322	146 990
专用设备制造业	144 688	136 084	160 145	183 733	196 243	199 384	301 014
交通运输设备制造业	48 118	43 355	52 631	62 923	66 917	74 625	83 206
电气机械及器材制造业	68 883	75 362	88 214	95 566	109 329	110 911	108 867
电子及通信设备制造业	20 581	17 109	26 426	32 957	31 321	32 359	29 098
仪器仪表及文化.办公用机械制造业	5 503	4 982	6 706	9 232	10 249	9 625	11 222
其他制造业	19 555	32 481	33 518	21 467	23 503	23 538	24 848
电力.蒸汽.热水的生产和供应业	186 984	206 339	243 325	264 244	281 191	292 542	318 661
煤气生产和供应业	15 971	21 146	2 084	3 532	6 740	14 681	43 404
自来水生产和供应业	6 012	6 835	7 727	8 370	8 817	9 283	9 710

注:1998年数据统计范围为国有企业.大中型企业和年产品销售收入500万元及以上非国有企业。

续表　CONTINUED

单位:万元　(10 000 yuan)

指　标　名　称	1992 年	1993 年	1994 年	1995 年	1996 年	1997 年	1998 年
总　　计	**5 640 027**	**6 272 168**	**6 835 782**	**7 659 845**	**8 422 584**	**9 169 851**	**8 451 579**
轻工业	1 283 826	1 255 268	1 389 112	1 553 039	1 616 991	1 758 452	1 424 321
以农产品为原料	840 677	809 200	867 949	997 156	1 012 384	1 060 032	807 071
以非农产品为原料	443 150	446 068	521 163	555 883	604 607	698 419	617 250
重工业	4 356 201	5 016 901	5 446 671	6 106 806	6 805 593	7 411 400	7 027 258
采掘工业	1 443 591	1 636 285	1 704 581	1 820 740	2 076 652	2 208 037	1 784 301
原料工业	1 621 152	1 937 890	2 193 700	2 601 099	2 861 799	3 192 139	3 492 154
加工工业	1 291 458	1 442 726	1 548 390	1 684 967	1 867 142	2 011 223	1 750 803
大型企业	2 335 582	2 604 030	2 822 840	3 067 820	3 106 205	3 201 222	3 173 872
中型企业	781 811	765 168	756 728	894 259	913 000	950 202	1 177 450
小型企业	2 522 634	2 902 970	3 256 215	3 695 439	4 403 379	5 018 427	4 099 632
煤炭采选业	1 428 107	1 514 995	1 613 524	1 724 112	1 928 070	2 043 439	1 630 927
石油和天然气开采业							
黑色金属矿采选业	23 617	34 567	41 080	33 538	44 066	45 408	30 108
有色金属矿采选业	5 433	52 962	64 336	11 798	18 294	17 933	15 580
非金属矿采选业	24 375	29 817	38 889	45 424	59 930	74 291	29 324
其他矿采选业		30	260		22	2	
木材及竹材采运业	3 428	4 728	2 153	5 868	5 312	4 977	1 161
食品加工业	174 595	137 091	151 008	165 475	172 893	192 665	190 390
食品制造业	69 813	70 164	82 272	88 879	102 159	105 136	75 617
饮料制造业	81 842	107 427	116 475	113 650	129 530	131 247	99 412
烟草加工业	31 322	38 379	32 644	45 304	40 213	46 764	51 366
纺织业	283 780	270 245	273 608	286 794	264 353	264 502	210 874
服装及其他纤维制品制造业	40 489	42 234	38 988	46 455	42 659	44 220	18 454
皮革.毛皮.羽绒及其制品业	16 613	20 399	24 841	23 200	25 621	18 638	4 820
木材加工及竹.藤.棕.草制品业	4 376	12 288	14 867	13 570	30 112	23 154	14 922
家具制造业	17 483	18 619	23 493	25 524	28 008	42 885	8 879
造纸及纸制品业	49 293	46 996	57 028	74 532	91 207	87 498	84 643
印刷业	39 904	48 048	48 458	62 910	49 196	53 646	31 159
文教体育用品制造业	9 011	8 925	12 908	13 717	16 603	14 564	13 507
石油加工及炼焦业	103 325	168 159	222 723	289 467	392 670	509 872	703 529
化学原料及化学制品制造业	498 895	534 277	594 433	680 709	784 518	848 945	834 957
医药制造业	95 961	102 737	109 727	141 204	155 698	170 152	179 849
化学纤维制造业	65 427	45 305	54 497	49 681	55 330	58 809	51 017
橡胶制品业	84 480	91 665	99 467	80 888	93 731	96 636	95 193
塑料制品业	51 050	51 674	54 217	67 846	84 009	86 414	60 348
非金属矿物制品业	234 478	288 036	329 523	328 432	428 223	496 227	370 862
黑色金属冶炼及压延加工业	642 081	766 641	834 668	659 179	1 052 950	1 145 299	1 324 047
有色金属冶炼及压延加工业	185 131	175 895	184 261	330 681	333 477	388 740	435 870
金属制品业	144 176	178 264	235 046	252 548	279 815	325 565	268 590
普通机械制造业	258 832	226 952	247 476	255 315	306 140	358 726	244 223
专用设备制造业	224 064	260 720	278 800	298 576	306 204	297 734	238 501
交通运输设备制造业	120 360	142 488	151 659	199 122	199 036	216 346	145 577
电气机械及器材制造业	138 597	173 991	165 107	172 212	186 045	207 668	191 477
电子及通信设备制造业	36 522	47 680	33 280	39 801	40 759	44 454	42 615
仪器仪表及文化.办公用机械制造业	9 265	15 791	15 314	15 728	13 469	16 574	13 130
其他制造业	29 112	32 128	41 533	35 811	42 573	50 301	25 151
电力.蒸汽.热水的生产和供应业	350 997	418 466	456 555	512 246	480 808	502 569	538 598
煤气生产和供应业	45 788	12 405	18 354	17 434	15 968	15 893	17 183
自来水生产和供应业	10 317	10 639	12 693	12 201	13 355	15 332	14 357

注:1998 年数据统计范围为国有企业、大中型企业和年产品销售收入 500 万元及以上非国有企业。

工业增加值

ADDITIONAL OUTPUT VALUE OF INDUSTRY

单位:万元　　　　(10 000 yuan)

指　标	1985年	1993年	1994年	1995年	1996年	1997年	1998年
总　　计	**798 862**	**2 725 177**	**3 067 327**	**3 454 020**	**4 083 324**	**4 475 898**	**3 992 207**
轻工业	149 600	472 286	559 614	436 697	569 332	622 048	477 397
以农产品为原料	96 768	330 285	389 217	291 660	362 338	394 620	281 281
以非农产品为原料	52 832	142 001	170 396	145 037	206 994	227 428	196 115
重工业	649 261	2 252 891	2 507 713	3 017 324	3 513 992	3 853 851	3 514 810
采掘工业	270 713	831 801	947 746	1 289 780	1 475 907	1 564 466	1 283 640
原料工业	203 794	911 601	1 034 826	1 191 696	1 435 049	1 617 268	1 620 948
加工工业	174 755	509 489	525 143	535 848	603 036	672 117	610 222
大型企业	402 389	1 196 155	1 490 574	1 815 036	2 007 090	2 087 860	1 829 354
中型企业	116 022	337 215	364 501	368 399	398 373	421 386	480 651
小型企业	280 451	1 191 807	1 212 252	1 270 585	1 677 887	1 957 570	1 681 991
煤炭采选业	263 237	773 935	910 492	1 252 482	1 419 650	1 502 240	1 202 580
石油和天然气开采业							
黑色金属矿采选业	2 626	16 177	16 762	13 140	18 431	21 525	14 583
有色金属矿采选业	388	27 376	12 066	5 107	6 521	7 514	5 783
非金属矿采选业	4 541	13 627	16 222	17 787	22 460	28 930	15 453
其他矿采选业	4				10	1	
木材及竹材采运业	223	619	780	1 264	1 023	660	876
食品加工业	10 830	59 373	82 331	34 537	54 529	58 692	51 826
食品制造业	6 610	25 090	25 946	20 447	37 144	36 027	30 047
饮料制造业	10 941	64 426	76 628	50 006	70 090	77 669	56 925
烟草加工业	7 589	18 284	16 393	18 866	20 068	29 665	28 847
纺织业	33 926	77 266	109 235	77 050	75 309	85 104	63 574
服装及其他纤维制品制造业	6 693	14 915	14 359	11 479	14 891	17 573	7 378
皮革.毛皮.羽绒及其制品业	3 393	7 729	8 013	4 931	5 737	5 110	1 236
木材加工及竹.藤.棕.草制品业	725	3 495	4 156	2 255	6 762	6 536	4 532
家具制造业	3 433	8 229	9 399	6 496	9 284	14 641	3 256
造纸及纸制品业	7 142	16 900	17 238	24 380	32 436	30 410	24 720
印刷业	5 600	27 532	23 554	21 453	25 695	21 933	15 211
文教体育用品制造业	657	2 955	3 849	3 120	3 625	3 310	2 839
石油加工及炼焦业	2 460	78 869	76 225	114 025	144 909	222 642	288 603
化学原料及化学制品制造业	46 358	147 933	183 029	237 271	296 792	316 505	290 818
医药制造业	8 231	25 146	27 056	33 053	41 657	50 776	49 263
化学纤维制造业	4 569	16 605	11 325	10 372	8 979	6 162	4 275
橡胶制品业	6 944	25 235	30 944	24 936	29 019	32 213	20 665
塑料制品业	5 035	14 661	13 214	12 116	21 516	18 102	10 622
非金属矿物制品业	33 178	156 638	151 301	133 284	164 543	205 825	156 035
黑色金属冶炼及压延加工业	72 336	398 992	443 956	418 758	467 198	486 680	525 614
有色金属冶炼及压延加工业	9 815	50 711	49 811	126 869	100 940	143 691	135 165
金属制品业	16 613	78 438	79 218	58 718	119 891	110 786	88 443
普通机械制造业	22 704	84 816	92 283	83 063	109 291	123 641	90 356
专用设备制造业	61 625	95 550	106 893	92 553	94 839	96 463	65 567
交通运输设备制造业	13 118	36 832	46 204	73 549	58 748	63 095	53 761
电气机械及器材制造业	17 107	55 686	48 472	38 035	46 146	56 571	63 089
电子及通信设备制造业	5 888	19 718	9 500	8 553	8 658	11 519	5 662
仪器仪表及文化.办公用机械制造药	2 203	6 937	7 607	4 574	4 082	5 691	4 416
其他制造业	9 930	13 914	18 685	9 992	14 746	21 579	12 150
电力.蒸汽.热水的生产和供应业	88 360	229 178	273 019	350 243	482 540	496 097	538 241
煤气生产和供应业	1 010	3 338	11 501	4 437	9 042	10 106	5 893
自来水生产和供应业	2 820	11 090	24 272	21 888	21 594	26 394	26 091

主要工业产品产量

OUTPUT OF MAJOR INDUSTRIAL PRODUCT

年　份	原　煤（万吨）	发电量（亿千瓦小时）	钢（万吨）	成品钢材（万吨）	生　铁（万吨）	焦　炭（万吨）	铜（吨）	铝（吨）
1949	267	0.44	1.22	…	4.11	7.54		
1950	380	0.54	4.27	…	7.90	13.41		
1951	603	0.69	5.62	…	12.51	19.96		
1952	994	1.53	9.20	…	19.96	42.49		
1953	906	1.94	12.58	…	23.03	49.78		
1954	1 310	2.59	16.45	…	30.56	47.64		
1955	1 696	3.47	20.19	…	31.76	56.66		
1956	1 930	4.78	25.31	…	34.49	62.33		
1957	2 368	5.72	26.37	18.84	37.93	78.72	312	
1958	3 715	9.42	42.00	26.87	64.82	86.61	750	16
1959	4 355	14.85	58.11	38.90	93.09	220.37	2 148	190
1960	4 412	21.84	74.95	48.11	118.64	255.28	1 126	845
1961	3 258	18.69	39.08	25.78	56.78	173.87	616	925
1962	3 180	17.99	23.64	13.21	39.46	93.79	388	521
1963	3 466	18.77	25.99	14.76	39.96	79.73	768	290
1964	3 597	21.00	29.44	17.86	50.31	88.95	1 534	664
1965	3 927	25.70	39.97	25.01	64.75	97.36	1 995	1 370
1966	4 198	30.89	48.36	29.81	63.81	100.07	2 041	1 530
1967	3 386	29.84	33.60	25.44	54.19	81.85	1 530	1 351
1968	3 664	23.08	22.62	8.38	36.11	60.75	1 628	503
1969	4 465	30.70	26.44	15.28	41.14	75.14	1 166	339
1970	5 298	42.05	52.12	37.77	72.28	129.06	1 808	2 461
1971	5 487	49.83	76.14	50.42	82.24	179.17	2 316	2 533
1972	5 994	57.83	93.61	60.28	93.27	224.11	2 572	2 831
1973	6 398	66.22	106.09	63.68	103.34	237.35	10 065	3 880
1974	6 796	68.71	59.14	35.53	83.00	234.80	7 152	2 139
1975	7 542	77.85	79.13	40.43	97.73	241.74	11 798	1 876
1976	7 720	75.83	47.32	31.17	64.38	244.69	9 360	1 879
1977	8 754	88.29	76.46	44.39	96.12	288.31	10 312	3 125
1978	9 825	106.63	119.99	74.04	150.39	356.51	13 583	4 966
1979	10 893	114.10	136.75	88.14	166.75	354.86	19 860	5 751
1980	12 103	120.24	149.38	86.42	171.39	320.95	26 607	6 309
1981	13 255	124.57	138.46	69.70	157.46	297.17	25 951	6 351
1982	14 532	136.92	150.04	82.49	161.63	328.77	20 045	6 502
1983	15 918	151.27	158.61	91.99	170.45	346.81	21 244	6 579
1984	18 716	167.53	176.33	102.95	202.73	410.30	21 521	6 598
1985	21 418	184.59	183.74	110.80	229.54	417.34	24 400	1 003
1986	22 180	220.02	190.20	115.68	301.29	675.94	27 857	7 300
1987	23 164	263.42	203.60	119.56	330.06	842.50	28 943	9 737
1988	24 648	277.74	216.05	128.32	403.61	1 051.37	24 858	14 284
1989	27 501	303.13	227.55	132.75	423.73	1 390.54	26 520	13 924
1990	28 597	314.16	238.58	128.78	454.88	1 609.27	25 147	18 802
1991	29 162	341.38	251.99	125.03	492.80	1 455.42	26 652	25 688
1992	29 687	384.17	279.37	149.93	612.17	1 814.96	28 504	36 302
1993	31 015	417.82	314.05	166.71	1 078.76	2 751.36	30 454	45 651
1994	32 397	456.93	333.10	186.15	1 341.37	4 278.95	32 732	55 030
1995	34 731	505.97	339.80	217.09	1 438.29	5 297.62	27 530	64 408
1996	34 881	526.89	355.78	253.85	1 432.79	5 396.86	24 835	80 070
1997	33 843	546.02	398.98	278.83	1 465.02	5 279.13	43 245	112 833
1998	31 482	554.03	420.02	333.63	1 488.00	5 703.00	32 113	136 342

续表 1 CONTINUED

年 份	水 泥（万吨）	平板玻璃（万重量箱）	木 材（万立方米）	硫 酸（万吨）	纯 碱（万吨）	化学肥料（折有效成份 100%）		
						合 计（万吨）	#氮 肥	#磷 肥
1949	1.44							
1950	4.48							
1951	6.42							
1952	9.69					0.01	0.01	
1953	11.65					0.01	0.01	
1954	10.33					0.01	0.01	
1955	17.66					0.01	0.01	
1956	22.99					0.02	0.02	
1957	51.41					0.02	0.02	
1958	86.62		2.45	2.38	…	0.17	0.02	0.15
1959	109.47		6.77	6.09	0.34	1.51	0.04	1.47
1960	127.17		5.45	5.43	0.43	2.68	0.70	1.98
1961	38.41		1.90	3.32	0.41	2.83	2.11	0.72
1962	49.84		3.18	2.52	0.22	4.90	4.07	0.83
1963	52.04		3.98	3.99	…	5.92	4.93	0.99
1964	68.69		6.52	4.77	…	8.13	6.42	1.71
1965	86.44		10.98	5.28	…	11.09	8.98	2.11
1966	106.60		10.09	5.54	…	11.75	8.71	3.04
1967	81.84		7.93	4.77	…	7.64	5.71	1.93
1968	70.69		6.21	3.83	…	2.75	1.63	1.12
1969	98.34		6.74	3.40	…	4.27	2.90	1.37
1970	115.57		8.26	5.02	0.01	8.20	7.00	1.17
1971	131.38		6.37	6.47	0.04	10.39	9.21	1.18
1972	159.25	0.81	14.08	8.69	0.02	14.06	12.06	2.00
1973	166.01	1.92	13.54	13.49	0.39	18.47	15.42	3.05
1974	161.00	9.09	11.70	10.01	0.21	18.21	14.88	3.33
1975	180.16	25.75	11.31	9.95	0.44	24.87	18.58	6.29
1976	184.13	17.27	11.47	8.96	0.06	21.38	13.09	8.29
1977	221.66	24.47	15.35	14.40	0.18	27.33	20.73	6.60
1978	255.87	47.09	16.73	22.77	0.59	32.33	30.24	2.09
1979	269.48	56.84	19.14	21.09	0.92	34.63	30.96	3.67
1980	287.88	52.74	14.89	23.76	1.28	40.15	34.91	5.24
1981	270.80	72.65	12.04	26.01	1.20	37.07	31.67	5.39
1982	312.41	84.84	12.21	28.15	1.32	42.35	36.82	5.53
1983	362.37	87.19	10.30	28.62	1.64	48.03	41.82	6.21
1984	400.84	128.96	12.85	28.11	1.86	51.83	46.19	5.63
1985	458.68	113.33	13.41	16.06	2.05	39.31	37.41	1.89
1986	520.68	100.65	12.78	19.54	2.23	41.23	38.02	3.17
1987	542.42	81.64	15.23	32.07	2.96	55.64	48.61	7.03
1988	573.05	98.46	16.23	37.55	3.15	67.65	57.14	10.51
1989	633.75	159.08	13.61	37.88	3.05	70.12	60.25	9.87
1990	612.47	181.58	14.79	38.79	2.96	71.94	60.06	11.88
1991	675.23	192.66	13.84	43.51	2.81	80.11	66.24	13.85
1992	815.26	207.56	19.17	45.54	2.18	80.30	65.60	14.67
1993	967.06	195.80	32.22	38.07	2.56	77.56	64.43	13.11
1994	1 035.38	171.76	26.16	49.12	2.78	84.74	70.86	13.87
1995	1 169.85	241.44	34.99	60.03	0.94	102.31	83.31	18.93
1996	1 307.56	236.30	35.74	62.16	1.59	116.60	98.38	17.74
1997	1 420.15	353.29	32.43	56.23	2.57	116.23	97.38	17.51
1998	1 395.00	368.27	20.40	57.50	2.35	135.85	115.57	18.52

续表 2　CONTINUED

年　份	烧　碱（万吨）	化学农药（万吨）	硫化碱（万吨）	无水芒硝（万吨）	电　石（万吨）	塑　料（万吨）	轮胎外胎（万条）
1949	0.02		…				
1950	0.04		0.03	0.05			
1951	0.04		0.08	0.07			
1952	0.05		0.06	2.11			
1953	0.07		0.35	2.70		…	
1954	0.08		0.35	2.92	0.05	0.04	
1955	0.09		0.24	2.03	0.52	0.04	
1956	0.11		0.40	9.85	0.56	0.05	
1957	0.16	0.01	0.85	9.01	0.63	0.08	
1958	0.55	0.11	1.62	15.25	0.91	0.12	0.01
1959	1.95	0.51	1.41	15.86	1.24	0.15	0.39
1960	2.29	0.43	1.68	16.67	1.80	0.26	0.43
1961	1.50	0.25	1.12	7.87	1.25	0.10	0.34
1962	1.33	0.22	1.06	6.46	0.88	0.08	0.47
1963	1.53	0.28	1.76	8.64	0.91	0.04	1.01
1964	1.59	0.30	1.98	10.04	0.94	0.04	1.08
1965	2.10	0.34	2.13	11.83	1.22	0.21	1.86
1966	2.60	0.47	2.54	13.77	2.75	0.45	2.64
1967	2.15	0.47	2.17	10.61	3.06	0.37	3.00
1968	0.80	0.14	2.20	11.00	0.99	0.06	1.44
1969	1.15	0.21	2.29	14.67	2.84	0.10	1.76
1970	2.22	0.43	3.14	22.90	3.74	0.21	2.80
1971	2.91	0.49	3.39	26.27	4.42	0.26	3.02
1972	2.90	0.52	4.46	28.93	4.05	0.31	4.08
1973	3.33	0.60	4.90	27.92	4.79	0.39	4.27
1974	2.81	0.56	2.79	23.59	4.30	0.15	3.47
1975	2.89	0.45	4.50	27.55	4.40	0.24	5.08
1976	2.55	0.44	4.66	26.36	3.80	0.18	6.05
1977	3.34	0.65	5.27	30.35	4.64	0.27	8.19
1978	4.13	0.90	5.77	29.13	6.78	0.57	9.97
1979	4.78	0.83	5.99	29.84	7.65	0.80	14.83
1980	4.31	0.77	6.37	32.45	8.04	0.55	14.44
1981	4.28	0.61	6.20	30.74	7.54	0.56	5.93
1982	4.72	0.74	6.67	29.71	10.26	0.78	8.43
1983	4.67	0.62	7.27	25.87	15.03	0.96	23.87
1984	4.88	0.57	6.21	19.11	16.88	1.05	27.36
1985	5.15	0.29	9.93	34.97	19.36	0.94	29.25
1986	6.10	0.21	6.96	40.65	22.45	1.11	28.35
1987	6.59	0.18	6.18	48.96	25.23	1.05	30.97
1988	6.51	0.22	7.17	46.10	30.86	1.58	40.58
1989	7.60	0.24	7.30	45.08	29.82	1.81	49.51
1990	8.00	0.38	9.00	50.73	29.65	1.82	57.33
1991	7.82	0.24	7.71	53.50	30.27	1.97	69.65
1992	8.06	0.21	7.76	54.21	34.34	1.73	82.86
1993	7.64	0.12	7.70	55.03	41.63	1.65	97.04
1994	9.11	0.13	7.73	51.93	51.92	2.25	122.76
1995	10.99	0.71	8.77	44.53	70.74	2.64	112.45
1996	13.07	0.35	8.85	47.79	68.65	2.11	99.06
1997	13.26	0.37	8.38	46.37	77.17	2.49	117.12
1998	13.56	0.27			(6.06)	(1.75)	(136.68)

注:带括号的产品产量为国有企业、大中型企业和年产品销售收入 500 万元及以上的非国有企业生产。

续表 3 CONTINUED

年 份	矿山设备（吨）	起重设备（吨）	输送设备（吨）	锻压设备（吨）	工业锅炉（蒸发量吨）	气 体 压缩机（台）	交 流 电 动 机（万千瓦）	变 压 器（万千伏安）
1949								
1950								
1951								
1952	428				6			
1953	1 302			164	…			
1954	585			587	…			0.34
1955	984			650	…			0.21
1956	3 610			717	…			0.64
1957	4 855	3 499	69	341	12	16		1.73
1958	4 757	6 474	7	280	100	1	14.95	19.25
1959	10 516	13 797	1 914	3 486	309	113	38.58	41.57
1960	11 943	10 776	3 012	3 819	389	477	31.81	40.71
1961	3 971	778	851	2 037	160	88	6.77	12.59
1962	2 465	1 745	139	1 729	116	42	3.09	7.43
1963	1 908	2 058	156	2 198	86	39	3.60	7.26
1964	1 812	2 391	74	2 753	209	45	2.32	8.83
1965	3 643	4 343		4 218	260	150	5.55	11.22
1966	5 971	5 512	220	4 338	300	220	12.14	24.03
1967	1 967	2 940	454	1 567	148	203	12.11	33.25
1968	1 222	810	605	1 118	82	131	5.90	10.73
1969	1 106	3 356	985	3 204	235	174	13.42	20.76
1970	11 587	6 214	1 264	4 659	1 619	223	37.16	54.45
1971	19 845	7 730	895	8 535	492	200	59.86	83.23
1972	19 727	7 879	2 317	11 370	546	280	71.96	86.17
1973	17 509	9 988	3 265	10 882	762	362	78.39	102.17
1974	10 044	3 548	3 488	10 239	415	406	63.61	79.82
1975	12 431	8 787	3 124	9 812	629	340	84.56	105.46
1976	6 604	3 742	2 281	15 558	154	263	63.46	50.49
1977	15 024	8 788	1 916	58 966	777	214	95.24	100.76
1978	18 214	9 067	3 326	25 353	1 167	248	163.91	136.79
1979	15 536	8 498	4 785	18 015	1 364	244	126.80	138.56
1980	9 349	8 725	2 400	14 865	1 437	352	59.74	83.66
1981	4 389	2 951	1 667	4 594	1 034	57	47.91	55.64
1982	6 418	2 479	1 397	6 564	912	216	63.46	82.77
1983	8 367	4 043	1 771	7 062	1 409	261	88.76	115.86
1984	8 895	6 588	3 288	8 263	1 726	674	92.25	122.57
1985	16 345	7 484	6 694	9 042	2 306	820	120.83	161.64
1986	19 926	7 382	12 671	12 652	2 676	783	133.50	183.54
1987	19 109	8 715	7 960	10 262	2 316	968	143.60	378.21
1988	16 351	9 874	11 580	11 692	2 570	1 081	160.04	235.07
1989	18 662	11 390	15 475	9 795	2 878	1 237	168.56	255.08
1990	25 717	8 462	14 616	8 950	2 208	1 111	156.75	196.78
1991	26 732	7 682	15 446	7 761	1 650	1 205	152.57	155.00
1992	24 413	8 256	12 330	9 751	1 850	1 735	174.66	191.23
1993	32 575	21 867	13 591	16 758	3 442	2 608	72.63	272.15
1994	34 279	25 822	13 260	15 359	2 001	1 996	203.24	218.29
1995	23 675	9 973	15 243	5 499	10 459	2 008	60.57	146.10
1996	22 288	11 983	11 557	4 236	3 816	2 152	54.98	109.18
1997	17 459	8 199	11 057	3 240	4 761	1 704	66.77	245.16
1998	（14 647）	（8 573）	（43 031）	（3 067）	（1 464）	（1 456）	（186.67）	（168.40）

续表 4 CONTINUED

年 份	金属切削机 床（台）	泵（台）	轴 承（万套）	机 车（台）	汽 车（辆）	小 型拖拉机（台）	内燃机（万千瓦）	胶 鞋（万双）
1949	64	26						
1950	22	3						
1951	5							
1952	122		1.00					
1953	6	5	4.50					
1954	19	3	20.70					
1955	4	61	11.40					
1956	13	285	27.50					
1957	235	186	49.30					
1958	2 770	7 047	81.89	41			0.04	
1959	4 594	8 887	151.26	36			5.81	
1960	4 389	9 599	281.83	27		110	7.49	
1961	1 451	1 911	161.12	10		10	10.98	64.32
1962	281	570	66.86	20			5.59	84.99
1963	9	632	28.55	20			2.62	202.03
1964	24	990	25.52	50				230.80
1965	42	4 296	31.45	87			0.71	259.70
1966	216	40 832	57.56	170			1.04	311.00
1967	399	9 518	30.30	139	22		4.41	342.00
1968	142	11 108	49.50	153	3	12	4.50	169.10
1969	533	14 833	138.55	200	40	10	3.28	242.00
1970	1 378	21 838	230.00	251	382	103	4.88	261.00
1971	2 151	26 884	301.13	265	515	169	9.25	370.20
1972	3 785	32 357	386.06	240	415	404	11.74	404.05
1973	3 432	42 515	445.78	266	250	613	16.77	406.25
1974	2 779	49 253	357.69	262	344	1 481	18.94	451.01
1975	2 714	44 957	443.00	216	742	2 587	22.71	462.02
1976	2 617	43 956	381.48	150	725	5 025	26.91	495.97
1977	3 878	47 430	591.18	158	885	8 442	23.50	500.36
1978	3 131	34 650	494.47	267	1 251	7 735	30.38	492.56
1979	2 264	29 006	560.79	311	1 552	6 233	36.21	499.88
1980	1 706	20 819	512.67	325	1 545	304	30.33	410.34
1981	832	23 235	467.87	237	362	400	4.76	318.87
1982	724	28 770	440.46	236	469	1 404	3.16	320.32
1983	968	34 181	561.90	260	410	9 605	1.39	384.04
1984	1 039	43 130	593.24	270	665	16 269	4.25	440.98
1985	1 288	41 796	501.23	276	1 463	15 993	11.53	672.15
1986	1 442	38 496	585.23	275	135	10 560	15.43	665.00
1987	1 400	48 869	638.35	287	205	14 729	6.50	653.12
1988	1 678	54 100	801.11	205	661	19 989	12.49	668.26
1989	1 559	60 500	1 173.51	41	800	18 635	35.24	645.35
1990	1 678	47 168	776.28	48	375	18 113	57.42	573.39
1991	1 955	59 320	943.81	70	752	20 086	8.48	1 399.42
1992	1 245	63 074	705.60	79	748	15 363	14.98	1 208.35
1993	1 415	62 500	696.52	136	1 778	9 800	18.42	1 131.97
1994	861	108 469	472.85	124	2 465	12 167	17.92	1 561.72
1995	688	77 931	882.00	77	2 579	11 419	44.11	1 393.64
1996	713	74 274	595.92	138	1 155	6 579	84.00	1 916.00
1997	723	65 443	594.62	145	1 912	1 987	60.12	1 763.00
1998	385	50 566	385.50	148	1 244	2 061	61.30	1 355.00

续表 5　CONTINUED

年　份	纱 (吨)	布 (万米)	化学纤维 (吨)	针棉织品 折用纱量 (吨)	毛　线 (吨)	呢　绒 (万米)	丝 (吨)	丝织品 (万米)
1949	2 812	1 198			3	0.96		
1950	5 894	3 240			10	1.16		
1951	5 303	3 383			11	1.18		
1952	8 617	4 136			27	0.54		
1953	10 104	5 037			56	3.18		
1954	15 353	6 236		860	62	4.53		1.67
1955	12 522	5 015		1 200	75	8.21		5.70
1956	15 030	6 780		2 042	95	12.65		15.66
1957	12 182	6 046		4 236	114	14.50		32.21
1958	22 322	7 497		2 848	194	19.56		30.37
1959	33 250	10 041		4 497	185	17.56		37.07
1960	26 962	9 873		4 837	134	16.92	10	34.52
1961	18 004	5 643		2 204	40	12.72	25	29.40
1962	16 983	5 719		2 257	89	16.08	33	47.10
1963	18 345	6 739		1 666	86	17.40	37	87.90
1964	25 331	9 899		2 167	131	18.06	39	101.60
1965	36 582	15 530		2 723	227	12.02	38	151.60
1966	49 875	21 202		3 529	240	18.20	48	177.50
1967	42 852	17 227		3 870	394	35.00	63	182.50
1968	23 558	9 104		4 067	378	27.80	60	122.98
1969	26 997	11 054	37	7 470	556	44.60	81	213.00
1970	52 902	23 047	81	5 822	494	72.44	117	255.79
1971	57 668	23 879	162	5 518	378	82.13	122	274.00
1972	55 249	22 968	191	4 712	348	88.44	109	301.20
1973	56 001	24 089	187	5 392	379	97.77	107	307.06
1974	49 767	20 124	135	5 923	315	81.61	103	230.21
1975	57 470	23 034	148	6 037	439	84.34	105	257.75
1976	49 534	19 680	369	5 930	289	95.13	107	220.09
1977	66 446	29 430	1 083	7 381	418	124.42	137	324.38
1978	72 193	32 756	1 668	8 133	514	150.59	144	365.85
1979	78 081	34 895	1 842	7 865	595	162.22	151	394.80
1980	84 145	38 652	3 642	8 800	776	186.00	160	471.00
1981	87 197	39 663	3 974	8 911	885	196.00	199	483.58
1982	91 267	42 962	3 697	10 043	939	200.51	196	568.19
1983	88 343	42 401	6 560	8 431	971	197.32	227	737.85
1984	72 142	34 656	11 418	7 724	1 093	241.04	258	898.19
1985	77 762	37 555	14 581	7 796	1 475	265.16	281	1 311.59
1986	92 344	44 746	16 053	8 780	2 016	273.00	288	1 016.08
1987	103 752	48 099	16 933	9 295	2 283	259.40	321	1 126.93
1988	112 725	52 859	16 889	12 205	2 228	256.73	338	1 286.97
1989	96 836	46 909	19 421	11 550	2 176	232.80	346	1 136.50
1990	94 237	42 948	19 839	10 756	1 438	230.90	370	1 070.40
1991	97 020	42 527	24 526	8 691	1 757	267.71	389	965.72
1992	101 670	42 320	26 965	9 459	1 743	235.44	416	812.00
1993	86 015	40 329	25 700	8 300	1 118	195.55	510	726.86
1994	70 604	34 587	28 700	5 548	1 523	116.74	461	1 300.38
1995	72 165	35 593	25 345	6 067	1 626	225.00	517	1 278.00
1996	61 237	30 853	27 758	4 047	1 150	122.58	621	1 113.00
1997	69 523	33 882	29 577	3 048	1 197	99.49	599	1 160.00
1998	65 722	30 457	27 823	(3 156)	(543)	(99.57)	(370)	(931.00)

续表 6　CONTINUED

年　份	糖（吨）	卷　烟（万箱）	饮料酒（万吨）	食用植物油（万吨）	机制纸及纸板（万吨）	缝纫机（万架）	自行车（万辆）	电视机（万台）	#彩电
1949		1.20	0.10	0.16	0.07				
1950		2.32	0.24	0.23	0.16				
1951		2.34	0.45	0.26	0.21				
1952		3.34	0.51	0.61	0.32				
1953		3.51	0.88	1.02	0.35				
1954		3.72	1.05	1.19	0.29				
1955		3.43	0.89	1.46	0.31				
1956		3.78	0.87	0.87	0.38				
1957		4.04	1.01	0.95	0.65	0.01			
1958	274	3.99	1.19	2.46	0.73	0.01			
1959	1 712	5.63	2.03	3.37	1.22	0.05			
1960	81	3.45	1.75	1.89	1.56	0.10			
1961	73	1.52	0.78	1.05	1.15	0.02			
1962	53	2.33	0.77	1.27	1.17	0.05			
1963		3.17	0.84	1.45	1.17	0.37			
1964	3 229	4.96	0.97	2.12	1.42	0.59			
1965	11 207	6.79	0.81	2.93	1.77	0.64			
1966	7 601	8.55	0.70	1.16	2.53	1.20			
1967	4 535	8.06	0.69	0.89	3.03	0.76			
1968	9 661	4.83	0.88	0.98	1.72	0.40			
1969	13 863	6.91	1.05	0.75	2.05	0.67			
1970	13 997	10.23	0.76	0.90	3.69	1.58	0.01	…	
1971	4 034	8.80	0.71	1.37	4.32	2.50		0.01	
1972	3 524	9.14	0.95	1.22	4.37	2.54	0.05	0.01	
1973	4 437	12.74	1.22	1.52	5.52	2.54	0.20	0.02	
1974	6 200	14.14	1.50	0.79	5.63	1.98	0.40	0.01	
1975	6 869	16.09	1.77	1.88	6.51	2.53	1.01	0.05	
1976	7 221	12.20	2.03	2.10	6.64	3.61	2.01	0.01	
1977	9 730	15.29	2.46	1.98	8.05	4.11	3.03	0.06	
1978	5 319	16.77	2.42	2.00	9.35	5.50	4.02	0.38	
1979	8 889	17.60	2.55	2.42	10.12	7.60	5.10	1.22	
1980	11 111	18.62	3.96	3.11	11.55	13.04	10.53	2.38	
1981	17 117	19.42	4.74	3.47	9.53	24.24	19.59	3.54	
1982	17 208	21.74	4.49	4.72	11.70	34.65	33.48	2.67	
1983	25 612	16.77	4.72	5.05	13.03	17.51	34.14	7.89	
1984	26 769	20.83	6.05	5.09	14.96	0.48	19.91	11.36	
1985	30 118	18.72	8.36	4.51	18.75	1.03	17.50	17.97	1.53
1986	33 774	18.95	8.93	4.29	20.44	0.03	18.21	10.96	1.57
1987	31 496	16.43	10.22	5.00	24.64	6.36	34.16	14.11	2.93
1988	28 479	19.37	13.71	6.54	30.36	13.00	44.12	14.40	4.84
1989	35 726	23.03	13.65	7.17	35.35	16.40	38.67	12.87	5.10
1990	30 514	24.17	14.19	5.38	35.44	13.57	17.80	11.46	5.03
1991	63 210	21.79	15.24	6.54	33.91	10.72	33.24	4.51	3.97
1992	77 445	22.00	19.36	8.31	39.29	7.25	15.76	2.56	1.30
1993	63 600	21.75	23.73	7.46	37.01	2.91	2.61	1.20	1.00
1994	62 880	22.32	26.53	10.44	40.65	9.51	0.51	1.23	1.23
1995	36 850	28.43	28.22	11.49	59.69	11.33	1.60	0.45	0.45
1996	43 124	20.14	29.29	13.88	68.72	0.99	0.01	0.12	0.11
1997	43 543	27.60	31.37	12.86	51.61	1.07		0.12	0.12
1998	58 035	27.81	24.99	(2.78)	46.45				

续表 7 CONTINUED

年份	洗衣机（台）	日用搪瓷制品（吨）	肥香皂（吨）	合成洗涤剂（吨）	干电池（万只）	火柴（万件）	皮革（万张）	日用玻璃制品（吨）	日用陶瓷（万件）	灯泡（万只）
1949						5.89			130	
1950					4	10.69			120	
1951					10	16.02			675	
1952			237		12	28.50			559	
1953			442		155	20.03		614	1 394	
1954			839		354	24.76		834		
1955		19	1 584		560	31.16		1 493		
1956		139	2 107		247	25.40		1 286	837	
1957		151	1 910		387	26.80	12.57	1 971	872	
1958		304	1 939		487	28.50	13.68	5 174	2 045	
1959		447	5 875		858	34.85		5 542	4 031	11
1960		565	5 375		718	40.00	33.05	4 728	2 705	26
1961		279	2 337	20	494	25.42	18.96	5 054	1 981	142
1962		509	3 179	36	720	30.22	7.29	5 518	1 311	166
1963		511	3 391	45	694	37.60	8.50	3 003	1 201	277
1964		563	3 173	6	633	37.20	7.00	1 330	1 142	307
1965		551	3 776	103	647	28.00	11.60	1 864	3 214	464
1966		576	4 698	109	801	28.10	19.00	2 132	2 702	509
1967		495	5 082		726	21.00	26.00	2 949	2 517	291
1968		255	3 806		572	17.88	21.17	917	803	102
1969		350	4 008	863	720	23.36	30.90	2 767	1 000	246
1970		647	4 520	2 796	1 442	30.18	33.32	4 875	3 679	929
1971		628	2 412	5 005	1 686	26.30	28.39	5 107	4 295	1 124
1972		829	5 857	5 760	1 744	25.43	27.17	6 577	4 867	1 296
1973		812	8 597	6 598	2 101	30.01	28.02	10 990	5 590	1 229
1974		941	8 719	5 454	2 039	30.24	29.15	14 025	5 734	592
1975		1 047	8 214	6 245	2 524	32.53	30.33	14 394	6 756	589
1976		1 056	6 912	7 153	2 492	28.11	28.29	13 962	8 283	468
1977		1 388	8 954	9 883	3 230	36.96	37.69	19 504	10 764	979
1978		1 715	9 420	14 409	3 538	37.80	42.33	20 101	11 370	1 605
1979	94	1 932	12 475	17 678	4 169	36.95	41.70	14 301	8 174	2 137
1980	4 806	2 234	16 915	18 505	4 497	38.00	59.35	18 510	9 155	2 422
1981	29 440	2 039	22 982	24 900	4 448	40.51	68.87	20 648	9 699	2 394
1982	35 479	1 565	20 918	31 925	4 827	43.87	38.80	53 787	10 702	2 769
1983	76 070	1 558	18 184	38 942	5 119	46.37	32.99	47 875	10 085	3 254
1984	133 730	2 173	17 528	47 538	5 137	48.56	43.08	57 313	10 486	3 685
1985	233 691	2 099	16 464	60 746	5 093	48.89	40.96	63 904	9 525	3 649
1986	228 832	2 026	22 775	64 092	4 549	44.81	48.00	72 122	10 825	3 517
1987	332 051	2 219	27 188	66 744	5 762	46.40	53.25	81 011	12 700	3 202
1988	350 189	2 543	28 482	88 955	6 332	53.04	38.98	121 372	19 237	3 405
1989	327 600	3 265	29 252	87 563	6 813	52.65	32.02	107 132	19 201	3 806
1990	234 627	3 360	22 378	68 951	6 413	61.77	22.63	109 637	20 037	4 636
1991	243 790	3 481	19 737	57 936	3 741	65.83	21.05	115 997	17 973	4 873
1992	259 100	3 333	16 175	61 866	3 917	84.51	13.97	157 498	19 095	4 736
1993	301 200	2 210	13 563	71 510	2 700	73.35	4.64	165 300	21 493	3 846
1994	341 900	3 019	15 497	96 396	3 005	75.15	2.78	176 472	22 048	3 120
1995	296 900	1 275	17 345	135 359	2 824	96.39	2.98	166 642	24 941	2 612
1996	398 709	3 229	13 574	166 826	1 284	84.32	3.09	174 911	27 119	3 304
1997	420 845	4 472	12 887	196 718	1 159	63.49	4.51	208 180	21 947	2 846
1998	362 401	(1 261)	(6 789)	209 611	(1 166)	(42.33)		(173 195)	(12 403)	(2 105)

独立核算工业企业固定资产

VALUE OF FIXED ASSETS OF INDUSTRIAL ENTERPRISES WITH INDEPENDENT ACCOUNTING

单位：万元 (10 000 yuan)

年 份	全部工业	国有工业	集体工业	其他工业
1949	12 987	10 096	2 891	
1952	37 356	32 759	4 597	
1957	133 314	125 040	8 274	
1962	336 976	327 525	9 451	
1965	409 572	398 586	10 986	
1970	559 732	539 359	20 373	
1975	1 074 594	1 022 000	52 594	
1980	1 649 209	1 534 690	114 519	
1985	2 710 053	2 468 551	240 881	621
1986	3 054 350	2 752 273	301 746	331
1987	3 465 841	3 102 900	362 275	666
1988	3 976 063	3 526 824	433 891	15 348
1989	4 513 744	3 971 915	510 015	31 814
1990	5 393 182	4 529 330	589 997	273 855
1991	6 089 761	5 399 898	680 574	9 289
1992	7 246 113	6 445 192	769 343	31 578
1993	8 272 320	7 107 058	932 214	233 048
1994	9 514 382	8 137 907	1 094 788	281 687
1995	13 047 124	11 425 653	1 353 825	267 646
1996	15 442 771	13 560 707	1 499 732	382 332
1997	17 350 847	14 837 085	1 703 926	809 836
1998	18 317 570	12 340 090	1 239 519	4 737 961

独立核算工业企业流动资产

CIRCULATING FUNDS OF INDUSTRIAL ENTERPRISES WITH INDEPENDENT ACCOUNTING

单位：万元 (10 000 yuan)

年 份	全部工业	国有工业	集体工业	其他工业
1949	4 964	4 596	368	
1952	16 256	14 914	1 342	
1957	47 169	42 870	4 299	
1962	73 571	66 516	7 055	
1965	60 166	53 244	6 922	
1970	138 278	118 773	19 505	
1975	300 275	261 109	39 166	
1980	397 186	334 703	62 483	
1985	613 983	486 286	126 935	762
1986	705 980	557 142	148 460	378
1987	803 220	628 589	173 821	810
1988	931 283	725 215	195 317	10 751
1989	1 799 254	1 373 645	412 312	13 297
1990	2 435 288	1 850 397	526 656	58 235
1991	3 112 118	2 442 780	658 367	10 971
1992	3 821 293	2 894 722	889 573	36 998
1993	4 902 127	3 777 938	994 556	129 633
1994	6 084 468	4 719 381	1 194 938	170 149
1995	7 525 833	5 714 417	1 515 647	295 769
1996	7 695 806	5 692 847	1 553 364	449 595
1997	8 903 858	6 366 372	1 830 478	707 008
1998	10 250 170	5 765 277	1 372 030	3 112 863

独立核算工业企业主要指标

MAJOR INDICATORS OF INDEPENDENT ACCUNTING INDUSTRIAL ENTERPRISES

年份	企业单位数(个)	亏损企业(个)	产品销售收入(万元)	产品销售税金(万元)	利润总额(万元)	亏损总额(万元)	利润和税金总额(万元)	工业总产值(现价,万元)
1949	2 787		16 412	1 360	2 540		3 900	16 810
1952	3 318		45 418	3 647	6 674		10 321	45 689
1957	4 284		129 834	10 380	18 888		29 268	130 688
1962	3 929		182 838	14 264	11 043		25 307	183 840
1965	2 460		279 980	21 640	58 996		80 636	340 733
1970	3 311		417 621	32 848	52 489		85 337	468 144
1975	6 764	1 001	581 921	45 856	51 342	24 583	97 198	643 739
1980	8 937	1 161	1 051 392	77 192	155 903	13 637	233 095	1 116 501
1985	10 045	713	1 806 189	130 753	211 844	9 400	342 597	1 943 573
1986	10 824	1 032	2 073 676	155 446	182 953	17 706	338 429	2 142 742
1987	10 988	1 292	2 449 432	174 865	216 074	16 740	390 939	2 508 944
1988	11 157	986	3 096 016	218 815	243 983	33 317	462 798	3 155 974
1989	11 249	1 148	3 618 146	245 632	283 455	89 266	471 942	3 901 181
1990	11 365	1 780	3 763 353	270 666	248 226	147 249	403 853	4 239 454
1991	11 127	1 669	4 400 006	311 628	228 980	107 403	467 226	4 687 423
1992	10 628	1 460	5 309 174	373 343	314 249	10 134	620 904	5 509 278
1993	11 227	2 108	7 286 634	496 886	486 008	198 369	784 525	7 388 998
1994	11 466	1 922	7 539 484	168 107	532 528	184 794	1 027 035	8 810 557
1995	11 476	2 190	9 237 557	157 589	490 857	151 022	1 085 890	9 774 071
1996	11 180	1 840	9 899 314	170 559	583 480	224 629	1 113 111	11 163 051
1997	10 409	1 868	10 368 141	188 138	552 629	277 492	1 094 656	11 951 743
1998	3 925	907	10 176 417	176 408	422 827	330 759	940 367	11 067 223

独立核算国有工业企业主要指标

MAJOR INDICATORS OF INDEPENDENT ACCUNTING STATE – OWNED INDUSTRIAL ENTERPRISES

年份	企业单位数(个)	亏损企业(个)	产品销售收入(万元)	产品销售税金(万元)	利润总额(万元)	亏损总额(万元)	利润和税金总额(万元)	工业总产值(现价,万元)
1949	200		11 420	885	1 542		2 427	11 169
1952	655		37 053	2 850	5 001		7 851	36 238
1957	1 367		108 394	8 338	14 600		22 938	105 798
1962	1 186		167 184	12 960	7 913		20 873	164 155
1965	984		263 861	20 297	55 772		76 069	321 218
1970	1 137		390 819	30 296	41 861		61 074	435 696
1975	1 902	565	521 706	40 171	37 452	23 849	77 623	571 147
1980	2 159	537	890 113	68 951	135 705	12 237	204 656	930 830
1985	2 212	194	1 448 207	110 944	155 982	7 929	266 926	1 540 198
1986	2 288	295	1 658 807	133 117	143 026	15 145	276 143	1 670 938
1987	2 365	314	1 948 249	148 696	174 785	13 188	323 481	1 955 501
1988	2 408	231	2 448 428	185 595	214 118	29 706	370 007	2 436 942
1989	2 452	370	2 800 445	205 848	206 933	82 875	357 522	2 964 904
1990	2 527	661	2 862 243	224 939	188 384	134 137	305 568	3 165 240
1991	2 500	565	3 445 235	262 011	167 939	94 947	359 833	3 588 590
1992	2 476	505	4 133 860	310 093	239 608	90 504	483 953	4 181 219
1993	2 630	729	5 516 018	400 794	364 900	174 096	591 597	5 371 222
1994	2 685	654	5 618 837	101 823	427 593	151 809	770 943	6 256 503
1995	2 776	599	6 772 294	94 993	380 919	98 973	836 893	6 972 460
1996	2 751	621	6 948 406	101 445	443 159	171 803	814 126	7 454 431
1997	2 465	623	6 921 278	106 096	372 658	212 290	725 452	7 452 142
1998	1 929	503	4 877 031	90 240	193 050	241 795	422 913	5 154 585

独立核算集体工业企业主要指标

MAJOR INDICATORS OF INDEPENDENT ACCUNTING COLLECTIVE – OWNED INDUSTRIAL ENTERPRISES

年　份	企　业 单位数 （个）	亏损企业 （个）	产　品 销售收入 （万元）	产　品 销售税金 （万元）	利润总额 （万元）	亏损总额 （万元）	利润和 税金总额 （万元）	工业总产值 （现价，万元）
1949	2 587		4 992	475	998		1 473	5 641
1952	2 663		8 365	797	1 673		2 470	9 451
1957	2 917		21 440	2 042	4 288		6 330	24 890
1962	2 743		15 654	1 304	3 130		4 434	18 685
1965	1 476		16 119	1 343	3 224		4 567	19 515
1970	2 174		26 802	2 552	5 628		8 180	32 448
1975	4 862	436	60 215	5 685	13 890	734	19 575	72 592
1980	6 778	624	161 269	8 241	20 198	1 400	28 439	185 671
1985	7 828	518	354 280	19 796	39 896	1 471	59 692	401 233
1986	8 532	737	413 401	22 238	39 823	2 561	62 061	469 818
1987	8 610	978	498 194	25 962	41 114	3 552	67 076	550 484
1988	8 731	755	634 834	32 903	59 142	3 611	92 045	704 690
1989	8 773	770	777 298	39 558	69 954	6 259	107 758	904 167
1990	8 812	1 112	805 060	45 492	59 469	12 808	97 978	984 088
1991	8 597	1 093	944 677	49 260	60 652	11 586	107 504	1 086 296
1992	8 114	943	1 106 402	57 263	66 946	11 031	123 853	1 253 090
1993	8 434	1 342	1 543 749	76 406	94 305	20 913	149 799	1 798 498
1994	8 530	1 213	1 643 762	59 844	85 008	27 461	217 523	2 197 386
1995	8 365	1 497	2 128 657	56 185	90 761	37 591	223 810	2 426 861
1996	8 023	1 104	2 401 479	61 367	111 010	40 734	251 752	3 082 716
1997	7 469	1 153	2 585 463	69 847	120 021	46 283	269 495	3 538 580
1998	1 186	233	1 891 954	42 767	73 504	33 675	177 185	2 237 284

独立核算工业企业主要经济效益指标

ECONOMIC RESULTS OF INDUSTRIAL ENTERPRISES

年　份	企　业 亏损面 （%）	每百元固定资产原值实现的（元）			利　税　率（%）			每百元工业总产值占用流动资金（元）
		利　润	利润和 税　金	工　业 总产值	按工业总 产值计算	按销售 收入计算	按全部 资金计算	
1949		19.56	30.03	150.15	20.00	23.76	30.57	29.53
1952		17.87	27.63	141.41	19.54	22.72	25.87	35.58
1957		14.17	21.95	113.29	19.38	22.54	19.07	36.09
1962		3.28	7.51	62.56	12.00	13.84	7.22	40.02
1965		14.40	19.69	95.81	20.55	28.80	21.31	17.66
1970		9.38	15.25	96.36	15.82	20.43	15.95	29.54
1975	14.80	4.78	9.05	69.13	13.08	16.70	8.85	46.65
1980	12.99	9.45	14.13	70.54	20.04	22.17	15.06	35.57
1985	7.10	7.82	12.64	58.85	18.36	18.97	13.86	31.59
1986	9.53	6.57	11.66	65.80	17.72	17.17	12.79	32.95
1987	11.76	6.23	11.28	63.91	17.65	15.96	12.25	32.01
1988	8.84	6.14	11.64	62.80	18.54	14.95	12.85	29.51
1989	10.21	4.30	10.46	86.43	12.10	13.04	10.98	46.12
1990	15.66	1.87	7.94	78.61	9.53	10.73	7.63	57.44
1991	15.00	2.00	7.67	76.97	9.97	10.62	8.03	66.39
1992	13.74	2.93	8.57	76.03	11.27	11.69	7.41	69.36
1993	18.78	3.48	9.48	89.00	10.62	10.77	7.71	66.34
1994	16.76	3.65	10.79	92.60	11.66	13.62	8.51	69.06
1995	19.08	2.60	8.32	74.91	11.11	11.76	7.19	77.00
1996	16.46	2.32	7.21	72.29	9.97	11.24	6.31	68.94
1997	17.95	1.59	6.31	68.88	9.16	10.56	5.33	74.50
1998	23.11	0.50	5.13	60.42	8.50	9.24	4.19	92.62

独立核算国有工业企业主要经济效益指标

MAJOR INDICATORS OF ECONOMIC RESULTS OF STATE – OWNED INDUSTRIAL ENTERPRISES

年 份	企业亏损面（%）	每百元固定资产原值实现的（元）			利税率（%）			每百元工业总产值占用流动资金（元）
		利 润	利润和税金	工业总产值	按工业总产值计算	按销售收入计算	按全部资金计算	
1949		15.27	24.04	127.22	18.90	21.25	22.78	41.15
1952		15.27	23.97	127.21	18.83	21.19	22.02	41.16
1957		11.68	18.34	97.30	18.85	21.16	10.69	40.52
1962		2.42	6.37	57.64	11.06	12.49	6.22	40.52
1965		13.99	19.08	92.68	20.59	28.83	20.96	16.58
1970		8.69	11.32	92.90	12.19	15.63	12.22	27.26
1975	29.71	3.66	7.60	64.26	11.82	14.88	7.60	45.72
1980	24.87	8.84	13.34	61.88	21.55	22.99	14.59	35.96
1985	8.77	6.32	10.81	58.25	18.56	18.42	12.31	31.57
1986	12.89	5.20	10.03	55.31	18.14	16.65	11.44	33.34
1987	13.28	5.63	10.43	53.61	19.45	16.60	11.79	32.14
1988	9.59	6.07	10.49	51.97	20.19	15.11	12.10	29.76
1989	15.09	3.12	9.00	74.65	12.10	12.77	9.79	46.33
1990	26.16	1.20	6.75	69.88	9.65	10.68	7.17	58.46
1991	22.60	1.35	6.66	66.46	10.03	10.44	7.31	68.07
1992	20.40	2.31	7.51	64.87	11.57	11.71	6.99	69.23
1993	27.98	2.68	8.32	76.00	11.01	10.73	7.18	70.34
1994	24.36	3.39	9.47	76.88	12.32	13.72	7.92	75.43
1995	21.58	2.47	7.32	61.02	12.00	12.36	6.89	81.96
1996	22.57	2.00	6.00	54.97	10.92	11.72	5.69	76.37
1997	25.27	1.08	4.89	50.23	9.73	10.48	4.48	85.43
1998	26.08	-0.40	3.43	41.77	8.20	8.67	3.05	111.85

独立核算集体工业企业主要经济效益指标

MAJOR INDICATORS OF ECONOMIC RESULTS OF COLLECTIVE – OWNED INDUSTRIAL ENTERPRISES

年 份	企业亏损面（%）	每百元固定资产原值实现的（元）			利税率（%）			每百元工业总产值占用流动资金（元）
		利 润	利润和税金	工业总产值	按工业总产值计算	按销售收入计算	按全部资金计算	
1949		34.52	50.95	230.23	22.13	29.50	56.61	6.52
1952		36.39	53.73	242.61	22.15	29.53	58.09	14.20
1957		51.82	76.50	354.97	21.55	29.52	58.06	17.27
1962		33.12	46.92	233.29	20.11	28.32	29.27	37.76
1965		29.35	41.57	209.62	19.83	28.33	29.33	35.47
1970		27.62	40.15	187.94	21.36	30.52	23.38	60.11
1975	8.97	26.41	37.22	163.56	22.76	32.51	25.36	53.95
1980	9.21	17.64	24.83	186.56	13.31	17.63	19.62	33.65
1985	6.62	16.56	24.78	176.81	19.74	16.85	19.74	31.64
1986	8.64	13.20	20.57	160.83	12.79	15.01	16.73	31.60
1987	11.36	11.35	18.52	151.52	12.22	13.46	15.00	31.58
1988	8.65	13.63	21.21	148.33	14.30	14.50	17.72	27.72
1989	8.78	12.49	21.13	177.28	11.92	13.86	17.57	45.60
1990	12.62	7.91	16.61	166.80	9.96	12.17	12.83	53.52
1991	12.71	7.21	15.80	159.61	9.90	11.38	12.15	60.61
1992	11.62	7.27	16.10	162.88	9.88	11.19	8.87	70.99
1993	15.91	7.87	16.07	193.00	8.33	9.70	9.28	55.30
1994	14.22	5.26	19.87	200.71	9.90	13.23	11.14	54.38
1995	17.68	3.93	16.53	179.26	9.22	10.51	9.16	62.45
1996	13.76	4.69	16.79	205.55	8.17	10.48	9.63	50.39
1997	15.44	4.33	15.82	207.67	7.62	10.42	8.71	51.73
1998	19.65	3.21	14.29	180.50	7.92	9.37	7.85	61.33

独立核算工业各行业全员劳动生产率

OVERALL LABOR PRODUCTIVITY OF INDEPENDENT ACCUNTING INDUSTRIAL ENTERPRISES

单位：元/人 (yuan/person)

指标名称	1985年	1992年	1993年	1994年	1995年	1996年	1997年	1998年
总计	**3 934**	**7 704**	**10 167**	**11 721**	**12 969**	**15 550**	**17 398**	**19 221**
轻工业	3 142	5 662	9 036	10 698	8 344	11 155	12 863	14 815
以农产品为原料	3 187	5 777	9 798	11 701	8 422	10 759	13 452	14 797
以非农产品为原料	3 062	5 451	7 653	8 946	8 189	11 923	11 954	14 842
重工业	4 176	8 275	10 440	11 977	14 101	16 610	18 447	20 031
采掘工业	4 170	8 389	8 730	10 713	14 283	16 756	17 511	16 680
原料工业	6 711	12 837	17 959	18 758	20 390	24 884	27 882	29 800
加工工业	2 904	4 943	7 306	7 988	8 215	9 165	10 918	13 830
大型企业	6 629	11 126	12 723	15 794	19 407	21 574	22 675	20 783
中型企业	4 737	8 998	11 813	12 156	11 536	11 731	13 371	15 268
小型企业	2 379	5 203	8 192	8 828	9 020	12 413	14 663	19 074
煤炭采选业	4 270	8 608	8 638	10 840	14 508	16 877	17 431	16 637
石油和天然气开采业								
黑色金属矿采选业	3 766	5 728	10 113	8 258	10 151	17 435	23 163	20 087
有色金属矿采选业	3 079	7 183	14 086	5 964	8 851	13 037	16 093	13 458
非金属矿采选业	1 903	4 317	6 706	8 548	9 098	13 260	17 055	21 885
其他矿采选业	667					7 692	833	
木材及竹材采运业	2 494	3 272	5 345	5 217	8 415	6 566	4 135	5 499
食品加工业	2 787	5 836	18 198	26 694	10 856	17 550	19 458	19 441
食品制造业	3 593	5 469	8 341	8 415	6 514	12 364	13 813	17 779
饮料制造业	7 644	22 304	27 216	30 246	20 312	30 487	34 535	31 431
烟草加工业	33 373	51 220	61 938	56 025	60 546	66 627	98 196	103 953
纺织业	2 754	3 825	5 467	7 904	5 625	5 700	7 758	8 061
服装及其他纤维制品制造业	2 219	3 063	5 878	5 877	4 706	7 124	9 245	12 173
皮革.毛皮.羽绒及其制品业	2 841	4 122	8 168	9 438	5 446	7 799	7 780	5 752
木材加工及竹.藤.棕.草制品业	1 728	2 845	7 628	9 337	4 926	13 241	14 946	17 934
家具制造业	2 032	3 668	7 095	8 020	5 393	9 825	16 366	18 039
造纸及纸制品业	2 934	3 886	6 177	6 475	8 574	10 578	11 239	12 238
印刷业	2 392	4 770	10 305	9 205	8 523	7 991	9 408	13 504
文教体育用品制造业	2 715	3 638	6 103	7 506	7 839	10 471	9 741	14 958
石油加工及炼焦业	3 432	6 362	17 724	14 842	20 075	24 759	33 154	33 647
化学原料及化学制品制造业	3 180	6 386	7 753	9 944	12 939	16 064	17 101	18 095
医药制造业	4 707	7 371	10 228	10 785	12 069	14 354	18 632	19 502
化学纤维制造业	3 845	10 153	12 680	8 458	8 901	7 659	5 603	4 234
橡胶制品业	4 839	10 482	14 487	17 938	15 646	18 236	18 699	26 271
塑料制品业	2 720	5 310	6 636	6 447	5 936	7 693	6 695	13 766
非金属矿物制品业	2 388	5 393	9 715	9 167	8 174	10 341	13 340	13 953
黑色金属冶炼及压延加工业	5 297	12 121	19 619	19 694	18 731	21 855	23 437	26 373
有色金属冶炼及压延加工业	4 080	8 400	14 387	13 712	21 403	17 342	23 385	21 080
金属制品业	2 369	4 296	8 578	8 473	6 414	13 381	10 189	15 366
普通机械制造业	1 421	4 533	5 628	7 292	7 244	9 005	10 865	12 297
专用设备制造业	4 455	4 533	8 438	9 571	8 865	9 806	9 791	9 123
交通运输设备制造业	2 835	3 761	5 531	7 072	10 045	7 823	9 766	12 450
电气机械及器材制造业	4 245	7 237	11 556	9 928	7 799	10 504	12 203	21 536
电子及通信设备制造业	3 729	3 467	9 586	4 810	3 768	2 294	6 021	3 519
仪器仪表及文化.办公用机械制造药	2 646	4 337	5 194	6 345	4 526	4 104	5 913	6 454
其他制造业	2 955	6 572	5 559	8 350	4 751	7 287	11 258	29 897
电力.蒸汽.热水的生产和供应业	24 408	34 891	31 648	39 872	43 047	61 760	61 701	63 114
煤气生产和供应业	3 832	1 775	5 526	15 143	5 954	12 312	12 948	6 265
自来水生产和供应业	5 981	8 097	13 771	28 472	23 211	22 168	25 009	24 457

注:1998年数据统计范围为国有企业.大中型企业和年产品销售收入500万元及以上非国有企业,按工业增加值计算。

建筑业企业数和职工人数

NUMBER OF UNIT AND STAFF AND WORKERS OF CONSTRUCTION ENTERPRISES

年 份	企业个数(个)	#国 有	职工人数(万人)	#国 有	平均人数(万人)	#国 有	劳动生产率(元/人)	#国 有
1949	43	3	1	0.8	1.0	0.8	115	115
1950	56	6	1.5	0.9	1.5	0.9	2 333	2 333
1951	70	18	2.5	2.0	2.5	2.0	2 271	2 271
1952	73	12	3.2	2.4	3.2	2.7	2 797	2 797
1953	75	15	3.1	3.0	3.1	2.6	2 558	2 558
1954	88	17	5.9	5.3	5.3	5.0	2 502	2 502
1955	96	26	6.8	5.9	5.9	5.3	2 409	2 409
1956	120	47	13.0	12.3	13.0	11.8	2 633	2 500
1957	125	37	15.1	14.0	15.1	13.8	2 456	2 630
1958	139	38	36.7	35.4	36.7	37.0	1 527	1 378
1959	136	33	31.3	30.2	31.3	31.0	1 781	1 618
1960	134	42	27.0	25.7	27.0	16.0	2 398	3 601
1961	97	28	14.0	13.1	14.0	12.2	1 314	1 328
1962	93	26	9.3	8.8	9.0	8.3	1 614	1 523
1963	102	44	10.3	9.3	10.0	8.6	1 952	1 952
1964	146	75	11.2	10.1	11.0	9.3	2 498	2 541
1965	143	76	12.2	10	12.0	9.5	2 458	2 640
1966	357	64	18.9	10.6	12.0	9.6	2 410	2 530
1967	147	60	17.6	10.4	13.0	11.0	1 668	1 817
1968	143	62	17.0	10.9	13.3	11.1	1 479	1 438
1969	135	58	16.1	11.9	14.2	11.0	1 909	2 022
1970	110	32	15.9	12.3	15.4	8.7	1 517	2 148
1971	97	28	16.5	16.5	20.0	11.5	1 384	2 093
1972	86	28	17.2	15.7	17.9	17.8	2 362	2 043
1973	76	25	16.8	15.6	17.3	16.8	2 591	2 375
1974	72	24	16.9	12.1	14.8	15.3	2 414	2 032
1975	71	24	16.0	11.3	14.7	10.4	1 738	2 368
1976	74	25	17.4	13.2	17.1	10.6	1 861	2 007
1977	96	28	16.0	15.1	16.7	13.6	1 367	2 722
1978	166	40	18.6	17.4	16.0	16.9	2 548	2 425
1979	168	44	19.1	17.9	17.4	17.3	3 579	3 658
1980	174	47	20.7	17.5	18.1	18.1	3 828	3 828
1981	201	65	21.4	17.4	18.4	18.2	3 499	3 505
1982	206	60	22.5	17.8	28.5	18.7	3 391	4 234
1983	226	84	27.0	22.5	28.2	23.0	4 850	5 070
1984	262	95	31.7	26.2	33.7	27.0	5 558	6 165
1985	272	104	32.3	28.8	36.7	30.4	7 275	7 481
1986	232	115	33.3	31.1	38.1	31.1	7 139	8 424
1987	238	115	34.2	27.8	36.0	30.2	8 187	9 465
1988	280	118	32.2	26.3	34.5	28.3	9 093	10 026
1989	294	126	34.6	28.7	34.6	28.7	11 170	11 942
1990	293	135	32.5	27.8	34.3	28.7	12 593	12 921
1991	337	151	32.1	27.2	33.6	28.5	14 869	15 578
1992	442	163	34.3	27.6	35.8	29.4	18 354	19 640
1993	460	173	34.4	25.5	38.5	32.1	22 436	22 448
1994	471	177	34.7	25.7	41.6	35.6	31 894	34 855
1995	453	175	33.4	24.6	39.8	32.4	36 886	42 358
1996	770	224	32.6	24.3	43.9	33.2	35 727	41 085
1997	937	257	31.0	23.0	47.2	33.7	40 663	48 633
1998	942	236	37.4	23.0	43.7	26.6	49 824	57 982

建筑业企业施工产值、竣工产值

GROSS OUTPUT VALUE AND COMPLETED VALUE OF CONSTRUCTION

单位：万元　　　　(10 000 yuan)

年　份	施工产值	#国有	竣工产值	#国有	竣工率（%）	#国有	增加值	#国有
1949	92	92	83	83	90.2	90.2	13	13
1950	2 334	2 100	1 984	1 827	85.0	87.0	350	336
1951	4 937	4 542	3 999	3 770	81.0	83.0	642	590
1952	8 300	7 553	5 727	5 438	69.0	72.0	1 245	1 133
1953	6 726	6 652	3 028	2 794	45.0	42.0	1 009	931
1954	13 209	12 513	8 454	7 883	64.0	63.0	1 981	1 875
1955	14 214	13 252	7 533	7 289	53.0	55.0	1 990	1 855
1956	34 233	32 571	21 909	21 171	64.0	65.0	4 792	4 559
1957	37 092	36 295	25 222	25 044	68.0	69.0	5 564	5 444
1958	56 033	50 990	38 663	36 203	69.0	71.0	8 405	7 649
1959	55 755	50 180	35 126	34 122	63.0	68.0	8 363	7 503
1960	64 751	57 628	26 548	24 780	41.0	43.0	9 712	8 644
1961	18 406	16 197	5 154	4 859	28.0	30.0	2 760	2 429
1962	14 533	12 644	4 360	4 046	30.0	32.0	1 889	1 643
1963	19 517	16 785	6 831	6 210	35.0	37.0	2 537	2 182
1964	27 475	23 629	7 693	7 089	28.0	30.0	3 847	3 308
1965	29 505	25 079	13 277	12 540	45.0	50.0	2 541	3 511
1966	28 923	24 295	13 594	12 633	47.0	52.0	4 049	3 401
1967	21 678	19 993	11 056	10 596	51.0	53.0	3 034	2 799
1968	19 225	15 957	3 076	3 032	16.0	19.0	2 499	2 074
1969	27 103	22 240	5 150	512	19.0	23.0	3 523	2 891
1970	23 363	18 690	4 906	4 486	21.0	24.0	3 037	2 429
1971	27 671	24 074	3 874	3 852	14.0	16.0	4 127	3 519
1972	42 284	36 364	13 108	12 364	31.0	34.0	6 342	5 454
1973	44 827	39 896	14 793	14 762	33.0	37.0	6 724	5 984
1974	35 728	31 083	16 077	14 920	45.0	48.0	5 359	4 351
1975	27 363	24 627	7 935	7 881	29.0	32.0	3 557	3 201
1976	23 376	21 272	7 388	6 169	31.6	29.0	3 038	2 765
1977	42 549	37 017	22 859	20 359	53.7	55.0	8 509	7 403
1978	58 374	51 952	22 766	21 300	39.0	41.0	11 674	10 390
1979	62 278	61 570	20 123	18 210	32.3	29.6	14 324	12 318
1980	69 297	69 297	19 053	15 298	27.5	22.1	15 245	11 728
1981	64 506	63 791	18 384	18 137	28.5	28.4	14 836	12 871
1982	95 649	79 167	25 216	22 167	26.4	28.0	21 042	18 208
1983	136 772	131 645	59 102	52 405	43.2	39.8	40 288	36 662
1984	187 326	166 455	143 417	141 138	76.6	84.8	64 496	57 402
1985	274 556	227 422	176 152	160 299	64.2	70.5	71 354	63 505
1986	272 007	261 989	141 410	138 854	52.0	53.0	91 710	82 539
1987	294 737	285 865	254 595	248 703	86.4	87.0	90 770	80 785
1988	313 719	304 329	193 907	191 727	61.8	63.0	100 572	89 512
1989	386 515	342 288	297 422	269 655	76.9	78.8	110 865	98 670
1990	443 224	376 139	339 568	308 211	76.6	81.9	131 503	117 038
1991	499 602	443 964	372 874	338 510	74.6	76.2	146 822	130 672
1992	665 470	577 421	427 994	371 692	64.3	64.4	158 824	142 942
1993	864 224	779 570	437 966	378 806	50.7	48.6	209 633	189 853
1994	1 325 196	1 240 848	751 264	692 595	56.7	55.8	388 467	361 840
1995	1 468 445	1 372 407	865 610	795 409	58.9	58.0	552 072	423 843
1996	1 568 405	1 364 009	1 211 487	107 776	77.2	79.0	504 233	446 958
1997	1 920 095	1 638 949	1 557 478	133 036	81.1	81.2	609 296	525 770
1998	2 178 151	1 542 309	1 426 324	990 319	65.5	64.2	422 404	292 358

建筑业企业施工个数及施工面积

NUMBER OF PROJECTS AND FLOOR SPACE OF CONSTRUCTION ENTERPRISES

年份	施工个数（个）	竣工个数（个）	竣工率（%）	施工面积（万平方米）	#住宅	竣工面积（万平方米）	#住宅
1949	10	8	80	8	2	6	2
1950	16	10	62.5	22	15	19	8
1951	40	38	95.0	34	13	27	11
1952	168	138	82.1	110	57	76	41
1953	799	526	65.8	245	91	104	51
1954	823	306	37.2	211	107	127	54
1955	826	600	72.6	235	109	124	54
1956	2 012	400	19.9	426	236	274	132
1957	2 050	180	8.8	502	338	292	162
1958	5 093	902	17.7	549	172	215	91
1959	6 096	4 188	68.7	662	210	206	107
1960	5 862	2 234	38.1	730	190	389	106
1961	3 290	518	15.7	261	72	100	39
1962	2 059	462	22.4	129	35	49	18
1963	1 348	202	15.0	122	48	60	22
1964	2 180	812	37.2	195	61	103	33
1965	2 128	1 666	78.3	260	75	161	55
1966	1 876	1 603	85.4	273	67	169	43
1967	1 749	1 460	83.5	157	41	72	19
1968	1 638	310	18.9	173	43	84	22
1969	1 767	538	30.4	248	54	106	28
1970	2 058	560	27.2	349	98	197	52
1971	2 641	220	8.3	522	128	261	69
1972	2 715	1 274	46.9	526	171	238	84
1973	2 465	1 270	51.5	502	145	217	81
1974	2 550	2 024	79.4	436	174	164	67
1975	853	316	37.0	518	190	190	75
1976	974	347	35.6	495	164	166	51
1977	1 298	549	42.3	553	179	219	64
1978	2 314	860	37.2	645	229	256	93
1979	2 295	921	40.1	714	300	306	138
1980	4 965	3 125	62.9	757	359	361	189
1981	5 027	3 725	74.1	731	416	313	184
1982	5 112	3 387	66.3	959	536	402	239
1983	5 139	3 307	64.4	911	473	390	239
1984	6 056	4 957	81.9	1 088	518	462	245
1985	8 118	4 965	61.2	1 331	635	514	299
1986	9 256	5 340	57.7	1 264	567	528	270
1987	12 267	6 116	49.9	1 096	433	461	215
1988	12 146	5 003	41.2	877	373	417	169
1989	8 846	3 624	41.0	734	333	364	158
1990	10 068	3 947	39.2	666	283	268	134
1991	11 927	4 910	41.2	762	325	286	143
1992	13 937	4 735	34.0	792	371	299	127
1993	18 787	6 828	36.3	1 231	420	455	171
1994	21 844	8 373	38.3	1 278	408	487	227
1995	21 236	8 151	38.4	1 326	436	501	240
1996	18 283	11 417	62.4	1 583	445	614	324
1997	18 753	10 910	58.2	1 840	511	955	606
1998	16 754	8 910	53.2	1 725	903	777	474

建筑业企业技术装备

EQUIPMENT OF CONSTRUCTION ENTERPRISES

年　份	机械设备台数（台）	机械设备总功率（万千瓦）	机械设备净值（万元）	技术装备率（元/人）	动力装备率（千瓦/人）
1949	6	0.1	96	120	0.1
1950	10	0.1	177	130	0.1
1951	23	0.2	360	180	0.1
1952	56	0.4	352	230	0.2
1953	78	0.6	870	290	0.2
1954	384	1.5	2 067	390	0.3
1955	674	2.3	3 009	510	0.4
1956	1 147	4.9	7 749	630	0.4
1957	1 814	5.6	9 940	710	0.4
1958	1 546	7.1	16 992	480	0.3
1959	1 372	9	12 684	420	0.3
1960	2 360	10.3	20 046	780	0.4
1961	2 536	10.5	12 039	919	0.6
1962	2 420	11.2	9 592	1 090	1.2
1963	2 625	11.7	8 556	920	1.3
1964	3 180	15.5	8 888	880	1.5
1965	3 371	16.7	9 700	970	1.7
1966	3 269	17	9 010	850	1.6
1967	3 179	17.1	9 984	960	1.6
1968	3 052	16.9	12 535	1 150	1.6
1969	3 071	17	14 519	1 220	1.4
1970	3 179	18.9	15 793	1 284	1.5
1971	3 714	19.2	18 216	1 104	1.2
1972	8 400	40.3	22 605	2 135	2.6
1973	8 760	51.1	23 826	2 032	3.2
1974	9 024	54	24 189	2 796	4.5
1975	7 573	36.9	17 682	2 824	2.6
1976	9 673	52.6	15 793	2 935	3.2
1977	14 691	57.8	28 317	3 062	3.8
1978	19 478	59.5	27 822	2 917	3.4
1979	28 356	60.1	48 544	2 712	3.4
1980	37 621	62.1	42 927	2 453	3.7
1981	45 812	68	37 109	2 133	3.9
1982	47 135	69	36 235	2 036	3.9
1983	57 831	92	46 192	2 053	4.2
1984	67 903	110	58 187	2 222	4.2
1985	67 586	120	60 597	2 189	4.2
1986	75 144	166	71 078	2 509	5.3
1987	66 566	135	71 131	2 481	4.8
1988	64 356	127	68 958	2 470	4.8
1989	65 667	148	79 245	2 849	5.1
1990	64 038	133.7	87 207	3 138	4.8
1991	62 683	127.8	88 427	3 251	4.7
1992	61 682	151.4	109 126	3 626	4.9
1993	65 065	128	132 317	4 556	5
1994	70 942	178	145 592	4 196	6.9
1995	78 324	182	155 925	4 668	7.4
1996	92 584	189	189 705	5 819	7.8
1997	112 650	202.2	228 983	6 195	7.1
1998	98 277	212.3	252 456	6 749	6.4

建筑业主要财务指标

FINANCIAL INDICATORS OF CONSTRUCTION ENTERPRISES

单位：万元 (10 000 yuan)

年份	固定资产原值	#国有	固定资产净值	#国有	工程结算收入	#国有	利税总额	#国有
1949	3	2	2	2	85	85	11	11
1950	4	4	3	2	2 171	1 953	47	47
1951	48	46	45	42	4 641	4 224	62	60
1952	339	335	332	302	7 885	7 024	174	170
1953	1 646	1 482	1 418	1 289	6 390	6 186	134	128
1954	2 358	2 122	2 008	1 825	12 549	11 637	264	258
1955	5 689	5 120	4 899	4 454	13 503	12 324	298	293
1956	10 192	9 173	8 678	7 889	32 864	30 617	684	678
1957	10 717	9 645	9 230	8 391	35 608	34 117	853	810
1958	11 874	10 687	10 109	9 190	53 231	48 441	1 121	1 065
1959	12 187	10 968	11 528	10 480	52 967	47 671	1 115	1 014
1960	18 823	16 941	14 073	14 569	61 513	54 747	1 159	1 043
1961	21 079	18 971	17 947	16 315	17 118	15 387	368	331
1962	28 472	25 625	24 241	22 037	13 516	12 012	466	419
1963	31 782	28 604	24 599	24 194	18 151	15 946	526	473
1964	31 656	28 490	27 059	24 226	25 827	22 448	507	461
1965	32 088	28 879	27 008	24 547	27 735	23 825	234	215
1966	34 110	30 699	28 703	26 094	27 188	23 080	226	208
1967	34 213	30 792	28 790	26 173	20 377	18 793	202	188
1968	34 640	31 176	29 149	26 499	17 879	15 000	173	159
1969	35 131	31 618	29 563	26 875	25 477	21 128	213	198
1970	36 117	32 505	30 392	27 629	21 961	17 756	221	203
1971	37 222	33 500	31 322	28 475	26 011	22 870	289	266
1972	38 517	34 665	32 412	29 465	40 170	34 546	761	707
1973	50 898	45 808	42 831	38 937	42 586	37 901	920	837
1974	62 953	56 658	52 975	48 159	33 942	29 529	536	487
1975	68 434	61 591	57 587	52 352	25 721	23 396	493	453
1976	76 099	68 489	64 038	58 216	21 973	20 208	584	531
1977	78 758	70 882	71 448	59 540	40 422	35 536	1 276	1 148
1978	90 326	81 293	73 318	61 099	55 455	49 874	2 179	1 961
1979	86 582	75 326	67 534	56 786	59 164	51 417	2 401	2 209
1980	89 630	80 667	78 874	58 382	65 832	48 952	3 075	2 859
1981	90 064	81 058	80 157	58 141	61 281	56 166	2 279	2 051
1982	91 542	81 472	79 642	59 617	91 823	76 000	5 192	672
1983	121 914	106 065	95 093	79 100	131 301	112 961	9 905	9 014
1984	152 926	133 046	119 282	99 059	179 833	175 518	14 722	13 103
1985	165 961	144 386	127 898	109 648	263 574	233 078	16 848	14 657
1986	189 389	164 768	147 723	123 590	261 127	254 129	16 320	14 361
1987	206 570	181 782	161 125	138 509	282 948	277 289	17 954	15 979
1988	219 848	195 665	169 283	147 788	301 170	295 199	19 136	17 456
1989	234 902	211 412	168 165	156 189	371 054	320 379	24 350	21 184
1990	271 431	244 288	190 100	180 082	425 495	377 293	27 923	22 831
1991	295 544	265 990	209 809	189 673	479 618	430 645	31 975	27 498
1992	313 186	281 867	222 330	206 109	645 506	560 098	39 928	34 737
1993	297 408	272 633	229 004	206 925	844 190	759 931	56 656	51 974
1994	466 343	433 484	358 966	333 588	1 300 273	1 244 885	44 858	40 600
1995	595 782	561 583	446 212	419 510	1 420 473	1 339 964	41 212	36 909
1996	778 178	714 249	582 802	528 925	1 566 712	1 386 653	41 810	40 600
1997	877 602	777 627	637 744	559 869	1 836 904	1 584 772	54 660	40 911
1998	959 133	747 063	695 045	543 968	2 112 521	1 499 298	59 214	59 193

运输线路长度
LENGTH OF TRANSPORT ROUTES

单位：公里　　(km)

年　份	铁路营业里程	公路线路里程	#晴雨通车里程	每百平方公里平均里程	
				铁　路	公　路
1949	783	1 288	14	0.5	0.8
1950	589	1 573	14	0.6	1.0
1951	1 263	1 982	14	0.8	1.3
1952	1 245	2 350	40	0.8	1.5
1953	1 235	2 882	60	0.8	1.8
1954	1 235	2 984	176	0.8	1.9
1955	1 235	3 635	349	0.8	2.3
1956	1 227	7 060	829	0.8	4.5
1957	1 227	8 262	1 105	0.8	5.3
1958	1 226	12 525	1 390	0.8	8.0
1959	1 226	16 896	3 309	0.8	10.8
1960	1 477	17 589	3 807	0.9	11.2
1961	1 477	14 745	3 823	0.9	9.4
1962	1 477	14 985	3 253	0.9	9.6
1963	1 477	14 338	1 675	0.9	9.2
1964	1 501	14 508	1 197	1.0	9.3
1965	1 544	20 365	2 160	1.0	13.0
1966	1 544	22 471	2 359	1.0	14.4
1967	1 544	22 770	2 656	1.0	14.6
1968	1 544	22 880	2 679	1.0	14.6
1969	1 544	23 146	3 748	1.0	14.8
1970	1 544	28 113	4 150	1.0	18.0
1971	1 639	27 785	6 015	1.1	17.8
1972	1 681	27 979	7 052	1.1	17.9
1973	1 828	28 315	7 490	1.2	18.1
1974	1 828	28 759	8 210	1.2	18.4
1975	1 843	29 287	9 041	1.2	18.7
1976	1 843	30 049	9 927	1.2	19.2
1977	2 053	30 785	10 819	1.3	20.3
1978	2 064	31 868	11 163	1.3	20.4
1979	2 063	31 868	11 163	1.3	20.4
1980	2 066	27 261	8 509	1.3	17.4
1981	2 068	27 261	8 725	1.3	17.4
1982	2 071	27 505	8 556	1.3	17.6
1983	2 115	27 887	9 080	1.4	17.8
1984	2 177	28 602	11 748	1.4	18.3
1985	2 169	28 762	12 214	1.4	18.4
1986	2 171	29 263	12 827	1.4	18.7
1987	2 230	29 428	13 485	1.4	18.8
1988	2 258	29 875	14 160	1.4	19.1
1989	2 356	30 193	14 678	1.5	19.3
1990	2 330	30 784	15 493	1.5	19.7
1991	2 332	31 040	15 780	1.5	19.9
1992	2 331	31 554	16 763	1.5	20.2
1993	2 331	32 210	17 758	1.5	20.6
1994	2 331	32 693	18 646	1.5	20.9
1995	2 435	33 644	19 914	1.6	21.5
1996	2 485	35 911	23 736	1.6	23.0
1997	2 504	44 043	29 404	1.6	28.2
1998	2 504	48 560	34 656	1.6	31.1

补充：1998 年民用航空航线达到 28 条。

旅客运输量和周转量
PASSENGER TRAFFIC AND TURNOVER VOLUME

年　份	客运量（万人）	#铁　路	#公　路	旅客周转量（万人公里）	#铁　路	#公　路
1949	140	130	10			816
1950	424	400	24			1 777
1951	581	526	55			2 890
1952	647	572	75			4 280
1953	853	724	129	75 347	67 360	7 987
1954	934	807	127	86 866	78 160	8 706
1955	989	810	179	93 947	81 540	12 407
1956	1 063	825	238	104 984	88 620	16 364
1957	1 382	1 013	369	121 574	100 980	20 594
1958	1 519	1 068	451	157 727	131 600	26 127
1959	2 226	1 546	680	178 729	144 490	34 239
1960	2 749	1 923	826	223 928	185 500	38 428
1961	3 035	2 467	568	280 361	246 240	34 121
1962	2 833	2 172	661	275 090	236 470	38 620
1963	2 191	1 531	660	172 279	140 540	31 739
1964	1 944	1 330	614	160 862	130 080	30 782
1965	2 009	1 240	769	172 424	133 040	39 384
1966	2 158	1 243	915	186 664	139 840	46 824
1967	2 390	1 434	956	219 157	172 420	46 737
1968	2 598	1 617	981	236 617	191 100	45 517
1969	2 343	1 471	872	251 961	206 700	45 261
1970	2 645	1 549	1 096	246 642	191 450	55 192
1971	2 983	1 586	1 397	273 627	199 590	74 037
1972	3 006	1 698	1 308	295 938	228 990	66 948
1973	3 087	1 729	1 358	311 321	237 600	73 721
1974	3 198	1 703	1 495	307 934	235 400	72 534
1975	3 184	1 739	1 445	313 767	237 800	75 967
1976	3 365	1 743	1 622	316 653	232 200	84 453
1977	3 955	1 951	2 004	341 419	241 300	100 119
1978	4 498	2 124	2 374	387 366	270 950	116 416
1979	5 010	2 267	2 743	431 034	309 840	121 194
1980	5 865	2 523	3 342	497 897	356 420	141 477
1981	6 483	2 587	3 896	536 884	378 760	158 124
1982	7 216	2 753	4 463	595 514	410 440	185 074
1983	8 334	3 052	5 282	680 875	463 930	216 945
1984	9 379	3 495	5 884	798 721	548 500	250 221
1985	10 564	3 391	7 173	931 783	621 351	310 432
1986	11 951	3 211	8 740	1 032 335	656 594	375 741
1987	13 698	3 155	10 539	1 139 548	684 400	454 190
1988	15 196	3 490	11 641	1 319 727	771 924	543 477
1989	16 739	3 552	13 182	1 350 000	749 400	596 200
1990	15 960	3 226	12 728	1 260 441	668 100	587 953
1991	16 899	3 069	13 823	1 352 814	691 630	655 819
1992	18 022	3 024	14 967	1 486 081	733 440	715 481
1993	19 112	3 269	15 803	1 611 826	808 680	753 505
1994	20 625	3 498	17 081	1 710 162	845 953	811 875
1995	21 337	3 308	17 956	1 750 989	806 580	861 061
1996	23 233	3 084	20 080	1 762 827	744 300	935 494
1997	24 765	2 742	21 952	1 835 540	707 479	1 039 753
1998	27 467	2 771	24 613	1 923 240	683 100	1 137 849

旅客运输量及周转量构成

COMPOSITION OF PASSENGER TRAFFIC AND TURNOVER VOLUME

单位：% (%)

年 份	运 输 量			周 转 量		
	铁 路	公 路	民用航空	铁 路	公 路	民用航空
1949	92.9	7.1				
1950	94.3	5.7				
1951	90.5	9.5				
1952	88.4	11.6				
1953	84.9	15.1		89.4	10.6	
1954	86.4	13.6		90.0	10.0	
1955	81.9	18.1		86.8	13.2	
1956	77.6	22.4		84.4	15.6	
1957	73.3	26.7		83.1	16.9	
1958	70.3	29.7		83.4	16.6	
1959	69.5	30.5		80.8	19.2	
1960	70.0	30.0		82.8	17.2	
1961	81.3	18.7		87.8	12.2	
1962	76.7	23.3		86.0	14.0	
1963	69.9	30.1		81.6	18.4	
1964	68.4	31.6		80.9	19.1	
1965	61.7	38.3		77.2	22.8	
1966	57.6	42.4		74.9	25.1	
1967	60.0	40.0		78.7	21.3	
1968	62.2	37.8		80.8	19.2	
1969	62.8	37.2		82.0	18.0	
1970	58.6	41.4		77.6	22.4	
1971	53.2	46.8		72.9	27.1	
1972	56.5	43.5		77.4	22.6	
1973	56.0	44.0		76.3	23.7	
1974	53.3	46.7		76.4	23.6	
1975	54.6	45.3	0.1	75.6	24.2	0.2
1976	51.8	48.1	0.1	73.2	26.7	0.1
1977	49.3	50.6	0.1	70.6	29.3	0.1
1978	47.2	52.8	…	69.9	30.0	0.1
1979	45.2	54.8	…	71.8	28.1	0.1
1980	43.0	57.0	…	71.5	28.4	0.1
1981	39.9	60.1	…	70.5	29.4	0.1
1982	38.1	61.9	…	68.9	31.1	…
1983	36.6	63.4	…	68.1	31.9	…
1984	37.3	62.7	…	98.6	31.3	0.1
1985	32.1	67.9	…	66.6	33.3	0.1
1986	26.9	73.1	…	63.6	36.3	0.1
1987	23.7	76.3	…	60.4	39.5	0.1
1988	23.1	76.9	…	58.5	41.2	0.3
1989	21.2	78.7	…	55.5	44.2	0.3
1990	20.2	79.8	…	54.0	45.6	0.4
1991	18.2	81.8	…	51.1	48.6	0.4
1992	16.8	83.0	…	49.4	48.1	2.5
1993	17.1	82.7	0.2	50.2	46.7	3.1
1994	17.0	82.8	0.2	49.5	47.4	3.1
1995	15.5	84.2	0.3	46.1	49.2	4.7
1996	13.3	86.4	0.3	42.2	53.1	4.7
1997	11.1	88.6	0.3	38.5	56.6	4.8
1998	10.1	89.6	0.3	35.5	59.2	5.2

货运量

FREIGHT TRAFFIC

单位：万吨 (10 000 tn)

年份	合计	铁路	#中央铁路	公路	#汽车	水运	民航
1949	82	75	75	7	1		
1950	272	257	257	15	3		
1951	767	679	679	88	3		
1952	1 499	865	865	634	5		
1953	1 856	1 003	1 003	853	7		
1954	2 499	1 387	1 387	1 112	35		
1955	3 100	1 689	1 689	1 411	120		
1956	3 840	1 860	1 860	1 980	168		
1957	4 732	2 282	2 282	2 450	168		
1958	5 861	3 194	3 194	2 662	441	5	
1959	7 553	3 856	3 856	3 683	658	14	
1960	7 504	4 486	4 486	2 998	682	20	
1961	4 744	3 351	3 351	1 387	306	6	
1962	4 072	2 970	2 970	1 101	228	1	
1963	4 571	3 178	3 178	1 392	309	1	
1964	5 387	3 530	3 530	1 856	508	1	
1965	6 234	3 913	3 913	2 320	672	1	
1966	6 822	4 507	4 507	2 312	747	3	
1967	5 695	3 494	3 494	2 200	654	1	
1968	5 068	3 256	3 256	1 811	466	1	
1969	6 141	4 154	4 154	1 985	522	2	
1970	7 939	5 380	5 380	2 555	772	4	
1971	8 218	5 491	5 491	2 713	797	14	
1972	9 555	6 021	6 021	3 528	851	6	
1973	10 354	6 333	6 333	4 010	838	11	
1974	10 284	6 046	6 046	4 230	839	8	
1975	11 843	7 263	7 263	4 572	904	8	0.19
1976	10 850	6 363	6 363	4 478	915	9	0.24
1977	13 816	8 053	8 053	5 752	915	11	0.07
1978	15 620	9 166	9 166	6 443	1 073	11	0.09
1979	16 874	9 825	9 825	7 032	1 086	17	0.13
1980	18 080	11 067	11 067	7 004	1 059	9	0.15
1981	18 773	11 888	11 888	6 871	1 460	14	0.17
1982	21 492	12 960	12 950	8 513	1 982	19	0.18
1983	22 657	13 799	13 787	8 858	1 949		0.32
1984	25 572	14 733	14 717	10 839	1 846		0.40
1985	29 181	16 110	16 092	13 071	1 854		0.35
1986	33 670	17 861	17 801	15 809	2 430		0.38
1987	37 416	18 911	18 787	18 443	3 920	62	0.40
1988	42 693	20 505	20 384	22 112	2 204	65	0.60
1989	46 974	22 458	22 272	24 447	2 074	68	0.68
1990	50 111	23 332	23 082	26 706	1 927	72	0.55
1991	52 908	23 572	23 289	29 261	1 891	74	0.84
1992	52 044	26 880	24 534	31 088	1 874	75	0.52
1993	59 410	25 613	25 216	33 716	1 753	80	0.74
1994	62 570	25 698	25 280	36 786	1 903	85	0.77
1995	65 962	26 095	25 718	39 776	1 920	90	0.67
1996	70 414	26 757	26 397	43 560	1 641	96	0.71
1997	74 352	26 863	26 627	47 398	1 338	90	0.73
1998	72 018	20 975	20 784	50 962	1 197	80	0.92

货物周转量

TURNOVER VOLUME OF FREIGHT TRAFFIC

单位：万吨公里 (10 000 tn.km)

年　份	合　计	铁　路	#中央铁路	公　路	#汽　车	水　运	民　航
1949				569	102		
1950				989	244		
1951				2 396	240		
1952				7 618	304		
1953	148 342	138 220	138 220	10 122	536		
1954	206 646	192 930	192 930	13 716	1 660		
1955	252 526	236 320	236 320	16 206	6 304		
1956	314 119	296 350	296 350	17 769	7 449		
1957	411 737	391 280	391 280	20 457	8 779		
1958	646 795	613 790	613 790	32 815	18 602	190	
1959	814 978	767 240	767 240	47 398	27 664	340	
1960	893 387	844 060	844 060	48 857	30 205	470	
1961	654 581	631 560	631 560	22 811	14 766	210	
1962	551 122	534 070	534 070	17 022	11 281	30	
1963	612 142	593 810	593 810	18 302	12 975	30	
1964	680 968	658 530	658 530	22 408	17 206	30	
1965	820 817	791 490	791 490	29 287	22 759	40	
1966	946 353	914 040	914 040	32 263	26 150	50	
1967	722 849	691 280	691 280	31 549	25 349	20	
1968	659 763	631 930	631 930	27 813	21 068	20	
1969	752 520	719 460	719 460	33 030	25 515	30	
1970	1 073 706	1 030 300	1 030 300	43 316	33 986	90	
1971	1 171 827	1 122 350	1 122 350	49 337	39 832	140	
1972	1 283 070	1 225 500	1 225 500	57 500	44 901	70	
1973	1 250 070	1 182 900	1 182 900	67 080	50 804	90	
1974	1 119 779	1 053 800	1 053 800	65 909	48 482	70	
1975	1 345 908	1 274 600	1 274 600	71 055	52 686	90	163
1976	1 202 471	1 129 900	1 129 900	72 263	53 426	80	228
1977	1 510 269	1 415 800	1 415 800	94 310	61 780	80	79
1978	1 896 427	1 784 790	1 784 790	111 483	71 220	77	77
1979	2 042 350	1 896 450	1 896 450	145 699	74 726	105	96
1980	2 253 751	2 096 450	2 096 450	157 126	76 908	42	133
1981	2 370 058	2 195 094	2 195 094	174 749	79 464	60	155
1982	2 574 115	2 337 685	2 337 500	236 140	113 063	97	193
1983	2 803 937	2 517 355	2 517 110	286 231	146 012		351
1984	3 111 309	2 716 296	2 716 000	394 616	171 820		397
1985	3 610 143	3 086 917	3 086 584	522 878	172 565		348
1986	4 066 468	3 426 371	3 424 532	639 748	233 020		349
1987	4 486 651	3 736 598	3 731 700	749 449	247 946	215	389
1988	5 063 040	4 149 928	4 143 905	911 706	248 676	220	1 186
1989	5 437 814	4 405 907	4 397 800	1 030 024	270 291	250	1 623
1990	5 949 264	4 795 516	4 784 200	1 152 520	256 140	259	969
1991	6 183 338	4 890 345	4 877 230	1 291 386	254 910	265	1 342
1992	6 355 444	5 001 026	4 985 490	1 353 375	236 594	270	773
1993	6 632 873	5 129 531	5 113 130	1 502 030	221 849	287	1 025
1994	7 010 890	5 340 640	5 322 667	1 668 914	226 767	303	1 033
1995	7 180 501	5 363 846	5 346 060	1 815 463	223 791	321	871
1996	7 376 209	5 367 012	5 351 646	2 007 887	205 225	340	970
1997	7 733 199	5 545 656	5 536 272	2 186 163	189 203	338	1 042
1998	7 625 761	5 182 512	5 170 500	2 441 669	178 519	310	1 270

货物运输量及周转量构成

COMPOSITION OF FREIGHT TRAFFIC AND TURNOVER VOLUME

单位：%　　(%)

年份	运输量			周转量		
	铁路	公路	水运	铁路	公路	水运
1949	91.5	8.5				
1950	94.5	5.5				
1951	88.5	11.5				
1952	57.7	42.3				
1953	54.0	46.0		93.2	6.8	
1954	55.5	44.5		93.4	6.6	
1955	54.5	45.5		93.6	6.4	
1956	48.4	51.6		94.3	5.7	
1957	48.2	51.8		95.0	5.0	
1958	54.5	45.1	0.1	94.9	5.1	…
1959	51.1	48.8	0.1	94.1	5.8	0.1
1960	59.8	40.0	0.2	94.5	5.4	0.1
1961	70.6	29.2	0.2	96.5	3.5	…
1962	72.9	27.0	0.1	96.9	3.1	…
1963	69.5	30.4	0.1	97.0	3.0	…
1964	65.5	34.4	0.1	96.7	3.3	…
1965	62.8	37.2	…	96.4	3.6	…
1966	66.1	33.9	…	96.6	3.4	…
1967	61.4	38.6	…	95.6	4.4	…
1968	64.2	35.7	0.1	95.8	4.2	…
1969	67.6	32.3	0.1	95.6	4.4	…
1970	67.8	32.2	…	96.0	4.0	…
1971	66.8	33.0	0.2	95.8	4.2	…
1972	63.0	36.9	0.1	95.5	4.5	…
1973	61.2	38.7	0.1	94.6	5.4	…
1974	58.8	41.1	0.1	94.1	5.9	…
1975	61.3	38.6	0.1	94.7	5.3	…
1976	58.6	41.3	0.1	94.0	6.0	…
1977	58.3	41.6	0.1	93.7	6.2	0.1
1978	58.7	41.2	0.1	94.1	5.9	…
1979	58.2	41.7	0.1	92.9	7.1	…
1980	61.2	38.7	0.1	93.0	7.0	…
1981	63.3	36.6	0.1	92.6	7.4	…
1982	60.3	39.6	0.1	90.8	9.2	…
1983	60.9	39.1		89.8	10.2	
1984	57.6	42.4		87.3	12.7	
1985	55.2	44.8		85.5	14.5	
1986	53.0	47.0		84.3	15.7	
1987	51.9	47.9	0.2	83.6	16.4	…
1988	48.1	51.7	0.2	82.0	18.0	…
1989	47.8	52.0	0.1	81.0	18.9	…
1990	46.6	53.3	0.1	81.5	18.5	…
1991	44.6	55.3	0.1	79.1	20.9	…
1992	44.4	55.5	0.1	78.7	21.3	…
1993	43.1	56.8	0.1	77.3	22.6	…
1994	41.1	58.8	0.1	76.2	23.8	…
1995	39.6	60.3	0.1	74.7	25.3	…
1996	38.0	61.9	0.1	72.8	27.2	…
1997	36.1	63.7	0.1	71.7	28.3	…
1998	29.1	70.8	0.1	68.0	32.0	…

铁路机车、客车拥有量

RAILWAY LOCOMOTIVES AND PASSENGER COACHES

单位：台 (unit)

年　份	机车数	蒸汽机车	内燃机车	电力机车	客车数	软、硬卧车	软、硬座车	餐　车
1949	229	229						
1950	244	244						
1951	244	244			153	3	130	4
1952	250	250			305	7	105	5
1953	263	263			401	6	109	5
1954	188	188			382	3	127	5
1955	164	164			409	12	149	4
1956	196	196			415	15	170	3
1957	213	213			374	19	169	3
1958	277	277			304	16	180	3
1959	288	288			296	16	181	3
1960	282	282			302	20	182	3
1961	279	279			303	20	183	3
1962	273	273			306	24	166	4
1963	286	286			368	24	192	4
1964	277	277			349	24	201	7
1965	239	239			359	25	216	5
1966	251	251			352	25	198	5
1967	261	261			327	25	196	5
1968	260	260			338	25	196	5
1969	262	262			353	26	207	5
1970	285	285			370	26	224	10
1971	310	307	3		388	26	252	14
1972	340	331	9		407	47	265	14
1973	355	346	9		430	49	285	16
1974	382	365	17		422	48	288	16
1975	405	394	11		455	50	319	20
1976	423	402	21		459	51	320	20
1977	424	409	15		465	52	324	20
1978	442	417	25		491	55	342	24
1979	498	473	25		519	62	357	28
1980	455	418	25	12	551	67	389	29
1981	480	432	25	23	470	58	334	22
1982	508	446	25	37	490	56	353	22
1983	502	405	43	54	608	62	449	29
1984	526	376	51	99	643	54	488	31
1985	571	404	115	52	767	99	549	40
1986	601	409	73	119	817	109	583	42
1987	632	408	89	135	879	121	628	45
1988	675	386	105	184	942	126	676	49
1989	686	293	111	282	1 003	156	702	51
1990	732	278	132	322	1 046	183	712	61
1991	744	258	148	338	1 061	205	705	58
1992	809	260	180	369	1 128	245	726	56
1993	812	236	190	386	1 213	280	774	61
1994	839	217	209	413	1 298	347	775	66
1995	823	203	227	393	1 395	387	816	71
1996	825	177	250	398	1 381	387	796	71
1997	823	148	277	398	1 364	425	745	73
1998	828	70	366	392	1 478	497	776	84

汽车拥有量

MOTOR VEHICLES

单位：辆 (coach)

年　份	全　省民用汽车	#载　货汽　车	#载　客汽　车	#特　种汽　车	每百公里公路平均汽车数
1949	210	175	25	10	16.3
1950	365	369	86	10	23.2
1951	588	393	175	20	29.7
1952	606	367	205	34	25.8
1953	850	490	306	54	29.5
1954	1 466	969	408	89	49.1
1955	2 245	1 535	544	166	61.8
1956	3 880	2 971	715	194	55.0
1957	4 209	3 129	821	259	50.9
1958	6 531	5 037	1 135	321	52.1
1959	8 174	6 385	1 235	505	48.4
1960	8 711	6 904	1 328	418	49.5
1961	8 135	6 971	793	307	55.2
1962	8 937	7 104	1 399	336	59.6
1963	9 082	6 833	1 459	634	63.3
1964	9 315	6 756	1 577	747	64.2
1965	9 761	6 825	1 783	867	47.9
1966	10 674	7 359	1 965	961	47.3
1967	11 404	7 864	2 082	1 055	50.1
1968	11 867	8 166	2 128	1 114	51.9
1969	12 888	8 815	2 306	1 233	55.7
1970	14 835	10 398	2 610	1 267	52.8
1971	17 783	12 686	3 057	1 477	64.0
1972	21 707	15 618	3 786	1 697	77.6
1973	23 866	17 940	4 402	1 524	84.3
1974	27 334	20 529	5 043	1 762	95.0
1975	32 234	24 176	5 743	2 002	110.1
1976	34 973	26 307	6 449	2 217	116.4
1977	39 393	29 568	7 285	2 540	123.9
1978	45 634	34 383	8 341	2 910	143.2
1979	52 785	40 172	9 156	3 457	165.6
1980	70 730	47 872	10 329	4 102	228.5
1981	73 264	57 295	11 391	4 578	268.8
1982	79 727	63 211	12 158	4 358	289.9
1983	87 807	70 005	12 918	4 884	314.9
1984	105 502	84 198	14 805	6 499	368.9
1985	129 286	102 033	20 968	6 285	449.5
1986	138 803	105 812	26 350	6 641	474.4
1987	160 646	124 420	31 398	3 124	543.5
1988	180 518	136 656	37 260	3 800	604.2
1989	206 136	157 106	41 100	4 799	682.7
1990	232 665	174 618	46 390	5 228	755.8
1991	259 157	196 157	53 122	6 050	834.9
1992	283 622	204 594	64 402	6 905	898.8
1993	322 367	217 379	79 743	8 435	1 000.8
1994	346 024	233 684	93 505	9 423	1 058.4
1995	332 886	210 157	106 924	4 952	989.4
1996	384 126	226 210	138 352	12 430	1 069.7
1997	423 831	240 609	159 968	13 453	962.3
1998	457 691	253 688	185 179	13 554	942.5

山西省通过铁路运往各省、市、自治区的煤炭量

COAL SENT TO PROVINCES FROM SHANXI BY RAILWAY

单位：万吨　　(10 000 tn)

省、市、区	1978年	1979年	1980年	1981年	1982年	1983年	1984年	1985年	1986年	1987年	1988年
总　计	**7 623**	**8 217**	**9 348**	**10 224**	**11 180**	**11 933**	**12 991**	**14 260**	**15 653**	**16 457**	**17 846**
北　京	914	972	969	930	920	1 088	1 117	1 169	1 143	1 270	1 285
天　津	489	532	632	599	702	719	863	926	967	1 024	1 050
河　北	1 344	1 481	1 893	2 171	2 369	2 741	3 456	3 895	1 547	4 794	5 417
山　西	2 186	2 085	2 039	1 986	2 038	2 055	1 968	1 914	1 916	2 159	2 150
内蒙古	138	135	128	119	192	227	234	237	249	191	177
辽　宁	201	425	730	925	981	1 072	1 172	1 416	1 672	1 349	1 358
吉　林	12	22	27	61	176	184	208	253	270	138	178
黑龙江	2	6	13	11	122	152	97	86	31	26	26
上　海	22	29	50	46	42	48	38	37	40	24	29
江　苏	477	583	737	877	795	835	834	853	1 053	1 105	1 243
浙　江	45	71	111	132	135	125	150	129	165	153	162
安　徽	92	78	69	129	486	170	208	252	361	458	578
福　建	17	17	16	31	52	60	69	79	80	102	103
江　西	30	32	39	39	70	80	82	106	106	112	88
山　东	594	586	646	650	822	797	868	1 084	1 454	1 528	2 001
河　南	172	188	250	286	376	380	383	442	495	507	499
湖　北	420	483	534	705	621	661	623	664	699	786	755
湖　南	148	183	181	205	223	224	296	343	353	367	348
广　东	48	50	50	45	61	57	61	59	57	59	68
广　西	53	64	53	68	71	80	82	84	94	96	97
四　川				34	26	1	9	5	9	15	12
贵　州	1	4						1	2	2	2
云　南											
陕　西	121	109	101	114	130	127	109	135	132	128	130
甘　肃	56	40	39	31	26	23	24	22	21	25	31
青　海	23	22	19	17	18	17	18	19	18	18	24
新　疆											
宁　夏	18	20	18	14	21	18	21	21	21	23	26

续表 CONTINUED

单位：万吨 (10 000 tn)

省、市、区	1989年	1990年	1991年	1992年	1993年	1994年	1995年	1996年	1997年	1998年
总 计	**19 821**	**20 770**	**20 860**	**22 091**	**22 523**	**22 541**	**22 857**	**23 508**	**23 483**	**21 534**
北 京	1 277	1 445	1 509	1 453	1 522	1 468	1 589	1 602	1 516	1 246
天 津	1 348	1 243	1 330	1 554	2 222	2 357	2 402	2 610	2 763	2 679
河 北	6 383	6 481	7 080	7 938	8 121	8 088	8 191	8 620	8 558	7 883
山 西	2 384	2 358	2 291	2 130	1 984	1 918	1 930	1 886	1 874	1 561
内蒙古	201	289	271	231	210	178	162	209	192	147
辽 宁	1 203	1 509	1 446	1 443	1 501	1 655	1 472	1 376	1 446	1 136
吉 林	175	255	220	215	206	173	122	130	120	68
黑龙江	20	39	41	45	33	48	28	23	25	14
上 海	24	37	38	53	69	68	82	88	78	54
江 苏	1 440	1 349	1 253	1 504	1 388	1 385	1 527	1 626	1 532	1 666
浙 江	164	156	152	198	215	223	260	248	247	257
安 徽	545	788	555	489	333	411	399	337	351	364
福 建	116	113	125	121	116	110	105	110	88	83
江 西	137	134	106	127	121	118	134	132	99	126
山 东	2 194	2 274	2 272	2 318	2 316	2 368	2 382	2 486	2 602	2 387
河 南	465	512	533	555	605	566	658	706	737	584
湖 北	829	833	773	860	826	732	781	707	771	765
湖 南	364	408	356	336	267	255	268	270	213	235
广 东	83	85	91	122	114	130	135	118	82	94
广 西	111	152	138	156	124	123	131	132	124	104
四 川	5	8	9	8	5	3	3	22	1	12
贵 州	2	2	2	2	1	…	3	2	…	1
云 南									…	…
陕 西	170	198	175	163	179	119	78	60	61	62
甘 肃	45	44	36	27	10	6	4	3	3	4
青 海	25	33	36	30	21	21	7	2	2	1
新 疆									…	…
宁 夏	25	23	22	18	16	15	8	3	2	…

邮电业务总量
VOLUME OF POSTS AND TELECOMMUNICATIONS SERVICES

年　份	邮电业务（万元）	函　件（万件）	包　件（万件）	汇　票（万张）	报刊累计数（万份）
1949	205	587	3	7	
1950	458	1 132	5	13	1 293
1951	722	1 103	12	38	2 233
1952	1 016	1 213	18	55	3 383
1953	1 424	1 886	33	77	5 106
1954	1 832	2 350	42	84	5 668
1955	2 202	2 730	49	93	7 318
1956	2 845	3 558	63	114	10 410
1957	3 070	4 185	64	135	10 055
1958	4 465	4 846	79	149	21 015
1959	6 132	6 526	122	174	23 292
1960	7 673	8 740	154	220	23 341
1961	6 885	7 850	152	217	12 498
1962	5 425	6 154	131	190	10 002
1963	5 667	5 191	95	206	10 837
1964	6 099	5 100	84	238	13 949
1965	6 517	5 442	85	272	16 674
1966	6 737	5 713	86	275	19 304
1967	6 001	5 711	97	262	15 589
1968	5 486	5 951	100	245	12 446
1969	5 930	6 028	124	270	14 262
1970	6 994	6 711	168	309	18 466
1971	7 638	6 839	158	320	28 019
1972	8 543	7 034	164	328	32 029
1973	9 121	7 256	160	325	32 464
1974	9 017	6 867	147	301	35 068
1975	9 418	7 118	153	295	37 434
1976	9 983	7 373	156	278	40 433
1977	10 459	7 793	167	278	41 285
1978	11 102	7 919	165	292	43 516
1979	11 597	8 054	149	305	48 046
1980	12 309	8 739	143	330	49 857
1981	12 463	8 935	135	336	48 427
1982	12 583	9 153	126	315	49 365
1983	13 433	9 363	124	336	56 670
1984	14 430	10 041	122	359	66 310
1985	16 477	12 226	128	390	76 963
1986	16 091	12 395	128	386	65 947
1987	18 043	12 577	153	386	70 985
1988	19 858	13 143	156	370	67 335
1989	20 712	12 073	134	380	44 403
1990	25 489	10 988	128	393	46 321
1991	32 285	10 067	161	388	50 323
1992	42 066	10 795	187	411	55 128
1993	60 727	11 966	224	435	59 079
1994	91 983	12 375	199	437	50 217
1995	138 297	13 501	206	432	49 253
1996	202 688	13 800	202	430	49 056
1997	275 212	13 431	139	435	49 116
1998	396 188	12 264	140	417	46 780

邮政通信网
NETWORK OF POSTS

年　份	邮电局、所（个）	#在农村的	邮路长度（公里）	#铁　路	#汽　车
1949	447		45 995	869	809
1950	661		52 925	1 108	760
1951	797	599	64 880	1 188	1 127
1952	1 008	824	71 684	1 188	1 346
1953	1 045	824	82 527	1 188	2 060
1954	923	690	79 743	1 188	2 067
1955	935	799	78 745	1 188	2 439
1956	1 069	864	66 575	1 188	3 036
1957	1 098	905	83 354	1 189	4 322
1958	1 518	1 258	116 748	2 531	4 254
1959	1 432	1 226	202 206	2 812	5 416
1960	1 590	1 333	162 741	2 694	5 441
1961	1 439	1 240	121 368	3 062	4 914
1962	1 237	1 062	106 441	2 944	4 832
1963	1 446	1 270	111 950	2 632	5 240
1964	1 417	1 237	117 867	2 632	5 536
1965	1 392	1 232	123 286	2 459	6 396
1966	1 440	1 275	123 466	2 975	7 150
1967	1 437	1 270	123 762	2 973	7 101
1968	1 466	1 298	124 160	2 973	7 185
1969	1 326	1 152	117 626	3 856	6 411
1970	2 212	1 898	124 357	4 002	7 061
1971	2 256	1 924	130 666	4 245	7 444
1972	2 312	1 966	136 840	4 199	8 284
1973	1 573	1 330	140 968	3 319	8 281
1974	1 501	1 264	144 179	3 319	8 265
1975	1 544	1 301	151 287	3 098	8 854
1976	1 592	1 360	148 137	3 098	8 451
1977	1 643	1 433	145 913	4 256	9 150
1978	1 675	1 443	143 907	3 420	8 836
1979	1 636	1 401	142 985	3 652	8 908
1980	1 629	1 380	141 596	3 652	8 951
1981	1 640	1 397	140 333	3 556	9 155
1982	1 649	1 395	143 718	3 512	10 056
1983	1 647	1 364	144 012	3 512	9 720
1984	1 663	1 364	145 029	3 512	9 022
1985	1 890	1 591	146 024	3 512	10 727
1986	1 866	1 550	148 946	4 354	10 692
1987	1 845	1 068	149 833	4 578	11 076
1988	1 810	1 021	146 221	4 578	10 184
1989	1 798	1 459	145 248	4 578	10 045
1990	1 813	1 456	146 251	4 741	10 160
1991	1 817	1 437	147 487	4 860	10 929
1992	1 780	1 011	150 046	4 451	11 762
1993	1 793	1 027	152 160	5 525	13 306
1994	1 828	1 045	152 351	5 525	14 091
1995	1 888	1 454	157 202	5 531	15 350
1996	1 945	1 474	197 235	5 531	17 890
1997	1 898	1 424	197 284	6 504	18 821
1998	1 743	1 297	197 767	7 232	22 436

电信通信网

NETWORK OF TELECOMMUNICATIONS

年　份	长话电路（路）	电报电路（路）	市交换机装机容量（门）	市交换机实占容量（门）	农交换机装机容量（门）	市内电话（户）	农村电话（户）
1949	2	…	3 970	1 056	1 084	1 084	
1950	8	…	3 970	1 593	1 654	1 654	
1951	31	…	6 088	4 153	80	3 834	386
1952	42	20	6 168	4 316	1 858	4 034	1 099
1953	77	18	6 925	5 033	2 362	4 761	1 461
1954	123	23	8 153	6 354	3 802	5 952	2 273
1955	123	40	9 324	7 590	3 164	7 243	1 290
1956	196	279	12 691	9 732	6 450	8 867	2 594
1957	173	278	17 485	11 354	9 101	10 080	4 617
1958	156	161	13 120	10 370	18 160	9 937	5 981
1959	259	165	19 620	14 683	20 987	13 650	7 749
1960	351	354	24 100	17 514	23 200	16 485	10 039
1961	349	219	28 652	21 165	25 021	19 433	13 005
1962	335	196	29 590	19 414	27 890	17 858	16 849
1963	336	192	30 650	20 568	27 678	18 966	16 051
1964	341	200	30 940	21 781	28 013	19 938	16 243
1965	357	264	31 070	22 382	32 086	20 613	17 312
1966	366	267	32 270	23 467	32 495	21 452	17 535
1967	387	277	33 290	23 802	32 395	22 101	17 914
1968	389	278	33 920	23 366	34 005	21 150	17 615
1969	396	226	33 770	23 820	34 011	22 198	16 653
1970	398	228	35 060	24 639	34 882	23 361	16 539
1971	434	284	36 310	26 021	34 882	24 637	17 055
1972	492	287	38 930	27 881	35 780	26 438	17 313
1973	497	287	40 200	29 565	32 322	28 141	18 089
1974	552	288	41 000	30 843	36 025	29 344	16 266
1975	539	300	42 140	32 520	37 195	30 811	16 311
1976	550	313	43 720	34 151	37 215	32 574	16 630
1977	586	319	46 710	36 194	38 335	34 247	17 433
1978	644	345	50 810	38 598	39 905	35 633	17 735
1979	677	344	55 900	41 109	41 315	38 094	18 587
1980	744	318	59 100	42 428	42 640	39 419	18 249
1981	818	331	62 630	44 100	43 890	40 794	18 626
1982	878	341	65 510	46 305	45 070	43 551	15 824
1983	957	350	68 580	49 103	45 446	46 505	15 195
1984	1 066	355	74 090	54 200	46 193	51 248	15 246
1985	1 173	356	85 760	60 268	47 000	56 648	15 377
1986	1 276	364	97 200	66 820	47 140	63 270	15 289
1987	1 530	364	112 990	75 877	47 970	71 995	15 891
1988	1 854	360	138 440	87 654	47 034	84 427	15 901
1989	2 030	364	164 640	100 266	47 358	97 338	15 783
1990	2 488	462	198 640	119 718	45 558	116 540	15 599
1991	2 874	465	216 534	138 966	49 466	136 420	15 915
1992	4 484	470	294 232	182 074	55 777	180 237	18 423
1993	7 571	474	495 448	259 912	63 077	257 102	22 351
1994	12 502	465	763 718	415 004	91 752	408 644	33 101
1995	14 578	468	1 024 996	598 369	150 678	595 187	57 644
1996	19 827	457	1 345 722	817 761	214 974	810 629	97 084
1997	28 612	455	1 673 045	1 064 645	319 274	1 057 243	157 909
1998	38 323	440	2 080 775	1 316 396	510 129	1 304 722	245 998

本地电话及移动通信主要设备
EQUIPMENT OF TELEPHONE AND MOBILE TELECOMMUNICATIONS

指　　标	单 位	中央国有	地方国有
局用交换机容量	门	2 080 775	510 129
#程　控	门		507 195
自动中:数字程控	门	2 066 609	505 347
局用交换机实占容量	门	1 316 396	246 117
#数字程控	门	1 316 396	242 691
用户电话交换机容量	门	484 400	33 151
#程　控	门	418 963	21 719
#数字程控	门	323 173	16 465
接入局用交换机的话机	部	1 305 658	246 093
接入用户交换机的话机	部	300 651	16 105
电话主线	线	1 305 986	245 765
出局用户线对数	对	2 709 363	545 078
#实占线对	对	1 323 959	247 431
局用摸拟终端复用设备容量	路	2 082	338
#实占容量	路	964	236
用局数字终端复用设备容量	路	428 274	86 366
#实占容量	路	193 906	31 970
无线寻呼系统容量	户	1 600 000	
无线寻呼基站数	个	163	23
模拟蜂窝移动电话交换机容量	路	141 000	
#900兆	路	141 000	
模拟蜂窝移动电话基站数	个	124	4
#900兆	个	124	4
模拟蜂窝移动电话信道总数	个	4 880	58
#900兆	个	4 880	58
数字蜂窝移动电话交换机容量	路	740 000	
数字蜂窝移动电话基站数	个	458	20
数字蜂窝移动电话信道总数	个	19 373	208

社会消费品零售总额

TOTAL VALUE OF RETAIL SALES OF CONSUMER GOODS

单位：万元　　(10 000 yuan)

年　份	社会消费品零售额	市	县	县以下
1949	16 583	2 990	13 593	
1950	24 971	7 317	17 654	
1951	39 134	13 767	25 367	
1952	57 436	19 536	37 900	
1953	75 225	25 776	49 449	
1954	92 453	32 475	59 978	
1955	95 814	34 463	61 351	
1956	114 022	49 862	64 160	
1957	119 600	52 278	67 322	
1958	136 627	58 954	77 673	
1959	166 043	68 764	97 279	
1960	182 901	76 114	106 787	
1961	149 433	60 287	89 146	
1962	146 532	59 686	86 846	
1963	142 081	53 985	88 096	
1964	144 664	56 623	88 041	
1965	153 257	57 252	96 005	
1966	159 515	58 715	100 800	
1967	164 542	59 571	104 971	
1968	156 225	53 427	102 798	
1969	174 416	62 787	111 629	
1970	190 949	63 853	127 096	
1971	205 942	82 564	123 378	
1972	222 033	90 711	131 322	
1973	238 063	97 245	140 818	
1974	248 046	101 937	146 109	
1975	265 190	108 543	133 713	22 934
1976	284 151	112 163	134 628	37 360
1977	307 084	113 015	102 327	91 742
1978	323 837	121 772	113 985	88 080
1979	357 523	134 130	101 658	121 735
1980	426 597	163 154	122 191	141 252
1981	487 616	186 456	144 310	156 850
1982	524 996	206 924	155 856	162 216
1983	583 203	260 070	153 267	169 866
1984	705 791	322 134	192 939	190 718
1985	894 413	421 644	241 042	231 727
1986	992 388	469 571	276 485	246 332
1987	1 135 723	551 222	315 134	269 367
1988	1 445 716	735 582	389 527	320 607
1989	1 543 080	819 391	402 313	321 376
1990	1 580 415	848 543	413 831	318 041
1991	1 794 240	982 547	464 640	347 053
1992	2 125 629	1 244 426	485 118	396 085
1993	2 564 812	1 461 118	657 811	445 883
1994	3 085 468	1 735 679	748 390	601 399
1995	3 759 500	2 130 633	861 482	767 385
1996	4 496 194	2 583 621	997 902	914 671
1997	5 038 972	2 871 924	1 104 738	1 062 310
1998	5 470 976	3 186 416	1 148 934	1 135 626

续表1 CONTINUED

单位：万元 (10 000 yuan)

项　　目	1949年	1952年	1957年	1965年	1978年	1980年
社会消费品零售总额	**16 583**	**57 436**	**119 600**	**153 257**	**323 837**	**426 597**
按销售地区分						
市的零售额	2 990	19 536	52 278	57 252	121 772	163 154
县的零售额	13 593	37 900	67 322	96 005	113 985	122 191
县以下的零售额					88 080	141 252
按经济类型分						
国有经济	830	9 182	41 852	83 318	308 125	390 677
集体经济	464	9 607	43 894	64 260	14 550	24 738
私营经济						
个体经济	13 896	36 173	1 202	3 363	161	2 587
联营经济	23	153	29 652			23
股份制经济						
外商投资经济						
港澳台投资经济						
其它经济	1 393	2 321	3 000	2 316	1 001	8 572
按行业分						
批发零售贸易业	9 623	42 146	99 875	136 415	288 059	366 253
餐饮业	889	1 955	5 360	6 451	11 326	13 930
制造业	4 438	9 048	9 256	6 946	18 167	35 023
其　他	1 633	4 287	5 109	3 445	6 285	11 391
#农民对非农业居民零售	1 633	2 321	3 000	2 316	1 001	8 572

项　　目	1981年	1982年	1983年	1984年	1985年	1986年
社会消费品零售总额	**487 616**	**524 996**	**583 203**	**705 791**	**894 413**	**992 388**
按销售地区分						
市的零售额	186 456	206 924	260 070	322 134	421 644	469 571
县的零售额	144 310	155 856	153 267	192 939	241 042	276 485
县以下的零售额	156 850	162 216	169 866	190 718	231 727	246 332
按经济类型分						
国有经济	422 149	432 785	455 636	388 685	403 424	430 175
集体经济	43 845	63 239	76 964	224 851	307 887	343 502
私营经济						
个体经济	6 252	11 156	28 080	57 654	127 793	116 066
联营经济	29	22	218	458	1 589	
股份制经济						
外商投资经济						
港澳台投资经济						
其它经济	15 341	17 794	22 305	34 143	53 720	102 645
按行业分						
批发零售贸易业	410 922	422 828	462 182	543 160	675 286	737 295
餐饮业	16 127	19 980	21 272	25 253	37 093	35 207
制造业	33 953	49 565	57 836	75 257	94 025	85 722
其　他	26 614	32 623	41 913	62 121	88 009	134 164
#农民对非农业居民零售	15 341	17 794	22 306	34 143	53 720	72 172

续表 2 CONTINUED

单位：万元 (10 000 yuan)

项 目	1987 年	1988 年	1989 年	1990 年	1991 年	1992 年
社会消费品零售总额	**1 135 723**	**1 445 716**	**1 543 080**	**1 580 415**	**1 794 240**	**2 125 629**
按销售地区分						
市的零售额	551 222	735 582	819 391	848 543	982 547	1 244 426
县的零售额	315 134	389 527	402 313	413 831	464 640	485 118
县以下的零售额	269 367	320 607	321 376	318 041	347 053	396 085
按经济类型分						
国有经济	485 581	621 944	712 014	748 824	852 440	978 239
集体经济	381 500	452 736	477 848	493 868	512 751	554 102
私营经济						
个体经济	150 410	219 524	205 288	216 240	275 422	408 324
联营经济						
股份制经济						
外商投资经济						
港澳台投资经济						
其它经济	118 232	151 512	147 930	121 483	153 627	184 964
按行业分						
批发零售贸易业	841 339	1 066 805	1 156 980	1 211 672	1 364 769	1 579 778
餐饮业	41 061	51 856	53 036	52 747	71 094	101 094
制造业	99 499	129 303	134 354	136 551	144 247	178 207
其 他	153 824	197 752	198 710	179 445	214 130	266 550
# 农民对非农业居民零售	85 979	108 802	124 755	141 613	176 836	208 836

项 目	1993 年	1994 年	1995 年	1996 年	1997 年	1998 年
社会消费品零售总额	**2 564 812**	**3 085 468**	**3 759 500**	**4 496 194**	**5 038 972**	**5 470 976**
按销售地区分						
市的零售额	1 461 118	1 735 679	2 130 633	2 583 621	2 871 924	3 186 416
县的零售额	657 811	748 390	861 482	997 902	1 104 738	1 148 934
县以下的零售额	445 883	601 399	767 385	914 671	1 062 310	1 135 626
按经济类型分						
国有经济	1 075 288	1 054 467	1 302 197	1 494 944	1 357 796	1 265 287
集体经济	551 983	648 125	713 829	796 620	771 128	857 693
私营经济	26 149	59 730	99 691	102 820	269 745	277 929
个体经济	638 795	945 505	1 147 914	1 452 087	1 676 516	1 890 274
联营经济	403	821	1 672	5 183	3 507	3 678
股份制经济	25 458	39 003	54 856	113 024	159 490	210 370
外商投资经济	2 777	2 611	2 736	5 615	6 419	2 259
港澳台投资经济	11 469	1 800	2 042	2 696	4 775	6 351
其它经济	232 490	333 406	434 563	523 205	789 596	957 135
按行业分						
批发零售贸易业	1 917 076	2 207 629	2 613 442	3 117 334	3 379 797	3 577 385
餐饮业	178 580	235 632	268 192	317 794	378 454	458 452
制造业	118 729	201 992	295 585	315 106	339 995	379 372
其 他	350 427	440 215	582 281	745 960	940 726	1 055 767
# 农民对非农业居民零售	263 344	329 876	433 283	506 187	735 654	852 345

城乡集贸市场各类商品成交额

TRANSACTION VALUE IN FREE MARKETS

单位：万元 （10 000 yuan）

项　　目	1990年	1991年	1992年	1994年
消费品	**348 243**	**406 324**	**530 153**	**883 727**
粮食类	36 401	33 499	37 723	79 153
油脂油料类	24 921	28 979	33 558	69 636
棉烟麻类	1 478	1 861	1 697	3 059
肉禽蛋类	76 551	98 321	132 374	191 155
水产品类	8 367	12 854	17 194	31 311
蔬菜类	58 570	63 355	83 973	164 409
干鲜果类	51 448	60 956	158 980	99 482
大牲畜类	7 590	8 558	99 113	11 011
家禽幼禽类	5 460	5 017	7 478	9 117
工业品类	54 187	66 707	94 986	144 330
其　他	14 404	16 999	29 285	48 443
生产资料				
机动车				
钢　材				
水　泥				
煤　炭				
化　肥				
其　他				

项　　目	1995年	1996年	1997年	1998年
消费品	**1 472 530**	**1 820 479**	**2 156 318**	**2 221 268**
粮食类	115 646	131 068	165 056	189 430
油脂油料类	84 865	92 208	110 720	125 145
棉烟麻类	3 673	5 844	18 710	15 215
肉禽蛋类	245 020	296 942	377 659	384 895
水产品类	55 941	65 174	86 154	101 514
蔬菜类	233 736	293 598	368 923	418 366
干鲜果类	122 311	141 646	190 667	211 350
大牲畜类	11 750	12 373	13 545	12 128
家禽幼禽类	12 667	8 639	12 132	10 275
工业品类	522 175	707 972	747 823	685 298
其　他	64 746	65 015	64 929	67 652
生产资料	**142 882**	**254 270**	**308 302**	**322 312**
机动车	15 201	9 873	38 879	43 967
钢　材	46 974	96 486	109 231	105 541
水　泥	5 360	5 455	4 998	6 189
煤　炭	51 277	75 049	71 453	66 036
化　肥	2 641	2 577	1 741	2 961
其　他	21 429	64 830	82 000	97 618

社会商业商品购、销、存总额

PURCHASES, SALES VALUE AND INVETORY COMMERENCIAL TRADE

单位：万元 (10 000 yuan)

项目	1935年	1990年	1991年	1992年
国内纯购进总额	558 185	1 399 252	1 643 096	1 770 657
全民所有制商业和供销合作社	558 185	1 259 965	1 438 650	1 484 470
#外贸部门	60 083	219 820	2 223 162	259 453
其他集体所有制商业		52 693	117 175	135 982
合营商业				
个体商业		86 594	87 271	150 205
国内纯销售总额	881 553	1 713 907	1 922 201	2 223 225
全民所有制商业和供销合作社	881 553	1 308 519	1 460 264	1 652 798
#外贸部门	8 267	12 436	18 253	12 223
其他集体所有制商业		219 991	223 569	240 214
合营商业		14	51	22
个体商业		185 383	238 317	330 191
年末库存总额	449 824	984 600	1 067 409	936 397
全民所有制商业和供销合作社	449 824	931 696	970 913	821 454
#外贸部门	17 819	79 528	64 580	64 040
其他集体所有制商业		41 938	76 800	90 437
合营商业		1	268	
个体商业		10 965	19 428	24 506

批发零售贸易业商品购、销、存总额

PURCHASES, SALES VALUE AND INVETORY IN WHOLESALE AND RETAILSALES TRADE

单位：万元 (10 000 yuan)

项目	1993年	1994年	1995年	1996年	1997年
商品购进总额	4 678 705	4 484 384	5 057 699	6 001 943	5 518 944
国有经济	3 653 759	3 447 905	3 723 900	4 336 460	3 972 193
集体经济	976 958	973 486	1 243 789	1 455 984	1 158 706
私营经济	4 796	5 841	10 659	51 215	155 019
联营经济	4 418	459	337	5 984	5 397
股份制经济	36 103	50 099	73 837	139 766	210 080
外商投资经济	2 668	5 934	3 791	10 173	15 961
港澳台投资经济	3		39	56	1 588
其他经济		660	1 347	2 305	
商品销售总额	5 201 803	5 071 740	5 779 488	6 651 980	6 280 469
国有经济	4 068 880	3 896 260	4 329 686	4 837 961	4 489 143
集体经济	1 066 516	1 101 406	1 345 923	1 563 735	1 358 334
私营经济	10 408	5 162	9 439	63 250	153 355
联营经济	4 719	575	366	7 104	5 859
股份制经济	44 212	60 844	89 235	165 405	254 351
外商投资经济	7 065	5 777	3 452	11 648	17 618
港澳台投资经济	3		37	57	1 809
其他经济		1 716	1 350	2 821	
年末库存总额	1 283 622	1 398 624	1 417 458	1 679 916	1 469 450
国有经济	964 137	1 019 532	1 008 451	1 158 559	1 019 147
集体经济	309 240	362 244	389 631	479 481	375 955
私营经济	1 093	1 652	1 317	1 725	22 406
联营经济	817	184	62	944	1 201
股份制经济	7 813	14 034	15 375	36 104	47 815
外商投资经济	519	850	2 562	2 936	2 714
港澳台投资经济	3		40	45	211
其他经济		128	20	122	

外贸进出口总额

TOTAL VALUE OF IMPORTS AND EXPORTS OF FOREIGN TRADE

单位：万美元 (USD 10 000)

年 份	进出口总额	出口总额	进口总额			占进出口总额的比重(%)	
				自营进口到货	委托进口到货	出口总额	进口总额
1957	145	145				100.0	
1958	641	641				100.0	
1959	822	822				100.0	
1960	958	958				100.0	
1961	707	707				100.0	
1962	889	889				100.0	
1963	1 232	1 232				100.0	
1964	891	891				100.0	
1965	806	806				100.0	
1966	895	895				100.0	
1967	965	965				100.0	
1968	405	405				100.0	
1969	480	480				100.0	
1970	581	581				100.0	
1971	328	328				100.0	
1972	257	257				100.0	
1973	284	284				100.0	
1974	226	226				100.0	
1975	211	211				100.0	
1976	162	162				100.0	
1977	576	576				100.0	
1978	731	731				100.0	
1979	1 328	1 328				100.0	
1980	1 513	1 513				100.0	
1981	4 432	2 852	1 580	662	918	64.4	35.6
1982	5 705	3 007	2 698	1 416	1 282	52.7	47.3
1983	7 852	2 835	5 017	1 119	3 898	36.1	63.9
1984	25 069	16 654	8 414	3 795	4 619	66.4	33.6
1985	34 043	22 679	11 364	7 437	3 927	66.6	33.4
1986	38 851	30 226	8 625	6 534	2 091	77.8	22.2
1987	41 680	34 551	7 129	6 390	739	82.9	17.7
1988	39 744	34 483	5 261	4 827	434	86.8	13.2
1989	49 184	40 001	9 183	6 188	2 995	81.3	18.7
1990	52 127	45 826	6 301	4 404	1 897	87.9	12.1
1991	59 040	50 944	8 096	7 523	573	86.3	13.7
1992	70 690	58 334	12 356	11 759	597	82.5	17.5
1993	86 537	63 830	22 707	20 571	2 136	73.7	26.3
1994	98 004	80 264	17 740	17 740		81.9	18.1
1995	136 900	115 600	21 300	21 300		84.4	15.6
1996	160 100	134 800	25 300	25 300		84.2	15.8
1997	195 232	163 964	31 268	31 268		84.0	16.0
1998	169 978	145 204	24 774	24 774		85.4	14.6

外贸分国别(地区)出口贸易总额

TOTAL VALUE OF EXPORTS OF FOREIGN TRADE BY COUNTRY(REGION)

单位：万美元　　　　(USD 10 000)

国别(地区)	1983 年	1984 年	1985 年	1986 年	1987 年	1988 年	1989 年	1990 年
总　　额	**2 835**	**16 654**	**22 679**	**30 226**	**34 551**	**32 954**	**40 001**	**45 826**
香　　港	1 660	4 745	6 343	9 127	11 030	10 543	11 870	14 774
澳　　门	54	32	16	23	54	37	74	62
台 湾 省						120	285	567
朝　　鲜	108	77	106	85	130	167	139	124
日　　本	232	10 615	10 864	10 804	8 632	8 297	12 688	13 674
菲 律 宾		313	1 405	1 256	1 681	1 704	970	222
泰　　国	17	7	31	239	317	510	219	452
马来西亚	32	63	231	395	431	245	219	69
新 加 坡	84	131	222	214	107	204	318	796
印度尼西亚				706	665	456	240	357
巴基斯坦			90	273	304	400	267	414
孟 加 拉		16	11	80	48	167	82	83
印　　度			21	2	74	137	162	301
伊　　朗	7				49	51	137	66
土 耳 其			7	76	22	132		51
沙特阿拉伯			6	50	60	36	100	268
阿 联 酋			18	21	76	60	70	82
韩　　国								
苏　　联	8	188	694	1 122	461	719	844	1 482
波　　兰			36	201	54	44	85	102
保加利亚			29	14	118	61	32	84
罗马尼亚	4		144	363	562	544	498	108
匈 牙 利					8	45		20
德　　国	30	175	416	462	1 022	1 007	1 569	1 950
法　　国	63	16	71	1 327	1 265	719	1 187	1 033
意 大 利		1	95	414	1 023	557	367	139
荷　　兰		6	230	554	1 030	1 134	1 069	1 039
比 利 时			120	289	351	278	221	108
英　　国	10	39	384	545	494	712	1 199	622
丹　　麦		1	6	73	924	807	225	40
芬　　兰				54	562	375	269	30
瑞　　典	1	6	3	35	70	23	79	99
瑞　　士		14	258	121	420	368	430	289
奥 地 利				4	132	20	5	15
西 班 牙			1	16	25	43	15	131
巴　　西						1	325	409
加 拿 大	1	3	18	231	430	356	280	281
美　　国	58	42	312	213	964	731	1 506	2 255
澳大利亚	2	2	6	40	102	52	31	91

续表 CONTINUED

单位：万美元 （USD 10 000）

国别(地区)	1991年	1992年	1993年	1994年	1995年	1996年	1997年	1998年
总　　额	**50 944**	**58 334**	**63 830**	**80 264**	**115 600**	**134 800**	**163 964**	**145 204**
香　　港	11 755	13 813	15 260	14 859	22 011	14 123	13 307	10 516
澳　　门	28	18	329	604	149	57	21	3
台湾省	805	1 912	1 858	2 221	3 996	2 596	4 254	2 338
朝　　鲜	247	201	130	599	680	922	311	98
日　　本	14 569	15 017	10 278	14 127	18 108	24 654	24 312	18 153
菲律宾	208	320	571	1 097	1 662	909	910	1 835
泰　　国	181	755	913	1 072	1 745	2 291	1 356	1 163
马来西亚	151	458	469	1 438	1 526	1 306	1 991	1 726
新加坡	865	636	817	1 015	997	1 174	1 503	905
印度尼西亚	378	320	589	2 232	2 373	2 050	2 563	987
巴基斯坦	452	701	668	871	921	811	1 510	719
孟加拉	128	92	129	269	388	578	599	377
印　　度	309	320	286	2 156	4 178	4 534	3 598	4 041
伊　　朗	55	325	530	403	74	146	627	1 717
土耳其	26	341	469	370	404	1 595	1 464	1 475
沙特阿拉伯	302	383	330	708	361	319	124	122
阿联酋	209	366	239	847	768	789	722	339
韩　　国	7 005	5 941	5 406	6 963	17 917	18 860	29 093	12 800
俄罗斯	1 429	1 159	1 214	797	599	1 333	710	1 069
波　　兰			23	181	45	56	523	108
保加利亚	5		3	9	6	410	111	62
罗马尼亚	1 136	1 923	660	215	1 333	2 281	538	577
匈牙利		15	157		623	809	520	177
德　　国	1 839	2 962	5 813	6 501	6 994	6 459	7 632	6 157
法　　国	762	1 240	1 054	902	1 212	842	2 207	1 956
意大利	457	679	676	891	2 555	1 934	2 043	2 527
荷　　兰	1 082	750	1 162	2 394	4 272	2 984	3 650	3 144
比利时	492	394	176	1 717	2 989	1 680	1 267	1 223
英　　国	625	753	1 434	1 645	1 774	3 762	4 381	3 820
丹　　麦	50	35	23	52	80	89	18	17
芬　　兰	198	326	8	23	26	16	29	34
瑞　　典	77	71	182	266	802	628	1 035	402
瑞　　士	415	450	61	551	867	3 161	6 914	6 674
奥地利		3	11	7	75	9	20	
西班牙	169	95	83	181	1 829	540	191	414
巴　　西	310	264	1 603	477	1 518	823	1 941	2 486
加拿大	296	216	432	778	756	1 109	1 336	1 003
美　　国	1 924	2 579	3 357	7 399	9 163	11 436	16 081	19 393
澳大利亚	107	186	268	583	547	503	1 266	151

注：俄罗斯1992年前年为苏联。

外贸分公司出口额及主要商品出口量

VALUE OF EXPORTS BY ENTERPRISES AND EXPORTS COMMODITIES IN VOLUME

项目	单位	1983年	1984年	1985年	1986年	1987年	1988年	1989年	1990年
一、出口总额									
粮油进出口公司	万美元	577	464	2 103	3 807	2 372	2 844	3 334	4 286
纺织品进出口公司	万美元	543	1 364	2 257	2 444	3 027	3 577	2 511	3 082
纺织品	万美元	543	1 364	1 779	1 921	2 450	3 101	1 646	2 185
丝绸	万美元			478	523	577	476	865	897
土畜产进出口公司	万美元	106	245	984	1 661	2 600	2 734	3 112	3 116
轻工业品进出口公司	万美元	61	82	281	644	534	602	612	722
工艺品进出口公司	万美元			27	122	382	552	562	761
五矿机械进出口公司	万美元	681	480	886	1 086	1 653	3 066	2 662	2 773
五金矿产	万美元	495	350	676	868	1 342	2 445	1 842	1 639
机械	万美元	186	130	210	218	311	621	820	1 134
化工进出口公司	万美元	155	109	954	1 458	1 565	1 706	1 849	1 712
医药保健进出口公司	万美元	621	463	511	601	625	712	485	590
机械设备进出口公司	万美元	40	66	106	145	306	442	452	726
省进出口公司	万美元								
煤炭进出口公司	万美元		13 260	14 451	17 771	20 165	15 330	16 779	18 241
有色金属进出口公司	万美元	51	121	30	132	223		223	272
冶金进出口公司	万美元			20		482		1 484	1 446
对销贸易进出口公司	万美元						354	931	1 506
技术进出口公司	万美元					3		181	154
服装进出口公司	万美元								
海外进出口公司	万美元								
基地进出口公司	万美元			32					
包装进出口公司	万美元			5	2				
三资企业	万美元				143	160	322	485	1 501
二、主要出口商品									
焦炭	万吨					8	10	49	42
煤炭	万吨		307	341	478	575	554	483	468
生铁	百吨					200	630	632	652
服装	万美元			87	155	263	182	460	462
钢材	百吨	1	1		229			6	
棉布	万米	408	1 443	2 327	1 665	1 809	2 058	2 124	2 410
核桃仁	吨			65	1 674	2 481	2 045	2 250	2 570
水管零件	吨			209	1 079	1 677	2 900	3 599	5 604
铸铁件	吨	1 188	1 787	2 380	409	664	1 005	1 883	462
芸豆	吨			107	34	1 294	2 082	2 390	1 858
矾土	百吨	33	207	832	814	1 045	705	965	1 422
硅	吨	470	980	325	680	900	1 400	1 100	1 438
元明粉	吨			7 487	11 447	17 297	11 837	27 177	18 550
鞭炮烟花	百箱				10	250	3 267		152
冻兔肉	吨				1 402	2 015	1 584	2 458	2 660
猪肠衣	桶			148	144	456	518	289	324
酒	吨	743	571	720	744	1 226	867	945	1 014
硫化碱	吨		2 015	4 913	5 491	6 906	4 553	6 667	5 667
电石	吨			48	2 320	2 447	3 598	2 844	3 779
糠醛	吨			5 661	7 317	7 814	5 947	5 320	6 618
法兰盘	吨	87	383	178	142	1 131	2 489	4 746	7 956

续表 CONTINUED

项 目	单 位	1991 年	1992 年	1993 年	1994 年	1995 年	1996 年	1997 年	1998 年
一、出口总额									
粮油进出口公司	万美元	5 168	4 796	5 536	6 400	5 043	3 536	4 581	2 364
纺织品进出口公司	万美元	3 162	2 235	2 522	2 830	3 189	3 243	3 327	2 853
纺 织 品	万美元	2 327	1 644	1 242	1 022	1 186	1 449	1 524	1 554
丝 绸	万美元	835	591	1 280	1 808	2 003	1 794	1 803	1 299
土畜产进出口公司	万美元	3 209	3 607	4 041	4 533	5 726	3 012	2 531	2 500
轻工业品进出口公司	万美元	904	1 208	1 510	1 771	1 881	2 177	1 470	576
工艺品进出口公司	万美元	836	1 071	1 247	1 538	2 016	1 700	1 768	1 091
五矿机械进出口公司	万美元	2 890	4 183	6 811	8 314	12 470	7 907	7 961	4 491
五金矿产	万美元	1 840	2 895	5 273	5 987	10 022	5 997	5 569	2 628
机 械	万美元	1 050	1 288	1 538	2 327	2 448	1 910	2 392	1 863
化工进出口公司	万美元	1 484	1 672	1 009	1 338	1 356	1 469	1 812	1 782
医药保健进出口公司	万美元	532	1 003	521	903	1 008	570	416	438
机械设备进出口公司	万美元	718	1 010	1 251	1 269	1 305	1 337	800	899
省进出口公司	万美元		1 014	1 112	1 862	3 041	3 291	4 026	4 027
煤炭进出口公司	万美元	20 635	20 785	15 285	20 226	27 676	33 540	31 956	19 644
有色金属进出口公司	万美元	309	304	302	342	377	704	1 054	1 496
冶金进出口公司	万美元	2 129	1 420	1 506	1 636	3 268	3 640	4 264	5 589
对销贸易进出口公司	万美元	1 692	2 345	3 198	3 333	5 508	6 251	7 268	2 805
技术进出口公司	万美元	53	104	232	337	888	817	2 096	3 556
服装进出口公司	万美元		1 250	2 016	3 078	3 301	3 008	1 616	1 854
海外进出口公司	万美元	455	980	1 103	1 862	2 482	2 128	2 201	2 200
基地进出口公司	万美元		152	129	1 554	2 628	2 343	2 031	1 905
包装进出口公司	万美元		72	159	503	2 045	1 563	2 613	1 089
三资企业	万美元	1 169	2 229	6 999	8 885	10 003	13 254	14 111	10 617
二、主要出口商品									
焦 炭	万吨	39	72	125	266	389	323	589	643
煤 炭	万吨	531	523	448	684	740	838	894	633
生 铁	百吨	555	996	676	1 530	5 896	5 419	11 500	4 100
服 装	万美元	817	2 469	3 702	3 776	4 808	3 998	3 581	3 818
钢 材	百吨	238	396	360	424	2 159	500	1 307	500
棉 布	万米	2 142	2 560	2 563	3 033	2 449	2 111	7 804	2 794
核 桃 仁	吨	2 319	2 116	3 318	2 440	2 083	3 895	4 085	3 829
水管零件	吨	8 254	12 613	12 638	21 763	9 834	23 080	14 450	10 159
铸 铁 件	吨		3 400	2 070	1 708	1 337	15 562	30 831	24 372
芸 豆	吨	2 280	5 385	7 222	37 584	21 249	9 067	25 876	14 407
矾 土	百吨	1 697	1 709	1 725	2 092	2 918	1 443	1 360	1 100
硅	吨	870		927	3 674	3 573	4 659	7 147	5 851
元 明 粉	吨	26 803	43 025	24 142	86 407	58 481	74 368	79 054	72 185
鞭炮烟花	百箱	197	426	1 360	4 358	4 903	4 260	1 840	3 600
冻 兔 肉	吨	449	887	1 156	2 318	1 132	1 452	1 649	510
猪 肠 衣	桶	200		700	5 522	3 316	2 065	3 497	1 551
酒	吨	1 322	1 270	1 725	1 621	425	261	497	248
硫 化 碱	吨	2 934		2 072	3 037	17 138	11 045	10 979	15 125
电 石	吨	8 283	14 966	8 093	16 889	8 959	6 737	4 786	697
糠 醛	吨	5 118	3 182	4 114	1 265	925	1 293	1 965	1 993
法 兰 盘	吨	7 025	1 818	1 686	3 881	5 711	170	230	324

注:出口商品“法兰盘”1996—1998 年的数量单位为“万个”。

外贸分公司进口额及主要商品进口量

VALUE OF IMPORTS BY ENTERPRISES AND IMPORTS COMMODITIES IN VOLUME

项　目	单位	1983年	1984年	1985年	1986年	1987年	1988年	1989年	1990年
一、进口总额									
粮油进出口公司	万美元			5					
纺织品进出口公司	万美元				185	152		547	142
土畜产进出口公司	万美元						12	165	56
轻工业品进出口公司	万美元			295	529	511	333	543	281
工艺品进出口公司	万美元			11		22	16	26	3
五矿机械进出口公司	万美元			39	116	124	174	511	90
五金矿产	万美元				76	118	77	22	10
机　械	万美元			39	40	6	97	489	80
化工进出口公司	万美元				42	58	136	183	22
医药保健进出口公司	万美元			22	101	184	286	158	107
机械设备进出口公司	万美元							40	101
省进出口公司	万美元								
冶金进出口公司	万美元				240	3			78
对销贸易进出口公司	万美元						161	541	449
技术进出口公司	万美元			1 524	772	1 365	1 072	812	716
服装进出口公司	万美元								
海外进出口公司	万美元								
基地进出口公司	万美元								
包装进出口公司	万美元								
电子进出口公司	万美元							299	183
二、主要进口商品									
成套设备及技术引进	万美元	531	533	1 938	2 771	1 470	1 518	628	480
煤炭工业设备	万美元	287		355	292	40	200	42	
纺织工业设备	万美元	37	101	917	43	139	297	12	97
轻工工业设备	万美元	67	55	448	597	441	130	150	111
电子计算机	万美元	8	77	231	86	153	28	56	
电子仪器	万美元		13	76	5	95	13	277	80
钢　材	吨	4 664	20 179	10 635	34 700	19 796	17 596	20 380	1 053
化工原料	万美元	33	748	72	153	605	80	50	
医疗器械	万美元	433	491	739	246	359	164	216	81
褐铁矿砂	百吨							1 000	1 353
天然橡胶	吨	925	229		2 500	1 700		1 048	200
氯化钾	吨						4 880	5 000	
纸　张	吨		10	100		1 000		971	
棉　花	吨								470

续表 CONTINUED

项目	单位	1991年	1992年	1993年	1994年	1995年	1996年	1997年	1998年
一、进口总额									
粮油进出口公司	万美元		937	805	1 323	1 042	1 970	875	1 188
纺织品进出口公司	万美元	371	302	334	423	571	821	1 117	569
土畜产进出口公司	万美元		975	1 094	1 467	721	37	15	
轻工业品进出口公司	万美元	582	375	765	459	530	1 117	1 330	1
工艺品进出口公司	万美元	109	110	121	158	501	270	508	825
五矿机械进出口公司	万美元	691	829	1 509	2 782	1 709	5 108	2 829	2 054
五金矿产	万美元		365	599	1 781	580	3 091	2 053	825
机械	万美元	691	464	910	1 001	1 129	2 017	776	1 229
化工进出口公司	万美元	73	129	416	95	61	128	273	146
医药保健进出口公司	万美元	82	314	286	145	134	50	265	121
机械设备进出口公司	万美元	223	795	910	1 243	1 521	860	415	186
省进出口公司	万美元				133	666	1 200	2 021	1 594
冶金进出口公司	万美元	339		678	589	1 057		800	146
对销贸易进出口公司	万美元	1 184	2 741	3 935	1 045	1 603	2 480	1 697	177
技术进出口公司	万美元	743	553	4 051	1 694	540	757	796	171
服装进出口公司	万美元			1 018	860	1 009	403	410	249
海外进出口公司	万美元	323	314	832	710	724	1 178	903	
基地进出口公司	万美元		95	44	49		282	308	517
包装进出口公司	万美元				445	1 162	640	26	9
电子进出口公司	万美元	205	450	421	128	56	419	1 124	320
二、主要进口商品									
成套设备及技术引进	万美元	1 323	811	4 921	2 151	5 516	3 815	7 361	2 041
煤炭工业设备	万美元	10			290				
纺织工业设备	万美元	396	415	3 034	569	329	278	51	98
轻工工业设备	万美元	113	41	395	704		1 348	596	65
电子计算机	万美元	123	213	380	52	26		674	
电子仪器	万美元	38	833	943	65	56	12	34	199
钢材	吨	2 300	9 634	10 083	65 402	20 180	22 880	1 234	532
化工原料	万美元	310	930	1 122	539	1 133	1 460	1 515	17
医疗器械	万美元		342	332	269	345	555	1 155	196
褐铁矿砂	百吨	2 334	4 975	8 493	9 650	9 469	2 720	4 794	2 717
天然橡胶	吨	500		500			152	5 688	95
氯化钾	吨							90 000	5 141
纸张	吨		5 488	462	476	518	1 713	3 352	
棉花	吨				2 400	3 586	3 732	6 293	2 326

实际利用外资额

ACTUAL UTILIZATION OF FOREIGN CAPITAL

单位：万美元　　　　　　　　　　　　　　　　　　　　　　　　　　　　（USD 10 000）

项　　目	1985 年	1986 年	1987 年	1988 年	1989 年	1990 年	1991 年
总　　计	**176**	**630**	**511**	**1 449**	**1 629**	**3 763**	**9 825**
一、对外借款	55	615	233	406	148	3 006	9 247
1.外国政府贷款		45		51	33	682	3 340
2.国际金融组织贷款		140	163	242	92	2 204	1 761
3.外国银行商业贷款	55	430	70	63	10	13	1 756
4.出口信贷				50	13	107	2 390
5.对外发行债券							
6.其　他							
二、外商直接投资	43	15	15	652	882	340	421
1.独资企业							
2.中外合资企业	43	15	15	555	882	340	421
3.中外合作企业				97			
4.股份制企业							
三、外商其他投资	78		263	391	599	417	157
1.补偿贸易	67		252	342	599	417	64
2.加工装配	11		11	49			93
3.国际租赁							

项　　目	1992 年	1993 年	1994 年	1995 年	1996 年	1997 年	1998 年
总　　计	**18 095**	**11 480**	**9 138**	**16 085**	**21 784**	**45 432**	**59 205**
一、对外借款	12 325	2 514	3 179	7 662	6 238	16 756	34 754
1.外国政府贷款	3 418	207	501	1 606	1 985	417	14 475
2.国际金融组织贷款	4 626	1 904	1 944	4 695	3 101	2 169	13 143
3.外国银行商业贷款	711	2	700	244	643	2 832	6 182
4.出口信贷	3 570	401	34	1 117	509	2 884	436
5.对外发行债券						7 868	
6.其　他						586	518
二、外商直接投资	5 384	7 038	3 170	6 383	13 802	26 592	24 451
1.独资企业	1 484	1 575	620	752	89	228	89
2.中外合资企业	3 715	5 231	2 550	4 711	8 160	13 692	2 089
3.中外合作企业	185	232		920	5 553	12 672	22 273
4.股份制企业							
三、外商其他投资	386	1 928	2 789	2 040	1 744	2 084	
1.补偿贸易		1 367	1 674	293	6	301	
2.加工装配	177	352	943	1 747	1 738	1 783	
3.国际租赁	209	209	172				

实际利用外资额及构成

ACTUAL UTILIZATION AND COMPOSITION OF FOREIGN CAPITAL

单位：万美元 (USD 10 000)

年份	利用外资总额	对外借款		外商直接投资		外商其他投资	
		金额	占总额(%)	金额	占总额(%)	金额	占总额(%)
1985	176	55	31.3	43	24.4	78	44.3
1986	630	615	97.6	15	2.4		
1987	511	233	45.6	15	2.9	263	51.5
1988	1 449	406	20.0	652	45.1	391	26.9
1989	1 629	148	9.1	882	54.1	599	36.8
1990	3 763	3 006	79.9	340	9.0	417	11.1
1991	9 825	9 247	94.1	421	4.3	157	1.6
1992	18 095	12 325	68.1	5 384	29.8	386	2.1
1993	11 507	2 514	21.8	7 038	61.2	1 928	17.0
1994	9 138	3 179	34.8	3 170	34.7	2 789	30.5
1995	16 085	7 662	47.6	6 383	39.7	2 040	12.7
1996	21 784	6 238	28.6	13 802	63.4	1 744	8.0
1997	45 432	16 756	36.9	26 592	58.5	2 084	4.6
1998	59 205	34 754	58.7	24 451	41.3		

对外承包工程和劳务合作

CONTRACTED PROJECTS AND LABOUR SERVICE COOPERATION WITH FOREIGN COUNTRIES

年份	合同份数(个)	完成合同额(万美元)	完成经营额(万美元)	年末在外人数(人)
1985	1	101	132	
1986	2	1 220	171	210
1987	3	346	475	335
1988	2	185	601	245
1989	2	4	532	151
1990	12	186	118	73
1991	10	437	186	100
1992	21	268	337	204
1993	34	554	362	249
1994	27	989	342	425
1995	43	1 537	728	574
1996	74	3 941	1 281	1 110
1997	117	3 859	2 621	1 221
1998	69	3 897	2 098	1 304

对外签订利用外资协议(合同)额

SIGNATORY OF UTILIZATION OF FOREIGN CAPITAL

年　份	利用外资协议总额	利用外资协议额	独资企业	合资企业	合作企业
一、合同项目(个)					
1985		4		4	
1986		9		7	2
1987		1		1	
1988		19		14	5
1989		17		17	
1990		26		24	2
1991		54	3	49	2
1992		377	44	322	11
1993		660	60	578	22
1994		241	35	197	9
1995		178	26	138	14
1996		115	24	79	12
1997		143	20	105	18
1998		102	17	68	17
二、合同金额(万美元)					
1985	201	53		53	
1986	1 432	403		223	179
1987	63	15		15	
1988	2 778	1 327		1 126	201
1989	3 478	1 231		1 231	
1990	2 160	1 194		458	736
1991	6 153	2 440	125	2 262	53
1992	60 300	26 670	7 076	17 206	2 388
1993	99 755	40 178	4 805	33 083	2 290
1994	48 377	21 477	2 423	18 210	844
1995	40 058	23 133	3 206	17 223	2 704
1996	222 752	121 324	1 686	107 116	12 522
1997	54 413	29 074	806	19 577	8 691
1998	64 525	41 242	11 824	10 198	19 220

财政收支总额

FINANCIAL REVENUE AND EXPENDITURE

单位：万元 (10 000 yuan)

年 份	收入总额	支出总额	收支差额	比上年增(+)减(-)数	
				收 入	支 出
1949	847	799	48		
1950	6 668	3 909	2 759	5 821	3 110
1951	13 231	5 915	7 316	6 563	2 006
1952	18 276	10 913	7 363	5 045	4 998
1953	23 517	16 605	6 912	5 241	5 692
1954	30 456	20 718	9 738	6 939	4 113
1955	31 540	19 589	11 951	1 084	-1 129
1956	32 217	30 217	2 000	677	10 628
1957	35 230	28 832	6 398	3 013	-1 385
1958	67 432	68 831	-1 399	32 202	39 999
1959	93 810	96 687	-2 877	26 378	27 856
1960	116 121	130 789	-14 668	22 311	34 102
1961	68 755	72 991	-4 236	-47 366	-57 798
1962	54 001	36 423	17 578	-14 754	-36 568
1963	62 181	42 115	20 066	8 180	5 962
1964	59 730	49 523	10 207	-2 451	7 408
1965	68 571	51 064	17 507	8 841	1 541
1966	77 402	67 399	10 003	8 831	16 335
1967	61 653	58 835	-2 818	-15 749	-8 564
1968	38 835	48 434	-9 599	-22 818	-10 401
1969	50 844	62 769	-11 925	12 009	14 335
1970	92 081	94 164	-2 083	41 237	31 395
1971	126 779	99 639	27 140	34 698	5 475
1972	137 111	114 687	22 424	10 332	15 048
1973	147 320	123 577	23 743	10 209	8 890
1974	109 293	153 281	-43 988	-38 027	29 704
1975	123 934	149 779	-25 845	14 641	-3 502
1976	97 383	149 777	-62 394	-26 551	9 998
1977	132 337	164 129	-31 792	34 954	4 352
1978	196 419	211 118	-14 699	64 082	46 989
1979	202 947	207 392	-4 445	6 528	-3 726
1980	209 555	196 099	13 456	6 608	-11 293
1981	196 965	174 660	22 305	-12 590	-21 439
1982	202 696	208 359	-5 663	5 731	33 699
1983	241 497	240 090	1 407	38 801	31 731
1984	271 751	299 775	-28 024	30 254	59 685
1985	249 906	355 483	-105 577	-21 854	55 708
1986	286 395	411 669	-125 274	36 489	56 189
1987	336 124	419 533	-83 409	49 729	7 864
1988	390 409	434 876	-44 467	54 285	15 343
1989	483 119	508 539	-25 420	92 710	73 663
1990	517 495	548 962	-31 467	34 376	40 423
1991	555 904	607 041	-51 137	38 409	58 079
1992	579 753	642 911	-63 158	23 849	35 870
1993	724 196	757 127	-32 931	144 443	114 216
1994	538 224	892 289	-354 065		135 162
1995	722 064	1 128 924	-406 860	183 840	236 635
1996	841 716	1 331 823	-490 107	119 652	202 899
1997	928 131	1 435 129	-506 998	146 415	103 306
1998	1 041 941	1 644 083	-602 142	53 810	208 954

注:1994 年以后财政收入口径与以前年份不可比。

财 政 收 入

FINANCIAL REVENUE

年份	绝对数(万元)					比重(%)		
	企业收入	#工业收入	各项税收	#工商税	其他收入	企业收入	各项税收	其他收入
1949			795	345	345		94.0	6.0
1950	21		6 550	2 421	97	0.3	98.2	1.5
1951	1 169	783	11 125	4 930	936	8.8	84.1	7.1
1952	2 953	2 149	14 818	7 826	505	16.2	81.1	2.7
1953	2 970	2 458	19 447	12 091	1 100	12.6	82.7	4.7
1954	4 823	4 081	23 554	15 073	2 079	15.8	77.3	6.9
1955	5 356	4 580	24 215	15 699	1 969	17.0	76.8	6.2
1956	4 891	2 559	25 457	17 720	1 869	15.2	79.0	5.8
1957	5 375	3 911	27 269	19 780	2 586	15.3	77.4	7.3
1958	29 822	15 639	35 227	27 375	2 383	44.2	52.2	3.6
1959	50 743	20 075	42 603	34 228	464	54.1	45.4	0.5
1960	69 757	36 808	45 421	38 811	943	60.1	39.1	0.8
1961	33 033	13 891	35 017	28 334	705	48.0	50.9	1.1
1962	17 787	12 282	35 445	29 348	769	32.9	65.6	1.5
1963	25 131	15 725	36 259	29 354	791	40.4	58.3	1.3
1964	19 472	9 388	39 294	31 989	964	32.6	65.8	1.6
1965	25 093	15 236	42 363	36 184	1 115	36.6	61.8	1.6
1966	32 243	19 298	44 588	37 003	571	41.7	57.6	0.7
1967	21 666	11 273	39 565	32 523	422	35.1	64.2	0.7
1968	6 493	－1 700	32 118	25 304	224	16.7	82.7	0.6
1969	11 243	318	39 348	31 286	253	22.1	77.4	0.5
1970	38 886	24 104	52 740	45 069	455	42.2	57.3	0.5
1971	68 022	58 008	58 132	50 120	625	53.7	45.8	0.5
1972	72 470	61 649	64 063	57 101	578	52.9	46.7	0.4
1973	76 330	64 174	70 611	62 638	379	51.8	47.9	0.3
1974	39 534	31 056	69 427	61 126	332	36.2	63.5	0.3
1975	45 548	35 729	78 014	69 855	372	36.8	62.9	0.3
1976	21 287	19 089	75 358	66 980	738	21.9	77.4	0.7
1977	42 130	32 337	89 639	81 239	568	31.8	67.7	0.5
1978	84 698	70 769	101 930	94 709	9 791	43.1	51.9	5.0
1979	88 895	92 101	107 140	98 876	6 912	43.8	52.8	3.4
1980	93 571	97 526	108 614	101 562	7 370	44.7	51.8	3.5
1981	76 191	88 880	113 613	106 609	7 161	38.7	57.7	3.6
1982	64 589	80 923	129 179	121 428	8 928	31.9	63.7	4.4
1983	84 766	92 903	145 725	116 213	11 006	35.1	60.3	4.6
1984	81 966	89 839	179 523	170 331	10 262	30.2	66.1	3.7
1985	18 759	32 446	285 337	225 666	－54 190	7.5	114.2	－21.7
1986	－375	－52	304 088	241 584	－17 318	－0.1	106.2	－6.1
1987	2 648	849	356 138	288 259	－22 662	0.8	106.0	－6.8
1988	－585	30 742	417 357	338 546	－26 363	－0.1	106.9	－6.8
1989	－62 144	－30 742	500 783	419 375	44 480	－12.9	103.7	9.2
1990	－65 745	－6 425	536 400	457 384	46 840	－12.7	103.7	9.0
1991	－47 203	－3 948	552 865	480 634	50 242	－8.5	99.5	9.0
1992	－84 085	－9 641	615 584	539 087	48 254	－14.5	106.2	8.3
1993	－74 243	－31 535	783 704	708 108	14 735	－10.3	108.2	2.1
1994	444	－1 608	457 162	417 874	80 618	0.1	84.9	15.0
1995	12 152	4 422	560 074	519 152	149 838	1.7	77.6	20.7
1996	15 206	10 248	658 910	607 103	167 600	1.8	78.3	19.9
1997	39 406	17 525	747 132	697 329	141 593	4.0	75.6	14.4
1998	34 944	21 737	819 451	768 135	187 546	3.4	78.6	18.0

注:1994年以后的数据与以前年份不可比。

财 政 支 出
FINANCIAL EXPENDITURE

年份	绝对数(万元)				构成(以财政支出总计为100)			
	经济建设费	社会文教费	行政管理费	其他支出	经济建设	社会文教	行政管理	其他支出
1949	96	200	456	47	12.0	25.0	57.1	5.9
1950	1 800	580	1 346	183	46.1	14.8	34.4	4.7
1951	2 284	1 290	2 248	93	38.6	21.8	38.0	1.6
1952	2 778	4 302	3 634	199	25.5	39.4	33.3	1.8
1953	4 472	7 642	4 364	127	26.9	46.0	26.3	0.8
1954	7 976	7 689	4 987	66	38.5	37.1	24.1	0.3
1955	6 782	7 593	5 075	139	34.6	38.8	25.9	0.7
1956	13 105	10 320	6 621	171	43.4	34.2	21.9	0.5
1957	12 714	10 320	5 666	132	44.1	35.8	19.7	0.4
1958	49 923	12 464	6 045	399	72.5	18.1	8.8	0.6
1959	73 021	15 246	7 755	665	75.5	15.8	8.0	0.7
1960	99 563	22 230	8 419	577	76.1	17.0	6.4	0.5
1961	48 871	16 624	7 136	360	66.9	22.8	9.8	0.5
1962	16 503	13 460	5 845	615	45.3	37.0	16.0	1.7.
1963	20 654	13 354	7 285	822	49.0	31.7	17.3	2.0
1964	26 195	14 009	7 752	1 567	52.9	28.3	15.6	3.2
1965	25 956	15 072	7 813	2 223	50.8	29.5	15.3	4.4
1966	39 771	17 737	7 723	2 168	59.0	26.3	11.5	3.2
1967	35 740	14 978	6 943	1 174	60.7	25.5	11.8	2.0
1968	26 958	13 370	6 847	1 259	55.7	27.6	14.1	2.6
1969	39 831	13 625	7 955	1 358	63.5	21.7	12.7	2.1
1970	69 422	14 559	8 610	1 573	73.7	15.5	901	1.7
1971	68 131	18 347	9 378	3 783	68.4	18.4	9.4	3.8
1972	80 841	20 313	10 286	3 247	70.5	17.7	9.0	2.8
1973	87 926	22 845	9 994	2 812	71.2	18.5	8.1	2.2
1974	113 586	23 250	10 328	6 117	74.1	15.2	6.7	4.0
1975	106 165	24 399	11 160	8 055	70.9	16.3	7.4	5.4
1976	116 631	26 166	11 590	5 390	73.0	16.4	7.2	3.4
1977	118 004	27 893	12 875	5 357	71.9	17.0	7.8	3.3
1978	151 847	33 907	14 634	10 730	71.9	16.1	6.9	5.1
1979	139 811	41 866	16 725	8 990	67.2	20.2	8.1	4.5
1980	122 162	46 799	19 481	7 657	62.3	23.9	9.9	3.9
1981	93 111	49 001	20 031	12 517	53.3	28.0	11.5	7.2
1982	111 346	58 742	23 774	14 497	53.4	28.2	11.4	7.0
1983	126 995	67 307	28 262	17 526	52.9	28.0	11.8	7.3
1984	148 144	80 346	41 250	30 035	49.4	26.8	13.8	10.0
1985	164 601	93 701	40 907	56 274	46.3	26.4	11.5	15.8
1986	160 248	110 400	50 513	90 508	38.9	26.8	12.3	22.0
1987	160 742	105 001	51 794	101 996	38.3	25.0	12.4	24.3
1988	162 174	137 152	47 427	88 123	37.3	31.5	10.9	20.3
1989	168 559	137 513	60 738	141 729	33.1	27.0	12.6	38.5
1990	129 458	173 918	73 515	172 071	23.6	31.7	13.0	31.3
1991	133 471	190 202	83 469	199 899	22.0	31.3	13.8	32.9
1992	142 318	221 666	104 411	174 516	22.1	34.5	16.2	27.2
1993	146 091	248 501	121 902	240 633	19.3	32.8	16.1	31.8
1994	154 057	335 470	152 594	250 168	17.3	37.6	17.1	28.0
1995	180 133	376 520	175 766	396 505	16.0	33.3	15.6	35.1
1996	247 259	427 178	202 147	455 239	18.5	32.1	15.2	34.2
1997	252 773	448 220	205 833	528 253	17.6	31.2	14.3	36.9
1998	291 900	494 189	222 918	635 076	17.8	30.1	13.6	38.5

财政支出分项目数

FINANCIAL EXPENDITURE BY ITEMS

单位：万元

(10 000 yuan)

项　　目	1978年	1980年	1985年	1990年	1995年	1998年
支出总计	**211 118**	**196 099**	**355 483**	**548 962**	**1 128 924**	**1 644 083**
一、基本建设支出类	88 105	62 975	92 230	42 140	49 762	68 401
二、企业挖潜改造资金类	15 042	13 982	11 804	12 208	18 573	31 726
三、简易建筑费类	3 295	1 870	2 003	4 013	3 766	3 413
四、科技三项费用类	2 480	1 203	3 255	4 793	6 751	16 048
五、流动资金类	7 658	5 880	848	2 592	6 219	13 813
六、支援农业支出	26 882	26 985	29 804	32 465	43 338	58 861
小型水利水保费	13 796	11 496	7 594	11 100	18 847	21 161
七、工商交部门的事业费	2 259	2 107	4 189	7 616	14 667	16 329
八、城市维护费类	2 758	6 471	13 023	20 306	48 975	67 207
九、文教卫生事业费	28 553	39 974	81 659	152 174	332 091	441 546
十、抚恤和社会福利救济费类	5 354	6 825	12 042	17 879	36 024	40 166
十一、行政管理支出	14 634	19 481	40 907	73 515	175 766	222 918
十二、其他支出	14 098	8 346	63 719	179 261	392 992	663 655

注：企业挖潜改造含“县办五小技术改造”。

工商税收分经济类型情况

TAXES REVENUE OF INDUSTRY AND COMMERCE BY FOME OF OWNERSHIP

年份	绝对数(万元)					构成(%)			
	合计	国有	集体	个体	其他	国有	集体	个体	其他
1983	118 767	94 755	21 733	1 975	304	79.8	18.3	1.7	0.2
1984	103 580	79 972	20 869	2 620	119	77.2	20.1	2.6	0.1
1985	235 941	161 764	67 097	6 894	186	68.6	28.4	2.9	0.1
1986	271 523	183 735	78 104	8 974	710	67.7	28.8	3.3	0.2
1987	371 420	218 187	86 243	11 468	1 522	68.7	27.2	3.6	0.5
1988	371 608	256 634	98 142	15 915	917	69.1	26.4	4.3	0.2
1989	436 485	287 488	121 943	25 488	1 566	65.9	27.9	5.9	0.3
1990	510 425	344 188	133 144	30 825	2 268	67.4	26.1	6.0	0.5
1991	534 756	352 841	143 540	35 066	3 309	66.0	26.8	6.6	0.6
1992	603 366	403 068	152 422	41 146	6 730	66.8	25.3	6.8	0.1
1993	790 014	530 650	188 622	56 580	14 162	67.2	23.9	7.2	1.7
1994	277 682	173 003	70 935	31 644	2 100	62.3	25.5	11.4	0.8
1995	329 131	204 077	77 255	42 723	5 076	62.0	23.5	13.0	1.5
1996	394 838	230 546	93 029	59 333	11 930	58.4	23.6	15.0	3.0
1997	1 415 959	863 975	302 989	108 577	140 418	61.0	21.4	7.7	9.9
1998	1 567 122	929 569	286 195	145 638	205 720	59.3	18.3	9.3	13.1

银行现金收入

CASH RECEIPTS OF BANK

单位：万元　　　　　　　　　　　　　　　　　　　　(10 000 yuan)

年　份	现金收入总　　额	#商品销售收　　入	#服务事业收　　入	#储蓄存款收　　入	比重(以现金收入总额为100)		
					商品销售收　　入	服务事业收　　入	储蓄存款收　　入
1949	8 470						
1950	21 120						
1951	32 424						
1952	43 832	27 667	2 633	3 291	63.1	6.0	7.5
1953	53 458	33 230	3 213	4 038	62.2	6.0	7.6
1954	82 034	53 387	4 238	8 818	65.1	5.2	10.7
1955	97 160	61 720	5 163	14 315	63.5	5.3	14.7
1956	118 572	78 792	6 671	15 269	66.5	5.6	12.9
1957	129 583	86 517	6 888	15 984	66.8	5.3	12.3
1958	162 729	99 423	9 945	29 556	61.1	6.1	18.2
1959	199 339	106 553	11 510	36 790	53.5	5.8	18.5
1960	200 102	107 579	16 506	45 894	53.8	8.2	22.9
1961	169 919	91 506	19 027	31 013	53.9	11.2	18.3
1962	149 447	96 972	16 973	11 737	64.9	11.4	7.9
1963	133 738	91 576	11 997	9 605	68.5	9.0	7.2
1964	143 779	96 379	11 768	12 907	67.0	8.2	9.0
1965	154 333	104 750	12 122	14 124	67.9	7.9	9.2
1966	153 224	106 679	11 841	13 842	69.6	7.7	9.0
1967	160 812	114 641	11 975	14 119	71.3	7.4	8.8
1968	159 448	111 143	12 167	15 378	69.7	7.6	9.6
1969	171 972	119 448	13 377	17 068	69.5	7.8	9.9
1970	186 941	130 044	13 812	18 251	69.6	7.4	9.8
1971	198 682	137 406	14 672	20 317	69.2	7.4	10.2
1972	211 160	146 280	17 212	22 316	69.3	8.2	10.6
1973	226 227	158 216	17 021	23 565	69.9	7.5	10.4
1974	232 967	162 474	17 261	26 009	69.7	7.4	11.2
1975	238 599	167 472	17 124	27 464	70.2	7.2	11.5
1976	249 469	177 291	16 724	28 199	71.1	6.7	11.3
1977	275 052	194 246	19 490	31 806	70.6	7.1	11.6
1978	305 714	214 614	21 627	39 653	70.2	7.1	13.0
1979	357 495	241 861	24 207	61 264	67.7	6.8	17.1
1980	442 878	298 405	28 326	78 995	67.4	6.4	17.8
1981	530 200	351 730	30 094	94 677	66.3	5.7	17.9
1982	645 287	394 731	32 682	125 044	61.2	5.1	19.4
1983	826 066	459 689	39 320	152 230	55.6	4.8	18.4
1984	965 926	541 063	47 387	207 081	56.0	4.9	21.4
1985	1 116 541	616 405	58 830	302 128	55.2	5.3	27.1
1986	1 323 060	683 883	69 862	398 771	51.7	5.3	30.1
1987	1 699 715	789 412	80 998	594 046	46.4	4.8	34.9
1988	2 468 887	977 096	101 872	1 067 485	39.6	4.1	43.2
1989	2 939 093	1 067 716	126 792	1 349 100	36.3	4.3	45.9
1990	3 330 085	1 176 269	163 803	1 536 215	35.3	4.9	46.1
1991	3 921 141	1 299 492	193 452	1 861 349	33.1	4.9	47.5
1992	5 277 358	1 510 949	247 634	2 682 559	28.6	4.6	50:8
1993	7 733 224	1 696 291	313 995	4 419 990	21.9	4.1	57.2
1994	10 488 028	1 992 358	436 728	6 159 643	19.0	4.2	58.7
1995	15 031 708	2 461 696	597 699	9 168 316	16.4	4.0	61.0
1996	18 761 433	2 830 380	772 650	11 591 190	15.1	4.1	61.8
1997	22 379 929	2 981 535	926 409	14 098 797	13.3	4.1	63.0
1998	33 854 535	3 722 641	1 635 331	22 573 400	11.0	4.8	66.7

银行现金支出

CASH EXPENDITURE OF BANK

单位：万元 (10 000 yuan)

年 份	现金支出总计	#工资性支出	#农副产品采购支出	#行政企业管理费支出	比重(以现金收入总额为100)		
					工资性支出	农副产品采购支出	行政企业管理费支出
1949	9 064						
1950	22 428						
1951	37 109						
1952	47 923	14 678	13 897	1 773	30.6	29.0	3.7
1953	60 741	20 372	17 341	2 241	28.5	28.5	3.7
1954	85 295	26 364	24 806	4 384	30.9	29.1	5.1
1955	98 010	32 217	25 176	6 353	32.9	25.7	6.5
1956	126 880	51 772	15 532	10 352	45.3	12.2	7.7
1957	132 678	60 059	10 785	10 174	45.3	8.1	7.7
1958	173 150	69 196	9 649	14 090	40.0	5.6	8.1
1959	208 475	85 098	8 801	16 455	40.8	4.2	7.9
1960	218 851	88 616	5 995	16 892	41.1	2.8	7.8
1961	191 294	87 900	4 559	11 970	46.0	2.4	6.3
1962	155 915	82 195	7 962	7 988	52.7	5.1	5.1
1963	135 887	75 882	7 324	7 612	55.8	5.4	5.6
1964	142 450	79 735	7 911	8 331	56.0	5.6	5.8
1965	161 931	83 940	11 140	8 908	51.8	6.9	5.5
1966	158 867	86 110	9 771	9 929	54.2	6.2	6.2
1967	167 501	88 218	10 863	9 887	52.7	6.5	5.9
1968	169 661	89 795	10 275	9 923	52.9	6.1	5.8
1969	184 391	94 114	8 995	11 078	51.0	4.9	6.0
1970	192 434	104 624	7 760	10 167	54.4	4.0	5.3
1971	211 943	116 033	7 593	11 935	54.7	3.6	5.6
1972	228 816	128 093	8 938	12 656	56.0	3.9	5.5
1973	239 700	133 385	9 467	13 253	55.6	3.9	5.5
1974	249 109	138 619	10 322	14 666	55.6	4.1	5.9
1975	255 329	142 798	10 939	14 475	55.9	4.3	5.7
1976	274 873	151 306	14 477	16 037	55.0	5.3	5.8
1977	285 220	159 078	17 212	15 793	55.8	6.0	5.5
1978	324 168	179 819	18 852	16 259	55.5	5.8	5.0
1979	401 114	210 672	28 189	19 756	52.5	7.0	4.9
1980	488 299	252 128	40 127	22 926	51.6	8.2	4.7
1981	570 233	271 459	55 593	23 925	47.6	9.7	4.2
1982	692 377	297 727	86 306	27 701	43.0	12.5	4.0
1983	888 469	333 032	105 954	32 798	37.5	11.9	3.7
1984	1 100 744	426 636	127 670	45 765	38.8	11.6	4.2
1985	1 221 620	510 763	113 346	60 229	41.8	9.3	4.9
1986	1 472 347	609 033	134 957	68 914	41.4	9.2	4.7
1987	1 868 659	697 347	165 429	83 004	37.3	8.9	4.4
1988	2 795 674	858 186	211 550	119 036	30.7	7.6	4.3
1989	3 310 911	1 054 924	238 905	144 642	31.9	7.2	4.4
1990	3 776 879	1 216 986	283 783	187 780	32.2	7.5	5.0
1991	4 555 286	1 441 352	270 952	231 527	31.0	5.9	5.1
1992	6 211 274	1 713 101	239 266	330 371	27.6	3.9	5.3
1993	8 867 823	2 056 305	256 771	497 497	23.2	2.9	5.6
1994	11 842 031	2 785 175	331 481	611 963	23.5	2.8	5.2
1995	16 375 162	3 346 059	341 809	799 962	20.4	2.1	4.9
1996	20 290 572	3 716 264	331 624	1 005 421	18.3	1.6	5.0
1997	24 361 067	3 945 699	520 848	1 118 646	16.2	2.1	4.6
1998	35 446 548	5 093 017	469 422	1 878 875	14.4	1.3	5.3

银行信贷资金来源与运用

REVENUE AND EXPENDITURE OF BANK

单位：万元 (10 000 yuan)

年份	存贷余额		贷款余额		存款差额
	年末数	比上年增(+)减(-)数	年末数	比上年增(+)减(-)数	
1949	369		141		228
1950	3 710	3 341	425	284	3 285
1951	8 641	4 931	3 157	2 732	5 484
1952	16 132	7 491	6 381	3 224	9 751
1953	17 158	1 026	15 274	8 893	1 884
1954	21 563	4 405	37 044	21 770	-15 481
1955	25 684	4 121	53 073	16 029	-27 389
1956	26 985	1 301	98 791	45 718	-71 806
1957	34 925	7 940	116 472	17 681	-81 547
1958	80 277	45 352	192 783	76 311	-112 506
1959	115 326	35 049	295 211	102 428	-179 885
1960	157 585	42 259	395 495	100 284	-237 910
1961	119 220	-38 365	275 588	-119 907	-156 368
1962	112 262	-6 958	229 680	-45 908	-117 418
1963	102 584	-9 678	169 472	-60 208	-66 888
1964	103 737	1 153	172 513	3 041	-68 776
1965	121 321	17 584	194 863	22 350	-73 542
1966	131 636	10 315	239 747	220 264	-108 111
1967	125 354	-6 282	226 786	-12 961	-101 432
1968	126 896	1 542	248 360	21 574	-121 464
1969	136 356	9 460	300 071	51 711	-163 715
1970	229 130	92 774	341 741	41 670	-112 611
1971	205 740	-23 390	286 505	-55 236	-80 765
1972	203 157	-2 583	291 305	4 800	-88 148
1973	228 087	24 930	321 072	29 767	-92 985
1974	193 536	-34 551	333 657	12 585	-140 121
1975	224 276	30 740	368 419	34 762	-144 143
1976	202 926	-21 350	395 857	27 438	-192 931
1977	222 189	19 263	438 974	43 117	-216 785
1978	256 228	34 039	466 071	27 097	-209 843
1979	309 674	53 446	517 747	51 676	-208 073
1980	431 844	122 170	592 032	74 285	-160 188
1981	511 479	79 635	650 666	58 634	-139 187
1982	606 850	95 371	712 125	61 459	-105 275
1983	750 022	143 172	797 460	85 335	-47 438
1984	1 001 011	250 989	1 199 194	401 734	-198 183
1985	1 049 038	48 027	1 512 441	313 247	-463 403
1986	1 333 530	284 492	1 837 204	324 763	-503 674
1987	1 640 576	307 046	2 160 557	323 353	-519 981
1988	2 208 418	567 842	2 371 776	211 219	-163 358
1989	2 480 443	272 025	2 809 278	437 502	-328 835
1990	3 141 354	660 911	3 569 045	759 767	-427 691
1991	3 809 523	668 169	4 328 291	759 246	-518 768
1992	4 607 404	797 881	5 148 408	820 117	-541 004
1993	5 702 498	1 095 094	6 381 035	1 232 627	-678 537
1994	6 854 272	1 151 774	7 578 550	1 197 515	-724 278
1995	9 430 014	2 575 742	9 706 645	2 128 095	-276 631
1996	11 630 061	2 200 047	11 309 133	1 602 488	320 928
1997	13 633 135	2 003 074	12 152 449	843 316	1 480 686
1998	15 862 510	2 229 375	13 864 104	1 711 655	1 998 406

银行信贷资金来源

DEPOSITS OF BANK

单位：万元 (10 000 yuan)

年 份	信贷资金来源余额	#企 业存 款	#财政性存 款	#农 村存 款	#机关团体存 款	比重(%) 企 业存 款	财 政存 款	农 村存 款	机关团体存 款
1949	369	259	3		89	70.2	0.8		24.1
1950	3 710	2 101	469		926	56.6	12.6		25.0
1951	8 641	5 362	1 107		831	62.1	12.8		9.6
1952	16 132	6 858	4 678	5	2 056	42.5	29.0	…	12.7
1953	17 158	8 828	1 141	337	2 352	51.5	6.6	2.0	13.7
1954	21 563	8 074	3 269	1 276	2 602	37.4	15.2	5.9	12.1
1955	25 684	7 125	5 792	3 750	3 223	27.7	22.6	14.6	12.5
1956	26 985	10 105	1 695	3 358	3 163	37.4	6.3	12.4	11.7
1957	34 925	10 509	3 595	8 373	5 167	30.1	10.3	24.0	14.8
1958	80 277	24 153	10 545	8 924	14 942	30.1	13.1	11.1	18.6
1959	115 326	16 747	33 417	19 825	15 567	14.5	29.0	17.2	13.5
1960	157 585	20 451	14 411	17 736	21 262	13.0	9.1	11.3	13.5
1961	119 220	29 332	15 735	27 118	17 280	24.6	13.2	22.7	14.5
1962	112 262	36 451	11 793	14 817	6 358	32.5	10.5	13.2	5.7
1963	102 584	31 956	10 665	17 429	7 829	31.2	10.4	17.0	7.6
1964	103 737	32 715	13 107	21 755	9 209	31.5	12.6	21.0	8.9
1965	121 321	33 185	22 244	23 261	9 304	27.4	18.3	19.2	7.7
1966	131 636	35 895	17 306	21 171	10 358	27.3	13.1	16.1	7.9
1967	125 354	37 977	9 724	23 488	11 518	30.3	7.8	18.7	9.2
1968	126 896	45 295	9 584	26 021	11 351	35.7	7.6	20.5	8.9
1969	136 356	45 175	15 259	31 089	8 344	33.1	11.2	22.8	6.1
1970	229 130	50 365	72 504	34 301	10 967	22.0	31.6	15.0	4.8
1971	205 740	56 075	71 677	28 971	12 050	27.3	34.8	14.1	5.9
1972	203 157	54 245	67 017	25 757	11 850	26.7	33.0	12.7	5.8
1973	228 087	54 929	77 639	30 634	11 836	24.1	34.0	13.4	5.2
1974	193 536	61 296	42 136	33 743	13 524	31.7	21.8	17.4	7.0
1975	224 276	74 193	41 393	36 961	13 864	33.1	18.5	16.5	6.2
1976	202 926	86 952	15 182	39 702	15 205	42.8	7.5	19.6	7.5
1977	222 189	82 968	26 847	42 560	15 680	37.3	12.1	19.2	7.1
1978	256 228	81 945	44 379	41 402	15 587	32.0	17.3	16.2	6.1
1979	309 674	95 243	53 054	55 456	19 677	30.8	17.1	17.9	6.4
1980	431 844	125 522	77 170	72 530	28 729	29.1	17.9	16.8	6.7
1981	511 479	147 220	105 451	82 677	28 309	28.8	20.6	16.2	5.5
1982	606 850	160 023	99 613	117 608	39 170	26.4	16.4	19.4	6.5
1983	750 022	191 596	128 623	143 206	49 346	25.5	17.1	19.1	6.6
1984	1 001 011	354 955	176 807	131 555	61 114	35.5	17.7	13.1	6.1
1985	1 049 038	401 574	39 602	166 262	47 000	38.3	3.8	15.8	4.5
1986	1 333 530	496 555	37 716	209 051	58 364	37.2	2.8	15.7	4.4
1987	1 640 576	562 031	54 231	237 043	70 258	34.3	3.3	14.4	4.3
1988	2 208 418	631 856	356 866	254 073	69 668	28.6	16.2	11.5	3.2
1989	2 480 443	745 858	112 318	275 296	98 716	30.1	4.5	11.1	4.1
1990	3 141 354	847 362	133 057	329 195	123 272	27.0	4.2	10.5	3.9
1991	3 809 523	1 034 918	105 477	344 206	158 708	27.2	2.8	9.0	4.2
1992	4 607 404	1 224 459	65 934	442 307	160 055	26.6	1.4	9.6	3.5
1993	5 702 498	1 414 515	118 040	511 736	160 874	24.8	2.1	9.0	2.8
1994	6 854 272	2 062 932	131 602	27 912	205 963	30.1	1.9	0.4	3.0
1995	9 430 014	2 528 681	169 806	35 901	241 936	26.8	1.8	0.4	2.6
1996	11 630 061	3 275 277	170 085	37 574	226 830	28.2	1.5	0.3	2.0
1997	13 633 135	3 929 616	190 411	46 594	243 498	28.8	1.4	0.3	1.8
1998	15 862 510	4 464 560	240 809	48 271	387	28.1	1.5	0.3	…

银行信贷资金运用

LOANS OF BANK

单位：万元 (10 000 yuan)

年 份	信贷资金运用余额	#工业贷款	#商业贷款	#预购定金贷款	#社队农业贷款	比重(%) 工业贷款	商业贷款	预购定金贷款	社队农业贷款
1949	141	61	31		21	43.3	22.0		14.9
1950	425	202	44		54	47.5	10.4		12.7
1951	3 157	267	1 545		519	8.5	48.9		16.4
1952	6 381	1 149	2 186		886	18.0	34.3		13.9
1953	15 274	1 862	10 663		1 603	12.2	69.8		10.5
1954	37 044	2 644	31 047		2 054	7.1	83.8		5.5
1955	53 073	4 536	43 754		3 496	8.5	82.4		6.6
1956	98 791	6 997	39 256		10 601	7.1	39.7		10.7
1957	116 472	8 021	51 716		9 236	6.9	44.4		7.9
1958	192 783	37 392	75 154	692	11 803	19.4	39.0	0.4	6.1
1959	295 211	101 203	108 491	414	8 593	34.3	36.8	0.1	2.9
1960	395 495	145 254	109 299	2 002	13 500	36.7	27.6	0.5	3.4
1961	275 588	99 087	129 767	817	10 572	36.0	47.1	0.3	3.8
1962	229 680	62 644	121 136	630	12 700	27.3	52.7	0.3	5.5
1963	169 472	35 355	83 926	611	16 188	20.9	49.5	0.4	9.6
1964	172 513	28 411	79 250	833	16 504	16.5	45.9	0.5	9.6
1965	194 863	27 384	100 234	924	19 836	14.1	51.4	0.5	10.2
1966	239 747	42 350	114 910	1 725	27 274	17.7	47.9	0.7	11.4
1967	226 786	53 052	98 942	2 122	25 716	23.4	43.6	0.9	11.3
1968	248 360	82 207	108 476	2 162	25 786	33.1	43.7	0.9	10.4
1969	300 071	95 963	135 507	1 593	26 015	32.0	45.2	0.5	8.7
1970	341 741	91 464	141 646	1 457	25 764	26.8	41.4	0.4	7.5
1971	286 505	111 693	157 496	1 910	15 175	39.0	55.0	0.7	5.3
1972	291 305	107 257	163 913	1 973	17 963	36.8	56.3	0.7	6.2
1973	321 072	104 488	186 035	1 682	21 352	32.5	57.9	0.5	6.7
1974	333 657	123 421	177 628	1 773	23 991	37.0	53.2	0.5	7.2
1975	368 419	130 741	200 553	1 920	27 490	35.2	54.4	0.5	7.5
1976	395 857	148 794	203 910	2 255	33 231	37.6	51.5	0.6	8.4
1977	438 974	150 308	236 248	2 082	37 874	34.2	53.8	0.5	8.6
1978	466 071	163 955	241 317	1 966	45 729	35.2	51.8	0.4	9.8
1979	517 747	191 980	270 257	1 627	53 353	37.1	52.2	0.3	10.3
1980	592 032	201 219	314 419	2 412	60 816	34.0	53.1	0.4	10.3
1981	650 666	219 671	341 126	2 672	67 026	33.8	52.4	0.4	10.3
1982	712 125	223 558	392 723	2 080	62 608	31.4	55.1	0.3	8.8
1983	797 460	262 408	426 746	2 254	70 878	32.9	53.5	0.3	8.9
1984	1 199 194	364 908	504 294	2 508	134 806	30.4	42.1	0.2	11.2
1985	1 512 441	444 033	569 182	1 257	136 115	29.4	37.6	0.1	9.0
1986	1 837 204	596 368	608 131	788	153 612	32.5	33.1	0.04	8.4
1987	2 160 557	696 830	712 143	676	174 838	32.3	33.0	0.03	8.1
1988	2 371 776	831 165	874 487	556	80 148	35.0	36.9	0.02	3.4
1989	2 809 278	1 030 816	1 030 871	1 400	101 074	36.7	36.7	0.05	3.6
1990	3 569 045	1 296 650	1 227 459	1 148	124 281	36.3	34.4	0.03	3.5
1991	4 328 291	1 496 843	1 364 805	1 475	153 609	34.6	31.5	0.03	3.5
1992	5 148 408	1 626 224	1 614 982	614	187 543	31.6	31.4	0.01	3.6
1993	6 381 035	1 982 697	1 851 897	1 967	227 908	31.1	29.0	0.03	3.6
1994	7 578 550	2 276 731	1 971 945	3	226 387	30.0	26.0		3.0
1995	9 706 645	2 612 627	2 310 724		281 351	26.9	23.8		2.9
1996	11 309 133	3 058 051	2 732 063		350 666	27.0	24.2		3.1
1997	12 152 449	3 745 347	3 234 356		442 089	30.8	26.6		3.6
1998	13 864 104	4 174 345	3 501 721		499 000	30.1	25.3		3.6

银行现金收支总额及货币流通量

CASH RECEIPTS AND EXPENDITURE OF BANK AND MONEY IN CICULATION

单位：万元 (10 000 yuan)

年 份	收入总额	支出总额	净 投 放	年末货币流通量	货币归行速度	
					次 数	天 数
1949	8 470	9 064	594	2 363	3.6	102
1950	21 120	22 428	1 308	3 300	6.4	57
1951	32 424	37 109	4 685	6 400	5.1	72
1952	43 832	47 923	4 091	9 100	4.8	76
1953	53 458	60 741	7 283	12 900	4.1	88
1954	82 034	82 295	3 261	14 100	5.8	63
1955	97 160	98 010	850	14 700	6.6	55
1956	118 572	126 880	8 308	18 900	6.3	58
1957	129 583	132 678	3 095	19 700	6.6	55
1958	162 729	173 150	10 421	23 000	7.1	52
1959	199 339	208 475	9 136	24 600	8.1	45
1960	200 102	215 851	15 749	30 076	6.7	55
1961	169 919	191 294	21 375	39 576	4.3	85
1962	149 447	155 915	6 468	38 576	3.9	94
1963	133 738	135 887	2 149	33 900	3.9	93
1964	143 779	142 450	－1 329	29 600	4.9	75
1965	154 333	161 931	7 598	32 877	4.7	78
1966	153 224	158 867	5 647	31 528	4.9	75
1967	160 812	167 501	6 689	32 345	5.0	73
1968	159 448	169 661	10 213	35 793	4.5	82
1969	171 972	184 391	12 419	43 713	3.9	93
1970	186 941	192 434	5 493	43 232	4.3	84
1971	198 682	211 943	13 261	46 511	4.3	85
1972	211 160	228 816	17 656	48 167	4.4	83
1973	226 227	239 700	13 473	50 506	4.5	81
1974	232 967	249 109	16 142	53 536	4.4	84
1975	238 599	255 329	16 730	57 100	4.2	87
1976	249 469	274 873	25 404	63 276	3.9	93
1977	275 052	285 220	10 168	58 100	4.7	77
1978	305 714	324 168	18 454	60 300	5.1	72
1979	357 495	401 114	43 619	71 200	5.0	73
1980	442 878	488 299	45 421	84 400	5.2	70
1981	530 200	570 233	40 033	92 400	5.7	64
1982	645 287	692 377	47 090	105 000	6.1	59
1983	826 066	888 469	62 403	121 000	6.8	53
1984	965 926	1 100 744	134 818	180 000	5.4	68
1985	1 116 541	1 221 620	105 079	214 000	5.2	70
1986	1 323 060	1 472 347	149 287	255 000	5.2	70
1987	1 699 715	1 868 659	168 944	295 000	5.8	63
1988	2 468 887	2 795 674	326 787	420 000	5.9	62
1989	2 939 093	3 310 911	371 818	525 000	5.6	65
1990	3 330 085	3 776 879	446 794	650 000	5.1	72
1991	3 921 141	4 555 286	634 145	820 000	4.8	73
1992	5 277 358	6 211 274	933 916	1 150 000	4.6	79
1993	7 733 224	8 867 823	1 134 599	1 630 000	4.7	78
1994	10 488 028	11 842 031	1 354 003	2 100 000	5.0	73
1995	15 031 708	16 375 162	1 343 454	2 400 000	6.3	58
1996	18 761 433	20 290 572	1 529 139	2 700 000	6.9	53
1997	22 379 929	24 361 067	1 981 138	3 400 000	6.6	55
1998	33 854 535	35 446 548	1 592 013			

保险业务主要指标

MAJOR INDICATORS OF INSURANCE BUSINNESS

年份	承保费		保费		赔款		机构数（个）	职工人数（人）
	国内业务（亿元）	涉外业务（万美元）	国内业务（亿元）	涉外业务（万美元）	国内业务（亿元）	涉外业务（万美元）		
1949								
1950	0.3		4.6		0.012		6	97
1951	4.2		128.8		8.1		94	471
1952	8.9		260.7		42.4		101	1 582
1953	16.2		265.7		65.6		19	509
1954	20.2		257.3		47.5		19	463
1955	18.7		289.4		35.9		19	458
1956	18.6		396.5		37.4		42	707
1957	21.3		502.3		118.9		42	575
1958	24.0		626.6		187.6		57	609
1980	7	1 287	113.0	2.3			4	80
1981	46	1 881	1 002.7	2.7	18.9	0.04	16	230
1982	78	2 211	1 612.0	5.8	824.2	1.40	26	350
1983	85	2 760	2 052.2	8.2	933.0	0.05	26	453
1984	130	6 474	3 751.3	20.9	1 956.6	5.80	80	993
1985	254	12 053	8 316.0	40.6	4 179.1	24.50	127	1 706
1986	439	45 283	18 501.4	168.4	7 255.7	21.90	133	2 086
1987	500	46 341	27 156.2	324.4	11 198.8	74.50	135	2 529
1988	543	60 000	35 980.0	378.2	20 839.0	53.40	136	2 716
1989	654	60 000	43 135	527	21 883	264	137	2 822
1990	885	120 000	52 737	577	22 187	224	137	2 981
1991	845	180 000	61 695	675	33 890	318	139	3 026
1992	1 010	350 000	101 727	679	53 763	1 044	139	3 563
1993	1 513		95 663		56 109		149	3 961
1994	1 359		88 105		54 142		148	4 067
1995	1 789		106 747		45 661		172	4 168
1996	2 113		128 340		52 821		297	4 298
1997	2 113		180 818		57 781		260	4 366
1998	2 469		214 220		67 711		264	4 369

注:从 1993 年涉外业务与国内业务合并统计,单位统一为人民币。

高等学校基本情况

BASIC STATISTICS ON HIGHER EDUCATION

年 份	学校数（所）	毕业生数（人）	招生数（人）	在校学生数（人）	教职工数（人）	#专任教师
1949	1	102	294	528	377	98
1950	1	160	329	819	353	159
1951	2	103	571	1 271	538	236
1952	4	352	989	1 881	675	318
1953	4	499	981	2 230	907	406
1954	4	399	1 324	3 052	1 134	486
1955	4	654	1 627	4 064	1 385	545
1956	4	799	3 236	6 334	1 961	791
1957	4	838	1 993	7 315	2 297	1 011
1958	28	1 378	9 308	14 039	4 231	1 728
1959	29	1 176	5 535	14 624	4 813	1 902
1960	48	1 926	7 123	18 751	9 953	2 750
1961	30	3 324	4 199	18 969	8 581	3 183
1962	11	4 162	1 667	15 086	6 113	2 694
1963	11	3 084	3 043	14 982	5 873	2 750
1964	10	3 817	3 089	13 753	6 100	2 787
1965	14	4 296	4 566	14 548	6 454	2 909
1966	9	1 182	714	10 014	6 347	3 125
1967	9	490		10 235	6 344	3 116
1968	9	3 260		6 975	6 333	3 119
1969	9	3 071		3 904	6 319	3 105
1970	9	3 901		4 384	5 318	2 564
1971	9		106	106	5 382	2 574
1972	9		3 846	4 129	5 884	2 848
1973	9	281	3 836	7 674	6 171	2 457
1974	10	1 689	4 174	10 155	6 226	2 954
1975	13	2 999	4 747	11 908	6 552	2 727
1976	14	4 167	5 118	12 681	7 363	2 867
1977	15	4 432	6 471	14 438	7 683	3 354
1978	16	4 523	7 951	20 940	10 784	4 244
1979	16	3 606	8 016	25 308	11 117	4 951
1980	16		8 287	33 104	13 318	5 077
1981	16	3 909	7 836	36 975	13 747	5 156
1982	17	14 172	9 011	31 733	15 139	6 133
1983	17	8 672	9 716	32 858	15 511	6 336
1984	21	8 182	11 677	36 338	16 601	6 928
1985	22	8 499	14 107	41 946	17 033	7 099
1986	23	9 930	13 517	46 607	18 946	7 787
1987	24	12 363	14 735	49 121	19 916	8 259
1988	25	17 139	17 474	49 450	20 199	8 443
1989	26	13 842	15 662	51 203	21 056	8 903
1990	26	15 130	15 710	51 309	21 360	8 963
1991	25	15 888	16 103	51 516	21 759	9 143
1992	25	14 246	18 471	55 717	21 828	9 097
1993	25	14 002	20 563	62 156	21 849	8 839
1994	26	16 160	19 932	66 417	23 272	9 088
1995	26	20 312	20 926	67 420	23 411	9 140
1996	26	19 943	21 249	68 842	21 808	8 920
1997	24	19 297	21 834	71 138	21 798	8 713
1998	23	18 935	24 090	76 128	22 001	8 798

研究生数

NUMBER OF POSTGRADUATES

年份	培养研究生的单位数（个）	招生数（人）	毕业人数（人）	在校人数（人）
1958	2	33		33
1959	2			33
1960	2	1	28	6
1961	2			6
1962	2	8	5	9
1963	2		1	8
1964	2			8
1965	2		8	
1978	4	151		151
1979	6	55		206
1980	6	15		218
1981	8	62	152	129
1982	8	62	35	156
1983	7	95	26	225
1984	8	149	19	356
1985	8	399	84	670
1986	8	296	114	847
1987	9	301	161	983
1988	9	249	376	847
1989	9	207	294	757
1990	9	219	288	688
1991	13	226	278	700
1992	12	266	218	752
1993	12	380	239	899
1994	12	407	230	1 081
1995	12	524	263	1 336
1996	12	538	386	1 484
1997	11	465	396	1 539
1998	12	603	503	1 633

中等专业学校基本情况

BASIC STATISTICS ON SPECIALIZED SECONDARY SCHOOLS

年　份	学校数（所）	毕业生数（人）	招生数（人）	在校学生数（人）	教职工数（人）	#专任教师
1949	42	860	2 763	7 041	998	359
1950	62	1 815	4 262	9 649	1 266	489
1951	70	2 629	6 438	14 036	1 812	716
1952	66	2 995	9 914	22 325	2 955	1 275
1953	58	3 986	9 349	28 148	3 406	1 535
1954	36	7 968	4 630	25 035	3 347	1 497
1955	33	7 576	6 671	21 496	3 138	1 376
1956	42	9 756	13 645	25 058	4 641	1 856
1957	37	4 403	4 678	23 195	4 834	2 015
1958	79	6 145	21 378	33 635	6 970	2 579
1959	97	6 773	22 862	48 573	8 732	2 853
1960	156	11 517	16 892	63 039	14 604	5 102
1961	94	12 550	3 753	42 450	6 965	2 776
1962	38	3 886	90	24 683	3 010	1 292
1963	42	4 557	4 280	17 546	24 192	1 644
1964	42	6 823	6 909	16 919	3 624	1 726
1965	145	3 644	14 781	38 877	5 960	2 840
1966	92	3 205	195	30 076	5 655	2 590
1967	92	5 933		24 316	5 642	2 593
1968	94	17 134	1 080	8 696	5 661	2 600
1969	86	4 830	50	1 633	5 028	2 392
1970	64	1 473	963	1 013	4 641	2 180
1971	64	469	5 256	5 800	4 630	2 017
1972	65	1 655	13 655	15 602	2 563	1 269
1973	58	5 841	9 337	19 246	4 218	1 721
1974	63	9 155	10 125	19 848	4 847	1 987
1975	64	9 112	12 514	23 837	5 537	2 298
1976	64	10 835	12 230	25 051	6 556	2 729
1977	67	11 978	13 022	25 834	7 103	2 985
1978	73	11 766	15 531	29 029	7 520	3 246
1979	83	7 161	18 536	40 962	9 089	3 509
1980	90	13 563	18 800	46 058	9 709	3 991
1981	98	19 337	16 187	42 356	11 567	4 429
1982	100	19 844	15 966	38 608	11 811	5 046
1983	98	12 043	16 455	43 647	12 539	5 367
1984	107	15 927	18 640	46 716	13 331	5 885
1985	113	16 773	20 864	51 448	14 500	6 176
1986	117	18 892	23 795	61 086	15 859	6 952
1987	117	21 892	27 092	66 926	16 358	7 420
1988	120	21 403	32 053	78 793	16 679	8 021
1989	124	23 072	27 669	84 391	16 703	8 072
1990	125	26 768	28 615	86 795	16 907	8 295
1991	124	28 031	28 461	87 002	17 257	8 386
1992	124	27 701	31 018	88 659	17 172	8 467
1993	125	27 520	34 720	96 565	17 681	8 700
1994	127	28 791	35 261	102 885	17 929	8 979
1995	129	31 474	35 898	107 443	18 225	9 161
1996	129	33 143	40 849	117 258	18 467	9 375
1997	129	33 483	45 149	129 552	18 595	9 480
1998	128	37 702	51 875	145 673	18 978	9 637

技工学校基本情况

BASIC STATISTICS ON TECHNICAL SCHOOLS

年　份	学 校 数（所）	毕业生数（人）	招 生 数（人）	在校学生数（人）	教职工数（人）	#专任教师
1964	15		3 154	3 460	678	295
1965	10		1 105	2 670	172	111
1966	25		150	5 785	979	363
1967	25			5 783	988	368
1968	25	3 431		2 646	995	380
1969	22	2 246	182	312	775	336
1970	23	100	687	897	545	187
1971	24	422	1 440	2 318	603	204
1972	26	404	722	2 549	726	151
1973	14		1 074	2 376	886	171
1974	20	1 294	1 741	2 855	921	284
1975	19	1 075	2 249	3 700	967	289
1976	21	1 655	2 980	5 139	1 094	320
1977	27	2 146	3 260	6 166	1 442	363
1978	50	3 713	8 160	11 860	3 255	938
1979	60	100	7 997	19 662	3 428	1 113
1980	61	10 649	8 096	16 454	3 647	1 386
1981	62	8 179	8 255	16 330	5 025	1 879
1982	59	7 817	5 810	14 232	5 268	1 857
1983	59	8 023	7 318	12 950	5 016	1 938
1984	62	4 604	8 120	15 666	5 020	1 792
1985	70	6 383	9 122	18 569	5 318	1 933
1986	72	5 601	9 822	22 709	6 061	2 240
1987	81	6 419	11 983	28 171	6 784	2 744
1988	92	7 777	12 931	32 935	7 167	2 966
1989	94	9 017	13 763	37 452	7 520	3 512
1990	97	11 708	14 606	40 096	8 971	3 704
1991	103	12 702	15 732	42 795	9 091	3 697
1992	103	13 364	16 172	44 605	9 629	4 062
1993	107	14 251	16 668	47 300	7 828	4 158
1994	107	15 422	17 520	48 744	7 897	4 288
1995	110	15 542	18 817	51 468	8 091	5 062
1996	111	16 272	19 532	54 820	11 646	4 824
1997	119	17 257	19 182	56 550	10 155	5 069
1998	133	18 868	15 241	53 487	10 509	4 716

普通中学基本情况

BASIC STATISTICS ON REGULAR SECONDARY SCHOOLS

年　份	学校数（所）	毕业生数（万人）	招生数（万人）	在校学生数（万人）	教职工数（万人）	#专任教师
1949	34	0.10	0.54	0.99	0.14	0.05
1950	33	0.18	0.60	1.17	0.14	0.06
1951	37	0.28	0.85	1.66	0.18	0.08
1952	105	0.38	2.89	4.09	0.35	0.17
1953	90	0.46	1.94	5.35	0.43	0.21
1954	110	0.70	3.41	7.88	0.63	0.31
1955	120	2.23	3.75	9.06	0.69	0.36
1956	260	1.86	6.72	13.51	0.90	0.48
1957	249	2.97	4.95	15.05	1.05	0.57
1958	965	3.23	14.45	24.50	1.78	0.93
1959	879	5.07	11.33	29.39	2.24	1.13
1960	824	4.59	11.86	33.62	2.94	1.57
1961	687	10.09	6.02	27.03	2.48	1.42
1962	681	8.43	7.32	21.65	2.01	1.16
1963	687	6.97	7.62	19.04	1.89	1.13
1964	548	4.38	7.26	19.74	1.86	1.12
1965	590	5.14	8.84	22.79	1.98	1.22
1966	1 961	4.45	7.70	28.74	2.32	1.57
1967	2 196	5.45	5.15	28.53	2.41	1.65
1968	4 635	17.97	25.30	39.98	3.38	2.37
1969	6 816	12.42	38.97	67.77	4.42	3.28
1970	8 347	25.73	38.92	79.15	5.14	3.80
1971	9 466	33.37	49.48	92.21	6.25	4.74
1972	11 386	41.09	54.90	103.05	6.89	5.26
1973	10 009	44.69	51.19	101.58	7.96	5.55
1974	10 222	47.85	60.97	112.33	8.46	5.98
1975	11 831	45.09	74.45	138.57	9.87	7.12
1976	15 194	57.09	95.33	173.95	11.97	8.95
1977	16 570	68.85	105.60	204.13	13.66	10.31
1978	14 062	75.26	88.49	194.28	13.70	10.38
1979	11 886	84.83	76.94	177.64	13.35	9.90
1980	9 895	34.80	53.96	179.55	13.83	10.41
1981	8 040	64.59	58.17	159.61	13.00	9.78
1982	6 787	45.48	54.05	150.45	12.45	9.42
1983	5 331	43.34	50.66	142.35	11.67	8.86
1984	4 821	38.54	53.59	150.31	11.68	8.75
1985	4 749	39.09	52.94	156.97	12.31	9.26
1986	4 493	41.76	53.64	162.43	12.89	9.77
1987	4 253	47.49	53.21	163.76	13.55	10.28
1988	4 215	48.42	52.44	161.17	13.95	10.74
1989	4 139	49.27	45.80	149.00	14.06	10.82
1990	3 944	47.63	48.30	145.08	14.08	10.88
1991	3 823	45.93	48.40	143.36	14.18	10.94
1992	3 641	42.66	49.00	142.26	14.19	11.02
1993	3 540	43.47	48.90	138.44	14.17	10.98
1994	3 485	41.78	51.68	142.52	14.32	11.20
1995	3 401	43.17	55.30	150.97	14.48	11.32
1996	3 370	44.43	57.94	161.33	14.67	11.53
1997	3 324	48.18	60.53	170.09	14.89	11.79
1998	3 292	51.70	62.89	177.40	15.07	12.04

小学基本情况

BASIC STATISTICS ON PRIMARY SCHOOLS

年　份	学校数（所）	毕业生数（万人）	招生数（万人）	在校学生数（万人）	教职工数（万人）	#专任教师
1949	20 073	1.35	20.42	101.53	2.92	2.80
1950	22 204	2.49	21.50	116.08	3.38	3.25
1951	24 223	2.49	24.38	136.90	3.81	3.66
1952	27 148	3.56	27.40	160.81	4.71	4.51
1953	27 308	4.80	24.13	171.76	5.04	4.82
1954	27 153	9.75	30.22	167.85	5.19	4.95
1955	27 109	9.26	32.94	169.90	5.38	5.14
1956	27 717	12.52	39.43	190.62	5.76	5.54
1957	28 204	14.66	33.63	190.81	6.11	5.87
1958	29 632	18.40	58.53	231.04	7.14	6.85
1959	31 934	17.15	44.93	247.92	7.76	7.46
1960	32 384	25.28	63.90	272.78	9.01	7.74
1961	33 914	24.14	49.70	273.16	9.76	8.16
1962	34 761	20.83	44.71	248.47	9.62	8.07
1963	35 648	17.03	48.43	240.62	10.06	8.59
1964	37 432	17.62	60.56	274.27	10.84	9.27
1965	38 812	21.00	61.47	305.49	11.41	9.83
1966	38 716	38.95	57.97	299.34	11.29	10.09
1967	39 413	38.83	53.02	304.17	11.56	10.38
1968	36 446	56.73	63.58	306.84	11.43	10.49
1969	34 601	45.78	64.07	313.09	11.79	10.92
1970	34 140	47.84	76.04	330.80	12.02	11.27
1971	33 990	48.56	84.95	353.10	12.87	12.18
1972	35 015	46.52	94.19	378.10	14.17	13.05
1973	36 435	46.26	73.00	383.45	13.71	13.20
1974	36 338	52.04	70.56	392.22	14.22	13.81
1975	34 946	67.69	75.85	385.59	13.99	13.54
1976	32 303	75.80	74.21	374.17	13.66	13.26
1977	30 991	70.50	74.74	365.89	13.19	12.83
1978	33 393	62.09	87.97	377.36	13.76	13.28
1979	35 507	59.05	70.98	383.32	14.71	14.12
1980	37 746	59.28	66.49	384.16	15.49	14.83
1981	39 579	60.82	70.94	389.10	16.19	15.37
1982	40 685	62.03	64.93	382.13	16.66	15.55
1983	42 116	63.98	60.23	366.22	17.11	15.78
1984	42 233	66.23	56.58	351.48	17.07	15.60
1985	42 394	64.67	54.86	335.20	17.09	15.73
1986	42 592	63.39	52.32	319.19	17.25	15.87
1987	42 703	61.69	52.11	305.39	17.59	16.17
1988	42 551	58.86	55.09	298.09	17.58	16.17
1989	42 362	51.61	57.10	297.40	17.79	16.31
1990	42 195	51.31	55.80	297.40	17.88	16.37
1991	41 942	50.02	58.00	301.48	18.22	16.66
1992	41 712	49.84	59.50	308.34	18.31	16.71
1993	41 472	50.82	60.90	314.36	18.45	16.83
1994	41 303	54.72	65.00	321.31	18.59	16.97
1995	40 795	55.36	64.29	327.04	18.88	17.19
1996	40 262	56.67	67.86	334.55	18.86	17.15
1997	39 622	58.04	69.90	344.64	19.13	17.41
1998	39 249	58.96	64.87	348.04	19.18	17.49

平均每万人口在校学生数

STUDENT ENROLLMENT PER 10000 POPULATION

单位：人

(person)

年　份	高等学校	中等专业学　校	技工学校	普通中学	小　学
1949	0.4	5.5		7.8	792.9
1950	0.6	7.4		8.9	885.0
1951	0.9	10.4		12.3	1 012.6
1952	1.3	16.0		29.3	1 152.6
1953	1.6	19.7		37.5	1 203.8
1954	2.1	17.1		53.8	1 146.2
1955	2.7	14.2		60.0	1 126.1
1956	4.1	16.1		87.0	1 227.0
1957	4.6	14.6		94.8	1 202.6
1958	8.7	20.7		151.1	1 425.2
1959	8.8	29.1		176.4	1 487.6
1960	11.0	37.0		197.4	1 601.8
1961	11.1	24.8		158.1	1 597.4
1962	8.6	14.1		124.1	1 423.6
1963	8.4	9.8		106.4	1 344.2
1964	7.5	9.3	1.9	108.2	1 503.4
1965	7.8	20.8	1.4	121.7	1 632.2
1966	5.2	15.7	3.0	150.4	1 566.3
1967	5.3	12.5	3.0	146.5	1 562.3
1968	3.5	4.3	1.3	199.9	1 534.4
1969	1.9	0.8	0.2	330.7	1 528.0
1970	2.1	0.5	0.4	374.8	1 566.7
1971		2.7	1.1	426.0	1 631.4
1972	1.9	7.0	1.2	465.6	1 708.4
1973	3.4	8.5	1.1	450.0	1 698.7
1974	4.4	8.6	1.2	488.0	1 703.9
1975	5.1	10.2	1.6	592.2	1 647.8
1976	5.3	10.6	2.2	733.0	1 576.7
1977	6.0	10.8	2.6	851.1	1 525.6
1978	8.6	12.0	4.9	804.3	1 557.6
1979	10.3	16.7	8.0	737.0	1 567.0
1980	13.4	18.6	6.6	725.0	1 551.9
1981	14.7	16.9	6.5	636.2	1 551.5
1982	12.5	15.2	5.6	590.9	1 501.5
1983	12.8	17.0	5.0	553.4	1 423.7
1984	14.0	18.0	6.0	578.0	1 351.6
1985	16.0	19.6	7.1	597.6	1 276.2
1986	17.6	23.0	8.6	611.8	1 202.2
1987	18.3	24.9	10.5	608.6	1 134.9
1988	17.8	28.6	12.0	585.0	1 082.0
1989	18.5	30.4	13.5	537.1	1 072.0
1990	17.7	29.9	13.8	500.5	1 025.9
1991	17.5	29.6	14.6	487.3	1 024.8
1992	18.7	29.8	13.5	537.1	1 035.0
1993	20.6	32.0	13.8	500.4	1 043.3
1994	21.8	33.8	14.6	487.4	1 055.2
1995	21.9	34.9	15.0	490.7	1 062.9
1996	22.1	37.7	15.7	518.9	1 076.1
1997	22.6	41.2	16.0	541.5	1 097.2
1998	24.0	45.9	16.7	559.3	1 097.2

各类学校平均每一教师负担学生数

STUDENT - TEACHER RATIO BY LEVEL OF SCHOOL

单位：人 （person）

年　份	高等学校	中等专业学　校	技工学校	普通中学	小　学
1949	5.4	19.6		19.0	36.2
1950	5.2	19.7		20.5	35.7
1951	5.4	19.6		20.8	37.4
1952	5.9	17.5		24.8	35.7
1953	5.5	18.3		25.3	35.6
1954	6.3	16.7		25.1	33.9
1955	7.5	15.6		25.4	33.1
1956	8.0	13.5		28.3	34.4
1957	7.2	11.5		26.5	32.5
1958	8.1	13.0		26.3	33.7
1959	7.7	17.0		26.0	33.2
1960	6.8	12.4		21.4	35.2
1961	5.9	15.3		19.0	33.5
1962	5.6	19.1		18.7	30.8
1963	5.4	10.7		16.8	28.0
1964	4.9	9.8	11.7	17.6	29.6
1965	5.0	13.7	24.1	18.7	31.1
1966	3.2	11.6	15.9	18.4	29.7
1967	3.3	9.4	15.7	17.3	29.3
1968	2.2	3.3	7.0	16.9	29.3
1969	1.3	0.7	0.9	20.7	28.7
1970	1.7	0.5	4.8	20.8	29.3
1971		2.9	11.4	19.5	29.0
1972	1.4	12.3	16.9	19.6	29.0
1973	3.1	11.2	13.9	18.3	29.0
1974	3.4	10.0	10.1	18.8	28.4
1975	4.4	10.4	12.8	19.5	28.5
1976	4.4	9.2	16.1	19.4	28.2
1977	4.3	8.7	17.0	19.8	28.5
1978	4.9	8.9	12.6	18.7	28.4
1979	5.1	11.7	17.7	18.0	27.1
1980	6.5	11.5	11.9	17.3	25.9
1981	7.2	9.6	8.7	16.3	25.3
1982	5.2	7.7	7.7	16.0	24.5
1983	5.2	8.1	6.7	16.1	23.2
1984	5.2	7.9	8.7	17.2	22.5
1985	5.9	8.3	9.6	17.9	21.3
1986	6.0	8.8	10.1	16.6	20.1
1987	5.9	9.0	10.3	15.9	18.9
1988	5.9	9.8	11.1	15.0	18.4
1989	5.8	10.5	10.7	13.8	18.2
1990	5.3	10.5	10.8	13.3	18.2
1991	5.6	10.4	11.6	13.1	18.1
1992	6.1	10.5	11.0	12.9	18.5
1993	7.0	11.1	11.4	12.6	18.7
1994	7.3	11.5	11.4	12.7	18.9
1995	7.4	11.7	10.2	13.3	19.0
1996	7.7	12.5	11.4	14.0	19.5
1997	8.2	13.7	11.4	14.4	19.8
1998	8.7	15.1	11.4	14.7	19.9

幼儿园基本情况

BASIC STATISTICS ON KINDER GARTENS

年　份	幼儿园数（所）	在园幼儿数（人）	教职工数（人）	#教养员数	平均每一教养员负担幼儿数（人）
1950	23	1 681	316	74	23
1951	37	2 510	594	139	18
1952	62	4 170	743	220	19
1953	53	3 219	327	158	20
1954	67	4 325	1 164	241	18
1955	80	5 105	1 223	297	17
1956	944	40 682	4 650	2 035	20
1957	439	21 701	2 981	1 119	19
1958	29 094	1 041 989	108 427	47 991	22
1959	22 997	869 568	83 781	35 145	25
1960	31 202	928 261	106 994	40 020	23
1961	741	342 835	30 162	10 837	32
1962	385	25 047	4 487	841	30
1963	543	32 732	5 125	1 069	31
1964	969	48 930	5 922	1 533	32
1965	1 582	65 318	7 342	2 213	30
1966	593	35 955	4 940	1 377	26
1967	560	34 963	4 852	1 347	26
1968	653	36 338	4 633	1 470	25
1969	926	46 672	4 956	1 593	29
1970	1 196	58 019	5 826	2 065	28
1971	2 259	105 786	8 104	3 084	34
1972	13 693	129 916	18 846	2 017	64
1973	4 614	274 289	15 922	5 834	47
1974	3 243	269 436	15 330	5 976	45
1975	6 866	328 924	20 636	7 577	43
1976	7 248	394 702	23 556	8 260	48
1977	8 385	369 639	22 266	7 199	51
1978	5 997	305 783	13 243	6 473	47
1979	7 148	368 364	16 797	8 486	43
1980	7 461	408 471	17 363	10 390	39
1981	5 703	503 774	21 305	16 772	30
1982	5 755	489 420	21 665	15 828	31
1983	6 350	491 300	22 000	17 800	28
1984	7 122	484 500	22 846	17 680	28
1985	7 731	592 600	26 855	20 714	29
1986	8 228	653 517	29 966	22 954	28
1987	6 850	729 222	32 794	25 142	29
1988	6 906	753 049	33 770	26 083	29
1989	6 367	764 693	35 391	27 065	28
1990	7 849	816 087	38 074	28 922	28
1991	5 835	852 907	39 135	30 801	28
1992	6 522	929 558	42 070	34 007	27
1993	6 482	958 654	43 553	34 885	27
1994	7 545	978 466	43 889	35 508	28
1995	8 477	1 026 401	45 760	37 483	27
1996	9 387	1 061 310	47 238	38 389	26
1997	9 785	1 026 605	48 447	39 376	26
1998	9 681	1 027 944	49 007	40 467	25

各级成人教育学校数

SCHOOLS OF ADULT EDUCATION BY TYPE

单位：所 (unit)

类　　别	1980年	1985年	1986年	1987年	1988年	1989年	1990年	1991年
一、成人高等学校	64	39	47	48	49	48	45	41
1.广播电视大学	1	1	1	1	1	1	1	1
2.职工高等学校	63	28	30	30	30	29	27	22
3.管理干部学院			5	6	6	6	6	7
4.教育学院		10	11	11	12	12	11	11
5.普通高等学校函授部								
6.普通高等学校夜大学								
二、成人中等学校	5 897	2 321	2 201	2 767	3 006	5 797	1 075	17 194
1.成人中等专业学校	3 136	155	167	171	200	216	191	184
2.成人中学	2 761	2 166	698	544	352	632	442	505
高　中	375	150	132	261	126	224	70	74
初　中	2 386	2 016	566	283	226	408	372	431
3.成人技术学校			1 336	2 052	2 454	4 949		
三、成人初等学校	27 858	12 209	14 986	10 758	12 456	23 957	15 773	9 894
1.技术班			5 153	6 061	9 300	20 224	10 637	292
2.小　学	15 967	5 862	3 591	2 255	1 855	2 099	1 107	4 539
3.扫　盲	11 891	6 347	6 242	2 442	1 301	1 634	4 029	5 063

类　　别	1992年	1993年	1994年	1995年	1996年	1997年	1998年
一、成人高等学校	35	35	35	35	36	36	35
1.广播电视大学	1	1	1	1	1	1	1
2.职工高等学校	16	16	17	17	18	18	17
3.管理干部学院	7	7	8	6	6	6	6
4.教育学院	11	11	9	11	11	11	11
5.普通高等学校函授部							
6.普通高等学校夜大学							
二、成人中等学校	19 550	1 441	547	878	810	794	1 049
1.成人中等专业学校	180	179	173	165	189	189	189
2.成人中学	415	631	374	713	621	605	860
高　中	60	25	31	46	43	21	370
初　中	355	606	343	667	578	584	480
3.成人技术学校							
三、成人初等学校	10 865	12 909	11 622	11 721	12 282	10 147	10 996
1.技术班	182	29	43	71	62	49	25
2.小　学	4 696	6 928	4 578	5 308	5 236	3 749	5 073
3.扫　盲	5 987	5 952	7 001	6 342	6 984	6 349	5 898

各级成人教育毕业生数、结业生数

GRADUATES OF ADULT EDUCATION BY LEVEL

单位：人　　(person)

类　别	1980年	1985年	1986年	1987年	1988年	1989年	1990年	1991年
一、成人高等学校	1 051	7 339	13 044	11 929	15 867	12 887	9 709	11 729
1.广播电视大学	540	4 684	9 168	3 799	7 063	2 141	1 874	2 824
2.职工高等学校	511	1 272	1 727	2 081	2 795	2 389	1 660	1 454
3.管理干部学院				1 103	674	846	1 256	585
4.教育学院		1 206	1 417	2 798	2 938	4 394	2 954	3 699
5.普通高等学校函授部			506	1 552	2 138	2 465	1 468	2 539
6.普通高等学校夜大学		177	226	596	259	652	497	628
二、成人中等学校	44 979	65 525	92 070	202 867	252 120	551 986	37 603	57 719
1.成人中等专业学校	37 614	11 930	31 413	41 877	27 242	36 953	27 107	39 971
2.成人中学	7 365	53 595	17 919	12 491	14 936	24 450	10 496	17 748
高　中	1 189	3 012	1 189	4 632	8 362	13 659	3 744	3 376
初　中	6 176	50 583	16 730	7 859	6 574	10 791	6 752	14 372
3.成人技术学校			42 738	148 499	209 942	490 583		
三、成人初等学校	141 187	89 063	172 991	350 859	411 574	754 719	597 244	166 011
1.技术班			120 309	297 342	369 514	716 919	550 949	7 172
2.小　学	17 215	39 687	25 547	23 705	31 277	23 852	23 857	99 114
3.扫　盲	123 972	49 376	27 135	29 812	10 783	13 948	22 438	59 715

类　别	1992年	1993年	1994年	1995年	1996年	1997年	1998年
一、成人高等学校	11 744	12 820	10 302	14 072	13 285	16 891	16 435
1.广播电视大学	2 413	1 673	1 641	1 917	1 546	1 918	2 625
2.职工高等学校	1 227	1 329	1 229	1 771	2 003	2 261	2 270
3.管理干部学院	886	625	664	1 328	1 451	1 412	1 625
4.教育学院	3 427	3 716	2 826	2 613	3 168	3 338	2 205
5.普通高等学校函授部	2 952	4 549	2 980	6 443	4 015	6 297	5 995
6.普通高等学校夜大学	839	928	962		1 102	1 665	1 715
二、成人中等学校	44 178	34 081	24 428	76 756	90 038	55 435	64 766
1.成人中等专业学校	26 366	14 929	10 747	13 731	18 809	21 055	17 360
2.成人中学	17 812	19 152	13 681	63 025	71 229	34 380	47 406
高　中	2 407	835	1 412	4 894	3 627	2 258	18 725
初　中	15 405	18 317	12 269	58 131	67 602	32 122	28 681
3.成人技术学校							
三、成人初等学校	183 240	150 909	174 465	185 974	215 329	135 505	164 141
1.技术班	5 211	2 061	2 340	5 721	6 567	1 750	1 185
2.小　学	127 675	72 646	114 243	110 532	181 997	101 922	130 579
3.扫　盲	50 354	76 202	57 882	69 721	26 765	31 833	32 377

各级成人教育招生数

NEW STUDENTS ENROLLMENT OF ADULT EDUCATION BY LEVEL

单位：人 （person）

类　别	1980 年	1985 年	1986 年	1987 年	1988 年	1989 年	1990 年	1991 年
一、成人高等学校	9 167	15 088	15 274	10 211	15 319	16 660	13 793	10 460
1.广播电视大学	5 378	6 940	5 856	2 289	3 393	1 858	1 979	1 540
2.职工高等学校	2 217	3 119	2 330	1 840	1 663	1 576	1 270	1 384
3.管理干部学院		272	606	819	1 490	764	815	876
4.教育学院		1 757	3 670	3 132	4 944	5 236	3 152	2 526
5.普通高等学校函授部	1 217	2 674	2 342	1 602	3 111	6 107	5 613	2 779
6.普通高等学校夜大学	355	326	470	529	718	1 119	964	1 355
二、成人中等学校	99 189	94 763	98 784	195 306	256 841	607 482	30 274	860 240
1.成人中等专业学校	55 897	28 460	29 746	25 013	20 721	51 226	22 100	30 938
2.成人中学	43 292	66 303	20 160	14 352	12 243	19 390	8 174	14 331
高　中	8 575	6 436	5 550	5 906	6 983	11 515	3 484	3 020
初　中	34 717	59 867	14 610	8 446	5 260	7 875	4 690	11 311
3.成人技术学校			48 878	155 941	223 877	536 866		814 971
三、成人初等学校	165 865	89 474	254 865	341 184	589 808	1 008 519	430 093	182 945
1.技术班			192 693	274 531	526 359	947 694	374 101	7 841
2.小　学	83 959	58 687	35 961	29 476	40 718	32 553	23 652	125 207
3.扫　盲	81 906	30 787	26 211	37 177	22 731	28 272	32 340	49 897

类　别	1992 年	1993 年	1994 年	1995 年	1996 年	1997 年	1998 年
一、成人高等学校	11 006	17 129	20 478	9 815	10 068	18 457	18 190
1.广播电视大学	1 684	2 357	2 953	2 533	2 935	2 933	2 441
2.职工高等学校	1 519	2 381	2 462	2 791	2 849	2 526	2 586
3.管理干部学院	817	1 486	2 058	1 846	1 924	1 860	2 124
4.教育学院	2 828	3 602	3 710	2 645	2 360	2 589	2 439
5.普通高等学校函授部	2 908	5 643	7 200			5 978	5 835
6.普通高等学校夜大学	1 250	1 660	2 095			2 571	2 765
二、成人中等学校	1 285 268	49 979	25 263	56 255	46 810	69 207	60 460
1.成人中等专业学校	27 634	28 695	16 309	15 112	15 365	28 049	22 056
2.成人中学	14 316	21 284	8 954	41 143	31 445	41 158	38 404
高　中	4 489	831	1 808	6 514	4 598	2 020	19 616
初　中	9 827	20 453	7 146	34 629	26 847	39 138	18 788
3.成人技术学校	1 243 318						
三、成人初等学校	217 423	209 207	122 841	202 774	155 381	129 773	153 738
1.技术班	4 794	973	11 246	6 451	7 415	1 927	1 013
2.小　学	160 265	151 082	77 523	130 702	116 662	90 651	119 570
3.扫　盲	52 364	57 152	34 072	65 621	31 304	37 195	33 155

各级成人教育在校学生数

STUDENTS ENROLLMENT OF ADULT EDUCATION BY LEVEL

单位：人　　(person)

类　别	1980 年	1985 年	1986 年	1987 年	1988 年	1989 年	1990 年	1991 年
一、成人高等学校	15 345	36 863	40 473	37 033	36 537	22 941	39 733	36 805
1.广播电视大学	8 807	19 669	15 383	11 952	8 049	1 858	7 722	5 928
2.职工高等学校	4 900	7 229	7 568	7 022	5 892	1 576	4 041	3 743
3.管理干部学院		340	947	1 780	2 458	764	1 550	1 794
4.教育学院		3 006	8 322	8 248	10 840	5 236	8 842	7 324
5.普通高等学校函授部	1 217	5 074	6 484	6 375	7 232	10 990	14 724	14 525
6.普通高等学校夜大学	421	1 545	1 769	1 656	2 066	2 517	2 854	3 491
二、成人中等学校	307 058	258 995	185 055	292 049	337 350	636 921	81 198	93 656
1.成人中等专业学校	192 681	141 995	77 905	81 551	87 430	78 593	65 338	71 853
2.成人中学	114 377	117 000	29 383	25 020	16 809	27 632	15 860	21 803
高　中	17 313	9 048	7 589	12 646	8 025	13 095	4 254	4 883
初　中	97 064	107 952	21 794	12 374	8 784	14 537	11 606	16 920
3.成人技术学校			77 767	185 478	233 111	530 696		
三、成人初等学校	539 469	176 064	387 872	464 751	660 180	1 116 069	599 153	212 714
1.技术班			246 109	342 243	584 715	1 034 959	523 291	14 922
2.小　学	230 556	102 707	70 538	57 815	49 571	51 201	29 506	139 896
3.扫　盲	308 913	73 357	71 225	64 693	25 894	29 909	46 356	57 896

类　别	1992 年	1993 年	1994 年	1995 年	1996 年	1997 年	1998 年
一、成人高等学校	30 655	36 446	44 561	49 314	49 998	52 677	53 400
1.广播电视大学	4 613	5 071	6 222	6 011	7 077	7 684	7 315
2.职工高等学校	4 034	4 930	5 962	6 868	7 373	7 521	7 665
3.管理干部学院	1 684	2 135	3 689	4 103	3 973	4 395	4 730
4.教育学院	7 616	7 410	8 221	8 124	6 623	5 851	6 085
5.普通高等学校函授部	9 180	12 705	15 211	18 517	18 823	19 876	19 291
6.普通高等学校夜大学	3 528	4 195	5 256	5 691	6 129	7 350	8 314
二、成人中等学校	1 350 939	105 026	50 130	88 655	67 264	93 600	79 648
1.成人中等专业学校	66 296	78 597	34 284	43 237	34 100	52 930	54 923
2.成人中学	22 716	26 429	15 846	45 418	33 164	40 670	24 725
高　中	4 949	1 687	2 282	7 133	5 009	2 340	4 622
初　中	17 767	24 742	13 564	38 285	28 155	38 330	20 103
3.成人技术学校	1 261 927						
三、成人初等学校	263 364	247 306	162 719	212 299	200 650	151 099	154 569
1.技术班	7 945	1 465	2 658	6 890	4 871	2 609	1 685
2.小　学	192 164	173 290	111 343	137 060	146 045	96 493	117 550
3.扫　盲	63 255	72 551	48 718	68 349	49 734	51 997	35 334

自然科学技术人员数

PERSONS OF NATURAL SCIENCE AND TECHNOLOGY

单位：人 （person）

年 份	总 计	工程技术人 员	农业技术人 员	卫生技术人 员	科学研究人 员	教学人员
1949	6 303	3 440	30	2 179		654
1952	14 558	4 764	448	7 196	105	2 045
1957	48 922	20 010	3 131	19 883	379	5 519
1962	72 683	25 777	5 111	33 155	1 417	7 223
1965	84 527	28 591	5 438	37 877	2 174	10 447
1975	119 357	34 998	5 778	42 016	3 391	33 174
1978	151 951	51 127	13 671	46 557	5 906	34 690
1979	157 793	52 862	15 371	47 902	5 126	36 532
1980	152 781	54 683	10 825	41 755	5 602	39 916
1981	162 144	59 414	9 964	45 637	5 973	41 156
1982	181 294	69 961	11 109	50 364	6 582	43 278
1983	199 620	84 832	12 675	55 105	4 835	42 173
1984	229 822	104 655	12 942	61 900	5 443	44 882
1985	238 276	112 064	12 641	63 502	5 837	44 232
1986	255 577	118 071	13 078	66 749	5 934	51 745
1987	275 047	129 696	14 428	70 315	5 701	54 907
1988	297 906	136 468	14 248	71 999	7 668	67 523
1989	317 397	148 657	15 677	74 526	5 304	73 233
1990	323 808	152 920	14 608	77 013	5 218	74 049
1991	328 717	155 281	11 339	81 659	6 194	74 244
1992	328 005	156 538	10 747	79 779	5 885	75 056
1993	353 562	165 348	12 438	85 726	6 075	83 975
1994	363 177	170 150	12 815	87 309	5 669	87 234
1995	355 452	167 114	11 808	82 407	4 789	89 334
1996	252 527	90 375	11 767	64 143	3 603	82 639
1997	259 691	90 793	12 999	66 313	3 643	85 943
1998	265 700	91 033	13 890	67 224	3 484	90 069

注:1996年及以后年份数不包括中央驻晋单位自然科学技术人员。

县级以上自然科学研究与技术开发机构数

NATURAL SCIENTIFIC RESEARCH AND DEVELOPMENT INSTITUTIONS AT COUNTY LEVEL AND ABOVE

单位：个　　(unit)

年 份	合 计	中国科学院直属	国务院各部委直属	省科委及各厅局直属	地(市)直属
1979	128			49	55
1980	171			54	69
1981	170			50	73
1982	214	1	10	53	67
1983	176	1	12	52	64
1984	196	1	12	61	67
1985	147	1	12	65	69
1986	192	1	12	72	107
1987	195	1	12	70	110
1988	186	1	12	71	102
1989	194	1	12	77	104
1990	199	1	12	77	109
1991	193	1	7	77	108
1992	193	1	7	77	108
1993	186	1	7	76	102
1994	184	1	7	76	100
1995	180	1	7	75	97
1996	179	1	7	75	96
1997	177	1	7	75	94
1998	161	1	7	75	78

注:1982 年含厂办研究机构。

获省科技进步奖情况

PROVINCIAL PROGRESS PRIZES IN SCIENCE AND TECHNOLOGY

单位：项　　(unit)

年 份	总 计	自然科学奖				理论奖			科学奖		
		一等	二等	三等	四等	一等	二等	三等	一等	二等	三等
1979	194	11	38	75	70						
1980	108	9	35	35	29						
1981	203	15	59	80	49						
1982	217	16	41	82	78						
1983	286	22	71	125	68						
1985	297	26	108	128		11	24				
1986	149	11	35	79		2	22				
1987	227	15	77	109		4	15		2	5	
1988	230	12	49	127		8	10		8	16	
1989	257	12	61	142		9	13		3	17	
1990	247	10	76	121		4	12		6	18	
1991	316	10	98	152		5	15		5	31	
1992	355	14	128	157		9	18		3	26	
1993	289	18	101	123		3	17		2	25	
1994	310	19	114	139		5	17		2	14	
1995	282	8	81	108		3	22	17	2	20	21
1996	250	6	80	118		1	9	8		19	9
1997	244	5	72	116		2	13	14		9	13
1998	228	5	62	103		2	17	21		6	12

大中型工业企业技术开发机构情况

INSTITUTION OF SCIENTIFIC DEVELOPMENT IN LARGE AND MEDIUM－SIZE INDUSTRIAL ENTERPRISES

单位：个 (unit)

年份	企业数	企业办技术开发机构数	#有经常性开发任务的机构	#有稳定经费来源的机构	#有一定试验测试条件的机构
1985	174	45	41	28	40
1986	226	147	117	83	98
1987	231	150	121	84	101
1988	232	132	123	86	118
1989	240	155	142	108	138
1990	264	169	154	116	147
1991	271	175	154	130	148
1992	304	194	174	143	169
1993	336	159	141	106	141
1994	357	234	137	73	105
1995	382	266	196	119	143
1996	381	225	166	113	122
1997	382	195	143	93	109
1998	392	232	184	119	143

大中型工业企业技术开发人员情况

PERSONS OF SCIENTIFIC DEVELOPMENT IN LARGE AND MEDIUM－SIZE INDUSTRIAL ENTERPRISES

单位：人 (person)

年份	职工人数	技术开发人员数	#科学家和工程师	技术开发机构人员数	#科学家和工程师
1985	795 584	5 746	3 008	1 541	650
1986	917 202	16 458	8 229	5 370	2 416
1987	945 551	14 331	7 165	6 227	2 802
1988	989 440	17 679	8 839	6 051	2 722
1989	1 037 775	17 361	8 680	6 679	3 005
1990	1 081 862	19 861	9 930	6 450	2 902
1991	1 105 393	16 078	8 039	6 468	2 910
1992	1 217 503	17 712	6 395	7 120	3 204
1993	1 233 542	19 573	7 901	5 702	2 520
1994	1 255 564	23 375	10 048	7 714	3 626
1995	1 274 034	28 236	10 654	8 435	4 274
1996	1 276 046	36 258	21 296	8 298	4 936
1997	1 278 836	34 661	19 905	7 509	4 555
1998	1 173 784	34 194	17 441	8 440	4 343

大中型工业企业技术开发经费筹集情况

FUNDS OF SCIENTIFIC DEVELOPMENT IN LARGE AND MEDIUM – SIZE INDUSTRIAL ENTERPRISES

单位：万元　(10 000 yuan)

年　份	经费筹集额	政府拨款	银行贷款	企业自筹	其　他
1985	17 685	3 884	7 367	5 985	449
1986	30 407	6 812	11 519	11 486	590
1987	19 878	3 424	5 001	10 723	730
1988	22 485	1 913	6 466	12 842	1 264
1989	22 731	2 237	3 753	14 946	1 795
1990	32 028	4 100	7 515	19 084	1 329
1991	34 890	2 652	10 525	19 183	2 530
1992	33 295	5 216	5 377	20 735	1 967
1993	39 222	4 703	7 335	20 721	6 463
1994	51 126	8 003	13 474	27 686	1 963
1995	50 578	9 324	6 786	32 601	1 867
1996	81 259	7 859	26 700	42 784	3 916
1997	66 571	11 268	17 616	35 874	1 813
1998	100 136	15 514	20 370	61 405	2 847

大中型工业企业技术经费支出情况

EXPENDITURE OF SCIENTIFIC DEVELOPMENT IN LARGE AND MEDIUM – SIZE INDUSTRIAL ENTERPRISES

单位：万元　(10 000 yuan)

年　份	技术开发经费支出	# 开发新产品用款	技术改造经费支出	技术引进经费支出	购买国内技术支出
1985	12 044	3 160	36 952	7 943	282
1986	15 614	7 373	27 399	13 715	983
1987	17 146	6 247	57 129	9 046	339
1988	21 672	5 499	56 613	7 967	862
1989	21 548	5 963	68 612	7 233	1 127
1990	30 189	7 506	66 647	15 515	193
1991	29 661	7 479	87 869	12 539	358
1992	29 089	9 492	115 923	7 209	265
1993	31 136	9 650	103 370	19 776	455
1994	47 284	11 732	204 231	23 366	7 033
1995	48 308	13 398	236 005	30 453	4 993
1996	66 192	26 942	284 967	65 701	1 148
1997	59 485	14 276	384 450	48 731	2 803
1998	94 360	32 588	201 988	8 661	411

文化、艺术、文物事业单位数

INSTITUTIONS OF CULTURE, ART AND CULTURAL RELICS

单位：个　　　　(unit)

年　份	电影放映单位	艺术表演团体	文 化 馆	公共图书馆	博物馆、纪念馆
1949		37	55		
1950		74	107		
1951		83	107		
1952	69	87	116		1
1953	102	87	116	1	1
1954	141	88	116	1	1
1955	202	88	107	1	1
1956	335	153	110	1	1
1957	395	161	110	5	1
1958	518	172	104	48	30
1959	596	167	96	60	30
1960	652	150	99	60	41
1961	723	158	103	26	18
1962	745	158	98	15	12
1963	701	152	102	16	20
1964	708	148	102	16	20
1965	736	142	108	15	19
1971	1 233	133	109	5	13
1972	1 437	140	116	5	13
1973	1 700	139	121	12	14
1974	1 878	139	128	15	14
1975	2 410	139	123	15	14
1976	3 191	141	123	15	14
1977	3 827	141	123	17	15
1978	4 122	147	124	61	15
1979	4 345	152	125	71	19
1980	4 408	162	126	72	19
1981	4 706	168	126	81	16
1982	4 885	178	129	91	17
1983	5 438	181	117	90	26
1984	6 340	175	117	97	53
1985	6 663	175	117	103	56
1986	6 503	174	117	105	58
1987	6 168	172	117	107	59
1988	5 862	175	118	111	60
1989	5 282	172	118	111	65
1990	5 103	169	118	111	67
1991	5 226	167	118	114	66
1992	5 277	166	118	116	67
1993	5 227	164	118	118	67
1994	4 341	163	118	118	67
1995	4 341	162	118	119	67
1996	3 711	162	118	120	71
1997	2 794	160	118	120	73
1998	3 492	161	118	120	72

文化事业机构数、职工人数

INSTITUTIONS, STAFF AND WORKERS OF CULTURE, ART AND CULTURAL RELICS

类　别	机构数(个)			职工人数(人)		
	1995 年	1997 年	1998 年	1995 年	1997 年	1998 年
总　计	**2 388**	**7 043**	**2 346**	**22 458**	**39 625**	**22 424**
一、艺术事业	215	218	218	12 075	11 597	11 176
1. 艺术表演团体	162	160	160	10 937	10 379	9 968
话剧、儿童、滑稽剧团	3	3	3	276	271	263
歌剧、舞剧、歌舞团	10	15	16	936	1 155	1 231
文工团、文宣队	6	6	6	351	344	335
剧曲团	140	133	132	9 232	8 450	7 979
曲艺杂技、马戏、木偶团	3	3	3	142	159	160
2. 艺术表演场所	53	53	53	1 138	1 098	1 095
二、文物事业	150	150	159	2 054	2 499	2 985
1. 文物单位	80	77	86	1 050	1 045	1 597
2. 博物馆	69	72	72	978	1 430	1 364
3. 文物商店	1	1	1	26	24	24
三、图书馆事业	119	120	120	1 370	1 477	1 464
# 儿童图书馆	1	1	1	18	21	21
四、群众文化事业	1 835	1 772	1 788	4 093	4 000	4 169
1. 群众艺术馆	12	12	12	431	478	469
2. 文化馆	118	118	118	1 787	1 724	1 752
3. 文化站	1 705	1 642	1 658	1 875	1 798	1 948
五、艺术科研机构	13	13	13	217	213	199
六、教育事业	14	18	18	1 440	1 582	1 564
# 中等专业学校	13	13	13	1 425	1 524	1 506
七、其它文化事业	42	4 752	30	1 209	18 257	867
# 艺术创作机构	2	4	4	42	89	83
艺术展览机构	2			62		
演出公司及其他	25	4 735	13	888	17 955	585

广播电视发展情况

BROADCASTING STATIONS AND TELEVISION CENTERS

年份	中波广播		电视		有线广播	
	广播电台（个）	1千瓦以上的发射台转播台(个)	电视中心台（个）	1千瓦以上的发射台转播台(个)	广播站（个）	广播喇叭（万只）
1952	1	1			1	
1953	1	1			3	0.05
1954	1	1			3	0.08
1955	1	1			6	0.37
1956	1	1			39	2.92
1957	1	1			57	5.47
1958	1	3			90	11.64
1959	1	3			91	15.44
1960	1	5	1	1	91	20.03
1961	1	5	1	1	95	31.37
1962	1	5	1	1	95	36.98
1963	1	5	1	1	95	40.70
1964	1	5	1	1	95	46.33
1965	1	7	1	1	97	61.85
1966	1	7	1	1	97	67.02
1967	1	7	1	1	97	72.98
1968	1	7	1	1	97	90.13
1969	1	7	1	1	97	125.26
1970	1	7	1	1	101	212.13
1971	1	7	1	2	115	331.44
1972	1	7	1	3	117	426.39
1973	1	7	1	6	117	446.25
1974	1	7	1	9	117	457.80
1975	1	8	1	10	117	453.47
1976	1	9	1	10	117	457.29
1977	1	10	1	10	117	421.05
1978	1	11	1	10	117	413.04
1979	1	11	1	10	117	406.25
1980	1	10	1	11	128	369.00
1981	1	10	1	11	114	355.32
1982	2	11	1	12	117	376.69
1983	2	11	1	12	122	388.40
1984	2	11	1	13	115	401.18
1985	3	12	6	16	114	402.89
1986	6	16	11	19	114	405.57
1987	9	18	20	26	110	392.00
1988	10	20	23	29	112	372.00
1989	14	20	25	33	111	351.51
1990	14	20	25	36	114	318.76
1991	15	18	26	35	112	280.36
1992	21	18	26	35	111	342.33
1993	39	17	28	41	102	328.23
1994	49	21	31	50	100	307.81
1995	53	21	31	46	123	300.66
1996	50	23	35	48	107	249.11
1997	83	23	36	53	40	248.83
1998	7	23	12	53	81	201.09

注:1998年的广播报表口径有调整。

出版事业发展情况

BOOKS, MAGAZINES AND NEWSPAPERS PUBLISHED

年 份	报纸		杂志		图书	
	种 数（种）	总印数（万份）	种 数（种）	总印数（万份）	种 数（种）	总印数（万册）
1951	3	1 705			67	471
1952	7	3 308	3	194	62	642
1953	7	3 333	1	37	62	378
1954	4	3 458	2	22	47	1 053
1955	4	4 354	3	79	117	1 414
1956	8	5 766	5	152	185	1 826
1957	7	5 555	4	72	184	1 521
1958	11	12 174	9	432	381	3 004
1959	15	13 681	23	553	365	4 131
1960	14	11 797	23	440	275	3 355
1961	8	5 035	16	183	103	3 527
1962	7	4 822	11	301	118	2 206
1963	7	5 782	15	243	217	2 185
1964	10	7 915	22	392	323	2 658
1965	13	10 603	16	281	129	3 427
1975	11	15 487	3	406	286	5 841
1976	12	18 051	6	445	295	7 191
1977	12	17 679	6	437	351	8 497
1978	14	17 869	16	598	290	6 422
1979	5	14 783	19	1 029	280	5 954
1980	10	17 590	33	1 905	361	9 055
1981	12	17 168	46	2 538	297	9 686
1982	14	21 559	49	3 075	284	9 531
1983	40	29 822	64	10 674	335	9 491
1984	70	44 341	81	11 553	454	9 827
1985	72	55 174	110	7 981	550	9 991
1986	78	59 687	115	10 263	781	9 900
1987	37	57 811	123	7 402	922	11 239
1988	40	61 849	138	6 165	826	9 176
1989	44	49 058	145	4 490	934	6 973
1990	39	54 361	129	2 815	989	12 166
1991	42	46 872	130	3 086	1 381	14 079
1992	49	70 047	139	3 589	1 782	14 163
1993	5	73 240	151	4 001	2 261	13 058
1994	56	62 568	158	3 948	2 108	12 300
1995	59	59 254	164	3 586	1 728	13 919
1996	59	58 363	160	3 119	1 783	14 654
1997	59	66 262	158	3 199	1 741	15 109
1998	56	71 954	157	2 792	1 639	14 016

卫 生 机 构 数

HEALTH CARE INSTITUTIONS

单位：个　　　　　　　　　　　　　　　　　　　　　　　　　　　　(number)

年 份	总 计	医 院	#县及县以上医　　院	疗养院（所）	门诊部（所）	专科防治所（站）
1949	1 262	51	38		1 210	
1952	2 818	129	121	5	2 077	
1957	1 911	155	144	45	1 542	
1962	3 500	388	220	42	3 015	3
1965	3 426	398	214	32	2 941	3
1970						
1975	4 505	2 246	315	8	2 064	4
1976	4 838	2 259	326	11	2 275	4
1977	4 908	2 285	355	10	2 288	5
1978	4 995	2 302	364	10	2 345	7
1979	5 122	2 330	389	11	2 382	5
1980	5 190	2 346	401	11	2 432	6
1981	5 565	2 361	414	12	2 771	5
1982	5 627	2 374	425	12	2 826	5
1983	5 666	2 403	444	12	2 818	6
1984	5 747	2 423	465	12	2 875	5
1985	5 834	2 468	514	15	2 910	6
1986	5 882	2 491	547	13	2 931	8
1987	5 934	2 521	571	15	2 940	7
1988	6 053	2 551	583	16	3 013	9
1989	6 085	2 570	597	16	3 006	10
1990	6 108	2 573	613	15	3 020	10
1991	6 121	2 602	617	15	2 979	11
1992	5 935	2 518	649	16	2 890	13
1993	6 085	2 565	657	16	2 957	13
1994	5 996	2 571	619	13	2 883	12
1995	5 922	2 590	632	13	2 790	12
1996	3 289	711	668	15	112	13
1997	3 286	711	666	14	104	15
1998	3 282	709	664	14	101	15

续表　CONTINUED

单位：个　　(number)

年 份	卫生防疫站	妇幼保键所、站	药品检验所、室	医学科学研究机构	其他卫生机构	每千人口拥有卫生机构数
1949	1					0.09
1952	13	125			...	0.20
1957	25	126	1		16	0.12
1962	25	12	1	3	9	0.20
1965	28	13	1		7	0.18
1970						
1975	103	128	9	3	49	0.19
1976	133	111	11	3	28	0.20
1977	136	128	11	3	39	0.21
1978	136	128	15	3	46	0.21
1979	136	128	25	11	91	0.21
1980	137	129	25	12	89	0.22
1981	138	130	25	12	108	0.22
1982	138	129	25	12	103	0.22
1983	136	126	25	13	124	0.22
1984	136	123	25	19	126	0.22
1985	135	123	26	19	129	0.22
1986	137	122	26	20	116	0.22
1987	142	122	26	23	120	0.22
1988	142	124	31	23	141	0.22
1989	141	123	43	23	148	0.99
1990	141	123	47	23	136	0.21
1991	145	137	50	23	139	0.21
1992	149	123	51	24	146	0.20
1993	163	123	53	24	76	0.20
1994	153	134	53	22	60	0.20
1995	153	131	53	22	58	0.19
1996	151	132	53	22	1 412	0.11
1997	151	132	59	22	1 412	0.10
1998	150	137	59	22	1 411	0.10

卫生机构床位数

BEDS IN HEALTH CARE INSTITUTIONS

单位：张 （nuit）

年份	总计	医院	#县及县以上医院	农村乡镇卫生院	其他卫生机构	每千人口拥有床位数
1949	917	902	902		15	0.07
1950	2 016	2 001	2 001		15	0.15
1951	3 699	2 810	2 810		889	0.27
1952	5 825	3 679	3 679		2 146	0.42
1953	7 176	4 427	4 427		2 749	0.50
1954	7 918	5 308	5 308		2 610	0.54
1955	8 883	5 960	5 960		2 923	0.59
1956	10 753	6 873	6 873		3 880	0.69
1957	12 957	8 166	8 166		4 791	0.82
1958	14 548	11 611	10 974		2 937	0.89
1959	17 156	13 934	13 252		3 222	1.03
1960	21 506	17 493	15 603		4 013	1.26
1961	22 279	18 368	17 862		3 911	1.30
1962	20 487	16 674	15 418	718	3 813	1.17
1963	21 009	17 553	16 143	725	3 456	1.17
1964	21 544	17 576	16 076	950	3 968	1.18
1965	22 069	18 497	16 963	861	3 572	1.18
1966	22 777	19 084	17 756	698	3 693	1.19
1967	31 309	29 104	19 139		2 205	1.61
1968	32 971	30 808	19 995		2 163	1.65
1969	33 835	31 657	20 307		2 178	1.65
1970	33 398	32 930	21 962	10 003	468	1.58
1971	37 535	36 360	23 632	11 969	1 175	1.73
1972	45 540	43 800	26 771	10 309	1 740	2.06
1973	50 727	48 689	29 336	17 610	2 038	2.25
1974	54 953	52 875	30 712	20 346	2 078	2.39
1975	58 003	55 616	32 178	21 474	2 387	2.49
1976	62 277	59 503	33 668	23 895	2 774	2.62
1977	64 651	62 575	36 327	25 037	2 076	2.69
1978	65 426	63 293	37 136	24 893	2 133	2.69
1979	69 363	66 519	39 660	25 830	2 844	2.83
1980	71 702	69 141	41 698	26 489	2 561	2.89
1981	74 291	70 669	43 325	26 331	3 622	2.96
1982	76 399	72 457	44 931	26 492	3 942	3.00
1983	78 712	74 490	46 671	22 694	4 222	3.06
1984	82 986	78 225	50 316	26 544	4 761	3.19
1985	87 768	82 076	54 273	26 745	5 692	3.34
1986	91 732	85 973	57 789	26 772	5 759	3.45
1987	97 845	91 150	61 650	27 106	6 695	3.64
1988	100 862	93 538	63 640	27 482	7 324	3.66
1989	103 367	95 579	66 301	27 028	7 788	3.44
1990	105 324	98 142	68 475	26 963	7 182	3.45
1991	107 713	100 590	70 482	27 175	7 123	3.42
1992	107 689	99 806	71 497	26 223	7 883	3.35
1993	110 953	102 105	72 826	27 195	8 848	3.39
1994	110 649	102 334	73 046	27 372	8 315	3.42
1995	110 422	101 936	73 661	26 451	8 486	3.37
1996	109 330	76 932	75 091	26 948	32 398	3.52
1997	110 770	77 316	75 490	27 856	33 454	3.53
1998	109 583	77 290	75 446	26 327	32 293	3.45

卫生技术人员数

MEDICAL AND TECHNICAL PERSONNEL

单位：人 (person)

年 份	卫生技术人员	# 医 生	中 医	西医师	西医士	# 护 师 、护 士	平均每千人口拥有卫生技术人员数
1949	4 989	3 682	2 427	408	847	288	0.39
1950	6 874	4 407	2 567	554	1 286	362	0.52
1951	9 956	5 739	2 826	931	1 982	1 405	0.74
1952	12 772	7 767	3 671	1 046	3 050	1 705	0.92
1953	15 531	9 719	3 850	1 175	4 694	2 069	1.09
1954	18 198	10 960	3 923	1 541	5 496	2 738	1.24
1955	19 933	11 166	4 593	1 826	4 747	3 216	1.32
1956	22 547	12 687	5 654	1 532	5 501	3 360	1.45
1957	24 715	13 407	5 980	1 681	5 746	3 600	1.56
1958	42 557	18 361	10 309	1 822	6 230	4 912	2.62
1959	45 387	17 970	9 144	1 929	6 897	5 305	2.72
1960	57 190	19 714	9 400	2 144	8 170	5 649	3.36
1961	46 814	21 969	9 841	2 804	9 324	6 143	2.74
1962	44 422	21 951	9 280	3 317	9 354	5 682	2.54
1963	46 408	23 515	9 778	4 200	9 537	6 031	2.59
1964	45 679	24 899	10 399	4 740	9 760	6 033	2.50
1965	47 986	25 632	10 265	5 196	10 171	6 276	2.56
1966	50 942	26 006	10 203	4 967	10 836	6 482	2.67
1967	56 833	30 553	12 075	5 812	12 666	7 245	2.92
1968	58 197	31 157	12 012	6 102	13 043	7 587	2.91
1969	58 323	31 195	11 669	6 316	13 210	7 771	2.85
1970	49 243	26 539	6 384	6 118	14 037	8 027	2.33
1971	52 039	25 819	7 040	6 092	12 687	8 732	2.40
1972	48 974	22 154	5 109	6 983	10 062	8 819	2.21
1973	53 681	23 888	5 570	7 575	10 743	9 525	2.38
1974	58 599	25 661	5 719	7 956	11 986	10 060	2.55
1975	62 841	28 181	6 066	8 273	13 842	10 337	2.69
1976	68 556	31 398	6 385	9 006	16 007	11 038	2.89
1977	72 277	32 841	6 533	9 681	16 627	10 605	3.01
1978	76 475	35 157	7 432	10 558	17 167	10 775	3.16
1979	81 890	35 794	8 214	11 326	16 254	9 924	3.35
1980	87 815	40 479	8 537	11 886	20 056	11 561	3.54
1981	95 566	43 789	10 426	18 009	15 354	12 806	3.81
1982	100 160	45 654	10 776	19 101	15 777	14 209	3.93
1983	103 638	46 999	11 033	20 202	15 764	15 379	4.03
1984	107 222	48 308	11 598	20 607	16 103	16 337	4.12
1985	109 596	48 557	11 733	20 527	16 297	16 488	4.17
1986	114 196	49 978	12 220	21 161	16 597	16 961	4.30
1987	118 759	51 291	12 702	21 398	17 191	17 674	4.41
1988	122 287	54 471	13 543	27 970	12 958	22 104	4.44
1989	125 275	57 969	14 358	33 593	10 018	25 853	4.51
1990	128 465	60 185	14 048	36 567	9 570	27 956	4.52
1991	132 792	61 241	14 016	37 377	9 848	29 684	4.51
1992	131 193	60 691	13 897	36 615	10 179	29 653	4.40
1993	137 143	64 285	14 791	38 197	11 297	31 215	4.55
1994	139 909	67 510	15 112	41 093	11 305	32 524	4.68
1995	142 239	68 658	14 976	42 324	11 358	34 907	5.68
1996	130 632	61 049	11 389	39 371	10 289	34 191	4.20
1997	133 260	61 926	11 467	40 222	10 237	35 272	4.24
1998	134 240	62 249	11 216	40 430	10 603	35 644	4.23

注：中医包括中西医结合高级医师、中医师、中医士、其它中医。

运动竞赛会次数和优秀运动员人数

SPORTS COMMISSIONS AND EXCELLENT ATHLETES

年份	县以上体委举办运动会数(次)	优秀运动员(人)	年份	县以上体委举办运动会数(次)	优秀运动员(人)
1953	4		1976	1 068	417
1954	5		1977	927	484
1955	44		1978	824	447
1956	104	88	1979	833	492
1957	756	69	1980	868	443
1958	489	610	1981	934	488
1959	731	700	1982	893	490
1960		713	1983	998	496
1961	29	353	1984	1 310	486
1962	614	289	1985	1 072	497
1963	572	272	1986	1 453	473
1964	819	263	1987	1 626	460
1965	799	315	1988	1 576	407
1966		292	1989	2 365	434
1967		283	1990	2 326	401
1968		278	1991	2 122	454
1969		269	1992	3 713	444
1970		188	1993	1 620	394
1971		188	1994	1 365	281
1972	868	261	1995	1 708	321
1973	920	224	1996	1 601	238
1974	887	244	1997	1 318	280
1975	923	253	1998	1 664	317

运动员打破纪录情况

RECORDS BROKEN BY ATHLETES

年份	打破全国纪录			打破省纪录		
	项数	次数	人数	项数	次数	人数
1973	2	2	2	70	232	146
1974	4	13	6	118	380	121
1975	12	12	5	141	352	134
1976				73	171	64
1977	6	6	6	82	117	82
1978	15	21	10	118	260	95
1979	13	15	13	163	254	116
1980	11	31	4	123	233	132
1981	14	35	8	77	98	56
1982	8	9	8	99	173	122
1983	7	9	15	105	151	92
1984	2	5	3	49	70	41
1985	2	2	2	48	64	35
1986	9	17	8	111	195	102
1987	5	6	4	102	112	55
1988	5	9	4	185	395	141
1989	1	1	1	98	117	47
1990	7	10	7	106	152	62
1991	2	2	2	23	35	35
1992				62	86	63
1993	4	4	3	54	58	44
1994				88	96	92
1995	2	2	5	60	89	84
1996	5	5	3	82	86	66
1997	8	8	18	13	13	15
1998				89	143	143

等级裁判员、运动员人数

NUMBER OF REFEREES AND ATHLETS IN GRADES

单位：人 (person)

年 份	等 级 裁判员	国家级 裁 判	一级 裁判	二级 裁判	三级 裁判	等 级 运动员	运动 健将	一 级 运动员	二 级 运动员	三 级 运动员	少年级 运动员
1957	479					2 117					
1962	274					860					
1965	1 190					4 807					
1978	171	3	168			15				5	10
1979	885	8	62	238	577	2 062	14	11	55	785	1 197
1980	1 505	11	133	384	977	2 321	22		142	928	1 229
1981	1 653	8	120	312	1 213	2 790	17	63	123	1 052	1 535
1982	1 432	4	102	298	1 028	3 915	23	17	248	1 676	1 951
1983	1 623	5	118	358	1 142	2 935	9	54	80	1 075	1 717
1984	1 520	4	8	360	1 148	3 528	11	2	126	1 414	1 975
1985	1 754	5	96	363	1 290	3 066	11	91	223	1 177	1 564
1986	1 309	6		313	990	3 095	25		135	1 325	1 610
1987	2 120	12	275	567	1 266	2 563	18	55	148	986	1 356
1988	1 443	17	186	506	734	2 679	26	35	231	1 140	1 247
1989	1 456	12		589	855	3 515	23	41	135	1 425	1 891
1990	1 662	19	106	671	866	2 721	22	65	42	1 279	1 313
1991	1 407	13	163	588	643	2 581	27	91	222	848	1 393
1992	1 989	3	53	671	1 262	3 033	16	30	159	1 417	1 411
1993	1 193	13	48	420	712	2 349	20	43	161	879	1 246
1994	1 514	9	89	544	871	3 155	20	58	312	1 204	1 559
1995	959	6	102	313	538	2 056	17	44	172	903	920
1996	1 252	12		515	725	1 705	19	47	145	694	800
1997	1 182	18	162	460	542	2 218	4	30	259	864	1 058
1998	1 471	8	64	590	809	3 606	14	58	361	1 013	2 159

体委系统职工人数

PERSONNEL OF PHYSICAL CULTURE AND SPORTS COMMISSIONS

单位：人 (person)

年 份	职工人数	# 教练员	# 管理干部	# 专职教师	# 科技人员
1957	149				
1962	399				
1965	466				
1970	339	82			
1975	1 253	510			
1978	1 631	497			
1979	2 297	609	928		
1980	2 311	538	911	21	2
1981	2 475	632	750	141	5
1982	2 553	645	790	128	10
1983	2 632	638	855	128	10
1984	2 787	610	1 093	128	12
1985	3 006	711	1 132	152	36
1986	3 160	771	1 161	190	31
1987	3 425	803	1 237	246	37
1988	3 805	895	1 400	322	36
1989	3 936	932	1 493	329	38
1990	4 207	937	1 561	376	53
1991	4 416	981	1 568	432	54
1992	4 945	910	1 737	452	54
1993	3 998	916	884	564	54
1994	3 929	834	986	581	46
1995	4 027	843	1 144	586	54
1996	4 005	843	1 045	670	48
1997	4 018	829	1 115	605	41
1998	4 167	849	1 153	662	49

体育场地数

STADIUMS AND GYMNASIUMS

单位：个 （unit）

年 份	体育场	体育馆	有看台的灯光球场	运动场	航空机场	射击场	游泳池
1953	1			9			
1954	1		1	12			
1955	1		3	14			2
1956	2		4	16	1	1	3
1957	2		4	21	1	2	3
1958	3	1	4	25	1	4	3
1959	3	1	4	28	2	4	3
1960	4	1	5	31	2	4	3
1961	4	1	5	31	2	4	3
1962	4	1	5	31	2	4	3
1963	4	1	5	34	2	5	3
1964	5	1	7	34	2	5	5
1965	5	1	9	34	2	5	7
1966	5	1	9	34	2	5	9
1967	5	1	10	35	3	6	9
1968	6	1	11	35	3	6	12
1969	6	1	11	36	3	6	13
1970	7	1	13	36	3	6	14
1971	7	1	19	36	3	6	15
1972	8	1	23	37	3	6	16
1973	8	1	29	42	3	6	16
1974	9	1	40	43	3	6	16
1975	10	1	42	48	3	6	16
1976	11	1	47	55	3	6	17
1977	11	1	53	57	3	7	17
1978	16	3	100	61	3	7	30
1979	16	3	114	67	3	7	31
1980	17	3	127	68	3	7	31
1981	18	3	133	70	3	7	33
1982	18	3	147	76	3	8	36
1983	18	3	152	78	3	9	36
1984	19	3	161	83	3	11	43
1985	20	2	169	85	3	12	46
1986	24	3	177	86	3	12	49
1987	25	3	182	87	3	12	50
1988	26	5	204	117	3	14	63
1989	29	7	207	129	3	14	67
1990	29	7	216	140	3	14	72
1991	34	6	229	123	3	14	72
1992	34	7	232	127	3	14	73
1993	36	7	233	127	3	15	73
1994	38	7	239	131	3	15	75
1995	38	7	239	131	3	15	75
1996	38	7	239	131	3	15	75
1997	38	7	239	131	3	15	75
1998	38	7	239	131	3	15	75

下篇

太原市

龙城太原展雄风

1949年4月24日太原解放,并州历史翻开了崭新的一页。

解放前,太原市仅几十万人口,在腐败的政治制度和阎匪暴政统治下,经济贫穷,文化落后,市容破旧,民不聊生,国民经济破烂不堪。

解放后,在党和政府的领导下,太原人民以豪迈的气概、励精图治、艰苦奋斗,将太原建设成拥有296万常住人口、政治安定团结、工业基础雄厚、对外开放广泛、基础设施健全、商业发达、市容整洁、人民安居乐业的一座新兴现代化省会都市。

特别是1978年以来,改革的春风在并州大地掀起了开放的巨澜,在党的十一届三中全会精神指引下,全市人民解放思想,开拓进取,深化改革、扩大开放,多种经济成份全面发展,国民经济快速增长,城市面貌日新月异,人民生活显著提高。全市综合经济实力迈上了新的台阶,提前2年完成“八五”计划,提前5年实现了原定到2000年国内生产总值翻两番的目标。在全国综合实力最强的50个城市行列中位居第23位。

近50年来,为适应经济建设迅速发展的需要,太原市行政区划经过6次扩大和9次调整,目前为六区一市三县,即迎泽区、杏花岭区、尖草坪区、万柏林区、小店区、晋源区六个区,古交市和清徐县、阳曲县、娄烦县。全市辖街道办事处43个、乡镇83个、居民委员会1257个、村委会1288个。全市常住人口由1949年底27.14万人发展到1998年的295.69万人,其中,非农业人口193.73万人,农业人口101.96万人。

综合实力显著增强

近50年来,太原市国民经济迅猛发展,日新月异,综合经济实力大幅度提高,特别是改革开放以后,产业结构明显改善,第三产业崛起,国民经济发生了深刻的变化。

1998年,全市国内生产总值达到323亿元,比1949年增长140倍,平均每年递增10.6%;1978年至1998年改革开放的20年间增长6.5倍,平均每年递增10.6%;“八五”期间增长80.2%,平均每年递增12.5%;1991年至1998年增长1.5倍,8年间平均每年递增11.9%。

太原市人均国内生产总值继1997年首次突破万元大关后,1998年已达10971元,比1949年增长31.3倍,平均每年递增7.3%;1978年到1998年的20年间增长4.0倍,平均每年递增8.4%,比改革开放前每年递增6.6%高1.9个百分点;“八五”期间增长65.9%,平均每年递增10.7%;1991年至1998年8年间增长1.2倍,平均每年递增10.2%。

近50年来,太原市的产业结构发生了巨大的变化。从三次产业在国内生产总值中所占比重情况来看,建国初期的1949年一、二、三次产业比重为58.8%、21.2%、20.0%,是以第一产业即农业为主。到改革初期的1978年一、二、三次产业结构已转变为5.9%、75.0%、19.1%,是以第二产业为支柱。改革开放后,全市以经济建设为中心,在经济体制和经济增长方式两个根本性转变方面取得了突破,第二产业在稳定发展的同时,呈结构性下降,第三产业得到长足的发展,所占比重大幅度上升,产业结构日益改善,趋向城市化,1998年三次产业结构为5.0%、50.3%、44.7%。

1998年与1949年相比,第一、二、三次产业增加值分别增长6.5倍、602.6倍和240.7倍,平均每年递增4.2%、14.0%和11.9%;1978年至1998年20年间分别增长2.1倍、6.0倍和9.4倍,平均每年递增5.7%、10.2%和12.4%;“八五”期间分别增长6.4%、90.3%和77.5%,平均每年递增1.2%、13.7%、和12.2%;1991年至1998年8年间分别增长33.2%、1.7倍和1.4倍,平均每年递增3.6%、13.1%和11.6%。

投资规模持续扩大

50年来,太原市经济建设快速发展,投资规模发生了巨大的变化。1949年至1998年间,全市城镇固定资产投资累计完成777.55亿元,年均投资15.87亿元;1978年至1998年20年间,城镇固定资产投资累计完成716.14亿元,年均投资35.81亿元,比改革开放前的年平均投资水平高出14倍;“八五”期间,累计投资293.71亿元,年均投资58.74亿元;1990年至1998年8年间累计投资569.39亿元,年均投资达71.17亿元。

投资结构趋向合理。1978年以来,在固定资产投资中,基本建设投资累计为408.22亿元,年均投资20.41亿元,更新改造投资236.69亿元,年均投资11.83亿元。更新改造投资占固定资产投资的比重由1978年的22%上升为1998年的31%;“八五”期间,基本建设投资累计完成162.75亿元,年均投资32.55亿元,更新改造投资累计完成106.09亿元,年均投资21.22亿元;1990年至1998年8年间,基本建设投资累计完成308.18亿元,年均投资38.52亿元,更新改造投资累计完成197.70亿元,年均投资24.71亿元。

住宅投资不断加大。建国以来,太原市城镇住宅投资累计实现164.34亿元,年均投资3.35亿元;改革开放20年间,共投资119.19亿元,年均投资5.96亿元;“八五”期间投资42.14亿元,年均投资8.43亿元;90年代是太原市住宅投资增长最快的时期,8年间累计投资92.67亿元,占1949年以来总投资额的56.4%,年均投资达11.58亿元。

一大批重点建设项目建成投入使用。1949年至1998年,全市城镇累计新增固定资产567.43亿元,每年平均新增11.58亿元;改革开放20年间,累计新增固定资产519.00亿元,年均新增25.95亿元;“八五”期间累计新增179.17亿元,年均新增35.83亿元;进入90年代以来,全市城镇共新增固定资产410.23亿元,8年间年平均新增固定资产达51.28亿元。随着投资规模的不断扩大,投资效益不断显现,为太原市的经济腾飞奠定了雄厚的基础。

农村经济欣欣向荣

50年来,太原市的农业生产有了很大发展。农业机械从无到有,乡镇企业异军突起,尤其是改革开放20年来,农村经历了由家庭联产承包向农业产业化的发展过程,农业经济由单一经营向多种经营的转变,农村面貌发生了巨大变化,农业生产条件得到明显改善。

1998年,全市农林牧渔业总产值达25.44亿元,与1949年比较增长7.6倍,平均每年递增4.5%;1998年比1978年增长1.67倍,平均年递增5%;“八五”期间年递增4.5%;1991年至1998年8年间年递增5.8%。1998年蔬菜和猪、羊、牛肉总产量为111.02万吨和3.84万吨,分别比1949年增长33.96倍和19.89倍,年均递增7.5%和6.4%;1978年至1998年,年递增7.3%和6.6%;“八五”期间年递增2.9%和15.2%;1991年至1998年年递增8.2%和12.9%。

1998年,全市农业机械总动力已达11.65亿瓦特,50年间平均每年递增19.9%;改革开放20年和“八五”期间分别年递增7.3%和3.9%;1991年至1998年年均递增3.2%。农用载重汽车1998年为7120辆,1952年以来平均每年递增19.5%;改革开放20年和“八五”期间年递增13.5%和2.7%;1991年至1998年年均递增2.6%。

乡镇企业异军突起。太原市的乡镇企业快速发展,为全市的国民经济做出了突出的贡献。截至到1997年,乡镇企业总产值达267.53亿元,比1978年增长185.4倍,年递增31.7%;乡镇企业营业收入241.12亿元,上交税金3.65亿元,分别比1978年增长181.7倍和78.4倍,年递增率分别为31.5%和25.9%;“八五”期间乡镇企业总产值增长5.1倍,年递增43.4%,营业收入和上交税金分别增长5.1倍和2.4倍,分别年递增43.7%和27.6%;1991年至1997年7年间乡镇企业总产值增长8.5倍,年递增37.9%,营业收入和上交税金分别增长8.7倍和2.7倍,分别年递增38.3%和20.6%。

工业生产成就显著

50年来,全市工业生产迅猛发展。1998年全市钢产量达到248.86万吨,比1949年增长203倍,年递增11.22%;1978年至1998年20年间增长1.4倍,年递增4.5%;“八五”期间增长25.6%,年递增4.7%,1990年至1998年8年间增长30.8%,年递增3.4%;生铁产量285.27万吨,增长178倍,年递增10.9%,20年间增长2.5倍,年递增6.5%,“八五”期间增长50.7%,年递增8.6%,8年间增长78.4%,年递增7.5%;原煤产量2971.27万吨,增长73.3倍,年递增9.0%,20年间增

日新月异的城市建设

长1.7倍,年递增5.1%,"八五"期间增长10.4%,年递增2.0%,8年间增长4.6%,年递增0.57%;成品钢材产量253.44万吨,增长229倍,年递增11.5%,20年间增长3.2倍,年递增7.4%,"八五"期间增长63.2%,年递增10.3%,8年间增长1.6倍,年递增12.5%;水泥产量175.12万吨,增长121倍,年递增10.1%,20年间增长3.2倍,年递增7.4%,"八五"期间增长1倍,年递增15.0%,8年间增长1.4倍,年递增11.4%;平板玻璃368.26万重量箱,20年间增长6.9倍,年递增10.9%,"八五"期间增长45.0%,年递增7.7%,8年间增长1.3倍,年递增11.2%;烧碱产量73294吨,增长427倍,年递增12.9%,20年间增长1.4倍,年递增4.4%,"八五"期间增长9.3%,年递增1.8%,8年间增长33.5%,年递增3.7%;卷烟产量16.53万箱,增长14.3倍,年递增5.6%,20年间增长6.7%,年递增0.3%,"八五"期间增长5.3%,年递增1.0%;饮料、酒5.12万吨,20年间增长14倍,年递增14.5%,"八五"期间增长95.5%,年递增14.3%,8年间增长97.5%,年递增8.9%。1978年至1998年20年间原煤、焦炭、硫酸、烧碱、化肥、钢、钢材、铜、铝、生铁、水泥、平板玻璃、化学纤维、卷烟、发电量累计分别为4.98亿吨、8534万吨、273.5万吨、95.93万吨、714.6万吨、3745万吨、2305万吨、42.37万吨、23.72万吨、3306万吨、1363万吨、2880万箱、13.26万吨、346.3万箱、1049亿千瓦小时。工业生产在全市国民经济中具有举足轻重的作用,为全市经济发展的大局做出了重大贡献。

1998年,全市国有大中型工业企业及年产品销售收入500万以上的非国有工业企业完成工业增加值81.56亿元,工业总产值(现价)268.62亿元。

内外贸易繁荣活跃

50年来,太原市商业市场从解放初期仅有的钟楼街、合作大楼、开化寺等极少数几家商店,发展到如今五一、天龙、解放、贵都、华宇等大批大型商厦及随处可见的专卖店,几十年间发生了翻天覆地的变化。特别是改革开放20年来,市场机制得到改革深化和不断完善。全市流通领域迅速发展,内外贸易市场繁荣活跃,商品供应充裕,人民生活水平有了很大提高。1998年,全市实现社会消费品零售额126.03亿元,比1949年的1217万元增长了一千多倍,近50年间平均每年递增15.2%;比改革初期的1978年增长19.9倍,20年间平均每年递增16.4%;"八五"期间增长1.29倍,5年间平均每年递增18.1%;1990年至1998年8年间增长2.3倍,平均每年递增16.2%。随着社会主义市场经济逐步发展,国有经济成份逐步减少,非国有经济得以长足发展。1978年、1990年、1995年、1998年几个关键年份,国有经济与非国有经济在消费品零售额中所占的比重依次为87.9:12.1,53.1:46.9,35.3:64.7,17.4:82.6。

50年来,全市对外贸易从无到有,改革开放20年得以长足发展,特别是太原市被确定为内陆开放城市以后,全市对外贸易迈上了新的台阶,对外开放迈出了可喜的步伐。1998年,对外出口商品供货总值达4.36亿元,比1978年增长9.8倍,20年间平均每年递增12.7%;"八五"期间增长14.3%,5年间平均每年递增2.7%,1990年至1998年8年间增长1倍,平均每年递增9.1%,1998年外贸进出口总额达1.52亿美元,年内新批"三资"企业46家,合同引进外资2.84亿美元。1998年,太原又与香港著名大财团新世界集团签订了长期合作协议,签订的合同及合作协议总投资近40亿元,实现了引进外资的历史性突破。

地方财力持续增强

50年来,太原市的财政金融业逐步发展壮大,为全市国民经济的发展发挥了积极的促进作用。1998年,全市地方财政收入达18.49亿元,比1949年增长一千多倍,50年平均每年递增15.9%,改革开放20年间增长8.3倍,平均每年递增11.8%;"八五"期间增长45.8%,5年间平均每年递增7.8%;1990年至1998年8年间增长1倍,平均每年递增9.1%。1998年,全市地方财政支出20.9亿元,比1949年增长2000多倍,平均每年递增17.3%;1978年至1998年20年增长14.2倍,平均每年递增14.6%;"八五"期间增长1.4倍,平均每年递增19.2%;1990年至1998年增长2.4倍,平均每年递增16.6%。50年来,金融系统早已从单一的人行发展为人行、工行、中行、农行、建行、交行、商业银行、民生银行等多渠道的金融体系,为全市经济发展提供了有力保证。1998年末,全市银行存款余额达574.44亿元,比1949年238万元增长两万多倍,平均每年递增22.9%;比1978年增长46.6倍,平均每年递增21.3%;1998年,银行现金收入856.25亿元,比1978年增长123.5倍,平均每年递增27.3%;"八五"期间增长3.4倍,平均每年递增34.9%;1990年至1998年增长10.2倍,平均每年递增35.3%。1998年全市银行现金支出849.86亿元,比1978年增长120.2倍,平均每年递增27.1%;"八五"期间增长3.4倍,平均每年递增35%;1990年至1998年增长10倍,平均每年递增35%。

城市建设日新月异

50年来,太原市城乡建设大为改观,人民生活逐步提高,特别是改革开放20年间,是全市城市面貌变化最大,人民得到实惠最多的时期。1978年以来,按照现代化大流通、多功能、开放型、高科技的都市化要求,全市狠抓城市基础设施建设,一座座高楼大厦拔地而起,一条条公路舒展畅通,使太原人自豪的迎泽大街、火车站高架候车楼、飞机场及东山过境高速公路、城市出口、"一桥两路",还有煤气化、集中供热等大批重点工程的建成使用,从根本上改善了城市的基础设施条件,大大提高了城市的综合服务功能,城市面貌变化巨大。到1998年底,城市道路长度已达1217公里,比1949年增长18.3倍,年递增6.2%,1991年至1998年8年间年递增10.7%;煤气液化气从无到有,日生产煤气量由1983年7.9万米增加到1998年的86.0万米,城市气化普及率已达85.98%;自来水生产能力由1949年的0.7万吨/日增加到1998年的46.3万吨/日,增长66倍;平均每一居民年生活用电达168.37千瓦小时,比1978年增长1.8倍,比1949年增长7.23倍;1998年市话装机总量已达65.67万门,比1978年增长700倍。

人民生活逐年提高

1998年,城镇居民人均生活费收入达5391元,比1978年增长18.7倍,年递增16.1%。"八五"时期增长更快,年递增达20.4%。1991年至1998年增长2.8倍,年递增18.2%。

农村经济迅速发展,农民人均纯收入不断增加。1998年,农民人均纯收入达2680元,比1949年增长37.8倍,年递增7.8%,比1978年增长22.1倍,年递增17.0%,"八五"期间增长89.3%,年递增13.6%,1991年至1998年增长2.5倍,年递增17.0%。

城乡居民储蓄存款余额不断增加。1998年城乡居民储蓄存款余额349.36亿元,比1978年增长206.9倍,年递增30.5%,"八五"期间年递增32.3%,1991年至1998年年均递增27.9%。

城镇居民居住条件得到了很大改善。旧城改造工程接连不断,昔日的旧平房变成了一座座整洁、美丽的高楼小区。1998年城镇居民人均住房面积9.27平方米,比1978年增加5.3平方米。

1998年,全市每百户城市居民家庭拥有耐用消费品为:组合家俱60套,洗衣机96台,电冰箱84台,彩电107台,录放像机23台,自行车182辆,缝纫机60台,照相机46架,摩托车7辆,家用电脑5台,移动电话3部,摄像机2台。全市农业人口每千人拥有耐用消费品为:电视机259台,电冰箱57台,洗衣机160台,收录机145台,自行车468辆,照相机22架,手表549块,缝纫机200台,电风扇139台,家庭电话19部,摩托车31辆。

(太原市统计局综合科)

煤都大同谱新篇

建国以来,富有光荣革命传统的大同人民,在党和政府的领导下,认真贯彻执行党在各个时期的路线、方针和政策,经过不懈努力,使大同这座饱经沧桑的塞外古城发生了巨大变化。特别是经过党的十一届三中全会以来20年的改革开放,大同市发挥本地优势,百业俱兴,在政治、经济、文化等各个领域都取得了巨大成就。1978年,全市国民生产总值为10.2亿元,比1949年增长19.4倍,平均每年递增10.9%;1998年,全市国民生产总值达到170.8亿元,比1949年增长339倍,年平均递增12.6%;比1978年增长15倍,年平均递增15.1%。

一、农业生产条件逐步改善,生产能力显著增强

大同市土地广阔,但在解放前,大同农业生产格局完全属于广种薄收、靠天吃饭的状况。全市没有一座水库,一处高灌,一眼机井,更没有一个农业科研机构。

新中国成立后,大同人民积极响应党的号召,大力兴修水利,努力改善农业生产条件。50年来,建成

了大批防洪、排涝、灌溉工程。目前,全市共建大中型水库104座,总库容为7.87亿立方米,有效灌溉农田174.75万亩,配套机井6842眼,水电站9座。水浇地面积达到94.7千公顷。农村用电量达到2.07亿千瓦小时。化肥施用量达到25.5万吨。农业机械总动力达到133.6万千瓦。

生产条件的逐步好转,保障了农业经济稳步增长。在种植业方面,1998年粮食总产量达到756608吨,比1949年增长2.2倍;油料产量达到48212吨,比1949年增长22.1倍;甜菜产量由1949年的1吨发展到250542吨。在50年的漫长岁月中,主要农产品产量达到最高值的年份是:1996年粮食产量达到800054吨,1985年油料产量达到62217吨,1998年甜菜产量达到250542吨,1998年蔬菜产量达到1088509吨,反映了党的十一届三中全会以来农业生产发展的巨大变化。林业方面,1998年底全市林地总面积达到512.84万亩,比1949年的38万亩增长13.5倍。天然林保存面积为55万亩,人工林保存面积为457.84万亩,木材积蓄量达到377.73万立方米,森林覆盖率由解放初的1.8%提高到23.5%。目前,全市已形成桑干河护林带、内外长城林带、铁路公路林带和方田林网化的格局。畜牧业生产,1998年全市大牲畜存栏达到31.4万头,猪存栏达到46.5万头,羊存栏达到110.8万只,分别比1949年增长2.0倍、11.9倍和4.3倍。猪、牛、羊肉产量达到6.6万吨,比1949年增长116.8倍。目前,全市畜牧业生产已初具规模,一个包括畜禽繁育、饲料加工、疫病防治和畜产品贮存加工的完整体系正在形成。

乡镇企业历经坎坷,成为改革开放后一支突起的大军,正发挥着越来越重要的作用。1998年,全市乡镇企业总数达到1.7万个,从业人员达到25.6万人,乡镇企业营业收入达到134.86亿元,上缴国家税金达到2.95亿元,两项分别比1978年增长179.8倍和51.3倍。

二、工业生产突飞猛进,能源建设成效显著

大同市的传统工业是采矿业和手工业。1949年,全市只有41家企业,总产值仅为3000多万元。建国以来,大同的工业发展迅速,一个以煤炭、电力为主,以建材、冶金、机械、农副产品加工等为辅的门类齐全的地方工业体系已经形成。1998年底,全市共有各类工业企业1337个。工业总产值达到126.13亿元。

50年间,大同工业发展经历着起伏不稳的几个时期。随着恢复时期、社会主义改造时期和第一个五年计划时期国家重点工程相继投产,1960年工业生产水平达到峰值,1952年至1960年平均每年增长72.4%。1961年开始调整,生产降温,直到1969年才恢复到1960年的生产水平。此后稳定增长,到1978年9年平均每年增长7.9%。党的十一届三中全会以后,以能源为主的国家重点工程兴建投产,整体工业进入了一个新的发展时期,20年平均每年递增11.8%。

99'中国北岳恒山旅游节　　乔晓光　摄

1998年,全市工业增加值达到59.84亿元,比1993年增长16.5%,利税总额达18.9亿元,比1949年增长375.6倍,比1978年增长3.8倍;资产总值达到314.6亿元。

煤炭、电力工业是大同的支柱产业。50年来,全市共生产原煤16.49亿吨,发电1192.09亿千瓦时。不仅支撑了大同的经济发展,而且有力地支援了全国的经济建设,被誉为"煤都大同"。改革开放以来,大同煤炭的生产量、外运量、出口量一直保持全国煤城之首。大同煤炭仅铁路的调出量就占全国调出量的1/6,出口量占全省煤炭量的80%。现在,大同原煤年产量已达8000万吨左右,全国40%的煤气发生炉、9%的火力发电厂、20%的工业锅炉燃烧着大同煤;全国27个省、市、自治区的3000多家大中型企业使用大同煤;欧、亚、美等20多个国家和地区进口大同煤。大同作为华北地区重要的电力生产基地,直接担负着向京、津、唐的供电任务,年发电量为90亿度左右,90%输出外地。

在稳定发展煤炭、电力生产的同时,大同市不断调整产业结构,大力发展新型产业。现在,全市工业已发展到32个门类。其中机械、冶金、化工、食品、建材、医药等工业被列为全市重点产业,生铁、钢材、机车、柴油机、硅铁、截齿、轴承、变速箱、电力电缆、电石、石墨电极、合成橡胶、煤气、烧碱、化肥、化学医药、

酒、食糖、肉制品、水泥、卫生陶瓷、艺术陶瓷等已形成相当规模的生产能力，一大批工业产品获得国优、部优、省优称号，涌现出49个特优企业。大同矿务局、大同机车厂、山西柴油机厂、大同水泥厂、大同二电厂、山西化工厂、大同齿轮厂等国有大中型骨干企业在国民经济中具有重要地位。

三、财经贸易日趋繁荣，城乡市场购销两旺

大同市的供销商业在建国后的“一五”期间发展迅速。从1958年到1978年的20年，经历了“大跃进”和“文化大革命”这一时期，流通渠道单一，环节繁多，产品实行统购包销，商品层层计划分配，不少商品实行定量凭证供应，加上商业机构时分时合，全市商业长期处于商品短缺、渠道不畅的状况。

80年代以来，全市商业实行了多种经济形式、多种经营方式、多渠道、少环节的流通体制，出现了商品货源充裕、零售网点增加、经营方式灵活、市场稳定繁荣的新局面。1998年，全市社会消费品零售总额达到68.4亿元，是1949年的229倍；主要消费品零售量比1949年都有数十上百倍的增加。同时，各种服务行业，如餐饮、旅馆、照像、洗澡、理发等如雨后春笋，竞相发展。

个体私营经济迅速发展是20年改革开放商品流通体制的一个特点。1998年底，全市个体工商户已达48259户，注册资金47765万元；私营企业有1559户，注册资金75051万元。个体私营企业资产在100万元以上的有150余户。个体私营企业共向国家缴纳税金16316万元，占全市地方财政收入的17.3%；大型及较大集贸商城和市场182个，市场成交额达38.5亿元，占全市社会消费品零售额的56%。

随着经济的发展，全市地方财政收入逐年增加。1998年，全市财政总收入为15.92亿元，其中地方财政收入为9.4亿元，比1949年增长1447倍，比1978年增长4.6倍。全市地方财政支出执行12.08亿元，比1949年增长5252倍，比1978年增长7.2倍。

四、重点建设硕果累累，基础设施明显改善

50年来，历届大同市委、市政府把增加投资、扩大生产作为拉动经济发展的重要手段，经济基础由此更加雄厚，实力明显增强。1949年至1998年，全市固定资产投资累计达到362.9亿元。其中，用于工业的投资为80%左右，基本反映了大同能源基础建设的特征。从整个情况来看，大同经济建设大体经历了三个高峰时期。第一个高峰为1951年至1960年。这10年正值我国大规模建设时期，国家重点项目较多，对大同的投资也相对增多。10年间固定资产投资为8.84亿元，重点新建了大同煤矿、大同机车厂、山西柴油机厂、东华机械厂、大同发电厂（一电厂）、大同糖厂、大同水泥厂、大同汽车修配厂、大同酒厂、同力橡胶厂、大同钢铁厂、大同轴承厂、自来水公司、肉联厂等骨干企业。1963年调整以后又新建改建部分中小企业。党的十一届三中全会以后，全党工作重点转移到以经济建设为中心的轨道之后，大同进入第二个高峰期。国家在大同又上了一批新的重点工程，装机容量为120万千瓦的大同二电厂、年产400万吨和500万吨原煤的四台沟煤矿和燕子山煤矿、大同到北京房山50万伏超高压输电线路、大同至秦皇岛自动化单元重载列车运输专线、大同煤矿的改扩建等工程的建成投产运营，使大同能源基地建设跨入一个新的历史时期。1978年至1992年全市固定资产投资累计完成154.4亿元。1993年原雁北地区和大同市地市合并后，全市大力调整产业结构和投资结构，基础设施、基础产业投资力度明显加大，为第三个高峰期。至1998年全市固定资产投资累计达到188.2亿元，主要用于城市基础设施建设，邮电通讯网络建设、公路建设以及一些改扩建项目和技改项目。主要项目有京大高速公路山西段工程、109国道改线工程、市区南出口工程和城市基础设施建设、通讯网络建设、城市住宅建设等。到1998年底，全市公路通车里程达到3475公里，基本形成了乡通公路村通车的交通网络。全市邮电业务总量达到4.58亿元，初步建成了无线有线并举、数字模拟兼备、固定移动交汇的立体通讯网络。

五、社会事业不断发展，精神文明建设硕果累累

大同市是历史名城，有着悠久的历史文化底蕴。驰名中外的云冈石窟、上下华严寺、善化寺、九龙壁、四牌楼、鼓楼以及浑源悬空寺、北岳恒山等优秀历史文化遗产，向世人展示着历代大同人民的聪明智慧。解放后，在党和政府的关怀重视下，大同的科技、文化、教育、卫生、体育等事业在原有基础得到了更快发展，取得了令人瞩目的成就。1992年大同成为“双拥”模范城；1990年成为全国地级卫生城。科技事业飞速发展。1998年末，全市已有县以上独立科研机构21个，其中省部属科研机构2个。民办科研机构22个。拥有各类专业技术人员8.1万人，占职工总数的16.24%，其中高级2808人，中级24144人。改革开放以来的21年，全市取得科技成果506项，科学技术对经济增长的贡献率达到30%。

教育事业稳步前进。1998年末，全市共有普通高校5所，普通中等专业学校12所，职业中学34所，普通中学286所，小学2426所。全市普通高中招生9632人，毕业生6157人；普通初中招生47186人，在校学生

133367人；职业初中招生1732人，在校生6466人；小学招生59608人，在校生358551人。

文化事业欣欣向荣。1998年末，全市共有各类文化中心、文化馆、站200余家，图书馆13个，专业演出团体17个。全市拥有广播电视台11座，中波广播发射台2座，有线电视台10座，有线电视站21座，电视、广播综合人口覆盖率为85%。全市共有全国刊号的报纸4种，出版3808万份；省内刊号的报纸17种，出版176万份；全国刊号的杂志3种，出版4.8万册；省内刊号的杂志24种，出版14.4万册。

卫生事业蓬勃发展。卫生机构由1949年的55个发展到290个；医疗病床由160个发展到10768张；卫生技术人员达到1.3万人。

体育事业成绩蜚然。50年来，大同市共为国家和省队培养输运了500多名优秀运动人才，有13家企业、17所学校评为省级体育先进单位，大同矿务局成为全国体育先进单位。

六、城乡居民生活由温饱向小康迈进

50年来，随着国民经济的迅速发展，全市居民生活收入和生活质量也发生了翻天覆地的变化。1998年，全市农民人均纯收入达到1980元，比1949年增长40.2倍，50年平均递增7.9%；比1978年增长19.6倍，20年平均递增16.3%。1998年城镇居民人均可支配收入达到4190元，比1949年增长78.0倍，50年平均递增9.3%；比1978年增长14.1倍，20年平均递增14.5%。

居民消费水平提高幅度大。1998年，全市居民人均消费水平达到2100元/人，比1978年增长5.3倍，其中农业居民人均消费水平达1050元/人，增长8.7倍，非农业居民人均消费水平达3580元/人，增长3.2倍。

随着消费水平的提高，居民消费结构也发生很大变化。消费热点从六、七十年代的自行车、缝纫机、手表、收音机等传统的“四大件”逐步过渡到以彩电、洗衣机、电冰箱、音响等为特征的新“四大件”；电话、空调、家用电脑、轿车等高档消费品也逐步进入部分居民家庭。

住宅条件和生存环境进一步改善。城市人均居住面积由1978年的3.6平方米扩大到1998年的8.9平方米，农民人均居住面积由1978年的8.1平方米提高到23.6平方米。

（王守尧　李保军　孙嗣政）

阳泉市

煤城阳泉绘宏图

50年来，阳泉人民在中国共产党的领导下，乘着共和国的巨轮，在社会主义革命和社会主义建设的道路上，艰苦努力，奋发图强，把一个贫穷落后的工商小镇，建设成了一个初具规模的以能源重化工为主的社会主义现代化工业城市。特别是党的十一届三中全会以来，改革开放政策不断实现和推进，阳泉同全国一样，社会经济发生了翻天覆地的变化，取得了辉煌的成就。

一、国民经济迅猛发展，经济实力显著增强

主要经济指标成倍增长，经济稳定性明显提高。据统计，1998年，全市国内生产总值达到94亿元，财政收入达到8.2亿元，人均国内生产总值达到7662元，分别比1949年增长298倍、626倍和213倍。按可比价计算，1998年与1949年相比，国内生产总值年平均增长12.8%，高于全省平均水平。其中，第一产业增加值年平均增长8.9%；第二产业增加值年平均增长17.8%，第三产业增加值年平均增长12.3%。党的十一届三中全会以来，全市经济发展的波动性明显减小，稳定性进一步提高。从1949年到1978年的30年间，国内生产总值年递增率的偏离程度为+31.1%和-42.6%，改革开放20年来缩小为+9.9%和-9.8%。经济发展的持续增长，使阳泉在1996年就提前实现了国民经济主要指标翻两番的奋斗目标。

生产力有了飞速发展。建国以来，阳泉工业生产已由解放初期的设备简陋，规模狭小，产品单一，基础十分落后，屈指可数的几个小煤矿、小铁厂、小电厂及小手工业作坊发展为现在的具有一定现代化水平、门类比较齐全，以重工业为主体，以煤炭、电力、冶金、机

械、化工为支柱的比较完整并有一定规模和技术水平的,充分具有地方特色的工业生产体系。在旧阳泉遗留下的仅有40万元固定资产的烂摊子上,建成了具有155.6亿元固定资产的现代化工业基础设施。生产能力显著增强,工业产品产量成倍乃至成百上千倍地增长。1998年同1949年相比,工业企业单位数增长58倍,工业企业从业人员增长39倍,工业企业固定资产增长上万倍,工业总产值增长228倍。原煤产量增长56.8倍,发电量增长2968倍,生铁增长29.2倍,硫铁矿增长1184.5倍,耐火制品增长944倍。与此同时,阳泉许多重要工业产品从无到有,不断发展,并逐步形成较大的生产规模。如:钢、铝、硫酸、化肥、电石、水泥、水泵、阀门、五钠以及各种工矿设备、机电产品、针纺织品等等。经过50年的艰苦努力,全市工业已有34个大类,101个中类和152个小类,分别占整个工业行业40个大类,204个中类和549个小类的85%、49.5%和27.2%,彻底改变了解放初期仅有的煤炭、硫铁矿开采和土法炼铁、铸造等行业的门类残缺和简陋落后的状况。

产业结构有了较大变化。建国50年来,特别是改革开放以来,随着国民经济的发展,阳泉的产业结构得到了较大调整。在国内生产总值中,三次产业增加值所占比重由1949年的28.2%、53.4%、18.4%,1978年的10.9%、75.5%、13.6%,调整为1998年的3.3%、61.4%、35.3%。农村经济结束了“单打一”的局面,非农产业全面增长,在农村经济总量中,农业产值所占比重逐年下降,仅1998年与1978年相比,就下降了29.2个百分点。而农村工业、建筑业、运输业、服务业等非农产业所占比重连年上升。农业内部结构也有了较大调整,种植业比重下降,林业和牧业比重上升较快。工业内部结构也发生很大变化,重工业稳定增长,轻工业快速上升,轻重工业协调发展。第三产业内部比例发生较大变化,传统的第三产业比重稳步上升,新兴的第三产业发展迅猛,长期以来形成的重生产轻服务的格局得以改观。三次产业结构的变化表明,建国50年来,特别是改革开放以来,在国民经济总量中,第一产业所占比重逐年下降。第二产业稳定发展,贡献份额逐年加大,成为阳泉经济高速增长的支柱产业。第三产业迅速发展,且比重大幅度提高。由此可见,阳泉市的产业结构基本特征是以能源和原材料为主导的重型结构,大体上是合理的,发展基本均衡,而且呈不断改善态势,朝着适应社会主义市场经济体制的建立和实现经济增长方式转变的方向健康发展。

阳泉市区一角　　周 京 摄

固定资产投资规模庞大。建国以来,阳泉用于固定资产投资总额累计达到156.5亿元,其中用于第一产业、第二产业的投资114.99亿元,比重为73.5%,用于第三产业的投资41.51亿元,比重为26.5%,规模宏大的投资为阳泉社会经济的发展奠定了雄厚的物质技术基础。

交通运输飞速发展。建国初期,全市交通运输十分落后,当时只有晴通雨阻的简易公路40余公里,生产、生活所需物品的运输全靠畜力车拉和人抬肩挑,对外交往十分闭塞。随着国民经济的恢复和高速发展,交通运输业也有了空前的变化,特别是党的十一届三中全会以后,随着改革开放的不断深化全市交通运输事业的发展更是惊人,到1998年底,全市共有铁路专用线43条,总长度达90余公里。铁路运输在原来的基础上几经改扩建,单线变复线,内燃机车改电气化机车,提高了时速,扩大了运输能力,阳泉地区铁路货运量达2342.3万吨,比解放初期的1952年增长了48倍,比1978年增长了近2倍。铁路客运量达141万人,比1949年增长20倍,比1978年增长30%。全市已有公路通车里程1132公里,全市共有各种现代化运输车辆28302辆,其中:载货汽车15898辆,载客汽车12130辆。公路货运量4984.5万吨,比解放初的1952年增长40余倍,比1978年增长12倍。公路货物周转量211344.5万吨公里,比1952年增长了200余倍,比1978年增长了近20倍,公路客运量2569.6万人,比解放初的1952年增长了近千倍,比1978年增长了10余倍。公路客运周转量70063.5万人公里,比1978年增长2倍多。市区4个出市口全部实现二级以上油路,其中有3条是超一级标准公路。县(区)出口全部实现二级以上油路,市与县、县与镇的公路建成了二级以上油路,县与乡的公路达到四级以上油路。建成三级以上标准出省公路8个。全市57个乡(镇)有51个通了油路,其中有24个乡(镇)通了二级油路,1043个村通公路或机动车,其中83.3%的村通了公路,公路密度达到了30公里/百平方公里,提前一年实现了省委、省政府提出的镇镇通油路、乡乡通公路、村村通机动车的"三通"目标。目前,全市已形成了一个纵横交错、成龙配套的公路、铁路两种运输方式组成的综合交通运输网络,并且货物运输向着大型化、专业化、快速化的方向发展,旅客运输向着高速化、舒适化、便捷化的方向发展,打破了过去落后、封闭的局面,为我市经济建设奠定了良好的基础。

*邮电通信事业稳步前进。*1949年,全市仅有邮电局(所)15处,职工61人,邮路76.8公里,邮件多是肩挑驴驮,捎运自取,电报不通,市内电话70部,长途电话1倍。随着国民经济的迅速发展和人民生活水平的提高,作为国民经济基础产业的邮电通信事业发生了翻天覆地的惊人变化,邮电设备不断增加,通讯能力日趋增强,现代化手段与日剧增。特别是党的十一届三中全会以来,随着改革开放的不断深入发展,邮电通信事业取得了明显成效。到1998年底,全市共有邮电局(所)118个,职工1406人,分别是1949年的8倍和23倍。邮路单程总长度1717公里,比上年增长25.6%,长途光缆总长度465.1皮长公里,长途自动交换机容量3200路端,用户电话交换机总容量41208门,邮电业务总量17934万元,均比1949年成百倍甚至上千倍增长,全市计算机互联网和多媒体通信设施实现了零的突破。邮电通信业的新技术、新业务不断推出,为全市经济发展,扩大对外开放做出了极大的贡献。

二、能源基地建设进展迅速,为全国经济建设做出重大贡献

*能源工业投资规模宏大。*能源工业是阳泉的优势产业。建国以来,阳泉能源工业建设发展迅速,50年来,国家用于能源工业的投资额逐年增加,仅煤炭工业投资就达70多亿元。1997年全市能源工业投资完成28.81亿元,占全部投资的78.7%,比上年增长35.3%,其中用于煤炭工业投资12.6亿元,用于电力工业投资16.21亿元,分别增长8.1%和68.1%,全年新增煤炭开采能力76万吨,火力发电装机容量30万千瓦小时。城市自来水日供水能力13万吨,城市集中供热能力每小时达14兆瓦,城市道路改扩建长度达2.9公里,面积4.7万平方米。能源生产、加工、转化和输送能力大幅度提高,一大批现代化的大型煤矿、电厂相继建成投产,从国外引进和国产的现代化大型设备与先进技术的使用,使能源工业物资技术装备大大提高。煤炭产品种类已由过去的单一混煤、块炭发展成拥有20多个品种的系列产品,成为冶金高炉喷吹、煤气制造以及化学工业的理想原料。50年来,全市累计生产原煤8.65亿吨,平均每年递增10%以上。解放后,电力工业逐步增容、改造、扩建和新建有了很大发展。到1998年,全市发电量达到68.29亿千瓦小时,为华北电网建设做出了较大的贡献。

*能源外调量大幅度增加。*从1949年到1998年,阳泉累计生产原煤8.65亿吨,销售总量就达8.17亿吨,占到同期总产量的94.5%,其中煤炭外销量达6.49亿吨,占到同期销售总量的80%。这些煤炭产品分别运往国内20个省、市自治区和计划单列市,并远销日本、法国等国家。方兴未艾的电力工业,使阳泉正向全国较大规模的火电基地迈进,全市发电量已由1949年的230万千瓦小时增加到1998年的68.29亿千瓦小时,每天的发电量相当于1949年全年发电量总和的8倍。1998年向外输出电力已达17.9亿千瓦小时,占全市发电量的26.2%,主要输运至京、津、唐等地。巨大的能源输出,为缓解全国能源供应紧张状况,支援兄弟省、市的经济建设做出了巨大的贡献。

三、农村经济全面发展,农业基础地位得到强化

*农村经济体制改革取得成功。*解放后,全市农村进行了轰轰烈烈的土地改革运动,彻底根除了封建土地所有制对广大农民的长期压迫和剥削,实现了耕者有其田。与此同时,经过互助组、初级农业生产合作社、高级农业生产合作社,广大农民走上了合作化的道路,几千年来传统的农业个体经济被集体所有制所取代。党的十一届三中全会后,党中央总结正反两个方面历史经验和教训作出了加快农业发展的决定,在农村推行了以家庭经营为主体的承包责任制,这一制度在全市农村迅速得到普及,从此阳泉农业走上了具有中国特色的发展社会主义的道路。

*农业生产条件明显改善。*阳泉广大农村经过50年的艰苦努力,初步改变了完全依赖自然资源和生态环境进行农业生产的传统农耕模式,开始用现代化生产设备、科学技术来装备农业,使阳泉的农业生产条件得到明显改善。截止1998年底,全市已建成各种水利灌溉设施2691处,有效灌溉面积8.60千公顷。农业机械从无到有,总动力达到7.3亿瓦特。机耕面积已达34.91千公顷,拥有各种类型拖拉机4893台,农产品加工机械4025台,收获机械1304台,畜牧机械1072台。在滹沱河、绵河水资源丰富山区,共建成水

电站16处,装机20台,年发电500万千瓦小时,解决了部分山区生产生活用电难的问题。全市村一级全部通电,农村用电量达5.85亿千瓦小时。农用化肥施用量0.93万吨,为农业生产提供了物质能量保证。农业技术机构健全,科研成果喜人。目前,全市农业技术推广服务体系渐趋完善,县、乡、村三级农科机构已达313个,农技人员18961人,还涌现出近百户科技示范户。

农村经济全面发展。建国以来,阳泉农业生产经历了艰难曲折的历程,取得了可喜的成就。特别是党的十一届三中全会以来,整个农村经济得到了长足的全面发展,农林牧副渔业兴旺,农工建运商并驾齐驱。1998年全市农林牧渔业完成总产值5.20亿元(现价),比上年增长9.8%,非农产业产值190.1亿元,增长7.7%。全市乡镇企业实现增加值35.3亿元,比上年增长20.6%,完成营业收入111.15亿元,实现利税7.31亿元。农村工业、建筑业、运输业及服务业的快速增长,成为国民经济的主要增长点。粮食总产量由1949年的9万吨,增加到1998年的18.7万吨,其中最高年总产达33.1万吨,比1949年增长3.7倍。1998年与1949年相比,油料产量增加3374吨,总产达3969吨。蔬菜产量增加101619吨,总产达153974吨。水果产量增加10000吨,总产达14051吨。干果产量增加1564吨,总产达1981吨。肉产量增加10334吨,总产达11300吨。禽蛋产量增加5451吨,总产量达6320吨。全市大牲畜存栏3.14万头,猪存栏14.3万头,羊存栏12.88万只。分别比1949年增长数十倍和近百倍。

四、城乡市场日益活跃,对外贸易不断发展

流通规模和渠道发生了根本性变化。昔日的旧阳泉开门营业的店铺寥寥无几,商品流通规模狭小,流转能力微弱。新中国成立后,在党和政府的领导下,建立了国有商业系统,发展了供销社商业和各种集体、个体商业。特别是党的十一届三中全会以来,对流通体制进行了一系列重大改革,开拓了各种流通渠道,完善了市场机制,使各种经济类型的零售商业竞相发展。一个多种经济成份,多种流通渠道,多种经营方式的城乡畅通的流通网络基本形成,市场面貌焕然一新。到1998年,全市批发零售贸易餐饮业网点达23054个,从业人员59649人,分别比1949年增长27倍、34倍。平均每千人拥有商业零售网点达16个,从业人员33人。在商业网点全面发展的同时,一大批大型骨干商店脱颖而出,阳泉百货大楼、兴隆百货大楼、华联商厦、泉中菜市场等大中型商场在我市城乡市场处于举足轻重的位置。与此同时,城乡集贸市场迅速恢复和发展,全市共有城乡集贸市场69个,全年商品成交额达12.27亿元,平均每年增长28.2%。目前,全市村村有网点、县县有百货大楼,城市商业、饮食业服务业网点更是星罗棋布。

城乡市场日趋繁荣活跃。建国以来,党和政府一直把稳定物价,保障商品供给作为繁荣市场的中心工作来抓,使全市城乡市场商品供应状况逐步得到改善。全市社会消费品零售总额由1949年的1215万元猛增到1998年的29.94亿元,平均每年递增16.1%。改革开放以来,全市零售市场空前活跃,商品供应更加丰富多彩,无论是商品数量,还是商品品种,都发生了令人耳目一新的变化。吃的商品供应由短缺变为充裕;食品结构由简单主食化变为丰富的副食化,并趋向快餐化,营养化;穿的商品由多年一衣变为一季多衣,且档次不断提高款式时髦流行;用的商品日趋高档化,家用电器走向现代化。在消费市场繁荣活跃的同时,农业生产资料市场也在不断开拓中迅速发展,农业生产资料零售额1998年与1949年相比,增长近千倍,按农业人口人均购买量达165元,比1949年增长600余倍。

对外贸易蓬勃发展。建国以来,随着国民经济的不断发展,全市对外贸易从无到有,从小到大不断增长。特别是改革开放以来,外贸事业出现了新的生机,出口商品成倍增长,创汇能力日益提高,利用外资和技术引进明显扩大。到1998年底,全市获得自营出口权的企业达14家,完成进出口总值3629万美元。出口商品达到51种,其中百万美元以上品种达到9种,出口的国家和地区27个,贸易交往的国外客户发展到80个。外经合作实现零的突破,仅1998年全市先后分3批向柬埔寨、新加坡、匈牙利输出了9名劳务人员,并有13名输往日本、沙特等5个国家。外事旅游呈现出新局面,全年共办理公务出国团组46批117人次,接待外宾及港澳台胞78批217人次,接待旅游人数和旅游收入都有较大增长。近年来,以对外贸易洽谈和经济技术合作为主的“招商月”的举办,使对外贸易更加活跃。1998年底,全市注册登记的三资企业87家,全年累计签订各类经济技术合作项目60项,直接、间接利用外资及利用外国政府贷款和海外捐物额总计达到4933万美元。其中实际到位2150万美元,外资到位率达39%,居全省各地市前茅。

五、地方财力不断壮大,金融保险日益兴盛

财政收入高速增长。解放初期,我市工农业生产极其落后,财源接近枯竭。1949年全市财政收入仅为

131万元，建国后，特别是党的十一届三中全会以后，随着工农业生产的迅速发展，财源逐步扩大，收入不断增加。1998年全市财政总收入达8.2亿元，比1949年增长600余倍，平均每年递增16%，比1978年增长近10倍，平均每年递增12%。到1998年末，全市财政总收入累计完成70.68亿元，其中，1978年前30年共完成10.98亿元，占15.5%。改革开放后20年间共完成59.7亿元，占84.5%，相当于1978年以前30年总和的5.4倍。

财政支出不断扩大。国民经济的迅速增长，使我市财源不断扩大，积累日益增加，同时，对促进生产发展，扩大流通、支持技术改造、加强农业投入、加快城市建设步伐以及提高人民生活水平等方面起到十分重要的作用。1998年全市财政支出6.17亿元，比1949年增长近4000倍，平均每年递增18%，比1978年增长10余倍。建国以来，全市财政累计支出50.32亿元，1978年以前支出累计5.04亿元，改革开放20年间支出累计45.28亿元，相当于1978年前30年总支出的9倍。

金融事业蓬勃发展。1949年全市只有1个金融机构——兑换所。经过50年的不断发展壮大，到1998年底，全市已形成了包括中国人民银行及其它专业银行在内，拥有270余个金融网点，金融业务范围全面，服务对象广泛的庞大的金融体系。到1998年底，全市银行各项存款余额合计为69.42亿元，比1949年增长3万倍，比1978年增长近50倍，成为全市经济建设和发展的重要资金来源和强大财力支柱。到1998年末，全市银行各项贷款合计65.23亿元，比1978年增长近30倍。与此同时，随着金融体制的日臻完善，金融系统采取各种有效措施，扩大现金收支，搞好货币流通，保证了全市经济建设的正常运行。全市银行现金收入由1949年的593万元猛增到1998年末的108.2亿元。其中商品销售收入17.17亿元，比1949年的120万元增长6900余倍，银行现金支出116.35亿元，比1949年增长1200余倍，明显低于现金收入的增长速度呈良性运行态势。

保险业务不断扩大。1950年阳泉保险机构正式成立，业务范围比较单一。随着国民经济的发展，保险业不断发展壮大，特别是党的十一届三中全会以后，保险事业进入蓬勃发展时期，保险业务不断扩大，到目前，全市共开办了财产险和人寿险两大类别的100多个险种业务。1998年全年保费收入1.25亿元，比上年增长22.5%。赔付金额0.47亿元。与此同时，职工社会保险从无到有，全市有19.35万职工，参加了失业保险。10.11万名城镇职工参加了养老保险。2.70万名离退休人员参加离、退休费用社会统筹。0.31万名离退休人员参加了医疗费用统筹

六、科技教育日益兴旺，文化卫生蓬勃发展

科技事业成绩斐然。阳泉科技队伍从建国初期的力量薄弱，种类不全，已发展成为现在的具有高、中、初三级结合，包括工程、农业、卫生、科研、教育在内的覆盖经济社会的多学科、全方位、跨行业的科研队伍。特别是党的十一届三中全会以来，阳泉科技事业发展进入了新阶段，科研机构日趋完善，科研成果相继问世，并与生产实践相结合，有力地促进了社会生产力的发展。1998年，全市实施科教兴市战略成绩可喜，并以优异成绩进入"全国科教兴市"先进市行列。全年实施星火计划30项，火炬18项。全市共有30项专利得到国家知识产权局的授权。全年鉴定科技成果16项。科技队伍稳定壮大，到1998年底，全市已拥有各类专业技术人员4.5万人，其中享受政府特殊津贴的专家11名，有突出贡献的知识分子34名。各级各类科研机构22个，投入1158万元从事168个课题的研究和开发工作。技术贸易机构发展到37个，并与全国350所大专院校和科研单位建立了技术依托关系，从而使科技对经济的增长份额达到30.2%，科技成果转化率提高到25%以上。1978年至1998年，全市科研成果大量涌现，共有459项科技成果获得市级以上科技进步奖，其中有240项获省科技进步奖，18项达到了国际先进水平，38项填补了国内空白。这些成果紧密结合阳泉经济建设的特点和市场需求，取得了显著的经济效益和社会效益。

教育事业向高层次、多样化迈进。建国以来，阳泉教育事业旨在提高全体人民文化水平的同时，一方面重点普及了初等教育，另一方面大力发展了中、高等教育，为国家建设输送了一大批人才。到1998年底，全市已形成国民学历教育、职业技术教育、幼儿和成人教育全方位覆盖的教育体系，成为全省第一个普及九年制义务教育的地市，并开创了职业技术教育与普通教育双轨并行的新格局，义务教育人口覆盖率达100%，办学条件日益改善，教师队伍不断壮大，教学质量稳居全省前茅。到1998年底，全市各级各类学校(不含成人)达1204所，在校生达19.7万人。其中，普通高等学校从无到有，共有在校生1026人，小学和普通中学在校生达18.1万人。职业教育快速发展，全市已有各级各类职业技术学校33所，其中有2所职业高中成为国家级重点学校，普通高中与职业学校招生人数之比达1:1.49，成人教育得到长足发展，全市大中专院校、职工学校、农业学校等一大批成人教育机构应运而生，办学面达91.1%。幼儿教育遍及城乡，全

市各级各类幼儿园发展到6597所,在园幼儿4.07万人,是1978年的3.6倍。入园率达84.3%。全市各级各类学校(不含成人)专任教师达到1.34万人,其中专科以上学历占50%以上。现代化光电教育设备走进学校,全市98%的中小学实现了"一无两有三配套",45%的学校达到规范化标准。目前,全市一个以初等教育为基础,以高等教育为向导,以社会教育和中级教育为两翼的多层次、多渠道、多形式教育体系已初步形成。

文化体育事业蓬勃发展。经过50年的努力,我市传统的文化项目得到发扬光大,新型的文化项目得以推广普及,以广播、电视、电影为主体的现代文化传递手段不断完善加强,覆盖面迅速提高,已成为全市人民接受教育,传递信息,丰富业余文化生活的主阵地。1998年,全市已有无线电视台8座,有线电视台(转播台)25座,电视人口覆盖率91%;广播电台3座,广播节目4套,有线广播站58个,广播人口覆盖率达到92%。全市已有专业艺术表演团体5个,各类电影放映单位28个,放影电影6481场,公共图书馆5个,藏书45.27万册,文化站64个,《阳泉日报》全年发行量192.1万份。体育事业成绩喜人,1998年,全市运动员在省内外重大比赛中获金牌61枚,银牌65枚,铜牌60枚,有1人1次超1项世界纪录,有7人5次破4项省纪录,有88.5%的在校生达到《国家体育锻炼标准》。全民健身活动在全市进一步兴起。

卫生事业健康发展。50年来,阳泉卫生战线在人员增加,机构扩大的基础上,医疗水平不断提高,预防工作逐渐加强,人民群众就医条件明显改善。到1998年,全市各级各类卫生机构达131个,比1978年增长了30%,比1949年增长了20倍。卫生技术人员达7046人,病床6304张,均比解放初期增长了百倍。全市万人平均拥有卫生技术人员64名,病床52张,都高于全省全国的平均水平。医疗诊治设备逐步现代化,具有90年代先进水平的磁共振仪、ECT机等仪器设备在各大医院安家落户,改善了医疗诊断条件,提高了治疗水平。全市医疗急救网络基本形成,各大医院都设置了急救电话、配备急救车辆。全市传染病总发病率由解放初期的776/万降到了33.2/万,基本无重大传染病的发生,人均预期寿命为69岁,比解放初期延长了33岁,且远远高于世界发展中国家水平,全市人民健康水平有了较大提高。

七、居民收入明显增加,消费水平普遍提高

城乡居民收入大幅度提高,储蓄存款明显增长。随着国民经济的稳步发展,城乡居民的生活有了很大改善。1998年全市农民人均纯收入达2661元,比上年增长7.9%,净增195元,相当于建国初期的近十倍。全市70万农民生活在彻底解决了温饱问题的基础上初步实现了达小康的历史性跨越。

1998年全市城镇居民人均可支配收入3621元,比1978年增长16倍,平均每年以15.6%的速度递增。随着城乡居民货币收入的不断增加,人民生活的日益富裕,储蓄存款余额迅速增长。到1998年末,全市城乡居民储蓄存款余额达69.42亿元,比1978年增长263倍。

生活消费全面增长,居住条件明显改善。1998年全市农民人均生活消费支出1552元,比上年增长8%,其中,食品类消费人均支出661.7元,衣着消费人均支出183.6元,居住消费人均支出161.0元,家庭设备用品及服务类消费人均支出128.8元,医疗保健类消费人均支出85.5元,交通通讯类消费人均支出66.2元,文教娱乐用品及服务类人均消费支出194.9元,其它类消费人均支出70.3元。在各项消费支出全面增长的同时,消费结构序列已经超越了满足基本温饱的质的界线,食品消费的恩格尔系数已降到50%以下,消费结构明显优化。1998年,城市居民家庭人均年消费支出3136.70元,其中,用于食品类人均支出为1308.03元,衣着消费人均支出437.77元,设备用品类消费人均支出279.58元,医疗保健类消费人均支出138.12元,交通与通讯类消费人均支出146.5元,娱乐教育文化服务类消费人均支出411.56元,居住消费人均支出249.31元,杂项商品及服务类消费人均支出165.82元。从支出结构不难看出,城市居民吃注重营养,穿突出多样,乐追求高雅。随着生活水平的提高,居民住房条件有了明显的改善。全市农民人均住房面积已达22平方米。昔日的土窑洞、矮草房已被钢筋水泥混凝土结构的现代化居民住宅所代替,在全市农村由集体统一规划、设计的一幢幢单元式小楼在不少富裕农村拔地而起。暖气、澡塘、液化气、自来水、程控电话、摩托车已成为小康人家的必配设施。到1998年底,随着国家住房制度的改革,全市已有59%以上的城市居民购买了公有住房,城市居民人均住宅使用面积达10.08平方米,人均住宅居住面积达到8.78平方米。居住条件的改善,也带来了住房设施日趋完善,居民家庭用水1396万立方米,比上年增加340万立方米,用水人口达到48.72万人,用水普及率100%,人均日生活用水量达112.24升,比上年增加20.8升。全市煤气用户累计达到74124户,液化气用户累计达到6137户。全市用气普及率达到76.95%,增幅比上年提高了1.17个百分点。全市住宅集中供热面积累计达到130.25万平方米,热化率达20.6%,增幅比上

年提高了2个百分点。居民住房的卫生设施也大有改观，由过去使用公共卫生设施发展到自家独用，不仅如此，居住条件和居住环境的改善，使人们把目光更多地投向了室内装璜。装璜从地面到房顶，从墙壁到门窗，从卧室到客厅，从厨房到卫生间，装璜范围不断扩大，材料推陈出新，标准趋于高档。据调查，建筑装璜材料类人均支出由1989年的0.41元增加到1998年的57.91元，增长140倍。

八、人口增长得到控制，环境保护进一步加强

人口增长得到控制，人口素质明显提高。建国50年来，阳泉把一个昔日凋零破败的小镇建设成为初具规模的社会主义现代化工业城市的同时，深入贯彻执行计划生育的基本国策，人口增长得到有效控制，人口素质有了明显提高。从1973年开始，把人口纳入有计划的轨道和全面推行控制人口增长，从此使阳泉建国后人口盲目增长、高速增长的势头得到遏制，全市人口出生率和自然增长率急速下降。1974年，全市人口出生率由建国以来的平均每年26.48‰降到25.18‰，分别比最高年份的1963年降低了37.6%和39.5%。党的十一届三中全会以后，全市各级党委和政府加大了对计划生育的领导，不断完善了人口与计划的目标管理责任制，使全市人口控制掀开了新的一页，进入了法制轨道，人口增长速度再次大幅度回落。到1998年，全年人口出生率为12.49‰，死亡率为6.25‰，自然增长率为6.24‰，年末全市总人口为122.92万人，人口总量得到有效控制，全市人口计划顺利完成，为全省乃至全国的人口控制做出了重要贡献。在严格控制人口增长的同时，注重了人口素质的提高，人口预期寿命增加到69岁，比50年代和建国初期分别延长了13岁和33岁，远远高于世界发展中国家水平。受教育水平也明显提高，进入90年代，全市总人口中具有高中及高中以上文化程度的比重已达11.7%以上，比1990年前有成倍增长。全市青壮年非文盲率达99.96%，普及九年义务制教育人口覆盖率达到100%，青少年身体素质平均合格率达95%以上，卫生行为良好率为81.1%，且越来越多的残疾少年儿童能接受义务教育和特殊教育，全市人口素质有了较大的提高。

环境保护工作进一步得到加强。建国50年来，全市环境保护工作和其它公益事业一样，从无意识到有意识，机构建设也是从无到有，从小到大，特别是1972年后，在党中央、国务院和各级地方政府的重视下有了可喜的变化。环境保护、环境监测、环境监理机构齐全，人员整体素质不断提高，技术手段较为先进。在全市已形成一个层层有人抓、步步有人管，全方位、多层次的环境管理体系。特别是党的十一届三中全会以来，全市工业污染防治能力有了明显提高，工业企业氰化物排放量下降，工业废水处理率提高，锅炉达标率不断上升，工业固体废物综合利用成效明显，特别是严重影响全市大气环境的阳泉矿务局煤矸石山自燃问题基本得到治理。环境质量指标有所好转。1998年，全市共完成环境污染限期治理项目73个，建成烟尘控制区15个，总面积21.63平方公里。主要环境质量大气总悬浮微粒年月均值0.484毫克/立方米，比上年降低11%，二氧化硫年月均值比上年下降9.8%，氰化物下降44%，降低了城乡污染，改善了人民生存条件。

经过50年的艰苦努力，特别是改革开放以来的迅速发展，阳泉经济和社会面貌发生了巨大变化，呈现出一派欣欣向荣，繁荣昌盛的稳定局面。五十春秋，辉煌成就，为阳泉未来经济的发展和社会进步奠定了坚实的基础。伴随着共和国前进的步伐，阳泉人民在邓小平理论的指引下，在以江泽民为核心的党中央领导下，正以新的姿态和风貌，踏上新的历程，谱写新的篇章，不久的将来，一个繁荣昌盛、文明富裕、具有社会主义现代化气息的新阳泉将会展现在三晋大地上。

（吕宝堂　谢桂生）

风华满眼新“上党”

长治市古称“上党”，位于山西省的东南部。1985年5月，长治市实行市管县体制，现辖10县1市，有

184个乡、51镇、12个街道办事处、3507个村民委员会、118个居委会,总面积为13896平方公里,其中山区占50.7%,丘陵为33.4%,平川为15.9%。1998年底总人口为307.6万人。

长治物华天宝,矿产资源比较丰富。现已探明的矿产有煤、铁、锰、铝、石灰石等40多种。其中煤炭储量最大,分布面广,煤种齐全,埋藏浅易开采,含煤面积达到8502平方公里,占全市总面积的60%,已探明储量为242.92亿吨;铁矿和硫矿储量在2亿吨以上。此外,水资源比较充足,有分属海河、黄河两大水系的浊漳河、沁河两大河流横穿而过,水资源总量为22.96亿立方米,人均占有量为880立方米,是华北地区的相对富水区域。

长治山河壮丽,上党盆地土地肥沃,气候十分宜人,四季分明,温度适中,年平均气温5度到11度,年平均降雨量为600毫米以上,无霜期155—184天,现有耕地300万公顷,很适合北方各种农作物的生长。境内各种植被种类较多,有林面积达到25万公顷,森林覆盖率达到18%,森林面积量600万立方米,各种牧草200余种,野生植物500多种,玉米、谷子、小麦、署类等是本地的主要粮食农作物,素有"米粮川"之称,是山西农业经济比较发达的地区之一。其中"沁州黄"小米颗颗圆润,色泽金黄久负盛名,曾多次在国内获奖。

长治是一座有着2000多年历史的文化古城,自秦开始,为历代郡、州、府所在地。境内山河壮丽气势磅礴、与历代文物交辉相映,有其独特的文化神韵。全市有大量的不同时代历史古迹文化和古建筑艺术珍品。壮丽的山川和悠久的历史,淳朴民风优良的传统和革命的光辉业绩,构成了丰富的旅游资源。这里有朱德、彭德怀、刘伯承、邓小平等老一辈革命家曾生活与战斗过留下许多光辉的足迹。象王家峪八路军总部旧址、八路军总部兵工厂、黄崖洞、神头岭、抗日伏击战和老爷山上党战役之战场等珍贵革命历史古迹与文物,纪录着先烈的壮举和胜利的欢乐。历史古迹满目琳琅,市区的上党门、长子县的法兴寺、崇庆寺、长治县的玉皇观、潞城市的原超寺、壶关县的二仙庙、平顺县的金灯寺、沁县的北魏石刻造像等等,都具有很好的观赏和研究价值。上党,太行山千山叠翠,百川流息,自然风光绚丽多姿。沁源的灵空山,松林密布,古树参天,东钟楼挂在山腰,圣寿寺座落谷底,十八盘曲折,仙峦桥玲珑精致,既有五龙池、益海洞等"灵空十景",更有"三柱重"、"九杆旗"等珍贵古松,实为游览避暑之胜地。壶关县的天然紫团溶洞,洞内怪石嶙峋,千姿百态,洞外山雾缭绕,郁郁葱葱,确属人间奇景,使游人流连忘返。

50年来,上党人民创造了翻天覆地的伟大业绩,国民经济实力显著增强,工农业生产突飞猛进,城乡教育、文化、卫生等社会事业有了前所未有的发展,居民物质文化生活也都有了今非昔比的质的飞跃。50年的风雨历程,50年的辉煌业绩,50年的沧桑巨变。昔日那个极端贫穷落后的长治,已经成为历史陈迹,一个民族团结、社会进步、经济发展、政治稳定、人民安康、初步繁荣昌盛的社会主义新长治已展现在世人面前。

一、国民经济快速发展,综合实力空前增强

从1949年到1998年近50年中,长治人民在伟大的中国共产党的领导下,坚持四项基本原则,依托自然资源的优势,因地制宜地大力发展本地经济以适应社会与居民物质文化生活的需要,向梦寐以求实现共同富裕的目标不断挺进。尽管在这50年之中由于对社会主义发展过程认识不足,深受极"左"影响,严重阻碍了生产力的发展,使长治的社会进步与经济发展出现过一些曲折,走过一段不平凡的回头路,有过一波几折的坎坷。但那毕竟是历史过程中一段小插曲。尤其是从1978年党的十一届三中全会以后,长治人民紧紧抓住改革开放的大好发展机遇,求实创新,开拓奋进,携手走入一个百业兴旺的新时代,经济规模总量与综合市力都发生了翻天覆地的巨大变化。

(一)经济规模总量成百倍增加,所占全省经济总量比重不断提高

1949—1998年,长治的经济总量及其各个产业构成都发生前所未有的变化,处处洋溢着旺盛的快速增长的活力,一个工农业并举,具有一定物质技术基础,经济比较繁荣兴旺的工农结合、城乡结合的新兴城市迅速崛起,谱写了长治发展史上崭新的篇章。国内生产总值从1949年的1.49亿元发展到1998年的152.3亿元,增长23.8倍,平均每年增长6.8%;工农业总产值由2亿元增加到293亿元,增长56.5倍,平均每年增长8.6%。20年的改革开放,全市国民经济进一步走上持续、稳定、快速增长的新阶段,一改过去50年代后期到70年代中期的曲折发展和徘徊不前状态,进入了快速发展时期。国内生产总值由1978年的8.3亿元增加到1998年的152.3亿元,增长5.5倍,平均每年增长9.8%,比改革开放前30年4.9%的增速高4.9个百分点。到1989年提前1年实现人均国内生产总值比1980年翻一番的目标,而后仅仅用了6年的时间,到1995年提前5年再度实现翻两番的奋斗目标。1998年全市实现第一产业增加值21.9亿元,比1949年增长3.6倍,年平均增长3.2%;第二产业增加值

87.6亿元,增长147倍,递增11.2%;第三产业增加值42.8亿元,增长33.8倍,递增7.4%。经过50年经济建设与发展,国民经济三次产业在国内生产总值中的构成比重、产业结构都发生了显著的变化,第一产业出现较大幅度下降,第二和第三产业有了较大的上升,过去单一或二元经济结构已被打破,多元经济结构已露端倪。1998年第一产业占GDP的比重为14.4%,比1949年的50.3%下降了35.9个百分点;第二产业比重为57.5%,比1949年的25.5%增加了32个百分点;第三产业比重28.1%,比1949年的19%提高了9.1个百分点。全市三次产业从业人员也由1949年的90.3%、4.9%和4.8%变化为1998年的44.9%、31.5%和23.6%。同时,经济总量占全省的比重不断提高,其增长速度快于全国和全省平均水平。从1949年到1998年,长治国内生产总值占全省国内生产总值的比重由7.25%提高到9.63%,长治的经济年平均增长速度比全省平均增长水平高出0.4个百分点,特别是改革开放20年长治经济增长水平快于全国和全省1.6个和1.9个百分点,实现历史性的突破和跨跃。

(二)社会财富迅速增加,物质基础逐渐雄厚

1949年自1998年间50个春夏秋冬,全市财政收入、金融保险有了较大幅度的增加。1998年,全市财政收入达到14亿元,比1949年的616万元增长226.2倍,平均每年增长11.7%,快于GDP增幅5个百分点,所占GDP的比重也由1949年的4.2%提高到1998年的9.3%。特别是改革开放20年,财政收入增长逐年加快,自1984年首次突破亿元大关之后,平均每年上一个新台阶。1998年比1978年增长22.8倍,20年财政收入累计为72.7亿元,超过前30年财政收入总和的5.8倍。到1998年底,全市银行各项存款余额达152.3亿元,各项贷款余额128.3亿元,比1978年分别增长87.6倍和22.8倍;财产险与人寿险承保总额达218.4亿元。由于金融资本支付运作能力的增强,有力地支持了全市经济建设和社会各项事业的发展。

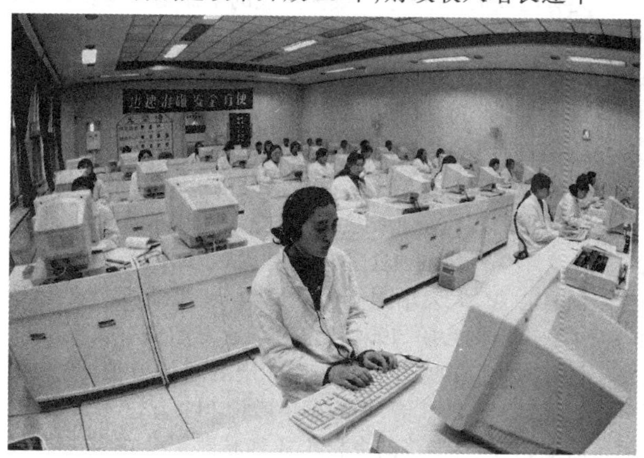

长治市电讯业迅速发展

(三)社会产品更加丰富,人均占有量显著提高

从1949年到1998年的50年,全市人均占有粮食由269公斤增加到485公斤,增长80%;肉类由人均7.4公斤增加到19.5公斤,增长1.6倍,禽蛋由人均不足0.4公斤增加到7.5公斤;发电量由2.5千瓦时增加到2246千瓦时;钢由1957年的324公斤增加到2104公斤,人均国内生产总值由98元增加到4975元,增长34.6倍;按1998年当年人民币兑美元汇率计算,1998年人均国内生产总值595美元;人均储蓄存款余额也由1949年的0.3元增加到1998年的3636元。

二、农村经济蒸蒸日上,农业生产得到极大提高

解放前夕的长治市,全市农村农业生产条件非常落后,农业生产力十分低下,耕种粗放,广种薄收,产量低而不稳,完全处于靠天吃饭的被动局面。农业生产和农村经济处在衰微破败的困境。新中国成立后,长治各级政府始终把农业列为发展国民经济的基础、振兴经济的重中之重,特别是党的十一届三中全会以后,以农村家庭联产承包责任制为突破口的一系列改革,使全市农业生产和农村经济很快摆脱了"左"的错误思想的束缚,彻底结束了单一经营,发展缓慢的局面,进入一个崭新的历史发展时期。乡镇企业的异军突起,为活跃农村经济,改善农业产业结构带来了巨大的活力。现在长治市广大农村呈现出农林牧渔全面发展,工、农、建、运、商、服务业兴旺的大好局面,成为新中国成立以来农村经济最好最快的发展时期。

(一)农业生产条件有了巨大的改善

解放后,长治市各级党委和政府非常重视改善农业生产条件,为了促进农业生产的发展,50年来投入了大量的人力、物力、财力,加强农业基础设施的建设,取得了一系重大成就。在农田水利建设方面,拦河筑坝修建大中型水库10座,储水7亿立方米,投资3亿多元建成大型襄垣灌渠和黎城勇进渠900公里,机井5248眼,农村水电站23处,装机容量6871千瓦,修建人畜吃水工程13万处,新增水浇地55千公顷,农业机械化有了很大发展。现在,全市农村平原丘陵主要农业生产作业基本上结束了手工作业的历史,耕种收及农副产品加工不同程度地实现了机械化或半机械化。到1998年底,农业机械总动力达到92.1万千瓦,农用拖拉机17750台,农用载重汽车2386辆。50年中,许多现代化农业技术和先进的农业科研

成果在农村得到广泛的推广应用，为提高农村生产力水平，加快农业生产的发展发挥了重要作用。50年获得了实用性农业科技成果1千多项。1998年，全市农村用电量3.74亿千瓦时，化肥施用量（折纯）8.84万吨，平均每亩耕地施用量40公斤。这些成绩的取得，为促进农业生产的发展奠定了相当的物质技术基础。

（二）农村生产力空前提高，产值与产量成倍增长

50年的农业发展成就远远超过以往任何历史时期，使过去传统农业初步迈入现代化农业殿堂。1998年，全市农业总产值36.7亿元，比建国初期的1949年增长了4.9倍；粮食总产量14.9亿公斤，是1949年的2.7倍，油料1.1万吨，增长1.1倍；蔬菜10.8亿公斤，水果4.2万吨，均比1949年成数百倍地增长。粮食平均亩产由1949年的75公斤增加到1998年的364公斤，增长3.8倍。尤其是改革开放20年来，1978年到1998年，粮食产量从7.3亿公斤增加到近15亿公斤，增长1倍多，平均每年增长3.7%，20年新增加的粮食是前30年的1.6倍，粮食亩产增长1.4倍。经过50年的努力，全市植树造林取得了一定成绩，特别是在约占全市面积一半的山区和半山区，建国初期森林覆盖几乎为零的大片地带，现已育成林地9万公顷，平原农田林网4万公顷，森业覆盖率达16.9%，已有11个县（市区）成为基本绿化达标县。在这风雨兼程50年中，长治畜牧业得到了空前的发展。特别是党的十一届三中全会以来，随着农村经营体制、市场经济的发展，全市畜牧业生产走上了一条崭新的发展道路，生产周期明显缩短，经济效益明显提高，畜禽中猪牛羊鸡迅速增长。1998年畜牧业产值达7.5亿元，是1949年的56倍，畜牧业所占农业总产值的比重为20.5%，比1949年提高了12.8个百分点；禽蛋产量2.3吨，农业劳动者人均生产40公斤，猪牛羊肉6.5万吨，农业劳动者人均生产110公斤，畜牧业商品率达70%以上。

（三）乡镇企业异军突起，已成为农村经济增长的主要板块

党的十一届三中全会以来，农村经济体制改革、土地家庭承包极大的解放了农业生产力，农民获得了第二次“解放”。农民开始有了经营自主权，眼光开始从土地上转向社会的各行各业。全市农村乡镇企业、农村各种专业户、多种成份的经济联合体迅速发展，壮举空前。1998年，全市非农业总产值达155亿元，比1978年增长63倍，营业收入128.1亿元，增长97.5倍，上缴国家税金3.45亿元，占全市财政收入的四分之一，企业资产52亿元，增长51倍，实现“四分天下有其一”。到1998年，全市从事非农产业劳动力36.5万人，占农村劳动力的40%，比1982年提高了32.9个百分点。

三、工业生产突飞猛进，初步形成工业门类比较齐全，工业布局基本合理的新兴工业城市，已成为山西省重要的工业基地之一

建国后50年来，长治在党和政府的领导下，国家投巨资用于能源、重化工的建设，全市也多渠道筹集资金用于工业经济建设，全市累计工业投资193亿元，占全市固定资产投资的70%以上，使一座具有现代化水平的工业企业迅速拔地而起，形成了以煤炭、电力、冶金、机械制造、化工、建材、轻工等具有相当规模、门类比较齐全、行业与工业产品众多的工业体系，构成长治国民经济最重要的骨干行业。改革开放以来，全市不断解放思想，更新观念，注意把国家和省经济战略部署与本地经济发展实际结合起来，借助于国家大量工业投资的强劲东风，充分利用地缘优势、资金优势和政策优势，使长治工业如今已发展成为具有全省举足轻重的能源重化工基地和轻工业基地，有力地促进了长治国民经济的快速发展。

（一）工业生产迅速发展

50年的冬去春来，长治市工业随着时代的变迁与更迭，几经峰回路转，从小到大在波动中不断壮大，不断前进。1998年，全市乡及乡以上工业企业已发展到1096个，比1949年增加2.3倍。其中大中型企业从无到有已发展到33个。成为工业的中流抵柱，已占到全市工业总产值的60%。1998年全市工业总产值达到256.5亿元，比1949年增长310倍，平均每年增长12.4%。经过20年的改革，在调整工业内部结构、行业结构、产品结构和企业组织结构的基础上，大力减政放权，加快建立自主经营、自负盈亏、自主发展、自我约束的现代企业制度，促进企业尽快成为建立社会主义市场经济的真正主体，“抓大放小”减员增效搞活国有企业，大大增强了企业活力，使工业生产又迈上了一个新的台阶，1994年全市工业总产值首次突破百亿元大关。1998年与1978年相比工业总产值增加248亿元，增长12.6倍，平均每年增长14%。进入80年代后期，非国有经济的乡村工业和私营工业在大工业的生存隙缝中迅猛发展壮大，非国有工业经济所占全市工业总产值的比重由1985年的29%上升到1998年的48.6%，平均每年以32.8%的速度递增。股份制和“三资”工业企业从无到有已发展到18个，漳泽电厂股票1996年4月在深圳挂牌上市。与此同时，全市工业企业之间的兼并、联合之势锐不可挡，充分发挥群体互补优势，以适应市场风云变化莫测的需要，先后组建了海棠、潞华、海欧、康宝和长钢5大企业集团，各

种工业有限责任公司15个，工业高新技术企业74个。

（二）能源重化工基地和轻工业基地建设已初具一定的规模，托起长治国民经济的脊梁和未来

新中国成立50年来，长治的重工业结构一直是工业经济中一道亮丽风景线，它的兴衰对全市工业生产影响颇大，而轻工业是在原有手工业基础上和七十年代前发展起来的，为当时满足市场供应做出了巨大贡献。1998年重工业所占工业总产值的比重由1949年的67%上升到84%，轻工业由33%下降到16%，轻重工业比为1:6。全市重工业产品主要煤炭、电力、焦炭、生铁、钢、化肥、水泥、机械产品等，多为能源重化工产品，其独特优势是显而易见无可替代的。煤炭是长治市工业支柱产业。目前全国特大型潞安矿务辖4个生产矿，年产煤炭1500万吨，另有地方小煤矿1400多座，年产煤炭2000万吨以上，煤炭行业实现工业总产值30亿元，利税近5亿元；焦炭530万吨，是全国重点煤炭生产、外调运输基地之一。电力工业基础雄厚。长治电力始于1942年，由日本人在市区西关安装一台375千瓦的蒸气引擎发电机，年发电量不足400千瓦时。经过50年的建设，全市1998年有发电企业5个，总装机容量116万千瓦，年发电量70亿千瓦时，除满足供应当地外，还有大量的剩余电源不断送往华北电网，长治成为华北电网的重要火电基地之一。漳泽电厂第二期建设投资18亿元装机55万千瓦，潞城市王曲电厂投资250亿元装机240万千瓦已进入开工前期准备阶段。到21世纪初，长治电力装机总容量将达到500万千瓦，成为亚洲最大的火力发电地区，实现运煤变为输电的能源结构重大战略转移。化学工业从零起步到70年代中期逐步壮大起来，先后建立了基本化学原料、日用化学橡胶、化肥以及新型化工材料等，现已初具规模。山西化肥厂投资16亿元是我国从日本、德国引进第一套以煤为原料年产合成氨30万吨，硝酸54万吨，交合硝酸磷肥90万吨，亚洲最大的复合肥生产企业。长治的轻工业在60年代后期到80年代初有过辉煌的一页，像缝纫机、自行车享誉三晋大地，后因需求变化退出市场舞台。经过近10年的产品结构调整，轻工业重新崛起蓄势待发，家用洗衣机、健身器材、锯条、医药工业等产品畅销不衰，有的轻工产品还进入国际市场。

（三）主要工业产品生产能力与产品质量有了很大的提高

1998年，全市原煤产量2916万吨，比1949年增长46.8倍；发电量69亿千瓦时，增长1832倍；生铁142万吨；增长201.8倍；钢64.7万吨，比1978年增长5.5倍；钢材46.2万吨，增长6.7倍，特别是螺纹钢，建筑市场享有盛誉；水泥207.8万吨，比1978年增长12.5倍；化肥29.6万吨，比1978年增长10.8倍；家用洗衣机36.2万台，比1985年增长15.5倍。

四、固定资产投资成就巨大

50年来，长治在国家和省的统一规划下，进行了大规模基本建设。经过曲折的历程和艰苦的努力，全市国有和集体单位固定资产累计投资225.8亿元，建成投产的项目达20000多个，为国民经济和社会发展提供了雄厚的物资和技术基础，有力地促进了国民经济的发展。目前，长治已经初步形成全省农业商品基地和门类比较齐全的以能源、化工、机械为特色的能源重化工基地；城乡道路纵横交错，四通八达；商业网点星罗棋布，高楼大厦鳞次栉比，错落有序；公共设施日蒸完善，上党大地呈现出一派生机盎然的繁荣景象。

改革开放20年居民住宅建设取得了很大的成就。党的十一届三中全会以来，全市国有和集体单位用于兴建住宅的投资16亿元，建成住宅面积563万平方米，相当于改革前30年建成住宅面积的4.2倍，城镇人均住宅面积达10.4平方米，比1987年的4.8平方米增加5.6平方米。住宅质量由有卧室的排房发展到厨房、卫生间、暖气俱全的单元式房屋，由平房发展到多层和高层楼房，由砖木结构发展到钢筋混凝土结构。长治农村住房告别了往日的破平房土窑洞，有95%的农户乔迁新居，农民人均占有房屋达28平方米，房屋质量也有很大的提高，宽敞明亮的庭院式住房和花园式二层小楼也遍及全市农村。

五、交通邮电迅速发展

建国前，长治道路是羊肠小道，坎坷不平，运输全靠马拉驴驮人挑。经过50年的建设，长治已形成了铁路、民航、公路相互配套的立体交通运输网络。城乡通讯网直达全国各地。交通闭塞，信息不灵的落后状况得到了彻底改变。

（一）交通运输四通八达

50年来国家用于全市公路建设的投资达9.4亿元，国省道通车里程2222公里，建成208国道长治过境二级汽车专用线、邯长二级上下行车路、甘林三级公路主要干线网络，县乡镇道路全部实现柏油化，有的村内也实现路面硬化，山区95%的村通了公路。铁路境内有南北贯穿的太焦线、横跨东西的邯长线、武墨线与正在修建的沁沁铁路。民用航空开辟了长治至太原、北京、武汉的航线。全市1998年货运量6905万吨，客运量2240万人，比1978年分别增长11.8倍和

4.8倍。货物周转量329299万吨公里，客运周转量83958万人，分别比1978年增长14.1倍和1.8倍。

(二)邮电网络遍及四面八方

解放50年来，长治邮电通讯业得到了迅速发展，邮电通信手段日趋完善，设备先进，业务齐全，形成了四通八达的通讯网络，处于全国同类城市的先进水平，为国民经济各部门和社会主义精神文明建设作出了卓越贡献。1998年长治邮电业务总量2.5亿元，比1978年增长46.8倍，年末市内电话拥有量10.6万部，增长97.6倍，农村电话机2.4万部，每千人拥有电话42.2部，无线寻呼户已发展到6万户，移动电话2.3万部，长途线路1099条，信函分检已实现半自动化和全自动化。

六、内外贸易繁荣兴旺

解放前的长治，生产力水平极为低下，商品生产与交换不发达，城乡市场一片萧条。建国50年来，长治随着工农业生产的发展和人民生活水平的提高，市场商品流通规模不断扩大，城乡经济交流渠道日益畅通。尤其是改革开放20年来，市场商品供应充裕，凭票供应成为历史，市场繁荣，购销两旺，各种经济成份角逐市场犹如千帆竞发，一幅浓墨重彩、市场欣欣向荣的美丽画卷已展现于21世纪。

(一)社会商品零售额迅速增长，市场多元化竞相发展的格局初步形成

1998年长治社会消费零售额35.4亿元，比1978年增长了10.8倍，扣除物价实际增长4倍。经过20年的改革，商品市场发生了结构性变化，1998年全社会消费品零售额中，国有商业零售额所占比重为33.9%，比1978年的53.3%下降19.4%，集体零售额所占比重为24.3%，下降21.6%，个体商业零售额比重从不足10%上升到41.8%。特别是个体商业参与市场竞争，活跃与补充市场的作用越来越重要。

(二)对外贸易不断扩大

1984年12月国家正式批准长治市为对外开放城市，先后与美国、德国、日本、加拿大等国家的6个城市缔结为友好城市，与26个国家和地区建立了经济合作贸易关系。1994年8月有6个企业被国家批准为自主经营进出口企业，年进出口总额由62万美元发展到1998年的2140万美元，新建各种三资企业75家；累计签订协议外资项目128个，协议利用外资9635万美元，实际利用外资已达到2794万美元，年接待国外旅游人数达1047人，引进经济技术项目400多项。

七、社会各项事业方兴未艾，蓬勃发展

建国50年来，长治社会事业随着国民经济的不断发展，尤其是改革开放20年取得令人瞩目的辉煌成就，社会进步稳定，人民安居乐业，为社会各项事业插上了腾飞的翅膀。

(一)科技事业到处开花

经过50年的发展，科技事业有了显著进步。到1998年底，全市建立了煤炭、化工、农业、林业、医学等16个科研所，各种学会、协会、研究会183个，30个大中型工业企业建立了科研机构，共有各类专业技术人员3.6万人。1978年以来，全市技术发明、技术改造等各类科技成果3069项，共有1248项获市级以上科技成果奖，其中国家和省级奖223项，科技成果转化率达35%，申请专利104项，授权专利64项；实施“星火计划”124项，“火炬计划”71项，实现产值26亿元；各级举办实用技术培训班4200多期，受训人员达130万人次。

(二)百年大计教育为本

50年间，长治教育事业的发展有着同长治经济、社会事业发展相似的轨迹，其间几经曲折，在党的十一届三中全会以后，逐步走上了稳定发展的道路，现在初步形成了全市较为合理的教育体系。到1998年底，长治有高等学校(院)2所，在校生3197人；中等专业学校14所，在校生1.16万人；普通中学344所，在校生18.2万人；职业中学15所，在校生1.1万人；小学4319所，在校生31.1万人；成人高等学校3所，在校生3614人。1998年全市学龄儿童入学率达99.7%，小学毕业生升学率达95.3%，初中毕业生升学率达到65%，高中毕业生升学率达22%。

(三)卫生事业欣欣向荣

建国前，长治医疗卫生事业极为落后，劳动人民长期缺医少药，身体健康毫无保障。经过50年来的发展，长治现在已拥有医疗、防疫、院校、科研等相互衔接配套的医疗卫生体系。1998年，全市拥有县级以上卫生机构337家，乡镇卫生院234个，卫生所3427个，病床位10717张，卫生技术人员1.4万人。每万人拥有卫生技术人员由1949年的29.3人发展到44.8人；每万人拥有病床位由3张发展到34.3张。居民的健康水平显著提高，人的寿命普遍延长。目前，长治市人口平均预期寿命为67.9岁，比1949年前增加近20岁。

(四)文化事业满园春色

解放以后，长治的文化事业不断推陈出新，有了长足的发展，戏曲、电影、广播、电视、文化图书等都在

50年的时间里从小到大、从无到有地建立和发展起来。1998年,全市共有艺术院校一所,艺术表演团体19个,曲艺说唱团500多个,电影放映单位125个,博物馆13个,农村文化站、文化活动中心2320个,广播和电视覆盖率分别达87%和89%。

八、城市建设日新月异

50多年来,特别是回首那波澜壮阔的改革20年,无论是久居上党的老长治,还是客居长治的异乡人,都会深深地感受到这座古老城市所发生的一切巨变。从1992年到1998年,长治用于城建资金4亿元,相当于前40年总和的一倍多,完成工程208项,建成市区334平方公里。道路由1978年66.5公里增加到257公里,道路面积由55.4万平方米增加到280万平方米;城市供水由日供3万吨提高到8.64万吨;投资1.5亿元建成了煤气焦化厂,目前日供气6.1万立方米,用户达5.1万户,气化率达60%;公共绿地面积84.6公顷,人均2.17平方米;城市居民住宅得到明显改善。50年来用于城市居民住宅(不包括单位自建房)的投资达15.6亿元,先后建起英华、康元等25个居民仨宅小区,新建住宅面积483万平方米,相当于解放前原有住宅的160倍,人均居住面积由1978年的4.8平方米增加到1998年的10.2平方米。治理烟尘、污水和“三废”,净化城市方面取得了明显成效,各种环境质量符合国家二级标准,为城市人民创造了一个比较整洁、优美、舒适的生活环境。

九、城乡居民生活水平显著提高

建国50年来,长治在发展生产的基础上,城乡居民生活也不断得到提高与改善。尤其是改革开放20年来,随着国民经济的持续快速健康发展,居民收入大幅度提高,生活质量有了明显改善,改革开放带来的累累硕果赋予人民群众更多的实惠。1998年,长治城镇居民可支配收入达4131元,比1949年的106元和1978年的348元分别增长37.9倍和12.1倍,扣除物价上涨因素实际平均增长4.8%和7.6%。随着农村经济的大力发展,家民人均纯收入也成倍增长。1998年全市农村人均收入2030元,比1949年的29元和1978年的62元分别增长69倍和31.7倍,农村温饱问题已得到彻底解决,正向小康生活不断迈进。1998年,全市居民人均消费水平2281元,比1978年增长8.3倍,其中城镇居民消费水平为3162元,增长5.5倍;农村消费水平为2041元,增长10.5倍。到1998年底,全市城乡居民储蓄存款达111.8亿元,比1978年增加111亿元,增长155.7倍,人均储蓄存款余额由1978年的28元增加到3636元,增长128.8倍。

农村殷实富裕的生活在长治大地上逐渐变为现实,长治人民正在大步流星奔小康。到1998年有城区、郊区、长治县、潞城市、襄垣县58万农村人口891个行政村整体达到小康水平,平顺、壶关两县的农村贫困人口不足6万人,到2000年底全部脱贫。近几年来,城乡居民消费结构变化十分明显。在食品消费方面,以粮食为主的格局已经向肉蛋奶方面转变,穿着以美观、新颖、质地优良为新潮追求;家庭生活中读书、看报、看电视、听广播蔚然成风,外出旅游的休闲方式逐渐兴起。1998年底,长治城镇每百户居民家庭拥有空调器1台,摩托车12辆;移动电话4部,彩色电视机107台,洗衣机105台,冰箱57台,VCD10台;平均每百户农村居民家庭拥有彩色电视机37台,摩托车2.8辆。

(李安清　周卫平)

奔小康的“领头雁”

晋城,古称泽州,位于山西省东南部,是1985年经国务院批准实行市管县体制的省辖市,现辖城区、高平、泽州、阳城、沁水、陵川六县(市、区),123个乡镇,2432个行政村。全市总面积9491平方公里,总人口208.39万人,其中农业人口172.53万人。晋城市矿产资源较为丰富,尤以煤炭为最,素有“煤炭之乡”的美称,全国最大的无烟煤田—沁水煤田,几乎覆盖全市境界,煤炭资源总储量多达808亿吨,占全国无烟煤总储量的四分之一，是山西省能源重化工基地的重要组成部分，也是全国重要的化肥原料煤生产基地。晋城属暖温带季风性气候，野生动植物资源、牧坡草地资源和水利资源都比较丰富，宜于各类农作物的生长，是华北最大的蚕桑生产基地和山西省重要的林果品产区。

从中华人民共和国诞生的那天起，晋城就走上了艰苦创业的道路，同时也步入了蓬勃发展的时代。50年来，晋城从一个自给自足的农业区，发展为全国能源基地的重要组成部分，经济和社会面貌都发生了深刻的变化。

综合经济实力显著增强

建国初期，晋城经济以解决自身温饱为主要目标，以自给自足的农业经济为主导。工业年产值仅1281万元，占工农业总产值的15%。经过50年的艰苦奋斗，不仅建立了以煤炭为主导的包括电力、冶金、化学、机械、建材、电子、纺织、食品等行业的较完整的工业体系，而且发展了建筑业和交通、邮电、商业、饮食服务业等第三产业，国民经济体系基本形成，出现了各业兴旺、全面发展的良好局面。50年来，特别是党的十一届三中全会以来，晋城发生了翻天覆地的巨大变化，综合经济实力显著增强。1998年，全市国内生产总值达到140.03亿元，相当于建国初期1952年的47.7倍，比1978年增长9.5倍，比建市初期1985年增长4.2倍。改革开放以来的20年，晋城国内生产总值以平均每年12.5%的速度增长，比改革开放前的年平均增长速度高出6.5个百分点。1987年，全市实现了国内生产总值比1980年翻一番的目标。1993年，又提前7年实现了比1980年翻两番的宏伟目标。1998年人均国内生产总值达到6742元，分别是1952年的24.8倍和1978年的8.8倍。财政总收入达10.16亿元，分别是1949年和1978年的313倍和16倍。

产业结构得到有效调整，新的经济发展格局初步形成。建国以来，晋城市在加快经济发展的同时，不断加大结构调整力度，国民经济整体布局和增长结构都得到了有效的调整，产业结构进一步优化，特别是改革开放以来，第三产业得到较快发展，新的经济发展格局初步形成。国内生产总值中第一、二、三产业的比例已由1952年的78.6:10.5:10.9、1978年的27.5:55.6:16.9变化为1998年的9.5:57.3:33.2。50年间，第一产业下降了69个百分点，第二产业上升了46.8个百分点，第三产业则提高了22.3个百分点。

稳步发展的农村经济

50年来，特别是党的十一届三中全会以后，家庭联产承包责任制的建立极大地解放了农村生产力，促进了农业和农村经济的全面发展。

(一)农业生产稳定增长，结构进一步优化

1998年全市农业总产值达到19.47亿元，按可比价格计算，分别比1949年和1978年增长3.99倍和1.2倍。农业在稳定发展粮食生产的基础上，农、林、牧、渔业全面协调发展。

粮食生产接连上新台阶，"菜蓝子"工程成效显著。建国以来，晋城市在大力发展农村经济的进程中，始终坚持把粮食生产摆在重要位置抓紧抓好。在耕地逐年减少，自然灾害时有发生的情况下，一靠科技，二靠投入，三靠合理调整种植结构，使粮食生产持续保持稳步增长。粮食产量连跨新台阶，1949年为24.93万吨，1964年突破40万吨，1971年突破50万吨，1983年突破60万吨，1993年突破75万吨，1998年总产量达到83.64万吨，创历史新纪录，分别比1949年和1978年增长2.35倍和66.6%。多种经营生产也有了较大的发展。1998年棉花产量达2579吨，比1949年增长5倍；油料作物产量达2.05万吨，分别比1949年和1978年增长5.96倍和10.4倍；水果产量41079吨，分别比1949年和1978年增长6.6倍和6.8%。

"菜蓝子"工程建设取得了丰硕成果，副食品生产规模扩大，总量迅速增加，有效供给水平大大提高。1998年肉类总产量达34814吨，分别比1949年和1978年增长228倍和1.9倍。家禽生产稳定发展，不仅实现了自给，部分产品还销往外地。1998年禽蛋产量为15132吨，分别比1949年和1978年增长10.8倍和4倍。蔬菜生产近年来呈高速发展之势，1998年总产量已达30.11万吨，分别比1949年和1978年增长8.3倍和1.1倍，并且上市蔬菜数量多、质量好、价格稳，四季上市均衡。

(二)农村经济总量显著增加，非农产业发展迅猛，农村经济结构发生了巨大变化

1978年以来，随着农村经济体制改革的逐步深入，大大解放了农村生产力，激发了广大农民的生产热情，扭转和改变了全市农业生产徘徊不前、低而不稳、经济单一的局面，使农村经济进入了快速发展的新时期。1998年，全市农村社会总产值达260.83亿元，比1978年增长52.5倍，年均增长22%。在农村经济总量增长中，非农产业发展迅速，年均增速达25.8%。农村产业结构调整步伐加快，非农产业和多种经济成份得到快速发展，从根本上改变了城乡分

隔、工农分离的农村单一封闭经济格局，形成了以农业为基础、乡镇企业为主体的农村经济体系。1998年，在农村社会总产值中，农业总产值所占比重为7.5%，比1978年下降42.1个百分点；非农产业产值所占比重由1978年的50.4%上升到1998年的92.5%，提高42.1个百分点。乡镇企业的崛起，为农村经济的快速发展和结构的转换注入了新的生机和活力。建国初期，除少数几个手工作坊外，农村几乎无企业可言。到1998年，全市乡镇企业已发展到9142个，实现增加值53.7亿元，形成了门类比较齐全的生产体系，已成为全市农村经济的重要组成部分。

第二产业结构逐步调整优化

(一)高速增长的工业经济

建国以来，晋城工业的发展是突飞猛进的。全市乡及以上工业企业由1949年的5家发展到1998年的近700家。50年来，晋城工业在发展中调整，在调整中提高，经济规模显著扩大，产业、产品结构趋向优化。

工业经济快速发展，工业实力大大增强。1998年，全市工业总产值为236亿元，比1949年增长828倍，平均每年递增14.7%，特别是党的十一届三中全会以来，晋城工业经济发展开始进入快车道，1978年至1998年平均每年递增16%，比1949年至1978年的年均增速快了2.2个百分点。

晋城市区新貌　　程画梅　摄

实施名牌拳头产品战略，产品结构升级换代。改革开放以来，面对日益激烈的市场竞争，晋城市下大力量培育、扶持名牌、骨干拳头产品，并制定了一系列的发展战略、方针和政策，发展壮大了一批有影响的拳头产品，带动了全市产品结构的升级换代和企业产品结构的调整。经过50年的发展，晋城市主要工业产品生产能力明显提高，产量大幅度增加。其中拳头产品煤炭产量达到4021万吨，分别比1949年和1978年增长60.9倍和2.3倍；生铁产量达到291.7万吨，分别比1949年和1978年增长416倍和23倍。

工业结构向重工业倾斜，行业结构得到改善。为了适应市场及产业结构调整的要求，全市工业结构逐渐向重工业倾斜。从轻、重工业比例看，由1949年的24.3:75.6、1978年的25:75，变化为1998年的11.7:88.3。从发展速度看，50年间重工业年均增长15.2%，轻工业年均增长12.5%，重工业快于轻工业。大量的投资促进了工业结构的调整和技术升级换代，新兴产业和高新技术产业发展加快。

1978年以来，改革力度不断加大，重点工作有较大突破。

一是现代企业制度试点进一步扩大。1994年起，晋城开展现代企业制度试点工作。从试点企业的初步实践看，企业产权关系初步理顺，国有资产投资主体初步明确，公司内部法人结构正在逐步健全；企业通过投资主体多元化，使国有资本得到扩张，国有资本的控制力有所增强；部分试点企业调整了资产负债结构，降低了负债率；企业内部管理得到改善。

二是实施大公司、大集团战略步伐加快。1993年以来，晋城市工业坚持扶优扶强，加快国有企业战略性改组，先后组建和培育了兰花煤炭、呋喃系列产品加工、离心铸管、散热器、白煤炼焦、晋园山楂奶、梅花丝麻等一批大型企业集团，努力形成产业优势和经济规模。

三是国有大中型企业嫁接调整改造取得重大进展。加大国有老企业嫁接、调整、改造的力度，把改制同改组、改造和加强管理结合起来。通过嫁接、调整、改造，使部分国有老企业机制转换一步到位，实现了技术、设备、工艺的更新改造，发展了一批有影响的拳头产品，增强了晋城工业发展的后劲。

四是以转换机制为重点，放开搞活小企业。1993年以来，以转换机制为重点，加快了小企业改革步伐，按照三个有利于的标准，进一步放开放活小企业的改革形式、经营模式、产权流动和管理体制，充实和完善了放活小企业的政策，重点推广了股份合作制、租赁经营等形式，引导企业努力提高专业化水平，发挥小而活的优势，走小而专、小而精、小而特的路子。

(二)硕果累累的固定资产投资与建筑业

50年来,晋城进行了大规模的经济建设,投资规模不断扩大,投资结构日趋合理,投资体制改革稳步展开。一大批重点项目先后建成投产和交付使用,新增大量固定资产和生产能力,为全市社会经济的持续、快速、健康发展打下了坚实的物质技术基础。

1.投资总量快速增长。50年来,晋城市累计完成全社会固定资产投资224亿元,其中改革开放20年来的投资额达到218.2亿元,占建国以来投资总额的97%。改革开放以来,国有经济完成投资113.5亿元,占50.6%。国有经济投资中,基本建设完成79.6亿元。全市累计新增固定资产140.3亿元,相当于改革开放前的15.9倍。

2.投资结构不断调整和改善。为适应不同时期社会经济发展和产业结构调整的需要,晋城市投资结构不断调整和改善。农业、工业、城市基础设施和文教卫生事业建设都取得了巨大成就。一大批技术含量高、资金密集、生产规模大、产品竞争力强的项目先后建成投产,带动了全市工业结构调整和技术升级换代,增强了全市工业的竞争能力。

3.建筑业抓住机遇,迅速壮大起来,成为全市国民经济建设、扩大对外开放和提高城乡人民生活水平不可缺少的一支产业大军。随着经济体制改革步伐逐年加快和企业管理权限逐步下放,建筑施工企业依据自身优势主动出击,适应市场需求,在稳定发展传统的土木建筑专业的基础上,调整了建筑业内部行业结构,形成了土木工程、安装与装饰等门类齐全、专业合理配套协调发展的建筑大军。专业技术水平已向高、大、异、难、新、精、尖工程发展。特别是近年来装璜业迅猛发展,成为建筑领域内一幅引人注目的风景线。施工技术明显进步,建筑业整体实力空前加强。近年来,一批国家、省、市大型重点经济建设工程和众多的坚固美观、丰富多采且各具特色的高楼大厦与居民小区如雨后春笋般地拔地而起,数目之多、规模之大、形体之高、结构之复杂和式样之新颖都是过去所不能比拟的。

日益兴旺的第三产业

改革开放前,在计划经济体制下,晋城的第三产业处于萎缩的状态,到1978年,第三产业增加值占全市国内生产总值的比重仅为16.9%。改革开放20年来,特别是1985年建市以来,第三产业发展步伐明显加快。1990年达到7.2亿元,比1978年增长3.5倍,比重提高到26.7%;1998年达到46.4亿元,比重提高到33.2%,比建国初期提高了22.3个百分点,比1978年提高了16.3个百分点,也比建市初期的1985年提高16.1个百分点,成为全市经济增长的重要推动力量。

(一)第三产业快速发展,总体规模不断扩大

改革开放后,全市第三产业开始升温、发展,80年代第三产业增加值年均递增13.1%,90年代进入了快速发展时期,年均递增20.3%。到1998年第三产业实现增加值46.4亿元,相当于建国初期的275倍,平均每年增长13%;比1978年增长18.4倍,年均递增16%,高于同期全市国内生产总值年均递增速度3.5个百分点。

(二)第三产业中三大支柱行业进一步发展

交通邮电仓储、批发零售贸易餐饮和金融保险三个传统行业继续发展,成为全市第三产业中的三大支柱行业。

1.交通运输和邮电通信业走上了快速发展的道路。铁路、公路、邮电等一大批基础设施和重点项目相继建成并投入使用,使全市的交通运输和邮电通信业整体能力实现了重大突破。50年间,晋城先后兴建了太焦铁路、侯月铁路、太洛公路、晋韩公路、沁辉公路、晋光公路、陵修公路、长(治)陵(川)公路、晋(城)陵(川)公路、晋(城)长(治)公路以及晋阳高速公路等高等级公路,晋(城)焦(作)高速公路也正在加紧建设之中。全市境内铁路通车里程已达198公里,公路通车里程由1949年的60公里提高到1978年的1430公里,到1998年,全市公路通车里程达2492公里,初步形成了四通八达的交通运输网络。1998年,全市公路货运量已达6345万吨。交通运输能力的增强,为经济的发展提供了便利条件。邮电通信业飞速发展,特别是90年代更是进入了黄金时代,初步形成了快速、高效、大容量的邮电通信网络,进一步提高了城市载体功能。邮电局、所数由1949年的33家提高到1978年的99家,到1998年,全市邮电局、所数达到187家。电话机总数由1949年的30部,提高到1998年的10.29万部。邮电业务总量达到1.73亿元,分别是1950年和1978年的3386倍和38倍。电话机普及率达到每百人5.82部。

2.城乡市场繁荣活跃。随着经济体制改革的不断深化和社会商品供给量的不断增长,过去长久以来在计划经济下实行的“计划收购、计划调拨、凭票证定量、定点供应”的居民消费品购销政策与工农业生产资料统购包销的单一形式被打破,市场经济格局初步形成,促进了商品流通规模不断扩大。1998年,全市社会消费品零售总额达到38.91亿元,分别比1949年和1978年增长282倍和16倍。特别是1978年以来,

随着流通体制的改革,形成了国有、集体、私营、个体、联营、股份制、外商投资、港澳台投资等多种经济成份竞相发展的新格局,产生了租赁经营、承包经营、连锁经营、职工自营等灵活多样的经营方式,出现了一个以区域性市场为骨干,初级市场为基础的多层次、综合性的市场体系。个体商业和集贸市场迅速发展,流通规模明显扩大,其中农副产品市场已逐步成为城乡人民生活中菜篮子、米袋子、果盘子的主要渠道。不同经济类型的商业企业实现的社会消费品零售额所占比重发生了很大变化。在1998年社会消费品零售总额中,国有经济所占比重为21.1%,比1949年和1978年分别降低24.3和23.1个百分点。集体经济零售额所占比重由1949年的54.6%、1978年的45.4%下降到21.2%,个体经济所占比重几乎由零上升到1978年的10.4%、1998年的40.9%。

3.金融保险业机构不断扩大,业务量迅速增加。形成了以中国人民银行为领导,国家银行为主体,多种金融机构并存、分工协作的金融组织体系。出现了证券交易市场,并且健康发展。保险业发展加快,相继成立了人寿保险公司、财产保险公司、太平洋保险公司,1998年全市保险业承保总额122.09亿元,保费收入1.55亿元。

(三)一批新兴的第三产业发展起来

改革开放以来,第三产业拓展到许多新的领域。房地产业、旅游业、广告业、信息咨询业、证券业、技术服务业等一批新兴行业已经形成规模,成为全市新的经济增长点。连锁经营、物业管理等新的组织形式和管理方式正在探索并开始起步。

社会事业全面进步

解放以后,各项社会事业虽有所发展,但由于受极左路线的干扰和破坏,仍然停留在一个低层次上。改革开放以来,改革了科技教育体制,科技人员焕发了青春,晋城市的科技、教育和文化体育事业呈现出一派生机盎然、百花吐艳的新气象,晋城人民在创造物质文明的同时,开创了精神文明建设的新局面。

(一)"科教兴市"效果显著

改革开放以来,特别是进入90年代,晋城市认真实施"科教兴市"战略,不断加大科技经费投入,壮大科技人员队伍,提高科技进步水平,积极有效地带动和促进了全市经济的两个根本性转变。到1998年末全市国有单位自然科技人员达到1.05万人,比1978年增长3.1倍。科技经费投入不断增加,科学研究成果丰硕,科技成果转化率不断提高。

教育事业蓬勃发展。新中国成立以来,特别是改革开放以来,始终把教育工作当作百年大计来抓,教育经费逐年增加,教学条件逐年改善,教育质量逐年提高。全市目前已建立起一个包括学前教育、基础教育、职业技术教育、高等教育、成人教育、社会教育等各级各类教育在内的教育体系,全面实施了九年义务教育。到1998年,晋城市各级各类学校达到3522所,比解放初增加1729所,增长近1倍;在校学生30.5万人,比解放初增长2.9倍;专任教师数达到3.22万人,比解放初期增长13.4倍。

(二)文化体育卫生事业欣欣向荣

1.文化体育事业丰富多彩。经过50年的建设,晋城已拥有众多的文化娱乐体育设施,市民的精神文化生活丰富多彩。1998年末,全市共有10个艺术表演团体,7个文化馆,8个文物馆,公共图书馆6个,电影放映单位515个,以及众多的歌厅、舞厅、卡拉OK厅。先后建立了晋城电视台、晋城人民广播电台、晋城有线电视台。全市广播覆盖率达到84.52%,电视覆盖率达到84.21%。体育场所逐步增加,功能设施逐步得到完善,为开展群众性体育运动奠定了基础。

2.医疗卫生事业发展迅速。通过对医疗设施的改、扩、新建工程,建立了一批综合和专科医院,同时社会办医不断发展,使全市人民的医疗卫生条件得到较大改善,目前全市有医疗卫生机构182个,比1949年增加142个;卫生机构床位数6098张,分别比1949年和1978年增加6072张和1985张;医护专业人员7598人,其中医生3738人,比1949年分别增加7242人和3540人,比1978年分别增加了3965人和1723人。同时还建立了中医医院、卫生防疫站、妇幼保健院、职业病防治所等各类专科、专业医疗防治机构。在农村各乡镇都建立了卫生院,设有一定数量的病床,能开展一般性各科手术,为全市人民提供了较好的医疗保健条件,基本上解决了"看病难"、"住院难"问题。各级卫生部门认真贯彻"预防为主"的方针,积极开展对各种疾病的防治工作和卫生保健保护工作,取得了显著成就,各种疾病的发病率和死亡率都有不同程度的下降,人民的健康水平显著提高。

城乡居民生活奔向小康

党的十一届三中全会以来,随着改革开放的全面推进,经济和社会发展取得显著成效。城乡居民物质和文化生活发生了巨大变化,总体水平已由温饱跨入小康,现代化色彩日益浓烈,居民生活水平进入新的发展阶段。

(一)改革开放和发展给人民带来了实惠,居民收入大幅度增加

1998年城镇居民家庭人均可支配收入由1978年的300元提高到4170元,增长13.9倍,平均每年递增14.1%,大大高于1978年前的年均递增速度。农村居民人均纯收入达到2582元,比1978年增长22.9倍。广开就业门路,多种经济成份共同发展,改革工资分配政策,收入呈多元化,是居民收入快速增加的基本原因。

(二)居民生活质量显著提高,消费结构明显改善

居民的衣食住行发生了巨大的变化,人们的消费需求由满足生存需要为中心的必需品消费阶段,逐步向满足发展需求和享受需求的非必需品消费阶段发展。1998年全市城镇居民家庭人均消费性支出达2513元,比1978年增长9.9倍。食品支出占消费性支出比重(恩格尔系数)已由1978年的58.1%下降到1998年的45.3%;农村居民家庭生活消费支出中食品支出所占的比重为43.6%。到1997年底,全市已基本实现了城乡居民生活整体达小康的目标。

(三)居住条件有较大改善,家庭财产大幅增加

改革开放以来,投入大量资金,加快了对老城区的改造和新生活区的建设,特别是进入90年代,城乡居民的居住水平有了很大提高,城市住房紧张状况得到缓解,居住条件大为改善。城市居民人均居住面积达到12.3平方米,农村居民人均居住面积达到26.7平方米,已经超过了国家规定的小康生活水平标准。随着住房商品化进程的加快,人们拥有一套自己住房的梦想开始成为现实。

(林维民　张志兴)

朔州市

塞外崛起煤电城

朔州市位于山西省北部,大同盆地西南端,总面积1.06万平方公里。全市共辖2区4县(即朔城区、平鲁区、山阴县、应县、右玉县和怀仁县),106个乡镇,1832个行政村。总人口133.59万人,其中农业人口105.86万人,非农业人口27.73万人。过去隶属于雁北地区,1989年元月经国务院批准,正式成为省辖地级市。

朔州地处偏关、宁武关、雁门关边陲要塞,由于历史上战乱频繁,加之自然条件较差,灾害频发,农业生产条件艰苦,经济发展缓慢,人民生活比较贫苦。新中国成立后,勤劳、朴实的朔州人民在中国共产党的领导下,辛勤耕耘、艰苦创业,以大无畏的革命精神绘制出一幅幅美好的画卷,谱写了一曲曲社会主义建设事业的雄浑乐章。特别是党的十一届三中全会以来,朔州人民在党的改革、开放政策指引下,解放思想,实事求是,紧紧围绕经济建设这个中心,同心同德,锐意进取,积极探索,开拓前进,经济建设取得了辉煌的成就,社会面貌也发生了深刻的变化。一座文明、开放、发达的现代化新兴城市已经初具规模。

一、综合实力显著增强

解放50年来,在党和政府的正确领导下,朔州人民克服经济基础薄弱,自然条件恶劣,历史遗留问题较多的种种弊端,自力更生、艰苦奋斗,经济建设和各项社会事业有了很大的发展,综合经济实力显著增强。特别是改革开放以来,以联产承包责任制为突破口的全社会大范围、大幅度全面改革开放和搞活,在农村经济全面高涨的同时,国民经济其他行业也呈现出旺盛的发展态势,产业结构逐步趋向合理,第三产业从无到有,不断壮大,整个经济一片欣欣向荣的景象。

1998年,全市国内生产总值达到83亿元,比1949年的0.7亿元增长117.6倍,平均每年递增10%;特别是1978年改革开放以来,发展速度更快,平均每年递增17.2%。从1989年正式建市到1998年正好10年,全市国内生产总值增长了4.6倍,10年间年均增长达到18.7%。在经济总量增长的同时,人均指标也大幅度提高。1998年全市人均国内生产总值达到6212元,比1949年提高了6101元,增幅达55倍,年均递增8.4%,特别是改革开放以来,随着改革的不断深化和计划生育政策的逐步落实,人均国内生产总值呈高速发展态势,20年间增长了14.5倍,平均年递增在15%以上,比改革开放前的年均增幅提高了近10个百分点。建市10年间,人均国内生产总值也以年均17%的速度在稳定增长。

随着经济实力的增强，产业结构、经济结构也得到相应的改善。1998年，全市三次产业在国内生产总值中的比重分别为17.4%、51.4%和31.2%，与1949年的71.4%、28.6%和0相比，结构明显趋向合理。第三产业的比重显著提高，而农业的比重大幅度下降，城市的综合经济能力和服务功能显著提高，朝着现代化的方向迈进。工业经济内部，经过50年的发展，结构完整，门类逐步齐全，煤炭和电力为支柱产业的能源重工业城市特色得到充分体现。公有制经济得到加强，非公有制经济在迅猛发展壮大，各种经济成份交相辉映，共同繁荣。

随着经济的发展，财政收入也大幅度增长，1998年全市地方财政收入达到39727万元，是解放初1949年的1203倍，年均递增15.2%，其中改革开放以来年均增长15.8%。在财政收入增长的同时，地方财力稳步增强，财政用于基本建设投资和社会公益事业的支出也在逐年增加。特别是近年来，为了加快朔州市的城市建设步伐，尽快走出基础设施建设和城市框架构造期，市委、市政府多方筹措资金用于城市建设，投资建设力度明显加大。1998年全市地方财政支出高达58187万元，为1949年的2238倍，1978年的18.3倍，是建市初1989年的4.4倍，支出水平呈逐年递增态势。建市10年间，财政用于基本建设投资的支出累计达7238万元，占50年间基建支出的74%，超过建市前的40年支出水平1倍以上。

1949年到1998年全市累计完成固定资产投资139.4亿元，1978年以来完成投资122.1亿元，年均投资6.1亿元，比改革开放前的年均投资水平提高9.2倍。1989—1998年建市10年间，累计完成投资额81.63亿元，年均投资水平更高，达到8.16亿元，50年间，全市固定资产投资新增固定资产63.8亿元。其中改革开放以来新增固定资产62亿元，是改革开放前的近34倍；建市10年间新增固定资产50.8亿元，是改革开放前的27.7倍。

二、农村经济全面发展

解放前，朔州农业生产力落后，自然灾害频繁，农村经济十分脆弱，农民生活异常贫困。解放后，在党和政府的正确领导下，广大农民农业生产积极性高涨，农业生产发展很快。特别是党的十一届三中全会以后，家庭联产承包责任制的建立和逐步完善，极大地调动了广大农民的生产积极性，农业生产力水平明显提高，生产条件也大为改善，农民生活水平显著提高，农村经济空前活跃。

（一）农业生产力水平不断提高

解放初期，朔州经过土地改革和农村合作化运动，彻底革除了封建土地制度，走上了集体化道路，农业生产迅速得到恢复和发展。到国民经济调整时期，朔州人民认真贯彻党的“调整、巩固、充实、提高”方针，把主要精力放在农业生产上，积极推广先进经验，采用科学耕作技术，提高粮油生产能力，农业生产得到新的发展。“十年动乱”朔州农业生产力也受到了极大的挫伤。到党的十一届三中全会，改革开放才为朔州农业的大发展开辟了广阔的道路，全市农业生产进入了一个全面发展的崭新时期。农村经济开始由自给半自给向商品经济转化，并逐步由过去的单一经营方式向农林牧工商综合经营的方式发展，农村产业结构也更加趋向合理。1998年，全市农林牧渔业总产值完成28.5亿元，比1949年增长42.7倍，年均递增8.01%，比1978年增长了18.3倍，年均递增16%，比1989年建市初提高4.7倍。粮食总产量达到6.59亿公斤，比1949年增长3.46倍，比1978年增长近1倍。油料产量5.46万吨，比1949年增长12.9倍，比1978年增长7倍。猪牛羊肉产量3.8万吨，是建国初的62.1倍，是1978年的6倍。大牲畜存栏30.25万头，比1949年和1978年分别增长3.1倍和1倍；水产品生产从无到有，年产量达到80余吨。

朔州喷泉广场

（二）农业生产条件明显改善

朔州土地广阔，人口较少，人均土地面积11.93亩；农民人均耕地4.74亩，高于全国、全省平均水平，发展农业的潜力较大。但气候条件较差，自然灾害较多，发展农业生产受到很大限制。因此，50年间，全市地方财政中累计投资6.2亿元用于农业生产，改善农业条件，大搞农田水利基本建设，努力推进农业机械化进程，扩大农业实用技术。使全市的水田、水浇地面积由1949年的16.7千公顷发展到1998年的103千公顷，占耕地面积的比重由4.8%上升到30.8%；化肥和农电到50年代后期逐步进入朔州农业,1978年后才有大幅度的增长,1998年全市农用化肥施用量和农村用电量分别达到50678吨和13102万千瓦时。到1998年,全市农业机械总动力达到77.03万千瓦,比1949年增长了7702倍。机耕机播机收土地面积从无到有,逐步发展到220千公顷、98.4千公顷和15.5千公顷,占全部耕地播种收获面积的比重上升到65.8%、30.5%、4.8%。

(三)乡镇企业异军突起

到1998年,全市规模以上乡镇企业发展到3387个,从业人员7.26万人,占农村从业人员总数的17.4%。乡镇企业总产值达42.15亿元,总收入41.9亿元,分别比1978年增长63倍和89倍。实现利润5.23亿元,交纳税金1.66亿元,分别比1978年增长49倍和151倍。到1998年底,乡镇企业已经形成固定资产27.67亿元,由最初的小打小闹,发展到如今的上规模、上档次,并出现了集团化、股份制的乡镇企业。

(四)农民生活显著改善

经过近50年的发展,特别是改革开放以来的大发展,全市农业和农村经济发生了翻天覆地的变化,农民的生活水平得到显著提高,并有相当一部分农村居民迈入了小康生活的行列。1998年,全市农民人均纯收入达到2306元,是建国初年收入水平的121.4倍,是1978年收入水平的29.9倍。改革开放以来是农民收入增长速度最快的阶段,年均增长18.5%。随着收入的增加,农民的消费支出水平和结构、层次也发生了实质性的变化,吃、穿、用、住明显改善,各种新型高档的家用电器和耐用消费品已进入农民家中。

二、城市经济生机勃勃

解放前,朔州市的工业寥寥无几,且生产技术落后,企业规模较小,基本停留在手工作坊水平上。丰富的自然资源得不到有效的开发利用,整个城市经济十分落后。解放后,朔州市的城市经济发展才走上了创业和发展阶段,党的十一届三中全会后,随着煤炭资源的大规模开发利用,朔州市的工业经济取得了长足的发展,从而带动了城市经济的其他方面共同走向繁荣活跃。

(一)工业经济迅猛增长

朔州矿产资源丰富,尤以原煤为最,储量高达400亿吨,开发前景广阔。因而朔州市的工业经济也就突出表现在煤炭采选业上,进而带动其他行业的全面发展。全市工业行业已发展到18个。1997年,全市乡及乡以上工业企业完成工业总产值72亿元,实现产品销售收入65.5亿元,实现利税9.73亿元,分别比1949年增长3199倍、4067倍和6947倍;比1978年增长19倍、83倍和52倍。1998年全市全部国有、大中型和年产品销售收入500万元及以上的非国有工业企业完成工业总产值61.4亿元,实现产品销售收入59.2亿元,实现利税19192万元。特别是建市10年来,全市工业经济取得了长足进步,工业总产值由1988年的12.14亿元,迅速提高到1998年的70.4亿元,10年间增长242%,年均增长13.1%。主要工业产品品种有,原煤产量1998年达到3524万吨,分别比1949年和1978年增长1015.5倍和10.8倍,发电量、水泥、化肥产量从无到有,1998年达到113.6万千瓦时、38万吨和44044吨,分别比1978年增长24倍、5倍和0.2倍。饮料酒的生产历史虽然悠久,但在建国后,特别是党的十一届三中全会以后才得到了大发展,1997年产量达到14180吨,比1949年和1978年分别增长220倍和5.4倍。工业为全市国民经济的迅猛发展做出了重大贡献。

(二)交通邮电蓬勃发展

解放以来,特别是1989年朔州建市以来,朔州市的交通邮电业得到了长足的发展。到1998年底,全市共有86个乡镇通了油路,占全市乡镇总数的81.3%;1773个村通了公路,占全部行政村总数的94.7%。而且公路等级逐年提高。公路客运量和货运量达到820万人和3400万吨,比1949年增长819倍和82倍,比1978年提高2.1倍和6.3倍。1998年,邮电业务总量扩大到11494万元,是1949年的3831倍,是1978年的65.7倍。电讯业务发展更快,电话交换机总容量达到5.84万门,长话、市话、农话齐头并进,迅猛发展,移动电话从无到有飞速上升,为加快信息传递,服务社会经济发展发挥重要作用。

(三)内外贸易繁荣活跃

党的十一届三中全会后,随着流通体制的改革,商品流通渠道逐步拓宽,流通环节的相对减少,给朔州经济注入了活力和生机,商品流通领域异常繁荣活跃,1998年,全市社会消费品零售总额达到281327万元,比1949年增长480.7倍,比1978年增长24倍,比建市前的1988年也增长了4倍以上,年均增速达17.6%。其中尤以个体经济的发展速度最快,从1978年到1998年20年间零售额增长了85.3倍,年均增速达25%。在全部社会消费品零售总额中的比重也由1978年的15.6%提高到1998年的53.9%,处于各构成项目中的第一位。对外贸易也呈高速增长的态势。

1998年全市外贸进出口完成3135万美元,其中进口2814万美元,出口321万美元。对外贸易的领域逐步拓宽,利用外资逐年增加。

(四)金融保险兴旺发达

到1998年,全市金融单位已形成人行、工行、中行、农行、建行和信托投资公司六个系统。1998年底,全市金融机构各项存款余额70.6亿元,比1978年增长320倍。其中城乡居民储蓄存款余额49.2亿元,增长311.4倍,年均增幅在33%之上。各项贷款余额91.9亿元。保险事业快速发展,1998年,全市保险费收入达到6808万元,其中财产保险费收入3868万元,人身保险费收入2940万元,有力地保障了全市人民生命和财产的安全运行。

(五)人民生活日益提高

1998年,全市城镇居民人均可支配收入达到3782元,其中市政府所在地城镇居民人均可支配收入更高,为4417元,比1978年增长10倍以上,平均每年以15%左右的速度增长。1998年,全市职工年均货币工资5600元,比1978年增长8.7倍,平均每年以12%的速度增长。随着城镇居民收入水平的增长,居民家庭人均消费性支出也呈逐年增长态势,1998年的支出水平为2865元,比1978年增长27.3倍,年均增长18.2%,各种家用电器、耐用生活消费品普遍走进居民家中,吃讲营养,穿讲高档,住讲舒适。

三、社会事业欣欣向荣

解放前,朔州市的科教文卫等社会事业极为落后,甚至尚不健全,更形不成规模。解放后,随着全市物质文明建设的不断发展,精神文明建设亦长足发展。

(一)教育事业日新月异

解放前,朔州地区的教育事业十分落后,文盲、半文盲比重很高。解放后,随着政府对教育事业的大力扶持,以及加强对文盲人口的扫盲脱盲工作,全市人口文化素质得到普遍提高,教育事业全面发展。改革开放以后,随着国家考试制度的改革,人民生活水平的提高,教育事业取得了蓬勃发展。1998年,全市拥有各类学校1981所,在校学生达到29.3万人,教师队伍发展到14511人,全市中小学基本实现了"一无两有三配套"标准,学龄儿童入学率高达99.8%。此外,电大、职大和各类大专函授教育,以及为推广实用技术的农民教育和以岗位培训为主的职工教育也全面发展起来。

(二)科技工作成绩显著

改革开放以来,特别是朔州建市以来,科技工作取得了显著成绩,到1998年,全市拥有各类专业技术人员19902人,其中高级技术职称242人,中级技术职称5075人。国有单位科技人员19510人,占到98%,比1978年增长了4.8倍。1998年一年中就安排组织实施了省、市级各类科技计划项目48项,引导资金240万人,总投资7980万元,有力地促进了全市经济的发展。

(三)文化事业日益繁荣

朔州历史悠久,名胜古迹甚多,丰富多采的历史文化遗产构成了一道引人入胜的迷人景观,不但丰富了人民群众的文化生活,也为朔州旅游业的发展奠定了基础。此外,全市还拥有艺术表演团体6个,文化馆7个,公共图书馆6个,电影放映单位919个,专业、业余剧团十几个,乡镇还建有文化站,遍及城乡的文化活动网络初步成立,满足不同层次居民的文化生活需要。到1998年底,全市广播电台发展到7座,电视台11座,广播人口覆盖率达到82.5%,电视人口覆盖率达到84.5%。

(四)医疗卫生事业大发展

解放以后,朔州市注重加强医疗卫生基础设施建设,初步形成了县乡村三级医疗保健网。到1998年,全市共用卫生机构365个,其中医院133个,专业卫生技术人员6481人,拥有床位3261张,分别比1949年增长了132倍、46倍、64倍,年均以10.5%、8.2%和8.9%的速度逐年增长。特别是在建市后实施"农民健康工程"以来,全市农村三级医疗保健网建设得到很大发展。全市设立卫生所的村已达988个,占行政村总数的54.2%,村级卫生技术人员已发展到2258人。

(五)体育事业长足发展。

朔州的体育事业发展较晚,但进步较快,现有两所体育学校。随着全民健身运动的广泛开展,各类体育运动项目普遍展开,教练员、裁判员队伍不断壮大,群众性体育竞技水平不断提高。全市体育事业方兴未艾。1998年10月,在省城举行的山西省第十届省运会上,朔州派出的92名运动员,在青少年6个项目比赛中,共夺得8枚金牌、10枚银牌、13枚铜牌,创历史最好成绩。

(苏　栋　侯　强)

忻州地区

沧海桑田话忻州

解放初期，忻州地区农业生产极为落后，工业生产几乎是一片空白。建国以来，全区人民在党和政府的领导下，克服重重困难，进行了大规模的社会主义改造和建设，全区经济得到快速发展，社会面貌发生了可喜的变化。特别是党的十一届三中全会以来，全区人民高举“改革开放，艰苦奋斗”两面旗帜，解放思想，锐意改革，团结努力，共同奋斗，使全区的经济和社会面貌发生了翻天覆地的变化。

一、艰苦的历程，辉煌的成就

(一)经济总量稳定增长，综合经济实力明显提高

1998年全区实现国内生产总值86.6亿元，比1978年增长66倍，年均增长8.93%。第一、二、三产业增加值分别由1978年的1亿元、0.1亿元、0.2亿元增加到1998年的16.8亿元、37.2亿元、32.6亿元，年均增长5.93%、12.84%、10.95%。人均国内生产总值由1978年的75元增加到1998年的2976元，增长39倍，年均增长7.80%。

(二)农村经济全面发展

解放前，全区农业生产技术落后，生产能力十分低下。1949年，全区粮食总产量仅有35.70万吨，平均亩产40.5公斤，每一农业人口平均占有粮食仅有252公斤，农民生活非常贫困。经济作物以油料为主，仅有少量的棉花、麻皮、烟叶，农村经济发展极其单一。解放后，各级政府部门集中精力大力发展农业，解决人民的基本温饱问题。加大支农资金，加强农村基础建设，兴修水利，使农业生产条件得到极大改善。

党的十一届三中全会以来，农村经济发生了历史性的深刻变化，家庭联产承包责任制的推行，有效地克服了“大锅饭”、平均主义的弊病，建立了统分结合的双层经营体制和多种形式的社会化服务体系，极大地调动了农民的生产积极性，带来了农业生产力的大解放，农村经济结构逐渐趋于合理，逐步由单一的农业经济向多业经济发展，由自给性、半自给性的自然经济向专业化、商品化、现代化发展。比较先进的生产工具、设备和科学技术的运用，使农业耕作技术、农业生产手段都发生了较大的变化。党的一系列政策，引导、扶持和鼓励全区农村经济走上了蓬勃发展的道路。改革开放以来，全区狠抓粮食生产不放松，同时，对长期以来不合理的农村产业结构进行了全方位多层次的调整，实现了粮食作物、经济作物和其它作物的协调共同发展，改变了过去种植业比重过大的局面，使得林牧渔业尤其是畜牧业比重大大提高。国家和地方各级政府通过财政、信贷等渠道，加大了资金、物质和技术投入，农业生产发展迅速，农民生活得到了极大改善，绝大部分农民的温饱问题得到解决，整体生活水平已步入温饱阶段。1998年，全区实现农林牧渔业总产值31.5亿元，比1949年增长23.7倍，年均增长6.67%，农林牧之比由76:1:12，调整为12:1:6。粮食产量由1949年的36.7万吨，增加到1998年的113.8万吨，年均增长2.39%，棉花、油料产量分别比1949年增长了60.98%、18倍。

乡镇企业异军突起。党的十一届三中全会以来，全区乡镇企业形成了乡办、村办、合作、个体等多种形式，农业、工业、建筑、运输业、商业综合发展的新格局，这种新格局适应了农村生产力发展的要求，使农村生产要素得到了较为合理的配置，其作用得到了有效发挥，1978年全区乡镇企业总产值为1.27亿元，1998年增加到70.85万元，乡镇企业从业人员由1978年的8.1万人发展到15.6万人，异军突起的乡镇企业促进了农村经济的发展，拓宽了农民的就业渠道。

(三)工业生产稳定增长

建国50年来，全区工业经济经过曲折的历程获得了全面发展，特别是党的十一届三中全会以后，在“改革、开放、搞活”方针的指引下，全区工业经济发展进入了一个新时期。

1949年，全区工业企业只有292个，其中除8个全民厂外，其余大部分是私营小厂和劳动合伙等形式的集体厂，职工仅有一千多人，产值只有481万元，工业基础相当薄弱，产品品种很少，数量也极其有限，工业技术非常落后，很多行业基本上是空白。解放后，党和政府致力于工业的发展，经过几十年的建设，全区工业技术得到很大提高，还建立了许多新的工业部门，形成了电力、煤炭、建材、食品、纺织、造纸等多门类的工业体系。1949年—1978年，全区工业总产值由481万元增加到29.5亿元，年均增长14.0%。

忻州一直是个农业区，工业基础比较薄弱，改革

开放以来，逐步加大了发展工业的力度，工业经济逐步成为全区经济发展的支柱。在推进工业经济发展的过程中，一方面注重产业结构和产品结构的调整，另一方面注重企业技术改造工作，充分挖掘企业内部潜力。经过改革，企业在生产经营方式、产品销售、产品价格、生产资金、劳动人事管理、工资奖金、联合经营等方面有所突破。广泛引入竞争机制和风险机制，使厂长负责制得到较好的贯彻实施，进一步推进了企业领导制度的改革。在企业总承包的基础上，企业内部实行了层层承包经济责任制，实现了优化劳动和干部聘任制。由过去单一的国有经济发展到国有、集体、合作、个体及私营等多种经济成份并存，经济成份的多样化为全区工业的发展注入了活力。紧紧围绕增强企业活力这一中心环节，工业体制改革取得了重大进展，注重工业经济效益的提高，由过去注重铺新摊子的外延式扩大再生产逐步转到内涵扩大再生产的轨道上来，加大科技投入，从人力、物力、财力等方面考核企业的运营情况，改革企业内部运行机制，建立新的企业形象，全区的工业生产再次跃上一个新台阶，工业产品品种多、产量高，极大地满足了人民生活的需要。

改革开放以来，工业总产值增长了7.63倍，年均增长10.7%。工业产品产量快速增长，原煤产量增加了662万吨，年均增长4.63%，发电量增加了5.8亿千瓦小时，年均增长5.48%，生铁、焦炭、水泥、化肥分别增长10.9%、8.98%、8.22%、6.26%。独立核算工业企业职工人数由1978年的9.4万人增加到1998年的15.3万人，工业总产值由3.6亿元增加到29.5亿元，年均增长9.68%，流动资产年平均余额由1.3亿元增加到30.7亿元，年均增长17.33%，固定资产原值由6.0亿元，增加到58.7亿元，固定资产净值年平均余额由4.9亿元增加到34.1亿元，年均分别增长12.12%、10.17%。

(四)商品供应充足，市场繁荣

解放前，忻州地区商业很不发达，1949年，全区社会消费品零售总额仅有2011万元，除农民直接零售241万元以外，只有1784万元经过商业渠道，每人平均仅12.3元。当时国营和供销社商业刚刚建立，除经营盐、布等商品外，主要是抓粮食、物价和市场管理。党的十一届三中全会以来，随着商品流通体制的深入改革，忻州商业形成了多渠道、多元化的新格局。由单一的消费品市场逐渐扩大到包括消费品、生产资料、技术、信息、房地产、劳务等在内的全方位市场体系，建立起了较为灵活有效的市场管理运行机制。1949年—1998年，全区社会消费品零售总额由2011万元增长到31.6亿元，年均增长10.87%。其中，国有经济由1949年的221万元增长到1998年的10.8亿元，年均增长13.46%，国有经济占到社会消费品零售总额的33.99%，集体经济占到21.43%，个体经济占到35.74%。

(五)教育、科技、卫生事业迅速发展

解放初期，全区教育事业十分落后，只有3所初级师范学校，2189所小学校，大多在县城及较大的村庄，1952年才开始建立初中、高中、中师，逐步发展和完善教育体系。在发展正规教育的同时，还针对解放初期文化水平低和文盲较多的情况，开展了扫盲学习和业余教育。党的十一届三中全会以后，把教育事业放在优先发展的位置，加强对教育工作的领导，努力增加教育投入，调整教育结构，强化师资队伍建设，不断改善办学条件，进行教育立法，使全区教育水平有了很大提高。1949年—1998年，全区学校由2192所发展到5354所，增加了3162所，小学校、普通中学校分别由1949年的2189所、3所发展到1998年的4887所、488所。在校学生数由1949年的11.2万人增加到1998年的49.8万人，专任教师数由1978年的7199人增加到1998年的28508人，毕业生数由1978年的0.5万人增加到1998年的11.1万人。

改革开放以来，全区科技战线坚持科学技术是第一生产力的指导思想，不失时机地改革科技体制，极大地促进了全区科技事业的健康发展，科技实力大大加强，科技兴农、科技兴企取得明显成效，科技成果大量涌现。国有单位自然科技人员数由1952年的25人增加到1998年的29182人，年均增长16.5%。

卫生事业取得较快发展。1949年，全区只有1所地区医院和7所县医院和6所农村卫生所，医疗系统全部人员仅有152人，卫生技术人员86人。解放以后，全区医疗设备和技术水平等方面有了极大提高。特别是1978年以来，加强了县级医院和农村卫生保健工作建设，逐步改善了山老贫困地区缺医少药看病难的落后局面。医疗卫生机构逐步健全，全区城乡医疗

山西邮电忻州培训中心

卫生网络基本形成,人民医疗保健和健康水平明显提高。1949年—1998年,全区卫生机构数由14个发展到607个,卫生机构床位数由17张发展到9555张,卫生技术人员由86人发展到12640人,年均增长分别为8.0%、13.79%和10.72%。

(六)城乡居民生活极大提高

解放后,随着社会生产力的提高,全区城乡居民收入不断增加,生活水平明显改善。以党的十一届三中全会为标志,国家在大力发展生产的基础上,把改善人民生活摆到了重要位置,城乡居民生活进入了一个崭新的阶段。由于农村承包责任制的实行,乡镇企业、个体企业和多种经营全面发展,农民收入大幅度增长,农民整体生活水平有了显著提高。农民人均纯收入由1957年的30元增加到1998年的1606元,年均增长10.19%。城镇居民家庭户总量增加、家庭规模缩小、人均收入成倍增长,消费水平明显提高。职工平均货币工资由1949年的140元增加到1998年的3801元,年均增长6.97%,城镇居民家庭人均可支配收入由67元增加到3175元,年均增长8.19%。城镇居民家庭人均消费性支出由65元增加到2218元,年均增长7.47%。

(七)交通运输、邮电通讯业快速发展

建国后,交通运输事业得到迅速恢复和发展,50年来,经过艰苦开拓,全区已形成干支线公路纵横交错、县乡公路四通八达的公路交通网。

全区公路运输经历了体制上由国营到社会办运输,运输交易市场从无到有,运输工具由畜力车发展到汽车,由低档车发展到高档车的重大变化,货运量、货物周转量、客运量、旅客周转量增长几倍、十几倍,随着公路建设的不断发展,为了满足公路建设资金日益增加的需要,加大了资金筹措力度,投资渠道向多元化发展。1952年至1998年,公路客运量由2万人增加到1872万人,年均增长16.04%,公路货运量由28万吨增加到3362万吨,年均增长10.97%,公路旅客周转量由98万人公里增加到10.6亿人公里,年均增长16.40%,公路货物周转量由549万吨公里增加到15.5亿吨公里,年均增长13.05%。

改革开放以来,邮电通信事业得到了较快发展,电话交换网络规模扩大,实现了县以上城市电话交换程控化,移动通信从无到有,为人民群众提供了广阔和便捷的通信服务,邮政通信网建设步伐加快,技术装备水平明显提高。1952至1998年,全区邮电局所由128个发展到282个,邮电业务总量由21万元增加到22724万元,长话电路由1路增加到2817路,市内电话机由173部发展到83448部,农村电话机由117部发展到31273部。

(八)财政收入稳步增长

1949年以来,全区财政工作随着经济建设的不断发展,经历了一个由创建、发展到削弱,又由削弱走向加强的曲折历程。党的十一届三中全会后,财政工作取得了显著成效,为全区建设筹集了大量资金,极大地支持了经济建设和经济体制改革。财政收支规模不断扩大,收支结构发生较大变化。在改革中加强宏观调控能力,加强支出管理,大力压缩行政事业经费,减轻财政负担,以改革开放为突破口,开源节流,培植财源,合理调整支出结构,提高资金使用效益。1949年至1998年,全区地方财政收入由201万元增加到52219万元,年均增长12.02%,各项税收年均增长11.64%。地方财政支出由32万元增加到103204万元,年均增长17.92%。

二、美好的展望,宏伟的目标

建国50年来,忻州经济和社会发展取得了显著的成就,未来的发展面临大好的机遇,同时也有严峻的挑战。全区人民将继续坚持贯彻执行党的基本路线,以改革促发展,以开放促发展。通过加快基础设施建设,实施龙头企业战略、优势经济战略、外向型经济战略、旅游经济战略,争取把忻州地区建设成为现代化的农业大区、工业大区,缩小同其它地市的差距。

(一)走农业产业化的路子

农业要抓好粮食、油料、畜牧、蔬菜等基地建设,进一步引导农民进行区域化布局、专业化生产、规模化经营,培养一批基地县、特色乡、专业村、重点户。忻州地区农业基础薄弱,抵御自然灾害的能力较差,专业化、市场化程度较低,综合加工能力不强,今后要认真贯彻落实党的各项农村政策,强化农业基础地位,调整农业内部结构,继续加大农业科技投入,以市场为导向,以产业化为目标,使农业增产与农民增收得到同步发展。

(二)走提高工业经济效益的路子

突出抓好煤、电等建设,优化资金投向,避免小型分散和重复建设,集中财力、物力,抓好新产品的开发,现有企业要打破地域、行业限制,通过改组、兼并、联营,实现企业集团化。建设新兴工业体系,以增强发展后劲。依托现有企业,培育优势产业、优势企业和优势产品,改变单一、粗放的产业状况,加大企业改革力度,加快国有资产的优化重组,提高企业管理水平,建立起布局合理、结构协调、有鲜明地方特色的工业体系。

(三)走加快外向型经济的路子

忻州经济要有一个大的飞跃,必须充分利用省内、省外和国外资源、市场,积极参与市场竞争,提高经济的外向度,使全区经济充满活力。要大胆地借鉴沿海发达地区对外开放的成功经验,转变传统落后、封闭保守的观念,拓宽利用外资渠道,优化资金利用结构,广泛地吸收区外、省外资金,把资金引向高新技术、基础设施和基础产业项目,提高技术装备水平,实施“大经贸、大开放”的全方位开放战略,使忻州走上外向型经济发展的路子。

(四)大力发展科技教育事业

经济社会发展归根到底要靠科技进步和劳动者素质的提高,要实现忻州经济的飞跃,必须全力实施科教战略,以深化科技改革为突破口,加强科研生产与市场的结合,加速科技成果的商品化和产业化,增加科技投入,培植优势产业,提高产业整体素质和效益。全面提高教育质量和办学效益,注重基础教育,大力发展职业技术教育,积极发展成人教育,健全教育体制,使教育事业为经济建设做出更大的贡献。

(吕毓卿)

吕梁地区

艰苦奋斗兴吕梁

吕梁地区土地面积21095平方公里,现辖13县(市)、237个乡镇,总人口330.42万人。自然资源比较丰富。矿产资源已探明煤炭储量1100亿吨,铝储量3亿吨,铁储量16.3亿吨,野生资源沙棘面积150万亩,沿黄河红枣林带年产红枣2500万公斤以上,优质核桃年产量1000万公斤以上,森林面积845.2万亩。旅游资源现已开发的旅游点有北武当山、庞泉沟自然保护区、碛口黄河景观、玄中寺、天宁寺、安国寺、白马仙洞、武则天圣母庙、红军东征纪念馆、蔡家崖纪念馆、刘胡兰纪念馆等近百处。

解放后,吕梁行政区划几经调整,于1971年新增设了吕梁地区。50年来,吕梁地区同全国一样走过了国民经济恢复、社会主义改造、十年动乱、改革开放等不同的历史时期,发生了翻天覆地的变化。特别是党的十一届三中全会以来,吕梁地区各级党委、政府认真贯彻执行党的基本路线,以经济建设为中心,不断深化改革,扩大开放,初步实现了经济的繁荣、社会的发展、科技的进步、人民的富裕。

1998年底,全区国内生产总值为89.2亿元,是1978年5.7亿元的15.6倍,年平均增长14.7%,是1952年1.2亿元的74.3倍,年平均增长9.0%。改革开放20年国内生产总值是改革开放前27年的9.95倍,年平均增长速度也高出9.4个百分点。1998年,全区人均国内生产总值达到2711元,比1978年增长10.7倍,比1952年增长30.5倍。国民经济各部门的比例关系逐步趋于协调,三次产业的结构由1952年的83.4:8.3:8.3,1978年的36.8:40.4:22.8变化为1998年的20:55:25。形成了以能源、冶炼、酿造、建材工业为主体,农业生产稳步发展,第三产业逐年上升的三次产业协调发展的新格局。

一、农业和农村经济全面发展

解放初期,由于农民思想封闭、观念保守、科学技术落后、生产力低下,农业生产仅仅局限于自给自足的小农经济,饥饿和贫困始终困扰着我区广大农民群众。大跃进、人民公社时期,由于左倾路线影响,“人有多大胆,地有多大产”的浮夸风又使吕梁山区人民深受其苦。改革开放以来,冲破了过去“一大二公”的农村旧体制模式,农村经济经历了家庭联产承包责任制、完善统分结合的双层经营体制、完善社会主义市场经济体制三个主要阶段,农产品价格和流通体制改革大步推进,社会化服务体系逐步建立,农产品商品化进程加快,一大批专业户、重点户脱颖而出,实现温饱、全面达小康已指日可待,农业生产发展速度惊人。1998年,全区农业总产值达323672万元,比1978年增长8.3倍,比1949年增长23.6倍;粮食总产量由1949年的33.29万吨,1978年的75.31万吨提高到粮食生产创历史最高水平的1996年的110.75万吨,分别增长2.3倍和47.05%。油料产量由1949年的0.42万吨、1980年的1.13万吨提高到1998年的5.31万吨,分别增长11.7倍和3.7倍。蔬菜产量由1949年的7.33万吨、1978年的13.29万吨提高到1998年的31.5万吨,分别增长3.29倍和1.37倍,水果产量由1949年的1.18万吨、1978年的2.05万吨提高到1998年的9.74万吨,分别增长7.3倍和3.7倍。

畜牧业生产有了长足发展。改革开放前,肉、蛋、奶对于吕梁山区人民来说,是最高档的消费食品,绝大部分城乡居民仅仅在逢年过节才可以少量享受,作为日常消费品是根本不可想象的。改革开放以来,随着人民生活水平的不断提高,对畜牧业的生产有了更高的要求，地委、行署根据吕梁地理环境、气候等区情，大力号召广大农民种草、养畜，实行草山、草坡、草地承包到户、长期使用，兴办家庭牧场等政策，形成了以生产基地，国营牧场为导向，以农户规模饲养为主体，专业户、联合户等多种经济成分并存的畜牧业生产格局。同时引进了大量的良种畜禽和配套技术，建立了畜牧技术服务体系和饲料工业体系，加强了技术培训和疫病防治。1998 年，全区猪牛羊肉总产量 4.53 万吨，比 1978 年增长 2.12 倍；禽蛋产量 6.84 万吨，比 1978 年增长 25.3 倍；猪存栏 45 万头，比 1949 年增长 5.43 倍；羊存栏 129 万只比 1949 年增长 1.58 倍；大牲畜存栏 23 万头，分别比 1949 年和 1978 年增长 1.09 倍和 44%。全区畜牧业产值 8.97 亿元，分别比 1949 年和 1978 年增长 82.86 倍和 28.76 倍。

乡镇企业迅速壮大。改革开放前，乡镇企业仅仅局限于小打小闹的村办或乡办小作坊，属于原始型的农副产品粗加工，规模很小。党的十一届三中全会以后，特别是 80 年代以来，吕梁地区乡镇企业顺应改革大潮，冲破区界省界乃至国界进行生产流通。从行业看，已由过去农产品加工发展成为集采掘业、建筑业、运输业、酿造业、冶金业、机械加工业等为一体的乡镇企业体系，成为农村经济的主要支柱和国民经济的重要组成部分。1998 年，全区乡镇企业总产值达到 133 亿元，比 1978 年增长 76.3 倍；上缴税金 3.35 亿元，比 1978 年增长 66 倍，占全区财政总收入的 37.06%。乡镇企业发展到 9807 个，从业人员 24 万人，占农村劳动力的 22.4%。

“四荒”治理

二、工业经济突飞猛进

建国以来，特别是党的十一届三中全会以后，吕梁地区工业进入了一个新的发展时期。以能源基地为重点，工业生产稳定持续地向前发展，逐步形成了煤焦、电力、冶金、酿造、建材、机械、化工等门类齐全，重点突出，具有地方特色的工业体系。在优先发展能源工业的基本思路引导下，经过“六五”、“七五”的倾斜投资，充分地发挥矿产资源的优势，煤焦、冶炼、电力工业发展日新月异，国民经济中农业占绝对比重的状况已彻底扭转。依托资源、借船出海、内引外联，全方位开放的改革浪潮使吕梁老区工业生产突飞猛进，势不可挡。尤其在党的十四大以后，吕梁地区以建立社会主义市场经济为目标，以建立现代化企业管理制度为方向，以转变政府职能、改善企业外部环境为中心，以租赁、兼并、拍卖、股份合作制、破产等为改革模式，以产业、产品结构调整为契机，以扶优扶强战略的实施为突破口，以提高企业经济效益为根本，拓宽思路，大胆探索，积极推进国有企业的配套改革，进一步转换企业经营机制，工业生产进入了建国 50 年来发展最快的时期。

1997 年，全区全部工业总产值达 159 亿元，比 1978 年的 4.12 亿元增长 37.6 倍，年平均增长速度为 21.2%；比解放初期 1949 年的 0.11 亿元增长 1444.5 倍，年平均增长 16%。1998 年，全区工业产品产销率为 96.2%，比 1978 年提高了 9.91 个百分点，实现利税总额由 1978 年的 4813 万元提高到 1998 年的 5.69 亿元，提高了 10.82 倍。主要工业产品产量成直线增长。1998 年、1978 年、1949 年原煤产量分别为 1495 万吨、330 万吨、21.03 万吨，发电量分别为 13.98 亿千瓦小时、1.53 亿千瓦小时、9 万千瓦小时，生铁产量分别为 112.8 万吨、3.3 万吨、100 吨；水泥产量分别为 102.9 万吨、9.8 万吨、0 吨；饮料酒产量分别为 74460 万吨、4533 万吨、133 万吨；此外，电子工业、机械铸造、化工工业等行业都是从解放初期的空白开始实现了零的突破，而且生产达到了一定规模，形成了各自的体系。

从隶属关系看，改革开放以来彻底打破了过去吃大锅饭的格局，在加快建立社会主义市场经济体制的大潮中，根据吕梁地区实际，实施了一系列改革措施，促使企业进一步走向市场。国有企业经营机制进一步转换，股份合作制、外资、三资、联营等各种所有制企业并存。更令人欣慰的是乡镇工业企业异军突起，发展势头迅猛，已经成为吕梁工业经济的主体，成为一支农村经济和城市经济不可或缺的生力军。

在工业结构中，以资源优势为依托的重工业得到了较快的发展，相反，以农副产品加工业为主渠道的轻工业在全部工业中的比重份额越来越小，轻重工业的比例1978年为83:17,1998年为13:87。

三、流通领域繁荣兴旺，人民生活蒸蒸日上

建国50年，特别是党的十一届三中全会以来，吕梁地区对商品流通领域进行了一系列调整和改革，大力鼓励个体私营商饮服务业的发展。尤其从1992年至今，形成了国有、集体、个体、合营、股份等多种类型的商业相互竞争、相互促进、相互补充、共同发展的活跃局面。1998年，全区社会消费品零售总额25.68亿元，比1978年增长了7.11倍。比1949年增长了114.81倍；国有、集体、个体经济的消费品零售额比例由1949年的4.0:6.5:89.5,1978年的48.5:51.4:0.1变为1998年的33.7:22.4:43.9。

建国50年，尤其是改革开放20年间，是吕梁人民家庭消费水平提高最快，消费结构变化最大的时期。1998年，吕梁地区城镇居民家庭人均生活费收入为2527.17元，比1978年的189元提高了12.4倍，比1949年的35元提高了71.2倍；农民人均纯收入为1417元，比1978年的62元提高21.9倍，比1958年的43元提高了32倍。1998年、1978年，全区城乡居民储蓄存款余额分别为774325万元、3222万元，人均储蓄存款余额分别为2351.78元和13.15元。

50年来，城乡居民消费水平和生活方式发生了巨大而深刻的变化。解放初期到改革开放前，吕梁人民一直徘徊在贫困线上，至于营养型食品、高层次的文化娱乐、高档商品的消费简直是不可想象。改革开放初期很多家庭的奋斗目标是自行车、手表、缝纫机这些“老三件”。步入90年代以后，彩电、冰箱、照相机、电风扇、洗衣机、摩托车、收录机已进入了大部分家庭，私人汽车、电脑、影碟机、钢琴也成为不少人新的追求，吕梁人民的生活水平上了一个大台阶。

四、交通通信事业日新月异

新中国成立初，吕梁山区交通闭塞，没有一条公路，真是“地无三尺平，出门就爬坡”，客货运输除极少数靠人力车、畜力车外，几乎全部靠肩挑背扛。党的十一届三中全会以来，随着工、商业的发展，对交通运输业的需求越来越迫切，人们感到解决交通闭塞问题已成为当务之急。尤其进入90年代以来，交通运输投资成梯级递增。到目前为止，吕梁老区有了自己的铁路——孝柳铁路。高等级的黑色油路四通八达，307、209国道横贯吕梁地区7个县(市)，县、乡、村公路形成网络化布局。村村通公路，路路有汽车已成为现实。兴神黄河大桥、夏汾高速公路等重点建设项目正在紧锣密鼓的建设之中。1998年，全区公路运输货运量比1978年增加6.86倍，客运量增加37.5倍。

改革开放以来，经过20年的努力，邮电通信事业得到健康发展，实现了历史性的巨变。基本实现了几年一个台价的要求。电信的快速发展成为沟通商品信息、改善投资环境、加速国民经济发展、提高综合实力和人民物质文化生活的重要因素。1998年，吕梁地区完成邮电业务总量1.88亿元，比1978年增长23.09倍。住宅电话、移动电话与改革开放初期不可比拟。1998年全区住宅电话用户57141户，移动电话用户13296户，已通电话的行政村达1626个。

五、文教卫生事业稳步发展

解放前，吕梁山区人民脸朝黄土背朝天，根本没有受教育的条件和机会，目不识丁者比比皆是，文盲成堆司空见惯。解放初期，全区人口80%以上是文盲，学龄儿童入学率不达30%。为了适应培养人才，提高中华民族文化素质的需要，国家对旧教育体制进行了彻底的改革，确定了社会主义教育方向，逐步形成了一个从基础教育到高等教育，从幼儿教育到成人教育的遍布城乡的教育体系。特别是党的十一届三中全会以来，加强了对青壮年扫盲工作，逐步实现普及九年义务教育。学龄儿童入学率有了较大提高。1998年，全区有高等院校4所，有中等专业学校8所，普通中学在校学生数19.6万人，比1978年增长10.73%；学龄儿童入学率99.4%。

文化事业今非昔比。50年来，特别是粉碎“四人帮”以来，伴随着经济的发展，社会主义的文化事业呈现出一派蓬勃兴旺的景象。1998年，吕梁地区共有各类电影放映单位348个，艺术表演团体33个，文化馆站100个，电视台14座，电视发射转播台18座，广播电台13个，电视人口覆盖率40%。

卫生保健基本普及。新中国成立以来，尤其党的十一届三中全会以来，卫生事业进入了新的历史时期。医疗卫生部门打破了独家办医的旧格局，实行国家、集体、个人一起上，多层次、多渠道、多形式办医的方针，开创了发展卫生事业的新路子。城市医院具有一定的规模，医疗条件有了明显的改善，医疗技术水平有了较大提高。农村乡镇卫生院、卫生技术人员逐

年增加，农村卫生事业有了长足的发展。1998年全区共有卫生机构329个，床位65349张，卫生技术人员10502人，分别比1978年增长2.53倍，57.0%和93.7%，比1949年增长35.6倍、63.1倍和12.6倍，随着整个卫生事业的发展，全区的人口死亡率由1949年的10.88%、1978年的6.09%发展到1998年的5.1%。

(李海洲　张林生　刘应应　李　艳)

晋中地区

晋中儿女创辉煌

晋中地区位于山西的中部，东依太行山，与河北省毗邻；西傍汾河，与吕梁地区隔河相望；西南靠韩信岭，与临汾地区为界；南面以太岳山为屏，与长治市接壤；西北东北面分别与太原市和阳泉市为邻。50年来，为适应经济建设发展的需要，晋中行政区划几经分合，现辖2市9县，即榆次、介休2市，榆社、左权、和顺、昔阳、寿阳、太谷、祁县、平遥、灵石9县，共计131个乡，58个镇，3652个村民委员会，15个街道办事处。全区总人口由1949年的138.1万人发展到1998年的297.7万人，其中，城镇人口68.5万人，乡村人口229.2万人。全区总面积16404平方公里，占全省总土地面积的9.5%。

晋中资源丰富，基础条件较好，素有三晋宝地之称。东部山地林木丰茂，中部丘陵坡广草多，西部平川地肥水美，具有发展工农业生产得天独厚的优越条件。这里矿产丰富，主要矿藏有煤、铁、铝、硫磺、石膏、陶瓷土等20种，其中煤炭储量高达1082亿吨，煤种齐全，煤质优良，是全国十大煤炭能源基地之一。

晋中物华天宝，人杰地灵。悠久的历史、璀璨的文化，孕育了诸如“外举不避仇，内举不避亲”的祁黄羊，“功不言禄，舍身取义”的介子推，“诗中有画，画中有诗”的盛唐诗佛王维，“名闻四夷”、世称“贤相”的文彦博，独步三晋、饮誉华夏的“日升昌”票号创始人雷履泰，号称“北方一枝笔”的近代大书法家赵铁山，法学界一代宗师张友渔，木刻版画艺术家力群，歌剧表演艺术家郭兰英等一大批杰出人物。明清时期，这里商业兴盛，以晋中商人为代表的晋商，曾经驰聘华夏500年之久，执诸大商帮之牛耳，开中国金融之先河，创造了使山西一度成为“海内最富”的经济奇迹。境内平遥、祁县两座县城均为国家级历史文化名城。1997年平遥古城被联合国正式列为世界文化遗产。以平遥城墙、双林寺，介休后土庙及介休绵山，灵石石膏山为代表的众多古迹名胜，构成了绚丽多姿的晋中风景。祁县乔家、渠家、太谷曹家、灵石王家、平遥“日升昌”旧址等晋商宅院，不仅以其独到的建筑艺术被视为中国民居瑰宝，更有其特有的文化底蕴倍受世人瞩目。

但在清朝后期，由于政府腐败无能，致使八国联军侵占北京，军伐混战，卢沟桥事变日寇又大举入侵，使中国人民饱受战争的创伤与外寇欺凌。在蒋家王朝的统治下，经济贫穷，文化落后，市容破旧，民不聊生。战争像条藤，缠绕了人类社会发展的整个进程。但是，作为民族解放战争的重要历史构件，晋中战役和晋中解放与历朝历代的狼烟兵燹或铸剑为犁有着根本意义上的不同；它宣告了晋中旧制度的消亡和新纪元的开启，标志着晋中人民在获得新生后奔向新时代的首途。1948年6月，中国人民解放军华北第一兵团和太岳、吕梁部队在徐向前的指挥下，于解放临汾后迅速挥师北上，打响了晋中战役，在一个多月的时间里，以6万兵力歼敌10万之众。7月中旬，晋中全境解放。8月初，晋中区党委、晋中行署和晋中军区成立。从此，晋中人民结束了被压迫，被奴役的历史，开始真正成为社会的主人。

国民经济和社会发展主要成就

50年来，勤劳朴实的晋中人民，发奋图强，艰苦创业，迅速治愈了战争创伤，胜利完成了社会主义改造，全面掀起了社会主义建设高潮，使古老的晋中日新月异，焕发出蓬勃生机。特别是党的十一届三中全会以来，300万晋中人民努力用邓小平理论武装自己，坚持实事求是的马克思主义思想路线和“三个有利于”的标准，全力实施“科教兴区、开放兴区、民营经济兴区”三大战略，进一步促进了社会生产力的解放和发展。综合经济实力和人民生活水平不断提高，政治、经济、社会各项事业走上了持续、稳定、协调发展的快车道。

晋中人民在半个世纪的时间里,用自己的智慧、汗水和生动创造,证明了中国共产党的光荣伟大,诠释了社会主义的无比优越,以富裕、文明、进步的崭新形象崛起于三晋腹地。

(一)社会生产力迅速发展,综合经济实力不断增强

50年来,全区进行了大规模的经济建设,累计固定资产投资完成184亿元,新增固定资产95亿元,特别是1978年以经济建设为中心的战略转移和1992年邓小平南巡讲话以后,投资更为迅猛增加。1949年至1978年30年投资12.3亿元,占总投资的6.7%;1979年至1992年14年投资48亿元,占总投资的26%;1993年至1998年6年投资123.7元,占总投资的67.3%。20年改革开放造就了蓬勃发展的黄金时期,特别是近年来,投资主体多元化,投资结构明显变化,改变了过去国有单位投资为主,集体单位投资为辅的格局,城乡个体及其他投资比重逐步加大。投资由过去以社会外延性扩大再生产为主的重、轻、农为序的结构,转向以经济效益和市场需求为主的工、商、交通运输、服务、农业为序的新结构,使产业结构日趋合理,生产力布局逐步到位,基本形成了一、二、三产业协调发展的国民经济新体系。1998年全区国内生产总值达到143.2亿元,人均4810元,与1952年相比平均每年递增7%,与1978年相比平均每年递增9.7%,1995年提前5年实现了GDP比1980年翻两番的计划目标。三次产业的比重由1952年63.1:16.6:20.3,变化为1998年的15.6:51.4:32,朝着现代化产业结构的目标逐步迈进。

(二)农业生产稳定发展,农村经济全面振兴

随着年复一年大规模的农田水利建设,大范围的农业结构调整,大力度的农业科技推广和大批量的农业机械增加,农业生产条件改善了,科技含量增加了,比较效益提高了,现已初步形成种养加一体化经营的大农业体系。1998年农业机械总动力达到178万千瓦,是1965年的27.4倍,是1978年的3倍;农村用电量达到6.26亿千瓦小时,是1965年的14.3倍,1978年的3.2倍;化肥施用量(折纯)达到8.5万吨,是1952年的1308倍,是1978年的1.8倍;地膜使用从无到有,达到2270吨,覆盖作物3.57万公顷;水田、水浇田达到128.1千公顷,是1949年的2.2倍。1998年粮食生产在遭受严重的虫灾和旱灾的情况下,总产仍达12.1亿公斤,为历史第三个丰收年,是解放初的3.5倍。从单产分年度分析,1964年前亩产不超过100公斤,1974年前不超过200公斤,1975年至1987年徘徊在200公斤左右,1988年至1998年稳定在220—275公斤之间,并且总产稳定在10亿公斤以上。棉花、油料都有较大发展,1994年棉花创历史最好水平,达到10334吨,油料1988年最高,达33672吨,分别是建国初的7.4倍和6.8倍,近年受市场和效益的影响,这两种作物面积有所缩小,总产下降,但单产仍保持历史的较好水平。随着农业产业化的推进,蔬菜、水果、畜牧业呈现高速发展的态势,1998年菜、果、肉分别是1949年的13倍、12倍、45倍,在全省都名列前茅。1998年全区农林牧渔总产值达到42.5亿元,是1949年的27倍,按可比价计算平均每年递增3.9%,特别是农村实行责任制以后,显示出其强大的生命力,解决了多年来存在的“干好干坏一个样”的问题,极大地调动了农民的生产积极性,进一步推动了农业生产的稳定增长。

乡镇企业迅猛发展,改变了传统体制下农村经济中片面强调种、养的结构格局,活跃了整个农村经济。到1997年底,全区有乡镇企业9.6万个,分布在农、工、建、运、商饮、服务各个部门,为农村富裕劳动力提供了47.6万余个就业机会,占到农村实有劳动力的48%,比1978年分别增长了6.5倍和4倍,平均每年递增11.2%和8.8%。1997年末固定资产原值达到63.2亿元,与国有资产相比仅差10个亿,比1978年提高9.4倍。实现营业收入292亿元,撑起了国民经济的半壁江山,占到农村经济总收入的80%以上,为国家上交税金3.37亿元,占到地方财政收入的50.6%,企业留利达到14.5亿元,分别比1978年递增23.8%和19.8%。

(三)工业生产突飞猛进,产业结构趋向合理

晋中地区在完成社会主义改造,经过3年调整和“三五”“四五”时期的建设发展,初步形成了独立的、门类比较齐全的、以煤炭和纺织为支柱的区域优势的工业体系。特别是改革开放以来,在经历扩权让利、利改税、承包租赁后,最终确立了现代企业制度的企业改革目标。按照“产权清晰,权责明确,政企分开,管理科学”的原则,对国有大中型企业实行规范的公司制改革,使企业逐步成为“自主经营,自负盈亏,自我约束,自我发展”的法人实体和竞争主体;同时坚持“三改一加强”,将改革与改组、改造、加强管理结合起来,着眼于搞好整个国有经济,“抓大放小”,对国有企业实行战略性改组。1998年底,全区679个国有工商企业已有94%的企业采取产权置换、股份重组、出售转让、兼并租赁等形式进行了改革,其中300余户企业实行了股份制改组,其中国有参股19.3%,社会法人参股39.4%,职工个人参股41.3%,克服了过去单一公有制经济活力不足的弊端,一个以公有制经济为主,多种所有制经济共同发展的格局已基本形成。一个以煤焦、纺织、机械、化工、建材、电力为主,35个行业齐全的产业结构已初步建立,并逐步趋向合理。

1997年,全区共有工业企业22368个,其中乡及乡以上1049个,国有、集体、其他经济分别为232个、780个、37个。国有集体单位数分别是1949年的14.5倍和156倍。全年实现工业总产值250亿元,其中乡及乡以上111亿元,分别是1949年的366倍和149倍,是1978年10.6倍和4.5倍。从所有制构成看,1949年是100%的公有制经济,1978年村及村以下经济仅占5%,1985年村及村以下经济占13.5%,个体私营经济占0.14%,1998年非公有制经济占到了40%。生产能力的大幅度增加,各种产品产量不断提高,初步扭转了工业品长期短缺的被动局面。1998年生产原煤2140万吨,发电13.49亿千瓦时,炼铁35.6万吨,产焦656.4万吨,水泥114万吨,化肥8.9万吨,饮料酒1.7万吨,与建国初期相比增长几十倍、几百倍、上千倍,与1978年相比分别增长2倍、30倍、9倍、20倍、1倍、4倍。焦炭产量位居全省第一,玛钢产量占全国的1/3,胶丸生产为全国第二大生产基地,手工吹制玻璃器皿在全国占有重要位置。一批新型产品,如碳素、铸管、洗精煤、煤气、生物农药、电解铝、钡盐、二甲基亚砜、灭火弹等已培育成为我区新的经济增长点。

(四)市场供应充足,财金贸易日益繁荣

随着经济的快速发展,市场商品供应紧张的矛盾明显缓解。目前,在统计的商品中,已不存在供不应求的商品,消费者面对琳琅满目的商品,有了历史上前所未有的挑选余地。加之多层次、多形式、多渠道、多方位,星罗棋布的适合本区特点和市场体系商业网点和服务体系的出现,为市场繁荣稳定,生产建设和人民生活提供了有效的服务。1998年全区共有贸易、餐饮业机构69348个,从业人员17.7万人,社会消费品零售总额达到68.8亿元,是1949年的300余倍,是1978年的21倍。全区外贸出口商品23种,远销33个国家和地区,其中,焦炭、生铁、玛钢管件等占出口额的97%。1998年全区出口总额为1.3亿美元,居全省首位,对外贸易总额达到24.6亿元,占GDP的17.2%。财政总收入稳步增长,1996年跨过10亿元大关,1998年达到11.56亿元,是1949年的183倍,1978年的7.4倍。

(五)社会公益事业长足进步,科教文卫硕果累累

经过半个世纪的建设,城区面积逐年扩大,城市面貌大为改观,一座座高楼大厦拔地而起,一条条公路舒展通畅,滚滚涌动的人流,长龙排延的汽车,一行行风景树,一片片园林草地,一座座公园花卉,点缀淡抹着现代城市,晚上路灯、彩灯竞相争艳,把整个城市装扮的五光十色。全区城镇、农村全部通电,90%以上居民通暖、通水,相当部分居民用上了煤气或液化气。全区县县有铁路,境内铁路总长600余公里,县县通公路,乡乡通油路,且公路等级明显提高,1998年公路通车里程4185公里,拥有各种汽车38463辆,公路客运量和货运量达到1384万人和4117万吨,是解放初的成百上千倍。1995年底全区实现了自动直拨程控电话,到1998年交换机总容量达236704门,市内电话12.1万部,农村电话24566部,邮电业务总量达3.04亿元,是1952年的691倍,1978年29倍。全区自然科学技术有了重大进展,拥有各类技术人员10余万人,1978年以来取得各类重大科研成果千余项,11项农业新技术的推广达到国内先进水平。兴建各类学校4104所,是1949年的1.64倍,其中,小学3679所,普通中学351所,中等专业学校10所,高等学校2所,在校学生50万人,专任教师3.2万人,毕业生11.7万人,分别是解放初的3.7倍、8.9倍、58.5倍,圆满实现了九年义务教育。医疗条件不断改善,广大农村缺医少药的状况彻底改变,1998年全区有卫生机构593个,床位数9606张,卫生技术人员12916人,医生6322人,分别是解放初的37倍、106倍、8倍、5倍,并且拥有多种先进的医疗器械。文化、电影、广播、电视、体育事业也取得了空前发展。1998年全区共有文化单位252个,电影单位220个,县县有图书馆,乡乡有文化站,藏书69万册,艺术团演出8852场,组织各种文艺活动135次,展览48个,放影发行收入154万元,全区有电视台8座,发射台差转台68座,卫星地球站732座,县县有有线电视台和有线广播电台,人口覆盖率达到90%,全区有各级体育机构12个,体育运动学校1所,业余体校11所,举办县级以上运动会225次,参加运动会运动员8.4万人次,达标人数(国家体育锻炼标准)30余万人。环境保护日益受到重视,污染治理取得较大成绩,计生工作常抓不懈,人口增长得到较好控制。

(六)城乡居民收入大幅度增加,生活水平显著提高

50年来,人民当家做主,生活安居乐业,特别是改

榆次市购物中心

革开放20年，是人民得到实惠最多，生活水平提高最快的20年。目前，全区生活整体水平已接近小康生活目标。农村居民人均纯收入1998年达到了2159元，是1958年的35.7倍，是1978年的22倍，党的十一届三中全会前年均递增速度只有2.4%，1978年后年均递增16.7%，一年相当过去7年的发展，城镇居民可支配收入1998年为3289元，比1989年提高2.2倍，年均递增13.8%。在城乡居民收入总额中，金融资产性收入逐步提高。1998年城乡居民储蓄存款余额达127.2亿元，是1978年7239万元的176倍。仅此一项，城乡居民利息收入就高达8.3亿元。此外城乡居民还手持10多亿元的现金，拥有各种股票，内部职工股及各种债券10多亿元，金融资产总额超过150亿元。

随着收入的不断增加，居民生活水平大幅度提高，生活质量明显改善。1998年农村居民人均生活消费支出1145元，比1983年提高5倍，递增12.6%，城镇居民人均生活费支出2494元，比1989年提高2倍，递增13.5%。在消费水平大幅度提高的同时，消费结构发生了变化。农村居民恩格尔系数(食物性消费与生活消费支出的比重)由1983年的55.7%降低到1998年的51.2%。人均细粮、肉、蛋、水产品消费分别是1983年的1.7、2、3.5、7倍，城镇居民恩格尔系数更低，仅为48.9%，比1989年降低了2.2个百分点。耐用消费品拥有量从自行车、缝纫机、手表、收音机等传统的“四大件”逐步过渡为以彩电、洗衣机、电冰箱、音响等为特征的新的“四大件”，电话、空调、家用电脑、轿车等新的消费品也逐渐进入部分居民家庭。住宅条件和生存环境进一步改善，城市人均居住面积由1989年8.9平米增加到1998年的13.6平米，农村居民由1983年13.9平米提高到1998年的21.7平米，并且住房的质量、款式、结构、装璜档次逐年提高，住房造价不断攀升。食物性消费，由吃饱到追求口味、营养；衣着消费，由耐穿、保暖到追求时尚和个性化；用品消费，由实用到追求现代、高档；医疗保健条件大为改善，人民的体质明显提高，平均期望寿命逐年延长，达到了70岁以上；社会保障制度改革已由试点转向实施，多层次的社会保障体系正在建立健全；精神生活更加丰富，文化素质不断提高。

晋中人民在半个世纪的社会主义建设中所取得的历史性成就，是我们伟大社会主义祖国50年巨变的一个缩影，是一部值得永远讴歌赞颂的壮丽史诗。

(阎春虎)

临汾地区

尧王故里展新容

临汾地区位于山西省西南部，黄河中游，汾水之滨。古为帝尧之都，是中华民族的发祥地之一，素以资源丰富，物产丰裕而著称。全区总面积20275平方公里，总人口378.25万人，辖3市14县。

建国50年来，临汾人民在中国共产党的正确领导下，历经风雨，百折不挠，走过了一条告别压迫、走向解放，告别封闭、走向开放，告别贫穷、走向富强的艰苦奋斗之路，谱写了一部沧桑巨变、山河换颜的辉煌篇章。特别是党的十一届三中全会以来，全区人民以邓小平理论为指导，充分利用丰富的自然资源和较好的重工业基础，坚定不移地以经济建设为中心，奋力推进各项改革，扩大开放，使旧日的尧乡大地发生了翻天覆地的深刻变化。一个物阜民丰的新平阳正在神州中西部悄然崛起，并以崭新的姿态、昂扬的斗志在改革开放的大道上阔步迈向新世纪。

一、经济发展成就辉煌

(一)农村经济生机勃勃绘新图

纵观半个世纪的发展历程，临汾地区的农业生产走过了一条坎坷不平的发展道路。1950年至1952年国民经济恢复时期，在农村进行了土地改革，废除了封建土地剥削制度，使耕者有其田，解放了农村生产力，并在此基础上，按照自愿互利的原则建立了互助组、初级农业生产合作社，促进了农村生产力水平迅速提高。从1953年开始，进入社会主义改造时期，到1954年，大批互助组发展为初级合作社，1956年合作社运动形成高潮，大批初级社转为高级社。农村社会主义公有制的建立和壮大，对农村经济的发展起到了重要作用。1957年同1949年相比，全区农业总产值增长68.5%,年均增长6.7%,粮食总产量增长17.9%,年均增长2.1%。在农业合作社的基础上,1958年全区建立了农村人民公社,实行了“三级所有,队为基础”的经济核算体制。这一体制的建立,超越了农村生产力发展水平,束缚了农民的积极性和创造性,同时由于全国指导思想上的“左”倾错误,背离经济客观规律,轻率地发动了“大跃进”运动,致使农村经济发展遭受挫折,加之1960年至1962年的3年严重自然灾害,使全区农业生产力的发展被严重阻碍,1962年,全区人均占有粮食258公斤,比1952年还少10公斤,农民人均纯收入43元,比1958年减少2元,城乡人民生活发生了严重困难。1961年国家为纠正“大跃进”带来的困难,积极推进经济调整,加强农业生产,继而进行国民经济3年调整,全区农业生产得到迅速恢复和发展,这一时期全区粮食总产量年均增长8.5%,农业总产值年均增长13.3%,城乡人民生活困难局面开始有所改变。“十年动乱”时期,农村经济发展受到很大影响,全区农业生产虽有缓慢发展,但是由于片面强调“以粮为纲”,农业自然资源遭到严重破坏,农村经济结构单一,增产不增收的现象非常普遍,主要经济作物产量逐年下降,1976年同1965年相比,棉花减产48.8%,油料减产26.6%。1976年全区农民人均纯收入只有55元,11年间不但没提高,反而比1965年减少了1元。1978年党的十一届三中全会为农村经济的发展开辟了广阔道路,联产承包责任制的推行,拉开了波澜壮阔的农村改革的序幕,推动全区农业和农村经济以前所未有的速度向前发展,创造了令人鼓舞的巨大成就,全区农村经济也由此进入了一个崭新的发展时期和全新的成长阶段。

农林牧渔全面发展,主要农产品产量不断迈上新台阶。1998年,全区农林牧渔业总产值达到45.46亿元,按可比价比1949年增长6.6倍,比1978年增长1.8倍。粮食总产量屡创历史新纪录,1998年达到17.15亿公斤,比1949年增长3.9倍,比1978年增长1倍。全区人均粮食占有量达到443公斤,比1949年增加192公斤,比1978年增加145公斤。油料产量4.6万吨,蔬菜产量78.9万吨,水果产量20.46万吨,分别比1978年增长2.2倍、3.2倍和6.3倍。20年间,全区累计完成造林面积822.25千公顷,极大的促进了全区的绿化进程,到1998年,全区森林覆盖率达到25%。畜牧业生产迅速发展,1998年全区大牲畜存栏头数达55.01万头,分别比1949年和1978年增长2倍和1倍。肉类总产量7.08万吨,比1978年增长3.7倍。

农业现代化水平飞速提高,农业生产条件明显改善。1998年,全区农业机械总动力达到188.32万千瓦,比1978年增长2.6倍。农用载重汽车4027辆,比1978年增长20倍。平川县市已基本实现机耕、机播和机收。农业机械和物质装备水平的提高,以及农业科技的进一步推广,大大减轻了农业生产劳动强度,提高了农业劳动生产率。特别是近年来,全区大搞以“治汾”和“五水兴农”为重点的农田水利基本建设,实施科技兴农战略,加快农业产业化步伐,使全区农业的基础地位进一步稳固和加强。

非农产业从无到有,飞速发展,成为全区国民经济的主要增长点和农村居民增加收入的主要渠道。尤其引人注目的是,作为农村非农产业主体的乡镇企业异军突起,在短期内实现了“三分天下有其一”,并迅速进入“三分天下有其二”的历史新阶段。1998年,全区乡镇企业发展到14461个,职工人数37.19万人,实现增加值38.37亿元,上缴利税31920万元,出口产品交货值达4.32亿元。

(二)工业生产从衰弱走向强盛

建国初,临汾地区的工业基础薄弱,产品单调,规模狭小,生产凋敝,除了临汾城区有一个小发电厂、一个机器修配厂、一个自来水厂和一个面粉厂外,其余多是一些简陋的手工业作坊,工业固定资产仅数百万元。50年来,在党的领导和全区人民的艰苦奋斗下,临汾地区的工业在极端落后的基础上迅速发展起来,取得令人瞩目的成就。工业企业由1949年的1697个发展为28842个,总产值由1949年的897万元提高到1998年的258.8亿元,按可比价年均递增15.8%,形成了煤炭、冶金、机械、电力、化工、轻纺、建材、食品等具有一定现代化水平的工业支柱产业群体。原煤、洗精煤、生铁、机制焦炭等一些产品产量已跨入全省前列位置,钢、钢材、棉纱、洗煤、机制纸、化肥、水泥等产品从无到有,飞速发展,成为临汾地区工业的拳头产品。回顾临汾地区50年工业经济的发展,大体分为4个阶段:(一)奠基期(1949-1957年)。在此期间,临汾地区工业不仅在一片废墟上迅速得到恢复和发展,而且圆满完成了对私营工业的社会主义改造。8年间,全区工业总产值增长5.2倍,年均递增25.7%。在没收官僚资本基础上建立起来的全民所有制工业企业由1949年的18个发展到81个,产值增长17.4倍,年均递增43.9%。集体所有制工业从无到有,1957年发展到309个。社会主义公有制经济在全区工业中的比重由1949年的21.7%急剧上升到93.3%。(二)徘徊期(1958-1969年)。社会主义改造基本完成以后,由于决策失误和经济“冒进”,在工业上片面强调“以钢为纲”,加之“文化大革命”开始,临汾地区工业和全国一样,遭受了严重挫折。生产起伏不定,陷于徘徊之中,工业产值年递增率仅为7.7%,是临汾地区工业发展最缓慢的一个时期。(三)发展期(1969-1978年),

1969年起，临汾地区工业再次回升，并快速向前发展。1978年，全民所有制工业企业由1969年的139个发展到364个，集体所有制工业企业由251个发展到800个，全区工业产值增长4.3倍，年均递增20.3%，发展速度之快，仅次于建国初期。但是这一时期由于前期受"文化大革命"运动的不断干扰，后期缺乏有效的计划管理和宏观调控手段，发展具有一定盲目性，工业建设盲目布点，布局缺乏总体平衡配套，企业效益普遍较差。以全民工业为例，1970年至1977年8年累计实现利润2211万元，平均每年276万元，只有1965年的五分之一略强；特别是1974年至1977年，连续4年亏损，平均每年亏损近1200万元。发展快、效益差是这一阶段的主要特点。（四）巨变期（1979－1998年）。乘着改革开放的春风，全区工业经济在调整的基础上，进入了全面改革的新时期。这一时期，全区工业经济总量规模迅速扩大，相继跃上50亿元、100亿元、150亿元和200亿元台阶。工业对整个国民经济的贡献不断加大，主导地位日益巩固。1998年全区新增的国内生产总值中，工业增加值占48.6%。

（三）综合实力连年迈上新台阶

1948年，饱经战争忧患的临汾获得解放后，面对连年战乱的摧残和反动政权的破坏，为了尽快恢复生产，党和政府采取了一系列有效措施。经过国民经济恢复时期和第一个五年计划时期，临汾地区国民经济得到了迅速恢复和发展。1957年，全区国内生产总值达到2.2亿元，比1949年增长91.1%，人均国内生产总值由72元上升到131元。财政收入1957年达到2488万元，比1952年增长48.2%。1958年开始的"大跃进"运动，使经济建设走上曲折道路，至1962年，全区国内生产总值徘徊不前，人均国内生产总值由1957年的131元降至116元。经过1963年至1965年的3年调整，全区国民经济得以迅速恢复和发展，至1969年，人均国内生产总值152元，恢复到1965年水平。1966年开始的"文化大革命"使全区的经济建设和社会发展遭到严重破坏，特别是1966年至1969年，经济发展低速徘徊。党的十一届三中全会以来，全区国民经济发展的稳定性、协调性明显提高，主要产品产量成倍增长，综合实力显著增强。1998年，全区财政总收入达到12.62亿元，同建国初期的1952年相比，增长74.2倍，平均每年递增9.8%。国内生产总值达到168.4亿元，与1952年相比，增长19倍，年均递增6.7%，其中改革开放20年间年均递增9.4%。人均国内生产总值由1952年的104元、1978年的291元，增加到1998年的4365元。

临汾鼓楼夜景

（四）产业结构发生了历史性变化

产业结构升级是建国以来国民经济的重大突破。特别是党的十一届三中全会以后，从农村到城市的全方位改革开放，有力地推动了社会主义市场经济建设步伐，一大批高科技含量、高附加值的新型产业迅速崛起，并随之发展了种类繁多的商业、饮食、服务、运输、邮电等第三产业，从根本上改变了以农业为主体的历史格局。1998年，在国内生产总值中，三次产业所占份额分别为17.6%、53.5%和28.9%，与1949年相比，第一产业下降57.3个百分点，第二产业上升50个百分点，第三产业上升7.3个百分点。从三次产业内部结构看，第一产业以市场为导向，在稳定粮棉、发展经济作物的基础上，大力发展林业、畜牧业，畜牧业成为第一产业的龙头带动产业和新的经济增长点。第二产业受资源及经济调控政策和市场拉动的影响，经历了轻重基本同步到重工业快速发展的变化历程。第三产业呈现新的格局，传统的批零贸易餐饮业比重呈下降态势，新兴行业如金融保险业、房地产业等呈上升趋势，交通运输、邮电通迅、旅游、信息咨询等行业发展较快，有效地缓解了"瓶颈"制约。

二、经济建设突飞猛进

（一）能源基地建设初展雄姿

煤炭资源丰富是临汾地区的一大经济优势，但在解放前，由于长期受封建生产关系和落后的生产力束缚，煤炭资源并没有得到很好的开发利用，直到1949年全区原煤产量只有23.3万吨。新中国成立以后，随着国家投资的不断增加，全区能源工业蓬勃发展，基地建设成效显著。特别是改革开放20年间，全区能源生产规模不断扩大，加工转化能力大大提高，能源产量持续增长，外销数量不断增加，对全区以至全国的国民经济发展特别是工业的发展做出了重要贡献，成为全省重要的能源重化工基地之一。20年来，全区能源部门累计完成固定资产投资48.42亿元，占到全区工业投资的58.9%。特别是进入"六五"时期，中央确定把山西建成能源重化工基地,对临汾地区能源工业的投资也迅速增加,国家先后对临汾西郭,霍州什林、许村、王庄及乡宁的毛则渠等一批地方煤矿进行了重点改造,组建了霍州矿务局,建成辛置、南下庄、圣佛、曹村、团柏五对矿井,白龙煤矿、临汾选煤厂、洪洞洗煤厂等一批骨干项目也相继建成投产;电力工业建成了侯马、霍州两个大中型发电厂和一批小火电厂、小水电站以及与此相配的输变电线路,大大增强了全区能源工业发展后劲。随着能源工业的大幅增长,能源外调不断增加。1998年,全区外调煤炭43.45万吨,占产量的11.8%,焦炭外调235.34万吨,占产量的13.1%,其中出口10.98万吨。内销北京、天津、河北、上海、江苏等十几个省市,外销日本、美国、西欧等国家和地区。

(二)投资领域硕果累累

建国以来,临汾地区累计完成基本建设投资总额102亿元,累计新增固定资产54亿元,其中改革开放以来的基本建设投资总额88亿元,累计新增固定资产46亿元,相当于前28年总和的6倍。规模宏大的投资为临汾社会经济的发展奠定了雄厚的物质基础。特别是近两年来,临汾地区抓住国家增加投资、扩大内需的机遇,进一步加大基本建设投资力度,目前,被誉为"晋南第一路"的霍侯一级公路已紧锣密鼓拉开战幕,40万亩汾河滩涂综合开发大会战全面铺开,侯马铜冶炼厂、襄汾有色金属公司等一批重点企业相继投产,这些项目的建成,将有力地提高临汾地区经济发展的能力和后劲。

(三)基础设施旧貌换新颜

解放前,全区基础设施状况极差,公路稀少,路面不平,缺桥短涵,运输困难,邮电和其它一些基本的公用设施处于空白。新中国成立后,在党和政府的领导下,全区人民在一穷二白的基础上,自力更生,艰苦奋斗,使全区基础设施面貌很快有了较大改观。特别是党的十一届三中全会以后,全区人民抓住改革开放机遇,采取多种办法筹措资金,使全区基础设施建设发生了质的飞跃,有效地缓解了"瓶颈"制约,为全区社会经济持续发展奠定了坚实的基础。

交通运输成效显著。50年来,特别是改革开放20年,临汾地区对交通运输业进行了强化投资。累计完成基本建设投资达14.5亿元,占到同期全区基本建设投资总额的14.2%。目前南同蒲铁路贯穿全区南北,侯西线、侯月线横穿东西,成为我区东西方向的第二条大动脉及欧亚大陆桥的重要区间。大同至运城二级公路、国道209线、309线以及晋韩公路纵横全区。1998年末,全区公路通车里程达7734公里,比1949年增长24倍,比1978年增长1倍。实现了"平川村村通油路、山区乡村通公路、全区贯通循环路"的目标。

邮电通信事业向现代化迈进,实现了历史性跨越。全区17个县市实现了本地网、市话程控化,长途传输数字化,1900兆移动电话省内漫游,BP机全区漫游,一个有线、无线交叉,模拟数字兼容,高中低档并存,多功能、多手段的现代先进通讯网络已基本形成。1998年,全区邮电业务总量3.23亿元,比1978年增长87倍,全区通电话的行政村2011个,占总数的59.6%。

公用事业飞速发展。现代化的城市交通工具从无到有,不断发展壮大,已基本形成以公交车为主体,出租车为辅的公交体系。城市供水系统不断完善,供水普及率由1970年的不足10%,达到现在的约96%。城市燃气快速发展,煤气供气总量达3549万立方米,用气户达4.61万户,用气普及率达44.3%。绿化覆盖率由1978年的不足10%上升到25%,园林绿地面积1568公顷,比1978年增长43倍。

三、内外贸易迅速发展

建国50年来,随着工农业生产的迅速发展和人民生活水平的明显提高,全区社会商品购买力不断增强,城乡市场繁荣活跃,商业改革成效显著,形成多种经济成份、多种经营方式、多种流通渠道并举的商业流通体制,商业网点遍布城乡,形成了四通八达的商品流通网络。1998年,全区社会消费品零售总额达到49亿元,比1949年增长132倍,比1978年增长14倍。

建国初期,国家提出"以公私兼顾,劳资两利,城乡互助,内外交易的政策,达到发展生产,繁荣经济之目的"的方针,允许多种经济成份并存,保留私营商业,各种经济类型的商业网点迅速建立和发展,到1952年,全区各种经济类型的商业、饮食业、服务业网点已达8359个,从业人员18009人,分别比1949年增长24.5%和34.9%,顺利完成了国民经济恢复工作。此后,国家对商业体制进行了改革,并在商品销售方面采取一系列重要的政策措施,实现了对资本主义工商业的社会主义改造,保证了临汾地区经济建设的顺利进行。1957年,全区社会商品零售总额达到11327万元,比1952年增长79.2%,5年间平均每年递增12.4%。1958年至1978年的12年间,由于"左"倾错误指导思想的影响,临汾地区国民经济遭受到"大跃进"和"十年动乱"两次严重挫折,经济长期徘徊不前,生产发展缓慢,商品流通体制趋向单一的公有制,商品供应严重不足。党的十一届三中全会以后,临汾地区大力发展有计划的社会主义商品经济,城乡市场日益活跃,销售额成倍增长。商品集聚的批发市场、人民生活必需的农贸市场、日用小百货专柜和服装批零市场等已遍及城乡，星罗棋布。商品种类丰富多彩，质量、档次大为提高。1996年底，全区批发零售贸易餐饮业网点已达到62133个，比1949年和1978年分别增加57185个和57721个，全区集贸市场发展到255个，涌现出侯马新田商业城、新港服装城和五交化家电等成交额超亿元市场。

对外贸易稳步发展，对外开放步伐进一步加快。建国以来，随着国民经济的不断发展，全区对外贸易从无到有，从小到大不断增长。特别是改革开放以后，随着对外开放政策的进一步落实，全区外经、外贸取得长足发展，经济发展的外向型功能不断增强。1998年，全区外贸进出口总额达到4366万美元，出口国家由原来的4个发展到25个国家和地区，出口商品达到10大类23个品种，拥有自营出口权企业发展到15家。目前已有三资企业80个，实际利用外资累计达到6063万美元。创立了临汾市、侯马市省级开发区，临汾市成为省级台商投资试点市。1997年，成功举办了“亚洲飞人”柯受良驾车飞越黄河壶口活动，以黄河壶口、洪洞古大槐树为重点的一批旅游景点推向世界。

四、社会事业欣欣向荣

科技教育成绩斐然。建国以来，党和政府十分重视科技教育事业的发展，特别是邓小平同志提出“科学技术是第一生产力”的论断后，全区科研教育事业飞速发展，科研教育队伍不断壮大，科研教育机构日趋完善。1978年以来，全区共取得科技成果600多项，达到国内先进水平的480项，达到省内先进水平的120项。全区大中型工业企业所属的研究与开发机构迅猛增加，各项科技成果的大面积推广应用，推动了科学技术的普及和主导产业的发展，提高了经济总量中的科技含量，科技贡献率达30%。在科技力量加强的同时，教育事业坚持“面向现代化、面向世界、面向未来”的方针，得到长足发展。普通高校从无到有，发展到3所，在校学生数6822人；中等专业学校由2个增加到9个，在校生7425人，普通中学从6个增加到391个，在校生23.65万人；小学由2821个增加到5851个，在校生43.94万人。普及九年义务教育成就明显，小学学龄儿童入校率达100%，普通初中学生入学率98.9%。此外，各行各业的技术培训和岗位培训也普遍展开。

卫生事业健康发展。50年来，全区卫生战线在人员增加、机构扩大的基础上，医疗水平不断提高，预防工作不断加强，人民群众的就医条件明显改善。1998年，全区卫生医疗机构达到418个，比1949年增长6倍，医疗卫生病床11266张，比1949年增长362倍，专业卫生技术人员由1949年的325人、1978年的8384人发展到1998年的14957人。医疗卫生设施和设备有了明显改善，CT、核磁共振、B型彩色超声波诊断仪、电子显微镜、心电监护器、内脏碎石机等已逐步装备起来，儿童免疫、妇幼保健、传染病和地方病的防治等工作成果明显。与此同时，通过推行“全民健身计划纲要”，各种形式的群众体育锻炼和健身活动全面兴起，蓬勃展开，全区运动员多次在国内外重大比赛中获奖。

五、人民生活日新月异

千百年来，中国百姓都在圆着一个丰衣足食的梦想，然而“路有冻死骨”的悲歌却道不尽世世代代的酸苦悲惨。新中国的成立，确立了人民当家做主的地位，广大群众才真正有了解决温饱，过上幸福日子的可能，才能使梦想变为现实。特别是党的十一届三中全会以来，全区人民生活发生了历史性的巨变，广大人民生活由“温饱型”向“小康型”转化，一小部分人已越过“小康”向富裕迈进。

城乡居民收入成倍增长。1998年，全区城镇居民人均可支配收入达到3405元，比1990年增长2.3倍，农民人均纯收入2038元，比1990年增长2.9倍。1998年末，全区城乡居民储蓄存款余额达121.63亿元，比1950年增长11957倍，比1978年增长175倍。

消费结构不断优化，消费档次不断升级。吃的消费逐渐由“温饱型”向“营养型”转变，大部分居民家庭的饮食消费从量的满足转向质的追求。1998年，全区城镇居民粮食消费人均122公斤，比1989年减少23公斤；食用植物油人均9公斤，增加4公斤；肉类人均10公斤，增加2公斤；鲜蛋13公斤，增加7公斤。1998年全区农村居民人均食品消费支出达到495.1元，比1982年增加458.1元。衣着消费逐渐由保暖发展到讲究色泽款式和名牌，由趋同转向求异，1998年，全区城镇居民人均衣着消费支出366.5元，比1986年增加356元，农村居民人均衣着消费支出105.4元，比1982年增加85.59元。用的商品由单一实用发展到追求现代高档。1978年以前，全区城镇居民的家庭用品消费还停留在非常低的水平上，且紧缺单调。经过20年的发展，城镇家庭用品的拥有量已大幅增加，其中，每百户拥有彩电94台，比1989年增加44台；电冰箱45台，增加34台；洗衣机89台，增加9台；空调8.4台，增加6台；VCD、DVD影碟机、电话、电脑等开始步入普通居民家庭。农民家庭在消费数量不断增加的同时，质量档次也不断提高。1998年，全区农村每百户拥有彩电

37台，电冰箱4台，洗衣机34台，自行车132辆，摩托车14辆。居住条件明显改善，1998年，全区城镇居民家庭人均居住面积达到12平方米的住户占到60.6%，99%的城镇居民家庭有了自来水设备，47.7%的家庭拥有卫生设备，63.2%的家庭拥有空调、暖气等先进的取暖设施，38.7%的家庭使用管煤煤气。农村居民的居住条件也大为改善，人均住房面积达18.73平方米，住房质量明显提高，砖木结构和钢筋混泥土结构的房屋比重逐渐加大。

精神生活丰富多彩，物质生活的改善必然会推动精神生活的提高，物质上得到实惠和满足将会不断更新消费观念，拓宽生活领域，追求着更高层次的精神享受。如今，自费旅游者从无到有，越来越多，咖啡厅、娱乐城等消费方式已在县城普及。以广播、电视、电影等现代文化传递手段不断完善加强，覆盖率迅速提高。1998年末，全区拥有艺术表演团体21个，文化馆18个，公共图书馆17个，博物馆11个，档案馆22个，发射功率20KW的中波转播站1座，调频发射台和转播台28座，电视发射台和转播台84座，专用模拟微波站4座，地面卫星站745座，中央第一套广播和第一套电视人口覆盖率分别达到81.9%和82.2%，省第一套广播和第一套电视人口覆盖率达到85.17%和86.5%，地区电视台电视人口覆盖率达到67.8%。文化艺术工作硕果累累，蒲剧等传统艺术得到发扬光大，一些脍炙人口的新剧目走出了国门，在马来西亚、新加坡等地受到热烈欢迎；威风锣鼓威震寰宇，驰名海外，曾被邀请参加了首届全国农运会开幕式、庆祝建国40周年大型文艺节目表演、北京第十一届亚运会开幕式，被誉为“中华第一鼓”；浮山县被文化部命名为“中国民间剪纸艺术之乡”。

世纪之交的临汾地区，经济和社会发展面临着难得的有利条件和历史机遇：一是近年来党中央和国务院先后制订的一系列方针、政策，尤其是1994年制订的《中国21世纪议程》，为全区经济的发展创造了更宽松的环境；二是国家和省投资政策向粮棉、能源、原材料等基础产业倾斜，会进一步加大对临汾地区的投入，有利于进一步发挥我区粮棉基地和能源重化工基地的优势；三是临汾地区同省内其他地市处于东部发达地区和西部落后地区的过渡地带，将共同发挥“承东启西”的重要作用，给加速资源优势转化为产业优势、经济优势和效益优势提供了新的推动力；四是随着我国东部地区经济的进一步发展，环渤海经济圈的崛起，香港的回归，以及欧亚大陆桥经济地带的发展和西部地区投资规模的扩大，对能源及原材料的需求将会不断增长，有利于以煤炭、焦化、建材产业为主的全区经济走向国际、国内市场；五是侯月铁路全面开通和公路交通大发展在很大程度上改变了长期以来半封闭的地理条件，优化了投资环境；六是有建国50年来所取得的雄厚的物质技术基础和可资借鉴的经验。

在迈向新世纪的征途上，临汾地区确定的总体思路是：高举邓小平理论伟大旗帜，认真贯彻党的十五大和十五届三中全会精神，按照省委、省政府的总体部署，继续解放思想，深化改革，扩大开放，坚决实施科教兴区战略，努力实现两个根本性转变，切实加强党的建设和精神文明建设，全力维护社会稳定，集中力量抓好打基础、调结构、治环境3件大事，力争用5年时间把临汾建设成为中西部经济强区。

临汾人杰地灵，物华天宝。在过去的半个世纪里，387万尧乡儿女取得了无愧于前人的辉煌业绩，在迈向新世纪的征途上，临汾人民将会进一步解放思想，不断增强建设临汾、发展临汾的紧迫感和使命感，以开拓创新的进取精神，科学务实的积极态度，扬黄河壶口瀑布的雄风，抖临汾锣鼓的威风，鼓敢为人先、不甘落后的民风，使临汾动起来、活起来、富起来、强起来，通过不懈努力，把一个繁荣富强、文明的临汾带入21世纪。

（李永祥　崔宇强　李俊平）

运城地区

重彩浓墨绘河东

运城地区位于山西省的西南端，俗称晋南，古称“河东”，历史悠久，源远流长，是中华民族经济、文化最早的发祥地之一。

1947年12月28日，饱经连年战争忧患的运城终于获得了全境解放。1949年10月1日，中华人民共和国庄严宣告成立，运城和全国一样开始进入最深刻的社会变革和最伟大的社会主义建设时期。经过50年的艰苦创业，奋发图强，今天的运城地区经济社会已经发生了历史性的变迁。在社会主义生产力不断发展、生产关系不断调整、上层建筑不断变革的同时，物质文明和精神文明建设取得了巨大的成就。然而，成就来之不易，它是在正确与错误不断进行斗争、奋进与挫折不断出现反复、发展道路艰难曲折的进程中取得的。

曲折坎坷　峥嵘岁月

1949年至1978年，运城地区在中国共产党和人民政府的领导下，兴百废，举百业，一步一层楼，一年一重天，全区社会经济发生了巨大的变化，但也饱含着成功的喜悦和失败的教训。

国民经济恢复时期（1950—1952年）。这一时期，运城地区经济恢复发展较快，工农业生产创历史最高水平。1952年，全区工农业总产值达3.3亿元，比1949年增长45.4%，平均每年增长13.3%，其中工业总产值增长1.8倍，平均每年增长40.2%；农业总产值增长40.9%，平均每年增长12.1%。主要工农业产品产量同1949年相比：原煤增长95.7%、发电量增长11.3倍、硫化碱增长27.9倍、棉花增长1.7倍。随着国民经济恢复和发展，全区财政收入达1760万元，比1949年增长97.1%。经过3年的努力，全区胜利完成了经济恢复任务，社会生产力得到发展，经济开始复兴，市场物价稳定，从根本上扭转了旧运城财政经济混乱的局面，为全区大规模的经济建设奠定了基础。

第一个五年计划时期（1953—1957年）。这一时期，国民经济发展比较顺利。经过全区人民的艰苦努力，到1957年胜利地完成了第一年五年计划，运城经济社会面貌大为改观。1957年，全区国内生产总值达2.7亿元，比1952年增长36.5%，平均每年增长6.4%。其中第一产业增长20.3%，第二产业增长1.9倍，第三产业增长3.0倍。在国内生产总值中，由农业为主的重农型产业结构，逐步向综合型结构转变，第一产业比重由87.5%下降为77.6%，第二产业和第三产业比重分别由7.1%和5.4%上升为10.4%和12.0%。财政收入实现3323万元，比1952年增长88.8%，平均增长13.6%，收支相抵，收入连年有余。社会消费品零售总额达1.2亿元，比1952年增长48.9%，平均每年增长8.3%。居民收入增长较快，职工平均工资由1952年的401元增加到509元，增长26.9%，农民纯收入也增长了30%。这一时期，由于注重了客观经济规律，较好地安排了各部门之间的比例关系，因而“一五计划”完成后，全区经济结构发生了明显变化，小农经济占绝对优势的落后模式开始改变，国民经济得到了较快发展。

“大跃进”和调整时期（1958—1965年）。这一时期，国民经济曾遭受了严重挫折。第一个五年计划胜利完成后，由于指导思想上的“左”倾错误，急躁冒进，轻率地发动了“大跃进”和人民公社化运动，严重背离了客观经济规律，导致了工农业生产急剧下降，全区国民经济陷入了一个极为困难的境地。1959年至1962年，国内生产总值由3.6亿元下降为2.5亿元，平均每年下降11.2%。粮食总产量平均每年下降3.0%。1961年全区财政收支首次出现赤字，财政收入平均每年下降7.8%。由于生产大幅度下降，粮食严重匮乏，物资十分紧缺，市场供应和人民生活都遇到极大困难。

针对“大跃进”期间在经济工作中出现的“左”的错误，中央及时主动进行了全面调整，提出了“调整、巩固、充实、提高”的八字方针。由于全区人民同心协力，积极贯彻执行了中央各项调整方针，调整工作很快取得了显著成效，全区国民经济开始从困境中走了出来，重新焕发出生机。1963年至1965年，国内生产总值增长69.2%，平均每年增长19.2%，超过了“一五计划”时期6.4%的增长速度。工农业生产超过或接近历史最高水平：粮食连年增产，3年增产52.3万吨，平均每年增长13.0%；棉花生产连年丰收，3年增产7.4万吨，平均每年增长33.1%；发电量平均每年增长28.9%；棉纱平均每年增长14.1%；棉布平均每年增长16.5%；硫化碱平均每年增长26.1%。财政收入平均每年增长4.1%。

“文化大革命时期”（1966—1978年）。“文化大革命”十年动乱，全区经济建设和社会发展遭受了建国以来最严重的挫折和破坏。

1966年至1970年是第三个五年计划时期，也是“文化大革命”破坏最严重的大动荡时期。这一时期同“文化大革命”前1965年相比，国内生产总值平均每年下降2.3%，粮食总产量平均每年下降5.1%，棉花总产量平均每年下降5.8%，油料总产量平均每年下降22.9%。财政收入徘徊不前，这种状态一直延续到1970年才有所好转，但尚未恢复到1960年水平。

1971年至1975年是第四个五年计划时期。这一时期，中央采取了一系列整顿措施，全区生产秩序恢复较快，国民经济有所回升。国内生产总值逐年有所增长，平均每年增长8.5%；粮食连年丰收，平均每年增长11.5%。1975年同1970年相比，原煤增长2倍，发电量增长7.4倍,水泥增长53.5倍,棉纱增长38.9%,棉布增长48.7%,机制纸增长2.5倍,合成洗涤剂增长31.5倍,小型拖拉机增长1.5倍。财政收入连年增长,平均每年增长6.7%。

1976年10月粉碎"四人帮"反革命集团后,政治局面逐步安定,全区广大干部和群众以极大的政治热情和生产积极性投入到各项建设中,国民经济从停滞、倒退转向较快的恢复和发展。但是,在经济工作中,由于"左"的错误指导思想未得到清除,仍然存在着急于求成和追求高速度、高指标的倾向,在农村割"资本主义"的尾巴,赌"资本主义"的路,极力推行哈尔滨社会主义大集,以供销社取代集市贸易,严重挫伤了农民群众的生产积极性,致使1978年粮食生产比1975年下降5.6%,棉花下降0.1%。

改革开放　辉煌春秋

1978年12月党的十一届三中全会以后,运城地区经济的发展从根本上冲破了"左"倾错误的严重束缚,端正了经济工作的指导思想。改革从农村到城市,从生产到流通,从经济基础到上层建筑逐步展开,波浪式推进,在各方面取得了重大突破。20年的改革使运城人的思想观念及整个经济社会格局和面貌都发生了深刻的变化,取得了令人瞩目的伟大成就。

(一)综合实力明显增强

1998年,全区国内生产总值达154.6亿元,比1978年增长5.3倍,平均每年增长9.6%,明显快于改革前26年4.8%的年增长速度。财政收入为8.49亿元,比1978年增长7.1倍,平均每年增长11.0%,也快于改革前30年8.8%的速度。1998年全区财政收入为8.5亿元,1年总量就相当于改革前30年总和的54.8%。

(二)主要经济比例关系发生明显变化

20年来,由于工业增长速度相对快于第一产业和第三产业,使第一产业和第三产业在国民经济中的比重逐步下降。第一产业和第三产业占国内生产总值的比重由1978年的41.5%和31.9%下降为1998年的24.7%和23.8%,工业在国内生产总值的比重由1978年的24.9%上升到1998年的46.9%,工业已在全区国民经济中占据近半壁江山。农村产业结构在改革的推动下,迅速由农业为主向综合性结构转变,20年间农村非农产业得到高速发展,农村工业、建筑业、运输业、商业、服务业产值占农村社会总产值的比重由1978年的25.8%上升到1998年的71.2%。农业内部,种植业产值占农业总产值的比重由1978年的86.8%下降为85.2%,林牧渔业产值占农业总产值的比重由1978年的13.2%上升到14.8%。1998年已有40.3万农村劳动力转移到非农产业之中,占农村劳动力总数的21.4%。工业内部,轻工业产值占工业总产值的比重由1978年的39%下降为21.4%,而重工业产值占工业总产值的比重由1978年的61%上升到78.6%。在交通运输方面,铁路客货运输量比重下降,公路客货运输量上升。

(三)农村经济有了突破性发展

1.农业生产速度加快。1998年,全区农业增加值达到38.3亿元,比1978年增长1.5倍,平均每年增长4.6%,大大快于改革前26年2.1%的年递增速度。粮食总产量从1978年的11.65亿公斤增长到1993年的21.34亿公斤,用了15年时间上了一个大台阶,且创历史最高纪录,15年间净增粮食近10亿公斤,1998年在遭受多种自然灾害的情况下,仍达到20.05亿公斤,成为历史上第二个丰收年,比1978年增长21.1%。

2.种植业结构调整取得进展。在种植业内部,除了粮、棉、油外,大力发展水果、蔬菜产业,使其成为全区两大支柱产业,粮、棉、油、果、菜的播种面积占播种总面积的比重结构由1980年的73.1%:17.3%:0.7%:1.5%:1.2%改变为1998年的72.7%:5.2%:4.0%:10.7%:4.0%;种植结构明显趋于优化。1998年油料、水果、蔬菜总产量分别达到0.49亿公斤、11.82亿公斤、6.19亿公斤,比1978年分别增长44.1倍、增长13.7倍、增长2.2倍。

3.农产品商品化程度逐步提高。1996年全区农林牧渔业商品产值达到39.6亿元,比1978年增长14.2倍,平均每年增长16.3%,农副产品商品率由1978年的33.6%提高到1996年的65.0%。

4.传统农业开始向现代化农业转变。一是农田水利基本建设有了很大发展。50年来全区共兴修大中小型水库117座,总库容量达到2.05亿立米,建成大中小机电灌站932处,配套机电井2.5万眼,有效灌溉面积发展到266.4千公顷,比1949年增长10.0倍,其中20年间发展了18.9千公顷,比1978年增长7.6%。二是农业机械化水平有了很大提高。1998年全区农业机械总动力为271万千瓦,比1978年增长1.7倍,每公顷耕地拥有农业机械动力由1978年的1.6千瓦增加到46.3千瓦。三是农业电气化蓬勃发展。1998年末,全区农村除少数边远的山庄外基本上都通了电,用电量为10.5亿千瓦小时,比1978年增长2.2倍,每公顷耕地平均用电量由1978年的536千瓦小时增加到1804千瓦小时。四是农业化肥施用量不断增加。1998年全区农用化肥施用量达到77.2万吨,比1978年增长2.0倍,每公顷耕地平均施用量由1978年的41.7公斤增加到1998年的112.6公斤。

5.乡镇企业日益成为农村经济的支柱产业。1996年末,全区乡镇企业已发展到14.3万个,从业人员达

68.6万人，固定资产原值42.3亿元，比1978年分别增长12.9倍、4.7倍和5.6倍，1996年上缴国家税金达到2.4亿元，比1978年增长66.3倍。

（四）工业经济迅猛发展

1.门类齐全的工业体系基本形成。运城地区现代化工业建设从70年代初起步，特别是改革开放以来步伐加快，已彻底改变了过去门类残缺不全的落后状况，基本建成了以化工、机械、食品、纺织、制版、电气和有色金属为主干，工业门类齐全并具有一定规模和技术水平的现代化工业体系，为21世纪全区国民经济的进一步发展打下了雄厚的物质基础。1998年全区工业已拥有36个大类、122个中类和143个小类。

2.工业技术装备的规模和水平不断提高。“五五”时期以后，特别是党的十一届三中全会以来，全区进入了社会主义现代化建设的新时期，国家加强了对运城地区工业的投资，工业实力进一步增强。1998年末，全区工业固定资产原值达到193.8亿元，比1978年增长21.3倍，平均每年增长16.8%。其中国有工业固定资产原值达到154.5亿元，比1978年增长18.7倍；平均每年增长16.1%。

3.工业生产迅猛发展，主导地位已经确立。改革20年来，全区工业增加值连登10亿元、20亿元、30亿元、50亿元、60亿元、70亿元6个台阶。1998年全区工业增加值已达到72.6亿元，比1978年增长14.2倍，平均每年增长14.6%。工业产品产量成倍增长。1998年与1978年相比，原煤增长6.1倍，发电量增长3.4倍，钢增长68.2倍，生铁增长95.9倍，焦炭增长159.2倍，水泥增长14.9倍，棉布增长64%，合成洗涤剂增长88.1倍，农用化肥增长1.3倍。

改革20年来，随着全区工业生产的不断发展，工业在整个国民经济中的地位不断提高。1978年全区工业增加值占国内生产总值的比重仅有24.9%，1988年提高到32.3%，1995年上升为46.5%，1998年为46.9%，工业在国民经济中的主导地位已经确立。

4.工业经济效益不断提高，为国家创造了巨大的社会财富。改革20年来，全区工业经济逐步走上了以提高经济效益为中心的发展轨道，经济效益有了明显改善。1998年全区工业实现利税总额为11.1亿元，比1978年增长22.0倍，平均每年增长17.0%，1978年至1998年全区工业累计实现利税85.5亿元。

（五）固定资产投资硕果累累

20年来，全区全社会累计完成固定资产投资218.3亿元，相当于改革前30年总和的13.2倍，累计新增固定资产180.0亿元，相当于改革前30年总和的14.5倍，这一时期是建国以来全区完成固定资产投资最多的时期，也是投资效益比较好的时期。

1998年与1997年相比，全社会固定资产投资由1.7亿元增加到38.8亿元，增长22.3倍，平均每年增长17.1%。其中，基本建设投资由1978年的1.1亿元增加到22.7亿元，增长19.2倍，平均每年增长16.2%；更新改造投资由1982年的0.3亿元增加到5.5亿元，增长17.2倍，平均每年增长18.6%。基本建设投资累计新增主要生产能力有：煤炭68.0万吨，合成氨9.0万吨，发电机组18.2万千瓦，拖拉机1万台、水泥40.7万吨，灌溉面积55.4千公顷，机制纸及纸板2.8万吨，合成洗涤剂5.8万吨。

（六）城乡市场繁荣活跃

1.流通规模进一步扩大，市场体系发生了根本性的变化。20年间，全区社会消费品零售额以平均每年增长11.3%的幅度迅速扩大，到1998年达48.5亿元，比1978年的5.7亿元增长7.5倍。商业、饮食、服务业网点由1980年的8632万个增加到1996年的84296个，增长8.8倍，从业人员由4.04万人增加到17.09万人，增长3.2倍，每千人拥有商、饮、服网点和从业人员由1978年的2.1个和10.4人增加到18.2个和36.9人。国有经济零售额占零售总额比重由1978年的93.0%下降为19.9%，非国有经济零售额比重由7.0%提高到80.1%。

2.消费品市场日益繁荣活跃，商品供应发生了巨大变化。经过20年改革和发展，运城市场供应和社会消费。无论是商品数量还是商品内容，与改革前30年相比都发生了令人耳目一新的变化。

——吃的商品供应和消费已由20年前的严重短缺变为保障供应，由粗粮变为细粮，由简单主食化变为丰富的副食化，并趋向成品化、营养化。1996年全区吃的消费品零售额达14.8亿元，比1983年增长3.4倍，人均购买吃的商品由94元增加到312元，增长2.3倍。市场上高级饮料、高档烟酒等食品的销量与日俱增，儿童食品供应已变为精制营养化。

——穿着商品市场已由20年前的布衣、布鞋、布帽、布铺盖的棉布市场，变为各种化纤、混纺、呢绒、丝绸、毛皮等制品的五彩缤纷的衣着市场，其中服装供应更是面料日趋高级、款式日新月异，人们已由过去的多年一衣变为一季多衣。1996年全区衣着的消费品零售额达4.88亿元，比1983年增长2.4倍，人均购买衣着商品由39元增加到103元，增长1.6倍。

——用的商品供应和消费已由20年前的简朴、价廉、实用型，发展为方便、娱乐、装饰、高档、享受型。过去对人们具有神秘色彩的彩色电视机、电冰箱、录音机、洗衣机，而今已成为普通居民家庭消费的组成部分；过去人们还不敢想象摩托车、空调器、影蝶机、电话机能成为家庭消费品，而今已在千家万户中变为现实；过去只有在高级场所才能见到的吊灯、壁灯、墙壁贴面、地毯等，而今已装铺在许多居民家中，1996年全区用的消费品零售额达2.3亿元，比1983年增长1.2倍，人均购买用的商品由27元增加49元，增长

81.5%。

（七）各项社会事业取得明显进步

1.教育事业日益兴旺。截止1998年底，全区小学校发展到4874所，比1978年增长53.1%，小学学龄儿童入学率一直保持在97%以上，全区普通中学由1978年的2174所调整到418所，减少1756所，普通中学在校学生27.7万人，比1978年减少1.4万人。中等专业学校由1978年的9所发展到13所，中专在校学生19217人，比1978年增长11.4倍。高等学校1所，在校学生2212人，比1978年增长9.7倍。

2.科技事业蓬勃发展。截止1998年底，全区拥有专业科研机构10个，专业科研人员237人，科研经费由1978年的21.7万元增加到165.2万元，增长6.6倍。1978—1998年的20年间，全区各级科研机构研制出一大批科技成果，其中300多项获省级以上科技成果奖。

3.文化、广播、电视事业生机勃勃。截止1998年底，全区拥有电影院、影剧院19个，电影放映队330个，艺术表演团体15个，文化馆13个，公共图书馆13个，群众艺术馆1个，广播电台1座，广播覆盖率达87%，电视台7座，电视覆盖率达到92%。

4.卫生事业飞跃发展。截止1998年底，全区卫生机构达348个，床位1.34万张，卫生技术人员1.35万人，比1978年分别增长28.9%、1倍、95.8%，每千人拥有床位和卫生技术人员由1978年的1.84张和1.93人增加到2.83张和2.85人。

（八）居民生活水平大幅度提高

改革20年来，随着国民经济的迅速发展，全区居民的物质和文化生活水平有了很大的提高。1998年，全区职工工资总额达16.8亿元，比1978年增长11.8倍，平均每年增长13.6%，职工平均工资4511元，增长7.1倍。农民人均纯收入1937元，比1978年增长18.2倍。城镇居民人均生活费收入3439元，比1991年增长2.2倍。随着收入的增加，生活水平的提高，城乡居民的消费恩格尔系数（即食品支出占总支出的比重）不断下降，改革前30年，全区城乡居民家庭的恩格尔系数一直保持在60%以上，1978年以后，这一状况逐渐变化，到1998年，恩格尔系数已下降为40.6%和40.5%。这标志着改革20年来城乡居民的生活水平有了显著的提高。居民储蓄存款也急剧上升，全区城乡居民储蓄存款余额由1978年底的0.4亿元和0.6亿元猛增到1998年底的88.0亿元和48.0亿元，平均每一城乡居民的存款余额由1978年的134元和18元上升至1998年的12748元和1187元。

世纪之交　前景灿烂

经过50年的艰苦努力，特别是改革开放以来的迅猛发展，运城经济社会面貌发生了巨大变化，呈现出一派欣欣向荣、生机勃勃的新气象。但也必须清醒地看到，在前进中仍然存在着不少的问题和困难，农业的基础还不够稳固，抵御自然灾害的能力依然脆弱，农民收入水平相对较低；企业经济效益虽有较大提高，但管理水平、技术水平、职工素质都不能适应市场经济发展的要求；第三产业发展远远不能适应生产发展和人民生活的需要；各级政府的管理体制、管理职能和工作作风还不能适应改革开放的要求等等。在这希望与困难并存、机遇与挑战同在的面前，运城经济和社会发展的战略方针是：高举邓小平理论伟大旗帜，全面贯彻党的基本路线，解放思想，更新观念，深化改革，扩大开放，抓住机遇，奋力赶超，紧紧围绕“三个基本目标”，继续搞好“工业强区、农业富民、商贸活区、投资拉动、三产扩张、科教为先”六个重点，实现由经济大区向经济强区的转变，把一个富裕、文明、开放、稳定、高速发展的新运城带入21世纪。

我们相信，在不久的将来，一个繁荣昌盛、文明富裕、具有社会主义现代化气息的新河东将会展现在神州大地上。

（高　俊）

地膜农业

古交市

煤海明珠　工矿新城

古交市位于太原市西北50公里处，现为太原市的县级市。50年来，行政区划几经调整，1958年成立古交工矿区，1988年12月撤区建市。全市面积1540平方公里，所辖15个乡镇，5个街道办事处。常住人口18.8万人，其中，非农业人口10.4万人。

古交历史悠久，矿藏丰富。矿产资源首冠三晋，尤以煤铁著称。据探明，煤田面积754平方公里，地质储量96亿吨。

新中国成立后，在中国共产党的领导下，人民当家作主，焕发了勃勃生机。古交人民用自己的勤劳智慧，艰苦奋斗，奋发图强，使贫穷落后的古交得到快速发展，创造出一个政治稳定、人民安居乐业的新局面，取得了历史性的重大成就。特别是党的十一届三中全会以来，全市人民解放思想，开拓进取，多种经济成份全面发展，国民经济得到飞速增长。城市面貌变化巨大，人民生活水平显著提高，综合经济实力迈上了新的台阶。

1998年，全市国内生产总值达到25.5亿元，比改革初期的1978年增长33.6倍，年均增长18.4%，人均国内生产总值13076元，比1978年增长16.8倍，年均递增14.7%。

改革开放以来的20年，古交市以经济建设为中心，抓住发展机遇，走改革开放之路，妥善处理改革、发展和稳定的关系，力争在经济体制和经济增长方式两个根本性转变上取得突破，在全市经济实力增强的同时，产业结构发生较大的变化。三次产业在国内生产总值中的比重分别是，第一产业占3.1%，比1978年下降7.8个百分点，第二产业占74.0%，比1978年上升了14.5个百分点，第三产业占22.9%，比1978年下降6.7个百分点。改革开放20年，古交市在农业稳步增长的同时，二、三产业获得了飞速发展，特别是工业已成为全市的主导产业。

农业经济蓬勃向上

50年来，古交市农村发生了翻天覆地的变化，尤其是改革开放20年来，农村改革经历了由家庭联产承包制向农业产业化发展的过程，农村经济由单一经营向多种经营、综合经营转变。增加对农业的投资力度使畜牧、林业、蔬菜三个产业得到长足发展。

1998年农林牧渔业总产值达到7620万元，比1949年增长4.9倍，年均增长3.6%；比1978年增长1.7倍，年均增长4.8%。主要农、牧业产品产量大幅度增长。1998年，蔬菜总产49230吨，比1978年增长20倍，年均增长15.6%；油料3200吨，比1949年增长37.6倍，年均增长7.6%，改革开放20年间，增长8.8倍，年均增长12.1%；肉类产量达到3322吨，比1978年增长8.24倍，年均递增11.1%；牛奶产量100吨，比1984年增长2倍；禽蛋产量达到2113吨，比1978年增长173倍，年均递增29.4%。

建国50年来，古交市的农业生产条件不断得到改善，1998年农业机械总动力达到97425千瓦，与1978年相比，平均每年递增9.4%，农用运输车辆1998年底已达到18981辆，20年间平均每年递增42%，农村用电量由1978年的195万千瓦时增加到1998年的452万千瓦时，增长了23倍，年均增长4.3%。

乡镇企业异军突起，已经成为推动农村经济发展、增加农民收入的主渠道。全市非农行业总产值已达527476万元，是农业产值的68.9倍。

工业生产快速增长

新中国成立后，特别是改革开放以来，为了开发古交境内的地下资源，加快地区经济发展，国家加大了投资力度。从1987年矿区开工以来，五对大型统配煤矿相继竣工投产。在能源基地的建设中注意发挥中央和地方两个积极性，贯彻大中小并举的方针，地方中、小型煤矿快速发展，古交已成为年产2100多万吨煤矿的特大型工矿城市。1998年全市工业总产值达到475647万元，从1949年的近乎空白到改革前1978年的1638万元，年均增长29.1%，从1978年到1998年的20年每年以32.8%的速度在增长。

古交市的乡镇企业为全市的经济腾飞做出了突出贡献。1998年全市乡镇工业总产值达407627万元，占全部工业总产值的85.7%。

城市建设日新月异

50年来，随着矿区建设的突飞猛进，城市道路、自来水、供电、供气、供热、住宅、园林绿化等基础设施从无到有,古交的城市面貌发生了日新月异的变化。

城市道路四通八达。古交是太原通往晋西北地区的主要通道,区域内铁路、公路运输网已基本形成规模。太古岚铁路、太佳公路和太古路及其县乡公路网,为古交煤炭能源基地的开发、建设以及古煤外运提供了良好的外部条件。

城市经济的飞速发展是投资规模不断扩大的结果,城市基础设施的改观,是城市精神面貌的体现。1978年至1998年全市固定资产投资总额为701346万元,年平均递增50.2%,国家大型统配煤矿、洗煤厂配套设施工程及医院、学校、封闭式生活小区相继投入使用。近年来,古交市委、市政府实施实事工程,成绩显著,高等级公路通车、迎宾大桥的成通车、拓宽城市道路、修建人民广场、改造旧城、建设居民住宅小区等,大大改善了人民生活质量。昔日的旧城已经变成了高楼林立、绿树成荫、综合服务能力不断提高的美丽的工矿城市。

城乡贸易繁荣活跃

50年来,随着人民收入的增加,消费水平也在不断提高,城乡市场发生了巨大变化。特别是改革开放20年来,市场机制不断改革,流通领域迅速发展,市场繁荣活跃,商品供应充裕,居民生活丰富多彩。

1998年全市社会消费品零售总额达到6.88亿元,比1958年增长242.9倍,年平均增长11.6%,比改革开放初期的1978年增长40倍,年平均递增19.5%,商品供需基本平衡,消费品流通领域运转正常。

随着社会主义市场经济的逐步建立,国有、民营、私营、个体等各种经济成份并存,各种经营形式灵活多样,国有经济在社会商品零售额中所占比例逐年减少,非国有经济得到长足发展,为繁荣古交市场发挥了巨大的作用。

财政收入成倍增长

建国以来,古交的财政总收入逐年增长,地方财力持续增强。1960年财政收入仅有140.4万元,1998年财政总收入达到了12710万元,与1960年相比增长89.8倍,平均递增12.3%,1978—1998年20年间增长85.5倍,年平均递增23.7%。1998年地方财政收入达到8243万元,比1978年增长55倍,年平均增长22.3%,地方财政支出9027万元,比1978年增长22.3%,年平均增长17.0%。

人民生活水平显著提高

经济的持续增长,促进了人民生活水平的提高。1998年,古交市城镇居民人均生活费收入达到4800元,比1978年增长18.6倍,年平均递增15.3%;农村居民人均纯收入达2960元,比1978年增长46.7倍,年平均增长20%。

随着经济的发展,逐步改变了传统消费观念,开始追求生活消费品的优质化。食品消费由吃饱变为吃好,膳食结构趋于优化;衣着消费由一衣多季变为一季多衣,求新求美的心理日趋增长;居住条件不断改善,建筑风格趋于多样化;家庭用品由实用简朴型转为高档耐用型,并逐步走向现代化。

回首50年,成绩辉煌,展望未来,前程似锦,重任在肩。在邓小平建设有中国特色社会主义理论指引下,在具有光荣传统的古交20万人民的努力拼搏下,一定能把古交建设成为一座经济发达、文化繁荣、社会进步、交通便利、信息灵通、环境优美的现代化新型城市。

(王志英)

太原市小店区

小店旧貌换新颜

小店区是太原市新区划的市辖城区之一,辖2镇4乡3个街道办事处,110个居委会和98个村委会;总人口38.5万人,其中非农业人口24.2万人;总面积295平方公里。小店区是太原市典型的三产加农业区,城乡一体,南农北商,高新技术密集,交通通讯便捷,经济实力较强,都市优势与乡村优势高度结合。

新中国成立后,小店人民在党的领导下,励精图治,团结奋斗,使小店这块富庶之区旧貌换新颜。特别是党的十一届三中全会以来,小店人民解放思想,抓住机遇,大胆探索,全区经济实力迅速增强,农村经济日臻繁荣,工业建设初具规模,城乡建设日新月异,科教文卫事业蒸蒸日上,人民生活不断改善,呈现出一派欣欣向荣、安定团结的崭新局面。建国50年来,小店区发生了翻天覆地的变化,取得了令人瞩目的成就。

群众文化丰富多彩

1998年,全区国内生产总值达到14亿元,比1952年增长169.3倍,平均每年递增11.8%;1978年至1998年增长23.1倍,平均每年递增18.0%;“八五”期间增长3.3倍,平均每年递增27.2%;1991年至1998年增长3.8倍,平均每年递增21.2%。

50年来,小店区的产业结构发生了巨大的变化。从三次产业在国内生产总值中所占的比重情况来看,建国初期,是以第一产业的农业为主;到1978年,三次产业结构已转变为以第二产业为支柱;改革开放后,全区以经济建设为中心,在经济体制和经济增长方式两个根本性转变方面取得了突破,第二产业在稳定发展的同时,呈结构性下降,第三产业得到长足的发展,所占比重也大幅度上升,成为国民经济的主导产业,到1998年三次产业构成分别为18.5%、37.3%和44.2%。

50年来,小店区的财政收入稳定增长,为全区国民经济的发展发挥了积极的促进作用。1998年,全区地方财政收入达9362万元,比1949年增长161.4倍,平均每年递增10.9%;改革开放20年间增长14.5倍,平均每年递增15.1%;“八五”期间增长1.38倍,平均每年递增6.7%;1990年至1998年增长1.78倍,平均每年递增7.5%。1998年,全区地方财政支出9271万元,比1949年增长244.0倍,平均每年递增11.6%;1978年至1998年增长11.9倍,平均每年递增13.2%;“八五”期间增长2.5倍,平均每年递增20.0%;1990年至1998年增长3.51倍,平均每年递增17.0%。区财政局被国家财政部授予先进集体称号,是全省唯一受表彰的县级财政单位。

城郊农业健康发展　农村经济全面繁荣

小店人民在建设有中国特色的社会主义现代化农业的伟大实践中,历尽艰辛,创造了一个又一个奇迹,农业生产条件显著改善,生产水平逐年提高。特别是党的十一届三中全会以来,农村全面推行了家庭联产承包责任制,农民有了经营自主权,生产积极性得到了极大提高。农业投入不断增加,农业产业结构不断调整,农、林、牧、渔各业得到全面发展。

1998年,全区农林牧渔业总产值达25.44亿元,比1978年增长2.65倍,年递增5.0%;“八五”期间增长1.9倍,平均每年递增13.9%;1991年至1998年年均递增7.5%。1998年粮食产量、油料产量和猪羊牛肉总产量分别为54798吨、228吨和3519吨,分别比1949年增长2.7倍、7.2倍和42.4倍,年均递增速度分别为2.0%、4.0%和7.8%。

近几年,全区进一步加大农业投入,粮食生产以提高单产、稳定总产为突破口,实施“玉米战略”、“小麦双创战略”、地膜覆盖工程等,1998年总产量达到6210万公斤,小麦亩产名列全省榜首;蔬菜生产以高标准菜田建设和日光节能温室建设为重点,建立了梁家庄、东蒲村、西草寨等日光节能温室基地,播种面积达到6.97万亩,日光节能温室达到6.3万余间,蔬菜总产2.03亿公斤,蔬菜品种也极大丰富,1990年就已达到171个。畜牧业坚持兴龙头强基地,大力发展科学养殖与规模养殖,奶牛存栏达到1973头,鲜奶总产1150万公斤,鲜蛋总产984.5万公斤,肉类总产504.9万公斤,菜、奶、蛋、肉产量分别占到六城区总量的48%、57%、50%和44%,极大地丰富了城乡人民的“菜篮子”,成为太原市重要的副食品生产基地。林果业发展也进一步加快,平川田成方,林成网,森林覆盖率达到23.6%,1993年,通过了全国平原绿化达标验收。农业基础设施条件得到了显著改善。历年来,开展了轰轰烈烈的农田水利基本建设,先后完成了汾河治理、太榆穿潇、东山引水、1135工程、潇河治理、“六河”治理等骨干水利工程,配套完善了农田水利设施,全区水浇地面积占到全区耕地面积的100%,为农业丰收奠定了坚实的基础。农副产品“十大基地”不断壮大,农产品流通体系逐渐完善,太原鸭场、区乳制品厂、永盛粮油厂等龙头企业具备了较强的辐射力和带动力,龙头带基地、基地连农户的农业产业化格局初步形成。到1998年,全区农村经济总收入达到25.9亿元。

乡镇企业异军突起　工业生产持续发展

党的十一届三中全会后,小店区的乡镇企业以较快的速度发展,为全区的国民经济做出了突出的贡献。1998年全区乡镇企业总产值(新口径)达11.5亿元,上交利税13057万元,比1978年增长14.9倍,年递增14.4%;1991年至1998年,乡镇企业上交利税增长2.49倍,年递增12.0%。到1998年,全区初步形成了以暖气片、玛钢件、薄壁铸管为主的铸造业,以铝型材、机制砖为主的建材业,以复合肥、油漆为主的化工业,以减速机为主的机械制造业,以色拉油、脱水蔬菜为主的农副产品加工业及木器加工业、饮食服务业、商贸业等八大优势产业。"青玉"牌色拉油、"华豹"牌油漆、"生"字牌暖气片、"泰"字牌暖气片、"丰收"牌复合肥、"加力"牌减速机、"龙吉"牌铝型材、"华富"牌薄壁铸管、"双星"牌防水卷材、"燕山"牌润滑油、"天成"牌橡胶等一批品牌产品占据一定市场,"青玉"牌色拉油还荣获省优产品称号。截止1998年,全区8人以上乡镇企业有436个,其中乡、村集体企业192个,私营企业244个,行业涉及工业、建筑、运输、服务业等各个领域,乡镇企业现价总产值11.5亿元,乡镇企业营业收入13.76亿元,占全区农村经济总收入的85.23%,平均为每个农民创造纯收入1208元,占到农民人均纯收入的41.2%。

第三产业飞速发展　市场建设再创佳绩

党的十一届三中全会以来,小店区在区委区政府的领导下积极摸索并逐步建立适合区情的发展道路,坚持"兴办一个市场,带动一方经济"的发展思路,大力发展第三产业,各类专业市场如雨后春笋般迅速发展。普国电子城、茂盛装饰城、农业生产资料市场、三宝装饰城、天隆门装饰市场、学府装饰市场、武宿家俱市场、山西蓝海汽配大世界、新天地康体中心、"三人行"花卉市场等各类专业市场达到25个,市场交易额达到3.04亿元,商业网点发展到3400多个,个体工商户和私营企业发展到5000多个,全区多渠道、少环节的商品流通体系初步形成。

以亲贤乡房地产开发、文化娱乐、健身服务、餐饮服务等综合服务业为主的第三产业区,以坞城、北营、双塔三个街道办事处为主的社区服务性第三产业区,以坞城路、平阳路、迎宾南路、学府街形成的"经济走廊"都达到了一定规模。

全区商业商场从解放初期仅有的几家国有商店,发展到如今的由大批大中小型商厦商场、各个专业市场构成的商业网络,商品供应充裕,人民生活水平有了很大提高。

1998年,全区第三产业实现增加值61980万元,占到全区国内生产总值的44.2%,实现社会消费品零售额98570万元,比1949年的47万元增长了2000倍,平均每年递增16.5%;比1978年增长36.6倍,平均每年递增19.7%;"八五"期间增长3.95倍,平均每年递增31.7%;1990年至1998年增长6.22倍,平均每年递增25.7%。

城乡建设日新月异　人民生活显著改善

新中国成立后,小店区城乡建设进一步加快,特别是党的十一届三中全会以来,随着经济的迅速增长,城乡建设水平明显提高,城市建设成效显著,城市面貌大为改观。城市道路明显改善,仅区划后的1998年一年,小店区就投资上亿元,对晋阳街、长治路北段、亲贤北街东段等8条断头路进行了打通改造,使建成区道路四通八达,建成区道路面积达到300多万平方米。特别是区委、区政府驻地——小店镇城镇建设更是年年有新变化,城镇面貌焕然一新。70年代,小店镇大规模向西进行扩建后,成为历届区委、区政府所在地,90年代以来,区委、区政府又将小店城镇建设列为城建工作重中之重,坚持科学性、超前性和创意性,对小店城镇进行了大规模改造建设,先后拓宽改造了人民南北路、昌盛东西街、通达东西街,拓宽了208国道小店城镇段,新建了小店汾河大桥,19条宽10米以上的道路,长达18公里。同时以建设园林化文明城镇为目标,积极实施城镇园林绿化工程,小店城镇人均占有绿地达到5平方米。小店城镇道路硬化、照明、供排水等公共设施和文化娱乐、医疗体育、教育科技等设施日臻完善,大街小巷全部实行了亮化,自来水供水面积达到100%,供热面积达到100万平方米,各类建筑总面积达到50多万平方米,比1949年增长74倍,居民人均住房面积达到17平方米,成为全省小城镇建设的样板,荣获太原市"创三优"工作六连冠的称号。

新农村建设成绩斐然。全区98个村,新建住房280多万平方米,人均住房面积达到20平方米。村村通水、通电、通电话、通公路,农村面貌明显改观。农民生活水平显著提高,1998年底,小店区城乡居民储蓄存款余额达到17.44亿元,比1978年增长250倍;

1998年，全区农民人均纯收入达2932元，比1978年增长20.2倍，年均递增16.2%；"八五"期间增长1.8倍，年递增12.6%；1991年至1998年增长3.6倍，年递增17.3%。1998年，全区每百户农村居民家庭拥有的耐用消费品为：组合家俱66套，洗衣机91台，电冰箱27台，彩电90台，录放像机3台，自行车256辆，缝纫机92台，照相机6架，摩托车21辆。1998年职工平均工资5185元，比1978年增长9.76倍；1991年至1998年增长3.1倍，年递增17.6%。1996年，小店区成为全省首批达小康区。

科教文卫全面进步 改革开放再谱新篇

教育事业长足发展。全区学龄前儿童入学率达到100%，小学阶段适龄儿童入学率、巩固率、毕业率均达到100%；初中阶段学生入学率达到99%，巩固率达到98.4%；十五周岁人口文盲率为0。先后成为全省首家达标的农村学校卫生示范县区、首批德育教育工作先进县区、全省普及九年义务教育区、基本扫除青壮年文盲县区、全省幼儿教育先进县区。科学技术得到普及。1970年以来，全区共获得国家、省、市级科技成果36项，层层建立了区、乡、村、户四级科技服务网络，各类科技人员达到2205人。1996年，成为全国科技先进县区、全省科技示范县区。文化事业欣欣向荣，全区文化基础设施明显改善，建成了区文化宫、文化服务大楼、广播电视大楼，建立健全了区、街办、乡镇、居委会(村)四级文化网络，群众文化生活异常活跃，形成了各具特色的军营文化、社区文化、乡村文化和校园文化，小戏《换鸡》荣获全国第七届"群星杯"大赛金奖。1998年成为全省文化先进区。医疗卫生事业蒸蒸日上，医疗设施明显改善，农村三级医疗预防保健形成网络，成为全国妇幼卫生示范县区。从1984年起，连续6年获山西省卫生红旗县区称号。人民健康水平明显提高，人均寿命达到76岁。体育事业蓬勃发展。运动场、体育训练馆、游泳场等体育场馆设施进一步配套完善，各乡镇、村都建立了体育活动室，群众体育活动积极开展，成为全国体育先进县区、全国田径之乡。计划生育工作成绩显著，全区计划生育率达到90%，人口自然增长率控制在6.35‰以内，成为全省计划生育工作先进单位。同时，社会保障、综合治理等工作也取得了长足发展，先后被评为全省农业县区社会养老保险模范单位、全市社会治安综合治理工作先进县区、双拥模范区等称号。

招商引资工作取得显著成绩。仅1998年就引进国内协议资金11690万元，到位8800万元，引进外资30万美元，为全区经济发展注入了活力。

今后，小店区人民将继续高举邓小平理论伟大旗帜，认真实施"城乡并重，一体发展，双向推动，共同繁荣"的发展战略，发扬"求实、务实，真抓实干；争先、争上，争创一流"的小店精神，团结一致，奋发进取，把一个经济繁荣发达、社会安定团结、人民生活富裕的现代化新区带入21世纪。

(阎继平)

太原市迎泽区

迎泽新区放异彩

迎泽区是在原太原市南城区的基础上于1998年初正式组建的新城区，位于太原市的中部，呈长条状向东延伸，北面与杏花岭区毗邻，南面与小店区以南内环街为界，西部滨邻汾河，东部最东面与寿阳接壤，辖区内现有柳巷、文庙、庙前、迎泽、桥东、老军营6个办事处及郝庄、孟家井2个乡镇，面积为114平方公里，人口43万，其中非农业人口为41.33万人。

综合实力日益增强。50年来，迎泽区国民经济迅猛发展，经济力量快速增长，综合实力几年迈上一个新台阶，特别是改革开放以来，不断发挥产业结构优势，借助省城"门户"的优势条件，得天独厚的地理位置，日新月异的城市建设，日臻完善的服务设施，高度发达的交通、通讯网络，繁荣昌盛的文化教育天地，使国民经济发生了翻天覆地变化。1998年，全区国内生产总值达到7.46亿元，比1978年增长32.3倍，平均年递增19.2%。三次产业结构日趋优化。1998年，三次产业增加值比重分别为0.2%、22.3%和77.5%。

基本建设成绩显著。几十年来，随着经济建设的

迎泽大街夜景

快速发展，全区投资规模不断扩大，1970年到1998年间，全区城镇固定资产投资累计完成3.47亿元，年均投资0.12亿元，改革开放的20年，累计完成城镇固定资产投资3.45亿元，占到全部固定资产投资的99.4%。

全区的基本建设投资除用于较大规模的城市居民住宅建设以外，主要用于各项基础设施建设。改革开放以来的20年间，先后对沟通迎泽区至武宿飞机场的建设路部分路段、郝家沟、东五龙口，并东文明示范一条街、东米市路进行了拓宽改造。基本建设投资规模的不断加大，为全区经济快速健康发展奠定了雄厚的基础。

*乡镇企业迅速崛起。*改革开放20年来，全区乡镇企业迅速发展，占据了全区经济的突出位置，带动了农村经济的迅速增长。1998年，全区乡镇企业总产值达77575万元，实现营业收入40480万元，完成增加值13533万元，占到全区国内生产总值的18.1%，乡镇企业实现利税达4018万元，比改革开放初期的1978年增长13.51倍，平均年递增14.3%。目前乡镇企业发展正由低水平重复向提高产品档次、企业规模和科技含量的方向转变，由相对分散、以多取胜向相对集中、规模经营、连片发展转变。

*工业生产发展迅速。*几十年来，全区工业生产迅猛发展，1997年全区乡及乡以上工业企业实现总产值16192万元，比1970年增长38.9倍，平均年递增14.1%。轻重工业结构日趋合理，主要行业有化工、机械、服装、印刷、食品等，著名品牌蝴蝶牌鞋油、雪松牌皮衣等一批部、省优产品已走出国门，成为出口创汇产品，铁丝制品、消声器等一批街办企业的产品也远销省外。1998年，全区年销售收入500万元以上企业达8个，创产值达8075万元，其中乡镇企业3个，区属企业3个。一个门类比较齐全、布局比较合理、结构趋于完善、实力趋于雄厚的工业体系已初具规模。

*商业市场繁荣活跃。*迎泽区素有传统的“商业区”的美誉，著名的商业街——钟楼街、柳巷商厦林立，店铺云集，食品一条街、百城万店无假货一条街、商业一条街、柳巷夜市、郝庄服装城构成了全区乃至全市一条亮丽的风景线。1998年，全区社会消费品零售总额达146626万元，比改革开放初期的1978年增长138.4倍，平均年递增28.0%，贵都、华宇等一批大型非公有制商业企业如雨后春笋般涌现，各种经济成分在零售额中的比重不断上升。1998年，个体商业户已发展到11833户，零售额占到全区零售总额的77.1%，并有不断上升的趋势。

*地方财政实力雄厚。*1998年，全区地方财政收入达1.47亿元，比1978年增长5.95倍，平均年递增10.2%，全区地方财政支出达1.04亿元，比1978年增长18.4倍，平均年递增15.9%。

*人民生活水平逐年提高。*1998年，全区职工平均工资达4723元，比1978年增长10.4倍，平均年递增12.9%；农民人均纯收入达3456元，比建区初期的1957年增长38.3倍，平均年递增9.4%，比1978年增长24.7倍，平均年递增17.4%。

（岳丽英）

太原市杏花岭区

红杏枝头春意浓

杏花岭区是经国务院批准的太原市行政区划调整中组建的城乡一体化新城区，于1998年元旦正式成立。行政区划为9个街道办事处、3个乡，辖363个居委会、50个行政村。总面积170.2平方公里，其中，建成区面积32.2平方公里，农村面积138平方公里。总人口50.66万人，其中，非农业人口47.54万人，农业人口3.12万人。

杏花岭区名胜古迹众多，区内保存较好、有迹可寻的人文景观主要有城隍庙钟鼓楼、坝陵桥关帝庙、进山楼（梅山）、五福庵、龙角山、拱迹门遗迹等。杏花岭区还是老一辈革命家从事革命活动的地方。区内有抗日战争时期中共北方局和八路军办事处所在地的成成中学旧址，有山西省牺盟会诞生地和周恩来、刘少奇、徐向前、薄一波等老一辈革命家从事革命活动的国民师范旧址，有解放后兴建的太原解放纪念馆、徐向前元帅纪念馆等。

杏花岭区是省城太原的政治中心，交通便利，能源充足。山西省政府、省军区、太原市委、市政府等省、市党政军首脑机关均设在该区。北同蒲铁路和东山过境高速公路穿区而过，成为贯通南北交通的两大动脉。城区街巷四通八达，农村实现了乡乡通公路、村村通机动车。有雄跨汾河两岸的两座汾河桥——漪汾桥和胜利桥，有全市第一座铁路立交桥——迎春立交桥。区内还拥有煤炭、石膏、耐火粘土、铝钒土等多种矿产，其中煤炭资源尤为丰富，仅东山的储量就在2.4亿吨以上。

杏花岭区的前身北城区在解放前处于蒋、阎匪帮的统治下，工业萧条、物价飞涨、街容破旧、民不聊生。解放后，城区经济发展走过了一条曲折的道路。恢复时期和对农业、手工业、资本主义工商业的社会主义改造时期，区办工业发展较快。仅在1958年，全区就建起了49个工业企业，当年工业总产值达到781.54万元。但在1963年党中央提出“调整、巩固、充实、提高”的方针后，一部分较好的区属企业上划归市，比较差的企业有的转产，有的停办。“文化大革命”期间，城区的各项工作基本处于瘫痪状态。1970年，区属工业开始缓慢的恢复和发展。到1978年，全区工业企业发展到255个，主要产品达到110多种，全年工业总产值达到5198万元。全区商业服务网点发展到415个，服务项目达220余种。这期间，中央、省、市还先后投资改造了解放路、新建路、建设北路、府东街、府西街、胜利街等主要街道干线，兴建了职工新村等许多新型职工居住区，城市公用基础设施也有一定的改善。

党的十一届三中全会把工作重点转移到经济建设上来以后，全区广大干部职工和人民群众解放思想，真抓实干，锐意改革，奋力拼搏，经济建设和各项社会事业有了长足的发展。1998年新区调整后，新一届政府确立了“强区富民、商贸兴区”的战略目标，拉开了全面振兴杏花岭区的序幕。

*工业生产稳步发展。*到1998年，全区工业企业已发展到807个，在职职工达到5939人。工业总产值完成80694万元，冶金、机械、煤炭、化工、食品、服装、建筑材料成为全区工业发展的支柱产业。技术改造和新产品开发力度进一步加大，仅1998年一年就建成石墨化电极生产线等31个技改项目，开发新产品31个，创出法兰盘、空心砖、智能化三通阀门等一系列名牌产品。

*农村经济繁荣稳定。*1998年，全区农业总产值完成1993万元，粮食总产量达到3347吨。农业产业化步伐不断加快，建成了千亩枣园、城东畜牧场等多处农副产品生产基地。乡镇企业增长势头强劲，总产值完成65652万元，成为全区经济发展的主要增长极。小康建设取得了新成绩，有38个行政村初步达到小康标准。农民人均纯收入达到3112元。

*第三产业有了新进展。*1998年，区属商业、饮食业、服务业网点发展到78个，从业人员1306人。社会消费品零售总额达到49601万元，第三产业增加值在国内生产总值中的比重达到53.6%。个体和私营经济发展较快。全区个体户达到3787户，从业人员6859人；私营企业达到948个，从业人员7989人。集贸市场建设效果明显。全区集贸市场已达34个，成交额达14000万元，各类综合市场和专业市场的建立为繁荣杏花岭区经济发挥着越来越大的作用。招商引资工作成绩显著。全区现有“三资”企业11个，横向联合企业68个，生产出口创汇产品的企业9个，部分产品已出口到美国及东南亚等国家和地区。全区市场繁荣、物价稳定，财政收入1978年为1874万元，1998年达到19143万元，人民群众的生活水平得到了很大改善。

*教育、文化、卫生等事业蓬勃发展。*全区认真实施科教兴区战略，已建成农业科技示范基地1个，实施科技进步项目54项，设立了全区科技项目库、信息库和人才库，建成了区、乡、村三级科技网，拥有各类科技人员5969名。教育事业成绩突出。全区现有太原大学等2所大专院校，有区属中小学校85所，教师进修学校和老年大学各1所，各种托幼园所58个，同时还办有1个培智学校。近年来，城区适龄儿童小学

深夜出诊

阶段入学率、巩固率和普及率一直稳定在100%，毕业

生合格率达99%,农村中小学则基本实现了“一无两有三配套”。全区文化事业方兴未艾,文化设施健全。相继建成了青年宫、少年宫、业余体校和区文化活动中心。各街道办事处和居委会分别设有文化站和文化室,成为营造文明健康社区文化的载体。全区每年举办全民健身体育节和文化艺术节,极大地活跃和丰富了人民的生活。医疗卫生事业逐步趋于完善。全区现有区级医院4所,乡镇卫生院3个,村卫生所24个。区中心医院、中医院为二等乙级医院,区防疫站为国家县级一等防疫站。中医院的“骨刺停”治疗骨质增生和中心医院的无痛分娩手术等医疗技术均达到国内先进水平。

*城市基础设施建设明显加快。*区政府加大投入力度,先后改建了北大街东段、东缉虎营路、三墙路等主要街道,特别是三墙路的拓宽改造,体现了新一届政府指挥若定、英明决策的果敢风范,大胆引进香港新世界集团1亿元人民币,并在全市率先采用货币安置办法,克服重重困难,高质量地完成了2595户居民的动迁和1760米道路的建设任务,使该道路在不到四个月内顺利通车,写下全区乃至全市城市道路建设史上辉煌的一页。在城市绿化、美化方面,建成街头景点32处,小游园3处,园林化单位68个,开辟烟尘控制区27平方公里,全区的绿化覆盖率达到25.54%,大大改善了杏花岭区的环境面貌。

“九五”期间,杏花岭区将坚持以经济建设为中心,以强区富民为目标,以改革开放为动力,以街乡工作为基础,以城建城管为重点,推进经济体制和经济增长方式的根本转变,着力改善服务业设施,大力发展非公有制经济,加快农业产业化进程,促进社会全面进步。在工业方面,集中力量扶优扶强,重点培育和发展冶金、机械、煤炭、化工、建筑材料、食品、服装等优势行业。在商业方面,力争形成以北肖墙街为轴线,纵贯府东街、东缉虎营和北大街,连通解放路、五一路的区域性商业发展态势。在对外贸易方面,要创造条件,改善投资环境,制定优惠政策,进一步扩大对外经济技术交流与合作,形成全方位、多层次的对外开放格局。

到2002年,全区要力争实现经济总量翻一番。国内生产总值达到10.94亿元,年均增长15%;财政总收入达到2.64亿元,年均增长10%;乡镇企业营业收入达到11.74亿元,年均增长18%;社会消费品零售总额达到7.76亿元,年均增长15%;外贸出口供货值达到4900万元,年均增长13%;农民人均纯收入达到3948元,年均增长12%。其它各项社会事业也要保持较快的发展。

杏花岭区——这枝沐浴在改革开放春风中的新花,在党的政策指引下,在全区人民的团结努力下,必将会绽放成植根于龙城大地上的一朵奇葩!

(宋海棠)

太原市尖草坪区

新崛起的尖草坪

建国50年来,尖草坪区人民在中国共产党和人民政府的领导下,用自己勤劳的双手,把旧中国遗留下来的一个政治腐败、经济贫困、文化落后、市容破旧、物价飞涨、民不聊生的旧城区,初步建设成为拥有30万人口,政治安定团结,工业基础比较雄厚,经济文化蓬勃发展,人民安居乐业的一座新型的社会主义新城区。尖草坪区面貌发生了翻天覆地的变化。

*经济建设日新月异。*建国后尖草坪区成为国家重点工业建设基地之一,在国家统一计划指导下,进行了规模宏大的经济建设,为发展社会生产力,调整生产布局,加强城区基础设施,改善人民生活奠定了比较雄厚的物质技术基础。

工业建设。1998年同1949年相比,工业总产值由20万元增加到166230万元。增长8310倍。尖草坪区是太原市大中型企业的密集分布区,主要有太钢、十三冶、江阳、兴安、新华、卫东、二电厂、轨枕厂、造纸厂、东方机械厂等,是名符其实的工业区。区内工业以重化工业为主。

农业建设。经过50年的发展,水利化程度大幅度提高,农业机械、化肥、电力从无到有发展起来。农业总产值由1949年的2000万元增加到1998年的6526万元，粮食产量由1949年的11350吨增加到1998年的19258吨，油料产量由1949年的60吨增加到1998年的240吨，猪牛羊肉产量由1949年的120吨增加到1998年的1902吨。

交通邮电建设。区内有原太高速公路、108国道、大运线、汾西、恒山、和平北路等贯穿南北，交通十分方便。1998年，全区行政村通油路率达82.76%，公路通车里程达到636.5公里。全年公路货运量877.5万吨，客运量50.5万人次。邮电通讯业发展飞速，1998年全年邮电业务总量约1300万元。全区共有程控电话8000余门，通电话的行政村77个，占到全区行政村的88.5%。

1998年与1949年比较，全区国内生产总值增长315倍，达到11.08亿元，全社会固定资产投资额1998年达到320亿元，是1949年的63倍，地方财政收入1998年达到6739万元，是1949年的517倍。乡镇企业从无到有，迅速发展壮大。1998年，全区乡镇企业营业收入达10.41亿元，上缴利税1659万元，乡镇企业已成为推动全区农村经济发展，增加农民收入的主渠道之一。

城乡市场繁荣兴旺。随着工农业生产的发展，城乡市场商品购销两旺，呈现一派繁荣景象。全区社会商品零售总额由1949年的40万元增长到1998年的82667万元。特别是改革开放以来，在发挥国营商业主渠道作用的同时，扶持和发展集体和个体商业，增加流通渠道。现已建成兴华街、尖草坪、迎新街三个商业区，有小商品批发市场、小食品批发市场、钢材市场、装饰市场等。

教育、科技、卫生事业蓬勃发展。1998年底，全区域内有华北工学院、省银行学校、市工业经济学校、市经管学院、太原幼师、驻地各厂矿职工大学等大中专院校；还有普通中学14所，在校学生达6702人；小学93所，在校生达17016人；幼儿园89所，入园率89%。实施“科教兴区”战略，科学事业全面进步，初步通过了国家科委进行的“全国科技工作先进县区”的验收。卫生事业有所发展，医疗保健条件继续改善。1998年底，全区有区级中心医院2个，乡镇医院8个，村级卫生所80个，地区医院1个，其它医院9个，床位数达2095张，拥有卫生技术人员2781人，卫生人员91人。

人民生活显著改善。建国以来，党和政府把改善人民生活作为建设社会主义的根本目的。在社会生产发展的基础上，城乡居民收入逐步增加，人民生活水平显著提高。1998年，全区职工平均工资达4835元，比1949年增长了7倍；农民人均收入达2875元，是1949年的287倍。城乡居民在吃、穿、用、住等方面不但数量增加，而且质量普遍提高。食品消费结构向营养化和多样化发展，衣着消费结构向讲求花色式样美观新颖和成衣化、高档化发展。用品消费结构向中高档和电器化发展。全区社会福利事业也大有发展，有社会敬老院6所，无依无靠的孤寡老人生活有了保障，五保对象供养率达100%，人们的环境保护意识和体育意识显著增强，参加体育锻炼人数不断增加，全区人民生活在一个安定祥和的氛围之中，正在更好地建设自己的家园。

（栗春生）

太原市万柏林区

兴贸强工稳农　建设一流强区

万柏林区是太原市六城区之一，它的前身是原太原市三城区之一的河西区，1998年经国务院批准，太原市行政区划进行了调整，划走罗城街道办事处、义井街道办事处归晋源区，接收原北郊区所辖的小井峪乡、西铭乡、东社乡、王封乡和化客头乡，形成一个城乡一体、产业结构齐全的崭新城区。它背倚龙山山脉，面临汾河，隔河与迎泽区、杏花岭区相望，扼太佳公路、太汾公路之要冲，北达尖草坪区西流村，南接晋源区义井村。辖区面积304.8平方公里。全区下辖下元、千峰、万柏林、和平、兴华、南寒、白家庄、官地、杜儿坪、开城里、大虎沟11个街道办事处;小井峪、西铭、东社、王封、化客头5个乡,260个居委会,70个村委会,97个自然村,拥有居民105879户,440729人,其中非农业人口372634人,汉、满、蒙、回、藏、苗、瑶、壮、侗、朝鲜、土家、锡伯、达翰尔、柯尔青等15个民族。

50多年来,党和国家在万柏林区进行了大规模的经济建设,建立起了以煤炭(西山煤电集团公司)、机械(太原重型机械集团公司)、纺织(山西纺织厂、山西涤纶厂)、军工、建材、煤气焦化为主的门类齐全、基础雄厚的工矿区。

五十年光辉成就

50年来,万柏林区国民经济发展取得了辉煌成就,特别是改革开放以后,产业结构明显改善,第三产业发展迅速,国民经济发生了深刻变化,综合经济实力大大增强。1998年全区国内生产总值达77492万元,比19 49年增长97倍,平均每年递增9.8%;比1978年增长9.3倍,平均每年递增12.3%;"八五"期间增长2.2倍,平均每年递增25.9%;1991年至1998年增长3倍,平均每年递增21.4%。

(一)工业战线成就显著。1998年全区工业总产值达148380万元,比1949年增长1058倍,平均每年递增15.3%。改革开放以来,多种经济的全面发展,进一步推动了工业生产的稳步增长,1978年至1998年20年间增长45倍,平均每年增长21.1%;"八五"期间增长1倍,平均每年递增15%;1991年至1998年增长6.6倍,平均每年递增28.9%。工业生产在全区国民经济中具有举足轻重的作用,1998年全区工业增加值占国内生产总值的比重达52%,为全区国民经济发展的大局做出了重大贡献。

(二)农村经济欣欣向荣。50年来,万柏林区农业生产有了较大发展,农业机械从无到有,乡镇企业异军突起,特别是党的十一届三中全会以来,农村经历了由家庭联产承包向农业产业化的发展过程,农村经济由单一经营向多种经营转变,农村面貌发生了巨大变化,农民生活蒸蒸日上。1998年全区农林牧渔业总产值达3692万元,比1949年增长2.7倍,平均每年递增2.7%;1998年比1978年增长1.1倍,平均每年递增3.8%。粮食、蔬菜、肉、蛋、奶等经济指标与1949年相比都成倍增长。农业生产条件大大改善,农业机械从无到有,1998年全区有效灌溉面积达1360公顷,农业机械总动力10.7万千瓦,农业化肥施用量225吨,农业用电量6077万千瓦小时。

(三)乡镇企业异军突起。1998年全区乡镇企业总产值达18.1亿元,比1978年增长191倍,年均递增

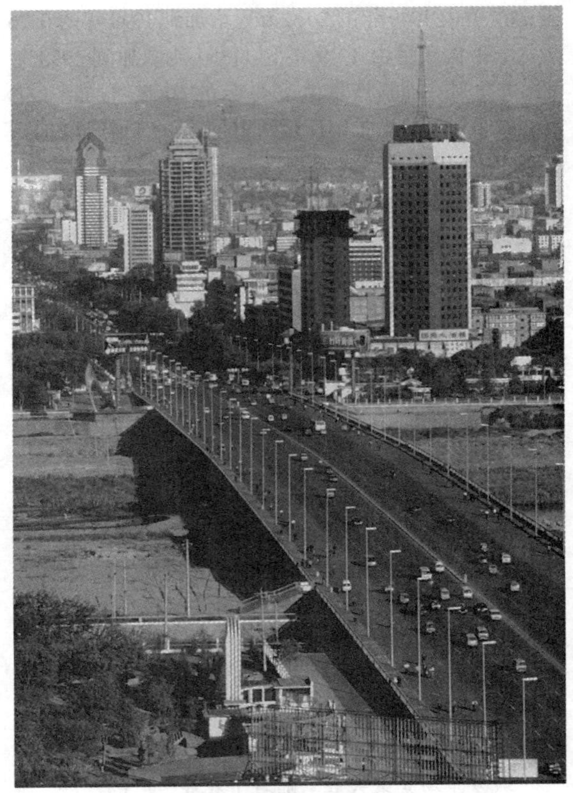

新迎泽大桥　　王宽勇　摄

31.9%,乡镇企业营业收入11.5亿元,比1978年增长187倍,平均每年递增31.7%,乡镇企业利税总额2262万元,比1978年增长112倍,平均每年递增28.3%。1991年至1998年8年间乡镇企业实现利税总额增长1.2倍,年均递增10.2%。乡镇企业已成为全区的利税大户,1998年乡镇企业上交税金占全区地方财政收入的30%。

乡镇企业的异军突起,推动着农村经济的迅速发展和农民生活的不断改善。1998年全区农民人均纯收入3050元,比1949年增长57倍,年均递增8.7%;1998年比1978年增长7.8倍,年均递增12.2%。"八五"期间年均递增2.9%;1991年至1998年8年间,农民生活提高更快,1998年比1991年增长2倍,翻了一番,年均递增10.4%。

(四)市场繁荣活跃。50年来,全区商业市场从解放初期仅有的几个商业企业,发展到如今的千峰百货、千峰工贸、迎西商厦、漪汾大厦、下元百货等在华北、全省挂号的大型商厦,以及随处可见的商业、饮食企业,商业网点星罗棋布,市场货源充足,繁荣活跃。1998年,全区实现社会消费品零售总额102133万元,比1949年增长380倍,平均每年递增12.9%;比改革初期的1978年增长14倍,平均每年递增15.4%;"八

五”期间增长1.2倍，平均每年递增17.1%；1991年至1998年增长2.3倍，平均每年递增16.2%。随着改革开放的不断深入和市场经济的逐步发展，国有经济成份逐步减少，非国有经济长足发展，特别是在第三产业领域非公有经济占据了主导地位。1998年全区社会消费品零售额中非国有经济成份占70.2%；到1998年底全区集市贸易、专业化市场和大型综合市场已发展到56个，占太原市三分之一多，非公有经济的发展，有力地促进了全区国民经济的快速发展。

(五)地方财政收支大幅度增长。50年来，全区财政实力逐步壮大，为全区经济和社会发展发挥了积极的促进作用。1998年全区地方财政收入达7564万元，比1949年增长192倍，平均每年递增11.3%；比1978年增长9.1倍，平均每年递增12.9%；“八五”期间增长1.2倍，平均每年递增17.3%；1991年至1998年增长2.2倍，年均递增15.6%。1998年全区地方财政支出6379万元，比1949年增长171倍，平均每年递增11.1%；比1978年增长7.9倍，平均每年递增12.2%；“八五”期间增长1.2倍，平均每年递增17.3%；1991年至1998年增长1.8倍，平均每年递增13.9%。

(六)城市建设日新月异。50年来，党和国家在万柏林区进行了大规模的城市建设。区内交通发达，铁路、公路纵横交错，形成网络。太铁西山支线和东晋支线是沟通全区工矿企业短途专用线及全国运输的主要命脉，横跨汾河两岸的迎泽大桥、结构新颖的双曲拱形胜利桥、平战结合的“7111”地下桥和“八五”期间新建的南内环桥、漪汾桥、晋祠路、滨河西路、千峰南北路、和平南北路、迎泽西大街、西矿街、漪汾街、兴华街、南内环西街以及以下元中心汽车站为轴心的11条公交线路四通八达，构成繁荣全区经济和人民生活的重要纽带。城市绿化美化初具规模。数以万计的楼群，大片的街坊住宅分布在全区二百多条街巷；建设与美化绿化同步进行，主要街巷杨柳成行，绿树成荫，松柏常青；绿篱、灌木、花池、花地、假山、喷泉、雕塑等园林小品建筑贯穿在几十个“四化”建设小区，伸臂式路灯、花栏式围墙和五颜六色、造型各异的建筑物相配衬，组成一幅整洁、优美的现代化城市图画。

近期发展战略

万柏林区地域辽阔，矿产资源丰富，劳动力资源充足，科研院所集中，科技实力雄厚，人才资源丰富，发展潜力很大，是一个大有希望的、充满生机活力的、城乡一体化的新城区。太旧高速公路的建成通车、迎泽西大街的打通、“一桥两路”的竣工、西出口太佳线的开通以及汾河城市段的治理美化、南寒龙城广场和下元三角地带的开放建设、西外环路的建设都将大大改善全区的投资环境。区委、区政府根据国家产业发展政策和区情区力，提出了近期经济和社会发展的指导思想：高举邓小平理论伟大旗帜，全面贯彻落实党的十五大精神，以经济建设为中心，坚持改革开放，推进两个转变，发挥“六大优势”，兴贸、强工、稳农，增强综合经济实力，强化城市服务功能，实施可持续发展战略，构筑城乡一体化新框架，精心维护社会稳定，努力搞好精神文明和法制建设，为把万柏林区建设成为经济繁荣、环境优美、社会文明进步、人民生活富裕的全省一流强区而努力奋斗！

根据当前生产力布局及全区国民经济和社会发展的指导思想，全区经济发展战略是：

东部发展第三产业有着得天独厚的条件，应以市场建设为中心，围绕民营经济园区的建设，建设大规模的批零市场，利用南北通道和西出口，集散全省、全市及至全国、全球的名优特新产品和生活必需品，从而带动餐饮、娱乐、服务等行业的发展。

西部煤炭资源丰富，畜牧林果资源开发潜力大，要加大水利基础设施建设的投入力度，开发林果、养殖、畜产品的加工，引进畜产品和林果产品，加快林牧产品品种的科技更新步伐。大力发展交通运输业，逐步改善生产经营环境，壮大企业实力，提高当地人民的生活水平。

南部要注重农业和旅游业的发展。农业要以市场为中心，以蔬菜生产为重点，解决好蔬菜生产用地和经济发展用地的矛盾，推进农业产业化的进程。旅游业要注重资源的开发和利用，积极带动商贸业的发展。

北部要加快对煤炭、石膏、石灰岩的开采和深加工，抓好冶炼业，发展建材业。

经济工作要围绕调整产业结构、寻求新的经济增长点两条主线；实施“兴贸、强工、稳农”三大战略；推动两个根本转变；实现全区国民经济和社会发展的“六化”目标，即农业生产产业化，基础管理标准化，企业产品名牌化，企业规模集团化，市场建设网络化，区域经济特色化。到2002年力争国内生产总值达到13亿元，工业总产值达39亿元，农业总产值达1亿元，乡镇企业总产值达到60亿元，社会消费品零售额达到19亿元，财政总收入达到2亿元，农民人均纯收入达到4683元。

(牛培亮)

太原市晋源区

喜看晋源巨变

晋源是古晋阳的发祥地,历史悠久、文化灿烂。解放前,在国民党腐败制度和蒋、阎暴政的统治下,人民贫困、文化落后、社会萧条、村镇残破、民不聊生、国民经济几近崩溃。

1948年7月20日晋源县城解放,古晋源大地从此获得新生,晋源区的历史翻开了崭新的一页。

沧海桑田,兴衰变迁,建国50年来,晋源区人民在中国共产党的领导下,用自己的勤劳和智慧艰苦奋斗、励精图治,经济逐步得到恢复和发展,人民生活水平不断提高,特别是1978年党的十一届三中全会以来,各项基础设施建设突飞猛进,多种经济成份全面发展,城乡面貌日新月异,国民经济快速增长,人民生活步入小康,在经济建设和社会发展上取得了令人瞩目的成就。

解放以来,为适应建设和管理的需要,随着太原市行政区划的调整,晋源区的行政区划也经历了几次大的变动,最近一次区划变动为1997年,1998年1月1日,晋源区政府正式挂牌成立,成为这次区划调整后的一个新区。全区辖两乡、两镇、两个街道办事处,即金胜乡、姚村乡、晋源镇、晋祠镇、义井街道办事处、罗城街道办事处,共有48个居民委员会、96个行政村,土地面积287.6平方公里,全区常住人口17.55万人,其中农业人口10.97万人,非农业人口6.58万人。

*经济建设成效显著。*解放50年来,晋源区的国民经济得到快速发展,综合经济实力大幅度提高。特别是改革开放以来,经济建设日新月异,国民经济发生了翻天覆地的变化。

1998年,全区国内生产总值达到65766万元,比1949年增长212倍,平均每年递增11.6%,比1978年增长了30倍,平均每年递增18.8%。全区按农村人口计算的人均国内生产总值1998年为5978元,50年间增长了85倍,年平均递增9.5%。

50年来,晋源区的产业结构发生了巨大的变化。解放初期的1949年,一、二、三次产业比重分别为68.5%、18.5%、13%,是以封闭的农业和小手工业为主的经济结构。到改革开放初期的1978年,三次产业的构成已转变为41.2%、30.0%、28.8%。1978年以来,在农业稳步增长的同时,二、三产业获得了飞速发展,三次产业结构更趋优化。到1998年,三次产业的构成为21.4%、43.5%、35.1%。

*农村经济欣欣向荣。*50年来,晋源区的农业有了巨大发展。农业生产条件显著改善,生产水平逐步提高。特别是1978年以来,农村普遍推行家庭联产承包责任制,极大地调动了农民的生产积极性,农业生产走上了健康发展的快车道。农村经济由单一经营向多种经营发展,农村面貌发生了巨大变化。

1998年,全区农林牧渔业总产值达23122万元,比1949年增长81倍,按可比价计算年均递增5.1%。1978年至1998年20年间增长17.6倍,年均递增6.2%。1998年,全区粮食总产达到30123吨,比1949年增长2倍,肉类总产达到2727吨,比1949年增长64倍,牛奶产量达到5718吨,禽蛋产量达到7591吨,蔬菜产量达14.1万吨,成为太原市重要的蔬菜和副食品生产基地。

建国以来,晋源区的农业现代化进程加快,科技含量逐年提高,农业机械从无到有到基本普及。1998年全区农机总动力达18154千瓦,地膜覆盖、节能温室、水稻旱育秧等先进的种植、养殖技术不断得到推广普及,粮食、蔬菜单产不断提高。1998年,全区粮食平均亩产达到363公斤,比1949年的106公斤增加了257公斤,蔬菜亩产达到12603公斤,与1949年的788公斤相比,增长了15倍,翻了4番。

解放后,晋源区农村经济发展较快,特别是1978年改革开放以来,农村经济有了质的飞跃,交通运输、商业餐饮及旅游服务业得到了迅猛发展。1998年,全区非农行业总产值达到213682万元,是农业总产值的近10倍。随着农村经济的发展,农民收入也大幅度提高。1996年,农民人均纯收入为2483元,全区农村率先奔入小康;1998年,农民人均纯收入达3462元,与1949年相比增长了78倍,年均递增9.3%,比1978年增长了10倍多,年均递增13.1%。

50年来,晋源区城乡居民居住条件得到了很大改善,村镇建设日新月异,家庭拥有的高档耐用消费品不断翻新,逐年增加,到1998年末,全区百户农户拥有家庭轿车 1.6 辆、摩托车 15 辆、家庭电话 5.4 部、空调 0.5 台、电风扇、电冰箱 30.2 台、电视机 106.3 台、洗衣机 77.4 台、照像机 62.4 台，交通工具、家用电器等高档耐用消费品的更新换代令人眼花缭乱。

工业生产突飞猛进。1949 年，全区工业增加值占国内生产总值的比重仅为 18%，1998 年，工业所占的比重达到 43%，成为全区的支柱产业。1998 年，全区全部工业总产值达 134464 万元，与 1949 年相比，增长了 725 倍，年均递增 14.4%。特别是 1978 年党的十一届三中全会以来，乡镇企业异军突起，工业的发展步入了一个崭新的阶段。在 1978—1998 年的 20 年间，全部工业总产值增长了 67 倍，年均递增 23.5%。工业企业向园区化、规模化、集团化方向发展。目前，晋源区的园区工业已初具雏形，造纸集团、侨友化工集团、华鑫镁业集团等已成为全区的龙头企业，形成了以煤炭、造纸、化工、焦化、冶炼、机械、建材等行业为主导行业的基本格局。

1978 年以来，晋源区的乡镇企业得到快速发展，为全区国民经济腾飞做出了突出贡献。1998 年，全区乡镇企业总产值达到 14.8 亿元，比 1978 年增长近 100 倍，年均递增 25.9%，乡镇企业利税总额 1.49 亿元，20 年间增长 24 倍，年均递增 17.4%。

基本建设日新月异。50 年来，晋源区基础设施建设快速发展，投资规模不断加大。1949 年至 1998 年间，全区全社会固定资产投资累计完成 99463 万元，年均投资 2030 万元。改革开放 20 年间，累计完成投资 95460 万元，年均投资 4773 万元。

建国前，晋源区境内只有一条破旧的太汾公路。建国后，公路事业发展较快，至 1998 年，境内公路里程达到 186 公里，三条公路干线横穿区境，全区 95 个行政村基本上实现了村村通油路。

解放前，流经境内的汾河没有固定的河道和堤坝。夏秋洪水暴涨暴落，给汾河沿岸人民造成极大灾难。解放后，流经境内的汾河经理顺河道、筑堤建坝，抵御自然洪涝灾害的能力显著增强，尤其是 1978 年、1997 年两次大的治理，使境内汾河的抗洪能力达到百年一遇。

地方财力显著增强。建国后，晋源区的财政从人民利益出发，坚持“以收定支，量入为出”的基本原则。随着国民经济的发展，财政收支逐年扩大，地方财力显著增强。建国初期的 1949 年，晋源区的财政收入仅为 22 万元，1998 年，晋源新区的财政收入达到 6000 万元，与 1949 年相比，增长 272 倍，年均递增 12.1%，比 1978 年增长了 20 倍，年均递增 17.5%。

社会事业蒸蒸日上。随着地方财力的增加，社会各项事业的发展步入了一个崭新的阶段。

教育事业。建国前夕，区境内仅有小学校 34 所，学生 2408 人，平均每 20 人中才有 1 人读书。解放后，教育事业发展较快，到 1998 年，全区共有普通中、小学校及职业中学 84 所，在校学生 9280 人，幼儿园 81 所，入园儿童 7043 人，全区教师 1472 人，学龄儿童入学率达 100%，九年制义务教育基本普及。

科技事业。50 年来，科技事业有了很大发展，截止 1998 年底，全区独立科研机构发展到 5 所，工作人员 60 人，各类专业科技人员 1233 人，科技在经济建设和社会发展中发挥了重要作用。

文化事业。传统戏曲、民间文艺及电影、电视、图书等均有了很大发展。至 1998 年，全区有影剧院(剧场) 38 个，文化馆(站)6 个，图书馆 3 个，电视在广大农村已基本普及，有线电视的覆盖面不断扩大。

卫生事业。1957 年，乡乡建立了联合诊所，1977 年，96 个大队全部建起合作医疗站。到 1998 年，全区有卫生机构 7 个，其中区级医疗机构 2 个，乡级医院 4 个，专业卫生技术人员 206 人，医院床位数达到 265 张。

旅游事业。晋源是三晋文化的发祥地之一，自古为都会之区，文物古迹众多，历史悠久，旅游资源非常丰富。建国 50 年来，区境内的旅游景点经过数次大的投资、开发、修建，形成了以著名景区晋祠、天龙山为主的旅游专线。近年来，游客人数达到 100 万人以上，是解放前夕的数十倍。“三晋之胜，以晋阳为最，而晋阳之胜，全在晋祠”，圣母殿、献殿、鱼沼飞梁“三大国宝建筑”在中国乃至世界建筑史上占有重要地位；宋塑侍女像、齐年柏、难老泉“三绝”令中外游人叹为观止。区境内还有堪与敦煌媲美的天龙山石窟、国内罕见的龙山道教石窟、现存国内最大的石灯北齐童子寺燃灯塔、造型别致的开化寺连理塔，世界上最早的大型石刻佛像蒙山大佛正在开发之中。随着晋源新区的成立及旅游区的定位，晋源区的旅游业将会得到更快、更大的发展。

(张慧平)

清徐县

艰苦创业　铸就辉煌

解放50年来,清徐人民继承先烈遗志,珍惜胜利果实,在党的领导下,团结奋进,艰苦创业,经历了社会主义革命和社会主义建设的考验,全县政治、经济、社会面貌发生了翻天覆地的变化。特别在党的十一届三中全会以来,开明开放,争先争上的清徐人民在邓小平理论的指引下,坚持“一个中心,两个基本点”,解放思想、抓住机遇、开拓进取、使改革开放和现代化建设迈出了新的步伐,全县政治稳定、经济发展、社会进步、到处呈现出欣欣向荣的景象。

经济建设突飞猛进。清徐人民在党的领导下,艰苦创业,顽强拼搏,经济建设日新月异,出现了百业俱兴、人民富康的前所未有的繁荣景象。农村经济产业结构突破传统的以粮为主的单一种植格局,向农业稳县、工业强县、三产活县方向转变。1998年,全县一、二、三产业在国民经济中的比重演变为20.8比43.4比35.8。农业生产突破封闭、半封闭、自给自足的传统农业生产格局,向开放的商品农业和种养加一条龙、产供销一体化的以农业产业化经营为特征的市场农业方向转变,农业生产内部结构也进行了较大调整,实施了葡果下平川,蔬菜过河东。高标准日光节能温室发展到8万余间,农业生产效益提高,成为全国平原绿化先进县,全省畜牧业生产先进县、瘦肉型猪基地县和蔬菜生产先进县,鲜嫩活新副食品供应量逐步占到了太原市市场的一半以上,成为太原市重要的副食品基地县。工业生产从无到有,逐步壮大。以铸铁暖气片生产为代表的乡镇企业异军突起,逐步取代县属国营集体企业占据全县工业生产的主导地位,组建了暖气片、煤焦化、老陈醋三大集团,培植了一批产值千万元以上的骨干龙头企业,全县基本形成了以王答乡为龙头的暖气片工业小区,以东于、清源为龙头的煤焦化工小区,以吴村、柳杜为主的精细化工小区,以杨房、徐沟、马峪为主的食品加工小区,以县城、清泉湖园区、白石沟生态农业开发区为主的第三产业小区等五大经济小区。建成了全国最大的暖气片、老陈醋生产基地,暖气片产销量占到全国市场的三分之二,成为全省手屈一指的占据全国工业品市场份额最大、竞争力最强的强劲名牌产品。1997年来自乡镇企业的税收占到全县财政收入的64%。以商贸、运输、旅游为主的第三产业逐步兴起。全县已拥有万余辆机动车和8列铁路自备车,年货运量达到5亿多吨公里,以“一城两沟三湖四点”为主体的新兴旅游业也初具规模。1998年,全县国内生产总值达到30.03亿元;农业总产值达到4.3亿元,是1949年的23倍,工业总产值达到38.11亿元,是1949年的4537倍,乡镇企业总产值达到40. 12亿元。粮食总产量达到100226吨,是1949年的3. 18倍,财政收入达到15920万元,是1949年的295倍,全县综合经济实力稳居全省强县行列,小康综合水平显著提高,直入全省首批小康县行列。

城乡面貌发生了根本性变化。50年来,清徐县交通、通讯、电力、城乡建设等基础设施显著改善,城乡面貌发生了根本性变化。公路交通发展迅速,形成以大运路、晋夏路为轴心的公路网,实现了“乡乡通油路,村村通公路,庄庄通机动车”,全县县乡公路里程达到194公里。今年将实现平川村村通油路目标。邮电、通讯、电力发展步伐加快,形成长话、市话、农话兼容、有线无线并举的立体交叉通讯网,程控电话交换机容量发展到7200门。1997年,城乡居民安装电话达到8015部。全县已建成11万千伏变电站两座,供电量发展到1亿千瓦时。近年来又完成了县城煤气输配、供热供水增容、县城道路扩宽改造等一大批城乡基础设施建设工程,实施了县城城市化、乡村都市化工程,县城硬化、绿化、亮化、净化、美化工作上了新台阶,涌现出了赵家堡、同戈站、北录树、中高白、都沟等

清徐三国演义城

一批都市化农村和高标准住宅小区，全县投资环境和城乡面貌发生了根本改观。

人民生活水平日益提高。解放以来，特别是党的十一届三中全会以来，随着联产承包为主的党的一系列富民政策在广大农村的落实，人民生活已彻底解决温饱，迈向小康。生活质量显著改善，吃、穿、住、行、用都由基本满足型向追求营养、科学、时尚、美观、宽敞、舒适、方便、快捷方向转变，彩电、洗衣机基本普及，二轮、三轮摩托车已进入普通农家。大部分农户都盖了新房，中高档家俱进入普通家庭，县城居民人均住房面积达到13.9平方米，居住条件明显改善。1998年，全县城镇居民人均收入达到5975元，农民人均纯收入达到2903元，城乡居民储蓄存款余额达到164239万元，人均5712元。

社会各项事业蓬勃发展。50年来，清徐县各项社会事业取得了空前进步。科技战胜迷信，农村实用科技普及工作迈出巨大步伐，积极营建了星火技术开发区，科技贡献率进一步提高，1997年进入全国科技先进县行列；坚持把教育放在优先发展的战略地位，教育基础设施水平一年一个新台阶，乡村新建校舍迅速增加，全县基本实现"最好的房子是学校"目标，成为全省"双基教育先进县"和德育教育先进县，中高考成绩连年稳居全市各县(市)区之首；文化、体育形式多样、内容丰富、面向群众、活跃城乡，1996年以来先后荣获全国文化先进县、全国体育先进县、全国科技先进县的称号，徐沟镇也成为中国民间艺术之乡；医疗卫生事业迅速发展，除个别边缘山区村外，缺医少药现象已基本解决，县、乡、村三级医疗保健网络基本形成，医疗基础设施和技术水平显著提高，基本实现小病不出村、大病不出乡、重病不出县的目标，群众健康状况明显改善。

（王新民）

历史的巨变　辉煌的篇章

阳曲县自古有"山西首邑"之称。地域广阔，历史悠久，人民勤劳善良。然而，解放前在阎匪暴政统治下，腐败的政治制度和动乱的社会环境，造成民不聊生，国民经济破烂不堪。

建国后，在中国共产党的领导下，阳曲大地掀起了热火朝天的建设高潮，全县人民以"无私奉献、自我牺牲、艰苦奋斗、求实创新"的阳曲精神，励精图治，奋发图强，使贫穷落后的旧阳曲日新月异，伴随着共和国蒸蒸日上的前进步伐，创造出一个政治稳定、经济繁荣、社会发展、安居乐业的新阳曲。

特别是党的十一届三中全会以来，全县人民解放思想、深化改革、扩大开放、勇于拼搏，使社会各项事业得到全面发展，国民经济得到快速增长，人民生活得到显著改善，县域综合经济实力迈上了新的台阶。50年来，阳曲县行政区划经过多次划拨与调整，目前的区划面积为2059平方公里，所辖乡镇15个，居民委员会4个，村委会245个。全县常住人口13.9万人，其中，农业人口12.25万人，非农业人口1.65万人。

综合实力明显提高。50年来，阳曲县国民经济快速发展，综合经济实力大幅度提高，特别是改革开放以来，产业结构明显改善，第三产业日益壮大，国民经济发生了深刻的变化。

1998年，全县国内生产总值达到62496万元，比1949年增长29倍，平均每年递增7.2%(按现价计算，下同)；1978年至1998年改革开放的20年间，国内生产总值增长6.8倍，平均年递增10.8%；进入90年代，国内生产总值以每年18.6%的速度递增，8年间增长了2.9倍。

阳曲县人均国内生产总值继1989年突破千元大关后，1998年达到4490元，比1949年增加了4440元，增长17.4倍，年均递增6.1%；改革开放20年间，人均国内生产总值增长6.8倍，平均每年递增10.8%；1990年至1998年8年增长2.8倍，平均每年递增18.3%。

50年间，阳曲县国民经济产业结构发生了巨大变化，从三次产业在国内生产总值中所占的比重来看，1949年，一、二、三次产业比重分别为94.8%、0.1%、5.1%，是以第一产业的种植业为主。到1978年一、二、三次产业结构转变为64.2%、11.3%、24.4%，第一产业比重下降，第二、三产业比重显著上升。随着改革开放的深入发展，经济体制和经济增长方式不断转变,一、二、三次产业结构逐步改善,到1998年三次产业结构分别为18.5%、52.6%、28.9%,第二产业成为支柱产业,第三产业得到长足发展,国民经济产业结构日趋城镇化。

工业生产突飞猛进。50年来,阳曲县工业生产迅猛发展,特别是改革开放以来,农村工业企业异军突起,多种形式的工业企业全面发展,极大地推动了工业生产的迅速增长,在全县国民经济结构中独占鳌头,成为举足轻重的支柱产业。

1998年,全县工业总产值达到112288万元,比1949年增长1.77多万倍,平均每年递增22.0%;改革开放20年间增长了57.8倍,平均每年递增22.6%;比90年代初期增长4.1倍,平均每年递增26.3%。

50年来,阳曲工业从无到有,从小到大,从简单的手工作坊,发展到多门类多品种的机械化作业。1998年全县工业企业单位有1263个,比建国初期的1953年增长314倍多,平均每年新增13.6个企业;改革开放的20年间,工业企业单位增长32.4倍,平均每年新增19个企业。工业产品种类不断推陈出新,不断更新换代。1998年全县主要工业产品有18类42个品种,比1949年增长6倍,平均每年有4个新产品投产。各类主要工业产品产量大幅度增长。全县原煤产量平均每年递增10.5%;焦炭产量平均每年递增14.8%;水泥产量平均每年递增18.9%;各种铸件产量平均每年递增8.4%;砖产量平均每年递增10%。

农村经济日益壮大。50年来,阳曲县农村经济有了翻天覆地的变化,特别是改革开放以来,乡镇企业迅速崛起,单一经营向多种经营转变,科学种田广泛推广应用,农业生产条件得到明显改善,农村经济日益壮大,有了很大的发展。

1998年,全县农林牧渔业总产值达到32528万元,比1949年增长6.5倍,年均递增4.2%;比1978年增长1.7倍,改革开放20年间平均每年递增5.1%;比90年代初期增长1.3倍,平均每年递增12.8%。主要农牧业产品产量50年间大幅度增长,1998年粮食产量达到88519吨,比1949年增长1.7倍,年均递增2%;油料产量达3131吨,比1949年增长6.4%,年均递增4.2%;蔬菜产量达32460吨,比1949年增长8.2倍,年均递增4.6%;水果产量3519吨,比1949年增长8.2倍,年均递增3.1%;猪存栏73993头,比1949年增长5.8倍,年均递增4%;羊存栏103450只,比1949年增长1.3倍,年均递增1.7%。

50年间,农业生产条件日益得到改善。1998年农业机械总动力达100585千瓦,60年代以来平均每年递增22.7%;农用载重汽车337辆,60年代以来平均每年递增14%;农村用电量1746万千瓦小时,60年代以来平均每年递增15.5%。

改革开放以来,阳曲县的乡镇企业逐步兴起,自1984年以来高速发展,以其强劲的势头为全县国民经济建设和发展做出了巨大贡献。1998年,全县乡镇企业总产值达108637万元,比1984年增长23.6倍,平均每年递增25.7%;乡镇企业营业收入78280万元,比1984年增长19.3倍,平均每年递增24%;上交税金2350万元,比1984年增长6倍,平均每年递增15%。

建设投资不断扩大。50年来,阳曲县基本建设发展迅速,投资规模逐年扩大。建国初期至1998年,全县固定资产投资累计完成57638万元,年均投资1253万元;改革开放20年间,固定资产投资累计完成56390万元,年均投资2820万元;进入90年代,固定资产累计投资43832万元,年均投资5479万元。

在固定资产投资中,50年基本建设投资累计完成47971万元,年均投资1043万元;改革开放20年间基本建设投资累计完成46723万元,年均投资2336万元;90年代以来,基本建设投资累计完成38444万元,年均投资4806万元。

生产性建设投资50年累计完成37180万元,年均投资808万元;改革开放20年间累计投资36290万元,年均投资1815万元;90年代累计投资29596万元,年均投资3700万元。

住宅投资不断加大。50年间累计住宅投资10420万元,年均投资242万元;改革开放20年间共投资10370万元,年均投资519万元;90年代共投资8111万元,年均投资1014万元。

城乡贸易繁荣活跃。50年来,阳曲县城乡市场发生了巨大的变化,特别是改革开放20年来,市场机制逐步改革、深化、完善,流通领域不断开放、扩展,城乡市场日益繁荣活跃。

1998年,全县社会消费品零售额20203万元,比1949年增长330倍,每年平均递增12.6%;比改革开放初期的1978年增长14.5倍,平均每年递增14.7%;比90年代初期增长3倍,平均每年递增19%。

随着社会主义市场经济的逐步建立,各种经济成份得到全面发展。改革开放初期,国有经济与非国有经济的比例为51.2:48.8;到1998年,国有经济与非国有经济的比例为14.2:85.8。国有经济成份比重逐步减少,非国有经济得到长足发展,社会主义市场经济主体成份日趋多元化。

地方财力逐步增强。50年来,阳曲县的财政金融状况日益好转,地方财力和金融存贷持续增强。1998年全县地方财政收入达4302万元,比1949年增长477倍,平均每年递增13.4%;改革开放20年间,地方财政收入增长40倍,年均递增20.5%;90年代地方财政收入增长 2.9 倍，8 年间平均每年递增 18.5%。1998 年全县地方财政支出 5537 万元，比 1949 年增长 922 倍，平均每年递增 15%；1978 年至 1998 年 20 年间增长 11.8 倍，平均每年递增 13.6%；1990 年至 1998 年 8 年间增长 2.1 倍，平均每年递增 15.1%。

建国 50 年来，阳曲县的金融体系从单一的人民银行发展为人行、工行、农行、建行及城市信用社和农村信用联社等多渠道的金融网络，为全县经济发展提供了有力的保证。1998 年末全县金融机构各项存款余额达 57253 万元，比 1949 年增长 13.6 万多倍，年均递增 27.3%；比 1978 年增长 92 倍多，年均递增25.5%；比 1990 年增长 3.1 倍，年均递增 19.4%。1998 年全县金融机构各项贷款余额达 45134 万元，比 1949 年增长 45 万多倍，年均递增 30.4%；比 1978 年增长 37 倍多，20 年间年均递增 19.8%；比 1990 年增长 3.1 倍，年均递增 19.4%。

人民生活显著改善。50 年来，阳曲人民辛勤劳动，安居乐业，生活水平不断改善，特别是改革开放 20 年来，城乡居民收入大幅度增加，储蓄能力大幅度增强，生活水平大幅度提高。

职工收入明显增加。1998 年职工平均工资 5102 元，比 1949 年增长 24 倍，年均递增 6.8%；比 1978 年增长 8.3 倍，年均递增 11.8 %；比 1990 年增长 2.1 倍，年均递增 15.3%。

农民人均纯收入显著增加。1998 年农民人均纯收入 1868 元，比建国初期的 1956 年增长 35.6 倍，平均每年递增 9%；比 1978 年增长 24.2 倍，年均递增 17.5%；比 1990 年增长 2.5 倍，年均递增 16.8%。

城乡居民储蓄存款不断增加。1998 年底，居民储蓄存款余额达到 48137 万元，比 1949 年底增长 481 万倍，年均递增 36.9%；比 1978 年底增长 165.7 倍，年均递增 29.2%；比 1990 年底增长 4.2 倍，年均递增 23%。1998 年底城乡居民人均储蓄存款 3463 元，比 1949 年底增长 288 万多倍，平均每年递增 35.5%；比 1978 年底增长 165.9 倍，年均递增 29.2%；比 1990 年底增长 4.2 倍，年均递增 22.8%。

（陈玉牛）

娄烦县

奋力迈出脱贫致富新步伐

娄烦县座落于晋西黄土高原，属吕梁山土石山区，位于山西省太原市西北汾河中上游，距太原城区 117 公里。东依古交市，南毗交城县，西邻方山县，北连静乐县，西北与岚县接壤，东西南三面环山，山脊与毗邻县成天然分界线。东西长约 48 公里，南北宽约 44 公里。东西群山叠嶂，南北丘陵起伏，整个地势西北高，东南低，平均海拔为 1200 米，地形地貌复杂。年平均气温在 7.1 至 8.1 摄氏度之间，年均降水量 425—450 毫米，无霜期为 130—160 天，白会、太宁、太佳公路纵贯全境，交通便利。全县总面积 1289.85 平方公里，现辖 9 乡 3 镇，216 个行政村，总人口 10.85 万人。

娄烦历史悠久，据可考史料记载，远在新石器时期，娄烦境内就有人类居住。春秋战国时期，娄烦已成为北方的一个强大游牧部族。秦始皇统一中国后，设娄烦郡。刘邦建汉后，置娄烦县，上属雁门郡。隋复置娄烦郡，先后上属宪州、岚州，是皇家牧苑之地。明朝建立后，废县为镇，设巡检司，归属静乐县所辖，清沿明制。建国后，娄烦随静乐属忻州地区。1971 年 5 月，报请国务院批准，设立娄烦县，属吕梁地区管辖。1972 年 4 月 1 日改属太原市管辖。

娄烦县矿产资源十分丰富，现已探明的矿产主要有煤、铁、大理石、硅、钨等。煤储量达 15 亿吨，铁矿储量 6 亿吨以上，硅矿储量为 100 万吨，大理石储量 1 亿立方米，石灰石遍布全县，是优良的建筑材料和化工原料。

娄烦依山傍水，风景秀丽，有很多名胜古迹及革命斗争遗址，是旅游避暑的好地方。就是在这片美丽富饶的土地上，孕育了一代又一代勤劳、勇敢、善良的娄烦人民。1958 年，为了修建汾河水库，造福山西，娄烦人民顾全大局，献出了良田 5 万多亩，22 个村庄近两万人由原来富庶的金土地搬迁到了人均只有 1.45 亩贫瘠山梁地的高坡上，从此闻名遐迩的小太原——娄烦，变成了名扬三晋的国定贫困县。改革开放以后，娄烦县委、县政府领导广大人民发挥本地资源优势，积极引进资金、技术和人才，大力发展县域商品经济，努力改善基础设施，尤其是近几年来县委、县政府把脱贫致富作为全县的中心工作，制定出切合县情的经济发展战略，解放思想，努力工作，使全县国民经济有了显著增长。全县国内生产总值1978年仅740万元，1998年达到30183万元，增长39.8倍，平均每年递增20.4%（按现价计算，下同）。人民生活水平稳步提高，全县农村居民人均纯收入由1978年的48元增加到1998年的996元，增长19.8倍，平均每年递增16.4%。

农业生产稳步提高。农业在娄烦县的国民经济中占有很重要的地位。全县可耕地面积为46万亩，宜林地80万亩，牧坡48万亩，数量可观。农作物种植品种主要有：谷子、玉米、马铃薯、高粱、莜麦、糜黍、大豆等。但是由于娄烦地处山区，耕地面积中大部分属坡梁地，抵御自然灾害能力差，配套水利设施建设滞后，科技含量低，多年来广种薄收，靠天吃饭的状况难以改变。1971年建县时全县粮食总产量仅为1.68万吨，1978年为2.14万吨。改革开放后，县委、县政府逐年增加对农业的投入，积极改善农业生产条件，特别是自1996年省、市三年扶贫攻坚以来，县委、县政府非常重视改善农业生产基本条件，抓住全省在汾河水库上游进行水土治理的有利时机，领导全县人民大搞以改造二坡地为主的农田水利基本建设，取得了显著成效。与此同时，县委、县政府还把农民增产增收作为农村工作的中心任务，积极引进农作物优良品种推广种植，调整农作物种植结构，发展高效优质农业，实行地膜覆盖、种子包衣等有机旱作新技术，农业机械化程度得到进一步提高，全县的农业生产条件得到了很大改善。到1998年全县化肥施用量（实物量）达到4443吨，亩均17公斤，粮食总产量达到2.81万吨，比1978年增长31.3%；油料总产量达到2156吨，比1978年增长近7倍；农林牧渔业现价总产值达到9020万元，比1978年增长近9倍。种植业发展的同时，林、牧业也得到了长足的发展，1998年全县猪牛羊肉总产量达1503吨，比1978年增长2倍多。

工业生产较快发展。娄烦县工业起步较晚，1971年建县时，全县工业企业仅有6个，都是小规模经营，工业总产值仅为172万元。进入80年代，县委、县政府把发展工业提到了主要议事日程，把发展工业企业作为增加财政收入的主要途径，使娄烦工业得到了较快的发展，新组建了一批以娄烦县铁矿为龙头的县营工业企业；同时乡镇企业异军突起，遍布了娄烦县的大小村庄，使工业成为娄烦县的主导产业。1998年底，全县共有县营工业企业14个，乡镇工业企业133个。仅国有及年销售收入500万元以上的工业企业总产值就达到5739万元，比建县时全县工业总产值增长46倍。目前一个以煤焦、冶炼、建材等为龙头的娄烦工业生产体系正逐步建成和完善。

财政贸易欣欣向荣。娄烦县自建县以来，财政收入逐年好转，1971年地方财政收入仅为38万元，到1978年增加到43万元，1998年财政一般预算收入达到1119万元，比1978年增长25倍。商业贸易更是逐年繁荣，1978年全县社会商品零售总额1138万元，1998年达6328万元，比1978年增长4.6倍。金融保险事业也有了长足的发展，为娄烦县国民经济和社会各项事业的发展提供了有力的保障。

基础设施明显改善。在经济发展的同时，为了适应经济体制和社会发展的需要，县委、县政府以及各部门狠抓基础设施建设，娄烦的交通运输、邮电通讯、城市建设及文教卫生在改革开放20年来均有了较大的改观。建县初，县城只有一条北大街，是白会线的过境线，道路窄，车辆行人拥挤，交通事故时有发生。经过20多年的努力，城乡公路由原来的羊肠小道变为现在的柏油路，现已打通南大街，并建成了滨河路，交通状况得到了很大的改善。目前全县已形成8个出境口，1个大循环，4个小循环的四通八达的公路网，在此基础上实现了主干线二级路，县乡二级路，乡乡通油路，村村通机动车。通讯由原来全县仅有几部手摇电话机发展到1998年全县程控电话机拥有量达2028部，无线寻呼964户，移动通讯用户360户，已初具规模。城市建设更是旧貌换新颜，街道两旁楼房林立，移民时所建的低矮的小平房正在逐步被宽敞明亮的住房所取代，城镇居民住房结构和质量均有了较大幅度的改善和提高，县城建成区面积已由建县时的0.5平方公里扩展到1.76平方公里。县城中心建有设备齐全、高素质教师队伍的规模实验小学一座，拥有学生一千多人。正规中学两座，专任教师180多名，在校学生两千多人，职业中学一座，与分布在其他地方的教学基地一起成为娄烦县人才培养的摇篮。医疗卫生方面，现有县级医院两座，医务人员250多名，医疗设备及技术水平都有了明显改善和提高，并建成住院大楼一座，改善了原来住院病房拥挤简陋的状况，为病人营造了一个良好的医疗环境。

经过20多年的建设，娄烦县的经济和社会发展取得了明显的进步，但由于制约因素很多，目前仍是温饱型的农业、步履艰难的工业、“吃饭”的财政、落后的文化教育事业以及较为简陋的城市基础设施建设。为了彻底改变这一面貌，娄烦县委、县政府根据县情提出了“依法治县、科教兴县、产业富县、党建强县”的战略构想，力争到1999年底全面完成“九九工程”，即：做好九方面的主要工作，完成九大预期目标。

九方面的主要工作：

（一）努力促进农业和农村经济全面发展；

（二）全面落实放开放活的政策，下大功夫搞好民营企业；

（三）活跃流通，加强征管，确保财政收入增长；

(四)搞好招商引资,努力扩大对外开放;

(五)加大基础设施建设力度,改善城乡居民生活环境;

(六)完善社会保障制度,切实维护社会稳定;

(七)继续大力实施科教兴县战略,进一步加强民主法制建设;

(八)以依法制县为龙头,进一步加强民主法制建设;

(九)从严治政,建设廉洁、勤政、务实、高效政府。

九大预期目标:

(一)国内生产总值达到3.05亿元,比1998年增长3.1%;

(二)国有企业和年销售收入500万元以上工业企业增加值达到2481万元,增长3.1%;

(三)乡镇企业总产值2.5亿元,增长14.3%,增加值5000万元,增长6.1%,营业收入1.6亿元,增长15.6%;

(四)财政总收入1808万元,增长9.6%,一般预算收入1219万元,增长8.9%;

(五)社会消费品零售总额6500万元,增长2.7%;

(六)粮油总产量稳定在6500万斤,其中,粮食6000万斤,油料500万斤;

(七)居民消费品价格涨幅控制在3%左右,商品零售价格涨幅控制在2%以内;

(八)农民人均纯收入1100元,增长10.4%;

(九)人口自然增长率控制在13.31‰以内。

在新世纪的曙光即将迎来之际,全县人民将在县委、县政府的正确领导下,乘改革开放之东风,借扶贫攻坚之契机,团结一致,艰苦创业,去建设一个更加光辉灿烂的新娄烦。

(李建生)

大同市城区

励精图治　尽显风流

大同市城区是中共大同市市委、市政府所在地,是大同市政治、经济、文化的中心。东距首都北京380公里,南离省会太原352公里,处于晋、冀、蒙交汇处,交通、通讯便利。

大同城曾是北魏京师,辽京陪都,明清重镇。悠久的历史,繁华的街市留下了许多蜚声海内外的名胜古迹,其中列入国家重点保护的有上下华严寺、善华寺、九龙壁、云岗石窟,近郊还有应县木塔、北岳恒山、悬空寺等,每年吸引着众多中外游客到此观光旅游。

大同城区现常住人口48.8万,流动人口约20万,面积46平方公里,下辖14个街道办事处,298个居委会。在党的十一届三中全会以来的路线、方针、政策指引下,在邓小平建设有中国特色社会主义理论指引下,在山西省委、省政府、大同市委、市政府的正确领导下,全区上下团结一心,艰苦创业,两个文明建设硕果累累。

一、经济快速发展

城区经济在全市起步相对较晚,工商业是在解放初期的15个手工业合作厂和60年代的家属工厂的基础上发展起来的,大中型企业很少,而且一些发展较快的企业已并入市领导,因此,普遍存在着资金少、设备差、技术落后、消耗大、产品质量不高的现象。党的十一届三中全会以后,城区坚持"改革、开放、搞活"的方针,工商建筑企业持续、稳定、协调地发展。1978年,全区完成国内生产总值1659万元,工业总产值3639万元,建筑业总产值200.21万元,商业营业额206万元,财政总收入320万元。1988年城区坚持深化改革,增强企业生机和活力,全面推进厂长、经理责任制,经营权和所有权分离。坚持"包死基数、确保上缴、超收多留、欠收自补"的方针,鼓励经济发展。在产品项目方面,狠抓技改,积极调整产品结构,千方百计抓信息,找销路,占领市场,取得了较好的经济效益。1988年全区完成国内生产总值7446万元,工业总产值7700万元,建筑业总产值1808万元,商业营业额14566万元,财政总收入2063.7万元,比1978年增长444.93%,年平均增长速度为20.5%。近几年来,城区用足自己地处市中心的区位优势,紧紧围绕全市"二次创业"发展战略,坚持"稳定发展煤运产业,优化重组基础工业,大力发展商贸业,扶持发展民营经济"的方针,重点突破,整体推进,使全区经济有较快发展,财政总收入1996年首次突破亿元大关,1997年达1.1亿元,1998年在经济工作遇到前所未有的困难情况下，财政收入仍然比1997年增长了6.12%，完成11708万元，国内生产总值19650万元，工业总产值24513万元，建筑业总产值4801万元，商业营业额46423万元。1978年至1998年，城区财政收入年增长率为19.7%。

城区经济的产业构成情况是：

——煤运企业。煤炭运销始于1982年，初建有16个发煤站点，200余个货位，1988年发煤达130万吨。现有5个大型发煤运销站，货位600多个，有3列自备车。近年来，城区的煤运公司、乡镇煤运公司和型煤厂三大户面临竞争激烈的煤炭销售市场，大力拓宽销售渠道，提高服务质量，经过水陆联运线，大量销往北京、天津、南京、上海等10多个地区，1988年至1998年累计发运煤1744万吨，实现利税66367万元，特别是1996年，煤炭发运量达349.27万吨，上缴利税4400多万元，占全区财政总收入44%，为全区财政收入突破亿元大关作出了巨大贡献。

——基础工业。煤炭工业从1985年起步，经过十几年发展，城区煤矿由初创期的2座发展到现在的11座(1998年为贯彻省、市关井压产精神，对不符合生产条件的5个矿井进行关闭取缔)。煤炭产量由最初不足1万吨，发展到1997年的165.6万吨，1988年至1998年累计产煤1470万吨，上缴税金4230万元。二轻工业大部分脱胎于60年代街办工业，底子薄，基础差，经过多年技术改造，形成了初具规模的工业格局，现有化工、建材、服装、橡胶、塑料、灯具、造纸等30多个行业，主要产品除原煤外，近几年又连续开发生产出铝银浆、铝银粉、油漆、搅拌机、阻燃运输带、釉面砖和高强度瓦楞纸等一系列具有一定技术含量和竞争能力的产品，畅销省内外市场。近年来，城区筹资、引资4200多万元，完成技术改造和新产品开发项目13项。1981年至1998年累计上缴税金5615万元。

——街办企业。星罗棋布的街办企业是城区经济的基础和特色，始于50年代，当时以个体手工业为主，以修修补补，便民服务为主要内容。1996年，14个街道办事处发展工商企业、建筑企业、服务企业400多个，涉及到煤炭、建筑、五金、电缆、钢俱、服务等多种行业。近年来，街办工业着力发展为国营大中型企业配套产品，开发了电力电缆、漆包线、矿用暖风机、更衣柜等产品，产值、利税大幅上升。1998年，实现工业总产值6948.76万元，比1978年增长5.47倍，商业营业额9974万元，比1978年增长4.7倍，建筑业总产值4801万元，比1978年增长3.3倍，上缴税金1231万元。在街办企业中，有荣获国家质量信誉奖的城区电缆厂，有被省商业厅誉为“云中商城小精灵”的新建南路干鲜果品贸易公司，有获全国“七五”星火博览会优秀奖的东街巨洲钢俱厂等，这些企业为发展经济、搞活流通、繁荣市场、安排就业做出了较大贡献。

小区建设　　乔晓光　摄

——个体私营经济。在历届区委、区政府的鼓励和扶持下，经过个体私营业主的不懈努力，城区个体私营经济从无到有、由小到大迅速发展，已达到相当规模和水平，在全区经济和社会发展中占有十分重要的地位。从1985年开始，陆续开建了一些街市、路市和院落式市场，设施虽然简陋，大部分是一些顶棚式固定柜台和露天地摊，但很受消费者欢迎，市场成交额大幅度上升，1988年达1.31亿元。之后，城区不失时机地投资630万元，新建了面积为1.28万平方米、设摊位820个的楼层式集贸大楼和顶棚式的迎泽市场，形成了全区的商品集贸交流中心。到1990年，全区共有集贸市场、摊点28个，个体私营户4610户，从业人员7636人，上缴税收827.6万元，占全区财政总收入的19.66%。近年来，城区个体私营经济快速发展，涌现出永和大酒店、云岗实业总公司、鼓楼家电城等一大批规模较大、实力雄厚的个体私营企业，据不完全统计，资产在亿元以上有2户，千万元以上的有17户，500万元以上千万元以下的有21户，500万元以下100万元以上的有23户。城区个体私营经济已进入生产、流通、消费等经济运行的各个环节，从初期主要从事商业、饮食业、修理业等发展到不仅有工业加工、建筑业、交通运输业，而且拓展到科技、文化、教育、卫生、信息等领域。城区个体私营经济的快速发展，与大同市委、市政府的正确领导分不开，与区委、区政府的高度重视分不开。1991年，区委、区政府实施了鼓励、扶持个体私营经济发展的政策措施，1992年，区委、区政府把发展个体私营经济列入经济发展目标责任制进行考核。十五大以来，城区本着“三个有利于”方针，把发展个体私营经济摆在突出位置来抓，并纳入全区国民经济和社会发展年度计划。1998年，出台了《关于加快发展个体私营经济的若干意见》，区里多次召开个体私营经济座谈会，成立了民营经济领导组，政府有关职能部门也加大扶持力度，切实为个体私营经济提供有效服务，确保个体私营经济健康快速发展。1998年底全区个体工商户已达到8921户，从业人员12778人，分别比1990年增加4311户和5142人；私营企业223户，从业人员10058人，与1990年相比，户数增加172户，增长了3.3倍，从业人员增加了8967人，增长了近8.2倍，上缴税收3249万元，占全区财政总收入的27.8%。

二、教育长足发展

从1954年城区接管小学教育工作至今，在上级部门的正确领导下和社会各界的大力支持下，全区教育事业取得了显著成绩。

（一）扩大办学规模，更新教学设备。1954年城区只有13所小学，206个班，10509名学生，教学仪器简单陈旧。到1998年已有小学35所，学生36470人，教职工2456人，连续5年小学入学率、合格率达100%。1993年，城区型煤厂自己投资兴办了一所专为接受全国失学孤儿的“大同希望学校”，接收全国25个省、市、自治区孤儿508余名，多次受到中央、省、市的表彰。目前，全区已有16所小学有了投影仪、录音机，11所小学共配备了319台电脑，各类电教设备、教材总额达298万元，1998年被省教委评为全省“普及实验教学”先进县区。

（二）全面发展素质教育，教学质量稳步提高。1984年，大同市城区率先成为全省首批义务教育合格县区，1996年通过省政府“两基”评估验收，1997年被确定为全省素质教育实验县区。全区小学“四率”连年达国家部颁标准，连续三年获得“小学毕业成绩优秀县区”称号。现共建省、市德育基地62个，“省级文明学校”4所，“省级德育示范校”2所。

（三）增加教育投入，改善办学条件。十多年来，城区区委、区政府用于教育的财政拨款逐年增长。1986年教育经费为184万元，生均教育经费为184元，生均教育事业费为158元；1998年教育经费为2439万元，生均教育经费为698元，生均教育事业费为593元。1986年以来，共新建3所小学校，改建了2所，扩建了5所，解决了部分学校班容量大的问题，取消了二部制。

（四）采取多种方法，提高师资水平。教师的素质直接关系到教育教学质量的提高。城区采取脱产进修、自学、函授、岗位练兵等形式提高了教师的学历水平和业务能力。目前，全区已有615人取得大专以上学历，全区小学教师学历合格率为97.4%。

三、各项社会事业全面发展

——卫生工作。城区建区以来，在区委和区政府的重视下，医疗卫生机构已经由建区初期的几个私人诊所发展成为有城区医院、口腔医院、卫生防疫站、妇幼保健站、5个街道卫生院和34家保健单位构成的医疗防治网，在区内实行以防治为主治疗为辅的积极保健措施，使城区人民的健康水平逐步提高。人口死亡率由建区的1954年的11.23‰下降到1998年的2.31‰。

近几年，为了适应城市卫生事业改革与发展的需要，城区大力开展社区医疗卫生服务。全区先后成立了11个社区医疗服务站，在社区内开展医疗、预防、保健、康复、健康教育工作，患者就近就医，医生上门服务，达到维护和增进社区人群健康的目的。

——文化工作。1965年建立文化馆，担负全区职工和少年儿童的文化管理工作。1977年城区正式成立文化局，文化事业进一步走入正规。近年来，城区坚持“二为方向”和“双百方针”，大力发展社区文化、企业文化和校园文化，加大文化市场稽查力度，促进文化市场健康发展。城区区委、区政府还投资280万元，兴建了面积为4800平方米的“城区少儿艺术活动中心”，红领巾艺术团的成立极大地繁荣了全市文化事业，培养出近千名文艺骨干，并多次获得部、省级荣誉，成为大同市文化领域中的一支奇葩。

——科技工作。城区历届党委和政府十分重视科技发展，1978年，城区成立了科委，加强了科技管理工作。1985年，又成立了科学技术协会，为区内广大技术工作者搭起了桥梁。科委成立以来，结合城区经济基础差、设备陈旧、技术力量薄弱等特点，组织攻关队伍，深入企业，调查研究，攻克难关。80年代初政府投资50万元，建成城区有史以来的两座煤矿——狼儿沟矿、常圈沟矿。1985年，国家科委投资300万元，省、市科委投资11万元，城区政府投资5万元，建成国内第一家型煤厂。1990年以来，全区在企业改造和新产品开发方面的科技投入逐年加大，至1998年投入技改新产品开发资金总计814.84万元，完成技改和新产品开发项目76项。

——体育工作。城区区委、区政府加大对体育基础设施建设的投入，1991年，区投资120万元建起一座长38米、宽24米、高8.5米的综合训练馆。区政府还为各学校配置了标准的体育设施，使体育工作搞得全面而有声有色。近年来，大力发展社区体育，1998年获得全国城市社区体育先进单位。

（盛国辅　杨飞翔）

大同市矿区

矿区经济崛起之路

大同市矿区位于大同市的西翼，区人民政府坐落在大同矿务局所在地新平旺，全区总面积约90平方公里，境内有口泉华严寺、孟良城、穆桂英坡等20多处名胜古迹。矿区现下设24个街道办事处，辖301个居民委员会，总人口为48万。

矿区成立于1970年10月，由大同市人民政府和大同矿务局双重领导，实行"政企合一"的体制。1980年2月脱离大同矿务局，直接隶属于大同市人民政府，成为大同市的一个直属独立行政区。由于历史的原因，造成了矿区一无土地，二无资源，矿区建设初期面临许多困难，经济实力不雄厚，各项社会的发展受到了限制。

改革开放20年来，矿区区委、区政府团结和领导全区广大人民群众，认真贯彻执行党的十一届三中全会以来的路线、方针、政策，坚持"为煤炭生产服务，为职工生活服务"的方针，建立全方位的生产和服务体系，初步形成了以煤炭采掘为主、兼营煤机修造、机械加工、建筑材料、艺术瓷、造纸、服装等多种行业的经济格局，使全区发生了翻天覆地的变化。1998年全区国内生产总值达到23548万元，财政总收入达到5425万元，分别比1980年增长6.7倍、18.6倍。

一、工商经济快速发展

工业经济稳步增长。1970年建区时矿区工业企业只有33个，职工人数4927人，工业总产值229.56万元。到1998年年底，全区工业企业数达到75个，是1970年的2.3倍；1998年，全区工业总产值5850万元，比1970年增长24.5倍；工业产销率达97.38%，主要产品原煤产量达到184万吨，煤炭铁路外运量达到82.97万吨。大同截齿厂1974年至1998年生产截齿501万件，防爆电器厂1980年至1998年生产井下防爆元器件627万件(台)。

商贸业发展迅速。1970年建区时只有百货、蔬菜、饮食三个系统和一个商办工业企业，1998年全区商业网点达到4786个，集贸市场30个，社会消费品零售总额达到73819万元，比1978年增长15倍，比1985年增长7.7倍。矿区商贸业从原来的小摊点、小网点逐渐向大商厦、大市场方向发展，1997年金凤凰商城一期工程和二期工程相继建成运营，正在新建的雁宇购物中心和即将开发建设的富卓商贸市场及新平旺商厦改建、扩建工程的竣工，将为矿区形成"大商贸、大流通、大市场"的商贸格局奠定更加坚实的基础。

二、基本建设日显功效

固定资产投资规模不断扩大。仅1997年、1998年两年全区安排固定资产投资项目就达24项，其中技改项目7项，新产品开发项目8项，基本建设项目9项，完成投资4515万元。区机关安居住宅楼、莺燕娱乐城、金凤凰商城、新平旺百货大楼营业厅扩建等重点工程实现了当年施工，当年竣工，当年投入使用；区机关安居住宅楼工程完成投资530万元，施工面积10368平方米；莺燕娱乐城施工面积9600平方米，投资690万元；金凤凰商城一期工程施工面积19600平方米，完成投资1800万元，二期工程施工面积2.04万平方米，投资700万元；两个交易大棚及其配套工程于1998年6月被国家发展计划委员会批准并列入国家级"菜篮子"工程项目；新平旺百货大楼营业厅扩建工程于1997年12月竣工剪彩，开始营业；雁宇购物中心已完成主体工程项目；区人民医院住院大楼工程已完成主体工程；1997年被市计委批准的口泉泉武街经济适用住宅小区的一期工程已破土动工。

三、科技开发有所进展

建区后，全区围绕为煤炭生产服务、提高经济效益和社会效益这一宗旨，进行了"KJ型多功能电子自动洒水控制器"、"高级结晶无机人造大理石、高强度彩色墙面地面装饰板"、"高炭多元素合成钢"、"干荷电池配套及摩托车电瓶"以及"硬质泡沫海棉"等项目的研制，通过了省、市验收鉴定并投入生产，1997年、1998年两年确定的7项技改项目，实现4项，完成投资550万元，已进入试生产阶段；艺术瓷厂的异型耐火砖改造项目，完成投资5万元；投资300万元，完成了民政电器厂铝塑复合袋生产线的建设；投资210万元，完成了防爆电器厂的BKD—200、400馈电开关的开发，已形成生产能力；投资35万元，完成了截齿厂的U94截齿的开发及KB60矿用防爆灯的开发；投资140万元，完成了防爆电器厂80N可逆开关开发。科技含量高、市场看好的PVC铝芯发泡管、铝塑复合管等新项目，已批准立项，计划投资2140万元，这将成为矿区新的经济增长点。

四、财政税收逐年增长

1980年全区财政收入只有276.73万元,1985年为785.7万元,1998年全区财政总收入5425万元,是1980年的19.6倍,是1985年的6.9倍,比1997年增长4.08%。其中地方税收完成3325万元,比1997年增长8.19%。人民生活水平逐步提高,全区职工人均收入1980年以来平均每年增长11%,1998年达到4928元,是1980年的6.5倍。

五、企业改制效果明显

1997年、1998年是矿区深化改革的重要年份,企业改制工作取得了突破性进展,共完成改制企业47户,改制面达41%。地面工业企业完成改制21户,其中实行股份制1户,公开招聘2户,租赁10户,兼并2户,产权置换4户,拍卖2户。商贸企业完成改制的有26户,其中实行股份制2户,连锁店1户。改制后的企业,重新焕发了活力,增强了市场竞争力,部分"两停一亏"企业也有了新的生机。

六、龙头企业富有活力

矿区的企业绝大多数为集体所有制企业,除煤矿、煤站外,大部分企业是由五、六十年代家庭作坊式的家属小工厂演化而来的,普遍存在着设备简陋、工艺技术落后、产品单一老化、粗放经营等特点,20多年来,矿区截齿厂、区艺术瓷厂、百货公司都有过经济发展的顶盛时期,曾一度成为矿区的龙头企业,但由于种种原因,企业效益出现了下滑,经营困难。同时,另外一部分企业利用改革的契机发展壮大起来,成为带动矿区产业发展的龙头企业。

大同市防爆电器厂。防爆电器厂始建于1970年,当时是一个仅有几间厂房、几十名职工的街办小工厂。20年来,该厂以艰苦奋斗为本,内强管理,外拓市场,走科技兴厂之路,经济发展成绩辉煌。现已成为一个拥有占地面积20000多平方米,460名职工,分设铸工、铆焊、机工、钳工、电器、综合6个车间,生产矿用防爆电器设备的定点企业。20年来,工厂经济逐年增长,特别是1995年以来,主要经济指标每年平均以25%的速度递增,工厂效益成倍增长。4年完成产值4530万元,相当于以前8年之和,4年上缴利税251万元,相当于以前9年之和,净资产从1994年的600万元增至1998年的1100万元,资产负债率则由1994年的40%下降到21%,1998年工业总产值达到1300万元,上缴税金85万元。多年来,该厂一直注重科技进步和新产品开发,现已开发生产出7大系列100多个品种的产品,其中组合型真空磁力起动器于1997年被国家煤炭部鉴定为国家级新产品,填补了国内综采电控的一项空白。

矿区胡家湾煤矿和高胜煤矿。矿区胡家湾煤矿地处大同市南郊区鸦儿崖乡老窑沟村,是1994年3月5日移交给矿区的一座军办煤矿,经清产核资移交给矿区的固定资产为130万元。矿领导班子团结一致,作风硬朗,坚持两个文明一起抓,以人为本,艰苦创业,凭借一支高素质、能战斗的职工队伍,在激烈的市场竞争中站稳了脚跟,矿容矿貌发生了巨大的变化。1998年底的固定资产拥有量已达360万元,是移交时的2.8倍。9个货位的煤台和298米的铁路专用线,把煤炭发运量提高至少18万吨。上交利税情况,1994年恢复生产,扩大生产规模,当年亏损28.9万元,1995年上交国税0.8万元,地税2.2万元,实现利润0.54万元;1996年上交国税31.67万元,地税6.12万元,实现利润20.22万元;1997年上交国税205.6万元,地税83.4万元,实现利润20.1万元;1998年上交国税192万元,地税70.2万元,实现利润20.2万元。矿区高胜煤矿地处南郊区鸦儿崖高驼村,是1994年3月5日移交给矿区的一座军办煤矿,现有职工116名,经济实力逐年壮大,到1998年年底已拥有年设计生产能力9万吨的煤矿一座,年发运量15万吨,9个货位的坑口煤台一座,铁路专用线300米,固定资产达1200万元,1994年原煤产量5万吨,上交利税30万元,1998年发运原煤11万吨,被评为大同市"双文明"企业。

大同市金凤凰商城。矿区从1970年建区至今一直奉行"为煤炭生产服务,为煤矿职工生活服务"的宗旨,经过充分的调查研究和市场论证,结合矿区的区情,认真分析得出结论,矿区经济要发展,必须冲破制约经济发展的"有天没地"的格局,即在没有土地和矿产资源的客观条件限制下,要培育新的经济增长点,实施"二次创业"的宏伟设想,必须利用矿区现有的优势——拥有48万人口,地处城乡结合部,有驻地特大型企业大同矿务局和其它国省营企业以及大量的晋冀蒙周边地带的经商人员出入——来求得更快更好地发展。矿区决定在口泉重镇花园街、泉武街兴建一座大型的商业批发城。1997年7月,金凤凰商城破土动工,仅用了169天就完成了全部工程,1998年1月6日正式开业投入使用,实现了当年设计、当年施工、当年运营的预期目标。内设房屋式营业用房434间,营业摊位680个,可容纳1100户经营者,安排从业人员2000多人,日成交额由三月初的0.2万元上升到现在的30万元,现已建设成为集百货、针纺、烟酒、副食、餐饮、服务、加工、技术培训、医疗卫生于一体的综合性市场。

(乔润兰　张会林)

大同市南郊区

依托区位优势　发展特色经济

大同市南郊区是大同市近郊区，位于大同盆地北部，东西与大同县、左云县接壤，南北与怀仁县、新荣区毗邻，有十里河、御河、口泉河流经全区，辖12乡、3镇，190个行政村，7.5万户、24.6万人口。全区总面积1050平方公里，耕地面积39万亩，人均1.87亩。

南郊区交通便利，资源丰富，市场广阔。境内煤炭、石灰石、耐火粘土、高岭土、大理石等储量丰富。京包、同蒲、大秦三大铁路干线纵横全境，大塘、大运、同太、同张等35条公路以及京大高速公路和即将开工的大运高速公路起于或交汇于此，使南郊区成为晋、冀、蒙的交通枢纽。全区环绕大同市区和矿区，城乡交错、村矿相依，具有百万人口的广大消费市场。

一、经济发展成就

党的十一届三中全会以来，南郊区在省委、省政府，市委、市政府的正确领导下，坚持"依托城市、建设南郊、服务城市、富裕农民"的发展方向，充分利用和发挥地理位置优越、资源丰富、交通便利、市场极为广阔等优势，解放思想，抓住机遇，开拓进取，奋力拼搏，以建设"龙头企业特色区"为主攻方向，取得了巨大成效。

*一是综合经济实力显著增强。*1998年，全区国内生产总值达到28.03亿元，相当于1978年的48倍，平均年递增21.36%（按当年价格计算，下同）；

工农业总产值达到39.27亿元，相当于1978年的40.7倍，平均年递增20.35%；

农村经济总收入达到83.66亿元，相当于1978年的153倍，平均年递增28.6%；

乡镇企业总产值达到76.57亿元，相当于1978年的231.8倍，平均年递增31.3%；乡镇企业营业收入达到72.44亿元，相当于1978年的262倍，平均年递增32.2%；农民人均纯收入达到2888元，相当于1978年的21倍，平均年递增16.4%；

财政总收入1980年突破1000万元，1994年突破亿元大关，1996年又突破2个亿，1998年达到2.43亿元，相当于1978年的41倍，平均年递增20.45%。

全区15个乡镇全部成为亿元乡镇，其中14个乡镇达到双亿元，104个村成为千万元村，占到农村总数的54.7%，全区建成"明星村"和"明星企业"（产值1000万元以上，税收在150万元以上）26个，经济强村和企业（产值在500万元以上）41个。全区15个乡镇、183个村被市委、市政府命名为小康乡村，分别占到全区乡、村总数的100%和96%，成为全省首批小康县（区）之一。

*二是"龙头企业特色区"建设已初具规模。*近年来，南郊区从单一产业、单一产品发展为多元产业、多种产品，初步形成了以一批骨干龙头企业为主的门类比较齐全、布局日趋合理的"六大产业系列"，即以张家湾煤矿、城关联营煤矿、云岗焦化厂、光华活性炭厂、福利活性炭厂为代表的煤炭生产加工转化产业；以云中水泥厂、云城建安集团为代表的建筑建材产业；以七峰山钢厂为代表的冶铸机加工产业；以塔山化工厂、云峰药厂为代表的医药化工产业；以桑河福利淀粉厂、西韩岭生物饲料厂为代表的农副产品加工产业及以云中商城集团、平旺商贸中心为代表的第三产业。全区各类产品发展到18大类150多个品种，有25种产品被评为部优、省优、市优，15种产品打入国际市场。特别是列入全市30项重点工程之一的大同云中水泥厂，累计完成投资9705.86万元，于1997年8月投产，成为全省水泥行业中工艺设备先进、产品质量较高的一家建材企业。列入全市十大便民工程之一的大同云岗焦化厂，累计投资1.4亿元，用了短短10个月的时间完成一期工程，于1998年1月24日正式投产。

目前，这些龙头企业已起到了巨大的带动和辐射作用，全区基本形成了以煤炭生产加工转化为主，工、商、服、交、建五业并举，区、乡、村、个体四轮齐转的具有南郊区特色的城郊型经济格局。

二、发展区域经济的措施和做法

近年来，南郊区的"龙头企业特色区"建设之所以能够取得较大成绩，关键在于区委、区政府抓具体工作目标明确，重点突出，措施得力。归纳起来有以下几个方面：

*（一）立足资源优势，大力发展煤炭企业。*大同市是全国能源重化工基地，煤炭资源丰富，煤炭工业十分发达。作为环绕大同市的南郊区，区位优势显而易见，区内初步探明煤炭储量3.4亿吨，可采储量2.3亿

吨，境内还集中分布着大同矿务局15个统配大矿，为南郊区煤炭工业的发展提供了得天独厚的条件。可以说南郊区经济起步靠煤炭，整体推进仍然靠的是煤炭，煤炭产业已成为南郊区经济的支柱产业。历届区委、区政府把发展煤炭龙头企业作为全区经济工作的重中之重。在1978年至1983年经济起步阶段，区委、区政府就按照“大中小并举、区乡村共上”的方针，依托大同矿务局的资金、技术、管理经验，发展了一批小煤窑，积累了大量资金。在1984年至1994年经济起飞和调整阶段，区委、区政府又提出“扶持、改造、整顿、联合、提高”的发展方针，由注重数量转向注重质量和效益，收到了良好效果。从1995年起，针对全区煤炭资源相对减少，煤炭工业竞争激烈的实际，区委、区政府又提出了“抓联营、搞规范；促加工、重转化；争资源、跑资金；强管理、保安全；上规模、上效益”的煤炭发展新思路，对年产21万吨以上的煤矿在资金、物资、政策等方面进行重点扶持，对年产10万吨以下的煤矿逐步联合、改造，建设质量标准化矿井。截止1998年底，南郊区已发展成为全国最大产煤县(区)，共有各类煤矿246座，其中部、省、区级质量标准化矿井18座，乡镇煤矿样板矿3个，重点产煤矿45个。涌现出了一大批龙头骨干矿井。煤炭产量从1987年至今，连续12年保持在1000万吨以上，1992年以来原煤生产年均递增100万吨，1998年达到1553.88万吨，百万吨死亡率始终控制在1.5人以下，实现利税占全区税收总额的50.1%。

(二)围绕煤炭优势，大力发展煤炭加工转化业。南郊区把煤炭的深加工转化作为调整产业结构、实现能源转换增值的突破口。作为全国重点产煤县(区)，南郊区具有很强的成本优势和产业优势。近年来，全区一方面提高煤炭筛选率，形成块煤、混煤等不同等级的煤炭产品，增加品种，提高质量，增强市场竞争力，另一方面还建起了一大批煤炭深加工企业，其中光华活性炭厂、福利活性炭厂和三达活性炭厂生产的活性炭出口美国、日本等10多个国家和地区，大同云岗焦化厂年产24万吨焦炭，日产9万立方煤气，年可转化煤炭45万吨，成为大同市第二煤气气源，经济效益和社会效益十分显著。

(三)依托区位优势，大力发展第三产业。第三产业的繁荣发展不仅标志着一个地区的经济发达程度，而且也是产业结构向高级化迈进的客观要求。近年来，南郊区针对第三产业相对滞后的局面，利用环绕市区、城乡交错、村矿相依、信息灵通、交通发达的有利条件，建设大市场，搞好大流通，发展大商贸。区委、区政府先后确立了“利用优势，加强基础，突出重点，扩大网络，辐射发展”的指导思想，制定了“三区两沟”(城区、矿务局新区、口泉区、云冈沟、口泉沟)的三产发展战略，因势利导、因地制宜地发展以市场为龙头的交通通讯、商贸饮食、旅游服务等多门类、宽领域的第三产业，切实使第三产业成为全区经济发展新的增长极。

在市场建设方面，立足城市，面向农村，建设了一批消费资料市场，开辟了生产资料市场，探索发展技术、信息、劳务等生产要素市场。1991年建起了全市第一家农副产品批发市场，即振华蔬菜批发市场，1992年又建起了全市首家木材批发市场，即城东木材批发市场。之后陆续建起一大批小商品批发市场、服装批发市场、电器市场、装饰材料市场等专业和综合市场，初步形成了以农村集贸市场为网底、乡镇集散市场为网线、市区中心市场为网纲的大市场网络。目前，全区共建成口泉五一街、矿务局新区及平旺金三角等多条繁华商业街，建成各类商业网点3500多个。建起具有一定规模的各类市场58个，其中综合市场9个，生产资料市场10个，消费市场26个，农副产品市场10个，生产要素市场3个，全年市场交易额达36亿元，其中6个市场年交易额超亿元。特别是云中商城占地面积62万平方米，建筑面积12万平方米，商城内有服装大世界、电器大世界、小商品批发市场、北方花卉市场等多个专业批零市场，年交易额达20亿元，成为大同地区最大的商业区和晋、冀、蒙交界处规模最大的商品集散地。

全区还大力拓宽交通运输、餐饮服务等三产领域。目前全区拥有各类大型运输车辆7000多辆，以金马运输公司、双河运输公司为代表，运输业已成为农民致富的一个重要渠道。城关乡投资建设的红旗大饭店，位于大同火车站北测，设施一流，管理先进，是大同市餐饮业中名列前茅的龙头企业。

(四)围绕农业产业化，大力发展农副产品加工业。农业产业化是当前农村经济的主要增长点，是促进高产优质高效农业发展、推进农业增长方式转变的

大同市南郊区泰安门

根本途径，而农业产业化的前提是兴办龙头企业。近年来，南郊区立足区情，面向市场，选择优势项目，兴办高效企业，开发拳头产品，先后建成了桑河福利淀粉厂、北方得利斯生物饲料公司等龙头企业，特别是桑河福利淀粉厂，年生产玉米淀粉3万吨和11个系列产品，年可转化玉米4万吨，实现产值近亿元，利税1000万元，基本解决了全区乃至全市人民的玉米销路问题。同时，还围绕基地和拳头产品，有重点、有步骤地兴办其它各类农副产品加工企业，逐步形成具有一定规模的淀粉、生物饲料、粉丝、油料、花卉等系列产品的生产能力，基本扭转了农产品卖原料和粗加工局面，通过发展加工业促进了种养业，基本形成市场牵龙头，龙头连基地，基地带农户的格局。

(五)培育后继主导产业，大力发展化工、医药、建材和冶金铸造业。化工业，立足资源优势，逐步走出一条以煤化工为主体，以拉长煤化产品链为特征的深加工路子。近年来，重点建设了塔山化工厂和云东化工厂，电石年产量达到5万吨，硫酸年产量达到4万吨。

医药工业，建成了云华制药厂，其药品质量在同行业具有较高水平。

建材工业，重点发展高标号水泥、特种水泥、大理石、花岗石板材，空心砖等建筑材料和高档卫生陶瓷、塑料建材等建筑装修装饰材料，带动了建筑业的发展。龙头企业有生产425#、525#高标号水泥的云中水泥厂和水泊寺砖厂、北村砖厂。在此基础上，发展起了云城建安集团公司，大同市商品住宅公司等大型建筑企业。

冶金铸造业，近年来，全区大力开发钢铁、铁合金、硅铁、石墨等高载能产品，先后建成了七峰山钢厂、云中铁合金工业公司、古店石墨厂等规模较大的企业。

三、今后的发展思路

本世纪末至下个世纪初叶这一时期，是我国经济和社会发展的重要时期，也是南郊区经济发展的关键时期，如何迎接新世纪的挑战，如何使南郊区以崭新的形象跨入21世纪，如何使南郊区在高起点上再上新台阶，是南郊区委、区政府面临的重大课题。1998年刚刚成立的新一届区委、区政府在认真总结改革开放以来全区经济和社会发展正反两方面经验和教训的基础上，结合当前南郊区实际，及时提出了下一步全区五年发展的总体思路，这个发展思路可以概括为“扭住一个中心，围绕六项目标，实施两大战略，实现八大突破”。力争在2010年把南郊区建设成为基础设施比较配套、投资环境明显改善、生态环境趋于良好、经济蓬勃发展和社会全面进步的文明富庶的城市近郊区。

一个中心：就是以经济建设为中心。

六项目标：就是到2002年，国内生产总值达到40亿元，平均年递增8%；工农业总产值达到55亿元，平均年递增8.56%；乡镇企业总产值达到105亿元，平均年递增10.36%；乡镇企业营业收入达到100亿元，平均年递增10.22%；财政收入达到3.10亿元，平均年递增6.8%；农民人均纯收入达到4500元，年均递增354.4元。

两大战略：就是继续实施“四型一化”(科技型、规模型、外向型、效益型、郊区城市化)和“区有龙头、乡有骨干”的经济发展战略。

八大突破：一是在发展农业产业化上力争有新的突破；二是在调整产业结构上力争有新的突破；三是在提高乡镇企业档次上力争有新的突破；四是在开拓第三产业上力争有新的突破；五是在发展非公有制经济上力争有新的突破；六是在科教兴区上力争有新的突破；七是在发展外向型经济上力争有新的突破；八是在建设高标准小康区上力争有新的突破。

根据这一总体思路，南郊区将重点培育多元化支柱产业和龙头骨干企业，发展具有自身特点的区域经济。

全区按照国家产业政策，依据“重中选优、轻中选优，效益优先”的原则，以市场为导向，按照“区有龙头、乡有骨干”的发展方向，全面调整产业、产品结构，培育和壮大后继主导产业和优势产品，以存量调整和增量调整相结合，实现生产要素的合理转换和配置。区里要积极筹措资金，重点搞好云中水泥厂和云岗焦化厂二期工程、排污工程建设；投资1.2亿元，新上年洗选能力240万吨的大型选煤厂；新上桑河福利淀粉厂葡萄糖生产线。各乡镇也要继续积极筛选培育各自的龙头骨干企业，充分发挥龙头企业的带动作用。力争到2000年，活性炭达到1万吨规模，机焦达到160万吨生产能力，硅铁达到1.5万吨，淀粉达到5万吨，电石达到3万吨，硫酸达到4万吨，钢材达到3万吨，高岭岩精细加工产品达到2万吨。

(刘　礼　赵新宇)

大同市新荣区

新荣更新　欣欣向荣

中华人民共和国已经走过了五十年光辉历程。伴随着共和国的成长，勤劳、淳朴的新荣人民在各级党委和人民政府的领导下，发扬自力更生、艰苦奋斗的优良传统，团结奋战，励精图治，在落后的农村生产力基础上，逐步从改善农业基础设施抓起，取得了令人瞩目的成绩。特别是党的十一届三中全会以来，新荣区经济建设发生了前所未有的重大变化。区委、区政府坚持改革开放的发展方针，深入进行城乡经济体制改革，加快了经济建设步伐，农村经济进入了由自给半自给经济向市场经济转变，由传统农业向现代化农业转变，由单一农业向农工建运商全面发展转变的新阶段。广大农民渴望的温饱问题已基本得到了解决，一大批农民已开始迈上了富裕之路。工业生产向纵深发展，工业格局已由建区初单一的农机修配，发展到现在以采煤为主，辅之以建材、化工、石墨、开采、煤炭初加工、运输、食品加工等的较为完整的工业体系。基础设施建设和科技、教育、文化、卫生事业也得到了长足发展。国民经济总量快速增长，1998年，国内生产总值达到7.1亿元，比1949年增长218倍，是建区时的45倍。

大同市新荣区是1970年11月从大同县北部山区划出8个乡(公社)，从左云县东部划出3个乡(公社)组建而成的。地处山西省最北端，与内蒙丰镇市、凉城县接壤。全区现有11个乡镇，167个行政村，总人口105029人，其中农业人口89583人，占总人口85.3%。

农村经济全面振兴

建国以来，全区人民顺应党的各项农村政策，逐步走上了康庄大道。特别是党的十一届三中全会以来，农村实行了家庭联产承包责任制，极大地调动了农民的生产积极性，农民收入不断增加，消费结构得到明显改善。农产品产量除1960年至1963年3年外，基本呈逐年上升的趋势。种植业结构得到进一步优化，粮食作物比例由1949年的11:1调整为3:1。

1998年全区农业现价总产值完成16918万元，比1949年增长28倍，平均每年递增7.1%，比建区时增17倍；农村经济总收入达到157018万元，比1949年增长119倍，平均年递增10.3%；农民人均纯收入2347元，比1949年增90多倍(扣除物价上涨因素)，平均年递增9.7%，比建区时增48倍；粮食产量达到4002万公斤，比1949年增长123.1%，平均年递增1.7%，比建区时增59%；油料总产量达到659.8万公斤，比1949年增长12倍，平均年递增5.3%，比建区时增9倍；蔬菜、瓜类比建区时也有大幅度增长。

畜牧业生产稳步发展，逐步走上了规模养殖、节粮饲养、快速育肥的路子。截至1998年底，全区大牲畜存栏18791头，比四九年增长163.9%；猪存栏25584头，比四九年增长4倍多；羊存栏60496只，比1949年增长近4倍。全年肉类总产量4202吨，比1949年增48倍，比建区时增31倍。

林业生产发展较快，从1981年被列入“三北”防护林体系建设县(区)之后，坚持以生态效益和经济效益为重点，造管并举，全面发展，为实现农业的可持续发展战略有计划、有重点地抓了绿化工作，取得了明显成效。1998年底，全区拥有林地面积45.02万亩，森林覆盖率达33.8%，果园面积发展到2850亩，水果总产达273吨，均比1949年有较大幅度增长。

农田水利基本建设成效显著，截至1998年，全区共有水利设施523眼(处)，有水浇地3.1万亩，分别比建区时增6.5倍和10倍。

农机事业迅速发展，农业现代化水平进一步提高，生产条件不断改善。1998年末，全区拥有农业机械总动力127084千瓦，比建区时增长82倍；拥有大中小型拖拉机2058台，比建区时增长127倍；农用汽车741辆，比建区时增长740倍；农用三轮车从无到有，已发展到1672辆。全区农田机耕面积4.5万亩，占总耕地面积的82%；机播面积14.8万亩，占总播面积的30%。场上作业率达90%以上。

党的十一届三中全会以后，特别是进入80年代，全区乡镇企业异军突起，逐步发展壮大。到1998年全区拥有各类企业1376个，比建区时增100多倍。从业人数21977人，占全区农业人口的24.5%。乡镇工业产值92443万元，占全区工业产值的85.7%，乡镇企业在全区经济发展中起着举足轻重的作用。

工业经济迅速壮大

新荣区第一资源优势是煤炭,是全区经济发展的支柱产业,并被山西省人民政府确定为全省38个产煤重点县(区)之一。立足煤炭这一资源优势,全区工业发展从无到有,从建区时的“小打小闹”到建设大规模的工矿区,走出了一条高速发展的工业强区之路。唐山沟煤矿可以说是煤炭行业的龙头企业,新荣区就是举这一龙头,来促动相关企业发展的。特别是1982年以后,在国家大力发展乡镇煤矿“有水快流”的政策指引下,全区相继兴建和改扩建煤矿29座。随着煤炭工业的发展和区财政实力的不断增强,区委、区政府历届领导对完善工业经济结构进行了不懈的努力,并逐步形成了以煤为主,化工、建材、石墨开采、热压型焦、食品加工等为辅的工业产业结构,从而为全区经济发展注入了生机和活力。与建区时相比,国有工业企业由2个增到了13个,乡镇工业企业由12个发展到了376个。经营规模逐渐扩大,企业总数不断增加,生产能力逐步提高,为全区经济综合实力的提高奠定了基础。

1998年,全区工业不变价总产值108523万元,占全区工农业总产值的92%,比建区时提高90个百分点,其中国有企业完成15027万元,集体企业完成93496万元;分别占工业总产值的13.8%和86.2%。表明乡村工业的发展速度快于国有企业,所占份额愈渐增大。显然乡镇企业在新荣区经济发展中占据了“多半壁江山”。

据不完全统计,全区63个国有、集体工业企业资产总额达到64445万元,是建区初期67.8万元的951倍。

全区主要工业产品产量从无到有,工业产品总量持续增长。1998年,原煤产量545.2万吨,石墨2660吨,活性碳2010吨,粘土砖49823万块。

发展中的新荣水泥厂

基础建设成绩斐然

基础设施建设是衡量一个县(区)经济实力的主要标志之一。为了促进煤炭运销,新荣区于1987年投资700万元建设新荣区煤运公司张士窑发煤站,并于1991年投资650万元对发煤站铁路专用线,进行了电气化改造,年发煤量150万吨;1991年建成开通总投资近1亿元的上深涧煤炭集运站和铁路专运线,年发运量350万吨。新荣区所生产的煤炭有半数以上是通过两站运销到秦皇岛码头和东北、华北、京津唐等地区,另外,各乡(镇)还利用京包线通过本区孤山、堡子湾两个车站的优势,相继建成乡(镇)发煤站多处,这些都保证和促进了全区煤炭工业的发展。公路建设是新荣区基础设施建设的重头。建区后,区政府把公路建设摆上了重要议程,先后建成区址淤泥河大桥、李花庄大桥、张士窑大桥、安乐庄漫水桥,破鲁漫水桥,并相继建成同丰公路、新荣至大同二级公路两条,新改线的109国道横贯全区。上述4条主要干线贯通南北,沟通了城乡和省内外的经济往来。在此基础上,还修通了区乡公路6条105公里,三级油面公路4条44公里、三级粘土公路5条99公里,共建成乡村公路12条133公里。实现了乡乡村村通公路。到1998年底,全区乡村公路总里程523公里,全年公路货运量达300万吨/公里。

随着区乡经济的发展,邮电通讯事业迅猛发展,全区已从建区时的磁石交换机改为程控自动电话机。1987年扩建了邮电大楼,并引进日本800门自动电话交换机,直至1993年,全区实现了交换程控化、传输数字化、有线与无线并举、固定与移动并存、国内与国际交融的现代化邮电通讯。目前邮电通讯业务总量达到292.56万元,邮电通讯事业的发展,为方便人民物质文化生活起到了重要的作用。

电力事业快速发展。到1998年底,新荣供电局共管辖35KV线路8条101km,10KV线路19条550km,110KV变电站1座,35KV变电站4座,主变容量14550KVA,年供电量约达11405.6万KWH,是建区初的1万多倍,为全区工农业生产发展发挥了先导作用。

据统计,1998年全区完成固定资产投资10418万元,是建区时的48倍。

商贸财金持续兴旺

随着社会主义市场经济体制的逐步确立,新荣区基本形成了以公有制为主体,多种经济成份并存的商品流通体系。1997年，全区社会消费品零售总额为9224万元，比1949年增长近183倍，比建区时增长30倍。个体工商业发展较快。全区各级把个体和私营经济作为一个重要的经济增长点，按照“三个有利于”的标准，大力支持、引导、鼓励其健康发展。1998年底，全区个体工商业达2008户，从业人数3988人，完成总产值10000万元，实现营业收入6702万元，个体经济逐步成为推动全区经济增长的重要力量。

随着建区后工矿企业的迅猛发展和税源的逐步拓宽，全区财政收入逐年增加。1998年，全区财政总收入突破亿元大关，比建区时增长182倍，平均每年递增23.1%。建区初至1978年逐步由吃国家补贴区变为贡献区，由1979年上缴国家税金40万元上升为1998年的3996万元。

金融部门积极为盘活资金建设新荣发挥积极作用。1998年，全区金融机构存款余额达到39418万元，其中：城乡居民储蓄存款余额达到30817万元，人均2934元，比建区时有了大幅度增长。随着改革的不断深化，全区保险事业得到较快的发展。从1977年起步，到1998年底，全区共有8家企业单位参加了企财保险，承保额2853.3万元；有2109户居民参加了家庭财产保险，承保额338.8万元。保险事业的迅速发展对促进生产和保障人民生活起到了积极的作用。

文教卫生稳步发展

文化教育卫生事业逐年发展。1998年，全区共有各级各类学校185所，比建国初增加100多所；在校学生总人数19817人，是建国初期的100多倍。教职员工1802人，是建国初期的60多倍。全区现有专业艺术表演团体1个，业余艺术表演团体5个，文化站11个，文化中心1个，吸引着广大青少年参加有益于身心健康的娱乐活动，活跃了广大群众的文化生活，促进了社会主义精神文明建设。1998年，全区共有卫生事业机构15个，医院病床180张，千人占有率1.8张，卫生事业机构职工总人数319人，是建区初期的3倍。农村医疗条件逐步得到改善，全区现有村级卫生所147个，乡医人员256人。城乡居民医疗保障基本得到解决。

生活水平显著提高

新荣更新，欣欣向荣。从1970年建区至今，随着全区经济的发展，区乡村面貌大为改观。区址现有楼房81幢，总面积152600平方米，其中，居民住宅楼61幢，总面积109600平方米。市政工程配套设施齐全，学校、医院、剧场、书店、体育场、公共汽车站、商场、邮电、通讯等设施日益满足全区人民生活、工作、学习的需求，形成了全区政治、经济、文化活动的中心。农村面貌今非昔比，农民生活日益提高，吃、穿、行、住等得到明显改善。截至1998年，全区共有初级小康村153个，占行政村总数的91.6%；中级小康村15个，占9%；初级小康乡（镇）10个，占全区乡（镇）总数的90.9%。

经过50年的发展，新荣区国民经济和社会事业取得了辉煌成就，各项主要经济指标跃居全市前列。但我们也应清醒地意识到经济运行中存在的突出问题：农业生产结构虽得到进一步优化，但仍未完全改变靠天吃饭的局面，农业基础仍较脆弱，实现农业向效益型和集约化的转变任重而道远；工业生产在市场经济冲击下，结构性矛盾更显突出；乡镇工业发展面临困难，新经济增长点不多，发展后劲不足，生产前景不容乐观等。这些需要我们在今后改革中逐步加以解决。

回顾过去令人鼓舞，展望未来信心满怀。新荣区广大干部群众决心继续发扬“无私奉献，争创一流”的精神，敢想、敢干、敢试、敢创、敢为人先，加快农村达小康步伐，实现农业增产、农民增收；使国有中小型企业摆脱目前困境，为进一步振兴新荣，繁荣新荣做出新的贡献。

（梁有兴　赵　吉　侯　斌）

半个世纪弹指间　阳高山川多变迁

阳高位于山西省东北部，地处晋、冀、蒙三省（区）交界。面积1726平方公里，现有人口27.3万。辖7镇13乡290个行政村。境内高山、丘陵、川滩各占三分之一。

新中国成立至今的半个世纪，在历史的长河中仅是弹指之间，但这里和全国一样，经济、社会、人民生活发生了历史性的变迁。

农村改革成功　农民实现温饱

解放以来，农村经济发展经历了土改、农业合作化和家庭联产承包责任制等一系列上层建筑领域的变革，生产关系得以调整，调动了阳高农民的生产积极性，解放了农村生产力。阳高人民在党和国家的扶持下，艰苦奋斗，努力改变生产条件，提高生产力水平，终于在本世纪末摆脱了贫困，实现了温饱。

生产条件得到改善。历史上，阳高"高土黄沙满目，低地碱卤难耕"，粮食产量低而不稳，只以"糊糊就糕"渡日。解放后，县委、县政府带领全县人民展开了顽强的、持续的山川治理。境内5条河流变水害为水利，建成了南北干渠、黄黑水河灌区工程；50年代中期，全县推广大泉山经验，全面治理水土流失。80年代以来，逐步治理致富山、园山等27条小流域，圆满完成平原绿化、"三北"防护林工程，形成林草结合、乔灌结合、经济林用材林结合的水土保持体系；与此同时，截潜流、筑水库、建高灌站，使小泉小水和洪水得到利用；70年代，在平川区一手抓打井，建成7个万亩井灌区和一些小井灌区，一手抓盐碱滩改良，全民参战，排灌结合，使2万公顷不毛之地得到治理，成为基本农田，50%成为良产田。城关镇万亩大南滩开发工程受到联合国粮农组织称赞。农机电力事业的发展把农民从繁重的劳动中解放出来。全县农机总动力达到103205千瓦。经过50多年的努力，全县水浇地由1949年的2733公顷发展到1998年的24141公顷，占全县耕地面积的34.53%，农民人均0.10公顷。粮食生产水平除特大灾害年外，常年产量由0.4亿公斤提高到1.3亿公斤，单产由675公斤/公顷增长到3111公斤/公顷，增长4.6倍。农业产值由863万元增长到55035万元，增长6.4倍。

农村产业结构逐步调整。50年间，阳高县委、县政府坚持抓农村产业结构调整，推动农村产业结构由单一的种植业为主的农业向农林牧副工全面发展转变。畜牧业产值比重由16.3%提高到27.2%；猪羊及大牲畜年末存栏分别由1.1、3.3、1万头（只），增长到11.6、15.8、4.1万头（只）；产肉量由130吨增长到1.6万吨。继50年代初期的大规模造林之后，全县每年造大片林和零星树，现有林地面积达到33353公顷，零星树1300万株，木材蓄积量达39.6万立方米，森林覆盖率为26.3%。农业机械化的发展不仅减轻了农民的劳动负担，还极大地解放了生产力，一部分农民从土地中分离出来，从事工副业生产和第三产业。乡镇企业从业人员、产值由1978年的0.9万人、1259万元，增长到1998年的2.3万人、47049万元。粮食作物和经济作物的比例由94.5:5.5调整为72.5:27.5，经济作物播种面积由3266公顷扩大到16100公顷。

大力发展畜牧业

特色产业正在形成。全县因地制宜发展特色产业，形成了以川区为主的小麦、玉米粮食基地，王官屯为主的京杏基地，以城关为主的蔬菜基地，以山区为主的养羊基地、以北徐屯为主的养猪基地和丘陵区的砖瓦生产基地，成为山西省小麦基地县和粮食基地县。用京杏加工的杏脯出口日本、东南亚；圆白菜、土豆、青椒等蔬菜销往国内40多个大中城市，并出口海外；光明砖厂是全县最大的乡镇企业，机红砖年产近亿块，十分畅销。特色产业的形成促进了农村产业化进程。

商品经济步入农村。改革开放的春风吹进农村，农民从保守封闭的自然经济中觉醒过来，开始向商品经济迈进，生产看市场，经营重效益，成为当代农民的新时尚，他们中涌现出一批专业户、经纪人，推动了商品经济的发展，商品率由3%提高到40%以上。

农民生活水平提高。80年代初实行的家庭联产承包责任制，激发了农民的生产积极性，农村很快发生了巨变。解决了温饱的农民建新房、置家俱，住、行、用条件改善，文化生活丰富，日子过得欣欣向荣。全县农民人均纯收入由1978年的65元提高到1998年的1919元。

经济发展成就大　人民生活改善多

工业经济发展快。历史上，阳高只有皮毛、粮油、农具等手工加工作坊。50年代末才有了机械加工工业，因基础薄弱，发展缓慢。60年代全面起步，"五小"工业企业与日俱增，到70年代形成机械、造纸、制药、化工、建材、粮油等十多个门类上百种产品的国营、集体、社队工业体系。80年代以来，随着改革的深化，阳

高工业更具活力,个体私营企业队伍的形成和发展,进一步活跃了阳高工业,产值迅速增长。

工业总产值由1949年的168万元、1978年的2507万元,增加到33728万元,占工农业总产值的比重分别为16.3%、46%和37.98%。工业产品涉及22个行业、上百个品种,有的产品国内走俏,有的成为省部名优。硅铁、皮革、糠醛、杏脯等产品出口海外。

市场繁荣消费增长。阳高位于晋冀蒙三省(区)交界处,以粮油集散地闻名。改革开放后,随着个体、私营商业的崛起,打破了昔日国营供销商业独家经营、缺乏活力的局面,形成激烈的市场竞争,促进了市场繁荣。县城门店林立,个体、私营业独领风骚,方便了群众,促进了消费。1998年,全县社会消费品零售总额达到19051万元,是1978年的8.5倍,20年平均增长速度为11.3%。

财源建设后劲增强。工商企业的发展,使财源扩大,实力增强。财政收入以农业税为主,转向以工商税收为主,所占比例由1953年的36.2%,扩大到1998年的71.80%。地方财政收入1953年为172万元,1978年为452万元,1998年达到3093万元,是1978年的5.8倍,20年平均增长速度为10.1%;地方财政支出由1978年的418万元,增加到6421万元,平均增长速度为14.60%。

城乡储蓄迅猛增长。改革开放使农工商业发展,城乡居民收入增加,特别是个体经济的长足发展,达到了富民之目的。1978年全县储蓄存款余额只有286万元,人均12元,到1990年突破1亿元,人均385元。以后每年以几千万元的速度猛增,到1998年达到5.25亿元,人均1923元。

职工收入明显增加。生产发展,收入增加。1998年全县职工人均收入达到4090元,是1978年的8.2倍。

居住条件明显改善。历史上土窑破房、几代同堂的家庭逐年减少,80年代中期至今,城乡居民建房热方兴未艾,县城建成区扩大到5.7平方公里,1997、1998年连续大规模进行旧城改造,使大西街、新华南、北、西街等面貌改观。罗文皂、大白登等小集镇建设取得进展,30多个灾后搬迁村规划合理,功能齐全。农民建新房讲究宽敞漂亮,砖瓦房代替了几代人栖居的土窑洞。

交通运输快捷方便。阳高自京包铁路开通,带动了县城的繁荣,迄至今日,形成阳高、神泉堡南北两个交通枢纽,铁公路交叉,四通八达。1998年实现了乡乡镇镇通油路,全县公路里程达到416公里,其中干线公路129公里,县乡公路287公里。公路货运量96万吨,周转量5064万吨/公里,分别是1978年的1.9和9.8倍;客运周转量达1718万人公里,是1978年的25倍。

邮电通讯飞速发展。全县村村通邮。1984年县城开通自动电话,1985开通载波、载话电路,1992年底开通程控电话,与全国并网,1993年开办无线寻呼业务,1995年在全省首家开通农村移动通讯。1998年农村开通程控电话,全县装机容量8000门,电话用户6080户。

各项社会事业蓬勃发展

义务教育基本普及。阳高解放后,恢复发展最快的社会事业是教育。县城初小、完小恢复后,于1952年创办阳高中学;农村推倒神像办学校、扫除青壮年文盲,一股巨大的办学热情和爱国丰产运动同时迸发。到50年代末,基本达到村村有学校,各种教育配套发展。"文化大革命"中教育遭灾难,教育质量严重下降。80年代尊重教育科学,合理设置和调整学校布局,并开始实施普及九年义务教育。到1998年,阳高达到基本扫除文盲县和基本普及九年义务教育的标准。

文化活动全面开展。历史文物得到保护,革命文物得到利用,业余文化丰富多采,文化下乡活动经常,新建了文化宫、图书馆、档案馆、新华书店、影剧院等一批大型设施。在建立电视广播差转台的基础上,1997年全县农村开通有线电视。1993年出版《阳高县志》,同年获全国优秀志书二等奖,山西省优秀志书一等奖。连续12年出版县级年鉴——《阳高县情》。

科技开发硕果遍地。农业科技知识的推广,唤起了农民科学种田的意识,种子革命、地膜覆盖、旱作技术、日光温室等技术的应用,使农业生产水平大幅度提高。"星火项目"造就了一代科技当家人。工业生产不断引进新项目、新技术,使产品得到更新换代。

卫生体育不断进步。爱国卫生运动持续开展,彻底改革了旧中国迷信、不卫生等陋习,改水、改厕、改灶,除"四害",消灭了蟑螂、臭虫,减少了鼠害、鼠疫,控制了地方病传播,小儿麻痹、百白破等传染病多年无病例、无流行。医疗条件和水平明显提高,检测化验设备逐年增加。解放初只有几十名医生,1998年有医疗单位37个,医务技术人员1140人、病床位435张。农村实现初级卫生保健。体育活动广泛开展,专业体育人才倍出。乒乓球、体操、武术等项目均在全省先进行列。1988年10月,被授予"全国体育先进县"称号。

社会保障体系形成。建立了职工养老保险、社会养老保险制度,1998年,在城乡实施居民最低生活保障制度,已有1349人享受了保障金。县城建成光荣院,农村设立敬老院,孤寡老人得到妥善安置。法制建设加强,社会治安状况良好,人民安居乐业。即使1989年的大地震、1995年的大涝灾、1998年的特大秋旱,居民生活也未受到大的影响,更未出现疾病流行和流离失所现象。

(郭　海)

天镇县

蓬勃发展的塞外边城

天镇县位于山西省北端,东西宽54公里,南北长65公里。全县土地面积1635.1平方公里,经中生代燕山运动及喜马拉雅运动,形成三面环山,二水中穿,网开西滩的地势,山地、丘陵、平原各占51.2%、29%、19.8%。全县现有耕地865005亩,其中水浇地为210060亩,人均1亩多。

天镇现设5镇12乡267个行政村,1998年末共有64051户、198711口人,其中非农业人口25021人。

新中国成立50年来,天镇人民在中国共产党的领导下,发扬"穷而有志、艰苦奋斗"的天镇精神,使天镇面貌发生了翻天覆地的变化。

农村经济全面发展

新中国成立以后,天镇县农业生产得到快速发展。全县1949年农业总产值1656万元,1978年增加到了6636万元,增长了3倍;1949年粮食总产量22000吨,1978年达到67215吨,增长了2.1倍;1949年油料产量100吨,1978年增为315吨,增长了2倍多。党的十一届三中全会后,全县农村普遍由集体生产向家庭联产承包为主的经营责任制转变,调整了农业生产关系,由单纯的集体生产变为一家一户的耕作,形成了统分结合的生产体制,有效地调动了农民的生产积极性,推动了农村经济的迅速发展。在此期间,虽然自然灾害频繁发生,又遇到了许多新情况,新问题,但农业产值和粮油糖产量仍持续增长。1998年,全县农业总产值37317万元,比1978年的2436万元增长了14.3倍,平均年增长14.6%;粮食总产100075吨,比1978年的67215吨增长了0.5倍,油料产量6008吨,比1978年313吨增长了18.2倍,平均增长15.9%。同时,为增加农民收入,加快脱贫步伐,不断调整产业结构,经济作物和以猪为首的畜牧业长足发展。1998年,全县蔬菜总产130054吨,比1978年的11602吨增长10倍,平均增长12.8%;大牲畜年末存栏53914头,比1978年的21031头增长1.6倍,年均增长5.1%;生猪饲养量264337头,比1978年的100532头增长1.6倍,年均增长4.8%;羊饲养量219438只,比1978年75802只增长1.9倍;年均增长5.4%。近年来,全县以市场为导向,在以玉米、马铃薯、蔬菜、猪为主的"四大拳头"商品基地上下功夫,搞集约、上规模,初步形成一定商品生产能力,由传统的封闭式农村经济格局向开放性农村转化,到1998年底,有5个乡镇、82个行政村、6.5万口人初步达小康,有3个乡镇基本脱贫。

随着农村经济发展,农业基础设施和生产投入由传统型逐步向现代化发展。1998年,全县农业机械总动力达到136057马力,比1978年的44748马力增长2倍;施用化肥50651吨,比1978年的15930吨增长了2.2倍,水浇地14004公顷,比1978年10248公顷增长37%。农田水利基本建设坚持合理规划,高标准、高效益、连片治理,连续数年被评为大同市农建第一,实现川区人均1.8亩的高效农田,山丘区人均1.6亩基本农田。全县还大力引进和推广农业生产实用技术,粮食和经济作物逐步良种化,农业种植区域化、农田灌溉节水化、猪和牲畜科学饲养规模化。1998年全县地膜覆盖面积达19万亩。

全县乡镇企业异军突起,稳步发展。党的十一届三中全会后,全县乡镇企业从总量扩张粗放经营中起步,坚持以质量和效益为中心,围绕特色产业和农副产品加工,不断寻求新的增长点。1998年全县乡镇企业利税达到1163万元,比1978年增长22倍,年均增长17%,乡镇企业总产值达到2070万元,比1978年增长2.6倍,年均增长6.7%。

工业经济显著增长

1949年天镇县仅有几处铁业、木器、皮革、编织等手工业，全县工业总产值仅为89万元。经过逐步对私营工业的社会主义改造，尤其是1958年的大办工业和1970年后五小工业的发展，全县工业初县规模，1978年工业总产值达1746万元。党的十一届三中全会以来，全县进一步确立“工业强县”的思想，认真贯彻改革、开放的方针，根据全县工业企业实际，围绕提高经济效益这个中心，以市场为导向，从经营体制、企业管理和产品质量等方面进行一系列改革，工业生产稳步向前发展。全县基本形成化学、冶金、矿采、食品加工、饮料、皮革制品、造纸、塑料制品、电子通信制造等23个门类，原煤、花岗石料、铁矿石、白酒、碳铵、多元复合肥、碳素制品等40多个品种的可持续发展的格局。1998年工业总产值达16421万元，比1978年增长5倍，年均增长9.4%。1998年的工业企业56个（乡及乡以上）比1978年的48个增长8个，1998年的利税总额644万元，比1978年增长14倍，年均增长14.5%，1998年的固定资产达8653.9万元，比1978年增长7.8倍，年均增长11.5%。天镇酒厂成为年实现利税500万元以上的明星企业之一。

基础设施大为改观

全县公路建设快速发展，形成了以县城为中心的交通网络。1998年全县有省级公路2条23.5公里。全县有12个乡镇已通油路，大大提高了运输能力。1998年全县货运量141万吨，比1978年增长6.7倍，客运量68万人次，比1978年增长2.9倍，基本为私营营运。城乡建设飞速发展，百分之七十的村民建有新居。县城改造文化、学校、卫生、运输及工农业服务楼30余座，供水、供电系统、广播电视、电话、传输系统更加完善，县城的环境状况大为改观，基本形成了初具规模的新型县城。

财贸工作成果丰硕

全县的财贸工作迅速发展，市场繁荣，购销两旺，财政收支规模扩大，财政综合实力明显增强。1957年地方财政收入仅65万元，1978年达到655万元，比1957年增长了9倍，年均增长11.6%。1957年地方财政支出114万元，1978年增为500万元，比1957年增长了3倍多，年均增长7.3%。随着工农业发展和社会需求扩大，1998年地方财政收入增加到1511万元，比1978年增长1倍多，年均增长4.3%，地方财政支出5274万元，比1978年增长9倍，年均增长12.5%。在商贸流通领域，解放后政府积极引导为私营体制逐步过渡到公营和集体体制。党的十一届三中全会后，为适应社会主义市场经济发展的需要，积极推行体制改革，充分发挥国有和集体商业主渠道，同时，积极扶持个体经营户，引导公平竞争，提高了商贸经营载体的整体素质，发挥了搞活县域经济的桥梁纽带作用。1998年社会商品零售额14320万元，比1978年增长5.6倍，年均增长9.9%。同时对外贸易日益扩大，山药、杂豆、冻兔肉、牛肉等主要土特产品销往7个国家和地区。

金融事业日益兴旺

新中国成立以来，县内金融部门由单一的工商银行逐渐扩展为工商银行、农业银行、人民银行、发展银行、建设银行及联合社、城市乡镇信用社、储蓄所等县乡网络，大大方便了金融业务活动，他们多方筹措资金，扩大信贷，为全县的各项事业融通了资金，提高了有效服务。1978年城乡居民储蓄存款余额150.6万元，比1949年的0.5万元增和了300倍，1998年城乡居民储蓄存款余额达到32021万元，比1978年增长211倍，年均增长30.7%。

社会事业全面进步　人民生活显著改善

50年来，特别是党的十一届三中全会以后，随着全县综合经济实力不断增强，各项社会事业全面迅速发展。

邮电通讯事业发展迅速。在1949年有邮电站2个，职工7人，邮路114公里，有长话线路4条，仅通大同、张家口和阳原、怀安二县城。农村仅通6个区电话，县内仅交换机1台，容量20门，后来迅速发展。1957年乡乡通电话，1962年后推行队队通电话。1977年后发展传真。1990年有自动电话，1995年开通程控电话和无线寻呼系统。到1998年邮政、电信再次分营，当年业务总额448万元，比1978年增加25倍。市

盘山显化寺遗址

话、农话机总容量达6144门,电报电路3路,并有移动通讯、无线寻呼机700余部,程控电话1536门。

教育事业蒸蒸日上。由扫盲、识字教育很快向现代知识型教育发展。1949年全县仅有168所小学,在校人数10165人,仅仅开设国语、算术等启蒙课程。解放后全县把现代教育当作发展全县综合实力的百年大计来抓,1953年建立第一所中学。60年代初,基本普及小学教育。80年代更加明确教育兴县的战略目标,努力普及7年制教育,90年代又向普及九年制教育攻坚。形成以国家投资为主,集体和个人也不断出力的局面。到1998年教育经费增至1702万元,占全县财政支出的32.3%。各类学校已达289所,比1949年增长72.6%,其中普通初中23所,高中2所。全县在校学生达到38103人,比1949年增长2.75倍,全县教职工总数2257人,比1949年增长10.5倍。中学学校达到了50%的教学仪器、图书资料、体育场所和器材的配套,教学素质不断提高,学生素质全面发展。全县高考录取人数逐年增加,自1990年后,连续7年名列大同市(雁北地区)前茅。1996年考生王志鹏以655分总成绩夺得全省高考理科状元

文化事业逐年发展。1949年仅有文化馆、图书馆、业余剧团各1个。1955年始有电影队1个,电影机1部。1956年始建县晋剧团1个。1958年始建县广播站1座。1971年始有电视差转台,80年代有了电视录像。90年代有了光盘、电子游戏机等,并开通有线电视,极大地丰富了人民群众的文化生活。

卫生事业成效显著。50年来,天镇县不断加强卫生基本建设,改变了缺医少药状况。1998年全县共有各类卫生医疗保健机构22个,医务人员619人,有床位356个。县城有县级医院2个,防疫保健单位2个。各医疗单位推行医疗承包责任制。全县医疗诊断设备显著增多。1998年已拥有心电图、B超、X光拍片,肝功能化验等一批现代诊疗器械,使诊疗达到相当水平。

体育事业成绩突出。建国初期,学校体育尤其是群众性体育活动普遍开展,篮球、乒乓球乃至田径竞技水平明显提高。1976年县内建立业余少体校,全县篮球乃至武术、手球等体育项目有新发展。1978年以来,在全省、全国各大比赛中有70余人取得优异成绩。天镇少年武术独树一帜。县武术队代表大同市连续三年在省武术比赛中获团体冠军。

人民生活水平日益提高。随着国民经济不断发展,城乡人民生活有了显著的改善和提高。1998年城镇职工年平均工资为4220元,比1978年增长7.3倍,农民人均纯收入1488元,比1978年增长15.5倍,人民群众的消费结构发生了很大变化。在全部生活消费中,吃、穿、烧所占比重下降,住、用、娱乐所占比重上升。家庭拥有的耐用消费品尤其是电视、电冰箱、洗衣机等数量显著增加。

当前,全县人民在县委、县政府的领导下,团结一致,奋发图强,迎难而上,把全县20万人民壮志豪情紧紧凝聚到兴县富民的大业上来,力争为20世纪的天镇划上一个圆满的句号,为21世纪的天镇可持续发展赢来更加广阔的领域。

(苏世和　荆秀荣)

广灵县

广灵新风貌

广灵县位于永定河上游,山西省东北部,地处塞外高原,东邻河北蔚县;南接灵邱县,西连浑源县,北毗阳高县和河北省的阳原县。地跨东径113°51′至114°24′,北纬39°51′至39°55′之间,全县国土面积1283平方公里,辖14个乡镇212个行政村,总人口16.4万人,农业人口14.6万人。

回顾建国50年来的辉煌历程,广灵人民在历届县委、县政府的领导下,自力更生,勤俭建县,克服困难,奋勇前进,取得了社会主义建设的辉煌成就。特别是党的十一届三中全会以后,在邓小平建设有中国特色社会主义理论的指导下,广灵的改革开放和社会主义现代化建设事业蓬勃发展,欣欣向荣,真可谓政策对路,富有生机,成就巨大,生产力得到空前发展。为实现跨世纪的宏伟目标奠定了雄厚的基础,积累了丰富的经验。

建 设 成 就

经过50年的艰苦创业,特别是改革开放以来,全县各条战线都取得了巨大成就。1998年,全县国内生产总值突破3亿元大关,达到3.28亿,社会总产值实现84076万元,工业总产值完成21432万元,社会消费品零售总额达到1.3亿元,城乡储蓄存款余额达到36366万元,财政收入达到2914万元。科教、文卫、交通运输、电信、城建等各方面都取得了巨大成就。

(一)农村经济全面发展。建国前,广灵县只有莎泉、作疃、直峪等少数地方有清水地6万亩,峪口洪水地4万亩。建国后,广灵县坚持不懈地开展农田水利基本建设,扩大水浇地,目前,全县实有耕地面积为52.8万亩,其中,水浇地18.6万亩。全县地膜覆盖面积占到总播种面积的30%,优种率、种子包衣率分别达到95%和98%,农业机械总动力达到61792千瓦。

种植业结构合理调整。粮食产量逐年递增,1998年,全县粮食产量达到84226吨,比1949年增长3.49倍;油料产量达到4098吨,比1949年增21.6倍。蔬菜产量达到68772吨。

林业生产有重大突破。经济林大量开发,促进了林业的发展。1998年,大片造林发展到49290亩,零星植树累计达151.2万株,分别是1949年的112倍和2万倍,经济林发展到396公顷。

畜牧业生产进一步发展。家禽家畜逐年增长,1998年底大牲畜存栏2.8万头,比1949年增长2.4倍;猪饲养量8万头,存栏3.9万头;羊饲养量18万只,存栏1.2万只,年末存栏分别比1949年增长239倍和5倍。家禽饲养量达54.13万只。

乡镇企业异军突起,已经成为县域经济的重要组成部分。近年来,广灵县兴建了适合本县实际的新型企业,以建材和农副产品加工为重点,通过企业内部改革,鼓励多种形式的开放搞活,使乡镇企业得到较快发展。1998年,全县乡镇企业总数达1134个,从业人员达9308人,总产值达1.98亿元,营业收入达到1.71亿元,实现利税1372万元。

小康建设取得新的进展。目前,全县已有7个乡81个行政村步入初级小康行列。1998年,全县农村经济总收入达4.89亿元,农业总产值24481万元;农业产值比1949年增长8.7倍。

(二)工业生产稳步发展。建国初,全县仅有个体加工业20家,"一五"期末,全县工业企业发展到21家,产值77.8万元,仍无重工业。70年代开始,广灵县的重工业逐步发展起来,特别是党的十一届三中全会以后,经过推进经济体制改革,不断完善企业经营机制,工业企业有了突破性进展。1993年,县委、县政府通过在工交企业推行"经济目标责任制"和企业"双项奖惩"机制,着力在巩固和提高现有企业经营水平上做文章,走企业集团化的路子,工业企业经济效益显著提高。1998年,县委、县政府提出实施"龙头企业特色县"的发展战略,建成化工总公司、化肥公司、水泥总公司、发电厂等四大优势企业,并建立科学的管理和运行机制。1998年,完成现价工业总产值21432万元,工业增加值9560万元,工业实现利税2818万元,工业总产值、实现利税分别比1978年增长9倍和31倍,年均递增11.61%和18.73%。主要产品原煤完成372515吨,发电量达10906万度,水泥产量达13.85吨,炸药达到12307吨、金属镁达到2143吨,均创历史最高水平。工业产品质量日益提高,灵活的经营方略开辟了国内国际两大市场。化工总公司的国家级重点新产品——高电位镁牺牲阳极已冲出亚洲,走向世界;化肥公司6万吨尿素技改工程、化工总公司2000吨粉状乳化炸药、山西经广纸业股份有限公司年产6800吨纸浆项目正在加紧建设之中。

(三)财经贸易日趋繁荣。财政收入持续增长。1998年,全县财政总收入达到2914万元,地方财政收入达到1848万元。财政收入是1978年的14.7倍,年均递增14.38%。

城乡市场繁荣活跃。建国初,广灵县仅有个体商业户386户,从业人员1125人,到1998年发展到3482户,从业人员7000余人,社会商品零售总额13018万元,比1949年增长56倍,农村集市贸易成交额为5366万元。

金融业快速发展。1950年,中国人民银行广灵支行成立,之后,随着工农业生产规模的扩大和商业贸易的繁荣,金融业迅速发展起来。目前,广灵设有工行、农行、建行三个专业银行、农村信用合作社和城市信用合作社、保险公司、人寿保险公司。1998年,全县金融系统从业人员349人,存款余额达到41713万元,贷款余额达43162万元,分别比1978年增114倍和32倍。

(四)交通邮电发展迅速。公路交通四通八达。广灵自古以来交通闭塞,主要交通工具驴、骡、马,1950年才开始通了汽车。党的十一届三中全会以后,交通运输业发展迅猛,蒴蔚、灵广公路形成了全县纵横交错的公路交通网,乡村公路四通八达。1998年,全县公路通车里程达125公里,公路客运量72.9万人次,货物周转量85.5万吨公里。全县乡镇通油路率达到78.6%,养护公路好路率86.7%。

邮电通信发展迅速。1998年,完成电信业务总量680万元,全县程控电话交换机装机总容量5504门;长途及本地网业务电路达4800路端。农话光缆总长51公里,开通自动电话乡镇达到10个。长途传输实现了数字化,无线寻呼4个频点全部实现市县同发射。全县拥有住宅电话3764户,无线寻呼614户,移动电话1147户,开办了集邮、邮政储蓄、特快专递等新业务。

(五)科教文卫蓬勃发展。科技队伍不断壮大。1998年,全县拥有各类专业技术人员1408人,农业技术人员264人,科技进步对经济增长的贡献率达30%以上。

教育事业兴旺发达。全县办学条件有了明显改善,教学质量和社会效益同步提高。教育综合改革受到省政府表彰,"普九"顺利通过省级验收,初中在校学生年巩固率98.8%,小学入学率达99.65%,高考连续名列大同市前茅。

医疗卫生条件不断改善。1998年,全县拥有各类卫生机构18所,县级医院3所,妇幼保健站、防疫站各1个,乡镇卫生院12个。拥有医护人员511名,床位301张。全县三级医疗网络初步形成,医疗卫生、保健事业、地方病防治取得新的成效。

文化事业生机勃勃。全民健身活动广泛开展,竞技体育水平不断提高。文化市场繁荣活跃,群众文化生活丰富多彩,全县有线电视覆盖率达85%以上,有线电视网络有了突破性进展。

(六)人民生活显著改善。近年来,广灵县加快了农村脱贫致富的步伐,于1997年提前一年整体实现了扶贫攻坚目标。1998年,农村居民存款余额达12407万元,农民人均纯收入1854元;城镇居民存款余额达23959万元,人均收入2512元。随着收入的不断增加,消费水平和消费结构发生了巨大变化,电视机、家庭影院、洗衣机、电冰箱、摩托车倍受消费者青睐,以较快的速度进入人们的家庭,成为人民生活不可缺少的一部分;人们的住房结构发生了巨大变化,昔日的窑洞变成了砖木结构的新居,一部分居民住上了楼房,农村居民钢筋砖木结构住房比例达28.5%,城镇居民人均住房面积达12平方米以上。

今后的发展战略

回顾50年所走过的发展历程,艰苦创业,几经波折。全县的经济建设和各项事业虽然取得了长足发展和全面进步,但是由于历史性的贫困和自然条件的制约,农业基础依然较为薄弱,抗灾能力不强;乡镇企业规模小,经营粗放;村级集体经济薄弱,人民生活水平还不高;工业流动资金不足,市场压力加大,建设项目资金不能足额到位;财政收支矛盾依然突出。为此,县委、县政府从实际出发,依据省委、省政府制定的"龙头企业特色县"战略,把"工业强县"作为经济工作的重点,把建设龙头企业特色县作为县域经济发展的努力方向,进一步加快强县富民的步伐。

整体部署:强龙头——支持化工总公司创办镁业集团,把广灵建成中国的"镁都",亚洲的镁合金基地;壮龙骨——着力扩张水泥、化肥、发电、纸浆四大支柱产业,使它们进一步上档次、上规模、上效益,年利税都达到1000万元以上;带龙身——带动小型企业、乡镇企业的发展,促进农业产业化和第三产业的加速发展。

工作重点:建设镁合金和绿色食品两大基地。

基本目标:综合县力5年翻一番,乡及乡以上工业总产值达到4.6亿元,实现利税8000万元,农民人均纯收入达到3200元,财政总收入达到5500万元,国内生产总值达到6亿元。

新世纪即将来临,目标已经十分明确,前景非常喜人。我们应当迎接时代的挑战,抓住机遇,在邓小平建设有中国特色社会主义理论的伟大旗帜指引下,坚定信心,开拓进取,知难而进,使全县的经济建设和社会事业再迈新台阶,再创新佳绩。

(马俊峰)

灵丘县

发扬老区精神　奋力脱贫致富

灵丘县位于山西省东北部、大同市东南端,具有光荣的革命史、悠久的置县史、丰富的自然资源和人文景观。1945年灵丘县建立人民政权后,在党的领导下,全县人民艰苦奋斗,向贫穷开战,使革命老区发生了翻天覆地的变化。特别是党的十一届三中全会以来,灵丘的改革和发展取得了巨大的成就,社会事业有了很大的进步。

一、县域经济实力不断增强

1998年全县国内生产总值达到32026万元,比1949年增长了43.52倍。工农业生产大幅度增长,1998年,粮食产量创历史最高水平,达到84177吨,比1949年增长了2.69倍;农林牧渔业总产值达到20900万元,比1949年增长9.19倍;工业总产值达到15907万元,比1949年增长483倍;地方财政收入达到2314万元,比1953年增长20倍;1998年全社会固定资产投资规模达到3383万元,比1949年的0.06万元增长了38355倍,比1978年的852万元增长了近3倍。在邓小平理论和党的十一届三中全会以来的路线、方针、政策指引下,灵丘经济向多元化、多层次、多成份的方向发展。目前,一个非公有经济长足发展,国有、集体、个体、私营、外资等多种经济成份共存,粮菜、林果、畜牧、矿业、加工、运输、商贸、旅游、文化、服务"十业推进",矿产业和旅游业"两业突破"的具有灵丘特色的经济模式的雏形基本形成。

二、基础设施取得长足发展

经过几十年的努力,特别是近年来县委、县政府加强基础设施建设,改善投资环境的不懈努力,灵丘县以道路交通、电力能源、邮电通讯、文物旅游、城市服务等为重点的基础设施主体和框架基本建成。1998年,全县公路、铁路通车总里程分别达到2899公里和65公里;邮电通讯等信息产业飞速发展,电话交换机容量达到5120门。平型关战役纪念馆、桃花山溶洞、觉山寺、赵武灵王墓、空中草原等旅游景点开发及配套设施建设取得显著成绩。立足于金、银、铜、铁、锰、花岗石等矿产开发而形成的一批骨干企业和重点项目正在加快建设,必将成为灵丘经济的生力军。

三、生活水平显著提高,实现整体脱贫目标

职工年平均工资由1949年274元增加到1998年4695元,农民年人均纯收入由1957年23元增加到1998年的1751元。教育、科技、文化、卫生、广播电视、城乡建设等各项事业都有了较大发展。在校学生数由1949年的8490人增加到1998年的36836人,医院床位数由1957年的15张发展到1998年388张。灵丘的广播电视事业跨入全省先进行列,1998年全县有线电视用户发展到1万户。扶贫攻坚和小康建设取得了可喜成绩。1998年,全县17个扶贫攻坚乡全部达标,提前一年实现了全县整体脱贫目标;全县已有5个乡镇116个村达到初级小康标准。

四、个体私营经济异军突起,成为县域经济最活跃的增长点

近年来,在县委、县政府的积极引导下,灵丘县形成了县乡村领导抓发展、有关职能部门抓服务、各行各业抓扶植、纪检政法部门抓保护、全社会都为个体私营经济创造宽松环境的良好局面。1998年,全县个体户发展到4329户,从业人员突破1万大关。个体私营经济上缴税金占全县地方财政收入的26.6%,并形成了年产8万吨水泥的豪洋水泥有限公司等一批骨干私营工业企业和一批资金在百万元以上的私营商贸流通企业,成为灵丘县各类经济成份中最具活力的生力军。

五、旅游业实现了飞跃性的发展

1996年以来,县委、县政府充分发挥灵丘自然、人文景观丰富的优势,大力推进旅游开发,制定了发展规划,成立了管理机构,加快了旅游景点建设,加强了宣传促销工作,提高了景点知名度,扩大了灵丘旅游业的影响。1998年,全县各景点共接待游客2万人次,旅游业总收入24万元。灵丘正向着旅游大县的方向大步迈进。

回顾50年的光辉历程,所有这些成绩的取得,都归功于党的领导,归功于邓小平理论和党的十一届三中全会以来正确路线的指引,归功于团结一致、艰苦奋斗的灵丘人民。

在欢庆共和国50周年华诞之际,展望新世纪,灵丘人民担负着全面完成"九五"计划和实现2010年远景目标的光荣任务,担负着振兴灵丘经济、把灵丘建成经济强县的神圣使命。县委、县政府确定的今后五年的工作任务是:在稳定脱贫的基础上,农村人口全面达小康;县营企业走出困境;实现财政状况根本好转;全县经济实力在全市达到中等以上水平。任务是繁重和艰巨的,但是,有建国50年来全县人民团结奋斗打下的良好基础,有世纪之交带来的宝贵机遇,有老区人民英勇顽强、敢打硬仗的优良传统和作风,灵丘人民必将赢得一个美好的21世纪。

(韩泽宇)

浑源县

工农业为主轴　各行业齐发展

浑源县地处恒山脚下，国土面积1966平方公里，1998年全县辖6镇22乡358个行政村，总人口33.8万人。解放前，浑源县经济社会基础薄弱，经济发展缓慢，人民生活贫困。新中国成立后，半个世记的沧桑，50年的峥嵘岁月，浑源县人民自力更生，艰苦奋斗，使浑源的国民经济发生了翻天覆地的变化，物质文明和精神文明建设取得辉煌成就。

发　展　成　就

（一）国民经济大幅度增长。1949年至1998年，全县工农业总产值由1536万元增加到10.54亿元，增长68.6倍，平均每年增长7.02%；农业总产值由1034万元增加到45111万元，增长43.6倍，平均每年增长4.9%；工业总产值由502万元增加到61722万元，增长123倍，平均每年增长9.4%；国内生产总值由900万元增加到68757万元，增加76.4倍，平均每年增长8.2%。

（二）农村经济全面发展，农业生产条件明显改善。浑源县农耕历史悠久，过去由于反动阶级的统治和战争的破坏，传统的农业优势始终没有得到发挥。解放后，广大农民在国家支持帮助下，经过艰苦奋斗，使浑源的农村经济全面发展，农业生产条件发生了显著的变化，生产水平有了很大的提高。水浇地面积由1949年的3.08万亩扩大到1998年的18.02万亩。1998年，全县拥有的各种农业机械总动力10.2万千瓦，施用化肥量9313吨，用电量1644万千瓦时。农业科学技术也被广泛运用，1998年与1949年相比，粮食产量增长4.1倍，达到14.3万吨，油料产量增长14.5倍，达到6764万吨，农用塑料薄膜的使用达到196吨。

（三）工业生产稳定增长，地方工业体系初具规模。历史上浑源的手工业比较发达，行业门类比较齐全，但由于分散经营基础薄弱，没有形成规模。经过50年的建设，到1998年，全县工业企业发展到1546个，其中，乡及乡以上工业企业发展到154个，村及村以下工业企业发展到1392个；轻工业企业1140个，重工业企业406个。在乡及乡以上工业企业中，全民所有制企业16个，集体所有制企业137个，中型企业1个，小型企业136个。乡及乡以上工业企业从业人员20735人。1998年县营工业总产值达到20334万元，相当于1949年的451.9倍。50年来，县营工业总产值平均每年递增10.9%。在产业结构上，煤炭、酿造、食品加工、花岗岩的开采、建材、化工已成为全县的支柱产业。

（四）城乡市场日益繁荣兴旺。随着生产的发展和区域间经济联系的扩大，商品流通和对外贸易有了很大的增长，1998年与1949年相比，社会消费品零售总额由562万元增加到25596万元，是1949年的45.5倍，平均每年增长8.3%。

（五）各项社会事业蓬勃发展。在发展经济的同时，全县不断加强社会主义精神文明建设，促进了社会的全面进步。教育事业，全县努力改善办学条件，逐步引深体制改革，教学质量明显提高，1998年，全县共有各类学校463所，在校学生63153人，分别比1949年增长2.6倍和5.9倍。文化和体育事业也有了明显的进步，文化、卫生、广播、新闻等机构从无到有。城乡居民医疗卫生条件有了很大的改善。1998年有医院33所，床位数594张，卫生技术人员779人。科技事业。以县科技部门为核心，以乡镇农科站为桥梁，以村及农技服务站为基础，以科技示范户为样板的新型农技推广服务网已经形成，县科技部门在有关单位的配合下，组织科技人员深入厂矿、企业，协助企业科技人员开展技术攻关，解决技术疑难，不断提高了工农业生产的现代化水平。

（六）人民生活水平显著提高。随着经济和社会的发展，城乡人民的收入成倍增长，农民人均纯收入由1957年的328元增加到1998年的1619元，增长4.9倍，职工平均工资由1949年的226元增加到1998年的4302元，增长19倍。1998年与1978年相比，城乡居民储蓄余额增长153.5倍。

发　展　阶　段

浑源县50年经济社会发展取得的成就是巨大的，也是来之不易的。综观浑源经济社会50年的发展历程，是以工农业生产为主轴，其它各业并行发展的。因此，工农业发展的历程就是浑源经济社会发展的历程。

（一）农业的发展。从1949年到1998年，浑源县农业的发展大体经历了四个阶段：

1.社会主义改造时期。1952年开始的农业合作化运动，使土地由私人占有制向集体所有过渡，这个运动由1953年的初级化到1956年的高级化，直到1958年的人民公社化，共进行了6年的时间。这是土地所有制的又一次重大变革。这一变革促进了生产力的发展，使浑源县的农业生产出现了飞跃。1958年，全县粮食总产量达到5850万公斤，比1949年增长了66%。

2.大跃进时期。从1958年开始，政策上推行极左路线，大刮“浮夸风”、“共产风”。搞“一平二调”，吃“大食堂”，扩大生产组织规模的“大跃进”，使生产力受到严重破坏，粮食产量降至1960年的3739.6万公斤，口粮严重不足。1963年开始进行政策上的调整，纠正了一些极左的做法，明确了“三级所有，队为基础”的农村经济政策和“承认差别，按劳付酬”的政策。安定了人心，促进了农业生产的全面发展。到1956年，全县粮食产量又上升到6279.6万公斤，其它各业也有了相应的发展。

3.“文化大革命”时期。1966年“文化大革命”运动开始，初见转机的农业生产再次受到破坏。从1967年开始，粮食产量明显下降，一直在5000万公斤上徘徊。1971年，党的各级组织恢复后，县委领导全县人民认真贯彻中央北方地区农业工作会议精神，大搞农田基本建设，改造土地，扩大水浇地面积，普遍推广使用化学肥料，引进作物新品种和农业机械化耕作方法，增加高产作物玉米的播种面积等，使农业生产开始稳步发展。1971年，全县粮食总产量创造历史最好水平，达到7873万公斤。到1974年粮食总产量高达1亿多公斤。但是由于片面推行“农业学大寨”中左的东西，割“资本主义尾巴”，限制社员群众的家庭副业生产，单一抓粮食生产，不讲经济效益，出现了增产不增收的严重弊端，人民群众的生活水平依然得不到提高。这种状况，直到1978年党的十一届三中全会后才得到根本转变。

4.改革开放新时期。1979年后，由于全面认真贯彻落实了《中共中央关于加快农业发展若干问题的决定》，在农村逐步推行了生产责任制，克服了过去吃“大锅饭”的弊病，极大地调动了农民的生产积极性，调整了农业经济结构和农作物布局，大力发展多种经营，发展商品生产，使广大农村由自给半自给经济向商品生产发展，由传统农业向现代化农业发展。增加农业投入，改善农业生产条件，农业的基础地位得到强化，短短的三年时间就取得显著成绩。1982年全县粮食总产量达到10794.5万公斤。油、药、菜、糖等经济作物也有大幅度增产，全县农业总产值达到6021万元，同时涌现出一大批专业户、重点户。农业机械化水平也有很大提高。1983年以后狠抓农业和农村主导产业，促进农村经济的全面发展，实施科技兴农战略，推动农村生产力的全面进步。全县重点推行了科学种田新方法，基本实现了主要农作物优种化，普遍推广地膜覆盖新技术，使农业生产又跃上了一个新台阶。进入90年代，农业得到全面的发展。1998年，全县粮食总产量达到143203吨，是1990年的1.4倍，是1985年的1.47倍，是1978年的1.68倍，是1965年的3.08倍，是1957年的3.32倍，是1949年的4.07倍。全县农业总产值达到43687万元，是1990年的3.44倍，是1985年的5.3倍，是1978年的11.09倍，是1965年的24.27倍，是1956年的28.87倍，是1949年的42.25倍。

浑源县恒山酒厂

（二）工业的发展。浑源的工业生产历史悠久，尤以手工业为最，新中国建立的1949年，全县有工业企业71个，工业总产值502万元。在社会主义改造时期，全县有工业企业34个，工业总产值达到1145万元。到50年代后期，全县五小企业快速发展，煤炭、电力、水泥、砖瓦、化肥等重工业纷纷建立，重工业产值的比重迅速增加。此后，贯彻以“农业为基础，工业为主导”的方针，充分发挥当地优势，轻、重并举，逐步形成以煤炭、酿酒、花岗岩开采为支柱产业，电力、机械、建材、陶瓷、造纸等多方向发展的工业体系。改革开放后，浑源立足本地资源，充分发挥优势，加快基建和技改进度，培育和发展工业支柱产业，创名牌，上品种，加强管理，拓宽市场，提高效益，给企业以充分的经营自主权，更增强了企业的活力，在竞争中，加快了发展步伐。1978—1998年，全县工业总产值以年均14.6%的速度递增，1998年达到61722万元。

（梁根喜　乔振树）

左云县

扬资源优势　铸左云辉煌

左云县地处山西北部，外长城脚下，历史悠久，地广人稀，是一个自然条件较差的山区小县。全县共分14个乡镇，266个行政村，总土地面积1314平方公里。境内煤炭资源丰富，地质储量达100亿吨，且埋藏浅，易开采，煤质优良。然而地势高寒，土地贫瘠，风大沙多，雨量偏少，水源奇缺，干旱多灾。

发　展　成　就

建国50年来，特别是党的十一届三中全会以来，左云的煤炭资源优势得到充分发挥，经济建设取得了辉煌的成就，社会面貌有了根本改变，昔日的“雁门关外野人家”，变成了“塞上明珠”的社会主义新农村。改革开放的春风把左云推向了全国产煤大县和全省经济强县之列，并于1996年财政收入突破亿元大关。1998年底，全县国内生产总值完成103246万元，是1978年的31倍，是1952年的400倍。全县人民精神振奋，正朝着小康方向迈进。

(一)农村经济全面发展壮大

农业基础地位日益巩固，粮油产量不断提高。左云县土地辽阔，农业生产历史上以种植业为主。建国初期全县6万人口中有5.8万人从事农业生产，但是由于土地贫乏、干旱多灾、生产力水平低下，粮食产量很低。三年恢复时期，由于农村开展了互助合作运动，种植业得到迅速发展，1952年全县粮油产量达到19257吨，比1949年增长了87.4%。人民公社大跃进开始后，政策上盲目追求高指标，严重脱离实际，加上连年自然灾害，农业生产遭到严重破坏，以致于1962年全县粮油亩产不足23公斤。调整时期，由于确定了“三级所有，队为基础”，粮食生产有所回升。十年动乱时期，片面强调“以粮为纲”，严重影响了农民生产的积极性，使农业生产的效益大为降低。党的十一届三中全会以来，农村实行了家庭联产承包责任制，调整农业经济结构和种植业内部结构，改革农副产品的统购制度，提高农副产品收购价格，大搞农田水利建设，使农业生产环境和生产条件大为改善，1984年全县粮食产量首次突破亿斤大关。1998年，全县粮食产量达到31044吨，比1978年增长50%，油料产量6223吨，比1978年增长2.2倍。

林业建设成效显著，对防风固土起到了良好的作用。建国初期，全县仅有残林341亩，零星树15万株。从1952年开始，全县人民积极开展群众性的植树造林，经过多年的艰苦奋斗，以人工材为主的小叶杨覆盖了左云大地，天然的次生灌木和草木植物也恢复起来，到1978年底，全县林地面积发展到2805公顷，四旁零星树285万株，木材蓄积量13.6万立方米。国家“三北防护林”建设工程开始后，全县人民热情高涨，用“挖掘地下黑色宝库”积累的资金，“建设地上绿色银行”。使苗木结构发生了变化，林地面积逐年扩大，1994年通过验收，被确立为山西省绿化达标先进县。1998年底，全县林地面积达69.5万亩，森林覆盖率达35.3%，林业增加值达到331万元，占农林牧渔增加值的4.04%。

畜牧业大发展。左云的畜牧业生产历史悠久。新中国成立后，左云县畜牧业迅速发展起来，1959年进行黄牛改良，1955年开始绵羊改良，1990年已基本完成改良任务，改良后肉产量和羊毛产量提高3到4倍，经济收入提高1到1.5倍。1978年，全县大牲畜年末达15588头，猪存栏22925头，羊存栏47094只，肉类总产量759吨。改革开放以来，左云地广坡多的优势得到发挥，各种养殖大户开始出现，各类畜禽成倍增长。1998年底，大牲畜存栏数达到24455头，猪存栏14745头，羊存栏102499头，肉类总产量2483吨。畜牧业增加值达到1271万元，占农林牧渔增加值的8%。

乡镇企业异军突起。左云县的乡镇企业从50年代末开始兴起，党的十一届三中全会以后进入大发展时期，经过20多年的发展，现已成为具有机械、炼焦、煤炭开采和加工、建材、铸造、日用陶瓷、皮革、编织等门类比较齐全的产业群体，乡镇企业成为国民经济发展的生力军。1998年，乡镇企业实现产值27.7亿元，上交税金7千多万元，分别为1978年的150倍和32倍。

(二)煤炭优势得到发挥，工业经济快速发展

左云县的传统工业是采矿业和手工业。1949年，全县仅有杜家沟煤矿一个国营企业，其余均为个体手工业，工业总产值56万元，全部职工人数101人。建国后，左云工业在基础十分薄弱的条件下开始起步，

1952年组建机械厂，1958年建成了县营鹊儿山煤矿，1966年建成了县营店湾煤矿，1970年建成了水泥厂。到1978年，全县已发展到8个行业大类、54个工业企业，煤产量由1949年的1.08万吨提高到87.37万吨，工业总产值达到2534万元，是1949年的27倍。工业在国民经济中的比重由1952年的18.6%上升到52.6%。改革开放以来，工业经济进入了快车道，煤炭工业更以空前的速度向前发展，成为全县的龙头。全县多数乡镇煤矿是在1980年左右建成投产的，共投资1250万元，"六五"期间又投资4681万元，对重点乡镇煤矿进行了技术改造，如西沟、秦家山等矿，通过改造生产能力都达到30万吨以上。县营鹊儿山和店湾两座煤矿的技改扩建一期工程相继完成后，年生产能力分别达到40万吨和30万吨以上，"七五"期间，全县40多座乡镇煤矿实现了机械提升、机械运输。采区回采率达40—50%，鹊儿山矿安装综合采煤的现代化设备后，生产能力达到85万吨。1998年，全县原煤产量1050万吨，是1978年的12倍，工业总产值(新口径)达36500万元，是1978年的15倍，煤炭工业在工业经济中仍占主导地位，达85%以上。工业经济占全县国民经济中的比重也随之上升，由52.6%增加到65.8%。

50年来，全县工业产品品种大大增加，产品数量成倍增长。1998年，全县的工业产品品种比解放初期增加20多倍，主要产品产量成倍增长，许多产品从无到有，从少到多，不仅满足了国内需求，而且还打入了国际市场，1986年玉米脱粒机出口秘鲁，从1981年开始原煤大量出口日本和东南亚，一些产品如高压电瓷、铁合金焦、粘土等也开始大量生产。

工业经济效益也有很大提高，企业实现利税也大幅度提高。1998年，全县预算内工业企业实现利税1415万元，是1978年的50倍。全县利用煤炭生产不断积累资金，每年上交的利税占到财政总收入的50%以上，用于发展生产和各项社会事业。

(三)基础设施建设步伐加快

改革开放以来，城镇基础建设迅速发展，先后建成了宽敞、楼房林立的两条大街和20多条巷道，彻底改变了旧县城低矮、破旧的面貌，新建了功能齐全的综合性体育场。到1998年底，全县拥有干线公路两条，县乡公路12条，乡村公路267条，专用公路5条，通车里程达200多公里。公路的大发展，有力地促进了运输业的发展，全县煤炭每年的销售率都在95%以上，主要靠发达的交通。邮电通讯从无到有，不断发展。电话机从改革开放前的手摇式改为自动拨号，尤其是在90年代以来，铺设了市县及县乡三条光缆，电话实现程控化。1998年，全县完成邮电业务总量1242万元，电话机数达到6023部，电话普及率达到4.5部/百人，移动电话达到4011户，无线寻呼市场十分活跃。

(四)财金实力增强，贸易兴旺

左云的财政收入随着经济的发展不断增加。1949年，全县财政收入仅有0.058万元，收不抵支，1978年达到223.6万元，基本实现了财政自给。1982年以后，左云县的财政收入开始自给有余，上交国家。1998年一般预算收入7742万元，是1978年的35倍，地方机动财力达到1584万元，是全省财政状况较好的县区之一。

金融保险事业飞速发展。1952年全县银行存款余额30.7万元，贷款余额43.4万元，到1998年存款余额达到83870万元，是1978年的14.5倍，是1952年的2732倍，贷款余额59476万元，是1978年的6.5倍，是1952年的1374倍。城乡储蓄存款余额达70790万元。保险公司自1983年成立以来一直保持兴旺发展的势头。1998年，共承保各类险种1253户，承保金额4.92亿元，支付赔款232万元，上交税金36万元，全年保费收入450万元，是公司成立初期的50倍。

左云县的供销、商业大发展是在改革开放以后，全县实现多种经济形式、多渠道、少环节的流通体制。在购销政策和管理体制上逐步实行社会主义市场经济体制，形成了以县城为依托的城乡畅通、交易活跃的市场体系。1998年，全县批零贸易、餐饮网点达2900多个，从业人员800多人。社会消费品零售总额达45356万元，是1978年的30倍。

(五)文教卫生事业蓬勃发展

鹊儿山煤矿储装系统

教育事业蓬勃发展。建国初期,全县仅有小学5所,在校生381名,到1998年底,全县已发展成具有幼儿、中小学、电大、函授、教师进修、党校、成人教育等各种教学形式。学校数达到288所,在校学生27864人,专任教师2112人。县综合技术学校白手起家,现已发展成为拥有固定资产上千万元的闻名全省的职业学校。

文化事业日益繁荣。1952年,一台直流收音机开辟了左云广播宣传的历史。1958年建立了有线广播站。1982年建立彩色电视差转台,电视转播覆盖面逐步占到全县总面积的90%。文化体育设施齐备,图书馆、舞台、体育场设备先进,文联、气功、太极拳等协会门类齐全,会员众多,群众文化生活丰富多彩,全民健身热情高涨。

卫生事业发展较快。目前已发展成县、乡、村三级卫生保健网络,有卫生机构38个,其中县级医院2个,病床数495床位,卫生技术人员570人。各种传染病得到有效控制,计划免疫为全国首批达标县。

(六)人民生活水平普遍提高

居民收入水平大幅度增长。1998年全县农民人均纯收入2478元,职工平均工资5569元,分别为1978年的43和10倍,城乡居民储蓄存款余额70790万元,是1978年的100倍,人民生活质量明显提高。居住条件大为改善,1978年至1998年每年新建居住面积平均在2万平方米以上,人均住房面积达到了12平方米以上。小康村镇建设取得新成绩,上张家坟村、西沟村、秦家山等19个村的农民住上了质量较高、设备完善的新式楼房,有13个省级文明村,17个市级文明村,涌现出750多个文明家庭,有230多个村达到小康。

前景规划

根据左云经济和社会发展的基础,结合规划期的发展需求,远景目标的发展重点是:

农业生产要坚持以"达小康"、增加农民收入为核心,以建立城郊型的农业生产体系为目标,发展西北部林牧业,实现农林牧"三三制",依靠科技进步发展"两高一优"农业,推进农业集约化和产业化进程,加快农村小城镇建设。

工业生产特别是煤炭生产不求产量的高增长,而要追求高效益,坚持"开发与保护并重"的原则,彻底杜绝私开矿井,严格控制乱采滥挖,重点改造,增强生产后劲,集中有限资金,开发和改造西南煤田,搞好煤炭的加工转换,提高煤炭的附加价值。

基础建设重点解决缺水、少电和交通问题。搞好水资源的开发与节流,电网建设要坚持新建和改造相结合。

在产业结构调整上,要以种植业、林业为基础,煤炭为主导,化工、建材、电瓷、农畜产品加工和交通运输为支柱,形成由资源导向逐步向结构导向过渡的新型产业体系。

大力发展文化、科技、教育和卫生事业,加强物质文明和精神文明建设,使全县经济和社会发展再上新台阶。

(阎传平　魏福圣)

艰苦的历程　光辉的业绩

大同县位于山西省北部的大同盆地,东临阳高县,西与大同市、怀仁县接壤,南靠浑源县,北隔采梁山与新荣区相连。平均海拔970—1200米,总面积为1503平方公里,耕地面积为76.05万亩。大同县下辖16个乡镇,191个行政村,3个街道办事处,33个居委会,1998年底全县人口15.93万人。

发展阶段

伟大的中华人民共和国已走过了50年的光辉历程。50年来,勤劳朴实的大同县人民在党和政府领导下,辛勤耕耘,使全县农业生产和农村经济发生了前所未有的变化,特别是党的十一届三中全会以来,全县经济发展最快,取得了实质性的突破,出现了政治安定、经济繁荣、人民安居乐业的新面貌。

建国50年来,大同县经济发展过程大体可分为四个大的发展时期。

(一)国民经济恢复时期(1949—1957年)。这一时期主要以农业为主,大同县人民着手恢复遭到长期破坏的农业经济。深入开展了土地革命运动,解放了农村生产力,激发了农民发展生产的积极性。接着广泛开展了互助合作运动,将农民组织起来,依靠集体力量兴修水利、发展农业机械、引进农业技术。从1953年起办起了初级社,到1956年又办起了高级社,广大农民群众情绪饱满,生产积极性高涨,使全县农村经济得到了迅速的恢复和发展。1957年,粮食总产量达到31980吨,油料达到315吨,猪牛羊肉产量达到650吨,现价农业产值达到1035万元,分别比1949年增长9.8%、125.0%、915.6%和25.80%。

(二)社会主义改造时期(1958—1965年)。这一时期,由于"左"的思想干扰,严重挫伤了广大群众的生产积极性,加之3年的严重自然灾害,农业发展受到了严重挫折,到1962年,全县粮食产量下降到23715吨,仅是1958年的53.5%。

这一时期的工业处于刚起步状态,现价工业产值到1965年才只有9万元。

(三)10年动乱时期(1966—1977年)。历时10年的"文化大革命",使大同县的农业受到很大的冲击,农村大批资本主义,"大割资本主义尾巴"等等,再次挫伤了农民发展生产的积极性。1967年粮食总产一下子下滑到15985吨,仅为1966年的26.3%,大同县的经济建设发展缓慢。

(四)改革开放、全面建设社会主义时期(1978年以来)。党的十一届三中全会以后,大同县进入一个全面发展的新时期。从1979年开始到1982年,全县由点到面,逐步推行了家庭联产承包责任制;1984年开始了调整产业结构,引导农民面向市场,遵循价值规律发展商品生产,形成了多种经济形式并存的新格局;社会分配方式由过去的平均主义和"大锅饭"转变为以按劳分配为主的多种分配方式。从根本上调动了农民的积极性。农业生产一年一大步,1990年粮食

向贫困山区捐书助教　　　乔晓光　摄

总产达到90569吨,1998年突破10万吨大关,达到100282吨,创历史最好水平。农民人均纯收入2466元,全县达小康。

发　展　成　就

建国50年来,大同县人民齐心协力,坚持自力更生,克服重重困难,取得了巨大成就。特别是党的十一届三中全会以来的20年,改革开放的方针给大同县经济注入了新的生机和活力,经济建设硕果累累,经济、政治、文化、社会等各个领域都发生了深刻的变化。

(一)农村经济日新月异。新中国成立以后,大同县在胜利完成土地改革的基础上,逐步对小农经济进行社会主义改造,建立了社会主义的农村合作经济。党的十一届三中全会以后,全县范围内普遍实行了以家庭联产承包为主要形式的生产责任制,推动了农村经济的迅速发展。农业改变了粮食产量徘徊不前的被动局面,农、林、牧业生产有较大发展。农业总产值和主要农作物产品产量显著增长。1998年,全县农业总产值创历史最好水平,达33883万元,比1978年增长16倍,平均年递增29.3%。

1.粮食产量稳步增长。粮食生产70年代年平均产量为0.595亿公斤,80年代年平均产量为0.7亿公斤,90年代年平均产量达0.81亿公斤,1998年粮食产量达到1.0028亿公斤,创下历史最好水平,比1978年增长61.4%。

2.林业生产得到迅速发展。全县林地面积由1978年的44.9万亩增加到1998年的84.1万亩,增长87.1%;森林覆盖率由1978年的19.2%提高到29.8%,林木蓄积量由1978年的26.3万立方米增加到40.2万立方米,增长52.1%。公路和田间道路,以及渠道两旁形成了稳定骨干林带1.5万亩。

3.畜牧业生产大幅度增长。1998年全县畜牧业产值达到5727万元,大牲畜年末存栏头数达到2.82万头,牛猪羊肉总产量达到5549吨,奶产量达到1136吨,禽蛋产量达到1392吨。

(二)工业经济实力显著增强。建国前,大同县基本没有工业。1953年全县仅有几处木器、建筑、编织等手工业作坊,到1957年工业总产值仅为7万元。经过50年的艰苦奋战,县办工业从无到有,从小到大,有了长足发展。特别70年代以后,建起了水泥厂、砖瓦厂、化工厂、机械修造厂等一批国有工业企业,主要产品有原煤、水泥、砖瓦、工业硅等。

1997年全县乡及乡以上现价工业总产值实现33283万元,是1978年的19倍;工业销售产值1997年达到33076万元,工业增加值达到16960万元,国有工业实现利税4364万元。1998年全部国有工业和销售

收入在500万元以上的非国有工业实现现价工业产值19582万元,销售产值19017万元,增加值13945万元,国有工业实现利税2164万元。主要产品:425#普通硅酸盐水泥被评为省部级优质产品,曾连续19年获山西地方水泥质量先进奖;工业硅成为出口免检产品,销往日本、德国、美国等国家;机砖获“国家优秀产品证书”和“国家一级品证书”;二轻系统综合指标居全省第二,被评为全省十家红旗单位之一。近三年来,投资4743万元,完成了6项技改项目。硅厂新上一台6300KVA工业硅炉;砖厂新上一条缸瓦生产线;水泥厂机立窑技术改造、黄土坡煤矿11号煤层的延伸;活性炭厂新上两台活化炉;扩建、新建了“九五”国家重点推广的以纸代塑中包绿色包装制品厂。

(三)财经贸易日趋繁荣。经过50年的发展,特别是在市场经济体制的推动下,大同县逐步形成了以国营为主体,多形式、多层次、多渠道、多方位的统一市场经济体系。财政收入逐年增加,1996、1997、1998年的财政总收入分别是5679万元、6189万元和6675万元;地方财政收入分别是3738万元、4093万元和4419万元。从1996年起,县、乡、村三级有了发展基金储备,到1998年底,县级财政储备达到1500万元,土地补偿积累460万元,乡级发展储备基金348万元。

1998年,社会消费品零售总额完成29105万元,个体工商户达到3200家,个体工商税收达334.7万元;新组建了农副产品专业合作社22个,打开了玉米销江南、黄花入湘桂、绿豆进香港,地榴、青菽售北京的销路。

(四)各项社会事业长足发展。建国前,大同县的各项社会公益事业相当落后。50年来,特别是党的十一届三中全会以后,随着经济建设迅速发展,各项社会事业呈现出一派生机盎然的新气象。教育、卫生、广播电视、文化、体育全面发展。近3年共向教育投资1200万元,兴建了16所学校,购置了图书、仪器,改善了办学条件,“两基”教育1998年进入全国先进行列,被国家财政部、教育部评为“普及九年义务教育,扫除青壮年文盲”先进县。卫生事业发展很快,50年来,不断加强卫生基本建设,先后建起3所县医院,16所乡镇医院,各种地方病、传染病都得到了有效治疗和控制,基本形成了城乡医疗预防网落。邮电、电力事业达到了两个突破,实现了16个乡镇农市电话并网,4个乡镇开通了光缆传递。三个变电站实现了全市第一家电力调度自动化。近3年,县城容貌得到有效改观,3年投资3000万元,兴建了公安、邮电、税务等25幢新楼;投资416万元,翻新了县城四大街的4.8万平方米路面,硬化2.8万平方米的人行便道,配建了33900米长的下水道;投资70万元增设了灯光工程;投资93万元,完善了自来水管网设施和消毒设备。

(五)人民生活日益提高。50年来,特别是1978年以来,随着国民经济的不断发展,城乡人民生活有了显著的改善和提高。1978年职工年平均工资为543元,1998年年平均工资为5373元,比1978年增长9倍;农民人均纯收入,1978年为70元,1998年为2466元,比1978年增长34倍;人民群众的消费结构发生了很大的变化。1998年城乡居民储蓄存款余额达到30465万元,人均储蓄近2000元。

(冯　飞)

阳泉市城区

欣欣向荣的阳泉城区

阳泉市城区位于市境中部偏南,西与矿区相邻,东、南、北均与郊区相接。面积为19平方公里。中共阳泉市委、阳泉市人民政府设在本区,是阳泉市政治、经济和文化的中心。

建国以来,城区人民在党的正确领导下,因地制宜,奋发图强,使城区经济不断得到发展,呈现出了欣欣向荣的繁荣景象。

一、经济实力显著增强

50年来,城区经济由小到大,由弱到强,不断壮大发展。尤其是党的十一届三中全会之后,勤劳勇敢的城区人民在党和政府的领导下,自力更生,艰苦创业,把一个经济基础薄弱的旧集镇,建设成了初具规模的新型市区。

工业生产迅速发展。城区工业是在原小集镇手工业、私营工商业的基础上逐步发展起来的。1970年区属工业正式起步，当年工业总产值仅209万元，1975年达到795万元，特别是1979年以后，工业生产迅速发展，1985年工业总产值达1365万元，1990年达3570万元，1998年达到21207.8万元。区委、区政府立足于工业基础薄弱、设备陈旧、厂房简陋的现状，按照集体经济的特点，围绕提高经济效益，相继采取了一系列深化改革的措施，大胆进行经济体制改革，转换经营机制，调整产品结构，依靠科技进步，使旧企业改造更新，新企业不断诞生，建立和发展了日用木器、日用化工、文化用品、服装加工、包装装璜、电机制造、型煤加工、机电维修、食品饮料等工业，形成了以轻工、食品、机械为“龙头”的发展势头。机械工业6种主要产品中，分马力电机、鼓风机、截止阀等3种产品累计荣获7项优质奖。轻工产品中多用组合柜、讲义夹曾荣获5项优质奖。全区工业逐步实现了上品种、上质量、上效益的目标。

第三产业稳步增长。多年来区委区政府坚持“为城市人民生活服务，为能源重化工基地建设服务”的指导思想，推进市场建设，发展第三产业，区属三产企业得到了迅速发展，形成了商业、饮食、服务、物资供应等第三产业同步发展的体系。第三产业在全区经济中的份额日益增大，1998年全区第三产业增加值实现10194万元，占全区国内生产总值的72.2%，第三产业营业额实现67602.8万元。

房地产开发业取得了可喜成绩。区房地产开发公司成立于1988年，由于坚持了“质量第一，用户至上”的宗旨，逐年取得好成绩，住宅工程多次被评为优质工程，工程合格率为100%，优质率达31.5%。1998年重点实施了小阳泉旧区改造工程，规划改造面积28.78公顷，规划建设面积38.2万平方米，新建面积30.7万平方米。

个体私营经济蓬勃发展。改革开放以来，个体与私营经济取得了较大幅度的发展，区政府按照“调整第二产业，突出第三产业，放手发展非公有制经济”的思路，大力发展个体经济和私营经济。1998年底全区个体工商户发展到4018户，私营企业发展到106户，集市贸易年成交额达2.62亿元，个体私营企业纳税额占到一般预算收入的44%。

财政收入逐年增加。1985年5月城区被确定为一级财政，当年财政收入为909.7万元，随着经济的发展，1990年财政收入实际完成2206.2万元，1998年财政总收入达到了6297万元，较1985年增长6.9倍。财政支出按照“量入为出，自求平衡，略有结余”的原则，在大量组织增收、严格控制开支的前提下，每年都做到了收支平衡，略有结余。1985年财政支出为297.6万元，1990年增加到1337.9万元，1998年一般预算支出达到4094万元，保证了城区经济与社会的快速健康发展。

二、各项社会事业稳步发展

教育事业迅速发展。建国后，城区普通教育、职业教育、成人教育均得到了迅速发展。1998年城区有区直属幼儿园1所，小学8所，中学4所。小学在校学生数达到14124人，适龄儿童入学率达100%。在校巩固率为100%，小学毕业升初中率达100%，九年义务教育合格率达98%。1998年经山西省人民政府验收，城区成为普及九年制义务教育合格区。中学教育长足进步，1998年在校学生数达到5260人。各中学已普遍使用了电化教学，教育质量明显提高。成人教育健康发展，1998年有2600余人参加了高教自考，合格人数达1200余人，领取毕业证80余人，参加成人高考630人，被录取180人。积极开展创建特色教育示范

火树银花似香岛　　周　京　摄

校活动，被省委、省政府授予“山西省模范单位”、全省“教学整体改革先进集体”。被市政府命名为“中小学特色学校建设成绩突出，推动素质教育成绩显著区”。

各项社会事业取得新成绩。全区推进“科技兴区”战略，进一步加大科技投入、科技三项费用逐年增加。1998年科技三项费用比上年增长50%，1998年投资12万元率先实施了计算机网络建设工程。全面实施初级卫生保健工作，重点抓了预防保健、卫生监督执法、社区卫生服务、健康教育等项工作，不断加大卫生执法力度，至1998年已连续三年保持了“省卫生城区”的称号。认真贯彻计划生育基本国策，强化计生基层基础工作。1998年计划生育工作集中开展了“六清六建”，在全市名列前茅，受到省政府表彰，1998年全区计划生育率达到99.78%，人口自然增长率降到4.65‰。多年来，文化、体育、民政等社会事业也取得了新发展。

三、精神文明和民主法制建设得到加强

多年来，区委、区政府一直把精神文明建设摆在突出的位置，不断加强社会主义精神文明建设。深入持久地开展思想道德教育和精神文明创建活动，大力开展为人民服务教育和社会主义、爱国主义、集体主义教育以及社会公德、职业道德教育。以提高市民素质为着力点，搞好群众性精神文明创建工作，组织好创建文明街道、文明小区等活动，努力提高市民素质和文明程度。至1998年底全区共建成安全文明小区173个，其中高档型17个，普通型65个，标准型65个，开放型26个。以加强城市综合治理工作，整顿市容市貌为突破口，深入搞好绿化、美化、净化、亮化工程，使环境卫生有了明显改观，1998年新建绿地面积20700平方米，新增庭院绿化达标单位10个。

在民主和法制建设方面，近年来全面实施了普法教育，实施了部门执法责任制，进一步推进了依法治区工作，使社会治安综合治理和反腐倡廉工作取得了新成果。

回首以往，思绪万千，展望未来，前程似锦。我们一定要把现有基础作为继续前进的新起点，脚踏实地，立足于阳泉城区实际，坚持党的基本路线不动摇，紧紧依靠全区人民的智慧和力量，振奋精神，开拓进取，再谱城区跨世纪的宏伟篇章。

（王贵生）

阳泉市矿区

奋进的阳泉矿区

阳泉市矿区地处阳泉市中西部，总面积19.15平方公里，石太铁路、太旧高速公路、307国道贯通全区，交通相当便利。境内煤炭资源极为丰富，是我国著名的无烟煤生产基地之一。

阳泉矿区历史悠久，源远流长，春秋时期赵简子曾在此筑平潭城，宋代即有了煤炭开采业，至清代，境内煤炭开采业已具有了一定的规模。1905年正太铁路通至阳泉和1907年山西省保晋矿务局的成立，揭开了以煤炭开采业为主的矿区近代经济发展的序幕。阳泉解放后，矿区人民在中国共产党的领导下，励精图治、艰苦奋斗，大力发展煤炭生产，支援国家建设。1958年10月成立了矿区人民公社，1971年4月1日成立矿区革命委员会，为区级行政机构，与阳泉矿务局合署办公，1980年9月1日阳泉市矿区人民政府正式成立，下辖沙坪、蔡洼、赛鱼、桥头、平潭街、贵石沟6个街道办事处，237个居民委员会。经过几十年的建设，矿区已成为拥有20万常住人口，基础设施齐全，工业基础雄厚，商业发达，市容整洁，政治安定团结，人民安居乐业的新型工矿区。

一、综合实力明显提高

解放以来，特别是党的十一届三中全会以后，矿区人民认真贯彻党的基本路线，坚持改革开放，坚持以经济建设为中心，牢牢把握改革、发展、稳定的大局，立足区域优势，因地制宜，科学决策，锐意改革，扩大开放，创造性地开展工作，全区经济发展迅猛，综合实力大大增强。1998年，全区完成国内生产总值18亿元，工业总产值达20亿元，社会商品零售总额达25000万元，财政收入3502万元。

工业战线成就显著。解放初期，阳泉矿区经济比较落后，工业生产以煤炭开采为主，另有少量的硫铁矿开采业。当时矿区的主要工业企业仅有阳泉矿务局的两个煤矿、一个修理厂和阳泉发电厂等少数企业，不仅设备陈旧，技术落后，而且生产粗放，产品单一，年产煤仅80万吨，发电厂仅有1500千瓦的发电机一台，全部生产工人7758人。进入50年代，随着国民经济发展，国家投资对旧矿井进行了技术改造，并新建了一批新矿井和选煤厂，使煤炭开采能力和深加工能力有了进一步的提高。由于煤炭生产建设的需要，带动了青砖、矸石砖、水泥、水泥预制件等建材工业的发展，建立了一些以生产建材为主的工业企业。60—70年代，由于十年动乱的影响，全区经济发展缓慢，基本处于停滞状态。进入70年代后期，特别是党的十一届三中全会以后，国家进一步加大了对能源基地建设的投资，全区工业生产进入了快速发展时期。国家累计为阳泉矿务局投入固定资产、更新改造投资56亿元，新增了一批现代化程度高的矿井，新建了贵石沟五矿、新景矿、进行了三矿改扩建以及新建了一批与煤炭生产配套的坑口电厂、选煤厂、洗煤厂、机械修造厂等企业，建成了一批与煤炭生产配套的坑口电站、铁路专用线等设施；国家、地方投资对阳泉发电厂进行了大规模的改扩建，兴建了阳泉电石厂、自来水公司、电器厂、五金工具厂等一批工业企业。经过50年的建设发展，矿区已形成了以煤炭、电力为主，铝冶、磁材、电子、制药、电石、化工、水泥、电器、建材、机械等门类齐全的工业体系，为矿区国民经济的发展作出了贡献。其中，阳泉煤业集团有限公司(原阳泉矿务局)已建设成为拥有固定资产47亿元，职工7.5万人，以煤炭生产为主，集铝冶、磁材、化工、电子、制药、建材、水泥等多种行业的工业生产以及建筑、运输、商饮、服务等行业多种经营的大型集团化企业。1998年阳煤集团煤炭生产产值17亿元，多种经营总额达12亿元；成为阳泉市最大的企业；阳泉发电厂装机容量已达24万千瓦，年发电量1.2亿千瓦时，实现产值1700万元。矿区建区后，立足“为煤炭生产服务、为人民生活服务”的方针，积极发展区属集体工业，取得了空前的发展，1998年全区区属企业实现工业产值6298万元，比建区初期增长24倍。

第三产业蓬勃发展。随着煤炭产业的开发，在矿区各矿厂周围陆续出现流动摊贩，至解放初期，已在各交通要道逐步形成市场。50年代至70年代，矿区逐步建设国营商业网点，先后建立了矿区百货大楼、二矿商场、红旗岗商场等商业网点，但其它服务性行业基本没有。1980年矿区建区后，区委、区政府一直把加快第三产业发展作为全区经济发展一个重要的增长点，18年来，矿区第三产业从小到大，从弱到强。根据自身的实际情况，先后组建了桥头商场、聚丰贸易公司，房地产开发公司、经济贸易公司、洪桥商场等一批以商业、餐饮服务业为主导，行业门类较为齐全的第三产业布局体系，特别是1998年投资兴建的明珠建材市场、桥东街商贸一条街、平北集贸中心、蔬菜集贸市场、商贸娱乐中心等五大专业市场成为全区第三产业发展的一个重要增长点，五大专业市场预计总投资8000万元，新增营业面积2.83万平方米，可增加营业收入上亿元，创利税近1000万元。

非公有制经济在规范中崛起。建区初期，矿区个体、私营等所有制经济基本上为零，改革开放和经济发展进一步要求发展个体、私营等多种所有制经济。矿区区委、区政府积极创造条件鼓励支持个体私营经济的发展，先后开放了桥头、赛鱼两个集贸市场，并制定了《关于进一步加快非公有制经济发展的基本意见》，出台了一系列扶持政策，开展了区级领导与个体私营企业结对子活动。全区涌现出了乌珠特种型煤厂等一批民营企业，1998年矿区工商业户发展到3883户，私营企业发展到51户，生产经营总额达2.4亿元，成为矿区经济的又一个增长点。

财政收入平稳增长，人民生活水平逐步提高。1998年，全区全年财政收入达到3502亿元，为建区初期的10.5倍。其中：“八五”期间平均递增22.5%。1991年—1998年平均递增21.2%。1998年全区城市居民人均可支配收入达3621元，人民生活水平大幅度提高。

二、各项社会事业全面进步

建区以后，尤其是改革开放以来，矿区政府认真落实科教兴区计划，制定出台了引进资金和技术人才的若干规定，成立了科技成果推广站，加速了科技成果转化。1998年，全区共有各类科技人员3204人，“八五”期间，全区共取得重大科技成果3项，达到国家级水平的1项，省级水平的2项，申请专利3项，批准2项。扶持开发了塑钢门窗、头孢铵苄等10种新产品。涌现出了一批高附加值、高科技含量的产品群体。其中，复合材料项目列入国家星火计划，稀土永磁材料、汝铁硼等项目列入省火炬计划，建立了区属计算机信息网络，并联入国际互联网；与清华大学等18所高等院校建立了经济协作关系，有力地带动了全区经济的发展。1997年，矿区被国家科委授予“国家科技先进城区”，为全省唯一获此殊荣的县市区。教育事业为经济和社会事业培养了大量的人才。全区成为“全省首批素质教育实验区”，“两基”教育工作通过了省复查验收；全区高中、初中和小学教师合格率分别达到85%、99.2%和98.6%，均达到或超过国家标准；创建了2个省级德育教育基地、两所市级教育示范校、四所文明学校，职业学校的在校人数占到高中阶段和成人教育总人数的60%，建成了2所省级重点职校。医疗卫生水平不断提高，完善了社区卫生保健体系，成为全省卫生先进县区。广播电视、文化事业发展迅速，从无到有，建立了阳煤集团有线电视台、阳泉矿工报社及一批文化馆、图书馆等设施。计划生育、体育、环保等各项事业都取得了巨大的成绩。城市基础设施建设取得了巨大的成就，1997年，全市最大的旧城改造项目——日潭小区住宅建设工程开工建设，该项目占地面积10公顷，总投资2.5亿元，建设房屋面积16万平方米，1999年底将全部建设完成。截至1998年底，全区共建设各类住房的面积约达132万平方米，人均7.7平方米，实施了平坦街等一批住宅小区的集中供热、供气工程，全区使用集中供热、供气工程的住户达70%以上。至1998年，全区城市绿化覆盖率为19%，人均占有绿地面积0.95平方米。与人民生活息息相关的衣、食、住、行明显改善，生活质量发生了翻天覆地的变化。

三、未来发展展望

从“九五”到2010年，是我国社会主义现代化建设事业至关重要的时期，也是实现矿区经济腾飞的重要时期，为了进一步解放思想，抓住机遇，加快发展，区委、区政府制定了“九五”计划和2010年远景目标，理清了思路，明确了未来15年全区经济发展的战略。即：高举邓小平理论伟大旗帜，全面贯彻党的十五大精神，深化改革，扩大开放，推进两个转变，以发展特色区域为主线，建立形成区域经济格局，加强城市管理和基础设施建设，加强社会主义精神文明建设，加强民主法制和廉政建设，促进全区经济持续、稳定、健康发展和社会全面进步，努力把矿区建设成为全省工矿区中的经济强区。为此，我们今后将重点在以下个方面取得新的突破：

(一)*以构建区域经济框架为目标，经济体制改革要有一个新突破。*“九五”期间，要抓住经济体制转变的关键，突出抓好企业改制，按照产权制度分开、经营者选择和国有资产不流失的原则，全面放开放活小企业，只要有助于企业职工增收、资产增值、国家增税，兼并、承包、租赁、委托经营甚至破产都可以探索试验。全面建立起现代企业制度，依托现有产业优势，以资本为纽带，组建大型企业集团公司，逐步形成以主导产品、主导企业为龙头的集团优势，进一步加强全区经济发展后劲。

(二)*大力发展第三产业。*第三产业是阳泉矿区具有潜在优势的产业和重要的经济增长点。要以培育建立商贸群为基础，以房地产开发为龙头，以商贸服务业为重点，大力发展区域内的第三产业，使第三产业成为全区支柱产业。一是要围绕商貌群建设框架，持续抓好市场建设。以明珠建材大厦为龙头，建设不同档次的建材市场，在马家坪地区规划设计建设蔬菜市场和小商品市场。加快商贸群建设，在商贸建设规模、档次、特色上求大、求全、求新，逐步把全区建设成功能配套、流通快捷、市场繁荣的商贸区。二是要调整优化经营行业。结合旧区改造和小区建设，着力发展房地产业，带动相关产业的发展。餐饮服务业要注重发展名牌店、专营店、连锁店，走特色经营的路子。发展科技型、外向型的行业。完善发展信息、律师、公证、审计事务等社会中介服务。三是要进一步推进流通企业产权制度改革，组建商贸企业集团。

(三)*以实现科技兴区和可持续发展为目标，社会各项事业全面发展。*首先，以增加科技含量为主攻方向，以培育优势支柱产业为目标，加快科技兴区步伐，高标准实施科技兴区计划，大规模开展企业的技术改造和科技进步，用高新技术改造传统产业，推动产品上档增效。加快教育改革步伐，巩固发展“双基”教育成果，创建16个省级教育示范校及示范基地，职一校、二校分别建成国家、省级重点职业高中，职业学校招生数占到高中学生总数的65%以上，基本普及高中阶段教育，有步骤地推进教育改革。坚持可持续发展战略，加强精神文明建设，全力搞好城市建设管理，社会各项事业取得全面进展。真正把矿区建设成一个开放、繁荣、文明、现代的新型工矿区。

（郑满柱）

山城新姿　　周　京　摄

阳泉市郊换新天

阳泉市郊区地处山西省东部，太行山中段的娘子关内。境内山峦起伏，沟壑纵横，属土石山区。总面积624.89平方公里，耕地面积1.12万公顷，总人口23.01万人，其中农业人口17.28万人，辖4镇，9乡，185个行政村。1984年，开始了县级体制建设。这里矿产资源丰富，素以"黑(煤)、白(铝矾土)、黄(硫铁矿)著称。探明储量煤炭50亿吨、铝矾土7700多万吨、硫铁矿3000多万吨。

建国以来，阳泉市郊区人民在中国共产党的领导下，在漫长崎岖的道路上历经坎坷，积极探索，奋斗不息，洒下了辛勤汗水，付出了艰苦的努力。经过百折不挠的生产实践和科学实验，把一个贫穷落后，满目疮痍的郊区农村改造成为初步繁荣、综合生产能力有较大提高的新农村。特别是1978年12月党的十一届三中全会召开以来，郊区农村终于找到了家庭联产承包责任制和发展乡镇企业等振兴和繁荣农村经济的新路子，从此揭开了农村改革开放的序幕。20年来，阳泉郊区的经济面貌、自然面貌，特别是农民的精神面貌均发生了前所未有的深刻变化，农村经济全面崛起。1998年，全区实现国内生产总值13.2亿元，按可比价计算，是1978年的25.4倍，年均递增17.6%，财政总收入1.3亿元，其中地方财政收入7006万元，农民人均纯收入2803元。

经济发展，促进了社会的全面进步。1994年，阳泉市郊区在全省率先建成小康区，实现了提前6年达小康的目标，先后荣获全国科技实力百强区，全国科技工作先进区、全国体育工作先进区、全国双基教育先进县区、全国幼儿教育先进县区称号。

特别是1997年，还成为全国精神文明建设示范县区。同时荣获全省精神文明建设先进区、全省文化工作先进区、全省计划生育先进集体、全省广播电视工作先进区、全省爱国拥军先进区称号。

近年来，投资7000万元扩建的荫营路，打通了连接太旧高速公路的黄金通道；投资1000万元建成了国家标准的区职业教育中心；投资850万元建起了全省县区档次最高的体育馆；投资350万元将市二院(划归郊区管理)进行了装璜维修，建成郊区人民医院。

一、农业生产全面发展

(一)*主要农产品产量大幅度增加*。建国以来，郊区主要农产品产量稳步增长，特别是1978年以来，阳泉郊区的粮食产量相继登上了4.4万吨、5万吨和6万吨3个台阶。1979年至1998年全区累计生产粮食78.07万吨，年均产量3.9万吨，相当于1949年至1978年前30年的总和，年平均产量增长3%。在狠抓粮食生产的同时，积极发展多种经营。1998年油料产量42吨、蔬菜产量79048吨、水果产量3333吨、肉类产量1637吨。在农业内部，农作物种植业产值所占比重由1978年的83.9%下降为1998年的70.3%，林业产值则由2.8%上升为5.8%，牧业由13.1%上升为23.8%。

(二)*农村现代化装备水平显著提高，传统农业逐步向现代农业转化*。1998年末，农村生产性固定资产原值达13.35亿元。从实物量看，农业机械总动力达19.77万千瓦，比1978年增长1.2倍；大中型拖拉机169台，小型拖拉机880台，农用排灌动力机械956台、1.13万千瓦。农用载重汽车189部，增长80.0%。从水平上看，1998年末有效灌溉面积1778公顷，机耕面积5720公顷，化肥施用量(折纯)达992吨，平均每亩施用23公斤。1998年，全区农村用电量3.16亿千瓦小时，是1978年的10.9倍。

(三)*农业科学技术广泛应用*。1998年全区农业科研机构和各级农业技术推广站55个，形成了包括农、林、水、机、气、土和畜牧业在内的农业科技推广体系。全区良种应用全面普及，地膜覆盖广泛应用，在畜牧业推广生猪直线育肥，牛冷冻精液配种等技术。

目前，阳泉郊区正在加大力度，创精品工程，调整农业结构，实现由传统农业、自给农业向商品农业、效益农业转变，逐步形成区域化布局、专业化生产、规模化经营、企业化管理、社会化服务的城郊型农业产业化新格局。

二、乡镇企业生机勃勃

乡镇企业是在中国经济发展和改革开放中出现的新的经济主体之一。80年代以前，其发展受到压抑，长期处于农业经济中的副业地位。党的十一届三中全会以来，在党的富民政策感召下，阳泉郊区抓住有利时机，发挥资源、地理和传统技术优势，积极探索，大胆开拓，乡办、村办、合作、股份制、个体等经济形式“多轮驱动”，多种经营，多业并举，农、工、建、运、商综合发展，短短20年的时间，乡镇企业跃变为郊区农村经济的支柱产业，且在郊区经济发展中的作用越来越重要。

（一）成为农村经济发展的重要支柱。到1998年，全区乡镇企业总产值达到48.3亿元，占到社会总产值的64.9%；乡镇企业营业收入42.68亿元，占到社会经济总收入的59.4%。

（二）成为转移劳力的主要途径。到1998年，全区乡镇企业从业人数达到5.38万人，占到总劳动力的63.1%，是1978年的5.8倍，平均每年增加2225人，而且均能就地择业。

（三）成为增加财政收入的主要渠道。1998年，全区财政收入达到1.3亿元，是1984年6.2倍。其中来自乡镇企业的收入占到77.8%，年平均递增13.9%。

（四）成为农民收入的主要来源。1998年，全区农民人均纯收入中，来自乡镇企业的收入达95.4%。乡镇企业已成为全区农民解决温饱、达到小康、迈向富裕型生活的重要收入来源。

阳泉郊区人民广场

（五）成为发展农业的重要保障。郊区农业的稳定发展，为乡镇企业崛起提供了资金积累和物质支持，而乡镇企业在发展中又担负起支持农业生产的使命。据不完全统计，1978年以来，乡镇企业平均每年用于建农、补农资金2000万元，成为稳定农业、实现“二高一优”农业的重要保障。

三、农民生活蒸蒸日上

农村改革的最终目的，就是不断增加农民收入，提高农民生活水平。改革开放20年来，随着农业生产关系的调整和生产方式的变革，农民的生产积极性空前高涨，广大农民努力开拓新的生产和致富门路，大力发展多种经营，商品化程度大幅度提高，农民收入成倍增长，由1978年的146元，连续跃上了1000元、1500元、2000元、2800元四个台阶，提前进入小康生活，开始走向富裕。

（一）农民收入水平普遍提高。据农调资料显示，1998年郊区农民人均纯收入为2803元，比1978年增长18.2倍，年均递增15.9%。农民人均手存现金和银行、信用社存款余额达到3077元，大多数农民已经不再为缺钱而发愁。据全面报表分组看，全区农民人均纯收入在1000元以下的农户351户，占总农户0.6%；人均纯收入在1000至1500元之间的农户236户，占总户数0.4%，人均纯收入在1500至2000元之间的农户969户，占总农户1.5%，人均纯收入在2000元以上的农户达到61664户，占97.5%。从整体上看，郊区农民已过上了小康有余的生活，部分农户达到宽裕。

（二）农民生活消费水平提高。改革20年来，农民生活发生了巨大变化，各项消费全面增加，农民的总体生活已进入了新阶段。1998年，郊区农民生活消费支出人均2029元，占总支出79.2%。“吃”由主食型向副食型转变。1998年，农民人均的食品支出达到698.5元，占生活消费支出比重为34.4%。过去以食粗粮为主，现在大多数农家有时吃粗杂粮也仅仅是为了尝个鲜。副食品消费显著增加，肉蛋奶在农家餐桌上已不足为稀。“穿”由将就型向讲究型转变。衣着消费成衣化、商品化，服装款式城市化，由一衣多季变成一季多衣，购置尼、绸、皮等高档服装的已并非少数高收入家庭。1998年农民各种成衣消费人均支出为166.1元，占消费支出8.2%。“住”由简陋向美观舒适转变。农民居住条件改善，家庭装备水平提高。1998年，农民平均每户有5.2间房屋，人均用房面积28.9平方米。特别近几年农民建房不仅注重扩大面积，而且讲究质量美观，不少户建起了小二楼，室内装璜更加考究。“用”由实用俭朴向高档耐用转变。农民家庭耐用生活消费品经历了由低到高的发展过程，普及率不断提高。近10多年间，农民拥有的老“三大件”不断成倍增长，而新“三大件”也同时进入不少家庭。1998年，每百户农民家庭拥有彩电85台，冰箱22.5台，洗衣机77.5台，电风扇68.8台，收录机48.8台，摩托车17.5辆，大型组合家具68.8件。

农民生活水平提高还表现在寿命、教育、文化水平的提高。由于政府重视农村的医疗保健工作，建立了区、乡、村医疗保健网，大大提高了人民的健康水平。农村教育综合改革全方位推进，加速了“五四”学制改革，初步建成了区办“七校一园五中心”，乡办“三校一园”，村办“两校一园”的三教统筹的农村大教育体系。1998年，全区小学适龄儿童入学率、巩固率、毕业率均达100%，初中入学率、巩固率、毕业率分别达到99.6%、98.8%和99.9%,中等教育完成率提高到98.3%,残疾儿童入学率提高到98.6%,“两基”整体水平进一步提高。近年来,农民的文化体育活动得到蓬勃发展,村村建有文化室、娱乐活动室,不少地方还建成了篮球场、歌舞厅等文体设施,大大地丰富了农民的文化生活。

目前,阳泉郊区的旧镇区改造建设正在大规模的进行,不久将以崭新的面貌出现。随着农村经济的发展,社会生存环境将进一步改善。

(史利祥)

平定县

扬资源优势　建经济强县

平定县位于山西省中部东侧,太行山西麓,与河北省为邻,是晋东重要门户。全县总面积1350平方公里,辖19个乡镇,323个行政村,总人口31.8万人,耕地面积44.4万亩。境内铁路、公路交错纵横,石太铁路、307国道、阳井公路东西贯通;阳涉铁路、阳邯公路南北相接;太旧高速公路穿境而过。娘子关、旧关扼东西交通之咽喉,是通往华北平原和首都北京的战略要隘,故有“晋冀通衢”和“京畿藩屏”之称。

平定历史悠久,资源丰富。全县目前已探明的矿种有无烟煤、硫铁矿、锰铁矿等28种,尤以盛产无烟煤著称,煤炭分布面积361平方公里,储量约20亿吨。

凭借得天独厚的自然资源和“衢交八省”的交通优势,素有“文献名邦”而饮誉三晋的平定人民,在过去历史发展的长河中,以其勤劳质朴抒写了这方热土的文明史;新中国成立后,更加励精图治,锐意奋进。特别是党的十一届三中全会以来,平定人民在历届党委和政府带领下,更加励精图治,大胆开拓,锐意进取,推动了全县经济的快速发展和社会各项事业的全面进步。到1998年,全县国内生产总值达到13.98亿元,比改革初期1978年增长9.3倍,平均每年增长13.1%,比1949年—1978年国内生产总值增速高出5.5个百分点,成为平定历史上发展最快的时期。1998年全县工农业总产值达到428390万元,分别比1978年和1949年增长17倍和270倍。财政总收入达到13217万元,其中:地方财政收入8367万元,分别比1978年和1949年增长6.3倍和137.8倍。农民人均纯收入达到2701元,比1978年增加2597元,增长25倍。全县主要经济指标基本达到小康标准,1997年被省政府命名为全省首批达小康县。

一、综合实力不断提高,经济结构日趋合理

平定县有着得天独厚的自然资源,但在旧中国由于历代反动统治的残酷剥削和压迫,使平定的资源一直没有得到很好的开发和利用。建国后,平定经济才得到不断的发展,60年代逐步建起了地方国营“五小”工业,70年代部分乡村开办了小煤矿,搞起了工副业,乡镇企业初露荷尖。直至1978年党的十一届三中全会召开,忽如一夜春风来,全县乡镇企业象雨后春笋一样茁壮成长,到1983年乡镇煤炭工业产值达到6380万元,占全部工业产值的52%。为彻底改变煤炭工业”一统天下”的局面,从1984年开始,县委、县政府始终抓住调整产业、产品结构这条主线,明确提出“资源优势加新技术开发”的指导方针和“两个延伸,十路进军,四轮驱动,骨干先行”的发展方向,促使乡村企业及时实现了由地下向地上的转变,一大批冶金、建材、化工等地面企业异军突起,蓬勃发展。煤炭企业“老大”地位被得以取代,建材、化工、冶金、煤炭、食品成为平定工业发展的五大支柱产业,产品结构日趋多元化。90年代全县围绕“产业上规模、技术上水平、产品上质量、经济要效益”的指导思想,致力于乡镇企业产品由低级向高级转变、由重外延向重内涵发展转变、由资源劳力型向智力型转变、由传统管理向科学管理转变、由重速度向重效益转变,实现了产品结构的创新和规模经营效益。目前已形成了以煤炭为基础的型煤、碳素、电极糊、阳极糊、吸附剂的生产链;以硫铁矿为基础的硫酸、二硫化碳、硫氧、硫尿、氢氟酸的产品生产链;以铝矾土为基础的高压耐火砖、高铝砖、硅砖、铝镁砖的产品生产链;以石灰石为基础的石灰、电石、石灰氮、双氢铵的产品生产链。乡镇企业三分天下有其二,1998全县拥有16个国有企业、28个县属集体企业、92个乡镇办企业、700个村办企业。全县工业企业固定资产达到12.06亿元,比1978年增长19.6倍。三资企业从无到有,与日本、美国等国家兴办了娘子关玉新双氰铵有限公司、巨城华云麦克林有限公

司、平镁麦克林有限公司。工业产品生产能力迅速增长。1998年全县原煤产量达到282万吨,相当于1978年的1.8倍;硫酸114824吨,比1978年增长21.1倍;水泥、电石、硫铁矿产量分别达到12.35万吨、45976万吨、30.74万吨,平均每年递增9.7%、20.4%、7.9%;发电量6752万千瓦时,相当于1978年的36倍。全县工业总产值由1978年的13005万元增加到1998年的411380万元,平均每年递增17.3%。

随着全县工业企业的不断发展壮大,农业投入逐年增加,粮食产量一年一个台阶。1949年全县粮食产量8582万斤,1978年达到18542万斤,增长116%;1979年突破2亿大关,达到29382万斤,成为历史产量最高年份,分别比1978年和1949年增长58.5%和242.4%;1988年粮食单产创历史最高纪录,达到655斤,比1978和1949年增长58.2%和263.9%。90年代虽然连续遭受旱、涝自然灾害,但每年粮食产量仍然稳定在1亿斤以上,靠天吃饭的局面成为历史。

第三产业方兴未艾,特别是个体私营经济不断壮大。1998年全县个体、私营税收达到2059万元,占全县财政收入的15.7%。

改革开放20年,平定第一产业增加值年均增长0.5%,第二产业增加值年均增长14.2%,第三产业增加值年均增长15.1%。三次产业不同速度的增长导致了产业结构的明显变化,三次产业增加值在宏观经济总量中的比例由1978年的25:53.2:21.8变为1998年的7.8:60.5:31.7。第一产业比重下降了17.2个百分点,第二产业比重上升了7.3个百分点,第三产业比重上升了9.9个百分点。产业结构更趋合理,生产力水平进一步提高,为平定经济腾飞打下了坚实的基础。

二、基础建设日新月异,对外开放不断扩大

进行高标准基础设施建设既是农村经济发展的标志,也是对外开放和加快发展的必要条件。解放初期,平定人民"吃水靠着天、出门一条路(太原—旧关俗称'通京大道')",严重制约着经济建设和对外开放。1978年以后,随着改革开放步伐的不断加快,平定着力从交通、水利、城建等方面入手,投巨资开展基础建设,改变生存环境,扩大对外开放。20年累计固定资产投资226157万元,其中1998年达到26258万元,比1978年增长12倍。特别是近几年来,县委、县政府将平定人民长期实践中形成的传统精神与时代特征相结合,提出了"团结拚博,开拓创新,强抓机遇,勇争一流"的平定精神,用平定精神鼓舞全县人民艰苦创业,励精图治,夯实基础,改善环境,使各项基础设施都有了明显改善。

交通条件不断改善。继国家重点工程"阳涉铁路、太旧高速公路"建成之后,"八五"期间全县狠抓了干线公路、出省公路、乡村公路的修建和完善,共完成了240多公里公路的新建和改造任务,床泉、阳胜、古贝、黄统岭、岩会等乡镇铺设了油路,实现了乡乡镇镇通油路的目标。打通了柏七线等四条出省路。铺设了平定至乱流煤炭专用线,并配套建成了三个总能力600万吨的煤炭发运站。此外还完成了一批通村路和冠山、浮山旅游路的建设。1998年全县公路通车里程由1978年的645公里猛增到1311公里。国有专业运输企业垄断运输的局面被打破,形成了国有、集体、个体运输三分天下的格局,中巴、小巴、出租从无到有,成为运输业的主流。公路客运周转量由1978年的1181万人公里提高到1998年的6500万人公里,增长4.5倍;公路货物周转量由1978年的784吨公里提高到1998年的47600吨公里,增长59.7倍。

水电设施配套完善。60年代建起大石门水库,70年代建起尚怡水库,县城周围5乡镇3万口人及附近厂矿企业吃用水状况大为缓解。1977年至1985年历经8年投资4587万元、投工498万个的娘子关提引水工程成功地将81公里之外的娘子关泉水通过7级8站,攀绵山,飞青龙,过隧洞,越倒虹,提引到县城三岔口渠尾调节池,实现了诗人郭沫若"倒流将见吸长虹"的美好预言。娘子关东水西调工程峻工之后,与之相配套的东五乡、南四乡等提引水工程相继建成。1997年铺开的娘子关提水二期工程更进一步扩大了工程效益,不仅有效地调节了县城供水,而且保证了阳泉二电厂用水,为国家重点工程做出了贡献。此外全县各乡村还建成深井60眼,自来水通水村达到144个,人畜吃水和工农业用水条件明显改善。供电能力日益增强。1957年部分农村开始通电,1982年全县323个行政村村村通电。为满足日益增长的工农业用电需求,新建了2×6000千瓦的县办电厂,新建、扩建了东关、官道沟、城西、垇石等7座149050千伏安变压站,1998年全县供电线路总长度达到1388公里,比1978年增长73%,年用电量达到43710万千瓦时,比1978年增长4.8倍。

邮电通讯日新月异。1949年全县仅有县内电话8部,1979年投资35万元安装500门自动电话,1987年县城至19个乡镇全部开通直通电话,到1998年先后开通了直拨国内、国际的6000门程控电话,无线寻呼全市联网,900兆移动电话全省联网,数字微波中转传输系统投入使用。从1983年油漆个体户王宝珠安装第一部私人电话起,1998年全县私人电话发展到10155部,全县电话达到16894部,县城电话普及率达到每百人25部。1998年全县邮电业务总量2333万

元,比1978增长59倍。

县城环境明显改善。改革开放以前的平定城乃然是街巷交叉,土房林立,晴天一身土,雨天一身泥。20年建设,县城面貌焕然一新,特别是太旧高速公路通车后,投巨资完成了与之相配套的平定路的拓宽改造,新建和改造了东大街、碾沟路、南大街、城里街和绿地广场,城市道路面积比原来增长了3倍。基础环境的变化和交通电信的发展,大大缩短了平定与外界的时空距离,增强了对外吸引力。

旅游业方兴未艾。冠山书院、娘子关瀑布、固关长城、药岭山清凉寺吸引着无数游客前往观光。

对外开放迈出新步。到1998年全县建成合资企业11个,自营进出口企业9个,年完成进出口额687万美元。

城乡市场繁荣活跃。20年全县社会消费品零售额完成397461万元,以平均每年28%的速度增长,1998年达到55936万元,比改革开放初的1978年增长19倍。

三、科技兴县成绩显著,各项社会事业全面发展

改革开放特别是党的十五大以来,县委、县政府始终坚持以邓小平建设有中国特色社会主义理论为指导,坚定不移地实施科教兴县战略,把科技教育、精神文明建设放到更加突出的位置,为建设一流强县奠定了良好的基础。"八五"末全县各类农业服务组织发展到350个,各类技术职称人员13951人。农业技术覆盖率达到60%以上,农业产业化进程得到加快。建成商品粮基地10万亩,商品菜基地1.2万亩。以城关永艾食品公司为龙头,畜牧养殖业不断壮大,年猪饲养量达到12万头,畜牧业产值占农业产值的比重由1978年的7.7%上升到1998年的37%。水产养殖从无到有,娘子关镇坡底渔场发展成为华北地区最大的罗非鱼养殖基地,尚怡水库网箱养鱼获省科技进步二等奖。1998年全县水产养殖面积达到760亩,年产成鱼63万公斤,结束了平定人民吃鲜活鱼难的历史。平定还与国内许多高等院校、科研单位挂钩,进行多形式的协作,强化技术开发,改造传统产业,建成了一批星火技术密集区,实现了技术创新、产品创新、产业规模创新。平定历史上曾以"文献名帮","科名琨耀无双地,冠盖衡繁第一州"的美誉享誉三晋。建国以后,特别是改革开放以来,平定人民发扬祟文尚教的优良传统,全民办校,捐资助教,新建改建了一中、二中、三中、职业高中、大林山小学,全县各级各类学校达到388所,1979年至1990年,全县群众集资四千多万元建校办学,388所学校全部实现"一无两有三配套"。1990年全县学龄儿童入学率达99.8%、巩固率98%、毕业率99.5%,成为省普及初等教育合格县。1977年恢复高考至今全县共向各类大、中专学校输送学生12077名。县职业高中达到省重点学校标准,与冶西、理家庄等职业学校共同为全县培养了一大批专业技术人才。1989年被评为全国教育先进县。文化、卫生、广播事业不断发展。新建、改建了县文化宫、影剧院、体育场、训练馆、县医院、中医院、康复中心、卫生防疫站、妇幼站。形成了县、乡、村三级医疗保健网。1998年全县医疗机构60个,设置病床551张,专职医疗人员876人,农村卫生所323个,村级卫生员850人,全县千人平均有医生2.6人。医疗条件大为改观,医疗设备渐趋完善,医疗水平不断提高。广播电视事业日新月异。1974年成立平定人民广播站,1981年县广播大楼峻工,1987年建起地面卫星接收站,1990年建成红梅垴电视差转台,到1998年全县已成立了平定电视台、有线电视台、教育电视台,开通了550兆、750兆有线电视,并建起了全省首家县市级电视演播厅,极大地丰富了城乡人民的生活,普及了科学知识,靠科学致富成为时尚。

娘子关

建国50年,是平定发生巨大变化的50年,特别是改革开放的20年更是平定经济腾飞、人民生活显著改善的20年。1998年,全县农民人均纯收入2701元,职工平均工资3206元,人均国内生产总值4401元,人均财政收入416元,人均储蓄存款4001元。人民生活水平大幅度提高,跨越了"温饱型",实现了"达小康"。根据"九五"计划和2010年远景目标要求,平定要继续围绕建设一流强县,高举邓小平理论伟大旗帜,紧紧抓住两个转变,全面实施产业优势和新技术加规模经营的发展战略,加强农业,提高工业,发展三产,努力保持国民经济和社会各项事业持续、快速、建康发展。我们相信,平定的明天会更加辉煌。

(赵贵全　张继卫)

孟县

古仇犹国焕发生机

孟县位于山西省东部,太行山西麓。境内群山环绕,东临太行山,与河北平山、井陉两县接界;北倚牛道岭,与五台、定襄两县为邻;西背两岭山,与阳曲县形成天然界线;南与寿阳县、平定县毗连。总面积2442平方公里。孟县历史悠久,远在新石器时代就已有人类居住。新中国成立之后,经过50年的建设和发展,特别是党的十一届三中全会以后,孟县经济、社会、科技诸方面都取得了重大进展,古仇犹国重新焕发出生机,成为晋孟大地一颗璀璨的明珠。

解放初期经济发展概况

人类不断发展的过程中,总是伴随着曲折与坎坷的交替。当我们回顾过去的岁月,旧中国留给我们的是这样一幅一穷二白,百废待兴的景象:人口逐年递减,农民终年不得温饱,各业凋蔽,市场萧条。解放初期,由于积极推行了一些适时的经济政策,人民生产积极性空前高涨,国民经济各行业全面复苏,各项社会主义建设事业如火如荼。主要表现在以下几方面:①从建国到1952年的三年间,猪、牛、羊等大牲畜及其它副业较1949年都有较大的发展。1957年粮食总产量已经恢复到40345吨。1963年粮食产量上升到55200吨,1966年粮食产量为64540吨。②工业生产发生了翻天覆地的变化。1952年工业总产值达到556万元,比1949年增长了74%。③1949年至1952年,孟县国营、合作私营商业同时并存,而私营商业仍占主要地位。1952年社会商品零售总额519万元,比1949年增长了62.7%。1966年,全县社会商品零售额1283万元,比1957年增长35.5%。④随着经济的发展,投资逐年加大,交通运输邮电发展很快,初步形成了较为合理的运输布局。⑤1959年,财政收入达462万元。金融事业也随之不断发展,有力地支援了生产和建设。⑥随着国民经济的恢复和发展,全县人民物质文化生活水平有了较大提高,在衣、食、住、行等方面得到保障和有效改善。

改革开放以来社会经济发展成就辉煌

改革开放政策为孟县的经济腾飞注入了强大的动力。全县人民在历届县委、县政府的正确领导下,同心同德,负重拼搏,艰苦创业,使经济建设日新月异,取得了前所未有的辉煌成就。特别是邓小平同志南巡讲话以后,全县人民更是借这次南巡东风,解放思想,加快发展,使国民经济各个方面均取得了更加突出的成绩。

(一)综合实力显著增强。党的十一届三中全会以来,随着解放思想、实事求是思想路线的贯彻落实,孟县经济发展日益繁荣,综合实力显著增强。1998年全县国内生产总值达到136922万元,比1978年翻了4番,年平均递增16.0%。其中:第一产业14176万元,是1978年的5.4倍;第二产业85721万元,是1978年的30.6倍;第三产业37025万元,是1978年的27.3倍。人均国内生产总值由1978年287元上升到1998年的4698元,增加4411元,年平均递增15.0%。

(二)农村经济迅速壮大。党的十一届三中全会以后,孟县农村经济以前所未有的速度迅猛发展,逐步形成了农林牧渔整体推进,科技引路共奔小康的新局面。1998年全县农业总产值达到1.45亿元,农村经济总收入达到53.42亿元,分别是1978年的1.7倍和115倍,是1949年的7.4倍和806倍。小康建设实现预期目标,扶贫攻坚卓有成效。目前全县已有85%以上的人口步入小康行列。农民人均纯收入达到2509元,是1978年的26.7倍。1998年全县粮食总产量创历史最高纪录,达到12.25万吨。

(三)工业经济蓬勃发展。党的十一届三中全会以后,在"改革、开放、搞活"方针指引下,通过对工业结构、产品结构以及工业经济关系的调整和完善,把全县工业的重点逐步转移到了以扭亏增盈和提高经济效益为中心的正确轨道。形成了以全民、集体、合作、个体各类经济类型并存的工业经济新格局,呈现出持续、稳定、协调发展的好势头。尤其是乡镇办工业企业发展很快,主要产品产量均有大幅度增长。这一时期新增了金属制品、塑料制品、橡胶制品、工艺美术品、印刷、纺织、皮革、民用陶瓷、建筑材料、非金属矿采选等14个行业的27个新产品。1998年全县工业总产值达51.19亿元,较1949年的319万元翻了11番,年平均增长16.3%。

(四)商业经济繁荣活跃。党的十一届三中全会以来,通过一系列改革及社会主义市场经济的建立,到1998年,社会消费品零售总额达到50052万元,比

1949年增加163倍,年平均递增11%。人均消费品购买力由1978年的94元提高到1998年的1717元,增加了17倍,年平均递增15.6%。

(五)交通邮电日新月异。党的十一届三中全会以来,交通邮电事业发展日新月异。到1998年建成干线公路5条,全长214公里;改扩建四条高标准公路干线,通车里程达到1142公里。县建公路6条,总长140公里;乡公路23条,总长274公里。全县25个乡镇,乡乡通公路,526个行政村,能通汽车的占到94%,在全县范围内形成了较合理的公路网络,交通"瓶颈"制约得到明显缓解。1998年,全县完成邮电业务总量2727万元,比1978年翻了7番。县内电话用户达13014户,比1990年增加10910户。

(六)基本建设成就辉煌。党的十一届三中全会以后,特别是近几年来,全县固定资产投资总额成倍增加,为建国以来投资最多的时期。"八五"期间的1995年比1990年固定资产投资总额增长53%,平均递增9%。1998年比1978年的固定资产投资总额增加23倍,平均递增17%。在资金来源方面,形成多渠道、多方面筹集的新局面。1998年比1995年国家投资减少63%,自筹资金增加33%。农村居民新建房屋创历史最高水平,农民的住房条件也发生了很大变化。1998年,农村竣工住宅面积64800平方米。

(七)财政、金融稳步发展。党的十一届三中全会以后,盂县财政在改革中稳步发展。1998年,全县财政收入达7675万元,比1949年的49.7万元增加153.4倍,翻了7番;比1978年的786.2万元增加8.8倍,平均每年增长12.1%。

金融形势较为稳定。到1998年,全县各项存款余额达到15.89亿元,城乡居民储蓄存款余额达13.42亿元,同期各项贷款余额达10.39亿元。

1998年,全县保险业务收入为1636万元,其中,财产保险费收入950万元,人身保险费收入686万元,赔付金额697万元。保险事业的发展,有效地保障了国家、集体、个人的财产和公民的人身安全,对全县经济的发展起到了积极的作用。

(八)科技文卫事业全面进步。改革开放以来,全县科教文卫工作齐头并进,呈现出空前繁荣的良好局面。1998年,全县共选列实施科技发展计划项目30项,其中国家级1项、市级29项,总投资3039万元。

1998年,为大中专院校输送新生909人。初中入学率达99.3%;小学适龄儿童入学率达100%;残疾儿童入学率达到98%。旅游文化日益繁荣,广播电视覆盖率达到80%。卫生事业继续加强,县、乡、村三级卫生服务网逐步建立和完善,妇幼保健、地方病防治工作也取得了一定成效。1998年末,全县共有医院、卫生所31个,床位658张,卫生技术人员1095人。

(九)人民生活明显改善。城乡居民收入稳定增长,生活水平继续提高。1998年,全部职工人数28703人,职工平均工资4763元;农民人均纯收入达到2509元,比1978年增长25.7倍。城乡居民人均储蓄存款4609元,比1978年翻了近8番。

(王春鸣　赵文平　田月梅　张俊福)

潞城市

今日显辉煌　明天会更好

潞城市位于山西省东南部,太行山中麓西侧,上党盆地的东北边缘。全市现辖3镇13乡、206个行政村,区域总面积630平方公里。

一、50年来经济建设和社会发展的辉煌成就

今年是共和国50岁华诞,也是潞城解放53周年。这50年,是全市人民奋发图强进行社会主义现代化建设的50年,是国民经济取得巨大成就的50年,也是人民得到实惠最多,基本实现小康目标的50年。50年来,潞城人民在党和政府的正确领导下,奋发图强,不断进取,把一个贫穷落后的农业小县变成了一个欣欣向荣的经济强县。特别是党的十一届三中全会以来,潞城人民以更加饱满的热情,昂扬的斗志投身到社会主义建设之中,使潞城国民经济和各项社会事业都取得了世人瞩目的辉煌成就。

(一)农村经济稳步增长。解放初期,潞城农业十分落后,农业生产工具只有牲口、马车、犁、耧、耙、扇

车等20多种粗笨家伙。到1961年,全县仅有拖拉机16台,农机具32台件,90%以上的农活依靠手工完成。技术措施落后,庄稼只施农家肥。水利灌溉设施缺乏,1978年全县有效灌溉面积2.57万亩,占当时耕地总面积的8.9%。农产品以玉米、谷子、高粱、大豆等杂粮为主,养殖业也有一些,但主要用来保证基本生活,养鸡养兔换醋盐,养猪养羊为过年,那时候,割尾巴、肃流毒叫得响,对农村工副业影响很大,全县只有15%左右的生产队(村级以下的核算单位)搞工副业,仅仅是利用农闲时节统一组织搞劳务输出,有的烧瓦烧砖,捏盆捏缸,大多是小打小闹,零崩碎敲,且产品销售困难。50年代末到60年代初,由于"左"的错误,刮起了浮夸风,对农业生产造成了极其不利的影响。"文化大革命",使农业生产遭受了人为的严重破坏,农产品产量常年徘徊,不见大的起色,农民仍然没有解决温饱问题。直到1978年,全县实现粮食总产0.401亿公斤,亩产108公斤,除去完成征购任务外,按当时的饮食结构,还是吃不饱;农民人均纯收入不足70元。党的十一届三中全会以后,全县围绕"农业增产、农民增收、农村稳定"三大目标,实施了"玉米、林果、蔬菜、畜牧"主体农业战略,农业产业结构日趋合理,粮经作物比例由1978年前的8:2调整为6:4。粮食生产连年获得丰收,总产基本稳定在1.2亿公斤左右,是1949年的4倍多。林果业在1992年首批进入全省绿化县之后,把发展重点转向了生态经济林,到1998年,全市干水果经济林发展到15万亩。畜牧养殖建成基地村77个,涌现出大场大户280余户。蔬菜种植面积达到4.7万亩,发展大棚700架,初步形成了以土豆、大葱、西红柿为主栽品种的大路菜基地。狠抓节水灌溉和废水利用工程,新发展小白龙422台,旱井2万余眼,有效灌溉面积达到5.7万亩。突出了小康建设,到1997年全市有15个乡镇、167个村13.8万人口达到小康水平,分别占到市、乡、村人口总数的81.2%、81%、80%,成为长治市首批整体达小康县区。1998年,全市农民人均纯收入达到2580元,是1949年的70倍,是1978年的36倍。

(二)乡镇企业迅速发展。改革开放以来,特别是近5年来,潞城市把乡镇企业作为县域经济新的增长点突出狠抓,并逐步实现了由原始积累向高效、快速、集团化阶段转变,全市乡镇企业总产值、营业收入1993、1994、1995年连续三年实现翻番,1996年跻身全省乡企十强县(市、区)第8位。1998年,全市乡镇企业完成营业收入25.3亿元,上缴税金8248万元,分别是1978年的93倍和342倍。乡企为农民提供纯收入人均近1700元,占农民人均纯收入的近70%。乡企上缴税金占到全市财政总收入的62.2%,乡镇企业已经成为农民收入的主要来源,财政收入的主体财源。

(三)个体私营经济长足发展。建国初期,潞城的私营经济极不发达。据《潞城市志》记载,1949年,全县有私营企业(当时叫资本主义工业)53家,工业总产值29.11万元,占全部工业产值的55.9%。1950年到1953年,私营工业合并为31家,产值为22.62万元。1951年至1956年间,根据国家对资本主义工商业"利用、限制、改造"的政策,限制了私营企业的盲目发展,引导他们在许可范围内经营,发挥其有利于国计民生的积极作用。到1956年,53家资本主义工业(私营)企业全部过渡为县营集体所有制,完成了对资本主义工业的改造。从1956年到1978年20多年的时间里,由于国家政策的原因,私营企业在潞城没有任何发展,依旧是一片空白。党的十一届三中全会召开后,改革开放春风迅速地吹到潞城大地。特别是1992年邓小平南巡讲话之后,潞城市委、市政府坚持以"三个有利于"为标准,把加快发展个体私营经济作为振兴县域经济的突破口来抓,放开胆子,超前决策,放宽政策,超凡扶持,放活机制,超强措施,使全市个体私营经济迅猛发展。到1998年底,全市共有私营企业438户,个体工商户5670户,纳税占到全市财政总收入的40%以上,与建国初期相比较,产值增长了近1万倍。

(四)财政收入显著增加。建国后到70年代末,潞城一直是上党地区出名的资源大县、农业小县、财政穷县。1978年,全县财政收入只有265万元。改革开放以来,潞城人民通过强夯基础,稳固农业基础财源;抓国有企业"双改",搞活原有主体财源;发展乡镇企业,培植新兴财源;政、企、银一家,建设梯级财源;改善投资环境,吸引外来财源。1996年财政收入率先在长治市13个县(市)区中突破亿元大关,跻身于全省亿元强县(市)之列。

(五)基础设施明显改善。以打破"瓶颈"制约,改善投资环境,树立对外开放新形象为重点,狠抓了城乡基础建设。城市建设:全线贯通了10里中华大街、西华路、南华大街中西段工程;沿中华大街、西华路新建了一批高层建筑楼群,兴建了设计新颖、结构合理、配套齐全的潞康小区和南苑别墅,建起了金桥市场等一大批大型全封闭、半封闭集贸市场;更新扩容了8000门程控电话,在长治市率先实现了村村通程控电话;组建了潞城电视台和有线电视台;"五化"工程取得突破性进展,城市整体框架日趋完善,功能明显增强。农村建设:1994年率先在长治实现了乡乡镇镇通油路,1997年又率先在全省实现了村村通水泥路;完成了农村通讯光缆工程,开通了乡、村程控电话和有线电视;实现了村村通电;解决人畜吃水困难成效大,150多个村,15万人改善了用水条件;新农村建设速度加快,第一批10个示范村已初具规模。

(六)科技、文化、教育等社会事业取得新成就。在抓好物质文明建设的同时,十分重视精神文明建设。在全市范围内广泛开展了“创三优”、“十个十”、“双十佳”、“安全文明小区”、“安全文明村镇”等一系列文明创建活动,取得显著成效。1997年被省委、省政府命名为精神文明建设先进县市;涌现出省级文明乡(镇)3个,文明村3个。与此同时,社会各项事业也取得了显著成就,科技工作跨入全国先进县市行列,农函大工作受到国家科协表彰;文化工作创全省文化先进县(市);广播电视覆盖率达到95%以上;两基教育通过国家和省级验收;体育事业继1992年建成“全国体育先进市(县)”后,全民健身运动连续6年受到国家体委表彰,1998年又获全国“田径之乡”光荣称号;老干部工作成效显著,受到中组部表彰奖励。全市政治安定、社会稳定、经济繁荣。

十里中华大街　　秦丙和　摄

二、跨世纪展望,潞城明天会更好

潞城市50年发展的史实雄辩地证明:只有共产党,人民才能得解放,只有社会主义才能救中国,只有改革开放中国才有出路。只要我们认真坚持和把握邓小平理论的精髓,我们的工作就会搞好,我们的事业就会从胜利走向新的胜利。

今年既是建国50周年,又是世纪之交的关键一年。面向新世纪,新的一届市委、市政府高瞻远瞩,绘出了今后5年的发展蓝图,就是实施壮企强市、科教兴市、依法治市“三大战略”,建设县级强市、宽裕型小康市和三晋一流文明市的“三市”跨世纪赶超目标,继续推进改革开放,稳定基础农业,改革国有企业,壮大私营企业,突出建材产业,开发新兴产业,实施可持续发展战略,稳中求进,有效增长,全面提高综合经济实力和社会文明程度。潞城市“九五”计划及2010年远景规划,明确提出了经过三个阶段努力,迈上三个新台阶的经济发展战略。第一阶段,即“九五”时期要在经济体制和经济增长方式两个根本性转变上取得突破,到本世纪末,主要经济指标创全省一流。第二阶段,到2005年,全市经济步入良性循环轨道,各项主要经济指标比2000年翻一番,地方财政收入和人均财力接近全国先进水平。第三阶段,到2010年,各项主要经济指标在2005年的基础上力争再翻一番,达到全国一类水平。

围绕实现上述目标,要通过突出抓好农业、工业、结构调整和基础设施建设,全面完成跨世纪赶超目标,为下世纪的腾飞奠定坚实的基础。

(一)加快农业产业化进程,全力向宽裕型小康迈进。

(二)实施壮企强市战略,促进经济有效增长。

(三)加快基础设施建设,优化投资环境。

(四)调整优化结构,提高经济增长质量。

(五)实施科教兴市战略,提高科技对经济增长的贡献率。

雄关漫道真如铁,而今迈步从头越。50年风雨沧桑催人奋进,20年改革开放更使我们对未来充满必胜的信心。我们坚信,有以江泽民同志为核心的党中央的坚强领导,有建国50年来积累的经验和教训,特别是有改革开放20年创造出来的巨大物质财富做基础,只要我们紧紧依靠全市20万人民,坚持以邓小平理论为指导,坚持以经济建设为中心,脚踏实地,埋头苦干,瞄准既定的目标开拓前进,在下个世纪的头10年内,把潞城建成县级强市、宽裕型小康市、全省一流文明市的宏伟目标一定能实现。到那时,一个现代化的县级城市一定会屹立在上党大地,潞城明天会更美好。

(魏进锁　张艳飞)

长治市城区

风正帆悬　百业兴旺

长治市城区，成立于1976年2月，地处上党盆地，左襟太行，右带漳水，是具有城市性质的一个市辖区，是长治市政治、经济、文化中心。全区总面积55.6平方公里，总人口31.4万。其中，农业人口5.1万，有汉、回、满等16个民族，区辖10个街道办事处和两个农工商联合公司，下设95个居民委员会、29个村（菜场）。

城区自建区以来，在短短的23年时间里，从小到大，由弱变强，各方面都发生了翻天覆地的变化。到处呈现出一派政治稳定、社会安定、经济繁荣、市场活跃、人民安居乐业的喜人局面。全区综合经济实力明显增强，社会各项事业迅速发展，物质文明和精神文明建设均取得了巨大的成就。到1998年底，全区国内生产总值达到4.37亿元，是1978年的26倍，年均增长12.0%；工业总产值达到3.7亿元，是1978年的17倍，年均增长10.5%；乡镇企业营业收入达到7.48亿元，是1978年的78倍，年均增长24.4%；社会消费品零售额达到8.6亿元，是1978年的1796倍，年均增长45.4%；全区财政总收入达到5955万元，是1978年的25倍，年均增长17.5%；全社会固定资产投资达到9291万元，是1978年的45倍，年均增长21.0%；农民人均纯收入达到3456元，是1978年的21倍，年均增长16.6%，居全省前列。1997年，城区在全市13个县区率先整体达到小康。

一、精品农业初见成效，农村经济快速发展

改革开放以来，长治市城区的农村改革同全国一样，随着家庭联产承包制的实行，极大地调动了农菜民生产经营的积极性，农业生产连年丰收，农民因此而解决了温饱，走进了小康生活。城区农业规模虽然不大，人均耕地仅有3分多，却担负着满足和丰富30万市区人民的菜蓝子、果盘子和部分农业人口米袋子的重要任务。耕地少、农副产品供给任务重、农村富裕劳动力转移任务大的三大特点，决定了城区农业必须尽快推进产业化进程，走高产高效的道路，大力发展精品农业。为此，全区的农业和农村工作紧紧围绕宽裕型小康村建设的总目标，以农业产业化为方向，以科技进步为先导，以乡镇企业为重点，突出农业增产和农民增收，狠抓了宽裕型小康示范村、三个主导产业区、农产品深加工基地、农村经纪人队伍和农田水利基本建设，不断加大对农业的投入，增加科技含量，发展精品农业、园艺农业和观赏农业。全方位、立体式地实施“科技兴农”方略，改变传统农业生产模式，调整种植结构，进行综合开发，建立起8000亩以常青公司为中心的蔬菜产业区，7000亩以五马公司沿山七村为重点的鲜果产业区和4000亩以平川地带为主的粮食产业区。先后完成新民150亩日光大棚科技园区、北董100亩高效果园建设，形成了五马平川地带5000亩的节水灌溉规模，使全区平川地带基本实现了水利化。在着力搞好农业生产的同时，全区还坚持“铺大摊子，上大项目，大力开发新产品”的原则，积极培植新的经济增长点，狠抓产品开发，加强技术改造，使乡镇企业实现了大跨度、超常规、跳跃式的发展。通过改革开放的创业实践，全区基本形成了建材、化工、冶炼、机械制造、医疗器械为主体的五大支柱产业，涌现出了一大批明星企业，吸收和安排农村剩余劳动力和下岗职工2000余人。乡镇企业的快速发展，壮大了农村集体经济实力，加快了全区整体达小康的步伐，对推进农业现代化、工业化、农村城市化的历史进程做出了卓越的贡献。到1998年底，全区乡镇企业总数达到223个，从业人员达到10814名，乡镇企业总产值7.69亿元，是1978年的66倍，乡镇企业实缴税金2002万元，是1978年的50倍，年均增长21.6%。

二、企业改革不断深化，二轻企业步出低谷

城区的区属工业，是在原城区公社街道工业的基础上发展起来的。改革开放以来，在党中央、国务院关于经济管理体制改革政策的指引下，结合企业整顿，在企业内部结构、企业管理、产品分配形式等方面进行了一系列的改革，使工业企业内部结构趋于协调，产品质量逐步得到改善。工业生产稳步增长，出现了各项经济技术指标全面增长的局面，形成了全区二轻工业发展的高潮。党的十四大之后，随着市场经济体制的确立和完善，区属二轻企业长期以来市场适应性不强、经营机构不活、管理体制落后的弊端充分显露了出来，企业一度陷入困境，在低谷中徘徊不前。区委、区政府审时度势，积极寻找对策，以“三个有利于"为标准，大刀阔斧调整产品结构，加大技改力度，积极探索产权制度改革的新路子，提出了联手改制、联动调整、联合培育、强化管理的"三联一强化"的改革发展思路，打破了条块分割和行业界限，鼓励企业相互参股、联营、兼并、托管，促进了多元化投资体系的形成，使企业清晰了产权，明确了责权，加速了生产要素的优化配置，形成了较强的经济发展力，培植出了一批技术先进、市场前景好、规模较大、能够带动全区经济发展的新的经济增长点，为二轻企业及全区工业走出困境打下了较为坚实的基础。

三、城乡市场繁荣稳定，第三产业快速发展

城区地处长治市中心，发展第三产业有着得天独厚的地理优势。区委、区政府充分利用这一优势，把发展第三产业作为振兴城区经济的突破口来抓，充分调动社会力量，广集社会资金，以建立大型商业服务中心为龙头，规范各种集贸市场为重点，培育和发展多元化的三产体系为方向，逐步形成了以公有制为主体，多种经济成份并存，集商业、饮食业、服务业、交通运输业为一体的纵横交错的规模化产业网络。

改革开放以来，全区紧紧围绕商贸城建设的总目标，加快了商贸服务设施的建设步伐，相继建成了光明市场、英雄台商场、东鑫商场、英桥商场、亚特兰购物中心、大洋商厦、华茂商厦以及城乡贸易大厦等大型的商贸场所，为推动市区商贸经济的发展做出了巨大的贡献。与此同时，认真贯彻对外开放、对内搞活的经济方针，积极推进商业体制改革，打破国营商业独家经营的局面，发展多种经济形式，扶植集体和个体商业、饮食业、服务业，改善了社会商业结构，使城区商业进入一个新的发展时期。1996年城区商贸企业销售收入突破亿元大关，这标志着城区商贸企业已逐步步入大流通，走向大市场。目前，全区商贸营业额占市区的份额已达到1/5。

个体私营经济是社会主义市场经济的重要组成部分，近年来，区委、区政府十分重视个体私营经济的发展，把它作为城区新的经济增长点。于1996年制定了《关于加速个体私营经济发展的实施意见》，之后根据社会主义市场经济的发展，又多次作了修改，政策越来越优惠，条件越来越宽松。这些政策、措施的出台，极大地促进了城区个体私营经济的快速、健康发展，全区个体私营企业户数以平均每年20%的速度递增，1998年，全区个体工商户达到10772户，从业人员14799人，注册资金3772万元；私营企业达到235户，从业人员2334人，注册资金3479万元。个体私营企业共上缴税金1800万元，占城区财政总收入的三分之一。

大力发展第三产业是增强城市综合辐射能力，优化产业结构的重要手段。城区在搞好区属商业、大力建设市场、加速个体私营经济发展的同时，还积极发展科技、信息、咨询、金融等服务业，使第三产业在国民经济中发挥着越来越重要的作用，成为推动全区经济快速发展的重要驱动力。1998年，全区第三产业增加值达到2.05亿元，比1978年增长32倍，平均每年增长3.28%，占国内生产总值的比重由14.9%上升到46.9%。

四、城市管理不断加强，市容市貌焕然一新

改革开放以来，长治城区以创建"国家卫生城市"和"全省一流文明市区"为目标，以整治市区主要街道和市容卫生为突破口，逐步理顺区、街、居委的管理体制，实行了三级管理，尤其是充分发挥了街道办事处和居民委员会在城市管理中的作用，使之既能够各负其责，又能够密切协作。市容监察队、工商、公安、城建、环卫、文化、环保等城管职能部门加大执法力度，狠抓综合治理，促进了城市管理上水平。通过几年来的实践，已逐步形成了一条较为科学的管理体系，使城管工作走上了规范化、科学化、法制化的轨道。市区大街小巷基本实现了硬化，主要街道实现了亮化，市区内实现了水清、气足、灯明、路平，为创建"卫生城市"奠定了良好基础。在省政府组织的卫生城市大检查中，城区1996、1997年连续二年荣获全省卫生城市第一名，1996年还获得全省市容市貌卫生综合整治第一名，1998年，经全国卫生城市检查验收小组审查，长治市名列全省创建全国卫生城市第一名。旧城改造、绿化、美化、净化等项工作不断加强，市区面貌更加美丽、漂亮。

五、科技教育蓬勃发展，各项事业全面进步

随着改革的深入，开放的扩大，全区科技、教育、文化、卫生等各项事业呈现出蓬勃发展的新气象。科教兴区取得显著成效，引进转化科技专利20余项，取得科技进步奖11项，其中2项获省级科技进步奖，9项获市级科技进步奖。多功能输液器组件获国家"八五"星火计划优秀奖，常青农工商公司成为国家级"星火技术密集区"。通过进一步巩固和发展基础教育，大力加强成人教育和职业教育，一个以基础教育为主体，以成教、职教为依托，布局相对合理，特色比较明显的教育体系已初步形成。现代化教学手段普遍应用，教学质量全面提高，应试教育向素质教育的转轨

进程加快，“361”教育工程全方位实施，涌现出一批“361”教育工程先进学校。办学条件进一步改善，全区所有小学教学楼全部进行了改造，电化教学全部实现，城区率先跨入全区首批“两基”达标县(区)行列。城乡医疗条件全面改善，城市初级卫生保健积极推进，农村初级卫生保健日趋完善，全区28个村、菜场基本实行了农村合作医疗制度。文化事业坚持“一手抓繁荣，一手抓管理”的方针，文化活动阵地逐步建立，文化工作网络日趋健全，文化市场管理进一步加强，城乡人民群众的文化生活更加活跃和丰富。群众体育工作普遍开展，全区健身计划持续开展。计划生育秩序整顿取得初步成效，人口出生率和自然增长率一直控制在全省、全市规定目标之内，人口控制目标基本实现。环保执法力度不断加大，全区企业废气、废水排放基本治理。民主法制建设日趋完善，依法治区水平有了很大的提高。多年来，城区始终贯彻“两手抓两手都要硬”的方针，加强了社会主义精神文明建设。全区共涌现出区级“文明单位”、“文明村镇”、“文明家庭”和“文明个体工商户”404个，市、省级“文明单位”、“文明村镇”91个，紫坊村被命名为“国家级模范村”。

从现在到下一个世纪的前10年，是我国改革开放和社会主义现代化建设事业承前启后、继往开来的重要时期。为进一步加快经济和社会各项事业的发展，城区结合实际，制定了“九五”计划及2010年远景规划，明确提出了今后的发展战略是：经过15年的发展，城区的经济格局要有一个全新的变化，即由现在的经济格局发展成为集体经济强大、主导产业突出、科技产品领先，第三产业发达的新的经济格局，从而使城区的优势充分发挥出来，初步形成独具特色的经济发展模式，即建成科技城、商贸城、信息城。

根据总的发展战略，计划分阶段、分步骤地加以推进。第一步，到2000年，全区人均国内生产总值达到或超过全市、全省、全国平均水平；第二步，从2000年到2005年，国内生产总值在本世纪末的基础上再翻一番，主要经济指标要走在全市各县区的前列；第三步，从2005年到2010年，城区综合经济实力和人民生活水平达到全国同类县区中上游，跻身于全省三十强县区行列。

我们坚信，只要按照党的十五大指引的方向，高举邓小平理论伟大旗帜，紧密地团结在以江泽民同志为核心的党中央周围，坚持改革开放的强国之路，不断开拓，勇于进取，二十一世纪的城区就一定会高度富强、民主和文明！

(李国胜　李秀芳)

长治市郊区

崛起的城郊型经济强区

长治市郊区建制于1976年2月，总面积284.77平方公里，耕地面积17.4万亩；总人口26.6万人，农业人口15.6万人；现辖1镇12乡、2个街道办事处、122个行政村、37个城镇厂矿居民委员会。郊区成立23年来，经济建设和各项社会事业都取得了巨大的成就。1998年全区国内生产总值达到18.90亿元，较建区之初的1978年增长94倍；财政收入达到8237万元，增长34倍；农村经济总收入达到50.28亿元，增长163倍；农民人均纯收入达到2653元，增长24倍，实现了全区整体达小康的历史性跨越。

郊区改革开放最先在变革农业生产方式上取得突破。党的十一届三中全会以后，在中央五个1号文件精神指引下，从1982年起，由点到面全面推开了以家庭经营为主的各种形式的联产承包责任制，整个农村经济日渐活跃起来。到80年代中期，随着农村商品生产的发展和经济结构的调整，农村有相当一部分劳动力转移到二、三产业。在这种情况下，郊区大部分地区开始向农业适度规模经营和专业承包转变，各种专业户象雨后春笋般涌现。从1986年起，全区普遍推行和建立起了统分结合的双层经营联合经济组织，部分乡村开始实行土地有偿使用、抵押承包、租赁等经营形式，并逐步建立了农业发展基金、劳动积累工等制度，农村改革发展到了一个新的阶段。到80年代末，整个郊区的农村经济开始走上专业化、商品化、现代化发展之路。1989年全区粮食总产量首次突破1亿斤大关，达到1.1亿斤，其中夏粮总产达到2416.6

万斤，被国务院授予“全国夏季粮油创高产活动达标单位”称号，农村经济总收入突破2亿元，达到2.3亿元，农民人均纯收入达到575元，是建区之初的5倍以上。进入90年代后，郊区农业根据城郊型经济特点，进一步明确了“稳粮、强菜、抓果、兴牧”的方针，全面实施了农业“三五”工程，即在保证粮食产量，保证优质高产高效的前提下，把全区的18万亩耕地建设成为5万亩高效粮田、5万亩高效菜田、5万亩优质经济林和3万亩三保杂粮田，形成蔬菜、果品和高效粮田三大基地。与此同时狠抓科技兴农，全区先后建成了霍家沟枣树滴灌、张祖特种养殖，圪坨玉米高产、南垂果树滴灌、鸡坡果树滴灌、区蔬菜中心的反季节蔬菜生产等一批高标准示范园区。特别是占地200亩、集科技示范、培训、推广于一体的中日友好交流示范农场的建成，促进了传统农业、粗放农业向现代农业和精品农业的转变。近年来，郊区还特别加强了农田水利基本建设，1993年以来，全区先后投入资金上亿元，重点解决了18个村1.46万人的吃水困难，建成了关村、店上、堠北庄3个万亩井灌片，新建356处、1.87万亩喷灌、滴灌、渗灌等高标准节水工程，全区有效水浇地面积达到11万亩，占到总耕地面积的60%以上，极大地改善了农业生产条件。1998年，粮食总产量达到1.02亿斤，比建区初增长14.2%，全区农民人均粮食占有量长期稳定在400公斤以上。蔬菜总产量达到24.32万吨，比1978年增长40倍；果品、肉、蛋、奶等农副产品也都有大幅度的增长，城郊型精品农业、高效农业、观赏农业的格局基本形成。

郊区在大力推进农业现代化进程的同时，乡镇企业异军突起快速发展。郊区乡镇企业发展大致可分为三个阶段。第一个阶段是在1984年到1989年这五年时间，通过区、乡、村、集体、个人等多种形式一齐上，到1989年全区发展各类企业2300多家，固定资产总值超过1亿元，乡镇企业总产值达到2.02亿元，营业收入达到2.21亿元，成为全省39个产值超亿元县（区）之一。第二阶段是在进入90年代，特别是1992年初邓小平同志南巡谈话发表后，乡镇企业再次掀起了一个大发展的热潮。短短几个月时间，全区投资5000多万元，新上项目100多个，到当年底，区乡镇企业发展到了2600多个，其中乡村集体企业500多个，形成了煤焦、建材、冶炼、铸造、化工、运输六大支柱产业，乡镇企业总产值超过4亿元，达到4.19亿元，跨入了全省经济综合实力20强县区行列，并涌现了1个亿元乡和7个千万元村。1993年郊区又制定了《关于进一步加快乡镇企业发展的若干意见》，进一步明确了乡镇企业的发展方向，当年建成了年产值2000万元的小常春泉啤酒厂、年产值4000万元的张庄汽车翻新厂、年产生铁2万吨的台上长宁铁厂及故漳乡坡底村的13立方炼铁高炉等企业，全区乡镇企业产值在1992年达到4.2亿元的基础上，一年翻了一番，到1993年底猛增到10.2亿元，财政收入达到2200万元，农民人均纯收入达到891元，使郊区以较强的经济实力跻身全市“五强县区”行列。1994年郊区根据变化了的新形势，及时提出了“铺摊子、上规模、抓管理、增效益”的十二字方针，当年新发展企业115个，新增产值5亿元，使乡镇企业总产值达到15.6亿元。从1995年开始全区通过实行区五套班子领导成员包乡蹲村目标责任制，开展争先创优夺杯竞赛等活动，迎来了郊区乡镇企业发展快速发展的新时期，涌现了全市第一个亿元乡镇企业——长信钢铁公司以及小常氧化铁红厂、春泉啤酒厂、马厂钢铁厂、安阳钢碴水泥厂、魏村建筑陶瓷厂、东旺人造板厂、安昌永磁材料厂、粉煤灰水泥厂等具有一定规模的乡镇企业，形成了煤焦、冶炼、化工、建材、铸造、农副产品及加工等8个工业小区。1996年全区乡镇企业上交税金5852.5万元，在财政收入中占到80%以上。1997年以来由于受大环境的影响，郊区乡镇企业发展进入了第三阶段，也就是调整创新阶段。全区通过组织各级领导和企业负责人到山东、河南等地参观，以企业改制和产权改革为突破口，掀起了乡镇企业二次创业的新高潮。1997年郊区出台了《关于进一步加快乡镇企业发展的试行意见》、《关于加快发展股份合作制的意见》和《关于对重点企业实行封闭管理的意见》等三个重要文件。1998年2月份又在马厂乡召开了大规模的全区企业改制现场会，不断掀起企业改制新高潮。经过1997、1998两年的努力，全区有150多家企业通过采取股份合作制、兼并、联合、租赁、托管等形式进行了重组，长信钢铁公司兼并平顺铁厂，实现了跨地区、跨所有制的突破，重组后的港安石油有限公司、安阳铁厂等相当一部分企业焕发了生机和活力。到1998年底，郊区乡镇企业总产值达到26亿元，营业总收入达到25.1亿元，固定资产1.3亿元，上交税金达到6836万元，占到全区财政总收入的83%，进一步巩固和突出了在全区经济中的主体地位。

郊区地处城市近郊，发展第三产业得天独厚。建区以来，郊区以“依托城市、发展农村、服务城市、富裕农民”为指导，在充分发挥国合商业主渠道作用的同时，大力扶持发展个体私营工商户和积极鼓励外商投资兴建各类商业网点，形成了遍及全区的点线面纵横交错的第三产业服务网络。以故县市场、长北市场和关村的商业一条街等各类市场为主体的三产经济区域已经基本形成。以太洛、甘林、榆黄、长邯等国道和东环路、西环路、北外环路、长北干线等过境公路为轴线,沿线各村大力兴办商业、饮食服务业、修理业及加油站、洗车场等,形成了多条商业服务网点带。堠北庄、北寨、鹿家庄、针漳、壶口、大辛庄、黄碾等环城和厂矿周围乡村,积极发展短途运输、商饮服务、副食品加工等三产行业,形成了各具特色的三产服务片。与此同时,全区在信息服务、科技服务、社区服务及文体产业多方面进行了尝试,逐步建立了适应经济、社会发展的多门类、多层次的城乡居民服务体系。近年来,郊区按照市委、市政府东山西水的总体发展规划,以发展旅游业和相关产业为重点,进一步加快了老顶山森林公园、西部水上公园的建设速度,大大提高了郊区对外开放的知名度和三产开发竞争力。截止1998年底,全区共兴建大型集贸市场12个,各类商业网点发展到317个,个体工商户达到6945户,私营企业达到128户,三产从业人数达到2.77万人。1998年,全区社会消费品零售总额达到2.6亿元,城乡交易市场成交额达到2.26亿元,第三产业在全区经济中的比重占到了30%,具有城郊特色的三产构架初步形成。

郊区在短短23年的发展历程中,不仅在物质文明建设上取得令人瞩目的成就,而且各项社会事业和精神文明建设也取得了显著成绩。科教兴区战略深入人心,科技进步对经济增长的贡献率不断提高。截止目前,全区共有各种科技组织及服务机构41个,科技人员近2600名,先后引进科技项目12项,推广应用科技成果13项,开发新品种11个,实施科技项目32项,其中列入省级星火计划科技项目6项。教育事业得到长足发展,23年间先后建起了区直中学、职业中学、教师进修校,实验小学、少体校等,教育教学机构设置日趋合理和完善;基本普及九年义务教育和基本扫除青壮年文盲工作通过国家教委复查验收,跨入了全国“两基”工作先进县(区)行列;职业教育和幼儿教育齐头并进,职业中学达省合格校标准,幼儿教育跨入了全省基本满足幼儿学前三年教育合格县(区)行列;素质教育快速推进,成人教育长足发展,涌现出了省、市、区各级示范学校20余所,为经济建设培养了大批合格人才。医疗卫生事业在改革中不断前进,区乡村三级医疗保健网络逐步建立健全,郊区医院建成后以创办肝病专科为突破口,在同全市各大医院竞争中站稳了脚跟,区卫生防疫站达到了国家“县级二等防疫站”标准,5个乡镇卫生院达到全国一级甲等标准。现在全区乡乡有医院,村村有卫生所,基本做到了小病不出村,大病不出乡,重病不出区,农村初级卫生保健工作名列全市第一,爱国卫生工作连续多年保持全市一级达标县(区)称号。计划生育工作扎实有效,全区基本杜绝了三胎,有效控制了二胎,各项工作都走在了全市的前列。1993年在全市率先建起了科学、详细、规范的计生工作台帐;1994年在全省的各县(市、区)中首家实现了人口计划微机管理,孕前型服务在全市居于领先地位;“三结合”工作成效显著,创出了特色,受到了国家计生协会和省市计生委的表彰。原国家计生委主任彭佩云同志到郊区视察后亲笔题词:“少生孩子快致富,多种经营奔小康”。1998年全区计划生育率达到92%以上,人口出生率和人口自然增长率分别控制在10.18‰和5.76‰以下。文化体育事业蓬勃发展,乡村文体基础设施明显改善,队伍建设不断加强,乡乡建有文化站,村村组织文化室,特别是郊区电视台的开办成功,极大地丰富了人民群众的文化生活,加快了农村小康文化建设进程,1998年跨入了全省文化先进县(区)的行列。农民生活质量大大提高,1998年全区人均纯收入达到2653元,比建区之初增长20倍以上,农民人均住房面积明显提高,钢筋水泥结构的小洋楼取代了过去的土木瓦房,电视机、电冰箱、摩托车、高级音响等高档家用电器进入千家万户,1997年经省委、省政府验收,有11个乡、101个村、3.08万户农民、12.54万人分别达到了小康标准,实现了全区整体达小康的历史性跨越。在此基础上,郊区立足城市化,瞄准高标准,1998年又迈上了向宽裕型小康区奋进的征程,目前10个高标准示范村工程已全面启动,40个行政村完成了宽裕型小康村的规划编制工作,进入了全面建设阶段。

建区23年来,郊区取得了辉煌的成就。展望新世纪,全区人民信心百倍,以建设全省一流宽裕型小康区为目标,进一步深化改革,扩大开放,努力把两个文明建设不断推向新的水平,谱写出郊区跨世纪发展的新篇章。

(张玉兰　洪江秀)

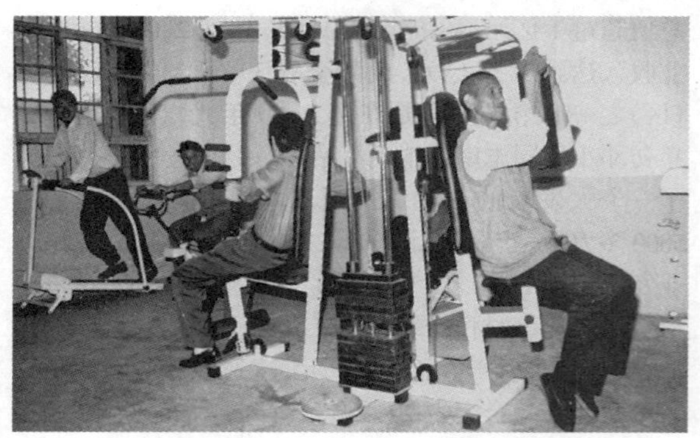

临漳村健身房

长治县

上党古县春似火

长治县位于上党盆地中心，东迤壶关县，西邻长子县，南毗高平、陵川县，北连长治市郊区。区域面积483平方公里。辖4镇16乡，254个行政村，31.7万人口。

长治县历史悠久，资源丰富，工农业生产源远流长，但由于历代剥削阶级的反动统治，特别是受帝国主义、封建主义和官僚资本主义“三座大山”的残酷掠夺和压榨，长治经济一直没有得到很好的发展。到1949年，全县工业总产值仅有421万元，粮食总产3700万斤。

新中国成立后，长治县人民在中国共产党和人民政府的领导下，迅速医治好历史遗留下的痼疾和战争创伤，自力更生，艰苦创业，为改变贫穷落后的面貌进行了不懈努力。在农业生产上进行改土治碱，植树造林，兴修水利，先后修建了淘清河水库、北宋水库、八义截潜流、内王截潜流、上秦高灌站以及胜天渠等中小型小利水保工程上千处，农业生产有了很大改观。全县水地面积很快由60年代初期的2万亩发展到10多万亩，平川70%的土地基本实现了机井灌溉。丘陵山区，通过闸沟砌坝，里切外垫，修筑梯田，修池蓄水，20多万亩旱地、坡地被改造成“保水、保土、保肥”的“三保”海绵田。农业生产条件的改善，使粮食产量和农民收入保持了稳中有升的势头，1978年粮食亩产达到194公斤，总产量达到7290万公斤，分别此1949年增长102%和97%。农民人均收入达到84元，比1949年增长近1倍。

工业生产方面，建国后长治县人民依托资源优势，开煤窑，办工厂，大兴工业生产。在对私营工商业进行社会主义改造的基础上，长治县先后建立了大掌磺矿、石炭峪铁业社、荫城混合社、大峪煤业社、窑沟煤业社、东苗木业社等一大批手工业合作社。到了六、七十年代，长治县兴起大办“五小”工业的热潮。一批手工业合作社纷纷合并改造，扩大规模，更新产品，更换厂名，一批直接为农业生产服务、为人民生活服务、为城市大工业服务的小型企业相继建成投产。1971年县里还在苏店电器厂组织了全县工业战线拖拉机生产大会战，制造出了数以千计的农用手扶拖拉机，为实现农业机械化做出了贡献。1972年县里又在内王建成了年产3000吨合成氨的化肥厂，生产的碳酸氢氨化肥，不仅满足了长治县农村施用，而且还销往四川、湖北、河南等地。1978年全县国营、集体工业企业112个，主要产品多达60余种，工业总产值达到7174万元，是1949年的17倍。原煤产量达到了89.7万吨，平均日产原煤2458吨，超过了1949年的月产量。

解放前的长治县商业主要是私人商贩，国营商业仅占0.02%。解放后，党和政府有组织地发展贸易，国营、集体商业得到迅速发展。1947年长治县成立了供销合作社，随后不久，又成立了商业局。特别是1971年长治县城从长治市搬到韩店之后，长治县国营集体商业进入迅速发展时期，综合性的商业企业“东方红商场”和百货、糖酒、烟草、石油、交电、服务、药材、食品、副食果品、土产日杂等一批专业公司相继组建成立，方便了城乡人民生产、生活购物需要。至1978年全县商业机构达到1765个，商业零售网点达到2567个，社会商品零售额达到3065万元。商业贸易活动的日益繁荣，带动了金融业的发展兴旺，1978年银行各项存款余额达到919万元。城乡居民储蓄存款余额达到407万元，各项贷款余额3491万元。工农商各行业的发展，促使财政收入大幅上升。1978年全县财政总收入达到567万元，是1949年的10.7倍，财政总支出达到662万元，是1949年的44倍。

进入改革开放年代，长治县人民抓住千载难逢的极好机遇，深化各项改革，扩大对外开放，加快经济发展，使长治县经济步入了有史以来发展最快的时期，综合经济实力显著提高，国民经济和社会事业都取得了巨大成就。1998年，全县国内生产总值达14亿元，工农业总产值32.4亿元，财政总收入突破亿元大关，达到10479万元，农民人均纯收入2385元，分别比1978年增长97倍、96.7倍、101倍和29倍。主要经济指标居全市乃至全省上游水平。

一、农村经济全面发展

农村家庭联产承包责任制的实行，更加激发了广大农民的生产积极性。农业生产条件进一步得到改善，农业结构更趋合理，有机旱作农业发展到24万亩，投资3000多万，新增管、喷、渗、滴灌面积9万亩，水浇地面积达到12.5万亩。农机总动力已突破15万千瓦，机耕、机播面积也达20万亩以上。地膜覆盖达到

3万亩,秸杆覆盖达到18万亩。粮食作物同经济作物的比例已由原来的9:1调整为7:3。全县粮食总产量连续7年保持在1亿公斤以上,1998年达到1.55亿公斤,比1978年增长112.6%,创历史最好水平。蔬菜播种面积扩大到3.6万亩,比1978年增加1.2万亩,蔬菜总产量达到7453万公斤,比1978年增长9.5倍,畜牧业总收入达到3500多万元,比1978年增长47.6倍。林业生态环境有了明显改善,森林覆盖率达到20%。

二、工业经济突飞猛近

改革开放使长治县的地方工业再次进入一个强劲发展的新时期。这一时期建成了洗衣机厂、经坊煤矿、锅炉厂、金晶药业公司、起重设备厂等一批骨干企业,县营工业企业达到34家,固定资产达到7.8亿元。开发了系列洗衣机、大吨位工业锅炉、岩舒注射液等一批优质名牌产品,形成了煤炭、家电、机械制造、化轻四大主导产业。1998年全县工业总产值达到28.8亿元,比1978年增长39.1倍,其中县营工业总产值达到5亿元,比1978年增长24倍,实现利税3987万元,比1978年增长11倍。长治县成为山西省工业基础雄厚的县份之一。

三、乡镇企业异军崛起

党的十一届三中全会以来,随着农村改革的逐步深化,长治县的乡镇企业象雨后春笋一般,异军突起,迅速发展,很快在农村经济的大舞台上唱起了主角。长治县是个人稠地窄、劳力充裕、资源丰富、市场看好、交通方便、条件优越的城郊型县区,农业人口约占人口总数的90%以上,发展乡镇企业有着得天独厚的优势。80年代初,广大干部群众借鉴江浙沿海地区乡镇企业蓬勃发展的经验,大胆解放思想,转变观念,兴起了大办乡镇企业的热潮。到1985年,全县乡镇企业总产值第一次突破亿元大关,跨入了山西省乡镇企业总产值超亿元的先进县行列。1992年邓小平南巡讲话之后,全县上下更是把兴办乡镇企业作为兴县富民奔小康的突破口来抓,抓住机遇,加快发展,“五个轮子一齐转”,乡镇企业迅速驶上快车道,进入一个大跨度、超常规、跳跃式发展的新阶段。经过快速发展,目前全县的乡镇企业已形成了煤炭、铸造、建材、化工四大支柱产业。1998年,全县乡镇企业总产值达到21.19亿元,营业收入达到19.93亿元,实现利税2.64亿元,上交国家税金3951万元,为农民提供人均纯收入1600元,占年人均收入的60%。

长治洗衣机厂

四、城乡市场繁荣活跃,金融事业健康发展

改革开放以来,国家进行了流通体制改革,取消统购统销政策,放开经营,开放市场,为商业的发展注入了新的生机和活力,长治县商业进入了一个繁荣兴盛的新时期。到1998年个体商业经营户达到3923家,社会商品零售额达4922万元。

1998年底,全县金融业的各类存款余额达到82008万元,其中城乡居民储蓄存款70946万元,分别比1978年增长88.1倍和778.6倍,各类贷款余额达到74211万元,比1978年增长21.4倍。

五、基础设施建设日新月异

改革开放使长治县铁路、公路建设进入了一个高速发展的新时期。80年代,县里依靠自己的力量,建成了小宋到经坊煤矿的12.6公里的煤炭铁路专用线,以后又投入巨资修筑了西苗铁路煤炭发运站。进入90年代,又争得国家立项,共投资8000多万元,历时3年,兴建了16.5公里王庄煤炭铁路专用线,1998年已建成投入运营。二条铁路专用线的开通使用大大提高了煤炭的铁路外运能力。近几年来,随着经济的快速发展,广大干部群众认识到了公路建设在建强县、奔小康中的重要作用,全县兴起了一场大修公路的热潮。到1997年底已实现了乡乡镇镇通二级油路,72.5%的行政村通油路,乡、村油路达255公里。现在,县境公路通车总里程661公里,其中国道96公里,二级油路115公里,三级油路175公里,公路密度已达到平方公里1.37公里。

邮电通讯事业也得到迅速发展。80年代,全县的电讯事业一年一个新台阶,电话装机容量由400门先后发展到800门、2500门。进入90年代后,随着京深、长晋两条通讯光缆的穿境而过,1995年又引进了德国EVVSD4000门程控电话交换机成套设备,使电话交换机容量扩大到5200门，还建立了无线寻呼台，开通了全国漫游移动电话。县城65%的居民，全县52%的村，4139户农民通了电话，BP机、大哥大发展到2500部。

城市建设跨上新台阶。近几年，新建和改建城市街道30余公里。栽植各种风景树4000余株，安装各种路灯500余盏，县城供水设施得到进一步改善，全部实现了供水自动化。煤运大厦、迎宾大厦、供销大楼、职中教学楼、一中教学实验楼、人大办公楼等一批大型建筑在县城拔地而起。一个设施完善、功能齐全、清洁卫生、风景优美的新县城已展示在人们的面前。

六、科技教育事业兴旺发达

党的十一届三中全会以后，全县大力实施科教兴县战略，农业科学技术普及推广工作进入一个新的阶段。地膜覆盖、生物防治、秸杆覆盖、配方施肥、模式化栽培、优种包衣、高接换优、节水灌溉、人工增雨、日光大棚栽培等30多项农业生产新技术得到了广泛的推广应用。并有近20项农业新技术开发推广项目获国家、省、市科技进步奖。工业科技含量日益提高，智能型模糊洗衣机等一批高科技工业产品应运而生。基础教育、成人教育、职业教育、电化教育得到长足发展，农村教育综合改革取得显著成绩。1991年，全县实现"一无两有三配套"。1995年，通过山西省人民政府的"两基"检查验收，长治县成为基本普及九年义务教育和基本扫除青壮年文盲合格县。文化事业方面先后建成了县电视台，县教育电视台和10多个地面卫星接收站，安装开通了中央电视台四套加密闭路电视，复刊了长治县报。全县计划生育工作成绩斐然。1982年以来年年都有新进展，接连被市、省、国务院表彰为计划生育先进县。1998年人口出生率控制在了8.36‰，比1978年降低了8.91个千分点，人口自然增长率为2.28‰，比1978年下降7.57个千分点，群众性文化体育得到蓬勃开展，20年来，先后有300余人次在省、市及全国性的各类比赛中获得奖牌。

七、人民生活水平显著提高

1998年城镇居民人均可支配收入为3937元，比1978年增长12.2倍。农村居民人均纯收入2503元，比1978年增长29.5倍。改革开放20年城镇新建住宅36万平方米，人均住宅达到16平方米，比1978年增加8.5平方米。农村新建房屋344万平方米，人均达到21.7平方米，比1978年增长10.7平方米。

回顾过去50年，心潮澎湃；展望21世纪，豪情满怀。长治县人民正以更加高昂的斗志和顽强的拼搏精神，描绘着更加美好的跨世纪的宏伟蓝图。长治县这颗上党明珠明天将更加耀眼，更加灿烂！

（袁双玉　李建中）

襄垣县

抓决策 求突破 强县富民

襄垣县位于太行山西麓，上党盆地之北，全县辖20个乡镇，325个行政村，总人口24.1万人，总面积1158平方公里，现有耕地面积59.7万亩。

襄垣总体上属典型的半山丘陵区，中温带大陆性季风气候，冬无严寒，夏无酷暑，年平均气温9℃，年均降水量540毫米，土地肥沃，物产丰富，是全国重点能源和商品粮基地县之一，农业以玉米、小麦、谷子三大作物为主。矿藏主要有煤、石灰石、白云石、石膏、铝土矿、大理石、石英砂、铁矿等30多种，其中，煤地质储量达75.8亿吨，被列为全国重点产煤县之一，年生产能力达400万吨。境内太焦铁路、208国道、榆长公路、夏监公路纵横贯通。

解放前的襄垣百业凋零，经济极为落后。1949年全县工农业总产值只有924.79万元，其中农业总产值746.35万元，工业总产值178.44万元，粮食总产量3820万公斤，平均亩产只有114斤，农业生产工具十分简陋，只有土制的犁、耧、耙、耢和8842头农用大牲畜。工业上主要以产值在50万元的三展花沟煤矿和酱房、醋房、染房等9个规模较大的公有企业以及部分民营、私营企业构成全县工业总框架，全县通车里程只有49公里,交通工具主要以铁木轮大车为主。

主 要 成 就

建国50年以来,全县人民在历届县委、县政府的领导下,自力更生、艰苦奋斗,襄垣经济建设取得了辉煌成就,人民生活得到普遍提高。特别是党的十一届三中全会以来,县委、县政府率领全县人民高举邓小平理论伟大旗帜,以强县富民为目标,突出改革、开放两大主题,紧紧抓住经济建设不动摇,依靠科技进步和市场导向,充分发挥自然资源优势,全力推进经济建设和社会事业的发展,全县的改革开放和经济建设步入了飞速发展的快车道,成为襄垣有史以来经济发展最快、效益最好的时期。

(一)农村经济稳定发展。50年来,全县始终把农业作为基础产业来抓,不断加大投入,大力推进农业产业化进程,全面建设"粮、菜、牧、果"四大主导产业基地,逐步向粮食生产集约化、蔬菜生产专业化、畜牧养殖规模化、林果开发区域化方向发展,农业产业结构日趋合理,粮经作物比例调整为7:3,初步形成了以粮为主、各业并举、农林牧协调发展的新格局。1998年,全县粮食总产量达到3.46亿斤,是1990年的1.21倍,是1978年的2.21倍,是1949年4.76倍。蔬菜、猪牛羊肉总产量分别达到63130吨和8374吨,分别是1990年、1978年和1949年的1.66倍、6.79倍、36.7倍和2.33倍、4.48倍10.6倍,农业总产值达到43451万元,分别是1990、1978和1949年的1.46倍、3.14倍和6.43倍,农村经济总收入达到16.9亿元,分别是1990、1978和1949年的6.77倍、62.8倍和100倍。

(二)乡镇企业异军突起。坚持把发展乡镇企业作为振兴农村经济的战略重点来抓,全面实施"三强"战略、煤焦战略,大力推行股份合作制,积极组建企业集团,确保了乡镇企业的持续、快速、健康发展。1998年底,全县乡镇企业发展到623个,从业人员达到26723人,实现总产值13.6亿元,营业收入达到12.8亿元,分别比1978年增长2.56倍和3.18倍。上缴税金达到5060万元,占到全县财政总收入的46%。

(三)县营工业快速增长。把加快两个转变作为搞活县营工业经济的加速器,以抓重点企业、抓改组改制、抓新上项目、抓技术改造、抓内管增效为突破口,促进生产要素的合理配置,使80%的企业竞争适应能力增强,经营效益明显提高。1998年,全县工业总产值达到26.7亿元,按可比价格计算,是1990年的12倍,1978年的34倍,1949年的554倍,其中乡及乡以上工业总产值完成93892万元,是1978年的7倍,上缴税金由1990年的220万元增加到1998年的821万元,增长2.7倍。

(四)财政收入稳步增长。近年来,通过采取巩固农业基础地位,注重实施立体农业战略;搞好国有企业"两改一管",注重挖掘原有主体财源;发展乡镇企业和个体私营经济,注重培植新的经济增长点;改善基础设施、优化投资环境,注重为企业提供宽松的发展氛围等措施,走出了一条广开财源和强化征管紧密结合的增收节支新路子,全县财政收入一年一个新变化,一年一个新台阶。1998年财政收入突破亿元大关,跻身于全省30个亿元强县行列,达到10968万元,其中地方财政收入达到7233万元,分别是1990年和1978年的3.6倍和8.4倍。

(五)基础设施明显改善。近3年,围绕打破"瓶颈"制约,树立襄垣对外开放新形象,县、乡、村三级共投资近2亿元,为群众实实在在办了30件实事,铺通油路近400公里,实现了乡乡镇镇通油路,开通了8000门程控电话,新上了县城煤气工程,完成了11万伏变电站增容,新建了八里庄35千伏变电站,新建了县城长兴路,拓宽改造了新建路、迎宾街,改善了县城供水工程,新上了东西山、善福、北底等五处万人吃水工程,开发了仙堂山、后湾水库两处旅游景区,新建和扩建了县医院门诊大楼、职业教育中心、图书馆以及14个乡镇卫生院、8个农科站,新建和改善学校117处等等,使广大群众过去面临的就医难、上学难、吃水难、行路难等问题从根本上得到了缓解。

(六)各项社会事业竞相发展。科技队伍不断壮大,科技活动机构已达45个,专业技术人员达到4796人,全县科技进步对经济增长的贡献率达到40%以上。1998年经国家科委验收,被评为全国科技先进县。教育事业蓬勃发展,全县共有各类学校453所,教师2439人,在校学生31699人。历年中、高考成绩名列全市前茅,特殊教育荣获全国先进。计生工作连续7年被评为全省先进县。县城卫生连续9年被评为全省卫生红旗县城。县医院被世界卫生组织、国家卫生部验收为"爱婴医院"。连续2年荣获"全国卫生食品示范县"、"计划免疫合格县"、"公共卫生示范县"荣誉称号。群众性文化事业日益繁荣,1996年组建了襄垣电视台,广播电视收视率达到90%。获得全省文化建设先进县称号。

(七)人民生活稳步提高。国民经济的快速发展和社会事业的全面进步,极大地改善和提高了人民群众的生活水平。1998年,全县农民人均纯收入达到2165元,比1978年增长34倍,城镇居民人均可支配收入达到3557元,比1978年增长13倍,城乡居民人均储畜存款余额达到4086元,比1978年增长141倍。

(八)小康建设成效斐然。近年来,襄垣把小康建设作为农村工作的重点，到1998年，全县有265个行政村，近16.8万人达到了小康水平，占到全县农村总人口的87.1%。经省委、省政府验收，我县整体跨入小康县行列。

基本经验

改革开放以来，襄垣的经济建设和社会事业得到了蓬勃发展，初步由一个农业小县、财政穷县，成长为一个农业大县、工业、财政中等强县，综合经济实力日益雄厚。主要作法和体会是：

（一）抓决策，实施经济社会发展的总体战略。建国以来，县委、县政府从促进襄垣农村经济和社会发展的内在要求出发，确立了兴襄富民，把襄垣建成全国中等强县的总体目标。围绕这一目标，动员全县人民自力更生、艰苦奋斗，在连续实施五个五年计划，初步摆脱一穷二白落后面貌的基础上，于1980年在农村建立和完善了农业生产责任制，极大地解放了生产力，粮食产量逐年提高，1981年，提出了“三年打基础，五年翻一番，奋战十五年，建成小康县”的发展思路，尤其是近年来，坚持以邓小平初级阶段理论为指导，以“三个有利于”为判断标准，解放思想，实事求是，立足县情，逐步理清和完善了一条符合襄垣实际的发展思路。针对襄垣土地、煤炭两大资源优势，历届县委、县政府注重依据不同发展时期的特点，及时提出经济和社会发展的总体思路、工作重点。1993年，提出了“稳农强工、兴襄富民”的发展方略。1996年又提出了抓好四个重点，实现十大目标 ，办好十件实事的“411工程”。1998年进一步提出了“经济上台阶、城乡变面貌、农村达小康、社会事业大发展”的奋斗目标。由于上述发展和思路顺应人民意愿，符合襄垣实际，所以在全县上下形成了齐心协力抓经济，千方百计求发展的大气候，初步走上了一条发展速度较快，经济效益较好，整体素质不断提高，各项事业协调发展的新路子。

（二）求突破，积蓄可持续发展的最大潜力。首先在农业上建好四大基地。就是建设好粮、菜、牧、果四大基地。一是粮食基地，在208国道、榆长线、夏监线两侧，涉及城关、王桥、候堡等15个乡镇，250个行政村，重点发展“两高一优”农业。现已建成以玉米、小麦为主的“吨粮田”3万亩，“千五田”13万亩，“双千田”2万亩，该区粮食总产量占到全县粮食总产量的60%以上，综合经济效益提高20%左右。二是蔬菜基地。在西漳河两岸和南北干渠两侧，包括夏店、虎亭等7个乡镇，发展专业化菜园2万亩，兴建日光大棚400架，蔬菜总产量达到5849万斤。三是畜牧基地。在西部、北部和中部分别建成具有一定规模的“三带一区”：即黄牛养殖带、细毛羊、山羊养殖带和生猪养殖区。共培养各类养殖专业户5630户，牛羊饲养量达到11.2万头（只），存栏生猪达到7.1万头。四是干水果基地。在北部和东北部建成11万亩干水果经济林，干果主要以仁用杏、红枣、花椒和核桃为主，连片面积在500亩以上的达11处。其次在工业上实现“四个转变”。一是调整产业结构，实现由地下工业向地面工业的转变；二是传统五小工业向规模化、集团化方向转变；三是资源型的低档次产品向高科技、高附加值产品转变；四是单元化体制向多元化体制转变。

（三）增活力，营造全县上下一心一意干事业的氛围。主要是搞好几大工程：一是“班子工程”。在加强各级领导班子建设的同时，突出抓了乡村两级班子建设，选派县直机关的精华和骨干担任乡镇党委书记、乡镇长。在村级班子建设上结合农村支部整顿，采取“ 请、兼、并 ”的办法选好人、用好人。二是“稳定工程”。针对部分乡村干群关系错综复杂的特点，始终把社会稳定当作重要工作来抓。三是“发展工程”。在农业上大力推进农业产业化，采取一系列措施，紧紧围绕增产增收两大目标，立足当地资源，抓特色，建基地，扶龙头，办市场，搞服务，全县农业产业化由点到面，逐步展开，并形成了一定规模。四是”目标工程”。每年年初，县委、县政府都同各乡镇签定有“党建目标责任书”、“经济目标责任书”，与县直单位签定“工作目标责任书”，在各行政事业单位开展“公仆杯”竞赛，在全县形成了“层层有人抓，事事有人管，领导负总责，党员带头干”的工作氛围。

水上公园

今后展望

从现在起到2010年，是我国改革开放和现代化建设事业承前启后，继往开来的重要时期，也是襄垣国民经济再翻番，继续保持全市强县的关键阶段。立足襄垣实际，着眼未来发展，全县经济和社会发展的战略是：高举邓小平理论伟大旗帜，全面落实党的十五大精神，进一步解放思想，深化改革，扩大开放，积极推进“两个转变”，继续实施“赶超战略”，加强农业基础地位，加快企业改革步伐，加速基础设施建设，全面实施科教兴县战略，切实加强党的建设、精神文明建设和民主法制建设，推动全县经济持续快速发展和社会全面进步。

今后5年的主要奋斗目标是：全县国内生产总值年均增长达到14%以上，财政总收入年均增长12%以上，城镇居民人均生活费收入年均增长18%以上，农民人均纯收入年均增长15%以上，人口自然增长率控制在9‰以内，在全面实现省委提出的“三个基本”目标的同时，使全县的经济社会发展取得更大的成效。实现上述目标，全县的经济实力将明显增强，人民生活将不断改善，全县国内生产总值将达到18.89亿元，人均7554元，财政收入将达到1.8亿元，财政状况基本好转；农业产业化经营将形成一定规模，发展后劲进一步增强；基础设施明显改善，城乡面貌焕然一新。上述主要目标，是襄垣县在迈向新世纪，迎接新挑战的征途中，认真贯彻党的十五大精神，全面实施赶超战略的又一重大举措。我们相信，只要我们坚持邓小平理论伟大旗帜，坚持党的基本路线不动摇，坚持以经济建设为中心不动摇，建设经济强县的宏伟目标就一定能够实现，就一定能够把一个充满生机、富裕文明的新襄垣胜利带入21世纪。

（王云亭　李国峰）

屯留县

巨变的新屯留

屯留县古称留吁。春秋时期，改称“纯留”，后将“纯”改为“屯”，始有屯留之称。该县自西汉时开始建制，迄今已有数千年历史。在封建社会以至抗日战争、解放战争时期，全县人民连最基本的生存权也难以保障，生活朝不保夕。1949年中华人民共和国成立后，屯留县开始进入一个崭新的历史发展时期，实现了从私有到公有，再到“以公有制为主体，多种所有制经济共同发展”的历史转变，全县政治安定，社会稳定，经济及社会各项事业空前发展。

我们把建国50年来屯留的经济发展分为前30年和后20年来展示。

前30年曲折前进

从中华人民共和国成立到1978年党的十一届三中全会召开的30年，屯留县逐步改革生产关系，进行土地改革，实行农业合作化和人民公社制度，集中力量兴修农田水利，尽管有“文化大革命”10年动乱，但全县国民经济仍有较大发展。1978年，全县粮食总产达到8642.2万公斤，比1949年增长84%；果品产量达到118.1万公斤，比1949年增长近1.6倍；农、林、牧、副四业总收入达到2512.3万元，比1949年增长32.4%；财政总收入完成269万元，比1949年增长2.6倍。

（一）变革生产关系，实现生产资料集体所有

为了废除剥削制度，解放被压制的社会生产力，发展农业生产，1946年5月，根据中央“五四指示”精神，中共屯留县委抽出80%的干部，组成土改工作队，采取“蹲在一村，摸索经验，领导全区，推动全县”的工作方法，在农村开展土地改革运动。经过3年的努力工作，到1949年3月，胜利完成了土地改革任务，同时废除了债务契约，变封建地主阶级的土地所有制为农民土地所有制，实现了“耕者有其田”。1951年，开始试办推广初级农业生产合作社。1957年，县委根据党的七届六中全会精神，迅速在全县建立了238个高级农业生产合作社，实现了由农民的个体所有制到集体所有制的过渡。1958年11月，根据中共中央《关于在农村建立人民公社问题的决议》，建立了工、农、商、学、兵五位一体，农、林、牧、副、渔综合经营的农村人民公社；1962年，又根据中央提出的“调整、巩固、充实、提高”八字方针，实行了“三级所有，队为基础”的核算制度，实行了按劳分配原则，强调实行“大集体、小自由”的方针，返还了自留地，鼓励社员经营各种家庭副业，并恢复了农村集市贸易，使农民得以休养生

息。

(二)改进农田管理手段,促进农业较快发展

在耕作制度方面,1955年开始推广玉米、高粱和豆子间作、麦田复播豆子,变一年一作为一年二作或二年三作。60年代,总结推广了麦、豆和粮、草轮作与粮、豆间作套种经验。70年代,推广了以麦秋带状套种为主要形式的多种多收,在大部分地块获得不同程度的增产效果。到1978年,全县53.8万亩粮田,搞一年三种三收6万亩,两种两收37.8万亩,一年一作10万亩,播种面积总计103.6万亩,复播指数达192。在农业机械发展方面,50年代,逐步进行工具改革,广泛使用胶轮大车、双轮双金华犁、新式水车等;60年代,柴油机、电动机、拖拉机以及农副产品加工机械迅速发展,人、畜力运输工具逐步向动力运输机械发展。70年代,拖拉机向多型号、多用途发展,基本实现了农副产品加工机械化和农田耕作排灌机械化。1978年,全县农业机械总动力发展到3.6万千瓦。在良种推广方面,先后三次进行良种更换,逐步淘汰了低产、多病劣种。随着耕作方式的转变、农业机械的应用、优良品种的推广,全县农业生产得到了较快发展。"文革"期间,农业生产徘徊不前。三年困难时期,特别强调"以粮为纲",全县粮食播种面积一度达到60多万亩。1973年,粮食总产量达到1.16亿公斤的历史最高水平,但由于农村经济结构的单一化,一些过"河"跨"江"的典型,成了名副其实的"高产穷村",农民的种粮积极性受到严重挫伤。从1974年开始连续5年减产,1978年,全县人均占有粮食仅415公斤,基本为1954年水平。

(三)探索工业发展道路,全民、集体企业开始起步

1952年,屯留县着手对私营工业进行改造,实行公私合营,由县供销合作总社牵头,对乡(镇)个体手工业和城内私营手工业店铺进行组建。到1957年,全县手工业合作社已发展到25个,入社人员达到1275名,年产值126万元。1958年,对个体工商业进行"全过渡",实行人民公社化。期间筹建了屯留联合厂、屯留印刷厂、郭村粮油加工厂3家全民所有制企业和路村公社农机厂、城关公社联合厂,后因"文化大革命"几次冲击,多数手工业合作社遭到破产。粉碎"四人帮"以后,才又开始复苏。随着工农业生产计划的不断调整,到1978年,全县工业企业发展到49个,其中全民所有制企业9个,集体所有制企业40个,工业总产值达到1464万元。这时的屯留才有了一点工业基础。

(四)加快基础设施建设,逐步改善生产、生活条件

从1949年到1978年,全县基础设施建设累计投资2283万元,新增固定资产1319万元。1978年,全县公路总里程达到216.64公里,是建国初期的2.4倍。其中干线107公里,全县公路晴雨通车里程78.3公里,占公路总里程的36%。金融事业从无到有,1978年,县人民银行存款余额达到390.6万元,放款余额达到2117.2万元;信用社各项存款余额达到233.75万元,各项放款余额达到191万元。电力设施得到空前发展,1978年,全县20个公社、232个大队,全部实现通电,实现了电灯照明。有组织的群众性兴修水利活动成效显著,全县兴修中小型水库25座,塘坝25座,蓄水能力达到5646万立方米,其中屯绛水库总库容量4500万立方米。邮电事业也有了一定发展,全县电话线路总长度1198.5杆公里,安装电话的行政村达到292个。县城建设进行了统一规划,广大群众拆旧建新,改造旧房,居住条件不断改善,县城部分居民已开始吃上自来水。

后20年蓬勃发展

党的十一届三中全会以来,屯留高举改革开放和艰苦奋斗两面旗帜,解放思想,实事求是,同心同德,锐意进取,经济建设和社会事业取得了巨大成就,发生了翻天覆地的变化。

(一)国民经济持续快速健康发展

1.农业和农村经济。经过20年的努力,全县农村发生了一系列深刻的变革,实现了四个突破:突破了高度集中的人民公社制,实行了以家庭联产承包为基础、统分结合的双层经营体制;突破了"以粮为纲"的单一结构,发展多种经营和乡镇企业,全面活跃农村经济;突破了统购统销制度,面向市场,搞活农产品流通;突破了单一集体经济的所有制结构,形成了以公有制为主体、多种所有制经济共同发展的格局。经过前所未有的一系列大动作、大改革,初步构筑了适应发展要求的新体制框架,极大地解放和发展了生产力,给农村带来了翻天覆地的历史性变化。一方面农业综合生产能力大幅度提高,结束了主要农产品长期短缺的历史。到1998年,全县已形成粮、果、菜、桑、畜牧和制种六大主导产业。粮食总产达到2亿公斤,创历史最好水平,比1978年增加1.1亿公斤,平均每年增加568.9万公斤,年均递增4.3%;挂果面积达到5万亩,总产近2000万公斤,比1978年增加1882万公斤,蔬菜面积达到5.7万亩,产菜1.2万公斤;蚕桑面积稳定在2.55万亩,产茧83万公斤,比1978年增加82.87万公斤,大牲畜存栏5.3万头,比1978年增加近3万头;肉类总产量达到1138.9万公斤,比1978年增

加933.1万公斤,玉米制种从无到有,面积迅速发展到7万亩,产各类种子1607万公斤,上缴税金168万元。农村产业结构和劳动力就业结构进行了重大调整,建成了乳酸厂、肉制品厂、酒厂、醋厂等企业,加快了农业产业化发展进程。乡镇企业异军突起,转移了1万多名农业富余劳动力,农村开始了史无前例的工业化进程。1998年,全县乡镇企业总产值达到5.2亿元,是1978年的43.1倍;销售收入完成4.3亿元,实现增加值1.2亿元,上缴税金589.4万元,初步形成了以煤炭、化工、矿车、铸造为主导的乡镇企业发展新格局。

2.工业和财政金融。20年间,全县工业企业累计投入技改资金1.8亿元,完成技改项目30个,开发出一批市场较好的产品,优势企业市场竞争能力显著增强。工业产品先后有3个获省名牌产品,2个创省优产品。一批重点建设项目建成投产,郭庄煤矿、磊鑫铁合金有限公司、正泰实业有限公司、塑料薄皮节水管项目、塑料薄膜生产线等投入生产或运营。一批经过市场磨炼的优秀私营企业家脱颖而出。1998年,全县个体私营企业已发展到3536户,注册资金达3000万元,从业人员近6000人,完成产值3.9亿元,个体私营企业已发展成为全县新的重要的经济增长点。统计资料显示,1998年,全县国有企业和年销售额在500万元以上的企业完成工业总产值7722万元;国内生产总值达到6.3亿元,比1978年增长11.4倍;工业总产值达到6.7亿元,增长46倍;工业产品产销率达到97.09%。财政收入增幅加快,金融运行平稳良好。全县财政总收入由1978年的269万元增加到1998年的3267万元,年均增长13.3%。各项存款余额达到3.5亿元,比1978年净增3.4亿元,各项贷款余额达到3.1亿元,增加2.8亿元,商业保险发展迅速,在防灾、减灾、支持恢复生产等方面发挥了重要作用。

(二)基础设施的“瓶颈”制约得到明显缓解,增添了持续发展的后劲

1.农业生产条件进一步改善。1979年,针对制约旱地农业发展的关键性因素,屯留县通过省列农机化试点村——王公庄村的试点试验,逐步总结探索出了以机械化作业为中心的深耕、秸秆还田、镇压、机播的机械化旱作农业技术。1989年,在美国友人韩丁先生的帮助支持下,屯留县被列为联合国开发计划署粮农组织CPR/88/084项目的布点列项示范,1997年又被国家确定为全国唯一的机械化旱作农业示范基地县,1998年,全县实施机械化旱作农业面积28.5万亩,亩增产达24%以上。与此同时,屯留县始终坚持一手抓工程农业,一手抓水利建设。工程农业方面,先后争取到全国粮食自给、太行山绿化、生态经济林、国家级商品粮基地县和国家农业综合开发工程等项目,为农业条件的改善争取到了较多的投入;水利建设方面,以放手发展和扩大有效水地为目标,调动了广大农民投入的积极性。特别是上村乡股份制办水的经验得到了省、市领导的肯定。1998年,全县水利工程总数达到1215处(眼),有效水地面积发展到16.1万亩,实浇面积达到10万亩,是1978年的3倍多。新建节水达标面积4.74万亩,其中喷灌0.22万亩,滴灌0.02万亩,管灌3.5万亩,渠灌1.0万亩。水土治理面积达到82万亩。初步形成了以屯绛、南岗、襄屯三大灌区,高头寺、西贾、北宋三大井片,绛河、岚河、谷河三大河流600台“小白龙”为主体的三大水利灌溉网络。植树造林工作做到了持之以恒,20年累计植树1500多万株,新增绿化面积30万亩,生态环境得到了明显改善,农业抗御自然灾害特别是干旱的能力显著增强。

2.公路建设取得重大突破。1992年以前,公路建设主要靠国家投资兴建,投资体系单一,效果也不太明显。进入“八五”之后,全民义务修路高潮迭起,实现了由部门行为向社会行为、由单一投资结构向多元化投资结构的转变,呈现出前所未有的发展势头。5年间,全县累计投资6000余万元,群众义务投工795万个,动土石方1818万方,公路里程快速增长,实现了镇通油路、乡通公路、村通机动车目标,并改写了屯留无二级公路的历史。进入“九五”后,公路建设进一步加快,到1998年,全县公路总里程已达到285公里,是1978年的3.4倍。其中油路199公里,二级以上公路36公里。其它乡村道路达到440公里(四级路),实现了乡乡镇镇通油路的目标。

3.城镇建设日新月异。改革开放后,以改变居住条件和生活环境为目标的城镇建设掀起高潮。1992年,全县294个行政村在县委、县政府的领导下,开始全力以赴大搞小集镇建设。经过几年的努力,小城镇建设全面开花,并涌现出了以东古、东酪余、西街、王公庄、郭村、西堰、上村等30多个新型小康示范村,乡村面貌焕然一新。与此同时,县城改造力度逐年加大,“八五”期间,全县以“创建文明县城”为契机,大力实施“塑形工程”,全面进行硬化、亮化、美化、净化、香化,取得了明显成效。到1998年,县城街路“五纵五横”的大框架初步成形,县城面积发展到4.8平方公里,比1978年增长了3倍;水、暖、电、气、公共交通大大改善,日供水量由1978年的320吨增加到1800吨,增长了4.6倍;供水网长度达到12.6公里,供水面积3.5平方公里;城市绿化覆盖率由原来的6.2%增加到18%;客运线路由2条增至23条,覆盖全县,四通八达;县城出租车发展到45辆,公用电话发展到28部。城市综合配套功能日臻完善。

4.邮电通信飞速发展。改革开放以来,屯留县电信事业得到了空前发展,并实现了几次大的飞跃:1992年,屯留县正式开通市话C400—2000自动电话交换机,并一次性进入全国自动网,告别了人工交换时代,实现了第一次飞跃;1993年,开通了无线寻呼系统,并于1996年实现全省大联网。同年底又开通了李高第一个农话程控交换点,实现了屯留县农话程控零的突破;1994年,开通了屯留——长治240路数字光缆电路。同年开通了数据分组交换;1995年,割接开通了HJD—04—3000门数字程控交换机,并以长途传输数字化、市话交换程控化为里程碑,实现了第二次飞跃,同年,又开通了蜂窝状模拟移动电话。截至1998年底,全县电信业固定资产已发展到1200余万元,比1978年增长了23倍;市话交换机总容量发展到9000门,增长了17倍;农话交换机总容量发展到3590门,增长了34.9倍,长途电路由1978年的3条发展到240条,增长了79倍,而且相继开通了中国公用计算机网、无线寻呼系统、移动电话、电视电话会议系统、因特网等。全县15个乡镇开通了程控电话,通达程控电话的行政村达140个,占全县行政村的47.6%;市内电话普及率达到10%,全县电话普及率达到2.17%。

(三)改革开放迈出新步伐,取得新成绩

党的十一届三中全会以来,屯留县始终坚持以改革总揽全局,国有企业改革由放权让利的政策调整转向机制转换和制度创新,按照“三改一加强”的要求,抓住长治市列入国家优化资本结构试点城市的契机,大胆采取兼并、托管、租赁、转让等措施,使大部分国有企业增强了活力。特别是1998年,全县大力推行以产权转换为主要形式的国企改革,完成了发电设备厂、水泥厂、印刷厂、饲料厂等8户国有企业整体出售,采取出租经营权,承包租赁、股份合作等多种形式完成了8户企业改制。与此同时,企业集团化进程加快,全县组建了电力铁合金集团、麟源煤业集团、化工集团、矿山机械集团、鑫磊铸造泵业集团和正泰实业集团六大集团。流通体制改革按照完善市场体系的要求,不断加大商贸市场建设力度,先后投资1100多万元,建成了新兴市场、新华市场、西街市场和高头寺农贸市场,总占地面积10.6万平方米。连锁经营、代理制、贸工农一体化等现代流通组织大量涌现,大市场、大流通、大贸易格局初具雏形。

在扩大对外开放方面,坚持实施“内引外联”战略,加大招商引资力度,先后于1992年、1998年两次制定招商引资和发展乡镇企业的优惠政策,广泛开展经济技术合作交流。1996年与河南省林州市结为友好县市,并在北京、宜昌、太原等地设置驻外办事机构,从而使全县经济外向依存度和对外开放水平明显提高。改革开放20年来,全县引进外资累计达到2亿多元。蚕茧、挂毯、铸钢、哑铃等商品打入国际市场。劳务输出人数逐年增加,1998年达到12000余人,收入近4000万元。1997年,市电力公司在屯留投资4000多万元兴建一座2＊6000KVA规模的铁合金厂,实现了当年建厂,当年投产,当年见效,年上缴税金近500万元,成为全县引进项目最大、最为成功的典范。

(四)精神文明建设和社会各项事业取得重大进步

在精神文明建设方面,始终坚持“两手抓”、“两手都要硬”,深入开展爱国主义、集体主义和社会主义教育,开展“创三优、树新风”和文明创建活动,加强了社会公德、职业道德、家庭美德建设,涌现出了一批申纪兰式的农民、赵雪芳式的知识分子、李双良式的工人和刘俊谦式的干部及文明村镇、文明单位、文明家庭。据统计,自1990年开展文明创建活动以来,全县共涌现出省级文明村2个、省级精神文明建设先进乡2个、先进村4个;省级文明建设模范家庭4户;市级文明村达到13个,文明单位达到16个;县级文明村112个,文明单位66个。

在推进社会全面进步方面,全县认真实施“科教兴县”和可持续发展战略。20年来,科技成果普及推广有了很大进展,“八五”期间,全县先后组织实施了省、市星火计划5项,组织实施农业技术集团承包10多项,推广农作物优良品种30多个、先进农业科技成果50多项,培训各类农民技术人员10多万人次。科技进步贡献率明显提高,1998年,达到41%,创建科技工作先进县工作顺利通过国家科技部验收。具有跨世纪重要意义的“知识工程”同时在屯留开始启动。教育事业投入不断增加,设施不断改善,“两基”教育取得显著成绩,职业教育、成人教育和特殊教育稳步发展。特别是“八五”以来,全县财政对教育的投入年均增长14.3%,1998年,全县基本普及九年义务教育工作通过国家和省政府验收,基本扫除青壮年文盲工作荣获全国“中华扫盲奖”。

(五)城乡居民生活水平普遍提高

20年来,全县新建人畜吃水工程45处,解决了2.69万人的吃水困难。全县农村进入了由温饱向小康迈进的阶段,农民人均纯收入由1978年的49元增加到1988元,增长39.5倍;农民人均居住面积由7.3平方米提高到22.5平方米,增长2.1倍。城镇居民人均可支配收入由500元增加到4150元,增长7.3倍;人均住房面积由1978年的5.4平方米提高到18.5平方米,增长2.4倍。城乡居民储蓄存款大幅度增加,存款余额由1978年的156.2万元增加到29307万元。市场繁荣活跃,商品丰富多彩。社会消费品零售总额年均实际增长11.4%,1998年达到12966万元。劳动就业有了新的发展,20年来,城镇新增就业3100人,转移消化农村剩余劳动力6.5万人(次),保持了城乡就业局势的基本稳定。国有企业普遍推行了养老保险和失业保险制度。环境污染得到有效治理,"十五小"企业基本得到取缔。防灾、减灾、救灾工作扎实有效,农业抗御自然灾害的能力显著提高,1998年,在严重干旱情况下,农业依然获得历史最好收成。扶贫工作取得了好的成效,通过派工作队进住贫困村,积极发展扶贫项目,使全县大部分村(户)摘掉了贫困帽子,全县已有10万余人达到富裕或小康水平。

(张宏方)

平顺县

崭新的风貌　秀美的风姿

平顺县地处太行山南端,晋、冀、豫三省交界处。县域总面积1550平方公里。现辖20个乡镇,263个行政村,总人口16.64万人。抗日战争时期平顺是老革命根据地,朱德、刘伯承、邓小平等老一辈无产阶级革命家曾在这里工作和战斗过。1938年,平顺县就建立了在共产党领导下的革命政权组织。当第一面五星红旗在天安门广场升起时,平顺县已在共产党领导下渡过了十一个春秋。新中国诞生50年来,具有光荣革命传统的平顺人民,在党的领导下,以自己的勤劳、智慧和勇敢,自力更生、艰苦奋斗,把一个经济凋敝、百孔千疮,"一穷二白"的旧平顺,建设成了欣欣向荣、蓬勃发展的新平顺。特别是党的十一届三中全会后,在改革、开放、搞活的方针指引下,平顺人民高举改革开放和艰苦奋斗两面旗帜,坚持走"重工、强农、活商、修路、栽树、兴牧"的路子,平顺的发展进入了一个崭新的时期,国民经济和社会各项事业突飞猛进,日益繁荣。到1998年,全县国内生产总值达到3.25亿元,比1949年和1978年分别增长81.3倍和17.9倍。工农业总产值达到了5.5亿元,分别比1949年和1978年增长65.1倍和15.4倍。昔日的革命老区,更加光彩夺目。

一、农村经济蓬勃发展,丰衣足食成为现实

新中国成立后,平顺人民积极响应党和政府的号召,在农村进行了土地改革和农业社会主义改造,极大地促进了全县农业的发展。特别是党的十一届三中全会以来,全县广大人民群众勇敢地参与了决定自己命运的搏击,短短20年,全县的农村经济发生了前所未有的深刻变化。农业经济成就辉煌。到1998年,全县农林牧业总产值达到1.57亿元,比1949年和1978年分别增长19.4倍和6.6倍。农村经济总收入达到2.9亿元,比1978年增长18.7倍。粮食总产量达到5.08万吨,比1949年和1978年分别增长2.1倍和1.6倍。人均占有粮食达到了333.5公斤,基本达到了自给自足。蔬菜、油料、水果等农产品产量也均有较大幅度提高。

林业生产成绩突出,水土流失得到有效治理。到1998年,全县荒山造林累计达到102万亩,绿化率达到53.2%,经济林面积达到33万亩,用材林达到87万亩,森林覆盖率达到了31.2%。封山育林面积8333公顷。修大型水库7座,筑塘坝50余座,闸谷坊3.9万条,使"三跑田"变成了"三保田",基本达到了土不下山,水不出沟,调整了生态平衡,调节了水源气候,提高了经济效益。到1998年,全县林业产值达到3928万元,比1949年增长55.3倍,比1978年增长11倍。

甘林线漳河大桥　　李仲勋　摄

平顺县还先后被授予“全国经济林建设先进县”,“山西省生态林建设红旗县”,“中国大红袍花椒之乡”等荣誉称号。

畜牧业生产成效明显。畜牧业是平顺的一项支柱产业。建国以来,把大力发展畜牧业作为农村脱贫致富奔小康的一项重要产业来抓,通过更新和引进优良品种,优化畜群结构等,使畜牧业生产取得明显成效。1998年,全县畜牧业总产值达到6695万元,比建国初增长111.6倍,比1978年增长19.4倍。年末大牲畜存栏达到17288头,猪存栏28953头,羊存栏85071头,比建国初分别增长1.1倍、17.2倍和1.4倍。肉类总产量达到2970吨,比1978年增长4.5倍。家禽饲养量、禽蛋产量等也均有较大幅度的提高。畜牧业的迅速发展不仅促进了种植业的发展,而且有效地丰富了副食品市场,改善了城乡居民的食品结构和生活水平。

农业现代化水平显著提高。建国50年来,平顺由传统的手工业方式逐渐向着现代化农业迈进,特别是改革开放以后,平顺把加快农村基础设施建设作为改变贫困地区落后面貌,推动农村经济持续稳定发展的重点,从人力、物力和财力上向农村基础设施建设倾斜,提高了农业水利化、机械化、电气化、化学化水平,全县农业生产条件得到明显改善。1998年末,全县通电村达到263个,占100%;通车村达到253个,占96.2%;自来水受益村62个,占到23.6%,从70年代开始,先后修筑了横贯5个乡镇22个行政村,灌溉面积近万亩的战备渠,80年代后又修筑了漳河提水工程、西沟提水工程、小白龙工程、西岭提水工程等,到1998年,全县有效灌溉面积达到1190公顷,比1978年增长13.7%。到1998年末,全县农业机械总动力达到5.1万千瓦,比1978年增加3.18万千瓦。农用拖拉机达到501台,收获机械达到318台,农用运输车达到272辆,均比1978年有较大提高。1998年,全县化肥施用量达到9815吨,比1978年增长5.3倍,农用塑料薄膜使用量从无到有逐年增加,有力地保证了农业的增产增收。

二、工业经济迅速增长,乡镇企业异军突起

解放初,平顺县工业企业基本是一片空白,建国50年来,全县工业企业有了很大发展,特别是80年代以来,平顺从增强经济实力的目标出发,充分发挥自身优势,不断进取,工业经济发生了前所未有的巨大变化。

1998年全县工业企业达到750个。工业总产值达到3.9亿元,其中乡及乡以上工业总产值达到8929万元,比1949年和1978年分别增长248倍和131.3倍。主要产品产量也有较大幅度提高,并涌现出了许多国家和省部级优质产品。

乡镇企业异军突起。进入80年代,平顺的乡镇企业如雨后春笋遍及全县各地,保持了持续、快速、健康发展的良好态势,取得了令人瞩目的成就。1998年,全县乡镇企业达到726个,从业劳力7190人,乡镇企业总产值达到1.9亿元,比1978年增长89.3倍。营业收入达到1.77亿元,实缴税金432万元,已成为全县农村新的经济增长点和支柱产业。

三、公路交通四通八达,邮电通讯气象万千

平顺公路交通受地理条件制约,过去极为落后。新中国成立后,平顺的交通状况有了显著改善,特别是近年来,借太旧路通车,全省大搞“三项建设”的东风,立足全县交通现状,着眼发展大局,提出了“咬紧牙关干三年,拓宽改造七条线”的奋斗目标。高起点、超常规、大力度地打响了全民义务修路的人民战争,写下了公路建设史上最辉煌的篇章。到1998年底,全县公路通车里程达到992公里,隧道22处2967米,桥梁65座2309米,并打通了通往外省、市、县的口子18处,全县20个乡镇全部通了公路,并全部开通了客运班车。263个行政村中通公路村数达到116个,占44%;通汽车村262个,占到99.5%。到1998年,全县机动车辆达到678辆,比1978年增长5.1倍。1998年完成公路客运量92.5万人,公路货运量74.6万吨,比1978年增长40.2倍和7.3倍。

邮电通讯突飞猛进。解放初,全县仅有简易的邮铺、驿站。建国50年来,平顺的邮电通讯有了长足发展,特别是80年代以后,随着经济建设步伐的加快和市场经济的发展,平顺的邮电通讯事业日新月异。到1998年,全县20个乡镇有19个乡镇通了程控电话,无线寻呼,移动通讯等现代通讯设施开通运营。全年完成邮电业务总量达到480.9万元,比1978年增长48.7倍,为平顺的经济建设发挥了积极作用。

四、文教卫生快速发展,人民生活显著提高

平顺教育起步较晚,建国前仅有几所私塾,县城仅有的一所最高学府就是设在东场寺的初等学校。建国后,随着经济建设的不断发展,平顺教育事业有了很大起色,特别是改革开放20年来,全县坚持实施“科教兴县”战略,进一步加大对教育的投入,使平顺的教育事业取得了飞速发展。1998年,全县各类学校发展到448所,比1949年增长2.6倍,在校生达到

24118名,入学率达到99.8%。全县幼儿园32所,在园幼儿4849名,六周岁儿童入园率达到99.7%。同时,师资质量、教学水平也有了很大提高,到1998年,全县教职工总数达到1916名,其中专任教师达到1507名,不仅为高等学府输送了一大批优秀人才,而且为各行各业培养了大批有文化的合格劳动者。

科技队伍不断壮大,实用技术得以推广应用。到1998年全县科技机构达到110个,全县各类专业技术人员达到了3千余名,培养"科技当家人"、"科技能手"达1.1万人,全县20个乡镇乡乡成立了科委,配备了科技副乡镇长,建立了科技服务站,263个行政村全都定了科技负责人。同时,科学研究和科技开发取得了新成果。特别是近几年来,全县科技工作坚持面向农村,面向基层,面向企业,抓引进,抓推广,抓转化收效明显,全县累计引进和推广新技术30余项,获得各类科技成果奖9项,专利2项,其中获国家级奖励1项,省级奖励3项,市级5项。

卫生事业迅速发展。卫生机构由建国初期的4个发展到275个,床位数由5个增加到了462个,乡镇以上医院、卫生院发到了25所。全县医护科技人员达到了550人。农村卫生所达到了250个,有140个行政村实行了合作医疗,覆盖率达到了53.1%,大医院、小医院、中医院、方便门诊、防疫站、妇幼保健站,计划生育指导站等不断涌现,山区群众就医难,吃药难的状况有了明显改善,昔日的"小病抗、大病顶、重病等,吃药买不到,医生无处请"已成为历史,人民群众的健康素质明显增强,平均寿命由解放初的46岁增加到了目前的68岁。

广播电视五彩缤纷,群众文化生活丰富多彩。1998年,全县乡乡建起了广播站、文化站。有线广播、有线电视遍布全县,有线电视用户达到5000余户,不仅转播全国10多个省、市节目,而且自办节目新颖别致,成为群众收听重大新闻和搜取致富信息的主要窗口和渠道,实现了不出门便知天下事。文化市场繁荣。现有文化馆、图书馆、文博馆、电影公司、落子剧团等文化机构和团体,并有40余个农民业余剧团和上百个八音会。近几年又出现了大批录相厅、歌舞厅、白天歌声飞扬、夜晚灯光闪烁,极大地丰富了群众的业余生活,特别是融传统乐器与现代乐器为一体,既吹打又表演的新式八音会的出现,成为乡村文化娱乐的一绝,倍受广大农民群众的喜爱。

人民生活日益改善。1998年,全县财政收入达到1876万元,比1949年和1978年分别增长56.8倍和7.8倍。农民人均纯收入达到1053.4元,比1978年增长15.5倍。城镇居民人均可支配收入达到2135元,城镇职工平均工资达到3762元,城乡居民银行储蓄存款逐年上升,人均累计余额达到1879元。同时,城乡居民生活消费水平显著提高,生活消费观念更新,结构优化,恩格尔系数降低,食品消费由过去的求"饱"发展为求"好",膳食结构注重营养不断趋于优化。衣着消费由"长年青一色"变为"赶时髦",且日趋成衣化、城市化和高档化。住房标准提高,住楼房、精装璜,讲舒适,求宽敞越来越时尚。家庭设施及生活用品,文娱用品逐渐高档化,洗衣机、彩电、电冰箱等物件已成必备,VCD、电脑已步入寻常百姓家。"吃圪糁"、"烘圪针"已永远变成历史,而人们期盼很久的"点灯不用油,耕地靠铁牛,楼上楼下、电灯电话"已成为现实。

"一花独放不是春,百花齐放春满园",新中国成立50年来,平顺县发生了天翻地覆的变化,这一方面得益于社会主义制度的优越,得益于改革开放的富民政策,一方面得益于平顺县委、县政府因地制宜科学的治县兴县方略,同时也得益于科技进步。它不仅为今后经济发展奠定了物质基础,而且为加快经济建设发展速度提供了可借鉴的宝贵经验。虽然与发达地区相比还有一定差距,但是在改革中初试身手的平顺人民,必将在兴县富民的征途中奋发图强,再展雄姿,相信在不远的将来,平顺一定能够以崭新的风貌跻身于世人面前,以其独特秀美的风姿崛起于上党大地。

(杨宝根　龙　宝　张福田)

黎城县

五十年沧桑　黎城展新容

黎城县地处太行山腹地,晋、冀、豫三省交界处,位于长治市东北部,是山西省东出华北平原的重要门户。全县总面积1101平方公里,辖5镇12乡252个行政村,总人口15.6万,其中,农业人口13.9万,耕地32.3万亩。

中华人民共和国成立50年来,特别是党的十一届三中全会以来,具有光荣传统的黎城人民,高举邓小平理论伟大旗帜,始终不渝地坚持党的基本路线,坚持四项基本原则,坚持改革开放,全面贯彻落实党的各项方针政策,解放思想、振奋精神、同心同德、艰苦奋斗,物质文明和社会主义精神文明建设都取得了巨大成就,全县呈现出政通人和,经济发展,社会进步的大好局面。1998年,全县国内生产总值达到6.89亿元,比1978年的2866万元增长了23倍;工农业生产总值达到16.7亿元,比1978年的3244万元增长50倍。社会事业蓬勃开展,文化、卫生、科技、教育、体育等社会各项事业都取得了长足进步。

农　业

黎城县是一个传统的农业县,但在建国以前,由于剥削阶级的统治,黎城农业发展一直比较缓慢,境内以种植业为主,兼有少量养殖业和采集业。1949年,全县粮食总产仅有2907.5万公斤。

新中国成立后,党和政府领导人民进行了轰轰烈烈的土地改革,使劳动人民真正成了国家的主人,黎城人民从此走上了建设社会主义的康庄大道,农业生产得到空前的大发展。特别是党的十一届三中全会以后,随着农田基本建设的兴办和科学技术的应用,黎城农业生产更是有了突破性进展。1998年,全县夏粮总产达到4616.4万公斤,单产366公斤,分别是1949年的6.8倍和5.9倍,创历史最高水平,单产在全省名列第一。全县家畜家禽总量达到24万只(头),其中,獭兔5万只,已经成为全县的新兴产业。1998年,全县农业总产值(现行价格)达到2.02亿元,农民人均纯收入2000.7元。全县农村经济呈现出持续、快速、健康发展的良好态势。

林　业

建国前,黎城县森林面积不足5万亩,森林覆盖率仅为3.4%,木材蓄积量只有100余万立方米。

建国后,县政府采取各种有力措施,调动群众的积极性,订规划,抓落实,有力地推动了全县植树造林工作的开展。

改革开放以来,黎城县更加注重了林业生产的发展,不断加大四旁植树、封山育林、人工营林、林木管护力度。有力地推动了全县林业生产的蓬勃发展。1998年,全县绿化率达到45.5%,宜林地绿化率达到84.4%,经省政府验收,黎城县顺利跨入基本绿化达标县行列。同年,作为全县经济上台阶工程之一的200万株早实良种核桃经济林开发工程进展顺利,完成投资180万元,新发展124万株优质核桃树,核桃产量首次突破600万斤,较历年平均水平增产20%,人均核桃收入160元,占到林业收入的60%以上。全县林果总产达到5250万斤,收入4255万元,人均收入304元。

水　利

黎城县的水利事业以开渠灌溉、筑库蓄水为主。解放前,先后兴建清泉渠、元亨渠、漳源渠、漳北渠和漳南渠。1949年,全县灌溉面积3660亩。建国后,黎城县充分利用地表水、地下水,大力兴办水利事业。除对原有的水利设施进行维修、扩建外,先后开通漳北、勇进2大干渠,总长129公里;修筑阳南河、塔坡、段家庄、长畛背、神王河等水库8座,总蓄水能力达到887万立方米;凿井数百眼,其中机电井59眼,建电灌站90处。1978年,全县灌溉亩数为1.43万亩,比1949年增长110.5%;1990年,全县水浇地面积达到12.9万亩,占总耕地的40%,初步改变了昔日十年九旱的面貌。

近年来,黎城县不断加强用水管理,把股份制、股份合作制等新形式引入到水利发展上来。1998年,龙王庙打出第一眼机井,结束了几千年吃雨水的历史。同年,黎城县在“三项建设”中,以水利改革为重点,大胆进行机制创新,全县共铺开股份合作工程57项,入股农户8210户,拍卖机井、旱井2570眼,拍卖小流域1.5万亩,带动了农村经纪人队伍的发展壮大,有力推动了农村经济发展。

乡 镇 企 业

解放前,黎城县仅有一些沿袭传统的小手工业,乡镇企业很少。1958年公社化,公社大队掀起办厂热潮,当年办厂466个,不久,纷纷下马。1962年,社队工厂大多停办,仅剩9个,翌年全部停办。其后,乡镇企业一直在曲折中缓慢发展。直到1978年,全县乡镇企业仅有28个,职工1032人,总产值641.62万元,实现利润87万元。改革开放以后,黎城县乡办工业企业有了较大发展。特别是近年来,随着改革的不断深入,黎城县针对乡镇企业普通存在产品老化单一、劳动强度大、效益不高等问题,调整、优化产业、产品结构,选择符合国家产业政策的环农加工项目,建立了一批市场前景广阔、有竞争能力的企业,使全县乡镇企业更加焕发出了勃勃生机。1998年,全县乡镇企业总产值完成8.69亿元,比1978年增长8.6倍,利税总额完成8143万元,上缴税金1361万元。全县乡镇企业为农民提供纯收入人均达到了660元。

工　业

解放前,全县仅有一些传统小手工业,从业者多为木匠、石匠、铁匠。1949年,全县共有私营工业企业5家,个体手工业137家,工业总产值25.91万元。其中私营工业2.37万元,个体手工业23.54万元。按轻重工业划分,重工业产值25.20万元。

新中国成立后,现代工业从无到有,不断发展。1978年,全县共有工业企业52个,其中全民企业12个,集体企业12个,公社工业企业28个。全县工业总产值3980.62万元,为1949年的153倍,固定资产净值834.97万元,实现利税78.59万元。

改革开放以来,全县工业经济进入飞速发展时期,现已初步形成了以矿山、冶金、建材为龙头,以机电、造纸、运输为重点,其他各业齐头并进的具有地方特色的工业体系。出现了黎城矿业集团公司、黎城波涛泵业集团有限公司、黎城铁合金集团公司、黎城振华建材集团公司等一批现代化的龙头企业。创出了硅铁、精矿粉、白水泥、水泵、机制纸、金属镁等一大批有生命力的、市场竞争力强的拳头产品,其中有2种被评为部优产品,11种被评为省优产品。1998年,全县工业总产值达到2.45亿元,比1949年增长940多倍,比1978年增长6倍。实现利税1530万元,为1978年的18.4倍。

交　通

建国前,黎城全县没有一条公路、一辆汽车,运输以畜驮为主,辅以人力挑担和少数铁轮车辆。建国后,县委、县政府十分重视交通事业的发展。1957年,邯长公路铺设砂砾路。1966年动工修筑阳黎线,全线铺设碎石路面。同时,还大量修筑县乡公路和乡村道路,全县道路状况明显改善。1973年,全县用民工建勤方式铺设成石梁——县城的油路。改革开放以来,全县以公路建设为重点,狠抓了国道干线和县乡公路建设。1998年底,全县通车里程增加到750公里,比1978年增长2.38倍,其中国道98公里,县乡公路达到195公里,村道452公里,全县17个乡镇中有14个乡镇通了油路和水泥路,230个行政村通了砂砾路。特别是近几年,连续开通了西北线、东清线、岩阳线、程家山环乡公路、上八线,基本完成了207国道拓宽改造工程,完成了东河大桥连接线工程、西水洋发运站等,使黎城的交通条件大为改善。现在,长邯铁路由西南向东北横穿过境,境内总长42公里,经4个乡镇,设5个车站。长邯高速公路也已奠基开工,过境25公里。发达的交通条件,促进了当地运输业的发展。1998年,黎城县依托得天独厚的地理和交通优势,全面实施发展1000辆社会运输车工程建设,全县社会运输车总数达到916部。全县初步形成了以309、207国道和长邯铁路为骨干,县乡公路和乡村道路为脉络的交通网络体系。

邮　电

建国前,全县邮路仅有6条主要干线,邮路总长300公里。全县仅有电话机两部,线路长5公里。建国后,经过三年的恢复和建设,到1952年,县局邮路增加到598.5公里,乡邮线路增至10条。1964年底,县内电话装机达148部,全县实现队队通电话。到1978年,市内电话发展到200门,用户增到145户,长途电话线路增至5条。改革开放以来,通信技术手段发生了根本性变化,通信水平明显提高。结束了主要以铁路运输、摇把子电话为主的通信历史。1998年,全县市话用户达到4000户,农话用户达到1800户,移动电话用户达到600户。通信能力的不断增强,促进了全县与外部的交流与合作,有力推动了黎城经济的发展。

城乡建设

建国前,黎城县县城共有街道13条,均为4—5米宽的土路。城内居民照明以油灯为主,农村居民住房条件更是简陋,村与村之间,只有简易的道路和桥梁。建国初期,在相当一段时间里,县城和乡村的建设,基本上没有什么变化。只是有的加以维修、改建和扩建。少量新建项目也缺乏规划,特别是农村建设带有一定的随意性。1957年—1975年,县城先后建起文化馆、广播电台、大礼堂等新型建筑,部分机关首次用电灯照明。其间,农村也相继建起了医疗站、卫生院、学校、林场、农场、各类加工厂以及村委会办公室等。随着电力工业的发展,电灯照明逐步代替了油灯,县城干道两侧安装了路灯。党的十一届三中全会以后,县政府把城乡建设列入国民经济发展规划,有计划地对城乡的市容、交通和各种公益设施进行改造。到1990年底,全县建大楼40余幢,新建扩建街道7条,总长3896米,主干街道11条,次要街道6条,小巷9条。在农村,随着农业的发展,农民生活的富裕,农村建房也在形式上和材料上要求美观漂亮。进入90年代,改革开放不断深化,人们生活水平不断提高,黎城的城市环境更是日新月异。特别是近几年,黎城县不断加大城乡规划建设力度,高标准建成了黎苑小区、大礼堂文化广场、火车站广场等,以硬化、绿化、净化、亮化、美化和综合管理为主要内容的“五化一管”收到了显著成效。投资环境大为改观,城市功能更加完善。1998年,顺利跨入全国卫生文明县城。通过村容村貌的综合整治，全县50%的行政村实现了“五通”，农民生活正在向现代文明迈进。

外　贸

新中国成立前，黎城县的对外贸易主要是组织农民将核桃、花椒、药材等土特产品输往天津出口。建国初期，部分土特产品向苏联和东欧国家出口。1961年，县外贸公司成立，组织加工草帽辫和土畜产品的收购出口。1965年，外贸收购总值达135.62万元，出口商品37种。党的十一届三中全会以来，黎城县外贸体制改革取得了明显成效。仅1987年，外贸收购总额就达到1363万元，累计创汇1200万美元，90年代，黎城对外贸易空前活跃。1998年，县外贸总公司获得了自营进出口权，创建了黎城县第一家中外合资企业，先后设立了广州、珠海、厦门、四川彭山、河北石家庄、山西太原和北京办事处等七个驻外机构。外贸收购总值达到8183.2万元，自营出口创汇838万美元，出口商品已由解放前的7种增加到56种。

商　业

1949年，全县有私营商业367户，从业人员500余人，年销售额为19.5万元。县城只有为数不多的个体私营食品店铺。建国后，逐步建立起以国营商业为主导，供销合作商业为助手，个体商业为补充的流通体制。1978年后，全县对商业体制作了大的调整，打破了单一的封闭流通模式，恢复集贸市场，私营商业空前活跃。1988年，全县个体商业户发展到1314户，其中从事饮食业的122户，服务业的287户，外埠经商者378人，从事商业人员2068人，社会商品零售额达6393万元，相当于1949年的44倍。90年代，改革开放继续深入，黎城县先后建成黎民市场、亚茂市场、黎城商厦、特威商城、交电家俱城、东方大酒店等较大的商业网点，积极发展连锁经营、规模经营、精品经营，商业市场呈现出空前的繁荣景象。1998年，全县社会商品零售额达到22034万元，比1988年增长2.5倍。

教　育

1948年，全县共设高小5所，初小202所，在校学生11257名，教师227名，校舍大多在寺庙，少数占用民房，文盲占到全县总人口的67.4%。1998年，全县幼儿园发展到165个，小学287所，初中20所，完全中学1所，职业中学1所，乡镇农技校17所，分校252所，教师进修校1所。在校学生2.94万名，公办教职工1577人。新中国成立后，随着国民经济的发展，特别是改革开放以来，随着教育投资的不断增加，黎城的教育事业有了更加蓬勃的发展。全县已基本实现了青壮年无盲县目标，青壮年非文盲率达到99.97%。

文　化

黎城是上党落子的发源地，早在1840年就形成了具有本地特色的黎城落子，1850年正式成立戏班，抗战期间，组建了黎明剧团，黎城落子演出剧目已达到100余出。1949年，黎明剧团归县文化馆管理。1955年，山西省文化事业管理局将黎城落子定名为“上党落子”，全县共有黎明和黎风两个专业剧团。当时，县文化馆还下设有放映队、图书馆。有放映机一部，发电机1台，图书馆藏书不足4000册。党的十一届三中全会以后，县城建起了电影院，乡乡建起了文化站，村村建起了文化室。全县共有放影队44个，专业剧团1个、业余剧团6个，图书馆藏书3.6万册。近年来，黎城县以创建省级文化先进县为目标，不断加大投入，加强建设，实现了机构网络化、活动经常化、建设超前化、管理规范化。县城建起了三个高标准文化广场，修缮、规范了县文化馆、文博馆，新建了400平方米的图书馆；乡镇新建、改建文化站、文化中心17个和各类文化室100余个，发展文化户200余户，剧场80个，旅游文化景点4个。全县有业余剧团3个，八音会30个，民间艺人280余人，业余文化工作者200余名。图书馆藏书达到11.5万册。农民夜校普及率达到84%。

卫　生

建国以前，全县只有公立医院1个，区卫生所4个，医务人员13人。新中国成立后，黎城县大力发展医疗卫生事业，扩建县医院，建成卫生防疫站和妇幼保健站，建立乡镇保健站，逐步形成县、乡、村三级医疗网络。1970年试行合作医疗，全县基本实现“三普一化”。党的十一届三中全会以后，黎城县加快卫生改革与发展步伐，全面提高卫生服务水平，促进了卫生事业协调、健康、快速发展。1998年底，全县共有县级医院3个，乡镇卫生院17个，村级卫生所252个，卫技人员达到502人，建成了县、乡、村三级医疗预防保健网络。2个县级医院达到了国家二级乙等标准，农村合作医疗覆盖率达到56%；自1992年以来，连续7年被评为省级卫生县城和全市爱国卫生模范县城。

科　技

新中国成立后，黎城县的科学技术日益普及提高，1959年，县科委成立，专职干部1人，兼职10人。次年，全县设立情报站20个，共有情报员800人。

1972年、1977年相继成立了农业机械研究所和农业科学研究所,负责本县范围内的农具革新、新项目研制、引进、试验以及粮食品种试验、推广等科研工作。1978年,全县共有科技人员279人。党的十一届三中全会以后,全县大力开展科技、科研活动,有力地促进了经济建设的发展。全县17个乡镇全部设立了科技服务中心站,成立了科普协会,设立了"四会一站"。近年来,黎城县加大科教兴县力度,紧紧围绕经济建设,积极抓好科技兴农、科技兴企两条主线,大力实施科技形象、科技扶贫、科技达小康三大工程,加大科技投入,健全网络建设,开拓科技领域,加强科技推广与服务,不断取得新成就。科教兴农方面,平均每年实施农业科技项目15项以上,全县农作物新品种覆盖率达到99.2%,农业新技术覆盖率达到94.4%;科教兴企方面,与全国110所大专院校、科研单位建立了技术依托关系,引进高新技术成果3项,实施省级"星火计划"项目3个,开发新品种和优质产品24种。近3年来,黎城县科技进步对经济增长的贡献份额为38%。1997年,黎城县顺利通过全国科技工作先进县验收。1998年,成为全国科技达标县。黎城科委也被评为山西省十佳科委。

广　播　电　视

黎城县有线广播站1958年1月正式开播,全县有舌簧喇叭948个只。党的十一届三中全会以后,黎城县率先完成了水泥杆专线化和入户喇叭标准化,六项技术指标均获得全省第一。1984年,改为黎城人民广播电台,陆续开办了13个节目。逐步普及了广播喇叭,曾被评为全省有线广播先进县。1971年,县广播站配备1台14吋黑白电视机,接收1—5个频道节目。1980年,建成一个50W彩色电视差转台。1988年,成立黎城县广播电视服务中心。1992年,黎城开始了县城有线电视建设和全县大面积电视覆盖工作。1998年,完成了黎城电视台、黎城广播电台、黎城教育台、长治电视台黎城记者站四台(站)合一,勘测设计了MMDS电视信号,开通了双向微波传输工程,为实现"村村通"打下了坚实基础。目前,有线电视节目增至18套,县城用户达到3500户,农村用户达到8000户。全县电视覆盖率达到82%。

蓦然回首五十年,黎城变化翻天覆地。全县已有10个乡镇、142个自然村、8万人经济收入达到了小康标准;县城变化日新月异,初步建成了一座极具地方特色的现代化小都市,被誉为太行明星城、三晋不夜城、上党花园城和老区文明城。放眼展望新世纪,黎城明天更加美好。黎城县委、县政府确定并正在实施的跨世纪经济上台阶十大工程,社会发展十大项目,改革开放十大任务,已使黎城经济驶入了快车道。1999年,县委、县政府决心带领全县人民,以更加辉煌的成就迎接澳门回归和建国50周年的到来,以崭新的姿态昂首跨入21世纪。

(靳永亮　范国正)

壶关县

半百岁月　风采万千

壶关县位于山西省东南部,解放前,这里人民生活贫困,社会状况极端落后,1945年解放后,在中国共产党的领导和亲切关怀下,全县国民经济和各项社会事业得到了快速发展,贫穷面貌被彻底扭转,老百姓安居乐业,各行各业均呈现出兴旺繁荣的喜人景象。

一、自力更生创业史(社会主义建设初期经济和社会发展情况)

新中国成立初期,面对一穷二白、百废待兴的窘迫局面,壶关人民没有被困难吓倒,他们在党中央的正确领导下,团结一致,迎难而上,自力更生,艰苦创业,各行各业从无到有,从小到大迅速发展壮大起来。

(一)工业。建国后,县政府逐步引导手工业走合作化道路。从1953年开始,按照"巩固提高、稳步前进"的方针,对私营手工业进行改造,全县私营企业逐步变生产资料的个体所有制为集体所有制。到1957年,全县手工业发展到38个,工业总产值达到248万元。1958年,随着"大跃进"运动的开展,为适应"大办地方工业"和"大炼钢铁"的形势,手工业系统19个厂、社升并为国营企业。1976年，全县有县营集体工业企业21个，总产值849.76万元。有全民所有制企业11家，工业总产值656.96万元，主要工业产品有水泥、煤炭、硫磺、农具、食品、陶瓷、钢锨等20多种产品。

(二)农业。农业生产得到了蓬勃发展，无论从生产工具上，还是生产方式和种植技术上都较前有所提高和完善。1962年，壶关县委县政府贯彻中央调整方针，推行"三自一包"(自留地、自由地、自由市场、包产到户)和"三包一奖"(包投工、包投资、包产量、超产奖励)生产责任制，极大地提高了农民生产积极性，使农业生产走上正常发展轨道。"文革"期间，全县实行限制家庭副业和多种经营、取消自留地和集市贸易等政策，严重挫伤了农民的生产积极性，部分地区出现了出工不出效、消极怠工的现象。60至70年代，农业技术有了初步发展，"改土"、"配肥"技术改革在全县展开，并涌现出了"改土"和"配肥"两者有机结合的典型——闻名全国的晋庄谷子有机旱作经验。到70年代又归纳为"秋耕壮垡、三墒整地"(深耕蓄墒、春季耙耢保墒、播后镇压提墒)为主要内容的一整套旱作技术。通过应用农业科技，农业生产实现了快速发展。到1981年底，全县实现粮食总产量5525万公斤，较1949年增长54%；亩产163.5公斤，较1949年增长90%。全县大牲畜饲养量达到19320头，畜牧业总产值达到466万元，是1949年54万元的8.6倍。全县植树482万株。

(三)财贸。新中国成立后，国家对私营商业实行保护措施，壶关县的私营商业得到较好发展。到1953年，全县共有私营商业、饮食业、服务业548户，从业人员900余人，占有流动资金39055元。1953年以后，国家开始对私营商业实行利用和限制、改造的方针，促使私营商业逐步走上公私合营的道路，国营商业和供销合作商业成为市场的主体。1980年，国营商业销售总额达到1356万元，是1957年销售总额114万元的11倍；供销商业销售额为2506万元，是1952年供销商业销售额102万元的24倍，占社会商品零售额的37%。财政收入267万元，是1949年57万元的4.7倍。

(四)基础设施。建国后，壶关县开展了大规模的基础设施建设活动。在水利方面，大力兴建水库，提高蓄洪和灌溉能力，从1956年当年建成全县第一座水库——崇贤洪掌水库起至1972年，全县共建中小型水库28座，控制流域面积71.38平方公里，总库容9.8千万立方米。1974年至1977年，又建成庄头中型水库。在电力设施方面，1956年，县城开始有小型人力发电设施，开创了本县有电的历史，1962年，长治至西安里的输变电线路接通县城及北部村庄，同年，建起第一座小型水力发电站，掀起水力发电序幕。1967年，电力开始向农村发展，1973年，建成桥上二级水电站，至1975年，全县20个乡镇全部通电；道路交通方面，在原有古道的基础上拓宽改造，从1955年开始，先后改造长树线、四赵线、苏壶线、福川线等9条县乡公路。截止1978年，公路通车总里程207.82公里，油路30公里，其中干线公路57公里，县乡路150.82公里；邮电通讯方面，1954年开通长途电话，电报业务，1956年乡乡设总机、村村通电话，1958年，会议电话正式使用，全县通讯落后状况初步得到改善。

(五)科教文卫。解放初，壶关县科技工作基本处于无序状况。1958年，成立科学技术工作委员会，开创了科技工作新局面。尽管受"文化大革命"冲击，科技工作受到严重影响，但在艰难中创造了晋庄谷子高产经验，全县人民科技意识有所增强。教育工作在改造旧教育体制的基础上快速发展，创办了壶关中学，全县15个联合学区都成立了中心小学，农民教育掀起轰轰烈烈的扫盲识字高潮，职工教育蓬勃发展。文化工作在继承优秀传统文化的同时，积极开拓新的文化领域，设立图书阅览室，成立农村俱乐部。组建电影放影队，建立有线广播站。丰富了群众文化生活。卫生工作得到加强。建国后，地方病、传染病防治和食品卫生监管工作取得重大突破，医疗卫生状况明显改善，村村建立了合作医疗卫生所。

二、翻天覆地大巨变(改革开放20年经济和社会的主要发展变化)

1978年党的十一届三中全会以后，壶关人民积极响应中央号召，把中心工作任务转移到改革开放和社会主义经济建设上来，全县上下齐心协力，开拓创新，艰苦奋斗，励精图治，短短20年，各行各业蓬勃发展，县域面貌发生了前所未有的巨大变化。

(一)综合实力明显增强。1998年，全县国内生产总值达到5.54亿元，比1978年增长8.39倍。工农业总产值达到8.8亿元，是建国初期的30.8倍，比1978年增长8.8倍，其中，工业总产值达到47585万元，是建国初期的323.8倍，比1978年增长9.9倍；农业总产值达到40415万元，是建国初期的14.9倍，比1978年增长7.8倍。社会消费品零售总额达到1.8亿元，是建国初期的84倍，比1978年增长6.8倍。粮食总产量达到10138.58万公斤，取得历史性突破，是建国初期的2.83倍，比1978年增长91%。全县财政总收入完成4325万元，是建国初期的74.8倍，是1978年的14倍。

(二)农业的基础地位更加稳固，抗灾夺丰收能力明显增强。种植业经过七十年代末科学施肥，八十年代地膜覆盖、九十年代整秸杆覆盖三次技术革命，大力推广使用配方施肥、微肥应用、地膜覆盖、二元双覆盖等先进技术，引进一批玉米、谷子、小麦优良品种，成功实施了"温饱工程"、"双五工程"、"双高工程"、"菜蓝子工程"，使全县粮食产量大大提高，群众温饱基本解决。1995年，壶关县被列为全省六个生态农业示范县之一。林业生产通过大规模开展全民义务植树造林、大搞经济林建设等活动，对荒山荒坡、水土流失进行了综合治理，目前，全县境内有林面已达近100万亩，森林覆盖率由1978年的7%增加到40%以上，每年各类水果、干果产量达3000万公斤，木材蓄积量达60万立方米。畜牧业也有了较好发展，奶牛、兔、蜜蜂、肉鸡等新的饲养项目纷纷出现，畜牧饲养结构发生了很大的变化，到1998年底，全县大牲畜存栏2万多头，出栏畜禽28万多头(只)，奶产量超过100吨，蜜蜂500多箱，畜牧业总产值达到近4000万元，是1949年的70倍，1978年2.1倍。

(三)工业规模进一步扩大，企业实力大大提高。目前，全县已有国营、二轻企业25个，企业职工6600多人。县级工业企业资产总额达到1.9亿元，是建国初期的90多倍，比1978年增长1.85倍。其中，固定资产总额1.1亿元，是建国初期的61倍，比1978年增长1.4倍，流动资产总额8000万元，是建国初期的266倍，比1978年增长3倍。乡镇工业异军突起，成为县域经济的重要组成部分。截止1998年底，乡镇企业已发展到660个，从业人员40000人，总产值达5.3亿元，总收入达4.8亿元，年实现利税5300万元。

(四)商贸流通日益活跃，城乡市场繁荣稳定。随着社会主义市场经济的建立，壶关县集市贸易走向全面开放，目前，境内各类商业网点已达516个，从业人员2011人，资产总额9071万元，是建国初期的近100倍，1978年6.85倍；集市贸易成交额达1.3亿元，是建国初期的233倍，1978年10.2倍。建立各类市场70多个，比改革前增加60个；对外贸易商品销售额达735万元，是建国初期的80多倍，1978年的9.1倍；出口商品有核桃、柿饼、党参、兔肉、服装、陶瓷、谷子、钢锨等20多个品种，远销欧、美、非、日本及东南亚各国，颇受外国友人欢迎。

(五)对外开放不断扩大。近20年来，我县与外界的交往不断增多，成立了壶关县人民政府对外联络处，出台了关于实施《壶关县鼓励外商、港澳台同胞及华侨投资优惠办法》的决定，先后在太原、北京、天津等地设立了办事处，在沈阳、武汉等10多个大中城市增设了一批新的销售窗口，同30多所大专院校和科研单位建立了合作伙伴关系，全县兴办各类合资企业20多个，引进资金1亿多元，引进新技术1200多项，促成贸易额9000万元，出口创汇5200万元。共组织不同形式的外出参观团组600多个，分别到国内外150多个国家和地区参观考察；接待外地来宾200多万余人次，其中前来进行项目考察、贸易洽谈的客商50万人次。1994年，壶关县被山西省人民政府确定为首批对外开放县。

(六)基础设施明显改善。改革开放以来，壶关县从实际情况出发，集中力量办大事，坚持为民办实事，大搞基础设施建设，使全县的"硬环境"有了较大改观。一是改善了水利设施。20年间，共投资5100万元，投工4000万个，兴建防洪、蓄水、灌溉等各种水利骨干工程76处。其中，中型水库3处，吃水提引工程55处，解决人畜饮水工程43675处，机电灌站32处，机电井6处，小型水利30处。有效灌溉面积达到5550亩，水保初步治理面积达到73.2万亩，基本解决了全县人民的生活和生产用水。二是改善了电力设施。共投资3000万元，建设重点电力工程15处，其中，新建较大型输变电工程4个，增加输变电容量4.5万千伏安；架设各类输电线路114公里；输电线路总长达到126公里，比1978年增长9.5倍，实现了村村通电。建成水电站两座，总装机容量达到1850千瓦。到1998年，全县生产、生活年用电量已达17000万千瓦时，比1978年增长17倍。三是改善了交通设施。到1998年底，全县通车里程达到1100公里，铺装油路150公里，建设桥梁、涵洞43座，共有铁路专用线2条，省道2条，县乡公路12条，乡村简易公路300余条，基本实现了镇通油路，乡通公路，村通汽车的建设目标。四是改善了通讯设施。多方筹集资金3000多万元，完成了4000门程控电话工程、2000门扩容工程和进入国际直拨网工程，完成了BP机与全市联网工程，建成了移动通信直放站，开通了移动电话，实现了移动电话世界漫游。目前，全县邮路总长已达1915公里，比1978年增长1796%；通讯线路总长达482.6杆公里、光缆电缆482.6皮长公里。全县100%行政村实现了"双通"，20个乡镇、231个村庄实现了通讯自动化，可直接与国内、国际通话。

(七)各项社会事业全面推进。壶关县在抓好经济建设的基础上，坚持两个文明一起抓，全县各项事业都取得了可喜成绩。教育工作大力实施优先发展战略，助教兴学蔚然成风，20年来，共多方筹集资金8500万元，新建各类学校387所，"一无两有三配套"的问题基本解决，办学条件明显改善。目前，全县共有各类学校517所，在校生40962人，教职工4289人，拥有高级教师15名，中级教师415名，20年来，共向高级院校输送优秀毕业生865名，平均每年43名。科技工作从80年代初走上了正轨化道路，年均培养各类专业技术人员达2万余人次，设立专业研究、开发机构40多个，通过开展“科技宣传年”、“科技学习年”、“科技推广年”、“科技普及年”等活动，开发、引进、消化和吸收了一批适用先进技术，改造了一批传统产业，促进了工农业生产向依靠科技进步发展的转变，使各业中的科技含量由原来的10%提高到现在的30%左右。据统计，获得市以上科研成果和科技推广成果奖的项目达40多项。1998年，全县拥有县级医院2所，乡镇医院20所，病床504张，医务人员658人，村级卫生所367个，乡医卫生员421人，每万人拥有卫生技术人员27人，拥有病床0.2张。群众性体育活动日趋活跃，全民健身运动广泛开展。广播电视有了新发展，环保、社会保障、残联、老龄等各项工作也都取得了新的进步。

（八）人民生活水平普遍提高。随着县域经济的快速发展，壶关人民摆脱了贫困，走上了富裕之路，生活水平正在逐年提高。1998年，全县农民人均纯收入达到1679元，是解放初期的66.36倍，76个村实现了人均收入达小康，城镇职工人均工资收入达到3689元，是解放初期的21.58倍。城乡居民储蓄存款余额达到53841万元，人均储蓄存款达到1937.4元，居民消费水平显著改善。1998年，全县人均消费额达到647.7元，是1949年的45.4倍，比1978年增长5.8倍。

以史为鉴，可以知兴衰。解放50年来，壶关的国民经济和社会事业取得显著成就，人民生活发生了巨大变化。从战事频仍，灾害不断，到老百姓安居乐业；从一穷二白，到百业俱兴；从愚昧落后，到开明盛世；从衣不蔽体，到住行考究；从糠菜三年粮到稻菽之满仓；无不体现了中国共产党的正确领导和亲切关怀，无不体现着壶关人民不畏艰险，自强不息的执着追求。当前，壶关县经济和社会发展“三步走”的长远战略设想已经确立，我们相信，在党的正确领导下，通过全县人民的共同努力，壶关必将有一个更加灿烂辉煌的明天。

（郭天水　王富红）

长子县

丹朱古地今胜昔

长子县位于山西省东南部，长治市西南隅。西枕太岳山脉，东走上党盆地，山川交错各占辖区一半，河流纵横分属漳、沁二水。物阜民勤，百业俱兴，是中华民族文明发祥地之一。新中国建立以来，长子人民在中国共产党的领导下，发扬革命传统，励精图治，艰苦创业，满怀豪情地进行了社会主义革命和社会主义建设，山河面貌日新月异，各项事业飞速发展。尤其是党的十一届三中全会以来，改革春风吹遍丹朱大地，全县人民积极投身于改革开放的大潮之中，以经济建设为中心的各项社会事业均取得了巨大成就。

一、粮菜牧果烟五大产业托起农业大县

长子县位于太岳山脉向上党盆地过渡带，山川陵并俱，全县国土总面积1029平方公里，山区丘陵面积504.8平方公里，平川面积524.2平方公里。全县辖5镇18乡399个行政村。境内浊漳河、雍河、岚河、丹河四条主要河流及数十条支流纵横交错。年平均日照2565小时，年平均气温9.8℃，年平均降雨量600毫米左右，无霜期143—196天。气候温和，地平水浅，宜于农、林、牧业的发展，素有“米粮川”之称。解放前，由于受自然经济、封建土地关系、小生产经营方式和落后的生产力制约，粮食产量低而不稳，灾荒频繁。1949年全县粮食亩产仅70公斤，总产3878万公斤。新中国成立后，随着农业社会主义改造的不断深入和农业生产条件的逐步改善，农业科学技术的推广普及不断加快，粮食产量稳步提高。特别是1978年党的十一届三中全会之后，全县农村实行了家庭联产承包责任制，极大地调动了广大农民的生产积极性。农民生产经营自主权逐年扩大，农业基础设施、农业生产条件得到进一步改善，科技含量明显增加，农业获得了新的飞跃，粮食生产不断迈上新的台阶。1998年，全县粮食总产量达到1.8512亿公斤，创历史最高纪录。为1949年的4.7倍，1978年的1.9倍。

“水利是农业的命脉”，水利事业的发展同农业生产紧密相关。经过50年的建设，到1998年全县共有

中型水库2座，小型水库6座，机电灌站79处，机电井1672眼，有效灌溉面积达到14.1万亩，为1949年前的80倍。水利事业的发展，推动了全县农业耕作制度的改革和产业结构的调整，打破了传统的单一种植模式。从80年代末期开始，县委、县政府放手调整农业产业结构，引导农民积极发展蔬菜规模生产，长子蔬菜生产逐年壮大。1990年，种植面积达到了3.9万亩，平均亩产1628公斤，总产6376.9万公斤，被列为长治市蔬菜生产基地县。特别是长子大青椒以色鲜、肉厚、味甜、无公害而著称，产品运销全国二十二个省、市，并转口到香港、澳门、新加坡、泰国、日本、美国、俄罗斯等国家和地区。全县青椒种植面积6万亩，是华北地区最大的青椒生产基地。1998年，全县蔬菜种植面积达到10.23万亩，总产量达到50000万公斤，产值20100万元，农民人均蔬菜收入538元，占农民人均纯收入的26%。

近几年里，烤烟生产和薄荷种植逐渐发展壮大，成为西部山区农民脱贫致富奔小康的主要经济来源。长子县被列为全省烟草生产重点县，1997年，全县烤烟种植面积达到1.5万亩，实际收获面积达到8000多亩，烟叶总产量突破1万担大关，夺得山西省人民政府颁发的“烤烟生产收购调拨先进县”金牌。薄荷也是近几年来全县新兴起来的一项种植业，全县种植面积达到2000亩，亩均收入一千余元。

畜牧生产规模发展，丹朱大地六畜兴旺。畜牧业已成为长子县农村经济的又一大支柱产业。1982年，全面推行家庭联产承包责任制，养猪专业户蓬勃兴起，1986年猪肉市场放开，政策进一步放宽，农民的养猪积极性更加提高。随着配合饲料等养殖新技术的推广，养殖规模小区星罗棋布，规模养殖户大量涌现。全县养猪业一年一个新台阶，连续30年保持了全省10强县的地位，1998年全县生猪饲养量达到39.81万头，年末出栏21.86万头，存栏达到17.95万头。全县养鸡达到140万只，其中，笼养鸡达到90万只。全县肉类产量达到1993.2万公斤，鲜蛋产量达到1036万公斤。全县畜牧业产值23536.7万元，是1949年87.15万元的270倍，是1978年311.74万元的76倍。

植树造林，改善生态，已成为全县人民的共识和行动。林业生产呈现出可喜局面，全县拥有林地面积25.68万亩，森林覆盖率达到18%，有经济林3万亩，年均产干鲜水果800万公斤，1990年全县平原绿化实现达标。1998年，仙翁山造林工程被评为太行山绿化的精品工程。

新中国建立以来，长子县农业和农村经济发生了翻天覆地的变化，呈现出粮丰林茂、六畜兴旺、五业发达的大好局面。1998年，全县农业总产值达到29770万元，为1949年的8倍，1978年的4倍。在党的政策指引下，广大农民靠勤劳的双手、聪明的智慧，不断谱写出农村经济腾飞的辉煌篇章。

二、依托丰富资源，构筑长子工业体系

长子县矿产资源丰富，已探明储量的有煤炭、锰铁矿、硫铁矿、重晶石、铁矿、耐火粘土、石灰石及矿泉水等10余种，其中煤炭储量37亿吨，锰铁矿储量28.8万吨，硫铁矿储量800万吨。解放初，全县只有3家企业，198名职工，1949年，全县工业总产值仅21.965万元(折合现币)。从60年代起，全县相继恢复兴建了水泥、化肥、煤炭、冶铁、铸造、机械、纺织、皮革、铜器等厂矿企业，初步形成了具有长子特色的地方工业体系。至1978年，全县工业企业发展到54个，产值2885.47万元。党的十一届三中全会以来，对全县国有、二轻企业大胆实行改革，逐步由单纯生产型向生产经营型转化，走内涵发展之路，逐步成为自主经营、自负盈亏、相对独立的经济实体，经济效益不断提高。逐步形成了门类比较齐全、布局比较合理的工业体系。液压支柱、石油气钢瓶、铜漆包线、400公斤空气锤、山羊皮革件等10多种产品创省优。1998年，全县工业总产值达到51560万元，比1949年增长59倍，比1978年增长8.1倍。工业产值占全县工农业总产值中的比重达63%，比1949年提高了40.8个百分点。

乡镇企业异军突起，在农村经济发展过程中发挥了巨大作用。长子县的乡镇企业始于50年代，起步发展于70年代。1978年，社队企业发展到1350个，产值达到了826万元。党的十一届三中全会以来，乡镇企业的发展突飞猛进。农村生产力的解放，使大量的剩余劳动力转向了乡镇企业。尤其是进入90年代后，产业结构渐趋合理。1998年，全县乡镇企业达到732个，从业人员达到13000名，完成产值57062万元，其中，产值超500万元以上的乡镇企业达到6个，共有10多个生产系列、410多种产品。大输液、液压冲剪机、三响牌食油、深海鱼油、鳌泉矿泉水获省、部优质产品奖。

三、城乡建设日新月异，交通通讯四通八达

新中国建立后，长子县委、县政府动员社会各方面力量兴建公路，交通事业逐渐发展。从县城向东、西南、北均有公路直通外域。特别是近几年来，义务修路高潮迭起。长(治)临(汾)二级公路由东向西横贯县境中部。屯(留)龙(泉)公路北上屯留，南下高平。太(原)洛(阳)公路自北向南纵贯县境东南。14

条县乡公路通往各乡镇,形成了以县城为中心的“米”字形蛛网式交通骨架,实现了乡乡镇镇通油路,村村通公路的目标。便捷的交通沟通了城乡之间与外界四面八方的联系,全国各地客商云集长子来做生意。至1998年,全县公路通车里程总计达到955公里,新铺油路381公里,新建、重建、改建大中型公路桥16座,公路运输能力大大提高。1998年全县客运量达到400万人次,客运周转量达到4200万人公里,货运量达到17万吨,货运周转量达到3799万吨公里。太焦铁路从境内通过,沿线设有东田良、西南呈火车站,是长子工农业产品运销的集散中心。另有色头煤矿至东田良火车站的煤炭专运铁路线、长子煤运公司煤炭专运线、东田良国家粮食储备库铁路专用线,铁路运输条件十分方便。

邮电通讯设施全部实现现代化,建成了900兆移动通信直放站,开通移动通信义务,电传电报进入自动转投网,可辐射全国各地县级以上城市,实现了互联网,可直接在网上与各国联系。全县程控电话装机容量达到10000门,一个以县城为中心,贯通全县乡村的邮电网络已经形成。

青椒基地

电力设施遍布全县,设有孟家庄、东田良、川口、岚水四个变电站,宋村110千伏变电站正在筹建,农网城网改造全面铺开,电气化水平日益提高。

近几年来,随着改革开放的不断深入和经济建设稳步发展,为营造良好的投资环境,县委、县政府下大力狠抓硬件建设,城建基础设施明显改善。一些公用基础设施相继建成,二十几幢高楼建筑巍然屹立在丹朱古城,漳源路、丹朱街、西大街、南、北大街的拓宽改造和绿化、亮化怡人悦目,灯箱广告、高杆街灯一排排、一行行照亮县城不夜天,府前广场、同富乐园成为人民休闲娱乐的理想场所。县城居民增加到24000人,比1949年增加了两倍多。今日的长子县城街畅灯明、车水马龙、商场林立、熙熙攘攘,呈现出一片现代城市的景象。

四、商品流通日趋繁荣,城乡市场购销两旺

长子县自秦、汉起,就是上党地区的商贸中心,市场辐射宽广。新中国建立后,全县以国营、集体经济为主的商业贸易发展很快,日趋繁荣。党的十一届三中全会后,商品流通领域通过改革,形成了多种经营方式,出现了城乡市场购销两旺的好势头。1998年,全县有商业网点1500余个、贸易集市10多个,商品零售总额17883万元,比1978年增长5.4倍。城关商场、百货商场、二轻商场、副食品商场、同富商场等一批专业市场建成运营,沿街门店铺面林立,一派繁荣景象。

五、科技教育健康发展,社会事业欣欣向荣

1998年,全县共有学校454所,其中:高中1所、初中31所、职业中学1所、小学404所,在校学生总数达到54869人,学龄儿童的入学率、巩固率和毕业率均在99%以上,高考录取人数123人,比1978年增加了两倍多。建国50年来,全县共向社会输送大中专人才5000多名、出国留学生8名、国内研究生31名。教师队伍发展到3208人,比1949年增加了9倍。1998年教育经费达到7000万元,是1949年的398倍、1978年的51倍。形成了普通教育、职业教育、成人教育三大教育体系,全县98%的学校达到“一无两有”标准,37%的学校实现了教学仪器、图书资料、文体器材“三配套”。乡乡村村盖起了新校舍,共兴建新教学楼158幢,1998年顺利通过省政府验收,成为全省义务教育达标县。

群众文化活动蓬勃开展。1998年全县有专业和业余剧团15个,杂技、曲艺队等艺术团体52个,图书馆(室)156个,藏书量达24万余册,城乡各类放映单位109个。1995年组建了长子电视台、电视覆盖率达到95%以上。1998年,县政府在县城东关建起一个建筑面积为1600平方米的新图书馆,馆藏书达到30000册,同时可容纳100余个读者阅览。1998年,全县有乡以上医疗机构50多个,共设病床522张,专职卫生人员746人,医疗设备日趋完善,技术水平不断提高,农村初级卫生保健得到普及。全县设有4个中心卫生院、19个乡镇卫生院、357个卫生所、个体诊所90个。丰富多彩的群众体育活动在县、乡、村广泛开展,人民的身体素质不断增强,人均寿命由解放初的40岁增长到76岁。

六、社会风气不断净化,精神文明硕果累累

长子县是个革命老区,建国以来,长子人民发扬

革命的光荣传统,不仅在社会主义经济建设中取得了优异成绩,而且在社会主义精神文明建设中也做出了非凡的业绩。涌现出冯保锁、黄富水、杜胖冬等一批省级劳动模范,涌现出王芝荣、孙晚香、原荣贵等一批全国优秀教师。退休干部孔德法曾参加全国关心下一代工作双先表彰会议,受到江泽民、李鹏、刘华清等党和国家领导人的亲切接见。关消气同志被全国妇联授予"五好家庭"光荣称号,荣获全国"敬老好儿女"金榜奖。战士乔文清被北京军区授予"雷锋式战士"荣誉称号。至1998年,全县市级以上文明单位有12个,县级精神文明建设先进单位有70个,全县十星级文明户达到8000多户。

农村小康建设成效显著,人们生活水平日益提高。至1998年,全县有11个乡镇、244个行政村进入小康行列。如城关镇同富村是全县有名的小康示范村,也是全县的首富村,现有固定资产达到2450万元,农民人均纯收入达到2400元,他们依托地理优势,大力发展第三产业,兴建同富商城,建成同富儿童公园。

建国50年来,长子的经济整体实力增强。1998年,全县国内生产总值达到70063万元,比1949年增加了60.5倍,比1978年增加了16.04倍;全县工农业总产值达到81253万元,为1949年的18.6倍,1978年的5.9倍;地方财力逐年增长,县财政总收入达到4801万元,比1949年的49.02万元增加了98倍,比1978年的311.33万元增加了15.4倍;农民人均纯收入2030元,为1949年的101倍,1978年的37倍。人民生活水平不断提高,城乡居民有80%的家庭建起了新房,人均居住面积达到16平方米,家用电器、高档消费品拥有量急剧增加,每百户平均拥有彩电49台,冰箱2台,家庭影院1台,每百户拥有摩托车3辆。汽车、农用汽车、三轮四轮车、小轿车的个人拥有量成倍增长,全县目前拥有汽车1082辆,平均70户有一辆,农用汽车447辆,大中小型拖拉机1944台,三轮车1200台,拥有各种型号的客车134辆,个人小轿车发展到63辆。1998年,全县城乡个人储蓄存款余额达74485万元,人均存款达到2056元。

建国50年来长子的发展历程,记载了长子人民的艰苦创业,记载了党领导的丰功伟绩。我们在庆祝中华人民共和国建国50周年的今天,畅谈建设成就,总结发展历史,禁不住心潮澎湃,感慨万千。今后我们要在党中央的正确领导下,以马列主义、毛泽东思想为指导,高举邓小平理论伟大旗帜,在建设有中国特色社会主义的伟大事业中做出更加优异的成绩,使我们的国家更富强,人民更富裕,以崭新的面貌和姿态,迎接新世纪的到来。

(郜永林　柴素萍)

武乡县

革命老区展新姿

武乡县位于太行山西麓,长治市北端,境内山河交错,沟壑纵横。总面积1600平方公里,全县现辖16个乡,5个镇,393个行政村,942个自然村,人口211194人。

武乡县历史悠久,人民勤劳勇敢。在抗日战争时期,八路军总司令部和中共中央北方局等机关长期驻扎武乡,是华北抗日根据地的神经中枢,朱德、彭德怀、左权、刘伯承、邓小平等老一辈革命家都曾在这里进行过伟大的革命实践。

武乡县境内资源丰富,主要有煤、铁、石油、石灰石、泥炭等。境内东部地区的煤储量达28.6亿吨。

一、建国前的武乡老区

新中国成立之前,武乡县一直处于交通闭塞,经济落后的状况。人民饱受帝国主义、封建主义和官僚资本主义的残酷的经济剥削和政治压迫。封建地主阶级对广大农民高租重利的盘剥,迫使农民饥寒交迫,造成田园荒芜,农村凋敝。据1935年统计,全县总户数38469户,人口130928人,耕地面积592786亩,而占人口总数不到5%的地主富农,却拥有全县耕地面积的54%,并且绝大部分是肥田、近地,而占人口总数76%的贫下中农,占地却不到耕地总面积的30%,且绝大部分是薄地和远地。1948年,武乡全境实行土地改革后,彻底摧垮了千百年来封建经济基础,实现了耕者有其田。

武乡旧时工业很不发达。虽有一些服务行业,亦多系手工操作。据《山西实业志》记载,民国初年武乡除有数家酿造、纺麻、毛毡作坊外,制造生产劳动工具和生活用具的仅有洪水、蟠龙、监漳、故县、段村、故城等镇的几家木匠铺、铁匠铺,年产数量极少,产值不足1万元。

1937年抗日战争爆发后,县政府曾在白龙洞等地创办韋山铁工厂,柳沟、显王等地创办八路军总部兵工厂,在窑湾办起纺织厂,苏峪办起太行纸厂。1945年段村解放后,曹村办起联合农具厂,圪老湾办起新华草帽厂,城关东街开办新华印刷厂,由于原料资金不足,又多系自产自销,发展也相当缓慢。

二、党的十一届三中全会前武乡经济发展状况

新中国成立至党的十一届三中全会之前,武乡县经济发展大体经历了两个阶段。1949年至1956年,是全面恢复和发展时期。经过农村土地改革、农业合作化运动和城镇资本主义工商业的社会主义改造,建立了新的生产关系,迅速医治战争创伤,全县工农业生产有了较大发展。1957年至1977年的20年间,由于“左”倾路线的泛滥,加之三年严重自然灾害,出现了群众食不饱肚的困难局面。党的“八字”调整方针的贯彻,使遭到破坏的社会经济有所转机,但随之而来的“文化大革命”,使全县经济失去了良好的开发和建设机遇,国民经济发展缓慢,武乡人民仍过着贫困生活。

农业。武乡县委、县政府始终将农业放在各项工作的首位。1952年4月,县委遵循自愿互利、典型示范和国家帮助的原则,开始对个体农业的社会主义改造。经过试办、发展、巩固整顿、再发展等几个阶段,到1956年6月,全县建立起210个以土地和其他生产资料集体化为基础的高级农业生产合作社,全县90%的农户加入了高级社。1956年粮食总产量达到4674.82万公斤,比1949年增长了15.88%。1958年全县实现了人民公社化。1960年县委遵照党中央关于“全党动员大办农业,大办粮食”的指示,加强了农业的基础地位,使农业生产稳步提高。1966年“文化大革命”开始至1976年的10年间,在农田基本建设、农机购置和管理、农业技术推广等方面也取得了一些成绩。1976年,全县粮食总产7075.85万公斤,比1965年增长46.7%;农民人均收入50.3元,比1965年增长12.2%。此外,县委、县政府注重发挥本县优势,积极引进优良畜种,加强疫病防治工作,使全县的畜牧业迅速发展。同时,加强了林业建设。并采取多种措施,改善生态环境,兴修水利设施。到1977年,全县粮食年总产量达到7403.28万公斤,人均209公斤。农业总产值3243万元,乡(社)农业总收入1959.35万元,人均收入52元。

工业。从1954年开始到1956年,基本完成了对资本主义工商业和手工业的社会主义全面改造。1956年全县96名小手工业者组成了铁木、建筑、砖瓦、五金、陶瓷、铸造、缝纫等合作社20个,属集体所有制生产组织,年总产值量达20万元以上。1961年,将原手工业性质的机械厂、皮革厂、五金社、砖瓦社、建筑社等转为社办企业。1964年以后,各厂、社开展了技术革新,产品种类增加,生产效率显著提高,年产值达85万元。到1977年底,全县工业系统的厂矿达到20个,共有职工3956人,年产值2398.3万元。

商业外贸。建国后,武乡县认真贯彻保护和发展工商业的政策,私营商业逐渐恢复和发展起来,1954年底,私营商业达到466户,从业人员963人。1956年实行公私合营,形成以社会主义公有制为基础的多种经济并存的商业体系。国营商业有6个公司,13个批发收购点,9个零售门市部,从业人员222人,商品销售总额190万元。1964年有各类商业网点136个,社会商品零售额为986万元。1976年下设食品、糖业烟酒、百货、五交化、石油、饮食服务、药材等,社会商品零售额为1324万元。

财政金融。新中国成立后,县人民政府下设财粮科和税务局,负责全县的财政收支预算和财税征收工作。之后,随着国民经济恢复和财政体制的健全,财政收入逐年增加,1957年财粮科、税务局合并为武乡县财政局。1958年人民公社化后,县财政实行统一管理、分级负责制,以公社建立财政管理所。把县级地方财政下放到12个人民公社,采取分项计算核定任务,收入下放,支出包干。1977年,全县财政收入113.3万元,财政支出447.74万元。银行存款余额724万元,其中,农村存款319万元,银行贷款余额1572万元。城乡居民储蓄存款433万元,每人平均储蓄存款22.73元。

三、改革开放以来武乡经济社会发展状况

党的十一届三中全会以来,全县人民在县委、县政府的领导下,紧紧围绕党的“一个中心,两个基本点”的基本路线,锐意改革,艰苦创业,使全县经济和社会各项事业发生了翻天覆地的变化,取得了令人瞩目的巨大成就。按可比价格计算,1998年同1978年相比,国内生产总值增长5.9倍,达到42868万元。

(一)农村经济稳定发展。党的十一届三中全会后,以家庭联产承包为主要内容的农村改革,极大地解放了农村生产力,调动了广大农民的生产积极性,促进了农村经济的迅速发展。

1.粮食生产稳步增长。1998年,全县粮食总产量达到12.2万吨,比1978年增长70%;粮食单产由147公斤上升到262公斤,增长78.2%。

2.水利建设事业迅速发展。建成了灌溉、防洪、供水、除涝、改碱、发电、养鱼、水土保持等工程设施,初步形成了大中小结合、排灌改基本配套,兴利和除害兼顾的水利工程体系。改变了全县历史上洪不能御、旱不能抗,只有水害没有水利的局面,大大改善了农业生产条件。

3.畜牧业生产发展迅猛。1998年大牲畜存栏达100040头,比1978年增长4.1倍;全县畜牧业年纯收入1.02亿元,占到全县农村经济总收入的三分之一。同时,武乡先后被省政府列为东山肉牛带重点县和草地建设示范县;被长治市政府列为商品牛羊基地县。

4.农业机械化程度显著提高。目前全县农业机械总动力为68737千瓦,是1978年的2.98倍。其中拥有拖拉机816台,总功率9222千瓦,分别是1978年的2.46倍和1.27倍。1998年全县农机作业量达759.97万亩,是1978年的5倍。1998年全县机械化地膜覆盖8万亩,机械秸杆还田9万亩,机械化深施肥28万亩,机修梯田1.1万亩。全县机械化旱作农业达到11.1万亩。农业机械化水平的提高,大大减轻了农民的劳动强度,提高了生产效率,加快了全县农业和农村现代化进程。

5.蚕桑业快速发展。1978年秋季开始的建立耕地桑园,在全县掀起了栽桑养蚕热潮。县委、县政府及时进行引导,把地下没有矿产资源的故城、石北、曹村等6个乡镇确定为蚕桑生产基地,同时确定了100个蚕桑生产重点村。1994年全县桑园面积达到1.8万亩,建成桑园面积达3000亩以上的乡镇2个;1000亩以上的乡镇5个;100亩以上的村60个,其中达200－300亩的村15个,400－500亩的村10个,信义村桑园面积达到1000亩。1998年全县共养蚕5047张,产茧43.1万斤,全县蚕茧收入248.5万元。

6.果品生产迈上新台阶。1998年,全县果园面积达7.8万亩,是1978年的8.7倍。1998年全县果品产量4000多万斤,比1978年增长4倍,果品年收入达2000多万元。从1982年开始实行的果园联产承包责任制,促进了家庭小果园的快速发展。全县果园种植户发展到2.084万户,依靠种果致富的先进典型大批涌现。

(二)工业生产发展迅速。在农村改革不断深化、经济不断发展的同时,全县的工业也呈现出稳步增长的势头。除原国有、二轻工业外,乡镇工业、私营和个体工业也迅速发展起来。其中煤炭、电力、冶金、建材、化工、食品等行业取得了较快的发展,并逐步成为全县经济发展的龙头和支柱。

1998年全县煤炭产量达到186.15万吨,是1978年的7.5倍。建材方面,扩建了武乡水泥厂,年产由原6000吨达到4万吨,冶金方面扩建了柳沟铁厂和武乡焦化厂,使生铁产量达到1.3万吨、焦炭年产达到4万吨。同时新建了一批符合国家环保标准的乡镇办和私营焦化厂,使全县年产焦炭达到25.47万吨,是1978年的12倍。电力方面,扩建了武乡发电厂,加上关河发电站,装机总量达到3.81万千瓦,年发电量由1978年的5262万千瓦时增加到目前的17840万千瓦时,增长近2.4倍。1998年全县工业总产值达到6.58亿元,是1978年的16.3倍。

(三)财政贸易持续增长。财政收入逐年增长。1978年全县财政收入只有149.78万元,1998年达到3782万元,比1978年增长24.3倍,平均每年增长180多万元。

金融行业健康发展。全县金融系统由改革初期的人民银行一家,发展为人行、工行、农行、建行、农发行、农村信用联社、财险、寿险等8个,形成了以中央银行为领导、商业银行为主导,多种金融机构并存的金融组织体系。银行的各项存款余额也由改革初期的673万元上升到现在的43938万元,增长64倍。其中储蓄存款余额由448万元上升到36620万元,增长80倍;各项贷款余额由改革初期的1698万元上升到现在的40214万元,增长22倍。

商业贸易繁荣兴旺。1998年全县商品销售总额达到1994万元,比1978年净增417万元,利税完成近40万元,比1978年净增12万元。国有资产增值1000万元,比1978年增长5倍。

(四)乡镇企业突飞猛进。改革开放以来,全县的乡镇企业从发展规模、速度及社会经济效益等方面都取得了令人瞩目的巨大成就。

1978年以前,全县乡镇企业仅是一些小商品、小农具和小五金等手工业,后来又增加了一些规模很小的养殖业和种植业,零星分散,不成系统,效益极低。改革开放以后,全县的乡镇企业异军突起,发展迅猛,由原来的工业、农业、建筑三大类,发展到现在的工商建运服五大行业七个门类。1998年全县各类乡镇企业发展到3885个,比1978年增长3倍。从业人数达11164人,比1978年增长76%,实现了乡乡有产品,村村有企业、户户有特色。乡镇企业总产值达到11亿元,比1978年增长129倍,经营收入达到8.8亿元,增长105倍;为农民提供人均纯收入650元,比1978年增长29.6倍。

(五)基础设施不断完善。改革开放以来,县委、县政府狠抓基础设施建设,交通、邮电事业迅速发展,变化日新月异。

1.交通运输迅猛发展。武乡地处太行山区,地形复杂,公路建设任务十分艰巨。改革开放以来,特别是近三年来,全县公路建设发展迅速。三年时间总投资5000多万元,新增油路80公里。1978年前,全县通车里程仅487公里,目前已达1320公里,增长2倍。1978年前公路通车里程200公里,现已达545公里,净增345公里。1978年前干线公路中的油路仅61公里,县乡公路中油路还是空白,现在油路已达286公里,增长3倍多。1998年,全县提前实现了乡乡镇镇通油路的奋斗目标。现在全县通公路村330多个,比1978年净增176个,通油路村158个,净增136个,是1978年前的7倍多。同时,武墨铁路一期工程武乡至柳沟段建成通车。

2.电信事业蓬勃发展。1978年全县电信业务总量只有12.1万元,业务收入11.2万元。当时的电信设备及技术,全部是人工磁石交换和实线传输。县局设磁石交换机3台,总容量250门,实装用户188户。各农话点与各乡镇社话交换点全部是磁石交换机。到1998年,全县共架设光缆142公里,开通了墨镫等13个乡镇接入网设备,实现了传输数字化、交换程控化,开创了农村通信新局面。现在全县市话用户已达3218户,是1978年的17倍;农话用户1749户,无线寻呼532户,移动电话201户。因特网用户从无到有,发展到3户。并新建了可视电话会议室,新增高速无线寻呼基站一座,新增移动基站一座,达到3座。

3.城市建设成绩显著。一是城市规划。1987年完成了《县城总体规划》,经长治市人民政府批准实施。二是基础设施建设。县城大面积拆迁改造近63160平方米,拓宽改造道路5条共长25公里、面积29964平方米,新建街道3条共长1.5公里,面积29330平方米,新增街道面积是改革开放前的40倍,初步形成了县城道路主骨架。同时砌筑防洪排水渠3000米。县城自来水供水设施从无到有,经过两次工程建设,缓解了县城用水供需矛盾。县城绿化面积由原来的1158平方米增至43200平方米,是1978年的36.3倍。新筑护城大坝2100米。20年来基础设施累计投资2000余万元,是1978年前30年投资总额的10倍。基础设施的建设和完善,大大增强了城市的综合服务功能。三是县城建设。旧房改造面积18万平方米,新建工程建筑面积9万平方米,相当于1978年前30年的17倍。新建楼房113幢,建筑面积达146900平方米。城区面积由原来的1平方公里扩展到现在的2.5平方公里,人口由原来的9000人增加到现在的16000人。县城住房面积由人均3.5平方米增加以10.2平方米。20年来,县城建设累计投资总额1.2亿元,是1978年前30年投资总额的3倍。

(六)社会各项事业全面进步。随着经济建设的快速发展,20年来,全县的文教卫生科技等各项社会发展事业也都获得了长足进步。

1.教育事业蓬勃发展。1998年,全县幼儿园发展到56所,小学附设学前班176个,入园入班幼儿达4033名,拥有经过正规培训的幼儿教师169名;全县设小学585所,在校生达21222名。初级中学已发展到27所共177个教学班,在校学生9963名,实现了上初中不出乡镇。1958年开始发展高中教育,当初只招两个班共100名学生,到目前已发展为六轨制规模18个教学班的合格高中,在校生达1220名。1998年10月全县"普九"工作顺利通过省政府验收合格。1983年实施中等教育结构改革,创办全县第一所职业高中,先后开设16个专业,共培养各类专业人才1700名。同时,积极发展以扫除青壮年文盲、学文化和学技术相结合的农民成人教育,1995年经省政府验收为基本无盲县。目前全县21个乡镇全部建立了农民文化技术学校并达"六有标准"。其中东良乡的农民技校已达国家《示范性乡镇成人文化技术学校规程》标准,省科委授予"科技明白人培训中心"。

20年来,教师队伍建设取得重大成就。1978年前,全县中小学专任教师1852名,小教、中教学历合格率分别为38.4%和21.6%。现在全县中、小学专任教师共2299名,小学、初中、高中教师学历合格率分别为95.6%、98%和48%,达到和超过了全省平均水平。

办学条件显著改善。全县新建、扩建中小学420所,新建教学大楼52座,标准、规范化学校占40%;80%的学校课桌凳标准化;85%的学校配备了图书、仪器和文体器材。昔日的大窑洞、破庙宇、土台子已成为历史。

2.卫生事业稳步发展。基础设施、医疗机构、器械设备、技术队伍等方面的建设均取得了可喜成就。县、乡、村三级保健网络不断巩固和发展,卫生工作紧紧围绕"保健康、奔小康"的战略目标,为振兴武乡经济发挥了重要作用。目前,全县共有18个乡镇卫生院、3个地区中心医院,加上县医院、中医院、防疫站、妇幼站共25个医疗卫生单位,另有336个村级卫生所。全县有医护人员610名,设病床300多张。

3.环境保护工作日益加强。为了有效遏制环境污染和生态恶化的趋势,从1986年起,全县用于环保综合整治的投资累计达2.1亿元;用于污染治理的资金累计达3900万元，有效地治理了环境污染，改善了环境质量。1996年，武乡县被国家环保局确定为全国69个生态示范区建设试点地区之一。目前全县生态示范区建设正在逐步推进。如长乐滩生态农业园区工程、东良乡北良村生态养殖工程、丘陵生态开发工程等建设都已取得进展。

新世纪的钟声即将敲响。勤劳勇敢的武乡老区人民将发扬抗战时期的光荣传统，团结拼搏，负重奋进，用自己勤劳的双手，再谱改革开放和经济发展新篇章，再铸武乡老区新辉煌！

（魏万祥　韩宏斌）

山区中学　董建民　摄

沁　县

综合开发　振兴沁县

沁县位于太行山、太岳山两山脉之间，长治市北部，是一个典型的山区农业县，全县辖4镇17乡，319个行政村，829个自然村，总面积1297平方公里，总人口17万人。新中国成立前，全县工农业生产力水平低下，人民生活极度贫困，社会各项副业百废待兴。

建国后，沁县在农业上，针对全县十年九旱的实际，首先组织群众持续开展了声势浩大的治土兴水运动，50年代先后修建中、小型水库34座，塘坝130多个，1957年建成全省第一座水库迎春水库，并完成“五一”渠配套建设工程。到1959年全县水库容量达到7000万立方米，占到漳河年出水总量（7800万立方米）的88%，控制流域面积881平方公里，为全县总面积的65%。全县水浇地增至3.8万多亩；先后建起5个水力发电站，装机容量达260千瓦；发展水稻3000多亩；在3万亩水面投放鱼苗1400万尾，并建立鱼种场，自已育种繁殖，省水利厅在沁县召开了全省首次渔业发展现场会议；沁县的制水用水经验在全省得到了宣传和推广。60年代，沁县大搞种子革命，创造了闻名全国的“依靠群众、集中制种”的先进经验。1962年，开始进行玉米双交种培育并试种成功“春杂12号”玉米新品种，到1965年，共培育“维系156”、“中杂44”、高粱不育系“3197A”、“反修10号”等20多个优良品种。所产种子，除本县留用外，每年销往其他省、市均在200万公斤以上，“春杂12号”玉米新品种连续3年出口阿尔巴尼亚。70年代，沁县干部群众高举绿化大旗，向荒山进军，坚持机关、公社、大队、生产队四级育苗，春、夏、秋三季造林不断线，被省委、省政府授予“绿化太行山先锋县”的光荣称号。

工业上，沁县坚持走“工业支援农业、围绕农业办工业、办起工业为农业”的发展道路。1955年2月，沁县建立了第一个地方国营工厂—沁县联合加工厂，为农民提供各种技术咨询服务，解决各种农业技术难题。1957年底，《人民日报》、《山西日报》先后介绍了沁县围绕农业办工业典型的经验，1958年2月，省委在沁县召开了全省地方工业支援农业现场会。全国先后有24个省、市，900多个县，500多个县营工厂来沁县参观学习。得到了毛泽东、刘少奇等国家领导人高度评价和赞扬。

党的十一届三中全会以来，沁县同全国各地一样，实现了全党工作重心的转移，踏上了改革开放的新征程，步入了现代化建设和社会主义全面发展的快车道。20年来，县委、县政府带领全县人民，坚定不移地贯彻党的十一届三中全会以来所确立的思想路线、政治路线和组织路线，高举改革开放和艰苦奋斗两面旗帜，解放思想，开拓进取，抓住机遇，顽强拼搏，在经济建设和社会事业各个方面取得了辉煌成就，全县上下发生了翻天覆地的变化。主要标志是：

*农业生产步入产业化发展轨道。*党的十一届三中全会后，农村土地承包极大地调动了广大农民群众的生产积极性与主动性，科学种田，精耕细作，发展多

种经营,农民收入显著增加。1987 年,农民人均纯收入由 1978 年的 57 元提高到 262 元,农业总产值由 1978 年的 2297 万元提高到 6759 万元。1988 年,县委、县政府在基本解决温饱的基础上,认真分析县情,提出稳定粮食生产,大搞"林、牧、果、渔、米、水"七大产业开发的经济发展战略,取得明显效果。林业开发,经济林户均 1.7 亩,干、水果户均 2 亩,被列为"全国绿化太行山试点县。"蚕桑开发,实现了栽桑、养蚕、缫丝系列化生产,桑园发展到 18000 亩,产茧 50 万公斤,缫丝 24 吨,名列全省第三,成为"山西省蚕桑基地县"。渔业开发,养鱼水面达 1 万亩,成鱼产量达 25 万公斤,成为"山西省商品鱼基地县"和"全国水产开发扶贫示范县"。畜牧开发,培养草场 10 万亩,引进西门达尔牛、晋南黄牛、山东小尾寒羊、西德长毛兔、依沙种鸡等 12 个品种;大牲畜存栏 3 万头,羊存栏 8 万只,肉类总量达 2665.1 吨,禽蛋总产达 1528 吨。沁州黄开发,异地种植总面积达 2 万亩,总产量达 500 万公斤,不仅国内畅销,而且包装出口,开始创汇。矿泉水开发,矿泉水系列产品产量达 1300 吨。1994 年,县委、县政府作出了"强化农业深度开发,促进主导产业升级"的决定,提出了"突出主导牧果桑,解放思想抓'老乡',提前一年达小康"的农村经济总体思路,全县上下加大力度抓调整,因地制宜抓布局,扭住重点抓规模,突出效益抓科技,强化服务体系,系列加工增值,基本形成了具有本地特色的农村产业结构框架,主导产业日趋明显突出,围绕一次产业的二次产业也开始起步。1996 年,按照省委提出的"龙头企业特色县"发展战略,沁县县委、政府提出强化龙头建设,发展规模经营,走产业化发展之路,先行组建了山西沁县沁州黄集团和山西晋沁渔业集团。沁州黄集团组建以来,充分发挥名牌效应,走"公司 + 基地 + 农户"的路子,实行资金、技术、土地、劳务大联合,把公司与农户的利益紧紧联系起来,主动为农户提供产前、产中、产后服务,确保农民增产增收。目前沁州黄集团资产充实到 1600 多万元,拥有职工 141 个,拥有 7 个分公司,建立了西汤、南涅水两大种植基地,与 1.5 万个农户签订了长期产销合同,在广州、北京等 5 个大城市设立了销售处,在全国范围内委托代理商 50 个。沁州黄年种面积达到 8 万亩,总产量达 2000 多万公斤。年销售小米 1000 余万公斤,销售收入 6000 多万元,农民人均小米收入 430 元。晋沁渔业集团依靠沁县丰富的水面资源,以集团带动渔业产业化发展。集团成立后,引进了美国小网箱养鱼先进技术,每立方米产鱼达到 142 公斤;改造和扩建了北海、樊村 2 个养鱼场,形成了 150 亩高标准鱼种生产基地,每亩年产达到 500 公斤;改造扩建了北海鱼种饲料厂,形成了年产饲料 2000 吨的生产能力,除自给外,销往其它省、市。1998 年,全县鱼产量达到了 40 万公斤,产值 800 万元。与此同时,渔业集团走"股份办鱼,滚动发展"之路,积极延伸产业链条,与山西瑞立实业有限公司以参股形式,创办了"山西瑞立实业有限公司沁县示范养殖基地",年产值实现 200 万元。晋沁渔业集团已拥有固定资产 1300 万元,多次受到中央、省、市、县的表彰奖励,荣膺国家六部委"全国农业科技推广先进单位"奖,并获国家农业部"全国农牧业丰收奖"和省科技进步奖。随着主导产业的发展壮大,全县农村经济步入了快速发展轨道。1998 年,全县农业总产值达 4.3 亿元,为 1978 的 6.9 倍,是 1949 年的 43 倍。全县农民人均收入达到 1841 元,是 1978 年的 32 倍,是 1949 年的 92 倍。粮食产量达到 1.3 亿公斤,是 1978 年的 1.8 倍,是 1949 年的 7 倍还多。

工业企业稳步发展。党的十一届三中全会后,县委、县政府积极贯彻党和国家发展经济的方针政策,制定一系列优惠措施,推动企业发展,在国营工业企业内部开展了大刀阔斧的改革。1983 年,县化肥厂率先在全县大胆打破八级工资制,实行岗位工资制,调动广大职工积极性,增强责任感,使企业走出了困境。1987 年全县企业改革以松绑放权为重点,全部实行承包经营,工商企业进入全面改革阶段。企业改革力度大,办法新,受到了省、市重视,被列为全省 5 个重点联系县之一。1992 年,企业改革以两权分离为中心,把竞争机制和风险机制引入工业企业,全部实行了抵押承包和租赁经营。90 年代中期,企业改革由放权让利向机制转换和制度创新转变。工业企业通过兼并、联营、挂靠、转嫁、抵押承包、股份合作等多种形式,走出了一厂一策求生存的路子。国营商业改革以"四放开"为主要内容,全部实行了柜组承包、垫资经营、全员抵押、租赁经营等多种改革形式,极大地增强了企业活力,提高了企业效益。1993 年以来国合商业和二轻企业实行"退三进一"、"退二进一"的办法进行改革,实行产业转移,为企业走出困境开辟了一条新路子。为了加快企业发展,沁县大力实施"内引外联"战略,先后同省内外 16 个大中专院校、科研单位建立了经济技术协作与交流关系,在北京和昆明设立驻外办事机构,合资新建了金硕新型建材有限公司,开发出金红钛白粉等一批科技含量高、市场前景好的新产品,赖氨酸高档米酒、东立生物保健品、癸二酸等一批好项目正在建设中。1998 年全县国有企业发展到 16 个,基本形成了以纺织、食品、化工、建材为主的多门类工业体系。骨干企业有年产 20 万吨冶金焦化厂,年产 1.3 万吨罐头饮料的食品厂,年产万吨矿泉水饮料的"唯思可达"饮料公司,年产 6.5 万吨碳酸氢氨的化肥厂，年产5000吨有光纸的造纸厂，年产500万立方米石膏板的金硕新型建材有限公司等。

扶贫攻坚取得历史性突破。沁县自然资源匮乏，工业底子薄，长期以来，一直受国家救济。1985年，沁县确定为国家级贫困县，国家制定一系列优惠措施，减轻农民负担，扶持经济发展。1987年，沁县成立经济开发扶贫领导组，确定了扶贫由“输血”向“造血”功能转化，变革纯救济为经济开发的战略转变，与各职能部门签订扶贫责任书，建立扶贫责任制。经过一年多的努力，沁县贫困人口越过200元的温饱线，提前实现“七五”扶贫规划。“八五”期间，以实现两个稳定(稳定解决温饱，稳定经济收入)为中心，在实现粮食稳产高产的基础上，突出牧果桑加“老乡”的发展，把七项产业开发逐步发展成七大支柱产业，促进了脱贫致富。“九五”期间，国务院将人均纯收入400元以下的西汤乡、南涅水乡列入国家扶贫攻坚范围，并确定40个插花贫困村。为完成2万人口的脱贫任务，县委、县政府制定了1994年至1996年扶贫攻坚规划，狠抓扶贫攻坚乡村基本农田建设和基础产业开发。产业扶贫，以发展十大农业集团公司为重点，加快黄牛、蚕桑、水产、种子、沁州黄、果品、林产品、农机、蔬菜和玉米产业化步伐，突出玉米战略，实施小麦丰收计划。农田水利基本建设以改造中低产田为中心，大搞有机旱作，扩大水浇地面积，提高农业开发水平。1996年，西汤和南涅水两个攻坚乡突出实现了基本农田建设、经济林工程和主导产业开发的“三七温饱工程”。从产权制度改革入手，把股份合作制引入扶贫攻坚全过程。西汤乡充分利用山多坡广的优势，利用农闲，全乡以粮以牧以工入股，创建了西汤乡股份合作制林场，累计开发经济林12369亩，实现了人均4亩经济林。通过一年的努力，全县以乡计整体越过温饱线，被评为全省扶贫攻坚八面红旗之一。1997年，全县以村计整体越过温饱线，攻坚乡人均纯收入1382元，插花贫困村人均纯收入950元。1998年，两个攻坚乡人均占有粮食分别达到754公斤、1019公斤，农民人均纯收入达到1768元和1629元，巩固了脱贫成果。西汤乡在扶贫攻坚工作中，走股份合作制的产业扶贫之路，取得了显著成果。1998年，全县人均纯收入实现1481元，人均纯收入在2000元以上的村达到81个，2500元以上的村达9个，共有47个村的农民人均纯收入等主要指标达到小康标准。5个小康建设示范村带头搞出了样板，发挥了典型示范和带动作用。杨安乡佛堂岩村重点抓了村镇建设工作，全村统一规划、统一设计、统一建设的第一批计23户高标准农民住宅主体工程基本落成；樊村乡双沟村80%的农户安装了程控电话，成为沁县第一个电话村。小康建设迈出可喜步伐。

基础设施建设渐趋完善。公路建设，从90年代起，先后完成了段中线、段下线、栋三线、栋漫线、漳开线等主干公路线建设，全县实现了乡乡镇镇通油路，村村通机动车。特别是1996、1997年两年间，公路建设总里程是解放47年的6倍，油面铺装是建国46年来的2倍，投资总额是近30年的总和，建设总里程达326.7公里。学校建设，1985年兴起集资办学高潮，集资402万元，新建学校83所，结束了建国36年来庙堂小学、祠堂小学和窑洞小学的历史，基本实现了“一无两有”；1990年，全县再掀集资办学高潮，集资500多万，新建学校67所，结束了农村小学“黑屋子、土台子、灰孩子”的历史，开创了图书、仪器、文体、器材“三配套”工作新局面；1995年，全县掀起第三次办学高潮，集资1000多万元，新建了7所乡中、20所村级小学，扩建了3所乡中、30余所小学。7所乡中全部实现了当年集资、当年建校，当年招生，当年配套。1997年全县31所学校建起了二层教学楼，改善了办学条件，全县的教学设施上了一个新台阶。县城建设，旧城改造基本完成，对东西南北四条大街全面进行了整修，新开辟的沁州路，成为县城主轴和新的景观；拓宽了友谊街、育才街、延伸了红旗街；完成了西湖大坝加宽和环湖公路建设及油面铺装工程；县城供水工程全面完工并投入运行，县城居民都吃到了自来水；县城“五化一改造”成效显著，面貌大为改观。1993至1998年，连续6年被评为“省级红旗县城”称号。广播电视建设，县城有线电视终端用户发展到4200多户，占到总户数80%以上；农村闭路电视用户发展到3000多户；并建成加密电视接收塔、接收站，广播电视事业得到大发展。电信事业，全县实现乡乡镇镇通电话，城镇居民住宅电话达到4600部，电话开始进入农民家中，农民家庭安装电话810部，无线寻呼和移动电话逐步进入家庭，信息产业得到突飞猛进的发展。

社会各项事业全面进步。精神文明建设，在县城重点开展了以“创三优”、“树两德”为主要内容的文明

县城一角

县城创建活动；在农村重点开展了以评选"十星级文明家庭"为主要内容的文明村镇创建活动；在党政机关开展了"做文明公仆、创文明机关"竞赛活动；在企业开展"争当四有职工、创建文明企业"活动；在窗口行业重点开展以"推行承诺服务、提高服务质量"为宗旨的文明行业创建活动，都收到了良好效果，全县涌现出不少精神文明建设先进典型。大力实施科教兴县战略，在全县上下形成了尊重科学、尊师重教的良好氛围。在企业内部，不断提高各生产流程的科技含量，上马高科技的新产品，加强科学管理，培养科技人才，促进企业保质增产上效益。在农村大力开展创建科技先进乡镇活动和培训科技带头人活动，全县科技先进乡镇12个，占乡镇总数的57%。坚持每年举办各类科技培训班，不断引进和推广农业科技成果，在乡村开展科技承包活动，为农民提供产前、产中、产后一系列科技服务活动，确保农民增收。科技贡献率在工农业生产中分别达到32%和30%。教育工作坚持以素质教育为主，实施"普九"教育，稳定教师队伍，增加教育投入，全县94%的中、小学校实现"一无两有"，64%的学校实现了图书、仪器、体育器材三配套；职业中学面向社会招生，围绕产业设专业，为全县经济建设培养了一大批有用人才。全县21所农技校达到"六有"标准，城关、新店农技达到省级示范学校标准。卫生工作，通过加强基础设施建设，引进卫Ⅵ、卫Ⅷ、"农民健康工程"等项目，加强人才培训，更新医疗器械配备等，使全县医疗卫生综合实力明显提高。

（陈晓忠　李彩红）

沁源县

太岳明珠更璀璨

沁源，位于太岳山东麓，长治市西北，国土面积2554平方公里，全县辖4镇18乡，259个行政村，有1047个自然村，总人口15.6万人，其中农业人口13.86万人。有回族、白族、苗族、朝朝族等4个少数民族，少数民族人口占总人口的0.03%。在革命战争年代，沁源军民同仇敌忾，浴血奋战，以自己的血肉之躯，写就了可歌可泣的悲壮史诗。新中国诞生50年来，具有光荣革命传统的沁源人民，在党的领导下，以自己的勤劳、智慧和毅力，自力更生，艰苦奋斗，把一个经济凋敝、百孔千疮、"一穷二白"的旧沁源，建设成了欣欣向荣、蓬勃发展的新沁源。1998年全县国内生产总值达到5.9亿元，财政总收入突破5000万元大关，进入长治市中上游水平。昔日的抗日模范县，在新的历史时期里，似镶嵌在太岳山中的明珠一样，放射出更加夺目的光彩。

一、农村经济发展壮大

新中国成立后，沁源人民在自愿互利的基础上，经历了互助组、农业合作社、人民公社等一系列变革，其间有曲折，更有发展，为农业打下了较为坚实的基础。特别是党的十一届三中全会以来，农业体制进行了卓有成效的改革，尤其是家庭联产承包责任制的普遍推行和随之出现的多种形式、多种层次的经济联合，对农村的生产力发展起到了积极的促进作用，农村经济实现了快速发展，尤其是随着国家扶贫攻坚政策的实施，全县的农村经济发生了日新月异的变化，到1997年实现了整体脱贫的目标。农业生产也由过去的传统农业向现代农业转化，特别是农业产业化开发迈出了较大步伐。

第一，农业生产结构得到调整，农业产业化步伐进一步加快。多年来，全县坚持强化农业基础地位不动摇的指导思想，狠抓粮食生产，在粮食种植面积逐年减少的情况下（1978年至1998年减少1.35万亩），粮食生产仍然取得较好收成，尤其是1983、1984年，沁源粮食产量连续突破"亿斤关"，充分体现了实行家庭联产承包制的巨大作用。即使在1988年，沁源遭受了50年不遇的特大洪灾，粮食生产也出现了恢复性的回升。进入90年代以后，县委政府大力实施玉米、山药战略，粮食生产突破了一亿三千万斤大关，粮食生产连续几年稳步增长，为农村稳定发展奠定了坚实的基础。

第二，大力推广农业实用技术，科技兴农取得明显成绩。近几年来，为了保持农业的快速发展，全县把农业生产的着力点放在科技兴农上，科技兴农工作取得了重大突破。最为突出的是，在种植方式上，结合沁源气候实际，大打地膜覆盖“白色战役”，为农业增产起到了巨大的作用。和省高寒作物研究所联合开发，建立了脱毒种薯基地，解决了全县马铃薯种植的优种供应，种植面积扩大到6万亩，亩产平均达到3000公斤以上。大力推广种子包衣、微肥伴种、化控技术、立体种植、模式化栽培、病虫害防治、旱作农业等增产技术，使粮食增产有了科学的保障。在畜牧生产上，大打黄牛改良的“黄色战役”，黄牛改良取得显著成绩，改良覆盖面达到95%以上，属于全省之首，绒山羊改良也取得了较好的效果。在林业生产上重点推广容器育苗、“根宝”、“ABT”生根粉浸种技术，提高了营林质量。

第三，农业总产值和主要产品产量增长较快。1998年农业总产值11807万元，比1949年增长6倍，油料总产量达到705吨，比1949年增长1倍多，蔬菜总产量20000吨，增长数千倍。

50年来，林业生产也发生了巨大变化，在加强林业建设和防止森林火灾方面，做出了卓有成效的努力。尤其在营造用林、经济林方面，取得显著成绩1998年当年植树140万株，是1949年的5.8倍，造林面积达到4.8万亩。林业的生态建设步伐加快，有山皆绿，有水皆清，呈现出山青水秀的新面貌。

牧业生产自建国以来增长一直较快，牧业产值1998年达3856万元，比1949年增长了44.8倍。猪、牛、羊年末存栏比1949年分别增长38.9倍、2.5倍和3.85倍，尤其是畜产品加工开发迈出较大步伐，牧工商公司建起了屠宰生产线，红烧牛肉产品开发试产成功，为畜牧业的大发展奠定了坚实基础。

第四，乡镇企业异军突起，成为全县经济半壁河山。改革开放以来，沁源的乡镇企业发展迅速，成为人民群众经济的主要来源，成为脱贫致富的重要途径。1998年乡镇企业总产值达到65817万元，比1978年增长103倍；乡镇企业营业收入达到63043万元，比1978年增长105倍；乡镇企业实缴税金达到2360万元；乡镇企业从业人员达到12488人，增长1.61倍，为全县的经济发展作出了突出贡献。

二、工业体系初具规模

1949年，沁源的工业几乎是“空白”，仅有职工205人，产值13.8万元。50年的发展，沁源的工业从无到有不断壮大，形成了初具规模、布局较为合理的工业体系。

第一，形成了以煤炭生产为主的采掘业。全县经省批准的矿井发展到156个；原煤产量1998年达到274万吨，其中主焦、配焦煤190万吨，动力煤80万吨，1998年原煤产量相当于1950年的391倍。随着产量的提高，一批煤焦骨干企业迅速崛起。沁新煤焦股份公司原煤产量达到年产25万吨，年上缴利税在500万元以上，并率先进行股份公司改组，成为全省煤炭企业首家股份制改造的企业，并于1997年上马年产45万吨改扩建项目，到1999年底将峻工投产，上缴利税可达到1000万元以上，将占到全县财政收入的五分之一。除此以外，县营黄土坡有限责任公司年产量达到25万吨，马军峪煤矿、留神峪煤矿通过技改也达到了年产15万吨的能力。同时，乡镇煤矿也有一批达到了年产5—10万吨的能力，这些骨干企业的建设，构成全县工业经济的骨架，为全县的经济作出了突出贡献。

第二，形成了以原煤加工和生铁冶炼为主的冶炼业。为了适应市场的需求，并实现原煤转化加工增值，原煤的加工转化有了长足的发展。近年来，根据国家政策要求，全县新建改造焦厂53座，形成了100万吨的改造焦能力，完成了彻底取缔土焦的任务。同时，走煤焦化发展的路子，1991年建设了沁源县12万吨机焦厂，在煤焦转化上实现了新的突破，1995年又新建了4000吨炭黑生产线，使煤焦生产转化又迈出了新的步伐。1995年经专家论证，在原有的基础上，将原来的12万吨焦厂扩建为32万吨焦厂，并利用焦炉煤气制氨，煤焦化综合利用，这个项目目前正在实施。

除焦炭冶炼外，沁源的生铁冶炼和铝钒土冶炼也取得了显著成绩。目前生铁冶炼有具备规模生产的企业18个，总容量246方，年产量7万吨。沁源的铝钒土资源十分丰富，作为一项新型的产业，发展正处于初级阶段，目前全县铝钒土厂年产能力15万吨。此外，石灰石冶炼年产30万吨，能够满足当地生产和建设的需要。

第三，形成了以水泥、砖瓦生产为主的建材业。全县2个水泥厂，其中县营水泥厂经过技术改造达到了5万吨的能力。有118个砖瓦厂、耐火材料厂，年产砖瓦1700万块，而且还建成了2个利用废渣制砖的免烧砖厂，既符合国家环保要求，又合理地处理了工业废料，还有效地节约了土地资源。这些，为发展沁源的建筑业又提供了良好的条件。

第四，形成了以火力发电为主、送变电初具规模的电力工业。1949年，沁源没有电力工业，50年代后，沁源始建装机容量为1500千瓦的火力发电厂。70年代建成了装机容量12000千瓦的火电厂，至80年代，又新建了三处小水电站，总容量为1125千瓦。此外，全县新建了送变电站九处，农用10千伏高压线、3.5万伏高压线共长达2100公里。

第五，形成了以化肥生产为主的化工工业。沁源化工工业起步较晚，70年代初新建了年产3000吨合成氨的化肥厂。经过技术改造,1998 年已生产合成氨 2.5 万吨,由于全国化肥市场饱和,对化肥生产构成巨大威胁,县化肥厂加强成本管理,注重提高产品质量,生产的"灵空牌"碳酸氢氨获得全省名优产品称号。同时,与之配套的化工机械行业也具有一定的生产能力。

第六,形成了以农副产品为原料的加工业。为了加快农产品的加工转化,1998 年建成了中外合资原达变性淀粉有限公司,较好地解决了全县的马铃薯加工转化,所生产的 a 淀粉销往东南沿海省份,乃至日本、韩国、菲律宾、泰国、马来西亚等国家。建成了以玉米为原料的神康全氨基酸有限责任公司,玉米转化有了一条新的途径,产品销路很好,效益可观。建成了陶凤饲料加工厂,加快了农产品转化步伐,促进了全县养殖业的发展。此外,纤维板厂、食品加工厂、油坊、醋坊、豆腐坊等农副产品加工业都有新的发展。

上述的采掘、冶炼、加工、建材、电力、化工构成了沁源工业体系的骨架,成为沁源工业发展的骨干力量。其主要产品,如焦炭、原煤、化肥,在省内外市场都有较强的竞争能力,优质焦炭还远销海外。1998 年全县工业总产值达到 74142 万元,比 1949 年增长 630 倍。

三、交通通讯日新月异

沁源地处太岳山腹地,发展交通通讯事业具有十分重要的意义。建国初期,沁源的交通事业十分落后,除大的集镇以外,交通条件十分恶劣,尤其是由于沁源面积较大,人口居住分散,为交通事业的发展带来了很大困难。县委、政府致力突破交通运输的"瓶颈",大力发展交通事业,走出太岳山,修通致富路,通过艰苦的努力,沁源的交通运输业发生了巨大的变化。1998 年全县干线公路通车里程 481 公里,比 1949 年增长 12 倍;货物运输能力 1998 年达到 233 万吨,公路客运量 120 万人,纵贯全县南北的汾屯公路二级改造全面完工,全县 14 个乡镇实现了通油路,实现了村村通机动车。公路客运发展迅速,各个乡镇都开通了通往县城的客运班车,同时一部分乡镇所在地还兴起出租车事业,这些都为方便群众生活、促进经济发展提供了良好条件。值得一提的是 1998 年,沁沁铁路投入施工,成为沁源交通发展的一个重要里程碑。

通讯事业发展也十分迅速。70 年代初期,全县的通讯设施十分落后,只有几十部手摇电话,80 年代初期,进一步发展成为磁石电话,进入 90 年代以来,通讯事业日新月异,突飞猛进,1990 年首次开通了程控电话,1997 年全县各乡镇实现连网,并扩容到 9120 门,1997 年开通了移动电话和无线寻呼,至此,全县形成了四通八达的通讯网络,为经济发展提供了便利条件。

四、城乡市场日益繁荣,财政金融稳步增长

建国以来,尤其是党的十一届三中全会以来,随着改革、开放、搞活政策的落实,沁源的城乡市场出现了日益繁荣的兴旺景象。

1998 年全县城乡商业网点、服务机构发展到 1892 个,比 1949 年的 357 个(主要为小商贩点)增长了 5.4 倍,从业人员 7800 人,比 1949 年增长了 7.2 倍。并建设了一大批骨干商贸企业,红旗商场、豪门商场、康乐商场、金穗商场、一中购物中心等一批现代化服务设施的建设,使商业面貌发生了深刻变化。在营销方式上,通过开展创建无假冒伪劣商品门店、名牌产品服装专卖店、开办连锁店等办法,搞活了流通体制,繁荣活跃了市场。1998 年社会商品零售总额达到 14273 万元,比 1978 年增长 11.3 倍,比 1949 年增长 190 倍。

全县地方财政收入,1998 年达到 5255 万元,比 1949 年增长 282 倍。城乡居民储蓄存款余额 1998 年末为 22746 万元,比 1951 年增长 3 万倍,比 1978 年增长 110 倍。

五、社会事业蓬勃向上

50 年来,沁源的教育、科技、文化、卫生等项社会事业也同样发生了巨大变化,取得显著成就。1998 年全县各类学校发展到 415 所,比 1949 年增加了 249 所;在校学生达 3.06 万人,比 1949 年增加了 2.11 万人;专任教师 1920 人,增长了 5 倍。1998 年全县小学生的入学率、巩固率、毕业率、普及率均达到 98% 以上。各类成人教育、职业学校也得到较快发展。科技事业在 50 年中从无到有,由小到大,逐渐发展起来,目前全县已有各类科学技术人员 2195 人,科技服务机构基本形成网络,共完成中央、省、市交付的科技推广、研究项目近百个。群众的文化生活条件也得到较好的改善。乡镇、村文化站星罗棋布、影剧院平地拔起,建立了县电视台和教育电视台,建成了县城有线电视网络,为人民群众解决了收看电视难的问题。县、乡、村三级有线广播网得到普及。卫生事业也得到蓬勃发展,1998 年全县医院床位达到 585 张,比 1949 年增长了 80.7 倍;卫生专业人员 655 人,比 1949 年增长 97.2 倍。医疗技术进一步提高,三级保健网日趋健全,边远山区的各种急、慢性传染病、多发病、常见病得到了有效的预防,人民群众健康素质明显增强。城乡建

设、环保、体育、社会福利事业也发生了根本性的变化，各项社会事业在前进中发展，在新的历史时期，开创了崭新的局面。

此外，旅游事业做为一项“阳光产业”呈现出蓬勃发展的强劲势头。近年来，县委、政府把发展旅游事业做为调整产业结构的重点，加快了灵空山风景区建设，投资230万元，铺设了通往风景区的油路，建设了停车场，修建了招待所，并积极筹建引水工程，服务接待能力有了很大提高，同时，加强人员培训，服务质量有了新的提高。进入90年代，连续举办了七届“灵空山旅游避暑月”活动，旅游搭台，经贸唱戏，既扩大了沁源的知名度，也促进了经济发展。1998年旅游收入达到40万元，成为全省小有名气的旅游胜地。与此同时，花坡牧坡、沁河源头、太岳山军区旧址等旅游景点建设也有了进展，全县的旅游网络正在形成。

（段海林　史立峰）

高平市

高平崛起在今朝

高平市位于山西省东南部，晋城市北端，东接陵川，南毗泽洲，西邻沁水，北连长治。全市面积946平方公里，境内山峰高耸，河道纵横，丘陵连绵，土地肥沃，气候温和。1998年底总人口47.8万人。

高平市历史悠久，名胜古迹众多，现有国家级文物保护单位11处，省级文物保护单位11处，编入《中国名胜词典》9处，具有丰富的旅游资源。公元前419年，高平始称泫氏，战国后期改称长平，公元529年，设高平县，1993年5月12日，经国务院批准，撤高平县，设高平市（省辖县级市，由晋城市代管）。

中华人民共和国成立以来，高平人民发挥自己的聪明才智，艰苦奋斗，建设美好家园，高平的面貌发生了翻天覆地的巨大变化。1998年，全市国内生产总值达到22.05亿元，比1950年增长197倍，年均递增9.2%，财政总收入达到1.51亿元，其中地方财政收入8055万元，比1949年增长136倍，年均递增10.6%（现价）。党的十一届三中全会以后，高平的经济持续快速发展，国内生产总值增长了24倍，年均递增12.8%，地方财政收入增长了65.5倍，年均递增9.4%。

欣欣向荣的农村经济

高平市现有耕地3.9万公顷，人均耕地1.2亩。主要农作物品种有小麦、玉米、谷子、高粱等。建国50年来，高平农业生产稳步发展，农业总产值年均递增3.6%，粮食总产量年均递增2.9%。

1945年6月高平解放后，土地改革运动随即展开，1949年全县土改胜利结束，翻身作主的农民生产积极性空前提高。到1956年，对农业的社会主义改造就已胜利完成，1949至1957的8年间，高平的粮食总产量增长了66%，年均增长6.6%。1958年开始的人民公社化运动，人为拔高了农业生产关系，加上“浮夸风”、“共产风”、瞎指挥和严重的自然灾害，极大挫伤了农民的积极性，导致农业生产连续三年遭受严重损失。其后的国民经济三年调整时期，农业生产有所恢复，但亦未达到1957年的水平。1966年文化大革命开始后，以阶级斗争为纲，割资本主义尾巴，取消自留地、家庭副业，部分地方恢复大队核算，再次挫伤了农民生产积极性，农业生产徘徊不前，1978年和1957年相比，21年间粮食总产量只增长了25%，年平均递增率仅为1.1%。

党的十一届三中全会以后开始的农村经济体制改革使高平农业生产步入了快车道。20年来，农业总产值年均增长4.8%，粮食产量翻了近一番，年均增长3.4%。进入90年代以来，高平的农业在集约化、商品化和产业化方面取得了长足的发展，已被国家列为商品粮基地和商品瘦肉型猪基地，每年向市场提供商品猪15万头左右，1998年肉类总产量1.12万吨，比1978年增长了3.5倍，年均增长6.6%。高平素有“梨果之乡”美称，所产黄梨个大，耐贮运，甜酸适度，行销省内外。改革开放以来，水果生产发展迅速，现有果园面积6万余亩，水果总产量2.5万吨，主要品种有梨、苹果等。改革开放20年来，广大农民以市场为导向，发展效益型、科技型农业，因地制宜大办乡镇企业，生产效益不断提高，农民收入连年大幅度增加，农村经济欣欣向荣，农民生活蒸蒸日上。1998年，农村经济总收入达到33.5亿元,比1978年增长61倍,年均增长22.9%,农民人均纯收入达到2519元,和1978年相比增长35倍,年均增长19.6%。1978年以来,全市绝大部分农户都盖起了新房,彩电已经基本普及,摩托车、电话等新的大件正在大量进入农家,1998年底,全市储蓄存款余额达到18.7亿元,比1978年增长216倍,年均递增30.9%。广大农民告别了昔日的贫困,走上了致富之路。1996年全市农村已整体达到"小康"水平,是全省13个首批达到小康的县(市)之一。

以煤为主的工业体系

高平市矿藏资源相当丰富,主要有煤、铁、石灰石等,特别是煤炭,不仅分布广、储量大,而且埋藏浅、易开采,素称"煤铁之乡",全市含煤面积271平方公里,地质储量30亿吨,均系优质无烟煤。

建国以来的50年间,依托丰富的地下资源,高平市建立起了独具特色的以能源原材料工业为主体的工业经济,主要生产门类有:煤炭采掘与初加工、生铁冶炼及铸造、建材、化工、食品、机械、轻纺等。1998年全市乡及乡以上工业总产值达到7.2亿元,和1949年相比增长223倍,年均递增11%。1998年,全市原煤产量达到905万吨,比改革开放前增加3.2倍,年生产能力已达到1000万吨以上。高平市是山西省首批20个重点产煤县市之一,也是晋城市化肥原料煤基地的重要组成部分。

高平市工业生产的发展大体经历了四个阶段。

建国初至1957年,完成了生产资料所有制社会主义改造,一批私营企业或公私合营企业改造为国营或集体企业,个体手工业户走上了手工业合作化的道路,新庄煤矿、申家庄煤矿、马村铁厂、农机厂、机电厂等一批骨干企业建成投产,全市工业生产持续快速发展,8年间工业总产值增长了2.13倍,年均递增15.3%。

1958年至1965年的8年里,受"大跃进"左倾干扰和自然灾害的影响,高平工业生产经历了大的动荡和波折。1963年开始的三年经济调整,使工业生产得以逐渐恢复,至1965年,工业总产值重新达到1960年的水平,在此期间,建成投产了望云煤矿、赵庄煤矿、牛山煤矿、水泥厂、高平丝厂、唐安丝厂等一批重点企业。

厦普赛尔黄梨汁　　程画梅　摄

十年动乱期间,高平工业受到严重影响,1967、1968两年连续出现负增长。文革中后期,国家在高平市先后投资新建了化肥厂、造纸厂、链条厂、变压器厂等一批骨干企业,为高平的工业经济注入了新的活力。在此期间,以乡村煤矿为主体的乡镇企业也得到了一定发展,1976年,全市工业总产值5931万元,10年间增长78%,年均递增5.9%。

改革开放20年,高平的工业经济插上了腾飞的翅膀,工业总产值年均递增11%。

——国有经济进一步发展壮大。新建了伯方煤矿、南阳煤矿、七佛山药业有限公司等新的企业,国有企业已达25个。6个国有煤矿全部进行了技改和改建,年生产能力均达到45万吨以上,大部分煤矿建设了洗煤厂。化肥厂经过扩建年生产能力已超过10万吨,磷肥厂的年生产能力也达到2万吨以上。建国50年来,国有工业企业一直是高平市国民经济最重要的支柱。

——乡镇企业异军突起。20年间,高平乡镇企业经历了由最初的数量型扩张到后来的企业上规模、产品上档次,再到现在的集团化发展道路,厦普塞尔黄梨汁饮料有限公司、东城化工公司、三甲暖气总厂等一批工业集团产品畅销国内外市场,1998年,全市乡镇工业总产值已占全市全部工业总产值的89%,乡镇企业的大发展支撑了高平经济的持续高速增长和农民收入的连年大幅度增加。1998年,乡镇企业利税总额达到3.29亿元,比1978年增长了28倍,年均递增33%。

——私营企业健康发展。文革期间,私营企业当作"资本主义经济"被取缔,1978年后,国家鼓励扶植个体经济的发展,私营企业迅速发展。目前,私营经济已成为高平经济的重要组成部分,其经济总量已占全市经济总量的三分之一,涌现了一批私营经济大户,如工贸实业公司,产值上亿元,纳税超百万。

日新月异的城市建设

建国初期,高平城仅有一条长791米,宽6米的石铺路面街道和14条土路小巷,"晴天满街灰、雨天遍地泥"是旧高平城的真实写照。从中华人民共和国成立到1978年30年的时间里,县城的面貌虽然发生了很大的变化,但仍远远不能适应经济建设和各项社会事业的发展,交通不便,信息闭塞,人民生活有诸多不便。

党的十一届三中全会以后,高平市政建设进入了一个黄金时期,“六五”期间,建成了新建路、建设路、友谊街、泫氏街、长平街,搭起了城市的基本框架。“七五”到“八五”的10年间建成了万吨自来水厂,从根本上改善了市区供水紧张状况。新建了人民医院,市一中、二中、三中、四中、幼儿园、体育场、影剧院等公用设施;以后又新建了丹河路、城市中心广场。建市20年间,兴建了一大批办公楼,从根本上改善了党政机关办公条件。现在的高平市街道宽阔整洁,高层建筑鳞次栉比,公用服务设施配套完善,功能齐全,一个小型的现代化城市已初具雏形。进入90年代以后,高平市开通了程控电话,实现了国际国内长途直拨,到1998年底,电话交换机容量已达2.75万门,无线寻呼、移动通讯等现代化通讯事业得到迅速发展。

改革开放以来,高平市主要采取集中建设商品房、单位集资建房和居民个人建房等三种方式,从根本上解决了城市居民住房困难,城市居民人均住房面积达到12平方米以上。

为了解决经济快速发展带来的一系列环境污染问题,高平市加大了环保工作力度,三废排放达标量、生活垃圾清运量、无害处理量等指标年年递增,环境噪声达标面积已达到9平方公里,环卫机械化水平不断提高。大力推行集中供暖、供气,城市供暖面积达到25万平方米,10%的城市人口用上了液化气等新型燃料。1980年,高平成立了市区绿化队,市区绿地覆盖率已达9%。

高平市的交通以公路为主,建国初期,高平只有几条为数不多的出境道路,且路面等级很低。文革以前的17年间,国家在高平修建了2条干线公路,太大公路高平段41公里,沁辉公路高平段45公里,文革期间,高平市新建4条县级公路,全长42公里,党的十一届三中全会以后,为了解决交通运输对经济发展的瓶颈制约,公路建设开始加快,1979年,原太大公路扩建为太洛公路,新建了全长18公里的高平至太义公路。1983年前后高平市兴起了第一次公路建设高潮,新建改建县级公路133公里,乡村公路104公里。20年间,公路建设一直被各级政府视为发展经济的先决条件而紧抓不放。目前,高平已实现了乡乡(镇镇)通油路,村村通公路的目标,境内公路总里程达到1500公里,比1978年增加4.7倍,太焦铁路、太洛公路纵贯南北,沁辉公路横穿东西,境内公路已构成全市大循环,交通运输十分便利。

20年间,高平市建成11万伏变电站两座,3.5万伏变电站15座,大大缓解了城乡用电难的问题,全市通电村庄达到100%,年用电量已达3亿度以上,比1978年增长了5倍多。目前,全市正在进行大规模城乡电网改造,城乡供电能力将会大大提高。

蓬勃兴起的第三产业

建国初期,高平的第三产业门类主要是商业、饮食业等,范围窄、规模小,其主体是私营经济,这种情况一直持续到1953年。在随后的“一化三改造”中,私营企业走上了公私合营、集体经济的道路。到1958年,私营商业基本绝迹。在此期间,国营商业、供销合作社经济迅速壮大,其在社会商品零售总额中所占比重达到86.6%。1949至1957年的8年间,社会商品零售总额增长了1.6倍,年均递增6%。1958年至1978年的20年间,流通领域的合营私营经济被作为资本主义尾巴割掉,国合商业一统天下,全部纳入计划范围。商品匮乏,凭证、凭票定量供应,人民生活十分不便。这20年中,社会商品零售总额增长2.2倍,年均增长5.8%。党的十一届三中全会以后,第三产业得到了空前大发展,私营经济作为流通领域的重要组成部分,重新取得了自己应有的地位。除传统的商业、饮食服务业以外,交通运输、技术服务、中介组织等一批新的第三产业门类蓬勃兴起。20年来,城乡新建、扩建了一批新的三产服务设施,有力地支援了工农业生产,大大方便了人民的生活。建市6年来,第三产业的增长速度远远高于第一、二产业。1998年,第三产业增加值为6.09亿元,占GDP的比重为27.6%。社会商品零售总额达到4.05亿元,比改革开放前增长7倍,年均递增11%。

建国以后,特别是党的十一届三中全会以来,高平的教育、科技、文化、卫生等社会事业发展迅速。

教育。20年来,市、乡、村三级教育投入连年增加,办学条件大为改善。1985年高平市完成扫盲任务,基本实现无盲县,1995年,全市基本上普及了九年制义务教育,1998年底,全市有各级各类学校541所,在校学生6.4万人。学龄儿童入学率达到100%,初中入学率达到91%。

科技。全市现有科研机构4个,科技活动机构90个,各种专业性质的学会14个,各乡镇均建有农科站和科普协会。各类专业技术人员12000人,其中高、中级职称人员2500人。近年来,获省级鉴定的科研项目7项,地市级科研项目27项,各种科学技术的引进推广应用已经收到了很大成效。

全市现有文化事业机构31个,群众文化生活丰富多彩。近年来,涌现了一批优秀演员和优秀作品,上党梆子演员张爱珍被评为国家一级演员，荣获国家级戏剧梅花奖。

建市以来，广播电视业发展迅速，办起了有线电视台和广播电台。大多数行政村建起了卫星电视地面接收站，80%以上的人口看上了清晰的闭路电视。

医疗卫生。全市现有各种卫生机构52个，医院26所，床位1268张，卫生技术人员1152人，儿童四苗接种率达100%。市人民医院已拥有CT等一批高档诊疗设备，诊疗水平大大提高，人民群众看病难的问题已经得到缓解。

体育。为适应富裕起来的城乡居民对体育消费的追求，近年来，在市区建起了体育场、训练场、游泳池、旱冰场等一批体育活动场所，群众性的体育活动蓬勃开展。

改革开放以来，高平的计划生育工作卓有成效，1986年国务院授予高平市“计划生育红旗县”。

在即将跨入新世纪的时候，高平人民制定了新的奋斗目标。在2006年以前，全市达到富裕型小康社会标准，奋斗12年，在2010年，将高平建成经济强市、财政富市、流通旺市、旅游名市。

（梁瑞锁　郜华伟）

晋城市城区

凭借资源优势　走向全面发展

晋城市城区地处山西省东南部太行山的中心腹地，面积149.6平方公里，在1985年的市管县体制改革中组建，是晋城市委、市政府，泽州县政府所在地，是晋城市政治、经济、文化中心。城区共有3个乡、5个办事处，123个村（居）委，419个自然村，23.83万人口，其中，非农业人口15.12万人。1998年，全区实现国内生产总值13.6亿元，财政总收入7741万元。区内交通发达，太焦铁路、太洛公路纵贯全境，晋张、晋陵、晋韩公路横穿东西。凭借优越的自然资源优势，依靠全区人民的艰苦奋斗，50年来，特别是建区14年来，晋城市城区的经济、社会面貌发生了翻天覆地的变化，取得了辉煌的发展成就，逐步形成了富有特色的产业结构和经济格局。

市区风貌

新中国成立后，经过3年恢复时期，初步奠定了城区经济发展的基础，从第一个五年计划开始，在党的正确路线、方针、政策指导下，经过26年的艰苦努力，城区工农业生产和各项社会事业均得到了长足的发展，到70年代末，基本形成了以煤炭、冶炼、化工、机械等资源型重工业为主的工业格局。党的十一届三中全会以后，改革的浪潮给城区经济发展注入了新的生机和活力，工农业生产发展迅猛，各项社会事业空前繁荣。经过50年的建设，城区农业经济成就显著，基础地位更加扎实，工业经济成倍扩张，支柱地位更加牢固，科技、文教、卫生等各项社会事业也有了巨大的发展，人民生活水平有了显著提高。

一、第一产业稳步发展

解放初，城区的主要支柱产业是农业，农业增加值占国内生产总值的80%。但农业产值的规模仅有441万元，经过50年的发展，特别是改革开放以来20年的发展，农业生产规模、农业机械化水平和农业现代化方面取得了惊人的成就。

（一）农业产出率不断提高

解放初，城区粮食产量仅10700吨，亩产只有112公斤，农业总产值441万元。随着公有制经济的建立，调动了农民的生产积极性，粮食产量稳步增长。1978年，全区粮食总产量达15658吨，比解放初增长了

46.3%。党的十一届三中全会后,农村通过实行以家庭联产承包为主的生产责任制,进一步调动了农民的生产积极性,农业经济快速增长。1998年城区农业总产值达到7212万元,比1949年和1978年分别增长16倍和10倍,在播种面积平均每年下降8.5%的情况下,粮食总产量仍以每年2%的速度递增,1998年达到18828吨,比1978年提高3170吨,平均每年提高0.9%。经济作物也有了较快的发展,1998年蔬菜总产达到37987吨,与1978年相比增长246.5%,与解放初期相比提高12倍,较好地解决了城乡居民"吃菜难"的问题。

(二)农业机械化、现代化水平有了显著提高

解放初,城区农机化和现代化基本是一片空白,1963年农机总动力仅有963千瓦,农村用电量为36万千瓦小时,农业人口平均每人每年用电7度。1971年化肥施用量仅有259公斤。1998年城区的农机总动力达到106504千瓦小时,比1978年增长5.4倍,农村用电量达到6027万千瓦小时,比1978年增长19倍,化肥施用量达到1392吨,比1978年提高了1.4倍,农业机械化水平的大幅度提高,极大地促进了农业生产的发展。

二、第二产业迅猛崛起

建国初期,城区除了十几家手工作坊,工业几乎是空白。三年恢复时期,城区完成了对资本主义工商业的改造,1951年开始筹建第一个集体工业企业,第一个五年计划期间,城区工业以较快速度发展。党的十一届三中全会后,随着经济体制改革的不断深入,城区的工业企业普遍实行了厂长负责制,充分调动了广大职工的工作积极性和主人翁责任感,企业坚持以提高经济效益为中心,以市场为导向,调整产业结构,扩大市场营销,形成了以建材、轻工为主的新的产业格局。经过50年的发展,城区已建立了雄厚的工业基础,工业生产规模、速度及效益都发生了可喜的变化。

1997年城区工业产值已超过20亿元,与解放初期相比,平均每年递增11.7%。党的十一届三中全会以后的20年,企业迈出了新步伐,工业总产值以平均每年12.7%的速度递增,生产高速发展,经济效益大幅度提高。

三、第三产业方兴未艾

50年来,城区的各项社会事业在经济不断发展的基础上得到了较快的发展,特别是党的十一届三中全会以来,经济的高速发展对各项社会事业的发展提出了新的要求,并给其发展奠定了基础来源,加之党对各项社会事业发展的高度重视,使城区以批零贸易、文化娱乐为主的第三产业得到了长足的发展。1998年,全区社会消费品零售总额达12.2亿元,人均位列全省前茅,第三产业实现增加值6.2亿元。第三产业增加值占国内生产总值的比重在1949年仅为9%,到1998年增加到46%,第三产业增加值的年均递增速度由改革前的10%提高到改革后的26%。

(一)教育事业蓬勃发展

解放初,城区只有1所普通中学、55所小学,儿童入学十分困难,经过50年的发展,辖区内已发展到129所学校,其中,普通中学20所,职业中学5所,教师进修校1所,小学102所,具有一支近4891人的教师队伍,与解放初相比增长了32倍,中小学入学率巩固率达到100%。

(二)医疗水平不断提高

解放初,城区仅有1所医院,医护人员总计115人,各种医疗设备和卫生防疫基本处于空白。经过50年的发展,到1998年底,城区已拥有医院、防疫站、药检所、妇幼院、卫生所等医疗机构33个,其中二等甲级医院2所,大型医疗设备55台,并拥有一支978人的医护大军,每天可保证395余人住院就医。医疗水平有了很大提高,实现了村村有卫生所、乡乡有卫生院,基本实现了小病在社区、大病住医院,各种传染疾病得到有效控制,群众的就医条件也有了很大的改善。

(三)基础设施不断完善

经济要发展,交通要先行,交通是经济发展的前提。解放以后,特别是党的十一届三中全会以来,城区的交通事业得到了长足的发展,到1998年末,全区除主要公路干线外,乡乡都与干线公路接通,实现了村村通油路,形成了纵横交错、四通八达的交通网。同时交通运输工具也发生了巨大变化。到1998年底,城区已有载重汽车2973辆,大、小客车985辆。年公路货运量达到1362吨,货运周转量达67310万吨公里,客运量4954万人,客运周转量达51847万人公里。交通运输事业的发展对振兴城区经济发挥了具大的推动作用。广播电视、通讯事业发展迅速,广播电视覆盖率达到100%,基本实现了村村通电话。

四、人民生活极大改善

解放后,城区人民生活水平得到了不断的改善,但真正解决群众温饱问题,群众生活水平开始迈向小康则在党的十一届三中全会以后。1993年率先跨入全市小康县(区)行列,1997年被正式命名为全省首批小康县(区)。

(一)城市职工工资水平大幅度提高

解放初,城区的职工年平均工资水平为246元,1978年发展到666元,增长了2.7倍。到1998年,职工平均工资为5293元,比1978年增长了7.9倍,是三中全会前工资增加幅度的2.9倍。职工工资不断增长的同时,随着计划生育国策不断贯彻落实,职工的负担系数大大下降,城市居民的生活水平有了普遍提高。

(二)农民收入成倍增长

第一个五年计划初,城区的农民人均年收入仅为36元,1998年达到3382元,增加3346元,提高了93.9倍,平均每年递增9.5%,其中党的十一届三中全会前26年中增长2.9倍,平均每年递增4.1%,党的十一届三中全会后20年增长32.8倍,平均每年递增19.1%,增速相比快3.7倍。

(侯虎胜　李晋根)

泽州县

小康建设硕果盈

泽州县是1996年8月经国务院批准由原来的晋城市郊区撤区建县的。它地处山西省东南部,雄踞太行,是山西省通向中原的重要门户。总面积2023平方公里,下辖26个乡(镇),639个行政村,总人口51.17万人,是国家级商品粮基地和山西省第一个国家级科技引导社会发展综合实验区。境内矿产资源丰富,素有"煤铁之乡"的美誉,是较为典型的资源富集型地区。

新中国成立后,百废待兴,百业待兴,县委、县政府在国民经济恢复时期带领广大人民发展生产,努力恢复国民经济,对农业、手工业和资本主义工商业进行了社会主义改造,为全面开始社会主义建设奠定了基础。经过30年的艰苦奋斗,泽州县工农业生产和各项社会事业发展均取得了可喜成就。党的十一届三中全会之后,泽州县社会经济各方面都发生了广泛而深刻的变革,各行各业进一步焕发出巨大生机和活力,社会经济取得了长足进步和发展,发生了翻天覆地的变化。县域综合经济实力明显增强,农村经济不断攀升新台阶,乡镇企业异军突起,各项社会事业发展迅速,人民生活质量显著改善,取得了令人瞩目的成就。

县域综合经济实力明显增强

解放初期,泽州县综合经济实力相当薄弱。经过50年发展,特别是改革开放20年来,县域综合经济实力明显增强,经济总量不断扩张,经济结构渐趋合理,财政收入稳步增长,跨入山西省经济强县,并曾进入全国综合经济实力百强县行列。

(一)经济总量不断扩张

1949年建国初期,泽州县国内生产总值为1680万元,人均国内生产总值只有69.4元,处于相当低的水平。随着国民经济逐步恢复,经济总量不断增长,1949年至1978年,国内生产总值年平均增长速度为7.5%。改革开放以后,增长速度加快,1992年国内生产总值突破10亿元,到1998年,达到44.23亿元,人均达到8644元,1978－1998年,年平均增长速度高达18%。

(二)经济结构不断优化

解放初期泽州县的国民经济内部构成中,第一产业占绝大部分,第二产业比重较低,第三产业才刚刚起步,1949年三次产业比例为90:8.4:1.6,产业结构单一。在国民经济恢复和社会主义改造结束后,产业结构有所改善。改革开放以来,生产力得到极大解放,呈现出超常发展态势,特别是近几年来,泽州县加大产业结构调整力度,抓农业基础,促工业生产,大力发展第三产业,到1998年底,国民经济内部构成中,三次产业比例为8.2:59.7:32.1,产业结构渐趋合理,生产力极大发展,为经济可持续发展奠定了基础。

(三)财政收入稳步提高

1949年新中国成立后,泽州县财政收入仅有60.79万元,经过国民经济恢复期以后,财政收入逐年增长,1949－1978年财政收入年平均增长速度为10.3%。党的十一届三中全会以来,财政收入年平均增长速度达到了13.4%。特别是1995年以来,县委、县政府坚持把财税征管与税源培植结合起来,使财政收入再创佳绩,1995－1998年财政收入年平均递增速度达

21.1%,高于同期经济增长速度2.8个百分点。到1998年,地方财政收入达到13017万元,对全县经济调控能力明显增强。

农村经济全面发展

泽州县是农业大县,建国初期农业不仅是国民经济的基础产业,而且是支柱产业,1949年农业在国民经济中的比重高达90%,但农业总产值只有3565万元,农村经济不发达。经过建国几十年特别是改革开放20年的发展,主要农产品产量、农业生产条件和现代化农业建设都取得了很大成就,农村经济发生了巨大变化。

(一)主要农产品产量大幅增长

泽州县在建国初期粮食总产量只有74900吨,亩产为117.5公斤,不能满足人民生活需要。伴随着新中国成立,劳动人民真正做了主人,生产积极性得到大调动,粮食产量连年增长。但到了1958年以后,由于生产关系逐渐不能适应生产力的发展,再加上“浮夸风”和自然灾害的侵袭,农村经济出现了停滞不前的局面。直到1978年党的十一届三中全会以后,农村开始实行联产承包责任制,农村生产力空前解放,农民积极性充分发挥,农村经济开始出现跳跃式的发展势头。到1998年泽州县粮食产量达239918吨,亩产248公斤,蔬菜、肉类产量也迅速提高,有效地保障了人民的生活需要。

东四义新村　　　　程画梅　摄

(二)农业生产条件全面改善

新中国成立后,泽州县农业机械化和现代化基本上是空白,农业生产还是沿袭传统的方式,农业科技应用很少,还停留在“靠天吃饭”的水平。党的十一届三中全会以来,由于政府的重视和农民生产积极性的提高,农业生产条件得到了全面改善,农业投入连年增加,机械化水平大幅度提高,农业科技队伍、服务网络得到恢复和发展,农业科技含量增加,抵御自然灾害能力增强,极大地促进了农业生产的发展。

(三)农业产业化进程加快

改革开放前的近30年,泽州县农业基本上停留在传统农业水平上,处于“自给半自给”状态。改革开放后,开始了由传统农业向现代农业的转变,特别是进入90年代后,县委、县政府将发展农业产业化作为带动全县农村经济发展的突破口,积极培育了一批龙头企业和农副产品生产基地,初步形成了多元化、多层次、多形式的农业产业化经营格局,为农村经济发展注入了新的生机和活力。

工业经济迅猛崛起

建国初期,泽州县工业占国民经济比重仅为8%左右,基础相当薄弱。经过几十年发展,现在其在国民经济中所占比重已达到59.7%,具有举足轻重的地位。特别是改革开放后,乡镇企业开始发展并呈现出强大的生命力,取得了令人瞩目的成就。

(一)工业经济持续发展

泽州县工业是在建国初期的手工业作坊基础上发展起来的,1949年工业总产值仅为705.13万元,经过国民经济恢复时期,泽州县基本完成了对手工业和资本主义工商业的改造,形成了初步的工业经济基础。到1970年,泽州县形成了全国闻名的“五小工业”体系,在此期间,工业以较快的速度发展。改革开放后,随着经济体制改革的深入,工业企业普遍实行了厂长(经理)负责制,生产力得到极大发展,到目前为止,泽州县已建立了雄厚的工业基础,经济效益、生产规模都发生了可喜变化。初步形成了以煤炭、铸造、建材、电力、食品、机械电子、化工医药为主体的门类比较齐全的综合性工业体系。1998年,全县乡及乡以上工业总产值达到了88540万元,与1949年相比,年平均增长速度为10.4%。

(二)乡镇企业异军突起

乡镇企业是改革开放的产物，是在计划经济时期为数甚微的社队企业基础上发展起来的。党的十一届三中全会以来，随着党的农村政策的落实和改革开放政策的贯彻执行，在经济体制改革浪潮的推动下，泽州县乡镇企业如雨后春笋般异军突起，呈现出前所未有的大发展。短短20年，乡镇企业从无到有，从小到大，80年代已“三分天下有其一”，90年代突破“半壁江山”，现已拓展至“十分天下有其九”，成为全县经济的重要支柱和最具活力的增长极，到1997年，全县乡镇企业总产值超过100亿元，连续6年居全省之首，与1978年相比，年平均增长速度达28.9%，为全县农村经济繁荣起到了重要的支持和促进作用。

各项社会事业生机勃勃

建国以来，随着泽州县经济的不断发展，各项社会事业也得到了较快发展。特别是改革开放以来，经济的持续高速发展，对各项社会事业提出了新的要求，提供了强大动力，使泽州县各项社会事业得到了巨大发展。

（一）教育事业大步前进

新中国成立后，泽州县只有525所学校，教职工只有568人，适龄儿童入学困难，教育事业相对落后。经过50年发展，全县已有920所学校，具有一支6451人的教师队伍，在校学生数达70853人，小学入学率为100%，初中适龄少年入学率达98%。农村实现全国教育领先，并基本形成县、乡、村三级成人教育网络。

（二）医疗卫生水平不断提高

泽州县人民有优良的卫生传统，东四义村早在建国初期就被命名为“全国卫生模范村”。经过几十年发展，特别是改革开放以后，泽州县已基本形成县、乡、村三级医疗卫生网络，全县的医疗卫生机构由建国初的1所发展到628所，卫生工作人员由原来的10人发展到3636人，各类现代化高水平的医疗设备齐全，医疗卫生水平有了很大提高，实现了村村有卫生所、乡乡有卫生院，群众就医条件有了极大改善。

（三）基础设施建设成效显著

建国初期，泽州县的基础设施相对滞后，成为限制社会经济发展的“瓶颈”。针对这种情况，县委、县政府带领广大人民经过几十年努力使局面有所改善。改革开放以后，随着社会进步和经济发展，基础设施建设出现了前所未有的好势头，发生了巨大的变化。境内形成了以太焦、侯月铁路、207国道为主，以晋阳、晋陵、晋张、晋韩和乡级公路为辅的四通八达的交通网络，实现了乡乡通油路、村村通汽车；大力发展电力建设，实现了村村通电；邮电通讯业发展迅速，实现了和全国通讯系统联网，程控电话网络覆盖全县所有乡村。基础设施的改善，为泽州县社会和经济发展奠定了良好的基础。

人民生活质量显著改善

新中国的成立使全县人民告别了“水深火热”的旧社会，但由于受经济发展的限制，一直到改革开放前，还没有有效解决“温饱”问题。党的十一届三中全会以后，泽州县经济和社会事业得到空前发展，泽州人民已经永远告别了贫困，过上了“温饱”有余的生活，越来越多的群众过上了“小康”的日子。

（一）农民人均纯收入逐年攀升

解放初期，泽州县农民年人均纯收入只有30元，直到1978年以前还一直在100元以下徘徊。改革开放以后农村生产力极大解放，加之市场经济体制的建立和乡镇企业的超常规发展，农民的收入渠道进一步拓宽，来源进一步增多，收入水平和有效购买力均大幅度提高。1978－1998年，泽州县农民人均纯收入由118元增加到2950元，增长了24倍，年均递增率达17.5%。农民生活水平随之明显提高。

（二）农民消费水平和消费质量稳步提高

经过几十年的发展，特别是党的十一届三中全会以来，农村经济的长足发展和农民收入的不断增加，为满足农民消费提供了有力保证，扭转了长期以来农民消费水平和质量低下的状况。1998年泽州县农民人均消费水平达1300元，消费质量和结构都发生了很大变化。食品消费由吃饱变为吃好，居住消费由数量扩充变为质量提高，家庭用品消费由实用俭朴型转向高档耐用品，文化用品和服务消费明显上升。社会消费品零售总额达36833万元，与1949年比较，年平均增长速度为17%。

（三）小康建设步伐明显加快

建国后，泽州县人民为摆脱贫困、实现“温饱”奋斗了几十年。改革开放使这一目标变成现实，进入90年代后，泽州人民把目标瞄准了小康，广大农村开始向小康迈进。县委、县政府以小康建设总揽农村工作全局，全面实施赶超战略，分步骤加快小康建设，到1995年提前实现了基本建成小康县的目标，成为小康建设示范县。全县80%以上乡（镇）、村、农户达到小康标准，现在正在向宽裕型小康过渡。

（史中茂　马剑华）

沁水县

历经五十年 沁水换新颜

沁水县位于山西省东南部,地处太行、太岳、中条三山交汇处,东接长平,西临禹门,南屏王屋,北倚太岳。当潞(长治)泽(晋城)之门户,扼蒲(运城)之咽喉。境内山峦重叠,沟壑纵横,高程悬殊,自然资源非常丰富,矿藏中煤、铁储量较大。1998年底,全县人口210355人。

新中国成立以来,沁水人民在党的领导下,发扬革命老区的光荣传统,经过50年特别是改革开放20年的艰苦奋斗,沁水发生了翻天覆地的变化,综合实力显著增强,社会事业不断发展,人民生活明显改善。

一、农村经济全面增长

建国初期,全县不少地方组织了临时性的互助组,并逐渐发展成为常年互助组。1951年,县委制定出试办农业合作社的十条规定,全县初级社不断发展,到1955年发展到562个。农业生产也有了较大的发展,到1952年全县农林牧渔业总产值比1949年增长15.7%,粮食产量达到43927吨,增长16.1%,棉花、油料、猪牛羊肉产量均有所增长。之后,根据中央《关于农业合作化的决议》精神,全县于1956年底普遍建立了高级农业生产合作社,1958年建立人民公社。由于受"左"的错误的影响,农民没有自主权,生产积极性受挫,束缚了农业的发展。1978年党的十一届三中全会后,全县普遍实行了各种形式的农业生产责任制,先是联产到组,后是联产到户,1983年全县全部实行了包产到户包干到户的生产责任制,生产力得到解放,农业生产有了长足的发展。到1980年全县农林牧渔业总产值比1949年增长146.2%,其中粮食产量达到71054吨,增长87.8%,油料产量达到1507吨,增长81.1%,猪牛羊肉产量达到1490吨,增长36.3倍。随着农村改革的深入,农村经济进入全面高速增长阶段,成绩显著。一是科技兴农力度不断加大。在一批科技示范户的带动下,全县先后示范推广了50多项农业新技术、新品种、新成果,有5个乡镇跨入全省科技工作先进行列,科技进步在农业经济增长中的贡献份额提高到35%。二是农业产业化经营初具规模。到1998年底大牲畜饲养量达到55209头,位于晋城市前列;以核桃、花椒、红枣、仁用杏为主的经济林种植面积达到18万多亩,基本实现了农村人均一亩经济林;具有传统优势的蚕桑业大发展,1998年蚕茧产量达到930吨,成为全市、全省乃至华北地区栽桑养蚕第一县;蔬菜生产大发展,建起大棚1500多栋,建立商品菜基地近万亩,有效地解决了城乡人民吃菜难的问题,每年还大批调出。三是乡镇企业异军突起,企业规模不断扩大。依托矿产资源优势和农业资源优势,在农副产品加工、煤炭、机械产品的开发上成绩突出。1998年,乡镇企业完成总产值18.02亿元,营业收入15.03亿元,分别比1980年增长122.9倍和153.8倍,年均增长32.3%和30.7%。到1998年,全县农林牧渔业总产值达到3.25亿元,比1980年增长8.8倍,其中粮食生产达到创历史记录的97287吨,增长36.9%,油料产量达到5019吨,增长2.3倍,猪牛羊肉产量达到5748吨,增长2.9倍,整个农村经济面貌有了明显改观。

二、工业实力明显增强

沁水工业起步于五十年代末,县潜水泵厂、永安煤矿、缫丝厂、丝织厂、印刷厂、工具厂等工矿企业都建于那时,到1965年,工业总产值达到484万元,比建国时增长3.7倍。70年代初,沁水工业再起建设高潮,沁河仪表厂、加丰电厂、曲堤水轮泵站、中村铁厂、水泥厂、塑料制品厂、中村煤矿、永红煤矿陆续建成投产,工业实力进一步加强。1978年,全县工业产值已达到1731万元,比1965年又增长2.6倍。改革开放后,企业在厂长责任制、股份制等机制转变中逐步走向市场,沁水工业以煤炭为支柱,以潜水泵、瓦丝报警器为拳头产品,不断扩大生产能力,扩大蜂蜜、丝织品的出口,整个工业在原有基础上快速发展,实力大大增强,在国民经济中占有重要的地位。1998年,全县乡及乡以上工业总产值达到20583万元,比1978年增长10.9倍,年均增长13.2%,煤炭、丝织品、潜水泵、生铁、水泥等主要工业产品产量均有大幅增长。

三、基础设施建设成效显著

建国初期,沁水新建、改建公路14条,总里程361公里,除晋韩干线为沥青路面、沁高干线为沙砾路面外,其余都是四级公路、简易公路;邮路延伸到23条,总长482公里,邮递方式由步班发展为自行车、驮班、汽车、摩托车；1958 年邮政、电信合并后，开设农村电话，线路总长达 382 杆公里，到 1962 年电话交换机发展为 29 部，830 门；县城建设，1958 年修建梅河大桥，1971 年架通了从端氏到沁水 10 千伏配电线路。总的来看，各项基础设施有所改善，但还比较落后。改革开放后，尤其是在 1982 年全县遭遇特大洪灾后，全县人民奋发图强，为创造良好的经济建设和对外开放环境，加强了基础设施建设，成效尤为显著。到 1998 年底，全县通车总里程增加到 1700 多公里，实现乡乡通公路、镇镇通油路、村村通机动车；铺设了县城至端氏、加丰、中村、杏峪、土沃等乡镇的传输光缆，安装起 4000 多门程控电话，开通了无线寻呼和移动电话，使全县 21 个乡镇实现了农村电话程控化；电力建设也突飞猛进，全县小水电星罗棋布，输变电工程相继配套，成为国家首批初级电气化县；新完成的县城日供水 5000 吨扩建工程、梅河过境公路大桥、宣化巷住宅小区和北山公园等一批公共设施，使县城展现出新的风姿。1998 年，全社会固定资产投资完成 1.84 亿元，是 1980 年的 40.9 倍，年均增长 22.9%。

四、财政金融、商业贸易成就可观

建国以后，沁水财政工作采取了增产节约、重点支援恢复生产、整顿税收、组织收入等一系列措施，还设置了财政监督机构，严格预决算审批程序，健全各种会计制度，摆脱了长期通货膨胀、市场混乱的局面，到 1952 年财政收入达到 50 万元，比 1949 年增长 1.8 倍；在第一个五年计划时期，沁水财政通过发放贷款、改进税制等方式继续发展，1957 年达到 101 万元；1958 年，在“大跃进”的形势下，财政秩序混乱，1960 年建立公社财政，1962 年收归县。之后遵照“调整、巩固、充实、提高”的方针，在投资结构方面做了调整，但“文化大革命”十年，财政秩序又遭到破坏。金融业建国后成立了中村营业所，1952 年柿庄、郑庄成立了营业所，1953 年，按照“积极领导，稳步发展”的方针，全县先后建立了 40 余个信用合作社，到 1955 年发展到 91 个，这一年中国农业银行沁水支行也成立了，之后两次合并、分立。商业主要是供销合作和国营商业，个体工商户在 1956 年改造后，时多时少。外贸出口以农副产品为主，受“一切支援外贸换取更多外汇”的决策指导，外贸在第二个五年计划时期发展很快，期间共完成出口总值 161 万元，之后出口产品不断增加，多系二、三类产品。改革开放后，财政金融贸易都发生了深刻的变革。随着农村经济政策的放宽、集市贸易的恢复、流通渠道的拓展，县财政对各预算单位实行了“指标包干，一年一定”的管理办法，有效地保持了预算平衡。90 年代通过改革财税体制，进一步增强了财力，1998 年，全县地方财政收入达到 4022 万元，比 1978 年增长 13.6 倍，年均增长 14.4%；随着中国农业银行沁水县支行、中国建设银行沁水县支行、中国工商银行沁水县支行、中国银行沁水县支行、中国人民保险公司沁水县支公司等金融保险机构的建立，金融业得到了较快发展，存贷规模不断扩大，有力地支援了地方经济建设，1998 年底城乡居民储蓄存款余额达到 49240 万元，比 1978 年增长 138.5 倍，年均增长 28%，为金融业的发展奠定了比较坚实的基础。商业繁荣活跃，国营商业企业机构和营业额不断扩大，供销合作社恢复了组织上的群众性、管理上的民主性、经营上的灵活性，个体工商户更是发展迅速，大有后来居上之势。1998 年，社会消费品零售总额达到 32661 万元，比 1978 年增长 12.1 倍，年均增长 13.7%；外贸出口自主权进一步放开，出口额不断增加，平均每年出口 500 余万元。

五、各项社会事业蓬勃发展

建国后，沁水县成立了沁水中学，建成了文化馆、图书馆，成立了县人民医院、电影队，通了有线广播，增加了体育设施，蚕桑新品种、草木灰结晶预防大骨节病等科研成果获得国家、省级奖，卫生防疫等各项事业都有一定的发展。改革开放 20 年把各项社会事业推向了一个新的水平。教育方面，通过深化教育体制改革，改善教学条件和手段，提高了教学质量和办学效益，九年义务教育得到普及，职业教育蓬勃兴起，建立了职业中学，1998 年底，在校学生数为 28753 人，

侯月铁路加丰变速站　　杨笔文 摄

适龄儿童入学率达到98%;卫生事业方面,各乡镇都建立了卫生院,医疗条件大大改善,医疗技术水平不断提高,到1998年底,全县医院床位数为252张,是1978年的1.8倍,各种常见病和多发病及许多疑难病症都可治疗,创建卫生县城活动成效明显,13次获得省级卫生县城称号;广播电视方面,以光缆传导为主体,集广播电视、计算机网络业务、通讯等多种功能于一体的宽带综合信息网建设在全县进展迅速,县、乡、村、户四级联网工作取得重大突破,全县广播、电视人口覆盖率分别达到86.2%和86%;计划生育、环保、文化体育事业等均有长足的发展。值得一提的是旅游业作为朝阳产业近年来得到大力开发,先后修复和开发了历山自然风景区、溶洞群、县城碧峰公园、赵树理故居、柳氏民居等8处景点,年客流量达到10万多人次,年社会创收300多万元。

六、城乡居民生活水平明显提高

建国后的几十年,城乡人民生活虽然不断有所改善,但生活水平仍然较低,城乡居民生活水平明显提高是在改革开放以后。由于农业、乡镇企业、个体企业和多种经营的全面发展,农民收入大幅度增长,农民生活水平有了很大提高,1998年,全县农民人均纯收入达到2128元,比1978年增长34.5倍,平均每年增长19.5%;城镇居民生活变化也较大,1998年,职工平均工资为3938元,比1978年增长7.4倍,平均每年增长11.2%,城镇居民人均可支配收入达到3413元,住房条件改善,家庭耐用消费品拥有量迅速增加。

(牛冰洁)

阳城县

春华秋实结硕果

阳城县位于山西省南端,地处太行、太岳、中条三山之腹地,总面积1968平方公里,耕地面积3.7万公顷,现辖8镇17乡501个行政村,总人口39.58万人。境内山大坡广,沟壑纵横,森林茂密,资源丰富,属土石山区;年均气温11.7℃,平均降雨量634.2mm,无霜期约180天,属温带大陆性气候。

阳城县资源丰富,物产盛多。自然资源有猴头、木耳、金针、山萸、乌灵脂等名贵山珍;地下矿藏资源已探明的有煤、铁、磺、铜、铝、石英等十多种,尤以煤、铁、磺、石灰石矿为最,其中优质无烟煤储量59亿吨;旅游资源已开发利用的有蟒河、崦山、小尖山、天坛山、修真古洞、圣王坪等10多处,其中蟒河自然保护区名扬全国,对清代文渊阁大学士兼吏部尚书陈廷敬的宅第——皇城相府的一期修复工程已完工,并与游人见面。

阳城工农业生产源远流长。蚕桑、炼铁、陶瓷业发达,淋药罐、犁镜向为名产。境内运出火石、铁货、生丝、木材、药材,贸易运入食盐、麻布等。95%的劳动力从事农业生产。抗战胜利后,太岳行署进驻阳城,阳城成为太岳区中心,经过1946年至1947年2月的土改运动,结束了2000多年的封建地主制度,实现了“耕者有其田”。新中国成立50年来,阳城人民大力发扬革命老区的光荣传统,在县委、县政府的领导下,团结一致,奋发图强,思想观念不断解放,社会生产力不断发展,经济实力明显增强,人民生活水平稳步提高,各项事业协调发展,发生了翻天覆地的大变化。

综合实力显著增强

建国50年特别是改革开放20年来,阳城人民在党的富民政策指引下,充分发挥自身优势,凭资源起步,靠科技腾飞,全县经济发展一年一个新台阶,一步一个大飞跃。1998年,全县国内生产总值达到26.2亿元,是1978年的25倍,按可比价格计算年均增长12.1%,财政总收入达到17692万元,是1978年的15倍,是1952年的125倍,农民人均纯收入达到2541元,是1978年的31倍,特别是近5年,平均增幅达到24.4%。城乡居民储蓄存款余额达到15.7亿元,是1978年的253倍。经过50年的奋斗,阳城县由一个名不见经传的山区小县发展成为全省驰名、全国知名的经济强县。

县城夜景 王永录 摄

农村经济快速发展

1949年,全县粮食总产44620吨,人均214公斤,农林牧渔业总产值1231万元。1978年粮食产量达到122715吨,人均346公斤,农林牧渔业总产值达到5793万元,比1949年增长4.7倍,年均递增5.48%。党的十一届三中全会以后,全县实行了以家庭承包责任制为基础的统分结合的双层经营机制,充分调动了农民的生产积极性,大大解放了农业生产力,推动了农业和农村经济的快速发展。农业总产值1998年达到4亿元,是1978年的7倍,是1952年的21.7倍。50年来,尽管耕地减少了3160公顷,人口增加了18.7万人,而农产品供给却持续增长,摆脱了短缺困境,实现了总量的大体平衡。1998年全县粮食总产量达到16.6万吨,人均420公斤,总产量比1978年增加43468吨,是1952年的3.7倍。肉、蛋、果、菜生产发展迅速,水产养殖从无到有。

(一)农业生产条件明显改善,御灾能力不断提高

建国以来,尤其是党的十一届三中全会以来,通过持之以恒的农田水利基本建设,使阳城的农业基础条件明显改善。到1998年底,建成各种灌区64.5公里,打深井45眼,万方以上蓄水池31个,铺设各种管道70.38万米,建设管灌滴灌工程2995公顷,水地面积由1949年的53公顷增加到1647公顷。与此同时,农业技术装备水平也得到加强,到1998年底,全县拥有各种拖拉机2421台,农机总动力243592千瓦,机耕面积达27.91千公顷,机播面积19.68千公顷。

(二)农业经济全面发展,内部结构趋于合理

50年来,经过全县人民的努力,到1998年,全县林地面积已发展到8万公顷,森林覆盖率达到47.8%,四旁植树达到3000万株。畜牧业生产,1998年底全县大牲畜存栏25738头,羊存栏27064头,生猪存栏37418头,家禽存栏32.7万只。水产养殖从无到有,到1998年全县已发展水产养殖面积1465公顷,产量达38吨。蚕桑生产更令人注目,全县共有桑园面积1788公顷,1998年蚕茧产量达1662吨,曾连续十年雄居华北之首。随着农村经济的发展,农业内部结构逐步趋于合理。

(三)乡镇企业异军突起,已成为农村经济的重要支柱

阳城县的乡镇企业从60年代初公社和大队小打小闹的社队企业起步,经过艰难的发展历程,已发展成为具有“四轮驱动”、十大产业齐头并进的经济群体。1998年乡镇企业总产值达到71.7亿元,是1978年的129倍,营业收入68.8亿元,是1978年的187倍;上缴税金8313万元,是1978年的72倍,占到全县财政收入的45.35%。累计建成亿元企业3个,五千万元企业3个,千万元以上企业19个。乡镇企业的发展,不仅为阳城经济注入了新的活力,而且锻炼和提高了一大批农民,涌现了一大批农民企业家。

工业经济稳步增长

建国50年,特别是党的十一届三中全会以来的20年,阳城人民在党和政府的领导下,充分发挥资源优势,坚持改革开放,工业经济日新月异,初步形成了以煤、铁、建材、化工为主的工业经济格局。1996年,阳城县委、县政府提出了以“一区辐射,五龙兴阳”为内涵的二次创业思路,进一步加快了全县工业经济的发展步伐。

(一)主要产品产量逐年增加

1998年,阳城县共有各级各类煤矿161个,生产原煤664万吨,分别是1978年的4.9倍和5.8倍;铁厂85个,生产生铁62.5万吨,是1978年的27倍,转化生铁25万吨;生产水泥25万吨,为1978年的10倍;发电量2.2亿千瓦小时,为1978年的5.2倍,化工企业发展到162个。

(二)工业经济结构日趋优化

改革开放20年来,阳城县依托地下资源发展地面工业,依托原材料工业发展加工工业,依托重型企业发展轻型企业,经济结构逐步趋于合理。

(三)技术装备水平明显提高,企业效益进一步增强

50年来,阳城的工业已完全改变了解放初期设备简陋、生产能力低下的落后局面。党的十一届三中全会以来,大量的资金投入,使工业生产能力明显增强。同时,积极培育规模骨干企业和优势拳头产品,到目前,全县有14种产品创省优,5种产品为省名牌产品,形成了以原煤、生铁、离心铸管、二硫化碳、硫氰酸铵、日用陶瓷、特种焊条等十多种拳头产品为主的工业经

济结构，经济发展后劲明显增强。

基础设施建设步伐加快

(一)交通“瓶颈”制约明显缓解

1959年全县简易公路通车里程仅152公里，改革开放以来，阳城县委、县政府带领全县人民克服重重困难，大打公路建设翻身仗，先后开通了阳济公路、晋阳高速公路、侯月铁路、西蟒公路、阳垣公路等。新建公路16条319公里，改造县乡公路3条56公里，新增油路112公里，1998年底，全县公路通车里程达到2989公里，实现了乡乡通公路、镇镇通油路、村村通机动车的目标，公路建设为阳城经济发展插上了腾飞的翅膀。

(二)电力电信事业高速发展

电话告别了“摇把”，普及了程控，1998年，全县程控电话总装机容量达到23927门，市内电话用户达到8262户，农村电话用户达到6714户，无线寻呼4710户，移动电话1741户，开通国际互联网络，建成SDS同步传输网和DDN数字数据网。全县农村用电量达到2.2亿千瓦时，是1978年的26倍，全县行政村全部通电。市容市貌日益改观。党的十一届三中全会以来，在经济发展的同时，阳城县加快了市容市貌综治步伐，扩大了城市规模，目前，城镇人口由1978年的2.2万人增至4.8万人，城区面积增加了31.7平方公里，市区道路增加了7.8公里，城市人均居住面积增加了1倍。1996年阳城县委、县政府又提出了“97打基础，98大发展，99见成效，2000年大变样”的市政建设发展目标，仅1997和1998两年就投资近亿元，对15项市政工程进行了建设，极大地改善了投资环境，完善了城市功能。

科教兴县硕果累累

在“科学技术是第一生产力”的指引下，阳城县着力实施科教兴县战略。坚持推进教育改革，加大教育投入，基础教育飞速发展。1998年，全县有普通高中5所，初中35所，小学692所，在校学生55941人，比1952年增加33319人，幼儿园192所，在园幼儿18892人，全县共有教职工2706人，是1949年的6倍。职业教育从无到有，1998年全县共有职业中学8所，在校学生2041人，适龄儿童入学率达100%，初等教育完成率达100%，17周岁人口初等教育完成率达92.2%，劳动力平均受教育年限达8.9年。改革开放以来，阳城县教育事业硕果累累。1977年恢复高考制度以来，共为大专院校输送大专以上学生5400多人，中专生3100多人。1986年，完成普及初等教育任务，成为全国一百个“基础教育先进县”之一。1994年，被国家教委和省政府确认为全省14个首批实现“基本普及九年义务教育，基本扫除青壮年文盲”县之一。1995年，经省政府验收，授予“职业教育先进县”称号。1996年，经省教委验收，成为“山西省幼儿教育先进县”。1997年，被省教委确定为全省24个首批素质教育实验联系县之一。科技队伍不断壮大，科技事业飞速发展。1988年到1998年10年间，全县共申报列项国家级星火计划3项，省级星火计划12项，攻关计划2项，市级科技计划15项，累计创产值45亿多元，农业先进实用技术650多项，累计创产值12亿多元，引进开发工业新产品112种，累计创产值28亿多元，共获国家级和省级科技奖36项。1996年跨入了全国科技工作先进县行列。

社会事业全面进步

(一)文化事业进一步繁荣

1956年，阳城县建立了有线广播站，到1976年，才建成电视差转台1座，功率50瓦，文化娱乐场所单一，设施落后。经过20年发展，县区建成有线电视站18座，电视发射和转播台8座，共有天线系统76座，加密电视联网达2万多户，电视人口覆盖率达95%。体育场、图书馆、歌舞厅、游泳池等文化娱乐场所星罗棋布，人民业余文化生活丰富多彩，1998年步入了全国文化先进县行列。

(二)医疗卫生条件得到改善

1978年至1998年，阳城县卫生机构由28个增加到72个，病床由742床增加到1425床，卫生技术人员由580人增加到1571人。全县计划免疫“四苗”覆盖率达96.4%，儿童保健覆盖率达87.5%，食品检疫合格率92%。

(三)劳动和社会保障事业得到了较快发展

1986年以来，全面推进社会保障制度改革，建立健全了信访仲裁、矿山安全监察、职业介绍等服务体系和监督管理体系。参加社会保险统筹的城镇企业125个，职工13800人，离退休职工3058人，累计收缴各项社会保险基金7387万元，3万余名农村人口参加了农村养老保险。

站在跨世纪的门槛，阳城人民将迎来新世纪的挑战。根据党的十五大精神，结合阳城县实际情况，“九五”期间和到2010年阳城县经济和社会发展的总体思路是：全面贯彻党的基本路线、方针、政策，高举两面旗帜(改革开放和艰苦奋斗)，加快两个转变(经济体制和经济增长方式)，实施两个战略(两步走赶超战略和科教兴阳战略),夯实三个基础(农业基础、基础工业、基础设施),突出六个重点(煤炭、冶金、建材、化工、农副加工、旅游开发),优化经济结构,培植支柱产业,发展规模经济,提高质量效益,促进全面进步,推动全县国民经济持续、快速、健康发展。到2000年,全县国民生产总值达到32亿元,综合经济实力位居全省一流;到2010年,国民生产总值达到100亿元,人均国民生产总值达到2.16万元,支柱产业形成规模,县域经济形成特色,综合实力跨入全国经济强县行列。

(董永宏　靳丰兴　原廷顺　张学功)

陵川县

创业五十载　陵川面貌新

陵川县位于山西省东南部,太行山南端最高峰,北邻壶关县,西连高平市,西北与长治县接壤,西南与泽州县搭界,东、南与河南省的辉县市、修武县毗邻。境内万峰环列,丘陵密布,岩层屹立险峻,沟壑交错,地势呈东北高、西北低,可分为石质山区、土石丘陵和较平川三大类区域。总面积1751平方公里,辖18个乡镇,410个行政村,总人口24.9万人,其中农业人口22.7万人。

陵川自然资源丰富。林木、果木、药材、花卉、藻类、菌类602种,其中药材375种。动物种类繁多,其中兽类42种。矿产资源已探明的金属矿、非金属矿33种,主要有煤、铁、硫、铝、粘土、大理石、白云岩、硅石等,宜林宜牧地广阔,生态环境良好,森林覆盖率达到46%以上,居全省之首。气候适宜,年平均气温介于7-9℃,是极好的避暑胜地,地势险要,自然风光独具神韵,名胜古迹锦上添花,有着丰富的旅游资源,旅游业已成为陵川的一个新兴产业。

发　展　阶　段

建国50年来,陵川人民在县委、县政府的领导下,团结奋斗、励精图治,经受了严峻的考验,战胜了重重挫折和困难,使陵川经济逐步发展壮大起来,昔日一个工农业落后、商业萧条、交通闭塞的旧陵川,变为一个百业俱兴、四通八达、繁荣昌盛的新陵川。陵川50年来的发展经历了这样四个阶段:

第一阶段:建国初期至1957年。根据党的“一化三改造”政策,陵川人民积极医治战争创伤,重建家园,发展生产,在城镇开展公私合营,尽快调整和发展了工商业,扩大国营经济,在农村实行土地改革和农业合作化运动,普遍成立互助组、初级社、高级社,建立集体所有制经济,解放生产力,促进了生产条件的改善和发展,全民所有制工商业企业从无到有,至1956年底全面改造了私营企业,1957年全县社会从业人员达到6.25万人,工农业总产值达到1702万元,比1949年增长2.1倍,粮食总产达到5021万公斤,比1949年增长1.6倍,财政收入达到95万元,比1949年增长1.6倍,经过三年的国民经济恢复和社会主义改造,使陵川经济发生了深刻的变化,轻重工业发展趋于协调,人民生活有了提高。

第二阶段:1958年大跃进至1965年的调整时期。1958年的大跃进运动和农村人民公社化,由于党在指导方针上的失误,使得以高指标、瞎指挥、浮夸风和“共产风”为主要标志的左倾错误严重地泛滥开来,违背客观经济规律,片面强调发展重工业,以致机械、轻工等部门得不到健康发展,加之严重的自然灾害,农业生产受到极大的影响,工业生产下降,农民生活水平降低,粮食恐慌,许多工厂停产转产,经济生活一度出现失调现象。经过人民的努力,渡过了三年最困难时期。1963年到1965年调整时期,陵川人民在“调整、巩固、充实、提高”八字方针的指导下,积极恢复正常的生产,使工业生产有所回升,农业生产得到恢复和发展。1965年全县社会从业人员达到6.8万人,乡级以上工业总产值达到306万元,农业总产值达到1221万元,与1957年持平,粮食总产达到4657万公斤。

第三阶段:1966年至1976年10年“文化大革命”时期。极“左”的人民公社化路线和没完没了的政治运动,严重挫伤了人民群众的生产积极性,限制了生产的发展,把全县刚刚走上正规的经济发展又一次推向艰难的深渊,轻重工业比例再度失调,由1966年的4:6下降到1977年的2:8,居民的生活水平发展缓慢,经济建设受到严重挫折。

第四阶段：1978年改革开放以来，是陵川经济全面振兴时期。党的十一届三中全会以来，改革的浪潮冲击着陵川经济、政治、科技教育等领域，人们的观念得到更新，商品经济意识得到肯定，新的经济发展格局初露端倪，农村家庭联产承包责任制的推行，工商企业多种形式责任制的实施，为经济机制注入了活力，给陵川经济建设带来了生机，第三产业蓬勃崛起，乡镇企业方兴未艾，经济实力得到不断壮大，市场繁荣，购销两旺，国民经济保持了持续、快速、健康发展。

建设成就

建国50年来，勤劳朴实的陵川人民为繁荣陵川经济和发展几千年的灿烂文化辛勤耕耘，开拓进取，不懈努力，使陵川的面貌不断发生着崭新的变化。特别是党的十一届三中全会以来，陵川人民在县委、县政府的正确领导下，高举邓小平理论的伟大旗帜，全面实施“通道战略、产业对接战略和科技兴县战略”，同心协力，奋力拼搏，取得了令人瞩目的成就。国民经济迅速发展，综合实力不断加强，人民生活逐步提高，教育、文化、卫生、体育等各项社会事业有了前所未有的发展。1998年全县国内生产总值达到9.07亿元，比1978年增长15.5倍，年均增长15%（按现价计算，下同），人均国内生产总值3629元，比1978年增长15.1倍，年均增长14.5%，农业总产值24392万元，比1978年增长6.1倍，年均增长10.3%，乡及以上工业总产值达到36184万元，比1978年增长14.8倍，年均增长14.8%，地方财政收入达到3426万元，比1978年增长9.9倍，年均增长12.2%，职工平均工资达到4071元，比1978年增长7.9倍，年均增长10.9%，农民人均纯收入达到2045元，比1978年的63元翻了5番，年均增长19%。

锡崖沟挂壁公路

（一）农业生产稳定发展，农村经济不断壮大

陵川县认真落实党的农村政策，落实家庭联产承包责任制，发展集约化、专业化农业，积极完善多种形式的农村社会化服务体系，优化调整产业结构。近年来陵川根据农业发展实际，大力普及“两盖”丰收工程，推广科学种田，以地域优势创建养牛、养羊、养猪、花椒、蔬菜、药材、核桃、水果八大农业商品基地，促进了农业商品基地的规模开发，高产、优质、高效农业建设取得了明显成效，确保了粮食增产和农民收入增加。1998年粮食总产量达到11.11万吨，为1978年的1.7倍，油料总产量达到2395吨，比80年代初的年产量高出1.5倍左右。肉、奶、蛋、蔬菜等农产品产量都有较大幅度增长。林业生产发展较快，采取承包造林、拍卖四荒使用权等多种形式的责任制，造林数量增加，质量提高，森林覆盖率已达到46%，被全国绿化委员会和省委、省政府授予“全国造林绿化最佳县”和“生态红旗县”。小水利建设，大搞人畜饮水工程，先后建成10万立方米长征水池、东双脑水电站、磨河提水站、台北提水站、浙水提水站等重大工程，保证了人们的生活和生产需要。同时大力推广节水灌溉工程，治理小流域，建成小水电3座，装机容量725千瓦。形成以粮为主，多种经营兼顾的经济发展格局，人民安居乐业，生产不断发展。全县已摆脱贫困状况，15万人口进入小康行列。

（二）工业生产稳定增长，经济效益逐步好转

解放初期的陵川工业基本上是一片空白，仅有的部分小厂也属于产品单一的手工业作坊和五金小零件修理，设备简陋，生产水平低下。经过50年的建设和发展，逐步形成了集煤炭、化工、轻纺、机械制造、印刷、冶炼、铸造为一体的独立的、门类比较齐全的工业体系，并保持了较高的发展速度。改革开放以来，通过深化企业改革，实施企业改制、租赁承包、入股等形式，转变经营方式，同时进行技术改造，抓管理，调整产品结构，引入竞争机制，争优创汇，工业经济保持了旺盛的增长势头，玛钢管件、黄血盐钠、硫氰酸铵、普鲁士兰、地毯、热轧钻头等产品曾直销港澳、日本、西欧、东南亚等国，并有多种名优产品被评为省优质产品，有力地促进了工业经济的稳步发展。1998年乡及乡以上工业总产值达到36184万元，比1978年增长14.8倍，年均递增14.8%。乡镇企业异军突起，从无到有，从小到大，蓬勃发展，为陵川经济发展起了积极的作用，总产值达到146768万元，营业收入达到13000万元，实现利税总额7619万元。

（三）财金贸易长足发展，人民生活逐步提高

随着市场经济的逐步建立和发展，商品日渐丰富，供给能力显著增强，贸易市场繁荣活跃。改革开放以来，形成了国有、集体、私营、个体多种经济成份并存的格局，适应了不同消费者的市场需求，极大地

方便了人民的生活，促进了生产，扩大了流通，又繁荣了经济。近年来，陵川采取不限发展比例、不限发展规模、不限经营范围等优惠条件，加快非公有制经济的发展，1998年个体工商户已达到4450户，私营企业34户，城乡集贸市场7个，有力地促进了市场的繁荣。社会消费品零售总额达到32228万元，比1978年增长17.9倍，年均增长15.8%。财政金融方面，大力改革财政管理体制，建立了适应市场经济发展的分税制体制，努力培植税源，1998年财政总收入达到5548万元，比1978年增长15倍，年均增长14.9%；1998年底，全县城乡居民储蓄存款余额为54413万元，为1978年的185倍，年均增长29.6%。

（四）基础设施不断改善，旅游事业蓬勃兴起

近年来陵川全面实施通道战略，发扬锡崖沟艰苦奋斗的创业精神，在狠抓经济建设的同时，重视城市建设和水利、交通、通讯、电力等基础设施建设，改善投资环境，为经济建设增强实力和后劲，有力地保障了经济建设的发展。先后投资3000万元修建陵长、陵晋、陵高、陵辉、陵修五条主要出境公路，境内18个乡镇乡乡通油路，410个行政村村村通机动车，公路四通八达、纵横交错，机动车辆总数已达到16251辆，货运量达到195万吨，客运量达到230万人，极大地方便了人民生活和生产需要。同时狠抓邮电设施建设，1988年引进日产自动电话交换机，现在无线寻呼、移动通讯系统投入运营，总容量10800门，乡乡通程控电话，形成了现代化的通讯网。在电力方面，先后建成了礼义、附城、平城110千伏输变电工程和城关变电站增容。目前新建的古石水电站二期工程正在进行。

陵川既有风景秀丽的自然景观，又有丰富的古代文化遗产，而且气候宜人，是极好的旅游避暑胜地，近年来，陵川把旅游作为一个新兴产业，先后开发了古陵名胜真泽宫、围棋源头棋子山、太行云山幻景王莽岭、人间奇迹锡崖沟、黄围灵湫翠眉山、太行明珠武家湾、金秋红叶节等十几处旅游景点，举办了两届红叶节，“山西省棋子山森林公园”得到省级认定。陵川得天独厚的自然风景，吸引了众多的游客前来观光。

（五）教育、文化、卫生、体育等社会事业全面进步

陵川的教育事业坚持把科教兴县战略放在优先发展的位置，增加教育投入，改善办学条件，依法实施九年义务教育，走群众集资办学、捐资助学的道路，巩固提高普九工作的经验在全省得到推广，被省级评为“优秀爱婴县”，被教育部评为全国“两基”工作先进县。1998年中小学校数达到574所，在校学生达到37591人，学龄儿童入学率达到100%，专业教师人数达到3225人。科技方面，坚持科学技术是第一生产力的指导思想，强化科技在工农业生产中的含量，大力推广科技在生产中的应用，加强企业的技术改造。先后与北京农科院等各大专院校搞结亲连理，传授技术，培养人才，各类专业技术人员达到1077人。科技进步对经济增长的贡献率已达到40%以上。1998年18个乡镇全部进入全省科技先进乡镇行列，县级跨入全国科技先进县行列。卫生、计划生育、体育、环境保护等项社会事业都有了长足发展。

展望21世纪，陵川人民将以更加振奋的精神、百倍的信心，再谱新篇章，再铸新辉煌，以更加优异的成就迎接陵川新世纪的璀璨曙光。

（薛晓天）

朔州市朔城区

雁门关外一枝花

朔州市朔城区是朔州市政府所在地，是全市政治、经济、文化中心，现辖15个乡、2个镇、3个街道办事处，土地面积1766平方公里，人口34.63万人。建国50年来，勤劳的朔城区人民励精图治，艰苦创业，在夕日黄沙漫漫的塞外高原上建起了一座功能齐全、环境优美、经济繁荣、文明开放的新兴能源城市。

特别是1978年以来，朔城区在党的十一届三中全会精神指引下，解放思想，实事求是，开拓进取，深化改革，扩大开放，多种经济成份全面发展，国民经济快速增长，各项社会事业蓬勃兴起，城市面貌日新月异，人民生活显著提高，综合经济实力名列全省前茅。

综合实力明显增强。50年来，朔城区经济迅猛发展，综合经济实力大幅度提高，特别是改革开放以后，产业结构明显改善，第三产业迅速崛起，国民经济持

续、快速、健康发展。

1998年,全区国内生产总值完成146046万元,比1949年增长303倍,年均递增12.4%,比1978年增长16.8倍,年均递增15.5%。人均国内生产总值达到4247元,比1949年增加4167元,增长52倍,年均递增8.4%;1978到1998年的20年间增长10.8倍,平均每年递增13.1%,比改革开放前5.3%的年均增速高7.8个百分点;其中1991到1998年8年间增长1.17倍,平均每年递增10.2%。

50年来,朔城区的产业结构发生了巨大的变化。从三次产业在国内生产总值中所占比重来看,建国初的1949年,一、二、三次产业所占比重为72.9%、16.7%、10.4%,以第一产业为主。到改革开放初期的1978年,一、二、三次产业结构转变为61.0%、16.2%、22.8%,改革开放以后,在一、二产业稳定发展的同时,第三产业得到大力发展,所占比重大幅度上升,产业结构日益改善,逐步趋向城市化,1998年三次产业结构为21.4%、40.0%、38.6%。

1998年朔城区国内生产总值中一、二、三产业增加值分别为31221万元、58436万元、56389万元,分别比1949年增长88倍、729倍、1127倍,平均每年递增9.6%、14.4%、15.4%,1978年至1998年平均每年递增9.6%、20.8%、18.6%。

建设投资日益加大。旧时的朔城区由于战争破坏,满目疮痍,人民衣食不济,经济贫困潦倒,建设投资十分微弱,解放50年来,在党和政府的领导下,朔城区人民艰苦创业,重建家园,投资规模不断扩大,1949年至1998年,全区全社会固定资产投资年均2.1亿元,1978年至1998年年均2.8亿元。同时,投资结构日趋合理,更新改造投资占固定资产投资的比重有所提高,住宅投资不断加大,建设步伐加快。随着投资规模的不断扩大,投资效益不断提高,为朔城区的经济腾飞奠定了雄厚的基础。

农村经济飞速发展。朔城区农业主要以粮食种植和畜牧业为主,解放前,《朔州府志》中"雁门关外野人家,不植桑榆不种麻,这里并无梨枣树,三春哪得桃杏花,六月雨过山头雪,狂风遍地起黄沙"真实地描绘了朔城区旧时农业生产面貌。解放50年来,朔城区人民在党和政府的领导下,经过互助组、合作化、人民公社化,逐步加强了集体力量,积极治理农业生态环境,提高了农业生产水平。农业机械化从无到有,乡镇企业异军突起。尤其是改革开放以来,农村经历了由家庭联产承包到农业产业化的发展过程,农村经济由单一经营向多种经营转变,农业生产条件明显改善,农村面貌发生了巨大变化。

1998年全区农林牧渔业总产值达54012万元,比1949年增长64.6倍,平均每年递增8.9%。粮食、油料、猪牛羊肉产量达到165143吨、7512吨、17061吨,分别比1949年增长3.4倍、7.4倍、41.7倍,年均递增3.1%、4.4%、8.0%。

农业机械从无到有,1998年全区农业机械总动力达14.8万千瓦。乡镇企业异军突起,1998年全区乡镇企业总产值达134221万元,营业收入122944万元,实现利税18120万元,分别比1978年增长106倍、97.5倍、54.8倍,平均每年递增26.4%、25.8%、22.3%。

工业生产成绩显著。解放前,朔城区的工业以手工业和采矿为主,生产手段落后,生产效率十分低下。解放后,工业生产得到迅速恢复和发展,由小到大,由弱到强。朔城区依据自身优势,走以煤炭为主导,地面工业为支柱的道路,初步形成了以煤电工业为主体的门类齐全的工业体系。1998年全区工业总产值完成78400万元,比1949年增长979倍,平均每年递增15.1%,煤炭产量达到330万吨,比1965年增长38.3倍,平均每年递增11.8%。水泥、化肥、饮料酒的产量分别达到15.6万吨、6400万吨、4600万吨。工业生产为全区国民经济的发展做出了巨大贡献。

国内贸易繁荣活跃。50年来,朔城区的商业市场从过去仅有商业、供销两大系统的几家国营公司、商店发展到如今拥有金城、百货、综合、朔州商业大厦、朔州商贸城等大型商业设施,发生了翻天覆地的变化,特别是改革开放20年来,市场机制得到不断完善,商品供应充裕,人民生活水平有了很大提高,购买力增长较快。1998年全区实现社会消费品零售总额59600万元,比1949年的136万元增长437倍,平均每年递增13.2%,比1978年增长16.9倍,平均每年递增15.5%。随着社会主义市场经济逐步发展,国有经济成份逐步减少,非国有经济得以长足发展,到1998年非国有经济在社会消费品零售总额中所占比重已上升到82.2%。繁荣活跃的贸易市场为发展生产、活跃流通、扩大就业、方便人民生活等起到了积极的推动作用。

地方财力持续增强。50年来,朔城区的财政金融业逐步发展壮大,为国民经济的发展发挥了积极的促进作用。1998年全区地方财政收入达11622万元,比1949年增长近500倍,平均每年递增13.5%;改革开放20年,增长15.7倍,平均每年递增15.1%。地方财政支出10966万元,比1949年增长近600倍,平均每年递增13.9%;1978年至1998年增长15.6倍,平均每年递增15.1%。建国50年来,金融系统由原来单一的人行发展为人行、工商行、中行、农行、建行等多渠道的金融体系,为全区国民经济的发展提供了强有力的保证,全区银行系统各项存款余额、贷款余额、货币净

投放分别达到 122635 万元、93398 万元、23800 万元。同时,城乡居民储蓄存款余额也大幅度增加,到 1998 年已达到 90644 万元。

*文教卫生条件全面改善。*50 年来,朔城区不断增加文教卫生事业的投入,文教卫生事业有了长足的发展,一改昔日上学难、就医难的落后状况。教育事业蓬勃发展,全区学校数已从 1949 年的 170 所发展到 1998 年的 358 所,其中小学 313 所,普通中学 45 所;在校学生数从 4883 人发展到 77283 人,其中小学 53740 人,普通中学 23543 人。专任教师从 592 人发展到 3532 人,其中小学 1984 人,普通中学 1548 人;毕业生数从 334 人发展到 11901 人,其中小学 6300 人,普中 5601 人;学龄儿童入学率从 72.4%上升到 100%,率先进入全省普及九年制义务教育先进区县。

卫生条件明显改善,全区卫生机构数从 1949 年的 5 个发展到 1998 年的 54 个,其中医院由 1 个发展到 27 个;卫生机构床位数由 60 张发展到 1060 张,其中医院床位数由 50 张发展到 720 张;卫生技术人员从 125 人发展到 1842 人,其中医生由 100 人发展到 1242 人。朔城区目前拥有综合性的大型医院 3 个,即朔城区人民医院、朔城区第二人民医院、朔城区中医院。

*城市建设日新月异。*50 年来,朔城区城乡建设发展较快,人民生活水平逐步提高,特别是改革开放 20 年来,是朔城区市容市貌变化最大、人民得到实惠最多的时期,也是城乡居民感受最强烈、最深刻的年代。建市 9 年来,区委、区政府进一步加大城市基础设施的投资力度,城市面貌大为改观,一座座高楼拔地而起,一条条街道宽敞整洁,一条条公路舒展畅通,真正实现了市区的美化和亮化,从根本上改善了城市的基础设施条件,大大提高了城市的综合服务能力。

1998 年底,全区总人口 34.6 万人,比 1949 年增长 1.4 倍,平均每年递增 1.8%,比 1978 年增长 51.6%,平均每年递增 2.1%。其中非农业人口 10.8 万人,比 1949 年增长 9.8 倍,平均每年递增 5.0%,比 1978 年增长 3.3 倍,平均每年递增 7.5%。非农业人口占总人口的比重逐年上升,1949 年、1978 年、1990 年、1998 年分别为 7.0%、11.1%、20.6%、31.2%。

*人民生活水平逐年提高。*历史上的朔城区是一个多灾贫寒的地区,县志上有着这样的记载:“雁门关外,边塞苦寒之地,秋深以后寸草皆无”,真实描绘了朔城区的荒凉、贫困,加上兵荒马乱,人民生活陷入苦难的深渊。解放 50 年来,在党和政府的领导下,全区人民发奋图强,生活水平逐步提高,城乡差别逐步缩小,生活安居乐业。特别是改革开放 20 年来,是城乡居民得到实惠最多、收入增长最快、储蓄能力最强的时期,1998 年城镇居民家庭人均可支配收入达到 3566 元。职工平均货币工资 5809 元,比 1978 年增长 9.1 倍,平均每年增长 12.3%,1991 至 1998 年增长 1.27 倍,平均每年递增 10.8%。农民人均纯收入达 2509 元,比 1949 年增长 124 倍,平均每年递增 10.4%,比 1978 年增长 30 倍,平均每年递增 18.7%。

城乡居民储蓄存款不断增加,1998 年全区城乡居民储蓄存款余额 90644 万元。居住条件有了很大改善,旧城改造工程接连不断,安居工程、居民小区建设步伐加快,人均居住面积有了大幅度提高,居住环境有了明显改善。城乡居民的温饱问题得到根本解决,而且逐步向“吃讲营养、用讲排场、穿讲漂亮、住讲宽敞”的小康型迈进。

(赵 珍 王 勤)

朔州市平鲁区

抓住机遇 创造辉煌

朔州市平鲁区位于山西省北部边陲,境内山丘连绵、沟壑纵横,是典型的山老区。总面积 2306.8 平方公里,辖 20 个乡镇、1 个城关街道办事处,436 个行政村,总人口 18.2 万人。全区地域广阔,人口稀疏,资源丰富,尤以煤炭著称,储量居全市之首,是全国确定的重点产煤县(区)之一。

建国 50 年来,勤劳淳朴的平鲁人民在党的领导下,紧紧抓住各种发展机遇,审时度势制定不同时期的发展战略,因地制宜发展相关产业,经济发展日新月异,社会进步明显加快,创造了从未有过的成就。

一、综合经济实力显著增强，各项社会事业蓬勃发展，人民生活水平不断提高

1998年，全区国内生产总值由1949年的422万元增加到88756万元，增长29.3倍；人均国内生产总值由49元增加到4882元，增长98.6倍；农民人均纯收入由19元增加到2208元，增长115.2倍；社会消费品零售总额由63万元增加到35158万元，增长557倍；社会从业人员由3.08万人增加到8.1万人，增长1.63倍；全社会固定资产投资由0.31万元增加到7409万元，净增加7408.7万元，年均递增22.8%；地方财政收入由9.05万元增加到了7129万元，净增加7119.95万元，年均递增14.6%。

二、农业生产条件明显改善，农民收入显著提高，农村经济全面发展

建国初期，平鲁区农业基础十分薄弱，劳作方式极为粗放和落后，经过1978年前近30年的改造和发展，大大解放了生产力，彻底改变了解放前农民完全依赖人力耕作的强劳动生产方式，但农民温饱仍未得到彻底解决，生产和生活条件仍比较艰苦。党的十一届三中全会后，平鲁区抓住国家大力发展农业的政策机遇，始终将巩固农业基础地位放在首位，全面推行农村联产承包责任制，使农民在较短的时间内，获得了生产、经营自主权，焕发出了压抑多年的积极性和创造性，为农业的发展注入了较强的活力。各级政府和广大农民不断增加对农业的投入，致力培育新的经济增长点，大搞基本农田建设，兴修水利，扩大灌溉面积，加快良种的引进和普及，运用和推广农用机械，采取飞播与人工种植相结合的办法改造和扩大天然牧区，发展优势产品，扶持规模养殖，大力发展乡镇企业，从而推动了农业生产条件的改善，减轻了农民的劳动强度，增强了抵御自然灾害的能力，改变了单纯以种植业为主的农业经济结构，促进了农村经济的全面发展。1998年，水浇地面积从无到有发展到2.73万亩；农用机械总动力达到7.53万千瓦，比1978年的2.7万千瓦增长1.8倍；优种普及率达到60.9%；粮食总产量达到79996吨，分别比1949年和1978年的27145吨和28853吨增长1.9倍和1.7倍；油料总产量达到15746吨，分别比1949年和1978年的1770吨和1955吨增长7.9倍和7倍；大牲畜存栏数达到5.3万头，分别比1949年和1978年的1.7万头和2.6万头增长2.1倍和1.04倍；肉类总产量达到9397吨，比1978年的1975吨增长3.8倍；畜牧业产值占农业总产值的比重达到37.3%，分别比1949年和1978年的11%和19.2%净增26和18个百分点。农村经济结构趋向协调和合理，农业生产开始向机械化作业迈进。

三、致力发展工业规模经济，适时调整内部产品结构，确定了煤炭工业在全区经济建设中的主导地位

平鲁区煤炭资源极为丰富，然而由于战乱影响，1949年平鲁区的工业几乎是空白，全区仅有的3座可以生产的煤矿产量只有1.5万吨；几家小手工作坊，也是时开时停，形不成生产能力。1956年平鲁煤矿发展到6座，产量达到了8.78万吨；1978年煤矿发展到了32座，产量达到47.53万吨。党的十一届三中全会后，平鲁区依托自身的资源优势，广泛开展横向经济联合，大量引进资金和技术，各类企业如雨后春笋般崛起，形成了多元化的工业生产格局。到1995年底，各类煤矿总数达到118座，比1949年净增115座；煤炭产量达到910万吨，比1978年增长18倍；煤炭生产能力达到1500万吨，正好是1949年的1000倍；煤炭税收占全区财政收入的份额达到了87.2%，完全改变了1978年前农业收入支撑全区财政的状况，成为全区经济的支柱产业。1995年后随着煤炭市场的变化，开始限产和关井压产，到1998年底全区煤炭产量压缩到814.25万吨，比1995年下降10.5%，但煤炭税收仍占全区财政收入的66.4%，仍是全区财政的主要来源。

1984年全国最大的中美合资安太堡露天煤矿在平鲁区安太堡村开始筹建，1992年山西省万家寨引黄工程开始在平鲁区大梁修建蓄水库，平鲁区在支援重点工程建设的同时，紧紧抓住这两次千载难逢的发展机遇，大力发展建材工业，形成了建材系列产品生产体系；围绕“依托煤矿(站)、服务煤矿(站)，发展相关工业”的思路，建立起机械工业生产体系；90年代后，针对发展中出现的煤炭市场疲软、销售不畅等问题，平鲁区开始产品结构战略调整，先后形成了以农副产品为加工对象的粮油系列加工、皮毛肉系列加工生产链和以化肥、多孔硝铵、煤矸石系列产品等为主的化工生产链；煤炭洗选初具规模，煤焦产量不断增加。1998年，工业产品品种达到了57种，完全改变了80年代前的单一煤炭产品格局，工业总产值达到了23787.3万元，比1949年的25万元增长950倍，平均每年递增15%，比1978年的2919.8万元增长7.1倍，平均每年递增11.1%；非煤工业产值占工业总产值的比重由1978年的9.9%增加到22.4%，增长了近13个百分点。平鲁区工业经济在机遇和挑战面前，不失时机地发展和壮大，取得了前所未有的成就，走上了集约化发展的轨道。

四、建立多元化流通体系，发展多层次服务网络，第三产业迅速崛起

平鲁区1950年初始建供销联社，1965年分设20个基层社，1954年成立商业局。1953年至1954年相继成立了百货、食品、饮食服务和药材公司，这些为数不多的门店在80年代前为“发展经济，保障供给”和方便城乡人民生活起到了积极的作用。党的十一届三中全会后，随着商业体制的改革，各种经济成份开始增加，城乡商业网点逐步扩大，继而星罗棋布，大商场以至于大型集贸市场、商业走廊也悄然兴起。煤炭工业的发展和国家重点工程的相继开工建设，带动了平鲁区服务业和交通运输业的迅速发展。服务业由最初的理发、饮食、住宿等项目，逐步发展到了影剧院、酒吧以及电脑信息等高档次、高科技服务项目，形成了量和质的飞跃。到1998年底全区商业网点发展到1551个（其中大型封闭式集贸市场2座，城乡集贸走廊8条），比1978年增长8.7倍；从业人员发展到4542人，比1978年增长13倍。社会消费品零售总额达到35158万元，比1949年增长557倍，比1978年增长19.7倍。服务业总数达到121个，比1978年增长23倍。第三产业增加值占国内生产总值的比重1998年达到24.7%，比1978年的17.4%提高了7.3个百分点，成为平鲁国民经济发展的新兴产业。

五、改善基础设施，优化城乡环境，创建山区新貌

建国50年来，平鲁区十分重视城乡基础设施建设和环境保护工作，取得了较为突出的成就。通电方面，1949年全区不通电，1998年首次实现全部消灭无

平鲁夜景

电村；道路方面，1949年全区只有一条三级沙石路，乡村无通车公路，车流量极少，1998年全区乡乡通了油路，村村通了公路和客车。公路通车里程达到了220公里，比1978年增长165%；客运量达到120.8万人，分别是1949年的134.2倍和1978年的49倍；公路货运量达到了374.9万吨，分别是1949年的2884倍和1978年的31倍；供水方面，1949年城乡居民吃水比较困难，无自来水供应，目前城镇自来水供应面达到了100%，农村吃水全部得到解决，部分农村也通了自来水；通讯方面，1949年全区无电话，1998年全区拥有长话线路90路，城乡拥有各类电话3812部，是1978年的23.8倍；邮电业务总量达到778.5万元，是1978年的18倍；环境保护方面，解放前平鲁植被稀少，风沙较大，水土流失严重。建国后，平鲁既重视抓经济建设，又重视环境治理工作，通过数十年的改造，绿化面积达415平方公里，既美化了环境，又净化了空气；所有生产单位的废水、废汽、废物都实现了达标排放，生态环境和生活环境都有了较大的改善。交通不便、信息闭塞、愚昧落后，永远成为了历史。

六、科教文卫事业全面发展，两个文明建设成果丰硕

文化教育方面，1949年创立各类小学91所，1956年成立1所初级中学。1998年全区各类学校总数达到577所（中学26所），在校学生数4.08万人，分别比1949年增长5.3倍和2.04倍；医疗卫生方面，1949年全区卫生机构只有1个，卫生技术人员也只有1人，1998年卫生机构达到37个，卫生技术人员达到320人，卫生机构床位数达到222张；科技事业方面，解放初期，全区无专门从事科研和科技推广的机构，科技人才非常缺乏，1998年科技成为各行各业发展的先驱，也成为国民经济发展的重要动力，全区共有专门从事科技活动的机构12个，国有单位自然科技人员达到3229人，是1949年245人的12.6倍，比1978年的1424人增长126.8%；文化生活方面，1949年全区无广播，无电视，1957年建立了有线广播站，县城通了广播，到1984年底农村通广播率达92%；1994年建立了电视台，增强了无线电视接收信号，90%的农村可接收中央一套电视节目，山西电视台节目覆盖率达到100%；1995年有线电视开播，县城和周边农村可收视近20套电视节目，全区电视普及率达58%以上，丰富了人民的文化生活，实现了物质文明和精神文明的同步发展。随着大型体育场、公共文化活动场所的改造和扩大以及森林公园的开工建设，平鲁的明天将更加灿烂辉煌。

（徐文彪）

山阴县

沧海桑田　熠熠生辉

山阴县地处大同盆地西南部，最早建县于元朝，后经历代沿革更名，金大定七年始名山阴。全县总面积1651平方公里，辖有4镇17乡，262个自然村，总人口20.4万人。境内地下资源丰富，主要有煤炭、铁矿石、铝钒土、粘土、石灰石、方解石、大理石、石英石、钾长石、黑云母、玄武岩等。奶粉、燕麦片、地毯、糠醛、石灰氮等名优产品在国内外享有盛誉。

建国50年来，山阴人民以高昂的斗志，充分发挥自己的聪明才智，谱写了山阴历史上辉煌的篇章，取得了社会主义建设的巨大成就。特别是党的十一届三中全会以来，全县出现了政治稳定、经济繁荣、人民安居乐业的新面貌。

一、农村经济全面振兴，农业生产稳步增长

解放前的山阴，到处荒山秃岭，植被稀疏，水土流失严重，农作物产量极低。建国后，山阴人民进行了大规模的农田水利基本建设，穷山恶水得到初步治理，农业生产有了一定发展。1978年与1949年相比，全县粮食产量增长2.35倍，年均递增4.26%。党的十一届三中全会以来，全县不断深化农村改革，强化农业的基础地位，狠抓粮食、奶牛、林业、油料、甜菜生产，以农养牧，以牧促农，农林牧并举，促进了农村经济的迅速发展。1998年，全县农业总产值达到2.85亿元，农村经济总收入达到15.94亿元，农民人均纯收入2205元，分别比1978年增长6.3倍、90倍和51.9倍。全县农村实现了基本达小康的目标。

种植业生产大幅度增长。粮食产量连续5年获得大丰收。历史最高年的1996年粮食产量达到2.35亿斤，油料总产量1822万斤，跨入全省十强行列。林业建设成效显著。早在1982年就制定了从育苗起步三年打基础、五年大发展、十年见成效的林业发展方针。1990年全县达到了平原县绿化标准，被林业部授予“全国平原绿化先进县”称号。畜牧业生产迅猛发展，奶牛生产成为农村经济的重要支柱产业。从70年代起，山阴就抓住发展奶牛业的自然优势，以改良黄牛为突破口，大力发展奶牛业。到1998年底，全县大牲畜存栏数达到5.96万头，其中奶牛发展到3.95万头，成为全国北方农区养奶年最多的县之一，被农业部确定为全国商品牛基地县。1998年全县鲜奶产量达到24805.4万斤，与1978年相比增长73.5倍，平均每年递增9.76%，奶牛业产值占到全县农业总产值的39.59%。

乡镇企业异军突起，到1998年，全县乡镇企业总数发展到2436个，乡镇企业现价总产值达到77406万元，营业收入达到74802万元，占农村经济总收入的46.93%，上缴税金2745万元。乡镇企业规模日趋扩大，逐步形成了“村村有产品，乡乡有企业”的新格局。

二、工交企业迅速崛起，产值效益同步增长

解放后，经过山阴人民的艰苦创业，工业经济由小到大发展起来。1949年全县仅有两家私营手工业作坊，到1978年全县乡及乡以上工业企业发展到62个，全部工业总产值达到1945.1万元(1970年不变价)，是1949年的23.8倍多。改革开放以来，山阴工业立足当地优势，初步形成了以煤炭、化工、食品加工、建筑建材四大支柱产业为主体的工业体系，涌现出了古城乳品集团、石星化工有限责任公司、康立化工有限责任公司、南改煤矿等一大批在全国、全省占有重要位置的优势企业，极大地推动了全县国民经济的增长。1998年，全县乡及乡以上工业企业发展到119个，村及村以下工业企业1233个，全县完成工业总产值91988.7万元，比1978年增长22.84倍，平均每年递增16.3%，工业总产值占工农业总产值的比重由1978年的51%上升到76%。

古城乳品集团公司

煤炭工业捷足先行，在全县工业总产值中占到

64%以上。目前全县拥有各种经济类型的煤矿 89 座，年产原煤能力达 450 万吨。1998 年生产原煤 425.2 万吨，分别是 1949 年和 1978 年的 338 倍和 11 倍。乳品工业盛誉全国。经过 20 多年的发展，乳品加工业已戎为山阴县的支柱产业。目前全县乳制品产量达到 16665 吨，其中奶粉 11655 吨，液体奶 210 吨，冷冻饮品 4800 吨，有 4 个系列 20 多个品种，“古城”牌系列甜奶粉 1997 年被中国食品协会评为“全国乳食品行业名牌产品”。化工工业独秀一枝。电石、糠醛、化肥三大系列化工产品逐步发展壮大，1998 年生产电石 17503 吨、石灰氮 20625 吨、合成氨 13377 吨、碳铵 9755 吨、糠醛 2202 吨、糠醇 1591 吨。交通、邮电事业日新月异。到 1998 年全县有 6 条上等级干线公路，通车里程 186 公里，13 条县乡公路 183 公里。公路货物周转量 502 万吨公里，比 1978 年增长 26.6 倍，公路客运量 87 万人，增长 15.7 倍。邮电通讯事业发展迅速。以光缆为主体的大容量数字干线传输网迅速扩展，形成了高速快捷、四通八达的通讯网络。程控电话装机容量达 8600 门，移动电话和无线寻呼从无到有，1998 年底用户分别达到 485 户和 756 户。

三、财金贸易繁荣兴旺

改革开放后，山阴的商业实现了由国合商业独家经营向全民、集体、个体等多种经济成份并存竞争的转变，消费市场货源充足，繁荣活跃。1998 年全县批零贸易机构网点已发展到 3073 个，从业人员达到 6000 多人，全年社会消费品零售总额达到 38004 万元，比 1978 年增长 18 倍多。完成外贸进出口总额 324 万美元。

财政收入逐年增加，金融保险事业蓬勃发展。工农业生产的持续发展，有力地保证了财政收入的稳定增长。1998 年全县财政总收入完成 8002 万元，其中地方财政收入完成 4650 万元，比 1949 年增长了 6837 倍，比 1978 年增长了 14.1 倍。1998 年底，城乡居民储蓄存款余额 72290 万元，人均存款 3541 元，比 1978 年的 20.96 元净增 3520.04 元。

四、科技、教育、文化、卫生事业成绩斐然

科技事业方兴未艾。到 1998 年底全县已成立各种专业学会、协会、研究会 87 个，取得专业技术职称的科研人员 2607 人，其中获得高、中级职称的 1352 人。据估算，全县依靠科技兴农每年增收 1180 万元。1981 年至 1997 年全县共有 11 项科技成果获省级奖励。

教育质量稳步提高。截止 1998 年，全县拥有各类学校 287 所，其中普通中学 24 所，在校学生 11433 人，专任教师 794 人；小学 261 所，在校学生数 28256 人，专任教师 1743 人，儿童入学率达到 99.8%。1977 年至 1997 年，全县考入大、中专院校学生达 5267 人，年均 250 人。1998 年全县高考本专科达线人数 223 人，其中本科达线人数 174 人，创历史最好水平。

文化事业欣欣向荣。目前，全县拥有文化馆站 22 个，规模较大的图书阅览室 4 个，总藏书量达 20 多万册，图书发行 102 万册，收入 455.9 万元；广播电视深入千家万户，电视普及率达 80%，安装使用有线电视户达 2500 户，有线电视覆盖 14 个乡镇，为促进全县社会经济发展创造了良好的环境。

医疗卫生条件不断改善。截止 1998 年底，全县共建起各类公办卫生医疗机构 42 个，床位 911 张，拥有卫生技术人员 828 人。县级卫生医疗机构已拥有心电图、脑电图、A 型超声波诊断仪、B 型超声波诊断仪、心功能自动检查仪等先进医疗设备 160 多台(件)，精神病院闻名省内外。全县已形成了县、乡、村三级医疗防治网络，人民群众健康水平显著提高。

(安万钦　贺　敏)

应县巨变五十年

应县古称应州，位于山西省北部，朔州市东部。地理区界为东经 112°58′ - 113°37′，北纬 39°17′ - 39°45′。总面积 1708.2 平方公里，现辖 16 个乡，3 个镇，321 个行政村，总人口 26.58 万人。

建国以来，应县人民在历届县委、县政府的带领下，以“自立自强、艰苦创业、负重奋进、敢于争先”的精神，团结拼搏，求实创新，走过了不平凡的50年发展历程。应县大地在改革开放的春风吹拂下，生产力得到巨大发展，各条战线、各个领域都发生了翻天覆地的变化，焕发出勃勃生机。特别是党的十一届三中全会以来，在党的富民政策指引下，全县各项建设事业得到了突飞猛进的发展，取得了令人瞩目的成就。

一、农村经济全面发展，两大基地建设初具规模

50年来，应县坚持不懈地加强农业，发展农业，实现了农村经济的全面发展。粮食生产稳定增长。1949年全县粮食总产仅为2567.5万公斤，1998年达到17177.2万公斤，相当于1949年的6.3倍，成为山西省的产粮大县。1996年，应县县委、县政府立足应县发展实际，提出了“农业三步走”的发展战略，即由基础型农业到商品型农业到增值型农业，全面推进农业产业化。并在稳定发展粮食生产的前提下，明确确立了在3－5年内建成全省乃至华北地区最大的蔬菜基地、肉奶蛋基地的目标，按照这一目标，全县大力发展蔬菜种植业和畜牧业。1998年，全县蔬菜种植面积达到5.5万亩，产量达到2.25亿公斤。畜牧业以规模养殖为突破口，大力扶持和培植一批规模养殖大户，全县各类规模养殖户达到2727户，猪牛羊肉总产量达到961.2万公斤，比1949年的2.4万公斤增长400.5倍。通过实施蔬菜战略和大力发展畜牧业，蔬菜和肉奶蛋两大基地建设初具规模。不断加大农业投入，加快推广农业科技，科技兴农取得了明显的成效。1998年全县用于农业发展的总投入达到10.5亿元，建成高效农业试验区、生产区19个，面积50万亩，推广优种面积66万亩，占总播种面积的33.09%，科技对农业发展的贡献率达到40%。全县建成日光节能温室大棚1164个，有效地提高了蔬菜产量，增加了农民收入。林业建设在平原绿化达标的基础上，奋力向实现生态园林县的目标迈进。农村经济的全面发展，促进了农民收入的大幅度增加。1998年全县农民人均纯收入达到2350元，比建国初期的38元增长60多倍。

辽代一条街

二、工业经济大步发展，“龙头企业特色县”的县域经济发展日趋成熟

解放前，应县仅有几家手工作坊。解放后，特别是70年代以来，全县逐步建起了玻璃、陶瓷、麻纺、化肥、水泥、酿酒、制糖、机械、棉织、塑料、橡胶、印刷等37家工业企业，初步形成了以轻工业为主的地方工业体系。特别是近年来，在党的政策指引下，不断深化国有企业改革，加强宏观监督管理，加快实施“龙头企业特色县”的县域经济发展战略，全县工业经济逐步进入健康发展的轨道。1998年全县支柱企业—山西梨花春酿酒集团有限公司实现利税4010万元，实现了经济效益连续5年高速增长，成为全省国有企业的利税大户和市、县财政的支柱企业。该集团的发展，带动了酒瓶生产、纸箱生产等其它各业的发展，工业经济在改革中焕发出勃勃生机。1998年，全县工业总产值达到34388万元，比1949年的6万元增长5731倍多。

三、财政收入高速增长，商贸事业蓬勃发展

多年来，应县一直是财政困难县，建国初期的1949年，全县地方财政收入仅有30万元，到1978年也仅有48万元，增长一直较为缓慢。党的十一届三中全会以后，立足财政增收，致力发展经济，先后开展了财政脱贫攻坚和财政上亿元攻坚战，财政收入有了较大幅度的增长。1998年，全县财政总收入实现6543万元，地方财政收入实现3672万元，财政状况逐年好转。随着经济的发展，商贸事业也得到了蓬勃发展。全县流通体系逐步健全，逐步形成了多种经营形式并存的流通领域新格局，服务形式和服务内容日新月异，基本满足了城乡居民的生活需要。城乡市场繁荣活跃，购销两旺。1998年，全县社会消费品零售总额达到32662万元，比1949年的149万元增长219倍。

四、民营经济迅速发展

党的十一届三中全会以后，应县乡镇企业和民营企业如雨后春笋破土而出，异军突起，从无到有，迅速发展。特别是近几来，县委、县政府把发展民营经济作为新的经济增长点、财政收入的重要来源、加速经济发展的一个战略重点摆上突出位置，制定落实优惠政策，努力营造宽松环境，热情扶持，正确引导，多渠道、多形式发展民营企业。1998年，全县具有一定规模的民营企业发展到694个，从业人员7300人，完成产值35817万元，实现利润3711万元，上交税金1130万元，民营经济在全县经济格局中已上升到三分天下有其一的位置。特别是民营企业万发炉业集团公司开发研制的"老万"牌家用暖气炉享誉北京、山东等地，产品供不应求，万发公司总资产达到6000多万元，固定资产2500万元，1998年完成产值3300万元，成为全省闻名的民营骨干企业。

五、基础设施建设大大加强

解放后的50年，全县基础设施建设从小到大，超常规、大跨步地向前发展。市场建设兴建了南河种蔬菜批发大市场、辽代文化商贸城等，对推动全县蔬菜业和旅游业的发展起到了龙头带动作用。道路建设坚持高举艰苦奋斗和改革开放两面旗帜，扎实开展全民义务修路活动，完成了大石线白马石段30.6公里二级公路改造工程，全县14个乡、91个行政村通了油路，分别占乡、村总数的73.7%和28.4%。同时，新建了蔬菜专用线，改造了县乡公路、乡村公路，实现了县乡公路文明化零的突破。通信建设快速发展，通信能力显著提高。1998年全县农话交换总容量达到3412门，电话用户发展到6742户，移动电话用户达到538户，无线寻呼用户达到953户，全县共有17个乡(镇)、115个村开通程控电话。在12个乡(镇)、60个村安装了有线电视，安装户达到6000多户。城市建设和市政设施建设逐步完善。城市道路骨架基本形成，低房改造工程逐年取得新的进展；城市功能日臻完善，供水、供电能力逐步提高；城市美化、绿化、亮化工程逐步配套完善；新建了塔林公园、汽车站、县委、政府办公楼、宾馆等市政设施，为扩大对外开放、改善投资环境、完善城市功能、繁荣经济发挥着重要的作用。

六、各项社会事业突飞猛进

科教事业坚持"双依靠"、"双面向"方针，大力实施"科教兴县"战略，通过采取针对性的科技培训，组织新品种展销，进行试验示范科技承包活动，推动了高新产业、星火项目和农业科技的推广与应用。1998年，全县推广了28项农业新技术，进行了18项试验示范。教育事业得到了长足发展。全县现有各类中小学校350多所，中小学在校学生53492人。应县一中被确定为"全省德育示范学校"、应县二中被评为"市级德育示范学校"。全县教职工总数3184人。中、高考历年取得较好成绩，1977年以来，共为国家输送大中专学生8000多名。1997年，全县总投资3300多万元，大力改善办学条件，实现了"一无两有三配套"，顺利通过了省政府的"普九"验收。建国后，全县先后建起了文化馆、新华书店、影剧院、乡(镇)文化站、剧团等。1981年着手编纂的《应县志》四易其稿，1992年由山西人民出版社正式出版。全县广播电视事业不断发展壮大，建起了电视差转台，有线电视安装由县辐射到乡、村。特别是近年来，文化工作以创建省级文化先进县为龙头，不断加强文化设施和文化网络建设，大力开展丰富多彩、形式多样的文化活动，1998年，应县被省政府命名为全省文化先进县。解放前，全县仅有20余家私立诊疗所和私营药店，民间医生不足100人，从1952年开始，先后建立卫生所、医院等医疗卫生机构，到1998年，全县共有医疗卫生事业单位28个，职工739人，其中卫生技术人员694人，共有床位532张，拥有农村卫生所277个，县、乡、村三级共有医护人员1105人，平均每千人口4.7人。应县人民医院、应县中医院被国家中医药管理局列为全国百家、全省唯一的县级示范医院。

回顾50年的发展历程，可以肯定地说，应县不仅在经济和社会的各个领域都取得了飞跃式的发展，而且广大干部群众投身各项建设事业的积极性也空前高涨，应县正以崭新的姿态和精神风貌阔步迈向21世纪。

(郝国有　崔　颖)

右玉县

风雨五十载　右玉换人间

右玉县，地处雁门关外，长城脚下，晋蒙两省（区）三市（大同、朔州、呼和浩特）交界地带。全县总面积294.6万亩，群山环抱，河流纵横，地形地貌复杂，属典型的黄土丘陵缓坡区。现辖3个镇，13个乡，336个行政村，总人口9.69万人，其中农业人口8.36万人。

解放前的右玉，土地瘠薄，风大沙多，生态环境恶劣，水土流失严重。百业凋敝，民不聊生，经济和社会发展的基础极端落后。解放后，憨厚、勤劳、朴实的右玉人民，在党和政府的领导下，艰苦创业，励精图治，使饱经沧桑的右玉大地发生了翻天覆地的变化。特别是改革开放以来，全县人民解放思想，更新观念，深化改革，扩大开放，抓住机遇，加快发展，县域经济迅速增长，城乡面貌日新月异，人民生活显著提高，社会事业不断进步，谱写了右玉发展史上的新篇章。

居民小区

一、综合实力显著增强，产业结构逐步优化

50年来，右玉县国民经济迅猛发展，综合经济实力大幅度提高。特别是改革开放以来，产业结构不断调整，第二产业不断壮大，第三产业迅速兴起，县域经济发生了深刻变化。1998年，全县国内生产总值达到3.94亿元，比1949年增长213倍，平均每年递增11.3%；比1978年增长21倍，平均每年递增16.6%；1991年至1998年增长了2.1倍，平均每年递增17.3%。1998年人均国内生产总值达到4065元，比1949年增加4022元，增长94倍，平均每年递增9.7%；比1978年增长9倍，年均递增13.3%，比改革开放前高出5.3个百分点。

50年来，右玉县的产业结构也发生了巨大的变化。三次产业在国内生产总值中所占的比重，从1949年的81.5%、6.5%、12%，发展到1978年的58.4%、11.9%、29.7%和1998年的42.9%、20.5%、36.6%。二、三产业快速发展，比重大幅度上升，产业结构日益改善。与1949年相比，1998年三次产业增加值分别增长112倍、673倍和654倍，年均递增8.3%、14.2%和14.1%；改革开放以来1998年比1978年增长31倍、37倍和13倍，平均每年递增18.8%、21.0%和14.9%。

二、生产条件明显改善，农村经济迅猛发展

建国50年来，右玉县紧紧握住造林绿化接力棒，大力开展植树造林，防风治沙，从根本上改变了恶劣的生态环境。特别是改革开放以来，由于农村推行了家庭联产承包责任制，农业机械从少到多，乡镇企业异军突起，农村经济由单一经营向多种经营转变，由家庭联产承包向农业产业化发展，农业生产条件得到了明显改善，农村经济全面发展，农村面貌发生了巨大变化。1998年，全县农业总产值达30094万元，比1949年增长24.68倍，年均增长6.85%；比1978年增长5.75倍，年均增长10.57%，比改革开放前高出5.85个百分点。粮油总产量达到了1.2亿斤，比1949年增产9447.6万斤，增长了4.5倍，年均递增3.13%；比1978年增长1.15倍，年均递增4.1%。比改革开放前高出1.5个百分点。猪、牛、羊肉总产量4256吨，比1949年增长39.73倍，年均递增7.86%；1978年至1998年，年均递增7.56%。

50年间，右玉县的农业机械从无到有，由少到多。1998年，全县农业机械总动力达6.3万千瓦，1978年

以来年均递增4.94%;农用载重汽车160辆,1964年以来年均递增11.46%。乡镇企业异军突起。1998年,全县乡镇企业总产值达1.8亿元,比1990年增长43.3倍,年均递增60.6%。乡镇企业营业收入10387万元,上缴税金476万元,分别比1978年增长75倍和237倍,年均递增25.7%和33.4%。

三、工业生产稳步发展、速度效益同步增长

50年来,全县工业在小手工作坊的基础上起步,目前已形成拥有煤炭、机械制造、建材、酿造、化工、皮革、食品加工等多种门类,能够开发生产煤炭、炸药、沙棘饮料、人造板、水泥、砖瓦、云母板、皮装等多个系列、多个品种产品,具有一定规模的企业群体,并逐步向集团化、外向型发展。主要产品产量逐年增长,1998年全县原煤产量达到113万吨,比1952年增长490倍,年均递增14.4%,1978年以来增长12.1倍,年均递增14.5%;水泥产量达到4万吨,比1978年增长9.9倍,年均递增13.4%;沙棘系列饮料产量513吨,比1978年增长3.6倍,年均递增18.2%;人造板产量达到6898立方米,比1990年增长10.4倍,年均递增35.5%。1998年,全县国有及年产品销售收入500万元及以上的非国有工业企业完成工业增加值1305万元,工业总产值3090万元,为全县经济发展做出了积极贡献。

四、市场流通日益活跃,地方财力持续增强

解放前,右玉的流通领域仅有一些零散的小商贩,市场萧条,物价昂贵,年销售额仅99.29万元。建国后,全县逐步形成了以国营商业和代销社为主体的多层次的市场和服务体系。改革开放以来,不断深化流通领域的改革,大力发展综合和专业批发市场,鼓励和促进个体工商业的发展,形成了如今农贸、粮贸、畜产品、利源等一大批专业市场,流通领域迅速发展,商品供应充足,市场日趋繁荣。1998年,全县实现社会消费品零售总额2.42亿元,比1949年增长266.5倍,平均每年递增12.1%;比1978年增长17.5倍,年均递增16.6%。随着社会主义市场经济的逐步建立和发展,国有经济在流通领域的比重逐步减小,以个体私营为主的非国有经济得以长足发展,比重稳步上升。

50年来,右玉的财政金融业逐步发展壮大,为全县经济的发展发挥了积极的促进作用。1998年,全县地方财政收入达903.0万元,比1953年增长16.7倍,平均每年递增6.6%,比1978年增长5.8倍,年均递增10.1%。地方财政支出3560万元,比1953年增长90.3倍,年均递增10.6%;比1978年增长7.9倍,年均递增12.2%。金融系统由单一的人行发展为人行、工行、农行、建行、信用联社、城市信用合作社等多渠道的金融体系,为全县经济发展提供了资金保证。1998年底,全县银行储蓄存款余额达2.56亿元,而1950年仅有0.8万元,比1978年增长50.5倍,年均递增23.1%;1998年,银行现金收入41844万元,现金支出42524万元,分别比1989年增长14.1倍和6.2倍。

五、城乡建设日新月异,人民生活逐年改善

50年来,特别是改革开放以来,适应经济和社会发展的需要,全县狠抓城乡基础设施建设,兴建了一大批生产和生活重点工程,从根本上改善了城乡居民的衣、食、住、行条件,城乡面貌变化巨大。到1998年底,全县公路总里程已达459公里,比1978年增长1.7倍。年均递增5.1%。自来水供水生产能力由1979年的0.05万吨/日增加到1998年的0.2万吨/日,增长3倍。平均每一居民生活用电144千瓦小时,比1949年增长9.2倍,比1978年增长1.5倍。市话装机容量已达2000门。比1978年增长4倍。

与此同时,城乡人民的生活水平也发生了翻天覆地的变化,1998年,城镇居民人均可支配收入达2761元,比1978年增长12.8倍,年均递增14.5%。全部职工平均工资3651元,比1978年增长8.2倍,年均递增11.7%。农民人均纯收入达1605元,建国以来年均递增9.7%,比1978年增长32倍,年均递增19.2%。

城镇居民的居住条件也得到了很大改善。1998年,城镇居民人均居住面积15平方米,比1949年增长2倍,年均增长6.0%。每百户城镇居民家庭拥有彩电98台,洗衣机86台,电冰箱32台,摩托车8辆,录音机42台,电话32部,组合音箱10台,照相机8架,自行车182辆,电风扇63台。农业人口千人拥有电视机45台,洗衣机17台,收录机34台,自行车180辆,手表160块,缝纫机85台。

建国50年来,特别是改革开放以来,右玉的国民经济和社会发展取得了巨大成就,呈现出前所未有的好势头。在世纪交替之际,勤劳、勇敢、智慧的右玉人民将抓住机遇,开拓进取,加快发展,奋力赶超,努力把右玉的改革开放和现代化建设推向一个新的历史阶段。

(徐 发 张春枝)

怀仁县

繁荣昌盛的新怀仁

怀仁县位于山西省北部的大同盆地中心，东临桑干河，西依洪涛山，黄花岭雄居于南，大同市扼守于北。全县东西长约40公里，南北宽约30公里，总面积1214平方公里，三分山、七分川，地形呈西高东低倾斜。现辖有13个乡镇，163个村民委员会，1998年末总人口24.09万人。怀仁县矿物储量很多，煤藏量丰富，铝矾土、黑砂石、高岭土品位较高。交通条件极为便利，同蒲铁路、大运公路贯穿南北，左沙公路横跨东西，加之县乡公路和铁路专用线，基本形成了纵横交错、四通八达的交通网路。

解放前，怀仁是荒凉不毛，萧条落后的穷地方，曾流传着这样的民谣："登上黄花梁，两眼泪汪汪，男人出口外，女人挖野菜；一年一场风，从春刮到冬，辛苦一年忙，难收半年粮"。解放后，特别是党的十一届三中全会以来，随着改革开放的深入，怀仁人民锐意改革，开拓进取，精诚团结，艰苦奋斗，因地制宜，发挥优势，建起了一个繁荣昌盛、欣欣向荣的新怀仁。国民经济呈现出持续稳定协调发展的新局面，各项社会事业全面发展。1998年全县工农业总产值达到110595万元，比1949年的1117万元增长90倍，平均每年增长9.83%；社会商品零售总额66517万元，比1949年的160万元增长415倍，平均每年递增13.09%；地方财政收入7132万元，比1949年的22万元增长323倍，平均每年递增12.52%。

一、工业生产蓬勃发展

建国初期，怀仁工业基础薄弱，生产水平低下，全县除个体经营的小手工业外，仅有比较像样的工业企业4个，且设备简陋，工艺落后，年产值不过23万元，仅占全县工农业总产值的2%。1955年，推行苏联的企业管理办法，企业建立了党支部，由支部领导，厂长负责，企业各自制定各种经济指标，建立了原始记录，实行了计划管理并逐渐形成制度。1958年，强调坚持政治挂帅，大搞群众性的"大跃进"，打乱了刚建立起的经营管理制度，盲目上马了一批企业，由1955年的6个企业，猛增到40个，此后不顾客观实际继续兴办了一批企业，到1960年增加到了60个。1962年开始，贯彻中央提出的"调整、巩固、充实、提高"的八字方针和"以农业为基础，工业为主导"的国民经济建设总方针，撤并了一些原料不足、经济效益不佳、不具备生产条件的工矿企业，工业总产值由1961年的1148.4万元上升为1477.6万元。文化大革命初期，工人停产闹革命，多数厂矿陷于半停产状态，至1968年，全县工业总产值下降到1096.12万元。1970年起，各厂矿掀起"抓革命，促生产"热潮，部分经营管理制度开始恢复，至1978年，全县工业总产值上升为5011.26万元。1979年，贯彻中央"调整、改革、整顿、提高"的八字方针，发挥当地优势，轻重并举，大力发展工业企业，利用煤炭资源丰富、交通方便的优势，大力发展煤炭采掘、加工以及适销对路的轻工产品，在企业内部大搞挖潜改造，推进和完善各种形式的经济责任制，使各企业的管理水平、工艺水平、产品质量、经济效益都得到明显提高，工业总产值以12.51%的递增速度迅速发展，逐步形成了以煤炭为支柱，陶瓷、建材、机械等共同发展的工业体系。1998年，全县各级各类工业企业已发展到323个，比1949年增长80倍，工业总产值达到90634万元，比1949年的281.10万元增长322倍，占全县工农业总产值的82%。与此同时，随着农村经济体制的改革和经济政策的放宽，在"无工不富"的思想指导下，乡镇工业和个体及联办工业如雨后春笋迅速发展起来，更为工业生产增添了活力，填补了一些空白。1998年末乡镇工业总产值达到38680万元。全县有工业产品150多种，列入国家计划的有33种。雁北瓷厂瓷酒瓶、吴家窑瓷厂黑釉描金茶具等名优产品，出口欧、亚、非，内销遍布全国二十多个省市。

二、农业生产全面振兴

解放初期，怀仁的农业生产水平十分低下，粮食产量低而不稳。1949年全县粮食总产量仅有5500万斤，平均亩产不足100斤。1960年起，连续3年旱灾，粮食欠收，1962年底，粮食产量4120万斤，平均亩产65斤。1963年，落实"调整、巩固、充实、提高"八字方针，调整生产布局，粮食生产得到恢复和发展，之后全县大力发展水利事业，加强农田基本建设，同时限制发展多种经营，粮食产量逐年上升。党的十一届三中全会以来，农村普遍实行了生产责任制，从而极大地调动了农民的积极性，粮食生产稳步增长，1984年产量达18990万斤，平均亩产292斤，创1949年以来粮食生产最好水平。其间逐步完善生产责任制,耕地相对向种田能手集中,出现了许多专业户、重点户和新型的经济联合体,农村经济出现了前所未有的好形势。1998年,全县农村经济总收入29.71亿元,农业总产值达到19589万元,比1949年的1217.62万元增长15倍,平均每年递增5.83%;粮食产量达17078万斤,比1949年的5500万斤增长3倍;油料产量由1949年的88万斤增加到534万斤;瓜类、蔬菜、烟叶、药材等产量也有较大幅度的提高。

50年来,脆弱的农业基础逐步加强,农业技术装备水平逐渐提高,全县配套机电井2600眼,有效灌溉面积由1949年的7.5万亩增加到1998年的52万亩,增长6倍。农业机械从无到有、从少到多发展起来。1998年末,全县拥有农业机械总动力22万千瓦,比1956年的37千瓦增长5944倍;拥有大中型拖拉机359台,小型拖拉机335台,载重汽车999辆,化肥施用量达到3.37万吨,农村用电量4276万千瓦小时。农业生产条件的改善,有力地促进了种植业的发展。

50年来,怀仁十分重视发展林业生产,民谣说:“一年一场风,从春刮到冬”,风沙使怀仁深受其害。实践中人们认识到,若要风沙住,就得多栽树。1950年起,人民政府每年春秋两季,均组织群众有计划地植树造林,改变生态环境,1956年,组织了万人大会战,绿化金沙滩,营造防护林带80条,总长154公里。1977年起进行农田网系统工程建设。1979年成为全国闻名的“平原绿化先进县”。历经50年的艰苦奋战,县境内河渠沿岸,道路两旁,树木成行成线,荒山坡上森林成块成片,1984年基本达到国家平原绿化县的标准。1998年,全县造林面积达39690亩,四旁植树153万株,分别比1949年翻了4番和8番。森林覆盖率达37.4%。

三、财贸事业、第三产业全面发展

随着经济的发展,地方财政收入逐年增长。1949年为22万元,1998年为7132万元,增长了324倍。集贸市场日益繁荣,商品流通空前活跃,规模逐年扩大。1998年全县社会消费品零售总额66517万元,比1949年的117万元增长567倍。城乡建设日新月异,县城近年来兴建办公楼、住宅楼、商业楼200余幢,整修拓宽大街小巷50余条,下水道、自来水、供热、林荫树相应配套,投资400万元兴建了全省第一家县级公园。1998年率先在全省实现了村村通油路。1983年以来,连续被评为全省“卫生红旗县城”。从70年代起,农村开始有计划地建设新农村,新住宅与日俱增,1978年以来,农村有80%的人家喜迁新居,且多为砖木结构。1982年,中街村兴建了全县第一幢农民住宅楼。1998年,人均住房面积达18平方米,人民生活水平不断提高。1998年,职工平均工资3918元,农民人均纯收入2524元,比1978年的86元增长了29倍。电视机、电冰箱、洗衣机在全县基本普及,高档家用电器和其它消费品在城乡家庭中的拥有量正在急剧增加。据城市调查队调查,全县共有电视机72450台,平均每1.07户拥有1台。摩托车、小汽车亦已进入私人家庭。人民生活温饱有余,储蓄踊跃,1998年全县城乡居民储蓄存款达112682万元,人均储蓄存款4467.5元。

四、社会事业全面发展

经济振兴,带动、促进了教育、科技、文化、卫生、体育等事业的发展,呈现出一派欣欣向荣的景象。1949年,怀仁共有24所小学,在校学生仅有2600人。50年来,怀仁的教育事业得到空前发展,兴学育人蔚然成风。1980年以来,全党动员,全民动手,集资办学,极大地改善了办学条件,全县实现了校校无危房、班班有教室、学生人人有课桌凳。全县90%的学校实现了教学仪器、图书资料、体育器材“三配套”。1998年全县小学178所,在校学生3.31万人,学龄儿童入学率达100%,毕业率为99.5%;初中25所,在校学生1.95万人;高中2所,在校学生1873人;各类职业学校6所,在校学生850人。1979年恢复高考以来,共向各类高等院校输送学生近1万名。科技成果硕果累累。怀仁多年来一直是全省科学技术推广重点县之一,1998年,全县有科学研究单位3个,各类科技人员1238名。1978年以来,获各级科研成果奖85项,其中省级21项。文化事业欣欣向荣,现有广播电台、电视台、图书馆、档案馆、书店、文化馆、晋剧团、影剧院、俱乐部、公园等文化团体和设施。各乡镇均有广播站、文化站和电影队,群众文化活动丰富多彩。全县广播

怀仁县一中

喇叭入户率和通话率达到95%。1983年成为全区第一个实现广播线路标准化、广播喇叭规格化的县。医疗条件大为改观,1998年,全县有综合性医院2所,专科医院3所,乡镇及职工医院18所,厂矿、学校卫生所28个,村卫生所158个,私人诊所283家。共有病床4520张,医护人员1280人。县内有B型超声波诊断仪等大型先进医疗器械500台(件),可做开颅、开腔等重大手术。

如今的怀仁,已今非昔比,全县人民在县委、县政府领导下,正在为怀仁成为经济强县而努力奋斗。怀仁之腾飞,指日可待,怀仁之未来,一片锦绣。

(管 吉 刘彩荣)

忻州市

忻州与新中国共命运

忻州市位于山西省北中部忻定盆地西南端,南邻省会太原,北望煤海大同,东毗佛国净土五台山,西接避暑圣地管涔山。地理位置处于山西南北交通要道,同蒲铁路、大运公路、原太高速公路贯穿忻州南北,自古有“三关总要”、“晋北锁钥”之称。全市东西长约50公里,南北宽约41公里,总面积1954平方公里。1998年末实有耕地68638公顷。现辖30个乡镇(街道办事处),394个行政村。总人口47.23万人,其中,非农业人口14.38万人,占总人口的30.4%,城区人口18.68万人,占总人口的39.55%。

忻州是一个有1400年历史的古城。解放前的忻州,市井萧条,民生凋敝,满目凄凉,人民处在水深火热之中。1949年,随着新中国的成立,忻州的政治、经济、文化发展进入了一个新的历史时期,特别是1978年党的十一届三中全会之后,忻州的经济和社会发展进入了一个全新的时期。50年来,忻州人民在党的领导下,经过历届县市委、县市政府和全市人民的共同努力,在社会主义建设的征途上,在改革开放、建设社会主义市场经济的伟大实践中,取得了一个又一个胜利,创造了一个又一个奇迹,取得了辉煌的建设成就。1998年,全市国内生产总值达到18.8亿元,比1952年增长48.52倍,年均递增8.85%,比1978年增长13.74倍,年均递增14.40%;工农业总产值达到14.4亿元,比1949年增长22.96倍,年均递增6.70%,比1978年增长8.79倍,年均递增12.08%;粮食总产量达22.6万吨,比1949年增长3.75倍,年均递增3.23%,比1978年增长45.84%,年均递增1.90%;地方财政收入达到8581万元,比1949年增长1071.63倍,年均递增15.30%,比1978年增长5.38倍,年均递增9.71%。

一、农村经济全面发展,小康建设步伐大大加快

玉米产量全省第一,肉、蛋、奶产量全省排名第二。1998年,忻州市农民人均纯收入2230元,比1978年增长21.08倍,年均递增16.73%。全市18个乡镇(街道办事处)、272个村、8.74万户、26.61万人达到小康水平,占到全市乡村人口的81.8%,圆满实现了基本达小康的目标

二、工商企业在改革中前进,发展后劲不断增强

1998年,工业总产值达到7.5亿元,1949年至1998年年均增长16.35%;社会消费品零售总额达到8.8亿元,年均增长11.04%。个体私营企业,党的十一届三中全会前的1978年为零,1979年是69户,1998年发展为6036户,成为全市社会主义市场经济的重要组成部分。

市区街景　　温环瑞　摄

三、市场建设力度加大，流通状况明显改观

党的十一届三中全会以来，全市投资2000万元新建了轻工市场、蔬菜批发市场等八大专业批发市场；投资1.2亿元狠抓了新建路商业一条街建设，改造沿街建筑20余处，新增建筑面积10万平方米，年成交额达到2.3亿元。目前，全市各类商业网点达到4628个，新增营业面积17.8万平方米。

四、旅游经济发展迅猛，形成了以禹王洞、奇村温泉、顿村温泉为主体的旅游经济框架

旅游业从无到有、从小到大发展起来，截止1998年，累计投资8亿元，新建旅游景点和疗养度假中心52个，接待游客460万人次，旅游经济总收入达到1.3亿元，实现利税2690万元。

五、城市建设初具规模，服务功能不断增强

1949年，全市城区人口仅有1.3万人，1978年也仅有8万人，1998年城区人口增至18.68万人，分别比1949年、1978年增长13倍、1.3倍。城市建成区面积1949年仅3平方公里，1978年为6平方公里，到1998年发展为15平方公里，分别比1949年、1978年增长4倍、1.5倍。特别是十一届三中全会以来，全市投资3000余万元，拓通了和平街，改建和硬化了大东街、胜利街等12条小街小巷，踏铺改造了新建路、长征街等6条主要城市道路。同时还铺开了四大城市道路工程，扩建了南水厂，新建了3座供热站，新建了2个变电站。目前，全市城区供水普及率达到85%，排水覆盖率达到75%，道路硬化率达到95%，城区环境基本达到“五化”标准。邮电通讯业发展迅速，1998年.市话用户增加到39591户，占城区户数的90%。

六、公路建设突飞猛进，交通事业成就突出

党的十一届三中全会后，为扭转大市小路、交通滞后的状况，大打公路建设翻身战，在全市实现了乡乡通油路、村村通机动车，截止1998年，油路里程达到500公里，新修拓宽公路685公里，公路通车里程1100公里，并结束了无高速公路的历史。

七、各项社会事业全面进步，社会环境整体优化

全市各级各类学校由1949年的263所，发展到1998年的399所，增长了51.7%，中小学校的在校学生人数和普及率、巩固率、合格率也有大幅度提高。医疗卫生工作得到加强，爱婴医院、“120”急救中心相继投入使用；农村初级卫生保健、计划生育走在全省前列。有线电视用户发展到3万户，文化工作跨入全省文化先进市行列，精神文明建设成绩斐然，城乡居民收入持续增加，生活水平明显改善。

回顾50年来忻州的发展历程，忻州能有今天这样的建设成就，是党的正确领导和马列主义、毛泽东思想、邓小平理论指引的结果，更是各位革命老前辈、老领导、历任县、市委领导共同努力的结果，更是全市人民同心同德，奋力拼搏，开拓进取的结果。

展望新世纪，忻州市和全国一样，改革和发展步入一个新的重要的发展时期。新旧体制的转换、新旧世纪的跨越，给每一个忻州人提出了一个严肃的课题：忻州将以什么样的形象跨入21世纪？忻州将在全区、全省乃至全国处于一个什么样的位置？怎样才能无愧于历史的重托，无愧于先辈的厚望，无愧于后世子孙的期盼？面对形势的要求，面对时代的呼唤，忻州人民将高举邓小平理论伟大旗帜，全面贯彻十五大精神，围绕三个基本目标，实施四大发展战略；推进农业产业化进程，大力发展民营经济，加快开发开放步伐；坚持科教兴市，促进依法治市，力争到2002年实现国民经济翻三番，把一个经济持续发展、社会文明进步、人民富裕安康、充满生机活力的忻州带入21世纪。今后五年经济和社会发展的主要目标是：国内生产总值达到34亿元，年均增长10%。财政总收入达到1.8亿元，年均增长10%。乡镇企业营业收入达到21亿元，年均增长24%。粮食总产量达到30万吨，农民人均纯收入达到3300元，年均增长13%；城镇居民人均可支配收入达到4500元，年均增长6.1%。社会消费品零售总额达到15亿元，年均增长11.8%。

完全有理由相信，有邓小平理论伟大旗帜的指引，有各级党组织的坚强领导，有全市人民的共同努力，强市富民的目标一定能够实现，忻州经济的全面腾飞为时不会太远，忻州的明天必将更加灿烂辉煌。

（王真旺）

原平市

繁荣富强的新原平

原平市地处山西省北中部，位于忻定盆地北支、京原铁路和北同蒲铁路交汇处。全市总面积2571平方公里，山地、丘陵、平原分别占55.2%、22.2%、22.6%。现辖8镇21乡，521个行政村。1998年底，全市总人口45.8万人，其中农业人口35.6万人，非农业人口10.2万人。原平资源丰富，素有“东山摇钱树，西山聚宝盆，中间米粮川”之称。50年来，原平人民在党和政府的领导下，取得了社会主义革命和社会主义建设的巨大成就。一个繁荣、富庶、文明、开放的新原平，展现在人们眼前。

一、经济建设欣欣向荣

解放初期，原平市工农业生产力水平很低。1949年粮食总产量只有66825吨，平均亩产只有65公斤；乡及乡以上工业产值只有79万元。1978年以前，由于“大跃进”、“反右倾”的错误和十年动乱的破坏，工农业生产受到很大影响，一直徘徊不前。党的十一届三中全会以来，原平大地发生了巨大的变化，两个文明建设取得前所未有的成就。

(一)改革不断深化，为经济建设注入了新的活力

忻州市曾作为山西省综合改革试点县、机构改革试点县等，在深化改革上进行了多方面的探索，取得了明显的成效。全市的改革首先从农村开始，从大包干责任制到统分结合、双层经营的家庭联产承包责任制，激发了农民的生产积极性，粮食产量猛增，促进了农民增收和农村稳定。1998年，全市粮食总产达到251475吨，是1949年的3.8倍，是1978年的2.1倍；农民人均纯收入达2208元，是1949年的69倍，是1978年的24.5倍。国有工业企业改革从岗位责任制到承包制，再到股份合作制等产权制度改革，特别是近年来企业改制中，股份合作、兼并、归并、组建集团、整体接收、分立租赁、破产重组、拍卖等形式多样，不拘一格，全市22户国有企业有13户完成了改制。商业系统从柜组承包到开放经营，彻底走向市场。乡镇企业边发展，边改革，边规范，速度与效益同步增长。改革的不断深化，为原平的经济建设注入了新的活力。

(二)经济快速发展，综合实力大大增强

改革开放以来，全市经济发展战略从“绝不放松粮食生产，努力发展多种经营”到“重工、兴农、活商、强市、富民”，并进一步确立了“科教兴市、工业强市、商贸活市、民营经济富市”的市域经济跨世纪发展战略，有力地推进了原平改革开放和经济建设事业。1998年全市国内生产总值达到18.08亿元，是1978年的12.8倍；财政总收入达到13592万元，是1978年的11倍，是1957年的80倍；农村经济总收入达到31.8亿元，是1978年的60倍；乡镇企业营业收入从1978年的2024.7万元增加到1998年的10.67亿元，增长52倍；社会消费品零售总额从1978年的4642万元增加到1998年的61563万元，增长12倍，是1949年的250多倍；城乡居民储蓄存款余额从1978年的1183万元增加到1998年的20.03亿元，增长168倍。原平正在摆脱贫困，走向富裕，奔向现代文明。

(三)抓建设，打基础，经济发展的后劲明显增强

1978年以来，原平市在增强经济发展后劲上做了大量文章，为经济的快速增长奠定了坚实的基础。工业上“两改并举，两增齐抓”，抓技改，抓改制，增效益，增后劲，上马了一批事关全局、事关后劲的重大技改项目，有“八五”期间建成投产的市热电厂，有水泥厂20万吨平衡项目、溢源钢铁公司3号高炉、化工二厂3万吨草酸改造、焦化厂21万吨机焦平衡项目、原机的软起动、软制动项目、磷肥厂5万吨颗粒磷肥扩产改造项目等。这些项目的建成投产和改造，缓解了全市能源不足的状况，提高了企业的规模效益，增强了企业的市场竞争能力。

在增强农业后劲上，提出了“开发两路，治理两河，绿化两山，提高平川”的发展战略，组织了农建、科技兴农、生态环境工程三位一体的“大合唱”，农建工程连续五年夺得全省“禹王杯”。种子换代、秸杆还田、地膜覆盖、科学施肥等十几项农业新技术得到普遍推广运用。近几年，总投资1.4亿元开发的八大农业工程项目，即商品粮基地工程、十省市农业综合开发项目山西子项目、阳武河灌区节水改造工程、太行山流域水土保持项目、中德技术合作农林复合经营生态示范工程、滹沱河滩涂综合开发项目、生态农业示范县市工程、财政支持科技成果推广示范项目等，将使农业综合效益的提高和持续发展变为现实。在乡镇企业的发展上，在提高科技含量上作文章，从“改制”、“投入”等方面入手，使乡镇企业的发展呈现出规模扩大、效益提高、速度加快的可喜变化。同时，个体

私营经济成为市域经济新的亮点和希望之光。

二、城市建设日新月异

原平市城市建设主要经历了三个发展时期。第一个时期是1959年至1978年，主要依托旧城西的太同干线公路，开辟建设新城区。20年的建设，为城市的发展奠定了基础。第二个时期是1978年至1993年，按照初步的总体规划方案对主要道路实施改建。率先拓宽了前进街、京原路，沿街建设了县政府和一批重要公共建筑。特别是1984年原平被列为全省综合改革试点县后，城市建设发展到鼎盛时期，每年投入市政工程设施建设的资金达200余万元，小学校、幼儿园、文化体育馆、院、场、园，商业、饮食服务网点等迅速增加。第三个时期是1993年至今，在城建投资严重不足的情况下，千方百计多形式、多渠道聚拢资金，突出“刀刃”工程重点建设、重点突破，特别是在道路、桥梁、绿化、供水、煤气等方面取得了显著成效。道路建设方面，形成了方格辐射规范框架，城市循环道路初步形成。绿化、美化方面，坚持街道常规绿化和市区庭院绿化同行并举，市区主要街道的绿化覆盖率达到了25%。城市供水方面，重点抓了自来水厂一、二期工程，市区自来水普及率达99%。计划总投资4500多万元的城区管道煤气工程，至1998年底已累计完成投资3642万元，新增管道煤气用户3000多户，累计达到6000多户。

随着城市建设的发展，群众的生活有了很大的改善。城区人均居住面积由1978年的5.3平方米增加到1998年的12.4平方米，增长2.3倍；城市人均生活费支出成倍增长，人民的生活质量有了很大的提高。

三、各项社会事业同步发展

科技工作围绕经济发展，抓项目开发，抓技术引进，抓资金投入，抓成果转化，有力地促进了全市经济的发展。全市科技进步贡献率达到46.4%。教育事业蓬勃发展。1998年全市共有各类学校556所，在校学生74973人，专任教师5102人，比1978年增长26%，是1949年的8倍。近年来，从跨世纪的历史高度出发，努力实施科教兴市战略，作出了苦干三年，实现全市校舍标准化的决策，1996年到1998年三年集资3000多万元，新建改建校舍360所，建筑面积达11万平方米。通过整体推进素质教育，教学水平进一步提高。1998年，全市初中、小学毕业生合格率达100%，高中会考合格率达98%，高考达线人数再创432人的历史最好成绩。医疗卫生事业发展很快，到1998年底全市医院发展到77所。市、乡、村三级医疗预防保健网络得到了进一步完善，全市农村卫生所覆盖率达到90%以上，基本上做到了小伤小病不出村，一般疾病不出乡，疑难疾病不出市。1998年底，全市医疗病床发展到1211张，比1978年的769张净增442张，是1953年的40倍。医生人数达到1944人，是1978年的4倍，是1952年的36倍。拥有脑电图机、心电图机、B型超声波、200WAX光机、超声心动图机、CT机等较大型医疗器械和设备。医疗教学、科研同步推进，手术水平显著提高。地方病防治也取得显著成效。

原平是一个富有吸引力的地方，原平人民勤劳勇敢，富有开拓、创新精神。随着改革开放事业的不断发展，原平经济将会进一步腾飞，原平大地将会被勤劳的原平人民装点得更新、更美，一个文明、开放、富庶、繁荣的新原平将屹立于晋北大地。

（郝建瑛）

定襄县

天翻地覆话定襄

定襄县位于山西省中北部，忻定盆地东侧，至今已有1780年的悠久历史。全县土地面积865平方公里，县境腹部土肥水美，自然条件优越。但是由于数千年的封建统治严重阻碍了生产力的发展，1949年，定襄的农业生产仍处在“回车茭子卧牛谷”的汉唐时代的耕作水平上；工业生产除了“一斗芝麻的铁匠”和手工造纸外近乎空白。到1953年，全县国内生产总值仅为912万元，人均72元；其中农业增加值754万元，占国内生产总值的82.7%。

新中国成立后，勤劳朴实的定襄人民在党和政府的正确领导下，历经艰难和曲折，在贫穷落后的土地上，进行了社会主义经济建设。特别是党的十一届三中全会以后，定襄人民锐意改革，开拓进取，集中精力发展经济，国民经济和社会发展取得了前所未有的辉煌成就，经济面貌发生了天翻地覆的变化。

一、国民经济持续稳定增长，综合实力显著增强

建国50年来，特别是改革开放以来，社会生产力得到极大的解放和发展，国民经济快速增长，经济实力迅速增强。全县国内生产总值由1953年的912万元、1978年的4211.7万元增加到1998年的77042万元，并于1995年提前5年实现了翻两番的战略目标。人均国内生产总值1998年达到3709元。地方财政收入达到6076万元，比1952年增长58.63倍，平均每年递增9.29%，比1978年增长13.45倍，平均每年递增14.29%。经济结构调整取得了明显进展，经济整体素质显著提高。1998年，全县三次产业的比例为18:52:30，与1978年相比第一产业比重下降31.91个百分点，第二、第三产业则分别上升了20.47和11.44个百分点，三次产业结构不仅实现了由“一、二、三”向“二、三、一”的演变，而且正在向“三、二、一”的产业格局演进。

二、农业生产条件不断改善，农村经济全面发展

解放前，定襄农业生产条件落后，生产力水平低下，发展缓慢。新中国成立后，农业机械化技术装备逐渐发展起来，农田水利设施逐步兴建和完备，水利灌溉条件得以改善，农业科学技术逐步推广应用，为农业生产的全面发展奠定了物质基础。1956年农业第一次使用上40马力的拖拉机，1957年使用上机动脱粒机，1959年使用上水泵，农业机械从无到有、由少到多逐步发展起来。到1998年底，全县农业机械总动力达96016千瓦，比1957年的236千瓦增长405倍，比1978年增长46.97%。机耕地面积达24670公顷，占耕地面积的72.84%。1998年底全县配套机电井发展到1322眼，农用水泵1653台，机电灌溉面积15430公顷，有效灌溉面积20170公顷，占耕地面积的59.56%，较1949年增长91.48%。农村用电量达3943万千瓦小时，是1978年的2.15倍。化肥施用量达31657吨，比1978年增长55.31%。1983年首次推广地膜覆盖技术，覆盖20公顷农田，1998年达到1939公顷。此外，引进良种、合理密植、复种套种等技术使农作物单产得到较大提高。

生产条件的改善，进一步促进了农业生产的全面发展。1949年全县产粮仅6511万斤，大丰收的1958年产粮8383万斤，1969年突破1亿斤，1979年破2亿斤大关，1983年再创新纪录达2.54亿斤，1994年创历史最高水平2.9亿斤，比1949年净增3.46倍，亩产达427公斤，1998年产粮2.5亿斤。主要粮食作物有玉米、高粱、谷子、水稻、小麦、薯类、豆类、杂粮等，其中玉米产量占粮食总产的87.25%。棉花、葵花籽、蓖麻籽、甜菜等主要经济作物产量逐年增加。1998年全县大牲畜存栏数为14183头，比1949年增长61.5%；肉类总产量达到3606吨。林业渔业都有较快发展。1984年全县已基本实现平原绿化，到1998年农田林网实有面积达17867公顷，森林覆盖率15.6%。渔塘面积达2044公顷，年产鱼451吨。

改革开放以来，乡镇企业异军突起，由80年代的“三分天下有其一”到90年代的“半壁江山”，已成为农村经济的重要支柱和最具活力的增长极。1998年，乡镇企业从业人员19858人，占农村劳动力的29.89%；营业收入123039万元，实现利税13293万元，分别比1978年增长75倍和21倍，平均每年增长24.22%和16.63%。

三、工业生产稳步增长，经济效益有所改善

解放初期，定襄没有一个像样的工业企业，仅有一些手工作坊，产值甚微。经过50年的努力，现在已初步形成了以锻压业为龙头的冶锻机械工业、以氮肥、磷肥、复合肥生产为主的化学工业、以水泥及复制

管家营法兰锻造有限公司　　韩耀庭　摄

品生产为主的建材工业、以农副产品加工为主的轻工业四大支柱产业。1998年底，全县独立核算工业企业实现产值134929万元，增加值34349万元。其中独立核算的国有和集体企业实现利润487.1万元，比1978年增长2.95倍，上缴税金685.2万元，增长2.19倍。

四、交通运输得到加强，邮电通讯发展迅速

建国后特别是改革开放以来，交通运输业迅速发展起来。到1998年底，公路通车里程达340公里，比1978年增长1.68倍，其中油路144公里。全县14个乡镇70个行政村通了油路，137个行政村通了公路，154个行政村通了汽车，分别占到乡镇村总数的93.3%、45.16%、88.39%、99.35%。公路货运量达177万吨，比1978年增长4.75倍，公路客运量167万人次。

邮电通讯事业飞速发展。1998年邮电业务总量达2031.6万元，比1978年增长92.6倍，全县155个行政村通邮，123个行政村通电话。无线寻呼用户3252户，移动电话用户1521户，程控电话用户6023户，其中住宅5119户。

五、城乡市场日益繁荣，财政收支成倍增长

改革开放以来，随着流通体制的改革，城乡市场日益繁荣，初步形成了多种经济成份、多种经营方式、多条流通渠道、少环节、开放式的流通体制。商品货源充足，流通规模扩大，城乡市场空前活跃。1998年全县社会消费品零售额达20039万元，比1949年增长85倍，比1978年增长8.7倍。

财政收支成倍增长。1998年地方财政收入6076万元，是1952年的60倍，是1978年的14.45倍，其中工商税收占总收入的78.14%。地方财政支出5608万元，是1952年的102倍，是1978年的8.5倍。

六、社会事业蓬勃发展，人民生活丰富多彩

全县设有农业技术推广中心、农机研究所等科研机构，各类专业技术人员达4326人。共有普通中学44所、职业中学4所、小学校123所。各类学校在校学生31814人，教师总数达1994人，其中专任教师1565人。全县已普及九年义务教育，成为基本无盲县。文化娱乐设施齐全，有文化馆、晋剧团、图书馆、电影公司、文物管理所、民俗博物馆各1个，县城建有电影院、剧院。电视覆盖率达100%，12个乡镇100个行政村安装了闭路电视接收系统，12000户居民可接收县有线电视台播放的节目。

全县共有医院、卫生院17个，病床352张，平均每千人拥有1.69张，医院卫生院技术人员465人。人口数量得到控制，人口素质不断提高。人口出生率由1949年的25.3‰下降到1998年的13.93‰，人口自然增长率由1949年的12.8‰下降到1998年的6.88‰。体育事业有所发展，先后培养输送出一大批优秀运动员，代表国家参加国际性比赛并取得好成绩，为祖国赢得了荣誉。

七、城乡居民收入逐年增加，生活水平不断提高

城乡居民收入水平成倍增长。1998年全县农民人均纯收入达到2340元，比1978年的117元净增19倍；城镇居民人均生活费收入3001元。全部职工年平均工资3779元，比1978年的497元净增6.6倍。

城乡居民储蓄存款大幅度增长。1998年底城乡居民储蓄存款余额达到109911万元，比1978年净增144倍，人均存款5291元。居民耐用消费品数量大幅度增加，从自行车、缝纫机、手表、收音机等旧“四大件”逐步过渡为彩电、洗衣机、电冰箱、音响等新“四大件”，电话、空调、摩托车、家用电脑等高档消费品也逐步进入寻常百姓家庭。居住条件也得到较大改善，1998年全县城镇居民人均居住面积17.02平方米，农村居民人均居住面积22.84平方米。

（郭贵新　李藏英）

发挥区域优势　建设特色产业

五台县位于山西省东北部，全县总面积2877.4平方公里，是忻州地区面积最大的县。

从唐朝开始，由于历代皇朝的极力推崇和不断敕建寺庙，广作法事，使五台山成为全国佛教中心。抗日战争时期，五台县是全国第一个敌后抗日根据地——晋察冀边区的发祥地。五台人民出生入死，浴血奋战，为抗战胜利做出了不可磨灭的贡献。从古至今，五台人物荟萃，英杰名流、文人学士代不乏人。

新中国成立50年来，勤劳朴实的五台人民，在中国共产党的领导下，承前启后，务实求新，使昔日偏僻荒凉的山庄窝铺，古老而贫脊的黄土地，发生了深刻变化。特别是党的十一届三中全会后，五台人民立足当地优势，大力发展县域特色经济，成功地实现了历史性的跨越。1998年，全县国内生产总值达到47400万元，比1978年增长9.77倍。乡镇企业总产值70021万元，比1978年增长61.4倍。地方财政收入3248万元，比1978年增长6.26倍。全区14个乡镇、271个行政村、4.22万户、13.8万人口越过了温饱线，农民人均纯收入1226元，比1978年增加1130元，增长了11.8倍。

一、实施科技兴农战略，强化农业基础地位

五台为石山区，山区面积329万亩，占全县总面积的71%。可供利用的土地305万亩，其中耕地51.05万亩，占全部可供利用土地的13.5%。耕地甚少，但不同的气候分布，给农作物品种带来多样性，形成了五台粮食品种丰富、小杂粮多的特点。解放后，在各级政府的领导下，五台人民从当地实际出发，强化农业基础地位，把改善农业生产条件作为发展农业、振兴农业的突破口。

加强综合治理，改善水利设施。从1950年开始，大兴水利设施改善工程，兴建了茹村横墙湾排水工程、跃进二渠、五八回返大渠等工程，修筑了田家岗、郭家庄、南北老牛沟、寨里、唐家湾水库，蓄水1802万立方米，设计浇地5万亩，打井400眼，兴建小型电灌站70个，装机3200马力，灌溉面积4万亩。到1998年，全县拥有水浇地4.42万亩，比1978年的1.02万亩增加3倍多。

推广、改良、引进农作物品种。据统计，到1998年，全县农作物品种已达328个，比解放前的186个增加142个，比改革开放前的312个增加16个。

推广地膜覆盖为主的双覆盖工程。五台地处高寒区，干旱低温，无霜期短，制约着农作物的生长和农业生产的发展。1982年开始引进和试验地膜覆盖这一农业技术，当年增产幅度在50—200%之间。以后不断示范和推广，到1998年，全县地膜覆盖总面积26万亩，成为全省的地膜覆盖大县，并实现了平川地向二坡地延伸、单品种（玉米）向多品种（谷子、高粱、马铃薯、西瓜、西红柿等）延伸、单一种植向立体种植延伸、面积分布从重点乡村向偏远的空白乡村延伸四个突破。地膜覆盖技术的大面积推广应用，保证了粮田产量的稳产、高产，走出了一条高寒山区有机旱作农业向产业化发展的成功之路。

二、发挥资源优势，培育特色产业

五台县山高、坡广、沟多，宜林面积160万亩，占全县总面积的37%。建国以来，五台大力加强林业建设，大力发展经济林和用材林，到1978年，全县成片造林26.55万亩，零星植树1255万株，分别比建国初期增长了5倍和81倍。党的十一届三中全会后，建立了林业生产责任制，对小流域开发承包，扩大经济林基地，使林业建设再上新台阶。到1998年，成片造林达到29.15万亩，零星植树1464万株，分别比1978年增长9.4%和16.7%。

五台牧坡面积广阔，总面积196.7万亩，宜牧面积130万亩，草质优良，野生牧草种类472种。改革开放以来，五台县委、县政府打破传统的分散喂养的小农经济养殖方式，实行规模养殖，批量发展，取得了显著成效。1998年全县大牲畜年末存栏85132头，猪存栏45683头，羊存栏176389只，分别比1978年增长215.%、93.7%、29.2%。畜牧业产值达到8314万元，占农业总产值的比重由1978年的11%上升到34.9%。

依托劳动力资源，发展劳务建筑业。五台31万人口，有9万劳动力。党的十一届三中全会后，县委、县政府放宽政策，积极扶持，农村劳务建筑业迅速发展，

首届五台山国际旅游月开幕式　　朱大全　摄

建筑范围不断拓宽，产值比重占到全县乡镇企业总产值的80%以上，每年外出施工人员3万人，承揽建筑面积近40万平立米，工程总值达亿元，实现纯收入3000万元。

三、开发旅游产业，发挥“名山效应”

五台山位于五台县东北部，是一个以山岳和寺庙为主的风景名胜区，从东汉、北魏直到唐、宋、元、明、清各代屡建寺庙，大兴佛法，使五台山佛都规模日益昌盛，逐渐成为四大佛教名山之首，名震海内外。

新中国成立后，先后成立各种专门机构，负责五台山文物的保护、管理和维修工作。特别是党的十一届三中全会后，文物宗教政策得到进一步落实。1983年山西省政府拨款1300万元，大规模地对五台山寺庙进行了维修，战争破坏以及“十年文革”中遭受严重浩劫的37处寺庙得到了全面修复。为适应迅猛发展的旅游业新形势，县委、县政府实施了大旅游业的发展战略，对内搞建设，对外搞促销，重点在旅游景点、旅游服务内容、旅游相关产业三个方面扩展开发，同时积极引导和鼓励乡村集体、先富起来的农民和国有集体企业以多种形式建设旅游景点，大兴旅游项目，开发旅游产品，参与旅游服务。1997年，接待游客60万人次，旅游收入4500万元，比1992年增长311.4%，1998年，接待游客76万人次，旅游收入18000万元，财政收入1723万元，比1997年增长3倍。

三、注重整体推进，各项事业全面发展

*城乡市场繁荣活跃。*1978年，全县有百货、糖业、纺织、五交化、饮食服务、食品等六大公司，76个商业门店。党的十一届三中全会后，为了适应五台山对外开放和旅游事业的发展需要，成立了蔬菜、旅游、综合购销公司，兴建商业设施，增加商业网点，扩大营业面积。到1998年，全县拥用各类商业摊点802个，从业人员934个，社会商品零售额达到21160万元。

*基础设施明显改善。*从1978年开始，新修了南北大街、东西大街，路面宽阔舒展，人行道绿树成荫，街道两旁商店林立，群楼簇拥。1985年，县委、县政府从旧衙门迁入新建县委政府大楼。特别是唐家湾水库的兴建，更为五台这座“山城”增添了色彩。1994年，在坝堤上建起了百米长廊，斗拱飞檐，青砖素瓦，古朴典雅，别具风韵。周围绿树环绕，碧海掩映，在艳阳之下，更显出五台城的无限生机。邮电通讯发展迅速。县城开通了400门程控电话。建成了东冶、县城、豆村、五台山四个无线寻呼台，开通了县城、五台山两个模拟移动基站和县城、东冶、五台山三个GSM数字移动基站，架设电话光缆87公里。23个乡镇通了程控电话。铺油硬化茹村—台怀、河边—石盆口两条干线公路。到1998年，全县新增公路455公里，新增通车里程145公里，实现了122个村通公路，镇镇通油路。

*人民生活水平显著提高。*改革开放以来是五台县发展最快的时期，人民群众从改革中得到了实惠，城乡居民收入大幅度增加，消费结构发生了深刻变化。主要食品消费和耐用商品拥有量逐年增加，居住条件不断改善，储蓄存款成倍增长，居民的生活水平由改革前的满足于吃饱穿暖，逐渐向吃讲营养、穿讲时髦、住讲舒畅、用讲高档这一新需求转化。人民群众走出土窑洞，迈入新瓦房。美观大方、结构新颖的二层小楼在农村中屡见不鲜，而且室内装璜考究，布局巧妙，充满了现代文明。“半年糠菜半年粮”已成为历史。

21世纪是我国现代化建设的一个重要时期，也是五台实现第一步赶超目标的重要时期。五台人民将以党的十五大精神为指针，以经济建设为中心，突出改革和发展两大主题，推进经济体制、增长方式、思维方式三个转变，抓好改革开放、扶贫攻坚、结构调整三件大事，实施跨世纪发展、科技兴县、非公有经济、特色经济、长廊经济五大战略，到2002年农业初步形成产业化格局，工商企业焕发生机活力，社会得到全面进步。可以预见，在党的改革开放政策的正确指引下，在全县人民的艰苦努力下，宏伟的理想必定能成为辉煌的现实，勤劳勇敢的五台人民，必将以自己的汗水和智慧，在五台的建设发展史上谱写更为壮丽的篇章。

（阎计章）

代县的巨变

代县地处恒山和五台山西段，是山西省的一个中等县，总人口20.04万人。建国以来，勤劳的代县人

民在党的正确领导下,不断地解放思想,奋力拼搏,开拓进取,在征服自然、改造自然、建设美好代县的过程中,取得了辉煌的成就。到1998年底,全县国内生产总值达到42750万元,比1952年的689万元增长61倍,年均递增9.4%,地方财政收入达到2954万元,比1949年的49万元增长59倍,年均递增8.7%,粮食产量达83669吨,比1949年的22510吨增长2.7倍,工业总产值达到16864万元。

一、农村经济面貌发生巨变

经过建国50年特别是党的十一届三中全会以来的建设,到1998年底,全县391个行政村,已有117个村迈入小康,9个贫困乡镇的147个村摆脱贫困实现了温饱,农林牧渔业总产值达到25650万元,农民人均纯收入达到了1636元,粮食总产量达到83669吨,猪牛羊肉总产量达到500万吨。已经告别了耕地靠牛、收粮靠天、点灯靠油的历史,全县实现了整体脱贫。

(一)农业生产条件明显改善。50年来,勤劳的代县人民,运用科学方法进行滩涂开发,打机井,修水库,搞节水灌溉工程,南水北调扩大水浇地面积,加大对农业机械的投入力度以提高耕作的效果。到1998年底,全县有机井819眼,农业机械总动力为6.2万千瓦,有水浇地18.7万亩,水浇地占到总耕地面积的43%,极大地提高了抵御自然灾害的能力,提高了农业生产的效益。

(二)科学技术在农业生产中大显身手。建国以来,特别是党的十一届三中全会以来,科技在农业生产中已显示出巨大的威力,化肥的推广、优良品种的应用、病虫害防治技术的应用、立体种植的引导为农村经济的发展起了很大的作用。1998年,化肥施用量已达到28507吨,亩均用量达到70公斤,从而大大地提高了土地的质量和粮食的产量。在玉米、谷子、高粱、山药等作物上不断地推广优良品种,产生出了显著的经济效益,玉米的亩产量由1978年的222.5公斤提高到1998年的356公斤。地膜覆盖技术在农业生产中被推广应用之后,产生了巨大的经济效益,地膜玉米亩均增产在100公斤以上,地膜瓜菜的亩增效益在千元以上,目前仅地膜玉米全县就有12万亩

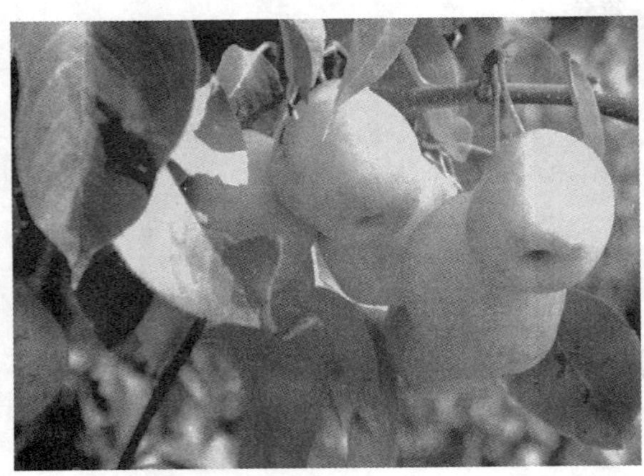

代县酥梨　　　　杨继兴　摄

(三)农业生产结构逐步走向合理。建国50年来,种植业结构由单种粮向粮菜、经济作物转变。经济作物的播种面积由1978年的37671亩增加到1998年的58439亩。林业生产改变单抓用材林的格局,经济林和用材林一齐抓。到1998年底,全县林地面积达到68.3万亩,果园面积达到47267亩,酥梨以其独特的品质被评为名优产品,年产酥梨达4219吨,森林覆盖率达到了26.4%。畜牧业增强了商品化意识,形成了规模养殖、科学养殖的新格局,到1998年底,猪羊牛肉产量达到了5008吨,较1949年增长了57倍。

(四)乡镇企业蓬勃发展。乡镇企业实现利税由1978年的123万元发展到1998年的2656万元,乡镇企业总产值1998年达到33685万元,乡镇企业已发展成为农村经济的重要支柱。

(五)农民生活水平极大提高。全县农民1957年人均纯收入只有26.7元,到1978年时亦只有86元,人均占有粮食309公斤,到1998年农民人均纯收入达到1636元,比1978年增长18倍,人均占有粮食提高到502公斤,1998年实现了全县整体脱贫。

二、工业生产长足发展

1949年,代县只有2家私营企业和10多个手工作坊,主要产品是棉布和铁器,工业总产值仅有24.29万元。建国以来,经过50年的创业,逐步建立起一个以矿冶、化工、建材、轻纺、机械为主体的工业生产体系,工业在国民经济中起着重要作用。1998年全县国有工业企业和年产品销售收入500万元及以上的非国有工业企业23个,乡办工业企业53个,全部工业总产值达到16864万元,国有工业总产值3509万元,实现利税468万元,比1978年的173.01万元增长1.7倍。

三、财政收入成倍增长

1949年,全县地方财政收入只有49万元,到1978年时亦只有451万元,1998年地方财政收入达到2954万元,比1949年增长59倍,年均递增8.7%。地方财政支出6237万元,是1978年的9.4倍,是地方财政收入的2.1倍,绝对差额由1978年的218万元扩大到3319万元。

四、交通邮电事业迅速发展

到1998年底,全县实现了乡乡通公路、镇镇通油路,17个乡镇有11个通了油路,公路通车里程运到588公里,货运量达到168.2万吨,货物周转量7719万吨公里,客运量达到59.6万人,客运周转量4064万人公里,促进了全县经济的发展。到1998年底,全县拥有电话7400部,有邮电支局所10个,邮政电信业务总量达到1129万元,电信业务实现了大联网,极大地方便了信息的交流,有效地服务了全县的经济建设。

五、商业外贸繁荣兴旺

新中国成立初,代县商业以私营为主,1949年全县有商业网点419个,社会商品零售总额223万元。50年代,私营、个体商业多数转为集体或国营商业,初步形成以专业公司和综合门店为主的城乡贸易网络。改革开放以来,个体、联营商业迅猛崛起,形成了国有、集体、私营等多种经济成份共同发展、共同竞争的新格局。1998年,社会商品零售总额达到1.61亿元,比1949年增长71倍。对外贸易也日趋活跃,1998年全县出口商品总值达80万美元。

六、社会事业协调发展

(一)教育事业成绩卓著。建国初期,代县无处求学、无力上学的现象十分严重,经过50年的建设,已经形成了幼儿、小学、中学、成人教育的新体系。1998年,全县在校学生人数达到34432人,比1949年的9744人增长了2.5倍,全县幼儿园45所,入园幼儿4638名,小学校360所,在校学生18984名,中学、职中由1955年的1所1226名学生发展到1998年的39所10810名学生。全县基本上实现了普及九年制义务教育的目标。

(二)卫生保健事业发展迅速。从1949年建第一所卫生所起,到1998年,全县卫生机构达到22个,床位571张,有专业卫生技术人员576名,农村卫生所269个,农村医生317名,医疗条件得到显著改善。

(三)文化体育事业得到健康发展。建国以来,代县十分注重文化体育事业的发展,特别是进入80年代以来,以提高全民的文化和身体素质为目标,认真扎实地工作,不断加大投资,建起了网球场和门球场等一系列体育活动场所,成立了太极拳协会等一批体育活动组织,全民健身活动开展得扎实有效。

(四)广播电视事业快速发展。到1998年底,全县建成2个电视台和1个广播电台,有297个村、3.8万户城乡居民看上了电视,有120个村、1.1万户城乡居民看上了闭路电视,广播电视覆盖率达到了86%。

(魏俊文　刘　赟)

繁峙县

旧貌新颜话繁峙

繁峙县地处山西省东北部,东西长68公里,南北宽34.82公里,总面积2368平方公里。其中石山区约占总面积的48.7%,是典型的山区县。繁峙县山多、坡广、滩大,土地资源、植物资源、矿产资源相当丰富。有耕地面积76.9万亩,人均耕地3.3亩;有森林面积21.7万亩,天然牧坡140多万亩。铜矿、金矿储量均居全省首位。现辖3镇18乡,401个行政村,1998年全县总人口23.5万人,其中非农业人口2.2万人,农业人口20.3万人,劳动力6.9万人。

解放前,繁峙县贫穷落后,主要以农业生产为主,有小部分农民兼营家庭手工业和作坊,城镇居民仅靠小本工商业为生。建国50年来,经济建设迅速发展,特别是党的十一届三中全会以来,经过多年改革,发展成就巨大,全县经济出现了新局面。

农　业

繁峙是个农业县,1949年全县农业人口占总人口的96.8%,主要以种植业为主。解放初,粮食总产达26055吨,人均436斤。全县粮食虽然自给有余,但因产业结构不合理,单纯经营农业,忽视经济作物和多种经营,加上文化和科学技术落后,全县经济不发达,人民生活长期徘徊在贫困线上。

建国后,在党和政府的领导下,农业得到飞速发展。首先大力兴办水利事业。全县兴建水库4座,新建高灌站59处,电灌22处,机灌站20处,专用灌溉的成井有250眼,其中深井132眼。到1998年水浇地发展到9.4万亩。其次推广使用农用机具。从建国前粗陋的木、铁制小农具,发展到目前使用机引犁、播种机、机引耙、镇压器、中耕机、脱粒机、扬场机以及大型联合收割机等,大大节省了人力,提高了工作效率。另外还注重了科学种田。广泛使用良种、农药、地膜等,为农作物的高产创造了条件。到1998年粮食产量达到66003吨,比1949增长1.5倍,比1978年增长0.5倍。油料产量达到4003吨,比1949年增长8.3倍,比1978年增长8.5倍。农民人均纯收入1242.5元,比1978年的36.7元增长23.8倍。

繁峙境内山高、沟深、坡面广阔,具有发展林业的天然优势。1949年全县造林面积5500亩,零星植树18万株,幼林抚育450亩,成林抚育2500亩,封山育林1400亩,水果产量19.79万斤,干果(即核桃)产量5.4万斤。解放后,党和政府号召人民"植树造林,绿化祖国",全县林业有了很大的发展。近年来山区又制定了一系列的小流域治理措施,平川进行了田间林网规划,全县林业生产发展进入一个新的阶段。1998年底,造林面积达69990亩,零星植树352万株,幼林抚育11045亩,成林抚育12086亩,封山育林68000亩,全县实有林地面积达到133.8万亩,森林覆盖率为22.7%,水果产量达647吨,干果产量达40吨。

建国后的50年,畜牧业也有了一定的发展。县委、县政府在制定经济发展规划时提出"南山林牧北山芪"的计划,把发展畜牧业放在重要位置来抓。特别是党的十一届三中全会后,农村实行联产承包责任制,大力调整农村产业结构,涌现出许多畜牧业专业户,近几年又引进了小尾寒羊、良种牛,畜牧业发展势头良好。到1998年全县大牲畜存栏55813头,比1949年的13215头增长3.2倍,牧业收入达到4158万元,占农村经济总收入的4.9%。

交通通信

建国前,全县道路崎岖,交通不便,公路只有2条,路面坎坷,汽车已不能行驶。经过50年的建设,交通事业得到长足发展,目前,京原铁路和京原公路并行横贯全县东西,主要干线公路穿插南北。全县公路通车里程631公里,有16个乡镇开通了通乡油路。特别是1998年,分别投资5100万元和2500万元的两条商品路先后竣工通车,境内纵横交错的铁路公路交通网络基本形成。运输业发展迅速,截止1998底,全县共有货车931辆,大小客运汽车831辆,营运线路34条,形成了以县城为辐射中心,四通八达的运输网络。

邮电、电讯事业发展空前。除基本实现村村通邮政、乡乡通电话外,近几年,增设了无线寻呼和移动通讯,全县实现了程控直拨电话,居民足不出户,就可全球通话。全县新装程控电话7288门,拥有市话用户3926户,农话用户3326户,其中住宅电话占到88%,新装移动电话1524部。

工业

繁峙县解放前的工业极端落后,只有服务于农业生产和人民生活的个体手工业,1949年工业生产总值仅有26.5万元。建国后特别是党的十一届三中全会以来,随着生产力的发展和生产关系的不断变革,工业生产欣欣向荣。1998年全县有工业企业977家,工业总产值达到75736万元,比1949年增长2856倍,已形成拥有冶炼、开采、机械修理、汽车配件、化工、塑料、建材、印刷、服装、食品、酿造等门类的比较齐全的工业体系。繁峙有丰富的矿产资源,采矿冶炼是支柱产业。全县已基本形成了以铁矿、金矿企业为龙头,带动采矿业、冶炼业、铸造业全面发展的一条龙生产体系。全县建有铁矿4座,年产精矿粉60966吨。

电力工业从1957年起步,到1998年,全县拥有110伏输电线路51.5公里,110千伏变电站1座;35千伏输电线路123公里,35千伏变电站3座。以粉丝为龙头的农副产品加工业,于80年代初勃然兴起,目前全县有粉丝蛋白厂30多座,年产粉丝2500万斤,产品销往全国各地,成为全国颇有影响的粉丝生产基地和粉丝专业市场。

商业

解放前,繁峙的商业集市主要在县城、砂河镇和大营镇。由于广大人民生活贫苦购买力低下,致使商业萧条冷落,社会商品零售总额仅有78.45万元。建国50年来,人民政府实行保护和发展工商业的政策,1957年对私营商业进行了改造,特别是党的十一届三中全会以后,流通体制向着多种经济成份、多种经营方式、多种流通渠道、减少流通环节的方向变革,大大活跃了城乡经济。全县商业网点逐年增加,货源不断扩大,市场购销两旺,社会购买力空前提高。1998年全县共有商业、饮食服务网点2582个,从业人员6300人,平均90人中有商业、饮食服务网点一个,服务人员2名。全县设立了集市贸易市场13个。商品零售总额达到55680万元,是1949年的709倍。

财　政　金　融

建国初期的1949年,财政收入36.3万元,构成财政收入的仅有税收一项,其中农业税收入占全部税收的98.6%。随着农工商业的发展,商品流通渠道的疏通,地方财政逐年好转。到1998年全县财政收入完成3005万元,比1949年增长了72.8倍,其中农业税收包括四税占总税收的12.1%,工商税收占总税收的38.3%,集体企业所得税占总税收的4%。

金融工作在国民经济建设中发挥了越来越大的作用,仅1989年以来的10年间银行存款余额平均每年以28.3%的速度递增,1998年各项存款余额达到66218万元,其中储蓄存款余额达到59765万元。

文化、卫生、体育

繁峙是华夏民族发祥地之一。解放前流行秧歌、晋剧、社火等民间文艺,但一直没有正式团体。解放后经文艺工作者的努力,于1956年先后成立了“繁峙县秧歌剧团”和“繁峙县晋剧团”。1985年,秧歌剧团演出的《九件衣》获得省优秀地方戏曲奖。

50年来,繁峙先后成立了电影公司、广播站、广播电视管理局、图书馆、电视台。全县有线广播普及率和通响率均达90%以上,广播电视覆盖率达到90%,总体上实现了有线广播和调频广播、有线电视和无线电视的混合覆盖。

解放初,繁峙的卫生机构 只有1个临时“防疫分局”,1个卫生所。解放后,医疗卫生事业迅速发展,逐步改变了过去技术力量薄弱、医疗设施奇缺的落后局面,各级各类医疗卫生保健机构进一步健全,医疗条件得到大大改善。全县人口死亡率降低到5.93‰,儿童计划免疫“四苗”接种率达到95.2%。地方病和传染病的防治工作也大大加强。

繁峙传统的体育活动有“打秋千”、“踢毽子”、“武术”等项目,随着经济的发展和人民生活水平的提高,体育事业也得到了迅速的发展,建成了人民体育场1处,占地面积25990平方米,内有400米标准田径场地。10级看台灯光球场1座,520平方米大型舞台1座,可承担省级田径运动比赛和区级篮球比赛。

教　　育

解放前,全县的教育条件很差,师资力量薄弱,只有幼稚园1所,入园幼儿30余名,小学校255所,在校学生1410人,教师210名,初级中学没有。解放后,特别是党的十一届三中全会以来,千方百计提高教学质量,改善办学条件,提高教师待遇。1982年,对全县学校危房进行了维修清理,彻底实现了校校无危房。目前全县共有职工幼儿园2所,学前班23个,学幼儿混合班158个,幼儿班260个 ,入学幼儿30161名,教职工1050名;小学392所,在校学生30280名,教师1750名;中学34所,在校学生13935名 ,教师1064名。繁峙中学、砂河中学、第二中学还建起正规化理化实验室,开设了计算机课程,全县的教育工作正向科学化迈进。

(张奋德)

宁武经济全面发展

宁武县地处晋西北黄土高原东部边沿,黄河第二大支流汾河源头,总面积1987.7平方公里。以山地为主,森林面积广,地下资源丰富,煤炭资源尤为突出。全县辖22个乡(镇)、475个行政村,1998年底总人口为14.84万人,其中非农业人口3.04万人。社会从业人员5.50万人,职工人数1.89万人。

建国50年来,勤劳朴实的宁武人民自强自立、艰苦奋斗,经济面貌发生了巨大变化,取得了令人瞩目的成就。1949年,全县国内生产总值为89万元,“一五”期末的1957年提高到535万元,1965年国民经济调整基本结束时达到 792 万元。文化大革命期间，由于极左路线的影响，国民经济畸形发展。党的十一届三中全会以后，随着改革开放的不断深入，宁武经济如雨后春笋，发展迅猛。1998 年国内生产总值为 43000 万元，是 1949 年的 483 倍。财政总收入 7099 万元，一般预算收入 4514 万元，达到历史最好水平。

一、农村经济全面发展

新中国成立以来，宁武人民因地制宜，治山治水，农林牧业得到全面发展，农业总产值 1952 年至 1965 年的平均增长速度为 7.68%，1966 年到 1977 年的平均增长速度为 9.65%。1978 年以来土地联产承包责任制的推行，极大地解放了生产力，农村经济发生了翻天覆地的变化，1998 年农业总产值达到 11418 万元，比 1978 年增加 8311 万元，农民人均纯收入实现 1216 元。广大农民摆脱了贫困，解决了温饱，正向小康迈进。

农业生产。大搞以治汾为主的农田水利基本建设，使农业生产条件得到明显改善，抗御自然灾害能力明显增强。1998 年粮食总产量 29290 吨，比 1975 年农业收成最好年景的 25830 吨增长 13.40%；油料产量 2680 吨，是 1949 年 370 吨的 7 倍多。

畜牧业生产。不断加大投资力度，实行畜种改良，加快优种繁育基地和畜产品交易市场建设。1998 年底羊存栏 26.93 万只，进入全省养羊大县行列，猪牛羊肉产量 3351 吨，农民人均畜牧业收入占人均纯收入的 39%。

林业生产。充分发挥森林资源丰富的优势，在保护自然森林的同时，建设汾河百里绿色走廊和防护林带，大搞植被建设和植树造林，森林总面积达 823 万亩，木材总蓄量 660 万立方米。

二、工业经济快速增长

宁武工业经济的发展，是从手工业开始的，解放前夕，私营工业企业 44 家，从业人员百余人。解放后，宁武工业经济经过不同时期特别是党的十一届三中全会以后的发展，已初具规模，形成了以国有企业为主导，集体、村办、私营、个体企业等共同发展的格局。1998 年，工业企业总数达到 683 个，其中国有企业 20 个，完成工业总产值 75622 万元，其中国有及年销售收入 500 万元及以上企业 14023 万元。已形成了以煤炭为主，铝钒土、建材、机械、铅笔制造等为辅的工业体系。

煤炭工业。解放前，宁武县煤炭开采生产能力低下，开采条件落后，至 1949 年，全县原煤产量只有 3.16 万吨。1957 年后相继建成七厘洼、岭沟、东汾等国有煤矿，成为全县煤炭工业发展的龙头。到 1978 年全县有县、乡、村各类煤矿 62 座，年产量 47 万吨。80 年代后，宁武煤炭工业在改革中得到发展，到 1985 年，全县各类煤矿发展到 161 座，年产量达 189.16 万吨，年销售量 151.33 万吨，煤炭工业成为支柱产业，被列为全国重点产煤大县。1987 年，煤炭工业进入了最为辉煌的时期，全县共有各类煤矿 173 座，产量达到 530.59 万吨，销量 512.14 万吨。

铝钒土工业。铝钒土矿藏是宁武仅次于煤炭的另一种主要矿藏，1985 年建成第一个铝钒土联营公司和铝钒土烧结厂，产品全部用于出口，产值达 300 万元，年创外汇 40 余万元。之后，又相继成立了一批铝钒土矿点和烧结厂，到 1998 年底，铝钒土矿达 35 个，年产近 70 万吨铝钒土生料，从业人员达 500 余人。

建材工业。1972 年宁武地方国营水泥厂建成投产，年产水泥 435 吨，完成工业产值 2.7 万元。之后，又陆续建成了长城水泥厂、预制件厂、砖厂、石料厂等一大批建材企业。到 1998 年，共有建材企业 20 余家，从业人员 630 人，完成工业总产值 2200 万元，占全县工业总产值 2.92%，实现利税 80 万元，占全县工业利税总额的 3%。

铅笔制造业。宁武铅笔厂于 1970 年筹建，1972 年建成投产，是全省唯一的铅笔制造企业。经过 20 年的发展和建设，到 1990 年，共有职工 456 人，固定资产原值 502 万元，生产铅笔 9679 万支，完成工业产值 752 万元，实现利税 54.21 万元，产品畅销全国各地，并远销美国、加拿大、东南亚国家和地区，累计为国家创汇 50 余万美元。1995 年以来，加大技术改造和体制改革的力度，扩大生产规模，1998 年底建成 1 亿支黑铅笔生产线和 3.2 亿支彩铅笔生产线，并实现了国有企业向有限责任公司的转变与过渡，进入全国同行业的四强。

三、第三产业发展迅猛

商业。宁武古城历史悠久，早在隋唐时，汾河水上运输带动了商贸、建筑和第三产业经济的繁荣。建国初期，经过社会主义改造形成的国有、集体两大商业经济模式，一直延续到 1978 年。党的十一届三中全会以后，经过 20 多年的发展，宁武的商业经济规模空前，形成了国有、集体、私营、个体多种经济成份并存的新格局。1998 年全县社会商品零售总额 11026 万元，比 1978 年增长 6.17 倍。

交通邮电业。交通面貌的根本改观在 1992 年至 1998 年。全县拓宽改造干线公路、县级公路 193.9 公里,完成通乡三级水泥路8公里,新建通乡油路51公里,新修、改建通村公路320公里,全县镇镇通油路,乡乡通公路,村村通机动车。1997年进入全省交通建设基本实现三通县行列。邮政、电信不断加强设施建设,电报、电话并入全国自动网络,移动电话、无线寻呼实现全国联网漫游,通讯设施为全区一流水平。

旅游业。宁武是国内少有的旅游资源富县。境内山、水、林、洞、池、石、瀑、寺、甸、关等自然、人文景观独具特色,有世界奇观、中华一绝的万年冰洞,有全国绝无仅有的高山天池湖泊群,有褐马鸡、落叶松牧乡之称的管涔山国家级森林公园。近年来,随着各个旅游景点的开发、完善,吸引了众多的国内、省内游客,累计接待游客近40万人次。

四、文教卫生事业发展后劲明显增强

教育事业。新中国成立后,宁武的教育经过50年的发展,现有各级各类学校468所,其中,普通小学440所,初级中学23所,高级中学1所,职业高中1所,教师进修校1所,少体校1所,县级幼儿园1所,1998年,在校生25788人,占全县总人口的17.41%,中学教职工2432人,专任教师1696人,占全县总人口的1.14%。全县适龄儿童入学率达到98.5%,适龄少年入学率达到93.8%,1997年普九义务教育顺利通过省级验收。

医疗卫生事业。1998年,全县共有医疗卫生机构29个,其中县级医疗卫生单位7个。县乡两级共有医务人员1070人,开设病床522张,有医疗器械432台、CT机1台,大大改善了城乡医疗卫生状况,人民群众健康水平明显提高。

(王银泉)

静乐县

静乐焕发勃勃生机

静乐县位于晋西北高原,汾河上游。全县总面积2058平方公里,辖4镇18乡,381个行政村,总人口15.5万人,其中农业人口13.6万人。静乐土地肥沃,物产丰富,主产玉米、大豆、莜麦、土豆、油料等。自然资源极为丰富,尤以煤炭为第一大资源,地质储量为260亿吨,可采工业用煤储量60－70亿吨;水资源充足,为全省富水县之一。

优越的资源优势,为静乐经济的全面腾飞提供了强有力的物质保障。建国以来,特别是改革开放以后,静乐这方热土焕发了勃勃生机,在历届县委、县政府的正确领导下,正由资源富县向经济强县迈进。

一、国民经济和社会发展的成就与实践

建国以来,特别是"八五"以来,静乐经济和社会发展取得了令人瞩目的成就,逐步由一个农业小县、工业穷县向农业强县、工业富县迈进,综合经济实力有了较快的增长。

(一)国民经济综合实力增强,人民生活水平不断改善

1978年国内生产总值为1527万元,1998年达到26506万元,是1978年的17.4倍。农民人均纯收入1978仅为40元,1998年上升为1021.8元,是1978年的25.5倍。职工平均工资1978年为522元,1998年达到3644元,是1978年的6.9倍。

变荒滩为粮田　　王新民　摄

(二)强化农业的基础地位,农业经济稳定增长

静乐属典型的农业县。解放以来,农业的发展大体经历了农村互助组、合作社、人民公社和家庭联产

承包责任制等发展阶段。特别是党的十一届三中全会以来,县委、县政府以扶贫攻坚总揽全局,以实现农业产业化为主攻方向,进一步加强农业和农村工作,通过稳定农业政策,大搞农田基本建设,调整农村产业结构,增加投入,加速发展乡镇企业,充分调动了农民的积极性,农业生产力得到了极大的解放。基本解决了农民的温饱问题,农业生产开始由传统农业向现代农业,由自然经济向市场经济转变。1949年,全县农林牧渔业总产值为1194万元,1978年和1998年分别上升为2438万元和14540万元。分别是解放初期的2.04倍和12.17倍;1949年,粮食产量为17390吨,1978年和1998年分别上升为28550吨和40011吨,分别是解放初期的1.64倍和2.3倍;油料产量1949年为65吨,1978年和1998年上升为364吨和3140吨,分别是解放初期的5.6倍和48.3倍。

解放以来,农业基础设施建设效果显著。特别是1988年开展治汾和1985年扶贫工作以来,全县紧紧抓住这一机遇,大搞农田水利基本建设和植被建设,大力改善农业条件,使全县基本农田达到26.3万亩,250个村达到人均两亩基本农田目标,全县贫困人口由12.42万人下降到4.17万人,1996－1998年达标解决温饱13个乡镇。确立了"科技兴农、科技兴县"的指导思想,以汾河川高产高效农业综合开发为重点,以地膜覆盖和种子革命为突破口,广大农村普遍推广应用科技,地膜、化肥、优种等已成为农家必不可少的生产资料,科学技术的推广、利用,极大地推动了全县农村经济的发展壮大。

(三)依托资源优势,具有地方特色的工业体系正在形成

静乐地处内陆,矿藏资源十分丰富,其中尤以煤、铁、铝矾土为最,又是全省富水县。根据这一特点,进入80年代,县委响亮地提出"一手振兴现有企业,一手抓新上项目"的兴工富县战略,坚持打基础与求发展同步,抓管理和挖潜力并举,抓住机遇,深化改革,扩大开放,把全县工业推到一个新的发展阶段。在"以煤为依托,以电为龙头,发展加工冶炼地方工业体系"战略的指导下,先后新上了2×3000千瓦火力发电厂、水泥厂、碳化硅厂和电厂2×6000千瓦二期技改工程,杜家村和干连沟煤矿2条洗煤、选煤、炼焦生产线项目,形成了以能源为主体的重型产业结构,确立了能源工业在全县工业经济中的主导地位。1952年工业总产值为40.8万元,1978年和1998年分别增加到647万元和7729万元(口径为乡及乡以上产值),分别是1952年的15.8倍和189倍。1998年,县委、县政府坚持抓重点企业,抓支柱产业,抓扭亏增盈,着力提高经济效益,电厂、碳化硅厂等在市场极为疲软的情况下,仍保持了较高的增长速度。

(四)基础设施建设步伐明显加快,财政收入稳定增长

回顾静乐的基础设施建设,全社会固定资产投资1987年仅为573万元,1988年较快增长达到1159万元,1998年全社会固定资产投资达到7219万元,为静乐经济的全面腾飞提供了强有力的基础。1998年全县完成基本建设投资3952万元,其中11万伏输变电线路已全线通电,累计完成投资2426万元,国家重点生态工程完成投资280万元;更新改造投资完成330万元,建筑业竣工产值1506万元,公路修建完成投资231.5万元。广播电视、邮电通迅网络继续向乡村扩展,全县电话装机容量达到3500门,5个乡镇实现了程控直拨。山西电视台覆盖率扩大到75%,中央电视台覆盖率扩大到41.5%。建起了天柱山微波台,已有6乡18村收看到有线电视,县城有线电视用户发展到2500户。截止1998年已通公路的村271个,通电的村308个,通电话的村35个,自来水受益村23个。为了改善群众的生产、生活条件,县委、县政府利用扶贫资金,大搞人畜吃水工程、引水工程、蓄水坝、旱井、水井,基本解决了广大人民群众的饮用水困难问题。

近年来,静乐通过夯实基础,稳固农业基础财源,搞活主体财源,发展乡镇企业、个体私营经济,培植新兴财源,走出了一条开辟财源与加强征管紧密结合的增收节支新路子。全县财政收入稳步增长,1978年财政收入为75万元,1998年增加到1412万元,是1978年的18.8倍。

(五)教育、卫生事业成绩显著

建国以来,教育事业在恢复中发展,在发展中壮大,为国家培养和输送了大批有用人才。到1998年,全县学校总数达到436所,专任教师总数1453人,在校学生总数31439人,学龄儿童入学率达到98.5%,小学毕业升学率达到87%。自从1990年实施希望工程以来,共建希望学校24所,救助贫困失学儿童3200多名。同时,继续改善办学条件,狠抓教育基金和基地建设,有效地缓解了经费不足的矛盾,成为解决"空壳"学校和农科教结合的典范。

医疗卫生逐步实现"一无三配套",现有医院、卫生院24所,床位数达到405张,技术人员485人,有效地保障了人民群众的健康。

二、经济与社会发展的基本经验

解放以来,特别是党的十一届三中全会以来,回顾静乐经济和社会发展历程,之所以取得比较好的成就,主要有以下几条经验:

(一)解放思想,深化改革是关键

党的十一届三中全会以来,历届县委、县政府积极响应党中央的号召,将工作重点转移到经济建设上来。以"三个有利于"为标准,加快改革,扩大开放,不断创新,极大地激发了企业和个人的积极性和创造性,经济发展保持了较高的增长速度。

(二)实施"科教兴县"战略是根本

改革开放以来,县委、县政府大力实施"科教兴县"战略,不断改善办学条件,推进农科教相结合,走出了一条科技推广利用和国有、民营办学的新路子,推动了国民经济的快速发展。

(三)领导干部身先士卒、真抓实干是保证

静乐历届县委、县政府在实际工作中非常注重通过各级领导真抓实干,把宏观指导思想和发展战略转化为广大干部群众的具体行动,使广大干部的工作责任心进一步增强,工作不再挂在嘴上,而是表现在具体行动当中。

(四)"两手抓,两手都要硬"是动力

县在抓经济建设的同时,县委政府把精神文明的创建活动摆上了重要的议事日程,调动了广大群众的积极性,保证了经济建设的顺利进行,全县经济呈现出繁荣景象。

(五)抓住机遇,发展经济是重点

县委、县政府抓住中央对西部地区倾斜政策、扶贫攻坚、治汾、农业生态建设等机遇,引资金,上项目,加强基础设施建设,使全县经济发展迈上了新的台阶。

三、改革与发展展望

展望未来,静乐将围绕扶贫攻坚目标,实施农业立县、科教兴县、基础强县、从严治县四大战略,立足稳定,扩大开放,加速发展,突出七项工程,抓好三个重点,大力培植新的经济增长点,加强党的建设、精神文明建设和干部队伍作风建设,实现社会政治稳定、经济健康发展和各项事业全面进步。发展蓝图可概括为:治好汾河川,建设三基地,乡村通公路,干线上等级;建成一座桥,开通三条街,全县大开放,培植新财源;科教大发展,农民超温饱。汾河川是静乐的精华腹地,要紧紧抓住治汾机遇,固堤、疏浚、通路、绿化、治汾、开发,建成汾河川8万亩高效农业综合开发示范基地、丘陵区30万亩小杂粮基地、土石山区10个乡镇30万只羊的畜牧基地。80%的乡镇通油路,行政村全部通公路,干线路出境路上档次,全部铺油路,使全县交通条件大为改观。同时要软硬建设一齐上,形成大开放、大发展的格局,上新项目、新工程,培植新经济增长点,科技教育要大支持、大发展、大贡献,总体水平进入全区中上游,农民生活跨越温饱,向小康目标迈进。

(吴星亮 谢建国)

神池县

迅猛发展的神池

神池县是晋西北山区的一个小县。现辖15个乡镇,251个行政村,总人口98966人,农业人口85470人。神池属高寒冷凉区,是夏季理想的旅游避暑胜地。境内土地资源丰富,总面积1472平方公里,人均国土资源24亩,耕地7.2亩,石灰石遍及全县,储量大,品位高,易开采。

历史上的神池,长期处在信息闭塞、交通不便、水资源贫乏、科技文化落后的恶劣生活生存环境中,人民生活一直在贫困线上徘徊、挣扎。建国以来,特别是改革开放以来,神池县国民经济和社会事业呈现出加速发展的好势头。到1998年,国内生产总值25027万元,是1978年939万元的26.65倍;农民人均纯收入1370元,是1978年52元的26.34倍;财政总收入3267万元,是1978年81万元的40.33倍。尤其是近几年来,神池紧紧抓住国家实行中西部倾斜发展战略的历史机遇,团结一致,真抓实干,经济面貌发生了很大变化。

一、经济有了长足发展,人民生活水平显著提高

(一)种植、养殖业快速发展,农民生活明显改善

全县上下立足丰厚的土地资源优势,适应市场需

求，不断探索高产高效的兴农、活农、强农之路。狠抓科技兴农，大力调整种植、养殖结构，推动农业产业化进程，取得了明显成效。在种植业上，以建设主导产业为目标，组织引导农民适应市场，占领市场，按照市场要求自主调整种植结构，稳粮扩经，大面积种葵花，大幅度提高商品率，基本形成葵花老大、山药老二、玉米等杂粮为老三的种植格局。全县63万亩耕地，1998年葵花和葫麻面积达到34万亩，占耕地面积的54%，其中葵花32万亩，占耕地面积的50.8%，山药15万亩，玉米杂粮9万亩，南瓜5万亩。在培植主导产业过程中，加大了科技投入力度。先后推广了地膜覆盖、立体种植、有机旱作、品种更新、平衡施肥等多项农业适用技术，增强了农业抗御自然灾害的能力，农业生产连年获得较好收成。1998年，全县粮油总产量13825万斤，是1978年5695万斤的2.43倍。

养殖业上，积极实施产业化开发战略，始终遵循"龙头带动，大户牵头，规模养殖，基地发展"的方针，到1998年，畜牧养殖重点乡发展到10个，重点村发展到100个，重点户发展到10000个。大牲畜、猪、羊分别发展到37814头、52535头、26.5万只，比1990年增长58.7%、20.9%、35.7%。

种养业的发展，增加了居民收入，改善了居民生活。全县有78095人的农业人口越过了温饱线，占到农业总人口的90.8%。

（二）工业、个体私营经济迅猛发展，财政收入大幅度增长，城镇居民人均可支配收入显著增加

在发展县营工业企业上，通过深化改革、加强管理，培植了一批利税大户。1998年，全县工业企业发展到19户，固定资产总值达到3272万元，乡及乡以上工业总产值完成1.9亿元，国有企业实现利税332.6万元，分别是1978年的21倍和20倍。

乡镇企业方面，立足农产品丰富的优势，着力发展深加工企业。特别是适应全县大种葵花、玉米的实际，以玉米、葵花盘为原料，生产果胶、酒精，同时，科学开发，综合利用，设计生产饲料、轻质碳酸钙、乳酸钙等系列产品。

壮大私营经济方面，实行"六给两不限"政策，即政治上给地位，政策上给鼓励，服务上给方便，经营上给指导，发展上给支持，法律上给保护，不限经营方式，不限经营范围，努力为其营造机会均等的发展环境。目前，全县个体私营户发展到2131户，固定资产达到1246万元，从业人员4300余人，年上缴国家税费796万元。

经济的迅猛发展，使全县财政收入逐年递增。特别是从1993年开始，五年连续迈了五大步，1998年达到3267万元，是1978年81万元的40.3倍。城镇居民人均可支配收入达到了3000元，是改革开放前234元的12.8倍。

农机市场　　　　郑德东　摄

二、基础设施建设步伐明显加快，生存发展环境大为改善

通过把改善全县的生存发展环境作为为民办实事的着力点大抓特抓，取得了明显成效。全县投巨资，下大力气，先后完成县城引水工程和8个乡镇、104个村的打井、引水、供水工程，共解决了6.3万人、28300头大牲畜的吃水困难。先后营造针叶防护林27.35万亩，阔叶防护林1.67万亩，针、阔叶用材林3.13万亩，柠条治沙林8万亩，杏果经济林9.85万亩，通道植树数万株，使全县生态环境大为改善。在县城新建一幢住院大楼，维修整顿了15个乡镇卫生院，新建了15个乡镇计划生育服务站，解决了群众就医难的问题。全县98%的村庄通了电，解决了群众用电难的问题。开办了有线电视，乡乡镇镇建起了电视差转台，整修了县乡广播线路，建起了乡村文化站，丰富了群众的文化生活。同时，新建居民住宅583套，改造和维修临街住宅218户，有力地改善了群众的居住条件。适应科教兴县战略的需要，在省地扶贫工作队的大力扶持下，全县上下共同努力，新建、改建、维修县城、乡村小学180所，实现了乡乡村村最漂亮的房子是学校的目标，彻底改善了全县的办学条件。累计投资4500多万元，共修通了124.17公里的通乡油路，是忻州地区贫困县中首家实现了乡乡镇镇通油路的县份，是忻州地区所有县市中实现乡乡镇镇通油路的第二个县份。并与此相应，通村公路也有较大发展，实现了大村通公路、村村通机动车的目标，全县基本形成了纵横交错的交通网络。新建了邮电大楼，开通了3000门市内程控电话和1152门农村程控电话，开通了"139"移动电话。新建了集贸市场、商贸大楼，建起了新城

区，在县城东门外，修通了长5华里、宽30米的"王"字大街。新建了县委、县政府、宾馆、农行、人行、土地、城建、财政办公大楼，使新城区建设初具规模。维修改造了旧城区，使县城面貌有了较大变化。

特别是近几年来，全县的基础设施建设步伐进一步加快。投资721万元，完成了虎北、小寨、大严备打井工程，八角、烈堡、贺职三处集中供水工程，新打机井5眼(包括节水灌溉深井2眼)，完成并配套3眼，续建配套1眼，扩建截潜流工程1处，扩建延伸引水工程1处，新建管理房20间，主体压力蓄水池6个、1220立方米，安装引水管道11.46万米，新建吃水点41个，共可解决和改善57个村庄、24300人口、8600头大牲畜的吃水困难；改建新建通村公路27条，102公里；新建义井规模养猪场和义井、马坊肉牛育肥场；从内蒙引进资金325万元，以股份合作制的形式新建了占地8000平方米、建筑面积6000平方米、固定门店140个、可容纳各种摊点1000余户的大南关民生市场，使县城内长期以来有市无场的问题得到了较好解决，同时也较好地改变了县城脏、乱、差局面，规范了市场秩序，搞活了流通，增加了税收。基本完成了新城区绿化和环城山万亩绿化工程，使城区建设和环境绿化不同步、不协调的问题得到了较好解决，为全县今后经济和社会发展奠定了坚实的基础。

三、基层组织建设和精神文明建设进一步加强

面向新世纪，神池人民将在神池县委、县政府的正确、坚强领导下，在上级党委、政府、有关部门的关心、支持、帮助下，在各界人士的关爱下，信心百倍，豪情满怀，把富强、民主、文明的新神池带入21世纪。

（李德强）

五寨县

五寨的历史性跨越

五寨县地处晋西北黄土高原，现辖3个镇15个乡257个行政村，1个居民委员会。全县总人口10.22万人，农业人口8.6万人，全社会从业人员4.2万人，农村劳动力3.2万人。解放50年来，五寨的山山水水发生了翻天覆地的变化，特别是改革开放以来，五寨人民在党的富民政策指引下，生产生活条件都得到很大改善，经济建设和社会发展成效显著。进入90年代后，县委、县政府认真贯彻党的路线、方针、政策，坚持"重工、强农、兴商"的工作思路，抓住机遇，稳中求进，进中搞活，全面推进双文明建设，实现了历史性跨越。

一、综合经济实力显著增强

1949年前，五寨县自然经济占主导地位，生产力水平很低，经济非常落后。1949年，全县总人口5.23万人，工农业总产值仅有2215万元，其中工业总产值85万元(包括村及村以下，下同)；粮食总产量为13230吨；油料总产量530吨；地方工业仅有少数的铁、木、石、泥等零散的个体手工艺匠，从业人员333人，设备极其简陋，生产能力很低，当时农业经济在国民经济中占有95.45%的比重。财贸系统有商业、饮食业、服务业，从业人员只有74人，社会商品零售总额100万元。新中国成立后，党和政府十分重视经济建设，1949年至1952年恢复时期，农村开展了多种形式的互助合作，调动了农民的生产积极性。1952年粮食总产达23205吨，比1949年增长27.47%，油料总产量860吨，增长62.26%。工业上，1952年全县第一个地方国营企业"五寨酒厂"投产，企业总数发展到2个，工业总产值达到144万元，比1949年增长69.4%。随着第一个五年计划的实施，全县先后组织起铁、木业社等8个手工业合作社和一批公私合营商店。到1956年，工业总产值达258.44万元，比1949年增长2.04倍，比1952年增长79%；社会商品零售总额377万元，比1949年增长2.77倍。"大跃进"和"文化大革命"时期，国民经济虽然在艰难曲折中有所发展，但不稳定，经济工作并无突破性进展。

党的十一届三中全会之后，五寨经济在改革开放中焕发出前所未有的生机和活力。1998年，国内生产总值达到21664万元，比1978年增长4.5倍，平均每年递增8.9%。工农业总产值28857万元，比1949年增长6倍，平均每年递增4%。其中农业总产值增长4倍，工业总产值增长55倍。粮食总产量增长2倍，油

料总产增长52倍。社会商品零售总额比1949年增长88倍,地方财政收入比1949年增长175倍。农村经济总收入比1956年增长33倍,农民人均纯收入比1956年增长17倍。

二、农业和农村经济稳步发展

新中国成立50年来,五寨县的农村经济得到前所未有的发展。农业生产条件有很大改善,农业生产力水平大幅度提高,主要农副产品产量成倍增长。特别是党的十一届三中全会以后,随着党在农村经济政策的贯彻落实,农民生产积极性空前高涨,多种经济全面发展,乡镇企业正逐步向现代企业转变,自给自足经济正向市场经济转变。

农业产业结构和生产条件有了明显变化。种植业主要有粮食作物、经济作物和蔬菜,经济作物主要是油料、药材、甜菜和麻类,油料中以葵花和胡麻为主,其次是黄芥。随着市场经济的发展,农民的经济意识逐步提高,按照价值规律调节种植业结构,低产低效的作物全部淘汰。全县大力开展科技培训,提高农民的科技文化素质。注重引进和吸收新技术、新品种,加快农业科技成果的转化和推广,加强农业新技术试验、示范基地的建设,农业生产条件明显改善,粮油产量连续登上新的台阶。

黄牛基地　　牛瑛　摄

林业建设成效明显。50年来,在加强管理的同时,大搞植树造林,使森林面积逐年增加。1949年,五寨仅有一些天然林木,面积约10万亩,人工造林面积很小。到1998年,造林面积达到36.9万亩。

畜牧业成为主导产业。大牲畜总量1998年与1949年相比增长了5倍,平均每年增长3.7%。猪、羊比1949年分别增长了16倍和9倍。从60年代起五寨就被列为畜牧业重点县,70年代初,养猪名列前茅,被列为全省养猪重点县。1974年黄牛改良以来,又被列为全省黄牛改良重点县和全国182个商品牛基地县之一。1997年县委、县政府制定了“区域开发,群体发展,大户牵头,规模扩张,黄牛领导,六畜并举”的发展方针。目前,全县畜牧业产值已占到农业总产值的30%以上,特别是人工牛黄接种工作,创造了人工牛体育牛黄一次性接种1065头的最高记录,黄牛龙型产业基本形成了规模生产,到1998年底,全县牛发展到50300头,牛体人工育黄数增加到1165头,被省政府评为“全省养牛生产先进县”。

五寨县的乡镇企业是从1959年起步的,当年的公社工业生产总值达9万元,真正的发展时期是改革开放以来。到1998年,全县乡镇企业达116个,从业人员1470人,总产值达5140万元,总收入4876万元,形成了乡办、村办、联办、户办“四轮驱动”,加工业、商业服务业、交通运输业、建筑建材业和农副产品购销业五大产业共同发展的经济群体,促进了农村经济全面发展。

三、工业经济整体实力进一步提高

1949年五寨的工业经济十分薄弱,仅有少数的铁、木、泥、石等个体手工业匠和作坊,设备极其简陋,生产力水平很低。新中国成立以后,五寨的工业逐步发展,1952年全县第一个地方国营工业企业五寨酒厂建成投产。改革开放以来,五寨的工业经济得到迅速的发展,国有、集体、股份合作制、私营、个体企业逐年增多。到1998年,全县工业企业58个,主要有化肥厂、水泥厂、综合食品厂、阀门厂、地毯厂、建筑工程公司等,全县工业总产值达到5956万元,工业增加值1001万元,利税总额143万元。

四、基础设施实现了历史性跨越

交通道路明显改善。五寨县地处晋西北中心,1949年全县仅有大车路4条,全长177.5公里,有支线小路2条,全长400公里。解放后,党和政府十分重视交通建设。50年代开拓了五寨到东寨等三条主干公路。60年代县乡公路陆续开始修建。70

年代公路建设又迈出了新步伐,三偏、三保、韩河公路实现了柏油路,县乡公路已通车。80年代以来,五寨境内列入国家养护计划的公路里程243公里,公路桥33座。截止1998年底,实现了乡乡镇镇通油路、村村通公路。油路面公路18条,总长240公里。全县共有汽车310辆,公路货运量达到8.5万吨,客运周转量840万人公里。

水利建设发展迅速,水利设施日臻完善。位于清涟河上游、南峰台山脚的南峰水库,1958年兴建,坝高39.3米,库容450万立方米,附属建有三条总干渠,设计灌溉面积5.34万亩,是五寨县主要的产粮区。位于鹿角河支沟石门处的白草庄水库,坝高24米,库容840万立方米,设计灌溉面积为300亩。位于朱家川河二道支流上的郭家河水库,坝高12.5米,设计灌溉面积为2000亩。此外还建有几百口机井,若干骨干坝,极大地促进了工农业生产发展。

电力、邮电等基础设施建设飞速发展。现有100千伏变电站1座,35千伏变电站2座,35千伏输电线路2条,10千伏输电线路15条,总容量1.75万KVA,动力供应充足。邮电通讯发展迅猛,全县程控电话总容量达到7000门,开办了无线寻呼业务,建成移动电话数字基站1座,实现了全国联网和国际长途直拨。

五、财贸经济繁荣,金融形势良好

50年来,五寨县财贸经济工作取得了显著成绩,财政实力明显增强,金融事业不断壮大,商业贸易活跃,市场繁荣。1949年,五寨的社会商品零售总额100万元,1998年,社会商品零售总额8902万元,平均每年递增9.4%。1949年地方财政收入9万元,1998年为1584万元,平均每年递增10.9%。截止1998年,金融机构发展到5个,各项存款余额41279万元,贷款余额26957万元,城乡储蓄存款余额27958万元。

六、人民生活水平不断提高

新中国成立50年来,城乡居民收入显著增加。全县职工人均工资由1949年的250元增加到1998年的3560元,增长了11倍,平均每年递增5.1%。城镇居民人均生活费收入1998年达到2520元,比1986年增长3.76倍。农民收入水平提高更为迅速。1956年至1998年,全县农民人均纯收入由63元增加到1150元,增长了17倍,平均每年递增6%。

城乡居民消费水平不断提高,主要耐用消费品日益普及。城镇居民人均生活费支出由1986年的493元增加到1998年的1934元。消费水平的提高带来了消费结构的变化。饮食消费从多主食少副食逐步走向多副食少主食;穿着消费从一衣多季逐步走向一季多衣;用的消费已从一般基本生活必需品逐步走向现代化家庭的享受用品。电视机、洗衣机、电冰箱、摩拖车、VCD等已不同程度地进入寻常人家。城乡居民的精神文化生活日益丰富。1998年以来,城乡居民的文化生活消费支出迅速增长,全县电视人口覆盖率达80%以上。

七、各项社会事业全面进步

科技、教育、文化、卫生等事业蓬勃发展,精神文明建设取得了较大的成就。五寨县的科技机构从无到有,科技人员不断增加。1953年开始科普活动,继而建立科技机构,充实科技队伍。到1998年有科技机构9个,科技人员130余名。教育事业得到了迅速发展。截止1998年底全县各级各类学校发展到250所,在校学生19030人,教师1173人。初等教育已全面普及,入学率、巩固率、普及率明显提高,办学条件得到进一步改善,教育教学量稳步提高,应试教育开始与素质教育转轨。广播电视事业有了新进展,全县电视人口覆盖率达80%以上。卫生事业有了新的发展,全县有医疗单位23个,拥有医院20座,床位数380张,基本达到了村村有学校、乡乡有医院。计划生育工作取得了很大成绩,全县计划生育率达到84.84%,有效控制了人口增长。

展望未来,五寨人民将继续坚持科教兴县、农业稳县、商贸活县、民营经济富县方针,围绕建设县域特色经济这一中心,突出抓好农民增收、企业增效、财政增长三个重点,强化办学、修路、兴水、绿化四个基础,着力培育土豆、黄牛、药材、花菇四条小龙,推进农业产业化、企业多元化、商贸网络化进程,逐步将五寨建成基地型农业、加工型工业、开放型商业、普及型科技的经济新格局,促进全县经济持续、快速、健康发展和社会全面进步。

(张娥女)

岢岚县

因地制宜　建设岢岚

岢岚县建国初期，农业基础地位薄弱，畜牧业发展缓慢，地方工业体系尚未建立，处于百废待兴阶段。1952年，全县国内生产总值仅有568万元。从建国初到70年代末，农村经过合作化运动和人民公社，经济得以发展，但总体上讲，速度不快，效益不高。地方工业还是“五小企业”，仅能从事农副产品的初级加工和简单农机具的制造。1949年至1956年，畜牧业在“以农养牧，以牧促农，农牧并举”方针的指导下形成一个黄金发展阶段。到1978年，养羊已发展到14.6万只，成为主要畜种，但畜种少，畜牧业的发展较为缓慢。商业在建国初期与兄弟县市比较为发达，但自1966年个体商业被取缔之后，仅有的国营集体商业仅起到维持的作用，1978年社会商品零售总额仅有782万元。地方财政收入从1949年的8万元增加到1978年的90万元，增长了11.3倍，但财政支出大于收入。这一阶段，社会各项事业得以全面快速发展，县城主要街道定型，在校学生人数由1949年的2095人逐年增加到1978年的15778人。医院床位也由1952年的15张增加到1978年的213张，增长14.2倍。农民人均纯收入由1953年的33元增加到1978年的39元，增幅不大。建国之后，人民当家作了主人，但在“一穷二白”的思想指导下，物质生活并不富有，经过十年动乱，精神生活也受到压抑。

党的十一届三中全会以来，岢岚经济发生了历史性巨变，各项社会事业全面进步，1998年，国内生产总值是1978年的19.8倍，是建国初的50倍；地方财政收入比1978年增长了8.6倍；农民人均纯收入增长了27.3倍。呈现出社会稳定、经济超常规发展、人民安居乐业的康泰景象。

一、认真贯彻落实党的各项农村政策，强化农业基础地位，加大农业科技投入，以市场为导向，调整种植结构，农业增产与农民增收同步发展

从70年代末到80年代初，全县逐步健全和完善了各种联产承包责任制，到1982年，全部实行了包产到户责任制。包产到户充分调动了广大农民的生产积极性，使农业生产有了巨大的发展。80年代后，在减轻农民负担，建立健全村务公开、村民自治各项制度的基础上，政府从服务的角度出发，从政策上引导农民，从科技和资金上扶持农民，农业种植结构从小杂粮和大秋作物转向市场前景好、经济效益高的经济作物。进入90年代，岢岚兴起“地膜农业”，以此为基础，推广了间种套种等10项农业实用技术，并实施了以科技种植、市场导向为主的“四个十万亩”种植工程。农业总产值由1978年的1074万元增加到1998年的18621万元，增长17.3倍。在市场引导、政府服务、科技种植等有利因素的推动下，粮油产量也大幅度增加。粮食产量由1978年的16290吨增加到1998年的39202吨，增长2.4倍。油料产量由665吨增加到11189吨，增长16.8倍。随着各项农村政策的落实，科技兴农力度的加大，农村呈现出粮油增、新房多、人口降、收入多、农家乐的欣欣向荣的新景象。

二、以羊为主，多畜并举，稳数量上规模，重科技上质量，以产业化为目标，建设高标准畜牧大县

岢岚畜牧业历史悠久，清代以来，太原市有名的“清和元”头脑，其所用羊肉多取于岢岚的青山羊，因其吃柏树籽而得名“柏籽羊”。1979年养羊达161023只，成为自有记载以来历史最高年。随着商品经济的发展，1980年从辽宁盖县引进绒山羊，进行纯繁改良工作，到1991年，实现了山羊绒用化，绒山羊无论从数

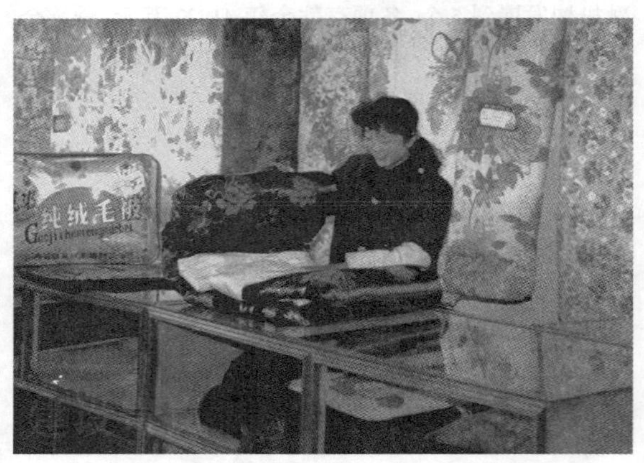

“铱星”牌绒毛制品　　马保华　摄

量和质量上，还是户均、人均占有上，均居全省第一。岢岚因此也被誉为“骑在羊背上的岢岚”。到1998年，全县羊存栏数达到38.4万只，规模养羊户达到3500户，规模养羊20万只，有省设定点绒山羊种羊场1座，累计为全国40余个地区和县市提供种羊5000只。农民人均纯收入中，从1993年开始，畜牧业收入均在50%以上。全县形成了系统的加工体系、畜禽防检疫体系、饲草饲料服务体系、科技支援体系、销售营销网络体系、信息服务体系等。1998年，岢岚的畜牧业开始向注重产业链、产权链、产品链的“三链一体”产业化方向发展，形成了以龙头带基地、市场牵龙头、公司加农户的产业化发展模式。畜产品加工集团下辖三个疏散的子公司：铱星绒毛精制品公司主要从事毛绒初加工和精加工，并生产纯绒毛防寒服和保健性能好的床上用品，“铱星”、“云青”牌被服运销10余个大中城市，并获国际、国内大奖数次。芦峰食品责任有限公司生产羊肉制品、生熟肉制品和芦峰牌奶粉。其生产的带皮羊肉块1998年成为国际市场上的抢手产品，供不应求。皮革公司主要生产真皮服饰和皮件制品，“岚登”牌服装市场前景广阔。此外，还有近百家从事毛、绒、皮、肉加工与营销的民营企业。企业与农户之间用入股与契约的形式形成了“风险共担，利益均沾”的权属机制。可以说，改革开放，促进了岢岚畜牧业的腾飞，也为岢岚今后畜牧业产业化建设奠定了坚实的基础。

三、突出畜产品加工业的主导地位，注重农副产品的多元化开发，以一业带百业，民营经济迅猛发展

1978年以后，在党的开放搞活政策指引下，乡镇企业和个体私营企业有了较大的发展，当年产值达到29万元。20年来，民营经济伴随着岢岚畜牧业的不断发展，以畜产品初加工为体系，发展到80余家，涉及皮、绒、毛、肉的加工营销、沙棘原汁和饮料的加工以及土豆、葵花等农产品的加工等行业。1978年以前，乡镇企业寥若晨星，如今几乎每个乡镇都办起了企业，每个村都有老百姓从事加工业和营销业。岢岚县委、县政府以及全县人民得到了一个共识：无农不稳，无工不富，无商不活。在发展民营经济的过程中，坚持一个原则，实行“六给五不限”政策。具体讲，坚持“先放开后管理，先发展后规范，先扶持后收益”的原则，政治上给地位，政策上给鼓励，服务上给方便，经营上给指导，发展上给扶持，法律上给保障；不限发展速度，不限发展比例，不限发展规模，不限经营方式，不限经营范围，最大限度地为民营经济创造良好的发展环境。到1998年，全县各类企业发展到105个，乡镇企业总产值达到2370万元，营业收入2080万元，分别比1978年增长81.7倍和33.5倍。全县涌现出了一批市场前景好、竞争有实力的民营企业，有酸溜溜食品责任有限公司、温泉虹鳟鱼养殖厂、宏峰综合食品厂、鑫田土豆系列加工有限公司、富强水泥厂、王家岔生态服务中心、李家沟牧厂、三井镇和城关镇砖瓦厂等。其中酸溜溜食品责任有限公司推出的酸溜溜沙棘汁获首届山西省农副产品包装与展销会大奖，因口感好、营养高而倍受消费者的青睐，成为市场上的抢手货。同时，酸溜溜食品公司作为民营企业纳入到岢岚县沙棘产业化开发的龙头企业之中。随着社会主义市场经济的不断完善和发展，岢岚的民营经济也必将会在今后的岁月中取得更加骄人的业绩。

四、逐步调整权属关系，不断拓宽服务渠道，政府调控，民间参与，流通领域运作平稳，城乡市场呈现出繁荣景象

改革开放初期，全县的流通领域中，只有商业一块分为三个部分，即国营商业，集体商业和个体商业。除此外的供销、粮食、贸易几乎全是国有国营。随着改革的不断深入，市场经济的不断发展，到80年代中期，开始出现了承包、租赁等形式的经营方式。商品的采购渠道也进一步拓宽，花色品种不断增加，市场上色彩缤纷，商品种类齐全，价格合理，城市有的，县城也有，城市没有的，县城还有。1978年社会消费品零售总额达782万元，1988年达3182万元，1998年达8640万元，20年增长了11倍。20年来，流通领域中民间力量不断强化，个体私营占主导地位，国家集体经营淡化，逐步趋向管理和调控。全县除原有的百货、五交化等商业公司以柜租承包和租赁的形式经营外，股份制商场、民经独资商场也不断涌现。经营范围也由单一的商品批零和饮食发展到第三产业的多数领域，尤其是畜牧业产业化战略实施后，出现了规范的以经销为职业的经销队伍，更是岢岚流通繁荣的一个很好的标志。

岢岚50年的发展取得了巨大的成就，岢岚20年的改革成就更加辉煌，岢岚必将在党的十五大精神的指引下，从胜利走向胜利，迎接新世纪更大的辉煌。

（王立伟）

河曲县

西口古道换新颜

河曲县位于晋西北黄土高原东部边缘，晋陕蒙交接地区中心段，全县总面积1323平方公里。濒临黄河黄河流经境内总长度74公里。地势由东南向西北倾斜，习惯上称为平川区、半山区和高山区。河曲县主要矿产资源有煤炭、铁矿、硫磺矿、铝土矿等10多种，其中以煤炭资源最为丰富。现辖4镇17乡，340个行政村，总人口13.07万人。

解放50年来，河曲人民坚定不移地贯彻执行党的方针政策，经过长期不懈的艰苦奋斗，走出了一条改造河曲、建设河曲、富裕河曲的科学有效的路子，使河曲的面貌发生了翻天覆地的变化。

1998年，全县国内生产总值31005万元，是1949年的74.7倍。固定资产投资3261万元，是1949年的271.8倍。地方财政收入2438万元，是1949年的87.1倍。粮食总产量35000吨，是1949年的2.6倍。农民人均纯收入966元，是1949年的74.3倍。在校学生23154人，是1949年的5.6倍。

一、综合实力明显增强，人民生活水平显著提高

建国以来，特别是党的十一届三中全会后，河曲县的各项事业得到全面发展，综合实力明显增强，人民生活水平显著提高。1998年全县国内生产总值实现31005万元，比1949年增长73.7倍，比1978年增长7.7倍，1949年至1998年平均递增速度为9.2%，1978年至1998年平均递增速度为11.4%，1978年以后的增速明显高于1949年以来的增速；地方财政收入完成2438万元，比1949年增长86倍，比1978年增长15倍，1949年至1998年平均递增速度为9.5%，1978年至1998年平均递增速度为15%，1978年以后的增速也明显高于1949年以来的增速；职工年人均工资由1949年的132元增加到1998年的4781元，绝对数增加4649元，年平均递增94.9元，1978年到1998年绝对数增加4004元，年平均递增200.2元；农民人均纯收入由1949年的13元增加到1998年的966元，绝对数增加953元，年平均递增19.4元，1978年至1998年绝对数增加878元，年平均递增43.9元；1998年末人均银行存款余额达到4266元，是1951年1.8元的2370倍，是1978年61.6元的69倍。综合实力的增强，人民生活水平的提高，得益于各业的发展，同时也推动了各业的进一步发展。

二、农业结构有所改善，经营效益不断提高

河曲县过去基本上是一个农业县，又是一个自然条件极差、靠天吃饭的穷县。“河曲保德州，十年九不收，男人走口外，女人挖苦菜”是对当年贫穷状况的真实写照。穷就穷在两个方面，一是单一经营粮食种植，二是农业基础薄弱，十年九旱，十年九不收。建国后，特别是党的十一届三中全会以来，农业体制彻底转变，河曲县大搞以户包综合治理小流域为主的水土保持，加强生态环境工程建设，改善农业结构和经营方式，推广科学技术，加大农业投入，农业生产大有改观，经营效益不断提高，农民的积极性空前高涨。1949年种植业、林业、牧业产值占农林牧渔业产值的比重分别为70%、3%、24%，1978年分别为54%、11%、21%，1998年分别为51%、3%、46%。农林牧渔业产值1998年实现10152万元，比1949年增长29倍多，比1978年增长7.6倍。

近年来，世行水土保持项目的投资和实施，国家生态环境工程的启动，大规模兴建塑料温室大棚，反季节蔬菜生产和立体种植经营，使全县农业生产进入综合治理和规模经营阶段。农村经济总收入1998年达到31099万元，比1955年增长166倍多，比1978年增长21倍多，1955年至1998年平均递增速度为12.6%，1978年至1998年平均递增速度为16.7%。农业由“十年九不收”变为“五年三丰收”，1998年在遭受严重自然灾害的情况下仍取得较好的收成，粮食总产量达到35000吨，比1949年增长1.6倍，比1978年增长14.8%；油料总产量5000吨，比1949年增加4924吨，比1978年增加4687吨；猪牛羊肉产量2553吨，比1949年增加2343吨，比1978年增加907吨。

三、工业经济发展迅猛，成为河曲县域经济的主要增长点

河曲县的工业经济经历了从无到有、从小到大、从弱到强的过程，为全面振兴河曲县域经济做出了巨

河曲果汁厂生产线　　何新田 摄

大的贡献。特别是党的十一届三中全会以来,建企业、上项目,大搞技术改造、设备更新改造、新产品研制开发和更新换代,加强市场调查,银、企、政联动,抓龙头带全面,使工业经济呈现出旺盛的生命力。从1998年开始积极稳妥搞改制,加速了工业经济的发展。1998年乡及乡以上工业总产值实现20875万元,是1949年的949倍,是1978年的13倍,1949年至1998年平均递增速度为15%,1978年至1998年平均递增速度达到13.6%。1949年、1978年、1998年工业总产值占工农业总产值比重分别是3%、44%和83%。1998年,主要工业产品产量中,原煤产量88万吨,是1949年的26倍,是1978年的4.6倍;发电量27519万度,是河曲初建小电厂1960年的4587倍,是1978年的20倍;水泥9.4万吨。是1978年的15倍;合成氨7826吨,是1978年的3.1倍;生铁3.02万吨,是1978年的16.6倍;炸药1.05万吨,是1978年的93.8倍;电石2.82万吨,是初产的1988年的5.3倍。

工业的发展,推动了河曲县域经济的发展,为河曲财政收入的大幅度增加起到举足轻重的作用,在河曲经济中支撑着半壁江山,1998年以工业为主的第二产业增加值占到国内生产总值的一半以上,地方财政收入中有一半以上来自全县乡及乡以上工业企业。河曲工业经济现已形成以强带弱、以大带小、以工带农、厂中办厂的格局,走低成本、高科技含量扩张的路子,充分发挥重点企业和拳头产品的优势,表现出方兴未艾的趋势。

四、基础设施逐步完善,投资环境不断优化

过去的河曲交通不便,信息闭塞。建国以后,特别是党的十一届三中全会以来,河曲的交通、通讯等基础设施得到很大的改善,彻底改变了过去交通不便、信息闭塞的被动局面,投资环境得到明显优化,从而带动了固定资产投资的增加和社会经济的全面发展。1998年全县公路通车里程达到1852公里,是1955年的18.9倍,是1978年的3倍,实现了村村通车,交通四通八达。程控电话4096门,平均每百户拥有11部,并开通了移动电话和无线寻呼业务。医疗水平明显提高,人民健康有了保障,1998年每千人平均拥有医生达到4.13人,每千人平均拥有病床达到3.59张。1998年完成固定资产投资3261万元,比1949年增加3249万元,比1978年增加2972万元。建国以来,固定资产投资累计高达5.81亿元,其中1978年以来固定资产投资累计占到94%,达到5.46亿元。1998年末银行贷款余额达到5.56亿元,比1978年末增加5.45亿元。现在的河曲县产业门类较为齐全,结构较为合理,经营正常,发展稳定。

五、市场繁荣,物价稳定

工农业经济的发展,人民生活水平的提高,带动市场兴旺发达。党的十一届三中全会后改革开放政策的实行,全面改革商品流通体制,人们的市场经济意识进一步增强,市场购销两旺。1998年社会消费品零售额达到18649万元,是1949年的345倍多,是1978年的16倍。商品适销对路,市场供应充裕,秩序良好,价格合理稳定。1998年零售物价总指数在上年101.9%的基础上回落,仅为98.7%。市场的兴旺,刺激了居民的正常消费,从而又推动了国民经济的进一步发展。

六、创建两个文明建设成果显著,国民素质稳步提高

河曲县把精神文明建设与物质文明建设放在同等重要的地位。在精神文明建设方面有内容、有目标、有措施、有投资、有效果,通过创建两个文明,提高了国民素质。1992年河曲县开办了有线电视台,有线电视用户由当时的1100户,增加到1998年底的7200户,占到全县总户数的18.7%,占到县城总户数的82.5%,争取在1999年底前实现村村通电视。有线电视台转播16套节目,自办3套节目。节目丰富多彩,效果好,服务周到,已成为人们生活中不可缺少的内容。到1998年底全县中央电视台的覆盖率达到86%,山西电视台的覆盖率达到75%。在教育方面,结合当地实际,把有限的师资和资金合理调配,使其发挥最大的作用,达到县城与边远地区双兼顾,全面提高教学质量。1998年引入激励机制,开展扶贫支教,从县城现有的教师中抽调一部分和待分配的师范毕业生一并充实到边远山区任教,1997年多方筹集资金1550万元改造和新建了221所学校,彻底消灭了危房和窑

洞教室,彻底扭转了边远山区教育落后的面貌。1998年底各类在校学生人数达到23154人,基本上解决了适龄儿童不能就近上学和缺师少舍的困难。1998年各类大中专录取人数近400人,名列全区前列。全民国防教育以学校为重点,以课堂为阵地,以学生为媒介,带动全民教育。农村实行村民自治,村务公开,基层党建实行两票制,为全国基层政权建设和农村党建积累了经验。社会秩序良好,刑事案件发案率明显下降。助人为乐,见义勇为,好人好事层出不穷。县城建设有序协调,黄河大街宽广整洁卫生,绿化美化成规模、上档次,夜晚路灯亮,夜市热闹。黄河大街已成为县城一道亮丽的风景线。目前,县城供水工程进入扫尾,不久县城居民将用上甘甜可口、清洁卫生的深层饮用水。

河曲人民用自己勤劳的双手把一个贫穷落后的河曲建设成为一个初具规模走向富裕的文明河曲。河曲人民已由"生存型"进入"温饱型",1998年全县整体脱贫,并有一部分进入"小康型"。由于河曲自然条件相对差,基础相对薄弱,又地处偏远山区,纵向比有了翻天覆地的变化,横向比,仍有一些差距,彻底改变河曲面貌任重而道远。但是,只要坚持民主治县,依法治县,科教兴县,全县上下团结一致,共同拼搏,河曲将会以一个文明、民主、富强、进步的崭新面貌跨入21世纪。

(金彩宝　贺永明)

保德县

黄河明珠放异彩

保德县位于山西省西北部,吕梁山脉北麓西坡,黄土高原东部边缘地带。全县总面积997.5平方公里,南北长约45公里,东西宽约21.7公里。

解放前,保德非常贫穷,民不聊生,市场萧条,物价暴涨,缺工少富,工农业生产严重萎缩,全县粮食产量只有89万公斤,农民人均收入只有17元。新中国成立50年,贫困偏远的保德县和全国各地一样发生了翻天覆地的变化。特别是党的十一届三中全会以来,随着全党的中心工作转移到经济建设上来,保德人民因地制宜,审时度势,重工、强农、兴商,全县经济建设更是年年岁岁花相似,岁岁年年景不同,呈现出农村经济蓬勃发展、各类企业异军突起、科技教育欣欣向荣、文化事业丰富多彩、基本建设步伐加快、城乡市场空前繁荣、人民群众的精神与物质生活水平明显改善的喜人局面。1998年全县国内生产总值达到3.81亿元,是建国初期215万元的177倍,是1978年1947万元的20倍。

一、农村经济全面发展,群众生活明显改善

改革开放后,保德农村经济体制发生了质的飞跃,建立了完善的土地承包制,整个农村经济走上了新的运行轨道。1998年,全县农业生产受秋旱影响,农作物减产严重,但粮食总产量仍达到2500万公斤,比1978年的227.9万公斤增长11倍;油料产量达到250万公斤,比1978年的6万公斤增长42倍。近年来,全县致力于农田基本建设和黄河滩涂开发,基本农田达到了20万亩,实现了人均2亩的目标,初步形成了以北乡为主的"两高一优"农业开发区和以南乡为主的农林牧生态农业区。城乡储蓄存款余额1998年达到35661万元,比1978年的169万元增长211倍。农民人均纯收入达到849元,比1978年的42元增长20倍。"白面大米日三餐,鱼腥汤汤泡捞饭"、"楼上楼下,电灯电话"的民谣已不再是美好的向往,逐步成为当今群众的生活写照。高档电器、农用车辆已大量进入农家,成为农村居民的生活必需品。贫困乡村的温饱问题逐步得到解决,全县已有近6万人越过了温饱线。

二、工业经济快速发展,民营企业异军突起

建国50年来,特别是改革开放以来,全县工业经济从无到有,从小到大,蓬勃发展,企业总数发展到近300个,从业人员近9000人。形成了县、乡、村、个体四个层次一起上、门类比较齐全的工业布局。新上马的电石厂2#、3#电石炉、铁厂3#炼铁炉、第二水泥厂及众多的乡镇、村办煤矿为保德的经济发展做出了很大的贡献。1998年全县工业总产值完成10058万元,

是1978年2416万元的4.2倍。乡镇企业利税总额实现3536万元,是1978年64万元的55倍。

三、城乡市场购销两旺,财贸经济繁荣兴旺

1998年全县社会商品零售总额达到1.4亿元,是1978年1217万元的12倍。财政收入完成3405万元,是1978年36万元的95倍。全县城乡商品充足,价格稳定,市场繁荣。

四、基本建设步伐加快,基础设施大为改观

完成了旧城区的改造,用箱式涵洞整体覆盖了横贯县城正中的“龙须沟”,同时新开发了全长1100米、宽32米的河滨新大街;修筑了全长20公里的黄河大堤铅丝笼护岸工程;完善了供电、供水系统,1998年底全县村村通了电。新修了政府办公大楼、保德宾馆、保德中学教学楼、县医院住院部、保德电影院、剧院、人民舞台等一大批重要建筑;新上了程控电话、数字移动电话、无线寻呼、卫星地面电视接收、闭路电视传送等基础项目;新修了黄河公路大桥、铁路大桥、晋西北循环公路等路段,全县公路主线达到了9线271公里,基本形成了纵横交错的公路布局,1997年提前实现了公路“三通”。

五、文教事业稳步发展,精神文明硕果累累

改革开放后,文教事业取得了实质性进展。通过治穷治愚双管齐下,有力地推动了教育事业的发展。20多年来,国家投资、社会集资6000多万元,新建、改建学校190余所,在校学生人数由建国初的2550人增加到现在的29570人,“四率”达到了98%以上,全县基本扫除了文盲,“普九”达标可望于1999年完成。医院病床数由建国初的7张发展到目前的387张,初级保健十三项指标均已完成。图书、广播、电视城乡基本普及。遵纪守法,做“四有”新人已逐步成为城乡居民的共识,广大人民群众的精神面貌和生活方式发生了显著变化,呈现出了政通人和、百业兴旺的好形势。

六、科学技术普及运用迈出新步伐

新中国成立后,保德县科学技术事业逐步发展起来,1958年县科普协会建立后,在工业、农林、医卫等单位先后建立科普小组,1981年以来,在20个乡镇均成立了科普协会,190个村成立了科普分会或科普小组,有会员1600人。建立县级学术交流会14个,共有会员163人。1984年8月县科技干部局成立。至1993年底,全县有乡镇级科委、科普协会20个,农业科普分会50个,专业技术研究会23个,全县有科技人员2914人,其中高级以上职称497人。

1979年后,“科学技术是第一生产力”已成为保德人民的共识,全县兴起了学科学用科学的热潮。近年来,县政府配备了专门负责科技工作的副县长,各乡镇配备了科技副乡镇长,科学技术委员会、科学技术学会、各类技术推广站、技术学校发挥着重要作用,科技已进入广大农村的千家万户。配方施肥、地膜覆盖、“两高一优”种植、蔬菜大棚栽培技术等已在农业生产中发挥了很大的作用。煤矿井下自动监测、引进实用技术等项工作,也取得了很大的成绩。

回顾建国50年的光辉历程,保德确实是发生了翻天覆地的变化。50年的实践证明,只有沿着党制定的大政方针阔步前进才是从胜利走向胜利的根本保证。保德经济发展现状尽管和先进发达地区相比还很落

黄河防护林　　　　郭海平　摄

后,但目前已进入了一个新的发展阶段。其主要标志是:能源、交通等投资环境大为改善,工农业生产已有了较好的基础,为具有保德特色的经济发展创造了条件。总之,50年来保德取得的成绩是巨大的,也是来之不易的。由于社会主义现代化建设事业是一项宏大而复杂的社会系统工程,又是一项前人没有遇到过的新的历史任务,缺乏现成的经验,一切都要从头做起,所以不可避免地要遇到困难,经过曲折坎坷的道路。因此,既有成功的经验,也不乏失败的教训。其一,坚持四项基本原则是立县之本,坚持改革开放是强县富民之路。其二,坚持实践标准和生产力标准,不断地解放思想,更新观念是推动经济建设的先导。由于历史的原因和地域的封闭,保德的封建主义思想影响和小农经济思想影响比较深重。可以说,每前进一步都会遇到各种传统思想的阻力。50年来把推进经济改革同促进人们思想观念的更新紧密结合起来,把经济基础的变革同上层建筑的变革紧密结合起来,

在许多具体问题上引导干部群众深化认识，判别是非，推动了经济发展的步伐。其三，全县上下，团结进取，是搞好经济建设的保证。经济发展必须有一个安定的社会环境。建国50年，特别是改革开放以来，全县干部群众十分珍惜来之不易的大好形势，千方百计抓经济工作，从而有力地促进了整个经济与社会事业的发展。其四，科学技术的推广运用是经济发展的加速器。一个地区或一个县的先进与落后，首先取决于它的科学、文化的先进与落后。实践证明，区域的特殊性和差异性，决定了对科技的需求在内容与水准上的差别，只有针对当地需要推广新技术，才能最大限度地提高科技的使用价值，收到最佳的效果，更有力地推动生产力的发展。其五，提高各级干部的服务效能，是推动经济建设的决定因素。党的政策，群众的愿望，都要靠各级干部上传下达，搞好系列服务，保德始终坚持在干部队伍中深入开展全心全意为人民服务的宗旨教育，从而使广大干部能够深入基层，体察民情，帮贫致富，兴保富民，收到了明显的效果。

总结过去的50年，是为开创美好的未来。保德今后的发展方向和战略，全县的干部群众都十分关注，保德所特有的各种优势，使保德的经济发展具有很大的潜力。保德有宝，有宝必兴，保德今后仍将高举邓小平理论伟大旗帜，坚持"稳中求进，效益发展"的战略方针，紧紧围绕"兴保富民，整体脱贫"这个大目标，长期坚持科教兴县、商贸活县、民营经济富县和主导产业强县战略，继续贯彻强基础、蓄后劲、调结构、增效益、求发展、保稳定的指导思想，扭住财源建设这个核心，狠抓一、二、三产业的同步振兴，全力决战"三个二"脱贫工程，努力把全县经济推上持续、快速、健康发展的轨道，实现经济和社会的全面进步。

回首50年的奋斗历程，让人感慨万千。这50年，是保德人民在党的领导下，攻坚克难，奋勇前进的50年，是取得社会主义建设辉煌成就的50年，是保德大地发生翻天覆地变化的50年，保德能有辉煌的昨天，就一定能够有更加辉煌的明天。昔日的黄河明珠定然会更加光彩夺目，大放异彩。

（王义升）

偏关县

描绘壮丽的蓝图

偏关县地处山西省晋西北黄土高原西北端，是抗日战争时期晋绥抗日根据地的一部分。建国50年来，偏关人民同全国人民一样，在社会主义建设事业中艰苦奋斗，自强不息，取得了辉煌的成就。在这片古老的土地上，偏关人民在党的领导下，靠自己的勤劳和智慧，开拓前进的道路，描绘壮丽的蓝图，创造崭新的生活，完成了历史的飞跃。

一、农业生产欣欣向荣

偏关县农业生产历史悠久，农业长期以来是全县经济的主体。1949年，农业产值占全县工农业总产值的94.6%。新中国成立后，全县经济迅速发展，生产结构发生了深刻的变化，各业经济迅猛发展，但农业仍占有很大的比重。党的十一届三中全会以来，全县全面推行联产承包责任制，给农村注入了极大的活力，农业生产条件有了很大的改善，全县农、林、牧、副业迅猛发展，农民摆脱了贫困，农业生产持续高速增长。农业科技的推广，使农作物单位面积产量成倍提高，1998年全县粮食亩产124公斤，是1949年的7.3倍。粮食总产量从1949年的11000吨连上三个台阶：

治理荒山　　秦永进　摄

1975年达到20000吨，1998年达到30000吨，1996年跨过40000吨达到43437吨，每一农民人均占有粮食从

233公斤提高到492公斤，超过世界平均水平。油料产量从1949年的305吨上升到9888吨，连翻5番。解放后，全县林业生产迅速发展，70年代中期后，发展速度继续加快，大面积的人工造林，改变了昔日的荒山秃岭。1998年，全县育林面积达到87.2万亩，零星植树400万株以上，坚持了20年的全民义务植树运动，收到了丰厚的回报。1949年，全县森林覆盖率仅为0.004%，到1998年，达到32.8%，"三北"防护林带、黄河保护林带的人工林生长茂盛，郁郁葱葱，掩盖了昔日的荒山秃岭，山川秀丽的偏关即将再现于黄土高原的大地上。建国以来，全县畜牧业生产也取得了可喜的成就。1998年全县生猪饲养5.6万头，羊饲养33.5万只，牧业产值4652万元，占农业总产值的比重为28.8%。猪、牛、羊肉产量达到4640吨，人均43.4公斤，接近世界平均水平。农、林、牧业的发展，带动了农村经济的全面起飞。1998年全县农民人均纯收入达到1255元，越过贫困线，向小康生活迈进。

二、工业发展突飞猛进

偏关境内地下资源丰富，但是历史上工业基础薄弱，起步很晚。直到1949年全县工业总产值仅为49万元，人均不到10元。解放后，工业生产发展迅速。到80年代初，能源、化工、金属冶炼等基础工业已初具规模，为工业经济的发展奠定了基础。现已形成以煤炭、化工为主，其它行业并存的工业体系。1998年全县工业总产值(按新口径)达到8266万元，为1949年的169倍。

偏关县的工业发展几乎是从零开始的。1949年工业产品产量仅有原煤3.19万吨，其它产品都是空白。从事工业生产的都是一些小煤窑、磨坊、油坊、纸坊、缸坊、酱醋坊等手工作坊和铁匠、银匠、糊品匠、毡匠、毯匠、毛毛匠等手工艺人。解放后，在工业这块空白的图纸上，经过50年奋斗，偏关人民已建立了4座现代化的矿井、1座52501千瓦发电厂、1座年产合成氨11000多吨的化肥厂、1座年产10万吨的水泥厂，铁厂4座，年生产能力达到5万吨，年产1万吨的乳酸厂1座。1998年，全县共有国有集体工业企业36个，从业人员3670人，总产值达8266万元。工业已成为全县国民经济的主要力量，主要工业产品生铁、水泥、乳酸在国内市场、国际市场享有盛誉。

三、交通电信飞速发展

偏关县地处山区，交通不便，信息闭塞。解放前交通电信业十分落后，没有公路，没有电信设备。解放后，除修通县级公路外，还大规模进行了县乡公路建设，靠畜力驮运的历史一去不复返了。1998年，全县公路总长384公里，县内93公里，乡镇291公里，"109国道"连接偏关南北，直通内蒙古自治区首府呼和浩特，平万三级公路纵贯东西，可直达包头、大同。县内乡乡通公路。公路成了人民生产、生活的动脉。1998年底全县拥有各种汽车850辆，拖拉机300台，全年货运量101.9万吨，货物周转量5227万吨公里。

建国后电信业的发展更是一日千里。1950年全县只有2部电话，1998年底全县共安装程控电话3019部，线路总长3028对公里，乡乡通了程控电话，并开通了无线寻呼和移动电话业务。1998年电信业务总量达到543万元，是1978年的57.8倍，电信在经济发展中发挥着极其重要的作用。

四、文教卫生事业繁荣兴旺

偏关县的文化教育事业和卫生事业是逐步加快发展、繁荣兴旺的。建国50年来，文化教育事业进步非常巨大。1949年全县仅有44所小学，学生1708人，有教师55人，到1998年，全县拥有各级各类学校428所，学生人数18992人，其中中学生6478人，小学生12414人。此外，还有少体校、党校、进修校、电视函授教学班，幼儿学前班等各类学校进行教学，使全县各种年龄、不同身份的人，都能有接受教育的社会条件和机会，充分显示了社会主义制度的优越性。1998年，全县小学适龄儿童入学率达到99.0%。文化教育的发展，使人民整体文化素质不断提高，劳动者中文盲、半文盲所占的比例不断下降，到21世纪初，彻底扫除文盲，提高劳动者文化素质的目标就可以实现。

偏关县解放前的医疗卫生条件极差，缺医少药，劳动人民深受其苦。据《偏关县志》记载，1950年，偏关县才办起第一座诊疗所，有医生10名，也就是说，全县平均每一万人中还不足2个医生。经过50年的发展，1998年全县已拥有县级医院2座，乡卫生院15座，县防疫站、妇幼保健站各1个，共有医疗床位277张，大大改善了医疗卫生条件。农村合作医疗所的普遍建立，极大地方便了农村居民的生活。卫生系统1998年共有技术人员496名，其中副主任医师9名，主治医师110名，卫生人员占总人口的5.5%。而1951年全县仅有1名中医师，2名西医师，1名护士，卫生人员仅占总人口的0.014%，这两个鲜明的百分数对比，充分说明新中国成立50年来，人民的基本生存权得到了有力的保障。

城乡人民的文化生活经过50年的健康发展，日益丰富多彩。1998年县城有文化馆1座，影剧院、电影院各1座，职业剧团1个，广播站1个，电视差转台4座，开办了偏关有线电视台、偏关教育电视台，电视人口覆盖率达到85%。地处偏僻的偏关人，可以坐在家中通过电视直接观察世界风云，了解国家大事，学习科技文化，欣赏艺术作品，实现了祖祖辈辈连想都不敢想的愿望。

五、商业贸易业逐渐发达

偏关县商业活动在解放前以及解放后的相当长一段时期内发展缓慢，1949年全县商店110家，从业人员110人，商品纯销售额仅41.31万元，全县每人平均不到8元钱。解放后，实行计划经济，商业活动主要由国营和集体合作商业企业人员从事，市场不活，流通不畅。1978年全县社会商品零售额为912万元，人均111元。党的十一届三中全会后，偏关县改革流通渠道，鼓励发展贸易业，进入了建国以来商品购销活动的全盛时期。进入90年代后，全县社会商品零售额突破一亿元大关，1998年达到1.24亿元，每人平均1161元，社会主义市场经济在这里体现了强大的生命力。

六、整体经济实力不断增强，人民生活极大改善

偏关县地处黄土高原，地理条件差，国民经济基础设施脆弱，给经济发展造成了一定的不利影响。解放后，特别是党的十一届三中全会以来，勤劳勇敢的偏关人民在县委、县政府的领导下，顽强拼搏、自强不息、艰苦创业，在这块古老贫瘠的土地上创下了奇迹。经过50年的努力，这里发生了翻天覆地的变化。

1998年，全县国内生产总值23100万元，比1997年增长15.5%，从1978年起以平均7.2%的速度增长；人均国内生产总值2163元；人均占有粮食391公斤，超过世界平均水平；人均猪、牛、羊肉产量43.3公斤超过全国平均水平；农村居民人均纯收入为1255元，实现全县整体脱贫；地方财政收入完成2699万元，连年超额完成收入计划；全县总人口为10.68万人，人口自然增长率为7.56%，跨入全省先进行列。

偏关，是历史上著名的军事要塞，与宁武关、雁门关合称“三关”。“引黄入晋”工程就从偏关县境内开始，万家寨水利枢纽工程是引黄工程的“龙头”。世纪之交，在伟大祖国成立50周年之际，十万偏关人民为取得的成就而自豪，为肩负的历史使命而骄傲。引黄入晋工程牵动着山西经济发展的脉博，“龙头”所在地的人民将以百倍的努力，积极支援国家重点工程建设，以全新的面貌，出现在祖国社会主义建设的舞台上，满怀信心，跨入21世纪！

（胡欢乐　李虎娃　郭晓梅）

离石开发谱新曲

离石市位于山西省西部，吕梁山脉中段西侧。境内山峦起伏，沟壑纵横。煤炭资源丰富，是离柳矿区的重要组成部分，目前探明储量为31亿吨。东部森林面积广阔，动植物资源丰富，发展林牧业具有得天独厚的条件。离石是吕梁行署所在地，是全区的政治、经济、文化中心和交通枢纽。1996年4月29日经民政部批准，撤销离石县设立离石市。

离石历史悠久，境内有许多人文景观，现存上古、夏、商、春秋、战国古文化遗址16处，另有北齐内长城、黄芦关遗址、吴城遗址3处，第三纪哺乳类动物化石遗址2处，元代壁画、石雕、碑刻44处，现存古建筑有金阁寺、安国寺、天贞观、千佛寺、金林寺、圣母庙等。

建国后，在历届党委、政府的正确领导下，离石人民自力更生，艰苦创业，奋力拼搏，为发展经济进行了不懈的努力。特别是党的十一届三中全会以后，离石人民围绕中央“抓住机遇，深化改革，扩大开放，促进发展，保持稳定”的方针，进一步解放思想，开拓进取，创造性地开展工作，率先走出了家庭联产承包责任制的路子，总结出四荒拍卖治理的典型经验。进入90年代后，认真贯彻落实邓小平南巡讲话和江泽民“艰苦奋斗、振兴吕梁”的题词精神，继续强化农业基础地位，积极实施煤焦战略，大力培养主导产业，加快农业综合开发和区域经济发展步伐，扶贫攻坚和小康建设整体推进，城市面貌日新月异，全市国民经济和各项

社会事业取得了巨大成就。

一、经济实力显著增强

新中国成立后,特别是改革开放以来,离石经济持续、快速、健康发展,保持了良好的增长态势。1998年,全市国内生产总值达73155万元,比1949年增长60倍,比1978年增长18倍。其中,第一产业增加值3372万元,占4.6%;第二产业增加值36944万元,占50.5%;第三产业增加值32839万元,占44.9%。全市地方财政收入完成4175万元,比1978年增长16.6倍。农民人均纯收入由1978年的53元增加到1998年的1273元,增长23倍。

(一)农村经济全面发展。经过五十年的建设,特别是党的十一届三中全会以来,随着农村经济体制改革的深入进行,农、林、牧、渔各业得到了全面发展。尤其是1993年以来,实行了土地长期租赁经营和“四荒”拍卖治理工作,调动了广大农民的积极性。对农业内部结构进行了调整,重点抓了商品粮、蔬菜、林果、畜牧四大农产品基地建设,农村经济全面发展。1998年,全市农林牧渔业总产值达7499万元,比1949年增长6.6倍;粮食产量21311吨,比1949年增长4.46%;油料产量1093吨,比1978年增长6倍;蔬菜产量9628吨;年末大牲畜存栏8567头,生猪存栏11205头,羊存栏56074只;肉类总产量达1149吨。乡镇企业超常规跳跃式发展,1998年,全市乡镇企业总产值80872万元,营业收入达到77625万元,分别是1978年的140倍和199倍;乡镇企业利税总额8395万元,是1978年的56.3倍。

(二)工业经济稳定增长。解放初期,离石仅有10余家规模狭小、设备陈旧、工艺落后的小煤窑、铁木店和修配手工业。50年来,全市工业不断发展壮大。1998年,全市国有及年产品销售收入500万元及以上的非国有工业企业实现产值31470万元,是1949年的278倍。煤焦生产规模逐步扩大,1998年,全市煤炭产量105万吨、焦炭168万吨。已初步形成了以煤焦、建材、铸造、农副产品加工为支柱,以电力、化工、机械、机电、轻工、医药、食品等门类为辅的工业格局。所产冶金焦、电石、电线(缆)等销往南亚、台湾、美国等国家和地区。

(三)商贸流通服务业进一步繁荣。新中国建立后,国有商业从无到有逐步发展壮大,形成了国有、集体和个体并驾齐驱的格局。1998年,全市社会消费品零售总额46195万元,分别是1949年、1978年的318倍、17倍。拥有批发零售贸易业、餐饮业网点2218个,从业人员5021人,已形成国有、集体、个体多种经

市区一角

济成份并存的流通网络。石州购物中心、永宁市场、供销大厦、粮贸大厦、新兴商城、石州百货大楼、永东市场、新隆商厦等大商场和吕梁宾馆、石州宾馆、石州大酒店、协作宾馆、地税宾馆等一批较高档次的批零贸易和餐饮服务网点已逐渐成为晋西和陕北地区影响较大、辐射能力较强的商贸服务中心。

(四)财政金融稳步发展。1998年,全市地方财政收入达4175万元,比1978年增长16.6倍。人民银行、工商银行、农业银行、建设银行、中国银行、保险公司、投资公司、城市信用社、农村信用合作社以及下设的办事处、营业所、储蓄所共56个金融机构,初步形成网络健全、机构完善的金融服务体系,信贷规模不断扩大。1998年,全市城乡居民储蓄存款余额91334万元,年末金融机构各项贷款余额119981万元。保险业从无到有,1998年保险承保总额达到24.8亿元,保费收入1613万元,已决赔款559万元,保障了社会经济的正常运行。

二、城市建设突飞猛进

解放前,离石城区面积不足1平方公里,由于战争的破坏,城内仅有一条300米长的石块路面街道,其余街巷均为土路。城内街道狭窄,居民住宅简陋低矮。全城居民仅有300余人。历经50年的改建、扩建,离石市已发展成为景色秀丽、市容整洁、经济初步繁荣并初具规模的新兴城市。

目前,城区面积拓展为11.24平方公里,人口发展为10万人,随着连接交口开发区长10公里、宽60米的“龙凤大街”的建设和滨河南北两路的拓宽,形成了以滨河南北路和龙凤大街交叉为主轴,交通路、永宁路、桥头街、兴隆街、南关街、新华街为辅的城区街道网络。城区拥有园林绿地63.5公顷。6个集中供热站,供热面积30万平方米,供热普及率27%。城区居民普遍使用煤气和液化气,用气人口达到1.7万人。离石邮电通讯在撤县改市后迅猛发展,1998年末,全市拥有电话14481部,无线寻呼用户达到9166户。

三、社会事业全面进步

建国以来,特别是改革开放20年来,随着经济的蓬勃发展,离石市的各项社会事业也呈现出蓬勃发展的大好局面。

文化教育事业蒸蒸日上。1949年新中国成立时,离石共拥有中学2座,小学76座,在校生4579人,教职工128人。党的十一届三中全会后,在党和政府的领导下,逐步调整了学校布局,加强了师资队伍建设,增加了对教育的投入,大大改善了教学条件,教育事业有了大跨度发展。到1998年,全市有各类学校329所,学生人数达到3.88万人。其中有小学校305所,在校生2.7万人。专任教师增加到1352人,小学入学率达到99.4%,巩固率达99.1%;中学校增加到24所,在校生达1.18万人,专任教师增至792人,中学入学率为95.7%,巩固率99.6%。1998年,全市教育事业经费达1488万元,占财政总支出的21%。

离石现有吕梁高等专科学校、吕梁农校、吕梁地区农干校、吕梁地区技工学校、吕梁会校、吕梁卫校、离石师范等17所大中专学校,其中比较驰名的学校有吕梁高等专科学校、贺昌中学等。

文化事业也有了较快发展。目前,市区不仅有文化馆、图书馆、晋剧团、电影公司等文化机构,而且有3座影剧院、2座俱乐部、2座电视台,歌舞厅、夜总会、录像厅等文化娱乐场所和服务实体,星罗棋布,大大丰富了群众的文化生活。

科技事业初具规模。多年来,"科教兴市"一直是离石发展区域经济的一项重要举措,科研队伍不断壮大,科技成果层出不穷,大大激发了广大人民群众学科技、用科技的热情。1998年底,全市共有科研机构6个,专业技术人员3507名。先后有多项科研成果获得国家、省地奖励,其中,"改造土焦炉回收煤焦油研究项目"获省科研成果三等奖,"旱育稀植水稻"获1990年全国丰水计划二等奖,"铜轴电缆和矿用电缆"新产品获全国星火科技博览会金奖。

卫生体育长足发展。经过50年的建设,离石的医疗卫生事业得到了飞速发展。1998年末,全市医疗卫生机构增加到31个,拥有医疗床位1006张。1995年,离石红十字会疑难病医院李廷俊院长研制的"抗痨系列药品"获三项国际金奖,1996年4月又获得了第五届中国专利新技术产品博览会金奖。体育事业方面,市内有1座可容纳1万余名观众的半园型田径运动场和1座可容纳4000余名观众的灯光篮球场,全民健身活动蓬勃发展,群众自发组织的各种体育协会、体育辅导站30多个,主要开展武术、太极拳、气功、棋类、足球等群众体育活动,锻炼培养了一批又一批优秀运动员。

随着社会经济的发展,城镇居民生活水平不断提高。1998年,全市城镇居民人均可支配收入3191元,人均消费性支出2557元,人均居住面积达到17.8平方米。城镇居民的生活方式逐步向吃讲营养、穿讲时尚、住讲宽敞,生活追求高质量、高档次的方向发展。

(赵志强　殷兴平　雒毅祥)

孝义市

开发煤铝资源　搞活孝义经济

孝义市位于吕梁山中段东麓,晋中盆地西南隅,距省会太原约120公里。北与汾阳市毗邻,西与交口县接壤,南与灵石县相连,东南与介休市隔汾河相望。总面积948平方公里,地形由西北向东南呈缓倾斜势态,以丘陵为主。孝义有巨大的能源工业潜力,矿产资源品种多、分布广、储量大、品位高、易开采,已探明的有煤、铁、铝、石灰石、石膏等几十种,尤以煤、铝为最,煤炭总储量达90.5亿吨,境内含煤面积783.5平方公里,占全市总面积的82.8%。铝土矿是孝义市第二大矿产资源,储矿面积约100平方公里,已探明保有储量2.2亿吨,占全国的16.6%,占全省的44%,从质到量在全国及亚洲均占首位。1992年2月,经国务院批准,孝义撤县设市。现辖9镇8乡2个街道办事处,41个居委会,381个行政村,399个自然村。1998年末,全市总人口40.3万人,其中非农业人口11.71万人。

建国50年来,孝义人民伴随着共和国前进的脚步，奋力拼搏，勇于开拓，创造了辉煌的业绩。特别是党的十一届三中全会以来，国民经济实力显著增强，教育、科学、文化、卫生和体育等各项社会事业取得了前所未有的发展。

一、国民经济综合实力显著增强

建国初期，孝义经济在恢复中开始起步，但经济非常落后，1949年，全市国内生产总值只有581万元，人均国内生产总值仅有45元。在之后的20多年社会主义建设中，虽然受到"大跃进"、浮夸风、自然灾害和"文化大革命"十年动乱的危害，经济发展受到一定影响，但经济发展水平仍有一定提高。到1978年，全市国内生产总值达1亿元，是1949年的17.5倍；人均国内生产总值361元，是1949年的8倍。党的十一届三中全会以后，随着改革开放的深入，孝义的经济建设进入了一个新的发展时期，市委、市政府紧紧围绕改革、发展、稳定大局，以"创三首"为动力，以建设区域性中心城市为目标，实施科教兴市战略和可持续发展战略，逐步形成以粮棉、蔬菜、水果、畜牧生产基地为基础，以煤炭、焦炭、铝钒土等产业为支柱，以城乡多元化发展为导向的区域性经济发展的新格局，国民经济和社会发展取得巨大成就，综合经济实力明显增强。1998年，全市国内生产总值达19.6亿元，是1978年的19.3倍，年均递增10.7%；人均国内生产总值4866元，是1978年的13倍，年均递增9.2%。在国内生产总值结构中，一、二、三产业比例发生了变化，1949年为65:24:11，1978年为35:47:18，1998年为10:62:28。孝义经济在保持农业基础地位的同时，第二、第三产业有了迅猛的发展，呈现出勃勃生机。

孝义市广场

二、农村经济发生了翻天覆地的变化

1949年，全市农业生产条件落后，靠牛耕地，靠天吃饭，粮食总产量3.7万吨，每公顷产量为952公斤。50年来，经过大规模的农田基本建设，兴建水利工程，推进农业机械化、种田科学化，大大改善了农业生产条件，提高了抗御自然灾害的能力。尤其是党的十一届三中全会以后，实行了家庭联产承包责任制，进一步调动了广大农民的生产积极性，解放和发展了农业生产力，开创了农村经济全面发展的新局面。1998年，全市农林牧渔业总产值达3.9亿元，按可比价格计算，比1978年增长5.8倍，年均递增9.2%，比改革开放前29年的年均增速提高6.8个百分点。粮食产量逐年增长，1998年达到10.3万吨，比1978年增长1.26倍，比1949年增长2.78倍；每公顷产量2940公斤，分别比1978年和1949年增加605公斤和1988公斤。社会主义市场经济的发展推动了农业产业化进程，以"菜篮子"工程为重点，一批比较稳定的区域化、商品化蔬菜和副食品生产基地初具规模，建起了梧桐镇、三贤办、新义办、古城镇4个蔬菜生产区和司马镇、驿马乡、大孝堡乡3个畜牧业主产区。1998年，全市蔬菜产量达5.2万吨，比1978年增长3.1倍；猪牛羊肉产量4811吨，增长5倍；牛羊奶1300吨，增长13.7倍；禽蛋6916吨，增长16.3倍；禽肉160吨，增长10.7倍。鲜蛋、猪羊肉自给有余，全市人均年占有蔬菜量由1978年的60公斤上升到129公斤。

三、以煤、焦、铝为支柱，工业生产突飞猛进

1949年，全市仅有几家私营煤、焦、纺织工业企业，规模小、设备陈旧、工艺落后，全年工业总产值只有155万元。50年来，在党的富民政策的指引下，孝义人民艰苦奋斗，开展了大规模的工业基础建设，工业固定资产投资累计达3.8亿元，工业规模由小到大，不断发展。形成了以煤、焦、铝、建材、冶炼、食品、纺织、塑料制品等具有一定生产规模、30多个行业、100多种产品的工业生产体系。主要产品有原煤、洗精煤、冶金焦、磷肥、生铁、水泥、烧结铝、棉布、白酒、皮鞋、活性炭、家俱等。截止1998年，全市乡及乡以上工业企业发展到96个，其中国有企业17个，集体企业79个，从业人员11300人。全部工业总产值完成22亿元，比1949年增长数百倍。轻重工业比例由1949年的62:38变为2:98，一个以重工业为主，煤炭、炼焦、铝土矿为支柱的工业体系在孝义市已经形成。

（一）煤炭工业是孝义解放以来发展最快的行业，是全国50个重点产煤县（市）之一。到1998年底，境内除柳湾、水峪、高阳煤矿3座国统矿，兑镇煤矿1座地营矿外，市及市以下各类煤矿发展到223座，年生产能力为783万吨。1998年，全市煤炭总产量达445.55万吨，产值2.9亿元，占全市工业总产值的13.2%。

(二)洗煤、炼焦业是孝义国民经济的支柱产业。1998年,全市洗煤炼焦企业达到403户,洗精煤782.4万吨,产焦炭424.89万吨,产值12.9亿元,占全市工业总产值的58.6%,销售收入4.9亿元,利税5051万元。优质冶金焦除供国内各大型钢铁企业外,还远销美国、日本、德国、韩国、秘鲁及台湾等国家和地区,年出口140万吨,创汇775万美元。

(三)铝土矿开采、加工业是孝义90年代发展起来的又一支柱产业。1998年,除山西铝厂孝义铝矿外,全市发展采矿点850个,生产生铝钒土136.3万吨;铝钒土加工企业148个,生产熟铝钒土72.78万吨。产值达2亿元,占全市工业总产值的9%。新建成的晋安铝矿、金达来矿产加工有限公司,发挥了产供销衔接、深加工及出口创汇的龙头作用,是孝义经济发展新的增长点。

四、乡镇企业异军突起

改革开放以来,乡镇企业依托本地丰富的煤铝资源,便利的公路、铁路运输条件,在小规模、分散经营为主的采煤、洗煤、炼焦等传统工业基础上起步、发展和壮大起来,现已基本形成以煤铝资源合理开发和深加工为核心的乡镇工业主力军,成为地方财政收入的重要来源,农民致富奔小康的主要途径。1998年,全市乡镇企业拥有固定资产6.6亿元,从业人员4.9万人。乡镇企业总产值达到26亿元,1978年以来年均递增24.6%;乡镇企业营业收入25亿元,占全市农村经济总收入45亿元的56%。乡镇企业上缴税金7465万元,占市级财政收入的75%,实现利润2.1亿元,1978年以来年均递增30.8%和18.4%。全市农民人均纯收入的67%来源于乡镇企业。1998年,全市19个乡镇(街道)中产值超亿元的11个,乡镇企业的快速发展,为繁荣农村经济,增加农民收入发挥了重要作用。

五、城乡市场繁荣活跃

建国后,随着国民经济的恢复和发展,国营商店和农村供销合作社逐步发展壮大,形成了以国营商业为主渠道的国、合商业体制。1949年,全市共有106个商业网点,消费品零售总额215万元。改革开放以来,城乡市场繁荣活跃,个体商业和集市贸易发展迅猛,城区商业营业面积发展到30万平方米,以永安市场、华北商贸娱乐城、晋华综合批零市场、铁南蔬菜批发市场为代表的一批大中型商贸设施拔地而起,与较早建起,并享有一定声誉的东风商场、春阳百货大楼、地区五交化商场、地区副食商场、地区商贸中心以及新建的国贸大厦、百货大楼、宏达家电商场等交相辉映,形成了以国、合商业为主体,其它商业为补充的多种经济成份、多种经营方式、多种流通渠道并存的新格局。到1998年底,全市各类商业网点5580个,从业人员达23780人,比1978年分别增长98倍和8.5倍;批零商品销售总额6.7亿元,比1978年增长14%,年均递增14.1%,其中消费品零售额5.5亿元,增长17倍,年均递增15.2%;各种生产资料销售总额2328万元,增长2.2倍,年均递增4%。

六、城乡居民生活水平显著提高

50年来,特别是改革开放以来,综合经济实力显著增强,居民收入大幅度增加,人民生活水平和质量明显提高。1998年,全市职工年平均工资4677元,比1978年增长8倍,年均递增10.9%;农民人均纯收入2135元,比1978年增长28.9倍,年均递增18.3%;城乡居民人均储蓄存款3755元,比1978年增长198倍,年均递增30%。绝大多数群众的生活在达到温饱的基础上,正向小康迈进。电脑、音响、空调等高档生活用品已走进普通百姓家中。

七、交通、通信事业蓬勃发展

孝义境内有2条铁路。孝义铁路介西支线在境内设5个车站,长37公里。货运量由1962年的225万吨(其中煤炭180万吨)增至1998年的922万吨(其中煤焦铝876万吨);客运量由1962年的1万人增至1998年的42万人。孝柳铁路是山西省地方铁路,该线在孝义境内长25.86公里,2个车站,1994年正式运营以来,平均日通过列车12对,货运量逐年增加,1998年达48.9万吨,其中煤炭发运量占总发货量的82%。

孝义的公路是由古时的驿道发展而来的,1949年,境内仅有土路面公路23公里。解放后,孝义的公路交通发生了巨大的变化,公路建设成效显著,有力地促进了经济和社会的快速发展。尤其是1995年以来,市委、市政府坚持"国道、省道、市乡道,都是自己的道,自己的路自己修,自己的路义务修"的方针,把改善公路交通条件作为加快经济社会发展的基础工作来抓,开展了规模宏大的市乡公路达标大会战,仅1995年,全市人民为重点公路建设捐资8300万元,新建、改建公路110条、524公里。拓宽、改造城区道路10条、17.37公里,硬化道路面积20.16万平方米,打通35条"断头路"。到1998年底,全市通车里程达1345公里,其中,国道1条36.07公里,省道2条53公里,307国道连接线10.14公里,市乡公路4条60公里,专用线3条25公里,乡村公路188条718.7公里,市区道路达34.4公里,基本实现了"乡乡通油路,村村通公路"的目标。1998年,公路客运量达78.5万人,货运量660.2万吨。

孝义1949年始置磁石人工交换机20门,1980年市内电话交换改制,实现市内电话自动拨号,电话用户330户,1992年引进数字程控交换机,实现了国际、国内电话长途直拨,自动计费。1998年,全市19个乡镇、街道办事处全部安装了程控电话。全市电话机总数达1.1万部,程控交换机总容量达1.6万门,居民住宅电话普及率为每百户35部。无线寻呼、移动电话、分组交换,从无到有发展迅速,移动电话自1993年开办以来,到1998年末共发展用户3165户,无线寻呼用户达5670户,通信能力得到了超常规跳跃式的发展。

八、财政、金融、保险事业稳步发展

1949年,全市财政总收入38万元,总支出6万元。随着国民经济的发展,全市财政收入不断增加,主要来源是工商税、农业税、企业收入和其它收入。1998年,全市地方财政预算收入9955万元,是1949年的263倍,年均递增12%。

1949年孝义市成立了解放后的第一个金融机构——人民银行孝义支行。随着经济的发展,改革开放的深入,孝义的金融事业已基本形成了以中国人民银行监管下的专业银行为主体、多种金融机构并存和分工协作的金融体系,为促进孝义经济的发展,发挥了重要的作用。1998年末,全市城乡居民储蓄存款余额达15.1亿元,比1978年增长284倍,年均递增32.7%,银行各项贷款余额12亿元,比1978年增长15倍,年均递增14.5%。银行现金收入32.3亿元,现金支出40.8亿元,比1978年分别增长95倍和104倍。

孝义的保险业始于1953年,"文革"期间中断,1981年由人民银行代办保险业务,投保单位30个。1984年分设保险公司,全年承保额1.3亿元,保费收入66万元,理赔23万元;1998年承保额31亿元,保费收入1810万元,理赔628万元,比1984年都有大幅度增长。

九、教育事业快速发展

解放初期,全市有282所小学,1所中学,学龄儿童入学率很低。50年来,特别是改革开放以来,孝义市认真贯彻党的教育方针,狠抓基础教育,扎扎实实地推进九年制义务教育,教育事业得到较快发展。1998年,全市有各类中小学448所,其中,普通高中5所,职业高中5所,普通初中43所,小学389所,技校1所,各类在校学生7.82万人,全市初中入学率达98.3%,小学入学率达100%。全市263所中小学校达到标准化、规范化学校。1998年,全市有教师4630人,其中,获得高级职称的41人,中级683人,初级3083人。高中、初中、小学教师学历合格率分别为76.2%、87.1%、98.4%。1998年全市中、高考录取人数均列全区前茅,向大中专院校输送合格人才1060人,是孝义历史上的最高年。九年制义务教育通过山西省人民政府的评估验收,分别被国家教委和省人民政府命名为教育"两基"工作先进市。

十、文化事业兴旺发达

解放后,孝义的文化事业不断推陈出新,1956年组建起木偶艺术剧团,《草原红花》、《张羽煮海》等剧目获中国艺术节奖杯。1958年组建碗碗腔剧团,有60年代轰动三晋的《柳树坪》,也有90年代深受中南海领导好评的《风流父子》、《风流姐妹》、《风流婆媳》,还有获得国际奥斯卡铜奖和全国优秀电视剧"金童奖"的《英雄出少年》等优秀剧目,为推动社会主义精神文明建设作出了重要贡献。1998年,全市有电影放映单位45个,中心影剧院3个,艺术表演场所2个。公共图书馆藏书15000册;档案馆保存有53个全宗,共20039卷,资料4356册,达到省二挤档案馆的标准。投资260万元建成全国第一座皮影木偶艺术博物馆,珍藏皮影木偶戏曲文物4000余件。1993年开设了市有线电视台,1998年市区用户达到7000余户,农村有线电视用户达400余户,大大丰富了城乡居民的文化生活,被命名为全国文化先进市、中国民间艺术之乡。

十一、医疗卫生事业迅速发展

建国初,孝义只有乡村医生141人,医疗卫生条件极差。1950年成立"孝义县卫生所",随着经济的发展,县卫生所扩建为县人民医院,建起了中医院、妇幼站、防疫站、职工医院,各乡镇建立了卫生院、卫生所等医疗卫生保健机构,医疗质量显著提高,许多严重威胁人民身体健康的常见病、传染病和地方病得到有效预防和治疗。市人民医院为二等甲级医院。1998年,全市有各级各类医疗卫生机构406个,其中市直医疗单位9个,职工医院9个,乡镇卫生院16个,卫生所及医疗室372个,共有床位1107张,卫生技术人员2216人,其中医生834人。

(李建生　赵大龙)

汾阳市

辉煌的成就　巨大的变化

汾阳市是中华民族和中国古文化发祥地之一，也是一个具有光荣革命传统的老区，又是驰名中外的“汾酒”和“汾州核桃”之乡。全市总面积1178.91平方公里，18个乡镇，318个行政村，37.8万人口。市内山川交错，气侯温和，川产粮、山挂果，农业生产条件得天独厚，矿藏资源丰富，目前已探明的矿种有20多种，其中以煤最为丰富，煤田面积121平方公里，储量1.5亿吨。交通条件便利，干线公路四通八达。邮电通讯快捷，已形成多功能、多手段的现代化通讯网络。自然景观和人文景观众多，“太符观”、“文峰塔”、“马刨神泉”、“杏花古井亭”等名胜古迹享誉国内外。

建国后，汾阳和全国一样，经过了党的十一届三中全会前后两个历史时期。党的十一届三中全会前，汾阳人民历经曲折，在党的领导下，艰苦努力，团结奋头，始终不渝地坚持社会主义方向，社会经济在艰难中前进。1949年至1957年贯彻党的国民经济恢复政策和过渡时期的总路线，工农业生产稳步发展。1957年国内生产总值达到2614万元，比1949年提高48.9%；工业总产值4785万元，是1949年的2.9倍；农业总产值3883万元，比1949年提高42.6%。1958年至1962年，受“左倾”路线和自然灾害影响，农业生产受到严重损失，工业畸形发展。1962年国内生产总值2754万元，比1957年提高5.3%；工业总产值2010万元，比1957年下降58%；农业总产值4151万元，比1957年提高6.9%。“文化大革命”期间，工厂停工、农村“七斗八斗”，经济徘徊不前，增速缓慢。1975年国内生产总值5927万元，工业总产值4801万元，农业总产值5696万元。

1978年12月党的十一届三中全会胜利召开，恢复了实事求是的思想路线，踏上了改革开放的征程。从此，中华大地发生了举世瞩目的变化，古老的汾洲大地焕发出新的生机和活力。20年来，经过全市人民的共同努力，汾阳经济体制改革和对外开放不断推进，国民经济综合实力明显增强，人民生活水平显著提高，社会经济和各项事业都发生了历史性的巨大变化。

综合实力大大增强。改革开放20年来，汾阳经济逐步走上了快速健康的发展轨道。1998年国内生产总值达到14.92亿元，是1978年的24倍，年均递增17.3%，是1949年的85倍，年均递增9.5%；工农业总产值12.7亿元，是1978年的10倍，年均递增12.3%，是1949年的29倍，年均递增7.1%；财政总收入7469万元，是1978年的5倍，年均递增8.4%，是1949年的73倍，年均递增9.2%。国民经济持续快速发展，带来了巨大的社会财富。改革开放20年来全市累计创造国内生产总值126.5亿元，是改革开放前30年总和的13倍，全市财政收入累计达到30.61亿元，是改革开放前20年总和的19倍。

农业基础地位得到巩固和加强。党的十一届三中全会以来，全市全面贯彻党在农村的各项面政策，普遍推行了家庭联产承包责任制，统分结合，双层经营，农民获得了生产经营自主权，生产积极性空前高涨，农村经济结构得到调整，农业综合生产能力大幅度提高。1998年，全市农村经济总收入达到16.59亿元，是1978年的38倍。粮食产量继1993年首次突破1.5亿公斤大关，1996年又上新台阶，达到1.75亿公斤，1998年尽管遭受严重灾害，仍达到1.27亿公斤，比1978年增长21.6%。1998年全市肉、蛋、奶产量分别比1978年增长6倍、49倍和13倍。汾阳市先后被确定为国家和省商品粮基地、省商品瘦肉型猪基地和国家优质核桃基地示范县（市），被命名为“汾州核桃之乡”和“汾州小米”之乡。与此同时，农业生产条件得到很大改善。全市累计投入农建资金3.1亿元，初步建成了防洪、灌溉、除涝改碱、山区水土保持等较为完整的水利工程体系。1998年水浇地面积发展到43万亩，比1978年增长4.9%，占到耕地总面积的60.7%，农田林网面积发展到41.8万亩，林木覆盖率达到28.4%，比1978年提高16.5%，被国家绿化委授予“全国造林绿化先进县（市）”称号。农业机械总动力达到22.1万千瓦，农田亩均3.2千瓦，是1978年的3.7倍，80%以上的村实现了农业机械化或半机械化。

乡镇企业迅猛发展。在农村改革浪潮的推动下，乡镇企业异军突起，迅猛发展，逐步成为农村经济的重要支柱。经过多年的发展，形成了煤焦、建材、白酒、橡胶、农产品加工等5大支柱产业。据乡镇企业部门统计，1998年全市乡镇企业营业收入达到17.96亿元，增加值达到4.31亿元，利税总额达到1.64亿元，是1978年的98.2倍。贾家庄10万吨特种水泥厂、裕友30万吨焦化厂、北关村晋阳钢铁厂等一批规模型企业建成投产，促进了农村经济发展，展示了农村工业化和城乡一体化的广阔前景。

工业经济稳步增长。在计划经济向市场经济转变过程中,工业企业以改革求发展,通过放权让利、利改税、承包制以及以建立现代化企业制度为目标的多种形式改制,企业生产经营的内外部环境逐步改善,自我发展能力不断增强,工业经济平稳增长,形成了以煤焦、白酒、橡胶、建材、冶炼、铸造、机加工为主的工业生产体系。1997 年全市工业总产值 11.40 亿元,是 1978 年的 17 倍,年均递增 16.1%,是 1949 年的 69 倍,年均递增 9.2%。按新口径统计,1998 年全市工业总产值 7.70 亿元,增加值 3.72 亿元。1997 年全市主要产品原煤、焦炭、水泥、白酒产量分别达到 106.4 万吨、89.8 万吨、14.3 万吨、4.17 万吨,分别是 1978 年的 6.1 倍、4.7 倍、30.4 倍和 21.9 倍。1978 年以来,共开展技术改造项目 1947 项,总投资 1.25 亿元,开发新产品 136 种,其中 38 种填补了省内空白。先后有"汾州"老酒、"汾阳王"酒、"飞燕"牌钢卷尺、"铁双雁"牌三角带等 79 种产品获省级以上优质产品奖或国际奖。市橡胶厂、市酒厂等 5 个企业成为省级以上先进企业。

基础设施建设速度加快。党的十一届三中全会以来,汾阳市加大基础设施建设投资力度,基础设施建设取得重大成就。公路建设先后完成了新旧 307 国道、汾屯线、汾介线 4 条干线的新建、改建工程。全市道路总里程达到 1635 公里,形成了四通八达的交通网络,成为全省"村村通公路先进市"。电力建设形成了以 110 千伏变电站为中心,10 座 35 千伏变电站为骨干的供电网络,实现了乡乡镇镇多分线供电,年供电量达到 2 亿千瓦时,是 1978 年的 5 倍。电力设施向全国先进水平迈进,成为全区第一家国家命名的"农村电气化县"。通讯建设实现了移动电话、无线寻呼全国联网,电话装机 1998 年达到 9967 部,是 1978 年的 19 倍。

城乡市场繁荣兴旺。改革开放以来,国有商业企业从柜组承包、国有民营到股份制,实行了一系列改革,流通领域逐步搞活,国有、集体、个体商业迅速发展,流通规模日益扩大,形成了古庄蔬菜、栗家庄果品、杨家庄核桃等专业市场和汾州、通达、文峰等综合市场。1998 年全市商业网点发展到 4290 个,社会消费品零售总额 4.13 亿元,是 1978 年的 13 倍,年均递增 13.5%,是 1949 年的 50 倍,年递增 8.3%。

对外开放水平逐步提高。改革开放以来,汾阳对外经贸合作有了较大发展。山西特达土畜产有限公司、乐华煤焦有限公司等 4 户中外合资企业,引进资金 1326 万元。市量具厂与台商合资建设的三片式易拉饮料罐项目,与日商合资的果蔬饮料项目建成投产。市建筑金属结构工业公司走出国门,多次在东南亚国家承建工程。汾州核桃、焦炭、钢卷尺、台虎钳等产品远销欧州、美国、日本等 14 个国家和地区。与此同时,外事工作也取得了显著成绩,组织实施了"中美预防神经管畸形合作研究项目",成功地举办了有 8 个国家和地区郭氏后裔参加的郭子仪诞辰 1300 周年活动,提高了汾阳在国际上的知名度。

社会事业长足发展。汾阳市始终把教育摆在优先发展的战略地位,改革教育体制,改善办学条件,全面推进素质教育,基础教育得到巩固和加强,教学质量稳步提高,成为全省首批农村教育综合改革实验市和首批"两基"验收合格市。全面实施科教兴市战略,科技成果转化率不断提高。1998 年全市科技示范村发展到 87 个,科技示范户发展到 2600 户,有 3 个乡镇成为全市科技达标乡镇。20 年来,全市共开展省地科研、星火项目 128 项,其中 46 项分别获得国家、省、地科技成果奖。地膜覆盖、区域化种植、平衡施肥等农业实用技术充分发挥了增产增收的作用。城乡文化、体育设施不断完善,群众文体活动蓬勃开展,文艺精品层出不穷,体育竞技水平不断提高,先后被省政府命名为"文化先进县"和"群众体育工作先进县"。城乡医疗条件得到改善,初级卫生保健水平不断提高,成为全区首批"初级卫生保健达标市"。广播、电视等现代化宣传手段不断扩展,全市广播电视人口覆盖率达到 96%以上。

人民生活迈向小康。党的十一届三中全会以来,随着经济的发展,全市人民的衣、食、住、行大为改观,生活质量显著提高。1998 年农民人均纯收入达到 2164 元,是 1978 年的 29 倍,年均递增 18.4%;城镇居民人均可支配收入达到 3432 元,是 1983 年的 9.5 倍,年均递增 17.6%;城乡居民储蓄存款余额 10.88 亿元,是 1978 年的 2 倍,年均递增 4.2%;城乡居民人均住房面积提高到 16 平方米,比 1983 年增长 65.5%;城镇居民每百户拥有摩托车 55 辆,洗衣机 96 台,冰箱(柜)46 台,彩电 94 台,排油烟机 28 台;农村有 254 个村、6.8 万户、26.3 万人达到小康生活水平。

回顾过去,成绩辉煌,展望未来,任重道远。全市人民将高举邓小平理论伟大旗帜,全面贯彻党的十五大精神和党的基本路线,强化农业基础地位,搞活国有经济,实施科教兴市战略,调整优化经济结构,推进两个根本转变,确保全市经济持续、快速、健康发展和社会事业全面进步,把强市富民的宏伟事业全面推向 21 世纪。

(师广荣　杨银梅)

文水县

腾飞中的英雄故乡

新中国成立50年来，特别是改革开放以来，文水县同全国一样，各行各业都发生了翻天覆地的变化，农业从手工劳动到现在的耕作收割基本上实现了机械化，工业从解放前的小手工业店铺，于1956年建成第一座联合加工厂，到目前仅国有和年产品销售收入500万元及以上的工业企业就有22家，产值占全县工业总产值的36%，第三产业中商业、交通运输、邮电、文教卫生等行业，从无到有、从小到大，逐步发展为今天门类众多的现代化商贸中心、齐备的电信服务网络、全方位的客货运服务、方便的医疗保健服务体系。文水经济在腾飞，社会在全面进步，文水正在以崭新的面貌迈向新世纪。

一、经济总量增长迅速

1998年，国内生产总值达到13.68亿元，为1949年的83倍，为1978年的17.8倍。其中第一产业增加值4.81亿元，为1978年的11倍，第二产业增加值5.95亿元，为1978年的27倍，第三产业增加值2.92亿元，为1978年的22倍，人均国内生产总值3421元，为1978年的14倍。

二、农业逐步发展成为优势产业

文水县境内山川兼备，土地肥沃，水源丰富，发展农业生产有得天独厚的优势。汾河、文峪河、磁窑河自北向南纵贯全境。以文峪河为主的三座水库，库容量达10935立方米。1998年机电井达1730眼，已配套井达1564眼，基本上实现了农业机械化，机械化耕地达90%，机收小麦面积为1560千公顷。在改善生产条件的同时，实行科学种田，引进优良品种，加强病虫害防治，粮、棉、油产量不断提高，1998年粮食总产量20.28万吨，油料产量6216吨，分别为1949年的4.4倍和8.3倍，为1978年的1.8倍和37.2倍；农林牧渔业总产值1998年为7.54亿元，为1949年的22倍，为1978年的11.4倍；农民人均纯收入1998年为2149元，为1949年的71.3倍，为1978年的22.1倍；猪、牛、羊肉产量从1949年的252吨增加到1998年的10582吨，大大提高了文水人民的生活水平，同时也为太原等大、中、小城市居民提供了新鲜的蔬菜、畜禽等产品。

三、工业发展突飞猛进

50年来，工业从无到有，从最初的机器发电、磨面、榨油，到现在大型的机械化、电脑控制生产，工业生产单位增加，生产项目增多。特别是党的十一届三中全会以来，工业企业转换机制，进一步适应市场，产、供、销成为一体，发展更为迅速。国有经济、集体经济、联营经济、私营经济等多种成份并存，互相竞争，共同发展。1997年工业总产值是1949年的826.3倍，是1978年的16.12倍。乡镇企业从无到有，1998年乡镇企业利税总额14901万元，是1978年的12.5倍。主要产品原煤、焦炭、生铁、化肥、水泥、白酒等成为文水的主导产业。

四、第三产业发展日新月异

文水县历史上商业较为发达。党的十一届三中全会以来，在改革开放搞活的方针政策指导下，随着生产的发展，商品流通规模不断扩大，承包、租赁等多种经营方式调动了经营者的积极性，个体经营灵活多变，充分适应市场变化，商业贸易繁荣活跃。1998年，个体工商户达2593个，从业人员达5238人，平均每千人中有13.13个商业人员。社会消费品零售额17233万元，是1949年的181.4倍，是1978年的7.17倍。

交通运输四通八达，电话通讯网络齐全。建国前

麦浪滚滚丰收年

仅有太绥公路经县境的22公里公路，没有客货汽车。建国后，文水县狠抓公路建设，到1998年，全县18个乡镇全部通了油路，90%的村庄通了沙石路。公路长度达517公里，为1949年的23.5倍，为1978年的1.5倍。307国道贯穿县境，为文水经济的腾飞插上了翅膀。1998年，个体交通运输户达421户，从业人员达703人。邮电发展迅速。1998年邮政局、所17个，邮路总长度达847公里，电话机8736部，是1978年的13.67倍，大哥大、寻呼机5845部，邮电业务总量2294万元，是1978年的117.6倍。

旅游事业有了发展。文水县，古称“大陵”，历史悠久，境内文物古迹甚多。有建于宋代的上贤塔，隋开皇年间造过洞房石室的隐唐洞，有始建于唐代、现有建筑属金代的则天圣母庙，还有建国后于1956年扩建的刘胡兰纪念馆，该馆珍藏有三代领导人的题词和刘胡兰烈士生活战斗用过的文物等，为全国重点文物保护单位。到1998年，则天圣母庙接待中外游客39万人次，刘胡兰纪念馆接待中外游客达1170万人次。

五、各项社会事业全面发展

科技、教育有了长足发展。党的十一届三中全会以来，文水县贯彻科技兴县的方针政策，笼养鸡被列为农业部“丰收计划”项目和山西省“星火计划”项目，地膜覆盖高粱、玉米、蔬菜及瓜类等作物面积逐渐扩大，到1998年农用塑料薄膜使用量达384吨，使用面积达4841公顷，为历史最高水平。1998年末，全县有各级各类学校261所，在校学生数80017人，是1949年的7.68倍，是1978年的1.2倍。

文化体育事业不断进步。随着经济的发展，人们对精神生活的要求日益强烈，县城文化建筑设施不断增多，有图书馆、博物馆、影剧院、电影院等文化活动场所。乡（镇）村均建有不同档次的剧场。据统计，1998年底县城有四百米运动场、面积730平方米的大型训练馆、设有3500个座位的灯光看台球场等体育设施。乡村学校均有篮球活动场所，全县共有500多个体育场所。

医疗卫生事业发展迅速。随着人们生活水平的提高，各种保健、医疗、医药、防疫等机构遍布全县，县城有医疗设备、技术比较先进的县医院、中医院，妇幼保健、卫生防疫等各种专科专病医院合理分布，基本满足了全县人民群众防病、治病的需要。据统计.1998年底全县有医疗机构241个，医院20个，门诊部、所216个，全县卫生机构床位达483个，专业卫生技术人员达996人。

六、人民生活水平明显提高

1998年，全县农民人均纯收入2139元，职工平均工资3948元，分别是1949年的71.3倍和28.8倍，是1978年的22倍和7.56倍。居民储蓄存款10.74亿元，是1978年的278.6倍。

七、部分名特优产品打入国际国内市场

随着农业产业化、工业集约化不断发展，文水县的部分产品走向了全国，迈入了世界。焦炭、仙塔果脯出口创汇，“贤美”、“伦达”牛肉誉满神州。文水县还盛产莜麦、绿豆、红小豆等土特产，也有大量的柿子、核桃、枣、杏、梨、葡萄等干鲜果品。1998年，全县水果产量达10957吨。

八、总结经验，再展宏图

回顾文水县农业生产的发展，虽然速度较快，产量提高了，但是，要使农业生产结构更趋合理，推进农业产业化进程，就必须引进高科技、新技术，使农产品在数量上上一个新台阶，在质量上有一个新提高。首先，调整内部结构，提高经济效益。随着农田基本建设的扩大和综合能力的提高，把握好内部结构调整的方向和力度，积极地有计划地扩大市场需求量大、质量高、效益好的经济作物。其次，强化政府信息引导工作。目前农村的经济信息零碎、迟缓、不准确，特别是蔬菜、瓜类等市场调节性强、弹性大的产品，农民很难作出正确的经济决策，由于信息误导，生产一哄而上、一哄而下，致使农民对市场经济望而生畏，迫切需要政府的信息引导，以准确、可靠的信息引导农民生产经营。再次，作为一个农业县，农产品的深加工、细加工应当成为农业生产发展的方向。

抓结构调整，注重市场营销。针对买方市场的形成，要着眼后劲，转变观念，细化管理，狠抓产品结构调整，对一些效益好、规模大、有发展潜力的企业优先培养，使其成为带动全县经济发展的主力。提高声誉，从销售联合起步，提高市场竞争力，实施大集团战略，壮大发展一批多种经济成份的居民日用品企业占领市场，使其发展与农村产业化和农村社会化服务体系建设结合起来。

加快基础设施建设，扩大投资需求，充分利用有利时机，借助省政府加大投资力度的宏观政策，治好母亲河—汾河，造福乡里。

加快人才科技体制的建立和完善。现代经济竞争,实质上是科技与人才的竞争,现在全县虽然成立了人才市场,但是人才真正运转,还缺乏力度,还没有形成一个人才脱颖而出的科学基础,要积极引进高水平科技人才,鼓励行政、事业单位干部到国营、集体、民营企业工作,将专业知识与市场相结合,做到人尽其才。

英雄的故乡—文水,正在改革开放的春天里,深化改革,积极奋进,以高昂的精神、卓越的成就,迈入新的世纪。

（李培兴　和金虎　刘俊玲　阎志俊）

交城县

交城山水绣新锦

建国以来,交城和全国一样,走过了50年的光辉历程,在社会主义建设道路上写下了光辉的篇章。50年来,勤劳朴实的交城人民认真贯彻党中央的一系列方针政策,艰苦创业,奋力拼搏,从建国伊始的一穷二白、百废待兴发展到了今天的百业俱兴、欣欣向荣。特别是改革开放以来的20年,全县人民在邓小平理论的指引下,在县委、县政府的正确领导下,以“三个有利于”为标准,深化改革,扩大开放,奋力赶超,迎难而上,极大地解放和发展了社会生产力,国民经济和社会发展取得了历史性的成就。

一、经济持续发展,县域经济实力明显增强

50年来,县域经济保持了持续增长的良好势头。全县国内生产总值由建国初的900万元增加到1998年的6.26亿元,特别是改革开放20年来,国内生产总值以年均10.33%的速度递增。“八五”时期经济发展最快,年均递增速度达到了16.14%。全县财政总收入由建国初的25万元增加到1998年的6227万元,年均递增11.9%,特别是改革开放20年来保持了12.4%的高增长速度。全县的经济实力明显增强。

二、农业生产稳步增长,有效供给明显增加

1998年,全县农林牧渔业总产值17629万元,比1978年增长了3.08倍,年均递增7.3%。粮食产量由1949年的14863吨增加到近年来5万吨左右。1998年农业在遭受严重干旱和病虫害的情况下,粮食产量仍达44109吨,农业抵御自然灾害的能力日益增强。另外,油料等经济作物也实现了跳跃式的发展,1998年油料产量达826吨。经济作物的种植比重明显上升,农业内部产业结构得到调整。其它如猪牛羊肉产量也大幅度增长,1998年达2038吨。有效供给的持续增长,使农产品供应长期不足的局面得到扭转。

三、主导产业逐步形成,发展势头较为强劲

1998年,全县全社会固定资产投资完成7505万元,是改革开放前的3倍。工业总产值实现173706万元,比1949年增长了25.92倍,年均增长7%。特别是乡镇企业,从无到有,异军突起,现在已是三分天下有其二,为县域经济的发展增添了生机和活力。1998年,全县乡镇企业增加值完成35129万元,乡镇企业营业收入完成13.8亿元,上缴税金3748.7万元,占到全县财政收入的60.2%,形成了铸造、玻璃制品、建材、焦化、机械加工等支撑县域经济发展的优势产业,一大批优势企业崭露头角,显示了勃勃生机。1998年,税收在百万元以上的企业就有14户,其中税收在200

交城县际新农药厂

万元以上的企业有7户。"竹林牌"玻璃、"卦山牌"水泥、"玄中牌"系列酒享誉三晋,远销京津沪,部分产品开拓了美洲、欧洲和非洲市场。1998年,全县有出口自营权的企业21户,出口交货值完成2.4亿元。企业的发展增加了人们的就业机会,社会从业人员由1949年的0.97万人增加到1998年的5.45万人,增长了4.6倍。职工人数由1949年的600人增加到1998年的1.35万人,增长了21.5倍。

四、基础设施建设突飞猛进,"瓶颈"制约明显缓解

建国初期,能源、交通运输和邮电通讯事业发展滞后,成为制约国民经济发展的"瓶颈"。50年来,特别是近年来,基础设施建设实现超常规、大跨步发展,基础设施明显改观。公路建设取得重大成就,到1998年底,全县等级公路通车里程达到436.3公里,黑色路面里程180公里,"灰毛驴驴上来灰毛驴驴下"的交通状况得到了根本改观,实现了"评检公路优良化、村通公路等级化、县乡公路二级化、全县公路网络化"。交城—西营、交城—郑村、义望—辛南、祁县—方山、西社—横尖、古交—吴城、西社—古洞道主干公路全部油路化,交城—西营公路在全省县乡公路中标准最高,全县实现了乡乡通公路,镇镇通油路。1998年交城县被评为全省公路建设"十强县"之一。1997年动工兴建交城进山路,其规模之大、标准之高为交城山区道路建设之最,它的建成将使交城人绕道文水进交城山成为历史。通讯建设突飞猛进,1998年,全县15个乡镇全部开通程控电话,除平川5乡镇外,水峪贯、古洞道也开通了无线寻呼和移动电话。邮电业务总量1998年比1957年增长393.93倍,比改革开放初期增长69.9倍;电话机数达到5279部,是20年前的16倍,电话普及率由1978年的每万人0.4部提高到1998年的每万人2.6部。全县初步形成了多种通信手段相结合的现代化通信网络。电力建设日新月异。目前,全县变电容量达到11460千伏安,输电线路183公里,全县266个行政村全部通了电,特别是近几年,建成了城西3.5万伏变电站、洪相220千伏输变电站、西社110千伏输变电站、横尖35千伏输变电站,完成了奈林变电站的增容改造。这些工程的完成,从根本上缓解了全县工农业生产和人民生活用电紧张的矛盾。农田水利基本建设常抓不懈,农业基础设施水平日益提高,特别是1997年秋冬全县新增节水灌溉面积5100亩,农业灌溉设施明显改观,为发展优质高产高效农业奠定了坚实的基础。

五、短缺经济悄然逝去,人民生活水平显著提高

经济的持续发展,为人民生活水平的稳步提高提供了保障。全县农民人均纯收入由1957年的42元增加至1998年的2026元,增长了47.24倍,年均递增9.9%,1997年农民人均纯收入超过了全省平均水平。截止1997年底,全县15个乡镇全部脱贫。到1998年底,已有9个乡镇、134个村、15.18万人生活达小康,分别占到行政村总数和农业人口总数的50.6%和85.5%。全县涌现出了西街、南街、覃村等一批标准较高的小康村。全县城乡居民储蓄存款余额1998年底为80794万元,50年来年均递增23.03%,特别是改革开放20年来,每年以33.56%的速度递增。城乡居民居住条件变化明显,80%的农民住进了宽敞明亮的砖瓦房,部分小康村一幢幢装饰华丽的楼房拔地而起,成为社会主义新农村一道亮丽的风景线。大部分城市居民住进了楼房,人均居住面积达21.92平方米。全县不仅解决了温饱问题,而且越来越多的居民进入富裕型小康,电视机、洗衣机、摩托车等高档消费品走入寻常百姓家,建国初期人们的梦想正一个个成为现实。人们的消费观念发生了明显变化,消费结构趋于合理。

六、坚持科技兴县战略,科技进步成绩斐然

建国以来,历届县委、县政府始终坚持"科技是第一生产力"的思想,科技正以其巨大的威力走入经济社会发展的方方面面。科技成果转化工作一年比一年深入,1998年,全县确定技术创新项目32个,其中列入省级项目计划6个,科技进步在经济增长中的贡献率提高到33%,一些科技项目已生根发芽,产生了巨大经济效益,成为推动县域经济发展的主导力量,经济增长方式正向依靠科技进步的方向发展。在工业科技应用方面,有县化学工业公司HO—EPCP、"肥田灵"项目、卦山水泥有限公司水泥外加剂、青村玻璃工业公司防弹玻璃,这些科技与经济相结合的产物,正在产生着巨大的经济效益。在农业科技应用方面,地膜覆盖、大棚种植蔬菜等技术正日益为农民所接受,传统农业正在向科技农业转变,种植模式正向立体种植发展。枣树"早密丰"、枣菜间作模式的推广,使得农业在由传统型向科技型转变的路上迈开了步子。喷灌、管灌等现代化科技灌溉模式以其巨大的效益牵动着农民的心,农业基础设施的改善为发展"两高一优"科技型作物奠定了坚实的基础。在畜牧业科技应用方面，笼养鸡、肉牛育肥等技术已为农民所掌握，养殖业的经济效益初见端倪。科技种植、科学养殖、科技创新已成为县域经济发展的灵魂。

七、各项社会事业全面进步

建国以来，经济的发展促进了社会各项事业的全面进步。广播、文化事业长足发展，特别是改革开放以来，更为文化建设注入了新的活力。随着电视的普及，近年来广播电视事业蓬勃发展，极大地丰富了人民群众的文化生活。1995年全县开通无线广播和有线电视，当年有线电视入户突破5000户，1996年有线电视加密频道开通。教育事业飞速发展，1998年，国家下拨教育经费1490万元，是1952年的76倍，是改革开放初期的12.23倍。1998年底全县共有各级各类学校305所，其中小学266所，初中36所，高中2所，职业高中1所，在校学生数39916人，为1949年的8.56倍。全县共有教师2930名，其中大中专学历以上的1791名，师资力量明显增强，教学环境日益优化。教育工作成绩骄人，至1998年，全县中考实现“九连冠”，高考实现“七夺魁”，连续9年保持全区领先，1996年顺利通过国家教委和省政府组织的“普九”验收和“扫盲”复查，1998年通过省委组织的普及实验教学检查，适龄儿童入学率达到98.3%，比建国初的54.9%提高了43个百分点。大陵庄学校作为农、科、教结合的典型，受到国家和省地领导的肯定，职业中学教育成绩喜人，成人教育开展得有声有色，逐步走向规范化。卫生条件大为改进，以县人民医院为龙头，乡镇卫生所为依托的卫生保健网络初步形成。医疗设施逐年更新，15个乡镇卫生院装备了B超、X光机等先进设备，床位由1949年的5张发展到现在的307张，医院的治病、防病功能明显增强。初级卫生保健顺利通过省地达标验收，提前实现了2000年人人享有卫生保健的规划目标，实现了地方病防治控制目标。合作医疗制度在全县农村普遍推广，人民健康水平不断提高。计划生育政策深入人心，建国初期人口增长过快的势头得到有效控制，人口出生率和自然增长率分别控制在了13.14‰和7.99‰以内。50年来，社会保障工作循序渐进，取得明显成效。城镇职工最低生活保障制度开始实施，社会养老保险金的统筹纳入规范化轨道。体育事业进入全面发展的新时期，群众体育运动在全民健身计划的推动下蓬勃发展。

交城人民在中国共产党的领导下，艰苦奋斗，积极奋进，正以矫健的步伐跨入21世纪，开拓一个更加辉煌的新纪元。

（韩继贤　郝建宝　常俊萍）

兴　县

从贫穷走向富裕

兴县位于黄河中游，晋西北黄土高原，地处吕梁山北麓，黄河东岸。全县共有24个乡镇，496个行政村，883个自然村。总人口26.02万人，土地面积3165平方公里，居全省之首。境内山河交错，梁峁起伏，沟壑纵横。

兴县是老革命根据地。抗日战争时期，兴县蔡家崖曾是晋绥边区首府。贺龙同志率领的部队在兴县转战十一个春秋。毛泽东、周恩来、任弼时等中央领导同志东渡黄河来到蔡家崖。毛泽东同志在此发表了《在晋绥干部会议上的讲话》和《对晋绥日报编辑人员的谈话》两篇重要著作。兴县人民曾经为抗日战争及解放战争作出过巨大贡献，不少优秀儿女为此献出了宝贵生命。1994年1月29日江泽民总书记曾来兴县视察。温家宝、罗干等中央领导同志也曾来过兴县，对兴县革命老区予以极大的关怀。

长期以来，兴县水土流失严重，农业生产水平低下，文化落后，交通闭塞，工业基础薄弱，是国家级贫困县之一。建国以来，兴县人民在党和政府的领导下，发扬光荣的革命传统，艰苦奋斗，奋发图强，取得了显著成就。

农　业

50年来，兴县农村经济建设取得了巨大成就。农村产业结构逐步优化，各业生产蓬勃兴旺，种养加相结合，农工商齐发展。建国后实行的土地革命、农业合作化以及改革开放以来实行的以家庭联产承包责任制为主要形式的农村改革，调整了生产关系，极大地调动了农民的生产积极性，农业生产得到了前所未有的发展。1998年，全县农业总产值达到18946万元，比1949年增长22.9倍，比1978年增长7.8倍。尽管受自然灾害的严重影响，1998年粮食产量仍然达到54178吨，比1949年增长1倍。油料产量达到8784吨，比1949年增长7.5倍。农村经济总收入达到27079万元，比1978年增长11.6倍。

50年来，兴县人民为改善农业生产条件进行了艰苦卓绝的斗争，也得到了党和国家的大力扶持。先后修建了明通沟、阁老湾、天古崖、四坡底、石楼河等水利工程。全县农村普遍实行打坝淤地、人修梯田，既保持了水土，又增强了抗旱能力，对稳定农业生产起到了积极的作用。特别是近年来蔚汾河流域治理项目、世界银行水利水保项目，极大地改变了农业基础设施，1998年基本农田达到40.78万亩，人均1.71亩。已经开始实施的“生态农业项目工程”也将进一步增强农业发展后劲，提高农业综合经济效益。农业产业化迈出了坚实步伐，全县已初步形成葵花、大豆、红枣、养羊四大产业为主的农业经济格局。

解放初期兴县人畜吃水以井水、河水、泉水为主，人畜吃水十分困难。到1998年有98个村吃上了自来水，有322个村解决了人畜吃水困难。1998年，农业机械总动力为4.6万千瓦，是1978年的1.6倍。农村用电量1045万千瓦小时，是1978年的3.4倍。全县24个乡镇全部通电，通电自然村达725个，占到全县自然村总数的82.1%。农用化肥施用量为23775吨，其中氮肥22054吨，磷肥1612吨，每亩耕地施用量19.2公斤，分别是1978年的1.86倍、1.85倍、1.85倍、1.28倍。1998年底，全县森林面积达到85.2万亩，比1949年的12.7万亩增长5.7倍。其中经济林25.2万亩，防护林28万亩，用材林32万亩。木材蓄积量254万立方米，森林覆盖率由解放初的2.6%提高到18.9%。以红枣为主的经济林面积达到15万亩，红枣产量由解放初期的180吨增加到1998年的3163吨。

1949年末，全县只有大牲畜8331头，猪6726头，羊31897只。新中国成立后，党和政府积极发展畜牧业，1998年末全县大牲畜发展到2.72万头，猪发展到2.33万头，羊发展至24.68万只。分别比1949年增长2.3倍、2.5倍、6.7倍。1998年全县猪牛羊肉产量2821吨，是1949年243.2吨的11.6倍，是1978年2294.1吨的1.23倍。

工　业

建国初期，兴县只有工业企业3家，其中煤炭企业2家，电力生产企业1家，工业基础十分薄弱。在党和政府的领导下，兴县人民发扬艰苦奋斗的光荣传统，利用丰富的矿产资源，发展了以煤、铁、铝、硅、陶瓷为主的开采和冶炼业。另外，化肥、水泥、电力、针织、机械等行业也有较大的发展。工业生产形成了一定的规模，为兴县经济的发展打下了较好的基础。到1998年，兴县共有工业企业354家，其中国有企业35家，非国有(集体、个体、私营等)企业319家。工业总产值达到5159万元，比1949年增长121.1倍，比1978年增长2.2倍。其中，重工业产值5117.4万元，轻工业产值41.2万元，分别比1949年增长377.9倍和44%。

煤炭工业发展迅速。1998年共有煤炭企业40家，原煤产量达到45万吨，比1949年增长32.8倍，是1978年的1.92倍。不仅能够供应全县生产生活用煤，而且还远销其它地区。

电力生产稳步增长。1952年全县发电量仅有5.44万千瓦小时，仅能供应部分政府机关照明使用。几经改建扩建，到1998年发电量达到7852万千瓦小时。为缓解兴县电力供应仍然紧张的局面，县政府筹资引电，建设蔡家崖110千伏输变电工程，1999年10月可望投入运营，结束兴县电力“瓶颈”的历史。

建材、化工、冶炼等工业从无到有，发展迅速。1970年建成投产的兴县水泥厂生产水泥1244吨，到1978年达到11219吨，1998年2.65万吨，分别是1970年、1978年的20.3倍、2.36倍。1970年建成投产的兴县化肥厂，1998年生产碳酸氢铵、合成铵11841吨、2775吨，是1971年的3.3倍、3.1倍。兴县的铁矿开采、生铁冶炼、焦炭生产在1958年就已初具规模，1978年冶炼生铁5084吨，1998年发展到7.11万吨，是1978年的14倍。

交通运输邮电业

建国前，兴县交通极其落后，公路通车里程仅有84公里，而且路况极差，运输能力很低，主要靠人背畜驮。新中国成立到改革开放这段时间，兴县交通发展也较缓慢，没有干线公路。1979年公路通车里程也只有396公里。改革开放以来，兴县公路建设发展很快，除国家投资以外，群众义务修路的积极性空前高涨，“要想富，先修路”的观念深入人心，到1998年，全县通车里程达到2050公里，其中晴雨通车里程达158公里。境内有兴阳(方口)、兴离(石)、兴忻(州)、苛(岚)大(武)4条公路干线,全长534公里。全县通公路村已达393个,占到村总数的79.2%。以县城为中心,连接24个乡镇883个村庄的公路交通网络已经形成。

货物运输量由1959年的0.38万吨上升到1998年的59万吨;客运量由1959年的1.49万人上升到1998年的20.5万人。货物周转量由1959年的17.75万吨公里上升到1998年的4850万吨公里,旅客周转量由1967年的64.92万人公里上升到1998年的1390万人公里。

运输工具逐年增加,客货运量明显提高。1956年全县仅有载重汽车2辆,1978年汽车发展到170辆,其中载重汽车157辆,载客汽车8辆。到1998年底,汽车拥有量424辆,其中载重汽车362辆,载客汽车62辆,各种拖拉机512台,大大方便了城乡物资交流和乘客的流动,促进了工农业生产的发展。

邮政、电信事业发展迅速。经过50年的建设,现已形成以县城为中心,连接全国各地、沟通全县城乡的邮电通讯网络。1950年全县邮电服务机构仅有2处,到1998年发展到15处。邮路总长度由1952年的410.6公里增加到1998年的1950公里,增长3.75倍。于1996实现了程控交换,电话装机容量由1952年的5门增加到1998年的4972门,移动电话331门,BP机用户1048户。全县有8个乡镇通了程控电话。邮电业务量由1957年的3.89万元增加到1998年的1060万元,增长271.5倍。

商　业

随着工农业生产的发展和城乡人民生活水平的不断提高,市场需求持续增长,商品流通规模逐年扩大。1998年,全县社会消费品零售总额为3770万元,比1949年的127万元增长28.7倍,比1978年的1460万元增长1.6倍。商业网点逐步增多,特别是改革开放以后,个体商业户如雨后春笋很快成长起来,从业人员增加,布局进一步趋于合理。商品种类繁多,服务质量有了很大提高。1949年全县商业机构42个,全部为国营、集体所有,从业人员143人。1978年商业机构发展到412个,从业人员1129人。1998年商业机构达到1669个,从员人员6456人,其中个体户1650户,从业人员5435人,极大地便利了居民的生产和生活。

固定资产投资

建国以来,兴县基本建设得到了很大发展,投资额逐年增加,不仅为工业、农业等物质生产部门提供和增强了生产能力和技术装备,而且还为社会公益事业和人民生活的改善提供了物质基础。1998年基本建设完成投资额2932万元,是1949年24万元的122.2倍,是1978年521万元的5.6倍。

教育文化卫生

50年来,兴县教育事业得到空前发展。1949年全县只有学校38所,教职工54人,在校学生1534人。到1952年才有了1所普通中学。1978年,教职工增至2450人,在校学生49082人。1992年世行贷款"贫困县教育发展项目"在兴县实施,6年来取得了显著成效。共兴建、扩建标准化学校142所,建筑面积66188.8平方米,添置课桌凳5933套及10余万册图书和大量教学仪器。到1998年,全县学校数达745所,其中小学712所,初中31所,高中1所,职业中学1所。在全县学校中,标准化学校达356所。教职工人数达3218人,在校学生57603人。学校面貌发生了根本性变化,"过去进村找学校,羊圈破窑老爷庙;现在进村找学校,楼房高处红旗飘"是对教育发展的真实写照。从1976年恢复高考制度以来,全县向全国各大专院校输送人才5510人。

1949年兴县成立文化馆,1950年成立晋剧团,1954年修建剧院,1955年修建图书馆,1956年组建电影队,成立有线广播站,1969年修建电影院,1974年建起电视差转台。目前全县85%以上的村安装了地面卫星接收设备,90%的居民户拥有电视机,县城普及了有线电视。

建国之初,兴县卫生事业十分落后,仅有1座卫生院和6个门诊部(所),病床20张,专业技术人员27人。目前,一个遍及城乡的医疗防治网络已经形成。1998年全县共有医疗机构29个(不含私人诊所),其中县人民医院1个,中医院1个,卫生防疫站1个,妇幼保健站1个,乡镇中心医院和卫生院25个;医疗病床达494张;专业卫生人员953人,其中具有中高级技术职称的191人,初级职称的478人。卫生设施逐步改善,医疗技术水平显著提高。

人　民　生　活

改革开放以前,兴县人民长期以单一的农业为主，生产力低下，温饱问题得不到解决。农民人均纯收入一直处于100元以下。党的十一届三中全会以来，人民生活发生了翻天覆地的变化。1998年全县农民人均纯收入达779元，比1949年的25元增长30.2倍，比1978年的63元增长11.4倍。农民主要食品由小米杂粮向白面大米过渡，副食品种丰富，市场供应充足。1983年末，平均每一农民居住面积6.30平方米，1998年增长到13.9平方米，居住条件大为改善。现代化的大件耐用消费品近年来大量进入农民家庭。

新中国成立以来，兴县城镇居民家庭生活水平不断提高。1949年每一职工年平均货币工资为158元，1978年增加到557元，1998年增加到4383元，比1949年增长26.7倍，比1978年增长6.9倍。改革开放前城镇居民的副食品以土豆、白菜为主，品种极为单调，供应紧张，肉蛋及水产品供应极少。近10多年来，副食品供应发生了深刻变化，新鲜蔬菜大大丰富，肉蛋及水产品供应充足。城镇居民家庭居住及生活设施条件大为改善，1998年人均居住面积达到11.86平方米，吃水、取暖、通讯条件大为改观，每百户拥有电话40部，拥有冰箱、彩电、洗衣机分别为28台、76台、90台，而且摩托车、影碟机、家用电脑、移动电话、家用汽车开始进入居民家庭。

50年来，兴县发生了翻天覆地的变化。随着兴神(木)黄河大桥的开通、晋西风化煤发电厂的兴建以及兴县煤层气的开发和生态农业项目及农业产业化等项目的启动和实施，相信兴县的明天将会更加美好！

（王　健）

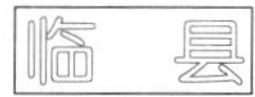

临　县

辉煌的成就　灿烂的前景

临县地处山西西部，东屏吕梁山，西临黄河，居晋陕蒙能源开发区东南缘。境内百里湫川，纵贯其中。全县总面积2979平方公里，1998年，全县辖12个镇，26个乡，1027个村民委员会，11个居民委员会，总人口549085人。

临县是国家级贫困县，是具有悠久历史的革命老区，老一辈无产阶级革命家毛泽东、周恩来、刘少奇、朱德、贺龙、叶剑英等都在临县留下了革命的足迹。1994年元月29日江泽民总书记来临县视察工作，寒冬腊月，访贫问寒，挥笔写下了“艰苦奋斗，振兴吕梁”八个光辉的大字，激励全县人民艰苦创业，自强不息，建设临县，振兴临县。

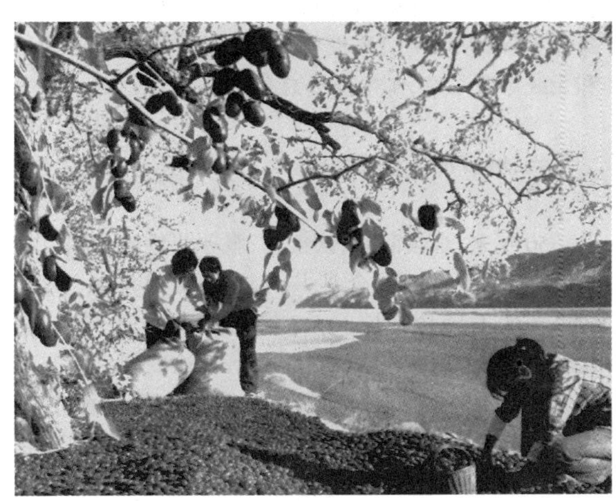

临县红枣

50年来，临县人民在党和政府的正确领导下，同心同德，艰苦奋斗，进行了大规模的社会主义建设，取得了国民经济和社会发展的辉煌成就。特别是党的十一届三中全会以来，全县人民高举改革开放和艰苦奋斗两面旗帜，真抓实干，奋力拼搏，加大改革开放力度，加快经济建设步伐，临县经济建设和社会各项事业都取得了辉煌的成就。

一、国民经济蓬勃发展，综合实力显著增强

解放以来，特别是改革开放20年来，全县国民经济呈现出持续快速健康的发展势头，主要经济指标实现了翻番。全县国内生产总值从1949年的1047万元上升到1998年的54611万元，剔除价格因素，实际增长5倍，年均递增3.2%；财政收入从1953年的15.4万元增加到1998年的2079万元，增长136倍，年均递增11%；农民人均纯收入从1958年的29元增加到

1998年的946元，增长32.6倍，年均递增9.1%。1998年同1978年相比，全县国内生产总值实际增长3倍，年均递增5.6%；财政收入增长5.3倍，年均递增8.7%；农民人均纯收入增长24.3倍，年均递增17.3%。

农业生产条件得到实质性的改变，经济结构调整优化，主导产业初步确立，农村经济走上了持续稳定发展之路。国有、集体、个体商业网点遍布城乡，县城建有临水、东关、商贸大厦、蔬菜批发四大市场，总建筑面积21244平方米，镇级大型专业市场有正觉寺农贸市场、三交红枣批发市场、白文农贸市场。各乡镇都有了集贸市场。

二、农村经济迈上新台阶

临县由于人口众多，土地贫瘠，交通闭塞，基础差，底子薄，农业生产条件落后。所以，积极改善农业生产条件是关键。党的十一届三中全会以来，全县人民大搞农田水利基本建设，累计新建基本农田121万亩，农民人均2.4亩；拍卖治理“四荒”面积98.68万亩；大搞小流域治理等水利、水保工程建设，取得了良好的经济效益和生态效益。建立起粮油、棉、麻、菜、林、果七大商品基地，农产品商品率为35%。

1998年，全县农村经济总收入为75805万元，是1958年的49.5倍，年均递增10.2%；是1978年的25.8倍，年均递增17.6%。农民人均纯收入946元，是1958年的32.6倍，年均递增9.1%；是1978年的24.3倍，年均递增17.3%。粮食产量74102吨，是1949年的1.42倍，年均递增0.7%。农村人均储蓄存款706元，是1978年的181倍，年均递增29.7%。1998年生活在贫困线以下的农业人口15.4万人，仅占全部农业人口的30%。

林业发展形势喜人，特别是经济林发展迅速。1998年，全县经济林面积达到4万亩，是1978年的2.7倍；红枣产量1998年达到6500万公斤，位居全国县市第一。

三、工业生产稳步前进

经过50年的建设，全县工业企业由建国初期的2个发展到1998年的569个，主要分布在全县38个乡镇，其中，国有企业6个，集体企业69个。建国初期，全县工业总产值仅3万元，1998年全县全部工业总产值达38994万元。近5年来，临县广大干部群众在江泽民总书记“艰苦奋斗，振兴吕梁”的题词精神鼓舞下，积极推进国有企业改革、改制和技术改造，全县有28户国有、集体企业完成改制，吸收股金410万元，参股职工2150人，置换资产7200万元，对化肥厂1.5吨合成氨、红枣粉新产品、华义公司“晋奇”牌豆粉系列产品等项目进行了技改，有效地培植了新的经济增长点，优化了产品结构。

四、乡镇企业异军突起

乡镇企业持续快速发展，1998年总产值达到43031万元，营业收入达到39780万元，上缴税金915万元，从1978年开始，分别以年均18.5%、18.5%、17.2%的速度递增。1992年邓小平南巡谈话以后，全县个体私营经济迅猛发展。目前，全县个体私营企业已发展到1805户，从业人员达1.1万人，注册资金17500万元，个体私营经济成为全县经济发展的一支重要力量。

五、交通运输、电讯事业飞速发展

建国后，经过新建、改建、扩建，公路建设取得了可喜的成就，交通条件的改善有力地促进了全县经济的发展，同时方便了人民群众的物质文化生活。全县基本实现出境公路三级化，主干线路等级化，镇镇通油路，村村通公路。截止1998年底，全县公路通车里程达到3276公里，以县城为中心的161条交通干线连接了38个乡镇和1027个行政村，全县交通网络已经形成。

50年来，电讯业从无到有，迅速发展，开通了涉及24个乡镇的5229门程控电话，建起了数字移动通信和无线寻呼系统，邮电业务总量达到872万元。

六、城乡市场繁荣兴旺

50年来，全县商业、饮食业、服务业机构大幅度增长，截止1998年底，全县共有商业网点5006个，比1978年的1150个增长了4.3倍；从业人员达6700人，比1978年的2509人增长了2.7倍。这些网点遍布全县城乡，形成了一个完整的商业服务体系和网络，有力地促进了国民经济的发展，方便了人民的物质文化生活。1998年，全县社会消费品零售总额为25801万元，较1952年增长了37倍，年均递增8.2%；比1978年增长了7.16倍，年均递增10.3%。

七、扶贫攻坚进展快、效益大

1978年，全县农民人均纯收入39元，绝大多数农村人口生活在温饱线以下，经过多年艰苦的努力，全县扶贫攻坚取得了重大进展。到1998年底，已有12个乡镇、505个村、35.1万人实现了基本解决温饱的攻坚目标，一些已经脱贫的农村在致富路上迅速向小康迈进。

八、基础设施明显改善

建国以来，临县基础设施日益强大，不仅为农业、工业等物质生产部门提供了生产能力和先进的技术装备，而且还为社会文明进步和人民生活的改善提供了物质基础。特别是党的十一届三中全会以来，对过去高度集中的投资体制进行了改革，从而形成了多层次、多元化、多渠道投资体制，使经济实力、生产能力大力增强。解放以来，全县累计投资于国民经济各部门的基本建设资金达34289万元，其中用于工农业生产和交通运输业的达21011万元，占到总投资额的61.27%；用于教育、文化、卫生和改善人民生活的投资3681万元，占总投资额的0.7%。

九、科技、教育事业取得了长足发展

1998年，全县有各级各类学校1181所，在校学生12万人。小学入学率99.8%，初中在校巩固率达91.4%以上，大中专升学率比恢复高考时提高了4.7倍。中小学办学条件有了明显改善，全县中小学基本实现了“一无两有”。农村教育综合改革迈出了新的步伐，涌现出了一大批村校一体、农科教结合的先进典型。科学技术不断进步。全县所有乡镇都建起了农民技术学校，有420个村办起了乡村技校。各类科技服务组织发展到50个，民营科技企业发展到4个，科技进步对经济增长的贡献率达到21%以上。医疗、卫生、广播事业都有了新的发展。从1978年到1998年，全县卫生机构由867个发展到1038个，医院由42个发展到43个，病床达到853张，乡村卫生所达到891个，卫生技术人员由328人发展到1447人。1993年，建立了调频广播电台和电视台。全县有5个乡镇建立了有线电视网，能够收看10套以上有线电视节目的用户近6000户，农村广播电视覆盖率达到62%以上。

（常永高　张景利）

柳林县

柳林在改革开放中奋进

柳林县组建于1971年。辖区面积1283平方公里，东与离石、中阳交界，南和石楼为邻，西与陕西省吴堡、绥德、清涧等县隔河相望，北和临县毗连。以县城为中心扼晋陕通衢，为山西省的西大门。沿307国道至吕梁行政公署驻地离石市28公里，至省会太原市219公里。现辖6镇19乡573个行政村，总人口271653人，其中农业人口238153人，占总人口的87.7%。耕地面积70.65万亩，人均2.6亩。

柳林县山梁起伏，纵横交错，属典型黄土丘陵沟壑区，境内煤、铁、硫磺、铝钒土、石灰石、石英石、白云石、耐火粘土、花岗石、天然气等地下矿藏均有较大储量。其中煤田800平方公里，储量约80亿吨，具有低硫、低灰、强粘性、易洗选等特点，发热量高达8000大卡。境内水源较为充足，有黄河、三川河、屈产河3条河流。柳林县属暖温带大陆性季风气候区，四季分明，干旱高温，日照充足，极适宜沿黄河地区的红枣生长。“柳林木枣”与“稷山板枣”在全省红枣评比中并列第一，属全国八大名枣之一。以其粒大色艳、味美爽口、营养丰富、健身治癌而驰名中外，干红枣含糖量在八大名枣中居第三位，维生素C和环磷酸腺苷的含量在全国众多的红枣品种中高居首位。柳林素有“红枣之乡”的称号，现有枣林面积18.4万亩，人均近1亩。

建县以来，历届县委、县政府带领全县人民战天斗地，大干苦干，艰苦创业。特别是党的十一届三中全会以来，在改革开放的春风沐浴下，生产力获得了极大解放，在“农业奠基、煤炭强县、红枣富民、科教兴县”这一发展战略指导下，充分发挥红（枣）、白（灰）、黑（炭）三大优势，构筑柳林经济的支柱产业，柳林县经济建设和各项社会事业迅速发展，取得了显著成就。

一、国民经济综合实力明显增强

建国以来，特别是党的十一届三中全会以后，县委、县政府紧紧围绕经济建设这个中心，全面实施符合柳林实际的经济发展战略和工作措施，促进了县域经济持续、快速、健康发展。

1998年，全县国内生产总值完成83069万元，比1978年增长19倍，年均递增11.4%；工农业总产值（1990年不变价）由1978年的11486万元增加到1998年的117425万元，增长10.2倍，年均递增12.3%，工农业总产值中，工业总产值所占比重由1978年的46.8%上升到1998年的91.5%，真正实现了工业强县的目标；地方财政收入由1978年的241万元增加到1998年的6485万元，增长26.9倍，年均递增17.9%；农民人均纯收入达到1398元，比1978年的42元增长33.3倍，年均递增19.2%。

二、农业建设迈出可喜步伐，红枣富民初见成效

1949年前，柳林县基本上是以种植业为主的单一农业经济。新中国成立后，林、牧、副业虽有所发展，但仍以种植业为主体，1958－1970年，农业收入80%以上来自种植业。1971年建县时，种植业收入在农业总收入中占75%，林业占7.8%，养殖业占2.3%，副业占14.9%。针对柳林山高坡陡、沟壑纵横，十年九旱的特点，坚持不懈地大搞农田基本建设，使农业生产条件有了很大的改善。全县以小流域治理和建设高标准机修梯田为突破口，以生态农业为方向，实施农业综合开发。全县有8765户农民承包治理和开发小流域，初步完成治理面积14万亩；共建成基本农田33.34万亩，人均1.4亩；治理模式实现了由“坡改梯”到“旱变水”的历史性突破，打旱井2.2万眼，可发展微灌面积2.7万亩；耕作机械由29台发展到348台，机耕面积由9126亩增加到3.65万亩。全面推行家庭联产承包责任制后，红枣价格几经提高，极大地促进了红枣生产的发展，新发展红枣林12万亩，人均1亩。

随着农村改革的深入和农业生产条件的改善，柳林农村经济得到全面发展。1998年全县农村经济总收入达101048万元，比1971年增长111倍，年均递增17.1%。建县以来，全县农业总产值由1742万元增加到1998年的18144万元，年均递增2.1%。主要农产品产量都有较大增长。1998年在遭受百年一遇的大旱灾的情况下，粮食产量仍达26492吨，与建县时的丰收年持平；油料产量2618吨，比1971年增长5倍多；水果产量17505吨，增长3倍多；红枣产量16165吨，增长10倍。建县以来共增加林地面积33.5万亩，其中经济林17.6万亩。畜牧业持续发展，畜产品产量明显增加，1998年猪牛羊肉产量是建县时的5倍。

科技兴农成效显著，有机旱作农田面积扩大，菜篮子基地建设已经起步，建成了以中国红枣第一镇的三交镇为中心的集散市场，沿黄河百里红枣林为基地的红枣产业化经营格局初步形成，农业开始走上了高层次综合开发的新路子。乡镇企业异军突起，成为农村经济的重要支柱。1998年完成产值121011万元，实现利税15979万元，分别比1978年增长36倍和22倍。

农村经济的全面发展，有力地推动了全县脱贫攻坚和小康建设，贫困状况由1992年的17个乡镇、530个村、202768人减少到1998年的4个乡镇、60个村、34081人，涌现出了1个明星乡镇、18个小康村。

三、以煤炭工业为支柱，能源基地初具规模

建县以来，根据柳林县的矿产资源条件，县委、县政府发挥优势，重点突破，狠抓了工业特别是煤炭工业的发展和建设。在柳林被定为全国三大优质主焦煤基地后，着力培育煤焦主导产业，先后对兴无煤矿、

307国道　　刘岗　摄

矾水沟煤矿等10对矿井进行了技术改造，33对生产矿井实现了壁式采煤。到1998年，全县共有煤矿90座，比1971年增加36座。生产原煤271万吨，比1971

年的18万吨增长15倍。煤炭加工转化从无到有，已形成一定的生产能力。全县兴办洗煤厂5座，设计洗煤能力85万吨；焦化厂11座，生产机焦4.5万吨，改良焦78万吨。另外，柳林县还陆续兴建了化肥厂、水泥厂、铸焦厂等一大批国有企业。随着乡镇企业的发展，柳林县建材行业迅猛发展，白灰产量年年翻番，周边县市基建用白灰大部分来自柳林。至1998年，全县白灰产量20万吨，生产水泥3200吨，比1972年的2254吨增长14倍。

随着柳林电厂一期工程于1993年12月开工，1996年投产，华晋沙曲洗煤厂和300万吨矿井开始建设，柳林县以煤、焦、电为主的能源基地正在形成。截止1998年底，柳林县国有及年产品销售收入500万元及以上非国有工业企业完成产值60724万元，按可比价格计算，从建县开始年均递增11.5%，实现利润7357.1万元。在国内生产总值构成中，工业增加值的比重逐年提高，由1971年的30%，上升到1998年的55%。

四、基础设施建设取得重大进展，生活条件逐步改善

为适应经济发展和人民生活的需要，柳林县把基础设施建设作为开发建设的翻身工程来抓，动员全社会力量集中攻坚。建县以来，全县固定资产投资累计完成19.8亿元。在交通运输方面，先后修建了青龙大桥、薛村大桥、曹家塔大桥，建成太军线柳林军渡段二级路。1986年7月动工修建的孝柳铁路于1992年11月全线通车。继1994年提前一年实现村村通机动车的“八五”奋斗目标之后，1996、1997两年新建、改建县乡等级公路20条271公里，乡村公路320公里，投资总额达3.06亿元，是前10年的8倍。以307国道、柳结线、刘碛线、柳石线、军孟线、薛三线和南北两条循环路为重点，四通八达的交通网络初步形成。截止1998年底，全县公路通车里程1309公里，公路密度每平方公里10.9公里，彻底改变了山区小县落后的交通状况。另外全县兴建人畜吃水工程362处，陈家湾集中供水工程和西坡流域自来水示范区相继建成，基本解决了全县的人畜吃水困难。电力事业蓬勃发展，先后兴建了高家沟、成家庄、青龙35千伏变电站和青龙11万伏变电站，全县通电村由1971年的61个发展到1997年底全县所有行政村都通了电。邮电通讯突飞猛进，全县邮电业务量由1971年的5万元增加到1998年的775.8万元，增长155倍，22个乡镇60个村开通了程控电话，市话装机容量扩大到3800门，比1971年增加了170倍。1998年，全县拥有电话3961部。

五、城乡市场繁荣稳定，人民生活明显改善

建县以来，随着经济发展和改革开放的深化，城乡市场更加活跃，商业网点明显增加，晋华市场、贺昌大厦、贺昌建材批发市场等一批商业网点投入使用。社会消费品零售额1998年达1.97亿元，是1971年的18倍。市场货源充足，物价平稳。

1998年，全县职工平均工资5543元，比1971年增长10倍。农民人均纯收入1398元，比1971年增长33倍。城乡储蓄大幅度增加，1998年，全县城乡居民储蓄存款余额36570万元。居住条件大为改善，城镇人均居住面积由3.5平方米增加到7平方米，农村人均居住面积由2.8平方米增加到8平方米，城镇水、暖、电齐全的住户占20%。城乡居民衣、食、住、行条件和生活环境得到改善，生活质量明显提高。

金融部门多渠道开辟资金来源，存贷款余额稳步增加，较好地发挥了资金融通和社会保障作用，有力地支持了县域经济建设。

六、各项事业全面发展，有力地推动了社会的文明进步

建县以来，各届政府始终把教育、科技放在突出位置来抓，特别是改革开放以来，大力实施科教兴县战略，把改善办学条件作为强县富民的治本措施，先后投资1亿多元，陆续兴建了二中、职中、进修校、一中教学大楼和青龙示范小学，完成了520所小学和17所乡镇初中的标准化建设，基本取消了危房、土窑洞教室。全日制小学由建县时的495所发展到636所，增加141所；在校学生增加到27894名，学生入学率达到99.3%，巩固率达到96%，普及率达到98%，为社会培养了大量人才。随着前元庄“三教一体”和“教科劳结合”的办学经验推向全国，农村教育综合改革示范学校不断增加。

农业科技取得重大突破，红枣优质丰产技术、2B－5型谷物播种机获省科技成果奖，山区机械化旱作农业技术、有机旱作农业技术和机修梯田集雨微灌技术分别达到国内和省内领先水平。

文化、体育事业蓬勃发展。新建了影剧院、文管所、图书馆等。建县时1台电视机都没有，现在几乎各乡、镇都有电视差转台，并且80%的村有了卫星接收天线。柳林电视台、有线电视台、广播电台相继开播，极大地丰富了人民群众的日常生活。体育事业稳步发展，兴建了可容纳5500人的固定看台灯光篮球

场、平板篮球场、400米跑道运动场和3000平方米旱冰场的综合性体育场地，创办了业余体校，先后成立了中国象棋、武术协会，向省体育院校(队)输送人才42名。争创全国体育先进县工作全面启动。

医疗卫生事业有了新的进展。卫生机构由建县时的29个发展到44个，床位由114张发展到435张，专业卫生技术人员由140名增加到606名，初级卫生保健通过省级达标验收。计划生育“双服务”、“三结合”工作得到进一步加强，人口出生率明显下降，扶贫开发与计划生育相结合的经验得到国家计生委的肯定。

(赵兴昌　刘秀珍)

石楼县

石楼迈上新台阶

新中国成立50年来，在马列主义、毛泽东思想以及邓小平理论的指引下，在各级党委和政府的正确领导下，石楼人民团结一致，艰苦奋斗，全县国民经济和社会发展取得了可喜成就。特别是改革开放20年来，经济、社会、人民生活更是日新月异，发展迅速，石楼的面貌发生了翻天覆地的变化。

一、综合实力显著增强

1998年，全县国内生产总值为21632万元，与1949年相比，增长了83.8倍，年均递增9.5%，与1978年相比，增长了8.0倍，年均递增11.6%。1998年，全县人均国内生产总值为2294元，是1949年的30倍，是1978年的近7倍。

二、农业生产迈上新台阶

1998年，全县粮食产量达到30129吨，为历史上第二个丰收年，比1949年增长2.15倍，年均增长2.37%，比1978年增长0.4倍，年均增长1.72%。人均粮食产量为320公斤，比1949年增加123公斤，比1978年增加27公斤；油料产量，1998年为4834吨，人均51.3公斤，分别比1949年增长25倍和8.2倍，分别比1978年增长32.3倍和24.8倍；猪、牛、羊肉产量，1998年为2329吨，与1978年相比，增长了17.6倍，20年翻了4番多；大牲畜存栏数，1998年末达20361头，是1978年的2倍；禽蛋产量，1998年达594吨，是1978年的3.3倍。

1998年，全县农业总产值13299万元，比1949年增长53.5倍，年均递增8.5%，比1978年增长8.5倍，年均递增11.9%。值得一提的是，近年来，石楼县狠抓畜牧业生产基地建设，取得了明显成绩，目前，畜牧业产值已占到农业总产值的20%。

三、乡镇企业发展成就斐然

改革开放以来，全县乡镇企业从无到有、迅速发展壮大，业已成为石楼农村经济乃至全县国民经济的支柱，1998年，全县乡镇企业总产值7679万元，实现利税总额793万元，比1978年增长9倍，年均递增12.2%。乡镇企业的发展已经使整个经济格局出现了深刻的变化，其地位和作用无可替代。

四、基础设施建设取得较大进展

各部门抓住国家加大投资、扩大内需、重点扶持基础设施建设的良好机遇，多方筹措，争取投资，大搞以交通、电力、水利、城建环保和房地产为重点的基础产业和基础设施建设，全县的固定资产投资快速增长。50年来，全县加大重点工程建设的力度，基建投资总额达到1.2亿元。20年间，全县新修通村公路

石楼县精油厂

372公里，新修人畜吃水工程238处，新通电410个自然村，新建标准校舍89所，新修和改造乡村卫生所47所，重点工程建设有了较大发展。

截止1998年底，全县公路通车里程持续增长，基本实现乡乡通油路，村村通公路，客运量、货运量全面增长。邮电业务总量由1978年的26万元，增加到1997年的190万元，增长了9.5倍，电话机数由1978年的226部，增加到1997年的1174部。

五、财金贸易形势良好

1998年，全县地方财政收入为655万元，分别为1949年和1978年的65.5倍和16.7倍，20年来，平均每年递增15.5%。

金融业迅速发展壮大，为经济发展提供了越来越有力的支持。1997年底，全县城乡居民储蓄存款余额达到9573万元。

1998年，全县社会消费品零售总额2290万元，比1949年增长34.8倍，比1978年增长1.8倍，20年来，年平均递增5.3%。城乡市场购销两旺，空前繁荣。

六、人民生活不断改善

1998年，全县农村居民人均纯收入为948元，与1949年相比，增长了31.7倍，比1978年增长24.6倍，20年来，平均每年增长17.6%。1998年职工平均工资为3589元，比1949年增长23.4倍，比1978年增长5.8倍，20年来，平均每年递增10%。城乡居民储蓄存款余额1997年为9573万元，是1978年的129.3倍，19年间，年均递增29.2%。

50年的艰苦奋斗，成绩是突出的，效果是显著的。特别是改革开放20年来，在邓小平理论的指导下，经济建设突飞猛进地发展，全县经济一年上一个新台阶，这是可喜可贺的，但是仍应清楚地看到石楼县同其他一些地方的差距是相当大的。主要表现在这样几方面：

第一，各产业之间的发展不平衡。1978年，第一产业增加值占国内生产总值的比重为57.4%，第二产业为15.9%，第三产业为26.7%；直至1998年第一产业占61.2%，第二产业占10.5%，第三产业占28.3%。第一产业仍占国内生产总值的一半以上，而第二、第三产业比例还很小，整体经济格局依然处在较低的层次，第二、三产业严重滞后。

第二，第三产业很不发达，对第二产业乃至整个国民经济的健康发展构成很大的制约。

第三，第二产业中无支柱产业。对于石楼这样一个工业小县，国有资产不占量的优势，国有经济不起主导作用，依赖国有经济支撑县城经济已是一条走不通的绝路。必须大力发展集体、私营、个体经济，培育新的增长点，发展石楼工业，推出科技含量高的拳头产品，走出一条依靠非公有经济振兴县域经济的新路子。

（张瑞萍　王生瑛）

岚　县

夯实基础　壮大实力

岚县位于晋西北黄土高原，东临静乐，西连兴县，北靠岢岚，南与方山接壤，辖20个乡镇，327个行政村，总人口16.25万人，总面积1510平方公里。境内四周群山环绕，平均海拔为1400米，河流总长150公里，年平均气温6.8度，无霜期120天，年平均降水400至500毫米。全县耕地面积41.9千公顷，农作物以玉米、高粱、山药、谷子、油料为主，粮食总产已突破亿斤大关。全境宜林面积45000公顷，其中林地面积11000公顷，森林覆盖率为10%。

境内矿产资源丰富，有较高的开采价值，煤储量为24亿吨，属肥气二号，露天磁铁矿储量13亿吨，居全省首位，平均品位33%，大理石3000万吨，白云岩、石灰岩、石英等均为大型矿体，储量十分可观。

岚县交通方便，忻碛线、209国道两条干线油路呈X型贯穿全境，分别通往省城、大同及离石与周邻县市，全县基本形成乡乡通公路、村村通汽车及机动车辆的格局，全县村村通邮通电。

王狮万亩梯田

一、综合经济实力不断壮大

50年来，岚县人民发扬革命老区精神，自力更生，艰苦奋斗，求发展、抓攻坚、战穷魔、打基础、增后劲，创造了辉煌业绩。全县国民经济在总量不断增长的基础上，运行质量和效益有了新的提高。1998年全县国内生产总值达1.88亿元，人均国内生产总值达1157元，分别比1952年增长31.3倍和13倍。财政收入达到1071万元，城乡居民储蓄存款达18919万元，分别比1957年增长40倍和785倍，比1978年增长13.6%和169%。

二、农村经济稳健发展

50年的建设与发展，初步形成了具有岚县特色的区域经济框架。特别是生态农业综合治理和开发取得了明显成绩。

岚县是个农业县，地处山区，生产条件比较差，要使农业得到长足发展，必须以平田整地为主，治理小流域和“四荒地”并举，构成连锁性综合治理系统工程。50年来岚县人民坚持不懈大搞农田基本建设，到1998年全县机修、人造高标准农田40万亩，人均达到2.54亩，同时在全国率先把可利用的荒山、荒坡、荒沟、荒滩(简称四荒)的使用权拍卖给农民，实行谁购买、谁治理受益的办法，50年至100年政策不变，“四荒”治理免征各种税费，治理“四荒”的用工可抵顶劳动积累工，积极鼓励国家机关、企事业单位与农民联合开发治理“四荒”。通过多方面引导和鼓励，到1998年全县共拍卖“四荒”36万亩，其中23万亩得到长效的治理，由此在全省乃至全国引起较大反响，近几年先后有12个省区的30多个县市前来考察，同时也更加促进了岚县拍卖“四荒”，治理“四荒”的工作。

岚县位于汾河上游，为了使水土流失得到有效遏制，进而改变生产条件，以治理小流域为突破口，采取因地制宜及当前与长远相结合的原则，到1998年底全县治理小流域面积达54万亩，并涌现出一大批先进集体和个人，昔日的“四荒”变成了如今土不下山、水不出沟、林木丛生、水飘香、种养结合的致富基地，靠治理小流域使农民发了财致了富。

岚县近些年来采用政府帮助、农民种植管理的办法，逐步形成以仁用杏为主的经济林产业，1997年被列为全省仁用杏发展基地，到1998年全县种植仁用杏6万亩，其中2万亩挂果受益。目前仁用杏种植成为岚县人民共识的一项规模产业，越来越显示出明显的经济效益。与此同时新建了高科技日光温室蔬菜园112处，面积达75亩，使岚县人常年能吃到新鲜蔬菜。粮食生产稳定发展，地膜覆盖面积在10万亩以上，极大地增强了抵御自然灾害的能力。有了较好的农业基础，尽管1998年遭受百年不遇的罕见灾害，但粮油生产仍夺得了较好收成。全县粮食总产达50295吨，油料总产达3538吨，分别比1949年增长22倍和9.6倍，比1978年增长1.8倍和8.2倍。畜牧业生产也有了长足发展，大牲畜存栏由1949年的1.48万头发展到1998年的3.39万头，比1978年增长1.6倍，猪、羊1998年分别发展到3.25万头和14.98万只，比1949年增长6.5倍和4.2倍，比1978年增长1.1倍和11.52倍。1998年全县农林牧渔业总产值达到14052万元，农民人均纯收入达到1002元，比1978年增长1倍和18.9倍。

三、工业经济扎实推进

岚县工业经济基础薄弱，起步迟，所有的工业企业基本都是建国以后创建的，特别是改革开放20年，岚县工业出现了前所未有的发展势头，1978年到1998年，岚县工业保持了快速增长，并取得了显著成效，工业综合实力明显增强。到1998年全部工业总产值达到了17103万元，比1978年增长24.2倍，独立核算企业工业增加值完成2551万元，比1980年增长6.6倍，实现利税84万元，增长了13.4倍。

90年代初县委、县政府就提出以铁富县、以杏富民的战略目标，全县人民充分发挥矿藏资源丰富的优势，大力发展炼铁为龙头的冶炼业，并带动相关的采矿、炼焦、石灰等其它行业。通过内引外联,多渠道筹措资金1.32亿元,全县建起13立方米以上炼铁炉29座,焦化厂7座,石灰窑12座,技术装备及技术管理水平也进一步提高,从而使全县工业得到了超常规发展,生铁年产量达到4.45万吨以上。水泥、化肥、水泵、水泥制品等产品产量也得到了稳定增长。

乡镇企业全面快速发展。改革开放以来,县政府为扶持发展乡镇企业,制定了一系列宽松优惠的政策,引资入境,联营投资。乡镇企业异军突起,农村逐步改变了以种植业为主的单业经营结构。有五分之一的农村劳动力从土地上转移出来,投身于二、三产业,1998年全县乡镇企业总产值达2.21亿元(8人以上新口径),比1978年增长4.27倍,企业总数由1978年的18个发展到1998年的288个,从业人员达0.54万人,乡镇企业的发展为农村经济增添了活力,成为农村经济发展的重要力量。

四、交通、电力、通讯发展迅速

建国初期,岚县大部分是羊肠小道,到1978年才建成了56公里的沙粒公路。改革开放以来,公路建设采取政府贷款、干部、农民捐资和投工的方式,新建和改造了忻碛、209国道2条干线,到1998年全县发展等级公路542公里,完成乡村公路628公里。实现了镇镇通油路、乡乡通公路、村村通机动车的宏伟目标,基本解决了制约经济发展的交通“瓶颈”,有效地解放和发展了生产力。电力事业同步发展,到1998年全县村村通了电,建造了3座35千伏变电站,完成了110千伏输变电工程,有力地推动了经济建设和社会的全面进步。邮电通讯事业得到长足的发展,从1991年到1998年的8年间,全县市话交换总装机容量由426门增加到2116门,农话交换机由52门增加到265门,分别是1991年的4.95倍和5.1倍。邮电业务总量由1991年的469万元增加到1998年的2082万元,增长4.4倍。新建成电信大楼,长途电话并入全国大网,从而为岚县经济的发展起到先行作用,为各项事业的发展带来了勃勃生机。

五、批零贸易业不断壮大

50年来,特别是改革开放以来,全县批零贸易业发展很快,经营结构得到相应的调整,起到了服务经济、为民利民的重要作用。全县新建中、小型农贸市场7个,商业摊点由1978年的112个,发展到1998年的1240个,1998年全县社会消费品零售总额达5782万元,比1949年增长62.4倍,比1978年增长5.3倍,逐步形成产加销一体化的市场经济运行新机制,并显示出其强大的生命力。

六、城乡基础设施大为改观

50年来,岚县城乡建成初具规模,并取得了前所未有的大发展。特别是改革开放以来,岚县抓住机遇,顺应形势,把城乡基本建设放在首位,逐步完善了城市建设投资办法,形成了多元化、多渠道的投资体制,从1978年至1998年城乡建设投资累计达到7580万元,新建、改造了与城镇生产和生活密切相关的供水、供热、排水等基础设施,1998年建成城区环行油路,建造防洪坝4.8公里。在环境综合治理中,狠抓了以排水为主的水环境治理和以园林绿化为主的生态环境保护治理,城市面貌有了较大的改观。村镇建设走上了规范化发展的轨道,改善了人们的生产、生活条件,促进了农村经济和社会的发展。

七、文教、卫生成绩显著

随着全县经济建设的巨大变化,教育事业也得到了迅速的发展,各类教育从无到有,从小到大,逐步与全国、全省发展水平相一致,中考、高考名列全区前茅。1998年全县有各级各类学校366所,在校学生3.2万人,分别比1949年增长了8.1倍和15倍,有小学344所,在校生总数达2.12万人,分别比1949年增长7.6倍和9.6倍,有普通中学22所,在校生总数达0.9万人。教师数量、素质明显提高,1998年全县共有专职教师1412人,比1949年增长19.7倍。基础教育取得了突破性进展。全县基本普及了九年义务教育,并狠抓了扫盲工作,使青壮年文盲比例下降到3%,全县所有乡镇全部建立起了农民文化技术学校,327个村委相应办起了农技校,以此为阵地,年培训农民达4.8万余人次,为提高劳动者素质起到了积极作用。中小学办学条件有了较大的改善,在政府投资逐年增加的基础上,动员全社会力量集资办学,总投资120万元,新建、改造中、小学245所,基本实现了一无两有。50年来岚县的医疗卫生条件逐步得到改善,卫生专职技术人员由1952年的74人发展到1998年的477人,医院床位数由1952年的25张发展到1998年的323张,分别增长5倍和12倍。严重危害人民群众健康和生命安全的传染病、多发病基本得到有效控制。预防、保健、医疗、教学、科研、药品检验、器械管理等机构健全,一个门类齐全、功能完善、设备先进、服务优良的医疗卫生体系逐步形成。

八、科技扶贫攻坚工作取得了一定成绩

岚县为全省50个贫困县中较为贫穷的一个县，由于历史和自然等种种原因，农村脱贫很不稳定，党的十一届三中全会以来，在改革开放和国家扶贫政策的推动下，岚县经济有了长足发展，全县部分群众的温饱问题得到了初步解决。在扶贫攻坚、帮贫致富中，县委、县政府制定优惠政策，建立激励机制，从机关、乡镇抽调干部到贫困村，采取蹲点包村、明确任务、强化目标、加强管理、严格督促检查、狠抓兑现等一系列有力措施，加之扶贫致富目标明确、措施得力，而且得到省、地的大力相助，生产条件得到了有效改善，各行各业持续稳定发展。自1996年以来全县共投放用于种植、养殖、农副加工等的扶贫资金2285万元。三年脱贫人口达到91964人，预计到2000年农村人口全部脱贫。

（董福全）

方山县

旗帜指方向　改革铸辉煌

方山县，位于山西省西部的吕梁山腹部，境内群山环抱，七沟一川，森林茂密，水草茂盛。南北长64公里，东西宽46公里，总面积1434.1平方公里。辖4镇7乡，总人口13.37万人。距县城东南30公里的国家级名胜旅游区北武当山，奇峰突兀，怪石如林，集雄、险、奇、秀于一身，被誉为“三晋第一名山”。

解放前，由于长期封建统治和日军的践踏蹂躏，劳苦大众苦斗于黑暗之中。1949年全县国内生产总值338万元，粮食总产量1797.8万公斤，亩产55公斤，人均占有粮食310公斤。各种经济作物总产量41.6万公斤，亩产24公斤。蔬菜总产量388.6万公斤，亩产53公斤。农业总产值只有755万元，工业生产是白纸一张，社会商品零售额89.9万元。农民人均纯收入仅仅21元，学生入学率为24%，医院床位只有2张，卫生体育文化教育事业十分落后。

北武当山

新中国的成立，使方山人民政治上获得了彻底解放，使本来勤劳、勇敢、朴实无华的方山人民唤发了青春。在党的英明政策指引下，方山人民为改变家乡的落后面貌，流血流汗奋斗不息，农业生产条件获得了很大的改善，生产力得到了提高，国民经济有了较大发展。1978年粮食产量2414.02万公斤，人均占有粮食179公斤，农业总产值1201.09万元，30年间分别增长34%、225%、59%；工业总产值由1950年的5.54万元增加到1978年的626.09万元，增长103倍；农民人均纯收入达到182元，是1949年的8倍多；国内生产总值979万元，是1949年的近2倍；医院床位数增加到210张，文化教育及其它各项事业都得到不同程度的发展。

党的十一届三中全会后，改革开放的号角，吹醒了这块多年沉睡的土地，全县人民艰苦奋斗，稳扎稳打，以脱贫为中心，以发展经济为主攻方向，生产力得到进一步解放，基础设施有了极大改善，经济发展明显加快。1998年，工业总产值完成8126万元，乡镇企业完成总产值1.8亿元，农业总产值完成11202万元，20年间分别增长了12倍、149倍和9倍，远远超过了前30年间的发展速度。全县国内生产总值实现2亿元，农民人均纯收入达到1050元，分别是建国前的58倍和50倍，第三产业也有了长足发展，全县社会消费品零售额达到3749万元，是1949年的42倍，文化、教育、卫生、体育都得到突破性发展。学龄儿童入学率达到99%，是1949年的4倍。乡乡设立了卫生院，村村设立了保健站，医院床位数达到318张，人民群众的

物质生活和文化生活都得到空前的改善。

一、加强农业基础设施建设，确立了科教兴农战略，调整了种植业结构，农业生产开始步入规模化轨道

1998年全县人均基本农田实现2.0亩，提前实现2000年目标，拍卖四荒19.3万亩，治理面积14万亩，形成了承包与拍卖共存，个户、联户、股份治理与集体开发齐上的多层次全方位开发治理模式，涌现出一大批治理先进集体和典型户，为“四荒”的整体规划和治理起了表率作用。1998年底，沿北川河的10万亩高产高效农田改造初具规模，即将形成旱能浇、涝能排、田成方、树成行、渠相连、路相通的综合治理区。

农科教结合取得了很大成就，为全国创立了典范。圪叉咀学校的办学经验作为农科教结合的优秀典型在全国推广，全县80%的农户掌握了1-2项农业实用技术，采用优良品种，应用地膜覆盖、配方施肥、节水灌溉、日光节能温室等新技术，科学种田已蔚然成风，粮食亩产由1949年的55公斤提高到1998年的278公斤，增长了4倍。

种植业结构调整迈出了较大步伐。1949年前，种植业以粮食作物为主，占到农作物总播种面积的90.6%，改革开放后，方山人民响应党的号召，注重农业的经济效益和结构调整，到1998年底，粮食作物占农作物总播种面积的75.3%，经济作物比重明显上升，农民的生活水平得到明显改善。

为了引导农民打好农业仗，实现农业的集约化、社会化生产，方山县确立了农业兴县的战略，强化农业基础地位，依靠科技，加大投入，改善生产条件，实施栽杏养畜战略，并根据各个地段的气候、水源等条件规划了农作物生产基地，形成沿川玉米、蔬菜种植区，北部高寒山药、油料种植区，山区旱作农业小杂粮种植区，为农业的规模化、产业化发展打下了坚实的基础。

二、基础设施建设明显加强

新建高标准等级公路8条206公里，完成了209国道方山境内70公里拓宽铺油工程，部分村庄道路也完成了铺油工程，程控电话容量达到2000门，开通了移动电话、无线寻呼业务，实现了全国联网漫游。通电村、人畜吃水分开村分别占到全县总村数的97%和95%。新建学校180所，全部取消了土窑洞教室。县城主街道拓宽取得突破性进展，城市绿化全部完成。邮电大楼、武当宾馆、县医院门诊楼、县城第二小学教学楼、有线电视台、县职业教育中心大楼相继投入使用。安居工程完成2800平方米，职工住房大大改善。

三、工业特别是乡镇企业发展步伐加快，国有企业改革稳步前进

70年代前，方山县工业基本空白，1971年建县时只有1个年产几十吨酒的小酒厂和1个年产几千吨煤的小煤矿。电力供应紧张，1971年前仅有马坊羊场小型水力发电站，年发电1.5万度，供这里照明使用，到1974年，通过各级配套设施建设，供电量达到169万度，60%用于工业。自此，随着电力的发展，方山社队集体工业加快了发展步伐。陶瓷厂、木器厂、五金厂、铸造厂、石棉矿等一批工业企业相继建成投产。1971年工业总产值实现164万元，其中县办工业68.86万元，手工作坊业88.15万元，乡镇工业7.41万元，到1978年工业总产值达到626.09万元，其中县办工业230.76万元，手工作坊业35.16万元，乡镇工业127.38万元，8年间工业总产值增长了近3倍，县办工业、乡镇工业分别增长2倍和17倍，地区办工业从无到有实现产值232.74万元。方山工业有了新的起色。

党的十一届三中全会后，企业实行多种形式的经营责任制，车间主任、班(组)长成为车间、班(组)的责任管理者，任务的完成同个人经济利益结合起来，各项经济指标增长明显。随着国家政治、经济体制的进一步改革，方山县紧紧围绕经济建设，大刀阔斧投身于财政增收、农民脱贫的攻坚目标，致力于基础设施改善、产业结构调整、经济增长点培植等一系列配套工作。相关产业的发展为方山工业发展创造了极其有利的条件，私营、股份合作等各种类型的企业如雨后春笋般发展起来。

在乡镇企业蓬勃发展的同时，方山县积极进行国有企业的改制工作，引导企业在困境中寻找出路，在改革中求得发展，帮助企业抓管理减员增效，抓科技提高效益，抓投入增强后劲，抓服务转变职能。1998年全县完成工业总产值8126万元，是建国初的658倍。其中，县营工业3371万元，是建国初的673倍，乡镇企业产值1.8亿元，是建县初的450倍，上缴税金188万元，是建国初的47倍。

四、综合开发成效突出，脚踏实地前景光明

1993年以来，方山县大打扶贫攻坚战，投身于综合开发。多渠道争取资金发展支柱产业，重点放在七大项目开发上：一是经济林开发，利用方山山地多平地少的地理特点，发展林果业和仁用杏，既保持了水

土,涵养了水源,又扬长避短,变废为宝,开发了新的经济增长点。到1998年,人均仁用杏达到了2亩。二是蔬菜开发。围绕离柳矿区和尖山矿区,以沿川4大镇为中心,建设了2万亩蔬菜基地。三是油料开发。利用1镇4乡高寒冷凉的气候特征,寻求农业的高效开发,建立了8万亩油料生产基地。四是利用店坪、张家塔和石站头3个乡山高地广多旱的特点开发小杂粮。五是沿川2万亩水地优种玉米开发。六是建立养殖基地和专业户。全县已初具规模的专业村有5个,养殖专业户500余户。七是旅游业开发。利用方山名胜古迹多的特点开发旅游产业,北武当山、庞泉沟近年游客达数十万人以上,经济效益稳步增长。

50年来,特别是改革开放20年来,方山发生了翻天覆地的变化,人民生活大大改善,生产力得到很大发展,文化、教育、卫生事业都有极大的改观。展望未来,方山人民将继往开来,奋发图强,坚持农业富县、工业强县、科教兴县、依法治县的发展思路,走方山特色的发展模式。10万亩中低产田改造将会使方山农业产生新的活力,新建焦化厂、精炼油厂投产将会使方山工业出现新的转机,科教一体的稳步推进将会为方山经济的全面腾飞创造新的基础。全县人民一定能够尽快踏上富裕之路,真正完成强县富民的伟大承诺。

(雒相泉　薛新平)

开创中阳发展新时期

中阳县位于山西省西部,吕梁地区中部,吕梁山脉西麓,全县总面积1435.09平方公里。东与汾阳、孝义为界,东南与交口相连,北与离石接壤,西南与柳林、石楼毗邻。全县地形由东南向西北倾斜,山岭重叠,沟壑纵横。全县最大的河流是南川河,发源于刘家坪乡的上顶山,全长60公里。

中阳县行政区划为5镇6乡,272个村民委员会和1个居民委员会,430个自然村。1998年底,全县总人口128659人。其中,农业人口为107837人,占总人口的83.8%,人口密度为89人/平方公里。

县境内有广阔的森林资源,天然林面积6.97万亩,占全县总面积的32.4%,系针阔叶混合林。中阳有丰富的矿产资源,煤居首位,得天独厚。全县煤炭预测总储量16.9亿吨。此外还有铁矿石、石英砂、铝土矿等,为中阳发展工矿业提供了资源条件。中阳历史悠久,文物古迹甚多。柏洼山位于县城东南5公里处,峰峦峭拔,松柏叠翠,林泉含秀,迷雾藏娇,山腰“龙泉观”为金代古建筑物,依山傍水,布局严谨,精巧玲珑,实属少有。

50年来,中阳同全国一样发生了翻天覆地的变化,取得了辉煌的成就,特别是在党的十一届三中全会以后,中阳人民坚决贯彻执行改革开放的方针,以经济建设为中心,大力发展生产,积极搞活市场,努力提高人民生活水平,开创了建国以来国民经济和社会发展的新时期。

一、农村经济全面发展

50年来,中阳县对农业进行了大量投入,农业机械化程度不断提高,粮油产量稳定增长,农民人均纯收入成倍增长。党的十一届三中全会以后,县委和县政府认真贯彻落实党的一系列农村改革政策,普遍推行了以家庭联产承包为主的责任制,彻底打破了“大锅饭”,提高了农产品收购价格,逐步取消了统购统配的僵化制度,从而解放了农民被长期束缚的手脚,生产经营自主权扩大,积极性空前高涨,农村经济取得了突破性进展。

农村经济快速发展,农产品产量稳定增加。1998年,全县农业总产值达到9883万元,比1949年的280万元增长34倍,比1978年的1004万元增长9倍。改革开放20年,平均增长速度大大超过了改革前30年。粮食总产量由于受自然灾害的影响,1998年比正常年景减产20%,仍达到25628吨,比1949年增长1.1倍,比1978年增长91%;油、菜和其它农副产品产量也都成倍增长,同时林、牧业产值也分别比1949年和1978年成倍增长,农村商业、运输业、建筑业也都获得了迅速发展。

农业基础设施增强,生产条件改善。党的十一届三中全会以后，中阳县在逐年增加农业投入的基础上，加强农田水利设施的维护和建设，提高农业机械化程度，引深科学种田，为发展农业，振兴农村经济发挥了重要作用。到1998年底，全县已拥有农业机械总动力3.96万千瓦，比1965年的0.01万千瓦增长395倍，比1978年的1.3万千瓦增长2倍。在耕地面积逐年减少的情况下，水浇地仍保持基本稳定。1998年化肥施用总量达到2248吨，亩施化肥平稳上升到8.5公斤，农村用电量增加到1920万千瓦小时，全县272个行政村都通了电。

农村非农产业得到较快发展，工业、商业、运输业、建筑业、服务业等非农产值逐年增加，占农村社会总产值的比重超过一半以上。农村非农产业的迅速兴起，以及农、林、牧副业的全面发展，使农村经济得到稳步发展。1998年底，全县农村非农从业人员达到33439人，农村剩余劳动力的大量转移，成为农村社会经济全面发展的重要标志。

二、以乡镇工业为主体的工业生产发展迅速

经过50年的发展，中阳县工业生产已由解放初期的设备简陋、规模窄小、产品单一、生产力水平低下的部分小厂，发展成为现在具有一定规模和水平的比较完整的工业生产体系。到1998年，全县工业总产值46441万元，比建国初期增长498倍，比1978年增长36倍。煤产量1949年为1.2万吨，1998年为101万吨，增长83倍，1998年全县独立核算工业企业拥有固定资产达到34895万元，是1978年2982万元的10.7倍。乡镇企业拥有固定资产28300万元，是1978年204万元的137.7倍。随着改革的不断深化，进一步调整了轻重工业结构，加快了乡镇企业的发展。1998年底，全县乡镇企业达到298个，从业人员达到15172人，营业收入达到107972万元，比1978年的279万元增长386倍。

乡镇企业迅速发展成为农村经济的重要支柱。改革开放的20年也是乡镇企业大发展的20年，乡镇企业从无到有，从小到大，逐步发展成为工业不可分割的一部分。乡镇企业快速发展，打破了长期以来国营企业独家生产、独家经营的局面，形成了多种经济成分共同发展的新格局。1998年，全县乡镇企业产值为111793万元，比1978年的374万元增长298倍，乡镇企业的发展，成为农村经济的支柱产业，农民收入的主要来源。

三、消费品市场繁荣稳定

1998年，全县社会消费品零售总额13028万元，是1949年28万元的465倍，是1978年925万元的14倍。其中国有经济为1860万元，是1978年的32.6倍，集体经济为2309万元，是1978年的2.7倍。农民对非农业居民的零售额为383万元。

四、城乡人民生活水平显著提高

20年改革，使中阳人民生活水平不断提高，全县人民的温饱问题全部解决，告别贫困，走向富裕。1978年，农民人均纯收入只有52元，1998年达到1210元，创历史最高水平，比1978年增长22倍，翻了四番多。全县职工平均货币工资达到4358元，比1978年的528元增长7倍。随着收入的增加，全县人民的消费水平和消费结构也发生了巨大变化，各种家用电器以较快的速度进入居民家庭，居民对副食品的消费也逐年增长，主食的消费比例逐年缩小，由于收入的增长，居民的购买力也相应增长，居民家庭拥有的耐用消费品不断增加。

（高小平）

走出贫穷　奔向富裕

岁月悠悠，潮起潮落，伴着历史的匆匆脚步，交口县人民依偎在伟大祖国的怀抱里，渡过了50个春夏秋冬。在社会主义建设的道路上，几经坎坷，几经曲折，特别是在党的十一届三中全会春风的沐浴下，在建设

有中国特色社会主义理论指导下，坚持“一个中心，两个基本点”，全县人民锐意改革，团结奋斗，用自己的双手，在1280平方公里的土地上，建设着自己的新生活，社会生产力获得了新的解放，国民经济焕发出勃勃生机，社会各项事业欣欣向荣，全县人民的温饱问题基本解决，人民生活水平日益提高。

一、综合经济实力显著增强

建国50年，特别是改革开放以来，交口县国民经济健康发展，综合经济实力明显提高。1998年，全县国内生产总值为51746万元，比1949年的623万元增长65.5倍，年均递增8.9%，比1978年的2221万元增长18倍，年均递增17%。地方财政收入由1978年的130万元，猛增到1998年的4821万元，增长37倍，年均递增19.8%。全社会固定资产投资1998年完成10328万元，比1978年的75万元增长137.7倍。社会消费品零售总额1998年为7502万元，比1978年的1465万元增长5.12倍。

二、农村经济全面发展

改革开放以来，交口县委、县政府以确保粮食稳定增产和农民收入不断提高为中心，以推进农业产业化和稳定脱贫为重点，坚持“横抓区域、纵抓产业、优势带动、科技推进”，重点培植以核桃为主的林果业，以草食为主的畜牧业和以“晋谷21号”为主的粮食加工业，1997年全县农产品商品率达31%。同时，以拍卖“四荒”为突破口，全面落实党的农村政策，稳定土地使用权，延长耕地承包期。到1998年底，全县建成基本农田15万亩，农民人均1.75亩，发展经济林16万亩，初步治理“四荒”13万亩。扶贫攻坚实行“一把手”责任制，五套班子领导包乡(镇)、机关单位包村，累计投入扶贫资金1133.8万元，先后解决了3.5万贫困人口的温饱问题，1997年全县提前一年实现基本解决温饱，不仅受到省委、省政府的表彰奖励，而且极大地调动了农民开发治理土地的积极性。1998年全县农林牧渔业总产值为9484万元，比1978年的1592万元增长6倍，年均递增3.4%。粮食产量、油料产量、猪牛羊肉产量1998年分别为31795吨、1177吨、1021吨，比1978年的16555吨、157吨、606吨分别增长1.9倍、3.5倍和1.7倍，年均递增率分别为3.3%、10.6%、2.6%。

在大力发展农业生产的同时，多种经营的乡镇企业在农村经济中异军突起，成为交口县国民经济发展的重要组成部分。1998年，全县乡镇企业利税总额为9872万元，比1978年的211万元增长46.8倍，平均每年递增21.2%。

三、工业经济迅猛发展

改革开放以前，交口县人民基本上是守着“金碗”饿肚子，沉睡在地下的丰富的煤、硫、铁、铝等资源得不到开发利用。党的改革开放政策为全县工业生产带来了活力，一批龙头骨干企业脱颖而出，把科学技术作为第一生产力，努力提高工业生产的技术含量。1996年以来，全县新上技改项目105个，完成投资3.5亿元。山西五麟集团公司20万吨特级铸造焦生产线被列为全省焦化工业示范项目，100万吨焦化厂年内预计可立项并着手引资工作；交口县九恒能源实业有限公司以流通促生产，靠生产保流通，成为全县的利税大户。2×1.2万千瓦矸石电厂由国家经贸委正式批准立项，1998年完成科研评审；交口县康泰冶金集团公司，以工补农，闯出了新路子。1998年这3户龙头企业分别上缴税金785万元、817万元、486.5万元，合计占地方财政收入的43.9%。2.5万千瓦低热值煤发电厂于1998年8月份由省计委正式批准立项，并顺利通过电力、环保等部门评审；双池镇、城关镇一批75、85型焦化厂相继投入生产；康城镇、回龙乡硫磺项目和交口化学公司硫酸厂已争取资金1100万元，为开工建设并组织社会力量搞好项目配套奠定了基础。龙头企业、拳头产品使交口县工业企业在社会主义市场经济中有了较强的竞争力，并促进了全县工业生产的快速、健康发展。1997年全县乡及乡以上工业总产值为47263万元，比1978年增长11.9倍，年均递增13.2%；乡及乡以上工业增加值1997年为20965万元，比1978年增长50.4倍，平均每年增长21.6%。

四、基础设施建设取得突破性进展

1971年建县伊始，生产关系严重束缚生产力的发展。党的十一届三中全会以来，交口人民在县委、县政府的正确领导下，从解决制约交口经济发展的水、电、路、通讯等“瓶颈”问题入手，制定实施了“五年基础建设攻坚”的县域经济第一步方略，走出了政府创造环境，社会发展经济的路子，开创了改革开放和现代化建设的崭新局面。先后完成121项、4.2亿元的基础设施建设工程。随之，县委、县政府大力发展龙头项目，全面展开了“发展龙头、配套二产、推动三产、投入一产”的县域经济第二步方略，有力地改善了社会生产关系，使社会生产力得到进一步的解放。电力建设上，完成了隰县至交口县钢铁公司输变电线路和县城大南沟、解家坪两个变电站的增容改造，孝义县兑镇至交口110千伏输变电工程建成，重点企业和各乡(镇)都自我配备了输变电站，35千伏变电系统形成网络，有效缓解了全县电力紧张状况。水资源开发上，完成了双池镇国家C级5吨地下水勘测和大南沟提水增水工程，为发展全县工业提供了先决条件。城市供水第一期改造工程的完成，保证了县城居民生活用水，第二期供水改造项目正在筹划之中。通讯建设上，建起了功能齐全，设备先进的邮电通信大楼，实现了交换程控化、乡镇传输光缆化，现已开通4500门，城区电话普及率达每百人20部。公路建设成绩斐然，先后拓宽改建国、省、县、乡道333公里，新建县公路30公里，乡村等级路295公里，乡村道路738公里，率先在吕梁山区实现了乡乡镇镇通油路、出县公路二级化、行政村通公路和自然村通机动车，与1978年相比，全县通车里程由204公里增加到1202公里，二级公路增加到101公里，油路增加到130公里，创造了全县公路建设的高速度、高水平，连续五年受到省、地的表彰奖励。

五、科教、文卫和精神文明建设繁华似锦

发展和提高科学技术是交口县人民的共同心声和愿望。科技工作围绕农业高产、高效目标共组织实施国家和省、地星火科研计划11个，开展农、林、水、畜技术集团承包18项，促进了科学技术成果的推广应用；教育工作以“普九”和扫盲为重点，努力改善办学条件，新建标准化校舍445所，基本实现了村村校舍标准化。1997年中考、高考名列全区前茅，扫盲工作顺利通过省、地验收。精神文明建设丰富多彩，先后组织开展了“争做文明交口人”的活动。在18家窗口服务单位推行了“承诺制”活动。城市建设和管理硕果累累，几年来，先后完成近百项工程，一座座功能齐全、漂亮新颖的现代化大楼拔地而起，修建了老干部活动中心、体育场、影剧院、中心广场，完成了南山公园仿古城墙、避雨亭、观政阁、登山台阶以及钟楼续建五项工程，优化了城区环境，丰富了居民的生活。“创三优”活动和社会治安综合治理连续三年在全区获得表彰。

六、人民生活水平蒸蒸日上

社会生产的最终目的是满足人民日益增长的物质文化需要。新中国成立以来，交口县人民的生活水平不断提高，特别是改革开放以来的变化更加巨大。全县农民人均纯收入由1978年的157元增加到1998年的1630元，增长10.4倍，平均每年递增12.4%。1998年全县城乡居民储蓄存款余额为31596万元，比1978年的160万元增长197倍，年均递增30.2%。职工平均工资1998年为4690元，比1978年的522元增长8倍，年均递增11.6%。

一路风雨一路歌，勤劳的交口人民在社会主义建设事业中创下了不平凡的业绩，为今后的社会经济发展打下了坚实的基础。特别是改革开放以来，已初步探索出一条具有交口特色的发展路子。只有解放思想，更新观念，才能构筑新的发展思路；只有总揽全局，重点突破，才能开创工作的新局面；只有真抓实干，争创一流，才能完成超常的新任务；只有打破常规，科学运作，才能实现高效的新作风；只有团结奋斗，广泛参与，才能形成强大的生命力。只要全县人民万众一心，苦战攻坚，进一步加大各项工作力度，交口面貌将会发生更大的变化。

(赵贵喜　王秀兰　齐月萍　李丽珍)

榆次市

三晋煤海中的一片绿洲

榆次古称中都，又名涂水、魏榆，是山西境内建市最早的城市之一。早在春秋晋顷公12年(前514)，晋卿大夫魏献子建立涂水邑，秦汉时已有城池建筑。历史上榆次因居于山西腹地、扼交通要冲之地理优势，又成为山西重要的商品集散地和商埠城市。本世纪初现代意义的民族工业虽已萌发，但由于遭受日寇八年的加倍践踏和闫锡山军阀势力的残酷蹂躏。解放初期的榆次建筑残破、经济凋零，人口不足16万人，工农业总产值仅3千万元。

新中国建立之后，榆次人民在中国共产党的领导下，励精图治，经过半个世纪的艰苦奋斗，榆次已成为拥有非农业人口超过24万人，国内生产总值达到34.7亿元的新型中等城市，一个生态型、开放式、现代化的榆次屹立于三晋大地，成为煤海中的一片绿洲。

市政基础设施建设

城市基础设施的发展历程是最能反映榆次社会经济50年巨变的方面之一。

解放前，榆次城区面积仅有2.8平方公里，非农业人口3.5万人，城内的基础设施少得可怜。仅有的一条主干街道长不足1公里，宽不足4米。71条大街小巷，包括主干街道，全是狭窄凹凸不平的土质路面，一座高8米、可储水10吨的水塔，算是尚有些城市色彩的基础设施，也只能供少部分人使用，居民绝大多数仍使用井水。

解放初，人民政府按照改善条件、服务百姓、方便居民的思想，拆除了城内外的明碉暗堡，平整了街巷，清除垃圾，填平了臭水坑，改善了道路和供水、排水条件。为城市的进一步发展奠定了基础。

1954年，主干道南北大街改造完工。道路拓宽至6米，路面改为30厘米厚碎石三合土，其后利用拆除旧城墙的砖，铺设改造了东大街、新建街、寿安里等街道。以此为起点榆次市政建设迎来了第一个高潮。今天榆次市主干路中的东西顺城街、粮店街、经纬路、花园路、新建街等道路，均是在五、六十年代新建或改扩建后形成雏形的。五、六十年代建设的其它市政设施有：一是为解决石太线阻隔市内交通。1958年修建“大同街立交桥”，造型为三孔拱桥。二是在主干路上安装照明路灯。三是增置磁石式长途电话交换机3部30门，开通第一部单路载波机，改磁石式市话交换机为600门共电式市话交换机，电报设备由1949年的电报机1部，音响机1部，改进为振荡器人工机（1部），进而又配备15型电传打字机。邮电业务量因此有了飞速发展，由1949年的不足1万元发展到1960年的85万元。四是供水设施。1952年修复原有供水系统，日供水42吨。1955年扩大供水能力后，日供水达480吨。1960年和1967年为给经纬厂、液压件厂供水，供水能力提高到8000吨/日。五是供电。解放初，榆次采用地方小发电机组供电，年供力928万度。1952年太原至榆次33千伏（后改为35千伏）高压输电线路建成，供电能力猛增，60年代供电量就超过7000万度。

受“文化大革命”的影响，60年代后期和70年代前期市政建设发展缓慢，城市主干道路仅对锦纶路进行了改扩建，修建了该路与石太铁路相交的立交桥，当时命名为战备桥。城市供水因新建山西锦纶厂的需要，完成二期给水工程，日供水实际新增能力8000吨/日。

进入80年代后，榆次市委、市政府围绕“水、气、路、桥”等市政基础设施建设，下大力气集中解决市政设施欠帐问题，市政基础设施建设出现前所未有的大发展。这一时期的建设特点是：

（一）城市基础设施建设全面发展

不仅道路、桥梁、供水、排水、邮电、供电等传统意义上的城市基础设施有新的发展，向居民供气、集中供热、污水处理、公园绿化等现代城市基础设施也全面启动建设并投入运营。

（二）项目多、投资大、起点高

道路：新建迎宾路、北山路、安宁大街、校园路、西外环、东南外环、改扩建榆太路，并于1998年开工东外环建设。这些道路宽度均超过30米，迎宾路规划红线最宽达52米，不少道路中间采用绿化带隔离成为标准的现代化城市三块板式道路。太榆连接公路属超一级公路，长达25公里的路灯如玉带般缀于榆次太原之间。初步统计仅“七.五”和“八.五”期间用于道路建设的投资就超过3亿元。

桥梁：1998年榆次城区内共有立交桥9处，全部是为解决榆次过境铁路分割市区，阻碍交通的铁路公路立交桥。其中7处是80年代以来新建的，总投资超过2亿元。7处立交桥中的迎宾路立交桥（204桥）和安宁桥（205立交桥），分别以跨度大和三重立交，居于华北地区公路铁路立交桥之首。

安宁立交桥

供水：1993年投资1500万元的榆次第二水源工程竣工，城市日供水达到6.8万吨，第三水源工程也于1997年开工。

燃气：1987年，榆次市液化石油气公司成立，榆次首次实现居民生活燃气化。1992年，投资1.03亿元的第一期焦化煤气工程如期送气，管道煤气进入千家万户，现在榆次的燃气用户超过4万户，燃气普及率达80%。

截止1998年底，榆次建成区面积23.4平方公旦，道路总长度为173公里，有4个供居民消闲的公园，路灯3600盏。

经 济 建 设

解放初，榆次经济以农业为主，工农业产值的比例是1:2。半个世纪以来，虽然榆次在经济发展的道路上有过一些坎坷与挫折，但总的来说，在党的领导下，建国后的50年是榆次经济发展的黄金时代。国内生产总值1949年不足3千万元，1998年达到34.7亿元，增长110多倍。

（一）农　业

自1948年7月19日榆次获得解放后起至1950年底，榆次农村先后三批进行了土地改革，封建剥削制度第一次在榆次彻底被消灭。由于农业生产力得到了解放，加上战后经济的恢复性增长，1952年粮食总产量达到了6.8万吨，是1949年的160%。建国50年来榆次农业经济的发展大致经历了四个阶段：

1.农业合作化阶段。50年代初，榆次农村逐渐兴起互助组，1952年，全市20921户的农户（占总农户的53.99%）参加了各种类型的互助组。到1954年，99.91%的农户参加建立了237个初级农业合作社。到1957年全市组建起244个高级农业生产合作社，并在社内推行“三包一奖”（即生产指标、用工指标、开支指标包干到队，超产奖励）的管理体制。这期间，农业合作社基本适应了当时农村的生产力发展水平，农村经济得到较为健康的发展，“一五”期间，榆次粮食最高产量达到7.4万吨，与1952年相比，增幅超过10%。

2.人民公社化初期。1958年，因农业基础好，加上风调雨顺，粮食大丰收，总产量创历史最好水平，达7.7万吨，此后受“大跃进”“左”倾之害，农业生产连续减产。由于及时纠正了错误，1960年在受灾较为严重的情况下，粮食产量恢复到7万吨。自1963年起，农业生产保持较快发展，到1965年粮食产量达到8.4万吨，比1957年增长43.6%，基本实现了粮食自给，农民生活有了较大改善。

3.十年动乱时期。“文化大革命”的开展，极大地影响了榆次农业生产和农村经济的发展。由于指导思想上过分强调“算政治帐”和管理体制上的大锅饭，农业增产不增收和农民出工不出力现象十分普遍，1976年尽管粮食总产量达到11.31万吨，比1965年增长34%，但农民人均纯收入只有87元，农业的比较效益太低，从而导致12年间，农民人均纯收入年平均仅增加1.75元。

4.改革开放的20年。榆次农村先后推行了“联产承包责任制”的农业改革措施，农业生产迅速回升并有了新的发展。粮食总产量逐步提高，1996年达到17.88万吨的历史最高纪录。在农业生产大发展的同时，农村经济工作指导思想由单纯注重农业生产转向了注重农村经济综合效益上来。

1985年，榆次在广泛调研和科学论证的基础上，首次提出并开始实施以“服务城市，富裕农村，城乡结合，协调发展”为指导思想的城郊型农村经济开发战略。在种、养、加各环节，农、林、牧、渔等各方面，全面实施以市场为导向的综合开发战略，以“一村一品”、“一乡一业”、“规模效益”等为主要措施，使榆次农村经济综合实力呈现跳跃式发展，涌现出一批诸如“三晋蔬菜第一镇—东阳镇”等经济实力强、发展有特色的乡镇。在全省百强乡镇评比中，榆次有5个乡镇名列其中。全市农村经济综合实力跨入全省十强前列。1998年榆次农业总产值达到7.8亿元，是1949年的39倍。

榆次城郊型农村经济开发不仅致富了榆次农村，也为全省乃至全国农村经济发展提供了一个可供借鉴的发展模式。1991年榆次被国家定为“八五”期间第一批国家级商品粮基地县（市）；1995年被评为全国城郊型经济发展的八个典型县（市）之一；1996年榆次郭家堡乡被国务院命名为“全国乡镇之星”；1997年9月，榆次市被山西省委、省政府命名为“小康市”，成为全省首批达小康的13个县（市）之一。

（二）工　业

1949年榆次工业总产值为1234万元，其中99.92%的产值是轻工业总产值。当时有工业企业13户，从业人员不足2000人。1998年，乡及乡以上工业总产值（新口径）达到43.54亿元。从业人员超过4.5万人。50年来，榆次工业经济的巨大变化集中反映在以下三个方面：

1.建起一批全省乃至全国闻名的骨干企业。1950年9月筹建，投产于1954年8月的国营经纬纺织机械厂，是亚洲纺织机械制造业的龙头老大，国家大型一类企业，也是我国500家利税大户之一。它是解放后榆次建成的最大企业。在此之后依次是由日本帮助建造的全国液压行业大型企业—榆次液压件厂；华北最大的电力电缆企业—晋中电缆厂；省级大型企业有山西纺织机械厂、山西轻工机械厂、山西锦纶厂等。

2.确立了工业经济的主导地位。由于建立了一大批工业企业，包括改革开放以后兴建的乡镇企业和私营企业，榆次国民经济中，工业的主体地位得到了空前加强。榆次由50年前的农业主导经济转变成了工业主导经济。1998 年,在国内生产总值中,工业提供的份额比例为 43.2%。

3.建立了一个门类比较齐全的工业体系。榆次工业以机械制造、纺织、印染、化学纤维制造、建材等工业行业为支柱,除此之外,还有煤气制造、电力供应、化工、锅炉制造、造纸、印刷、铸造、煤炭采掘等 40 余个工业行业,可谓是门类齐全的工业体系。

(三)其　　它

1.建筑业。解放初榆次没有专门的建筑企业,只有一些从事建筑活动的手工匠人。50 年代政府把一些从事建筑活动的能工巧匠组织起来,成立了第一户建筑企业—榆次营造厂之后,建筑队伍逐渐扩大。到 1998 年,拥有资质等级在四级以上的建筑企业 35 户,年完成建筑业产值近 3 亿元。

2.批零贸易业。1949 年,榆次城内有商号 86 户,小店铺 80 户,年营业额为 291 万元。目前,榆次仅大中型批零贸易企业就有 32 户,小商店星罗棋布,全年社会消费品零售总额突破 20 亿元。

人　民　生　活

伴随着经济实力的提高,人民生活方式和生活水平都发生了翻天覆地的变化。

解放初,城市居民吃水要从井里打,做饭用煤火,看病请郎中。在农村许多地方连煤都烧不上,也烧不起,只能用柴草烧饭。今天在城市,取暖是集中供热(全市住宅供热面积达 15 万平方米),烧饭是煤气、液化气,小病不出街巷,大病就在榆次即可治疗。职工工资 50 年增长 22 倍,达到 4930 元。农村实现了村村通油路,绝大多数农村用上了自来水。1998 年,农民人均纯收入达到 2818 元。

由于生活水平的提高,人口死亡率大幅度下降,平均寿命提高。50 年代,死亡率为 9‰–12‰,现在已降至 6‰以下,平均寿命已达到男 72 岁、女 75 岁的水平。50 年代,榆次仅有大学生 100 人,有文化人口占总人口的比例是 30.4%,第四次人口普查时,榆次的大学生为 13246 人,有文化人口占总人口的比例提高到 78.5%。

50 年辉煌历程,50 年苍桑巨变。回顾半个世纪的发展历史,我们有理由相信,在党和政府的领导下,榆次的明天将更加光明,21 世纪的榆次必将是三晋煤海中一颗更加亮丽灿烂的明星。

(智景林)

介休市

展焦都丰采　现强市雄姿

介休市位于山西省中部,晋中盆地南端,太岳山北麓,居汾河两岸。全市辖 6 个镇,14 个乡,5 个办事处,251 个行政村。总面积 743.74 平方公里,居住着 11 个民族,1998 年末总人口 36.58 万人。

介休历史悠久,资源丰富,交通便利。有著名佛教名山——绵山,其风景闻名中外,被列为山西省重点旅游风景区之一。因晋介子推,东汉末年太学生领袖郭泰,北宋名相文彦博等著名历史人物均出自介休,故人称“三贤故里”。全市矿产资源主要有煤、铁、石膏、铝矾土等 10 多种,以煤储量为最,拥有煤田面积 569.6 平方公里,储量 62.25 亿吨,已探明面积 85.4 平方公里,储量 10.06 亿吨。水利资源较为充裕,百米以下可采水资源 7000 余万吨。大小泉水 60 余处,年径流量 4056 立方米;地表河流总流量 1.43 亿立方米。南同蒲铁路复线、国道 108 线、省道东厦线横贯全境,全市通车里程达 243 公里,公路密度达 0.33 公里/平方公里。

新中国成立前,介休经济状况十分落后,自给自足的农业经济占主导地位,土地成为主要的生产资料,生产工具简陋,经济发展缓慢。1949 年,全县粮食总产量只有 3516 万公斤,工农业总产值 2765 万元。新中国成立后,特别是党的十一届三中全会以后,介休认真贯彻中央“改革、开放、搞活”的一系列方针、政策,坚持“一个中心、两个基本点”,全面实行了经济体制改革,经济建设步入了持续、快速、健康发展的轨道。1998 年,全市国内生产总值达 25.3 亿元,地方财政收入实现 17763 万元,社会消费品零售总额达 13.26 亿元,分别是 1949 年的 35 倍、265 倍、207 倍,是 1978

年的9.3倍、6.5倍、38倍。

一、农业基础更加稳固,农村经济迅速发展

建国50年,介休农村面貌发生巨变,广大农民以崭新的精神风貌活跃在社会经济生活的各个领域。特别是党的十一届三中全会以后,在农村全面实行了以家庭联产承包为主的多种形式的生产责任制,继而调整产业结构,改革农产品的流通制度,确立统分结合、双层经营的发展模式,农村经济取得突破性发展。1998年全市农村社会总产值达到44.6亿元,农村经济总收入达44.71亿元,分别比1978年平均递增23.6%和27.2%。

*粮食生产稳定增长。*建国后,经过恢复时期的建设和社会主义改造,到1957年,粮食总产量增加到4027.5万公斤。"文化大革命"期间,粮食产量一直徘徊在6000万公斤左右,直到1979年,首次突破了1亿公斤大关,创造了历史上第一个丰收年。进入90年代,由于农村改革的不断深入,广大农民迸发了空前的生产积极性。市委、市政府按照农业产业化的要求,主攻粮、菜、果、牧四大主导产业,积极推进农业产业化进程,使全市农业生产连年丰收。1998年,尽管遭受了严重自然灾害的侵袭,粮食总产仍实现了10766万公斤的好收成。改革开放20年的粮食产量达

煤气化工程

到15.73亿公斤,是改革前30年粮食总和的1.3倍。

*农业结构日趋合理。*介休农业结构的演进可分为三个时期:1949—1978年为单一结构时期,1978—1983年为向多成份结构转变时期,1984年以后为综合经营逐渐合理完善时期。90年代,介休通过大户带头、特色示范,不断调整农村产业结构,涌现出了全省最大的乳鸽加工厂、全区最大的养猪场、养兔场、养鹿场、食用犬养殖基地。依靠龙头带动,新上了8000吨生物农药项目,年加工转化玉米4000万公斤。1998年,全市油料产量达112.7万公斤,是1949年的1.9倍。在林业发展上,坚持每年大搞群众性的植树造林活动,现已成为全国平原绿化先进市。经济林面积已达11万亩,农田林网控制面积达19万亩,森林覆盖率达24%。1978年到1998年,四旁植树累计达4231万株,造林面积达40.98万亩,分别是前30年总和的2.6倍和19.3倍。在畜牧业生产上,大搞规模养殖和副食品生产加工基地。1998年,全市规模养殖户达589户,畜牧业产值达1.11亿元。大牲畜存栏1.1万头,羊7.9万只,猪8.3万头,牛、猪、羊肉产量达793.9万公斤。从农林牧渔业总产值的构成来看,1998年,农业产值所占比重为65.4%,分别比1978年和1949年减少13个百分点和22个百分点;牧业产值比重为30.1%,分别比1978年和1949年增加了15个百分点和17个百分点。由此看出,过去一头沉的农业经济格局被打破,多种经营全面发展的农业结构已逐步形成。

*农业生产条件明显改善,农业基础更加稳固。*经过50年的努力,特别是1978年以来,介休围绕增强农业生产后劲,先后建立了农业基金积累制度,劳动积累工制度,土地升奖降罚制度等,农业投资逐年增加,农业生产条件得到明显改善。到1998年,全市建成喷灌、管灌、滴灌、渗灌等高效节水工程16万亩,可灌溉水田占到全市耕地面积的64%,被省水利厅誉为"三晋节水第一市"。建成有机旱作农田8.1万亩,改造中低产田3000亩。建成了1000亩现代农业示范区,连续4年获得全省农田基本建设"禹王杯",全市农机总动力达到18.3万千瓦,是1978年的3.8倍。

二、工业生产长足发展,经济效益不断提高

介休工业是在一穷二白的基础上逐步发展壮大起来的。1949年,全县只有工业企业59个,工业总产值只有985万元,煤炭和食品是当时的两大主要工业产品。到1978年,工业企业发展到87个,总产值上升到6.6亿元,29年间年均递增14%。党的十一届三中全会以后,介休在大力鼓励发展各种经济类型的同时,紧紧围绕"两步推进"、"两个转变"的战略目标,对国有企业确定改组、租赁、拍卖、划转、分治、规模"六个一批"的改革思路,多层次、多形式推进企业转换经营机制。增强了企业的抗风险能力和市场竞争能力,经济效益不断提高。1998年,全市工业企业1276个,从业人员94822人,占全社会从业人员的48.7%。其中年销售收入500万元以上的企业45个,从业人员73480人。工业总产值实现41.33亿元,其中500万元以上的企业总产值为33.07亿元。500万元以上工业利税总额达11425万元,工业增加值为13.59亿元,全

员劳动生产率为18496.4元/人。1998年,主要工业产品产量为:原煤627.8万吨,比1978年增长54%;焦炭390万吨,增长46.2倍;化肥1.64万吨,增长1.1倍;水泥23.1万吨,增长25倍;电石0.78万吨,增长3.8倍;棉布4293万米,增长23.9倍。目前,工业是全市的主导产业,在GDP中占70%的比重,尤其是焦化产业仍是全市经济的重要支柱,其增加值占GDP的24.6%。介休工业企业经过20年的改革开改,技术水平和经营管理水平明显提高,全市工业生产门类齐全,产品多样,已形成煤焦、碳素、轻纺、建材、机械、化工等为主体的6大产业群体,有100多种产品的工业生产体系。

三、乡镇企业超常发展,龙头经济特色明显

介休乡镇企业是在农村经济改革浪潮下迅速发展起来的,它的发展壮大对兴介富民以至全市经济发展发挥了举足轻重的作用。其发展历程,大致经历了萌芽、曲折发展、扶持和大发展4个阶段:1958年前是介休乡镇企业的萌芽阶段,期间以传统手工业为主,手工操作,规模狭小,生产水平低,产值不高。1958年,农村工副业产值只有398万元。1958年至1978年是介休乡镇企业曲折发展阶段。当时,由于受极左思潮影响,致使乡镇企业蒙受挫折,生产徘徊不前,直到1978年,又有了新突破,乡镇企业产值达到2066.43万元,实现利润487.9万元。1979年至1983年是介休扶持乡镇企业发展时期。在这期间,为推动乡镇企业的发展,介休采取了一系列措施,制定了一系列扶持、优惠政策,如土地部门上门为企业办理征地手续,工商部门为企业简化办证手续,银行积极提供贷款,为乡镇企业发展营造了宽松的环境。1983年,乡镇企业总产值由1978年的2066.43万元提高到2446.36万元。1984年以后,是介休乡镇企业突飞猛进的大发展时期。这一期间,介休乡镇企业发展的特点是:发展速度快,企业形式多,主体产业规模大,企业活力强,经济效益好。这些成效,一是得益于(县)市委、政府正确制定了立足当地优势,依托乡镇企业,大力发展煤炭加工转化的经济发展战略;二是得益于能人经济,龙头效应的作用。特别是近几年来,介休乡镇企业,不断进行焦炉改造,强化企业内部管理,提高企业素质,调整和优化经济结构,使一批技术含量高、市场容量大的项目相继建成投产。开辟了介休乡镇企业发展的新路子,这就是安泰公司资源深度开发、三废综合利用的路子;三佳公司把一种产品做精做细,成本最低,质量最好的路子;铝陶、二机及士达公司引进国际一流的技术和设备,高起点,高档次发展的路子;经天公司靠人才优势,不断开发创新,短平快发展的路子。涌现出了超亿元乡镇10个,超亿元村5个,超亿元企业6个,培养造就了一大批农村企业家。其中,安泰公司、三佳煤化公司、晓山公司排全国煤焦、煤制品行业最大规模乡镇企业榜首。初步形成10个各具特色的经济小区和两条经济走廊,义安小区已跨入全省小区“十强”行列,被命名为全省“乡镇企业示范区”、全国“东西合作示范区”和全国“星火区域支柱产业区”。通过近几年来坚持不懈调整结构,介休乡镇企业,依靠科技进步,实行战略转移逐步走向成熟和完善。目前,一些新型产品和项目走在了全省前列,如:彩色砌块砖产品、经天公司引进开发的中空玻璃、夹胶玻璃、防弹玻璃等系列产品、二陶高档瓷质墙地砖、士达万吨高功率石墨,填补了全省的空白。乡镇企业的发展壮大,带动了全市经济的迅猛发展。1998年,全市乡镇企业已达到6356个,从业人员为58596人,乡镇企业总产值实现46.24亿元,占全社会总产出的61.2%,乡镇企业增加值实现8.8亿元,占全市GDP的34.8%。全年共生产冶金焦370万吨,转化原煤740万吨,产品畅销全国20多个钢铁企业,并销往12个国家和地区,出口交货值达1.31亿元。

四、社会事业蓬勃发展

*城市面貌焕然一新。*建国前介休1平方公里的城池内,房屋简陋,街道泥泞,破烂不堪。建国后,特别是1992年撤县设市之后,提出了“超前规划,骨干先行,多元投入,突出配套”的思路,加大了城市建设的力度,取得了显著成就,城市面貌发生巨变。目前,已建成城区面积13.2平方公里,城区53条道路纵横交错,相互穿通,3座立交桥的建成形成了立体交通体系。新建商品住宅楼3.2万平方米,城市煤气主管网达3.2公里,入户3000户,城区现代化建筑鳞次栉比,程控电话达到1.6万门,移动电话、无线寻呼实现了全国漫游,电话普及率达7.32部/百人,成为一座城市功能齐全、环境优美、公路畅通的新型城市。与此同时,乡村建设也取得了巨大成就,乡乡镇镇通油路,村村通电话已成为现实,农村面貌换新颜。

*教育事业迅速发展。*1949年,全县只有194所初级小学,2所高级小学,1所初中。在校学生10674人,教师283人。到1998年,全市拥有初级中学35所,高级中学2所,完全中学1所,职中2所,小学243所,在校学生达62845人,教师3281人。幼儿园126所,入园人数达8623人。全市全部普及了义务教育,达到了省级“基本扫除青壮年文盲县”标准,中小学基本实现了“一无两有三配套”。教育经费逐年增加,1998年达

886万元,比1978年的123万元增长6.2倍。教育条件不断改善,教学质量明显提高,教育事业迅速发展。

文化事业快速发展。介休文化事业的发展活跃了城乡文化生活,建立和完善了县、乡、村的馆、站、室三级文化网络。投资280万元建成了全省一流的市文化活动中心大楼,经广播电视部批准成立了市电视台、教育电视台和广播电台,并开通有线电视网和加密卫星频道。群众性的文化生活丰富多彩,健康向上。1998年,获得“全国文化工作先进市”的称号。文化事业经费由1978年前的每年不足6万元,增加到1998年的80余万元。

卫生保健日益加强。全县缺医少药状况已经过去,集卫生、医疗、保健、预防为一体的网络已经形成,并得到逐步发展。目前,全市农村卫生机构覆盖率达100%,高标准卫生所达60个,9个卫生院达标上等,180个卫生所达到甲级村卫生所标准。全市251个行政村已有228个开展了合作医疗工作,占到行政村总数的90%。以预防为主的地方病防治工作达到了规定标准,全市“五苗”接种率达97.7%,妇女儿童保健工作上了一个新台阶,婚前健康检查率达86%,孕产妇系统管理率达96%。爱国卫生引向深入,1997—1998年,连续两年被评为省级卫生城市。1998年,全市医院床位数达1704张,是1978年的2.3倍,50年间年均递增12.4%。

体育事业得到发展。建国后,介休体育事业迅速发展,各种体育设施逐步齐全和完善,有力推动了体育运动的开展。1998年,市少体校向上级体校、大中专院校输送人才11人,7人进入上级体校预科班。45人次分别代表介休和晋中地区参加了省运会,获金牌14枚,银牌17枚,铜牌10枚,取得了优异成绩。另外,群众性体育运动多姿多彩,人们的业余生活得到了极大丰富。1998年,介休市先后开展了“建设杯”乒乓球比赛;“交通杯”篮球比赛;“促进杯”老年门球赛等23次体育比赛活动,促进了全市体育活动的蓬勃发展,并荣获“全国体育工作先进市”的称号。

人民生活显著改善。改革开放20年是介休人民得到实惠最多的时期,1998年全市达到了小康验收标准,正向宽裕型小康迈进。农民人均纯收入达到2457元,是1949年的72倍,1978年的31倍;城镇居民可支配收入达3906元,是1978年的8.7倍;职工年平均工资达5573元,是1949年的25倍,1978年的7.8倍。高中档耐用消费品大量进入居民家庭。城镇居民每百户拥有洗衣机98台(农民71台),彩电96台(农民36台),摩托车20辆(农民28辆),电冰箱56台(农民9台)。居民的生活消费发生了巨大变化。居住条件明显改善,城镇居民居住面积由1978年的3.29平方米增加到12.2平方米,农村居民居住面积由10.5平方米增加到21.36平方米。

在新世纪到来之时,介休市提出了建设区域性中心城市的发展战略,这是跨世纪的决策,为实现这一宏伟的目标,总体战略思路是:在今后15年内,立足创一流、站前列、建强市,经过“两步推进”,把介休建设成为经济繁荣、人民富裕、环境优美、社会文明,具有较强吸纳和辐射力的区域性中心城市。

(王卫东)

榆社县

榆　社　在　前　进

榆社县位于山西省中南部,太行山西麓,晋中地区东南部,东与左权、和顺为邻,北与太谷、榆次接壤,西与祁县相靠,南与武乡毗邻。地势由西北向东南倾斜,四面高而中间低。浊漳河纵贯南北,全长约60公里,流域面积168平方公里。气候属温带大陆性季风气候,年平均气温8.8℃,日照时数2485.9小时,降雨量479毫米,无霜期152天。适宜各类农作物生长。全县总面积1699平方公里,总人口13.5万人,辖14个乡镇,332个行政村。

建国50年,特别是改革开放20年来,榆社人民在中国共产党的正确领导下,发扬老区人民的光荣传统,艰苦奋斗,发奋图强,用自己的智慧和勤劳,初步建成了一个文明富裕、山川秀美的新榆社,谱写了榆社历史新的篇章。

经济建设大跨越

建国前,榆社是一个贫穷落后的农业县,由于生产水平低下,加之连年的战乱,百业凋敝,民不聊生。建国后,尤其是十一届三中全会以来,榆社这方热土焕发了勃勃生机,经济建设取得了突破性的进展,初步由一个农业小县,财政靠上级补贴的穷县,发展成为农业产业化、工业集团化、财政收入增幅位居全省全区前列的新榆社,综合经济实力日益增强。1998年全县国内生产总值达4.3亿元,工农业总产值8.6亿元,财政总收入8078万元,分别是1949年的60倍、33倍和213倍。

(一)农村经济全面发展

农业是国民经济的基础。建国以来历届县委、政府始终把农业放在经济工作首位,在政策、资金、科技等方面向农业倾斜,农村经济全面发展起来。1998年全县农业总产值1.7亿元,农村经济总收入达到3.8亿元,农民人均纯收入1439元,分别是1949年的2.3倍、92倍和48倍。

国民经济恢复时期(1949－1956年)。社会主义生产关系的确定,极大地提高了广大群众的生产积极性,农业生产得到迅速恢复和发展。1956年,全县农村经济总收入达451万元,农业总产值2251万元,粮食总产量2.2万吨,分别比1949年增长了40.9%、18.7%和2.9%。林牧业生产也初见成效。到1956年,全县累计造林面积2.14万亩。森林覆盖率达5.6%。大牲畜、猪、羊的存栏数为13197头、5115头和59425只,分别是1949年的125.2%、343.9%和137.8%。

农业在曲折中前进时期(1957－1966年)。由于"共产风"、"浮夸风"盛行,农村60%的青壮年外出大炼钢铁,造成农村劳动力的严重短缺,直接影响了农业生产的发展。1966年,农村经济总收入达663万元、农业总产值2379万元,粮食总产量2.3万吨。比1956年增长47%、3.7%和5.7%。而平均发展速度却比前期降低1.1%、1.9%和0.1%。林业生产稳定发展,10年累计造林10.07万亩,比建国初增加7.93万亩,森林覆盖率达8.9%,增长了3.3%。牧业生产从总量上看属增长趋势,大牲畜存栏比1956年增加2017头,猪增加1万头,羊增加1万头,但就发展速度而言,远远低于前期水平。

十年"文化大革命"时期。在10年动乱中,学校停课、工厂停产,正常的学习、工作和生活遭到严重破坏,但广大干部群众自觉坚持生产,农林牧各业仍保持稳定发展。1976年,农村经济总收入1161万元,总产值31.20万元,粮食总产量3.6万吨,分别比1966年增长75.1%、31.1%和57%。增长幅度高于前两个时期的发展水平。

改革开放以来,实行了家庭联产承包责任制,为农村经济增添了生机活力,农业生产迅猛发展起来。1998年与1978年相比,全县农村经济总收入平均每年增长117.2%,农业总产值平均每年增长104.2%。粮食总产量5.8万吨,比1978年增长16.7%,是建国以来增长最快的时期。近年来,随着农村体制改革不断深入,榆社走出了一条产业富民、集团富县的经济发展道路。在农业生产上,大搞以山水田渠林路综合治理的农田水利基本建设,改善了农业生产条件,增强了农业发展后劲。截止1998年全县开发滩涂6.8万亩,机修农田5.6万亩,发展高效农田3.4万亩,节水灌溉农田2.8万亩,水田水浇地达3.9万亩。农业现代化、科学化水平不断提高。1998年,全县农机总动力达6.2万千瓦,大中小型拖拉机1030台,排灌用动力机械2295千瓦,化肥施用量7780吨,地膜覆盖面积7.45万亩;在林业生产上,根据"小循环、大连接、创超级精品工程"的指导思想,大搞工程造林,全县铺开各类林业工程213处,建成万亩以上的精品工程15处,在畜牧业生产上提出了"分散养殖上规模、规模养殖进小区、小区建设上档次"的发展思路,使畜牧业生产又上了一个新台阶。1998年,全县发展规模养殖小区78个,规模养殖户2500户,大牲畜存栏达4.6万头,羊存栏10.1万只,猪存栏3.9万头,分别是1978年的3倍、1.4倍和1.5倍;渔业在20年的改革中迅速发展,1998年全县鱼类养殖面积6727亩,捕捞成鱼220吨。

乡镇企业异军突起,超常发展,成为农村经济一支新的支柱。到1998年,全县乡镇企业个数280个,从业人员8080人,创造产值2.6亿元,上交利税724万元。

(二)工业生产迅速发展

榆社地下资源贫乏,工业基础十分薄弱,解放初期工业企业几乎是一片空白。到1954年才成立了榆

华榆食品厂肉鸡自动化生产线

社铁木业合作社，1958年又建起了只能供县城居民照明用电的发电厂。直到70年代高压线路开通，现代工业才开始起步，但由于客观条件所限，发展步履艰难。直到1978年，全县工业总产值仅1460万元，除了县化肥厂的碳酸氢铵外，全县没有定型的工业产品。党的十一届三中全会以后，榆社工业迅速发展起来，国营、二轻、乡镇直属企业共23户，曾有24种产品荣获部、省、地优质产品奖。但是在优胜劣汰激烈的市场竞争中，部分企业停产倒闭，榆社工业又陷入艰难的困境中。党的十五大以后，县委、县政府采取企业改制、资产重组、培育龙头的措施，走出了工业集团化的道路，使榆社工业在企业总量少、主导产业规模不大的情况下，保持了工业经济效益、速度同步增长。目前，已形成年产值9508万元，利税438万元，产品有碳铵、金属钠、液氯、烧碱的化工集团，在全省同行业中处于领先地位。县胶丸厂已达到年产量41亿粒，实现产值5398万元，利税680万元，属华北第一、全国第二大胶丸生产基地。县直属乡镇企业华榆食品加工厂已形成年加工肉鸡500吨，产值1192万元，利税106万元，带动全县14个乡镇、150个村、480户的龙头企业。省营企业阿胶厂除生产阿胶及其中成药外，新上药材加工项目，成为全县药材生产加工的龙头企业。这四大龙头企业成为榆社工业的支柱。1998年工业总产值达到6.9亿元，是1978年的39倍。

（三）商贸金融持续发展，财政收入稳定增加

随着工农业生产的发展，财政贸易事业也蓬勃发展起来。财贸机构由1949年的县联社1户发展到1978年的308户，其中国营52户，集体256户，从业人员1114人，同时还建立了金融、保险、财税、工商、审计等功能齐全的经济监督管理机构，逐步形成了遍布城乡的商品购销网络和全民、集体、个体商业并存，多渠道、多形式、少环节的商品流通新格局。1978年社会消费品零售额达2007万元，是1949年的5倍。近年来，县委、县政府针对市场疲软、商品销售困难等问题，加大了商贸企业体制改革力度。商业系统全部实行公司制和股份制，供销系统的零售企业全部实行“集体经营资产，个人经营商品”的运营模式。截止1998年底全县发展私营企业14户，从业人员323人，个体工商户2486户，从业人员3276人。社会消费品零售总额达2.11亿元，城乡贸易成交额达到1.13亿元，分别是1978年的15倍和37倍；财政收入完成8078万元，比1978年的98万元增长81倍。城乡居民参保投保意识明显增强，全县近年完成保费收入达到500万元以上。

人民生活显著改善。1998年，全县职工年平均工资4880元，比1978年的488元增长9倍；农民人均纯收入1439元，比1978年的74元增长318倍。城乡居民储蓄存款余额3.1亿元，人均存款2261元，是1978年的117倍和103倍。城乡人民用于吃、穿、用、住及文化生活等方面的消费全面增长，1998年人均消费支出1063元，是1978年的48倍。

科技教育结硕果

科技事业蓬勃发展。建国时，榆社科技人员寥寥无几，科技机构近乎空白。1956年，榆社只有科研机构1所、科技人员1人，1978年科技人员已增加到189人。党的十一届三中全会的春风，迎来了科学的春天。在20年的改革中，科技队伍不断壮大，科普、科研工作取得显著成效。到1998年，具有初级以上技术职称的科技人员已达3890人。群众性的科研组织蓬勃发展，各类科研成果不断涌现，赵跃荣、任文和等研制的“香蒲玉米远缘杂交”获山西省科研成果二等奖；乔玉珍研制的“特鲜白酱油”获山西省“最佳调味产品”称号、国内贸易部优质产品奖；山区养牛商品化技术开发—酒糟快速育肥肉牛获山西省科技进步二等奖。科技在工农业生产中作用越来越大。1998年，全县投入科技三项费用67万元，推广新技术35项，实施科技兴县项目30项，新增产值1.5亿元，科技进步对经济的贡献率达到33.5%，培训科技当家人2.7万人，被省委、省政府表彰为“全省科技当家人培训先进县”。

教育战线硕果累累。1949年，榆社县只有176所小学，在校学生7910人，教师200人。建国以后，尤其是党的十一届三中全会以来，教育作为经济建设的战略重点，愈来愈受到社会的普遍重视。在改革开放的20年中，教育经费逐年增长，师资质量不断提高，基础教育得到日益加强，职业教育走向正规，成人教育迅速发展。1998年，全县中小学校发展到346所，是1949年的2倍；在校学生2.5万人，是1949年的3.2倍；适龄儿童入学率达到100%，初中生入学率达到96.3%。从1978年以来，全县共有2680名学生考入大中专院校。1998年，高考又取得好成绩，各大专院校录取211人，创历史最高纪录。成人教育在改革中迅速发展，通过电大、函大、自学考试等多种渠道，为各行各业培养了一批合格人才。

文化卫生事业新气象

文化体育事业健康发展。建国以来，广播、电影、电视和群众性文体活动全面发展。全县乡乡建起文化站、广播站，县城建起了电影院、图书馆、职工俱乐部、老年人活动中心、灯光球场、榆社电视台和有线电

视台,开通了加密电视节目,广播电视覆盖率达98%,为活跃全县人民文化生活创造了条件。民间舞蹈"霸王鞭"荣获山西省"一会一节"金奖、全区农村小康杯文艺汇演六项奖。体育器材、体育项目不断增加,群众性篮球、羽毛球、老年门球等体育活动蓬勃发展,人民的健康水平有了新的提高。

医疗卫生保健工作日益加强。建国初期,榆社缺医少药的情况十分严重,1949年全县卫生机构1个、床位数2张、卫生技术人员99人。党的十一届三中全会以来,县委、县政府加强了县级医院建设和农村卫生所的保健工作,乡乡建起了卫生院,村村建起了卫生所,解决了过去缺医少药看病难的问题。1998年,全县卫生机构18个、床位数236个、技术人员390人。1997年以来,榆社率先推行"乡村一体化合作医疗制度",使全县农民看病难的问题得到了进一步解决。这一先进经验目前已被全省、全国推广。

扶贫攻坚见成效

农林牧副渔五业并举,扶贫攻坚取得了阶段性成果。1984年,全县农民人均纯收入只有222元,被确定为省级贫困县,1991年又被定为国家级贫困县。到1996年,全县尚有11个乡镇、8.3万人生活在温饱线以下,脱贫攻坚势在必行。为此,县委、县政府制定了《榆社县"八三"脱贫攻坚规划》,下决心用3年时间解决8.3万人的脱贫问题。围绕这一规划,着力实施了产业扶贫、移民扶贫、组织扶贫、爱心扶贫、精神扶贫、社会扶贫等六大扶贫工程,同时由9个厅局组成的省委扶贫工作队、由16个单位组成的地委扶贫工作队包扶全县11个乡镇、143个贫困村。由87个县直单位组成的县扶贫工作队包扶134个贫困村,省、地、县工作队共为贫困村筹集资金2000万元,修路235公里,建校32所,完成人畜吃水工程58处,造地1万亩,为榆社人民脱贫致富做出了贡献。到1998年,全县有8个乡镇、239村、74158人如期实现温饱,有16个村、13190人达到了小康水平。

(李艳芬)

左权县

左权大地气象新

左权县地处太行之巅,晋冀交界。东与河北邯郸、邢台毗邻,西傍榆次、太原,南交长治,北临阳泉。国道省道横穿境内,阳(泉)涉(县)铁路纵贯南北。全县共有15个乡镇,378个行政村,16万人。总面积2028平方公里,其中,土石山面积占到79%,耕地面积仅为162平方公里,占8.25%,大部分地区海拔1200米以上,年平均气温7.4℃。

左权县历史悠久。相传4000多年前,部落首领颛顼之后的祝融筑城于此,以后被称为辽阳邑、辽河、辽州,辽山及辽县。抗日战争时期,八路军总部、中共中央北方局、一二九司令部等150多个党、政、军、工、商、学等机关单位在这里驻扎5年之久,朱德、彭德怀、左权、刘伯承、邓小平等老一辈无产阶级革命家都曾在这里从事伟大的革命实践。八路军副总参谋长左权将军在1942年5月的"反扫荡"突围中,壮烈牺牲在当地十字岭。为永久纪念这位为国捐躯的著名抗日名将,经晋冀豫边区政府批准,1942年9月18日,辽县正式易名为左权县。

左权县不仅有光荣的革命传统,而且有丰富的自然资源和独特的人文景观。境内资源丰富,物产众多。全县宜林面积广,有林面积达114万亩,核桃、柿子、花椒等干鲜果品正常年产1000余万公斤,产品畅销欧美、日本、东南亚。全县已探明的矿产资源主要有煤炭、铁矿、铝矾土、铬铁矿、蓝晶石、石英砂、钾长石、磷矿等20余种,其中尤以煤、铁为盛。煤炭地质储量为59亿吨,且煤种齐全,煤质优良。铁矿石为华北地区少有的低磷矿藏,储量达8400万吨。东部山区的红石板、白石板、大理石、花岗岩等石材储量大,易开采,并已销往日本、美国、澳大利亚、新加坡等国家。左权县是全国颇负盛名的"歌舞之乡",素有"万首民歌千出戏"誉称。境内山川秀丽,景色怡人,集北雄、南秀于一体,宏、险、奇、特、惊、峻、秀,是太行山上不可多得的游览和避暑胜地。

岁月悠悠,沧桑巨变。半个世纪以来,左权人民在党的领导下,发扬过去革命战争年代的那么一股革命热情,那么一股拼命精神,自力更生,艰苦奋斗,在浸满先烈鲜血的土地上,建起了一个欣欣向荣的新左权。特别是改革开放以来,全县人民认真贯彻执行党的基本路线,以经济建设为中心,以强县富民为目标,解放思想,开拓进取,深化改革,扩大开放,充分发挥政治优势和自然优势,促进了全县政治、经济和社会的协调发展。1998年,国内生产总值达到4.6亿元,财政总收入达到4262万元,农民人均纯收入达到1399元,较建国初期分别增长了72倍、115倍和36倍。

——*农村经济快速发展*。左权县建国前生产条件十分落后,建国后虽逐步有所改变,但是生产发展仍然迟缓。1949年至1979年的30年中,人均生产粮食只增加了90公斤,人均纯收入只增加了89元。党的十一届三中全会以来,家庭联产承包责任制的推行激发了蕴藏于农民中的巨大生产积极性,极大地解放了农村生产力。20年来农村改革不断深化,以土地延长、承包"四荒"拍卖、股份合作为主的改革给农村带来了无限的生机与活力。特别是农业产业化推进,成为农村经济发展的又一重要推动力。全县积极大力推广包衣种子、地膜覆盖等新技术,极大地提高了农业科技含量,1998年粮食总产量达到5400万公斤,比1949年增长了96%。与此同时,左权依据当地自然资源坚持不懈地实施林牧富民战略,努力建设核桃大县和畜牧业基地县,全县森林覆盖率由1978年26.1%上升到33.9%,木材蓄积量由75万立方米上升到146万立方米;全县经济林由218万株上升到408万株;其中,核桃由60万株上升到120万株;干鲜果品总产量达到1150万公斤,是1949年的32倍。农村经济林总收入达到1656万元,是1949年的30倍。畜牧业上,左权以规模养殖为主导,大力推进小区建设,到1998年,全县共发展畜牧业规模养殖乡8个、规模养殖村90个、规模养殖户2000个,1998年畜牧业总收入达到4531万元,是1949年的50倍。林牧业为农民提供人均纯收入580元,是20年前的2.4倍。改革开放以来,乡镇企业从零起步,目前已发展到248个,从业人员8845人,1998年乡镇企业营业收入达到3.1亿元。农村经济的快速发展,极大地加快了全县的脱贫致富步伐,截至1998年,全县9.8万贫困人口跨越温饱线,如期实现了全县整体脱贫的目标。

麻田新貌　　　　刘风来　摄

——*工业经济稳步增长*。建国初,全县仅有一些小煤窑、小作坊,从业人员300多人,总产值只有29万元。经过50年代至70年代发展,到1978年,已有县属国营工业企业16个,集体企业7个,社办企业23个,职工4832人,总产值1461.3万元。改革开放的春风催动了左权工业的不断壮大,全县已形成了以煤炭、冶金、建材为支柱产业,包括电力、化工、机械制造等13个行业的工业结构体系。煤炭是左权工业的支柱,改革开放之初,左权仅有9个矿井,原煤产量23.5万吨,而目前已达到57个矿井,产量达到190万吨。生铁是左权拳头产品,但在1978年之前,左权仅有2个铁矿,铁精粉产量只有0.41万吨,而目前已达5个,产量达到23.6万吨,特别是冶金行业有了重大突破,目前已有铁厂3个,年产生铁10万吨,并逐步走上选矿、冶金、铸造系列开发之路。水泥品种已由过去单一的325#低档水泥成为现在的325#、425#、525#低中高档系列产品,水泥产量由1.33万吨上升到现在的13.4万吨。左权化肥厂由过去只生产碳铵单一产品扩建成为现在生产合成氨、硝酸钠、亚硝酸钠、亚硝酸钙等综合产品生产线,产量达4.6万吨,成为全县的大型骨干企业。1998年全县工业总产值为3.8亿元,占到工农业总产值的68.2%。

——*商业流通领域更加繁荣*。解放前左权商品市场十分萧条,一条小街10多家店铺,大部分是很简陋的私人杂货店,商品流通量小的可怜。50年代新建的2座百货大楼,还是两层的砖木结构,总营业面积还不达500平方米。党的十一届三中全会以来,左权认真贯彻改革开放搞活的政策,全县商业得到快速健康的发展,仅营业面积在1000平方米以上的商店就有5个,全县商业网点达到2800个,从业人员达4500人,分别是1949年的3.7倍和3.9倍。随着市场的健康发展和人民购买力的不断增长,使左权商品市场异常繁荣,1998年全县社会消费品零售总额完成2.4亿元,比1949年增长452倍。

——*基础设施条件明显改善*。1949年之前,左权县的基础设施条件十分落后。全县只有2条简易公路,少数行政村能通汽车,绝大多数村不通邮不通电,县城也是七街八巷九圪廊的破败景象。1978年后,基础设施建设才步入了快车道。目前,全县公路通车里程620公里,油路里程134公里,9个乡镇通油路,374

个村通机动车。特别是1995年阳涉铁路一期工程完工,火车通到了麻田镇,结束了左权没有铁路的历史。阳涉铁路二期工程也于1998年12月动工兴建,2001年底便可全线贯通。在通讯上,左权建起了邮电电讯大楼,开通了6000门程控电话,实现了乡乡镇镇通程控,彻底告别了手摇电话的历史。在电力上,近年来,左权先后建成了石港口35千伏变电站、县城110千伏变电站,彻底打破了多年来电力制约经济发展的"瓶颈"问题;与此同时,左权为争取与韩国合建120万千瓦大型坑口发电厂上马做了大量前期准备工作。在县城建设上,左权近年来在财政十分紧张的情况下,对县城进行了绿化、美化、亮化建设,大街小巷全部实行硬化,并建成了县城10里长街。开通了闭路电视,消灭了家家户户房顶上的"蜘蛛网"式天线。1999年,左权又一次把基础建设作为全县工作的重中之重,在公路上铺开了11项重点工程,目前已完成工程70%,工程竣工后全县将实现乡乡镇镇通油路。

——社会事业全面进步。建国初,左权科技人员寥寥无几,科技工作和医疗卫生机构近乎空白。全县只有1所初级中学,209所小学。文化生活比较单纯、单调。经过50年的发展,全县已拥有各类专业技术人员近万人。在抗战时期形成的左权民歌和左权小花戏,在改革开放的新形势下得到进一步创新、升华和完善,走出太行山,走向全国大舞台,左权小花戏《开花调》、《筑路哥哥》等一些优秀节目近年来在全国文艺节目比赛中多次获奖,左权被命名为"全国民间艺术之乡"。教育上,左权本着再苦不能苦教育、再穷不能穷孩子的原则,在财政极为困难的条件下,重点保证教育投入,1997年建成全区独有的、设施一流的教师培训中心,先后新建或改扩建中小学校261所,形成村村有小学,乡乡有中学的新局面。全县80%的学校实现了"一无两有三配套",学前儿童入学率达到100%,九年义务普及率达97%,成人扫盲率达到99%。卫生上,全县已有各类医疗单位20个,每万人拥有卫生技术人员33人,病房床位21个,并在全县范围内大力推行合作医疗,做到了小病不出村、大病有处医。特别是在1989年新建1所中医院,近几年又投巨资改善了县医院医疗条件,购置了扫描CT机、500MA自动遥控X光机,新上了大型液体全自动制剂生产线等,使县医院晋升为二等一级医院,从根本上改善了山区群众就医条件。群众体育活动广泛开展,全社会思想教育逐步深化,文明程度普遍提高。

——人民生活水平显著提高。建国初,左权人民群众的生活非常贫困。随着经济日益发展,特别是党的十一届三中全会以后,通过20年的艰苦奋斗,全县人民的生活条件明显改观,生活环境大大改善。1998年城镇居民人均可支配收入2662元,农民人均纯收入1399元,分别是1978年的11倍和3.8倍;1998年城乡居民储蓄存款4.7亿元,是1978年的98倍;广大群众生活质量有了明显提高,吃、穿、住、用等方面发生了巨大变化。从吃的方面来看,肉、奶、蛋等过去城里人消费的商品,如今已步入了广大百姓家庭;从穿的方面看,广大人民群众已由过去"穷将就"变成了"真讲究",过去一件衣服四季穿,现在穿着四季分明;从住的方面看,目前全县农村90%的农户住上新房,人均居住面积由1978年的14平方米上升到现在的21.26平方米;从用的方面看,每百户家庭拥有72台电视机、32台洗衣机、18台录音机、3.3台电冰箱、3.3辆摩托车,过去农村旧三大件(自行车、缝纫机、手表)已被新三大件(电视机、录音机、洗衣机)所取代,VCD、家庭影院也进入了寻常百姓家,桑塔纳、夏利等小轿车也开始进入了一些富裕家庭。

(阎来山)

和顺县

沧海桑田话和顺

伟大的新中国已经走过风风雨雨50个春秋。在这不平凡的50年里,和顺人民在中国共产党的领导下万众一心,艰苦奋斗,战胜了重重困难,取得了令人瞩目的成就。特别是改革开放20年,和顺历届县委、政府带领全县人民一心一意致力于经济建设,奋力推进改革,努力扩大开放,加速发展步伐,使全县经济、社会、文化等各个领域发生了深刻的变化。

一、县域经济综合实力显著增长，可持续发展能力极大提高

50年来，和顺县的国民经济建设在旧中国的烂摊子上起步，波浪式推进，螺旋式上升，时至今日，已出现了持续稳定发展的良好势头，产业结构逐步趋于合理，县域经济实力显著增长，人民生活水平极大提高。1998年全县国内生产总值达到3.5亿元，比1952年增长19倍；工农业总产值（90不变价）达到4.6亿元，比1949年增长20倍；乡镇企业营业收入达到3.2亿元，比1978年增长51倍；农村经济总收入达到3.7亿元，比1955年增长133倍；农民人均纯收入达到1332元，比1955年增长56倍；职工年平均工资达到3992元，比1949年增长24倍；城镇居民可支配收入达到2200元；财政总收入达到3731万元，比1949年增长107倍；城乡居民储蓄存款达到3亿元。比1978年增长102倍。

二、农村经济生机盎然，产业化开发不断推进

（一）农业生产条件不断改善，粮食生产稳定增长。50年来，特别是改革开放20年来，和顺年复一年卓有成效地组织大规模的农田水利基本建设，已基本建成稳产农田22万亩，治理小流域9万亩，农业生产条件得到了大力改善。1998年全县农业总投入1700多万元，地膜覆盖面积14.4万亩，占全县播种面积的58%；化肥施用量1.2万吨，亩均20公斤；投入优种62万公斤，优种面积占到80%以上。全县农业机械总动力达到8.1万千瓦，其中大型拖拉机39台，小型拖拉机1599台，农用载重汽车349辆，专用推土机58台。农业基础地位的加强，增加了农业生产的发展后劲，提高了农业生产抗灾减灾的能力，粮食生产连年夺丰收。1998年全县粮食总产量达到6万吨，分别比1949年和1978年增长1.6倍和35%。

（二）牧林业规模不断扩张，发展质量进一步提高。和顺山大坡广，天然林草茂盛，宜林宜牧的荒山荒坡面积达到179.5万亩（不包括已成林的68万亩），占总面积的53.3%，其中宜牧面积90万亩，宜林面积89.5万亩。得天独厚的自然条件为和顺发展牧林业创造了有利条件。

和顺是全国商品牛基地县之一。早在70年代初期，和顺就作为全国首次引进世界名种西门塔尔牛冻精改良本地牛县之一，开展了黄牛改良。1976年和顺肉牛打入国际市场，填补了山西出口肉牛的空白。1978年被列为全国首批建设商品牛基地县之一。至今，西门塔尔牛存栏率、母牛存栏率和商品牛出栏率仍居全国第一。在开展黄牛改良的同时，又重点发展了育肥牛和挤奶牛。县城现有贮存量为300吨的冷库一座，年可屠宰加工牛5000头，并可利用这一条件进行各种肉系列加工和皮革加工。作为三大支柱产业之一，和顺畜牧业正在走上优质，高效的快车道，成为发展农村经济的台柱子。截止1998年，全县牛存栏6.66万头，出栏2.42万头，商品率达到36%。规模养殖小区达到24个，其中养牛小区8个，人均一头牛的村达到114个。同时，猪、羊、鸡、兔也有较大发展。全县畜牧业年总收入达到7200万元，人均牧业收入405元。

和顺又是全国林业基地县之一。主要栽植树种有油松、杨树、柳树、白榆、北京杨、落叶松等用材林以及仁用杏、核桃、花椒、苹果树等经济林。建国后全县每年坚持大搞群众性的植树造林活动。近年来县委、政府从和顺县情出发，以绿起来、活起来、富起来为目标，坚持大绿化、产业化、效益化的方针，把林业作为全县三大支柱产业之一来抓，每年以造林8万亩，植树300万株，新育苗2000亩的速度发展。与此同时，县委还注重生产与落实农村经济政策相结合，自1992年以来拍卖“四荒”28万亩，目前已初步治理10万亩。和顺的林业生产无论是在速度上、规模上、效益上都有长足的发展。现在，全县森林覆盖率已达到22.25%。林木总蓄积量已达到125.9万立方米，人均占有蓄积量9.46立方米，农民人均干鲜果树1亩。

（三）乡镇企业异军突起，生产领域不断拓宽。和顺地域辽阔，资源丰富，已探明的主要矿藏有煤、铁、铝、磷、硅、锰、金钢砂、大理石、白云岩等28种。在这些矿藏中，尤以煤储量为最，约34.45亿吨，铁次之，约20-30亿吨。乡镇企业异军突起使和顺的资源优势得以进一步发挥，到1998年全县乡镇企业已发展到288个（新口径），其中骨干企业65户，民营大户68户，投资在百万元以上的企业5户。1998年全县乡镇企业完成增加值103.2万元，入库税金1260万元，占全县财政总收入的37%，乡镇企业已成为农村经济的一支生力军。

三、工业体系不断壮大，整体运行质量趋向良好

解放初，和顺的工业经济基础极为薄弱，全县只有为数极少的小作坊，几座小煤窑。通过50年的艰苦创业，和顺工业依托丰富的矿藏资源，滚动发展，努力提高，已初步形成了以煤炭、化工、冶金、建材四大支柱行业为主体，机械、印刷、加工、修理、食品等行业为辅的工业生产格局。其发展历程可分为以下三个阶

段。

1949年至1978年是以开发能源为重点的工矿业启动期。这一时期,主要是以国家计划为主导性的工业经济,在通过对五小工业的嫁接、改造、扩张、滚动,到1978年全县已发展起了以生产煤、铁、矾、硫磺、碳铵、水泥、皮革、木器、铁制农具等产品的工业企业64个,职工3117人,全县乡及乡以上工业总产值1540万元,和顺的工业体系雏形初具。

1979年至1988年是对已有工业企业进行技术改造为重点的成长期。党的十一届三中全会后,全县工业迈开了新的改革发展步伐。首先在全县工业企业中全面推行了厂长(经理)任期目标和经营承包责任制,初步调动起了广大职工的生产积极性。其次是重点围绕煤炭、化工、冶炼、建材等主要产业,进行较大规模的技术改造和新产品开发,使原有的适销对路产品生产能力大幅度提高。同时又新上了马赛克、机焦、电石、氧化镁、尼龙梭、奶粉、杏仁罐头等产品。全县优质产品达到20种,碳铵、阳光陈醋2种产品创部优;弓摇钻、氧化镁、钙塑箱、马赛克、生铁、焦炭、礼花、奶粉、尼龙梭、电石、杏仁罐头等11种产品创省优;铸铁盖板、电石、注塑布鞋、油灰刀、益寿挂面等多种产品创地优;氧化镁、弓摇钻、生铁、油灰刀和M141盖板等5种产品打入了国际市场。

1989年至1998年是以外延式的企业发展为重点的扩张期。小平南巡谈话之后,县委、政府站在和顺发展的战略高度,以提高全县综合实力,特别是增强工业发展后劲为着眼点,抓住国家扩大资金投入的历史性机遇,争取到国家立项总投资3亿多元,新上了尿素厂、建陶厂、水泥总厂3个规模大、科技含量高的国家中型二级企业。化肥厂4万吨尿素扩建工程,促进了企业的升等上级,使其成为省级企业;建筑陶瓷厂引进意大利设备建成年产80万平方米的仿花岗岩高级瓷质无釉墙地砖生产线,填补了山西建陶工业新工艺空白;水泥总厂20万吨回转窑水泥生产线,为全国同行业第三条、全省唯一的一条引进日本先进技术开发的水泥生产线,所产425、525型早强高标号水泥畅销省内外。与此同时,煤炭企业的技改扩建工程也紧锣密鼓地进行着。这些骨干企业的建成投产,使和顺工业经济出现了一个大的飞跃。截止1998年,全县产业工人已达到1.2万人,比解放初增加59倍。工业总产值完成4.6亿元,是1949年的20倍;工业增加值完成1.4亿元,占到全县国内生产总值的39%。主要工业产品产量:原煤由解放初期的年产2.4万吨,增加到220吨,增长92倍;生铁由7吨增加到1.5万吨,增长2143倍;化肥、氧化镁、焦炭、仿花岗岩墙地砖从无到有,年产分别达到1.6万吨、1710吨、1万吨、8000平方米,其它工业产品产量也有较大幅度增长。

四、交通电力发展迅速,邮电通讯事业成绩突出

和顺地处闭塞的太行山之中,四面八方都有大山阻隔。解放初,全县没有一条象样的公路,没有一辆汽车,基础设施非常落后。解放后,经过和顺人民50年的艰苦努力,实现了对外流通四通八达,境内干线纵横交错的网络,国省县乡村五级公路总干线达766公里,铺油率29%。公路条件的改善,带动了整个运输业的发展,截止1998年,全县拥有各类机动车辆1735辆,大小拖拉机1638台,载客汽车760辆,公共交通大为改观。1995年,纵贯县域南北的阳涉铁路建成营运,又谱写了和顺新的交通运输史,使全县交通运输进入了新的阶段。电力方面,已从60年代自已搞小型发电车间,仅供县城附近16个大队通电的状况,发展为今天的太原电网110kv变电工程建成,实现了全县角角落落全部通电。通迅设施建设上,目前已安装有8100门程控电话,开通了无线寻呼和移动电话,市话用户达到4163户,并有9个乡镇77个行政村开通了程控电话。特别是INT网的开通有力地促进了同外界的信息交流。

肉牛交易市场

五、城乡市场购销两旺,金融贸易业欣欣向荣

从建国到70年代末期,和顺的国营、集体商业都

有很大的发展，但由于受统购统销体制的长期制约，造成了流通渠道不畅，市场经营单调，经济效益不高的局面。党的十一届三中全会以后，流通体制发生了根本性的变革，在坚持国营商业占主导地位的同时，努力巩固集体商业，鼓励发展个体商业，使市场出现了多种经济类型相互竞争、相互促进的活跃局面。1998年全县社会消费品零售总额达到2亿元，比1949年增长215倍。全县个体工商户目前已发展到4805户，从业人员7650人，个体零售额达到9448万元，占全县零售总额的46.7%。

金融系统在改革中不断健全经营机制，发展金融市场，促进了资金的横向融通，为支持全县的经济建设和扩大流通发挥了巨大的作用。到1998年底，全县各类银行存款余额达到2.6亿元，银行各项贷款余额4亿元，城乡居民储蓄存款余额3亿元，人均储蓄余额2225元。保险机构从1985年建立以来，业务迅速扩大，种类也逐渐增多。

六、科教文卫战线硕果累累，各项社会事业蒸蒸日上

新中国成立以来，和顺县科技、教育、文化、卫生、体育等各项事业都有长足的发展，党的十一届三中全会后，更迎来了科教文卫事业的春天，广大知识分子思想解放，精神焕发，各项事业呈现出一派生机盎然，百花争艳的气象。

*教育文化事业蓬勃发展。*1949年，全县没有一所中学，只有初级小学218所，在校学生9390人，高级小学4所，在校学生427人。1998年，全县各级各类学校已发展到373所，比1949年增加151所，其中单设中学21所，复式中学2所，在校中小学生人数2.3万人，比1949年增加2.4倍。改革开放20年来，考入大中专的人数达到1384人，还涌现出了研究生、博士生和出国留学生高知识人才。与此同时，一支素质良好的教师队伍也在不断发展壮大。和顺素来是文化沃土、礼乐之乡，长期以来，群众文化生活丰富活跃，戏剧、歌舞能人倍出，县乡村组织网络健全，逢年过节或古庙会期，组织各种形式的文艺演出，不断将全县的文化事业推向进步。目前全县共有戏剧、秧歌、舞蹈、曲艺等演出团体6个，有影剧院场6处，职工俱乐部1个，乡镇文化站15个，文化中心8个，图书馆10个，艺校1个，文化馆1个。从1956年5月和顺县有线广播站的建立到现在，遍及农村的电视差转台的设立，县办有线电视的布网，微机电脑的应用等，极大地丰富了群众的文化生活，传播了各种知识和信息。截止1998年底，全县电视收视普及率已达到100%。

*计生卫体事业极大进步。*近20年来，全县人民坚定不移地贯彻执行计划生育基本国策，1998年全县人口出生率为10.3‰，人口自然增长率控制在3.3‰以内，多胎生育率为零，计划生育率达到93.85%，人口增长得到有效控制，少生、优育、晚婚、晚育蔚然成风，人口素质明显提高。全县现有县医院、中医院各1所，乡镇卫生院11所，中心卫生院4所，中心卫生防疫站、计划生育指导站、妇幼保健站各1所。病床位由1949年的5张增加到410张，80%的农村建立了卫生所和医疗站，确保了全县总发病率和总治愈率的一降一升。全县建有体育活动中心，老干部活动中心，以及集体和群众自发组成的众多业余体育组织，将全县的体育活动推向了新的境界，有效地提高了人民的健康水平。同时，全县还建有县光荣院1所，乡镇敬老院15所，使革命前辈和社会孤寡老人得到了老有所养，福有所倚。

*科技工作成绩显著。*50年来和顺的科技工作和科技队伍从无到有，不断发展壮大，目前，全县已拥有各级各类科技专业人员3134名，其中高级38名，中级786名，他们以火热的情怀推动着全县科技工作的发展，50年来，全县共获取科研成果25项，被省地命名的科技先进乡镇6个，科技先导型企业2个。70年代的黄牛改良，使和顺跻身于全国商品牛基地县，并填补了全省肉牛出口的空白。80年代在全县铺开的玉米地膜覆盖技术，引发了农业上的一场白色革命，使全县粮食生产上了一个新的台阶。

*脱贫致富大见成效。*和顺是全省贫困县之一，改革开放以来，全县的扶贫工作针对地理性贫困，结构性贫困，观念性贫困，历史性贫困的特点，扎扎实实地开展工作，既抓全局性的经济开发，又抓一村一户的脱贫致富，把扶贫工作和发展区域经济紧密结合起来，把脱贫致富和实现小康紧密结合起来，收到了良好效果。截止1998年底，全县已有12个乡镇、208个村、16717户解决温饱，稳定脱贫，分别占到贫困乡镇、村、农民户数的80%、76%和85%，如期完成了到2000年全县整体脱贫的宏大事业。与此同时，农村小康建设也推向新的阶段，全县已累计有33村达到小康标准，占到总村数的10%，和顺小康建设的伟大工程已拉开了决战序幕。伴随着脱贫致富奔小康的推进过程，全县人民的生活质量显著提高，据初步统计，城镇居民中砖木楼房式、排房式住宅人均已达到15平方米，乡村农民以砖木结构庭院式为主的住宅人均达到13平方米。目前除县城外，乡镇农村已有80%的村户用上了清洁卫生的自来水。在城乡居民中每百人拥有摩托车4辆，电视机33台，电冰箱12台，裁缝机22架，组合音响7套等。经历了50年奋发图强的和顺，苍桑巨变，今非昔比。

（李双玉　李致中　杜文涛）

昔阳县

昔阳谱新篇

弹指一挥间，春秋50年。这50年，是昔阳人民在中国共产党的领导下历经风雨、披荆斩棘、艰苦奋斗的50年；是不断探索，励精图治，创造辉煌的50年；是昔阳飞速发展历史上任何时代都无法比拟的50年。而今，全县人民正高举邓小平理论的伟大旗帜，以改革开放、经济发展、社会全面进步的崭新形象阔步走向21世纪。

一

昔阳县位于山西省东境，横跨太行山断裂隆起与沁水凹陷之间，东瞰邯赵，西屏汾晋，北控榆关，南连和顺，土地面积1952平方公里，地形特点西高东低，境内群山起伏，沟壑纵横，最高海拔1833米，最低海拔560米，属低中土石山区。主要河流有松溪河、潇河、清漳河等。气候属温带大陆性，年平均气温9℃，无霜期120-170天。从自然资源状况看，可以充分利用的自然植被和广阔的耕地，为发展养殖业和种植业提供了条件；含煤面积194.5平方公里，探明储量19.36亿吨，还有铁矿、铝矾土、铝矿、石膏、磷矿、云母等矿产资源。

昔阳历史悠久，春秋时已公于书，先为"肥子国"，后名"乐平郡"，隋时改郡置县，到民国初年，因与江西乐平县同名，故更名为"昔阳"。1937年抗日战争爆发后，日军占领昔阳县城。中国共产党领导的昔阳抗日人民政府成立，后分为昔东、昔西两个政府，直到1945年抗日战争胜利后，昔阳获得解放，昔西、昔东政府合并为昔阳县人民政府，隶属晋中专区管辖；1958年11月，昔阳划归阳泉市，以协作区受其管辖，1959年7月再次划归晋中地区。1998年底行政建制为20个乡(镇)，421个行政村，总耕地面积50.8万亩，总人口23.8万人，其中非农业人口2.8万人。

二

解放后，昔阳人民在党和政府的领导下，励精图治，艰苦创业，与全国人民一样迎接时代的挑战，分享胜利的欢乐，咽下挫折的苦涩，进入发展的春天，经历了三个历史时期，走过了一条曲折的发展道路。

第一个时期：合作化时期

作为一个具有光荣革命传统的老根据地，昔阳土地改革完成得早，互助合作也开展得早，具萌芽初期可以上溯到1940年。当时为了赢得抗日战争的胜利和保证生活必需，广大军民在抗日政府的领导下组织互助生产，创造了多种多样的互助合作形式，直到1945年，尚有变工队、揽工队、互助组、拨工队、劳力合作社、农工商合作社等互助合作形式保存下来。抗日战争胜利后，尤其是土地改革完成后，广大农民互助合作的积极性进一步高涨，县委和县政府积极进行各种互助合作组织的巩固和健全工作，引导农民走组织起来的道路，从而遏止了两极分化的蔓延，保护了广大群众的切身利益，促进了生产力水平的进一步发展。到1950年上半年，全县7个区、278个村、3.7万个农户中，共有常年互助组2067个，临时互助组1878个，2.93万个农户参加了互助组，占到全县农户总数的77.5%。这是昔阳农业合作化经历的第一个阶段。

从1952年到1955年的4年间，由互助组转向初级农业合作社，这是昔阳农业合作化运动的第二个阶段。在这个阶段里，县委、县政府坚持"循序渐进，坚持自愿，由点到面，逐步扩大"的原则，1952年首先在白羊峪、赵壁、东丰稔、前东峪4村选择条件具备的互助组进行办社试点。4个村办了5个社，亩均产量117公斤，比1951年亩均增31公斤，比互助组每亩多产19.5公斤，比个体农民每亩多产48公斤。生产发展

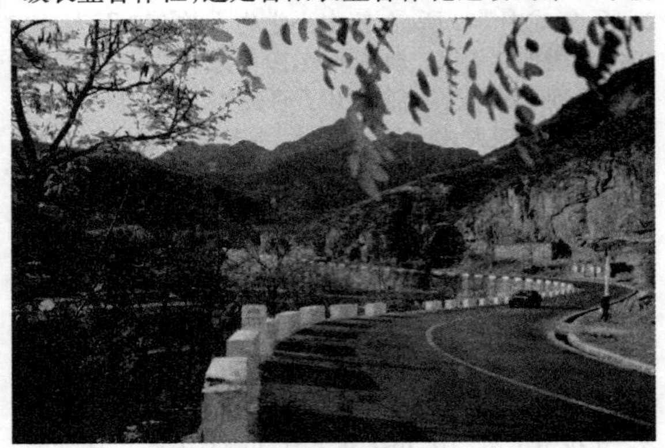

乡乡镇镇通油路

了，社员的收入也大大增加了，5个社人均粮食557公斤，比1951年平均多收162公斤，比互助组多收75公斤，比个体农户多收244.5公斤。典型示范产生了强大的说服力和吸引力。1953年冬，全县形成了第一个建社高潮；次年9月，又出现了第二个高潮。至1955年，全县共建立初级农业生产合作社459个，入社农户达2.6万户，占农户总数的65%；社有人口达10.4万人，占人口总数的65.7%；社有耕地32.6万亩，占耕地总面积的65%，基本实现了农业合作化。

第三个阶段是由初级社向高级农业合作社转化。从1955年10月开始，以土地、牲畜、大型农机具由私有转向公有为基本内容，最先在大寨、白羊峪两社进行试验，随之于1956年1月提出了以合作化为中心的农村工作全面规划，并开展了声势浩大的“一个月革命”。经过一个多月的转建工作，全县原有的459个初级社并转为256个高级社，加入高级社的农户达4.1万户，占农户总数的99.8%；入社人口达15.5万人，占农业人口总数的97%；入社耕地达44.2万亩，占耕地总面积的95.3%。

在农业生产体制发生深刻变革的同时，对私营工商业的社会主义改造也取得了显著的成效。经过1951年以后的“三反”“五反”运动和1953年的“利用、限制、改造”和1956年的公私合营，到1957年，全县零星分散的个体手工业被组织成23个手工业生产合作社，李夫峪煤矿和北河口铁厂两个国营企业也正式投入生产，由此奠定了昔阳工业发展的基础。在商业供销方面，除公私合营的14个商店和24个饮食服务业摊点外建立了国营商业的主体框架，设置了基层供销社，初步形成了公有制前提下的流通体制。至此，昔阳的社会主义改造任务基本完成。这是昔阳发展史上生产关系变革最深刻的一个阶段。

人民公社是昔阳合作化史上第四个阶段。从1958年下半年成立到党的十一届三中全会召开，其间20年，昔阳同许多地方一样，不是在经济建设上犯急躁冒进的错误，就是偏离经济建设这一中心，走了不少弯路。尤其是在人民公社初期的“大跃进”的过程中，办了一些违背客观规律，超越县情县力的蠢事，挫伤了群众的社会主义积极性，造成了严重损失，成为导致3年经济困难的重要原因之一。1960年之后，县委、县政府根据党的农村政策，对以往工作中的失误进行了调整，对团结动员全县人民共渡难关产生了积极作用。尤其是1963年遭受特大洪灾之后，出现了象大寨这样的典型。

第二个时期：学大寨时期

1964年，毛泽东主席发出了“农业学大寨”的号召，同年，周恩来总理在全国人民代表大会上把大寨精神精辟地概括为“政治挂帅、思想领先的原则，自力更生、艰苦奋斗的精神，爱国家、爱集体的共产主义风格”。从此，全国性的学大寨运动兴起。从1966年到1978年，昔阳人民学习大寨自力更生艰苦奋斗精神，拦河、打坝、闸沟、造地、修梯田，建设海绵田，改善农业生产条件，干出了一番改天换地的英雄业绩。但大寨从农业战线的红旗被尊奉为各条战线必须效法的偶像之后，“农业学大寨”运动涂上了浓重的“极左”政治色彩，带来了一定的消极后果。

1966年至1978年12个年度，全县大搞农田水利基本建设，共投工970多万个，搞农田水利工程1万多项。打坝2000多华里，筑涵洞170多华里，新建水库158座，机电灌站312处，打水井514眼，打旱井2400多眼，新造地65000多亩，使恶劣的生产条件得到了很大改变。粮食生产以每年10%的速度递增，由原来的不足5万吨，一举突破了10万吨大关，12年向国家提供商品粮33.5万吨。一批为农业服务的项目，如氮肥厂、磷肥厂、水泥厂等工业企业相继建成投产。至1978年县营工业总产值2350多万元，比1966年增长了8.5倍。与此同时，全县文化、教育、卫生、体育及各项社会事业都有了很大的发展，人民生活水平也有了一定的提高。

第三个时期：改革开放时期

党的十一届三中全会以来，昔阳人民与全国人民一道，在邓小平理论指导下，认真贯彻执行党的十一届三中全会以来确定的路线、方针、政策，坚持以经济建设为中心，坚定不移地走改革开放的强国之路，社会主义现代化建设事业取得了历史性的巨大成就。

——国民经济持续快速增长，综合实力和人民生活水平又上了一个新的台阶。1998年全县国内生产总值达到6.7亿元，比1952年增长12倍，比1978年增长2.6倍，提前实现了本世纪末国内生产总值比1980年翻两番的目标。农村经济全面发展，粮食生产1998年总产量达到9128.2万公斤，比1949年增长1.7倍。肉、禽、蛋、奶、蔬菜和干鲜果的产量均有较大幅度增长，粮食、林果、畜牧、蔬菜已成为农村四大主导产业；乡镇企业利税总额1998年达到2894万元，是1978年的3.6倍。地方财政收入大幅度增长，1998年达到3091万元，分别比1978年和1949年增长3倍和62倍。随着经济的快速增长，城乡居民的生活水平和生活质量明显提高。1998年全县农民人均纯收入1894元，分别比1978年和1957年增长16倍和58倍，职工年平均工资达到3830元，分别比1978年和1949年增长了6倍和28倍。

——以工商企业改革为重点的各项改革取得重大突破，对外开放步伐进一步加快。国有企业改革历经放权让利、利改税、承包租赁和股份制试点后，跨入了企业制度创新阶段。全县56户县营工商企业已有54户完成了改制任务，其中16户通过出售、股份合作制实现了产权置换。与此同时，以延长土地承包期为主的农村改革向纵深推进，以养老、失业、医疗保险为重点的社会保障制度改革逐步完善，以商业流通、城镇住房、机构改革为主要内容的各项配套改革也取得了新的进展。对外开放上一手大打大寨金字招牌，一手狠抓软硬环境改善，大寨工贸园区被确定为国家东西部乡镇企业合作示范区和星火技术密集区。一部分“大寨”字号的企业和品牌在省内外叫响，一批国内外知名企业慕名前来投资兴业。改革开放20年间，全县累计引进经济技术合作项目45项，引进资金3亿元。

——基础设施基础产业建设实现历史性跨越，一大批新的经济增长点相继形成。改革开放20年来共完成重点建设项目80多个，固定资产投资累计达到9.1亿元。特别是近年来基础产业和基础设施建设超常发展。工业上狠抓了黄岩汇2号井续建、李夫峪煤矿扩改，新上和扩建了县水泥厂、大寨中策水泥厂，建成了氮肥厂、木糖厂。农田水利建设完成和上马了郭庄水库除险加固、杨赵河引水和杨家坡灌区改造、西水东调等一批在全区、全省甚至在全国都有影响的工程，进一步改善了农业生产条件。道路从1993年开始突飞猛进，至1998年5年间新增油路里程267公里，是1992年前的7.2倍，全县实现了乡乡镇镇通油路，通油路村占到了4%。全县通光缆乡镇达13个，移动电话、无线寻呼实现了全国联网漫游，电话机拥有量达到了5972门，是1978年的9.6倍。

——精神文明建设扎实推进，社会各项事业全面进步。多年来，昔阳县认真贯彻“两手抓、两手都要硬”的方针，不断加强社会公德和职业道德建设，积极开展形式多样的群众性精神文明创建活动，整个社会的文明程度得到新的提高。全县先后涌现出了239个县级文明单位，23个地级文明单位和3个省级文明单位。与此同时，大力实施“科教兴县”战略，科技、教育、文化、卫生、体育和计划生育等各项社会事业都取得了可喜成绩，科技突出示范推广，在经济增长中的份额不断提高。教育坚持三教统筹，高考夺得全区“九连冠”，基本普及九年制义务教育和基本扫除青壮年文盲通过省政府达标验收。广播电视事业长足发展，有线电视台、教育电视台相继建成使用，《昔阳报》复刊。全民健身活动蓬勃开展，竞技体育近5年共捧回省地比赛金牌133枚，现正申报体育先进县。城乡医疗，初级卫生保健通过省政府验收合格，计划免疫和健康教育分别受到国家卫生部和省政府表彰。高度重视法制建设工作，大力加强法制教育宣传和执法队伍建设，1997年被评为全国依法治县先进县。

三

50年的风风雨雨，50年的沧桑岁月，50年的光辉历程，昔阳有过胜利的欢欣和喜悦，也有过挫折的磨难和痛苦，有过成功的宝贵经验，也有过失败的沉痛教训。50年来，特别是改革开放20年，体会最深的有以下几点：

（一）必须始终坚持党的基本路线，把解放思想、实事求是贯穿于一切工作的始终

20年改革开放的进程，就是不断坚持解放思想、实事求是的进程。特别是昔阳地处内陆，长期受“左”的思想影响和高度集中统一的计划经济体制的束缚，人们思想观念中的禁锢比较多，思想解放的先导作用显得尤为重要。可以说，没有思想的大解放，就不会有改革开放和经济发展的新成就。

（二）必须始终坚持以经济建设为中心，集中精力发展经济

50年的曲折历程告诉我们，任何时候都要以经济建设为中心。如果经济建设这个中心动摇了，偏离了，削弱了，发展就会停滞，历史机遇就会丧失。一度时期，昔阳在这个问题上也出现过偏差，为此付出了沉重的代价，教训是值得吸取的。

（三）必须始终坚持“两手抓，两手都要硬”，正确处理好改革、发展和稳定的关系

改革、发展和稳定是现代化建设各种关系中最重要、最核心的关系。50年来，特别是改革开放20年，我们始终以经济建设为中心坚持发展是硬道理，一心一意加快昔阳经济的发展；坚持以改革为动力，用改革推动各项工作的开展；坚持稳定压倒一切，扎扎实实地抓好维护社会稳定的工作，实现了经济与社会的健康发展。今后，我们仍然要坚持“两手抓”，一手抓改革和发展，一手抓社会稳定，要继续深化农村、工商企业和社会综合配套改革，为加速发展经济提供动力；要狠抓精神文明建设和科教文卫各项社会事业，特别是要把维护社会治安放在重要位置，开展专项打击，惩治经济犯罪，为人民群众安居乐业，为改革开放和经济建设创造良好的氛围。

（四）必须始终坚持走具有昔阳特色的发展路子

市场经济需要特色，特色就是竞争力。昔阳要奋力赶超，必须走自己的路，在特色上做文章。近年来，昔阳县委、县政府从实际出发，扬优势，创特色，不失时机地提出并实施了一系列既符合县情民意又有鲜明个性特色的兴县方略和发展思路。在经济发展的

总体构思上，围绕建设经济强县，确立了科技人才、对外开放、民营经济、工程规模四大战略；在产业结构调整上，提出了建设粮食、林果、畜牧、蔬菜四大基地，培育煤炭、化工、建材、农副产品加工四大支柱产业的开发思路；在重点工程建设上，把工程带动作为强县建设的战略举措，实施了一系列在全省甚至全国都有影响的重点工程，从而促进了全县经济的持续、快速、健康发展。实践证明，昔阳必须走具有自身特色的发展路子。

四

昔阳在发展，昔阳在前进。回顾过去，令人自豪，展望未来，我们充满信心。未来5年，我们将实现工业经济全面振兴，农村基本达到小康，初步建成经济强县三大目标。全县经济和社会发展的战略目标是：到2003年，全县国内生产总值达到10亿元，年均递增8.6%；财政总收入8500万元，年递增10.2%；农民人均纯收入2500元，年递增5.7%；社会消费品零售总额53000万元，年递增6.6%；人口自然增长率控制在4.6‰以内；科技、教育、文化、卫生、体育等各项事业全面发展，民主法制和精神文明建设迈上新的台阶。我们相信在县委、县政府的正确领导下，全县人民高举邓小平理论伟大旗帜，坚定不移地贯彻执行党的十一届三中全会以来的路线、方针、政策，艰苦奋斗，开拓进取，上述目标一定能够达到。昔阳必将以经济持续发展、社会文明进步、人民富裕安康、充满生机和活力的崭新面貌跨入21世纪。

（李怀仁）

寿阳县

艰苦创业　开发寿阳

寿阳古称受川，位于晋中东部，太行山西麓，是中华文明的发祥地之一，有着古老的文化和悠久的历史。全县总面积2110平方公里，辖22个乡镇，540个行政村，总人口22万人。境内资源丰富，交通便利，发展经济有着优越的条件。但直到解放前夕，由于落后的生产关系的桎梏，以及帝国主义列强的侵略，这方富饶的水土备受凌辱和摧残，社会贫富悬殊，人民饱经灾难，生产力落后，经济发展处于凋蔽状态。

新中国成立后，寿阳人民和全国人民一道，在社会主义革命和建设的征途上走过了50年不平凡的历程，在中国共产党的坚强领导下，全县人民自力更生，艰苦创业，用短短3年时间治愈了战争创伤，生产恢复并超过战前水平。随后，完成了生产资料所有制的社会主义改造，建立了社会主义基本的政治制度和经济制度，用勤劳的双手建设着自己美好的家园。期间，尽管在前进的道路上历经艰难曲折，但50年的成就是历史上任何时代都无法比拟的。尤其是改革开放20年来，全县人民众志成城，以建设经济强县为目标，高举邓小平理论的伟大旗帜，坚定不移地走改革开放的兴县富民之路，使寿阳的工业、农业、商贸、文化、教育、科学、卫生、体育以及基础设施建设各项事业，都获得空前的大发展，经济实力大为增强，人民生活得到显著改善，全县面貌发生了巨大的历史性变化。

一、农村经济全面发展

寿阳是个传统的农业县，但在解放前，生产力低下，广种薄收，加上连年战乱，生产遭到严重破坏，直到1948年，全县粮食总产仅2万吨。解放后，经过土地改革、民主建设，农村经济得到恢复。1952年，农业总产值达到5207万元，比1949年增长了34%；粮食总产达到6.2万吨，比1949年增长了33%，农业生产达到战前最好水平。其后的近30年间，全县人民在历届县委、县政府的领导下，进行了大规模的农田水利基本建设，生产条件不断改善，特别是优种、化肥的推广应用，为农业的发展插上双翼，全县粮食生产快速发展，1978年，全县粮食总产10.8万吨。但由于当时生产关系的制约和生产力发展水平所限，农村经济结构不甚合理，经营单一，增产增收比例不太协调。

党的十一届三中全会以来，全县认真贯彻落实了党中央一系列指导农村改革的路线、方针、政策，全面推行了以家庭经营为基础的联产承包责任制，极大地调动了广大农民群众生产的积极性，农业生产获得了巨大发展。1989年,粮食总产量达到136801吨,国家商业部授予“粮食生产、销售先进县”的光荣称号。1996年,通过实施“玉米战略”,粮食总产再上新台阶,达到20.2万吨,实现了人均吨粮县的跨跃。1998年,在遭受了严重病害的情况下,由于科技投入加大,防治措施得力,粮食总产仍保持了18.6万吨的较好水平,成为历史上第二个高产年。

1997年3月,温家宝同志来寿阳考察农业和农村工作,对寿阳的工作作了全面中肯的评价,同时提出了“近抓菜,远抓树,不远不近抓畜牧”的农业发展思路,把寿阳农业产业化推向了更高的层次。1998年,全县蔬菜种植面积突破10万亩,蔬菜大棚发展到1000多个,寿阳蔬菜成功地打入了国内国际市场,改变了农民冬季无收入的种植业格局。畜牧业生产坚持行政推动和科技服务一齐上,群体发展和规模养殖相结合。畜禽总量不断增加,科技含量稳步提高,1998年底,全县大牲畜存栏达到4.1万头,是1978年的2倍;猪牛羊肉产量5681吨,是1978年的5倍,畜牧业收入已经成为农民收入的重要来源。林业生产是一项功在当代,荫及子孙的事业,解放以来,县委政府始终把植树造林,绿化山河,营造秀美家园作为一项头等大事来抓,长远规划,坚持不懈,到1998年底,全县累计造林60余万亩,四旁植树3500万株,森林覆盖率由1978年的2.8%上升到18.1%。

二、工业生产迅猛发展

寿阳工业是在新中国成立后逐步建立和发展起来的,建国初,全县只有十几个作坊式的手工企业,工业总产值仅有123万元。70年代初,“五小工业”迅速发展,全县先后办起了化肥厂、水泥厂、铁厂、弹簧厂、农机修造厂、矿山机械厂,1975年建起了有机化工厂,1976年建起了磷肥厂,工业生产初具规模。

党的十一届三中全会以后,全县工业生产迈出了新的步伐,经过20年的努力,全县基建技改项目共投资2亿多元,形成了煤炭、建材、化工、加工四大支柱产业。一是煤炭。作为全国重点产煤县,已探明煤炭储量60亿吨,全县共有49对矿井,年生产能力达到400万吨。段王煤矿年产量达到45万吨,位于全区县营煤矿煤炭产量的首位。二是建材。随着乡镇企业的崛起,机砖、石灰、石料、石膏、耐火材料等生产规模和生产能力不断扩大,产品质量和档次稳步提高,市场占有率逐年上升,全县砖厂达到45个,年产机砖2亿多块,石料厂150多个,年生产能力250万立方。三是化工。化肥厂、有机化、双氰胺厂等一批化工企业在群雄四起的市场竞争中迎风破浪,开拓前进,化肥、糠醛等一大批名优产品享誉省内外,磷酸氢钙、双氰胺等化工产品正在成为乡镇企业中新的经济增长点。四是加工。原材料加工、机械加工、粮食加工、食品加工等加工业后来居上,发展迅猛,多用取暖炉、汽车烤漆房、脱硫除尘器、豆腐干、荞麦醋等已成为全县独具特色的拳头产品,并已取得了一定的经济效益和社会效益。1998年底,全县工业总产值达到8亿元,按90不变价计算是解放初期的523倍,乡镇企业实现利税总额达到4058万元,是1978年360万元的11.3倍。在市场竞争日趋激烈的新形势下,寿阳工业围绕“增加经济总量,提高科技含量,盘活存量资产,增加市场份额”这一目标,积极稳妥地进行了体制改革,1998年底,全县60户非煤国有二轻工业企业已改制54户,盘活存量资产1.2亿元;198户乡村集体企业改制155户。煤炭企业进行了“精干主体,剥离附属,减人增效”的改革试点,企业一部分富余人员顺利分流,目前,寿阳工业正以更灵活的机制,更科学的决策,更严密的管理,生机勃勃地运作。

三、财金贸易繁荣活跃

解放后,党和政府极力扶植商业发展,随着“一化三改”的深入,国营商业逐步壮大,成为寿阳商业的主体。1975年底,百货、纺织、烟酒、蔬菜、药材、副食品、杂货等都统一于国营商业之下,为促进全县工农业生产的发展,保证人民生活的基本需要做出了重要的贡献。从1958年到1978年的21年中,商品购销业务保持了正常的发展势头,1978年,商品购进达1848万元,销售3533万元。党的十一届三中全会以后,全县商业财贸系统全面进行了改革,通过租赁承包、买断经营等形式,多方融资,兴建商贸、商城、购物中心、粮贸、晋丰裕等一批豪华气派的商业网点。1998年,全县商业网点达到2000多个,社会消费品零售总额达到3.6亿元,是1978年的16.2倍。供销系统坚持为农服务的方向,不断深化改革,日益焕发着生机,1989年底,供销系统完成销售额7406万元,是1949年20万元的370倍。随着农工商各业的全面发展,财政收入逐年增加。1949年,全县财政收入56.7万元,按当时人口计算,人均3.4元,经过50年的努力,财政工作发生了深刻的变化。1998年,全县地方财政收入完成5509万元,是1949年的97倍,是1978年的11倍。金融形势保持了良好的发展势态。截至1998年底,全县各项存款余额8.4亿元,各项贷款余额7.1亿元,人均储蓄存款达到3478元。

四、文化教育欣欣向荣

寿阳作为黄河文化的发祥地，乡土文化源远沉长，丰富多彩，为群众所喜闻乐见。文化馆、图书馆、影剧院功能齐全，群众性的文艺活动得到普及。改革开放20年来，广播、电视事业发展迅猛，至1998年底，8个乡镇38个村实现微波联网，预计到2001年，全县将村村通有线电视。教育事业繁荣发达，硕果累累。目前，全县共有中小学校525所，在校生3.0万人，教师队伍1939余人，1998年，全县顺利通过了普九验收，适龄儿童入学率达到100.0%，小学升入初中和初中生巩固率分别达到99.8%和98.8%；教育环境不断改善，教学装备得到充实，教育教学质量逐年提高，平均每年向大中专院校输送新生600余名，其中大专院校300余名，每年回乡大中专毕业生400余名，全县平均受教育程度达到初中以上。

卫生事业得到迅速发展。建国初期，寿阳缺医少药情况极为严重，1949年，全县仅有医院1所，病床10张。经过50年的不懈努力，基本形成了村村有卫生所、乡乡有卫生院、县有各科齐全的综合医院和中医院的三级卫生保健网络，城乡人民健康得到有效保障。50年来，由于认真贯彻了“预防为主”的方针，普遍推行了计划免疫，开展了爱国卫生运动，传染病、地方病等得到了有效控制。长期以来，寿阳把计划生育放在首要位置来抓，有效地控制了人口增长，1949年，全县人口为16.56万人，1978年为21.28万人，1998年为21.21万人，当年出生率和自然增长率分别为11.72‰和3.30‰。

五、基础设施建设日臻完善

解放初期，县城面积不足1平方公里，城市功能极不完善，只有一条古驿道向人们展示着岁月的沧桑。50年来，历届县委政府高度重视并致力于改善寿阳的环境。1957年，县城道路逐渐加宽并铺以砖石，1959年后改为沥青路面，1970年以后相继开辟和扩建了新开路、北大街、东关街。改革开放以来，坚持“大拆大建、建管并重”的方针，旧城改造迈出了更大的步伐。20年来，共建楼房186幢，一批“超前、气派”的商店、宾馆、酒楼拔地而起，水电供应设施日益完备，随着科学技术的不断进步和县财政实力的逐年增强，县调频电台、电视台、教育电视台、有线电视台相继开通；数字程控、无线寻呼、移动电话与全球联网。1995年，横贯县境47公里的太旧高速公路通车运营，把寿阳纳入了全国高速公路网络；1998年，对307国道和榆盂线寿阳境内50.2公里进行了拓宽改造，进一步优化了全县的交通环境和投资环境。如今，从县城到太原飞机场只用30分钟，到石家庄只用1.5小时，到北京只需4小时，成为省会太原市最典型的卫星城。境内16条县乡公路四通八达，1998年实现了乡乡镇镇通油路，11条地方铁路专用线辐射全县，11个发运站功能齐备，30多个国家、省级各类仓库星罗棋布，总储量130多万吨。寿阳正以一个工业重镇的形象在三晋大地俏然崛起。

（薛小刚　王银花）

太谷县

万众一心铸“金太谷”

太谷县位于山西省中部，地处太行山麓，晋中盆地东北部，东南山峦起伏，西北地势平坦，属温带大陆性气候，主产粮、瓜、果、菜。县城距省会太原市62公里。境内南同蒲、太焦2条铁路、108国道、榆邢、榆长3条公路干线贯穿全境，交通极为便利。县域总面积1052.7平方公里，辖14个乡镇、232个行政村。1998年全县总人口为27.1万人，其中非农业人口6.1万人，国内生产总值13.9亿元，财政收入9012万元。

早在新石器时代（约4000年前），就有人群在太谷乌马河流域定居生息，西汉时始设阳邑县，隋开皇18年（公元598年），因位于太行之谷，故更名太谷县。是晋商文化的发祥地之一，曾有“小北京”、“金太谷”的美称。1948年7月13日获得解放，从此开创了太谷历史的新纪元。

一

太谷经济由于地下资源严重匮乏，一向以农业为主，但据县志记载：明代始"竭丰年之谷，不足供两月"。一直到40年代末，全县粮食总产也仅3333.6万公斤，亩产不过69公斤。

解放后，太谷人民在党和政府的领导下，经过三年恢复和头两个五年计划的社会主义改造和建设，于1964年在全省率先基本实现了农业的电气化、机械化、水利化、化学化，粮食产量首达"纲要"，成为山西省重点商品粮基地县。但遗憾的是，由于热衷于搞"人民公社"，粮食产量一直没有过关，直到80年代初也未能有大的突破，人均口粮仅200公斤，温饱问题仍得不到解决。从1982年推行以家庭联产承包为主的农业生产责任制后，使农民获得了生产经营自主权，极大地调动了农民的生产积极性和创造力，仅一年时间，到1983年粮食产量就突破了亿万公斤大关，人均口粮达到了325公斤，温饱问题得以解决，并一直保持了稳定发展的态势。广大农民在党的改革开放的富民政策的指引下，一靠投入，二靠科技，三靠市场，狠抓发展高产、优质、高效农业。经过20年的艰苦创业，使农业生产条件得到了极大改善，农业生产水平得到了空前发展。

截止1998年底，太谷县水浇地面积占耕地面积的比重提高到了74.5%，38.4%的耕地实现了管灌化；农机总动力是1949年到1970年20年的总和，农村用电量、化肥施用量都相当于1949年到1973年24年的总和，亩均化肥施用量达到了111公斤，是1982年的24倍；优质品种覆盖率达到了92%，地膜覆盖面积达到了8万亩。农业"四化"已今非昔比。与1949年相比，尽管耕地面积减少了16%，粮食播种面积减少了8%，人口增长了1.5倍，但1998年粮食总产仍达到了1.27亿公斤，比1949年增长了90.1%，亩产达到了283公斤，增长2.1倍，人均产粮达到468公斤，增长53.4%，粮食的年商品率可达到50%以上。

党的十一届三中全会以后，随着投入的增加和科学技术的广泛应用，农业生产力获得了充分的解放。为了谋求对物质和精神生活的更高追求，在党的允许一部分人先富起来的政策扶持下，一部分能人脱颖而出，令时人称羡的专业户、重点户、万元户不断涌现。在他们的带动下，从农业中分离出来的劳动力迅速扩大。1998年，非农产业劳动力已占到了36.5%，大大推动了农村多种经营、农业产业化的迅速发展和产业结构的重大调整。农业经济一词已无法涵盖多层次、多产业的区域性农村经济格局。一是粮田种植面积与经济作物种植面积之比由1949年的94:6发展到1998年的81:19。其中尤为突出的是在省内外享有盛誉的"太谷西瓜"和"太谷蔬菜"的生产，其播种面积占经济作物播种面积的比重已由1949年的33%扩大到了60%。二是种植业与林牧渔业产值比重由1949年的85:15发展到57:43。其中果牧生产已成为太谷农业经济的主导产业，"太谷苹果"、"太谷酥梨"、"太谷壶瓶枣"行销海内外，年产量可达1.1万吨，是1949年的5倍；以"太谷猪"为代表的畜牧业生产正在崛起，名声日隆，年可提供优质精品肉1.4万吨，是1949年的66.4倍，农民从畜牧业中得到的收入达547元，占农民人均纯收入的22.3%。三是非农产业的比重由1978年的43%提高到了77%，其中乡镇企业的异军突起功不可没。到1998年底，太谷县乡镇企业已发展到8511个，总产值28.8亿元，营业收入23.8亿元，达到了三分天下有其二，同时吸纳农村劳动力3.2万人，农民人均从乡镇企业中获得收入1147元，占农民人均纯收入的46.8%。农村经济的全面发展，促进了农民收入的增加，生活水平的提高，生存条件的改善，使农村面貌发生了翻天覆地的变化，提前3年步入了小康县的行列。1998年，农村经济总收入达到了26.8亿元，比1958年增长190倍；农民人均纯收入2451元，增长39.3倍，农民人均住房面积达到了21平方米，每百户农民拥有电视机112台，其中彩电45台，拥有洗衣机70台。冰箱、摩托车、VCD影碟机等一些高科技、高档次的消费品也已进入农户家中。

二

解放初，太谷县实有工业企业78个，大都是小手工个体私营作坊，设备简陋，工艺落后，工业总产值仅142万元。

新中国诞生后，从满足人民严重短缺的基本生活资料的愿望出发，首先对原有的私营个体工业企业进行了"一化三改"，在调整时期，太谷县又按照中央"调整、巩固、充实、提高"的八字方针，着力兴办"五小工业"，工业生产进入了新的发展阶段。到1966年底，工业产值达到了5762万元，比1949年增长了39.6倍。然而"文革"长达10年的浩劫，又使太谷县的工业经济受到了严重的干扰，工业生产徘徊、停滞，总产值一度跌至2223万元(1969年)。

改革开放以来，太谷县人民高举邓小平理论伟大旗帜，在建设有中国特色的社会主义道路上，抓住机遇，解放思想，深化改革，扩大开放，使工业生产隔几年一个台阶，获得飞速发展，在国民经济中的占有份额显著提高。1998年，全县工业企业达2226个，工业固定资产原值3.8亿元,是1949年的960倍;工业总产值21.4亿元,是1949年的2141倍,年均增长速度达到了16.9%;工业在国民经济中的比重由1952年的4.8%上升为38.4%。在50年的工业发展进程中,太谷县除巩固传统名品定坤丹、龟龄集、太谷饼外,下硕力培育了一大批优质产品,TG牌玛钢管件、太明牌顺丁烯二酸酐、象峪牌工业硫酸、燕古牌窗纱、象峪牌二甲基亚酚、古字牌电力金具、塑料管材管件、福泉牌425#水泥等都荣获省部优产品称号。同时以这些产品为依托,逐步形成和发展壮大了玛钢、农机、化工、建材、食品加工等五大支柱产业。其中,尤以玛钢生产为龙头,1998年,全县玛钢产品达17.3万吨,比1978年增长了74倍,为全国玛钢产品的三分之二。以太谷玛钢厂为龙头的玛钢生产企业已发展到106家,年产值3.8亿元,占到全县工业总产值的17.8%。

解放初期,太谷全县没有一部机械运输工具,牲畜驮运是主要的运输方式。建国后,随着工农业生产的迅猛发展,作为经济发展大动脉的交通运输邮电事业也得到了长足发展,特别是进入90年代,随着资金的大量投入,使交通"瓶颈"状况得到了显著改观,网络通讯技术发生了质的变化。通过50年的建设,太谷公路里程数达到415公里,其中221公里已达到了较高水平,基本上实现了村村通三级油路。境内铁路通车里程达75公里,其中24公里实现了双轨运行。

畜牧市场

1998年,全县公路客运量为4516万人公里,货运量为46571万吨公里;分别是1978年的1556倍和53倍。1995年开通的程控电话交换机,已遍步全县各个角落。彻底结束了过去几十年手摇人转的历史,标志着太谷邮电通讯技术进入了崭新的时代。截止1998年底,全县已装机25885门,每千人拥有电话机数量为96部,是1978年的30倍。

三

历史上太谷就以商业发达著称。清代中叶,商贾辐辏,甲于三晋,以经营票号、典当、茶叶、绸缎、药材等大宗生意闻名遐迩,经商者足迹几遍全国,以至蒙、俄,"小北京"、"金太谷"之誉即源于此。但由于外强侵略、连年战乱和旧政府腐败统治,到解放初的1949年,太谷商业已处于凋敝败落的境地,每千人拥有的商业网点5个,消费品零售额542万元,国合商业机构数仅22个,占4%,零售额46万元,占8%。

新中国成立后,广大个体私营商业企业积极响应政策,主动要求公私合营,使社会主义改造顺利完成,太谷人民弘扬其"晋商"有道之长,使太谷商业又很快发展起来,为克服战后经济短缺困难,合理地分配消费品,满足人民的基本生活需求,特别是为国民经济的恢复起到了十分重要的作用。但是,在发展的过程中,由于片面强调"一大二公",尤其是"文革"期间,把个体经营视为"投机倒把",甚至把农民对非农居民的零售也当作"资本主义尾巴"予以取缔。从1968年到1979年12年间,个体商业、个体集市贸易处于空白状态。国合商业由于物资严重短缺,经营规模难有大的发展。

改革开放以来,随着经济的飞速发展,物质产品的日见丰裕,供求关系发生了根本性改变,卖方市场逐步转变为买方市场。过去统购统销、独立经营的旧体制被打破,多渠道、多层次、多形式、少环节的流通体制正在形成。大量个体私营商业以其便利群众、点多面广、服务周到等特点迅速发展壮大起来。特别是近几年来,为了加强管理、提高服务质量和档次,陆续投资兴建了购物中心、人民市场等一批综合性商场和畜牧、科技市场等专业市场,初步形成了比较合理、完善的商业社会化服务体系。商品货物琳琅满目,花色品种丰富多彩,商业网点星罗棋布,是当今商贸的真实写照。1998年,全县各类商业服务网点3210个,比1949年增长了5倍;从业人员7442人,增长了5倍;社会消费品零售总额达到5.8亿元,增长106倍。在商业网络化的同时,全县集市贸易也繁荣活跃,除各地传统庙会外,还发展了17个常年性贸易点,年商品成交额达3.5亿元。

太谷县金融业的发展历史悠久,曾执全国金融业之牛耳,太谷票号被称为“谷邦”,是山西票号的主要组成部分,但到1949年已所剩无几。解放后,经过50年的发展,目前已形成了人民银行、商业银行、保险公司和信用社为主体的新型金融体系。1998年,现金收入、支出分别达到了37.7亿元和41.1亿元,分别是1949年的7072倍和7754倍。保险公司承保总额36.7亿元,赔付金额753.6万元,有力地保障了国民经济和社会的发展。

四

城市面貌焕然一新。50年来,太谷县用于城市基础设施建设的投资逐年增加,特别是改革开放后的20年来,相继完成了旧城改造、旧城整修、污水处理等工程,建成了4座铁路立交桥,拓宽了主要交通要道,设立了市内公用电话,开通了市内公交车,兴建了生活娱乐设施,使城市面貌明显改善,服务功能显著增强。到1998年,城区面积比解放初扩大了近1倍,城市人口增长了2.2倍。太谷县正以崭新的姿态迈向21世纪。

科教事业蓬勃发展。太谷解放50年来,国民经济和社会发展的每一个进步,无不闪耀着“科技是第一生产力”的光辉。尤其是随着知识经济时代的到来,科教兴国,科教兴县已成为共识,科技的重要性愈来愈突出,因而对科技的投资也逐年增大,科研环境因此得到很大改善,科技队伍日益壮大。1998年全县专业技术人员达到8033人,中级以上职称者2608人,占到了全县劳动者人数的6%。仅1979年以来,全县就有100多项自然科技成果获奖,曾荣获全国科技进步先进县称号。

太谷县历来崇尚文明,历史上曾文风称盛,人才辈出。新中国成立后,党和政府把发展教育事业摆在了优先位置,通过广泛开展扫盲运动,积极推行义务教育,努力增加教育投入,使人民教育事业得到了蓬勃发展。1998年底,全县共有大中小学校217所,在校学生47280人,分别比1949年增长了60%和3.7倍,其中驻县的全国省地重点大中专院校就有山西农业大学等4所。同时大力兴办各类成人教育和职业教育,累计已有2.3万多人走上了自学成才的道路。

卫生体育事业发展迅速。1949年,全县只有2处医院,床位数仅240张,每千人拥有的医生数1.7人,而且诊治手段落后,药品严重短缺。解放后,党和政府十分重视人民医疗卫生条件的改善,除普及乡村医疗卫生机构外,还投资兴建了山西省精神病院,晋中第二人民医院,县人民医院等综合医院。1998年全县各级各类医疗卫生院所达240个,每千人拥有的卫生技术人员和床位数分别由1949年的1.7人和0.4张上升为5.5人和4.7张。过去药品缺,看病难状况得到了彻底改观。

50年来,太谷县积极发展体育运动,兴建和购置了许多运动场所和器材,促进了全民健身运动的普及。1998年底,全县共有体育运动场所2100个,各类体育运动协会17个,参加体育运动的总人数达到11万人,健身房、游泳馆等一些高档消费设施也已服务于城乡人民。从1978年到1998年20年间,太谷县共承办地级以上体育赛事45项,曾荣获了国家级体育先进县称号。

文化旅游事业方兴未艾。太谷县有着优秀的历史文化传统,是有名的“书画之乡”、“秧歌之乡”,曾涌现出许多闻名于世的文人墨客,名人戏星,白居易、赵铁山、孔祥熙等是杰出代表。建国50年来,太谷人民继承和发扬了优秀的传统文化,大力兴建文化设施,造就了一大批新时代的优秀人才。1998年,全县有各类社科文艺团体15个,电影放映单位50个,县图书馆1个,图书室200个,文化馆15个,以及电视台、广播电台、太谷报社等,进一步繁荣活跃了太谷人民的文化生活。

太谷县物华天宝,人文荟萃,旅游资源十分丰富。有省级重点文物保护单位10处,县级100多处。改革开放以来,特别是近几年来,先后开发和开放了无边寺白塔、孔祥熙宅院、三多堂博物馆、龟龄山庄等很多在全国享有盛誉的精品旅游线路和景点。50年的光辉历程,每一步都浸透着太谷县人民万众一心、奋力拼搏的足迹,每一步都是在奋斗中开拓,在曲折中前进。巨大的变化,伟大的成就,令人欢欣鼓舞,但面临的种种困难和挑战,又使我们不能稍有懈怠。我们将更加紧密地团结在以江泽民同志为核心的党中央周围,高举邓小平理论伟大旗帜,抓住机遇,解放思想,深化改革,扩大开放,使21世纪的“金太谷”更加文明富裕,金光灿烂。

(宋进谱　范介海　王红斌)

祁　县

古邑昭余新面貌

祁县，伴随着祖国50年的脚步，走过了50年的辉煌岁月。从1949年开始，在中国共产党的领导下，全县人民自力更生，艰苦创业，战胜了重重困难，走过了不平凡的岁月，经过了“文化大革命”的非常时期，迎来了改革开放的新时代。社会主义事业取得了辉煌成就，发展突飞猛进，变化翻天覆地，面貌日新月异，成为镶嵌在三晋腹地的一颗耀眼明珠。

一、历史沧桑源远流长，悠久文化铸就代代风骨

祁县历史悠久、文化灿烂，早在6000多年之前的新石器时代，祁县的先民就在这块土地上繁衍生息。古代祁地曾是一片沼泽，有“昭余祁泽数”之说，祁县因此而得名。至今，仍把“昭余”作为祁县的别称。春秋时期，祁县属晋，公元前556年，晋平公将祁地赐给姬奚作食邑。姬奚以地改姓，也就是历史上著名的祁黄羊。战国时期，祁地属赵国。秦代，祁地属太原郡。西汉初年置县。王莽篡汉，改祁为示，后复旧称。晋代恢复分封制，祁县属太原国。晋武帝时，县址迁徙到今祁城村。北魏时，祁县属太原郡。孝文帝太和年间，县城改迁至今县城址。北齐天宝七年废祁县。随开皇十年重建县置，属并州。唐武德三年，祁县、太谷合并，置太州。六年，废太州、复置祁县，仍属并州。金代，在县城东南之团柏镇置帻州，县属之，不久废帻州，县属晋州，改祁为祈。元朝初年，废晋州，祁县属太原路，明清两代属太原府。民国初年祁县属冀宁道。1937年，祁县属山西省第四行政区，1938年，改属第三行政区。1939年，中国共产党领导下的祁县抗日政府成立，属太行第三专署，1948年7月7日祁县解放，属榆次专区。1958年11月10日，祁县、太谷县合并，称太谷县。1961年5月1日，祁、太分县，恢复原建制至今。

祁县文化灿烂，商业发达。历朝历代，祁县都曾哺育过不少著名文人，历史上的王维、王允、温庭筠、温大雅、戴廷等都是全国著名的文学家、诗人。几千年来，官第不绝。从金文之后，特别是明清两代，祁县商业繁荣发达，祁县商人足迹遍布世界各地，尤其是商业票号更是垄断全国金融，留下了祁县商人称雄全国金融两百年的辉煌历史。1994年，国务院批准确定祁县为国家历史文化名城。

祁县有着优越的自然条件和得天独厚的交通优势。这里自古就是“川陕通衢”之要塞，达上党进中原之咽喉。目前，境内公路铁路交错成网，南同蒲铁路线和国道108、208在东观交汇，形成全省最大的交通枢纽，省道大运公路、东夏线、祁文线由境内通过。祁县地处晋中盆地中部，汾河东岸，太岳山北麓，东临太谷，西接平遥文水，南与武乡县交界，北同清徐县接壤。全县辖6乡6镇，184个行政村，总人口24.8万人。祁县有着秀美的山川，全县总面积854平方公里，由南部土石山、中部丘陵、北部平川3个部分组成。山区重峦叠嶂、坡大沟深、林草遍地。丘陵地区土质良好、光照充足、果树连片、林茂粮丰，北半部为河流冲击平原，土壤肥沃，水源充足，河井两灌，盛产粮油棉絮。

悠久的历史文化和便利的交通，优越的自然条件为当地发展经济打下了良好的基础，加之传统文化和秀美山川哺育出了一代又一代辛劳朴素的人民，地方经济呈现出勃勃生机。

二、经济发展突飞猛进，加工特色初具规模

自古以来，祁县是一个传统的农业县。建国之后，中国共产党领导人民战天斗地，坚持走社会主义道路，经济有了长足发展，特别是1978年党的十一届三中全会之后，工作的重点转移到了以经济建设为中心的轨道上来，全县人民在县委、政府的正确领导下，不断解放思想、深化改革、抓紧机遇、共谋发展，从地方的实际出发，提出了农业发展产业化、工业走加工特色县之路，大力发展旅游商贸的发展思路，全县经济高速发展。1998年，全县国内生产总值达到107331万元，与1949年相比平均每年递增9.7%；财政总收入达到4314万元，平均每年递增8.6%；粮食总产达到1.4亿公斤，比1949年总产3158万公斤增长了4.4倍。工业总产值1998年达到17.1亿元，农民人均纯收入达到2442元，比1965年增长38倍。

（一）农业生产条件得到改善、粮食稳定增长，产业化步伐加快

祁县气候温和，土质肥沃，水源充足，对发展农业

生产十分有利。建国以后，全县人民在党的领导下，大办农业，走社会主义道路，努力改变生产条件、大搞农田水利基本建设，掀起了打井热潮，并开挖了3条干渠，引昌源河水灌溉农田，先后建成了子洪中型水库1座，北关、鲁村、杜家庄、杨庄水库4座，蓄水量达到了2822万立方米，打机井2715眼，其中深井1007眼；机电灌站84处，防渗渠道2494公里，全县1/3以上的耕地达到了机、电、井、田、渠、路、林七配套的水平。全县林业生产发展迅速，是山西省首批进入平原绿化达标先进县之一，也是国家高标准平原绿化试点县之一。随着社会的不断发展，农业生产从改善条件、大搞农田水利到引进农业科技、提高单位面积产量、农业机械化进程的加快，全县农业生产的现代化水平越来越高，促进了农村经济的繁荣发展和农民生活水平的不断提高。1998年，农村经济总收入达到316828万元，比1958年增长了223倍。1998年全县粮食亩产达到335公斤，在全省名列前茅。粮食总产1998年达到1.4亿公斤，比1949年增长4.4倍。从80年代初开始，山西省把祁县定为商品粮基地。

从建国初期开始，祁县就十分注重水果业的发展，50年代初，祁县峪口村开始大面积栽植苹果，当时主要品种是国光。到70年代后期，80年代初期，水果面积大大增加，新品种不断引进，水果质量不断提高，品质上成，成为山西省水果产量10强县，尤其是生产的红星苹果，以其果型正、色泽艳、含糖高的特点一举

祁县乔家大院

成名，并被选为国宴佳品。到90年代，水果生产更上一层楼，县委政府提出“双十万”亩的发展思路，水果总面积达到6.1万亩。果农在发展水果生产中，不断加大科技含量，提高适应市场的能力，目前所生产的优质酥梨，已在广州市场走红，特别是套袋梨的俏销，更为祁县发展水果指明了方向。1998年全县水果总产量达到3316万公斤，果区广大果农还自创了土窑洞加简易气调的水果保鲜法，水果贮窖全县已达8000余眼，贮存能力达到1亿多公斤，成为农民收入的一条重要来源。

随着社会主义市场经济的不断发展，祁县县委政府提出了向农业产业化迈进的发展思路，确定了以粮菜果牧为主的产业化四大主导产业。到1998年粮食单产列全省前5位，水果进入全省10强县，蔬菜面积达到5万亩，生产的西红柿、日本南瓜走俏全国。牧业发展独树一帜，以鸡牛为主，大力发展猪羊，推广养兔，全县畜牧业收入名列全省前3名。农副产品加工也成为产业化发展的重头戏，粮食、蔬菜、水果、肉奶加工企业成批涌现，形成了产业化的良性循环。为农村经济和农业的发展奠定了一定的基础。

在农业科技发展上，祁县人民注重农业生产科技含量的提高，分别开发和引进新品种新技术，尤其是思贤村果粮间套，为农业立体种植开了先河，全县间套面积大大提高，为农业的增产和农民增收做出了巨大贡献。

(二)工业发展从小到大，加工特色的工业体系初具规模

祁县境内无矿藏资源，解放初期，全县工业不成体系，只有公私合营的几家铁皮作坊。建国后，祁县因地制宜地兴办了一些加工和服务性企业，但规模小，行业不全，机械化程度不高。到60年代末期，虽发展有一些机械加工，也是以铸造、锻造为主。在1949年到1969年的20年中，工业经济属于徘徊不前状态。70年代之后，祁县相继崛起一些地方工业，包括机械、轻纺、化工、玻璃、酿造。到80年代全县国营企业已发展到10个，二轻企业14个，从业人员达到6467人，固定资产总值5149万元。1989年全县工业总产值达3.4亿元，企业也已形成了一定的规模，省中型企业色织厂、轴承厂、锻压厂、玻璃厂、化肥厂、磷肥厂等一批规模较大企业生产效益日渐好转。与此同时期，异军突起的乡镇企业也如雨后春笋般发展，到1989年共有企业4978个，从业人员28489人，年产值达到2.4亿元，比1978年增长了12.8倍。到1998年，乡镇企业总产值达到30.7亿元，上交税金达到2682万元，分别比1989年增长20倍和6倍，80年代末，全县工业初步形成机械、化工、酿造、轻纺、冶炼、加工为主的工业体系。形成了一批名优产品，国优名酒六曲香、出口欧美的玻璃酒具都为祁县工业后来的发展奠定了基础。

1996年之后，县委和政府根据省委建设龙头企业特色县的发展思路，提出了培育经济增长点，建设加工特色县发展战略。采取了“百企大战”“百强战术”等一系列发展措施，工业生产得到长足发展，新的支柱产业不断崛起。白酒生产以六曲香酒厂为龙头，年生产白酒1.7万吨，成为真正的支柱产业。玻璃产业不断壮大，大小企业发展到了42户，从业人员万余名，

产品全部出口到欧美等国家，成为全国最大的人工吹制基地，成为全县第二大支柱产业。碳素是近两年来崛起的支柱产业之一，目前有投资近亿元的丹源碳素公司等几家企业，已成为全国四大碳素生产基地之一。

(三)旅游经济蓬勃发展，新的经济增长点逐步形成

祁县县委、政府从80年代中期，实施了旅游开发战略。利用历史文化遗产、承传晋商历史。首先开发了乔家大院为山西民俗博物馆，90年代又开发了渠家大院为晋商文化博物馆，建设了九沟风景区。近两年来，县委、政府大力开发利用古城，又开发出以昌裕川为首的两座晋商大院。明清晋商文化一条街也正在修复。至此，已初步形成了集晋商文化，民俗文化，黄土文化为一体的旅游格局。每年前来祁县观光旅游的人数达10万人，1998年旅游门票收入突破500万元，旅游区服务业收入达到500万元。正在成为祁县新型的支柱产业。

三、社会事业不断发展，人民生活水平明显提高

作为社会事业发展标志的城市窗口，科技发展、文教卫生等战线都在50年的发展中有自己的辉煌。县城面积已由解放初期的1平方公里，发展到现在的3平方公里。市内一批商品住宅，商品店铺鳞次栉比、市场繁荣，市政管理向一流县城迈进，管理向现代化水平进展，水、电、路、讯等设施齐备，旧城街道全部得到改造，城内文化娱乐、高中、职中、初中、小学分布合理。科技进步成果累累，科技三级网络健全，教育事业蓬勃发展。一大批优秀人才脱颖而出，适龄儿童入学率达到99%，县、乡、村卫生机构健全，保健、医疗、预防工作齐头并进，医疗手段不断实现现代化，人民群众文化娱乐活动不断丰实。人民群众的安全感不断提高，社会治安和社会秩序良好，全县刑事犯罪率在5‰以下，全县上下政通人和。全县职工工资收入平均已达3391元，农村已由温饱型向宽裕型过渡，电视普及率达到98%，高中低档的家庭耐用品消费不断扩大，居住条件也得到很大改善。

(陈东玖)

平遥县

平遥古城披新装

平遥县地处太原盆地西南端。东临祁县，北靠文水，西连汾阳，南接沁源，西南与介休为邻，东南和沁县、武乡县接壤。全境总面积约1260平方公里，现有耕地77.32万亩，县域东南部为太岳支脉及大片丘陵，西北属汾河流域之朗然平川。全县辖5镇、19乡、349个行政村，总人口47.8万人。

平遥是国务院公布的历史文化名城，历史悠久，文化积淀深厚。据考驻，远在新石器时代，就有人类在这块土地上生存繁衍，氏族社会末成为尧之封地，距今已有2000多年的人文记载。县境内文化遗存丰厚，经国家、省、县公布的文物保护单位近百处，其中列入国家级重点保护的平遥城墙、双林寺、镇国寺闻名世界。保存完整的古城池被教科文组织世界遗产委员会列入《世界遗产名录》，成为记录人类生产和生活历史的珍贵标本。

1949年新中国建立以来，平遥人民在中国共产党和人民政府的领导下，脚踏实地，艰苦创业，使平遥古城在50年的社会主义建设历程中从沉默走向辉煌，尤其是党的十一届三中全会以来，平遥各业突飞猛进，奇花竞开，国民经济和社会发展进入历史的最佳时期，平遥古城瞩目全省、全国，开始走向世界。

一、农林牧渔稳步提高，农村经济全面发展

建国初期，平遥虽为山西著名的农业大县，但农业基础极为薄弱，产业结构单一为纯种植业，水利条件落后，旱作农业格局使农作物栽培靠天吃饭，产量低而不稳。50年来，特别是改革开放以来，随着生产关系的调整，生产力结构的合理配置及多种经营的农业生产体制的建立和完善，科技含量的增加，农、林、

牧、渔各业快速发展,平遥农村经济出现了前所未有的繁荣景象。1998年,全县农林牧渔业总产值达6.97亿元,粮食总产量达到19.02万吨,比1949年增长4.0倍,比1978年增长0.6倍;油料产量达到8821吨,比1949年增长4.9倍,比1978年增长27.5倍。1998年末,棉花产量达1771吨,比1949年的865吨翻了一番,比1978年的1125吨增长0.6倍。

50年来,平遥农业生产条件有了很大的改善,1998年底统计,有近4000万立方米的水库容积,3580公里长的灌溉渠道,4052孔机电井,全县可浇地面积达54.59万亩,占到耕地总面积的70.6%,水利基础设施为农业发展奠定了较好基础。全县农村化肥施用量达5.7万吨,农村用电量6849万千瓦小时,农业机械总动力达16.5万千瓦。农村机械化程度的提高和科技含量的增加为农业发展创造了条件。

50年来,平遥林牧业发展也很喜人。1998年末,全县森林面积为22.4万亩,森林覆盖率由解放初期的8.5%提高到20%。1998年末全县大牲畜存栏数达34086头,比1949年增长2.2倍;猪存栏16.5万头,增长37倍;羊存栏15.5万只,增长6.6倍。猪、牛、羊肉产量达到14749吨。全县规模养殖和特种养殖也为农业产业化开拓了方向。

改革开放,特别是农村经营体制改革的拓宽使平遥乡镇企业发展插上了翅膀。到1998年末,全县乡镇企业(集体、私营)发展到341个,从业人员14549人,营业收入5.2亿元,实现利税4727万元,比改革开放初的1978年均有较大幅度的增长。

平遥古城墙

二、工业生产稳定增长,产品结构得到改善

建国初期,平遥县工业经济成份为国有、私营和个体并存。产业结构以轻纺工业为主,产品也仅有火柴、纱布、面粉等种类。50年来,平遥工业迈出了坚实的步伐,特别是改革开放以来的20年,平遥工业已成长为产业门类较为齐全,产品结构较为合理的新格局。主要体现在:

(一)*工业生产稳定发展*。到1998年底,全县国有及500万元以上工业企业36户,从业人员14784人。全部工业企业有3060个,全部工业总产值25.13亿元,比1949年增长355.5倍。

(二)*产业结构趋向合理*。到1998年底,全县已形成以轻纺工业为主体,炼焦企业为龙头,采掘、铸造、橡胶、建材、机械、食品等协调发展的工业布局。主要工业产品有火柴、纱线、棉布、原煤、焦炭、水泥、减速器、炉排、工矿电机车、农用车、针织品、标准纸箱、软包装牛肉、推光漆器等。平遥牛肉加工历史悠久,技艺独到,明清时期就名扬全国。平遥县牛肉集团公司1993年被国内贸易部认证为“中华老字号”企业,其产品“冠云”牌软包装牛肉获全国食品博览会金奖。平遥推光漆器制作源远流长,具有鲜明的地方特色。目前,平遥推光漆器厂运用推光漆工艺制作的桌、柜、屏、几及旅游工艺品已成为城镇家庭和公共场所装饰之珍品。

50年来,平遥县交通和邮电通讯事业成绩斐然。到1998年底,全境铁路通车里程23公里,上下行对开列车29辆车次。公路通车里程234公里,拥有客运车578辆,货运车1279辆。全县有邮政电信营业单位23所,邮政营业收入427.8万元,其中特快传递量3950余件;电信营业总收入1237.3万元,电话交换机容量21444门,城乡电话及移动电话拥有量为10856部。

三、财金贸易日渐繁荣,城乡市场购销兴旺

随着工农业生产的持续发展,平遥县批零贸易、金融、财政等方面都有了长足的进步。50年来,特别是改革开放20年来,平遥人民在这块曾经商贸活跃,并产生过雷履泰、李宏龄等金融、商业巨子的土地上开放搞活,创造了新的市场繁荣。1998年末,全县社会消费品零售总额达7.8亿元,比1949年增长183倍,比1978年增长21.5倍。

50年来,县级金融分支机构在聚集资金、服务工农业生产和商品流通方面做出了突出的贡献。1998年末全县城乡居民储蓄存款余额达到11.8亿元。各项贷款余额为9.1亿元。建国初,平遥地方财政收入不足100万元,到1978年也仅有1021万元。1997年全县地方财政收入达6368万元,财政总收入突破亿元,进入全省财政收入亿元县行列。1998年再创佳绩,地方财政收入6433万元,总收入达1.03亿元。

四、科教文卫硕果累累，各项事业蓬勃发展

50年来，平遥县科技、教育、文化、体育、卫生等各项事业都有很大的发展。尤其是改革开放的20年，各项事业呈现一派生机盎然，百花争艳的气象。

（一）科技进步。50年来，全县科技队伍从无到有，不断发展壮大。1978年全国科学大会以来，全县共有农业、工业、医疗和食品科技成果80多项获各级奖励，其中高级工程师钟新淮研制的“JJⅡ型激发极化探水仪填补了国内空白；高级工程师许永涛设计的”36×12M大跨度锥壳屋顶创国内先进水平。在农业方面，棉花地膜覆盖，高粱5项技术综合运用，黄牛改良等研究项目，都很大程度地促进了产业的发展。到1998年底，全县已有各类科技协会25个，专业科技人员7800余人。

（二）教育兴旺。1949年，平遥县仅有1所中学，326所小学，在校学生28597人，教职工468人。到1998年，全县共有小学校371所，中学44所，在校学生人数达到8.5万人。教师队伍也发展壮大，全县拥有教职员工5385名，1996年被晋中行署确定为“全区中小学教师继续教育示范县”，1997年被国家教育部、财政部授予“普及九年义务教育和扫除青壮年文盲先进单位”称号。平遥县中学高考升学率连续8年取得全省同类县、市座首。1978年以来全县考入大中专院校的人数达17439人。职业教育、成人教育、幼儿教育等方面都进入全省先进行列。

（三）文化繁荣。平遥县文化名人辈出，古代有孙楚、孙绰等人文赋领先，近代有侯外庐，王瑶在历史学、文学研究方面著名。当代文化名人涌现有歌唱家郭兰英、闫维文，晋剧艺术家程玉英，画家李琦、王木兰，作曲家巩志伟。1998年末，全县建成县、乡、村三级文化网络，有演出团体6个、演出场地12处、文化协会5个、文化站24个、图书馆（站）7个。50年来，全县共有100多部（篇）文学艺术作品出版和发表。1998年10月，平遥县被山西省人民政府命名为“全省文化先进县”。

（四）卫生事业大发展。到1998年底，全县有各种医疗单位达87个，病床总数8133张，有专业医护人员990余人。各级各类医院卫生院拥有CT、超声波、激光、冷冻、心脑电图、透视照像等先进医疗设备和技术。地方病防治、妇幼保健等工作都走在全区前列。人均寿命已由解放初的不足40岁提高到70岁以上。

（五）体育运动有成绩。建国50年来，特别是在改革开放的20年中，竞技体育涌现出许多优秀的等级运动员和等级裁判员，在竞技项目中数十次打破省、地记录和刷新县记录。在蓬勃活跃的群众性体育活动中，13个群众性体育协会和16个体育辅导站（所）有效地促进了全民体育运动，武术、球类、气功、健身操（舞）、中长跑等体育项目开展的有声有色。到1998年底，全县有各种体育运动场地380多个，各类体育器材20多万件。1998年6月，平遥县被国家体育总会等部委授予“全国体育先进县”称号。

（六）广播电视普及提高。1998年底，全县已由50年代只有单一的广播台站发展建立有电视台、有线电视台、广播电台、教育电视台网络全县、服务城乡。县城实现无线传输，农村广播线路总长度达636杆公里。全县电视普及率95%以上、覆盖率达90%，广播覆盖率达95%。1978年以来，电视台、电台播出的新闻及专题节目146件（次）获国家和省、地奖励。1996年3月，山西省人民政府授予平遥县“山西省广播电视工作先进县”称号。

（七）社会保障发展壮大。改革开放20年来，随着各行各业的发展，平遥县的社会保障事业也逐渐起步壮大。到1998年底，全县机关事业单位职工加入养老保险达7830余人，入保金额达409.7万元，企业职工劳动、医疗、生育等项保险入保人数有14221人、入保金额586.3万元。全社会对人寿和财产的投保意识也越来越强。

五、人民生活水平显著提高，精神文明建设再上台阶

社会经济的发展使城乡人民的生活水平有了显著提高。1998年末，全县职工年平均工资达到4025元，比1949年增长25.5倍，比1978年增长6.7倍；城镇居民人均可支配收入2814元，比改革开放初期的1983年增长7.1倍，人均消费性支出2172元，比1983年增长6.1倍。农民人均纯收入达2116元，比50年代中期人均不足40元增长52倍，比1978年的66元增长31倍。农村居民人均生活消费支出为933元，比改革开放初1983年增长3.8倍。改革开放20年来，人民政府采取各种措施改善居民居住条件。到1998年，城镇居民人均住房面积达到13平方米，农村居民人均住房面积达到20平方米，城乡人民住房紧缺问题基本、得到解决。生活水平的提高和生活观念的更新使得寻常百姓对未来生活前景充满信心。在社会物质文明发展的同时，精神文明建设也有了很大的进步。“体育先进县”、“文化先进县”、“科技先进县”等荣誉的获得，全社会文明单位、文明个人的不断涌现，平遥人民将在“爱我古城、建设古城”的进程中作出更大成绩。

六、城市建设卓有成效，旅游兴县成就斐然

建国50年来，平遥县历届政府在加快城市建设步伐的同时十分注重古城文物古迹的保护和恢复，1979年以来，县城主要街巷都逐步铺设柏油、水泥、板石路面，兴建城镇自来水设施21处，铺设供水管道58800米、维修临街铺面720余间，全县城建总投资3亿元，县城中都路、顺城路、曙光街、外环路的建成，党政办公大楼的竣工使用，给古城增添了光彩。在文物保护和开发利用方面，国家、省、地、县拨巨款对城墙、双林寺、镇国寺、市楼、清虚观、金庄文庙、惠济桥等大批重点文物进行了保护和维修。到1998年末，全县已恢复和拥有城墙、双林寺、镇国寺、明清街、中国票号博物馆、三晋大财东家私博物馆、长升源黄酒炉食铺、超山度假村等一系列旅游景点，旅游环境基本成熟。1998年6月9日举办的“世界文化遗产——平遥古城文化国际旅游节暨第二届晋商大院文化旅游节”吸引了全省、全国的旅游宾客和国际游客。1998年，共接待国内外游客15万人次，旅游收入169.4万元。“两节”制作表演的全长666.66米的“华夏第一龙”被写入上海大世界吉尼斯记录。

（李苏平）

灵石县

天石显灵气　灵石放异彩

灵石县地处山西省中部，晋中地区南端，扼太原、临汾两大盆地中间，为晋南通晋中之交通要塞。据史料载，隋开皇10年，文帝北巡，掘河开道，得一古代陨石，以为灵瑞，遂命名为“灵石”，因之设县为灵石县，距今已有1400多年的历史。这一天外来石在伴随着灵石人民渡过千年历史的过程中，并没有赐于灵石人民多少幸福。只有在中国共产党的领导下，新中国成立之后，特别是党的改革开放政策以来，天石才真正显现出她的灵气，带给灵石大地安康和祥。建国50年来，灵石在经济、政治、教育、科技、城市建设、人民生活及其它社会各个方面都取得了翻天覆地的变化。纵观50年的历程，全县社会和经济发展大体可分为四个时期。

一、国民经济的恢复与发展时期（1949－1957年）

解放初期，灵石的经济基础十分簿弱，农业基本上是自给自足的自然经济，工业只有一些小手工业生产。新中国成立后，灵石经济得到了迅猛发展。在恢复时期和“一五”时期，灵石县的工业如雨后春笋，蓬勃发展。出现了煤炭、焦炭、炼磺、铸造、陶瓷、建材、服装等大小20余个行业。随着富家滩煤矿、灵石石膏矿、灵石印刷厂、夏门石料厂等企业的建成，奠定了全县全民所有制经济的基础。随着对小手工业社会主义改造的完成，集体经济有了很大进步。在广大农村，经过建立互助组和走合作化的道路，激发出了农民的生产积极性，农业生产也得到了迅速发展。1957年与1949年相比：国内生产总值由770万元增至2284万元，年均递增14.5%；地方财政收入由37万元增至354万元，年均递增32.6%；财政支出由5万元增至101万元，年均递增45.6%；粮食总产量由1533万公斤增至3015万公斤，年均递增8.8%；社会消费品零售总额由278万元增至1579万元，年均递增24.2%。同时，经济结构也发生了可喜的变化，小农经济占绝对优势的落后状态开始改变，工农业中工业所占比重由1949年的19.5%上升到32.8%，轻重工业比例协调，经济健康发展。人民生活水平明显改善。1957年与1949年相比，全县社会从业人员由3.34万人增至3.98万人；职工平均工资由174元增至514元；农民人均纯收入由32元增到58元；在校学生由5251人增至16699人，医院床位数由5张增至62张。全县综合经济实力明显提高。

二、国民经济曲折前进时期（1957－1965年）

这一时期，灵石经济由于受大气候的影响，指导

思想上忽视了客观经济规律的作用,加之遭受了严重的自然灾害。从1958年到1962年,农业生产连续5年下降,到1962年粮食产量下降至2503万公斤。工业生产也从1960年起连续3年下滑,乡办以上工业产值由1959年的2013万元下降到1962年的785万元。因此造成了市场供应减少,人民生活水平下降,经济发展遇到了极大的困难。从1963年起,灵石县认真贯彻中共中央"调整、巩固、充实、提高"的八字方针,多方采取措施,克服重重困难,及时"关、停、并、转"了那些高消耗、低质量、高成本、低效益的企业。使国民经济各部门在新的基础上得到了恢复和比较协调的发展。到1965年,国内生产总值达到2491万元,粮食产量达4794.5万公斤,比1962年增长90.8%,为建国以来历史最高年份。现价农林牧渔业总产值达1841万元,社会消费品零售总额达1642万元。工业经济结构得到了明显改善,在工业企业个数减少一半的情况下,工业生产恢复到了1957年的水平。全县乡及乡以上工业总产值达839万元,比1962年增长24.8%。企业装备水平显著提高。但由于经济的曲折反复,农民人均纯收入增幅很小,财政收入降到了1955年以来的最低点,只有260万元。

三、"文化大革命"时期(1966－1976年)

在这一时期中,由于受极左路线的影响和林彪、"四人帮"的干扰破坏,片面强调以"阶级斗争为纲",严重影响了经济建设的发展,全县经济一度陷入停滞不前的境地。但是在全县广大干部群众的共同努力下,积极抵制林彪、"四人帮"的干扰,生产建设没有完全中断,特别是在1975年邓小平同志主持中央日常工作期间,经济形势有了明显好转。在1966年至1976年10年间,全县累计完成基本建设投资2388万元,先后建成投产了灵石建材厂、钢铁厂、南王中煤矿、化肥厂、农机厂、树脂厂、硫化厂、石膏水泥厂、鞋帽厂等一批骨干工业企业。1975年,全县国内生产总值完成4142万元,与1965年相比,年平均递增5.2%;地方财政收入达552万元,农林牧渔业总产值达1924万元,粮食产量达6165万公斤,社会消费品零售总额达2653万元,乡及乡以上现价工业总产值达2818万元。经济发展继续呈上升态势。

从新中国的建立至"文化大革命"结束,全县的国民经济虽经历了艰难曲折的过程,但总体上仍取得了长足进步,但是,由于受经济指导思想上失误影响和"文化大革命"的干扰破坏,人民生活水平的提高没能达到应有的水平。从1949年到1978年的29年中,农民人均纯收入由32元增至76元,年均增长不足2元。职工平均工资由174元增至642元,年均增长只有4.6%,财政收入至1978年只有660万元。只有在改革开放以后,灵石县的经济发展才真正驶入了快车道,进入了一个持续、稳定、协调、健康发展的新的历史时期。

四、新的历史时期(1978－1998年)

党的十一届三中全会以后,灵石县委、政府紧紧围绕经济建设这个中心,努力拼搏,奋发进取,开创了灵石各项工作的新局面,这一时期大致经历了三个过程。

(一)以推行家庭经营为基础的联产承包责任制为标志,改革重点在农村的过程(1978－1984年)。改革开放之初,灵石县认真贯彻落实了党中央一系列指导农村改革的路线、方针、政策,调整了已不适应农村经济发展的生产关系,极大地调动了农民的积极性,使全县农村出现了前所未有的局面。1979年至1984年,粮食年均产量达到5248.6万公斤,成为全县历史上粮食总产量最高的时期。农村改革的结果是从根本上解决了农民的吃饭问题,也为后来的城市改革积累了一定的经验。同时,带动了整个国民经济的快速发展。改革开放只有短短的7个年头,1985年全县的

县城夜景　　　　升　翔　摄

国内生产总值、财政收入、农林牧渔业总产值、乡及乡以上工业产值分别比1978年增长130%、114.7%、119.4%、181.4%和146.4%,7年中国民经济主要指标全部翻了一番多。人民生活水平也有了明显提高,1985年,职工人数达到2万人,职工平均工资达1005元,以年均50元的速度增长;农民人均纯收入404元,与1978年相比,年均增长27%;城乡居民人均储蓄存款余额达158元,比1978年的24元增长134元。这些成果的取得为进一步深化改革奠定了基础。

(二)全面推进改革开放,经济快速发展的过程(1985－1994年)。1984年以后,改革的重点由农村转

向城市，县委、政府根据全县地下矿产资源丰富这一特点，提出了“挖煤、修路、植树、育人”的八字方针，充分发挥当地的资源优势，将煤炭工业作为振兴全县经济，脱贫致富的突破口，下大决心、花大力气，狠抓煤矿技术改造和加工转化。先后制定了一系列扶持、规范、发展煤炭工业的优惠政策。到1990年，全县各类矿井发展到270余对，原煤产量达437万吨，被国家列入了全国首批61个重点产煤县。先后兴建了一批县乡焦化厂、洗煤厂、电碳厂等煤炭加工转化骨干企业。精煤、冶金焦等产品从无到有，迅速增长。煤炭工业的迅速发展带动和促进了交通运输、化工、冶金、建材及其它行业的发展，从而使全县的经济结构和产业布局逐步完善，行业规模和产品门类不断扩大，形成了以煤炭工业为支柱，以煤炭加工转化、冶金、建材、化工四大行业为主体，以其它行业为补充的门类较齐全的工业体系。由于指导思想正确，促进了经济的快速发展，特别是在全县农村乡镇企业异军突起，星罗棋布，成为全县经济发展的生力军和增加农民收入的主渠道。1995年，乡镇企业从业人员达4.69万人，实现利税总额24631万元。使这一时期成为全县历史上经济发展速度最快、持续时间最长、经济形势最好的一个时期。

(三)调整产业结构，提高经济运行质量，以保证国民经济可持续发展的过程(1995－1998年)。进入90年代以来，我国经济发展出现了明显的周期性波动，市场由”卖方市场”逐步转向“买方市场”。全县以能源原材料为主的单一重工业经济结构受到了严重的挑战。环境污染严重，资源浪费厉害，工业基础脆弱，经济后劲不足等一系列问题逐步显露了出来。1995年县委、政府在对全县形势充分调查研究的基础上，及时调整发展战略，按照“产业化富民、工业化强县、市场化兴企、现代化造城”的发展思路。以建成全省“工业大县、财政富县、经济强县”为目标，以基础设施建设和县城改造为重点。以调整产业结构为突破口，一年一个新台阶，三年迈出了三大步，取得了令世人瞩目的成绩。

——综合经济实力大大增强。1998年，全县国内生产总值完成15.59亿元，是1978年的26倍，比1994年增长8.55亿元；地方财政收入6452万元，是1978年的98倍，比1994年增加3114万元，年均增加780万元；社会消费品零售总额是1978年的13.9倍；乡镇企业利税总额达2.74亿元，是1978年的100.6倍。1996年被评为山西省综合实力20强县。

——人民生活水平显著提高。1998年，职工平均工资总额突破4000元大关，达4214元，是1978年的6.6倍；农民人均纯收入2451元，比1978年增长32倍；城乡居民人均储蓄存款余额4059元，是1978年的169倍。农村居民100%用上了清洁卫生水，部分居民用上了自来水，县城居民自来水使用率达100%。电视机普及率城镇为100%，农村为86.8%。摩托车、电冰箱等高档消费品已进入寻常百姓家。县城50%的居民已用上集中供暖，60%的居民使用管道煤气和液化气。全县1998年跨入了小康县行列。

——城市建设上特色山城框架基本形成。灵石县城建设由于历史欠帐多，建设起步晚。1995年以后，县委、政府把城市改造做为政府工作中的一个重点。先后投入5亿元，进行城市基础设施建设和旧城改造，完成了四路一街的改造和11条小巷的硬化，建成了乐园小区、愉园小区、安居小区等20多项住宅工程，新建了灵石公园、灵石一中等一批现代化工程，新修高标准防洪坝7.2公里，从根本上解决了县城的防洪问题。公共绿地、街心公园从无到有，达2万平方米，城市的综合功能发生了根本性的变化。今日的灵石县城已一改往日脏、乱、差的形象，成为一座依山傍水、富有现代气息的新县城，特色山城已初具雏形。

——基础设施建设取得了历史性突破。公路建设方面，1995年之前，灵石县的公路建设重点是新建、改建县乡公路和煤矿道路。1995年，县委、政府采取超常规的措施，一年投入5000万元，新修102公里县乡油路，在全省首家实现了山岭重丘区乡乡镇镇通油路的目标，一举改变了灵石行路难的状况。今天，全县的道路交通已形成了铁路、公路并行，国道、省道、县、乡、村公路、煤矿道路纵横交错的交通运输网络。邮电通讯方面，1995年以来，兴建了邮电综合大楼，程控电话总容量达1.35万门，实现了乡乡镇镇通光缆程控电话，开通了各个数码的移运通讯和无线寻呼。县城居民电话拥有量达5980门，每百户居民拥有电话46门，农村有202个村委通电话，农话用户达2600多户，手机总量达2700余部。在电力建设方面，仅1995年以来，就投入2千多万元，新建2个变电站，从根本上扭转了生产、生活用电的紧张局面。在供水方面，投入3500万元，新建乡镇集中供水工程16处，从根本上解决了城乡12万人的吃水困难。基础设施条件的改善为今后经济的发展和招商引资创造了有利条件。

——经济结构调整成效显著。在解决关掉一批小炼焦炉、小炼磺炉、小煤窑的同时，对一批煤矿和铸管厂、电碳厂等有发展前景的企业进行了大规模技改。为了减轻大气污染，重点发展洗煤企业，使灵石成为精煤的重要产地。1998年9月奠基的煤矸石电厂的建成将从根本上解决全县中煤废渣的污染问题。另外，新建投产的纸面石膏板、金旺矿泉水、球墨铸管已成为全县、全区的金拳产品。在调整工业内部结构的同时，注重发展旅游业。王家大院大规模开发不到5年时间，已取得了辉煌的成效，1998年仅门票收入达207万元。资寿寺十八罗汉重新回归，不久将重放光彩。翠峰公园已成为灵石一道亮丽的风景线。旅游业不仅成为新的经济增长点，更重要的是极大地提高了灵石在海内外的知名度，塑造了灵石的新形象。

——特色农业开始形成。在发展农业生产上，以改善农业基础条件为重点，以小流域治理为突破口，以科技兴农为手段，以改善生态环境、治理水土流失为目标，完成了流域治理3.5万亩，元宝枫、柏籽羊特色林牧业开始启动。地膜覆盖、秸杆还田、种籽包衣、配方施肥、节水农业、大棚蔬菜等实用技术得到推广，促进了农业的全面发展。1998年在遭受严重旱灾夏粮减产44.2%的情况下，农林牧渔业产值达16916万元，是1978年的8.9倍；粮食产量达6515.2万公斤，成为历史上第3个丰收年。

——文教、卫生、科技事业全面发展。新建成投入使用的灵石县人民医院、灵石一中为全省一流的县级医院、县级中学。物质条件的改善促进了文教卫生事业的发展。1998年在校学生人数达41257人，教学质量明显提高，中考、高考在全区位次前移。“普九”工作顺利通过省政府验收，教育基础设施建设发生了历史性变化，为科教兴国战略奠定了基础。医院床位数达802张，县、乡、村医疗卫生得到了明显改善，人均寿命达70岁以上。科学技术得到了广泛应用，省级星火项目、国家火炬项目等一批技术进步工程顺利实施，农业科技项目大力推广。1998年GDP增长额中科技进步的贡献率超过50%以上。

（刘巨平）

临汾市

平阳沧桑话改革

临汾市古为帝尧建都之地，史称“陶唐古都”，后又称平阳，可谓华夏第一都。这里有悠久的历史和灿烂的文化，有优越的地理位置和丰富的自然资源，有勤劳朴实的人民。建国50年来，特别是党的十一届三中全会之后，临汾市人民在党的路线、方针和政策指引下，坚持改革开放、矢志图强、锐意进取，取得了社会经济建设的巨大成就。

辉煌的成就

（一）国民经济迅猛发展，经济实力显著增强。国内生产总值是一个国家或地区综合经济实力的体现，是一项最具有综合意义的经济指标。1998年全市国内生产总值达36.59亿元，比1978年增长15倍，国内生产总值增长，体现国民经济全面发展，经济综合实力增强，为今后经济飞速发展奠定了坚实基础。

（二）农村经济全面发展，农业基础地位得到强化。市委、市政府始终把解决好农村、农业和农民问题放在首位，特别是党的十一届三中全会后，临汾市以家庭联产承包责任制为主体的农村经营体制的改革，极大地调动了农民的生产积极性，以奔小康统揽农村工作全局的战略方针，使农村经济得到了长足的全面发展，农林牧渔业兴旺，农工建运商并驾齐驱。1998年农林牧渔业总产值为51831万元，比1978年增长8倍多，年平均增长11.7%；粮食总产量由1949年的49745吨增加到189087吨，增长2.8倍，年平均递增7%；油料产量由155吨增加到2709吨，增长16.5倍。水果产量由1949年的190吨增加到33161吨，猪、牛、羊肉产量由1979年的1630吨增加到5159吨。

农业生产条件明显改善。广大农村经过50年的艰苦努力，初步改变了完全依靠自然资源和生态环境进行农业生产的传统农耕模式，开始用现代化生产设备、科学技术来装备农业，使临汾的农业生产条件得到明显改善。1998年全市有电灌站163处，中型水库2座，小型水库12座，机井2912眼，全市有效灌溉面积由1949年10万顷增加到35万顷，增长2.5倍。农业机械从无到有，农用机械总动力由1953年的6万千瓦上升到1998年的28.6万千瓦；农村用电量由1952年的1万度发展到6128万度，化肥施用量由1952年的75吨增加到16121吨。1997年达到了平川村村通油路，山区村村通公路，交通运输大大改善，1998年已通电话村达70%。

农业产业化开发初具规模。以五条经济带建设为重点的产业化开发全面开展。汾河两岸土地肥沃、灌溉便利的20万亩粮食经济带粮食总产1.43亿公斤,平均亩产716公斤;城郊及交通水利条件好的乡镇蔬菜面积发展到3.1万亩,总产量达12万吨;东部丘陵和西部沿山一带经济林带完成酸枣接大枣300万株,干果经济林达4.85万亩,苹果面积达6.5万亩,县底镇贾墙村3000亩苹果被农业部确定为全国十大优质苹果基地之一;10万头肉牛经济带完成了世行贷款项目的前期工作;300万只肉蛋经济带,肉鸡存栏达150万只,同时树立了山西龙兴饮品有限公司、尧盛天然果汁饮料厂、王宝林营养烧鸡有限公司、吴家熏肉加工厂、尧丰农副产品批发市场五大龙头企业。

乡镇企业发展迅速。1998年全市乡镇企业发展到3144个,从业人员达8890人。乡镇企业总产值达48.3亿元,比1978年增长170多倍,平均年递增5.9%。

(三)工业经济逐步壮大。临汾矿产资源丰富,有着得天独厚的优势。在50年代和80年代先后掀起了大办工业的热潮,奠定了现代工业发展的基础。市县合并后,在抓紧老城区现有企业技术改造的同时,按照城市总体布局,在河西山脚下规划30平方公里开发工业新区,着重发展重工业,现已建成以煤化、冶炼、建材为主导的"三大材料"工业区。90年代,在提高煤炭、炼焦、冶炼、建材产品科技含量的基础上,优先发展煤化、铸造、食品加工和印刷业,逐步形成八大支柱的发展格局,1998年全市已拥有冶金、机械、煤炭、化工、纺织、食品、造纸及纸制品业、医药制造印刷等工业行业40个,各类乡及以上工业企业216个,产业工人53878人,固定资产原值达27.4亿元,主要产品100多种。乡办以上工业总产值达7.9亿元,比1949年增长358倍,平均每年递增12.5%,比改革开放初期的1978年增长1.6倍。主要工业产品产量大幅度增长。1998年全县原煤产量261.7万吨,洗精煤147.5万吨,生铁180.2万吨,钢48万吨,水泥42.2万吨,发电量7022万千瓦,机制纸1.7万吨,已成为山西南部重要的能源、重化工业基地。

(四)商业贸易繁荣活跃。解放前,临汾虽然是晋南重要的贸易集散中心,但没有什么大型商场,只有一些小商小贩,贸易规模小,市场萧条。解放后,建立了以国营商业为主渠道的国合商业体制,继而逐渐发展为临汾地区商业贸易中心,特别是1978年改革开放以来,实施"开放拉动、工贸兴市"方针,一大批独资、合资、自建市场如卫生陶瓷、普国装饰材料、明金服装、尧丰、百汇、南方小商品市场、尧都农副产品市场等挡次较高的专业综合批发市场相继建成并投入运行。以第一百货大楼、工贸中心、商贸大厦、粮食大厦、亨达商厦等为主的购物中心各具特色,规模由小变大,专业化趋势明显,市场建设形成多元化,商品流通呈现大规模专业化。全市批发零售贸易业、餐饮业网点10980个,从业人员27839人,社会消费品零售总额15.06亿元,比1949年增长15.7倍,平均年递增5.8%。

(五)基础设施不断改善。市县合并后,临汾市制定了新的城市总体规划,把强化基础功能作为城市建设的重点,规划面积27平方公里,建成面积19平方公里。经过旧城改造,扩大建设,以东西4条、南北3条大街形成城区骨架,工业、商业、生活、文化和游览区合理布局,配套发展,一大批现代化建筑拔地而起,市政基础设施和生活服务设施明显改善。完成了宏大的龙祠引水工程,满足了城市的生产和生活用水,兴建了3座立交桥和平阳大桥及将在1999年竣工的马务大桥,大大改善了城市交通,全市改造、新建城市道路64条,总长45.3公里,建设了全长27.84公里的外环路,拓宽改造了汾河路、秦蜀街和贡院街,极大地改善市区道路状况,建成了10000门程控电话的通讯大楼,投资6000万元兴建了煤气工程,实现了乡乡镇镇通油路,村村通公路,拓宽了临大线、临响线和309国道线,祁临高速公路临汾段的前期工程已经完成,霍候一级公路临汾段的路基工作已告结束。极大地增强了城市功能。临汾市已初步形成了一个街道整洁宽敞、设施配套齐全、通讯发达、交通四通八达的新型

临汾公园

城市。

（六）社会各项事业蓬勃发展。建国50年来，临汾市文教、卫生、体育事业发展迅速。1998年全市大、专院校3所，在校学生5027人；中等专业学校6所，在校学生4343人；职业中学22所，在校学生4394人；普通中学60所，在校学生43417人；全市小学653所，在校学生7.5万人。成人中等教育学校在校学生984人，成人高等教育在校学生6526人。现拥有科研开发机构12所，从事科研人员达678名，各类专业技术人员15060名。临汾是威风锣鼓的发源地，在十一届亚运会上一展雄风，为国争了光，被国内外许多城市邀请前往表演传艺，弘扬了尧文化，增进了友谊，沟通了往来。1984年9月临汾市电视台正式放播，1985年10月临汾市人民广播台正式开播，1986年12月建成卫星地面接收站1座，建成差转台2个，到1998年底全市电视台4座，有线电视入网户逐年增加，极大地丰富了城乡居民的文化娱乐活动。50多年来，临汾的医疗卫生事业发展很快，医疗设施大大改善。1998年底，卫生事业机构发展到62个，其中医院49所，医院、卫生院病床2857张，专业技术人员3348名。体育事业的发展对于增强人民体质、丰富居民文化生活具有重要作用，现有灯光篮球场1个，标准游泳池、儿童游泳池各1个，中型体育场1座，体育馆1个。城市职工体育活动开展得有声有色，各机关、厂矿、企事业单位经常举办各种形式的体育比赛活动。

（七）对外开放快速推进。临汾市委、市政府把开放作为全市经济发展切入点，扭住不放。以开放促开发、促改革、促发展，制定了“发挥人文区位优势，抓住机遇、开放拉动、工贸兴市、以城带乡、科技推进、三步发展、全面赶超、建设开放、繁荣、文明、现代的临汾市”，以“开放拉动、工贸兴市”为中心点的总体战略思路。先后出台了《关于进一步扩大对外开放的决定》及一系列优惠政策，为进一步扩大对外开放创造了良好的外部环境，全方位、多层次地拓宽领域，营造开放格局。组织了多批干部和企业家外出考察学习，解放思想、更新观念，并且加强对外宣传，拍摄了反映全市改革开放成果的专题片《风景这边独好》，市政府对外机构的组建，条块网络和国际因特网的开通都为加强对外联系、发布招商信息、宣传全市的开放形势、资源优势及招商引资发挥了积极作用。积极参与全国经济大协作，组团参加了香港、西安、威海、太原等地举办的经贸洽淡会、交易会，有18家企业的30多个种类的100多个产品上了展台，签订销售合同4亿元。1998年10月18日成功地组织了8家合资企业合作项目的集体剪彩，8家合资企业总投资1.9亿元，其中引进外资近亿元。省政府批准临汾市为台商投资试点市，临汾经济技术开发区为省级开发区；临汾行署批准设立屯里台商投资试点开发起步区。1998年临汾市先后接待来临投资客商和中介人士420人次，正式签定合同64项，总金额达11.62亿元，其中国内资金9.09亿元，国外资金1.71亿元，到位资金4.57亿元，创造了改革开放以来的最好水平。到1998年底，全市已有合资企业54家，独资企业63家。已初步形成全方位、高层次、大规模的对外开放新格局。

（八）城乡人民生活水平有了显著提高。建国以来，特别是党的十一届三中全会以来，临汾市人民的生活水平不断提高。一是收入大幅度增长。1998年全市农民人均纯收入为2480元，比1978年增长37倍，95%的农民越过了温饱线。职工和城镇居民的收入明显增加，1998年全市职工年平均工资达到5955元，城镇居民人均生活费收入达到3089元。二是居住条件不断改善。农村昔日阴暗狭窄、人畜共住的土窑洞已被明亮宽敞的砖瓦房所取代，钢筋砖木结构建筑住房占到98%，大部分机关、企事业单位新建了宿舍住进了生活小区，城镇居民人均住房面积达12.93平方米。1998年与1978年相比，电视机、录音机、摩托车、电冰箱逐年增多。三是城乡居民储蓄存款成倍增长。随着生活水平的提高，城乡居民存款余额1998年达到479482万元，是1978年的200多倍。

战略与展望

临汾市委、市政府决心紧紧抓住宏观经济环境发生重大变化的关健时期，加快发展，奋力赶超，发挥人文区位优势，抓住机遇，开放拉动，工贸兴市，以城带乡，科技推进，三步发展，全面赶超，建设开放，繁荣、文明、现代的临汾市。具体实施五项基本战略：开放拉动战略、工贸兴市战略、以城带乡战略、文化旅游战略、科教推进战略，扩大开放，进一步调整产业结构，启动电子信息等高科技产业，形成以开发为主的规模化建设和集约化经营，使经济实力在同类城市领先，成为工贸强市。到2010年国内生产总值达到100亿元，财政总收入达到16.6亿元，城乡建设和经济实力跨入全省发达的二类强市，成为全国中等城市。

（张洪昌）

侯马市

扬区域优势　展新田雄姿

侯马，古称“新田”，是春秋时期五霸之一晋国的都城。解放后，侯马原为曲沃县一个镇，1958年设市，建制几经更复，1971年7月经国务院批准从曲沃县分出恢复侯马市（县级市）。境内土地面积274平方公里。辖5个街道办事处、5个乡，79个居民委员会、81个行政村。全市总人口211440人，其中非农业人口103578人。

建市初，侯马的经济基础十分薄弱，各项社会事业发展比较缓慢。1978年，随着党的十一届三中全会的召开，改革开放的春风唤醒了这座古老的城市，侯马市委、市政府立足本地实际，依托独有的区域优势，抓住新亚欧大陆桥开通这一历史机遇，打基础、抓重点、促发展，坚持走工业强市、商贸活市、科技兴市之路，着力发展特色城市经济，国民经济和社会事业迅速发展，人民生活水平大幅度提高，综合实力显著增强。

经济建设成就显著

建市以来，尤其是党的十一届三中全会以来，侯马人民认真贯彻执行改革开放的方针政策，集中力量推进经济建设，促进了国民经济持续、快速、健康发展，综合实力显著增强。1998年，全市国内生产总值达到13.1亿元，比1971年增长了17.7倍，平均年递增11.4%；比1978年增长11倍，平均年递增13.5%。在经济总量增长的同时，经济结构得到进一步调整，三次产业比例由1971年建市初期的18:63:39改善为1998年的11.4:46.0:42.6。

（一）*农村经济全面发展*。侯马历届市委、市政府始终把加强农业基础地位、调整优化农业结构、大力发展高产、优质、高效农业作为发展农村经济的大政方针，不断加快农业产业化进程，收效显著。1998年，全市粮食总产量达到56833吨，比1971年增长1.1倍，平均年递增2.8%，比1978年增长84.4%，平均年递增3.1%；农业增加值完成14907万元，比1971年增加了11倍，比1978年增长10倍。农业产业结构得到合理调整，粮、棉、蔬、果四大主导产业均大幅度增长；农民人均纯收入达到2816元，比1971年增长了32.9倍，平均年递增13.9%，比1978年增长30.3倍，平均年递增18.8%。

与此同时，农业现代化水平逐步提高，农业生产条件进一步得到改善。1998年，全市农业机械总动力10万千瓦，分别比1971年和1978年增长11倍和2.3倍；农用化肥施用量（折纯）5683吨，比1971年和1978年分别增长12倍和2.6倍；农村用电量3092万千瓦时，比1971年和1978年分别增长9.8倍和84%。1998年新增有效灌溉面积7232公顷。

（二）*工业成为城市经济的主导*。解放前，侯马只有一家私营翻砂铸造厂，年产值仅10万元。建市后，侯马市委、市政府把工业作为城市经济的主导产业来抓，提出了“强市之本在于工业，兴工之路在于改革”的工业强市发展战略，经过艰苦不懈的奋斗，工业规模由小变大，不断发展。中央部属和省、地属等一批大中型企业相继在侯马落户，建成了军工机械、通讯器材、纺织、电力等工业企业，已基本形成机械、轻纺、电力、电子、通讯、铸造、冶炼、医药、服装、食品等十大生产门类。近年来，根据市场经济的需要，下功夫调整产业和产品结构，大力开发高新技术产品、拳头产品、名优产品和出口创汇产品，生产的小铜轴电缆、猴头健胃灵、男宝、大王啤酒、塑料薄膜等24种产品获得国家、部、省优质产品称号。市政府还对15户重点企业实行了全封闭管理，以加大企业技术改造、技术开发和调整产业产品结构力度。同时，认真贯彻中央、省、地关于深化企业改革的一系列精神，努力培育新的经济增长点，促使经济增长由粗放型向集约型转变，提高了工业经济的质量和效益。全市中小型企业制度的改革实现了新的突破，34户市属工业企业全部改制。通过改革，工业行业及产品结构趋向合理，工业经济取得突破性进展。1998年，全市全部工业完成总产值165202万元，比1971年增长了16.5倍，平均年递增11.2%；比1978年增长了9倍，平均年递增12.4%。改革开放以来，乡镇企业突飞猛进，出现了超常规、大跨度发展的良好势头。1998年，全市拥有乡镇企业3430家，从业人员23210人，产值在500万元以上的企业4家，主要经营冶炼、铸造、建筑、化工、运输、服装、农产品加工等，开发了八水氢氧化钡、石墨电极、石硫合剂、硅酸盐水泥等20多种具有较高科技含量的新产品，大大提高了乡镇企业在市场经济中的生存和竞争能力，乡镇企业总产值203137万元，比1978年增长268倍，平均年递增23%；营业收入193763万元，比1978年增长169倍，平均年递增29.3%，成为侯马的“半壁江山”。

（三）交通邮电运输业发展迅猛。南同蒲、侯月、侯西铁路和大运、晋韩公路在此交汇，形成完备高效的铁路、公路交通网络，成为沟通秦、晋、豫的重要枢纽。特别是新亚欧大陆桥的开通，向东可抵达大陆桥东桥头堡山东日照港，向西可抵达大陆桥西桥头堡荷兰鹿特丹港和比利时安特卫普港，由“单向开放”变为“双向开放”，进一步提高了侯马的铁路交通地位，成为晋南地区面向世界的重要门户，为侯马经济及区域经济的超前发展提供了历史性机遇。1998年，铁路客运量140万人，公路客运量1536万人，旅客周转量62528万人公里；铁路货运量150万吨，公路货运量729万吨，货物周转量59620万吨公里。与此相应，邮政通讯事业得到了突飞猛进的发展，20000门程控交换机、无线寻呼、移动电话网全部启用，投资2100万元兴建的邮政处理中心，是山西省三大重件处理中心之一，承担着周围13个县市的邮政电信业务。1998年，邮电业务总量5235万元，比1978年增长36.8倍，平均年递增19.9%；电话机达到17333部，比1978年增长8.9倍，平均年递增12.2%。

侯马新田市场布匹展销厅　　袁世俊　摄

社会事业蒸蒸日上

科技事业成为经济发展的先导。1971年建市后，科学技术工作逐步发展起来，到“八五”时期，市委、市政府全面实施“科教兴市”战略，大力加强科技工作，努力推动科学技术进步，把经济建设转移到依靠科技进步和提高劳动者素质上，突出科技体制改革、科技人才的培养和科研成果的转化应用，使科学技术在全市的经济建设中发挥了巨大作用。以国家级研究所为依托的上马乡化工星火技术密集区初具规模，新增产值1000万元；华宇医疗器械有限公司开发的专利产品“双乳头多功能一次性注射器”，达到国内先进水平，年产值1000万元，填补了全省的一项空白；由洛阳化工研究院指导的石硫合剂厂荣获全国科技明星企业称号；天津化工研究院与新星化工厂联合开发的八水氢氧化钡荣获山西省科技进步一等奖。1998年全市共有专业技术人员12650人，其中有中级以上技术职称的3650人。

教育事业持续发展。解放初期，侯马仅有一座小学，叫“侯马完小”，是彭真同志的母校，当时学生只有90人。建市后，侯马市把兴学重教，发展教育事业放到与发展经济同等重要的位置上，实施“科教兴市”系统工程，取得显著成就。1995年，侯马市被国家教委命名为“基本普及九年义务教育市”和“基本扫除青壮年文盲市”。侯马职业中学被山西省教委评为重点职业中学。1998年末，全市普通中学在校生12102人，小学在校生21369人。全市共有大专、中专、中学、小学各类学校112所，教职员工3184人。

文化广播电影电视事业空前繁荣。群众文化艺术活动深入开展，一批好的艺术作品脱颖而出。韩左军的书法、廉振华的皮影艺术等在国内外参展。1998年，全市有文化事业机构7个，电影放影单位26个，影剧院2所，公共图书馆1个，图书总藏量12000册。1993年建成卫星地面接收站1座，到1998年底，有线电视入网用户达2万余户，企业自办闭路电视5座，极大地丰富了广大人民群众的文化生活。

卫生体育事业稳步前进。侯马解放前只有几家私人诊所。1998年，全市卫生医疗机构发展到54个，其中综合医院22个；卫生技术人员1781人，其中医生680人，医院床位数1120张。新建的侯马市人民医院，规模、设施、设备达到省级水平。有两家医院荣获国家卫生部、联合国儿童基金会、世界卫生组织联合颁发的“爱婴医院”铜牌。体育事业蓬勃发展，竞技水平不断提高。1992年，侯马市荣获“全国体育先进市”称号。

宏伟蓝图和发展战略

当前和今后一个时期，侯马市面临着一个千载难逢的历史机遇：一是中央高度重视中西部地区的发展问题，对中西部地区的经济发展制定了一系列的优惠政策，侯马市作为中西部地区的经济“兴奋”点，将会赢得更多的直接利益；二是区位优势和交通优势的日益突出，为城市经济的进一步发展蕴藏了巨大的潜力；三是经济建设取得的成就，为经济发展奠定了坚实的基础。侯马市委、市政府立足于发展，制定了九五计划和2010年发展规划。按照“九五”发展战略，在工业上坚持以资本为纽带，采取联合、兼并、合作、引进等多种形式组建规模化的企业集团，重点发展电子、运输、机械、轻化、医药、农副产品加工等龙头企业；在市场建设上组建市场开发总公司，综合开发侯马商品市场和要素市场的资源，培育与国内国际两个大市场接轨的市场体系。同时，以经济技术开发区为经济增长点，引进和发展高科技项目、出口创汇项目、高附加值项目，带动和促进区域经济联合，实现资源、资金、人才、技术的合理配置和优化组合，真正把侯马建成山西南部乃至全国中西部地区的经济强市。

（石永刚　谷鑫杰）

霍州市

物华天宝话霍州　抚今追昔数今朝

霍州市位于山西省中南部，总面积765平方公里，辖7乡5镇1个街道办事处，现有总人口27万人。交通便利，通讯发达，资源丰富，工业基础雄厚，农业发展前景广阔，商贸市场繁荣兴旺，素有“中州重镇”、“物华天宝数霍州”之称。1949年，新中国诞生后，霍州人民在中国共产党的领导下，英勇顽强，团结奋斗，经过艰苦卓绝的努力，实现了由新民主主义革命到社会主义革命的转变，使国民经济尽快得到恢复，并走上稳步发展的轨道，人民生活水平不断提高。党的十一届三中全会以来，霍州人民在党的改革、开放、搞活政策指引下，解放思想，更新观念，振奋精神，开拓前进，生产积极性空前高涨，生产力迅速发展。特别是“九五”期间，市委、市政府围绕“超亿元、达小康、建强市”的奋斗目标，立足于实，立足于干，带领全市人民，艰苦奋斗，开拓创新，全方位、高标准、超常规实施了“基础经济、产业经济、龙头经济、科教兴市、小康建设”五大战略，使霍州社会、经济发生了翻天覆地的变化。1996年，全市财政收入首次突破亿元大关，跻身于全省县级财政收入16强，并于1997年实现小康目标，跨入全省小康县市行列。1998年，全市国内生产总值为146207万元，是1949年的297倍，年递增12.1%；地方财政收入为6950万元，是1952年的131倍，年递增11.2%；农民人均纯收入为2490元，是1978年的45倍，年递增21.0%。改革开放20年是霍州历史上发展最快、变化最大的20年，也是人民群众得到实惠最丰厚的20年。

一、农业生产全面发展

解放初期，全市共有农业人口54645人，耕地面积275800亩。农业生产以传统的粮食生产为主，农村经济单调划一。50年来，在党和政府领导下，农业生产有较大的发展。特别是党的十一届三中全会以来，改革的浪潮首先在农村掀起，打破了长期以来束缚农民手脚的“大锅饭”体制，在全市范围内大力推行了家庭联产承包责任制，农民积极改善农业生产条件，兴修水利，运用现代农业科学技术发展农业生产，不断调整农村产业结构，发展农村商品基地，使农村经济由单一的粮食生产过渡到多种经营全面发展，形成了以粮食、林果、蔬菜、畜牧生产为主的四大产业基地，为霍州农村经济的持续发展和农民脱贫致富达小康奠定了坚实基础：一是形成了以大张、李曹镇为重点的粮食生产基地。1998年，全市粮食产量达6334万公斤，是1949年的4.5倍；二是形成了以东部、北部丘陵地带为重点的林果生产基地；1998年林果产量达649万公斤，是1949年的40倍；三是形成了以城郊为重点的蔬菜生产基地，1998年全年蔬菜产量达7618万公斤，是1949年的31倍；四是形成了以山区和城郊为重点的畜牧生产基地；1998年，全年肉、蛋、奶产量分别达到303万公斤、146万公斤、47万公斤。通过四大基地建设，实现了农村粮食增产、经济增收的双重目标。到1997年，全市11个乡镇、184个行政村、38460户农户全部达到小康标准，提前三年实现了达小康的奋斗目标。

二、工业生产稳定增长

霍州市地下矿藏丰富，以煤为最，其次是陶瓷原料和耐火材料。建国50年来，霍州市工业迅速发展，取得了巨大成就，经济落后的面貌得到彻底改变。尤其是改革开放以后，市委、市政府积极围绕政策搞调整、围绕调整找项目、围绕项目筹资金，发挥能源优势，确立了化工、陶瓷、煤炭、建材四大支柱产业，促全市工业企业向“大而精”的方向发展。从1978年到1990年，全市先后新建了赤峪煤矿、涧河煤矿、三合洗煤厂、陶瓷二厂、常鑫陶瓷有限公司等大型企业。近年来，市委、市政府围绕产业结构调整，大力扶持龙头企业，积极推进产权制度改革，使全市工业经济大步跨越，1998年，全市工业总产值达到212475万元，比1949年增长了5448倍。在龙头企业培育上，全市重点培植了五大龙头企业，一是于1996年建成了化工公司6万吨尿素生产线，形成年产6万吨合成氨、6万吨尿素、8万吨碳铵的生产能力，年产值达2亿元，利税1500万元，成为全省利税百强企业之一；二是于1997年完成了化工焦化厂12万吨焦炉改造工程，年产值2500万元，利税400万元，成为全市煤焦行业龙头；三是于1990年新建了常鑫陶瓷有限公司，年产彩釉砖150万平方米，产值3000万元，利税500万元，成为全市陶瓷建材行业龙头；四是于1980年新建了三合洗煤厂，1997年，国家经贸委把该企业新上的21万吨焦炉改造确定为国家中西部发展监测项目予以重点扶持，投产后，年产值可达1亿元，利税2600万元，成为全市煤焦行业的又一龙头企业；五是在煤炭生产上，重点煤矿产值达到3.7亿元，创利税5500余万元。改革开放以后，全市乡镇企业异军突起。到1998年底，全市共有乡镇企业2714个，从业人数达23915人。1998年，全市乡镇企业总产值实现117574万元，营业收入达127122万元。与改革开放前比，全市乡镇企业在产业结构和规模上均有了巨大突破，由以乡镇小煤窑生产为主的单一产业格局发展成为采煤、洗煤、炼焦、铸造、农副产品加工等为主的多元化系列生产格局，涌现出了辛选集团、宋矿企业集团、北卫煤焦实业公司、三鑫焦化实业公司等一批大型龙头企业。特别是近年来，全市乡镇企业围绕省、地“乡企二次创业”目标，重点突破，全面推进，使全市乡镇企业在整体上呈现了以科技化、规模化、股份化、小区化、外向化“五化”为主导方向的发展特点。在科技化发展上，建立了辛置镇星火密集区，永泰实业公司研制开发了腐植酸系列产品，北卫煤焦实业公司引进了科技含量较高的“光合菌”生物产品，成为辛置星火技术密集区的高科技重点企业；在规模化发展上，全市发展乡镇企业达8500个，其中，年产值千万元以上的企业有12家，百万元以上的企业近百家；在股份化发展上，组建了中美合资茂泰电器有限公司，并取得了外贸权，成为全市股份化企业的龙头；在小区化发展上，重点培育了什林、辛置煤焦工业小区，白龙建陶工业小区，大张、李曹农副产品加工小区；在外向化发展上，重点培育了与加拿大枫叶国际有限公司签约组建的“山西圣源酒精制品有限公司”，总投资1.3亿元人民币，吸引外汇950万美元，年创产值可达2.89亿元，利税1.06亿元，创汇2479万美元。

三、财政收入稳步增长，金融事业兴旺发达，商业市场购销两旺，人民生活明显提高

建国50年来，全市人民在各条战线上辛勤劳动，使全市国民经济长期稳定发展。特别是党的十一届三中全会以来，改革开放极大地推进了生产力水平的提高，带来了以往任何时期都无可比拟的巨大的社会财富。1998年，全市地方财政收入6950万元，是1952年的131倍；城镇居民储蓄存款余额达82326万元，全部银行现金收入158217万元，全部银行现金支出192954万元；全市共有商业网点6880个，其中全民60个，集体45个，个体有证摊点6775个，商业从业人员13414人，社会消费品零售总额27070万元，比1949年的102万元增加265倍。城乡居民人均消费为1666元，其中非农业居民人均2439元，农村居民人均1258元；全市人均收入2777元，其中农民人均纯收入2490元，比1978年增长44倍。

四、城市建设成效显著

50年来，经过霍州人民的勤劳建设，城市面貌发生了巨大变化。从1983年开始，先后重点实施了四大工程。一是旧城改造工程，先后投资9000余万元，拓宽并仿古改建了东大街，高标准拓宽建设了桥西街、桥东街、前进街和北环路，沿汾河石坝高起点新建了宽50米、长10华里的滨河路。二是市政建设工程，投资1000余万元，完成了1#、2#煤气柜建设，二期水源1#井建设及城市双回路供电工程；投资2900万元，新建了邮电通讯大楼，开通了6000门程控电话，实现了通讯手段现代化。三是群众文化娱乐设施建设工程，投资1000余万元，新建了市电影院、旱冰场、篮球场、门球场等；为了满足当地群众及来霍客商餐饮、休闲需要，投资2000余万元，新建了市第一宾馆、第二宾馆、上海大酒店、青乐大酒店、中人宾馆、中人假日酒店、美食城等一批各种档次的餐饮、休闲场所。四是环保工程。对居民反映强烈，给城市环境造成极大危害的污染源进行了彻底治理，使城市环境质量得到明显改善。

五、教育、文化、科技、卫生事业蓬勃发展

建国50年来，尤其是改革开放以来，市委、市政府十分重视教育的发展，先后投资8291万元，对全市19所中小学进行了改扩建和新建，并采取多种形式对教师进行培训，使全市教师合格率上升到90%，教育质量迅速提高，中高考万人达线率连续4年名列全区第一。卫生工作成绩喜人。全市现有市级医疗机构33个，13个乡镇（街道）全部建有卫生院，217个行政村建有卫生所。霍州市被评为全国7个“防盲先进市”之一。群众文化繁荣活跃。市内现有各类文化体育场所10余个，专业艺术团体2个，电影放映队70个，乡村文化站232个。竞技体育连续多年保持全区三强。声振华夏，名扬海外的霍州威风锣鼓队，曾参加十一届亚运会和首届农运会开幕式表演，赴京参加了国庆40周年庆典，赴香港参加了回归庆典，被誉为“天下第一鼓”。全市被省文化厅授予“山西民间艺术之乡”称号。

在世纪之交，市委、市政府将带领全市人民，乘着十五大的强劲东风，进一步加快改革开放步伐，充分发挥能源、区位和交通优势，自力更生，艰苦奋斗，把霍州建设成为一个文明、开放、繁荣富强的现代化城市。

（王为民　张彦明）

曲沃县

沃土结硕果　前程似锦绣

曲沃县位于临汾盆地南端，境内总面积430平方公里，耕地面积32.8万亩。全县辖7乡4镇，158个行政村，人口为21.82万人，其中农业人口18.88万人。

建国50年来，在党和各级政府的领导下，勤劳朴实的曲沃人民把一个封闭落后、靠天吃饭、单纯的农业县，建成了一个农业布局合理、工业结构稳固、市场经济活跃、城乡环境优美、文明富强的新曲沃。

一、国民经济综合实力逐步增强

旧日的曲沃满目疮痍，经济非常落后。解放初的1952年，国民生产总值仅有1234万元，人均国民生产总值只有155元。50年来，曲沃国民经济飞速发展，尤其是改革开放给经济建设注入了生机和活力，综合经济实力和经济规模都跨上了新的台阶。1998年全县国内生产总值达到110222万元，是1952年的90倍，比1978年增长21.9倍。人均国内生产总值为5096元，是1949年的32.8倍，比1978年增长16.7倍。

（一）农村经济全面发展。党的十一届三中全会，为农村经济的发展开辟了广阔的道路，全县农业生产进入了一个全面发展的崭新时期。首先，打破了旧的生产模式，成功地推行了家庭联产承包责任制，农村的生产关系更加适应了生产力的发展，整个农村经济由过去的自给半自给向商品经济转化，初步形成了农村经济体制的新格局。其次，从实际出发，合理调整农业产业结构，有力地促进了农业生产的全面发展，农村经济由过去的单一经营逐步走向农、林、牧、副、渔综合发展的道路。第三，对农村经济的开发和建设进行科学的规划和设计，在全县形成了各具优势的粮食生产基地、蔬菜生产基地、水果生产基地、牧业生产基地、渔业生产基地，同时从加快传统农业向现代化农业转变入手，立足搞开发、出精品、上企业、育龙头，全方位加大产业化建设的力度。在开发的农业生产基地上喷灌、搞大棚、建市场、配冷库、调结构、求高效，初步建成集产、销、储为一体的功能齐全的现代农业生产园区，1998年被省委、省政府确定为科教兴农示范县，被农业部确定为国家农业综合开发项目区。1998年，全县农林牧渔业总产值达到36159万元，比1978年增长16.4倍。其中，农业总产值达到32777万元，比1978年增长17倍，比1949年增长34.5倍；粮食总产量达到114030吨，比1978年增长1.52倍，比1949年增长5.8倍；林业生产在达到全省平原绿化县标准的基础上进一步巩固和发展，1998年林业总产值达到337万元，比1978年增长2.04倍，比1949年增长85倍。牧业生产以养殖大户为龙头带动了全县养殖业的全面发展，1998年，牧业总产值达到2773万元，比1978年增长8.6倍，比1949年增长260倍，肉类总产量1998年达到2227吨，比1978年增长49.6%，大牲畜存栏达到13754头，其中牛存栏达10659头，比1978年和1949年分别增长69.2%和1.2倍；水产品产量达到425吨，蔬菜总产量达到103831吨，比1978年增长10倍，水果产量达到41391吨，比1978年增长16.9

倍。

乡镇企业异军突起，得到了迅速壮大和发展。全县乡镇企业由1978年的864个发展到1996年的11342个，从业人员由8286人发展到43769人，占农村劳动力总数的46%，全县形成了以采矿、选矿、炼铁、铸造、建材、化工、饮料、工艺品、农副产品加工为主的乡镇企业体系。1996年，乡镇企业总产值达167677万元，比1978年成倍增长。

随着农村经济的不断发展，全县农民生活水平有了显著提高。1998年，全县农村人均纯收入达2458元。农村居民家用电器从无到有，截止1998年底，农村住户每百户洗衣机拥有量达50台，电冰箱拥有量达11.25台，摩托车拥有量达23.35辆，黑白电视机拥有量达71.25台，彩色电视机拥有量达46.25台。农村居民住房条件大大改善，由过去的土木结构发展到砖木钢筋水泥结构，人均住房面积达到16平方米。

（二）工业生产突飞猛进。曲沃县的工业是在极其落后的基础上起步的，建国初期，全县的工业全部是个体手工业，从业人员1635人，由于设备简陋，工艺落后，生产力很低，1949年工业总产值仅为450万元。进入70年代，随着国家对工业企业投资的逐步加大，先后投资建成了化肥、矿务公司、电石厂、水泥厂、机电厂等10多个工厂，初步形成了曲沃工业的基本框架。十一届三中全会后，尤其是近几年进入市场经济以来，全县围绕强工富县这个中心，认真贯彻落实各项改革开放政策，不断开发新项目、新产品，亚华制盖有限公司、三晋焦化有限公司、乔山铸造有限公司、荣昌铁业有限公司等一批企业建成投产，成为全县经济新的增长点。全县工业生产的速度和效益大幅度提高。1998年，全县工业总产值达到182025万元，比1978年增长45倍。工业总产值占工农业总产值的比重已由建国初期的21.7%上升为83.4%。卷烟、电石、化肥、生铁、液化气钢瓶等产品从无到有，1998年卷烟产量达30916箱，生产电石产量达3499吨，水泥产量达5.4万吨，碳铵产量达4.1万吨，生产液化气钢瓶12万只，离心铸管产量达到1万吨，焦炭产量达到10万吨，生铁产量达到23.8万吨。

（三）公路交通、邮电事业发展迅速。建国50年来，曲沃县的交通运输发生了巨大变化，1996年在全省率先实现了乡乡通二级油路，村村通三级油路。1998年，全县县级、村级公路累计长度达428公里，比1978年增加了316公里。各种运输车辆8千多辆，比1978年增长了9倍，货运量达76.7万吨，比1978年增长5.2倍；货运周转量6958万吨公里，比1978年增长33.6倍。交通运输条件的改善，有力地促进了全县经济的发展。

建国初全县仅县城内有1所邮电所，通讯设施落后，邮电通讯非常困难。改革开放以来，邮电事业迅速发展。到1996年，全县开通了万门数字程控电话及无线移动电话、无线寻呼业务，在全省率先实现了长话、市话、农话交换程控化、传输数字化、电信业务操作微机化，形成四通八达的通讯网络。到1998年，全县共有邮电局所15个，人员达到126人，是建国初期的6倍，邮路总长度达到866公里，比1978年增加了364公里，增长61%；1998年底本地电话中继电路达到214路，城乡交换机装机容量达16512门，已安装电话7945部，比1978年增加了6947部，增长6.96倍。1998年，全年完成邮电业务总量1337万元，比1978年增长14.02倍。

（四）流通领域繁荣活跃。建国50年来，曲沃的商业经济蓬勃发展。1998年全县社会消费品零售总额为20889万元，相当于解放初期1949年54.3倍。随着计划经济向市场经济的逐步转变，流通体制得到了合理改善，先后建立了兴隆街综合贸易市场、农机自选大市场、南吉蔬菜批发大市场、广汇商场等批发市场，发展了下院、万户、靳庄等11个村镇集贸市场，为商品流通提供了有力的保证。个体商业如雨后春笋遍及城乡各地。到1998年底，全县个体商业户已达5780户，从业人员达到1.4万人，成为沟通城乡流通，推动全县商品经济发展的一支有生力量。

（五）财政金融事业健康发展。50年来，随着全县经济的迅速发展，财政总收入不断增长。1998年，全县财政总收入达到6258万元，比建国初1959年的369万元增长15.9倍；比1978年的719万元增长7.7倍。金融事业蓬勃发展，在曲沃经济建设的各个时期发挥了巨大的作用。截止1998年底，全县金融机构各项存款余额达57754万元，比1978年底净增56979万元。各项贷款余额65710万元，比1978年底净增63425万元。城乡居民储蓄存款余额达到50729万元，比1978年底净增50423万元，人均储蓄存款余额达2325元，是1978年底的129倍。

二、社会事业发展硕果累累

（一）教育事业日新月异。新中国成立之后，曲沃的教育事业进入了一个全新的发展阶段。教育设施迅速发展，教师队伍不断壮大。1949年，全县仅有初级中学1所，学生137人，高小5所，初小5所，学生1069人，（以上均含侯马市）到1998年底，全县拥有小学143所，在校学生22736人；初级中学17所，在校学生12161人；高级中学2所，在校学生1293人，中等专业技术学校2所，在校学生796人。中小学教师人员2466人。1978年以来,累计向国家输送中专以上人才5164名。全县有幼儿园185所,其中私立幼儿园8所,全县158个村都有幼儿园,幼儿入园率达到100%。成人教育发展迅速,有农民技术学校167所;全县文盲率由建国前的85%以上下降到1.16%,是山西省首批达到国务院规定的高标准无文盲县。

近几年,在县、乡、村三级不懈努力下集资兴学,改善办学条件,投资6452万元,其中集资2480万元,新建改造学校20多所。教学质量不断提高,高考、中考录取率连年上升,连续8年万人达线率名列全区前茅。幼儿教育、职业教育、成人教育位居全省前列。“普九”、“扫盲”、“两基”达标,受到国家教委的表彰。

(二)医疗卫生事业奋进不息。建国以来,曲沃的卫生事业发生了巨大变化,建立了一个遍布城乡的卫生网络。1998年底,全县有县级医院2座,防疫站1所,妇幼保健站1所,口腔所1所,乡镇医院10所,医药销售网点10个,农村医疗所143个,基本形成了县、乡、村3级医疗卫生网络。县医疗病床由1952年的10张发展到409张,增长了40倍。1982年建起了全省第一所农村县级中医院,现已达到了国家二等乙级标准。1987年又改建了3所乡镇中医院,经国家中医药管理局认定为全国首例。创办了1所县级中医职业学校。为乡村两级培养了大批初级中医人员,全县涌现出三分之一的中医药为主的村卫生所,被国家中医药管理局列为全国中医试点县,并通过验收全部达标。计划生育工作连续多年在全省评比中名列前茅。曲沃县计划生育工作从1972年开始,1980年设立了专门的计划生育机构,1985年建起520平方米的计划生育办公楼。全县11个乡镇都设立了计划生育服务站。全县人口自然增长率逐年下降,1972年为25‰,到1998年下降为8.03‰。有效地控制了人口的增长。

(三)文化事业日益繁荣。曲沃县地处黄河流域,文化遗产比较丰富。1949年建立了文化馆,1957年建起电影放映队和有线广播站,到1998年建立了县、乡、村三级文化网络,各具特色的企业文化、农村文化、校园文化、街道文化、家庭文化不断发展,日益活跃。县文化馆被国家文化部命名为“标准文化馆”,县图书馆在全省县级图书馆中首家实现微机与全国信息高速公路联网,被评为“全国文化先进集体,曲沃县被省政府授予“文化先进县”称号。以全民健身为重点,大力开展了群众体育和学校体育活动,有15人次在省级和国家级比赛中获奖,西南街村被确定为全省体育活动传统项目村,城关小学被授予“全国体育传统项目先进单位”称号。新建了广播电视发射塔,增设了高功率电视发射机,开办了有线电视和无线广播,提高了广播电视覆盖率,实现了村村通有线电视,丰富了人民群众的文化生活。

(李建龙)

翼城县

舒翼俊鸟任翱翔　豪歌飞向新世纪

翼城县位于山西省南部、临汾盆地东沿、中条山和太岳山之间,境内平川、丘陵、山区皆有,大体各占三分之一。县域总面积1170平方公里,耕地54万亩,辖10乡6镇,299个村委会,总人口29.3万人,其中农业人口24.4万人。这里地下资源丰富,地上物产丰裕,曾是唐尧封地、晋国古都,是全省对外开放县市之一。

50年来,特别是改革开放以来,在历届县委、县政府的团结带领下,全县人民毫不动摇地坚持党的各项路线、方针、政策,立足实际,抓住机遇,不断加大改革开放力度,全力进行经济建设,积极推动社会进步,使全县经济和社会发展发生了翻天覆地的变化,取得了历史性的辉煌成就,在翼城发展史上竖起了一座又一座丰碑。

曲折前进三十年(1949-1978年)

建国后的前30年,翼城县的经济建设经历了许多坎坷和挫折,整个国民经济在徘徊曲折中前进。1949年到1965年,翼城县委、县政府带领全县人民清理废墟,医治战争创伤,在全力以赴恢复工农业生产的基础上,对全县的工业、商业进行了社会主义改造,同时,投资近千万元兴建了小河口水库等水利设施和酒厂、张家沟煤矿等一批国营企业,大大改善了农业条件和工业生产布局，使工农业生产有了较好基础。60年代初期，遇到了特大自然灾害，工农业生产受到严重影响。1962年全县工业总产值为981万元，比1957年增加351万元；农业总产值为2221万元，比1957年增加294万元。

1966年到1976年“文化大革命”10年动乱，全县经济走向崩溃的边沿。1976年全县工业总产值2084万元，农业总产值3036万元，粮食总产76960吨，人均占有粮食只有317公斤。1976年以后，随着经济形势的好转，全县经济逐步回升，到1978年全县工业总产值达3294万元，农业总产值3118万元，粮食总产71665吨。全县人民经过30年的艰苦奋斗，经济建设虽有较大的发展，但温饱问题仍没有得到解决。

二十年改革换新颜（1979－1998年）

各项改革全方位整体推进，对外开放取得突破性进展。党的十一届三中全会以来，翼城县委、县政府带领全县人民坚定不移地进行了政治体制改革和经

县城概貌　　　　侯霆摄

济体制改革，全县各项改革不断由浅层次向深层次、由单项向综合配套发展。在农村改革方面，以家庭联产承包为主的责任制和统分结合的双层经营体制在全县普遍推行，并不断巩固完善，延长土地承包期工作全面完成，以股份制和股份合作制为主体的多种经营形式逐步大面积推开。在企业改革方面，先后在全县国有集体工商企业中推行了抵押承包责任制，推进了以股份制、股份合作制和租赁经营、公有民营为主要内容的产权制度改革。个体私营企业通过参股、兼并、联合等多种形式的产权制度改革，发展步伐进一步加快，已成为县域经济中最具活力的增长点。在粮食流通体制改革上，强化了市场监控，实现了顺价销售。在社会保障制度、财税、国有资产管理、金融、外贸、供销、价格、住房等方面也进行了全面改革。同时，不断扩大对外开放的范围和规模，大力吸引外地资金、技术和人才，初步形成了多层次、全方位对外开放的格局。1978年到1998年全县共吸引外地资金近11亿元。兴办了一大批合资、联营、合作民营企业，各种优势产品畅销国内外。

县域经济突飞猛进，综合实力空前壮大。改革开放以来，县委、县政府坚持经济发建设为中心，以强县富民为目标，强化农业基础，发展乡镇企业，壮大工业经济，使整个县域经济始终保持了持续、快速、健康发展的良好势态。1998年，全县国内生产总值达到1410.24万元，比1978年增长40.2倍，平均年递增18.8%，比1949年增长65倍，平均年递增10.9%。人均国内生产总值达到4828元，比1978年增长18.4倍，平均年递增16.8%，比1949年增长52.3倍，平均年递增9.3%。农业总产值达到35450万元，比1978年增长9.6倍，年平均递增12.9%，比1949年增长28.3倍，平均年递增7.2%。全部工业总产值达到239761万元，比1978年增长52.4倍，平均年递增23.9%。乡镇企业异军突起，乡镇企业营业收入达到22.4亿元，比1978年增长253.7倍，平均年递增31.9%。财政收入大幅度增长，尤其是1993年以来，年增加额都在1500万元左右，1998年达到10035万元，比1978年增长20.4倍，平均年递增16.3%。不仅在1993年摘掉了财政补贴县的帽子，而且有效地保证了财政供养人员工资和农业、教育、科技、重点工程等重点支出，连年保持了财政收支平衡。社会消费品零售总额达到了30198万元，比1978年增长13.6倍，年平均递增13.9%，比1949年增长132.9倍，年均递增10.7%。城乡居民储蓄存款余额达到74819万元，银行贷款余额达到78713万元，分别比1978年增长240.5倍和245.6倍，平均年递增31.6%和18.3%。公路货运量达到376万吨，比1978年增长32.3倍，平均年递增18.9%。邮电业务总量达到1815万元，比1978年增长116.3倍，平均年递增26.7%。用电量达到2.23亿千瓦时，比1978年增长7.2倍，平均年递增10.4%。综合经济实力的增强，推动了社会全面进步，改善了人民生活，也为今后的发展奠定了坚实的基础。

骨干产业异军突起，县域经济主体框架基本形成。改革开放以来，县委县政府带领全县人民在逐步解决了温饱的基础上依托资源优势，把握市场导向，按照“稳定发展粮食，突出发展果、猪、铁、煤四大骨干产业”的思路，实行倾斜政策，创造宽松环境，着力培育支撑县域经济发展的骨干优势企业。全县粮食生产在耕地逐年减少、自然灾害频繁的情况下，1998年达到159546吨，比1978年增长2.2倍，比1949年增长6.05倍，并于1995年由全省商品粮基地县跨入全国商

品粮基地县行列。植树造林1995年实现了省级基本绿化达标，森林覆盖率由1978年的10%提高到36.7%。果品生产1994年跨入了全省“10强县”行列，全县果园面积由1978年的0.54万亩扩大到2.5万亩，果品总产量由2890吨增加到42500吨，增加了14.7倍。生猪生产1995年由省级商品瘦肉型猪基地县进入国家基地县，生猪年饲养量由1978年的9.95万头增加到27万头，是建国初的136.1倍。冶炼业从1985年开始起步，短短十几年时间，全县就兴建了15立方米以上的炼铁高炉108座，生铁年产量由1985年的1.4万吨猛增到108.8万吨，冶炼工业总产值占到全县工业总产值的60%以上，提供的财政收入占全县财政收入的45%以上，成为全国颇有名气的生铁产地。煤炭业发展后劲明显增强，全县煤矿总数由1978年的16座增加到55座，原煤生产设计能力由1978年的50万吨扩大到了300万吨，年产量由1978年的17万吨提高到74.8万吨。整个县域经济基本形成了以粮、果、猪、铁、煤五大产业为主体、门类比较齐全、相互协调配套的产业结构新格局。

*基础设施建设取得了辉煌成效，生产条件和投资环境得到显著改善。*1978年以来，尤其是1992年以来，县委、县政府广泛动员全县人民，采取国家、集体、个人一起上的方针，坚持不懈地大力开展农田水利基本建设、道路建设和重点工程建设，大大地改善了工农业生产的基础条件，缓解了瓶颈制约矛盾，有力地促进了县域经济的稳定、快速发展。1992年以来，全县用于农田水利建设的总投资累计达4700余万元，是1978年到1991年投资总和的2.3倍，是解放后前30年投资总和的5.2倍。共建设高标准农田18万亩，新打中深层井285眼，新维修高灌71处，发展管灌、喷灌、渗灌和硬渠灌溉等农田节水面积16万亩，使全县的保浇地面积由1978年的10万亩增加到13万亩，是建国初的5.5倍。在公路建设上，1992年以来的总投资累计达到近3亿元，是1978年到1991年投资总和的41.1倍，共新建改造县乡、乡乡、乡村道路1268公里，公路通车总里程达到730公里，是1978年的5倍。全县有16个乡镇、258个村通了油路，基本实现了“乡乡通油路，村村通公路，打通出境路，沟通大循环”的目标。在重点工程建设上，7年来，全县累计投资近13亿元，是1978年到1991年投资总和的13.9倍。相继完成晋韩路翼城段一期改造工程、临翼路扩建改造工程、牢寨等四座煤矿扩建改造工程、4400门程控电话和100兆无线移动电话机站工程、县城二水源建设工程等40余项水电路重点工程，建成唐尧市场、翼鹏商城、长乐大酒店等30余个商贸、饮食、服务设施。县科技大楼、小河口水库除险加固工程等4个项目正在加紧建设。加之国家重点工程候月电气化铁路及其配套的22万伏变电站的开通营运，使全县的投资环境得到了明显改善。同时，在县城还兴建了60余幢4层以上办公、营业和住宅大楼，使整个县城面貌焕然一新。1992年以来，全县在基础设施建设方面的投资之多，规模之大，速度之快，是全县历史上从未有过的，创造了一个新的奇迹。

*各项社会事业蓬勃发展，精神文明建设大大加强。*20年来，在经济建设取得巨大成就的同时，各项社会事业和精神文明建设也有了长足发展。全民科技意识明显增强，科技与经济结合更加紧密，科技开发取得显著经济效益。仅1992年以来，全县就先后开发新产品60余个，取得科技成果17项，获得直接经济效益近亿元，其中有268项获得国家专利，有6项获省部级科研成果奖，有35项获省地科技进步奖。1990年被确定为全国科普工作重点联系县和全省科普文明乡镇建设试点县。教育结构调整迈出实质性步伐，办学条件显著改善，素质教育取得突破性进展，教育教学质量明显提高。目前，全县各类初级职业学校达到34所，各类学校教师人数达到3280人，新建152座中小学数学大楼，有60%以上的学校装备达到了规范化标准，高考、中考成绩始终保持全区前列。1997年被确定为全国“两基”工作先进县。广播电视事业迅猛发展。先后创办了翼城县电视台、有线电视台和教育电视台，全县有15个乡镇、140个村、21万户安装了多路微波有线电视，1991年获全国广播电视工作先进集体金匾奖。群众文体活动空前高涨，全民健身活动方兴未艾。翼城花鼓、威风锣鼓等多次应邀出省表演，深受好评。尤其是北关村体育运动发展迅速，在篮球、少数民族运动项目上多次参加全国性体育比赛，并取得优异成绩，1996年承办了第三届全国农运会华北区篮球预赛。医疗卫生事业持续发展。全县299个村委会都建起了卫生所，初级卫生保健跨入全国达标县行列，爱国卫生1983年以来连续16年被省政府授予“红旗县”、“省级卫生县城”称号。计划生育1985年被确定为全国“两晚一间隔”试点县，并取得明显成效，各项人口指标连续17年好于全省、全国平均水平，1993年跨入了全国百强县行列，并多次受到国家计生委和省政府表彰奖励。社会治安综合治理力度不断加大，防范网络进一步健全，社会秩序保持稳定，基层基础建设和创安工作多次受到省地表彰奖励。同时，大力加强精神文明建设，广泛开展多种形式的文明创建活动，被树为全省“创十星级文明户”活动示范县。

*城乡居民收入大幅度增加，生活发生了质的变化。*随着县域经济的持续快速发展，全县广大人民群

众逐步摆脱了改革开放前那种缺粮少钱的窘境，跨过了温饱阶段，开始过上了比较富裕的小康生活。1998年，全县农民人均纯收入达到2053元，比1978年增长37倍，平均年递增19.8%，全县有14个乡镇达到了小康乡镇标准，255个村达到了小康村标准，全县人均储蓄存款余额由1978年的56元增加到1998年底的2552元，人均持币量由1978年的40元增加到1560元。收入的大幅度增加，使全县人民的消费结构发生了巨大变化，人们在衣食住行等方面追究高标准、优质化、现代化的趋势日益明显。到1998年，全县共拥有个体机动运输车辆1万余台，摩托车2万余辆，私人小轿车400余辆，有195个村通了程控电话，家庭住宅电话6533部，个人移动电话1200部。城镇居民家庭摩托车、电冰箱普及率分别达到了90%和70%，农村家庭的彩电、洗衣机普及率分别达到了50%和40%，摩托车普及率达到25%。城镇居民人均住房面积由1978年的6.3平方米提高到15平方米，农村人均住房面积由1978年的11平方米提高到20平方米。

（郑文礼　张清云）

襄汾县

昔日金银美称誉　今朝襄汾更辉煌

襄汾县位于山西省南部、汾河下游、临汾盆地中心，1954年由襄陵、汾城两县合并而成，有“金襄陵、银太平”之美称。全县总面积1032平方公里，辖7镇14乡，349个行政村，总人口476499人，是临汾地区第三大县。

襄汾是举世闻名的丁村人发祥地，物华天宝，人杰地灵，交通便利。南同蒲铁路、大运公路、临新公路贯穿南北，县乡公路纵横交错。资源丰富，全县煤、铁、铜、金、石膏矿品位好，储藏量大。主产棉、麦、果、疏菜，是粮棉生产大县。文物古迹繁多，有龙澍峪胜景、陶寺龙山文化遗址、丁村人遗址，特别是明清两代的丁村民群建筑更以它独特的建筑风格、鲜明的地方特色享誉全国。

襄汾是一片丰腴的土地，建国50年来，特别是党的十一届三中全会以后，襄汾的国民经济和社会事业更是如虎添翼得以迅猛发展，取得了显著成绩。

一、经济总量迅速增长

1998年，全县国内生产总值达到16.4亿元，比1952年增长55倍，年均增长9.1%。其中，1952年到1978年年均增长5.1%，1978年到1998年年均增长14.8%。财政收入由1952年的285万元增加到5492万元，增长19倍。党的十一届三中全会以来，农村从推行家庭联产承包责任制到实行双层经营责任制进而推进农业产业化建设，工业从简政放权到企业承包进而实行股份制改造，每次改革都取得阶段性成果。1998年，全县农林牧渔业总产值达到56071万元，是1952年的12倍；工业总产值达到298753万元，是1952年的上千倍；乡镇企业利税总额达到20935万元，是1978年的64倍。

二、农业生产全面发展，农村经济突飞猛进

襄汾气侯温和，土地肥沃，无霜期较长，适宜农作物生长，盛产粮棉。建国后至改革开放的30年间，农业生产虽然得到恢复和发展，但是由于“左”的干扰，“大跃进”、“人民公社”、“农业学大寨”运动，“一大二公”和分配上的平均主义，极大地挫伤了干部群众的劳动积极性，致使粮棉生产徘徊不前，农村经济发展缓慢。从1958年到1978年全县人均粮食在150公斤以下、农民人均纯收入在70元左右徘徊，最低的1960年仅42元。由于农业生产长期发展缓慢，农村经济单一，农民仍未摆脱贫困的局面。党的十一届三中全会后，全县农村先后推进了家庭联产承包责任制，打破了20年来的“一大二公”模式。特别是随着农村经济体制的深化改革，使得农村经济得以迅猛发展。

（一）粮棉生产快速发展。80年代中期，是全县粮棉大发展的重要时期。1985年，全县粮食总产量达到2.15亿公斤，比1978年翻了一番。1984年、1985年和1986年全县小麦产量连续3年达到1.5亿公斤以上，3年平均总产量比1978年增长2.27倍。1984年以后，

全县棉花亩产量连续4年保持在百斤以上，1984年、1986年两年棉花单产居全省之冠。1985年国务院确定全县为粮棉基地县。1984年至1986年每年平均向国家交售小麦4.12万公斤，比1978年增长1.15倍。全县的小麦、棉花交售量分别占到临汾地区交售总额的三分之一和三分之二。1996年粮食产量为历史最高年，达到2.35亿公斤，至1998年连续3年粮食产量保持在2亿公斤之上。

（二）*农林牧渔业全面发展*。1978年以前，片面追求粮食“上纲要”，农业生产引向了单抓粮食生产的狭窄道路，产值在农业总产值中所占的比重长期在90%以上。党的十一届三中全会后，合理调整产业结构，积极发展多种经营，农业产值比重下降，林、牧、副、渔业比重上升。1998年，全县油料作物产量达4667吨，比1978年净增4632吨。猪、牛、羊肉的产量达5627吨，比1978年净增3194吨。苹果和大棚蔬菜已形成农村经济作物的主导产业，苹果的销售已遍及各省市，大棚蔬菜的销售也进入北京、广州、上海等大都市。渔业的养殖已由原来的自然水源养殖发展到如今的开发养殖、规模化养殖，并发展了科技含量很高的淡水养殖鳗鱼。林、牧、副、渔的集约化经营发展呈现良好势头。

（三）*乡镇企业异军突起*。1978年以前，乡镇企业只限于乡村两级集体企业，经营项目单一，局限于修理、铸造、碾米磨面，而且寥寥无几，效益甚微。到1978年底，全县乡镇企业有980个，从业人员10221人，总产值2423.5万元，上缴国税52.1万元。改革开放以来，乡镇企业全面发展，从经营方式上出现了集资、合资、股份制等多种形式。一些优质产品打入了国际市场。1998年，全县乡镇企业猛增至2892个，从业人员71097人，总产值23.8亿元，乡镇企业利税总额2.09亿元，分别是1978年的3倍、7倍、98倍和64倍。

三、工业生产成就喜人

建国初期，工业基础非常薄弱，全县仅有1家国营酒厂和30余家私营手工业，工业总产值仅有6.7万元。1978年，全县工业企业发展到33个，工业总产值达到5137万元。党的十一届三中全会以后，特别是党的十四大以来，为提高企业经济效益，在改革中推行和完善了各种形式的承包责任制，调整了产业结构，发展了各种形式的横向联合，狠抓了技术改造、挖潜改造和新产品的开发，从而增强了企业自我改造、自我完善、自我发展的能力，经济效益显著增加。1998年底，全县有工业企业1510个，从业人员41923人，全年工业总产值达到29.88亿元，比1978年的5164万元增长4.79倍，年递增速度为13%。

四、城乡市场繁荣稳定

1954年，全县国营商业公司有7个，基层供销社、分社供销点79个，私营商业户1000多户。党的十一届三中全会以后，出现了多种成份共同发展的格局。1998年，社会消费品零售总额达27568万元，比1978年增长50.5%，平均年递增9.4%。

五、基础设施硕果累累

1954年襄汾县成立时，县城沟壑纵横，没有一条象样的街道。党的十一届三中全会后，特别是十四大以来，县委、县政府坚持夯实基础不动摇，着力改善发展县城经济的硬环境。程控电话并网运营，人们不出家门就可联系天下事。县城建设动作大、起点高，凿开鸡鸣山，延伸新建路，打通了县城北大门，扩建南大街。投资9000万元建起县城至汾河西的跨铁路、跨公路、跨汾河的三跨大桥；架设第二汾河大桥，修筑铁路立交引桥，连通了河东河西；拓宽桥东街、桥西街，拓宽大运公路在县城内的路段，改造振兴路，新开农民路，形成了现代化的城市新格局。

建国后的前30年，交通事业虽有一定发展，但比较缓慢，到1978年全县只有49公里国家干线公路铺了沥青。党的十一届三中全会后，特别是十四大以来，公路建设取得了重大进展。1998年全县油路达到752公里，是1978年的4倍。实现了主干公路超二级化、平川村村油路化、河东河西网络化的公路“三化”目标，形成了“三纵五横七辐射、东西南北大循环”的公路交通新格局。

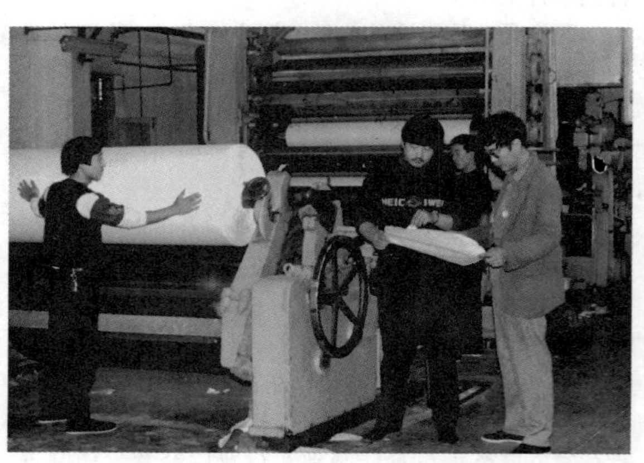

襄汾造纸厂

六、社会事业全面进步

教育事业。建国初，襄汾没有一所中学，文盲占全县总人口的80%以上。1965年，小学发展到389所，到1966年，中学发展到7所，在校学生3576人。1977年教育工作又走上了正轨，恢复了考试制度，教学秩序转入正常。党的十一届三中全会后，全县教育经费逐年增加，教学条件不断改善，群众集资办学蔚然成风，教育事业蓬勃发展。1987年，全县教育经费达到560万元，比1949年增加16倍。1988年，全县小学发展到421所，职业高中3所，农业技术学校230所，高中4所，在校学生共65047人。党的十四大以来，教育引进了竞争激励机制，许多私立学校相继成立。1998年底，全县所有学校在校学生达到74045人。

科技事业。襄汾的科学技术工作是50年代后期开始逐步发展的。党的十一届三中全会以来，县委、县政府认真实施"科技兴县"战略，县、乡、村农技推广网络不断完善，节水农业、旱作农业、薄膜覆盖、配方施肥等先进实用技术已普及到千家万户，农业生产的技术含量已明显提高；积极同科研单位、大专院校联合，引进新技术、新工艺，开发出球墨铸铁、汽车刹车盘、高档机制纸等一批技术含量高、市场前景好的名优产品，增强了市场的竞争能力。

文化生活。1978年以前，文化生活单调。目前全县群众性文化活动丰富多彩，县电台已开播，有线电视普及城镇乡村。

卫生事业。解放初，合格医生不足百人。党的十一届三中全会以后，医疗卫生工作日益加强，10多个乡镇卫生院得到改建和扩建，97%的农村卫生所达到合格标准。全县基本上形成了以县城为中心，县、乡、村三级医疗卫生保健网，医疗水平大大提高。

纵观襄汾的50年发展史，成绩辉煌。展望未来，襄汾县委、县政府带领襄汾47万人民，审时度势、立足县情、正视困难、迎接挑战，描绘出襄汾跨世纪的宏伟蓝图。到2002年，国内生产总值达到25.94亿元，年均增长12%；粮食产量稳定在2.3亿公斤左右，并力争有所增长；乡镇企业营业收入达到81亿元，年均增长20%；财政总收入达到1.43亿元，其中地方财政收入达到8629万元，年均增长11%；农民人均纯收入达到3890元，年均增长14%；城镇居民人均可支配收入达到6168元，年均增长12%。

（王金虎　阎润生　卫春燕）

洪洞县

古槐逢春万象新

建国以来，特别是改革开放后，经过历届县委、县政府的不懈努力，洪洞经济建设和社会事业发生了翻天覆地的变化，社会生产力获得了大解放，安定团结的政治局面不断得到巩固，人民生活开始由温饱向小康迈进。在农业上，培育了小麦、林果、畜牧、蔬菜四大主导产业；工业上，形成了以煤、铁为主体，以轻工、化工为两翼，以原煤开采、煤炭加工、炼铁、造纸、化工、陶瓷、农副产品加工、机械加工八大行业为骨干的工业体系；以商贸运输、交通、邮电通讯等为重点的第三产业得到迅猛发展。勤劳智慧的槐乡儿女发扬"不服输、不示弱、争上游、创一流"的洪洞精神，艰苦奋斗，苦干实干，抓机遇，迎挑战，靠着自己勤劳的双手和聪明才智，在洪洞这块古老的土地上，创造了经济发展的奇迹，取得了辉煌成就，一个经济发展、社会进步、人民安居乐业的新洪洞在三晋大地崛起。

一、县域经济迅猛发展，综合实力大大增强

50年来，洪洞县域经济迅猛发展，全县国内生产总值稳步、快速增长。特别是改革开放以来，县委、县政府坚持以经济建设为中心，以强县富民为目标，强化农业基础，发展乡镇企业，壮大工业经济，综合经济实力大大增强。1998年，全县国内生产总值达到268246万元，比1952年的2213万元增长121.2倍，平均每年增长10.7%；比1978年的9080万元增长29.5倍，平均每年增长18.4%。农林牧渔业总产值达到78840万元，比1949年的4160万元增长18.9倍，平均每年增长6.1%；比1978年的15310万元增长5.1倍，平均每年增长8.5%。工业总产值达到470575万元，

比1949年的395万元增长1191.3倍,平均每年增长15.2%;比1978年的7802万元增长60.3倍,平均每年增长22.7%。十一届三中全会以来,具有光荣传统的洪洞人民在党的改革开放政策指引下,大力发展乡镇企业,开辟农民兴办企业的先河,全县乡镇企业异军突起,1998年乡镇企业利税总额达到20428万元,比1978年的108万元增长188.1倍,平均每年增长29.9%。财政收入大幅度增长,1995年全县财政收入突破亿元大关,实现1.02亿元。1998年达到18095万元,比1952年的335万元增长53倍,平均每年增长22.1%。财政收入的持续增长,保证了全县各项事业的发展。1998年社会消费品零售总额达到49104万元,比1949年的815万元增长59.1倍,平均每年增长8.5%;比1978年的3883万元增长11.6倍,平均每年增长13.5%。这些重要经济指标的连年大幅度增长,不仅大大增强了全县的综合经济实力,推动了社会进步,改善了人民生活,而且为今后的发展奠定了坚实的基础。

二、农业生产持续全面发展,农村经济取得突破性进展

党的十一届三中全会前,占全县90%以上的农民在“一大二公”、“政社合一”和“三级所有、队为基础”的人民公社体制的约束下从事农业大生产,积极性得不到应有的发挥,限制了农业和农村经济的发展。解放后的28年间,农村经济只能以平均2.8%的速度增长,受三年困难时期和“十年动乱”的影响,农民人均纯收入1978年仅有53元。改革开放后,全县农村经济全面发展,农民收入大幅度提高,1998年全县农民人均纯收入达到2172元,比1949年增长38.5倍,平均每年增长7.6%;比1978年增长39.9倍,平均每年增长20.4%。

改革开放以来,全县认真贯彻落实党的农村政策,推行了“双层经营、统分结合”的家庭联产承包责任制,积极改善农业生产条件,实施了治汾工程、节水工程和水地扩浇工程,大力推广各种适用新技术,在粮食生产上实施了优种工程、“220”工程和地膜工程,粮食生产连年丰收。以农村产业化为目标,实施了“一稳三上”战略,稳增粮棉保温饱,大上红枣、奶畜、蔬菜三大产业奔小康,农村经济实现了突破性进展。据统计,1998年粮食产量达到294942吨,比1949年的51045吨增长4.7倍,平均每年增长3.5%;比1978年的176970吨增长0.7倍,平均每年增长2.5%。油料产量1998年达到2851吨,比1949年的616吨增长3.6倍,平均每年增长3.1%;比1978年的36吨增长78.2倍,平均每年增长24.4%。猪牛羊肉产量1998年达到13785吨,比1949年的194吨增长70.1倍,平均每年增长8.9%;比1978年的1588吨增长7.7倍,平均每年增长11.4%。随着党的十五大精神的深入贯彻,全县农村经济将会迈向新的繁荣,实现由传统农业向现代农业、由农业大县向农业强县的转变。

三、工业生产取得了巨大成就,经济效益得到了显著提高

解放后,洪洞人民面对工业上一穷二白的烂摊子,用勤劳的双手,开始了前所未有的经济建设,工业发展规模由小到大,由弱到强,不断发展。1978年12月,具有划时代意义的党的十一届三中全会的胜利召开,结束了极左路线的影响和干扰,全县各工业企业认真执行改革开放搞活的方针政策,使工业生产焕发出勃勃生机和旺盛的活力。特别是党的十四大之后的5年,洪洞工业经济发展水平和企业运行机制都发生了明显而深刻的变化,从1978年对工业生产结构的初步调整,由偏重型向轻重协调的方向转化,到1992年立足县情制定的“改造一批老企业、建设一批新企业、淘汰一批糟企业”和“抓能源,上重工,大力发展轻化工,闯出五条路子,发展八大产业,培育六条小龙,建成十个超千万元、利税超百万大户”的三年总体规划,全县工业生产正在从数量扩张为主转化为结构优化为主,工业发展进入提高整体素质时期。工业产品以煤、焦、铁、机制纸、化肥、滚动轴承、饮料酒为主,共有136种,其中有28种产品获得过国家、部、省优质产品奖。全县工业总产值1978年为7802万元,按可比价计算,比1949年增长19.8倍,平均每年增长10.5%;1996年为30668万元,按可比价计算,比1978年增长39.3倍,平均每年增长22.6%。随着改革开放的不断深化,全县工业经济必将冲破各种艰难险阻,实现由工业小县向工业大县、工业强县的转变。

县城俯瞰

四、基础设施建设成效显著，生产条件和城乡建设得到根本改善

建国以来，全县不仅在工业、农业、商业等各个领域取得了巨大成就，而且在基本建设投资规模上也得到了较快的发展。改革开放后，全县对基础设施建设常抓不懈，在农田水利建设方面，以治汾、节水、建设基本农田为重点，治汾工程从1992年开始，总投资7000万元，共筑坝78.6公里，开发滩涂3366公顷，护地5333公顷。1994年，江泽民总书记视察洪洞时予以充分肯定和赞扬。城建方面，加快旧城改造步伐，对县城"六街一场"进行扩建改造，兴建了飞虹影剧院、晋洪大厦、国贸大厦、财政大楼、中行大楼、工行大楼、政府办公大楼、电信大厦等一批新型建筑，城市面貌发生了很大变化。1995年到1996年，全县开展百村油路大会战，掀起全民义务修路高潮。1998年，全社会固定资产投资达到19987万元，比1952年的114万元增长174.3倍，平均每年增长11.9%；比1978年的5318万元增长2.8倍，平均每年增长6.8%。基础设施建设步伐的加快，使经济发展的硬环境实现了由"滞后"向超前的转变。

五、社会事业蓬勃发展，精神文明建设取得新成就

建国后，由于工业生产的持续发展和城乡市场的繁荣兴旺，全县城乡居民的生活水平明显改善，特别是改革开放以来，全县人民的生活发生了巨大的变化，人民生活正大踏步地向小康迈进。1998年全县农民人均纯收入达到2172元，比1978年增长39.9倍，平均每年增长20.4%。在城镇，广开就业门路，增加居民收入。1998年全县职工平均工资达到5354元，比1978年的562元增长8.5倍，平均每年增长11.9%；比1949年的329元增长15.3倍，平均每年增长5.7%。1998年，全县社会消费品零售总额达到49104万元，比1978年和1949年分别增加45221万元和48289万元。随着社会消费品零售额的增长，城乡居民的消费结构和标准也发生了变化，全县人民已从过去"吃求填饱肚子，穿求遮体御寒，住求有个窝钻，用求凑和能用"转变为现在的"吃饭讲营养，穿衣讲漂亮，住房讲宽敞，用品讲高档"的新格局。人民生活水平的改善，不仅反映在吃、穿、住、用和经济收入方面，还体现在文化教育、医疗保险等方面。教育办学条件得到根本改善，中小学校基本上实现了"一无两有三配套"，各级各类学校1998年在校学生数达到119022人，分别比1978年和1949年增加8412人和100182人。1985年，洪洞电视台建成，1995年又开通了有线电视，群众文化生活更加繁荣丰富，被评为"全国文化先进县"。1998年全县医院病床位数达到1410张。分别比1978年和1949年增加982张和1404张。精神文明建设更是锦上添花，人民生活正在实现由温饱向小康的转变。

"九五"至2000年，是我国经济发展的关键时期，也是洪洞县加快发展、奋力赶超、实现经济腾飞的重要时期。在世纪之交，洪洞县委、县政府将带领全县人民，乘着十五大的强劲东风，进一步加快改革开放步伐，充分发挥资源、地域、人文、交通优势，自力更生，艰苦奋斗，以饱满的激情，顽强的斗志，把一个文明、富裕、经济发达的新洪洞带入充满希望的21世纪。

（南临红）

古　县

古县不古迈新步

古县是个新建县，1971年由安泽、浮山两县的10个边缘山乡设置组建。

一、五十年成就回顾

建国后的前30年，古县的社会发展经历了国民经济恢复、社会主义改造、大跃进、经济调整和"文化大革命"等时期。解放初期的土地革命和农村互助合作，解放和发展了社会生产力。经过1957年全面完成对农业手工业和资本主义工商业的社会主义改造，国民经济迈出了新的步伐，"文化大革命"使国民经济和社会发展遭受重大挫折。1978年，全县国内生产总值

为1301万元，工农业总产值为1279万元，地方财政收入52万元，农民人均纯收入仅有45元。

1978年，党的十一届三中全会后，乘改革开放的东风，依托固有优势，古县经济迅速走上腾飞之路，县域综合实力大大增强。1998年与1949年相比，国内生产总值增长16倍，年均递增6%；人均国内生产总值增长14.2倍，年均递增5.7%；农民人均纯收入增长17.3倍，年均递增6.1%。

改革开放20年来，古县人民在历届县委、县政府正确领导下，团结拼搏，真抓实干，大力发展县域商品经济，努力改善基础设施条件，培育发展主导产业，使全县经济和各项社会事业得到了长足发展，取得了历史性的辉煌成就。

国民经济快速增长，综合经济实力显著增强。建县以来，特别是改革开放20年来，县委、县政府立足本地资源优势，坚持和完善“以粮食生产为主体，以核桃和煤焦为两翼”的一体两翼的经济指导方针，高举改革开放和艰苦奋斗两面旗帜，紧紧围绕“煤焦富县、核桃富民”这一战略构想，坚持以经济建设为中心，团结进取，奋力拼搏，全县经济得到持续、快速发展。1998年全县国内生产总值达到38983万元，按可比价计算比1978年增长6倍，年均递增10.2%；人均国内生产总值达到4670元，比1978年增长4.8倍，年均递增9.2%；工农业总产值达到81248万元，按可比价计算比1978年增长16.8倍，年均递增15.5%。

农村经济蓬勃发展，基础设施大为改观。解放初期，古县只是一个农业县，基本上沿袭着传统的自然经济格局。改革开放后，古县各届领导始终把农业和农村工作放在经济工作的首位来抓，实施了党的一系列富民措施，解放了农村生产力，推动了农村经济的迅猛发展。1998年全县农业总产值达到12166万元，按可比价计算比1978年增长2.2倍，年均递增6.0%。粮食总产量达到53168吨，比1978年增长1.4倍，年均递增4.5%。农民人均纯收入1667元，比1978年增长19.6倍，年均递增16.35%。全县大牲畜存栏18729头，是1978年的1.75倍，年均递增2.85%。肉类总产量1527吨，比1978年增长2.5倍，年均递增6.5%。

农业基础设施得到强化，主导产业初具规模。近年来，兴建人字闸工程85处，新增和改善水浇地700余公顷，培养和树立了石必流域以“人字闸”建设为重点、山水田路综合治理的农业典型，得到了国家和省地有关部门的充分肯定和高度重视。1998年底，全县核桃总株数达到320万株，农民人均50株，全县核桃年产量达到3000吨。沿河流域的蔬菜基地、南片为主的畜牧基地都取得了可喜成绩。林果业、畜牧业生产的迅猛发展，为农民增收、农村经济的稳步发展培植了新的经济增长点。

工业经济迅猛发展，主导地位日益巩固。古县的工业起步较晚，但发展较快，特别是党的十一届三中全会后，古县的工业有了迅猛发展。到1998年，全县工业企业发展到633个，工业总产值达到69082万元，比1978年增长38.8倍，年均递增20.2%。

煤炭工业发展迅速，产品质量明显提高。由于煤炭储量较大，煤炭工业已成为古县的主导产业，煤炭产值占到全县工业总产值的70%以上。原煤产量逐年提高，洗煤、炼焦从无到有不断发展状大。1998年全县原煤产量232.62万吨，比1978年增长16.6倍，年均递增15.4%；焦炭产量124.7万吨，比1978年增长40.7倍，年均递增20.5%；洗精煤产量122.39万吨。1985年以来，古县焦化工业发生了重大变化，加工层次由粗到精、由土到洋，产品经历了土焦——改良焦——冶金焦——铸造焦的发展过程。古县第一焦化厂生产的“太阳神”牌铸造焦荣获第二届北京博览会金质奖。原煤、精煤、生铁、耐火材料等产品的质量也得到了进一步提高。

古县石壁乡“人字闸”工程

乡镇企业异军突起。1998年全县乡镇企业发展到4495个，从业人员24077人，实现总产值113178万元，营业收入达到113054万元，乡镇企业上缴税金1543万元。乡镇企业工、商、运、建、服综合发展，已成为古县国民经济的一支生力军。

城乡市场繁荣稳定，财政金融稳步发展。随着国民经济的快速增长，古县在县城内新建了3个交易市场，并在各乡镇修建了农贸市场，为广大农民群众进入流通领域创造了有利条件，使全县社会消费品市场购销两旺，呈现出一派繁荣景象。1998年，全县社会消费品零售总额达到7533万元，比1978年增长10.7倍，年均递增13.1%。

1998年，全县财政总收入2670万元，其中地方财政收入1292万元，比1978年增长23.8倍，年均递增17.4%。全县金融机构各项存款余额15148万元，比1978年增长72.5倍，年均递增24.0%。金融机构各项贷款余额15284万元，比1978年增长22.4倍，年均递增17.1%。城乡居民储蓄存款余额13314万元，比1978年增长129.5倍，年均递增27.6%。

*基础设施明显改善。*古县境内有309国道甘(亭)林(州)线穿越南部旧县和永乐两个乡镇，省道洪(洞)古(县)线贯穿区中，与大运公路沟通，还有浮古线、古北线、安第线、古石线等县级公路纵横交错，沟通全县所有乡村和厂矿企业。古县在全省山区县中率先实现了乡乡镇镇通油路，村村通公路。1998年全县公路通车总里程达到254公里。

邮电通讯事业发展迅速。程控电话进入临汾地区本地网，可直拨国际国内各大城市。全县拥有电报电路3条，长途电话线路60条，网话线路90条，装机容量4032门，电话机数2117部。1998年邮电业务总量447万元。

电力供给充足可靠。境内有10千伏输变电线路18条，总长440.07公里。35千伏输变电线路4条，总长64.9公里，变电站4座，总容量13000千伏安，年供电能力达到2784万千瓦时。1998年售电量2374.89万千瓦时。

建县以来，县城先后建起办公、医疗、教学、商贸、旅店、文化娱乐等大楼90余座。拓宽硬化了县城主街道8条，拥有年供水量达28万吨的水厂1座，可满足县城周围的居民用水。

*科教文卫欣欣向荣。*古县坚持实施科教兴县战略，在科技工作上，加大了科技投入，大力推广实用科学技术，推广了156个科技项目，特别是在地膜覆盖、良种优化、核桃嫁接、节水微灌、食用菌栽培等项目上取得重大突破。

建县以来，古县在抓基础教育的同时，职业教育、成人教育得到较快发展。全县形成了一个从幼儿教育到成人教育，从普通教育到职业教育的比较完整的教育体系。1998年底全县共有各类学校364所，在校学生23697人。建设和完善标准化学校10所、规范化学校20所，达标学校200所，全县中学入学率达98%，小学入学率达到100%。1978年以来，累计共输送大中专学生1573名，为全县经济建设培养了大批优秀人才。

医疗卫生事业发展较快。1998年，全县拥有县医院1个，中心医院2个，乡镇卫生院8个，卫生专业技术人员352人，拥有床位214张，比1978年增长29.7%。

建成电视演播厅，实现了重大活动现场直播。修建了电视差转台4个，县城及北平、古阳、下冶、城关、旧县五乡镇已普及有线电视，中央台覆盖率达50%以上，山西台覆盖率达90%以上。

二、跨世纪前景展望

*加强农业基础建设，实现农村经济产业化发展。*加强以人字闸为重点的农田水利基本建设，进一步改善农业生产条件。依靠科技进步，提高农产品的科技含量。抓好核桃、食用菌、蔬菜等区域性规模基地建设。巩固和发展以核桃为主的林果业，走生产、加工、出口一体化的产业化路子。加快乡镇企业发展，加大结构调整力度，提高管理水平，在集约化发展上迈出新步伐。

*巩固壮大煤焦主导产业，同时大力推进非煤产业的发展，优化产业结构。*煤炭焦化工业按照“治理整顿，控制总量，延伸加工，扩大规模，形成基地”的要求，提高加工转化能力和产品科技含量。冶炼行业要以生铁、铸造为突破口，积极开展技术合作，推广新工艺、新技术，提高经济效益。利用资源优势，积极引进科技含量高、市场前景好的生产技术，培育新的优势产业。在完善公有制经济的改制后，采取多种措施，鼓励支持和引导个体、私营等非公有制经济的健康发展，增加就业，推动经济结构调整，促进国民经济的全面发展。

*加快基础设施建设，改善经济发展环境。*以洪(洞)古(县)路一级路建设为龙头，使公路建设再上一个新台阶。邮电通讯要进一步完善移动电话通讯网，提高城乡电话覆盖面。

*实施科教兴县战略，加快人才资源开发步伐，以科技进步推进经济发展。*加强县、乡、村各级领导干部的培训工作，提高科技文化水平。加强农村科技网络建设，提高农民掌握和运用科学技术的能力和水平，加快科技成果转化为现实生产力的步伐，促进科技成果推广应用工作规范化、制度化、法制化。

*加强精神文明建设和民主法制建设。*培养“四有”公民，树立正确的世界观、人生观和价值观，在全社会形成“五爱”的良好风气，加强廉政建设和法制建设，造就一支高素质的干部队伍。

（刘晓英）

安泽县

改革谱写超常曲　十项指标大翻番

安泽县位于临汾地区东部、太岳山东南麓，东与屯留、长子交接，西与古县、浮山接壤，北与沁源毗邻，南同沁水相连，境内山峦起伏，沟壑纵横，沁河贯穿南北109公里。全县辖11个乡镇，105个行政村，总人口7.88万人。

安泽县县域辽阔，资源丰富。全县总面积1966平方公里，耕地面积15404公顷，人均3亩。安泽境内杨柳成荫，森林茂密，林地总面积达77467公顷，森林覆盖率达53.8%。安泽县牧坡宽广，牧草丰盛，草地面积30181公顷，年采草量12亿公斤，发展畜牧业有着得天独厚的优势。安泽水域面积大，小泉小水多，境内有沁河、蔺河、兰河、泗河等大小河流22条。其中，沁河年清水流量达14立方米/秒。安泽县野生资源遍布山野，仅野生药材就达300余种，山猪、山羊、野鸡、野兔等野生动物达10余种。全县探明煤炭储量达到1300万吨，年开采能力20余万吨。

全方位实施改革举措　经济建设势头强劲

建国以来，历届安泽县委、政府带领全县人民在上级党委、政府的领导下，励精图治，奋力拼搏，全县出现了一个政治稳定、经济发展、社会进步、事业兴旺、人民安居乐业、奋发向上的大好局面。特别是改革开放以来，历届县委、政府坚持以经济建设为中心，加大改革开放力度，全县经济出现了超常规、跳跃式、大跨度的发展势头，十大指标实现了大翻番。

*国民经济持续快速增长。*1998年，全县国内生产总值达到2.63亿元。比建国初1949年翻了4番多，年均增长6.1%；比改革开放1978年翻了2番多，年均增长9.0%。农业总产值达到2.09亿元，比1949年翻3番多，比1978年翻1番多；工业总产值达到6582万元，比1949年翻8番多，比1978年翻2番多；乡镇企业利税总额达3845万元，比1978年翻5番，年均增长18.7%；粮食总产量达到85162吨，比1949年翻2番，比1978年翻1番多；猪牛羊肉产量达到5200吨，比1949年翻5番多，比1978年翻2番多；农民人均纯收入达到1639元，比1949年翻5番多，比1978年翻4番多；财政收入达到1808万元，比1957年翻5番，比1978年翻4番多；社会消费品零售总额达到10051万元，比1949年翻7番，比1978年翻3番多；私营企业发展到54户，个体工商户达到2059户。

*农村经济长足发展，农、林、牧业突飞猛进。*50年来，安泽立足实际，始终把农业和农村工作放在经济工作的首位，大胆实践，积极探索，全方位改革，逐步明晰了安泽农业和农村工作的发展思路，把开发“大粮仓”、“大林场”、“大牧场”建设推向了一个崭新的阶段，促进了农村经济朝着持续、稳定、健康的方向发展。

一是“大粮仓”建设成效显著。在“大粮仓”建设上，安泽加大政策、科技、投入三个力度，实施产品基地、市场流通、加工增值一体化生产，粮食生产总量显著增加，不断创就历史新高。1998年全县粮食总产达到85162吨，农民人均纯收入达到1639元，创历史新高，粮食增产与农民增收在这年实现了有效结合。玉米单产、人均贡献粮食、玉米商品率、粮食收入四大指标连续多年位居全省第一。1996年，孙文盛省长为安泽亲笔致信予以勉励，并作了“林茂粮丰，富民强县”的题词。

二是“大林场”建设名扬三晋。在“大林场”建设上，实行飞、封、造并举，抓工程、上规模、出精品，建设7个万亩经济林基地，1998年森林覆盖率达到53.8%。1996年，山西省太行山绿化工作现场会、全省国营林场经营管理现场会相继在安泽召开，安泽县被授予“太行山绿化工程建设先进县”的称号，奖“2020”吉普车一辆。省林业厅曹振声厅长亲笔题词“太行山的绿色明珠”。

三是“大牧场”建设成效斐然。实施规模养殖，科学管理，产业化发展黄牛经济，1998年全县黄牛饲养量达到7.9万头，实现了人均1头牛的目标，跨入全省畜产品10强县行列。1993年、1994年、1995年连续3年荣获省农牧厅畜禽开发肉牛育肥三等奖、二等奖。1995年全省秸杆养牛现场会在安泽召开。省委、省政府授予安泽县”养牛先进县”的荣称，奖“2020”吉普车一辆。

*工业经济出现转机，逐年增长。*50年来，全县工业经济在徘徊中前进，在探索中发展，在巩固中提高，在传统上创新，几经大改小革，走出了一条适合安泽发展的工业新路子。特别是近几年，全县狠抓工业

“三改一管”，着力培育潜力大、效益高的龙头企业，兼并了府城酒厂、模具厂、服装厂等效益不佳企业，破产了水泥厂、建材厂等部分资不抵债的企业，投资4010万元新建了安泽焦化总公司和安泽淀粉厂2个龙头企业。同时，大力调整和优化产品结构，实施优势产品和龙头企业的翻身工程，工业企业走出了低产低效的困境。安泽县铜套厂生产的双金属铜套获省新产品投资鉴定验收合格证书，安泽县大曲熏醋厂生产的辣、姜、蒜、香“四味醋”获1994年省“两会一节”精品展铜奖；安泽县面粉厂研制的玉米粉等系列产品深受用户青睐；安泽老西食品公司开发的糖葫芦在京参加第三届中国农业博览会，受到首都消费者的喜爱，并与北京大型商场——安安商场签订了92万元的供货合同。1998年工业总产值达6582万元，工业增加值2448万元，实现利润1278万元。

*财经贸易日趋繁荣。*积极探索搞活商贸流通的新路子，大胆推进现代企业制度改革。一是对商、粮、工、贸流通企业实行国有民营、柜组承包、租赁兼并、走企业集团化、规模经营之路，增强了企业的活力。同时，大力鼓励发展个体工商户参与市场竞争。二是大力完善集贸市场、商品市场、生产要素市场、劳动力市场、人才市场、扩大商贸流通。建设了粮油、黄牛、木材山货、农副产品四大批发市场，在解决农民产前、产中、产后服务上起到了很大作用。三是大力培植财源，发展金融，加大税收征管力度。安泽县财政的面貌有了很大改观，1998年，全县社会消费品零售总额达到10051万元，城乡居民储蓄存款余额达到13757

安泽县生产的蔺泉牌系列酒

万元，财政收入达到1808万元。

*城乡居民生活蒸蒸日上。*随着经济的迅速发展，人民的生活水平发生了天翻地覆的变化，人们穿衣讲高档，吃饭讲营养，住房讲舒适，出门讲便捷。1998年，城镇居民人均可支配收入达2899元，农村居民住房宽敞舒适，汽车、摩托车从无到有，电视机基本普及，人们的生活消费水平逐年提高，“土窑洞”、“窝窝头”、“三十亩地一头牛”的生活方式已成为过去。

多层次改善投资环境　基础设施得到夯实

全县从改善基础环境入手，狠抓基础设施建设，使山区落后的面貌有了彻底的改观。

*农业基础有了新改善。*安泽结合县情，从长远出发，切实加强农业基础，在农田基本建设上，按照田园化、水利化、现代化的思路，改土与节水并重，兴水与治旱并举，大搞平田整地，到1998年，累积发展水浇地3万亩，改造中低产田8万亩。在农田机械上，建成了城关、冀氏两个大型农机站，配备大型农机具9台(件)。全县农机总动力达到4.21万千瓦。

*城镇建设迈出新步伐。*从1982年开始，安泽对县城街道进行“大手术”，拓宽、新辟、油化街道，修建加固县城防洪大坝。发展城市供水工程，日供水能力达到3880吨。县城已形成高楼林立局面。唐城、和川、城关、冀氏4镇的小集镇建设也有了很大发展。

*交通、电力、通讯实现新飞跃。*在发展交通方面，从1992年开始，全县大搞“百里油路大会战”，油化公路实现了零的突破。同时，大搞全民义务修路。1998年，全县公路总里程达315公里，实现了80%乡镇通油路，村村通公路。在电力方面，积极争取投资，改善输、变电能力，增加容量，扩大范围，于1987年架通了洪洞至安泽58公里输电线路，并建设了县城110KV变电站，满足了城乡居民生产、生活用电，实现了全县家家户户都通电的目标；在电讯方面，千方百计克服信息闭塞局面，铺设光缆，扩大线路，增加容量，结束了“摇把子”电话的历史，开通了程控电话、移动电话。目前，有9个乡镇实现了程控电话，全县装机容量达到5920门，电话用户2007户。

大视角挖掘潜力　科教水平有了提高

50年来，全县针对山区科学教育相对落后的状况，大力实施教育奠基、科教兴县工程，坚持修教育之渠，引科技之水，科教事业有了长足发展。

*科技推广工作上了新水平。*近年来，全县不断强化“科技是第一生产力”意识，广泛开展科技推广活动，使科技在生产中的含量显著增加。一是健全县乡村三级科技推广网络，配备了科技副乡(镇)长，副村长；二是引进开发推广了一大批实用技术。比如在80年代，大力推广了“优种密植加化肥”玉米栽培技术，

结束了玉米产量低而不稳的局面。近几年，又大力推广玉米沟播技术，玉米单产突破600公斤大关，为农业实现“两高一优”创出了新路。到目前，全县农村每户都有1名科技明白人，每五户就有1户科技示范户。

*教育、卫生事业进一步加强。*近几年，全县大力发展基础教育、职业教育、成人教育，提高劳动者素质。在基础教育方面，不断增加投入，集聚社会各方面力量，改善山区办学条件，全县267所中小学实现了“一无两有三配套”。在职业教育方面，大力开展“三加一”教学活动，大办农民夜校，创办职业中学。1995年在县城建成1座职业教学楼。职业教育、成人教育开办10余年来，为全县各行各业培养了大量专业人才。全县的普九、扫盲、“两基”达标工作顺利通过验收，得到了国家教委的充分肯定。在卫生事业方面，实行防病与治穷、防病与改水、防病与改善膳食结构、防病与讲卫生、防病与治病相结合的“五结合”办法，地方病防治工作实现新突破，发病率明显降低。1996年甲状腺肿大率下降为0.93%，为建国以来最低水平，碘缺乏病基本达到国家控制标准。

（宋书庆　李社明）

浮山县

由贫穷到温饱的跨越

浮山县地处临汾盆地东缘，全县总面积940平方公里，辖15个乡镇，265个行政村，12万人口，为革命老区，山区贫困县。建国50年来，全县人民在县委、县政府领导下，认真贯彻党在各个时期的路线、方针、政策，立足当地实际，充分发挥优势，在经济、社会、科技等方面取得了巨大成就。特别是改革开放以来，全县上下高扬“改革、发展、稳定”的主旋律，紧紧围绕“建设农牧大县、攻克工业弱县、改变财政穷县、实现政治强县”的总体目标，高举改革开放和艰苦奋斗两面旗帜，团结进取，奋力拼搏，使全县经济得到持续、快速发展，人民生活水平实现由贫困到温饱的跨越。1998年，全县国内生产总值达到33488万元，比1949年增长49.7倍，比1978年增长10.7倍；全部工业总产值完成49404万元，比1978年增长38.4倍；农业总产值完成19566万元，比1949年增长35倍，比1978年增长15倍；乡镇企业总产值达18046万元；地方财政收入完成1472万元，比1949年增长490倍，比1978年增长15倍；农民人均纯收入1631万元，比1978年增长50倍。

一、农村经济健康发展

建国以来，全县紧紧围绕粮食增产、农民增收两大目标认真落实党在农村的方针、政策，不断强化农业的基础地位，使全县农村经济有了很大发展，但由于极左思想和“文化大革命”的干扰，使全县的农业生产曾一度陷入困境。党的十一届三中全会以后，全县坚持走高产优质高效、治旱兴农、科技兴农的发展路子，及时调整农业内部结构，培育新的经济增长点，农业综合生产能力有了很大提高，农村经济保持了持续、稳定、协调发展的好势头。

*粮棉油生产逐年增加。*恢复时期和社会主义改造时期发展缓慢，粮棉油产量年均速度分别为2.8%、0.6%和0.2%。十年动乱期间，粮食产量年平均增长速度为1.9%，比恢复和改造时期慢0.9个百分点。改革开放以来，县委、县政府认真总结经验教训，带领全县广大农民群众在改善农业生产条件方面下功夫、做文章，在发展有机旱作农业方面寻出路，依靠科技夺高产，从而使全县农业生产在连年遭受自然灾害的情况下，冲出低谷，产量逐年回升。1998年粮食生产创历史最高水平，总产达85468吨，比1949年增长3.0倍，年平均增长2.8%，比1978年增长1.6倍，年平均增长4.8%。1989年和1990年连续两年小麦生产获省政府金杯奖、丰收奖；1993、1996年被省地分别授予“小麦生产先进县”称号。棉花生产和收购工作从1994年开始连续4年蝉联全省第一，1996年被省委、省政府授予“棉花生产先进县”光荣称号。

*农业产业化起步发展，支柱产业初具规模。*1978年以来，全县依托资源优势，按照规模化、基地化、集约化生产方式的要求，围绕“山养牛羊川种菜，北种核桃南栽枣”产业化发展思路，积极培育主导产业，大抓基地建设，强化规模管理。在红枣、核桃、畜牧、蔬菜四大基地不断发展的同时，元宝枫作为新兴的支柱产

业，被列入基地建设规划。以北片为主的核桃基地，共栽植核桃3.29万亩；以中南片为主的红枣基地，枣粮间作1.35万亩；以东片为主的畜牧基地，1998年黄牛存栏达5856头，羊存栏29580只；以中片为主的蔬菜基地，到1998年已发展50个日光节能温室，面积达300亩，生产蔬菜15484吨。元宝枫到1998年已栽植9万株，育苗20亩。根据规划，在5年内将建成全国最大的元宝枫生产基地。在基地建设带动辐射下，全县林业、畜牧业生产也取得可喜成绩。林业生产，20年共造林26.7万亩，发展经济林10.79万亩，果园面积发展到11.77万亩，分别是1978年前的2.54倍、5.14倍和12.7倍，森林覆盖率达25.8%。1998年全县林业总产值达646万元，比1978年增长4.5倍。浮山县被省政府授予“绿化先进县”称号。畜牧业生产，到1998年底全县大牲畜存栏21225头，猪存栏33331头，羊存栏88322只，比1949年分别增长98.3%、22倍、1.1倍，分别比1978年增长了78.5%、19.6%、26%。畜牧业总产值达到4642万元，比1978年增长15.8倍。林果业、畜牧业已成为全县的主导产业，为农民增收、农村经济增长培植了新的经济增长点。

*乡镇企业异军突起，发展速度进一步加快。*改革开放后，全县依托资源优势，抢抓机遇，放宽政策，放活经营，创造条件，“四个轮子”一起转，集体个人一起上，使乡镇企业得到了迅速发展和壮大。初步形成了以采掘和冶炼为主，农副产品加工、建材、化工、运输服务综合发展的新格局。全县有3个亿元乡镇、6个千万元村、11个百万元企业，乡镇企业的规模、档次、质量和效益发生了很大的变化。

*扶贫攻坚取得决定性胜利，小康村建设进展顺利。*1985年浮山县被确定为省级贫困县。近年来，按照省委提出的“扶贫攻坚，关键在党，根本在人，成败在干”的指导思想，全县从组织上建设一支扶贫攻坚强有力的干部队伍，从行动上突出艰苦奋斗、真抓实干，大力实施粮食战略、增收战略、基础战略和开放战略，帮助贫困村办实事、办大事，开发主导产业，取得了丰硕成果。1996年被省扶贫开发领导组授予“扶贫攻坚先进县”称号。1997年全县整体越过了温饱线，1998年全县农民人均占有粮食797公斤，农民人均纯收入达到1631元。全县有2个乡镇、91个村、9281户、38468人过上了小康生活。

二、工业效益逐步提高

浮山县工业历史源远流长。早在汉朝时期就有了冶炼、铸造，到民国时期城东农民开煤窑，前交村生产陶器、砂锅。至建国初期，全县有工业企业单位8个，主要从事烧炉打铁、农机具修配、皮革制造、日用陶瓷、手工造纸、剪纸刺乡、编织加工以及各种作坊，生产规模较小。60年代以后，工业经济受到“文化大革命”的干扰破坏，工业生产发展缓慢，处于徘徊阶段。党的十一届三中全会以来，全县认真清理“左”的错误思想，贯彻执行“调整、改革、整顿、提高”八字方针，在企业内部普遍实行经济承包责任制。面对市场经济的挑战，县委、县政府以贯彻落实《条例》为契机，以提高经济效益为中心，加强管理，调整结构抓重点、攻难点，培育新的经济增长点，使工业经济发展步入快车道。一是加强对企业生产的领导，定责任，定目标，定措施，制定出台了对重点企业进行封闭式管理的决定，保证了企业正常生产经营活动。二是强化企业管理，在全县各企业开展了以学山焦、学邯钢为中心内容的活动，抓基础、抓质量、抓营销、抓市场，初步建立了全方位、全过程的目标成本管理、质量管理和安全管理体系，取得明显成效。三是加快对现有企业的技术改造步伐，围绕冶金、煤炭、建材、化工等支柱产业，多方筹措资金，对骨干项目进行了技术改造，进一步提高了全县支柱工业企业的整体素质。“七五”期间，全县工业企业有4种产品被评为地区优良产品，3种产品被评为省优产品，2种产品被评为部优产品。“八五”期间，县化工厂生产的活性碳获全国星火博览会优秀奖，县酒厂生产的二峰山大曲在乌兰巴托国际博览会上荣获金奖。四是实施“三优”工程，积极培植优势支柱产业，发展优势拳头产品，培育优势龙头企业。依托矿山、冶金这一支柱产业，组建了矿山采掘和冶炼两大集团；围绕活性碳这一“拳头”产品，组建了活性碳公司，使全县的矿山、冶金和化工工业走上了规模化、集约化发展的路子，逐步改变了结构畸形、产品市场竞争力不强、工业经济脆弱的被动局面。同时以市场为导向，积极发展名优产品，扩大生产规模。目前，全县工业已形成铁矿选炼、煤炭开采、纸品加工、铸件制作、化工、建材、农副产品加工等八大行业为支柱的经济体系。1998年全县工业企业发展到1213个，完成工业总产值49404万元，实现增加值12980万元。

三、城乡市场繁荣稳定

建国初期，全县商业零售网点较少，集市贸易规模小。60年代，商业和供销两大系统在集市贸易中发挥了国合商业的主渠道作用，发扬扁担精神走乡串户，带来了城乡市场的繁荣稳定。地处边远山区且建社较早的寨圪塔供销社多年来一直是全国供销系统的先进单位。1978年全县商品零售总额达1099万元，比1949年增长16.7倍，年均递增10.1%。1978年以来，县政府坚持“政府培育市场、市场引导企业、生产适应市场、政策扶持鼓励”的原则,按照“先建市、后建场”方针,采取国家、集体、个人一起上的办法,在城镇新建了神山市场、红旗市场、响水河镇金铃市场、响水河农副产品交易市场和西关商品一条街,在农村新建了塞上农贸市场、杨村河农贸市场、牌子窑牲畜交易市场、二峰山市场、西坪集贸市场,恢复了寨圪塔农副产品交易中心。县委、县政府坚持管理与服务相结合的原则,在强化管理的同时加强服务,在完善服务中改善管理,多方面、多渠道为进入流通领域和从事第三产业的人员创造有利条件,提供优质服务,保护和支持了广大农民群众参与市场经营的积极性,维护了城乡市场的繁荣稳定,推动了城乡经济发展。1998年全县社会消费品零售总额达7689万元,比1978年增长了6倍。

四、基础设施建设成效显著

50年来,全县共完成固定资产投资2.81亿元,其中改革开放20年累计完成固定资产投资2.55亿元,比1949年至1977年29年累计投资额增长8.8倍。特别是“八五”期间共完成固定资产投资10848万元,是浮山县建国以来投资最多的时期。

公路建设方面。浮山是个山区县,离铁路运输线较远,主要靠公路运输。解放前,仅有一条通往临汾的简易公路,交通十分不便。十一届三中全会以来,县委、县政府加大了公路建设的力度,多方筹措资金,新建和改造县、乡、村公路123公里,把临翼、临响、浮沁、浮古等线浮山境内段共133.9公里公路拓宽改造为平川二级公路,完成了6条县、乡公路的路基改造和11条172公里的路面铺装,实现了乡通三级路、村通四级路的目标。1998年底,全县公路通车里程达512公里。

通讯方面。从1991年开始,全县实现了由步进制向数字程控通讯的飞跃。到1998年底,全县已开通近4000门程控交换机,农话光缆架设87公里,有51个村进入程控直拨网。电话普及率达5.9部/百人,其中,市话普及率为11.3部/百人,农话普及率为0.564部/百人。新建和改造了110KV和3个35KV变电站,实现了村村通电的目标。

市政建设。建国初期,浮山县城街道狭窄,路面不平,城市规划不合理,市容不整。经过50年的努力,古老的山城小县发生了日新月异的变化。在拓宽建设天坛路旧街道的基础上,又开辟了尧山新路、新风街、神山路,形成了具有现代城市特点的新格局。一座座高楼拔地而起,总建筑面积达32.8万平方米,同时城市建设的各类配套工程也日趋完善。有力地促进和推动了全县政治、经济、文化和各项事业的发展。

五、科教文卫事业欣欣向荣

50年来,浮山县经济建设快速发展,财政收入连年提高,为各项社会事业的发展提供了有力的保障。

科技工作取得新成果。在邓小平同志“科学技术是第一生产力”的讲话精神鼓舞下,县委、县政府不断加大科技扶持力度,实施“科技兴县”战略。先后建立健全了县、乡、村三级科技服务网络,制定出台了《浮山县科教兴县实施方案》,实施了科技兴企、科技兴农和科技扶贫工程,推广了一批增产效果明显、覆盖面大、投资少、易于应用的实用技术,有1项获省级科技成果奖、2项获省科技示范二等奖,3项被列为星火计划,1799名科技人员和5000名农村科技当家人正在为浮山的经济建设贡献着力量。

教育事业蓬勃发展。随着体制改革的纵深发展,全县各级各类学校办学条件得到了明显改善,基础教育得到加强。1993年以来,新建、改建、扩建了413所规模化、标准化学校,全县所有中小学校实现了“一无两有三配套”、适龄儿童入学率达99.9%。1995、1996年两年先后顺利通过了省政府和国家教委的评估验收,被国家教委命名为“双基”教育先进县,被省政府授予“基本扫除青壮年文盲、普及九年义务教育县”,各类学校数由1949年的285个增加到414个,在校学生由9696人上升为20439人。

文化事业繁荣活跃。改革开放以来,新建乡镇文化站15个、地面卫星接收站1个、电视台1座,有线电视用户发展到1800户。民间剪纸艺术作品远销英、美、法、日和香港等12个国家和地区,被国家文化部命名为“民间艺术之乡”;孔子《论语》箴言碑林的建成,为浮山又添新的景观。

卫生保健水平得到提高。县、乡、村三级医疗卫生保健网络得到巩固和发展。新建县医院大楼和9所乡镇卫生院,75个村级卫生所达到了甲级标准,农村初级卫生保健工作通过省政府的评估验收。创建了爱婴县和2所爱婴医院,受到了国家卫生部、联合国妇女儿童基金会的表彰。

“雄关漫道真如铁,而今迈步从头越”。勤劳善良的浮山人民已跨越了温饱线。今后,我们深信,在未来改革和发展中,只要沿着党的十五大指引的方向,以邓小平理论为旗帜,按照县委、县政府制定的“稳定粮食、优化果业、发展畜牧、大上元宝枫”的工作思路,发扬老区人民艰苦创业、顽强拼搏的精神,一定能将一个文明开放、繁荣富裕的浮山带入21世纪。

(陈春莲　吴雪峰　王亚明)

吉　县

创改革新路　扬壶口雄风

吉县地处晋西吕梁山南端，东接临汾、蒲县，北邻大宁，南靠乡宁，西隔黄河与陕西宜川相望。

建国50年，特别是改革开放以来，吉县人民高举邓小平理论这面大旗，不断深化改革，积极调整产业结构，大力发展粮、烟、林(果)、工、旅五大支柱产业，使这座古老的山城发生了翻天覆地的变化，人民物质文化生活水平有了很大的提高。1998年，全县国内生产总值达2.4亿元，是改革开放初期的13.5倍，比建国初期增长了近60倍；职工人数6400人，比1978年扩大15倍，比建国初期扩大了21.3倍；职工平均工资3632元，是建国初期的13倍，是1978年的7倍；社会消费品零售总额7190万元，是建国初期94.6倍，比1978年增长了11倍；财政收入641万元，为建国初期的42.7倍，是1978年的10.5倍。

一、优化种植结构，农村改革硕果累累

吉县共设有3个镇、9个乡、1个国营林场，下辖108个行政村、609个自然村，总人口100100人，其中农业人口88100人。冬季寒冷干燥、夏季高温多雨的气候和境内资源的贫乏，决定了吉县经济的黄土特征。解放前，由于反动阶级的统治和连年战争的破坏，富有悠久耕种历史的吉县农业始终没有得到长足的发展，解放前夕全县的粮食年产量也不过2000多万斤。新中国成立后，新政府充分利用人民群众经过土改焕发出来的生产积极性，认真贯彻中央制定的各项休养生息政策，大力开展生产自救和爱国增产节约运动，建立农业技术推广组织，不断引进先进的生产技术和优良品种，使粮食生产很快超过了战前水平，并在1953年给国家出售余粮7130吨，位居全区榜首。改革开放以来，全县普遍推行了以家庭经营为主的联产承包责任制，极大地调动了农民群众的生产积极性，有效地促进了粮食生产的发展。1998年全县粮食总产量达59690吨，比1949年增长了5.1倍，比1978年提高了2.2倍，人均占有粮食是1978年的1.7倍；油料产量1805吨，是1949年的33.4倍，比1978年翻了7番。

在理顺生产关系的基础上，吉县县委、县政府，又加大了对种植业结构调整的力度。烤烟是“七五”期间开发的新型产业，1986年开始试种，由于烟叶品质优良，且效益可观，很快得到了推广，播种面积由原来的几百亩扩大到1988年的2万亩，烟叶总产达2610吨，总收入也由试种初期的11500元上升到150万元，为财政增收325万元，占到全县财政收入的42%。吉县生产的红星苹果，在1989年全省水果鉴评会上一举夺魁，并获国家农业部优质产品奖，拉开了吉县果业生产的帷幕。果树种植面积由原来的2万余亩迅速上升到1998年的12万亩，其品种也由原来的红星、国光，换枝新植为优质品种红富士系列。产品下销湖广，上抵塞北，1998年产量高达4000万斤。以苹果为原料的壶口干白新产品应运而生，大大提高了林果产品的附加值。

农村改革的成功，使吉县农村经济中“人”的因素发生了根本性变化。农民们在万变的经济大潮中，学会了发展流通、搞活经营，不仅作物种植由改革前的单一粮食格局向粮、烟、果、地栽黑木耳等多元结构发展，而且随着果树等产业的发展，吉县的广大农村形成了一支有4000余人参加、1500余辆机动车辆参与的勇闯市场、搞活流通的农民大军。大部分村民住上了新房，有线电视、电话、摩托车等具有现代意味的商品进入农村，农民生活正步入小康。

二、深化企业改革，经济建设成就辉煌

“地上没抓的，地下没挖的”，概括了吉县矿产资源相对贫乏的现实。吉县的工业，建国前全县仅有小手工业匠铺20余户，且因资金、原料、销路等问题，大多处于歇闲状态。新中国成立后，国家采用贷款、订货等形式进行扶持，至1952年，全县私营企业已增加到70余家，从业人员达到115人，年产值达43.5万元。此后又相继建立了泥木、五金、缝纫等10个合作社和地方机械厂、粮油加工厂、农机修造厂、酒厂等国营企业。特别是十一届三中全会以来，县人民政府在严格推行政企分开的同时，不断深化改革，出台了一系列强管理、攻质量、上等次、抓技改、求效益的有效措施，使工业生产保持了增长势头。近年来，县委、县政府立足山城现实，放眼全省、全国的经济，积极推进一焦、二焦的转轨和沙坪煤矿的技改工程，大胆引资，

与省经贸委、地经贸委合资成立了“山西壶口酒业有限公司”,并开发了填补国内空白的果酒——“壶口干白”,形成了吉县工业发展中以“一区二厂”为轴心、辐射运输、煤炭、铸造等行业的新格局。1998 年全县工业生产总值达 3462 万元,是建国初期的 72 倍,较 1978 年增长了 7.4 倍。随着明珠煤焦开发区的不断发展和壶口酒业有限公司千吨技改的扩大,吉县的工业将会以一个崭新的姿态迈入 21 世纪。

交通、邮电、电力在建国初期还处于空白。抗战期间修建的县城至南村坡、管头山至小船窝、县城至乡宁和大宁等 4 条简易公路,因年久失修,溃陷严重,均不能通车,一切物资的调运都靠人担畜驮。建国后,县政府组织群众几经努力修建了吉县至临汾的简易公路。1969 年至 1972 年,由国家投资 6000 万元,在邻近兄弟县市的配合下,修成了由临汾经乡宁、贯穿吉县 9 个乡(镇),西至黄河畔,长达 96 公里的三级公路。随后,修建了上接大宁、下通乡宁、北达文城王家垣 3 条三级公路。至此,基本沟通了吉县境内与境外的交通网络。近年来,随着工农业生产发展和旅游业的需要,县政府又实施了“百里油路大会战”,使全县的乡级公路全部变成了油路。与此同时,邮电事业从无到有,由小到大,蓬勃发展。90 年代初,吉县市话改制工程完工,与全国联网的程控电话正式开通,结束了全县近 60 余年的“摇把子”电话历史。1997 年,完成了千门电话网络改造,电话由 22 序列开通到 24 序列,共安装了 3100 部电话、手机 430 部、BP 机 500 部。电力方面加强了电网、收费管理,实行了电费认购制度,村村通了电,方便了人民生产生活。

三、开发旅游资源,前进中初露锋芒

壶口瀑布以它的雄姿和气势,被载入史册,誉满四海,每年都引来成千上万的游客。为了发挥这一资源优势,吉县县委、县政府提出了“旅游兴县”战略目标,1987 年组建了旅游局,加大了资金投放,大大改善了景区的旅游环境。景区先后建成了壶口宾馆、景区招待所 5000 平米,建成售票亭、商品部及办公用房 300 平米,改造拓宽、硬化景区道路 5 公里,修建“二龙戏珠神龙脊”观赏桥两座,设立景点标志牌 5 处,在瀑布旁建造安全围栏 250 米,修复清代长城 70 余米及牛马王庙殿堂 1 座,安装了景区程控电话,打出日出水 500 吨的深井 1 眼,铺设自来水管道 1000 余米,架通了景区高压输电线路 18 公里,建成两层营业小楼 15 座,高标准花池 280 平米,修复了克难坡、望河亭等景点和壶口崖上的观瀑洞 1 处,购进旅游船 10 艘,并推出“三门游”旅游线路,景区入口石牌坊及“亚洲飞人”柯受良的“飞黄”标志,300 平米的娱乐城正在加紧施工。从 1994 年到 1998 年 5 年间,成功地举办了 5 次“山西黄河壶口漂流月”活动。如今的旅游局,已由原来的 4 名员工发展到拥有 2 个公司近 200 余人,由起家经费 800 元发展到拥有固定资产 2000 多万元。1996 年,经国家批准,壶口正式设镇。与此同时,景区的商业服务设施也有了明显的改善,个体工商户由 1987 年的 1 户发展到现在的 40 余户,进驻单位也发展到 15 个。伴随着壶口景区的开发,景区与城里的商店、宾馆、交通、饮食等服务业,如雨后春笋迅速发展。全县宾馆的客房床位也由原来的 100 张发展到 2500 张。个体出租车从无到有,发展到近百辆。

壶口瀑布景区,1988 年被国务院确定为国家级重点名胜区,1991 年被评为中国旅游胜地 40 佳之一,1994 年被确定为’97 中国旅游年推向世界的 35 个王牌景点之一,1995 年又被确定为全国重点爱国主义文化教育基地。这一步步的足迹,都展示了母亲河中的壶口在中华民族发展史上不可替代的雄风。

据统计,近年来壶口景区累计接待国内外游客 150 万人次,其中外宾 1 万人次,港、澳、台胞游客 3 万人次,门票收入达 350 万元,创社会综合效益 3350 万元。1997 年,全县国内生产总值 2.15 亿元,比 1996 年增长17.9%,其中第三产业 3 年内平均增长 11.6%。这充分表明,旅游业将成为吉县的又一大支柱产业。

四、加大科教投入,人民生活日新月异

建国初期,吉县只有小学 53 所,在校生仅 1748 人。通过 50 年的发展,全县共有中学校 278 所,其中中学 11 所、小学 267 所,在校生 19645 人,比建国初提高了 11.2 倍。全县幼儿教育得到了新的发展,共有幼儿园 21 所,入园幼儿 2500 人。近年来,县委、县政府积极采取社会办学的方针,多渠道筹集资金 2800 余万元,并利用世行贷款 446 万元、义务教育工程款 480 万

柯受良飞黄

元，先后新建校舍243所，其中规范化学校32所、扩建学校16所、维修校舍58所，彻底消灭了窑洞学校；更新桌凳5000余套，购置教学仪器279套，新添图书21万册，实现了校校无危房、班班有教室、人人有桌凳。

吉县现有各类专业技术人员5200余人，是1978年的2.3倍。改革开放以来，吉县的技术人员积极深入生产第一线，大力开展科技宣传、科技指导等服务活动，先后完成了“集优种植”、“地栽黑木耳”、“烤烟栽培”、“苹果套袋”、“小麦地膜覆盖”等技术的推广应用，为吉县的农业生产做出了应有的贡献。

建国初，全县仅有医疗机构1所，医务人员3人，床位10张。1998年，全县医疗卫生机构发展到113个，其中，县级医疗机构2个，乡镇卫生院12个，农村卫生所98个。同时，医疗设施不断改善，床位增加到416张，是建国初期的41.6倍，比1978年增加了1.6倍，人民群众的医疗条件有了明显改善。

1949年，全县农民人均纯收入仅有56元，职工平均工资279元。1998年，全县农民人均纯收入达到了1069元，比建国初期提高了19倍，是改革开放前的20.6倍；职工平均工资也增长到了3662元，是1949年的13倍，比1978年提高了7倍，人民生活水平有了明显提高。

改革开放以来，全县顺利完成了县城街道的改造、农贸市场的建设和护城河坝等工程，改善了城区的交通、照明、饮水、排污等方面的条件，完成了广场扩建中的棚河工程，建立了卫星地面接收站，形成了闭路电视网络，等等，大大改善了全县人民的生活环境和质量。

回首50年，吉县的经济建设和社会发展取得了辉煌的成就，但是，发展中还存在着不少的难点，在农业方面，靠天吃饭的生产条件还没有得到根本的改观，抵御自然灾害的能力还较差；在工业上，产品外销环境还较差，内部管理水平有待进一步提高；在旅游业上，景区景点的配套工程没有完全展开，人祖山景点、克难坡景点还未得到充分开发，等等，任务相当艰巨。当前及今后必须进一步深化改革，以提高效益为中心，不断优化种植结构，加强工业拳头产品的开发，积极推动旅游景区的配套服务工程建设，加快兴吉富民的步伐，使21世纪的吉县更加繁荣富强。

（卢来发　王树理）

乡宁县

璀璨的西山明珠

乡宁县位于山西省南部，吕梁山南端，总面积2029平方公里。辖5镇11乡，1个农业开发区，186个村民委员会，2个居民委员会，1226个自然村，总人口20.4万人，其中农业人口18万人。乡宁县土地资源丰富，全县耕地面积39.62万亩，林地面积139万亩，森林覆盖率35%。地下矿产资源已探明的主要有煤、铁、石膏、紫砂陶土、石灰石、石英石、长石、硫磺、耐火粘土等，其中以煤炭储量为最，现已探明储量153亿吨，是全国三大稀缺煤种县之一。

建国以来，特别是党的十一届三中全会至今，乡宁人民坚持四项基本原则，走改革开放之路，实施煤炭农业发展战略，即“从乡宁地下资源丰富、地上土地条件差而面积又比较广阔的实际出发，突出两个重点（一个煤炭，一个粮食），坚持双向开发（地下、地上同时开发），努力把地下的优势转移到地上，通过开发地下资源把地上武装起来”的经济工作方针，提出了建设经济强县的奋斗目标，带领全县人民致力于政治的稳定、经济的繁荣、社会的发展，走出了一条符合乡宁实际的新路子，全县经济和社会事业稳步发展，取得了令人鼓舞的辉煌成就。1998年，全县国内生产总值达到88655万元，比1978年增长26倍，年均增长17.9%；工农业总产值达到192696万元，比1949年增长24倍，比1978年增长15倍；财政总收入达7274万元，比1949年增长165倍，比1978年增长49.5倍；农民人均纯收入达1980元，比1978年增长37倍。如今，乡宁经济实力显著增强，人民生活日益富裕，展现出一派欣欣向荣、繁荣昌盛的景象。

一、农业生产全面发展，农村经济不断壮大

建国以来，乡宁持续开展水土保持、农田建设、改

良土壤、推广优种、合理密植、发展农业机械、改造耕作条件等技术革新，从根本上改变了生产条件，农业得到了全面发展。特别是1978年以来，农村全面推行以家庭承包为主的生产责任制，极大地调动了农民的生产积极性。县委、县政府坚持党在农村的各项方针、政策，不断深化农村改革，加强对农村工作的领导，坚持靠政策、靠科技、靠投入，切实加强农业基础，大力发展农业产业化，使全县农村经济取得显著成效，农村面貌发生了巨大的变化。

（一）粮食生产稳定增长，从根本上解决了农民的温饱问题。县委、县政府认真总结历年经验教训，不断完善以家庭联产承包为主要形式的各种生产责任制，建立了统分结合的双层经营体制，开展大规模的农田水利基本建设，大面积推广实用科学技术，完善科技推广体系，推行科技承包服务，增加对农业的投入，大力发展农业机械，提高农机作业量。1998年底全县拥有收割机、拖拉机、推土机和农用运输车辆10945台（部），农机总动力达到14.54万千瓦，年机耕机收面积达到18.9万亩以上，有效地提高了农业生产效率；全县农业总产值达25601万元，比1978年增长3.3倍，比1949年增长7倍；粮食总产量达到10.9万吨，比1978年增长2.4倍，比1949年增长5.5倍；油料总产量达到3344吨，比1978年增长11.7倍，比1949年增长19.3倍，实现了粮食自给有余。

（二）农业产业化初见成效，有效地促进了农村经济的全面发展。在林业生产上，大力发展生态经济型林业，突出速生用材林和以果树为主的经济林，加快苹果、核桃、花椒、密柿四大万亩基地建设，全县建成万亩苹果乡3个、千亩苹果村18个，万亩核桃乡3个、千亩核桃村7个，千亩花椒村6个。到1998年底，全县荒山造林面积达7.35万亩，比1978年增长3.5倍，经济林发展到24825亩，实现了户均千株树、百株果，水果产量达到6770万吨。在畜牧业生产上，全县重点发展以养牛为主的规模养殖，万头牛乡达4个，千头牛村达10个，各类规模养殖户达6085户。到1998年底，全县大牲畜存栏93714头，其中牛存栏79222头，比1978年增长3倍，比1949年增长5.7倍；猪存栏67090头，比1978年增长1.85倍，比1949年增长32倍；羊存栏155960只，比1978年增长1.1倍，比1949年增长17倍；禽蛋、肉类产量分别达到2443吨、6873吨。

（三）乡镇企业突飞猛进，带动了农村经济的发展。县委、县政府坚持“因地制宜，正确引导”的方针，促进乡镇企业的发展。广大农村多层次、多渠道、多形式地发展采矿、冶炼、煤炭加工、面粉加工、运输、种养、饮食服务、建筑建材、果园等乡镇企业，一部分有文化、懂技术、善经营、会管理的农民率先走上了务工经商的道路，办起了工业、商业、运输、加工等联产和家庭企业，乡镇企业得到了全面的发展。1998年，全县乡镇企业总产值达到160200万元，超亿元乡镇达7个，超千万元村34个，超千万元企业12个。

二、工业生产突飞猛进，经济效益明显提高

建国初期，乡宁仅有一些原始劳动方式的采煤矿井和零星分散的个体小手工业，私营和城镇集体工业人数只有213人，全部工业总产值293万元，其中轻工业产值50.06万元，重工业产值242.94万元。经过50年的努力，全县形成了以煤炭工业为中心，电力、化工、建材、冶炼、陶瓷、轻工等门类比较齐全的工业体系。到1998年底，全县工业企业从业人员已发展到29049人，比1978年增长1.9倍，比1949年增长165倍；工业总产值达到16.7亿元，比1978年增长19.9倍，比1949年增长222.5倍；原煤产量达到661.67万吨，比1978年增长5.6倍，比1949年增长49倍。

（一）深化经济体制改革，增强了企业生产活力。县委、县政府认真贯彻中共中央关于经济体制改革的决定，先后在工商企业中推行了承包经营责任制、资产经营目标责任制和租赁、拍卖、股份、股份合作制等多种形式的改革，广泛开展了各种横向经济联合，促进了人才、物资、技术等方面的交流和协作，推动了工业生产的迅速发展。

（二）调整优化经济结构，实现了资源的有效合理配置。煤炭工业按照“保护资源，联营改造，加工转化，规模经营”的方针，已发展成为支撑全县经济的主导产业。到1998年底，全县煤矿发展到215个，年产量达662万吨，煤炭工业总产值占工农业总产值的比重由1978年49%增加到57%。焦化工业按照“治理

乡宁县水土保持工程

整顿，总量控制，发展机焦，延伸加工，形成基地”的方针，形成了新的支柱产业。1998年，产机焦11.96万吨、洗精煤190.35万吨。同时充分发挥矿产资源种类多、储量大的优势，加快建材、冶金、食品、紫砂、农副产品加工业等非煤产业的发展，形成了多元化发展的工业格局。

（三）加强经营管理，提高了企业素质。围绕企业升级达标，从基础管理入手，抓质量、降能耗、上效益、全面加强管理。注重了新产品的开发，狠抓了计量标准管理，健全了规章制度，强化了劳动纪律，加强了职工技术培训，从而使企业的管理水平、职工的队伍素质都有了很大提高，逐步使企业管理走上了系统化、规范化的科学管理轨道，促进了工业经济效益的提高。

（四）扶贫攻坚成效卓著，推进了小康建设。县委、县政府坚持以小康建设统揽全局工作，加大扶贫攻坚力度，促进了小康进程，到1996年全县实现了整体稳定脱贫。1998年，全县新增小康乡镇2个、小康村21个。小康乡镇和小康村分别达到10个和120个，分别占全县乡镇和村总数的62.5%和64.5%。

三、交通、电力、邮电事业发展迅速，基础设施条件明显改善

建国初期，乡宁没有一条公路，没有一辆机动车，运输全靠人畜拉运。建国后，先后新建了6条干线公路，公路通车里程达457公里，基本上形成了以干线公路为主的交通网络。16个乡镇全部通汽车。为了加强秦晋经济文化交流，乡宁县煤炭运销公司与陕西省韩城市矿业开发有限责任公司联合兴建了长543米、宽12米的乡韩黄河公路大桥，开辟了黄河建桥史上民间股份合作建桥的先河，沿黄人民世代梦寐以求的美好愿望变成现实，打开了一条出省通道，对促进秦晋经济、文化交流发挥了重要作用。

在电力建设上，1958年兴建了1座小型发电站，年发电量仅0.84万度，1971年兴建了1座装机容量为2×1500千瓦的火力发电厂。到1998年底，全县共有35千伏输变电站4个，实现了村村通电。

在邮电通讯建设上，从无到有发展较快。1992年实现程控电话交换。到1998年底，农话市话达10000门，开通了与国际接轨的因特网，通讯达到了现代化水平。

近年来，城乡建设出现了新气象，古老的乡宁城，一座座高楼拔地而起，一户户住宅相继建成，千年古街道被扩建取直，笔直的新街横贯东西。全县农村有86%的农户建了新房。

四、城乡贸易日益繁荣，人民生活水平不断提高

随着工农业生产的发展，商业、供销和财政金融事业也有了很大发展。特别是“对外开放，对内搞活”政策执行以来，市场繁荣，购销两旺，流通企业出现了生机和活力。1998年，全县商业机构网点发展到2436个，比1949年增长8.8倍；从业人员达4994人，比1949年增长11倍；全年社会消费品零售总额达16088万元，比1978年增长7.7倍，是1949年的164倍；集市贸易成交额达4527万元；1998年底，全县城乡居民储蓄存款余额为31665万元，比1978年增长10倍。

五、科学文化事业日新月异，精神文明稳步推进

建国初期，乡宁仅有小学98所、中学1所，在校学生2737人，教职工134人。到1998年，全县中小学校已发展到685所，在校学生41898人，教职工2018人，分别比1949年增长了7倍、15倍和15倍。学前教育和职业教育也有了较大发展，幼儿园已达44所，入园儿童7710人，99.9%的学龄儿童如期入学。同时开办了煤炭技术学校，为煤炭事业发展培养了后备人才；电大、函大等成人教育和职业教育也有了很大发展。随着教育事业的发展，技术队伍不断壮大，截止1998年底，全县初级以上各类技术人员已达1112人，为全县经济发展和社会进步发挥了重要作用。

建国初期，乡宁没有一所象样的医疗机构，人民求医问病十分困难。如今，乡宁的各类卫生机构已发展到20个，形成了以县医院、中医院为枢纽的县、乡、村医疗卫生网络。医院病床由1949年的9张发展到现在的355张，增长了39倍；医护专业技术人员由2人增加到317人，其中，中医师12人，西医师98人，护师36人，护士35人。文化、体育设施不断增加，先后建成了人民礼堂、影剧院、舞台、体育场、灯光球场和游泳池，各乡镇建立了文化站、电影站，极大地丰富了城乡人民的文化生活，促进了精神文明建设。

（张明星）

大宁县

大宁改革谱新篇

大宁县位于吕梁山南部，属晋西黄土残垣沟壑区，境内山峦起伏，地域广阔，总面积965平方公里。全县辖10个乡（镇），101个行政村，405个自然村，总人口为63560人。

大宁于北周置县，至今已有1400余年的历史。旧社会，主要以单一的自然经济为主，社会生产力发展十分缓慢。1949年全县工农业总产值只有284万元。建国50年来，大宁工农业生产和各项事业日新月异，发生了巨大变化。特别是党的十一届三中全会以来，县委、县政府认真贯彻执行中央、省、地关于贫困地区经济开发工作的指示和要求，带领全县人民，坚持四项基本原则，坚持改革开放，以经济建设为中心，充分发挥大宁土地宽阔的优势，加强基础产业和基础设施建设，苦干实干，克服了种种困难，全县面貌有了明显的变化，到处呈现出一派欣欣向荣，繁荣昌盛的景象。1998年，全县国内生产总值1.3亿元，比1978年增长14倍，平均每年增长14.5%；全县工农业总产值达到1.4亿元，比1978年增长10倍，平均每年增长12.7%；地方财政收入也由1952年的19万元增加到现在的431万元，增长了20倍。全县经济实力大大增强，各项事业蓬勃发展，人民生活水平显著提高。

一、农村经济全面振兴

大宁县是以粮、棉生产为主的山区农业县。千百年来，农民受封建生产关系的羁绊，沿袭传统的耕作方法，加之水土流失严重，生产条件恶劣，农业发展十分缓慢，长期处于极端落后的状态，农民生活十分凄惨，常年为温饱而发愁。解放后，在党的领导下，通过土地改革，确定了新型生产关系，农民生产积极性空前高涨。但是由于“左”的影响，压抑了农民的生产热情，农业生产发展仍受到制约。党的十一届三中全会以来的20年，全县上下认真贯彻落实中央有关农村的各项改革政策，实行了联产承包责任制，彻底打破了多年形成的“大锅饭”、“大集体”体制，极大地调动了农民的生产积极性。加之各种农业科学技术的应用，农业生产取得了全面发展，农村经济逐步繁荣，自给半自给的自然经济正向着商品经济和市场经济转变，农村面貌发生了翻天覆地的变化。1998年全县农业总产值达到9559万元，比1978年增长8.8倍；粮食总产量达到38773吨，增长1.2倍；油料总产量达到2006吨，增长20倍；棉花总产量达到370吨，增长1.6倍。农民人均占有粮食1998年达到745公斤，是1978年和1949年人均占有粮食的0.8倍和2.4倍。农民人均纯收入1998年首次突破千元大关，达到1185元，是1978年的19.8倍。1998年农业机械总动力1.5万千瓦，农村用电量177万千瓦小时，化肥施用量1699吨，地膜覆盖从无到有，现已遍及村村户户。畜牧业得到快速发展。1998年底大牲畜存栏达13680头，比1949年和1978年分别增长5.1倍和92.5%；羊存栏84596只，比1949年增长了35倍。小尾寒羊得到广泛饲养，经济效益比较可观。生猪家禽逐年都有较大幅度增长。

大宁县翠云山优质矿泉水

林果生产有长足发展。林地面积由1950年的320亩增加到1998年的28万亩。森林覆盖率进一步提高。在抓好造林的同时，全县注意发展苹果、核桃、大枣基地，目前果园面积已达26715亩，水果产量达到1862吨。果树生产已成为全县农村商品经济发展的一项重要产业。

大宁地处干旱山区，水土流失十分严重，造成生态系统的恶性循环，直接威胁着农业生产。建国后，大宁县把水土保持作为振兴农业的一件大事来抓，50年代起，通过兴修水利、修田造地、育林防洪、沟渠筑坝淤地等，使水土流失得到一定程度控制。1985年，采用隔坡水平沟的方法治理坡耕地，收到良好的治理效果。近年来，大宁又充分利用世行贷款项目以及国家生态建设工程资金1200万元，大搞农田基本建设，随着这些工程的开展，将为大宁的农业生产条件的改善，抵御自然灾害能力的增强创造有利条件。

二、工业生产蓬勃发展

大宁县无煤少矿，资源贫乏，历史上形成的“务农圃而不习工贾”的旧观念束缚了人们的思想，工业发展缓慢。建国初期只有零星手工作坊和零散的铁铺、木铺。1963年，在党中央“调整、巩固、充实、提高”的八字方针指导下，工业有了较快发展，工业总产值70万元，文革期间，由于受“左”的干扰，工业生产一度濒于崩溃，总产值徘徊在40万元左右。党的十一届三中全会以后，随着经济体制改革的逐步深入，全县工业开始沿着速度与效益并重的道路发展，出现了前所未有的好势头，经过20年的风风雨雨，1998年全县工业企业发展到16户。重点培育和发展了10户优势企业，即黄河公司、煤矿、矿泉水公司、众康公司、康玉公司、华康公司、洗煤厂、水泥厂、建安公司、锅炉公司，逐步形成了独具特色的10个优势产品：矿用炸药、翠云山牌矿泉水、众康牌全羊系列肉制品、康玉牌玉米淀粉、昕水牌棉麦播种耧、压塑系列产品、黑帝牌腐殖有机复合肥、二硫化碳、山地犁、原煤。在工业生产上，大宁县委、县政府有针对性地狠抓四个方面的工作，使企业面貌发生了深刻变化。一是把扩大销售作为工业生产的重中之重，按照以销定产、以销促产、以销促管、销字当头、利在其中的指导思想，采取定额销售、有奖销售、承包销售等有效措施，从而使产品的市场占有率得到了明显提高。二是强化了企业内部约束机制，大力开展了“内学山焦，外学邯钢”活动，有效地堵塞了跑、冒、滴、漏，降低了各种消耗，提高了企业的经济效益。三是围绕增加产品科技含量、提高企业经济效益、争创大宁名牌产品的工作思路，狠抓企业的技术改造和新产品的开发。四是针对资金短缺这一制约企业发展的重要因素，想方设法多渠道为企业筹集协调资金。

大宁地方工业从无到有，规模由小到大，现已具备了一定的生产规模，主要工业产品翠云山牌矿泉水、二硫化碳、全羊系列肉制品、玉米淀粉等已冲出娘子关销往7个省市。随着企业的逐步发展和生产技术的不断提高，将为社会提供越来越多的合格、优质产品。

全县工业总产值1998年达到5300万元，比1978年增长12倍，工业企业固定资产原值达到4158万元，实现利税达到772万元，从业人员达到1521人。全县财政收入的80%靠工业企业提供。工业经济在全县占到举足轻重的地位。

三、城乡市场日益繁荣

解放初期，由于大宁地势偏僻，交通不便，国营、集体、个体商业发展十分缓慢。党的十一届三中全会以后，随着商业经济体制改革的深入发展，服务网点不断增加，城乡市场蓬勃发展。在充分发挥国营商业和供销社商业主渠道作用的基础上，大力恢复和发展集体和个体商业，逐步形成了多种经济成份、多种流通渠道、多种经营方式的社会商业结构。1998年，全县社会消费品零售总额达到4022万元，比1978年增长4倍。特别是个体商业如雨后春笋，遍及城乡。到1998年底，全县个体工商户已达1050户，从业人员达到1399人，年销售总额达到2989万元，占到全部商业的25%以上。

四、人民生活显著改善

随着工农业生产的持续发展和城乡市场的繁荣兴旺，全县城乡居民的生活水平有了显著改善。1998年，全县农民人均纯收入达到1185元，比1978年增长19.7倍，平均每年增长16.4%。城镇职工的年平均工资达到3214元，比1949年增长10倍，平均每年增长5.1%。城镇居民的人均可支配收入达到2486元，人均消费性支出达到1750元。居民消费结构发生了显著变化，生活水平大大提高。人们逐渐改变了“日出而作，日落而息”的古老生活习惯，山区文化生活丰富多彩。随着城乡居民生活水平的提高，城乡居民储蓄存款余额大幅度增长，1998年底，全县城乡居民储蓄存款余额达到5980万元，是1978年的80倍，平均每年增长24.6%。

五、县城面貌日新月异

解放初期，大宁县城残垣断壁，千疮百孔，一片凄惨。县城房屋大部分是古老的窑洞和瓦房，总建筑面积不足1万平方米，且前凹后凸，布局极不合理，街道泥泞难行。建国后，在党和政府的关怀下，城市建设工作得到加强，不断取得进展。经过1954年、1961年、1972年3次整修，县城面貌发生了巨大变化。党的十一届三中全会后，县委、县政府对街道进行大范围的拓宽改造。近年来又扩建了古乡新城区，新增城区面积是旧城区的1.7倍。为了给城市居民提供一个工作、娱乐、休息的场所，县政府加强了环境卫生、园林绿化及南山公园风景区的建设，经过几年的努力，县城基本上达到了“春有花、夏有绿、秋有果、冬有青”的绿化要求。连续多年被省、地评为“文明卫生红旗县城”。

六、基础设施大为改观

大宁县境内沟壑纵横，自古以来交通闭塞，靠人力、畜力的交通方式延续数千年之久。建国后，在党和政府的领导下，大力发展公路交通事业，开通了临大(临汾—大宁)、大临(大宁—临猗)公路，县乡公路建设迅速发展。为了加快脱贫致富步伐，全面振兴大宁经济，特别是在省委、省政府大力倡导加强基础设施工程建设以来，在四通(通路、通电、通讯、通水)方面取得了显著成绩。

(一)通路。目前，全县10个乡镇有8个乡镇铺了油路，其余2个乡公路的拓宽改造工程全部结束。完成了209国道大宁至午城、大宁至川庄段的拓宽改造任务。基本完成了村村通公路任务。目前，全县通车里程已达845公里，其中三级公路32公里，四级公路110公里，等外路712公里。为山区物资流通、农村经济的全面发展创造了有利条件。

(二)通电。改革开放以来，县委、县政府把电力事业摆上重要议事日程，在地、县电力部门支持下，到1998年底，全县101个行政村全部通电，告别了点煤油灯的历史。并彻底改造了县城低压电网，兴建了小冯变电所及曲峨镇用电关闭所。电力事业的发展为全县经济的发展发挥着越来越重要的作用。

(三)通迅。近年来，大宁邮电通迅事业有了飞速发展，长途电话实现了光缆数字传输，市话交换机容量由1990年的6百门进制扩增至1993年的HJD90长、市、农合一交换机1千门。1996年又开通了HJD04程控电话3000门。全县拥有话机数由80年代的147户增至1875户，增长1.9倍，移动通迅网、无线寻呼网覆盖全县乡村。

(四)通水。大宁县沟壑纵横，垣面人畜吃水主要靠在沟溪取水，由于坡陡沟深，只能靠人担畜驮，遇到刮风下雨，道路泥泞，人们只好饮用雨水，素有“垣面吃水贵如油”的说法。从1966年开始，每年国家拨出专款用于修建引水上垣工程。共计建设引水工程100多处，解决了25000余人和6000头大牲畜的饮水问题，昔日“水在沟底流，人在垣上愁，天旱三伏日，滴水贵如油”的时代一去不复返了。

建国50年，特别是改革开放20年来，大宁县发生了翻天覆地的变化，改革开放取得了瞩目成就，使每一位大宁人自豪骄傲。展望未来，又让人民充满信心。随着“兴宁富民”跨世纪目标的逐步实施，展现在您面前的将是更加富饶美丽的新大宁。

(杨福田　贺三保)

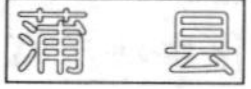

峥嵘岁月　硕果累累

蒲县位于山西西南部，吕梁山南端西侧，属黄土残垣沟壑区，总面积1510平方公里。辖15个乡镇、103个行政村、649个自然村，总人口97263人，其中农业人口82192人。境内南北环山，东西川绕，沟壑交错，城东5华里处有著名古迹东岳庙。东与洪洞接壤，西与大宁毗邻，南与吉县、临汾相连，北与隰县、汾西交界，故有“河东之咽喉，西秦之门户”之称。蒲县民风俭而不陋，朴而不野，勤劳忠厚，温顺贤达。建国以来，历届县委、县政府认真贯彻党的各项方针、政策，带领全县人民，克服困难，努力工作，取得了显著成就，有力地推动了蒲县经济的快速发展和社会事业的全面进步。

县级综合经济实力显著增强。1998年，全县国内生产总值达到52706万元，分别比1952年和1978年增长了208倍和34倍。工农业产值达到112008万元，分别比1949年和1978年增长了181倍和37倍。地方财政收入达到2679万元，分别比1952年和1978年增长了112倍和39倍。财贸工作综合考评连续4年全区第一。

农村经济稳步发展。1949年，全县粮食总产量仅11090吨、油料总产量仅32吨、大牲畜存栏7321头、水浇地仅270亩。建国后，经过土地改革、互助组、初级社、高级社几个阶段，全县农业生产得到较快的恢复和发展。1956年粮食总产量比1949年增长了8.3%，油料总产量增长了3倍，大牲畜存栏增长86%，水浇地为1949年的10倍。从1957年开始到党的十一届三中全会前20多年中，和全国一样，经济建设及各项事业继续发展，1977年粮食总产量比1949年增长了58.7%，但由于受左的思想的影响，山区贫困落后的面貌仍未彻底改变。党的十一届三中全会以后，县委、县政府认真贯彻党的路线、方针和政策，调查研究，重新认识县情，制定和采取了一系列振兴山区经济、改变贫困面貌的措施和方法，在全县普遍推行了家庭联产承包责任制，充分调动了广大农民的生产积极性。普及推广了优种、配方施肥、地膜覆盖、秸杆还田、小麦沟播等一批综合性农业技术。1987年，县委、县政府提出了“千树百果两头牛”的目标，1990年，实行了“一稳四大上”(稳定粮食生产，大上畜牧业、大上经济林、大上乡镇企业、大上烟菜油)和两开(东部沿山开放，西部沿河开发)发展战略，促进了相关产业和多种经营的快速发展。1998年粮食总产量首次突破亿斤大关，达到1.05亿斤，增产幅度居全区榜首，分别比1949年和1978年增长了4.7倍和2.4倍。农民人均纯收入1807元，比1958年和1978年增长了60倍和43倍。1998年底，黄牛存栏3.6万头，羊存栏10万只，猪存栏1.5万头。随着农业生产效益的提高，农村剩余劳动力逐渐增加，为乡镇企业的发展提供了充足的劳力资源。县委、县政府根据蒲县实际情况，认真贯彻中央关于发展乡镇企业的政策，1990年出台了《关于大力发展乡镇企业的十条决定》、1997年出台了《关于加快发展个体私营经济的实施意见》、1998年出台了《关于乡镇企业二次创业的十条决定》。围绕上述决定，制定了“855”上台阶工程和“456”上水平工程。乡镇企业呈现出突飞猛进的发展势头，5年跨了三大步，在全县经济比重中实现了由“三分天下有其一”、“半壁江山”到“三分天下霸其二”的跨越，成为广大农民脱贫致富的一条有效途径。形成了以采掘、冶炼、运输、建材、农副产品加工为龙头，其它产业并存发展的体系。1998年，乡镇企业营业收入达到12.5亿元，初步建成了黑龙关、克城、乔家湾、太林营业收入超亿元的乡镇，井上、后堡、东河、西沟等超千万元的村达29个。蒲县是全省31个贫困县之一。近几年来，蒲县把扶贫工作做为一项重要工作来抓，实行了县上领导包乡镇、各部委局室包村委、乡镇干部和党员包贫困户的工作责任制，帮助和扶持贫困户发展养殖、林果、加工转化等产业。经过全社会的共同努力，1996年全县实现整体脱贫。

工业经济整体效益进一步提高。建国后，全县工业从无到有，由小到大，不断发展，资源的加工转化能力不断增强。现已有煤炭、焦化、冶金、电力、建材、化肥、食品、农副产品加工等20多个行业，形成了门类比较齐全的以能源重化工为主的工业生产体系。

50年来，特别是党的十一届三中全会以来，县委、县政府为了既富民、又富县，坚持一手抓农林牧，一手抓工业，富民富县同步发展。先后完成了南湾煤矿、化肥厂、水泥厂、变压器厂的技改工程。1990年和1991年，分别制定了《关于振兴工业的十条决定》和《关于进一步搞活工业企业的十条决定》，制定了工业生产投资开发的优惠政策，确定了厂长(经理)在企业生产经营中的主体领导地位，1994年出台了《关于县属工交企业产权制度改革转换经营机制的试行意见》，1996年出台了《关于加强煤炭工业管理的实施意见》，1997年，根据中央抓大放小政策，制定了《关于工商企业改革的实施方案》，1998年出台了《关于实施科教兴县战略的决定》。这些灵活机动的优惠政策的实施，使蒲县工业呈现出新的生机和活力。1998年全县工业总产值达到99870万元，比1949年和1978年分别增长了1005倍和63倍；工业增加值35200万元，占到国民生产总值的66.7%；财政总收入4500万元中来自工业的达70%以上。工业在整个县域经济中明显占据主导地位。产品质量不断提高。冶金焦、洗精煤、425#水泥等产品质优价廉，倍受用户青睐。柏山牌山地犁获省优产品，软螺钿镶钳工艺品“驷马战车”获中国国际旅游优质产品奖和王牌奖，布质十二生肖玩具获轻工部中国工艺美术百花奖、优秀创作设计二等奖，远销日本、美国、新加坡、香港等10多个国家和地区。

商品流通日益活跃。解放前，蒲县仅县城和几个集镇有十几家店铺。建国后，商业、供销、粮食、外贸等商品流通机构及网点逐步建立和发展起来。特别是党的十一届三中全会后，随着山区经济的发展，流通领域日益活跃。1997年，根据中央抓大放小政策，国营商业全部进行了改制，个体私营经济迅猛发展。1998年，个体户达到2230户，私营企业达到81户，全县社会消费品零售总额达到8745万元，比1949年和1978年分别增长了235倍和12倍，财政总收入完成4500万元，创造了历史最好水平。

蒲县柏山东岳庙

社会事业进一步发展,人民生活水平显著改善。建国以来,随着工农业生产的快速发展,县级综合经济实力显著增强。为了进一步促进经济的发展,县委、县政府发动全县人民,多方筹措资金,加快基础设施建设。先后累计投资2亿多元,拓宽了东西、南北大街,新建了80多座办公及营业大楼和两个规模较大的集贸市场。完成了东岳大殿、地狱、真武祠修缮和段云书艺馆等旅游景点建设工程,城市面貌焕然一新。教育事业发展迅速。建国前,全县仅有小学校41所,教职员工54人,在校生1370人。建国后,教育事业不断发展。党的十一届三中全会以来,县委、县政府把振兴教育作为改变山区贫困面貌的大事来抓。近年来,动员全社会开展"捐资助学、兴学育人"活动,多渠道筹资3000余万元,改建、扩建、新建学校316所,其中教学大楼23座,中小学办学条件有了根本性改观,实现了"两基"达标。1998年,全县各类学校达到372所,教职员工1792人,在校学生19180人,分别比1949年增长8.1倍、32倍、14倍。职业教育和成人教育也都有了新的发展。广播电视事业发展迅速,成立了有线电视台,开通加密频道,安装总户数5000余户。交通、电力、通讯等基础设施建设发展迅速。先后投资8000万元,修通了岔堡线、乔三线、临大路黑龙关段以及古县、山中、山口通乡油路工程,大面积整修了乡村公路和矿区公路。县城和15个乡镇全部开通了程控电话,总容量达6000门,百人拥有电话6.3部,居全区第一。建成水利水保、人畜吃水工程180余处,全县103个行政村全部实现了通路、通电、通水、通邮。1998年职工平均工资达4578元,分别比1949年和1978年增长了36.5倍和7倍;农民人均纯收入达到1807元,比1978年增长了43倍;银行各项存款大幅度增长,1998年底全县城乡储蓄存款余额达18721万元,比1978年增长16倍。电视机、洗衣机等高档商品越来越多地进入了普通人家。

回顾过去,硕果累累,展望未来,任重道远。在世纪之交的关键时刻,蒲县在认真分析县情,综合考证的基础上,作出了跨世纪的发展战略。基本指导思想是:高举邓小平理论伟大旗帜,全面贯彻党的十五大精神,突出改革和发展两大主题,强化农业基础地位,加大经济结构调整力度,加强和改善宏观调控,提高对外开放水平,建立和完善社会保障体系,进一步提高人民生活水平,积极推进两个根本性转变,坚持两个文明一起抓,进一步加强和改善党的领导,增强法制观念,保持社会稳定,把兴蒲富民的宏伟大业胜利推向21世纪。

(李天寿)

永和县

万象更新的永和县

永和县位于临汾地区西北、吕梁山南端、黄河中游东岸,东邻隰县,南连大宁县,西濒黄河与陕西延川县隔河相望。境内属晋西北黄土残垣沟壑区。总面积1217平方公里,占全省土地面积的0.78%,人均耕地3.27亩,居全省第14位。海拔最高处1521米,最低处511.9米,是典型的黄土高原区,气候素有十年九旱之称。全县矿产贫乏,属财政补贴县,1991年被国务院定为国家贫困县。永和县共有11个乡(镇),80个行政村,317个自然村,总人口61487人,其中农业人口53316人。

一、经济和社会事业成就显著

建国50年来,永和县人民在中国共产党和历届县委、县政府的领导下历经曲折和艰难,在永和这块贫穷落后的废墟上以大农业为主体,以农业促工业,进行了伟大的社会主义革命和大规模的经济建设。特别是党的十一届三中全会以来,永和人民励精图治,围绕山字做文章,打开山门拓市场,在农村实行了家庭联产承包责任制,农业基础条件得到了迅速发展与提高。广大农民从集体化的束缚中得到了解脱,克服了解放几十年来的平均分配与大锅饭,农民生活得到了进一步的改善和提高。党的十一届三中全会以来的20年间,永和人民锐意改革,开拓前进,取得了辉煌成就。永和县农业、工业发生了巨大变化。社会事业取得长足发展,广大农民越过了温饱线,部分乡村迈向了小康村。城镇居民经济收入跃上新的台阶,生活水平日趋提高。

1998年永和县国内生产总值达到了13243万元，比1949年增长60倍，平均每年递增8.55%，比1978年增长了7.2倍，平均每年递增10.4%。人均国内生产总值1152元，比1949年增长16倍，比1978年增长5.5倍；地方财政总收入为328万元，比1952年增长82.2倍，比1978年增长18.7倍；农民人均纯收入达到了1107元，比1949年增长38.2倍，平均每年递增7.55%，比1978年增长了23.1倍，平均每年递增17%；职工年平均工资4139元，比1949年增长21倍，平均每年递增6.3倍，比1978年增长7.1倍，平均每年递增10.3%；乡镇企业利税总额达到了556万元，比1978年增长32.7倍，平均每年递增19.05%；公路通车里程达到308公里，比1978年增长2.7倍；邮电业务总量达到235.2万元，比1949年增长235.2倍；各类在校学生人数达到了12535人，比1949年增长了17.5倍；医疗卫生床位达到220张，比1978年增加149张，增长3.1倍。

二、工业生产在困境中掘起

永和县是一个交通欠发达的县域，地上无资源，地下无矿产，面对黄土、背朝坡，旧中国农民只是靠抱个坡坡，吃个窝窝，工业生产无从谈起。1949年永和县的工业主要是靠五小工业来发展。进入90年代，这一时期是工业生产进程较快的时期，全县新增固定资产426万元。工业企业单位数达到了187个，其中全民所有制工业1个，集体所有制企业4个，股份制企业8个，乡镇办工业2个，村及村以下和个体经济172个，职工总数达到831人。

永和县黄河流域万亩生态农业工程

随着工业企业的掘起与快速增长，全县形成三大骨干企业，永和县东方油脂化工有限公司，芝泉饮品有限公司，黄河天然食品有限公司，1998年3户骨干企业完成产值546万元，占全县独立核算工业产值的28.7%，销售收入占全县独立核算工业企业的37.5%，实现利税总额占37.1%，完成增加值占到27.6%。东方油脂化工有限公司生产的蓖麻油打入国际市场。

三、农业基础条件迅速改善

永和县自古以来主要以大农业经济发展为主，种植以玉米、小麦、谷子、大豆、芙类为主要作物。果树品种主要有苹果、红枣、核桃、仁用杏等，尤以红枣栽培面积最多，沿黄河的打石腰乡、南庄乡、阁底乡、泊洋乡近年来红枣的栽培面积逐年增长，枣园面积达到了10000公顷200万株，基本形成了永和的主导产业，打石腰乡的河浍里红枣以其品质好、个大、核小、无虫、甜度大的特点远销全国各地，获国家绿色食品金奖。另一主导产业是畜牧业，永和县牧地、草地拥有量达到了393公顷，占土地面积的3.27%，其中天然牧草340公顷，是发展畜牧业的天然资源。1998年羊群饲养量达到了18.1万只，人均达到了3.4只，大牲畜饲养量达到了1.8万头，户均1.5头。畜牧业总收入占到农村经济总收入的12.3%，牧业产值占到农、牧、渔业总产值的27.4%。两大产业形成了永和县农业中的主导产业。

1998年，全县农林牧渔业总产值达到7775万元，比1978年增长112.2%，平均每年递增4.1%。1987年以来的10年间永和县的林业产值、牧业产值均以两位数的速度增长，1998年林业产值占农林牧渔业产值的比重达到了8.6%，牧业产值达到了24.7%。1998年粮、棉、油、水果产量分别达到了27342吨、383吨、6004吨、6356吨，比1978年分别增长了66.3%、76.6倍、63.2倍、16.7倍。农业人口人均生产粮食1998年为513公斤，比1978年增长了61.3%。猪、羊、大牲畜存栏数，1998年底分别为13501头、133474只、14540头，分别比1978年增长21.0%、66.4%、93.2%；肉类总产量为1994吨，比1978年增长291.5%；农业机械总动力达到24059千瓦，比1978年增长186.8%。1998年全县农村经济总收入为9573万元，比1978年增长23.2倍。

四、交通运输邮电兴旺发达

70年代以前，永和县的交通运输主要靠人挑畜拉。党的十一届三中全会后，全县公路事业得到了前所未有的发展，交通运输事业也出现了飞速发展的新局面。从通车里程看，近年来全县有干线公路通往石楼县、大宁县。主线沥清路通往临汾、隰县、孝义、汾阳、文水、交城和太原。有8个乡镇通了油路，总长达308公里。1998年全县货运量达14.1万吨，货物周转量为1502万吨公里；客运量达5.7万人，客运周转量为618万人公里；营运收入达82万元，上缴税金为3.9万元。

建国50年来，永和县的邮电机构逐步健全，邮电业务逐步发展。1995年更新1000门HJD04型程控交换设备及配套工程，实现长市话通信程控化、数字化。铺设市话六孔水泥管道2029管公里，使市话出局电缆由原来600对线增加为2400对线，并开通隰县到永和45.82公里的光缆传输线路，彻底解决了长途传不畅的“瓶颈”状况。实现了长市农电话联网微机计费等位直拨，跨进了全国通信网络。市话跃增到2000余户，同时新开办了公用电话亭业务；1998年底，市内交换机总容量2048门，电话机实占容量1597部，拥有有线电报电路2条，无线电报电路1条，开办了公众电报、国际公众电报、用户电报、传真电报等8种业务，全年收发电报总数1.7万份。

五、财政、金融快速增长

1998年地方财政总收入达到了328万元，比1978年增长18.7倍；财政总支出为3264万元，比1978年增长12.6倍。1998年底各项存款余额达到了8655万元，比1978年增长42.2倍；城乡居民人均存款余额达到了1079元，比1978年增加1064元；贷款余额突破了亿元大关，达到了1.26亿元。

六、人民生活明显改善

到1998年，城镇居民人均住房面积达到了12.78平方米，农民吃、穿、住、用发生了显著变化，农村居民人均住房面积达到了19.1平方米，5个乡镇2.3万人越过了温饱线。有线电视用户达到2600余户，电视覆盖率达到了75%。如今的居民吃的讲究营养，穿的讲究高档，住的讲究舒适。据城市经济调查队统计，1998年全县城镇居民每百户拥有摩托车12.5辆，照相机12.5架，影碟机7.5台，录放像机10台，电冰箱12.5台，彩色电视机87.5台，洗衣机62.5台，缝纫机60架，自行车150辆。

（高志明）

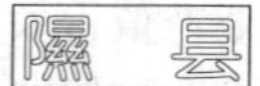

抚今追昔颂改革　沧桑巨变看隰州

隰县位于吕梁山西南端，东临汾西，西连永和，南与蒲县、大宁接壤，北和交口、石楼毗邻，属晋西黄土高原残垣沟壑区，总面积1413平方公里，全县辖13个乡镇、135个行政村、384个自然村，总人口96464人，其中农业人口78542人。

1946年11月，隰县解放了！饱受封建制度压迫的隰县人民从此走向了新的历史时代，经济开始复苏，1949年，全县国内生产总值136万元，人均37元。建国50年来，隰县工农业生产和各项事业发生了翻天覆地的变化。到1978年，全县国内生产总值达1757万元，比1949年增长10.3倍，平均每年增长8.7%。人均国内生产总值229元，增长4.3倍，平均每年增长5.9%。党的十一届三中全会以后，县委、政府认真贯彻执行中央、省、地关于贫困地区经济开发工作的指示和要求，带领全县人民，坚持四项基本原则，坚持改革开放，以经济建设为中心，两个文明一起抓，充分发挥本地优势，加强基础产业和基础设施建设，克服困难，负重赶超，全县面貌有了更明显的变化。1998年，全县国内生产总值达26537万元，比1978年增长4.8倍，平均每年增长9.2%；人均国内生产总值2747元，比1978年增长3.6倍，平均每年增长7.9%。

一、欣欣向荣的农村经济

隰县土地宽阔，东北边缘地带林草丰盛、气候温和，为农林牧的全面发展提供了有利条件。1949年，全县农林牧渔业总产值281万元，粮食总产8585吨，油料产量162吨，猪、羊、牛肉产量150吨。经过土地改革，废除了封建土地所有制，通过互助组、合作社，农业生产得到了较快的恢复和发展。1957年，全县农林牧渔业总产值达538万元，粮食总产量11230吨，油料196吨，猪、牛、羊肉产量246吨，与1949年相比，平均每年分别增长10.4%、3.4%、2.4%和6.4%，顺利完成了第一个五年计划。从1957年开始到党的十一届三中全会前的20年间，经济建设及各项事业得到一定的发展，但山区贫困落后的面貌仍未得到改变。1978年，全县农业总产值819万元，粮食总产23080吨，油料产量211吨，猪、牛、羊肉产量536吨，与1957年相比，平均每年增长1.6%、3.5%、0.4%、和3.3%。党的十一届三中全会以后，县委、政府认真贯彻党的路线、方针、政策，实行家庭联产承包责任制，充分调动了广大农民的生产积极性。农业生产条件得到了很大改善。1998年，全县农业机械总动力增加到24771千瓦，比1978年增长1.6倍，平均每年增长4.8%；农村用电量405万千瓦小时，比1978年增长6倍，平均每年增长10.2%；化肥施用量17225吨，比1978年增长8.2倍，平均每年增长11.7%。根据隰县十年九旱的特点，建成小型水库5座，完成了东川、城川两大干渠引水工程和骨干坝，新建人字闸、蓄水工程30余处，完善新打旱井1万余眼，山地微灌节水工程2处，新建和完善人畜饮水工程218处。由于农业生产条件的改善和农业科学技术的应用，农业生产有了迅速发展。1998年，全县农业总产值16899万元，比1978年增长3倍，平均每年增长7.2%；粮食总产61639吨，为历史最高年，油料总产4120吨，分别比1978年增长1.67倍和18.5%，平均每年增长5.0%和16.0%。

隰县名牌产品金梨汁

在大力发展粮食生产的同时，充分发挥本地资源优势，本着宜农则农、宜林则林的原则，调整产业结构。1985年以来，提出了“粮油起步，林果牧致富”的发展农村经济的战略方针，使全县林果牧事业获得了突破性进展。改革开放20年来，全县共完成造林面积61万亩，干鲜果树面积达20余万亩；森林覆盖率由1978年的9.8%提高到1998年的33.6%；水果产量13345吨，比1978年增长近10倍，平均每年增长12.7%，果品远销呼市、深圳、俄罗斯等地。同时，畜牧业也得到了较快发展，1998年底，全县大牲畜存栏2.04万头，猪存栏2.91万头，羊存栏1.36万只，分别比1978年增长1.3倍、98.2%和45.0%。猪、牛、羊肉产量达3360吨，比1978年增长5.3倍，平均每年增长9.6%。

乡镇企业异军突起，已成为农村经济的主要支柱和全县国民经济的重要组成部分。改革开放以来，乡镇企业是围绕农副产品加工、销售而逐步发展起来的。到1998年末，全县乡镇企业从业人员达到2548人，比1978年增长38.2%。乡镇企业总产值达到6.040万元，利税总额562万元，分别比1978年增长37.2倍和30.2倍，平均每年增长20.0%和18.8%。

二、突飞猛进的工业生产

1949年，隰县仅有私营工业99家，从业人员180人，总产值16万元。建国后，首先完成了私营手工业的社会主义改造，逐步建起了社会主义集体所有制工业经济。到1957年，全县共完成工业总产值86万元，比1952年增长7.3倍，平均每年增长52.3%。1958年至1978年这一时期是隰县工业发展的重要阶段，工业建设有了突破性进展，20年间共投资1188万元，先后建起了化肥厂、电厂、水泥厂、巾单厂、火柴厂、农修厂等加工企业，使隰县的工业经济实力显著增强，工业总产值达到871万元，比1957年增长9.2倍，平均每年增长11.7%。

党的十一届三中全会后，隰县工业经济又进入了一个持续、稳定发展的新时期，根据“调整、改革、整顿、提高”和“对外开放、对内搞活”的方针，发挥本地优势，调整产业结构和产品结构，大力发展农村工业，形成多层次、多形式、多渠道发展工业经济的新格局。20年来，全县共投资2600余万元进行技术改造、更新设备。1998年，全县工业总产值达4218万元，比1978年增长1.9倍，平均每年增长5.5%。拥有电力、煤炭、冶炼、建材、酿造等为主的14个工业门类，生产200余种产品，其中，午城酒和金梨汁已走出山西，走向全国。

三、繁荣兴旺的城乡市场

解放前，隰县仅县城和几个集镇有数十家店铺，到1949年只有4家国营单位和7个基层供销社。建国后商业、供销、粮食、金融、外贸等产品流通机构及网点逐步建立和发展起来，村村有了代销点。党的十一届三中全会以后，随着隰县经济的发展，流通领域日益活跃，首先是深化了商业、供销、外贸体制改革，国合商业实行了承包或租赁经营，同时个体商业也如雨后春笋般地发展起来，进一步丰富了城乡市场。特别是摩托、家电、农副产品形成了周边各县的购物中心。1998年，全县社会消费品零售总额达到10485万元，比1978年增长10.7倍，平均每年增长13.1%，比1949年增长118倍，平均每年增长10.2%。随着工商业的发展，地方财政收入也逐年增加。1949年财政收入仅19万元，1978年也只有111万元，1998年达到798万元，比1978年增长6.2倍，平均每年增长10.4%。

四、蓬勃发展的文教、科技、卫生事业

隰县是一个贫困县。贫困的原因之一是教育落后，科技贫乏。解放后，县委、政府从提高人口素质和改变落后面貌入手，积极发展科技教育事业，通过大力兴建学校、举办文化夜校、开展短期培训等形式，狠抓基础教育，极大地提高了全县人民的文化水平。特别是党的十一届三中全会以后，认真贯彻党中央关于教育科技体制改革的决定，使教育、科技、卫生事业得到较快的发展。

(一)教育事业不断提高。1998年，全县共有各类学校264所，专任教师1520人，在校学生19639人，比1949年分别增长60.9%、3.5倍和3.6倍。近年来通过集资办学，使全县的学校实现了“一无两有”。教育经费(不包括师范附小)也由1952年的16万元增加到1998年的838万元，增长51.4倍。学校“四率”达到国家规定的标准。尤其是实行了三级办学管理新体制，实行校长负责制、教师聘任制、经费包干制，试行了教师优化组合、工资挂钩等，极大地提高了教师的积极性，也大大改善了办学条件。到1998年，全县60多所中小学具备了录像、摄像等现代化教学能力，“普九”工作通过省级验收，教学质量进一步提高，为大中专院校输送各类人才411人，中高考成绩保持东西山十县之冠。

(二)科技队伍不断扩大。解放初，全县几乎没有一个科技人员。50年来，全县科技人员发展到目前的1450人。13个乡镇都成立了农业、水利、畜牧、果树等科技服务站，村委成立了科技组，涌现出一大批科技示范村、示范户，县、乡、村三级科技服务网络基本形成。

(三)文化事业不断发展。解放后，隰县文化艺术事业坚持“双百方针”，为全县广大人民群众提供了丰富的精神食粮。特别是党的十一届三中全会以后，文化事业得到了较快发展。1979年国家拨款100万元在县城新建了1座影剧院。除县文化馆、图书馆和宣传队外，全县13个乡镇都建立了文化站。1992年以来，将有线广播发展为无线广播，无线电视发展为有线电视。全县电视机拥有量由1970年的1台黑白电视机发展到1998年的2.3万余台，看电视成了广大城乡居民生活中必不可少的内容。其它文化艺术活动也有了很大发展，文物保护和开发利用得到重视，现有文物古迹遗址颇多，最著名的为国内罕见的明代小西天悬塑，每年吸引着万余游客前来观光。

(四)医疗卫生条件不断改善。解放初，全县只有1个卫生院，医疗条件十分落后，群众看病十分困难。解放后，医疗卫生工作坚持贯彻“中西结合，预防为主”的方针，全县人民的健康水平不断提高，1998年，全县医疗单位发展到27个，医疗卫生人员449人，比1949年和1978年分别增长3.8倍和60.4%，目前，全县实现了乡乡有卫生院，村村有卫生所，初步形成县、乡、村三级医疗卫生网络。

五、四通八达的交通、邮电网络

解放前，隰县交通闭塞、运输困难，全县只有2条土质公路，运输全靠人担畜驮。解放后，坚持民办公助、民工建勤的方针，修通了13个乡镇、135个行政村的县、乡、村公路，209国道横贯县境。至1998年底，全县干线公路81.5公里，其中国道48.5公里，县乡级公路127公里，乡村公路423公里，共计632公里。油路拓展到142公里，是建国前的12倍。一个纵横交错的交通运输网络已经形成。全县运输车辆由1958年的4部汽车发展到1998年的2565辆(包括运输拖拉机)。全年共完成货运周转量2530万吨公里，旅客周转量1168万人公里。

邮电事业得到了飞速发展。到1998年末，全县共有邮政局所10处，邮路长度216公里。电信局所4处，电报电路4路。电话交换机总容量达4000门，电话用户达3638户，大大方便了人民群众的生活需要。

六、日益富裕的人民生活

解放前，隰县人民半年糠菜半年粮，过着穷困潦

倒的生活,农民更是衣不遮体。建国50年来,特别是党的十一届三中全会以后农村实行家庭联产责任制,极大地激发了人民群众的积极性,生活水平日益提高。1998年,全县农民人均纯收入达1450元,职工人均工资达到3746元,分别比1978年增长30.5倍和6.1倍。全县城乡居民储蓄存款余额达17042万元,比1978年增长105.5倍,平均每年增长26.3%,人均存款达1764元。消费结构也发生了根本性的变化,电视机、自行车、高档家俱基本普及,摩托、汽车也开始进入居民家庭,80%以上的居民迁入新居。

回顾过去豪情满怀,展望未来任重道远。50年的变化是巨大的,但隰县仍未摆脱"农业小县、工业弱县、基础差县、财政穷县"的困境,产业结构不尽合理,经济增长方式比较粗放,农业基础条件仍然薄弱,改革开放力度仍然不够等等。随着改革的持续深入、市场经济的不断发展,这些问题将会逐步得到解决,21世纪的隰县必将更加美好。

(赵新民)

汾西县

半世艰辛拔穷根　励精图治建汾西

汾西县地处山西省中部偏南,吕梁山南段东侧。北靠交口、灵石县,南接洪洞县,西依吕梁山支脉姑射山与隰县、蒲县接壤,东邻汾河与霍州市相连。南距临汾市95公里,北经国道108线至省城太原210公里。

汾西,因驻汾水之西而得名。随开皇十八年(公元598年)置县,至今已有1400余年的历史。全县总面积880平方公里,1998年总人口136061人。现辖5镇9乡,225个行政村。

汾西县属温带大陆性气候,年均降水量551毫米,无霜期187天。历史上以农业为主,小麦、玉米、谷子、高粱、棉花、豆类均有悠久的栽培史。全县有宜林地3万余公顷,牧坡草场28000公顷,耕地28812公顷,农业人口人均耕地0.24公顷。

汾西县矿产资源丰富,煤、铁、硫、铝土储量尤丰,石膏、石灰石、耐火材料、高岭土、稀土等储量也相当丰富。

1946年8月29日汾西解放后,汾西人民在这片古老的土地上,分田地,斗恶霸,艰苦创业,奋发图强,积极进行社会主义革命和社会主义建设,工农业生产有了明显提高。特别是党的十一届三中全会之后,坚持"一个中心、两个基本点",各项事业取得了重大成就,全县经济和社会面貌都发生了深刻的变化,人民生活得到了显著改善。

一、农村经济全面发展

(一)改善农业生产条件,狠抓粮食生产。建国以来,特别是党的十一届三中全会之后,县委、县政府把粮食生产作为稳定农村经济的重要任务来抓,农业生产得到迅速发展。一是农村普遍实行了家庭联产承包责任制,联产承包到组、承包到户,打破了长期以来束缚农民手足的"大锅饭"体制,增强了农民对土地投入的积极性。延长土地承包期政策的落实,有效促进了农村的稳定。二是加强农业基础设施建设,大搞农田基本建设,实施机修梯田工程建设,大力改善农业生产条件。1978年至1998年,流域治理面积达59290公顷。新修农田9470公顷,坡改梯田3400公顷。汾西人民在长期的生产实践中,建设了具有地方特色的沟坝地,1998年沟坝地建设发展到3710公顷。三是围绕旱作农业,大力推广农业生产实用技术,有效实施了"两高一优"农业,大大提高了全县农民科学种田水平,提高了劳动生产率。1978年至1998年,全县引进农业实用技术29项,引进优良品种50余个品种。1990年小麦生产创历史最高水平,单产每公顷达到1800公斤。1998年化肥施用量达到8592吨,比1978年增长95.0%。玉米、小麦地膜覆盖面积达到1168公顷,占到种植面积的6.9%。小麦在干旱十分严重的情况下平均每公顷产量达到823公斤,分别是1949年和1978年的3.31倍和2.87倍;玉米平均每公顷达到5949公斤,分别是1949年和1978年的5.3倍和1.8倍。通过农村政策的落实,科学技术的广泛推广应用,粮食生产大幅度提高。1996年粮食生产创历史最高纪录,达到54450吨,分别比1949年和1978年增长3.8倍和1.77倍。1998年,粮食生产在小麦减产的情况下，扩大复播面积，以秋补夏，粮食产量达50883吨，实现了旱灾之年不减产，分别比1949年和1978年增长2.55倍和65.1%；油料产量达980吨，分别比1949年和1978年增长2.2倍和7.5倍。

（二）林果畜牧迅速发展。汾西县地处黄土高原残垣沟壑区，水土流失严重，同时，土地宽阔，有宜林地3万余公顷，发展林业有着得天独厚的自然条件。1978年，汾西被列入国家“三北”防护林建设体系，经过8年的奋战。到1985年，按照国家整体规划，本着宜林则林、宜牧则牧原则，共造林17085公顷，全县林地面积达到19603公顷。1996年，县委、县政府再次把林业生产建设作为当地农民脱贫致富的工程来抓，确立了“依林兴县，靠果富民”的工作思路，提出“大干林业三五年，跨入全国先进县”的号召，制定和实施了发展林业生产的“九六七”绿色行动方案，9片2万公顷干果林基地建设基本完成，6条出境公路绿色通道工程风景怡人，7个乡镇园林化建设初具规模。1996、1997两年分别荣获全省林业先进县称号。从1978年到1998年20年间共造林18000公顷，四旁植林2000万株。1998年，全县林地面积达23760公顷，森林覆盖率达27%，全县干鲜水果林发展到201万株。在大力发展林果业的同时，汾西县的畜牧业也得到稳步发展，1998年末大牲畜存栏26974头，比1978年增长1.5倍，比建国初期增长2.2倍，猪存栏23003头，羊存栏68452只，家畜存栏达到22.6万只。

二、工业生产突飞猛进

建国初期，汾西县工业经济非常薄弱。1949年，全县有少量小煤窑、小硫磺矿及陶瓷等手工作坊，年工业产值仅31万元。改革开放以后，工业生产以资源为依托，以市场为先导，内引外联，加强管理，不断改善管理体制，增强了发展后劲。工业生产经过50年的建设，已初步形成采煤、洗煤、炼焦、采矿、炼铁、铸造加工、炼磺、化工、建材、机械、食品等工业体系。首先是改革经营管理体制，围绕增强企业活力这个中心，先后对企业进行厂长负责制、承包经营责任制、破产、兼并、股份合作、股份制等多种形式的改制，把企业推向市场，逐步形成自主经营、自负盈亏、自我约束、自我发展的法人实体。其次加大投入，对重点骨干企业进行技术改造，提高企业生产能力。增强企业市场竞争能力。第三，发挥资源优势，以采矿和矿产加工为突破口，大力发展煤炭、冶炼、建材等材料工业。全县有证煤矿发展到195座，年产量达到168万吨，焦炭年产量达到73.5万吨。以煤炭开发加工转化为重点的一批企业也如雨后春笋迅猛发展。在稳定煤焦生产的基础上，兴建一批炼铁企业，1997年生铁产量达45600吨，创历史最好水平。第四、大力发展乡镇企业，乡镇企业异军突起，已成为县域经济的半壁江山，1998年乡镇企业已达到1000余户，安置从业人员13683人，乡镇企业上缴税金806万元，比1978年增长160倍。全县工业经济通过改革、改组、改制加强管理，保持了持续、稳定、快速增长的势头。主要工业产品产量1998年与1978年相比原煤增长6.4倍，焦炭增长17.9倍，水泥增长7.7倍。1998年工业总产值达到59459万元，比1978年增长90倍。

三、基础设施建设有了较快发展

1978年，全县境内仅有一条20公里霍桃干线油路，交通落后成为制约全县经济发展的“瓶颈”。1993年以来，全县人民积极响应省委大搞“三项建设”的号召，县委带领全县人民，自力更生，艰苦创业，发扬太旧精神，不畏艰险，公路建设成果辉煌。5年新修等级公路686公里，新修油路186公里。特别是1997年，抓住全区公路“新三通”的发展机遇，动员各方力量，迎难而进，大打公路建设突击仗，当年新铺油路104公里，相当于建国以来油路里程的总和，一举实现了乡乡镇镇通油路。至此，全县基本形成依托大运公路的“川”字形公路网络。全县通村公路也大为改观，在实现村村通公路的基础上，有26%的村通了油路，14%的村通了砂砾路。1998年，全县公路总里程1060公里，是1978年的53倍。全县机动车辆增加到2449辆，是1978年的16倍，客运量达79.2万人，是1978年的9倍。邮电、电力事业也有了新的发展，1998年，全县程控电话交换机总容量增加到5000门，60%的村通了电话，移动电话增加到373部。邮电业务总量完成391万元，比1978年增长16.3倍。全县有35KV输变电站1个，有110KV输变电站1个，基本形成双回路供电的格局，全县100%的村通了电。

汾西县阡陌走马垣林业工程

四、城乡市场日趋繁荣

1949年，全县仅有小型商业网点81个，从业人员97人。1978年以来，汾西县认真贯彻执行“改革、开放、搞活”的方针政策，城乡市场进一步开放，商业经济得到超前发展，出现了购销两旺、市场繁荣的喜人景象，形成了国家、集体、个人三者一起上，多渠道、多元化的商业网络。1998年，全县个体工商户发展到1653户，从业人员达到了3000余人。全县社会消费品零售总额达9655万元，分别是1949年和1978年的26倍和13倍。城乡市场繁荣的同时，地方财政收入稳步上升，1998年达到1240万元，是1978年95万元的13.1倍，是1949年28万元的44.3倍。

五、人民生活水平显著提高

汾西县是全省贫困县之一。从1949年到1978年30年间，随着国民经济的迅速发展，全县人民物质和文化生活水平有了很大提高。1978年农民人均占有粮食332公斤，是1949年的1.22倍。从1958年到1978年的20年间农民人均纯收入一直在35元到49元之间徘徊。改革开放20年来是城乡人民得到实惠最多、收入水平增长最快的时期。在党的富民政策指引下，全县经济迅速发展，农民进城经商、外出务工的人数急剧增加，生活水平快速提高。1998年，全县农民人均纯收入1244元，比1978年增长27.3倍；城镇职工平均工资3380元，比1978年增长6倍。消费结构和消费质量发生了变化，整体上由量的满足向质的飞跃转变，肉、蛋、奶、新鲜蔬菜等消费量成倍增长。1998年末全县城乡居民储蓄存款余额达到10205万元，比1979年增长50.3倍。全县电视人口覆盖率87%。全县人民已基本解决温饱，逐步向小康迈进。

六、教育科技卫生事业蓬勃发展

解放初期，全县仅有4所高级小学，在校学生400余人。1978年，全县共有小学363所，在校学生19660人；中学71所，在校学生8128人，其中高中学生2641人。近年来，加快了实施九年义务教育的步伐，全县夯基础、抓队伍、强素质、上管理，上下结合，层层发动，激发了广大干部群众集资助教的极大热情，共投入资金6000余万元，新修学校233所，维修改造学校108所，中小学教学基础设施得到根本性改善，全县450所中小学基本实现了“一无两有三配套”。在此基础上，学校管理逐步加强，教学质量进一步提高。1979年到1998年，全县共向高等院校输送学生380余人，为全县乡镇企业和农村输送初高中毕业生3万余人。1998年，全县共有小学428所，在校学生21268人；有幼儿园33所，入园幼儿1112人，学龄儿童入学率达100%。教育改革不断深入，职业教育、成人教育健康发展，1998年全县有教师进修学校1所，职业高中1所，卫校1所，每年为社会培训人才150余人。每年在其他高等院校进修的在职人员达450余人。

1998年，全县全民和集体单位各级各类专业技术人员获得专业技术职称的共有2288人，其中获高级职称的20人，中级职称的668人，初级职称的1600人。1978年以来全县共有9项科技成果获地级以上奖励。其中国际荣誉奖1项，国家级奖1项，省级奖3项，地区级4项。有2项工农业生产实用技术得到广泛应用。

卫生事业健康发展。建国后，全县医疗卫生事业发展很快，目前全县已形成比较完善的县、乡、村三级医疗网路，农村医疗制度在全县全面推开。现有县医院1所，乡镇卫生院14所，农村卫生所202个，个体医疗诊所7个，精神病医院1所，骨科医院1所。全县有病床225张，是1952年20张的112.5倍。有专业卫生技术人员453人，是1978年的1.5倍。每万人拥有医务人员33人。

回首往事，汾西人民有无限的感慨。展望未来，汾西这块古老的土地又充满生机。县委、县政府初步确定了的2000年奋斗目标是：国内生产总值5.4亿元，工业总产值6.07亿元，乡镇企业总产值10亿元，粮食总产量60000吨，财政收入达到2262万元。全县人民正以百倍的信心，高举邓小平伟大旗帜，以党的十五大和十五届三中全会精神为指导，振奋精神，知难而进，为建设经济强县，把一个富强文明的新汾西带入21世纪而奋斗。

（杨润珍　庞玉海）

运城市

立足区位优势　推动经济发展

关公故里，河东运城，地处黄河中游晋秦豫三省交接处的金三角地带，是中华民族发祥地之一。新中国成立后，全市人民响应党的号召，意气昂扬，奋发图强，积极投身到社会主义建设事业中，各项事业取得了长足的发展。特别是党的十一届三中全会以来，市委、市政府带领全市人民，高举改革开放和艰苦奋斗两面旗帜，挖掘特有资源潜力，发挥地方区位优势，抓住机遇发展自己，取得了辉煌的成就。

一、改革开放之前30年的发展状况

运城市地处华北黄土高原的晋南盆地，境内自然资源十分丰富。97万亩耕地，地势平坦，土质肥沃，灌溉便利；可利用的牧坡、草滩面积约210万亩，水域面积3万亩，有利于发展养殖业和水产业，百里盐湖，硫酸钠、氯化钠、硫酸镁等总储量达8374万吨，历代誉为“国之大宝”。中条山、稷王山、柏王山一带，蕴有雄厚的金、铜、铁、铝、重晶石、大理石、石灰石等品位高、贮量大的矿藏资源，综合开发的潜力很大。但在新中国建立之前，农业生产只是依据自然条件自由种植，效益得不到有效提高；工业生产，只有一些资本家经营的盐场和手工业小作坊。建国以后，全市迅速掀起社会主义建设新高潮，经济和社会各项事业都出现了前所未有的发展。1978年，国内生产总值1.64亿元，比1949年增长3.5倍；地方财政收入2440万元，比1949年增长8.3倍；城市职工平均工资623元，农民人均纯收入116元，城乡居民储蓄存款余额1351万元。

农业上，不断改善生产基础条件，逐步优化农业产业结构，形成了南山浅井区、中部深井区、北山旱作区3个农作区，主要生产小麦、玉米、棉花、油料、林果、谷子、豆类、甘薯、药材等，同时开发利用荒山、荒坡、荒滩，发展林牧业，全市农业生产效益倍增。到1978年底，全市有机电井4730眼，水浇地面积发展到42.9万亩，是1949年的7.7倍；农业机械从无到有，总动力达到11.1万千瓦；粮食总产量108373吨，比1949年增长1.4倍；棉花总产量5869吨，比1949年增长1.5倍；农林牧渔业总产值7571万元，比1949年增长2.4倍。

工业上，进一步开发利用自然资源，大力发展国有工业。盐池开发，虽然传说舜帝时代就已开始，但几千年来，一直只是单纯生产潞盐，规模也不大。1949年2月，第一座生产无水芒硝的硝炉在运城盐池诞生，同年又开发了盐化产品，运城盐化工业进入了一个崭新的历史时期。到1978年底，年产元明粉291274吨、硫化碱56874吨。与此同时，全市的冶金、化工、机械、电力、电子、纺织、造纸、印刷、食品、建材等工业也应运而生，并得到快速发展，新的工业体系基本形成。1978年，全市全部工业总产值达到2.02亿元，比1949年增长66倍。

运城市自古商贸繁荣，是晋秦豫三省交汇处的重要物资集散地。建国初期，政府对私营商业和国营商业进行了两次公私合营的调整，全部过渡为国营和供销合作商业，并有计划地开放集市贸易。市场供应能力逐步提高，供需状况不断有所改善。1978年，全市社会消费品零售总额达7185万元。

翔宇彩印包装股份有限公司

城乡基础设施建设步伐较快。建国前夕，城区面积仅2平方公里。建国后至改革开放前，地市（县）两级曾先后于1958年、1970年、1978年3次对市区建设进行总体规划，城区面积不断扩大，1978年底城区主干街道全部实现了沥青油路化。境内公路通车总里程达84公里，以市区为中心，呈辐射状，通往全国各地。

二、改革开放以来的辉煌成就

党的十一届三中全会以来，伴随着改革开放的春风化雨，地处内陆的运城人民也如吮甘霖，不甘落后，乘势而上，发展自己。作为一个内陆县级城市，如何构筑改革开放的格局，如何针对自己的市域特点，找准经济发展的着力点，抓住龙头，带动全市经济的全面腾飞，一直是历届市委、市政府探索和实践的发展命题。“八五”时期，市委、市政府紧密结合实际，着眼改革和发展，制定并实施了“关公扬名、农业奠基、流通开道、企业主导、科教兴市”的经济发展战略，有力地推动了运城市的对外开放步伐，促进了运城市的经济社会全面发展。1993年，全市财政收入首次突破亿元大关，跻身全省6强。1998年，全市国内生产总值达到28.6亿元，是1978年的5.5倍(可比价)，年均递增8.9%。

(一)以关公文化为纽带的对外开放取得实质性进展。利用“关公热”在海内外重新兴起的契机，搭关公文化之台，唱经贸发展之戏。运城市从1988年开始，先后举办了七届“关公文化艺术节暨经贸洽谈会”，吸引了海内外的众多游人客商洽谈投资项目，先后引项17个，引资3.15亿元，一些中外合资和内联企业纷纷涌现，美国、意大利、俄罗斯、德国、新加坡、韩国、台湾、香港等国家和地区的客商，先后采取合资、独资的办法，在食品、制革、铸铁、造纸、化工、旅游等行业进行综合开发，全市先后建立外资、合资企业14家，促进了全市外向型经济的发展。运城市还组织了关公艺术大展，在沿海一带城市和东南亚国家及地区进行巡回展出，弘扬关公文化，扩大运城知名度，研制开发了200余种关公系列产品，走俏国内外市场，加快了对外开放的步伐。

(二)以优化投资环境为目标的基础设施建设日新月异。素有“晋南枢纽”之称的运城市，把改善城乡基础设施特别是城市建设列为重中之重，先后拓宽改造和新建了12条水泥路面街道，兴建2座铁路立交桥，改造了火车站广场，城市形成了四纵五横十字轴、双环九射方格网式道路骨架，城区面积由1978年的8平方公里发展到16平方公里，开辟了13条公交线路，城市出租车拥有量达1千余辆。对城市的供、排水设施进行了大规模的建设和改造，使市区的吃水、排水状况得到了明显改善。近年来，又实施“美化、亮化、净化、绿化”四大工程，栽花种草植树，建立了文明示范一条街，街面建筑物全部进行装点美化，设立五彩霓虹灯，市容市貌焕然一新。1994年、1995年分别被省政府命名为全省市容环境管理年先进城市和省级卫生城市。新建了华夏大酒店、关公大酒店、银湖外宾楼、粮贸大厦等一批高档次饭店宾馆。邮电通讯事业飞速向前发展，实现了与国际通讯线路并网，全市50%的农村实现了程控电话。新建了东郊、北相、泓芝驿、顺郭等变电站，使城乡用电紧张的局面得到了有效改善；大修开放路、致富路、腾飞路，在1994年全市提前两年实现乡乡通油路的基础上，经过3年的艰苦奋战，铺设油路605公里，1997年5月，实现了村村通油路。

(三)城乡市场日益活跃和繁荣。充分发挥运城所具有的商贸传统、区域性中心城市和晋秦豫三省交接“金三角”地带的特殊地缘区位三大优势，围绕建设商贸城市的发展战略，配套开发以要素市场为主的多元化市场体系，改建了市百货大楼，新建了购物中心、蓝燕大厦、五州商厦等一批新商场，创建了闻名三晋的“河东市场”、“八一市场”，特别是创建了年交易额达30亿元之多的华北最大的综合批发市场——禹都市场，该市场现已成为闻名“金三角”地带的华北商贸名城。全市现拥有各类商业机构5200多个，大型专业批发市场12个，个体商贩2万户。全市社会消费品零售总额1998年达到18.5亿元，流通在全市经济发展中的辐射带动力明显增强。

(四)以深化企业产权制度改革为动力，工业经济的发展后劲得到增强。积极转换企业经营机制，把企业全面推向市场，按照“三个有利于”的标准，积极推进企业的产权制度改革，先后对16家扭亏无望或微利经营的国有企业进行了承包、租赁、兼并、破产、拍卖和股份制改革，以资本为纽带先后组建了3大企业集团。“八五”以来，累计投入技改资金1000万元，先后对市印刷厂、解州潜水电泵厂、纸箱厂等进行了重点技术改造，新上了一批科技含量较高、市场占有率较大的新产品和新项目，引进了E型瓦楞彩面纸盒生产线，年生产能力1200万平方米，开发出BP对旋高级节能风机、103康复面等25种新产品，创造出关酒、福同惠糕点、强力面粉、解州牌潜水泵等一批名牌产品，涌现出运城地区制版厂、南风洗涤工业集团、解州铝厂、解州潜水电泵厂、市纸箱厂等一批优势龙头企业。全市工业生产快速增长，1998年实现工业总产值40.4亿元，是1978年的11.7倍。

(五)以改善农业生产条件为基础，农业生产迈上了新的台阶。为改善生产条件，提高农业抗御自然灾害能力，运城市坚持大搞农田水利基本建设，打井兴水治旱，推广管灌、渗灌，发展节水型农业，开发水土保持，治理开发盐碱滩。全市水浇地面积由1978年的42.9万亩发展到目前的54.3万亩，管灌、渗灌面积达15.1亩，改良盐碱地3万亩。乡乡成立了农民技术夜校，村村成立了农民专业技术协会，大力推广配方施肥、秸杆还田、高茬耕作、营养钵育苗、立体种植等农业新科技；积极调整农业产业结构，实行连片种植，规模经营，形成了粮、棉、果、蔬、畜五大主导产业格局。截至1998年，全市苹果、酥梨、红枣等经济林面积发展到5万亩，蔬菜面积发展到3万亩。56万多亩小麦产量达1.62亿公斤，棉花产量达468.4万公斤，苹果产量达1092.7万公斤。1998年，全市农业总产值达30223万元，农民人均纯收入达到2358元。

（六）以科技教育为先导，推动社会各项事业蓬勃发展。截止1998年底，全市拥有各类专业技术人员1万余名，公办科研机构10余所，民办科研机构35个，“八五”以来，先后有20项科研成果获省级以上科技发明、科技进步成果奖；全市有高等专科学校1所，省、地中专学校9所，中小学376所，在校生8万余人，教职工4635人；每年向国家输送近千名大中专学生，连续10多年名列全省之冠，康杰中学、运城中学驰名三晋，蜚声全国。全市基本普及了九年义务教育和基本扫除青壮年文盲，先后通过了省和国家验收；拥有电视台4座、广播电台1座、图书馆1座，影剧院、文化馆、俱乐部、工人文化宫等大型文化娱乐场所30多处，专业文艺团体4个，城区居民家庭电视普及率达95%以上，1/3的农户还安装了有线电视，文化活动设施齐全，群众性文化活动非常活跃，1995年被授予“全国文化先进市”称号；医疗卫生事业发展迅速，全市现有各类医疗卫生机构106家，平均每万人拥有卫生技术人员60人，拥有病房床位2295张，由民间名医创办的各类专科医院治疗疑难杂症驰名海内外，农村初保达标率1994年被评为全省第一名；群众性体育活动走在全国前列，1988年被评为全国体育先进市。

（七）以提高城乡人民文明素质为重点的精神文明建设结出硕果。市委、市政府着力于提高运城人的文明素质，塑造文明运城人，促进经济社会的全面发展。先后把上段惨案发生地、运城博物馆、禹都市场等确定为爱国主义教育基地，激发全市人民的爱国主义和建设运城的热情；相继开展了“重塑运城形象”、“十行百佳”、“十佳好事”、“十佳公仆”、“运城是我家，文明靠大家”以及创建安全文明小区、安全文明村镇、十星级文明村、文明户等一系列精神文明建设活动，全市文明素质得到了普遍提高，形成了“团结奋进，负重赶超”的运城精神，激励全市人民奋发向上，开拓进取。自1992年以来，运城市“城市创三优”活动连续4年获得全省第一名，跻身全省文明城市行列。

“九五”时期和下世纪的前10年是实现运城市经济建设第二步战略目标，向第三步战略目标迈进的关键时期，我们要以十五大确定的邓小平理论为指针，积极推进经济体制和经济增长方式的根本转变，进一步解放思想，更新观念，努力实现“九五”计划和2010年远景目标，再谱兴运富民的新篇章。

（王　琦）

永济市

蒲坂大地映辉煌

中华人民共和国已诞生50周年，伴随着共和国前进的步伐，永济人民艰苦奋斗，开拓拼搏，取得了举世瞩目的伟大成就。特别是改革开放以来，经济和社会发展进入了一个新的时期。

艰难发展的三十年

新中国成立后，永济走过了一段坎坷曲折的道路，经历了艰难困苦的国民经济恢复时期、遇到挫折的大跃进和调整时期、遭受严重破坏的文革动乱时期。在这30年的奋斗中，经济和社会发展取得了一定成就，改变了一穷二白的面貌，奠定了较好的发展基础。但生产力水平不高，经济发展缓慢。

（一）徘徊前进的农业。解放后，永济和全国一样，进行了土地改革，组织农民走互助合作道路，农业生产得到了较快的恢复和发展。在国民经济恢复时期和第一个五年计划时期，由互助组、初级合作社到高级合作社，解放了生产力，调动了农民积极性，生产水平大大提高。到1957年农业总产值和粮食总产量比1949年分别增长82%和31%。在大跃进和调整时期，由于政策波动，工作失误，特别是文革期间的动乱，农业生产徘徊不前，农业总产值起伏不平，没有突破8200万元，粮食产量呈波浪式发展，低而不稳。到1978年粮食总产10.4万吨，平均亩产144公斤，农民人均纯收入不足100元。值得欣喜的是，经过近30年的努力，农业基础设施和农业生产条件得到较大改变。由农业机械化、电气化替代了过去传统笨重的手工耕作、排灌、运输方式。1978年农业机械总动力达12.76万千瓦，农村用电量达3022万千瓦时，发展水浇地50万亩，占年总耕地面积的57.6%，是1949年的13倍。

（二）初具规模的工业。永济的工业是在极端薄弱的基础上发展起来的。解放初期只有1个铁业社，1个石印馆，几家木器、铁器手工业合作社。经过社会主义工商业改造，逐步发展壮大。特别是在60年代和70年代初期，一批中央、省、地营企业的兴建及乡村企业的涌现，促进和带动了地方工业的发展，使永济工业初具规模，行业比较齐全。到1978年，工业企业单位发展到424个，全部工业总产值达1.3亿元。乡及乡以上独立核算工业企业职工人数1.2万人，固定资产原值达1.75亿元。有冶金、机械、电力、纺织、化学、建材、造纸、食品等13个行业。主要生产交流电机、农药、化肥、水泥、白酒、白布、棉沙、有光纸、各种食品等20多种产品。但由于经营机制问题，工业发展步子不快，经济效益不高。1978年乡及乡以上独立核算工业企业利税总额仅有906万元，全员劳动生产率仅有4207元。

芦笋生产车间

（三）形成购销网络的商业。建国后，永济在党的全面恢复国民经济方针指引下，建立了国营商业系统，积极发展供销合作社，稳定了市场，恢复了各种商业贸易活动，商品购销明显增加。经过“一五”计划时期的建设和社会主义改造，到1957年全民和集体公有制经济已占市场主导地位，比重为80.5%。农村、城镇各种商业网点基本形成，社会消费品零售总额达1419万元，比1949年增长1.9倍。但在大跃进和“文革”时期，取消合营、个体经济，封闭集贸市场，城乡市场贸易萧条，20年内社会消费品零售总额年递增仅3.4%。

（四）稳步发展的各项社会事业。解放后，认真贯彻党的教育方针，永济的教育事业得到迅速发展。1978年底全市有各类学校373所，在校学生7.16万人，学校教师3100人，比建国初期的1949年分别增长48%、4.4倍和7倍。科技事业逐步发展。乡镇先后建立起农业技术站，推广农业先进技术；各大中型企业也成立了科研机构，开发新产品，促进了经济的发展。文化工作蓬勃发展。先后建立了市剧团、文化馆、博物馆、图书馆、电影院和乡镇电影队，活跃了群众文化生活；卫生事业大力贯彻防治结合，预防为主的医疗卫生方针，地方性传染病得到有效医治，全市积极改变医疗卫生条件，逐步形成了保健卫生网络，人民健康水平迅速提高。1978年底医院发展到22个，医生达到604人，设病床706张。

巨大成就的二十年

党的十一届三中全会以来，以经济建设为中心，解放思想，实事求是，改革开放从农村到城市，从生产到流通，从经济基础到上层建筑逐步展开，使社会主义建设进入了一个新时期，经济和社会发展取得了重大突破。这是永济经济腾飞的20年，也是全面振兴的20年。

（一）国民经济实力增强。经过20年的开拓进取，永济国民经济总规模明显扩大，总量快速增长，实力增强。1998年，国内生产总值达18.2亿元，比1978年增长5.5倍，年平均递增9.8%。比党的十一届三中全会前30年平均增长速度高5.2个百分点。20年来，累计完成固定资产投资17.8亿元，地方财政收入5.8亿元，比前30年累计完成固定资产和地方财政收入分别增长2.8倍和4.4倍。由于经济实力增强，用于积累和消费的基金明显扩大，为扩大再生产和提高人民生活水平创造了条件。

（二）农业取得突破性进展。党的十一届三中全会后，农村实行了以家庭为主的联产承包责任制，极大地调动了农民生产积极性，进一步解放了生产力，使农业和农村经济进入了一个新的发展阶段,逐步走上农业产业化的道路。

1.生产水平迅速提高。1998年,全市农业总产值达7.7亿元,比1978年增长1.8倍,年平均递增5.3%,大大快于前30年3.8%的增长速度;粮食总产22.6万吨,平均亩产341公斤,比1978年分别增长1.2倍和1.4倍;棉花总产1.2万吨,油料总产8830吨,比1978年分别增长1.1倍和翻了7番半。肉类总产4592吨,禽蛋产量2946吨,比1978年分别增长69%和5倍。

2.农林牧渔全面发展。农村由单一的粮食生产向多种经营发展,促进农林牧副渔全面发展,农业和农村产业结构发生了变化。在农业总产值中农林牧渔业的比重由1978年86.9%、3%、10%、0.1%变为84.5%、1%、8.5%、6%。改变了过去单一农业的格局,农村开始向农工商综合经营转变。

3.传统农业向现代农业发展。1998年,全市农业机械总动力27万千瓦,农村用电量1.1亿千瓦小时,化肥施用量1.6万吨,比1978年分别增长1.5倍、2.7倍和2.8倍。特别是实行科学种田,推广先进的农业技术,粮食和经济作物基本实现了良种良法配套;棉花、蔬菜等经济作物实施地膜覆盖和温室栽培新技术,畜禽、水产实行科学饲养,使农业生产逐步达到高产高效。

4.农业发展后劲不断增强。20年来,全市大力开展以兴水改土为主攻方向的农田水利基本建设,加大农业投入,采取国家、集体、个人一齐上的办法,新打水井2100眼,扩大水浇地47.1万亩,新建提水站396处,建立了万亩连片井灌区和井黄灌溉双配套,部分农田实现了喷灌、渗灌,增强了农业发展后劲。先后成为"全国优质棉生产基地"、山西省"商品粮生产基地"、"商品牛基地"和全国淡水养渔百强县(市)。

(三)工业持续稳定发展。改革开放以来,实行简政放权、厂长责任制、利改税承包、租赁、股份合作等一系列改革措施,改善了企业经营机制,扩大了企业的自主权,促进了企业发展。

1.工业生产大幅度增长。1998年工业总产值达27.4亿元,比1978年增长10倍,年平均递增12.8%。白布、白酒、化肥、水泥、发电量等主要产品年产量比1978年前成倍增加。

2.经济效益明显提高。1998年全市工业增加值8.7亿元,比1978年增长11倍;独立核算工业企业全员劳动生产率由1978年的4207元增加到1998年的2万元;实现利税比1978年增长6.7倍。

3.增强了自我发展能力。20年,全市工业新增固定资产16亿元,平均每年增加固定资产8104万元,年平均递增12.3%。改革开放后新增固定资产是前30年的9倍。

(四)交通邮电业迅猛发展。随着经济的发展,交通邮电业发展迅猛。1998年,市境内公路通车里程1356公里,新增公路876公里,年平均递增5.3%;民用汽车发展到1638辆,比1978年翻了一番半。19个乡镇、办事处和262个行政村实现了村村通油路。全市已形成以铁路和主干线公路为框架、运风一级公路为主轴、8条乡镇主干道路为侧翼、120条乡村油路纵横交织的公路网络,进入大区域交通网。

党的十一届三中全会以来,全市邮电通迅设施不断扩建改造,使用了程控交换机,装机总容量2.6万门,并入国际通讯网,开通了长途全自动电路、移动电话、数字、汉字传呼。20年内新安装电话2万部,年平均增长17.1%。邮电业务总量增长了23倍。

(五)商贸市场繁荣兴旺。改革开放使永济商贸初步形成了多种经济成份并存、开放式、多渠道、少环节的流通体制,出现了商品货源充裕、销售网点增加、经营方式灵活、市场稳定繁荣的新局面。1998年社会消费品零售总额达5.2亿元,比1978年增长13倍;个体商业户发展到8330个,从业人员2万人,年营业总额3.4亿元。

(六)科技文卫事业突飞猛进。改革开放以来,永济市科技成果显著,成为全国星火密集区。1998年专业科技人员6710人,比1978年增加了4.7倍。20年内,实施国家、省、地星火计划35项,通过验收25项,获奖19项。共开发农业高产优质栽培技术和工业先进技术装备30多套,推广先进适用技术100多项。

教育事业蓬勃发展。全市认真贯彻实施义务教育,不断加大教育投入,改变教学条件。20年来,市财政累计投入教育经费2.4亿元,群众集资3000万元,新建教学楼41座,增添了一批教学设备,改善了办学条件,教育质量不断提高。1998年共有各类学校339所,在校学生65613人,专职教师4364人,中小学的入学率分别为98%和100%,实现了高标准无文盲市和普及九年义务教育市。

文化生活十分活跃。全市共有文化机构21个,国家和省级文物保护单位9个,已发掘开放的4个,成为旅游热点;新建音像厅、歌舞厅、职工俱乐部等文化场所86个,电视台2个、差转台9个,90%的村安上了闭路电视,活跃了群众的文化生活。

医疗卫生条件得到改善。十一届三中全会以来,全市不断强化医疗基础设施建设、医风医德建设和健康教育。新建起4座门诊大楼,增添了CT、脑电图等一批先进医疗设备,改善了医疗卫生条件。1998年全市共有医院29个,门诊部262个,医生1333人,病床位1489张,与1978年相比,医生和床位分别增长了

1.2倍和1.3倍。

(七)人民生活水平不断提高。1998年,农民人均纯收入2308元,城镇居民人均可支配收入3574元,比十一届三中全会前分别翻了4番半和提高了10倍。城乡居民储蓄存款余额11.1亿元,人均存款达2649元,职工年平均工资5456元,比1978年分别翻了6番半、8番和增长了8.8倍。城乡居民人均居住面积达18平方米,家庭主要耐用消费品成倍增长。居住的砖木、混凝土结构的小洋楼、装璜考察的居室也较普遍。

光辉灿烂的发展前景

回顾总结永济50年发展历程,有着成绩的欣喜,也有深刻的教训,展望未来,前景广阔。今后永济市国民经济和社会发展的总体思路是:以建设有中国特色的社会主义理论和党的十一届三中全会以来的路线、方针、政策为指针,以实现两个根本性转变为目标,以推进综合改革为动力,以增加财政收入和居民收入为重点,实施科技兴市和可持续发展战略,加速发展产业化农业,突出发展集团化工业,大力发展以旅游业为主的第三产业,艰苦奋战,努力把永济建成山西南部的绿色食品基地和轻工旅游城市,使人民生活更加富裕。

为实现上述发展思路,永济将认真抓好六方面的工作:第一、处理好改革、发展、稳定三者之间的关系,实现国民经济持续、快速健康发展;第二、始终把农业放在发展国民经济的首位;第三、实施科教兴市战略,转变经济增长方式;第四、以市场为导向,调整优化产业结构和产品结构;第五、从整体上搞好国有经济,加快发展民营经济;第六、坚持两个文明一起抓,促进经济和社会的全面进步。

(王宗周)

河津市

实施六大战略 创建河东强市

河津古称“龙门”,相传“禹凿龙门”、“鲤鱼跳龙门”的神话传说就发生在这里。河津市位于山西省西南部、黄汾两河交汇处,北依吕梁,西濒黄河,地理形状为马鞍形,中间是河谷,南北为高垣。河律历史悠久,新石器时代就有先民集居,殷商建都七世,春秋为耿国,秦置皮氏县,隋唐龙门治,宋代改名河津,1994年撤县建市。全市行政区划为3镇8乡,148个行政村8个城市居委会,总面积593平方公里,人口35.7万人。

河津依山傍水,拥有四大优势:一是资源丰富。地下蓄珍藏宝,已探明有开采价值的有煤、硫铁矿、石灰石等20多种矿藏,仅煤炭储量就达7亿吨。境内水资源丰富,黄河北出龙门,汾河横穿全境,地下水年可开采量达3.2亿立方米;二是位置优越。素有“秦晋咽喉,西北门户”之称。境内公路四通八达,209国道纵贯南北,108国道、侯西铁路横穿东西,黄河航运直航达150公里;三是人才荟萃。汾北的樊村、僧楼有传统的炼焦、炼铁、烧石灰技术,汾南的柴家、小梁能工巧匠历代相传,素称“鲁班之乡”;四是厂矿聚集。由于得天独厚的资源优势和地理优势,国家、省、地大中型企业相继在境内兴建。号称“远东第一”的国家重点工程山西铝厂二期工程已经结束,形成了年产120万吨氧化铝的生产能力,投资105亿元的三期工程即将上马;投资80亿元、装机容量240万千瓦的河津电厂一期工程即将完工;投资32亿元、年产原煤800万吨的王家岭煤矿已列入国家计划;提水量为26万立方米的禹门口提水工程,已经上水受益。

建国50年来,特别是改革开放以来,全市人民坚

山西铝厂

持以经济建设为中心,大力发展资源型、厂郊型和外向型经济,解放思想,开拓奋斗,艰苦创业,使河津面貌发生了翻天覆地的变化,全市基本形成了以“两高一优”农业为基础,以煤、电、铝为龙头,以煤焦、冶金、建筑、建材、运输业为支柱,以第三产业相配套的经济格局,成为全区乃至全省的经济强市之一。

经济实力不断增强。1998年,全市国内生产总值达到18.5亿元,为1952年0.31亿元的59倍。一、二、三产业之比例由解放初期的90.7:2.5:6.8变为7.2:75.1:17.7,经济结构发生了根本性的变化,全市各类存款余额由1949年的9万元增加到18.3亿元,各类贷款余额由1950年的1万元增加到1998年的3.75亿元;财政收入由1949年的73万元增加到1998年的15779万元,增长216倍。

农业生产条件大大改善。1998年,全市农业总产值达2.2亿元,比1949年的0.18亿元增长12.3倍;粮食总产量达到1.04亿公斤,比1949年增长5.5倍;粮食亩产由1949年的52公斤增加到426公斤,提高了8.3倍。农业机械总动力由1956年的94千瓦增加到20.39万千瓦;农村用电量由1969年的10万千瓦小时增加到9591万千瓦小时,化肥施用量由1952年的82吨增加到1998年的311万吨。农业生产的现代化程度大大提高。

工业经济成为全市经济主导力量。建国时期,河津工业基础薄弱,只有一些小手工作坊和小煤窑,年产值仅24.3万元。经过50年的积累发展,1998年,全市工业总产值达到34.1亿元,是1949年的14204倍;主要工业产品产量大幅度提高,原煤由1949年的0.7万吨增加到248.4万吨,氧化铝和水泥分别达到100.4万吨和67.79万吨。独立核算工业企业的固定资产原值由1978年的0.17亿元增加为80.5亿元,增长473.5倍。私营企业发展到1523家,总资产超过了10亿元,乡镇企业产值23.5亿元,营业收入20.99亿元,在全市经济结构中五分天下有其四,全市基本形成了以山西铝厂、河津电厂等国有大中型企业为龙头,以市有工业、乡镇企业为主体,以煤电铝、煤焦化为支柱产业的结构合理的地方工业体系。

人民生活水平不断提高。农村基本实现了小康,农民人均纯收入1998年达到2327元,比建国初期的73元提高30多倍;职工平均工资由1949年的75元增加到7050元;城镇居民人均可支配收入1998年达到3247元。城乡市场活跃,购销两旺,人民生活水平不断提高,1998年,全市社会消费品零售总额3.26亿元,是1949年0.03亿元的109倍。

各项社会事业全面进步。建国以来,全市获得省级以上科技奖的科研成果11项,科技服务网络基本健全,科技进步对经济增长的贡献份额不断增大。教育事业大踏步发展,教职员工由1949年的203人发展为3719人,在校学生人数由1949年的4646人增加到1998年的62946人。城乡医疗机构健全。乡镇以上卫生院有17所,卫生技术人员由1949年的189人增加到1446人,病床位数由1950年的3张增加到1000余张。精神文明建设和社会各项事业都取得了长足的发展。

基础设施建设日新月异。水利建设完成了禹门口提水工程、黄汾治理和一大批节水工程,初步改变了靠天吃饭的局面。交通运输从1958年一辆汽车发展到1998年的12264辆,全市公路实现了“三纵三横一循环”,公路里程由1958年的27公里发展到现在的300公里,运输业成为一大主导产业。邮电业务总量由1949年的0.5万元增加到4141万元,电话机由1949年的1部增加到1998年的17888部,BP机、大哥大基站9个。城市建设以撤县设市为标志,日新月异,飞速发展,完成了宾馆、邮电、银河等58座大楼建设,新修或拓宽改造了新耿街、紫金街、汾滨街、延平街、新兴路、太兴路、复兴路、振兴路、中兴路、莲池路、龙岗路等城市街道,健全了城市供电、供水、供暖系统,城市服务功能趋于完善,一个通讯快捷、交通方便、设施完备、经济繁荣、社会进步的现代化城市在黄河东岸迅速崛起。

世纪之交乃至2010年,河津人民将高举邓小平理论伟大旗帜,深入贯彻党的十五大精神,坚持以经济建设为中心,牢牢把握改革、发展和稳定的大局,围绕创建河东强市、实现跨世纪宏伟目标,认真实施六大战略,积极推进农业产业化进程,深化国有企业改革,大力发展乡镇企业和非公有制经济,加快基础设施建设,努力开拓城乡市场,调整优化经济结构,实现两个根本转变,促进全市经济持续、快速、健康发展和社会全面进步,把一个文明、富裕的新河津带入21世纪。

一是实施农业产业化战略,全面发展农业和农村经济。认真贯彻落实党在农村的基本政策,抓住增加农民收入和保持农村稳定两件大事,加快四大基地建设,积极推进农业产业化进程,引导广大农民向宽裕型小康迈进。二是实施工业富市战略,推动全市经济迈上新台阶。坚持以提高经济效益为中心,依靠科技进步,加快结构调整,加大技改力度,强化企业管理,发展一批优势产业、优势企业和优势产品,初步建立起结构合理、技术先进、具有河津特色的工业体系。三是实施商贸活市战略,增强经济发展活力。四是实施外向型经济战略,努力提高全市经济的外向度。实行对外开放和经济技术合作,参与国际交换和竞争,是推动区域经济现代化的重要途径。要抓住国家将要加入世贸组织的契机,大力实施外向型经济战略,充分利用国际、国内两种资源、两个市场,全方位、多层次扩大对外开放。五是实施投资拉动战略,进一步增强经济发展后劲。认真贯彻国家加大投入、扩大内需、加快基础设施建设的政策,加快基础设施建设,增强经济发展后劲。六是实施科教兴市战略,促进经济和社会可持续发展。加强科技服务网络建设,依靠科技进步,抓好农科教、经科教结合,加强科技宣传推广,建立健全投入机制,努力提高科技对经济增长的贡献率。同时要大力发展基础教育、职业教育和成人教育,改善办学条件,提高教学质量。

(霍拴孩)

芮城县

腾飞的"黄河金三角"

芮城县位于山西省最南端,北靠中条山,南濒黄河,东临平陆,西接永济。境内黄河铁路大桥连接同蒲、陇海2条干线,贯通秦、晋、豫三省,构成水陆交通要冲。芮城跨省商贸业历史悠久,以风陵渡为中心的"黄河金三角"经济贸易开发区目前正在建设之中。

芮城县境内名胜古迹众多。县西的西候渡遗址早在180万年前就有原始人群繁衍生息,风陵渡镇古合河人距今已有50万年的历史,距县城北2.5公里处,有驰名中外的元代艺术宝库—永乐宫,有古魏城遗址,有唐代建筑五龙庙。传说黄帝贤相风后葬于风陵,尧舜耕于历山,大禹治水于河滨,魏文候崛起于龙泉。现代建筑中,以水利明珠—大禹渡电灌站驰名中外,1987年新开辟的"中国黄河一日游"吸引着大批的中外游客,成为山西省的旅游圣地之一,被国务院确定为首批对外开放县。

芮城县地处黄河中游。现辖5镇11乡,308个村民委员会,707个自然村。全县总人口36.7万人,其中农业人口33.81万人。境内地形北高南低,平均海拔600米左右,东西长75公里,南北宽20公里左右,总面积1161平方公里,中条山横穿东西,山地面积30余万亩。光、热、水、气资源比较充足,发展农业县有较为有利的条件。黄河流经80公里,形成滩涂15万亩左右。境内蕴藏着大量的矿产资源,现已探明的有磷矿石、大理石、石灰石、紫砂石、石英砂、白云石和金、铜矿石等10多种。芮城盛产苹果、红枣、核桃、柿饼等土特产品。

辉煌的发展成就

新中国成立以来,芮城人民在中国共产党的领导下,坚持社会主义道路,进行大规模的社会主义建设,取得了辉煌成就。特别是党的十一届三中全会后,芮城经济建设得到迅猛发展。1998年全县国内生产总值9.65亿元,比1978年增长3.93倍,平均每年递增8.3%,比1957年增长5.01倍。农林牧渔业、工业、交通运输、文化教育等各行业都取得了令人鼓舞的新成绩。

(一)农业和农村经济全面壮大。农业生产稳步增长。1998年,全县粮食总产量达到18.64万吨,比1978年的9.02万吨增长1.07倍,平均每年递增3.7%,与1949年相比,增长3.82倍,平均每年递增8.2%;油料总产4709吨,比1978年的70吨增长66.27倍,比1949年增长11.23倍;猪牛羊肉总产达到5543吨,比1978年增长1.32倍,平均每年递增4.3%,比1949年增长172.22倍;乡镇企业利税总额达到7963万元,比1978年的269万元增长28.6倍,平均每年递增5.6%;农民人均纯收入2265元,比1978年增长27.31倍,平均每年递增5.3%,比1957年的64元增长34.39倍。

农业生产条件不断改善。建国50年来,芮城人民坚持改土治水为中心,大搞农田水利建设,取得了巨大成就。依河建起6座万亩以上的大型机电灌站和190个小型机电灌站,依沟筑坝建库13座。打机电深井1300多眼,发展水浇地38.2万亩。规模宏大的大禹渡电灌站,装机49台组,总扬程214米,每秒提水量6.8立方米,灌溉面积28.6万亩,是我国目前农业灌溉扬程最高的机站。农业机械化程度进一步提高。

棉麦基地建设已具规模。多年来,芮城在各级党委和政府的领导下,一手抓粮棉生产,一手抓多种经营,取得了可喜的成绩。1986年芮城县被确定为国家和山西省优质小麦商品粮基地县和优质棉花基地县后,每年向国家出售商品粮5万吨,商品棉3000多吨。

同时多种经营也取得了显著成效。被国家科委定为“黄河鲤鱼”、“土窑洞加简易气调储藏保鲜苹果”、“半草浆卫生纸”三项“科技星火”计划实施区。芮城县的苹果由于地理气候的特点,质脆、味甜,营养丰富,外形美观,被国家确定为优质苹果生产基地,目前全县苹果面积已发展到13.23万亩,年产14.76万吨。

(二)工业生产突飞猛进。1949年,芮城工业基本空白,仅有5个小手工业作坊。产值50万元。解放后,芮城工业发展迅速,到1978年工业产值达到2762万元,比1949年增长54.24倍,平均每年递增14.8%。特别是党的十一届三中全会以来,芮城工业得到了长足发展。1998年工业总产值(新口径)达到5.69亿元,比1978年增长19.58倍,平均每年递增16.5%。

近年来,芮城工业涌现出了一批优势企业,如芮城制药厂(亚宝集团)、芮城化工厂、芮城县黄化公司、芮城造纸厂、芮城洞宾酒业有限公司(芮城酒厂)、芮城果汁厂、芮城工程塑料厂等一批企业,生产出了一些名牌产品,如宝宝一贴灵、亚宝贴可舒、芮城特产无核糖枣、优质麻片、酱菜等。

(三)商业购销两旺,城乡消费品市场繁荣活跃。1998年全县社会消费品零售总额达到1.84亿元,比1978年增长6.56倍,平均每年递增10.7%,比1949年的188万元增长97.03倍。改革20年来,财贸战线制定并实施了开放搞活城乡市场的一系列改革举措,初步建成了以县城、风陵渡、陌南、西陌、永乐为重点的十大贸易集镇。县城新建了五大综合商店:魏都商场、人民商场、松源商厦、时达商场、供销商场;六大专业市场:西关商场、北星商场、北宛农贸市场、西街农贸、“工字”型半封闭市场、南街永乐农贸市场、南环东街的小食品夜市。目前,以风陵渡为中心的“黄河金三角”经济贸易开发区建设,及县城南郊的工业经济小区建设,正在对繁荣芮城经济起着巨大的推动作用。

(四)文教卫生事业蓬勃发展。1978年末,芮城县拥有各级各类学校599所,在校学生5.56万人。近年来,实施了“百幢教学大楼”工程,改变了乡、村两级学校的教学条件。1998年学龄儿童入学率、在校学生巩固率、毕业率均达到国家要求标准。全县有医院15个,村级卫生保健站308个,医院床位数674个,卫生技术人员907人。

(五)财政收入连年增加。1998年全县地方财政收入完成5008万元,比1978年增长8.27倍,平均每年递增11.8%,比1949年的117万元增长41.8倍。全县财政总收入超亿元。

未来发展的思路

世纪之交的5年,是芮城人民奔向小康的关键时期。要保证全县战略目标的顺利实现,进一步振兴芮城经济,必须转变观念,深化改革,树立超常规、跳跃式发展、全方位开放搞活的新思路。

(一)努力改善农业生产条件,以果林业为龙头,发展多种经营,是振兴芮城县农村经济的战略方针。芮城是个传统的农业县,农业县要发展,首先要振兴农业经济,而农业的主攻方向是依靠科技提高粮棉产量,通过水利建设(如目前正在实施节水渗灌工程)、农田建设、种子基地建设、科技建设和耕地资源保护等强化措施,增强农业发展后劲。与此同时,还要抓好林、牧、副、渔业的发展。现有的13万亩苹果园,要进一步加强管理,更新品种,提高质量,增加产量,保持芮城优质苹果的声誉。大力开发黄河滩涂,增加粮棉产量,大力发展养鱼业和以莲藕为主的水生植物。

(二)工业抓大活小。当今世界只有大企业、大集团才能抗拒市场风险。要把卷烟厂、亚宝集团、化工厂、果汁厂、黄化公司、工程塑料厂6个企业搞大;通过资本运营,组建跨区域、跨行业、甚至跨国的工业集团;通过政策扶持,强化管理,将棉纺厂、造纸厂、大豆综合加工厂等一批企业搞优;通过股份制、破产、兼并、租赁等形式将小企业和民营企业搞活,逐步向大企业靠拢。要坚持政企分开,今后县政府对工业的领导主要体现在三个方面:一是选好厂长,配好班子;二是给企业创造宽松的外部环境;三是协调企业的资本运营。各企业要全力抓市场营销和新产品开发。政府、部门和企业要站在讲政治的高度,做好下岗职工基本生活保障和再就业工作。

(三)充分利用黄河“金三角”地理优势,开发风陵渡、陌南、县城三大经济贸易区,是振兴芮城经济、实行对外开放的战略方针。芮城县地理条件优越,水陆交通便利,自然资源丰富,民风淳朴,热情好客。芮城将敞开胸怀,真诚欢迎一切关心芮城经济建设的五洲宾朋、四海挚友,共商兴芮良策,同绘富民蓝图。欢迎在全国各地工作的芮城籍同志为建设家乡,兴芮富民献计献策,引进资金,引进技术,引进人才。诚邀各界人士、贤能高明前来芮城进行协作,投资入股,建店办厂,提供信息,商贾贸易,开拓新领域,开发自然资源,兴办旅游事业,发展轻纺、食品、饮食业。芮城县委、县政府将本着“互惠互利、真诚合作、扬长避短、共同发展”的原则,对来芮人士给予各方面的优惠政策,以期发展多层次、多渠道、多种成份、多种形式的经济实体,为开发芮城资源、振兴芮城经济、繁荣山西的南大门增砖添瓦。

(姚震海)

临猗县

阔步向前的临猗经济

临猗县是晋南的一个农业大县，因农而立，因农而兴。丰富的农业种植资源为临猗经济的迅速发展奠定了雄厚的物质基础。

新中国成立以来，临猗人民在中国共产党的领导下，发扬革命传统，奋发图强，辛勤劳动，用自己的双手清除了旧社会遗留下来的污泥浊水，成功地完成了对生产资料私有制的社会主义改造，以极大的热情投入社会主义建设，取得了显著成就。特别是党的十一届三中全会以来，全县人民拨乱反正，解放思想，在政治、经济、思想、文化、科技、教育等各方面进行了一系列重大改革，推动了生产力的迅猛发展。经过50年的建设，临猗已经形成了以粮、棉、果为基础，以化工、造纸、纺织、机械加工、食品加工工业为支柱，建材、电子、农机等行业协调发展的新格局。

经济建设成就显著

新中国成立以来，临猗人民奋力拼搏，勇于开拓进取，创造了光辉业绩，国民经济实力显著增强。特别是党的十一届三中会会以来，全县人民坚持“一个中心，两个基本点”，大力解放和发展生产力，到处充满旺盛的活力和勃勃生机。

（一）国民经济综合实力显著增强

临猗县经过50年的建设，较好地完成了由粮棉大县向商品大县、农业大县向经济大县的大步跨越，成为运城地区的经济强县。1998年，全县国内生产总值22.6亿元，比1949年增长226倍，平均每年递增11.5%，比1978年增长22倍，平均每年递增16.9%，人均国内生产总值由1978年的242元增加到4179元。随着经济的快速发展，三次产业结构发生了重大变化，一个以农产品加工为主，城乡相互依托为一体，综合发展的经济格局已经形成。1998年三次产业所占比重中，第一产业为42%，比1978年降低了35个百分点；第二产业比重为32%，比1978年提高了21个百分点；第三产业比重为26%，比1978年提高了14个百分点。1998年末，全县从业人员为23.2万人，其中第一、二、三产业依次为20万人、2.2万人和1万人。财政收入达到10028万元，比1978年增长13倍，平均每年增长13.5%；银行各项存款余额达到12.44亿元，各项贷款余额达到15.28亿元。

（二）第一产业全面增长

临猗县所辖20个乡镇，均以农业为主。党的十一届三中全会以来，全县广大农村普遍实行以家庭联产承包责任制为主的双层经营体制，极大地调动了农民群众的生产积极性，整个农村经济蓬勃发展。

临猗县实有耕地面积150万亩，每年粮食播种面积在140万亩以上，苹果面积50万亩，乡村劳动力20.06万人。稳定粮棉、发展经济林是临猗县农业的显著特点。改革开放以来，临猗县充分发挥优势，不断调整农业内部结构，积极发展高效种植业，拓宽经济领域，种植业、养殖业、乡镇企业以及第三产业迅速发展。1998年末，全县农林牧渔业总产值达到11.75亿元，比1978年增长12倍。粮食总产量39.07万吨，与1978年相比，净增22.93万吨，增长2.4倍；苹果产量62.33万吨，是1978年64倍；肉类产量3669吨，比1978年增长21%；禽蛋产量1207吨，比1978年增长40%。

农业现代化水平提高，农业生产条件进一步得到改善。1998年，农业机械总动力44.2万千瓦，比1978年增长38倍；农用化肥施用量12.3万吨，比1978年增长3倍；农村用电量13542万度，比1978年增长3倍。

乡镇企业迅速崛起。70年代初诞生的社队企业规模很小，其收入仅占农村经济总收入的6%。改革开放以来，全县乡镇企业如雨后春笋在农村大地上迅速发展，促进了整个农村经济的全面发展。到1998年，全县共有乡镇企业1679个，比1978年增长2倍。乡镇企业拥有固定资产20085万元，从业人员达到23937人，实现利税总额11770万元，营业收入135509万元。其中农机、水利、药业已经形成集团化经营。

（三）第二产业突飞猛进

1.工业基础得到加强，支柱产业地位突出。临猗的传统工业主要是手工业。1949年全县仅有工业企业5家，全部工业固定资产3万元。建国后，尤其是改革开放以来，在党的路线方针指引下，开展了大规模的工业基础建设，累计用于工业固定资产投资达到12亿元，使一座座具有现代化水平的工业企业拔地而起，形成了以机械、化工、建材、食品、纺织、机电、农用器材等为主的具有一定生产规模、门类比较齐全,行业与产品众多的工业体系。1998年底,全县乡及乡以上工业企业已发展到108个,其中国有工业企业19个,集体工业企业83个,从业人员15800人,拥有固定资产9.17亿元。1998年全县工业总产值19.94亿元,比1978年增长36倍。50年间,全县的化工、机械、造纸、食品企业由小型企业发展为大中型企业的5个,1998年其工业产值4.34亿元,占全县工业总产值的22%,这些大中型骨干企业已成为全县工业的中流砥柱。

改革开放以来,全县工业在大力调整工业内部行业结构、产品结构和企业组织结构的基础上,工业生产逐步走上了以提高经济效益和“两个转变”为中心的发展轨道上来。1980年以来,全县工业企业广泛采用新设备、新技术、新材料、新工艺,使工业产品质量不断提高,传统产业升级换代步伐加快,创造了一大批“拳头”产品,赢得了市场信誉。实施集团化工业战略取得明显成效,企业间的兼并、联合、托管之势已形成共识,充分发挥群体互补优势去适应市场风云变化的需要,先后组建了丰喜化工集团、银湖纸业集团、卓里农机集团、新星泵业集团、漪阳药业集团,五大集团的形成,标志着临猗工业生产又迈上一个新的台阶。

2.建筑业发展步伐加快,建筑队伍不断扩大。建国初期,临猗县建筑队普遍分布在农村,属群众自发组织的农村土工建筑队。1955年,临猗县第一个建筑单位——建筑工会筹备委员会成立。1981年几经反复后更名为临猗县建筑工程公司。党的十一届三中全会之后,基建投资规模逐步扩大,房地产业兴起,城镇、农村建筑队异军突起,截止1998年底达到30个,均为四级工程队,从业人员3518人,其中技术人员80人,技工650人,拥有固定资产8000万元,年完成产值达6542万元。这些乡村建筑企业有工干工,无工务农,为临猗农村产业结构调整开创了一条新路子。

(四)第三产业迅猛增长

随着工农业生产的发展和市场经济体制的建立,临猗县的第三产业有了迅速的发展。1998年,全县第三产业增加值达到64190万元,比1979年增长50倍,年均递增21.7%,第三产业比重占到全县国内生产总值的28.4%,比1979年提高了16.1个百分点。

1.商饮业繁荣发达。从解放初期到十一届三中全会之前,临猗县财贸系统一直实行的是统购统销的产品经济体制,流通渠道不畅,影响了经济和社会发展。改革开放以来,全县商业贸易出现了空前的繁荣。国有经济、集体经济、个体经济等多种经济成份商业竞相发展,多种流通渠道、多种经营方式的流通新体制已经形成。到1998年,全县共有批发零售贸易及餐饮业网点150个,从业人员300人,个体、私营店铺发展到1550个,比1979年增长6倍;社会消费品零售总额达到25114万元,比1979年增长4倍;对外经济交流也不断发展,1998年外贸进出口总额达到139万美元,比1978年增长8倍。

2.财政金融保险业迅速发展。1998年,全县财政总收入达到10028万元,相当于1988年的6倍和1978的13倍。人民银行、工商银行、农业银行、建设银行及农村信用合作联社、城市信用社机构齐备,经营网点星罗棋布,开办了各类信贷活动,吸收社会闲散资金,服务于国民经济和各项社会事业的发展,促进了人民生活水平的不断提高。1998年末,全县金融贷款余额15.28亿元,各项现金收入42.13亿元,现金支出42.48亿元。保险业也从无到有,取得很大成绩。1998年,全县保险承保总额达到10.06亿元,已决赔款177万元。

3.交通、邮电事业蓬勃发展。经过50年的建设,交通线路成倍增长,各种车辆与日俱增,运输结构日渐合理,运输能力大为提高。特别是近10年来,全县出现了国家、地方、集体、个人一齐办交通的局面。1998年底,境内公路里程发展到1154公里,为1949年的14倍,实现了乡乡村村通油路,交通运输闭塞的局面大为改观。特别是209国道南北纵跨县域,大大改变了农业大县的交通面貌,促进了临猗经济的全面振兴。

邮电通讯事业的发展也取得了显著成绩。1998年,全县邮电所发展到20处,比1949年增长5倍,邮路里程达到1120公里,邮电通讯设施从无到有,由少到多,新技术不断采用,邮电通讯水平有了显著提高。到1998年,全县乡乡配备了程控电话交换机,村村安装了程控电话,对内实现了乡乡、村村通邮、通话。对外实现了国际长途直拨。乡村通邮率和通话率均达到100%。电子传真机、传真电报、移动电话、无线寻呼已被广泛应用。1998年全县邮电业务总量达3157

硕果累累

万元，比1978年增长108倍。

社会事业不断进步

（一）教育文化事业欣欣向荣

1978年以来，临猗县把教育放在优先发展的战略地位，以提高全民文化素质、培养服务于现代化建设的人才为目标，把重点放在普及九年义务教育、提高职业技术教育和成人教育水平上，加强了师资队伍建设，加大了教育投入，改善了教育条件，增强了教育的基础设施建设和教学设施的配备。到1998年末，临猗县拥有普通中学33所，在校学生31672人；小学497所，在校学生57705人；幼儿园413所，在园幼儿26378人。全县各类教师5376人。成人中高等教育也得到了长足的发展。

50年来，临猗文化事业的开拓和繁荣，满足了人民群众对文化生活的需要。坚持“二为”方向和“双百”方针，净化文化市场，丰富文艺创作，用积极健康、群众喜闻乐见的优秀作品占领文化阵地，特别是1979年以来，民间文艺团体阵容壮大，人才济济。到1998年底，全县已有民间艺术团体50个，群众自发组织的占到90%，电影放映队61个，文化馆、图书馆，有线广播电视台从无到有。

（二）广播电视迅速崛起

1979年以来，临猗县抓住机遇，逐步完善广播电视设施。特别是进入“八五”时期，加快了广播电视事业发展步伐，不断增加投入，更新设备，大大提高了广播电视编制工作和覆盖率，1998年末，全县20个乡镇都通了有线电视，已经形成了完整的广播电视文化宣传网络。

（三）医疗卫生体育事业形势喜人

临猗县医疗卫生事业经过50年的发展，发生了根本性的变化。到1998年末，全县卫生机构达到40个，卫生技术人员858人，其中综合医院、专科医院27个，病床730张，病床数和卫生技术人员数比1978年分别增长12%和59%。同时还相继建立了中医院、眼科医院、骨科医院、卫生防疫站、妇幼保健站等各类专科、专业医疗防治机构。在各乡镇都建立了卫生院，设有一定数量的病床，能开展一般性各科手术；各村普遍建立了卫生所；有些企业还设立了职工医院、卫生所、保健站。医疗卫生单位的设备逐步更新，已拥有当今国内外较先进的诊断治疗、卫生监测仪器，较好地解决了“看病难”“住院难”的问题。

体育事业在解放后随着经济建设的不断发展，组织机构日益健全，队伍不断充实，基础设施逐步完善。1998年末，全县共有各类运动场所5个。群众性的体育活动丰富多彩，以健身运动为主的群众性体育活动在全县蔚然成风。

人民生活稳步提高

50年来，随着国民经济的飞速发展，城乡人民生活有了显著的改善和提高，主要体现在城乡居民收入显著提高。1998年，农村居民人均纯收入达到2423元，比1979年增加2335元，增长28倍；城镇居民人均可支配收入由1990年的850元增加到1998年的3406元，以平均每年19%的幅度递增；人均消费支出由1990年的1115元增加到1949元，平均每年增长7.2%。居民的消费质量也在提高。日用商品由一般“实用型”向“高档型”和“享受型”发展，耐用消费品已由“七五”时期的“六大件”（洗衣机、电风扇、电冰箱、彩电、收录机、组合家俱）进入“九五”期间的“八大件”（摩托车、家庭电脑、电冰箱、自动洗衣机、家庭影院、多功能电子琴、VCD、高档家俱）。1998年末，全县城乡居民储蓄存款余额已达到11.05亿元，比1979年增长80倍。城乡居民的经济实力、生活水平都发生了质的变化，正在向小康型标准迈进。

50年来，特别是改革开放以来，临猗经济和社会发展出现了前所未有的好势头。全县人民将群策群力，艰苦奋斗，知难而进，实干兴县，全面加快临猗经济社会发展步伐，用改革的实践和脚踏实地的辛勤劳动，建设一个繁荣兴盛、富裕文明的新临猗。

（王殿民）

万荣县

昔日干万荣　今朝春意浓

万荣县位于山西省西南部，介于运城、临汾两盆地之间，地处黄河与汾河交汇处。东至稷王山与闻喜、稷山毗连，西隔黄河与陕西韩城相望，南依秀丽的孤峰与临猗接壤，北眺绵亘吕梁与河津为邻。县境东西长，南北窄，总面积为1081.5平方公里。现辖17个乡镇、281个行政村、424个自然村，全县总人口416484人，其中农业人口380720人。县城设在县境东北部的解店村。

万荣县土特产在国内外享有盛誉。主要有：黄牛、苹果、柿饼、花生、金梨、大葱等，苹果“红富士”皮薄肉脆、汁多味甜、清香醇美、易运耐贮，在市场上畅销不衰，柿子色泽艳丽，含糖量高，制成柿饼霜白且厚，肉质棕黄，甘甜可口，含糖量达65.2%，并有止血、健脾之功效。孤山金犁，素有百果之宗的美誉，年产量在600公斤以上。

万荣县文化历史悠久。主要名胜古迹有飞云楼和秋风楼。飞云楼位于县城中央，系东岳庙建筑群中一部分，纯木质结构建筑，斗拱层迭，宛如云带缠绕。秋风楼位于庙前村，系砖木结构，与后土庙建筑群融为一体，完整壮观。

改善农业生态条件　构筑产业新格局

万荣县是传统的农业县。解放前，农民靠天吃饭，劳动工具、劳动手段非常落后，是典型的自然经济结构和单纯的农业型经济结构。解放后，在党和政府的领导下，全县农村经历了土地改革、互助组、合作社、人民公社等不同发展阶段，农民生活有了保障，农业经济得到了较快的发展。1956年全县农业总产值1786万元，比1950年增长38%，自1957年后，尽管农业生产受到以高指标、浮夸风为主要标志的“左”倾错误影响和十年浩劫，农业发展受到严重干扰，但随着农业生产条件的改善，农业技术装备水平的提高，农业生产仍获得了较大的发展。1978年，全县农业总产值达到5025万元，比1950年增长34倍，比1957年增长了3倍。党的十一届三中全会后，随着全党工作重点的转移，全县人民解放思想，大胆尝试，不断完善多种形式的承包责任制，在农村家庭联产承包经营责任制得到普遍推行，农民成了独立自主的生产者和经营者，农业投入不断增强，农药化肥大量施用，农业技术人才成批涌现，农村实用新技术普遍推广，农民群众真正走上了具有自己特色的致富之路。1998年农村经济总收入13.7亿元。粮食产量达11.1万吨，油料产量5139吨，水果产量20.6万吨，大牲畜年末头数21461头。

生产关系的深刻变革，促进了农业产业结构进一步趋于合理。农村经济摆脱了过去单一的粮食生产局面，产业结构由单纯的农业型转变为农工商共存型，由单纯的种植业型转变为农、林、牧、渔并举型。1998年，农林牧渔业总产值达4.9亿元，其中：农业产值4.4亿元，林业产值385万元，牧业产值4196万元，渔业从无到有，产值106万元。

（一）依托资源优势，实施苹果名牌战略。调整种植业结构是基础。作为传统的农业大县，如何突破单一粮棉的种植业结构，优化配置土地资源，历届县委县政府不断探索，深入调查，分析论证，根据万荣县地势有山有川有滩、光照长、温差大，自然条件得天独厚，是优质苹果的理想产地这一县情，大刀阔斧地进行农业结构的调整，响亮地向全县人民提出“要想富，栽果树”的口号，规划和实施了“33211”工程，1998年底，全县共栽植果树37万亩，占耕地总数的40%。水果产量20.6万吨，一跃而为全省果业大县。

随着市场经济的发展和变化，单纯追求产量的生产方式已不能适应激烈的市场竞争，一个以质量和品牌求生存，求发展的果业二次创业摆在了万荣人民面前。从1996年起，确定了“依靠科技进步，提高果品质量，实施果业产业化开发”的发展思路，全面实施苹果名牌战略，大搞苹果优质生产。截止目前，全县已建成优质高产样板园60个，优质高产示范方50个，优质高新技术开发区3个，在全县形成了以点带面上规模的格局。生产的优质苹果，在山西省首届优质水果展评会和’96北京国际果品及加工设备展览会上分别取得了“三金五银”、“三金三银”的好成绩。优质果品漂洋过海，远销东南亚。

（二）改善农业生产条件，实施治旱兴农战略。水利是农业的命脉。尤其是对以干旱闻名的万荣来说。水，一直是制约经济和社会发展的“瓶颈”。建国50年来，全县人民大搞以开发治理为中心的农田水利基本建设，兴修水利设施和小流域治理，极大地改善了农业生产条件，特别是十一届三中全会以来，全县大力实施“五水”战略，一是西水东调抓引水，二是大打旱井抓蓄水，三是发展渗灌抓节水，四是新打深井抓挖水，五是搞好覆盖抓保水。1998年，全县水地面积19.6万亩，有大中型电灌站35处，深井876眼，旱井27000眼，全县水土流失治理面积64.7万亩，占水土流失面积57%，全县人畜吃水高标化208处，达到74%。小麦塑膜覆盖31.2万亩。农业机械拥有量明显增加，机械化程度不断提高，改变了手工劳作和畜力耕作的旧局面。1998年农业机械总动力达24万千瓦，拥有大中型拖拉机404台，小型及手扶拖拉机1802台，农用汽车683辆，排灌动力机械944台（套），收获机械772台，农副产品加工机械965台，机耕地面积76万亩，占可耕地面积的85%。

（三）乡镇企业异军突起。近年来，万荣人民依托资源优势，紧紧抓住时代大潮赋予的历史机遇，在这块神奇而古老的土地上，用自己辛勤汗水，用经济高速增长的巨大活力，冲开长期贫困的樊篱，打破公有制和非公有制经济成份的束缚，大力推动龙头企业特色战略，促进了乡镇企业向规模化发展。1998年乡镇企业产值达18.2亿元，从业人员44064人，比1978年增长了3.2倍，营业总收入13.9亿元，增加值3.72亿元，出口交货值1.8亿元，上缴税金1100万元，并且还出现了一批部优、省优产品和国优产品，黄河外加剂厂生产的高效减水剂和建华化工厂生产的增强防水剂等产品应用于三峡工程、万家塞工程、小浪底工程、沪杭高速公路等国家重点建设项目。同时乡镇企业的大跨度发展，又为增加农业投入提供了可能，整个农村经济呈现出蓬勃向上的好势头。

工业生产稳步发展　经济效益逐年提高

工业生产后来居上。解放前，全县仅有几家小型染坊、铁匠铺、木匠个体手工业。新中国成立后，万荣县工业开始起步，1952年成立了1个国营食品厂，1953年组建起铁业社、木业社、印刷社和缝纫生产合作小组4个集体企业，共计社（组）员32人，股金1100元，总产值3.5万元，1955年，集体企业发展到17个手工业生产社，8个合作小组，股金25086元，总产值83万元，利润3.6万元，缴税1000元。随后，对全县个体手工业进行社会主义改造，发展了全民工业4家，产值397.78万元，1958年开始在个体手工业的基础上发展社办企业，到70年代末，全县工业发展为机械、化工、纺织、医药、建材、印刷、食品等7个行业。80年代，在农村改革的同时，工业也展开了扩大企业自主权和各种配套改革的探索。1984年10月党的十二届三中全会后，工业企业全面推进以增强企业活力为中心的城市经济体制改革，在工业战线普遍推行了承包经营责任制，并不失时机地把改革重点转移到深化企业内部经营机制改革上来，从而增强了企业的活力，企业的自我约束、自我改造、自我发展能力有很大提高，在企业内部按照“产权清晰，权责明确，政企分开，管理科学”的要求，在充分尊重职工意见的基础上，实行股份制或股份合作制，积极实施内引外联，招商引资外向驱动战略，加速产业结构、产品结构的升级和优化，使万荣的工业日新月异，现已初步形成了以制药、建材、化工为主体，农副产品加工为羽翼的工业经济新格局。

（一）*产品产量连年增加，名优产品不断涌现。*1998年，万荣县生产中药产品128种，西药86种，水泥年产量1.2万吨，联合收割机500台，棉布400万米，化工、建材年产量均在万吨以上，万荣制药厂生产的中草药“勒马回针剂”主治结核病，为全国独有，已载入《中华人民共和国药典》，所产“板蓝根注射液”，1985年获运城地区优质产品奖，1988年获首届中成药奖。脱离厂生产的5LQ—60型气流清选脱离机（东方红1号）打破了传统的谷物清选方式，达到了粮、秆、糠、谷四分离，1970年，该机在北京全国机电革新产品展览会上展出，被列为全国重点技术推广项目之一。气功仿生仪厂生产的“气功掌发功器”这一新型产品，出口日本、香港等地。

（二）*工业技术装备水平不断提高。*万荣县工业经济经过几十年的努力与拼搏，已经完全改变了解放初期设备简陋，生产能力低下落后局面，两大工业支柱企业中、西药厂全部实现操作自动化。工业经济结构进一步趋于合理，1998年，全年完成工业总产值15.1亿元（含个体企业），其中500万元以上工业企业完成总产值35717万元。

城乡交通四通八达　邮电通讯日臻完善

万荣县的地理特点是一不靠海，二不沿边，三没铁路，建国初期运输工具主要靠肩扛、马驮，交通极为不便。随着农村产业结构的调整，农副土特产数量不断增多，果业已成为万荣县兴县富民的主导产业，路不通万事空，名优特产进不了市场，财富变成了包袱，直接影响了农副产品的外销外运。

道路通，百业兴。要想富，先修路。已成为万荣干部群众的共识。自1990年以来，万荣人民在县委县政府的领导下，掀起了全民义务修路热潮，1993年夺得了运城地区公路建设史上四个第一，实现了乡乡通油路，1994年被省义务修路总指挥部授予“义务修路先进单位”，实现了村村通油路，1995年被评为山西省“义务修路先进县”。1998年，公路通车里程达668公里。

邮电通讯方面。1989年，全县仅有6条长途电

山西华康药业股份有限公司

路，农市话仍使用“摇把子”，市话交换机实占容量仅有200门，通信落后状况令人吃惊。282个行政村通话的只有13个，不足5%，通信能力落后成了制约当地经济发展的绊脚石。为此，邮电系统确立了“立足地方经济、超前发展通信”的战略决定。1990年10月，邮电系统引进了日本C23自动交换机，结束了市话手摇历史。次年又实现了7个农村乡镇的电话并网，1994年，又完成了3400平方米的电信大楼和WSE4000门程控交换机的引进安装工程，同时又根据苹果是万荣支柱产业的特点，建成了辐射3个果乡60多个行政村的农话自动交换中心。1996年又投资1000万元，先后建成了5个乡镇共计80公里的农话光缆布放工程，3个乡镇的建点工程，扩建出局电缆1200对的农话交换中心，架设了一条长途二级光缆，发展千门程控电话乡3个，目前全县17个乡镇实现了农话并网，农话总容量达到11904门，通话率达到100%。邮电业务总量2501万元，成为运城地区农话发展最快，程控交换网覆盖范围最广的县份之一。

财经贸易日趋繁荣　城乡市场购销两旺

随着工农业的发展和流通领域改革的深化，万荣县逐步形成了以国营商业为主体，多形式、多层次、多渠道、多方位、少环节的统一市场和服务体系，出现了商品货源充裕、零售网点增加、经营方式灵活、市场稳定繁荣的新局面。1998年全县商品购进1.7亿元，消费品零售总额1.5亿元，同时，旅馆、饭店、照像、洗涤、理发等服务性行业如雨后春笋，竞相发展。

个体工商业是体制改革后崛起的一支劲旅。1998年，全县个体工商户5627户，从业人员12972人，拥有资金7317万元，年营业额7202万元。个体工商业的发展，活跃了市场，促进了经济繁荣。

文化生活绚丽多彩　生活质量明显提高

建国50年来，万荣县十分重视改善提高人民生活，尤其是党的十一届三中全会以来，迅速发展的经济使人民群众的生活水平更加提高。

（一）收入明显增加。1998年全县农民人均纯收入1963元，比1978年增加了1901元，职工年均工资3903元，比1978年增加了3413元，城乡居民储蓄存款余额达到10.7亿元。

（二）医疗卫生条件得到改善。1998年，全县卫生机构有23个，床位617张，县乡医务人员684人，初步形成了一个面向人民、遍布县乡、防治结合、中西结合的卫生保健网络。

（三）教育科学技术事业蓬勃发展。建国以来，大力发展各级各类学校，普通中学由1所发展到39所，中小学在校生69201人，儿童入学率达99.9%农村小学全部实现了“一无两有三配套”，教育质量稳步提高，为祖国培养了许多栋梁之才。科技网络的建立和完善，给农业经济的腾飞插上了金翅膀，近年来建立了县乡村三级科技服务网络，县里有科委、科协、农科中心，17个乡镇选派了17个科技副乡（镇）长，设立了农科站、农科服务中心，在科技兴农中发挥着巨大作用。

（四）文化生活绚丽多彩。万荣县素有文化名县之称。民间舞蹈历史悠久，花鼓、锣鼓、抬阁、秧歌等民间艺术经久不衰，活跃于城乡之间，其中花鼓1984年被拍成电视专题片《万荣花鼓》。自办刊物《万荣人报》、《蔬菜信息》、《果农报》受到广大群众的喜爱。广播电视覆盖全县，农民足不出户便知市场行情，坐在炕头能晓天下大事。

聚精会神抓经济，负重奋进建强县。1999年是国庆大典之年，又是澳门回归之年，勤劳勇敢的万荣人民将以饱满的热情，必胜的信念，创新的精神，求实的作风，坚持以经济建设为中心，深化改革，扩大开放，因地制宜，培植十大龙头企业，完成十大富民工程，用自己的聪明和才智谱写21世纪光辉灿烂的新篇章。

（王晋良　董明镜）

新绛县

辉煌五十年　古绛展新容

新绛县古称绛州，位于山西省西南部，汾河下游。全县辖7镇6乡，总面积593.39平方公里，总人口30.2

万人。新绛以传统手工业饮誉三晋，素有“南绛北代”之称，历史上就是晋南的“商贸都会”、“水旱码头”。全县主产小麦、棉花、蔬菜、林果等，是全国优质棉、优质菜和全省商品粮生产基地。新绛素以“七十二行，行行俱全”而驰名，文房四宝是历史名产，工艺产品做工考究，技术精湛，皮毛制革享誉中外，金刚石工具在本世纪30年代就具有一定的优势，小儿七珍丹、梅花点舌丹是全省传统名牌中成药。新绛历史悠久，文物古迹众多，风貌犹在，堪称历史文化名城。

建国以来，新绛人民在党和政府的领导下，艰苦奋斗，奋发图强，走过了不平凡的50年历程。这50年，是国民经济取得巨大成就的50年，也是人民得到实惠最多，基本实现小康目标的50年。回顾新绛经济50年的发展历程，可以1978年党的十一届三中全会为分水岭，大体分为两个阶段。

第一个阶段是从建国至1978年党的十一届三中全会前。新绛的发展经历了奋进与挫折、正确与错误的反复，整个国民经济在波动坎坷中前进。

(一)农业生产在徘徊起伏中发展。建国到“一五”时期，农业生产得到了迅速恢复，农业生产条件有了较大改善。1957年农业总产值达到3044万元，比1949年建国时增长123.5%，粮食、棉花产量也有较大幅度提高，比1949年分别增长59.6%和334.4%。

汾河公路大桥

1958年至1978年21年间，由于受大跃进、“文化大革命”的严重影响，在“以粮为纲”的口号下，农业结构单一，但在广大群众的共同努力下，这一时期农业生产仍然取得了一定进展。1978年农业总产值达到5631万元，比1957年增长84.7%，年均增长3.0%，粮食总产量8134万公斤，增长147.6%，年均增长4.4%，其它农畜产品也都有较大增长。

(二)工业生产在上下波动中前进。新绛工业是在传统手工业作坊式生产的基础上逐步发展起来的。解放前夕，多数作坊倒闭停业，新中国成立后，新绛工业得以新生。50年代是新绛工业恢复发展的高峰时期，“一五”末手工业总产值达1505万元，比建国初增长2.2倍，年均增长15.7%，“二五”时期与三年调整时期，工业生产呈马鞍形发展，年均增长5.1%，“文化大革命”时期工业生产徘徊不前。30年间新绛工业生产虽经受挫折反复与波动，但总体发展已初步形成了以轻纺、机械、建材、工艺、化工、食品为主的工业体系。1978年工业总产值达到5010万元，比1949年增长10.8倍，年均增长8.9%。

(三)市场贸易基本呈稳步上升态势。新绛县过去是晋南重要的商品集散地，商品交换活跃。1949年至1978年期间，尽管个别时期货源不足，供应紧张，但从总的形势来看，基本还是稳步发展的。1978年全县消费品零售总额达2308万元，比1949年增长5.3倍，年均增长6.5%，财政收入达916万元，比1957年增长1.2倍，年均递增3.8%。

第二个阶段从1978年党的十一届三中全会后至今。在邓小平理论指引下，坚持解放思想、实事求是的思想路线，在社会、政治、经济等领域，进行了全面的拨乱反正，开始了社会主义的改革开放，极大地调动了广大人民群众的积极性，从农村到城镇，经济和社会发展充满了新的生机和活力，成为新绛历史上发展最快、变化最为显著的一个时期。概括起来，可归纳为六大变化，六大成就。

六大变化：

一是思想观念发生了重大变化。市场经济意识深入人心。通过开展真理标准大讨论等一系列思想解放活动，广大干部群众的思想观念逐步从计划经济的旧框框中解放了出来，树立起了“瞄准市场寻项目，发挥特长找门路”的市场经济新观念。

二是所有制结构发生了明显变化。多种经济成份共同发展的新格局初步形成。1998年与1978年相比，全县国有工业总产值增长2.2倍，年均增长5.7%，比重由59.6%下降到12.9%；非国有工业总产值增长43.6倍，年均增长19.8%，所占比重由40.4%上升到87.1%。

三是产业结构得到优化升级，内部结构更加合理。第一产业由依赖单一的粮棉转为经济作物与林牧渔业的共同发展；第二产业由依靠量的增加转为依靠科技促进工业增长；第三产业已由传统的商贸转为流通业和新兴的信息、旅游等产业共同兴旺。从三次产业在全县国内生产总值中的比重来看，一、二、三产业分别由1978年的47.0%、36.1%、16.9%演变为1998年的25.7%、49.7%、24.6%。第一产业所占比重下降，第二产业成为拉动经济发展的主要动力，第三产业已接近了原先占主导地位的第一产业，成为县域经济中发展最快的产业。

四是社会分配形式发生了变化。打破了计划经济体制下单一的平均分配，实行了以按劳分配为主体、多种分配形式并存的新制度，允许和鼓励资本、技术等生产要素参与收益分配，进一步调动了各方面的积极性。

五是企业制度发生了重大变化。初步建立了新型的现代企业管理制度。

六是政府的经济管理职能和方法发生了变化。由过去的行政命令变为优质服务，由微观管理、直接管理变为宏观调控、间接管理。

六大成就：

1.综合经济实力显著增强。1998年，全县国内生产总值达10.27亿元，人均国内生产总值3411元，比1978年分别增长5.6倍和4.1倍，平均增长速度比1949—1978年快4.3和5.4个百分点。财政总收入达到5242万元，比1978年增长4.7倍，年均增长8.7%。改革开放以来，逐年加大投资力度，投资总额累计达7.68亿元，仅1998年全县全社会固定资产投资总额就达18551万元。

2.农村经济全面发展。党的十一届三中全会之后，农村家庭联产承包责任制逐步完善巩固，农业生产的基础地位得到加强，农业产业化进程不断加快，农村经济日新月异。1998年粮食总产达1.43亿公斤，小麦生产战胜自然灾害，总产量达到1亿公斤。蔬菜产量达1.51亿公斤，肉类产量达232.4万公斤，分别比1978年增长75.7%、185.1%、650.9%、51.4%。乡镇企业发展迅猛，涌现出一批产值超千万元的规模型企业，华丰冶炼集团当年建设投产，成为全县第一个亿元产值企业，标志着新绛乡镇企业在二次创业中跨入了新的阶段。1998年乡镇企业总产值超过25亿元，成为新绛二、三产业的重要组成部分和农民致富达小康的重要途径，农村经济总收入达到14.92亿元，比1978年增长24.3倍，年均递增16.6%。

3.工业生产持续增长。全县工业以原有基础为依托，坚持以提高经济效益为中心，在挖潜改造内涵扩大再生产的同时，努力把工业发展的着眼点放在扩大规模上，一批优势企业脱颖而出。县水泥厂、化工总厂、乳制品厂等12户骨干企业成为全县的利税大户，发展了华丰冶炼、长虹塑制、新福鞋业、华宝等一批技术含量较高的民营企业。工业总产值1998年达到21.97亿元，比1978年翻了4翻多，年平均增长15.0%。完成工业增加值4.71亿元，比1978年增长13倍，年均增长13.4%。主要工业产品产量较1978年有大幅度提高，一个适合新绛县情、轻重工业比例趋于合理的工业格局初步形成，工业强县战略在实施过程中已取得成效。

4.基础设施建设明显改观。20年来，用于基础设施建设方面的投资累计达3.2亿元，道路建设、农田水利基本建设、电力通讯建设、名城建设等取得了明显成效。截止1998年底，新建改建道路757公里，铺设油路453公里。农田水利铺开五大工程，新增水地4千公顷，建成四大万亩灌区和四大万亩节水示范区，汾河治理基本达到了20年一遇的防洪标准，县域引水、南社、北张集中供水交付使用。电力建设新建了小聂、候庄、王庄等8个变电站，基本扭转了全县供电不足的局面。通讯建设完成了京—太—西光缆新绛段工程，电话普及率每百人达到4.5部。开通了国际互联网，标志着全县进入了共享全球信息的新时代。城市建设改造了龙兴路、正平街、城壕路、工业路、桥南路、贡院巷等多条主街道；抢修了龙兴塔、绛州三楼等一大批文物古迹，构建出现代化城市的新骨架，为历史文化名城披上了新装。基础设施的重大突破，为全县经济快速发展奠定了基础，创造了条件。

5.改革开放步步深入。继农村实行联产承包责任制之后，农村改革进一步深化，土地延包30年不变工作基本结束，“四荒”、“四旁”、“四小”拍卖力度不断加大，股份合作制已经拓展到农村经济的各个领域。城市企业改革稳步实施，采取股份合作制、兼并、租赁、破产、出售、承包，“退工进三”等多种形式，改制面达74.7%。配套改革初步建立起国有资产管理、监督体系，基本形成了以养老、失业、医疗保险为重点的社会保障体系，财税、金融、流通、价格体制和住房制度等方面的改革也取得了新的进展。在城市建设、市场建设上，采用多种筹资方式，累计投资8000余万元，先后建立起12个特色各异的大型市场，使新绛这个古代“商埠重镇”、“水旱码头”重放异彩。与此同时，不断加大对外开放力度，出台了招商引资的优惠政策和奖励办法，经济的外向度明显提高，一个全方位的对外开放新格局正在形成。

6.人民生活不断改善。1998年农民人均纯收入达到2203元，比1978年增长17.4倍，年均增长15.7%，职工年均工资由1978年的572元增加到3791元，年均增长9.4%。城乡居民储蓄存款余额由679万元增加到6.92亿元，年平均增长24.6%。随着经济的发展，城乡居民的衣、食、住、行各方面都有了显著的改善和变化，1978年至1998年城乡居民新建住宅户达4万余户，新增住宅面积400余万平方米，人均住房超过20平方米。1998年全县摩托车达21187辆，通电、通路、通水、通邮、通电话的村超过全部村数80%。广播电视覆盖率接近100%，电视拥有量户均超过1台。普及实验教学和幼儿学前三年教育，通过了省政府验收，普九工作取得了新的成就。卫生条件持续改善，人口自然增长率控制在10‰以下，各种形式的群众体育锻炼和健身活动空前活跃。

50年弹指一挥间，回顾过去，豪情满怀，展望未来，信心百倍。面对新世纪的曙光，新绛人民将高举邓小平理论伟大旗帜，以饱满的热情、必胜的信心，求实的作风，顽强拼搏，锐意进取，把强县富民的宏伟大业全面推向21世纪！

（兰全龙）

后稷故里锦绣地　改革开放绘蓝图

稷山县，相传为后稷教民稼穑之地，历史悠久，山川壮丽，气候温和，以盛产粮棉著称，是传统的农业县。新中国建立以后，特别是党的十一届三中全会以来，稷山经济得到迅速发展，人民生活大大改善，各项事业都出现了日新月异的变化。

一、地理概貌

稷山县因境内有稷王山而得名，位于运城地区北隅，汾河下游，北倚吕梁山与乡宁县接壤，南枕稷王山同闻喜、万荣两县相连，东邻新绛，西接河津。侯（马）西（安）铁路、晋（城）韩（城）公路横贯东西，台（头）运（城）公路纵穿南北。县境东西宽25公里，南北长47公里，土地总面积686平方公里。全县辖6个镇6个乡，200个村民委员会，248个自然村。1998年末总人口31.8万人，其中农业人口29.2万人，有回、满、苗、壮等7个少数民族人口263人。

稷山县地处黄土高原区，汾河自东而西穿流而过。以河为界称汾南、汾北，川垣对称，岭山对峙，中间低南北高。境内有山、川、垣、岭、沟、坡、谷、滩等多种地形。平川面积513平方公里，占总面积的74.7%。全县平均海拔480米，最高达1716米，最低仅373米。现有耕地面积57.72万亩，其中水浇地25万亩。

稷山县属暖温带大陆性季风气候。四季分明，日照充足，无霜期约为210天，年降雨量483毫米左右，多集中在夏秋两季。年平均气温13℃，全年光照2300小时，野生动物30余种，属国家保护的有4种，其中褐马鸡、金钱豹属国家一、二类保护动物。矿产资源有铁矿石、磷矿石、铝矾土、云母、蛭石、水晶石、锰矿石等11种。其中已探明铁矿石储量180万吨，含硅达93－95%。南北山区生长着百种药用野生植物，其中稀贵中草药有10余种。

二、土特产品及旅游事业

稷山板枣：稷山板枣素有山西省“名枣之冠”的美誉，已有千年栽培历史，是名贵的土特产，皮薄、肉厚、核小，色泽鲜艳，甜脆可口，营养丰富，经久耐贮。干枣可食部分占96.5%，含糖量74.5%，每百克含抗坏血酸89.3毫克，居全国枣类之首。并含有多种对人体有益的氨基酸和维生素，既是美味佳品，又有极高滋补健身价值，曾为宫廷贡品。

金丝蜜枣：利用稷山板枣加工而成的金丝蜜枣质软味甜，是一种营养丰富的滋补佳品，曾多次荣获商业部优质产品，年加工150万公斤以上，出口15万公斤，享誉国内外。

铜包砂火锅：稷山县特种工艺厂生产的铜包砂火锅，是在精制砂锅的基础上，外镶一层铜膜，既保持了菜肴的美味，又融实用性与欣赏性于一体，锅盖和锅身雕刻有龙、凤等精美图案，具有鲜明的地方特色，深受国内外人士的赞誉，销往日本、菲律宾等地。

广场一景

稷山县历史悠久，名胜古迹、珍贵文物众多。全县现有名贵文物保护单位73个，其中古建筑54处，古碑刻、石雕等41地（处）。主要旅游点有：稷王庙、青龙寺、马村宋金墓群、法王庙、大佛寺及全国卫生模范村—太阳村。

三、经济建设成就

解放前，稷山县农业生产非常落后，产量低而不稳。解放初的1949年，全县粮食总产仅有1.93万吨，亩产只有30公斤，其中主要粮食作物小麦总产量1.44万吨，亩产仅29.5公斤。棉花总产量535吨，亩产14公斤，农业总产值仅2146万元，工业总产值仅37万元。全县商业店铺只有百余家，农副产品和日常生活用品主要通过集市和庙会进行交易，文教、卫生事业也非常落后。

新中国成立后，在党和政府的领导下，广大人民群众以极大的热情进行了三年经济恢复工作。1952年，粮食总产量提高到2.41万吨，工业总产值提高到68万元。通过合作化，广大农民走上了集体化道路，同时通过对农业、手工业和资本主义工商业的社会主义改造，逐步确立了社会主义公有经济和集体经济在整个国民经济中的主导地位。之后，经过四个“五年计划”的大规模的社会主义经济建设，到1978年粮食总产量达到718万吨，农村经济总收入2999万元，棉花总产2330吨，工业总产值4044万元，社会消费品零售总额达2975万元。

党的十一届三中全会以后，稷山县认真贯彻落实党的各项方针政策，清除“左”的影响，在农村实行联产承包责任制，农业生产有了翻天覆地的变化。新建了一批工业企业，对旧的工业企业进行了扩建、挖潜和更新改造。同时积极搞活城乡经济，不断繁荣了城乡市场，国民经济得到了迅速发展。

（一）农村经济持续发展。建国以来，特别是党的十一届三中全会以来，稷山县紧紧抓住农村这个大头，不断改善农业生产条件，加强基础设施建设，适时组织体制改革和制度创新，逐步开发资源优势，使建国初期那种一穷二白的落后局面得到根本改观。

1.农业生产条件显著改善。目前，已建成各类灌溉工程1500余处(眼)，其中万亩以上高扬程电灌站1处，修建渠道2000余公里。全县水浇地面积由1949年的23.5亩发展到1998年的26万亩，占总耕地面积的比重由3.6%提高到44.7%。农业机械拥有量明显增加，1998年末农业机械总动力达14万千瓦，大中型拖拉机148台，联合收割机73台，农用汽车198辆。机耕地面积达36.6万亩，占可耕地面积的85%。农村电气化、农业化学化发展迅速。1998年，农村用电量达7213万千瓦小时，化肥施用量4.48万吨，亩均75.4公斤。

2.粮、棉、果、牧产量大幅度提高。1998年全县粮食总产量达到12.68万吨，分别比1949年和1978年增长5.6倍和76.6%；棉花总产量达1328吨，比1949年增长1.5倍；粮棉生产不断跨上新台阶，棉花生产被评为全国先进县。1998年，全县以苹果、柿子、红枣为主的水果总产量达15756吨，蔬菜总产量达3.41万吨。林地面积达6.23万亩，林木覆盖率达12.6%。1998年生猪存栏2.18万头，家禽177万只。

3.乡镇企业突飞猛进。稷山县乡镇企业初始于1958年，改革开放20年有了飞速发展。1998年全县乡镇企业已发展到3692个，总产值达19亿元，营业收入达到14亿元，比1990年增长7.9倍，利税总额达到1.47亿元，比1990年增长3.7倍。

4.农村经济实力增强。1998年全县农林牧渔业总产值达3.16亿元，其中农业产值达2.51亿元，农村经济总收入16.12亿元，农村居民人均纯收入2140元。

（二）工业生产后来居上。解放初期，稷山县工业企业廖廖无几，仅有的几家也都是个体手工业或私营企业。70年代后开始发展工业生产，相继建成了县化肥厂、炼铁厂、纺织厂、焦化厂、洗煤厂等县属骨干企业。“七五”时期，在资金、电力、原材料紧缺和市场疲软等极其困难的环境中，全县以提高经济效益为中心，从强化企业管理入手，眼睛向内，挖潜改造，及时调整产品结构，大力推进技术进步，使长期以来工业发展落后的局面得到根本改变。新建了两座变电站和水泥厂、洗煤厂，更新改造化肥厂万吨合成氨设备和造纸厂五吨纸机生产线。此外，还新建扩建了一批国营、集体、个体小型企业。1998年末全县销售收入在500万元以上的工业企业已达26个，乡镇企业3692个。主要产品有生铁、水泥、焦炭、碳铵、电机、棉布、纺纱、洗精煤、水泵、机制纸、汽缸套等。全县已有4个企业跨入省级先进工业企业行列，2种产品创部优，9种产品创省优。1998年全县500万元以上工业企业总产值达3.26亿元，比1980年增长6.9倍，工业增加值达到1.09亿元，工业销售产值达到3亿元，实现利税1150万元。一个以十大优势企业为主导，乡镇龙头企业为动力的具有稷山特色的工业体系正在形成。

（三）交通邮电初具轮廓。稷山县交通便利，侯西铁路、晋韩公路、台运公路均在县城交汇，县级公路4条81公里，乡镇公路6条34公里。全县拥有各种车辆3055辆，乡乡通油路，村村通汽车，通车里程212公里。公路客运量94万人，客运周转量6110万人公里，货物运输量91万吨，货物周转量10450万吨公里。

稷山邮局成立于1953年，现有1个支局8个邮电所，邮路总长度827公里。党的十一届三中全会后，稷山邮电事业有了长足发展，特别是1994年10月1日邮电大楼建成以后，数字程控电话、京太西光缆相继开通，寻呼机、大哥大迅速发展，到1998年末，邮电业务总量达到1500余万元，通讯总量达到800万元，全县拥有电话机8000余部。

（四）财金贸易日趋兴旺。解放初期，稷山只有160余家商业店铺。1950年发展到800余家，从业人员900人。党的十一届三中全会后，各种经济成份的商业得到较大的恢复和发展。尤其是城镇私营经济和个体经济发展迅速，到1998年末，全县城镇私营和个体经济达到8295户，从业人员达到16500人。全县社会消费品零售总额达到2.11亿元。

解放前，稷山县财政收入以田赋为主。解放后，财政收入稳步增长，主要来源于工商业税收、农业税收。1998年全县财政税收3547万元，其中工商税收2015万元，占财政收入的56.8%，农业税收934万元，占财政收入的26%。城乡居民储蓄存款余额6.45亿元，人均储蓄2027元。

（五）社会事业长足发展，人民生活显著提高。1998年末，全县共有各级各类学校237所，在校学生5.65万人，其中高中3所，农业职业中学3所，初中33所，小学198所，成人中专2所，学龄儿童入学率达99.8%。全县现有专业技术职称的各类专业人员3334人，其中获高级职称的92人，中级职称的1036人；获国家科技成果将2项，中国科技大会奖2项，省级奖6项，地区奖12项。稷山县医疗卫生事业起步早，发展快，已处于全省先进水平。早在50年代，稷山群众性的爱国卫生运动就扎扎实实开展起来了，并涌现出闻名全国的卫生模范村—太阳村，受到党中央和国务院领导的多次表扬。1959年11月，全国爱国卫生现场会在稷山召开，学习推广太阳村的经验。同时，稷山县文明卫生县城建设夺得全省评比“八连冠”。全县现有县级人民医院、中医院、妇幼院、痔瘘医院、精神病医院等专科医院5所，乡镇级医院11所。值得欣喜的是，涌现出了一批像头针能手焦顺发、骨髓炎神医杨文水、痔瘘专家任全保等享誉全国的出类拔萃的医疗人才。在国外也有一定的声誉。

人民生活明显提高。1998年末，全县城镇职工1.43万人，国有单位职工人均年工资收入4000元，农村居民人均纯收入2140元。

四、发展中的问题及今后发展战略

建国50年来，稷山县的经济建设和社会发展虽然取得很大成就，但也存在不少问题。其一，农业基础仍然比较薄弱，社会化服务体系还不够完善，农业生产的基础条件没有得到根本改变，农作物收成的好坏在很大程度上仍受自然条件的制约和影响。其二，工业生产尽管保持了较高的增长速度，但经济效益比较低，一些企业管理不善，亏损严重，严重制约了全县经济的发展。其三，财政收入虽有较大增长，但入不敷出的局面仍没有得到根本扭转。其四，农副产品加工还是一个薄弱环节。多年来，稷山的农副产品加工既没有形成规模，也没有创出拳头产品，大部分农副产品一直以初级产品的形式进入市场，使农业生产效益一直处于较低水平，农民生活受到一定影响。

针对稷山县目前的实际情况，县委、县政府的指导思想是：牢牢把握改革、发展、稳定的大局，继续推进改革开放，加快农业产业化进程，全面深化企业改制，坚持加强宏观调控，红枣富民、工业强县、流通开道、科教兴稷，加强民主法制建设和精神文明建设，确保社会稳定，努力提高人民生活水平，推动全县经济持续快速健康发展和社会全面进步。

按照稷山县既定的经济发展战略，从1999年开始三年内，要强力推进五大战略的实施。即：农业产业化发展战略、优势企业发展战略、乡镇企业龙头发展战略、外向型经济发展战略和科教兴县战略。以全力实施五大战略为重点，依靠产业推动、优势牵动、龙头带动、外向拉动和科教驱动，五轮齐动促进稷山经济整体跨上新台阶，实现富民强县的宏伟目标。

（贾月义）

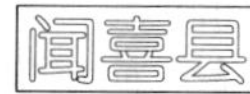

风流闻喜尽风流

闻喜历史悠久，人杰地灵，一代代风云人物从这里崛起，以优秀的品质和卓越的才学叱咤于中国政治、经济、文化等各个领域。

闻喜山河雄伟壮丽姿彩纷呈,在1167.11平方公里的土地上,山塬丘陵纵排横连,自然面貌迥然不同,平均海拔780米。东部中条山,层峦叠翠,林啸水吟,过境47公里,海拔1500米,最高的汤王山峰海拔1752米;西部稷王山,孤峰独立,甚是雄伟;西北部北塬,旷垠宽阔,气高凉爽。山塬之下由千万条梯田构成的峨嵋岭、鸣条岗,蜿蜒起伏中散布着2677条沟壑,3688个磨盘岭,粗犷而豪放。中部涑水河谷,平坦富饶,景色宜人,是闻喜经济文化的中心地带。境内流长32.5公里、年均来水量4370万立方米的涑水河穿越其中;由涑水河和沙渠河交汇处形成的总面积9.3万亩、控制流域878.6平方公里的全省重点中型水库之一的吕庄水库位居其中;南同蒲铁路、太三公路、大运公路纵贯其中。全县土地河谷盆地占20.5%,高原塬地占13.7%,丘陵山区占65.8%。辖区共7镇13乡,342个村民委员会。

闻喜气候温和,光照充足,四季分明,无霜期长,属温带大陆性季风气候。年平均气温12.6℃,降雨量506.1毫米,日照时数2439小时,无霜期204天。

闻喜资源丰富,品种繁多。中条山林区内不仅有较多的野生动物,而且药用植物也在百种以上。境内已探明的矿藏资源有铜、铁、石英、大理石、花岗岩、水泥石岩等50余种,蕴藏量数千万吨计。

闻喜文化灿烂,景色优美。董泽湖十里荷香,吕庄水库波光粼粼,中条山野生动物保护林区郁郁葱葱;拥有县城文庙、裴祠石刻、晋国公祠、杨深秀墓等260处文物保护景点,其中49处文化遗址、22处古建筑、93处造像和古石刻等形成了县域旅游观光自然风景区。

50年来,乘着新中国的巨轮,闻喜人民在中国共产党的领导下,在社会主义革命和社会主义建设事业的道路上,自强不息,奋发努力,使一个以小农经济和手工业作坊为主的旧闻喜发展成为一个民主富强、繁荣昌盛的新闻喜。特别是党的十一届三中全会以来,随着改革开放政策的不断深入和实践,闻喜的国民经济和社会发展取得了辉煌的成就。

*国民经济迅猛发展,综合实力显著增强。*建国50年来,闻喜国民经济迅猛发展,主要经济指标成倍增长,生产力获得极大解放,产业结构得到较大改善,人民生活水平不断提高。1998年全县国内生产总值(GDP)达到15.6亿元,比1978年增长10.9倍,比1949年增长86.6倍,相等于1949年至1978年30年累计之和。财政收入突破亿元大关,达到10369万元,位居全区10县之首,比1978年增长16倍,比1952年增长47.6倍;农民人均纯收入达到2007元,比1978年增长32.9倍,比1956年增长33.5倍;城镇居民人均可支配生活费收入达到3402元,相等于1978年的10倍;城乡居民储蓄存款余额达到12.2亿元,比1978年增长36倍,比1950年增长2万多倍;全社会固定资产投资达到3.6亿元,比1978年增长11.5倍,比1949年增长100.7倍。到1998年,全县20个乡(镇)村村通电、通公路,93.9%的村通油路,全县通油路里程由1972年的42公里发展到1998年的573公里;90%以上村通了广播,20个乡镇全部电视联网和安装了程控电话,全县共拥有程控电话13266门,比1978年增长31.3倍;建成了4座铁路公路立体交叉桥,6座变电站。形成了纵横交错、四通八达、成龙配套的电力、通信和运输网络。

*农村经济全面发展,基础地位不断加强。*建国以来,闻喜农村和全国一样,推行了土地改革运动,彻底根除了封建土地所有制对广大农民的长期压迫和剥削。1956年完成了社会主义改造,广大农民走上了合作化道路,传统的农业个体经济被集体所有制所替代。党的十一届三中全会以后,以家庭经营为主的联产承包责任制的推行,使农业走上了具有中国特色的发展社会主义道路,连续20年获得大丰收。

1998年全县农业总产值达到3.98亿元,比1978年增长3.5倍,比1949年增长7.1倍;农业增加值达到2.36亿元,比1978年增长4.2倍,比1949年增长20.2倍;粮食总产量达到16.69万吨,比1949年增长3.9倍;棉花总产量达到1818吨,比1949年增长1.9倍;油料总产量达到2868吨,比1949年增长2.1倍;大牲畜存栏达到3.12万头,比1949年增长2.5倍。

经过50年的努力奋斗,农业初步改变了完全依赖自然资源和生态环境进行生产的传统农耕模式,开始用现代生产设备和科学技术来装备,形成了"两个模式增粮棉,果枣菜牧快发展,龙头企业产业链,增长方式大转变"的新型农业产业化模式。截止1998年,全县农业机械、农村用电、化肥施用等从无到有,总动力增长到21.4万千瓦,农村用电量达到6283万千瓦时,化肥施用量达到14147吨。先后涌现出东鲁、新生、后交等先进集体和吴吉昌的植棉技术、刘忠义的旱地小麦栽培技术等先进典型。万亩大棚蔬菜、果园、瓜园、畜牧养殖、枣化磨盘岭、小流域治理等多种经营使农业生产跨上了新的台阶,农业产业化和依靠科技兴农,更为农业生产持续发展插上了腾飞的翅膀。

*工业生产持续发展,经济效益不断提高。*闻喜丰富的矿藏资源,为工业发展提供了先天之利。唐代时,刘庄冶村就为炼铜基地。民国初,东千庆村段捷三兴办荣昌火柴公司,成为中华民族工业的先行者。解放后,全县人民在县委、县政府的领导下,利用资源优势,先后兴办了石英矿、陶瓷厂、玻璃厂、副食厂、造纸厂等工矿企业,这些企业的发展壮大带动了机械、建材、纺织等行业的工业企业的兴起,至60年代已形

成了一个门类较全、规模较大的工业体系，成为山西省工业发达县份之一。80年代，闻喜工业得到了进一步发展，14家玻璃器皿厂生产的式样新颖、琳琅满目的酒具、茶具行销世界30多个国家和地区；陶瓷用品、活板手、克丝钳、羊角锤等产品行销海内外；后起之秀洗煤成套机械设备闻名遐迩。90年代，乡镇企业和私营企业的异军突起给闻喜工业注入了新的活力，钢铁、镁业、建材、化工、造纸、煤机等六大产业形成支柱。国有企业改制和资本运营的有效实施，使闻喜工业走上了集团化经营之路。拥有10亿元固定资产的全省最大乡镇企业海鑫钢铁(集团)公司、全国最大的硅热法炼镁生产的银光镁业集团、全国焦炉设备和选煤成套设备定点生产的森特集团，以及金龙集团、维泰集团、丰喜集团(闻喜公司)等企业，已成为闻喜工业的中流砥柱，是闻喜经济走上快车道、实现跨越和腾飞的主力军。

1998年全县工业总产值达到28.2亿元，比1978年增长48.3倍，比1949年增长8810倍；工业增加值达到7.7亿元，比1978年增长20倍，比1949年增长480倍；劳动生产率达到7585元/人，比1978年增长6倍，比1949年增长22.2倍；异军突起的乡镇企业，1998年营业收入达到20.3亿元，比1978年增长114.9倍，上交利税达到5238.6万元，占财政总收入的50%。

商业贸易飞速发展，城乡市场日益活跃。闻喜人善于经商，长于理财。清道光年间，闻喜人兴办的钱庄、商号出现于全国各大商埠。如北京的晋镒钱庄、开封的天成金店、四川的广顺、长生、魁盛、元兴等商号，均以经营有方，资产雄厚而名震一时。民国初年，县城的金源合钱庄规模宏大，在太原、上海、天津、西安等处设有分号。新中国成立后，国营商业、供销合作社迅速发展。党的十一届三中全会以来，流通体制的重大改革，完善了市场机制，各种经济类型的零售商业竞相发展，一个多种经济成份、多种流通渠道、多种经营方式的城乡畅通的流通网络已经形成，市场面貌焕然一新。

1998年全县社会消费品零售总额达3.7亿元，比1978年增长10.3倍，比1949年增长119.3倍。特别是改革开放以后，城乡市场空前活跃，商品供应丰富多彩，无论是数量质量，还是品种品牌都发生了耳目一新的变化。城乡居民的消费水平大大提高，吃的商品供应由短缺变为充裕；食品结构由简单的主食化变为丰富的副食化，并趋向快餐化、营养化；穿的商品由多年一衣变为一季多衣，档次不断提高，款式时髦流行；用的商品日趋高档化、名牌化，家用电器走向现代化。对外贸易从无到有，从小到大，日趋兴旺。1998年全县人均消费水平达到1780元，外贸出口额达到4.5亿元，均比1978年大幅度增长。

科教文卫蓬勃发展，综合素质明显提高。建国以来，特别是改革开放以后，科技事业成绩斐然，教育事业向高层次、多样化迈进，文化事业朝气蓬勃，卫生事业健康发展，群众性体育活动得以轰轰烈烈地开展。1998年全县拥有各类科技人员5382人，相当于1979年的10倍；各类学校767所，比1978年增长1.4倍，比1949年增长2.1倍；电视台、广播电台、电视差转台3座，覆盖率达90%以上；专业表演艺术团体1个；影剧院(大礼堂)6座；卫生医疗机构26个，卫生技术人员505人，拥有病床位由1949年的9张发展到1978年的606张，再到1998年的1397张；群众性体育活动的开展，大大增强了人民体质，丰富了人民生活，使人民得以身心健康、安居乐业。

闻喜的历史令人自豪，闻喜的现实使人振奋。建国50年来取得的辉煌成就归根到底，一是贯彻落实了党的十一届三中全会以来的一系列路线、方针和政策；二是加大投入，实行政策倾斜；三是依靠科技振兴经济；四是调整产业结构，大搞多种经营，发展乡镇企业和第三产业，增强经济实力，促进县域经济稳定、持续、协调发展。在肯定取得辉煌成就的同时，还应当清醒地看到经济运行当中存在的诸多问题和困难：随着人口的不断增长，耕地逐年减少，矛盾日益突出；农民收入增长缓慢，农村城镇化建设步伐较慢；工业生产发展密集性不够，相对松散，机制不活，效益不高，产品结构不尽合理；乡镇企业产品市场占有率低，科技含量和高新技术的运用仍属薄弱；个体私营经济发展的规模和所占比重依然偏小；地方可用财力增长偏低，收支矛盾比较突出；基础设施资金严重缺乏等等。解决这些矛盾，就要不断培育增长点，加快速度再扩张。农业方面要在不放松粮食生产的前提下，按照区域化布局、规模化发展的方向，创建商品生产基地，强化农业产业化模式的有效实施，形成“龙头围着市场转，农民跟着龙头干”的新格局。工业方面要按照“优势企业集团化，骨干企业股份化，小型企业民营化”的思路，做到一企一策，一企一制，通过狠抓经营管理，拓宽经营渠道，调整营销策略，促进企业发展，在全省乃至全国推出闻喜的“工业巨人”。在第三产业方面要科学投入，大力发展，全面实施科技“五个十”工程，激发创新意识，培养开拓型人才，提高第三产业占GDP的比重。把社会经济建立在“构筑新框架，实施再扩张”的广阔天地里，实现大跨越、大发展。有党的改革开放政策的指引，有县委、县政府的正确领导，有勤劳智慧的37万人民，相信闻喜的明天更美好。

(温美云　杨俊义　王小倩)

夏县

夯基础调结构　实现七大推进

夏县，位于运城地区中偏东南部。总面积1348.5平方公里，66万亩耕地，34万人口，辖6镇7乡，255个行政村，地形概貌为七山二川一丘陵。夏县历史悠久，是中华民族的发祥地之一。相传为嫘祖养蚕、大禹建都的地方，素有禹都之称。夏县山川秀丽，物华天宝。主要盛产粮、棉、油、瓜、果等。天然林36万亩，经济林野生药材资源700余种。地下矿藏资源主要有金、银、铜、铁、铝、煤、铝钒土、大理石、石英石等20多个品种，50多个矿点，8亿吨储量。

建国50年来，禹都儿女高举艰苦奋斗和改革开放两面旗帜，使夏县经济发展进入了一个崭新的历史阶段。建国初，夏县四旁绿化和园田林网建设就受到国务院和林业部嘉奖，在国内外享有盛誉。党的十一届三中全会以来，夏县人民以经济建设为中心，以解放思想为先导，以实现夏县的振兴崛起为目标，以多姿多彩的鲜活实践，创造了辉煌的业绩。农业基础更加稳固，工业企业稳健经营，第三产业迅速发展，基础设施不断增强。1997年底实现了扶贫攻坚整体达标，1998年底全县又有4509人越过温饱线，5个乡镇84个行政村迈进小康行列。1978年至1998年20年间，夏县国内生产总值年均递增7.6%，由0.7亿元增加到7亿元；财政总收入年均递增12.7%，由471万元增加到5137万元；农民人均纯收入年均递增17.4%，由77元增加到1908元。全县政治安定，经济发展，社会稳定，人民生活水平明显提高，实现了七大推进。

一是城乡改革大推进。在机构改革上，通过“整体划转，人员分流，停薪留职，提前退养”等措施，使党政机构和人员得到了明显精减；在农村改革上，延长土地承包期，加大四荒拍卖力度，累计拍卖“四荒”12.1万亩，占总面积的92%，拍卖“四旁”树木400万余株，占总数的83%以上；在企业体制改革上，相继采取了政企分开、抓大放小、股份制改造等措施。1997年秋季以来，全县拟改制企业57户，已完成52户，改制后的企业，产权明晰，责权明确，管理精细，效益良好。晋新、宇达、天益、碧通等优势骨干企业，产值、利税迅速上升；在财政体制改革上，建立健全了“包死基数，完成奖励，超额返还，欠收不补”的乡级财政政策，较好地实现了财政工作的稳步发展；在粮食体制改革上，积极实施督导工作，从根本上管住了市场，管好了资金。1998年，全县累计兑现各项专款1235万元，在完成两粮收购任务的基础上，按保护价敞开收购农民余粮2080万斤，顺价销售粮食400多万斤，消化历史挂帐243万元。

二是农业产业化大推进。瞄准“两高一优”，大搞产业调整，使粮、棉、菜、果、烟、畜、食用菌7大支柱产业得到较大发展。粮田面积稳定在35万亩左右，年产量逐年上升；棉花稳定在7万亩左右，年产量达到600万斤；以日光温室为主的蔬菜面积达到4万亩；果林达到30余万亩；烟草生产最高达3万亩，成为全省第二大烟草基地；酸枣接大枣达到2600万株；畜牧养殖业全面发展，特别是养鸡突破350万只大关；木耳、香菇发展到200万棒，成为山区人民稳定脱贫、增加收入的重要来源。随着支柱产业的发展，“公司+农户”、“基地+农户”等产业化形式遍布全县乡村，产业链条不断延伸，以农副产品深加工为主的乡镇企业迅猛发展，逐步形成产加销一条龙、贸工商一体化、农科教相结合的产业化格局，产值和收入以30%的速度递增，有效地增加了农民收入，推动了农村经济的发展。1998年，全县粮食总产2.86亿斤，棉花总产833.2万斤；乡镇企业发展到798户，实现增加值9702万元，上交税金767万元，分别比1997年增长38.5%和54.3%。

三是工业集团化大推进。通过抓优势、调结构、育支柱、重管理，实行资本运营，大搞低成本扩张，加强“三改”(改革、改组、改造)、“三强”(强班子、强管理、强服务)和“三给”(给思路、给政策、给环境)，使全县工业企业保持了稳健经营、效益攀升的良好态势。晋新药业集团确立了开发高科技、高附加值产品的发展思路，其10亿支小水针、800吨甲硝唑原料药和50万支血液透析器产量居全国第一；天益调味食品公司获得了国际、国内博览会金奖和国家酱油行业的“绿色食品”证书；宇达集团被国家四部委确立为“国家旅游产品定点生产企业”，关公铜像系列产品被列为中央领导出访时所带礼品。在优势企业的带动下，全县“医药化工、建筑建材、食品酿造、轻工铸造”等支柱产业集团蓬勃发展。1998年，全县限额以上工业企业工业增加值、实现利税、实现利润、上交税金四项指标分别达到5049万元、1484万元、391万元和1360万元，分别比 1997 年增长 4%、34.6%、34% 和 33.6%，效益增幅首次跻身全区工业五强。

*四是基础设施建设大推进。*水利建设上，共发展管灌、渗灌、喷灌等节水面积 26.6 万亩，打、改机井 1200 余眼，增、改水地 11 万亩，有效地增强了农业抗御自然灾害的能力；电力建设上，先后完成了禹王、陈乔、胡张、南山等四个电站的扩建增容，全县输变电量大幅增加；在广播电视和通讯设施上，建立了瑶台山发射中心，有线电视大面积普及，6600 门程控电话覆盖全县，实现了广电通讯网络化；相继拓宽改造了老城南北街和县城西大街，修建了白沙河大桥和水头公铁立交桥，耸立起政府办公楼、人民医院门诊楼和人行、民政等 20 幢充满现代气息的办公大楼，全县城乡新建了 100 幢高标准的教学大楼；在城乡建设上，大搞文明县城和文明村镇建设，基本实现了净化、美化、亮化、有序化，城乡面貌焕然一新，1997 年全省在夏县召开了文明街(路)现场会。尤其是在道路建设上，几年来，先后贯通了县门第一路和山门第一路，铺设油路 394 公里，相当于建国 40 多年全县油路总长的 3.8 倍，修建山区公路 360 余公里，一举实现了山下村村通油路和山上村村通公路，所修油路和公路里程相当于一条大运路。

*五是科教兴县大推进。*在教育上，先后实施完成了改扩建 100 所学校、修建 100 幢教学楼、装备 100 所电教学校、创建 100 所文明学校、建设 100 个科教兴农村的“五个一百工程”和创建 10 所明星学校、30 所特色学校、100 所标准化学校的“131 工程”，大大改善了办学条件，教育教学质量全面提高，“双基”工作提前达标，成人扫盲教育获得国家奖励；计划生育工作逐步走上经常化、法制化、制度化的轨道，基本实现了全县城乡无多胎的目标，1998 年县计生委被授予“全国计生系统先进集体”；在科技上，全县农村 90% 以上农户户均有一个科技明白人，厂矿企业每个班组有一个科技带头人，重大项目有一个科技把关人。宇达、天益、晋新等企业，高薪从全国聘请了一批专家、教授担任顾问，晋新泰、关公系列铜像和天益绿色食品酱油等一批名牌产品享誉市场。尤其是在科技兴农上，重点推广了 10 项农业实用新技术，建立了 100 余处科技示范园，11500 亩日光温室和大棚蔬菜，15 万亩旱地小麦地膜覆盖，大幅度提高了农业生产质量和效益，被省科委命名为“科技当家人培训示范县”；全民环保意识不断提高，环境治理监督工作明显改善。

*六是招商引资大推进。*通过出台优惠政策，分解招商引资任务，改善投资环境，组织 32 名县级干部，300 名局级干部，1000 名基层干部，10000 名农民走出去，请进来，深入开展“十百千万”活动，大搞招商引资，劳务输出。先后引回各类人才 186 人，洽淡项目 139 个，引进资金 3.9 亿元，劳务输出 3 万余人，为全县的经济发展注入了强大的活力。

*七是民主法制建设大推进。*先后在“一府两院”推行了执法责任制，在执法机关实行了错案追究制；县、乡两级政府加强与民主党派、无党派人士和人民团体的联系；深入持久地开展了廉政建设、反腐败斗争和严打斗争，严格纠正行业不正之风。同时，通过创建安全文明小区，加强社会治安综合治理，有力地促进了社会治安状况的好转；“三五”普法教育广泛开展，社会法律意识和法制观念不断增强，各级公务员依法行政的自觉性普遍提高。

50 年经济和社会发展成就辉煌，但前进中的矛盾和问题亦不容忽视。面对宏观经济调控更加严峻、结构性矛盾更加突出的形势，夏县人民将振奋精神，坚定信心，踏实苦干，开拓进取，全力实现四个大突破，即全力推进强工富县进程，在工业企业效益上实现大突破；全力夯实农业富民的基础，在农村经济发展上实现大突破；全力开拓新的经济增长点，在非公有制经济发展上实现大突破；全力加强对外开放，在招商引资上实现大突破。

（荆青莲）

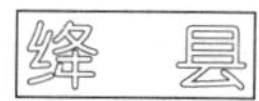

绛 县 在 发 展

绛县地处山西南部、中条山西北麓，全县总面积 993.5 平方公里，平均海拔 550 米，年平均气温 11℃，年平均降雨量 600mm。全县辖 8 镇 6 乡，212 个行政村，1 个居民委员会，1998 年末人口为 26.8 万人。

绛县山峪森林繁茂,绿荫如盖,林地面积36千公顷,主要树种有油松、翠柏、杨柳、山楂、核桃、花椒、苹果等。草地面积10千公顷以上,优质牧草达百种以上,多种药用植物生长于树林草丛之中,药种多达500种以上,其中党参、菖蒲、甘草、黄芩、柴胡、丹参、生地等在全国颇负盛名。绛县矿产资源十分丰富,已探明的有铜、铁、磁铁、大理石、花岗岩、石灰石等达10余种,而且储藏量大,分布广,质优易采。

悠久的人文历史,丰富的自然资源,优越的生存条件,使绛县最早成为我国农业经济最主要和最发达地区之一,对我国早期农业文明的形成曾做出过不可磨灭的贡献。但是,在新中国成立前的历史长河中,由于绛县地处山区,交通不便,信息闭塞,加之天灾人祸,使绛县经济发展大伤元气,至1949年新中国建立时,农业耕作方式仍为秦汉时期的牛耕法。水浇地面积不足万亩,素有“绛县出了三股泉,不浇绛县一分田”之说。粮食亩产仅有60余公斤;工业仅有一些个体手工业者,从事砖瓦烧制和铁木小家俱修造,商品购销更为贫乏。1949年全县社会消费品零售总额仅20万元。文化教育事业更为落后,全县仅有两所高小,一家私人医院,一个戏班子。

新中国成立后,绛县人民在中国共产党的领导下,以主人翁的热情,投入到轰轰烈烈的社会主义建设事业中,医治战争创伤,巩固新生的人民政权,恢复发展生产。50年来,虽因“大跃进”、“文化大革命”运动的干扰,使绛县国民经济曾一度遭受了严重损失,然而,富有艰苦奋斗精神的绛县人民,不屈不挠,排难克险,开拓前进。特别是党的十一届三中全会后,绛县人民深入改革,不断创新,使绛县的经济发生了巨大变化,人民生活水平有了显著的提高。

农业基础建设发展迅猛。60—70年代全县共建水库15座,总库容量1831.4万立方米,设计灌溉面积9.12万亩,控制流域面积225.84平方公里。总投资2100万元,其中国家投资1361万元。截住地上水,挖出地下水,几十年来,全县打深井,截潜流,修水渠,建高灌,扩大水浇地面积8万亩。

解放初,绛县水土流失严重,从50年代中期起,绛县人民山区封山育林,保护植被;丘陵植树造林,整修梯田;平原筑坝固河,营造防护林带,平整土地。70年代后期,全县开展小流域综合治理。截止1998年底,全县治理水土流失面积达40万亩以上,占水土流失总面积的50%以上。

科学种田,产量猛增。随着农业科学技术进步和生产条件的改善,农业从传统的经营方式向现代经营方式转变,精耕细作,合理密植,优种优育,科学管理,使农作物产量有了突破性提高。粮食总产1998年达12447万公斤,比建国初期的1949年增长39倍,平均每年递增9.7%。

山楂是绛县主要栽培果树之一。明末清初,从外地引进,建国初不足万株。1975年,县科技人员开始研究山楂种籽育苗技术,1978年获得成功。1984年至1985年全县形成山楂育苗高潮,分别育苗3655亩、12000亩,所育山楂苗木除县内栽植少部分外,大部分销往全国各地(22个省、市、自治区),全县农民累计收入5400万元。1985年全县山楂园面积达3.06万亩;1986年国家林业部、山西省林业厅确定绛县为“山楂基地县”;1990年全县山楂园面积达5.56万亩,户均1.07亩,人均28株,总产820万公斤,总收入820万元。

绛县山楂酸甜适中,含糖量高,果大质优。主要品种有里外红、粉口、大金星、小金星、敞口等。随着山楂产量的快速增长,山楂产品的加工也迅速发展。1975年前,绛县山楂主要是原果出售,仅加工少量的山楂糕。1975年县果品公司加工厂开始果丹皮、山楂罐头、山楂汁的生产。80年代中期以后,维之王、东方红叶、县饮料厂、南凡果脯厂等几十个厂家开始山楂制品加工,主要产品有山楂酒、山楂糖、山楂蜜饯、山楂脯、山楂汁等20余个品种,山楂产品销往北京、上海、江苏、四川、甘肃、内蒙等地,颇受消费者青睐。1985年,山楂酒、山楂汁产品参加香港、深圳食品展销会,受到商家好评,1986年山楂酒被评为省优产品,1987年被评为部优产品。

绛县山区广阔,自然条件优越,对珍稀动物养殖十分有利。60年代中期,山西药物培殖厂和烟庄大队分别建立鹿场,训养梅花鹿千余只。1997年,全县养

东方红叶有限公司

鹿有了长足发展，共建鹿场5个，养鹿2000只。年产鹿茸300余公斤，总价值500万元。

工业生产从无到有，从小到大，发展十分迅速。50年代中期，绛县工业主要以手工业联合社为主，仅有8个企业。70年代初，开展“工业学大庆”，大力兴办“五小”工业，加之541各厂的兴建，到党的十一届三中全会前全县工业企业75个。主要产品有电力、水泥、烧碱、化肥、汽车、机制纸、铁合金等。党的十一届三中全会以来，绛县工业经济发展步入快车道。1998年，独立核算工业企业工业产值达7.2亿元，比1978年增长17倍，平均每年递增15.5%，地方工业中，晋星化工有限公司和金甲药业有限公司1998年上交税金占到全县财政收入的八分之一。

绛县电力生产供应主要从60年代末开始，70年代至80年代中期随着工农业生产的快速发展，电力需求增加，电力供应业发展较快。特别是80年代末至今电力供应业有了长足的发展。1998年用电量为3亿千瓦时，平均每年递增9.4%。

交通邮电业自党的十一届三中全会以后发展迅猛。公路省道曲沃至横水段、东鲁至济源段，县内共71公里。县级路槐泉至张村15公里，于70年代铺成沥青路。90年代开始，在“要想富，先修路”宣传教育下，群众认识到道路畅通与快速致富的有机联系，修路积极性十分高涨。国家、集体、个人一起上，到1998年底，全县公路里程达985公里，比1978年增长5倍。特别是90年代以来的9年间，平均每年以18.8%的速度发展。

邮政电讯业发展迅速。绛县邮电局于1949年成立，邮电机构5个。70年代初，邮电机构发展到16个。80年代至今稳定在13个。投递工具从解放初的背扛肩担步行，逐步发展到自行车、摩托车、汽车。邮电业务总量1998年为2270万元，为1978年的102倍，平均每年递增26.1%。建国初期县邮电局有磁石电话交换机1部，1994年引进德国西门子4000门数字程控交换机。电话机1998年发展到18520部，比1978年增长26倍，平均每年递增17.9%。

随着市场经济的不断完善，人民生活水平逐步提高，商品批发零售贸易、餐饮业发展较快。1992年城关镇绛城大世界、卫庄镇东华山市场、横水镇九龙市场相继开工，1996年底全部交付使用，建筑面积3.3万平方米，投资千万元以上。1998年，社会消费品零售总额17227万元，比建国初期增长85倍，比1978年增长6倍，平均每年递增10.1%。

文化教育卫生事业发展迅速。全县文化馆（站）从无到有，1950年成立县文化馆，到1985年全县14个乡镇建立了文化站，80年代以来，全县建立了180个村文化室，相继涌现出300余户文化户，文艺工作者积极开展文化活动，宣传党的方针政策，进行科普教育，成为人民群众精神文明建设的重要阵地。在群众的多种文化活动中，绛县龙舞闻名中外。龙舞在绛县历史悠久，汉代就有龙舞传人。1983年发明了氢气飞龙，创造了地面龙舞与空中飞龙交相辉映的艺术形式。绛县地龙先后到日本、马来西亚、澳大利亚表演。第十一届亚运会在北京召开，绛县飞龙参加表演，4条飞龙腾空飞舞，把开幕式气氛推向高潮。1997年香港回归，绛县飞龙专程前往演出。

广播电视事业发展较快，广播事业从1954年县委收音站开始，1990年实现了广播专线化、电杆水泥化、户户通喇叭、县城街道音箱化。到1998年电视转播台发展到8个，发射机10台，有线电视用户达1.8万户。

建国初全县仅有高小2所，到1998年底，全县学校332所，在校学生3.9万人，其中中学生1.4万人，教师人数2469人，比建国初期增长12倍。适龄儿童入学率近20年一直保持在99%以上。

1949年绛县只有1所私人医院，到1998年，全县有医院23所，床位750张，医生人数1226人。千人平均医生4人，比1978年增加3人。

居民收入增加，生活水平不断提高。1998年末，全县城乡居民储蓄存款余额6.4亿元，比1978年增长130倍，平均每年递增27.6%。1998年农民人均纯收入2114元，比1978年增长21倍，平均每年递增16.7%。1998年职工人均工资4112元，比1949年增长28倍，平均每年增长6.9%，比1978年增长3.4倍，平均每年递增7.7%。

21世纪是知识经济时代，绛县人民将坚持改革开放，坚持“三个有利于”原则，加大改革力度，提高经济管理水平，增大产品的科技含量，科技兴县，逐步缩小与经济发达地区的差距。

（卢心中）

平陆县

古虞腾飞五十年

50年来,平陆人民在中国共产党的领导下,奋发图强,辛勤劳动,用自己的双手,成功地完成了对生产资料私有制的社会主义改造,以极大的热情投入了社会主义建设,取得了显著成就。特别是党的十一届三中全会以来,县委、县政府在中央大政方针的正确指引下,带领全县人民拨乱反正,解放思想,在政治、经济、思想、文化、科技、教育等各方面进行了一系列重大改革,推动了生产力的迅猛发展,国民经济日新月异,社会事业蓬勃发展。

一、国民经济稳步增长

(一)国民经济有了较大的发展。1998年全县国内生产总值达5亿元,比1978年增长19.5倍,平均每年增长16.3%;工农业总产值5.6亿元,比1949年增长49.7倍,平均每年增长8.3%。改革开放以来,工农业总产值增长10倍,超过改革开放前30年的5.4倍。

平陆斜拉桥

(二)社会经济财富不断壮大。50年来,全县固定资产投资累计达8亿元,平均每年增加1629万元。由于固定资产投资增加迅速,有计划地兴建了以能源、交通、原材料、机械制造为重点的工业企业,壮大了国民经济物质技术基础,增加了全县国民经济实力。尤其是十一届三中全会以来,全县固定资产投资累计达7.1亿元,占到50年全部投资的88.6%。

(三)社会产品日益丰富。解放初期的1949年,全县粮食总产量为23540吨,水果总产量为1825吨,工业总产值只有13万元。经过50年的建设,农业生产有了较大的发展,工业生产达到一个新的水平。1998年全县粮食总产量为98771吨,比1949年增长3.2倍,人均占有粮食由238公斤增加到417公斤。水果产量6.2万吨,比1949年增长33.1倍。煤炭由1949年的2500吨增加到24.4万吨,发电量由1958年的0.8万千瓦时增加到8595万千瓦时,生铁由1958年的36吨增加到5140吨,水泥由1971年的1698吨增加到27000吨。

(四)地方财政收入逐年增加。1998年全县财政收入达5170万元,比1949年增长61.7倍,平均每年增长8.8%。特别是改革开放20年来,财政收入有了可喜的变化,1998年比1997年增长8.6%,20年累计完成地方财政收入2.6亿元,超过前30年财政收入总计的3.3倍,各项财政收入来源渠道都发生了新的变化。

二、基本建设实力增强

(一)固定资产投资增加迅速。50年来,全县进行了大规模的经济建设,生产能力大大增强,尤其是党的十一届三中全会以来,投资来源摆脱过去那种完全依赖于国家建设的格局,出现国家、集体、个人投资的多样化。1979—1998年全社会固定资产投资总额达7.3亿元,是前30年投资总和的22.6倍。

(二)城市建设取得了新成就。50年来,全县城市建设取得了翻天覆地的变化。1973年,县城只有3条主要街道铺设油路,80年代初期建成的有全县规模最大的平陆罐头厂、招待所宾馆楼、新华书店楼、县委大楼、公安局办公楼。改革开放20年来,全县用于市政建设方面的投资达2640万元,新建街道5条3.5公里,铺设下水管道7.8公里,水泥路面1.1公里,新建了古虞市场、傅岩商城、平陆人民会堂、财政大厦、西街转盘环路等,沟通开发区的城西斜拉桥正在建设之中。

(三)运输邮电建设有了较快的发展。50年来,用于运输邮电建设的投资达5.62亿元,其中改革开放20年投资达4.9亿元,是投资总和的87.1%。全县区域内有南北贯通的209国道、横跨东西的平常公路、平下公路,现在运三高速公路横跨南北,正在修建之中。

尤其是1995年以来,全县共投入公路建设资金2.62亿元,新建、改建、扩建公路672公里,动土石方3400万立方米,架设大、中、小型桥梁12座,累计投工3600余万个,实现了由原来的5个乡镇通油路新增到17个乡镇全通油路,有150个村通油路,228个村通公路,公路通车里程达到814公里,铺装油路达564公里,1996－1997年连续被省交通厅授予义务修路先进县。全县拥有机动车辆10517辆,其中货车684辆、客车50辆、摩托车9235辆。通讯邮电事业也有了很大发展,邮电局(所)、邮路长度、长途电话和电报电路、市内电话、各种信函件等都有了较大的增长,1998年全县邮电业务总量达1488万元,比1950年增长4000多倍,平均每年增长19%,1989年从日本引进C23电话交换机4000门投入使用,结束了手摇电话机的历史,1994年新进德国西门子电话4000门,使通信事业有了质的飞跃。1998年,全县电话总数达到7135部,已通电话的村数达到125个,占全县行政村总数的54.8%。全县17个乡镇区全部实行程控化,可与国内外近百个大中城市直拨通话。

三、农村经济日新月异

(一)农村经济得到全面发展。50年来,平陆县农村经济由过去单一的粮食生产转向多种经营全面发展。农林牧渔业总产值由1949年的1090万元增加到1998年的19887万元。尤其是1980年开始在全县农村实行承包责任制后,农村经济由单纯的农业生产转为工业、建筑业、运输业、商业、服务业等多元化发展。全县形成了以农业生产为基础,辅之以工副业生产为主导的农村经济新格局。

(二)农林牧副渔业日趋兴旺。1998年全县农业总产值比1949年增长26.9倍,平均每年增长6.8%,种植业比重由1949年的82.0%下降到77.0%,林牧副渔业产值则从1949年的18.0%上升为22.0%,改革开放以来,粮食、油料、猪羊牛肉、水果、水产品等主要产品产量有了更大的增加。

(三)农业生产条件获得改善。50年来,全县大搞农田水利基本建设,水浇地达到19.24万亩。1998年全县共有农用机械12.56万千瓦,农村用电3301万千瓦时,施用化肥(折纯)1.1亿吨。改革开放20年来,全县机电井发展到36眼,机电灌站发展到183处,比1970年增长4倍、6倍,新增水浇地2.74万亩,进一步增强了农业生产的后劲。

四、工业经济一展新姿

(一)工业生产稳定增长。50年来,平陆县工业生产从小到大逐渐壮大。1998年全县工业总产值(新口径)达到3.1亿元,比1949年增长2000多倍,平均每年递增16.8%。经过20年改革,工业企业充满生机活力,工业生产迈上了一个新的台阶,工业经济取得了巨大成就。20年来全县工业总产值累计完成16.4亿元。平均每年递增14.2%,生产技术水平显著提高,经济效益有了大幅度的增长,劳动生产率不断提高。1998年工业增加值达到1.1亿元,比1992年增长2.5倍,平均每年递增23.3%。

(二)重工业快速发展。1998年,全县重工业产值为3亿元,比1949年增长2000多倍,占工业总产值的比重由1958年的66.3%上升到97.8%,轻工业产值为666万元,比1953年增长800多倍,所占比重由1958年的33.7%下降为2.2%。

(三)多种经济成份展现生机。1952年全部国有工业产值占工业总产值的比重为2.3%,到1978年上升到33.9%。党的十一届三中全会以来,以发展生产力为标准,调整所有制结构,使各种经济形式都得到共同发展。1998年国有工业总产值达6863万元,比1978年增长8.3倍,所占比重下降到22.1%;股份制经济从1993年开始,发展到6863万元,占全部工业总产值的比重达63.4%。

(四)乡镇企业异军突起。1958年全县共有乡镇企业11家,1963年只剩下3家,到1978年又发展到40家,年产值达685.10万元。改革开放20年来,乡镇企业迅速崛起,蓬勃发展,目前已发展到463个,从业人员达9760人,总产值达3.2亿元,增加值达6761万元。培育建成了“山河铝业有限公司”、“曹川亚白刚玉厂”两个地区级龙头企业和10个产值200万元以上、实现利税20万元以上的县级龙头企业,起到了摆龙头、带龙尾、促进全县经济腾飞的效应。

五、城乡市场繁荣活跃

(一)市场不断扩大,商品日益充裕。1998年全县共有各种商业网点3700多个,比1949年增加2800多个,商品购进总额达1亿元,比1978年增长5.5倍。特别是党的十一届三中全会以来,商业体制改革活跃了城乡市场,个体商业发展更加突飞猛进,城乡市场商品琳琅满目,日益丰富多彩,农副产品收购和工业消费品购进都有了较大的增长,20年间全县商业部门商品购进呈递增趋势,每年平均递增9.8%。

(二)社会消费品零售总额逐年增长。1998年全县社会消费品零售总额1.9亿元,比1949年增长4.9倍,平均每年增长3.2%。在改革开放的20年中,全县社会消费品零售总额每年都有较大幅度的增长,社会消费品零售总额累计达15.4亿元，平均每年增长12.8%，改革给市场带来活力，给城乡带来繁荣，各种经济成份的商业零售额都在大幅度的增长。

(三)个体商业和城乡集市充满活力。个体商业、集市贸易走过一条从有到取消而又发展的不平道路。从1978年以后，个体商业作为国营商业的补充，得到迅速恢复和发展。由1978年的100多户发展到1998年的1309户，从业人员达2033人，零售额达4012万元，占全县社会消费品零售额的21.3%。全县集市贸易已发展到17个，年成交额达440多万元。

六、科技文化教育和卫生事业蓬勃发展

(一)科技事业迅速发展。1998年，全县拥有各类专业技术人员7987人，比1978年增长22.5倍，全县培训果树栽培、蔬菜种植、畜牧养殖、机械修理、计算机应用等专门人才8000余名。先后推广了苹果优种嫁接、套袋、测土施肥、小麦塑膜覆盖、优种繁育等10项科技含量较高的实用生产新技术。积极引导企业和科研单位、大专院校结亲联姻，开发了30多种新产品。

(二)文化事业进一步繁荣。解放以来，平陆县文化事业有了较快的发展。1998年，全县拥有专业艺术表演团体1个，文化馆1个，图书馆1个，博物馆1个，档案馆1个，广播电台1座，电视差转台1座。特别是改革开放以来，有线电视从无到有发展到8256户，电视覆盖面达到78%，电视收视套数达到15套。先后有4部专题片、新闻片在全区电视节目展评中获特、一、二等奖。“黄河书画”进京展出，轰动京城。

(三)教育事业生机勃勃。1949年全县共有各类学校252个，在校学生人数8743人，到1998年共拥有各类学校461个，在校学生人数达3.8万人，教师总数发展到2136人。尤其是改革开放20年来，共为国家输送大中专学生6458人，平均每年输送322人。适龄儿童入学率达到99.3%，小学毕业升学率达到96.8%。全县以普及九年制义务教育为重点，“集万民之力，建一流学校，创千秋伟业”。共筹集资金4000余万元，新建中小学教学楼97座，新建和维修校舍3134间，添置教学器材73.5万台(件)，80%的学校实现“一无两有三配套”，办学条件大为改善，教育质量明显提高，1998年荣获全省普九义务教育先进县。

(四)卫生事业较快发展。50年来，平陆县的医疗卫生事业逐步改变了缺医少药的状况，一个城乡医疗预防网已经初步形成。1998年全县拥有医疗机构22个，比1949年增加21个，病床位710张，比1950年增加705张，卫生技术人员520人，比1949年增加64倍。改革开放以来，各种地方病、传染病都得到有效治疗和控制，计划免疫提前达到国家标准，全县连续10年达到文明县城标准。

七、城乡居民生活日益改善

(一)居民收入不断提高。1958年全县农民人均纯收入只有61元，1998年人均纯收入达到1249元，平均每年递增7.8%；全县职工人均年平均工资由1949年的218元增加为1998年的3661元，增长15.8倍。1998年全县城镇居民人均生活费收入达到2698元，比1991年增加1784元。

(二)消费水平有了较大提高。1998年全县城镇居民人均消费支出1893元，农村居民人均生活消费支出761元。居住条件不断改善，1998年城镇居民人均居住面积达13.8平方米，农村居民人均居住面积达19.6平方米。特别是改革20年农民温饱问题得到解决，生活明显改善。无论是农民家庭还是城镇居民家庭，在原有自行车、缝纫机、手表、收音机增加的同时，电视机、洗衣机、收录机、电风扇从无到有，进入寻常百姓家庭，电冰箱、摩托车、小汽车等也进入高收入的家庭中。据抽样调查，1998年每百户农村居民拥有电视机97台、洗衣机8台、电风扇40台、摩托车10辆；每百户城市居民拥有电视机98台、洗衣机76台、电风扇96台、摩托车34辆。

(三)城乡居民储蓄存款大幅度增长。全县城乡居民储蓄存款余额1998年底达5.2亿元，比1953年增长1620多倍，平均每年递增17.8%。

50年来，虽然路途坎坷，历经艰难，但平陆的成就有目共睹，平陆的变化地覆天翻。平陆的巨变，充分说明了只有社会主义才能救中国这一条颠扑不破的真理，充分证明了党的十一届三中全会以来的路线、方针、政策是完全正确的。尽管未来的道路不会平坦，前进中还会有新的矛盾和问题，但是只要我们坚定信念，坚持四项基本原则，坚持改革开放，就一定能够以崭新的姿态跨入21世纪，就一定会在不太长的时期内取得比以往50年更加辉煌的成就。

(赵建功　成　伟)

垣曲县

风雨兼程五十年　垣曲发展谱新篇

垣曲县位于山西省南端，运城地区东北隅。全县17个乡镇191个行政村，22万人分布在东西两垣、南北两山、东西两大河槽1620平方公里的国土之上。垣曲县素有自然资源宝库之称，金、银、铜、铁、煤等矿产资源丰富，其中铜储量居全国第三位；野生资源中，仅种子植物就有千余种，药用植物485种，猴头、木耳等山珍产品天然纯质，东北虎、金钱豹、娃娃鱼珍稀罕见；土地资源、水资源、旅游资源也很丰富。

适宜的气候，丰富的资源，不仅为这片土地上的人们千百年来繁衍生息奠定基础，更为改革开放时期的经济发展插上腾飞的翅膀。从共和国成立到1998年，坎坎坷坷，已走过50年的风雨历程，50年来，在垣曲这块古老的舜乡大地上，发生了天翻地覆的历史巨变，谱写了一曲曲激动人心的壮丽诗篇。

从广种薄收到高产高效

垣曲是典型的山区农业县。土地革命实现了“耕者有其田”。从互助组到初级、高级农业生产合作社，再到人民公社，历时30年，受自然条件制约，一直沿袭传统耕作制度，除少数水地一年两作外，多为一年一作，三年轮作。粮食作物以小麦、玉米为主，亩产量一般在50—60公斤；经济作物以棉花为主，播种面积一般维持在4—5万亩，亩产25公斤左右。蚕桑、油料、瓜菜、麻类等经济作物及其它五谷杂粮，皆面积小产量少，自产自用。“文化大革命”期间，农村到处“割资本主义尾巴”，片面强调“以粮为纲”，限制多种经营，禁止集市贸易，推行预先评工记分法，严重挫伤了农民生产积极性。1978年党的十一届三中全会以来，通过深化农村改革，实行联产承包责任制，调整优化产业结构，大力推广农业实用技术，农村经济快速发展。截止1998年，全县优种面积达28万亩，小麦塑膜覆盖面积达13万亩，秸杆还田10万亩，立体种植、作物化控、节能温室、生物防治、棉花旱矮密栽培、玉米配方施肥等先进技术得到广泛运用，在传统粮、棉生产的基础上，形成了烟、畜、果、菜、桑五大支柱产业。粮食产量由1949年的11350吨增加到1998年85975吨，增长6.8倍；棉花由1949年的总产12.6万公斤，亩产7.2公斤，增加到1998年总产128万公斤，亩产58.8公斤，亩产增长6倍；油料产量由1949年的17万公斤增加到128.3万公斤，增长近7倍；烤烟从1984年试种开始，总产量由0.08万公斤增加到298.8万公斤，亩均收入1500元，成为农村经济的重要支柱，垣曲县被定为山西省优质烟叶生产基地；黄牛存栏由1949年的21750头增加到66449头，增长2倍多；羊存栏由1949年1600只增加到53327只，增长30余倍；蔬菜由1949年的3100亩，总产69.8万公斤，提高到近万亩，产量提高到1000万公斤，其中日光节能温室发展到2000余亩，亩均收入1.5万元，菜农人均收入3000元；水果总产由1570吨增加到3908吨，增长150%；蚕茧由1949年的0.005万公斤增加到16万公斤，比1978年的2.22万公斤增长近7倍。乡镇企业随着改革开放的春潮异军突起，成为县域经济发展的半壁江山，1978年全县乡镇企业共848个，全年完成产值939万元，营业收入700万元，实现利润231万元，上缴税金15万元，农民收入人均增加66.7元。到1998年，全县乡镇企业发展到4500个，比1978年增长4倍；完成产值6.2亿元，增长62倍；营业收入达5.8亿元，增长81倍；实现利润9500万元，增长40倍；上缴税金

垣曲县城

1050万元，增长69倍；农民人均收入增加362元，增长4倍。全县农林牧渔业总产值由1949年的1758万元增加到23622万元，增长12倍，党的十一届三中全会以后年均增长速度为8.1%，农民人均收入达1411元，是1978年的11倍。

从手工作坊到集团公司

1949年，全县工业主要有铸铜、冶铁、采煤、砖瓦烧制、酿酒、纺织等20余家小手工业作坊，从业人员477人，工业总产值12万元。国民经济三年恢复时期，私营工业发展较快，1952年全县手工业发展到217户，从业人员564人，总产值达31万元。从1953年起，对个体、私营工商业实行社会主义改造，到1957年私营工业全部过渡为县办集体工业，全县工业总产值达107万元；与此同时，随着地方国营工业窑头煤矿、十定河泥炭厂、胡村煤矿、城关面粉厂的建立，县办集体工业实行国营化，国营企业数由1957年的4个发展到1960年的40个，职工人数增加到6000人，到1965年，全县工业总产值达4295万元；1966年“文化大革命”开始后，正常生产秩序被破坏，直至1970年才有所好转。从1970年开始，国家先后投资兴建了解元庙煤矿、同善铁厂、垣曲县化肥厂，并对玻璃厂、陶瓷厂、水泥厂进行了迁建、扩建和技术改造，到1978年，全县工业总产值达11959万元。党的十一届三中全会以后，企业逐步打破传统的“统购、统销、统收、统支”的计划经济模式，向商品经济转变，工业生产出现了持续稳定发展的局面。从80年代起，先后贷款、引资、筹资对酒厂和陶瓷厂进行扩建和技术改造，使酒厂生产能力翻了两番多，陶瓷厂由作坊式土瓷窑变成半机械化生产企业；引资1300万元兴建长直炼铁厂和黄河铁矿，形成采、选、冶配套作业，最高年生产生铁19576吨、产值411万元、利润58万元的中型联合企业实体；投资兴建窑头焦化厂，最高年产冶金焦5.7万吨，产值485万元，利税290万元。近几年，为了实现由传统资源型工业向高科技含量、高附加值的现代工业转变，投资兴建晋海制药厂、白炭黑厂和洛家河铜矿3个骨干企业，并新建了10万吨焦化厂，在全县形成了以五龙集团、晋海公司、中条实业公司等集团公司为龙头的现代企业框架。1998年，全县工业总产值达70303万元，比1978年增长近6倍，是1949年的5800余倍。

从羊肠小道到柏油马路

垣曲县境内地形复杂，90%国土面积属山地丘陵，古时道路多为驿道或驮运道，崎岖蜿蜒，坎坷难行。县境内一条干线公路，县辖段长87.02公里，因战乱中断，1950年修复通车，1956年建成晴雨无阻的砂砾公路，1975年才将王茅至县城至大拉沟路段共31.3公里铺装成三级油路。县公路共4条，总里程71.7公里，至1978年除县城至杨家河3.7公里铺装成三级油路外，其余多为砂砾路，其中王茅至安窝27公里为简易公路。乡公路共8条，总里程64.5公里，均为砂土路。村级简易公路1950年仅有23公里，至1980年达到366.9公里。党的十一届三中全会以后，道路建设出现了前所未有的高潮，截止1998年末，全县实现了乡乡村村通公路，有85%的乡、50%的村通了油路，全县公路汽车通车里程达1260公里，是党的十一届三中全会以前的8倍；新增县公路109公里，是1978年以前的3.6倍；新增乡村公路986公里，是1978年以前的8.6倍，新增县、乡、村油路165公里，并实现了15个乡镇、78个村通油路。随着公路基础建设的迅速发展，加之1965年建成的南同蒲铁路专用支线——礼垣线的发挥作用，垣曲县初步形成了铁路、公路、水路相互配合的交通运输网络，全县有省营汽车站1个，县营汽车运输公司2个，集体运输企业5个，厂矿企业汽车队19个，个体运输专业户906家，拥有客车420余辆，货车780余辆，农用三轮车、拖拉机2600余台，发展出租车102辆，年完成客运量287万人次，客运周转量9099万人公里，货运量160.3万吨，货运周转量10505万吨公里。目前，历经十几个冬春苦战的全长39公里的历山路全线贯通，东济线英言——济源段改造基本完成，闻垣线二级出山公路正抓紧施工，黄河大桥正在抢时架设，垣曲交通闭塞的历史将得到彻底改观。

从茅房窑洞到高楼大厦

垣曲县城是一座山区小城，但也是一座历史古城，原县城（今古城）始建于西魏大统十六年（公元550年），经历代修补增制，一直沿袭至1958年。1959年因国家拟建小浪底水库，遂将县城迁址刘张西坡根河滩白涧河东岸，建筑多为土木结构瓦房，自1975年建成县招待所楼、新华书店楼，垣曲的城市建设才开始向高空发展。至1978年，县城各类建筑面积总计18.16万平方米，其中住宅面积6.3万平方米。党的十一届三中全会以后，城市建设快速发展，县城座座楼房拔地而起，共投资2.96亿元，新建各类建筑总面积达73.9万平方米，比1978年前翻了两番。其中二层楼房1382幢，四层以上住宅楼157幢；3－7层办公楼房236幢，个人征地自建929户，建筑面积14.97万平方米；随着小浪底水库移民搬迁，近几年在城南新建3－5层移民住宅楼19幢，二层庭院292幢，建筑面积9.2万

晋海制药厂

平方米。县城新开了黄河路、舜南路，拓宽了舜北路，新建了友谊桥和黄河路大桥，城市主干道由原先的7.3公里延长到15.45公里，铺装油路15万平方米，硬化人行道8.3万平方米，公共绿地发展到13.2万平方米，城市林荫覆盖率达8.5%，县城道路四通八达，快捷方便。

镇村建设迈出了可喜步伐。1980年以前，乡镇政府机关均为砖木、土木结构瓦房或平房。1980年以来，全县17个乡镇政府分别建起了2—4层钢筋混凝土结构楼房，进入90年代，由于小浪底水库移民搬迁，在全县逐步建成古城、新城、华峰、陈村、英言等5个较大规模移民集镇和一批移民新村，下亳移民试点村统一设计、统一规划，绿地、街道、公用设施相互配套，远看象公园，近看象花园，走进去是家园，新村建设在全运城地区独一无二。全县累计完成移民住宅建筑面积57.3万平方米，学校和集体建房17821平方米，集镇建设朝着城市化方向迈出了可喜步伐。

经过50年的艰苦努力，特别是改革开放20年的开拓进取，垣曲县政治、经济和社会发展呈现出前所未有的良好势头。1998年全县国内生产总值达8.01亿元，是1952年的108倍；地方财政收入完成3743万元，是1952年的61倍；银行储蓄存款余额达7.6亿元；社会保险费完成1500万元；教育事业提前一年完成“两基”目标任务，“普九”成果通过了达标验收，成人教育和职业教育得到快速发展；广播电视进村入户，信号覆盖全县镇村；邮政通讯突飞猛进，程控电话交换机容量达到17672门，移动通信1400多部。尽管如此，垣曲毕竟是一个山区农业小县，工业基础还很薄弱，农业产业化进程发展缓慢，丰富的旅游资源亟待开发，广阔的荒山荒坡还没有充分利用。随着小浪底水库的下闸蓄水，垣曲水域面积将大大增加，水上产业开发前景广阔。垣曲人民有信心把一个充满生机和活力的新垣曲带入21世纪。

（刘建政）

太原市人口和社会从业人员

NUMBER OF POPULATION AND EMPLOYMEES OF TAIYUAN

单位：万人 (10 000 person)

年份	年末总人口	城镇人口	乡村人口	人口自然增长率(‰)	社会从业人员	职工	#国有经济	#城镇集体经济	城镇私营企业和个体从业人员	农村从业人员
1949	67.8	22.8	45.0	10.63	23.3	7.4	7.4		0.3	15.6
1952	88.3	38.2	50.1	17.44	32.4	13.6	13.1	0.5	0.5	18.3
1957	137.5	84.3	53.2	36.69	48.5	29.0	25.8	3.2	0.8	19.7
1965	160.0	92.7	67.3	25.35	63.0	39.4	34.1	5.3	0.5	23.1
1970	173.7	96.3	77.4	19.86	72.1	46.5	39.6	6.9	0.1	25.5
1975	192.9	105.9	87.0	12.46	84.0	55.2	46.5	8.7		28.7
1978	201.2	110.3	90.9	7.90	96.0	67.2	55.3	11.9		28.8
1980	210.4	123.7	86.7	8.10	105.6	77.5	59.7	17.8	0.1	28.0
1985	234.4	142.5	91.9	11.30	137.7	99.0	75.6	23.3	0.9	37.8
1986	239.3	147.5	91.8	11.20	140.0	100.7	79.0	21.7	1.2	38.1
1987	244.5	151.6	92.9	13.20	148.1	104.4	82.6	21.8	4.5	39.2
1988	248.2	155.5	92.7	12.20	152.8	106.7	84.6	22.0	6.1	40.0
1989	253.7	158.6	95.1	13.90	155.1	108.8	87.3	21.4	5.3	41.0
1990	261.2	163.6	97.6	12.10	159.2	111.3	89.2	21.9	5.9	42.0
1991	263.9	165.5	98.4	9.10	162.0	112.3	90.3	21.7	6.7	43.0
1992	267.0	167.7	99.3	9.40	159.0	111.9	89.4	22.5	5.2	41.9
1993	271.4	171.9	99.5	7.90	166.7	112.6	94.6	20.2	7.3	42.5
1994	276.7	177.4	99.3	8.20	168.8	114.2	91.8	22.4	9.7	44.9
1995	282.8	183.3	99.5	8.50	177.3	112.4	91.9	20.5	12.7	52.2
1996	287.4	187.3	100.1	8.54	183.1	111.9	92.3	19.6	17.5	53.7
1997	293.3	191.8	101.5	8.47	179.9	110.0	91.1	18.9	18.8	51.1
1998	295.7	193.7	102.0	8.40	170.1	92.2	55.1	13.4	23.3	51.0

太原市国内生产总值及指数

GROSS DOMESTIC PRODUCTS AND ITS INDEX OF TAIYUAN

年份	国内生产总值(亿元)	第一产业	第二产业	第三产业	人均国内生产总值(元)	国内生产总值指数(上年=100)	第一产业	第二产业	第三产业
1949	0.8	0.4	0.2	0.2	113				
1952	2.3	0.5	0.9	0.9	281	130.7	108.8	145.4	140.0
1957	5.6	0.6	3.2	1.8	418	106.7	98.1	111.3	102.7
1965	9.0	0.9	6.4	1.7	573	120.4	97.9	132.9	98.8
1970	11.2	1.1	8.3	1.8	654	164.3	110.0	198.7	109.9
1975	14.4	1.5	10.3	2.6	752	116.5	105.5	121.4	106.0
1978	18.7	1.1	14.0	3.6	937	128.9	89.7	134.2	126.7
1980	22.3	1.4	15.7	5.2	1 075	106.5	112.1	102.5	118.9
1985	43.7	2.9	29.6	11.2	1 884	105.0	91.7	105.4	106.8
1986	47.8	3.1	31.5	13.2	2 016	107.7	100.0	106.2	113.2
1987	54.1	3.4	34.1	16.6	2 238	110.8	93.8	107.8	121.6
1988	68.5	3.9	43.1	21.5	2 779	108.4	114.3	108.4	107.8
1989	82.2	4.5	47.3	30.4	3 274	107.4	110.0	108.7	104.3
1990	91.4	5.9	52.1	33.4	3 549	108.9	126.8	108.0	108.5
1991	102.8	5.3	58.5	39.0	3 917	107.8	86.6	109.1	109.5
1992	124.3	5.6	70.7	48.0	4 681	115.9	105.8	118.8	112.8
1993	153.8	6.2	86.7	60.9	5 713	114.3	105.0	115.4	113.7
1994	183.5	10.0	99.4	74.1	6 695	111.9	107.7	111.7	112.6
1995	220.6	11.8	115.2	93.6	7 889	112.8	102.6	113.8	112.3
1996	265.4	15.5	135.9	114.0	9 309	113.3	115.9	114.9	110.4
1997	304.5	15.6	153.6	135.3	10 487	110.6	103.3	111.1	109.2
1998	323.1	16.2	162.5	144.4	10 971	109.2	105.0	107.9	111.6

太原市全社会固定资产投资

TOTAL INVESTMENT IN FIXED ASSETS OF TAIYUAN

单位：万元　　(10 000 yuan)

年　份	全社会固定资产投资	国有经济	#基本建设	#更新改造	集体经济	#城镇集体经济	城乡个人	全社会固定资产投资新增固定资产	#国有经济	房屋竣工面积(万平方米)
1949	43				43			42		0.8
1952	6 335				6 335			6 143		33.4
1957	37 299	34 244	34 244		3 055			23 517		167.4
1965	18 622	16 985	16 985		1 637			15 625		52.5
1970	20 218	18 513	18 513		1 705			32 298		37.8
1975	16 884	13 982	13 982		2 902			11 461		35.4
1978	43 171	38 656	29 979	8 677	2 908	274	1 607	34 302	29 890	140.0
1980	68 252	59 768	42 716	17 052	5 673	1 518	2 811	39 094	31 749	230.0
1985	194 510	170 776	120 148	50 628	16 430	7 167	7 304	134 648	112 776	359.0
1986	210 247	185 175	122 586	62 589	17 975	6 434	7 097	157 682	137 655	377.0
1987	228 535	198 641	121 395	77 246	20 365	8 214	9 529	172 354	149 562	366.0
1988	250 602	219 838	126 581	93 257	21 090	10 877	9 674	168 418	145 028	283.0
1989	242 409	214 712	134 028	80 684	18 001	7 205	9 696	168 124	142 697	274.0
1990	262 924	232 285	139 916	80 178	17 796	8 992	12 843	196 924	172 264	287.0
1991	309 426	278 407	160 824	103 800	16 998	4 176	14 021	246 779	215 567	251.0
1992	457 403	420 300	276 331	123 220	26 046	5 500	11 057	270 796	237 447	273.0
1993	672 282	621 299	388 652	175 686	33 191	12 758	17 792	288 367	238 273	262.0
1994	722 882	665 734	362 234	229 044	41 185	17 413	15 963	413 691	344 277	330.0
1995	693 271	640 246	293 114	247 012	32 212	13 242	20 813	522 102	453 290	285.0
1996	824 374	720 054	416 349	202 700	33 320	16 318	31 507	588 705	526 922	265.7
1997	972 144	849 623	461 012	341 433	32 300	14 934	25 629	710 481	606 893	290.6
1998	1 093 638	993 708	569 632	321 442	29 179	10 494	34 353	1 097 266	986 059	288.0

太原市地方财政收支

REGIONAL FINANCIAL REVENUE AND EXPENDITURE OF TAIYUAN

单位：万元　　(10 000 yuan)

年　份	地方财政收入	#各项税收	地方财政支出	#基本建设支出	#支援农业生产及农业事业费支出	#文教科卫支出	#教育事业费支出
1949	133	133	84	21		26	
1952	3 010	2 936	1 127	351		434	
1957	9 428	8 009	4 200	2 650		925	
1965	16 061	12 857	3 563	1 392		1 320	
1970	21 413	16 532	7 414	4 607		1 520	
1975	24 857	22 073	8 766	5 103		2 073	
1978	35 883	30 182	13 737	8 258	989	2 619	1 161
1980	37 703	31 397	14 364	8 352	1 921	3 599	1 968
1985	50 872	42 947	32 520	14 618	3 019	7 712	4 583
1986	54 020	48 762	36 868	17 925	3 211	9 155	5 154
1987	62 588	56 945	35 411	16 263	3 918	9 742	6 969
1988	71 623	68 942	47 617	20 051	4 067	11 732	6 969
1989	88 892	87 346	57 138	21 135	4 517	11 732	7 271
1990	92 130	91 968	61 055	4 674	4 618	14 004	7 909
1991	100 769	98 597	70 195	5 954	5 407	15 259	8 300
1992	100 562	97 249	68 361	5 422	5 453	16 022	8 663
1993	131 855	131 596	85 813	7 372	5 761	18 647	10 694
1994	94 084	79 808	107 180	8 021	7 207	24 476	12 628
1995	134 263	95 757	146 653	11 529	6 633	35 699	19 528
1996	156 263	112 523	168 068	11 944	8 182	42 749	21 538
1997	162 284	128 377	175 499	8 166	7 390	46 657	29 187
1998	184 972	160 068	207 892	10 770	7 845	39 976	23 610

太原市职工工资总额和人民生活

TOTAL WAGE BILL OF STAFF AND WORKERS, PEOPLE'S LIVELIHOOD OF TAIYUAN

年份	职工工资总额(万元)	#国有经济	#集体经济	职工平均货币工资(元)	城镇居民家庭人均可支配收入(元)	城镇居民家庭人均消费性支出(元)	农民人均纯收入(元)	城乡居民储蓄存款余额(万元)
1949	1 772	1 772		240				8
1952	6 560	6 560		491				360
1957	19 733	19 733		678				2 534
1965	26 748	24 273		719			60	4 441
1970	26 007	26 007		572			77	5 765
1975	35 711	31 451	4 260	660			87	11 485
1978	44 210	38 539	5 671	627	313	306	116	16 862
1980	60 655	51 000	9 655	800	385	374	156	29 699
1985	115 920	94 900	21 020	1 199	654	585	526	113 847
1986	137 004	113 540	23 464	1 384	792	723	556	151 176
1987	157 485	132 311	25 174	1 536	912	846	590	200 501
1988	190 183	160 907	29 276	1 802	1 064	1 070	660	241 235
1989	224 595	191 714	32 567	2 105	1 361	1 261	715	337 210
1990	257 006	220 673	35 909	2 351	1 536	1 357	763	487 581
1991	279 469	239 172	39 664	2 537	1 738	1 601	776	613 246
1992	309 162	266 667	40 914	2 803	2 145	1 884	864	750 568
1993	396 268	334 316	56 918	3 519	2 658	2 314	970	988 710
1994	531 475	457 172	64 359	4 767	3 123	2 762	1 166	1 378 096
1995	609 421	529 353	67 586	5 538	3 893	3 409	1 444	1 753 585
1996	655 698	575 085	70 709	5 990	4 128	3 490	2 017	2 571 193
1997	673 134	587 497	72 590	6 242	5 086	4 257	2 405	2 987 339
1998	637 304	382 228	58 671	6 838	5 391	4 473	2 680	3 493 625

太原市农业基本情况

BASIC STATISTICS ON AGRICULTURE OF TAIYUAN

年份	耕地面积(千公项)	#水田水浇地	播种面积(千公项)	#粮食	#油料	#棉花	农业机械总动力(万千瓦)	化肥施用量(折纯,吨)	农村用电量(万千瓦小时)
1949	166.6	25.0	169.9	165.4	1.1	0.6			
1952	173.4	40.9	178.3	167.0	2.3	1.0	0.3	16	
1957	169.3	50.8	176.2	159.5	3.1	4.5	0.3	22	461
1965	155.8	52.6	164.8	146.9	3.0	1.0	3.4	2 476	2 449
1970	149.5	53.7	157.2	140.3	2.6	1.0	4.3	5 514	2 999
1975	145.9	57.8	160.8	140.6	2.7	1.0	16.8	12 084	5 809
1978	114.5	57.9	159.8	137.0	3.6	0.9	28.6	13 223	6 740
1980	142.5	58.0	152.8	124.8	10.3	0.4	37.1	12 306	7 638
1985	135.0	55.1	145.3	107.6	22.7	0.2	68.1	9 784	9 900
1986	133.6	54.0	144.7	112.4	15.5	0.1	72.7	10 485	12 349
1987	132.8	54.3	144.5	113.0	15.3	0.1	75.7	10 738	16 284
1988	132.4	53.9	143.5	109.7	16.3	0.1	79.1	12 422	15 867
1989	131.9	53.5	143.5	113.0	13.5	0.1	84.3	13 425	18 373
1990	131.5	53.8	145.7	116.3	13.5	0.1	90.4	15 581	18 577
1991	131.0	55.1	144.8	113.4	14.3	0.5	90.4	16 123	20 246
1992	130.5	54.7	142.3	109.7	15.3	1.0	93.0	17 413	22 819
1993	129.5	54.7	145.7	114.7	13.5	0.4	96.5	17 439	27 613
1994	128.3	54.4	142.9	113.0	13.9	0.4	105.5	17 957	30 707
1995	126.8	56.1	139.2	107.9	13.9	0.9	109.4	19 100	32 708
1996	125.9	54.9	142.3	111.3	12.3	0.4	111.6	20 612	35 286
1997	158.6	54.5	141.7	108.5	10.8	0.6	114.2	21 880	34 222
1998	156.8	54.5	142.3	108.2	11.4	1.2	117.0	23 591	37 562

太原市农林牧渔业总产值和指数

GROSS OUTPUT VALUE AND INDEX OF FARMING, FORESTRY, ANIMAL HUSBANDRY AND FISHERY OF TAIYUAN

年　份	农林牧渔业总产值（万元）	农业	林业	牧业	渔业	农林牧渔业总产值指数（上年＝100）	农业	林业	牧业	渔业
1949	4 883	4 528	32	323						
1952	5 836	5 224	54	556	2	109.8	104.7	100.0	143.3	
1957	8 182	6 440	744	980	18	97.5	94.9	118.9	148.7	250.0
1965	11 358	8 996	362	1 996	4	97.1	86.3	123.1	139.6	66.7
1970	13 839	11 369	441	2 024	5	110.9	115.3	90.1	106.7	100.0
1975	19 055	15 693	859	2 496	7	104.3	103.0	102.6	109.7	100.0
1978	24 539	21 487	584	2 463	5	113.1	122.7	87.2	81.5	74.1
1980	27 369	23 421	802	3 135	11	85.9	78.7	146.0	114.5	185.2
1985	38 744	28 425	2 266	8 006	47	100.6	100.4	99.1	101.8	127.6
1986	41 562	30 044	1 505	9 888	125	101.5	98.6	64.9	123.7	166.7
1987	45 962	32 814	1 259	11 699	190	96.3	94.4	81.3	104.2	140.0
1988	61 806	42 055	1 976	17 425	350	115.2	114.6	132.3	114.1	149.0
1989	65 385	43 084	1 795	20 020	486	103.1	101.6	83.0	109.7	121.0
1990	73 925	49 232	1 877	22 154	662	108.3	107.9	93.0	110.9	116.5
1991	71 631	43 202	1 826	25 919	684	91.8	81.6	92.9	117.1	97.8
1992	80 987	49 677	2 617	27 894	799	111.1	111.8	135.7	107.7	119.9
1993	93 552	69 037	2 704	30 770	1 041	106.5	109.9	99.6	101.1	105.5
1994	149 971	96 495	3 540	48 619	1 317	112.1	106.7	127.5	121.1	114.6
1995	193 432	93 500	4 382	66 859	1 687	102.2	95.9	106.8	112.6	103.6
1996	239 666	158 636	5 080	74 310	1 640	116.2	122.7	104.6	108.2	88.1
1997	246 580	158 755	3 810	82 271	1 744	103.2	100.4	77.8	110.1	107.7
1998	254 449	166 064	3 527	83 172	1 686	105.1	105.1	81.1	106.7	96.4

太原市主要农产品产量

OUTPUT OF MAJOR FARM CROPS OF TAIYUAN

年　份	粮食（吨）	棉花（吨）	油料（吨）	糖料（吨）	水果（吨）	猪牛羊肉（吨）	禽蛋（吨）	水产品（吨）	大牲畜年末头数（万头）	猪年末头数（万头）	羊年末只数（万只）
1949	155 870	128	595		5 710	1 839			4.9	2.9	19.3
1952	136 165	262	1 575		6 950	3 070			7.1	5.9	21.1
1957	147 965	763	1 405		8 685	4 134		51	7.0	10.2	28.6
1965	191 810	235	1 420	10 220	9 102	6 130		108	7.0	14.3	34.1
1970	241 215	200	1 900	6 050	6 937	8 229		177	7.8	15.2	33.6
1975	344 930	373	2 605	6 440	12 674	11 108		89	7.7	21.4	42.3
1978	324 515	204	2 035	6 110	17 370	10 770	2 676	109	7.4	28.9	35.4
1980	278 440	72	9 045	14 370	16 329	10 395	2 911	113	7.3	23.6	40.4
1985	304 534	133	16 756	11 464	29 260	12 011	7 428	303	7.4	15.1	21.0
1986	290 207	63	16 297	13 375	26 800	11 353	12 106	432	7.6	15.3	23.4
1987	274 165	44	14 213	6 704	24 660	10 244	13 450	620	7.8	13.3	26.4
1988	325 301	44	13 211	24 431	33 691	11 780	15 813	948	8.0	15.4	32.0
1989	338 472	32	12 659	19 592	32 819	13 046	17 701	1 123	8.0	17.1	36.1
1990	387 806	96	13 882	19 531	28 280	14 598	20 003	1 320	7.9	17.6	34.7
1991	269 316	336	8 162	32 643	32 742	15 783	25 778	1 287	8.0	18.3	33.4
1992	322 625	553	11 814	2 551	31 407	17 753	26 732	1 508	8.1	20.8	31.8
1993	345 840	419	10 585	2 608	30 804	19 938	26 169	1 634	8.3	21.3	33.2
1994	384 823	366	13 741	8 899	27 908	23 726	32 123	1 755	8.4	23.5	35.2
1995	334 171	849	6 636	12 658	31 869	26 603	35 272	1 843	9.0	30.3	37.6
1996	406 325	381	9 906	8 969	30 127	32 039	38 297	1 721	9.2	31.7	43.3
1997	320 072	557	6 448	17 097	22 617	36 056	41 849	1 776	9.3	32.4	46.0
1998	350 385	989	10 809	27 510	25 433	38 421	44 392	1 774	9.5	34.4	45.5

太原市乡镇企业基本情况

BASIC INDICATORS OF TOWNSHIP AND VILLAGE ENTERPRISES OF TAIYUAN

年份	乡镇企业单位数（个）	乡镇企业从业人员（万人）	乡镇企业总产值（万元）	乡镇企业营业收入（万元）	乡镇企业实际缴纳税金（万元）	乡镇企业税后利润净值（万元）	乡镇企业年末固定资产原价（万元）
1949							
1952							
1957							
1965							
1970							
1975							
1978	3 991	5.2	14 352	13 172	460	6 640	6 164
1980	3 697	6.7	18 111	17 799	451	8 504	8 913
1985	20 029	15.6	81 037	68 012	5 484	13 015	35 150
1986	23 426	17.2	89 553	80 648	5 537	14 787	46 237
1987	25 314	17.5	108 634	97 917	6 549	15 867	55 329
1988	27 839	18.5	146 414	137 046	6 817	22 157	70 937
1989	30 358	19.1	224 069	195 194	9 445	28 186	88 090
1990	31 536	20.0	313 648	248 820	9 762	29 564	110 886
1991	31 626	20.3	337 441	319 298	9 958	32 246	127 567
1992	34 667	22.8	468 433	461 582	13 097	40 309	160 596
1993	40 833	26.8	813 299	736 996	16 637	61 697	226 320
1994	48 252	29.4	1 312 725	1 170 343	23 410	80 461	301 440
1995	50 249	30.3	1 702 710	1 523 708	26 740	78 558	361 753
1996	51 519	30.6	2 125 577	1 863 839	34 999	107 779	442 009
1997	3 701	16.3	1 329 315	1 218 714	14 900	106 000	431 400
1998	3 941	16.3	1 643 712	1 094 300	18 478	112 330	491 873

太原市工业生产情况

BASIC INDICATORS OF INDUSTRY OF TAIYUAN

年份	工业总产值（万元）			工业总产值指数（上年=100）			原煤产量（万吨）	发电量（万千瓦时）	钢产量（万吨）
		轻工业	重工业		轻工业	重工业			
1949	4 243	1 531	2 712				40	6 100	1.0
1952	16 378	5 912	10 466	145.5	129.2	155.7	120	14 500	9.0
1957	54 139	14 618	39 521	118.0	109.7	121.2	356	41 000	25.0
1965	167 332	42 502	124 830	136.2	159.1	130.3	539	179 000	33.0
1970	222 402	60 538	161 864	201.8	179.5	210.8	608	261 900	42.0
1975	252 517	59 165	193 352	117.7	104.1	122.2	841	317 600	66.0
1978	319 502	88 198	231 304	127.0	115.0	130.0	1 100	339 100	103.0
1980	363 078	104 834	258 244	102.0	115.0	99.0	1 355	341 600	124.0
1985	614 759	153 934	460 825	111.0	105.0	112.0	2 140	347 661	153.0
1986	680 261	176 751	503 510	107.0	106.0	108.0	2 253	369 666	158.0
1987	781 820	203 736	578 084	109.0	115.0	108.0	2 390	368 700	165.0
1988	1 014 325	276 747	737 578	113.0	119.0	112.0	2 541	376 317	175.0
1989	1 252 149	334 585	917 564	107.0	110.0	106.0	2 881	376 029	180.0
1990	1 279 872	337 651	942 221	104.0	159.0	104.0	2 840	367 829	190.0
1991	1 439 043	349 961	1 089 082	105.0	102.0	106.0	2 910	413 698	196.0
1992	1 702 117	380 056	1 322 061	109.0	107.0	110.0	2 951	502 710	208.0
1993	2 207 219	347 822	1 859 397	107.0	86.0	113.0	2 915	600 000	229.0
1994	2 553 888	432 505	2 121 383	107.0	117.0	104.0	3 268	680 000	241.0
1995	2 588 240	449 555	2 138 685	114.0	114.0	115.0	3 134	870 000	239.0
1996	2 833 317	477 036	2 356 281	106.5	104.3	107.0	3 159	950 000	248.0
1997	2 885 617	517 514	2 368 103	107.5	111.3	106.6	2 994	970 000	248.0
1998	2 686 219	438 485	2 247 734	109.8	105.0	111.1	2 971	888 308	249.0

续表 CONTINUED

年 份	生铁产量（万吨）	焦炭产量（万吨）	水泥产量（万吨）	化肥产量（折纯，吨）	纱产量（吨）	棉布产量（万米）	化学纤维产量（吨）	卷烟产量（箱）	饮料酒产量（吨）
1949	2.0	6.0	1.0		616	276		10 800	4
1952	13.0	27.0	10.0		1 541	1 205		32 600	594
1957	20.0	30.0	21.0		1 576	666		40 400	1 564
1965	44.0	70.0	22.0		11 678	6 640		67 900	1 296
1970	48.0	77.0	21.0		13 366	7 085	74	107 100	1 702
1975	53.0	84.0	26.0		9 183	3 982	20	150 100	2 682
1978	82.0	126.0	42.0	131 928	14 705	7 281	607	155 000	3 126
1980	95.0	121.0	46.0	125 176	17 042	8 420	942	169 900	
1985	111.0	153.0	76.0	106 124	12 889	7 126	4 863	137 000	13 546
1986	113.0	216.0	73.0	105 000	14 830	7 931	7 313	139 000	14 569
1987	124.0	223.0	71.0	118 000	15 783	7 804	7 468	126 000	13 217
1988	144.0	270.0	66.0	119 100	17 162	8 382	7 767	171 620	14 569
1989	142.0	344.0	87.0	115 800	17 298	8 316	9 041	180 000	20 024
1990	160.0	386.0	74.0	120 200	16 738	7 735	9 704	190 100	23 788
1991	163.0	397.0	82.0	126 200	16 699	7 747	10 942	165 500	28 372
1992	179.0	435.0	99.0	124 200	17 921	7 890	11 777	170 000	33 666
1993	208.0	534.0	109.0	110 000	10 066	5 885	9 600	170 000	40 000
1994	251.0	735.0	130.0	110 000	6 458	3 339	10 000	150 000	45 793
1995	241.0	893.0	149.0	100 000	4 830	3 155	7 000	200 000	46 501
1996	252.0	1 008.0	162.0	110 000	1 258	977	9 000	166 000	49 251
1997	281.0	966.0	168.0	80 000	7 478	4 520	10 000	180 000	50 111
1998	285.3	1 109.3	175.1	94 790	8 892	4 424	9 440	165 284	46 978

太原市独立核算工业企业主要指标

MAJOR INDICATORS OF INDEPENDENT ACCUNTING INDUSTRIAL ENTERPRISES OF TAIYUAN

单位：万元 (10 000 yuan)

年 份	职工人数（万人）	#国有工业	工业总产值（当年价格）	#国有工业	工业总产值（不变价格）	#国有工业	工业增加值	#国有工业	工业销售产值	#国有工业
1949										
1952										
1957										
1965										
1970										
1975										
1978	30.0	27.0	285 043	268 239	568 179	534 685				
1980	35.0	30.0	360 868	322 613	657 177	583 935				
1985	50.0	37.0	606 456	525 829	983 475	900 534				
1986	52.0	38.0	678 468	584 228	1 071 817	969 865				
1987	54.0	40.0	768 451	659 828	1 158 030	1 038 590				
1988	55.0	41.0	974 568	822 479	1 208 980	1 083 581				
1989	56.0	42.0	1 220 479	1 030 014	1 376 294	1 182 227				
1990	57.0	43.0	1 245 904	1 041 305	1 418 762	1 200 665				
1991	57.0	43.0	1 396 455	1 174 699	1 455 760	1 215 989				
1992	58.0	43.0	1 654 721	1 384 073	1 593 372	1 296 890				
1993	58.0	43.0	2 197 900	1 836 727	1 732 906	1 372 001	691 233	530 905	1 691 297	1 470 395
1994	59.0	43.0	2 553 888	2 051 930	1 858 489	1 401 011	799 764	619 132	2 499 217	1 501 671
1995	65.0	44.0	2 669 174	2 089 419	2 752 213	1 480 117	765 676	621 611	2 541 762	1 706 963
1996	60.3	40.2	2 809 384	2 136 420	2 079 658	1 448 474	826 925	612 181	2 762 509	2 106 414
1997	57.2	41.2	2 855 394	2 108 145	2 232 648	1 490 866	881 295	647 711	2 814 361	2 084 243
1998	46.0	38.6	2 686 219	2 101 533	2 169 834	1 602 928	815 562	656 251	2 613 311	2 051 759

续表 CONTINUED

单位：万元 (10 000 yuan)

年 份	流动资产年平均余额	#国有工业	固定资产原价	#国有工业	固定资产净值年平均余额	#国有工业	资产总计	#国有工业	产品销售收入	#国有工业
1949										
1952										
1957										
1965										
1970										
1975										
1978	103164	93167	417403	403015	274214	266766				
1980	136571	124249	530600	511860	335861	322850			326160	291515
1985	200337	174567	759509	721545	468241	441944			559051	484037
1986	234302	206093	859712	813949	534594	502249			617629	533629
1987	270669	238077	964548	909769	607997	568282			733601	632653
1988	412657	354258	1067453	1000781	667803	620085			912307	782138
1989	554645	470439	1170359	1091793	727608	671889			1091013	931624
1990	757354	652174	1302818	1213348	805847	741886			1127405	962716
1991	978180	850109	1524624	1416380	832375	755573			1354380	1163243
1992	1133223	953504	1783081	1666533	1036488	957676			1633292	1402958
1993	1477447	1277662	2042939	1890702	1149812	1052639	3447575	3077613	2072538	1755374
1994	1837329	1729009	2327981	2311119	1591910	1326427	4161161	4141212	2346172	1992911
1995	2495637	2129308	3165916	2894063	1900038	1717172	5762476	5097617	2618526	2117633
1996	2228911	1870593	4430513	4134799	2895466	2674467	6474923	5755437	2522554	1997651
1997	2440077	2070710	4683484	4362404	3256219	2972144	6881862	6122910	2517980	1988496
1998	3167447	2866876	4989679	4748408	3342386	3169604	8438042	7846461	2708751	2195178

年 份	利税总额	#国有工业	百元固定资产原价实现利税（元）	#国有工业	资金利税率（%）	#国有工业	产值利税率（%）	#国有工业	百元销售收入实现利润（元）	#国有工业
1949										
1952										
1957										
1965										
1970										
1975										
1978	47 353	41 052	11.34	10.19	12.54	11.41	16.61	15.30		
1980	37 201	31 441	7.01	6.14	7.87	7.03	10.24	9.75	12.01	12.14
1985	71 387	60 079	9.40	8.33	10.68	11.02	11.77	11.43	9.53	9.25
1986	63 021	60 734	7.33	7.46	8.20	8.57	9.29	10.39	8.04	7.89
1987	71 164	64 196	7.34	7.06	8.10	7.96	9.26	9.73	6.39	6.11
1988	110 832	96 666	10.38	9.66	10.25	9.92	11.37	11.75	6.00	5.62
1989	150 500	129 136	12.86	11.83	11.74	11.30	12.33	12.54	5.60	5.12
1990	125 964	109 368	9.67	9.01	8.06	7.85	10.11	10.50	3.23	2.91
1991	133 930	116 003	8.78	8.19	7.40	7.22	9.59	9.88	1.90	1.47
1992	172 956	146 376	9.70	8.78	7.97	8.78	10.45	10.58	2.45	1.87
1993	251 140	216 947	12.29	11.47	9.56	9.31	11.43	11.81	1.81	1.55
1994	270 019	221 616	10.16	9.10	10.49	8.19	11.53	11.80	1.56	1.51
1995	292 743	246 203	9.25	8.51	6.66	6.40	11.04	11.85	1.08	1.41
1996	167 366	125 359	3.78	3.03	3.27	3.07	5.96	5.87	0.35	0.41
1997	209 382	172 598	4.00	4.00	3.70	3.40	7.30	8.20	1.09	1.37
1998	229 821	183 183	4.61	3.86	3.53	3.03	8.56	8.72	-0.06	-0.65

太原市交通运输邮电通讯业

TRANSPORTATION, POSTS AND TELECOMMUNICATIONS SERVICES OF TAIYUAN

年 份	公 路 客运量（万人）	公 路 货运量（万吨）	公路旅客 周 转 量（万人公里）	公路货物 周 转 量（万吨公里）	邮 电 局所数（个）	邮 电 业务总量（万元）	长 话 电 路（路）	市 内 电话机（部）	农 村 电话机（部）
1949					41	5			
1952		271		2 411	82	94		2 030	40
1957		595		4 348	99	225		4 452	88
1965		752		4 149	111	430		4 860	2 790
1970		726		6 144	128	322		4 480	2 970
1975		1 366		8 458	141	409		4 440	4 160
1978	201	1 672	2 627	12 648	148	589	230	7 280	4 320
1980	291	1 153	3 625	13 244	142	762	230	9 500	4 100
1985	466	1 852	7 162	38 201	165	1 989	430	18 930	3 810
1986	499	1 990	8 250	45 991	152	2 393	430	21 350	3 890
1987	541	1 888	9 157	44 180	152	3 183	430	19 964	1 024
1988	581	3 969	9 973	86 508	147	4 102	430	21 294	1 015
1989	611	4 633	10 336	104 221	147	5 886	430	25 365	1 149
1990	647	4 458	10 880	118 404	151	7 037	698	33 043	1 349
1991	759	4 888	12 513	144 004	164	9 610	857	35 912	1 464
1992	768	4 977	12 695	153 884	169	13 047	3 090	45 388	1 573
1993	854	5 540	24 545	179 845	176	20 173	8 154	67 311	1 754
1994	903	6 118	28 812	202 800	198	30 641	38 300	119 815	2 009
1995	983	9 249	38 030	234 678	204	44 164	38 450	182 883	1 997
1996	979	9 703	56 142	254 078	230	62 783	38 000	247 333	2 955
1997	896	7 482	77 678	267 807	264	86 177	39 924	320 933	4 463
1998	982	7 717	62 461	286 163	249	124 547	39 620	486 257	6 671

太原市国内外贸易

DOMESTIC AND FOREIGN TRADE OF TAIYUAN

年 份	社会消费品零售总额（万元）	#国有经济	#集体经济	#个体经济	#农民对非农业居民零售	实际利用外资额（万美元）	#外商直接投资	接待旅游总人数（人次）	#外国人	旅游外汇收入（万美元）
1949	1 158				55					
1952	12 408				352					
1957	32 966				276					
1965	34 717				129					
1970	37 584				230					
1975	50 594				295					
1978	60 270	50 040	10 075	80	75	15	15	6 134	5 712	58
1980	81 280	65 575	13 926	127	1 652	15	15	6 243	4 881	82
1985	178 923	99 081	54 731	16 199	8 912	43	43	9 875	8 428	194
1986	200 657	110 135	66 405	13 775	10 342	75	75	7 681	6 009	201
1987	230 570	117 235	80 735	16 884	15 716	98	98	7 901	6 201	299
1988	312 640	159 406	110 876	21 148	21 210	114	114	8 097	6 516	312
1989	350 558	183 242	112 144	26 111	29 061	195	195	8 007	4 669	302
1990	355 651	183 876	109 344	32 109	30 322	141	141	13 519	7 165	574
1991	413 624	213 900	112 768	44 985	41 971	341	341	16 063	10 020	852
1992	514 339	260 506	125 323	82 024	46 218	7 232	7 232	17 270	11 582	1 063
1993	595 215	266 755	107 413	125 332	64 929	11 648	11 648	24 897	17 893	1 114
1994	730 344	279 017	158 621	136 732	94 929	3 002	3 002	18 798	15 859	1 056
1995	870 120	306 872	159 972	180 631	128 792	4 500	4 500	23 594	17 426	755
1996	1 010 373	388 503	175 321	121 753	205 519	6 100	3 725	28 038	17 751	804
1997	1 143 658	272 428	189 205	240 631	265 486	7 281	7 281	38 361	27 181	1 264
1998	1 260 321	219 372	185 856	303 338	324 587	8 418	8 418	40 506	29 282	1 503

太原市教育科技卫生

SCIENCE AND TECHNOLOGY, EDUCATION AND HEALTH CARE OF TAIYUAN

年份	学校数（所）	小学	普通中学	中等专业学校	高等学校	在校学生数（万人）	小学	普通中学
1949	681	668	7	5	1	5.5	5.0	0.2
1952	995	964	14	14	2	10.1	8.6	0.7
1957	1 146	1 106	20	16	3	19.1	14.3	2.8
1965	1 723	1 503	68	43	7	35.9	27.6	5.0
1970					5		28.9	8.5
1975	1 941	1 305	608	12	6	49.5	30.3	17.8
1978	2 048	1 449	549	14	8	51.3	25.9	23.2
1980	2 045	1 408	571	31	9	49.6	26.4	19.2
1985	2 057	1 664	278	41	9	45.2	24.1	15.2
1986	2 016	1 633	273	41	10	44.8	22.6	15.7
1987	2 018	1 664	229	42	10	44.3	22.0	15.1
1988	2 018	1 670	224	44	13	44.1	22.1	14.2
1989	2 028	1 674	222	45	13	43.7	22.6	13.0
1990	2 009	1 646	223	46	12	44.3	23.3	12.7
1991	2 017	1 652	222	47	12	44.7	24.1	12.3
1992	1 996	1 633	229	46	12	45.6	24.8	11.8
1993	2 024	1 639	233	47	13	47.6	25.9	11.3
1994	1 989	1 610	228	48	13	49.5	26.5	11.8
1995	1 967	1 575	235	46	13	51.9	26.9	13.1
1996	1 975	1 550	236	48	13	56.3	27.5	14.4
1997	1 910	1 529	231	47	12	57.7	29.1	15.2
1998	1 916	1 522	240	47	11	59.0	29.3	15.3

年份	中等专业学校（人）	高等学校（人）	专任教师数（人）	小学	普通中学	中等专业学校	高等学校
1949	1 791	709	1 783	1 518	69	81	99
1952	5 275	1 680	3 656	2 694	530	106	284
1957	13 297	6 476	7 251	4 087	1 060	1 194	878
1965	14 506	11 673	15 420	9 064	2 484	1 179	2 431
1970							
1975	5 061	7 584	23 743	12 319	8 654	642	1 970
1978	6 270	10 230	26 909	10 876	11 765	925	2 961
1980	12 319	21 347	28 916	11 672	11 770	1 235	3 705
1985	17 711	26 976	31 419	12 526	10 159	2 369	4 910
1986	22 230	28 355	32 419	12 496	10 414	2 770	5 099
1987	23 245	29 560	32 994	12 577	10 738	2 331	5 394
1988	26 923	30 391	34 163	12 437	10 929	3 239	5 587
1989	27 742	31 603	35 267	12 998	11 051	3 191	5 902
1990	29 323	32 463	36 427	13 415	11 203	3 221	6 031
1991	29 190	32 666	36 535	13 213	11 285	3 204	6 254
1992	31 438	34 763	36 822	13 444	11 314	3 216	6 115
1993	35 360	40 058	36 965	13 737	11 070	3 299	6 075
1994	38 962	43 322	38 122	14 400	11 323	3 434	6 037
1995	40 451	44 480	39 028	14 747	11 663	3 543	6 056
1996	46 254	45 672	41 276	14 728	12 057	3 577	6 078
1997	52 742	46 789	39 959	15 335	12 487	3 588	5 875
1998	59 510	49 882	40 531	15 544	12 898	3 646	5 920

续表　CONTINUED

年　份	毕业生数（万人）	小　学	普通中学	中等专业学校（人）	高等学校（人）	学龄儿童入学率（%）	国有单位自然科技人员数（人）
1949	0.5	0.4		245	101		
1952	1.2	1.0	0.1	732	285		
1957	4.5	3.6	0.6	3 085	788		517
1965	7.6	6.0	1.1	1 182	3 726		2 868
1970							2 981
1975	9.3	6.3	2.6	1 688	2 412		4 829
1978	13.1	5.0	7.4	2 093	2 868	100.0	6 479
1980	12.2	4.4	6.9	2 640	3 313	100.0	7 518
1985	9.6	4.6	3.7	4 956	4 997	100.0	11 918
1986	9.9	4.4	3.9	6 365	6 135	100.0	13 736
1987	10.6	4.2	4.4	9 514	7 262	100.0	11 569
1988	10.6	4.0	4.2	9 365	8 850	100.0	11 715
1989	9.9	3.7	4.1	8 690	7 312	100.0	11 966
1990	10.2	3.7	4.1	10 037	8 088	100.0	11 165
1991	9.7	3.4	3.7	9 756	9 063	100.0	11 369
1992	9.2	3.2	3.5	9 506	8 866	100.0	12 131
1993	9.3	3.4	3.5	9 136	7 746	100.0	12 766
1994	10.3	4.1	3.5	10 261	9 723	100.0	12 445
1995	11.2	4.6	3.3	11 635	12 421	100.0	12 725
1996	12.0	4.6	3.4	12 233	12 885	100.0	12 750
1997	11.5	4.3	3.7	12 984	12 769	100.0	13 379
1998	12.4	4.3	4.5	14 695	11 625	100.0	17 739

年　份	卫生机构数（个）	#医　院	卫生机构床位数（张）	#医　院	卫生技术人员（人）	#医　生
1949	61	12	895	725	827	358
1952	160	14	1 387	1 027	2 041	747
1957	443	33	5 575	3 158	6 222	2 069
1965	682	55	9 551	6 545	9 017	3 670
1970	579	154	7 493	7 472	7 847	3 145
1975	766	171	12 187	11 814	13 118	5 022
1978	825	172	13 198	12 733	16 388	6 530
1980	828	176	14 286	13 716	18 492	7 818
1985	932	194	18 332	16 721	24 328	9 988
1986	956	204	19 358	17 870	24 583	10 443
1987	971	211	21 278	19 592	25 324	10 387
1988	989	217	21 351	19 577	25 819	10 610
1989	990	218	22 043	20 226	26 624	10 653
1990	998	220	22 944	21 248	27 780	11 393
1991	1 004	223	23 645	21 936	28 734	11 461
1992	905	218	23 208	21 046	28 490	11 881
1993	980	217	23 402	21 520	29 295	12 234
1994	967	219	23 324	21 634	29 763	12 947
1995	972	221	24 082	22 174	30 101	12 866
1996	1 908	222	22 788	21 573	30 267	13 088
1997	1 947	135	22 579	19 523	30 691	13 370
1998	1 943	133	22 815	19 823	30 746	13 305

大同市人口和社会从业人员

NUMBER OF POPULATION AND EMPLOYMEES OF DATONG

单位：万人 (10 000 person)

年份	年末总人口	城镇人口	乡村人口	人口自然增长率(‰)	社会从业人员	职工	#国有经济	#城镇集体经济	城镇私营企业和个体从业人员	农村从业人员
1949	105.9	13.5	92.4		47.2	8.6	5.6	3.0	1.5	37.1
1952	114.9	19.4	95.5	31.40	58.3	17.3	12.3	5.0	1.5	39.5
1957	135.7	35.8	99.9	28.50	64.3	21.6	18.5	3.1	0.6	42.1
1965	159.5	46.4	113.1	35.04	64.4	23.5	19.4	4.1		40.9
1970	181.3	50.4	130.9	25.11	77.2	30.4	25.3	5.1		46.8
1975	200.8	56.6	144.2	15.32	83.7	32.3	27.1	5.2		51.4
1978	207.3	60.5	146.8	7.50	85.8	37.6	31.9	5.7		48.2
1980	212.9	67.0	145.9	10.90	88.8	41.4	33.5	7.9	0.1	47.3
1985	231.1	81.5	149.6	8.30	112.3	55.9	40.8	15.1	1.4	55.0
1986	233.7	83.7	150.0	11.40	115.8	58.9	41.6	17.3	1.5	55.4
1987	236.9	86.0	150.9	11.60	121.5	61.7	43.5	18.2	1.7	58.1
1988	240.7	89.4	151.3	9.90	122.5	63.0	45.1	17.9	2.2	57.3
1989	245.3	92.2	153.1	11.80	123.9	63.8	45.7	18.1	1.6	58.5
1990	250.1	93.5	156.6	16.00	121.1	66.9	46.3	20.6	2.6	51.6
1991	253.0	94.6	158.4	9.20	123.2	67.7	47.1	20.6	1.7	53.8
1992	255.1	96.5	158.6	8.90	125.7	68.7	48.4	20.3	2.2	54.8
1993	257.3	99.2	158.1	7.70	128.9	68.4	48.6	19.8	2.6	57.9
1994	259.6	101.1	158.5	7.90	131.2	68.0	49.8	18.2	3.0	60.2
1995	262.4	103.8	158.6	8.70	133.3	67.7	50.1	17.6	3.6	62.0
1996	265.9	107.4	158.5	7.80	136.5	69.9	50.8	19.1	3.8	62.8
1997	269.7	110.6	159.1	9.20	137.0	67.4	49.3	17.3	5.3	64.3
1998	272.2	113.1	159.1	8.06	135.5	67.1	45.0	12.8	4.1	64.3

大同市国内生产总值及指数

GROSS DOMESTIC PRODUCTS AND ITS INDEX OF DATONG

年份	国内生产总值(亿元)	第一产业	第二产业	第三产业	人均国内生产总值(元)	国内生产总值指数(上年=100)	第一产业	第二产业	第三产业
1949	0.8	0.5	0.2	0.1	76				
1952	1.3	0.8	0.4	0.1	113	148.7	107.1	173.2	172.2
1957	2.5	0.9	1.3	0.3	184	111.5	118.4	119.4	104.1
1965	3.7	0.7	2.6	0.4	235	120.0	87.9	129.2	124.9
1970	5.8	1.1	3.7	1.0	318	113.0	110.3	113.8	112.7
1975	8.4	1.6	5.4	1.4	423	108.8	104.0	110.4	108.3
1978	10.2	2.6	6.1	1.5	496	109.5	144.0	102.2	100.9
1980	15.7	3.0	10.3	2.4	744	105.4	106.5	104.7	106.4
1985	28.3	4.1	17.2	7.0	1 234	104.5	98.4	100.4	126.5
1986	32.7	3.7	21.1	7.9	1 410	104.1	63.8	119.4	90.0
1987	37.6	5.5	23.7	8.4	1 597	104.8	113.3	100.8	116.4
1988	41.4	6.4	24.4	10.6	1 734	106.7	137.4	100.4	112.1
1989	46.9	4.1	29.4	13.4	1 932	96.8	64.5	102.4	101.1
1990	56.8	6.5	34.1	16.2	2 291	116.5	155.3	105.9	133.6
1991	69.5	6.1	41.9	21.5	2 763	109.0	85.7	109.9	117.9
1992	78.3	5.9	51.7	20.7	3 081	108.2	88.8	122.8	110.6
1993	88.1	6.6	58.9	22.6	3 439	107.6	122.6	107.2	104.3
1994	106.6	13.6	63.1	29.9	4 119	107.9	119.4	108.6	103.3
1995	123.8	7.7	80.1	36.0	4 717	105.7	50.6	110.8	111.4
1996	145.5	17.1	86.0	42.4	5 471	118.6	222.5	113.8	114.5
1997	155.7	13.8	89.5	52.4	5 814	105.7	76.7	103.5	118.4
1998	170.8	18.1	91.7	61.0	5 979	109.7	131.7	102.5	116.2

大同市全社会固定资产投资

TOTAL INVESTMENT IN FIXED ASSETS OF DATONG

单位：万元 (10 000 yuan)

年 份	全社会固定资产投资	国有经济	#基本建设	#更新改造	集体经济	#城镇集体经济	城乡个人	全社会固定资产投资新增固定资产	#国有经济	房屋竣工面积(万平方米)
1949	243	116	116				127			0.1
1952	1 822	795	795		532		252	817	817	6.1
1957	15 979	14 346	14 346		1 304		329	12 809	12 809	39.0
1965	7 738	5 389	5 389		1 789	105	560	5 008	5 008	16.5
1970	8 471	5 569	5 569		2 300	196	602	2 114	2 114	20.5
1975	13 363	9 471	9 471		3 068	259	824	3 665	3 665	21.2
1978	33 411	28 287	23 742	4 545	4 137	107	987	16 540	16 491	30.0
1980	38 179	28 467	20 171	8 296	7 703	460	2 009	20 802	20 423	52.0
1985	85 134	68 114	45 602	22 512	11 692	3 108	5 328	51 829	50 195	52.0
1986	100 880	81 397	50 765	30 632	11 912	2 303	7 571	59 851	54 004	61.0
1987	126 847	108 339	65 172	43 227	12 296	5 459	6 212	73 740	69 909	39.0
1988	148 386	127 335	81 068	46 267	14 509	5 511	6 542	117 765	116 996	53.0
1989	126 665	105 426	58 919	46 507	12 519	2 788	8 720	70 490	68 316	55.0
1990	181 318	131 407	76 689	54 718	22 156	8 950	27 755	77 867	70 202	69.0
1991	201 992	148 986	95 245	53 741	21 595	8 502	31 411	198 195	191 873	69.0
1992	223 572	188 109	122 779	65 330	25 751	10 474	9 712	83 380	75 665	82.0
1993	272 637	213 783	126 791	86 992	26 443	11 209	32 411	198 382	177 500	88.0
1994	306 511	197 357	120 386	76 971	20 568	8 950	88 586	186 830	173 804	119.0
1995	331 311	221 666	128 366	93 300	20 432	7 470	89 213	178 664	160 056	78.0
1996	256 144	188 806	83 244	119 728	25 338	23 035	42 000	249 501	181 371	99.0
1997	338 499	245 211	134 686	110 525	15 442	12 433	77 846	225 865	182 018	97.0
1998	376 528	251 780	173 283	77 237	17 999	14 109	106 749	288 098	163 389	155.7

大同市地方财政收支

REGIONAL FINANCIAL REVENUE AND EXPENDITURE OF DATONG

单位：万元 (10 000 yuan)

年 份	地方财政收入	#各项税收	地方财政支出	#基本建设支出	#支援农业生产及农业事业费支出	#文教科卫支出	#教育事业费支出
1949	65	55	23			7	4
1952	563	526	349	94		124	65
1957	3 069	2 478	2 030	1 011	205	416	195
1965	6 685	5 827	2 464	952	555	786	301
1970	8 578	7 374	4 122	2 113	382	613	287
1975	11 299	11 108	7 169	1 727	1 977	1 412	812
1978	16 733	14 305	14 671	6 527	2 323	2 640	1 615
1980	19 679	16 655	14 864	394	2 427	3 631	2 283
1985	25 273	23 885	27 158	2 472	3 020	7 601	4 486
1986	28 825	25 786	31 035	1 552	3 534	8 961	5 149
1987	34 470	30 171	30 661	2 139	3 317	9 241	5 350
1988	40 406	35 733	36 593	763	3 938	11 435	6 651
1989	47 587	46 608	43 916	1 146	4 754	13 037	7 345
1990	52 308	48 437	47 970	1 219	5 250	13 893	8 022
1991	55 773	52 409	53 927	881	5 454	15 050	8 437
1992	56 938	52 449	55 164	1 171	6 118	17 263	9 887
1993	70 759	67 444	63 615	1 710	5 539	19 697	11 139
1994	51 277	41 898	76 971	1 065	7 770	27 899	16 412
1995	65 887	50 218	89 731	975	6 504	29 506	17 060
1996	80 159	67 646	103 273	926	7 323	33 404	19 400
1997	84 252	63 781	113 556	1 960	8 301	36 202	26 234
1998	94 128	72 557	120 825	946	3 644	39 263	24 543

大同市职工工资总额和人民生活

TOTAL WAGE BILL OF STAFF AND WORKERS, PEOPLE'S LIVELIHOOD OF DATONG

年份	职工工资总额（万元）	#国有经济	#集体经济	职工平均货币工资（元）	城镇居民家庭人均可支配收入（元）	城镇居民家庭人均消费性支出（元）	农民人均纯收入（元）	城乡居民储蓄存款余额（万元）
1949	2 691	1 753	938	313	53	52	48	
1952	7 266	5 166	2 100	420	74	74	62	74
1957	10 101	9 054	1 047	467	104	105	68	670
1965	13 209	10 716	2 493	562	201	196	57	1 417
1970	17 360	13 997	3 363	571	215	208	71	1 580
1975	19 880	16 576	3 304	615	243	229	107	3 957
1978	25 099	22 140	2 959	667	277	275	96	4 849
1980	33 147	29 067	4 080	802	326	323	112	9 725
1985	63 947	51 551	12 396	1 138	586	567	430	43 049
1986	80 579	63 615	16 964	1 368	743	704	351	63 824
1987	91 467	70 137	21 330	1 509	804	752	398	98 291
1988	104 977	81 853	23 124	1 684	857	958	462	122 991
1989	131 746	103 970	27 776	2 033	1 118	1 008	444	147 690
1990	153 116	116 923	36 193	2 300	1 260	1 101	515	192 982
1991	165 393	125 953	39 440	2 464	1 319	1 149	482	310 818
1992	193 151	151 302	41 849	2 858	1 506	1 304	598	328 221
1993	233 063	187 600	45 463	3 489	1 691	1 498	652	520 024
1994	300 783	250 439	50 344	4 434	2 519	2 129	886	703 319
1995	365 157	305 971	59 186	5 403	3 238	2 875	939	952 302
1996	414 383	346 069	63 956	5 905	3 845	3 335	1 511	1 223 200
1997	383 556	346 600	31 953	5 692	4 438	3 527	1 766	1 400 500
1998	350 844	306 827	25 869	5 146	4 190	3 471	1 980	1 663 400

大同市农业基本情况

RURAL GROSS－ROOTS ORGANIZATIONS OF DATONG

年份	耕地面积（千公顷）	#水田水浇地	播种面积（千公顷）	#粮食	#油料	农业机械总动力（万千瓦）	化肥施用量（折纯，吨）	农村用电量（万千瓦小时）
1949	394.3	15.0	387.1	357.5	12.9			
1952	423.9	24.9	399.8	394.6	17.7			
1957	429.6	47.8	419.4	375.6	20.2		473	9
1965	410.9	63.0	413.9	375.3	19.1	1.5	5 284	511
1970	365.5	72.2	363.8	323.6	17.7	4.9	19 328	2 026
1975	376.2	81.4	377.0	333.4	17.9	18.5	59 675	4 650
1978	382.9	91.7	383.1	324.7	29.5	32.6	107 929	6 541
1980	383.9	90.0	383.6	313.4	44.2	40.9	119 146	6 525
1985	355.2	91.4	352.7	263.4	63.1	67.3	132 934	8 149
1986	351.2	89.5	346.2	258.6	60.0	67.0	125 955	9 078
1987	349.8	97.3	349.1	264.1	56.7	71.8	135 603	11 837
1988	349.3	103.4	350.6	263.9	54.8	74.5	146 132	11 820
1989	348.0	104.7	349.4	289.1	29.3	75.4	157 676	13 451
1990	348.0	107.0	349.2	275.1	46.3	81.5	175 500	12 782
1991	348.9	108.1	352.1	271.2	49.5	85.6	194 315	13 474
1992	348.8	110.2	352.5	273.9	45.3	90.8	198 991	14 167
1993	347.9	112.1	354.2	278.0	41.1	95.8	204 384	15 505
1994	346.8	106.9	351.0	267.1	47.6	100.6	219 506	17 559
1995	346.3	104.9	351.6	282.5	30.0	106.7	232 265	17 386
1996	345.9	105.4	349.9	270.2	40.1	117.8	236 079	18 858
1997	446.1	94.8	352.7	260.1	40.4	127.7	244 156	19 242
1998	444.0	94.7	359.5	267.7	44.0	133.6	255 479	20 724

大同市农林牧渔业总产值和指数

GROSS OUTPUT VALUE AND INDEX OF FARMING, FORESTRY, ANIMAL HUSBANDRY AND FISHERY OF DATONG

年　份	农林牧渔业总产值（万元）	农　业	林　业	牧　业	渔　业	农林牧渔业总产值指数（上年＝100）	农　业	林　业	牧　业	渔　业
1949	5 636	4 145	131	1 360						
1952	7 187	5 065	259	1 863		120.0	124.4	178.4	106.2	
1957	8 796	5 916	678	2 202		98.6	96.2	93.8	107.0	
1965	9 662	6 796	752	2 110	4	86.9	77.2	100.5	132.9	100.0
1970	13 806	10 582	1 213	2 007	4	107.4	106.1	146.5	98.1	100.0
1975	21 600	16 973	1 041	3 584	2	101.6	99.4	107.4	112.0	200.0
1978	24 279	17 751	1 967	4 556	5	87.2	87.6	93.5	83.9	133.3
1980	26 075	18 464	1 794	5 812	5	94.2	89.6	78.1	128.9	300.0
1985	54 282	38 558	4 209	11 506	9	88.9	92.9	50.9	100.0	216.7
1986	44 950	30 154	2 868	11 908	20	76.4	72.6	67.6	89.6	215.4
1987	56 859	40 171	2 775	13 891	22	102.4	108.5	76.7	94.5	85.7
1988	79 973	58 544	3 839	17 572	18	121.9	126.7	99.1	114.1	66.7
1989	67 892	45 046	3 537	19 275	34	81.1	70.6	113.9	105.4	200.0
1990	92 987	66 509	4 091	22 358	29	135.7	153.0	109.8	107.7	84.4
1991	82 834	55 230	4 185	23 299	120	99.1	90.3	108.1	121.4	374.0
1992	100 485	66 850	4 190	29 320	125	116.7	126.2	106.6	98.8	127.7
1993	117 424	78 130	4 905	34 272	117	99.7	97.6	105.1	104.3	75.2
1994	219 525	149 120	6 238	63 992	175	129.5	130.4	118.3	129.1	124.7
1995	178 725	96 936	8 168	73 411	210	72.4	53.8	112.6	111.4	117.4
1996	283 192	184 338	8 963	89 573	318	164.3	211.7	109.9	116.7	149.3
1997	243 372	153 973	7 841	81 128	430	75.8	73.9	92.7	77.1	117.0
1998	279 755	192 104	10 432	76 364	855	126.9	136.9	96.3	110.9	233.1

大同市主要农产品产量

OUTPUT OF MAJOR FARM CROPS OF DATONG

年　份	粮　食（吨）	蔬　菜（吨）	油　料（吨）	糖　料（吨）	水　果（吨）	猪牛羊肉（吨）	禽　蛋（吨）	大牲畜年末头数（万头）	猪年末头数（万头）	羊年末只数（万只）
1949	230 665	49 717	2 085	1	3 485	562	807	10.3	3.6	20.9
1952	263 355	69 978	4 328	7	4 060	1 311	1 258	21.0	5.1	44.0
1957	272 790	83 916	5 534	1 245	4 790	1 888	1 805	13.4	10.3	41.8
1965	251 280	121 862	5 033	11 983	5 675	4 546	1 817	15.9	22.4	68.8
1970	386 845	190 664	7 057	14 845	6 335	3 568	2 063	18.1	16.4	55.1
1975	561 015	222 003	3 912	23 295	7 260	5 868	1 941	18.8	20.4	68.7
1978	488 715	238 126	6 141	15 914	9 115	8 599	1 867	18.0	32.0	53.0
1980	477 185	186 180	20 989	27 521	6 820	9 638	2 272	19.0	27.0	62.0
1985	603 161	333 459	62 217	63 562	14 077	18 837	11 357	22.0	26.0	43.0
1986	435 351	316 599	43 184	51 424	17 956	18 462	14 793	23.0	24.0	45.0
1987	507 670	331 309	40 425	32 673	10 271	18 331	13 610	23.0	21.0	52.0
1988	649 335	360 671	39 036	87 336	10 872	22 042	14 758	24.0	22.0	67.0
1989	460 230	399 025	14 270	65 463	17 614	23 862	14 804	25.0	24.0	77.0
1990	706 028	224 462	48 075	105 356	11 597	28 737	8 577	26.0	25.0	74.0
1991	485 311	399 265	36 741	172 990	11 472	31 838	18 355	26.0	27.0	71.0
1992	649 470	500 384	38 751	174 122	9 792	32 888	15 580	26.0	29.0	69.0
1993	565 116	514 708	32 754	192 254	12 627	42 275	16 669	27.0	34.0	78.0
1994	738 595	720 361	48 731	192 009	11 627	52 848	19 037	29.0	43.0	87.0
1995	344 051	555 441	7 847	103 753	9 187	56 792	19 757	30.0	46.0	94.0
1996	800 054	985 507	55 108	215 038	14 308	71 560	24 631	32.0	49.0	110.0
1997	552 986	881 734	28 301	148 895	11 720	63 331	14 887	29.5	44.7	105.7
1998	756 608	1 088 509	48 212	250 542	12 219	66 213	16 800	31.4	46.5	110.8

大同市乡镇企业基本情况

BASIC INDICATORS OF TOWNSHIP AND VILLAGE ENTERPRISES OF DATONG

年份	乡镇企业单位数（个）	乡镇企业从业人员（万人）	乡镇企业总产值（万元）	乡镇企业营业收入（万元）	乡镇企业实际缴纳税金（万元）	乡镇企业税后利润净值（万元）	乡镇企业年末固定资产原价（万元）
1949							
1952							
1957							
1965							
1970							
1975							
1978	6 266	5.2	11 106	7 457	564	1 882	4 186
1980	5 303	5.9	16 596	14 571	1 145	5 828	7 384
1985	19 926	14.7	83 170	70 663	2 559	15 449	21 891
1986	20 317	14.9	93 890	83 204	2 658	17 262	36 155
1987	21 928	15.4	103 153	98 200	2 740	17 727	41 620
1988	26 065	15.6	118 808	116 794	2 744	21 109	49 800
1989	28 898	14.9	139 006	138 072	3 919	23 052	60 793
1990	30 347	16.1	193 378	158 790	4 325	26 328	82 129
1991	32 582	17.2	226 650	176 130	4 431	27 693	93 661
1992	38 331	19.4	277 090	237 436	5 009	27 829	131 283
1993	45 733	24.0	449 972	392 843	9 255	46 278	148 932
1994	55 566	27.1	682 415	608 659	10 253	60 850	235 351
1995	62 566	30.3	1 004 414	874 685	19 008	69 368	286 276
1996	68 851	30.8	1 383 774	1 195 256	23 664	70 002	369 596
1997	16 732	23.2	1 219 886	1 105 261	26 900	72 110	387 100
1998	17 396	25.6	1 474 416	1 348 600	29 500	74 100	395 210

大同市工业生产情况

BASIC INDICATORS OF INDUSTRY OF DATONG

年份	工业总产值（万元）			工业总产值指数（上年=100）			原煤产量（万吨）	发电量（万千瓦时）	钢产量（万吨）
		轻工业	重工业		轻工业	重工业			
1949	4 942	2 632	2 310				11		
1952	7 989	2 078	5 911	157.9	137.3	164.4	259	1 859	
1957	25 985	5 089	20 896	126.0	92.0	138.5	605	11 625	
1965	65 840	11 838	54 002	121.9	135.8	119.3	1 104	38 158	1.0
1970	92 235	21 966	70 269	113.4	120.8	111.3	1 325	63 089	2.0
1975	144 556	33 251	111 305	111.2	113.9	110.5	2 144	104 195	3.0
1978	135 641	31 853	103 788	117.1	104.9	121.1	2 926	106 453	3.0
1980	174 475	33 692	140 783	101.1	108.2	99.4	3 581	109 064	4.0
1985	318 857	62 658	256 199	117.4	113.2	118.3	6 170	285 315	4.0
1986	352 605	72 948	279 657	107.2	112.4	106.1	6 545	437 289	4.0
1987	413 041	87 023	326 018	107.6	110.8	106.8	6 848	571 694	4.0
1988	490 834	113 801	377 033	107.4	111.8	106.4	7 066	643 988	3.0
1989	605 242	127 277	477 965	108.8	102.8	110.2	7 604	703 474	3.0
1990	758 567	125 326	633 241	103.4	103.4	103.4	8 403	703 311	3.0
1991	802 934	134 004	668 930	105.2	105.1	105.2	8 030	748 067	3.0
1992	907 821	155 652	752 169	108.1	108.1	108.1	7 796	797 532	4.0
1993	1 051 000	144 300	906 700	110.1	92.9	113.9	8 266	789 266	6.0
1994	1 248 700	191 200	1 057 500	105.2	119.1	102.6	8 142	806 219	5.0
1995	1 381 366	201 209	1 180 157	105.3	101.9	106.0	8 486	876 285	3.0
1996	1 609 962	195 900	1 414 062	113.2	101.5	115.8	8 607	895 122	4.0
1997	1 563 300	205 200	1 358 100	98.0	99.1	97.7	8 083	800 053	3.0
1998	1 261 291	162 427	1 098 864	103.1	122.5	99.9	6 951	909 154	24.8

续表　CONTINUED

年　份	生铁产量（万吨）	焦炭产量（万吨）	水泥产量（万吨）	化肥产量（折纯，吨）	棉布产量（万米）	化学纤维产量（吨）	饮料酒产量（吨）
1949							
1952							
1957			31.0				
1965			57.0		83		
1970			76.0	1 117	89		
1975			88.0	11 522	634		
1978	1.0		102.0	16 691	1 121		3 011
1980	2.0		104.0	26 529	1 263		5 419
1985	3.0		114.0	32 565	1 086	4 094	15 364
1986	3.0		122.0	38 058	1 448	4 737	18 845
1987	8.0		126.0	41 754	1 516	4 802	21 530
1988	8.0	1.0	130.0	50 038	1 814	4 255	23 619
1989	10.0	10.0	135.0	57 051	1 371	4 464	23 494
1990	12.0	20.0	131.0	43 440	1 874	4 594	17 777
1991	13.0	21.0	140.0	39 773	1 636	6 816	18 052
1992	14.0	25.0	151.0	46 423	1 557	7 797	25 392
1993	17.0	36.0	158.0	39 961	1 046	9 015	39 312
1994	21.0	44.0	106.0	46 491	105	10 046	52 772
1995	27.0	88.0	155.0	74 592	95	9 638	58 029
1996	28.0	103.7	109.0	72 656	47	9 860	69 079
1997	27.0	96.0	204.0	52 899	7	11 112	71 435
1998	29.0	80.0	212.0	59 990		10 690	62 464

大同市独立核算工业企业主要指标

MAJOR INDICATORS OF INDEPENDENT ACCUNTING INDUSTRIAL ENTERPRISES OF DATONG

单位：万元　　(10 000 yuan)

年　份	职工人数（万人）	#国有工业	工业总产值（当年价格）	#国有工业	工业总产值（不变价格）	#国有工业	工业增加值	#国有工业	工业销售产值	#国有工业
1949	0.5	0.4	4 900	4 716	14 210	13 901				
1952	1.8	1.6	7 824	7 792	31 125	30 071				
1957	4.7	4.3	25 900	24 786	89 930	81 475				
1965	10.3	8.3	65 321	65 100	169 834	153 121				
1970	13.4	11.9	92 114	87 004	230 285	200 145				
1975	18.4	14.6	129 740	10 115	250 137	211 583				
1978	21.1	16.7	131 083	110 333	272 383	229 265				
1980	23.6	18.6	172 231	150 237	298 223	260 140				
1985	31.0	22.0	296 852	229 823	503 974	390 177				
1986	32.9	22.3	323 467	246 288	543 699	413 972				
1987	32.4	22.3	377 281	283 979	593 597	446 800				
1988	32.7	23.5	446 809	328 717	631 719	464 756				
1989	34.0	24.3	542 124	400 521	680 394	502 675				
1990	35.5	24.6	629 548	437 221	720 848	500 629				
1991	36.4	25.1	681 354	452 351	763 617	506 965				
1992	36.0	25.0	792 599	500 923	826 346	522 251				
1993	41.9	26.1	1 045 112	821 711	929 375	632 329	513 328	388 563	614 210	524 335
1994	37.5	26.0	1 244 477	974 695	974 406	644 546	522 530	429 324	616 329	515 497
1995	39.3	26.6	1 373 759	1 036 466	1 011 037	650 052	672 391	533 045	773 666	609 700
1996	39.2	27.0	1 599 279	1 154 849	1 104 900	701 128	772 818	596 312	1 560 970	1 124 065
1997	38.0	26.1	1 556 031	1 111 628	1 124 558	658 084	764 545	582 746	1 546 479	1 105 971
1998	29.9	23.4	1 261 292	918 489	919 984	574 045	598 452	463 135	1 208 368	892 325

续表 CONTINUED

单位：万元 (10 000 yuan)

年份	流动资产年平均余额	#国有工业	固定资产原价	#国有工业	固定资产净值年平均余额	#国有工业	资产总计	#国有工业	产品销售收入	#国有工业
1949			889	788	889	795	900	810	4 113	4 004
1952	89	81	5 106	4 803	3 213	3 158	3 302	3 198	7 001	5 468
1957	3 932	3 800	27 681	27 597	21 948	21 875	31 613	30 012	24 124	21 669
1965	11 699	10 890	94 082	93 124	73 380	72 616	85 079	84 587	59 903	57 003
1970	22 660	21 790	129 779	128 416	96 100	95 139	118 760	101 956	90 058	76 549
1975	31 993	30 847	177 964	173 360	136 627	133 279	168 620	151 769	113 214	95 292
1978	34 421	32 798	201 270	191 779	158 715	153 442	252 656	240 742	121 392	102 176
1980	43 374	41 542	266 513	255 259	185 304	176 935	326 564	312 774	162 794	142 005
1985	67 541	62 744	486 396	451 853	331 233	305 423	566 447	526 218	222 676	172 396
1986	75 147	69 112	547 389	503 431	370 774	337 634	628 842	578 343	303 379	230 993
1987	148 881	137 546	610 807	564 302	414 774	379 231	780 899	721 444	338 140	254 518
1988	155 474	142 997	727 040	668 696	435 796	391 892	902 472	830 049	401 130	295 111
1989	211 611	193 510	800 070	731 632	558 155	505 409	1031 495	943 261	504 500	372 725
1990	292 392	265 445	934 280	848 176	655 143	590 456	1266 741	1149 997	540 960	375 697
1991	356 752	324 563	1027 982	935 230	735 369	664 470	1453 851	1322 674	675 963	478 772
1992	448 448	405 282	1247 023	1126 988	867 825	785 578	1614 455	1417 536	842 603	613 055
1993	543 139	411 892	1376 053	1237 237	949 507	846 321	1740 811	1462 146	1102 292	871 599
1994	793 515	647 408	1518 210	1382 603	905 676	823 111	2074 101	1749 047	1087 824	885 732
1995	948 003	714 041	1992 535	1777 925	1165 087	1022 874	2640 522	2164 813	1294 344	992 339
1996	995 321	751 327	2204 820	1978 228	1343 703	1177 103	2924 894	2396 714	1448 182	1096 567
1997	1 069 772	807 065	2375 584	2129 732	1447 108	1281 520	2909 345	2460 066	1425 570	1062 933
1998	1 128 912	921 769	2403 060	2168 238	1574 734	1423 633	3145 561	2712 090	1150 548	869 968

年份	利税总额	#国有工业	百元固定资产原价实现利税（元）	#国有工业	资金利税率（%）	#国有工业	产值利税率（%）	#国有工业	百元销售收入实现利润（元）	#国有工业
1949	501	499	56.38	63.32	56.00	56.00	10.22	10.58	12.18	12.46
1952	1 160	1 074	22.71	21.03	35.13	33.09	14.83	13.76	16.56	19.64
1957	2 812	2 656	10.16	9.59	10.86	10.34	10.85	10.25	11.65	12.25
1965	16 803	15 194	17.86	16.14	19.75	18.27	25.72	25.72	28.05	26.65
1970	26 176	25 003	20.17	19.26	22.04	21.38	28.42	27.14	29.06	32.66
1975	27 833	26 472	15.64	14.87	16.51	16.12	21.45	20.40	24.58	27.77
1978	38 937	37 286	19.35	19.44	15.41	15.49	29.70	33.79	24.85	28.27
1980	57 642	55 967	21.63	21.93	17.65	17.89	33.47	37.25	28.46	31.67
1985	52 670	45 303	10.83	10.03	9.30	8.61	17.74	19.71	14.91	16.66
1986	49 236	41 062	8.99	8.16	7.83	7.10	15.22	16.67	6.28	6.88
1987	61 823	52 686	10.12	9.34	7.92	7.30	16.39	18.55	8.41	9.52
1988	82 594	72 560	11.36	10.85	9.15	8.74	18.49	22.07	9.06	10.81
1989	82 385	70 020	10.30	9.57	7.99	7.42	15.20	17.48	6.85	7.89
1990	85 582	72 736	9.16	8.58	6.76	6.32	13.59	16.64	6.64	8.13
1991	74 375	62 386	7.24	6.67	5.12	4.72	10.92	13.79	3.74	4.43
1992	111 985	89 947	8.98	7.98	6.94	6.35	14.13	17.96	4.91	5.42
1993	129 390	105 882	9.40	8.56	7.43	7.24	12.38	12.89	4.69	4.86
1994	216 284	179 334	14.25	12.97	10.43	10.25	17.38	18.40	8.35	8.50
1995	219 769	178 575	11.03	10.04	8.32	8.25	16.00	17.23	7.39	8.70
1996	206 595	168 245	9.35	8.50	8.81	8.72	12.89	14.57	5.53	6.77
1997	215 167	179 458	9.05	8.42	7.39	7.29	13.83	16.14	6.37	8.34
1998	188 724	170 456	7.85	7.86	5.99	6.28	14.96	18.56	5.13	7.43

大同市交通运输邮电通讯业

TRANSPORTATION, POSTS AND TELECOMMUNICATIONS SERVICES OF DATONG

年　份	公　路 客运量 （万人）	公　路 货运量 （万吨）	公路旅客 周 转 量 （万人公里）	公路货物 周 转 量 （万吨公里）	邮　电 局所数 （个）	邮　电 业务总量 （万元）	长　话 电　路 （路）	市　内 电话机 （部）	农　村 电话机 （部）
1949	2		50	18	13	18	1	191	
1952	24	59	613	618	52	59	10	459	40
1957	31	333	625	2 953	80	339	41	1 122	110
1965	34	309	784	4 706	101	663	65	5 983	751
1970	41	443	825	7 110	110	878	68	6 260	280
1975	37	507	768	10 965	110	998	86	8 277	3 400
1978	32	824	702	11 339	119	1 183	96	13 314	4 260
1980	45	967	1 254	15 032	119	1 211	112	13 494	4 138
1985	120	1 230	3 553	50 017	138	1 784	203	26 917	4 174
1986	147	1 825	4 519	72 401	138	1 734	213	27 944	3 970
1987	296	2 205	9 792	81 421	140	1 940	246	28 919	4 181
1988	324	3 099	10 664	101 300	139	2 090	312	39 574	4 043
1989	299	4 793	12 393	141 426	139	2 028	324	36 130	3 877
1990	573	4 397	22 079	139 078	139	2 881	384	40 605	1 156
1991	656	4 458	24 922	147 937	140	3 559	471	42 724	1 160
1992	702	4 601	25 072	165 872	143	4 539	618	50 636	1 325
1993	797	4 794	25 623	183 431	143	7 335	1 155	67 209	1 361
1994	915	5 157	38 135	201 656	142	11 224	1 700	93 713	2 181
1995	948	5 163	41 148	200 722	147	15 946	2 744	119 964	2 452
1996	1 097	5 526	41 700	209 400	152	22 800	2 758	166 693	3 307
1997	1 251	5 653	49 000	210 200	152	31 600	2 433	143 900	4 308
1998	1 310	5 758	54 100	220 000	152	45 800	3 766	168 601	6 461

大同市国内外贸易

DOMESTIC AND FOREIGN TRADE OF DATONG

年　份	社会消费品零售总额（万元）	#国有经济	#集体经济	#个体经济	#农民对非农业居民零售	实际利用外资额（万美元）	#外商直接投资	接待旅游总人数（人次）	#外国人	旅游外汇收入（万美元）
1949	2 963	73	105	2 268	517					
1952	5 738	888	1 255	3 044	551					
1957	14 976	8 006	6 284	175	511					
1965	19 978	14 644	4 575	379	380					
1970	25 239	16 912	8 327							
1975	34 172	27 406	6 048	34	684					
1978	45 814	37 567	8 247							
1979	50 270	41 221	9 049							
1980	58 238	53 585	4 639	14	487					
1981	64 260	57 727	6 435	98	1 197					
1982	72 150	44 012	25 486	2 652	1 286					
1983	81 104	49 473	27 606	4 025	1 469			3 182	3 182	
1984	101 077	61 656	33 224	6 197	1 670			11 214	11 214	37
1985	119 708	62 248	45 878	11 582	3 528			11 817	11 817	52
1986	132 371	59 566	57 319	15 486	6 395			418 172	18 172	246
1987	161 004	75 671	63 914	21 419	8 963			441 728	21 728	411
1988	194 877	85 745	63 523	45 609	12 584			518 702	18 702	339
1989	212 220	84 888	64 816	62 516	35 234			158 914	8 914	222
1990	217 617	84 870	63 420	69 327	38 575			284 876	14 876	384
1991	271 567	105 911	65 948	99 708	39 626			674 011	19 011	82
1992	318 394	121 541	69 008	45 538	45 538			590 308	20 308	87
1993	335 233	113 424	84 495	58 943	58 943	650	650	444 458	20 458	135
1994	398 988	125 981	113 368	60 416	60 416	1 233	1 233	525 766	25 766	499
1995	452 543	161 614	120 760	66 251	66 251	1 050	1 050	618 305	28 305	609
1996	564 801	188 424	166 969	113 748	88 061	2 583	2 411	721 413	31 413	775
1997	614 723	454 028	124 929	138 293	64 436	814	253	638 268	38 268	848
1998	684 372	222 863	181 285	138 629	90 458	893	89	725 884	35 884	716

大同市教育科技卫生

SCIENCE AND TECHNOLOGY, EDUCATION AND HEALTH CARE OF DATONG

年份	学校数（所）	小学	普通中学	中等专业学校	高等学校	在校学生数（万人）	小学	普通中学
1949	1 840	1 836	3	1		9.5	9.4	0.1
1952	3 053	3 040	11	2		21.0	20.6	0.3
1957	3 367	3 339	24	4		25.3	22.9	1.9
1965	4 136	3 914	54	20		35.1	32.1	12.0
1970	4 824	4 554	200	6	1	57.3	51.2	6.1
1975	4 601	3 397	1 190	11	3	71.3	52.0	18.8
1978	2 844	1 859	972	9	4	53.6	34.5	18.6
1980	2 863	2 077	772	11	3	53.1	34.8	17.6
1985	2 898	2 419	461	14	4	46.6	29.9	15.9
1986	2 967	2 483	466	14	4	46.9	29.3	16.7
1987	2 973	2 499	456	14	4	45.0	26.9	17.2
1988	2 960	2 499	443	14	4	43.5	26.3	16.4
1989	2 918	2 479	421	14	4	42.5	27.1	14.5
1990	2 911	2 507	386	14	4	42.3	27.6	18.8
1991	2 886	2 503	365	14	4	43.0	28.8	13.3
1992	2 878	2 518	342	14	4	43.9	30.2	12.8
1993	2 770	2 448	304	14	4	45.5	31.8	12.7
1994	2 768	2 456	294	14	4	46.7	33.0	12.7
1995	2 770	2 461	293	12	4	48.3	33.9	13.4
1996	3 149	2 442	294	12	4	57.2	34.9	13.3
1997	3 244	2 432	287	12	5	60.1	35.8	13.0
1998	3 338	2 426	286	12	5	60.6	35.9	15.7

年份	中等专业学校（人）	高等学校（人）	专任教师数（人）	小学	普通中学	中等专业学校	高等学校
1949			2 835	2 678	109	48	
1952	486		6 086	5 599	327	160	
1957	4 689		9 785	7 445	1 285	1 055	
1965	5 583		11 294	8 421	1 717	1 156	39
1970	392		23 363	18 665	3 765	682	251
1975	3 121	1 318	26 864	17 038	8 735	812	279
1978	3 584	1 592	20 644	11 081	8 941	394	228
1980	4 635	2 417	22 615	12 199	9 692	490	234
1985	5 032	3 243	24 179	13 309	9 915	690	265
1986	5 767	3 317	24 585	13 185	10 240	721	439
1987	6 036	2 613	25 082	13 484	10 438	778	382
1988	6 527	1 977	26 067	13 360	11 507	791	409
1989	7 140	2 228	26 506	13 901	11 370	816	419
1990	7 206	1 802	26 481	13 807	11 417	885	372
1991	7 725	1 735	26 810	14 242	11 291	882	395
1992	7 959	1 739	26 846	14 570	11 026	845	405
1993	8 618	1 742	26 829	14 872	10 680	868	409
1994	9 524	1 805	27 646	15 535	10 797	898	416
1995	9 908	1 885	28 158	15 868	10 911	956	423
1996	10 051	1 991	31 837	16 132	11 156	901	432
1997	11 005	2 698	33 492	16 534	9 722	1 179	406
1998	12 718	3 201	33 412	16 951	11 483	950	354

续表　CONTINUED

年　份	毕业生数（万人）	小　学	普通中学	中等专业学校（人）	高等学校（人）	学龄儿童入学率（%）
1949	1.6	1.5	0.1			
1952	3.4	3.2	0.2	180		
1957	8.4	7.5	0.9	296		
1965	5.7	5.1	0.6	484		
1970	8.7	5.2	3.5	631		
1975	10.1	5.5	4.4	954	186	
1978	12.1	5.9	6.1	1 056	308	97.6
1980	9.7	5.3	4.2	1 172	532	98.9
1985	9.7	5.6	3.9	1 841	521	99.1
1986	10.4	5.6	4.5	1 892	733	99.3
1987	10.9	5.7	4.9	2 198	646	99.5
1988	10.6	5.2	5.1	2 308	665	99.5
1989	9.4	3.9	5.2	2 408	1 031	99.4
1990	9.6	4.4	4.8	2 795	1 058	99.6
1991	9.0	4.2	4.4	2 963	1 089	99.6
1992	8.9	4.4	4.0	3 374	1 089	99.6
1993	8.8	4.6	3.8	2 715	1 042	99.7
1994	8.8	4.8	3.7	2 010	1 076	99.8
1995	9.2	4.9	3.9	3 034	1 088	99.8
1996	10.0	5.2	4.0	3 178	1 100	99.8
1997	10.4	5.5	3.6	3 317	809	99.8
1998	11.4	5.4	4.6	9 551	972	99.9

年　份	卫生机构数（个）	#医　院	卫生机构床位数（张）	#医　院	卫生技术人员（人）	#医　生
1949	55	3	160	160	362	261
1952	51	3	415	365	624	324
1957	121	5	1 197	834	2 579	853
1965	167	23	2 597	2 043	3 511	1 194
1970	173	23	2 764	2 207	4 144	1 327
1975	191	48	3 622	3 044	6 036	1 667
1978	498	207	5 964	5 895	9 549	7 286
1980	473	210	6 835	6 692	10 483	8 055
1985	570	220	8 373	8 035	13 960	9 690
1986	576	216	9 001	8 307	14 527	10 203
1987	573	221	9 075	8 587	14 914	10 286
1988	599	226	10 001	9 134	15 202	10 643
1989	621	231	10 466	9 604	15 365	10 840
1990	614	233	10 170	9 730	15 809	11 073
1991	609	232	9 796	9 466	15 277	10 792
1992	619	229	10 987	10 309	16 386	11 356
1993	583	227	11 161	9 675	15 289	10 715
1994	575	232	11 066	9 607	15 672	10 925
1995	548	228	11 287	9 812	16 017	11 120
1996	522	228	11 000	8 400	13 400	12 210
1997	286	60	10 369	8 299	13 658	6 517
1998	290	59	10 768	8 759	13 718	6 693

阳泉市人口和社会从业人员

NUMBER OF POPULATION AND EMPLOYMEES OF YANGQUAN

单位：万人 (10 000 person)

年份	年末总人口	城镇人口	乡村人口	人口自然增长率(‰)	社会从业人员	职工	#国有经济	#城镇集体经济	城镇私营企业和个体从业人员	农村从业人员
1949	52.8	8.1	44.7	8.35	20.7	1.7	1.7			19.0
1952	57.4	9.3	48.1	10.84	23.0	3.2	3.2			19.8
1957	64.4	15.4	49.0	18.20	25.0	6.0	6.0			19.0
1965	73.8	28.9	44.9	23.50	27.8	8.3	6.9	1.4		19.5
1970	83.2	32.1	51.1	22.25	33.3	10.8	9.0	1.6		22.5
1975	94.0	41.0	53.0	15.21	38.6	13.6	11.4	2.2		25.0
1978	97.2	43.7	53.5	6.60	41.0	17.2	14.5	2.7		23.8
1980	99.3	45.5	53.8	9.60	42.8	18.2	15.5	2.7		24.6
1985	104.8	70.6	34.2	6.60	49.1	23.9	18.6	5.3	0.2	25.0
1986	108.4	74.4	34.0	8.80	51.6	24.8	19.2	5.6	0.2	26.6
1987	109.8	75.6	34.2	9.40	53.3	25.9	19.8	6.1	0.2	27.2
1988	111.5	78.4	33.1	8.60	54.2	26.3	20.2	6.1	0.3	27.6
1989	113.0	79.7	33.3	11.40	56.0	27.2	20.6	6.6	0.4	28.4
1990	114.8	81.1	33.7	11.90	57.9	28.3	21.0	7.3	0.4	29.2
1991	115.6	81.8	33.8	8.60	59.4	29.0	21.4	7.6	0.4	30.0
1992	116.9	83.1	33.8	6.60	61.7	30.4	22.6	7.8	0.6	30.7
1993	117.8	84.2	33.6	6.30	61.8	30.7	22.6	8.1	0.6	30.5
1994	118.9	87.3	31.6	7.00	61.6	30.6	22.6	7.9	0.9	30.1
1995	120.0	88.3	31.7	6.50	60.0	29.4	22.2	7.1	1.0	29.6
1996	121.0	89.5	31.4	6.93	60.0	29.4	22.3	6.8	1.7	28.9
1997	122.3	91.0	31.3	7.45	61.2	29.3	22.3	6.8	1.8	30.1
1998	122.9	91.8	31.1	4.89	60.0	28.3	19.4	6.6	1.9	29.8

阳泉市国内生产总值及指数

GROSS DOMESTIC PRODUCTS AND ITS INDEX OF YANGQUAN

年份	国内生产总值(亿元)	第一产业	第二产业	第三产业	人均国内生产总值(元)	国内生产总值指数(上年=100)	第一产业	第二产业	第三产业
1949	0.2	0.1	0.1		35				
1952	0.4	0.1	0.2	0.1	70	120.1	107.5	117.6	132.4
1957	1.0	0.1	0.7	0.2	155	112.4	69.0	115.4	106.3
1965	2.6	0.1	2.2	0.3	352	113.5	95.0	129.1	69.1
1970	3.4	0.2	2.7	0.5	408	111.7	89.4	112.7	115.2
1975	5.0	0.3	4.4	0.3	534	106.8	92.3	109.9	92.6
1978	5.6	0.6	4.2	0.8	575	105.6	94.3	107.2	102.5
1980	6.2	0.7	4.7	0.8	619	103.6	95.6	106.8	86.7
1985	11.6	1.0	8.0	2.6	1 116	107.1	121.7	105.1	108.2
1986	13.8	1.0	10.0	2.8	1 302	107.5	89.2	107.8	111.5
1987	15.3	0.9	11.0	3.4	1 398	107.1	78.8	106.4	117.0
1988	18.1	1.8	12.1	4.2	1 633	109.3	137.2	107.5	107.1
1989	22.1	2.5	13.6	6.0	1 966	107.1	105.5	107.4	112.8
1990	23.9	2.6	16.0	5.3	2 094	101.1	112.6	106.4	84.1
1991	25.1	2.0	17.0	6.1	2 178	105.3	75.4	107.7	111.9
1992	32.9	2.1	22.3	8.5	2 826	121.1	110.2	119.2	133.1
1993	38.3	2.4	24.8	11.1	3 264	113.2	114.4	111.3	127.4
1994	48.9	3.5	30.6	14.8	4 127	110.2	106.9	110.0	111.4
1995	65.1	4.0	41.3	19.8	5 453	111.6	94.5	112.1	113.3
1996	78.7	4.6	51.0	23.1	6 532	111.6	94.5	112.1	113.3
1997	88.1	2.9	57.6	27.6	7 241	108.9	72.9	109.7	115.1
1998	93.9	3.1	57.6	33.2	7 655	108.5	107.6	107.6	110.3

阳泉市全社会固定资产投资

TOTAL INVESTMENT IN FIXED ASSETS OF YANGQUAN

单位：万元　　　　(10 000 yuan)

年份	全社会固定资产投资	国有经济	#基本建设	#更新改造	集体经济	#城镇集体经济	城乡个人	全社会固定资产投资新增固定资产	#国有经济	房屋竣工面积(万平方米)
1949	183	103	103		80			137	97	1.1
1952	1 528	1 028	1 028		500			1 137	637	11.1
1957	5 410	4 650	4 554	96	760	150		4 327	3 999	20.5
1965	5 323	4 037	2 990	1 047	1 286	266		4 528	3 334	7.8
1970	9 326	6 596	5 567	1 029	2 730	130		3 423	1 423	9.7
1975	14 237	9 945	6 522	3 423	4 292	171		5 476	3 670	11.9
1978	23 354	14 036	11 024	3 012	7 138	121	2 180	5 834	5 714	12.5
1980	27 847	16 583	11 736	4 847	8 845	127	2 419	15 736	15 593	29.0
1985	62 195	44 163	28 109	15 971	14 560	133	3 472	32 935	31 971	45.1
1986	61 592	44 277	28 708	15 406	13 809	142	3 506	45 254	43 381	54.5
1987	51 833	37 255	20 344	16 722	11 010	157	3 568	29 281	28 045	53.7
1988	59 738	42 211	20 559	21 591	14 094	154	3 433	25 494	24 078	45.8
1989	80 898	60 667	31 385	29 041	16 602	167	3 629	35 008	32 969	44.0
1990	97 294	74 458	46 054	28 302	19 018	185	3 818	40 058	39 146	46.7
1991	113 533	91 466	59 712	26 340	17 577	223	4 490	125 166	123 080	55.3
1992	125 281	95 206	51 827	37 611	24 596	257	5 479	51 409	50 602	46.1
1993	185 365	143 197	87 899	48 961	34 530	227	7 638	95 449	94 697	63.2
1994	211 084	169 034	116 512	42 875	32 018	278	10 032	53 440	52 787	52.6
1995	216 553	168 559	95 883	59 194	37 215	365	10 779	79 056	78 477	49.3
1996	315 450	295 995	198 166	86 055	13 365	2 561	6 090	110 533	108 760	47.0
1997	396 556	353 494	264 308	68 482	36 301	2 262	6 761	588 894	549 362	102.3
1998	320 347	285 113	209 005	55 174	35 234	2 517	8 389	206 790	174 473	93.6

阳泉市地方财政收支

REGIONAL FINANCIAL REVENUE AND EXPENDITURE OF YANGQUAN

单位：万元　　　　(10 000 yuan)

年份	地方财政收入	#各项税收	地方财政支出	#基本建设支出	#支援农业生产及农业事业费支出	#文教科卫支出	#教育事业费支出
1949	131	129	17			3	
1952	632	619	100			28	2
1957	1 934	1 640	710	134	25	249	58
1965	3 605	2 673	919	53	77	331	87
1970	5 308	3 693	2 399	1 230	120	333	105
1975	7 302	5 882	3 418	918	441	661	201
1978	7 573	6 679	5 036	1 598	616	893	278
1980	8 328	7 151	4 311	640	549	1 227	374
1985	14 261	12 443	11 633	2 741	890	2 981	1 701
1986	15 622	14 288	14 248	2 577	1 004	3 609	2 059
1987	16 747	15 579	12 760	1 475	893	3 455	1 969
1988	17 992	17 352	13 815	971	973	4 244	2 550
1989	23 128	22 844	18 011	427	1 548	5 501	2 974
1990	24 726	24 546	20 582	733	1 807	5 790	3 349
1991	26 361	25 670	18 816	715	1 607	6 332	3 601
1992	26 408	27 552	22 878	722	1 690	7 340	4 201
1993	35 153	36 220	27 303	766	1 570	8 992	5 224
1994	26 899	22 652	34 524	647	2 203	12 463	7 663
1995	36 510	28 898	44 069	1 046	2 157	13 913	8 188
1996	42 963	37 359	51 635	1 608	2 697	15 836	9 410
1997	45 472	40 808	55 974	924	1 466	18 277	11 296
1998	48 217	39 930	61 668	1 224	1 563	17 757	12 571

阳泉市职工工资总额和人民生活

TOTAL WAGE BILL OF STAFF AND WORKERS, PEOPLE'S LIVELIHOOD OF YANGQUAN

年份	职工工资总额（万元）	#国有经济	#集体经济	职工平均货币工资（元）	城镇居民家庭人均可支配收入（元）	城镇居民家庭人均消费性支出（元）	农民人均纯收入（元）	城乡居民储蓄存款余额（万元）
1949	426	426		249				1
1952	1 322	1 322		528				47
1957	3 798	3 798		702				347
1965	5 059	5 059		827			65	607
1970	6 035	6 035		764			88	756
1975	8 934	7 775	1 159	909			95	1 704
1978	11 493	10 003	1 490	694	251	256	112	4 113
1980	15 128	13 366	1 762	843	308	300	151	7 558
1985	27 434	22 906	4 529	1 181	575	540	583	32 289
1986	33 803	28 238	5 564	1 388	711	658	593	42 728
1987	37 522	31 162	6 360	1 476	828	739	605	56 444
1988	46 676	39 619	7 057	1 806	902	910	642	73 126
1989	58 133	49 035	9 098	2 184	1 201	1 166	660	101 209
1990	66 096	55 313	10 783	2 384	1 347	1 176	684	133 576
1991	71 941	59 896	12 046	2 508	1 539	1 354	702	166 346
1992	83 229	69 838	13 391	2 787	1 808	1 581	809	204 088
1993	97 804	81 933	15 697	3 239	2 189	1 849	940	252 039
1994	131 767	111 744	19 646	4 344	2 650	2 485	1 224	320 707
1995	146 550	124 327	21 475	5 085	3 185	2 949	1 639	431 143
1996	161 109	135 013	24 600	5 583	3 519	2 993	2 055	551 217
1997	166 178	139 528	25 344	5 725	3 954	3 171	2 466	606 015
1998	122 332	97 038	18 083	4 263	3 621	3 137	2 661	696 255

阳泉市农业基本情况

BASIC STATISTICS ON AGRICULTURE OF YANGQUAN

年份	耕地面积（千公顷）	#水田水浇地	播种面积（千公顷）	#粮食	#油料	农业机械总动力（万千瓦）	化肥施用量（折纯，吨）	农村用电量（万千瓦小时）
1949	89.8	1.1	91.4	83.2	1.3		11	
1952	91.7	1.3	93.1	84.6	1.5		90	
1957	90.5	3.5	91.9	82.2	2.4	0.1	501	
1965	83.3	3.6	87.4	80.0	1.9	1.0	732	716
1970	82.1	7.3	90.3	81.7	1.8	3.0	4 385	2 607
1975	81.6	7.5	88.4	77.4	3.0	9.7	9 041	4 702
1978	81.4	9.8	86.7	75.5	2.5	17.0	23 525	6 826
1980	81.1	9.5	85.2	74.6	2.5	23.0	14 666	7 757
1985	77.1	8.5	78.3	63.1	9.6	45.0	5 170	10 950
1986	76.6	7.4	77.1	64.5	6.0	47.0	7 639	14 043
1987	76.5	6.6	76.0	64.4	5.8	50.0	7 785	17 322
1988	76.3	7.4	76.2	64.1	6.1	49.0	7 525	19 114
1989	76.3	7.7	76.1	64.6	5.5	52.0	8 286	23 017
1990	76.2	8.0	75.7	63.9	5.8	55.0	8 971	24 474
1991	76.0	8.3	75.7	64.0	5.6	58.0	9 300	40 956
1992	75.9	8.5	75.8	64.0	5.6	61.0	9 530	43 954
1993	75.8	8.0	74.9	63.5	5.2	62.0	8 785	47 753
1994	74.7	8.0	74.4	63.8	4.6	66.0	8 831	53 848
1995	74.5	8.1	73.9	63.2	4.5	67.0	9 826	62 702
1996	74.4	8.1	73.2	58.4	3.6	71.3	10 600	72 753
1997	76.2	4.7	72.9	63.0	3.3	73.1	9 758	69 076
1998	76.2	4.7	72.1	62.4	3.2	73.0	9 261	58 510

阳泉市农林牧渔业总产值和指数

GROSS OUTPUT VALUE AND INDEX OF FARMING, FORESTRY, ANIMAL HUSBANDRY AND FISHERY OF YANGQUAN

年　份	农林牧渔业总产值（万元）	农　业	林　业	牧　业	渔　业	农林牧渔业总产值指数（上年＝100）	农　业	林　业	牧　业	渔　业
1949	1 629	1 439	72	118						
1952	1 724	1 517	86	121		105.8	105.4	119.2	102.4	
1957	1 997	1 678	102	217		92.1	90.2	81.8	124.1	
1965	3 212	2 698	181	333		92.9	88.7	119.1	132.4	
1970	4 973	4 342	279	352		118.9	120.2	107.7	112.0	
1975	7 450	5 866	344	1 240		114.2	123.4	96.1	86.8	
1978	9 108	7 396	511	1 201		67.1	62.9	100.5	81.6	
1980	8 787	6 927	503	1 357		72.2	66.0	99.9	108.7	
1985	16 665	11 640	2 294	2 719	12	107.7	105.0	116.2	111.5	
1986	14 900	10 508	1 746	2 630	16	84.6	83.5	78.3	92.6	133.3
1987	13 761	9 031	1 442	3 240	48	84.7	81.5	73.7	100.1	217.9
1988	23 389	16 566	1 793	4 980	50	137.2	154.2	114.0	105.6	88.5
1989	31 683	24 069	1 939	5 529	146	96.0	97.9	85.1	93.9	137.0
1990	32 244	22 533	2 395	7 128	188	108.8	101.2	116.5	133.8	123.0
1991	23 921	14 278	2 058	7 267	318	72.7	64.1	80.8	93.7	122.0
1992	27 093	16 390	3 223	7 112	368	104.4	105.2	117.8	98.6	116.2
1993	37 134	25 551	3 770	7 329	484	138.9	159.1	117.5	104.5	164.3
1994	50 093	30 905	4 423	14 148	617	99.0	91.7	103.3	119.4	120.8
1995	60 606	37 960	4 505	17 451	690	98.3	95.0	102.0	104.7	111.3
1996	67 855	43 524	4 231	19 286	814	110.9	116.4	93.0	105.1	107.0
1997	47 724	28 691	3 752	14 468	813	82.6	79.4	91.6	86.9	109.2
1998	51 989	30 691	4 212	16 247	839	109.8	110.6	110.8	107.7	103.9

阳泉市主要农产品产量

OUTPUT OF MAJOR FARM CROPS OF YANGQUAN

年　份	粮　食（吨）	油　料（吨）	水　果（吨）	猪牛羊肉（吨）	禽　蛋（吨）	水产品（吨）	大牲畜年末头数（万头）	猪年末头数（万头）	羊年末只数（万只）
1949	90 025	595	3 770	725	208		5.0	1.0	16.0
1952	111 155	745	5 260	793	240		7.0	2.0	19.0
1957	100 480	1 170	5 455	1 092	276		7.0	3.0	23.0
1965	144 375	850	4 195	2 915	317		6.0	10.0	32.0
1970	192 720	1 735	3 675	2 573	364		7.0	10.0	37.0
1975	244 605	2 660	5 440	3 205	419		7.0	17.0	39.0
1978	224 870	1 045	8 170	4 523	482		6.0	19.0	27.0
1980	219 830	3 420	6 345	4 951	556		6.0	17.0	26.0
1985	233 994	11 410	12 465	6 540	3 946	56	5.0	15.0	6.0
1986	181 822	6 283	9 231	6 772	3 024	92	5.0	15.0	7.0
1987	137 961	5 464	10 279	7 411	3 078	145	5.0	12.0	7.0
1988	246 936	7 167	11 517	7 152	3 607	136	4.0	10.0	9.0
1989	250 077	6 675	9 436	5 488	3 960	182	4.0	11.0	12.0
1990	257 631	7 457	7 652	8 161	5 175	220	4.0	12.0	10.0
1991	137 481	5 251	5 902	8 126	5 324	271	4.0	11.0	8.0
1992	148 710	3 590	6 196	7 618	5 687	312	4.0	11.0	7.0
1993	252 619	5 281	8 154	7 049	6 344	515	4.0	11.0	7.0
1994	221 844	5 241	8 988	8 704	7 502	622	4.0	13.0	9.0
1995	178 713	2 620	12 405	9 101	7 450	690	3.0	13.0	11.0
1996	203 866	3 969	14 051	9 651	7 990	740	3.4	13.0	12.5
1997	143 978	1 976	9 320	9 234	5 645	810	3.0	14.0	13.0
1998	186 593	2 876	11 936	10 248	6 320	839	3.0	14.0	13.0

阳泉市乡镇企业基本情况

BASIC INDICATORS OF TOWNSHIP AND VILLAGE ENTERPRISES OF YANGQUAN

年份	乡镇企业单位数（个）	乡镇企业从业人员（万人）	乡镇企业总产值（万元）	乡镇企业营业收入（万元）	乡镇企业实际缴纳税金（万元）	乡镇企业税后利润净值（万元）	乡镇企业年末固定资产原价（万元）
1949							
1952							
1957							
1965							
1970							
1975							
1978	3 190	3.4	16 578	13 791	524	3 628	5 926
1980	2 807	4.8	22 671	18 214	692	8 573	10 748
1985	12 885	13.0	75 261	69 891	4 748	14 323	38 327
1986	12 037	14.4	86 461	81 342	5 158	12 098	48 889
1987	13 032	14.7	97 852	92 556	5 505	14 841	71 344
1988	13 004	14.8	116 695	109 239	5 136	13 442	73 028
1989	13 101	15.5	155 539	141 365	5 586	12 841	89 324
1990	12 720	15.9	173 544	149 328	6 829	9 668	108 990
1991	12 823	16.1	199 103	173 581	6 955	9 244	123 625
1992	16 083	17.6	257 075	235 559	7 481	10 168	134 761
1993	21 140	19.6	413 621	361 192	9 569	14 138	195 421
1994	37 030	23.2	727 435	622 008	12 234	23 869	243 794
1995	40 046	24.0	1 050 475	931 358	18 090	18 776	281 736
1996	42 608	24.8	1 440 000	1 274 000	46 673	37 364	334 865
1997	5 173	16.5	1 068 204	928 524	31 073	50 419	355 410
1998	4 220	15.7	1 318 391	1 111 459	32 822	39 802	352 841

阳泉市工业生产情况

BASIC INDICATORS OF INDUSTRY OF YANGQUAN

年份	工业总产值（万元）			工业总产值指数（上年=100）			原煤产量（万吨）	发电量（万千瓦时）	钢产量（万吨）
		轻工业	重工业		轻工业	重工业			
1949	1 865	251	1 614	107.7	105.6	108.6	49	230	
1952	6 866	965	5 901	149.2	118.8	155.8	212	1 378	
1957	19 660	2 021	17 639	119.6	115.0	120.2	624	1 466	
1965	27 316	4 366	22 950	117.3	120.0	116.8	859	4 919	0.1
1970	40 225	4 866	35 359	119.5	121.8	119.1	1 192	13 254	0.3
1975	65 160	7 136	58 024	110.7	108.2	111.0	1 644	64 363	0.5
1978	73 329	8 998	64 331	106.5	99.9	107.6	1 825	118 108	0.3
1980	82 034	9 469	72 565	105.1	109.9	104.4	2 099	128 812	0.4
1985	142 330	15 021	127 309	105.7	99.8	106.5	3 163	244 606	0.4
1986	156 234	17 427	138 807	106.9	108.0	106.7	3 208	276 590	0.4
1987	173 073	18 735	154 338	107.0	105.4	107.2	3 154	304 044	0.3
1988	203 354	23 225	180 129	105.6	111.3	104.9	3 155	264 937	0.4
1989	245 134	27 219	217 915	107.9	105.4	108.2	3 358	282 169	0.4
1990	270 693	27 788	242 905	104.3	100.8	104.8	3 475	286 154	0.4
1991	288 489	28 484	260 005	101.9	102.1	101.9	3 416	278 920	0.6
1992	345 476	30 995	314 481	106.9	104.0	107.2	3 347	338 755	2.7
1993	459 587	30 902	428 685	108.1	90.5	109.9	3 132	346 828	3.7
1994	570 658	39 983	530 675	110.4	103.7	110.6	3 397	344 512	6.4
1995	617 962	44 350	573 612	108.4	110.6	108.2	3 444	359 092	5.0
1996	760 835	62 362	698 473	118.0	154.8	115.0	3 498	366 085	5.1
1997	857 370	70 448	786 922	110.3	110.6	110.2	3 408	510 500	5.3
1998	747 190	26 406	720 784	106.6	107.2	106.5	2 834	682 930	3.7

续表　CONTINUED

年　份	生　铁 产　量 （万吨）	焦　炭 产　量 （万吨）	水　泥 产　量 （万吨）	化　肥 产　量 （折纯，吨）	纱产量 （吨）	棉　布 产　量 （万米）	饮料酒 产　量 （吨）
1949	0.8						
1952	5.4	0.7					3
1957	9.8	6.2					6
1965	13.3	3.9	1.8			69	2
1970	6.3	10.2	4.1	8 451		157	7
1975	7.8	17.6	7.8	12 608	1 489	430	78
1978	11.0	18.0	12.0	24 038	1 378	632	101
1980	20.0	13.0	16.0	10 785	1 567	761	316
1985	21.0	19.0	47.0	9 805	1 817	922	4 782
1986	26.0	21.0	55.0	18 668	1 969	1 219	5 926
1987	28.0	29.0	60.0	19 517	2 031	1 259	6 788
1988	30.0	27.0	59.0	24 939	2 468	1 288	9 297
1989	29.0	26.0	63.0	26 230	2 460	1 309	8 480
1990	29.0	28.0	60.0	25 420	2 447	1 687	9 521
1991	28.0	22.0	66.0	28 063	2 112	1 431	10 392
1992	30.0	27.0	80.0	27 239	2 159	1 377	8 531
1993	41.0	31.0	92.0	23 889	2 438	1 661	10 211
1994	35.0	28.0	85.0	25 724	2 082	1 810	9 639
1995	33.8	33.4	99.0	31 101	1 967	2 174	10 374
1996	35.9	32.8	106.6	36 438	2 305	2 301	9 228
1997	32.8	32.9	107.9	32 300	2 315	2 392	7 991
1998	22.9	41.8	98.1	26 341	2 274	2 233	3 668

阳泉市独立核算工业企业主要指标

MAJOR INDICATORS OF INDEPENDENT ACCUNTING INDUSTRIAL ENTERPRISES OF YANGQUAN

单位：万元　　　　（10 000 yuan）

年　份	职工人数（万人）	#国有工业	工业总产值（当年价格）	#国有工业	工业总产值（不变价格）	#国有工业	工业增加值	#国有工业	工业销售产值	#国有工业
1949	1.6	0.9	1 736	1 368	2 079	1 493	695	544	1 638	1 222
1952	3.2	1.7	6 735	5 926	7 807	6 210	2 694	2 370	6 577	5 838
1957	5.1	3.3	19 004	17 360	21 516	17 416	7 602	6 830	18 667	16 960
1965	6.5	4.6	26 678	20 244	30 976	26 556	10 671	6 830	25 577	19 947
1970	7.9	5.9	39 407	37 606	42 667	35 072	16 465	8 098	37 598	35 106
1975	10.5	8.0	50 028	42 377	67 284	54 711	20 222	15 042	42 159	39 808
1978	12.2	10.8	51 664	44 749	133 583	99 413	21 678	16 899	46 737	40 306
1980	12.6	11.7	78 350	65 282	139 476	113 186	31 345	17 967	69 404	60 003
1985	15.6	12.3	141 052	104 562	226 750	163 678	56 677	26 769	130 156	98 325
1986	16.6	11.9	152 586	113 545	243 150	172 807	60 849	41 578	140 140	105 366
1987	17.3	12.4	169 208	126 616	260 305	184 867	67 456	46 060	157 404	118 111
1988	17.4	12.4	198 639	147 729	273 954	190 554	78 367	51 647	185 367	132 969
1989	17.8	12.6	238 926	171 151	294 420	201 415	102 377	58 398	225 367	160 366
1990	17.9	12.5	263 486	190 572	305 309	220 683	105 344	70 034	257 366	180 155
1991	18.0	12.8	279 357	202 973	308 589	217 669	108 312	76 639	265 367	192 838
1992	20.7	14.4	334 695	254 141	329 984	231 953	127 239	78 787	301 566	243 122
1993	23.4	14.7	458 551	330 537	368 871	237 692	182 328	134 899	423 243	329 876
1994	20.4	13.6	569 878	407 607	407 249	247 642	221 214	163 015	533 511	392 179
1995	22.1	13.5	615 899	423 907	434 311	252 228	231 726	173 847	601 117	415 429
1996	20.5	13.6	758 804	495 457	510 516	264 010	311 255	224 103	740 648	491 340
1997	20.7	13.3	855 464	557 454	563 073	284 226	355 871	247 262	810 156	519 470
1998	17.0	11.3	747 190	410 733	524 132	221 015	317 918	217 010	727 490	403 759

续表 CONTINUED

单位：万元 (10 000 yuan)

年份	流动资产年平均余额	#国有工业	固定资产原价	#国有工业	固定资产净值年平均余额	#国有工业	资产总计	#国有工业	产品销售收入	#国有工业
1949	835	605	3 606	3 138	2 826	2 347	3 597	2 920	1 577	1 138
1952	2 125	1 475	15 385	13 059	11 478	9 255	14 460	10 159	6 328	5 625
1957	5 320	4 028	35 078	30 027	33 250	29 044	40 259	33 288	16 930	15 304
1965	8 930	7 050	52 005	46 388	49 887	44 787	60 378	53 258	24 688	18 630
1970	12 304	8 970	70 386	65 307	65 380	60 255	82 355	71 377	35 787	31 004
1975	15 830	12 304	90 307	71 536	82 030	75 304	100 258	82 390	40 028	32 540
1978	17 795	13 311	106 400	95 863	84 461	77 143	120 568	100 344	42 066	34 962
1980	23 183	17 449	152 762	139 328	105 799	101 574	183 045	142 577	69 678	57 804
1985	34 835	26 400	238 439	214 980	156 165	140 064	263 077	213 574	113 326	80 707
1986	29 756	27 187	262 075	233 713	171 138	151 728	302 567	248 748	104 339	92 661
1987	54 536	40 377	295 795	258 706	194 732	168 015	347 099	292 540	139 413	100 119
1988	79 084	53 324	321 332	279 841	188 507	158 814	403 577	323 244	192 936	142 894
1989	108 388	73 902	356 406	309 997	238 582	206 104	456 679	378 547	242 752	181 815
1990	134 089	88 919	390 200	336 317	257 239	220 794	532 845	427 839	238 916	179 430
1991	189 767	132 532	425 374	367 495	280 973	243 258	603 540	492 578	258 161	194 067
1992	226 987	154 559	555 693	487 717	321 003	280 827	753 668	623 744	318 335	245 605
1993	305 897	205 247	638 631	548 161	421 840	365 042	906 567	902 863	543 428	411 120
1994	411 719	288 255	743 917	637 331	469 792	396 155	1068 441	824 299	508 988	360 150
1995	441 784	297 827	1003 420	857 238	552 428	458 406	1282 158	996 111	577 830	406 832
1996	467 480	308 529	1164 989	995 223	739 937	626 897	1481 047	1151 199	676 744	473 348
1997	589 836	403 800	1535 202	1347 922	1042 098	924 271	2077 427	1712 639	696 663	470 847
1998	683 605	446 686	1663 703	1372 781	1175 301	1028 763	2342 921	1810 699	631 089	384 187

年份	利税总额	#国有工业	百元固定资产原价实现利税（元）	#国有工业	资金利税率（%）	#国有工业	产值利税率（%）	#国有工业	百元销售收入实现利润（元）	#国有工业
1949	347	295	9.60	9.40	10.80	10.00	20.00	21.60	8.00	8.00
1952	1 388	1 137	9.00	8.70	10.20	10.60	20.60	19.20	8.20	8.10
1957	2 689	2 504	7.70	8.30	7.00	7.60	14.20	14.40	7.10	7.10
1965	3 765	3 466	7.20	7.50	6.40	6.70	14.10	17.10	7.00	6.90
1970	4 765	4 022	6.80	6.20	6.10	5.80	12.20	10.70	6.70	6.50
1975	6 025	4 305	6.70	6.00	6.20	4.90	12.00	10.20	6.80	6.60
1978	6 668	4 608	6.30	4.80	6.50	5.10	12.90	10.30	6.60	5.40
1980	14 095	12 572	9.20	9.00	10.90	10.60	18.00	19.30	12.50	14.20
1985	13 401	7 398	5.60	3.40	7.00	4.40	9.50	7.10	7.20	4.90
1986	12 871	7 296	4.90	3.10	5.20	4.10	8.40	6.40	6.80	3.70
1987	14 445	9 324	4.90	3.60	5.80	4.50	8.50	7.40	5.70	5.00
1988	16 668	10 020	5.20	3.60	6.20	4.70	8.40	6.80	4.50	3.40
1989	17 124	8 565	4.80	2.80	4.90	3.10	7.20	5.00	2.80	0.80
1990	6 730	1 554	1.70	0.50	1.70	0.50	2.60	0.80	－1.30	－2.90
1991	3 924	－1 314	0.90	－0.40	0.80	－0.40	1.40	－0.70	－2.90	－4.60
1992	9 197	2 768	1.70	0.60	1.70	0.60	2.80	1.10	－1.50	－2.80
1993	23 676	13 353	3.70	2.40	3.30	2.30	5.20	4.00	－0.40	－1.10
1994	41 108	25 325	5.50	4.00	4.70	3.70	7.20	6.20	－0.10	－0.60
1995	51 763	36 734	5.20	4.30	5.20	4.90	8.40	8.70	1.10	0.90
1996	75 335	58 785	6.47	5.91	6.24	6.28	9.92	11.86	3.75	4.73
1997	50 471	31 745	3.30	2.40	3.10	2.40	5.90	5.70	－0.50	－1.90
1998	24 231	20 233	1.50	1.50	1.30	1.40	3.20	4.90	－3.50	－3.22

阳泉市交通运输邮电通讯业

TRANSPORTATION, POSTS AND TELECOMMUNICATIONS SERVICES OF YANGQUAN

年 份	公路客运量(万人)	公路货运量(万吨)	公路旅客周转量(万人公里)	公路货物周转量(万吨公里)	邮电局所数(个)	邮电业务总量(万元)	长话电路(路)	市内电话机(部)	农村电话机(部)
1949					15	20	21	49	
1952	2	88	72	795	20	90	22	156	123
1957	59	187	1 787	1 934	32	407	24	1 184	109
1965	90	113	3 081	2 535	62	824	28	2 495	1 402
1970	143	218	6 288	4 387	66	946	31	2 979	1 445
1975	169	251	7 308	5 052	63	1 117	35	4 373	1 532
1978	233	316	9 237	7 114	81	510	42	5 945	1 980
1980	256	718	7 863	16 998	81	554	47	5 395	1 972
1985	516	2 284	16 149	96 882	107	817	87	9 390	2 099
1986	533	2 955	18 988	94 702	111	809	91	10 036	2 056
1987	514	1 997	18 073	77 137	114	852	92	10 801	2 030
1988	1 235	2 476	36 825	99 266	119	891	124	14 788	2 092
1989	1 580	2 741	43 681	112 254	119	932	110	16 190	2 772
1990	1 432	2 864	43 442	114 872	126	1 320	138	18 400	2 406
1991	1 436	2 926	43 799	116 771	128	1 811	178	19 828	2 386
1992	1 549	3 213	48 577	125 167	82	2 369	200	23 158	2 559
1993	1 646	3 401	51 850	132 356	81	3 233	393	25 807	2 676
1994	1 790	3 533	54 656	143 041	83	4 535	452	31 491	2 633
1995	1 877	3 749	57 446	155 626	80	7 020	514	49 727	3 742
1996	1 986	4 130	59 203	170 032	87	10 178	784	66 831	8 743
1997	2 067	4 294	57 717	175 070	88	12 718	1 873	79 854	11 734
1998	2 569	4 985	70 064	211 345	118	17 934	2 049	94 633	15 599

阳泉市国内外贸易

DOMESTIC AND FOREIGN TRADE OF YANGQUAN

年 份	社会消费品零售总额(万元)	#国有经济	#集体经济	#个体经济	#农民对非农业居民零售	实际利用外资额(万美元)	#外商直接投资	接待旅游总人数(人次)	#外国人	旅游外汇收入(万美元)
1949	1 331	296	299	736	127					
1952	3 843	1 271	1 096	1 476	241					
1957	7 627	3 932	3 682	13	329					
1965	8 951	5 517	3 434	143						
1970	11 278	7 172	4 106							
1975	17 265	10 814	6 451							
1978	21 059	13 802	7 257					43 610		
1980	25 887	15 791	10 081	15	1 115			39 800		
1985	57 738	27 501	24 120	6 117	5 131			42 664		
1986	62 621	28 966	26 671	6 984	5 348			51 801	60	
1987	68 119	31 948	27 125	9 046	6 614			57 083	243	
1988	83 700	41 782	30 276	11 642	8 248			52 060	54	1
1989	96 069	52 586	31 720	11 763	9 941			48 612	21	8
1990	99 183	51 340	35 150	12 693	10 887	20	20	55 681	75	3
1991	111 358	57 918	35 631	17 809	10 835	360	360	59 667	89	3
1992	124 727	66 301	35 923	22 503	13 605	108	108	63 876	184	4
1993	160 103	66 366	35 160	31 718	15 454	536	70	72 410	125	12
1994	181 775	74 352	37 043	40 340	25 706	1 029	917	76 365	213	
1995	218 361	94 952	41 282	49 562	30 179	422	162	81 684	162	2
1996	256 868	95 372	61 439	53 142	39 539	117	117	95 683	280	3
1997	279 207	78 269	67 403	64 230	47 851	590	528	112 681	375	4
1998	299 421	72 652	57 697	74 490	51 909	2 150	659	120 166	512	4

阳泉市教育科技卫生

SCIENCE AND TECHNOLOGY, EDUCATION AND HEALTH CARE OF YANGQUAN

年份	学校数（所）	小学	普通中学	中等专业学校	高等学校	在校学生数（万人）	小学	普通中学
1949	592	590	1	1		3.7	3.7	
1952	861	859	1	1		6.7	6.6	0.1
1957	885	876	8	1		8.4	7.9	0.5
1965	1 091	1 059	31	1		13.2	12.4	0.8
1970	1 187	847	339	1		15.0	12.1	2.9
1975	1 265	811	451	3		20.8	14.3	6.4
1978	1 266	766	497	3		22.1	14.0	8.0
1980	1 378	995	380	3		21.1	14.0	7.0
1985	1 281	1 111	166	4		18.4	11.6	6.5
1986	1 296	1 127	165	4		18.7	11.3	7.1
1987	1 243	1 100	139	4		18.2	10.7	7.2
1988	1 254	1 112	138	4		17.8	10.4	7.0
1989	1 251	1 112	135	4		17.4	10.8	6.2
1990	1 233	1 097	132	4		17.2	10.9	5.9
1991	1 215	1 082	130	3		17.1	10.6	6.1
1992	1 200	1 067	129	3	1	17.4	10.7	6.3
1993	1 195	1 067	124	3	1	17.4	10.6	6.4
1994	1 193	1 066	123	3	1	17.5	10.5	6.6
1995	1 188	1 066	115	6	1	17.7	10.5	6.8
1996	1 182	1 063	112	6	1	18.0	10.9	6.7
1997	1 204	1 060	110	6	1	18.6	11.4	6.7
1998	1 192	1 050	109	6	1	18.9	11.8	6.6

年份	中等专业学校（人）	高等学校（人）	专任教师数（人）	小学	普通中学	中等专业学校	高等学校
1949	268		891	857	20	14	
1952	728		1 514	1 459	25	30	
1957	489		2 017	1 843	156	18	
1965	441		3 904	3 446	418	40	
1970			5 061	3 783	1 240	38	
1975	919		7 647	4 742	2 830	75	
1978	1 251		9 218	4 910	4 225	83	
1980	1 480		9 666	5 191	4 372	103	
1985	2 201	407	10 466	6 069	4 194	162	41
1986	2 403	720	10 914	6 317	4 357	188	52
1987	2 659	820	11 121	6 351	4 486	218	66
1988	2 951	866	11 325	6 380	4 673	206	66
1989	3 287	887	11 580	6 590	4 673	219	98
1990	3 202	901	11 567	6 561	4 672	235	99
1991	3 154	819	11 764	6 698	4 733	234	99
1992	3 135	890	11 858	6 540	4 975	244	99
1993	3 114	910	11 945	6 581	5 015	268	81
1994	3 093	940	11 992	6 477	5 151	278	86
1995	3 166	838	12 163	6 669	5 117	284	93
1996	3 387	880	12 343	6 660	5 302	292	89
1997	3 599	920	13 367	6 753	5 345	348	91
1998	3 866	1 026	13 402	6 807	5 313	308	88

续表　CONTINUED

年　份	毕业生数（万人）	小　学	普通中学	中等专业学校（人）	高等学校（人）	学龄儿童入学率（%）	国有单位自然科技人员数（人）
1949	0.1	0.1				10.0	18
1952	0.4	0.4		159		42.5	34
1957	1.4	1.3	0.1	265		67.7	428
1965	1.5	1.3	0.2	204		67.9	970
1970	1.8	1.3	0.5			66.3	2 010
1975	4.6	2.6	2.0	447		90.0	3 426
1978	4.8	2.2	2.6	444		90.0	4 903
1980	4.7	2.4	2.2	648		93.0	6 194
1985	4.4	2.4	1.9	600		99.5	9 566
1986	4.2	2.3	1.8	826		99.5	10 653
1987	4.5	2.4	2.0	703	132	99.5	11 133
1988	4.4	2.1	2.2	809	251	99.5	12 279
1989	4.1	1.7	2.3	759	304	99.5	13 793
1990	3.9	1.7	2.1	1 087	299	99.6	14 865
1991	4.0	2.0	1.9	1 011	333	99.6	16 022
1992	3.9	2.0	1.8	980	309	99.6	16 583
1993	3.9	2.0	1.8	933	260	99.7	16 460
1994	4.0	2.1	1.8	939	250	99.9	17 211
1995	4.0	2.0	1.9	959	376	99.9	17 789
1996	3.9	1.8	2.0	905	280	99.6	18 122
1997	4.3	1.8	2.1	892	280	100.0	21 414
1998	4.4	1.8	2.1	1 037	300	100.0	21 632

年　份	卫生机构数（个）	#医　院	卫生机构床位数（张）	#医　院	卫生技术人员（人）	#医　生
1949	8	3	41	41	222	182
1952	35	5	268	266	595	333
1957	98	9	568	561	978	376
1965	145	75	1 292	1 292	1 826	743
1970	180	81	1 842	1 842	2 268	820
1975	258	82	2 821	2 821	3 375	1 225
1978	293	86	3 100	3 086	3 848	1 160
1980	303	88	3 418	3 408	4 358	1 539
1985	350	92	4 342	4 226	5 506	2 143
1986	358	91	4 445	4 319	5 726	2 180
1987	332	91	4 664	4 497	5 935	2 210
1988	362	92	5 100	4 862	6 103	2 391
1989	368	92	5 081	5 047	6 274	2 664
1990	373	92	5 138	5 104	6 392	2 745
1991	369	92	5 658	5 408	6 545	2 740
1992	363	92	5 512	5 277	6 679	2 696
1993	366	91	5 866	5 552	7 047	2 940
1994	365	92	6 036	5 916	7 182	3 020
1995	364	91	6 028	5 755	7 552	3 167
1996	381	92	6 339	6 031	7 753	3 287
1997	132	35	6 304	4 821	7 228	3 101
1998	131	35	6 214	4 749	7 046	3 076

长治市人口和社会从业人员

NUMBER OF POPULATION AND EMPLOYMEES OF CHANGZHI

单位：万人 （10 000 person）

年 份	年末总人口	城镇人口	乡村人口	人口自然增长率(‰)	社会从业人员	职工	#国有经济	#城镇集体经济	城镇私营企业和个体从业人员	农村从业人员
1949	151.3	11.0	140.3	11.41	60.3	2.7	2.7		1.2	56.4
1952	155.9	12.8	143.1	14.30	62.5	3.5	3.5		1.2	57.8
1957	172.1	18.8	153.3	17.23	65.6	5.8	5.8		0.1	59.7
1965	197.9	21.8	176.1	19.62	74.0	9.6	8.6	1.0	0.1	64.3
1970	222.0	30.2	191.8	20.50	84.5	15.5	12.4	2.9		69.0
1975	246.2	36.1	210.1	16.46	91.7	18.0	15.0	3.0		73.7
1978	255.8	39.6	216.2	10.40	104.9	23.4	19.4	4.0		81.5
1980	260.5	42.3	218.2	7.45	106.8	25.8	21.6	4.3	0.1	80.9
1985	271.4	132.9	138.5	5.15	111.4	33.0	26.0	7.0	0.4	78.0
1986	273.2	134.9	138.3	5.50	110.5	33.6	25.6	8.0	0.3	76.6
1987	275.6	136.9	138.7	6.13	117.3	36.1	26.8	9.3	0.4	80.8
1988	279.0	139.7	139.3	8.87	119.2	37.2	27.9	9.3	0.5	81.5
1989	283.2	142.6	140.6	9.54	125.5	36.8	28.8	8.0	0.3	88.4
1990	288.1	145.3	142.8	13.09	121.5	37.0	28.8	8.2	0.4	84.1
1991	291.0	147.2	143.8	8.91	125.3	37.6	29.3	8.3	0.3	87.4
1992	293.4	148.9	144.5	7.68	127.0	37.9	29.5	8.4	1.2	87.9
1993	297.0	151.9	145.1	7.99	124.2	36.9	29.2	7.4	5.7	81.6
1994	299.5	165.1	134.4	7.47	127.9	38.3	30.5	7.1	3.1	86.5
1995	301.8	167.1	134.7	7.32	128.5	38.2	30.8	7.1	3.0	87.3
1996	304.2	168.4	135.8	6.89	130.3	38.8	31.6	6.9	3.0	88.5
1997	306.0	169.3	136.7	6.22	130.7	34.8	29.0	5.7	3.9	92.0
1998	307.6	170.3	137.3	5.56	131.8	31.8	23.5	4.8	4.3	94.7

长治市国内生产总值及指数

GROSS DOMESTIC PRODUCTS AND ITS INDEX OF CHANGZHI

年 份	国内生产总值(亿元)	第一产业	第二产业	第三产业	人均国内生产总值(元)	国内生产总值指数(上年=100)	第一产业	第二产业	第三产业
1949	1.6	0.8	0.4	0.4	98				
1952	1.8	0.9	0.6	0.3	99	104.4	103.8	101.3	105.8
1957	2.7	0.9	1.2	0.6	156	101.4	102.5	104.0	99.6
1965	3.6	1.0	1.8	0.8	181	102.2	95.5	109.9	105.4
1970	5.5	1.3	3.1	1.1	249	110.2	100.6	119.1	104.6
1975	8.3	2.8	3.5	2.0	340	116.3	106.5	127.7	118.2
1978	10.2	2.7	4.7	2.8	401	110.5	101.9	114.2	114.5
1980	14.7	3.0	7.3	4.4	565	112.6	104.2	114.8	116.5
1985	24.7	5.9	11.4	7.4	913	105.1	99.2	106.4	108.4
1986	26.1	5.0	12.4	8.7	971	111.3	85.9	109.4	117.7
1987	29.7	5.7	14.4	9.6	1 078	107.2	104.0	106.4	110.0
1988	35.2	5.9	17.6	11.7	1 278	111.2	105.6	118.2	106.4
1989	39.3	6.7	19.5	13.1	1 398	106.7	102.3	110.9	102.0
1990	46.1	8.3	21.6	16.2	1 614	104.9	104.4	106.3	99.3
1991	53.6	8.5	25.8	19.3	1 853	107.0	93.4	110.2	110.1
1992	60.3	9.3	28.8	22.2	2 064	108.6	97.2	112.5	106.6
1993	67.4	10.7	33.5	23.2	2 282	115.2	116.7	117.2	109.6
1994	78.2	16.0	38.0	24.2	2 625	115.0	162.2	117.5	110.1
1995	100.2	21.9	50.8	27.5	3 341	117.6	112.5	123.2	110.6
1996	123.7	24.2	65.8	33.7	4 086	114.0	108.2	118.6	109.5
1997	138.5	19.2	80.5	38.8	4 536	111.8	89.0	122.3	115.0
1998	152.3	21.9	87.6	42.8	4 975	110.0	115.5	108.6	109.3

长治市全社会固定资产投资

TOTAL INVESTMENT IN FIXED ASSETS OF CHANGZHI

单位：万元 (10 000 yuan)

年份	全社会固定资产投资	国有经济	#基本建设	#更新改造	集体经济	#城镇集体经济	城乡个人	全社会固定资产投资新增固定资产	#国有经济	房屋竣工面积(万平方米)
1949	281	110	71				171	62	62	2.1
1952	1 437	542	361		743		152	317	298	3.3
1957	5 643	2 677	1 948		2 640	67	326	1 326	1 144	6.4
1965	6 443	3 869	3 251		1 800	166	774	1 894	1 788	12.8
1970	11 982	8 750	7 692	354	2 243	258	989	5 600	5 410	20.2
1975	9 438	7 314	6 740	476	1 089	124	1 035	4 530	4 240	15.1
1978	12 395	10 212	9 165	688	1 215	144	968	7 977	7 628	28.3
1980	16 481	12 541	11 837	2 779	1 189	106	2 751	8 518	8 019	29.7
1985	112 556	93 452	84 860	7 398	6 751	4 605	12 353	39 227	37 956	52.1
1986	90 797	79 918	68 311	11 607	6 105	3 968	4 729	50 287	46 033	68.0
1987	71 053	60 083	43 627	15 488	5 850	3 510	5 120	141 396	136 812	68.5
1988	67 556	56 083	39 514	15 532	6 545	4 254	4 922	44 734	42 599	46.4
1989	93 694	81 700	62 918	17 601	6 260	3 756	5 734	63 173	57 050	39.3
1990	101 509	88 435	68 368	18 865	6 343	4 319	6 731	71 930	65 138	35.9
1991	150 325	131 733	100 870	25 408	5 518	3 137	13 074	102 672	100 488	74.8
1992	127 082	107 503	67 049	30 765	8 264	5 960	11 315	85 991	71 920	79.1
1993	183 726	153 174	84 063	51 248	14 450	6 898	16 102	165 084	71 649	83.0
1994	190 610	162 087	95 143	52 143	11 062	7 431	17 461	187 249	125 789	81.2
1995	217 609	178 807	128 362	36 972	10 619	4 824	28 183	258 335	256 383	101.2
1996	193 100	144 332	80 113	50 059	7 265	4 239	41 503	157 259	151 114	64.4
1997	269 365	212 598	106 291	59 313	11 369	6 659	45 398	67 936	46 459	50.7
1998	306 832	249 100	109 769	88 441	14 883	7 895	42 849	88 893	72 054	59.7

长治市地方财政收支

REGIONAL FINANCIAL REVENUE AND EXPENDITURE OF CHANGZHI

单位：万元 (10 000 yuan)

年份	地方财政收入	#各项税收	地方财政支出	#基本建设支出	#支援农业生产及农业事业费支出	#文教科卫支出	#教育事业费支出
1949	616	615	232	53	24	97	78
1952	1 072	1 038	511	75	51	204	92
1957	2 130	1 767	2 009	101	211	702	360
1965	3 177	2 658	2 603	166	260	810	468
1970	4 660	3 749	3 307	131	330	680	595
1975	5 852	5 392	5 528	366	552	1 115	995
1978	7 530	6 909	8 127	210	894	2 682	1 609
1980	8 102	7 026	9 083	263	999	2 997	1 798
1985	13 857	15 803	22 847	684	2 493	6 739	3 954
1986	15 561	15 808	24 527	846	2 789	7 914	4 759
1987	20 060	19 717	26 112	429	2 736	8 551	4 955
1988	25 053	24 328	32 650	838	3 554	10 920	6 689
1989	31 853	31 642	41 400	691	4 285	12 341	7 213
1990	32 786	35 185	43 170	170	4 877	14 111	8 237
1991	35 845	37 074	46 399	408	4 947	15 045	8 452
1992	36 753	40 519	51 304	412	5 510	17 028	9 903
1993	55 736	56 353	66 856	324	5 144	18 892	11 181
1994	35 651	35 927	74 496	339	7 225	24 359	15 280
1995	50 519	42 953	89 698	340	7 200	28 193	17 516
1996	58 575	51 774	103 669	100	8 528	31 241	19 372
1997	72 595	61 705	123 019	100	9 610	37 072	22 983
1998	78 121	66 485	126 431	100	9 667	37 939	23 522

长治市职工工资总额和人民生活

TOTAL WAGE BILL OF STAFF AND WORKERS, PEOPLE'S LIVELIHOOD OF CHANGZHI

年份	职工工资总额(万元)	#国有经济	#集体经济	职工平均货币工资(元)	城镇居民家庭人均可支配收入(元)	城镇居民家庭人均消费性支出(元)	农民人均纯收入(元)	城乡居民储蓄存款余额(万元)
1949	473	473		176	106	85	29	4
1952	1 352	1 179	173	324	178	143	32	103
1957	3 502	3 063	439	528	290	230	36	805
1965	6 280	5 105	1 175	610	326	261	44	2 412
1970	7 964	6 410	1 554	555	305	245	55	3 146
1975	10 403	8 666	1 737	579	330	262	64	5 832
1978	13 273	11 271	2 002	581	348	283	62	7 140
1980	17 409	15 016	2 393	693	375	325	78	11 608
1985	31 091	25 816	5 275	1 006	665	534	318	43 045
1986	37 934	31 407	6 527	1 159	775	629	279	58 452
1987	44 222	36 084	8 138	1 258	828	655	314	78 441
1988	52 973	44 099	8 874	1 467	1 040	868	361	106 350
1989	62 742	52 871	9 872	1 750	1 161	1 024	425	147 395
1990	71 563	59 483	11 081	1 951	1 276	1 200	463	191 845
1991	76 867	64 757	12 110	2 101	1 760	1 147	479	241 024
1992	85 470	72 406	13 064	2 320	1 893	1 252	594	305 947
1993	99 364	84 794	13 456	2 771	1 960	1 555	720	381 791
1994	134 887	117 791	14 820	3 671	2 392	1 854	891	498 940
1995	162 716	144 476	17 769	4 377	3 102	2 397	1 211	699 062
1996	179 287	160 503	18 548	4 824	3 548	3 033	1 570	885 117
1997	186 537	164 883	19 774	5 037	4 192	3 287	1 770	990 489
1998	185 372	137 192	16 339	5 097	4 131	3 162	2 030	1 118 658

长治市农业基本情况

BASIC STATISTICS ON AGRICULTURE OF CHANGZHI

年份	耕地面积(千公顷)	#水田水浇地	播种面积(千公顷)	#粮食	#油料	#棉花	农业机械总动力(万千瓦)	化肥施用量(折纯,吨)	农村用电量(万千瓦小时)
1949	371.5	5.0	386.9	360.0	9.7	2.7			
1952	374.7	8.7	391.6	364.3	9.1	3.3			
1957	364.6	17.3	387.8	358.6	9.4	2.1	2.1	120	4
1965	324.7	44.2	343.6	318.1	6.6	2.2	3.4	719	1 545
1970	319.8	72.7	345.5	314.6	6.6	2.5	7.3	2 360	4 342
1975	316.0	80.8	352.2	312.5	9.8	2.5	26.0	41 600	4 917
1978	314.4	42.0	350.7	313.8	7.1	2.3	37.4	32 176	6 651
1980	313.8	59.2	338.1	296.8	11.9	0.1	39.8	25 577	7 778
1985	307.0	45.2	322.5	275.0	16.6	0.2	61.6	25 312	9 437
1986	305.7	40.1	318.9	277.5	15.0	0.2	62.2	28 299	12 471
1987	305.1	39.2	318.8	282.2	15.2	0.1	62.6	30 599	14 016
1988	304.1	44.8	317.7	280.1	15.3	0.2	65.2	34 814	15 640
1989	304.1	48.7	325.1	290.7	12.7	0.1	69.0	44 169	17 128
1990	303.7	50.9	325.5	294.3	12.8	0.1	71.2	50 538	18 028
1991	303.6	52.9	326.2	295.0	12.2	0.1	72.0	53 296	20 263
1992	303.4	54.8	327.2	295.0	12.1	0.1	73.0	56 131	23 010
1993	302.6	55.9	332.0	296.8	12.9	0.2	76.8	58 062	26 097
1994	302.2	58.2	333.2	293.3	13.8	0.2	80.2	64 562	28 699
1995	301.8	60.1	320.7	278.7	11.5	0.2	85.1	68 965	31 079
1996	301.8	60.1	326.0	282.0	10.2	0.4	87.9	74 831	32 790
1997	368.9	62.6	322.0	284.0	7.8	0.3	88.5	80 192	35 163
1998	368.2	54.6	330.4	290.9	8.1	0.3	92.1	88 356	37 371

长治市农林牧渔业总产值和指数

GROSS OUTPUT VALUE AND INDEX OF FARMING, FORESTRY, ANIMAL HUSBANDRY AND FISHERY OF CHANGZHI

年份	农林牧渔业总产值(万元)	农业	林业	牧业	渔业	农林牧渔业总产值指数(上年=100)	农业	林业	牧业	渔业
1949	17 088	15 311	450	1 326	1					
1952	20 491	18 007	588	1 895	1	106.9	106.7	100.5	113.1	100.0
1957	21 849	17 995	1 403	2 448	3	93.2	89.8	116.8	103.5	300.0
1965	23 637	19 168	1 666	2 804	29	99.9	97.1	112.2	116.3	145.0
1970	29 747	22 818	2 928	3 990	19	99.4	95.2	117.6	99.0	135.7
1975	46 140	37 381	2 349	5 399	11	108.3	109.2	76.2	113.8	100.0
1978	34 099	25 496	2 390	6 197	16	93.0	92.1	92.5	96.9	76.2
1980	40 008	29 427	3 699	6 872	10	102.5	99.5	116.0	130.5	80.0
1985	64 143	40 516	7 924	15 615	88	100.3	100.7	92.6	107.5	108.0
1986	54 435	33 905	6 041	14 347	142	73.0	70.5	73.7	75.6	135.2
1987	63 684	42 174	5 449	15 916	145	113.5	124.3	83.6	100.8	98.6
1988	91 262	60 407	6 655	23 970	230	109.5	110.1	100.1	110.9	105.6
1989	108 740	72 065	6 676	29 564	435	115.7	120.8	103.7	104.8	138.2
1990	119 993	80 550	7 004	32 078	361	107.2	108.1	100.7	106.3	95.2
1991	119 894	77 172	7 926	34 382	414	95.3	89.0	105.5	110.1	115.2
1992	132 000	84 261	9 149	38 245	345	104.9	102.9	109.5	102.1	84.5
1993	165 362	114 222	10 161	40 695	284	113.7	120.2	105.4	114.8	79.0
1994	247 819	159 562	12 282	75 596	379	109.2	103.5	116.4	121.7	122.1
1995	335 553	218 049	16 638	100 235	631	115.4	112.8	120.0	119.9	135.5
1996	366 740	226 758	17 826	121 439	717	108.8	105.0	106.0	117.2	112.6
1997	294 532	203 254	20 289	70 209	780	78.2	83.0	109.2	61.6	104.9
1998	367 363	267 700	23 051	75 753	859	124.2	132.7	110.9	108.9	106.0

长治市主要农产品产量

OUTPUT OF MAJOR FARM CROPS OF CHANGZHI

年份	粮食(吨)	棉花(吨)	油料(吨)	水果(吨)	猪牛羊肉(吨)	禽蛋(吨)	水产品(吨)	大牲畜年末头数(万头)	猪年末头数(万头)	羊年末只数(万只)
1949	407 400	460	5 335	5 099	11 232	507		16.0	6.1	47.7
1952	478 212	655	6 050	6 358	14 670	880		20.3	9.6	63.4
1957	466 407	301	4 303	9 892	17 630	1 668		18.9	25.4	83.4
1965	528 851	610	3 799	15 035	19 200	1 686		18.6	42.3	95.5
1970	584 189	550	3 377	16 283	25 326	2 558		21.2	48.6	114.9
1975	884 134	440	6 342	28 469	28 400	2 050		21.5	99.6	107.0
1978	726 331	2	1 766	36 235	20 792	6 542	32	21.2	69.3	91.7
1980	805 753	14	7 367	11 148	13 180	7 927	70	20.3	58.7	98.0
1985	899 301	67	18 217	41 497	26 579	13 314	296	19.7	49.6	42.9
1986	616 493	24	9 938	33 241	26 359	13 637	421	20.5	50.3	40.9
1987	808 095	28	14 182	35 656	25 683	12 881	505	21.0	42.7	44.7
1988	902 510	50	12 753	39 720	27 256	15 892	684	21.8	42.7	53.7
1989	1 098 614	49	13 916	32 283	29 012	17 118	758	22.6	45.8	63.3
1990	1 200 416	66	15 569	33 979	34 742	18 667	832	23.0	48.7	62.8
1991	1 072 253	81	10 829	27 309	40 576	20 633	955	23.5	52.0	67.3
1992	1 072 396	64	11 884	33 060	45 112	22 117	822	23.7	53.9	67.5
1993	1 261 601	64	13 850	30 812	50 485	25 190	766	24.8	58.3	73.9
1994	1 175 344	82	12 063	34 986	59 376	31 276	1 001	27.7	65.2	78.5
1995	1 296 249	120	14 496	40 905	75 253	35 950	1 067	36.4	80.0	93.0
1996	1 416 481	53	13 882	41 472	93 216	40 016	2 148	40.3	92.8	107.7
1997	1 051 119	83	6 086	41 455	54 677	21 085	1 700	31.7	57.4	71.8
1998	1 492 176	162	11 484	42 480	60 127	23 225	1 720	33.4	62.1	78.1

长治市乡镇企业基本情况

BASIC INDICATORS OF TOWNSHIP AND VILLAGE ENTERPRISES OF CHANGZHI

年 份	乡镇企业单位数(个)	乡镇企业从业人员(万人)	乡镇企业总产值(万元)	乡镇企业营业收入(万元)	乡镇企业实际缴纳税金(万元)	乡镇企业税后利润净值(万元)	乡镇企业年末固定资产原价(万元)
1949							
1952							
1957							
1965	78	0.2	276	233	37	64	141
1970	2 258	3.1	7 231	6 345	184	562	2 400
1975	4 170	5.3	12 510	11 259	337	1 077	7 467
1978	12 028	9.1	21 384	13 536	485	4 120	10 020
1980	10 586	9.9	22 271	15 159	355	5 684	8 716
1985	27 945	21.7	57 457	53 118	2 686	10 466	23 281
1986	29 074	22.9	73 257	58 147	2 910	11 056	29 101
1987	29 993	22.5	93 403	75 649	3 404	12 860	36 377
1988	31 589	24.0	119 089	90 482	4 425	15 735	45 470
1989	31 904	23.6	151 838	121 201	5 114	19 177	56 838
1990	32 484	24.0	193 992	139 730	5 589	20 328	86 426
1991	33 505	23.8	212 812	161 226	6 449	22 906	100 830
1992	39 018	25.0	269 182	216 325	8 653	28 183	116 973
1993	49 318	32.1	556 338	479 749	9 596	52 557	181 769
1994	66 977	38.3	1 006 863	890 276	12 107	81 982	246 591
1995	75 577	43.5	1 628 297	1 439 667	22 155	101 753	350 677
1996	71 373	45.5	2 146 099	1 979 935	28 116	130 704	449 008
1997	9 515	24.2	1 010 321	974 798	25 923	226 011	556 326
1998	8 469	24.1	1 349 156	1 282 124	35 321	240 095	531 247

长治市工业生产情况

BASIC INDICATORS OF INDUSTRY OF CHANGZHI

年 份	工业总产值(万元)	轻工业	重工业	工业总产值指数(上年=100)	轻工业	重工业	原煤产量(万吨)	发电量(万千瓦时)	钢产量(万吨)
1949	3 907	1 284	2 623				61	377	
1952	4 644	1 934	2 710	112.6	134.1	101.0	46	494	
1957	10 709	2 915	7 794	105.9	91.8	112.4	109	2 156	1.3
1965	24 031	5 490	18 541	148.3	126.6	156.3	210	13 980	5.6
1970	49 370	9 226	40 144	134.2	139.7	133.0	414	19 288	7.2
1975	62 208	14 548	47 660	114.3	106.2	117.0	477	23 591	7.6
1978	83 126	19 487	63 639	113.7	105.9	116.3	689	40 391	10.7
1980	86 931	23 425	63 506	102.6	120.5	97.3	845	36 117	18.8
1985	138 779	39 481	99 298	109.4	121.8	104.9	1 705	46 666	24.0
1986	158 010	39 903	118 107	106.4	96.4	110.6	1 807	118 043	24.1
1987	190 590	47 408	143 182	112.2	113.4	111.8	1 840	171 021	28.4
1988	237 841	59 780	178 061	111.4	111.8	111.3	2 068	198 939	28.9
1989	281 793	68 266	213 527	107.9	103.2	109.7	2 265	214 542	31.0
1990	299 055	63 889	235 166	104.7	80.1	113.3	2 373	328 104	29.7
1991	383 566	68 346	315 220	116.3	103.7	119.3	2 396	548 060	32.2
1992	446 460	76 643	369 817	109.2	108.9	109.3	2 405	648 203	35.4
1993	600 800	71 900	528 900	111.0	87.2	116.1	2 598	589 174	40.6
1994	753 500	88 300	665 200	113.8	130.0	102.0	2 633	665 577	45.4
1995	843 305	110 035	733 270	110.8	123.2	108.6	3 027	685 210	51.5
1996	965 636	135 102	830 534	122.0	126.5	121.2	3 032	712 849	48.1
1997	1 155 017	154 425	1 000 592	114.9	116.2	114.6	3 033	741 743	57.5
1998	955 620	102 831	852 789	103.7	100.4	104.3	2 916	691 080	64.7

续表　CONTINUED

年　份	生　铁 产　量 （万吨）	焦　炭 产　量 （万吨）	水　泥 产　量 （万吨）	化　肥 产　量 （折纯，吨）	棉　布 产　量 （万米）	饮料酒 产　量 （吨）
1949	0.7	0.5			17	90
1952	0.2	0.7			58	380
1957	2.8	4.4			152	459
1965	8.0	10.0	3.4	719	163	347
1970	8.5	16.2	6.9	4 962	615	204
1975	10.8	23.5	10.4	18 247	386	828
1978	15.5	34.8	15.4	25 200	463	894
1980	19.0	34.0	22.7	26 600	503	1 248
1985	28.7	31.5	50.2	24 573	331	1 806
1986	33.0	93.4	58.7	24 431	343	1 906
1987	36.1	118.9	63.8	28 362	459	2 261
1988	42.9	126.8	69.1	62 967	675	2 728
1989	45.7	127.8	79.3	89 665	408	2 254
1990	41.2	141.5	75.9	99 300	257	2 121
1991	45.0	123.6	90.0	138 686	222	1 761
1992	53.6	132.0	113.3	168 400	94	1 664
1993	79.9	185.8	124.9	180 000	200	1 796
1994	103.3	331.4	139.0	186 484	136	1 516
1995	136.8	553.6	181.2	211 700	507	13 497
1996	138.0	521.6	161.3	248 492	247	11 556
1997	126.8	475.1	183.2	272 972	229	12 001
1998	142.1	515.4	207.2	296 185	62	11 130

长治市独立核算工业企业主要指标

MAJOR INDICATORS OF INDEPENDENT ACCUNTING INDUSTRIAL ENTERPRISES OF CHANGZHI

单位：万元　　(10 000 yuan)

年　份	职工人数（万人）	#国有工业	工业总产值（当年价格）	#国有工业	工业总产值（不变价格）	#国有工业	工业增加值	#国有工业	工业销售产值	#国有工业
1949	1.8	1.3	5 200	3 937	4 502	2 337	2 184	1 192	5 096	3 716
1952	2.9	1.6	6 432	5 556	5 352	2 556	2 698	1 494	6 303	4 852
1957	4.1	1.9	18 199	14 378	12 341	9 738	7 644	6 039	17 835	14 090
1965	5.8	3.3	33 887	25 344	27 693	19 344	14 233	10 644	33 209	24 837
1970	8.7	6.0	61 274	48 291	56 893	38 291	25 735	20 282	59 524	47 326
1975	10.4	7.7	80 462	62 177	71 688	42 177	33 794	26 914	78 853	60 928
1978	13.0	9.4	95 002	74 102	130 551	93 997	39 901	31 123	93 053	73 879
1980	14.4	10.1	104 317	80 324	140 572	101 212	43 813	33 736	101 968	78 914
1985	17.8	11.8	136 768	99 705	230 138	162 083	57 443	41 876	132 665	96 714
1986	18.6	12.6	166 905	113 943	242 971	171 669	70 100	45 577	161 898	110 525
1987	19.9	13.6	188 982	140 285	275 158	192 769	79 372	58 920	183 313	136 076
1988	21.1	14.4	235 173	171 373	304 766	211 628	98 773	71 977	228 118	166 232
1989	21.2	14.5	277 717	196 130	330 253	226 248	116 641	82 375	269 386	190 246
1990	21.6	14.7	295 149	207 816	344 796	244 100	118 060	83 126	286 295	201 582
1991	21.8	14.7	351 595	260 937	373 045	268 397	152 792	113 395	341 047	253 109
1992	21.9	14.8	404 106	300 668	400 849	284 485	161 642	114 459	381 130	283 573
1993	22.8	15.3	594 800	386 100	486 000	293 900	247 900	166 000	544 800	351 700
1994	22.8	14.9	746 195	463 076	552 752	315 609	279 219	179 771	695 412	430 388
1995	23.0	15.0	833 198	601 172	611 378	399 993	305 785	232 024	813 040	599 867
1996	22.9	15.6	950 408	645 181	743 594	441 008	354 379	255 785	926 482	635 650
1997	22.3	14.9	1 139 442	673 447	855 136	436 872	478 566	282 845	1 112 530	653 351
1998	17.2	13.2	955 620	725 345	702 662	489 295	370 396	299 605	943 633	714 681

续表 CONTINUED

单位：万元 (10 000 yuan)

年份	流动资产年平均余额	#国有工业	固定资产原价	#国有工业	固定资产净值年平均余额	#国有工业	资产总计	#国有工业	产品销售收入	#国有工业
1949	210	159	2 430	2 144	1 694	1 612	3 126	2 843	4 633	3 378
1952	1 128	974	4 113	3 690	3 712	3 321	7 650	6 503	5 730	4 411
1957	7 471	5 902	14 664	12 731	12 616	10 866	32 014	26 325	16 214	12 809
1965	16 398	13 118	40 330	36 264	34 674	29 011	60 172	52 530	30 190	22 579
1970	23 075	18 460	50 059	42 148	39 646	31 614	84 623	71 390	54 113	43 024
1975	25 617	20 494	74 155	68 583	59 328	48 008	110 145	90 725	71 685	55 389
1978	27 584	22 895	90 535	85 009	65 113	61 206	126 970	105 385	92 152	72 614
1980	36 428	29 507	106 575	97 773	76 106	70 018	164 211	137 937	101 187	78 718
1985	60 442	45 191	224 552	199 510	163 090	144 525	358 798	277 795	128 428	94 600
1986	67 583	49 494	234 171	188 101	158 294	134 594	324 076	245 465	148 200	103 499
1987	103 446	83 016	295 063	255 358	219 702	184 611	483 344	361 176	170 152	127 500
1988	129 433	94 360	337 971	210 747	246 986	210 747	518 671	409 003	252 961	193 961
1989	158 582	119 935	390 698	338 065	290 577	250 684	668 347	561 901	286 203	214 726
1990	211 922	161 511	502 298	443 647	385 664	343 149	887 053	643 825	289 594	219 212
1991	257 591	194 606	582 698	515 408	445 285	397 289	979 627	724 720	340 452	260 732
1992	317 312	229 524	643 793	572 739	423 357	377 276	910 218	655 357	415 121	320 174
1993	416 700	303 300	687 900	440 400	466 300	277 300	1059 600	724 800	573 600	372 700
1994	511 764	369 849	732 115	480 627	482 044	301 099	1189 933	852 689	599 541	370 344
1995	589 972	447 807	955 801	833 168	550 676	470 060	1381 256	1118 525	736 029	531 966
1996	648 451	479 003	1207 435	1068 956	721 807	622 092	1699 414	1400 552	823 121	561 736
1997	893 596	675 694	1604 315	1269 942	1081 910	874 514	2168 370	1711 826	993 306	604 595
1998	976 268	800 540	1818 879	1427 328	1218 463	999 141	2325 506	1927 915	842 529	621 462

年份	利税总额	#国有工业	百元固定资产原价实现利税（元）	#国有工业	资金利税率（%）	#国有工业	产值利税率（%）	#国有工业	百元销售收入实现利润（元）	#国有工业
1949	618	569	25.43	26.53	19.71	20.01	11.88	14.45	13.34	16.84
1952	1 078	992	26.21	26.88	14.09	15.25	16.76	17.85	18.81	22.49
1957	2 513	2 312	17.14	18.16	7.85	8.78	13.81	16.08	15.50	17.12
1965	8 391	7 552	20.81	20.83	13.95	14.43	24.76	29.80	27.79	31.44
1970	7 437	6 768	14.88	16.06	7.81	9.41	12.14	14.02	13.74	15.73
1975	6 043	5 439	8.15	7.93	5.49	5.99	7.51	8.75	8.43	9.82
1978	10 616	9 860	11.23	11.60	5.32	5.94	11.17	13.31	11.52	13.04
1980	12 770	10 973	11.01	11.22	6.00	6.83	12.24	13.66	12.62	13.94
1985	8 874	7 968	3.95	3.99	2.94	3.23	6.48	7.99	6.91	8.42
1986	9 942	8 743	4.25	4.65	3.16	3.64	5.96	7.67	6.71	8.45
1987	11 998	11 268	4.06	4.41	2.88	3.28	6.35	8.03	7.05	8.84
1988	35 133	18 574	10.40	8.81	7.31	5.75	14.94	10.84	13.89	9.58
1989	32 952	24 523	8.43	7.25	5.72	5.16	11.86	12.50	11.51	11.42
1990	27 422	18 307	5.46	4.13	3.71	2.94	9.29	8.81	9.47	8.35
1991	37 369	28 843	6.41	5.60	4.27	3.61	10.63	11.05	10.98	11.06
1992	46 208	36 774	7.18	6.42	4.67	4.44	11.43	12.23	11.13	11.49
1993	71 900	48 500	10.45	11.01	6.31	6.25	12.09	12.56	12.53	13.01
1994	89 710	55 874	12.25	11.63	7.06	6.31	12.02	12.07	14.96	15.09
1995	90 907	69 785	9.51	8.38	9.51	5.48	10.91	11.61	12.35	13.12
1996	104 978	77 092	8.69	7.21	7.66	7.00	11.05	11.95	12.75	13.72
1997	123 782	58 289	7.72	4.59	6.43	6.02	10.86	8.66	19.80	20.78
1998	100 378	53 457	5.52	3.82	5.82	5.16	11.12	7.37	15.35	14.48

长治市交通运输邮电通讯业

TRANSPORTATION, POSTS AND TELECOMMUNICATIONS SERVICES OF CHANGZHI

年　份	公　路 客运量 （万人）	公　路 货运量 （万吨）	公路旅客 周 转 量 （万人公里）	公路货物 周 转 量 （万吨公里）	邮　电 局所数 （个）	邮　　电 业务总量 （万元）	长　话 电　路 （路）	市　内 电话机 （部）	农　村 电话机 （部）
1949	6	9	576	26	63	7	1	37	
1952	10	12	1 373	248	114	55	12	98	40
1957	88	28	6 838	2 459	132	155	19	380	265
1965	127	135	9 796	4 995	202	343	64	607	483
1970	154	174	11 373	7 014	262	155	83	1 079	970
1975	118	182	9 245	7 207	146	421	102	2 367	1 528
1978	339	242	28 435	13 553	179	527	125	2 849	1 496
1980	667	254	23 650	11 774	157	654	134	3 489	408
1985	1 212	1 007	46 043	79 999	177	1 082	240	7 185	817
1986	1 335	1 222	57 468	99 693	178	1 142	248	8 074	1 130
1987	1 550	1 342	69 167	120 615	181	1 304	270	9 443	1 322
1988	1 436	1 693	76 960	146 845	179	1 555	276	12 354	2 010
1989	1 450	1 823	80 059	158 686	180	1 844	281	13 217	2 270
1990	1 426	1 720	71 922	138 325	186	2 188	329	14 054	2 466
1991	1 436	1 910	77 147	150 919	176	2 358	379	23 394	3 275
1992	1 609	1 990	88 186	136 117	140	3 245	472	33 048	4 836
1993	1 777	2 123	92 453	157 708	184	4 410	760	44 473	4 606
1994	1 914	2 876	90 059	215 564	183	6 495	1 216	52 339	2 879
1995	2 058	3 255	109 627	227 280	189	9 238	962	67 511	4 778
1996	2 220	3 877	65 342	271 741	192	13 036	1 099	85 525	10 349
1997	2 513	4 881	87 017	318 904	193	17 828	1 099	83 472	13 644
1998	2 109	5 021	78 678	276 180	324	25 237	1 099	106 428	23 532

长治市国内外贸易

DOMESTIC AND FOREIGN TRADE OF CHANGZHI

年　份	社　　会 消 费 品 零售总额 （万元）	#国 有 经 济	#集 体 经 济	#个 体 经 济	#农 民 对 非 农 业 居民零售	实际利用 外 资 额 （万美元）	#外 商 直 接 投 资	接待旅游 总 人 数 （人次）	#外国人	旅游外汇 收　　入 （万美元）
1949	2 190	91	456	1 479	164					
1952	4 724	723	1 663	2 152	186					
1957	9 562	3 767	4 813	832	150					
1965	13 302	6 644	6 223	243	192					
1970	18 861	12 036	6 483		342					
1975	25 268	18 148	6 699		421					
1978	30 431	23 823	6 543	20	576					
1980	37 275	26 092	8 201	310	698					
1985	82 004	52 482	22 141	5 330	5 961					
1986	92 152	58 977	26 724	5 451	9 692					
1987	102 271	61 365	30 681	8 182	11 673					
1988	123 255	76 418	36 977	8 460	13 504					
1989	133 967	80 753	38 850	13 364	15 935					
1990	135 492	78 245	38 616	15 582	19 441	30	30			
1991	144 451	80 124	40 446	17 334	21 385	19	19	60	48	
1992	155 455	76 321	43 527	20 209	23 951	227	227	58	40	
1993	170 949	73 126	46 298	23 041	28 450	167	167	62	61	
1994	199 389	83 242	43 296	42 695	29 687	181	181	94	12	
1995	265 993	119 077	59 077	42 485	45 296	55	55	120	40	5
1996	321 815	123 013	74 612	57 751	66 270	256	256	329	309	2.68
1997	340 839	121 412	80 155	66 798	72 434	330	330	324	246	22.19
1998	354 256	120 760	86 303	66 622	80 571	1 530	1 530	483	463	14.82

长治市教育科技卫生

SCIENCE AND TECHNOLOGY, EDUCATION AND HEALTH CARE OF CHANGZHI

年份	学校数（所）	小学	普通中学	中等专业学校	高等学校	在校学生数（万人）	小学	普通中学
1949	2 809	2 781	4	7		12.6	12.4	0.1
1952	3 262	3 223	11	7		17.2	16.5	0.4
1957	3 514	3 459	25	3		22.7	21.1	1.3
1965	4 820	4 579	34	9	1	36.8	33.0	1.7
1970	4 914	4 774	62	24	1	44.5	42.1	1.5
1975	5 578	4 054	1 395	9	1	56.2	42.0	14.0
1978	5 454	3 655	1 738	9	2	60.0	40.6	18.9
1980	5 423	4 367	1 041	12	2	59.0	40.7	17.6
1985	5 450	4 968	450	16	2	55.3	39.4	15.1
1986	5 412	4 937	437	16	2	54.2	37.8	15.5
1987	5 414	4 946	431	16	2	53.5	36.5	16.1
1988	5 344	4 900	412	16	2	52.9	34.9	16.6
1989	5 277	4 859	399	15	2	51.0	34.1	15.7
1990	5 233	4 815	400	15	2	49.4	32.8	15.8
1991	5 175	4 756	400	15	2	49.3	32.1	16.1
1992	5 107	4 708	381	15	2	48.4	31.3	15.9
1993	5 071	4 671	382	15	2	47.2	30.8	15.0
1994	5 014	4 630	366	15	2	46.5	30.1	12.4
1995	4 965	4 579	368	15	2	46.9	30.0	15.5
1996	4 953	4 568	366	15	2	48.4	30.5	16.4
1997	4 809	4 437	353	15	2	50.0	31.1	17.4
1998	4 682	4 319	344	14	2	50.7	31.1	18.2

年份	中等专业学校（人）	高等学校（人）	专任教师数（人）	小学	普通中学	中等专业学校	高等学校
1949	1 036		3 669	3 750	55	64	
1952	2 276		4 844	4 557	163	124	
1957	1 484		6 213	5 592	430	91	
1965	2 734	365	12 041	10 246	921	200	55
1970	2 592	480	17 009	15 859	1 110		40
1975	2 488	150	25 019	13 946	8 704	300	85
1978	3 229	1 177	28 861	13 779	12 633	350	130
1980	4 655	1 708	30 314	15 533	11 740	398	258
1985	5 777	2 063	35 260	19 277	8 374	674	389
1986	6 490	2 523	34 613	19 636	8 403	674	337
1987	6 910	2 171	34 545	20 826	9 255	723	364
1988	8 230	2 546	34 462	20 413	8 045	983	350
1989	9 000	2 620	34 650	20 322	10 167	835	359
1990	5 827	2 072	34 424	19 618	10 442	863	348
1991	9 246	2 129	33 377	21 234	10 707	858	381
1992	9 172	2 775	32 815	20 285	11 062	885	380
1993	10 265	3 112	32 750	20 007	11 149	899	446
1994	10 255	3 160	32 041	19 402	11 075	896	446
1995	11 266	2 672	31 999	19 253	11 219	933	391
1996	11 423	2 770	31 683	19 015	11 243	965	394
1997	11 509	2 941	31 931	19 061	11 272	983	398
1998	11 618	3 197	32 141	19 128	11 311	995	407

续表 CONTINUED

年　份	毕业生数（万人）	小　学	普通中学	中等专业学校（人）	高等学校（人）	学龄儿童入学率（%）	国有单位自然科技人员数（人）
1949	0.9	0.8	0.1	199		53.6	809
1952	2.3	2.1	0.2	232		69.2	1 452
1957	3.8	3.6	0.2	462		74.2	2 020
1965	5.8	5.4	0.4	288	88	92.5	3 348
1970	9.1	8.0	1.0	1 113		94.4	5 775
1975	12.4	7.1	5.2	1 020		95.8	7 489
1978	14.0	6.7	7.1	1 419	199	95.0	9 879
1980	9.6	6.5	2.9	1 566	438	95.7	11 829
1985	10.3	6.7	3.4	1 676	604	98.0	15 604
1986	10.8	6.7	3.8	2 090	536	98.5	15 884
1987	12.1	7.1	4.7	2 150	684	99.0	16 728
1988	12.0	6.9	4.7	1 840	1 367	99.1	17 446
1989	10.8	5.7	4.7	2 057	932	99.2	17 928
1990	11.5	5.0	5.5	1 715	707	99.3	18 430
1991	11.4	5.9	5.0	2 955	794	99.3	18 714
1992	10.7	5.8	4.6	2 963	475	99.5	18 835
1993	11.0	5.7	4.9	3 208	962	99.4	19 127
1994	10.9	5.7	4.8	2 824	993	99.5	19 152
1995	10.5	5.5	4.6	3 152	798	99.4	19 622
1996	10.5	5.4	4.7	3 014	667	99.5	19 834
1997	11.0	5.5	5.1	3 054	645	99.7	20 189
1998	11.3	5.6	5.4	3 288	782	99.7	20 440

年　份	卫生机构数（个）	#医　院	卫生机构床位数（张）	#医　院	卫生技术人员（人）	#医　生
1949	146	14	282	254	2 695	1 938
1952	218	27	546	493	4 117	2 281
1957	491	185	1 245	987	9 694	4 971
1965	446	203	2 432	1 974	4 958	4 334
1970	527	229	1 398	1 021	4 653	3 786
1975	466	229	5 908	4 911	2 960	2 035
1978	466	229	6 392	5 073	3 472	2 430
1980	484	238	7 404	5 270	4 399	3 261
1985	586	258	8 264	6 392	9 807	4 509
1986	580	278	8 245	7 963	10 149	4 706
1987	577	278	8 879	8 298	10 520	4 725
1988	586	280	9 069	8 347	10 953	5 165
1989	589	282	8 993	8 457	11 157	6 805
1990	593	283	9 293	8 615	11 050	6 624
1991	603	284	9 358	8 628	11 491	6 899
1992	566	288	9 110	8 656	11 394	5 163
1993	572	288	9 336	8 798	11 633	5 490
1994	553	288	9 693	9 141	12 158	5 821
1995	574	288	9 884	9 428	12 553	6 120
1996	520	288	9 178	9 003	12 626	6 248
1997	337	288	10 717	10 462	13 394	6 896
1998	337	288	9 443	9 240	11 059	6 332

晋城市人口和社会从业人员

NUMBER OF POPULATION AND EMPLOYMEES OF JINCHENG

单位：万人 (10 000 person)

年份	年末总人口	城镇人口	乡村人口	人口自然增长率(‰)	社会从业人员	职工	#国有经济	#城镇集体经济	城镇私营企业和个体从业人员	农村从业人员
1949	101.0	2.4	99.3	10.56	47.2	1.3	1.3			45.9
1952	109.1	3.7	105.4	11.51	50.8	2.7	1.8	0.9		48.1
1957	122.5	7.2	115.3	20.37	52.8	5.0	2.7	2.3		47.8
1965	139.2	8.6	130.6	20.09	55.3	6.0	4.7	1.3		49.3
1970	155.1	10.5	144.6	20.78	62.1	7.7	6.3	1.4		54.4
1975	169.4	13.0	156.4	14.60	68.0	10.1	8.0	2.1		57.9
1978	174.5	14.6	159.9	7.74	71.3	12.2	9.9	2.3		59.1
1980	176.2	16.0	160.2	5.90	72.9	13.2	10.7	2.5		59.6
1985	182.0	19.9	162.1	4.35	79.7	16.4	12.6	3.8	0.9	62.3
1986	182.4	20.9	161.5	4.23	81.6	17.3	13.2	4.1	0.6	63.7
1987	184.4	22.3	162.1	6.45	84.0	17.9	13.6	4.3	0.8	65.3
1988	186.4	23.2	163.2	7.95	86.0	18.8	14.3	4.5	1.0	66.2
1989	189.0	23.7	165.3	11.22	87.7	19.7	15.0	4.7	1.0	67.0
1990	191.9	24.9	167.0	13.03	89.6	20.2	15.1	5.1	1.0	68.4
1991	194.4	25.7	168.7	11.53	92.4	21.3	15.9	5.4	1.3	69.8
1992	196.9	26.6	170.3	11.27	95.5	21.8	16.2	5.6	2.1	71.6
1993	199.6	28.0	171.6	11.15	96.2	22.1	16.7	5.4	2.2	71.9
1994	201.7	29.7	172.0	10.65	98.6	23.5	17.6	5.9	2.5	72.6
1995	203.9	30.9	173.0	10.66	99.2	22.8	17.7	5.1	3.1	73.3
1996	205.5	33.1	172.4	9.99	99.9	22.9	17.8	5.1	3.2	73.8
1997	206.9	34.5	172.4	9.93	102.2	23.6	18.4	5.2	3.2	74.5
1998	208.4	35.9	172.5	6.98	102.7	21.4	14.9	5.0	5.6	73.9

晋城市国内生产总值及指数

GROSS DOMESTIC PRODUCTS AND ITS INDEX OF JINCHENG

年份	国内生产总值(亿元)	第一产业	第二产业	第三产业	人均国内生产总值(元)	国内生产总值指数(上年=100)	第一产业	第二产业	第三产业
1949									
1952	0.8	0.6	0.1	0.1	72				
1957	1.2	0.7	0.3	0.2	96	103.3	93.0	166.8	102.9
1965	1.6	0.7	0.5	0.4	117	95.9	87.2	108.9	115.9
1970	2.7	1.0	1.1	0.6	177	126.1	123.6	141.4	104.7
1975	4.0	1.6	1.6	0.8	236	114.7	115.1	118.2	105.2
1978	6.0	1.7	3.3	1.0	345	109.3	100.0	119.2	105.5
1980	6.9	1.8	3.8	1.3	393	104.9	99.8	106.4	111.4
1985	13.8	2.9	8.5	2.4	758	114.6	76.5	137.6	119.1
1986	15.5	3.6	8.9	3.0	838	110.3	120.4	102.8	125.2
1987	16.7	3.9	8.9	3.9	913	104.1	96.6	102.6	118.9
1988	19.5	4.4	10.8	4.3	1 053	109.1	102.2	111.7	109.5
1989	23.6	4.9	13.3	5.4	1 256	107.4	111.4	104.6	111.1
1990	26.9	6.0	13.7	7.2	1 415	107.5	103.4	102.9	123.7
1991	29.4	4.1	15.8	9.5	1 523	104.2	65.5	108.5	127.1
1992	41.5	6.1	23.8	11.6	2 122	133.3	144.1	138.8	118.4
1993	65.6	7.1	42.0	16.5	3 309	137.5	114.8	145.3	132.4
1994	75.3	9.1	45.1	21.1	3 765	112.9	87.9	112.6	125.2
1995	94.5	11.0	55.2	28.3	4 660	112.7	106.7	112.0	116.1
1996	115.5	13.1	66.4	36.0	5 641	117.0	115.2	117.6	116.3
1997	127.1	8.4	76.1	42.6	6 163	113.8	67.5	119.9	115.7
1998	140.0	13.4	80.2	46.4	6 742	111.5	162.2	109.0	108.7

晋城市全社会固定资产投资

TOTAL INVESTMENT IN FIXED ASSETS OF JINCHENG

单位：万元 (10 000 yuan)

年份	全社会固定资产投资	国有经济	#基本建设	#更新改造	集体经济	#城镇集体经济	城乡个人	全社会固定资产投资新增固定资产	#国有经济	房屋竣工面积(万平方米)
1949										
1952		88	88					88		
1957		891	891					874		
1965		1 512	1 512					1 152		
1970		4 922	4 922					7 174		
1975		2 871	2 871					2 992		
1978	5 224	3 883	2 997	886	597	435	744	4 413	3 358	30.9
1980	9 866	6 988	6 254	734	1 050	163	1 828	8 258	6 316	38.4
1985	25 283	15 926	12 066	3 860	2 716	680	6 641	17 183	12 256	99.4
1986	28 757	18 798	11 827	6 971	2 342	679	7 617	20 788	14 807	104.3
1987	36 659	21 361	12 180	9 181	8 275	369	7 023	21 017	14 027	117.2
1988	44 060	25 342	15 075	10 267	11 282	665	7 436	34 229	18 523	127.4
1989	52 025	30 100	15 932	10 874	14 045	524	7 880	40 250	19 946	136.0
1990	65 255	42 307	29 208	9 836	14 290	769	8 658	47 074	26 930	150.8
1991	90 791	63 269	47 490	12 132	13 591	534	13 931	72 925	48 326	168.1
1992	112 347	70 527	49 710	14 727	29 588	1 437	12 232	88 968	55 482	156.9
1993	199 194	79 402	47 912	18 558	84 868	2 430	34 924	100 310	63 680	211.8
1994	160 003	82 871	51 940	17 296	40 251	712	36 881	84 348	62 982	105.1
1995	181 676	88 909	54 372	25 919	59 030	4 410	33 737	93 642	88 909	111.9
1996	264 285	162 308	107 162	37 811	59 339	2 910	42 638	113 064	63 896	171.9
1997	395 770	214 403	161 394	30 717	56 464	4 563	50 901	288 675	269 921	151.2
1998	471 107	110 799	73 152	24 141	55 110	6 273	44 659	329 819	69 677	169.6

晋城市地方财政收支

REGIONAL FINANCIAL REVENUE AND EXPENDITURE OF JINCHENG

单位：万元 (10 000 yuan)

年份	地方财政收入	#各项税收	地方财政支出	#基本建设支出	#支援农业生产及农业事业费支出	#文教科卫支出	#教育事业费支出
1949	324	322	98			44	21
1952	641	628	265	1	1	118	60
1957	1 099	949	1 036	8	5	345	101
1965	2 578	1 534	1 452	86	56	634	288
1970	4 050	2 097	3 717	879	710	633	417
1975	5 090	3 577	4 688	1 045	1 007	1 112	729
1978	6 344	4 783	5 880	1 437	1 123	1 481	971
1980	7 278	5 031	5 626	274	1 229	2 072	1 427
1985	10 927	9 027	12 764	661	801	4 389	2 732
1986	11 669	9 518	15 189	1 365	925	5 070	3 250
1987	11 640	9 737	13 933	850	716	4 980	3 291
1988	14 326	12 468	17 248	689	952	6 055	4 041
1989	18 119	15 459	21 975	100	1 178	7 436	4 793
1990	20 118	18 199	23 924	135	1 690	8 372	5 512
1991	22 869	19 812	25 385	200	1 351	9 015	5 799
1992	23 967	22 319	27 252	340	1 731	10 249	6 935
1993	30 952	28 045	32 562	561	1 397	11 983	8 217
1994	27 852	19 886	41 608	100	2 075	17 381	12 413
1995	37 421	25 540	53 141	1 290	1 950	18 920	13 420
1996	46 280	32 372	63 945	80	2 086	22 617	15 998
1997	54 870	48 100	77 568	929	2 665	25 011	17 011
1998	61 784	53 189	83 012	360	3 214	26 467	17 785

晋城市职工工资总额和人民生活

TOTAL WAGE BILL OF STAFF AND WORKERS, PEOPLE'S LIVELIHOOD OF JINCHENG

年份	职工工资总额(万元)	#国有经济	#集体经济	职工平均货币工资(元)	城镇居民家庭人均可支配收入(元)	城镇居民家庭人均消费性支出(元)	农民人均纯收入(元)	城乡居民储蓄存款余额(万元)
1949	227	223	5	179				
1952	796	523	273	294				33
1957	1 882	1 156	727	384			4	574
1965	3 307	2 799	508	560			58	1 017
1970	3 927	3 322	605	543			82	1 324
1975	5 502	4 516	986	559			86	2 573
1978	6 867	5 643	1 224	582	300	230	108	3 609
1980	9 133	7 650	1 483	714	324	257	164	5 973
1985	16 793	13 918	2 875	1 067	537	451	424	28 413
1986	21 464	18 018	3 446	1 279	622	547	452	36 067
1987	23 999	19 946	4 053	1 387	735	671	466	48 812
1988	28 528	23 866	4 662	1 579	868	838	524	69 718
1989	34 544	28 897	5 647	1 823	1 121	976	566	102 031
1990	40 081	32 906	7 175	2 018	1 453	1 002	634	138 934
1991	43 763	35 867	7 896	2 119	1 547	1 097	626	178 454
1992	49 968	40 710	9 258	2 348	1 661	1 299	790	230 612
1993	58 196	48 152	9 984	2 694	1 976	1 444	1 016	301 192
1994	83 799	71 557	12 069	3 697	2 734	1 938	1 214	412 276
1995	99 082	82 113	15 727	4 466	3 475	2 394	1 552	583 477
1996	112 213	94 622	16 168	5 036	3 744	2 685	2 009	780 096
1997	122 983	103 360	17 898	5 344	4 150	2 853	2 393	925 795
1998	122 907	93 599	15 240	5 770	4 171	2 513	2 582	1 053 337

晋城市农业基本情况

BASIC STATISTICS ON AGRICULTURE OF JINCHENG

年份	耕地面积(千公顷)	#水田水浇地	播种面积(千公顷)	#粮食	#油料	#棉花	农业机械总动力(万千瓦)	化肥施用量(折纯,吨)	农村用电量(万千瓦小时)
1949	201.9	0.8	257.1	242.8	6.4	2.9			
1952	219.5	1.7	276.7	258.0	6.7	6.3			
1957	217.0	4.4	280.0	253.8	9.0	9.7	0.1		
1965	204.3	14.7	258.5	233.1	5.4	8.6	1.4		374
1970	202.5	18.5	254.9	229.4	5.0	8.8	3.8	2 883	1 969
1975	201.4	36.9	263.5	228.9	9.6	9.4	15.9	10 114	3 678
1978	201.3	29.6	259.5	222.3	7.4	11.9	25.9	26 667	4 507
1980	201.0	28.3	250.2	211.1	8.5	11.9	30.0	25 849	4 552
1985	194.8	23.8	225.2	194.5	11.2	4.6	57.3	28 396	8 402
1986	191.6	15.2	243.5	215.7	11.4	3.3	58.6	28 293	10 670
1987	190.4	14.1	248.9	220.3	12.3	4.1	60.8	31 331	14 617
1988	189.9	13.6	247.5	219.0	11.7	4.4	64.4	32 426	15 621
1989	189.7	16.8	247.7	219.4	11.6	4.7	75.7	34 082	18 767
1990	189.5	21.5	244.1	215.8	11.9	5.3	82.0	39 789	21 935
1991	189.3	22.4	244.0	215.7	11.9	2.3	87.7	40 464	25 214
1992	188.8	23.4	245.3	216.8	11.9	5.9	95.8	41 593	35 466
1993	188.4	24.2	246.0	216.4	12.6	5.4	116.8	45 229	45 035
1994	188.2	24.9	244.1	213.6	14.1	5.8	135.2	47 496	46 829
1995	187.9	26.1	240.4	209.5	15.1	6.2	138.0	49 667	55 587
1996	185.9	29.6	241.4	212.0	14.6	5.6	143.1	50 374	51 829
1997	197.6	27.5	229.8	201.7	12.7	5.5	141.5	50 922	61 848
1998	196.8	28.5	244.8	215.9	13.8	5.0	141.8	53 488	57 243

晋城市农林牧渔业总产值和指数

GROSS OUTPUT VALUE AND INDEX OF FARMING, FORESTRY, ANIMAL HUSBANDRY AND FISHERY OF JINCHENG

年份	农林牧渔业总产值（万元）	农业	林业	牧业	渔业	农林牧渔业总产值指数（上年=100）	农业	林业	牧业	渔业
1949	7 055	6 362	95	598						
1952	9 189	8 236	124	829		109.1	109.6	115.5	104.6	
1957	10 141	8 824	188	1 129		93.2	91.1	88.3	106.9	
1965	10 690	9 061	258	1 371		87.3	80.9	101.6	124.4	33.3
1970	14 371	12 439	753	1 179		123.6	119.7	122.3	90.1	166.7
1975	23 855	20 105	797	2 953		115.3	115.6	122.3	111.7	85.0
1978	23 337	19 182	783	3 368	4	98.4	98.2	85.4	110.7	125.0
1980	27 200	21 600	573	5 019	8	105.6	110.1	85.2	96.0	180.0
1985	41 326	29 657	3 686	7 978	5	77.8	68.6	96.6	108.1	64.3
1986	51 294	39 226	4 564	7 438	16	116.9	125.2	104.6	99.5	266.7
1987	52 293	39 033	3 254	9 990	16	96.2	98.4	70.8	100.7	112.5
1988	62 053	39 943	3 982	18 063	65	100.2	97.6	112.8	104.7	122.2
1989	71 534	48 372	3 886	19 227	49	112.2	115.4	93.8	108.7	100.0
1990	86 806	59 833	5 674	21 231	68	104.6	102.4	100.3	113.4	100.0
1991	68 292	42 618	5 014	20 593	67	77.1	70.2	81.0	96.7	129.5
1992	84 283	57 236	4 712	22 243	92	121.5	129.7	96.4	109.3	123.3
1993	111 665	82 013	4 003	25 544	105	121.1	129.6	81.6	107.1	112.2
1994	140 793	97 113	4 361	39 183	136	90.3	82.8	116.3	110.0	107.2
1995	170 611	120 143	5 003	45 308	157	110.3	110.9	100.9	110.6	118.0
1996	200 585	149 332	5 073	45 976	204	111.8	111.5	114.3	112.1	110.5
1997	141 180	93 223	5 470	42 265	222	73.9	69.4	89.2	82.0	106.0
1998	194 710	145 690	5 254	43 528	238	141.2	166.3	87.4	100.2	101.6

晋城市主要农产品产量

OUTPUT OF MAJOR FARM CROPS OF JINCHENG

年份	粮食（吨）	棉花（吨）	油料（吨）	水果（吨）	猪牛羊肉（吨）	禽蛋（吨）	水产品（吨）	大牲畜年末头数（万头）	猪年末头数（万头）	羊年末只数（万只）
1949	249 300	430	2 940	5 420	152	1 283		14.9	1.7	16.1
1952	320 740	1 140	3 480	7 190	342	1 908		21.5	4.3	33.3
1957	335 015	1 830	3 765	13 710	1 079	2 756		20.3	12.2	41.2
1965	339 855	2 770	3 515	25 610	2 463	2 006	19	19.1	27.9	57.1
1970	453 710	3 650	3 620	34 410	2 902	2 334	23	19.0	34.5	69.3
1975	541 115	2 625	5 565	32 580	7 269	2 729	96	19.0	64.6	62.5
1978	502 025	3 575	1 795	38 475	11 875	3 001	23	18.0	62.0	55.0
1980	555 040	3 545	4 890	42 675	13 630	3 200	45	17.0	52.0	52.0
1985	434 434	1 019	6 405	53 551	18 952	7 158	28	15.0	33.0	13.0
1986	595 172	1 388	8 629	59 801	16 741	8 597	90	16.0	34.0	14.0
1987	582 801	1 643	9 414	47 612	19 053	8 490	98	16.0	23.0	16.0
1988	550 696	1 698	9 351	60 317	19 167	9 497	124	16.0	24.0	18.0
1989	670 643	1 906	10 435	40 847	19 828	10 474	102	16.0	29.0	21.0
1990	685 540	2 196	12 096	31 911	24 886	11 575	198	16.0	27.0	19.0
1991	446 488	1 042	5 649	25 163	25 211	11 687	201	15.0	26.0	19.0
1992	574 305	2 618	14 232	34 350	27 398	13 429	203	15.0	29.0	19.0
1993	767 546	2 385	16 107	36 956	30 067	15 288	204	15.0	30.0	19.0
1994	595 706	1 677	11 226	31 974	32 380	16 514	216	15.0	33.0	20.0
1995	649 303	2 647	16 104	29 450	36 136	18 578	218	17.0	35.0	21.0
1996	763 473	2 452	16 933	34 659	39 976	21 019	281	19.0	40.0	26.0
1997	447 110	626	3 299	32 967	31 150	18 096	300	12.1	32.7	21.8
1998	836 392	2 579	20 457	41 079	63 094	15 132	301	12.1	35.1	24.1

晋城市乡镇企业基本情况

BASIC INDICATORS OF TOWNSHIP AND VILLAGE ENTERPRISES OF JINCHENG

年　份	乡镇企业单位数（个）	乡镇企业从业人员（万人）	乡镇企业总产值（万元）	乡镇企业营业收入（万元）	乡镇企业实际缴纳税金（万元）	乡镇企业税后利润净值（万元）	乡镇企业年末固定资产原价（万元）
1949							
1952							
1957							
1965							
1970							
1975							
1978	8 626	9.1	19 451	14 355	350	4 486	13 238
1980	7 329	9.6	21 253	14 225	312	5 742	17 473
1985	27 721	25.3	102 369	81 365	2 018	17 985	39 607
1986	31 089	24.6	115 017	82 556	2 356	19 987	48 081
1987	31 470	25.0	126 681	101 759	2 709	20 405	57 719
1988	32 149	25.5	144 005	118 058	3 360	21 371	66 711
1989	32 435	26.8	173 436	148 775	4 615	26 069	82 562
1990	33 320	27.0	263 754	174 664	5 730	28 069	97 657
1991	37 412	29.2	300 285	229 322	7 047	35 159	130 111
1992	54 554	36.6	545 525	409 920	8 233	53 043	201 857
1993	68 480	45.0	1 120 447	897 355	10 798	99 286	389 297
1994	77 345	50.5	1 391 060	1 121 463	15 778	117 277	460 892
1995	78 661	51.4	1 788 759	1 453 077	24 318	103 886	530 500
1996	77 911	52.2	2 335 289	1 838 824	26 779	129 001	611 750
1997	77 080	52.0	2 993 367	2 422 945	32 225	131 251	647 781
1998	9 142	32.3	1 923 308	1 593 703	35 822	85 313	589 753

晋城市工业生产情况

BASIC INDICATORS OF INDUSTRY OF JINCHENG

年　份	工业总产值（万元）	轻工业	重工业	工业总产值指数（上年=100）	轻工业	重工业	原煤产量（万吨）	发电量（万千瓦时）	钢产量（万吨）
1949	1 281	381	900				65		
1952	1 944	669	1 275	112.0	120.9	107.8	72		
1957	4 479	1 232	3 247	104.7	103.6	105.2	106	117	
1965	8 548	3 068	5 480	119.3	127.9	116.0	333	4 354	
1970	13 217	3 880	9 337	135.5	126.2	137.8	488	18 878	0.3
1975	30 403	7 228	23 175	122.4	106.7	126.8	661	46 708	1.1
1978	45 724	8 392	37 332	114.2	107.7	115.9	927	58 929	1.0
1980	60 980	10 022	50 958	104.4	102.5	104.8	1 307	54 494	1.0
1985	96 789	16 859	79 930	106.7	100.5	108.0	2 248	56 209	2.0
1986	100 479	17 658	82 821	108.3	106.9	108.5	2 327	57 341	2.0
1987	113 370	19 047	94 323	107.5	108.0	107.4	2 580	61 382	2.0
1988	135 021	21 278	113 743	110.3	106.5	111.0	2 823	66 499	2.0
1989	168 101	27 077	141 024	108.6	105.6	109.1	3 084	69 967	3.0
1990	182 739	25 117	157 622	102.3	88.8	104.7	3 099	70 145	3.0
1991	201 605	26 872	174 733	104.5	103.9	104.6	3 129	76 044	4.0
1992	244 290	30 852	213 438	109.5	107.1	109.9	3 271	94 552	5.0
1993	350 422	37 064	313 358	115.7	114.2	115.9	3 292	104 620	6.0
1994	365 958	43 102	322 856	100.8	106.3	100.0	3 226	108 018	5.0
1995	455 711	48 506	407 205	112.7	122.1	121.2	3 549	120 300	3.0
1996	533 838	51 564	482 274	113.1	112.1	113.3	3 985	118 308	4.0
1997	589 338	54 928	534 410	112.4	100.5	114.1	3 825	114 833	5.0
1998	650 825	64 154	586 671	108.0	111.1	107.7	4 021	113 205	3.7

续表 CONTINUED

年份	生铁产量(万吨)	水泥产量(万吨)	化肥产量(折纯,吨)	纱产量(吨)	棉布产量(万米)	饮料酒产量(吨)
1949	0.7					128
1952	1.6					146
1957	2.0				20	190
1965	0.2	1.5	100		4	131
1970	4.8	3.0	2 000	10	263	69
1975	8.2	5.1	12 000	2 350	778	637
1978	12.0	12.0	23 000	2 633	1 649	730
1980	10.0	13.0	32 000	3 117	1 203	974
1985	50.0	23.0	32 890	2 460	1 168	2 248
1986	46.0	30.0	27 145	3 250	1 370	2 708
1987	47.0	32.0	38 258	3 432	1 591	1 500
1988	58.0	32.0	43 696	3 710	1 635	1 705
1989	67.0	37.0	48 772	3 219	1 614	2 092
1990	69.0	40.0	57 200	2 624	1 318	1 114
1991	82.0	44.0	58 445	2 193	987	1 391
1992	138.0	50.0	54 988	3 082	1 124	1 894
1993	375.0	55.0	54 820	3 233	1 123	1 211
1994	371.0	57.0	59 600	2 927	1 050	2 302
1995	407.0	71.0	66 968	2 396	1 044	5 252
1996	338.0	94.0	84 658	2 420	1 004	7 821
1997	313.4	112.5	98 823	2 361	1 091	13 762
1998	291.7	98.0	121 312	2 460	1 068	13 828

晋城市独立核算工业企业主要指标

MAJOR INDICATORS OF INDEPENDENT ACCUNTING INDUSTRIAL ENTERPRISES OF JINCHENG

单位：万元 (10 000 yuan)

年份	职工人数(万人)	#国有工业	工业总产值(当年价格)	#国有工业	工业总产值(不变价格)	#国有工业	工业增加值	#国有工业	工业销售产值	#国有工业
1949										
1952										
1957										
1965										
1970										
1975										
1978	8.9	5.0	44 733	26 448	43 293	25 390				
1980	9.3	5.5	49 849	33 549	48 782	31 405				
1985	11.9	7.0	94 237	62 851	90 264	56 566				
1986	12.8	7.3	98 088	61 946	97 318	58 138				
1987	13.5	7.4	111 116	71 760	103 110	61 806				
1988	13.8	7.5	134 580	85 591	113 040	68 557				
1989	14.3	8.0	167 476	103 508	123 119	73 613				
1990	15.2	7.7	182 169	111 214	214 747	131 602				
1991	15.2	8.2	201 355	120 839	224 987	134 299				
1992	17.0	6.5	243 918	140 368	246 171	134 252				
1993	17.1	8.7	349 565	174 901	284 314	134 304	150 838	73 030	290 100	153 431
1994	16.5	8.5	364 292	190 262	286 147	131 750	142 313	79 876	325 922	179 472
1995	16.3	8.6	471 072	259 212	322 398	139 979	189 319	125 687	423 388	247 539
1996	15.9	8.2	532 131	287 600	362 893	150 562	211 947	132 279	527 039	287 947
1997	16.6	8.4	587 879	288 004	408 373	149 636	249 946	141 229	587 035	288 682
1998	13.8	6.6	650 825	239 542	458 585	126 219	272 390	120 306	629 708	239 321

续表 CONTINUED

单位：万元 (10 000 yuan)

年份	流动资产年平均余额	#国有工业	固定资产原价	#国有工业	固定资产净值年平均余额	#国有工业	资产总计	#国有工业	产品销售收入	#国有工业
1949										
1952										
1957										
1965										
1970										
1975										
1978	19 973	18 095	51 902	42 863	38 141	26 088	89 145	82 632	38 467	21 870
1980	30 080	22 719	64 472	53 132	47 842	42 018	139 066	113 784	42 900	30 782
1985	55 774	34 522	127 224	105 106	97 349	80 348	182 133	143 344	85 604	57 248
1986	60 378	39 137	138 414	112 470	91 033	70 726	236 960	185 659	93 119	64 812
1987	62 936	42 055	157 039	126 535	103 578	80 193	236 162	198 915	102 428	69 742
1988	68 279	44 270	176 384	141 644	135 840	109 944	267 425	200 370	133 121	90 568
1989	82 005	54 329	199 871	161 014	153 983	125 332	311 371	231 841	160 770	106 445
1990	112 214	69 663	228 256	182 904	162 678	132 496	351 647	262 937	176 163	115 897
1991	143 297	95 115	277 959	219 744	182 615	146 960	441 103	326 832	207 431	138 061
1992	175 430	112 909	316 084	247 574	202 255	159 483	513 363	372 135	241 941	156 791
1993	220 416	153 844	354 610	276 314	226 311	176 250	563 424	421 215	320 181	208 968
1994	285 439	196 150	434 473	338 616	267 189	202 625	682 475	488 579	325 240	209 075
1995	326 575	209 271	581 086	452 481	363 785	272 979	821 513	574 243	400 549	244 120
1996	381 529	233 385	674 273	529 890	422 521	319 597	958 405	680 440	480 867	282 176
1997	437 660	274 992	886 176	681 010	537 294	401 263	1210 123	851 279	505 526	269 169
1998	532 974	268 775	973 914	691 198	642 025	438 741	1379 919	838 263	601 670	255 431

年份	利税总额	#国有工业	百元固定资产原价实现利税（元）	#国有工业	资金利税率（%）	#国有工业	产值利税率（%）	#国有工业	百元销售收入实现利润（元）	#国有工业
1949										
1952										
1957										
1965										
1970										
1975										
1978	7 581	5 046	14.61	11.77	13.05	11.42	16.94	19.08	13.69	24.88
1980	14 040	11 132	21.78	20.95	17.85	17.20	28.17	33.18	26.18	22.06
1985	18 298	12 923	14.38	12.30	11.95	11.25	19.42	20.56	12.94	13.50
1986	17 849	13 090	12.90	11.64	11.79	11.91	18.20	21.13	12.38	13.70
1987	15 293	11 375	9.74	8.99	9.18	9.30	13.74	15.85	8.48	8.52
1988	22 600	16 590	12.81	11.71	11.07	10.76	16.79	19.38	10.12	11.70
1989	23 390	14 762	11.70	9.17	9.91	8.22	13.97	14.26	7.91	6.77
1990	21 094	11 186	9.24	6.12	7.67	5.53	11.58	10.06	4.83	4.54
1991	29 889	19 511	10.75	8.88	9.17	8.06	14.84	16.15	8.16	7.78
1992	32 943	21 106	10.42	8.53	8.72	7.75	13.51	15.04	7.53	7.41
1993	33 055	21 588	9.32	7.81	7.40	6.54	9.46	12.34	5.47	4.89
1994	45 240	34 246	10.41	10.11	8.19	8.54	12.42	18.00	3.80	4.30
1995	60 442	37 750	10.40	8.34	8.76	7.83	12.83	14.56	5.41	6.03
1996	76 110	48 412	11.29	9.14	9.47	8.75	14.30	16.83	6.04	6.74
1997	68 953	37 773	7.78	5.55	7.07	5.59	11.73	13.12	4.11	3.68
1998	79 356	31 569	8.15	4.57	6.75	4.46	12.19	13.18	5.30	2.81

晋城市交通运输邮电通讯业

TRANSPORTATION, POSTS AND TELECOMMUNICATIONS SERVICES OF JINCHENG

年 份	公路客运量（万人）	公路货运量（万吨）	公路旅客周转量（万人公里）	公路货物周转量（万吨公里）	邮电局所数（个）	邮电业务总量（万元）	长话电路（路）	市内电话机（部）	农村电话机（部）
1949		4		40	33			5	25
1952	7	14	100	132	48	37		83	40
1957	24	46	250	460	44	101		234	183
1965	106	200	2 960	1 242	95	270		667	1 948
1970	147	280	4 780	1 645	137	251		747	2 041
1975	194	368	4 000	2 176	95	409		2 003	2 159
1978	229	436	10 330	4 100	99	452		3 123	2 200
1980	302	574	11 070	3 935	101	500		3 873	2 397
1985	539	1 075	22 710	47 231	102	675	42	4 883	2 759
1986	740	1 960	28 120	63 089	103	679	46	4 655	3 398
1987	911	1 751	33 230	77 389	104	736	70	4 390	3 858
1988	1 180	1 924	43 570	84 084	105	771	79	5 494	3 773
1989	1 216	2 052	42 420	89 654	105	777	78	5 871	3 773
1990	1 153	2 418	39 820	107 343	104	916	107	9 751	3 787
1991	1 537	3 072	56 390	142 256	103	1 216	191	10 607	3 922
1992	1 860	3 645	62 020	157 483	103	1 636	262	13 159	4 231
1993	2 244	4 242	72 300	184 806	102	2 211	480	18 950	4 681
1994	2 333	4 576	73 100	198 842	103	3 714	740	24 476	5 068
1995	2 671	5 050	80 970	199 761	102	5 762	839	32 891	5 553
1996	3 216	5 399	99 080	209 320	107	9 029	846	40 221	6 883
1997	3 680	6 041	110 180	224 811	108	12 874	1 538	43 493	12 273
1998	3 844	6 345	115 270	228 579	187	18 927	1 835	54 038	22 743

晋城市国内外贸易

DOMESTIC AND FOREIGN TRADE OF JINCHENG

年 份	社会消费品零售总额（万元）	#国有经济	#集体经济	#个体经济	#农民对非农业居民零售	实际利用外资额（万美元）	#外商直接投资	接待旅游总人数（人次）	#外国人	旅游外汇收入（万美元）
1949	1 373	623	750		129					
1952	2 561	1 211	1 350		175					
1957	4 656	2 200	2 456		112					
1965	7 231	3 409	3 822		269					
1970	9 823	4 801	5 022		53					
1975	12 934	6 100	6 834							
1978	22 829	10 090	10 357	2 382						
1980	26 180	11 257	11 872	3 051	66					
1985	55 297	22 602	23 742	8 953	3 260					
1986	61 225	22 947	27 590	10 688	4 199					
1987	66 383	25 138	29 141	12 104	3 724					
1988	78 607	30 528	29 628	18 451	4 093					
1989	93 211	38 013	36 876	18 322	4 415			46	46	1
1990	98 998	39 481	43 924	15 593	5 391			17	17	1
1991	104 587	42 678	43 509	15 400	5 563			112	53	1
1992	129 625	49 123	54 716	25 786	6 346	54	54	118	56	1
1993	155 954	34 889	69 951	51 114	10 954	155	155	150	50	2
1994	192 974	39 256	77 851	75 867	14 896	41	41	171	52	2
1995	258 946	70 722	68 689	119 535	20 200	161	161	212	46	2
1996	281 481	86 095	75 536	119 474	27 746	50	50	530	440	6
1997	345 068	81 628	67 964	147 050	44 297	297	297	561	436	15
1998	389 130	82 156	82 642	159 347	53 777	75	75	2 682	1 183	44

晋城市教育科技卫生

SCIENCE AND TECHNOLOGY, EDUCATION AND HEALTH CARE OF JINCHENG

年份	学校数（所）	小学	普通中学	中等专业学校	高等学校	在校学生数（万人）	小学	普通中学
1949	1 793	1 788	2			7.8	7.7	0.1
1952	2 480	2 476	2			11.7	11.5	0.1
1957	2 681	2 667	13			16.6	15.9	0.6
1965	3 915	3 642	263	10		26.4	24.2	1.9
1970	3 773	3 010	757	6		29.4	13.6	15.8
1975	4 139	3 136	1 002	1		36.7	27.1	9.6
1978	4 279	3 064	1 214	1		42.0	27.0	14.0
1980	4 297	3 491	800	1		41.0	27.0	14.0
1985	4 145	3 791	346	2	1	35.0	24.0	11.0
1986	4 100	3 778	313	2	1	33.0	22.0	11.0
1987	4 090	3 788	293	2	1	32.0	20.0	11.0
1988	4 092	3 802	281	2	1	31.0	19.0	12.0
1989	4 057	3 773	275	2	1	30.0	18.0	11.0
1990	4 042	3 767	266	2	1	30.0	18.0	12.0
1991	3 988	3 723	256	2	1	29.0	17.0	11.0
1992	3 957	3 695	253	2	1	28.0	17.0	11.0
1993	3 941	3 682	250	2	1	27.0	17.0	11.0
1994	3 910	3 653	248	2	1	28.0	17.0	10.0
1995	3 797	3 545	242	2		28.0	17.0	11.0
1996	3 751	3 500	216	2		29.0	18.0	11.0
1997	3 573	3 331	208	2		30.0	18.7	10.1
1998	3 522	3 283	220	4		30.5	19.2	10.1

年份	中等专业学校（人）	高等学校（人）	专任教师数（人）	小学	普通中学	中等专业学校	高等学校
1949	359		2 236	2 159	31	46	
1952	731		3 751	3 536	134	81	
1957	499		4 933	4 452	430	51	
1965	1 165		10 465	8 975	1 378	112	
1970	1 092		15 013	11 351	3 575	87	
1975	450		18 372	9 914	6 938	66	
1978	451		20 913	9 340	10 526	77	
1980	674		22 485	10 706	9 758	91	
1985	855	273	23 932	12 729	7 808	149	147
1986	1 186	330	24 898	12 925	8 288	163	139
1987	1 267	349	24 487	12 468	8 177	171	138
1988	1 445	413	26 663	13 136	9 212	175	131
1989	1 507	436	27 143	13 114	9 477	185	133
1990	1 586	431	27 721	13 156	9 756	173	130
1991	1 594	341	28 060	13 116	9 911	177	129
1992	1 454	251	28 754	13 189	9 408	179	123
1993	1 580	321	39 395	13 266	9 480	191	129
1994	1 626	318	29 852	13 384	10 305	208	130
1995	1 605		30 323	13 628	10 369	219	
1996	1 603		31 417	12 890	8 957	219	
1997	1 597		31 573	12 598	8 973	226	
1998	1 521		32 226	12 714	9 079	182	

续表 CONTINUED

年 份	毕业生数（万人）	小 学	普通中学	中等专业学校（人）	高等学校（人）	学龄儿童入学率（%）	国有单位自然科技人员数（人）
1949	0.3	0.3	…	…			29
1952	1.1	1.1	…	81			111
1957	2.9	2.8	0.1				310
1965	5.0	4.7	0.3	73			561
1970	4.4	2.4	1.9	492			783
1975	8.6	5.2	3.4	229			1 009
1978	11.0	5.0	6.0	250		99.0	2 543
1980	7.0	5.0	2.0	249		99.0	3 028
1985	8.0	5.0	3.0	389	118	99.0	6 355
1986	8.0	5.0	3.0	378	115	99.0	6 685
1987	8.0	5.0	3.0	442	189	99.0	7 006
1988	8.0	5.0	3.0	388	141	99.0	7 307
1989	9.0	5.0	4.0	489	198	99.0	7 680
1990	8.0	4.0	4.0	517	208	99.0	7 872
1991	8.0	3.0	4.0	560	228	99.0	8 203
1992	7.0	3.0	4.0	605	203	99.0	8 588
1993	7.0	3.0	4.0	590	111	99.0	9 018
1994	7.0	3.0	3.0	552	140	99.2	9 469
1995	7.0	3.0	4.0	615		99.0	9 942
1996	6.0	3.0	3.0	595		99.2	10 138
1997	6.7	3.1	3.3	595		97.7	10 299
1998	6.8	3.1	3.4	422		98.2	10 473

年 份	卫生机构数（个）	#医 院	卫生机构床位数（张）	#医 院	卫生技术人员（人）	#医 生
1949	40	31	26	23	356	198
1952	115	70	86	71	501	276
1957	389	140	419	388	1 985	999
1965	592	140	1 363	1 268	3 039	1 544
1970	130	101	1 631	1 517	3 831	1 953
1975	249	128	3 809	3 469	3 343	1 779
1978	263	130	4 113	3 779	3 633	2 015
1980	261	139	4 340	3 811	4 347	2 207
1985	310	150	5 189	4 938	5 683	2 573
1986	311	150	5 387	5 151	5 739	2 597
1987	321	152	5 497	5 246	5 661	2 524
1988	318	153	5 706	5 381	5 988	2 802
1989	321	153	6 016	5 690	6 537	3 115
1990	318	153	6 148	5 861	6 647	3 415
1991	323	155	6 352	6 039	6 959	3 643
1992	405	145	6 556	6 211	6 884	3 585
1993	318	153	6 842	6 570	7 055	3 858
1994	170	146	6 248	6 158	6 488	3 371
1995	307	150	6 481	6 187	7 497	4 106
1996	181	150	6 165	6 035	6 853	3 540
1997	182	152	6 276	5 530	7 550	3 734
1998	182	151	6 098	6 881	7 598	3 738

朔州市人口和社会从业人员

NUMBER OF POPULATION AND EMPLOYMEES OF SHUOZHOU

单位：万人 (10 000 person)

年份	年末总人口	城镇人口	乡村人口	人口自然增长率(‰)	社会从业人员	职工	#国有经济	#城镇集体经济	城镇私营企业和个体从业人员	农村从业人员
1949	62.7	3.5	59.2	22.24	27.0	0.5	0.4	0.1	0.1	26.4
1952	66.0	4.0	62.0	21.89	30.4	0.8	0.7	0.1	0.1	29.3
1957	73.1	6.5	66.6	17.25	32.2	1.7	1.4	0.3	0.1	30.4
1965	81.3	5.5	75.8	22.68	31.3	2.5	2.2	0.3	0.1	28.5
1970	91.7	6.5	85.2	21.36	34.9	3.4	3.0	0.4	0.1	29.4
1975	100.5	7.6	92.9	17.34	37.7	4.8	3.9	0.9	0.1	31.2
1978	103.9	8.1	95.8	8.37	36.6	6.6	5.2	1.3	0.2	29.8
1980	105.8	9.5	96.4	10.67	38.4	7.3	6.1	1.2	0.2	30.9
1985	111.5	11.7	99.8	9.83	45.1	9.9	7.7	3.0	0.7	34.4
1986	112.4	12.4	100.0	9.79	45.9	10.8	8.2	2.2	0.7	34.4
1987	114.0	13.4	100.7	11.75	47.9	11.8	8.7	2.0	0.7	35.4
1988	116.6	16.7	99.9	9.65	47.3	12.5	9.2	2.7	0.8	34.0
1989	118.1	15.9	102.2	10.89	51.0	12.7	9.5	2.9	0.9	37.4
1990	120.8	15.9	104.8	16.94	55.4	13.2	9.8	2.8	1.2	41.1
1991	122.1	16.5	105.6	9.59	56.1	14.0	11.1	3.0	1.2	40.9
1992	123.7	17.5	106.2	11.91	58.1	14.6	11.7	2.9	1.6	41.9
1993	125.8	18.9	106.9	9.22	56.9	14.7	12.3	2.7	1.4	40.8
1994	128.5	22.8	105.7	8.95	55.9	15.4	13.0	2.7	1.7	38.8
1995	130.6	24.9	105.7	9.16	60.0	15.7	13.1	2.5	3.0	41.3
1996	131.8	26.0	105.7	7.81	58.3	15.8	13.2	2.6	1.0	41.4
1997	132.6	26.9	105.7	8.16	51.6	16.0	13.6	2.4	1.7	33.9
1998	133.6	28.4	105.2	6.65	49.8	13.5	11.4	1.7	1.4	34.9

朔州市国内生产总值及指数

GROSS DOMESTIC PRODUCTS AND ITS INDEX OF SHUOZHOU

年份	国内生产总值(亿元)	第一产业	第二产业	第三产业	人均国内生产总值(元)	国内生产总值指数(上年=100)	第一产业	第二产业	第三产业
1949	0.7	0.5	0.2		111				
1952	0.8	0.5	0.3		121	105.3	102.4	116.8	103.3
1957	1.3	0.6	0.5	0.2	178	100.1	88.9	122.7	103.4
1965	1.7	0.7	0.6	0.4	209	101.7	85.6	129.3	107.4
1970	2.1	0.9	0.7	0.5	229	108.5	105.8	112.3	109.6
1975	2.8	1.2	1.0	0.6	278	104.6	97.4	114.0	106.8
1978	3.5	1.3	1.4	0.8	400	104.0	89.7	112.7	120.3
1980	4.2	1.6	1.5	1.1	400	108.1	109.6	105.0	110.3
1985	8.7	3.0	3.4	2.3	803	110.7	98.6	120.9	115.3
1986	10.0	2.9	4.2	2.9	930	113.9	98.2	123.0	121.6
1987	11.9	3.4	5.1	3.4	982	115.7	106.6	121.9	116.3
1988	14.9	3.7	7.2	4.0	1 206	123.9	106.6	138.4	118.5
1989	17.6	4.5	8.5	4.6	1 349	114.7	118.4	113.7	113.2
1990	21.8	5.4	11.1	5.3	1 818	111.6	111.5	115.5	104.7
1991	23.8	5.0	12.8	5.9	1 955	109.4	94.7	116.6	109.2
1992	29.9	5.5	17.0	7.4	2 196	113.5	102.9	112.8	124.0
1993	37.4	7.6	19.8	10.0	3 077	120.5	119.6	117.5	127.0
1994	47.2	10.8	22.8	13.6	3 714	118.1	119.6	113.7	125.0
1995	53.1	11.3	24.2	17.6	4 098	110.0	85.3	111.5	123.4
1996	64.6	13.2	30.5	20.9	4 929	114.0	117.0	112.1	115.5
1997	75.0	13.5	37.5	23.9	5 676	109.9	96.7	113.4	110.7
1998	83.0	14.8	42.5	25.7	6 209	109.1	101.3	113.0	106.2

朔州市全社会固定资产投资

TOTAL INVESTMENT IN FIXED ASSETS OF SHUOZHOU

单位：万元 (10 000 yuan)

年 份	全社会固定资产投资	国有经济	#基本建设	#更新改造	集体经济	#城镇集体经济	城乡个人	全社会固定资产投资新增固定资产	#国有经济	房屋竣工面积(万平方米)
1949	314	273	273		10	10	31	197	171	
1952	421	342	342		20	20	59	338	274	0.5
1957	787	533	533		73	68	181	505	342	1.2
1965	1 189	858	780	78	124		207	882	636	2.6
1970	2 093	1 738	1 456	282	96	90	259	1 312	1 089	2.3
1975	2 666	2 186	2 026	160	66	64	414	1 875	1 537	4.2
1978	9 721	8 238	8 209	29	145	78	1 339	1 707	1 433	20.9
1980	13 104	11 193	10 722	471	331	178	1 408	2 314	2 276	21.5
1985	63 378	59 862	56 943	2 919	833	446	2 559	9 884	8 976	29.9
1986	83 481	79 950	77 730	2 220	804	431	2 570	14 498	12 369	31.3
1987	69 305	64 868	59 198	5 670	1 575	844	2 613	13 761	11 628	30.4
1988	50 274	46 020	41 685	4 335	1 466	786	2 745	9 904	8 722	33.7
1989	46 507	41 147	38 425	2 722	1 172	628	3 733	9 806	8 907	37.3
1990	63 897	59 134	54 313	4 411	1 397	818	3 366	14 024	12 465	23.9
1991	84 700	79 720	70 397	6 881	1 275	612	3 705	100 845	99 785	41.8
1992	93 879	85 144	72 887	7 962	2 517	1 162	6 218	120 341	117 558	45.8
1993	97 012	78 677	67 889	3 298	5 098	1 466	13 237	70 940	69 340	62.5
1994	57 296	39 923	15 453	7 390	2 797	1 899	14 576	11 082	10 123	48.6
1995	44 270	31 596	13 878	4 028	1 998	336	10 676	9 943	7 856	40.5
1996	52 159	40 898	22 568	13 063	1 884	420	9 377	32 144	31 047	18.4
1997	75 143	51 743	31 773	16 098	1 916	232	13 783	35 293	35 292	11.1
1998	201 878	171 120	127 837	10 283	6 702	365	24 054	103 482	98 497	17.2

朔州市地方财政收支

REGIONAL FINANCIAL REVENUE AND EXPENDITURE OF SHUOZHOU

单位：万元 (10 000 yuan)

年 份	地方财政收入	#各项税收	地方财政支出	#基本建设支出	#支援农业生产及农业事业费支出	#文教科卫支出	#教育事业费支出
1949	85	83	26	1	1	11	3
1952	368	362	112	5	7	37	16
1957	542	488	712	59	69	343	142
1965	889	651	1 131	249	275	470	233
1970	1 123	800	1 264	265	298	487	249
1975	1 661	1 465	2 413	392	768	718	360
1978	2 120	2 008	3 187	35	632	693	489
1980	3 087	2 799	4 182	36	832	959	847
1985	9 290	9 088	9 569	42	1 300	3 266	1 850
1986	10 448	10 227	11 517	142	1 678	3 576	2 393
1987	11 404	10 686	11 199	256	2 268	4 635	2 418
1988	14 089	13 929	13 240	476	2 396	5 609	2 986
1989	15 070	14 996	16 460	498	2 408	6 008	3 372
1990	18 222	18 000	22 635	599	2 722	6 217	3 829
1991	20 358	20 342	25 815	1 025	2 238	6 802	3 950
1992	22 129	22 722	27 424	1 113	2 564	8 374	4 844
1993	21 060	13 753	32 037	1 024	2 081	9 048	5 195
1994	26 641	17 518	40 367	879	2 830	13 174	8 117
1995	32 421	20 179	47 821	1 390	4 600	13 781	8 595
1996	36 883	23 725	54 295	660	5 004	12 183	10 015
1997	37 983	26 263	54 740	50	7 017	16 165	10 877
1998	39 727	28 135	58 187		6 801	17 623	12 014

朔州市职工工资总额和人民生活

TOTAL WAGE BILL OF STAFF AND WORKERS, PEOPLE'S LIVELIHOOD OF SHUOZHOU

年份	职工工资总额（万元）	#国有经济	#集体经济	职工平均货币工资（元）	城镇居民家庭人均可支配收入（元）	城镇居民家庭人均消费性支出（元）	农民人均纯收入（元）	城乡居民储蓄存款余额（万元）
1949	70	60	10	140			19	
1952	205	186	19	256			25	72
1957	760	706	54	447			29	173
1965	1 416	1 278	138	566			39	692
1970	1 755	1 553	202	516			47	1 043
1975	2 669	2 097	572	556			61	1 491
1978	3 467	2 863	604	576	558	101	77	1 575
1980	4 918	4 236	682	705	697	259	102	3 381
1985	9 886	8 014	1 872	1 041	874	722	373	13 914
1986	13 110	9 990	3 120	1 234	1 053	843	332	18 528
1987	15 667	11 232	4 436	1 303	1 060	852	383	26 140
1988	19 544	14 208	5 337	1 506	1 136	935	441	35 982
1989	23 267	16 692	6 575	1 889	1 272	968	462	45 193
1990	27 888	22 800	5 088	2 102	1 364	928	991	72 243
1991	31 865	25 993	5 872	2 265	1 489	918	942	100 472
1992	36 709	30 472	6 237	2 516	1 762	1 230	874	133 481
1993	42 257	36 084	6 173	2 875	2 236	1 371	807	165 080
1994	56 022	48 494	7 528	3 529	3 032	1 632	1 098	221 573
1995	59 886	54 891	4 995	3 362	3 606	2 187	1 230	220 755
1996	71 050	62 273	8 777	4 531	3 976	2 815	1 660	362 448
1997	77 074	68 613	8 461	4 806	4 412	1 936	2 027	423 451
1998	73 436	65 972	7 463	5 600	4 417	2 865	2 306	491 746

朔州市农业基本情况

BASIC STATISTICS ON AGRICULTURE OF SHUOZHOU

年份	耕地面积（千公顷）	#水田水浇地	播种面积（千公顷）	#粮食	#油料	农业机械总动力（万千瓦）	化肥施用量（折纯，吨）	农村用电量（万千瓦小时）
1949	345.2	16.7	320.9	296.1	21.6			
1952	382.5	45.3	362.4	329.3	27.8			
1957	372.4	62.1	360.2	329.4	24.9		13	
1965	375.2	77.1	366.3	334.4	25.7	1.3	1 520	304
1970	306.2	78.4	300.1	251.9	28.4	3.3	5 088	1 242
1975	347.9	82.8	343.3	306.3	34.8	12.4	16 590	4 031
1978	354.9	80.3	353.2	295.1	40.6	22.8	20 010	5 646
1980	359.3	99.1	356.6	283.0	51.7	26.7	26 161	4 910
1985	330.3	90.7	330.3	219.5	72.2	42.8	32 010	7 845
1986	326.6	86.4	326.6	229.1	58.4	45.2	31 788	9 080
1987	301.7	92.9	301.7	236.5	50.5	47.5	30 504	8 865
1988	324.3	97.4	324.3	227.5	54.6	50.0	33 604	8 961
1989	323.5	98.6	323.5	240.1	43.7	52.1	35 778	11 725
1990	323.4	100.8	323.4	238.2	49.6	53.1	38 902	9 443
1991	322.9	101.6	322.9	248.0	49.0	55.6	41 777	12 922
1992	320.2	102.6	320.2	234.7	45.2	61.5	45 069	15 078
1993	321.6	103.2	319.3	238.9	44.7	62.4	39 400	10 546
1994	321.3	103.4	317.8	233.0	49.8	66.3	42 900	11 085
1995	320.8	111.5	319.5	237.1	48.6	68.2	48 100	10 876
1996	320.8	113.7	319.2	234.8	45.8	69.5	51 414	10 641
1997	342.2	102.8	320.6	231.8	43.7	70.6	52 365	12 190
1998	334.4	103.0	322.4	232.5	47.1	77.0	50 678	13 102

朔州市农林牧渔业总产值和指数

GROSS OUTPUT VALUE AND INDEX OF FARMING, FORESTRY, ANIMAL HUSBANDRY AND FISHERY OF SHUOZHOU

年　份	农林牧渔业总产值（万元）	农业	林业	牧业	渔业	农林牧渔业总产值指数（上年＝100）	农业	林业	牧业	渔业
1949	6 529	5 246	354	929						
1952	8 926	7 277	425	1 224		121.8	134.8	122.7	116.9	
1957	10 967	8 208	1 061	1 698		85.5	81.4	83.1	96.3	
1965	10 297	7 238	1 161	1 898		86.1	77.2	65.2	106.3	
1970	16 004	11 991	2 172	1 841		105.8	103.9	165.3	103.7	
1975	20 179	16 490	872	2 817		98.1	95.7	111.7	101.9	
1978	14 776	9 788	1 738	3 233	19	95.0	89.0	110.0	120.0	102.0
1980	19 163	12 458	1 884	4 767	54	106.1	87.3	107.2	117.8	158.6
1985	32 251	22 442	2 591	7 161	57	70.7	67.0	59.3	107.8	49.8
1986	36 300	26 449	1 585	8 233	33	89.7	86.6	54.1	108.6	47.2
1987	44 746	34 086	1 432	9 181	47	108.0	109.4	98.4	102.2	136.1
1988	51 563	35 766	2 180	13 565	52	117.3	129.4	152.6	123.2	107.3
1989	49 850	35 001	2 028	12 767	54	97.9	93.5	76.3	110.3	100.6
1990	59 238	40 850	3 156	15 194	38	118.5	116.2	155.6	114.9	68.9
1991	62 892	42 011	3 391	17 450	40	105.2	100.1	117.6	117.6	114.4
1992	88 198	58 915	3 219	25 710	54	101.9	107.8	109.4	99.1	129.1
1993	116 309	80 223	3 952	32 073	61	120.6	124.3	107.4	113.7	25.0
1994	189 199	132 264	5 286	51 575	74	109.1	114.3	88.4	124.0	180.5
1995	202 372	124 831	5 391	72 080	70	107.0	94.4	102.0	139.8	94.6
1996	256 054	173 849	4 758	77 362	85	139.9	163.2	109.4	109.9	109.8
1997	262 019	181 937	9 318	70 659	105	96.7	96.7	126.8	94.7	98.2
1998	285 248	198 521	8 117	78 527	83	109.3	108.8	94.3	111.6	81.8

朔州市主要农产品产量

OUTPUT OF MAJOR FARM CROPS OF SHUOZHOU

年　份	粮食（吨）	油料（吨）	糖料（吨）	水果（吨）	猪牛羊肉（吨）	禽蛋（吨）	水产品（吨）	大牲畜年末头数（万头）	猪年末头数（万头）	羊年末只数（万只）
1949	147 785	3 923	27	219	612	434		7.3	1.6	15.2
1952	197 258	7 201	80	283	2 281	634		11.1	2.3	36.2
1957	181 826	6 258	218	527	1 868	820		10.8	6.2	32.8
1965	182 413	5 775	10 954	596	4 300	1 073		12.7	13.6	43.7
1970	270 072	8 364	8 155	1 323	3 426	1 127		14.8	10.0	33.2
1975	399 824	6 132	14 524	691	3 983	1 332		16.0	11.7	47.6
1978	338 978	6 842	5 874	880	6 304	2 212	22	15.2	13.3	41.3
1980	351 643	16 682	34 984	1 213	8 833	3 403	25	15.3	16.6	44.8
1985	376 757	49 414	113 207	3 161	11 127	5 203	40	19.2	11.8	33.9
1986	334 856	33 926	162 700	2 314	12 016	6 919	45	19.0	11.0	36.0
1987	410 468	32 253	130 715	2 422	16 313	5 081	40	19.2	9.0	41.7
1988	490 796	39 582	318 326	2 611	14 444	5 497	49	19.7	9.7	53.3
1989	495 826	32 966	202 690	2 972	11 986	6 419	71	20.4	10.2	58.3
1990	503 384	43 419	235 500	2 483	14 938	7 854	64	21.6	11.3	55.6
1991	533 301	50 397	346 400	3 311	19 493	10 379	60	22.2	12.8	57.8
1992	523 529	44 827	350 100	2 759	20 065	9 517	63	23.0	14.2	59.9
1993	606 134	54 945	403 600	3 485	22 368	10 755	69	23.1	16.0	61.2
1994	638 947	65 700	400 500	2 610	25 954	12 729	74	26.5	21.0	70.5
1995	408 409	16 496	464 780	2 521	34 441	14 980	77	29.3	22.3	79.9
1996	696 096	50 259	391 275	2 429	37 888	16 946	82	30.8	24.5	89.8
1997	634 593	45 734	423 453	2 218	32 663	10 642	78	28.6	23.6	90.6
1998	658 699	54 637	397 456	2 084	38 025	11 754	76	30.2	26.0	98.5

朔州市乡镇企业基本情况

BASIC INDICATORS OF TOWNSHIP AND VILLAGE ENTERPRISES OF SHUOZHOU

年份	乡镇企业单位数（个）	乡镇企业从业人员（万人）	乡镇企业总产值（万元）	乡镇企业营业收入（万元）	乡镇企业实际缴纳税金（万元）	乡镇企业税后利润净值（万元）	乡镇企业年末固定资产原价（万元）
1949	83	1.3	14	10	1	2	16
1952	207	1.5	26	25	2	2	41
1957	409	1.8	77	92	5	9	71
1965	550	1.9	80	88	10	17	83
1970	680	2.5	306	258	19	23	154
1975	968	2.5	952	861	52	70	1 092
1978	4 019	2.7	6 590	4 630	109	1 046	3 749
1980	3 136	4.3	11 454	7 669	265	2 705	5 984
1985	11 048	10.8	54 338	39 798	1 921	7 205	13 778
1986	11 019	8.6	49 123	39 150	1 583	5 667	26 963
1987	11 219	8.3	52 525	42 279	1 599	5 669	18 228
1988	11 715	8.4	58 843	48 014	1 691	8 177	19 774
1989	12 137	8.4	70 130	53 287	1 985	8 850	21 041
1990	12 712	9.0	80 241	65 792	2 478	11 061	28 297
1991	12 692	9.5	98 236	83 205	3 160	11 115	37 950
1992	17 240	11.7	138 251	117 136	4 468	15 866	54 796
1993	25 426	14.7	261 672	251 631	7 843	26 160	71 575
1994	33 013	16.3	407 180	352 643	13 178	38 225	130 416
1995	36 056	19.4	551 491	490 097	19 986	48 263	163 023
1996	37 115	18.7	767 677	659 544	11 226	59 587	188 897
1997	4 005	6.7	346 121	379 843	14 553	50 175	205 426
1998	3 387	7.2	421 462	419 010	16 596	52 294	276 682

朔州市工业生产情况

BASIC INDICATORS OF INDUSTRY OF SHUOZHOU

年份	工业总产值（万元）	轻工业	重工业	工业总产值指数（上年＝100）	轻工业	重工业	原煤产量（万吨）	发电量（万千瓦时）
1949	215	112	103				4	
1952	624	257	367	123.2	100.0	130.9	23	1
1957	1 764	591	1 173	126.2	127.8	125.7	62	3
1965	3 369	1 233	2 136	104.6	78.8	128.5	109	406
1970	6 224	2 493	3 731	116.8	115.5	117.0	255	1 446
1975	13 057	4 553	8 504	119.5	120.5	119.3	224	5 089
1978	23 138	8 351	14 787	103.2	101.8	103.9	299	45 501
1980	28 915	9 893	19 022	125.2	116.2	131.6	479	93 534
1985	76 659	20 754	55 905	116.7	112.6	116.8	1 280	337 518
1986	76 482	16 979	59 503	100.1	85.8	105.9	1 251	355 141
1987	96 042	19 001	77 041	126.4	114.8	130.6	1 454	620 361
1988	121 432	25 658	95 774	126.5	131.6	124.4	1 538	630 988
1989	186 274	25 395	160 879	153.9	99.0	167.2	2 502	698 932
1990	215 731	24 291	191 440	115.9	95.7	116.9	2 857	701 982
1991	257 818	29 764	228 054	110.4	122.9	108.5	3 304	668 553
1992	302 178	32 845	269 333	110.3	111.2	110.2	3 314	738 475
1993	386 075	38 098	347 977	115.2	105.0	116.6	3 534	970 125
1994	463 924	57 403	406 521	115.2	139.2	112.1	3 683	1 098 843
1995	537 839	70 367	467 472	105.4	116.8	103.6	3 937	1 201 670
1996	692 191	86 228	605 963	118.9	115.1	119.6	3 869	1 221 407
1997	724 181	110 974	613 207	107.3	124.9	104.2	3 763	1 244 258
1998	614 247	65 883	548 364	109.6	113.7	108.9	3 523	1 136 134

续表 CONTINUED

年 份	钢产量 (万吨)	生 铁 产 量 (万吨)	焦 炭 产 量 (万吨)	水 泥 产 量 (万吨)	化 肥 产 量 (折纯,吨)	棉 布 产 量 (万米)	饮料酒 产 量 (吨)
1949							64
1952							355
1957		0.03					308
1965		0.04					257
1970		0.05	0.80		2 311		212
1975		0.11	1.90	1.00	14 078		1 204
1978		0.50	2.14	6.39	35 602	78	2 215
1980		0.12	0.88	8.54	47 724	82	2 880
1985		0.11	2.05	13.42	52 752	91	4 394
1986		0.11	1.10	13.66	47 141	82	4 709
1987		0.17	1.00	15.99	42 733	46	4 998
1988		0.20	1.00	17.58	53 885	63	5 020
1989		0.10	1.70	17.16	54 105	86	5 048
1990		0.07	1.30	17.34	44 211	105	5 743
1991		0.03	1.05	16.86	49 885	102	9 547
1992		0.14	1.07	18.83	32 600	115	10 839
1993		0.13	1.26	26.65	40 817	82	13 085
1994	0.7	0.12	1.21	29.66	26 397	76	11 619
1995	0.2	0.13	1.81	32.37	73 518	59	10 638
1996	0.5			33.93	85 793	16	14 369
1997	…		2.20	32.12	36 600	7	14 180
1998	0.2		2.70	38.00	44 044	4	5 191

朔州市独立核算工业企业主要指标

MAJOR INDICATORS OF INDEPENDENT ACCUNTING INDUSTRIAL ENTERPRISES OF SHUOZHOU

单位：万元 (10 000 yuan)

年 份	职工人数 (万人)	#国有工业	工业总产值 (当年价格)	#国有工业	工业总产值 (不变价格)	#国有工业	工业增加值	#国有工业	工业销售产值	#国有工业
1949	0.16	0.04	225	117	275	110	94	43	216	111
1952	0.45	0.15	861	360	942	476	319	133	835	345
1957	0.66	0.41	2 482	1 711	2 835	1 681	943	650	2 358	1 625
1965	0.59	0.35	4 657	2 396	5 173	3 024	1 862	934	4 331	2 252
1970	0.81	0.48	7 992	4 040	8 823	4 679	3 196	1 626	7 352	3 457
1975	1.17	0.62	15 632	8 802	18 152	10 299	6 252	3 521	14 538	8 362
1978	2.86	1.49	16 338	12 794	26 112	24 980	6 535	5 117	15 080	10 046
1980	3.35	1.88	22 729	17 688	33 589	33 299	14 436	7 075	20 513	16 232
1985	5.58	3.02	59 461	48 736	83 077	82 055	25 568	19 981	56 612	23 912
1986	5.31	3.27	58 153	46 747	83 911	82 156	24 424	18 699	56 856	26 868
1987	6.82	3.75	81 859	64 709	106 052	99 738	32 744	25 883	73 484	39 988
1988	7.78	4.28	97 551	75 096	119 147	113 084	41 947	30 789	89 014	42 032
1989	7.41	4.27	154 199	111 094	150 811	146 007	61 679	44 437	142 201	84 432
1990	8.75	4.74	212 360	171 554	238 666	235 913	89 191	68 621	197 918	123 428
1991	8.63	4.74	250 022	178 707	255 987	252 098	100 008	71 483	240 020	180 034
1992	15.34	5.61	321 270	192 812	318 108	284 664	101 280	76 979	285 655	221 791
1993	16.58	5.14	384 929	219 700	353 327	333 300	172 800	101 900	355 100	268 400
1994	17.54	5.43	459 215	244 303	445 414	381 429	147 795	100 681	434 371	337 449
1995	18.14	5.52	531 981	470 711	518 207	410 710	183 225	132 365	561 056	435 867
1996	10.52	5.47	686 589	496 949	479 530	275 436	321 742	237 902	678 777	493 125
1997	11.33	5.31	717 021	481 308	512 324	276 282	307 546	212 184	706 294	477 561
1998	6.66	4.68	614 247	511 546	347 204	257 554	279 144	231 352	608 711	510 626

续表 CONTINUED

单位：万元 (10 000 yuan)

年份	流动资产年平均余额	#国有工业	固定资产原价	#国有工业	固定资产净值年平均余额	#国有工业	资产总计	#国有工业	产品销售收入	#国有工业
1949	86	32	281	83	260	82	370	115	161	81
1952	248	132	406	259	365	246	582	391	352	126
1957	346	175	676	366	575	319	936	441	914	573
1965	606	371	866	523	811	467	1 552	894	1 377	895
1970	954	592	1 828	973	1 550	937	2 537	1 565	3 112	2 071
1975	1 767	1 202	4 189	3 412	3 014	2 599	5 417	4 614	7 544	5 874
1978	3 052	2 902	14 263	13 564	9 855	9 372	12 907	5 501	7 793	6 344
1980	4 176	3 971	16 986	16 154	11 713	11 138	15 889	15 109	11 577	9 912
1985	10 313	9 808	33 268	31 638	23 580	22 425	33 890	32 233	28 557	20 137
1986	10 904	10 369	154 592	147 017	128 305	122 018	139 209	132 387	39 011	27 512
1987	17 395	16 543	188 519	179 281	154 363	146 798	171 758	163 341	46 709	32 174
1988	26 900	25 582	208 183	197 982	163 886	155 855	235 083	223 564	53 063	41 234
1989	33 842	32 184	222 268	211 377	167 498	159 290	256 110	243 561	106 686	98 333
1990	116 902	111 174	521 125	488 585	316 313	279 129	638 027	599 759	209 078	177 930
1991	84 685	80 535	570 175	525 433	429 144	398 105	654 860	605 968	242 379	173 295
1992	263 572	252 321	776 392	721 323	514 793	486 882	1084 200	968 500	311 815	230 370
1993	284 600	220 200	981 300	916 500	662 300	615 700	1114 100	979 400	355 100	268 400
1994	328 651	234 147	816 237	720 042	797 690	707 309	1191 907	983 049	318 225	203 907
1995	377 632	257 399	1150 540	1015 079	782 403	682 740	1318 739	1046 303	523 694	398 071
1996	426 192	268 615	1275 484	1117 543	717 374	598 358	1386 531	1117 830	656 805	491 160
1997	422 073	263 609	1339 312	1158 683	848 461	714 844	1412 272	1090 170	654 978	470 768
1998	367 257	260 322	1291 237	1171 781	755 381	675 079	1553 264	1325 576	592 428	480 525

年份	利税总额	#国有工业	百元固定资产原价实现利税（元）	#国有工业	资金利税率（%）	#国有工业	产值利税率（%）	#国有工业	百元销售收入实现利润（元）	#国有工业
1949	14	14	5.38	16.87	3.78	12.17	6.22	11.96	2.48	4.94
1952	29	22	7.94	8.49	4.98	5.62	3.37	6.11	2.56	5.24
1957	89	65	15.48	17.75	9.51	14.74	3.58	3.80	3.08	3.40
1965	162	103	18.70	19.69	10.43	11.52	3.48	4.30	3.53	3.45
1970	281	209	15.37	21.47	11.07	13.35	3.51	5.17	2.71	3.02
1975	393	264	13.04	7.74	7.25	5.72	2.51	3.00	2.08	1.18
1978	1 836	1 578	12.87	11.63	14.22	12.86	11.23	12.33	23.55	20.25
1980	2 414	1 904	14.21	11.79	15.19	12.61	10.62	10.76	20.85	19.21
1985	5 069	4 539	15.24	14.35	14.96	14.08	8.53	9.31	17.75	22.54
1986	5 847	4 038	3.78	2.75	4.20	3.05	10.06	8.64	14.99	14.68
1987	6 590	4 380	3.50	2.98	3.84	2.68	8.05	6.77	14.11	13.61
1988	8 236	7 043	3.96	4.29	4.32	3.88	8.44	9.38	15.52	17.08
1989	10 472	9 732	4.71	4.60	5.20	5.08	6.79	8.76	9.82	9.89
1990	18 856	13 253	3.62	2.71	4.35	3.40	8.88	7.73	9.02	7.45
1991	61 105	43 816	2.17	2.10	11.89	9.15	8.87	8.93	18.08	19.87
1992	51 492	38 414	7.04	6.32	7.32	6.84	18.30	19.92	12.10	12.36
1993	68 900	57 000	7.02	6.22	7.28	6.82	18.19	25.94	16.31	18.89
1994	63 401	43 884	5.38	6.09	5.63	4.66	13.62	17.96	12.20	15.24
1995	59 105	41 887	5.14	4.13	5.10	4.46	10.05	8.90	6.09	6.81
1996	88 948	80 165	9.75	8.83	7.78	9.24	12.96	16.13	13.54	16.32
1997	97 273	69 788	7.26	6.02	7.66	7.13	13.56	14.50	8.78	10.25
1998	8 093	−8 504	0.63	−0.73	0.72	−0.76	1.32	−1.66	−3.70	−5.31

朔州市交通运输邮电通讯业

TRANSPORTATION, POSTS AND TELECOMMUNICATIONS SERVICES OF SHUOZHOU

年　份	公　路 客运量 （万人）	公　路 货运量 （万吨）	公路旅客 周 转 量 （万人公里）	公路货物 周 转 量 （万吨公里）	邮　电 局所数 （个）	邮　电 业务总量 （万元）	长　话 电　路 （路）	市　内 电话机 （部）	农　村 电话机 （部）
1949	1	41	46	368	4	3	255		
1952	2	63	64	892	9	6	282	40	
1957	3	71	98	1 055	35	21	403	168	105
1965	5	149	127	1 598	63	50	718	761	349
1970	10	305	146	2 013	63	61	897	755	478
1975	9	284	171	2 509	64	84	790	906	685
1978	261	468	4 738	14 786	58	175	664	2 191	692
1980	287	519	6 098	17 891	58	197	689	2 341	712
1985	409	684	9 749	28 855	58	309	789	3 366	892
1986	441	739	10 753	32 722	58	315	828	3 886	913
1987	484	787	12 291	36 779	58	335	897	4 219	947
1988	526	845	13 938	42 591	58	372	927	4 932	978
1989	578	927	15 374	47 872	58	422	941	5 055	1 012
1990	636	1 066	17 480	54 736	58	611	951	6 153	1 190
1991	582	2 056	22 443	69 710	58	946	969	6 420	1 218
1992	702	2 202	32 228	75 240	58	1 511	999	6 810	1 265
1993	594	2 089	26 198	71 844	61	2 090	1 040	7 949	1 571
1994	603	3 704	33 042	125 629	60	3 171	1 160	11 858	1 642
1995	620	2 850	31 500	103 000	62	4 516	2 440	15 943	2 850
1996	770	2 903	32 784	99 420	65	6 248	2 000	22 774	3 708
1997	1 035	3 080	37 439	91 807	66	7 858	2 093	29 757	3 814
1998	820	3 400	40 860	133 410	66	11 494	2 410	36 191	5 425

朔州市国内外贸易

DOMESTIC AND FOREIGN TRADE OF SHUOZHOU

年　份	社　会 消费品 零售总额 （万元）	#国有 经济	#集体 经济	#个体 经济	#农民对 非农业 居民零售	实际利用 外资额 （万美元）	#外商 直接 投资	接待旅游 总人数 （人次）	#外国人	旅游外汇 收　入 （万美元）
1949	584	188	101	215	79					
1952	1 319	385	464	397	63					
1957	2 861	1 069	1 497	236	59					
1965	4 794	1 850	2 826	41	75					
1970	7 196	2 959	3 538	64	615					
1975	9 880	4 918	4 153	126	632					
1978	11 273	5 050	2 909	1 758	1 325					
1980	15 859	6 903	4 084	2 507	2 167					
1985	35 972	17 600	9 262	5 570	3 143					
1986	38 607	18 508	9 891	5 670	4 219					
1987	46 772	23 671	12 557	5 348	4 736					
1988	55 424	25 565	13 936	9 509	6 287					
1989	62 753	27 348	12 218	9 623	6 319					
1990	64 825	29 749	17 004	9 725	8 072			2 300	2 000	
1991	72 183	30 504	19 638	12 981	8 725			3 999	3 500	
1992	95 147	47 528	21 526	19 032	10 724			3 710	3 282	
1993	121 157	48 571	30 066	39 186	11 972			1 978	1 800	465
1994	139 800	55 969	24 382	38 854	20 572	77	77	2 720	2 437	206
1995	176 300	65 930	28 990	60 696	20 662	176	176	6 228	5 263	778
1996	208 900	75 900	19 361	99 193	19 578	1 285	1 285	12 653	12 545	649
1997	251 100	58 272	15 216	138 880	37 225	224	224	3 407	3 264	195
1998	281 326	63 223	17 199	151 752	46 107	146	146	3 579	3 196	361

朔州市教育科技卫生

SCIENCE AND TECHNOLOGY, EDUCATION AND HEALTH CARE OF SHUOZHOU

年份	学校数（所）	小学	普通中学	中等专业学校	在校学生数（万人）	小学	普通中学
1949	597	597			2.8	2.8	
1952	1 206	1 204	2		6.9	6.9	
1957	1 404	1 394	8	2	8.9	8.4	0.4
1965	1 978	1 926	50	2	14.4	13.3	0.9
1970	1 911	1 790	119	2	16.0	14.1	1.6
1975	1 984	1 782	200	2	20.8	16.9	3.6
1978	2 071	1 702	261	2	21.7	15.4	6.1
1980	2 086	1 796	252	2	23.2	16.3	6.8
1985	2 115	1 881	203	2	21.5	14.4	6.9
1986	2 111	1 881	203	2	21.3	14.0	7.2
1987	2 114	1 882	201	2	20.9	13.4	7.2
1988	2 124	1 884	201	2	21.1	13.4	7.2
1989	2 096	1 885	203	2	21.0	14.6	5.9
1990	2 096	1 885	203	2	21.0	14.6	5.9
1991	2 076	1 874	194	2	21.4	15.5	5.6
1992	1 993	1 816	159	2	22.7	16.6	5.7
1993	1 979	1 821	156	2	23.2	17.4	5.7
1994	1 998	1 845	151	2	24.5	18.4	6.0
1995	2 009	1 833	150	2	25.9	18.6	6.4
1996	1 977	1 823	152	2	26.2	18.9	7.1
1997	1 993	1 816	152	2	28.4	19.3	7.9
1998	1 981	1 805	151	2	29.1	19.4	8.4

年份	中等专业学校（人）	专任教师数（人）	小学	普通中学	中等专业学校
1949		1 212	1 212		
1952		2 477	2 454	23	
1957	642	3 817	3 061	505	251
1965	810	5 653	4 666	719	268
1970	948	7 261	5 816	1 137	308
1975	928	8 909	5 527	2 861	521
1978	1 584	11 884	6 419	5 067	138
1980	1 886	12 759	7 158	4 883	151
1985	1 748	12 633	7 267	4 699	148
1986	1 686	12 780	7 365	5 051	152
1987	1 860	13 232	7 590	5 252	144
1988	1 970	13 270	7 568	5 259	146
1989	1 842	13 706	7 724	5 387	148
1990	2 103	13 606	7 918	5 221	150
1991	1 671	14 166	8 102	5 499	141
1992	2 266	13 362	7 851	5 280	174
1993	1 577	14 107	8 406	5 417	138
1994	1 441	14 113	8 592	5 306	146
1995	1 771	13 210	7 919	4 531	152
1996	1 880	12 810	8 070	4 589	151
1997	1 903	14 791	8 978	4 915	155
1998	1 953	14 511	8 443	5 070	152

绩表 CONTINUED

年 份	毕业生数(万人)	小 学	普通中学	中等专业学校(人)	学龄儿童入学率(%)	国有单位自然科技人员数(人)
1949	0.1	0.1			7.2	255
1952	0.8	0.7	0.1		48.3	637
1957	1.4	1.3	0.1		75.8	1 168
1965	1.8	1.6	0.2	16	83.4	1 479
1970	2.7	1.9	0.8	20	90.7	2 020
1975	3.8	2.4	1.4	405	93.4	2 740
1978	4.0	2.3	1.7	198	95.6	3 354
1980	4.3	2.3	1.9	278	95.8	3 985
1985	3.8	1.8	1.5	398	97.8	5 209
1986	3.9	1.9	1.5	398	97.9	5 508
1987	3.9	2.0	1.5	402	98.6	6 263
1988	4.0	2.0	1.5	406	98.6	6 929
1989	4.1	2.1	1.6	415	98.7	7 258
1990	4.1	2.1	1.6	422	98.7	7 441
1991	4.2	2.1	1.6	463	98.7	7 939
1992	3.8	2.2	1.6	478	98.5	9 805
1993	4.4	2.4	1.7	497	99.6	10 998
1994	4.6	2.6	1.7	492	99.7	11 424
1995	4.8	2.7	1.8	580	99.8	12 788
1996	4.2	3.0	1.8	569	99.8	21 965
1997	5.5	3.2	2.1	516	99.8	20 134
1998	5.7	3.3	2.3	870	99.8	19 510

年 份	卫生机构数(个)	#医 院	卫生机构床位数(张)	#医 院	卫生技术人员(人)	#医 生
1949	6	1	60	50	138	112
1952	26	12	130	120	206	193
1957	90	21	288	268	605	385
1965	166	58	511	437	1 037	697
1970	165	66	916	844	1 331	928
1975	174	73	1 953	1 452	2 293	1 534
1978	216	113	2 563	1 795	3 142	2 563
1980	216	116	2 606	1 940	3 516	2 800
1985	224	128	2 988	2 506	3 960	3 374
1986	220	121	2 987	2 473	4 001	3 462
1987	238	122	3 062	2 541	4 000	3 069
1988	240	123	3 182	2 685	4 006	3 763
1989	241	125	3 314	2 827	4 231	3 890
1990	242	125	3 548	3 054	4 465	4 071
1991	248	124	3 678	3 066	4 376	3 753
1992	257	124	3 899	3 195	4 526	4 491
1993	240	150	4 075	3 221	4 768	4 707
1994	236	124	3 628	3 226	5 141	4 843
1995	238	171	3 702	3 248	5 186	5 006
1996	293	137	4 230	3 893	5 947	3 231
1997	228	136	3 667	3 294	5 941	3 455
1998	365	133	4 139	3 261	6 481	3 497

忻州地区人口和社会从业人员

NUMBER OF POPULATION AND EMPLOYMEES OF XINZHOU

单位：万人　　(10 000 person)

年份	年末总人口	城镇人口	乡村人口	人口自然增长率(‰)	社会从业人员	职工	#国有经济	#城镇集体经济	城镇私营企业和个体从业人员	农村从业人员
1949	149.8	8.2	141.6		56.6	0.9	0.8	0.1		55.7
1952	161.0	9.0	152.0	21.98	61.9	1.9	1.6	0.1		60.0
1957	171.9	13.2	158.7	17.20	71.9	6.8	5.0	1.8		65.1
1965	196.9	12.4	184.5	18.60	79.2	7.4	6.3	1.1		71.8
1970	218.9	16.9	202.0	18.90	89.6	10.4	9.2	1.2		79.2
1975	234.1	19.8	214.3	15.20	92.3	12.6	10.9	1.7		79.7
1978	240.9	21.9	219.0	10.65	94.0	17.5	15.0	2.5		76.5
1980	243.2	24.8	218.4	7.97	96.6	18.9	16.5	2.4		77.7
1985	252.7	28.6	224.1	6.68	105.8	22.1	17.7	4.4	0.9	82.8
1986	253.8	31.4	222.4	8.00	106.0	23.1	18.7	4.4	1.1	81.8
1987	255.8	33.3	222.5	7.84	107.9	23.9	19.7	4.2	2.1	81.9
1988	258.5	34.7	223.8	8.64	110.1	25.0	20.7	4.3	2.6	82.5
1989	261.1	35.8	225.3	9.63	110.3	25.3	20.8	4.4	1.3	83.7
1990	266.5	36.6	229.9	14.40	110.6	25.4	20.9	4.5	0.9	84.3
1991	272.4	37.8	234.6	7.56	113.7	26.6	21.6	4.8	1.5	85.6
1992	275.8	39.1	236.7	6.17	114.4	27.5	22.5	4.7	1.4	85.5
1993	277.7	42.0	235.7	5.83	121.1	28.1	23.2	4.7	8.2	84.8
1994	279.2	45.0	234.2	5.30	122.3	27.6	22.7	4.5	10.6	84.1
1995	280.6	47.5	233.1	6.46	123.1	27.9	23.3	4.3	11.0	84.2
1996	282.0	49.1	232.9	5.68	125.2	29.1	23.6	4.1	11.8	84.3
1997	282.6	50.3	232.3	5.40	125.1	28.6	23.8	3.7	13.9	82.4
1998	282.6	51.8	232.4	6.20	116.4	28.3	24.2	3.6	5.7	82.4

忻州地区国内生产总值及指数

GROSS DOMESTIC PRODUCTS AND ITS INDEX OF XINZHOU

年份	国内生产总值(亿元)	第一产业	第二产业	第三产业	人均国内生产总值(元)	国内生产总值指数(上年=100)	第一产业	第二产业	第三产业
1949	1.3	1.0	0.1	0.2	75				
1952	1.5	1.1	0.1	0.3	89	104.9	103.2	101.4	114.5
1957	1.8	1.2	0.2	0.4	105	106.0	100.5	119.1	100.8
1965	2.2	1.4	0.3	0.5	110	92.1	89.4	116.9	87.9
1970	3.0	1.8	0.6	0.6	137	112.0	108.7	121.5	103.4
1975	4.7	2.4	1.4	0.9	202	108.7	103.1	111.7	103.3
1978	5.3	2.4	1.9	1.0	220	105.4	96.0	110.3	97.6
1980	6.3	2.8	2.3	1.2	260	98.9	95.8	103.7	94.0
1985	10.8	5.1	3.5	2.2	428	96.8	88.8	110.3	101.9
1986	9.9	4.3	3.6	2.0	391	91.8	83.9	102.4	93.8
1987	11.9	4.8	4.3	2.8	467	104.6	100.7	105.5	106.9
1988	15.9	6.3	5.8	3.8	619	112.4	114.8	114.3	107.4
1989	18.9	6.5	7.6	4.8	730	107.2	104.8	108.5	107.8
1990	20.7	6.8	8.1	5.8	779	105.1	104.5	103.2	108.1
1991	23.8	5.8	9.1	8.9	877	101.7	85.3	101.2	113.3
1992	29.2	8.0	11.0	10.2	1 065	111.6	116.5	108.5	111.1
1993	38.7	10.5	15.7	12.5	1 396	108.0	111.7	108.3	104.0
1994	48.3	14.7	20.3	13.3	1 727	110.1	108.1	111.4	106.2
1995	59.0	12.3	27.8	18.9	2 090	109.7	84.0	120.3	120.3
1996	75.2	18.0	33.0	24.2	2 643	114.0	118.1	109.3	117.8
1997	80.0	15.0	35.0	30.0	2 790	109.1	94.0	111.1	111.5
1998	86.6	16.8	37.2	32.6	2 976	108.4	112.0	107.1	107.8

忻州地区全社会固定资产投资

TOTAL INVESTMENT IN FIXED ASSETS OF XINZHOU

单位：万元　　　　(10 000 yuan)

年　份	全社会固定资产投资	国有经济	#基本建设	#更新改造	集体经济	#城镇集体经济	城乡个人	全社会固定资产投资新增固定资产	#国有经济	房屋竣工面积(万平方米)
1949	79	79	79					79	79	
1952	77	77	77					77	77	
1957	2 497	2 497	2 497					1 611	1 611	11.2
1965	1 683	1 683	1 683					1 085	1 085	8.7
1970	5 153	5 153	5 153					3 466	3 466	16.8
1975	6 387	6 387	6 387					2 719	2 719	10.7
1978	8 636	7 568	6 096	1 472	68	68	1 000	20 679	20 644	21.4
1980	10 844	8 624	7 714	910	220	220	2 000	5 254	5 113	26.3
1985	46 357	25 103	18 655	6 201	10 832	1 041	10 422	24 831	15 699	63.0
1986	46 261	22 016	16 253	5 547	12 377	1 103	11 868	24 795	13 670	64.0
1987	52 248	28 432	20 361	7 684	9 330	1 501	14 486	25 679	13 696	72.0
1988	56 169	28 090	18 329	9 542	13 421	2 840	14 658	31 088	18 981	78.0
1989	50 579	23 356	14 864	8 316	12 277	1 376	14 946	38 648	25 219	70.6
1990	52 568	29 385	16 711	12 493	8 745	386	14 438	37 445	12 130	73.0
1991	62 529	40 255	21 018	15 921	9 205	995	13 069	41 563	19 795	88.0
1992	70 334	43 650	23 690	15 665	10 722	1 122	15 962	67 536	65 934	95.0
1993	84 541	57 666	41 215	8 439	4 644	634	22 231	72 705	26 712	126.0
1994	78 207	47 100	32 662	9 802	5 989	3 287	25 118	77 704	45 757	117.0
1995	85 742	47 848	32 298	10 503	9 894	1 095	28 000	67 820	29 101	98.4
1996	90 483	56 725	33 973	17 848	3 597	1 176	30 161	71 482	44 928	114.1
1997	97 382	61 386	36 939	20 322	3 122	508	32 874	76 932	48 491	115.8
1998	141 157	101 053	86 280	10 664	4 303	1 386	35 801	111 514	79 790	126.1

忻州地区地方财政收支

REGIONAL FINANCIAL REVENUE AND EXPENDITURE OF XINZHOU

单位：万元　　　　(10 000 yuan)

年　份	地方财政收入	#各项税收	地方财政支出	#基本建设支出	#支援农业生产及农业事业费支出	#文教科卫支出	#教育事业费支出
1949	201	201	32		1	9	5
1952	1 216	1 056	785	1	14	273	147
1957	1 429	1 296	1 713	107	138	622	342
1965	2 459	1 711	3 265	97	675	943	528
1970	3 641	2 317	6 361	2 360	1 219	1 174	669
1975	5 193	3 820	8 639	1 831	3 033	1 766	1 024
1978	5 992	4 575	13 662	4 033	3 075	2 400	1 411
1980	6 247	5 132	11 025	308	3 044	3 237	2 001
1985	12 958	10 466	23 375	696	3 235	6 580	3 886
1986	14 216	12 206	26 488	518	3 460	7 752	4 679
1987	16 444	13 608	25 181	337	3 212	8 347	5 012
1988	18 097	15 671	29 128	41	4 075	9 447	5 720
1989	20 248	18 523	33 362	1	4 568	10 974	6 744
1990	21 009	20 137	35 352	50	4 138	11 837	7 185
1991	22 972	21 168	39 161		5 089	12 400	7 582
1992	23 640	24 025	45 880	106	6 522	15 249	9 481
1993	32 711	31 070	53 088	60	5 952	16 861	10 757
1994	24 186	19 543	59 106		7 419	22 947	15 400
1995	32 957	23 937	72 851	700	8 194	25 316	16 759
1996	41 053	29 811	83 728		8 268	29 205	19 331
1997	47 700	38 790	94 344		3 903	24 517	20 143
1998	52 219	44 318	103 204		4 124	33 324	23 019

忻州地区职工工资总额和人民生活

TOTAL WAGE BILL OF STAFF AND WORKERS, PEOPLE'S LIVELIHOOD OF XINZHOU

年份	职工工资总额（万元）	#国有经济	#集体经济	职工平均货币工资（元）	城镇居民家庭人均可支配收入（元）	城镇居民家庭人均消费性支出（元）	农民人均纯收入（元）	城乡居民储蓄存款余额（万元）
1949	101	91	10	140	67	65		
1952	450	401	49	305	145	142		46
1957	3 006	2 222	784	482	227	222	30	1 190
1965	4 012	3 525	487	573	235	220	39	1 443
1970	5 533	4 893	670	560	233	204	63	2 063
1975	7 201	6 421	880	582	230	201	64	4 236
1978	8 505	7 273	1 232	605	286	245	97	6 013
1980	12 367	10 959	1 408	696	345	327	116	11 744
1985	20 195	16 892	3 303	960	560	530	324	56 218
1986	25 548	21 613	3 896	1 134	634	679	283	72 179
1987	28 483	24 363	4 083	1 211	676	659	296	87 977
1988	34 490	29 894	4 533	1 417	877	833	364	110 497
1989	40 786	35 139	5 572	1 619	908	858	407	145 597
1990	44 600	38 797	5 725	1 767	974	933	439	195 468
1991	50 544	43 209	6 953	1 936	1 095	1 065	412	248 203
1992	57 805	50 052	7 262	2 134	1 278	1 155	525	318 549
1993	66 442	57 784	7 923	2 407	1 541	1 242	651	398 040
1994	85 150	74 355	9 678	3 139	2 193	1 957	793	528 671
1995	97 120	85 566	10 175	3 555	2 407	2 339	1 027	687 466
1996	105 621	93 919	10 237	3 842	2 462	2 300	1 170	851 696
1997	107 059	96 238	9 434	3 898	3 067	2 419	1 480	994 403
1998	103 445	93 608	7 858	3 801	3 175	2 218	1 606	1 156 776

忻州地区农业基本情况

BASIC STATISTICS ON AGRICULTURE OF XINZHOU

年份	耕地面积（千公顷）	#水田水浇地	播种面积（千公顷）	#粮食	#油料	#棉花	农业机械总动力（万千瓦）	化肥施用量（折纯，吨）	农村用电量（万千瓦小时）
1949	624.2	44.7	624.4	578.6	22.7	2.1			
1952	643.6	58.0	650.4	603.9	27.6	3.5		16	
1957	640.3	77.6	651.8	584.2	33.9	5.4	0.1	338	
1965	615.6	83.5	624.6	559.0	32.8	4.8	2.2	2 502	860
1970	554.3	95.5	558.9	503.3	26.7	4.1	4.9	5 599	2 606
1975	556.4	118.2	564.3	503.9	27.4	5.1	30.4	36 537	10 153
1978	558.7	124.3	565.6	484.2	48.5	4.1	48.7	51 657	11 548
1980	556.4	123.9	559.6	463.1	63.4	0.6	54.8	35 854	10 550
1985	509.6	115.9	522.0	382.4	110.6		79.0	51 637	10 586
1986	503.5	113.1	506.4	381.4	97.2		80.9	53 652	13 427
1987	501.8	120.4	505.2	389.0	91.8		84.7	56 314	13 548
1988	500.7	123.8	502.8	390.3	86.2		87.9	57 755	12 663
1989	500.3	125.0	501.8	402.4	76.5		89.6	62 744	14 016
1990	500.4	126.1	502.5	399.2	82.5		88.8	67 786	14 793
1991	499.7	127.1	502.0	387.5	92.3	0.3	91.3	72 872	16 654
1992	499.2	127.5	494.3	378.1	93.1	1.6	93.8	72 240	17 654
1993	497.5	129.8	459.1	381.4	89.5	0.1	96.2	79 258	19 308
1994	496.3	130.3	491.3	375.1	94.8	0.2	99.1	82 671	21 503
1995	496.2	131.2	485.8	375.6	92.4	0.2	102.7	92 027	26 378
1996	494.5	128.0	486.2	398.8	69.6	0.2	104.8	92 056	26 946
1997	717.7	91.4	489.8	398.4	70.8	0.5	87.5	89 825	27 441
1998	714.1	116.5	489.8	384.1	81.4	0.4	114.7	91 704	26 824

忻州地区农林牧渔业总产值和指数

GROSS OUTPUT VALUE AND INDEX OF FARMING, FORESTRY, ANIMAL HUSBANDRY AND FISHERY OF XINZHOU

年 份	农林牧渔业总产值（万元）	农 业	林 业	牧 业	渔 业	农林牧渔业总产值指数（上年＝100）	农 业	林 业	牧 业	渔 业
1949	13 286	11 324	149	1 813		100.0	100.0	100.0	100.0	
1952	16 888	14 041	260	2 587		114.1	114.2	110.1	114.3	
1957	18 601	13 788	888	3 925		99.3	87.5	113.8	155.9	
1965	18 931	14 475	1 376	3 080		86.0	78.1	105.7	111.7	
1970	26 293	23 237	578	2 478		110.4	109.6	96.8	123.5	
1975	29 989	24 575	1 536	3 878		102.3	99.6	131.9	100.4	
1978	35 432	25 662	2 699	7 069	2	94.0	92.6	81.6	114.8	42.8
1980	41 161	30 543	3 045	7 572	1	91.9	87.1	97.5	105.3	100.0
1985	76 762	55 948	7 897	12 894	23	86.2	85.2	80.4	101.1	127.5
1986	64 439	44 862	6 572	12 939	66	75.6	73.5	68.0	93.5	176.5
1987	72 061	48 853	6 242	16 879	87	97.6	98.0	82.5	101.4	147.8
1988	98 566	70 155	6 554	21 568	289	120.6	129.2	108.3	100.3	167.0
1989	104 826	75 389	5 876	23 231	330	104.6	106.2	92.3	106.1	152.3
1990	121 505	89 949	5 589	25 602	365	104.6	106.3	85.3	114.0	99.0
1991	101 113	64 697	6 290	29 662	464	79.9	72.4	100.3	108.6	98.0
1992	135 320	94 743	7 376	32 672	529	113.2	138.1	113.8	102.8	104.8
1993	172 621	122 389	6 971	42 608	653	112.7	112.4	98.4	116.9	114.4
1994	282 742	204 245	8 995	68 557	945	108.5	107.3	108.5	111.8	112.4
1995	247 648	149 935	10 759	85 961	993	86.1	66.7	129.8	132.1	107.3
1996	286 809	185 292	13 856	86 220	1 441	122.4	135.5	115.1	105.2	123.6
1997	267 127	149 996	15 780	99 817	1 534	89.7	86.3	82.2	97.4	99.6
1998	314 892	191 472	16 621	105 263	1 536	123.3	135.3	90.3	110.0	97.8

忻州地区主要农产品产量

OUTPUT OF MAJOR FARM CROPS OF XINZHOU

年 份	粮 食（吨）	棉 花（吨）	油 料（吨）	糖 料（吨）	水 果（吨）	猪牛羊肉（吨）	禽 蛋（吨）	水产品（吨）	大牲畜年末头数（万头）	猪年末头数（万头）	羊年末只数（万只）
1949	356 985	205	5 625		13 345	2 790	399		16.7	6.1	66.1
1952	451 790	485	10 110		16 250	5 160	500		22.5	12.0	101.9
1957	377 600	645	10 730		22 090	8 415	666		22.6	18.6	106.7
1965	386 900	1 035	10 910	7 434	16 005	13 330	1 110		23.9	28.4	140.1
1970	589 670	1 035	12 040	1 914	16 935	14 430	1 480		26.8	32.4	220.2
1975	816 240	1 030	9 995	2 127	31 670	19 335	1 973		26.7	41.7	157.3
1978	708 400	415	13 180	13 460	27 815	20 752	2 466	14	26.4	47.9	138.4
1980	730 420	105	38 640	21 121	27 670	23 079	3 101	5	27.0	53.2	141.3
1985	877 385	6	91 001	36 907	46 103	28 398	9 318	82	29.7	43.8	80.2
1986	648 140	3	72 517	23 604	38 260	26 867	9 394	182	30.9	44.0	92.2
1987	656 869	2	62 311	12 135	40 027	25 761	9 118	291	30.9	37.0	106.7
1988	928 204	3	64 759	39 444	37 127	24 993	9 606	512	31.1	37.0	134.5
1989	1 007 889	1	65 606	22 409	40 571	27 221	9 735	757	32.1	41.6	151.8
1990	1 067 783	2	86 245	45 388	38 825	34 628	10 254	820	32.8	43.6	145.8
1991	663 564	153	76 932	93 363	34 555	38 721	10 749	916	32.5	43.3	130.9
1992	1 010 590	720	90 415	56 973	39 167	35 396	12 305	979	32.5	44.0	130.9
1993	1 061 380	59	111 040	56 624	38 645	45 212	16 624	1 109	33.9	47.0	146.1
1994	1 170 675	187	118 648	67 280	28 879	46 729	19 808	1 239	34.5	49.1	152.1
1995	838 994	209	34 293	16 285	35 068	59 784	26 449	1 325	39.4	56.2	173.8
1996	1 175 000	99	59 678	10 185	31 357	66 361	27 621	1 551	43.4	58.7	201.1
1997	909 720	380	87 180	33 567	42 970	73 801	22 424	1 603	45.9	57.4	217.6
1998	1 137 883	330	105 160	44 481	45 405	78 837	23 585	1 618	48.7	62.6	234.2

忻州地区乡镇企业基本情况

BASIC INDICATORS OF TOWNSHIP AND VILLAGE ENTERPRISES OF XINZHOU

年份	乡镇企业单位数(个)	乡镇企业从业人员(万人)	乡镇企业总产值(万元)	乡镇企业营业收入(万元)	乡镇企业实际缴纳税金(万元)	乡镇企业税后利润净值(万元)	乡镇企业年末固定资产原价(万元)
1949							
1952							
1957							
1965							
1970							
1975							
1978	10 643	8.1	12 689	9 795	835	2 437	5 136
1980	9 129	8.7	16 406	12 211	958	3 762	6 164
1985	27 397	19.4	63 055	50 174	2 133	7 435	15 036
1986	27 449	19.6	64 678	55 833	2 491	7 223	27 005
1987	30 294	20.7	79 997	69 755	2 814	8 857	33 980
1988	34 839	21.1	107 302	92 975	3 188	11 834	43 017
1989	37 207	21.0	135 049	118 129	3 824	15 102	54 552
1990	38 299	20.8	152 096	128 193	4 168	15 918	60 133
1991	40 116	21.5	181 033	154 114	4 406	19 757	67 514
1992	44 253	23.8	244 028	211 900	4 983	27 481	83 203
1993	50 704	27.6	426 873	354 427	6 588	42 465	124 444
1994	57 118	30.9	596 908	511 173	8 065	55 985	178 936
1995	60 578	33.4	832 946	697 854	13 292	63 454	212 147
1996	65 138	34.8	1 202 348	1 006 708	16 070	81 129	254 546
1997	65 815	35.8	1 616 037	1 385 474	30 989	101 529	305 419
1998	7 012	15.6	708 542	534 142	21 000	20 309	144 921

忻州地区工业生产情况

BASIC INDICATORS OF INDUSTRY OF XINZHOU

年份	工业总产值(万元)	轻工业	重工业	工业总产值指数(上年=100)	轻工业	重工业	原煤产量(万吨)	发电量(万千瓦时)
1949	481	424	57				18	6
1952	579	455	124	148.1	142.1	174.6	28	17
1957	4 314	2 175	2 139	142.9	131.6	156.7	135	357
1965	5 838	3 277	2 561	125.5	125.6	125.4	165	2 388
1970	13 310	6 278	7 032	133.7	108.1	169.5	212	2 625
1975	31 888	12 289	19 599	123.8	116.1	129.2	347	6 346
1978	38 645	12 036	26 609	115.1	101.4	121.6	449	30 699
1980	45 654	17 678	27 976	98.0	122.7	92.7	558	42 012
1985	82 922	35 025	47 897	108.9	106.8	110.1	1 051	61 818
1986	84 030	35 647	48 383	111.0	112.5	110.1	995	58 279
1987	104 423	37 943	66 480	109.2	102.4	113.0	1 088	46 370
1988	132 699	44 192	88 507	119.3	113.1	122.5	1 139	54 733
1989	165 630	54 299	111 331	110.9	100.2	116.0	1 242	76 001
1990	175 656	54 860	120 796	101.4	97.7	102.9	1 222	64 318
1991	188 276	58 448	129 828	102.0	98.8	105.6	1 281	55 827
1992	208 611	65 837	142 774	104.0	97.5	106.6	1 272	63 004
1993	266 900	64 600	202 300	114.3	110.0	115.5	1 501	83 573
1994	312 726	72 701	240 025	109.4	101.8	112.3	1 497	85 225
1995	347 554	75 946	271 608	101.5	91.6	104.6	1 514	86 247
1996	410 013	74 767	335 246	111.0	98.5	123.4	1 668	82 629
1997	436 532	78 381	358 151	109.3	109.5	109.2	1 647	73 640
1998	294 932	52 676	242 256	108.5	108.7	108.3	1 111	89 184

续表　CONTINUED

年　份	生铁产量（万吨）	焦炭产量（万吨）	水泥产量（万吨）	化肥产量（折纯，吨）	纱产量（吨）	棉布产量（万米）	饮料酒产量（吨）
1949	0.1	0.4	0.1	1 012	100	45	79
1952	0.1	0.5	0.2	1 277	150	36	588
1957	0.1	11.3	0.4	1 489	230	102	980
1965	0.1	5.1	0.5	1 688	250	134	755
1970	0.1	3.8	2.1	1 887	2 662	1 392	430
1975		14.1	12.6	32 515	2 543	1 260	1 636
1978	2.4	21.0	18.2	38 329	2 672	1 548	2 422
1980	3.3	13.0	25.9	49 286	2 378	2 032	4 121
1985	5.5	22.0	41.0	64 935	2 483	2 431	5 516
1986	8.4	13.0	46.3	63 231	4 961	2 688	3 186
1987	8.3	30.0	46.2	86 485	7 659	3 011	3 159
1988	11.8	41.0	47.3	94 001	8 622	3 460	5 070
1989	11.3	64.0	51.6	92 397	7 905	3 157	4 004
1990	12.4	65.0	48.9	94 211	6 680	2 686	3 742
1991	11.6	52.0	56.3	102 062	5 428	2 590	6 304
1992	14.0	68.0	69.7	70 511	5 432	2 776	12 962
1993	18.6	87.0	79.0	83 978	6 205	2 741	19 061
1994	29.1	156.0	78.1	104 644	5 392	2 698	19 173
1995	27.2	130.0	82.2	130 559	5 341	3 069	15 213
1996	27.5	147.0	97.1	166 751	5 144	2 742	9 445
1997	7.5	156.6	110.0	174 455	5 326	2 631	8 798
1998	19.0	117.3	85.2	129 031	5 348	589	6 180

忻州地区独立核算工业企业主要指标

MAJOR INDICATORS OF INDEPENDENT ACCUNTING INDUSTRIAL ENTERPRISES OF XINZHOU

单位：万元　　(10 000 yuan)

年　份	职工人数（万人）	#国有工业	工业总产值（当年价格）	#国有工业	工业总产值（不变价格）	#国有工业	工业增加值	#国有工业	工业销售产值	#国有工业
1949	5.8	3.9	26 315	19 365	23 900	20 000	32 678	26 987	35 900	32 000
1952	6.3	4.8	29 050	21 395	33 898	23 000	34 498	28 968	38 977	35 343
1957	6.9	5.0	30 050	22 400	34 000	24 400	35 100	29 498	49 960	39 785
1965	7.8	5.4	31 700	23 420	35 440	25 407	36 100	31 400	54 900	49 900
1970	8.7	5.8	32 724	24 420	36 440	26 447	37 100	32 400	86 000	58 925
1975	9.0	6.0	34 742	25 420	37 440	27 447	38 100	34 400	87 000	59 935
1978	9.4	6.1	35 742	26 420	38 440	28 447	40 100	44 400	90 000	60 915
1980	9.1	6.0	41 925	33 060	40 432	30 933	60 100	48 400	100 000	70 955
1985	10.6	6.7	84 011	57 527	83 611	55 026	81 100	58 400	180 263	90 965
1986	11.6	7.4	85 457	64 871	82 865	61 391	82 200	59 400	190 263	100 975
1987	12.7	8.0	104 423	78 951	93 777	66 795	83 200	60 400	200 263	110 925
1988	13.1	8.8	134 291	100 639	108 329	76 643	84 200	61 400	201 263	111 915
1989	13.0	8.8	165 786	124 680	120 650	85 777	94 200	63 400	211 263	121 935
1990	12.8	8.8	171 580	127 070	202 064	148 806	104 200	65 400	231 263	151 945
1991	13.1	8.9	184 620	132 729	205 875	147 178	105 200	67 400	241 263	161 935
1992	13.0	9.1	198 393	140 927	211 238	148 660	116 200	68 400	251 263	171 975
1993	13.4	9.1	260 000	171 900	244 600	161 100	117 200	69 400	261 263	181 955
1994	13.4	9.2	302 579	201 173	264 660	167 159	121 888	77 145	271 263	191 955
1995	14.2	9.7	342 122	224 063	274 988	177 945	119 199	82 130	323 890	246 692
1996	12.9	8.8	401 951	261 423	313 305	184 228	141 370	95 921	391 531	262 634
1997	12.7	8.7	428 805	265 986	343 674	194 348	152 532	95 648	428 926	267 598
1998	15.3	7.8	294 933	207 871	244 113	163 759	110 517	15 482	284 303	201 126

续表 CONTINUED

单位：万元 (10 000 yuan)

年份	流动资产年平均余额	#国有工业	固定资产原价	#国有工业	固定资产净值年平均余额	#国有工业	资产总计	#国有工业	产品销售收入	#国有工业
1949	4 329	4 003	19 323	17 306	19 290	15 334	154 357	113 121	14 597	11 539
1952	5 999	5 623	20 032	19 872	23 115	19 631	187 688	143 591	19 889	13 204
1957	6 678	6 278	24 987	23 001	25 531	21 133	196 687	165 318	21 131	16 314
1965	7 489	7 052	38 666	36 980	29 898	22 896	218 772	187 493	26 553	17 758
1970	9 597	9 467	49 870	42 330	35 275	32 971	238 900	199 411	28 337	19 874
1975	10 595	10 678	58 976	53 490	39 997	36 107	249 834	211 531	29 069	21 151
1978	12 554	12 554	59 566	54 490	49 107	46 502	258 007	239 876	30 023	22 457
1980	16 435	13 856	68 212	61 974	52 281	47 668	263 998	243 967	36 020	28 053
1985	24 366	18 313	119 322	108 140	88 489	80 277	277 388	269 789	59 130	50 332
1986	32 814	26 735	132 326	117 688	91 531	80 151	294 697	273 956	85 185	67 194
1987	47 344	38 103	151 836	133 327	112 931	98 342	309 876	300 597	97 969	75 826
1988	61 837	48 332	176 735	153 694	131 604	113 233	340 015	330 097	132 790	104 113
1989	81 987	63 768	201 582	172 301	150 972	127 054	387 004	345 900	155 013	122 931
1990	106 297	85 977	217 121	185 086	157 650	132 676	398 783	367 476	157 965	123 129
1991	135 513	106 067	233 808	196 980	168 864	139 975	401 982	399 877	170 751	130 504
1992	159 054	122 711	273 277	235 938	167 668	144 838	422 991	409 876	200 491	141 958
1993	201 800	158 700	305 600	259 400	204 100	170 500	522 100	428 900	261 700	190 900
1994	225 755	178 379	334 033	278 920	221 163	182 312	589 288	468 239	259 430	187 494
1995	285 453	209 252	462 920	394 425	270 304	218 679	696 184	535 894	327 715	234 154
1996	306 289	214 286	520 518	452 083	346 683	289 631	767 376	600 941	356 388	251 292
1997	352 828	261 850	572 326	490 279	381 088	315 746	838 738	660 267	364 762	180 381
1998	306 974	248 732	587 142	509 012	340 774	280 254	832 134	696 615	267 794	195 677

年份	利税总额	#国有工业	百元固定资产原价实现利税（元）	#国有工业	资金利税率（%）	#国有工业	产值利税率（%）	#国有工业	百元销售收入实现利润（元）	#国有工业
1949	2 666	1 800	13.70	10.40	1.70	1.59	10.13	9.29	7.90	6.80
1952	2 876	2 011	14.30	10.10	1.53	1.40	9.90	9.39	10.00	8.80
1957	3 008	2 232	12.00	9.70	1.50	1.35	9.98	9.96	10.10	9.10
1965	3 940	2 687	10.20	7.30	1.80	1.43	12.42	11.47	9.20	8.80
1970	4 433	2 887	8.90	6.80	1.85	1.44	13.54	11.82	8.00	5.70
1975	4 659	3 009	7.90	5.60	1.86	1.42	13.40	11.84	7.77	5.91
1978	4 777	3 109	8.00	5.70	7.70	5.30	13.40	11.80	8.80	6.10
1980	5 455	3 998	8.00	6.50	7.90	6.50	13.00	12.10	8.30	6.90
1985	13 653	8 896	11.40	8.20	12.10	9.00	16.30	15.50	12.50	11.10
1986	13 339	10 759	10.10	9.10	10.70	10.10	15.60	16.60	9.70	10.00
1987	12 014	9 108	7.90	6.80	7.50	6.70	11.50	11.50	7.10	7.00
1988	18 715	14 173	10.60	9.20	9.70	8.80	13.90	14.10	8.30	7.90
1989	20 135	15 574	10.00	9.00	8.60	8.20	12.10	12.50	7.00	6.60
1990	17 971	13 212	8.30	7.10	6.80	6.00	10.50	10.40	4.30	3.40
1991	13 991	9 498	6.00	4.80	4.60	3.90	7.60	7.20	0.90	-0.40
1992	18 322	13 398	6.70	5.70	5.60	5.00	9.20	9.50	2.00	1.10
1993	21 200	12 800	6.90	4.20	5.20	3.90	8.20	7.40	8.10	6.70
1994	29 441	19 017	8.80	6.80	6.60	5.30	9.70	9.50	0.10	-1.00
1995	27 364	20 443	5.90	5.20	4.90	4.80	8.00	9.10	0.80	1.10
1996	35 241	25 502	6.80	5.60	5.40	5.10	8.80	9.80	1.50	1.80
1997	41 145	28 421	7.19	5.79	4.91	4.30	11.97	14.62	2.41	3.13
1998	16 435	13 128	2.80	2.60	2.22	2.17	7.56	9.25	-2.38	-2.10

忻州地区交通运输邮电通讯业

TRANSPORTATION, POSTS AND TELECOMMUNICATIONS SERVICES OF XINZHOU

年　份	公　路 客运量 （万人）	公　路 货运量 （万吨）	公路旅客 周 转 量 （万人公里）	公路货物 周 转 量 （万吨公里）	邮　电 局所数 （个）	邮　　电 业务总量 （万元）	长　话 电　路 （路）	市　内 电话机 （部）	农　村 电话机 （部）
1949					57		1		
1952	2	28	98	549	128	21	1	173	117
1957	39	91	2 274	1 517	141	85	17	786	572
1965	100	141	4 665	2 380	171	175	25	1 759	2 235
1970	187	261	5 436	3 865	184	197	37	2 071	2 362
1975	227	379	10 688	7 761	232	224	89	2 741	2 507
1978	326	508	13 768	10 413	231	1 055	143	4 052	7 840
1980	390	548	16 949	15 146	215	1 160	158	4 236	6 356
1985	623	910	33 530	45 294	230	1 473	195	6 643	5 398
1986	197	1 169	12 904	49 010	229	1 411	189	7 801	5 145
1987	328	1 375	22 502	55 927	212	1 475	247	7 990	5 288
1988	419	1 633	28 078	65 064	200	1 573	257	8 613	5 219
1989	505	2 044	28 702	76 926	195	1 504	282	10 837	5 075
1990	566	2 036	27 262	82 820	194	1 701	279	11 769	5 206
1991	628	2 183	32 659	93 624	193	2 030	289	12 602	4 934
1992	1 370	2 313	74 893	102 705	193	2 766	505	19 441	5 468
1993	1 385	2 432	66 790	109 632	192	3 798	682	26 065	6 018
1994	1 383	2 515	83 887	112 931	204	5 475	1 141	37 234	7 402
1995	1 435	2 666	88 751	120 776	237	8 438	835	49 871	10 792
1996	1 505	2 819	76 417	128 815	242	11 662	1 737	57 160	13 371
1997	1 639	3 060	94 545	144 519	184	15 327	2 455	79 552	20 892
1998	1 872	3 362	105 800	154 605	282	22 724	2 817	83 448	31 273

忻州地区国内外贸易

DOMESTIC AND FOREIGN TRADE OF XINZHOU

年　份	社　会 消费品 零售总额 （万元）	#国有 经济	#集体 经济	#个体 经济	#农民对 非农业 居民零售	实际利用 外资额 （万美元）	#外商 直接 投资	接待旅游 总人数 （人次）	#外国人	旅游外汇 收入 （万美元）
1949	2 011	221	180							
1952	4 198	892	725							
1957	9 653	3 910	3 233							
1965	14 088	10 210	3 620							
1970	21 425	17 120	4 112							
1975	29 025	18 312	10 339							
1978	34 522	19 332	15 187		366			50 000	85	1
1980	41 726	22 513	18 860	347	1 070			71 200	100	1
1985	77 510	39 971	29 453	8 064	3 668			457 000	981	7
1986	90 631	46 221	32 880	11 510	4 308	106		240 000	1 202	9
1987	101 346	50 673	34 964	14 188	5 341			320 000	2 206	11
1988	125 599	60 287	40 568	21 351	5 130	88		340 000	2 625	16
1989	134 226	62 501	41 610	26 174	5 953	364		450 000	1 036	12
1990	137 372	62 069	38 540	31 870	5 752	30		580 000	2 101	31
1991	125 479	55 446	32 624	32 122	7 297	63		635 000	4 399	30
1992	162 434	65 161	41 796	44 994	8 593	53		684 500	4 868	45
1993	164 479	62 402	37 094	50 659	7 951	521		760 000	7 110	79
1994	193 657	73 173	49 744	52 735	14 527	128	7	890 000	8 118	220
1995	247 495	92 184	44 452	88 288	16 065	699	362	1 980 000	8 457	260
1996	264 757	103 804	39 366	101 111	16 669	410	319	2 000 000	7 903	287
1997	283 833	89 355	48 146	132 149	11 017	10	10	2 100 000	8 298	518
1998	316 268	107 493	67 778	113 038	18 521	100	100	2 314 000	8 724	470

忻州地区教育科技卫生

SCIENCE AND TECHNOLOGY, EDUCATION AND HEALTH CARE OF XINZHOU

年 份	学校数（所）	小 学	普 通 中 学	中 等 专业学校	高 等 学 校	在 校 学 生 数（万人）	小 学	普 通 中 学
1949	2 192	2 189	3			11.2	11.1	
1952	3 216	3 209	7			19.5	18.9	0.6
1957	3 679	3 671	6	2		22.1	20.8	1.2
1965	5 216	4 894	281	26	1	32.8	29.7	1.4
1970	5 168	4 218	941	9		35.0	32.0	1.6
1975	5 638	4 399	1 232	7		48.8	34.1	1.8
1978	5 725	4 149	1 568	8		53.4	36.4	16.8
1980	5 711	4 507	1 193	9		53.4	36.7	16.3
1985	5 693	5 031	652	10		47.7	32.7	14.6
1986	5 680	5 026	645	9		47.5	31.8	15.3
1987	5 657	5 013	634	9	1	47.1	30.9	15.6
1988	5 668	5 040	617	10	1	46.4	29.9	15.8
1989	5 637	5 002	624	10	1	45.2	29.4	15.1
1990	5 557	4 955	592	9	1	44.6	28.8	15.1
1991	5 516	4 941	565	9	1	44.2	28.7	14.7
1992	5 507	4 986	511	9	1	44.0	29.0	14.3
1993	5 476	4 970	496	9	1	44.0	29.4	13.8
1994	5 454	4 950	494	9	1	45.0	30.3	13.9
1995	5 407	4 927	470	9	1	46.2	31.0	14.3
1996	5 375	4 908	457	9	1	47.1	31.3	14.9
1997	5 408	4 887	487	9	1	48.3	31.8	15.5
1998	5 354	4 887	488	8	1	49.8	31.6	16.1

年 份	中 等 专业学校（人）	高 等 学 校（人）	专 任 教师数（人）	小 学	普 通 中 学	中 等 专业学校	高 等 学 校
1949			7 199				
1952			8 278				
1957	693		10 436				
1965	3 149	98	12 309				
1970	921		15 509	11 877	3 632		
1975	2 776		19 877	13 354	6 213	310	
1978	2 663	210	23 195	13 497	9 402	296	
1980	4 133	618	24 069	14 094	9 738	237	
1985	4 430	771	23 302	13 863	8 979	460	
1986	4 682	879	24 219	13 919	9 807	493	
1987	4 866	1 000	25 278	14 259	10 365	528	126
1988	5 869	1 000	25 901	14 295	10 902	578	126
1989	6 420	1 000	26 170	14 375	11 096	573	126
1990	6 245	1 104	26 312	14 609	10 991	586	126
1991	6 386	1 200	26 224	14 485	11 006	607	126
1992	6 232	1 200	26 489	14 786	10 964	613	126
1993	6 731	1 200	26 408	14 844	10 814	624	126
1994	7 146	1 290	26 955	15 223	10 987	619	126
1995	7 342	1 279	27 222	15 433	11 045	618	126
1996	7 870	1 274	27 084	15 228	11 089	641	126
1997	8 547	1 360	28 377	16 381	11 237	636	123
1998	9 138	1 450	28 508	16 432	11 335	618	123

续表　CONTINUED

年　份	毕业生数（万人）	小　学	普通中学	中等专业学校（人）	高等学校（人）	学龄儿童入学率（%）	国有单位自然科技人员数（人）
1949	0.5	0.5					
1952	1.6	1.5	0.1				25
1957	3.8	3.5	0.2	126			19
1965	2.3	1.9	0.3	190			52
1970	4.3	3.9	0.3	242			50
1975	10.6	6.2	4.2	735			48
1978	12.9	5.7	7.1	1 490		97.5	1 037
1980	7.7	5.4	2.1	1 268		97.7	1 275
1985	10.0	6.0	3.8	1 384		98.5	5 615
1986	10.0	5.9	4.0	1 490		98.9	9 395
1987	10.2	5.7	4.3	1 571		99.1	11 888
1988	10.2	5.6	4.4	1 557		99.1	16 646
1989	10.3	5.3	4.8	1 469	45	98.8	18 638
1990	10.3	5.3	4.7	2 076	593	99.3	22 513
1991	10.2	5.2	4.8	1 692	450	99.4	23 215
1992	10.0	5.1	4.6	2 421	450	99.6	25 751
1993	9.5	4.9	4.4	1 936	400	99.4	28 974
1994	9.7	5.2	4.3	1 923	302	99.0	24 604
1995	10.0	5.3	4.4	2 290	472	99.0	25 890
1996	9.9	5.4	4.3	2 084	485	99.0	27 243
1997	10.9	5.6	4.6	2 252	330	99.0	28 332
1998	11.1	5.6	4.7	2 700	460	99.0	29 182

年　份	卫生机构数（个）	#医　院	卫生机构床位数（张）	#医　院	卫生技术人员（人）	#医　生
1949	14	8	17	17	86	75
1952	81	12	93	93	449	331
1957	136	33	549	499	1 664	1 157
1965	410	284	1 405	1 198	2 532	1 748
1970	402	311	2 520	2 151	3 086	2 219
1975	425	309	4 393	3 783	5 358	3 106
1978	497	313	5 426	4 649	5 437	3 754
1980	528	312	5 970	5 171	7 480	4 921
1985	559	321	7 115	5 719	8 926	5 407
1986	565	322	7 356	6 005	9 430	5 673
1987	575	322	7 958	6 369	9 932	6 028
1988	581	323	7 892	6 452	10 072	7 237
1989	590	326	8 407	6 543	10 782	8 306
1990	591	327	8 619	6 604	10 708	8 244
1991	593	328	8 839	6 699	11 058	8 372
1992	593	328	8 839	6 791	11 131	8 450
1993	607	340	9 077	7 477	11 629	9 274
1994	607	335	9 137	7 671	12 281	10 364
1995	607	335	9 410	7 566	12 704	10 857
1996	610	335	9 510	7 636	13 206	11 396
1997	607	335	9 510	7 636	15 109	10 887
1998	607	335	9 555	7 115	12 640	10 054

吕梁地区人口和社会从业人员

NUMBER OF POPULATION AND EMPLOYMEES OF LULIANG

单位：万人 (10 000 person)

年份	年末总人口	城镇人口	乡村人口	人口自然增长率(‰)	社会从业人员	职工	#国有经济	#城镇集体经济	城镇私营企业和个体从业人员	农村从业人员
1949	134.9	6.6	128.3	12.70	26.7	0.9	0.7	0.2		25.8
1952	144.5	7.5	137.0	18.20	33.0	1.6	1.2	0.4		31.4
1957	159.8	11.0	148.8	16.93	46.3	3.1	2.4	0.7		43.2
1965	187.1	13.1	174.0	25.40	68.1	4.4	3.4	1.0		63.7
1970	213.1	13.1	200.0	26.66	74.7	5.7	4.4	1.3		69.0
1975	237.8	17.7	220.1	23.90	81.2	8.1	6.3	1.8		73.1
1978	246.0	19.8	226.2	8.25	83.0	9.1	7.1	2.0	1.3	72.6
1980	250.6	22.9	227.7	9.90	85.8	10.1	7.9	2.2	2.4	73.3
1985	268.9	29.5	239.4	11.83	103.8	17.0	12.7	4.3	3.0	83.8
1986	272.6	31.6	241.0	11.05	107.1	17.9	13.5	4.4	4.1	85.1
1987	277.0	33.4	243.6	11.31	109.8	18.7	14.2	4.5	4.6	86.5
1988	281.9	34.3	247.6	11.13	116.2	20.2	15.5	4.7	5.5	90.5
1989	286.2	35.2	251.0	12.07	118.2	20.5	15.7	4.8	4.7	93.0
1990	298.2	36.6	261.6	18.63	121.7	20.9	16.1	4.8	5.1	95.7
1991	302.6	37.6	265.0	12.29	125.5	21.6	16.7	4.9	4.8	99.1
1992	307.4	38.6	268.8	10.76	128.7	21.8	16.9	4.9	6.3	100.6
1993	311.1	39.7	271.4	9.63	131.0	21.5	16.8	4.7	7.4	102.1
1994	315.5	41.8	273.7	10.29	135.0	22.4	17.9	4.5	8.9	103.7
1995	320.0	43.3	276.7	9.86	138.1	23.1	18.6	4.5	9.2	105.8
1996	324.4	45.1	279.3	9.78	140.0	23.2	18.6	4.6	10.0	106.8
1997	328.1	46.8	281.3	9.27	138.4	22.8	19.1	3.6	8.3	107.3
1998	330.4	48.3	282.1	7.53	136.3	20.5	17.0	2.7	8.4	107.4

吕梁地区国内生产总值及指数

GROSS DOMESTIC PRODUCTS AND ITS INDEX OF LULIANG

年份	国内生产总值(亿元)	第一产业	第二产业	第三产业	人均国内生产总值(元)	国内生产总值指数(上年=100)	第一产业	第二产业	第三产业
1949									
1952	1.2	1.0	0.1	0.1	86				
1957	1.5	1.0	0.3	0.2	94	86.7	77.9	122.9	84.6
1965	1.9	1.2	0.4	0.3	104	98.5	93.1	114.7	96.9
1970	2.8	1.5	0.9	0.4	136	119.1	112.5	132.0	118.9
1975	4.6	2.1	1.6	0.9	198	110.6	110.0	108.3	116.1
1978	5.7	2.1	2.3	1.3	232	108.8	105.3	112.6	108.5
1980	6.1	2.2	2.5	1.4	242	96.7	86.6	105.2	100.7
1985	12.7	4.1	5.7	2.9	476	119.5	110.9	134.1	107.6
1986	14.4	4.2	7.0	3.2	532	110.3	98.3	118.8	109.6
1987	16.3	4.4	8.2	3.7	594	110.1	100.4	114.3	112.8
1988	18.9	5.5	9.4	4.0	674	111.9	119.6	111.5	104.6
1989	22.3	6.2	11.5	4.6	786	104.4	76.3	115.6	112.7
1990	26.5	8.3	12.4	5.8	905	108.9	114.4	100.4	124.5
1991	27.2	6.2	13.4	7.6	818	91.5	71.7	98.2	105.7
1992	33.5	7.1	17.4	9.0	999	115.6	107.3	123.5	108.2
1993	54.7	12.4	29.5	12.8	1 652	139.7	130.3	142.9	141.4
1994	66.9	15.2	35.3	16.4	2 134	113.1	107.9	117.7	110.1
1995	76.2	16.7	41.1	18.4	2 399	109.0	93.9	114.3	109.4
1996	87.3	21.3	45.9	20.1	2 709	109.9	113.1	110.6	105.9
1997	90.3	18.3	50.3	21.7	2 767	102.9	82.8	108.1	105.2
1998	89.2	17.8	49.1	22.3	2 711	98.7	106.2	94.8	104.7

吕梁地区全社会固定资产投资
TOTAL INVESTMENT IN FIXED ASSETS OF LULIANG

单位：万元　　(10 000 yuan)

年　份	全社会固定资产投资	国有经济	#基本建设	#更新改造	集体经济	#城镇集体经济	城乡个人	全社会固定资产投资新增固定资产	#国有经济	房屋竣工面积(万平方米)
1949	38	1	1		5		32	31	1	1.5
1952	421	66	66		14		341	374	52	14.9
1957	790	438	438		62	20	290	680	401	18.7
1965	2 271	1 315	1 315		307	101	649	1 829	1 044	50.7
1970	3 637	2 646	2 646		385	121	606	2 856	1 960	64.8
1975	7 337	3 656	3 656		1 760	578	1 921	4 960	2 021	89.2
1978	8 044	4 624	4 324	300	2 510	610	910	5 582	2 162	78.4
1980	10 471	5 671	5 071	600	2 900	800	1 900	8 480	3 680	89.3
1985	32 530	12 265	9 157	3 108	4 702	1 420	15 563	26 853	7 218	156.4
1986	35 451	12 559	9 020	3 539	5 741	1 728	17 157	29 164	6 900	134.2
1987	39 020	13 280	10 548	2 732	4 866	1 540	20 874	37 765	12 605	122.9
1988	43 876	18 760	14 374	4 386	5 327	2 216	19 789	32 875	8 610	113.9
1989	50 675	23 335	17 934	5 401	5 546	1 932	21 794	37 755	10 717	105.3
1990	52 933	21 172	17 286	3 886	7 428	2 328	24 333	43 786	12 924	115.7
1991	55 666	21 803	16 523	3 155	9 040	3 130	24 823	48 984	13 739	106.6
1992	68 625	31 421	21 493	7 527	8 595	2 039	28 200	45 248	11 484	99.3
1993	114 926	66 771	48 608	15 194	14 653	1 825	31 659	116 843	59 000	120.7
1994	173 187	94 270	63 882	18 228	22 992	10 611	39 349	78 660	29 367	131.9
1995	203 879	142 587	112 399	16 910	19 492	2 804	41 800	149 530	89 513	149.4
1996	251 123	173 144	135 496	20 535	25 000	9 919	47 087	235 818	161 310	135.5
1997	187 457	140 146	125 204	12 182	14 931	3 427	25 533	172 930	118 934	133.2
1998	175 567	132 734	104 223	17 475	10 776	952	33 009	165 150	113 708	150.1

吕梁地区地方财政收支
REGIONAL FINANCIAL REVENUE AND EXPENDITURE OF LULIANG

单位：万元　　(10 000 yuan)

年　份	地方财政收入	#各项税收	地方财政支出	#基本建设支出	#支援农业生产及农业事业费支出	#文教科卫支出	#教育事业费支出
1949	281	234	22				
1952	740	606	228				
1957	903	752	1 285				
1965	1 900	1 583	1 934				
1970	2 518	2 134	1 979				
1975	4 197	3 631	8 120				
1978	5 311	4 491	11 722	3 318	1 857	2 464	1 522
1980	5 728	4 697	11 012	503	1 033	3 500	2 277
1985	11 560	11 487	22 242	555	1 929	6 933	4 534
1986	11 920	10 902	25 622	824	3 702	8 402	5 306
1987	15 489	13 962	25 067	427	3 567	8 565	5 481
1988	21 155	19 152	29 928	417	4 336	10 211	6 536
1989	24 385	22 129	33 900	378	5 215	11 299	7 429
1990	26 636	26 137	37 719	309	3 336	12 849	8 358
1991	30 924	29 903	43 989	573	3 315	13 823	8 805
1992	34 630	33 950	50 124	933	3 926	17 564	10 799
1993	50 593	48 487	60 550	697	3 110	19 336	12 378
1994	24 861	19 840	67 653	1 152	4 174	26 214	17 430
1995	33 669	22 422	77 234	638	3 622	28 591	18 973
1996	38 878	26 770	87 959	580	3 569	24 295	20 595
1997	43 293	34 050	102 326	409	8 951	35 535	23 335
1998	47 515	37 854	110 556	1 042	8 636	36 554	24 425

吕梁地区职工工资总额和人民生活

TOTAL WAGE BILL OF STAFF AND WORKERS, PEOPLE'S LIVELIHOOD OF LULIANG

年份	职工工资总额（万元）	#国有经济	#集体经济	职工平均货币工资（元）	城镇居民家庭人均可支配收入（元）	城镇居民家庭人均消费性支出（元）	农民人均纯收入（元）	城乡居民储蓄存款余额（万元）
1949	163	127	36	182	35	32		
1952	420	328	92	262	51	46		42
1957	1 390	1 084	306	448	91	85		405
1965	2 244	1 750	494	510	102	90	39	785
1970	2 852	2 225	627	500	126	97	50	876
1975	4 301	3 354	947	531	168	136	57	2 109
1978	5 171	4 033	1 138	569	189	147	62	3 222
1980	6 944	5 398	1 546	703	215	207	62	6 617
1985	14 419	11 429	2 990	840	448	415	318	26 435
1986	17 905	14 336	3 569	998	537	502	305	37 947
1987	20 167	16 167	4 000	1 108	590	552	303	46 627
1988	24 409	19 825	4 584	1 279	699	666	335	73 633
1989	28 398	22 935	5 463	1 385	716	669	398	99 302
1990	32 519	26 621	4 898	1 556	855	780	482	132 222
1991	35 688	29 255	6 432	1 652	941	869	487	167 532
1992	42 596	35 751	6 845	1 954	1 180	957	545	212 078
1993	50 133	41 382	8 160	2 376	1 204	1 039	572	264 240
1994	68 697	59 331	9 295	3 082	1 409	1 253	715	349 817
1995	78 563	67 545	10 817	3 448	2 038	1 780	869	465 300
1996	88 940	76 749	11 122	4 024	2 064	1 809	1 128	579 700
1997	92 929	81 997	10 524	4 425	2 679	2 194	1 368	672 483
1998	86 263	73 859	9 026	4 518	2 527	1 956	1 417	774 325

吕梁地区农业基本情况

BASIC STATISTICS ON AGRICULTURE OF LULIANG

年份	耕地面积（千公顷）	#水田水浇地	播种面积（千公顷）	#粮食	#油料	#棉花	农业机械总动力（万千瓦）	化肥施用量（折纯，吨）	农村用电量（万千瓦小时）
1949	556.5	55.4	575.4	515.7	12.1	23.4			
1952	572.4	62.1	583.3	515.6	12.2	27.7		128	
1957	541.3	71.3	556.9	476.7	11.0	39.8	0.2	595	13
1965	503.8	79.5	520.5	453.7	9.0	30.8	3.2	2 888	1 611
1970	467.2	86.3	485.0	425.3	6.5	28.3	5.4	4 104	2 282
1975	472.7	107.1	493.9	435.8	9.5	22.8	24.4	18 240	6 974
1978	473.4	108.1	493.3	439.0	10.3	17.7	42.0	32 153	8 130
1980	476.7	108.7	492.1	437.5	15.3	10.6	45.0	29 151	9 843
1985	468.7	102.1	496.2	370.1	94.2	8.5	67.0	38 395	13 472
1986	465.8	100.8	483.4	388.1	65.0	5.3	68.0	38 807	17 071
1987	463.3	120.8	477.4	387.8	61.4	6.0	71.0	40 395	19 351
1988	461.1	102.3	482.0	389.3	63.4	7.5	75.0	43 488	20 874
1989	459.6	103.1	483.2	402.9	54.0	7.0	82.0	48 337	23 675
1990	457.4	104.1	486.4	405.1	54.6	8.8	91.0	52 698	29 754
1991	456.9	105.6	473.6	383.6	59.0	13.3	91.0	56 173	25 871
1992	455.6	106.9	468.1	377.7	60.9	12.2	97.0	59 603	29 530
1993	453.7	106.4	477.2	395.9	56.0	7.6	100.0	63 225	32 815
1994	450.6	106.2	470.1	384.9	62.8	5.4	101.0	65 537	35 981
1995	450.0	108.7	459.0	367.7	63.4	10.3	108.0	64 763	42 610
1996	488.4	108.4	465.9	386.1	57.7	3.6	111.0	66 378	40 682
1997	585.8	96.9	459.4	381.3	54.1	5.0	115.9	68 392	46 824
1998	585.7	96.8	510.8	413.9	72.4	3.5	119.1	72 544	45 100

吕梁地区农林牧渔业总产值和指数

GROSS OUTPUT VALUE AND INDEX OF FARMING, FORESTRY, ANIMAL HUSBANDRY AND FISHERY OF LULIANG

年 份	农林牧渔业总产值（万元）	农 业	林 业	牧 业	渔 业	农林牧渔业总产值指数（上年＝100）	农 业	林 业	牧 业	渔 业
1949	13 163	11 693	400	1 070						
1952	14 805	12 928	546	1 331		105.8	106.0	101.1	106.1	
1957	14 258	12 060	678	1 520		80.0	78.1	85.5	95.7	
1965	17 240	14 456	943	1 841		94.3	92.1	136.5	97.2	
1970	22 093	18 893	811	2 389		114.5	117.0	99.8	102.5	
1975	30 820	26 820	1 102	2 898		110.9	111.8	103.0	105.5	
1978	34 983	30 435	1 533	3 015		106.2	108.6	104.4	95.2	
1980	37 798	32 314	1 912	3 572		89.8	84.1	110.9	107.8	
1985	71 081	52 669	7 120	11 271	21	88.5	89.2	72.3	100.6	52.0
1986	69 544	52 879	6 193	10 440	32	95.9	97.9	76.3	100.8	142.3
1987	69 232	51 060	5 870	12 233	69	85.6	83.3	86.0	95.1	197.3
1988	97 158	69 769	8 336	18 967	86	124.1	128.7	122.3	107.7	123.3
1989	95 494	69 630	6 949	18 794	121	91.3	90.1	87.1	98.7	100.0
1990	127 710	99 282	7 956	20 331	141	125.3	131.6	97.1	112.5	133.3
1991	105 231	71 568	9 434	24 029	200	77.2	65.7	113.1	118.6	129.2
1992	126 054	86 192	12 626	26 998	238	113.0	112.8	120.9	110.7	108.4
1993	183 649	125 906	13 815	43 643	285	128.1	129.1	101.5	136.8	103.6
1994	287 074	192 351	16 047	78 341	335	114.6	110.8	101.2	128.9	109.8
1995	312 180	196 947	21 422	93 404	407	88.9	75.6	127.0	108.9	106.8
1996	378 455	253 046	24 608	100 348	453	125.8	139.8	107.1	109.6	191.3
1997	330 833	216 397	26 359	87 457	620	91.8	86.8	99.2	99.4	118.1
1998	323 672	207 079	26 222	89 728	643	103.3	96.2	99.0	103.3	109.4

吕梁地区主要农产品产量

OUTPUT OF MAJOR FARM CROPS OF LULIANG

年 份	粮 食（吨）	棉 花（吨）	油 料（吨）	糖 料（吨）	水 果（吨）	猪牛羊肉（吨）	禽 蛋（吨）	水产品（吨）	大牲畜年末头数（万头）	猪年末头数（万头）	羊年末只数（万只）
1949	332 900	3 668	4 195		11 755				11.0	7.2	50.0
1952	363 695	5 083	5 188		12 150				12.8	8.9	60.7
1957	314 035	7 621	3 894		11 665				14.0	16.4	92.3
1965	396 425	6 913	2 864		12 265				14.7	26.6	110.7
1970	520 530	6 128	3 523		11 275				16.0	34.0	122.6
1975	731 380	5 350	4 676		18 750				16.7	43.6	156.6
1978	753 110	2 616	3 009	1 596	20 520	14 489	2 597	42	16.6	49.5	140.6
1980	710 675	2 331	11 250	1 570	17 995	16 771	3 353	40	17.5	50.7	128.1
1985	732 890	4 272	59 683	813	47 787	21 287	10 095	91	20.4	41.5	63.2
1986	723 041	3 663	55 577	2 149	49 345	21 325	9 980	128	21.2	42.4	71.2
1987	606 487	3 819	42 087	950	57 084	21 357	9 831	204	21.2	35.5	85.4
1988	851 824	3 457	53 885	4 209	52 335	21 569	12 982	234	21.7	33.8	75.0
1989	706 045	2 651	29 621	945	56 859	21 312	11 466	299	21.9	36.9	127.5
1990	1 003 714	8 039	64 026	622	62 475	26 506	12 339	333	21.7	38.3	108.5
1991	614 349	8 989	38 403	1 044	51 508	32 591	16 688	383	22.0	37.0	99.0
1992	720 843	4 639	46 385	240	50 948	33 446	18 491	406	23.0	39.0	94.0
1993	950 076	4 759	59 611	235	62 798	38 273	37 689	431	23.0	41.0	97.0
1994	1 007 920	2 813	73 628	368	87 307	46 467	51 630	455	26.0	47.0	110.0
1995	706 045	2 651	29 621	1 714	92 590	52 475	51 917	500	27.0	50.0	122.0
1996	1 107 475	1 092	61 231	7 716	55 902	57 069	58 812	520	20.0	53.0	134.0
1997	736 831	2 462	33 052	17 747	122 112	39 921	71 522	550	22.0	44.0	132.0
1998	783 229	1 966	53 082	24 966	97 350	45 258	68 400	545	23.0	44.9	129.0

吕梁地区乡镇企业基本情况

BASIC INDICATORS OF TOWNSHIP AND VILLAGE ENTERPRISES OF LULIANG

年　份	乡镇企业单位数（个）	乡镇企业从业人员（万人）	乡镇企业总产值（万元）	乡镇企业营业收入（万元）	乡镇企业实际缴纳税金（万元）	乡镇企业税后利润净值（万元）	乡镇企业年末固定资产原价（万元）
1949							
1952							
1957							
1965							
1970							
1975							
1978	9 064	7.7	17 228	13 229	500	4 263	5 179
1980	6 641	8.1	17 384	13 562	465	4 750	7 239
1985	25 003	18.5	69 452	48 616	3 300	9 388	17 282
1986	29 044	18.4	76 475	62 882	3 439	9 548	19 043
1987	30 958	19.0	90 446	80 486	4 023	12 886	36 712
1988	33 568	20.7	117 199	111 717	4 409	16 520	45 960
1989	35 948	21.4	146 948	154 118	4 473	19 112	53 611
1990	35 769	20.7	242 677	173 884	5 352	21 674	93 894
1991	36 536	19.0	229 566	196 049	3 191	26 584	73 043
1992	41 657	21.9	355 206	307 162	4 665	35 387	101 883
1993	47 976	30.0	613 563	531 651	11 477	53 456	166 345
1994	49 280	33.0	1 003 260	890 953	17 715	90 854	253 663
1995	49 986	38.0	1 363 565	1 192 658	25 157	121 812	309 307
1996	51 301	40.0	1 655 407	1 452 508	29 658	137 951	401 299
1997	9 949	22.0	1 057 855	946 833	33 589	9 183	284 548
1998	9 807	24.1	1 330 089	1 282 751	33 462	122 123	342 549

吕梁地区工业生产情况

BASIC INDICATORS OF INDUSTRY OF LULIANG

年　份	工业总产值（万元）	轻工业	重工业	工业总产值指数（上年＝100）	轻工业	重工业	原煤产量（万吨）	发电量（万千瓦时）
1949	664	241	423				21	9
1952	1 108	402	706	112.5	128.2	77.3	43	5
1957	3 584	1 301	2 283	123.0	136.3	108.6	79	29
1965	3 683	1 627	2 056	125.8	143.7	107.9	134	353
1970	8 736	3 171	5 565	144.2	111.2	182.3	120	1 933
1975	21 667	7 865	13 802	114.6	111.9	116.1	233	7 747
1978	29 398	9 384	20 014	112.0	104.0	116.0	330	15 322
1980	30 034	10 200	19 834	97.9	64.7	112.9	382	17 728
1985	60 040	25 952	34 088	123.7	129.9	119.5	770	17 683
1986	69 421	30 871	38 550	106.9	101.9	116.6	766	17 518
1987	93 478	44 761	48 717	120.5	135.0	112.0	805	18 517
1988	124 325	58 607	65 718	117.4	120.2	115.4	842	19 289
1989	157 083	68 945	88 138	108.6	104.0	112.0	962	19 332
1990	158 350	62 823	95 527	100.1	90.8	106.3	987	22 103
1991	176 641	72 622	104 019	103.8	105.7	102.8	951	23 899
1992	212 672	86 744	125 928	116.5	117.7	115.8	915	28 339
1993	287 600	109 800	177 800	114.6	116.5	113.6	1 137	25 698
1994	323 500	115 800	207 700	109.7	105.1	112.4	1 260	23 734
1995	355 094	111 678	243 416	109.8	96.4	117.2	1 405	28 479
1996	395 122	108 446	286 676	108.5	96.4	113.5	1 301	116 700
1997	455 868	130 648	325 220	109.4	115.9	107.6	1 539	148 110
1998	473 492	60 653	412 839	94.2	64.0	102.1	1 495	139 835

续表 CONTINUED

年 份	生 铁 产 量 (万吨)	焦 炭 产 量 (万吨)	水 泥 产 量 (万吨)	化 肥 产 量 (折纯,吨)	棉 布 产 量 (万米)	饮料酒 产 量 (吨)
1949		0.9			35	133
1952		0.2		3	90	529
1957		7.2		60	233	1 298
1965		3.7		106	412	1 932
1970	0.4	13.9	0.5	14 521	342	2 014
1975	2.6	34.4	5.7	16 847	401	3 704
1978	3.3	53.4	9.8	21 600	331	4 533
1980	2.4	44.3	12.2	28 649	640	6 044
1985	7.5	87.5	23.6	28 639	1 117	18 062
1986	15.4	84.4	28.7	24 007	1 041	17 106
1987	16.5	97.3	31.4	34 392	851	22 765
1988	20.8	120.7	36.0	36 326	1 096	38 921
1989	26.3	188.7	38.4	39 407	1 268	36 284
1990	29.1	234.6	37.6	36 788	1 298	39 827
1991	31.3	223.1	39.9	42 959	1 010	45 038
1992	41.1	321.6	50.7	41 691	998	63 129
1993	67.1	459.6	57.4	26 337	764	89 502
1994	123.3	775.9	68.8	32 268	431	111 297
1995	103.5	1 009.0	76.2	41 839	598	79 197
1996	108.1	1 072.0	95.4	52 800	629	103 451
1997	108.6	1 121.4	102.5	47 416	417	119 345
1998	112.8	987.9	102.9	43 269	293	74 460

吕梁地区独立核算工业企业主要指标

MAJOR INDICATORS OF INDEPENDENT ACCUNTING INDUSTRIAL ENTERPRISES OF LULIANG

单位：万元 (10 000 yuan)

年 份	职工人数 (万人)	#国有工业	工业总产值 (当年价格)	#国有工业	工业总产值 (不变价格)	#国有工业	工业增加值	#国有工业	工业销售产值	#国有工业
1949	0.2	0.2	664							
1952	0.3	0.3	1 108							
1957	0.6	0.6	3 584							
1965	0.6	0.6	4 254							
1970	1.4	1.1	8 212							
1975	2.6	2.1	20 367							
1978	5.3	3.9	27 898	16 105	67 951	43 591	8 369	5 154	22 400	14 010
1980	6.0	4.0	22 250	17 111	67 261	43 148	6 675	5 476	23 844	14 905
1985	7.9	4.2	123 748	75 641	105 758	60 997	37 124	24 205	49 399	29 401
1986	8.1	3.9	68 450	41 842	111 604	63 559	20 535	13 229	57 050	34 050
1987	8.9	4.5	92 536	58 895	134 909	76 985	27 760	18 846	89 631	55 772
1988	9.6	5.0	123 748	75 641	159 939	85 334	37 124	24 205	129 732	86 162
1989	9.9	5.0	155 936	95 908	169 897	88 107	46 781	30 690	148 554	74 743
1990	10.2	5.3	156 429	90 274	187 315	103 979	46 928	28 887	156 457	100 151
1991	10.1	5.3	174 245	106 398	194 707	112 424	52 273	34 047	181 862	118 341
1992	10.7	5.2	210 912	129 324	226 967	131 200	86 150	61 515	193 528	121 583
1993	10.4	6.5	284 000	154 400	259 400	132 600	171 600	89 200	290 700	175 100
1994	10.7	5.4	323 060	176 795	287 279	151 855	130 651	83 180	297 292	165 964
1995	11.2	5.9	355 094	190 851	292 766	151 669	112 355	68 354	296 145	157 764
1996	10.5	5.5	394 800	195 400	343 100	158 700	157 900	88 800	393 835	195 530
1997	10.0	5.0	453 330	214 816	375 232	164 702	200 452	97 318	453 825	216 709
1998	7.8	3.7	473 492	171 379	375 534	115 242	201 614	85 774	455 466	165 145

续表 CONTINUED

单位：万元 (10 000 yuan)

年份	流动资产年平均余额	#国有工业	固定资产原价	#国有工业	固定资产净值年平均余额	#国有工业	资产总计	#国有工业	产品销售收入	#国有工业
1949										
1952										
1957										
1965										
1970										
1975										
1978	11 500	5 801	29 169	22 709	20 540	17 193	33 040	23 124	22 400	14 010
1980	10 957	6 658	34 768	26 033	24 072	18 262	39 270	29 162	23 844	14 905
1985	51 674	31 762	96 121	69 050	46 235	35 781	67 147	48 987	49 399	29 401
1986	21 899	12 542	67 165	48 473	51 059	36 051	73 838	49 472	57 050	34 050
1987	27 192	16 104	91 529	67 400	70 181	51 256	111 809	77 744	89 631	55 772
1988	51 674	31 762	96 121	69 050	73 198	51 608	135 544	88 198	129 732	86 162
1989	71 044	45 007	110 269	75 816	82 055	55 136	194 011	90 780	148 554	74 743
1990	89 848	57 290	127 732	88 592	93 840	64 166	152 415	100 729	156 457	100 151
1991	106 076	68 305	140 162	97 606	100 507	68 621	165 307	109 490	181 862	118 341
1992	154 404	94 884	163 243	112 089	107 365	72 902	261 768	167 785	205 474	134 652
1993	184 200	112 200	207 500	139 700	131 800	84 300	406 700	264 700	290 700	175 100
1994	240 327	146 152	226 903	159 589	148 510	97 858	502 778	349 017	263 859	160 900
1995	272 224	170 439	314 520	208 574	205 636	126 211	634 593	409 213	288 827	156 388
1996	277 200	182 900	378 200	268 700	236 400	159 100	669 900	462 600	351 100	184 200
1997	325 232	213 415	440 411	319 427	274 953	186 501	756 990	506 054	387 373	198 800
1998	411 348	242 925	545 810	358 880	385 015	265 228	963 839	583 844	416 981	169 270

年份	利税总额	#国有工业	百元固定资产原价实现利税（元）	#国有工业	资金利税率（%）	#国有工业	产值利税率（%）	#国有工业	百元销售收入实现利润（元）	#国有工业
1949										
1952										
1957										
1965										
1970										
1975										
1978	4 813	2 643	16.50	11.60	14.60	11.40	17.30	16.40	13.50	9.10
1980	4 524	2 872	13.00	11.00	11.50	9.80	20.30	16.80	10.20	8.70
1985	9 380	7 328	9.80	10.60	14.00	15.00	7.60	9.70	12.10	13.30
1986	11 589	9 154	17.30	18.90	15.70	18.50	16.90	22.10	13.10	14.80
1987	22 451	17 147	24.50	25.40	19.40	22.10	24.30	29.10	14.80	18.60
1988	36 975	29 361	38.50	42.30	27.30	33.30	29.90	38.80	17.00	20.50
1989	38 924	30 499	35.30	40.20	20.10	23.30	24.10	31.80	10.10	16.70
1990	40 351	32 062	31.60	36.20	26.50	31.80	25.80	35.50	19.50	19.10
1991	45 898	38 911	32.70	39.90	27.80	35.50	26.30	36.60	14.10	18.70
1992	49 323	41 758	30.20	37.30	18.80	24.90	23.40	32.30	12.20	15.60
1993	71 600	51 000	34.50	36.50	17.60	19.30	25.20	33.00	11.30	12.20
1994	69 985	55 908	30.80	35.00	11.90	16.00	21.70	31.60	9.60	13.60
1995	45 192	29 472	14.40	14.40	8.60	9.00	12.70	15.50	3.30	4.10
1996	64 200	47 200	16.98	17.57	12.50	13.80	16.26	24.16	5.20	7.40
1997	69 158	46 648	15.70	14.60	5.17	9.22	18.43	28.32	5.20	6.46
1998	56 913	36 155	10.43	10.10	5.90	6.19	15.16	31.37	0.89	2.54

吕梁地区交通运输邮电通讯业

TRANSPORTATION, POSTS AND TELECOMMUNICATIONS SERVICES OF LULIANG

年份	公路客运量（万人）	公路货运量（万吨）	公路旅客周转量（万人公里）	公路货物周转量（万吨公里）	邮电局所数（个）	邮电业务总量（万元）	长话电路（路）	市内电话机（部）	农村电话机（部）
1949		28		530	60				
1952		30		590	117	54		145	72
1957		37		630	117	156		574	515
1965		43		720	154	411	36	1 208	2 076
1970	6	87	145	1 481	266	322	49	1 275	1 941
1975	17	168	701	4 106	179	662	87	2 090	1 993
1978	26	318	1 694	8 209	119	780	109	3 045	6 473
1980	36	289	1 688	10 324	119	872	126	3 647	6 526
1985	424	688	34 134	36 232	180	1 160	174	6 048	4 589
1986	496	930	42 713	48 943	192	1 179	194	6 160	5 742
1987	554	833	45 759	52 014	189	1 264	248	7 236	5 771
1988	416	1 210	35 246	63 090	189	1 397	265	8 313	5 748
1989	475	1 340	40 784	74 290	188	1 444	347	9 725	6 025
1990	471	1 331	40 023	73 661	187	1 666	349	11 686	5 712
1991	504	1 413	39 270	83 689	188	1 941	352	12 946	6 302
1992	552	1 535	44 683	90 420	187	2 448	356	16 253	6 116
1993	617	1 699	51 114	108 615	187	3 213	731	20 696	6 471
1994	688	1 820	54 475	119 980	186	4 530	1 162	26 524	8 350
1995	721	1 999	57 134	136 242	186	7 005	1 394	34 431	9 943
1996	821	2 305	58 282	146 547	187	11 058	706	44 671	12 481
1997	895	2 412	64 097	158 905	191	14 814	1 606	47 404	12 574
1998	1 001	2 501	70 046	169 603	171	18 789	2 530	65 756	17 967

吕梁地区国内外贸易

DOMESTIC AND FOREIGN TRADE OF LULIANG

年份	社会消费品零售总额（万元）	#国有经济	#集体经济	#个体经济	#农民对非农业居民零售	实际利用外资额（万美元）	#外商直接投资	接待旅游总人数（人次）	#外国人	旅游外汇收入（万美元）
1949	2 217	75	120	1 664	359					
1952	4 089	528	843	2 399	308					
1957	8 284	2 251	4 041	393	181					
1965	9 710	2 621	4 758	486	194					
1970	11 723	3 165	5 744	586	234					
1975	18 016	4 864	8 828	901	360					
1978	31 649	15 139	16 053	50	407					
1980	38 031	17 673	19 386	117	599					
1985	70 925	23 642	23 988	7 905	3 020					
1986	77 059	26 574	25 057	9 507	3 387					
1987	93 281	31 488	29 645	13 693	3 239					
1988	116 101	39 950	35 936	18 370	3 815					
1989	123 832	42 621	39 464	18 047	4 109					
1990	131 344	46 101	37 121	21 957	4 635					
1991	141 452	52 306	36 857	24 743	4 752					
1992	165 938	57 368	39 017	32 461	6 716					
1993	152 695	55 976	26 624	56 408	7 861					
1994	158 545	59 615	31 523	60 281	8 608					
1995	205 260	79 440	39 482	29 776	9 767			3 920	1 250	19
1996	250 047	75 688	47 875	74 584	8 443			2 089	1 987	69.29
1997	265 718	85 117	42 603	80 120	13 295	308	308	3 554	3 007	75.35
1998	256 750	60 965	40 286	79 620	15 616	32	32	3 908	3 385	189.36

吕梁地区教育科技卫生

SCIENCE AND TECHNOLOGY, EDUCATION AND HEALTH CARE OF LULIANG

年份	学校数（所）	小学	普通中学	中等专业学校	高等学校	在校学生数（万人）	小学	普通中学
1949	1 637	1 633	4			8.9	8.8	0.1
1952	2 857	2 847	10			16.0	15.7	0.3
1957	3 312	3 288	24			20.8	19.7	1.1
1965	5 059	4 968	91			31.4	29.6	1.8
1970	5 629	5 090	537	2		38.9	32.9	5.8
1975	6 227	5 015	1 206	6		55.4	43.2	12.0
1978	6 198	4 685	1 507	6		60.6	42.7	17.7
1980	6 141	5 071	1 062	8		58.8	43.2	15.3
1985	6 104	5 593	501	8	2	51.9	36.8	14.7
1986	6 116	5 670	436	8	2	51.2	35.1	15.6
1987	6 140	5 696	433	8	3	51.1	33.5	16.1
1988	6 112	5 671	430	8	3	49.3	32.6	16.0
1989	6 102	5 656	425	8	3	47.9	33.0	14.2
1990	6 075	5 664	399	8	4	48.3	33.7	13.8
1991	6 069	5 675	382	8	4	49.5	35.2	13.6
1992	6 064	5 683	369	8	4	51.6	37.2	13.6
1993	6 060	5 677	371	8	4	53.3	39.3	13.2
1994	6 054	5 673	369	8	4	56.5	41.7	13.9
1995	6 036	5 651	373	8	4	59.4	43.2	15.2
1996	5 985	5 598	375	8	4	62.2	44.5	16.8
1997	6 050	5 583	381	8	4	67.2	45.7	18.1
1998	5 970	5 582	376	8	4	67.4	46.6	19.6

年份	中等专业学校（人）	高等学校（人）	专任教师数（人）	小学	普通中学	中等专业学校	高等学校
1949			2 533	2 456	77		
1952			4 864	4 615	249		
1957			7 090	6 444	646		
1965			13 392	11 964	1 428		
1970	1 597		16 967	12 555	4 310	102	
1975	1 716		21 642	15 343	6 180	119	
1978	2 027		24 067	14 818	9 055	185	9
1980	3 142		25 462	16 019	9 166	246	31
1985	3 278	860	25 054	16 031	8 585	295	143
1986	3 884	976	25 563	15 864	9 183	331	185
1987	4 064	2 155	26 102	15 805	9 742	348	207
1988	4 878	2 057	27 107	15 997	10 516	390	204
1989	4 968	1 954	27 102	16 249	10 165	410	278
1990	5 055	2 549	27 015	16 278	9 944	422	371
1991	5 388	1 302	27 035	16 491	9 813	434	295
1992	5 304	2 722	27 178	16 563	9 866	449	300
1993	5 450	2 766	27 514	16 830	9 937	455	292
1994	5 702	2 997	28 023	17 059	10 192	471	300
1995	5 691	3 861	29 018	17 663	10 554	492	309
1996	5 615	3 134	34 104	19 420	10 798	510	319
1997	6 195	2 387	30 393	18 221	11 329	526	317
1998	6 960	3 912	31 287	18 501	11 934	528	324

续表 CONTINUED

年 份	毕业生数（万人）	小 学	普通中学	中等专业学校（人）	高等学校（人）
1949	0.3	0.3			
1952	1.2	1.1	0.1		
1957	3.1	2.9	0.2		
1965	4.4	3.9	0.5		
1970	6.5	4.4	2.1		
1975	10.9	6.6	4.2	728	
1978	13.8	6.4	7.3	496	
1980	9.3	6.5	2.7	549	
1985	12.5	6.9	5.2	1 228	256
1986	11.1	7.0	3.9	1 453	308
1987	11.4	6.8	4.4	1 450	739
1988	10.9	6.5	4.2	1 125	841
1989	10.4	5.1	5.1	1 425	513
1990	10.1	5.2	4.7	1 529	614
1991	9.6	5.1	4.3	1 932	476
1992	9.7	5.3	4.2	1 720	567
1993	10.1	5.5	4.3	1 742	1 004
1994	10.6	6.2	4.1	1 720	901
1995	11.3	6.8	4.2	1 803	841
1996	11.2	7.2	3.7	1 898	1 306
1997	12.7	7.5	4.9	1 952	632
1998	12.8	7.8	4.7	1 865	1 190

年 份	卫生机构数（个）	#医 院	卫生机构床位数（张）	#医 院	卫生技术人员（人）	#医 生
1949	48	9	102		775	491
1952	115	23	248		1 241	673
1957	465	51	516		2 948	1 331
1965	612	47	1 343		3 604	1 637
1970	359	45	1 681		7 292	1 602
1975	388	259	3 656	3 330	4 423	1 182
1978	437	256	4 165	3 789	5 423	2 776
1980	459	256	4 211	2 177	6 242	3 138
1985	490	264	5 465	4 836	7 232	3 313
1986	493	269	5 885	5 207	7 580	3 364
1987	495	269	6 134	5 446	7 902	3 434
1988	497	269	6 142	5 412	7 186	3 818
1989	497	269	6 413	5 555	8 297	4 370
1990	496	269	6 482	5 686	8 609	4 443
1991	497	270	6 593	5 795	8 826	4 509
1992	497	276	6 742	6 073	9 022	4 725
1993	503	286	6 540	6 243	9 531	4 849
1994	504	284	6 560	5 742	9 551	4 559
1995	504	285	6 062	5 857	9 649	4 830
1996	529	285	6 304	6 034	10 005	4 943
1997	329	44	6 774	3 886	10 260	4 909
1998	333	45	6 744	3 799	10 787	5 203

晋中地区人口和社会从业人员

NUMBER OF POPULATION AND EMPLOYMEES OF JINZHONG

单位：万人 (10 000 person)

年份	年末总人口	城镇人口	乡村人口	人口自然增长率(‰)	社会从业人员	职工	#国有经济	#城镇集体经济	城镇私营企业和个体从业人员	农村从业人员
1949	138.1	12.8	125.3	10.66	53.4	3.6	3.6		2.5	47.3
1952	150.2	14.6	135.6	13.48	58.9	5.0	5.0		3.0	50.9
1957	163.2	22.3	140.9	18.15	60.0	7.8	7.8		0.1	52.1
1965	190.1	23.2	166.9	24.99	73.0	10.8	9.4	1.4	0.1	62.2
1970	215.3	26.4	188.9	24.33	79.2	13.9	12.0	1.9		65.3
1975	242.3	33.6	208.7	17.43	88.3	17.7	15.0	2.8		70.5
1978	251.2	36.7	214.5	10.49	94.8	23.4	19.6	3.7		71.4
1980	255.9	40.2	215.7	11.81	97.1	25.6	21.5	4.0		71.5
1985	269.0	47.0	222.0	9.20	114.2	33.0	24.5	8.5	0.6	80.6
1986	269.7	48.4	221.3	9.73	118.0	35.1	25.6	9.5	0.7	82.2
1987	272.1	49.9	222.2	10.01	120.7	35.5	26.4	9.1	1.0	84.2
1988	274.9	51.0	223.9	9.76	125.8	37.1	27.4	9.7	2.0	86.7
1989	277.9	52.1	225.8	10.53	127.6	37.9	28.0	9.9	0.8	88.9
1990	283.3	54.2	229.1	17.09	128.8	39.1	28.9	10.2	1.0	88.7
1991	286.2	55.2	231.0	9.74	132.8	39.9	29.3	10.6	1.0	91.9
1992	287.8	55.7	232.1	7.60	135.2	40.5	29.6	10.9	1.0	93.7
1993	290.1	59.1	231.0	7.66	136.1	39.3	29.9	9.3	2.5	94.3
1994	291.9	60.4	231.5	8.37	138.3	39.9	30.5	9.2	3.2	95.2
1995	293.8	62.0	231.8	7.89	139.2	39.1	30.1	8.7	4.3	95.8
1996	295.4	64.7	230.8	7.11	141.1	39.0	29.6	8.4	4.2	97.9
1997	296.6	66.8	229.8	5.42	143.0	37.3	28.1	7.9	5.4	100.3
1998	297.7	68.5	229.2	5.61	136.9	31.4	21.5	4.9	4.8	100.7

晋中地区国内生产总值及指数

GROSS DOMESTIC PRODUCTS AND ITS INDEX OF JINZHONG

年份	国内生产总值(亿元)	第一产业	第二产业	第三产业	人均国内生产总值(元)	国内生产总值指数(上年=100)	第一产业	第二产业	第三产业
1949									
1952	1.8	1.1	0.3	0.4	118				
1957	2.7	1.4	0.6	0.7	166	95.4	94.1	99.4	96.6
1965	4.2	1.5	1.7	1.0	225	115.6	104.9	142.4	114.1
1970	5.1	1.8	2.3	1.1	240	126.0	106.2	184.6	111.8
1975	6.6	2.2	2.9	1.5	272	111.2	105.0	120.5	107.0
1978	8.4	2.4	4.2	1.8	333	105.5	92.3	117.9	104.8
1980	10.1	2.4	5.5	2.2	395	100.1	79.8	115.4	105.0
1985	20.0	5.3	9.4	5.3	742	112.6	99.6	118.3	120.1
1986	22.1	4.8	11.0	6.3	817	104.8	83.7	112.5	115.1
1987	24.8	4.9	12.7	7.2	912	107.2	96.6	109.9	111.4
1988	29.8	6.7	14.8	8.3	1 085	109.9	114.9	106.1	114.0
1989	34.6	7.0	17.8	9.8	1 245	105.9	103.0	107.3	105.4
1990	37.7	8.9	18.2	10.6	1 337	103.4	106.5	100.1	107.5
1991	39.3	8.0	19.6	11.7	1 375	101.9	92.6	102.5	108.2
1992	44.0	8.7	22.0	13.3	1 528	108.3	106.5	107.8	110.3
1993	57.8	11.4	29.0	17.4	1 987	115.9	109.6	121.0	111.2
1994	78.9	18.1	37.7	23.1	2 693	112.8	109.0	115.9	109.3
1995	102.4	20.2	51.9	30.3	3 471	117.5	102.3	124.7	114.7
1996	124.4	23.2	64.0	37.2	4 209	116.3	116.3	117.5	113.9
1997	136.8	21.4	71.7	43.7	4 610	110.2	96.4	113.2	111.8
1998	143.2	23.7	73.6	45.9	4 810	108.2	113.8	105.7	110.6

晋中地区全社会固定资产投资

TOTAL INVESTMENT IN FIXED ASSETS OF JINZHONG

单位：万元　　(10 000 yuan)

年　份	全社会固定资产投资	国有经济	#基本建设	#更新改造	集体经济	#城镇集体经济	城乡个人	全社会固定资产投资新增固定资产	#国有经济	房屋竣工面积(万平方米)
1949	27	27	27					27		0.2
1952	1 819	1 819	1 819					1 386		4.7
1957	1 252	1 252	1 252					874		10.1
1965	4 375	4 375	4 375					1 757		10.2
1970	5 657	5 657	5 657					5 292		15.7
1975	5 609	5 609	5 609					1 065		19.6
1978	11 032	10 801	9 464	1 337	231	231		5 217	4 981	31.8
1980	17 765	17 046	13 894	3 152	719	719		12 697	12 056	33.0
1985	30 043	24 832	13 549	10 911	5 211	5 211		16 870	12 995	44.9
1986	33 858	29 410	15 180	14 230	4 448	4 448		17 081	13 876	39.0
1987	35 997	32 109	17 521	13 950	3 888	3 888		19 116	15 969	46.7
1988	38 375	32 602	17 312	15 000	5 773	5 773		30 378	25 984	42.6
1989	48 197	45 375	23 993	21 022	2 822	2 822		39 985	36 297	44.3
1990	53 949	35 930	20 186	14 319	2 180	2 180	15 839	43 554	23 452	180.2
1991	81 269	52 947	34 532	14 940	16 043	3 260	12 279	60 354	34 543	199.2
1992	86 511	53 985	32 927	18 089	16 981	4 712	15 545	67 211	36 868	190.6
1993	171 742	104 995	63 021	34 079	46 299	10 551	20 448	116 965	60 603	222.8
1994	210 724	141 648	103 219	23 892	39 648	6 103	29 428	193 823	121 737	214.6
1995	252 201	159 295	93 277	37 940	39 933	7 723	52 973	218 774	126 585	199.1
1996	208 329	161 911	93 473	43 880	33 474	9 883	12 944	147 575	89 141	96.1
1997	211 427	168 187	97 468	38 761	38 999	11 507	4 241	140 435	101 742	76.1
1998	279 506	177 474	104 787	59 182	38 531	6 671	12 000	193 785	118 301	128.2

晋中地区地方财政收支

REGIONAL FINANCIAL REVENUE AND EXPENDITURE OF JINZHONG

单位：万元　　(10 000 yuan)

年　份	地方财政收入	#各项税收	地方财政支出	#基本建设支出	#支援农业生产及农业事业费支出	#文教科卫支出	#教育事业费支出
1949	632	623	62	3		12	
1952	2 131	2 105	334	7		158	
1957	3 701	3 496	1 590	326		814	
1965	6 865	4 874	2 785	759		1 213	
1970	8 721	6 133	6 903	4 669		1 293	
1975	11 554	8 385	9 114	5 752		2 094	
1978	15 628	11 224	13 281	712	2 920	2 439	1 495
1980	16 940	12 810	10 832	211	2 394	3 145	2 029
1985	19 120	16 716	20 885	107	2 331	6 419	3 896
1986	19 815	18 348	24 961	98	2 787	7 811	4 749
1987	22 851	20 198	23 621	561	2 732	7 995	4 889
1988	26 356	23 782	29 151	454	3 057	8 941	5 836
1989	34 564	32 204	35 539	455	4 021	16 605	6 688
1990	36 561	34 528	38 171	569	4 048	12 053	7 519
1991	33 318	31 631	40 224	724	4 826	12 641	7 992
1992	35 463	36 391	44 993	143	5 434	14 924	9 599
1993	45 937	44 656	53 239	860	5 279	17 389	11 494
1994	34 896	26 188	65 578	642	7 708	25 258	17 301
1995	47 806	33 667	80 486	2 556	6 737	28 092	18 826
1996	59 203	43 541	95 888	2 292	8 210	25 131	24 941
1997	66 719	47 314	98 650	1 550	9 092	30 493	26 867
1998	70 748	52 906	107 803	1 394	10 910	31 992	22 283

晋中地区职工工资总额和人民生活
TOTAL WAGE BILL OF STAFF AND WORKERS, PEOPLE'S LIVELIHOOD OF JINZHONG

年份	职工工资总额(万元)	#国有经济	#集体经济	职工平均货币工资(元)	城镇居民家庭人均可支配收入(元)	城镇居民家庭人均消费性支出(元)	农民人均纯收入(元)	城乡居民储蓄存款余额(万元)
1949	665	665		187				1
1952	1 581	1 581		315				125
1957	4 221	4 221		542				1 214
1965	6 886	6 099	787	639			67	1 756
1970	7 989	7 066	923	575			77	2 217
1975	10 935	9 516	1 419	617			88	4 737
1978	13 914	11 950	1 964	614			98	7 239
1980	18 495	16 046	2 449	745			108	12 904
1985	32 008	25 236	6 772	1 001			378	53 408
1986	39 591	31 807	7 784	1 160			379	70 784
1987	44 257	35 014	9 243	1 283			401	95 380
1988	55 105	43 782	11 317	1 540			465	127 237
1989	65 737	52 714	12 994	1 793	1 016	796	508	174 456
1990	73 326	58 585	14 714	1 925	1 093	841	555	231 216
1991	81 433	64 396	17 013	2 090	1 313	1 141	545	285 335
1992	91 879	73 220	18 629	2 343	1 357	1 056	597	351 035
1993	103 487	84 019	19 220	2 687	1 668	1 313	761	439 941
1994	137 005	113 090	23 097	3 487	2 099	1 587	1 016	586 570
1995	195 873	131 849	26 634	4 134	2 550	1 938	1 317	786 544
1996	172 193	135 282	29 180	4 560	3 020	2 488	1 703	990 628
1997	169 153	130 935	28 785	4 549	3 116	2 454	2 032	1 119 960
1998	151 571	109 661	20 060	4 770	3 289	2 494	2 159	1 271 748

晋中地区农业基本情况
BASIC STATISTICS ON AGRICULTURE OF JINZHONG

年份	耕地面积(千公顷)	#水田水浇地	播种面积(千公顷)	#粮食	#油料	#棉花	农业机械总动力(万千瓦)	化肥施用量(折纯,吨)	农村用电量(万千瓦小时)
1949	383.5	58.4	391.0	365.0	7.2	6.6			
1952	409.5	76.5	426.5	394.5	9.3	9.9		65	
1957	400.6	87.9	425.3	383.6	6.6	19.8	0.2	599	4
1965	364.2	105.9	383.3	347.8	4.4	16.0	6.5	4 041	4 385
1970	357.0	112.1	392.6	350.1	4.1	17.0	10.4	8 756	6 532
1975	353.3	133.2	386.5	332.8	8.8	21.1	33.7	20 765	17 120
1978	351.9	143.7	387.7	332.8	6.7	19.9	57.0	47 489	19 637
1980	351.2	147.2	373.0	326.7	7.9	12.1	70.0	26 154	24 986
1985	343.3	144.4	362.8	293.1	37.3	8.7	100.0	37 354	24 528
1986	340.1	141.1	359.9	298.0	29.5	6.9	102.0	37 630	25 124
1987	339.3	140.9	359.1	303.8	25.8	7.1	106.0	39 813	28 275
1988	338.8	141.0	363.0	303.0	27.1	8.6	109.0	44 976	29 409
1989	338.5	140.3	364.3	312.4	21.0	9.4	114.0	51 360	34 715
1990	337.2	140.9	368.3	318.0	19.5	11.4	123.0	60 980	36 922
1991	336.3	141.4	359.7	306.9	19.9	13.9	127.0	59 995	40 647
1992	335.9	142.3	359.2	303.0	18.6	14.1	135.0	63 649	44 598
1993	334.0	141.3	372.0	319.3	14.9	12.2	136.0	67 297	48 326
1994	333.2	141.8	371.1	319.6	13.3	13.6	147.0	72 486	53 827
1995	332.5	142.9	364.4	309.8	14.8	14.9	154.0	78 104	56 192
1996	324.4	140.1	356.3	304.3	12.4	9.8	166.4	79 883	58 535
1997	395.4	127.9	359.8	309.2	11.8	8.6	172.3	83 281	61 181
1998	389.5	128.1	369.8	317.0	14.7	5.7	178.0	85 031	62 568

晋中地区农林牧渔业总产值和指数

GROSS OUTPUT VALUE AND INDEX OF FARMING, FORESTRY, ANIMAL HUSBANDRY AND FISHERY OF JINZHONG

年份	农林牧渔业总产值（万元）	农业	林业	牧业	渔业	农林牧渔业总产值指数（上年＝100）	农业	林业	牧业	渔业
1949	15 653	13 430	704	1 519						
1952	21 355	18 002	1 025	2 328		107.7	106.3	112.6	117.1	
1957	23 971	18 482	2 301	3 188		94.4	89.9	119.0	109.8	
1965	27 567	23 046	1 268	3 253		104.7	101.9	128.9	118.7	
1970	30 318	25 588	1 364	3 366	…	109.1	107.6	117.7	118.1	
1975	37 599	32 256	1 391	3 948	4	109.5	113.3	91.2	91.0	78.0
1978	37 683	32 369	1 846	3 467	1	98.1	99.8	115.6	80.9	216.7
1980	37 849	30 288	1 808	5 748	5	84.4	77.7	97.2	143.9	166.7
1985	76 907	59 428	7 116	10 335	28	107.3	106.1	94.6	127.2	103.7
1986	67 860	50 688	4 576	12 547	49	88.2	85.3	64.3	121.4	175.0
1987	70 205	52 768	4 071	13 294	72	103.5	104.1	89.0	106.0	146.9
1988	104 408	78 106	5 249	20 946	107	148.7	148.0	128.9	157.6	148.6
1989	107 848	79 945	4 883	22 847	173	103.3	102.4	93.0	109.1	161.7
1990	138 133	106 281	6 668	24 928	256	128.1	132.9	136.6	109.1	148.0
1991	126 373	89 937	7 079	29 021	336	91.5	84.6	106.2	116.4	131.3
1992	144 514	102 490	8 008	33 698	318	114.4	114.0	113.1	116.1	94.6
1993	186 968	132 626	9 291	44 648	403	129.2	129.4	116.0	132.5	126.7
1994	295 812	200 384	11 641	83 313	474	158.2	151.1	125.3	186.6	117.6
1995	363 670	236 035	13 781	113 289	565	122.9	117.8	118.4	136.0	119.2
1996	378 662	261 925	14 606	101 528	607	115.5	111.0	106.0	126.2	107.4
1997	399 579	262 391	16 836	119 697	655	105.5	100.2	115.3	117.9	107.9
1998	425 337	281 030	19 487	124 101	719	106.4	107.1	115.7	103.7	110.0

晋中地区主要农产品产量

OUTPUT OF MAJOR FARM CROPS OF JINZHONG

年份	粮食（吨）	棉花（吨）	油料（吨）	糖料（吨）	水果（吨）	猪牛羊肉（吨）	禽蛋（吨）	水产品（吨）	大牲畜年末头数（万头）	猪年末头数（万头）	羊年末只数（万只）
1949	348 515	1 401	4 986		17 400	1 735			14.6	3.4	38.4
1952	461 745	2 530	7 621		19 970	3 933			19.4	8.9	62.0
1957	405 240	3 684	4 635		22 565	5 841			18.9	13.6	84.1
1965	605 110	5 327	4 271	7 361	15 190	13 286			19.0	34.9	108.0
1970	668 880	4 888	5 349	11 833	10 370	14 585			21.1	38.4	116.7
1975	1 004 700	5 437	10 138	3 219	28 475	15 092		54	20.6	40.1	113.1
1978	976 205	3 642	3 765	3 084	39 670	21 286		46	20.4	59.5	97.7
1980	825 165	3 855	7 718	1 183	27 410	17 901	3 549	67	20.4	49.1	100.5
1985	958 788	5 047	45 598	17 732	58 775	23 008	11 345	130	21.6	37.1	45.5
1986	780 033	4 190	32 391	14 043	44 306	22 582	12 853	181	22.7	37.6	44.2
1987	783 079	4 134	27 325	9 080	58 195	22 285	10 965	218	22.9	30.9	51.7
1988	1 041 387	4 202	33 672	34 438	55 982	23 976	13 169	228	23.6	32.4	62.4
1989	1 111 410	6 932	27 446	28 590	47 567	26 668	13 249	373	24.5	36.7	70.8
1990	1 222 596	9 609	28 354	22 702	40 694	31 718	15 635	473	24.7	38.1	69.7
1991	924 325	10 037	18 039	31 193	39 685	38 241	20 055	540	25.0	39.0	67.2
1992	1 014 358	5 088	19 412	14 318	42 752	42 661	24 590	604	25.3	42.6	69.4
1993	1 129 038	7 929	18 406	19 883	46 340	47 882	33 404	702	26.6	47.1	73.0
1994	1 177 124	10 334	16 956	26 801	49 353	59 286	52 329	713	30.2	60.1	78.6
1995	1 147 694	7 176	18 673	28 714	64 118	76 319	65 409	808	34.1	70.5	92.8
1996	1 256 614	5 617	21 405	25 927	89 364	94 504	63 573	861	30.2	57.9	80.9
1997	1 012 960	5 134	14 019	35 111	110 519	71 365	82 432	929	33.8	68.2	92.2
1998	1 209 569	4 263	22 903	36 902	108 473	78 557	84 980	948	34.2	74.3	97.2

晋中地区乡镇企业基本情况

BASIC INDICATORS OF TOWNSHIP AND VILLAGE ENTERPRISES OF JINZHONG

年份	乡镇企业单位数（个）	乡镇企业从业人员（万人）	乡镇企业总产值（万元）	乡镇企业营业收入（万元）	乡镇企业实际缴纳税金（万元）	乡镇企业税后利润净值（万元）	乡镇企业年末固定资产原价（万元）
1949							
1952							
1957							
1965							
1970							
1975							
1978	12 788	9.5	20 433	16 339	581	4 674	6 655
1980	8 674	10.2	23 665	20 788	654	6 329	9 855
1985	41 646	24.8	87 669	76 154	2 384	11 851	30 057
1986	42 787	26.1	106 836	95 211	2 542	13 772	50 416
1987	46 701	27.7	134 901	119 744	3 088	14 624	51 203
1988	51 954	29.1	181 336	166 478	3 521	19 547	63 906
1989	50 729	29.0	252 233	233 607	5 048	23 133	79 236
1990	51 371	29.6	303 944	255 260	5 960	23 566	96 618
1991	54 779	30.4	322 759	286 440	5 872	23 036	106 092
1992	58 988	31.9	384 340	357 211	5 413	27 561	125 607
1993	73 058	36.8	678 624	607 864	7 997	47 715	228 884
1994	87 681	43.2	1 227 378	1 089 452	13 729	77 719	345 159
1995	93 629	45.2	1 894 883	1 676 470	25 934	101 191	443 620
1996	98 266	47.8	2 514 702	2 290 045	30 271	130 386	542 267
1997	95 829	47.6	3 284 511	2 919 159	33 692	145 121	632 298
1998	4 661	21.2	1 199 874		37 219	54 351	398 941

晋中地区工业生产情况

BASIC INDICATORS OF INDUSTRY OF JINZHONG

年份	工业总产值（万元）	轻工业	重工业	工业总产值指数（上年=100）	轻工业	重工业	原煤产量（万吨）	发电量（万千瓦时）
1949	3 776	2 892	884				34	6
1952	9 114	7 019	2 095	135.7	137.6	129.8	79	31
1957	20 149	9 959	11 090	104.8	95.1	116.3	219	193
1965	50 714	21 370	29 344	145.9	141.4	149.4	259	1 655
1970	66 766	31 845	34 921	182.6	185.7	179.9	387	1 799
1975	83 772	39 197	44 575	121.1	119.6	122.6	489	3 652
1978	104 971	41 569	63 402	116.3	110.9	122.4	704	4 356
1980	124 389	49 507	74 882	103.9	104.1	103.7	947	3 459
1985	202 280	83 594	118 686	120.1	120.4	119.8	1 920	3 695
1986	230 083	93 063	137 020	113.7	111.3	115.4	2 005	4 036
1987	265 716	106 350	159 366	115.5	114.3	116.3	1 984	3 311
1988	333 185	134 179	199 006	125.4	126.2	124.9	2 115	8 929
1989	401 570	150 047	251 523	120.5	111.8	126.4	2 300	17 886
1990	412 754	146 117	266 637	102.8	97.4	106.0	2 472	19 348
1991	439 978	158 999	280 979	106.6	108.8	105.4	2 381	21 948
1992	489 326	162 418	326 908	111.2	102.2	116.3	2 265	24 757
1993	630 770	166 877	463 893	128.9	102.7	141.9	2 260	25 508
1994	784 540	207 654	576 886	124.4	124.4	124.4	2 413	53 017
1995	1 018 228	262 167	756 061	129.8	126.3	131.1	2 387	154 277
1996	1 000 130	225 169	774 961	98.2	85.9	102.5	2 374	148 727
1997	1 107 556	223 251	873 762	113.6	100.7	117.3	2 299	152 731
1998	979 465	193 124	786 341	89.6	94.7	88.3	2 140	134 926

续表　CONTINUED

年　份	生　铁 产　量 （万吨）	焦　炭 产　量 （万吨）	水　泥 产　量 （万吨）	化　肥 产　量 （折纯，吨）	纱产量 （吨）	棉　布 产　量 （万米）	化学纤维 产　量 （吨）	饮料酒 产　量 （吨）
1949	0.1	1.5			2 200	1 147		392
1952	0.1	3.3			5 720	3 160		1 060
1957	0.1	9.9			8 954	3 337		1 193
1965		0.9	0.1		22 408	6 485		1 258
1970	0.5	6.1	2.0	2 635	30 856	9 447	6	941
1975	2.8	18.7	10.2	22 171	24 387	7 420	128	2 441
1978	3.6	30.7	17.8	45 906	29 049	9 934	1 023	3 511
1980	3.5	15.2	20.0	39 408	34 649	11 622	1 832	5 516
1985	9.8	18.9	29.0	28 799	34 627	11 537	4 004	6 689
1986	14.4	67.7	36.4	33 664	38 385	14 410	4 003	6 909
1987	15.2	107.2	38.1	57 163	41 130	15 726	4 663	10 887
1988	17.3	168.2	43.8	78 201	43 949	17 716	4 867	10 031
1989	17.9	242.6	51.2	70 098	34 387	14 582	5 932	9 880
1990	18.4	261.8	49.0	74 798	34 388	13 070	5 308	10 857
1991	17.6	210.2	45.0	82 334	34 326	13 101	6 669	13 943
1992	15.3	238.9	57.3	67 618	33 294	11 762	7 408	14 853
1993	26.7	335.0	70.5	80 768	29 055	12 181	6 532	14 183
1994	36.6	604.5	77.6	85 274	23 990	10 852	8 200	20 353
1995	46.3	678.8	96.0	82 231	27 234	11 317	8 179	25 286
1996	52.8	687.7	121.4	100 631	22 689	10 132	9 323	18 904
1997	47.7	683.9	126.8	82 885	22 907	8 927	7 934	17 346
1998	35.6	656.4	113.9	89 276	21 146	8 935	7 693	17 351

晋中地区独立核算工业企业主要指标

MAJOR INDICATORS OF INDEPENDENT ACCUNTING INDUSTRIAL ENTERPRISES OF JINZHONG

单位：万元　　　　(10 000 yuan)

年　份	职工人数（万人）	#国有工业	工业总产值（当年价格）	#国有工业	工业总产值（不变价格）	#国有工业	工业增加值	#国有工业	工业销售产值	#国有工业
1949	1.4	1.0	3 170	1 051	5 952	1 986	1 026	351		
1952	2.0	1.6	7 628	4 528	14 323	8 554	2 469	1 511		
1957	3.3	3.2	16 787	13 332	31 519	25 183	5 434	4 449		
1965	5.1	4.3	40 325	31 885	75 714	71 563	13 053	12 632		
1970	7.9	6.2	54 863	50 511	103 010	95 412	17 759	16 855		
1975	10.6	8.5	71 459	60 259	134 171	113 825	23 131	20 108		
1978	13.1	10.4	101 033	83 037	193 170	159 682	32 704	27 709		
1980	14.7	11.8	120 480	101 066	222 198	187 611	38 999	33 726		
1985	20.6	13.4	198 108	151 287	348 220	272 863	66 616	47 672		
1986	22.7	14.5	224 454	167 538	368 287	278 691	72 656	55 907		
1987	24.6	15.5	257 096	186 964	410 605	290 170	83 222	62 390		
1988	24.8	15.6	321 684	232 585	440 078	319 643	104 129	77 614		
1989	24.8	15.4	386 751	266 716	458 100	317 626	125 191	89 003		
1990	25.4	16.1	393 657	259 123	452 618	298 763	127 427	86 469		
1991	26.1	16.3	422 476	280 855	466 217	306 347	136 755	93 721		
1992	26.2	16.6	422 860	254 786	487 685	304 438	155 954	85 022	459 617	304 759
1993	27.3	16.4	625 600	360 700	567 300	318 700	238 900	114 600	576 391	334 456
1994	28.0	16.1	775 933	431 506	617 000	318 408	241 584	130 219	733 752	419 564
1995	27.6	16.4	880 190	361 161	711 160	356 142	292 138	163 360	826 037	475 927
1996	27.2	15.2	989 804	457 330	776 070	304 764	362 605	182 151	950 070	436 957
1997	26.8	14.2	1 089 907	407 864	878 502	274 013	389 488	165 556	1 067 595	402 857
1998	21.7	9.6	979 465	235 720	796 521	166 017	335 121	104 501	899 594	225 610

续表 CONTINUED

单位：万元 (10 000 yuan)

年份	流动资产年平均余额	#国有工业	固定资产原价	#国有工业	固定资产净值年平均余额	#国有工业	资产总计	#国有工业	产品销售收入	#国有工业
1949										
1952										
1957										
1965				29 509		19 208				
1970										
1975			78 112	73 439		53 491				
1978			104 394	95 553	75 774	69 627			94 487	78 870
1980			120 546	108 915	85 226	77 207			128 411	110 670
1985			197 489	175 807	113 617	110 395			193 807	152 888
1986			225 268	187 024	145 204	120 394			226 105	175 432
1987			252 027	205 977	161 103	129 436			252 002	188 650
1988	141 389	101 629	280 552	225 206	179 607	141 530	282 889	215 721	327 623	240 156
1989	192 390	136 836	328 526	258 070	204 130	158 880	350 981	261 117	377 579	266 418
1990	245 044	170 831	380 195	295 060	239 745	183 745	414 884	302 898	361 804	249 035
1991	295 794	215 016	424 760	332 555	272 216	208 590	461 371	341 426	394 013	270 298
1992	382 341	259 206	477 466	374 475	301 794	233 564	691 003	496 181	399 576	248 132
1993	457 500	311 000	516 500	389 100	350 300	266 600	958 937	674 871	620 200	400 300
1994	552 334	360 250	677 810	517 368	425 075	316 535	1154 878	798 356	630 394	370 940
1995	639 988	395 050	866 994	670 398	529 725	402 497	1428 458	966 130	818 952	373 650
1996	771 651	387 942	1004 224	725 888	630 670	452 577	1618 980	1007 093	822 680	406 975
1997	886 907	420 441	1095 476	734 481	713 863	477 497	1890 045	1075 911	891 239	379 828
1998	910 506	332 430	1124 851	601 298	727 584	372 716	1892 829	835 907	786 458	198 130

年份	利税总额	#国有工业	百元固定资产原价实现利税（元）	#国有工业	资金利税率（%）	#国有工业	产值利税率（%）	#国有工业	百元销售收入实现利润（元）	#国有工业
1949										
1952										
1957										
1965										
1970										
1975										
1978	22 595	19 321	13.93	20.20			22.40	23.30	15.40	15.30
1980	29 548	25 889	24.50	23.80			24.50	25.60	15.20	15.30
1985	24 967	19 077	12.60	10.90			12.60	12.60	7.70	7.30
1986	36 377	29 369	16.10	15.70			16.20	17.50	10.50	11.10
1987	31 975	24 325	12.70	11.80			12.40	13.00	7.20	7.40
1988	42 281	30 916	15.10	13.70	13.20	12.70	13.10	13.30	7.90	8.00
1989	45 700	31 300	13.90	12.10	11.50	10.60	11.80	11.70	7.10	6.60
1990	29 024	18 689	7.60	6.30	6.00	5.30	7.40	7.20	1.80	0.10
1991	35 555	23 610	8.40	7.10	6.30	5.60	8.40	8.40	2.80	2.20
1992	34 617	21 350	7.30	5.70	5.10	4.30	8.20	9.50	1.70	0.40
1993	38 800	22 300	7.50	5.70	4.80	3.90	6.20	6.20	0.70	0.30
1994	65 402	42 657	9.60	8.20	6.70	6.30	8.40	9.90	2.80	3.60
1995	71 949	55 185	8.30	8.20	6.10	6.90	8.20	15.30	1.60	3.90
1996	72 284	42 137	7.20	5.80	5.20	4.20	7.30	9.20	2.10	2.20
1997	47 958	17 640	4.37	2.40	3.00	2.00	4.40	4.30	－1.37	－4.14
1998	41 443	4 224	3.68	0.70	2.53	5.99	4.20	1.79	－0.92	－7.20

晋中地区交通运输邮电通讯业

TRANSPORTATION, POSTS AND TELECOMMUNICATIONS SERVICES OF JINZHONG

年份	公路客运量(万人)	公路货运量(万吨)	公路旅客周转量(万人公里)	公路货物周转量(万吨公里)	邮电局所数(个)	邮电业务总量(万元)	长话电路(路)	市内电话机(部)	农村电话机(部)
1949		22		265	57			170	
1952		54		457	158	44		401	53
1957		240		1 031	141	118		1 473	456
1965	6	206	127	1 152	142	212	72	2 090	5 792
1970	30	230	1 141	2 360	240	215	76	2 250	5 757
1975	55	417	1 784	4 833	147	232	110	2 948	5 892
1978	107	577	6 924	8 116	187	1 051	120	7 301	7 958
1980	55	706	1 708	14 857	185	1 176	153	10 226	8 064
1985	260	1 609	8 342	59 999	218	1 595	239	13 326	5 304
1986	298	1 791	15 014	76 006	203	1 613	241	14 522	5 309
1987	541	1 961	27 477	92 854	203	1 732	275	16 024	5 662
1988	703	2 366	37 172	116 218	194	1 917	314	18 847	5 522
1989	743	2 462	37 418	123 940	194	1 888	346	21 798	5 715
1990	807	2 728	36 073	115 770	195	2 167	344	24 024	5 982
1991	894	2 960	39 964	119 676	194	2 664	348	26 773	5 866
1992	1 081	2 995	45 286	119 872	192	3 275	554	30 302	6 089
1993	1 164	3 494	49 092	124 910	196	4 738	1 039	36 678	6 369
1994	1 263	3 165	54 194	129 989	192	6 864	1 915	48 340	6 938
1995	1 020	3 450	53 119	162 062	195	10 936	1 280	60 711	9 097
1996	1 116	3 529	57 904	201 810	188	15 534	1 823	79 598	11 838
1997	1 246	3 743	62 887	202 074	190	21 142	3 384	103 223	16 738
1998	1 384	4 117	71 650	272 535	170	30 412	5 050	121 158	24 566

晋中地区国内外贸易

DOMESTIC AND FOREIGN TRADE OF JINZHONG

年份	社会消费品零售总额(万元)	#国有经济	#集体经济	#个体经济	#农民对非农业居民零售	实际利用外资额(万美元)	#外商直接投资	接待旅游总人数(人次)	#外国人	旅游外汇收入(万美元)
1949	2 135	1 050	614	471						
1952	5 232	2 610	2 169	453						
1957	11 097	5 549	5 365	183						
1965	14 878	7 439	7 172	267						
1970	18 034	9 017	8 768	249						
1975	25 025	12 393	12 234	159						
1978	32 566	16 128	14 980	1 368	640					
1980	40 962	20 399	18 843	1 720	745			470	470	1
1985	84 085	38 411	35 793	9 881	5 013			800	103	2
1986	90 114	43 282	34 705	12 127	8 403			1 158		2
1987	105 411	51 636	37 856	15 919	9 317			834		2
1988	136 776	62 211	54 267	20 298	11 662	202	202	1 428		3
1989	143 766	71 127	50 396	22 243	9 524	33	33	994	629	2
1990	141 118	75 458	42 911	22 749	11 297	122		900	514	2
1991	152 485	82 162	43 925	26 398	10 906	471		1 780		4
1992	178 539	74 877	66 081	37 581	16 690	923		1 453		3
1993	245 821	90 313	64 080	90 586	16 690	931		1 279		4
1994	360 662	81 657	74 649	201 233	24 668	398		2 179		7
1995	433 673	109 222	91 757	212 789	33 405	213		376	260	12
1996	544 329	126 693	71 043	262 997	50 132	2 457		1 138	571	34.5
1997	636 300	124 588	68 615	323 159	66 824	2 487		4 211	3 012	76
1998	687 863	123 605	69 012	362 813	67 006	1 152		6 369	6 000	121

晋中地区教育科技卫生

SCIENCE AND TECHNOLOGY, EDUCATION AND HEALTH CARE OF JINZHONG

年份	学校数（所）	小学	普通中学	中等专业学校	高等学校	在校学生数（万人）	小学	普通中学
1949	2 501	2 494	3	4		13.5	13.2	0.2
1952	2 937	2 918	11	7	1	19.5	18.9	0.3
1957	2 787	2 760	23	3	1	22.1	20.3	1.6
1965	4 063	3 940	94	28	1	33.9	31.3	1.9
1970	4 078	3 388	683	6	1	40.1	33.8	6.3
1975	4 641	3 209	1 421	9	2	53.1	38.3	14.4
1978	4 773	3 071	1 535	10	3	60.9	40.0	19.6
1980	4 739	3 547	1 091	10	2	60.4	41.2	17.9
1985	4 649	4 000	549	11	2	52.9	33.2	17.4
1986	4 664	4 061	517	10	2	51.6	31.1	18.1
1987	4 657	4 062	516	11	2	49.4	29.1	18.0
1988	4 631	4 034	511	11	3	47.9	27.8	17.5
1989	4 603	4 017	492	11	2	46.3	27.5	16.1
1990	4 557	4 029	444	11	2	45.1	27.3	15.2
1991	4 528	4 010	434	11	2	44.9	27.2	14.9
1992	4 502	3 988	424	11	2	45.1	27.4	14.8
1993	4 452	3 966	406	11	2	45.3	27.7	14.6
1994	4 404	3 937	389	10	2	45.7	27.8	15.0
1995	4 334	3 871	385	10	2	46.7	27.9	15.7
1996	4 236	3 786	373	10	2	48.0	28.2	16.4
1997	4 177	3 742	360	10	2	49.4	28.9	16.8
1998	4 104	3 679	351	10	2	50.0	28.8	17.2

年份	中等专业学校（人）	高等学校（人）	专任教师数（人）	小学	普通中学	中等专业学校	高等学校
1949	1 067		3 596	3 484	69	43	
1952	2 517	95	5 333	5 005	165	127	36
1957	1 575	838	6 666	5 873	541	113	139
1965	5 142	1 388	11 622	9 917	1 081	331	293
1970			15 301	11 183	3 653	172	293
1975	2 779	1 212	21 533	13 277	7 736	241	279
1978	3 380	2 424	25 513	13 831	10 390	384	456
1980	4 325	3 274	27 115	15 347	10 441	415	537
1985	3 544	4 060	28 236	15 544	10 098	546	820
1986	4 531	4 088	29 161	15 704	10 880	587	813
1987	5 033	4 432	29 310	15 252	11 443	620	825
1988	6 708	4 234	29 663	14 847	11 971	669	796
1989	7 795	4 275	29 980	14 878	12 117	732	784
1990	7 600	4 100	30 176	14 959	12 206	773	764
1991	7 800	4 200	30 587	15 219	12 290	721	765
1992	8 000	4 300	30 847	15 227	12 438	858	718
1993	8 300	4 600	30 878	15 337	12 475	732	695
1994	7 800	4 500	31 280	15 384	12 783	710	676
1995	8 100	4 400	31 421	15 418	12 848	725	682
1996	8 500	4 500	31 518	15 222	13 040	723	659
1997	9 159	4 752	31 742	15 208	13 194	726	678
1998	9 472	5 053	31 929	15 192	13 264	715	685

续表　CONTINUED

年　份	毕业生数（万人）	小　学	普通中学	中等专业学校（人）	高等学校（人）	学龄儿童入学率（%）	国有单位自然科技人员数（人）
1949	0.2	0.2		159			
1952	0.5	0.4		596	18		
1957	2.3	1.9	0.4	429	53		
1965	2.9	2.3	0.5	305	397		
1970	6.4	4.6	1.8		81		
1975	12.3	7.3	4.8	945	559	98.2	
1978	15.2	6.5	8.1	1 561	478	98.0	
1980	11.4	5.9	2.9	1 579		98.3	
1985	11.6	7.0	4.1	1 353	772	98.7	
1986	11.8	6.8	4.5	1 240	931	98.3	
1987	12.2	6.4	5.0	1 450	1 249	99.4	
1988	11.6	5.8	5.0	1 183	1 667	99.4	36 856
1989	10.9	5.0	5.1	1 421	1 211	99.5	38 805
1990	10.5	4.8	4.9	1 700	1 500	99.7	40 928
1991	10.2	4.7	4.7	2 300	1 400	99.4	49 171
1992	9.9	4.8	4.3	2 500	1 100	99.9	49 361
1993	10.1	4.8	4.4	2 300	1 300	99.2	49 173
1994	10.7	5.3	4.4	2 400	1 300	99.3	52 014
1995	11.0	5.2	4.7	3 000	2 000	99.1	41 698
1996	11.1	5.2	4.7	2 600	1 300	99.5	42 463
1997	11.5	5.3	5.1	2 278	1 480	99.3	45 377
1998	11.7	5.3	5.2	2 997	1 471	99.3	47 667

年　份	卫生机构数（个）	#医　院	卫生机构床位数（张）	#医　院	卫生技术人员（人）	#医　生
1949	16	12	91	91	1 640	1 304
1952	103	16	381	381	2 676	1 702
1957	390	25	1 426	1 096	5 721	2 210
1965	345	45	2 093	1 468	2 919	1 532
1970	333	209	3 142	3 121	3 995	2 172
1975	436	213	4 919	4 829	5 482	2 749
1978	530	223	6 010	5 853	6 878	3 565
1980	544	225	6 414	6 268	7 775	3 651
1985	592	237	7 234	6 974	9 266	4 091
1986	603	241	8 542	7 221	9 484	4 021
1987	610	244	8 201	7 426	9 989	4 202
1988	615	248	8 781	8 035	10 352	4 406
1989	615	249	8 776	8 012	10 729	5 148
1990	619	254	9 069	8 320	11 058	5 515
1991	613	254	9 200	8 466	11 352	5 658
1992	607	255	9 451	8 684	11 437	5 511
1993	612	255	9 751	8 999	11 990	5 675
1994	601	256	9 973	9 322	12 198	6 019
1995	604	255	9 812	9 183	12 359	6 237
1996	604	257	9 666	9 223	12 692	6 257
1997	594	256	9 836	9 364	12 828	6 327
1998	593	253	9 606	9 109	12 916	6 322

临汾地区人口和社会从业人员

NUMBER OF POPULATION AND EMPLOYMEES OF LINFEN

单位：万人 (10 000 person)

年份	年末总人口	城镇人口	乡村人口	人口自然增长率(‰)	社会从业人员	职工	#国有经济	#城镇集体经济	城镇私营企业和个体从业人员	农村从业人员
1949	138.7	5.8	132.9	10.22	56.2	1.2	1.2		0.5	54.5
1952	149.3	7.1	142.2	14.67	62.8	2.5	2.3	0.1	1.1	59.2
1957	170.7	11.8	158.9	16.78	74.0	6.5	5.1	0.9	0.2	67.3
1965	215.2	16.2	199.0	21.14	83.5	9.5	7.7	1.8		74.0
1970	245.9	19.9	226.0	22.12	94.1	13.6	11.7	1.9		80.5
1975	277.2	26.6	250.6	14.40	106.5	19.9	16.3	3.6		86.6
1978	289.5	30.4	259.1	10.55	111.4	24.3	21.0	3.3		87.1
1980	297.5	34.9	262.6	9.66	113.3	26.1	22.4	3.6	0.1	87.1
1985	315.6	183.7	131.9	7.60	134.2	31.2	25.1	6.1	1.9	101.1
1986	319.5	188.0	131.5	8.25	136.6	32.8	26.5	6.3	1.8	102.0
1987	324.4	193.9	130.5	8.24	142.3	34.0	27.6	6.4	3.2	105.0
1988	331.0	201.1	129.9	8.89	146.3	35.7	29.2	6.6	1.9	108.7
1989	336.3	204.7	131.6	10.07	149.4	35.8	29.3	6.5	1.8	111.8
1990	346.6	215.4	131.2	14.24	155.8	36.7	29.8	6.8	2.2	116.9
1991	352.0	219.9	132.1	11.09	161.4	39.9	33.2	6.7	2.8	118.7
1992	358.2	224.2	134.0	9.32	166.5	40.7	34.1	6.5	4.5	121.3
1993	364.1	228.3	135.8	10.31	167.7	40.8	34.6	5.9	3.9	121.7
1994	368.5	231.8	136.7	8.85	172.2	42.0	35.4	6.2	4.7	124.2
1995	372.9	235.4	137.5	8.44	178.4	42.2	36.2	5.6	5.1	129.7
1996	378.8	240.5	138.3	8.73	180.7	42.6	36.7	5.4	6.2	130.8
1997	384.2	245.4	138.8	8.21	182.1	42.1	35.3	4.8	6.9	132.2
1998	387.3	248.7	138.6	8.29	182.3	36.1	30.0	3.1	6.9	133.4

临汾地区国内生产总值及指数

GROSS DOMESTIC PRODUCTS AND ITS INDEX OF LINFEN

年份	国内生产总值(亿元)	第一产业	第二产业	第三产业	人均国内生产总值(元)	国内生产总值指数(上年=100)	第一产业	第二产业	第三产业
1949	1.0	0.7	0.1	0.2	72				
1952	1.6	1.2	0.1	0.3	104				
1957	2.2	1.3	0.3	0.6	131	86.3	77.3	99.9	108.0
1965	3.2	1.6	0.8	0.8	152	113.5	114.5	113.0	112.3
1970	4.2	1.7	1.6	0.9	172	115.2	85.9	185.5	112.7
1975	6.3	2.5	2.6	1.2	230	107.3	112.5	103.8	101.8
1978	8.4	2.3	4.2	1.9	291	109.1	108.2	127.8	107.0
1980	10.5	3.0	5.4	2.1	357	101.9	95.5	105.5	103.5
1985	20.2	7.0	8.8	4.4	643	105.8	89.6	117.4	114.1
1986	19.8	5.8	8.3	5.7	624	95.3	76.4	93.4	129.3
1987	21.6	5.3	9.5	6.8	671	102.6	84.7	108.5	110.4
1988	27.2	7.1	11.6	8.5	830	111.1	118.3	108.7	110.3
1989	31.9	8.7	14.0	9.2	956	106.4	123.9	102.5	99.6
1990	38.1	11.6	15.7	10.8	1 115	107.1	115.2	105.8	101.7
1991	38.8	9.9	16.0	12.9	1 112	99.6	82.2	102.6	114.0
1992	48.1	12.7	20.4	15.0	1 355	118.1	121.9	121.4	110.9
1993	67.3	14.9	33.9	18.5	1 864	124.7	109.1	142.9	111.9
1994	86.6	20.4	44.1	22.1	2 365	113.5	103.0	122.3	105.9
1995	104.5	26.6	50.3	27.6	2 819	110.6	112.5	110.5	109.4
1996	130.3	31.0	64.7	34.6	3 466	116.4	111.1	120.8	111.3
1997	151.2	28.3	79.2	43.7	3 964	113.1	96.9	117.1	116.9
1998	168.4	29.2	90.4	48.8	4 365	112.4	108.1	113.7	112.5

临汾地区全社会固定资产投资

TOTAL INVESTMENT IN FIXED ASSETS OF LINFEN

单位：万元　(10 000 yuan)

年份	全社会固定资产投资	国有经济	#基本建设	#更新改造	集体经济	#城镇集体经济	城乡个人	全社会固定资产投资新增固定资产	#国有经济	房屋竣工面积（万平方米）
1949	10	10	10					7	7	0.2
1952	60	60	60					60	60	1.2
1957	932	932	932					915	915	9.0
1965	3 989	3 989	3 989					4 264	4 264	22.0
1970	12 668	12 668	12 668					8 966	8 966	29.6
1975	9 440	9 440	9 440					3 665	3 665	42.2
1978	22 900	18 117	16 797	1 320	993	93	3 790	14 406	9 733	104.0
1980	19 584	13 724	12 582	1 142	1 430	130	4 430	22 459	16 758	126.0
1985	38 554	24 441	15 059	8 882	6 645	1 088	7 468	26 443	12 787	206.0
1986	47 225	32 336	22 123	9 473	5 489	1 410	9 400	32 786	18 932	194.0
1987	49 850	35 178	22 456	11 922	5 765	1 456	8 907	41 453	26 443	185.0
1988	55 486	37 377	20 713	15 764	7 941	2 088	10 168	60 291	43 411	163.0
1989	47 766	31 082	16 865	13 143	5 877	1 333	10 807	39 236	22 797	140.0
1990	63 280	39 861	22 960	14 542	6 661	732	16 758	53 878	31 055	136.0
1991	80 401	55 234	26 991	23 230	9 964	856	15 203	71 199	49 620	142.0
1992	90 791	64 768	36 525	23 306	8 530	1 934	17 493	108 272	41 977	141.0
1993	137 988	94 781	47 663	37 562	15 773	4 043	21 425	87 588	51 620	147.0
1994	165 419	110 534	78 385	22 169	12 694	2 120	32 668	129 003	73 930	163.0
1995	154 184	110 447	66 578	31 693	9 718	3 295	28 180	123 343	79 867	125.0
1996	225 521	158 909	106 700	49 858	14 528	1 122	30 547	137 665	85 422	151.0
1997	243 038	169 525	120 668	36 418	16 957	1 151	31 215	206 658	133 153	154.3
1998	346 200	253 075	186 818	58 605	26 168	6 916	37 616	207 789	128 545	181.2

临汾地区地方财政收支

REGIONAL FINANCIAL REVENUE AND EXPENDITURE OF LINFEN

单位：万元　(10 000 yuan)

年份	地方财政收入	#各项税收	地方财政支出	#基本建设支出	#支援农业生产及农业事业费支出	#文教科卫支出	#教育事业费支出
1949							
1952	1 679	1 602	499	16		243	
1957	2 488	2 191	1 673	261		777	524
1965	4 660	3 048	3 205	765		1 156	864
1970	4 172	3 090	6 827	3 798	588	1 224	811
1975	7 048	6 275	9 237	3 653	2 337	2 058	1 321
1978	9 411	8 223	14 188	3 899	3 059	2 804	1 742
1980	9 251	8 164	12 823	372	3 054	3 928	2 546
1985	14 943	15 213	23 048	998	2 771	7 178	4 482
1986	16 996	15 001	28 168	668	3 723	8 739	5 436
1987	19 792	17 065	29 159	338	3 748	9 407	6 013
1988	23 021	20 471	34 596	53	4 161	11 002	7 065
1989	28 380	25 836	40 303	205	4 606	12 740	8 214
1990	30 860	29 751	43 197	155	4 816	13 887	8 774
1991	30 513	29 324	46 479	120	5 060	14 925	9 307
1992	33 025	34 514	51 030	240	5 622	17 954	11 384
1993	26 564	23 334	64 443	160	5 561	20 623	13 457
1994	32 466	28 146	79 246	475	7 806	29 691	20 167
1995	44 224	35 753	91 729	486	7 536	31 130	20 585
1996	56 977	44 207	110 082	752	8 026	27 856	23 366
1997	62 782	53 415	118 638	626	5 905	34 907	25 434
1998	74 533	55 421	135 388	821	9 781	40 770	27 333

临汾地区职工工资总额和人民生活

TOTAL WAGE BILL OF STAFF AND WORKERS, PEOPLE'S LIVELIHOOD OF LINFEN

年份	职工工资总额(万元)	#国有经济	#集体经济	职工平均货币工资(元)	城镇居民家庭人均可支配收入(元)	城镇居民家庭人均消费性支出(元)	农民人均纯收入(元)	城乡居民储蓄存款余额(万元)
1949	328	328		281				
1952	788	754	34	348				77
1957	2 586	2 240	346	465				1 280
1965	5 144	4 390	754	574			56	1 976
1970	7 068	6 201	867	542			43	2 693
1975	10 997	9 381	1 616	574			56	4 655
1978	13 976	12 302	1 674	585			57	6 907
1980	17 519	15 479	2 040	697			63	12 441
1985	29 633	25 272	4 361	983			335	49 131
1986	35 567	30 527	5 035	1 114			315	64 695
1987	40 164	34 560	5 601	1 212			314	85 461
1988	49 023	42 812	6 200	1 417			366	120 659
1989	56 820	49 906	6 882	1 614	932		426	159 622
1990	73 201	64 965	8 203	1 898	1 019	795	501	210 758
1991	80 419	71 093	9 297	2 045	1 209	946	514	264 575
1992	91 439	81 563	9 799	2 291	1 364	975	618	324 654
1993	108 490	97 487	10 470	2 706	1 610	1 147	709	400 702
1994	142 922	129 843	12 112	3 507	2 153	1 492	868	540 079
1995	174 560	159 645	13 667	4 225	2 780	1 940	1 130	735 671
1996	192 699	175 562	15 076	4 652	3 178	2 344	1 528	922 862
1997	201 723	180 820	14 459	4 953	3 277	2 527	1 872	1 069 296
1998	198 552	175 055	10 739	5 484	3 406	2 504	2 038	1 216 256

临汾地区农业基本情况

BASIC STATISTICS ON AGRICULTURE OF LINFEN

年份	耕地面积(千公顷)	#水田水浇地	播种面积(千公顷)	#粮食	#油料	#棉花	农业机械总动力(万千瓦)	化肥施用量(折纯,吨)	农村用电量(万千瓦小时)
1949	485.1	22.3	502.9	443.5	11.9	36.6			
1952	513.0	27.1	548.3	462.0	9.2	65.3		88	1
1957	507.5	36.3	565.2	451.8	7.9	88.3	0.6	2 430	13
1965	465.4	73.8	536.8	441.6	5.5	66.5	4.1	5 821	995
1970	450.3	85.9	551.4	458.9	4.3	65.7	8.7	7 712	2 744
1975	440.7	129.7	541.3	450.0	4.9	64.7	34.5	18 328	8 842
1978	436.3	126.5	536.7	458.0	4.6	49.0	53.0	36 747	13 024
1980	433.5	129.1	515.0	422.3	9.6	56.6	62.0	34 627	13 953
1985	421.8	128.1	478.4	388.1	35.3	25.7	86.0	78 889	15 560
1986	420.6	126.5	478.3	409.0	25.3	17.9	101.0	74 417	16 169
1987	420.2	133.5	488.6	425.4	19.7	20.0	107.0	71 009	20 900
1988	415.3	134.2	489.8	421.3	21.3	22.7	109.0	73 948	20 758
1989	414.2	137.0	488.2	423.5	20.2	23.1	114.0	78 761	22 595
1990	413.3	138.5	490.3	426.3	19.4	25.1	125.0	88 417	20 756
1991	412.3	139.4	490.3	420.5	17.0	30.4	131.0	94 658	25 200
1992	410.7	141.1	497.5	422.3	15.2	31.7	142.0	101 596	29 638
1993	409.4	140.4	498.7	429.1	16.7	23.8	152.0	104 517	32 693
1994	407.3	141.4	501.4	426.8	22.1	28.7	168.0	108 616	35 550
1995	406.0	142.6	504.7	431.6	23.8	25.4	184.0	118 104	37 417
1996	405.5	142.4	510.5	440.6	26.0	19.6	194.4	123 605	38 704
1997	523.7	122.7	471.8	407.4	21.8	11.8	163.8	124 747	40 152
1998	521.2	125.3	510.8	446.4	24.4	10.0	188.3	130 186	39 093

临汾地区农林牧渔业总产值和指数

GROSS OUTPUT VALUE AND INDEX OF FARMING, FORESTRY, ANIMAL HUSBANDRY AND FISHERY OF LINFEN

年　份	农林牧渔业总产值（万元）	农　业	林　业	牧　业	渔　业	农林牧渔业总产值指数（上年＝100）	农　业	林　业	牧　业	渔　业
1949	9 801	9 074	102	625						
1952	15 178	13 999	234	945		113.5	113.3	115.6	107.5	
1957	21 076	18 626	630	1 820		93.1	91.0	101.7	110.0	
1965	21 028	18 295	654	2 078	1	114.4	112.8	142.1	118.0	
1970	23 278	19 784	705	2 785	4	88.6	83.7	115.6	117.4	100.0
1975	34 648	28 231	2 650	3 762	5	112.7	112.7	119.4	108.4	100.0
1978	32 439	26 967	1 535	3 932	5	101.8	106.0	81.5	92.9	100.0
1980	48 987	41 915	1 495	5 567	10	94.7	88.7	135.5	109.2	69.7
1985	101 287	80 068	7 562	13 595	62	90.6	87.8	92.2	106.4	127.3
1986	87 964	68 739	5 649	13 471	105	81.4	80.0	67.2	96.5	150.0
1987	82 005	62 048	5 068	14 710	179	87.5	84.8	86.1	98.6	151.2
1988	108 463	81 462	5 415	21 248	338	114.3	118.3	95.8	106.0	144.5
1989	131 987	102 344	5 558	23 676	409	117.3	120.2	103.5	110.2	115.3
1990	170 174	134 897	7 195	27 507	575	109.5	109.5	104.7	110.7	136.6
1991	158 316	118 575	7 949	31 118	674	89.2	83.7	105.5	107.6	117.1
1992	195 474	150 886	9 072	34 688	828	115.5	118.4	110.1	107.5	110.5
1993	224 095	173 652	10 903	38 572	968	108.2	108.4	107.9	107.9	110.8
1994	307 522	227 931	12 552	65 897	1 142	102.4	95.5	107.3	126.3	110.4
1995	401 480	295 533	16 973	87 627	1 347	112.6	108.1	129.9	121.0	110.6
1996	466 666	345 900	17 351	101 969	1 446	111.0	110.2	104.4	114.7	105.9
1997	431 391	328 396	17 987	83 406	1 602	90.1	95.0	95.6	76.8	107.5
1998	454 609	351 308	17 869	83 751	1 681	110.5	113.2	100.0	105.6	108.2

临汾地区主要农产品产量

OUTPUT OF MAJOR FARM CROPS OF LINFEN

年　份	粮　食（吨）	棉　花（吨）	油　料（吨）	水　果（吨）	猪牛羊肉（吨）	禽　蛋（吨）	水产品（吨）	大牲畜年末头数（万头）	猪年末头数（万头）	羊年末只数（万只）
1949	348 450	8 770	5 829	5 267	1 277			18.4	4.1	23.1
1952	400 555	21 980	4 714	6 853	1 873			24.0	6.0	34.9
1957	410 795	29 400	2 429	10 090	6 945			27.2	22.3	76.3
1965	655 120	25 605	2 686	6 393	8 732			26.8	43.6	116.9
1970	501 095	20 475	1 710	5 947	8 711			29.4	38.9	147.2
1975	874 965	16 495	2 387	14 275	10 577			28.2	58.5	147.8
1978	861 260	14 368	1 627	27 895	14 929	4 154	1	28.0	66.0	137.0
1980	839 600	18 125	9 380	25 370	18 937	5 101	50	28.0	67.0	147.0
1985	1 316 487	16 746	41 881	43 540	25 353	16 027	252	38.0	50.0	51.0
1986	1 125 325	13 644	28 422	42 491	22 242	17 877	459	40.0	48.0	53.0
1987	936 010	13 684	17 917	42 026	22 564	17 257	629	40.0	36.0	60.0
1988	1 111 569	13 543	26 532	59 117	22 834	18 286	917	41.0	37.0	78.0
1989	1 401 219	19 132	25 018	46 719	26 523	18 579	1 190	42.0	45.0	95.0
1990	1 502 065	21 128	28 396	52 121	33 800	19 397	1 405	43.0	45.0	93.0
1991	1 199 482	20 935	16 255	53 654	36 166	22 907	1 646	44.0	45.0	91.0
1992	1 378 453	21 076	18 621	79 585	38 599	25 068	1 819	46.0	49.0	97.0
1993	1 565 192	14 446	23 798	90 168	43 385	26 277	2 015	49.0	56.0	106.0
1994	1 442 589	17 224	28 766	101 712	53 680	36 352	2 221	53.0	65.0	122.0
1995	1 524 000	16 279	36 747	136 973	68 082	42 404	2 455	59.0	79.0	143.0
1996	1 711 561	12 634	45 096	152 460	83 360	46 430	2 604	66.0	85.0	163.0
1997	1 518 227	5 192	28 866	179 578	60 090	34 932	2 781	53.2	59.5	139.1
1998	1 714 908	6 198	46 037	204 553	64 613	37 441	3 021	55.0	64.6	144.1

临汾地区乡镇企业基本情况

BASIC INDICATORS OF TOWNSHIP AND VILLAGE ENTERPRISES OF LINFEN

年份	乡镇企业单位数（个）	乡镇企业从业人员（万人）	乡镇企业总产值（万元）	乡镇企业营业收入（万元）	乡镇企业实际缴纳税金（万元）	乡镇企业税后利润净值（万元）	乡镇企业年末固定资产原价（万元）
1949							
1952							
1957							
1965							
1970							
1975							
1978	9 440	9.1	14 828	11 789	380	3 813	
1980	8 266	9.4	14 856	12 822	313	4 359	
1985	45 334	22.6	45 171	32 646	2 340	9 126	
1986	51 759	24.5	68 605	56 485	1 964	10 442	
1987	54 453	26.4	86 728	74 742	3 101	12 765	
1988	57 787	27.4	116 910	101 592	3 798	15 935	
1989	55 952	27.0	135 481	123 998	5 635	18 269	
1990	59 947	27.6	175 282	148 253	6 968	21 968	88 431
1991	64 665	28.6	209 405	182 720	8 311	26 002	101 320
1992	80 101	34.4	359 565	315 728	13 628	41 485	129 762
1993	101 704	46.3	951 051	794 503	21 732	98 388	308 326
1994	126 504	56.3	1 619 549	1 339 089	29 814	153 461	433 201
1995	138 337	57.5	2 039 864	1 699 957	18 164	154 469	519 675
1996	121 177	62.5	2 175 872	1 899 245	24 505	185 319	556 127
1997	125 012	69.5	2 857 000	2 590 000	27 710	49 115	488 561
1998	11 461	37.2	1 439 454	1 323 236	31 920	34 899	495 344

临汾地区工业生产情况

BASIC INDICATORS OF INDUSTRY OF LINFEN

年份	工业总产值（万元）	轻工业	重工业	工业总产值指数（上年＝100）	轻工业	重工业	原煤产量（万吨）	发电量（万千瓦时）	钢产量（万吨）
1949	897	469	428				23	42	
1952	2 040	1 192	848	135.4	135.8	134.8	30	72	
1957	5 415	3 300	2 115	111.0	123.1	96.3	85	269	
1965	14 465	8 081	6 384	137.4	157.5	118.2	246	6 124	
1970	25 292	7 763	17 529	178.4	142.6	200.7	335	31 100	
1975	56 650	17 143	39 507	115.3	107.5	118.9	391	161 913	0.3
1978	80 481	27 363	53 118	120.3	113.9	127.3	553	227 165	0.5
1980	86 913	31 782	55 131	96.4	109.4	90.8	695	284 927	0.2
1985	151 444	43 818	107 626	110.5	112.8	109.6	1 328	358 714	0.2
1986	158 682	52 334	106 348	105.1	115.5	101.2	1 342	354 182	0.4
1987	185 281	62 288	122 993	107.6	109.6	106.7	1 316	351 431	0.9
1988	235 538	76 710	158 828	113.8	109.4	115.8	1 445	347 970	3.1
1989	301 054	87 142	213 912	105.8	94.3	110.6	1 715	377 884	8.3
1990	328 419	86 382	242 037	104.3	99.6	106.0	1 699	368 800	10.6
1991	352 119	93 920	258 199	104.9	106.0	104.5	1 590	359 846	15.1
1992	426 502	102 297	324 205	114.1	108.9	115.8	1 962	334 815	20.2
1993	600 400	93 500	506 900	116.4	89.8	125.0	2 352	340 603	22.8
1994	705 061	109 428	595 633	109.7	101.5	111.7	2 719	352 119	27.1
1995	751 039	125 515	625 524	107.5	108.9	107.2	3 271	358 007	33.0
1996	900 537	136 756	763 781	120.8	110.6	122.9	3 110	367 992	40.1
1997	1 008 952	154 485	854 467	114.9	119.6	114.1	2 940	376 903	43.4
1998	1 000 481	104 405	896 076	109.6	103.8	110.6	3 222	337 515	48.1

续表 CONTINUED

年 份	生 铁 产 量 (万吨)	焦 炭 产 量 (万吨)	水 泥 产 量 (万吨)	化 肥 产 量 (折纯,吨)	纱产量 (吨)	棉 布 产 量 (万米)	卷 烟 产 量 (箱)	饮料酒 产 量 (吨)
1949		1.0				14	1 800	
1952		1.6				34	562	
1957		6.8				59		
1965		4.5	0.1			148		
1970	5.1	10.8	0.4	2 012	2 448	1 470	659	
1975	10.9	45.0	6.4	10 484	11 635	4 576	10 861	
1978	16.5	67.0	10.9	20 001	14 661	7 056	12 731	
1980	18.2	83.8	11.3	18 054	16 747	8 332	16 321	
1985	25.5	119.2	20.8	28 734	14 261	7 586	50 126	7 443
1986	38.8	177.3	24.8	33 359	17 712	8 574	50 137	7 859
1987	59.9	226.3	29.4	97 728	19 743	9 407	38 510	6 394
1988	65.0	282.6	31.7	69 066	20 398	9 823	48 530	11 929
1989	70.8	310.8	33.8	63 342	15 540	7 631	50 263	14 370
1990	80.6	348.7	35.7	69 531	12 271	6 646	51 560	13 438
1991	90.9	302.0	38.7	68 672	12 948	7 234	52 402	12 817
1992	117.3	410.8	53.9	71 663	13 494	7 846	50 000	14 628
1993	232.1	808.6	83.8	103 755	10 469	7 074	45 129	13 527
1994	339.5	1 354.5	85.0	70 076	11 210	6 592	35 057	10 559
1995	363.0	1 680.6	106.5	73 245	11 245	6 962	45 000	11 613
1996	391.0	1 566.4	110.2	97 552	9 408	6 255	35 000	5 156
1997	437.1	1 768.1	116.8	108 825	11 107	6 390	24 736	5 045
1998	470.3	1 795.5	106.7	128 100	8 162	4 754	30 916	5 742

临汾地区独立核算工业企业主要指标

MAJOR INDICATORS OF INDEPENDENT ACCUNTING INDUSTRIAL ENTERPRISES OF LINFEN

单位：万元 (10 000 yuan)

年 份	职工人数 (万人)	#国有工业	工业总产值 (当年价格)	#国有工业	工业总产值 (不变价格)	#国有工业	工业增加值	#国有工业	工业销售产值	#国有工业
1949										
1952										
1957										
1965										
1970										
1975										
1978	12.8	8.9	70 298	56 755	147 517	119 601				
1980	13.5	9.3	80 985	68 091	158 682	132 960				
1985	16.2	11.6	150 333	126 684	256 469	214 452				
1986	17.4	12.2	157 523	127 832	268 507	216 782				
1987	18.0	13.1	183 907	150 763	289 334	234 206				
1988	18.9	13.6	233 350	189 088	326 486	258 249				
1989	18.9	13.8	297 750	240 353	343 965	268 759				
1990	19.0	14.1	324 735	264 128	358 106	284 077				
1991	19.3	14.4	347 184	277 024	374 569	289 429				
1992	18.8	13.7	419 467	327 959	425 504	315 918				
1993	20.3	13.9	592 600	422 000	496 200	337 500	218 700			
1994	20.9	14.5	695 764	470 186	545 207	338 506	218 094	137 300		
1995	21.0	14.2	731 597	489 512	559 131	346 234	225 925	151 590		
1996	20.6	13.4	882 168	555 720	679 563	379 686	285 647	176 223	861 795	545 883
1997	20.8	12.3	977 551	531 368	766 572	375 853	331 927	175 510	970 025	528 071
1998	16.9	9.8	1 000 481	452 283	759 007	325 530	333 696	153 120	962 351	428 061

续表 CONTINUED

单位：万元 (10 000 yuan)

年份	流动资产年平均余额	#国有工业	固定资产原价	#国有工业	固定资产净值年平均余额	#国有工业	资产总计	#国有工业	产品销售收入	#国有工业
1949										
1952										
1957										
1965										
1970										
1975										
1978	20 488	16 388	98 037	91 812	78 407	74 527			54 620	43 240
1980	25 750	21 051	101 734	93 892	76 231	70 457			57 042	46 231
1985	53 799	46 082	202 813	186 220	150 796	137 993			121 153	102 424
1986	56 384	47 022	222 374	200 439	163 105	146 174			141 992	117 341
1987	63 777	53 960	244 956	220 239	177 818	158 481			163 538	135 993
1988	105 930	89 273	274 564	245 056	198 901	176 213			230 597	193 177
1989	138 000	115 408	325 137	289 377	238 044	209 867			286 278	238 583
1990	180 971	155 579	374 292	334 952	273 945	243 687			306 855	257 732
1991	242 485	207 170	419 523	373 669	303 068	266 385			316 637	259 642
1992	286 431	242 290	473 071	420 292	304 387	266 029			396 268	320 897
1993	347 300	287 600	549 100	477 300	373 700	319 000	906 200	752 600	601 700	464 200
1994	445 565	362 090	651 685	564 472	440 099	371 281	1023 977	849 131	547 704	396 222
1995	525 630	410 030	822 172	697 084	525 269	427 937	1245 672	997 464	696 023	479 808
1996	583 036	451 801	940 398	815 876	616 800	515 297	1396 230	1142 077	766 285	507 596
1997	648 918	444 755	1061 189	836 321	704 258	534 540	1577 159	1149 653	830 574	478 520
1998	723 529	401 177	1168 423	851 066	723 392	498 318	1692 703	1076 956	887 882	388 391

年份	利税总额	#国有工业	百元固定资产原价实现利税（元）	#国有工业	资金利税率（%）	#国有工业	产值利税率（%）	#国有工业	百元销售收入实现利润（元）	#国有工业
1949										
1952										
1957										
1965										
1970										
1975										
1978	6 449	4 398	6.60	4.80	6.50	4.80	9.20	7.70	4.30	2.00
1980	6 145	4 278	6.00	4.60	6.00	4.70	7.60	6.30	3.20	1.00
1985	16 819	14 350	8.30	7.70	8.20	7.80	11.20	11.30	7.20	7.10
1986	20 409	17 052	9.20	8.50	9.30	8.80	13.00	13.30	7.60	7.30
1987	21 152	17 895	8.60	8.10	8.80	8.40	11.50	11.90	6.20	6.00
1988	34 095	29 242	12.40	11.90	11.20	11.00	14.60	15.50	7.30	7.10
1989	40 905	35 131	12.60	12.10	10.90	10.80	13.70	14.60	7.20	7.10
1990	37 319	32 031	10.00	9.60	8.20	8.00	11.50	12.20	4.40	4.20
1991	30 331	24 593	7.20	6.60	5.60	5.20	8.70	8.90	1.60	0.80
1992	46 551	38 265	9.80	9.10	7.90	7.50	11.10	11.70	4.30	3.80
1993	83 500	65 600	15.20	13.70	11.60	10.80	14.10	15.50	8.00	7.80
1994	69 409	42 489	10.70	7.50	7.80	5.80	10.00	9.00	3.40	2.40
1995	63 622	38 923	7.70	5.60	6.10	4.60	8.70	8.00	1.60	0.60
1996	90 455	57 571	9.60	7.10	7.48	5.43	10.30	10.40	4.00	3.50
1997	103 981	49 851	9.79	5.96	6.02	3.87	10.64	9.38	4.38	2.96
1998	99 592	28 749	8.52	3.37	6.88	3.20	9.95	6.36	2.41	-1.23

临汾地区交通运输邮电通讯业

TRANSPORTATION, POSTS AND TELECOMMUNICATIONS SERVICES OF LINFEN

年 份	公 路 客运量 (万人)	公 路 货运量 (万吨)	公路旅客 周 转 量 (万人公里)	公路货物 周 转 量 (万吨公里)	邮 电 局所数 (个)	邮 电 业务总量 (万元)	长 话 电 路 (路)	市 内 电话机 (部)	农 村 电话机 (部)
1949	3		124	4	50	1			
1952	11	2	491	103	135	13		132	73
1957	34	8	1 792	426	130	84	2	816	584
1965	117	168	6 095	3 105	141	244	78	3 221	6 474
1970	180	137	7 864	3 606	254	271	120	2 722	4 517
1975	262	279	11 621	6 228	188	267	199	2 722	4 517
1978	422	563	18 280	9 973	210	367	176	5 619	6 622
1980	536	637	23 438	16 763	209	394	190	7 138	7 356
1985	1 241	956	47 910	37 037	278	729	254	7 911	6 269
1986	1 417	1 053	52 758	38 303	269	729	286	12 674	3 539
1987	1 661	1 499	59 428	44 965	255	785	302	13 626	2 993
1988	1 728	1 509	71 115	51 609	248	913	343	15 144	2 874
1989	1 898	1 520	81 717	58 507	241	1 004	355	16 023	3 014
1990	1 606	1 698	68 628	71 021	241	1 181	370	16 991	3 359
1991	1 745	1 794	87 250	77 240	244	2 625	389	19 174	3 220
1992	1 858	2 060	94 986	88 751	246	3 263	440	22 368	2 987
1993	1 919	2 224	96 825	98 664	246	4 217	680	26 708	3 157
1994	2 130	2 614	108 031	105 471	253	6 982	1 457	31 077	3 372
1995	2 337	3 111	115 687	127 585	254	12 240	2 842	41 428	3 912
1996	3 099	3 943	140 300	150 073	256	19 473	1 705	57 648	6 317
1997	3 405	4 629	145 971	182 952	256	25 369	2 695	84 734	10 116
1998	4 077	5 357	166 505	218 162	256	32 278	2 987	109 263	15 912

临汾地区国内外贸易

DOMESTIC AND FOREIGN TRADE OF LINFEN

年 份	社 会 消费品 零售总额 (万元)	#国 有 经 济	#集 体 经 济	#个 体 经 济	#农 民 对 非 农 业 居民零售	实际利用 外 资 额 (万美元)	#外 商 直 接 投 资	接待旅游 总 人 数 (人次)	#外国人	旅游外汇 收 入 (万美元)
1949	3 724	883	723	1 880	221					
1952	5 358	2 806	282	1 967	287					
1957	9 369	4 820	3 027	248	235					
1965	13 950	10 064	3 238	106	203					
1970	19 143	13 225	5 300	25	299					
1975	27 532	21 354	4 888	1 290						
1978	33 151	24 663	7 859	24	222					
1980	44 334	29 729	11 357	839	1 492					
1985	79 585	42 324	19 105	9 437	6 935			496 063		
1986	91 262	44 744	19 748	14 135	9 266			600 350		
1987	102 419	54 315	17 715	15 995	11 039			940 530		
1988	141 047	71 586	20 819	29 266	14 313	87	87	1 000 903		
1989	135 274	76 295	18 813	20 999	12 417	13	13	738 450		
1990	134 538	80 206	9 607	21 690	14 547			735 810	186	
1991	148 080	82 897	17 133	21 823	16 497	3	3	764 230	920	8
1992	172 337	90 150	19 158	35 510	19 965	134	134	784 580	774	9
1993	199 593	76 278	41 193	55 533	26 588	562	562	838 516	755	4
1994	257 282	101 528	30 369	87 504	36 294	626	626	896 972	1 716	60
1995	313 306	112 157	31 103	115 278	40 282	1 486	1 486	984 000	993	42
1996	388 255	95 945	30 197	176 189	64 458	1 647	1 647	1 237 210	1 987	65
1997	455 641	81 156	34 705	220 000	89 397	449	449	1 100 000	2 101	131
1998	493 919	87 710	38 607	234 726	92 680	602	602	1 288 000	2 175	128

临汾地区教育科技卫生

SCIENCE AND TECHNOLOGY, EDUCATION AND HEALTH CARE OF LINFEN

年 份	学校数（所）	小 学	普通中学	中等专业学校	高等学校	在校学生数（万人）	小 学	普通中学
1949	2 829	2 821	6	2		12.5	12.4	0.1
1952	3 416	3 402	12	2		19.0	18.2	0.6
1957	3 619	3 581	35	3		24.1	22.4	1.6
1965	5 203	5 090	106	6	1	37.9	34.9	2.6
1970	6 013	5 066	941	5	1	50.0	40.7	9.3
1975	7 012	5 502	1 503	6	1	63.7	47.2	16.1
1978	7 234	5 531	1 695	6	2	67.3	45.9	21.0
1980	7 358	6 346	1 003	6	3	68.7	47.0	21.1
1985	7 137	6 585	542	7	3	60.4	42.8	16.9
1986	7 116	6 712	392	9	3	58.1	40.8	16.6
1987	7 067	6 702	353	9	3	52.7	35.1	16.7
1988	7 001	6 605	384	9	3	56.8	39.2	16.6
1989	6 980	6 559	409	9	3	55.8	38.9	15.9
1990	6 929	6 503	414	9	3	53.3	38.6	13.6
1991	6 856	6 441	403	9	3	56.6	38.8	16.7
1992	6 793	6 388	393	9	3	58.0	39.7	17.2
1993	6 644	6 290	342	9	3	58.2	39.9	17.1
1994	6 654	6 247	395	9	3	59.7	40.4	18.0
1995	6 528	6 130	386	9	3	61.5	40.9	19.3
1996	6 362	5 962	388	9	3	64.1	42.1	20.9
1997	6 254	5 851	391	9	3	66.8	43.3	22.2
1998	6 271	5 864	394	10	3	69.0	43.9	23.7

年 份	中等专业学校（人）	高等学校（人）	专任教师数（人）	小 学	普通中学	中等专业学校	高等学校
1949	380		4 224	4 000	199	25	
1952	1 664		5 731	5 252	369	110	
1957	865		8 125	7 128	896	101	
1965	2 504	628	13 050	11 130	1 648	184	88
1970			19 452	14 045	5 407		
1975	1 983	1 524	26 635	17 275	8 947	199	214
1978	1 849	2 168	31 117	17 733	12 774	251	359
1980	3 399	3 029	32 571	19 971	11 704	290	606
1985	3 053	4 341	32 455	21 153	10 368	351	583
1986	3 423	4 604	36 811	21 985	13 794	370	662
1987	3 942	5 006	34 602	22 475	11 045	369	713
1988	4 744	4 833	35 502	22 576	11 819	408	699
1989	5 481	4 907	35 909	22 758	11 981	453	717
1990	5 665	5 060	35 829	22 392	12 245	492	700
1991	5 932	5 258	39 072	22 026	15 849	507	690
1992	5 578	5 594	36 079	22 269	12 589	525	696
1993	5 926	5 811	39 643	22 487	15 987	548	621
1994	6 091	6 297	41 684	24 160	16 292	573	659
1995	6 371	6 188	36 155	22 287	12 735	472	661
1996	6 342	5 027	36 273	21 790	13 272	626	585
1997	6 953	5 266	36 558	21 620	13 687	647	604
1998	7 425	6 822	40 857	21 955	17 506	699	697

续表 CONTINUED

年 份	毕业生数（万人）					学龄儿童入学率（%）	国有单位自然科技人员数（人）
		小 学	普通中学	中等专业学校（人）	高等学校（人）		
1949	1.2	1.1	0.1				
1952	2.1	1.9	0.1	558			
1957	3.7	3.4	0.3	335			
1965	5.1	4.4	0.7	397	85		
1970	9.2	6.2	3.0				
1975	14.4	8.3	6.1	717	28	98.7	
1978	16.5	7.3	9.1	790	539	99.0	
1980	9.8	7.1	2.6	827		98.6	
1985	11.2	7.1	3.9	1 190	709	98.3	
1986	11.4	7.3	3.9	1 130	879	98.9	
1987	12.0	7.0	4.9	970	889	99.3	
1988	11.8	6.8	4.7	1 160	1 771	97.7	
1989	12.2	6.8	5.1	1 813	1 438	99.2	
1990	12.0	6.8	4.9	1 765	1 535	99.6	
1991	12.1	6.8	4.9	1 652	1 495	99.9	
1992	12.0	6.8	4.9	2 224	1 534	100.0	
1993	12.3	6.8	5.2	1 752	1 725	100.0	25 762
1994	12.7	7.2	5.1	2 078	1 524	99.9	27 768
1995	12.7	7.1	5.2	1 901	1 968	99.9	27 920
1996	12.9	7.4	5.1	2 024	1 780	97.0	28 030
1997	14.3	7.6	6.3	2 124	1 464	99.7	28 826
1998	14.8	7.8	6.6	1 938	1 873	99.6	29 328

年 份	卫生机构数（个）	#医 院	卫生机构床位数（张）	#医 院	卫生技术人员（人）	#医 生
1949	58	12	31	31	325	147
1952	126	27	167	162	642	271
1957	310	94	621	527	1 375	506
1965	483	188	2 553	2 022	4 109	2 179
1970	344	234	3 151	2 774	5 845	2 356
1975	455	266	5 588	5 020	7 671	3 130
1978	591	282	6 444	6 010	8 384	3 843
1980	618	293	7 593	7 033	9 785	4 462
1985	699	312	9 464	8 872	12 248	5 180
1986	702	323	9 735	9 385	13 260	5 270
1987	732	335	10 381	10 104	13 782	5 375
1988	724	334	10 973	10 519	14 146	5 899
1989	690	339	10 953	10 539	14 325	6 403
1990	705	342	11 097	10 695	14 645	6 657
1991	700	343	11 048	10 814	15 112	6 785
1992	723	343	11 229	10 869	15 388	6 898
1993	723	343	11 158	10 716	15 411	6 848
1994	671	334	10 918	10 520	15 138	7 078
1995	666	327	11 129	10 767	14 915	7 089
1996	413	101	11 165	7 327	14 595	6 743
1997	418	101	11 456	7 458	14 798	6 776
1998	418	101	11 266	7 401	14 957	9 860

运城地区人口和社会从业人员

NUMBER OF POPULATION AND EMPLOYMEES OF YUNCHENG

单位：万人　　　　(10 000 person)

年份	年末总人口	城镇人口	乡村人口	人口自然增长率(‰)	社会从业人员	职工	#国有经济	#城镇集体经济	城镇私营企业和个体从业人员	农村从业人员
1949	180.7	9.5	171.2	14.66	74.5	1.0	1.0			73.5
1952	195.0	12.2	182.8	18.12	82.1	1.9	1.9			80.2
1957	218.8	14.0	204.8	19.20	96.7	4.9	4.9			91.8
1965	274.2	16.2	258.0	23.03	111.4	7.9	7.9			103.5
1970	313.0	17.7	295.3	23.99	123.4	10.7	10.7			112.7
1975	345.5	25.0	320.5	12.61	139.3	18.6	14.5	4.1		120.7
1978	356.1	27.6	328.5	8.42	143.5	22.3	19.7	2.6	0.4	120.8
1980	363.6	30.6	333.0	9.69	152.3	25.3	21.9	3.4	1.1	125.9
1985	385.1	39.0	346.1	8.20	182.1	31.4	25.6	5.8	2.9	147.8
1986	389.9	41.3	348.6	8.55	186.4	33.2	27.1	6.1	3.1	150.1
1987	396.4	43.1	353.3	9.19	191.9	34.6	28.2	6.4	4.0	153.3
1988	403.0	46.1	356.9	9.65	197.4	35.2	28.8	6.4	4.7	157.5
1989	410.7	46.8	363.9	11.73	202.6	35.6	29.4	6.2	4.0	163.0
1990	423.6	48.5	375.1	16.99	208.3	36.6	30.2	6.4	3.8	167.9
1991	430.0	50.0	380.0	11.55	212.5	38.3	31.4	6.9	3.5	170.7
1992	436.7	51.5	385.2	11.43	217.8	39.3	30.5	6.9	4.0	174.5
1993	443.7	54.7	389.0	10.75	221.8	39.4	30.8	6.4	4.4	178.0
1994	451.0	58.4	392.6	10.33	224.8	39.2	30.7	5.8	5.0	180.6
1995	456.8	61.2	395.6	8.61	227.7	39.7	33.4	5.9	5.8	182.2
1996	463.0	64.0	399.0	8.76	231.5	41.3	35.1	5.8	5.8	184.4
1997	469.0	66.2	402.8	8.63	239.0	38.3	31.1	5.5	6.0	187.2
1998	473.3	69.0	404.3	7.83	239.7	37.2	30.0	4.4	6.3	188.7

运城地区国内生产总值及指数

GROSS DOMESTIC PRODUCTS AND ITS INDEX OF YUNCHENG

年份	国内生产总值(亿元)	第一产业	第二产业	第三产业	人均国内生产总值(元)	国内生产总值指数(上年=100)	第一产业	第二产业	第三产业
1949									
1952	1.8	1.6	0.1	0.1	94				
1957	2.7	2.1	0.3	0.3	125	100.2	97.3	102.8	126.8
1965	4.3	3.0	0.7	0.6	160	126.5	128.9	152.2	98.4
1970	4.4	2.5	0.8	1.1	142	94.7	83.2	146.0	119.9
1975	7.6	3.3	2.0	2.3	221	115.1	117.9	116.9	107.1
1978	9.4	3.9	2.5	3.0	263	114.6	113.5	121.4	109.0
1980	10.8	4.4	2.6	3.8	308	97.2	88.5	98.4	111.2
1985	18.9	8.2	5.0	5.7	490	101.0	88.4	116.7	106.8
1986	20.2	8.3	5.9	6.0	520	110.2	102.2	118.5	112.2
1987	23.9	7.6	9.1	7.1	600	115.6	116.9	119.6	108.8
1988	29.9	10.8	11.5	7.6	752	117.0	110.6	129.4	109.6
1989	38.3	14.9	14.5	8.9	941	105.7	113.0	122.5	105.5
1990	44.9	18.1	16.0	10.8	1 010	100.2	97.1	100.5	106.2
1991	45.4	16.1	16.8	12.5	1 063	101.5	85.6	106.8	115.6
1992	52.4	16.6	21.2	14.6	1 210	113.4	103.6	119.3	117.2
1993	64.9	21.7	26.2	17.0	1 481	118.7	120.7	124.1	108.8
1994	85.6	30.0	36.0	19.6	1 921	110.0	97.2	116.1	115.7
1995	110.3	32.6	54.1	23.6	2 438	115.6	100.2	122.7	119.7
1996	128.3	31.9	67.9	28.4	2 790	115.9	97.9	127.4	111.5
1997	139.0	31.4	75.5	32.1	2 983	108.4	98.3	112.4	108.3
1998	154.6	38.2	79.6	36.8	3 281	112.3	119.5	109.6	112.1

运城地区全社会固定资产投资

TOTAL INVESTMENT IN FIXED ASSETS OF YUNCHENG

单位：万元　　(10 000 yuan)

年　份	全社会固定资产投资	国有经济	#基本建设	#更新改造	集体经济	#城镇集体经济	城乡个人	全社会固定资产投资新增固定资产	#国有经济	房屋竣工面积(万平方米)
1949										
1952	145	145	145							
1957	1 045	1 045	1 045							
1965	2 980	2 980	2 980							
1970	5 516	5 516	5 516							
1975	7 838	7 838	7 838							
1978	16 634	11 235	11 235		1 588		3 811	8 910	5 099	18.0
1980	14 241	8 577	8 577		1 043		4 621	10 769	6 148	25.0
1985	47 412	31 216	30 739	4 130	1 873	1 118	14 323	25 662	11 339	34.0
1986	53 453	39 182	35 804	3 378	1 977	716	12 294	28 525	16 291	44.0
1987	71 530	52 660	46 573	6 087	3 606	2 357	15 264	42 455	27 195	39.0
1988	82 775	55 959	46 681	9 278	9 951	7 248	16 865	94 786	77 921	59.0
1989	96 217	54 877	47 466	7 411	8 827	6 307	32 513	59 701	27 188	25.0
1990	98 169	64 625	58 032	6 593	4 192	1 857	29 352	61 882	32 530	29.0
1991	128 073	87 360	74 704	10 525	7 993	3 781	32 720	72 221	39 501	39.0
1992	148 367	109 771	88 605	19 010	6 797	3 386	31 799	81 526	49 127	46.0
1993	149 071	108 754	86 135	19 739	8 545	2 807	31 772	111 794	80 022	56.0
1994	230 510	170 747	145 673	22 039	11 684	1 859	48 079	405 102	357 023	63.0
1995	157 142	89 273	56 345	30 823	23 190	16 995	44 679	91 807	47 128	38.0
1996	197 028	120 607	62 300	53 028	20 134	6 564	56 287	171 181	114 894	31.0
1997	219 210	126 892	81 829	40 730	23 645	4 351	68 673	235 290	128 909	63.7
1998	387 915	286 108	227 269	55 282	31 651	20 568	70 156	226 707	109 463	67.8

运城地区地方财政收支

REGIONAL FINANCIAL REVENUE AND EXPENDITURE OF YUNCHENG

单位：万元　　(10 000 yuan)

年　份	地方财政收入	#各项税收	地方财政支出	#基本建设支出	#支援农业生产及农业事业费支出	#文教科卫支出	#教育事业费支出
1949	893	884	138	5		60	
1952	1 260	1 740	499	18		220	
1957	3 323	3 132	1 810	416		872	
1965	5 380	4 813	2 495	479		1 185	
1970	6 449	4 823	4 615	2 013		1 274	
1975	8 933	6 690	9 084	5 086		2 143	
1978	10 384	8 326	14 617	317	3 881	2 699	1 821
1980	8 548	6 984	11 532	198	2 898	3 892	2 637
1985	15 816	15 580	20 719	958	3 149	6 955	4 449
1986	15 756	14 288	24 351	541	4 657	8 422	5 423
1987	19 637	17 207	24 838	250	4 614	8 502	5 474
1988	22 163	19 407	35 826	306	5 427	10 790	6 925
1989	26 367	23 547	39 457	334	5 573	12 078	7 747
1990	26 651	25 928	43 893	292	6 291	13 481	8 441
1991	30 460	28 135	54 348	254	6 174	15 085	9 690
1992	30 106	31 167	56 447	611	6 825	18 090	11 849
1993	39 723	42 391	61 032	869	6 541	19 526	13 619
1994	32 895	30 013	70 575	531	10 413	25 542	17 714
1995	49 904	35 926	88 978	950	10 167	30 539	21 186
1996	63 660	41 515	105 977	150	10 142	34 087	23 245
1997	69 215	49 191	111 713	434	11 563	29 553	25 294
1998	83 729	75 416	144 003	1 805	8 257	31 737	26 888

运城地区职工工资总额和人民生活

TOTAL WAGE BILL OF STAFF AND WORKERS, PEOPLE'S LIVELIHOOD OF YUNCHENG

年份	职工工资总额（万元）	#国有经济	#集体经济	职工平均货币工资（元）	城镇居民家庭人均可支配收入（元）	城镇居民家庭人均消费性支出（元）	农民人均纯收入（元）	城乡居民储蓄存款余额（万元）
1949	452	452		474				
1952	643	643		401				151
1957	2 286	2 286		509				3 196
1965	4 408	4 408		553				6 973
1970	5 498	5 498		548				6 848
1975	10 054	8 209	1 845	557				7 759
1978	13 138	11 655	1 483	600			101	44 263
1980	15 717	13 433	1 742	666			117	61 319
1985	28 977	24 869	4 108	981			303	226 447
1986	35 063	30 112	4 951	1 119			307	236 543
1987	40 439	34 630	5 787	1 231			303	242 793
1988	47 446	40 831	6 615	1 423			329	264 866
1989	59 633	52 722	6 887	1 764			360	273 601
1990	62 934	54 580	8 337	1 813			417	282 210
1991	71 059	61 543	9 516	1 936	1 062	1 052	428	326 203
1992	72 739	65 301	10 585	1 931	1 196	1 038	480	383 011
1993	91 244	74 460	11 201	2 399	1 603	1 159	586	456 637
1994	117 817	97 875	11 808	3 112	2 028	1 494	753	598 864
1995	151 985	134 960	15 383	3 946	2 525	1 911	1 135	787 724
1996	173 826	153 041	16 148	4 436	2 972	2 277	1 528	994 279
1997	177 811	149 534	16 473	4 675	3 055	2 456	1 782	1 150 381
1998	167 763	145 654	13 359	4 503	3 438	2 314	1 937	1 360 347

运城地区农业基本情况

BASIC STATISTICS ON AGRICULTURE OF YUNCHENG

年份	耕地面积（千公顷）	#水田水浇地	播种面积（千公顷）	#粮食	#油料	#棉花	农业机械总动力（万千瓦）	化肥施用量（折纯，吨）	农村用电量（万千瓦小时）
1949	649.7	24.2	681.8	560.6	17.8	70.9			
1952	698.4	34.9	791.3	607.8	15.8	130.3		158	
1957	699.6	60.6	826.9	612.4	9.1	155.7	1.9	4 407	
1965	645.7	89.6	767.4	578.7	5.3	132.8	8.4	11 259	2 402
1970	637.7	140.6	817.0	626.7	2.2	135.9	16.9	22 187	8 299
1975	627.4	197.1	749.4	556.2	3.2	131.3	67.4	30 353	19 615
1978	622.8	247.5	808.8	609.3	2.2	151.7	99.0	63 880	33 390
1980	620.5	261.7	759.2	555.0	5.0	132.0	113.0	45 239	37 723
1985	616.5	275.9	668.0	498.0	27.2	73.2	149.0	70 860	32 174
1986	615.3	279.6	671.7	511.6	33.5	60.2	149.0	71 527	36 255
1987	614.0	275.2	705.5	545.5	29.6	61.6	158.0	68 385	39 109
1988	613.2	276.2	705.0	534.6	31.6	77.8	162.0	76 382	42 251
1989	612.7	278.4	708.0	535.6	37.2	75.0	176.0	87 410	46 604
1990	611.8	282.6	709.7	538.5	40.5	79.6	193.0	115 806	51 913
1991	611.1	285.5	680.5	505.7	39.8	82.6	199.0	127 325	63 415
1992	610.2	287.9	703.8	522.4	41.2	83.9	210.0	136 571	68 082
1993	609.2	292.6	710.0	546.5	32.8	69.8	217.0	141 918	69 176
1994	607.6	298.8	706.8	541.8	36.7	74.9	231.0	150 275	76 863
1995	602.3	301.9	636.3	487.9	24.5	69.1	233.0	174 532	87 648
1996	597.8	300.7	675.5	539.9	25.2	53.1	249.0	187 531	96 994
1997	586.8	253.5	604.4	482.8	19.9	36.1	259.0	189 442	106 475
1998	584.8	266.4	685.6	551.8	30.8	39.8	271.0	193 837	105 492

运城地区农林牧渔业总产值和指数

GROSS OUTPUT VALUE AND INDEX OF FARMING, FORESTRY, ANIMAL HUSBANDRY AND FISHERY OF YUNCHENG

年 份	农林牧渔业总产值（万元）	农 业	林 业	牧 业	渔 业	农林牧渔业总产值指数（上年＝100）	农 业	林 业	牧 业	渔 业
1949	55 768	46 649	1 558	7 561						
1952	78 147	65 873	2 436	9 838		104.8	105.4	115.7	101.9	
1957	98 286	78 738	5 416	14 132		97.5	98.1	77.2	100.3	
1965	139 897	122 311	6 117	11 420	49	127.5	130.7	127.1	97.9	
1970	112 740	93 902	7 759	11 066	13	85.7	82.9	109.2	99.3	71.4
1975	155 918	118 762	10 134	29 819	21	117.5	116.0	115.0	136.8	133.3
1978	71 892	62 401	1 939	7 546	6	101.0	99.7	96.8	102.4	
1980	68 134	57 237	2 633	8 262	2	84.7	83.5	134.9	83.6	94.7
1985	100 820	85 033	5 840	9 815	132	81.0	82.0	56.2	95.2	23.7
1986	101 398	88 174	2 988	10 049	187	95.2	98.2	48.5	97.0	168.9
1987	128 566	115 916	2 872	9 495	283	120.1	124.5	91.0	89.5	134.2
1988	180 354	165 916	3 034	10 682	422	131.5	135.4	99.9	106.5	143.2
1989	196 234	163 232	4 379	26 261	2 362	106.5	93.2	136.6	232.7	141.1
1990	250 453	207 036	6 612	35 045	1 760	120.2	120.1	143.0	126.3	529.9
1991	255 345	206 491	5 881	41 011	1 962	98.7	95.6	89.0	116.9	70.5
1992	269 894	217 791	6 569	43 329	2 205	105.9	105.2	124.5	104.0	110.2
1993	366 129	308 963	7 146	46 873	3 147	123.2	124.8	101.6	106.0	110.3
1994	518 575	421 060	7 548	86 127	3 840	98.0	96.6	102.9	104.6	119.7
1995	617 009	492 702	6 810	112 461	5 036	111.2	109.9	82.8	126.6	105.3
1996	609 363	471 119	7 797	124 508	5 939	104.8	102.4	112.3	114.1	117.0
1997	550 404	458 056	11 636	74 473	6 239	95.3	102.4	144.2	61.3	118.4
1998	639 104	550 445	6 848	75 331	6 480	117.7	122.3	57.3	102.3	106.4

运城地区主要农产品产量

OUTPUT OF MAJOR FARM CROPS OF YUNCHENG

年 份	粮 食（吨）	棉 花（吨）	油 料（吨）	水 果（吨）	猪牛羊肉（吨）	禽 蛋（吨）	水产品（吨）	大牲畜年末头数（万头）	猪年末头数（万头）	羊年末只数（万只）
1949	439 910	16 245	7 825	20 095				25.8	4.3	4.5
1952	427 115	43 735	7 715	39 670				34.0	8.3	8.1
1957	544 935	50 835	4 200	48 740				40.7	30.9	22.8
1965	930 330	65 140	4 565	28 445				41.2	73.3	39.2
1970	717 975	48 395	1 245	51 775				48.0	77.4	65.9
1975	1 234 920	44 645	2 215	42 635				47.0	144.6	49.7
1978	1 655 255	44 635	1 090	80 195	22 710	4 527	118	46.0	129.9	49.9
1980	1 062 215	42 015	4 140	69 665	35 678	6 382	167	45.8	116.1	68.8
1985	1 488 570	46 165	41 990	101 501	19 909	12 248	1 095	62.4	14.8	14.8
1986	1 596 129	41 391	44 508	112 620	24 791	12 585	1 493	65.5	46.1	14.8
1987	1 420 719	54 561	42 520	117 875	28 288	15 382	2 176	65.4	31.0	18.4
1988	1 461 775	62 889	42 520	133 789	25 563	16 635	3 318	66.3	39.1	24.9
1989	1 736 518	68 501	50 239	96 602	37 074	17 566	4 202	68.1	46.0	29.7
1990	1 742 676	70 390	46 274	95 169	48 259	22 979	4 132	72.4	55.6	36.0
1991	1 596 936	70 267	31 060	110 493	55 936	28 137	4 763	73.6	57.4	34.7
1992	1 653 046	60 005	37 007	165 909	57 556	28 968	5 491	73.5	59.9	35.3
1993	2 133 519	60 477	50 235	240 640	66 308	29 522	5 668	70.5	60.9	36.5
1994	1 790 273	52 121	43 143	481 653	65 887	33 479	6 185	65.0	64.4	41.8
1995	1 890 152	60 886	39 102	570 326	79 302	42 447	7 425	73.6	78.4	48.5
1996	1 824 297	49 961	35 465	733 908	89 379	56 629	8 756	76.8	90.8	61.5
1997	1 988 518	29 969	25 365	888 932	42 820	25 986	10 146	33.9	43.1	42.2
1998	2 005 261	39 444	49 195	1 182 107	44 962	37 579	10 944	35.8	45.9	44.5

运城地区乡镇企业基本情况

BASIC INDICATORS OF TOWNSHIP AND VILLAGE ENTERPRISES OF YUNCHENG

年份	乡镇企业单位数（个）	乡镇企业从业人员（万人）	乡镇企业总产值（万元）	乡镇企业营业收入（万元）	乡镇企业实际缴纳税金（万元）	乡镇企业税后利润净值（万元）	乡镇企业年末固定资产原价（万元）
1949							
1952							
1957							
1965	2 261	2.2	2 413			700	
1970	3 548	3.6	4 079			892	
1975	5 679	6.3	7 891	6 285		1 760	
1978	10 287	12.0	18 839	23 156	359	4 827	7 379
1980	8 825	11.5	20 458	24 667	496	5 633	14 291
1985	49 342	25.4	61 012	72 725	1 742	12 165	17 787
1986	51 408	26.6	70 750	83 677	2 061	11 592	32 991
1987	60 905	28.9	94 154	104 360	2 717	15 334	40 840
1988	67 732	32.1	125 053	136 373	3 697	21 040	50 114
1989	67 232	30.2	144 477	156 512	4 896	23 753	62 718
1990	68 342	29.8	161 382	184 340	5 455	24 718	64 415
1991	77 602	32.5	204 490	231 073	7 046	31 220	78 357
1992	86 736	37.1	327 460	387 209	10 250	42 278	100 078
1993	104 987	44.5	550 828	626 747	12 350	75 375	163 714
1994	119 268	51.2	901 847	1 022 865	18 685	112 127	255 323
1995	132 608	61.3	1 484 580	1 561 639	17 055	143 101	345 602
1996	143 243	68.6	2 283 869	2 212 704	24 174	191 277	422 903
1997	11 633	25.0	3 052 193	1 062 253	26 835	86 306	378 074
1998	9 894	28.6	1 641 754	1 506 639	20 452	108 774	494 550

运城地区工业生产情况

BASIC INDICATORS OF INDUSTRY OF YUNCHENG

年份	工业总产值（万元）	轻工业	重工业	工业总产值指数（上年=100）	轻工业	重工业	原煤产量（万吨）	发电量（万千瓦时）	钢产量（万吨）
1949	1 051	862	189						
1952	2 896	2 458	438	182.0	190.7	144.8	1	222	
1957	8 357	6 226	2 131	97.6	91.3	127.9	2	549	
1965	21 712	13 852	7 860	163.3	145.4	166.0	4	4 344	
1970	21 107	12 875	8 232	140.3	164.1	110.1	9	4 052	
1975	50 818	25 307	25 511	126.6	130.7	126.0	27	33 942	
1978	77 712	30 327	47 385	113.9	104.7	120.7	42	76 043	0.4
1980	77 290	33 624	43 666	94.9	108.3	86.7	48	88 186	0.3
1985	123 602	54 227	69 375	114.9	114.2	115.4	119	86 941	0.5
1986	140 884	63 430	77 454	115.4	117.7	113.6	96	100 996	0.6
1987	175 675	71 202	104 473	119.0	110.6	125.7	116	97 589	0.7
1988	243 855	98 180	145 675	125.8	129.5	123.2	124	161 671	0.7
1989	310 655	119 479	191 176	108.6	107.1	109.8	166	183 159	0.8
1990	364 372	129 912	234 460	107.2	104.4	109.3	150	190 790	0.8
1991	413 073	150 239	262 834	107.5	111.1	105.2	136	214 829	0.6
1992	472 208	162 445	309 763	114.8	104.7	121.8	135	195 503	0.6
1993	595 716	185 837	409 879	117.0	113.0	119.0	183	273 500	5.5
1994	783 700	244 600	539 100	118.0	107.0	123.0	209	293 332	1.9
1995	1 063 734	315 099	748 635	125.7	127.5	124.9	275	291 644	5.0
1996	1 154 944	318 061	836 883	119.1	106.1	125.3	283	323 972	6.9
1997	1 310 439	330 521	979 918	111.2	102.7	114.7	313	317 469	2.9
1998	1 405 577	301 348	1 104 229	113.9	103.2	117.9	299	337 171	79.9

续表 CONTINUED

年 份	生铁产量（万吨）	焦炭产量（万吨）	水泥产量（万吨）	化肥产量（折纯，吨）	纱产量（吨）	棉布产量（万米）	卷烟产量（箱）	饮料酒产量（吨）
1949						17		
1952						2		
1957						1 266		
1965						1 422		
1970			0.1			2 106		
1975	0.6		6.4			3 131		
1978	0.8		10.0	9 543	3 855	3 407		
1980	0.7	2.4	11.0	20 836	5 395	3 805		
1985	2.0	0.9	24.0	56 603	7 516	4 163		5 112
1986	3.6	2.9	33.0	52 125	9 378	5 203		6 903
1987	7.8	11.0	31.0	101 397	10 895	6 367		7 324
1988	6.5	17.0	40.0	82 685	12 524	6 970		7 846
1989	5.4	81.0	41.0	85 153	13 121	7 094		4 716
1990	7.0	116.0	44.0	100 039	16 280	6 763		6 107
1991	9.5	123.0	57.0	101 378	20 257	6 386		5 485
1992	10.1	154.0	72.0	90 546	22 737	6 691		4 891
1993	15.8	380.0	103.0	104 600	20 339	7 707		3 200
1994	31.7	255.0	128.0	135 658	18 529	6 096	1 500	1 600
1995	50.6	169.0	125.0	165 733	36 878	6 417	39 277	1 879
1996	59.9	248.0	135.0	183 902	17 813	5 910		3 132
1997	66.5	143.5	159.0	250 148	15 987	6 185	74 212	3 394
1998	79.9	384.4	158.2	281 162	17 440	5 781	81 948	1 499

运城地区独立核算工业企业主要指标

MAJOR INDICATORS OF INDEPENDENT ACCUNTING INDUSTRIAL ENTERPRISES OF YUNCHENG

单位：万元　　(10 000 yuan)

年 份	职工人数（万人）	#国有工业	工业总产值（当年价格）	#国有工业	工业总产值（不变价格）	#国有工业	工业增加值	#国有工业	工业销售产值	#国有工业
1949										
1952										
1957										
1965										
1970										
1975										
1978	10.8	9.2	70 174	55 039	70 025	54 926				
1980	11.8	9.9	69 782	53 669	69 997	53 558				
1985	14.0	9.6	114 815	87 270	114 815	87 279				
1986	15.0	11.2	140 883	109 129	135 462	103 223				
1987	18.0	13.0	173 176	134 096	158 991	120 239				
1988	20.0	15.0	240 521	186 409	200 303	149 404				
1989	21.0	16.0	306 652	240 159	217 161	156 313				
1990	21.0	16.0	361 522	290 094	358 955	283 807				
1991	22.0	16.0	389 776	309 855	385 484	300 836				
1992	23.0	15.7	463 154	340 528	443 296	314 704	139 166	95 762	428 253	325 137
1993	21.6	15.0	590 542	432 905	521 430	358 697	238 276	153 219	603 335	435 443
1994	21.6	14.2	775 215	538 471	613 933	395 593	277 122	168 516	710 368	512 692
1995	21.9	14.5	1 046 072	794 314	745 217	542 927	355 169	259 777	853 628	643 633
1996	22.0	14.7	1 154 945	768 922	900 960	557 529	508 020	350 288	1 131 341	763 472
1997	22.8	14.9	1 310 439	804 246	998 769	572 226	411 853	251 705	1 249 177	782 514
1998	21.6	12.6	1 405 577	718 952	1 154 424	546 885	446 971	235 827	1 324 872	683 871

续表 CONTINUED

单位：万元 (10 000 yuan)

年 份	流动资产年平均余额	#国有工业	固定资产原价	#国有工业	固定资产净值年平均余额	#国有工业	资产总计	#国有工业	产品销售收入	#国有工业
1949										
1952										
1957										
1965										
1970										
1975										
1978	18 290	18 290	86 585	78 300	63 489	59 736			53 621	42 056
1980	28 085	22 548	98 335	87 347	73 384	65 268			53 614	40 734
1985	45 218	35 764	174 228	158 335	128 754	106 543			98 002	77 832
1986	54 329	42 359	203 614	185 917	152 101	138 731			118 386	94 292
1987	61 661	48 718	226 321	205 687	168 887	153 473			155 982	125 142
1988	115 261	91 237	275 571	250 597	208 939	190 220			233 061	188 583
1989	147 458	120 252	370 311	340 928	291 539	270 026			273 979	222 617
1990	198 195	163 720	411 281	377 078	312 051	287 753			310 130	259 774
1991	253 812	210 779	459 758	419 015	354 955	325 284			355 873	295 948
1992	306 253	246 343	525 811	469 472	365 070	332 288			423 314	324 522
1993	380 240	288 968	583 757	503 804	391 028	335 988	771 269	624 956	594 772	446 559
1994	464 536	344 795	782 008	669 188	495 628	415 620	1299 650	1040 079	635 146	447 557
1995	604 270	468 461	1192 279	1075 525	708 781	630 681	1313 050	1099 142	954 725	737 304
1996	790 541	598 175	1636 477	1469 988	1102 607	989 855	2433 333	2045 889	1012 107	712 693
1997	888 506	569 620	1767 636	1496 746	1334 652	1140 206	2752 018	2144 570	1170 376	726 187
1998	1 086 334	623 186	1938 271	1545 280	1447 842	1135 859	3086 915	2201 198	1307 763	672 471

年 份	利税总额	#国有工业	百元固定资产原价实现利税（元）	#国有工业	资金利税率（%）	#国有工业	产值利税率（%）	#国有工业	百元销售收入实现利润（元）	#国有工业
1949										
1952										
1957										
1965										
1970										
1975										
1978	4 839	2 698	5.59	3.45	5.92	3.46	6.23	4.43	8.22	8.01
1980	7 781	5 909	7.91	6.77	7.66	6.72	14.29	11.03	9.34	8.93
1985	14 580	11 410	8.37	9.21	6.61	5.84	12.70	13.07	14.88	14.66
1986	16 321	12 946	8.02	6.96	6.25	5.57	11.58	11.86	13.79	13.73
1987	30 040	26 887	13.27	13.07	9.32	9.59	17.35	20.05	10.62	11.44
1988	34 523	28 191	12.53	11.25	8.58	8.12	14.35	15.12	14.81	14.95
1989	34 680	29 463	9.37	8.64	6.44	6.18	11.31	12.27	12.66	13.23
1990	39 925	34 008	9.71	9.02	6.22	6.00	11.04	11.72	12.87	13.09
1991	35 231	28 509	7.66	6.80	4.76	4.40	9.04	9.20	9.90	9.60
1992	34 225	17 535	6.51	3.74	3.77	2.32	7.39	5.15	8.09	5.40
1993	48 446	33 678	8.30	6.70	6.30	5.40	8.20	7.80	2.90	2.20
1994	72 979	53 262	9.30	8.00	7.60	7.00	9.40	9.90	5.20	5.70
1995	103 034	81 958	8.60	7.60	7.80	7.50	9.80	10.30	3.60	3.80
1996	107 872	76 477	6.60	5.20	5.70	4.80	6.90	9.90	3.30	2.80
1997	109 065	64 890	6.17	4.33	3.96	3.02	3.96	2.36	9.32	8.93
1998	125 973	62 874	6.49	4.06	4.08	2.85	8.96	8.74	9.63	9.33

运城地区交通运输邮电通讯业

TRANSPORTATION, POSTS AND TELECOMMUNICATIONS SERVICES OF YUNCHENG

年份	公路客运量（万人）	公路货运量（万吨）	公路旅客周转量（万人公里）	公路货物周转量（万吨公里）	邮电局所数（个）	邮电业务总量（万元）	长话电路（路）	市内电话机（部）	农村电话机（部）
1949					29				
1952					141				
1957		1		15	134				
1965	61	37	2 283	1 448	144	934			
1970	98	35	3 730	1 615	135	1 267			
1975	143	51	5 460	2 747	177	1 344			
1978	312	558	7 860	5 285	194	1 515	126	3 011	2 497
1980	467	749	15 203	10 825	193	1 583	141	3 276	2 463
1985	1 409	975	44 001	26 527	227	1 878	195	4 085	2 116
1986	1 344	1 209	38 289	32 198	225	1 772	223	4 357	2 025
1987	1 509	1 256	41 882	36 043	225	1 968	240	4 785	2 062
1988	1 804	1 403	60 896	53 009	225	2 333	253	5 232	2 101
1989	2 268	1 363	91 468	89 831	225	2 132	286	5 770	2 070
1990	2 425	1 380	98 403	103 147	225	2 231	389	6 877	1 972
1991	2 614	1 420	110 700	111 013	225	2 831	442	9 565	2 073
1992	2 760	1 543	124 200	119 228	227	3 657	691	15 335	2 442
1993	2 807	1 628	135 040	119 853	225	4 818	818	21 832	3 030
1994	2 925	1 672	139 350	127 343	226	7 411	1 680	33 069	7 258
1995	3 094	1 796	143 760	134 989	232	12 208	1 413	53 480	16 388
1996	3 057	1 447	140 589	111 118	238	20 344	1 674	69 582	29 977
1997	2 351	1 594	175 121	144 793	243	28 647	2 453	91 535	47 831
1998	2 776	2 212	123 246	179 033	395	40 247	2 806	113 667	69 373

运城地区国内外贸易

DOMESTIC AND FOREIGN TRADE OF YUNCHENG

年份	社会消费品零售总额（万元）	#国有经济	#集体经济	#个体经济	#农民对非农业居民零售	实际利用外资额（万美元）	#外商直接投资	接待旅游总人数（人次）	#外国人	旅游外汇收入（万美元）
1949	3 972	3 535	318		119					
1952	7 721	6 872	618		231					
1957	11 500	10 235	920		345					
1965	16 583	14 579	1 327	6	497					
1970	19 497	17 352	1 560	96	585					
1975	28 584	25 440	1 715	292	1 137					
1978	56 529	52 572	2 302	362	1 336					
1980	68 058	63 344	2 793	522	1 380					
1985	114 782	51 808	35 555	22 518	4 364					
1986	121 506	49 639	41 564	22 810	5 689					
1987	135 311	54 906	41 754	31 466	6 201			2 500	1 200	10
1988	177 318	83 343	46 798	37 659	9 477			2 013	583	8
1989	175 985	84 169	49 751	30 959	11 105			803	110	5
1990	193 558	88 355	54 541	37 376	13 286	45	45	2 043	850	12
1991	228 277	107 097	58 439	48 361	14 380	102	102	2 800	1 600	15
1992	249 391	112 144	58 537	63 659	15 051	941	941	4 800	2 130	17
1993	212 236	69 014	34 651	88 506	19 095	966	806	5 050	3 100	23
1994	267 508	80 745	42 205	123 714	19 573	1 725	782	2 300	1 070	10
1995	337 704	103 760	43 091	166 732	22 384	1 437	576	5 500	3 400	25
1996	394 330	105 202	34 595	234 761	19 772	4 007	2 446	9 540	2 869	200
1997	452 879	81 542	32 188	314 678	23 391	1 535	1 013	12 625	3 560	433
1998	485 141	96 679	35 269	327 004	25 543	2 389	1 564	13 147	4 087	460

运城地区教育科技卫生

SCIENCE AND TECHNOLOGY, EDUCATION AND HEALTH CARE OF YUNCHENG

年份	学校数（所）	小学	普通中学	中等专业学校	高等学校	在校学生数（万人）	小学	普通中学
1949	3 256	3 244	7	5		15.5	15.3	0.1
1952	3 836	3 814	17	5		25.5	24.6	0.6
1957	3 834	3 790	41	2		28.7	26.8	1.8
1965	4 761	4 638	120	1		48.0	44.5	3.4
1970	5 392	3 853	1 536	1		58.5	48.1	10.4
1975	5 970	3 748	2 206	10		73.6	20.0	53.2
1978	5 368	3 184	2 174	9	1	83.0	53.7	29.1
1980	5 953	4 374	1 568	10	1	84.0	56.1	27.3
1985	6 031	5 378	640	11	2	71.0	46.1	24.3
1986	5 965	5 321	631	11	2	69.5	44.2	24.7
1987	5 957	5 376	568	11	2	68.0	43.0	24.3
1988	5 944	5 345	585	12	2	66.5	42.3	23.3
1989	5 928	5 353	561	12	2	64.5	41.7	21.8
1990	5 872	5 327	532	12	1	63.8	42.0	20.8
1991	5 811	5 285	513	12	1	64.7	43.2	20.5
1992	5 776	5 280	483	12	1	65.7	44.1	20.5
1993	5 736	5 246	477	12	1	65.9	44.9	19.9
1994	5 720	5 236	471	12	1	67.5	45.8	20.6
1995	5 596	5 157	426	12	1	70.0	47.0	21.9
1996	5 495	5 062	419	13	1	74.0	47.9	24.5
1997	5 386	4 954	418	13	1	77.6	49.6	26.2
1998	5 306	4 874	418	13	1	80.3	50.5	27.7

年份	中等专业学校（人）	高等学校（人）	专任教师数（人）	小学	普通中学	中等专业学校	高等学校
1949	962		5 155	4 814	222	119	
1952	2 683		8 212	7 131	652	429	
1957	1 752		10 434	8 839	1 383	212	
1965	736		17 397	12 948	2 851	96	
1970			24 043	16 806	7 098	105	
1975	2 417		31 706	17 289	14 157	211	
1978	1 550	206	31 474	16 124	15 029	299	22
1980	4 553	694	36 933	20 596	15 875	388	74
1985	4 669	766	35 448	21 699	13 090	532	127
1986	5 703	976	36 107	21 576	13 756	592	183
1987	6 064	1 242	38 057	22 379	14 808	653	217
1988	7 862	1 319	38 689	22 911	14 858	690	230
1989	8 489	1 458	39 298	23 507	14 896	658	237
1990	9 146	1 201	39 543	23 730	14 844	719	250
1991	8 765	1 197	40 072	24 065	15 010	747	250
1992	8 361	1 867	40 409	24 415	14 988	764	242
1993	8 998	1 608	40 447	24 301	15 139	774	233
1994	9 762	1 660	40 864	24 156	15 689	777	242
1995	8 645	2 214	41 237	24 505	15 689	803	240
1996	13 937	2 135	41 884	24 742	16 071	829	242
1997	16 208	1 950	43 461	25 927	16 459	835	240
1998	19 217	2 212	49 101	26 674	20 595	1 602	230

续表　CONTINUED

年　份	毕业生数（万人）	小　学	普通中学	中等专业学校（人）	高等学校（人）	学龄儿童入学率（%）	国有单位自然科技人员数（人）
1949	1.0	0.9					
1952	2.7	2.6					
1957	4.9	4.4	0.4				
1965	5.9	5.0	0.8				
1970	11.0	7.4	3.6				
1975	17.4	10.1	7.2				
1978	20.6	9.0	11.5	1 067	206	99.8	8 744
1980	14.3	8.5	5.6	1 394	409	99.2	10 021
1985	17.3	10.5	6.7	1 597	195	98.9	14 962
1986	16.9	9.7	7.0	1 655	237	99.1	16 043
1987	15.8	8.8	6.8	1 892	253	99.0	17 752
1988	16.4	8.4	7.8	1 613	575	98.1	19 502
1989	15.8	8.2	7.4	2 138	548	99.1	22 364
1990	14.9	7.6	7.0	2 070	632	97.0	23 747
1991	14.1	7.0	6.7	2 916	623	97.3	25 869
1992	13.8	7.3	6.1	3 260	582	98.2	26 904
1993	14.1	7.5	6.3	2 730	509	98.4	28 483
1994	14.2	8.1	5.8	2 597	621	99.1	30 136
1995	14.3	8.0	6.0	2 834	641	99.0	31 547
1996	15.2	8.3	6.5	3 248	626	98.9	31 626
1997	16.3	8.6	7.3	3 266	771	98.5	32 089
1998	17.2	9.0	7.8	4 457	580	99.6	33 014

年　份	卫生机构数（个）	#医　院	卫生机构床位数（张）	#医　院	卫生技术人员（人）	#医　生
1949	35	17	75	75	543	200
1952	95	51	237	237	982	255
1957	135	85	792	742	1 784	390
1965	206	186	2 587	2 537	3 539	679
1970	213	194	3 265	3 215	4 091	767
1975	256	224	5 596	5 546	5 707	914
1978	435	236	8 378	8 233	7 769	3 753
1980	478	238	8 835	8 435	8 576	4 183
1985	545	255	11 413	10 644	11 363	5 468
1986	547	263	12 475	11 608	11 909	5 887
1987	554	265	13 203	12 333	12 837	6 137
1988	588	268	13 380	12 297	13 447	6 432
1989	605	269	13 532	12 269	13 323	6 495
1990	595	271	13 502	12 357	13 516	6 557
1991	597	272	13 626	12 466	13 680	6 508
1992	598	277	13 711	12 155	13 742	6 342
1993	601	285	13 816	12 465	13 759	6 152
1994	557	287	14 128	12 759	14 667	7 877
1995	558	287	13 594	12 391	13 534	6 057
1996	337	279	14 028	13 109	12 776	5 896
1997	344	282	12 861	12 220	13 067	6 510
1998	348	284	13 388	9 035	13 480	6 493

古交市主要社会、经济统计指标

MAJOR SOCIO – ECONOMIC INDICATORS OF GUJIAO

年份	年末总人口（万人）	#非农业人口	社会从业人员（万人）	职工人数（万人）	职工平均工资（元）	国内生产总值（万元）	国内生产总值指数（上年=100）	全社会固定资产投资（万元）	地方财政收入（万元）	地方财政支出（万元）	农林牧渔业总产值（万元）
1949	5.25	0.12	2.06	0.01	197						600
1952	5.35	0.12	2.17	0.03	207						846
1957	5.80	0.12	2.41	0.05	355						746
1965	6.88	0.29	2.54	0.11	525	765	85.3	10	44	85	799
1970	8.12	0.49	2.87	0.23	450	1 192	103.7	236	79	410	1 112
1975	9.21	0.72	3.14	0.30	553	3 536	115.8	147	75	283	1 647
1978	10.02	0.99	2.85	0.56	637	7 105	101.5	137	147	388	1 138
1980	10.44	1.38	2.98	0.68	642	11 809	111.5	207	244	407	1 304
1985	13.10	3.64	3.38	0.98	927	24 941	111.6	3 178	1 078	1 100	2 329
1986	13.87	4.91	3.42	1.23	970	28 196	112.4	4 609	1 318	1 196	2 071
1987	14.25	5.07	3.62	1.42	1 103	30 657	105.5	4 363	1 673	1 257	2 550
1988	14.84	5.37	3.88	1.45	1 387	35 934	110.5	35 626	1 995	1 557	4 580
1989	14.96	5.40	4.01	1.61	1 678	46 863	114.0	38 540	3 064	2 168	4 651
1990	15.55	6.00	4.50	1.79	2 857	61 735	118.0	47 443	3 726	3 066	4 972
1991	15.93	6.25	5.00	1.89	3 051	67 339	108.1	44 359	4 452	3 081	4 126
1992	16.23	6.44	5.67	1.89	3 086	83 338	114.2	36 064	4 663	4 106	5 902
1993	16.25	7.00	5.69	1.88	2 561	100 409	111.3	45 412	4 047	3 451	6 916
1994	16.39	7.90	5.83	1.83	3 324	130 625	113.2	40 926	4 760	4 694	9 236
1995	16.93	8.47	5.90	1.86	3 691	153 278	109.5	44 924	5 903	6 133	10 619
1996	17.40	9.12	6.11	1.84	3 740	179 756	112.9	43 781	6 748	7 345	13 991
1997	18.24	9.59	8.81	1.63	4 957	214 472	110.9	46 094	7 218	8 177	12 696
1998	18.80	10.40	8.75	1.37	5 403	255 000	113.1	72 865	8 243	9 027	15 339

年份	农林牧渔业总产值指数（上年=100）	粮食产量（吨）	油料产量（吨）	猪牛羊肉产量（吨）	乡镇企业利税总额（万元）	农民人均纯收入（元）	工业总产值（万元）	工业总产值指数（上年=100）	社会消费品零售总额（万元）	在校学生数（人）	医院床位数（张）
1949		15 615	83								
1952	114.1	18 781	243								
1957	83.0	15 112	169								
1965	82.4	16 438	124	206		37	111	112.3	281	11 636	20
1970	126.3	23 259	335	213		55	201	160.9	367	18 891	118
1975	143.7	28 999	440	320		63	1 082	112.4	1 041	22 020	210
1978	104.6	24 752	326	403		62	1 638	104.5	1 646	24 933	277
1980	103.8	19 038	500	109		80	1 931	114.0	2 238	24 292	320
1985	106.1	24 198	766	623		432	2 390	80.5	5 573	21 789	451
1986	85.4	18 509	1 257	961		509	3 224	134.9	8 167	22 632	595
1987	113.1	14 897	1 397	1 022		550	6 943	169.1	8 668	22 991	628
1988	110.4	21 567	2 315	1 179		633	20 345	185.8	10 625	21 931	751
1989	104.2	23 468	2 479	1 277		743	45 504	223.6	11 672	20 818	769
1990	106.4	25 718	2 494	1 563	9 259	789	61 410	112.7	11 931	19 903	791
1991	81.2	10 557	1 310	1 688	9 854	807	65 385	101.7	13 804	20 163	826
1992	131.1	21 998	2 406	1 946	10 138	861	96 351	123.4	19 322	20 675	852
1993	117.2	16 523	1 920	2 171	13 283	958	110 785	107.8	16 577	22 270	829
1994	122.1	21 739	2 530	2 513	14 318	1 111	133 638	110.9	28 670	22 646	1 120
1995	114.9	11 988	1 249	2 551	39 599	1 393	188 859	121.7	38 425	24 714	1 141
1996	121.7	22 722	3 064	2 517	44 501	2 000	214 535	113.9	49 314	25 576	1 302
1997	93.1	15 196	2 274	2 859	38 421	2 478	233 378	108.7	57 698	26 795	1 298
1998	115.5	21 345	3 200	3 173	38 184	2 961	92 665	117.2	68 812	28 041	1 276

太原市小店区主要社会、经济统计指标

MAJOR SOCIO – ECONOMIC INDICATORS IN XIAODIAN OF TAIYUAN

年份	年末总人口（万人）	#非农业人口	社会从业人员（万人）	职工人数（万人）	职工平均工资（元）	国内生产总值（万元）	国内生产总值指数（上年=100）	全社会固定资产投资（万元）	地方财政收入（万元）	地方财政支出（万元）	农林牧渔业总产值（万元）
1949	6.40	3.80	2.21	0.02	410		100.0		58	38	
1952	8.50	4.40	2.32	0.02	410	828	106.0		87	78	
1957	9.40	5.00	2.59	0.03	410	1 448	85.0		215	158	
1965	12.20	6.30	3.26	0.20	459	2 761	102.0		263	170	1 013
1970	14.20	7.30	3.64	0.31	460	3 517	119.0		351	229	1 283
1975	19.00	9.10	3.92	0.63	544	4 404	92.0		471	467	1 700
1978	20.00	9.80	4.64	0.82	531	6 060	118.5	71	647	778	2 229
1980	23.40	14.10	4.75	0.83	667	7 900	103.7	125	782	731	5 331
1985	26.50	16.30	5.96	0.92	882	15 378	98.4	237	2 688	1 299	7 542
1986	27.20	16.80	6.13	0.98	1 015	17 578	95.5	4 755	2 759	1 498	7 436
1987	26.80	17.30	6.51	1.01	1 137	20 098	94.6	4 202	3 319	1 480	7 599
1988	28.20	17.60	6.62	1.02	1 281	22 983	109.8	4 387	3 650	1 921	10 441
1989	29.60	18.70	6.95	1.03	1 418	26 289	102.9	5 719	5 594	2 455	11 904
1990	32.00	20.70	7.17	1.06	1 550	30 074	107.4	4 924	5 251	2 636	11 761
1991	32.10	20.70	7.28	1.07	1 668	36 480	100.2	5 742	5 286	2 694	11 589
1992	32.40	20.90	7.73	1.09	1 910	42 289	102.9	6 745	5 636	3 049	13 304
1993	33.20	20.90	7.78	1.11	2 269	52 287	106.5	8 539	6 526	3 489	14 997
1994	35.20	23.40	7.89	1.14	3 599	71 699	106.9	12 383	5 435	4 611	23 576
1995	36.50	24.60	8.11	1.13	4 101	100 007	104.4	16 725	7 271	6 600	28 554
1996	37.60	25.60	8.22	1.14	4 253	113 672	133.1	11 866	7 776	6 723	44 548
1997	38.30	26.30	8.50	1.24	4 760	127 425	109.0	14 560	8 518	8 118	51 929
1998	38.50	24.20	8.30	1.17	5 185	140 186	110.0	17 472	9 362	9 271	43 055

年份	农林牧渔业总产值指数（上年=100）	粮食产量（吨）	油料产量（吨）	猪牛羊肉产量（吨）	乡镇企业利税总额（万元）	农民人均纯收入（元）	工业总产值（万元）	工业总产值指数（上年=100）	社会消费品零售总额（万元）	在校学生数（人）	医院床位数（张）
1949	100.0	20 039	32	83					47	8 915	
1952	99.8	24 866	103	224					129	12 560	
1957	101.7	20 595	168	259		81	71		1 089	22 174	749
1965	106.4	27 102	120	934		82	334		1 268	42 691	956
1970	118.8	32 221	49	805		99	675		1 989	57 705	235
1975	99.5	47 996	206	1 138		118	3 472		2 779	64 103	363
1978	122.9	52 881	60	1 751	879	145	5 233	134.2	2 692	60 098	700
1980	103.7	46 975	107	2 291	1 366	209	5 853	112.8	3 194	61 362	704
1985	111.6	62 259	998	1 418	1 253	633	12 045	131.4	7 858	47 901	1 524
1986	102.1	59 820	457	1 390	2 827	651	13 332	108.3	10 829	46 584	1 524
1987	85.9	58 968	453	1 087	3 379	682	14 665	109.6	11 799	46 281	1 613
1988	133.9	60 722	190	1 042	3 924	754	18 529	121.0	16 872	44 771	1 569
1989	101.3	65 119	403	1 261	4 772	781	24 199	122.2	17 847	46 272	1 538
1990	87.1	71 364	349	1 214	5 240	815	28 419	120.6	15 092	48 316	1 336
1991	92.2	63 387	386	1 518	5 240	840	28 911	114.4	15 853	50 469	1 209
1992	11.9	69 737	540	1 643	6 384	910	38 631	121.4	24 605	50 377	1 197
1993	104.7	70 779	295	1 619	8 048	962	52 307	134.7	38 338	51 080	1 254
1994	110.1	71 442	353	1 016	3 475	1 237	72 275	129.3	39 243	54 649	2 504
1995	100.6	69 671	412	2 836	10 931	1 474	105 527	141.7	59 685	57 382	2 597
1996	145.0	62 411	194	3 097	13 729	2 134	130 504	126.4	72 899	60 522	2 597
1997	113.3	66 849	161	3 442	12 449	2 539	147 796	112.1	84 769	64 383	2 538
1998	76.6	54 798	228	3 519	13 057	3 932	188 194	120.5	98 570	68 252	2 599

太原市迎泽区主要社会、经济统计指标

MAJOR SOCIO – ECONOMIC INDICATORS IN YINZE OF TAIYUAN

年份	年末总人口（万人）	#非农业人口	社会从业人员（万人）	职工人数（万人）	职工平均工资（元）	国内生产总值（万元）	国内生产总值指数（上年＝100）	全社会固定资产投资（万元）	地方财政收入（万元）	地方财政支出（万元）	农林牧渔业总产值（万元）
1949											
1952											
1957											106
1965									464		160
1970	22.87	21.73		0.65				1		166	238
1975	24.90	23.48		1.39	374	960	101.0	39	1 538	332	298
1978	26.12	24.62	2.05	1.95	414	2 239	103.0	83	2 115	538	419
1980	29.09	27.71	2.15	2.11	439	2 501	100.0	264	2 035	423	522
1985	33.32	31.85	3.65	3.29	984	6 283	109.0	490	4 391	1 053	232
1986	33.81	32.31	3.27	2.89	1 099	7 753	104.0	466	4 793	1 180	171
1987	35.01	33.49	3.24	2.77	1 212	8 695	104.0	960	5 479	1 234	173
1988	35.95	34.41	3.77	2.70	1 231	11 296	107.0	687	6 215	1 722	249
1989	36.51	34.91	3.68	2.69	1 503	14 838	106.0	1 163	9 175	2 314	243
1990	37.36	35.71	3.48	2.70	1 601	15 713	104.0	1 568	10 344	3 739	297
1991	37.76	36.08	3.90	2.85	1 684	19 536	109.0	1 915	11 613	3 614	203
1992	38.28	36.59	4.34	2.76	1 801	23 712	118.0	2 572	12 839	4 701	248
1993	39.11	37.40	4.35	2.05	2 139	28 905	111.0	1 473	14 556	4 506	387
1994	39.78	38.05	5.15	2.41	2 905	35 989	110.0	1 840	8 467	5 415	401
1995	40.93	39.19	5.17	2.35	3 218	44 045	111.0	3 514	10 425	5 952	286
1996	41.59	39.74	5.59	2.21	3 565	53 500	111.0	2 923	12 939	7 911	223
1997	42.62	40.70	5.62	2.12	3 647	64 912	113.0	10 016	13 997	8 702	503
1998	43.00	41.33	5.69	1.80	4 723	74 650	114.0	4 682	14 715	10 422	480

年份	农林牧渔业总产值指数（上年＝100）	粮食产量（吨）	油料产量（吨）	猪牛羊肉产量（吨）	乡镇企业利税总额（万元）	农民人均纯收入（元）	工业总产值（万元）	工业总产值指数（上年＝100）	社会消费品零售总额（万元）	在校学生数（人）	医院床位数（张）
1949											
1952											
1957		1 646	13			88					
1965	151.0	2 192	26			93					
1970	149.0	2 973	22			115	405	159.0			
1975	125.0	2 721	12			102	2 516	108.0		25 985	623
1978	141.0	2 451	5		277	140	2 608	119.0	1 052	31 472	731
1980	126.0	1 811	10		289	223	3 617	100.0	1 524	27 918	745
1985	44.0	2 396	33	133	576	777	3 352	143.0	11 058	23 259	794
1986	74.0	1 207	13	138	813	692	3 617	105.0	16 475	21 378	752
1987	101.0	788	3	77	677	736	4 043	111.0	17 853	20 959	852
1988	144.0	2 501	14	78	731	764	5 437	129.0	23 051	21 190	829
1989	98.0	1 437	13	101	943	824	6 899	123.0	31 605	22 307	768
1990	122.0	2 039	17	108	1 187	868	7 612	111.0	33 635	22 887	782
1991	68.0	625	5	120	1 166	876	8 076	108.0	36 543	24 118	735
1992	122.0	1 270	11	106	1 312	1 016	9 360	109.0	47 196	27 323	715
1993	156.0	923	7	113	2 750	1 088	11 814	113.0	56 647	28 397	775
1994	104.0	1 624	15	115	1 472	1 393	13 911	101.0	65 942	28 355	785
1995	71.0	1 027	11	147	5 872	1 746	11 287	118.0	88 178	28 526	659
1996	78.0	1 485	13	171	7 798	2 528	14 001	107.0	106 769	29 160	659
1997	226.0	40	3	195	5 067	2 997	16 192	113.0	124 915	30 321	622
1998	95.0	938	16	204	4 018	3 456	8 075	116.0	146 626	31 067	522

太原市杏花岭区主要社会、经济统计指标

MAJOR SOCIO – ECONOMIC INDICATORS IN XINHUALING OF TAIYUAN

年份	年末总人口（万人）	#非农业人口	社会从业人员（万人）	职工人数（万人）	职工平均工资（元）	国内生产总值（万元）	国内生产总值指数（上年=100）	全社会固定资产投资（万元）	地方财政收入（万元）	地方财政支出（万元）	农林牧渔业总产值（万元）
1949	6.60	5.62									616
1952	11.52	10.50									782
1957	25.00	23.94									694
1965	27.72	26.09	0.23	0.23	307	1 063	100.0	2	524	201	818
1970	29.05	27.26	0.24	0.24	325	1 847	109.3	3	911	248	1 129
1975	31.89	29.66	0.26	0.26	396	2 667	106.5	40	1 306	617	1 344
1978	35.39	32.96	1.32	1.25	339	3 801	111.1	34	1 874	795	1 260
1980	38.28	36.10	1.22	1.16	492	3 203	71.2	128	1 579	535	1 266
1985	42.09	39.80	1.70	1.62	905	9 382	115.2	405	4 632	1 516	1 506
1986	42.65	40.23	2.23	2.12	1 113	10 074	107.5	379	5 183	1 698	1 553
1987	43.60	41.12	2.89	2.75	1 021	12 223	121.5	297	5 879	1 770	1 450
1988	44.25	41.71	3.02	2.87	1 300	15 633	127.9	728	7 587	2 651	1 752
1989	45.17	42.56	3.16	3.00	1 595	17 461	111.7	967	9 313	3 440	1 768
1990	45.74	43.02	2.92	2.77	1 780	22 281	113.0	791	9 133	3 629	1 574
1991	46.14	43.43	3.03	2.88	2 038	25 177	113.1	1 125	9 785	3 811	1 453
1992	46.67	43.93	2.94	2.79	2 217	28 486	113.1	1 424	10 277	4 139	1 543
1993	47.38	44.58	3.24	3.08	2 754	34 860	106.3	1 471	11 771	5 119	1 628
1994	48.15	45.30	3.62	3.44	3 358	41 429	106.3	1 881	7 517	6 606	1 583
1995	48.87	46.00	3.59	3.41	3 640	46 690	113.0	2 889	9 241	7 582	1 531
1996	49.51	46.61	3.13	2.49	4 073	48 257	119.3	2 018	10 914	8 719	1 647
1997	50.29	47.29	3.11	2.96	4 044	53 898	100.7	7 580	12 353	9 449	1 901
1998	50.69	47.59	2.84	2.66	4 834	61 336	113.5	8 722	10 807	11 730	1 993

年份	农林牧渔业总产值指数（上年=100）	粮食产量（吨）	油料产量（吨）	猪牛羊肉产量（吨）	乡镇企业利税总额（万元）	农民人均纯收入（元）	工业总产值（万元）	工业总产值指数（上年=100）	社会消费品零售总额（万元）	在校学生数（人）	医院床位数（张）
1949	100.0	2 725	14	10	39					4 709	
1952	100.8	3 483	20	15	68					14 032	
1957	84.4	2 835	14	14	70		787	100.0	556	29 333	30
1965	84.0	3 481	27	11	76	149	333	42.3	610	69 889	172
1970	117.1	5 417	15	18	85	195	474	142.3	662	54 673	230
1975	97.0	5 455	17	39	98	218	3 649	769.8	713	80 769	330
1978	99.1	3 728	14	53	158	266	5 233	143.4	816	62 431	390
1980	83.3	3 793	31	115	184	382	5 086	97.2	1 037	56 218	425
1985	101.3	3 761	91	134	207	1 711	12 430	244.4	9 466	47 491	537
1986	101.1	3 786	37	148	315	1 563	12 700	107.1	10 456	42 846	480
1987	91.5	1 317	21	101	615	1 618	13 908	110.1	13 711	49 421	742
1988	120.8	5 114	45	109	809	1 737	18 910	130.6	16 557	45 202	685
1989	100.9	3 842	26	150	1 009	1 830	22 645	119.8	17 394	45 059	624
1990	89.0	4 987	22	179	2 766	1 927	24 924	111.6	17 290	45 869	790
1991	96.8	1 236	8	192	1 768	1 990	27 408	109.8	16 721	46 322	806
1992	106.2	1 923	7	184	2 209	2 184	32 547	119.0	10 989	47 602	800
1993	105.6	3 705	14	197	1 451	2 425	42 027	125.1	20 564	49 015	687
1994	97.2	4 510	30	245	5 348	2 858	50 621	119.5	22 564	49 159	633
1995	96.7	3 889	32	330	9 241	3 225	62 246	120.1	28 847	49 229	639
1996	107.6	4 386	27	430	5 745	4 740	59 406	100.6	36 277	48 092	834
1997	115.7	1 182	10	498	2 922	2 691	68 760	112.1	38 594	54 140	523
1998	104.5	3 347	23	464	3 070	3 112	80 694	110.9	49 601	40 868	443

太原市尖草坪区主要社会、经济统计指标

MAJOR SOCIO – ECONOMIC INDICATORS IN JIANCAOPING OF TAIYUAN

年份	年末总人口（万人）	#非农业人口	社会从业人员（万人）	职工人数（万人）	职工平均工资（元）	国内生产总值（万元）	国内生产总值指数（上年=100）	全社会固定资产投资（万元）	地方财政收入（万元）	地方财政支出（万元）	农林牧渔业总产值（万元）
1949	11.00	2.00	4.70	1.32	660	350	104.0	5	13	40	2 000
1952	11.50	2.10	1.90	1.38	656	449	102.0	17	22	30	2 600
1957	12.50	2.20	5.50	1.50	555	2 613	110.0	20	35	90	2 100
1965	18.00	10.00	8.30	2.16	600	3 068	99.0	30	60	100	2 500
1970	19.00	10.50	8.60	2.28	739	4 443	108.0	50	82	190	3 600
1975	20.00	10.70	8.80	2.40	547	4 824	100.0	30	150	210	4 000
1978	20.50	10.80	8.90	2.46	558	4 356	110.0	20	160	280	3 600
1980	20.80	10.80	9.10	2.50	697	4 260	100.0	60	200	300	3 600
1985	21.30	13.00	9.20	2.55	890	4 910	115.0	160	800	500	4 100
1986	21.40	13.10	9.40	2.56	1 063	4 983	100.1	140	850	600	4 200
1987	21.80	13.10	9.50	2.60	1 147	6 374	127.0	150	900	610	3 800
1988	22.00	13.20	9.60	2.60	1 334	8 854	138.0	400	1 100	800	4 400
1989	22.20	13.20	9.90	2.66	1 519	15 837	175.0	180	1 600	1 000	4 400
1990	23.00	13.30	10.30	2.76	1 700	26 500	166.2	130	1 800	1 100	5 100
1991	24.00	14.00	10.70	2.88	1 768	31 000	116.0	150	2 100	1 200	5 100
1992	25.00	16.00	11.50	3.00	1 909	40 000	129.0	130	2 500	1 400	5 300
1993	26.00	17.00	11.60	3.12	2 328	45 000	112.2	210	2 800	1 700	5 500
1994	27.00	18.20	12.30	3.24	3 756	50 000	110.0	160	3 000	3 000	5 300
1995	28.00	18.50	12.50	3.40	4 368	60 000	120.0	200	3 800	4 200	5 300
1996	29.00	19.00	12.90	3.60	4 830	76 801	127.0	230	5 000	6 100	5 899
1997	29.30	19.40	13.00	3.65	4 833	100 500	130.0	300	6 700	7 100	4 841
1998	29.61	19.80	13.00	3.67	4 835	110 800	110.2	320	6 739	7 100	6 526

年份	农林牧渔业总产值指数（上年=100）	粮食产量（吨）	油料产量（吨）	猪牛羊肉产量（吨）	乡镇企业利税总额（万元）	农民人均纯收入（元）	工业总产值（万元）	工业总产值指数（上年=100）	社会消费品零售总额（万元）	在校学生数（人）	医院床位数（张）
1949	102.0	11 350	60	120		10	20	108.0	40	4 500	3
1952	104.0	14 412	100	180		50	40	102.0	80	6 000	5
1957	103.0	10 285	87	200		80	70	110.0	120	11 000	15
1965	102.0	12 802	67	230		70	80	100.0	260	13 000	20
1970	101.0	18 197	60	290		91	250	101.0	600	16 000	50
1975	105.0	21 300	84	367		92	800	100.0	1 000	26 600	120
1978	103.0	16 875	12	677		120	1 600	102.0	1 100	34 000	150
1980	100.0	16 260	75	902		175	2 800	103.0	1 300	38 000	160
1985	113.9	12 480	532	407	768	717	8 000	105.0	3 000	34 000	220
1986	102.4	13 420	260	420	800	751	9 000	112.5	4 000	30 000	230
1987	90.5	9 463	170	420	900	765	10 000	111.1	4 100	29 000	235
1988	115.8	15 846	260	500	1 000	841	13 000	130.0	5 000	27 000	235
1989	100.0	15 434	230	600	1 200	913	20 000	153.9	7 000	26 000	300
1990	115.9	19 425	150	710	1 400	986	28 000	140.0	8 100	25 000	400
1991	100.0	12 648	100	800	1 600	1 000	30 000	107.1	11 200	24 000	600
1992	101.9	15 495	160	850	1 700	1 100	42 000	140.0	15 000	23 400	900
1993	103.8	16 884	230	1 000	1 800	1 200	63 000	150.0	21 000	23 500	1 200
1994	96.4	17 147	250	1 200	2 000	1 300	81 000	128.6	35 000	23 400	1 400
1995	100.0	13 578	181	1 400	2 100	1 600	120 000	148.2	42 000	23 600	1 700
1996	111.3	22 546	170	1 600	2 282	2 009	179 766	149.8	58 900	23 700	1 900
1997	82.1	16 608	134	1 780	2 384	2 510	210 459	117.1	65 364	23 700	2 040
1998	134.8	19 258	240	1 902	1 689	2 875	166 260	79.0	82 667	23 718	2 095

太原市万柏林区主要社会、经济统计指标

MAJOR SOCIO – ECONOMIC INDICATORS IN WANBAILING OF TAIYUAN

年份	年末总人口（万人）	#非农业人口	社会从业人员（万人）	职工人数（万人）	职工平均工资（元）	国内生产总值（万元）	国内生产总值指数（上年=100）	全社会固定资产投资（万元）	地方财政收入（万元）	地方财政支出（万元）	农林牧渔业总产值（万元）
1949	4.84	4.11	0.25	0.25	477	788			39	37	3 131
1952	9.03	7.67	0.33	0.33	436	1 869	124.5		93	88	2 759
1957	20.56	17.48	0.40	0.40	455	3 489	106.7	10	174	166	3 358
1965	21.83	18.55	0.43	0.43	535	4 985	123.6	7	249	236	3 876
1970	22.91	19.47	0.55	0.55	423	5 865	168.1	8	293	278	5 620
1975	25.32	21.52	1.06	1.06	455	6 899	117.6	56	690	656	6 099
1978	26.28	22.34	1.33	1.32	452	7 560	100.0	25	750	713	5 506
1980	29.17	24.79	1.22	1.19	546	7 787	88.9	47	780	741	5 475
1985	34.84	29.61	4.18	4.01	971	8 438	114.9	372	850	807	6 203
1986	35.55	30.22	3.53	3.34	945	9 289	110.3	407	930	883	6 298
1987	36.21	30.83	3.57	3.35	1 143	11 235	117.2	565	1 573	1 494	5 820
1988	37.01	31.46	3.68	3.29	1 229	13 350	114.6	617	1 869	1 775	7 404
1989	37.77	32.11	3.85	3.45	1 603	15 024	107.7	544	2 103	1 998	7 375
1990	38.54	32.76	4.26	3.88	1 670	16 901	111.7	423	2 366	2 248	8 053
1991	38.85	33.02	3.55	3.10	1 649	19 945	111.3	706	2 792	2 652	7 727
1992	39.16	33.29	4.52	3.74	1 618	24 176	114.8	673	3 384	3 215	8 465
1993	39.47	33.55	4.92	4.00	2 505	33 702	122.4	658	4 718	4 482	8 704
1994	39.79	33.82	4.59	3.44	3 134	47 500	116.3	1 891	4 895	4 650	8 253
1995	40.11	34.09	4.60	3.16	3 747	53 526	117.5	1 525	5 250	4 987	7 863
1996	40.43	34.36	2.92	2.90	3 923	60 825	113.6	2 201	6 386	8 066	8 338
1997	42.75	36.34	2.85	2.79	4 554	67 746	111.4	1 467	7 113	6 757	7 540
1998	44.07	37.26	2.32	2.25	4 530	77 492	113.6	9 666	7 564	6 379	8 228

年份	农林牧渔业总产值指数（上年=100）	粮食产量（吨）	油料产量（吨）	猪牛羊肉产量（吨）	乡镇企业利税总额（万元）	农民人均纯收入（元）	工业总产值（万元）	工业总产值指数（上年=100）	社会消费品零售总额（万元）	在校学生数（人）	医院床位数（张）
1949	100.9	6 735	27	23		52	140	100.0	268	8 223	
1952	100.6	8 336	32	53		61	179	102.1	630	8 985	
1957	82.0	6 050	57	65		83	261	102.2	1 996	10 417	
1965	82.5	7 208	51	106	1	127	525	110.5	2 995	12 811	80
1970	116.6	11 358	77	151	2	177	903	145.5	4 201	14 854	80
1975	96.1	10 711	74	312	14	259	2 390	127.6	5 506	17 217	80
1978	96.1	7 734	39	421	20	345	3 206	110.3	6 680	18 813	235
1980	82.4	7 296	47	335	281	417	2 931	97.1	8 843	19 959	235
1985	103.8	4 565	20	142	674	717	8 597	131.0	16 005	23 139	304
1986	111.8	4 630	15	254	734	882	9 279	108.2	18 086	23 833	291
1987	99.5	2 770	17	224	800	949	11 942	128.7	20 437	23 453	315
1988	116.9	5 722	20	240	873	1 088	14 839	124.3	23 093	24 316	277
1989	104.8	5 687	31	285	951	1 185	17 713	119.4	26 095	25 067	277
1990	110.7	7 002	31	303	1 037	1 423	19 475	110.0	30 793	25 810	293
1991	123.2	4 544	16	380	1 130	1 530	20 825	106.9	36 335	27 766	313
1992	105.1	5 667	11	374	1 232	1 557	23 278	111.8	42 876	27 428	334
1993	115.9	6 303	20	409	1 342	1 614	28 002	120.3	50 593	29 181	339
1994	110.4	5 758	25	509	1 462	1 620	32 585	116.4	59 700	17 530	337
1995	108.0	4 899	29	522	1 596	1 642	39 143	120.1	67 760	31 332	339
1996	104.3	5 270	16	528	1 739	2 146	44 856	114.6	76 941	33 111	343
1997	66.4	2 671	21	695	1 767	2 716	52 030	116.0	87 368	34 014	317
1998	97.7	4 389	6	669	2 262	3 050	148 380	285.2	102 133	34 649	319

太原市晋源区主要社会、经济统计指标

MAJOR SOCIO – ECONOMIC INDICATORS IN JINGYUAN OF TAIYUAN

年份	年末总人口（万人）	#非农业人口	社会从业人员（万人）	职工人数（万人）	职工平均工资（元）	国内生产总值（万元）	国内生产总值指数（上年=100）	全社会固定资产投资（万元）	地方财政收入（万元）	地方财政支出（万元）	农林牧渔业总产值（万元）
1949	4.37	0.42	1.33			308					281
1952	4.70	0.46	1.64			342	104.4				310
1957	5.01	0.49	1.88			379	88.1				440
1965	6.76	0.67	2.36			600	102.4				650
1970	7.76	0.69	2.90	0.11	427	851	119.0	402	80	20	840
1975	8.86	0.78	3.13	0.20	524	1 518	98.0	600	120	30	1 208
1978	10.14	0.89	3.24	0.26	511	2 100	123.9	960	160	40	1 240
1980	10.22	1.12	3.50	0.22	635	2 600	110.9	1 300	280	70	1 700
1985	12.74	3.06	4.32	0.24	875	7 790	171.3	4 010	640	160	4 024
1986	12.75	3.04	4.48	0.27	1 213	8 120	106.9	4 681	661	180	3 714
1987	12.87	3.05	4.66	0.30	1 085	8 900	111.6	5 121	793	200	4 395
1988	12.96	3.05	4.71	0.31	1 253	10 467	110.1	5 832	873	230	5 416
1989	13.34	3.15	4.88	0.29	1 515	13 678	124.8	6 888	1 083	260	6 163
1990	13.88	3.43	5.08	0.30	1 644	17 197	125.4	6 444	1 245	286	5 663
1991	14.00	3.56	5.25	0.31	1 748	18 472	115.2	6 944	1 217	319	6 616
1992	14.09	3.49	5.54	0.32	2 053	24 014	132.5	6 823	1 402	392	7 242
1993	14.17	3.61	5.54	0.35	2 242	27 368	122.6	6 279	1 491	465	7 548
1994	14.26	3.65	5.60	0.37	3 787	32 856	124.9	6 247	1 632	757	11 940
1995	14.46	3.93	5.87	0.37	4 098	45 827	120.6	8 448	2 166	808	13 412
1996	14.50	3.83	5.91	0.46	4 309	52 089	112.8	4 431	2 656	868	22 708
1997	17.10	5.70	6.43	0.92	5 237	63 100	112.5	4 434	3 013	1 069	24 974
1998	17.55	6.58	6.12	0.68	5 205	65 766	112.1	3 560	3 177	4 432	23 122

年份	农林牧渔业总产值指数（上年=100）	粮食产量（吨）	油料产量（吨）	猪牛羊肉产量（吨）	乡镇企业利税总额（万元）	农民人均纯收入（元）	工业总产值（万元）	工业总产值指数（上年=100）	社会消费品零售总额（万元）	在校学生数（人）	医院床位数（张）
1949		10 065	19	42		44	5			2 508	
1952	99.8	13 134	29	81		61	11	137.5		4 042	
1957	101.7	11 600	27	109		65	43	143.3		5 050	
1965	91.3	18 725	38	458		158	57	114.0	456	8 040	
1970	123.6	24 572	42	316		196	113	113.0	716	11 550	
1975	97.9	33 286	125	666		274	580	118.4	1 000	15 657	111
1978	105.1	34 238	36	1 309		298	1 202	134.3	1 353	15 421	130
1980	100.8	31 270	58	1 418	1 498	392	1 500	114.8	2 456	33 102	150
1985	98.3	33 827	48	995	2 818	648	2 894	128.8	2 475	16 378	190
1986	95.5	33 380	46	1 000	3 228	676	3 636	113.0	4 336	16 200	425
1987	94.6	24 930	32	858	3 183	691	3 864	101.5	4 941	15 962	425
1988	109.8	28 866	29	864	3 702	737	5 752	120.5	6 880	16 133	430
1989	102.9	31 216	54	1 072	4 832	820	7 720	128.5	4 733	16 334	490
1990	107.4	34 530	28	1 099	1 877	885	9 099	125.1	4 513	16 446	440
1991	100.2	31 765	17	1 133	5 321	935	9 518	111.0	4 683	16 425	340
1992	102.9	31 532	19	1 156	5 372	1 127	12 458	126.7	6 664	16 765	335
1993	106.5	28 196	24	1 180	9 034	1 209	22 894	141.7	8 893	16 798	332
1994	107.0	30 573	25	1 124	11 063	1 431	34 283	138.3	9 551	17 302	222
1995	104.4	29 153	15	2 240	15 137	1 687	46 138	132.6	12 008	18 435	222
1996	121.2	25 688	3	2 454	16 817	2 483	60 682	128.4	14 539	19 214	222
1997	106.3	25 908	5	2 727	15 114	3 010	76 661	119.3	41 000	27 142	227
1998	106.5	30 123	8	2 727	14 920	3 462	39 520	117.0	18 700	35 406	265

清徐县主要社会、经济统计指标

MAJOR SOCIO – ECONOMIC INDICATORS OF QINGXU

年份	年末总人口（万人）	#非农业人口	社会从业人员（万人）	职工人数（万人）	职工平均工资（元）	国内生产总值（万元）	国内生产总值指数（上年＝100）	全社会固定资产投资（万元）	地方财政收入（万元）	地方财政支出（万元）	农林牧渔业总产值（万元）
1949	10.54	0.44	3.24	0.28	324			112	54	14	2 349
1952	12.39	0.58	3.81	0.50	404	679	102.4	136	122	21	3 746
1957	14.11	0.69	4.33	0.41	432	976	100.8	157	268	110	4 288
1965	17.47	0.87	5.37	0.40	591	1 974	100.4	416	268	215	6 729
1970	20.33	1.07	6.24	0.74	432	2 183	109.3	1 348	346	244	7 972
1975	22.94	1.32	7.06	0.95	437	4 064	103.4	454	413	478	12 789
1978	23.57	1.46	7.24	0.98	535	5 334	105.7	701	577	651	13 606
1980	23.17	1.60	7.09	1.01	629	7 652	113.8	964	651	747	13 101
1985	24.38	1.85	11.04	1.18	834	17 184	110.4	3 780	1 642	1 195	19 499
1986	24.43	1.91	10.97	1.22	1 022	19 451	108.7	3 591	1 751	1 410	20 418
1987	24.78	1.95	10.95	1.25	1 125	23 239	112.5	3 295	1 951	1 562	20 477
1988	24.94	2.02	11.05	1.28	1 353	32 085	124.3	3 371	2 371	1 933	21 489
1989	25.27	2.07	11.19	1.39	1 528	39 528	113.6	4 596	3 135	2 324	23 621
1990	26.03	2.10	11.31	1.40	1 688	47 266	109.4	2 937	3 588	2 503	23 815
1991	26.34	2.18	11.47	1.45	1 782	52 905	104.6	3 024	3 854	2 605	23 691
1992	26.83	2.43	11.46	1.33	2 107	66 674	116.4	2 574	4 261	3 064	25 875
1993	27.32	2.45	11.49	1.30	2 360	94 682	124.7	3 268	4 952	3 719	27 884
1994	27.61	2.63	11.66	1.36	3 428	131 806	114.4	5 826	8 439	5 881	56 253
1995	27.94	2.74	11.73	1.39	3 883	162 000	105.6	6 613	6 122	8 120	75 271
1996	28.27	3.10	11.64	1.35	4 210	205 000	115.3	5 736	6 560	7 951	86 588
1997	28.57	3.05	14.67	1.37	4 512	251 400	122.6	8 318	7 671	12 312	96 342
1998	28.75	3.05	14.08	1.41	5 095	300 300	113.4	11 784	8 186	13 513	97 473

年份	农林牧渔业总产值指数（上年＝100）	粮食产量（吨）	油料产量（吨）	猪牛羊肉产量（吨）	乡镇企业利税总额（万元）	农民人均纯收入（元）	工业总产值（万元）	工业总产值指数（上年＝100）	社会消费品零售总额（万元）	在校学生数（人）	医院床位数（张）
1949	112.1	31 540	30	134		34	128	103.2	293	13 373	7
1952	110.3	43 075	230	207		41	200	90.9	446	18 810	24
1957	86.7	33 120	755	284		50	500	105.1	900	20 830	96
1965	100.0	56 610	215	395		64	618	76.8	1 534	33 401	227
1970	113.1	59 120	180	910		59	1 321	175.9	2 220	37 491	258
1975	100.3	105 565	355	1 495		88	2 611	103.2	3 324	52 387	146
1978	119.9	101 975	335	2 605	826	106	4 512	121.4	4 029	53 597	328
1980	92.0	98 770	815	3 020	995	124	5 043	114.1	4 726	52 908	408
1985	100.2	105 400	4 235	5 392	3 140	494	9 987	147.3	12 023	43 581	510
1986	104.1	102 218	4 390	4 866	3 332	525	11 190	111.8	10 186	41 674	515
1987	100.3	102 228	3 209	4 271	3 696	585	13 909	132.0	11 614	41 141	560
1988	105.0	104 044	1 455	4 868	4 680	648	17 937	145.3	13 132	39 004	565
1989	109.8	121 059	1 955	5 220	5 341	715	24 570	139.9	14 410	37 809	535
1990	105.9	128 654	2 282	6 002	6 035	766	20 341	118.0	12 725	39 219	565
1991	219.1	100 202	1 705	7 630	7 866	811	30 797	142.3	13 816	40 905	565
1992	108.6	97 959	1 869	8 050	9 790	868	32 643	105.6	16 050	41 772	565
1993	110.6	121 752	1 298	9 577	14 315	966	38 269	115.7	21 499	42 685	565
1994	111.7	128 023	2 016	11 339	24 666	1 231	84 888	186.5	29 021	44 360	595
1995	109.1	120 785	1 895	13 171	29 735	1 508	102 490	118.4	35 807	44 400	565
1996	108.0	136 672	1 468	14 543	41 470	2 098	118 031	113.7	43 539	46 270	565
1997	111.4	113 900	1 280	15 677	37 560	2 516	132 609	110.6	53 562	49 382	565
1998	105.1	100 200	1 800	16 141	39 740	2 903	195 795	142.7	65 100	51 308	565

阳曲县主要社会、经济统计指标

MAJOR SOCIO – ECONOMIC INDICATORS OF YANGQU

年份	年末总人口（万人）	#非农业人口	社会从业人员（万人）	职工人数（万人）	职工平均工资（元）	国内生产总值（万元）	国内生产总值指数（上年=100）	全社会固定资产投资（万元）	地方财政收入（万元）	地方财政支出（万元）	农林牧渔业总产值（万元）
1949	8.51	0.42	3.46	0.04	204	424			9	6	663
1952	8.76	0.43	3.54	0.09	159	507	104.8	135	6	24	725
1957	8.75	0.44	3.64	0.22	435	810	95.4		51	96	860
1965	10.52	0.53	3.83	0.25	540	1 040	91.3	45	102	129	1 098
1970	12.28	0.91	4.23	0.40	500	1 589	108.2	233	151	448	1 299
1975	13.54	1.01	4.80	0.42	546	2 250	96.1	49	66	407	2 027
1978	13.91	0.87	5.05	0.58	559	2 391	105.2	69	104	431	1 835
1980	13.11	0.99	4.68	0.59	644	2 790	92.6	77	230	506	2 390
1985	13.20	1.05	5.66	0.75	903	5 699	92.0	1 691	397	844	3 697
1986	13.29	1.06	5.87	0.83	1 061	7 801	110.0	1 347	453	990	4 831
1987	13.28	1.10	5.88	0.84	1 087	8 657	103.2	1 335	554	1 009	5 076
1988	13.28	1.15	5.69	0.86	1 368	12 427	126.5	2 451	732	1 358	8 064
1989	13.49	1.20	5.76	0.90	1 520	14 912	118.2	2 258	991	1 646	8 237
1990	13.74	1.23	5.94	0.90	1 630	16 737	113.6	1 860	1 090	1 742	9 047
1991	13.75	1.24	6.01	0.90	1 721	9 642	57.6	1 754	1 110	1 792	6 750
1992	13.74	1.26	6.06	0.88	2 057	13 467	139.1	2 217	1 155	2 345	8 601
1993	13.81	1.35	6.06	0.93	2 495	29 762	220.2	2 461	1 871	3 163	10 300
1994	13.81	1.42	5.96	0.90	3 562	42 273	130.3	4 518	1 520	3 274	18 822
1995	13.82	1.47	5.84	0.95	4 354	50 389	110.8	7 277	1 911	4 190	25 759
1996	13.90	1.57	6.02	0.94	4 401	53 017	104.0	8 259	4 644	4 413	29 713
1997	13.94	1.63	5.98	0.92	4 620	59 286	102.5	8 756	4 028	4 851	26 276
1998	13.92	1.65	5.97	0.81	5 102	61 496	108.2	8 872	4 302	5 537	32 528

年份	农林牧渔业总产值指数（上年=100）	粮食产量（吨）	油料产量（吨）	猪牛羊肉产量（吨）	乡镇企业利税总额（万元）	农民人均纯收入（元）	工业总产值（万元）	工业总产值指数（上年=100）	社会消费品零售总额（万元）	在校学生数（人）	医院床位数（张）
1949		33 378	423				3		61	4 890	10
1952	98.7	31 518	434				30	700.0	173	11 096	20
1957	95.6	30 533	404			40	85	151.9	405	11 418	27
1965	83.1	32 419	484			41	94	110.7	541	17 527	116
1970	97.4	40 214	630			56	104	116.6	945	21 234	180
1975	91.6	52 088	625	1 008		56	449	115.4	1 144	28 886	256
1978	108.3	46 561	899	1 103		74	723	111.5	1 304	30 206	299
1980	94.4	29 183	6 797	1 325		85	642	97.3	1 720	27 582	373
1985	83.2	25 135	7 400	1 214	743	309	1 722	143.5	3 847	23 125	496
1986	115.2	33 278	7 760	1 445	967	369	7 774	419.9	4 129	22 027	491
1987	95.3	36 624	6 967	1 445	325	400	6 830	84.6	4 744	21 682	565
1988	127.2	47 978	6 183	1 961	1 206	470	11 689	138.1	5 433	21 054	518
1989	101.6	45 335	5 976	2 181	1 775	499	23 027	115.8	5 514	20 037	465
1990	102.6	57 474	6 451	2 265	1 516	538	18 764	101.9	5 009	19 427	489
1991	74.2	24 785	3 092	2 539	1 497	426	17 869	177.4	7 308	19 077	480
1992	119.8	40 548	4 289	2 463	1 780	516	20 768	115.0	8 541	18 689	517
1993	107.7	42 762	3 834	2 698	2 590	618	29 430	130.2	10 028	18 790	531
1994	127.2	67 052	5 678	3 466	4 805	776	34 821	119.2	11 192	18 611	530
1995	106.9	59 193	2 113	5 387	8 500	935	49 100	120.5	15 477	18 901	690
1996	126.6	87 750	3 345	5 528	10 600	1 415	62 318	131.2	18 456	20 149	586
1997	85.6	50 459	1 662	6 983	13 100	1 694	52 914	96.8	18 701	21 161	580
1998	124.7	88 519	3 131	6 604	9 976	1 868	13 745	102.2	20 203	21 642	600

娄烦县主要社会、经济统计指标

MAJOR SOCIO – ECONOMIC INDICATORS OF LOUFAN

年份	年末总人口（万人）	#非农业人口	社会从业人员（万人）	职工人数（万人）	职工平均工资（元）	国内生产总值（万元）	国内生产总值指数（上年＝100）	全社会固定资产投资（万元）	地方财政收入（万元）	地方财政支出（万元）	农林牧渔业总产值（万元）
1949	4.50	0.02	1.59	0.01	244	253			28	29	403
1952	4.79	0.02	1.70	0.02	266	361	103.7		30	45	561
1957	5.27	0.03	1.89	0.04	266	390	109.4		32	80	545
1965	6.44	0.16	2.48	0.11	429	384	99.2		34	97	514
1970	6.98	0.20	2.87	0.17	409	510	104.3		37	112	827
1975	7.71	0.38	3.02	0.28	497	790	106.1	158	278	282	1 294
1978	7.73	0.48	3.07	0.40	477	740	108.9	138	43	328	925
1980	8.22	0.52	2.95	0.37	594	1 356	153.2	143	49	515	649
1985	8.68	0.57	3.64	0.45	840	2 430	95.1	550	147	896	2 139
1986	8.72	0.59	3.68	0.53	1 066	2 560	104.3	845	172	1 169	1 628
1987	8.80	0.59	3.68	0.49	1 071	2 866	110.5	660	206	994	1 886
1988	8.90	0.60	3.68	0.52	1 317	4 471	154.3	1 296	260	1 328	3 707
1989	9.14	0.80	3.75	0.57	1 497	4 642	102.5	762	355	1 821	2 697
1990	9.35	0.81	3.71	0.56	1 643	5 804	121.9	954	452	1 672	3 321
1991	9.52	0.89	4.08	0.58	1 778	4 872	78.6	1 259	588	2 374	2 432
1992	9.66	0.92	4.12	0.59	2 304	8 933	107.8	1 793	944	3 374	3 641
1993	9.86	0.99	4.12	0.69	2 548	11 620	125.1	5 151	1 863	3 505	4 094
1994	10.18	1.17	4.30	0.59	4 158	30 215	234.7	4 117	1 257	3 955	4 254
1995	10.47	1.43	4.39	0.56	3 914	35 600	115.1	3 092	1 396	3 664	5 770
1996	10.58	1.47	4.50	0.53	3 758	33 198	78.8	1 665	1 251	4 229	8 033
1997	10.76	1.55	5.11	0.54	4 100	30 300	96.9	1 051	1 011	4 336	6 644
1998	10.85	1.61	5.14	0.48	4 541	30 183	101.2	2 680	1 119	4 606	9 020

年份	农林牧渔业总产值指数（上年＝100）	粮食产量（吨）	油料产量（吨）	猪牛羊肉产量（吨）	乡镇企业利税总额（万元）	农民人均纯收入（元）	工业总产值（万元）	工业总产值指数（上年＝100）	社会消费品零售总额（万元）	在校学生数（人）	医院床位数（张）
1949		10 778	40	42			36			4 275	
1952	139.2	15 732	236	43			64	177.8		6 201	
1957	97.1	11 621	191	49			123	192.2		8 326	
1965	94.5	8 532	72	64		24	142	115.4	186	10 545	50
1970	160.9	17 470	386	65		47	168	118.3	289	11 330	100
1975	156.5	25 569	399	84		47	329	195.8	811	17 552	150
1978	102.5	21 445	274	482	73	48	416	105.6	1 138	18 573	160
1980	67.9	14 008	641	474	85	27	367	121.8	1 228	17 662	200
1985	121.3	23 450	2 173	553	105	273	559	84.8	1 963	16 749	210
1986	65.6	13 044	1 848	572	72	249	749	117.9	2 643	17 092	170
1987	102.6	15 146	1 812	560	100	260	1 106	144.6	2 983	17 133	210
1988	165.1	25 352	2 476	768	116	349	1 773	160.3	3 418	16 433	210
1989	69.6	18 391	1 320	796	158	321	2 442	137.7	3 543	15 696	210
1990	128.7	26 506	1 940	882	356	328	3 594	120.9	4 281	15 588	210
1991	70.9	12 773	1 430	891	583	306	4 257	107.6	3 877	15 288	210
1992	147.8	26 735	2 344	990	1 316	337	6 217	154.9	5 462	15 497	210
1993	107.8	27 011	2 747	1 070	1 210	499	13 392	183.2	5 291	15 087	210
1994	98.5	27 190	2 580	1 090	1 745	548	18 912	124.9	5 251	15 472	210
1995	91.8	11 550	576	1 338	5 000	616	17 271	104.0	6 012	16 148	210
1996	131.0	30 353	1 459	1 231	4 865	866	12 149	65.0	6 131	17 085	210
1997	87.5	17 306	900	1 378	2 566	1 010	12 231	103.4	6 306	17 694	210
1998	126.5	28 135	2 156	1 503	2 459	996	5 739	93.0	6 328	18 300	210

大同市城区主要社会、经济统计指标
MAJOR SOCIO－ECONOMIC INDICATORS IN CHENGQU OF DATONG

年份	年末总人口（万人）	#非农业人口	社会从业人员（万人）	职工人数（万人）	职工平均工资（元）	国内生产总值（万元）	国内生产总值指数（上年＝100）	全社会固定资产投资（万元）
1949								
1952								
1957	14.11	13.45	0.44	0.44	635			
1965	17.61	17.61	0.57	0.57	803	1 042	121.6	197
1970	21.89	20.92	0.78	0.78	624	1 295	115.2	169
1975	25.57	24.48	1.00	1.00	458	1 347	109.8	16
1978	27.66	27.64	1.14	1.14	506	1 659	110.6	110
1980	30.83	30.82	1.37	1.37	616	1 748	98.0	163
1985	33.55	33.53	2.03	2.03	986	5 888	119.8	366
1986	34.50	34.48	2.09	2.09	1 142	6 548	111.2	2 008
1987	35.33	35.31	2.35	2.35	1 221	7 107	108.5	947
1988	36.54	36.52	2.26	2.26	1 512	7 446	104.8	1 308
1989	37.89	37.87	2.19	2.19	1 716	8 657	116.3	1 735
1990	38.77	38.38	2.22	2.22	1 473	9 324	107.7	698
1991	39.67	39.27	2.35	2.35	2 201	10 935	117.3	538
1992	40.31	39.90	3.23	2.13	2 218	13 153	121.0	935
1993	41.55	41.13	3.34	2.14	2 497	13 518	102.8	2 319
1994	42.55	42.13	3.09	1.79	3 587	15 597	116.2	2 422
1995	43.74	43.71	3.31	1.91	3 604	16 002	102.6	1 723
1996	45.11	45.08	3.30	1.80	4 500	17 360	108.5	541
1997	46.74	46.72	4.02	1.84	4 664	17 549	104.9	1 343
1998	48.30	48.27	3.91	1.39	5 339	19 628	110.1	2 667

年份	地方财政收入（万元）	地方财政支出（万元）	工业总产值（万元）	工业总产值指数（上年＝100）	社会消费品零售总额（万元）	在校学生数（人）	医院床位数（张）
1949							
1952							
1957	62	28			56	10 895	
1965	146	64	576	119.7	70	23 011	
1970	182	100	1 394	117.4	85	29 559	
1975	234	168	2 505	89.6	133	33 299	
1978	320	226	4 548	108.9	206	33 705	50
1980	208	491	4 538	98.9	432	30 091	50
1985	1 033	1 088	7 800	103.9	7 980	26 743	50
1986	1 360	1 187	8 354	107.1	6 904	26 319	50
1987	1 646	1 477	7 300	106.9	6 413	26 878	50
1988	2 064	1 839	8 724	107.7	5 553	27 110	50
1989	3 822	3 431	9 514	108.3	6 037	27 834	50
1990	4 257	3 344	10 273	106.4	6 959	28 193	50
1991	4 614	3 823	12 697	106.0	7 995	29 261	50
1992	5 006	4 026	12 651	101.7	8 666	29 992	50
1993	5 889	5 476	14 382	110.0	8 380	31 250	50
1994	3 714	5 413	17 121	110.2	9 715	31 684	50
1995	4 527	6 156	17 726	108.1	11 014	32 707	50
1996	6 306	8 449	20 982	107.9	11 851	33 207	50
1997	6 678	9 351	23 368	110.2	66 360	36 009	50
1998	7 285	9 526	6 390	109.2	64 680	36 001	50

大同市矿区主要社会、经济统计指标

MAJOR SOCIO – ECONOMIC INDICATORS IN KUANGQU OF DATONG

年份	年末总人口（万人）	#非农业人口	社会从业人员（万人）	职工人数（万人）	职工平均工资（元）	国内生产总值（万元）	国内生产总值指数（上年＝100）	全社会固定资产投资（万元）
1949								
1952								
1957								
1965								
1970								
1975								
1978	21.58	21.58	1.49	1.34	575	3 043	101.5	100
1980	26.41	26.41	1.54	1.39	613	3 043	102.1	254
1985	34.96	34.96	2.20	1.92	953	7 066	116.8	328
1986	35.85	35.85	2.26	1.96	1 180	8 086	112.4	329
1987	36.50	36.50	2.33	2.04	1 309	8 773	106.5	272
1988	37.67	37.67	2.27	1.97	1 494	10 377	115.8	310
1989	38.37	38.37	2.31	2.01	1 909	12 060	114.2	184
1990	38.48	38.48	2.42	2.11	2 077	13 537	109.2	138
1991	38.49	38.49	2.34	2.03	2 297	13 660	100.1	502
1992	38.50	38.50	2.23	1.93	2 621	15 540	111.6	1 319
1993	39.13	39.13	2.11	1.80	2 551	15 250	98.6	488
1994	39.30	39.30	2.08	1.78	3 194	17 122	110.2	1 160
1995	39.46	39.46	2.00	1.68	3 831	18 215	106.3	713
1996	40.36	40.36	1.98	1.53	4 185	19 604	106.5	506
1997	40.94	40.94	2.05	1.55	4 619	21 191	106.8	2 382
1998	41.28	41.28	2.06	1.57	4 675	23 548	112.3	300

年份	地方财政收入（万元）	地方财政支出（万元）	工业总产值（万元）	工业总产值指数（上年＝100）	社会消费品零售总额（万元）	在校学生数（人）	医院床位数（张）
1949							
1952							
1957							
1965							
1970							
1975							
1978	245	218	1 588	117.0	4 867	3 638	10
1980	277	237	2 295	88.0	6 765	9 057	25
1985	522	645	6 009	124.0	18 332	7 431	40
1986	1 044	998	6 504	108.0	19 937	6 031	35
1987	1 321	1 167	7 196	107.0	22 969	5 083	35
1988	1 398	1 300	8 020	106.0	26 288	5 163	46
1989	1 562	1 466	8 675	106.0	28 657	4 905	95
1990	1 773	1 631	9 277	103.0	32 312	4 788	95
1991	2 268	1 656	14 783	139.0	33 954	4 601	65
1992	2 443	1 734	16 168	105.0	37 100	4 781	65
1993	2 166	2 489	17 953	97.0	40 800	4 832	65
1994	2 728	2 364	21 549	116.0	44 800	4 593	65
1995	3 368	2 929	23 270	105.0	51 532	4 850	65
1996	4 333	2 968	25 454	109.0	65 062	4 272	65
1997	3 271	3 427	23 940	113.6	68 355	4 256	80
1998	3 325	3 881	4 691	111.3	73 819	4 114	100

大同市南郊区主要社会、经济统计指标

MAJOR SOCIO – ECONOMIC INDICATORS IN NANJIAO OF DATONG

年份	年末总人口（万人）	#非农业人口	社会从业人员（万人）	职工人数（万人）	职工平均工资（元）	国内生产总值（万元）	国内生产总值指数（上年=100）	全社会固定资产投资（万元）	地方财政收入（万元）	地方财政支出（万元）	农林牧渔业总产值（万元）
1949	9.32	0.34	2.33	0.77	288	625		462	61	43	207
1952	11.52	0.46	3.74	0.73	294	895	114.0	253	68	53	516
1957	13.86	0.67	3.41	0.86	320	1 376	104.5	761	107	78	587
1965	16.32	0.65	3.22	0.88	354	1 895	117.0	942	147	113	877
1970	18.71	0.71	3.67	0.85	371	2 642	123.3	1 897	146	158	121
1975	20.59	0.75	5.12	0.83	387	4 328	100.0	2 637	333	274	2 023
1978	21.34	0.88	5.53	1.00	396	5 834	97.1	3 752	588	493	5 789
1980	18.27	0.94	5.69	0.77	431	9 495	120.5	7 896	893	648	4 780
1985	22.19	1.26	7.98	0.94	1 083	40 040	118.7	26 435	3 497	1 222	8 973
1986	22.28	1.27	8.05	1.07	1 520	47 136	113.8	29 897	3 857	1 458	7 869
1987	22.56	1.32	8.85	1.14	1 590	53 005	109.6	32 604	4 539	1 678	7 530
1988	22.82	1.41	9.02	1.22	1 735	58 958	110.7	38 716	5 007	2 041	8 969
1989	23.41	1.58	9.14	1.26	1 936	66 110	111.4	39 440	6 115	2 494	9 086
1990	24.22	1.63	9.43	1.35	2 618	74 268	112.2	44 961	7 274	2 758	10 797
1991	24.53	1.63	9.82	1.43	3 009	83 514	112.5	45 588	7 758	3 267	10 864
1992	24.74	1.62	10.40	1.32	2 903	96 241	115.2	45 106	8 437	3 652	12 404
1993	24.23	1.59	10.59	1.94	5 277	112 703	115.1	41 359	9 637	3 915	15 509
1994	24.46	1.59	10.85	1.81	5 822	159 409	128.7	44 108	7 228	4 551	22 616
1995	24.71	1.61	11.03	1.93	5 861	200 600	120.5	48 283	9 532	6 236	22 294
1996	24.82	1.74	11.42	2.04	5 920	243 527	121.0	51 362	11 645	7 364	31 130
1997	25.14	1.50	10.85	1.94	5 983	259 500	112.0	17 632	22 411	12 976	25 656
1998	26.00	1.62	10.90	1.99	5 338	280 300	108.0	13 206	24 298	11 822	30 802

年份	农林牧渔业总产值指数（上年=100）	粮食产量（吨）	油料产量（吨）	猪牛羊肉产量（吨）	乡镇企业利税总额（万元）	农民人均纯收入（元）	工业总产值（万元）	工业总产值指数（上年=100）	社会消费品零售总额（万元）	在校学生数（人）	医院床位数（张）
1949		3 801	213	301	57	60	92		106	2 100	30
1952	117.0	5 534	290	415	197	91	207	112.6	214	12 060	43
1957	107.3	7 532	392	537	288	97	391	123.8	374	15 360	85
1965	121.2	7 459	367	655	331	104	765	146.6	487	20 179	89
1970	125.2	6 733	340	622	422	93	422	125.7	614	26 412	113
1975	110.1	6 602	370	683	673	117	1 051	163.9	1 452	31 773	128
1978	76.2	8 106	80	1 672	1 040	139	1 645	100.0	1 739	43 446	168
1980	77.9	6 438	514	597	3 178	231	3 009	136.9	2 515	34 777	188
1985	90.6	36 413	2 647	1 190	10 915	895	8 894	112.9	4 230	31 264	242
1986	87.8	36 257	2 336	1 795	12 861	902	9 969	100.5	4 888	32 260	254
1987	95.6	36 824	2 141	1 799	14 013	913	11 740	113.3	5 610	32 743	266
1988	108.9	43 162	2 520	1 991	17 143	935	11 566	101.7	6 197	31 066	268
1989	91.0	33 038	1 282	2 401	19 777	957	15 821	109.8	6 362	29 925	270
1990	118.4	50 810	2 758	2 649	21 858	993	19 390	114.8	6 639	31 174	285
1991	100.9	45 008	2 795	2 718	24 099	1 019	23 581	117.3	13 688	32 664	295
1992	107.0	51 267	2 806	2 795	22 808	1 092	27 165	110.4	26 320	35 286	295
1993	106.1	45 853	2 663	3 119	32 452	1 200	41 645	117.4	50 560	37 820	295
1994	110.8	51 487	2 906	3 632	38 146	1 457	50 966	132.8	71 250	40 112	297
1995	89.0	24 008	592	4 371	40 311	1 746	62 031	114.0	71 363	41 157	301
1996	140.0	60 635	3 735	6 365	52 180	2 226	79 595	128.0	87 823	42 690	348
1997	84.9	43 530	2 357	5 352	58 370	2 728	87 470	112.5	93 738	44 381	233
1998	120.1	56 089	3 348	5 693	53 896	2 886	87 514	100.5	97 593	46 813	233

大同市新荣区主要社会、经济统计指标

MAJOR SOCIO – ECONOMIC INDICATORS IN XINRONG OF DATONG

年份	年末总人口（万人）	#非农业人口	社会从业人员（万人）	职工人数（万人）	职工平均工资（元）	国内生产总值（万元）	国内生产总值指数（上年＝100）	全社会固定资产投资（万元）	地方财政收入（万元）	地方财政支出（万元）	农林牧渔业总产值（万元）
1949	4.90	0.01	1.90	0.01	130	325	100.0	80	6	5	575
1952	5.30	0.01	2.10	0.01	235	588	122.5	99	9	8	120
1957	5.80	0.04	2.30	0.03	311	829	116.3	137	11	11	710
1965	6.90	0.10	2.50	0.07	438	1 160	106.4	182	22	18	782
1970	7.90	0.10	2.90	0.10	444	1 566	105.0	217	30	28	916
1975	9.10	0.20	3.70	0.40	467	2 814	128.6	216	104	104	1 263
1978	9.16	0.36	3.53	0.50	542	3 065	97.2	228	189	189	1 298
1980	9.10	0.37	3.45	0.60	950	4 097	107.7	676	492	477	1 726
1985	9.28	0.70	4.53	1.15	1 230	8 651	102.1	5 532	836	560	2 593
1986	9.39	0.82	4.79	1.26	1 413	10 515	117.6	2 599	906	597	3 010
1987	9.40	0.88	4.90	1.34	1 486	11 882	109.0	2 733	1 001	697	2 968
1988	9.47	0.97	5.00	1.37	1 770	12 951	105.0	5 083	1 176	821	4 047
1989	9.60	0.98	4.98	1.34	1 911	14 894	111.0	5 528	1 409	992	3 272
1990	9.68	0.99	5.10	1.46	1 869	18 618	121.0	5 658	1 777	1 211	5 439
1991	9.76	1.00	4.94	1.41	2 463	23 831	124.0	10 324	2 299	1 433	4 564
1992	9.78	1.00	5.08	1.60	2 097	30 546	124.2	11 020	3 000	1 907	6 746
1993	9.75	1.04	4.97	1.55	2 539	39 099	124.0	9 500	3 603	2 350	8 613
1994	9.72	1.08	5.50	1.59	3 814	50 047	124.8	10 850	2 782	2 879	19 023
1995	9.78	1.13	5.46	1.41	5 082	54 067	104.8	6 211	3 485	3 742	11 062
1996	9.93	1.39	5.57	1.53	4 640	63 000	105.0	8 221	4 417	5 131	20 210
1997	10.40	1.50	6.40	1.90	5 615	70 800	111.6	12 019	6 073	6 907	12 992
1998	10.50	1.50	6.30	1.60	5 180	71 000	102.8	10 418	5 024	5 593	16 918

年份	农林牧渔业总产值指数（上年＝100）	粮食产量（吨）	油料产量（吨）	猪牛羊肉产量（吨）	乡镇企业利税总额（万元）	农民人均纯收入（元）	工业总产值（万元）	工业总产值指数（上年＝100）	社会消费品零售总额（万元）	在校学生数（人）	医院床位数（张）
1949	101.0	17 939	545	86		25	20	165.0	50	198	
1952	104.2	18 916	543	89		30	22	104.8	83	2 200	
1957	100.7	20 096	649	95	27	47	29	107.4	138	7 928	
1965	91.6	17 348	551	114	92	37	42	105.0	229	13 110	
1970	98.5	25 171	671	131	135	48	50	102.0	310	15 010	4
1975	121.3	34 055	565	145	190	55	474	118.2	690	17 290	72
1978	68.5	22 475	985	150	221	41	774	121.3	900	18 462	130
1980	98.7	23 050	5 520	313	343	91	2 121	139.2	1 206	18 972	140
1985	81.4	31 415	6 475	701	373	411	6 258	110.8	1 873	15 294	140
1986	97.2	26 985	7 499	1 227	706	408	7 422	124.6	2 116	15 545	150
1987	72.8	19 597	4 034	1 298	1 056	395	8 664	114.6	3 455	15 750	150
1988	135.9	36 355	3 493	1 267	1 472	472	11 089	105.5	2 579	15 427	150
1989	73.9	23 052	1 276	1 113	2 034	473	15 461	113.1	2 736	14 429	150
1990	159.4	38 224	7 589	1 307	2 961	586	18 177	115.1	4 034	14 536	150
1991	86.9	21 252	6 448	1 737	3 366	671	17 345	114.0	4 090	15 239	150
1992	139.8	39 667	8 270	2 021	3 923	763	23 671	116.3	4 017	16 150	205
1993	102.8	32 714	5 613	2 283	4 780	881	28 052	108.0	3 585	16 979	220
1994	132.9	43 656	7 629	4 250	6 857	1 234	34 008	116.2	5 358	18 675	221
1995	63.7	8 774	512	5 439	9 105	1 420	45 384	119.3	6 254	19 041	218
1996	182.7	43 965	7 457	5 811	10 105	1 852	51 969	121.0	7 654	19 603	218
1997	64.4	30 307	5 540	3 840	9 816	2 223	58 058	114.0	8 890	20 226	118
1998	125.9	40 020	6 960	4 200	8 538	2 347	42 670	112.0	9 224	19 817	180

阳高县主要社会、经济统计指标

MAJOR SOCIO – ECONOMIC INDICATORS OF YANGGAO

年份	年末总人口（万人）	#非农业人口	社会从业人员（万人）	职工人数（万人）	职工平均工资（元）	国内生产总值（万元）	国内生产总值指数（上年=100）	全社会固定资产投资（万元）	地方财政收入（万元）	地方财政支出（万元）	农林牧渔业总产值（万元）
1949	18.96	0.97	6.39	0.07	150	730		8			863
1952	19.54	1.40	6.87	0.14	257	1 091	136.0	21			1 282
1957	19.53	1.78	7.15	0.27	489	1 285	100.6	67	137	148	1 364
1965	20.11	1.66	6.61	0.39	531	1 633	103.1	281	183	290	1 439
1970	22.73	1.65	8.06	0.47	443	2 287	111.1	1 168	211	272	2 262
1975	24.03	1.64	8.97	0.88	486	4 413	115.5	792	349	517	3 583
1978	24.26	1.65	8.56	1.06	494	4 675	99.3	741	452	418	2 948
1980	24.40	1.89	8.39	1.12	629	5 450	90.3	961	359	406	3 799
1985	24.59	2.05	9.35	1.45	833	11 450	112.2	1 100	798	997	9 591
1986	24.69	2.08	9.53	1.51	954	10 729	93.6	2 085	804	1 016	6 125
1987	24.92	2.19	9.63	1.52	1 089	12 333	114.9	1 979	868	1 172	8 956
1988	25.04	2.35	9.75	1.55	1 259	15 065	101.4	2 170	1 094	1 437	15 634
1989	25.51	2.40	9.94	1.54	1 365	16 983	105.4	2 495	1 259	1 704	13 655
1990	26.20	2.43	10.35	1.53	1 528	20 638	131.2	5 845	1 259	1 947	16 888
1991	26.88	2.35	10.40	1.59	1 581	20 108	84.6	4 652	1 162	1 934	15 401
1992	27.21	2.59	10.50	1.63	1 881	25 512	123.5	4 690	1 307	2 258	22 068
1993	27.25	2.74	10.63	1.72	2 269	26 780	104.7	5 085	2 015	2 900	20 155
1994	27.32	2.90	10.64	1.73	2 851	40 913	123.8	4 500	1 200	3 462	41 328
1995	27.51	3.13	10.68	1.78	3 355	37 969	99.1	6 181	1 691	4 742	33 944
1996	27.58	3.49	10.76	1.91	3 521	60 326	139.8	6 836	2 590	5 927	55 443
1997	27.36	3.60	10.70	1.82	3 646	62 549	96.2	12 773	3 201	6 688	50 551
1998	27.31	3.65	10.53	1.52	4 090	61 902	103.8	10 962	3 093	6 421	55 035

年份	农林牧渔业总产值指数（上年=100）	粮食产量（吨）	油料产量（吨）	猪牛羊肉产量（吨）	乡镇企业利税总额（万元）	农民人均纯收入（元）	工业总产值（万元）	工业总产值指数（上年=100）	社会消费品零售总额（万元）	在校学生数（人）	医院床位数（张）
1949		38 125	188	130			168		425	6 832	
1952	140.7	52 360	1 004	415			194	100.0	494	21 880	
1957	95.8	43 310	913	495		37	154	115.8	955	23 914	30
1965	90.7	37 990	869	665		35	205	113.3	1 280	39 579	60
1970	109.1	62 315	1 167	745		51	409	136.2	1 416	43 479	158
1975	111.9	105 615	566	1 005		64	1 676	121.1	1 967	54 747	277
1978	88.5	84 820	640	1 535	95	65	2 507	115.9	2 242	55 347	312
1980	89.5	74 750	1 280	1 805	463	56	1 825	81.4	2 936	55 585	326
1985	102.1	115 525	10 742	5 449	1 307	368	4 721	103.7	5 308	47 298	371
1986	58.4	57 454	3 969	4 646	936	152	5 123	107.4	6 108	46 516	383
1987	115.6	76 914	4 706	4 635	1 077	212	5 707	100.6	6 813	45 032	383
1988	130.4	109 909	5 132	4 808	1 257	284	6 580	100.4	8 053	43 516	418
1989	83.3	76 482	3 065	5 218	1 079	280	7 573	104.2	8 110	41 663	418
1990	139.5	131 368	7 945	5 835	1 163	391	8 147	111.1	7 962	40 764	418
1991	75.8	81 368	4 359	6 820	1 171	304	9 069	110.4	9 193	40 703	418
1992	134.6	121 244	5 486	8 061	1 339	477	10 886	128.1	8 893	41 404	418
1993	91.9	85 834	4 371	9 658	1 679	482	15 619	120.8	9 312	42 272	418
1994	138.3	143 230	7 498	12 785	1 902	705	20 239	119.2	10 211	43 448	418
1995	74.1	69 122	1 005	13 530	2 484	654	25 995	99.8	12 824	45 061	418
1996	170.9	157 190	7 924	15 794	3 281	1 383	31 392	137.0	15 780	46 203	415
1997	71.7	95 889	3 712	15 713	4 070	1 534	34 679	116.9	17 347	48 384	435
1998	100.4	131 867	5 490	15 670	3 515	1 919	25 357	106.9	19 051	49 446	435

天镇县主要社会、经济统计指标

MAJOR SOCIO – ECONOMIC INDICATORS OF TIANZHEN

年份	年末总人口(万人)	#非农业人口	社会从业人员(万人)	职工人数(万人)	职工平均工资(元)	国内生产总值(万元)	国内生产总值指数(上年=100)	全社会固定资产投资(万元)	地方财政收入(万元)	地方财政支出(万元)	农林牧渔业总产值(万元)
1949	12.12	0.56	4.57	0.06	161						726
1952	12.91	0.59	5.11	0.11	261	1 148		10			1 277
1957	13.28	0.91	5.95	0.23	472	1 615	117.2	17	65	114	1 731
1965	14.03	1.02	5.15	0.36	525	1 398	93.8	29	103	196	1 117
1970	16.25	0.98	5.87	0.41	469	2 036	109.8	126	120	182	1 624
1975	17.44	1.07	6.50	0.61	456	3 498	115.6	159	192	366	2 988
1978	17.57	1.11	6.34	0.85	509	3 479	100.4	655	256	500	2 910
1980	17.63	1.32	6.16	0.88	645	3 374	106.2	495	139	705	2 666
1985	18.02	1.51	6.83	1.06	917	6 946	95.3	1 066	545	1 020	7 059
1986	18.05	1.53	6.87	1.09	1 074	6 574	94.8	1 515	428	1 407	5 192
1987	18.20	1.57	7.06	1.20	1 215	6 028	92.0	1 423	569	1 494	6 400
1988	18.33	1.65	7.22	1.24	1 406	10 484	158.8	1 768	765	1 895	11 918
1989	18.65	1.74	7.27	1.21	1 509	8 380	80.2	1 212	762	2 063	8 445
1990	18.99	1.76	7.47	1.32	1 521	11 576	136.4	1 241	755	2 262	14 259
1991	19.17	1.79	7.52	1.33	1 660	12 032	144.9	1 151	661	2 220	12 357
1992	19.33	2.01	7.51	1.34	1 865	15 745	122.3	1 007	510	2 483	13 864
1993	19.33	2.04	7.50	1.30	2 281	16 839	102.4	1 054	837	2 852	14 443
1994	19.40	2.09	7.54	1.29	2 754	35 250	143.6	1 299	574	3 352	36 315
1995	19.49	2.15	7.62	1.32	3 183	22 184	69.5	3 019	875	4 017	21 109
1996	19.64	2.31	7.82	1.41	3 444	42 172	160.7	3 132	1 230	4 910	44 387
1997	19.82	2.46	7.72	1.33	3 763	35 625	86.2	2 488	1 427	5 090	36 640
1998	19.87	2.50	7.52	1.05	4 220	34 371	113.3	3 188	1 511	5 274	37 317

年份	农林牧渔业总产值指数(上年=100)	粮食产量(吨)	油料产量(吨)	猪牛羊肉产量(吨)	乡镇企业利税总额(万元)	农民人均纯收入(元)	工业总产值(万元)	工业总产值指数(上年=100)	社会消费品零售总额(万元)	在校学生数(人)	医院床位数(张)
1949		22 000	100	117			89		134	10 028	
1952	144.9	30 720	435	263			140	140.0	242	18 654	10
1957	119.1	35 025	730	281		36	96	116.4	532	16 946	16
1965	87.6	34 210	650	591		37	193	131.7	738	26 632	40
1970	167.5	46 305	825	664		47	414	128.4	824	28 795	104
1975	114.4	73 250	336	1 038		62	1 086	114.2	1 165	40 433	232
1978	94.3	67 215	315	1 900	50	90	1 746	110.0	1 463	43 159	270
1980	98.9	58 330	670	1 988	32	70	1 912	140.2	1 865	44 006	286
1985	90.8	94 670	6 563	3 412	430	341	2 970	106.1	3 615	38 330	318
1986	74.4	65 234	3 086	3 323	354	149	3 571	111.2	4 093	36 654	318
1987	89.8	57 847	2 423	3 458	379	166	4 307	115.8	4 324	35 205	328
1988	155.9	99 750	5 415	4 796	458	361	5 757	108.4	6 324	33 409	328
1989	76.9	55 815	1 038	4 571	511	228	6 680	110.8	6 174	32 616	346
1990	158.0	108 867	7 202	5 917	587	426	6 337	100.0	6 871	30 350	366
1991	80.0	69 198	4 460	6 238	633	345	6 476	102.3	6 872	31 056	406
1992	114.9	90 326	3 703	6 161	912	479	7 516	106.7	12 130	31 735	406
1993	89.7	60 079	2 969	7 057	1 184	371	9 052	110.2	16 501	31 490	370
1994	129.5	93 749	5 034	12 938	1 465	559	10 784	118.2	17 013	32 509	356
1995	55.0	32 840	457	12 005	1 534	344	13 090	108.3	18 597	36 117	356
1996	190.8	110 335	6 255	13 914	1 804	988	14 406	112.7	24 003	36 453	352
1997	80.6	66 201	3 218	15 692	2 150	1 276	16 421	110.0	23 173	37 710	356
1998	122.0	100 075	6 008	16 330	1 163	1 488	8 001	99.1	14 320	38 405	350

广灵县主要社会、经济统计指标

MAJOR SOCIO – ECONOMIC INDICATORS OF GUANGLIN

年份	年末总人口(万人)	#非农业人口	社会从业人员(万人)	职工人数(万人)	职工平均工资(元)	国内生产总值(万元)	国内生产总值指数(上年=100)	全社会固定资产投资(万元)	地方财政收入(万元)	地方财政支出(万元)	农林牧渔业总产值(万元)
1949	9.87	0.22		0.05	117				39		588
1952	9.99	0.26		0.08	214	550			68		725
1957	10.52	0.46		0.14	500	596	108.4		59	92	786
1965	11.57	0.45		0.22	538	768	128.9	28	90	152	908
1970	13.01	0.56		0.35	451	1 990	259.1	157	130	181	1 345
1975	14.00	0.65		0.34	496	1 760	88.4	317	157	322	2 113
1978	14.31	0.70	5.26	0.66	527	2 054	93.2	442	198	410	1 907
1980	14.32	0.82	5.32	0.71	683	2 733	121.7	281	200	539	2 222
1985	14.62	0.97	5.61	0.83	857	5 497	137.6	687	361	1 022	5 277
1986	14.69	1.03	5.65	0.88	1 002	5 649	102.2	529	389	1 292	5 713
1987	14.81	1.06	5.67	0.92	1 045	6 785	120.1	642	430	1 177	5 718
1988	14.88	1.13	5.72	0.96	1 324	8 975	132.1	1 529	548	1 508	7 780
1989	15.00	1.17	5.72	0.99	1 451	7 655	84.8	1 609	507	1 664	6 224
1990	15.38	1.20	5.86	0.98	1 656	9 267	120.8	1 238	595	1 939	8 168
1991	15.47	1.22	5.94	0.98	1 708	9 988	107.3	1 056	607	2 348	7 733
1992	15.58	1.34	6.20	1.08	1 989	12 390	122.3	1 880	724	2 324	9 051
1993	15.67	1.47	6.38	1.15	2 398	13 533	108.6	1 747	119	2 897	9 375
1994	15.76	1.53	6.37	1.18	3 268	19 113	139.8	3 232	1 007	3 462	16 827
1995	15.90	1.60	6.58	1.29	3 555	20 108	105.3	6 838	1 476	4 715	13 950
1996	16.04	1.63	6.80	1.36	3 625	26 768	133.1	6 258	1 812	4 943	18 618
1997	16.21	1.71	7.18	1.23	3 357	29 500	110.6	6 943	1 862	4 827	22 724
1998	16.40	1.80	7.23	1.12	4 032	32 800	111.2	10 280	1 848	4 445	24 481

年份	农林牧渔业总产值指数(上年=100)	粮食产量(吨)	油料产量(吨)	猪牛羊肉产量(吨)	乡镇企业利税总额(万元)	农民人均纯收入(元)	工业总产值(万元)	工业总产值指数(上年=100)	社会消费品零售总额(万元)	在校学生数(人)	医院床位数(张)
1949		24 160	190	16			67		230		
1952	123.3	27 575	355	67			83	119.3	334		
1957	108.4	27 730	655	87		44	66	84.9	398		
1965	115.5	24 350	510	349		35	146	171.8	679		
1970	168.1	40 980	735	158		52	346	236.4	858		
1975	181.5	59 645	310	365		54	594	169.8	1 504	30 359	97
1978	81.0	50 510	525	608	14	53	850	102.4	1 542	33 241	100
1980	81.0	53 980	2 700	682	8	68	991	105.4	2 037	34 252	119
1985	116.0	58 696	10 816	848	759	237	1 993	156.2	4 598	27 823	183
1986	94.0	62 464	9 364	1 103	526	250	1 996	87.0	4 480	27 314	247
1987	87.0	67 229	6 727	853	533	256	2 716	120.6	5 129	25 496	259
1988	110.0	69 024	7 089	1 147	606	284	3 329	69.5	5 773	23 855	299
1989	77.0	46 095	2 425	1 678	632	191	4 113	121.7	6 041	23 198	299
1990	135.0	72 284	5 257	200	636	285	4 544	105.3	5 341	22 464	299
1991	90.0	56 536	4 659	2 122	705	286	4 705	96.6	5 327	22 339	299
1992	125.6	50 875	5 257	1 977	769	366	5 496	116.0	6 854	22 858	301
1993	103.5	51 430	3 636	2 433	1 041	409	8 415	127.2	7 385	22 578	301
1994	159.4	71 711	8 540	2 921	1 247	590	11 324	130.3	8 058	22 517	301
1995	82.9	33 110	1 693	3 106	1 492	600	15 488	126.8	9 005	23 540	301
1996	183.2	80 075	7 119	3 573	1 857	1 182	20 692	133.6	11 800	24 657	297
1997	122.1	65 414	3 231	4 382	2 313	1 560	22 573	109.1	12 973	25 822	299
1998	107.7	84 226	4 098	4 608	1 372	1 854	21 432	111.9	13 018	26 396	301

灵丘县主要社会、经济统计指标

MAJOR SOCIO – ECONOMIC INDICATORS OF LINGQIU

年份	年末总人口（万人）	#非农业人口	社会从业人员（万人）	职工人数（万人）	职工平均工资（元）	国内生产总值（万元）	国内生产总值指数（上年=100）	全社会固定资产投资（万元）	地方财政收入（万元）	地方财政支出（万元）	农林牧渔业总产值（万元）
1949	10.07	0.40	3.68	0.11	274	475					788
1952	10.83	0.44	3.89	0.13	318	523		1			831
1957	11.70	0.50	4.33	0.19	427	647	109.8	1	37	138	996
1965	14.11	0.40	5.57	0.26	538	797	91.1	35	97	199	1 109
1970	16.10	0.54	5.92	0.52	482	1 465	115.5	574	126	227	2 041
1975	18.10	1.02	6.83	0.58	500	2 213	107.2	132	185	382	2 361
1978	18.39	1.14	6.58	0.90	521	3 249	109.3	852	265	589	1 933
1980	18.57	1.31	6.37	0.88	688	3 873	108.8	1 226	254	687	1 525
1985	19.13	1.40	8.75	1.09	846	6 391	107.4	1 174	704	1 362	4 407
1986	19.24	1.41	8.79	1.21	1 001	5 981	97.1	1 095	572	1 486	3 990
1987	19.50	1.52	8.86	1.43	1 080	8 395	108.9	1 822	722	1 431	5 482
1988	19.69	1.60	8.94	1.40	1 253	9 547	110.5	1 592	851	1 897	5 352
1989	19.85	1.62	9.13	1.42	1 373	9 874	104.3	3 589	767	2 068	4 560
1990	20.33	1.68	9.26	1.38	1 633	12 467	106.0	2 581	984	2 347	7 570
1991	20.55	1.71	9.32	1.40	1 733	11 409	101.0	1 775	1 077	2 469	4 511
1992	20.64	1.79	9.39	1.46	1 965	14 073	115.3	1 286	1 107	3 059	6 320
1993	20.79	2.00	9.67	1.44	2 142	16 344	109.6	2 975	1 546	3 373	9 614
1994	20.95	2.04	9.81	1.43	2 874	23 073	127.5	2 435	1 257	3 469	15 359
1995	20.97	2.16	9.95	1.53	3 501	25 096	105.9	5 559	1 521	4 168	12 288
1996	21.15	2.01	10.09	1.43	3 485	27 822	113.8	5 668	1 889	4 462	16 152
1997	21.33	2.31	8.89	1.30	3 880	30 900	111.1	5 047	2 229	4 564	14 097
1998	21.52	2.38	9.17	1.39	4 695	32 026	103.7	3 383	2 314	5 276	20 900

年份	农林牧渔业总产值指数（上年=100）	粮食产量（吨）	油料产量（吨）	猪牛羊肉产量（吨）	乡镇企业利税总额（万元）	农民人均纯收入（元）	工业总产值（万元）	工业总产值指数（上年=100）	社会消费品零售总额（万元）	在校学生数（人）	医院床位数（张）
1949		22 830	200				22		187	8 490	
1952	99.8	29 410	270	160			44	169.4	283	12 143	
1957	103.4	23 850	545	185		23	83	113.6	375	15 238	25
1965	89.6	27 165	410	475		34	162	138.2	576	25 263	30
1970	113.0	39 740	770	575		65	385	119.7	2 307	26 962	135
1975	99.9	51 865	260	760	110	52	1 572	109.8	1 807	36 773	200
1978	96.5	55 015	370	785	116	62	1 548	163.5	1 617	41 516	251
1980	98.6	59 130	845	815	181	65	1 194	82.5	1 935	41 207	311
1985	119.5	72 755	3 195	1 100	963	247	2 343	107.3	3 963	36 682	313
1986	79.4	55 983	2 500	1 019	663	222	2 702	113.7	5 044	36 136	324
1987	106.6	63 248	3 907	1 432	662	239	3 379	111.5	5 814	33 803	324
1988	90.4	54 509	2 346	1 547	715	267	3 950	93.4	6 987	35 575	324
1989	89.9	46 770	958	1 817	878	265	4 354	110.3	6 698	30 697	324
1990	186.6	66 185	3 640	1 937	1 007	298	4 396	159.6	6 519	29 867	324
1991	67.6	30 852	1 818	1 918	1 057	224	4 880	98.6	7 251	29 196	324
1992	128.3	56 032	2 073	1 703	1 340	344	5 396	108.2	8 219	29 438	324
1993	110.1	45 928	3 130	1 907	2 648	397	6 953	115.5	8 923	29 861	324
1994	120.5	76 307	4 273	2 599	3 180	600	8 297	118.2	9 296	31 237	324
1995	72.1	38 161	1 790	3 018	3 757	626	12 713	128.8	10 948	32 441	324
1996	131.4	74 554	5 130	2 955	4 121	1 008	14 486	113.9	12 683	33 000	404
1997	87.3	50 447	2 606	4 735	3 960	1 385	15 093	104.2	15 609	34 974	260
1998	148.3	84 177	5 499	4 790	2 090	1 751	15 907	105.0	17 151	36 836	388

浑源县主要社会、经济统计指标

MAJOR SOCIO－ECONOMIC INDICATORS OF HUNYUAN

年份	年末总人口（万人）	#非农业人口	社会从业人员（万人）	职工人数（万人）	职工平均工资（元）	国内生产总值（万元）	国内生产总值指数（上年＝100）	全社会固定资产投资（万元）	地方财政收入（万元）	地方财政支出（万元）	农林牧渔业总产值（万元）
1949	17.31	1.85	8.10	0.14	226	900					1 034
1952	17.98	2.02	8.50	0.30	244	1 058	107.6	141			788
1957	19.83	2.04	8.50	0.42	387	1 935	113.6	14	163	165	1 513
1965	22.00	2.00	7.80	0.43	540	2 424	81.8	74	250	233	1 800
1970	26.14	1.96	8.50	0.62	508	3 639	109.7	339	486	267	2 008
1975	27.60	2.32	9.70	0.77	527	5 800	101.8	861	773	541	3 903
1978	28.06	2.41	10.31	1.58	495	6 554	108.7	421	703	650	3 939
1980	29.30	2.67	10.04	1.60	681	7 926	107.0	387	744	894	4 771
1985	29.20	3.01	11.96	2.04	864	15 938	94.9	3 120	1 230	1 634	8 239
1986	29.47	3.12	12.17	2.19	1 020	11 710	75.0	2 436	1 260	1 729	6 057
1987	29.97	3.20	12.57	2.29	1 256	16 868	119.2	2 468	1 359	1 892	9 460
1988	30.39	3.37	13.06	2.34	1 231	21 446	105.3	2 028	1 533	2 353	12 356
1989	30.91	3.55	13.12	2.34	1 356	21 408	86.7	1 835	1 515	2 420	10 829
1990	31.50	3.61	13.87	2.42	1 492	22 436	104.8	3 434	1 133	2 926	12 695
1991	31.80	3.69	13.95	2.34	1 566	23 664	105.5	4 053	1 315	3 437	12 320
1992	32.08	3.82	16.82	2.38	1 784	25 663	108.8	3 931	1 290	3 498	13 546
1993	32.33	4.20	13.87	2.28	2 036	29 908	116.5	4 825	2 287	4 375	19 423
1994	32.48	4.12	14.85	2.27	2 643	43 281	111.5	3 270	2 835	5 572	34 591
1995	33.02	4.44	14.42	2.34	3 066	47 992	108.5	5 386	3 915	5 189	38 817
1996	33.23	4.42	14.59	2.37	2 608	55 613	115.0	5 390	4 798	5 622	44 335
1997	33,36	4.44	14.23	2.36	3 570	61 080	107.6	3 182	2 632	6 359	33 370
1998	33.87	4.47	13.49	1.62	4 302	68 757	109.6	3 049	3 051	7 273	43 687

年份	农林牧渔业总产值指数（上年＝100）	粮食产量（吨）	油料产量（吨）	猪牛羊肉产量（吨）	乡镇企业利税总额（万元）	农民人均纯收入（元）	工业总产值（万元）	工业总产值指数（上年＝100）	社会消费品零售总额（万元）	在校学生数（人）	医院床位数（张）
1949		35 212	466				502		562	10 679	
1952	70.3	35 371	521				288	91.2	587	21 474	
1957	114.9	43 085	561			328	713	164.0	843	24 013	40
1965	78.5	46 558	635			275	733	123.5	1 208	41 948	243
1970	109.4	64 403	854			328	1 316	122.5	1 758	46 530	346
1975	91.9	92 090	492			395	3 487	128.3	2 794	60 512	293
1978	91.0	85 339	650	520	906	56	4 029	112.0	2 453	64 421	336
1980	96.0	83 415	1 587	1 085	1 198	62	5 227	101.0	3 100	72 666	506
1985	89.0	97 249	9 620	2 533	1 717	364	7 327	102.0	6 478	59 864	868
1986	74.0	68 388	6 959	1 824	1 189	266	7 418	92.0	7 883	38 815	855
1987	115.0	95 547	8 878	1 724	1 225	335	8 570	117.0	8 461	50 110	907
1988	107.0	101 536	4 450	3 087	1 456	381	10 544	103.0	10 198	50 094	869
1989	87.0	84 761	2 448	3 803	1 392	373	12 774	103.0	10 890	49 376	869
1990	117.0	105 132	6 589	4 129	1 382	391	12 207	96.0	10 592	49 528	869
1991	92.0	85 809	6 196	4 904	1 672	381	11 701	96.0	10 328	50 573	869
1992	115.0	118 659	6 156	4 679	2 006	447	13 933	111.0	11 021	51 219	799
1993	120.0	120 828	5 539	5 206	4 915	564	19 583	127.0	13 087	51 836	664
1994	119.0	129 295	6 124	6 839	6 952	748	23 829	119.0	15 241	52 268	693
1995	75.0	65 272	1 028	8 189	9 275	784	31 752	120.0	17 000	54 094	593
1996	131.0	135 974	3 170	9 092	11 195	1 142	37 909	119.0	19 825	56 934	710
1997	81.4	83 052	2 090	7 908	4 130	1 354	68 436	116.5	23 151	56 367	565
1998	132.1	143 203	6 764	7 785	5 814	1 619	21 017	115.9	25 596	63 153	594

左云县主要社会、经济统计指标

MAJOR SOCIO – ECONOMIC INDICATORS OF ZUOYUN

年份	年末总人口（万人）	#非农业人口	社会从业人员（万人）	职工人数（万人）	职工平均工资（元）	国内生产总值（万元）	国内生产总值指数（上年＝100）	全社会固定资产投资（万元）	地方财政收入（万元）	地方财政支出（万元）	农林牧渔业总产值（万元）
1949	6.01	0.18	3.37	0.14	163	93	104.0		1		32
1952	6.61	0.65	3.96	0.28	180	258	162.0		21		56
1957	6.45	0.62	4.01	0.33	440	475	120.8	39	50	94	74
1965	7.48	0.83	2.91	0.35	444	587	115.7	176	94	143	682
1970	8.67	0.95	4.09	0.45	477	1 041	131.6	350	118	173	621
1975	9.36	0.91	3.46	0.63	526	2 055	112.0	726	128	300	1 178
1978	9.49	0.92	3.20	0.64	527	3 250	128.9	987	224	435	1 557
1980	9.63	1.05	3.42	0.74	649	4 818	121.6	1 345	556	634	2 306
1985	10.21	1.24	4.70	0.89	1 051	16 834	128.4	4 056	2 386	1 718	3 127
1986	10.32	1.29	5.24	1.11	1 235	21 380	115.3	3 028	2 605	1 910	3 396
1987	10.56	1.43	5.53	1.10	1 417	29 161	119.0	4 375	2 888	1 926	4 283
1988	10.80	1.59	5.71	1.35	1 625	33 294	114.6	4 227	3 207	2 275	6 268
1989	10.97	1.69	5.93	1.47	1 791	35 366	125.6	4 531	3 891	2 254	4 635
1990	11.27	1.69	6.16	1.48	2 193	38 658	112.3	2 923	4 326	3 109	7 128
1991	11.33	1.74	6.30	1.72	2 194	41 831	105.7	4 698	4 833	3 588	6 182
1992	11.37	1.87	6.41	1.78	2 471	45 633	107.3	9 347	5 025	3 310	5 693
1993	11.53	2.00	6.49	1.34	2 852	53 529	108.1	11 186	5 122	3 591	7 063
1994	11.65	2.20	6.73	1.74	3 779	71 438	118.5	8 978	4 157	4 501	11 118
1995	11.92	2.49	6.64	1.67	4 088	77 168	110.3	7 224	5 636	5 752	9 483
1996	12.05	2.67	6.52	1.99	4 045	86 837	111.2	9 206	6 440	6 269	17 277
1997	12.24	2.82	6.64	1.80	4 442	97 301	90.4	9 612	7 531	6 804	12 971
1998	12.30	2.90	6.57	1.55	5 569	103 246	94.2	16 147	7 742	8 010	14 356

年份	农林牧渔业总产值指数（上年＝100）	粮食产量（吨）	油料产量（吨）	猪牛羊肉产量（吨）	乡镇企业利税总额（万元）	农民人均纯收入（元）	工业总产值（万元）	工业总产值指数（上年＝100）	社会消费品零售总额（万元）	在校学生数（人）	医院床位数（张）
1949		10 038	236	50			56		88	2 275	
1952	205.0	18 646	611	185			80	85.3	134	9 431	15
1957	106.4	18 763	608	290		18	184	146.8	398	9 255	15
1965	93.2	12 323	564	560		14	193	93.9	589	16 254	54
1970	95.6	24 255	762	450		60	709	139.3	1 039	18 209	54
1975	96.1	33 657	874	530		61	1 376	117.1	1 208	20 698	170
1978	94.3	20 687	1 929	759	471	57	1 534	126.7	1 524	23 417	207
1980	113.8	30 788	4 635	1 292	1 485	171	3 236	149.4	2 412	21 319	272
1985	52.3	25 833	5 099	2 375	5 605	761	12 048	122.8	5 336	19 258	306
1986	101.9	24 214	4 599	2 828	4 815	810	15 259	118.9	4 797	19 171	306
1987	90.9	26 178	3 513	2 570	5 712	922	19 071	105.4	6 310	18 915	306
1988	140.5	49 752	5 570	2 750	7 028	945	21 512	104.8	8 103	17 474	306
1989	71.3	31 000	1 441	2 412	6 353	969	27 414	115.8	8 054	17 226	306
1990	131.3	45 089	3 555	2 711	9 481	1 007	30 522	107.8	8 097	18 172	306
1991	195.4	30 952	3 189	2 698	5 331	908	38 003	103.2	9 781	18 533	380
1992	86.3	25 651	2 710	2 682	8 930	936	44 361	108.1	16 805	19 878	418
1993	124.7	33 372	2 954	2 658	14 550	969	47 549	103.3	14 762	19 915	456
1994	109.1	35 345	4 211	2 767	17 383	1 222	55 318	96.8	27 763	21 901	445
1995	59.1	8 555	853	2 940	18 265	1 386	64 078	108.8	28 381	23 199	380
1996	182.2	38 109	6 995	3 152	23 501	1 892	75 346	108.9	37 549	24 716	495
1997	67.2	24 400	3 650	1 885	23 010	2 238	85 051	110.3	42 103	25 894	495
1998	121.9	31 044	6 523	2 483	21 118	2 478	36 500	108.7	45 356	27 864	495

大同县主要社会、经济统计指标

MAJOR SOCIO－ECONOMIC INDICATORS OF DATONG

年份	年末总人口（万人）	#非农业人口	社会从业人员（万人）	职工人数（万人）	职工平均工资（元）	国内生产总值（万元）	国内生产总值指数（上年＝100）	全社会固定资产投资（万元）	地方财政收入（万元）	地方财政支出（万元）	农林牧渔业总产值（万元）
1949	9.22	0.01	3.50	0.06	140						823
1952	9.78	0.04	3.80	0.11	231	463	101.1				1 092
1957	10.41	0.10	4.29	0.19	461	481	100.4	16	104	94	1 035
1965	11.75	0.19	4.03	0.28	477	597	88.6	26	93	160	948
1970	13.59	0.22	4.92	0.33	454	1 210	100.8	68	169	194	1 177
1975	14.99	0.55	5.38	0.64	388	2 741	105.8	419	237	331	2 189
1978	15.24	0.58	5.85	0.82	543	3 273	103.3	589	268	458	1 998
1980	15.43	0.71	5.89	0.85	684	4 096	97.2	543	289	479	2 262
1985	15.37	0.93	6.31	1.17	917	9 830	110.4	3 481	703	964	5 016
1986	15.22	0.95	6.43	1.31	1 015	8 908	108.1	1 781	704	1 218	3 598
1987	15.15	0.98	6.50	1.33	1 121	14 202	165.4	2 803	779	1 179	6 062
1988	15.05	1.14	6.61	1.40	1 165	18 116	115.3	1 420	896	1 569	7 649
1989	15.14	1.20	6.54	1.28	1 319	19 503	94.7	2 355	1 115	1 972	7 186
1990	15.28	1.27	6.67	1.31	1 646	15 500	83.2	5 422	1 401	2 550	10 043
1991	15.37	1.35	6.60	1.24	1 921	15 267	96.5	3 867	1 369	2 984	8 902
1992	15.59	1.67	6.92	1.46	1 956	17 683	105.1	1 336	1 352	2 614	10 793
1993	15.69	1.72	6.87	1.53	2 598	25 239	142.0	347	2 105	3 747	13 229
1994	16.03	1.75	6.76	1.34	3 608	35 169	121.7	959	2 185	4 913	22 362
1995	15.91	2.14	6.68	1.33	3 830	37 500	108.1	649	3 218	5 339	18 968
1996	15.90	2.30	6.69	1.41	4 168	46 058	120.1	784	3 738	6 590	30 801
1997	15.92	2.42	6.69	1.48	4 475	52 250	116.4	6 300	4 185	6 739	23 989
1998	15.94	2.59	6.71	1.39	5 373	58 125	112.3	4 960	4 419	6 671	33 883

年份	农林牧渔业总产值指数（上年＝100）	粮食产量（吨）	油料产量（吨）	猪牛羊肉产量（吨）	乡镇企业利税总额（万元）	农民人均纯收入（元）	工业总产值（万元）	工业总产值指数（上年＝100）	社会消费品零售总额（万元）	在校学生数（人）	医院床位数（张）
1949	105.2	29 120	140	64					93	9 920	
1952	111.4	32 325	145	72					176	20 675	
1957	102.9	31 980	315	650		55	7	105.2	436	14 489	25
1965	89.3	27 770	445	769		42	9	79.3	513	29 805	60
1970	86.1	43 995	655	637	15	57	435	93.5	953	24 741	155
1975	101.1	70 555	260	715	79	72	1 094	108.8	1 153	33 149	95
1978	83.6	62 125	360	778	58	70	1 689	115.1	1 591	38 009	706
1980	96.8	61 550	1 181	619	383	78	1 727	93.8	1 656	36 423	200
1985	80.3	70 578	7 062	981	1 194	384	4 597	108.5	3 675	30 150	224
1986	63.0	38 368	2 871	1 144	703	180	4 858	105.7	4 179	31 003	235
1987	130.5	64 287	4 098	1 121	654	333	5 099	104.9	5 384	30 639	235
1988	122.9	85 337	3 020	1 086	674	432	5 573	109.3	8 224	29 622	247
1989	80.0	63 216	326	1 756	837	435	6 130	109.9	7 765	27 595	247
1990	136.8	90 569	3 658	2 193	737	467	8 216	100.1	7 528	26 772	247
1991	82.9	63 600	2 811	2 214	779	463	7 702	98.0	8 161	27 100	247
1992	119.3	85 076	2 064	2 009	1 609	695	9 405	119.0	11 374	27 103	284
1993	98.8	76 268	1 874	2 667	2 737	803	15 881	148.3	13 156	26 433	264
1994	118.5	93 475	2 512	4 132	4 753	1 171	17 969	111.9	14 293	27 050	282
1995	87.5	64 344	360	5 373	4 704	1 304	22 784	119.1	17 851	27 593	278
1996	169.1	98 002	3 788	6 810	1 541	1 720	26 136	115.3	23 475	27 773	275
1997	79.1	71 935	1 716	4 706	1 761	2 116	33 283	125.1	28 175	28 371	267
1998	143.2	100 282	3 524	5 239	2 212	2 466	19 582	109.2	29 105	28 527	275

阳泉市城区主要社会、经济统计指标

MAJOR SOCIO – ECONOMIC INDICATORS IN CHENGQU OF YANGQUAN

年份	年末总人口（万人）	#非农业人口	社会从业人员（万人）	职工人数（万人）	职工平均工资（元）	全社会固定资产投资（万元）
1949						
1952						
1957						
1965						
1970	12.60	8.46	0.16	0.16	446	
1975	15.14	8.97	0.27	0.27	511	
1978	14.96	10.61	0.27	0.27	455	
1980	15.88	11.75	0.27	0.27	599	
1985	12.03	12.03	0.36	0.36	886	31
1986	12.33	12.33	0.38	0.38	1 028	139
1987	12.51	12.51	0.40	0.40	1 137	191
1988	12.66	12.66	0.43	0.43	1 307	293
1989	13.07	13.07	0.80	0.51	1 518	307
1990	13.42	13.42	0.93	0.63	1 712	461
1991	13.62	13.62	1.09	0.71	1 671	444
1992	13.87	13.87	1.12	0.74	1 886	626
1993	14.27	14.27	1.26	0.81	2 022	581
1994	14.81	14.81	1.39	0.79	2 782	669
1995	15.31	15.31	1.44	0.74	3 100	309
1996	15.88	15.88	1.50	0.64	3 784	1 184
1997	16.45	16.45	1.17	0.57	4 217	244
1998	16.94	16.94	1.17	0.54	4 537	1 357

年份	地方财政收入（万元）	地方财政支出（万元）	工业总产值（万元）	工业总产值指数（上年＝100）	社会消费品零售总额（万元）	在校学生数（人）
1949						
1952						
1957						
1965						
1970			159			
1975			605	114.0		
1978			536	71.3		
1980			469	88.7		
1985	910	307	1 021	116.5	791	11 811
1986	1 032	515	1 211	118.8	1 109	11 756
1987	1 135	544	1 455	119.7	1 090	12 119
1988	1 145	678	2 059	125.0	1 319	12 475
1989	1 867	1 128	2 646	118.3	1 587	19 175
1990	2 206	1 338	3 247	124.3	5 200	19 205
1991	2 373	1 591	3 675	117.3	6 472	19 273
1992	2 634	1 766	4 444	120.3	7 798	19 393
1993	3 112	2 117	6 085	127.1	9 157	18 865
1994	3 446	2 421	8 855	139.4	11 317	19 580
1995	4 383	2 774	12 721	141.7	17 690	18 763
1996	3 608	3 466	12 982	115.2	22 175	18 795
1997	3 920	3 468	14 794	131.3	24 899	19 455
1998	4 304	4 094	15 904	110.8	28 026	19 384

阳泉市矿区主要社会、经济统计指标

MAJOR SOCIO – ECONOMIC INDICATORS IN KUANGQU OF YANGQUAN

年份	年末总人口（万人）	#非农业人口	社会从业人员（万人）	职工人数（万人）	职工平均工资（元）	全社会固定资产投资（万元）
1949						
1952						
1957						
1965						
1970						
1975						
1978	10.24	10.05				
1980	10.84	10.84		0.17	413	
1985	12.83	12.80		0.23	692	105
1986	16.04	16.01		0.22	941	127
1987	16.38	16.35	0.64	0.22	968	146
1988	17.22	17.19	0.67	0.25	1 024	64
1989	17.32	17.19	0.64	0.27	1 124	65
1990	17.76	17.73	0.68	0.28	1 333	78
1991	17.79	17.77	0.72	0.28	1 495	232
1992	18.22	18.20	0.86	0.29	1 757	358
1993	18.50	18.48	0.97	0.29	1 991	684
1994	18.86	18.86	1.11	0.29	2 732	575
1995	19.25	19.25	1.15	0.27	3 597	802
1996	19.56	19.56	0.64	0.25	4 449	435
1997	20.24	20.24	4.20	3.50	4 427	1 373
1998	20.60	20.60	3.60	3.20	3 174	2 713

年份	地方财政收入（万元）	地方财政支出（万元）	工业总产值（万元）	工业总产值指数（上年=100）	社会消费品零售总额（万元）	在校学生数（人）	医院床位数（张）
1949							
1952							
1957							
1965							
1970							
1975							
1978						309	829
1980			257			402	959
1985	335	218	609	135.1	1 540	795	1 131
1986	431	374	802	131.7	1 640	905	1 151
1987	427	389	883	110.2	1 936	1 020	1 212
1988	497	404	1 022	115.7	2 766	1 020	1 240
1989	735	512	1 205	117.9	3 190	1 055	1 265
1990	913	803	1 334	110.7	6 772	22 496	1 264
1991	1 029	1 050	1 529	114.6	7 647	32 532	1 283
1992	1 171	1 141	1 691	110.6	9 313	34 917	1 153
1993	1 705	1 365	2 002	118.4	10 877	33 675	1 387
1994	1 375	1 555	2 089	104.4	13 374	32 155	1 398
1995	1 343	1 950	2 319	120.9	17 023	31 226	1 383
1996	2 006	2 594	2 408	126.8	20 481	30 788	1 383
1997	2 291	2 613	6 298	112.0	23 519	30 512	1 415
1998	2 227	3 184	5 889	88.8	26 565	29 534	1 398

阳泉市郊区主要社会、经济统计指标

MAJOR SOCIO – ECONOMIC INDI CATORS IN JIAOQU OF YANGQUAN

年份	年末总人口（万人）	#非农业人口	社会从业人员（万人）	职工人数（万人）	职工平均工资（元）	国内生产总值（万元）	国内生产总值指数（上年=100）	全社会固定资产投资（万元）	地方财政收入（万元）	地方财政支出（万元）	农林牧渔业总产值（万元）
1949	8.77										
1952	9.64										
1957	13.09										
1965	16.45										
1970	19.30										
1975	21.78	2.80									
1978	21.80	3.20	6.10	0.32	567	5 195					2 117
1980	22.02	3.58	6.38	0.55	629	5 753	100.5				1 935
1985	23.03	4.69	7.91	0.77	1 092	15 606	116.7	7 055	2 648	1 402	2 980
1986	23.26	4.37	8.36	0.92	1 149	18 113	115.2	8 748	3 197	1 637	3 160
1987	23.55	4.57	8.52	0.97	1 168	20 230	103.8	7 959	3 432	1 441	2 537
1988	23.67	4.64	8.55	0.99	1 417	24 269	110.3	7 858	3 473	1 678	4 600
1989	23.99	4.96	8.89	1.04	1 603	32 342	115.3	8 606	3 945	2 069	5 725
1990	24.27	5.08	9.47	1.22	1 716	38 088	115.9	11 852	4 721	2 807	6 350
1991	24.39	5.01	9.72	1.24	1 810	44 094	110.9	9 161	5 005	2 729	4 759
1992	24.30	5.01	9.94	1.27	2 097	55 894	121.2	13 038	5 327	2 909	5 210
1993	23.33	5.06	10.10	1.26	2 432	70 011	121.9	20 103	6 855	3 786	6 888
1994	23.42	5.25	10.20	1.29	3 636	85 989	119.8	18 811	4 351	4 437	9 682
1995	23.24	5.33	10.41	1.29	3 842	99 521	115.4	20 364	6 207	6 191	15 459
1996	23.22	5.65	10.45	1.26	4 564	112 133	112.4	30 302	7 250	7 569	17 648
1997	23.10	5.74	10.30	1.28	4 253	124 468	109.0	20 396	7 828	8 063	11 023
1998	23.00	5.73	9.56	1.03	3 797	132 011	106.0	9 511	7 006	7 753	11 362

年份	农林牧渔业总产值指数（上年=100）	粮食产量（吨）	油料产量（吨）	猪牛羊肉产量（吨）	乡镇企业利税总额（万元）	农民人均纯收入（元）	工业总产值（万元）	工业总产值指数（上年=100）	社会消费品零售总额（万元）	在校学生数（人）	医院床位数（张）
1949		16 375	141							4 878	
1952		19 400	135							6 729	2
1957		18 760	157							10 625	7
1965		29 325	21			87				24 463	31
1970		41 445	175			106				31 915	86
1975		43 425	275			119				39 473	154
1978		38 705	240		2 571	146	1 165		2 526	46 883	202
1980	70.9	38 835	431		4 426	198	1 028	96.3	3 197	52 079	207
1985	90.4	38 525	486	1 245	9 575	633	3 743	112.5	5 681	40 799	912
1986	98.7	40 045	204	1 102	9 570	652	4 325	113.4	6 114	40 415	937
1987	67.7	16 992	138	1 167	13 732	673	5 482	121.8	7 234	42 772	893
1988	155.6	41 640	313	899	12 453	733	6 436	103.7	8 589	40 217	972
1989	93.2	41 054	233	689	10 370	744	8 311	114.2	8 119	40 195	987
1990	109.5	42 849	283	767	9 424	790	9 143	112.2	9 226	39 809	1 047
1991	76.5	21 726	137	780	8 590	854	11 799	122.3	9 740	40 596	1 232
1992	100.2	19 264	83	768	9 180	1 020	12 405	115.0	10 036	41 234	1 371
1993	139.3	40 872	143	808	15 889	1 183	17 543	120.9	13 538	43 092	1 314
1994	104.6	36 406	123	1 051	22 693	1 564	31 830	132.1	19 281	44 166	1 408
1995	123.8	36 336	100	1 506	32 882	1 903	35 065	105.8	22 810	50 201	1 208
1996	112.2	38 762	100	2 456	33 917	2 316	40 833	118.1	29 541	41 455	1 190
1997	77.8	21 635	28	976	46 712	2 719	43 165	108.6	33 029	51 603	1 150
1998	101.0	18 203	42	1 251	36 026	2 803	56 531	115.7	35 426	47 340	785

平定县主要社会、经济统计指标

MAJOR SOCIO－ECONOMIC INDICATORS OF PINDIN

年份	年末总人口（万人）	#非农业人口	社会从业人员（万人）	职工人数（万人）	职工平均工资（元）	国内生产总值（万元）	国内生产总值指数（上年＝100）	全社会固定资产投资（万元）	地方财政收入（万元）	地方财政支出（万元）	农林牧渔业总产值（万元）
1949	20.98	1.77	7.59	0.33	237	510	107.4	11	60	9	652
1952	21.47	1.77	8.23	0.42	313	635	111.2	23	184	24	868
1957	22.00	1.82	8.38	0.71	508	1 109	103.2	102	188	191	954
1965	24.53	1.59	8.23	0.72	555	2 317	109.2	202	406	219	2 252
1970	27.14	1.59	9.88	0.91	547	3 678	105.0	196	584	289	3 732
1975	29.63	1.79	11.35	1.05	613	6 124	113.0	204	1 152	466	4 995
1978	30.01	1.88	11.07	1.33	599	8 896	109.0	2 033	1 152	707	3 639
1980	30.17	2.04	11.29	1.81	803	10 300	122.0	3 552	1 214	690	3 380
1985	31.08	2.49	12.03	1.93	975	19 865	105.5	6 106	3 182	1 952	6 924
1986	31.01	2.65	12.31	2.16	1 140	22 399	108.7	6 212	3 197	1 984	5 022
1987	31.26	2.79	12.73	2.26	1 136	24 352	108.4	4 993	3 330	1 739	4 013
1988	31.47	2.94	13.27	2.42	1 394	36 052	101.9	7 022	3 724	2 221	9 367
1989	31.75	3.09	13.38	2.48	1 621	40 460	107.1	9 963	4 543	3 075	13 063
1990	31.93	3.18	13.45	2.53	1 742	47 588	117.6	9 940	4 870	3 153	13 168
1991	32.02	3.20	13.88	2.62	1 921	49 568	104.0	10 377	5 208	3 037	8 703
1992	32.03	3.57	13.71	2.70	2 122	53 990	108.5	10 428	5 293	3 440	8 485
1993	32.00	3.84	13.54	2.76	2 410	71 356	128.1	19 852	6 288	4 295	15 016
1994	32.01	4.08	13.70	2.89	3 057	91 123	128.5	17 672	4 951	5 384	17 651
1995	31.88	4.15	13.90	2.94	3 602	102 332	108.2	21 848	6 342	6 746	22 274
1996	31.83	4.36	13.99	3.01	3 870	114 070	111.0	22 810	7 262	8 235	25 657
1997	31.86	4.49	14.00	2.97	3 931	127 061	110.1	25 787	7 875	9 000	16 886
1998	31.77	4.58	13.70	2.97	3 206	139 810	108.4	26 258	8 367	9 732	17 010

年份	农林牧渔业总产值指数（上年＝100）	粮食产量（吨）	油料产量（吨）	猪牛羊肉产量（吨）	乡镇企业利税总额（万元）	农民人均纯收入（元）	工业总产值（万元）	工业总产值指数（上年＝100）	社会消费品零售总额（万元）	在校学生数（人）	医院床位数（张）
1949	100.0	42 910	100	19		28	31	112.2	382	14 700	6
1952	105.8	44 610	165	53		30	88	157.3	757	28 061	18
1957	92.1	41 380	195	130		35	1 020	139.6	1 625	32 620	32
1965	92.9	55 015	300	609		65	1 397	130.0	1 349	44 522	75
1970	118.9	81 665	625	397		85	1 755	119.5	1 894	45 500	177
1975	114.2	97 180	1 010	499		88	3 142	105.3	1 728	60 889	276
1978	110.0	92 745	260	1 881	809	104	6 636	104.0	2 817	67 000	329
1980	64.1	85 315	1 420	1 862	1 061	137	6 156	116.1	3 675	65 380	431
1985	112.8	105 735	5 680	2 442	4 136	594	10 385	100.3	9 580	57 245	473
1986	70.2	62 360	2 380	2 691	4 143	604	13 142	121.4	10 298	54 657	543
1987	78.0	43 545	1 370	3 079	3 151	595	14 276	110.5	11 103	51 672	613
1988	180.7	121 490	3 345	3 016	3 540	635	17 571	109.0	12 641	45 696	535
1989	96.2	119 649	3 178	2 447	4 367	658	23 117	111.8	15 242	46 305	519
1990	109.5	120 771	3 083	3 841	3 054	680	26 501	119.5	17 282	47 145	516
1991	65.8	59 659	1 511	3 935	3 773	680	27 886	104.4	18 868	45 516	516
1992	91.3	45 343	1 089	3 724	4 521	761	33 027	115.7	20 397	45 139	516
1993	163.6	110 506	2 444	3 080	6 768	881	40 830	113.2	25 224	45 854	528
1994	84.6	73 536	1 295	4 133	12 753	1 164	50 284	120.8	28 993	45 799	528
1995	100.7	72 969	1 406	3 931	16 592	1 609	65 757	118.2	36 928	45 658	551
1996	115.1	89 394	1 432	4 241	24 662	2 046	77 784	118.9	46 291	45 757	551
1997	73.5	50 621	660	3 582	30 930	2 470	88 784	110.2	50 022	47 008	551
1998	100.8	45 827	752	4 288	14 532	2 701	79 810	111.2	55 936	47 769	551

盂县主要社会、经济统计指标

MAJOR SOCIO－ECONOMIC INDICATORS OF YUXIAN

年份	年末总人口（万人）	#非农业人口	社会从业人员（万人）	职工人数（万人）	职工平均工资（元）	国内生产总值（万元）	国内生产总值指数（上年＝100）	全社会固定资产投资（万元）	地方财政收入（万元）	地方财政支出（万元）	农林牧渔业总产值（万元）
1949	17.22	0.86	10.30	0.27	289	210	100.0	20	50	5	227
1952	18.21	1.02	9.80	0.34	301	549	107.5	31	122	35	358
1957	18.18	0.80	10.70	0.58	520	840	108.8	52	156	161	785
1965	19.90	0.67	10.20	0.47	536	1 437	102.6	163	188	178	1 344
1970	22.27	0.73	11.50	0.66	458	2 785	108.7	66	396	215	1 837
1975	24.30	1.09	10.70	0.82	585	4 729	107.6	234	663	449	3 621
1978	24.52	1.27	9.38	1.03	590	6 234	110.3	2 491	786	503	3 182
1980	24.75	1.52	9.81	1.22	737	8 516	114.7	1 697	762	677	3 564
1985	25.88	2.77	11.72	1.93	1 051	18 787	114.2	4 661	2 781	1 883	5 959
1986	25.77	2.15	11.89	2.07	1 182	25 547	111.7	4 142	3 100	2 268	5 290
1987	26.12	2.23	12.33	2.18	1 235	26 864	102.9	5 914	3 264	1 954	5 663
1988	26.43	2.37	12.60	2.37	1 502	30 571	107.9	6 997	3 310	2 227	7 921
1989	26.91	2.45	12.13	2.54	1 688	36 726	114.3	8 417	4 010	2 664	10 961
1990	27.40	2.62	12.64	2.75	1 680	39 361	104.8	6 473	4 388	2 817	10 393
1991	27.80	2.69	13.04	2.82	1 942	43 582	106.1	7 254	4 696	3 013	7 851
1992	28.02	2.75	13.51	2.97	2 197	48 589	109.1	10 093	4 552	3 244	10 840
1993	28.31	3.27	13.75	3.23	2 622	59 041	118.5	35 662	5 488	4 144	14 340
1994	28.51	3.51	14.51	3.37	3 437	80 250	120.7	19 167	4 153	4 948	21 164
1995	28.74	3.64	14.79	3.30	3 877	98 017	113.9	14 608	5 659	5 891	21 008
1996	28.93	4.00	14.80	3.32	4 352	115 400	112.9	17 734	6 842	7 433	22 383
1997	29.12	4.26	15.20	3.23	4 550	123 112	108.2	26 232	7 545	8 678	17 846
1998	29.14	4.35	15.40	2.87	4 763	136 922	108.4	17 121	7 675	9 125	22 151

年份	农林牧渔业总产值指数（上年＝100）	粮食产量（吨）	油料产量（吨）	猪牛羊肉产量（吨）	乡镇企业利税总额（万元）	农民人均纯收入（元）	工业总产值（万元）	工业总产值指数（上年＝100）	社会消费品零售总额（万元）	在校学生数（人）	医院床位数（张）
1949	100.0	30 740	355	105			183	100.0	285	15 961	5
1952	118.5	47 145	445	55			327	118.0	474	23 849	28
1957	101.9	40 340	820	135		33	888	194.7	849	23 787	28
1965	97.3	60 035	530	790		47	775	133.9	942	33 900	139
1970	111.3	69 610	935	705		73	2 050	120.8	1 389	40 839	180
1975	109.1	104 000	1 335	1 370		78	3 976	118.0	2 190	51 718	324
1978	101.0	93 420	545	2 180		94	5 980	108.7	2 317	55 036	346
1980	81.0	95 680	1 570	1 930		128	7 822	109.8	3 074	51 622	270
1985	109.0	89 729	5 240	2 832	3 370	531	17 500	112.0	7 124	44 762	422
1986	88.9	79 401	3 697	2 950	3 320	550	19 384	108.5	8 035	42 389	482
1987	97.6	77 405	3 954	3 132	3 130	560	21 036	103.9	8 833	41 042	549
1988	104.0	83 763	3 509	3 208	3 271	577	25 411	109.5	11 377	39 732	571
1989	96.6	89 337	3 264	2 324	5 225	595	36 805	110.5	12 098	37 992	704
1990	108.2	93 972	4 091	3 521	4 622	605	38 556	111.2	12 334	37 643	699
1991	80.3	56 072	3 603	3 270	5 922	610	39 015	109.4	15 168	36 414	796
1992	120.4	86 150	2 418	2 979	8 057	704	44 079	117.4	16 689	35 914	796
1993	122.3	101 242	2 694	3 011	8 316	823	66 907	124.4	21 090	36 561	666
1994	108.9	111 646	3 823	3 378	15 312	1 042	78 733	121.7	26 703	39 232	722
1995	89.6	69 050	1 114	3 496	10 411	1 404	97 361	111.7	31 007	41 424	789
1996	106.5	75 670	1 904	3 744	25 458	1 810	122 697	124.5	37 120	45 051	799
1997	95.9	71 692	1 288	4 403	31 784	2 269	144 232	120.5	44 508	47 262	742
1998	124.5	122 539	2 082	4 432	34 962	2 509	147 352	107.2	50 052	49 772	658

潞城市主要社会、经济统计指标

MAJOR SOCIO - ECONOMIC INDICATORS OF LUCHENG

年份	年末总人口（万人）	#非农业人口	社会从业人员（万人）	职工人数（万人）	职工平均工资（元）	国内生产总值（万元）	国内生产总值指数（上年=100）	全社会固定资产投资（万元）	地方财政收入（万元）	地方财政支出（万元）	农林牧渔业总产值（万元）
1949	8.48	0.29	4.08	0.15	150	302		140	36	6	1 034
1952	9.23	0.31	4.17	0.17	266	497	104.3	134	52	18	1 126
1957	10.09	0.36	4.38	0.21	499	576	95.8	146	97	130	1 231
1965	11.90	0.51	4.55	0.27	541	1 047	115.7	180	126	125	1 443
1970	13.53	0.67	5.90	0.37	522	1 547	102.9	421	194	212	1 596
1975	15.70	0.64	5.57	0.50	531	2 545	109.0	270	234	329	2 522
1978	16.04	1.39	6.21	0.93	488	3 376	103.8	1 045	265	397	2 110
1980	16.26	1.54	6.27	0.97	672	4 142	103.6	908	254	527	3 260
1985	17.21	2.09	7.31	1.64	927	10 500	112.3	57 411	659	1 128	4 329
1986	17.38	2.25	7.38	1.82	1 169	10 973	104.5	44 713	773	1 105	3 136
1987	17.54	2.29	7.75	1.97	1 309	12 162	110.8	14 911	962	1 257	3 813
1988	17.78	2.43	7.87	2.00	1 442	15 063	109.7	3 285	1 154	1 470	4 928
1989	18.00	2.50	7.96	2.03	1 611	19 128	122.1	4 497	1 646	2 084	7 496
1990	18.36	2.59	7.99	1.97	1 829	22 908	119.8	2 540	1 729	2 220	8 404
1991	18.57	2.65	8.05	1.94	2 103	31 110	120.8	3 995	2 137	2 459	7 151
1992	18.73	2.69	8.19	2.01	2 348	37 580	120.8	8 041	2 114	2 542	6 797
1993	18.96	2.86	8.50	1.95	2 912	45 900	118.4	23 584	3 160	3 488	10 776
1994	19.21	3.05	8.58	2.22	3 828	61 940	119.9	40 718	3 241	4 415	14 248
1995	19.44	3.18	9.50	2.25	4 922	91 000	121.8	29 283	5 256	6 284	20 968
1996	19.71	3.33	9.55	2.31	5 872	140 100	120.0	16 553	6 901	8 210	26 191
1997	19.96	3.34	9.55	2.28	6 396	148 947	111.0	23 089	8 066	10 276	19 363
1998	20.20	3.55	9.64	1.94	7 474	155 200	112.1	25 340	8 557	9 684	24 692

年份	农林牧渔业总产值指数（上年=100）	粮食产量（吨）	油料产量（吨）	猪牛羊肉产量（吨）	乡镇企业利税总额（万元）	农民人均纯收入（元）	工业总产值（万元）	工业总产值指数（上年=100）	社会消费品零售总额（万元）	在校学生数（人）	医院床位数（张）
1949		30 860	425	102		21	56		92	8 123	15
1952	102.1	32 925	445	124		37	51	95.3	199	10 492	25
1957	93.0	31 505	400	309		41	74	125.7	397	16 687	30
1965	100.9	34 600	255	418	20	49	361	319.4	636	20 449	85
1970	88.4	40 990	255	531	40	65	740	127.6	834	22 732	90
1975	110.1	60 550	560	843	63	67	1 379	111.5	1 405	30 892	90
1978	77.2	40 185	375	745	86	63	1 827	101.5	1 829	35 755	80
1980	97.9	53 905	515	796	94	78	1 701	89.4	2 115	35 789	80
1985	105.1	65 280	500	990	1 139	330	2 968	109.7	4 734	34 994	150
1986	75.3	34 610	327	1 144	838	293	3 616	106.6	5 482	34 599	150
1987	147.7	47 743	471	1 095	819	327	3 825	114.3	6 099	34 569	150
1988	76.9	53 180	481	1 081	1 300	376	4 124	120.7	7 112	33 668	200
1989	142.6	88 867	550	1 123	1 862	470	7 968	110.6	7 612	31 135	200
1990	112.4	99 662	722	1 346	2 190	523	9 427	108.1	6 923	32 762	200
1991	82.8	76 684	414	1 588	2 489	531	36 675	375.5	7 567	32 294	200
1992	87.4	65 271	281	1 664	2 974	640	45 476	120.6	9 513	31 362	145
1993	131.8	99 543	554	1 801	7 199	742	49 673	108.7	10 387	29 547	245
1994	102.7	96 256	435	2 181	11 305	914	71 559	121.3	11 591	29 505	300
1995	121.5	111 518	589	2 838	20 550	1 512	91 020	117.9	14 498	29 937	300
1996	115.4	128 800	636	3 687	22 225	2 036	119 545	120.3	16 060	29 899	300
1997	71.7	94 058	588	2 033	31 624	2 401	137 115	115.8	18 335	31 853	300
1998	124.5	124 743	741	2 190	41 091	2 580	130 359	109.0	19 109	31 342	340

长治市城区主要社会、经济统计指标

MAJOR SOCIO – ECONOMIC INDICATORS IN CHENGQU OF CHANGZHI

年份	年末总人口（万人）	#非农业人口	社会从业人员（万人）	职工人数（万人）	职工平均工资（元）	国内生产总值（万元）	国内生产总值指数（上年=100）	全社会固定资产投资（万元）	地方财政收入（万元）	地方财政支出（万元）	农林牧渔业总产值（万元）
1949											
1952											
1957											
1965											
1970											
1975											
1978	21.79	16.99	2.40	0.46	543	1 664	109.6	204	235	82	1 406
1980	23.89	19.15	2.50	0.50	615	1 869	103.5	117	177	119	1 267
1985	24.64	19.40	3.31	0.88	754	4 433	108.0	965	556	598	1 409
1986	25.09	20.09	3.32	0.86	930	5 152	113.1	1 024	658	817	1 308
1987	25.50	20.49	3.52	0.91	1 025	6 407	107.4	702	769	816	1 363
1988	26.15	21.09	3.61	0.91	1 318	8 559	112.5	1 617	882	929	2 558
1989	26.85	21.56	3.52	0.92	1 368	9 261	105.5	1 214	1 065	1 138	2 637
1990	27.40	22.15	3.52	0.89	1 647	10 726	106.1	1 405	1 205	1 274	2 896
1991	27.74	22.43	3.47	0.88	1 526	10 643	105.1	1 019	1 377	1 499	2 856
1992	28.13	22.73	3.55	0.88	1 910	12 226	118.0	1 360	1 557	1 673	2 612
1993	28.83	23.42	3.46	0.76	2 472	23 616	128.5	3 870	2 094	2 197	2 973
1994	29.41	24.31	3.69	0.88	3 109	34 809	129.4	2 538	1 518	2 641	4 381
1995	29.94	24.84	3.82	0.85	3 899	45 500	130.5	3 259	2 602	3 407	4 864
1996	30.89	25.76	4.04	0.90	3 590	57 648	126.0	5 826	3 246	4 025	5 027
1997	31.38	26.27	4.12	0.92	4 145	39 678	69.7	9 108	3 561	4 624	5 212
1998	32.18	27.23	5.11	0.92	3 949	43 700	110.1	9 291	4 115	5 069	5 198

年份	农林牧渔业总产值指数（上年=100）	粮食产量（吨）	猪牛羊肉产量（吨）	乡镇企业利税总额（万元）	农民人均纯收入（元）	工业总产值（万元）	工业总产值指数（上年=100）	社会消费品零售总额（万元）	在校学生数（人）	医院床位数（张）
1949										
1952										
1957										
1965										
1970										
1975										
1978	90.9	6 102	350	430	159	1 501	112.5	48	11 116	170
1980	93.0	6 441	380	440	177	1 308	113.7	79	12 242	200
1985	97.2	6 459	322	809	661	2 414	123.6	4 093	19 597	230
1986	98.0	4 576	108	850	672	2 720	106.8	3 286	33 987	230
1987	103.7	5 069	171	1 376	706	3 097	108.2	7 460	32 138	230
1988	109.0	5 082	126	1 145	790	4 160	126.8	11 835	31 434	230
1989	110.9	6 035	254	1 693	863	4 101	95.8	12 257	31 567	230
1990	106.9	6 382	284	2 710	875	4 491	110.5	14 054	31 921	230
1991	91.9	5 774	352	3 743	950	4 444	103.3	13 280	31 967	230
1992	92.2	5 746	396	4 617	1 012	4 753	108.5	14 825	31 800	245
1993	109.4	6 352	370	7 502	1 331	5 734	101.3	17 147	30 607	270
1994	100.2	6 401	258	13 076	1 619	7 471	129.7	30 628	29 876	335
1995	112.9	6 036	341	16 029	1 962	8 904	127.5	47 429	28 975	406
1996	106.2	4 998	269	21 662	2 572	12 456	144.4	69 432	30 131	446
1997	103.7	3 910	176	6 417	3 003	12 304	93.2	72 575	26 657	600
1998	98.8	4 105	180	6 734	3 376	8 911	118.0	86 224	37 731	580

长治市郊区主要社会、经济统计指标

MAJOR SOCIO – ECONOMIC INDICATORS IN JIAOQU OF CHANGZHI

年份	年末总人口（万人）	#非农业人口	社会从业人员（万人）	职工人数（万人）	职工平均工资（元）	国内生产总值（万元）	国内生产总值指数（上年=100）	全社会固定资产投资（万元）	地方财政收入（万元）	地方财政支出（万元）	农林牧渔业总产值（万元）
1949											
1952											
1957											
1965											
1970											
1975											
1978	15.85	2.64	6.05	0.18	503	1 990	117.6	370	240	418	3 598
1980	16.24	3.13	6.33	0.18	520	3 191	120.8	654	228	382	4 193
1985	21.70	7.91	5.04	0.46	589	9 448	110.0	1 948	526	642	5 071
1986	22.28	8.42	5.32	0.54	994	8 703	86.0	2 716	582	776	3 992
1987	23.02	8.79	5.59	0.63	1 014	8 975	99.2	3 035	707	916	4 321
1988	23.48	9.08	5.78	0.69	1 158	11 169	114.4	3 759	763	1 318	4 657
1989	24.07	9.34	6.03	0.71	1 372	13 885	115.3	4 107	1 587	1 645	5 495
1990	24.54	9.57	6.12	0.73	1 493	15 793	108.3	4 637	1 135	1 975	6 210
1991	24.76	9.66	6.20	0.77	1 752	18 404	109.4	5 647	1 389	1 918	6 146
1992	25.01	9.80	6.31	0.79	1 826	21 223	105.3	6 347	1 501	2 080	6 568
1993	25.45	10.20	7.49	0.78	2 310	45 189	140.1	7 631	2 206	2 552	8 298
1994	25.75	10.42	7.69	0.73	3 474	75 756	140.0	9 498	2 712	2 953	12 050
1995	26.18	10.70	8.27	0.73	3 911	105 260	123.0	14 176	5 050	4 497	19 519
1996	26.55	11.11	9.03	0.76	4 165	131 600	125.0	18 185	4 276	5 929	18 854
1997	27.03	11.44	8.61	0.80	4 432	167 680	124.2	16 885	4 135	6 112	20 044
1998	27.17	11.47	7.28	0.80	4 567	189 000	119.2	13 324	4 648	6 230	23 557

年份	农林牧渔业总产值指数（上年=100）	粮食产量（吨）	油料产量（吨）	猪牛羊肉产量（吨）	乡镇企业利税总额（万元）	农民人均纯收入（元）	工业总产值（万元）	工业总产值指数（上年=100）	社会消费品零售总额（万元）	在校学生数（人）	医院床位数（张）
1949											
1952											
1957											
1965											
1970											
1975											
1978	96.4	44 659	51	486	22	104	1 154	103.4	382	26 357	200
1980	96.4	51 658	178	703	21	126	1 188	100.3	509	28 893	210
1985	111.7	53 986	72	1 632	108	515	2 217	120.1	3 528	46 602	229
1986	72.3	35 631	46	1 849	1 156	494	2 612	117.8	5 585	46 938	215
1987	154.5	41 190	42	2 163	1 732	495	2 998	114.8	8 102	47 351	215
1988	77.0	45 849	49	1 392	2 883	518	4 113	137.2	9 387	46 952	245
1989	116.7	54 998	29	1 318	4 615	575	5 229	121.3	11 625	46 583	260
1990	109.9	59 487	61	1 639	3 942	629	6 385	127.3	10 191	46 550	260
1991	208.9	53 777	23	1 660	4 310	656	6 460	101.2	12 717	46 417	240
1992	110.6	49 438	22	1 781	5 904	747	8 229	127.4	13 637	46 906	240
1993	116.1	61 627	32	2 008	11 637	891	10 166	123.5	16 812	46 512	242
1994	144.1	52 601	23	2 234	15 289	1 007	26 241	258.1	19 378	42 439	242
1995	104.9	64 692	44	3 979	34 289	1 518	38 435	146.2	23 186	42 809	270
1996	103.1	65 705	45	4 750	51 731	2 075	54 237	141.1	26 691	44 401	1 309
1997	100.6	51 177	14	3 018	75 805	2 405	66 281	115.1	26 996	44 840	2 411
1998	120.3	67 597	18	3 200	37 699	2 573	26 070	135.1	26 092	43 325	1 261

长治县主要社会、经济统计指标

MAJOR SOCIO – ECONOMIC INDICATORS OF CHANGZHI

年份	年末总人口（万人）	#非农业人口	社会从业人员（万人）	职工人数（万人）	职工平均工资（元）	国内生产总值（万元）	国内生产总值指数（上年=100）	全社会固定资产投资（万元）	地方财政收入（万元）	地方财政支出（万元）	农林牧渔业总产值（万元）
1949	15.69	0.45	5.94	0.29	204	2 802		92	52	15	1 783
1952	16.32	0.38	6.20	0.38	254	3 134	104.6	104	85	45	2 057
1957	17.79	0.29	7.15	0.84	413	3 709	93.7	119	176	328	2 161
1965	20.84	0.73	8.06	0.68	484	4 273	104.9	185	224	271	2 384
1970	23.44	0.65	8.44	0.90	480	6 569	127.0	197	439	240	3 237
1975	26.03	1.05	9.91	1.32	500	8 993	102.4	206	564	436	3 551
1978	27.36	1.38	9.86	1.29	531	8 765	99.5	789	567	662	3 042
1980	27.79	1.54	10.54	1.64	566	9 469	107.0	1 074	401	674	3 599
1985	28.79	1.93	11.55	1.64	891	21 435	115.4	2 416	1 323	1 479	4 306
1986	29.08	2.12	11.97	1.66	968	21 521	107.4	2 427	1 186	1 550	5 654
1987	29.32	2.22	12.52	1.86	1 122	22 574	104.8	2 307	1 467	1 567	6 076
1988	29.49	2.30	12.95	1.97	1 180	20 508	111.2	2 810	1 734	2 007	9 650
1989	29.83	2.29	13.30	1.98	1 378	22 813	111.8	2 880	2 359	2 567	9 537
1990	30.35	2.30	13.94	2.00	1 524	29 875	101.6	3 740	2 546	2 621	10 225
1991	30.60	2.33	14.18	1.93	1 671	32 404	108.5	2 730	2 817	2 813	10 352
1992	30.85	2.35	14.53	2.02	1 742	37 118	114.5	3 181	2 796	3 069	12 182
1993	31.16	2.55	14.78	2.06	2 063	63 354	124.2	2 581	3 596	3 665	16 700
1994	31.41	2.62	14.87	2.16	2 647	97 992	118.3	9 017	5 527	4 068	24 163
1995	31.62	2.65	14.48	2.19	3 313	136 785	119.5	11 522	6 673	5 881	37 048
1996	31.79	2.82	14.76	2.23	3 641	141 238	102.5	11 691	8 777	7 369	43 875
1997	31.94	2.92	15.41	2.22	3 711	134 256	101.6	2 949	9 697	7 374	27 326
1998	32.00	2.98	15.48	1.89	4 296	139 582	107.6	4 352	10 479	7 520	38 702

年份	农林牧渔业总产值指数（上年=100）	粮食产量（吨）	油料产量（吨）	猪牛羊肉产量（吨）	乡镇企业利税总额（万元）	农民人均纯收入（元）	工业总产值（万元）	工业总产值指数（上年=100）	社会消费品零售总额（万元）	在校学生数（人）	医院床位数（张）
1949	100.0	37 000	375	155		38	420	100.0	280	11 856	20
1952	107.6	42 010	255	160		40	455	96.4	465	15 228	25
1957	93.1	41 780	305	260	11	44	818	95.5	955	24 150	28
1965	100.7	54 290	375	755	49	52	1 110	115.4	1 369	48 747	140
1970	112.9	67 870	420	580	127	72	2 696	149.6	1 613	56 542	124
1975	109.2	84 250	1 310	2 060	329	82	6 178	98.9	2 549	58 179	441
1978	99.1	72 895	135	1 510	584	82	5 564	100.3	2 179	62 561	494
1980	104.6	86 595	395	1 835	1 486	102	5 302	97.8	2 703	63 119	502
1985	100.1	84 490	785	3 975	2 335	364	10 326	142.9	4 934	55 287	536
1986	85.8	76 667	303	4 585	2 920	364	19 606	111.7	5 813	56 175	569
1987	152.2	86 053	9 693	4 656	2 907	374	20 107	102.5	6 676	54 633	574
1988	71.2	92 949	441	3 779	4 045	418	24 363	121.1	9 737	60 251	574
1989	101.5	104 692	395	3 930	3 917	469	26 341	108.1	8 767	59 253	584
1990	108.7	112 143	327	4 633	5 134	494	26 168	102.1	9 878	56 339	584
1991	91.0	95 322	156	5 218	6 032	501	27 632	102.7	8 720	48 487	584
1992	115.6	104 035	232	5 770	7 644	630	31 422	113.7	8 933	57 667	584
1993	119.1	133 206	289	6 997	14 252	887	48 361	153.9	7 216	57 452	584
1994	107.3	134 059	153	8 046	23 226	1 127	58 870	121.7	14 095	56 417	584
1995	116.4	135 849	160	10 079	36 906	1 520	76 307	129.6	14 200	56 253	567
1996	122.7	150 640	202	12 659	32 500	1 990	96 908	126.9	16 967	45 541	567
1997	60.3	106 325	37	15 857	28 542	2 323	110 613	111.6	17 041	57 530	567
1998	134.6	155 205	281	11 058	26 406	2 503	75 095	107.4	11 274	58 348	568

襄垣县主要社会、经济统计指标

MAJOR SOCIO – ECONOMIC INDICATORS OF XIANGYUAN

年份	年末总人口(万人)	#非农业人口	社会从业人员(万人)	职工人数(万人)	职工平均工资(元)	国内生产总值(万元)	国内生产总值指数(上年=100)	全社会固定资产投资(万元)	地方财政收入(万元)	地方财政支出(万元)	农林牧渔业总产值(万元)
1949	14.10	0.37	4.40	0.27	208	732	103.9	1	103	30	864
1952	14.13	0.44	4.47	0.23	264	936	114.3	3	412	45	1 504
1957	14.61	0.73	5.11	0.34	466	1 157	90.2	21	178	126	1 538
1965	16.63	1.31	5.74	0.39	519	1 260	103.3	106	400	202	1 666
1970	18.38	1.78	6.56	0.46	523	1 720	104.3	383	622	257	2 058
1975	20.11	2.15	7.17	0.58	524	3 072	108.1	108	702	385	3 500
1978	20.80	2.18	7.81	1.03	476	3 600	104.6	570	865	538	4 483
1980	20.89	2.21	7.88	0.98	589	4 685	114.9	857	1 262	559	4 873
1985	21.52	2.94	7.02	1.40	812	11 461	112.4	1 785	813	1 500	8 509
1986	21.72	3.14	7.32	1.54	992	12 378	96.3	1 677	852	1 595	5 748
1987	21.88	3.25	7.66	1.70	1 121	15 342	117.8	1 541	1 254	1 863	8 381
1988	22.15	3.38	7.96	1.79	1 266	18 560	114.7	1 858	1 720	2 376	10 803
1989	22.52	3.54	7.98	1.78	1 426	19 972	107.6	1 781	1 838	2 714	12 814
1990	22.87	3.49	8.70	1.70	1 651	26 995	109.6	1 764	2 018	2 975	13 888
1991	23.10	3.60	8.91	1.76	1 711	29 666	105.8	2 435	2 301	3 118	12 656
1992	23.22	3.63	8.90	1.70	1 818	32 768	107.9	2 553	2 311	3 646	14 195
1993	23.40	3.90	8.93	1.61	2 180	40 647	119.9	1 889	3 122	3 789	18 402
1994	23.55	4.00	8.94	1.77	2 655	48 981	115.2	2 506	2 914	4 453	28 163
1995	23.70	4.09	8.93	1.77	3 013	66 699	117.8	3 226	4 032	5 460	38 053
1996	23.88	4.31	8.93	1.78	3 343	87 781	125.0	8 631	5 379	7 703	45 638
1997	24.01	4.49	9.72	1.73	3 686	98 085	110.0	4 971	6 763	8 856	32 561
1998	24.10	4.59	9.72	1.75	4 030	110 152	115.3	8 036	7 233	9 903	43 451

年份	农林牧渔业总产值指数(上年=100)	粮食产量(吨)	油料产量(吨)	猪牛羊肉产量(吨)	乡镇企业利税总额(万元)	农民人均纯收入(元)	工业总产值(万元)	工业总产值指数(上年=100)	社会消费品零售总额(万元)	在校学生数(人)	医院床位数(张)
1949	77.7	38 215	510	789		24	178	101.7	271	8 940	15
1952	107.1	49 090	865	964		29	231	107.1	396	15 624	17
1957	83.4	47 790	435	1 355		28	406	116.2	667	17 591	35
1965	99.5	47 585	305	1 537		38	437	110.8	1 265	27 661	147
1970	93.9	59 610	290	1 642	102	53	856	117.4	1 624	34 559	150
1975	106.9	100 845	380	1 763	215	68	1 636	117.6	2 099	43 012	335
1978	102.8	82 250	263	1 869	278	64	1 931	110.7	2 357	49 142	427
1980	96.2	96 456	571	1 789	348	73	2 029	96.7	2 553	44 636	289
1985	107.1	120 315	4 873	2 666	1 407	381	5 012	113.9	7 397	37 461	523
1986	67.6	66 547	1 479	2 821	1 454	346	5 684	107.5	7 747	37 048	523
1987	140.2	114 214	3 640	2 929	1 551	384	6 056	106.2	8 211	35 487	523
1988	101.1	120 121	2 318	3 376	1 118	405	7 935	112.3	8 998	35 444	523
1989	113.1	135 336	2 648	3 264	2 047	440	10 249	102.4	9 454	31 570	493
1990	106.6	150 032	2 907	3 601	1 850	477	9 884	100.3	10 036	31 570	493
1991	86.9	135 677	1 731	3 785	2 397	503	11 486	108.9	10 337	32 195	493
1992	100.9	124 443	2 018	4 494	2 097	549	12 257	104.3	11 331	31 440	498
1993	115.7	142 317	3 585	5 377	2 716	646	13 998	108.1	13 194	31 015	513
1994	110.4	149 413	3 473	5 741	7 474	809	17 258	115.9	16 146	30 064	513
1995	116.5	153 733	4 724	8 055	13 147	1 200	24 376	128.7	19 110	31 590	816
1996	113.8	173 028	4 486	11 285	20 039	1 610	25 042	96.3	23 877	31 359	816
1997	69.5	120 025	1 250	7 125	10 370	1 811	37 907	150.5	27 525	31 699	799
1998	142.2	182 062	3 308	8 374	13 584	2 165	22 722	111.2	28 910	31 986	799

屯留县主要社会、经济统计指标

MAJOR SOCIO – ECONOMIC INDICATORS OF TUNLIU

年份	年末总人口（万人）	#非农业人口	社会从业人员（万人）	职工人数（万人）	职工平均工资（元）	国内生产总值（万元）	国内生产总值指数（上年＝100）	全社会固定资产投资（万元）	地方财政收入（万元）	地方财政支出（万元）	农林牧渔业总产值（万元）
1949	13.02	0.35	4.10	0.08	183			15	74	40	877
1952	13.89	0.37	4.60	0.13	258	981		16	124	46	948
1957	15.47	0.66	4.70	0.26	413	1 465	102.5	29	152	113	1 143
1965	17.32	0.60	6.30	0.38	516	1 760	106.9	151	142	214	1 186
1970	19.17	0.75	6.60	0.42	498	2 498	110.2	120	157	249	1 539
1975	20.23	0.83	7.20	0.48	516	4 125	92.7	194	239	385	2 849
1978	20.78	0.97	7.53	0.73	500	5 547	106.3	236	269	519	3 006
1980	20.86	1.03	7.64	0.85	545	6 166	101.1	267	219	561	4 594
1985	21.48	1.19	8.86	0.91	814	8 229	106.2	369	305	1 113	6 942
1986	21.52	1.27	8.95	0.99	937	7 730	93.9	1 295	298	1 264	6 261
1987	21.64	1.28	9.16	1.09	982	9 517	113.9	963	371	1 340	7 135
1988	21.85	1.32	9.36	1.14	1 191	11 987	114.9	1 019	492	1 645	10 057
1989	22.19	1.38	9.34	1.09	1 288	15 070	113.9	1 258	685	1 914	13 292
1990	22.83	1.42	9.51	1.10	1 432	16 732	111.9	3 113	610	2 140	15 065
1991	23.06	1.43	9.57	1.12	1 490	17 654	106.5	4 271	841	2 294	15 689
1992	23.25	1.48	9.31	1.11	1 575	19 409	110.4	2 768	720	2 578	19 108
1993	23.48	1.60	9.75	1.28	1 773	23 613	111.6	7 138	1 676	3 115	21 333
1994	23.59	1.63	9.92	1.27	2 649	36 115	114.4	5 033	1 016	3 113	34 261
1995	23.67	1.68	9.89	1.23	3 050	47 909	109.5	5 656	1 688	3 938	47 002
1996	23.83	1.75	11.07	1.21	3 227	53 890	123.8	5 026	1 935	4 716	49 438
1997	23.99	1.87	10.12	1.10	3 493	57 543	114.8	5 400	2 016	5 010	41 790
1998	24.14	1.91	10.04	1.14	3 882	63 117	112.4	6 000	2 387	5 450	46 910

年份	农林牧渔业总产值指数（上年＝100）	粮食产量（吨）	油料产量（吨）	猪牛羊肉产量（吨）	乡镇企业利税总额（万元）	农民人均纯收入（元）	工业总产值（万元）	工业总产值指数（上年＝100）	社会消费品零售总额（万元）	在校学生数（人）	医院床位数（张）
1949		48 350	435	555		40	73		173	11 236	4
1952	102.8	50 935	520	789		46	104	108.3	422	15 311	48
1957	102.5	52 955	460	1 258		47	230	95.4	824	19 235	75
1965	81.6	59 220	270	1 821		42	353	117.7	1 035	29 470	145
1970	95.1	64 970	145	2 075		46	917	217.3	1 326	39 090	125
1975	90.4	101 255	335	2 316		53	903	139.0	1 840	44 851	290
1978	89.0	86 422	62	2 058	253	48	1 465	107.2	1 487	51 255	445
1980	111.0	107 403	1 282	1 658	258	75	1 117	80.1	2 012	48 366	445
1985	102.0	107 080	2 496	3 188	613	237	1 230	101.5	2 633	44 075	455
1986	87.0	76 127	1 251	2 656	661	201	1 594	129.6	3 274	37 276	455
1987	114.0	102 118	1 654	2 649	597	240	1 693	106.2	3 416	43 409	505
1988	139.0	118 184	1 789	2 649	697	323	2 030	119.9	4 002	42 212	505
1989	132.0	142 794	1 725	4 192	967	420	2 263	111.5	4 198	41 925	505
1990	115.0	153 674	2 508	4 825	1 060	472	3 206	141.7	3 990	40 619	505
1991	97.0	143 164	1 796	6 149	1 133	500	3 356	104.7	4 572	41 821	505
1992	114.0	142 017	1 617	6 731	1 398	575	3 854	114.8	3 664	42 407	505
1993	115.0	165 262	1 628	7 881	2 045	691	5 378	139.5	4 676	41 565	505
1994	156.0	155 292	1 130	8 948	2 427	888	6 252	116.3	6 572	41 569	505
1995	137.0	170 850	931	11 665	3 229	1 169	7 590	121.4	8 727	42 647	505
1996	123.0	193 313	707	15 979	4 360	1 435	10 275	135.4	11 840	45 478	428
1997	79.8	153 346	391	10 278	3 020	1 745	63 788	125.5	12 300	58 054	460
1998	141.5	200 198	339	11 915	4 077	1 988	67 208	105.4	12 966	58 533	505

平顺县主要社会、经济统计指标

MAJOR SOCIO – ECONOMIC INDICATORS OF PINSHUN

年份	年末总人口(万人)	#非农业人口	社会从业人员(万人)	职工人数(万人)	职工平均工资(元)	国内生产总值(万元)	国内生产总值指数(上年=100)	全社会固定资产投资(万元)	地方财政收入(万元)	地方财政支出(万元)	农林牧渔业总产值(万元)
1949	11.42	0.29	3.79	0.09	154	400		14	33	5	538
1952	11.22	0.29	4.08	0.12	234	420	103.5	23	41	32	665
1957	11.27	0.42	4.27	0.23	429	520	106.1	18	55	133	710
1965	12.30	0.42	4.70	0.27	520	708	92.1	26	113	154	667
1970	13.75	0.54	4.88	0.38	550	1 017	111.8	98	122	253	1 278
1975	15.16	0.75	4.89	0.56	519	1 680	121.6	398	292	334	1 994
1978	15.46	0.68	5.19	0.66	514	1 807	91.9	245	241	375	1 760
1980	15.61	0.73	5.28	0.65	568	1 970	114.8	120	165	725	1 761
1985	15.82	0.84	5.76	0.75	861	3 861	104.8	947	296	1 252	3 013
1986	15.76	0.92	5.76	0.82	935	4 482	108.8	857	261	1 369	2 807
1987	15.86	0.97	5.98	0.95	1 014	5 002	108.5	1 263	280	1 235	2 891
1988	15.95	1.02	6.07	0.97	1 187	7 382	118.3	1 217	440	1 615	4 898
1989	16.07	1.04	6.22	0.97	1 299	8 564	115.8	2 383	530	1 711	5 874
1990	16.29	1.05	6.28	0.94	1 521	9 037	110.8	2 075	579	1 746	6 319
1991	16.43	1.06	6.52	0.88	1 594	10 320	114.1	932	615	1 862	7 061
1992	16.53	1.06	6.73	1.04	1 838	11 622	105.4	656	603	2 096	8 562
1993	16.60	1.17	6.81	1.08	2 310	15 286	114.7	1 472	1 104	2 395	10 781
1994	16.66	1.22	7.12	1.17	2 730	18 998	117.7	2 988	1 340	2 873	13 698
1995	16.71	1.24	7.15	1.09	2 794	21 501	110.9	1 328	1 383	2 998	15 913
1996	16.71	1.26	7.15	1.08	3 317	27 049	110.5	1 098	1 652	4 205	17 357
1997	16.65	1.36	6.90	0.97	3 350	29 698	109.7	7 189	1 642	4 845	15 020
1998	16.63	1.39	7.13	0.96	3 995	32 500	109.4	5 520	1 212	5 028	18 523

年份	农林牧渔业总产值指数(上年=100)	粮食产量(吨)	油料产量(吨)	猪牛羊肉产量(吨)	乡镇企业利税总额(万元)	农民人均纯收入(元)	工业总产值(万元)	工业总产值指数(上年=100)	社会消费品零售总额(万元)	在校学生数(人)	医院床位数(张)
1949		24 255	320	40		28	36		82	6 181	
1952	110.2	26 455	115	70		30	56	136.5	117	11 702	14
1957	103.8	28 110	140	180		32	91	85.0	447	15 876	86
1965	64.3	25 575	130	320		38	144	108.2	668	21 901	92
1970	154.9	34 295	255	480		57	281	140.5	1 029	26 681	113
1975	107.0	47 105	275	560		54	1 274	103.4	1 056	32 712	359
1978	100.7	32 550	40	658	107	68	1 234	247.3	1 148	34 430	407
1980	103.8	37 295	493	768	33	80	1 029	94.8	1 330	31 424	432
1985	78.5	28 520	315	1 099	244	235	1 196	118.3	2 881	28 700	424
1986	93.2	25 126	212	1 150	426	235	1 482	123.9	2 604	28 811	419
1987	103.0	22 327	237	1 110	687	250	1 772	119.6	2 948	27 677	477
1988	169.4	31 321	313	1 210	974	304	2 370	133.7	3 505	29 476	480
1989	119.9	42 122	305	1 617	1 023	343	3 761	158.7	4 346	31 944	493
1990	107.6	45 088	281	2 021	1 102	367	4 788	127.3	4 196	30 845	451
1991	111.7	42 019	270	2 332	914	395	3 979	83.1	4 677	27 162	447
1992	121.3	40 314	242	2 148	1 172	438	4 946	124.3	4 340	24 643	453
1993	125.9	49 408	210	2 175	1 706	520	10 479	211.9	4 360	23 793	489
1994	127.1	44 292	159	2 901	2 252	633	9 949	94.9	4 792	22 663	464
1995	116.2	48 000	261	3 981	2 794	736	8 081	81.2	5 278	22 228	464
1996	109.1	46 452	220	4 430	4 116	860	9 254	118.2	6 060	22 780	462
1997	86.5	31 820	93	2 804	480	900	15 931	172.1	6 473	27 791	479
1998	123.3	50 828	201	2 699	2 064	1 053	8 929	56.0	7 461	24 118	479

黎城县主要社会、经济统计指标

MAJOR SOCIO – ECONOMIC INDICATORS OF LICHENG

年份	年末总人口（万人）	#非农业人口	社会从业人员（万人）	职工人数（万人）	职工平均工资（元）	国内生产总值（万元）	国内生产总值指数（上年=100）	全社会固定资产投资（万元）	地方财政收入（万元）	地方财政支出（万元）	农林牧渔业总产值（万元）
1949	8.77	0.40	3.37	0.31	156	65		18	67	13	696
1952	9.26	0.44	3.25	0.38	217	749	99.7	20	74	37	754
1957	9.94	0.41	3.29	0.30	438	893	94.6	26	89	107	841
1965	11.29	0.49	4.41	0.33	516	1 235	91.2	21	142	131	952
1970	12.45	0.35	5.11	0.43	484	1 441	84.9	281	164	197	1 020
1975	14.04	1.09	5.79	0.55	503	2 780	119.4	181	253	314	1 880
1978	14.06	0.73	5.84	0.71	525	2 866	108.9	205	265	475	1 640
1980	14.26	0.96	5.89	0.76	615	2 896	106.2	544	312	592	2 653
1985	14.35	1.08	6.23	1.02	843	7 600	111.8	1 867	764	1 159	5 990
1986	14.36	1.12	6.75	1.13	937	7 253	92.1	1 251	747	1 187	4 329
1987	14.42	1.16	6.91	1.25	1 166	8 239	105.5	573	840	1 149	5 124
1988	14.52	1.21	6.85	1.35	1 283	11 204	102.6	1 073	1 321	1 621	7 034
1989	14.71	1.24	6.83	1.38	1 337	13 754	109.8	1 422	1 432	1 918	7 761
1990	14.93	1.29	6.79	1.30	1 508	17 065	100.1	1 061	1 439	2 065	8 688
1991	15.05	1.31	6.93	1.32	1 625	18 156	105.9	1 462	1 799	2 381	8 195
1992	15.15	1.32	7.07	1.39	1 792	21 313	109.2	2 455	1 944	2 531	9 404
1993	15.31	1.48	7.02	1.33	2 071	24 404	114.9	6 087	2 432	3 146	9 751
1994	15.40	1.54	7.14	1.32	2 469	32 093	110.3	3 673	2 105	3 529	16 279
1995	15.50	1.59	7.42	1.47	2 822	42 249	117.8	2 099	2 873	4 399	21 183
1996	15.55	1.63	7.40	1.42	3 300	51 427	114.1	2 051	3 498	5 336	26 265
1997	15.59	1.65	7.41	1.33	3 835	59 787	111.1	6 175	3 837	6 083	20 063
1998	15.64	1.70	7.43	1.19	4 486	68 860	111.8	8 782	4 430	6 880	24 210

年份	农林牧渔业总产值指数（上年=100）	粮食产量（吨）	油料产量（吨）	猪牛羊肉产量（吨）	乡镇企业利税总额（万元）	农民人均纯收入（元）	工业总产值（万元）	工业总产值指数（上年=100）	社会消费品零售总额（万元）	在校学生数（人）	医院床位数（张）
1949		20 975	465	35		31	26		117	8 744	18
1952	99.4	30 405	440	35		40	66	110.9	254	9 823	24
1957	99.1	28 420	300	208		47	113	64.9	351	11 196	34
1965	98.9	31 460	337	374		57	299	182.3	635	19 528	75
1970	61.9	36 539	220	326		68	384	190.1	800	22 319	113
1975	118.4	50 050	469	847		68	1 006	121.2	1 277	29 393	237
1978	90.8	38 515	150	686	102	62	1 604	117.9	1 361	32 782	260
1980	117.0	53 635	564	585	130	83	1 878	99.4	1 521	29 879	347
1985	101.7	76 215	1 804	973	749	415	4 924	118.8	3 273	28 068	359
1986	67.4	50 063	1 386	814	504	324	5 536	102.6	4 215	28 110	348
1987	110.0	61 830	899	883	525	390	7 050	117.3	4 742	27 561	373
1988	107.8	64 277	1 064	773	1 237	454	10 970	118.1	5 755	26 333	376
1989	110.9	81 128	1 801	933	1 228	509	12 565	103.0	5 271	25 405	359
1990	103.7	86 864	1 639	1 166	1 812	550	11 133	105.8	4 961	24 603	359
1991	93.7	80 001	1 685	1 175	2 027	542	13 208	102.2	6 487	22 920	359
1992	108.8	90 035	1 848	1 269	2 043	573	14 955	117.9	6 762	21 324	380
1993	103.2	94 535	1 779	1 493	3 520	675	19 892	113.1	7 215	19 931	380
1994	119.2	90 555	1 778	1 600	8 346	891	25 910	121.8	8 625	19 396	403
1995	114.6	102 082	1 801	1 727	10 289	1 222	31 384	122.1	15 749	19 871	424
1996	99.4	99 479	2 058	2 534	14 861	1 429	37 770	126.4	17 743	20 869	422
1997	75.3	68 154	1 388	1 108	6 350	1 636	44 881	118.8	20 520	22 272	406
1998	121.4	100 876	2 509	1 219	8 143	2 050	27 610	116.6	22 034	22 759	406

壶关县主要社会、经济统计指标

MAJOR SOCIO – ECONOMIC INDICATORS OF HUGUAN

年份	年末总人口（万人）	#非农业人口	社会从业人员（万人）	职工人数（万人）	职工平均工资（元）	国内生产总值（万元）	国内生产总值指数（上年＝100）	全社会固定资产投资（万元）	地方财政收入（万元）	地方财政支出（万元）	农林牧渔业总产值（万元）
1949	15.18	0.09	5.12	0.18	185	1 250	109.9	10	58	30	1 036
1952	15.76	0.24	6.01	0.29	240	2 112	105.7	23	70	58	1 262
1957	17.33	0.70	7.12	0.52	424	3 500	99.6	36	105	134	1 426
1965	19.83	0.65	8.15	0.34	510	4 025	100.9	47	130	195	1 572
1970	22.14	0.71	9.21	0.40	473	4 523	100.5	60	211	264	1 632
1975	23.72	0.92	9.45	0.84	502	5 865	103.9	246	291	374	1 654
1978	24.12	1.04	9.64	1.02	529	5 903	100.4	152	279	662	1 677
1980	24.36	1.15	9.54	1.07	644	5 385	100.5	246	268	805	2 248
1985	24.76	1.44	10.48	1.11	877	12 947	119.9	1 689	449	1 308	3 146
1986	24.71	1.57	10.58	1.15	1 035	14 289	110.4	1 425	379	1 438	3 860
1987	24.82	1.62	10.79	1.18	1 093	14 953	104.6	1 253	506	1 387	3 709
1988	25.14	1.68	11.01	1.20	1 357	15 564	104.1	1 025	604	1 989	5 836
1989	25.44	1.72	11.30	1.30	1 385	16 304	104.8	1 361	779	1 949	7 016
1990	26.03	1.78	11.44	1.29	1 573	17 005	104.3	1 764	831	2 501	7 785
1991	26.33	1.80	11.80	1.32	1 652	14 653	86.2	1 766	913	2 197	7 425
1992	26.64	1.81	12.03	1.34	1 811	15 673	107.0	1 705	1 046	2 686	8 350
1993	26.99	1.99	12.21	1.36	1 916	26 792	120.9	1 739	1 520	2 955	10 980
1994	27.12	2.01	12.54	1.44	2 294	37 052	119.3	2 392	1 038	3 356	14 422
1995	27.29	2.05	12.75	1.50	2 717	41 920	113.1	2 841	1 555	4 066	19 860
1996	27.44	2.20	12.75	1.51	2 927	45 000	107.7	3 947	1 971	5 438	20 793
1997	27.52	2.23	13.28	1.51	2 980	50 000	111.1	2 271	2 052	6 389	12 120
1998	27.59	2.27	11.63	1.25	3 681	55 400	110.8	2 367	2 411	6 854	18 238

年份	农林牧渔业总产值指数（上年＝100）	粮食产量（吨）	油料产量（吨）	猪牛羊肉产量（吨）	乡镇企业利税总额（万元）	农民人均纯收入（元）	工业总产值（万元）	工业总产值指数（上年＝100）	社会消费品零售总额（万元）	在校学生数（人）	医院床位数（张）
1949		35 845	165	189		42	133		182	12 341	9
1952	109.9	45 260	205	328		53	201	96.2	264	17 132	19
1957	94.3	49 340	330	405		30	506	124.6	568	23 692	41
1965	88.5	42 550	315	410		36	458	116.0	801	37 803	102
1970	97.9	50 115	405	429		46	1 291	143.1	906	35 000	187
1975	103.7	73 505	570	687	359	55	2 453	112.6	1 322	51 859	311
1978	83.9	53 044	365	449	256	48	2 161	107.5	1 568	55 981	383
1980	130.6	64 974	1 095	766	359	69	1 987	98.0	1 930	55 819	434
1985	79.6	41 526	543	1 628	948	230	3 147	113.8	3 602	50 050	476
1986	114.0	58 178	909	1 814	1 007	240	3 442	109.4	3 660	48 551	357
1987	96.0	52 752	860	1 771	1 172	251	3 874	112.6	3 836	44 615	457
1988	152.2	64 685	860	1 990	1 213	293	4 381	113.0	5 846	42 471	457
1989	118.3	71 868	844	1 977	1 635	385	4 694	107.1	6 541	40 349	462
1990	112.1	80 870	1 021	2 377	1 795	473	7 990	170.2	6 541	38 875	509
1991	96.6	68 667	718	2 457	2 023	466	8 621	107.9	7 548	37 565	479
1992	109.3	79 164	804	2 871	2 452	497	9 120	105.8	7 357	35 581	470
1993	126.2	87 848	1 079	3 153	4 204	643	10 533	115.5	7 400	32 166	470
1994	131.3	81 651	929	3 925	6 398	759	11 678	110.9	8 216	31 014	470
1995	137.7	76 541	963	4 072	9 023	941	16 324	139.8	10 638	35 234	470
1996	104.7	91 287	1 319	4 975	13 129	1 205	17 598	108.4	12 961	51 208	499
1997	61.4	48 575	429	5 036	3 765	1 380	20 465	115.9	15 249	38 487	519
1998	150.5	101 386	1 357	2 414	1 690	1 679	28 468	112.8	22 478	40 962	501

长子县主要社会、经济统计指标

MAJOR SOCIO – ECONOMIC INDICATORS OF ZHANGZI

年份	年末总人口（万人）	#非农业人口	社会从业人员（万人）	职工人数（万人）	职工平均工资（元）	国内生产总值（万元）	国内生产总值指数（上年=100）	全社会固定资产投资（万元）	地方财政收入（万元）	地方财政支出（万元）	农林牧渔业总产值（万元）
1949	17.93	0.33	6.13	0.16	167	1 157	100.0	9	49	43	767
1952	18.10	0.25	6.32	0.20	229	1 243	106.0	9	101	50	1 195
1957	20.47	0.71	6.83	0.55	454	1 546	92.7	22	124	122	1 216
1965	23.13	0.70	8.69	0.52	554	1 809	102.4	122	192	317	1 248
1970	25.83	0.78	9.58	0.81	404	2 515	112.9	67	250	278	1 904
1975	28.22	1.15	10.53	1.13	478	3 909	111.4	224	306	492	3 823
1978	29.08	1.30	10.81	1.21	497	4 368	100.4	459	311	583	2 737
1980	29.53	1.45	10.78	1.34	607	5 597	106.2	1 263	377	845	5 614
1985	30.43	1.75	11.27	1.46	801	9 906	104.2	1 229	543	1 095	7 479
1986	30.58	1.88	11.35	1.43	923	10 066	111.6	1 682	441	1 255	5 731
1987	30.81	1.98	11.77	1.51	989	11 644	109.8	1 750	522	1 447	7 458
1988	31.34	2.05	12.06	1.56	1 220	16 660	115.9	1 582	724	1 935	10 831
1989	31.75	2.08	12.21	1.53	1 479	22 940	115.0	1 422	1 048	2 369	13 788
1990	32.37	2.18	12.76	1.55	1 687	25 631	107.8	2 550	1 184	2 532	14 825
1991	32.78	2.20	13.19	1.56	1 705	28 604	104.9	3 257	1 407	2 812	16 304
1992	33.08	2.24	13.27	1.61	1 809	31 654	105.0	2 979	1 128	3 213	16 484
1993	33.56	2.38	13.56	1.64	1 986	34 330	111.2	3 413	1 428	2 768	21 303
1994	33.91	2.53	13.64	1.66	2 687	47 614	118.4	3 800	1 205	3 815	40 428
1995	34.17	2.57	13.50	1.68	2 919	55 960	115.6	4 906	1 720	4 322	50 065
1996	34.19	2.63	13.98	1.69	3 395	62 794	120.8	6 072	2 369	6 652	47 243
1997	34.19	2.58	14.69	1.75	4 295	63 241	115.0	8 857	2 797	6 503	47 705
1998	34.18	2.54	14.72	1.60	3 872	71 480	114.9	3 712	2 879	6 663	50 497

年份	农林牧渔业总产值指数（上年=100）	粮食产量（吨）	油料产量（吨）	猪牛羊肉产量（吨）	乡镇企业利税总额（万元）	农民人均纯收入（元）	工业总产值（万元）	工业总产值指数（上年=100）	社会消费品零售总额（万元）	在校学生数（人）	医院床位数（张）
1949	100.0	38 783	45	705		23	161	100.0	224	14 950	6
1952	115.2	62 561	510	1 489		25	164	119.7	323	15 737	21
1957	91.2	60 503	359	1 826		28	228	142.1	666	22 346	28
1965	94.5	62 456	413	3 228		39	500	118.5	1 193	39 185	155
1970	109.0	67 317	273	3 908		49	1 141	145.9	2 191	45 847	273
1975	115.9	98 169	978	6 023		56	1 971	114.7	1 780	47 932	372
1978	96.3	88 423	111	2 129	260	55	2 628	114.7	2 351	67 260	397
1980	110.6	105 514	919	375	286	69	2 643	93.6	2 523	65 230	392
1985	107.4	108 682	1 580	3 115	766	311	3 459	86.7	3 425	50 955	429
1986	73.3	69 133	1 012	3 665	786	221	3 555	103.3	4 433	51 979	436
1987	118.6	96 691	1 152	3 200	838	275	4 216	110.0	5 287	52 470	436
1988	110.2	104 660	921	4 400	1 030	311	6 062	124.8	6 332	50 344	436
1989	120.6	135 330	1 148	5 394	1 684	378	8 828	121.8	7 376	48 827	436
1990	107.9	150 073	1 368	6 060	1 768	428	9 137	105.1	6 474	46 765	436
1991	103.1	127 593	731	7 184	1 943	462	10 082	100.7	6 428	46 541	450
1992	100.9	120 150	562	7 977	2 124	523	9 875	96.3	6 841	46 770	450
1993	110.9	164 283	827	8 336	2 780	616	11 551	105.8	7 889	45 926	450
1994	134.4	132 162	444	10 422	4 162	802	12 367	110.1	8 753	47 419	450
1995	111.3	161 281	685	11 712	6 485	1 084	14 992	108.4	9 846	48 486	450
1996	99.1	170 844	607	13 455	10 618	1 430	21 018	125.2	12 244	52 095	470
1997	83.7	135 580	133	9 481	14 638	1 760	25 465	120.0	14 634	54 831	480
1998	126.2	185 117	108	10 601	5 766	2 067	15 415	101.6	15 169	56 747	490

武乡县主要社会、经济统计指标

MAJOR SOCIO – ECONOMIC INDICATORS OF WUXIANG

年份	年末总人口(万人)	#非农业人口	社会从业人员(万人)	职工人数(万人)	职工平均工资(元)	国内生产总值(万元)	国内生产总值指数(上年=100)	全社会固定资产投资(万元)	地方财政收入(万元)	地方财政支出(万元)	农林牧渔业总产值(万元)
1949	14.19	0.47	5.90	0.46	146	1 068		14	43	12	783
1952	13.61	0.40	5.44	0.51	228	2 145	126.2	18	87	35	928
1957	14.43	0.56	5.08	0.41	448	2 458	91.5	26	99	142	937
1965	15.73	0.58	4.98	0.39	525	2 491	102.9	90	119	202	1 027
1970	17.37	0.62	5.77	0.54	500	3 318	92.4	240	130	242	1 222
1975	19.01	1.08	6.33	0.80	464	4 064	130.5	392	160	357	2 885
1978	19.70	1.21	6.25	0.82	518	4 491	120.6	181	150	544	2 013
1980	19.83	1.22	5.99	0.93	595	4 813	105.7	299	162	760	3 016
1985	19.97	1.55	5.61	1.04	907	8 720	135.5	248	426	1 587	5 100
1986	20.02	1.71	6.77	1.15	987	7 610	87.4	801	316	1 573	3 384
1987	20.02	1.74	7.46	1.28	1 194	9 203	115.2	1 378	509	1 476	5 007
1988	20.14	1.82	7.65	1.38	1 276	12 371	136.4	1 560	633	1 822	8 231
1989	20.39	1.87	7.65	1.37	1 530	14 683	110.9	3 919	771	2 128	8 684
1990	20.39	1.80	7.66	1.36	1 707	15 656	106.6	3 349	759	2 955	9 779
1991	20.50	1.88	7.77	1.39	1 665	14 847	105.3	3 691	975	2 540	9 189
1992	20.63	1.87	7.64	1.41	1 876	16 842	103.5	4 365	935	2 818	10 477
1993	20.79	2.14	7.62	1.33	2 195	19 745	109.7	4 503	1 510	3 118	12 406
1994	20.88	2.20	7.71	1.36	2 597	26 830	106.8	2 114	1 178	3 489	17 002
1995	21.01	2.02	7.70	1.32	2 868	34 976	129.2	3 161	1 665	4 266	25 682
1996	21.05	2.32	7.75	1.44	3 016	39 275	113.2	2 059	1 970	5 062	27 270
1997	21.08	2.08	7.61	1.33	3 149	40 123	107.1	1 944	1 881	5 897	20 666
1998	21.12	2.08	7.55	1.25	3 659	42 868	110.6	4 284	2 220	5 951	27 466

年份	农林牧渔业总产值指数(上年=100)	粮食产量(吨)	油料产量(吨)	猪牛羊肉产量(吨)	乡镇企业利税总额(万元)	农民人均纯收入(元)	工业总产值(万元)	工业总产值指数(上年=100)	社会消费品零售总额(万元)	在校学生数(人)	医院床位数(张)
1949		40 340	1 090	215		24	62		172	12 572	6
1952	107.5	47 860	995	221		40	88	122.0	286	16 863	12
1957	87.5	39 553	475	516		25	194	101.9	638	19 331	68
1965	94.5	48 232	440	664		45	202	101.4	852	25 582	75
1970	88.3	48 137	385	863		43	386	121.6	1 235	33 671	95
1975	131.5	87 284	429	1 441		58	775	120.8	1 725	41 903	204
1978	103.4	71 785	342	1 137	244	54	1 549	132.0	2 288	46 157	250
1980	108.7	57 481	599	974	442	46	1 353	88.4	2 509	45 489	230
1985	112.2	75 445	2 395	1 699	452	221	2 297	128.5	3 981	44 427	340
1986	66.4	35 039	1 052	1 587	334	156	3 298	90.6	3 711	45 722	329
1987	148.0	76 491	2 565	1 404	377	267	3 192	83.1	5 331	45 133	375
1988	164.0	87 887	2 690	1 642	420	316	4 427	149.7	6 913	43 434	413
1989	105.5	95 093	2 716	2 277	960	381	5 221	112.8	7 630	41 730	341
1990	112.6	103 562	3 090	2 562	938	427	6 369	110.5	7 079	39 118	341
1991	94.0	87 919	1 757	3 728	1 053	439	6 465	102.6	8 083	36 910	305
1992	114.0	94 895	2 835	4 235	1 552	480	7 710	107.8	8 479	35 792	314
1993	123.5	95 826	2 448	4 101	1 851	549	8 919	116.8	7 567	32 827	316
1994	137.0	83 858	2 056	5 200	2 597	639	11 741	115.6	8 658	32 441	316
1995	151.1	101 467	2 828	6 393	4 015	843	14 751	116.4	9 741	31 769	333
1996	106.1	111 163	2 035	6 814	6 012	1 166	18 971	121.1	9 877	32 237	329
1997	73.8	68 918	627	5 390	7 520	1 336	20 959	109.2	9 894	32 544	329
1998	133.4	122 050	1 493	5 903	4 055	1 663	11 841	54.2	9 358	32 579	317

沁县主要社会、经济统计指标

MAJOR SOCIO – ECONOMIC INDICATORS OF QINXIAN

年份	年末总人口（万人）	#非农业人口	社会从业人员（万人）	职工人数（万人）	职工平均工资（元）	国内生产总值（万元）	国内生产总值指数（上年=100）	全社会固定资产投资（万元）	地方财政收入（万元）	地方财政支出（万元）	农林牧渔业总产值（万元）
1949	10.56	0.26	4.02	0.12	227	555		10	56	10	771
1952	11.00	0.37	4.13	0.17	277	679	122.3	12	75	61	846
1957	11.43	0.66	4.08	0.27	446	659	97.1	58	109	145	840
1965	13.09	0.69	5.12	0.34	514	971	147.3	62	139	171	1 165
1970	14.38	0.62	5.24	0.42	450	1 232	126.9	142	135	235	1 389
1975	15.39	1.03	4.99	0.57	434	2 590	210.2	83	346	335	2 482
1978	15.96	1.21	5.09	0.82	499	2 752	102.0	68	491	427	2 297
1980	16.06	1.33	5.48	0.98	357	3 152	107.5	164	632	538	2 338
1985	15.95	1.61	5.47	1.02	725	4 676	104.0	374	1 426	1 298	5 517
1986	15.91	1.73	5.45	1.08	940	6 715	119.8	758	1 468	1 370	4 388
1987	15.87	1.78	5.54	1.09	1 061	10 159	112.0	613	1 745	1 564	4 911
1988	15.99	1.85	5.69	1.14	1 317	12 472	118.9	1 461	2 412	1 979	6 848
1989	16.18	1.90	5.78	1.19	1 373	13 943	111.8	859	744	2 370	8 537
1990	16.49	2.14	5.88	1.27	1 685	14 241	102.1	780	694	2 373	10 655
1991	16.64	2.21	5.99	1.29	2 026	14 768	103.7	786	882	2 275	10 899
1992	16.68	2.75	5.98	1.34	2 246	16 288	110.3	881	855	2 648	11 882
1993	16.85	2.55	5.99	1.29	2 513	19 194	112.9	918	1 416	3 034	12 545
1994	16.92	2.58	5.66	1.40	3 494	23 000	114.0	1 316	1 548	3 046	17 812
1995	16.94	2.61	6.05	1.33	3 833	27 800	112.2	1 673	1 371	3 791	20 932
1996	16.92	2.64	6.41	1.13	3 383	33 000	122.3	2 560	1 965	4 748	23 626
1997	16.97	2.75	6.52	1.25	3 297	40 683	111.7	2 407	1 986	4 890	19 524
1998	17.03	2.90	5.67	1.22	3 066	46 493	110.9	2 775	2 150	5 533	22 406

年份	农林牧渔业总产值指数（上年=100）	粮食产量（吨）	油料产量（吨）	猪牛羊肉产量（吨）	乡镇企业利税总额（万元）	农民人均纯收入（元）	工业总产值（万元）	工业总产值指数（上年=100）	社会消费品零售总额（万元）	在校学生数（人）	医院床位数（张）
1949		37 481	599	40		21	21		178	12 652	19
1952	109.7	39 797	599	118		29	123	585.7	363	18 560	28
1957	99.3	34 050	355	178		33	101	82.1	540	17 883	35
1965	138.7	42 250	415	695		32	220	217.8	896	23 880	109
1970	119.2	44 598	252	860		48	371	168.6	1 633	29 615	240
1975	178.7	79 575	235	1 120		55	1 216	327.8	1 698	38 153	495
1978	93.2	69 546	162	1 263	52	57	1 632	100.0	2 202	41 653	465
1980	90.2	66 175	375	1 083	59	57	1 423	85.6	2 175	41 246	460
1985	103.3	80 535	2 245	2 025	190	275	2 021	96.6	3 995	39 179	465
1986	79.5	57 226	1 626	2 029	230	240	2 456	121.5	4 788	33 516	435
1987	111.9	65 052	1 853	2 201	270	261	2 756	113.4	5 378	33 241	455
1988	139.4	76 162	1 520	2 001	310	317	2 783	107.4	7 562	31 958	476
1989	124.7	90 296	1 335	2 323	350	373	3 274	109.8	8 587	30 991	268
1990	124.8	101 450	1 231	2 665	395	415	4 945	151.0	8 388	30 453	318
1991	102.8	104 705	1 221	3 533	430	444	4 284	86.8	8 510	30 131	278
1992	109.0	105 770	1 206	3 775	470	492	7 360	171.8	8 199	30 131	278
1993	105.6	107 574	1 038	3 886	510	572	8 849	120.2	13 220	29 529	295
1994	141.0	102 076	1 109	5 161	587	677	10 281	116.2	11 546	29 729	295
1995	110.5	117 256	1 001	6 404	696	951	11 657	113.4	12 421	29 640	295
1996	110.9	126 512	961	7 270	1 159	1 336	13 036	111.8	17 412	29 947	454
1997	82.6	105 792	743	3 433	1 992	1 617	14 442	110.8	20 122	31 036	416
1998	114.7	131 851	717	4 594	3 174	1 841	15 234	105.5	14 894	32 442	405

沁源县主要社会、经济统计指标

MAJOR SOCIO – ECONOMIC INDICATORS OF QINYUAN

年份	年末总人口（万人）	#非农业人口	社会从业人员（万人）	职工人数（万人）	职工平均工资（元）	国内生产总值（万元）	国内生产总值指数（上年＝100）	全社会固定资产投资（万元）	地方财政收入（万元）	地方财政支出（万元）	农林牧渔业总产值（万元）
1949	8.67	0.34	3.45	0.11	201	121	100.0	13	19	10	853
1952	9.00	0.23	3.72	0.16	274	222	110.0	26	35	28	1 180
1957	9.63	0.52	4.17	0.34	372	443	100.8	22	66	123	1 306
1965	11.48	0.53	4.12	0.39	455	706	109.2	77	115	154	1 680
1970	12.87	0.87	4.63	0.69	407	1 059	161.7	200	95	218	1 685
1975	14.19	1.19	5.17	0.82	520	1 449	104.0	518	341	339	2 203
1978	14.83	1.35	5.54	1.26	522	3 487	119.4	374	186	394	1 829
1980	14.95	1.37	5.45	1.16	621	3 380	94.6	500	264	634	2 137
1985	14.92	1.44	5.78	1.14	856	6 967	114.8	876	604	1 204	3 870
1986	14.95	1.49	5.75	1.17	970	7 461	103.9	1 357	629	1 206	4 112
1987	15.01	1.57	5.80	1.23	1 075	8 458	103.0	1 278	673	1 126	3 784
1988	14.98	1.45	6.09	1.33	1 189	10 159	100.2	588	800	1 453	4 471
1989	15.10	1.52	6.27	1.36	1 453	12 093	107.7	1 472	998	2 077	5 416
1990	15.29	1.53	5.87	1.39	1 566	12 383	105.2	662	949	1 899	6 144
1991	15.44	1.51	5.93	1.41	1 759	12 724	103.6	1 578	879	1 798	6 144
1992	15.50	1.53	5.96	1.44	2 020	19 460	114.0	1 637	777	2 165	7 110
1993	15.64	1.72	6.09	1.52	2 206	22 100	112.4	4 177	1 156	2 523	7 063
1994	15.65	1.68	6.19	1.63	2 986	25 900	112.3	2 083	1 565	3 043	11 050
1995	15.63	1.68	6.28	1.61	3 940	30 907	118.0	1 701	2 389	4 415	13 436
1996	15.68	1.71	6.63	1.65	3 954	46 989	129.2	2 784	3 244	4 443	15 068
1997	15.69	1.77	6.64	1.58	3 966	52 500	108.7	1 676	3 183	4 943	10 535
1998	15.65	1.81	6.51	1.57	4 260	56 700	108.0	1 747	3 211	5 344	11 807

年份	农林牧渔业总产值指数（上年＝100）	粮食产量（吨）	油料产量（吨）	猪牛羊肉产量（吨）	乡镇企业利税总额（万元）	农民人均纯收入（元）	工业总产值（万元）	工业总产值指数（上年＝100）	社会消费品零售总额（万元）	在校学生数（人）	医院床位数（张）
1949	111.8	17 050	630	600		16	15	100.0	75	9 455	6
1952	111.0	23 180	865	795		22	18	93.5	151	12 357	15
1957	94.8	23 135	515	755		34	97	138.3	421	15 281	39
1965	128.1	32 325	475	712		47	124	120.0	647	22 070	90
1970	110.0	30 275	360	747		50	185	96.9	832	29 867	180
1975	96.5	47 060	340	749		52	1 131	110.1	1 205	35 134	270
1978	112.9	38 725	305	740	132	53	1 915	118.0	1 468	35 393	310
1980	107.2	42 685	385	895	338	82	2 248	103.0	1 767	33 469	690
1985	97.6	49 910	605	1 381	1 387	361	2 954	69.0	3 739	30 380	452
1986	105.0	27 053	335	1 001	684	266	3 701	109.0	3 366	30 621	492
1987	105.0	36 257	320	1 142	1 148	285	4 399	115.0	3 738	30 930	484
1988	113.9	38 030	296	1 118	1 237	315	5 845	113.0	4 627	30 008	484
1989	115.4	50 051	418	1 402	2 268	363	7 025	105.0	5 750	29 157	495
1990	111.2	51 129	415	1 782	1 827	365	7 659	94.0	5 473	28 637	490
1991	92.9	51 161	327	2 509	1 712	368	7 281	92.0	6 056	28 180	470
1992	119.7	51 211	323	2 444	2 106	391	7 731	109.0	6 604	28 336	454
1993	99.5	51 315	393	2 485	3 341	502	12 414	101.0	6 625	27 103	484
1994	104.4	51 057	415	3 579	5 002	602	17 032	118.0	8 895	23 909	499
1995	128.0	53 592	508	4 698	6 872	850	23 173	124.0	12 405	28 492	534
1996	116.8	59 560	618	6 191	9 842	1 232	30 162	160.4	13 098	25 230	512
1997	70.0	62 538	393	4 100	5 462	1 638	33 624	94.3	12 180	27 222	464
1998	109.0	64 410	705	4 527	7 354	1 938	31 334	93.2	11 418	27 607	436

高平市主要社会、经济统计指标

MAJOR SOCIO – ECONOMIC INDICATORS OF GAOPIN

年份	年末总人口（万人）	#非农业人口	社会从业人员（万人）	职工人数（万人）	职工平均工资（元）	国内生产总值（万元）	国内生产总值指数（上年＝100）	全社会固定资产投资（万元）	地方财政收入（万元）	地方财政支出（万元）	农林牧渔业总产值（万元）
1949	22.98	0.23	9.30	0.43	148	883			59	14	1 109
1952	24.96	0.98	9.31	0.66	334	1 116	111.5		135	48	1 380
1957	27.89	1.00	9.93	0.89	420	1 825	104.6	28	233	150	2 057
1965	31.00	1.14	11.28	0.79	511	2 063	107.3	45	383	236	1 976
1970	34.77	1.61	13.80	1.28	523	5 579	155.4	765	640	300	6 157
1975	38.08	1.99	16.10	1.52	547	6 463	123.3	531	825	524	5 591
1978	39.46	2.35	15.80	1.80	569	8 882	96.6	211	1 232	746	3 698
1980	39.74	2.56	16.62	1.97	693	11 849	103.4	688	1 357	827	6 161
1985	40.95	3.43	18.80	2.75	986	20 051	97.6	3 215	2 243	1 716	7 435
1986	40.90	3.52	19.33	2.81	1 154	23 024	109.3	3 375	2 391	1 752	11 341
1987	41.35	3.81	20.21	2.89	1 233	24 749	103.4	2 078	2 036	1 495	12 151
1988	41.80	3.82	20.93	3.13	1 372	28 587	103.2	2 603	2 292	2 148	14 144
1989	42.43	3.93	21.55	3.27	1 605	33 768	116.4	3 051	2 971	2 782	16 385
1990	43.57	4.16	22.13	3.36	1 757	36 211	102.3	2 886	3 022	2 674	18 566
1991	44.18	4.24	22.50	3.27	1 902	46 310	124.6	3 692	3 422	3 083	13 804
1992	44.73	4.49	23.03	3.65	2 061	72 293	144.0	5 609	3 353	3 410	19 317
1993	45.34	4.76	22.90	3.44	2 389	114 114	148.5	8 757	4 191	3 781	26 644
1994	45.87	4.92	23.33	3.64	2 811	134 757	107.6	20 928	3 811	4 615	36 464
1995	46.40	5.02	23.52	3.74	3 624	151 883	109.2	13 982	4 829	6 424	42 398
1996	46.94	5.20	23.27	3.62	4 065	185 400	113.8	8 479	6 474	8 228	47 493
1997	47.32	5.36	23.78	3.96	4 387	205 127	112.4	11 945	7 388	9 241	32 467
1998	47.82	5.52	23.61	2.81	4 413	220 460	106.9	5 161	8 055	10 453	45 414

年份	农林牧渔业总产值指数（上年＝100）	粮食产量（吨）	油料产量（吨）	猪牛羊肉产量（吨）	乡镇企业利税总额（万元）	农民人均纯收入（元）	工业总产值（万元）	工业总产值指数（上年＝100）	社会消费品零售总额（万元）	在校学生数（人）	医院床位数（张）
1949		49 632	684	219			323		401	20 557	
1952	110.1	61 919	807	205		28	412	116.3	807	25 029	20
1957	97.8	82 218	493	300		40	930	119.8	944	33 491	42
1965	90.5	70 980	642	1 186		47	1 522	129.2	1 467	58 589	85
1970	164.5	114 550	533	1 382		69	2 759	137.4	2 108	57 692	150
1975	119.1	132 120	1 000	1 777		72	5 348	127.7	2 447	85 378	556
1978	87.8	103 020	229	3 162	1 115	73	7 761	118.3	3 426	85 945	557
1980	108.8	130 255	777	4 454	1 113	100	9 154	105.1	4 108	82 655	649
1985	74.2	101 804	826	5 245	2 531	427	14 928	95.4	7 773	76 536	1 036
1986	117.1	138 656	1 369	6 481	3 761	431	16 446	106.8	9 798	70 427	876
1987	98.2	146 765	1 557	6 567	3 750	426	15 709	95.8	9 550	66 618	877
1988	98.9	135 575	1 132	6 897	4 102	465	17 834	106.9	10 262	62 895	882
1989	111.8	162 702	1 383	7 196	5 765	512	23 121	117.1	11 146	58 868	892
1990	104.1	165 545	1 591	7 718	6 433	574	29 802	106.5	11 285	56 115	909
1991	72.5	91 347	891	8 188	7 600	551	33 195	101.7	12 466	54 420	963
1992	132.6	129 533	1 541	8 901	11 483	751	32 977	98.9	11 856	50 773	1 137
1993	125.7	193 104	1 790	9 446	13 135	875	35 309	98.7	17 116	46 451	1 137
1994	85.1	145 875	932	10 145	23 061	1 104	51 090	132.8	19 455	49 397	1 154
1995	116.4	178 106	1 760	10 250	25 691	1 505	51 731	98.7	24 838	56 401	1 080
1996	108.2	197 856	1 774	11 823	30 827	2 001	63 321	121.8	28 906	59 106	1 268
1997	72.9	108 824	278	11 493	36 620	2 410	77 419	115.4	35 012	61 174	1 268
1998	144.1	202 006	1 540	11 189	32 867	2 519	72 307	101.7	40 506	63 574	1 268

晋城市城区主要社会、经济统计指标

MAJOR SOCIO – ECONOMIC INDICATORS IN CHENGQU OF JINCHENG

年份	年末总人口(万人)	#非农业人口	社会从业人员(万人)	职工人数(万人)	职工平均工资(元)	国内生产总值(万元)	国内生产总值指数(上年=100)	全社会固定资产投资(万元)	地方财政收入(万元)	地方财政支出(万元)	农林牧渔业总产值(万元)
1949	6.13	0.67	1.83	0.20	246				77	8	441
1952	6.54	0.78	2.06	0.34	307	332		4	133	18	545
1957	7.48	2.32	2.60	0.73	425	413	88.4	1 720	210	83	533
1965	9.06	3.70	4.23	2.09	700	777	86.1	1 728	446	128	594
1970	10.40	4.25	4.91	2.45	597	1 141	119.9	2 640	623	173	797
1975	12.14	5.33	5.58	2.86	667	2 190	116.1	1 856	1 045	309	926
1978	12.81	5.69	6.17	3.54	666	2 469	107.4	3 984	1 341	518	707
1980	13.30	6.16	6.52	3.89	826	2 882	102.1	7 954	1 544	481	650
1985	14.53	6.76	8.33	5.22	1 302	10 018	114.8	9 915	2 047	988	2 233
1986	15.35	7.49	8.53	5.19	1 675	11 697	112.6	9 117	2 205	1 132	1 928
1987	16.30	8.35	9.01	5.45	1 827	12 610	105.8	13 676	2 815	1 241	2 084
1988	16.95	8.86	9.35	5.68	2 080	15 646	122.8	12 658	3 892	1 921	1 956
1989	17.55	9.29	9.98	6.14	2 423	19 320	121.0	8 469	4 765	2 715	3 145
1990	18.16	10.01	8.24	4.13	1 810	27 589	135.0	12 180	2 239	1 566	3 921
1991	18.68	10.49	8.31	3.45	1 950	33 904	111.4	15 212	2 285	1 730	3 816
1992	19.18	10.81	8.19	3.49	2 186	37 635	107.8	15 638	2 266	1 899	3 852
1993	19.79	11.35	6.19	1.18	2 743	62 548	144.7	32 514	2 963	2 284	5 151
1994	20.88	12.45	6.23	1.17	3 346	78 102	115.4	31 316	3 412	2 977	5 126
1995	21.66	13.08	6.33	1.14	4 196	95 696	115.8	20 996	4 776	3 892	8 398
1996	22.22	13.64	6.54	1.13	4 231	110 913	116.3	51 098	3 304	4 385	9 513
1997	22.90	14.27	6.52	1.13	4 660	124 037	111.8	56 926	4 184	5 511	6 909
1998	23.83	15.12	6.48	0.91	5 293	135 560	110.6	57 852	4 747	6 775	7 212

年份	农林牧渔业总产值指数(上年=100)	粮食产量(吨)	油料产量(吨)	猪牛羊肉产量(吨)	乡镇企业利税总额(万元)	农民人均纯收入(元)	工业总产值(万元)	工业总产值指数(上年=100)	社会消费品零售总额(万元)	在校学生数(人)	医院床位数(张)
1949		10 700	71				101		273	6 056	5
1952	109.9	12 730	74			36	465	73.5	500	9 593	9
1957	85.6	12 333	77			36	766	103.4	975	13 052	21
1965	78.2	13 227	128			53	5 756	79.1	1 944	13 852	73
1970	112.2	17 276	111	19		74	5 053	121.3	2 216	14 651	100
1975	133.9	23 236	355	20	141	83	12 641	119.5	3 712	12 371	200
1978	95.1	15 658	104	624	713	103	16 685	119.4	4 089	10 090	200
1980	97.7	14 360	86	571	972	165	20 714	114.4	4 975	19 691	200
1985	93.8	19 483	126	659	2 206	574	32 631	137.0	11 601	31 116	215
1986	99.8	19 384	172	556	2 770	594	40 855	110.0	13 030	30 394	370
1987	101.2	18 676	158	414	4 221	621	43 913	113.2	16 068	31 155	760
1988	96.9	17 597	138	402	4 227	700	53 933	121.3	16 964	32 824	797
1989	129.1	23 336	145	472	5 392	924	26 467	43.0	22 621	33 031	797
1990	113.7	22 745	206	535	6 212	991	24 641	94.4	23 623	28 720	605
1991	90.2	18 105	143	612	5 780	1 037	29 312	110.2	25 555	39 402	1 093
1992	91.8	16 347	209	544	8 379	1 375	32 508	101.3	41 802	39 509	1 078
1993	126.0	24 349	173	557	15 028	2 040	15 828	50.5	57 661	37 843	605
1994	98.0	18 640	118	438	14 625	2 133	15 037	98.0	67 390	37 541	415
1995	102.6	17 225	129	857	14 852	2 653	15 036	99.0	77 447	41 498	405
1996	127.1	21 048	176	1 183	16 875	3 002	21 416	142.4	86 141	42 656	405
1997	73.5	14 798	18	1 082	18 486	3 261	22 795	109.6	105 000	43 738	405
1998	107.9	18 828	117	1 174	10 369	3 382	15 041	112.7	122 084	46 244	395

泽州县主要社会、经济统计指标

MAJOR SOCIO – ECONOMIC INDICATORS OF ZEZHOU

年份	年末总人口（万人）	#非农业人口	社会从业人员（万人）	职工人数（万人）	职工平均工资（元）	国内生产总值（万元）	国内生产总值指数（上年=100）	全社会固定资产投资（万元）	地方财政收入（万元）	地方财政支出（万元）	农林牧渔业总产值（万元）
1949	24.20	0.63	9.04	0.10	251	1 680	100.0		61	15	3 565
1952	25.80	0.67	9.63	0.17	315	2 369	85.8		105	33	4 406
1957	29.50	0.77	11.01	0.37	454	2 870	86.1		165	168	4 309
1965	34.88	0.98	11.93	0.66	561	2 593	78.0	24	350	257	4 807
1970	38.67	1.09	13.23	1.32	513	5 376	121.3	32	489	259	6 447
1975	42.27	1.51	14.46	1.56	542	11 344	126.2	72	821	429	7 493
1978	44.01	1.68	15.05	1.46	590	13 764	107.2	1 190	1 054	651	5 786
1980	44.12	1.68	15.09	2.16	631	14 003	106.0	2 476	1 213	674	5 892
1985	46.75	3.08	17.19	1.72	1 020	27 612	114.3	6 990	1 600	1 838	9 607
1986	46.71	3.30	18.10	1.69	1 197	37 171	128.9	5 420	1 869	2 301	13 010
1987	47.05	3.53	18.66	1.71	1 293	39 661	105.1	5 022	2 008	2 290	13 581
1988	47.36	3.37	19.16	1.90	1 473	47 019	117.1	5 727	2 408	2 760	14 897
1989	48.03	3.55	19.47	1.91	1 729	51 130	106.8	6 362	2 993	3 533	17 964
1990	48.52	3.63	20.55	2.01	1 874	65 184	123.3	7 405	3 008	3 965	21 685
1991	49.13	3.66	20.97	2.05	2 045	77 750	112.7	5 797	3 800	4 097	17 087
1992	49.80	3.67	21.29	1.96	2 035	101 621	127.9	7 311	4 380	4 704	18 395
1993	50.45	3.70	21.73	1.92	2 321	196 663	170.3	7 785	5 888	5 867	30 169
1994	50.37	3.78	21.64	2.07	3 430	218 112	106.3	11 307	8 206	7 607	40 100
1995	50.58	3.85	22.85	2.10	3 796	266 915	115.2	10 858	7 330	8 410	49 109
1996	50.94	4.74	21.68	2.11	3 940	342 301	122.1	11 835	9 531	10 297	57 700
1997	51.16	4.86	22.75	2.05	4 661	400 580	114.0	23 705	11 591	13 519	43 475
1998	51.17	4.95	23.77	2.08	5 661	442 310	111.7	20 500	13 017	14 107	43 817

年份	农林牧渔业总产值指数（上年=100）	粮食产量（吨）	油料产量（吨）	猪牛羊肉产量（吨）	乡镇企业利税总额（万元）	农民人均纯收入（元）	工业总产值（万元）	工业总产值指数（上年=100）	社会消费品零售总额（万元）	在校学生数（人）	医院床位数（张）
1949	100.0	74 900	483	203		30	705	100.0	170	20 658	5
1952	109.9	89 110	505	500		33	898	162.1	311	32 805	11
1957	85.6	86 328	522	433		32	1 670	138.3	743	43 887	62
1965	78.2	92 117	844	534		47	918	76.6	1 471	76 559	335
1970	112.3	125 180	821	1 072		65	3 512	149.1	2 467	86 842	413
1975	133.9	148 789	2 094	2 348		68	8 852	115.2	3 415	91 803	577
1978	95.2	131 860	675	3 310	2 115	118	9 460	109.6	3 813	93 648	805
1980	107.4	138 695	895	3 295	3 134	164	9 516	104.9	4 685	108 393	800
1985	67.8	105 355	1 530	3 965	9 563	513	14 832	86.1	9 709	98 890	800
1986	134.8	175 020	1 882	2 690	8 785	423	15 462	104.2	7 739	93 100	969
1987	96.9	169 944	2 693	3 213	9 184	443	16 295	105.4	8 649	83 544	1 033
1988	99.7	158 997	3 027	3 459	11 209	505	17 760	109.0	14 251	82 695	1 098
1989	116.0	194 600	3 232	3 827	15 003	553	19 358	109.0	13 657	75 647	1 105
1990	104.0	203 434	3 337	4 966	15 641	621	20 490	105.8	11 487	73 359	1 150
1991	81.0	151 205	1 734	5 122	21 606	687	37 855	184.7	11 455	73 844	1 208
1992	112.8	170 416	3 363	6 095	34 349	872	40 497	107.0	15 801	72 538	1 175
1993	137.7	229 767	3 709	7 073	62 388	1 103	52 806	130.4	19 335	69 785	1 237
1994	90.4	177 794	2 468	8 473	67 806	1 338	40 347	76.2	21 510	69 559	1 243
1995	116.0	200 405	3 440	8 990	87 889	1 721	67 695	167.8	23 591	70 614	1 243
1996	111.3	235 012	3 518	10 731	101 742	2 256	71 657	105.7	27 502	71 399	1 243
1997	77.5	160 168	153	7 087	70 780	2 703	79 677	122.4	34 260	71 449	1 313
1998	129.2	239 918	4 392	7 352	16 528	2 950	88 540	111.1	36 833	70 853	1 313

沁水县主要社会、经济统计指标

MAJOR SOCIO－ECONOMIC INDICATORS OF QINSHUI

年份	年末总人口（万人）	#非农业人口	社会从业人员（万人）	职工人数（万人）	职工平均工资（元）	国内生产总值（万元）	国内生产总值指数（上年＝100）	全社会固定资产投资（万元）	地方财政收入（万元）	地方财政支出（万元）	农林牧渔业总产值（万元）
1949	12.55	0.21	4.97	0.08	198				18	15	1 342
1952	13.13	0.31	5.04	0.12	236	1 142		75	50	34	1 553
1957	14.65	0.79	5.41	0.26	382	1 416	95.6	115	101	139	1 614
1965	16.30	0.68	6.35	0.47	481	1 907	99.9	88	137	179	1 520
1970	17.91	0.82	7.13	0.69	440	2 627	108.4	680	191	242	2 089
1975	19.66	1.17	7.66	0.95	380	3 823	102.3	951	198	352	2 734
1978	19.99	1.42	7.82	1.19	470	5 203	114.3	1 193	275	566	2 613
1980	20.29	1.85	7.78	1.21	653	5 763	102.1	450	324	754	3 304
1985	20.34	1.99	7.92	1.42	853	12 293	96.1	845	575	1 384	6 742
1986	20.04	1.84	8.12	1.54	994	12 552	100.3	453	614	1 555	7 054
1987	20.01	1.81	8.24	1.61	1 102	14 754	109.0	356	665	1 528	6 754
1988	20.07	1.86	8.34	1.68	1 253	16 839	104.3	946	824	2 030	9 424
1989	20.31	1.92	8.38	1.77	1 382	18 898	109.9	600	1 064	2 337	11 050
1990	20.48	1.99	8.18	1.70	1 548	21 857	107.8	3 688	1 191	2 489	12 558
1991	20.59	2.04	8.92	1.72	1 762	23 440	106.6	3 145	1 731	3 291	9 574
1992	20.78	2.04	9.58	1.72	1 923	32 592	135.6	4 962	1 960	2 878	12 766
1993	20.94	2.28	9.15	1.83	2 050	38 755	110.0	5 163	2 195	3 216	15 078
1994	21.00	2.33	9.08	1.83	2 817	44 028	108.8	5 528	2 709	3 693	16 498
1995	21.16	2.46	8.99	1.86	3 042	53 937	109.2	9 793	2 443	4 542	22 499
1996	21.07	2.59	9.01	1.90	3 362	68 350	121.0	10 911	3 095	5 867	25 341
1997	20.98	2.76	9.08	1.92	3 579	78 298	112.1	15 600	3 529	6 851	25 347
1998	21.04	2.87	8.89	1.67	3 938	89 614	111.5	18 400	4 022	7 419	32 463

年份	农林牧渔业总产值指数（上年＝100）	粮食产量（吨）	油料产量（吨）	猪牛羊肉产量（吨）	乡镇企业利税总额（万元）	农民人均纯收入（元）	工业总产值（万元）	工业总产值指数（上年＝100）	社会消费品零售总额（万元）	在校学生数（人）	医院床位数（张）
1949		37 842	632	40			103		196	9 622	
1952	103.9	43 927	884	66		52	145	103.6	362	16 284	9
1957	107.4	38 000	1 051	230		37	388	137.9	611	20 383	28
1965	90.3	42 875	659	523		55	484	111.0	1 013	31 406	51
1970	110.1	50 152	590	709		62	909	140.5	1 231	34 962	51
1975	84.9	66 643	562	1 001		56	1 528	140.0	1 633	45 317	110
1978	105.5	63 970	341	3 900	184	60	1 731	114.6	2 487	51 643	143
1980	105.5	71 054	1 507	3 690	337	90	2 078	104.3	2 995	51 553	161
1985	82.2	54 635	1 965	2 970	983	266	4 395	101.7	5 098	35 691	187
1986	95.5	60 328	2 064	3 030	975	283	4 995	107.9	5 720	33 445	260
1987	99.4	65 951	1 990	2 370	906	299	6 159	110.1	6 084	32 080	306
1988	102.0	66 290	1 987	2 520	1 008	348	6 295	115.4	7 469	31 622	306
1989	105.9	78 773	2 423	3 300	1 127	383	7 836	112.4	9 134	30 032	346
1990	106.9	78 974	3 365	2 980	1 225	432	8 116	114.5	8 000	29 505	404
1991	72.5	45 845	1 398	3 183	1 717	401	11 622	109.7	8 340	28 817	394
1992	120.4	72 315	3 832	4 243	3 406	522	11 600	107.1	9 445	28 780	371
1993	102.3	89 674	4 291	4 852	1 942	740	16 202	101.0	11 098	28 850	419
1994	89.0	64 979	3 217	5 067	2 913	898	12 332	91.1	13 497	29 094	306
1995	112.3	75 299	4 541	4 487	8 363	1 215	15 445	125.7	17 442	26 992	306
1996	112.0	87 707	5 017	5 239	13 206	1 561	19 265	113.7	21 824	27 912	306
1997	77.2	46 879	1 228	5 743	16 718	1 948	23 465	120.4	26 199	28 934	252
1998	137.8	97 287	5 019	5 748	18 700	2 128	20 583	110.5	32 661	28 753	252

阳城县主要社会、经济统计指标

MAJOR SOCIO – ECONOMIC INDICATORS OF YANGCHENG

年份	年末总人口（万人）	#非农业人口	社会从业人员（万人）	职工人数（万人）	职工平均工资（元）	国内生产总值（万元）	国内生产总值指数（上年＝100）	全社会固定资产投资（万元）	地方财政收入（万元）	地方财政支出（万元）	农林牧渔业总产值（万元）
1949	20.86	0.76	9.89	0.29	139	916		60	50	26	1 231
1952	23.38	1.02	11.84	1.80	325	1 423	119.6	150	141	53	1 867
1957	26.37	1.78	10.61	1.36	441	2 815	118.3	210	294	174	2 257
1965	29.33	1.24	13.64	0.83	483	3 205	103.1	320	263	227	2 634
1970	32.69	1.87	12.47	1.16	482	4 355	127.8	1 200	431	309	2 949
1975	34.99	1.99	14.75	2.26	371	6 813	119.8	1 075	922	591	5 246
1978	35.42	2.29	14.76	1.90	519	10 329	111.5	1 304	1 150	635	5 793
1980	35.67	2.46	14.77	2.03	636	11 656	104.8	1 633	477	873	6 073
1985	36.20	3.00	15.46	2.38	921	19 564	97.8	5 175	1 916	1 645	8 016
1986	36.15	3.10	15.38	2.28	1 108	23 994	117.2	3 802	2 062	2 012	11 098
1987	36.40	3.23	15.68	2.50	1 176	26 964	104.5	5 489	2 267	1 809	11 192
1988	36.64	3.44	16.32	2.90	1 443	31 642	104.8	3 518	2 485	2 315	13 941
1989	36.77	3.26	16.62	2.98	1 620	40 713	123.0	4 581	3 313	3 067	15 734
1990	37.17	3.36	16.66	2.91	1 766	54 949	125.3	17 771	3 796	3 294	19 537
1991	37.61	3.44	17.01	3.01	1 811	55 295	94.5	17 073	4 022	3 455	14 373
1992	38.09	3.72	17.16	3.02	1 949	78 802	133.1	24 270	4 429	3 817	18 138
1993	38.56	3.99	17.67	3.20	2 287	122 020	135.7	47 754	3 960	4 902	22 920
1994	38.97	4.17	18.33	3.24	3 177	141 043	108.3	59 841	7 150	6 200	27 673
1995	39.37	4.41	18.73	3.32	3 470	163 794	111.8	73 003	10 037	7 317	33 188
1996	39.57	4.78	18.82	3.46	3 767	204 517	114.2	81 901	7 247	9 679	43 431
1997	39.71	5.07	18.62	3.37	3 960	232 001	112.0	147 048	8 690	10 419	23 671
1998	39.58	5.17	18.80	3.22	4 556	261 731	111.9	202 750	9 741	11 956	40 477

年份	农林牧渔业总产值指数（上年＝100）	粮食产量（吨）	油料产量（吨）	猪牛羊肉产量（吨）	乡镇企业利税总额（万元）	农民人均纯收入（元）	工业总产值（万元）	工业总产值指数（上年＝100）	社会消费品零售总额（万元）	在校学生数（人）	医院床位数（张）
1949		44 620	625	15					268	12 877	8
1952	105.8	45 235	600	25		28	130	121.9	513	22 622	10
1957	97.1	65 930	860	160		36	1 403	90.6	1 144	36 497	67
1965	94.5	76 580	720	300		50	922	113.6	1 186	53 657	156
1970	120.9	85 030	545	481		60	2 147	192.3	1 765	64 994	259
1975	121.8	101 580	700	1 829		60	5 955	114.9	2 590	72 479	757
1978	106.1	122 715	232	1 956	956	81	6 423	118.3	3 031	98 809	877
1980	111.4	126 000	693	2 579	1 152	114	7 330	103.3	3 771	82 953	903
1985	74.9	71 735	994	3 880	3 328	323	13 806	123.9	8 272	61 611	1 074
1986	130.5	131 610	1 775	3 869	4 033	396	15 268	102.3	10 691	57 956	1 147
1987	93.2	111 130	1 789	4 856	4 359	421	17 003	108.7	11 074	54 302	1 143
1988	100.2	99 070	1 613	3 334	3 892	470	22 681	111.9	12 726	53 943	1 179
1989	110.5	135 326	2 109	3 691	5 186	503	32 192	101.9	15 157	51 162	1 224
1990	108.5	138 090	1 934	4 749	6 041	643	34 630	106.3	16 207	48 829	1 211
1991	69.1	70 617	483	4 754	7 659	607	37 348	105.5	19 013	47 305	1 266
1992	131.6	120 833	3 043	4 560	11 046	724	42 063	109.2	21 404	46 630	1 309
1993	118.5	148 184	3 834	5 267	18 031	852	63 603	121.1	24 910	45 837	1 340
1994	85.6	98 697	2 434	8 392	27 888	1 022	65 108	102.9	30 095	46 983	1 321
1995	105.4	100 920	4 276	5 738	34 445	1 513	71 333	107.8	34 376	47 889	1 408
1996	116.9	136 091	4 550	6 492	45 013	2 038	86 119	118.3	42 229	50 128	1 450
1997	65.5	67 772	1 042	4 215	54 756	2 366	97 975	114.3	52 081	53 247	1 425
1998	169.6	166 183	7 063	4 493	55 600	2 541	109 857	110.7	59 127	55 941	1 423

陵川县主要社会、经济统计指标

MAJOR SOCIO－ECONOMIC INDICATORS OF LINCHUAN

年份	年末总人口（万人）	#非农业人口	社会从业人员（万人）	职工人数（万人）	职工平均工资（元）	国内生产总值（万元）	国内生产总值指数（上年＝100）	全社会固定资产投资（万元）	地方财政收入（万元）	地方财政支出（万元）	农林牧渔业总产值（万元）
1949	14.93	0.39	5.78	0.31	177	755	100.0	2	60	21	746
1952	15.33	0.39	5.93	0.37	245	969	107.7	5	77	29	1 129
1957	16.68	0.73	6.25	0.55	357	1 211	91.0	14	95	135	1 221
1965	18.63	0.86	6.80	0.55	512	1 570	94.7	55	131	195	1 221
1970	20.62	0.86	7.98	0.50	484	2 472	119.0	193	202	231	1 786
1975	22.25	1.01	7.95	0.76	514	4 118	108.6	286	299	356	3 040
1978	22.82	1.13	8.18	1.03	517	5 498	110.3	343	345	490	3 452
1980	23.04	1.23	8.48	1.17	571	5 825	94.6	330	247	819	3 935
1985	23.27	1.52	9.28	1.37	785	12 860	110.1	1 514	626	1 424	6 233
1986	23.29	1.62	9.71	1.58	953	13 828	100.2	2 455	675	1 683	6 489
1987	23.37	1.65	9.81	1.62	997	14 473	101.9	2 064	740	1 403	6 143
1988	23.63	1.71	9.93	1.65	1 075	16 035	101.6	2 999	840	1 778	7 502
1989	23.86	1.75	9.86	1.67	1 281	19 598	120.8	2 650	1 025	2 109	7 840
1990	24.06	1.80	10.22	1.66	1 465	23 003	109.7	3 950	1 053	2 326	9 690
1991	24.25	1.86	10.44	1.70	1 573	22 937	97.9	3 018	1 171	2 530	8 385
1992	24.35	1.86	10.55	1.67	1 724	28 628	121.5	5 385	1 282	2 642	10 701
1993	24.50	1.93	10.54	1.61	2 102	41 000	116.4	9 708	1 039	3 066	11 702
1994	24.61	2.02	10.72	1.67	2 717	47 054	105.9	11 520	1 209	3 871	14 878
1995	24.76	2.06	10.69	1.60	3 008	59 008	119.6	8 825	1 789	5 704	15 020
1996	24.85	2.12	10.85	1.76	3 453	72 650	123.1	4 963	2 617	6 385	16 581
1997	27.87	2.27	10.99	1.69	3 711	83 087	112.5	3 773	3 004	7 099	16 004
1998	24.95	2.27	10.85	1.49	4 071	90 652	109.6	4 166	3 426	7 274	24 392

年份	农林牧渔业总产值指数（上年＝100）	粮食产量（吨）	油料产量（吨）	猪牛羊肉产量（吨）	乡镇企业利税总额（万元）	农民人均纯收入（元）	工业总产值（万元）	工业总产值指数（上年＝100）	社会消费品零售总额（万元）	在校学生数（人）	医院床位数（张）
1949	100.0	31 605	245	41	63	23	63	100.0	124	9 163	8
1952	151.5	50 425	610	57	83	36	160	254.7	181	13 254	27
1957	110.0	50 210	760	411	87	30	481	300.7	476	20 742	115
1965	97.0	46 570	525	556	230	40	306	177.6	845	36 284	280
1970	141.5	61 395	1 020	741	298	57	759	247.4	1 118	42 000	292
1975	118.2	68 745	855	1 306	371	56	2 236	195.5	1 410	46 050	497
1978	105.7	64 810	215	1 968	369	63	2 297	98.2	1 705	51 720	550
1980	100.2	80 870	935	1 694	364	79	1 966	96.3	2 128	50 191	563
1985	93.5	81 420	945	3 039	2 194	359	5 139	123.3	5 303	47 715	586
1986	91.4	70 173	1 369	2 500	2 196	349	5 677	110.8	6 474	48 110	625
1987	93.9	70 338	1 241	2 521	2 248	334	6 179	100.3	6 096	48 058	663
1988	98.5	72 856	1 454	2 210	2 470	340	6 781	102.4	6 216	48 310	690
1989	101.6	75 906	1 143	1 927	2 143	361	9 742	111.3	7 022	47 798	690
1990	102.5	82 929	1 663	2 542	2 066	386	10 412	107.8	8 267	45 215	695
1991	89.6	69 273	999	2 287	4 306	398	10 591	94.1	8 806	44 004	756
1992	114.5	85 211	2 305	2 357	3 241	452	14 069	125.9	10 158	43 039	757
1993	107.0	86 208	2 383	2 822	5 105	579	23 115	140.8	13 927	41 174	727
1994	102.6	90 337	1 890	3 698	6 580	770	25 460	108.0	16 279	40 004	725
1995	100.5	74 145	1 958	4 716	7 621	1 072	30 989	112.8	18 900	39 102	725
1996	107.4	90 417	2 225	5 383	9 787	1 448	32 862	106.0	22 900	38 453	725
1997	83.8	48 916	582	5 090	6 384	1 874	43 933	115.2	28 438	37 579	619
1998	142.3	111 103	2 395	5 390	7 619	2 045	36 184	90.3	32 228	37 591	538

朔州市朔城区主要社会、经济统计指标

MAJOR SOCIO – ECONOMIC INDICATORS IN SHUOCHENG OF SHUOZHOU

年份	年末总人口（万人）	#非农业人口	社会从业人员（万人）	职工人数（万人）	职工平均工资（元）	国内生产总值（万元）	国内生产总值指数（上年=100）	全社会固定资产投资（万元）	地方财政收入（万元）	地方财政支出（万元）	农林牧渔业总产值（万元）
1949	14.20	1.00	6.10	0.10	247	480	104.0	3	24	19	528
1952	14.10	0.90	6.60	0.10	335	639	106.0	21	93	85	1 093
1957	16.00	2.10	6.70	0.30	495	1 029	108.0	157	107	165	1 342
1965	17.40	1.40	6.80	0.50	537	2 426	107.0	122	269	218	1 383
1970	19.80	2.00	7.50	0.80	523	3 907	109.0	561	340	227	2 138
1975	22.00	2.30	8.00	1.10	540	6 292	110.0	341	449	520	3 250
1978	22.82	2.53	9.02	1.68	575	8 189	108.6	6 081	697	661	3 113
1980	23.37	2.94	9.54	2.28	726	10 104	110.5	9 047	894	733	4 909
1985	25.14	3.85	10.24	3.06	1 211	32 695	120.0	52 503	2 418	2 522	7 424
1986	25.61	4.08	10.71	3.46	1 465	39 478	120.5	69 805	3 013	3 076	5 890
1987	26.27	4.51	10.86	3.83	1 663	36 742	92.1	50 515	3 712	3 074	9 442
1988	27.97	5.52	11.31	4.17	1 877	36 329	98.7	30 216	5 523	3 781	15 400
1989	28.49	5.81	11.84	4.34	2 288	38 274	107.1	32 368	5 437	5 561	13 845
1990	28.55	5.37	11.95	4.53	2 556	39 551	102.4	45 917	7 802	9 889	17 162
1991	29.07	5.61	12.20	4.99	2 847	46 987	114.2	64 137	8 326	7 086	18 543
1992	29.57	6.04	12.50	4.89	3 169	50 499	98.9	65 357	7 214	6 596	19 676
1993	30.95	6.48	14.07	5.24	3 476	57 434	111.7	4 678	10 338	7 388	23 252
1994	32.45	8.59	14.35	5.67	4 614	72 322	119.0	6 479	9 187	8 428	32 748
1995	33.17	9.35	15.05	5.82	5 696	94 896	119.6	3 215	10 477	10 346	36 425
1996	33.75	9.83	15.39	5.76	5 365	112 246	118.6	4 568	11 484	12 073	44 654
1997	34.20	10.30	15.40	7.30	4 597	136 230	110.5	3 882	11 011	10 492	53 778
1998	34.60	10.80	15.60	6.94	5 809	146 046	109.0	1 379	11 622	10 966	54 012

年份	农林牧渔业总产值指数（上年=100）	粮食产量（吨）	油料产量（吨）	猪牛羊肉产量（吨）	乡镇企业利税总额（万元）	农民人均纯收入（元）	工业总产值（万元）	工业总产值指数（上年=100）	社会消费品零售总额（万元）	在校学生数（人）	医院床位数（张）
1949	103.1	37 775	893	400	4	20	80		136	4 883	50
1952	104.7	52 650	1 532	907	4	25	164	172.6	377	16 163	120
1957	94.7	46 125	1 386	800	13	34	546	103.4	655	18 668	180
1965	108.5	42 202	1 153	1 186	25	39	1 052	108.7	983	29 199	184
1970	105.5	57 063	1 303	1 021	37	59	2 385	114.6	1 824	33 490	201
1975	109.3	87 031	749	1 075	99	51	4 537	117.3	2 100	43 391	201
1978	75.9	67 660	659	1 146	325	71	6 381	136.1	3 327	58 057	202
1980	111.0	79 620	2 632	1 405	669	120	9 862	140.0	4 202	56 874	197
1985	76.0	89 880	7 850	2 248	1 852	456	32 462	121.0	10 933	54 718	283
1986	74.2	61 980	4 451	2 482	946	354	27 469	97.4	12 902	53 263	279
1987	126.9	100 125	4 840	2 415	1 193	444	39 437	112.4	15 128	51 191	306
1988	122.7	110 089	6 373	2 823	2 777	495	56 373	121.6	16 084	51 649	300
1989	101.1	115 431	5 787	3 600	3 548	522	114 423	130.4	19 759	51 977	351
1990	120.8	139 661	7 007	4 637	3 157	605	145 453	119.7	23 335	59 662	388
1991	104.0	122 608	7 241	5 800	4 043	645	165 560	113.5	24 188	54 007	430
1992	100.7	122 705	5 099	6 289	5 562	728	182 072	116.3	26 029	56 870	559
1993	110.5	140 400	8 002	6 998	8 790	878	238 692	124.7	31 233	56 967	576
1994	117.5	154 364	8 003	8 588	12 451	1 250	310 676	127.2	28 125	64 624	597
1995	78.8	102 413	2 438	9 008	16 537	1 351	375 319	128.9	37 327	66 007	612
1996	150.8	177 562	6 153	10 392	14 405	1 788	424 731	109.6	44 002	66 107	841
1997	109.2	172 082	7 012	9 324	17 726	2 288	426 125	108.3	53 429	71 660	632
1998	97.4	165 143	7 512	17 061	18 120	2 509	441 304	114.7	59 600	77 283	720

朔州市平鲁区主要社会、经济统计指标

MAJOR SOCIO – ECONOMIC INDICATORS IN PINLU OF SHUOZHOU

年份	年末总人口（万人）	#非农业人口	社会从业人员（万人）	职工人数（万人）	职工平均工资（元）	国内生产总值（万元）	国内生产总值指数（上年=100）	全社会固定资产投资（万元）	地方财政收入（万元）	地方财政支出（万元）	农林牧渔业总产值（万元）
1949	8.72	0.23	3.08	0.11	155	422	91.2		9		1 000
1952	8.98	0.28	3.33	0.20	149	566	103.3	12	50	28	1 000
1957	9.35	0.43	3.47	0.39	304	723	89.9	26	70	109	1 100
1965	11.30	0.45	4.07	0.38	528	540	92.1	77	108	189	1 000
1970	12.43	0.52	5.08	0.48	479	1 352	115.7	52	130	217	1 500
1975	13.50	0.67	5.01	0.64	486	2 300	118.0	198	168	323	1 400
1978	13.75	0.74	5.11	0.67	500	2 967	111.5	624	164	453	1 726
1980	13.92	0.88	5.23	0.71	652	3 420	110.2	800	210	737	2 760
1985	14.86	1.12	6.84	0.92	960	6 405	89.3	2 680	1 019	1 325	4 114
1986	15.05	1.16	7.15	1.02	1 215	7 043	105.9	4 836	1 157	1 673	3 789
1987	15.35	1.36	7.05	1.14	1 153	9 401	117.3	6 837	1 363	1 723	4 296
1988	15.61	1.53	7.56	1.19	1 541	13 152	122.2	4 644	1 416	1 734	8 303
1989	15.88	1.69	7.63	1.21	1 632	14 776	109.6	2 665	1 754	2 063	7 085
1990	16.40	1.86	7.65	1.18	1 924	17 511	117.8	3 986	1 846	2 301	10 243
1991	16.64	1.93	7.81	1.26	1 981	23 292	124.7	2 581	2 168	2 707	9 923
1992	16.96	2.01	7.87	1.41	2 352	22 937	97.4	17 530	2 226	2 633	7 966
1993	17.19	1.51	8.17	1.53	2 488	34 652	147.6	2 954	3 525	3 165	16 582
1994	17.43	1.16	8.46	1.62	3 240	47 630	127.1	2 855	4 140	4 753	25 255
1995	17.87	2.62	8.39	1.57	5 420	55 189	100.9	1 573	4 928	5 478	25 313
1996	17.97	2.67	8.81	1.46	3 859	66 625	117.4	4 926	4 380	6 435	37 515
1997	18.10	2.76	8.41	1.49	4 252	80 097	110.7	5 043	6 336	6 204	38 931
1998	18.20	2.80	8.10	1.26	5 083	88 756	105.3	7 409	7 129	6 626	36 600

年份	农林牧渔业总产值指数（上年=100）	粮食产量（吨）	油料产量（吨）	猪牛羊肉产量（吨）	乡镇企业利税总额（万元）	农民人均纯收入（元）	工业总产值（万元）	工业总产值指数（上年=100）	社会消费品零售总额（万元）	在校学生数（人）	医院床位数（张）
1949	117.0	27 145	1 770	46		19	8		63	2 000	
1952	115.5	27 821	1 777	85		25	27	322.4	118	10 200	
1957	115.6	25 842	1 345	303	1	27	188	687.3	348	11 400	8
1965	71.2	24 654	1 500	1 361	2	29	290	154.6	620	21 300	35
1970	172.9	37 634	1 965	1 138	6	51	546	188.0	1 054	23 000	152
1975	93.7	48 775	1 587	1 290	15	46	1 396	255.7	1 441	27 300	180
1978	98.3	28 853	1 955	1 975	122	20	4 514	104.3	1 695	29 885	147
1980	105.9	37 578	3 563	2 053	259	53	4 656	122.3	2 223	31 391	222
1985	57.0	38 861	7 869	2 021	465	327	11 702	136.6	5 335	27 674	222
1986	87.6	33 857	7 431	2 449	632	313	13 838	118.3	4 334	27 454	222
1987	87.5	30 051	5 632	2 512	749	314	16 693	120.6	5 824	27 505	222
1988	161.8	65 880	9 607	1 748	795	457	18 777	112.5	6 824	28 881	222
1989	94.9	65 927	6 930	1 750	846	443	20 172	107.4	6 903	27 849	222
1990	130.8	90 020	10 009	2 300	2 753	499	21 828	108.2	6 411	28 638	222
1991	96.1	67 515	10 785	3 369	2 592	557	31 147	142.7	7 332	30 134	222
1992	65.4	30 646	4 826	3 585	4 315	567	34 237	109.9	9 052	31 013	222
1993	197.3	82 106	11 415	4 119	6 695	755	41 143	120.2	10 610	31 015	222
1994	116.6	91 544	12 548	4 511	9 358	1 208	50 775	123.4	12 420	33 820	222
1995	80.2	44 425	5 090	7 657	13 123	1 209	49 889	98.3	16 852	35 444	222
1996	141.0	75 579	14 058	9 443	14 191	1 604	58 347	128.9	24 617	37 350	399
1997	103.8	86 960	14 820	7 899	10 028	1 936	75 021	128.6	30 992	40 800	222
1998	90.4	79 996	15 746	9 397	9 937	2 208	21 165	113.7	35 158	40 800	222

山阴县主要社会、经济统计指标

MAJOR SOCIO – ECONOMIC INDICATORS OF SHANYIN

年份	年末总人口（万人）	#非农业人口	社会从业人员（万人）	职工人数（万人）	职工平均工资（元）	国内生产总值（万元）	国内生产总值指数（上年=100）	全社会固定资产投资（万元）	地方财政收入（万元）	地方财政支出（万元）	农林牧渔业总产值（万元）
1949	9.80	0.30	4.80	0.10	291	302			1		1 447
1952	10.40	0.40	5.20	0.10	309	592	113.8	3	28	3	2 363
1957	12.80	1.10	5.90	0.20	377	972	102.3	18	85	116	3 404
1965	13.60	0.50	4.70	0.30	522	723	88.8	78	91	197	2 404
1970	15.20	0.70	5.50	0.40	498	1 539	115.6	322	142	210	3 847
1975	16.70	0.80	6.00	0.60	539	2 738	99.5	451	156	422	5 132
1978	17.51	1.06	6.21	1.11	532	4 877	139.9	651	308	559	1 755
1980	17.91	1.23	6.13	1.06	657	5 538	106.1	605	387	667	2 656
1985	18.31	1.51	7.04	1.57	882	9 735	112.4	2 100	1 479	1 584	5 184
1986	18.31	1.61	7.17	1.66	1 054	10 886	109.9	1 370	1 585	1 816	6 067
1987	18.37	1.73	7.26	1.77	1 140	12 543	110.3	3 236	1 747	1 755	8 741
1988	18.55	1.96	7.36	1.83	1 334	14 453	112.5	2 825	1 990	1 940	10 910
1989	18.63	2.06	7.32	1.82	1 506	16 635	113.2	2 507	2 208	2 413	11 601
1990	19.00	2.18	7.42	1.81	1 622	18 860	111.5	1 957	2 630	2 869	15 575
1991	19.14	2.28	7.87	1.88	1 824	24 303	117.7	1 924	2 954	3 241	15 926
1992	19.25	2.35	7.84	1.97	2 029	29 775	119.3	2 174	3 071	3 378	17 494
1993	19.19	2.42	7.85	1.97	2 306	39 831	114.9	1 400	4 076	4 034	21 268
1994	19.45	2.95	8.01	1.98	2 818	50 250	114.5	1 923	2 801	5 173	33 563
1995	19.86	3.18	7.77	1.99	3 130	60 997	115.1	1 744	3 555	5 499	33 891
1996	20.03	3.25	7.90	1.88	3 367	74 907	116.2	1 731	4 258	5 993	46 369
1997	20.20	3.30	7.30	1.80	3 714	91 197	110.7	2 372	4 567	5 993	25 526
1998	20.40	3.40	7.50	1.80	3 801	105 735	107.6	1 818	4 650	6 069	28 590

年份	农林牧渔业总产值指数（上年=100）	粮食产量（吨）	油料产量（吨）	猪牛羊肉产量（吨）	乡镇企业利税总额（万元）	农民人均纯收入（元）	工业总产值（万元）	工业总产值指数（上年=100）	社会消费品零售总额（万元）	在校学生数（人）	医院床位数（张）
1949		16 005	330	190		19	67		33	4 243	
1952	166.5	28 350	805	280		21	103	112.1	241	12 795	
1957	94.0	23 115	741	390		35	192	163.4	508	15 202	15
1965	72.8	26 420	781	450		45	199	130.9	824	22 618	58
1970	96.8	41 565	1 035	540		50	572	135.3	1 219	26 719	146
1975	89.8	63 630	610	650		59	1 400	121.7	1 806	31 410	420
1978	85.5	53 690	695	842	133	63	3 705	105.2	1 381	31 445	551
1980	125.2	49 540	1 935	1 321	349	82	4 849	125.4	2 037	32 904	569
1985	65.1	47 091	8 970	715	1 498	315	13 095	112.6	5 760	36 088	628
1986	108.8	53 419	6 402	999	1 286	328	13 776	105.2	6 003	36 309	583
1987	144.8	74 147	7 777	771	1 237	404	15 662	113.7	7 229	36 081	583
1988	124.5	82 302	8 252	912	2 940	440	17 742	113.3	8 622	36 072	583
1989	106.3	86 285	8 264	1 068	1 610	459	18 188	102.5	9 935	34 695	721
1990	134.0	10 242	10 133	1 398	2 757	569	21 849	115.6	10 510	36 320	911
1991	101.7	87 560	11 530	2 109	3 098	602	23 561	107.8	10 673	36 397	911
1992	110.7	98 709	12 411	1 868	5 858	675	27 681	117.5	11 374	39 380	911
1993	120.5	97 384	12 179	2 245	6 764	775	33 971	122.7	16 060	39 821	911
1994	119.7	117 065	16 100	2 665	9 114	1 128	37 188	109.5	16 890	41 058	911
1995	101.0	64 269	2 467	3 339	11 506	1 077	44 601	119.9	21 084	41 310	911
1996	138.5	118 135	9 112	3 412	10 587	1 358	49 634	118.7	25 500	42 011	911
1997	104.1	91 864	7 718	3 529	7 174	1 803	60 548	114.5	31 702	44 200	911
1998	112.7	92 568	9 993	4 228	8 255	2 205	37 016	114.2	38 004	47 210	911

应县主要社会、经济统计指标

MAJOR SOCIO – ECONOMIC INDICATORS OF YINXIAN

年份	年末总人口（万人）	#非农业人口	社会从业人员（万人）	职工人数（万人）	职工平均工资（元）	国内生产总值（万元）	国内生产总值指数（上年＝100）	全社会固定资产投资（万元）	地方财政收入（万元）	地方财政支出（万元）	农林牧渔业总产值（万元）
1949	14.99	0.97	7.50	0.07	193	643		32	30	15	734
1952	15.62	0.97	8.79	0.14	283	1 059	100.0	64	50	31	1 175
1957	16.58	1.09	8.64	0.26	514	1 284	90.9	110	119	149	1 412
1965	18.31	0.74	7.97	0.38	550	1 823	96.1	183	169	223	1 692
1970	20.71	0.77	7.51	0.49	487	1 854	110.7	234	195	235	2 014
1975	22.76	0.99	8.79	0.79	568	3 107	101.8	430	274	443	2 793
1978	23.47	1.04	8.41	0.93	498	3 940	90.4	330	48	631	3 739
1980	23.82	1.21	8.69	0.97	606	4 746	110.4	396	407	639	3 760
1985	24.84	1.47	9.58	1.32	883	10 406	109.7	1 161	707	1 129	8 120
1986	24.92	1.50	9.89	1.38	1 031	12 180	109.9	2 292	789	1 382	8 369
1987	25.19	1.54	10.17	1.50	1 117	16 176	114.6	1 929	932	1 493	11 512
1988	25.39	1.64	10.29	1.63	1 333	20 092	113.0	1 863	1 071	1 923	15 492
1989	25.59	1.69	10.52	1.76	1 377	20 138	93.8	1 316	1 049	2 219	16 409
1990	26.11	1.71	11.14	1.81	1 489	21 998	107.8	2 126	2 328	2 328	16 312
1991	26.18	1.74	11.28	1.90	1 642	24 456	110.9	1 827	2 462	2 462	18 350
1992	26.51	1.83	11.93	1.97	1 834	29 985	119.4	2 369	3 633	3 633	22 847
1993	26.53	2.01	12.05	1.75	2 100	40 286	113.2	1 629	2 990	2 989	27 985
1994	26.68	2.25	11.46	1.86	3 011	67 349	121.1	4 223	3 568	3 569	56 058
1995	26.71	2.38	11.64	1.97	3 069	75 206	100.5	2 033	4 593	4 593	65 665
1996	26.63	2.44	11.46	1.90	3 328	80 851	117.5	2 836	5 565	5 565	67 878
1997	26.57	2.48	11.40	1.78	4 123	85 874	108.7	7 110	3 387	6 541	63 098
1998	26.58	2.59	11.30	1.51	4 692	93 937	107.5	5 784	3 672	7 939	74 494

年份	农林牧渔业总产值指数（上年＝100）	粮食产量（吨）	油料产量（吨）	猪牛羊肉产量（吨）	乡镇企业利税总额（万元）	农民人均纯收入（元）	工业总产值（万元）	工业总产值指数（上年＝100）	社会消费品零售总额（万元）	在校学生数（人）	医院床位数（张）
1949		25 675	489	24		38	6		149	11 967	
1952	142.0	40 620	1 467	212		58	78	754.5	251	17 568	
1957	85.5	37 160	1 212	231		40	144	113.8	540	22 126	25
1965	94.6	46 965	875	774		50	175	126.3	769	31 821	30
1970	107.6	61 625	1 277	519		66	353	132.2	981	39 321	155
1975	96.9	91 085	709	724		89	1 191	129.3	1 452	51 382	246
1978	106.5	93 075	1 077	1 001	235	86	2 060	107.0	1 724	57 076	310
1980	83.5	91 290	2 710	2 110	266	85	2 010	105.6	2 074	53 676	317
1985	85.1	100 655	16 550	3 030	1 428	348	3 435	99.9	3 255	46 168	498
1986	97.7	114 498	10 487	2 650	940	312	3 964	113.5	5 126	45 724	502
1987	98.7	117 502	10 084	2 344	1 093	368	4 985	122.5	6 228	44 884	532
1988	102.4	106 469	8 805	2 527	1 194	376	6 898	115.7	8 316	44 096	574
1989	99.8	113 380	9 629	2 561	1 172	406	7 804	110.0	9 254	41 398	527
1990	106.0	125 796	11 129	2 853	1 337	424	8 497	102.7	10 238	44 706	527
1991	109.4	131 780	13 979	3 217	1 412	591	11 129	129.4	11 554	44 404	497
1992	116.4	145 460	16 870	3 467	2 555	681	11 833	101.8	10 722	46 178	497
1993	109.7	153 431	17 041	3 996	3 817	817	16 021	126.2	10 468	46 180	506
1994	106.4	157 120	19 805	4 249	4 625	1 124	20 728	113.8	12 226	47 162	490
1995	99.7	132 690	4 118	6 222	6 383	1 334	25 887	112.6	15 066	48 277	497
1996	128.4	186 728	11 913	7 525	8 034	1 808	36 672	124.5	21 094	52 058	517
1997	73.1	160 460	8 151	8 548	10 064	2 108	42 161	116.2	25 689	51 824	532
1998	123.2	171 772	10 221	9 612	4 938	2 350	34 388	109.5	32 662	93 492	532

右玉县主要社会、经济统计指标

MAJOR SOCIO – ECONOMIC INDICATORS OF YOUYU

年份	年末总人口（万人）	#非农业人口	社会从业人员（万人）	职工人数（万人）	职工平均工资（元）	国内生产总值（万元）	国内生产总值指数（上年=100）	全社会固定资产投资（万元）	地方财政收入（万元）	地方财政支出（万元）	农林牧渔业总产值（万元）
1949	4.25	0.69	1.93	0.04	232	184					1 172
1952	5.51	0.69	2.65	0.08	279	185	103.5	4	51	38	1 738
1957	6.34	0.52	3.13	0.14	460	308	101.4	71	44	90	1 989
1965	7.09	0.51	2.97	0.21	512	547	106.2	88	60	147	2 654
1970	7.93	0.61	3.48	0.26	510	913	107.0	117	76	161	4 134
1975	8.65	0.65	3.28	0.32	532	1 333	112.7	257	94	308	4 545
1978	8.89	0.66	3.42	0.58	531	1 804	56.6	491	133	400	1 329
1980	9.01	0.80	3.64	0.60	782	2 467	112.2	535	135	639	2 364
1985	9.35	0.87	4.20	0.68	1 030	3 088	62.8	299	278	998	3 475
1986	9.42	0.89	4.31	0.74	1 495	3 996	120.4	262	311	1 179	2 699
1987	9.49	0.92	4.38	0.73	1 364	3 997	101.7	284	323	1 126	3 307
1988	9.58	0.95	4.43	0.75	1 554	8 523	140.6	444	432	1 361	6 923
1989	9.65	0.97	4.54	0.75	1 618	8 101	92.0	310	399	1 515	5 219
1990	9.74	0.96	4.64	0.74	1 983	9 748	118.4	880	476	1 583	7 210
1991	9.80	0.97	4.66	0.70	2 061	12 866	120.8	362	523	1 590	7 555
1992	9.80	0.98	4.87	0.79	1 856	16 301	126.9	575	443	1 794	7 136
1993	9.75	1.04	4.81	0.78	2 328	20 447	130.2	637	667	1 984	10 883
1994	9.71	1.16	4.72	0.81	2 991	23 559	112.4	243	529	2 511	15 675
1995	9.71	1.25	4.68	0.75	3 452	23 366	86.6	408	534	3 187	12 019
1996	9.69	1.28	4.56	0.76	3 697	35 019	114.0	2 200	707	3 527	22 120
1997	9.70	1.32	4.48	0.74	3 922	38 203	110.3	4 578	808	4 749	26 645
1998	9.69	1.33	4.68	0.70	3 651	39 386	108.2	4 280	903	3 560	30 094

年份	农林牧渔业总产值指数（上年=100）	粮食产量（吨）	油料产量（吨）	猪牛羊肉产量（吨）	乡镇企业利税总额（万元）	农民人均纯收入（元）	工业总产值（万元）	工业总产值指数（上年=100）	社会消费品零售总额（万元）	在校学生数（人）	医院床位数（张）
1949		13 415	936	105			30	131.0	91	2 404	
1952	128.6	19 345	1 170	256			39	146.0	118	6 269	
1957	122.6	19 060	1 067	450		36	134	129.1	278	6 598	15
1965	99.3	17 510	927	868		40	175	112.2	511	12 937	40
1970	117.9	29 610	1 797	635		74	259	113.2	644	13 254	85
1975	98.5	40 095	2 019	745		65	884	140.7	1 146	16 654	100
1978	78.8	27 810	2 021	800	21	34	1 689	83.1	1 308	18 776	257
1980	105.9	28 565	4 587	1 189	32	66	1 463	106.8	1 887	18 442	292
1985	58.6	23 445	5 595	2 033	241	133	2 987	107.1	3 531	16 466	292
1986	73.9	18 085	2 975	2 091	262	115	3 200	101.2	3 604	16 466	292
1987	86.8	15 888	1 490	2 116	176	114	3 236	117.9	3 882	16 001	298
1988	185.3	43 461	4 380	1 819	241	251	3 817	112.5	4 970	16 001	298
1989	71.9	32 728	1 225	1 846	233	240	4 293	107.2	4 422	14 301	298
1990	124.3	45 866	3 518	2 396	280	384	4 603	81.7	4 829	14 584	298
1991	96.4	39 034	4 763	3 558	280	389	3 760	117.8	5 278	14 215	298
1992	90.0	32 568	3 626	3 375	238	421	4 430	117.8	6 415	14 123	298
1993	130.4	46 276	4 106	3 489	541	522	5 877	132.7	7 017	14 283	298
1994	112.1	42 435	6 899	3 625	606	624	7 163	121.9	10 015	14 523	298
1995	65.7	12 517	1 707	4 009	2 103	528	8 099	113.1	13 288	14 596	298
1996	163.5	40 390	6 433	4 271	2 279	1 040	9 405	141.1	17 358	15 320	292
1997	110.8	52 698	6 031	3 144	3 363	1 404	11 151	146.3	22 431	15 748	294
1998	116.9	60 653	8 506	4 256	1 294	1 605	3 090	132.7	24 243	16 205	292

怀仁县主要社会、经济统计指标

MAJOR SOCIO－ECONOMIC INDICATORS OF HUAIREN

年份	年末总人口(万人)	#非农业人口	社会从业人员(万人)	职工人数(万人)	职工平均工资(元)	国内生产总值(万元)	国内生产总值指数(上年＝100)	全社会固定资产投资(万元)	地方财政收入(万元)	地方财政支出(万元)	农林牧渔业总产值(万元)
1949	10.71	0.57	3.55	0.06	163	4 518	110.2	279	22	11	882
1952	11.37	0.86	3.88	0.18	289	5 463	112.3	317	96	21	925
1957	12.00	1.27	4.36	0.33	541	8 246	100.8	423	117	83	990
1965	13.59	1.60	4.80	0.69	626	9 238	101.3	641	192	156	757
1970	15.61	1.66	5.87	1.00	542	10 795	110.4	811	240	214	1 384
1975	16.94	1.99	6.60	1.40	566	12 041	99.9	989	520	397	1 849
1978	17.48	2.11	6.87	1.58	601	13 223	100.8	1 049	770	483	2 156
1980	17.78	2.38	6.85	1.65	764	14 954	105.2	1 639	1 054	767	2 912
1985	18.90	2.86	8.96	2.31	1 057	24 797	110.4	4 406	3 389	2 010	5 277
1986	19.01	3.15	8.73	2.47	1 301	27 792	109.7	4 773	3 592	2 392	4 941
1987	19.29	3.29	9.17	2.70	1 346	30 839	108.4	6 582	3 327	2 028	6 210
1988	19.47	3.48	8.74	2.76	1 635	33 152	110.3	10 619	3 659	2 501	8 779
1989	19.82	3.71	9.39	2.92	1 832	35 303	110.3	6 899	4 223	2 689	8 326
1990	20.92	3.87	9.91	3.13	2 229	37 189	109.5	8 059	4 598	3 496	8 626
1991	21.28	3.99	10.08	3.30	2 327	45 486	116.5	7 574	5 094	3 909	10 274
1992	21.64	4.32	10.25	3.44	2 534	53 908	117.9	8 578	5 540	3 991	12 015
1993	22.21	4.85	10.53	3.67	2 860	67 344	123.0	7 362	6 604	4 689	15 945
1994	22.75	5.39	10.78	3.91	3 186	78 807	110.4	8 021	6 330	6 352	25 873
1995	23.23	6.09	11.01	3.71	3 960	93 465	113.9	8 379	7 411	7 924	29 059
1996	23.68	6.53	10.83	2.70	2 975	107 040	115.3	10 607	8 481	9 192	37 517
1997	23.89	6.79	11.34	2.73	3 706	120 677	115.3	7 570	9 798	8 812	16 432
1998	24.09	6.90	11.85	2.79	3 918	122 865	108.0	4 031	7 132	8 346	19 589

年份	农林牧渔业总产值指数(上年＝100)	粮食产量(吨)	油料产量(吨)	猪牛羊肉产量(吨)	乡镇企业利税总额(万元)	农民人均纯收入(元)	工业总产值(万元)	工业总产值指数(上年＝100)	社会消费品零售总额(万元)	在校学生数(人)	医院床位数(张)
1949	100.4	27 500	441	93	56	22	235	101.7	160	2 600	
1952	101.0	28 468	450	156	105	34	436	155.7	271	5 900	
1957	66.2	30 524	507	244	132	49	798	106.0	606	14 690	25
1965	73.1	24 562	540	332	184	41	1 672	105.7	1 212	23 510	90
1970	102.3	42 575	987	313	216	57	2 466	121.6	1 763	24 344	105
1975	106.9	69 209	458	451	235	72	3 823	113.1	2 636	35 150	330
1978	103.9	67 890	435	540	340	86	4 788	124.1	1 838	38 513	328
1980	115.2	65 050	1 255	755	1 492	129	6 075	112.9	3 436	38 977	343
1985	79.5	76 825	2 580	1 080	3 894	536	12 979	116.6	7 158	34 205	583
1986	86.2	66 725	2 180	1 345	2 981	474	14 236	102.7	6 638	34 199	595
1987	100.2	72 755	2 430	6 155	2 542	495	16 546	106.8	8 481	33 116	600
1988	115.2	82 595	2 165	4 615	2 529	549	17 826	103.9	10 608	33 811	708
1989	95.3	82 075	1 131	1 161	3 197	589	21 395	107.3	12 480	33 897	708
1990	105.9	91 799	1 623	1 354	4 005	627	29 935	118.0	15 167	34 744	708
1991	111.8	84 804	2 099	1 440	3 877	654	38 060	116.8	16 865	36 699	708
1992	114.9	93 441	1 995	1 481	5 096	787	44 560	115.6	23 703	38 508	708
1993	108.5	86 537	2 202	1 521	10 852	916	52 349	109.4	29 670	41 777	708
1994	127.6	76 419	2 345	2 316	18 577	1 255	61 521	108.4	32 378	44 239	708
1995	88.9	51 460	675	3 540	20 903	1 371	78 257	110.5	41 723	46 774	708
1996	134.6	102 605	2 590	4 222	24 151	1 868	70 484	135.1	50 013	49 415	708
1997	84.4	75 766	2 002	5 059	16 373	2 188	79 862	113.9	60 494	51 900	4 230
1998	113.8	85 383	2 670	6 214	20 036	2 524	69 331	106.3	66 517	52 600	4 520

忻州市主要社会、经济统计指标

MAJOR SOCIO – ECONOMIC INDICATORS OF XINZHOU

年份	年末总人口（万人）	#非农业人口	社会从业人员（万人）	职工人数（万人）	职工平均工资（元）	国内生产总值（万元）	国内生产总值指数（上年=100）	全社会固定资产投资（万元）	地方财政收入（万元）	地方财政支出（万元）	农林牧渔业总产值（万元）
1949	20.33	1.29	7.07	0.12					8	7	5 947
1952	22.86	1.34	8.39	0.26		3 796			35	35	7 430
1957	25.98	2.47	10.35	0.86	428	4 521	104.1		217	219	8 202
1965	30.44	2.74	12.49	1.72	970	5 426	92.5	523	426	318	8 529
1970	33.55	3.19	14.22	2.53	1 347	7 082	102.8	629	730	315	10 791
1975	36.08	4.16	15.64	3.27	1 824	10 485	104.6	830	1 137	761	16 702
1978	37.20	4.77	16.26	4.15	576	12 751	105.2	1 206	1 344	1 058	6 304
1980	37.59	5.60	17.29	4.65	719	14 392	105.4	1 994	1 426	935	9 366
1985	39.86	7.42	18.97	5.39	955	30 857	118.5	9 435	3 157	2 153	14 224
1986	40.00	7.89	19.85	5.58	1 100	37 056	120.0	10 484	3 779	2 390	10 898
1987	40.51	8.48	20.28	5.67	1 188	40 275	108.7	14 398	4 411	2 567	12 808
1988	41.26	8.92	19.66	5.92	1 429	47 446	114.6	12 256	4 919	3 263	17 427
1989	42.04	9.38	20.27	6.33	1 568	54 201	112.2	11 190	3 470	3 715	20 943
1990	43.12	9.79	20.73	6.62	1 732	62 033	114.4	4 812	3 452	3 735	22 280
1991	43.81	10.15	21.89	7.22	1 883	69 885	112.7	9 374	3 628	4 135	18 668
1992	44.36	10.84	25.12	7.69	2 114	75 761	108.4	12 376	3 720	4 858	27 045
1993	44.79	11.48	22.83	7.41	2 192	92 601	99.7	20 236	4 616	5 419	35 902
1994	45.35	12.69	22.39	7.33	3 308	126 090	112.7	15 399	3 654	5 941	64 688
1995	45.91	13.24	23.19	7.41	3 596	144 742	112.9	16 090	4 768	7 399	69 342
1996	46.20	13.58	21.18	7.32	3 895	159 814	125.8	27 288	6 464	8 184	67 169
1997	46.65	14.09	20.60	7.42	4 000	165 748	111.2	28 277	8 041	9 613	68 278
1998	47.23	14.38	21.43	7.87	4 637	187 964	111.4	53 903	8 581	10 715	68 299

年份	农林牧渔业总产值指数（上年=100）	粮食产量（吨）	油料产量（吨）	猪牛羊肉产量（吨）	乡镇企业利税总额（万元）	农民人均纯收入（元）	工业总产值（万元）	工业总产值指数（上年=100）	社会消费品零售总额（万元）	在校学生数（人）	医院床位数（张）
1949		47 595	598	74			45		518	20 349	10
1952	112.9	71 339	1 082	129			174	192.1	784	29 044	40
1957	103.3	68 692	1 576	258			598	124.3	1 775	31 659	110
1965	88.5	72 847	1 421	732		46	1 446	139.1	2 636	52 656	295
1970	102.9	117 925	978	942		68	3 407	113.3	3 142	63 304	404
1975	103.6	179 616	1 577	870		86	6 831	122.8	3 626	76 728	777
1978	101.8	154 973	1 535	2 423	292	101	8 357	107.3	7 001	79 151	646
1980	89.2	150 266	5 819	2 704	358	119	9 205	110.8	8 595	73 952	646
1985	101.2	195 936	13 699	5 484	1 657	445	20 807	114.3	15 600	66 488	708
1986	73.2	145 661	9 574	4 633	2 153	417	28 892	127.1	20 231	64 734	708
1987	110.2	150 474	8 181	3 913	2 516	439	30 604	115.6	22 591	62 086	708
1988	115.4	185 887	7 744	3 966	2 974	498	37 765	114.7	28 104	56 380	708
1989	107.1	202 410	8 451	4 219	4 107	556	44 257	105.9	32 203	57 462	807
1990	107.7	217 943	7 920	5 499	4 831	607	43 478	154.1	31 333	55 746	807
1991	83.9	132 437	3 541	6 647	5 262	561	54 804	112.5	34 515	53 296	807
1992	135.7	222 488	8 143	7 619	7 962	717	62 351	109.1	41 195	48 668	807
1993	108.0	214 981	7 092	8 849	10 821	848	72 196	111.6	38 444	41 206	807
1994	111.0	251 093	8 798	9 796	15 222	1 034	81 336	100.4	46 897	41 455	807
1995	91.0	168 714	4 546	11 885	19 602	1 261	104 437	102.9	68 547	48 851	807
1996	124.7	258 477	4 081	14 355	30 531	1 625	109 594	116.6	70 293	54 100	1 400
1997	90.3	194 151	2 462	12 644	6 499	1 797	109 806	104.1	77 350	59 751	2 340
1998	96.9	226 008	2 834	13 567	8 133	2 230	75 271	101.4	87 790	73 845	2 378

原平市主要社会、经济统计指标

MAJOR SOCIO – ECONOMIC INDICATORS OF YUANPIN

年份	年末总人口（万人）	#非农业人口	社会从业人员（万人）	职工人数（万人）	职工平均工资（元）	国内生产总值（万元）	国内生产总值指数（上年=100）	全社会固定资产投资（万元）	地方财政收入（万元）	地方财政支出（万元）	农林牧渔业总产值（万元）
1949	23.09	0.39	8.35	0.10							
1952	26.85	0.68	9.89	0.22		3 392					2
1957	28.59	3.07	10.30	0.83		3 837	82.9		48	69	16
1965	32.79	2.66	13.26	1.37	612	4 821	94.8		89	75	88
1970	36.32	3.36	14.83	1.97	615	7 816	116.5		39	00	49
1975	38.75	4.17	15.28	2.54	657	12 561	112.1		23	31	85
1978	39.63	4.56	15.41	3.23	641	14 167	109.9	2 572	1 237	819	5 615
1980	39.96	5.28	16.20	3.63	769	15 130	92.0	3 954	1 453	1 061	6 669
1985	41.19	6.11	17.52	4.60	1 122	30 382	123.8	7 335	2 470	1 880	13 361
1986	41.78	7.07	17.68	4.72	1 324	35 258	119.1	7 773	2 768	2 478	10 483
1987	42.16	7.66	17.76	4.89	1 390	35 796	95.6	11 285	3 181	2 510	9 968
1988	42.52	7.88	18.04	5.10	1 634	44 202	111.6	11 077	3 949	3 035	13 498
1989	42.88	7.81	18.30	5.30	1 968	48 877	102.4	15 230	4 503	3 628	14 629
1990	43.42	7.77	18.49	5.39	2 122	56 535	115.6	15 138	4 892	4 014	20 789
1991	44.50	7.98	18.59	5.42	2 412	62 351	94.3	22 009	4 676	4 151	16 689
1992	45.17	8.24	18.69	5.48	2 506	76 594	122.6	19 296	4 743	4 640	23 560
1993	45.26	8.92	18.81	5.83	2 821	97 387	114.3	27 367	5 999	5 943	27 938
1994	45.26	9.14	18.66	5.71	3 673	114 962	102.3	18 815	4 453	5 990	46 816
1995	45.26	9.52	18.48	5.54	4 386	130 405	103.0	21 757	6 226	7 779	46 508
1996	45.49	9.62	18.78	5.66	4 904	155 431	108.2	23 589	7 352	8 906	60 704
1997	45.55	9.85	18.78	5.68	4 565	160 914	106.8	31 553	8 934	9 698	56 004
1998	45.86	10.16	18.79	4.92	4 542	180 851	109.0	35 691	9 440	11 449	60 456

年份	农林牧渔业总产值指数（上年=100）	粮食产量（吨）	油料产量（吨）	猪牛羊肉产量（吨）	乡镇企业利税总额（万元）	农民人均纯收入（元）	工业总产值（万元）	工业总产值指数（上年=100）	社会消费品零售总额（万元）	在校学生数（人）	医院床位数（张）
1949		66 825	600				79		204	24 572	
1952	108.2	81 895	570				199	147.7	752	34 777	
1957	74.8	57 695	745			32	881	156.1	1 856	38 395	60
1965	78.5	66 780	865			44	1 728	107.2	2 304	58 873	189
1970	117.1	102 845	1 115			72	3 821	139.8	3 331	57 356	342
1975	93.5	150 905	690			66	9 596	118.8	3 182	80 726	371
1978	95.7	117 600	525		304	90	12 315	116.9	4 642	85 634	769
1980	91.1	119 105	3 465	1 007	502	112	14 308	102.5	5 581	85 409	811
1985	100.4	199 515	14 432	5 467	1 491	467	17 706	106.3	13 255	77 000	887
1986	71.5	135 059	10 785	5 069	1 506	433	25 037	111.1	16 570	74 081	973
1987	94.9	118 609	9 412	4 749	1 534	448	29 746	119.0	18 346	73 492	1 141
1988	130.9	200 142	7 108	4 433	2 044	529	39 698	105.4	19 789	72 243	1 110
1989	102.7	202 420	9 014	4 587	2 819	572	49 424	115.2	20 559	70 227	1 074
1990	100.7	205 752	9 294	5 405	2 613	593	50 023	101.0	20 472	69 277	1 187
1991	89.0	132 378	6 094	5 943	2 058	584	52 600	105.0	22 699	68 793	1 187
1992	132.2	213 734	8 763	5 980	3 501	718	54 202	97.9	25 647	68 616	1 187
1993	102.1	187 209	9 004	6 345	6 524	860	77 255	112.0	24 928	67 990	1 187
1994	112.2	223 660	9 571	7 143	7 218	1 018	96 057	115.1	31 629	68 461	1 187
1995	87.7	209 368	4 672	8 210	21 821	1 253	100 087	108.8	42 134	68 778	1 187
1996	117.0	265 501	5 819	8 654	24 232	1 679	124 060	113.8	45 687	73 101	1 120
1997	91.5	205 873	4 838	10 188	28 790	1 817	131 471	108.5	57 328	74 876	1 120
1998	117.9	251 475	5 392	9 970	14 432	2 208	81 534	67.5	61 563	74 973	1 211

定襄县主要社会、经济统计指标

MAJOR SOCIO – ECONOMIC INDICATORS OF DINXIANG

年份	年末总人口（万人）	#非农业人口	社会从业人员（万人）	职工人数（万人）	职工平均工资（元）	国内生产总值（万元）	国内生产总值指数（上年＝100）	全社会固定资产投资（万元）	地方财政收入（万元）	地方财政支出（万元）	农林牧渔业总产值（万元）
1949	11.96	1.02	3.79	0.05				5			1 644
1952	12.68	0.90	4.16	0.11		912		4	102	55	2 202
1957	12.96	0.99	5.29	0.39	443	1 017	101.1	79	150	126	2 586
1965	15.03	0.68	5.98	0.41	539	1 499	111.8	30	170	269	3 356
1970	16.73	1.13	7.44	0.64	497	2 610	111.7	357	324	225	5 882
1975	17.81	1.24	7.44	0.97	502	3 521	106.2	100	450	463	8 992
1978	18.27	1.36	7.67	1.20	541	4 212	106.1	864	420	656	8 834
1980	18.32	1.56	7.84	1.23	684	5 034	108.8	1 043	498	850	8 765
1985	18.91	1.82	9.26	1.65	893	11 914	109.9	1 666	1 095	1 006	14 786
1986	18.92	1.85	9.27	1.73	1 018	12 460	104.6	1 835	1 117	1 219	10 229
1987	19.14	1.89	9.34	1.74	1 112	14 387	115.7	2 017	1 255	1 364	11 655
1988	19.34	1.95	9.67	1.91	1 278	17 093	118.8	2 116	1 289	1 680	12 561
1989	19.52	2.01	9.53	1.81	1 433	18 920	110.7	2 176	1 179	1 965	13 110
1990	19.89	2.07	9.51	1.65	1 582	21 477	107.2	2 554	1 205	2 146	12 332
1991	20.14	2.13	9.50	1.64	1 678	20 757	102.3	3 150	2 006	2 006	10 079
1992	20.13	2.07	9.24	1.48	1 826	23 291	112.2	5 226	1 518	2 619	14 000
1993	20.21	2.14	9.28	1.45	2 418	27 805	119.4	7 700	2 140	3 251	17 181
1994	20.34	2.49	9.59	1.50	2 500	38 310	137.8	7 412	2 796	3 100	25 079
1995	20.54	2.63	10.45	1.59	2 925	50 345	131.4	9 497	3 702	3 754	25 602
1996	20.58	2.69	11.11	1.89	3 049	62 060	123.3	28 456	4 599	5 003	26 023
1997	20.64	2.83	8.08	1.41	3 483	68 436	121.6	3 111	5 401	4 559	22 907
1998	20.77	2.87	7.88	1.24	3 779	77 042	112.6	4 086	6 076	5 608	26 204

年份	农林牧渔业总产值指数（上年＝100）	粮食产量（吨）	油料产量（吨）	猪牛羊肉产量（吨）	乡镇企业利税总额（万元）	农民人均纯收入（元）	工业总产值（万元）	工业总产值指数（上年＝100）	社会消费品零售总额（万元）	在校学生数（人）	医院床位数（张）
1949		32 555	370	801					234	10 677	
1952	129.1	32 800	520	994					335	14 820	
1957	96.5	27 695	865	2 109		33	729	154.0	740	17 807	55
1965	101.5	33 070	1 000	1 560		40	877	141.1	996	25 380	117
1970	90.9	50 625	710	1 510		76	1 968	106.2	1 309	29 992	105
1975	99.5	76 560	1 175	1 933		91	4 314	115.9	1 628	36 974	151
1978	94.7	78 765	1 125	2 598	613	117	3 727	110.0	2 060	38 388	250
1980	79.9	97 695	2 985	1 631	659	122	5 191	139.1	2 658	38 406	278
1985	104.6	119 584	6 663	2 237	371	501	10 639	104.0	4 652	31 411	287
1986	69.2	71 243	3 948	1 714	520	453	10 480	98.5	6 060	31 265	245
1987	113.9	90 005	4 462	1 782	693	497	11 092	105.8	6 336	29 669	345
1988	107.8	115 014	2 662	1 196	1 052	548	11 622	122.0	8 190	27 423	377
1989	88.8	127 230	4 451	1 258	1 596	567	11 857	67.3	7 831	37 364	429
1990	117.9	117 816	4 153	1 768	1 904	571	10 576	89.4	9 596	37 454	433
1991	80.5	83 864	3 115	880	2 155	536	12 381	76.5	9 683	29 852	468
1992	134.1	124 408	4 077	1 659	2 777	718	12 668	104.0	9 916	28 770	484
1993	100.5	125 740	3 072	2 136	5 608	867	12 835	99.6	10 845	27 509	484
1994	106.8	145 139	3 380	2 471	7 779	1 082	15 939	115.2	15 169	29 373	484
1995	83.5	111 191	2 863	3 615	10 744	1 391	15 261	95.5	20 145	30 163	484
1996	103.4	130 008	1 235	2 530	11 739	1 663	20 786	133.0	17 422	31 481	331
1997	86.4	94 770	1 398	3 096	10 847	1 986	22 707	113.0	17 829	31 979	352
1998	117.9	125 438	1 562	3 384	13 293	2 340	24 476	114.9	20 039	31 814	352

五台县主要社会、经济统计指标

MAJOR SOCIO – ECONOMIC INDICATORS OF WUTAI

年份	年末总人口(万人)	#非农业人口	社会从业人员(万人)	职工人数(万人)	职工平均工资(元)	国内生产总值(万元)	国内生产总值指数(上年=100)	全社会固定资产投资(万元)	地方财政收入(万元)	地方财政支出(万元)	农林牧渔业总产值(万元)
1949	20.35	1.42	7.15	0.13	480			4	66	7	3 722
1952	20.56	1.78	7.37	0.19	479	1 276		3	102	84	4 456
1957	21.25	0.78	7.83	0.48	480	1 650	118.7	38	167	189	5 648
1965	24.40	0.82	8.72	0.55	496	1 704	99.9	128	186	293	4 850
1970	26.73	1.01	9.05	0.71	468	2 308	112.6	533	256	314	6 570
1975	28.41	1.39	10.21	0.85	539	4 700	111.4	214	345	587	8 189
1978	29.25	1.51	10.23	1.29	532	4 403	90.4	1 800	447	837	2 963
1980	29.36	1.71	10.27	1.33	634	5 949	96.7	1 825	356	963	3 264
1985	29.68	1.99	10.98	1.70	875	8 217	80.8	3 667	733	2 666	7 185
1986	29.61	1.91	11.13	2.12	971	11 277	102.8	3 799	793	2 243	5 271
1987	29.74	2.07	10.80	1.87	1 135	13 682	121.3	3 655	922	2 122	6 727
1988	29.95	2.15	10.92	1.97	1 288	15 724	93.6	4 132	1 074	2 406	8 075
1989	30.07	2.24	10.82	1.92	1 445	15 814	100.6	3 614	1 178	2 607	7 708
1990	30.55	2.31	10.93	1.91	1 276	16 733	105.8	3 388	1 221	2 817	8 447
1991	31.10	2.37	10.85	1.84	1 612	15 465	77.8	6 334	1 174	3 116	7 436
1992	31.58	2.48	10.85	1.97	1 725	19 964	112.4	5 238	1 277	3 689	10 245
1993	31.03	2.58	10.60	1.87	2 232	23 666	104.4	5 118	1 756	4 355	12 062
1994	30.99	2.86	10.52	1.81	2 665	29 263	101.4	3 459	1 879	4 644	18 104
1995	31.04	3.10	10.79	2.00	2 465	36 215	106.7	3 819	2 276	5 367	18 798
1996	31.08	3.27	10.61	1.92	2 939	39 045	107.8	3 609	3 426	7 002	20 205
1997	31.11	3.42	11.53	1.70	3 270	42 387	106.9	2 923	3 113	7 469	20 951
1998	31.26	3.57	11.20	1.68	3 765	47 400	107.8	1 755	3 248	8 593	23 801

年份	农林牧渔业总产值指数(上年=100)	粮食产量(吨)	油料产量(吨)	猪牛羊肉产量(吨)	乡镇企业利税总额(万元)	农民人均纯收入(元)	工业总产值(万元)	工业总产值指数(上年=100)	社会消费品零售总额(万元)	在校学生数(人)	医院床位数(张)
1949		44 010	175	207		25	49		218	22 329	3
1952	110.0	49 425	525	246		29	141	165.8	604	28 574	10
1957	124.0	45 665	695	326		33	314	118.0	958	33 228	20
1965	90.1	46 595	610	571		39	448	127.2	1 173	39 045	92
1970	105.4	46 345	955	470	4	58	1 060	158.6	1 445	49 272	260
1975	109.3	83 025	675	659	134	61	3 187	115.3	2 004	59 332	335
1978	84.0	72 595	565	280	221	96	2 803	100.2	2 284	65 831	395
1980	85.0	77 850	985	351	270	89	2 419	95.0	2 779	65 157	476
1985	86.0	96 685	3 005	1 409	536	320	2 489	66.0	6 038	57 288	419
1986	66.0	50 090	1 246	1 946	492	231	3 767	151.0	6 705	57 205	419
1987	107.0	65 660	1 954	1 841	495	249	3 936	104.8	7 173	57 206	458
1988	111.0	78 985	1 630	1 632	795	283	5 632	132.1	8 338	53 329	620
1989	105.0	90 990	1 346	2 200	813	312	8 300	135.2	7 460	52 426	554
1990	96.0	97 660	2 189	2 211	897	342	8 618	98.0	6 957	52 272	554
1991	72.9	60 724	1 171	2 655	1 118	291	5 546	71.5	9 567	51 166	551
1992	131.0	98 313	1 586	2 533	3 322	273	5 940	97.6	10 044	51 071	532
1993	115.0	81 258	1 907	3 026	4 020	461	10 143	110.4	12 321	49 562	550
1994	107.0	115 504	2 772	2 752	5 800	615	12 741	110.4	14 230	48 875	557
1995	98.0	92 996	1 796	4 088	7 878	756	10 796	84.7	16 557	49 757	560
1996	112.7	110 554	2 611	6 797	9 209	914	13 499	104.2	19 600	51 281	560
1997	103.4	90 240	1 759	10 104	12 734	1 155	12 815	107.0	19 690	52 916	568
1998	113.6	113 628	3 660	10 602	6 312	1 226	12 118	96.0	21 160	53 681	570

代县主要社会、经济统计指标

MAJOR SOCIO – ECONOMIC INDICATORS OF DAIXIAN

年份	年末总人口（万人）	#非农业人口	社会从业人员（万人）	职工人数（万人）	职工平均工资（元）	国内生产总值（万元）	国内生产总值指数（上年=100）	全社会固定资产投资（万元）	地方财政收入（万元）	地方财政支出（万元）	农林牧渔业总产值（万元）
1949	12.52	0.26	4.37	0.06	112				49		2 584
1952	13.38	0.47	5.28	0.11	264	689			85	45	3 709
1957	13.61	0.69	5.64	0.38	667	956	100.1	11	102	120	4 339
1965	14.75	0.62	5.86	0.34	589	1 466	97.9	41	137	173	4 723
1970	15.97	0.69	6.32	0.36	466	2 253	106.9	264	187	201	7 473
1975	16.96	1.25	6.28	0.59	527	3 257	103.8	80	292	434	6 583
1978	17.54	1.54	5.86	0.84	528	4 048	107.9	534	451	669	2 190
1980	17.42	1.51	5.88	0.88	567	4 836	109.7	235	381	642	2 230
1985	18.20	1.89	6.71	1.14	861	8 125	112.9	939	654	1 279	5 283
1986	18.17	2.24	6.70	1.19	994	9 084	111.8	610	634	1 613	3 792
1987	18.19	2.33	6.56	1.24	1 089	9 920	109.2	1 204	827	1 490	4 439
1988	18.39	2.41	6.84	1.36	1 204	10 595	106.8	591	902	1 819	6 701
1989	18.59	2.51	6.79	1.29	1 450	11 517	108.7	165	1 169	1 877	7 311
1990	18.88	2.56	6.66	1.24	1 707	12 623	109.6	470	1 402	2 372	8 817
1991	19.33	2.63	7.11	1.34	1 780	14 138	112.0	510	1 414	2 232	7 212
1992	19.64	2.75	7.06	1.38	2 057	16 397	110.6	594	1 947	2 491	8 975
1993	19.92	3.16	6.93	1.35	2 486	19 832	109.3	1 964	2 688	3 602	10 715
1994	19.96	3.33	6.76	1.39	2 876	24 019	111.9	1 330	1 685	3 295	18 523
1995	19.98	3.62	6.92	1.39	3 329	27 177	108.3	994	2 206	4 283	17 924
1996	20.03	3.72	7.67	1.33	3 017	32 552	108.5	1 499	2 341	4 818	23 432
1997	20.04	3.79	7.53	1.21	3 260	36 800	112.7	802	2 836	4 949	19 967
1998	20.04	3.39	7.32	1.10	3 899	42 750	111.7	1 666	2 954	6 273	25 650

年份	农林牧渔业总产值指数（上年=100）	粮食产量（吨）	油料产量（吨）	猪牛羊肉产量（吨）	乡镇企业利税总额（万元）	农民人均纯收入（元）	工业总产值（万元）	工业总产值指数（上年=100）	社会消费品零售总额（万元）	在校学生数（人）	医院床位数（张）
1949		22 510	150	10			24		223	9 744	
1952	111.9	35 588	612	25			34	118.1	307	17 095	10
1957	97.8	28 214	746	40		27	279	144.3	674	16 623	19
1965	92.3	30 504	833	170		40	238	114.2	970	25 189	60
1970	99.8	41 294	681	250		61	469	132.2	1 841	30 546	120
1975	105.8	60 415	726	250		66	1 616	115.9	2 508	34 952	310
1978	106.6	49 520	550	1 102	123	86	1 655	62.8	2 589	37 748	260
1980	97.9	44 345	1 035	1 431	119	88	1 521	90.6	2 370	35 497	260
1985	83.0	50 140	7 040	1 756	644	261	3 078	113.6	4 390	29 997	310
1986	61.0	33 980	4 223	1 790	565	175	2 917	94.8	5 115	30 211	310
1987	101.3	34 585	3 852	1 974	585	174	3 612	123.8	5 315	29 711	310
1988	127.3	47 475	3 775	1 878	789	232	4 840	134.0	6 937	28 845	375
1989	107.0	57 025	4 425	1 908	1 008	310	6 582	136.0	7 627	27 839	375
1990	112.0	68 907	5 737	3 272	1 154	353	6 752	102.6	7 619	27 902	360
1991	83.0	46 836	3 964	3 399	1 469	329	8 477	125.5	7 874	27 929	405
1992	129.0	71 107	6 479	3 626	2 354	473	9 839	116.1	8 935	29 316	460
1993	97.0	60 636	4 872	3 171	3 475	556	12 167	123.7	9 487	29 309	455
1994	107.0	78 491	5 605	3 237	4 111	731	12 934	106.3	10 489	30 431	465
1995	79.7	45 922	2 142	4 000	4 671	713	13 402	103.6	12 228	30 922	465
1996	136.0	80 168	3 167	4 650	5 798	1 018	12 205	99.3	13 053	31 515	571
1997	89.2	57 993	2 779	4 639	6 781	1 175	15 807	118.9	14 001	32 868	571
1998	118.7	83 669	4 267	5 008	2 656	1 636	16 864	100.0	16 101	34 432	571

繁峙县主要社会、经济统计指标

MAJOR SOCIO - ECONOMIC INDICATORS OF FANSI

年份	年末总人口(万人)	#非农业人口	社会从业人员(万人)	职工人数(万人)	职工平均工资(元)	国内生产总值(万元)	国内生产总值指数(上年=100)	全社会固定资产投资(万元)	地方财政收入(万元)	地方财政支出(万元)	农林牧渔业总产值(万元)
1949	12.35	0.40	5.00	0.20	146	661			36		704
1952	13.54	0.43	5.30	0.26	278	727	102.6		59	50	772
1957	14.28	0.51	5.83	0.30	421	1 221	127.9	24	75	153	1 253
1965	15.75	0.54	6.58	0.35	515	1 012	77.4	21	95	189	1 063
1970	17.39	0.72	6.87	0.45	484	1 831	109.1	89	147	224	1 732
1975	18.78	0.60	7.17	0.80	560	1 756	89.6	168	142	385	1 432
1978	19.36	0.88	6.82	0.83	515	2 787	103.1	413	186	646	1 602
1980	19.64	1.01	7.03	0.80	600	3 196	100.2	325	232	399	2 746
1985	20.64	1.25	7.15	1.05	846	5 909	97.5	937	447	683	5 569
1986	20.68	1.33	6.70	1.06	1 030	4 871	58.4	998	413	954	2 452
1987	20.77	1.38	6.61	1.10	1 201	7 786	159.8	1 514	620	1 007	4 600
1988	20.87	1.46	6.74	1.23	1 262	10 976	140.6	1 286	766	1 184	7 158
1989	20.98	1.50	7.43	1.26	1 541	12 370	112.7	785	932	1 216	7 958
1990	21.53	1.53	7.50	1.19	1 720	15 460	121.1	832	1 115	1 539	7 954
1991	22.06	1.60	7.85	1.23	1 837	15 099	94.9	664	1 227	1 596	6 245
1992	22.41	1.69	8.08	1.36	1 989	18 470	112.1	219	1 264	2 015	9 015
1993	22.73	1.81	8.26	1.32	2 461	21 719	117.3	251	1 851	2 670	9 533
1994	22.91	1.87	8.27	1.54	2 746	31 767	123.3	467	2 011	3 309	16 947
1995	23.10	2.04	8.36	1.59	2 991	37 185	106.0	396	2 166	3 302	14 551
1996	23.16	2.16	8.57	1.57	3 591	42 431	112.4	394	1 953	3 505	17 521
1997	23.25	2.26	8.68	1.59	4 307	45 202	106.0	692	2 047	3 612	16 068
1998	23.48	2.32	8.82	1.25	3 697	49 450	110.9	4 213	2 200	4 119	19 100

年份	农林牧渔业总产值指数(上年=100)	粮食产量(吨)	油料产量(吨)	猪牛羊肉产量(吨)	乡镇企业利税总额(万元)	农民人均纯收入(元)	工业总产值(万元)	工业总产值指数(上年=100)	社会消费品零售总额(万元)	在校学生数(人)	医院床位数(张)
1949		26 056	439				27		63	10 210	
1952	102.6	30 503	438				36	115.9	241	14 016	10
1957	133.9	28 749	738			25	103	96.4	525	17 955	20
1965	72.8	25 197	704			27	108	115.1	731	21 119	60
1970	98.2	38 226	1 320			52	195	182.1	1 684	22 093	108
1975	86.6	47 649	564			43	634	117.7	1 273	36 578	199
1978	104.0	44 276	431	823	133	37	1 052	108.0	1 636	43 071	519
1980	104.0	56 715	1 960	1 734	316	52	931	89.2	2 417	37 146	440
1985	95.8	58 895	11 162	2 034	768	311	2 131	101.9	3 689	41 678	549
1986	44.0	21 328	2 815	1 428	1 035	114	2 878	122.5	6 298	40 813	576
1987	146.9	38 686	4 607	1 518	1 064	236	4 213	134.5	5 899	40 387	576
1988	128.1	61 055	6 275	1 738	1 335	303	6 710	129.4	7 328	40 218	576
1989	110.4	70 975	6 318	1 805	1 806	344	7 921	105.9	8 253	40 129	576
1990	99.9	65 786	6 970	2 349	1 986	342	8 931	109.0	9 280	40 372	576
1991	78.5	41 964	4 902	2 561	2 143	305	9 655	108.9	8 585	40 941	576
1992	117.0	58 000	5 572	2 780	3 222	435	10 925	111.9	9 324	40 489	576
1993	93.9	52 949	6 660	3 453	6 744	591	16 026	123.1	8 234	40 913	576
1994	129.7	71 114	7 711	3 541	7 332	647	18 763	111.7	10 293	41 453	576
1995	72.9	40 695	2 696	3 881	8 855	571	24 140	115.3	11 783	43 567	576
1996	121.7	57 181	3 088	3 915	10 003	710	24 720	104.8	12 820	42 733	576
1997	78.7	40 673	2 052	4 267	12 324	921	25 185	112.2	14 435	43 391	872
1998	115.6	52 712	3 465	4 399	10 435	1 243	14 126	80.2	15 680	44 163	939

宁武县主要社会、经济统计指标

MAJOR SOCIO – ECONOMIC INDICATORS OF NINGWU

年份	年末总人口(万人)	#非农业人口	社会从业人员(万人)	职工人数(万人)	职工平均工资(元)	国内生产总值(万元)	国内生产总值指数(上年=100)	全社会固定资产投资(万元)	地方财政收入(万元)	地方财政支出(万元)	农林牧渔业总产值(万元)
1949	7.03	0.59	0.34	0.04		89		18	14	5	315
1952	7.38	0.62	1.81	0.11	5	201	114.9	12	38	25	527
1957	8.58	1.27	4.31	0.54	309	535	107.6	366	114	86	793
1965	9.86	1.79	4.19	0.56	570	792	96.7	173	168	165	885
1970	12.07	2.60	4.40	0.67	492	1 400	110.5	498	231	184	1 021
1975	12.78	2.45	4.85	0.89	573	1 724	97.6	285	247	386	956
1978	13.04	2.46	4.77	0.98	676	1 975	114.3	452	243	483	1 124
1980	13.17	2.56	4.82	1.14	720	2 805	110.7	456	254	494	1 370
1985	13.20	2.02	6.05	1.47	952	7 351	92.4	705	1 032	1 207	2 501
1986	13.24	2.10	6.35	1.68	1 164	8 078	109.9	1 070	1 112	1 384	2 404
1987	13.45	2.17	6.59	1.75	1 274	8 759	108.4	2 262	1 214	1 319	3 107
1988	13.46	2.28	6.43	1.71	1 258	9 489	108.3	2 237	1 274	1 602	3 427
1989	13.57	2.35	6.40	1.69	1 665	12 035	129.7	1 778	1 287	1 963	4 137
1990	13.68	2.42	9.20	1.63	1 802	14 265	118.0	1 556	1 503	1 698	3 798
1991	14.01	2.47	6.32	1.77	2 063	17 768	124.1	1 051	1 834	2 284	2 749
1992	14.22	2.49	6.36	1.88	2 103	20 336	114.5	933	2 128	2 388	3 364
1993	14.43	2.67	6.40	1.94	2 518	21 919	107.8	4 696	2 512	2 799	5 489
1994	14.48	2.88	6.47	2.01	3 183	24 989	114.0	12 544	2 666	3 248	8 430
1995	14.57	2.93	6.40	1.91	3 824	27 455	109.9	10 030	2 739	3 472	6 608
1996	14.72	3.06	6.47	1.96	4 258	35 629	119.4	7 999	3 153	3 069	8 359
1997	14.81	3.17	5.97	2.01	4 368	38 687	114.7	9 337	3 971	5 322	10 382
1998	14.84	3.04	5.50	1.89	3 813	43 000	109.2	3 867	4 352	5 964	11 418

年份	农林牧渔业总产值指数(上年=100)	粮食产量(吨)	油料产量(吨)	猪牛羊肉产量(吨)	乡镇企业利税总额(万元)	农民人均纯收入(元)	工业总产值(万元)	工业总产值指数(上年=100)	社会消费品零售总额(万元)	在校学生数(人)	医院床位数(张)
1949		15 035	370	78		5	24		44	2 897	
1952	107.5	16 195	445	100		10	58	120.0	106	8 028	5
1957	118.2	17 855	450	300		15	497	174.4	608	10 272	25
1965	91.3	15 055	565	270		25	698	87.8	676	14 463	95
1970	106.0	23 805	830	325		61	1 235	238.5	1 506	19 873	354
1975	80.9	25 830	505	441		47	1 960	128.6	1 668	28 270	473
1978	88.6	21 361	546	853	87	71	2 500	111.9	1 788	33 353	308
1980	116.5	25 054	836	881	232	124	2 876	96.9	2 236	32 638	368
1985	40.1	21 464	1 556	926	492	226	4 845	102.9	3 691	28 987	496
1986	78.6	19 206	1 402	783	512	248	5 856	117.0	4 998	28 284	508
1987	105.5	22 392	1 716	764	561	254	6 198	103.3	5 689	28 813	565
1988	106.2	20 573	1 826	839	605	309	8 220	114.3	6 766	27 939	561
1989	116.7	34 086	2 273	915	622	385	11 641	111.3	6 898	26 735	564
1990	97.7	34 392	2 449	1 042	687	401	10 277	97.0	6 274	27 115	564
1991	65.1	18 222	1 451	1 163	866	407	14 055	115.9	6 573	26 827	564
1992	113.8	23 132	1 815	1 052	896	489	16 323	111.1	8 311	26 532	564
1993	153.5	36 157	2 500	1 053	1 326	651	20 861	100.5	9 088	25 987	564
1994	113.0	34 151	2 728	1 293	1 809	784	24 219	112.6	10 290	25 869	564
1995	68.5	9 491	1 006	1 856	2 622	668	36 801	114.4	11 999	27 221	565
1996	122.1	15 167	1 210	2 039	6 974	920	37 845	114.5	12 087	25 933	565
1997	124.2	26 470	2 050	4 010	7 115	1 125	37 208	105.9	11 037	25 738	657
1998	108.7	29 290	2 680	3 351	2 555	1 216	20 157	104.2	11 026	25 788	657

静乐县主要社会、经济统计指标

MAJOR SOCIO – ECONOMIC INDICATORS OF JINLE

年份	年末总人口（万人）	#非农业人口	社会从业人员（万人）	职工人数（万人）	职工平均工资（元）	国内生产总值（万元）	国内生产总值指数（上年=100）	全社会固定资产投资（万元）	地方财政收入（万元）	地方财政支出（万元）	农林牧渔业总产值（万元）
1949	7.99	0.39	0.03	0.02	284						1 194
1952	8.66	0.44	0.08	0.07	279	553		5	30	30	1 555
1957	9.19	0.49	0.16	0.14	426	564	100.5	21	53	101	1 353
1965	10.73	0.39	0.25	0.23	502	652	77.2	6	41	156	1 183
1970	11.29	0.47	0.31	0.30	475	1 113	104.5	219	62	187	2 188
1975	12.29	0.53	1.19	0.42	513	1 444	103.9	148	66	279	2 737
1978	12.75	0.57	4.60	0.44	522	1 527	102.5	221	75	444	2 438
1980	12.91	0.64	4.69	0.54	586	1 484	94.6	236	104	624	1 326
1985	13.64	0.79	5.66	0.63	838	3 566	105.9	699	207	1 014	3 244
1986	13.79	1.22	5.88	0.68	1 075	3 648	102.3	395	270	1 169	1 787
1987	13.81	1.25	5.94	0.72	1 096	4 540	112.0	573	278	1 288	2 454
1988	14.05	1.31	6.15	0.77	1 297	5 672	126.8	1 187	333	1 560	2 781
1989	14.16	1.36	5.98	0.74	1 573	6 237	109.9	1 159	447	1 749	3 418
1990	14.44	1.42	6.26	0.78	1 464	8 312	133.3	672	510	1 894	4 359
1991	14.68	1.47	6.36	0.81	1 703	9 090	100.7	958	428	2 140	2 743
1992	14.91	1.49	6.52	0.86	1 878	10 554	116.1	1 026	545	2 288	4 653
1993	15.13	1.58	6.72	0.97	2 177	11 021	104.4	837	737	2 816	5 686
1994	15.23	1.65	6.77	0.95	2 839	12 910	107.6	1 542	532	3 209	8 430
1995	15.24	1.71	6.87	0.98	3 218	14 007	108.4	516	528	3 255	9 232
1996	15.35	1.77	7.06	1.04	3 294	20 064	143.2	910	765	3 937	11 560
1997	15.40	1.80	6.90	1.03	3 206	23 200	115.6	5 076	866	4 441	13 495
1998	15.47	1.90	6.89	0.95	3 644	26 506	111.8	7 219	912	4 927	14 540

年份	农林牧渔业总产值指数（上年=100）	粮食产量（吨）	油料产量（吨）	猪牛羊肉产量（吨）	乡镇企业利税总额（万元）	农民人均纯收入（元）	工业总产值（万元）	工业总产值指数（上年=100）	社会消费品零售总额（万元）	在校学生数（人）	医院床位数（张）
1949		17 390	65				9		61	3 349	
1952	130.0	25 925	390				41	468.9	124	10 720	3
1957	87.0	18 990	320			21	91	223.7	352	12 205	40
1965	185.0	13 715	205			14	110	120.5	455	13 387	70
1970	125.0	26 240	860			47	149	135.4	610	19 522	80
1975	89.1	31 050	355			44	360	241.6	747	26 124	336
1978	96.5	28 550	364	972	48	40	647	126.3	1 404	30 160	366
1980	95.9	24 065	480	916	5	33	505	100.2	1 366	29 699	366
1985	82.6	35 195	1 470	1 844	273	162	758	130.6	2 447	30 086	410
1986	52.8	15 765	1 825	1 085	90	101	827	107.4	2 770	29 044	410
1987	128.5	25 025	960	1 271	154	144	1 029	116.5	3 211	28 548	410
1988	103.8	22 740	1 888	1 535	254	154	1 474	119.8	4 627	28 984	410
1989	127.3	33 585	1 545	1 673	444	206	2 248	135.4	5 751	29 145	410
1990	111.7	38 198	2 118	2 356	436	291	2 567	113.3	5 368	29 709	410
1991	62.6	13 370	1 020	2 486	493	203	2 192	74.1	5 198	30 844	410
1992	145.4	33 264	2 051	2 347	620	298	2 746	130.7	5 291	31 209	410
1993	119.9	34 854	2 456	2 537	1 204	381	3 213	122.0	7 292	31 376	410
1994	104.2	35 853	2 754	2 594	1 396	444	4 100	127.6	7 342	32 140	410
1995	81.6	15 124	1 956	3 086	1 549	361	5 001	121.5	7 398	32 471	410
1996	137.3	35 000	2 112	3 187	1 802	664	6 305	117.6	8 321	32 111	410
1997	116.7	37 000	3 013	3 959	1 014	859	6 721	106.6	8 605	31 580	385
1998	108.0	40 011	3 140	3 873	1 242	1 022	4 699	69.9	9 546	31 439	405

神池县主要社会、经济统计指标

MAJOR SOCIO – ECONOMIC INDICATORS OF SHENCHI

年份	年末总人口（万人）	#非农业人口	社会从业人员（万人）	职工人数（万人）	职工平均工资（元）	国内生产总值（万元）	国内生产总值指数（上年＝100）	全社会固定资产投资（万元）	地方财政收入（万元）	地方财政支出（万元）	农林牧渔业总产值（万元）
1949	5.35	0.14	2.44	0.03							580
1952	5.58	0.21	2.66	0.07		554			51	22	785
1957	5.86	0.28	2.96	0.12		550	114.3	14	45	80	767
1965	6.47	0.36	2.99	0.19	551	619	95.5	25	61	128	629
1970	7.45	0.63	3.01	0.24	498	782	107.6	48	70	156	715
1975	7.92	0.44	3.09	0.32	514	992	104.8	59	91	264	1 113
1978	8.17	0.51	3.07	0.46	518	939	68.3	176	81	340	1 414
1980	8.31	0.61	3.18	0.50	594	1 939	125.8	344	92	483	1 860
1985	8.75	0.72	3.85	0.58	389	4 027	83.5	2 717	266	808	2 935
1986	8.76	0.74	3.85	0.62	983	4 669	115.9	637	327	1 020	3 345
1987	8.80	0.77	3.87	0.65	1 075	4 750	101.7	585	385	932	2 576
1988	8.81	0.82	3.88	0.65	1 334	6 455	132.1	1 393	442	1 218	4 973
1989	8.82	0.83	3.88	0.65	1 409	8 071	125.0	1 133	545	1 368	5 854
1990	9.14	0.95	4.64	0.63	1 616	9 423	116.7	1 085	571	1 388	6 135
1991	9.19	0.89	4.82	0.66	1 307	8 737	92.7	863	660	1 607	6 797
1992	9.34	0.89	4.78	0.66	2 205	6 439	73.9	1 104	641	1 679	4 656
1993	9.47	0.92	5.25	0.68	2 206	11 615	143.0	1 435	936	1 727	9 410
1994	9.60	1.07	4.99	0.74	3 060	17 200	109.4	1 708	644	2 146	15 770
1995	9.72	1.14	4.17	0.65	2 367	13 194	85.1	2 931	1 078	2 686	8 243
1996	9.82	1.27	4.21	0.70	3 545	21 250	161.1	3 437	1 447	3 872	15 273
1997	9.90	1.90	3.60	0.75	3 676	23 500	110.6	2 523	1 733	4 117	19 421
1998	9.90	1.90	3.50	0.72	3 741	25 027	106.5	7 176	2 119	3 972	19 592

年份	农林牧渔业总产值指数（上年＝100）	粮食产量（吨）	油料产量（吨）	猪牛羊肉产量（吨）	乡镇企业利税总额（万元）	农民人均纯收入（元）	工业总产值（万元）	工业总产值指数（上年＝100）	社会消费品零售总额（万元）	在校学生数（人）	医院床位数（张）
1949		16 258	909				5		65	2 180	
1952	135.4	20 923	1 383				33	600.0	81	6 322	
1957	97.7	18 705	1 030			22	27	81.8	223	7 575	15
1965	82.0	17 469	1 240			37	86	316.6	360	9 904	50
1970	113.8	22 212	1 157			57	142	166.4	596	11 498	80
1975	155.6	29 406	855	631		52	595	417.8	787	14 766	174
1978	83.6	24 877	3 598	662	32	52	901	119.0	1 129	18 324	249
1980	115.0	32 025	10 479	1 348	67	133	611	85.8	1 662	17 204	237
1985	61.6	18 432	12 215	1 067	243	198	1 652	134.0	2 829	14 738	225
1986	104.3	10 444	6 167	1 179	155	199	2 045	89.0	3 104	15 493	210
1987	69.5	7 591	3 877	1 194	217	141	2 422	116.4	3 650	15 401	210
1988	138.5	31 610	9 635	1 335	211	254	2 541	102.2	4 317	14 916	225
1989	118.7	45 122	9 605	1 446	500	387	2 841	111.9	5 164	14 668	225
1990	125.3	52 725	17 041	1 361	550	469	3 651	115.0	4 632	14 796	225
1991	92.7	33 950	21 253	1 795	457	440	4 574	92.3	5 446	19 777	225
1992	71.8	24 488	10 617	1 620	565	280	4 359	107.0	5 628	13 840	259
1993	185.3	41 007	25 020	2 036	743	569	6 423	113.4	7 217	13 818	259
1994	100.3	30 490	30 010	2 310	836	797	8 222	116.1	9 119	14 185	256
1995	51.2	11 642	6 548	3 051	1 273	343	8 992	99.1	8 246	14 838	250
1996	185.0	45 551	15 082	3 730	1 449	801	11 206	121.2	8 283	14 613	255
1997	127.2	39 306	27 658	3 650	342	1 080	12 536	111.9	8 333	15 445	267
1998	100.9	38 960	30 167	3 918	735	1 370	9 579	76.4	9 800	15 823	267

五寨县主要社会、经济统计指标

MAJOR SOCIO – ECONOMIC INDICATORS OF WUZHAI

年份	年末总人口（万人）	#非农业人口	社会从业人员（万人）	职工人数（万人）	职工平均工资（元）	国内生产总值（万元）	国内生产总值指数（上年=100）	全社会固定资产投资（万元）	地方财政收入（万元）	地方财政支出（万元）	农林牧渔业总产值（万元）
1949	5.23	0.35	2.24	0.03				2	9	1	2 130
1952	5.50	0.25	2.26	0.07		471		6	56	42	2 907
1957	5.97	0.55	2.79	0.16		623	99.4	42	90	103	3 668
1965	6.89	0.52	2.68	0.23	114	816	94.7	27	103	171	2 347
1970	8.00	0.72	3.30	0.25	130	1 476	104.8	330	103	161	4 061
1975	8.44	0.69	3.20	0.43	207	2 078	113.3	325	200	302	3 555
1978	8.60	0.74	3.49	0.66	584	2 344	81.4	461	214	392	1 877
1980	8.75	0.68	3.53	0.55	653	3 097	109.1	727	211	433	2 607
1985	9.22	1.04	3.85	0.76	909	3 785	78.3	1 194	362	1 101	2 673
1986	9.17	1.05	3.83	0.88	816	5 941	137.0	1 069	376	1 246	4 177
1987	9.23	1.09	4.03	0.87	935	5 152	78.0	777	455	1 035	3 664
1988	9.39	1.14	4.10	0.91	1 144	7 286	121.9	940	525	1 186	5 330
1989	9.46	1.18	3.84	0.80	1 102	8 273	106.9	1 455	563	1 342	5 865
1990	9.56	1.19	3.92	0.81	1 198	9 664	113.2	1 263	587	1 373	8 339
1991	10.04	1.59	4.11	0.86	1 322	8 504	82.7	1 334	638	1 705	6 194
1992	10.19	1.72	4.17	0.86	2 062	10 971	126.5	1 478	652	1 849	7 842
1993	10.33	1.86	4.02	0.90	2 083	15 054	116.4	1 678	1 050	2 388	11 941
1994	10.34	1.86	4.02	0.89	2 384	16 920	80.5	2 710	757	2 457	16 072
1995	10.34	1.84	4.17	0.86	2 608	11 010	70.8	1 878	1 417	2 787	10 353
1996	10.47	1.96	4.23	0.90	3 180	14 800	126.8	1 860	1 696	3 350	15 368
1997	10.14	1.43	4.10	0.90	2 795	19 919	131.5	1 850	1 560	3 725	22 385
1998	10.22	1.46	4.20	0.80	2 709	21 664	103.9	1 820	1 584	3 798	22 901

年份	农林牧渔业总产值指数（上年=100）	粮食产量（吨）	油料产量（吨）	猪牛羊肉产量（吨）	乡镇企业利税总额（万元）	农民人均纯收入（元）	工业总产值（万元）	工业总产值指数（上年=100）	社会消费品零售总额（万元）	在校学生数（人）	医院床位数（张）
1949	100.0	18 230	530	83			8	100.0	100	2 576	
1952	120.3	23 205	860	207			51	120.1	125	5 654	10
1957	90.3	18 715	1 030	401		45	210	119.2	308	9 163	36
1965	95.9	16 715	1 225	1 263		48	322	113.4	483	11 697	70
1970	92.5	22 925	1 025	727		74	544	91.4	902	12 590	79
1975	106.4	31 215	1 055	1 184		64	1 079	112.7	1 103	17 359	140
1978	94.3	27 860	1 843	1 178	20	69	930	107.0	894	20 037	216
1980	110.0	28 215	5 605	1 330	22	102	905	114.4	1 099	20 940	216
1985	57.0	20 022	7 477	1 329	81	175	1 615	111.0	2 220	17 064	226
1986	121.0	32 054	9 718	1 393	89	246	1 723	107.0	2 543	17 179	227
1987	66.0	21 732	5 104	1 161	93	154	1 992	117.1	2 832	17 746	191
1988	120.0	34 321	5 729	1 133	240	263	2 520	109.0	4 465	16 989	226
1989	103.0	35 281	6 970	1 239	222	323	2 986	116.5	4 485	18 925	240
1990	148.0	47 592	15 555	1 336	272	416	2 760	87.0	4 813	15 392	340
1991	89.0	27 421	17 360	1 753	512	385	2 832	99.0	4 813	16 021	328
1992	127.0	30 316	21 959	1 577	631	528	3 084	107.0	4 435	15 997	380
1993	150.0	44 489	27 863	2 205	590	552	3 201	105.5	8 318	16 070	410
1994	140.0	28 002	17 793	2 503	800	578	3 881	103.0	8 510	17 048	360
1995	60.0	13 013	1 321	2 622	600	290	3 288	107.0	8 501	18 171	380
1996	160.6	37 628	5 386	3 907	948	595	4 849	105.4	8 663	18 095	380
1997	153.2	30 703	20 290	6 077	1 221	888	3 813	67.8	8 771	18 832	380
1998	102.3	42 465	20 696	6 980	1 074	1 150	4 620	90.6	8 902	19 030	380

岢岚县主要社会、经济统计指标

MAJOR SOCIO – ECONOMIC INDICATORS OF KELAN

年份	年末总人口（万人）	#非农业人口	社会从业人员（万人）	职工人数（万人）	职工平均工资（元）	国内生产总值（万元）	国内生产总值指数（上年＝100）	全社会固定资产投资（万元）	地方财政收入（万元）	地方财政支出（万元）	农林牧渔业总产值（万元）
1949	4.57	0.21	2.21	0.03		372		2	8	3	921
1952	4.74	0.22	2.37	0.07		568	102.5	6	27	19	993
1957	4.95	0.29	2.68	0.14	384	555	87.8	22	32	74	958
1965	5.66	0.54	2.49	0.19	483	567	94.8	23	49	125	925
1970	6.76	0.95	2.59	0.21	497	666	97.9	60	77	139	966
1975	7.04	0.63	2.68	0.28	506	861	96.7	65	71	296	1 160
1978	7.16	0.68	2.62	0.31	779	940	98.9	180	90	189	1 074
1980	7.19	0.75	2.61	0.39	657	1 481	103.6	220	100	299	1 588
1985	7.12	0.64	2.81	0.44	836	2 436	80.4	232	136	469	2 049
1986	7.13	0.74	2.85	0.46	908	3 400	105.1	201	232	443	3 027
1987	7.18	0.71	2.85	0.50	1 060	3 792	109.1	489	320	669	3 342
1988	7.18	0.77	3.09	0.52	1 152	4 858	119.8	575	328	795	4 190
1989	7.28	0.86	2.91	0.50	1 366	4 744	97.6	310	448	908	3 690
1990	7.40	0.86	2.84	0.51	1 474	5 339	131.7	445	466	946	3 935
1991	7.63	0.77	2.81	0.54	1 608	5 655	113.2	308	495	967	3 624
1992	7.56	0.77	2.82	0.57	1 942	6 501	108.6	726	581	1 214	4 518
1993	7.60	0.80	2.80	0.62	2 055	8 339	115.2	655	637	1 426	6 665
1994	7.58	0.82	2.87	0.69	2 533	12 656	120.3	1 064	649	1 602	12 913
1995	7.53	0.87	2.83	0.66	2 557	12 689	100.4	815	824	1 767	11 140
1996	7.56	0.91	3.00	0.68	3 074	15 728	119.7	1 300	1 007	2 118	16 370
1997	7.60	0.95	2.99	0.68	3 633	16 863	105.8	812	1 056	2 777	16 890
1998	7.52	1.01	2.83	0.61	4 066	18 652	109.4	911	778	3 245	18 621

年份	农林牧渔业总产值指数（上年＝100）	粮食产量（吨）	油料产量（吨）	猪牛羊肉产量（吨）	乡镇企业利税总额（万元）	农民人均纯收入（元）	工业总产值（万元）	工业总产值指数（上年＝100）	社会消费品零售总额（万元）	在校学生数（人）	医院床位数（张）
1949		16 570	920	349					79	2 095	
1952	102.6	15 035	1 825	481			21	96.1	110	4 803	15
1957	87.1	12 960	1 205	526		33	30	190.6	192	5 357	20
1965	93.9	11 440	935	549		36	53	129.2	362	8 743	67
1970	97.4	16 670	790	535		63	112	122.3	867	10 034	80
1975	93.7	20 035	430	612		47	228	108.1	705	14 017	132
1978	85.4	16 290	665	597	16	39	295	101.3	782	15 778	213
1980	148.0	17 845	1 405	760	31	53	365	101.8	967	14 857	213
1985	74.3	19 010	3 399	1 124	83	150	614	97.1	1 385	13 350	236
1986	107.9	21 005	5 705	652	156	214	825	132.7	2 073	14 221	239
1987	93.4	20 216	6 124	605	171	213	1 004	115.2	2 692	14 251	204
1988	101.4	20 784	6 021	967	227	243	1 205	115.6	3 182	14 591	212
1989	79.4	16 784	2 814	1 222	299	259	1 507	115.0	2 600	14 196	207
1990	120.9	30 969	5 290	1 681	327	335	1 512	120.0	3 320	14 900	192
1991	83.6	17 563	5 973	2 103	383	277	1 925	122.1	3 648	13 840	192
1992	117.2	21 617	8 157	1 584	488	323	2 177	108.2	3 856	13 935	220
1993	132.4	31 244	9 168	1 695	603	515	2 533	113.2	4 846	13 711	220
1994	124.6	31 556	11 925	1 958	769	636	2 970	114.2	5 730	13 631	222
1995	78.3	8 477	1 935	3 889	1 053	547	3 300	102.0	6 951	13 568	236
1996	145.2	32 290	8 763	4 878	1 085	772	3 215	105.9	7 708	13 449	212
1997	103.0	21 629	6 880	6 048	1 230	877	3 428	110.0	8 032	12 389	220
1998	111.7	39 202	11 189	5 667	442	1 066	2 155	112.2	8 640	12 973	230

河曲县主要社会、经济统计指标

MAJOR SOCIO – ECONOMIC INDICATORS OF HEQU

年份	年末总人口（万人）	#非农业人口	社会从业人员（万人）	职工人数（万人）	职工平均工资（元）	国内生产总值（万元）	国内生产总值指数（上年＝100）	全社会固定资产投资（万元）	地方财政收入（万元）	地方财政支出（万元）	农林牧渔业总产值（万元）
1949	8.13	0.56	3.44	0.03	132	415	109.1	12	28	38	335
1952	7.45	0.51	3.51	0.06	164	540	109.1	4	37	51	485
1957	8.01	0.54	4.03	0.46	237	904	118.5	75	46	81	425
1965	9.32	0.56	4.10	0.36	677	702	97.4	117	74	177	485
1970	10.24	0.54	4.47	0.43	655	1 016	112.8	329	84	184	568
1975	10.07	0.70	4.52	0.51	732	2 060	106.5	236	137	343	1 184
1978	11.44	0.75	4.78	0.57	777	3 560	102.6	289	150	440	1 176
1980	11.67	0.91	4.56	0.69	862	2 898	95.7	255	178	484	997
1985	12.13	1.12	4.43	0.83	1 156	4 400	99.9	514	272	1 178	2 892
1986	12.11	1.20	4.35	0.88	1 043	6 128	100.5	2 067	256	1 655	4 508
1987	12.14	1.29	4.50	0.96	1 095	6 196	108.9	1 716	336	1 243	4 095
1988	12.21	1.38	4.53	0.99	1 288	8 936	117.1	1 766	459	1 599	7 381
1989	12.39	1.45	4.60	1.03	1 518	9 981	109.2	2 654	679	1 663	6 337
1990	12.53	1.51	4.74	1.05	1 608	12 154	124.2	6 502	805	1 794	5 418
1991	12.67	1.57	4.98	1.16	1 685	12 209	100.5	5 352	978	1 929	4 024
1992	12.72	1.60	5.18	1.21	1 931	15 314	125.4	5 829	1 082	2 342	6 552
1993	12.81	1.95	5.38	1.36	2 091	16 575	108.2	5 864	1 473	2 662	7 138
1994	12.87	2.01	5.32	1.30	3 057	21 765	131.5	4 747	1 049	3 144	10 080
1995	12.95	2.10	5.51	1.37	3 055	18 284	93.5	2 372	1 278	3 623	7 587
1996	13.01	2.16	5.68	1.56	3 423	28 980	148.6	6 401	1 667	3 801	15 818
1997	13.03	2.22	5.45	1.35	3 866	25 637	87.0	3 742	2 168	5 072	10 579
1998	13.07	2.26	5.34	1.28	4 136	31 005	112.1	3 261	2 438	5 029	10 152

年份	农林牧渔业总产值指数（上年＝100）	粮食产量（吨）	油料产量（吨）	猪牛羊肉产量（吨）	乡镇企业利税总额（万元）	农民人均纯收入（元）	工业总产值（万元）	工业总产值指数（上年＝100）	社会消费品零售总额（万元）	在校学生数（人）	医院床位数（张）
1949	109.2	13 675	76	210	1	13	22	110.1	54	4 164	10
1952	121.4	20 768	601	322	1	17	69	124.9	170	9 043	13
1957	74.0	13 479	457	381	2	31	480	220.9	364	10 327	22
1965	95.5	15 859	316	430	8	37	200	128.7	500	15 096	70
1970	101.4	25 415	517	480	20	64	416	133.9	628	15 067	100
1975	103.5	35 224	341	615	47	62	1 133	112.6	837	21 533	267
1978	101.8	30 480	313	1 646	80	88	1 638	101.9	1 167	25 493	365
1980	85.2	21 665	690	1 640	79	79	1 309	89.6	1 336	25 760	406
1985	62.8	16 951	3 943	1 230	118	170	2 061	95.8	2 254	24 498	482
1986	130.9	37 098	2 896	1 638	120	220	2 429	117.9	3 410	23 002	503
1987	77.6	26 894	2 550	1 445	212	198	2 712	119.8	4 034	22 896	539
1988	145.7	51 510	4 198	1 544	216	380	3 719	111.1	5 219	22 666	539
1989	83.6	40 668	3 620	1 763	286	384	5 483	120.1	5 299	21 509	539
1990	91.9	33 740	4 304	2 487	321	322	5 772	101.6	5 721	19 432	539
1991	76.0	22 341	3 092	2 398	353	306	6 927	109.6	6 042	20 291	489
1992	144.9	42 691	5 891	2 222	507	484	7 841	109.6	7 370	20 619	489
1993	106.0	34 451	5 033	3 504	1 371	542	10 393	109.8	8 018	20 370	502
1994	113.5	34 739	6 480	2 505	691	680	13 436	109.4	13 574	20 915	550
1995	73.2	8 522	1 722	3 164	2 417	370	17 493	110.9	16 774	21 174	350
1996	180.2	59 500	3 499	2 908	1 888	906	17 671	101.0	17 112	21 402	504
1997	70.2	21 000	3 500	2 342	895	836	21 677	129.5	17 920	21 759	504
1998	101.9	35 000	5 000	2 553	2 610	966	20 875	122.4	18 649	23 154	504

保德县主要社会、经济统计指标

MAJOR SOCIO – ECONOMIC INDICATORS OF BAODE

年份	年末总人口（万人）	#非农业人口	社会从业人员（万人）	职工人数（万人）	职工平均工资（元）	国内生产总值（万元）	国内生产总值指数（上年=100）	全社会固定资产投资（万元）	地方财政收入（万元）	地方财政支出（万元）	农林牧渔业总产值（万元）
1949	5.67	0.48	3.01	0.04	442	215	132.1	250	8	21	410
1952	6.16	0.51	3.30	0.06	475	270	125.6	301	30	42	450
1957	6.76	0.57	3.50	0.23	511	317	117.4	412	15	88	620
1965	8.05	0.67	3.74	0.26	566	290	91.5	371	174	174	780
1970	8.96	0.76	3.90	0.34	524	581	200.3	521	167	167	960
1975	9.75	0.79	4.01	0.44	569	967	166.4	490	38	280	850
1978	10.25	0.84	3.86	0.63	540	1 943	125.0	673	36	419	1 516
1980	10.61	0.92	3.88	0.72	621	2 700	121.0	287	66	536	995
1985	11.47	1.04	4.36	0.80	844	5 574	114.0	803	766	1 416	2 093
1986	11.67	1.08	3.49	0.84	1 007	5 613	101.0	518	802	1 751	2 821
1987	11.84	1.12	3.78	0.97	1 085	5 865	104.0	360	727	1 382	2 424
1988	12.05	1.18	3.35	1.02	1 246	7 233	123.0	605	914	1 291	4 648
1989	12.19	1.20	3.45	1.03	1 525	8 530	117.9	381	1 285	1 608	3 331
1990	12.91	1.23	3.50	1.02	1 589	10 833	131.0	559	1 148	1 461	4 948
1991	13.40	1.29	3.56	1.00	1 643	8 942	80.0	520	1 046	1 444	3 703
1992	13.59	1.31	3.51	1.08	1 916	10 973	123.0	1 150	1 174	2 336	4 555
1993	13.78	1.33	4.20	1.11	2 270	16 844	153.0	979	1 798	2 391	7 136
1994	13.93	1.39	4.13	1.13	2 837	25 020	144.0	884	1 326	2 610	10 363
1995	14.04	1.42	3.94	1.16	3 317	23 022	92.0	609	1 470	3 588	5 930
1996	14.16	1.46	4.15	1.17	3 708	29 500	128.0	630	2 738	3 839	13 777
1997	14.28	1.50	4.35	1.18	3 793	35 000	118.6	750	3 136	3 136	13 263
1998	14.39	1.52	4.30	1.07	3 873	38 100	108.8	970	3 405	3 405	13 793

年份	农林牧渔业总产值指数（上年=100）	粮食产量（吨）	油料产量（吨）	猪牛羊肉产量（吨）	乡镇企业利税总额（万元）	农民人均纯收入（元）	工业总产值（万元）	工业总产值指数（上年=100）	社会消费品零售总额（万元）	在校学生数（人）	医院床位数（张）
1949	98.4	8 889	116	78	21	17	76	101.0	104	2 550	7
1952	109.7	11 452	126	125	32	22	103	135.9	194	6 180	10
1957	137.8	8 730	225	243	47	28	104	100.9	277	8 290	30
1965	125.8	6 445	111	234	54	32	117	112.5	481	12 589	63
1970	123.1	16 215	209	271	62	40	165	141.0	683	13 328	173
1975	88.5	16 848	111	585	78	38	585	354.5	1 048	20 941	274
1978	115.0	22 788	60	750	64	42	2 416	203.0	1 217	30 994	304
1980	67.1	14 365	166	982	69	27	2 905	102.7	1 356	30 106	307
1985	69.8	12 766	675	1 414	470	176	4 735	119.5	2 366	23 164	389
1986	113.1	23 864	785	1 438	420	194	3 837	81.0	2 973	24 394	372
1987	68.8	13 014	436	1 567	523	181	4 491	117.3	4 286	24 829	375
1988	152.9	27 100	879	2 046	710	274	5 266	117.3	5 383	24 296	380
1989	72.0	15 629	332	2 050	974	258	5 481	104.0	5 602	24 165	302
1990	146.6	33 076	929	1 423	1 230	339	8 445	154.1	4 658	23 901	409
1991	67.0	16 483	713	2 216	1 927	304	7 869	93.2	4 701	22 248	465
1992	113.0	20 327	1 083	2 284	2 454	397	8 934	113.5	6 200	22 543	471
1993	146.0	35 635	2 173	2 799	5 093	534	10 988	123.0	6 947	22 628	398
1994	135.0	33 277	3 313	2 789	3 497	653	12 243	111.4	9 819	28 186	383
1995	57.0	5 409	25	2 620	5 328	248	10 599	86.6	10 094	30 314	372
1996	175.0	41 716	2 670	2 845	5 528	871	11 164	105.3	13 050	26 957	382
1997	96.3	23 000	3 000	5 263	2 981	811	20 951	187.6	14 000	30 710	375
1998	104.0	38 700	3 025	4 847	3 536	840	12 488	59.6	14 970	29 570	381

偏关县主要社会、经济统计指标

MAJOR SOCIO – ECONOMIC INDICATORS OF PIANGUAN

年份	年末总人口（万人）	#非农业人口	社会从业人员（万人）	职工人数（万人）	职工平均工资（元）	国内生产总值（万元）	国内生产总值指数（上年＝100）	全社会固定资产投资（万元）	地方财政收入（万元）	地方财政支出（万元）	农林牧渔业总产值（万元）
1949	5.24	0.35	2.31	0.04					15	7	713
1952	5.64	0.42	2.53	0.10		236		2	30	29	894
1957	5.84	0.54	3.12	0.17		528	92.1	18	32	79	750
1965	6.78	0.57	2.93	0.17		747	96.2	9	84	142	1 108
1970	7.47	0.57	3.43	0.26		1 122	98.1	275	87	137	1 325
1975	7.98	0.65	3.34	0.30		1 530	116.4	187	80	274	1 567
1978	8.22	0.68	3.03	0.38	480	1 460	86.6	239	147	415	1 239
1980	8.33	0.81	3.27	0.54	800	1 838	112.0	152	133	449	1 631
1985	8.72	0.93	3.91	0.82	885	3 915	97.9	640	389	927	1 987
1986	8.78	1.00	3.94	0.90	500	4 672	119.3	440	400	1 018	1 968
1987	8.86	1.04	4.00	0.90	1 193	4 432	94.5	572	471	1 109	1 885
1988	9.00	1.11	4.03	0.92	1 277	5 465	123.3	778	509	1 121	2 642
1989	9.12	1.17	4.03	0.95	1 437	6 385	114.6	366	675	1 569	2 942
1990	9.71	1.19	4.07	0.96	1 674	5 739	89.7	123	572	1 582	2 830
1991	9.87	1.26	4.12	0.98	1 687	9 066	139.4	411	671	1 520	3 418
1992	10.02	1.26	4.18	1.01	1 914	10 612	104.6	374	743	1 988	4 724
1993	10.21	1.04	4.29	0.99	2 089	12 699	112.0	1 329	1 284	2 103	5 901
1994	10.39	1.55	4.29	1.00	2 364	16 897	110.6	6 755	1 251	2 674	9 911
1995	10.40	1.60	4.36	1.09	3 242	15 545	94.2	882	2 015	3 226	9 247
1996	10.55	1.73	4.66	1.07	3 162	23 703	133.0	944	2 650	3 297	14 933
1997	10.64	1.80	4.66	1.04	2 726	20 003	84.4	2 800	2 643	4 182	13 318
1998	10.68	1.84	4.76	0.87	3 393	23 100	115.5	2 700	2 699	5 190	16 170

年份	农林牧渔业总产值指数（上年＝100）	粮食产量（吨）	油料产量（吨）	猪牛羊肉产量（吨）	乡镇企业利税总额（万元）	农民人均纯收入（元）	工业总产值（万元）	工业总产值指数（上年＝100）	社会消费品零售总额（万元）	在校学生数（人）	医院床位数（张）
1949		11 380	305				49		97	1 708	
1952	129.7	16 730	735				85	125.0	119	3 540	
1957	83.3	11 450	650			31	360	129.0	356	7 170	10
1965	80.6	15 195	885			45	369	155.3	346	10 042	42
1970	94.9	20 890	895			72	574	108.5	507	12 944	66
1975	107.9	28 370	935			67	1 113	134.3	638	15 826	157
1978	104.9	18 475	394	650	87	41	1 870	111.4	912	18 041	180
1980	96.5	21 400	2 837	1 341	103	74	1 790	102.0	1 164	18 066	185
1985	64.6	15 765	5 520	1 749	122	231	3 276	109.4	2 409	15 900	195
1986	98.3	20 900	5 245	1 789	371	241	3 487	105.0	2 328	16 623	195
1987	80.2	14 410	4 271	1 665	262	124	4 701	114.4	2 779	16 528	205
1988	142.6	31 000	5 734	1 471	351	271	4 591	114.7	3 391	16 954	245
1989	110.8	35 684	4 259	1 907	525	236	5 563	110.6	3 274	16 297	245
1990	65.7	23 301	2 315	2 181	585	192	6 411	100.3	3 546	15 337	245
1991	109.4	16 011	3 277	2 361	639	348	7 065	107.6	4 058	15 502	245
1992	127.6	26 049	4 222	2 353	427	408	8 075	94.0	6 332	15 723	245
1993	116.8	14 571	4 220	2 469	1 345	492	10 034	123.9	6 307	15 661	245
1994	111.9	30 789	5 808	2 208	1 587	610	8 954	90.2	7 509	16 107	295
1995	76.9	6 117	1 065	5 489	1 610	295	12 257	111.0	10 043	16 759	295
1996	158.2	43 437	949	4 318	1 810	851	12 610	117.6	10 592	18 102	295
1997	89.2	26 912	5 501	4 239	808	952	12 533	99.4	11 197	18 987	277
1998	121.4	41 767	9 888	4 640	1 060	1 255	8 266	108.8	12 400	18 992	277

离石市主要社会、经济统计指标

MAJOR SOCIO - ECONOMIC INDICATORS OF LISHI

年份	年末总人口（万人）	#非农业人口	社会从业人员（万人）	职工人数（万人）	职工平均工资（元）	国内生产总值（万元）	国内生产总值指数（上年＝100）	全社会固定资产投资（万元）	地方财政收入（万元）	地方财政支出（万元）	农林牧渔业总产值（万元）
1949	7.34	0.84	2.89	0.07	150	1 210	102.1	9	18	18	984
1952	7.65	0.84	2.92	0.11	262	1 398	100.3	23	56	56	945
1957	8.32	1.14	3.23	0.23	440	1 598	90.5	43	238	238	846
1965	9.62	0.80	3.61	0.27	546	1 302	94.6	96	400	400	823
1970	11.07	0.92	4.13	0.34	510	2 160	116.4	213	438	438	1 038
1975	12.92	1.80	4.48	1.01	556	4 157	110.9	503	423	424	1 608
1978	13.52	2.19	4.91	1.52	597	3 788	75.6	1 643	237	549	1 394
1980	13.98	2.62	5.21	1.85	650	4 277	79.8	2 256	333	823	2 236
1985	15.44	3.69	6.33	2.42	895	8 957	107.6	994	618	1 750	3 041
1986	15.69	3.95	6.42	2.47	1 057	9 468	104.7	2 130	905	2 012	2 886
1987	16.01	4.04	6.55	2.53	1 109	11 741	116.9	2 587	1 039	1 514	2 954
1988	16.48	4.40	7.79	2.69	1 203	12 920	103.5	3 883	1 248	2 483	4 696
1989	16.97	5.06	8.32	2.85	1 340	15 140	114.0	3 983	780	2 402	4 384
1990	17.63	5.12	7.83	3.03	1 571	18 741	117.4	4 776	656	2 342	5 329
1991	17.95	5.41	8.12	3.14	1 744	16 192	85.2	4 343	965	2 747	3 590
1992	18.29	5.49	8.31	3.15	2 134	19 032	105.3	4 717	651	3 092	4 453
1993	18.66	5.70	8.41	3.18	2 358	33 803	173.4	5 764	1 118	3 548	5 763
1994	19.12	6.05	8.74	3.39	3 496	49 270	130.8	14 923	1 941	4 529	10 711
1995	19.38	6.18	9.30	3.78	3 568	59 128	112.2	57 871	2 832	5 000	8 394
1996	19.93	6.69	9.76	4.08	4 245	63 496	101.6	37 495	5 087	6 026	12 441
1997	20.78	7.05	9.32	3.75	4 507	68 362	110.3	43 719	3 693	6 728	6 525
1998	20.99	7.05	10.12	3.75	4 965	73 155	108.3	46 312	4 175	7 085	7 499

年份	农林牧渔业总产值指数（上年＝100）	粮食产量（吨）	油料产量（吨）	猪牛羊肉产量（吨）	乡镇企业利税总额（万元）	农民人均纯收入（元）	工业总产值（万元）	工业总产值指数（上年＝100）	社会消费品零售总额（万元）	在校学生数（人）	医院床位数（张）
1949	92.1	20 401	212	290		19	113	106.1	145	4 269	2
1952	95.7	19 035	227	307		32	137	111.3	260	11 579	25
1957	82.5	16 875	151	491		41	416	110.9	657	11 008	55
1965	86.3	17 215	166	532		29	122	85.3	670	10 260	125
1970	121.7	24 312	227	691		36	426	153.2	859	14 800	130
1975	117.5	35 011	346	724		48	1 713	124.8	2 116	31 555	291
1978	92.7	31 123	157	704	149	53	2 495	103.3	2 651	35 134	270
1980	116.7	35 103	555	801	193	56	2 641	101.0	2 986	32 563	299
1985	85.6	30 556	2 381	1 267	292	241	4 829	135.0	5 165	28 402	712
1986	92.7	28 660	2 282	1 299	283	260	5 328	106.0	6 216	29 214	722
1987	100.1	23 663	1 631	1 271	486	276	7 743	132.0	8 441	28 767	752
1988	109.6	37 428	2 064	964	568	290	9 404	99.0	9 696	26 001	758
1989	90.2	30 440	1 293	907	761	343	11 488	92.0	9 203	26 030	772
1990	101.7	40 176	2 191	1 105	1 526	437	11 143	100.0	14 577	26 045	861
1991	66.0	16 254	1 262	1 232	794	361	12 328	106.0	14 284	26 572	861
1992	114.0	24 076	1 295	1 158	1 168	398	14 047	96.0	17 881	27 654	886
1993	125.6	23 040	1 497	1 308	1 785	449	17 299	105.0	26 158	28 716	896
1994	129.0	40 591	2 472	1 352	4 369	665	22 113	125.0	27 807	30 376	912
1995	74.2	20 311	876	1 552	6 589	787	24 935	108.5	33 410	32 465	986
1996	101.6	40 597	1 625	1 545	10 351	951	33 534	107.6	42 330	45 746	775
1997	58.7	15 385	660	966	13 281	1 091	36 489	108.8	48 000	44 836	1 006
1998	114.9	21 311	1 093	1 149	8 395	1 273	31 470	92.9	46 195	50 237	1 006

孝义市主要社会、经济统计指标

MAJOR SOCIO – ECONOMIC INDICATORS OF XIAOYI

年份	年末总人口（万人）	#非农业人口	社会从业人员（万人）	职工人数（万人）	职工平均工资（元）	国内生产总值（万元）	国内生产总值指数（上年＝100）	全社会固定资产投资（万元）	地方财政收入（万元）	地方财政支出（万元）	农林牧渔业总产值（万元）
1949	12.79	0.05	4.00	0.30	166	166		5	38	6	1 392
1952	14.09	0.03	4.80	0.40	318	724	94.7	32	117	34	1 680
1957	15.36	0.02	5.40	0.50	508	773	97.4	112	190	120	1 405
1965	21.40	3.23	7.00	0.60	562	850	102.1	332	332	180	1 864
1970	23.54	2.69	7.90	0.70	426	1 555	152.9	392	588	230	1 846
1975	27.24	3.96	9.40	1.30	420	5 306	108.1	566	684	489	3 311
1978	28.09	4.38	9.23	1.16	586	10 148	102.1	464	755	595	3 247
1980	28.80	5.07	9.81	1.61	690	15 224	125.6	1 488	1 058	853	5 503
1985	31.61	6.79	12.16	2.35	876	27 616	119.2	2 713	1 649	1 717	8 046
1986	33.05	7.99	12.41	2.47	1 005	28 560	103.4	2 809	1 850	1 976	6 833
1987	34.19	8.75	12.36	2.59	1 083	33 239	116.3	4 563	2 291	1 941	7 110
1988	34.47	8.72	13.02	2.71	1 296	44 473	133.7	2 352	3 619	2 544	11 274
1989	34.97	8.82	13.43	2.77	1 387	45 881	103.1	3 218	3 169	3 059	12 506
1990	36.13	9.10	14.63	2.75	1 656	51 791	112.8	3 629	3 696	3 558	13 958
1991	36.80	9.39	14.08	2.83	1 861	59 859	114.6	5 802	4 246	4 269	12 866
1992	37.54	9.76	14.20	2.81	1 993	77 853	113.4	7 919	4 594	4 248	13 445
1993	37.54	9.97	14.74	3.08	2 426	103 415	112.8	7 905	5 892	4 991	15 900
1994	38.53	10.27	14.90	2.55	3 942	127 829	113.8	9 318	11 992	6 700	25 496
1995	39.31	10.67	16.52	2.52	4 069	165 616	125.5	15 464	7 054	9 043	29 101
1996	39.83	11.08	14.61	2.48	4 845	167 200	94.0	16 419	7 916	10 059	42 421
1997	39.99	11.28	16.40	2.50	4 284	188 000	108.8	28 708	8 793	10 796	37 795
1998	40.30	11.71	16.20	2.60	4 677	196 081	104.5	14 101	9 995	12 074	39 217

年份	农林牧渔业总产值指数（上年＝100）	粮食产量（吨）	油料产量（吨）	猪牛羊肉产量（吨）	乡镇企业利税总额（万元）	农民人均纯收入（元）	工业总产值（万元）	工业总产值指数（上年＝100）	社会消费品零售总额（万元）	在校学生数（人）	医院床位数（张）
1949		36 976	175	359		31	155		215	14 893	
1952	99.1	41 945	210	643		38	249	123.8	575	18 962	10
1957	71.5	35 172	268	713		45	660	129.8	1 031	28 263	23
1965	98.6	51 758	121	135		57	768	121.2	1 536	38 893	171
1970	101.1	53 689	123	1 750		57	1 085	172.1	1 870	44 034	186
1975	134.3	96 485	435	1 852		70	3 738	114.4	2 694	57 756	305
1978	93.5	81 425	165	965	757	74	4 223	104.2	3 247	61 245	314
1980	76.5	69 170	685	1 657	966	76	4 690	102.6	4 987	61 014	314
1985	88.0	93 815	3 229	2 293	2 065	459	10 047	124.5	9 591	57 709	424
1986	94.8	82 181	2 132	2 286	2 610	429	10 723	100.2	10 301	63 037	424
1987	99.5	80 997	1 609	2 089	3 394	438	14 291	130.9	12 969	70 219	552
1988	122.3	103 381	1 685	2 017	4 259	491	18 554	121.9	12 480	51 761	503
1989	96.0	105 072	1 525	2 661	5 870	558	22 441	108.5	14 181	66 163	501
1990	96.0	112 093	1 775	2 794	5 751	591	19 325	82.1	14 892	67 271	493
1991	88.7	89 437	1 145	2 901	6 985	597	24 837	108.5	17 028	68 811	503
1992	73.8	83 693	1 273	3 107	10 189	646	26 562	108.5	25 114	61 268	538
1993	129.6	91 772	1 388	3 150	18 146	757	32 289	111.6	18 009	61 523	558
1994	112.1	91 740	2 076	3 955	27 383	998	37 299	105.3	25 084	65 102	973
1995	103.1	62 293	946	4 442	33 543	1 224	37 027	79.3	33 498	68 011	1 107
1996	149.6	112 821	923	6 188	32 655	1 531	35 785	89.5	42 411	73 100	1 063
1997	96.8	84 219	725	4 055	36 641	1 841	45 845	116.5	50 350	76 200	1 015
1998	101.0	102 905	973	4 811	28 755	2 135	86 207	102.2	55 019	78 200	1 105

汾阳市主要社会、经济统计指标

MAJOR SOCIO – ECONOMIC INDICATORS OF FENYANG

年份	年末总人口（万人）	#非农业人口	社会从业人员（万人）	职工人数（万人）	职工平均工资（元）	国内生产总值（万元）	国内生产总值指数（上年=100）	全社会固定资产投资（万元）	地方财政收入（万元）	地方财政支出（万元）	农林牧渔业总产值（万元）
1949	15.43	1.79	4.87	0.55	149	1 755	100.0	1	102	3	2 722
1952	16.14	1.40	5.19	0.60	230	1 800	98.0	3	297	34	3 235
1957	18.91	2.46	5.83	0.64	459	2 614	95.7	81	346	227	3 235
1965	22.29	2.09	7.94	0.73	594	2 754	108.2	79	723	231	4 151
1970	25.96	2.34	8.78	0.87	533	4 205	122.4	289	874	392	4 917
1975	28.99	2.75	9.54	1.67	530	5 927	110.2	297	1 109	608	5 696
1978	29.76	2.91	9.99	1.80	546	6 105	106.0	416	1 487	847	5 775
1980	30.19	3.35	10.70	2.07	682	5 632	92.8	1 011	1 408	843	10 368
1985	31.70	4.04	12.94	2.50	939	21 619	113.9	4 987	2 851	1 162	10 335
1986	31.95	4.19	13.43	2.58	1 107	25 824	112.8	4 021	3 579	2 388	11 056
1987	32.26	4.23	13.56	2.74	1 194	40 430	139.3	3 214	5 484	2 361	12 888
1988	32.63	4.38	13.90	2.89	1 365	45 707	94.4	3 469	7 269	3 715	13 107
1989	33.09	4.51	14.14	3.04	1 543	58 254	118.1	4 454	8 586	3 341	15 960
1990	34.12	4.71	15.19	3.04	1 752	57 313	89.0	7 112	11 207	4 073	18 275
1991	34.52	4.81	14.88	3.02	1 886	65 085	106.5	6 988	14 632	5 230	16 622
1992	34.93	4.98	15.08	3.22	2 224	87 980	126.2	13 566	18 460	5 886	18 000
1993	35.18	4.98	15.41	3.25	2 765	100 522	115.0	26 332	23 953	7 883	27 752
1994	35.85	5.41	15.70	3.31	3 497	130 135	114.6	25 194	5 681	8 014	43 590
1995	36.30	5.60	16.05	3.33	4 340	137 081	103.3	24 356	6 437	7 667	46 693
1996	36.85	5.73	16.36	3.43	4 703	142 608	103.3	20 075	7 524	8 709	54 502
1997	37.54	6.15	16.60	3.38	5 034	142 830	100.1	16 281	7 639	8 767	48 027
1998	37.82	6.24	15.36	3.21	4 667	149 209	106.8	15 512	7 469	9 575	50 022

年份	农林牧渔业总产值指数（上年=100）	粮食产量（吨）	油料产量（吨）	猪牛羊肉产量（吨）	乡镇企业利税总额（万元）	农民人均纯收入（元）	工业总产值（万元）	工业总产值指数（上年=100）	社会消费品零售总额（万元）	在校学生数（人）	医院床位数（张）
1949	100.0	38 660	154	248			1 650		834	16 740	50
1952	119.3	44 635	148	310			3 388	110.8	967	15 340	90
1957	120.4	46 535	168	628			4 785	116.8	1 750	25 489	125
1965	111.6	72 145	120	968		69	2 010	124.1	2 213	45 149	160
1970	118.4	80 780	130	1 391		66	3 726	142.7	2 375	45 904	353
1975	114.1	106 910	656	1 561		71	4 801	109.1	3 661	78 195	553
1978	124.0	104 455	263	1 386	167	74	6 684	107.0	3 305	73 994	500
1980	187.0	84 960	759	2 190	144	78	6 069	92.6	4 519	78 413	526
1985	104.0	112 840	6 223	3 628	450	403	16 101	130.3	7 922	60 987	685
1986	103.0	114 270	7 635	3 718	225	430	20 565	112.9	9 057	59 032	880
1987	97.0	118 100	6 480	3 726	651	459	31 372	114.7	11 730	58 100	881
1988	88.0	112 455	2 913	3 663	1 066	497	41 077	85.8	17 733	56 570	881
1989	123.0	134 060	4 836	3 499	1 286	560	52 523	108.3	18 573	52 924	902
1990	106.0	145 052	5 606	4 425	1 503	595	47 337	93.4	17 660	52 761	950
1991	84.0	89 901	3 076	5 764	1 901	573	57 574	110.9	19 988	52 783	982
1992	104.0	93 584	3 931	6 733	7 648	612	72 286	122.9	26 775	54 896	982
1993	134.0	150 408	5 035	7 122	4 470	738	96 308	122.9	29 300	52 954	974
1994	125.8	150 244	5 906	8 751	5 959	961	102 072	107.0	29 717	56 717	923
1995	92.0	116 724	4 288	9 626	21 765	1 204	102 689	97.3	36 290	61 128	930
1996	126.0	175 408	4 574	10 890	31 286	1 553	106 384	109.3	42 712	63 685	976
1997	91.5	130 053	3 346	12 207	32 864	1 846	113 982	104.6	49 010	68 227	990
1998	107.2	127 062	6 232	10 386	16 401	2 164	76 992	67.8	41 345	69 125	995

文水县主要社会、经济统计指标

MAJOR SOCIO – ECONOMIC INDICATORS OF WENSHUI

年份	年末总人口（万人）	#非农业人口	社会从业人员（万人）	职工人数（万人）	职工平均工资（元）	国内生产总值（万元）	国内生产总值指数（上年=100）	全社会固定资产投资（万元）	地方财政收入（万元）	地方财政支出（万元）	农林牧渔业总产值（万元）
1949	17.72	0.36	0.38	0.08	137	1 050	100.0		76	5	3 418
1952	18.48	0.47	3.50	0.12	184	1 384	131.0	21	187	28	3 751
1957	19.89	0.60	7.53	0.34	477	1 666	120.4	125	96	147	3 232
1965	23.14	0.89	8.37	0.52	508	2 438	146.3	616	312	206	4 421
1970	26.14	0.92	9.02	0.62	491	2 624	108.2	220	356	212	4 845
1975	29.32	1.19	11.07	0.79	519	3 864	147.3	283	469	451	6 311
1978	30.38	1.47	10.10	1.07	522	7 670	121.6	345	555	573	6 601
1980	30.65	1.54	10.66	1.14	644	7 178	91.8	220	482	779	6 570
1985	32.81	2.18	13.16	1.42	897	18 465	128.9	695	1 209	1 513	9 988
1986	33.29	2.32	13.42	1.49	1 044	18 172	94.7	276	1 279	1 818	10 567
1987	33.83	2.48	14.01	1.55	1 064	21 265	115.7	440	1 626	2 048	11 972
1988	34.45	2.58	14.95	1.64	1 240	25 749	116.6	854	2 125	2 425	14 580
1989	34.88	2.76	15.29	1.69	1 284	28 453	109.5	531	2 724	3 044	21 502
1990	35.87	2.85	15.64	1.69	1 425	31 610	110.1	754	2 862	3 483	21 608
1991	36.37	2.92	16.36	1.76	1 476	36 545	111.6	1 671	3 147	3 564	22 755
1992	36.87	2.98	16.53	1.88	1 708	44 623	121.1	1 901	3 274	3 931	23 281
1993	37.39	3.08	17.07	1.88	2 135	70 735	147.3	7 814	4 867	5 239	43 027
1994	38.03	3.34	17.28	1.92	2 652	112 235	156.1	8 028	5 799	5 805	65 760
1995	38.57	3.43	17.77	2.02	3 049	143 187	114.8	7 321	6 675	6 564	83 597
1996	39.19	3.50	17.17	2.01	3 172	165 445	112.7	5 299	7 666	7 183	83 700
1997	39.66	3.67	17.40	2.04	3 413	180 157	120.0	5 630	4 385	6 851	85 213
1998	39.99	3.72	17.80	2.03	3 948	136 812	90.5	4 794	4 466	8 099	75 434

年份	农林牧渔业总产值指数（上年=100）	粮食产量（吨）	油料产量（吨）	猪牛羊肉产量（吨）	乡镇企业利税总额（万元）	农民人均纯收入（元）	工业总产值（万元）	工业总产值指数（上年=100）	社会消费品零售总额（万元）	在校学生数（人）	医院床位数（张）
1949	100.0	45 700	750	252		30	61	100.0	95	10 416	
1952	102.4	50 365	792	293		41	242	153.6	459	17 295	
1957	75.8	37 885	220	360		50	397	105.1	1 045	27 573	60
1965	106.1	73 300	203	689		61	1 666	127.1	1 093	34 555	75
1970	132.6	82 225	134	967		60	2 288	127.9	1 147	47 160	106
1975	106.1	119 095	232	556		80	3 500	112.3	1 653	57 848	229
1978	132.1	114 330	167	2 315	1 191	97	3 126	113.5	2 402	65 375	341
1980	99.9	103 005	589	2 201	826	95	3 467	100.7	3 491	66 507	339
1985	81.8	128 695	3 633	2 852	4 006	420	5 915	126.5	5 649	71 739	294
1986	101.3	137 300	4 473	2 580	3 148	433	6 841	111.8	6 397	62 875	380
1987	111.3	121 865	2 500	2 265	3 500	448	7 757	113.8	8 549	60 749	395
1988	110.9	138 275	2 192	2 369	2 477	498	11 271	142.5	10 019	59 913	395
1989	132.7	162 461	2 209	2 587	6 933	545	13 722	110.8	10 866	58 913	440
1990	115.7	180 920	2 262	3 670	8 141	607	14 056	104.0	11 260	59 816	413
1991	101.9	160 398	1 597	6 672	8 916	615	14 662	105.5	12 035	61 023	413
1992	102.3	146 431	1 238	6 009	7 947	635	17 730	122.0	13 023	63 145	413
1993	162.4	199 309	1 639	9 670	14 207	790	24 179	124.9	13 697	65 432	413
1994	110.9	201 208	1 621	22 512	19 919	969	26 223	104.2	12 324	67 829	413
1995	127.1	203 287	3 628	16 688	32 973	1 248	22 917	73.0	16 580	72 615	413
1996	106.4	222 912	2 257	18 693	36 403	1 565	40 379	170.2	15 856	75 671	413
1997	100.3	211 814	4 449	7 414	23 696	1 982	50 404	124.2	16 134	78 973	483
1998	94.4	202 826	6 216	10 582	14 901	2 139	73 948	103.0	17 233	80 017	483

交城县主要社会、经济统计指标

MAJOR SOCIO－ECONOMIC INDICATORS OF JIAOCHENG

年份	年末总人口（万人）	#非农业人口	社会从业人员（万人）	职工人数（万人）	职工平均工资（元）	国内生产总值（万元）	国内生产总值指数（上年＝100）	全社会固定资产投资（万元）	地方财政收入（万元）	地方财政支出（万元）	农林牧渔业总产值（万元）
1949	9.27	0.46	0.97	0.06	139	610	100.0	3	25	5	1 862
1952	9.35	0.49	1.76	0.14	178	729	101.5	7	77	29	2 099
1957	9.57	0.56	2.24	0.24	429	930	95.0	73	68	173	2 134
1965	11.20	0.74	3.23	0.52	539	1 347	103.2	77	172	131	3 237
1970	13.10	0.92	2.80	0.50	509	1 995	141.1	699	220	195	3 635
1975	14.67	1.04	3.24	0.65	521	3 002	109.7	1 065	445	480	3 687
1978	15.25	1.07	5.03	1.12	571	3 640	117.9	2 501	605	878	4 182
1980	15.80	1.27	5.13	1.15	619	3 521	87.5	1 964	560	644	4 302
1985	16.88	1.92	5.32	1.47	873	11 682	141.1	3 132	883	1 523	5 060
1986	16.96	1.96	5.32	1.52	1 019	13 142	85.2	4 413	957	1 383	4 152
1987	17.25	2.05	5.33	1.62	1 099	13 633	103.0	3 795	1 094	1 339	4 628
1988	17.53	2.11	5.34	1.70	1 293	16 626	109.3	4 174	1 348	1 650	6 252
1989	17.84	2.22	5.36	1.78	1 377	16 611	98.5	3 722	1 596	1 853	5 979
1990	18.48	2.27	5.37	1.81	1 508	16 601	99.5	5 111	1 832	2 150	6 897
1991	18.68	2.31	5.39	1.83	1 540	16 368	98.4	5 203	1 608	2 424	6 721
1992	19.00	2.34	5.41	1.80	1 884	18 703	112.8	7 874	2 040	2 890	8 429
1993	19.37	2.40	5.45	1.75	2 272	25 010	113.4	3 064	2 816	3 432	10 674
1994	19.74	2.51	5.50	1.74	3 104	33 828	122.4	5 497	3 858	3 817	15 880
1995	20.17	2.59	5.54	1.81	3 135	46 762	136.9	3 751	4 902	4 981	23 096
1996	20.40	2.66	5.64	1.73	3 753	54 096	115.6	3 898	5 329	4 848	21 871
1997	20.56	2.78	5.75	1.73	3 472	58 536	105.1	7 505	3 142	5 319	16 589
1998	20.63	2.81	5.45	1.35	4 000	62 600	105.3	2 990	3 401	5 788	17 629

年份	农林牧渔业总产值指数（上年＝100）	粮食产量（吨）	油料产量（吨）	猪牛羊肉产量（吨）	乡镇企业利税总额（万元）	农民人均纯收入（元）	工业总产值（万元）	工业总产值指数（上年＝100）	社会消费品零售总额（万元）	在校学生数（人）	医院床位数（张）
1949	100.0	14 863	155	47		34	8	100.0	84	4 661	5
1952	95.7	15 319	201	50		38	13	108.0	201	5 245	15
1957	85.2	15 553	176	65		42	645	124.6	442	11 723	25
1965	101.7	27 508	359	180		50	699	100.7	622	14 365	45
1970	136.8	30 889	315	260		61	1 988	128.1	747	19 506	160
1975	110.5	50 476	330	537		89	3 961	117.0	1 115	29 410	211
1978	102.0	52 351	254	712	41	103	4 195	97.1	1 957	46 548	211
1980	101.0	44 119	381	715	190	100	4 280	103.2	2 274	46 282	211
1985	101.0	57 382	1 844	1 769	1 415	440	6 511	125.0	4 342	31 950	298
1986	81.0	45 248	1 728	1 874	1 667	430	7 389	112.0	6 520	30 841	269
1987	112.0	40 790	256	1 972	2 472	451	8 817	118.0	7 684	29 889	283
1988	135.0	49 420	957	2 874	850	469	13 083	128.0	7 684	30 141	320
1989	96.0	57 518	260	1 343	522	506	15 472	104.0	7 413	30 158	334
1990	115.0	55 040	929	1 982	468	523	16 369	108.0	7 378	29 583	328
1991	97.0	38 967	603	2 161	2 290	524	15 339	91.0	7 140	30 456	326
1992	125.0	44 410	593	2 020	3 981	569	17 392	113.0	7 462	31 984	326
1993	126.0	50 805	737	1 709	6 132	713	25 953	125.0	8 208	33 673	315
1994	148.0	53 749	973	1 964	13 298	928	30 049	118.0	8 726	35 244	315
1995	145.0	56 791	754	2 262	16 725	1 215	32 198	93.0	12 095	36 066	290
1996	94.0	56 844	346	2 767	17 859	1 255	34 605	120.3	14 804	37 320	320
1997	82.3	41 534	579	2 018	23 472	1 852	38 362	120.9	14 978	38 790	318
1998	106.2	44 109	826	2 038	17 097	2 026	38 986	96.0	14 850	39 916	307

兴县主要社会、经济统计指标

MAJOR SOCIO – ECONOMIC INDICATORS OF XINXIAN

年份	年末总人口（万人）	#非农业人口	社会从业人员（万人）	职工人数（万人）	职工平均工资（元）	国内生产总值（万元）	国内生产总值指数（上年=100）	全社会固定资产投资（万元）	地方财政收入（万元）	地方财政支出（万元）	农林牧渔业总产值（万元）
1949	10.58	0.53	4.90	0.07	158	827	109.9	5	23	136	2 118
1952	11.53	0.57	5.32	0.14	270	1 007	105.2	24	42	154	2 531
1957	13.01	0.84	5.47	0.27	473	1 017	88.2	35	36	135	2 016
1965	15.60	0.85	6.14	0.38	515	1 016	91.6	50	88	314	1 887
1970	17.73	0.81	6.56	0.54	434	1 880	89.7	365	82	221	3 445
1975	18.99	0.92	6.49	0.61	520	2 469	129.8	321	194	404	3 675
1978	12.05	0.55	6.91	0.85	557	2 571	109.5	521	307	603	3 680
1980	12.19	0.63	6.91	0.94	624	4 349	115.7	860	253	976	4 750
1985	13.29	0.90	7.52	1.04	850	7 081	102.1	197	405	1 225	5 467
1986	13.52	0.95	7.70	1.05	999	8 126	109.0	438	370	1 507	6 343
1987	13.75	0.99	7.79	1.12	1 025	8 070	83.7	441	483	1 497	5 820
1988	14.17	1.02	7.86	1.20	1 158	11 894	97.2	844	595	1 711	9 817
1989	14.38	1.05	8.14	1.25	1 158	10 361	79.7	1 279	709	1 853	6 225
1990	14.61	1.10	8.32	1.21	1 614	16 174	154.0	565	767	2 154	12 027
1991	14.88	1.21	8.52	1.22	1 674	13 607	74.1	695	925	2 330	8 940
1992	15.16	1.19	8.69	1.28	1 981	17 120	110.2	598	893	2 874	10 168
1993	15.37	1.28	8.80	1.29	2 351	25 587	147.9	1 426	1 524	3 334	20 376
1994	15.54	1.37	8.96	1.24	2 432	30 075	130.7	1 590	1 482	3 927	22 150
1995	15.76	1.46	9.01	1.29	2 653	32 976	104.3	1 320	1 324	4 151	22 038
1996	15.93	1.43	9.29	1.32	3 483	35 180	108.0	3 383	1 049	5 002	33 077
1997	25.97	2.23	9.34	1.14	3 632	25 669	73.0	2 843	1 266	5 601	16 783
1998	26.02	2.26	9.42	1.06	4 383	26 742	88.8	2 932	1 357	6 919	18 946

年份	农林牧渔业总产值指数（上年=100）	粮食产量（吨）	油料产量（吨）	猪牛羊肉产量（吨）	乡镇企业利税总额（万元）	农民人均纯收入（元）	工业总产值（万元）	工业总产值指数（上年=100）	社会消费品零售总额（万元）	在校学生数（人）	医院床位数（张）
1949	100.1	26 960	1 035	24	3	25	58	103.1	127	1 534	20
1952	103.2	31 000	1 226	41	5	30	103	172.6	233	10 883	30
1957	71.1	20 315	606	48	23	24	124	92.1	451	15 575	50
1965	80.4	13 370	225	251	18	15	215	132.1	761	22 761	251
1970	92.3	43 825	534	104	34	57	429	148.4	866	29 935	271
1975	103.5	48 805	451	211	37	41	1 171	115.6	1 027	42 841	282
1978	108.9	71 610	393	229	68	63	1 821	97.0	1 460	49 172	320
1980	100.9	77 455	1 833	240	67	71	1 830	110.7	2 041	49 376	361
1985	82.9	50 370	12 248	129	297	261	2 563	110.0	4 263	43 756	424
1986	109.8	60 267	12 222	103	287	208	3 408	122.0	4 337	43 859	431
1987	72.7	36 058	8 641	97	274	203	3 017	117.0	4 975	44 104	431
1988	147.8	70 212	14 437	863	872	323	3 291	116.0	6 773	46 142	446
1989	58.9	35 060	5 849	1 787	923	241	3 374	105.0	6 525	46 803	451
1990	196.8	88 403	16 014	1 121	954	351	7 318	151.0	5 096	49 452	454
1991	71.9	45 228	9 936	1 732	897	268	6 856	93.6	5 172	53 348	481
1992	116.5	63 531	13 267	1 982	924	364	8 717	127.0	5 243	51 875	491
1993	128.4	94 327	15 974	3 444	2 098	449	12 328	141.0	5 096	52 044	491
1994	110.4	92 738	18 757	2 721	3 011	636	12 230	112.3	5 766	54 096	491
1995	71.5	43 051	4 368	3 243	4 096	537	12 624	110.0	5 783	55 236	491
1996	143.0	108 152	17 122	2 826	3 856	792	13 244	98.0	6 675	58 453	494
1997	36.0	60 628	8 519	2 139	1 876	724	10 563	116.0	5 346	59 391	494
1998	120.6	54 178	8 784	2 821	787	779	5 059	78.2	3 770	58 662	492

临县主要社会、经济统计指标

MAJOR SOCIO – ECONOMIC INDICATORS OF LINXIAN

年份	年末总人口（万人）	#非农业人口	社会从业人员（万人）	职工人数（万人）	职工平均工资（元）	国内生产总值（万元）	国内生产总值指数（上年=100）	全社会固定资产投资（万元）	地方财政收入（万元）	地方财政支出（万元）	农林牧渔业总产值（万元）
1949	25.46	0.79	7.34	0.11	98	1 047					1 837
1952	27.61	1.57	8.31	0.21	184	1 415	122.4	10		72	1 972
1957	29.80	1.66	9.66	0.42	434	1 597	81.3	75	70	216	1 860
1965	33.35	1.41	13.15	0.52	506	1 415	70.9	51	143	409	2 212
1970	37.50	1.52	14.31	0.61	476	2 561	118.5	550	231	346	2 557
1975	40.24	1.64	14.47	0.71	531	3 616	95.3	338	255	707	2 901
1978	41.85	1.79	14.92	1.47	484	5 050	111.9	1 111	396	1 030	4 048
1980	42.71	2.07	14.98	1.32	673	6 503	94.6	850	391	1 149	6 040
1985	45.78	2.62	16.42	1.61	868	13 478	102.6	2 129	642	2 207	9 965
1986	45.96	2.68	16.87	1.76	960	13 792	100.4	1 953	646	2 325	9 541
1987	46.52	2.82	17.34	1.84	1 051	11 871	81.9	2 804	749	2 587	7 628
1988	47.55	2.88	18.32	1.92	1 239	17 042	136.5	2 319	1 011	2 829	12 978
1989	48.28	2.98	18.69	1.99	1 306	13 646	76.1	3 498	1 079	3 526	9 504
1990	50.39	3.12	19.53	1.98	1 404	23 827	135.9	2 586	1 002	3 416	18 227
1991	51.17	3.17	19.69	2.04	1 520	20 985	76.7	2 893	1 000	3 393	11 490
1992	51.82	3.25	20.09	2.09	1 763	27 742	127.1	4 223	912	4 300	17 559
1993	52.30	3.31	20.73	2.22	2 000	33 113	111.2	5 216	1 352	5 239	24 864
1994	52.75	3.40	20.86	2.26	2 393	46 146	110.6	11 178	1 362	6 594	37 446
1995	53.41	3.46	21.33	2.34	2 726	45 716	85.0	9 564	1 868	7 271	32 509
1996	54.11	3.53	21.38	2.28	2 955	59 047	125.2	6 708	2 235	8 356	48 668
1997	54.55	3.67	21.50	2.31	3 316	62 800	109.4	8 411	1 988	10 014	52 932
1998	54.91	3.74	20.95	1.95	3 875	54 611	97.2	6 869	2 097	10 015	41 681

年份	农林牧渔业总产值指数（上年=100）	粮食产量（吨）	油料产量（吨）	猪牛羊肉产量（吨）	乡镇企业利税总额（万元）	农民人均纯收入（元）	工业总产值（万元）	工业总产值指数（上年=100）	社会消费品零售总额（万元）	在校学生数（人）	医院床位数（张）
1949		52 237	374	23			3		304	12 149	
1952	123.3	56 712	303	35			16	280.4	707	26 421	24
1957	75.2	48 995	774	352			130	105.8	996	36 016	42
1965	62.8	36 130	337	1 599		17	270	118.3	1 476	54 569	150
1970	118.7	72 475	378	938		39	480	140.1	1 500	61 108	150
1975	90.9	67 332	428	1 154		34	1 524	122.6	2 569	89 933	402
1978	150.8	97 655	372	1 863	304	39	2 002	120.1	3 601	99 978	537
1980	89.1	95 847	843	2 151	234	38	2 257	101.4	4 436	93 717	537
1985	86.2	79 953	9 389	1 400	667	202	3 641	119.1	9 144	84 588	637
1986	102.2	96 966	8 562	2 702	222	192	3 643	97.9	7 670	84 565	637
1987	73.1	59 113	5 595	3 409	354	160	3 987	102.7	8 672	83 197	637
1988	157.2	133 010	10 702	2 647	397	281	5 846	112.5	11 809	82 727	637
1989	61.5	63 477	6 755	1 857	399	220	7 397	105.0	12 875	81 509	637
1990	168.2	127 510	12 111	3 007	438	295	6 595	99.5	12 822	81 064	637
1991	60.7	60 443	7 683	3 384	500	230	6 332	92.1	12 800	82 182	637
1992	131.8	99 472	9 907	2 550	810	336	7 151	105.7	12 995	87 841	637
1993	129.9	133 026	14 403	3 658	913	399	8 170	100.2	13 130	91 316	637
1994	111.7	137 518	16 831	3 790	1 491	484	10 087	106.9	12 553	98 023	753
1995	68.4	55 879	3 366	4 552	1 643	507	10 304	110.4	16 480	102 228	803
1996	156.1	125 707	12 356	5 555	5 122	703	11 879	104.9	20 901	106 200	853
1997	108.0	56 123	6 444	5 299	7 311	943	12 401	108.5	23 402	110 608	853
1998	87.8	74 102	10 274	6 188	3 780	946	3 372	87.1	25 801	119 934	853

柳林县主要社会、经济统计指标

MAJOR SOCIO－ECONOMIC INDICATORS OF LIULIN

年份	年末总人口（万人）	#非农业人口	社会从业人员（万人）	职工人数（万人）	职工平均工资（元）	国内生产总值（万元）	国内生产总值指数（上年＝100）	全社会固定资产投资（万元）	地方财政收入（万元）	地方财政支出（万元）	农林牧渔业总产值（万元）
1949	11.92	0.75	3.41	0.05	417	402	100.0	3	8	12	1 195
1952	12.45	0.83	3.56	0.07	544	436	105.5	4	17	23	1 204
1957	13.94	1.31	4.23	0.17	495	603	103.4	6	28	34	1 191
1965	15.62	0.96	5.34	0.19	552	705	100.3	17	42	69	1 307
1970	17.71	1.00	5.31	0.28	525	1 039	120.2	20	50	84	1 813
1975	19.47	1.24	5.42	0.60	545	2 489	112.3	387	254	434	2 390
1978	20.14	1.31	5.47	0.80	521	3 306	105.5	164	241	557	1 816
1980	20.52	1.52	6.36	0.84	633	4 344	102.1	232	230	651	2 081
1985	22.24	1.84	6.69	1.11	825	7 896	101.8	949	546	1 897	4 809
1986	22.50	1.92	6.77	1.20	1 050	8 267	98.0	557	593	1 765	5 198
1987	22.85	2.05	6.88	1.26	1 141	9 440	111.2	889	737	1 992	4 418
1988	23.19	2.08	6.94	1.33	1 356	12 951	123.2	989	908	2 211	7 136
1989	23.61	2.13	7.10	1.35	1 547	13 592	104.7	853	1 164	2 305	5 700
1990	24.78	2.29	8.23	1.41	1 751	16 618	121.6	718	1 362	2 478	8 368
1991	25.09	2.45	8.63	1.40	1 951	15 909	95.7	1 817	1 871	2 946	5 893
1992	25.42	2.50	8.95	1.50	2 160	21 932	117.4	3 747	2 014	3 097	7 965
1993	25.72	2.70	9.40	1.60	2 353	26 936	122.5	22 373	2 504	3 581	10 050
1994	25.92	2.82	9.61	1.74	2 761	42 651	135.0	30 918	2 237	4 455	17 002
1995	26.41	3.01	9.79	1.68	4 174	54 475	112.8	38 817	5 031	5 357	18 258
1996	26.67	3.08	9.98	1.82	4 295	63 646	116.2	60 099	6 137	6 029	22 607
1997	26.92	3.41	10.10	1.79	4 650	75 647	113.2	21 524	4 889	7 783	14 788
1998	27.17	3.33	11.14	1.60	5 543	83 069	108.6	12 882	6 485	9 567	18 144

年份	农林牧渔业总产值指数（上年＝100）	粮食产量（吨）	油料产量（吨）	猪牛羊肉产量（吨）	乡镇企业利税总额（万元）	农民人均纯收入（元）	工业总产值（万元）	工业总产值指数（上年＝100）	社会消费品零售总额（万元）	在校学生数（人）	医院床位数（张）
1949	100.0	23 489	190	113	3	20	2	100.0	3	6 821	3
1952	100.3	22 977	245	109	5	22	3	100.0	8	10 786	10
1957	81.4	21 363	178	136	6	24	211	177.8	215	16 313	22
1965	84.2	19 801	117	172	14	25	299	128.4	609	23 582	52
1970	124.5	31 089	99	241	56	32	466	108.9	670	31 890	84
1975	120.5	57 865	169	347	80	46	1 049	95.4	1 756	46 052	255
1978	100.6	53 020	91	703	239	42	1 682	104.7	2 052	54 455	311
1980	101.4	60 390	921	817	164	45	1 625	89.5	2 220	52 135	386
1985	86.3	48 711	3 365	1 465	392	303	2 629	126.2	4 241	47 717	415
1986	102.2	51 695	2 672	1 827	167	275	3 625	120.4	5 283	46 028	435
1987	70.3	28 615	1 355	1 255	265	241	4 257	112.1	5 967	44 900	435
1988	154.5	66 264	3 212	1 009	428	318	5 927	113.1	7 211	44 985	435
1989	72.7	35 864	1 904	1 437	585	298	8 297	113.9	7 456	43 118	435
1990	134.6	60 677	3 318	1 695	814	355	10 639	113.1	8 185	43 096	435
1991	62.6	24 945	1 837	1 771	959	274	11 743	103.8	11 686	44 080	435
1992	125.9	36 215	2 180	1 624	2 126	382	12 923	103.8	12 119	45 830	450
1993	112.3	53 998	2 650	1 446	4 643	464	15 411	102.7	12 665	47 585	450
1994	118.7	59 664	3 860	1 429	6 612	623	19 019	102.2	16 277	51 416	450
1995	87.1	34 467	2 479	1 465	12 627	763	24 351	112.7	15 728	53 454	455
1996	116.9	71 392	4 152	1 414	14 013	951	30 389	118.4	17 922	56 984	400
1997	79.6	22 228	1 415	1 711	16 865	1 253	25 220	111.6	18 784	59 179	365
1998	122.6	26 492	2 618	1 750	15 979	1 398	60 724	118.9	19 704	63 655	365

石楼县主要社会、经济统计指标

MAJOR SOCIO – ECONOMIC INDICATORS OF SHILOU

年份	年末总人口（万人）	#非农业人口	社会从业人员（万人）	职工人数（万人）	职工平均工资（元）	国内生产总值（万元）	国内生产总值指数（上年=100）	全社会固定资产投资（万元）	地方财政收入（万元）	地方财政支出（万元）	农林牧渔业总产值（万元）
1949	3.33	0.03	0.01	0.02	147	255			10	5	244
1952	3.69	0.07	0.06	0.04	215	807	80.0		24	16	466
1957	4.24	0.25	0.09	0.10	488	904	86.0	11	23	63	468
1965	5.50	0.33	0.09	0.15	505	1 168	96.0	50	33	105	562
1970	6.33	0.35	0.10	0.18	490	1 588	92.0	23	29	122	630
1975	7.09	0.38	0.15	0.33	517	2 824	137.2	157	47	268	1 258
1978	7.31	0.48	2.09	0.23	530	2 409	98.5	216	37	291	1 395
1980	7.43	0.55	2.04	0.26	599	2 469	99.8	426	54	472	1 544
1985	7.89	0.61	2.43	0.43	809	3 159	108.2	1 632	117	921	1 770
1986	7.90	0.66	2.03	0.42	800	2 716	78.4	1 118	128	1 091	1 784
1987	7.95	0.67	3.88	0.39	877	2 310	79.4	1 615	157	903	1 533
1988	8.05	0.68	4.32	0.53	643	4 288	123.1	1 562	170	1 020	3 785
1989	8.11	0.69	3.69	0.51	880	4 095	86.3	1 921	188	1 234	3 692
1990	8.87	0.73	4.03	0.59	1 320	4 696	110.7	2 295	166	1 337	3 186
1991	9.14	0.74	3.60	0.56	1 592	4 583	94.1	2 529	226	1 553	2 862
1992	9.14	0.76	3.83	0.56	1 786	6 067	113.6	3 361	262	1 822	5 316
1993	9.20	0.77	3.05	0.54	1 864	13 040	149.5	3 521	421	2 358	6 379
1994	9.15	0.78	3.12	0.56	3 111	19 574	139.4	3 912	283	2 418	11 121
1995	9.25	0.82	3.51	0.54	3 256	22 199	113.1	4 129	394	2 280	12 892
1996	9.30	0.85	2.94	0.52	3 189	23 512	104.3	6 454	579	2 797	13 603
1997	9.39	0.88	3.30	0.47	4 055	23 718	103.6	822	626	3 499	12 635
1998	9.47	0.90	3.35	0.48	3 589	21 632	91.2	1 495	655	4 196	13 299

年份	农林牧渔业总产值指数（上年=100）	粮食产量（吨）	油料产量（吨）	猪牛羊肉产量（吨）	乡镇企业利税总额（万元）	农民人均纯收入（元）	工业总产值（万元）	工业总产值指数（上年=100）	社会消费品零售总额（万元）	在校学生数（人）	医院床位数（张）
1949	109.9	6 560	185			29	11	108.1	64	881	
1952	59.5	11 835	195			35	17	105.9	103	2 840	10
1957	83.8	8 560	85			40	35	146.2	148	3 456	21
1965	95.4	16 375	125			43	50	133.8	311	8 132	50
1970	81.6	14 395	110			42	70	132.3	423	9 218	70
1975	143.2	24 210	125			53	169	117.6	641	12 959	203
1978	112.1	21 405	145	125	79	37	238	108.1	819	16 181	180
1980	101.3	25 545	515	189	127	58	309	118.1	900	13 555	210
1985	75.3	16 995	5 150	1 042	37	181	275	119.1	1 756	13 779	153
1986	99.8	18 444	4 705	1 083	21	173	525	108.5	1 678	13 653	138
1987	79.3	9 746	2 153	1 046	21	121	768	132.6	1 702	13 753	140
1988	240.4	25 578	6 516	1 181	49	338	1 081	131.5	2 108	13 313	144
1989	119.1	16 185	3 916	1 200	61	287	1 283	112.9	2 443	12 401	164
1990	96.8	27 830	6 320	1 120	108	351	1 013	96.4	2 638	12 673	160
1991	91.8	16 699	4 210	1 246	81	223	1 116	103.4	2 092	12 915	160
1992	136.6	21 481	3 314	1 412	94	298	1 477	129.6	1 684	13 783	160
1993	150.6	29 389	4 683	1 745	118	402	3 851	112.9	1 726	13 742	160
1994	164.3	33 190	7 012	1 850	198	498	4 864	125.4	2 300	15 347	160
1995	125.9	25 264	4 744	2 344	380	603	4 775	96.3	2 715	16 375	170
1996	105.5	29 668	5 588	2 045	570	716	4 799	100.6	3 607	17 651	172
1997	93.7	23 934	2 945	2 129	625	857	5 084	88.8	2 571	18 209	166
1998	107.0	30 129	4 834	2 329	793	948	2 268	63.4	2 290	20 494	170

岚县主要社会、经济统计指标

MAJOR SOCIO - ECONOMIC INDICATORS OF LANXIAN

年份	年末总人口(万人)	#非农业人口	社会从业人员(万人)	职工人数(万人)	职工平均工资(元)	国内生产总值(万元)	国内生产总值指数(上年=100)	全社会固定资产投资(万元)	地方财政收入(万元)	地方财政支出(万元)	农林牧渔业总产值(万元)
1949	6.40	0.35	2.97	0.03	117						
1952	6.77	0.37	3.19	0.07	192	6		2			
1957	7.75	0.38	4.09	0.19	386	660	85.7	15	27	89	
1965	9.28	0.39	3.76	0.21	509	639	90.6	69	41	155	743
1970	10.65	0.38	4.21	0.28	477	1 034	102.1	270	40	154	1 192
1975	11.82	0.40	4.60	0.33	538	1 344	84.9	271	75	254	1 458
1978	12.05	0.55	4.75	0.53	512	2 370	123.9	109	73	381	1 996
1980	12.19	0.63	4.72	0.53	534	2 188	108.7	261	112	605	2 100
1985	13.29	0.90	5.66	0.70	780	3 172	86.8	704	241	917	2 538
1986	13.52	0.95	4.90	0.72	858	5 174	143.4	403	137	1 202	2 267
1987	13.75	0.99	5.95	0.70	967	4 500	84.7	512	279	1 078	2 968
1988	14.17	1.02	5.56	0.85	1 162	5 453	113.2	638	398	1 417	3 500
1989	14.38	1.05	5.59	0.87	1 279	8 595	129.3	1 498	425	1 677	4 819
1990	14.61	1.10	5.54	0.78	1 465	10 707	119.4	1 324	353	1 989	6 629
1991	14.88	1.21	7.09	0.82	1 703	5 186	50.1	761	569	2 271	3 646
1992	15.16	1.19	7.19	0.91	1 870	8 297	131.0	616	478	2 438	6 766
1993	15.37	1.28	7.23	0.87	2 259	10 101	120.7	1 541	642	2 337	10 251
1994	15.54	1.37	7.19	0.90	3 010	18 924	187.7	1 660	780	2 895	12 969
1995	15.76	1.46	7.96	0.92	3 132	13 985	72.9	1 967	879	3 140	11 700
1996	15.93	1.43	7.95	0.85	3 156	17 493	133.0	1 744	1 072	3 355	14 538
1997	16.10	1.50	7.62	0.92	3 513	19 900	115.0	1 716	921	3 792	15 872
1998	16.25	1.55	7.35	0.78	3 857	18 800	94.4	470	1 071	4 957	14 052

年份	农林牧渔业总产值指数(上年=100)	粮食产量(吨)	油料产量(吨)	猪牛羊肉产量(吨)	乡镇企业利税总额(万元)	农民人均纯收入(元)	工业总产值(万元)	工业总产值指数(上年=100)	社会消费品零售总额(万元)	在校学生数(人)	医院床位数(张)
1949		22 448	370	213					93	2 000	4
1952		25 213	593	323					138	5 000	15
1957		20 168	732	412			49	201.4	293	8 000	27
1965	85.6	18 584	405	575		30	82	166.1	437	13 500	45
1970	100.0	29 793	800	628		51	170	110.9	613	16 000	87
1975	95.9	38 739	598	710		52	327	179.5	833	26 000	164
1978	110.0	8 212	87	749	17	53	624	101.0	1 350	30 431	119
1980	102.0	7 624	344	887	13	50	717	102.3	1 509	26 817	200
1985	75.0	7 944	843	577	20	183	844	99.0	2 940	22 472	273
1986	89.0	16 774	2 204	869	113	122	1 000	103.0	3 577	22 341	272
1987	126.0	28 000	4 850	1 100	90	178	2 053	195.0	3 647	22 143	272
1988	112.0	30 335	2 959	991	115	221	2 184	107.0	4 585	23 230	272
1989	167.0	46 399	4 090	1 210	110	295	2 986	101.0	4 422	23 168	272
1990	174.0	60 063	5 359	1 502	102	345	3 462	139.0	4 615	23 479	282
1991	52.0	18 686	2 480	800	146	184	3 479	144.0	4 596	23 785	282
1992	185.0	50 078	4 604	1 160	181	337	3 345	91.0	5 029	23 494	282
1993	151.0	50 098	4 451	2 014	436	456	6 150	153.0	4 162	23 495	282
1994	126.0	50 165	4 223	2 241	1 859	556	6 421	109.0	4 566	24 403	282
1995	84.0	40 708	889	2 081	1 107	523	6 950	108.0	5 387	27 357	282
1996	124.0	56 860	2 199	1 959	1 174	792	9 163	115.0	6 646	27 584	341
1997	109.0	51 044	3 488	2 260	1 530	966	10 460	115.2	6 222	30 500	321
1998	88.5	50 295	3 538	2 266	1 686	1 002	17 103	84.0	5 782	32 000	315

方山县主要社会、经济统计指标

MAJOR SOCIO – ECONOMIC INDICATORS OF FANGSHAN

年份	年末总人口（万人）	#非农业人口	社会从业人员（万人）	职工人数（万人）	职工平均工资（元）	国内生产总值（万元）	国内生产总值指数（上年=100）	全社会固定资产投资（万元）	地方财政收入（万元）	地方财政支出（万元）	农林牧渔业总产值（万元）
1949	5.80	0.05	1.63	0.03	283	338	104.5	408	34	108	755
1952	5.94	0.06	1.87	0.05	330	334	98.3	577	36	143	690
1957	6.32	0.11	2.41	0.10	438	376	92.9	332	40	157	647
1965	7.74	0.21	2.54	0.23	532	458	87.0	348	51	203	711
1970	8.80	0.25	2.50	0.22	531	664	149.0	237	90	242	943
1975	9.78	0.40	2.66	0.42	455	979	112.7	355	115	281	1 423
1978	10.04	0.52	2.74	0.45	445	1 419	108.8	938	134	325	893
1980	10.20	0.64	2.80	0.44	587	1 578	119.6	206	150	538	1 235
1985	10.64	0.79	2.72	0.64	736	3 488	117.9	677	169	934	2 730
1986	10.71	0.83	2.72	0.66	860	4 108	117.7	302	192	1 220	2 410
1987	10.84	0.87	3.33	0.64	959	3 691	80.0	889	262	1 034	2 364
1988	11.08	0.90	3.24	0.66	1 163	4 377	83.6	816	345	1 384	3 042
1989	11.23	0.90	3.33	0.67	1 231	4 949	114.7	670	454	1 446	3 149
1990	11.60	1.17	3.17	0.51	1 453	5 499	109.9	522	470	1 720	3 735
1991	11.74	1.19	3.15	0.54	2 002	4 871	71.6	448	538	1 782	3 207
1992	12.03	1.22	4.16	0.59	2 974	5 498	112.9	1 203	470	2 047	4 973
1993	12.47	1.53	4.18	0.62	2 942	7 606	128.5	1 033	770	2 396	6 286
1994	12.68	1.57	4.28	0.68	2 964	12 566	135.0	2 480	346	2 368	9 808
1995	13.03	1.82	4.38	0.69	2 606	13 282	104.9	4 393	419	2 759	8 264
1996	13.18	1.23	4.41	0.65	3 540	17 801	130.4	5 016	960	3 848	9 924
1997	13.30	1.27	4.60	0.77	2 026	19 376	107.2	1 012	602	3 813	10 815
1998	13.37	1.29	5.20	0.81	4 159	20 116	107.2	3 642	604	4 622	12 202

年份	农林牧渔业总产值指数（上年=100）	粮食产量（吨）	油料产量（吨）	猪牛羊肉产量（吨）	乡镇企业利税总额（万元）	农民人均纯收入（元）	工业总产值（万元）	工业总产值指数（上年=100）	社会消费品零售总额（万元）	在校学生数（人）	医院床位数（张）
1949	98.5	17 980	195	918		21			90	2 851	2
1952	96.2	15 800	300	911	4	18	12		147	4 414	3
1957	90.6	14 295	265	1 172	13	14	64	408.0	461	6 918	28
1965	87.5	15 660	250	1 573	16	29	72	107.7	321	11 061	74
1970	122.6	22 055	315	1 958	21	46	73	101.0	399	13 062	79
1975	114.9	26 650	335	2 330	63	50	315	377.4	890	22 633	124
1978	107.0	24 100	210	2 500	75	182	391	102.0	1 133	26 419	210
1980	113.0	23 155	819	4 900	40	39	359	94.0	1 313	22 955	220
1985	90.7	25 540	3 110	1 274	416	216	1 119	187.0	2 169	18 956	265
1986	87.9	22 690	3 320	1 171	214	181	1 382	118.0	2 309	18 649	275
1987	102.2	19 907	2 267	908	168	180	1 247	90.0	2 253	14 900	275
1988	123.0	27 045	2 872	931	265	262	1 875	150.0	2 685	14 910	275
1989	101.0	26 659	2 196	841	337	295	2 432	129.0	3 067	15 040	275
1990	116.0	32 851	3 801	837	318	317	2 662	103.0	3 311	17 217	260
1991	82.0	16 048	3 322	995	139	266	2 583	95.0	3 262	17 933	285
1992	145.5	23 654	3 043	923	297	296	2 208	84.0	3 454	19 230	310
1993	105.0	27 580	3 874	1 002	378	416	2 508	109.0	4 143	19 114	370
1994	118.6	36 014	6 334	1 506	316	518	6 317	237.2	4 979	19 090	312
1995	82.3	13 260	1 697	2 076	401	521	5 622	80.0	5 379	19 099	312
1996	112.0	36 095	3 607	1 533	617	781	7 430	132.0	8 912	19 082	312
1997	102.9	21 520	2 850	829	1 428	919	8 380	106.4	8 364	24 758	290
1998	118.0	33 804	5 113	1 292	1 881	1 050	3 883	101.3	3 749	25 393	316

中阳县主要社会、经济统计指标

MAJOR SOCIO – ECONOMIC INDICATORS OF ZHONGYANG

年份	年末总人口（万人）	#非农业人口	社会从业人员（万人）	职工人数（万人）	职工平均工资（元）	国内生产总值（万元）	国内生产总值指数（上年=100）	全社会固定资产投资（万元）	地方财政收入（万元）	地方财政支出（万元）	农林牧渔业总产值（万元）
1949	5.30	0.21	1.62	0.05	177	440	101.2		39	3	280
1952	5.47	0.22	1.71	0.09	245	820	103.2		25	16	326
1957	6.11	0.38	1.99	0.17	469	1 032	99.2	24	47	115	420
1965	6.87	0.54	2.53	0.23	492	1 723	105.4	30	57	193	572
1970	8.30	0.82	2.84	0.37	469	2 215	87.3	164	100	207	739
1975	9.36	1.01	3.07	0.55	503	2 603	103.5	161	112	284	964
1978	9.70	1.08	3.42	0.59	528	2 527	104.6	905	137	331	1 425
1980	9.80	1.14	3.21	0.60	654	2 624	88.6	995	153	525	1 332
1985	10.35	1.36	3.40	0.71	951	4 775	92.7	1 236	322	972	1 997
1986	10.44	1.37	3.31	0.76	1 159	5 409	110.6	1 079	376	1 350	2 366
1987	10.51	1.44	3.31	0.84	1 242	5 928	105.4	1 809	405	1 216	2 123
1988	10.79	1.47	3.54	0.97	1 372	9 257	130.3	1 985	539	1 506	4 064
1989	10.91	1.52	3.59	0.98	1 510	8 668	91.7	1 970	694	1 543	3 003
1990	11.47	1.57	3.67	0.97	1 666	10 790	121.3	3 134	676	1 714	4 653
1991	11.43	1.41	4.16	1.24	1 676	9 063	74.1	1 321	845	1 853	2 962
1992	11.65	1.67	4.16	1.00	2 078	9 690	102.0	1 532	711	2 162	3 134
1993	11.82	1.71	4.13	1.03	2 622	19 145	188.3	8 966	1 418	3 448	5 577
1994	12.00	1.71	4.47	1.13	3 447	20 413	91.4	10 793	911	3 465	8 633
1995	12.18	1.77	4.36	1.16	2 174	23 475	110.7	14 505	1 434	3 513	8 517
1996	12.47	1.88	4.57	1.10	4 073	34 273	131.3	14 576	2 214	4 181	11 827
1997	12.66	1.98	3.46	1.10	4 232	38 728	113.8	17 163	2 363	4 521	7 602
1998	12.87	2.08	3.48	0.79	4 358	42 826	109.7	18 161	2 726	5 121	9 883

年份	农林牧渔业总产值指数（上年=100）	粮食产量（吨）	油料产量（吨）	猪牛羊肉产量（吨）	乡镇企业利税总额（万元）	农民人均纯收入（元）	工业总产值（万元）	工业总产值指数（上年=100）	社会消费品零售总额（万元）	在校学生数（人）	医院床位数（张）
1949		12 190	102	66	1	20	93		28	2 780	18
1952	101.2	13 575	124	113	2	28	129	138.4	86	6 132	20
1957	89.6	13 770	99	236	10	31	132	103.7	332	7 832	30
1965	109.4	15 025	188	367	18	34	237	177.3	387	12 180	40
1970	104.0	17 180	119	413	20	34	659	277.2	615	14 145	40
1975	122.8	30 020	250	348	32	53	1 525	231.4	887	21 072	151
1978	99.6	28 010	197	673	298	52	1 163	99.0	925	24 280	207
1980	88.0	28 400	521	696	164	49	1 191	97.0	1 070	23 208	209
1985	91.0	26 275	2 969	617	64	263	3 068	124.9	3 259	20 740	291
1986	93.7	28 038	2 443	793	59	260	3 534	115.1	3 725	20 132	277
1987	80.5	21 327	1 687	1 070	56	243	4 257	120.7	4 004	18 681	277
1988	149.2	38 185	2 786	1 220	131	389	5 819	136.7	5 030	17 875	280
1989	73.3	23 943	1 516	981	578	385	7 816	124.6	6 041	18 075	277
1990	134.5	40 110	2 881	1 160	116	437	7 131	91.2	5 787	17 334	287
1991	62.3	16 092	1 315	1 283	673	323	7 312	103.3	6 734	17 842	327
1992	101.3	15 039	848	1 165	826	331	8 477	115.9	6 582	18 373	305
1993	155.8	34 849	1 555	1 171	1 943	456	15 058	177.6	8 044	19 132	342
1994	108.6	37 720	2 039	1 130	2 382	596	16 985	112.8	8 131	20 302	278
1995	74.7	19 513	935	1 277	4 437	761	19 911	117.0	12 261	20 413	349
1996	101.3	40 256	2 912	1 297	10 991	993	29 064	154.0	15 732	23 956	320
1997	72.8	18 117	504	1 354	9 250	1 088	41 543	101.7	16 304	24 389	280
1998	141.1	25 628	1 504	1 586	14 042	1 210	46 441	116.4	13 028	25 770	280

交口县主要社会、经济统计指标

MAJOR SOCIO－ECONOMIC INDICATORS OF JIAOKOU

年份	年末总人口（万人）	#非农业人口	社会从业人员（万人）	职工人数（万人）	职工平均工资（元）	国内生产总值（万元）	国内生产总值指数（上年＝100）	全社会固定资产投资（万元）	地方财政收入（万元）	地方财政支出（万元）	农林牧渔业总产值（万元）
1949	3.97	0.03	1.70	0.04	294	623	108.2	49	34	51	644
1952	4.31	0.04	1.90	0.06	313	1 277	119.1	52	69	71	703
1957	4.65	0.07	2.10	0.08	383	1 250	97.8	57	68	88	710
1965	5.55	0.15	2.10	0.10	463	1 128	106.3	65	61	92	859
1970	6.30	0.18	2.30	0.30	422	1 613	104.8	104	87	110	860
1975	7.99	0.96	2.50	0.80	494	2 120	109.9	169	115	190	1 168
1978	8.56	1.05	3.75	0.45	522	2 221	91.2	75	130	297	1 592
1980	8.64	1.11	3.83	0.46	607	2 836	108.3	154	160	397	1 753
1985	8.79	1.20	4.14	0.62	1 112	4 934	117.2	367	392	872	2 130
1986	8.87	1.25	4.22	0.64	1 277	4 904	97.2	260	401	1 049	2 033
1987	8.92	1.28	4.14	0.70	1 459	6 484	114.8	333	477	970	2 110
1988	9.09	1.30	4.19	0.70	1 016	7 830	116.0	460	646	1 153	2 428
1989	9.02	1.12	4.26	0.75	1 479	9 213	115.2	679	852	1 456	2 533
1990	9.35	0.91	4.31	0.83	1 659	14 812	123.1	1 489	963	1 518	3 634
1991	9.51	0.98	4.62	0.84	1 591	12 779	80.1	886	991	1 469	2 796
1992	9.70	1.02	4.76	0.84	2 132	14 752	114.5	1 161	1 256	2 321	3 347
1993	9.83	1.10	5.22	0.86	2 470	24 419	155.5	2 121	1 810	1 504	4 073
1994	9.99	1.17	5.29	1.01	3 020	37 893	148.5	6 303	2 380	2 783	6 429
1995	10.03	1.22	5.33	0.92	4 045	41 713	108.2	3 264	1 784	3 507	6 933
1996	10.09	1.26	5.33	0.95	4 173	47 129	110.7	9 035	2 082	3 890	9 498
1997	10.14	1.36	4.10	0.75	4 464	49 989	106.1	5 112	4 086	4 224	7 525
1998	10.20	1.44	4.10	0.94	4 690	51 746	105.9	10 328	4 754	4 219	9 484

年份	农林牧渔业总产值指数（上年＝100）	粮食产量（吨）	油料产量（吨）	猪牛羊肉产量（吨）	乡镇企业利税总额（万元）	农民人均纯收入（元）	工业总产值（万元）	工业总产值指数（上年＝100）	社会消费品零售总额（万元）	在校学生数（人）	医院床位数（张）
1949	100.4	14 435	114	423		39		82.6	40	1 518	1
1952	101.2	15 579	150	424		40	1	94.2	71	3 064	10
1957	76.9	14 544	114	536		37	1	106.6	185	5 305	13
1965	118.3	19 365	139	1 001	3	45	14	130.5	274	9 034	44
1970	96.1	17 835	180	1 172	39	54	157	274.8	444	11 907	62
1975	112.1	27 180	239	1 231	158	61	715	123.2	730	17 882	178
1978	99.9	16 555	157	606	211	60	991	90.0	1 465	19 568	171
1980	101.6	25 400	613	510	243	67	1 163	125.7	1 523	20 041	192
1985	80.9	23 825	2 056	403	702	328	2 826	159.4	2 688	17 456	216
1986	89.2	20 495	1 206	283	243	288	2 300	81.4	2 771	17 490	246
1987	94.0	18 307	2 038	327	275	278	3 112	135.3	3 535	17 875	246
1988	99.7	20 237	1 495	444	384	345	4 180	134.3	4 127	17 482	246
1989	104.7	25 647	1 581	401	1 053	410	6 997	167.4	4 407	16 431	246
1990	118.1	32 989	1 459	515	1 417	461	9 826	140.4	4 840	16 516	246
1991	76.9	21 251	1 246	620	2 024	433	12 071	122.8	4 362	17 608	246
1992	106.6	20 206	895	919	2 748	506	15 562	128.9	5 120	18 131	296
1993	108.0	20 696	926	901	7 671	664	25 510	163.9	4 905	18 918	247
1994	110.5	23 385	1 233	1 252	11 299	891	30 738	120.5	7 871	19 877	308
1995	97.0	14 495	648	1 494	15 236	920	33 266	108.2	11 140	20 602	330
1996	129.0	30 753	1 247	1 517	13 361	1 232	37 891	118.6	10 449	21 878	343
1997	75.5	19 797	571	860	12 617	1 455	47 263	116.3	7 687	22 736	343
1998	140.2	31 795	1 177	1 021	9 872	1 631	40 341	109.4	7 502	23 512	343

榆次市主要社会、经济统计指标

MAJOR SOCIO－ECONOMIC INDICATORS OF YUCI

年份	年末总人口（万人）	#非农业人口	社会从业人员（万人）	职工人数（万人）	职工平均工资（元）	国内生产总值（万元）	国内生产总值指数（上年＝100）	全社会固定资产投资（万元）	地方财政收入（万元）	地方财政支出（万元）	农林牧渔业总产值（万元）
1949	15.90	3.50	6.30	0.90	265			20	86	6	2 102
1952	18.40	4.40	7.30	1.60	393	3 815		1 747	795	31	3 392
1957	21.75	7.80	7.80	2.50	601	6 978	86.4	334	1 661	255	2 945
1965	26.10	7.90	9.50	3.20	664	10 510	118.3	1 659	2 214	389	3 950
1970	30.15	9.20	11.50	4.10	581	14 588	106.4	1 031	2 616	394	3 791
1975	30.04	12.60	14.60	5.80	620	17 763	117.6	1 382	3 016	934	6 099
1978	37.82	13.58	16.02	7.32	630	20 622	113.0	1 817	4 159	1 481	5 422
1980	39.16	14.95	16.92	8.15	728	24 770	105.7	2 309	5 130	1 518	5 133
1985	42.07	17.10	20.32	10.17	988	46 695	116.1	4 913	6 278	2 902	11 618
1986	42.54	17.50	21.25	10.80	1 160	57 399	107.2	5 494	7 296	3 615	11 081
1987	43.08	17.94	21.73	11.05	1 278	65 472	107.5	14 869	7 784	3 322	12 050
1988	43.71	18.35	22.45	11.36	1 569	79 001	118.8	8 630	8 847	4 498	19 004
1989	44.35	18.73	22.69	11.40	1 816	95 181	99.7	12 365	12 309	7 032	18 932
1990	45.28	19.14	23.22	11.51	1 951	100 717	102.5	8 530	13 196	6 150	22 615
1991	46.05	19.68	23.66	11.56	2 116	103 965	101.7	12 950	10 416	5 533	22 487
1992	46.40	19.79	24.24	11.83	2 317	114 376	102.7	14 837	11 784	6 848	28 353
1993	47.27	20.86	23.72	11.33	2 721	149 852	112.6	44 580	14 534	7 506	35 701
1994	47.83	21.32	24.59	11.53	3 462	196 301	115.8	60 154	10 365	9 592	55 173
1995	48.47	21.88	24.61	11.53	4 280	249 903	114.9	83 637	13 484	11 604	62 495
1996	48.99	23.08	24.97	11.51	4 567	310 660	124.6	71 812	16 229	13 502	70 130
1997	49.69	23.86	25.80	10.81	4 771	326 126	105.4	59 656	19 585	13 241	77 540
1998	50.38	24.39	24.30	10.40	4 422	347 124	108.4	75 000	17 282	13 458	77 975

年份	农林牧渔业总产值指数（上年＝100）	粮食产量（吨）	油料产量（吨）	猪牛羊肉产量（吨）	乡镇企业利税总额（万元）	农民人均纯收入（元）	工业总产值（万元）	工业总产值指数（上年＝100）	社会消费品零售总额（万元）	在校学生数（人）	医院床位数（张）
1949		41 835	199	85			1 234		291	13 918	45
1952	113.7	67 525	262	295			3 792	148.5	1 138	22 289	100
1957	78.7	58 715	513	390		59	7 967	89.6	2 923	26 507	335
1965	94.7	84 330	389	1 375		66	15 392	127.0	3 865	50 404	653
1970	99.3	85 235	445	1 335		70	21 530	182.8	4 397	56 859	686
1975	116.2	122 590	7 248	1 670		93	25 351	118.0	7 821	83 957	806
1978	112.1	137 730	475	2 230	480	111	51 086	113.2	9 585	88 318	1 292
1980	77.1	108 870	1 406	2 840	1 427	127	66 393	110.2	12 203	87 716	1 168
1985	103.6	130 234	9 124	4 382	2 556	516	106 175	114.9	21 957	77 197	1 291
1986	91.3	105 927	6 229	3 476	5 070	519	113 069	107.8	24 114	75 035	1 425
1987	98.5	112 260	4 645	3 276	4 476	564	125 603	111.1	35 487	73 045	1 530
1988	122.1	145 723	7 174	3 148	5 665	650	143 742	114.4	43 396	70 628	1 720
1989	97.8	146 097	5 281	4 302	6 424	696	155 749	108.4	43 962	67 016	1 682
1990	109.4	168 117	5 312	3 992	6 854	758	165 840	106.5	42 405	65 301	1 852
1991	98.4	112 778	2 142	4 902	7 612	742	163 551	98.6	46 794	65 361	1 894
1992	127.7	140 169	3 132	6 113	9 704	841	175 961	107.6	58 592	65 808	1 905
1993	119.2	169 016	2 885	7 459	14 831	1 018	195 255	111.0	93 134	65 816	1 984
1994	118.5	169 931	2 715	9 841	22 562	1 274	205 331	105.2	110 030	67 439	1 949
1995	104.6	170 030	3 053	12 416	31 950	1 571	251 911	122.7	125 430	69 499	1 978
1996	115.2	178 799	4 010	13 795	43 024	2 021	254 901	101.2	159 380	72 081	2 038
1997	92.9	125 005	1 180	9 919	53 376	2 532	286 304	108.6	187 667	73 162	2 340
1998	109.2	141 650	3 201	10 994	16 755	2 818	265 231	94.8	205 120	74 201	2 130

介休市主要社会、经济统计指标

MAJOR SOCIO - ECONOMIC INDICATORS OF JIEXIU

年份	年末总人口（万人）	#非农业人口	社会从业人员（万人）	职工人数（万人）	职工平均工资（元）	国内生产总值（万元）	国内生产总值指数（上年=100）	全社会固定资产投资（万元）	地方财政收入（万元）	地方财政支出（万元）	农林牧渔业总产值（万元）
1949	13.48	1.85	5.04	0.40	220	1 842	100.0	272	67	6	1 780
1952	14.79	1.85	5.75	0.61	351	2 295	107.5	120	155	34	2 247
1957	17.35	2.35	7.06	1.39	563	4 381	109.1	327	326	114	3 003
1965	20.34	3.12	9.28	2.80	612	6 410	133.2	1 978	1 012	194	2 870
1970	23.88	3.58	10.13	3.18	662	8 646	115.7	2 510	1 273	228	2 703
1975	26.85	4.24	11.50	4.22	725	14 959	103.8	1 172	1 981	403	4 211
1978	27.97	4.63	12.40	4.94	712	20 346	102.3	2 435	2 747	618	3 777
1980	28.66	5.12	13.13	5.59	880	22 903	100.7	7 944	3 361	805	3 157
1985	30.85	6.17	16.50	7.19	1 142	29 087	102.7	9 455	2 092	1 277	6 220
1986	31.10	6.32	17.09	7.42	1 363	30 528	113.6	10 734	2 432	1 659	5 387
1987	31.59	6.50	16.91	6.73	1 564	32 975	113.7	11 450	2 683	1 767	5 817
1988	32.11	6.58	18.31	7.74	1 816	45 017	119.9	11 585	3 359	2 332	8 037
1989	32.67	6.77	18.93	8.18	2 198	51 535	114.5	19 706	4 965	3 301	9 248
1990	33.38	7.31	19.67	8.54	2 355	53 205	119.1	18 337	5 602	3 812	11 819
1991	33.82	7.38	20.01	8.67	2 702	55 796	104.7	20 325	5 483	3 277	11 865
1992	34.21	7.47	20.40	8.75	3 009	62 897	108.6	18 541	6 109	3 895	13 882
1993	34.76	7.97	20.15	8.42	3 243	86 714	119.1	29 845	7 614	4 318	18 596
1994	35.11	8.11	20.39	8.57	4 498	103 135	114.8	35 610	6 823	6 503	27 036
1995	35.50	8.30	20.40	8.41	5 292	151 904	122.6	39 035	8 575	8 032	30 735
1996	36.03	8.65	20.52	8.34	5 979	211 096	122.4	55 786	9 896	9 728	40 143
1997	36.38	8.84	21.32	7.95	5 938	235 576	110.9	62 878	17 429	10 387	35 093
1998	36.58	9.01	19.49	7.00	5 573	252 941	107.6	75 421	17 763	10 527	36 971

年份	农林牧渔业总产值指数（上年=100）	粮食产量（吨）	油料产量（吨）	猪牛羊肉产量（吨）	乡镇企业利税总额（万元）	农民人均纯收入（元）	工业总产值（万元）	工业总产值指数（上年=100）	社会消费品零售总额（万元）	在校学生数（人）	医院床位数（张）
1949	100.0	35 166	582	126		34	985	100.0	640	10 674	5
1952	112.5	40 860	665	184		37	2 559	127.7	846	19 755	15
1957	96.8	40 275	315	224		44	7 903	122.4	1 559	21 663	40
1965	126.1	63 020	492	563		66	13 068	138.9	1 975	34 271	264
1970	109.9	57 610	519	691		70	19 833	338.9	2 381	42 935	250
1975	114.2	95 465	1 187	1 015		83	33 078	118.1	3 481	55 171	595
1978	100.6	86 015	315	1 974	556	79	66 028	101.0	3 489	68 919	749
1980	84.2	78 553	360	1 736	633	84	87 229	121.0	4 596	70 007	875
1985	108.0	92 795	984	2 698	1 490	376	98 894	111.0	9 619	61 906	982
1986	84.3	78 365	961	2 614	2 391	399	109 547	111.0	10 948	59 309	1 101
1987	96.3	73 420	736	2 568	4 102	431	112 372	103.0	12 330	54 928	1 179
1988	112.4	91 049	734	2 846	3 800	489	117 339	104.0	14 580	52 023	1 278
1989	114.0	100 036	732	3 258	10 451	546	115 693	99.0	15 556	49 285	1 213
1990	108.0	108 587	750	3 929	9 331	597	123 057	106.0	16 394	49 081	1 340
1991	98.7	97 302	663	4 964	7 847	633	128 167	104.0	19 509	49 497	1 348
1992	110.7	108 625	804	5 568	9 448	685	118 961	93.0	24 753	50 226	1 439
1993	111.8	108 131	1 027	5 786	19 152	851	128 678	108.0	40 406	51 776	1 569
1994	100.3	122 626	1 152	5 877	24 663	1 083	140 605	109.0	57 368	53 865	1 722
1995	86.3	110 284	857	6 400	35 119	1 428	236 338	168.0	74 634	56 101	1 582
1996	126.7	119 827	950	7 538	45 470	1 957	183 341	78.0	103 056	58 529	1 677
1997	89.8	99 076	609	7 609	11 668	2 341	329 013	107.1	123 048	61 293	1 658
1998	104.9	107 660	1 127	7 939	12 605	2 457	330 744	103.0	132 559	62 845	1 704

榆社县主要社会、经济统计指标

MAJOR SOCIO – ECONOMIC INDICATORS OF YUSHE

年份	年末总人口（万人）	#非农业人口	社会从业人员（万人）	职工人数（万人）	职工平均工资（元）	国内生产总值（万元）	国内生产总值指数（上年=100）	全社会固定资产投资（万元）	地方财政收入（万元）	地方财政支出（万元）	农林牧渔业总产值（万元）
1949	7.01	0.19	2.10	0.07	147	480	92.1	8	38	5	529
1952	7.30	0.20	2.28	0.10	263	540	94.6	18	60	18	807
1957	7.60	0.34	2.53	0.14	435	490	93.4	41	76	89	671
1965	9.06	0.36	2.87	0.23	505	639	90.5	54	74	115	840
1970	10.08	0.40	3.18	0.32	443	817	110.1	93	75	163	921
1975	11.29	0.68	3.35	0.38	495	1 438	107.2	161	73	280	1 469
1978	11.69	0.81	3.59	0.53	488	2 005	108.4	185	98	465	1 810
1980	11.84	0.84	3.71	0.56	633	2 014	96.7	164	166	551	1 744
1985	12.50	1.04	4.23	0.73	805	3 795	107.6	750	238	1 106	3 221
1986	12.51	1.09	4.38	0.81	947	3 843	87.6	670	170	1 191	2 442
1987	12.63	1.14	4.40	0.90	931	4 581	117.2	295	288	1 182	3 304
1988	12.76	1.17	4.52	1.01	1 153	5 853	110.7	1 275	466	1 628	4 414
1989	12.96	1.21	4.59	1.06	1 243	6 804	107.2	651	543	1 662	4 795
1990	13.16	1.25	4.66	1.08	1 409	9 020	120.7	641	560	1 915	5 977
1991	13.34	1.29	5.11	1.09	1 350	9 880	108.1	699	649	1 939	5 507
1992	13.47	1.33	5.36	1.09	1 760	10 594	104.7	9 652	611	2 391	5 564
1993	13.53	1.51	5.30	1.01	2 480	11 417	104.5	23 057	1 307	2 845	6 475
1994	13.54	1.53	5.48	1.08	3 039	18 069	129.6	35 950	1 058	3 073	10 724
1995	13.56	1.57	5.53	1.09	3 985	25 220	127.4	10 877	1 924	5 246	14 466
1996	13.59	1.62	5.68	1.07	4 508	35 531	120.5	4 225	2 755	4 903	16 553
1997	13.56	1.72	5.72	1.09	4 166	36 300	108.5	5 731	3 065	4 953	13 333
1998	13.51	1.76	5.77	0.92	4 880	43 017	110.9	6 348	3 310	6 235	17 349

年份	农林牧渔业总产值指数（上年=100）	粮食产量（吨）	油料产量（吨）	猪牛羊肉产量（吨）	乡镇企业利税总额（万元）	农民人均纯收入（元）	工业总产值（万元）	工业总产值指数（上年=100）	社会消费品零售总额（万元）	在校学生数（人）	医院床位数（张）
1949	95.3	21 305	251	260		30	14	106.3	50	7 910	2
1952	102.1	27 550	395	350		32	21	107.2	118	8 614	4
1957	96.3	19 800	292	410		35	53	112.1	299	10 935	28
1965	94.2	27 150	177	608		44	98	101.2	506	14 879	51
1970	96.1	28 390	210	780		54	212	113.5	681	22 395	62
1975	95.6	45 470	223	810		62	510	116.8	1 207	28 222	95
1978	94.7	49 875	143	820	192	74	923	118.2	1 415	31 609	207
1980	80.7	34 120	145	825	83	50	932	103.1	1 451	30 457	200
1985	106.8	39 356	631	1 285	376	248	1 735	111.4	2 103	26 842	277
1986	60.3	21 964	392	1 261	326	202	2 115	115.5	2 438	26 649	236
1987	125.7	27 951	377	1 471	388	225	2 905	138.4	2 933	26 842	236
1988	136.6	37 998	426	1 328	433	254	3 955	112.9	3 178	26 112	236
1989	101.8	43 310	430	1 466	496	287	5 616	117.2	3 560	26 469	236
1990	113.0	52 912	422	1 794	586	318	5 896	113.1	3 557	25 299	236
1991	90.6	40 092	408	1 983	659	301	6 010	111.8	4 293	23 542	236
1992	98.7	39 119	308	2 185	802	355	6 853	114.1	4 978	23 615	235
1993	109.3	37 569	320	2 531	1 328	466	8 928	127.6	5 998	23 157	235
1994	111.2	45 137	366	3 044	1 660	666	16 707	137.1	10 356	23 014	235
1995	122.3	47 605	431	3 944	2 441	837	41 321	155.9	12 418	23 636	237
1996	114.2	61 197	627	5 135	3 781	1 219	50 953	110.8	17 158	24 386	220
1997	87.9	3 671	451	4 158	1 796	1 242	49 463	92.9	19 411	24 986	236
1998	124.7	58 183	677	4 562	2 665	1 439	48 650	104.0	21 138	25 214	236

左权县主要社会、经济统计指标

MAJOR SOCIO – ECONOMIC INDICATORS OF ZUOQUAN

年份	年末总人口（万人）	#非农业人口	社会从业人员（万人）	职工人数（万人）	职工平均工资（元）	国内生产总值（万元）	国内生产总值指数（上年=100）	全社会固定资产投资（万元）	地方财政收入（万元）	地方财政支出（万元）	农林牧渔业总产值（万元）
1949	9.25	0.36	3.85	0.26	124	642	102.0	0.4	37	7	3 525
1952	9.80	0.38	4.07	0.26	189	758	101.1	0.5	58	36	3 805
1957	10.23	0.47	4.15	0.34	407	807	94.2	21	82	120	3 734
1965	11.81	0.42	4.72	0.30	502	922	88.6	9	89	172	3 592
1970	13.06	0.55	4.63	0.42	485	1 489	111.1	232	110	185	6 042
1975	14.02	0.69	5.34	0.52	512	1 682	109.2	177	87	312	5 383
1978	14.32	0.76	5.62	0.85	459	2 383	97.8	1 018	146	538	3 577
1980	14.57	0.87	5.43	0.80	617	2 559	94.9	1 077	184	703	3 534
1985	15.20	1.06	6.00	1.04	884	6 048	95.5	1 278	537	1 404	4 525
1986	15.21	1.15	6.81	1.12	1 053	7 273	90.4	1 431	432	1 458	3 336
1987	15.34	1.27	6.88	1.16	1 043	8 732	117.0	1 982	571	1 325	3 642
1988	15.44	1.34	7.02	1.25	1 334	11 480	106.7	2 062	661	1 710	3 951
1989	15.56	1.39	7.16	1.32	1 594	13 236	110.0	1 902	955	1 843	3 949
1990	15.68	1.48	7.57	1.38	1 645	15 159	101.0	1 449	1 153	2 069	6 074
1991	15.81	1.55	7.79	1.47	1 793	14 169	92.3	2 699	1 076	2 042	5 947
1992	15.90	1.66	7.98	1.53	2 075	15 956	110.9	2 466	1 135	2 466	7 632
1993	15.94	1.70	8.11	1.48	2 420	20 865	119.9	3 585	1 546	3 372	7 752
1994	16.01	1.82	8.24	1.49	2 940	27 866	114.1	3 276	1 252	3 241	10 927
1995	16.07	1.90	8.44	1.48	3 198	31 885	113.6	2 643	1 755	3 813	14 988
1996	16.06	1.98	8.71	1.49	3 491	38 709	121.4	3 413	2 042	5 699	13 198
1997	16.01	2.03	8.70	1.50	3 683	44 000	113.7	5 319	2 233	5 937	15 615
1998	16.00	2.09	8.72	1.27	4 077	46 080	104.7	8 811	2 375	5 994	17 831

年份	农林牧渔业总产值指数（上年=100）	粮食产量（吨）	油料产量（吨）	猪牛羊肉产量（吨）	乡镇企业利税总额（万元）	农民人均纯收入（元）	工业总产值（万元）	工业总产值指数（上年=100）	社会消费品零售总额（万元）	在校学生数（人）	医院床位数（张）
1949	100.0	2 758	489				80	100.0	53	9 173	25
1952	106.5	28 245	359				119	107.2	160	12 929	25
1957	94.5	23 240	269				240	140.3	428	14 481	111
1965	87.6	21 500	245	15		39	283	117.9	618	18 495	170
1970	111.3	36 145	412	214		63	291	98.6	792	24 305	272
1975	111.4	55 175	694	345		73	1 426	125.2	1 568	31 796	272
1978	94.5	50 690	475	5	428	80	1 081	113.5	2 215	35 514	220
1980	91.2	44 245	574	925	295	77	1 216	107.9	2 306	35 279	281
1985	95.9	47 068	620	1 246	700	300	4 048	124.8	4 118	26 568	311
1986	84.1	26 447	304	1 374	702	291	4 812	118.9	4 877	26 606	315
1987	105.4	36 894	474	1 358	743	296	6 051	125.7	5 316	26 100	315
1988	108.5	37 198	489	1 371	1 019	330	9 160	151.4	6 250	25 937	315
1989	100.5	45 676	495	1 415	1 558	357	12 547	137.0	7 573	25 331	318
1990	138.4	51 415	628	1 568	1 851	376	8 023	107.5	7 398	24 667	318
1991	97.9	41 263	616	2 046	1 513	508	14 335	101.2	7 150	24 371	328
1992	128.3	50 978	622	2 722	2 122	425	15 421	109.6	8 234	24 422	358
1993	101.6	41 530	896	3 124	3 218	498	20 997	136.2	8 932	23 855	372
1994	131.0	46 603	891	3 964	4 029	688	24 469	116.5	17 603	23 247	392
1995	137.2	45 457	916	5 315	6 336	808	25 302	103.4	18 091	23 502	392
1996	93.4	25 285	476	6 554	7 427	816	28 234	111.6	20 053	24 273	392
1997	118.3	34 155	378	3 551	2 903	1 208	37 107	131.4	22 094	24 441	392
1998	114.2	54 165	763	4 252	3 196	1 399	21 511	118.6	24 035	24 444	392

和顺县主要社会、经济统计指标

MAJOR SOCIO – ECONOMIC INDICATORS OF HESHUN

年份	年末总人口(万人)	#非农业人口	社会从业人员(万人)	职工人数(万人)	职工平均工资(元)	国内生产总值(万元)	国内生产总值指数(上年=100)	全社会固定资产投资(万元)	地方财政收入(万元)	地方财政支出(万元)	农林牧渔业总产值(万元)
1949	8.37	0.12	3.26	0.17	171			0.5	35	6	521
1952	8.29	0.13	3.03	0.21	208	613		4	50	18	619
1957	8.27	0.48	3.00	0.22	438	943	100.0	24	58	131	696
1965	9.56	0.48	3.48	0.31	525	1 358	114.0	25	74	129	550
1970	10.75	0.56	3.49	0.37	455	1 827	128.0	106	92	183	1 100
1975	11.81	0.66	3.72	0.46	535	2 125	108.0	103	111	319	1 782
1978	12.14	0.80	3.96	0.76	627	2 593	108.2	290	173	430	1 477
1980	12.37	0.92	3.91	0.81	632	2 903	103.1	349	177	634	2 393
1985	12.96	1.11	4.56	1.08	839	6 597	114.5	1 344	357	1 145	3 344
1986	12.94	1.18	4.57	1.06	1 023	7 094	108.1	1 040	343	1 136	2 345
1987	13.01	1.24	4.86	1.20	1 035	7 785	110.4	858	396	1 119	2 979
1988	13.20	1.31	5.08	1.24	1 192	9 808	126.5	1 584	432	1 276	4 018
1989	13.31	1.36	4.77	1.22	1 375	11 430	117.3	3 190	510	1 438	4 292
1990	13.40	1.45	4.95	1.41	1 501	11 967	105.8	1 845	581	1 636	5 206
1991	13.41	1.44	5.70	1.46	1 593	12 327	102.4	3 364	709	1 760	4 820
1992	13.46	1.47	5.87	1.48	1 842	13 975	100.7	3 354	658	2 521	6 433
1993	13.54	1.74	6.31	1.60	2 219	17 668	115.6	4 180	1 364	2 758	6 639
1994	13.55	1.77	6.17	1.58	2 973	21 300	109.2	9 034	1 121	3 525	10 848
1995	13.54	1.79	6.13	1.60	3 205	25 949	115.3	4 303	1 416	3 377	13 890
1996	13.57	1.86	6.07	1.50	3 633	29 271	112.8	3 847	1 783	5 910	12 107
1997	13.53	1.95	5.99	1.40	3 501	31 680	107.4	6 777	2 062	5 143	15 007
1998	13.33	2.02	5.98	1.29	3 992	34 848	110.6	13 669	2 230	5 046	16 872

年份	农林牧渔业总产值指数(上年=100)	粮食产量(吨)	油料产量(吨)	猪牛羊肉产量(吨)	乡镇企业利税总额(万元)	农民人均纯收入(元)	工业总产值(万元)	工业总产值指数(上年=100)	社会消费品零售总额(万元)	在校学生数(人)	医院床位数(张)
1949		23 660	510	26			51		94	6 759	5
1952	116.8	24 630	635	53			59	107.9	200	7 858	12
1957	124.2	21 420	585	154		29	163	133.3	396	11 278	24
1965	132.6	29 885	455	409		57	201	106.1	688	15 238	108
1970	149.9	28 810	461	572		57	317	179.5	899	22 501	286
1975	118.4	53 555	686	433	12	77	1 007	178.1	1 448	28 520	341
1978	110.0	44 985	437	1 462	253	81	1 540	108.5	1 920	30 595	350
1980	84.6	39 390	865	669	144	76	1 433	100.9	2 309	27 744	350
1985	80.2	40 185	1 190	676	968	321	3 769	136.9	4 712	23 266	370
1986	68.8	26 132	640	1 015	1 174	324	4 512	124.9	4 946	22 865	390
1987	100.4	33 381	641	1 088	999	336	7 720	120.3	5 846	22 516	410
1988	124.5	39 564	811	1 246	1 374	347	7 218	104.2	6 951	21 526	410
1989	109.3	52 705	1 071	1 170	1 429	365	9 860	115.8	7 380	20 824	410
1990	107.4	55 420	954	1 514	1 303	376	10 307	108.2	7 450	20 824	410
1991	91.3	45 720	1 089	2 212	702	378	10 897	100.5	7 971	20 958	410
1992	119.9	59 000	1 346	2 398	879	402	11 058	105.1	8 781	21 360	410
1993	98.3	49 048	1 086	3 222	1 480	485	15 377	122.2	9 873	21 472	410
1994	102.1	49 620	754	3 658	3 033	797	17 822	126.5	11 858	21 408	410
1995	126.7	57 300	1 173	4 221	3 979	930	18 884	125.2	14 585	21 966	440
1996	96.0	40 683	638	5 201	6 504	935	25 706	118.2	18 088	22 207	400
1997	125.8	53 819	885	4 734	3 596	1 183	28 998	109.3	20 008	22 938	410
1998	112.9	60 180	1 003	4 869	3 707	1 332	25 120	106.3	20 218	23 268	390

昔阳县主要社会、经济统计指标

MAJOR SOCIO - ECONOMIC INDICATORS OF XIYANG

年份	年末总人口（万人）	#非农业人口	社会从业人员（万人）	职工人数（万人）	职工平均工资（元）	国内生产总值（万元）	国内生产总值指数（上年=100）	全社会固定资产投资（万元）	地方财政收入（万元）	地方财政支出（万元）	农林牧渔业总产值（万元）
1949	13.29	0.51	7.16	0.21	134			1	49	5	1 289
1952	15.06	0.53	7.22	0.18	207	1 291		4	90	31	1 406
1957	16.31	0.48	6.77	0.27	436	1 524	94.8	49	105	133	1 539
1965	18.42	0.55	6.37	0.35	526	1 783	100.5	37	155	226	1 706
1970	20.23	0.73	7.83	0.56	440	3 244	116.1	311	294	256	2 987
1975	21.98	1.05	8.42	0.75	532	5 001	111.8	1 573	495	653	3 664
1978	22.81	1.29	8.83	1.22	515	6 220	94.5	3 292	727	871	3 350
1980	23.14	1.34	9.40	1.29	650	7 064	89.0	704	666	641	4 788
1985	24.00	1.62	10.43	1.62	851	11 354	113.9	3 064	1 129	1 332	6 803
1986	23.92	1.73	10.91	1.83	993	12 739	96.0	1 842	1 127	1 450	5 317
1987	23.98	1.85	11.12	1.90	1 049	14 843	120.0	1 614	1 228	1 556	5 560
1988	24.06	1.92	11.24	2.01	1 230	18 777	102.5	1 397	1 374	1 917	9 960
1989	24.30	2.08	11.38	2.09	1 355	22 561	105.1	1 468	1 720	2 238	10 729
1990	24.45	2.18	11.67	2.09	1 444	23 588	105.3	1 297	1 863	2 447	12 309
1991	24.52	2.20	11.68	2.21	1 533	21 075	87.5	2 558	1 686	2 423	8 505
1992	24.44	2.18	11.74	2.17	1 905	23 557	104.4	3 361	1 531	2 993	7 873
1993	24.37	2.47	11.41	2.01	2 162	33 033	126.4	7 656	2 113	3 466	10 712
1994	24.30	2.56	11.44	2.08	2 816	45 944	122.6	8 181	1 809	3 800	15 970
1995	24.27	2.63	11.49	2.07	3 092	57 552	114.2	8 347	2 326	3 998	23 161
1996	24.15	2.73	11.36	1.94	3 291	64 637	107.6	9 787	2 672	4 908	20 649
1997	23.94	2.77	12.06	1.90	3 314	68 837	104.1	24 433	3 144	5 373	19 844
1998	23.77	2.81	11.62	1.55	3 830	67 087	101.9	11 662	3 091	6 479	19 995

年份	农林牧渔业总产值指数（上年=100）	粮食产量（吨）	油料产量（吨）	猪牛羊肉产量（吨）	乡镇企业利税总额（万元）	农民人均纯收入（元）	工业总产值（万元）	工业总产值指数（上年=100）	社会消费品零售总额（万元）	在校学生数（人）	医院床位数（张）
1949		33 995	236	337			211		196	14 945	
1952	99.7	37 415	318	736			220	103.6	344	17 880	10
1957	88.6	37 850	423	742		32	313	103.7	627	20 750	40
1965	101.2	47 250	349	1 973		50	251	91.0	864	33 567	95
1970	122.5	100 125	568	2 558		91	933	132.0	1 349	43 227	185
1975	109.8	128 510	1 138	2 335		100	2 218	111.8	2 394	48 422	319
1978	77.2	107 360	201	1 935	633	114	4 159	120.0	2 578	52 972	399
1980	78.6	97 450	1 128	2 045	1 054	136	4 236	91.4	2 601	48 197	432
1985	108.2	110 495	2 204	1 544	1 487	367	6 495	111.0	4 642	40 426	496
1986	72.0	78 479	1 215	1 735	1 186	355	7 891	111.6	4 900	40 069	516
1987	98.0	78 333	1 269	1 639	1 070	374	9 029	108.9	5 801	39 145	560
1988	157.5	136 130	2 572	1 487	1 374	465	11 011	111.9	7 768	39 264	560
1989	100.0	144 745	2 271	1 713	2 550	518	13 364	105.0	7 702	39 053	560
1990	97.2	136 790	2 254	2 001	2 419	542	13 448	98.4	7 793	37 210	560
1991	69.2	78 506	1 221	2 222	2 128	483	12 858	99.9	9 033	37 098	623
1992	88.7	62 521	1 018	1 937	2 479	493	14 231	101.8	9 197	36 567	651
1993	121.9	85 591	1 000	2 255	4 254	635	17 659	112.1	12 748	35 969	663
1994	102.0	84 636	822	2 825	5 535	858	20 671	110.0	19 128	34 463	671
1995	126.2	122 662	1 118	3 849	8 921	1 251	22 526	95.1	24 305	34 156	668
1996	86.2	90 020	516	4 675	11 820	1 486	22 110	99.0	30 170	33 971	617
1997	86.9	72 524	611	4 061	15 032	1 777	25 791	107.1	35 879	33 567	601
1998	113.9	91 282	531	4 333	2 894	1 894	10 102	113.1	38 593	32 416	615

寿阳县主要社会、经济统计指标

MAJOR SOCIO – ECONOMIC INDICATORS OF SHOUYANG

年份	年末总人口（万人）	#非农业人口	社会从业人员（万人）	职工人数（万人）	职工平均工资（元）	国内生产总值（万元）	国内生产总值指数（上年＝100）	全社会固定资产投资（万元）	地方财政收入（万元）	地方财政支出（万元）	农林牧渔业总产值（万元）
1949	16.56	0.50	7.47	0.32	223	1 003			57	6	1 299
1952	16.56	0.50	5.97	0.37	270	1 337	101.8	6	184	29	1 713
1957	16.00	0.86	6.08	0.34	467	1 608	127.9	84	178	156	1 780
1965	17.35	0.84	7.46	0.44	573	1 890	94.3	47	223	160	1 753
1970	19.17	1.04	6.72	0.62	532	2 541	110.8	421	276	233	2 189
1975	20.60	1.31	7.14	0.83	539	4 651	137.4	213	326	470	3 497
1978	21.28	1.47	7.65	1.20	555	5 702	104.9	1 018	503	601	3 116
1980	21.45	1.62	7.63	1.23	653	5 805	85.6	1 077	581	581	3 530
1985	21.23	1.97	7.90	1.61	904	11 416	96.1	1 278	983	1 210	8 165
1986	21.01	2.02	7.86	1.83	1 031	11 822	102.6	1 431	1 002	1 433	6 708
1987	21.00	2.14	8.21	1.92	1 131	13 072	105.5	1 982	1 180	1 535	6 571
1988	21.04	2.19	8.27	1.95	1 357	16 057	94.8	2 062	1 266	1 948	11 165
1989	21.16	2.25	8.26	1.94	1 573	18 373	102.5	1 902	1 699	2 172	10 947
1990	21.77	2.35	8.59	2.06	1 721	18 899	100.3	1 449	1 859	2 562	12 255
1991	21.79	2.38	8.76	2.17	1 882	20 441	105.7	2 699	1 913	2 549	8 346
1992	21.67	2.40	8.99	2.19	2 016	25 127	116.6	2 466	2 012	2 939	11 974
1993	21.57	2.67	9.32	2.13	2 304	30 929	113.7	3 585	2 750	3 431	14 535
1994	21.52	2.73	8.92	2.09	3 000	53 347	127.6	3 276	2 902	4 040	29 989
1995	21.41	2.85	8.92	2.02	3 590	60 987	98.4	7 230	3 816	5 013	35 295
1996	21.27	2.95	8.88	1.99	4 237	79 427	129.1	9 521	4 659	6 024	40 769
1997	21.24	3.09	8.99	1.85	4 260	88 603	108.6	9 517	5 183	6 498	31 717
1998	21.21	3.18	9.42	1.72	4 452	90 062	106.1	17 219	5 509	6 992	36 662

年份	农林牧渔业总产值指数（上年＝100）	粮食产量（吨）	油料产量（吨）	猪牛羊肉产量（吨）	乡镇企业利税总额（万元）	农民人均纯收入（元）	工业总产值（万元）	工业总产值指数（上年＝100）	社会消费品零售总额（万元）	在校学生数（人）	医院床位数（张）
1949		46 715	455	208			53		207	14 491	
1952	100.9	62 040	490	231			94	145.4	555	16 602	10
1957	102.5	54 380	940	229			339	96.5	810	16 705	30
1965	89.4	61 600	650	729		43	377	111.5	1 073	25 335	147
1970	106.1	64 270	1 090	497		54	574	162.1	1 195	27 597	412
1975	148.7	129 160	1 120	659		75	2 201	143.3	1 496	42 588	421
1978	92.8	108 060	561	1 644	360	88	3 775	124.5	2 236	47 017	482
1980	67.6	81 910	1 371	1 575	368	79	3 706	105.4	3 250	44 617	482
1985	88.1	94 857	20 293	665	1 552	351	6 393	96.7	5 664	38 444	572
1986	76.2	84 800	13 525	820	1 001	315	7 467	103.9	6 634	37 632	572
1987	102.1	98 047	11 341	635	1 186	364	8 511	106.1	8 094	36 200	592
1988	125.2	129 994	13 184	555	1 644	449	10 975	113.7	9 551	34 112	665
1989	101.1	136 801	10 234	870	2 082	487	15 054	111.0	10 574	32 885	665
1990	105.0	150 566	10 183	1 068	1 834	512	16 545	109.2	8 259	31 356	650
1991	69.5	100 330	5 936	1 491	2 503	418	16 168	101.2	9 455	30 710	675
1992	135.0	133 049	5 679	1 717	2 286	519	17 166	104.1	10 068	29 501	675
1993	96.6	104 607	4 117	1 777	3 084	699	22 390	108.2	11 001	28 704	675
1994	139.8	152 063	3 274	2 840	5 032	1 082	25 904	115.2	19 333	28 341	675
1995	96.4	148 464	3 502	5 739	8 321	1 367	31 146	109.3	24 303	28 694	692
1996	127.0	201 748	5 057	6 557	13 118	1 786	34 860	122.7	29 123	29 524	655
1997	70.2	140 156	1 828	4 093	16 410	1 909	40 002	106.4	33 673	30 583	750
1998	124.8	186 465	1 864	5 681	4 058	2 027	22 755	105.1	36 186	30 045	773

太谷县主要社会、经济统计指标

MAJOR SOCIO－ECONOMIC INDICATORS OF TAIGU

年份	年末总人口（万人）	#非农业人口	社会从业人员（万人）	职工人数（万人）	职工平均工资（元）	国内生产总值（万元）	国内生产总值指数（上年＝100）	全社会固定资产投资（万元）	地方财政收入（万元）	地方财政支出（万元）	农林牧渔业总产值（万元）
1949	10.94	1.49	3.66	0.11	150				50	4	1 317
1952	12.46	1.76	4.14	0.23	310	2 247		33	184	40	1 729
1957	13.92	2.50	4.62	0.69	547	2 855	91.5	80	295	169	1 917
1965	16.83	2.67	6.14	0.94	571	5 370	110.6	204	463	274	2 315
1970	19.28	2.94	7.05	1.16	517	7 576	141.4	81	759	213	2 663
1975	22.05	3.23	7.62	1.29	553	8 322	108.4	158	917	495	5 348
1978	23.07	3.99	8.33	1.79	578	9 261	104.1	817	1 154	741	3 690
1980	23.65	4.40	8.71	2.05	695	11 018	98.2	1 329	1 242	715	3 790
1985	24.89	4.85	10.51	2.60	989	23 268	103.3	2 453	1 948	1 201	8 294
1986	25.09	4.96	10.87	2.86	1 093	22 819	97.6	2 794	1 798	1 730	7 824
1987	25.29	5.03	11.45	3.03	1 146	24 999	103.0	2 466	2 258	1 783	8 840
1988	25.60	5.16	11.98	3.23	1 497	28 076	109.8	2 060	2 504	2 206	12 655
1989	25.80	5.15	12.25	3.15	1 684	30 378	105.7	2 466	2 869	2 458	11 929
1990	26.21	5.30	12.77	3.17	1 825	32 530	96.2	2 735	2 824	2 612	14 850
1991	26.37	5.35	12.83	3.27	1 867	33 896	103.2	3 675	2 584	2 692	14 952
1992	26.46	5.37	13.10	3.47	2 177	39 832	112.1	3 549	2 809	3 183	17 531
1993	26.53	5.57	13.67	4.03	2 550	47 236	112.4	3 911	3 589	3 613	22 326
1994	26.67	5.67	13.79	3.93	3 373	68 498	115.9	6 147	2 687	3 960	38 409
1995	26.73	5.68	13.74	3.78	3 722	90 048	118.0	8 772	3 497	4 840	49 313
1996	26.73	5.68	14.13	3.85	4 043	118 488	112.8	13 365	4 385	5 547	59 883
1997	26.89	5.86	14.02	3.60	4 019	132 630	109.4	8 572	5 049	6 119	56 401
1998	27.10	6.05	13.11	2.78	4 603	138 908	105.9	16 877	5 507	7 799	59 508

年份	农林牧渔业总产值指数（上年＝100）	粮食产量（吨）	油料产量（吨）	猪牛羊肉产量（吨）	乡镇企业利税总额（万元）	农民人均纯收入（元）	工业总产值（万元）	工业总产值指数（上年＝100）	社会消费品零售总额（万元）	在校学生数（人）	医院床位数（张）
1949		33 336	196	208			100		542	9 063	40
1952	102.7	42 464	136	365			225	125.5	846	18 942	70
1957	90.0	32 650	235	297			601	121.1	1 569	19 524	380
1965	100.4	74 952	229	1 546		71	1 509	175.3	2 146	31 268	698
1970	102.0	77 122	317	1 043		72	3 839	298.9	2 066	37 012	761
1975	101.0	93 700	587	873		80	4 533	122.3	3 231	48 575	853
1978	93.8	105 580	304	1 990	618	103	6 524	115.0	4 626	53 244	929
1980	82.3	91 190	416	1 911	685	120	7 792	116.7	5 643	51 748	965
1985	98.2	96 020	756	2 137	1 290	399	15 948	107.2	9 064	45 771	1 057
1986	86.3	81 909	615	2 591	1 371	403	17 397	102.3	10 079	43 696	1 079
1987	102.5	85 018	598	2 218	1 551	432	19 893	100.7	12 040	42 697	1 107
1988	118.4	105 043	736	2 376	2 069	509	25 348	120.8	15 026	41 008	1 162
1989	97.2	109 115	730	2 734	2 090	556	31 023	106.3	16 132	40 399	1 204
1990	105.8	120 068	996	3 394	2 203	603	33 151	101.0	16 693	39 695	1 168
1991	95.5	100 025	940	4 293	2 037	610	37 354	107.5	17 835	38 730	1 202
1992	120.5	104 495	900	4 388	2 215	627	45 596	116.5	19 968	38 228	1 200
1993	110.8	121 500	1 164	5 337	3 785	802	72 086	139.6	23 798	38 291	1 250
1994	118.9	122 500	953	8 109	7 360	1 096	77 414	109.0	25 521	38 804	1 288
1995	113.2	123 116	992	11 171	13 086	1 406	99 072	114.2	33 650	39 186	1 243
1996	116.4	125 602	811	13 516	16 872	1 870	90 575	102.9	45 051	39 327	1 256
1997	85.5	119 602	355	10 556	10 765	2 313	103 188	132.8	54 039	38 619	1 268
1998	115.8	126 732	584	13 832	12 106	2 451	82 849	113.4	58 362	38 629	1 226

祁县主要社会、经济统计指标

MAJOR SOCIO – ECONOMIC INDICATORS OF QIXIAN

年份	年末总人口（万人）	#非农业人口	社会从业人员（万人）	职工人数（万人）	职工平均工资（元）	国内生产总值（万元）	国内生产总值指数（上年＝100）	全社会固定资产投资（万元）	地方财政收入（万元）	地方财政支出（万元）	农林牧渔业总产值（万元）
1949	10.73	0.87	3.42	0.09	14				77	5	1 729
1952	12.54	0.98	4.03	0.14	39	1 601		2	123	31	1 794
1957	13.13	1.05	4.52	0.45	199	2 491	110.9	21	232	110	2 371
1965	15.15	0.96	5.73	0.38	215	3 392	111.0	82	277	247	2 409
1970	17.58	1.31	6.14	0.61	255	4 173	109.5	246	429	190	3 192
1975	19.75	1.79	6.75	0.65	354	5 133	108.8	229	606	458	3 695
1978	20.78	2.07	7.69	1.09	674	6 584	111.5	305	878	534	4 307
1980	21.24	2.34	8.26	1.23	685	8 569	99.3	242	769	568	4 396
1985	22.55	3.05	10.26	1.74	854	16 119	112.0	1 211	1 361	1 398	9 800
1986	22.70	3.17	10.19	1.83	1 016	18 700	115.5	915	1 358	1 460	9 191
1987	22.90	3.04	10.85	1.87	1 112	20 970	104.1	1 016	1 658	1 572	8 427
1988	23.00	3.06	10.89	1.84	1 334	23 192	108.9	1 096	2 019	2 273	10 626
1989	23.34	3.23	10.61	1.91	1 435	25 901	108.8	1 427	2 257	2 550	11 710
1990	23.72	3.40	10.82	2.00	1 566	28 370	106.5	2 831	1 896	2 544	16 544
1991	23.96	3.45	11.12	2.02	1 722	29 584	101.3	3 794	2 243	2 416	15 477
1992	24.18	3.49	12.41	2.14	1 921	32 354	104.0	4 412	2 442	2 941	17 419
1993	24.43	3.79	13.57	2.08	2 241	40 856	112.8	3 178	3 151	3 234	21 828
1994	24.35	3.59	14.28	2.12	2 738	52 843	113.6	4 403	2 279	3 614	34 139
1995	24.56	3.72	14.57	1.98	3 250	63 174	114.0	5 614	2 850	4 433	39 430
1996	24.67	3.87	17.59	2.11	3 379	86 667	129.2	9 132	3 733	5 627	53 503
1997	24.68	3.90	17.27	2.09	3 391	101 537	108.6	9 055	3 990	5 910	55 927
1998	24.74	4.04	17.13	1.69	4 177	107 331	104.3	13 200	4 314	6 489	57 453

年份	农林牧渔业总产值指数（上年＝100）	粮食产量（吨）	油料产量（吨）	猪牛羊肉产量（吨）	乡镇企业利税总额（万元）	农民人均纯收入（元）	工业总产值（万元）	工业总产值指数（上年＝100）	社会消费品零售总额（万元）	在校学生数（人）	医院床位数（张）
1949	100.0	31 577	432				37		150	13 154	10
1952	104.5	38 189	725	231			106	116.4	424	16 927	29
1957	101.2	33 997	263	408			317	105.3	833	19 973	60
1965	119.7	61 065	280	811		64	544	119.4	1 113	19 885	110
1970	111.7	72 930	285	1 039		77	3 833	109.7	1 436	36 945	180
1975	108.5	100 030	1 431	1 115		93	3 873	106.3	1 978	46 465	294
1978	133.2	110 360	381	1 660	539	102	5 007	112.4	2 337	49 693	322
1980	88.3	101 440	717	1 370	610	103	4 804	95.5	3 092	52 856	285
1985	101.3	122 439	2 231	2 970	1 908	419	8 921	111.7	6 375	49 804	430
1986	93.5	111 800	2 358	2 410	1 968	449	11 393	123.9	6 662	48 353	430
1987	95.6	106 092	1 560	2 155	2 582	477	13 455	108.5	7 102	43 853	480
1988	113.3	120 407	1 476	2 320	3 141	537	18 170	116.4	8 313	41 972	438
1989	108.1	129 082	1 297	2 679	3 559	574	20 589	110.2	9 111	40 518	442
1990	109.0	142 792	1 293	2 849	3 760	652	20 514	102.4	9 027	39 140	465
1991	92.2	123 610	880	3 100	4 300	663	21 683	100.7	8 509	38 367	444
1992	102.0	131 084	920	3 077	4 784	723	25 553	120.1	9 174	38 184	475
1993	120.3	148 746	1 484	3 345	7 507	876	33 342	106.1	15 118	38 487	461
1994	113.5	150 324	1 450	4 348	10 889	1 122	36 257	115.0	20 714	38 722	461
1995	102.7	128 846	1 488	4 929	13 808	1 374	45 311	104.0	23 309	38 271	485
1996	131.9	150 332	1 737	7 679	20 600	1 875	46 968	126.7	26 388	38 448	466
1997	111.5	132 209	1 808	6 897	28 300	2 305	57 736	127.6	30 316	38 361	475
1998	97.8	138 607	3 466	8 300	30 372	2 442	47 991	102.1	33 441	39 249	475

平遥县主要社会、经济统计指标

MAJOR SOCIO－ECONOMIC INDICATORS OF PINYAO

年份	年末总人口（万人）	#非农业人口	社会从业人员（万人）	职工人数（万人）	职工平均工资（元）	国内生产总值（万元）	国内生产总值指数（上年＝100）	全社会固定资产投资（万元）	地方财政收入（万元）	地方财政支出（万元）	农林牧渔业总产值（万元）
1949	24.31	2.13	7.29	0.24	152	1 029		2	96	7	1 479
1952	25.50	2.24	8.16	0.50	332	2 247	110.8	4	295	42	3 994
1957	26.72	2.98	9.09	1.12	461	3 160	90.2	132	371	214	4 486
1965	30.72	2.38	10.75	0.93	560	3 791	127.0	86	547	307	6 581
1970	34.30	2.37	12.01	0.74	515	4 241	109.5	220	641	275	4 498
1975	38.62	2.73	13.52	1.51	491	4 502	101.0	503	679	504	4 054
1978	39.80	3.10	14.09	1.95	521	7 328	114.6	529	1 021	858	3 985
1980	40.18	3.53	13.91	1.98	658	8 084	97.7	575	1 015	859	4 323
1985	42.24	4.37	16.23	2.54	878	18 998	107.9	1 532	1 661	1 562	10 468
1986	42.13	4.43	16.45	2.62	1 002	23 369	119.1	1 221	1 616	1 913	11 081
1987	42.56	4.57	16.62	2.77	1 093	24 395	106.0	1 081	1 739	1 845	10 550
1988	43.16	4.73	17.38	2.86	1 372	31 849	105.9	1 699	2 071	2 411	15 120
1989	43.55	4.76	18.24	2.91	1 450	36 287	105.9	1 453	2 595	2 806	15 959
1990	44.65	4.97	19.61	2.93	1 559	40 610	104.3	781	2 839	3 040	23 113
1991	45.13	5.05	20.07	3.01	1 702	40 766	103.0	1 133	2 599	3 004	21 039
1992	45.34	5.06	20.56	3.07	1 890	42 617	101.5	1 474	2 853	3 674	21 235
1993	45.78	5.22	21.31	2.88	2 181	54 713	115.3	2 001	3 452	4 091	33 123
1994	46.36	5.50	21.85	3.10	2 877	75 334	117.1	3 087	2 767	5 002	49 563
1995	46.82	5.58	21.96	3.10	3 349	104 484	122.1	4 243	3 924	5 934	65 935
1996	47.29	5.81	21.61	3.07	3 486	125 747	118.3	6 572	5 119	7 397	75 249
1997	47.48	6.01	22.06	3.03	3 618	145 011	112.4	3 602	6 368	8 433	66 491
1998	47.80	6.16	21.10	3.13	4 025	154 618	108.4	15 261	6 433	9 251	69 719

年份	农林牧渔业总产值指数（上年＝100）	粮食产量（吨）	油料产量（吨）	猪牛羊肉产量（吨）	乡镇企业利税总额（万元）	农民人均纯收入（元）	工业总产值（万元）	工业总产值指数（上年＝100）	社会消费品零售总额（万元）	在校学生数（人）	医院床位数（张）
1949		38 030	1 495				705		425	28 579	5
1952	108.4	59 345	3 450	231			1 493	140.3	1 141	37 845	20
1957	101.6	52 770	645	380		35	1 762	100.6	1 801	40 850	32
1965	112.5	86 375	835	2 559		52	2 613	166.6	2 400	54 834	130
1970	99.2	80 455	775	1 672		49	5 181	123.2	2 610	54 570	360
1975	109.6	119 395	1 370	708		63	5 341	103.5	3 118	69 894	476
1978	104.6	117 900	310	1 188	734	66	6 410	115.2	3 478	94 068	583
1980	80.7	95 850	533	2 610	813	61	6 361	95.8	4 666	96 154	681
1985	95.0	132 755	6 830	2 473	2 249	351	11 395	115.1	9 437	83 457	664
1986	87.8	117 035	5 579	2 722	2 348	355	12 243	109.1	9 608	80 451	663
1987	89.2	103 936	5 169	2 902	2 809	355	14 367	107.9	9 982	74 927	644
1988	127.1	145 428	5 293	3 657	3 937	422	19 082	107.5	15 000	70 894	655
1989	106.9	151 315	4 268	3 936	4 107	462	25 342	109.0	15 439	66 657	643
1990	114.4	168 357	4 783	5 781	4 203	514	26 260	104.4	16 599	65 479	673
1991	88.8	127 681	3 305	6 286	4 447	504	26 850	101.5	15 252	65 436	695
1992	94.2	132 650	3 921	6 741	5 387	528	28 434	105.9	18 775	67 608	690
1993	133.7	177 316	3 829	7 326	7 593	654	33 579	106.4	22 860	69 048	689
1994	118.0	178 581	3 926	8 174	13 519	931	43 078	108.6	47 008	71 218	705
1995	107.5	177 181	4 486	11 117	19 689	1 199	54 503	125.6	55 075	74 073	686
1996	119.7	203 927	5 667	14 054	25 850	1 261	58 644	103.6	63 597	78 121	698
1997	98.5	155 600	5 093	15 222	27 390	1 972	64 033	108.1	72 977	82 699	813
1998	110.4	190 241	8 821	14 749	4 727	2 116	47 057	112.0	78 195	84 951	793

灵石县主要社会、经济统计指标

MAJOR SOCIO – ECONOMIC INDICATORS OF LINSHI

年份	年末总人口（万人）	#非农业人口	社会从业人员（万人）	职工人数（万人）	职工平均工资（元）	国内生产总值（万元）	国内生产总值指数（上年＝100）	全社会固定资产投资（万元）	地方财政收入（万元）	地方财政支出（万元）	农林牧渔业总产值（万元）
1949	8.30	1.28	3.34	0.19	174	770	107.1		37	5	862
1952	9.50	1.63	3.50	0.29	307	1 549	118.3	3	130	23	1 395
1957	11.88	2.99	3.98	0.62	514	2 284	91.5	44	354	101	1 748
1965	14.74	3.56	4.61	0.62	655	2 491	109.3	103	260	102	1 841
1970	16.80	3.70	5.32	0.84	523	2 487	106.7	450	520	215	1 897
1975	19.25	4.13	5.48	1.02	598	4 142	109.5	160	552	330	1 924
1978	19.54	4.15	5.76	1.24	642	5 944	108.2	476	660	439	1 893
1980	19.69	4.26	5.79	1.37	737	7 051	107.0	190	711	511	1 937
1985	20.45	4.62	7.27	2.00	1 005	13 669	106.1	1 780	1 417	1 239	4 153
1986	20.58	4.86	7.63	2.24	1 078	15 802	104.7	1 696	1 318	1 423	3 254
1987	20.67	5.15	7.85	2.33	1 156	16 655	103.7	2 715	1 558	1 457	2 613
1988	20.83	5.21	7.97	2.06	1 316	22 368	117.5	905	1 839	1 969	4 856
1989	20.91	5.21	8.37	2.13	1 650	27 878	111.4	707	2 184	2 173	4 977
1990	21.62	5.42	9.00	2.31	1 784	31 024	110.2	821	2 659	2 374	6 788
1991	21.98	5.44	9.21	2.34	1 951	35 377	111.6	811	2 873	2 434	6 578
1992	22.32	5.48	9.71	2.49	1 988	40 266	110.5	6 308	3 202	2 397	6 763
1993	22.39	5.67	9.65	2.17	2 553	56 141	113.6	6 701	4 150	3 330	9 333
1994	22.66	5.85	9.93	2.30	3 201	70 418	112.4	3 754	3 338	4 691	11 824
1995	22.93	6.15	9.98	2.33	3 675	100 327	130.6	6 283	4 691	5 572	13 903
1996	23.09	6.44	9.98	2.26	3 998	136 847	120.7	8 092	5 587	7 071	18 046
1997	23.18	6.74	9.89	2.26	3 871	146 430	111.2	12 559	6 050	7 219	14 223
1998	23.22	6.89	9.76	1.89	4 214	156 000	108.1	13 648	6 452	7 718	16 916

年份	农林牧渔业总产值指数（上年＝100）	粮食产量（吨）	油料产量（吨）	猪牛羊肉产量（吨）	乡镇企业利税总额（万元）	农民人均纯收入（元）	工业总产值（万元）	工业总产值指数（上年＝100）	社会消费品零售总额（万元）	在校学生数（人）	医院床位数（张）
1949	106.2	15 325	141	82		32	177	130.2	278	5 251	5
1952	116.3	33 480	186	372		46	345	122.6	460	13 324	11
1957	86.6	30 145	156	195	13	58	730	120.7	1 579	16 699	62
1965	119.0	47 945	167	1 174	28	62	839	117.0	1 642	27 061	123
1970	110.3	43 140	267	670	130	65	1 372	122.1	2 119	33 978	220
1975	106.3	61 650	452	494	224	74	2 818	130.9	2 653	45 148	412
1978	77.0	57 650	162	1 079	272	76	3 571	121.8	2 875	49 932	320
1980	86.8	52 150	202	1 042	760	81	4 129	105.3	3 709	50 823	549
1985	99.2	52 584	734	1 405	1 047	404	10 050	135.6	7 085	42 447	546
1986	75.6	47 175	574	1 210	1 195	421	11 516	110.7	8 458	40 743	556
1987	72.3	27 744	380	977	1 780	424	12 358	107.4	9 454	39 003	602
1988	129.5	52 852	777	1 123	2 689	468	15 731	114.3	11 694	38 784	630
1989	96.4	52 528	637	1 049	4 329	528	21 164	113.9	13 074	37 547	630
1990	116.5	67 572	779	1 323	4 101	606	23 512	112.8	12 754	36 852	644
1991	95.8	57 018	836	1 519	4 230	632	26 524	101.8	13 579	37 448	644
1992	99.5	52 668	763	1 889	4 846	667	32 420	115.2	14 112	37 020	667
1993	117.3	60 262	668	1 961	8 263	805	41 682	111.7	14 659	37 345	695
1994	97.5	55 103	653	2 170	15 650	1 153	54 452	115.1	21 745	37 660	838
1995	100.3	48 668	657	2 368	24 631	1 558	69 854	115.7	27 868	38 504	804
1996	120.6	70 108	916	2 859	39 311	1 960	75 849	108.6	32 238	39 285	804
1997	77.7	50 468	821	1 427	31 600	2 409	101 758	139.9	37 100	41 167	951
1998	114.5	65 152	866	1 516	27 367	2 451	87 967	83.1	40 016	41 257	802

临汾市主要社会、经济统计指标

MAJOR SOCIO – ECONOMIC INDICATORS OF LINFEN

年份	年末总人口（万人）	#非农业人口	社会从业人员（万人）	职工人数（万人）	职工平均工资（元）	国内生产总值（万元）	国内生产总值指数（上年＝100）	全社会固定资产投资（万元）	地方财政收入（万元）	地方财政支出（万元）	农林牧渔业总产值（万元）
1949	20.08	1.50	7.25	0.32	336				164	41	1 303
1952	21.51	1.62	8.28	0.60	396	3 328		7	263	61	1 858
1957	26.38	4.48	9.99	1.42	521	5 484	92.7	357	552	282	2 103
1965	31.61	4.92	10.11	2.62	575	6 217	116.5	416	805	330	1 618
1970	36.49	6.03	16.75	3.67	534	9 027	124.2	1 778	873	410	2 295
1975	43.08	9.10	18.75	5.67	572	17 270	110.5	2 903	1 963	896	5 193
1978	45.96	10.42	20.36	6.96	586	22 904	112.9	4 666	2 740	1 509	5 669
1980	48.24	12.63	20.62	7.37	728	24 625	97.6	4 105	2 785	1 337	7 001
1985	53.01	15.76	25.01	9.44	996	46 516	107.9	10 365	3 641	2 436	11 576
1986	54.42	16.63	26.07	9.90	1 119	56 839	121.0	14 785	4 654	3 202	10 991
1987	55.08	16.99	27.12	10.31	1 194	63 569	111.7	12 091	5 156	3 550	9 770
1988	56.16	17.27	27.80	10.62	1 433	72 927	105.2	8 758	6 354	4 608	10 694
1989	57.39	17.95	28.73	10.58	1 606	85 765	115.6	9 841	7 958	6 287	14 903
1990	58.59	18.73	29.78	10.96	1 772	98 827	105.2	9 901	8 730	6 009	18 481
1991	59.59	19.10	30.83	11.18	2 116	112 124	102.6	15 587	8 504	6 532	16 631
1992	60.53	19.61	31.91	11.31	2 516	137 057	119.3	18 444	9 941	6 474	21 164
1993	61.50	19.99	34.58	13.55	3 147	164 408	115.1	32 126	12 960	7 459	25 638
1994	62.31	20.58	35.50	13.92	4 120	208 808	113.2	46 451	8 279	10 693	36 180
1995	63.14	21.35	36.12	14.31	4 855	230 416	103.2	45 601	11 109	12 225	45 811
1996	65.18	23.35	37.27	14.53	5 441	280 665	118.9	41 366	14 047	14 474	57 005
1997	66.97	24.70	37.70	14.20	5 921	321 499	112.2	50 674	16 149	16 686	50 135
1998	68.15	25.77	38.84	12.09	6 537	359 033	112.3	76 179	18 888	19 502	51 831

年份	农林牧渔业总产值指数（上年＝100）	粮食产量（吨）	油料产量（吨）	猪牛羊肉产量（吨）	乡镇企业利税总额（万元）	农民人均纯收入（元）	工业总产值（万元）	工业总产值指数（上年＝100）	社会消费品零售总额（万元）	在校学生数（人）	医院床位数（张）
1949		49 745	155				156		812	21 882	
1952	111.4	52 670	146				447	177.8	1 464	31 949	20
1957	81.1	57 830	84				1 182	116.6	2 245	45 268	90
1965	162.2	83 695	120			58	3 484	133.8	3 200	61 093	687
1970	76.4	63 620	80			46	7 377	195.9	4 436	90 551	745
1975	117.5	126 855	115			64	17 902	110.9	6 698	104 403	1 456
1978	97.8	109 210	93	1 908	857	65	30 415	118.3	8 935	108 327	1 736
1980	103.1	105 575	560	2 620	957	67	28 122	92.5	12 493	110 528	1 864
1985	85.4	160 593	2 382	3 024	3 819	348	41 616	110.4	25 746	106 911	2 410
1986	86.7	145 998	1 799	2 138	4 683	354	47 201	108.3	29 994	103 001	2 462
1987	82.3	114 128	1 001	2 513	6 036	353	59 589	117.0	33 793	92 934	2 693
1988	100.5	114 677	1 306	2 044	6 139	381	71 633	107.2	54 590	99 685	3 112
1989	136.4	178 188	1 498	2 070	6 889	452	85 227	97.9	43 668	98 645	3 121
1990	105.0	175 936	1 221	2 332	7 386	497	90 945	98.5	43 739	91 614	2 859
1991	90.0	124 372	973	2 831	7 704	507	98 429	103.9	46 714	100 443	2 947
1992	115.2	148 347	1 295	3 241	13 292	638	120 470	109.8	54 832	103 485	1 973
1993	111.9	174 678	1 710	3 310	36 961	808	161 775	102.8	60 437	103 581	1 945
1994	105.6	168 957	1 670	3 790	45 913	1 042	175 385	106.6	79 209	107 517	3 402
1995	116.5	169 391	2 391	5 577	61 216	1 432	171 595	94.6	94 555	110 109	3 402
1996	114.6	201 789	2 845	7 798	46 109	1 809	217 813	136.8	113 024	116 249	3 402
1997	87.3	186 185	2 156	4 706	48 736	2 208	236 018	108.3	135 610	125 508	2 531
1998	105.5	176 035	2 709	5 159	55 344	2 408	216 266	101.3	150 562	134 608	2 981

侯马市主要社会、经济统计指标

MAJOR SOCIO – ECONOMIC INDICATORS OF HOUMA

年份	年末总人口（万人）	#非农业人口	社会从业人员（万人）	职工人数（万人）	职工平均工资（元）	国内生产总值（万元）	国内生产总值指数（上年=100）	全社会固定资产投资（万元）	地方财政收入（万元）	地方财政支出（万元）	农林牧渔业总产值（万元）
1949	4.23	0.27	2.00	0.04	218			5			349
1952	4.96	0.42	2.18	0.07	261	1 055		4	124	15	734
1957	5.87	0.70	2.27	0.27	461	1 718	98.1	22	143	47	1 078
1965	9.14	2.75	2.99	0.76	658	3 336	104.0	2 358	223	105	1 137
1970	11.47	4.18	4.77	2.17	568	6 931	147.5	1 591	288	67	1 448
1975	13.29	4.96	5.98	2.93	583	9 592	102.8	540	868	412	1 608
1978	13.94	5.28	6.41	3.34	618	10 409	102.0	2 519	1 267	534	1 215
1980	14.38	5.73	6.86	3.62	717	13 465	102.6	792	1 285	594	2 461
1985	15.85	6.70	8.78	4.22	1 068	22 085	101.1	2 786	2 251	1 143	4 283
1986	16.02	6.75	8.66	4.23	1 184	22 277	91.6	2 238	2 306	1 399	5 321
1987	16.42	7.08	8.89	4.28	1 271	24 385	99.4	4 728	2 413	1 270	5 769
1988	17.05	7.47	9.20	4.36	1 512	30 700	104.2	3 698	2 628	1 705	5 934
1989	17.38	7.65	8.96	4.32	1 689	30 816	97.2	2 332	3 397	2 221	6 090
1990	17.94	7.84	9.25	4.51	1 841	32 879	103.8	3 187	4 196	2 597	7 081
1991	18.15	7.96	9.56	4.49	2 073	38 202	114.5	9 485	3 212	2 690	7 083
1992	18.43	8.18	10.52	4.54	2 293	48 347	120.5	6 848	4 727	2 935	9 632
1993	18.84	8.46	9.86	4.44	2 676	58 449	110.0	12 656	5 977	3 676	9 393
1994	19.43	9.10	10.25	4.61	3 263	68 860	112.3	18 640	3 543	3 755	12 257
1995	19.78	9.33	10.52	4.69	3 926	79 036	111.1	9 885	4 870	5 641	16 307
1996	20.39	9.88	10.78	4.80	4 297	97 544	112.2	26 811	6 336	6 368	18 920
1997	20.79	10.22	10.70	4.81	4 897	115 503	114.1	30 767	7 396	7 797	21 295
1998	20.14	10.36	11.66	3.70	5 715	131 231	113.7	41 282	7 918	9 096	22 206

年份	农林牧渔业总产值指数（上年=100）	粮食产量（吨）	油料产量（吨）	猪牛羊肉产量（吨）	乡镇企业利税总额（万元）	农民人均纯收入（元）	工业总产值（万元）	工业总产值指数（上年=100）	社会消费品零售总额（万元）	在校学生数（人）	医院床位数（张）
1949		8 325	1 080				7		423	2 262	
1952	131.2	7 190	490				35	312.5	457	3 853	5
1957	99.6	10 140	40				95	97.5	530	7 272	12
1965	118.3	22 390	35			84	1 415	127.5	1 293	11 623	51
1970	102.1	19 240	17			76	6 478	227.6	1 592	17 426	59
1975	104.3	31 365	5			71	10 469	109.7	2 227	30 409	515
1978	108.1	30 825	2	584	124	90	14 176	113.4	2 771	31 754	497
1980	90.7	32 810	19	816	122	106	11 692	83.9	3 451	34 279	561
1985	90.3	46 366	743	460	264	392	24 570	106.1	8 672	29 255	715
1986	93.8	48 997	389	767	1 036	439	21 825	103.3	9 593	27 527	869
1987	102.4	49 050	152	515	601	452	23 572	98.1	11 516	20 735	828
1988	103.9	49 148	127	562	1 293	467	31 112	113.9	14 770	25 892	868
1989	101.9	49 569	97	747	1 424	500	41 084	108.6	15 415	25 699	871
1990	99.8	49 617	60	941	1 475	583	39 642	101.1	17 646	23 760	889
1991	94.3	42 969	56	1 162	1 758	665	39 830	100.8	26 636	26 425	913
1992	128.9	49 102	113	1 186	3 227	832	57 779	143.9	33 192	26 835	975
1993	95.0	51 301	52	1 290	5 387	1 028	77 356	128.0	40 105	27 117	1 035
1994	105.2	50 333	1 090	1 427	7 825	1 288	84 021	100.7	51 666	28 024	1 035
1995	107.6	51 153	1 969	1 798	9 000	1 582	93 897	111.1	63 558	28 807	1 037
1996	110.4	53 346	3 426	2 203	10 093	2 027	95 974	106.0	83 325	30 425	1 035
1997	99.9	52 459	1 107	703	17 423	2 503	107 213	120.7	97 629	35 378	1 035
1998	108.6	56 833	2 445	753	12 758	2 816	100 435	105.1	103 091	35 094	1 120

霍州市主要社会、经济统计指标

MAJOR SOCIO – ECONOMIC INDICATORS OF HUOZHOU

年份	年末总人口（万人）	#非农业人口	社会从业人员（万人）	职工人数（万人）	职工平均工资（元）	国内生产总值（万元）	国内生产总值指数（上年＝100）	全社会固定资产投资（万元）	地方财政收入（万元）	地方财政支出（万元）	农林牧渔业总产值（万元）
1949	5.56	0.39	2.62	0.07	293	492		4			373
1952	6.54	0.51	0.97	0.15	352	511	92.0	207	53	35	426
1957	8.58	1.11	4.27	0.71	469	1 227	107.2	1 938	118	87	737
1965	12.70	2.64	5.13	1.35	706	4 870	104.2	619	486	142	1 055
1970	15.14	3.52	5.80	1.90	686	5 532	107.9	1 680	481	162	1 384
1975	17.26	4.12	7.02	2.78	726	12 009	109.9	1 479	504	472	1 454
1978	18.23	4.38	8.23	3.49	700	16 329	123.8	4 682	809	471	3 418
1980	18.95	4.84	8.08	3.37	841	20 675	104.9	2 597	991	566	2 292
1985	21.32	6.29	9.72	3.98	1 232	30 131	101.3	6 842	1 452	1 297	4 295
1986	21.62	6.39	10.06	4.11	1 390	22 342	73.0	9 636	1 531	1 642	3 286
1987	22.24	6.78	10.63	4.43	1 539	25 901	104.2	13 056	1 884	1 537	3 182
1988	22.97	6.91	11.27	4.85	1 768	35 546	99.3	18 301	2 338	1 800	4 568
1989	23.33	6.97	11.67	5.00	2 159	40 186	98.6	13 970	3 087	2 338	5 455
1990	23.88	7.42	12.10	5.18	2 611	45 212	107.4	18 391	3 619	2 360	7 327
1991	24.27	7.59	12.38	5.19	2 793	42 837	75.7	19 324	3 650	2 776	7 360
1992	25.06	7.98	12.83	5.19	2 793	46 895	103.1	22 733	4 172	2 685	8 379
1993	25.51	8.42	12.80	5.28	3 188	51 593	106.7	32 247	5 991	3 674	9 968
1994	25.89	8.72	13.07	5.25	3 805	57 565	104.6	18 308	3 474	4 812	13 064
1995	26.10	8.86	13.24	5.28	5 227	85 662	108.2	22 548	4 654	4 957	16 748
1996	26.64	9.11	13.10	5.09	5 523	107 063	110.2	58 899	5 785	5 062	18 978
1997	26.91	9.29	13.37	5.11	5 603	131 053	108.9	46 012	6 560	6 569	18 286
1998	27.00	9.33	14.85	4.53	6 413	146 207	112.3	21 915	7 043	7 401	19 302

年份	农林牧渔业总产值指数（上年＝100）	粮食产量（吨）	油料产量（吨）	猪牛羊肉产量（吨）	乡镇企业利税总额（万元）	农民人均纯收入（元）	工业总产值（万元）	工业总产值指数（上年＝100）	社会消费品零售总额（万元）	在校学生数（人）	医院床位数（张）
1949		14 175	189		127		37		104	5 600	
1952	105.7	16 495	103		236		154	293.9	227	10 119	10
1957	130.3	18 980	96		537		587	118.8	555	10 830	25
1965	122.2	32 100	90		759	55	3 553	122.6	1 264	20 297	95
1970	96.6	25 470	53		827	54	4 300	198.8	1 632	31 419	270
1975	103.1	38 730	73		970	54	11 689	123.0	2 050	39 952	500
1978	106.0	36 000	39	450	975	55	18 052	139.2	2 677	45 857	470
1980	89.1	33 715	155	769	958	51	22 330	103.2	3 617	50 243	600
1985	90.0	50 467	794	1 072	3 712	324	31 414	104.4	6 347	44 110	789
1986	73.2	35 626	387	1 143	3 677	308	26 871	83.3	6 102	44 289	726
1987	88.2	31 182	352	1 071	3 824	312	27 855	101.6	7 098	41 059	991
1988	126.6	44 241	362	910	5 276	343	29 950	103.6	8 380	42 749	991
1989	116.0	53 392	393	1 156	7 127	390	35 052	112.3	8 585	41 890	681
1990	110.6	60 789	470	1 412	9 101	470	70 978	132.7	7 846	40 778	920
1991	93.6	48 732	356	1 318	9 311	490	76 194	109.2	9 392	42 865	1 073
1992	104.9	56 901	439	1 245	10 112	636	76 301	107.4	9 742	44 619	1 125
1993	112.3	60 042	413	1 372	11 215	798	75 300	100.1	11 213	45 842	1 077
1994	102.4	57 911	415	1 766	13 167	941	81 706	109.8	15 059	46 960	1 023
1995	120.3	60 420	508	2 406	15 179	1 352	85 317	108.5	18 118	48 510	1 087
1996	110.8	63 989	518	3 107	8 788	1 872	136 583	114.7	22 578	51 818	1 092
1997	94.0	62 586	501	2 513	1 970	2 286	150 975	105.4	25 663	56 044	983
1998	102.5	63 336	518	3 029	2 200	2 490	142 105	110.5	27 570	56 530	990

曲沃县主要社会、经济统计指标

MAJOR SOCIO – ECONOMIC INDICATORS OF QUWO

年份	年末总人口（万人）	#非农业人口	社会从业人员（万人）	职工人数（万人）	职工平均工资（元）	国内生产总值（万元）	国内生产总值指数（上年=100）	全社会固定资产投资（万元）	地方财政收入（万元）	地方财政支出（万元）	农林牧渔业总产值（万元）
1949	6.50	0.41	3.04	0.06	241						724
1952	7.96	0.74	4.01	0.12	242	1 234		3	369	51	1 534
1957	9.44	1.12	4.74	0.28	401	2 271	100.9	44	408	156	2 255
1965	13.20	0.94	4.81	0.43	518	2 821	98.7	113	372	242	1 981
1970	15.00	0.93	5.90	0.47	491	2 733	101.7	63	454	226	1 990
1975	16.48	0.94	7.01	0.74	498	3 737	106.2	203	596	423	2 531
1978	16.79	1.09	7.28	0.92	513	4 842	105.4	724	719	617	2 200
1980	17.11	1.30	7.43	1.02	622	6 098	102.0	797	757	608	3 303
1985	18.16	1.73	9.14	1.21	850	8 335	89.3	1 571	1 574	996	6 587
1986	18.36	1.83	9.06	1.34	989	11 101	116.1	1 798	1 740	1 339	7 316
1987	18.60	1.91	9.08	1.38	1 063	11 835	103.3	1 652	1 856	1 384	7 320
1988	19.12	2.05	9.44	1.46	1 162	15 154	114.0	1 355	2 072	1 885	9 278
1989	19.56	2.14	9.83	1.50	1 296	16 202	101.1	1 205	2 347	2 069	11 242
1990	20.11	2.33	9.94	1.48	1 501	19 212	109.3	1 628	2 623	2 246	12 657
1991	20.39	2.39	10.06	1.55	1 618	19 533	100.8	2 585	3 046	2 417	12 189
1992	20.71	2.40	10.17	1.56	1 753	24 180	118.8	3 111	2 492	2 430	14 644
1993	20.99	2.43	10.20	1.62	1 844	32 792	118.3	4 739	3 529	3 438	17 025
1994	21.14	2.57	10.34	1.64	2 830	40 406	111.2	2 247	1 109	3 944	18 696
1995	21.24	2.61	10.35	1.64	3 293	58 323	124.2	2 818	1 677	4 235	28 246
1996	21.26	2.75	10.54	1.66	4 087	80 188	120.4	11 379	2 316	5 061	33 708
1997	21.44	2.85	12.22	1.55	4 099	95 008	118.5	14 756	2 457	5 994	34 622
1998	21.82	2.94	13.21	1.27	4 293	110 222	117.0	27 103	2 832	6 037	36 159

年份	农林牧渔业总产值指数（上年=100）	粮食产量（吨）	油料产量（吨）	猪牛羊肉产量（吨）	乡镇企业利税总额（万元）	农民人均纯收入（元）	工业总产值（万元）	工业总产值指数（上年=100）	社会消费品零售总额（万元）	在校学生数（人）	医院床位数（张）
1949		16 755	515				185		385	7 210	
1952	131.7	14 485	235				354	136.8	546	11 816	10
1957	101.7	20 570	20				783	108.2	645	13 787	30
1965	95.6	43 660	11			75	1 093	140.7	754	23 336	95
1970	93.8	29 860	9			53	924	93.4	1 157	25 156	110
1975	124.5	55 975	103			57	1 969	123.2	1 558	36 627	289
1978	85.4	45 170		1 489	315	51	3 316	99.8	1 821	36 289	311
1980	98.5	51 005	169	1 752	300	66	3 519	99.0	2 462	38 415	310
1985	80.8	83 670	1 788	1 169	292	344	5 523	127.2	4 587	30 757	399
1986	107.0	88 371	1 120	1 423	775	375	6 096	110.4	5 250	29 943	317
1987	90.4	74 581	651	1 315	896	391	6 214	101.9	6 110	26 894	364
1988	108.9	76 859	596	1 305	1 243	439	7 255	116.8	7 583	28 037	366
1989	108.8	93 044	858	1 478	1 378	474	7 456	102.8	5 562	27 572	366
1990	95.5	87 363	1 022	1 693	1 606	525	12 327	107.9	5 580	26 133	354
1991	93.2	75 253	554	1 667	1 986	550	14 342	106.8	6 074	28 561	354
1992	111.9	80 217	670	1 709	4 369	679	15 963	119.5	7 384	29 965	354
1993	114.4	105 597	2 091	1 637	11 343	826	26 629	109.8	8 547	31 259	358
1994	83.6	80 057	1 846	1 594	15 630	965	30 405	115.3	10 589	32 873	367
1995	126.5	99 339	4 106	1 761	15 324	1 215	32 119	113.0	12 929	33 925	403
1996	115.1	112 418	5 098	2 090	16 576	1 681	45 381	112.9	16 536	35 201	403
1997	102.6	104 989	3 003	2 056	5 580	2 268	52 888	115.1	19 228	37 238	403
1998	113.6	114 030	5 117	1 934	8 612	2 459	46 224	131.2	20 889	36 986	409

翼城县主要社会、经济统计指标

MAJOR SOCIO – ECONOMIC INDICATORS OF YICHENG

年份	年末总人口（万人）	#非农业人口	社会从业人员（万人）	职工人数（万人）	职工平均工资（元）	国内生产总值（万元）	国内生产总值指数（上年＝100）	全社会固定资产投资（万元）	地方财政收入（万元）	地方财政支出（万元）	农林牧渔业总产值（万元）
1949	13.74	0.18	5.22	0.10	128	786					630
1952	14.24	0.18	5.55	0.18	237	1 024	108.5	4	139	43	1 147
1957	15.31	0.12	6.30	0.46	366	1 290	99.2	4	163	124	1 348
1965	19.15	0.79	6.93	0.47	468	1 889	113.3	54	252	189	1 411
1970	21.76	1.04	7.40	0.68	495	1 472	74.5	904	245	218	1 145
1975	23.93	1.48	7.92	0.75	479	3 268	115.1	390	407	434	2 652
1978	24.72	1.72	8.53	1.08	680	4 454	108.9	128	491	625	3 118
1980	25.00	1.83	8.95	1.39	684	5 587	108.0	332	476	712	3 873
1985	25.76	2.26	9.65	1.59	871	11 692	101.6	454	732	1 122	9 669
1986	25.96	2.47	9.95	1.71	964	11 638	98.9	367	815	1 564	7 629
1987	26.21	2.62	10.34	1.80	1 108	11 694	100.2	582	971	1 730	6 473
1988	26.52	2.77	10.44	1.93	1 264	14 834	120.8	794	1 230	2 370	10 132
1989	26.98	2.92	10.73	1.97	1 364	18 395	122.5	695	1 526	2 497	13 726
1990	27.36	3.41	10.95	2.00	1 709	32 027	110.9	1 905	1 643	2 542	16 918
1991	27.60	3.51	11.36	2.16	1 710	30 094	90.3	2 112	1 796	2 026	13 372
1992	27.90	3.68	11.89	2.25	1 857	39 726	121.7	5 972	2 113	3 029	16 487
1993	28.08	3.77	12.23	2.39	2 317	61 843	143.7	7 542	3 323	4 304	21 639
1994	28.27	4.03	12.53	2.57	2 605	77 942	107.1	8 112	5 147	5 295	28 648
1995	28.56	4.17	12.21	2.18	3 012	91 026	112.7	9 474	7 165	5 958	39 283
1996	28.94	4.34	12.36	2.20	3 249	110 257	126.4	29 136	8 200	8 006	42 128
1997	29.11	4.53	13.17	2.24	3 946	128 192	112.9	33 708	8 300	8 262	33 617
1998	29.31	4.74	12.76	1.67	4 366	141 024	111.5	35 709	6 016	8 223	35 450

年份	农林牧渔业总产值指数（上年＝100）	粮食产量（吨）	油料产量（吨）	猪牛羊肉产量（吨）	乡镇企业利税总额（万元）	农民人均纯收入（元）	工业总产值（万元）	工业总产值指数（上年＝100）	社会消费品零售总额（万元）	在校学生数（人）	医院床位数（张）
1949	100.0	26 370	53	69			45		194	15 638	10
1952	167.4	39 560	96	93			139	308.2	491	21 761	20
1957	101.3	38 335	168	184			440	96.9	920	24 251	50
1965	104.7	57 915	148	1 345		55	644	121.3	926	33 106	159
1970	68.9	40 405	80	549		33	606	121.3	1 450	52 072	295
1975	232.9	74 625	93	907		55	1 508	113.7	1 815	52 693	382
1978	96.3	71 665	55	1 533	474	55	3 277	173.6	2 222	53 262	422
1980	102.4	78 560	231	2 024	801	70	4 047	122.5	3 554	55 354	504
1985	91.3	128 340	2 210	3 750	424	357	7 611	114.6	5 269	48 383	569
1986	74.0	100 480	1 483	3 208	430	315	8 373	109.8	6 333	40 982	569
1987	81.5	72 289	698	2 688	957	317	8 997	106.8	8 003	38 131	577
1988	133.6	105 669	1 086	3 226	1 000	379	10 764	119.3	10 255	40 082	580
1989	133.2	153 522	1 298	3 637	1 201	466	11 367	106.2	10 393	38 837	590
1990	107.2	155 564	1 442	4 560	1 523	544	21 480	101.4	10 265	37 062	636
1991	74.7	108 902	452	4 666	1 658	533	23 394	105.3	10 486	39 618	636
1992	114.5	109 634	796	5 054	36 143	592	23 583	97.4	11 426	40 260	636
1993	124.4	158 812	868	6 313	12 283	759	48 604	142.1	11 943	38 847	636
1994	89.0	111 391	772	8 852	17 152	883	55 124	112.9	15 000	38 866	646
1995	121.6	148 179	2 415	10 677	26 506	1 204	56 625	104.9	18 615	39 495	646
1996	101.2	147 233	2 828	11 153	23 315	1 542	52 955	117.1	22 756	40 150	646
1997	76.9	126 546	1 100	4 344	24 509	1 908	61 128	110.0	27 363	41 053	672
1998	112.0	159 546	1 848	4 964	16 183	2 053	131 764	89.1	30 198	39 954	672

襄汾县主要社会、经济统计指标

MAJOR SOCIO – ECONOMIC INDICATORS OF XIANGFEN

年份	年末总人口（万人）	#非农业人口	社会从业人员（万人）	职工人数（万人）	职工平均工资（元）	国内生产总值（万元）	国内生产总值指数（上年=100）	全社会固定资产投资（万元）	地方财政收入（万元）	地方财政支出（万元）	农林牧渔业总产值（万元）
1949	17.84	1.14	7.73	0.07	346				256	75	1 819
1952	19.51	1.42	8.52	0.23	365	2 983		8	285	80	2 486
1957	23.15	2.02	10.76	0.45	476	4 715	88.6	13	312	141	4 049
1965	27.70	1.03	12.50	0.60	529	4 973	117.9	683	416	212	3 595
1970	31.55	0.95	13.50	0.91	448	5 038	78.2	717	458	229	4 585
1975	35.41	1.62	15.10	1.33	464	8 452	109.5	402	728	584	5 547
1978	36.96	1.91	14.70	1.41	556	10 361	95.6	332	832	727	5 576
1980	37.93	2.08	15.17	1.53	649	11 073	104.3	463	931	810	7 961
1985	39.45	2.36	17.69	1.74	882	20 233	103.0	2 183	1 259	1 287	18 130
1986	39.81	2.48	17.99	1.80	1 030	20 767	102.6	2 290	1 302	1 736	15 446
1987	40.30	2.59	18.36	1.87	1 135	20 877	100.5	4 291	1 375	1 825	12 914
1988	40.85	2.75	19.12	1.98	1 370	28 011	111.2	4 374	1 547	2 838	16 113
1989	41.36	2.84	19.65	2.01	1 561	32 593	108.4	2 418	2 027	2 973	22 146
1990	43.13	3.03	20.42	2.06	1 626	38 183	105.5	2 577	1 286	3 220	27 881
1991	43.83	3.07	21.23	2.10	1 784	40 658	101.9	2 670	2 521	3 606	28 461
1992	44.64	3.13	21.76	2.18	2 097	49 255	107.6	2 775	2 575	3 541	30 775
1993	45.48	3.23	21.96	2.08	2 146	70 485	104.3	3 001	2 861	4 193	33 092
1994	46.21	3.35	22.21	2.22	2 805	92 150	112.7	2 371	2 454	4 852	45 216
1995	46.81	3.53	22.67	2.24	3 205	111 412	113.4	3 481	3 567	6 324	56 443
1996	47.27	3.87	22.73	2.34	3 353	127 973	115.8	7 374	4 792	7 361	59 500
1997	47.60	3.98	22.21	2.31	3 231	147 177	112.9	5 134	5 121	7 660	55 252
1998	47.65	4.08	24.15	2.00	3 837	164 476	110.5	9 206	5 492	8 930	56 071

年份	农林牧渔业总产值指数（上年=100）	粮食产量（吨）	油料产量（吨）	猪牛羊肉产量（吨）	乡镇企业利税总额（万元）	农民人均纯收入（元）	工业总产值（万元）	工业总产值指数（上年=100）	社会消费品零售总额（万元）	在校学生数（人）	医院床位数（张）
1949		51 945	1 820				8		401	15 426	10
1952	111.0	57 045	770				130	181.9	530	16 239	10
1957	84.0	56 480	187				584	110.1	973	26 918	50
1965	105.6	89 380	240			68	1 185	202.4	1 397	46 286	94
1970	74.1	80 150	43			63	1 082	138.1	1 957	60 280	250
1975	112.9	133 310	19			75	3 415	118.7	2 403	77 661	517
1978	94.7	121 590	35	1 960	325	69	5 164	113.4	2 944	85 193	549
1980	87.3	109 450	369	2 008	431	73	5 612	105.9	3 694	82 393	668
1985	96.5	219 034	4 467	2 423	1 193	364	8 630	114.2	4 427	70 552	789
1986	82.9	196 479	2 491	2 308	1 378	348	10 216	114.4	4 293	69 401	617
1987	80.8	145 262	1 754	2 111	1 857	327	10 670	98.0	5 199	65 961	640
1988	100.0	139 394	1 999	1 837	3 147	399	14 259	116.7	7 201	66 601	665
1989	131.9	200 439	2 729	2 654	2 994	524	17 740	105.6	12 747	63 967	687
1990	101.6	209 044	2 558	3 504	3 509	605	19 904	114.9	10 889	59 798	703
1991	97.1	194 925	1 340	3 525	4 355	651	21 454	106.7	7 747	63 367	706
1992	103.9	200 678	1 379	3 575	6 691	705	31 404	134.6	10 602	63 303	733
1993	97.0	212 340	2 179	3 737	20 193	751	50 281	122.8	11 893	62 074	786
1994	98.4	188 817	2 856	3 859	35 067	861	59 944	120.0	14 486	61 981	844
1995	109.2	211 037	3 255	4 596	41 654	1 072	70 316	113.2	17 311	64 663	860
1996	104.1	233 511	3 921	5 461	42 872	1 567	75 104	133.3	20 971	66 647	865
1997	91.2	212 533	2 687	5 522	30 938	2 019	88 677	118.4	25 367	71 086	870
1998	110.2	215 980	4 667	5 627	20 935	2 061	59 034	111.8	27 568	74 045	956

洪洞县主要社会、经济统计指标

MAJOR SOCIO – ECONOMIC INDICATORS OF HONGTONG

年份	年末总人口（万人）	#非农业人口	社会从业人员（万人）	职工人数（万人）	职工平均工资（元）	国内生产总值（万元）	国内生产总值指数（上年＝100）	全社会固定资产投资（万元）	地方财政收入（万元）	地方财政支出（万元）	农林牧渔业总产值（万元）
1949	25.58	2.20	9.28	0.21	329	1 555					1 207
1952	26.81	1.97	10.73	0.40	388	2 213		114	335	90	2 005
1957	31.41	1.89	13.62	0.79	442	3 658	94.6	266	420	212	3 211
1965	38.57	1.79	14.17	0.79	546	5 274	117.2	97	483	368	3 897
1970	43.72	1.98	16.23	1.01	507	4 002	92.7	1 582	435	332	3 067
1975	48.79	2.70	18.41	1.76	557	8 502	108.9	5 408	651	701	5 561
1978	50.81	3.01	19.10	2.19	562	9 080	104.5	5 318	889	1 026	7 903
1980	52.08	3.37	19.35	2.40	646	10 833	97.1	8 150	990	934	7 787
1985	55.06	3.78	23.75	2.61	914	24 712	115.6	3 275	1 699	2 084	17 221
1986	55.53	4.02	24.81	2.73	1 121	24 167	96.4	4 309	1 857	2 545	13 458
1987	56.54	4.32	26.36	2.88	1 223	28 350	105.7	4 776	2 421	2 966	13 451
1988	58.14	4.81	26.96	2.94	1 460	35 273	116.6	3 884	3 224	3 855	17 583
1989	58.79	5.01	27.76	3.05	1 642	45 438	106.2	3 039	4 229	4 493	21 591
1990	60.51	4.90	28.63	3.01	1 906	54 779	117.9	5 363	4 704	4 400	26 765
1991	61.35	5.00	29.58	3.11	2 033	55 973	97.7	3 812	5 008	4 747	23 030
1992	62.32	5.18	30.27	3.23	2 240	68 894	121.1	6 001	5 750	4 911	32 070
1993	63.29	5.51	30.73	3.31	2 493	104 398	138.6	11 597	7 408	7 716	35 439
1994	63.88	6.47	30.90	3.37	3 648	139 456	115.1	11 603	8 517	8 297	50 893
1995	65.03	6.75	31.40	3.45	4 236	170 500	106.3	16 642	6 823	10 034	65 843
1996	65.72	6.91	32.58	3.57	5 000	213 548	111.6	14 163	8 250	11 052	77 129
1997	67.05	7.38	31.52	3.69	4 935	242 024	112.9	26 613	8 780	13 274	79 981
1998	67.63	7.70	32.14	3.27	5 354	268 246	110.7	37 852	9 725	13 490	78 840

年份	农林牧渔业总产值指数（上年＝100）	粮食产量（吨）	油料产量（吨）	猪牛羊肉产量（吨）	乡镇企业利税总额（万元）	农民人均纯收入（元）	工业总产值（万元）	工业总产值指数（上年＝100）	社会消费品零售总额（万元）	在校学生数（人）	医院床位数（张）
1949		51 045	616	194		55	110		815	18 840	6
1952	111.6	54 345	1 156	217		57	263	93.9	779	28 943	14
1957	92.4	72 910	353	629		66	756	95.9	1 423	40 496	68
1965	140.1	111 340	237	1 634		81	1 356	179.2	1 948	69 315	235
1970	79.1	78 970	112	2 135		69	1 072	171.1	2 149	86 084	250
1975	111.1	144 045	122	3 757		82	3 346	124.4	4 670	110 646	388
1978	119.5	176 970	36	1 588	108	53	3 568	122.9	3 883	110 610	428
1980	84.1	148 770	1 111	2 899	612	53	5 457	129.7	5 216	112 464	520
1985	97.6	229 385	5 664	4 338	1 208	348	15 779	120.5	8 963	106 130	586
1986	73.3	185 210	3 944	3 651	1 130	317	20 460	118.2	11 286	101 727	590
1987	95.3	169 335	2 649	3 765	1 910	324	25 101	118.1	10 889	95 413	731
1988	109.1	187 132	3 149	3 608	2 644	363	34 237	120.6	12 373	102 495	733
1989	118.3	238 560	3 804	4 490	3 561	422	45 722	103.2	13 069	101 666	860
1990	111.7	268 032	3 443	5 624	4 622	482	52 557	108.8	13 021	100 679	1 154
1991	84.8	190 943	1 809	5 984	5 014	494	58 132	105.6	14 703	106 985	1 166
1992	128.5	258 296	2 460	6 108	8 347	620	62 330	108.6	15 522	109 859	1 166
1993	103.4	265 351	2 694	6 997	20 824	741	77 983	114.3	19 498	110 925	1 070
1994	113.0	274 981	2 242	8 425	35 660	973	97 687	112.7	26 200	115 503	910
1995	108.9	264 597	3 242	12 012	39 000	1 290	130 243	115.3	32 829	120 307	1 368
1996	115.6	306 160	3 390	15 422	49 885	1 704	134 346	109.3	41 724	117 664	1 380
1997	94.9	266 341	1 783	12 804	12 156	2 136	138 911	111.7	46 381	117 857	1 392
1998	109.2	294 942	2 851	13 785	20 427	2 172	179 681	144.9	49 104	119 022	1 410

古县主要社会、经济统计指标

MAJOR SOCIO – ECONOMIC INDICATORS OF GUXIAN

年份	年末总人口（万人）	#非农业人口	社会从业人员（万人）	职工人数（万人）	职工平均工资（元）	国内生产总值（万元）	国内生产总值指数（上年＝100）	全社会固定资产投资（万元）	地方财政收入（万元）	地方财政支出（万元）	农林牧渔业总产值（万元）
1949	4.74	0.04	1.63	0.03	180			14			380
1952	5.04	0.06	1.72	0.08	196	564		31			449
1957	5.11	0.12	1.92	0.10	445	537	96.9	122			485
1965	6.05	0.16	2.26	0.10	509	711	117.3	59			543
1970	6.54	0.22	2.22	0.14	465	667	99.7	97			557
1975	7.11	0.36	2.40	0.31	465	1 223	112.0	282	43	212	914
1978	7.22	0.45	2.49	0.39	499	1 301	104.5	282	52	348	831
1980	7.32	0.52	2.47	0.41	638	1 372	93.4	350	83	451	983
1985	7.42	0.63	2.72	0.52	951	3 366	105.8	471	178	805	2 277
1986	7.46	0.72	2.63	0.57	1 039	4 769	112.0	579	214	765	1 807
1987	7.51	0.77	2.62	0.56	1 068	5 158	105.4	706	238	838	2 121
1988	7.58	0.81	2.84	0.77	1 133	4 625	93.7	872	257	934	2 768
1989	7.71	0.84	2.83	0.75	1 266	5 546	105.4	963	366	1 057	3 280
1990	7.90	0.90	2.84	0.73	1 463	6 166	106.8	1 099	442	1 087	4 292
1991	8.01	0.93	2.95	0.72	1 658	5 980	92.8	894	493	1 214	3 687
1992	8.14	0.95	2.98	0.74	1 802	7 984	122.3	1 346	565	1 402	4 356
1993	8.27	0.99	3.01	0.73	2 238	12 665	132.1	1 075	657	1 627	5 623
1994	8.27	1.02	3.09	0.82	2 698	17 088	115.2	1 519	489	2 302	8 569
1995	8.28	1.07	3.15	0.87	3 034	24 109	126.8	2 359	609	2 482	11 368
1996	8.33	1.16	3.09	0.78	3 439	30 045	119.6	3 363	1 025	2 883	13 712
1997	8.28	1.25	3.12	0.78	3 780	33 797	111.7	1 861	1 162	3 142	11 466
1998	8.35	1.33	3.24	0.75	4 209	39 051	117.2	1 653	1 292	3 608	12 166

年份	农林牧渔业总产值指数（上年＝100）	粮食产量（吨）	油料产量（吨）	猪牛羊肉产量（吨）	乡镇企业利税总额（万元）	农民人均纯收入（元）	工业总产值（万元）	工业总产值指数（上年＝100）	社会消费品零售总额（万元）	在校学生数（人）	医院床位数（张）
1949		13 990	112						22	2 893	
1952	104.5	17 430	137						30	4 409	
1957	81.9	14 455	108				11	123.8	88	5 763	
1965	113.5	21 590	118		15	43	36	91.8	150	8 576	23
1970	96.5	14 665	60		20	23	182	134.2	233	11 450	27
1975	116.3	24 170	90		26	44	424	112.6	562	14 900	80
1978	101.0	22 540	64	437	61	45	400	108.4	642	16 098	165
1980	108.5	25 280	117	474	30	57	433	106.3	788	17 327	190
1985	89.6	32 050	792	724	459	300	1 140	118.0	1 275	13 175	180
1986	75.0	23 521	254	567	522	278	1 649	121.6	1 889	12 611	180
1987	103.8	26 478	204	614	606	290	1 807	102.9	2 131	13 440	180
1988	114.1	31 243	265	680	710	337	2 431	124.5	2 980	12 865	180
1989	113.4	39 235	316	671	906	381	3 176	107.8	2 524	12 711	180
1990	116.2	44 015	426	1 056	880	453	3 491	104.2	2 745	12 435	180
1991	82.8	30 440	186	1 059	1 103	411	3 780	102.7	2 389	12 617	180
1992	109.2	31 849	296	1 112	1 456	495	4 017	104.8	2 463	12 552	155
1993	114.8	38 339	648	1 452	2 496	600	7 485	147.4	3 292	12 319	155
1994	109.6	38 918	679	1 953	3 023	770	9 923	111.2	4 375	12 048	161
1995	119.1	41 441	1 451	2 137	5 781	923	14 659	125.7	5 134	12 129	161
1996	115.0	50 010	2 424	2 351	5 615	1 206	16 421	128.2	6 074	12 463	161
1997	79.0	41 736	1 166	1 253	4 965	1 580	19 090	119.7	7 001	13 152	234
1998	112.9	53 168	2 737	1 527	9 575	1 768	22 657	118.9	7 533	13 962	214

安泽县主要社会、经济统计指标

MAJOR SOCIO – ECONOMIC INDICATORS OF ANZE

年份	年末总人口（万人）	#非农业人口	社会从业人员（万人）	职工人数（万人）	职工平均工资（元）	国内生产总值（万元）	国内生产总值指数（上年=100）	全社会固定资产投资（万元）	地方财政收入（万元）	地方财政支出（万元）	农林牧渔业总产值（万元）
1949	4.79	0.07	2.10	0.05	148	313		7			294
1952	5.04	0.14	2.26	0.08	170	397	106.6	10			381
1957	4.74	0.29	2.24	0.17	426	485	102.6	56	45	99	530
1965	5.68	0.23	2.18	0.22	486	694	107.2	73	87	142	634
1970	6.12	0.21	2.14	0.24	462	826	101.7	94	85	163	538
1975	6.67	0.39	2.24	0.32	462	1 478	106.3	134	43	202	1 392
1978	6.89	0.46	2.39	0.46	454	1 693	107.3	389	62	322	1 549
1980	7.01	0.51	2.47	0.50	571	2 073	104.8	224	172	500	2 058
1985	7.01	0.65	2.72	0.63	709	2 870	88.9	358	232	663	3 243
1986	7.00	0.68	2.70	0.67	840	2 913	96.0	364	235	822	2 622
1987	7.02	0.70	2.76	0.69	987	3 773	101.6	372	259	782	3 219
1988	7.07	0.72	2.82	0.70	1 099	4 395	104.0	370	278	870	3 883
1989	7.12	0.74	2.88	0.68	1 227	4 910	111.4	528	336	1 035	4 380
1990	7.31	0.75	2.97	0.70	1 371	6 189	111.9	779	392	1 057	5 942
1991	7.38	0.76	3.03	0.70	1 504	5 368	83.3	921	346	1 357	4 791
1992	7.50	0.77	3.07	0.70	1 763	7 264	130.6	1 711	405	1 497	6 624
1993	7.63	0.82	3.10	0.73	1 940	8 634	107.4	3 353	579	2 289	7 539
1994	7.63	0.84	3.06	0.69	3 154	11 612	116.8	3 373	638	2 502	9 784
1995	7.73	0.88	3.11	0.69	3 557	17 812	117.5	3 847	630	2 860	16 129
1996	7.77	0.91	3.08	0.65	3 707	21 982	121.8	5 626	853	3 892	19 283
1997	7.81	0.93	3.18	0.65	3 925	22 956	104.6	5 070	1 020	3 884	18 306
1998	7.88	0.98	3.29	0.65	4 446	26 337	114.3	4 804	1 074	4 060	20 885

年份	农林牧渔业总产值指数（上年=100）	粮食产量（吨）	油料产量（吨）	猪牛羊肉产量（吨）	乡镇企业利税总额（万元）	农民人均纯收入（元）	工业总产值（万元）	工业总产值指数（上年=100）	社会消费品零售总额（万元）	在校学生数（人）	医院床位数（张）
1949		19 505	223	86		38	6		62	1 542	
1952	102.3	20 805	227	82		41	17	115.2	85	2 506	5
1957	117.8	16 180	207	283		46	34	137.7	252	4 095	28
1965	78.9	25 810	235	456		55	64	94.6	356	6 570	65
1970	107.1	19 810	100	621		37	81	94.1	527	9 691	140
1975	98.6	29 445	122	329		61	255	111.9	541	12 525	150
1978	103.4	31 880	75	625	13	67	529	107.4	728	14 245	150
1980	98.9	47 695	120	619	38	118	576	101.9	996	14 179	180
1985	79.9	50 310	1 031	1 018	107	321	1 260	106.8	1 318	12 964	266
1986	76.1	40 655	563	998	160	266	1 250	107.8	1 549	12 601	266
1987	114.5	52 091	721	1 039	182	320	1 374	105.9	1 807	12 080	266
1988	102.4	53 774	647	1 218	272	367	1 393	107.6	2 182	12 660	266
1989	111.6	64 342	809	1 276	412	400	1 872	93.9	2 194	12 597	266
1990	113.3	70 382	665	1 804	447	494	1 701	90.2	2 363	11 888	266
1991	80.5	44 596	417	1 656	521	398	1 860	113.3	2 909	11 924	266
1992	131.6	62 271	608	1 752	361	516	2 119	108.4	3 412	10 724	266
1993	107.7	65 554	857	2 314	1 232	594	2 610	119.9	4 622	10 378	266
1994	102.4	55 053	1 404	2 748	2 647	696	2 907	111.4	5 708	10 037	266
1995	118.5	70 427	1 800	3 755	3 247	923	4 442	120.8	6 811	10 362	266
1996	123.1	76 690	2 033	4 898	4 140	1 254	5 103	149.2	8 093	11 426	266
1997	94.0	66 545	1 298	4 695	5 121	1 479	6 218	121.0	9 100	11 857	266
1998	114.2	85 162	2 263	5 200	3 845	1 639	6 582	110.7	10 051	11 818	266

浮山县主要社会、经济统计指标

MAJOR SOCIO – ECONOMIC INDICATORS OF FUSHAN

年份	年末总人口（万人）	#非农业人口	社会从业人员（万人）	职工人数（万人）	职工平均工资（元）	国内生产总值（万元）	国内生产总值指数（上年＝100）	全社会固定资产投资（万元）	地方财政收入（万元）	地方财政支出（万元）	农林牧渔业总产值（万元）
1949	6.75	0.08	2.88	0.07	259	661	102.1	5	3	25	454
1952	7.36	0.42	3.11	0.09	428	808	105.3	17	5	43	571
1957	7.68	0.38	3.03	0.27	500	979	100.1	26	42	94	808
1965	9.49	0.39	3.51	0.34	505	1 209	104.6	88	96	129	755
1970	10.35	0.41	4.15	0.34	456	1 581	112.1	370	76	173	1 233
1975	11.28	0.82	3.85	0.47	505	1 555	94.5	751	78	293	1 095
1978	11.57	0.93	3.84	0.59	541	1 639	89.2	900	100	350	1 203
1980	11.79	1.04	3.80	0.61	606	1 761	91.4	930	76	460	1 394
1985	11.89	1.20	4.19	0.68	818	4 919	103.6	580	157	874	4 320
1986	11.88	1.22	4.29	0.73	942	4 321	86.9	687	218	1 101	3 368
1987	11.94	1.25	4.20	0.76	996	4 146	93.0	492	264	1 084	3 074
1988	12.03	1.27	4.36	0.81	1 212	5 959	125.5	459	353	1 335	4 668
1989	12.18	1.30	4.41	0.83	1 227	6 705	108.4	360	421	1 414	5 205
1990	12.30	1.34	4.52	0.85	1 441	8 284	109.9	370	437	1 472	7 513
1991	12.43	1.35	4.59	0.89	1 598	7 085	82.5	752	393	1 478	6 059
1992	12.55	1.39	4.64	0.88	1 801	9 141	120.8	988	482	1 593	7 843
1993	12.72	1.43	4.61	0.94	2 028	15 732	149.1	1 941	430	2 033	8 940
1994	12.79	1.46	4.64	0.94	2 483	19 171	101.0	3 862	663	2 671	11 806
1995	12.90	1.51	4.68	0.92	2 806	22 543	109.5	3 305	1 026	2 961	14 734
1996	12.97	1.56	4.75	0.93	2 993	28 702	124.7	2 574	1 143	3 778	20 564
1997	13.02	1.58	4.71	0.90	3 381	30 170	111.0	4 532	1 366	3 240	16 861
1998	12.46	1.65	4.77	0.80	3 647	33 488	111.3	4 854	1 472	3 919	19 566

年份	农林牧渔业总产值指数（上年＝100）	粮食产量（吨）	油料产量（吨）	猪牛羊肉产量（吨）	乡镇企业利税总额（万元）	农民人均纯收入（元）	工业总产值（万元）	工业总产值指数（上年＝100）	社会消费品零售总额（万元）	在校学生数（人）	医院床位数（张）
1949	105.2	21 270	198	110	1	21	8		94	9 696	5
1952	109.1	21 260	297	200	3	26	20	130.3	131	10 259	10
1957	100.4	20 090	173	410	5	33	89	114.5	353	14 607	20
1965	110.1	33 080	145	450	19	41	172	169.9	481	20 634	45
1970	128.7	23 935	74	650	41	32	294	176.2	616	23 837	60
1975	93.5	31 075	101	780	59	34	796	130.4	943	28 068	70
1978	84.2	33 185	63	740	72	32	1 154	110.9	1 099	28 983	80
1980	84.5	28 325	136	750	109	30	774	83.3	1 208	26 759	90
1985	91.6	61 503	1 100	1 081	238	308	1 668	128.9	2 069	21 994	325
1986	73.4	42 433	432	906	259	245	2 016	122.4	2 187	21 632	335
1987	88.3	33 946	516	1 173	308	269	2 371	107.1	2 230	19 817	345
1988	133.7	54 855	662	1 151	344	298	3 348	121.3	2 743	20 624	345
1989	111.0	66 326	567	1 454	391	348	4 100	112.8	2 728	19 854	345
1990	114.5	73 966	422	1 864	465	450	4 389	96.7	2 773	18 460	345
1991	78.8	46 640	190	2 090	568	417	4 532	94.2	2 523	18 532	300
1992	117.7	59 660	398	2 219	706	493	5 096	106.0	2 904	18 667	300
1993	108.8	68 468	551	2 397	1 588	592	9 910	126.7	3 161	18 267	301
1994	95.1	57 743	417	2 761	2 769	700	11 401	113.4	4 163	17 951	362
1995	109.7	52 984	773	3 099	1 918	872	13 676	113.4	4 886	18 146	315
1996	130.1	82 822	1 206	3 392	1 608	1 213	10 191	113.4	5 807	18 812	317
1997	83.3	67 500	329	2 840	2 010	1 445	12 834	108.1	7 085	19 777	368
1998	119.3	85 468	1 119	3 151	1 508	1 631	6 482	99.4	7 689	20 439	368

吉县主要社会、经济统计指标

MAJOR SOCIO – ECONOMIC INDICATORS OF JIXIAN

年份	年末总人口（万人）	#非农业人口	社会从业人员（万人）	职工人数（万人）	职工平均工资（元）	国内生产总值（万元）	国内生产总值指数（上年=100）	全社会固定资产投资（万元）	地方财政收入（万元）	地方财政支出（万元）	农林牧渔业总产值（万元）
1949	3.93	0.14	1.54	0.03	279				15	2	345
1952	4.27	0.16	1.73	0.05	276	398			32	14	579
1957	4.81	0.36	2.47	0.17	431	567	108.8	110	40	62	894
1965	5.80	0.41	2.23	0.19	514	665	100.9	248	51	93	735
1970	6.64	0.45	2.41	0.23	431	867	97.7	261	53	123	858
1975	7.43	0.45	2.35	0.30	515	1 367	117.4	351	57	220	1 076
1978	7.66	0.51	2.53	0.42	509	1 800	125.5	494	61	321	1 142
1980	7.82	0.63	2.54	0.48	646	1 860	84.4	288	70	581	1 472
1985	8.26	0.77	3.03	0.57	806	3 566	97.8	242	61	658	3 005
1986	8.34	0.79	3.05	0.65	877	3 412	90.1	342	82	850	2 314
1987	8.50	0.86	3.07	0.65	1 016	3 642	98.5	396	86	926	2 275
1988	8.67	0.88	3.17	0.70	1 201	4 936	113.2	335	107	1 177	3 606
1989	8.84	0.92	3.25	0.65	1 396	4 935	88.8	375	182	1 254	3 504
1990	9.11	0.95	3.31	0.64	1 496	6 154	114.3	301	210	1 373	5 190
1991	9.30	0.97	3.43	0.66	1 595	6 622	94.1	340	306	1 460	5 359
1992	9.52	1.00	3.50	0.69	1 958	7 917	110.6	535	319	1 826	6 193
1993	9.72	1.06	3.54	0.72	2 095	8 929	109.1	782	448	2 125	7 230
1994	9.79	1.11	3.56	0.75	3 289	12 004	106.0	1 262	399	2 788	9 624
1995	9.87	1.15	3.60	0.73	3 613	15 172	105.4	1 709	479	3 164	12 570
1996	9.92	1.17	3.61	0.73	3 925	18 273	120.7	2 061	641	3 475	14 658
1997	9.97	1.19	3.51	0.74	3 811	21 552	117.9	2 567	639	3 833	14 477
1998	10.01	1.21	3.94	0.64	3 898	24 253	112.3	2 797	630	4 115	15 328

年份	农林牧渔业总产值指数（上年=100）	粮食产量（吨）	油料产量（吨）	猪牛羊肉产量（吨）	乡镇企业利税总额（万元）	农民人均纯收入（元）	工业总产值（万元）	工业总产值指数（上年=100）	社会消费品零售总额（万元）	在校学生数（人）	医院床位数（张）
1949		11 770	54				29		76	2 505	
1952	153.8	17 435	160				43	120.8	105	4 330	10
1957	124.7	14 275	207				21	91.2	169	7 153	22
1965	100.4	21 360	297			56	87	128.1	291	10 464	53
1970	96.7	15 795	184			38	176	181.9	448	12 178	68
1975	135.2	25 415	310			51	380	113.2	491	18 820	195
1978	118.5	26 625	259	618	8	52	466	98.5	648	18 793	265
1980	93.5	25 005	1 188	780	54	64	658	109.7	918	20 663	275
1985	92.6	40 325	1 632	1 004	109	277	644	86.5	1 278	23 791	310
1986	70.7	29 734	1 087	669	112	223	657	92.3	1 506	17 491	310
1987	93.2	26 030	739	823	137	201	867	122.8	1 756	15 533	310
1988	125.1	32 953	1 237	961	160	289	1 193	124.9	2 283	16 594	319
1989	95.7	34 025	1 028	786	179	310	1 447	125.2	2 808	15 811	319
1990	141.5	53 091	1 512	1 261	180	441	1 507	91.5	2 512	15 228	319
1991	96.5	43 387	982	1 546	207	445	1 352	88.8	2 443	15 100	372
1992	111.0	45 682	1 297	1 350	344	492	1 583	113.3	2 739	15 127	380
1993	112.1	54 491	1 397	1 318	624	585	1 806	122.8	3 360	15 224	403
1994	99.3	54 925	2 045	1 449	683	653	2 777	117.2	4 072	15 398	403
1995	102.2	55 024	1 807	1 565	981	851	3 730	112.7	4 897	15 132	408
1996	113.9	59 183	2 303	1 916	2 050	918	4 407	118.7	5 897	16 814	426
1997	99.6	44 826	1 214	2 485	4 000	928	3 899	104.2	7 226	18 478	426
1998	105.3	59 690	1 805	2 464	1 800	1 069	2 476	88.8	7 190	19 645	416

乡宁县主要社会、经济统计指标

MAJOR SOCIO – ECONOMIC INDICATORS OF XIANGNING

年份	年末总人口(万人)	#非农业人口	社会从业人员(万人)	职工人数(万人)	职工平均工资(元)	国内生产总值(万元)	国内生产总值指数(上年=100)	全社会固定资产投资(万元)	地方财政收入(万元)	地方财政支出(万元)	农林牧渔业总产值(万元)
1949	7.38	0.49	3.28	0.05	235						639
1952	7.96	0.66	3.53	0.10	321	952			44	32	972
1957	8.95	0.85	4.30	0.25	459	1 249	79.8	8	70	86	1 013
1965	10.56	0.71	4.01	0.34	572	1 229	114.5	19	167	133	939
1970	12.05	0.70	4.35	0.41	541	1 659	92.6	88	176	148	864
1975	13.59	0.77	4.83	0.49	583	2 026	104.1	229	233	268	1 364
1978	14.21	0.87	5.03	0.67	610	3 242	110.1	295	147	362	2 066
1980	14.53	0.96	5.18	0.81	680	3 773	88.3	496	217	441	2 813
1985	15.82	1.11	5.64	0.93	967	10 405	98.5	720	608	1 068	4 425
1986	16.33	1.34	5.96	1.02	1 124	8 219	74.2	1 330	617	1 135	3 660
1987	16.71	1.42	6.28	1.03	1 175	8 495	101.7	1 109	681	999	3 428
1988	16.99	1.46	6.35	1.07	1 328	10 361	112.7	1 410	767	1 376	4 591
1989	17.33	1.51	6.55	1.14	1 578	14 010	128.4	2 774	991	1 532	6 105
1990	18.02	1.65	6.74	1.11	1 735	16 436	113.3	2 564	1 201	1 675	8 486
1991	18.45	1.69	6.80	1.12	1 847	16 966	104.8	2 071	1 121	1 669	8 810
1992	18.35	1.82	6.94	1.17	2 138	20 988	122.1	3 520	1 418	2 400	10 666
1993	19.21	1.85	7.12	1.28	2 474	26 894	138.3	5 525	2 204	3 016	12 030
1994	19.46	1.95	7.28	1.38	3 389	42 196	131.1	9 418	1 433	3 642	17 831
1995	19.70	2.06	7.46	1.37	3 804	58 751	134.3	7 854	2 155	4 023	22 684
1996	19.91	2.20	7.47	1.28	4 134	71 559	121.0	8 270	3 504	5 366	26 075
1997	20.19	2.34	7.54	1.26	4 279	78 751	107.1	3 650	3 972	5 659	25 112
1998	20.37	2.44	7.67	1.20	4 411	88 655	109.9	5 223	4 390	6 066	25 601

年份	农林牧渔业总产值指数(上年=100)	粮食产量(吨)	油料产量(吨)	猪牛羊肉产量(吨)	乡镇企业利税总额(万元)	农民人均纯收入(元)	工业总产值(万元)	工业总产值指数(上年=100)	社会消费品零售总额(万元)	在校学生数(人)	医院床位数(张)
1949	108.9	19 935	173				241		105	2 737	
1952	111.6	22 235	5				300	83.0	166	6 588	9
1957	81.1	20 570	169				584	143.9	366	9 520	15
1965	118.4	32 970	223			44	780	153.6	538	17 694	135
1970	85.4	23 025	155			29	1 448	111.4	769	23 407	149
1975	100.9	41 900	252			46	2 112	113.2	1 102	30 676	210
1978	99.3	46 110	287	790	192	53	1 925	128.5	1 452	35 482	237
1980	118.3	53 150	949	906	320	65	2 040	103.8	1 910	33 777	261
1985	92.3	75 740	944	1 670	810	313	3 746	91.8	3 303	17 881	427
1986	79.6	60 605	860	1 394	788	288	3 895	103.1	3 782	24 847	396
1987	88.4	52 427	751	1 514	770	278	3 910	89.3	3 446	23 766	416
1988	114.7	62 336	1 036	1 541	840	315	6 065	148.5	4 838	25 555	426
1989	125.6	78 050	1 597	2 038	1 341	386	9 199	110.5	4 943	25 667	430
1990	112.1	89 294	1 669	2 553	1 075	474	9 725	94.9	4 269	24 936	436
1991	97.0	86 037	1 539	2 512	1 910	521	9 307	95.5	4 817	26 847	422
1992	111.5	87 625	1 999	3 053	2 330	643	22 175	134.7	5 335	29 238	417
1993	115.9	102 429	2 233	3 598	2 578	756	21 676	74.7	6 834	30 555	415
1994	108.9	94 421	2 372	5 288	11 764	948	34 203	113.3	7 869	32 359	400
1995	112.3	99 552	2 612	5 917	16 801	1 106	37 996	110.0	10 300	35 427	405
1996	104.5	117 098	3 054	7 146	24 044	1 527	49 949	126.7	12 408	38 221	480
1997	91.4	100 281	2 507	6 690	10 728	1 811	62 493	113.5	14 356	41 100	371
1998	107.0	109 245	3 344	6 480	11 688	1 981	51 896	117.3	16 088	41 898	355

蒲县主要社会、经济统计指标

MAJOR SOCIO – ECONOMIC INDICATORS OF PUXIAN

年份	年末总人口（万人）	#非农业人口	社会从业人员（万人）	职工人数（万人）	职工平均工资（元）	国内生产总值（万元）	国内生产总值指数（上年=100）	全社会固定资产投资（万元）	地方财政收入（万元）	地方财政支出（万元）	农林牧渔业总产值（万元）
1949	4.05	0.04	1.53	0.02	122						263
1952	4.02	0.05	1.68	0.04	364	253			24	23	439
1957	4.30	0.31	1.65	0.15	444	290	100.3	11	75	70	472
1965	5.70	0.53	1.97	0.27	516	455	111.5	31	55	102	530
1970	6.34	0.56	2.04	0.35	504	600	110.3	64	54	134	491
1975	7.17	0.62	2.24	0.61	609	1 187	104.5	412	37	211	860
1978	7.48	0.67	2.21	0.67	575	1 537	107.6	340	69	410	1 151
1980	7.73	0.82	2.33	0.71	624	1 547	103.7	362	70	343	868
1985	7.70	0.96	2.83	0.83	860	4 169	105.3	566	211	929	2 587
1986	7.66	1.01	3.17	0.89	999	4 233	93.6	430	173	828	2 038
1987	7.72	1.06	3.26	0.88	1 090	4 732	103.6	363	212	894	1 940
1988	7.77	1.09	3.35	0.93	1 192	5 660	106.7	546	257	970	2 776
1989	7.85	1.12	3.40	0.88	1 349	5 956	98.4	687	311	1 165	2 781
1990	8.48	1.15	3.49	0.84	1 595	7 987	129.2	1 133	303	1 258	4 158
1991	8.65	1.17	3.54	0.93	1 663	9 320	109.0	2 208	476	1 367	4 736
1992	8.81	1.21	3.64	0.96	1 785	11 618	106.5	2 203	547	1 457	5 837
1993	8.97	1.23	3.89	0.96	2 342	18 204	136.1	2 622	898	1 947	6 540
1994	9.19	1.27	4.06	1.04	2 914	25 644	120.5	2 388	614	2 517	12 494
1995	9.33	1.33	4.31	1.07	3 647	33 801	121.3	2 396	1 251	3 841	15 246
1996	9.49	1.40	4.75	1.18	3 874	42 773	122.7	2 580	1 999	4 534	18 042
1997	9.61	1.46	5.09	1.15	4 463	45 925	105.8	16 868	2 281	4 988	9 759
1998	9.73	1.51	5.15	1.15	4 578	52 706	113.1	6 065	2 679	6 201	12 138

年份	农林牧渔业总产值指数（上年=100）	粮食产量（吨）	油料产量（吨）	猪牛羊肉产量（吨）	乡镇企业利税总额（万元）	农民人均纯收入（元）	工业总产值（万元）	工业总产值指数（上年=100）	社会消费品零售总额（万元）	在校学生数（人）	医院床位数（张）
1949		11 090	32				12		37	1 370	
1952	129.8	13 320	254				22	120.5	67	4 895	5
1957	96.6	11 720	141			24	69	157.4	182	5 920	17
1965	115.3	18 705	220			44	201	119.5	320	9 632	100
1970	95.4	14 105	245			31	576	172.8	426	11 303	130
1975	104.8	21 565	230	350		43	655	108.2	531	16 513	160
1978	137.5	21 685	106	324	55	41	651	132.5	687	17 671	200
1980	86.4	18 795	273	373	80	36	758	122.9	850	17 046	271
1985	94.8	31 745	2 291	891	183	294	1 800	100.2	1 613	14 187	333
1986	72.1	21 660	1 771	722	310	277	2 239	105.1	1 827	14 340	333
1987	94.1	22 000	970	769	404	282	2 651	107.6	1 944	13 706	333
1988	130.2	30 463	2 156	856	543	310	3 155	113.8	2 134	14 859	336
1989	97.8	33 009	1 882	931	612	335	3 741	105.8	2 280	14 639	358
1990	116.2	37 900	1 968	1 303	689	438	4 953	104.3	2 436	13 663	358
1991	107.1	38 100	2 137	1 462	795	469	6 244	143.0	2 612	14 272	358
1992	120.9	40 925	1 307	2 015	1 020	588	8 082	124.8	2 948	14 704	358
1993	107.0	41 407	1 505	2 435	2 030	663	14 385	144.3	3 062	15 521	365
1994	125.8	43 930	1 911	4 119	9 058	790	19 010	126.1	3 960	15 565	365
1995	112.7	42 005	2 041	5 770	11 370	964	26 372	125.2	4 867	16 562	380
1996	123.4	46 668	2 133	8 061	13 821	1 427	30 978	155.1	6 114	17 448	380
1997	53.3	35 352	1 707	3 020	17 779	1 608	36 284	113.2	7 695	18 491	306
1998	121.9	52 627	1 558	2 554	11 109	1 807	14 353	113.5	8 745	19 180	306

大宁县主要社会、经济统计指标

MAJOR SOCIO – ECONOMIC INDICATORS OF DANING

年份	年末总人口（万人）	#非农业人口	社会从业人员（万人）	职工人数（万人）	职工平均工资（元）	国内生产总值（万元）	国内生产总值指数（上年=100）	全社会固定资产投资（万元）	地方财政收入（万元）	地方财政支出（万元）	农林牧渔业总产值（万元）
1949	2.25	0.08	0.91	0.02	281			1	10	18	198
1952	2.38	0.08	0.97	0.05	404	305		2	20	22	305
1957	2.49	0.28	1.11	0.10	539	376	105.3	10	16	49	427
1965	3.75	0.33	1.49	0.19	517	695	120.2	16	33	100	546
1970	4.21	0.34	1.54	0.20	554	748	110.0	74	30	120	695
1975	4.61	0.40	1.53	0.29	548	995	114.9	66	31	224	784
1978	4.81	0.46	1.59	0.36	571	897	90.7	99	34	304	985
1980	4.87	0.57	1.56	0.43	578	1 196	105.4	160	40	361	1 071
1985	4.88	0.63	1.80	0.55	1 014	2 523	125.1	84	64	668	2 233
1986	4.88	0.67	1.82	0.61	998	2 299	90.7	108	80	869	1 834
1987	4.97	0.69	1.82	0.61	1 100	1 918	82.5	137	101	735	1 417
1988	5.05	0.70	1.89	0.65	1 212	2 803	122.6	192	123	942	2 497
1989	5.12	0.71	1.95	0.62	1 174	2 733	95.3	164	150	954	2 143
1990	5.57	0.74	2.02	0.58	1 503	4 737	146.6	199	186	1 077	3 765
1991	5.70	0.76	2.08	0.60	1 546	4 653	87.5	256	221	1 113	3 477
1992	5.84	0.79	2.19	0.63	1 711	6 269	122.1	972	234	1 433	4 565
1993	5.98	0.86	2.25	0.66	2 050	7 225	107.6	511	241	1 715	5 528
1994	6.05	0.90	2.33	0.67	3 082	8 677	105.3	1 451	252	1 999	6 592
1995	6.15	0.96	2.35	0.68	3 247	10 378	103.4	939	337	2 204	8 404
1996	6.24	1.01	2.43	0.71	3 311	11 594	107.7	906	377	2 527	9 189
1997	6.31	1.04	2.43	0.71	3 220	11 533	100.6	264	438	2 587	8 297
1998	6.36	1.16	2.56	0.64	3 410	12 829	111.1	1 021	431	3 038	9 559

年份	农林牧渔业总产值指数（上年=100）	粮食产量（吨）	油料产量（吨）	猪牛羊肉产量（吨）	乡镇企业利税总额（万元）	农民人均纯收入（元）	工业总产值（万元）	工业总产值指数（上年=100）	社会消费品零售总额（万元）	在校学生数（人）	医院床位数（张）
1949		4 695	51	51			1		53	1 755	
1952	140.7	6 920	107	71			2	125.0	79	2 363	
1957	117.3	5 310	47	155			8	100.0	124	3 571	40
1965	179.9	10 205	75	249		42	73	118.9	198	5 453	60
1970	107.2	9 235	62	268		44	88	190.0	247	7 664	60
1975	119.8	21 005	129	371		60	258	120.8	367	2 720	70
1978	105.9	17 465	92	475	11	57	392	114.0	558	12 271	110
1980	104.9	16 820	443	537	14	67	366	88.2	663	14 492	120
1985	98.9	25 694	3 341	392	33	319	455	100.0	938	11 789	190
1986	74.9	22 093	1 983	370	38	199	601	127.1	956	11 335	190
1987	75.1	13 134	850	427	41	171	785	128.4	978	8 719	200
1988	152.9	27 631	2 339	553	47	324	818	91.2	1 171	10 212	205
1989	82.6	19 783	1 607	424	52	281	793	104.2	1 180	10 003	215
1990	144.3	36 280	2 419	557	58	469	1 130	114.1	1 144	9 250	230
1991	83.9	24 741	967	722	67	466	1 687	105.6	1 391	9 326	230
1992	124.7	30 398	1 049	775	98	558	2 142	123.7	1 347	9 041	230
1993	115.3	39 517	1 568	839	309	655	2 919	127.5	1 648	8 820	230
1994	103.7	39 782	1 939	933	375	753	3 600	100.5	2 146	9 286	230
1995	98.5	36 426	1 861	1 051	537	881	4 197	129.1	2 804	10 348	210
1996	104.4	34 788	2 449	1 138	627	925	5 997	121.4	3 415	10 435	230
1997	91.6	31 108	1 509	1 235	211	1 068	6 533	109.3	3 850	11 331	210
1998	116.1	38 773	2 006	1 361	288	1 185	3 589	107.9	4 022	12 274	210

永和县主要社会、经济统计指标

MAJOR SOCIO – ECONOMIC INDICATORS OF YONGHE

年份	年末总人口（万人）	#非农业人口	社会从业人员（万人）	职工人数（万人）	职工平均工资（元）	国内生产总值（万元）	国内生产总值指数（上年＝100）	全社会固定资产投资（万元）	地方财政收入（万元）	地方财政支出（万元）	农林牧渔业总产值（万元）
1949	2.34	0.12	1.32	0.01	197	118					280
1952	2.51	0.13	1.09	0.06	406	105	96.6		5	10	490
1957	2.55	0.20	1.24	0.09	421	187	75.1	15	11	55	554
1965	3.46	0.25	1.32	0.15	526	314	100.7	19	23	92	582
1970	3.87	0.26	1.34	0.15	457	386	82.0	26	26	112	664
1975	4.44	0.29	1.36	0.21	513	686	117.3	37	14	187	725
1978	4.67	0.33	1.39	0.24	581	818	100.3	15	22	259	1 032
1980	4.78	0.41	1.43	0.29	563	992	112.0	101	33	310	963
1985	4.85	0.48	1.33	0.32	814	1 889	103.4	234	48	712	2 151
1986	4.85	0.50	1.43	0.35	974	1 945	102.1	357	52	782	1 917
1987	4.89	0.52	1.44	0.35	1 147	1 746	88.1	131	62	675	1 693
1988	5.02	0.52	1.45	0.36	1 298	2 592	134.5	135	82	967	2 600
1989	5.06	0.53	1.56	0.38	1 407	2 214	85.2	189	101	932	1 964
1990	5.54	0.55	1.76	0.39	1 518	2 806	124.3	201	115	1 027	3 082
1991	5.63	0.56	1.97	0.41	1 539	2 524	82.3	156	149	1 049	2 650
1992	5.72	0.56	2.02	0.41	1 797	3 412	117.5	242	147	1 197	3 245
1993	5.81	0.62	1.98	0.40	2 092	4 800	108.4	315	141	1 410	4 337
1994	5.81	0.62	1.99	0.40	2 880	6 372	119.1	671	111	1 731	6 556
1995	5.88	0.63	2.01	0.42	3 423	7 995	113.4	568	196	1 823	8 000
1996	6.00	0.76	2.02	0.42	3 424	10 062	118.6	1 330	312	2 059	10 088
1997	6.07	0.79	2.18	0.43	3 816	10 335	102.3	1 611	357	2 573	7 775
1998	6.15	0.82	2.25	0.38	4 484	13 198	125.6	2 086	328	3 264	10 509

年份	农林牧渔业总产值指数（上年＝100）	粮食产量（吨）	油料产量（吨）	猪牛羊肉产量（吨）	乡镇企业利税总额（万元）	农民人均纯收入（元）	工业总产值（万元）	工业总产值指数（上年＝100）	社会消费品零售总额（万元）	在校学生数（人）	医院床位数（张）
1949		4 930	93	103		29	1		13	775	
1952	91.4	7 875	291	261		25	5	220.0	26	2 408	9
1957	81.9	5 750	67	297		23	6	100.0	111	2 937	24
1965	107.1	8 180	93	434		37	50	131.7	172	5 917	30
1970	100.9	8 720	105	483		37	56	163.6	211	6 933	30
1975	111.4	17 450	118	482		60	164	113.0	328	9 068	36
1978	105.1	16 445	95	510	17	48	208	169.3	441	10 855	71
1980	96.7	16 955	785	542	20	52	213	97.2	555	10 130	140
1985	86.5	17 505	5 982	450	42	241	210	122.4	709	8 967	198
1986	88.4	17 662	4 312	409	46	199	277	140.0	786	9 633	210
1987	80.6	12 205	2 656	583	59	199	551	179.8	944	8 641	209
1988	131.2	20 517	4 423	521	90	326	594	87.6	1 082	9 789	199
1989	69.0	10 076	2 400	682	98	247	973	116.4	1 166	10 000	199
1990	147.5	20 497	4 127	837	82	325	1 073	107.2	1 103	9 552	199
1991	79.7	17 109	1 918	915	90	290	820	73.5	1 307	10 002	210
1992	105.5	17 157	1 373	1 040	92	388	785	120.0	1 236	10 116	220
1993	120.6	21 015	1 990	1 149	138	461	706	81.3	1 666	10 317	220
1994	128.1	24 492	4 018	1 275	285	612	1 016	111.6	2 164	11 104	220
1995	109.2	24 180	3 925	1 517	347	819	1 630	139.9	2 659	11 242	220
1996	115.9	28 946	4 755	1 990	412	1 052	1 679	126.9	3 232	11 653	220
1997	75.0	19 794	1 847	1 808	580	928	1 834	116.0	3 566	12 010	220
1998	139.4	27 342	6 004	1 881	386	1 107	792	161.6	3 909	12 871	220

隰县主要社会、经济统计指标

MAJOR SOCIO – ECONOMIC INDICATORS OF XIXIAN

年份	年末总人口（万人）	#非农业人口	社会从业人员（万人）	职工人数（万人）	职工平均工资（元）	国内生产总值（万元）	国内生产总值指数（上年=100）	全社会固定资产投资（万元）	地方财政收入（万元）	地方财政支出（万元）	农林牧渔业总产值（万元）
1949	3.70	0.44	1.47	0.05	410	136			19	23	237
1952	3.82	0.51	1.33	0.07	426	192	118.2	2	39	38	376
1957	4.23	0.58	1.56	0.22	465	320	104.2	26	79	95	662
1965	5.53	0.57	1.97	0.33	528	487	117.5	81	77	162	646
1970	6.38	0.61	2.00	0.36	497	793	141.1	385	85	204	779
1975	7.37	0.76	2.38	0.44	536	1 011	121.6	98	13	254	941
1978	7.73	0.87	2.32	0.54	531	1 757	142.8	218	111	327	810
1980	7.89	1.03	2.32	0.58	612	1 766	131.5	371	175	380	1 295
1985	8.05	1.14	2.49	0.64	800	3 017	84.8	421	170	874	2 560
1986	8.11	1.19	2.60	0.68	941	3 189	104.0	1 023	192	1 212	2 431
1987	8.20	1.22	2.69	0.72	1 059	3 381	105.1	343	260	1 085	1 964
1988	8.32	1.27	2.74	0.77	1 247	4 891	137.2	499	334	1 144	3 682
1989	8.40	1.29	2.79	0.76	1 380	6 014	114.3	1 262	466	1 235	3 871
1990	8.71	1.35	3.10	0.81	1 463	7 106	105.6	1 028	609	1 540	5 725
1991	8.86	1.38	3.37	0.87	1 621	7 359	98.8	1 175	705	1 634	5 951
1992	9.00	1.39	3.51	0.90	1 876	9 691	124.5	2 187	814	2 113	7 401
1993	9.14	1.45	3.58	0.87	2 082	11 328	109.5	2 124	553	2 535	8 146
1994	9.26	1.49	3.65	0.87	2 885	14 113	101.1	1 050	348	2 935	10 754
1995	9.36	1.51	3.71	0.87	3 310	16 884	100.2	2 777	510	2 961	13 171
1996	9.48	1.62	3.79	0.89	3 467	21 041	121.3	5 166	669	3 391	15 407
1997	9.67	1.73	3.75	0.88	3 586	22 978	110.7	7 776	726	3 564	14 037
1998	9.65	1.80	3.93	0.77	3 746	26 537	113.0	6 242	798	3 945	16 899

年份	农林牧渔业总产值指数（上年=100）	粮食产量（吨）	油料产量（吨）	猪牛羊肉产量（吨）	乡镇企业利税总额（万元）	农民人均纯收入（元）	工业总产值（万元）	工业总产值指数（上年=100）	社会消费品零售总额（万元）	在校学生数（人）	医院床位数（张）
1949		8 585	162	150		22	14		88	4 402	10
1952	131.0	11 510	237	244		31	34	158.7	100	6 605	10
1957	108.3	11 230	196	264		47	76	115.4	210	8 070	73
1965	123.8	18 805	249	542		48	146	109.8	338	13 313	255
1970	133.5	14 335	225	350		45	220	130.6	598	14 486	255
1975	120.0	25 640	365	282		51	572	130.1	603	16 883	230
1978	97.5	23 080	211	536	18	46	871	158.1	898	19 367	230
1980	111.5	22 440	2 407	552	39	57	749	107.0	1 068	20 598	260
1985	76.9	28 005	6 018	682	98	250	967	136.1	1 652	17 897	270
1986	95.5	29 115	4 985	794	72	245	1 000	111.5	2 389	16 902	270
1987	71.1	20 684	2 801	850	71	247	1 481	110.9	2 958	14 567	270
1988	155.1	41 877	4 556	914	68	349	2 300	126.6	4 503	16 130	280
1989	100.7	43 297	3 613	850	82	363	2 644	117.9	3 855	15 842	280
1990	129.1	54 826	4 435	1 092	99	502	2 481	87.9	4 136	15 009	280
1991	99.8	42 005	1 937	1 482	113	515	2 946	111.7	3 770	15 378	280
1992	119.6	51 030	2 526	1 742	243	603	3 262	113.5	4 669	16 293	280
1993	105.0	55 554	2 492	1 790	369	658	3 846	100.6	4 301	16 552	280
1994	101.7	55 816	2 510	1 992	660	729	4 875	109.4	5 682	16 991	280
1995	98.3	51 162	1 731	2 692	2 315	832	5 176	85.2	6 975	17 411	280
1996	110.8	56 570	1 853	3 363	2 064	1 090	5 017	105.3	8 324	17 999	280
1997	96.0	38 673	4 089	3 129	2 215	1 328	4 830	95.9	9 270	19 179	280
1998	112.5	61 639	4 120	3 360	562	1 416	4 218	118.7	10 485	19 639	280

汾西县主要社会、经济统计指标

MAJOR SOCIO – ECONOMIC INDICATORS OF FENXI

年份	年末总人口(万人)	#非农业人口	社会从业人员(万人)	职工人数(万人)	职工平均工资(元)	国内生产总值(万元)	国内生产总值指数(上年=100)	全社会固定资产投资(万元)	地方财政收入(万元)	地方财政支出(万元)	农林牧渔业总产值(万元)
1949	5.23	0.07	2.41	0.03	267				28		306
1952	5.40	0.15	2.69	0.07	299	379		6	32		426
1957	5.68	0.41	2.31	0.18	422	476	90.9	9	42	61	450
1965	7.09	0.39	2.67	0.27	521	481	106.8	26	63	108	685
1970	8.21	0.38	2.83	0.31	508	808	110.3	30	67	147	951
1975	9.27	0.45	3.04	0.46	547	1 137	103.6	30	116	281	1 191
1978	9.81	0.56	3.29	0.49	486	1 369	109.2	278	95	344	1 623
1980	10.13	0.63	3.29	0.54	618	1 739	93.1	410	98	405	1 094
1985	11.07	0.78	4.60	0.70	844	3 936	106.5	1 039	133	841	2 725
1986	11.32	0.90	4.98	0.77	941	3 952	93.5	1 073	156	993	2 526
1987	11.54	0.96	5.23	0.80	1 058	3 826	93.4	931	207	1 191	1 995
1988	11.73	1.02	5.48	0.82	1 221	5 789	133.9	895	260	1 134	3 091
1989	11.91	1.03	5.53	0.71	1 551	5 851	94.6	947	349	1 309	3 604
1990	12.18	1.07	5.65	0.80	1 552	6 682	102.1	1 382	433	1 442	4 911
1991	12.43	1.09	5.84	0.82	1 764	7 148	100.2	1 629	469	1 570	4 670
1992	12.71	1.12	5.91	0.83	1 860	8 931	119.6	1 829	451	1 930	5 593
1993	12.99	1.15	5.94	0.81	2 246	12 966	115.6	2 338	555	2 157	5 988
1994	13.08	1.21	6.04	0.81	2 579	17 362	106.5	1 542	363	2 799	8 558
1995	13.09	1.24	6.10	0.81	3 295	21 976	120.6	1 352	633	3 089	10 493
1996	13.27	1.34	6.13	0.85	3 388	27 679	127.0	1 218	995	3 838	12 280
1997	13.42	1.43	6.06	0.92	3 535	32 331	117.7	3 766	1 209	3 512	12 113
1998	13.61	1.47	6.21	0.83	3 452	34 039	105.4	4 114	1 240	3 671	11 859

年份	农林牧渔业总产值指数(上年=100)	粮食产量(吨)	油料产量(吨)	猪牛羊肉产量(吨)	乡镇企业利税总额(万元)	农民人均纯收入(元)	工业总产值(万元)	工业总产值指数(上年=100)	社会消费品零售总额(万元)	在校学生数(人)	医院床位数(张)
1949		14 320	303	58			37		37	7 227	20
1952	110.4	19 975	3	122			76	114.6	58	9 724	20
1957	87.2	15 970	166	589			91	79.8	229	8 907	25
1965	101.3	23 935	150	558		46	125	150.8	307	12 863	75
1970	100.4	19 755	107	579		38	333	240.5	416	16 449	80
1975	103.3	32 395	139	808		49	735	111.8	633	23 428	148
1978	107.5	30 815	115	362	79	44	655	104.3	745	27 788	212
1980	81.0	25 250	348	516	123	35	930	93.0	891	28 113	265
1985	84.4	35 755	702	1 205	320	268	1 233	95.5	1 419	25 414	270
1986	89.2	36 686	562	775	376	246	1 682	116.0	1 540	23 102	270
1987	71.8	21 188	452	795	455	193	2 255	128.5	1 608	23 018	270
1988	142.8	38 800	586	947	509	301	2 634	127.2	1 979	22 905	270
1989	119.1	46 362	522	1 179	653	307	3 389	141.7	2 157	22 922	270
1990	104.0	49 389	537	1 407	743	377	3 767	114.4	2 066	22 509	275
1991	90.9	40 331	442	1 569	978	369	3 563	101.6	2 167	23 806	283
1992	110.3	48 681	616	1 423	687	421	3 915	106.9	2 584	24 832	295
1993	101.8	50 297	550	1 437	1 029	512	6 012	134.1	4 011	24 478	300
1994	97.6	45 062	580	1 449	1 857	623	7 519	119.1	4 934	24 472	300
1995	112.7	46 683	860	1 752	4 159	873	7 446	109.2	6 059	24 710	300
1996	112.2	54 452	860	1 871	5 008	1 133	13 407	156.8	7 976	26 902	310
1997	115.5	50 068	863	2 030	1 234	1 198	16 063	114.5	9 203	28 744	287
1998	103.8	50 883	980	2 264	3 226	1 325	11 927	86.0	9 655	29 769	225

运城市主要社会、经济统计指标

MAJOR SOCIO – ECONOMIC INDICATORS OF YUNCHENG

年份	年末总人口（万人）	#非农业人口	社会从业人员（万人）	职工人数（万人）	职工平均工资（元）	国内生产总值（万元）	国内生产总值指数（上年=100）	全社会固定资产投资（万元）	地方财政收入（万元）	地方财政支出（万元）	农林牧渔业总产值（万元）
1949	18.92	2.85	7.96	0.26		2 005			262	8	2 200
1952	20.81	4.01	8.54	0.50	447	3 242	106.9	57	358	45	2 806
1957	23.57	4.23	10.21	1.39	472	4 977	97.5	250	797	386	3 636
1965	28.73	3.86	12.27	2.14	520	6 003	105.7	536	1 544	335	5 724
1970	32.89	3.64	13.86	2.69	559	7 646	97.1	156	1 654	375	4 248
1975	37.78	5.73	15.85	3.92	600	12 215	107.2	860	1 889	606	6 215
1978	39.36	6.13	16.54	4.71	623	16 365	90.2	4 307	2 440	662	7 571
1980	40.79	6.96	18.15	5.99	709	16 207	82.5	4 189	2 276	1 079	6 580
1985	43.49	8.70	22.66	6.94	985	30 937	96.6	4 655	3 608	2 045	11 903
1986	44.15	9.02	23.53	7.59	1 106	36 186	108.3	6 675	3 997	2 362	13 417
1987	45.13	9.39	23.93	7.59	955	42 722	115.7	6 531	4 717	2 534	12 548
1988	46.25	9.88	74.90	7.99	1 313	55 767	113.2	13 741	5 442	3 582	16 334
1989	47.46	10.44	25.36	7.93	1 449	69 247	103.2	7 124	6 341	4 423	20 522
1990	49.22	10.84	26.22	8.19	1 694	81 259	93.7	24 116	7 025	4 919	26 151
1991	49.87	11.18	26.66	8.39	1 874	91 790	106.8	26 715	7 730	6 478	25 992
1992	45.13	11.37	26.84	8.38	2 115	108 926	108.8	44 818	8 357	6 134	26 320
1993	51.50	12.06	27.42	8.30	2 730	124 668	105.7	19 260	9 432	6 093	35 691
1994	52.49	13.51	27.39	8.12	3 518	146 600	98.3	24 515	6 517	7 477	47 053
1995	53.28	14.25	27.56	8.18	4 466	187 344	108.6	31 819	8 323	9 520	57 429
1996	54.16	15.17	31.92	8.42	4 904	230 114	122.2	64 864	11 831	12 570	57 245
1997	55.77	16.19	28.44	7.80	5 296	263 158	111.8	53 858	11 156	11 757	51 609
1998	56.94	17.26	28.28	7.08	4 701	285 609	110.2	84 564	13 555	13 231	53 991

年份	农林牧渔业总产值指数（上年=100）	粮食产量（吨）	油料产量（吨）	猪牛羊肉产量（吨）	乡镇企业利税总额（万元）	农民人均纯收入（元）	工业总产值（万元）	工业总产值指数（上年=100）	社会消费品零售总额（万元）	在校学生数（人）	医院床位数（张）
1949		41 800	1 730				290		673	4 982	14
1952	100.3	32 925	1 785				840	283.0	1 658	6 896	25
1957	103.4	54 885	540			78	3 394	96.6	1 865	15 615	50
1965	112.6	94 810	490			83	5 999	145.0	3 024	50 313	200
1970	81.7	64 945	205			57	6 056	133.0	3 149	56 040	271
1975	114.3	124 860	310			77	13 433	127.7	5 312	74 793	610
1978	106.1	108 373	145	3 645	426	116	19 233	108.8	7 185	69 749	1 376
1980	89.1	89 965	494	4 545	886	114	17 127	82.2	8 104	85 543	1 602
1985	86.4	148 699	2 585	2 736	1 078	337	30 790	120.8	22 105	70 513	1 877
1986	107.3	161 354	4 358	3 534	1 672	347	34 796	112.6	24 341	71 110	1 814
1987	90.4	137 330	3 668	3 414	2 330	348	44 988	128.1	29 020	69 862	2 201
1988	108.2	127 620	3 734	3 222	2 701	368	58 610	121.6	41 384	68 123	2 071
1989	110.1	155 688	5 144	3 688	2 741	402	69 425	103.0	39 006	66 374	2 049
1990	102.8	160 894	5 432	4 833	2 994	478	80 722	101.1	42 087	68 425	2 026
1991	96.7	150 456	2 553	4 881	3 344	467	80 473	101.0	44 890	68 871	2 044
1992	101.6	160 186	2 924	5 286	4 803	483	94 782	109.8	49 496	69 651	2 213
1993	123.9	212 570	4 120	5 809	11 286	603	104 061	113.0	55 379	70 786	2 361
1994	91.3	177 486	2 391	5 882	16 428	750	149 790	116.6	70 030	73 762	2 418
1995	110.0	193 447	1 962	8 351	27 915	1 080	198 807	117.6	105 000	77 110	2 103
1996	104.7	194 881	4 129	9 740	37 263	1 783	230 420	113.5	105 247	81 076	2 295
1997	90.4	213 892	2 141	5 503	19 111	2 134	253 608	116.9	157 982	56 747	2 290
1998	107.7	227 989	6 658	4 871	19 392	2 358	248 733	111.8	184 739	87 396	2 295

永济市主要社会、经济统计指标

MAJOR SOCIO – ECONOMIC INDICATORS OF YONGJI

年份	年末总人口（万人）	#非农业人口	社会从业人员（万人）	职工人数（万人）	职工平均工资（元）	国内生产总值（万元）	国内生产总值指数（上年=100）	全社会固定资产投资（万元）	地方财政收入（万元）	地方财政支出（万元）	农林牧渔业总产值（万元）
1949	15.41	0.78	6.39	0.10	436	1 383	100.0		4	19	1 331
1952	16.01	0.80	6.68	0.14	429	1 810	100.5		10	45	1 737
1957	18.06	0.81	7.40	0.26	440	2 657	95.6	16	94	112	2 423
1965	22.77	1.07	9.89	0.56	499	4 754	134.0	557	418	235	5 481
1970	26.73	1.89	10.51	1.19	445	4 778	85.4	2 855	473	224	3 478
1975	30.50	3.04	12.09	1.97	528	10 092	120.1	3 752	820	499	7 180
1978	31.68	3.35	12.29	2.41	554	14 122	108.9	2 510	954	578	8 174
1980	32.48	3.76	13.34	2.70	646	15 104	100.0	1 141	948	686	7 220
1985	34.24	4.47	15.86	3.03	1 002	20 481	105.3	8 002	1 667	1 360	13 144
1986	34.71	4.61	16.31	3.12	1 212	22 760	109.4	6 054	1 741	2 085	14 383
1987	35.45	4.79	16.95	3.27	1 338	24 620	107.2	11 894	1 983	1 929	13 942
1988	36.00	4.93	17.36	3.40	1 555	32 006	116.1	11 829	2 194	3 349	17 216
1989	36.53	5.07	17.83	3.39	2 031	42 161	112.2	11 025	2 573	2 944	21 315
1990	37.47	5.16	18.67	3.42	1 944	49 237	123.1	12 757	2 827	3 618	28 391
1991	38.01	5.31	19.03	3.69	2 023	54 087	108.3	14 594	3 136	4 613	30 033
1992	38.72	5.60	19.38	3.74	2 308	62 552	113.4	9 018	2 876	4 080	27 451
1993	39.17	6.39	19.75	3.91	2 737	75 846	111.5	5 991	3 956	4 859	37 994
1994	39.96	6.40	19.77	3.89	3 705	97 033	107.7	16 824	3 027	5 835	51 927
1995	40.52	6.72	20.48	4.03	4 658	112 685	109.2	22 168	4 157	7 038	69 436
1996	41.21	7.18	20.70	3.98	5 129	151 600	114.5	11 689	5 405	7 844	76 690
1997	41.72	7.42	21.55	4.41	5 304	172 589	111.1	12 459	6 236	8 751	71 780
1998	42.19	7.67	21.60	4.09	5 070	181 966	108.2	19 018	9 500	12 015	77 031

年份	农林牧渔业总产值指数（上年=100）	粮食产量（吨）	油料产量（吨）	猪牛羊肉产量（吨）	乡镇企业利税总额（万元）	农民人均纯收入（元）	工业总产值（万元）	工业总产值指数（上年=100）	社会消费品零售总额（万元）	在校学生数（人）	医院床位数（张）
1949	100.0	39 120	800	41		3			491	1 320	15
1952	97.7	27 775	1 200	94		4			1 067	20 236	26
1957	95.5	51 260	195	557		11	279	66.7	1 419	25 257	84
1965	175.3	86 655	170	1 965		50	935	269.4	1 404	38 557	223
1970	81.8	67 415	145	2 159		66	1 345	149.4	1 997	58 205	284
1975	116.6	116 280	155	2 547		89	6 236	154.7	2 865	61 529	460
1978	101.4	104 330	40	2 714	329	100	12 508	126.5	3 687	71 564	706
1980	102.4	96 140	305	3 537	466	121	11 181	90.1	4 308	69 826	733
1985	99.7	140 746	4 692	1 380	874	361	18 942	115.2	7 263	64 306	816
1986	102.9	145 121	3 964	2 308	1 085	363	20 503	117.1	8 739	65 056	861
1987	101.7	145 912	3 933	1 923	1 516	370	24 898	108.8	9 568	60 795	935
1988	106.6	147 467	4 363	1 738	2 026	387	31 636	120.0	11 961	58 384	935
1989	105.0	154 019	4 413	2 525	2 435	421	43 674	120.0	11 312	57 039	970
1990	106.2	157 576	4 720	3 976	2 738	501	50 508	108.1	12 681	56 584	1 465
1991	103.9	157 867	5 197	4 656	4 032	514	56 174	102.5	18 745	56 906	1 470
1992	94.4	165 870	3 402	3 849	5 766	574	73 080	121.7	23 190	56 721	1 489
1993	124.1	201 670	6 296	5 436	11 276	682	91 680	109.3	24 490	58 218	1 489
1994	95.2	186 139	4 405	5 129	13 633	887	131 207	119.7	31 546	59 564	1 489
1995	118.5	196 602	5 145	6 399	19 111	1 216	147 751	112.3	40 425	62 105	1 490
1996	109.0	200 240	4 112	6 515	27 899	1 840	157 857	106.4	49 533	63 335	1 580
1997	101.2	194 447	3 891	4 302	9 868	2 122	168 465	110.7	52 652	64 129	1 580
1998	109.8	226 179	8 830	4 592	13 340	2 308	174 277	103.4	52 402	65 613	1 598

河津市主要社会、经济统计指标

MAJOR SOCIO – ECONOMIC INDICATORS OF HEJIN

年份	年末总人口（万人）	#非农业人口	社会从业人员（万人）	职工人数（万人）	职工平均工资（元）	国内生产总值（万元）	国内生产总值指数（上年=100）	全社会固定资产投资（万元）	地方财政收入（万元）	地方财政支出（万元）	农林牧渔业总产值（万元）
1949	11.40	0.40	4.72		75				73	20	1 815
1952	12.32	0.64	4.87	0.15	134	3 076		2	138	33	2 696
1957	13.56	0.59	5.68	0.36	447	4 862	116.3	10	163	101	3 517
1965	15.89	0.47	6.35	0.36	501	4 265	117.9	81	226	154	3 782
1970	18.32	0.45	6.87	0.44	457	5 388	121.8	223	227	187	3 476
1975	20.65	0.74	7.66	0.72	484	7 533	115.6	401	257	345	5 158
1978	21.55	0.89	7.93	0.81	708	10 610	112.9	1 498	345	403	4 477
1980	22.25	1.04	8.51	1.22	609	11 335	102.9	3 401	346	529	4 487
1985	25.58	2.96	12.54	3.58	1 048	18 170	106.8	22 966	1 081	1 369	5 999
1986	26.21	3.38	12.61	3.82	924	18 905	103.3	26 544	803	1 266	6 048
1987	27.24	4.07	12.98	3.90	1 326	23 010	119.8	30 257	934	1 431	6 755
1988	27.75	4.17	12.51	3.25	1 590	27 926	120.1	31 106	1 255	1 965	7 015
1989	28.35	4.37	12.88	3.37	1 754	36 894	129.5	42 373	2 141	2 349	9 076
1990	29.43	4.58	13.70	3.95	1 533	45 897	124.4	43 061	2 459	2 912	12 209
1991	30.19	4.86	14.82	4.23	2 056	48 171	105.0	58 035	3 148	3 398	13 515
1992	30.68	5.11	15.38	4.45	1 784	51 909	115.1	63 172	3 099	3 718	13 664
1993	31.67	5.84	15.44	4.27	2 510	66 905	105.7	58 989	4 231	4 364	15 640
1994	32.82	6.63	15.51	4.37	3 742	70 548	111.1	99 892	4 233	6 030	19 325
1995	33.76	6.89	15.76	4.35	4 661	140 510	127.6	26 308	5 716	6 964	21 793
1996	34.70	7.09	15.79	4.41	4 785	158 708	115.5	15 289	7 206	8 392	22 314
1997	35.24	7.20	17.03	4.48	6 307	166 877	115.1	23 567	8 095	9 302	20 210
1998	35.75	7.49	16.52	4.52	7 050	185 020	111.3	139 287	9 063	10 035	22 250

年份	农林牧渔业总产值指数（上年=100）	粮食产量（吨）	油料产量（吨）	猪牛羊肉产量（吨）	乡镇企业利税总额（万元）	农民人均纯收入（元）	工业总产值（万元）	工业总产值指数（上年=100）	社会消费品零售总额（万元）	在校学生数（人）	医院床位数（张）
1949		19 060	610				24	101.3	295	4 646	
1952	129.0	21 620	660				289	110.7	530	19 095	5
1957	114.2	30 110	305			76	580	116.5	873	21 923	33
1965	117.8	43 530	250			73	879	123.2	1 325	35 070	80
1970	97.5	35 980	75			68	727	120.9	1 591	31 999	115
1975	124.4	64 840	67			64	1 338	138.4	2 428	41 921	283
1978	115.9	76 335	124	1 042	443	75	2 192	115.7	3 098	47 797	288
1980	100.4	71 465	386	1 124	765	97	2 114	100.0	3 526	51 730	308
1985	83.7	76 535	8 113	1 379	3 089	356	3 304	110.9	7 184	43 691	326
1986	105.6	80 706	7 820	1 407	2 157	365	3 788	113.8	7 796	44 560	317
1987	104.4	82 087	8 880	1 532	2 863	371	4 682	123.6	8 059	44 623	352
1988	86.6	72 050	6 948	1 747	3 791	378	19 209	185.5	10 071	45 012	352
1989	113.2	89 130	7 814	1 909	4 943	424	34 831	122.1	10 400	40 408	798
1990	117.7	90 378	6 673	2 047	5 022	443	49 189	141.2	13 392	41 407	745
1991	116.8	89 624	4 846	2 631	7 778	518	48 291	98.2	17 616	47 128	785
1992	101.1	93 437	4 260	2 489	11 133	640	50 056	112.9	18 711	44 805	789
1993	114.5	100 310	5 150	4 225	16 942	759	90 128	157.5	19 600	46 114	800
1994	89.4	85 049	4 860	2 772	23 081	903	191 409	118.2	17 728	51 709	800
1995	112.8	89 475	3 893	2 603	32 424	1 199	205 898	143.4	22 722	49 970	850
1996	107.0	87 650	2 969	3 858	39 918	1 650	185 491	115.6	27 181	55 953	600
1997	87.8	92 310	1 573	1 521	21 100	2 107	205 800	109.3	31 053	56 966	1 000
1998	107.0	104 441	1 768	1 292	24 998	2 327	340 906	113.2	32 595	62 946	1 000

芮城县主要社会、经济统计指标

MAJOR SOCIO－ECONOMIC INDICATORS OF RUICHENG

年份	年末总人口（万人）	#非农业人口	社会从业人员（万人）	职工人数（万人）	职工平均工资（元）	国内生产总值（万元）	国内生产总值指数（上年＝100）	全社会固定资产投资（万元）	地方财政收入（万元）	地方财政支出（万元）	农林牧渔业总产值（万元）
1949	15.10	0.68	6.75	0.09	233	2 881			117	32	3 517
1952	15.66	0.70	7.24	0.17	246	3 731		3	181	36	4 285
1957	17.80	0.88	8.64	0.35	471	4 560		14	228	106	5 271
1965	21.21	0.96	8.97	0.37	483	4 690	96.9	44	305	176	4 850
1970	24.48	0.71	9.51	0.48	454	4 391	119.5	181	279	209	3 979
1975	26.98	0.76	9.96	0.59	523	7 267	105.4	416	396	410	6 668
1978	28.62	0.82	10.62	1.07	523	8 201	112.8	674	540	727	6 357
1980	28.79	1.01	11.75	1.18	539	7 931	88.1	575	457	772	5 767
1985	30.39	1.56	13.85	1.37	824	13 498	99.1	1 692	890	1 411	10 664
1986	30.74	1.43	14.35	1.47	956	14 323	105.7	2 264	886	1 547	11 633
1987	31.22	1.61	14.92	1.56	1 001	15 507	106.4	3 069	1 032	1 725	12 632
1988	31.71	1.86	15.56	1.63	1 161	19 502	120.8	3 638	1 148	2 499	15 377
1989	32.49	1.85	15.98	1.67	1 205	22 128	117.6	3 322	1 367	2 686	18 527
1990	33.16	1.98	16.52	1.65	1 433	23 812	105.7	4 882	1 338	3 027	19 397
1991	33.63	2.04	16.72	1.82	1 608	27 228	113.1	7 008	1 650	3 870	21 535
1992	34.13	2.12	17.09	1.97	1 635	32 190	116.8	10 315	1 625	3 556	24 919
1993	34.71	2.36	18.40	2.06	1 928	42 354	120.9	13 214	2 407	4 112	37 340
1994	35.25	2.50	18.68	2.10	2 352	48 444	113.4	13 170	1 659	4 083	44 721
1995	35.73	2.63	18.94	2.06	2 862	61 293	115.7	13 747	2 838	5 673	53 591
1996	35.99	2.72	18.60	1.99	3 142	81 000	117.3	11 323	3 878	7 464	55 095
1997	36.38	2.83	19.00	2.04	3 743	88 301	108.0	19 412	4 085	8 377	48 489
1998	36.70	2.88	19.16	2.09	3 952	96 532	111.6	16 313	5 008	9 043	57 435

年份	农林牧渔业总产值指数（上年＝100）	粮食产量（吨）	油料产量（吨）	猪牛羊肉产量（吨）	乡镇企业利税总额（万元）	农民人均纯收入（元）	工业总产值（万元）	工业总产值指数（上年＝100）	社会消费品零售总额（万元）	在校学生数（人）	医院床位数（张）
1949		38 645	385	32			50		188	22 003	
1952	105.6	33 010	420	273			98	154.3	526	28 399	
1957	90.4	49 435	80	1 110		64	111	93.7	941	27 676	30
1965	120.2	76 170	170	1 924		71	603	128.6	1 507	33 073	193
1970	101.8	60 495	10	2 028		53	434	93.4	1 975	48 586	263
1975	119.5	107 385	65	1 721		62	1 439	124.7	3 129	58 437	447
1978	112.8	90 195	70	2 391	269	80	2 762	124.5	2 438	66 747	531
1980	83.1	72 740	525	3 375	274	81	2 826	94.4	3 261	68 361	561
1985	79.4	135 770	3 795	2 277	353	292	5 387	114.7	4 306	63 476	468
1986	103.1	159 438	3 159	2 437	567	298	6 304	118.6	4 691	61 290	493
1987	105.2	148 818	4 343	2 378	1 083	308	7 223	114.5	5 709	60 635	517
1988	105.6	154 286	2 955	3 414	1 740	343	9 798	120.2	7 401	60 051	582
1989	107.4	168 384	3 623	3 273	2 063	372	11 240	113.4	6 379	58 582	573
1990	97.8	144 371	1 991	4 050	2 485	378	12 655	113.7	6 683	57 217	563
1991	107.1	139 557	2 007	4 433	2 827	405	18 847	145.8	10 894	57 142	587
1992	115.1	126 795	2 537	4 601	3 025	453	22 820	121.4	10 137	55 525	579
1993	141.8	196 324	4 897	5 399	4 533	560	25 214	110.0	9 345	54 208	594
1994	83.2	148 145	4 711	5 489	7 412	726	32 559	121.8	12 123	53 422	707
1995	113.0	165 129	5 971	8 394	9 742	1 052	41 524	129.2	12 871	54 264	362
1996	105.5	139 204	2 537	8 636	14 450	1 556	51 576	131.8	16 971	52 962	662
1997	88.3	171 200	5 195	5 107	18 640	1 897	63 174	124.6	17 746	54 882	658
1998	137.8	186 392	4 709	5 543	7 963	2 265	56 854	118.5	18 430	55 643	674

临猗县主要社会、经济统计指标

MAJOR SOCIO - ECONOMIC INDICATORS OF LINYI

年份	年末总人口（万人）	#非农业人口	社会从业人员（万人）	职工人数（万人）	职工平均工资（元）	国内生产总值（万元）	国内生产总值指数（上年=100）	全社会固定资产投资（万元）	地方财政收入（万元）	地方财政支出（万元）	农林牧渔业总产值（万元）
1949	22.15	0.88	7.63						153	39	1 522
1952	23.61	1.03	9.39					8	138	60	2 078
1957	27.15	0.75	12.07	0.44	499	3 026	108.1	55	388	175	3 207
1965	33.16	0.82	14.55	0.60	539	7 295	136.5	90	619	230	5 852
1970	38.07	0.70	15.75	0.66	448	5 467	77.2	112	590	251	4 061
1975	41.31	1.01	17.59	1.25	476	10 684	112.1	291	716	558	10 723
1978	42.36	1.14	17.22	1.37	423	11 813	153.1	739	790	979	9 736
1980	42.76	1.35	18.03	1.53	619	13 155	111.5	786	559	1 022	9 376
1985	44.39	1.88	19.43	1.78	844	26 011	94.8	1 800	1 243	1 310	20 572
1986	44.66	2.03	17.68	1.81	1 012	27 834	107.0	2 354	1 271	1 783	22 787
1987	45.22	2.04	18.92	1.90	1 086	34 276	123.4	3 005	1 438	1 886	20 771
1988	45.57	2.14	19.80	1.94	1 299	34 929	101.5	3 267	1 675	3 703	23 845
1989	46.29	2.24	20.36	2.01	1 415	43 296	143.5	3 322	1 943	3 647	33 967
1990	48.02	2.37	20.64	2.03	1 541	47 089	109.0	4 834	1 941	3 799	42 895
1991	48.75	2.47	22.03	2.17	1 677	48 568	105.6	9 193	2 765	5 406	42 333
1992	49.57	2.54	22.56	2.27	2 009	57 553	115.9	9 682	2 978	4 667	47 188
1993	50.39	2.69	22.25	2.36	2 128	71 415	122.1	6 866	3 770	5 187	61 020
1994	51.32	3.04	22.84	2.66	2 744	116 070	137.1	14 113	5 035	5 971	98 357
1995	52.25	3.30	23.19	2.68	3 342	144 000	123.1	14 312	7 065	7 842	118 872
1996	53.16	3.52	23.24	2.65	3 730	189 089	126.0	22 060	9 346	9 020	136 559
1997	53.90	3.61	23.22	2.55	4 052	204 486	114.1	7 554	8 192	10 328	128 049
1998	54.27	3.72	23.16	2.29	4 583	226 000	111.0	10 772	8 148	10 395	158 640

年份	农林牧渔业总产值指数（上年=100）	粮食产量（吨）	油料产量（吨）	猪牛羊肉产量（吨）	乡镇企业利税总额（万元）	农民人均纯收入（元）	工业总产值（万元）	工业总产值指数（上年=100）	社会消费品零售总额（万元）	在校学生数（人）	医院床位数（张）
1949		64 445	1 050				3		98	22 101	25
1952	106.5	47 195	580				153		822	32 985	56
1957	106.7	78 430	540			77	561	91.3	951	36 031	35
1965	148.2	148 715	690			83	1 701	98.9	1 811	54 831	223
1970	98.7	106 745	180			54	1 038	130.8	1 969	57 730	149
1975	118.7	202 170	450			73	2 808	130.4	2 712	81 697	215
1978	124.7	161 395	90	4 202	570	88	7 324	118.3	3 545	88 551	651
1980	90.0	153 530	465	4 340	672	73	7 364	107.5	5 209	93 872	719
1985	90.4	237 305	6 425	1 610	1 204	285	9 837	108.3	7 933	74 808	674
1986	110.9	293 180	13 500	6 150	1 156	326	11 214	114.0	8 268	72 217	683
1987	91.0	257 960	10 165	6 440	1 472	327	14 765	129.3	8 483	69 524	707
1988	114.8	279 622	10 040	8 590	2 670	364	20 776	140.7	10 470	67 569	727
1989	106.9	307 848	12 284	2 524	2 979	388	25 363	122.1	15 422	67 012	701
1990	100.4	308 908	11 491	3 606	3 016	455	26 063	102.8	10 913	66 894	785
1991	94.3	288 406	6 303	4 571	3 527	471	29 550	113.4	12 130	68 040	769
1992	114.0	309 292	9 726	5 077	6 354	502	37 208	125.9	13 878	70 414	778
1993	120.5	364 233	13 404	6 264	9 873	628	47 518	127.7	17 352	70 352	773
1994	111.7	318 219	8 338	5 734	13 013	802	66 675	135.3	18 687	73 136	749
1995	113.8	350 042	4 971	6 072	16 362	1 205	85 681	128.5	20 067	77 214	810
1996	129.0	357 902	5 937	7 629	22 645	1 652	105 823	123.5	23 024	83 137	885
1997	114.1	345 000	3 100	2 745	10 457	2 168	121 582	115.5	24 559	85 910	676
1998	140.4	387 451	7 745	3 253	11 770	2 423	80 381	105.4	25 114	89 377	730

万荣县主要社会、经济统计指标

MAJOR SOCIO – ECONOMIC INDICATORS OF WANRONG

年份	年末总人口（万人）	#非农业人口	社会从业人员（万人）	职工人数（万人）	职工平均工资（元）	国内生产总值（万元）	国内生产总值指数（上年＝100）	全社会固定资产投资（万元）	地方财政收入（万元）	地方财政支出（万元）	农林牧渔业总产值（万元）
1949	10.40	1.11	7.74	0.12	407				175	18	2 302
1952	20.31	1.21	8.23	0.21	360	4 079		93	248	63	3 847
1957	21.84	0.94	9.17	0.33	497	5 924	102.3	97	307	171	4 442
1965	26.45	0.70	10.91	0.44	529	8 731	117.5	250	378	178	3 977
1970	29.76	0.45	11.51	0.45	504	7 266	81.8	236	374	233	3 034
1975	32.12	0.73	12.41	0.52	551	10 983	109.8	352	416	419	5 670
1978	32.91	0.84	12.85	0.70	490	8 346	91.2	1 474	423	708	5 983
1980	33.36	1.03	13.63	1.02	553	7 289	80.2	1 313	420	915	4 854
1985	34.85	1.31	14.74	1.02	935	17 771	113.5	1 364	584	1 161	10 944
1986	35.16	1.46	14.77	1.14	937	19 684	111.2	1 375	814	1 651	10 931
1987	35.34	1.46	15.34	1.19	954	19 553	91.8	1 588	788	1 038	9 344
1988	35.78	1.61	15.43	1.21	1 213	20 211	120.2	2 204	922	1 345	14 049
1989	36.22	1.72	15.71	1.19	1 247	21 807	105.9	2 195	1 121	1 437	16 251
1990	38.07	1.81	15.48	1.20	1 096	23 308	106.3	2 178	1 151	1 651	20 465
1991	38.63	1.88	15.09	1.27	1 325	26 350	107.2	3 003	1 316	1 859	17 377
1992	39.27	1.94	15.09	1.01	1 953	30 215	112.5	3 421	1 614	2 215	20 398
1993	39.79	2.18	16.20	1.34	1 557	38 736	119.5	5 676	2 085	2 660	29 936
1994	40.08	2.18	15.54	1.32	2 144	55 585	123.7	10 418	2 088	3 024	45 220
1995	40.44	2.22	15.75	1.40	2 334	70 952	120.5	9 924	3 290	4 072	56 105
1996	40.83	2.24	15.96	1.55	2 748	76 289	110.6	18 706	3 750	4 125	36 924
1997	41.26	2.42	15.14	1.41	3 174	83 988	103.6	11 240	4 565	5 836	36 496
1998	41.65	2.50	15.25	1.31	3 928	89 585	110.2	13 435	4 636	5 445	48 856

年份	农林牧渔业总产值指数（上年＝100）	粮食产量（吨）	油料产量（吨）	猪牛羊肉产量（吨）	乡镇企业利税总额（万元）	农民人均纯收入（元）	工业总产值（万元）	工业总产值指数（上年＝100）	社会消费品零售总额（万元）	在校学生数（人）	医院床位数（张）
1949	100.0	48 150	195				59		54	16 127	
1952	125.2	43 815	845				196	142.0	75	29 469	16
1957	104.2	51 320	350			71	537	90.0	96	29 060	54
1965	112.9	86 700	1 115	1 149	97	80	1 033	177.0	199	44 428	138
1970	75.4	65 345	240	650	121	48	610	99.0	220	51 237	185
1975	112.0	99 680	200	1 560	147	62	1 485	105.0	286	73 378	414
1978	98.5	92 980	280	3 345	684	62	2 585	101.0	3 689	62 083	396
1980	81.0	74 345	585	3 756	734	62	2 641	94.0	4 675	65 018	450
1985	87.0	116 532	9 689	2 065	1 712	279	4 901	126.0	8 103	62 628	491
1986	100.1	137 432	5 807	3 677	1 129	260	5 325	109.0	8 429	58 684	516
1987	81.4	83 281	6 835	3 824	1 553	226	5 555	104.0	8 761	56 945	512
1988	128.4	110 359	9 280	3 487	1 942	256	6 113	110.0	10 744	56 180	404
1989	102.7	135 604	9 080	3 507	1 911	276	6 751	110.0	10 329	55 934	506
1990	100.2	140 461	6 531	5 422	2 018	314	7 889	117.0	11 450	53 570	464
1991	85.0	103 046	2 680	6 124	2 210	280	7 607	127.0	13 434	54 887	460
1992	115.5	104 268	5 087	5 478	3 060	347	9 846	128.0	17 805	58 401	459
1993	132.7	174 505	7 274	5 763	5 474	498	11 207	113.0	17 169	60 224	499
1994	114.9	121 779	9 150	6 360	10 602	720	11 917	118.0	14 205	58 277	406
1995	113.6	122 875	8 903	6 949	16 008	1 049	18 978	130.1	14 315	60 028	411
1996	76.4	97 319	6 064	6 066	18 363	1 474	26 952	165.2	15 233	65 256	581
1997	106.2	141 296	1 650	5 897	15 441	1 558	32 492	107.5	15 142	68 341	617
1998	142.9	110 830	5 139	2 521	20 149	1 963	35 717	109.7	15 159	69 201	617

新绛县主要社会、经济统计指标

MAJOR SOCIO – ECONOMIC INDICATORS OF XINJIANG

年份	年末总人口（万人）	#非农业人口	社会从业人员（万人）	职工人数（万人）	职工平均工资（元）	国内生产总值（万元）	国内生产总值指数（上年=100）	全社会固定资产投资（万元）	地方财政收入（万元）	地方财政支出（万元）	农林牧渔业总产值（万元）
1949	11.88	0.70	5.62	0.08	238						1 337
1952	12.29	0.73	6.09	0.39	495	1 443		63		51	2 376
1957	14.73	1.63	7.39	0.68	563	2 115	105.4	64	423	138	3 044
1965	18.46	1.56	6.78	0.71	551	3 204	107.0	84	509	166	3 694
1970	20.82	1.76	8.13	0.82	509	3 500	105.2	144	570	202	3 725
1975	22.70	1.73	9.35	1.00	548	4 690	109.1	287	816	382	4 862
1978	23.38	1.82	9.62	1.32	572	5 933	103.1	240	916	465	5 631
1980	23.79	2.03	10.11	1.53	649	7 464	102.8	349	914	582	4 802
1985	25.24	2.36	12.46	1.77	871	14 254	101.4	1 725	1 490	1 130	8 885
1986	25.52	2.43	12.68	1.84	987	16 110	105.9	1 407	1 021	1 344	9 483
1987	25.86	2.50	12.99	1.93	1 084	17 137	104.1	2 097	1 285	1 493	8 269
1988	26.22	2.61	13.34	1.99	1 309	21 599	111.1	2 678	1 592	1 078	10 121
1989	26.79	2.68	13.76	2.01	1 437	26 891	109.5	2 508	1 896	1 333	13 275
1990	27.54	2.75	14.18	2.04	1 507	28 721	105.2	2 636	1 974	1 721	18 149
1991	27.83	2.79	14.54	2.09	1 671	30 653	103.6	4 047	1 946	1 695	19 835
1992	28.24	2.83	15.02	2.07	1 733	34 438	108.7	4 288	1 700	2 065	20 085
1993	28.72	2.91	15.29	2.13	1 968	42 145	119.3	4 145	2 204	2 332	26 009
1994	29.08	3.14	15.81	2.11	2 439	59 796	112.0	5 050	1 949	2 735	38 568
1995	29.34	3.29	15.84	2.00	3 336	69 210	113.8	5 832	2 537	3 733	38 676
1996	29.67	3.35	15.69	2.07	3 951	86 165	113.5	7 458	3 345	5 425	41 488
1997	29.94	3.40	15.61	1.83	3 701	93 434	108.4	9 476	3 551	4 476	40 859
1998	30.27	3.61	15.74	1.73	3 797	102 680	111.3	18 551	3 514	4 587	44 498

年份	农林牧渔业总产值指数（上年=100）	粮食产量（吨）	油料产量（吨）	猪牛羊肉产量（吨）	乡镇企业利税总额（万元）	农民人均纯收入（元）	工业总产值（万元）	工业总产值指数（上年=100）	社会消费品零售总额（万元）	在校学生数（人）	医院床位数（张）
1949		20 580	740				469		371	10 615	
1952	118.3	29 260	730				912	68.5	640	20 833	15
1957	110.5	32 850	220				1 505	93.5	910	21 841	90
1965	100.3	52 935	65			68	2 208	156.6	1 170	32 748	206
1970	90.9	49 240	10			59	2 402	110.7	1 320	42 888	262
1975	109.4	76 545	40		42	67	3 913	111.6	1 689	47 492	324
1978	98.6	81 338	7	1 535	311	120	5 196	107.1	2 308	51 145	363
1980	94.9	75 605	35	1 456	339	135	5 960	100.3	3 260	49 918	379
1985	95.4	105 776	715	1 116	1 184	312	8 042	107.4	5 313	49 335	512
1986	94.4	105 382	522	1 457	1 657	335	9 240	116.4	6 010	49 197	565
1987	93.1	90 612	378	1 348	1 924	340	11 574	117.2	7 347	48 303	565
1988	102.0	87 553	388	1 337	2 481	363	14 719	112.7	11 143	48 186	576
1989	129.0	110 430	529	1 497	2 123	405	17 845	104.5	8 852	46 865	575
1990	106.7	115 024	714	2 111	2 259	476	20 696	103.7	8 287	46 317	584
1991	105.4	110 565	639	2 500	2 681	511	23 094	102.9	8 672	45 833	584
1992	102.2	118 037	892	2 805	4 040	550	23 702	98.8	10 425	45 002	573
1993	118.3	142 068	767	3 395	6 663	660	25 510	107.8	12 640	41 413	585
1994	104.1	120 045	733	3 112	8 577	803	38 683	103.1	22 288	41 087	591
1995	91.4	125 442	657	3 356	15 133	1 284	43 719	107.6	24 280	42 645	591
1996	107.1	142 235	996	4 226	16 919	1 663	49 569	136.6	32 076	41 366	580
1997	92.4	139 994	815	1 755	12 265	2 083	56 707	111.6	35 581	46 332	615
1998	110.1	142 973	1 422	2 324	12 911	2 203	38 099	111.2	35 959	48 474	627

稷山县主要社会、经济统计指标

MAJOR SOCIO – ECONOMIC INDICATORS OF JISHAN

年份	年末总人口（万人）	#非农业人口	社会从业人员（万人）	职工人数（万人）	职工平均工资（元）	国内生产总值（万元）	国内生产总值指数（上年=100）	全社会固定资产投资（万元）	地方财政收入（万元）	地方财政支出（万元）	农林牧渔业总产值（万元）
1949	12.33	0.41	5.90						100	21	791
1952	13.11	0.59	6.40			1 018			167	42	1 390
1957	14.54	0.47	7.35	0.24	469	1 769	111.7	36	215	116	2 138
1965	18.26	0.53	8.50	0.42	511	2 984	122.7	25	310	170	2 990
1970	20.92	0.49	9.00	0.37	397	2 491	89.8	229	299	200	2 488
1975	22.90	0.71	9.85	0.67	491	3 168	103.1	360	365	360	3 008
1978	23.64	0.81	10.34	0.88	478	3 457	99.4	481	412	545	4 368
1980	24.17	0.99	10.85	0.96	587	5 028	114.3	522	350	535	5 469
1985	25.72	1.39	12.30	1.13	833	10 349	111.0	1 376	665	1 007	8 108
1986	25.98	1.47	12.69	1.28	950	10 994	106.2	1 427	667	1 383	9 691
1987	26.38	1.58	12.99	1.36	1 013	10 843	98.6	2 093	775	1 393	8 969
1988	27.03	1.67	13.51	1.40	1 321	11 532	107.8	3 230	824	1 794	9 662
1989	27.87	1.78	14.36	1.52	1 456	13 399	109.1	2 966	1 214	2 128	13 022
1990	28.62	1.83	14.89	1.37	1 695	15 069	110.0	2 711	1 321	2 162	18 359
1991	29.11	1.89	15.52	1.49	1 845	22 291	131.4	2 621	1 386	2 901	18 659
1992	29.66	1.94	15.91	1.61	1 959	24 125	110.0	3 743	1 125	3 383	17 781
1993	30.22	2.15	16.46	1.75	1 923	32 080	124.3	3 383	1 841	3 450	22 898
1994	30.71	2.26	16.74	1.89	2 645	39 655	125.7	8 339	1 505	3 685	28 674
1995	31.09	2.40	16.96	1.85	3 087	46 533	111.7	4 983	2 528	4 367	38 111
1996	31.39	2.48	17.29	1.90	3 029	50 718	108.9	9 119	3 111	5 002	29 991
1997	31.68	2.58	18.07	1.87	3 542	53 459	105.4	2 532	3 166	5 226	26 197
1998	31.84	2.66	17.89	1.43	4 000	59 398	112.5	5 984	3 547	5 784	31 555

年份	农林牧渔业总产值指数（上年=100）	粮食产量（吨）	油料产量（吨）	猪牛羊肉产量（吨）	乡镇企业利税总额（万元）	农民人均纯收入（元）	工业总产值（万元）	工业总产值指数（上年=100）	社会消费品零售总额（万元）	在校学生数（人）	医院床位数（张）
1949	100.0	535	13				25	100.0	204	12 773	10
1952	126.3	2 311	325				46	121.1	257	16 533	27
1957	109.5	3 191	783				162	118.2	619	22 388	110
1965	113.1	4 096	292			73	1 239	171.6	1 087	30 441	290
1970	89.5	3 217	27			52	735	91.4	1 141	39 338	336
1975	105.7	2 351	22			54	151	109.1	1 477	50 250	555
1978	96.7	71 815	10	130	372	59	2 408	106.7	1 923	57 021	650
1980	96.2	75 295	40	192	302	72	2 335	88.1	2 548	57 811	810
1985	87.1	92 843	2 074	1 315	1 045	297	3 628	128.0	4 862	42 930	1 440
1986	106.3	107 020	1 886	1 267	1 082	342	2 563	121.9	5 348	43 413	1 440
1987	100.2	86 709	1 070	1 493	914	344	5 492	113.3	5 606	42 623	1 640
1988	93.4	84 643	1 080	1 101	2 011	360	7 362	130.3	6 301	40 984	1 670
1989	122.3	107 771	1 777	1 374	2 388	408	9 811	122.5	6 783	38 496	1 723
1990	110.5	115 089	1 862	2 442	3 159	478	12 970	116.7	6 520	39 012	1 723
1991	100.1	107 024	1 199	4 542	3 606	482	14 394	112.2	10 058	40 106	1 723
1992	98.1	107 035	1 341	2 490	4 789	502	17 090	116.1	10 537	41 604	1 743
1993	113.7	120 836	1 655	2 674	8 188	586	23 655	126.0	10 842	41 730	1 743
1994	89.6	114 639	3 220	2 528	4 040	769	29 232	120.5	12 105	43 149	1 720
1995	121.9	123 994	1 146	2 718	11 911	1 104	42 229	118.1	14 519	48 210	1 783
1996	78.7	104 318	1 085	3 605	19 974	1 574	49 132	116.3	18 162	50 468	1 783
1997	83.7	117 350	1 428	2 931	13 205	1 918	49 164	92.2	19 770	54 525	1 783
1998	121.0	126 794	4 352	2 108	14 752	2 140	32 660	106.0	20 583	56 549	1 783

闻喜县主要社会、经济统计指标

MAJOR SOCIO – ECONOMIC INDICATORS OF WENXI

年份	年末总人口（万人）	#非农业人口	社会从业人员（万人）	职工人数（万人）	职工平均工资（元）	国内生产总值（万元）	国内生产总值指数（上年＝100）	全社会固定资产投资（万元）	地方财政收入（万元）	地方财政支出（万元）	农林牧渔业总产值（万元）
1949	12.92	0.70	5.27			1 803	100.0	360			5 570
1952	16.11	0.69	5.82			2 436	121.7	487	218	59	6 868
1957	17.46	1.89	8.36	0.28	453	3 409	102.5	732	235	115	7 781
1965	21.92	0.95	9.23	0.49	500	5 882	113.3	1 182	396	211	10 870
1970	24.57	1.48	9.66	0.61	439	83 005	104.3	1 694	410	232	8 913
1975	28.60	2.61	11.01	0.82	546	11 476	107.6	2 341	601	421	11 406
1978	29.34	2.68	11.61	1.21	572	14 326	106.1	3 152	648	563	11 297
1980	29.86	2.83	12.75	1.77	561	16 671	122.0	3 506	583	739	8 833
1985	31.35	3.31	15.59	2.27	956	23 229	107.6	4 649	1 153	1 326	13 287
1986	31.84	3.67	16.04	2.50	1 062	24 755	120.4	4 951	1 266	1 822	12 679
1987	32.26	3.86	16.78	2.81	1 162	26 541	123.0	5 573	1 708	1 873	10 965
1988	32.87	4.05	17.68	3.19	1 286	28 326	104.8	5 665	2 022	2 598	11 688
1989	33.49	4.19	18.15	3.21	1 447	30 449	106.2	6 090	2 269	2 673	14 602
1990	34.29	4.37	18.33	3.31	1 545	32 581	105.8	7 494	2 107	2 849	15 524
1991	34.78	4.49	18.25	3.41	1 699	35 512	108.1	6 804	2 242	3 388	16 112
1992	35.19	4.53	19.05	3.54	1 945	38 743	113.5	8 289	1 904	3 351	17 398
1993	35.69	4.58	19.56	3.70	2 291	46 453	120.3	10 643	2 963	3 813	22 249
1994	35.98	4.63	19.69	3.53	2 598	62 007	112.3	14 207	2 201	4 638	28 049
1995	36.13	4.70	20.11	3.37	3 413	87 832	121.0	20 054	3 406	6 134	38 205
1996	36.60	4.84	20.15	3.14	3 645	119 786	143.6	27 250	4 670	5 832	38 301
1997	36.90	4.89	20.79	3.01	3 828	141 811	112.3	32 417	5 535	8 477	36 274
1998	37.17	4.95	20.58	2.92	4 258	156 097	113.2	36 258	5 564	8 557	39 811

年份	农林牧渔业总产值指数（上年＝100）	粮食产量（吨）	油料产量（吨）	猪牛羊肉产量（吨）	乡镇企业利税总额（万元）	农民人均纯收入（元）	工业总产值（万元）	工业总产值指数（上年＝100）	社会消费品零售总额（万元）	在校学生数（人）	医院床位数（张）
1949	100.0	42 955	1 365	71			32	100.0	310	15 814	9
1952	121.6	43 220	476	250			43	130.4	430	25 571	10
1957	93.6	44 585	384	1 001		42	246	99.4	672	22 155	42
1965	110.3	73 520	289	1 964		61	1 256	164.3	1 268	50 289	233
1970	83.7	55 830	76	2 020		49	1 081	116.4	1 756	55 775	337
1975	106.6	99 605	220	3 962	8	65	2 971	118.7	2 323	64 770	439
1978	108.4	84 810	64	3 189	565	61	4 684	114.5	3 595	70 812	606
1980	77.3	72 990	473	2 062	372	53	4 759	105.3	4 720	76 307	713
1985	81.0	104 860	605	1 158	967	247	12 942	120.2	8 913	68 001	1 150
1986	96.9	107 621	925	1 207	993	243	15 606	124.5	10 192	67 303	1 329
1987	87.2	85 123	552	2 232	1 342	240	17 941	108.5	10 204	63 805	1 280
1988	103.1	90 577	696	1 473	1 887	281	24 420	125.1	11 165	62 545	1 336
1989	124.8	127 323	989	2 125	1 737	305	30 422	114.7	8 920	60 476	1 408
1990	103.2	131 098	1 547	3 946	1 849	358	36 190	113.1	8 932	63 908	1 377
1991	101.9	122 606	1 532	4 814	2 654	372	42 018	109.1	11 039	65 209	1 395
1992	104.6	125 000	1 922	4 848	4 190	442	43 362	104.2	14 050	61 709	1 395
1993	117.6	150 083	1 967	4 668	6 030	497	51 152	115.3	15 928	62 130	1 405
1994	92.4	122 399	1 732	5 092	10 812	667	61 926	106.3	20 164	73 286	1 386
1995	122.2	150 764	1 227	7 184	16 440	923	106 452	137.4	21 686	73 362	1 388
1996	99.6	126 462	2 128	9 135	25 488	1 396	115 669	117.3	31 117	75 242	1 315
1997	90.6	155 642	1 929	4 694	16 166	1 738	143 418	115.9	34 006	68 080	1 404
1998	113.8	166 913	2 868	4 977	17 610	2 007	224 426	179.6	36 994	78 495	1 397

夏县主要社会、经济统计指标

MAJOR SOCIO – ECONOMIC INDICATORS OF XIAXIAN

年份	年末总人口(万人)	#非农业人口	社会从业人员(万人)	职工人数(万人)	职工平均工资(元)	国内生产总值(万元)	国内生产总值指数(上年=100)	全社会固定资产投资(万元)	地方财政收入(万元)	地方财政支出(万元)	农林牧渔业总产值(万元)
1949	14.14	0.41	5.26	0.09	229						802
1952	14.82	0.43	5.55	0.19	224	1 024		6			1 417
1957	16.12	0.52	6.17	0.38	378	1 311	87.3	24	64	54	1 576
1965	20.11	0.69	8.25	0.47	472	2 678	131.1	85	259	112	2 976
1970	22.58	0.60	9.54	0.63	453	3 042	91.7	18	322	211	2 839
1975	25.12	1.03	9.71	0.72	494	4 864	102.8	161	392	441	4 798
1978	25.78	1.11	9.98	1.00	537	6 590	114.5	1 072	471	644	5 526
1980	26.28	1.24	10.79	1.09	595	6 949	102.3	1 485	457	640	6 160
1985	28.01	1.59	12.77	1.23	841	9 495	97.1	2 483	690	1 258	8 010
1986	28.28	1.64	13.07	1.25	943	9 908	100.1	2 102	707	1 447	8 317
1987	28.79	1.72	13.47	1.32	1 017	10 691	110.1	2 445	763	1 420	7 492
1988	29.31	1.79	14.00	1.39	1 255	13 074	110.5	3 095	806	1 872	9 583
1989	29.80	1.87	14.44	1.47	1 307	16 807	104.8	3 341	848	1 983	12 927
1990	31.06	1.92	15.25	1.42	1 381	18 669	109.5	4 241	717	2 094	17 045
1991	31.52	2.02	15.66	1.49	1 558	20 468	109.5	3 201	834	2 767	17 181
1992	31.97	2.04	16.33	1.52	1 853	22 626	110.2	5 547	694	3 297	17 842
1993	32.43	2.14	16.75	1.60	1 973	30 382	122.7	8 508	1 241	3 100	24 353
1994	32.93	2.30	16.96	1.65	2 476	39 005	110.3	5 870	1 149	3 822	31 641
1995	33.33	2.41	17.48	1.65	3 015	48 078	113.1	10 347	2 115	4 469	36 992
1996	33.70	2.50	17.76	1.66	3 301	59 352	116.9	10 274	3 275	5 680	38 262
1997	34.05	2.56	17.82	1.65	6 120	68 019	114.8	1 535	3 239	6 304	41 701
1998	34.29	2.61	17.99	1.63	5 776	70 114	108.2	15 258	3 432	6 207	43 613

年份	农林牧渔业总产值指数(上年=100)	粮食产量(吨)	油料产量(吨)	猪牛羊肉产量(吨)	乡镇企业利税总额(万元)	农民人均纯收入(元)	工业总产值(万元)	工业总产值指数(上年=100)	社会消费品零售总额(万元)	在校学生数(人)	医院床位数(张)
1949		38 405	170						269	9 424	11
1952	109.7	40 030	172				112	351.2	360	18 792	30
1957	79.1	44 525	159				259	102.2	569	22 026	59
1965	139.8	67 660	259				558	195.2	947	37 537	190
1970	80.7	50 325	52				913	128.2	950	44 978	275
1975	108.4	89 775	150				1 686	115.5	1 604	63 569	420
1978	106.0	100 340	110		373	77	3 191	129.0	2 004	66 647	507
1980	97.1	90 975	205		240	79	2 511	83.7	3 102	65 697	507
1985	85.6	103 965	755	1 614	895	279	3 535	111.4	3 833	45 685	826
1986	96.9	108 605	613	1 689	1 144	273	4 168	111.9	4 125	43 280	855
1987	88.8	90 320	866	2 443	1 570	264	4 516	106.3	4 734	42 332	857
1988	112.3	90 880	1 470	1 658	1 618	280	6 165	132.0	7 597	41 237	808
1989	118.1	114 360	1 960	2 561	2 218	295	7 281	112.6	8 013	43 678	804
1990	104.5	115 300	1 500	3 185	1 873	376	7 046	99.4	10 154	43 398	819
1991	98.5	103 215	1 500	3 674	2 547	376	7 860	111.0	9 683	45 506	776
1992	103.5	115 475	2 078	3 657	2 584	426	9 359	117.7	8 929	48 365	780
1993	121.3	146 375	1 259	4 694	4 071	495	11 209	116.9	12 313	49 261	830
1994	94.1	116 754	989	4 115	6 224	656	16 905	138.7	13 445	50 136	830
1995	104.9	124 178	668	4 585	9 983	872	24 814	138.9	14 962	52 419	850
1996	106.8	135 018	1 328	5 332	13 448	1 297	25 647	104.7	20 300	54 534	850
1997	101.8	134 902	1 054	3 468	2 694	1 680	25 902	107.9	24 048	56 410	812
1998	96.6	143 039	1 618	3 919	3 557	1 908	15 891	104.7	24 082	56 393	881

绛县主要社会、经济统计指标

MAJOR SOCIO – ECONOMIC INDICATORS OF JIANGXIAN

年份	年末总人口（万人）	#非农业人口	社会从业人员（万人）	职工人数（万人）	职工平均工资（元）	国内生产总值（万元）	国内生产总值指数（上年=100）	全社会固定资产投资（万元）	地方财政收入（万元）	地方财政支出（万元）	农林牧渔业总产值（万元）
1949	9.02	0.32	3.90	0.13	143						958
1952	9.85	0.36	4.13	0.15	311	1 996			92	41	1 326
1957	11.29	0.41	4.65	0.21	484	3 363	109.6	3	139	74	1 843
1965	14.86	0.62	5.75	0.27	563	3 250	127.8	31	154	128	2 344
1970	17.52	1.01	6.33	0.34	557	4 737	100.0	120	174	163	248
1975	20.01	2.47	7.11	0.89	776	9 660	103.5	282	349	357	3 945
1978	20.89	2.77	7.57	1.07	505	11 258	100.8	795	381	320	3 435
1980	21.17	2.78	8.96	1.81	560	12 910	102.4	381	312	337	3 575
1985	23.02	3.58	10.54	1.36	807	18 043	109.3	1 292	745	793	8 606
1986	23.61	3.96	11.75	2.22	946	18 331	94.8	1 091	818	840	6 922
1987	23.89	4.08	12.06	2.32	983	18 418	102.7	1 064	934	880	5 807
1988	24.22	4.06	12.78	2.38	1 028	18 867	108.0	996	1 154	1 079	7 340
1989	24.56	4.13	12.92	2.44	1 473	19 532	108.0	1 636	1 344	1 305	9 503
1990	24.92	4.15	13.12	2.47	1 611	21 914	101.7	1 855	1 189	1 431	12 989
1991	25.28	4.13	13.22	2.47	1 616	22 705	101.9	3 794	1 407	1 707	11 698
1992	25.66	4.19	13.71	2.46	2 038	23 746	106.7	8 302	1 622	2 109	13 567
1993	25.92	4.25	14.42	2.86	2 303	29 966	122.3	8 274	2 322	2 670	18 309
1994	26.29	4.40	14.97	3.01	2 307	34 795	116.1	5 462	1 787	2 967	24 086
1995	26.46	4.54	15.46	3.17	2 392	42 348	121.7	3 526	2 367	3 476	29 886
1996	26.62	4.81	15.54	3.08	2 457	53 533	126.4	4 220	4 276	4 257	31 648
1997	26.71	4.76	15.57	2.95	3 336	57 183	110.6	9 770	3 301	4 565	29 453
1998	26.80	4.80	15.12	2.58	3 819	63 252	110.4	10 018	3 583	5 137	25 610

年份	农林牧渔业总产值指数（上年=100）	粮食产量（吨）	油料产量（吨）	猪牛羊肉产量（吨）	乡镇企业利税总额（万元）	农民人均纯收入（元）	工业总产值（万元）	工业总产值指数（上年=100）	社会消费品零售总额（万元）	在校学生数（人）	医院床位数（张）
1949		28 520	65	448			10		201	6 425	
1952	111.5	27 790	25	512			13	83.3	335	11 353	
1957	103.2	23 900	60	815		66	88	121.4	490	13 842	
1965	120.3	51 210	100	1 503		66	595	185.9	615	21 813	
1970	94.0	39 010	10	1 695		56	713	132.8	1 005	38 650	200
1975	97.3	67 450	45	1 674	120	64	2 113	121.1	1 867	42 987	281
1978	80.4	72 105	30	1 614	330	97	3 398	101.8	2 499	48 028	416
1980	95.1	70 535	200	1 541	196	102	3 076	131.0	2 644	47 513	456
1985	89.0	83 675	805	928	543	354	7 607	107.0	3 811	35 854	490
1986	80.4	88 516	811	1 021	657	339	9 590	126.1	4 016	37 201	781
1987	83.9	78 353	551	1 041	1 098	320	14 369	149.8	4 537	35 405	778
1988	110.6	81 311	612	1 576	1 790	348	19 860	138.2	6 174	36 286	771
1989	118.5	100 780	819	1 952	2 573	390	18 190	91.6	5 733	36 059	733
1990	110.1	104 104	602	3 020	2 015	443	24 702	135.8	5 786	35 732	740
1991	90.1	89 598	441	3 353	2 656	445	24 628	99.7	6 694	36 280	774
1992	116.0	89 810	641	3 833	3 778	533	33 887	137.6	8 321	37 778	788
1993	121.4	121 881	915	4 215	5 495	632	40 883	120.6	8 500	39 623	814
1994	91.0	104 433	1 430	4 190	7 082	737	43 731	105.5	9 935	38 115	848
1995	116.5	115 157	1 716	4 608	10 449	1 008	59 356	135.7	11 264	38 867	844
1996	105.1	122 590	1 796	8 609	10 903	1 521	61 102	102.9	15 158	38 890	854
1997	97.1	116 355	1 303	10 108	2 897	1 896	75 155	115.2	17 103	38 466	800
1998	92.0	124 471	1 491	3 732	2 950	2 114	88 683	119.2	17 227	38 674	750

平陆县主要社会、经济统计指标

MAJOR SOCIO – ECONOMIC INDICATORS OF PINLU

年份	年末总人口(万人)	#非农业人口	社会从业人员(万人)	职工人数(万人)	职工平均工资(元)	国内生产总值(万元)	国内生产总值指数(上年=100)	全社会固定资产投资(万元)	地方财政收入(万元)	地方财政支出(万元)	农林牧渔业总产值(万元)
1949	10.05	0.16	4.78	0.07	22				82		1 090
1952	10.92	0.56	5.20	0.13	365	1 014			145	45	1 557
1957	12.20	0.49	5.84	0.25	451	1 058	99.1	11	171	93	1 290
1965	14.56	0.47	5.85	0.27	491	1 326	107.2	51	173	134	1 723
1970	16.51	0.51	6.83	0.34	499	1 424	102.1	69	184	187	1 527
1975	18.11	0.69	7.32	0.42	507	2 197	111.8	88	297	309	2 853
1978	18.56	0.76	7.93	0.65	492	2 447	100.6	539	359	424	2 903
1980	18.99	0.90	8.12	0.93	623	3 628	105.1	580	315	655	3 937
1985	19.81	1.17	9.26	1.15	879	8 161	101.9	1 053	592	1 007	7 026
1986	20.06	1.23	9.41	1.21	1 013	8 105	98.0	1 200	600	1 282	6 393
1987	20.41	1.30	9.90	1.35	1 078	9 706	104.0	1 595	669	1 310	6 748
1988	20.71	1.36	10.44	1.47	1 180	11 068	109.7	1 800	779	1 765	8 155
1989	21.22	1.46	10.16	1.40	1 295	12 914	101.6	2 304	879	1 994	9 215
1990	21.60	1.55	10.60	1.46	1 382	14 693	95.5	2 611	1 126	1 402	12 620
1991	21.92	1.63	10.90	1.48	1 523	15 711	104.7	3 427	1 407	1 511	13 314
1992	22.27	1.68	11.47	1.57	1 677	18 274	119.9	3 832	1 450	1 876	15 458
1993	22.62	1.71	11.44	1.51	1 869	25 170	133.8	4 043	2 171	2 355	19 883
1994	22.94	1.78	11.46	1.47	2 203	32 466	113.8	3 933	1 815	2 573	31 928
1995	23.23	1.98	11.47	1.43	2 791	38 976	112.1	5 389	2 319	3 649	34 516
1996	23.50	2.06	12.19	1.31	3 206	48 139	114.1	16 541	3 117	4 355	33 317
1997	23.75	2.10	11.60	1.31	3 441	47 204	98.1	15 919	3 588	4 878	33 592
1998	23.66	2.42	11.50	1.31	3 666	50 145	108.1	5 962	3 442	4 369	30 914

年份	农林牧渔业总产值指数(上年=100)	粮食产量(吨)	油料产量(吨)	猪牛羊肉产量(吨)	乡镇企业利税总额(万元)	农民人均纯收入(元)	工业总产值(万元)	工业总产值指数(上年=100)	社会消费品零售总额(万元)	在校学生数(人)	医院床位数(张)
1949		23 540	420				13		383	8 743	
1952	107.6	29 310	120				33	66.0	440	13 663	7
1957	81.1	33 730	285				197	110.1	604	13 150	40
1965	143.1	53 041	412			69	163	127.6	863	19 247	151
1970	102.2	42 919	73			52	396	117.5	1 326	28 497	171
1975	115.0	64 120	291			63	1 458	140.9	1 668	39 787	331
1978	95.9	60 755	74	2 639	222	86	2 183	107.4	1 695	42 766	389
1980	100.1	62 575	232	1 748	213	107	1 917	89.9	2 041	44 417	389
1985	95.2	87 410	1 219	1 766	507	273	3 327	101.7	3 974	36 796	400
1986	86.2	75 730	642	2 201	772	187	3 802	114.3	4 246	36 918	451
1987	100.1	77 317	847	1 808	871	191	4 990	131.2	4 950	34 398	504
1988	102.5	79 372	808	2 190	1 122	215	6 729	128.2	4 929	32 891	521
1989	106.3	92 473	1 071	2 134	1 344	235	6 804	89.8	4 705	31 755	588
1990	106.7	93 571	1 072	3 503	1 250	287	7 162	105.4	5 187	29 814	621
1991	100.5	82 583	690	4 409	1 405	301	8 323	119.6	6 837	29 934	629
1992	113.9	84 898	844	4 861	1 434	379	9 376	111.1	9 338	30 987	635
1993	132.0	105 697	1 026	4 924	2 383	477	11 984	127.8	10 417	31 010	635
1994	107.7	99 285	1 340	5 263	3 556	679	13 637	113.8	11 307	32 220	635
1995	103.6	77 549	1 426	5 490	5 445	862	17 417	127.7	17 592	32 631	645
1996	111.9	64 381	1 427	6 740	5 544	924	22 739	117.0	17 745	32 120	730
1997	100.1	91 263	1 428	3 266	2 048	1 184	39 054	122.8	19 694	38 899	710
1998	92.0	98 771	1 285	3 586	1 489	1 249	42 097	107.7	18 801	38 085	710

垣曲县主要社会、经济统计指标

MAJOR SOCIO – ECONOMIC INDICATORS OF YUANQU

年份	年末总人口（万人）	#非农业人口	社会从业人员（万人）	职工人数（万人）	职工平均工资（元）	国内生产总值（万元）	国内生产总值指数（上年＝100）	全社会固定资产投资（万元）	地方财政收入（万元）	地方财政支出（万元）	农林牧渔业总产值（万元）
1949	7.29	0.11	3.19	0.05	229						1 758
1952	8.49	0.42	3.91	0.09	303	737			61	20	2 286
1957	9.88	0.83	4.39	0.24	467	942	92.6	234	99	112	2 104
1965	14.50	3.38	5.68	1.55	743	3 665	145.7	1 590	189	168	2 484
1970	16.19	3.87	6.54	2.15	670	4 126	165.4	2 304	288	210	2 450
1975	17.86	4.25	6.78	2.46	676	6 178	131.2	2 803	388	330	3 467
1978	18.53	4.51	7.25	3.07	702	7 901	125.8	635	501	687	3 573
1980	18.92	4.77	7.56	3.32	886	8 253	97.0	704	475	750	3 029
1985	18.98	4.76	9.02	3.01	1 133	10 703	96.5	1 559	610	918	4 268
1986	19.00	4.73	8.89	2.94	1 235	12 089	109.6	1 456	534	1 090	4 288
1987	19.20	4.83	9.07	2.95	1 507	13 096	98.5	3 531	663	1 158	4 453
1988	19.42	4.92	9.28	2.88	1 606	15 959	106.0	2 540	738	1 593	5 609
1989	19.75	4.99	9.36	2.98	1 922	22 415	114.5	2 829	915	1 908	8 276
1990	20.21	5.18	9.73	3.10	2 086	27 167	121.2	3 362	969	1 953	10 026
1991	20.29	5.15	10.07	3.29	2 119	28 542	100.5	2 771	1 460	2 894	9 949
1992	20.62	5.19	10.46	3.44	2 368	32 831	110.6	5 260	1 527	2 894	9 834
1993	20.84	5.19	10.39	3.39	2 987	44 862	119.5	1 023	2 034	3 171	14 813
1994	21.14	5.65	10.87	3.53	4 083	51 655	95.3	9 585	1 900	3 667	20 170
1995	21.20	5.83	10.92	3.60	5 082	71 136	126.7	6 800	2 475	4 413	22 740
1996	21.44	6.07	10.89	3.49	5 672	72 950	104.3	7 482	3 057	5 140	21 644
1997	21.73	6.27	11.11	3.46	5 800	80 066	113.7	14 091	3 792	5 521	22 527
1998	21.85	6.45	10.69	3.30	5 270	80 100	103.8	31 132	3 743	6 552	23 622

年份	农林牧渔业总产值指数（上年＝100）	粮食产量（吨）	油料产量（吨）	猪牛羊肉产量（吨）	乡镇企业利税总额（万元）	农民人均纯收入（元）	工业总产值（万元）	工业总产值指数（上年＝100）	社会消费品零售总额（万元）	在校学生数（人）	医院床位数（张）
1949		11 350	170	126			12		71	7 668	
1952	95.5	24 105	380	63			31	166.5	176	9 465	5
1957	87.1	25 785	295	425			107	107.8	805	14 703	33
1965	146.1	36 050	265	1 123		50	4 295	189.0	1 587	31 212	112
1970	97.5	38 460	145	880		53	8 164	268.9	1 874	31 376	185
1975	116.9	53 350	95	1 225		63	11 555	149.1	2 695	34 150	117
1978	130.0	60 485	60	1 812	231	74	11 555	117.8	2 789	35 527	345
1980	92.9	56 055	210	2 579	315	92	11 959	101.2	3 552	38 068	374
1985	81.7	60 455	510	1 989	536	270	13 450	105.0	5 519	35 757	420
1986	94.7	59 225	355	2 169	520	250	13 844	109.3	5 953	33 284	1 093
1987	98.5	56 900	685	2 648	580	237	16 848	101.7	5 958	33 364	1 163
1988	109.2	56 045	755	2 386	647	272	20 457	105.6	6 940	31 455	1 183
1989	130.3	72 686	1 246	2 992	873	336	27 601	95.7	7 093	30 871	1 192
1990	98.0	65 903	1 678	3 575	957	384	33 278	108.6	7 265	30 678	1 263
1991	96.5	52 433	1 473	4 383	1 057	395	37 103	105.7	10 337	30 715	1 266
1992	98.6	52 954	1 336	4 112	2 007	395	41 713	102.7	11 434	30 432	1 227
1993	138.5	80 398	1 512	5 258	2 958	493	56 704	115.1	11 336	30 810	1 227
1994	90.1	75 901	1 215	4 681	4 708	579	70 172	106.1	15 936	32 336	1 841
1995	104.4	55 498	1 417	6 666	8 813	821	88 734	111.0	17 259	35 057	1 841
1996	95.7	52 038	1 146	8 089	13 817	931	83 592	101.9	19 711	37 379	1 841
1997	98.7	77 140	489	6 635	15 635	1 180	89 054	113.9	23 329	38 737	1 841
1998	107.6	85 975	1 283	5 761	7 483	1 411	70 303	100.5	24 530	38 607	1 841

附录

929/988

山西五十年大事记
（1949—1998 年）

1949 年

4 月

24 日

〇中国人民解放军太原前线各部队发起的解放太原战役胜利结束，省会太原宣告解放。

25 日

〇太原市军管会发出布告，宣布废除金圆券，确定人民币为本位货币，人民银行太原分行据此制定公布《中国人民银行太原分行伪金圆券兑换办法》。

〇太原新华广播电台开始播音。

〇太原市生产自救委员会成立，太原市一、二、三、四区设置分会。

5 月

1 日

〇大同和平解放。至此，山西全境解放，结束了阎锡山政权在山西 38 年的统治。

〇中共中央电贺太原解放。贺词中说："此次我太原前线人民解放军奉命攻城，迅速解决，阎匪虽逃，群凶就缚。大同敌军亦即投诚。从此山西全境肃清，华北臻于巩固。当此伟大节日，特向你们致热烈的祝贺。"

本月

〇山西大学由北平迁回太原。山西大学初名山西大学堂，成立于 1902 年（清光绪 28 年）。1912 年山西大学堂改名为山西大学校。1931 年改称山西大学（1943 年改为国立）。抗日战争时期，山西大学时停时办校址不定。1945 年 8 月后，山西大学由秋林迁回太原。解放战争时期，山西大学再次迁往北平。

6 月

1 日

〇中国人民银行晋中分行与太原分行合并，合并后的太原分行正式开业。

7 月

4 日

〇山西省人民政府筹备处成立，处长范新三。同月 28 日，8 月 19 日，10 月 5 日华北人民政府分别任命省政府组成人民及各工作部门领导人。8 月 22 日，中共中央华北局任命中共山西省委组成人员。同日，山西省委、省人民政府开始正式办公。

15 日

〇石太铁路正式恢复通车。

本月

〇至本月底，太原市私营工商业发展到 3214 户，其中工业 978 户，商业 2236 户。

8 月

1 日

〇华北人民政府通令调整全区行政区划。经华北人民政府第三次委员会扩大会议决定，撤销太行、太岳、太原等 7 个行政区，以旧省界为基础，照顾经济条件、群众关系和自然条件，划分为河北、山西、察哈尔、绥远省，并成立平原省。山西省政府驻太原，辖 7 个专区（忻县专区、兴县专区、榆次专区、汾阳专区、长治专区、临汾专区、运城专区），92 个县，1 个直辖市，人口约 1084 万人。雁北地区 13 县及大同市属察哈尔省所辖。

9 月

1 日

〇中共山西省委、山西省人民政府、中国人民解放军山西省军区宣布成立。省委设办公室、秘书处、行政处、组织部、宣传部、社会部、职工工作委员会、青年工作委员会、妇女工作委员会。省人民政府设秘书厅、民政厅、财政厅、教育厅、工业厅、农业厅、商业厅、卫生厅、公安厅、人民法院、中国人民银行山西省分行、合作事业委员会、劳动局、水利局、粮食局、公路运输局、税务局、供销合作社、荣退军人管理局。

〇《山西日报》由中共太原市委机关报，改为中共山西省委机关报，向全省发行。

〇中共太原市委党校，太岳、太行党校合并组成中共山西省委党校。

〇太原市人民政府奉命组成。

10月

22日

〇马尔塞夫等八位苏联专家抵并，援助山西的建设事业(来山西的苏联专家，恢复时期56名，“一五”时期488名，“二五”时期397名，1960年全部撤走)。

31日

〇省人民政府发布命令，颁发新土地房产所有证。

11月

1日

〇南同蒲铁路太原至临汾段通车。

5日

〇中共山西省委发出《关于执行华北局〈建立村、区、县三级人民代表大会或各界人民代表会议〉的指示》，要求县、区、村迅速建立人民代表大会或各界人民代表会议。

25日

〇中共山西省委发出《关于执行华北局〈新区土改的决定〉的指示》。将山西新区应土改的2989个村分为不同类型，分别提出土改中重点解决的问题。

12月

12日

〇中国人民银行山西省分行发出通告，对全省流通的各解放区钞票，除东北券、长城券外，一律按规定比值进行收兑。

25日

〇南同蒲铁路(太原至风陵渡)全线修复通车。

1950年

1月

1日

〇山西人民广播电台正式播音。

27—2月1日

〇省人民政府在太原召开第一次专员、县长会议。具体部署全年的工作任务，要求老区的粮棉生产恢复到抗战前水平，新区达到抗战前水平的85%。在工业生产方面要求向全国看齐，提高质量减低成本完成计划。

2月

2—7日

〇山西省第一届学生代表大会在太原召开，宣告山西省学生联合会成立。

3日

〇中国人民保险公司山西省分公司成立。

7日

〇省人民政府发出《关于颁发土地证的指示》，要求最后完成土改的地区，颁发土地证，确定地权。

9—19日

〇省人民政府在太原召开第一次民政会议，着重解决召开县(市)各界人民代表会议和生产救灾两大问题，并安排优抚代耕、劳军、干部等工作。

10日

〇省人民政府发出《关于严禁毒品与赌博的指示》。

〇省人民政府发出《关于有效制止虐杀、虐待妇女的指示》。

3月

1日

〇省人民政府决定：将山西公学、职工学校、公安学校合并成立山西省行政干部学校。

12—26日

〇山西省首届各界人民代表会议在太原召开。会议要求进一步在二年内恢复国民经济，提出1951年恢复工农业生产达到抗战前最高水平。

4月

1—9日

〇中国新民主主义青年团山西省首次代表大会在太原召开，宣告团省委正式成立。

26日

〇山西省人民政府发布命令，决定将太原东西两山矿区村庄划为工矿区，归太原市人民政府领导。

5月

4—9日

〇山西省首届人民体育运动大会在太原举行，参加比赛的运动员1300多名，运动项目有田径、篮球等6项。

12日

〇省政治协商委员会举行保卫世界和平座谈会，号召立即开展和平签名运动。并成立中国保卫世界和平大会山西省分会筹委会。

13日

〇中共山西省委发出《关于贯彻执行〈中华人民共和国婚姻法〉的指示》，要求全党广泛宣传婚姻法，并领导群众向任何封建的、落后的思想和习惯作斗争。

14日

〇中苏友好协会山西省分会，发起拥护世界和平禁止原子武器签名运动。

16日

〇省人民政府通令，各专、市、县和工矿区严禁种植鸦片烟苗，以根绝烟毒流行，保护人民健康。

6 月

17 日

〇中共山西省委整党会议在太原召开，会议制定了整风、整干计划。要求在县、区以上党员、干部中普遍进行整风，克服骄傲自满、官僚主义、命令主义作风。

7 月

17 日

〇省总工会、太原市总工会等单位组成中国人民反对美国侵略台湾、朝鲜运动委员会山西省分会，决定从 23 日起举行反对美国侵略台湾、朝鲜运动周。

27 日

〇山西省人民政府发出关于禁止妇女缠脚的命令。

本月

〇中国民航局和苏联民航局共同开办的中苏民用航空股份有限公司，在太原设立民用航空站，开辟北京—太原—西安—兰州—乌鲁木齐—阿拉木图（苏联）的国际航线。

8 月

20—9 月 17 日

〇山西省首届工农教育会议在太原召开，会议贯彻了全国工农教育会议精神，明确了为工农服务、为生产服务的方针。

20 日

〇中国保卫世界和平大会太原分会向全省人民发出争取 600 万人在和平宣言书上签名的号召。

10 月

5 日

〇中共山西省委发出《关于取消反动会道门的指示》。指出全省会道门约有 150 余种，影响较深、危害最大的是一贯道，必须坚决取缔。

11 月

18 日

〇平顺县西沟村李顺达互助组、榆社县大寨村张志全互助组分别向全省农民提出开展爱国主义生产竞赛的挑战，以实际行动抗美援朝保家卫国，全省农民热烈响应。

20—12 月 2 日

〇全省首届工农业劳动模范大会在太原举行。会议肯定了工农业生产的方针是劳力组织与技术相结合。同时号召全体劳动模范为发展生产，繁荣经济，建设新山西而努力。

12 月

17 日

〇中国自行生产的第一台拖拉机“抗美援朝”号履带拖拉机在山西机器公司（山西机器厂）诞生，它是仿美“克拉克”型制造，功率为 25 马力，转数 800—1200 次。

本年

〇根据中央人民政府决定，将在山西省牺牲的左权，杨福民、张衡宇、何云、高捷成、赖勤、陈光华等烈士灵柩迁葬邯郸烈士陵园。

1951 年

1 月

1—7 日

〇太原钢铁厂连创 8 次纪录，创造了 4 小时 54 分钟炼一炉钢的新纪录，接近世界炼钢水平。

本月

〇太原至北京、太原至西安长途电信线路开通。

2 月

本月

〇山西省人民为河北、河南、安徽、江苏等省灾民捐款和衣物，其中募捐寒衣 55 万余套。

3 月

7 日

〇人民革命烈士纪念碑在太原市人民公园举行落成典礼。

27 日

〇山西省人民政府发布撤销汾阳专署，将所辖县分别归其他专、市的指令。全省划为 6 个专区。

〇本月省内第一条载波电路太原至临汾长途电路开通。

4 月

4 日

〇杀死刘胡兰烈士的凶手徐得胜（原名许风英）在祁县伏法。另一凶手张全宝 5 月 8 日在万泉县逮捕归案。

5 月

16 日

〇省人民政府接管了接受美国津贴的汾阳、太谷仁术两医院。

6 月

24 日

〇省各界代表 500 余人在文水县云周西村隆重

举行公祭刘胡兰烈士大会。毛泽东同志的题词“生的伟大,死的光荣”竖立在烈士墓前的灵位上。

8月

2日

○北同蒲铁路全线通车。太原铁路局举行通车典礼。

9月

本月

○曲耀离(互助组)亩产籽棉估产最高可达415公斤,比上年创造最高亩产量增加83.5公斤。并提出向全省棉农挑战,把棉花全部卖给国家。24日,周恩来电请曲耀离赴京参加国庆观礼。

10月

10日

○山西农学院(美国利用庚子赔款开办的太谷铭贤学院与铭贤中学合并)成立,设农艺、畜牧2个系。

12月

3日

○省级机关根据中共中央1日作出的《关于实行精兵简政,增产节约,反对贪污、反对浪费和反对官僚主义的决定》。召开反贪污、反浪费、反官僚主义动员大会。从此以整风的方式开始“三反”运动。

1952年

1月

本月

○中共山西省委作出《关于调遣干部转向工业的决定》,随后抽调1400名干部转入工业。这是省委将领导的工作重点转移到工业的一个重要措施。

2月

本月

○中共山西省委发出《关于进一步开展“五反”斗争的指示》,“五反”运动在全省迅速掀起高潮。

3月

16日

○中央人民政府农业部颁发奖励1951年农业爱国丰产模范的命令。山西省著名劳动模范李顺达、曲耀离、郭玉恩和他们所在的互助组、农业社等17个单位和个人受奖。5月,中央农业部颁发1951年第二批农业丰产名单,山西省13个单位获奖。

4月

27日

○省人民政府发出《为贯彻中央统筹统支与发动群众集资兴学相结合方针,采用革命办法,办好小学教育的指示》,要求各地发动群众集资办学,发展小学教育。

6月

24日

○山西省人民政府发布命令,宣布于7月1日撤销兴县专署,将县所辖各县分别划归榆次、忻县两专署,并决定将清源、徐沟合并为清徐县。

10月

17—24日

○山西省首届工商业界代表大会在太原召开。会议进一步动员私营工商业者积极参加祖国建设,并通过《山西省工商业联合会章程》,选举产生了山西省工商业联合会。

18日

○12时30分,崞县、五台等15县同时发生地震,其中崞县震动次数达25次。

本月

○苏联最新式的采煤机顿巴斯一型采煤康拜因机,在苏联专家的指导下,在大同煤矿试验成功。

11月

7日

○山西省第一个集体农庄长治中苏友好集体农庄建立。农庄所属全省第一个拖拉机站长治拖拉机站同时成立。农庄包括4个村、918户、4393人,耕地14593亩。

1953年

2月

5日

○为有计划地进行经济建设,山西省人民政府发出《关于进行农业普查工作指示》,对全省农业生产情况进行普查。

3月

2日

○山西与陕西达成黄河滩地问题协定。按政务院1952年9月23日决定以黄河为界解决两省黄河滩地问题的指示,两省派代表共同协商,达成协议:北自禹门口南至风陵渡间,以黄河主流为界,以东属山西,以西属陕西。黄河主流无论以后有何变动,偏东或偏西,均以主流为界。

5月

本月

○山西大学建制撤销。其所辖师范学院分别独立建院,即山西师范学院和太原工学院。解放前夕,山西大学设文、法、工、医4个学院。1949年文学院改组为师范学院,中国大学理学院并入山西大学。1952年理学院并入师范学院,医学院独立建立为山西医学院,法学院改组为财经学院后,分别并入北京大学和中国人民大学(1959年9月17日,山西大学又正式成立)。

7月

27日

〇省人民政府决定各县城关及5000人口以上集镇成立镇人民政府。并发出《关于城关镇人民政府组织形式与干部补给问题的规定》。

8月

29日

〇全省农村划分工作胜利结束,原有14891个行政村,改划为6400多个乡。

11月

本月

〇山西省人民政府第三届委员会连续举行第九次、第十次、第十一次(扩大)会议,讨论党在过渡时期的总路线和总任务。

1954年

1月

1日

〇太原市新建的迎泽大桥建成,举行剪彩通车典礼。

2月

13日

〇中央人民政府农业部委托山西省人民政府为山西省荣获1952年爱国丰产金星奖章获得者李顺达、郭玉恩、吴春安举行隆重授奖典礼。

4月

10日

〇解虞县西张耿初级农业社办起第一个农民技术夜校。1955年5月,毛泽东为该校写了按语,指出:"这样的技术夜校,每个乡,在目前至少是大多数的乡,都应当办起来"。

本月

〇华北煤矿管理局勘探第二大队和华北地质局一四二勘探队职工在山西省汾西煤田富家滩矿区开始大规模勘探。据资料统计,义棠矿区的蕴藏量为25000万吨,富家滩矿区仅南坡地区蕴藏的煤量就可开采200年(该矿1954年的年产量计),这些地区的煤质优良,都含有30%以上的主焦煤。

8月

1日

〇全国第一座现代化纺织机械制造厂国营经纬纺织机械厂在榆次举行开工生产典礼。经纬纺织机械厂从1951年5月破土动工,于1953年底基本完成全部厂房建筑和设备安装。

3—11日

〇山西省第一届人民代表大会第一次会议在太原隆重举行。这次会议的召开标志着人民民主制度已经走上一个新的更加完备的发展阶段。经过民主选举,自下而上地建立了地方各级人民代表大会。

9月

24日

〇中共山西省委召开全省互助合作会议,布置秋冬两季发展农业生产合作社工作。全省计划1954年秋冬在现有农业生产合作社的基础上发展2倍,即建新社2.2万多个。会后,全省出现农业合作化运动的第一个高潮。

11月

1日

〇国家统计局发表《关于全国人口调查登记结果公报》,1953年6月30日24时全国人口数为6.02亿人,山西省人口数为1431.45万人。

1955年

2月

5—9日

〇山西省第一届人民代表大会第二次会议在太原举行。会议发布公告:将山西省人民政府更名为山西省人民委员会。

25—28日

〇山西省政协第一届委员会举行第一次全体委员会议,宣告中国人民政治协商会议山西省委员会正式成立。

4月

本月

〇省文化局举办山西省第一期民间艺术研究班,有25个县、市的121个民间艺人,整理出民间艺术节目64个,民歌204首,歌词100余首,美术作品257件。

7月

1日

〇在五台山翠岩峰(中台)顶,建成山西省第一座高山气象站——五台山气象站，并于10月1日开始提供气象资料。

11月

20—30日

〇在太原召开全省农民业余文化教育工作会议，通过以扫除文盲为重点农民业余教育、技术教育工作的全面规划。全省有文盲630万人（已扫除50万人），要求在今后5年内基本上扫除全省文盲。

12月

4日

〇山西省第一座小型农村水力发电站——洪赵县（今洪洞县）明姜水电站建成发电。每年可发电27万度。

16日

〇省人民委员会发出《关于发行省地方粮票的通知》，自1956年1月1日起全省各地开始使用。

本年

〇丁果仙主演的晋剧《打金枝》，由长春电影制片厂拍片搬上银幕。

1956年

1月

13日

〇农业劳动模范李顺达、郭玉恩、申纪兰、武侯梨等向全国农业生产合作社、互助组和农民，提出开展全国规模的农业增产竞赛倡仪书。20日，中共山西省委发出号召，要求农村的共产党员和共青团员在增产竞赛运动中，积极地起模范带头作用，带领广大农民群众掀起竞赛热潮。

28日

〇南同蒲铁路全线由窄轨改为标准轨工程竣工。2月1日在太原南站举行通车典礼。

2月

9日

〇全省100个中小城镇的私营工商业，全部实行全行业公私合营。同时手工业也实现合作化。有70%的农村集镇私营商业也进行了改造。

4月

20日

〇苏联机械制造业先进生产者代表团应中国第一机械工会全国委员会的邀请，参加全国机械工业先进生产者代表会议后，来太原传授先进经验。

7月

3日

〇山西省人民委员会发出《关于停止乡办小学的通知》，小学经费由省统筹解决。

18日

〇中华人民共和国最高人民检察院来太原宣布释放在太原关押的第二批日本战犯32名。

8月

2日

〇中共山西省委召开第一届委员会第一次会议。选举了省委书记、常委和监委书记、委员。讨论修改了《关于反对官僚主义，坚持群众路线的决议》。

本月

〇山西省行政干部学校、公安学校、政法干部学校、文化补习学校合并为山西省干部学校。

10月

本月

〇乡宁县一带发现“簸箕形煤田”。初步勘探，储煤总量达200亿吨，藏煤面积1200平方公里，其中储藏全省最缺乏的供冶金用的主焦煤约70亿吨。

本年

〇全省共组织农业生产合作社19917个，入社农户占总农户的99.5%；资本主义工商业全部实行公私合营；手工业合作社（组）3271个，入社社员占手工业总数95.5%。

1957年

1月

11日

〇毛泽东主席为革命女英雄刘胡兰重新书写的“生的伟大、死的光荣”的题词，于本日送到刘胡兰烈士陵园。

12日

〇全省各界青年及文水县各界人民1万余人，在云周西村隆重举行纪念刘胡兰烈士遇难10周年大会，并移葬刘胡兰遗体于新建的刘胡兰烈士陵园。

3月

1日

〇中共山西省委作出《关于精简机构改进领导的指示》，决定减少原有编制22.7%的精简原则和改进领导的4个要点。

5日

〇中共山西省委发布《关于开展整风运动的计划》。

8月

15日

〇中国第一座新型机车制造厂—大同机车厂，于即日正式动工兴建。

9月

本月

〇1—9日，全省先后约3万余干部上山下乡，支援农业，建设新农村。

10月

本月

〇经过第一个五年计划的大规模普查、勘探，发现全省有矿产资源54种之多，其中煤藏量约44亿吨以上。

12月

本月

〇太原电信综合大楼建成，实现太原市内电话自动化。太原至西安电报电话改为电传。

1958年

1月

1日

〇横跨山西和陕西两省的风陵渡口——潼关的黄河便桥胜利建成。

15日

〇根据中共中央南宁会议精神，中共山西省委发出《关于今年春节前后开展宣传运动的通知》，提出"鼓足干劲，猛烈跃进，迅速向社会主义和大自然进军"的要求。并提出1958年工业总产值超过国家计划90%以上，粮食总产达到或超过95亿斤(47.5亿公斤)等高指标。

2月

2－10日

〇中共山西省委召开地、市、县委第一书记联席会议。批判保守思想，动员大跃进。提出"提前5年实现农业发展纲要指标，争取10年过长江"的口号，要求1958年粮食总产突破百亿斤(50亿公斤)大关等高指标。

23日

〇太原第一热电厂水库建成，面积5平方公里，是中国最大的人工湖。

3月

3日

〇中共中央发布关于开展反浪费、反保守运动的指示。要求发动群众揭露干部思想作风上的主观主义、官僚主义和宗派主义，迅速打掉官气、暮气、阔气、骄气和娇气。从此，山西结合整风在三、四月份掀起反浪费、反保守主义运动的高潮。

5日

〇太原——西安铁道邮路开通。

4月

5日

〇中共山西省委发出《关于发动群众献卖钢铁支援工业建设的指示》。至8月底全省收购废钢4124吨、废铁41198吨。

8－16日

〇中共山西省委召开第一届委员会第九次(扩大)会议，传达中央召开的成都会议精神，讨论全省地方工业规划，12年农业发展规划和当前工作中的重大问题。提出1960年全省粮食总产达160亿斤，钢产量达100万吨等"跃进"计划。

5月

28日

〇山西省人民委员会发出《关于改变部分省级工作部门机构的通知》。经国务院批准，将山西省对外贸易局、省供销合作社、省物价委员会的办事机构，合并于省商业厅。省供销合作社、省物价委员会的名义仍保留；撤销省高等教育局，其业务划归省教育厅；省民族事务管理局并入省民政厅，改为厅属局；省计划委员会改为山西省经济计划委员会；省劳动局改为山西省劳动厅；省监察厅与省人事局合并为山西省人事监察厅；成立省人民委员会外事办公室，成立省人民委员会机关事务管理局。

6月

1日

〇太原第二热电厂建成并开始发电。是"一五"时期国家投资建设的156项大型重点工程之一，第一期工程安装2台苏制2.5万千瓦供热机组，装机容量5万千瓦，年发电量约4亿千瓦小时。

18日

〇全省第一座原煤炼油厂在雁门关外马口地区建成，年产油500吨。

20—7月3日

〇中共山西省委召开全省农村工作会议。讨论农业"大跃进"问题，确定1958年粮食总产达150亿斤(75亿公斤)，力争200亿斤(100亿公斤)，1959年粮食总产达280亿斤(140亿公斤)，争取300亿斤(150亿公斤)等农业"大跃进"的高指标。

7月

1日

〇中共山西省委作出《关于修建汾河水库的决定》。水库大坝于1959年7月开始拦洪。

〇太原至长治的山西地方民用航空线正式通航。

8月

21日

〇中共山西省委召开地、市委书记紧急电话会议。号召全民大炼钢铁,要求一切人力物力的调配使用,都要以钢铁生产为中心,为钢铁让路,为保证完成1958年生产生铁80万吨、钢55万吨的任务奋斗。并号召开展"小土群"炼钢铁运动。

9月

1日

〇太原至临汾的山西地方民用航空线正式通航。

6-15日

〇中共山西省委召开第一届委员会第十一次(扩大)会议,传达北戴河会议精神。讨论全省钢铁生产和人民公社化问题,要求第一书记挂帅,保证为完成生产70万吨钢、100万吨铁的任务奋斗,号召全省人民日产万吨铁向国庆献礼。通过《关于人民公社若干问题的意见》,决定在全省建立800个左右人民公社。

〇从8月下旬到本月上旬,经过20多天的并大社转公社运动,全省实现了公社化。全省2万多个农业生产合作社,转建为890个人民公社。

22日

〇中共山西省委、省人委发出《关于当前钢铁生产的决定》。决定要求钢的生产任务由70万吨提高到80万吨,生铁由110万吨提高到150万吨。到10月份,全省有近400万人投入大炼钢铁运动。

10月

19—27日

〇山西省第一届体育运动会在太原举行。运动员880名,竞赛项目23个。其中有32项打破全国纪录。

本月

〇潞安矿务局、轩岗矿务局、霍县矿务局成立。

12月

6日

〇北京至原平的京原铁路开工兴建。

9日

〇黄河三门峡截流工程完成。三门峡水利枢纽工程是在1957年4月开工兴建的,位于黄河中游河南省陕县和山西省平陆县境内,是当时根治和开发黄河最大的一座防洪、发电、灌溉的综合性工程。黄河截流后,可形成一个3500平方公里的水库,容水量647亿立方米,灌溉农田4000万亩。

1959年

1月

2-10日

〇中共山西省委召开第一届委员会第十一次会议,传达讨论中共中央八届六中全会有关决议精神,总结1958年"大跃进"的成就和经验,确定1959年山西省发展国民经济的主要指标:钢产量120万吨左右,铁产量160万吨左右,粮食总产240亿斤(120亿公斤)至320亿斤(160亿公斤),棉花总产6亿斤(3亿公斤)至8亿斤(4亿公斤),油料总产3亿斤(1.5亿公斤)至4亿斤(2亿公斤)。并通过《关于调整和巩固人民公社的决议》,要求4月底以前把人民公社整顿好。

13日

〇《山西日报》报道,全省编制成第一幅煤田预测图,煤储藏量约达11000多亿吨。

17日

〇山西省人民武装警察总队举行成立大会。

4月

17-23日

〇中共山西省委召开常委(扩大)会议。根据中央八届七中全会精神,对全省1959年主要工业生产指标和基本建设投资作了调整,钢产量由120万吨压为83万吨,铁产量由160万吨改为110万吨至120万吨,基本建设投资由17亿元压为12亿元。会议并根据中央《关于人民公社的十三个问题》的决定,讨论修改了《关于召开人民公社社员代表大会、整顿公社管理机构的几项规定(草案)》和《关于供给制、生产队包产及粮食问题的几项具体规定》。

6月

15日

〇中共山西省委发出《关于坚决减少职工人数和压缩城市人口的紧急通知》,要求在一个月内精简职工26万至30万,压缩城市居民10万至15万。

29日

〇中共山西省委召开常委会,讨论和调整1959年工农业生产计划指标问题。议定粮食指标降到125亿斤(62.5亿公斤)至140亿斤(70亿公斤),棉花降到2.9亿斤(1.45亿公斤)至3.2亿斤(1.6亿公斤),钢降到53.8万吨至55.8万吨,铁降到77万吨至80万吨等。并决定手工业保留一部分全民所有制,一部分退到手工业工厂和手工业合作社,一部分退到公社所有。

7月

24日

〇全省第一座跳伞塔在太原三营盘建成，高 54 米。

10 月

1 日

〇刘胡兰纪念馆在文水县云周西村建成，本日正式开放。

8 日

〇山西试制成功第一架航空体育器材—滑翔机。

11 月

12—21 日

〇卫生部在稷山县召开全国农村卫生工作现场会议，推广稷山县的农村卫生工作经验。

12 月

14 日

〇中国科学院古脊椎动物研究所太原工作站，在芮城风陵渡黄河沿岸一带发现旧石器时代遗址。

1960 年

2 月

3 日

〇平陆县发生反革命投毒事件，61 名民兵中毒。当晚中央卫生部门和空军某部连夜用飞机送药，中毒民兵全部得救。投毒犯张才德被判处死刑。

4 日

〇太原至天津的民用航线通航。

3 月

24 日

〇中共山西省委在太原召开有 4600 余人参加的干部会议。讨论了人民公社过渡问题，办好农村公共食堂，农业生产“大跃进”及改善干部作风问题。会议于 4 月 7 日结束。

4 月

2 日

〇太原至省内各地电传电路实现半自动化转报。

30 日

〇太原市第一条无轨电车线路在解放路建成通车。

5 月

9 日

〇大同矿务局白洞煤矿发生煤尘爆炸事故，280 人被抢救脱险，数百名职工遇难，教训极为沉痛。

25 日

〇以“太原实验电视台”呼号，开始试播电视节目。

7 月

8 日

〇省民用航空局派飞机 68 架次，以一个月时间，为晋北播种牧草 32768 亩。

30 日

〇太原至兰州开通直达长途电话。

12 月

14 – 18 日

〇党中央召开八届九中全会，通过“调整、巩固、充实、提高”八字方针，这是山西经济工作纠正“左”倾错误的重要转折。

1961 年

1 月

30 日

〇中共山西省委决定，从 2 月 1 日起，农村人民公社管理区一律改称生产队，原生产队改称生产小队。

4 月

1 – 10 日

〇中共山西省委召开全省精简工作会议，决定 6 月底以前全省精减职工 20 万至 35 万人。

2 日

〇为了进一步贯彻执行中共中央关于国民经济以农业为基础，全党全民大办农业，大办粮食的方针，中共山西省委决定抽调 10 万名干部、工人、学生支援农业生产。

5 月

10 日

〇中共山西省委发出《关于农村人民公社若干有关所有制问题的通知》，规定生产队和社员个人可以垦荒等政策。

18 日

〇山西省人民委员会发出准予太原市建立南城、北城、河西、晋源 4 个市辖区建制的批复。

6 月

1 日

〇中共山西省委批准精简领导小组提出的《精简机构、人员实施方案》，决定全省精减非农业人口 30 万。3 日，中共山西省委常委会再次议定全省精减非农业人口 50 万至 60 万人。

〇省委召开电话会议，部署了精减压缩非农业人口问题。

8日

○中共山西省委召开电话会议,布置压缩城市人口问题,宣布公共食堂自愿参加,粮食分配到户,供给制原则上不再搞了,只对五保户和困难户给予补助。

8月

5日

○中共山西省委决定成立6人甄别领导小组,对反右倾运动中被错误批判、处分的党员、干部进行甄别平反。

9月

15-29日

○全国乒乓球锦标赛在太原举行。来自25个省、市、自治区和解放军的315名运动员参加了比赛。

11月

4日

○中共中央把山西万荣县发展大牲畜的经验,批转发给全国各省、市、自治区及地、县、公社党委。

22日

○山西省人民委员会发出关于大同、阳泉两市改为省直辖领导的通知。

12月

26日

○芮城永乐宫元壁画及保存壁画的宫殿建筑从永乐镇移到龙泉村。

1962年

5月

23日

○中共山西省委召开地(市)、县委书记会议,传达中央工作会议和华北会议精神,确定当前工作的中心是一手抓精简、一手抓抗旱。讨论了省精简小组提出的《省、市、专、县的机构设置方案》、《1962年全省精减职工减少吃商品粮人口计划方案》,听取了当前防旱抗旱工作报告。决定1962年减少城镇人口50万(到年底实减520250人)。从7月1日起,城镇非农业人口每人每月减粮1斤,共减6个月。同时布置了抗旱工作。

6月

5日

○中共山西省委决定各地(市)、县委办的小报,从7月1日起一律停刊。《山西日报》增加农民版。

7月

13日

○中共山西省委发出《关于在目前配备干部中几条原则规定的通知》,规定各地、市委以下各级党委,一般不设书记处,只设书记、副书记;各监委书记要配备相当于同级党委副书记一级干部。

9月

6日

○山西省轻工业厅和化学石油工业厅合并为轻工化学工业厅;省冶金工业厅、机械工业厅、农业机械厅合并为重工业厅。

1963年

1月

17日

○中共山西省委常委议定,在已精减23万职工的基础上,再精减2万人,压缩家属工作要善始善终。

2月

4日

○中共山西省委召开电话会议,进一步布置农村整风整社工作。15日又发出《关于进一步布置农村整风整社工作的指示》,指出这是当前农村工作的中心任务,要求做到思想、政策、经营管理、组织、干部和生产六落实。

13日

○全省开通9个省际长途电话,至此,除保德、石楼、神池外全省县以上省际长途电话全部开通。

4月

5-7日

○各国驻华使节和部分外交官员及他们的夫人,在外交部部长助理韩念龙和夫人的陪同下来太原参观。

7月

27-30日

○中共山西省委常委讨论决定,在全省工、商、文教系统开展"五反"运动(县企业不搞,文教先在大专院校搞)。基层供销社、信用社、手工业社和公社同时进行"四清"运动。

注:"四清"开始是指清帐目、清仓库、清财物、清工分,后改为清政治、清经济、清组织、清思想。

8月

4-10日

○1963年全国少年乒乓球锦标赛在太原举行。

27日

○山西省派出150人组成的医疗队赴河北石家庄、邢台等地震灾区进行医疗救护工作。

9月

20－28日

〇中国农业科学院棉花研究所和山西农业科学院运城棉花研究所，联合召集南北10省棉花科学工作者和植棉能手，在运城座谈研究著名劳动模范曲耀离棉花丰产经验。会议认为运城棉花研究所的“四条”研究成果和曲耀离的“八条”植棉经验，在黄河流域棉区有普遍指导意义。

10月

10－19日

〇中共山西省委召开地、市委书记会议，传达中央北戴河工作会议和华北局会议精神，传达邓小平《关于中苏两党会谈情况的报告》。对1963年度的征购任务、今冬明春工作安排、1964年农业生产计划指标等进行了讨论研究。会议确定1964年粮食总产指标为80亿斤（40亿公斤），争取恢复到1958年80.7亿斤（40.35亿公斤）的水平，棉花1.5亿斤（0.75亿公斤），油料7－8千万斤（3.5－4千万公斤）。

28－29日

〇法国参议员、前总理埃加·富尔和夫人参观访问了太原重型机器厂、榆次县张庆人民公社，游览了晋祠。

11月

9日

〇中共山西省委发出通知，号召学习大寨人藐视困难的英雄气概，自力更生奋发图强的坚强意志，以国为怀顾全大局的高尚风格。10日《山西日报》以《大寨的人民志不屈，旗不倒》为题，报道了大寨大队本年连续战胜7次自然灾害获得丰收，积极交售余粮的先进事迹。并发表社论，号召学大寨之志，长大寨之风。

12月

20日

〇中共山西省委批转省煤管局党组《关于石圪节矿风的报告》，号召全省各行各业学习和推广石圪节煤矿的经验。

1964年

1月

26日

〇山西省人民委员会转发太原市《关于积极开展计划生育工作的意见》，要求各级党委把计划生育工作列入议事日程。

2月

10日

〇《人民日报》以《大寨之路》为题，报道了大寨大队的先进事迹，并以《用革命精神建设山区的好榜样》为题发表社论。

3月

18日

〇中共山西省委召开地、市委书记会议，布署了农村“四清”、城市“五反”和农业生产运动。决定今冬明春集中力量大会战，完成8千个生产队的“四清”工作，制定了《农村“四清”工作队政治工作条例（草案）》，并决定创办《四清报》（内部刊物），指导“四清”运动。会议号召学解放军、学大庆，开展“一带二”活动和“五好”竞赛运动。提出1964年争取实现生产粮食90亿斤（45亿公斤）、棉花2亿斤（1亿公斤）、油料8000万斤（4000万公斤）等奋斗目标。

5月

10日

〇中共山西省委批转省委工作组《关于昔阳县大寨生产大队以革命精神改进劳动管理的考察报告》，肯定了大寨大队评工记分平均主义的劳动产品分配原则，要求各地学习推广。

7月

23日

〇中共山西省委发出《关于民兵工作“三落实”的决定》，要求做好民兵“三落实”工作。

〇经国务院批准，山西财经学院恢复。

11月

2日

〇山西省人民委员会发出《关于调整市镇建制缩小城市郊区的通知》，决定保留太原、大同、阳泉、长治4个市的建制，保留太原、阳泉两市现有郊区，缩小大同、长治两市郊区。全省保留48个镇，其中城关镇35个，农村镇柳林1个，矿区镇12个。

9日

〇山西省人民委员会发出《关于恢复大同、怀仁两个县的通知》。

24日

〇中共山西省委、省人委发出《关于在问题严重的地区由贫协行使职权的通知》。指出，发现有些地方领导权被地、富、反、坏分子或新的资产阶级分子、蜕化变质分子所掌握，有些地方经过工作，基层干部仍躺倒不干，经工作团批准，都应该由贫协取而代之，一切权力归贫协，一直到选出新的领导核心，移交权力时为止。

12月

3日

〇山西省人民委员会发出《关于进一步加强市场管理严厉打击投机倒把活动的通知》,规定粮食、棉布等许多农副产品不准进入市场。

〇周恩来总理在第三届全国人民代表大会的《政府工作报告》中,对大寨精神进行了概括,指出"大寨大队所坚持的政治挂帅、思想领先的原则,自力更生、艰苦奋斗的精神,爱国家、爱集体的共产主义风格,都是值得大力提倡的"。

本年

〇毛泽东主席号召全国工业战线开展"工业学大庆"群众运动。并提出"农业学大寨"的口号。

1965年

1月

10－24日

〇垣曲县连续发生12次地震,全县15个公社有11个受灾。最大震级为5.5级。

3月

2日

〇中共山西省委发出《关于交流县委书记的通知》。

26—31日

〇中共山西省委、省人委召开全省第一次贫下中农和1964年度农业生产先进单位代表会议。出席会议贫下中农代表2192人,农业生产先进集体代表1556人。会议听取了卫恒省长作《高举总路线红旗,夺取农业大丰收》的报告和《学大寨、树标兵,一带二,一片红》的总结报告,选举产生了省贫下中农协会筹委会,刘开基当选为主任。并奖励了104个先进单位。会议号召以点带面开展学大寨运动。

4月

8日

〇《大寨之路》摄影展览在太原展出。

7月

1—21日

〇华北区1965年京剧革命现代戏观摩演出在太原举行。

19日

〇山西省人民委员会发出《关于将大同、怀仁两县划归雁北专员公署领导的通知》。

8月

1日

〇山西省第四届运动会从5月30日开始到本日结束。26人35次打破22项全省最高纪录。

21日

〇中共山西省委发出《关于进一步加强县级以上领导干部学习毛主席著作的决定》。

30日

〇中共山西省委、省人委向中共中央、国务院及华北局作《关于生产救灾问题的报告》,本年全省受旱灾面积3820万亩。

9月

16日

〇中共山西省委转发李先念副总理给省委第一书记卫恒的信,信中说,粮食工作光靠粮食部门是不够的,各级党委必须加强领导,山西今年旱灾严重,更要加强粮食工作。

10月

21—30日

〇中共山西省委召开第二届委员会第二次(扩大)会议。传达中央工作会议精神和毛泽东主席关于备战、备荒、为人民的指示,作出《关于动员全民,奋战五年,建设两个1500万亩稳产高产田的决议》。要求在第三个五年计划期间,在有水源的地区,大兴水利工程,发展保证水浇地1500万亩;在无水源地区大搞农田基本建设,建成大寨农田1500万亩。

11月

20日

〇中共山西省委转发人民银行和农业银行省分行党组对执行中央《关于中国农业银行同中国人民银行合并问题的指示》的意见,决定两行正式合并。

12月

10—14日

〇山西省第三届人民代表大会第二次会议在太原举行。听取通过卫恒省长作《山西省人民委员会工作报告》,通过了《关于1966—1970年建设两个1500万亩稳产高产田的实施方案》和财政预决算报告等。会议同意卫恒辞去省长和第三届全国人民代表大会的职务,陶鲁笳辞去省人民委员会委员职务的请求。补选陶鲁笳、王谦为第三届全国人民代表大会代表,补选王谦为省长,增选刘格平、黄克诚、贾冲之为副省长,增选卫恒为省人民委员会委员。

本月

〇山西省农业劳动大学成立。这所大学除本部外,还有28所分校,招生实行"社来社去"、"城来城去"的原则。

1966 年

2 月

9 日

〇中共山西省委发出通知，要求各级党委认真组织向焦裕禄同志学习的活动。

26 日

〇山西省人民委员会转发省安置城市下乡青年领导小组《关于山西省 1966 年下乡青年安置计划》，决定全省动员 4800 名城市知青下乡插队，另安置外省 2100 名知青。

3 月

22 日

〇河北省邢台、衡水、石家庄等地区连续发生两次强烈地震，山西省昔阳县、平定县、阳泉市等地也都发生了烈度为 6 度的地震，有一部分生产大队的人、畜、房屋遭到不同程度的损失。中共山西省委、省人委当即研究了救灾工作，并于 23 日派出慰问团，前往灾区慰问受灾群众，指导救灾工作。

5 月

3 日

〇中共山西省委根据中共中央指示，决定成立“学术批判领导小组”，并发出《关于开展学术批判运动的通知》。《通知》要求对所谓“资产阶级反动学术权威”开展批判。

10 日

〇中共山西省委决定把“学术批判领导小组”改为“文化革命办公室”。

16 日

〇中共中央政治局扩大会议通过了毛泽东主席起草的《中国共产党中央委员会通知》（即 5·16 通知）。21 日中共山西省委向全省各级党委发出《贯彻中共中央〈5·16 通知〉的紧急通知》。这标志着“文化大革命”的全面发动和迅猛开展。

22—7 月 9 日

〇中共山西省委领导成员除个别成员留省主持日常工作外，其余全部参加了中共中央华北局在北京召开的工作会议。会议期间，省委主要负责同志检讨了对“文化大革命”“很不理解，很不得力”的所谓错误。

6 月

3 日

〇中共山西省委召开大专院校负责人会议，宣布了八条规定，主要内容是：大字报不许上街，不许出校，不许随便点名批斗，不许联合召开批斗大会，不许泄漏国家机密，不许上街游行等。

4 日

〇中共山西省委决定派工作组到山西大学、太原工学院等大专院校帮助工作，并派出联络员，指示各大专院校成立“大字报编委会”。

9 日

〇中共山西省委召开第二次农村政治工作会议，提出要在干部和群众中进行一次政治和生产关系的大讨论，把“突出政治”落实到人的思想革命化，要把农村政治工作掌握在“革命派”手中。

12 日

〇全国公路自行车锦标赛，于本日至 20 日在太原举行。山西选手在 6 个项目比赛中，取得男子 100 公里团体赛和 200 公里个人赛，女子 30 公里个人赛和 70 公里个人赛 4 项冠军。

21 日

〇太原工学院院长赵宗复遭受“造反派”的残酷迫害，于本日含冤而死，时年 51 岁。“四人帮”被粉碎后，中共山西省委为赵宗复平反昭雪，恢复名誉。

7 月

1 日

〇中共山西省委召开“文化大革命”动员大会。参加大会的有省直机关、高等院校、十七级以上党员干部和党、团员中的“左派”代表 5700 多人。省委第一书记卫恒作了动员报告。

18 日

〇中共山西省委召开省直机关和高等院校“无产阶级文化大革命”动员大会，参加大会的有 21000 多人。

8 月

8 日

〇中共八届十一中全会通过《中国共产党中央委员会关于无产阶级文化大革命的决定》（即《十六条》）。这个错误决定被反革命集团利用，给党和国家带来了严重灾难，山西从此陷入了灾难的深渊。

12 日

〇中共山西省委迫于学生中“造反派”的压力，决定高等院校的师生可以在院校之间互相串联。

20 日

〇中共山西省委在省城召开 15 万人大会，庆祝“无产阶级文化大革命”。会上成立了全省红卫兵组织筹备领导机构。从此，全省各地出现了红卫兵。部分学生开始大串联，全省各地成立了红卫兵接待站。

23 日

〇《山西日报》刊登新华社消息：首都红卫兵开始扫“四旧”，向旧思想、旧文化、旧风俗、旧习惯猛烈开火。同时转载《人民日报》22日两篇社论：《工农兵要坚决支持革命学生》、《好得很!》。全省随之开始了扫"四旧"，许多文物古迹横遭破坏。

27日

〇山西省城5000多名"红五类"（工人、贫下中农、革命干部、革命军人、革命烈士）子女在湖滨会堂召开誓师大会，北京清华大学等6院校在太原的"红卫兵"也参加了大会。

本月下旬

〇阳泉降历史上罕见的特大暴雨，仅23日15时至21时，降水量就达217毫米。全市52个工厂仓库遭洪水袭击，32个商店门市部被淹没，上千户居民住房被淹。中央发出慰问电，并派出飞机运送救灾物资。

9月

11日

〇太原五中学生中"造反派"头头贴出炮轰省委的大字报，煽动学生中"造反派"向中共山西省委及省委第一书记卫恒开展斗争。

16日

〇太原五中、太原六中、太原工学院部分"造反派"成立所谓"炮打黑省委指挥部"。19日这个组织的几十名"造反派"围攻卫恒一个通宵。中旬，许多大、中学校师生纷纷成立群众组织，起来"造反"。

10月

26日

〇山西省城太原工学院、太原十中、省委党校、山西医学院、太原冶金学校、太原十二中等7个单位的"造反派"组织，到省委"造反"。王大任、武光汤被围攻12小时。

11月

2—20日

〇中共山西省委在晋祠宾馆和迎泽宾馆分两摊（生产、文化革命）召开省、地、县三级干部会，传达中央10月会议精神。会议受到省城一些"造反派"组织和"首都赴晋造反大队"的冲击。

3日

〇太原工学院"造反派"组织揪斗中共山西省委第一书记卫恒、书记王大任以及秘书长史纪言10多小时，迫使省委召开的三级干部会中断。

7日

〇中共山西省委发出通知，要求各大、中学校党委认真贯彻执行中央批转的军委总政《关于军队院校无产阶级文化大革命的紧急批示》，给在运动中被打成"反革命"、"反党分子"的人平反，并将整理他们的材料全部销毁。同时撤回省委派往各单位的联络员。

10日

〇山西省城"造反派"在五一广场召开10万人大会，要与卫恒辩论，主席台上的人殴打卫恒，并喊出"打倒卫恒，解放全山西"的反动口号，激起群众义愤，当场即有人冲上台表示抗议，会议中途流产。

20日

〇山西省城一些"造反派"组织在五一广场召开首次批判所谓"资产阶级反动路线"大会，揪斗中共山西省委第一书记卫恒。同时抢占省委广播室、会议厅、卫恒办公室，宣布进驻省委机关。21日"造反派"查封了省委全部文件。

24日

〇中共山西省委在五一广场召开群众大会，卫恒代表省委作"检讨"。由于省城个别"造反派"组织和"首都赴晋造反大队"的干扰，大会被迫停止。于26日改在省委礼堂继续进行。

12月

本月上旬

〇省委根据华北局指示建立一线、二线两套班子，卫恒、王谦、王大任、郑林、贾俊、武光汤为一线，应付各路"造反派"围攻，赵雨亭、刘开基组成二线，负责面上工作和生产。

7日

〇山西省城部分"造反派"在五一广场两次批斗卫恒。王谦、武光汤、焦国鼐、贾俊等也接连被揪斗。

28日

〇"造反派"查封山西日报社。《山西日报》被迫停刊。

1967年

1月

10日

〇太原出现5名领导干部联名写出的题为《请看！以卫恒、王谦为首的钻进党内一小撮反党反社会主义反毛泽东思想的修正主义分子在文化大革命中所犯的罪行》的大字报，攻击和诬蔑"省委以卫恒、王谦为首的钻进党内一小撮人是破坏无产阶级文化大革命的罪魁祸首"，"要把山西搞成一个在中国复辟资本主义的战略根据地"。这张大字报被"造反派"头头们吹捧为"革命檄文"。

12日

〇山西省城23个"造反派"组织的头头开会，策划夺中共山西省委、省人委的权。会后分头出动，抄了卫恒、王谦、王大任等7名领导人的家，并决定成立所谓“山西革命造反总指挥部”，推杨承效为总指挥。接着在省人委会议厅召开了夺权动员大会，查封了省和太原市党政机关所有办公室，宣布接收省、市机关大权。

14 日

〇山西革命造反总指挥部发表夺权后的第一号《通告》，宣布 25 个“造反派”组织夺了中共山西省委、省人委和太原市委、市人委的党政大权。

15 日

〇“总指挥部”在五一广场挂牌批斗卫恒、王谦、王大任、贾俊，受到与会群众抵制，后又转移到机械学院继续批斗。

17 日

〇“造反派”组织夺了山西省公安厅、省人民广播电台的权。

26 日

〇山西省城召开“造反派”10 万人誓师大会。大会号召“大联合、大造反、大夺权”。

29 日

〇中共山西省委第一书记卫恒被“造反派”先后围攻揪斗 10 多次。于本日，又被秘密审讯了 3 个多小时。30 日，被迫害含冤而死，时年 52 岁。1985 年 6 月，中共山西省委作出为卫恒同志彻底平反的决定。决定指出，卫恒同志“为我省的社会主义革命和建设付出了大量的心血，做出了显著的成绩，在‘文化大革命’动乱中，面对林彪、江青反革命集团的淫威，他坚贞不屈，正气凛然”。

〇王谦、王大任等省和太原市数十名党政领导干部，被从“造反派”组织的监房转走，关进市中级人民法院监狱。

2 月

23 日

〇中共山西核心小组会议决定：成立“山西无产阶级专政委员会”。

3 月

本月上旬

〇解放军 4642 部队入晋“支左”。

10 日

〇中共山西核心小组、山西革命造反总指挥部、山西省军区、4642 部队联合发出《关于军队管理工矿、企业、事业单位的通知》。《通知》说：“凡属军队管理的单位，均由军队统一领导，全面管理，负责到底。其他任何部门，任何群众组织不得插手干预军管单位的‘抓革命，促生产’工作，不得以任何形式和行动影响或破坏军营”。

4 月

14 日

〇太原的各“造反派”组织分裂，互相攻击对抗。派性斗争激烈，不少单位发生武斗。

5 月

1 日

〇毛泽东主席接见北京、上海、山西省革委会代表团。

2 日

〇刘格平、张日清传达毛泽东主席对山西的指示：“把革命搞好，把生产搞好”。

7 月

4 日

〇中央召开了解决山西问题的“七月会议”。会议期间，红总站和红联站在京达成协议。协议强调指出：立即制止武斗，保证“文化大革命”顺利进行。会议于 8 月 2 日结束。

8 月

7—9 日

〇平遥由于两派群众组织之间矛盾激化，发生了大规模武斗事件。参加武斗的有从太原去的“造反派”和平遥临近各县的群众组织近万人，造成严重后果。

9 月

5—6 日

〇太原十中发生大规模武斗事件，造成严重伤亡，公共财产也遭严重破坏损失。

10—17 日

〇山西省革委在昔阳召开了全省学大寨现场会，参加会议的有贫下中农代表，解放军指战员及所谓“革命小将”等 3000 余人。

10 月

6 日

〇中共山西省核心小组，省革委会发出通知，号召“斗私，批修”，举办“毛泽东思想学习班”。

22 日

〇山西省革命委员会发出通告，号召广大革命师生立即返校复课闹革命。

11 月

8 日

〇山西省革委召开常委会议，制定了“归口闹革命，实行大联合”的十条决议。并于 10 日在省城工农兵大会堂召开“关于实行按系统大联合动员大会”。

28 日

〇中央关于解决山西问题的十二月会议在北京召开。周恩来在第一次座谈会上讲话。这次会议是为了增强党性，克服派性，批评支一派压一派的错误，促进革命大联合。会议确定4642部队党委统一领导山西“支左”。会议于12月27日结束。

12月

1—10日

〇西山矿务局武器库于本月1日、5日、10日3次被抢。

19日

〇山西省城一些“造反派”组织抢劫太原市武器库，抢走部分枪支弹药。

21日

〇阳泉市又发生武斗，造成严重伤亡。

1968年

1月

7日

〇晋东南发生武斗，一派“造反”组织向长治市内开炮，造成伤亡。

16日

〇解放军两个连护送李顺达、贾茂亭、常三毛等由太原返回长治，在抵达市区时，遭到一派“造反”组织绑架，发生了“1·16”事件。

25日

〇中央为解决山西问题，在京举办“山西毛泽东思想学习班”，要求各大组织头头赴京参加学习。

4月

10日

〇晋中“八县联防军”冲击离石县监狱，抢去武器，放出犯人，打死打伤解放军数人。

5月

5日

〇中央第四次召开解决山西问题的会议。会议期间，中央首长接见了山西核心小组成员。

15日

〇太原、晋中、阳泉、晋东南等地武斗不断发生。18日中共山西省核心小组发出制止武斗的通知。

10月

15日

〇山西省第二次农业学大寨现场会议在昔阳召开。参加会议的代表2000多名。27个省、市、自治区和中央有关部门的代表也参加了会议。

12月

14日

〇集结在灵石的阳泉、晋东南、陕西等地的部分“造反派”，连续4天殴打部队战士，冲击4655部队驻军营部，营长、教导员被打，县人武部政委梁志凯被打致死。

23日

〇山西省城一些“造反派”头头策划和指挥上千人冲进山西日报社，占领编辑部大楼，中断电台收报，报纸被迫停刊90多天。

本年

〇在毛泽东主席“知识青年到农村去”的号召下，共有62041名城镇知识青年在山西上山下乡插队落户。其中本省知青6023人，北京知青35676人，天津知青20342人。

1969年

1月

14日

〇周恩来总理电话通知，中共山西省核心小组，让十三冶、十二冶两单位的两派各派15名代表，于三天内赴京参加“8·15”会议。30日，周总理接见了两单位的代表并讲了话。十三冶两派在会上签定了“五不”协议。

4月

13日

〇中共山西省核心小组发出《关于贯彻中央负责同志指示的紧急通知》。要求立即制止武斗，解散跨行业组织，实现归口大联合。

23日

〇《山西日报》复刊，只发新华社新闻稿。

5月

28日

〇临汾地区一些“造反派”组织武装冲进晋南军分区军械库，抢走部分枪支弹药。

1970年

1月

12日

〇《山西日报》重新发表毛泽东主席为刘胡兰题词的手迹。晋中地区军民5000多人在文水县云周西村集会，纪念毛泽东主席为刘胡兰烈士题词23周年。

7月

1日

〇山西第三个大型水库—文峪河水库，从1959

年11月开工，历时11年，于本日竣工。

9月

23日

〇我国著名作家赵树理遭受诬陷与迫害，身心遭到严重摧残，肋骨髋骨被打折，重病在身，得不到治疗，还被接连批斗，于本日含冤而死，终年64岁。1979年2月13日，中共山西省委作出决定，为赵树理同志平反，恢复名誉。

1971年

2月

5日

〇中共山西省核心小组和省军区党委联合召开地、师级以上干部会议，传达贯彻华北会议精神，开展“批陈整风”运动。会议历时27天，于3月3日结束。从3月2日到23日，全省分9个点陆续召开县、团以上领导干部参加的“批陈整风”会议。

4月

12日

〇中共山西省第三届委员会召开第一次全体会议。谢振华、曹中南、陈永贵、张平化等14人当选为常委。谢振化任省委第一书记，曹中南、陈永贵、张平化任省委书记。会议通过了《继续深入开展农业学大寨群众运动的决议》。

5月

15日

〇山西省革委决定：撤销山西农业劳动大学，合并到山西农学院。

6月

15—21日

〇山西省革委召开第五次常委扩大会议，总结了上半年工作，作出了下半年工作安排的决议。经国务院批准，决定成立吕梁地区，成立榆次市、临汾市、侯马市和方山、交口、娄烦、离石郊区、古县五县。

7月

8日

〇从6月下旬以来，全省连续降雨，晋东南、运城、临汾等地区，多次降灾害性暴雨。全省有62个县、市、区，473个公社，3248个生产队受灾。

9月

1—16日

〇“农业学大寨”经验交流会议在太原召开，有500余人参加。

10月

27—28日

〇中共山西省委召开常委扩大会议，传达学习中共中央《关于扩大传达林彪叛党叛国事件》的通知和北京军区会议的材料。

12月

4—9日

〇中共山西省委在太谷召开“批林批陈”整风汇报会。参加会议的有省委常委及有关部门负责人44人。

1972年

1月

26—2月3日

〇中共山西省委举办县团以上干部学习班，学习中央有关文件，批判林彪、陈伯达反革命集团。

2月

16日

〇著名晋剧表演艺术家丁果仙，“文化大革命”中惨遭批斗、抄家，本日含冤逝世，终年63岁。

4月

16日

〇山西大学、太原工学院、山西矿业学院、山西师范学院、太原重机学院、山西农学院等大专院校开学。首批4000余名工农兵学员入学。

6月

14日

〇在全国五项球类运动会乒乓球团体赛中，由仇宝琴、于秀萍组成的山西女子一队，获得女子团体第一名。

10月

28—11月3日

〇1972年全国公路自行车邀请赛在太原举行。来自北京、上海、江苏等10个省、市的代表队参加了比赛。山西获男子成年组100公里团体赛和女子成年组25公里团体赛第一名。

1973年

1月

1日

〇京原铁路正式运营。该线全长417.9公里，为晋煤外运的主要线路之一。

7月

3日

○1973年全国少年乒乓球比赛在太原举行。比赛进行了10天,于14日结束。

9月

15日

○国务院总理周恩来,外交部长姬鹏飞陪同法国总统乔治·蓬皮杜、外交部长米歇尔·若贝尔等贵宾到大同市参观访问。

11月

3—15日

○全省工业学大庆经验交流会议在太原召开。出席会议的有省、地(市)、县主管工业的负责同志,及工业、交通、基本建设战线的先进集体和个人,共1000余人,会议分析了学大庆运动的情况,总结交流了经验,特别是石圪节煤矿和晋城县学大庆的典型经验,讨论研究了有关学大庆的几个问题,提出了今后任务。

12月

22日

○《山西日报》报道,几年来,先后有8万多名北京、天津和本省的知识青年到农村插队落户。

1974年

3月

1日

○上月28日江青反革命集团炮制的《评晋剧〈三上桃峰〉》发表后,在山西出现新的动乱。本日,中共山西省委发出了"通知",省委和太原市委召开了批判《三上桃峰》大会,省城文艺界、省军区以及昔阳县、大寨大队等,先后集会对《三上桃峰》进行了批判。全省其他地区也进行了此项批判活动。

5月

11日

○塞内加尔总统列奥波尔德·赛达·桑戈尔和夫人等,由李先念副总理陪同到大寨参观访问,受到热烈欢迎。

8月

11—18日

○山西省第五届运动会在省城杏花岭体育场开幕。运动会分别在太原、榆次、忻县3个赛区进行。比赛项目有田径、篮球、足球、排球、乒乓球、自行车、武术、射击。

15日

○山西省政协副主席、党组书记何英才,遭受"四人帮"迫害,于本日含冤去世,时年69岁。

9月

6日

○中共山西省委和太原市委,在湖滨会堂召开"批林批孔"会议,批判林彪军事路线。

10月

4日

○大型引黄高灌工程——芮城县大禹渡电灌站枢纽工程第一期工程竣工上水。这项工程能提水扬程200多米。

26日

○大寨及全省农业学大寨展览在太原开幕。

11月

20—12月6日

○全省1974年农业学大寨会议在昔阳召开。全省各地(市)、县委书记、先进社队代表1000余人参加了会议。会议检查总结了北方地区农业会议后4年来的农业学大寨的情况、经验和存在问题,提出重新认识大寨经验,进一步解决学大寨学什么、怎么学的问题。

1975年

2月

25日

○莫桑比克解放阵线主席萨莫·莫伊塞斯·马谢尔率领莫桑比克友好代表团访问了大寨。当天晚上到达太原,受到欢迎。

3月

3日

○我国著名数学家华罗庚,应山西省革委的邀请,来山西传授、推广优选法。

5月

15日

○柬埔寨民族统一阵线中央政治局主席、民族团结政府首相宾努亲王和夫人等,由人大常委会副委员长乌兰夫陪同,参观访问了大寨。

22日

○中央决定王谦任山西省委第一书记、省革委主任,免去谢振华省委第一书记、省革委主任职务。

7月

9日

〇长治市恢复为省辖市。

9月

15日

〇国务院召开的全国农业学大寨会议在昔阳隆重开幕。10月15日移至北京继续举行，于10月19日在北京闭幕。在开幕式上邓小平作了重要讲话，提出了对各方面进行整顿的问题。这个对各方面工作整顿的方针，实际上就是要整顿被“文化大革命”搞乱了的各条战线，从而着手恢复党的“八大”的正确路线。

本月

〇在第三届全国运动会比赛中，山西获公路自行车赛男子团体第一名，公路自行车赛女子团体第二名，赛车场自行车赛女子团体第二名，赛车场自行车赛男子团体第三名。在个人赛中，山西运动员获公路自行车比赛3项第一名，赛车场自行车比赛3项第一名，中国式摔跤比赛2项第一名，武术比赛1项第一名。

10月

30日

〇中共山西省委作出《关于整党整风的决定》。

1976年

1月

5日

〇山西省革委转发国家计委、财政部、中国人民银行、国家劳动总局《关于进行劳动工资普查的联合通知》，同时成立了工资普查联合办公室。

8日

〇中共中央副主席、国务院总理、政协全国委员会主席周恩来同志逝世。9日，中共山西省委、省革委向毛主席、党中央、人大常委会、国务院发出唁电，沉痛哀悼周恩来总理逝世。并隆重举行吊唁仪式。城乡人民也不顾“四人帮”的禁令，自发地举行悼念活动。

4月

11—25日

〇1976年全国摄影艺术展览在太原展出。

5月

14日

〇以李光耀总理为首的新加坡友好代表团28人，在外交部副部长仲曦东陪同下，到大寨参观访问。

7月

6日

〇全国人大常务委员会委员长朱德同志逝世。中共山西省委、省革委向党中央发出唁电，沉痛哀悼朱德委员长逝世。

28日

〇河北省唐山、丰南地区发生强烈地震。当天，由大同、阳泉、西山3个矿务局106人组成的矿工救护队，于下午4时飞抵唐山，参加开滦矿务局抢险救灾工作。

29—31日

〇铁道部第三工程局组织2200余人，100多辆汽车，进入唐山重灾区抢修铁路。

30日

〇山西省第一批605人组成的赴唐医疗队，启程前往丰南、滦县。

9月

7日

〇由135个医疗单位，650名医务人员组成的山西省赴唐山地震灾区医疗队，圆满完成任务，胜利返并。

9日

〇中共中央主席、中共中央军委主席、政协全国委员会名誉主席毛泽东同志逝世。同日下午，中共山西省委召开各地、市、省直部、委、厅、局负责人紧急电话会议，沉痛宣告毛泽东主席逝世。并由省委、省革委、省军区向党中央发出唁电。11日，省委、省革委、省军区近5000人举行隆重吊唁毛泽东主席仪式。

18日

〇山西省城军民50万人在五一广场举行毛泽东主席追悼大会。

10月

6日

〇王洪文、张春桥、江青、姚文元“四人帮”反革命集团被粉碎，“文化大革命”至此结束。21日，山西省城军民40万人集会游行，庆祝粉碎“四人帮”的胜利。

12月

10日

〇全国第二次农业学大寨会议在北京开幕。山西参加会议的代表192人，特邀代表2人。

1977年

1月

12日

〇中共山西省委在文水县刘胡兰烈士陵园召开纪念毛主席为刘胡兰烈士题词暨刘胡兰英勇就义30

周年大会。15000多人参加了大会。《人民日报》16日报道了大会消息。

5月

2日

〇缅甸联邦社会主义共和国总统兼国务委员会主席吴奈温和夫人,由李先念副总理和夫人等陪同,到大寨参观访问。

4日

〇中共山西省委发出通知,决定恢复中共山西省委党校,撤销省"五·七干校"。

6月

10—15日

〇1977年全国公路自行车比赛在山西省长治市举行。

7月

6—16日

〇全国农田基本建设会议在昔阳县召开。参加会议的共1140人,其中山西代表有600人。

10—17日

〇1977年全国中国式摔跤比赛在忻县县城举行。参加比赛的有11个省、市、自治区和忻县的代表队,共96名运动员。山西选手获得最轻级、次轻级和次重级比赛第一名。

8月

5—6日

〇平遥县遭受大暴雨袭击,从5日晚11时半开始到次日早晨8时,仅8个半小时降雨323毫米,接近平遥常年全年降雨总量。

9月

11－10月4日

〇1977年全国中国象棋、国际象棋比赛在太原举行。

11月

3日

〇寿阳县上万名群众在县城集会,纪念刘胡兰式的女英雄尹灵芝英勇就义30周年。

1978年

1月

6日

〇隰县到永和3.5万伏输变电工程建成通电,全长32公里。至此,山西全省县县都通了电。

30日

〇中共中央调湖北省委书记王克文任中共山西省委委员、常委、书记。

5月

29日

〇莫桑比克人民共和国总统萨莫拉·莫伊塞斯·马谢尔和夫人由耿飚副总理陪同到大寨参观。

6月

20日

〇凌晨,郭沫若骨灰用飞机撒在大寨土地上。新西兰友好人士、著名作家路易·艾黎参加了撒放仪式。

9月

10—22日

〇全国航空模型比赛在太原举行。参加比赛的有29个代表队、196名运动员。

10月

17日

〇我国著名作家赵树理骨灰安放仪式在八宝山革命公墓礼堂举行。仪式由周扬主持,刘白羽致悼词。

11月

16日

〇中共山西省委重申,对1976年因悼念周总理,反对"四人帮"受迫害尚未平反者一律彻底平反。

28日

〇太原焦作铁路修文至五阳段建成并交付使用。全长209.5公里。至此太焦全线贯通。

1979年

3月

7日

〇《山西日报》报道,中共山西省委召开全委扩大会议,遵照中共中央十一届三中全会精神,总结农业学大寨的教训,讨论落实党的农村经济政策问题。

4月

4日

〇《山西日报》报道,中共山西省委召开全省改正错划右派工作经验交流会。回顾总结了前一段工作经验,讨论研究了进一步加快这项工作的具体措施。到目前为止,全省已改正的错划右派占原划右派总数的87.5%,其中95%以上的人安置了工作。

5月

9日

〇《山西日报》报道,山西省对外开放一批文化古迹游览点。有芮城永乐宫、解州关帝庙、洪洞广胜寺、临汾铁佛寺、蒲县东岳庙、隰县小西天、襄汾丁村遗址、平遥双林寺、太原双塔寺、浑源悬空寺、应县木塔。

7月

5—13日

○第四届全运会公路自行车比赛在太原举行。山西运动员夺得男子100公里团体赛、男子40公里个人赛和男子多日赛个人总成绩3项冠军。

8月

8日

○《山西日报》报道，经国务院批准，大寨农学院并入山西农学院，更名为山西农业大学，列为全国重点院校。

9月

12—18日

○第四届全运会赛车场自行车赛在太原举行。山西运动员打破3项全国纪录，获得5项冠军。

本月中旬

○在第四届全运会射箭比赛中，山西运动员获男子团体第一名，打破3项全国纪录。

10月

4日

○参加第四届全运会的山西体育代表团回并。在全运会上山西代表团获金牌21块，银牌18块，铜牌16块，31名运动员进入前6名。在田径、赛车场自行车、射箭、射击、航模、举重等项目中，有26人次打破了10项全国纪录，90人次打破了45项全省纪录。

12月

21—26日

○山西省第五届人民代表大会第二次会议在太原举行。会议选举产生了山西省人民政府组成人员。罗贵波当选为省长。

1980年

1月

1日

○农业银行山西各级分行支行机构本日起开始营业。

4日

○《山西日报》报道，山西省第一座大型工业污水处理站——山西印染厂污水处理站投入运行，日处理污水6000吨左右。

3月

9日

○凌晨5时54分，平遥县杜家庄公社一带发生5级地震。

21日

○《山西日报》报道，全省各级人民法院对305名因刘少奇冤案受株连判刑的当事人作了平反纠正。

4月

18日

○山西省人民政府召开1979年度科技成果授奖大会。1979年，全省取得重要科研成果194项，其中具有国内先进水平或填补了国内外空白的48项。

19日

○省人民政府决定，从1980年起，对地、市实行"划分收支、分级包干"的财政管理体制，并对企业、事业、行政单位财务体制进行改革。

22日

○山西省女子乒乓球队在全国乙级队团体赛中获冠军，并晋升为甲级队。

6月

9日

○山西第一条电子管、60路微波电路建成，使北部地区人民群众看电视节目的愿望得到实现。

本月中旬

○民航太原机场新增加三叉戟大型客机航班，航线为北京——太原——重庆。

8月

本月上旬

○经山西省人民政府同意，林业部批准，在管涔林区的芦芽山、关帝林区的庞泉沟建立30万亩的自然保护区，保护稀有动物褐马鸡。

9日

○经中共中央批准，中共山西省委决定恢复并扩建八路军太行纪念馆。

16—21日

○由教育部、国家体委和团中央联合举办的中华人民共和国第二届中学生运动会在太原举行。

9月

1日

○在全国第三次质量月广播电视大会上，山西杏花村汾酒厂"长城"牌汾酒获得国务院颁发的金质奖章，山西中药厂"远"字牌定坤丹、太原制药厂"太原"牌安宁、太原化肥厂"吕梁山"牌铂网、阳高水泥压力管厂水泥压力管获得银质奖章。

9日

○中国第一条复线电气化铁路石家庄——阳泉

段正式开通运行。

12日

○山西与新西兰合作在沁水县建设的示范牧场开始筹建。这是山西省与外国合作建设的第一个牧场。

10月

4日

○中共中央通知,调霍士廉同志任中共山西省委第一书记,免去其农业部长党组书记的职务;调王谦同志到中央另行分配工作,免去其中共山西省委第一书记职务。霍士廉于10月18日到职。

11月

6日

○山西女子排球队,在全国排球乙级队联赛第二阶段决赛中取得好成绩,升入全国女子排球队甲级队行列。

10日

○《山西日报》报道,山西医学院第二附属医院眼科,成功地进行了山西第一例人工晶体植入手术。

13日

○临汾尧庙修复开放。此庙距今已有1300多年。

1981年

1月

2日

○南同蒲铁路技术改造工程介休至侯马段复线由铁道兵某部开始施工。

3月

16—18日

○美国固本公司经理彭定中与省煤管局洽谈合资开发平朔露天煤矿问题。

6月

7日

○在秦皇岛市举行的1981年全国中国式摔跤锦标赛中,山西摔跤队获团体总分第一名。

28日

○武乡八路军总部旧址经过充实内容,增加实物,重新开放。

7月

6—10日

○中共山西省委召开县委书记会议,讨论建立健全农业生产责任制和发展农村多种经营问题。

9月

9—12日

○全国女子柔道邀请赛在忻县举行。忻县队获得团体总分第一名。

本月中旬

○山西男子射箭队,在呼和浩特市举行的1981年全国射击锦标赛中,打破2项全国纪录,囊括全部6项冠军。

12月

4日

○山西省人民政府召开大会,代表中国民航总局向在太原工作的57名“两航”起义人员颁发证书。

1982年

1月

1日

○太原人民广播电台,经过一年零四个月的试播,本日起正式播音。

4日

○中共山西省委转发省委组织部关于在知识分子中发展党员的意见。指出,争取在三、五年内,把一批又红又专的优秀知识分子,陆续吸收到党内来。

15日

○经铁道部批准,太(原)古(交)岚(县)铁路汾镇段(汾河站到镇城底)全线开通,办理临时运营。

2月

9日

○上旬,山西应县木塔修缮完工重新开放。

3月

11日

○中共山西省委、省政府发出关于贯彻执行中共中央、国务院《关于认真做好第三次全国人口普查工作的指示》的通知,对全省第三次人口普查工作做了部署。

4月

本月上旬

○在全国射箭冠军赛中,山西队获男子团体冠军。

8日

○天津、北京、太原间又开辟了一条新航线。

5月

13日

○根据中共山西省委决定,省直机关选派257名干部分赴各地,到基层蹲点帮队,完善责任制,整顿基层党组织。

6月

8日

〇长子县有70个生产大队遭受严重雹灾，到9日下午，有的地方冰雹还有尺余厚。

9日

〇晚9时，运城、平陆一带发生了一次4.6级地震，未造成损失。

30日

〇邯郸——长治铁路全线建成通车。这条铁路全长220公里。

7月

1日

〇山西省第三次人口普查从本日开始，全面投入普查登记工作。

8月

15—20日

〇山西省第六届运动会在省城举行。这届运动会打破2项全国纪录，有70人、2个队、100次打破52项全省成年和少年纪录。

9月

29日

〇阳泉至太原电气化铁路建成通车。

10月

26—31日

〇经国务院批准，应日本崎玉县知事畑和的邀请，罗贵波省长率领山西省政府友好代表团访日，访问期间，双方签订了山西省和崎玉县缔结友好省、县关系《议定书》。

30日

〇山西省统计局公布人口普查主要数字：1982年7月1日零时全省总人口为25291389人（最后统计为25291450人）。

1983年

1月

1日

〇国务院决定，撤销太原铁路局，划归北京铁路局统一管理。

9日

〇平陆县常乐公社东村渡口的摆渡船遇险，载有58名乘客的渡船被冰块包围，随时有被撞沉的危险。北京军区某部及时派出两架直升飞机，将船上人员全部救出。

3月

本月上旬

〇在第二届孟加拉国国际乒乓球邀请赛中，山西选手管建华获女子单打冠军，管建华还和另一中国选手获女子双打冠军。

4月

3—6日

〇在广西武鸣举行的全国射箭冠军赛中，山西男子射箭队夺得团体冠军，这是第八次蝉联全国冠军。

15日

〇南同蒲复线什林至南关段旧线改造工程开工。

〇中旬，浙江、上海、江苏、武汉同山西省达成协议，由这4个省、市集资3亿多元参加山西煤炭开发，山西将分期向4省、市提供1800万吨煤炭偿还。

21日

〇由运城到陕西省河阳的公路客运线正式通车。

6月

7—10日

〇应山西省人民政府邀请，以日本崎玉县副知事关根秋夫为团长的崎玉县友好访问团来山西进行友好访问。10日在太原举行了《山西省和崎玉县1983年至1984年合作交流项目会谈纪要》的签字仪式。

7月

28日

〇国务院批准山西部分县市行政区划变动：一、将晋东南地区的长治、潞城2县划归长治市管辖。二、将晋中地区的平定、盂县2县划归阳泉市。三、撤销榆次县，将榆次县的行政区划并入榆次市。四、撤销临汾县，将临汾县的行政区划并入临汾市。五、撤销运城县，设立运城市；撤销晋城县，设立晋城市；撤销忻县，设立忻州市。六、榆次、临汾、运城、晋城、忻州等5市均为省辖（县级）市。七、忻县地区更名为忻州地区。

8月

22日

〇经中共中央、国务院批准，中共山西省委、省政府下达《关于省级党政机关机构设置的通知》。省级党政群机关编制总数，比1982年底实有人数和编制人数分别精简42%和33%。

9月

1－10日

〇第五届全运会自行车赛在太原举行。在这次比赛的13枚金牌中山西夺得5枚金牌 。

10月

26日

○山西省人民政府批准建立历山、蟒河自然保护区。

12 月

9 日

○池越忠为抢救落水儿童光荣牺牲。太原十五中高二年级学生池越忠为抢救两名落入迎泽湖的儿童，献出了生命。年仅十五岁的池越忠以自己的行动谱写了一曲共产主义精神凯歌。16 日，共青团山西省委、省教育厅等单位联合召开向迎泽湖救人模范群体学习大会。会上宣读了省人民政府关于追认池越忠为革命烈士的批复。

1984 年

1 月

1 日

○邯长铁路（邯郸—长治北）磁山至长治北段正式交付使用。至此，邯长铁路全线通车。

3 月

29 日

○临汾地区蒲剧院青年剧团演员任跟心和临汾地区蒲剧院演员郭泽民获得《戏剧报》举办的中国戏剧界首届“梅花奖”。

4 月

29 日

○我国最大的中外合作经营的平朔安太堡露天煤矿的最终协议在北京举行签字仪式。该煤矿由中国煤炭开发总公司和美国西方石油公司合营，矿区面积 17.7 平方公里，煤炭储量为 4.5 亿吨。设计能力年产煤炭 1500 万吨，总投资约 6 亿美元。

5 月

本月

○在山西中条山林区历山自然保护区内新发现一处万亩原始森林。

7 月

20 – 24 日

○中共中央政治局委员、国务院副总理万里和国务院副总理李鹏来山西调查研究。先后考察了大同二电厂、平朔安太堡露天煤矿矿区和生活区、石太线电气化铁路和左云县上张家坟大队。

本月

○全国柔道邀请赛在太原举行，参加比赛的有来自全国各省、直辖市的 11 个代表队的 124 名运动员，山西运动员取得 3 项冠军。

8 月

17 日

○《山西日报》报道，中共山西省委、省人民政府同意太原市城市综合改革方案，决定把太原市作为山西城市综合改革的试点单位，并授权太原市代行省一级经济管理权限。

9 月

4 日

○1984 年太原“禹王杯”国际自行车邀请赛在太原开幕。应邀参加比赛的有日本、波兰等 7 个国家和地区的 71 名运动员和北京、黑龙江等 15 个省、市、自治区的 185 名运动员。邀请赛有 11 个单项比赛。

○中共山西省委、省政府、太原市委、太原市政府召开庆功大会，热烈欢迎山西省参加第二十三届奥运会的周晓兰、孙秀兰、张继红、冯泽民载誉归来。

5 日

○煤城之乡全国篮球邀请赛在太原举行。

10 月

18 日

○山西省人民政府决定，对优秀运动员周晓兰、周素英等 5 人予以嘉奖。

11 月

11 日

○山西省人民医院副院长赵生才领导的科研协作组研究的输精管可复性注射栓堵法正式通过鉴定。这一成果具有国际先进水平。

12 月

本月

○经山西省人民政府批准，山西师范学院改名为山西师范大学。

1985 年

1 月

2 日

○共青团山西省委机关报《山西青年报》，在停刊 18 年后正式复刊。

2 月

6 日

○第三届全国少年儿童乒乓球邀请赛在阳高县举行。

3 月

22 日

○广州—太原飞机航班正式开航。

4月

10日

〇在广西武鸣举行的全国射箭冠军赛中，山西男队获得团体冠军，这是1976年以来第10次夺魁。

26日

〇著名抗日女英雄李林烈士塑像落成，揭幕仪式在平鲁烈士陵园举行。

30日

〇经国务院批准，撤销晋东南地区。实行以长治市和晋城市为经济中心的市管县体制。新的晋城市为省辖市，管辖沁水、阳城、陵川、高平、晋城市城区和郊区等6个县区；新的长治市管辖潞城、长治、平顺、壶关、黎城、襄垣、武乡、沁县、沁源、屯留、长子、长治市城区和郊区等13个县区。

6月

25日

〇侯(马)西(安)线的侯(马)禹(门口)段铺轨完成，至此，侯西铁路全线接通。

7月

1日

〇中美合营的平朔安太堡露天煤矿正式开工，国务院副总理李鹏、美国西方石油公司董事长哈默博士和煤炭部部长于洪恩出席开工典礼并剪了彩。李鹏副总理为开工典礼纪念碑揭了碑。该矿是目前我国与外国合作开发的第一个最大的煤炭项目。合营期为30年，设计年产原煤1533万吨。生产方式将选用先进设备和工艺，采用大型单斗铲和卡车方案，洗煤采取国际上最先进的重介质洗煤设备，操作是自动集中电子控制，煤水采用闭路循环。

〇中国共产党早期革命家贺昌烈士纪念碑揭碑仪式，在烈士故乡柳林县城举行。

7日

〇中共山西省委举行五届一次全委会、中共山西省顾问委员会举行第一次全体会议、中共山西省纪律检查委员会举行第一次全体会议，分别选举产生了新的领导机构。省委书记李立功，副书记王森浩、王建功；省顾委主任王克文、副主任贾俊、胡晓琴；省纪委书记张邦应，副书记张锦斗、冯芝茂、张秉法。

27日

〇在1985年全国射击冠军赛中，山西运动员王丽珠以581环获女子小口径标准步枪3×20项目冠军；男运动员张晓东以151环获小口径自选步枪3×40项目第一名。

8月

9日

〇1985年全国青年乒乓球赛在太原举行。有来自全国27个省、市、自治区的代表队及解放军等代表队共260多名运动员参加比赛。

24日

〇山西省用户电报和长途自动电话正式使用。

30日

〇中共山西省委作出关于向马牡丹同志学习的决定。马牡丹同志是孝义县贺家庄村人。1985年6月10日，在本村发生火灾时，不顾自己被火燃烧的孩子，冒险救人，光荣牺牲。

31日

〇中国人民武装警察部队太原指挥学校开学。

9月

28－10月13日

〇在南京举行的全国围棋类个人赛中，山西选手方天丰夺得围棋个人赛冠军。

本月

〇新建的4条运煤公路通车。这4条公路是：大同—塘沽线倍加皂至孙启庄段，阳泉—井陉线白毛岭至地都段，太原—洛阳线晋城至大口段，晋城—博爱线晋城至张路口段建成通车。公路总长246公里，总投资9549万元。

10月

2日

〇中国投资银行山西省分行成立。

11月

10日

〇我国第一个以民俗为主要内容的博物馆—丁村民俗博物馆正式开展。

18日

〇上海—太原飞机航班正式通航。

12月

1日

〇全省第一座卫星地面接收站在晋城市开通。

25日

〇山西涤纶厂建成并试车生产。该厂生产线是从联邦德国和日本引进的，年产5000吨涤纶长丝。

26日

〇山西省重点工程—山西毛条厂竣工投产。该厂基建总投资为2247万元，年生产能力为1000吨洗净毛和1500多吨毛条。

〇太原自行车总厂和上海自行车三厂联营生产的名牌自行车—凤凰26型轻便自行车验收合格。

〇山西省第一家采用自动化生产线生产洗衣机的长治洗衣机厂，开始生产双缸洗衣机。

29日

〇太原市最大的立交桥——尖草坪立交桥建成通车。这座立交桥分上、中、下三层,上层是快车道,中层是慢车道,下层是地下商店。

1986年

1月

9日

〇山西省工业普查正式开始。

21日

〇左云县上张家坟农民集资157万元兴建的吞吐量为50万吨的煤站和一条长764米的铁路运煤专用线竣工,经检查验收,工程质量符合设计要求,本日举行剪彩仪式。

24日

〇山西摄制的影片《咱们的退伍兵》、电视剧《新星》播映以后,得到广大群众的称赞。中宣部文艺局于1月24日和2月27日两次召开座谈会,就此进行了讨论,称赞它是真实反映社会主义现实生活的力作。

2月

7日

〇中外合资的平朔露天煤矿开发期保险协议在北京正式签定,投保总额为6.43亿美元。

13日

〇《山西农民报》报道,山西省乡镇企业稳步发展,年产值超过亿元的有27个县(市、区),其中有8个县(市、区)突破双亿元。它们是:大同南郊区(4.32亿元),晋城市郊区(3.73亿元),太原市南郊区(2.99亿元),阳泉市郊区(2.42亿元),阳城县(2.35亿元),盂县(2.21亿元),太原市北郊区(2.09亿元),孝义县(2.95亿元)。

21日

〇山西省县(市、区)人武部移交地方工作全面展开,于5月15日结束。

27日

〇山西省电力工业局正式聘任捷克专家索尼克·雅克斯拉夫为神头电厂名誉总工程师。

3月

18日

〇山西省直机关525名帮贫致富服务队队员,赴全省31个贫困山区县帮助工作。

26日

〇全国著名劳动模范,原山西省昔阳县大寨大队党支部书记,北京市东郊农场顾问陈永贵,在北京病逝。

4月

7日

〇经国家对外贸易部批准,太原钢铁公司成立进出口公司。国家授予企业外贸权,这在全省还是第一家。

9日

〇山西省地方航空公司筹备组成立。

11日

〇临县通往陕西的白云山黄河渡口上一只超载150余人的渡船翻入河里。吕梁地委、行署和临县县委、县政府领导闻讯后,奔赴出事地点,会同陕西榆林地区的有关部门,组织人员进行营救。这起重大翻船事故,造成100余人丧生。违章行船,玩忽职守,造成翻船事故的直接责任者被依法逮捕。

24日

〇晋豫两省联合开发的旅游项目—黄河游试航成功。5月份开始迎接中外游客。

5月

8日

〇太原市政府决定,从1986年起在城区逐年建立黑烟控制区。

26–31日

〇中共中央政治局委员、全国人大常委会委员长彭真,在山西省太原、侯马等地视察工作。视察期间,彭真同志就党风、改革和消除派性问题向省直部、委、厅、局和太原市的领导干部作了重要讲话。

28日

〇山西省人民政府授权山西省各级审计机关对调离的厂长、经理进行审计公证。

6月

16–9月16日

〇山西省杨氏太极拳著名拳师杨振铎应法国太极拳协会的邀请,在巴黎举办国际太极拳训练班,有意大利、挪威等16个国家的300余人参加学习。

7月

28日

〇我国最大跨度的黄河索道桥,在山西省平陆县南沟村与河南省渑池县白浪村之间的黄河上架设成功。该桥由76根钢索构成,单跨总长度为438米,行车道宽4米,荷载重量120吨。

8月

1日

〇山西省第一次由企业主办的“三桥冷冻杯1986

年全国女排邀请赛”在太原拉开战幕。来自全国11个省市的女排参加了这次角逐。

2日

〇新华社天津电，在国家交通部的支持下，山西省分别同天津、秦皇岛港联合建设码头，为晋煤外运增加了新通道。

18日

〇山西省1986年高考成绩揭晓，运城地区考生达到高考录取分数线的占考生总数的20.4%，超出全省平均达线率4.84%，夺得全省高考第一名。自1977年恢复高考以来，运城地区已连续10年夺魁。

9月

4日

〇国家有关部门将山西省人民医院赵生才等发明的“输精管可复性注射栓塞法”正式列为“七五”期间国家重点科技攻关项目。7月，联合国卫生组织专业组指导委员会主任怀特博士，致函我国有关部门和赵生才，表示联合国卫生组织已决定在世界范围推广这一新的节育技术。

11日

〇国务院学位委员会下达第三批博士生指导教师名单，批准太原工业大学为博士学位授予单位。该校校长杨桂通教授为博士生指导教师，授予学科专业为固体力学。

10月

4日

〇平朔露天煤矿专用飞机场破土动工。

11月

6日

〇山西省与交通部秦皇岛港务局签订了合资建设码头的协议。

19日

〇新华社电，在山西应县佛宫寺释迦塔内发现的明成祖永乐20年的大布告，有关专家认为，这是迄今我国所见最大的布告。

1987年

1月

12日

〇中共山西省委、省政府在文水县刘胡兰纪念馆隆重举行纪念刘胡兰就义40周年大会。参加大会的有省党、政、军领导同志，省直部门、吕梁地委、文水县委领导同志及各界代表、烈士生前友好和家乡群众共4000多人。省委书记李立功在大会上讲了话。

15日

〇中华人民共和国太原海关正式开关。太原海关隶属于北京海关，受山西省人民政府监督指导。

4月

30日

〇大同至运城公路的前期准备工作完成。这条公路北起大同，南接运城，全长739公里，是我国“七五”计划新建27条重点公路中最长的一条。

5月

31日

〇国家计委、国家经委、地质矿产部、煤炭工业部决定，将离石、柳林、乡宁等炼焦煤田划为稀缺煤种，并实行保护性开采，合理开发利用。

7月

1－2日

〇我国第一座企业自建飞机场，在平朔露天煤矿建成并交付使用。飞机场内跑道全长1000米，宽30米，是煤矿的配套工程之一。经验收，工程质量全部达到优良标准，属国内一流水平。

8月

16日

〇《山西日报》报道，省政府确定了山西省第一批省级风景名胜区6处，它们是：晋祠—天龙山（太原市）、黄河壶口瀑布（吉县）、北武当山（方山县）、绵山（介休县）、石膏山（灵石县）、姑射山（临汾市）。

26日

〇山西省“两会一节”在太原迎泽宾馆隆重开幕。大会组委会主任委员、副省长白清才主持开幕式，省长王森浩致开幕词，国家对外经济贸易部副部长张皓讲了话。来自17个国家和地区的经济、贸易、文化界人士和旅游观光者203人，国家有关部门和广东、山东两省以及沿海14个开放城市的来宾300多人，参加了开幕式。

9月

10日

〇中美合资的平朔安太堡露天煤矿举行隆重投产典礼。中共中央政治局委员、国务院副总理李鹏、煤炭工业部部长于鸿恩、美国西方石油公司董事长哈默博士为露天煤矿投产剪彩。

1988年

1月

9日

〇《山西日报》报道，山西7项资源储量居全国第一。它们是:煤、铝土矿、镓、耐火粘土、铁矾土、珍珠岩、沸石。

3月

3日

○山西省第一届农民运动会在太原市南郊体育场拉开战幕。

4月

11日

○山西省大部分地区遭受了“沙暴”侵袭。省城最大风力9级,一般地区7-8级。

5月

25日

○副省长吴俊洲主持,由省计委、省经委、省体改办、省协作办、省财政厅批准了9大工业企业集团的成立。这9大集团是:太钢集团公司、山西铝业联合开发公司、榆次液压联营公司、华北重型矿山机械工程联合公司、杏花村汾酒集团、海棠洗衣机企业集团、海鸥锯条企业集团、山西化纤工业集团、梅花丝绸联营公司。

7月

26日

○山西省政府召开新闻发布会,宣布放开和调整部分烟酒价格。

8月

20日

○山西省地方航空公司宣告开业,从此,可以从太原飞往山西的大同、长治、临汾、运城等地。

9月

7日

○在太原卫星发射中心用“长征四号”运载火箭成功地发射了我国自行研制的第一颗极地轨道气象卫星“风云一号”。

10月

7日

○山西省地方航空公司一架机号为B-4218的伊尔-14式飞机,在临汾市鼓楼南2公里处的新桥饭店房顶上坠毁,机上旅客和机组共48个,死亡44人,伤4人;撞毁个体户饭店1座,砸死过路人2人,共死亡46人。

1989年

1月

1日

○为强化税收征管工作,中共山西省委、省政府决定从1989年1月1日起,对全省税务部门实行垂直管理。垂直管理后的各级税务机构一律单设,即设立省、地(市)、县(市、区)三级税务局,按经济区划设置的税务分局和税务所作为市、县(区)税务局的派出机构。

5日

○据《山西日报》报道:潞安矿务局王庄煤矿,1988年连续夺得3项全国第一:全矿4个综采队超百万吨,全矿年产500万吨,人均全员劳效5.1吨。

○由运城地区土产日杂公司王树伯发明、万荣县气功仿生仪器厂制造的“小雷达气功仿生仪”,在首届国际专利及新技术设备展览会上获国际优秀发明奖。此项成果为世界首创。

○朔州市正式成立并开始工作。朔县、平鲁县、山阴县正式划归朔州市领导。

10日

据《山西经济报》报道:1988年,国家在山西和山西本省的重点建设项目有11项竣工投产。它们是:大同二电厂6号机组(20万千瓦);大同矿区燕子山矿井(400万吨);晋城矿区王台铺矿井(120万吨);大同矿区王村矿井(120万吨);南同蒲复线27.7公里建成,14公里开通;太原至晋祠23公里二级公路开通使用;长治至下浣公路(64公里)建成;神大50万伏输电线路架通送电;大同市煤气工程3号、4号炉投产送气。

12日

○经山西省七届人大常委会第六次会议审议通过,成立五台山风景名胜区人民政府。隶属五台县人民政府领导,管辖范围为台怀镇、金岗库乡。

31日

○山西省新型民办体育组织“聚华业余篮球俱乐部”在并成立。

2月

11日

○晋城矿务局荣获全国企业管理最高奖—金马奖。

3月

7-13日

○山西省首次在荷兰鹿特丹市海洋乐园举办出口商品展览会,参展展品共3000多种。

29日

○省人民政府决定将五台县尊胜寺、五台山南山寺、园照寺、镇海寺、普化寺、竹林寺、集福寺、万佛阁,原平县寿宁寺,繁峙县秘魔寺,应县净土寺,介休县云峰寺,天镇县慈云寺共14处寺庙,列为山西省第一批佛教重点寺庙。

4月

8日

○大同市碾盘沟煤矿发生瓦斯爆炸,21名井下工人全部遇难

○据《山西经济报》报道:榆社县被国务院贫困地区经济开发领导组、中国水产学会和水电部经济研究会确定为全国养鱼示范县。该县有水面6907亩,年捕捞成鱼7万多公斤。

15日

○位于平陆县张村乡的山西省第二大渡口太阳渡码头轮渡通航。

○万家寨引黄工程总指挥部成立,白清才副省长任总指挥。

5月

7日

○山西歌舞剧院创作演出的具有浓郁地方特色的大型山西民俗系列舞蹈《黄河一方土》在太原工人文化宫首场演出。12月,《黄河一方土》获中央电视台国庆40周年全国文艺节目展播一等奖,全国"星火奖"一等奖。

20日

○山西省第二届"两会一节"(第二届进出口商品交易会、第四届国际经济技术合作洽谈会、第二届民间艺术节)圆满结束(10日开幕),洽谈会成交31个项目,金额达7000万美元。签订意向书、协议书48份。国内成交总额达2.3亿元,进出口商品成交额达7362万美元。

28日

○中国第一条全封闭自行车公路—太原五龙沟体育训练基地全封闭自行车公路建成,全长4.9公里。

6月

24日

○晋城市郊区大东沟镇辛壁煤矿发生重大瓦斯爆炸事故,死亡22人,重伤2人,轻伤1人。

7月

12日

○山西省贫困地区经济开发工作会议召开。据会议报道,到1988年底,山西23个贫困县越过温饱线。它们是:左权、汾西、石楼、蒲县、河曲、离石、隰县、永和、武乡、古县、中阳、沁水、浮山、沁县、娄烦、吉县、大宁、陵川、柳林、临县、交口、兴县、乡宁。今后扶贫工作的主要任务是:尚未解决温饱的打好攻坚战,已越过温饱线的转入区域经济发展。

31日

○北同蒲电气化铁路全线开通,全长326.8公里。

○永济县黄河滩出土唐代镇河大铁牛。

8月

15日

○山西省第一座鱼苗早繁基地—原平县温泉鱼种场试产成功,年产成鱼1万公斤。

22日

○南同蒲铁路复线修文—侯马全线通车,全程296公里。

31日

○山西省万荣、闻喜、夏县、洪洞、临汾、河曲6县市被国家列为"七五"第二批商品粮基地县。

10月

4日

○山西省水利科研所工程师程新华、陈武奎研制成功一种用途广泛的新型高分子材料—蓖麻油型聚氨脂水工系列粘合剂。经国际联机检索证明,此项成果属世界首创。

本月

○新中国成立以来山西省编绘的第一本专业性气候图集《山西省农业气候资源图集》出版。

11月

5日

○风陵渡黄河公路大桥破土动工。主桥长1403米,宽13米,总投资1亿元,1992年竣工。

7日

○据《山西经济报》报道:1985—1988年,山西全省用于35个贫困县的扶贫资金共7.9亿元。

12月

5日

○太原中国航空货运公司开通3条国际货运航线,即浙江路桥至日本福冈、上海至福冈、杭州至福冈的航空运输线。

15日

○山西省最大的工业污水处理厂太原钢铁公司赵庄污水处理厂建成。

24日

○中国第一个特大型现代化选煤厂大同矿务局燕子山矿选煤厂正式投入生产,年洗煤能力450万吨。

1990年

1月

1日

〇山西省从今日起开始在部分企业进行"税利分流,税后还贷,税后承包"经营责任制的试点。

7日

〇山西宁武县发现一部全国罕见的民间佛教大藏经。该佛教巨制刻于明代万历17年至清代顺治14年。

13日

〇在全国首届民间工艺美术作品及老艺人作品展中,山西省选送的7大类300余件作品全部入选,并获得评奖总分第一名。其中,民间剪纸获集体一等奖。

24日

〇18—24日江泽民同志在山西考察工作。

2月

8日

〇国内第一个百吨马铃薯淀粉树脂厂在宁武县建成投产。

25日

〇山西省部署第四次人口普查。

〇《太岳革命根据地纪事》首发式在京举行,中顾委副主任薄一波作了重要讲话。

3月

3日

〇大同矿务局荣获1989年度全国企业管理最高奖—金马奖。

13日

〇国家重点工程,侯(马)月(山)电气化铁路开始施工。

14日

〇经国务院批准,撤销霍县,设立霍州市(县级)。经山西省人民政府决定,霍县矿务局更名为霍州矿务局。

15日

〇山西省特殊教育师范学校在平定县成立。该校是山西省唯一的为聋哑残疾少年儿童培训教师的专业性中等学校,学制十年。

28日

〇《山西日报》报道:山西农业大学陈震教授被任命为美国传记研究协会终身副理事长。

〇省人民政府对山西省10所高校进行合并调整:将运城教育学院、运城师专和河东大学合并为运城高等专科学校;将吕梁理工专科学校和吕梁师专合并为吕梁高等专科学校;将临汾师专改建为山西师大体育学院,逐步撤销全省各师专的体育专业;将省煤化分校、山大师院、汾阳高级护校,分别确定为太原工业大学、山西大学和山西医学院统一管理下的二级院校。

4月

20日

〇山西煤田地质148地质队在临县、柳林及离石3县境内勘明一特大型焦煤基地,总面积500平方公里,评估煤炭储量72亿吨,其中新探明储量50亿吨。

23日

〇长治—北京航班正式通航。

27日

〇《山西日报》报道:在1988年山西23个贫困县初步解决温饱问题的基础上,1989年又有壶关、代县、岚县、五寨、神池、平顺、方山等7个贫困县初步越过了温饱线。至此,35个贫困县中,只剩下右玉、岢岚、静乐、保德、榆社5个县尚未越过温饱线。

5月

9日

〇太原—呼和浩特—包头航线开通。至此,从太原乘飞机可直达北京、上海、天津、广州、南京、武汉、西安、大连、长沙、合肥、郑州、成都、重庆、洛阳、呼和浩特、包头、沈阳、延安、长治、兰州、银川21个城市。

23日

〇山西省短跑后起之秀,太原市第十五中学学生白利群在比利时举行的第九届世界中学生运动会上,以11秒70的成绩夺得百米金牌,成为我国径赛项目上第一位世界冠军。

25日

〇由阳泉市组队的山西省第5批援藏医疗队启程。

31日

〇大同至左云长途光缆线路工程竣工。这是山西省自行设计、自行施工的第一条长距离、大容量的长途光缆数字通信工程,全长64公里。

6月

9日

〇国务院企业管理指导委员会命名文水县工程机械厂为国家二级企业。这是山西省乡镇企业中第一个国家级企业。

27日

〇西山矿务局古交矿区马兰特大型矿井建成投产,年生产能力400万吨。

30日

〇太原市邮政局开办"特快专递业务"。

7月

13 日

○全国青年自行车锦标赛男子 500 米行进出发赛决赛,山西选手贾向阳以 30 秒 50 的成绩创全国青年纪录,夺得该项金牌。

17 日

○全国中国式摔跤锦标赛在保定市结束。山西获得第一名的选手是:52 公斤级的刘宏伟,62 公斤级的侯西云、68 公斤级的张小军。

25－8 月 25 日

○省人民政府举办首届中国五台山国际旅游月活动。共接待海内外游客 28 万人次,直接经济效益 2600 万元。活动期间,首次公开展现了山西省旅游标志图案。

29 日

○全国青年击剑锦标赛决赛,山西队员刘悦萍和李春梅分别获得女子个人重剑冠、亚军。

8 月

5 日

○《山西日报》报道:由山西省妇幼保健院牵头进行的围产儿出生缺陷监测研究结果令人震惊,山西省畸形儿发生率竟高达百分之二,居全国首位。

12 日

○太原青年女篮在全国青年女篮联赛中夺魁。

9 月

1 日

○山西煤田地质局 115 地质队编制完成的《大同煤田魏家沟精查地质报告》通过国家储委评审,新探明可利用煤炭储量 14.12 亿吨,井田面积 46 平方公里。

4 日

○山西省临汾地区青杨岭发现优质麦饭石矿产地,定名为山西麦饭石。

18 日

○省农科院、中科院动物所、盂县科委和林业局共同承担的科研项目—核桃举肢蛾性诱及综合防治研究获得成功,填补了国内核桃举肢蛾性外激素研究的一项空白。

25 日

○太原至五台山直升飞机通航。

28 日

○大同至运城二级公路全线通车,全长 737 公里,是“七五”期间国家重点建设项目。

10 月

29 日

○杏花村汾酒厂生产的竹叶青酒获法国巴黎第十四届国际食品博览会金奖。

30 日

○全国体操冠军赛在南京结束。山西运动员肖瑞智在双杠比赛中获冠军,还获男子全能、单杠两项亚军,陈锦获鞍马赛冠军。郭佳获女子全能和自由体操两项第 2 名,平衡木第 5 名。

11 月

8 日

○山西省人口普查领导小组举行第四次人口普查新闻发布会,截止 1990 年 7 月 1 日 0 时,全省总人口为 2875.90 万人。

13 日

○山西省出口商品展销会暨对外经济技术合作洽谈会在新加坡开幕。这是中新两国建交以来,我国第一个在新加坡举办的规模较大的展洽会。

1991 年

1 月

8 日

○据《山西日报》报道:“七五”期间,山西省以解决贫困地区群众的温饱为目标,集中投入 11.6 亿元(包括实物折款在内),扶持 35 个贫困县进行开发性生产。到 1990 年底,35 个贫困县全部越过温饱线。

10 日

○抚顺矿务局电子机车厂与晋城矿务局共同研制的中国第一台矿用整道机,通过中国统配煤矿总公司组织的国际标准技术鉴定。

16 日

○国家“七五”重点科技攻关课题—离石王家沟流域土地合理利用与水土保持措施优化配置模式及其实施通过鉴定。这项科研成果达到国际先进水平。

本月

○山西省地矿局在中条山东部发现一处含金品位每吨 28 克的易开采脉型金矿;在恒山北部灵丘县境内发现银、锰多金属矿区。

2 月

1 日

○世界第一例输卵管栓堵复通再育婴儿在山西省代县降生,标志着中国的生育调节技术水平已处于世界领先地位。

9 日

○山西省煤矿彩灯在新加坡河畔正式展出。

13 日

○晋城矿务局晋升为国家一级企业。

21 日

〇杏花村汾酒厂生产的竹叶青酒再度荣获法国巴黎第14届国际食品博览会金奖。

3月

7日

〇据《山西日报》报道：截止1990年底，晋西北铝基地已探明铝土矿储量1.5亿吨，其中露采储量7000万吨。

26日

〇大同县西册田乡和阳高县友宰乡发生5.7级地震。

4月

3日

〇太原—杭州航线开通。

5日

〇联合国粮食计划署对山西省提供的最大经济援助项目"中国3932项目—山西省吕梁地区水土保持综合治理工程"评估报告会在太原市举行。该项目计划用3年时间完成吕梁地区17250公顷的水保综合治理。

9日

〇山西省体育场建成。

12日

〇中国山西出口商品展销会在澳大利亚悉尼市开幕。

13日

〇据《山西日报》报道：山西省从1991年起实施为期5年的"兴农计划"。这一计划将主攻5个100万亩的粮田技术开发区：运城盆地100万亩低产旱地小麦、临汾盆地100万亩中产水地小麦、晋中盆地100万亩高产水地小麦、太行山区100万亩旱地玉米和大同、忻定盆地100万亩水地玉米。该计划实施后，每年粮食总产将达17.3亿公斤，增产1.8亿公斤。

15日

〇山西射手张德厚在全国射击冠军赛10米移动靶比赛中，以661环的成绩超第十一届亚运会纪录。

21日

〇山西洪洞县三交河煤矿发生特大瓦斯煤尘爆炸事故，井下147名矿工全部遇难。

5月

4日

〇山西省命名首批革命传统教育基地10个：兴县蔡家崖晋绥革命根据地首府所在地，文水县刘胡兰烈士纪念馆，左权县麻田中共中央北方局驻地，临汾市革命烈士陵园，牛驼寨解放太原纪念馆，阳泉市狮脑山百团大战纪念馆，武乡县王家峪八路军总部旧址，黎城县黄崖洞八路军兵工厂旧址，平鲁县李林烈士墓，灵丘县平型关大捷旧址。

15日

〇山西运动员张泽田在第七届亚洲古典式摔跤锦标赛上夺得82公斤级桂冠。这是我国运动员首次在亚洲锦标赛上获得此项殊荣。

25日

〇在全国首届轻工业博览会上，山西二轻系统有18种产品获奖。其中获金奖的是：海棠牌双桶洗衣机，海棠牌自动洗衣机，海鸥牌手用钢锯条和金刚石圆锯片，金鱼牌金漆家具，飞燕牌两用梅花扳手，TC牌玛钢管件。

26日

〇山西省第一所希望小学在静乐县西坡崖乡上店村奠基。

6月

25日

〇天镇县赵家沟王凤沟村发现国内罕见的鸭嘴龙科类恐龙化石，地质时代为距今6500万年前的白垩纪晚期。

7月

1日

〇中美合作经营的平朔安太堡露天煤矿由中方全面接管。

〇山西省第一个高新技术产业开发区—太原高新技术产业开发区建立。12月27日，国家科委批准该开发区为省级开发区。

22日

〇邯郸至太原航线正式开通。

26日

〇第二届五台山国际旅游月开幕。

〇山西省科协副主席、土壤学专家陈震被英国剑桥国际传记中心推选为国际传记中心的终身监理。

8月

5日

〇中国黄河电视台在太原开播。

9月

7日

〇联合国人口基金援助山西省P30项目签字仪式在太原市举行。P30项目是联合国人口基金专用于扶持援助妇女参与社会发展的项目。

8日

〇交城县林科所所长解进保研究开发的"草地枣园"通过省科委鉴定。草地枣亩产1084公斤，居国际同类研究先进水平。

20日

〇山西最大工业污水处理工程—太化公司南堰污水处理厂建成,日处理污水6万吨。

11月

2日

〇山西省体操小将冯瑾莉在香港举行的国际体操邀请赛上,摘得个人全能(38.9分)、跳马(9.812分)、平衡木(9.725分)、自动体操(9.8分)四项冠军。

6日

〇阳城县蟒河自然保护区发现姬啄木鸟和鼬獾两种珍稀动物。

12日

〇中国现存辽金佛殿中巨大木构建筑之一——朔州崇福寺弥陀殿经过4年多的落架翻修,通过国家文物局有关专家的检验。

12月

13日

〇中国最大的煤矿生产井四台沟矿建成投产。年设计生产原煤500万吨,年选煤能力530万吨。

19日

〇山西省射箭队女运动员霍瑞萍在印度加尔各答举行的"联邦杯"国际射箭比赛中,夺得女子个人全能(1285环)、个人决赛(105环)和团体赛冠军。

1992年

1月

5日

〇省"七五"期间重点工程,全省最大的尿素生产线在原平化肥厂建成投产,日产尿素400吨。

2月

23日

〇中国通用航空公司开通太原—南京—温州、太原—北京—南昌、太原—北京—常州3条新航线。至此,太原的通航城市达到24个。

26日

〇9时17分52.1秒,榆次市北的鸣谦一带(北纬37°36′,东经112°43′)发生ML4.5级强有感地震。

3月

12—17日

〇太原—深圳,太原—杭州—厦门,太原—福州航线先后开通。

16日

〇联合国世界粮食计划署会议批准山西省临县、离石、中阳3县水土保持粮援计划(代号3923),本年起至1996年止为执行期,项目总费用2234.6万美元。

4月

13日

〇万家寨引黄工程通过国家评估鉴定。万家寨引黄工程由两部分组成,一部分是做为引水的"龙头"万家寨水利枢纽,另一部分是引黄入晋工程。万家寨水利枢纽由混凝土重力坝、引水建筑物、水电站和排沙泄洪洞组成。坝高90米,长438米,总库容8.96亿立方米;水量装机容量108万千瓦,年发电量26.52亿千瓦小时。引黄工程设计年引水量12亿立方米。工程由总干、北干、南干组成。总干是从黄河万家寨大坝引水,由西向东经偏关、平鲁至朔州,全长111.4公里。北干从朔州送水至大同,南干从总干56公里处取水送至太原。

25日

〇国家和山西"八五"计划重点建设项目,风陵渡黄河公路大桥正式开工。大桥全长1409米,是山西桥梁最长、跨度最大、基础最深的第一座特大型公路桥梁,预应力连续箱梁长度列居全国第二。由铁三局和山西省公路第二工程处承建。

27日

〇太原—深圳—温州航线通航。

5月

6日

〇中国轮胎行业第一家合资企业、山西省中外合资企业双喜轮胎工业股份有限公司正式成立。主要生产国际上最新换代产品子午线轮胎。

11日

〇由榆次液压件厂与日本油研工业株式会社共同组建的榆次油研液压有限公司合作协议在北京人民大会堂举行签字仪式。

6月

19日

〇运城地区头针研究所所长焦顺发荣获吉尔吉斯最高科技贡献奖。

30日

〇中国首台50万千瓦火电机组在神头二电厂正式竣工投产,标志着中国坑口电站建设跨入世界先进行列。

7月

1日

〇山西省首开国际邮政汇兑业务。

〇《山西青年报》复刊,该报创刊于1949年,是共青团山西省委的机关报。

6日

〇山西省出口商品展销会暨经济技术合作洽谈

会在香港隆重开幕。

〇山西自行车选手高进红、杨永胜、卢永平、张升明组成的男队,以1小时33分57秒158分的成绩夺得全国青年自行车锦标赛70公里团体计时赛冠军。周金荣、杨俊莲、郭晓梅、陈冬梅组成的女队,以51分38秒845分的成绩夺得35公里团体计时赛冠军。

8日

〇1992年全国青年自行车锦标赛在太原闭幕,山西选手杨俊莲以1小时31分02秒57分的成绩夺得女子公路50公里个人赛冠军。

23日

〇吉县壶口瀑布被国家旅游局评为中国旅游胜地40佳之一。

16日

〇中国古代名楼鹳雀楼复建工程开工。鹳雀楼原位于永济县蒲州古城西南的黄河边上,该楼始建于北周,经唐历宋,元初毁于兵燹。

25—8月25日

〇第三届五台山国际旅游月在五台山举行。

8月

6日

〇国家"八五"重点科技攻关项目,恒动时速为160公里的准高速内燃机车牵动电机,在永济电机厂研制成功。

16日

〇经国务院批准,太原成为内陆开放城市,将实行沿海开放城市政策。

〇山西电视台第一套节目实行全天规范化播出,第二套节目以"中国黄河电视台"为呼号,在晚间进行规范化播出。

25日

〇临县河渠小学刘艳发明的"防虫树裙"荣获第六届全国青少年发明创造一等奖。

9月

8—12日

〇山西省在厦门举办'92厦门经贸洽谈会。

30日

〇中共山西省委、省人民政府制定《关于加快发展第三产业的实施意见》,要求第三产业在全省国内生产总产值中的比重到1995年达到35%左右,2000年要达到40%以上。《意见》提出了加快发展第三产业的11项具体措施。

10月

3日

〇山西中药厂生产的龟龄集酒、龙凤酒在美国圣地亚哥举办的第94届国际博览会上,分别荣获"金鹰金杯奖"和"航船金杯奖"。

6日

山西医学院第二附属医院骨科承担的顺铂阿霉素化疗瘤段截除灭活再植治疗骨肉瘤研究通过鉴定,达到国际先进水平。

9日

〇山西农业大学林学系常培英教授、刘曼玲副教授研制成功"根宝",对提高农、林、果、菜植苗成活率和促进幼苗健壮生长有特效,属国内首创,荣获1992年中国新产品新技术博览会金奖。

21日

〇历时6年施工建设的孝(义)柳(林)铁路全线贯通。孝柳铁路是全国铁路行业首家由亚洲银行贷款的项目,全长116.8公里。总投资累计达4亿元。

本月

〇林业部批准山西省建立四处国家级森林公园,即:五台山、天龙山、关帝山、管涔山国家森林公园,总面积200多万亩。

11月

16日

〇《山西日报》报道:山西"八五"期间公路建设项目共18个,其中重大项目7个:1.新建太原至旧关高速公路144公里;太原至榆次一级公路16公里。2.新建太原至柳林一、二级公路157公里。3.新建东观经长治至晋城专用二级公路255公里。4.新建运城至风陵渡一般二级公路100公里。5.新建风陵渡黄河公路大桥,全长1409米。6.新建阳曲镇至武宿太原东环高速公路30公里。7.新建武宿至晋源太原南环高速公路18公里。

19日

〇省人民政府将太原、大同、长治、风陵渡经济开发区列为省级开发区。

12月

4日

〇经林业部批准,山西省新建10处国家级森林公园,即:恒山、云冈、龙泉、禹王洞、赵杲观、方山、交城山、太岳山、五老峰、老顶山国家森林公园。

6日

〇太原市杏花岭体育场东场的土地使用权有偿出让给中外合资"山西云长房地产发展有限公司",出让面积为36000平方米,期限60年。

17日

〇经国务院和国家科委批复,太原高新技术产业开发区正式被列入国家高新技术产业开发区。

18日

〇在西班牙首都马德里举办的第十七届国际著

名商标颁奖会上，山西杏花村汾酒厂的汾酒、竹叶青酒商标荣获国际著名商标金奖。

21日

〇大(同)秦(皇岛)铁路全线通车。这是中国第一条电气化重载铁路，也是晋煤外运的重要通道。大秦铁路全长653公里。

24日

〇国家重点工程山西省最大的变电站侯村500千伏变电站投产，该变电站属超高压大容量降压变电站，线路全长164公里，每年可向山西省中、南部地区输送电量50亿千瓦时。

1993年

2月

22日

〇山西万家寨引黄工程经国务院批准，国家计委正式立项，并下达《关于审批黄河万家寨水利枢纽和引黄入晋工程可行性研究报告的请示》。5月22日，万家寨引黄工程正式开工。万家寨引黄工程从万家寨水利枢纽948米高处引水，线路全长314.5公里。

24日

〇省人民政府批准新建7个自然保护区(站)。这7个自然保护区是：五鹿山自然保护区，主要保护褐马鸡；潭津灰鹤越冬地自然保护区；运城天鹅越冬地自然保护区；灵空山自然保护区，主要保护油松天然母树林及金钱豹、金雕、大鸨等野生动物；绵山自然保护区，以保护森林植被为主；天龙山自然保护区，主要保护一些热带、亚热带植物及金雕、褐马鸡、金钱豹游隼等国家一、二级保护动物；灵丘青檀保护站，主要保护罕见植物青檀。

26日

〇“山西·韩国企业界经贸项目洽谈会”在太原举行。

3月

3日

〇太原机场新候机楼开工兴建。该工程总投资4.5亿元，建筑面积2.6万平方米。

15日

〇山西能源产业集团公司、香港中策投资有限公司、国家能源投产公司3方合资建设阳城电厂的投资协议在北京签字。该电厂首期装机容量210万千瓦。

20日

〇国内最大的万吨级生物农药工程在芮城生物农药厂破土动工。

22日

〇中共山西省委、省人民政府发布《山西省“八五”后期扶贫开发工作上台阶和贫困县达小康实施方案》。《实施方案》确定：“八五”后3年内，50个贫困县中半数以上的县实现基本脱贫，少数县达到小康标准。

4月

1日

〇省人民政府决定从即日起，取消国家定购，放开粮食收购价格，将粮食计划调拨改为产销区直接见面定货。

8日

〇山西省太原火车站改扩建工程奠基。该工程总投资1.57亿元，总建筑面积3.85万平方米。

29日

〇山西省开发区建设协调组批准忻州经济技术开发区、阳泉经济技术开发区、朔州经济技术开发区、晋城市经济技术开发区为地市级开发区。

5月

1日

〇太原汾河美化工程奠基，该工程由台胞毛金铎先生和林文政先生独资兴办，全长9.2公里。

〇太原开通受话人付费国际直拨电话。

6月

2—8日

〇中国山西商品展示洽谈会在韩国汉城国家综合展示场举行。发布的经济技术合作洽谈项目共206个。这次展洽贸易成交额达6800万美元，签订4个项目合同，引进资金1047.6万美元，签订10个项目协议。

10日

〇太原航空口岸通过国家验收，从而结束了山西无口岸的历史。

26—30日

山西省首届实用技术交易会在省煤炭博物馆举行。

7月

1日

〇省“八五”重点工程项目之一，太原东山过境公路建设开工。该高速公路北起太原北郊阳曲镇，南至武宿，全长26.23公里，为全封闭、全立交式高速公路。

8日

〇太原—海口航线正式开通。

25—8月25日

〇第四届中国五台山国际旅游月在五台县台怀镇举行。

8月

10日

〇经国务院批准，中共山西省委、山西省人民政府决定，雁北地区与大同市合并，并对行政区划进行必要的调整，实行市领导县的体制。调整后的区划情况是：左云、大同、阳高、天镇、浑源、广灵、灵丘7县合并到大同市管辖，怀仁、右玉、应县归朔州市管辖。

17日

〇山西省第一条国际航线太原至香港航线正式开通。

9月

8—12日

〇山西与福建、陕西、贵州、南京、厦门4省2市联合举办的'93厦门洽谈会在厦门市富山国际展览城举行。

20—29日

〇山西能源产业集团公司、国家能源投资公司、江苏省投资公司、美国AES输电公司合资建设与经营阳城一电厂协议书签字仪式在北京举行。

21—27日

〇山西省第四届"两会一节"（山西省第六届国际经济技术合作洽谈会、第四届进出口贸易和国外精品展销交易会、第四届锣鼓艺术节）在太原举行。28个国家和地区的代表1126人参加了活动。

25日

〇据《山西日报》报道：截至1993年9月，山西省共有国家级森林公园15处，分别是五台山、天龙山、关帝山、管涔山、恒山、云岗、龙泉、禹王洞、赵杲观、方山、交城山、太岳山、五老峰、老顶山、乌金山等，总面积460万亩，各类林木总蓄积量930万立方米。

26日

〇徐向前元帅铜像安放工程奠基仪式在太原解放纪念馆隆重举行。

本月

〇在美国纽约举办的国际发明和新产品展览会上，闻喜县选煤成套设备联合公司开发研制的CT3·$2m^2$洗煤跳汰机，荣获国际金质奖。

10月

9日

〇中共山西省委书记胡富国在接受新华社记者采访时指出：山西省发展战略作了适当调整。概括起来就是要加强三个基础（农业基础、基础产业、基础设施）、突出四个重点（挖煤、发电、修路、引水）。加快发展能源的思路是：走进市场、拓展瓶颈、规模经营、合理开发、沿伸加工、走向世界。

12日

〇国家"八五"重大科技攻关项目—国内首台钢制空冷散热器在山西电力设备厂研制成功。

12日

〇中共山西省委、省政府召开动员大会，动员全省人民掀起义务修路、农田水利基本建设、重点工程建设等"三项建设"热潮。

20日

〇国家重点工程—山西古交矿区马兰矿年入洗原煤400万吨的大型选煤厂投产。

28日

〇并州第一路太原—榆次超一级公路全线通车。该路全长17.3公里。

11月

8日

〇省首家公开上市股票—汾酒股公开发售。杏花村汾酒厂成为山西省第一家规范化股份制企业。

24日

〇晋城郊区被中国明星县（市）评审委员会授予"中国明星县市"光荣称号。

28日

〇国家重点工程、山西省第二条地方铁路—孝柳铁路开通。孝柳铁路东起孝西站，西至柳林穆村，全长116公里，设计总投资6亿多元。

12月

9日

〇中共山西省委决定，授予长治市人民医院妇产科主任赵雪芳"人民的好医生"荣誉称号。

14日

〇根据国务院、中央军委决策，山西省人民政府部署军矿接收工作，从1994年1月1日起，在山西境内的500余座军办煤矿将全部移交地方管理。

15日

〇省邮电重点项目之一的太原—大同、太原—运城、太原—离石、太原—晋城4条快速汽车邮路正式开通。

本月

〇在全国菜篮子工程成果展示交易会暨中国农副产品批发市场国际研讨会上，山西省展团荣获参展各项工作综合金奖。

本年

〇山西省与陕西、河南建立了"黄河金三角经济协作区"，与河北、内蒙古、陕西建立了"十八地盟市经济协作区"，与河北、河南、山东等地县建立了"中原经济协作区"。

1994 年

1 月

4 日

〇中条山有色金属公司发电厂研制成功的“密闭式空冷发电机增加风量的方法及构造”在全国当代专利、科技成果转让博览会上获金奖。

29—2 月 3 日

〇江泽民总书记在山西考察工作，指出全党同志要处处关心群众，事事依靠群众，一切为了群众。

2 月

5 日

〇代县、新绛县被国务院正式批准为国家级历史文化名城。

3 月

18 日

〇太原东山过境高速公路全线开工。这是山西省第一条高速公路，是连接全省南北经济的大动脉。

19 日

〇山西省境内军队煤矿交接顺利，军队在山西省内所有煤焦企业从 1 月 1 日起全部停止生产经营活动，3 月 19 日前全部移交山西省管理。

4 月

2—7 日

〇’94 中国山西出口商品展销暨经济技术合作洽谈会在美国洛杉矶举行。

5 月

13 日

〇香港嘉里集团(中国)有限公司、中国粮油进出口总公司和西山矿务局合资建设太原可口可乐饮料有限公司合同签字，总投资 2500 万美元，全部投产后年产值可达 5 亿元人民币。

〇山西省太行山绿化工程全面启动。该工程涉及全省 10 个城市、59 个县(市、县)，覆盖全省总面积 47%以上，是国家为执行 1992 年联合国环境与发展大会签署的决议而确立的国家重点防护林体系建设工程。

20 日

〇国家“八五”科技项目“径流林业”经过北京林业大学在吕梁地区方山县 8 年试验，通过国家鉴定。这项居国际领先水平的旱区造林办法，可把黄土高原干旱区 4—20%的造林保存率提高到 85%以上。

27 日

〇山西体育场正式竣工，总建筑面积 3.53 万平方米，设有 3.5 万个座席。

6 月

30 日

〇省重点建设工程，太原火车站高架候车楼落成。该候车楼可同时容纳 9000 人。

7 月

8 日

〇怀仁县金沙滩建成全国最大的杨树基因库。该基因库是山西杨树局与德国技术合作有限公司开展的杨树育种合作项目，1984 年实施，已收集杨树优良品系 900 多个，包含了全世界具有代表性的杨树。

18 日

〇山西省首家国有大中型企业—运城洗涤剂厂破产。

25—8 月 25 日

〇第五届中国五台山国际旅游月举行。共接待国内游客 33.1 万人次，比上届增加 30%。接待海外游客 2056 人次，比上届增长 28%。成交合同 40 项，总投资 2.56 亿元，贸易成交总额 2.34 亿元。

8 月

7 日

〇国家重点工程山西华能榆社电厂一号机组投产发电，二号机组于 12 月 15 日投产，这是华能发电集团公司在山西投资的第一个项目，也是山西省扶贫电厂。

8 日

〇平遥被列为世界级历史文化名城。平遥县是国内保存完好的一座古城，城墙为国家级重点保护文物。

29 日

〇国家“八五”重点工程“京太西”(北京—太原—西安)光缆干线工程山西段开工，该工程于 1995 年 1 月 13 日完工，全长 1063 公里。

9 月

19 日

〇首届黄河壶口国际漂流月在吉县开幕。

19—27 日

〇世界卫生组织、联合国儿童基金会官员和卫生部国家级评估团抵达太原，评估山西申报的 70 所爱婴医院全部达到了世界卫生组织制订的国家爱婴医院标准。

10 月

7 日

〇中共山西省委、省政府召开全省科技大会，首次重奖科技功臣。

22日

〇万家寨水利枢纽一期围堰合拢,工程建设进入大坝基础开挖阶段。

28日

〇中国银行山西省分行、山西省邮电部门利用西班牙、日本贴息贷款引进程控电话转贷款协议签定。山西计划引进22万门程控电话。

29—11月4日

〇省人民政府组建110多人的代表团携310个经济技术项目进京参加首届环渤海地区中外招商洽谈会。签约42项,项目涉及能源开发、基础设施建设、农业、老企业嫁接改造等。

11月

17日

〇省重点工程太原飞机场候机楼落成,太原机场成为国内干线机场和首都国际备降机场,年旅客吞吐量达到200万人次,货邮吞吐量达到1.35万吨。

20日

〇山西省和国家交通部"八五"重点项目风陵渡黄河公路大桥建成通车。大桥全长1410米。

27日

〇侯(马)月(山)铁路全线铺通。该铁路全长252.6公里,是南部晋煤外运的重要通道。

12月

8—12日

〇山西省名优土特新产品'94广州展销洽谈会在广州举行。参展的产品有粮油、营养食品等10大类300余种产品。签订引资合同11项,引资额达1亿元。

8日

〇山西省出口商品展销会及经济技术合作洽谈会在法国巴黎凡尔赛展览中心举行。展览包括冶金、机械等12个行业的5000多种名、优、特、新产品。展洽团推出有关冶金、电力等领域138个招标项目。

12—14日

〇全省经济工作会议在太原举行。会议提出1995年全省经济工作的重点和总目标,打好"四大战役",完成"五个一工程",即把经济工作的重点放在抑制通货膨胀、巩固农业基础、振兴工业经济、增加财政收入上来,力争国内生产总值达到1000亿元,粮食产量达到100亿公斤,乡镇企业销售收入超过1000亿元,农民人均收入达到1000元,地方可用财力达到100亿元。

29日

〇太焦线复线电气化铁路全线通车。

1995年

1月

4日

〇中共山西省委、省人民政府决定在全省开展"南征北战"专项斗争,在山西南部以打击盗掘、盗窃、贩卖走私文物犯罪为主,在山西北部以打击拐卖妇女儿童犯罪为主。

9日

〇山西省公费医疗改革开始实施,确定标准单位与医院分管,规定比例适当与个人挂购。

3月

31日

〇山西评选出十佳旅游景点。它们是:五台山、云冈石窟、壶口瀑布、恒山、晋祠—天龙山、解州关帝庙、平遥古城、酒都杏花村、永济普救寺、祁县民俗博物馆(乔家大院)。

4月

1日

〇山西省煤炭工业管理体制进行重大调整,煤炭部所属的山西煤管局与山西省政府所属的山西省煤炭厅合署办公,共同实施对山西省境内各类所有制和各种隶属关系的煤炭企业的行业管理。

3日

〇山西省部署第三次工业普查工作。

5月

6日

〇临汾地区襄汾县古城镇古城煤矿发生瓦斯爆炸事故,死亡33人。

22日

〇山西光辉生物降解树脂开发有限公司攻克塑料膜污染环境难题。利用该技术生产的"生物、光双降解淀粉膜"除具有与普通地膜相同的功能外,在使用期完成后,可自然降解。

6月

8日

〇中国第一座皮影艺术博物馆在孝义市落成。

7月

25日

〇第六届中国五台山国际旅游月开幕式在五台县台怀镇举行。

29日

〇山西省外贸土畜产进出口公司投资兴建的山西双扶鸵鸟试验种场开始大批量繁殖鸵鸟。

8月

4日

〇山西省地图编纂委员会编制的大型专题图集《山西省能源地图集》出版发行。

18日

〇经纬纺机股份有限公司在榆次成立。该公司成为全国纺机行业第一家在香港上市发行H股的企业。

9月

8日

〇全国十大科研中试基地之一的中国科学院山西煤炭能源化工中试基地通过了由国家计委、财政部、中国科学院和山西省有关领导干部、专家组成的验收委员会的验收。

16—22日

〇'95山西国际经贸洽谈会暨锣鼓艺术节在太原举行。

28日

〇太原机场新跑道竣工。新跑道总长3200米,总宽60米,砼厚0.38米,与之配套的导航站11个,全部采用国内外最先进的通讯导航设备;助航灯光系统齐全,可起降各类大中型飞机,也可备降波音747等机型。

10月

1日

〇太旧高速公路第一期工程(东、西两段及武宿立交枢纽)通车。

5日

〇108国道榆次至祁县东观一级公路改建工程竣工通车。

9日

〇大型历史文化旅游景点—《三国演义游乐城》在中国古典文学大师罗贯中的故乡清徐县落成,并正式对外开放。

11月

3日

〇在中宣部1994年度社会主义精神文明建设"五个一工程"评选中,山西省选送的电视连续剧《沟里人》、晋剧《油灯灯开花》、《托起明天的辉煌—当代中国十大杰出青年》、《邓小平的社会稳定理论及其意义》等作品入选,电视剧《昌晋源票号》获提名奖,中共山西省委宣传部获组织工作奖。

25日

〇全国水泥行业现代化程度最高的企业—山西水泥厂在潞城市正式建成投产。

12月

17日

〇从今日零时起,大同、阳泉、长治、晋城、晋中、忻州、运城7个地市实现本地网,这些地市的电话号码全部升为7位。

24日

〇中共山西省委、省人民政府决定用10年时间全面治理汾河污染,制定了《汾河流域水污染防治实施方案》,确定从1995年到2005年分3个阶段实现使汾河变清的目标,并决定从1996年起每年增拨专款2000万元用于加快治理汾河污染。

25日

〇第三届山西省名优土特新产品'95广州展销洽谈会和第十五届广州市工业产品联合展销会在广州中国出口商品交易会1号馆举行。这届展销会中,山西省共展出10大类名牌产品500余种,并准备了200多个招商引资项目。

27日

〇薄一波等一批在京工作的老领导向引黄工程捐款15.5万元,在太原迎泽宾馆举行了捐款仪式。

1996年

1月

1日

〇经国家经贸委和山西省人民政府批准,太原钢铁(集团)公司改制为国有独资公司,并正式更名为太原钢铁(集团)有限公司。

13日

〇中共山西省委、省人民政府举行太旧高速公路向35个贫困县捐款暨北京老干部归还捐款仪式。第一批归还的共1369万元,其余捐款将陆续归还。为修太旧路,省内外个人共捐款2.3亿元,全部用在修建武宿立交桥上。

〇侯马至月山铁路开通,该线全长261.6公里,是晋煤外运的重要通道。

26日

〇中国500家最大私营企业评价和排序揭晓,山西清徐煤炭气化总公司为第19位,山西环海实业有限总公司为第43位,太原环通实业集团有限公司为第215位,古交市巨海焦化公司为第329位。

2月

24日

〇《山西日报》报道,山西省"八五"期间,新发现重要矿产地27处。交口县铝土矿探明储量7000多万吨,相当于3个半大型矿床。在灵丘县发现的一处1000吨的大型银矿床,500多万吨的中大型锰矿床,具有极强放电性的国家急需的氧化锰矿,填补了中国北方地区的空白。在五台县发现一处砾岩型金矿。晋北地区的金刚石普查取得进展。中条山地区铜矿新增探明储量28.48万吨,完成计划的227%。全省获得地矿部找矿奖16项。

4月

1日

○中共山西省委、省人民政府提出县域经济整体发展思路,实施“龙头企业特色县”的县域经济发展战略,坚持“固农、兴工、务商”的方针,立足优势,规模化发展,努力形成特色产业,总体提高县级综合经济实力。

21日

○山西省首家集体所有制企业改制完成,海棠电器集团股份有限公司正式挂牌成立。

23日

○全省“打团扫恶”(打击团伙犯罪,扫除流氓恶势力为重点的专项斗争)新闻发布会宣布:截止4月17日全省查获各类违法犯罪人员8000余人,破获各类刑事案件4744件,打掉各类犯罪团伙1006个。公安部对山西省这项工作给予了充分肯定。

24日

○山西省人民政府批转省教委提出的《关于省属普通高校全面实行招生、收费和毕业生就业制度改革的实施意见》。

29日

○省人民政府决定,用10年时间在汾河流域大规模治理污染和改造土焦生产,每年省政府增拨2000万元,作为治河专款。

5月

4日

○平遥古城列入国家建设部、文物局向联合国申报“世界文化遗产”项目。

16日

○山西省重点企业建立现代企业制度工作座谈会在太原召开,提出“扶优扶强”发展战略,选择符合国家产业政策,有发展前景的60户重点企业,通过“四管一改”使重点企业转轨建制,快速发展,全面提高国有经济的质量。

6月

12日

○垣曲县望仙、历山两条通乡公路建成通车,实现了全省乡乡通公路的宏伟目标,这是山西省道路建设史上一个划时代的里程碑。

19日

○山西省山区农村小康现场会议确定了今后5年的奋斗目标:50个贫困县要保证稳定脱贫;占贫困县总数25%的经济条件相对较好的县,要争取整体达小康;50个贫困县综合算帐,要争取35%的农村达小康;大部分县和大部分乡村,经济发展要上一个大台阶。

25日

○太旧高速公路全线通车庆典仪式在太原武宿收费广场举行。

28日

○全球山西商人的总联盟——晋商国际联合会在太原正式创立。

7月

6日

○世界银行贷款投资的“山西扶贫开发项目”工程启动,该项目涉及运城、吕梁等20个贫困县550万人,包括水利水保、林业、畜牧、交通、农产品加工5大类47个项目。

12日

○运城地区的万荣、临猗、永济、夏县等县市遭受严重冰雹和暴风雨袭击。

13日

○山西省所有地市全部实现电信本地网,各县市电话号码均升为7位。

19日

○香港《大公报》和《山西日报》签署《大公报》开办《山西新闻》版协议。主要是宣传山西投资环境和名优特产,为全省各企业招商引资。

25日

○山西省第七届五台山国际旅游月开幕。

8月

6日

○山西省第一条引进外资修建的柴化公路(东起太原市北郊柴村镇,西止太宁线上的化客头乡,全长22.3公里)修通,举行通车庆典活动。

10—15日

○'96山西名优特新商品交易会期间,总销售额达31.78亿元,实现销售额达到12.58亿元,签订销售合同1356份、意向合同1271份,销售额5.5亿元。

22日

○阳城电厂6台35万千瓦机组发电设备进口合同签字仪式在北京人民大会堂举行。签字之前国务院总理李鹏在会见德国西门子公司和美国福斯特惠勒能源公司的代表时指出,阳城电厂是第一座大型跨省区坑口发电项目,所生产电力将全部输往江苏,这是中国实行变输煤为输电的一项重要举措。

26—27日

○全省扶贫攻坚四级书记会议在太原召开。省委书记胡富国强调,扶贫攻坚,关键在党,根本在人,成败在干。省长孙文盛提出,扶贫方式要实现根本转变,应从单纯救济转向扶贫开发为主,提高贫困人口的"造血"机能,使贫困农民真正成为脱贫致富的主体。

28日

○中共山西省委、省人民政府决定命名彭少逸等217名成绩卓著、贡献突出的学者专家为山西省第二批优秀专家。

9月

3日

○山西省首次补充招收省级国家公务员6000余名符合报考条件者通过报考审查。这次有28个省级行政机关补充273名国家公务员。

○一度成为中国境内"斜塔之最"的太原双塔寺东塔,从1995年7月始,经过一年的"纠缠施工",获得成功。

4日

○国家教委批准,山西医学院更名为山西医科大学。更名后设4个二级学院、7个系部和5个研究所,是教育、科研和医疗服务为一体的综合性医科大学。

10月

5日

○在北京召开的全国建筑工程质量工作会议上,宣布中国建筑工程最高奖——鲁班奖评选结果并颁奖。全国有32项工程获此奖。山西太旧高速公路武宿立交桥以全票当选,这是山西省公路建设史上第一次获此大奖。

27日

○太原东山过境高速公路竣工通车。该路开工于1993年7月1日,全长26.042公里,北起太原北郊区阳曲镇108国道,南至武宿立交桥,为全封闭、全立交高速公路。

11月

1日

○有43年历史的迎泽大桥和日军侵晋期间修的洋灰桥爆破炸毁,新的迎泽大桥将动工兴建。新桥主桥全长500米,宽50米,机动车道为双向8车道。

8日

○从酝酿规划到设计、立项,历时38年之久的汾河二库水利枢纽工程在大坝建设工地举行开工典礼。该工程具有供水、防洪、发电、旅游等综合效益,库总容量达1.33亿立方米,水电站装机1万千瓦,总投资4.7亿元。

15日

○美国进出口银行正式作出向阳城电厂贷款4亿美元的最终承诺。至此,阳城电厂建设所需的内外资金基本上已全部落实。

23日

○太原——武汉——珠海航线正式开通。

27日

○大同市新荣区郭家窑乡东村煤矿发生特大瓦斯爆炸事故,91名井下工人遇难。

28日

○中共山西省委、省人民政府发出《山西省"九五"期间科教扶贫实施方案》的通知。

12月

10日

○经纬纺机A股在深圳成功上市,这是山西省暨中国纺机行业首家在深圳上市的股票。

1997年

1月

1日

○第一次全国农业普查现场调查工作在山西省全面展开。

9日

○原中央纪律检查委员会、国家计委原副主任(正部级)著名经济学家段云,因病医治无效,在北京逝世,享年84岁。段云系山西省蒲县人。

11日

○太原——白俄罗斯货运包机直航航线开通。

12日

○中共山西省委、山西省人民政府、省军区在文水县刘胡兰纪念馆隆重举行纪念刘胡兰英勇就义50周年大会。省委书记胡富国到会讲话。

22日

○山西万家寨引黄工程指挥部召开新闻发布会,国家计委通知山西省计委,《国家计委关于审批山西省万家寨引黄工程南干隧洞出口至太原城市接水口输水工程可行性研究报告的请示》和《国家计委关于审批引黄入晋工程南干线可行性研究报告的请示》业经国务院批准。同时,国务院已明确批复了山西省吨煤、度电收取水资源补偿费的方案。至此万家寨引黄工程总干线、北干线、南干线和连接段都已被列为国家重点工程项目。

27日

○太原武宿机场改扩建工程在太原举行隆重的竣工典礼。中共中央政治局委员、国务院副总理邹家华出席仪式并剪彩。

28 日

○中美合资建设的世界上最大的燃烧无烟煤电站、中国第一座远距离输电的大型坑口电厂——阳城电厂正式开工。建设规模为 210 万千瓦,安装 6 台 35 万千瓦燃煤机组投产后,通过长达 755 公里的 500 千伏高压线路,将以专厂、专线、专供的方式每年输往江苏省 100 多亿千瓦时的电量,工程总投资 132 亿元人民币。

2 月

20 日

○中共山西省委举行常委扩大会议,沉痛悼念邓小平同志。

26 日

○山西省义务修路工作会议在太原召开。

3 月

12 日

○八届全国人大五次会议、全国政协五次会议新闻中心在人民大会堂举行记者招待会。省委书记胡富国、省人大主任卢功勋、省长孙文盛和省政协主席郭裕怀应邀出席,并就山西经济发展战略问题回答了中外记者的提问。

14 日

○中共山西省委、省人民政府召开山西省"三打三禁"(打击严重暴力犯罪、打击团伙犯罪和社会恶势力,打击经济犯罪和禁黄、禁赌、禁毒)电话动员会,决定从 3 月中旬至 9 月底,在全省迅速开展一场以禁毒为重点的"三打三禁"斗争。

18 日

○南风集团——清华大学日用化工新技术研究中心在清华大学挂牌运营。

4 月

9—11 日

○中共山西省委、省人民政府在太原召开山西省对外开放工作会议。

14—18 日

○山西省万家寨引黄工程利用世界银行一期工程 4 亿美元贷款在美国华盛顿世界银行总部谈判成功达成协议。

24 日

○山西省柳林县薛村乡农民刘笑等 5 名青年被授予"中国青年五四奖章"。这是团中央、全国青联首次颁发的授予优秀青年的最高荣誉。

5 月

23 日

○山西省向香港特别行政区赠送的礼品应县木塔模型制成暨启运仪式在太原举行。

26 日

○第四届黄河壶口国际漂流月开幕式在吉县举行。

6 月

1 日

○"亚洲第一飞人"柯受良驾驶白色三菱跑车,从山西省吉县飞越黄河壶口瀑布,成功地到达对岸陕西省宜川县。柯受良飞越黄河的跨度为 50 米。

2 日

○中国通用航空公司引进的第一架波音 737—300 飞机飞抵太原武宿机场。这是山西省第一次引进波音 737 飞机。

13 日

○华北最长的公路隧道晋(城)阳(城)公路牛王山隧道(全长 1880 米)贯通。

28 日

○山西南部高等级公路——运(城)风(陵渡)一级公路全线建成通车。该路总投资 5.26 亿元,全长 86 公里。是秦、晋、豫黄河三角地区第一条高等级公路。

7 月

5 日

○由太原工业大学和山西矿业学院合并组建的太原理工大学正式成立。

25 日

○第八届中国五台山国际旅游月开幕。

26 日

○《五台古刹》特种邮票首发式在五台山举行。这套邮票共 6 枚,票面内容分别为台怀镇寺群、南禅寺大殿、佛光寺东大殿、显通寺铜殿、菩萨顶、镇海寺等,集中展示了五台山的建筑、佛教、绘画、历史等人文和自然景观。

8 月

22—9 月 26 日

○天津医科大学人工晶体中心、省眼科医院、省人民医院、山西医科大学第一临床医院组成的 4 支国家医疗队在大同、朔州、忻州、吕梁 4 个城市的 15 个贫困县进行了白内障复明手术,1202 名患者重见光明。

9 月

1 日

○"长二丙"改进型火箭在太原卫星发射中心首

次发射取得成功。

6日

○集中反映中共十四大以来全国经济建设和精神文明建设成就的大型展览《辉煌的五年》在北京展览馆开展。

8—13日

○'97中国投资贸易洽谈会在厦门富山国际展览城开幕。

12—18日

○中国共产党第十五次全国代表大会在北京举行。大会的主题是:高举邓小平理论伟大旗帜,把建设有中国特色的社会主义事业全面推向21世纪。在这次大会上,胡富国、孙文盛当选为中共中央委员。刘泽民、刘振华、金银焕当选为中共中央候补委员。冯芝茂当选为中央纪律检查委员会委员。

22—28日

○省人民政府主办的'97山西国际经贸洽谈会在太原召开。

29—30日

○省人民政府决定从1997年开始,山西省境内各种经济成份的全体劳动者,全部纳入社会保险统筹范围,建立全省统一的、覆盖所有城镇的社会保险体系。

10月

1日

○太原一桥(迎泽大桥)两路(滨河东、西路)举行通车庆典。新建迎泽大桥主跨511.6米、宽50米,为全国桥梁宽之冠。滨河东路和滨河西路,两路各长6公里,各宽50米,两路循环与汾河上的迎泽大桥、胜利桥、漪汾桥、南内环桥沟通,两路沿汾河河堤处各有10米宽的绿化林带。

7日

○《山西日报》报道,中共山西省委、省人民政府命名太原市南郊区、太原市北郊区、清徐县、大同市南郊区、阳泉市郊区、平定县、长治市城区、晋城市城区、泽州县、高平市、阳城县、榆次市和侯马市等13个县(市、区)为山西省首批小康县(市、区)。

11月

1日

○太原——佳(县)线西铭至古交公路全线通车。该路全长40.85公里,路基宽12米,其中水泥路面长38公里,是山西省引资修建的商品路。

3日

○山西省人民政府发布《关于在全省建立城市居民最低生活保障制度的通知》,要求在全省全面推进城市居民最低生活保障制度的建立工作。

12月

2日

○太原至乌兹别克斯坦首都塔什干货运直航包机航线开通。

8日

○中国自行研制的“长二丙”改进型运载火箭在太原卫星发射中心发射升空,成功地将美国摩托罗拉公司制造的两颗卫星送入预定轨道。

17日

○中共山西省委、省人民政府在太原召开太旧高速公路清还全部捐款暨荣获国家“鲁班奖”颁奖大会。会上归还太旧路捐款8835.3万元。至此,在太旧路通车一年半后,太旧路捐款全部还清。

25日

○山西省第二条高速公路——晋(城)阳(城)高速公路全线通车。该路是山西省第一条以地市为主承建的全封闭、全立交高速公路,全长36公里,总投资6.6亿元。

26日

○山西财经大学正式成立,该校是由山西财经学院、山西经济管理学院实行合并办学,中华全国供销合作总社和山西省人民政府共建共管的一所综合性财经大学。

30日

○大同——北京、大同——广州航线开通。

1998年

1月

4日

○联合国教科文组织世界遗产委员会确认山西平遥古城为“世界文化遗产”,列入《世界文化遗产名录》。

21—22日

○中共山西省委七届七次全会在太原召开,全会就进一步贯彻中共十五大精神作出部署。全会审议通过《中共山西省委关于到2000年实现“三个基本”目标的决议》。

2月

7日

○中央电视台新闻节目播出江总书记牵挂山西朔州假酒受害群众的消息。中共山西省委、省人民政府召开紧急广播电视大会,坚决贯彻江总书记重要指示,严肃查处假酒大案。

5月

29—31 日

〇中共山西省委、省人民政府召开全省国有企业下岗职工基本生活保障和再就业工作会议。至年底,全省98.5%下岗职工进入再就业服务中心,及时领到基本生活费,55.3%下岗职工实现了再就业。

8月

29 日

〇晋东南地区发现一个特大型煤层气基地,总面积约1200平方公里,探明储量为2000多亿立方米。

9月

22 日

〇全省百日禁毒大行动开始。

26 日

〇原平至太原高速公路建成通车。

10月

1 日

〇国家重点工程万家寨水利枢纽工程成功下闸,开始蓄水。

20 日

〇中共山西省委、省人民政府决定今后5年"三项建设"的重中之重是:引来黄河水,阳电下江南。治好母亲河(汾河),绿化两座山(吕梁山、太行山),打通出口路(京大路、晋焦路),建成大运线,开创新业绩,三晋换新颜。

11月

16 日

〇山西改革开放20年利用外资成果预展表明,截止1998年9月底,山西累计批准设立外资企业1918户,项目总投资58.8亿美元。合同外资30.16亿美元。实际外资到位额8.19亿美元。

28 日

〇万家寨水利枢纽第一台机组,提前33天成功并网发电。

12月

19 日

〇太原卫星发射中心利用中国自行研制生产的"长二丙"改进型火箭,以一箭双星方式,成功地将美国摩托罗拉公司"铱星"系统的2颗卫星送入太空预定轨道。

主要统计指标解释

综　合

国内生产总值　是按市场价格计算的国内生产总值的简称，它是一个国家(地区)所有常住单位在一定时期内生产活动的最终成果。国内生产总值有三种表现形态，即价值形态、收入形态和产品形态。从价值形态看，它是所有常住单位在一定时期内所生产的全部货物和服务价值超过同期投入的全部非固定资产货物和服务价值的差额，即所有常住单位的增加值之和；从收入形态看，它是所有常住单位在一定时期内所创造并分配给我们常住单位和非常住单位的初次分配收入之和；从产品形态看，它是最终使用的货物和服务减去进口货物和服务。在核算中，国内生产总值的三种表现形态表现为三种计算方法，即生产法、收入法和支出法。三种方法分别从不同的方面反映国内生产总值及其构成。

三次产业　根据社会生产活动历史发展的顺序对产业结构的划分，产品直接取自自然界的部门称为第一产业，对初级产品进行再加工的部门称为第二产业，为生产和消费提供各种服务的部门称为第三产业。它是世界上较为通用的产业结构分类，但各国的划分不尽一致。我国的三次产业划分是：

第一产业：农业(包括种植业、林业、牧业和渔业)。

第二产业：工业(包括采掘工业、制造业、自来水、电力、蒸气、热水、煤气)和建筑业。

第三产业：除第一、二产业以外的其他各业。由于第三产业包括的行业多、范围广，根据我国的实际情况，第三产业可分为两大部分：一是流通部门，二是服务部门。具体又可分为四个层次：

第一层次：流通部门，包括交通运输业、邮电通讯业、商业、饮食业、物资供销和仓储业。

第二层次：为生产和生活服务的部门，包括金融、保险业，地质勘查业，房地产、公用事业，居民服务业，咨询服务业和综合技术服务业，农、林、牧、渔、水利服务业和水利业，公路、内河(湖)航道养护业等。

第三层次：为提高科学文化水平和居民素质服务的部门，包括教育、文化、广播电视、科学研究、卫生、体育和社会福利事业等。

第四层次：为社会公共需要服务的部门，包括国家机关、政党机关、社会团体，以及军队和警察等。

总产出　一定时期内生产的所有货物和服务的价值。它是货物和服务的全部价值，包括转移价值和新增价值两部分。总产出用生产者价格估价。

增加值　生产货物或提供服务过程中增加的价值，也称为追加价值，就是总产出与中间投入之间的差额。

最终消费　指常住单位在一定时期内对于货物和服务的全部最终消费，也就是常住单位为满足人们物质、文化和精神生活的需要，从本国经济领土或外国购买的货物和服务。不包括非常住居民在本国经济领土内的消费。总消费分为居民消费和政府消费。

居民消费：指常住居民在核算期内对于货物和服务的全部最终消费。包括①居民以货币直接购买的用于生活消费的各种货物，既有各种耐用消费品又有非耐用消费品。不包括居民购买的房屋和用于生产的支出。②居民直接购买的用于生活消费的各种服务支出。如，交通费、学杂费、房租、洗理、日用修理、医疗保健(自己直接支付)、教育、文化、家庭保姆等支出。③居民自产自用的计入核算期社会产品中的货物。④自有住房的虚拟消费。⑤居民以实物工资获得的各种生活消费包括免费和低于市场价格获得的各种货物和服务。⑥职工从单位享受的公费医疗和集体福利设施及补贴。

居民消费不包括居民销售旧货、废品、废料得到的净收入。

政府消费：是指政府部门的总产出扣除销售收入后的价值。换句话讲，就是指社会公共服务部门将其生产活动总成果提供给政府，由政府部门购买并提供给全社会享用的消费品和劳务。

资本形成总额　指常住单位在核算期内对固定资产和库存的投资支出合计，分为固定资产形成总额和存货增加两项。

固定资本形成总额：指常住单位在核算期内购置、转入和为自用而生产的固定资产，扣除已有固定资产的销售和转出后的价值，可分为有形固定资产总额和无形固定资产总额。有形固定资产形成包括建筑工程、安装工程、设备与工具器具购置和其他费用四部分，不包括居民拥有的耐用消费品和作为纯军事目的而使用的耐用品。无形固定资产形成包括矿藏的勘探、计算机软件、娱乐、文学艺术品原件等。

存货增加:存货增加即存货变动,是指常住单位在核算期内库存实物量变动的市场价值。期末与期初差额为正值,表示存货增加;负值表示存货减少。具体包括:一是生产单位从其他单位购买的原材料、燃料和各种储备物资等。这部分购买入库的商品应按本期购买者价格估价。二是生产单位生产的各种产成品、在制品、半成品等。生产单位生产入库和各种产品应按本期生产者价格估价。

当年价格 指报告期的实际价格,如工厂的出厂价格,农产品的收购价格,商业的零售价格等。按当年价格计算,是指一些以货币表现的物量指标,按照当年的实际价格来计算总量。使用当年价格计算的数字,是为了使国民经济各项指标互相衔接,便于考察当年社会经济效益,便于对生产和流通、生产和分配、生产和消费进行经济核算和综合平衡。

按当年价格计算的价值指标,在不同年份之间进行对比时,因为包含有各年间价格变动的因素,不能确切地反映实物量的增减变动。必须消除价格变动因素后,才能真实反映经济发展动态。因此,在计算增长速度时都使用按可比价格计算的数字。

可比价格 指在不同时期的价值指标对比时,扣除了价格变动的因素,以确切表示物量的变化。按可比价格计算有两种方法,一种是直接按产品产量乘其不变价格计算,一种是用物价指数换算。

不变价格 用某一时期的同类产品的平均价格作为固定价格,来计算各个时期的产品价值。新中国成立后,随着工农业产品价格水平的变化,国家统计局先后五次制定了全国统一的工业产品不变价格和农业产品不变价格,从1949年到1957年使用1952年工(农)业产品不变价格。从1957年到1971年使用1957年不变价格,从1971年到1981年使用1970年不变价格,从1981年开始使用1980年不变价格,从1990年开始使用1990年不变价格。

平均每年增长速度 在我国计算平均速度有两种方法,一种是习惯上经常使用的"水平法",又称几何平均法,是以间隔期最后一年的水平同基期水平对比来计算平均每年增长(或下降)速度。另一种是"累计法",又称代数平均法和方程法,是以间隔期内各年水平的总和同基期水平对比来计算平均每年增长(或下降)速度。(具体计算方法,可参阅中国财政经济出版社出版的《平均增长速度查对表》)。

在一般正常情况下,两种方法计算的平均每年增长速度比较接近,但在经济发展不平衡,出现大起大落时,两种方法计算的结果差别较大。

人口、从业人员和劳动报酬

总人口 年度数指当年12月31日的常住人口。

市镇人口 按行政区域划分,指城市所辖区域内的全部人口(不含市辖县人口)和县所辖镇内的全部人口。

乡村人口 指县(不含镇)的全部人口。

市 指经国家批准成立市建制的城市。

镇 指经省人民政府批准建立的集镇。建镇的标准国家有过多次变化。1963年以前为常住人口在2000人以上,非农业人口占50%以上的可以建镇。1964年起改为常住人口在3000人以上,非农业人口占70%以上的;或常住人口在2500人以上,不足3000人,非农业人口占85%以上的可以建镇。1984年起又调整为凡县级地方国家机关所在地;或总人口在20000人以下的乡,乡政府驻地非农业人口超过2000人的;或总人口在20000人以上的乡,乡政府驻地非农业人口占全乡人口10%以上的可以建镇。少数民族地区、人口稀少的边远地区、山区和小型工矿区、小港口、风景旅游、边境口岸等地,非农业人口虽不足2000人,如确有必要,也可设置镇的建制。鉴于上述原因,解放后,集镇的个数和人口数变化较大。

农业人口和非农业人口的划分标准:

1.凡在农村从事农林牧渔业的劳动者,以及乡和乡以下所办企业中不直接从事农业生产的各种人员,都统计为农业人口。乡镇党政机关的在编人员统计为非农业人口。

2.国营农、林、牧、渔、园艺场、拖拉机站、生产建设兵团在编的行政管理人员、文教卫生、财贸、邮电等人员,以及附属的独立核算工业企业中常年不从事农业生产的国家职工,统计为非农业人口;这些单位的其他人员都统计为农业人口。盐业、森林采伐业和渔业公司的国家职工统计为非农业人口。

3.住在农村由职工、军人抚养的家属,退休职工等统计为非农业人口。

4.介于农业与非农业之间不好区分的,一般统计为农业人口。

出生人数 指胎儿脱离母体时(不管怀孕月数),有过呼吸或其他生命现象的活产婴儿数。

出生率 指在一年内平均每千人中所出生的人数,用千分率表示。计算公式:

$$出生率=\frac{年出生人数}{年平均人数}\times 1000‰$$

年平均人数 指年初、年末人口的平均数。

死亡率 指在一年内平均每千人中所死亡的人数。用千分率表示。计算公式:

$$死亡率=\frac{年死亡人数}{年平均人数}\times1000‰$$

人口自然增长率 指在一年内自然增加的人数(出生人数减死亡人数)与年平均人数之比。用千分率表示。计算公式:

$$人口自然增长率=\frac{本年出生人数-本年死亡人数}{年平均人数}\times1000‰$$

劳动力资源总数 指在劳动年龄内,具有劳动能力,在正常情况下,可能或实际参加社会劳动的人口数。劳动力资源的范围为:劳动年龄内(16周岁以上),有劳动能力,实际参加社会劳动和未参加社会劳动的人员。劳动力资源也可划分为:经济活动人口和非经济活动人口。劳动力资源不包括下列人员:在押犯人、劳动年龄内丧失劳动能力的人员、16岁以下实际参加社会劳动的人员。

从业人员 指从事一定社会劳动并取得劳动报酬或经营收入的人员。从业人员按就业身份分组包括:职工、再就业的离退休人员、私营业主、个体户主、私营企业和个体从业人员、乡镇企业从业人员、农村从业人员、其他从业人员。

职工 指在国有经济、城镇集体经济、联营经济、股份制经济、外商和港、澳、台投资经济、其他经济单位及其附属机构工作,并由其支付工资的各类人员。

再就业的离退休人员 指受聘于独立的法人机构单位或附属单位,并为其工作,领取劳动报酬的离退休人员。暂不包括从事个体劳动,以及在私营企业、乡镇企业中工作的再就业的离退休人员。

私营企业和个体从业人员 指在私营企业或个体经营者所经营的机构中劳动,并领取劳动报酬的人员。包括在私营或个体经营机构中劳动的帮工、学徒、雇用人员。

乡镇企业从业人员 指在乡镇企业劳动,并领取劳动报酬的人员。

其他从业人员 各单位其他从业人员是指劳动统计制度规定不作职工统计,但实际参加各单位生产或工作并取得劳动报酬的人员。包括:再就业的离退休人员、民办教师以及在各单位中工作的外方人员和港、澳、台方人员。但不包括在单位中工作并领取劳动报酬的在校学生、兼职人员和从事第二职业的人员。

在岗职工 指在本单位工作并由单位支付工资的人员,以及有工作单位,但由于学习、病伤产假等原因暂未工作,仍由单位支付工资的人员。

离开本单位仍保留劳动关系的职工 指由于各种原因,已经离开本人的生产和工作岗位,并已不在本单位从事其他工作,但仍由用人单位保留劳动关系的职工。

从业人员劳动报酬 指各单位在一定时期内直接支付给本单位全部从业人员的劳动报酬总额。包括职工工资总额和本单位其他从业人员劳动报酬两部分。

职工工资总额 指各单位在一定时期内直接支付给本单位全部职工的劳动报酬总额。

其他从业人员劳动报酬 指各单位在一定时期内直接支付给本单位其他从业人员的全部劳动报酬。包括支付给再就业离退休人员的劳动报酬和外藉、港、台人员的劳动报酬总额。

职工平均工资 指企业、事业、机关等单位的职工在一定时期内平均每人所得的货币工资额。它表明一定时期职工工资收入的高低程度,是反映职工工资水平的主要指标。计算公式为:

$$职工平均工资=\frac{报告期实际支付的全部职工工资总额}{报告期全部职工平均人数}$$

职工平均实际工资 指扣除物价变动因素后的职工平均工资。计算公式为:

$$职工平均实际工资=\frac{报告期职工平均工资}{报告期职工生活费价格指数}\times100\%$$

职工平均工资指数 指报告期平均工资与基期平均工资的比率,是反映不同时期职工货币工资水平变动情况的相对数。它表明报告期平均工资比基期平均工资提高或降低程度。计算公式为:

$$职工平均工资指数=\frac{报告期职工平均工资}{基期职工平均工资}\times100\%$$

职工平均实际工资指数 是反映职工实际工资的变动方向和变动程度的指数,表明职工实际工资水平提高或降低的程度。计算公式为:

$$职工平均实际工资指数=\frac{报告期职工平均工资指数}{报告期职工生活费价格指数}\times100\%$$

失业人员 指在劳动年龄内,有劳动能力,在调查期间无工作并以某种方式正在寻找工作的人员。

城镇失业人员 指有非农业户口,在一定的劳动年龄内(16岁以上及男50岁以下,女45岁以下),有劳动能力,无业而要求就业,并在当地就业服务机构进行求职登记的人员。包括:

1.失业青年 指年龄在16岁至25岁的初、高中和职业中学毕业未能升学、参军的待业人员和其他社会青年。

2.失业职工 指宣告破产的国有企业人员、濒临破产的国有企业法定整顿期间被精简的人员、国有企业终止解除劳动合同的人员及国有企业辞退的人员。

3.其他失业人员 指失业青年和失业职工外,年龄在25岁以上及男50岁以下,女45岁以下的社会闲散人员。

城镇失业率 指城镇失业人数同城镇从业人数加城镇失业人数之比。计算公式为:

$$\text{城镇失业率}=\frac{\text{城镇失业人数}}{\text{城镇从业人数}+\text{城镇失业人数}}\times 100\%$$

固定资产投资

全社会固定资产投资 固定资产投资是全社会固定资产再生产的主要手段。通过建造和购置固定资产的活动，国民经济不断采用先进技术装备。建立新兴部门，进一步调整经济机构和生产力的地区分布，增强经济实力，为改善人民物质文化生活创造物质条件，这对实现我国社会主义现代化建设具有重要意义。

固定资产投资是以货币表现的建造和购置固定资产活动的工作量，它是反映固定资产投资规模、速度、比例关系和使用方向的综合性指标。全社会固定资产投资包括国有单位投资、城乡集体所有制单位投资、城乡居民个人投资及其他经济类型的投资。

基本建设投资 基本建设是指国民经济各部门以扩大生产能力或工程效益为主要目的的新建、扩建工程及有关工作。包括工厂、矿山、铁路、桥梁、港口、农田水利、商店、住宅、学校、医院等工程的建造和机器设备、车辆、船舶、飞机等的购置。

基本建设投资额是以货币表现的基本建设完成的工作量，是反映一定时期内基本建设规模和建设进度的综合性指标。它是根据工程的实际进度按预算价格(预算价格是编制施工图预算时所用的价格)计算的工作量。没有形成工程实体的建筑材料和没有开始安装的设备，都不计算投资完成额。基本建设投资完成额是按预算价格计算的工作量；基本建设财务拨款贷款额是银行根据国家计划拨给或贷给建设单位用于基本建设的资金。

基本建设项目 主要是以计划文件确定的，不管是国有单位还是其他类型的单位，只要其固定资产投资项目列入国家和地方基建计划就属于基本建设投资。既未列入基建计划也未列入更改计划，总投资在50万元以上的属于基本建设的项目作为基本建设投资。

更新改造投资 更新改造是指企、事业单位对原有设施进行设备更新和技术改造，以及相应配套的工程和有关工作(不包括大修理和维护工程)。更新改造投资是以货币表现的更新改造完成的工作量。更新改造投资的划分是：(1)列入更新改造计划的项目作为更新改造投资；(2)更新改造计划与基本建设计划结合安排的项目和未列入计划的项目，根据工程性质分别作为基本建设投资或更新改造投资。属于对企业、事业单位原有设施进行技术改造或更新的项目和增建主要生产车间、分厂等，其新增生产能力或效益尚未达到大中型标准的项目，以及由于城市环境保护和安全生产的需要而进行的迁建工程，作为更新改造投资。

房地产开发投资 各种经济类型的房地产开发公司、商品房建设公司及其他房地产开发单位统一开发的包括统代建、拆迁还建的住宅、厂房、仓库、饭店、宾馆、度假村、写字楼、办公楼等房屋建筑物和配套的服务设施，以及土地开发工程，如道路、给水、排水、供电、供热、通讯、平整场地等基础设施工程。包括非房地产企业实际从事房地产开发或经营活动。

固定资产投资的资金来源 根据固定资产投资的资金来源不同，分为国家预算内投资、国内贷款、债券、利用外资、自筹资金和其他资金。

1.国家预算内投资　指列入国家固定资产投资计划并由国家财政预算拨款(包括拨款改贷)完成的投资。基本建设国家预算内投资包括国家预算内拨款(中央财政中的基本建设拨款和地方财政中由国家统筹安排的基本建设拨款)和由拨款改为银行贷款形式完成的投资，中央财政中的其他专项建设拨款。更新改造国家预算内投资包括中央财政和地方财政预算内更新改造拨款完成的投资。

2.国内贷款　指固定资产投资单位向银行及非银行金融机构借入的用于固定资产投资的各种国内借款，包括银行利用自有资金及吸收存款发放的贷款等。

3.利用外资　指用于固定资产建造和购置投资的境外资金(包括设备、材料、技术在内)。包括外商直接投资、对外借款(外国政府贷款、国际金融组织贷款、出口信贷、外国银行商业贷款、对外发行债券和股票)及外商其他投资(包括补偿贸易和加工装配由外商提供的设备价款、国际租赁)。不包括我国自有外汇资金(包括国家外汇、地方外汇、留成外汇、调济外汇和中国银行自有资金发行的外汇贷款等。

4.股票　是股份制企业通过发行股票筹集到的用于固定资产投资的资金。

5.债券　是企业(公司)或金融机构通过发行各种债券，筹集到的用于固定资产投资的资金，包括由银行代理国家专业投资公司发行的重点企业债券和基本建设债券。

6.自筹和其他投资　指由国务院各部门、各省、自治区、直辖市及地(市)、县和企(事)业及行政单位自己筹集的资金(包括各级地方财政贷款)和上述各项以外的其他用于固定资产的资金。

固定资产投资按国民经济行业分 建设项目归

哪个行业按建成投产后的主要产品种类或主要用途及社会经济活动种类确定。基本建设按建设项目划分国民经济行业,更新改造或全民所有制单位其他固定资产投资及城镇集体投资根据整个企业、事业单位所属的行业来划分。一般情况下,一个建设项目或一个企业、事业单位只能属于一个国民经济行业。为了更准确地反映国民经济各行业之间的比例关系,联合企业(总厂)所属分厂属于不同行业的,原则上按分厂划分行业。

固定资产投资按建设性质分　建设项目的性质一般分为新建、扩建、改建、单纯建造生活设施、迁建、恢复、单纯购置。基本建设按建设项目划分建设性质,更新改造、其他固定资产投资按整个企业、事业单位的建设情况确定建设性质。目前基本建设和更新改造是根据我国现行的计划管理体制区分的,所以基本建设和更新改造都可以分别按新建、扩建和改建等划分。

1.新建　一般是指从无到有,"平地起家"新开始建设的单位。有的单位原有的基础很小,经过建设后期新增加的固定资产价格超过企业、事业和行政单位原有固定资产价值(原值)三倍以上的也算新建。

2.扩建　一般是指为扩大原有产品的生产能力,在厂内或其他地点增建主要生产车间(或主要工程),独立的生产线或总厂之下的分厂的企业;事业单位和行政单位在原单位增建业务用房(如学校增新教学用房、医院增建门诊部或病床用房,行政机关增建办公楼等)也作为扩建。

3.改建　一般是指现有企业、事业单位为了技术进步,提高产品质量,增加花色品种,促进产品升级换代,降低消耗和成本,加强资源综合利用和三废治理,以及劳保安全等,采用新技术、新工艺、新设备、新材料等对现有设施、工艺条件进行技术改造或更新(包括相当配套的辅助性生产、生活福利设施)。有的企业为充分发挥现有生产能力,进行填平补齐而增建不增加本单位主要产品能力的车间等,也属于改建。

固定资产投资按构成分　固定资产投资活动按其工作内容和实现方式分为建筑安装工程,设备、工具、器具购置,其他费用三个部分。

(一)建筑安装工程(建安工作量)　包括建筑工程和安装工程,这两部分投资必须兴工动料,通过施工活动实现。

1.建筑工程(建筑工作量)包括:

(1)各种房屋建造工程如厂房、仓库、办公、住宅、商店、学院、俱乐部、食堂、车库、招待所的建设,包括列入建筑工程预算内的暖气、卫生、通风、照明、煤气等设备的价值及其装设油饰工程,列入建设工程预算内的各种管道(如蒸汽、压缩空气、石油、给排水等管道),电力、电讯电缆导线敷设等工程。

(2)设备基础、支柱、操作平台、梯子、烟囱、凉水塔、水池、灰塔等建筑工程,炼焦炉、裂解炉、蒸汽炉等各种窑炉的砌筑工程及金属结构工程。

(3)为施工而进行的建筑场地的布置,工程地质勘探,原有建筑物和障碍物的拆除,平整土地,施工临时用水、电、汽、道路工程,以及完工后建筑场地的清理、环境绿化美化工作等。

(4)矿井的开凿,井巷掘进延伸,露天矿的剥离,石油、天然气钻井工程和铁路、公路、港口、桥梁等工程。

(5)水利工程,如水库、提坝、灌溉以及河道整治等工程。

(6)防空、地下建筑等特殊工程及其他建筑工程。

2.安装工程(安装工程量)　指各种设备、装置的安装工程。

(1)生产、动力、起重、运输、传动和医疗、实验等各种需要安装设备的装配和安装,与设备相连的工作台、梯子、栏杆等装设工程,附属于被安装设备的管线敷设工程,被安装设备的绝缘,防腐、保温、油漆等工作。

(2)为测定安装工作质量,对单个设备、系统设备进行单机试运、系统联运、无负荷试运工作(投料试运工作不包括在内)。

在安装工程中,不包括被安装设备本身价值。

(二)设备、工具、器具购置　指购置或自制达到固定资产标准的设备、工具、器具的价值。固定资产的标准按财务部门规定。新建单位、扩建单位的新建车间、按照设计或计划要求购置或自制的全部设备、工具、器具,不论是否达到固定资产标准均计入"设备、工具、器具购置"中。

(三)其他费用　指除建筑安装工程和设备、工具、器具购置以外的投资完成额。它包括两种性质的费用,一种是属于增加固定资产的费用,主要有:建设单位管理费、土地、青苗等补偿费和安置补助费、勘察设计费、研究实验费、农林单位牧畜购置费、各种经济林木的营运费、办公和生活家俱、器具购置费、引进技术和进口设备项目的其他费用、联合试运费等;一种是属于不增加固定资产的费用,主要有:施工机构转移费、生产职工培训费、农业开荒费用及报废工程损失费等。

施工项目　指报告期内曾进行建筑或安装工程施工活动的建设项目。包括报告期内新开工项目、报告期以前开工跨入报告期继续施工的项目以及报告期施工过并在报告期内全部建设投产或停缓建的项目。

全部建成投产项目 工业项目是指设计文件规定形成生产能力的主体工程及其相应配套的辅助设施全部建成,经负荷试运转,证明具备生产设计规定合格产品的条件,并经过验收鉴定合格或达到竣工验收标准,与生产性工程配套的生产福利设施可以满足近期正常生产的需要,正式移交生产的建设项目。非工业项目是指设计文件规定的主体工程和相应的配套工程全部建成,能够发挥设计规定的全部效益,经验收鉴定合格或达到竣工验收标准,正式移交使用的建设项目。

新增生产能力 指通过固定资产投资活动而增加的设计能力或工程效益,它是用实物形态表示的固定资产投资的成果,新增生产能力的计算,是以能独立发挥生产能力或效益的单项工程(或项目)为对象。当单项工程(或项目)建成,经有关部门鉴定合格,正式移交投入生产,即可计算新增生产能力。

新增生产能力或工程效益有以下几种表现形式:

1.以建设项目或单项工程建成后的年产能力表示。如煤炭开采、石油开采等。

2.以建设项目或单项工程建成后处理原料的能力表示。如选矿工程的年处理磁矿石能力,洗煤厂年洗原煤能力等。

3.以新增的主要设备数量或容量表示。如发电组容量、棉纺锭枚数等。

4.以建筑容积、容量、面积或长度表示。如铁路、公路里程、水库容量等。

新增生产能力的数量一般按设计能力计算。设计能力是指设计文件中规定的正常情况下能够达到的生产能力,而不论投产后的实际产量如何,以设备数量、建筑物容积、面积、长度等表示的新增生产能力(或效益),则按建成的实际数量计算。

施工和竣工房屋建设面积 房屋建筑面积是从房屋外墙线算起的各层平面面积的总和,包括房屋结构(如柱、墙)占用的面积和地下室面积。多层建筑按各自然层面积总和计算,包括房屋内的楼隔层,突出墙面的眺望间、门斗、有柱雨罩的面积。不包括突出墙面结构的构件、艺术装饰等所占的面积,如台阶等。凹阳台、挑阳台按其水平投影面积一半计算建筑面积。

住宅建筑面积 指施工和竣工房屋建筑面积中供居住用的施工和竣工房屋建筑面积。

竣工面积 指在报告期内房屋建筑按照设计要求已全部完工,达到住人和使用条件,经验收鉴定合格,正式移交使用单位的建筑面积。

房屋建筑面积竣工率 指一定时期内房屋竣工面积占同期房屋施工面积的比率。它是从房屋建筑施工速度的角度反映投资效果和建筑业经济效益的指标。

新增固定资产 指已经建成投入生产或交付使用的工程价值和达到固定资产标准的设备、工具、器具的投资及有关应摊入的费用。它是以价值形式表示的固定资产成果的综合性指标,可以综合反映不同时期、不同部门、不同地区的固定资产投资成果。

建设项目投产率 指一定时期内全部建成投入生产项目个数占同期正式施工项目个数的比率。它是从项目建设速度的角度反映投资效果的指标。

固定资产交付使用率 指一定时期新增固定资产与同期完成投资额的比率。它是反映各个时期固定资产动用速度,衡量建设过程中投资效果的一个综合性指标。

未完工程占用率 指年末未完工程累计完成投资额占全年实际完成投资额的比率。它反映未完工程的相对规模,并可从资金占用的角度反映固定资产投资效果。由于未完工程是指已经开工,但尚未建成交付使用的工程,有个跨年度问题,因此未完工程占用率会出现大于1的情况。

能　源

能源资源 指报告期全省各种能源资源总量。能源品种包括原煤、洗精煤、焦炭、原油、汽油、柴油、煤油、燃料油、天然气、焦炉煤气、其他煤气、其他焦化制品、热力、电力等品种。能源资源组成包括三部分:

1.期初、期末库存量　是指一定时点各种能源的库存量,其中包括产成品库存量,各种能源库存量。产品库存量中,还包括乡村企业能源产成品库存量。

2.能源生产量　指报告期一次能源的生产量,其中包括原煤、水电、天然气(煤矿瓦斯)的生产量,不包括太阳能、风能产量。由一次能源加工转换产出的二次能源产量不包括在内。

3.外省市调入量　指报告期调入的各种能源数量。山西从外省市调入的能源主要是石油制品、汽油、柴油、煤油、燃料油及电网交界处输入部分电力。

一次能源生产量构成 是指全省各种一次能源生产量在全部能源产量中的比例,它反应全省一次能源资源结构。计算公式为:

$$\text{某种一次能源} = \frac{\text{某种一次能源产量} \times \text{该产品系数}}{\text{全省一次能源生产量(标准量)}} \times 100\%$$

加工转换能源占一次能源产量构成 是指全省加工转换的二次能源产量占一次能源产量之比,它反映能源基地煤炭加工转换现状。

能源消费总量　是报告期全省用于生产、生活的各种能源消费量的总和。能源消费总量按标准煤折算。能源消费总量中，包括原煤、原油及其制品、天然气、电力。不包括生物能和太阳能等的利用。能源消费总量包括三部分：

1.能源终端消费量　指报告期全省物质生产部门、非物质生产部门的各种能源消费量。不包括加工转换损失量和运输、管理中的损失量。

2.能源加工转换损失量　是指全省投入加工转换的各种能源数量和与产出能源及制品之和的差数，是能源加工转换过程的消费量，也称加工转换损失量。

3.损失量　是能源在运输、储存中发生的经营管理损失量，包括煤炭库存中的水冲、自燃等损失量。

能源生产弹性系数　是研究能源生产量的增长与国民经济增长之间关系的指标。其计算公式为：

$$\text{能源生产弹性系数}=\frac{\text{能源生产量年平均增长速度}}{\text{国民经济年平均增长速度}}$$

国民经济年平均增长速度，可根据不同目的需要，用工农业总产值、国内生产总值等指标来计算，本资料是采用国内生产总值指标计算的。

电力生产弹性系数　是研究电力生产的增长与国民经济增长之间关系的指标。一般来说，电力的发展应当快于国民经济的发展，也就是说电力应超前发展。其计算公式为：

$$\text{电力生产弹性系数}=\frac{\text{电力生产量年平均增长速度}}{\text{国民经济年平均增长速度}}\times100\%$$

能源消费弹性系数　是反映能源消费增长速度与国民经济增长速度之间比例关系的指标。其计算公式为：

$$\text{能源消费弹性系数}=\frac{\text{能源消费年平均增长速度}}{\text{国民经济年平均增长速度}}\times100\%$$

电力消费弹性系数　是反映电力消费增长速度与国民经济增长速度之间比例关系的指标。其计算公式为：

$$\text{电力消费弹性系数}=\frac{\text{电力消费年平均增长速度}}{\text{国民经济年平均增长速度}}$$

能源加工转换效率　是指报告期内能源经过加工转换后，产出的各种能源产品及其制品的数量，与同期投入加工转换的各种能源数量的比率。它是观察能源加工转换装置和生产工艺先进与落后、管理水平高低等的重要指标。

万元工业总产值能源消费量　是报告期能源消费总量和报告期工业生产总值之比，它是反映报告期能源使用经济效益好坏的经济指标之一。

能源外调量　是报告期通过铁路，公路售给外省市、供应外贸出口的各种能源数量，山西调给外省市煤炭、焦炭、电力和供应外贸出口煤炭均居全国第一位。

一、二次能源外调量构成　是报告期各种能源外调量在能源外调总量中的结构比，它全面反映能源基地能源加工工业的发展，外调能源结构变化，煤炭外调量所占比例逐年减少，二次能源外调量所占比例上升，供应的优质能源逐年增加，它是能源重化工基地建设发展的重要标志。

煤炭销售量　是报告期全省煤炭生产企业实际销售的煤炭数量。全省煤炭销售量中，包括售给省内工业、市场、煤炭集运站数量和售给外省市、供应外贸出口数量。销售量分列出统配煤矿销售量，地方县以上煤矿销售量和县以下乡村煤矿销售量。

煤炭集运站煤炭销售量，是山西专门建立的煤炭运销机构，经销代销省内不通铁路的中小煤矿和乡镇煤矿的煤炭，是山西不通铁路的煤矿通过铁路销售出省、出口煤炭的主要渠道。煤炭集运站购、销数字与煤炭企业数字不能直接相加，要扣除相互购销数字后才能相加。煤炭库存可以直接相加，不会重复统计。

物　价

居民消费价格指数　反映居民用于支付购买生活消费品及获得服务项目的价格变动情况的相对数，采用加权平均法计算。根据抽样调查方法在全省抽取15个调查市、县为填报单位。

商品零售价格指数　反映市场商品零售价格变动情况的相对数，采用加权平均法计算。

工业品出厂价格指数　反映工业生产企业主要工业产品出厂价格变动情况的相对数，采用加权平均法计算。目前在全省抽选了近400家工业企业作为基本填报单位。

农产品收购价格指数　反映国家对农产品收购价格变动趋势的相对数，采用加权倒数平均法计算。

人民生活

城镇居民家庭就业人口　指从事社会劳动并取得劳动报酬或经营收入的人口。我国的就业方针是：“在国家统筹规划和指导下，实行劳动部门介绍就业，自愿组织起来就业和自谋职业相结合”的方针。因此通过这三种方式就业的，不论在全民所有制、集体所有制单位工作或从事个体劳动,不论有固定性职业或临时性职业都是就业人口。

城镇居民家庭全部收入 指调查户的全部实际的现金收入,包括经常或固定得到的收入和一次性收入,不包括周转性的收入,如提取银行存款、向亲友借入款、收回借出款以及其他各种暂收款。

城镇居民家庭可支配收入 指居民家庭在支付个人所得税之后,所余下的实际收入。计算公式为:

可支配收入 = 实际收入 - 个人所得税 - 家庭副业生产支出 - 记帐补贴

城镇居民家庭消费性支出 指调查户用于日常生活的全部支出,包括购买各种商品支出和文化生活、服务等非商品支出。

城镇居民家庭购买商品支出 指被调查的城镇居民家庭购买商品的全部支出,包括从商店、工厂、饮食业、工作单位食堂、集市以及直接从农民购买各种商品的开支。共分八类:食品;衣着;家庭设备用品及服务;医疗保健;交通与通信;娱乐、教育、文化服务;居住;杂项商品和服务。不论自用的或赠送亲友的都包括在内。

农村居民家庭常住人口 指全年经常在家或在家居住六个月以上,而且经济生活和本户连成一体的人口。在外劳动的合同工、临时工和其他副业工,他们的收入主要带回家中,其经济活动与调查户连成一体,应做为常住人口统计。在家居住,生活和本户连成一体的国家职工、退休人员也要计算在内。但是参军,在外居住的职工等,则不应计入。

常住人口中整半劳动力 劳动力是农村住户生产的基本要素之一,劳动力的多少和劳动力负担人口的多少,直接影响农村住户收入和生活消费水平的增长变化。整劳动力是指男子 18 周岁到 50 周岁,女子 18 周岁到 45 周岁。半劳动力是指男子 16 周岁到 17 周岁,51 周岁到 60 周岁;女子 16 周岁到 17 周岁,46 周岁到 55 周岁,同时具有劳动能力的人。虽然在劳动年龄之内,但已丧失劳动能力的人,不应算为劳动力;在劳动年龄以外,但能经常参加劳动,能顶上一个整劳动力或半劳动力的人,应计入劳动力数内。常住人口中的职工,若这些职工为劳动力,就包括在本户整半劳动力中。

农民总收入 指农民年内从各种来源得到的全部实际收入(包括现金收入和实物收入)。由基本收入、转移性收入和财产性收入等三部分组成。

农民纯收入 指农民全年总收入扣除费用性支出后可以直接用于进行生产和非生产性建设投资、改善生活以及用于再分配的支出和结余收入,是反映农民实际收入水平和经济效益的主要指标。全年纯收入计算公式如下:

全年纯收入 = 全年总收入 - 家庭经营费用支出 - 缴纳税款 - 生产性固定资产折旧 - 上交集体承包任务 - 集体摊派提留 - 调查补贴

农民总支出 指农民家庭全年用于生产、生活和再分配等方面的全部实际支出,包括家庭经营费用支出、缴纳税款、上交集体的承包任务、集体提留和各种摊派、购买生产性固定资产支出、生活消费支出和其他非借贷性支出。借贷性支出不包括在内。

农村居民家庭生活消费支出 指农村常住居民家庭年内用于日常生活的全部开支。它是用来反映和研究农民家庭实际生活消费水平高低的重要指标。农民家庭生活消费支出,包括用于吃、穿、住、烧、用等生活消费品开支和文化、生活服务费用开支两大部分。

农村居民家庭商品性生活消费支出 指农村常住居民家庭用其货币收入,在市场上购买食品、衣着、家庭用家具器皿、日用杂品、燃料、耐用消费品、以及文教卫生用品等生活消费总量。包括向国有商店、集体商店和集市贸易市场以及其他流通渠道购买的全部生活消费品。农民家庭商品性生活消费支出,是农民家庭生活消费支出的一个重要组成部分,是用来反映和分析农民家庭生活消费水平的商品化程度,及其由自给性经济向商品经济发展趋势的重要指标。

农林牧渔业

农林牧渔业总产值 指以货币表现的农林牧渔业全部产品总量。它用价值量的形式综合说明了一定时期(通常指一年)农林牧渔业生产的总成果和总规模。农、林、牧、渔业总产值的统计范围:

1.农业产值 包括种植业和其他农业的主产品和副产品值。

(1)种植业产值,从事农作物栽培取得的产品产值。包括粮食、棉花、油料、麻类、糖类、烟叶、药材、蔬菜、瓜类及其他种植业产值。

(2)其他农业产值,包括采集野生植物产值和农民家庭兼营的商品性工业产值两部分。

2.林业产值 包括林木的栽培(不包括茶园、桑园、果园的栽培、管理和收获等活动)、林产品的采集和村及村以下的竹木采伐产值。

3.牧业产值 除渔业以外的一切动物的饲养、放牧,以及捕猎野兽、野禽产值。

4.渔业产值 包括水生动物和海藻类植物的养殖和捕捞产值。

农林牧渔业增加值　指各单位生产经营或劳务活动的最终成果,即本单位或本行业对社会所作的贡献。

农林牧渔业中间消耗　指在农林牧渔业生产过程中所消耗的物质产品和劳务价值的总和。计算中间消耗有两个原则:一是计算口径范围要与总产值保持一致,即与总产值相对应的生产过程中所消耗的物质产品和劳务支出相一致。二是本期消耗的不属于固定资产的低值易耗品,应计入中间消耗;固定资产的消耗,则不应计入中间消耗,而以折旧形式直接计入增加值。

乡村人口　指乡村户数中的常住人口。包括常住人口中外出的民工、工厂合同工及户口在家的在外学生。但不包括户口在家领取工资的国家职工。

乡村实有劳动力　指乡村人口中实际参加各种行业劳动,并取得实物或货币收入的劳动力人数。包括劳动年龄内实际参加劳动的人口和不足或超过劳动年龄实际参加劳动的人口数。不包括户口在家的在外学生和丧失劳动能力的人,也不包括待业人员和家务劳动者。

耕地面积　指种植农作物,经常进行耕锄的田地。包括熟地、当年新开荒地、连续撩荒未满三年的耕地和当年休闲地(轮歇地)。以种植农作物为主,附带种植桑树、果树和其他林木的土地,以及沿湖地区已围垦利用的"湖田"也应包括在内。耕地面积是一个全社会数字,包括全民所有制耕地和集体所有制耕地。

农作物总产量　指本年度内生产的各种农作物总产量,不论计划内外、数量多少,耕地与非耕地上的农作物产量,都应统计在内。包括粮食、棉花、油料、麻类、糖类、药材、蔬菜、瓜类及其他农作物。

工　业

工业　我国的工业包括以下四个方面的生产活动:(1)对自然资源的开采,如采矿、晒盐、森林采伐等(但不包括禽兽捕猎和水产捕捞);(2)对农副产品的加工、再加工,如粮油加工、食品加工、轧花、缫丝、纺织、制革等;(3)对采掘品的加工、再加工,如炼铁、炼钢、轧钢、化工生产、石油加工、机器制造、木材加工等,以及电力、自来水、煤气的生产和供应等;(4)对工业品的修理、翻新,如机器设备的修理、交通运输工具(包括小卧车)的修理等。

1984年以前农村的村及村以下办工业归属农业,1984年及以后划归工业。

工业统计调查单位　分为两类,独立核算法人工业企业和工业活动单位。

独立核算法人工业企业　指从事工业生产经营活动的单位。独立核算法人工业企业应同时具备以下条件:①依法成立,有自己的名称、组织机构和场所,能够承担民事责任;②独立拥有和使用资产,承担负债,有权与其他单位签订合同;③独立核算盈亏,并能够编制资产负债表。

工业总产值　是以货币表现的工业企业在一定时期内生产的工业产品总量,它反映工业生产总规模和总水平,包括:在本企业内不再进行加工,经检验、包装入库的成品价值,工业性作业价值,自制半成品、在制品期末期初差额价值(生产周期较长的企业计算)。工业总产值采用"工厂法"计算,即以工业企业作为一个整体,按企业工业生产活动的最终成果来计算,企业内部不允许重复计算,不能把企业内部各个车间(分厂)生产成果相加。但在企业之间、行业之间、地区之间存在着重复计算。

轻重工业总产值的划分也是按"工厂法"计算的,即一个工业企业在正常情况下生产的主要产品的性质属于轻工业,则该企业的全部总产值作为轻工业总产值;一个工业企业生产的主要产品的性质属于重工业,则该企业的全部总产值作为重工业总产值。

工业增加值　工业增加值是工业企业在报告期内以货币表现的工业生产活动的最终成果。工业增加值有两种计算方法:一是生产法,即工业总产出减去工业中间投入;二是收入法,即从收入的角度出发,根据生产要素在生产过程中应得的收入份额计算,具体构成项目有固定资产折旧、劳动者报酬、生产税净额、营业盈余,这种方法也称要素分配法。

工业企业主要财务指标

实收资本　是指企业实际收到的投资人投入的资本。实收资本按照投资的主体一般分为五种:

(1)国家资本:　是指有权代表国家投资的政府部门或机构以国有资产投入企业形成的资本。不论企业的资本是哪个政府部门或机构投入的,只要以国家资本进行投资的,均作为国家资本。

(2)集体资本:　是指由本企业劳动群众所有和集体企业联合经济组织范围内的劳动群众集体所有的资产投入形成的资本金,以及企业在实行新制度以前国家减免税款形成的资本金。

(3)法人资本:　是指其他法人单位投入本企业的资本。

(4)个人资本:　是指社会个人或者本企业内部职工以个人合法财产投入企业形成的资本。

(5)外商资本:　是指外国投资者以及我国香港、澳门和台湾地区投资者投入企业的资本。

流动资产合计 流动资产是指可以在一年或者超过一年的一个营业周期内变现或者耗用的资产，包括现金及各种存款、短期投资、应收及预付贷款、存货等。流动资产的一个重要特点是它在参加生产经营时，其价值一次转移到产品成本或费用中去。

流动资产平均余额 指全部流动资产报告期平均余额。

固定资产原价合计 固定资产原价指企业在建造、购置、安装、改建、扩建、技术改造某项固定资产时所支出的全部货币总额。它一般包括买价、包装费、运杂费和安装费等。

固定资产净值平均余额 指企业全部固定资产净值报告期平均余额。

固定资产净值期末数 指固定资产原价减去历年所提折旧后的净额。

固定资产合计 指企业固定资产净值、固定资产清理、在建工程、待处理固定资产净损失所占用的资金。

产品销售收入 指企业销售产品的销售收入和提供劳务等主要经营业务取得的业务总额。

实现利税总额 指企业产品销售税金及附加和利润总额之和。

工业企业主要财务分析指标

(1)企业亏损面：指报告期末的亏损企业单位数占全部企业单位数的百分比。其计算公式为：

$$企业亏面(\%)=\frac{亏损企业单位数}{全部企业单位数}\times100\%$$

(2)产值利润(或利税)率：指报告期已实现的利润(或利润和税金总额)占同期全部工业总产值的百分比。其计算公式为：产值利润(或利税)率(%)=

$$\frac{利润总额(或利润和税金总额)}{工业总产值}\times100\%$$

(3)销售利润(或利税)率：是指报告期已实现的利润总额(或利润和税金总额)占同期全部产品销售收入的百分比。其计算公式为：

销售利润(或利税)率(%)=

$$\frac{利润总额(或利润和税金总额)}{产品销售收入}\times100\%$$

(4)资金利润(或利税)率：指报告期已经实现的利润总额(或利润和税金总额)占同期全部资金(固定资产净值与定额流动资金之和)平均余额的百分比。其计算公式为：

资金利润(或利税)率(%)=

$$\frac{利润总额(或利润和税金总额)}{固定资产净值平均余额+定额流动资金平均余额}\times100\%$$

(5)固定资产折旧率：指固定资产一定时期内(年、月)应计折旧额对其原值的百分比。其计算公式为：

固定资产年(月)折旧率(%)

$$=\frac{固定资产年(月)折旧额}{固定资产原价}\times100\%$$

(6)工业增加值率：指报告期工业增加值占工业总产值的比重，是反映工业生产降低中间消耗的经济效益指标。计算公式为：

工业增加值率(%)=

$$\frac{报告期现价工业增加值}{报告期内现价工业总产值}\times100\%$$

(7)流动资产周转率：指一定时期内流动资产完成的周转次数，是反映工业企业投入流动资产的周转速度的指标，计算公式为：

流动资产周转率(次)

$$=\frac{报告期累计产品销售收入}{报告期流动资产平均余额}\times100\%$$

全员劳动生产率 指报告期工业企业平均每个职工创造的工业增加值，是反映工业活劳动投入的经济效益指标。计算公式为：

工业全员劳动生产率(元/人)

$$=\frac{报告期累计工业增加值}{报告期全部职工平均人数}$$

建筑业

建筑业总产值(施工产值) 建筑业总产值是以货币表现的建筑安装企业和附营施工单位在一定时期内生产的建筑产品的总和，它包括建筑工程产值，设备安装工程产值、房屋、构筑物修理产值，非标准设备制造产值。它是反映建筑业生产规模、发展速度、经营成果的重要标志。

竣工产值 指以货币表现的建筑业生产所形成的成品的价值，反映建筑业的成就，是考核建筑业施工速度和经济效益的依据之一。

建筑业增加值 建筑业增加值是建筑业企业在报告期内以货币表现的建筑业生产经营活动的最终成果。建筑业增加值有两种计算方法：一种是生产法，即建筑业总产值减去建筑业中间消耗后的余额；二是分配法(收入法)，即从收入的角度出发，根据生产要素在生产过程中应得到的收入份额计算，具体构成项目有固定资产折旧、劳动者报酬、生产税净额、营业盈余。

年底自有机械设备价值 指年底本单位自有施工机械、生产设备、运输设备的价值，分别按原值和净值计算，不包括非生产用的机构设备价值。

工程结算成本 是指报告期内与发包单位办理工程价款结算的已完工程实际成本。按照新会计制度规定，企业成本核算采用制造成本法(旧会计制度是完全成本法)，产品成本只计算制造成本，即只包括直接材料、直接工人和制造费用,而将管理费用、销售费用和财务费用作为期间费用,直接计入当期损益。

工程结算税金及附加　指因从事建筑业生产活动取得工程价款收入,而按规定应交纳的营业税、城市维护建设税、资源税和教育费附加等。

工程结算利润　是指已结算工程实现的利润。其计算公式为:

工程结算利润 = 工程结算收入 - 工程结算成本 - 工程结算税金及附加

工程结算收入　指企业承包工程实现的工程价额结算收入以及向发包单位收取的除工程价款以外按规定列作营业收入的各种款项,如临时设施费、劳动保险费、施工机械调迁费等,以及向发包单位收取的各种索赔费。

交通、邮电

铁路营业里程　指办理客货运输业务的铁路正线总长度。凡是全线或部分建成双线及以上的线路,以第一线的实际长度计算;复线、站线、段管线、岔线和特别用途线以及不计算运费的联络线都不计算营业里程。线路营业里程是反映铁路运输业基础设施发展水平的重要指标,也是计算客货周转量、运输密度和机车车辆运用效率等指标的基础资料。

铁路延展里程　可以分为总延展里程以及正线、站线、段管线、岔线、特别用途线的延展里程。总延展里程是各种线路的延展里程之和。正线延展里程是正线第一线、第二线、第三线和其他正线建筑里程之和,站线、段管线、岔线、特别用途线的延展里程,均是各自建筑里程之和。延展里程是作为计算线路上钢轨、枕木及路基砂石需要量的主要依据。

铁路货车静载重　指铁路货车在始发站静止状态下平均每车装载的货物重量。静载重的多少取决于运送货物的性质、种类、车辆的类型和装载技术的高低。根据货车的平均载重能力和静载重进行对比,可以反映货车载重能力的利用程度。

铁路货运机车平均日产量　指平均每台货运机车在一昼夜内所完成的总重吨公里数。他既包括载运货物的重量,也包括车辆本身的自重,他是从时间和牵引能力两方面反映机车运用效率的综合性指标。计算公式为

$$\text{货运机车平均日产量} = \frac{\text{货运总重吨公里数}}{\text{货运机车台日数}}$$

公路网　是由各级公路组成的网状运输系统。他是由连结各城镇、乡村和工矿基地之间主要供汽车行驶的道路形成的网络。我国的公路里程是按其作用及使用管理性质分为国家干线公路、省级干线公路、县级公路、乡公路和专用公路。按其公路工程技术要求分为高速公路和一、二、三、四级公路。

公路里程　也称“公路通车里程”,是指实际达到交通部制定的公路工程技术标准规定的等级公路长度。它包括大中城市的郊区以及通过小城镇街道的公路里程,也包括桥梁、渡口的长度,但不包括城市街道以及厂矿、林区和农业生产用道的里程。两条或多条公路共同径由同一路段,只计算一次,不得重复计算里程长度。公路里程是反映公路建设发展规模的重要指标,也是计算运输网密度等指标的资料。

民用汽车　由公安交通监理部门所掌管的领有本地区民用车辆牌照的机动车辆中的一部分。不包括拖拉机、摩托车、其他机动车等。民用汽车包括普通载货汽车、专用载货汽车、载客汽车、其他专用汽车、特种汽车等。

货(客)运量　指运输业实际运送的货物(旅客)数量。货运按吨计算。货物不论运输距离长短,货物类别,均按实际重量统计;旅客不论行程远近或票价多少,均按一人一次作为客运量统计。半价票、小孩票也按一人统计。货(客)运量反映运输业为国民经济和人民生活服务的数量指标,也是制定和检查运输生产计划,研究运输发展规模和速度的重要指标。

货物(旅客)周转量　指运输业运送的货物(旅客)数量与其相应运输距离的乘积之总和,通常以吨公里和人公里为计算单位。计算货物周转量通常按发出站与到达站之间的最短距离,也就是计费距离计算。它是反映运输业生产总成果的重要指标,也是编制和检查运输生产计划、计算运输效率、劳动生产率以及核算运输单位成本的主要基础资料。

邮电业务量　指以实物单位表示的邮电通信为社会提供的各种类型的服务数量。

批发零售贸易和餐饮业

批发零售贸易业　指专门从事批发和零售贸易活动的经济部门。我国长期以来把专门从事商品流通的机构分为国内商业、对外贸易业和物资供销业。新的国家统计报表制度根据《国民经济行业分类与代码》(国际修订方案),将专门从事商品流通的行业统称为批发零售贸易业。

批发零售贸易业法人企业　指具备如下条件的批发零售贸易企业:(1)依法成立,有自己的名称、组织机构和场所,能够承担民事责任;(2)独立拥有和使用资产,有权与其他单位签定合同;(3)独立核算盈亏,并能够编制资产负债表。

大中型批发零售贸易业企业 批发企业：年销售额2.5亿元以上为大型；2000万元—2.5亿元为中型；2000万元以下为小型。

对外贸易企业 年进出口额8000万美元以上为大型；2800万美元—8000万美元为中型；2800万美元以下为小型。

零售企业 年销售额1.2亿元以上为大型；500万元—1.2亿元为中型；500万元以下为小型。

餐饮业 年营业额1000万元以上为大型；200万元—1000万元为中型；200万元以下为小型。

进口 指直接从国外进口的商品和委托外贸部门代理进口的商品，不包括从国内有关单位（包括对外贸易部门和其他单位）购进的进口商品。

出口 指直接向国（境）外出口商品和委托外贸部门代理出口的商品。不包括售给外贸部门出口或加工后出口的商品以及在国内市场以外币销售的商品。

国有控股企业 指股份制企业中，国有资本（股份）相对其他所有者中的任何一个所有者占资（股）最多的企业。

社会消费品零售总额 指各种经济类型的批发零售贸易业、餐饮业、制造业和其他行业对城乡居民和社会集团的消费品零售额和农民对非农业居民零售额的总和。

市的零售额 指设立在中央直辖市、省、地辖市的市区和郊区以及县级市的市区的各行业消费品零售额，不包括市属县消费品零售额。

县的零售额 指设立在县城关区的各行业消费品零售额。

县以下的零售额 指设立在县城关区以及县级市的市区以外的集镇和农村的各行业消费品零售额。但不包括分布在农村的独立工矿、林区的商品零售额，这部分零售额，凡属市直辖的列入"市的零售额"中，凡属县直辖的列入"县的零售额"中。

批发零售贸易业零售额 是指专门从事商品买卖活动的各种经济类型的批发零售贸易法人企业、产业活动单位和个体商业售给居民的生活消费品和售给社会集团的公用消费品的零售额。

餐饮业零售额 是指专门从事食品烹饪、调制并直接出售给居民饮食的各种经济类型的餐饮业法人企业、产业活动单位和个体餐饮业的零售额。包括：①经烹饪、调制加工后出售的各种食品，如主食、炒菜、凉拌菜等；②不经加工直接转卖的各种外购商品，如各种烟、酒、饮料、熟食、水果等；③附设非独立核算的专门销售商品的小卖部出售的各种食品及其他商品。

制造业零售额 是指各种经济类型的制造业法人企业、产业活动单位和个体工业售给城乡居民（包括本企业职工）直接用于生活消费和社会集团用于公用消费的商品金额。

农业生产者零售额 是指农民和各种所有制的农林牧渔业生产单位直接销售给非农业居民和社会集团的农副产品及手工制品的金额。

其它行业零售额 是指批发零售贸易业、餐饮业、制造业及农业生产者以外的其它行业，包括各种公用事业、出版社、建筑业、房地产业、居民服务业等行业售给居民和社会集团的消费品金额。

零售业企业经营方式

1.独立商店 指独立经营，未与其他商业单位建立连锁关系的商店。

2.连锁商店 指在核心企业或总店的领导下，由分散的、经营同类商品或服务的商业企业，通过规范化经营，实现规模效益的经济联合组织形式，也称为公司联号。一般连锁商店应由10个以上分店组成。其经营特征：①经营同类商品；②使用统一商号；③统一采购配送，采购与销售相分离。

连锁商店总店（总部） 指连锁商店的核心企业。

连锁商店分店（加盟店） 指连锁商店所属各分散经营的企业，也可称分店或成员店。

零售业企业业态

1.百货商店 指在一个建筑物内，集中了若干专业的商品部并向顾客提供多种类、多品种商品及服务的综合性零售业态。其基本特征为：①选址在城市繁华区和交通要道；②商品结构以经营服装、服饰、衣料、家庭用品为主，种类齐全、少批量、高毛利；③注重商店环境的布置和设计；④以柜台销售为主，明码标价，可以退换货物。

2.超级市场 指采取自选销售方式，以销售大众化生活用品为主，包括食品、副食品、日用生活品、服装衣料、文具、家用 电器和室内装饰用品等，满足顾客日常生活需求的零售业态，包括各种类型的超级市场和仓储式商场。其基本特征为：①选址在居民区、商业区或交通要道；②目标顾客兼顾居民、中小零售商、餐饮店和集团消费者；③营业面积相对较大；④采取自选销售方式，出入口分设，结算由设在出口处的收银机统一进行；⑤营业时间每天不低于11小时。

3.专业（专卖）店 指专门经营某类商品或某一类商品中的某种商品，或某种品牌的系列商品，满足消费者对某类（种）商品和某种品牌商品多样性选择需求的零售业态。其基本特征：①选址多样化，营业面积根据主营商品特点而定；②商品结构体现专业性较强，选择余地大，主营商品占经营商品的90%以上；

③采取定价销售和开架面售方式；④从业人员具有丰富的专业知识。

4.其他业态　指上述未包括的其他业态形式（如便利店、折扣商店、杂货店、邮购商店以及自动售货机等）。

零售业企业营业面积　指零售企业或活动单位对外营业的门店建筑面积，不包括其办公用房面积和仓库面积。

外贸、旅游

进出口总额　海关进出口总额指实际进出我国国境的货物总金额。包括对外贸易实际进出口货物，来料加工装配进出口货物，国家间、联合国及国际组织无偿援助物资和赠送品，华桥、港澳台同胞和外籍华人捐赠品，租赁期满归承担人所有的租赁货物，进料加工进出口货物，边境地方贸易及边境地区小额贸易进出口货物（边民互市贸易除外），中外合资经营企业、中外合作经营企业、外商独资经营企业进出口货物和公用物品，到、离岸价格在规定限额以上的进出口货样和广告品（无商业价值、无使用价值和免费提供出口的除外），从保税仓库提取在中国境内销售的进出口货物，以及其他进出口货物。进出口总额用以观察一个国家在对外贸易方面的总规模。我国规定出口货物按离岸价格统计，进口货物按到岸价格统计。

实际利用外资　指我国各级政府、部门、企业和其他经济组织通过对外借款，吸收外商直接投资以及用其他方式筹措的境外现汇、设备、技术等。

对外借款　是我国利用外资的主要部分。包括我国通过外国政府贷款，国际金融组织贷款，外国银行商业贷款，出口信贷以及对外发行债券、股票等方式，从境外筹措的资金。

外商直接投资　是指外国企业和经济组织或个人（包括华桥、港澳台同胞以及我国在境外注册的企业）按我国有关政策、法规，用现汇、实物、技术等在我国境内开办外商独资企业，与我国境内的企业或经济组织共同举办中外合资经营企业、合作经营企业或合作开发资源的投资（包括外商投资收益的再投资）以及经政府有关部门批准的项目投资总额，企业从境外借入的资金。

对外承包工程　包括各对外承包公司以招标议标承包方式承揽下列业务：(1)承包国外工程建设项目；(2)承包我国对外经援项目；(3)承包我国驻外机构的工程建设项目；(4)承包我国境内利用外资进行建设的工程项目；(5)与外国承包公司合营或联合承包工程项目对我国公司分包部分；(6)以服务成果向业主收费的技术服务项目（包括承提地形地貌测绘；地质资源勘探与普查；建设区域规划；提供设计文件、图纸、生产工艺技术资料和工程技术经济咨询；工程项目的可行性考察、研究和评估；进行技术指导和培训人员等）；(7)对外承包兼营的房屋开发业务。对外承包工程的营业额是以货币表现的本期内完成的对外承包工程的工作量，包括以前年度签订的合同和本年度新签订的合同在报告期完成的工作量。

对外劳务合作　指以收取工资的形式向业主或承包商提供技术和劳务的活动。我国对外承包公司在境外开办的合营企业，中国公司同时又提供劳务的，其劳务部分也纳入劳务合作统计。劳务合作营业额按报告期内向雇主提交的结算数（包括工资、加班费和奖金等）统计。

旅游人数　指来我国参观、访问、旅行、探亲、访友、休养、考察、参加会议和从事经济、科技、文化、教育、体育、宗教等活动的外国人、华侨、港澳和台湾同胞的人数。不包括外国在我国的常驻机构，如使领馆、通讯社、企业办事处的工作人员，来我国常住的外国专家，留学生以及在岸逗留不过夜人员。

旅游外汇收入　指国内部门为来我国旅游的外国人、华桥、港澳和台湾同胞提供商品和劳务而获得的外汇收入。包括供应商品、饮食和提供住宿、交通、邮电、文化娱乐、导游等各项服务所得到的全部外汇收入。

财政、金融

财政收入　国家财政参与社会产品分配所取得的收入，是实现国家职能的财力保证。财政收入所包括的内容几经变化，目前主要包括：

1.各项税收　包括增值税、营业税、消费税、土地增值税、城市维护建设税、资源税、城市土地使用税、印花税、固定资产投资方向调节税、个人所得税、企业所得税、关税、农牧业税和耕地占用税等。

2.专项收入　包括征收排污费、征收城市水资源费收入、教育费附加收入等。

3.其他收入　包括基本建设贷款归还收入、国家能源交通重点建设基金收入、国家预算调节基金等。

4.国有企业计划亏损补贴　这项为负收入，冲减财政收入。

财政支出　国家财政将筹集起来的资金进行分配使用，以满足经济建设和各项事业的需要，主要包括：

1.基本建设支出　指按国家有关规定，属于基本建设范围内的基本建设有偿使用、拨款、资本金支出以及经国家批准对专项和政策性基建投资贷款，在部门的基建投资额中统筹支付的贴息支出。

2.企业挖潜改造资金　指国家预算内拨给的用于企业挖潜、革新和改造方面的资金。包括各部门企业挖潜改造资金和企业挖潜改造贷款资金，为农业服务的县办“五小”企业技术改造补助，挖潜改造贷款利息支出。

3.地质勘探费用　国家预算用于地质勘探单位的勘探工作费用，包括地质勘探管理机构及其事业单位经费、地质勘探经费。

4.科技三项费用　国家预算用于科技支出的费用，包括新产品试制费、中间试验费、重要科学研究补助费。

5.支援农村生产支出　国家财政支援农村集体(户)各项生产的支出。包括对农村举办的小型农田水利和打井、喷灌等的补助费；对农村水土保持措施的补助费；对农村举办的小水电站的补助费；特大抗旱的补助费；农村开荒补助费；扶持乡镇企业资金；农村农技推广和值保补助费；农村草场和畜禽保护补助费；农村造林和林木保护补助费；农村水产补助费；发展粮食生产专项资金。

6.农林水利气象等部门的事业费用　国家财政用于农垦、农场、农业、畜牧、农机、林业、森工、水利、水产、气象、乡镇企业的技术推广、良种推广(示范)、植物(畜禽、森林)保护、水质监测、勘探设计、资源调查、干部训练等项费用，园艺特产场补助费，中等专业学校经费，飞播牧草试验补助费，营林机构、气象机构经费，渔政费以及农业管理事业费等。

7.工业交通商业等部门的事业费　国家预算支付给工交商各部门用于事业发展的经费。包括勘探设计费、中等专业学校经费、技术学校经费、干部训练费。

8.文教科学卫生事业费　国家预算用于文化、出版、文物、教育、卫生、中医、公费医疗、体育、档案、地震、海洋、通讯、电影电视、计划生育、党政群干部训练、自然科学、社会科学、科协等项事业的经费支出和高技术研究专项经费。主要包括工资、补助工资、福利费、离退休费、助学金、公务费、设备购置费、修缮费、业务费、差额补助费。

9.扶恤和社会福利救济费　国家预算用于抚恤和社会福利救济事业的经费，包括由民政部门开支的烈士家属和牺牲病残人员家属的一次性、定期抚恤金，革命伤残人员的抚恤金，各种伤残补助费，烈军属、复员退伍军人生活补助费，退伍军人安置费，优抚事业单位经费，烈士纪念建筑物管理、维修费，自然灾害救济事业费和特大自然灾害后重建补助费等。

10.国防支出　国家预算用于国防建设和保卫国家安全的支出，包括国防费、国防科研事业费、民兵建设以及专项工程支出等。

11.行政管理费　包括行政管理支出，党派团体补助支出，外交支出，公安安全支出，司法支出，法院支出，检察院支出和公检法办案费用补助。

12.价格补贴支出　经国家批准，由国家财政拨给的政策性补贴支出，主要包括粮食加价款，粮、棉、油差价补贴，棉花收购价外奖励款，副食品风险基金，市镇居民的肉食价格补贴，平抑市价肉食、蔬菜价差补贴等以及经国家批准的教材课本、报刊新闻纸等价格补贴。

存款　企业、机关、团体或居民根据可以收回的原则，把货币资金存入银行或其信用机构保管并取得一定利息的一种信用活动形式。根据存款对象的不同可划分：企业存款、财政存款、机关团体存款、城镇居民储蓄存款、农村存款等项目。

贷款　银行或其他信用机构根据必须归还的原则，按一定利率，为企业、个人等提供资金的一种信用活动形式。我国银行贷款，分流动资金贷款、农业贷款、固定资产贷款等科目。

教育、科技

普通高等学校　指按照国家规定的审批程序批准举办，通过全国统一招生考试，招收高级中等学校毕业生和具有同等学历者，实施高等教育，培养高等专门人材的学校。包括大学、专门学院、专科学院和短期职业大学。

成人高等学校　指按照国家规定的审批程序批准举办，招收在职高中毕业或同等学历者，利用多种形式对成人实施高等教育，培训相当普通高等学校专科或本科毕业水平的专门人才的学校。包括广播电视大学、职工高等学校、农民高等学校、干部管理学院、独立函授学院以及普通高等学校举办的函授、夜大学等。

小学学龄儿童入学率　指调查范围内已入小学学习的学龄儿童占学龄儿童总数(包括弱智儿童在内，但不包括盲聋哑儿童)的比重。计算公式是：

$$\text{小学学龄儿童入学率}=\frac{\text{已入学的小学学龄儿童数}}{\text{校内外小学学龄儿童总数}}\times 100\%$$

综合性研究机构　指主要揭示客观事物本质，运动规律，提出新发现，新学说和对有重大应用前景的新的产品、工艺、材料、方法等提出新的理论、构思、原理等工作的机构。

技术开发机构　指主要从事提供国际国内第一次出现的新产品、工艺、材料、方法等和为新的技术成果应用提供完整的技术规范设计图纸、样品和操作规程的机构。

推广服务机构　指主要从事技术成果的推广、服务工作，向用户提供新技术成果的可行性实验或示范，提供咨询和指导的机构。

从事科技活动人员　指各种研究与开发课题（项目）组织人员；各类科技服务人员（如从事图书、情报、咨询等工作人员）和管理人员；实验室、试验性工厂、农场的工人等。

科学家工程师　指大学毕业和以上文化程度和其他具有高、中级职称的从事科技活动人员。

其他技术人员　指中专、大专毕业和具有初级职称的从事科技活动人员。

自然科学技术人员　指已取得科学技术职称，或大学、中专的理、工、农、医类系毕业，以及国民经济各部门从工作实践中提拔，从事理、工、农、医等自然科学技术的研究、教学、生产（事业）技术方面工作的专业人员和在机关、企业、事业中从事科学技术业务管理工作的专业人员。

工程技术人员　指在国民经济各行业从事工程技术工作的自然科学技术的专业人员，包括：高级工程师、工程师、助理工程师、技术员和未评定职称的技术人员。

农业技术人员　指在国民经济各行业从事农业技术工作的自然科学技术的专业人员，包括：高级农艺师、农艺师、助理农艺师、技术员和未评定职称的技术人员。

卫生技术人员　指在国民经济各行业从事卫生医务工作的自然科学技术的专业人员，包括：正副主任医师、主治医师、医师、医（护）士和未评定职称的技术人员。

科学研究人员　指在国民经济各行业从事技术活动工作的自然科学技术的专业人员，包括：正副研究员、助理研究员、实习研究员、技术员和未评定职称的技术人员。

教学人员　指在国民经济各行业从事自然科学技术方面的教学活动的专业人员，包括：正副教授、讲师、助教、教师和在小学从事自然科学技术方面的教学活动的人员。

科技活动　是指在所有科学技术领域内，即自然科学、工程科技和技术、医学科学、农业科学、社会科学及人文科学中，与科技知识的产生、发展、传播的应用密切相关的、全部的、有组织的、系统的活动，他包括三类活动：1.研究与试验发展活动；2.研究与实验发展成果应用；3.科技服务活动。

研究与实验发展（简称 R&D）　为了增进知识，以及利用这些知识去开创新的用途而进行的系统的创造性的工作。它具备四种基本因素：(1)创造性的因素；(2)新颖性或创新的因素；(3)科学方法的运用；(4)新知识的产生。它包括三种类型：

1.基础研究　指不直接考虑用途，以揭示客观事物的本质、运动规律、获得新发现、新学说为目的或对已有的规律、发现、学说作系统性的补充而进行的理论研究或实验。其成果以科学论文、科学著作为主要形式。

2.应用研究　利用基础研究所发现的知识，确定特定的目标，为了明确基础研究成果的实用化的可能性，探索新方法（原理性）而进行的独创性研究，及对已经实用化的技术探索新的应用方法（原理性）而进行的研究。应用研究实际上并不直接产生新的（或改进）产品或工艺，其成果为科学论文、科学著作、原理性模型和专利等。

3.实验发展　指利用基础研究、应用研究及实际经验所获得的知识，为生产新的材料、产品和装置，建立新的工艺、系统和服务，对已生产和建立的上述各项进行实质性的改进而从事的系统性工作。其成果为一种具有新产品或新技术基本特点的原理、可达到设计定型的新产品或新工艺、实验报告等。

研究与发展成果应用　为解决 R&D 活动阶段产生的新产品、新装置、新工艺、新技术、新方法、新系统和服务等能投入生产或在实际中运用所存在的技术问题而进行的系统性活动，它不具有创新成分。此类活动包括为达到生产顺利进行以及为形成生产规模和应用领域而进行的适应性试验、小批量试生产等。活动成果最终形式多是可供生产和实际使用的带有技术、工艺参数的图纸、技术标准和操作规范等。

从事科技活动人员　由职工总数中的以下三部分人组成：

1.科技管理人员　指研究院、所领导及业务、人事管理人员。包括直接从事科技计划管理、课题管理、成果管理、专利管理、科技统计、科技档案管理、科技外事工作、人事管理、教育培训、财务等活动的人员。

2.课题活动人员　指编制在研究室或课题组的人员。

3.科技服务人员　指从事图书、情报、测试、试验、咨询、物资器材供应等工作的人员以及实验室、试验工厂（车间）、试验农场的人员，不包括司机、门卫、食堂人员、医务人员、清洁工、幼儿园、托儿所等工作人员。

技术开发活动 泛指以工业企业为主体开展的科学技术活动,包括工业企业内部开展的科学研究(基础研究、应用研究)以及运用科学研究(基础研究、应用研究)的结果和以实验为根据的知识,去创造新产品、新设计、新材料、新方法、新工艺流程和新装置,或对现有产品、材料、设计、工艺方法、工艺流程以及装置进行技术上的重大改进使其在一项指标或几项指标上有明显革新或创新。

企业办技术开发机构 是指企业自办,或与外单位合办,管理上同生产系统相对独立的,或单独核算的专门技术开发机构,如企业办研究所(包括现改名为开发中心、开发部等专门技术开发机构)。

技术开发人员 是指企业在报告年内,从事技术开发活动的时间(不包括加班时间)占年工作时间的10%(含10%)以上的工作技术人员、管理人员、工人及其他人员。从事技术开发活动的时间(不包括加班时间)占年工作时间在10%以下(不含10%)的人员不统计。

文化、卫生、体育

文化事业机构 指从事专业文化工作和为专业文化工作服务的单独核算、独立建制的单位。不包括文化主管部门直属单位举办的其他行业和各部门的业余文化组织。

艺术表演团体 指从事戏曲、音乐、舞蹈、杂技等专业艺术表演,有独立帐户,实行单独核算的团体。不包括半工半艺、半农半艺的业余剧团。

电影放映单位 指具有放映机器设备、固定或不固定的放映场所与专职或兼职的放映技术人员,经文化行政部门登记批准,经常为一定的观众对象映出电影的机构。包括经批准对外开放进行营业,并与电影发行放映管理机构分帐的专用放映单位或军委系统租片单位在内。

等级运动员人数 指经考核正式批准授予等级运动员称号的人数。运动员等级分为国际级运动健将、运动健将、一级运动员、二级运动员、三级运动员、少年级运动员。

等级裁判员人数 指经考核正式批准授予等级裁判员称号的人数。裁判员等级分为国际裁判、国家级裁判、一级裁判、二级裁判、三级裁判。

体育场 指有400米跑道(中心含足球场),有固定道牙,路道6条以上,并有固定看台的田径场。以看台容纳观众人数分:甲级25000人以上,乙级15000－25000人,丙级5000－15000人,丁级5000人以下。

体育馆 指有固定看台可供篮球、排球、羽毛球、乒乓球、体操等项目训练比赛活动用的室内场地。以看台容纳观众人数分:甲级6000人以上,乙级4000－6000人,丙级2000—4000人,丁级2000人以下。

医院 指名称为医院,设有固定床位能收容病人住院并能为病人提供医疗、护理服务的医疗机构。包括县及县以上医院、农村乡卫生院、其他医院三部分。按所属性质分为卫生部门、工业及其他部门、集体所有制三类。其中县及县以上医院按业务性质分为综合医院和专科医院。

卫生技术人员 指卫生事业机构支付工资的全部固定职工和合同制职工中现任职务为卫生技术工作的人员。包括中医师、西医师、中西医结合高级医师、护师、中药师、西药师、检验师、其他技师、中医士、西医士、护士、助产士、中药剂士、西药剂士、检验士、其他技士、其他中医、护理员、中药剂员、西药剂员、检验员、其他初级卫生技术人员。

医生 指经卫生部门审查合格,从事医疗工作的专业人员。分为中医医生和西医生。包括卫生技术人员中的中医师、西医师、中西医结合高级医师、中医士、西医士和其他中医。